U0524388

民营经济

规定·案例·文书

法律与政策工具箱

法律出版社法律应用中心 编

达健 张安达 杨雨竹 胡蔚琦 主编

法律出版社
LAW PRESS·CHINA
北京

图书在版编目（CIP）数据

法律与政策工具箱. 民营经济：规定·案例·文书 / 法律出版社法律应用中心编. -- 北京：法律出版社，2025. -- ISBN 978-7-5244-0294-7

I. D92;D922.290.4

中国国家版本馆 CIP 数据核字第 2025JP5556 号

法律与政策工具箱:民营经济
(规定·案例·文书)
FALÜ YU ZHENGCE GONGJUXIANG:
MINYING JINGJI (GUIDING · ANLI · WENSHU)

法律出版社
法律应用中心 编
达 健 张安达
杨雨竹 胡蔚琦 主编

责任编辑 朱海波
　　　　　杨雨晴
装帧设计 贾丹丹

出版发行	法律出版社	开本	A5
编辑统筹	法律应用出版分社	印张 59.5　字数 2000 千
责任校对	张 颖	版本 2025 年 5 月第 1 版
责任印制	刘晓伟	印次 2025 年 5 月第 1 次印刷
经　　销	新华书店	印刷 天津嘉恒印务有限公司

地址:北京市丰台区莲花池西里 7 号(100073)
网址:www.lawpress.com.cn　　　　　销售电话:010-83938349
投稿邮箱:info@lawpress.com.cn　　　客服电话:010-83938350
举报盗版邮箱:jbwq@lawpress.com.cn　咨询电话:010-63939796
版权所有·侵权必究

书号:ISBN 978-7-5244-0294-7　　　　定价:198.00 元
凡购本社图书，如有印装错误，我社负责退换。电话:010-83938349

目 录

第一部分 规范指引

一、法律

中华人民共和国民营经济促进法(2025年4月30日)………… 3
中华人民共和国中小企业促进法(2017年9月1日修订)…… 16
中华人民共和国公司法(2023年12月29日修订)…………… 25
中华人民共和国民法典(2020年5月28日)………………… 73
中华人民共和国刑法(2023年12月29日修正)……………… 236
中华人民共和国证券法(2019年12月28日修订)…………… 339
中华人民共和国商标法(2019年4月23日修正)…………… 387
中华人民共和国专利法(2020年10月17日修正)…………… 403
中华人民共和国反不正当竞争法(2019年4月23日修正)…… 419
中华人民共和国产品质量法(2018年12月29日修正)……… 426
中华人民共和国安全生产法(2021年6月10日修正)……… 438
中华人民共和国个人信息保护法(2021年8月20日)………… 464
中华人民共和国数据安全法(2021年6月10日)…………… 478
中华人民共和国电子商务法(2018年8月31日)…………… 486
中华人民共和国科学技术进步法(2021年12月24日修订)…… 500
中华人民共和国促进科技成果转化法(2015年8月29日修
 正)……………………………………………………………… 522
中华人民共和国价格法(1997年12月29日)………………… 532
中华人民共和国劳动法(2018年12月29日修正)…………… 539
中华人民共和国劳动合同法(2012年12月28日修正)……… 553

中华人民共和国税收征收管理法(2015年4月24日修正) …… 570
中华人民共和国社会保险法(2018年12月29日修正)……… 586
中华人民共和国环境保护法(2014年4月24日修订)………… 602
中华人民共和国招标投标法(2017年12月27日修正)……… 614
中华人民共和国政府采购法(2014年8月31日修正)………… 625
中华人民共和国行政处罚法(2021年1月22日修订)………… 639

二、行政法规

优化营商环境条例(2019年10月22日)………………………… 655
促进个体工商户发展条例(2022年10月1日)………………… 669
公平竞争审查条例(2024年6月6日) ………………………… 673
保障中小企业款项支付条例(2025年3月17日修订)………… 678
中华人民共和国市场主体登记管理条例(2021年7月27日)… 685
中华人民共和国商标法实施条例(2014年4月29日修订)…… 695
中华人民共和国专利法实施细则(2023年12月11日修订)…… 714
中华人民共和国劳动合同法实施条例(2008年9月18日)…… 750
中华人民共和国政府采购法实施条例(2015年1月30日)…… 756
中华人民共和国招标投标法实施条例(2019年3月2日修订) …………………………………………………………………… 771
企业信息公示暂行条例(2024年3月10日修订)……………… 788
企业财务会计报告条例(2000年6月21日)…………………… 793
国务院关于经营者集中申报标准的规定(2024年1月22日修订) …………………………………………………………………… 802
企业债券管理条例(2011年1月8日修订) …………………… 803
企业投资项目核准和备案管理条例(2016年11月30日)…… 808

三、中央及国务院政策文件

中共中央、国务院关于促进民营经济发展壮大的意见(2023年7月14日) ……………………………………………………… 813
中共中央、国务院关于营造更好发展环境支持民营企业改革发展的意见(2019年12月4日) ………………………… 821
中共中央、国务院关于加快建设全国统一大市场的意见

(2022年3月25日) …………………………………………… 828
中共中央、国务院关于构建更加完善的要素市场化配置体制机制的意见(2020年3月30日) ……………………… 837
中共中央、国务院关于营造企业家健康成长环境弘扬优秀企业家精神更好发挥企业家作用的意见(2017年9月8日) …… 844
国务院关于进一步规范和监督罚款设定与实施的指导意见(2024年2月9日) ………………………………………… 851
国务院关于开展营商环境创新试点工作的意见(2021年10月31日) ………………………………………………… 857
国务院办公厅关于服务"六稳""六保"进一步做好"放管服"改革有关工作的意见(2021年4月7日) ………………… 862
国务院关于加强监管防范风险推动资本市场高质量发展的若干意见(2024年4月4日) …………………………… 870
中共中央办公厅、国务院办公厅关于完善市场准入制度的意见(2024年8月1日) ………………………………… 875
中共中央办公厅、国务院办公厅关于促进中小企业健康发展的指导意见(2019年4月7日) ……………………… 878
中共中央办公厅、国务院办公厅关于加强金融服务民营企业的若干意见(2019年2月14日) …………………… 884
中共中央办公厅关于加强新时代民营经济统战工作的意见(2020年9月15日) …………………………………… 890
国务院办公厅转发国家发展改革委、财政部《关于规范实施政府和社会资本合作新机制的指导意见》的通知(2023年11月3日) …………………………………………… 897
国务院办公厅关于进一步优化营商环境降低市场主体制度性交易成本的意见(2022年9月7日) ……………… 905
国务院办公厅关于印发加强信用信息共享应用促进中小微企业融资实施方案的通知(2021年12月22日) ……… 913
国务院办公厅关于聚焦企业关切进一步推动优化营商环境政策落实的通知(2018年10月29日) ………………… 918
国务院办公厅关于进一步激发民间有效投资活力促进经济

持续健康发展的指导意见(2017年9月1日) ………… 927
国务院办公厅关于有效发挥政府性融资担保基金作用切实
　支持小微企业和"三农"发展的指导意见(2019年1月22
　日) ……………………………………………………… 931
国务院关于鼓励支持和引导个体私营等非公有制经济发展
　的若干意见(2005年2月19日) ……………………… 937
国务院办公厅关于金融支持小微企业发展的实施意见(2013
　年8月8日) …………………………………………… 946
国务院办公厅关于创新完善体制机制推动招标投标市场规
　范健康发展的意见(2024年5月2日) ……………… 950
统筹融资信用服务平台建设提升中小微企业融资便利水平
　实施方案(2024年3月28日) ………………………… 956
国务院办公厅关于进一步盘活存量资产扩大有效投资的意
　见(2022年5月19日) ………………………………… 959

四、司法解释(含司法解释性质文件、两高工作文件)

最高人民法院关于优化法治环境促进民营经济发展壮大的
　指导意见(2023年9月25日) ………………………… 966
最高人民法院关于为改善营商环境提供司法保障的若干意
　见(2017年8月7日) ………………………………… 975
关于依法惩治和预防民营企业内部人员侵害民营企业合法
　权益犯罪为民营经济发展营造良好法治环境的意见(2023
　年7月26日) …………………………………………… 981
最高人民法院关于充分发挥司法职能作用助力中小微企业
　发展的指导意见(2022年1月13日) ………………… 984
最高人民法院关于大型企业与中小企业约定以第三方支付
　款项为付款前提条款效力问题的批复(2024年8月27日) …… 991
最高人民法院关于为加快建设全国统一大市场提供司法服
　务和保障的意见(2022年7月14日) ………………… 992
最高人民法院关于依法审理和执行民事商事案件保障民间
　投资健康发展的通知(2016年9月2日) …………… 1001

最高人民法院关于依法平等保护非公有制经济促进非公有制经济健康发展的意见(2014年12月17日) …… 1005
最高人民法院关于审理民间借贷案件适用法律若干问题的规定(2020年12月23日修正) …… 1012
最高人民检察院关于充分发挥检察职能依法保障和促进非公有制经济健康发展的意见(2016年2月19日) …… 1019

五、部门规章及规范性文件

(一)综合

生态环境部门进一步促进民营经济发展的若干措施(2024年9月13日) …… 1026
财政部、工业和信息化部关于进一步支持专精特新中小企业高质量发展的通知(2024年6月14日) …… 1030
市场监管部门促进民营经济发展的若干举措(2023年9月15日) …… 1042
国家发展改革委关于完善政府诚信履约机制优化民营经济发展环境的通知(2023年8月5日) …… 1046
国家发展改革委、工业和信息化部、财政部、科技部、中国人民银行、税务总局、市场监管总局、金融监管总局关于实施促进民营经济发展近期若干举措的通知(2023年7月28日) …… 1048
国务院促进中小企业发展工作领导小组办公室关于印发助力中小微企业稳增长调结构强能力若干措施的通知(2023年1月11日) …… 1052
市场监管总局、全国工商联、国家发展改革委、科技部、工业和信息化部、商务部关于进一步发挥质量基础设施支撑引领民营企业提质增效升级作用的意见(2021年9月28日) …… 1057
工业和信息化部、发展改革委、科技部、财政部、人力资源社会保障部、生态环境部、农业农村部、商务部、文化和旅游部、人民银行、海关总署、税务总局、市场监管总局、统计局、银保监会、证监会、知识产权局关于健全支持中小企业

发展制度的若干意见(2020年7月3日) ………… 1061
国家发展改革委、科技部、工业和信息化部、财政部、人力资
源社会保障部、人民银行关于支持民营企业加快改革发展
与转型升级的实施意见(2020年10月14日) ………… 1067
科技部印发《关于新时期支持科技型中小企业加快创新发展
的若干政策措施》的通知(2019年8月5日) ………… 1075
生态环境部、全国工商联关于支持服务民营企业绿色发展的
意见(2019年1月11日) …………………………… 1079
国家税务总局关于实施进一步支持和服务民营经济发展若
干措施的通知(2018年11月16日) ………………… 1085

(二)市场管理与服务
中华人民共和国市场主体登记管理条例实施细则(2022年3
月1日) ……………………………………………… 1092
市场监管总局、国家发展改革委、公安部、人力资源社会保障
部、住房城乡建设部、税务总局关于进一步优化企业开办
服务的通知(2020年8月4日) …………………… 1108
优质中小企业梯度培育管理暂行办法(2022年6月1日) …… 1110
国家企业信用信息公示系统使用运行管理办法(试行)(2017
年6月27日) ………………………………………… 1123
市场监管总局关于进一步优化国家企业信用信息公示系统
的通知(2019年7月19日) ………………………… 1127
工商总局关于加强国家企业信用信息公示系统应用和管理
的通知(2018年2月11日) ………………………… 1132
公平竞争审查条例实施办法(2025年2月28日) ………… 1135
公平竞争审查举报处理工作规则(2024年10月13日) …… 1148
公平竞争审查第三方评估实施指南(2023年4月26日) …… 1153
公平竞争审查制度实施细则(2021年6月29日) ………… 1160
招标投标领域公平竞争审查规则(2024年3月25日) …… 1171
经营者集中审查规定(2023年3月10日) ………………… 1176
网络反不正当竞争暂行规定(2024年5月6日) ………… 1193
政府采购货物和服务招标投标管理办法(2017年7月11日) …… 1202

信用评级业管理暂行办法(2019年11月26日)……… 1222
失信行为纠正后的信用信息修复管理办法(试行)(2023年1
　月13日)………………………………………………… 1236
市场监管总局关于推进个体工商户信用风险分类管理的意
　见(2024年7月24日)………………………………… 1241
市场监管总局关于推进企业信用风险分类管理进一步提升
　监管效能的意见(2022年1月13日)………………… 1246
国家税务总局关于纳税信用评价与修复有关事项的公告
　(2021年11月15日)…………………………………… 1252
市场监管总局关于印发《市场监督管理信用修复管理办法》
　的通知(2021年7月30日)…………………………… 1254
动产和权利担保统一登记办法(2021年12月28日)……… 1258
著作权质权登记办法(2010年11月25日)………………… 1263
企业投资项目核准和备案管理办法(2023年3月23日修订)… 1266
企业投资项目事中事后监管办法(2023年3月23日修订)… 1278
境外投资管理办法(2014年9月6日)……………………… 1283
企业境外投资管理办法(2017年12月26日)……………… 1297
市场监督管理投诉举报处理暂行办法(2022年9月29日修正)… 1308

(三)税收和金融支持

支持小微企业和个体工商户发展税费优惠政策指引(2.0)
　(2023年12月)………………………………………… 1315
财政部、税务总局关于支持小微企业融资有关税收政策的公
　告(2023年8月2日)………………………………… 1386
国家税务总局关于落实小型微利企业所得税优惠政策征管
　问题的公告(2023年3月27日)……………………… 1387
国家税务总局关于增值税小规模纳税人减免增值税等政策
　有关征管事项的公告(2023年1月9日)…………… 1388
小微企业、个体工商户税费优惠政策指引(2022)(2022年5
　月)……………………………………………………… 1391
国家税务总局关于落实支持小型微利企业和个体工商户发
　展所得税优惠政策有关事项的公告(2021年4月7日)…… 1393

银行业金融机构小微企业金融服务监管评价办法（2024年
　　11月25日）……………………………………………… 1395
中国人民银行、金融监管总局、最高人民法院、国家发展改革
　　委、商务部、市场监管总局关于规范供应链金融业务　引
　　导供应链信息服务机构更好服务中小企业融资有关事宜
　　的通知（2025年4月26日）……………………………… 1404
金融监管总局关于做好续贷工作提高小微企业金融服务水
　　平的通知（2024年9月24日）…………………………… 1409
中国人民银行、金融监管总局、中国证监会、国家外汇局、国
　　家发展改革委、工业和信息化部、财政部、全国工商联关于
　　强化金融支持举措助力民营经济发展壮大的通知（2023年
　　11月）……………………………………………………… 1411
中国人民银行关于推动建立金融服务小微企业敢贷愿贷能
　　贷会贷长效机制的通知（2022年5月19日）…………… 1417
中国人民银行关于做好小微企业银行账户优化服务和风险
　　防控工作的指导意见（2021年10月9日）……………… 1423
中国人民银行关于深入开展中小微企业金融服务能力提升
　　工程的通知（2021年6月30日）………………………… 1430
中国人民银行、银保监会、发展改革委、工业和信息化部、财
　　政部、市场监管总局、证监会、外汇局关于进一步强化中小
　　微企业金融服务的指导意见（2020年5月26日）……… 1434
国家发展改革委、银保监会关于深入开展"信易贷"支持中小
　　微企业融资的通知（2019年9月12日）………………… 1440
中国银保监会关于进一步加强金融服务民营企业有关工作
　　的通知（2019年2月25日）……………………………… 1444
中国银监会关于支持商业银行进一步改进小企业金融服务
　　的通知（2011年5月23日）……………………………… 1448
中国银行业监督管理委员会关于支持商业银行进一步改进
　　小型微型企业金融服务的补充通知（2011年10月24日）…… 1450

（四）民间投资促进

国家发展改革委办公厅等关于建立促进民间投资资金和要

素保障工作机制的通知(2024年8月16日)……………… 1453
国家发展改革委关于进一步抓好抓实促进民间投资工作努
 力调动民间投资积极性的通知(2023年7月14日)……… 1455
国家发展改革委关于进一步完善政策环境加大力度支持民
 间投资发展的意见(2022年10月28日)………………… 1460
促进民间投资健康发展若干政策措施(2016年10月12日)…… 1467
国家发展改革委关于印发利用价格杠杆鼓励和引导民间投
 资发展的实施意见的通知(2012年6月27日)…………… 1470
国家税务总局关于进一步贯彻落实税收政策促进民间投资
 健康发展的意见(2012年5月29日)……………………… 1473
国家发展改革委办公厅关于进一步做好政府和社会资本合
 作新机制项目规范实施工作的通知(2024年12月12日)…… 1481
国家发展改革委关于鼓励民间资本参与政府和社会资本合
 作(PPP)项目的指导意见(2017年11月28日)………… 1484
政府和社会资本合作建设重大水利工程操作指南(试行)
 (2017年12月7日)………………………………………… 1488
国家发展改革委、农业部关于推进农业领域政府和社会资本
 合作的指导意见(2016年12月6日)……………………… 1496
国家发展改革委、财政部、住房城乡建设部、交通运输部、人
 民银行、市场监管总局、银保监会、证监会、能源局、铁路
 局、民航局、中国国家铁路集团有限公司关于支持民营企
 业参与交通基础设施建设发展的实施意见(2020年6月
 28日)……………………………………………………… 1502
工业和信息化部、国家发展和改革委员会、科学技术部、财政
 部、环境保护部、商务部、中国人民银行、国家工商行政管
 理总局、国家质量监督检验检疫总局、国家知识产权局、中
 国工程院、中国银行业监督管理委员会、中国证券监督管
 理委员会、中国保险监督管理委员会、国家国防科技工业
 局、中华全国工商业联合会关于印发发挥民间投资作用推
 进实施制造强国战略指导意见的通知(2017年10月27
 日)………………………………………………………… 1506

国家工商行政管理总局关于充分发挥工商行政管理职能作用鼓励和引导民间投资健康发展的意见（2012年6月4日） …… 1517

民用航空局关于鼓励和引导民间投资健康发展的若干意见（2010年11月1日） …… 1521

住房和城乡建设部、国家发展和改革委员会、财政部、国土资源部、中国人民银行关于进一步鼓励和引导民间资本进入城市供水、燃气、供热、污水和垃圾处理行业的意见（2016年9月22日） …… 1525

民政部、发展改革委、教育部、财政部、人力资源社会保障部、国土资源部、住房城乡建设部、国家卫生计生委、银监会、保监会关于鼓励民间资本参与养老服务业发展的实施意见（2015年2月3日） …… 1529

民政部、全国工商联关于鼓励支持民营企业积极投身公益慈善事业的意见（2014年1月9日） …… 1535

住房和城乡建设部、国家发展和改革委员会、财政部、国土资源部、中国人民银行、国家税务总局、中国银行业监督管理委员会关于鼓励民间资本参与保障性安居工程建设有关问题的通知（2012年6月20日） …… 1539

科技部关于印发进一步鼓励和引导民间资本进入科技创新领域意见的通知（2012年6月18日） …… 1542

住房和城乡建设部关于印发进一步鼓励和引导民间资本进入市政公用事业领域的实施意见的通知（2012年6月8日） …… 1547

国家发展改革委、公安部、财政部、国土资源部、交通运输部、铁道部、商务部、人民银行、税务总局、工商总局、银监会、证监会关于鼓励和引导民间投资进入物流领域的实施意见（2012年5月31日） …… 1552

国家发展改革委关于鼓励和引导工程咨询机构服务民间投资的实施意见（2012年5月31日） …… 1555

中国保监会关于鼓励和支持民间投资健康发展的实施意见

(2012年6月15日) …………………………………… 1559
国务院国有资产监督管理委员会关于印发《关于国有企业改制重组中积极引入民间投资的指导意见》的通知(2012年5月23日) …………………………………………… 1562

(五) 其他

中小企业数字化赋能专项行动方案(2025—2027年)(2024年12月12日) ……………………………………… 1565
中小企业数字化赋能专项行动方案(2020年3月18日) ……… 1572
国家发展改革委、人力资源社会保障部、中华全国总工会、中华全国工商业联合会关于共享公共实训基地开展民营企业员工职业技能提升行动的通知(2024年3月21日) …… 1576
市场监管总局、国家发展改革委、工业和信息化部、财政部、人力资源社会保障部、住房城乡建设部、交通运输部、农业农村部、商务部、文化和旅游部、退役军人事务部、中国人民银行、税务总局、金融监管总局、国家知识产权局关于开展个体工商户分型分类精准帮扶提升发展质量的指导意见(2024年1月12日) ……………………………… 1579
人力资源社会保障部关于强化人社支持举措助力民营经济发展壮大的通知(2023年11月30日) ……………………… 1585
人力资源社会保障部办公厅关于进一步做好民营企业职称工作的通知(2020年2月20日) …………………………… 1589
国家发展改革委、科技部、工业和信息化部、生态环境部、银保监会、全国工商联关于营造更好发展环境 支持民营节能环保企业健康发展的实施意见(2020年5月21日) …… 1592
财政部、工业和信息化部、银监会、国家知识产权局、国家工商行政管理总局、国家版权局关于加强知识产权质押融资与评估管理支持中小企业发展的通知(2010年8月12日) ……… 1596
国家发展改革委、教育部、科技部、财政部、人事部、人民银行、海关总署、税务总局、银监会、统计局、知识产权局、中科院关于印发关于支持中小企业技术创新的若干政策的通知(2007年10月23日) …………………………………… 1599

科学技术部、国家经贸委关于促进民营科技企业发展的若干
　　意见(1999年7月26日) ·· 1605
国家发展改革委、商务部关于深圳建设中国特色社会主义先
　　行示范区放宽市场准入若干特别措施的意见(2022年1月
　　24日) ··· 1608
国家发展改革委、商务部关于支持横琴粤澳深度合作区放宽
　　市场准入特别措施的意见(2023年12月15日) ··············· 1619
国家发展改革委、商务部、市场监管总局关于支持广州南沙
　　放宽市场准入与加强监管体制改革的意见(2023年12月
　　26日) ··· 1626
国家发展改革委、商务部关于支持海南自由贸易港建设放宽
　　市场准入若干特别措施的意见(2021年4月7日) ············ 1631
财政部、工业和信息化部关于支持"专精特新"中小企业高质
　　量发展的通知(2021年1月23日) ································ 1639
工作场所职业卫生管理规定(2020年12月31日) ··············· 1643

六、行业规定

中国银行间市场交易商协会关于发布《银行间债券市场进一
　　步支持民营企业高质量发展行动方案》的通知(2025年3
　　月14日) ··· 1656
中国银行间市场交易商协会关于进一步加大债务融资工具
　　支持力度促进民营经济健康发展的通知(2023年8月30日) ······ 1659

七、地方有关规定

北京市优化营商环境条例(2024年11月29日修订) ············· 1663
中共北京市委、北京市人民政府关于进一步提升民营经济活力
　　促进民营经济高质量发展的实施意见(2020年4月26日) ······ 1682
上海市优化营商环境条例(2024年9月27日修正) ············· 1688
上海市促进中小企业发展条例(2020年6月18日修订) ········· 1715
上海市加大力度支持民间投资发展若干政策措施(2023年5
　　月25日) ··· 1730
上海市人民政府办公厅关于健全本市公平竞争审查工作机

制的实施意见(2024年12月30日)…………………… 1736
上海市高级人民法院、上海市工商业联合会关于加强合作促
　进民营经济健康发展的合作意见备忘录(2020年1月2日) …… 1739
广东省优化营商环境条例(2022年6月1日) …………… 1742
广东省促进中小企业发展条例(2019年9月25日修订) …… 1758
广东省高级人民法院关于为促进民营经济健康发展提供司
　法保障的实施意见(2018年12月)…………………… 1771
浙江省优化营商环境条例(2024年1月26日)…………… 1773
浙江省促进民营经济高质量发展若干措施(2023年8月25
　日) ………………………………………………… 1794
浙江省民营企业发展促进条例(2020年1月16日)……… 1802
江苏省优化营商环境条例(2020年11月27日)………… 1813
江苏省市场监管局关于落实促进民营经济发展政策的若干
　措施(2023年11月7日) ……………………………… 1835

第二部分　典型案例

一、公平竞争

(一)江苏省昆山宏某混凝土有限公司诉昆山市住房和城乡
　　建设局限制开展生产经营活动及规范性文件审查案……… 1843
(二)甲物业管理公司诉某县财政局投诉处理决定案………… 1844
(三)企业征信数据平台不正当竞争纠纷案——数据使用者
　　不正当竞争行为的认定……………………………… 1846

二、投资融资促进

(一)某市国有资产经营公司与某建设集团公司、某银行分行
　　等借款合同纠纷案——发挥司法审判职能,降低民企融
　　资成本 ……………………………………………… 1848
(二)华融国际信托有限责任公司与山西梅园华盛能源开发
　　有限公司等金融借款合同纠纷案……………………… 1850
(三)第二批知识产权质押融资典型案例清单……………… 1851

三、科技创新

(一)"新能源汽车底盘"技术秘密侵权案——技术秘密侵权
　　判断及停止侵害的具体措施 ………………………………… 1855
(二)广州天某高新材料股份有限公司、九江天某高新材料有
　　限公司诉安徽纽某精细化工有限公司等侵害技术秘密
　　纠纷案 ………………………………………………………… 1856
(三)专业调解组织成功化解涉企知识产权纠纷 ………………… 1862

四、规范经营

(一)郎溪某服务外包有限公司诉徐某申确认劳动关系纠纷案 … 1862
(二)陆某诉某轧钢作业服务有限公司劳动合同纠纷案——
　　职业病患者在申请职业病认定期间的权利应予保障 ……… 1865
(三)昆明闽某纸业有限责任公司等污染环境刑事附带民事
　　公益诉讼案 …………………………………………………… 1871

五、服务保障

(一)安徽省春某汽车销售公司诉蒙城县市场监督管理局行
　　政许可案 ……………………………………………………… 1874
(二)甲信用评价公司诉某市市场监督管理局行政处罚案 ……… 1875
(三)北京、江苏、浙江、广东等地法院与工商联建立民营企业
　　产权保护社会化服务体系 …………………………………… 1877

六、权益保护

(一)网络自媒体蹭热点,编造虚假信息,侵害民营企业声誉,
　　依法应承担侵权责任——某科技公司诉某文化公司、某
　　传媒公司名誉权纠纷案 ……………………………………… 1878
(二)赵寿喜诈骗再审改判无罪案 ………………………………… 1880
(三)某勇、黔东南州乙建设投资公司与独山县丙小额贷款有
　　限责任公司、原审第三人郑某华民间借贷纠纷抗诉案 …… 1881

第三部分　文书范本

文书范本使用说明 …………………………………………………… 1888

第一部分　规 范 指 引

第一部分 词汇索引

一、法律

中华人民共和国民营经济促进法

（2025年4月30日第十四届全国人民代表大会常务委员会第十五次会议通过　2025年4月30日中华人民共和国主席令第46号公布　自2025年5月20日起施行）

目　录

第一章　总　则
第二章　公平竞争
第三章　投资融资促进
第四章　科技创新
第五章　规范经营
第六章　服务保障
第七章　权益保护
第八章　法律责任
第九章　附　则

第一章　总　则

第一条　为优化民营经济发展环境，保证各类经济组织公平参与市场竞争，促进民营经济健康发展和民营经济人士健康成长，构建高水平社会主义市场经济体制，发挥民营经济在国民经济和社会发展中的重要作用，根据宪法，制定本法。

第二条　促进民营经济发展工作坚持中国共产党的领导，坚持以人民为中心，坚持中国特色社会主义制度，确保民营经济发展的正确政治方向。

国家坚持和完善公有制为主体、多种所有制经济共同发展，按劳分配为主体、多种分配方式并存，社会主义市场经济体制等社会主义基本经济制度；毫不动摇巩固和发展公有制经济，毫不动摇鼓励、支持、引导非公有制经济发展；充分发挥市场在资源配置中的决定性作用，更好发挥政府作用。

第三条 民营经济是社会主义市场经济的重要组成部分，是推进中国式现代化的生力军，是高质量发展的重要基础，是推动我国全面建成社会主义现代化强国、实现中华民族伟大复兴的重要力量。促进民营经济持续、健康、高质量发展，是国家长期坚持的重大方针政策。

国家坚持依法鼓励、支持、引导民营经济发展，更好发挥法治固根本、稳预期、利长远的保障作用。

国家坚持平等对待、公平竞争、同等保护、共同发展的原则，促进民营经济发展壮大。民营经济组织与其他各类经济组织享有平等的法律地位、市场机会和发展权利。

第四条 国务院和县级以上地方人民政府将促进民营经济发展工作纳入国民经济和社会发展规划，建立促进民营经济发展工作协调机制，制定完善政策措施，协调解决民营经济发展中的重大问题。

国务院发展改革部门负责统筹协调促进民营经济发展工作。国务院其他有关部门在各自职责范围内，负责促进民营经济发展相关工作。

县级以上地方人民政府有关部门依照法律法规和本级人民政府确定的职责分工，开展促进民营经济发展工作。

第五条 民营经济组织及其经营者应当拥护中国共产党的领导，坚持中国特色社会主义制度，积极投身社会主义现代化强国建设。

国家加强民营经济组织经营者队伍建设，加强思想政治引领，发挥其在经济社会发展中的重要作用；培育和弘扬企业家精神，引导民营经济组织经营者践行社会主义核心价值观、爱国敬业、守法经营、创业创新、回报社会，坚定做中国特色社会主义的建设者、中国式现代化的促进者。

第六条 民营经济组织及其经营者从事生产经营活动，应当遵守法律法规，遵守社会公德、商业道德，诚实守信，公平竞争，履行社会责任，保障劳动者合法权益，维护国家利益和社会公共利益，接受政府和社会监督。

第七条 工商业联合会发挥在促进民营经济健康发展和民营经济人士健康成长中的重要作用，加强民营经济组织经营者思想政治建设,引导民营经济组织依法经营,提高服务民营经济水平。

第八条 加强对民营经济组织及其经营者创新创造等先进事迹的宣传报道,支持民营经济组织及其经营者参与评选表彰,引导形成尊重劳动、尊重创造、尊重企业家的社会环境,营造全社会关心、支持、促进民营经济发展的氛围。

第九条 国家建立健全民营经济统计制度,对民营经济发展情况进行统计分析,定期发布有关信息。

第二章 公 平 竞 争

第十条 国家实行全国统一的市场准入负面清单制度。市场准入负面清单以外的领域,包括民营经济组织在内的各类经济组织可以依法平等进入。

第十一条 各级人民政府及其有关部门落实公平竞争审查制度,制定涉及经营主体生产经营活动的政策措施应当经过公平竞争审查,并定期评估,及时清理、废除含有妨碍全国统一市场和公平竞争内容的政策措施,保障民营经济组织公平参与市场竞争。

市场监督管理部门负责受理对违反公平竞争审查制度政策措施的举报,并依法处理。

第十二条 国家保障民营经济组织依法平等使用资金、技术、人力资源、数据、土地及其他自然资源等各类生产要素和公共服务资源,依法平等适用国家支持发展的政策。

第十三条 各级人民政府及其有关部门依照法定权限,在制定、实施政府资金安排、土地供应、排污指标、公共数据开放、资质许可、标准制定、项目申报、职称评定、评优评先、人力资源等方面的政策措施时,平等对待民营经济组织。

第十四条 公共资源交易活动应当公开透明、公平公正,依法平等对待包括民营经济组织在内的各类经济组织。

除法律另有规定外,招标投标、政府采购等公共资源交易不得有限制或者排斥民营经济组织的行为。

第十五条 反垄断和反不正当竞争执法机构按照职责权限,预防和制止市场经济活动中的垄断、不正当竞争行为,对滥用行政权力排除、限制竞争的行为依法处理，为民营经济组织提供良好的市场环境。

第三章　投资融资促进

第十六条　支持民营经济组织参与国家重大战略和重大工程。支持民营经济组织在战略性新兴产业、未来产业等领域投资和创业，鼓励开展传统产业技术改造和转型升级，参与现代化基础设施投资建设。

第十七条　国务院有关部门根据国家重大发展战略、发展规划、产业政策等，统筹研究制定促进民营经济投资政策措施，发布鼓励民营经济投资重大项目信息，引导民营经济投资重点领域。

民营经济组织投资建设符合国家战略方向的固定资产投资项目，依法享受国家支持政策。

第十八条　支持民营经济组织通过多种方式盘活存量资产，提高再投资能力，提升资产质量和效益。

各级人民政府及其有关部门支持民营经济组织参与政府和社会资本合作项目。政府和社会资本合作项目应当合理设置双方权利义务，明确投资收益获得方式、风险分担机制、纠纷解决方式等事项。

第十九条　各级人民政府及其有关部门在项目推介对接、前期工作和报建审批事项办理、要素获取和政府投资支持等方面，为民营经济组织投资提供规范高效便利的服务。

第二十条　国务院有关部门依据职责发挥货币政策工具和宏观信贷政策的激励约束作用，按照市场化、法治化原则，对金融机构向小型微型民营经济组织提供金融服务实施差异化政策，督促引导金融机构合理设置不良贷款容忍度、建立健全尽职免责机制、提升专业服务能力，提高为民营经济组织提供金融服务的水平。

第二十一条　银行业金融机构等依据法律法规，接受符合贷款业务需要的担保方式，并为民营经济组织提供应收账款、仓单、股权、知识产权等权利质押贷款。

各级人民政府及其有关部门应当为动产和权利质押登记、估值、交易流通、信息共享等提供支持和便利。

第二十二条　国家推动构建完善民营经济组织融资风险的市场化分担机制，支持银行业金融机构与融资担保机构有序扩大业务合作,共同服务民营经济组织。

第二十三条 金融机构在依法合规前提下,按照市场化、可持续发展原则开发和提供适合民营经济特点的金融产品和服务,为资信良好的民营经济组织融资提供便利条件,增强信贷供给、贷款周期与民营经济组织融资需求、资金使用周期的适配性,提升金融服务可获得性和便利度。

第二十四条 金融机构在授信、信贷管理、风控管理、服务收费等方面应当平等对待民营经济组织。

金融机构违反与民营经济组织借款人的约定,单方面增加发放贷款条件、中止发放贷款或者提前收回贷款的,依法承担违约责任。

第二十五条 健全多层次资本市场体系,支持符合条件的民营经济组织通过发行股票、债券等方式平等获得直接融资。

第二十六条 建立健全信用信息归集共享机制,支持征信机构为民营经济组织融资提供征信服务,支持信用评级机构优化民营经济组织的评级方法,增加信用评级有效供给,为民营经济组织获得融资提供便利。

第四章 科技创新

第二十七条 国家鼓励、支持民营经济组织在推动科技创新、培育新质生产力、建设现代化产业体系中积极发挥作用。引导民营经济组织根据国家战略需要、行业发展趋势和世界科技前沿,加强基础性、前沿性研究,开发关键核心技术、共性基础技术和前沿交叉技术,推动科技创新和产业创新融合发展,催生新产业、新模式、新动能。

引导非营利性基金依法资助民营经济组织开展基础研究、前沿技术研究和社会公益性技术研究。

第二十八条 支持民营经济组织参与国家科技攻关项目,支持有能力的民营经济组织牵头承担国家重大技术攻关任务,向民营经济组织开放国家重大科研基础设施,支持公共研究开发平台、共性技术平台开放共享,为民营经济组织技术创新平等提供服务,鼓励各类企业和高等学校、科研院所、职业学校与民营经济组织创新合作机制,开展技术交流和成果转移转化,推动产学研深度融合。

第二十九条 支持民营经济组织依法参与数字化、智能化共性技术研发和数据要素市场建设,依法合理使用数据,对开放的公共数据资源依法进行开发利用,增强数据要素共享性、普惠性、安全性,充分发挥数据赋能作用。

第三十条　国家保障民营经济组织依法参与标准制定工作,强化标准制定的信息公开和社会监督。

国家为民营经济组织提供科研基础设施、技术验证、标准规范、质量认证、检验检测、知识产权、示范应用等方面的服务和便利。

第三十一条　支持民营经济组织加强新技术应用,开展新技术、新产品、新服务、新模式应用试验,发挥技术市场、中介服务机构作用,通过多种方式推动科技成果应用推广。

鼓励民营经济组织在投资过程中基于商业规则自愿开展技术合作。技术合作的条件由投资各方遵循公平原则协商确定。

第三十二条　鼓励民营经济组织积极培养使用知识型、技能型、创新型人才,在关键岗位、关键工序培养使用高技能人才,推动产业工人队伍建设。

第三十三条　国家加强对民营经济组织及其经营者原始创新的保护。加大创新成果知识产权保护力度,实施知识产权侵权惩罚性赔偿制度,依法查处侵犯商标专用权、专利权、著作权和侵犯商业秘密、仿冒混淆等违法行为。

加强知识产权保护的区域、部门协作,为民营经济组织提供知识产权快速协同保护、多元纠纷解决、维权援助以及海外知识产权纠纷应对指导和风险预警等服务。

第五章　规 范 经 营

第三十四条　民营经济组织中的中国共产党的组织和党员,按照中国共产党章程和有关党内法规开展党的活动,在促进民营经济组织健康发展中发挥党组织的政治引领作用和党员先锋模范作用。

第三十五条　民营经济组织应当围绕国家工作大局,在发展经济、扩大就业、改善民生、科技创新等方面积极发挥作用,为满足人民日益增长的美好生活需要贡献力量。

第三十六条　民营经济组织从事生产经营活动应当遵守劳动用

工、安全生产、职业卫生、社会保障、生态环境、质量标准、知识产权、网络和数据安全、财政税收、金融等方面的法律法规；不得通过贿赂和欺诈等手段牟取不正当利益，不得妨害市场和金融秩序、破坏生态环境、损害劳动者合法权益和社会公共利益。

国家机关依法对民营经济组织生产经营活动实施监督管理。

第三十七条 支持民营资本服务经济社会发展，完善资本行为制度规则，依法规范和引导民营资本健康发展，维护社会主义市场经济秩序和社会公共利益。支持民营经济组织加强风险防范管理，鼓励民营经济组织做优主业、做强实业，提升核心竞争力。

第三十八条 民营经济组织应当完善治理结构和管理制度、规范经营者行为、强化内部监督，实现规范治理；依法建立健全以职工代表大会为基本形式的民主管理制度。鼓励有条件的民营经济组织建立完善中国特色现代企业制度。

民营经济组织中的工会等群团组织依照法律和章程开展活动，加强职工思想政治引领，维护职工合法权益，发挥在企业民主管理中的作用，推动完善企业工资集体协商制度，促进构建和谐劳动关系。

民营经济组织的组织形式、组织机构及其活动准则，适用《中华人民共和国公司法》《中华人民共和国合伙企业法》《中华人民共和国个人独资企业法》等法律的规定。

第三十九条 国家推动构建民营经济组织源头防范和治理腐败的体制机制，支持引导民营经济组织建立健全内部审计制度，加强廉洁风险防控，推动民营经济组织提升依法合规经营管理水平，及时预防、发现、治理经营中违法违规等问题。

民营经济组织应当加强对工作人员的法治教育，营造诚信廉洁、守法合规的文化氛围。

第四十条 民营经济组织应当依照法律、行政法规和国家统一的会计制度，加强财务管理，规范会计核算，防止财务造假，并区分民营经济组织生产经营收支与民营经济组织经营者个人收支，实现民营经济组织财产与民营经济组织经营者个人财产分离。

第四十一条 支持民营经济组织通过加强技能培训、扩大吸纳就业、完善工资分配制度等，促进员工共享发展成果。

第四十二条 探索建立民营经济组织的社会责任评价体系和激励机制,鼓励、引导民营经济组织积极履行社会责任,自愿参与公益慈善事业、应急救灾等活动。

第四十三条 民营经济组织及其经营者在海外投资经营应当遵守所在国家或者地区的法律,尊重当地习俗和文化传统,维护国家形象,不得从事损害国家安全和国家利益的活动。

第六章 服 务 保 障

第四十四条 国家机关及其工作人员在促进民营经济发展工作中,应当依法履职尽责。国家机关工作人员与民营经济组织经营者在工作交往中,应当遵纪守法,保持清正廉洁。

各级人民政府及其有关部门建立畅通有效的政企沟通机制,及时听取包括民营经济组织在内各类经济组织的意见建议,解决其反映的合理问题。

第四十五条 国家机关制定与经营主体生产经营活动密切相关的法律、法规、规章和其他规范性文件,最高人民法院、最高人民检察院作出属于审判、检察工作中具体应用法律的相关解释,或者作出有关重大决策,应当注重听取包括民营经济组织在内各类经济组织、行业协会商会的意见建议;在实施前应当根据实际情况留出必要的适应调整期。

根据《中华人民共和国立法法》的规定,与经营主体生产经营活动密切相关的法律、法规、规章和其他规范性文件,属于审判、检察工作中具体应用法律的解释,不溯及既往,但为了更好地保护公民、法人和其他组织的权利和利益而作的特别规定除外。

第四十六条 各级人民政府及其有关部门应当及时向社会公开涉及经营主体的优惠政策适用范围、标准、条件和申请程序等,为民营经济组织申请享受有关优惠政策提供便利。

第四十七条 各级人民政府及其有关部门制定鼓励民营经济组织创业的政策,提供公共服务,鼓励创业带动就业。

第四十八条 登记机关应当为包括民营经济组织在内的各类经济组织提供依法合规、规范统一、公开透明、便捷高效的设立、变更、注销等登记服务,降低市场进入和退出成本。

个体工商户可以自愿依法转型为企业。登记机关、税务机关和有关部门为个体工商户转型为企业提供指引和便利。

第四十九条 鼓励、支持高等学校、科研院所、职业学校、公共实训基地和各类职业技能培训机构创新人才培养模式，加强职业教育和培训，培养符合民营经济高质量发展需求的专业人才和产业工人。

人力资源和社会保障部门建立健全人力资源服务机制，搭建用工和求职信息对接平台，为民营经济组织招工用工提供便利。

各级人民政府及其有关部门完善人才激励和服务保障政策措施，畅通民营经济组织职称评审渠道，为民营经济组织引进、培养高层次及紧缺人才提供支持。

第五十条 行政机关坚持依法行政。行政机关开展执法活动应当避免或者尽量减少对民营经济组织正常生产经营活动的影响，并对其合理、合法诉求及时响应、处置。

第五十一条 对民营经济组织及其经营者违法行为的行政处罚应当按照与其他经济组织及其经营者同等原则实施。对违法行为依法需要实施行政处罚或者采取其他措施的，应当与违法行为的事实、性质、情节以及社会危害程度相当。违法行为具有《中华人民共和国行政处罚法》规定的从轻、减轻或者不予处罚情形的，依照其规定从轻、减轻或者不予处罚。

第五十二条 各级人民政府及其有关部门推动监管信息共享互认，根据民营经济组织的信用状况实施分级分类监管，提升监管效能。

除直接涉及公共安全和人民群众生命健康等特殊行业、重点领域依法依规实行全覆盖的重点监管外，市场监管领域相关部门的行政检查应当通过随机抽取检查对象、随机选派执法检查人员的方式进行，抽查事项及查处结果及时向社会公开。针对同一检查对象的多个检查事项，应当尽可能合并或者纳入跨部门联合检查范围。

第五十三条 各级人民政府及其有关部门建立健全行政执法违法行为投诉举报处理机制，及时受理并依法处理投诉举报，保护民营经济组织及其经营者合法权益。

司法行政部门建立涉企行政执法诉求沟通机制，组织开展行政执法检查，加强对行政执法活动的监督，及时纠正不当行政执法行为。

第五十四条 健全失信惩戒和信用修复制度。实施失信惩戒，应当依照法律、法规和有关规定，并根据失信行为的事实、性质、轻重程度等采取适度的惩戒措施。

民营经济组织及其经营者纠正失信行为、消除不良影响、符合信用修复条件的，可以提出信用修复申请。有关国家机关应当依法及时解除惩戒措施，移除或者终止失信信息公示，并在相关公共信用信息平台实现协同修复。

第五十五条 建立健全矛盾纠纷多元化解机制，为民营经济组织维护合法权益提供便利。

司法行政部门组织协调律师、公证、司法鉴定、基层法律服务、人民调解、商事调解、仲裁等相关机构和法律咨询专家，参与涉及民营经济组织纠纷的化解，为民营经济组织提供有针对性的法律服务。

第五十六条 有关行业协会商会依照法律、法规和章程，发挥协调和自律作用，及时反映行业诉求，为民营经济组织及其经营者提供信息咨询、宣传培训、市场拓展、权益保护、纠纷处理等方面的服务。

第五十七条 国家坚持高水平对外开放，加快构建以国内大循环为主体、国内国际双循环相互促进的新发展格局；支持、引导民营经济组织拓展国际交流合作，在海外依法合规开展投资经营等活动；加强法律、金融、物流等海外综合服务，完善海外利益保障机制，维护民营经济组织及其经营者海外合法权益。

第七章 权益保护

第五十八条 民营经济组织及其经营者的人身权利、财产权利以及经营自主权等合法权益受法律保护，任何单位和个人不得侵犯。

第五十九条 民营经济组织的名称权、名誉权、荣誉权和民营经济组织经营者的名誉权、荣誉权、隐私权、个人信息等人格权益受法律保护。

任何单位和个人不得利用互联网等传播渠道，以侮辱、诽谤等方式恶意侵害民营经济组织及其经营者的人格权益。网络服务提供者应当依照有关法律法规规定，加强网络信息内容管理，建立健全投诉、举报机制，及时处置恶意侵害当事人合法权益的违法信息，并向有关主管部门报告。

人格权益受到恶意侵害的民营经济组织及其经营者有权依法向人民法院申请采取责令行为人停止有关行为的措施。民营经济组织及其经营者的人格权益受到恶意侵害致使民营经济组织生产经营、投资融资等活动遭受实际损失的,侵权人依法承担赔偿责任。

第六十条　国家机关及其工作人员依法开展调查或者要求协助调查,应当避免或者尽量减少对正常生产经营活动产生影响。实施限制人身自由的强制措施,应当严格依照法定权限、条件和程序进行。

第六十一条　征收、征用财产,应当严格依照法定权限、条件和程序进行。

为了公共利益的需要,依照法律规定征收、征用财产的,应当给予公平、合理的补偿。

任何单位不得违反法律、法规向民营经济组织收取费用,不得实施没有法律、法规依据的罚款,不得向民营经济组织摊派财物。

第六十二条　查封、扣押、冻结涉案财物,应当遵守法定权限、条件和程序,严格区分违法所得、其他涉案财物与合法财产,民营经济组织财产与民营经济组织经营者个人财产,涉案人财产与案外人财产,不得超权限、超范围、超数额、超时限查封、扣押、冻结财物。对查封、扣押的涉案财物,应当妥善保管。

第六十三条　办理案件应当严格区分经济纠纷与经济犯罪,遵守法律关于追诉期限的规定;生产经营活动未违反刑法规定的,不以犯罪论处;事实不清、证据不足或者依法不追究刑事责任的,应当依法撤销案件、不起诉、终止审理或者宣告无罪。

禁止利用行政或者刑事手段违法干预经济纠纷。

第六十四条　规范异地执法行为,建立健全异地执法协助制度。办理案件需要异地执法的,应当遵守法定权限、条件和程序。国家机关之间对案件管辖有争议的,可以进行协商,协商不成的,提请共同的上级机关决定,法律另有规定的从其规定。

禁止为经济利益等目的滥用职权实施异地执法。

第六十五条　民营经济组织及其经营者对生产经营活动是否违法,以及国家机关实施的强制措施存在异议的,可以依法向有关机关反映情况、申诉,依法申请行政复议、提起诉讼。

第六十六条 检察机关依法对涉及民营经济组织及其经营者的诉讼活动实施法律监督，及时受理并审查有关申诉、控告。发现存在违法情形的，应当依法提出抗诉、纠正意见、检察建议。

第六十七条 国家机关、事业单位、国有企业应当依法或者依合同约定及时向民营经济组织支付账款，不得以人员变更、履行内部付款流程或者在合同未作约定情况下以等待竣工验收批复、决算审计等为由，拒绝或者拖延支付民营经济组织账款；除法律、行政法规另有规定外，不得强制要求以审计结果作为结算依据。

审计机关依法对国家机关、事业单位和国有企业支付民营经济组织账款情况进行审计监督。

第六十八条 大型企业向中小民营经济组织采购货物、工程、服务等，应当合理约定付款期限并及时支付账款，不得以收到第三方付款作为向中小民营经济组织支付账款的条件。

人民法院对拖欠中小民营经济组织账款案件依法及时立案、审理、执行，可以根据自愿和合法的原则进行调解，保障中小民营经济组织合法权益。

第六十九条 县级以上地方人民政府应当加强账款支付保障工作，预防和清理拖欠民营经济组织账款；强化预算管理，政府采购项目应当严格按照批准的预算执行；加强对拖欠账款处置工作的统筹指导，对有争议的鼓励各方协商解决，对存在重大分歧的组织协商、调解。协商、调解应当发挥工商业联合会、律师协会等组织的作用。

第七十条 地方各级人民政府及其有关部门应当履行依法向民营经济组织作出的政策承诺和与民营经济组织订立的合同，不得以行政区划调整、政府换届、机构或者职能调整以及相关人员更替等为由违约、毁约。

因国家利益、社会公共利益需要改变政策承诺、合同约定的，应当依照法定权限和程序进行，并对民营经济组织因此受到的损失予以补偿。

第八章 法律责任

第七十一条 违反本法规定，有下列情形之一的，由有权机关责令改正，造成不良后果或者影响的，对负有责任的领导人员和直接责任人员依法给予处分：

（一）未经公平竞争审查或者未通过公平竞争审查出台政策措施；

（二）在招标投标、政府采购等公共资源交易中限制或者排斥民营经济组织。

第七十二条　违反法律规定实施征收、征用或者查封、扣押、冻结等措施的，由有权机关责令改正，造成损失的，依法予以赔偿；造成不良后果或者影响的，对负有责任的领导人员和直接责任人员依法给予处分。

违反法律规定实施异地执法的，由有权机关责令改正，造成不良后果或者影响的，对负有责任的领导人员和直接责任人员依法给予处分。

第七十三条　国家机关、事业单位、国有企业违反法律、行政法规规定或者合同约定，拒绝或者拖延支付民营经济组织账款，地方各级人民政府及其有关部门不履行向民营经济组织依法作出的政策承诺、依法订立的合同的，由有权机关予以纠正，造成损失的，依法予以赔偿；造成不良后果或者影响的，对负有责任的领导人员和直接责任人员依法给予处分。

大型企业违反法律、行政法规规定或者合同约定，拒绝或者拖延支付中小民营经济组织账款的，依法承担法律责任。

第七十四条　违反本法规定，侵害民营经济组织及其经营者合法权益，其他法律、法规规定行政处罚的，从其规定；造成人身损害或者财产损失的，依法承担民事责任；构成犯罪的，依法追究刑事责任。

第七十五条　民营经济组织及其经营者生产经营活动违反法律、法规规定，由有权机关责令改正，依法予以行政处罚；造成人身损害或者财产损失的，依法承担民事责任；构成犯罪的，依法追究刑事责任。

第七十六条　民营经济组织及其经营者采取欺诈等不正当手段骗取表彰荣誉、优惠政策等的，应当撤销已获表彰荣誉、取消享受的政策待遇，依法予以处罚；构成犯罪的，依法追究刑事责任。

第九章　附　　则

第七十七条　本法所称民营经济组织，是指在中华人民共和国境内依法设立的由中国公民控股或者实际控制的营利法人、非法人组织和个体工商户，以及前述组织控股或者实际控制的营利法人、非法人组织。

民营经济组织涉及外商投资的,同时适用外商投资法律法规的相关规定。

第七十八条 本法自 2025 年 5 月 20 日起施行。

中华人民共和国中小企业促进法

(2002 年 6 月 29 日第九届全国人民代表大会常务委员会第二十八次会议通过　2017 年 9 月 1 日第十二届全国人民代表大会常务委员会第二十九次会议修订)

目　录

第一章　总　　则

第二章　财税支持

第三章　融资促进

第四章　创业扶持

第五章　创新支持

第六章　市场开拓

第七章　服务措施

第八章　权益保护

第九章　监督检查

第十章　附　　则

第一章　总　　则

第一条　为了改善中小企业经营环境,保障中小企业公平参与市场竞争,维护中小企业合法权益,支持中小企业创业创新,促进中小企业健康发展,扩大城乡就业,发挥中小企业在国民经济和社会发展中的重要作用,制定本法。

第二条　本法所称中小企业,是指在中华人民共和国境内依法设立的,人员规模、经营规模相对较小的企业,包括中型企业、小型企业和微型企业。

中型企业、小型企业和微型企业划分标准由国务院负责中小企业促进工作综合管理的部门会同国务院有关部门,根据企业从业人员、营业收入、资产总额等指标,结合行业特点制定,报国务院批准。

第三条 国家将促进中小企业发展作为长期发展战略,坚持各类企业权利平等、机会平等、规则平等,对中小企业特别是其中的小型微型企业实行积极扶持、加强引导、完善服务、依法规范、保障权益的方针,为中小企业创立和发展创造有利的环境。

第四条 中小企业应当依法经营,遵守国家劳动用工、安全生产、职业卫生、社会保障、资源环境、质量标准、知识产权、财政税收等方面的法律、法规,遵循诚信原则,规范内部管理,提高经营管理水平;不得损害劳动者合法权益,不得损害社会公共利益。

第五条 国务院制定促进中小企业发展政策,建立中小企业促进工作协调机制,统筹全国中小企业促进工作。

国务院负责中小企业促进工作综合管理的部门组织实施促进中小企业发展政策,对中小企业促进工作进行宏观指导、综合协调和监督检查。

国务院有关部门根据国家促进中小企业发展政策,在各自职责范围内负责中小企业促进工作。

县级以上地方各级人民政府根据实际情况建立中小企业促进工作协调机制,明确相应的负责中小企业促进工作综合管理的部门,负责本行政区域内的中小企业促进工作。

第六条 国家建立中小企业统计监测制度。统计部门应当加强对中小企业的统计调查和监测分析,定期发布有关信息。

第七条 国家推进中小企业信用制度建设,建立社会化的信用信息征集与评价体系,实现中小企业信用信息查询、交流和共享的社会化。

第二章 财 税 支 持

第八条 中央财政应当在本级预算中设立中小企业科目,安排中小企业发展专项资金。

县级以上地方各级人民政府应当根据实际情况,在本级财政预算中安排中小企业发展专项资金。

第九条 中小企业发展专项资金通过资助、购买服务、奖励等方式,重点用于支持中小企业公共服务体系和融资服务体系建设。

中小企业发展专项资金向小型微型企业倾斜,资金管理使用坚持公开、透明的原则,实行预算绩效管理。

第十条 国家设立中小企业发展基金。国家中小企业发展基金应当遵循政策性导向和市场化运作原则,主要用于引导和带动社会资金支持初创期中小企业,促进创业创新。

县级以上地方各级人民政府可以设立中小企业发展基金。

中小企业发展基金的设立和使用管理办法由国务院规定。

第十一条 国家实行有利于小型微型企业发展的税收政策,对符合条件的小型微型企业按照规定实行缓征、减征、免征企业所得税、增值税等措施,简化税收征管程序,减轻小型微型企业税收负担。

第十二条 国家对小型微型企业行政事业性收费实行减免等优惠政策,减轻小型微型企业负担。

第三章 融资促进

第十三条 金融机构应当发挥服务实体经济的功能,高效、公平地服务中小企业。

第十四条 中国人民银行应当综合运用货币政策工具,鼓励和引导金融机构加大对小型微型企业的信贷支持,改善小型微型企业融资环境。

第十五条 国务院银行业监督管理机构对金融机构开展小型微型企业金融服务应当制定差异化监管政策,采取合理提高小型微型企业不良贷款容忍度等措施,引导金融机构增加小型微型企业融资规模和比重,提高金融服务水平。

第十六条 国家鼓励各类金融机构开发和提供适合中小企业特点的金融产品和服务。

国家政策性金融机构应当在其业务经营范围内,采取多种形式,为中小企业提供金融服务。

第十七条 国家推进和支持普惠金融体系建设,推动中小银行、非存款类放贷机构和互联网金融有序健康发展,引导银行业金融机构向县域和乡镇等小型微型企业金融服务薄弱地区延伸网点和业务。

国有大型商业银行应当设立普惠金融机构,为小型微型企业提供金融服务。国家推动其他银行业金融机构设立小型微型企业金融服务专营机构。

地区性中小银行应当积极为其所在地的小型微型企业提供金融服务,促进实体经济发展。

第十八条 国家健全多层次资本市场体系,多渠道推动股权融资,发展并规范债券市场,促进中小企业利用多种方式直接融资。

第十九条 国家完善担保融资制度,支持金融机构为中小企业提供以应收账款、知识产权、存货、机器设备等为担保品的担保融资。

第二十条 中小企业以应收账款申请担保融资时,其应收账款的付款方,应当及时确认债权债务关系,支持中小企业融资。

国家鼓励中小企业及付款方通过应收账款融资服务平台确认债权债务关系,提高融资效率,降低融资成本。

第二十一条 县级以上人民政府应当建立中小企业政策性信用担保体系,鼓励各类担保机构为中小企业融资提供信用担保。

第二十二条 国家推动保险机构开展中小企业贷款保证保险和信用保险业务,开发适应中小企业分散风险、补偿损失需求的保险产品。

第二十三条 国家支持征信机构发展针对中小企业融资的征信产品和服务,依法向政府有关部门、公用事业单位和商业机构采集信息。

国家鼓励第三方评级机构开展中小企业评级服务。

第四章 创业扶持

第二十四条 县级以上人民政府及其有关部门应当通过政府网站、宣传资料等形式,为创业人员免费提供工商、财税、金融、环境保护、安全生产、劳动用工、社会保障等方面的法律政策咨询和公共信息服务。

第二十五条 高等学校毕业生、退役军人和失业人员、残疾人员等创办小型微型企业,按照国家规定享受税收优惠和收费减免。

第二十六条 国家采取措施支持社会资金参与投资中小企业。

创业投资企业和个人投资者投资初创期科技创新企业的,按照国家规定享受税收优惠。

第二十七条　国家改善企业创业环境,优化审批流程,实现中小企业行政许可便捷,降低中小企业设立成本。

第二十八条　国家鼓励建设和创办小型微型企业创业基地、孵化基地,为小型微型企业提供生产经营场地和服务。

第二十九条　地方各级人民政府应当根据中小企业发展的需要,在城乡规划中安排必要的用地和设施,为中小企业获得生产经营场所提供便利。

国家支持利用闲置的商业用房、工业厂房、企业库房和物流设施等,为创业者提供低成本生产经营场所。

第三十条　国家鼓励互联网平台向中小企业开放技术、开发、营销、推广等资源,加强资源共享与合作,为中小企业创业提供服务。

第三十一条　国家简化中小企业注销登记程序,实现中小企业市场退出便利化。

第五章　创　新　支　持

第三十二条　国家鼓励中小企业按照市场需求,推进技术、产品、管理模式、商业模式等创新。

中小企业的固定资产由于技术进步等原因,确需加速折旧的,可以依法缩短折旧年限或者采取加速折旧方法。

国家完善中小企业研究开发费用加计扣除政策,支持中小企业技术创新。

第三十三条　国家支持中小企业在研发设计、生产制造、运营管理等环节应用互联网、云计算、大数据、人工智能等现代技术手段,创新生产方式,提高生产经营效率。

第三十四条　国家鼓励中小企业参与产业关键共性技术研究开发和利用财政资金设立的科研项目实施。

国家推动军民融合深度发展,支持中小企业参与国防科研和生产活动。

国家支持中小企业及中小企业的有关行业组织参与标准的制定。

第三十五条　国家鼓励中小企业研究开发拥有自主知识产权的技术和产品，规范内部知识产权管理，提升保护和运用知识产权的能力；鼓励中小企业投保知识产权保险；减轻中小企业申请和维持知识产权的费用等负担。

第三十六条　县级以上人民政府有关部门应当在规划、用地、财政等方面提供支持，推动建立和发展各类创新服务机构。

国家鼓励各类创新服务机构为中小企业提供技术信息、研发设计与应用、质量标准、实验试验、检验检测、技术转让、技术培训等服务，促进科技成果转化，推动企业技术、产品升级。

第三十七条　县级以上人民政府有关部门应当拓宽渠道，采取补贴、培训等措施，引导高等学校毕业生到中小企业就业，帮助中小企业引进创新人才。

国家鼓励科研机构、高等学校和大型企业等创造条件向中小企业开放试验设施，开展技术研发与合作，帮助中小企业开发新产品，培养专业人才。

国家鼓励科研机构、高等学校支持本单位的科技人员以兼职、挂职、参与项目合作等形式到中小企业从事产学研合作和科技成果转化活动，并按照国家有关规定取得相应报酬。

第六章　市　场　开　拓

第三十八条　国家完善市场体系，实行统一的市场准入和市场监管制度，反对垄断和不正当竞争，营造中小企业公平参与竞争的市场环境。

第三十九条　国家支持大型企业与中小企业建立以市场配置资源为基础的、稳定的原材料供应、生产、销售、服务外包、技术开发和技术改造等方面的协作关系，带动和促进中小企业发展。

第四十条　国务院有关部门应当制定中小企业政府采购的相关优惠政策，通过制定采购需求标准、预留采购份额、价格评审优惠、优先采购等措施，提高中小企业在政府采购中的份额。

向中小企业预留的采购份额应当占本部门年度政府采购项目预算总额的百分之三十以上；其中，预留给小型微型企业的比例不低于百分之六十。中小企业无法提供的商品和服务除外。

　　政府采购不得在企业股权结构、经营年限、经营规模和财务指标等方面对中小企业实行差别待遇或者歧视待遇。

　　政府采购部门应当在政府采购监督管理部门指定的媒体上及时向社会公开发布采购信息,为中小企业获得政府采购合同提供指导和服务。

　　第四十一条　县级以上人民政府有关部门应当在法律咨询、知识产权保护、技术性贸易措施、产品认证等方面为中小企业产品和服务出口提供指导和帮助,推动对外经济技术合作与交流。

　　国家有关政策性金融机构应当通过开展进出口信贷、出口信用保险等业务,支持中小企业开拓境外市场。

　　第四十二条　县级以上人民政府有关部门应当为中小企业提供用汇、人员出入境等方面的便利,支持中小企业到境外投资,开拓国际市场。

第七章　服务措施

　　第四十三条　国家建立健全社会化的中小企业公共服务体系,为中小企业提供服务。

　　第四十四条　县级以上地方各级人民政府应当根据实际需要建立和完善中小企业公共服务机构,为中小企业提供公益性服务。

　　第四十五条　县级以上人民政府负责中小企业促进工作综合管理的部门应当建立跨部门的政策信息互联网发布平台,及时汇集涉及中小企业的法律法规、创业、创新、金融、市场、权益保护等各类政府服务信息,为中小企业提供便捷无偿服务。

　　第四十六条　国家鼓励各类服务机构为中小企业提供创业培训与辅导、知识产权保护、管理咨询、信息咨询、信用服务、市场营销、项目开发、投资融资、财会税务、产权交易、技术支持、人才引进、对外合作、展览展销、法律咨询等服务。

　　第四十七条　县级以上人民政府负责中小企业促进工作综合管理的部门应当安排资金,有计划地组织实施中小企业经营管理人员培训。

第四十八条 国家支持有关机构、高等学校开展针对中小企业经营管理及生产技术等方面的人员培训,提高企业营销、管理和技术水平。

国家支持高等学校、职业教育院校和各类职业技能培训机构与中小企业合作共建实习实践基地,支持职业教育院校教师和中小企业技术人才双向交流,创新中小企业人才培养模式。

第四十九条 中小企业的有关行业组织应当依法维护会员的合法权益,反映会员诉求,加强自律管理,为中小企业创业创新、开拓市场等提供服务。

第八章 权益保护

第五十条 国家保护中小企业及其出资人的财产权和其他合法权益。任何单位和个人不得侵犯中小企业财产及其合法收益。

第五十一条 县级以上人民政府负责中小企业促进工作综合管理的部门应当建立专门渠道,听取中小企业对政府相关管理工作的意见和建议,并及时向有关部门反馈,督促改进。

县级以上地方各级人民政府有关部门和有关行业组织应当公布联系方式,受理中小企业的投诉、举报,并在规定的时间内予以调查、处理。

第五十二条 地方各级人民政府应当依法实施行政许可,依法开展管理工作,不得实施没有法律、法规依据的检查,不得强制或者变相强制中小企业参加考核、评比、表彰、培训等活动。

第五十三条 国家机关、事业单位和大型企业不得违约拖欠中小企业的货物、工程、服务款项。

中小企业有权要求拖欠方支付拖欠款并要求对拖欠造成的损失进行赔偿。

第五十四条 任何单位不得违反法律、法规向中小企业收取费用,不得实施没有法律、法规依据的罚款,不得向中小企业摊派财物。中小企业对违反上述规定的行为有权拒绝和举报、控告。

第五十五条 国家建立和实施涉企行政事业性收费目录清单制度,收费目录清单及其实施情况向社会公开,接受社会监督。

任何单位不得对中小企业执行目录清单之外的行政事业性收费，不得对中小企业擅自提高收费标准、扩大收费范围；严禁以各种方式强制中小企业赞助捐赠、订购报刊、加入社团、接受指定服务；严禁行业组织依靠代行政府职能或者利用行政资源擅自设立收费项目、提高收费标准。

第五十六条 县级以上地方各级人民政府有关部门对中小企业实施监督检查应当依法进行，建立随机抽查机制。同一部门对中小企业实施的多项监督检查能够合并进行的，应当合并进行；不同部门对中小企业实施的多项监督检查能够合并完成的，由本级人民政府组织有关部门实施合并或者联合检查。

第九章 监督检查

第五十七条 县级以上人民政府定期组织对中小企业促进工作情况的监督检查；对违反本法的行为及时予以纠正，并对直接负责的主管人员和其他直接责任人员依法给予处分。

第五十八条 国务院负责中小企业促进工作综合管理的部门应当委托第三方机构定期开展中小企业发展环境评估，并向社会公布。

地方各级人民政府可以根据实际情况委托第三方机构开展中小企业发展环境评估。

第五十九条 县级以上人民政府应当定期组织开展对中小企业发展专项资金、中小企业发展基金使用效果的企业评价、社会评价和资金使用动态评估，并将评价和评估情况及时向社会公布，接受社会监督。

县级以上人民政府有关部门在各自职责范围内，对中小企业发展专项资金、中小企业发展基金的管理和使用情况进行监督，对截留、挤占、挪用、侵占、贪污中小企业发展专项资金、中小企业发展基金等行为依法进行查处，并对直接负责的主管人员和其他直接责任人员依法给予处分；构成犯罪的，依法追究刑事责任。

第六十条 县级以上地方各级人民政府有关部门在各自职责范围内，对强制或者变相强制中小企业参加考核、评比、表彰、培训等活动的行为，违法向中小企业收费、罚款、摊派财物的行为，以及其他侵犯中小企业合法权益的行为进行查处,并对直接负责的主管人员和其他直接责任人员依法给予处分。

第十章 附 则

第六十一条 本法自 2018 年 1 月 1 日起施行。

中华人民共和国公司法

（1993 年 12 月 29 日第八届全国人民代表大会常务委员会第五次会议通过 根据 1999 年 12 月 25 日第九届全国人民代表大会常务委员会第十三次会议《关于修改〈中华人民共和国公司法〉的决定》第一次修正 根据 2004 年 8 月 28 日第十届全国人民代表大会常务委员会第十一次会议《关于修改〈中华人民共和国公司法〉的决定》第二次修正 2005 年 10 月 27 日第十届全国人民代表大会常务委员会第十八次会议第一次修订 根据 2013 年 12 月 28 日第十二届全国人民代表大会常务委员会第六次会议《关于修改〈中华人民共和国海洋环境保护法〉等七部法律的决定》第三次修正 根据 2018 年 10 月 26 日第十三届全国人民代表大会常务委员会第六次会议《关于修改〈中华人民共和国公司法〉的决定》第四次修正 2023 年 12 月 29 日第十四届全国人民代表大会常务委员会第七次会议第二次修订）

目 录

第一章 总 则
第二章 公司登记
第三章 有限责任公司的设立和组织机构
　第一节 设 立
　第二节 组织机构

第四章　有限责任公司的股权转让
第五章　股份有限公司的设立和组织机构
　第一节　设　　立
　第二节　股东会
　第三节　董事会、经理
　第四节　监事会
　第五节　上市公司组织机构的特别规定
第六章　股份有限公司的股份发行和转让
　第一节　股份发行
　第二节　股份转让
第七章　国家出资公司组织机构的特别规定
第八章　公司董事、监事、高级管理人员的资格和义务
第九章　公司债券
第十章　公司财务、会计
第十一章　公司合并、分立、增资、减资
第十二章　公司解散和清算
第十三章　外国公司的分支机构
第十四章　法律责任
第十五章　附　　则

第一章　总　　则

第一条　为了规范公司的组织和行为,保护公司、股东、职工和债权人的合法权益,完善中国特色现代企业制度,弘扬企业家精神,维护社会经济秩序,促进社会主义市场经济的发展,根据宪法,制定本法。

第二条　本法所称公司,是指依照本法在中华人民共和国境内设立的有限责任公司和股份有限公司。

第三条　公司是企业法人,有独立的法人财产,享有法人财产权。公司以其全部财产对公司的债务承担责任。

公司的合法权益受法律保护,不受侵犯。

第四条　有限责任公司的股东以其认缴的出资额为限对公司承担责任;股份有限公司的股东以其认购的股份为限对公司承担责任。

公司股东对公司依法享有资产收益、参与重大决策和选择管理者等权利。

第五条 设立公司应当依法制定公司章程。公司章程对公司、股东、董事、监事、高级管理人员具有约束力。

第六条 公司应当有自己的名称。公司名称应当符合国家有关规定。

公司的名称权受法律保护。

第七条 依照本法设立的有限责任公司，应当在公司名称中标明有限责任公司或者有限公司字样。

依照本法设立的股份有限公司，应当在公司名称中标明股份有限公司或者股份公司字样。

第八条 公司以其主要办事机构所在地为住所。

第九条 公司的经营范围由公司章程规定。公司可以修改公司章程，变更经营范围。

公司的经营范围中属于法律、行政法规规定须经批准的项目，应当依法经过批准。

第十条 公司的法定代表人按照公司章程的规定，由代表公司执行公司事务的董事或者经理担任。

担任法定代表人的董事或者经理辞任的，视为同时辞去法定代表人。

法定代表人辞任的，公司应当在法定代表人辞任之日起三十日内确定新的法定代表人。

第十一条 法定代表人以公司名义从事的民事活动，其法律后果由公司承受。

公司章程或者股东会对法定代表人职权的限制，不得对抗善意相对人。

法定代表人因执行职务造成他人损害的，由公司承担民事责任。公司承担民事责任后，依照法律或者公司章程的规定，可以向有过错的法定代表人追偿。

第十二条 有限责任公司变更为股份有限公司，应当符合本法规定的股份有限公司的条件。股份有限公司变更为有限责任公司，应当符合本法规定的有限责任公司的条件。

有限责任公司变更为股份有限公司的,或者股份有限公司变更为有限责任公司的,公司变更前的债权、债务由变更后的公司承继。

第十三条 公司可以设立子公司。子公司具有法人资格,依法独立承担民事责任。

公司可以设立分公司。分公司不具有法人资格,其民事责任由公司承担。

第十四条 公司可以向其他企业投资。

法律规定公司不得成为对所投资企业的债务承担连带责任的出资人的,从其规定。

第十五条 公司向其他企业投资或者为他人提供担保,按照公司章程的规定,由董事会或者股东会决议;公司章程对投资或者担保的总额及单项投资或者担保的数额有限额规定的,不得超过规定的限额。

公司为公司股东或者实际控制人提供担保的,应当经股东会决议。

前款规定的股东或者受前款规定的实际控制人支配的股东,不得参加前款规定事项的表决。该项表决由出席会议的其他股东所持表决权的过半数通过。

第十六条 公司应当保护职工的合法权益,依法与职工签订劳动合同,参加社会保险,加强劳动保护,实现安全生产。

公司应当采用多种形式,加强公司职工的职业教育和岗位培训,提高职工素质。

第十七条 公司职工依照《中华人民共和国工会法》组织工会,开展工会活动,维护职工合法权益。公司应当为本公司工会提供必要的活动条件。公司工会代表职工就职工的劳动报酬、工作时间、休息休假、劳动安全卫生和保险福利等事项依法与公司签订集体合同。

公司依照宪法和有关法律的规定,建立健全以职工代表大会为基本形式的民主管理制度,通过职工代表大会或者其他形式,实行民主管理。

公司研究决定改制、解散、申请破产以及经营方面的重大问题、制定重要的规章制度时,应当听取公司工会的意见,并通过职工代表大会或者其他形式听取职工的意见和建议。

第十八条 在公司中,根据中国共产党章程的规定,设立中国共产党的组织,开展党的活动。公司应当为党组织的活动提供必要条件。

第十九条 公司从事经营活动,应当遵守法律法规,遵守社会公德、商业道德,诚实守信,接受政府和社会公众的监督。

第二十条 公司从事经营活动,应当充分考虑公司职工、消费者等利益相关者的利益以及生态环境保护等社会公共利益,承担社会责任。

国家鼓励公司参与社会公益活动,公布社会责任报告。

第二十一条 公司股东应当遵守法律、行政法规和公司章程,依法行使股东权利,不得滥用股东权利损害公司或者其他股东的利益。

公司股东滥用股东权利给公司或者其他股东造成损失的,应当承担赔偿责任。

第二十二条 公司的控股股东、实际控制人、董事、监事、高级管理人员不得利用关联关系损害公司利益。

违反前款规定,给公司造成损失的,应当承担赔偿责任。

第二十三条 公司股东滥用公司法人独立地位和股东有限责任,逃避债务,严重损害公司债权人利益的,应当对公司债务承担连带责任。

股东利用其控制的两个以上公司实施前款规定行为的,各公司应当对任一公司的债务承担连带责任。

只有一个股东的公司,股东不能证明公司财产独立于股东自己的财产的,应当对公司债务承担连带责任。

第二十四条 公司股东会、董事会、监事会召开会议和表决可以采用电子通信方式,公司章程另有规定的除外。

第二十五条 公司股东会、董事会的决议内容违反法律、行政法规的无效。

第二十六条 公司股东会、董事会的会议召集程序、表决方式违反法律、行政法规或者公司章程,或者决议内容违反公司章程的,股东自决议作出之日起六十日内,可以请求人民法院撤销。但是,股东会、董事会的会议召集程序或者表决方式仅有轻微瑕疵,对决议未产生实质影响的除外。

未被通知参加股东会会议的股东自知道或者应当知道股东会决议作出之日起六十日内,可以请求人民法院撤销;自决议作出之日起一年内没有行使撤销权的,撤销权消灭。

第二十七条 有下列情形之一的,公司股东会、董事会的决议不成立:

(一)未召开股东会、董事会会议作出决议;

(二)股东会、董事会会议未对决议事项进行表决;

(三)出席会议的人数或者所持表决权数未达到本法或者公司章程规定的人数或者所持表决权数;

(四)同意决议事项的人数或者所持表决权数未达到本法或者公司章程规定的人数或者所持表决权数。

第二十八条 公司股东会、董事会决议被人民法院宣告无效、撤销或者确认不成立的,公司应当向公司登记机关申请撤销根据该决议已办理的登记。

股东会、董事会决议被人民法院宣告无效、撤销或者确认不成立的,公司根据该决议与善意相对人形成的民事法律关系不受影响。

第二章 公司登记

第二十九条 设立公司,应当依法向公司登记机关申请设立登记。

法律、行政法规规定设立公司必须报经批准的,应当在公司登记前依法办理批准手续。

第三十条 申请设立公司,应当提交设立登记申请书、公司章程等文件,提交的相关材料应当真实、合法和有效。

申请材料不齐全或者不符合法定形式的,公司登记机关应当一次性告知需要补正的材料。

第三十一条 申请设立公司,符合本法规定的设立条件的,由公司登记机关分别登记为有限责任公司或者股份有限公司;不符合本法规定的设立条件的,不得登记为有限责任公司或者股份有限公司。

第三十二条 公司登记事项包括:

(一)名称;

(二)住所;

(三)注册资本;

(四)经营范围;

(五)法定代表人的姓名;

(六)有限责任公司股东、股份有限公司发起人的姓名或者名称。

公司登记机关应当将前款规定的公司登记事项通过国家企业信用信息公示系统向社会公示。

第三十三条 依法设立的公司,由公司登记机关发给公司营业执照。公司营业执照签发日期为公司成立日期。

公司营业执照应当载明公司的名称、住所、注册资本、经营范围、法定代表人姓名等事项。

公司登记机关可以发给电子营业执照。电子营业执照与纸质营业执照具有同等法律效力。

第三十四条 公司登记事项发生变更的,应当依法办理变更登记。

公司登记事项未经登记或者未经变更登记,不得对抗善意相对人。

第三十五条 公司申请变更登记,应当向公司登记机关提交公司法定代表人签署的变更登记申请书、依法作出的变更决议或者决定等文件。

公司变更登记事项涉及修改公司章程的,应当提交修改后的公司章程。

公司变更法定代表人的,变更登记申请书由变更后的法定代表人签署。

第三十六条 公司营业执照记载的事项发生变更的,公司办理变更登记后,由公司登记机关换发营业执照。

第三十七条 公司因解散、被宣告破产或者其他法定事由需要终止的,应当依法向公司登记机关申请注销登记,由公司登记机关公告公司终止。

第三十八条 公司设立分公司,应当向公司登记机关申请登记,领取营业执照。

第三十九条 虚报注册资本、提交虚假材料或者采取其他欺诈手段隐瞒重要事实取得公司设立登记的,公司登记机关应当依照法律、行政法规的规定予以撤销。

第四十条 公司应当按照规定通过国家企业信用信息公示系统公示下列事项:

(一)有限责任公司股东认缴和实缴的出资额、出资方式和出资日期,股份有限公司发起人认购的股份数;

(二)有限责任公司股东、股份有限公司发起人的股权、股份变更信息;

(三)行政许可取得、变更、注销等信息;

(四)法律、行政法规规定的其他信息。

公司应当确保前款公示信息真实、准确、完整。

第四十一条 公司登记机关应当优化公司登记办理流程,提高公司登记效率,加强信息化建设,推行网上办理等便捷方式,提升公司登记便利化水平。

国务院市场监督管理部门根据本法和有关法律、行政法规的规定,制定公司登记注册的具体办法。

第三章 有限责任公司的设立和组织机构

第一节 设 立

第四十二条 有限责任公司由一个以上五十个以下股东出资设立。

第四十三条 有限责任公司设立时的股东可以签订设立协议,明确各自在公司设立过程中的权利和义务。

第四十四条 有限责任公司设立时的股东为设立公司从事的民事活动,其法律后果由公司承受。

公司未成立的,其法律后果由公司设立时的股东承受;设立时的股东为二人以上的,享有连带债权,承担连带债务。

设立时的股东为设立公司以自己的名义从事民事活动产生的民事责任,第三人有权选择请求公司或者公司设立时的股东承担。

设立时的股东因履行公司设立职责造成他人损害的,公司或者无过错的股东承担赔偿责任后,可以向有过错的股东追偿。

第四十五条 设立有限责任公司,应当由股东共同制定公司章程。

第四十六条 有限责任公司章程应当载明下列事项:

(一)公司名称和住所;

(二)公司经营范围;

(三)公司注册资本;

(四)股东的姓名或者名称;

(五)股东的出资额、出资方式和出资日期;

(六)公司的机构及其产生办法、职权、议事规则;

(七)公司法定代表人的产生、变更办法;

(八)股东会认为需要规定的其他事项。

股东应当在公司章程上签名或者盖章。

第四十七条 有限责任公司的注册资本为在公司登记机关登记的全体股东认缴的出资额。全体股东认缴的出资额由股东按照公司章程的规定自公司成立之日起五年内缴足。

法律、行政法规以及国务院决定对有限责任公司注册资本实缴、注册资本最低限额、股东出资期限另有规定的,从其规定。

第四十八条 股东可以用货币出资,也可以用实物、知识产权、土地使用权、股权、债权等可以用货币估价并可以依法转让的非货币财产作价出资;但是,法律、行政法规规定不得作为出资的财产除外。

对作为出资的非货币财产应当评估作价,核实财产,不得高估或者低估作价。法律、行政法规对评估作价有规定的,从其规定。

第四十九条 股东应当按期足额缴纳公司章程规定的各自所认缴的出资额。

股东以货币出资的,应当将货币出资足额存入有限责任公司在银行开设的账户;以非货币财产出资的,应当依法办理其财产权的转移手续。

股东未按期足额缴纳出资的,除应当向公司足额缴纳外,还应当对给公司造成的损失承担赔偿责任。

第五十条 有限责任公司设立时,股东未按照公司章程规定实际缴纳出资,或者实际出资的非货币财产的实际价额显著低于所认缴的出资额的,设立时的其他股东与该股东在出资不足的范围内承担连带责任。

第五十一条 有限责任公司成立后,董事会应当对股东的出资情况进行核查,发现股东未按期足额缴纳公司章程规定的出资的,应当由公司向该股东发出书面催缴书,催缴出资。

未及时履行前款规定的义务,给公司造成损失的,负有责任的董事应当承担赔偿责任。

第五十二条 股东未按照公司章程规定的出资日期缴纳出资,公司依照前条第一款规定发出书面催缴书催缴出资的,可以载明缴纳出资的宽限期;宽限期自公司发出催缴书之日起,不得少于六十日。宽限期届满,股东仍未履行出资义务的,公司经董事会决议可以向该股东发出失权通知,通知应当以书面形式发出。自通知发出之日起,该股东丧失其未缴纳出资的股权。

依照前款规定丧失的股权应当依法转让,或者相应减少注册资本并注销该股权;六个月内未转让或者注销的,由公司其他股东按照其出资比例足额缴纳相应出资。

股东对失权有异议的,应当自接到失权通知之日起三十日内,向人民法院提起诉讼。

第五十三条 公司成立后,股东不得抽逃出资。

违反前款规定的,股东应当返还抽逃的出资;给公司造成损失的,负有责任的董事、监事、高级管理人员应当与该股东承担连带赔偿责任。

第五十四条 公司不能清偿到期债务的,公司或者已到期债权的债权人有权要求已认缴出资但未届出资期限的股东提前缴纳出资。

第五十五条 有限责任公司成立后,应当向股东签发出资证明书,记载下列事项:

（一）公司名称；

（二）公司成立日期；

（三）公司注册资本；

（四）股东的姓名或者名称、认缴和实缴的出资额、出资方式和出资日期；

（五）出资证明书的编号和核发日期。

出资证明书由法定代表人签名，并由公司盖章。

第五十六条 有限责任公司应当置备股东名册，记载下列事项：

（一）股东的姓名或者名称及住所；

（二）股东认缴和实缴的出资额、出资方式和出资日期；

（三）出资证明书编号；

（四）取得和丧失股东资格的日期。

记载于股东名册的股东，可以依股东名册主张行使股东权利。

第五十七条 股东有权查阅、复制公司章程、股东名册、股东会会议记录、董事会会议决议、监事会会议决议和财务会计报告。

股东可以要求查阅公司会计账簿、会计凭证。股东要求查阅公司会计账簿、会计凭证的，应当向公司提出书面请求，说明目的。公司有合理根据认为股东查阅会计账簿、会计凭证有不正当目的，可能损害公司合法利益的，可以拒绝提供查阅，并应当自股东提出书面请求之日起十五日内书面答复股东并说明理由。公司拒绝提供查阅的，股东可以向人民法院提起诉讼。

股东查阅前款规定的材料，可以委托会计师事务所、律师事务所等中介机构进行。

股东及其委托的会计师事务所、律师事务所等中介机构查阅、复制有关材料，应当遵守有关保护国家秘密、商业秘密、个人隐私、个人信息等法律、行政法规的规定。

股东要求查阅、复制公司全资子公司相关材料的，适用前四款的规定。

第二节 组 织 机 构

第五十八条 有限责任公司股东会由全体股东组成。股东会是公司的权力机构,依照本法行使职权。

第五十九条 股东会行使下列职权:
(一)选举和更换董事、监事,决定有关董事、监事的报酬事项;
(二)审议批准董事会的报告;
(三)审议批准监事会的报告;
(四)审议批准公司的利润分配方案和弥补亏损方案;
(五)对公司增加或者减少注册资本作出决议;
(六)对发行公司债券作出决议;
(七)对公司合并、分立、解散、清算或者变更公司形式作出决议;
(八)修改公司章程;
(九)公司章程规定的其他职权。

股东会可以授权董事会对发行公司债券作出决议。

对本条第一款所列事项股东以书面形式一致表示同意的,可以不召开股东会会议,直接作出决定,并由全体股东在决定文件上签名或者盖章。

第六十条 只有一个股东的有限责任公司不设股东会。股东作出前条第一款所列事项的决定时,应当采用书面形式,并由股东签名或者盖章后置备于公司。

第六十一条 首次股东会会议由出资最多的股东召集和主持,依照本法规定行使职权。

第六十二条 股东会会议分为定期会议和临时会议。

定期会议应当按照公司章程的规定按时召开。代表十分之一以上表决权的股东、三分之一以上的董事或者监事会提议召开临时会议的,应当召开临时会议。

第六十三条 股东会会议由董事会召集,董事长主持;董事长不能履行职务或者不履行职务的,由副董事长主持;副董事长不能履行职务或者不履行职务的,由过半数的董事共同推举一名董事主持。

董事会不能履行或者不履行召集股东会会议职责的,由监事会召集和主持;监事会不召集和主持的,代表十分之一以上表决权的股东可以自行召集和主持。

第六十四条 召开股东会会议,应当于会议召开十五日前通知全体股东；但是，公司章程另有规定或者全体股东另有约定的除外。

股东会应当对所议事项的决定作成会议记录，出席会议的股东应当在会议记录上签名或者盖章。

第六十五条 股东会会议由股东按照出资比例行使表决权；但是，公司章程另有规定的除外。

第六十六条 股东会的议事方式和表决程序，除本法有规定的外，由公司章程规定。

股东会作出决议，应当经代表过半数表决权的股东通过。

股东会作出修改公司章程、增加或者减少注册资本的决议，以及公司合并、分立、解散或者变更公司形式的决议，应当经代表三分之二以上表决权的股东通过。

第六十七条 有限责任公司设董事会，本法第七十五条另有规定的除外。

董事会行使下列职权：

（一）召集股东会会议，并向股东会报告工作；

（二）执行股东会的决议；

（三）决定公司的经营计划和投资方案；

（四）制订公司的利润分配方案和弥补亏损方案；

（五）制订公司增加或者减少注册资本以及发行公司债券的方案；

（六）制订公司合并、分立、解散或者变更公司形式的方案；

（七）决定公司内部管理机构的设置；

（八）决定聘任或者解聘公司经理及其报酬事项，并根据经理的提名决定聘任或者解聘公司副经理、财务负责人及其报酬事项；

（九）制定公司的基本管理制度；

（十）公司章程规定或者股东会授予的其他职权。

公司章程对董事会职权的限制不得对抗善意相对人。

第六十八条 有限责任公司董事会成员为三人以上，其成员中可以有公司职工代表。职工人数三百人以上的有限责任公司，除依法设监事会并有公司职工代表的外，其董事会成员中应当有公司职工代表。董事会中的职工代表由公司职工通过职工代表大会、职工大会或者其他形式民主选举产生。

董事会设董事长一人,可以设副董事长。董事长、副董事长的产生办法由公司章程规定。

第六十九条　有限责任公司可以按照公司章程的规定在董事会中设置由董事组成的审计委员会,行使本法规定的监事会的职权,不设监事会或者监事。公司董事会成员中的职工代表可以成为审计委员会成员。

第七十条　董事任期由公司章程规定,但每届任期不得超过三年。董事任期届满,连选可以连任。

董事任期届满未及时改选,或者董事在任期内辞任导致董事会成员低于法定人数的,在改选出的董事就任前,原董事仍应当依照法律、行政法规和公司章程的规定,履行董事职务。

董事辞任的,应当以书面形式通知公司,公司收到通知之日辞任生效,但存在前款规定情形的,董事应当继续履行职务。

第七十一条　股东会可以决议解任董事,决议作出之日解任生效。

无正当理由,在任期届满前解任董事的,该董事可以要求公司予以赔偿。

第七十二条　董事会会议由董事长召集和主持;董事长不能履行职务或者不履行职务的,由副董事长召集和主持;副董事长不能履行职务或者不履行职务的,由过半数的董事共同推举一名董事召集和主持。

第七十三条　董事会的议事方式和表决程序,除本法有规定的外,由公司章程规定。

董事会会议应当有过半数的董事出席方可举行。董事会作出决议,应当经全体董事的过半数通过。

董事会决议的表决,应当一人一票。

董事会应当对所议事项的决定作成会议记录,出席会议的董事应当在会议记录上签名。

第七十四条　有限责任公司可以设经理,由董事会决定聘任或者解聘。

经理对董事会负责,根据公司章程的规定或者董事会的授权行使职权。经理列席董事会会议。

第七十五条 规模较小或者股东人数较少的有限责任公司,可以不设董事会,设一名董事,行使本法规定的董事会的职权。该董事可以兼任公司经理。

第七十六条 有限责任公司设监事会,本法第六十九条、第八十三条另有规定的除外。

监事会成员为三人以上。监事会成员应当包括股东代表和适当比例的公司职工代表,其中职工代表的比例不得低于三分之一,具体比例由公司章程规定。监事会中的职工代表由公司职工通过职工代表大会、职工大会或者其他形式民主选举产生。

监事会设主席一人,由全体监事过半数选举产生。监事会主席召集和主持监事会会议;监事会主席不能履行职务或者不履行职务的,由过半数的监事共同推举一名监事召集和主持监事会会议。

董事、高级管理人员不得兼任监事。

第七十七条 监事的任期每届为三年。监事任期届满,连选可以连任。

监事任期届满未及时改选,或者监事在任期内辞任导致监事会成员低于法定人数的,在改选出的监事就任前,原监事仍应当依照法律、行政法规和公司章程的规定,履行监事职务。

第七十八条 监事会行使下列职权:

(一)检查公司财务;

(二)对董事、高级管理人员执行职务的行为进行监督,对违反法律、行政法规、公司章程或者股东会决议的董事、高级管理人员提出解任的建议;

(三)当董事、高级管理人员的行为损害公司的利益时,要求董事、高级管理人员予以纠正;

(四)提议召开临时股东会会议,在董事会不履行本法规定的召集和主持股东会会议职责时召集和主持股东会会议;

(五)向股东会会议提出提案;

(六)依照本法第一百八十九条的规定,对董事、高级管理人员提起诉讼;

（七）公司章程规定的其他职权。

第七十九条　监事可以列席董事会会议，并对董事会决议事项提出质询或者建议。

监事会发现公司经营情况异常，可以进行调查；必要时，可以聘请会计师事务所等协助其工作，费用由公司承担。

第八十条　监事会可以要求董事、高级管理人员提交执行职务的报告。

董事、高级管理人员应当如实向监事会提供有关情况和资料，不得妨碍监事会或者监事行使职权。

第八十一条　监事会每年度至少召开一次会议，监事可以提议召开临时监事会会议。

监事会的议事方式和表决程序，除本法有规定的外，由公司章程规定。

监事会决议应当经全体监事的过半数通过。

监事会决议的表决，应当一人一票。

监事会应当对所议事项的决定作成会议记录，出席会议的监事应当在会议记录上签名。

第八十二条　监事会行使职权所必需的费用，由公司承担。

第八十三条　规模较小或者股东人数较少的有限责任公司，可以不设监事会，设一名监事，行使本法规定的监事会的职权；经全体股东一致同意，也可以不设监事。

第四章　有限责任公司的股权转让

第八十四条　有限责任公司的股东之间可以相互转让其全部或者部分股权。

股东向股东以外的人转让股权的，应当将股权转让的数量、价格、支付方式和期限等事项书面通知其他股东，其他股东在同等条件下有优先购买权。股东自接到书面通知之日起三十日内未答复的，视为放弃优先购买权。两个以上股东行使优先购买权的，协商确定各自的购买比例；协商不成的，按照转让时各自的出资比例行使优先购买权。

公司章程对股权转让另有规定的，从其规定。

第八十五条 人民法院依照法律规定的强制执行程序转让股东的股权时,应当通知公司及全体股东,其他股东在同等条件下有优先购买权。其他股东自人民法院通知之日起满二十日不行使优先购买权的,视为放弃优先购买权。

第八十六条 股东转让股权的,应当书面通知公司,请求变更股东名册;需要办理变更登记的,并请求公司向公司登记机关办理变更登记。公司拒绝或者在合理期限内不予答复的,转让人、受让人可以依法向人民法院提起诉讼。

股权转让的,受让人自记载于股东名册时起可以向公司主张行使股东权利。

第八十七条 依照本法转让股权后,公司应当及时注销原股东的出资证明书,向新股东签发出资证明书,并相应修改公司章程和股东名册中有关股东及其出资额的记载。对公司章程的该项修改不需再由股东会表决。

第八十八条 股东转让已认缴出资但未届出资期限的股权的,由受让人承担缴纳该出资的义务;受让人未按期足额缴纳出资的,转让人对受让人未按期缴纳的出资承担补充责任。

未按照公司章程规定的出资日期缴纳出资或者作为出资的非货币财产的实际价额显著低于所认缴的出资额的股东转让股权的,转让人与受让人在出资不足的范围内承担连带责任;受让人不知道且不应当知道存在上述情形的,由转让人承担责任。

第八十九条 有下列情形之一的,对股东会该项决议投反对票的股东可以请求公司按照合理的价格收购其股权:

(一)公司连续五年不向股东分配利润,而公司该五年连续盈利,并且符合本法规定的分配利润条件;

(二)公司合并、分立、转让主要财产;

(三)公司章程规定的营业期限届满或者章程规定的其他解散事由出现,股东会通过决议修改章程使公司存续。

自股东会决议作出之日起六十日内,股东与公司不能达成股权收购协议的,股东可以自股东会决议作出之日起九十日内向人民法院提起诉讼。

公司的控股股东滥用股东权利,严重损害公司或者其他股东利益的,其他股东有权请求公司按照合理的价格收购其股权。

公司因本条第一款、第三款规定的情形收购的本公司股权,应当在六个月内依法转让或者注销。

第九十条 自然人股东死亡后,其合法继承人可以继承股东资格;但是,公司章程另有规定的除外。

第五章 股份有限公司的设立和组织机构

第一节 设　立

第九十一条 设立股份有限公司,可以采取发起设立或者募集设立的方式。

发起设立,是指由发起人认购设立公司时应发行的全部股份而设立公司。

募集设立,是指由发起人认购设立公司时应发行股份的一部分,其余股份向特定对象募集或者向社会公开募集而设立公司。

第九十二条 设立股份有限公司,应当有一人以上二百人以下为发起人,其中应当有半数以上的发起人在中华人民共和国境内有住所。

第九十三条 股份有限公司发起人承担公司筹办事务。

发起人应当签订发起人协议,明确各自在公司设立过程中的权利和义务。

第九十四条 设立股份有限公司,应当由发起人共同制订公司章程。

第九十五条 股份有限公司章程应当载明下列事项:

(一)公司名称和住所;

(二)公司经营范围;

(三)公司设立方式;

(四)公司注册资本、已发行的股份数和设立时发行的股份数,面额股的每股金额;

(五)发行类别股的,每一类别股的股份数及其权利和义务;

（六）发起人的姓名或者名称、认购的股份数、出资方式；

（七）董事会的组成、职权和议事规则；

（八）公司法定代表人的产生、变更办法；

（九）监事会的组成、职权和议事规则；

（十）公司利润分配办法；

（十一）公司的解散事由与清算办法；

（十二）公司的通知和公告办法；

（十三）股东会认为需要规定的其他事项。

第九十六条 股份有限公司的注册资本为在公司登记机关登记的已发行股份的股本总额。在发起人认购的股份缴足前，不得向他人募集股份。

法律、行政法规以及国务院决定对股份有限公司注册资本最低限额另有规定的，从其规定。

第九十七条 以发起设立方式设立股份有限公司的，发起人应当认足公司章程规定的公司设立时应发行的股份。

以募集设立方式设立股份有限公司的，发起人认购的股份不得少于公司章程规定的公司设立时应发行股份总数的百分之三十五；但是，法律、行政法规另有规定的，从其规定。

第九十八条 发起人应当在公司成立前按照其认购的股份全额缴纳股款。

发起人的出资，适用本法第四十八条、第四十九条第二款关于有限责任公司股东出资的规定。

第九十九条 发起人不按照其认购的股份缴纳股款，或者作为出资的非货币财产的实际价额显著低于所认购的股份的，其他发起人与该发起人在出资不足的范围内承担连带责任。

第一百条 发起人向社会公开募集股份，应当公告招股说明书，并制作认股书。认股书应当载明本法第一百五十四条第二款、第三款所列事项，由认股人填写认购的股份数、金额、住所，并签名或者盖章。认股人应当按照所认购股份足额缴纳股款。

第一百零一条 向社会公开募集股份的股款缴足后，应当经依法设立的验资机构验资并出具证明。

第一百零二条 股份有限公司应当制作股东名册并置备于公司。股东名册应当记载下列事项：

（一）股东的姓名或者名称及住所；

（二）各股东所认购的股份种类及股份数；

（三）发行纸面形式的股票的，股票的编号；

（四）各股东取得股份的日期。

第一百零三条 募集设立股份有限公司的发起人应当自公司设立时应发行股份的股款缴足之日起三十日内召开公司成立大会。发起人应当在成立大会召开十五日前将会议日期通知各认股人或者予以公告。成立大会应当有持有表决权过半数的认股人出席，方可举行。

以发起设立方式设立股份有限公司成立大会的召开和表决程序由公司章程或者发起人协议规定。

第一百零四条 公司成立大会行使下列职权：

（一）审议发起人关于公司筹办情况的报告；

（二）通过公司章程；

（三）选举董事、监事；

（四）对公司的设立费用进行审核；

（五）对发起人非货币财产出资的作价进行审核；

（六）发生不可抗力或者经营条件发生重大变化直接影响公司设立的，可以作出不设立公司的决议。

成立大会对前款所列事项作出决议，应当经出席会议的认股人所持表决权过半数通过。

第一百零五条 公司设立时应发行的股份未募足，或者发行股份的股款缴足后，发起人在三十日内未召开成立大会的，认股人可以按照所缴股款并加算银行同期存款利息，要求发起人返还。

发起人、认股人缴纳股款或者交付非货币财产出资后，除未按期募足股份、发起人未按期召开成立大会或者成立大会决议不设立公司的情形外，不得抽回其股本。

第一百零六条 董事会应当授权代表，于公司成立大会结束后三十日内向公司登记机关申请设立登记。

第一百零七条 本法第四十四条、第四十九条第三款、第五十一条、第五十二条、第五十三条的规定,适用于股份有限公司。

第一百零八条 有限责任公司变更为股份有限公司时,折合的实收股本总额不得高于公司净资产额。有限责任公司变更为股份有限公司,为增加注册资本公开发行股份时,应当依法办理。

第一百零九条 股份有限公司应当将公司章程、股东名册、股东会会议记录、董事会会议记录、监事会会议记录、财务会计报告、债券持有人名册置备于本公司。

第一百一十条 股东有权查阅、复制公司章程、股东名册、股东会会议记录、董事会会议决议、监事会会议决议、财务会计报告,对公司的经营提出建议或者质询。

连续一百八十日以上单独或者合计持有公司百分之三以上股份的股东要求查阅公司的会计账簿、会计凭证的,适用本法第五十七条第二款、第三款、第四款的规定。公司章程对持股比例有较低规定的,从其规定。

股东要求查阅、复制公司全资子公司相关材料的,适用前两款的规定。

上市公司股东查阅、复制相关材料的,应当遵守《中华人民共和国证券法》等法律、行政法规的规定。

第二节 股东会

第一百一十一条 股份有限公司股东会由全体股东组成。股东会是公司的权力机构,依照本法行使职权。

第一百一十二条 本法第五十九条第一款、第二款关于有限责任公司股东会职权的规定,适用于股份有限公司股东会。

本法第六十条关于只有一个股东的有限责任公司不设股东会的规定,适用于只有一个股东的股份有限公司。

第一百一十三条 股东会应当每年召开一次年会。有下列情形之一的,应当在两个月内召开临时股东会会议:

(一)董事人数不足本法规定人数或者公司章程所定人数的三分之二时;

（二）公司未弥补的亏损达股本总额三分之一时；

（三）单独或者合计持有公司百分之十以上股份的股东请求时；

（四）董事会认为必要时；

（五）监事会提议召开时；

（六）公司章程规定的其他情形。

第一百一十四条　股东会会议由董事会召集，董事长主持；董事长不能履行职务或者不履行职务的，由副董事长主持；副董事长不能履行职务或者不履行职务的，由过半数的董事共同推举一名董事主持。

董事会不能履行或者不履行召集股东会会议职责的，监事会应当及时召集和主持；监事会不召集和主持的，连续九十日以上单独或者合计持有公司百分之十以上股份的股东可以自行召集和主持。

单独或者合计持有公司百分之十以上股份的股东请求召开临时股东会会议的，董事会、监事会应当在收到请求之日起十日内作出是否召开临时股东会会议的决定，并书面答复股东。

第一百一十五条　召开股东会会议，应当将会议召开的时间、地点和审议的事项于会议召开二十日前通知各股东；临时股东会会议应当于会议召开十五日前通知各股东。

单独或者合计持有公司百分之一以上股份的股东，可以在股东会会议召开十日前提出临时提案并书面提交董事会。临时提案应当有明确议题和具体决议事项。董事会应当在收到提案后二日内通知其他股东，并将该临时提案提交股东会审议；但临时提案违反法律、行政法规或者公司章程的规定，或者不属于股东会职权范围的除外。公司不得提高提出临时提案股东的持股比例。

公开发行股份的公司，应当以公告方式作出前两款规定的通知。

股东会不得对通知中未列明的事项作出决议。

第一百一十六条　股东出席股东会会议，所持每一股份有一表决权，类别股股东除外。公司持有的本公司股份没有表决权。

股东会作出决议，应当经出席会议的股东所持表决权过半数通过。

股东会作出修改公司章程、增加或者减少注册资本的决议，以及公司合并、分立、解散或者变更公司形式的决议,应当经出席会议的股东所持表决权的三分之二以上通过。

第一百一十七条　股东会选举董事、监事,可以按照公司章程的规定或者股东会的决议,实行累积投票制。

本法所称累积投票制,是指股东会选举董事或者监事时,每一股份拥有与应选董事或者监事人数相同的表决权,股东拥有的表决权可以集中使用。

第一百一十八条　股东委托代理人出席股东会会议的,应当明确代理人代理的事项、权限和期限;代理人应当向公司提交股东授权委托书,并在授权范围内行使表决权。

第一百一十九条　股东会应当对所议事项的决定作成会议记录,主持人、出席会议的董事应当在会议记录上签名。会议记录应当与出席股东的签名册及代理出席的委托书一并保存。

第三节　董事会、经理

第一百二十条　股份有限公司设董事会,本法第一百二十八条另有规定的除外。

本法第六十七条、第六十八条第一款、第七十条、第七十一条的规定,适用于股份有限公司。

第一百二十一条　股份有限公司可以按照公司章程的规定在董事会中设置由董事组成的审计委员会,行使本法规定的监事会的职权,不设监事会或者监事。

审计委员会成员为三名以上,过半数成员不得在公司担任除董事以外的其他职务,且不得与公司存在任何可能影响其独立客观判断的关系。公司董事会成员中的职工代表可以成为审计委员会成员。

审计委员会作出决议,应当经审计委员会成员的过半数通过。

审计委员会决议的表决,应当一人一票。

审计委员会的议事方式和表决程序,除本法有规定的外,由公司章程规定。

公司可以按照公司章程的规定在董事会中设置其他委员会。

第一百二十二条　董事会设董事长一人,可以设副董事长。董事长和副董事长由董事会以全体董事的过半数选举产生。

董事长召集和主持董事会会议,检查董事会决议的实施情况。副董事长协助董事长工作,董事长不能履行职务或者不履行职务的,由副董事长履行职务;副董事长不能履行职务或者不履行职务的,由过半数的董事共同推举一名董事履行职务。

第一百二十三条 董事会每年度至少召开两次会议,每次会议应当于会议召开十日前通知全体董事和监事。

代表十分之一以上表决权的股东、三分之一以上董事或者监事会,可以提议召开临时董事会会议。董事长应当自接到提议后十日内,召集和主持董事会会议。

董事会召开临时会议,可以另定召集董事会的通知方式和通知时限。

第一百二十四条 董事会会议应当有过半数的董事出席方可举行。董事会作出决议,应当经全体董事的过半数通过。

董事会决议的表决,应当一人一票。

董事会应当对所议事项的决定作成会议记录,出席会议的董事应当在会议记录上签名。

第一百二十五条 董事会会议,应当由董事本人出席;董事因故不能出席,可以书面委托其他董事代为出席,委托书应当载明授权范围。

董事应当对董事会的决议承担责任。董事会的决议违反法律、行政法规或者公司章程、股东会决议,给公司造成严重损失的,参与决议的董事对公司负赔偿责任;经证明在表决时曾表明异议并记载于会议记录的,该董事可以免除责任。

第一百二十六条 股份有限公司设经理,由董事会决定聘任或者解聘。

经理对董事会负责,根据公司章程的规定或者董事会的授权行使职权。经理列席董事会会议。

第一百二十七条 公司董事会可以决定由董事会成员兼任经理。

第一百二十八条 规模较小或者股东人数较少的股份有限公司,可以不设董事会,设一名董事,行使本法规定的董事会的职权。该董事可以兼任公司经理。

第一百二十九条 公司应当定期向股东披露董事、监事、高级管理人员从公司获得报酬的情况。

第四节 监 事 会

第一百三十条 股份有限公司设监事会,本法第一百二十一条第一款、第一百三十三条另有规定的除外。

监事会成员为三人以上。监事会成员应当包括股东代表和适当比例的公司职工代表,其中职工代表的比例不得低于三分之一,具体比例由公司章程规定。监事会中的职工代表由公司职工通过职工代表大会、职工大会或者其他形式民主选举产生。

监事会设主席一人,可以设副主席。监事会主席和副主席由全体监事过半数选举产生。监事会主席召集和主持监事会会议;监事会主席不能履行职务或者不履行职务的,由监事会副主席召集和主持监事会会议;监事会副主席不能履行职务或者不履行职务的,由过半数的监事共同推举一名监事召集和主持监事会会议。

董事、高级管理人员不得兼任监事。

本法第七十七条关于有限责任公司监事任期的规定,适用于股份有限公司监事。

第一百三十一条 本法第七十八条至第八十条的规定,适用于股份有限公司监事会。

监事会行使职权所必需的费用,由公司承担。

第一百三十二条 监事会每六个月至少召开一次会议。监事可以提议召开临时监事会会议。

监事会的议事方式和表决程序,除本法有规定的外,由公司章程规定。

监事会决议应当经全体监事的过半数通过。

监事会决议的表决,应当一人一票。

监事会应当对所议事项的决定作成会议记录,出席会议的监事应当在会议记录上签名。

第一百三十三条 规模较小或者股东人数较少的股份有限公司,

可以不设监事会,设一名监事,行使本法规定的监事会的职权。

第五节 上市公司组织机构的特别规定

第一百三十四条 本法所称上市公司,是指其股票在证券交易所上市交易的股份有限公司。

第一百三十五条 上市公司在一年内购买、出售重大资产或者向他人提供担保的金额超过公司资产总额百分之三十的,应当由股东会作出决议,并经出席会议的股东所持表决权的三分之二以上通过。

第一百三十六条 上市公司设独立董事,具体管理办法由国务院证券监督管理机构规定。

上市公司的公司章程除载明本法第九十五条规定的事项外,还应当依照法律、行政法规的规定载明董事会专门委员会的组成、职权以及董事、监事、高级管理人员薪酬考核机制等事项。

第一百三十七条 上市公司在董事会中设置审计委员会的,董事会对下列事项作出决议前应当经审计委员会全体成员过半数通过:

(一)聘用、解聘承办公司审计业务的会计师事务所;

(二)聘任、解聘财务负责人;

(三)披露财务会计报告;

(四)国务院证券监督管理机构规定的其他事项。

第一百三十八条 上市公司设董事会秘书,负责公司股东会和董事会会议的筹备、文件保管以及公司股东资料的管理,办理信息披露事务等事宜。

第一百三十九条 上市公司董事与董事会会议决议事项所涉及的企业或者个人有关联关系的,该董事应当及时向董事会书面报告。有关联关系的董事不得对该项决议行使表决权,也不得代理其他董事行使表决权。该董事会会议由过半数的无关联关系董事出席即可举行,董事会会议所作决议须经无关联关系董事过半数通过。出席董事会会议的无关联关系董事人数不足三人的,应当将该事项提交上市公司股东会审议。

第一百四十条 上市公司应当依法披露股东、实际控制人的信息,相关信息应当真实、准确、完整。

禁止违反法律、行政法规的规定代持上市公司股票。

第一百四十一条 上市公司控股子公司不得取得该上市公司的股份。

上市公司控股子公司因公司合并、质权行使等原因持有上市公司股份的，不得行使所持股份对应的表决权，并应当及时处分相关上市公司股份。

第六章 股份有限公司的股份发行和转让

第一节 股份发行

第一百四十二条 公司的资本划分为股份。公司的全部股份，根据公司章程的规定择一采用面额股或者无面额股。采用面额股的，每一股的金额相等。

公司可以根据公司章程的规定将已发行的面额股全部转换为无面额股或者将无面额股全部转换为面额股。

采用无面额股的，应当将发行股份所得股款的二分之一以上计入注册资本。

第一百四十三条 股份的发行，实行公平、公正的原则，同类别的每一股份应当具有同等权利。

同次发行的同类别股份，每股的发行条件和价格应当相同；认购人所认购的股份，每股应当支付相同价额。

第一百四十四条 公司可以按照公司章程的规定发行下列与普通股权利不同的类别股：

（一）优先或者劣后分配利润或者剩余财产的股份；

（二）每一股的表决权数多于或者少于普通股的股份；

（三）转让须经公司同意等转让受限的股份；

（四）国务院规定的其他类别股。

公开发行股份的公司不得发行前款第二项、第三项规定的类别股；公开发行前已发行的除外。

公司发行本条第一款第二项规定的类别股的，对于监事或者审计委员会成员的选举和更换，类别股与普通股每一股的表决权数相同。

第一百四十五条 发行类别股的公司,应当在公司章程中载明以下事项:

(一)类别股分配利润或者剩余财产的顺序;

(二)类别股的表决权数;

(三)类别股的转让限制;

(四)保护中小股东权益的措施;

(五)股东会认为需要规定的其他事项。

第一百四十六条 发行类别股的公司,有本法第一百一十六条第三款规定的事项等可能影响类别股股东权利的,除应当依照第一百一十六条第三款的规定经股东会决议外,还应当经出席类别股股东会议的股东所持表决权的三分之二以上通过。

公司章程可以对需经类别股股东会议决议的其他事项作出规定。

第一百四十七条 公司的股份采取股票的形式。股票是公司签发的证明股东所持股份的凭证。

公司发行的股票,应当为记名股票。

第一百四十八条 面额股股票的发行价格可以按票面金额,也可以超过票面金额,但不得低于票面金额。

第一百四十九条 股票采用纸面形式或者国务院证券监督管理机构规定的其他形式。

股票采用纸面形式的,应当载明下列主要事项:

(一)公司名称;

(二)公司成立日期或者股票发行的时间;

(三)股票种类、票面金额及代表的股份数,发行无面额股的,股票代表的股份数。

股票采用纸面形式的,还应当载明股票的编号,由法定代表人签名,公司盖章。

发起人股票采用纸面形式的,应当标明发起人股票字样。

第一百五十条 股份有限公司成立后,即向股东正式交付股票。公司成立前不得向股东交付股票。

第一百五十一条 公司发行新股,股东会应当对下列事项作出决议:

（一）新股种类及数额；

（二）新股发行价格；

（三）新股发行的起止日期；

（四）向原有股东发行新股的种类及数额；

（五）发行无面额股的，新股发行所得股款计入注册资本的金额。

公司发行新股，可以根据公司经营情况和财务状况，确定其作价方案。

第一百五十二条 公司章程或者股东会可以授权董事会在三年内决定发行不超过已发行股份百分之五十的股份。但以非货币财产作价出资的应当经股东会决议。

董事会依照前款规定决定发行股份导致公司注册资本、已发行股份数发生变化的，对公司章程该项记载事项的修改不需再由股东会表决。

第一百五十三条 公司章程或者股东会授权董事会决定发行新股的，董事会决议应当经全体董事三分之二以上通过。

第一百五十四条 公司向社会公开募集股份，应当经国务院证券监督管理机构注册，公告招股说明书。

招股说明书应当附有公司章程，并载明下列事项：

（一）发行的股份总数；

（二）面额股的票面金额和发行价格或者无面额股的发行价格；

（三）募集资金的用途；

（四）认股人的权利和义务；

（五）股份种类及其权利和义务；

（六）本次募股的起止日期及逾期未募足时认股人可以撤回所认股份的说明。

公司设立时发行股份的，还应当载明发起人认购的股份数。

第一百五十五条 公司向社会公开募集股份，应当由依法设立的证券公司承销，签订承销协议。

第一百五十六条 公司向社会公开募集股份，应当同银行签订代收股款协议。

代收股款的银行应当按照协议代收和保存股款，向缴纳股款的认股人出具收款单据,并负有向有关部门出具收款证明的义务。

公司发行股份募足股款后,应予公告。

第二节 股份转让

第一百五十七条 股份有限公司的股东持有的股份可以向其他股东转让,也可以向股东以外的人转让;公司章程对股份转让有限制的,其转让按照公司章程的规定进行。

第一百五十八条 股东转让其股份,应当在依法设立的证券交易场所进行或者按照国务院规定的其他方式进行。

第一百五十九条 股票的转让,由股东以背书方式或者法律、行政法规规定的其他方式进行;转让后由公司将受让人的姓名或者名称及住所记载于股东名册。

股东会会议召开前二十日内或者公司决定分配股利的基准日前五日内,不得变更股东名册。法律、行政法规或者国务院证券监督管理机构对上市公司股东名册变更另有规定的,从其规定。

第一百六十条 公司公开发行股份前已发行的股份,自公司股票在证券交易所上市交易之日起一年内不得转让。法律、行政法规或者国务院证券监督管理机构对上市公司的股东、实际控制人转让其所持有的本公司股份另有规定的,从其规定。

公司董事、监事、高级管理人员应当向公司申报所持有的本公司的股份及其变动情况,在就任时确定的任职期间每年转让的股份不得超过其所持有本公司股份总数的百分之二十五;所持本公司股份自公司股票上市交易之日起一年内不得转让。上述人员离职后半年内,不得转让其所持有的本公司股份。公司章程可以对公司董事、监事、高级管理人员转让其所持有的本公司股份作出其他限制性规定。

股份在法律、行政法规规定的限制转让期限内出质的,质权人不得在限制转让期限内行使质权。

第一百六十一条 有下列情形之一的,对股东会该项决议投反对票的股东可以请求公司按照合理的价格收购其股份,公开发行股份的公司除外:

(一)公司连续五年不向股东分配利润,而公司该五年连续盈利,并且符合本法规定的分配利润条件；

（二）公司转让主要财产；

（三）公司章程规定的营业期限届满或者章程规定的其他解散事由出现，股东会通过决议修改章程使公司存续。

自股东会决议作出之日起六十日内，股东与公司不能达成股份收购协议的，股东可以自股东会决议作出之日起九十日内向人民法院提起诉讼。

公司因本条第一款规定的情形收购的本公司股份，应当在六个月内依法转让或者注销。

第一百六十二条 公司不得收购本公司股份。但是，有下列情形之一的除外：

（一）减少公司注册资本；

（二）与持有本公司股份的其他公司合并；

（三）将股份用于员工持股计划或者股权激励；

（四）股东因对股东会作出的公司合并、分立决议持异议，要求公司收购其股份；

（五）将股份用于转换公司发行的可转换为股票的公司债券；

（六）上市公司为维护公司价值及股东权益所必需。

公司因前款第一项、第二项规定的情形收购本公司股份的，应当经股东会决议；公司因前款第三项、第五项、第六项规定的情形收购本公司股份的，可以按照公司章程或者股东会的授权，经三分之二以上董事出席的董事会会议决议。

公司依照本条第一款规定收购本公司股份后，属于第一项情形的，应当自收购之日起十日内注销；属于第二项、第四项情形的，应当在六个月内转让或者注销；属于第三项、第五项、第六项情形的，公司合计持有的本公司股份数不得超过本公司已发行股份总数的百分之十，并应当在三年内转让或者注销。

上市公司收购本公司股份的，应当依照《中华人民共和国证券法》的规定履行信息披露义务。上市公司因本条第一款第三项、第五项、第六项规定的情形收购本公司股份的，应当通过公开的集中交易方式进行。

公司不得接受本公司的股份作为质权的标的。

第一百六十三条　公司不得为他人取得本公司或者其母公司的股份提供赠与、借款、担保以及其他财务资助,公司实施员工持股计划的除外。

为公司利益,经股东会决议,或者董事会按照公司章程或者股东会的授权作出决议,公司可以为他人取得本公司或者其母公司的股份提供财务资助,但财务资助的累计总额不得超过已发行股本总额的百分之十。董事会作出决议应当经全体董事的三分之二以上通过。

违反前两款规定,给公司造成损失的,负有责任的董事、监事、高级管理人员应当承担赔偿责任。

第一百六十四条　股票被盗、遗失或者灭失,股东可以依照《中华人民共和国民事诉讼法》规定的公示催告程序,请求人民法院宣告该股票失效。人民法院宣告该股票失效后,股东可以向公司申请补发股票。

第一百六十五条　上市公司的股票,依照有关法律、行政法规及证券交易所交易规则上市交易。

第一百六十六条　上市公司应当依照法律、行政法规的规定披露相关信息。

第一百六十七条　自然人股东死亡后,其合法继承人可以继承股东资格;但是,股份转让受限的股份有限公司的章程另有规定的除外。

第七章　国家出资公司组织机构的特别规定

第一百六十八条　国家出资公司的组织机构,适用本章规定;本章没有规定的,适用本法其他规定。

本法所称国家出资公司,是指国家出资的国有独资公司、国有资本控股公司,包括国家出资的有限责任公司、股份有限公司。

第一百六十九条　国家出资公司,由国务院或者地方人民政府分别代表国家依法履行出资人职责,享有出资人权益。国务院或者地方人民政府可以授权国有资产监督管理机构或者其他部门、机构代表本级人民政府对国家出资公司履行出资人职责。

代表本级人民政府履行出资人职责的机构、部门,以下统称为履行出资人职责的机构。

第一百七十条 国家出资公司中中国共产党的组织,按照中国共产党章程的规定发挥领导作用,研究讨论公司重大经营管理事项,支持公司的组织机构依法行使职权。

第一百七十一条 国有独资公司章程由履行出资人职责的机构制定。

第一百七十二条 国有独资公司不设股东会,由履行出资人职责的机构行使股东会职权。履行出资人职责的机构可以授权公司董事会行使股东会的部分职权,但公司章程的制定和修改,公司的合并、分立、解散、申请破产,增加或者减少注册资本,分配利润,应当由履行出资人职责的机构决定。

第一百七十三条 国有独资公司的董事会依照本法规定行使职权。

国有独资公司的董事会成员中,应当过半数为外部董事,并应当有公司职工代表。

董事会成员由履行出资人职责的机构委派;但是,董事会成员中的职工代表由公司职工代表大会选举产生。

董事会设董事长一人,可以设副董事长。董事长、副董事长由履行出资人职责的机构从董事会成员中指定。

第一百七十四条 国有独资公司的经理由董事会聘任或者解聘。经履行出资人职责的机构同意,董事会成员可以兼任经理。

第一百七十五条 国有独资公司的董事、高级管理人员,未经履行出资人职责的机构同意,不得在其他有限责任公司、股份有限公司或者其他经济组织兼职。

第一百七十六条 国有独资公司在董事会中设置由董事组成的审计委员会行使本法规定的监事会职权的,不设监事会或者监事。

第一百七十七条 国家出资公司应当依法建立健全内部监督管理和风险控制制度,加强内部合规管理。

第八章 公司董事、监事、高级管理人员的资格和义务

第一百七十八条 有下列情形之一的,不得担任公司的董事、监

事、高级管理人员：

（一）无民事行为能力或者限制民事行为能力；

（二）因贪污、贿赂、侵占财产、挪用财产或者破坏社会主义市场经济秩序，被判处刑罚，或者因犯罪被剥夺政治权利，执行期满未逾五年，被宣告缓刑的，自缓刑考验期满之日起未逾二年；

（三）担任破产清算的公司、企业的董事或者厂长、经理，对该公司、企业的破产负有个人责任的，自该公司、企业破产清算完结之日起未逾三年；

（四）担任因违法被吊销营业执照、责令关闭的公司、企业的法定代表人，并负有个人责任的，自该公司、企业被吊销营业执照、责令关闭之日起未逾三年；

（五）个人因所负数额较大债务到期未清偿被人民法院列为失信被执行人。

违反前款规定选举、委派董事、监事或者聘任高级管理人员的，该选举、委派或者聘任无效。

董事、监事、高级管理人员在任职期间出现本条第一款所列情形的，公司应当解除其职务。

第一百七十九条 董事、监事、高级管理人员应当遵守法律、行政法规和公司章程。

第一百八十条 董事、监事、高级管理人员对公司负有忠实义务，应当采取措施避免自身利益与公司利益冲突，不得利用职权牟取不正当利益。

董事、监事、高级管理人员对公司负有勤勉义务，执行职务应当为公司的最大利益尽到管理者通常应有的合理注意。

公司的控股股东、实际控制人不担任公司董事但实际执行公司事务的，适用前两款规定。

第一百八十一条 董事、监事、高级管理人员不得有下列行为：

（一）侵占公司财产、挪用公司资金；

（二）将公司资金以其个人名义或者以其他个人名义开立账户存储；

（三）利用职权贿赂或者收受其他非法收入；

（四）接受他人与公司交易的佣金归为己有；

（五）擅自披露公司秘密；

（六）违反对公司忠实义务的其他行为。

第一百八十二条 董事、监事、高级管理人员，直接或者间接与本公司订立合同或者进行交易，应当就与订立合同或者进行交易有关的事项向董事会或者股东会报告，并按照公司章程的规定经董事会或者股东会决议通过。

董事、监事、高级管理人员的近亲属，董事、监事、高级管理人员或者其近亲属直接或者间接控制的企业，以及与董事、监事、高级管理人员有其他关联关系的关联人，与公司订立合同或者进行交易，适用前款规定。

第一百八十三条 董事、监事、高级管理人员，不得利用职务便利为自己或者他人谋取属于公司的商业机会。但是，有下列情形之一的除外：

（一）向董事会或者股东会报告，并按照公司章程的规定经董事会或者股东会决议通过；

（二）根据法律、行政法规或者公司章程的规定，公司不能利用该商业机会。

第一百八十四条 董事、监事、高级管理人员未向董事会或者股东会报告，并按照公司章程的规定经董事会或者股东会决议通过，不得自营或者为他人经营与其任职公司同类的业务。

第一百八十五条 董事会对本法第一百八十二条至第一百八十四条规定的事项决议时，关联董事不得参与表决，其表决权不计入表决权总数。出席董事会会议的无关联关系董事人数不足三人的，应当将该事项提交股东会审议。

第一百八十六条 董事、监事、高级管理人员违反本法第一百八十一条至第一百八十四条规定所得的收入应当归公司所有。

第一百八十七条 股东会要求董事、监事、高级管理人员列席会议的，董事、监事、高级管理人员应当列席并接受股东的质询。

第一百八十八条 董事、监事、高级管理人员执行职务违反法律、行政法规或者公司章程的规定，给公司造成损失的，应当承担赔偿责任。

第一百八十九条　董事、高级管理人员有前条规定的情形的,有限责任公司的股东、股份有限公司连续一百八十日以上单独或者合计持有公司百分之一以上股份的股东,可以书面请求监事会向人民法院提起诉讼;监事有前条规定的情形的,前述股东可以书面请求董事会向人民法院提起诉讼。

监事会或者董事会收到前款规定的股东书面请求后拒绝提起诉讼,或者自收到请求之日起三十日内未提起诉讼,或者情况紧急、不立即提起诉讼将会使公司利益受到难以弥补的损害的,前款规定的股东有权为公司利益以自己的名义直接向人民法院提起诉讼。

他人侵犯公司合法权益,给公司造成损失的,本条第一款规定的股东可以依照前两款的规定向人民法院提起诉讼。

公司全资子公司的董事、监事、高级管理人员有前条规定情形,或者他人侵犯公司全资子公司合法权益造成损失的,有限责任公司的股东、股份有限公司连续一百八十日以上单独或者合计持有公司百分之一以上股份的股东,可以依照前三款规定书面请求全资子公司的监事会、董事会向人民法院提起诉讼或者以自己的名义直接向人民法院提起诉讼。

第一百九十条　董事、高级管理人员违反法律、行政法规或者公司章程的规定,损害股东利益的,股东可以向人民法院提起诉讼。

第一百九十一条　董事、高级管理人员执行职务,给他人造成损害的,公司应当承担赔偿责任;董事、高级管理人员存在故意或者重大过失的,也应当承担赔偿责任。

第一百九十二条　公司的控股股东、实际控制人指示董事、高级管理人员从事损害公司或者股东利益的行为的,与该董事、高级管理人员承担连带责任。

第一百九十三条　公司可以在董事任职期间为董事因执行公司职务承担的赔偿责任投保责任保险。

公司为董事投保责任保险或者续保后,董事会应当向股东会报告责任保险的投保金额、承保范围及保险费率等内容。

第九章　公　司　债　券

第一百九十四条　本法所称公司债券,是指公司发行的约定按期还本付息的有价证券。

公司债券可以公开发行,也可以非公开发行。

公司债券的发行和交易应当符合《中华人民共和国证券法》等法律、行政法规的规定。

第一百九十五条　公开发行公司债券,应当经国务院证券监督管理机构注册,公告公司债券募集办法。

公司债券募集办法应当载明下列主要事项:

(一)公司名称;

(二)债券募集资金的用途;

(三)债券总额和债券的票面金额;

(四)债券利率的确定方式;

(五)还本付息的期限和方式;

(六)债券担保情况;

(七)债券的发行价格、发行的起止日期;

(八)公司净资产额;

(九)已发行的尚未到期的公司债券总额;

(十)公司债券的承销机构。

第一百九十六条　公司以纸面形式发行公司债券的,应当在债券上载明公司名称、债券票面金额、利率、偿还期限等事项,并由法定代表人签名,公司盖章。

第一百九十七条　公司债券应当为记名债券。

第一百九十八条　公司发行公司债券应当置备公司债券持有人名册。

发行公司债券的,应当在公司债券持有人名册上载明下列事项:

(一)债券持有人的姓名或者名称及住所;

(二)债券持有人取得债券的日期及债券的编号;

(三)债券总额,债券的票面金额、利率、还本付息的期限和方式;

(四)债券的发行日期。

第一百九十九条 公司债券的登记结算机构应当建立债券登记、存管、付息、兑付等相关制度。

第二百条 公司债券可以转让，转让价格由转让人与受让人约定。

公司债券的转让应当符合法律、行政法规的规定。

第二百零一条 公司债券由债券持有人以背书方式或者法律、行政法规规定的其他方式转让；转让后由公司将受让人的姓名或者名称及住所记载于公司债券持有人名册。

第二百零二条 股份有限公司经股东会决议，或者经公司章程、股东会授权由董事会决议，可以发行可转换为股票的公司债券，并规定具体的转换办法。上市公司发行可转换为股票的公司债券，应当经国务院证券监督管理机构注册。

发行可转换为股票的公司债券，应当在债券上标明可转换公司债券字样，并在公司债券持有人名册上载明可转换公司债券的数额。

第二百零三条 发行可转换为股票的公司债券的，公司应当按照其转换办法向债券持有人换发股票，但债券持有人对转换股票或者不转换股票有选择权。法律、行政法规另有规定的除外。

第二百零四条 公开发行公司债券的，应当为同期债券持有人设立债券持有人会议，并在债券募集办法中对债券持有人会议的召集程序、会议规则和其他重要事项作出规定。债券持有人会议可以对与债券持有人有利害关系的事项作出决议。

除公司债券募集办法另有约定外，债券持有人会议决议对同期全体债券持有人发生效力。

第二百零五条 公开发行公司债券的，发行人应当为债券持有人聘请债券受托管理人，由其为债券持有人办理受领清偿、债权保全、与债券相关的诉讼以及参与债务人破产程序等事项。

第二百零六条 债券受托管理人应当勤勉尽责，公正履行受托管理职责，不得损害债券持有人利益。

受托管理人与债券持有人存在利益冲突可能损害债券持有人利益的，债券持有人会议可以决议变更债券受托管理人。

债券受托管理人违反法律、行政法规或者债券持有人会议决议，损害债券持有人利益的,应当承担赔偿责任。

第十章　公司财务、会计

第二百零七条　公司应当依照法律、行政法规和国务院财政部门的规定建立本公司的财务、会计制度。

第二百零八条　公司应当在每一会计年度终了时编制财务会计报告,并依法经会计师事务所审计。

财务会计报告应当依照法律、行政法规和国务院财政部门的规定制作。

第二百零九条　有限责任公司应当按照公司章程规定的期限将财务会计报告送交各股东。

股份有限公司的财务会计报告应当在召开股东会年会的二十日前置备于本公司,供股东查阅;公开发行股份的股份有限公司应当公告其财务会计报告。

第二百一十条　公司分配当年税后利润时,应当提取利润的百分之十列入公司法定公积金。公司法定公积金累计额为公司注册资本的百分之五十以上的,可以不再提取。

公司的法定公积金不足以弥补以前年度亏损的,在依照前款规定提取法定公积金之前,应当先用当年利润弥补亏损。

公司从税后利润中提取法定公积金后,经股东会决议,还可以从税后利润中提取任意公积金。

公司弥补亏损和提取公积金后所余税后利润,有限责任公司按照股东实缴的出资比例分配利润,全体股东约定不按照出资比例分配利润的除外;股份有限公司按照股东所持有的股份比例分配利润,公司章程另有规定的除外。

公司持有的本公司股份不得分配利润。

第二百一十一条　公司违反本法规定向股东分配利润的,股东应当将违反规定分配的利润退还公司;给公司造成损失的,股东及负有责任的董事、监事、高级管理人员应当承担赔偿责任。

第二百一十二条　股东会作出分配利润的决议的,董事会应当在股东会决议作出之日起六个月内进行分配。

第二百一十三条 公司以超过股票票面金额的发行价格发行股份所得的溢价款、发行无面额股所得股款未计入注册资本的金额以及国务院财政部门规定列入资本公积金的其他项目,应当列为公司资本公积金。

第二百一十四条 公司的公积金用于弥补公司的亏损、扩大公司生产经营或者转为增加公司注册资本。

公积金弥补公司亏损,应当先使用任意公积金和法定公积金;仍不能弥补的,可以按照规定使用资本公积金。

法定公积金转为增加注册资本时,所留存的该项公积金不得少于转增前公司注册资本的百分之二十五。

第二百一十五条 公司聘用、解聘承办公司审计业务的会计师事务所,按照公司章程的规定,由股东会、董事会或者监事会决定。

公司股东会、董事会或者监事会就解聘会计师事务所进行表决时,应当允许会计师事务所陈述意见。

第二百一十六条 公司应当向聘用的会计师事务所提供真实、完整的会计凭证、会计账簿、财务会计报告及其他会计资料,不得拒绝、隐匿、谎报。

第二百一十七条 公司除法定的会计账簿外,不得另立会计账簿。

对公司资金,不得以任何个人名义开立账户存储。

第十一章　公司合并、分立、增资、减资

第二百一十八条 公司合并可以采取吸收合并或者新设合并。

一个公司吸收其他公司为吸收合并,被吸收的公司解散。两个以上公司合并设立一个新的公司为新设合并,合并各方解散。

第二百一十九条 公司与其持股百分之九十以上的公司合并,被合并的公司不需经股东会决议,但应当通知其他股东,其他股东有权请求公司按照合理的价格收购其股权或者股份。

公司合并支付的价款不超过本公司净资产百分之十的,可以不经股东会决议;但是,公司章程另有规定的除外。

公司依照前两款规定合并不经股东会决议的,应当经董事会

决议。

第二百二十条　公司合并,应当由合并各方签订合并协议,并编制资产负债表及财产清单。公司应当自作出合并决议之日起十日内通知债权人,并于三十日内在报纸上或者国家企业信用信息公示系统公告。债权人自接到通知之日起三十日内,未接到通知的自公告之日起四十五日内,可以要求公司清偿债务或者提供相应的担保。

第二百二十一条　公司合并时,合并各方的债权、债务,应当由合并后存续的公司或者新设的公司承继。

第二百二十二条　公司分立,其财产作相应的分割。

公司分立,应当编制资产负债表及财产清单。公司应当自作出分立决议之日起十日内通知债权人,并于三十日内在报纸上或者国家企业信用信息公示系统公告。

第二百二十三条　公司分立前的债务由分立后的公司承担连带责任。但是,公司在分立前与债权人就债务清偿达成的书面协议另有约定的除外。

第二百二十四条　公司减少注册资本,应当编制资产负债表及财产清单。

公司应当自股东会作出减少注册资本决议之日起十日内通知债权人,并于三十日内在报纸上或者国家企业信用信息公示系统公告。债权人自接到通知之日起三十日内,未接到通知的自公告之日起四十五日内,有权要求公司清偿债务或者提供相应的担保。

公司减少注册资本,应当按照股东出资或者持有股份的比例相应减少出资额或者股份,法律另有规定、有限责任公司全体股东另有约定或者股份有限公司章程另有规定的除外。

第二百二十五条　公司依照本法第二百一十四条第二款的规定弥补亏损后,仍有亏损的,可以减少注册资本弥补亏损。减少注册资本弥补亏损的,公司不得向股东分配,也不得免除股东缴纳出资或者股款的义务。

依照前款规定减少注册资本的,不适用前条第二款的规定,但应当自股东会作出减少注册资本决议之日起三十日内在报纸上或者国家企业信用信息公示系统公告。

公司依照前两款的规定减少注册资本后,在法定公积金和任意公积金累计额达到公司注册资本百分之五十前,不得分配利润。

第二百二十六条 违反本法规定减少注册资本的,股东应当退还其收到的资金,减免股东出资的应当恢复原状;给公司造成损失的,股东及负有责任的董事、监事、高级管理人员应当承担赔偿责任。

第二百二十七条 有限责任公司增加注册资本时,股东在同等条件下有权优先按照实缴的出资比例认缴出资。但是,全体股东约定不按照出资比例优先认缴出资的除外。

股份有限公司为增加注册资本发行新股时,股东不享有优先认购权,公司章程另有规定或者股东会决议决定股东享有优先认购权的除外。

第二百二十八条 有限责任公司增加注册资本时,股东认缴新增资本的出资,依照本法设立有限责任公司缴纳出资的有关规定执行。

股份有限公司为增加注册资本发行新股时,股东认购新股,依照本法设立股份有限公司缴纳股款的有关规定执行。

第十二章 公司解散和清算

第二百二十九条 公司因下列原因解散:

(一)公司章程规定的营业期限届满或者公司章程规定的其他解散事由出现;

(二)股东会决议解散;

(三)因公司合并或者分立需要解散;

(四)依法被吊销营业执照、责令关闭或者被撤销;

(五)人民法院依照本法第二百三十一条的规定予以解散。

公司出现前款规定的解散事由,应当在十日内将解散事由通过国家企业信用信息公示系统予以公示。

第二百三十条 公司有前条第一款第一项、第二项情形,且尚未向股东分配财产的,可以通过修改公司章程或者经股东会决议而存续。

依照前款规定修改公司章程或者经股东会决议,有限责任公司须经持有三分之二以上表决权的股东通过,股份有限公司须经出席股东会会议的股东所持表决权的三分之二以上通过。

第二百三十一条 公司经营管理发生严重困难，继续存续会使股东利益受到重大损失，通过其他途径不能解决的，持有公司百分之十以上表决权的股东，可以请求人民法院解散公司。

第二百三十二条 公司因本法第二百二十九条第一款第一项、第二项、第四项、第五项规定而解散的，应当清算。董事为公司清算义务人，应当在解散事由出现之日起十五日内组成清算组进行清算。

清算组由董事组成，但是公司章程另有规定或者股东会决议另选他人的除外。

清算义务人未及时履行清算义务，给公司或者债权人造成损失的，应当承担赔偿责任。

第二百三十三条 公司依照前条第一款的规定应当清算，逾期不成立清算组进行清算或者成立清算组后不清算的，利害关系人可以申请人民法院指定有关人员组成清算组进行清算。人民法院应当受理该申请，并及时组织清算组进行清算。

公司因本法第二百二十九条第一款第四项的规定而解散的，作出吊销营业执照、责令关闭或者撤销决定的部门或者公司登记机关，可以申请人民法院指定有关人员组成清算组进行清算。

第二百三十四条 清算组在清算期间行使下列职权：

（一）清理公司财产，分别编制资产负债表和财产清单；

（二）通知、公告债权人；

（三）处理与清算有关的公司未了结的业务；

（四）清缴所欠税款以及清算过程中产生的税款；

（五）清理债权、债务；

（六）分配公司清偿债务后的剩余财产；

（七）代表公司参与民事诉讼活动。

第二百三十五条 清算组应当自成立之日起十日内通知债权人，并于六十日内在报纸上或者国家企业信用信息公示系统公告。债权人应当自接到通知之日起三十日内，未接到通知的自公告之日起四十五日内，向清算组申报其债权。

债权人申报债权，应当说明债权的有关事项，并提供证明材料。

清算组应当对债权进行登记。

在申报债权期间,清算组不得对债权人进行清偿。

第二百三十六条 清算组在清理公司财产、编制资产负债表和财产清单后,应当制订清算方案,并报股东会或者人民法院确认。

公司财产在分别支付清算费用、职工的工资、社会保险费用和法定补偿金,缴纳所欠税款,清偿公司债务后的剩余财产,有限责任公司按照股东的出资比例分配,股份有限公司按照股东持有的股份比例分配。

清算期间,公司存续,但不得开展与清算无关的经营活动。公司财产在未依照前款规定清偿前,不得分配给股东。

第二百三十七条 清算组在清理公司财产、编制资产负债表和财产清单后,发现公司财产不足清偿债务的,应当依法向人民法院申请破产清算。

人民法院受理破产申请后,清算组应当将清算事务移交给人民法院指定的破产管理人。

第二百三十八条 清算组成员履行清算职责,负有忠实义务和勤勉义务。

清算组成员怠于履行清算职责,给公司造成损失的,应当承担赔偿责任;因故意或者重大过失给债权人造成损失的,应当承担赔偿责任。

第二百三十九条 公司清算结束后,清算组应当制作清算报告,报股东会或者人民法院确认,并报送公司登记机关,申请注销公司登记。

第二百四十条 公司在存续期间未产生债务,或者已清偿全部债务的,经全体股东承诺,可以按照规定通过简易程序注销公司登记。

通过简易程序注销公司登记,应当通过国家企业信用信息公示系统予以公告,公告期限不少于二十日。公告期限届满后,未有异议的,公司可以在二十日内向公司登记机关申请注销公司登记。

公司通过简易程序注销公司登记,股东对本条第一款规定的内容承诺不实的,应当对注销登记前的债务承担连带责任。

第二百四十一条 公司被吊销营业执照、责令关闭或者被撤销,满三年未向公司登记机关申请注销公司登记的,公司登记机关可以通过国家企业信用信息公示系统予以公告,公告期限不少于六十日。公告期限届满后,未有异议的,公司登记机关可以注销公司登记。

依照前款规定注销公司登记的,原公司股东、清算义务人的责任不受影响。

第二百四十二条 公司被依法宣告破产的,依照有关企业破产的法律实施破产清算。

第十三章 外国公司的分支机构

第二百四十三条 本法所称外国公司,是指依照外国法律在中华人民共和国境外设立的公司。

第二百四十四条 外国公司在中华人民共和国境内设立分支机构,应当向中国主管机关提出申请,并提交其公司章程、所属国的公司登记证书等有关文件,经批准后,向公司登记机关依法办理登记,领取营业执照。

外国公司分支机构的审批办法由国务院另行规定。

第二百四十五条 外国公司在中华人民共和国境内设立分支机构,应当在中华人民共和国境内指定负责该分支机构的代表人或者代理人,并向该分支机构拨付与其所从事的经营活动相适应的资金。

对外国公司分支机构的经营资金需要规定最低限额的,由国务院另行规定。

第二百四十六条 外国公司的分支机构应当在其名称中标明该外国公司的国籍及责任形式。

外国公司的分支机构应当在本机构中置备该外国公司章程。

第二百四十七条 外国公司在中华人民共和国境内设立的分支机构不具有中国法人资格。

外国公司对其分支机构在中华人民共和国境内进行经营活动承担民事责任。

第二百四十八条 经批准设立的外国公司分支机构,在中华人民共和国境内从事业务活动,应当遵守中国的法律,不得损害中国的社会公共利益,其合法权益受中国法律保护。

第二百四十九条 外国公司撤销其在中华人民共和国境内的分支机构时,应当依法清偿债务,依照本法有关公司清算程序的规定进行清算。未清偿债务之前,不得将其分支机构的财产转移至中华人民共和国境外。

第十四章 法 律 责 任

第二百五十条 违反本法规定,虚报注册资本、提交虚假材料或者采取其他欺诈手段隐瞒重要事实取得公司登记的,由公司登记机关责令改正,对虚报注册资本的公司,处以虚报注册资本金额百分之五以上百分之十五以下的罚款;对提交虚假材料或者采取其他欺诈手段隐瞒重要事实的公司,处以五万元以上二百万元以下的罚款;情节严重的,吊销营业执照;对直接负责的主管人员和其他直接责任人员处以三万元以上三十万元以下的罚款。

第二百五十一条 公司未依照本法第四十条规定公示有关信息或者不如实公示有关信息的,由公司登记机关责令改正,可以处以一万元以上五万元以下的罚款。情节严重的,处以五万元以上二十万元以下的罚款;对直接负责的主管人员和其他直接责任人员处以一万元以上十万元以下的罚款。

第二百五十二条 公司的发起人、股东虚假出资,未交付或者未按期交付作为出资的货币或者非货币财产的,由公司登记机关责令改正,可以处以五万元以上二十万元以下的罚款;情节严重的,处以虚假出资或者未出资金额百分之五以上百分之十五以下的罚款;对直接负责的主管人员和其他直接责任人员处以一万元以上十万元以下的罚款。

第二百五十三条 公司的发起人、股东在公司成立后,抽逃其出资的,由公司登记机关责令改正,处以所抽逃出资金额百分之五以上百分之十五以下的罚款;对直接负责的主管人员和其他直接责任人员处以三万元以上三十万元以下的罚款。

第二百五十四条 有下列行为之一的,由县级以上人民政府财政部门依照《中华人民共和国会计法》等法律、行政法规的规定处罚:

(一)在法定的会计账簿以外另立会计账簿;

（二）提供存在虚假记载或者隐瞒重要事实的财务会计报告。

第二百五十五条 公司在合并、分立、减少注册资本或者进行清算时，不依照本法规定通知或者公告债权人的，由公司登记机关责令改正，对公司处以一万元以上十万元以下的罚款。

第二百五十六条 公司在进行清算时，隐匿财产，对资产负债表或者财产清单作虚假记载，或者在未清偿债务前分配公司财产的，由公司登记机关责令改正，对公司处以隐匿财产或者未清偿债务前分配公司财产金额百分之五以上百分之十以下的罚款；对直接负责的主管人员和其他直接责任人员处以一万元以上十万元以下的罚款。

第二百五十七条 承担资产评估、验资或者验证的机构提供虚假材料或者提供有重大遗漏的报告的，由有关部门依照《中华人民共和国资产评估法》、《中华人民共和国注册会计师法》等法律、行政法规的规定处罚。

承担资产评估、验资或者验证的机构因其出具的评估结果、验资或者验证证明不实，给公司债权人造成损失的，除能够证明自己没有过错的外，在其评估或者证明不实的金额范围内承担赔偿责任。

第二百五十八条 公司登记机关违反法律、行政法规规定未履行职责或者履行职责不当的，对负有责任的领导人员和直接责任人员依法给予政务处分。

第二百五十九条 未依法登记为有限责任公司或者股份有限公司，而冒用有限责任公司或者股份有限公司名义的，或者未依法登记为有限责任公司或者股份有限公司的分公司，而冒用有限责任公司或者股份有限公司的分公司名义的，由公司登记机关责令改正或者予以取缔，可以并处十万元以下的罚款。

第二百六十条 公司成立后无正当理由超过六个月未开业的，或者开业后自行停业连续六个月以上的，公司登记机关可以吊销营业执照，但公司依法办理歇业的除外。

公司登记事项发生变更时，未依照本法规定办理有关变更登记的，由公司登记机关责令限期登记；逾期不登记的，处以一万元以上十万元以下的罚款。

第二百六十一条 外国公司违反本法规定，擅自在中华人民共和国境内设立分支机构的，由公司登记机关责令改正或者关闭，可以并处五万元以上二十万元以下的罚款。

第二百六十二条 利用公司名义从事危害国家安全、社会公共利益的严重违法行为的，吊销营业执照。

第二百六十三条 公司违反本法规定，应当承担民事赔偿责任和缴纳罚款、罚金的，其财产不足以支付时，先承担民事赔偿责任。

第二百六十四条 违反本法规定，构成犯罪的，依法追究刑事责任。

第十五章 附 则

第二百六十五条 本法下列用语的含义：

（一）高级管理人员，是指公司的经理、副经理、财务负责人，上市公司董事会秘书和公司章程规定的其他人员。

（二）控股股东，是指其出资额占有限责任公司资本总额超过百分之五十或者其持有的股份占股份有限公司股本总额超过百分之五十的股东；出资额或者持有股份的比例虽然低于百分之五十，但依其出资额或者持有的股份所享有的表决权已足以对股东会的决议产生重大影响的股东。

（三）实际控制人，是指通过投资关系、协议或者其他安排，能够实际支配公司行为的人。

（四）关联关系，是指公司控股股东、实际控制人、董事、监事、高级管理人员与其直接或者间接控制的企业之间的关系，以及可能导致公司利益转移的其他关系。但是，国家控股的企业之间不仅因为同受国家控股而具有关联关系。

第二百六十六条 本法自2024年7月1日起施行。

本法施行前已登记设立的公司，出资期限超过本法规定的期限的，除法律、行政法规或者国务院另有规定外，应当逐步调整至本法规定的期限以内；对于出资期限、出资额明显异常的，公司登记机关可以依法要求其及时调整。具体实施办法由国务院规定。

中华人民共和国民法典

(2020年5月28日第十三届全国人民代表大会第三次会议通过 2020年5月28日中华人民共和国主席令第45号公布 自2021年1月1日起施行)

目　　录

第一编　总　　则
　第一章　基本规定
　第二章　自然人
　　第一节　民事权利能力和民事行为能力
　　第二节　监　　护
　　第三节　宣告失踪和宣告死亡
　　第四节　个体工商户和农村承包经营户
　第三章　法　　人
　　第一节　一般规定
　　第二节　营利法人
　　第三节　非营利法人
　　第四节　特别法人
　第四章　非法人组织
　第五章　民事权利
　第六章　民事法律行为
　　第一节　一般规定
　　第二节　意思表示
　　第三节　民事法律行为的效力
　　第四节　民事法律行为的附条件和附期限
　第七章　代　　理
　　第一节　一般规定

第二节　委托代理

　　第三节　代理终止

第八章　民事责任

第九章　诉讼时效

第十章　期间计算

第二编　物　权

　第一分编　通　则

　　第一章　一般规定

　　第二章　物权的设立、变更、转让和消灭

　　　第一节　不动产登记

　　　第二节　动产交付

　　　第三节　其他规定

　　第三章　物权的保护

　第二分编　所有权

　　第四章　一般规定

　　第五章　国家所有权和集体所有权、私人所有权

　　第六章　业主的建筑物区分所有权

　　第七章　相邻关系

　　第八章　共　　有

　　第九章　所有权取得的特别规定

　第三分编　用益物权

　　第十章　一般规定

　　第十一章　土地承包经营权

　　第十二章　建设用地使用权

　　第十三章　宅基地使用权

　　第十四章　居住权

　　第十五章　地役权

　第四分编　担保物权

　　第十六章　一般规定

　　第十七章　抵押权

　　　第一节　一般抵押权

第二节　最高额抵押权

　第十八章　质　　权

　　第一节　动产质权

　　第二节　权利质权

　第十九章　留置权

第五分编　占　　有

　第二十章　占　　有

第三编　合　　同

　第一分编　通　　则

　第一章　一般规定

　第二章　合同的订立

　第三章　合同的效力

　第四章　合同的履行

　第五章　合同的保全

　第六章　合同的变更和转让

　第七章　合同的权利义务终止

　第八章　违约责任

　第二分编　典型合同

　第九章　买卖合同

　第十章　供用电、水、气、热力合同

　第十一章　赠与合同

　第十二章　借款合同

　第十三章　保证合同

　　第一节　一般规定

　　第二节　保证责任

　第十四章　租赁合同

　第十五章　融资租赁合同

　第十六章　保理合同

　第十七章　承揽合同

　第十八章　建设工程合同

　第十九章　运输合同

> 第一节　一般规定
>
> 第二节　客运合同
>
> 第三节　货运合同
>
> 第四节　多式联运合同
>
> 第二十章　技术合同
>
> 第一节　一般规定
>
> 第二节　技术开发合同
>
> 第三节　技术转让合同和技术许可合同
>
> 第四节　技术咨询合同和技术服务合同
>
> 第二十一章　保管合同
>
> 第二十二章　仓储合同
>
> 第二十三章　委托合同
>
> 第二十四章　物业服务合同
>
> 第二十五章　行纪合同
>
> 第二十六章　中介合同
>
> 第二十七章　合伙合同
>
> 第三分编　准合同
>
> 第二十八章　无因管理
>
> 第二十九章　不当得利
>
> 第四编　人格权
>
> 第一章　一般规定
>
> 第二章　生命权、身体权和健康权
>
> 第三章　姓名权和名称权
>
> 第四章　肖像权
>
> 第五章　名誉权和荣誉权
>
> 第六章　隐私权和个人信息保护
>
> 第五编　婚姻家庭
>
> 第一章　一般规定
>
> 第二章　结　　婚
>
> 第三章　家庭关系
>
> 第一节　夫妻关系

第二节　父母子女关系和其他近亲属关系
　　第四章　离　　婚
　　第五章　收　　养
　　　第一节　收养关系的成立
　　　第二节　收养的效力
　　　第三节　收养关系的解除
第六编　继　　承
　　第一章　一般规定
　　第二章　法定继承
　　第三章　遗嘱继承和遗赠
　　第四章　遗产的处理
第七编　侵权责任
　　第一章　一般规定
　　第二章　损害赔偿
　　第三章　责任主体的特殊规定
　　第四章　产品责任
　　第五章　机动车交通事故责任
　　第六章　医疗损害责任
　　第七章　环境污染和生态破坏责任
　　第八章　高度危险责任
　　第九章　饲养动物损害责任
　　第十章　建筑物和物件损害责任
附　　则

第一编　总　　则

第一章　基　本　规　定

第一条　为了保护民事主体的合法权益,调整民事关系,维护社会和经济秩序,适应中国特色社会主义发展要求,弘扬社会主义核心价值观,根据宪法,制定本法。

第二条　民法调整平等主体的自然人、法人和非法人组织之间的人身关系和财产关系。

第三条 民事主体的人身权利、财产权利以及其他合法权益受法律保护,任何组织或者个人不得侵犯。

第四条 民事主体在民事活动中的法律地位一律平等。

第五条 民事主体从事民事活动,应当遵循自愿原则,按照自己的意思设立、变更、终止民事法律关系。

第六条 民事主体从事民事活动,应当遵循公平原则,合理确定各方的权利和义务。

第七条 民事主体从事民事活动,应当遵循诚信原则,秉持诚实,恪守承诺。

第八条 民事主体从事民事活动,不得违反法律,不得违背公序良俗。

第九条 民事主体从事民事活动,应当有利于节约资源、保护生态环境。

第十条 处理民事纠纷,应当依照法律;法律没有规定的,可以适用习惯,但是不得违背公序良俗。

第十一条 其他法律对民事关系有特别规定的,依照其规定。

第十二条 中华人民共和国领域内的民事活动,适用中华人民共和国法律。法律另有规定的,依照其规定。

第二章 自 然 人

第一节 民事权利能力和民事行为能力

第十三条 自然人从出生时起到死亡时止,具有民事权利能力,依法享有民事权利,承担民事义务。

第十四条 自然人的民事权利能力一律平等。

第十五条 自然人的出生时间和死亡时间,以出生证明、死亡证明记载的时间为准;没有出生证明、死亡证明的,以户籍登记或者其他有效身份登记记载的时间为准。有其他证据足以推翻以上记载时间的,以该证据证明的时间为准。

第十六条 涉及遗产继承、接受赠与等胎儿利益保护的,胎儿视为具有民事权利能力。但是,胎儿娩出时为死体的,其民事权利能力自始不存在。

第十七条 十八周岁以上的自然人为成年人。不满十八周岁的自然人为未成年人。

第十八条 成年人为完全民事行为能力人,可以独立实施民事法律行为。

十六周岁以上的未成年人,以自己的劳动收入为主要生活来源的,视为完全民事行为能力人。

第十九条 八周岁以上的未成年人为限制民事行为能力人,实施民事法律行为由其法定代理人代理或者经其法定代理人同意、追认;但是,可以独立实施纯获利益的民事法律行为或者与其年龄、智力相适应的民事法律行为。

第二十条 不满八周岁的未成年人为无民事行为能力人,由其法定代理人代理实施民事法律行为。

第二十一条 不能辨认自己行为的成年人为无民事行为能力人,由其法定代理人代理实施民事法律行为。

八周岁以上的未成年人不能辨认自己行为的,适用前款规定。

第二十二条 不能完全辨认自己行为的成年人为限制民事行为能力人,实施民事法律行为由其法定代理人代理或者经其法定代理人同意、追认;但是,可以独立实施纯获利益的民事法律行为或者与其智力、精神健康状况相适应的民事法律行为。

第二十三条 无民事行为能力人、限制民事行为能力人的监护人是其法定代理人。

第二十四条 不能辨认或者不能完全辨认自己行为的成年人,其利害关系人或者有关组织,可以向人民法院申请认定该成年人为无民事行为能力人或者限制民事行为能力人。

被人民法院认定为无民事行为能力人或者限制民事行为能力人的,经本人、利害关系人或者有关组织申请,人民法院可以根据其智力、精神健康恢复的状况,认定该成年人恢复为限制民事行为能力人或者完全民事行为能力人。

本条规定的有关组织包括:居民委员会、村民委员会、学校、医疗机构、妇女联合会、残疾人联合会、依法设立的老年人组织、民政部门等。

第二十五条 自然人以户籍登记或者其他有效身份登记记载的居所为住所；经常居所与住所不一致的，经常居所视为住所。

第二节 监 护

第二十六条 父母对未成年子女负有抚养、教育和保护的义务。

成年子女对父母负有赡养、扶助和保护的义务。

第二十七条 父母是未成年子女的监护人。

未成年人的父母已经死亡或者没有监护能力的，由下列有监护能力的人按顺序担任监护人：

（一）祖父母、外祖父母；

（二）兄、姐；

（三）其他愿意担任监护人的个人或者组织，但是须经未成年人住所地的居民委员会、村民委员会或者民政部门同意。

第二十八条 无民事行为能力或者限制民事行为能力的成年人，由下列有监护能力的人按顺序担任监护人：

（一）配偶；

（二）父母、子女；

（三）其他近亲属；

（四）其他愿意担任监护人的个人或者组织，但是须经被监护人住所地的居民委员会、村民委员会或者民政部门同意。

第二十九条 被监护人的父母担任监护人的，可以通过遗嘱指定监护人。

第三十条 依法具有监护资格的人之间可以协议确定监护人。协议确定监护人应当尊重被监护人的真实意愿。

第三十一条 对监护人的确定有争议的，由被监护人住所地的居民委员会、村民委员会或者民政部门指定监护人，有关当事人对指定不服的，可以向人民法院申请指定监护人；有关当事人也可以直接向人民法院申请指定监护人。

居民委员会、村民委员会、民政部门或者人民法院应当尊重被监护人的真实意愿,按照最有利于被监护人的原则在依法具有监护资格的人中指定监护人。

依据本条第一款规定指定监护人前,被监护人的人身权利、财产权利以及其他合法权益处于无人保护状态的,由被监护人住所地的居民委员会、村民委员会、法律规定的有关组织或者民政部门担任临时监护人。

监护人被指定后,不得擅自变更;擅自变更的,不免除被指定的监护人的责任。

第三十二条　没有依法具有监护资格的人的,监护人由民政部门担任,也可以由具备履行监护职责条件的被监护人住所地的居民委员会、村民委员会担任。

第三十三条　具有完全民事行为能力的成年人,可以与其近亲属、其他愿意担任监护人的个人或者组织事先协商,以书面形式确定自己的监护人,在自己丧失或者部分丧失民事行为能力时,由该监护人履行监护职责。

第三十四条　监护人的职责是代理被监护人实施民事法律行为,保护被监护人的人身权利、财产权利以及其他合法权益等。

监护人依法履行监护职责产生的权利,受法律保护。

监护人不履行监护职责或者侵害被监护人合法权益的,应当承担法律责任。

因发生突发事件等紧急情况,监护人暂时无法履行监护职责,被监护人的生活处于无人照料状态的,被监护人住所地的居民委员会、村民委员会或者民政部门应当为被监护人安排必要的临时生活照料措施。

第三十五条　监护人应当按照最有利于被监护人的原则履行监护职责。监护人除为维护被监护人利益外,不得处分被监护人的财产。

未成年人的监护人履行监护职责,在作出与被监护人利益有关的决定时,应当根据被监护人的年龄和智力状况,尊重被监护人的真实意愿。

成年人的监护人履行监护职责,应当最大程度地尊重被监护人的真实意愿,保障并协助被监护人实施与其智力、精神健康状况相适应的民事法律行为。对被监护人有能力独立处理的事务,监护人不得干涉。

第三十六条 监护人有下列情形之一的,人民法院根据有关个人或者组织的申请,撤销其监护人资格,安排必要的临时监护措施,并按照最有利于被监护人的原则依法指定监护人:

(一)实施严重损害被监护人身心健康的行为;

(二)怠于履行监护职责,或者无法履行监护职责且拒绝将监护职责部分或者全部委托给他人,导致被监护人处于危困状态;

(三)实施严重侵害被监护人合法权益的其他行为。

本条规定的有关个人、组织包括:其他依法具有监护资格的人,居民委员会、村民委员会、学校、医疗机构、妇女联合会、残疾人联合会、未成年人保护组织、依法设立的老年人组织、民政部门等。

前款规定的个人和民政部门以外的组织未及时向人民法院申请撤销监护人资格的,民政部门应当向人民法院申请。

第三十七条 依法负担被监护人抚养费、赡养费、扶养费的父母、子女、配偶等,被人民法院撤销监护人资格后,应当继续履行负担的义务。

第三十八条 被监护人的父母或者子女被人民法院撤销监护人资格后,除对被监护人实施故意犯罪的外,确有悔改表现的,经其申请,人民法院可以在尊重被监护人真实意愿的前提下,视情况恢复其监护人资格,人民法院指定的监护人与被监护人的监护关系同时终止。

第三十九条 有下列情形之一的,监护关系终止:

(一)被监护人取得或者恢复完全民事行为能力;

(二)监护人丧失监护能力;

(三)被监护人或者监护人死亡;

(四)人民法院认定监护关系终止的其他情形。

监护关系终止后,被监护人仍然需要监护的,应当依法另行确定监护人。

第三节　宣告失踪和宣告死亡

第四十条　自然人下落不明满二年的,利害关系人可以向人民法院申请宣告该自然人为失踪人。

第四十一条　自然人下落不明的时间自其失去音讯之日起计算。战争期间下落不明的,下落不明的时间自战争结束之日或者有关机关确定的下落不明之日起计算。

第四十二条　失踪人的财产由其配偶、成年子女、父母或者其他愿意担任财产代管人的人代管。

代管有争议,没有前款规定的人,或者前款规定的人无代管能力的,由人民法院指定的人代管。

第四十三条　财产代管人应当妥善管理失踪人的财产,维护其财产权益。

失踪人所欠税款、债务和应付的其他费用,由财产代管人从失踪人的财产中支付。

财产代管人因故意或者重大过失造成失踪人财产损失的,应当承担赔偿责任。

第四十四条　财产代管人不履行代管职责、侵害失踪人财产权益或者丧失代管能力的,失踪人的利害关系人可以向人民法院申请变更财产代管人。

财产代管人有正当理由的,可以向人民法院申请变更财产代管人。

人民法院变更财产代管人的,变更后的财产代管人有权请求原财产代管人及时移交有关财产并报告财产代管情况。

第四十五条　失踪人重新出现,经本人或者利害关系人申请,人民法院应当撤销失踪宣告。

失踪人重新出现,有权请求财产代管人及时移交有关财产并报告财产代管情况。

第四十六条　自然人有下列情形之一的,利害关系人可以向人民法院申请宣告该自然人死亡:

(一)下落不明满四年;

（二）因意外事件，下落不明满二年。

因意外事件下落不明，经有关机关证明该自然人不可能生存的，申请宣告死亡不受二年时间的限制。

第四十七条 对同一自然人，有的利害关系人申请宣告死亡，有的利害关系人申请宣告失踪，符合本法规定的宣告死亡条件的，人民法院应当宣告死亡。

第四十八条 被宣告死亡的人，人民法院宣告死亡的判决作出之日视为其死亡的日期；因意外事件下落不明宣告死亡的，意外事件发生之日视为其死亡的日期。

第四十九条 自然人被宣告死亡但是并未死亡的，不影响该自然人在被宣告死亡期间实施的民事法律行为的效力。

第五十条 被宣告死亡的人重新出现，经本人或者利害关系人申请，人民法院应当撤销死亡宣告。

第五十一条 被宣告死亡的人的婚姻关系，自死亡宣告之日起消除。死亡宣告被撤销的，婚姻关系自撤销死亡宣告之日起自行恢复。但是，其配偶再婚或者向婚姻登记机关书面声明不愿意恢复的除外。

第五十二条 被宣告死亡的人在被宣告死亡期间，其子女被他人依法收养的，在死亡宣告被撤销后，不得以未经本人同意为由主张收养行为无效。

第五十三条 被撤销死亡宣告的人有权请求依照本法第六编取得其财产的民事主体返还财产；无法返还的，应当给予适当补偿。

利害关系人隐瞒真实情况，致使他人被宣告死亡而取得其财产的，除应当返还财产外，还应当对由此造成的损失承担赔偿责任。

第四节 个体工商户和农村承包经营户

第五十四条 自然人从事工商业经营，经依法登记，为个体工商户。个体工商户可以起字号。

第五十五条 农村集体经济组织的成员，依法取得农村土地承包经营权，从事家庭承包经营的，为农村承包经营户。

第五十六条 个体工商户的债务，个人经营的，以个人财产承担；家庭经营的，以家庭财产承担；无法区分的，以家庭财产承担。

农村承包经营户的债务,以从事农村土地承包经营的农户财产承担;事实上由农户部分成员经营的,以该部分成员的财产承担。

第三章　法　　人

第一节　一　般　规　定

第五十七条　法人是具有民事权利能力和民事行为能力,依法独立享有民事权利和承担民事义务的组织。

第五十八条　法人应当依法成立。

法人应当有自己的名称、组织机构、住所、财产或者经费。法人成立的具体条件和程序,依照法律、行政法规的规定。

设立法人,法律、行政法规规定须经有关机关批准的,依照其规定。

第五十九条　法人的民事权利能力和民事行为能力,从法人成立时产生,到法人终止时消灭。

第六十条　法人以其全部财产独立承担民事责任。

第六十一条　依照法律或者法人章程的规定,代表法人从事民事活动的负责人,为法人的法定代表人。

法定代表人以法人名义从事的民事活动,其法律后果由法人承受。

法人章程或者法人权力机构对法定代表人代表权的限制,不得对抗善意相对人。

第六十二条　法定代表人因执行职务造成他人损害的,由法人承担民事责任。

法人承担民事责任后,依照法律或者法人章程的规定,可以向有过错的法定代表人追偿。

第六十三条　法人以其主要办事机构所在地为住所。依法需要办理法人登记的,应当将主要办事机构所在地登记为住所。

第六十四条　法人存续期间登记事项发生变化的,应当依法向登记机关申请变更登记。

第六十五条　法人的实际情况与登记的事项不一致的,不得对抗善意相对人。

第六十六条 登记机关应当依法及时公示法人登记的有关信息。

第六十七条 法人合并的,其权利和义务由合并后的法人享有和承担。

法人分立的,其权利和义务由分立后的法人享有连带债权,承担连带债务,但是债权人和债务人另有约定的除外。

第六十八条 有下列原因之一并依法完成清算、注销登记的,法人终止:

(一)法人解散;

(二)法人被宣告破产;

(三)法律规定的其他原因。

法人终止,法律、行政法规规定须经有关机关批准的,依照其规定。

第六十九条 有下列情形之一的,法人解散:

(一)法人章程规定的存续期间届满或者法人章程规定的其他解散事由出现;

(二)法人的权力机构决议解散;

(三)因法人合并或者分立需要解散;

(四)法人依法被吊销营业执照、登记证书,被责令关闭或者被撤销;

(五)法律规定的其他情形。

第七十条 法人解散的,除合并或者分立的情形外,清算义务人应当及时组成清算组进行清算。

法人的董事、理事等执行机构或者决策机构的成员为清算义务人。法律、行政法规另有规定的,依照其规定。

清算义务人未及时履行清算义务,造成损害的,应当承担民事责任;主管机关或者利害关系人可以申请人民法院指定有关人员组成清算组进行清算。

第七十一条 法人的清算程序和清算组职权,依照有关法律的规定;没有规定的,参照适用公司法律的有关规定。

第七十二条 清算期间法人存续,但是不得从事与清算无关的活动。

法人清算后的剩余财产,按照法人章程的规定或者法人权力机构的决议处理。法律另有规定的,依照其规定。

清算结束并完成法人注销登记时,法人终止;依法不需要办理法人登记的,清算结束时,法人终止。

第七十三条 法人被宣告破产的,依法进行破产清算并完成法人注销登记时,法人终止。

第七十四条 法人可以依法设立分支机构。法律、行政法规规定分支机构应当登记的,依照其规定。

分支机构以自己的名义从事民事活动,产生的民事责任由法人承担;也可以先以该分支机构管理的财产承担,不足以承担的,由法人承担。

第七十五条 设立人为设立法人从事的民事活动,其法律后果由法人承受;法人未成立的,其法律后果由设立人承受,设立人为二人以上的,享有连带债权,承担连带债务。

设立人为设立法人以自己的名义从事民事活动产生的民事责任,第三人有权选择请求法人或者设立人承担。

第二节 营利法人

第七十六条 以取得利润并分配给股东等出资人为目的成立的法人,为营利法人。

营利法人包括有限责任公司、股份有限公司和其他企业法人等。

第七十七条 营利法人经依法登记成立。

第七十八条 依法设立的营利法人,由登记机关发给营利法人营业执照。营业执照签发日期为营利法人的成立日期。

第七十九条 设立营利法人应当依法制定法人章程。

第八十条 营利法人应当设权力机构。

权力机构行使修改法人章程,选举或者更换执行机构、监督机构成员,以及法人章程规定的其他职权。

第八十一条 营利法人应当设执行机构。

执行机构行使召集权力机构会议,决定法人的经营计划和投资方案,决定法人内部管理机构的设置,以及法人章程规定的其他职权。

执行机构为董事会或者执行董事的,董事长、执行董事或者经理按照法人章程的规定担任法定代表人;未设董事会或者执行董事的,法人章程规定的主要负责人为其执行机构和法定代表人。

第八十二条　营利法人设监事会或者监事等监督机构的,监督机构依法行使检查法人财务,监督执行机构成员、高级管理人员执行法人职务的行为,以及法人章程规定的其他职权。

第八十三条　营利法人的出资人不得滥用出资人权利损害法人或者其他出资人的利益;滥用出资人权利造成法人或者其他出资人损失的,应当依法承担民事责任。

营利法人的出资人不得滥用法人独立地位和出资人有限责任损害法人债权人的利益;滥用法人独立地位和出资人有限责任,逃避债务,严重损害法人债权人的利益的,应当对法人债务承担连带责任。

第八十四条　营利法人的控股出资人、实际控制人、董事、监事、高级管理人员不得利用其关联关系损害法人的利益;利用关联关系造成法人损失的,应当承担赔偿责任。

第八十五条　营利法人的权力机构、执行机构作出决议的会议召集程序、表决方式违反法律、行政法规、法人章程,或者决议内容违反法人章程的,营利法人的出资人可以请求人民法院撤销该决议。但是,营利法人依据该决议与善意相对人形成的民事法律关系不受影响。

第八十六条　营利法人从事经营活动,应当遵守商业道德,维护交易安全,接受政府和社会的监督,承担社会责任。

第三节　非营利法人

第八十七条　为公益目的或者其他非营利目的成立,不向出资人、设立人或者会员分配所取得利润的法人,为非营利法人。

非营利法人包括事业单位、社会团体、基金会、社会服务机构等。

第八十八条　具备法人条件,为适应经济社会发展需要,提供公益服务设立的事业单位,经依法登记成立,取得事业单位法人资格;依法不需要办理法人登记的,从成立之日起,具有事业单位法人资格。

第八十九条 事业单位法人设理事会的,除法律另有规定外,理事会为其决策机构。事业单位法人的法定代表人依照法律、行政法规或者法人章程的规定产生。

第九十条 具备法人条件,基于会员共同意愿,为公益目的或者会员共同利益等非营利目的设立的社会团体,经依法登记成立,取得社会团体法人资格;依法不需要办理法人登记的,从成立之日起,具有社会团体法人资格。

第九十一条 设立社会团体法人应当依法制定法人章程。

社会团体法人应当设会员大会或者会员代表大会等权力机构。

社会团体法人应当设理事会等执行机构。理事长或者会长等负责人按照法人章程的规定担任法定代表人。

第九十二条 具备法人条件,为公益目的以捐助财产设立的基金会、社会服务机构等,经依法登记成立,取得捐助法人资格。

依法设立的宗教活动场所,具备法人条件的,可以申请法人登记,取得捐助法人资格。法律、行政法规对宗教活动场所有规定的,依照其规定。

第九十三条 设立捐助法人应当依法制定法人章程。

捐助法人应当设理事会、民主管理组织等决策机构,并设执行机构。理事长等负责人按照法人章程的规定担任法定代表人。

捐助法人应当设监事会等监督机构。

第九十四条 捐助人有权向捐助法人查询捐助财产的使用、管理情况,并提出意见和建议,捐助法人应当及时、如实答复。

捐助法人的决策机构、执行机构或者法定代表人作出决定的程序违反法律、行政法规、法人章程,或者决定内容违反法人章程的,捐助人等利害关系人或者主管机关可以请求人民法院撤销该决定。但是,捐助法人依据该决定与善意相对人形成的民事法律关系不受影响。

第九十五条 为公益目的成立的非营利法人终止时,不得向出资人、设立人或者会员分配剩余财产。剩余财产应当按照法人章程的规定或者权力机构的决议用于公益目的;无法按照法人章程的规定或者权力机构的决议处理的,由主管机关主持转给宗旨相同或者相近的法人,并向社会公告。

第四节 特别法人

第九十六条 本节规定的机关法人、农村集体经济组织法人、城镇农村的合作经济组织法人、基层群众性自治组织法人，为特别法人。

第九十七条 有独立经费的机关和承担行政职能的法定机构从成立之日起，具有机关法人资格，可以从事为履行职能所需要的民事活动。

第九十八条 机关法人被撤销的，法人终止，其民事权利和义务由继任的机关法人享有和承担；没有继任的机关法人的，由作出撤销决定的机关法人享有和承担。

第九十九条 农村集体经济组织依法取得法人资格。

法律、行政法规对农村集体经济组织有规定的，依照其规定。

第一百条 城镇农村的合作经济组织依法取得法人资格。

法律、行政法规对城镇农村的合作经济组织有规定的，依照其规定。

第一百零一条 居民委员会、村民委员会具有基层群众性自治组织法人资格，可以从事为履行职能所需要的民事活动。

未设立村集体经济组织的，村民委员会可以依法代行村集体经济组织的职能。

第四章 非法人组织

第一百零二条 非法人组织是不具有法人资格，但是能够依法以自己的名义从事民事活动的组织。

非法人组织包括个人独资企业、合伙企业、不具有法人资格的专业服务机构等。

第一百零三条 非法人组织应当依照法律的规定登记。

设立非法人组织，法律、行政法规规定须经有关机关批准的，依照其规定。

第一百零四条 非法人组织的财产不足以清偿债务的，其出资人或者设立人承担无限责任。法律另有规定的，依照其规定。

第一百零五条 非法人组织可以确定一人或者数人代表该组织

从事民事活动。

第一百零六条 有下列情形之一的,非法人组织解散:

(一)章程规定的存续期间届满或者章程规定的其他解散事由出现;

(二)出资人或者设立人决定解散;

(三)法律规定的其他情形。

第一百零七条 非法人组织解散的,应当依法进行清算。

第一百零八条 非法人组织除适用本章规定外,参照适用本编第三章第一节的有关规定。

第五章 民事权利

第一百零九条 自然人的人身自由、人格尊严受法律保护。

第一百一十条 自然人享有生命权、身体权、健康权、姓名权、肖像权、名誉权、荣誉权、隐私权、婚姻自主权等权利。

法人、非法人组织享有名称权、名誉权和荣誉权。

第一百一十一条 自然人的个人信息受法律保护。任何组织或者个人需要获取他人个人信息的,应当依法取得并确保信息安全,不得非法收集、使用、加工、传输他人个人信息,不得非法买卖、提供或者公开他人个人信息。

第一百一十二条 自然人因婚姻家庭关系等产生的人身权利受法律保护。

第一百一十三条 民事主体的财产权利受法律平等保护。

第一百一十四条 民事主体依法享有物权。

物权是权利人依法对特定的物享有直接支配和排他的权利,包括所有权、用益物权和担保物权。

第一百一十五条 物包括不动产和动产。法律规定权利作为物权客体的,依照其规定。

第一百一十六条 物权的种类和内容,由法律规定。

第一百一十七条 为了公共利益的需要,依照法律规定的权限和程序征收、征用不动产或者动产的,应当给予公平、合理的补偿。

第一百一十八条 民事主体依法享有债权。

一、法律

债权是因合同、侵权行为、无因管理、不当得利以及法律的其他规定,权利人请求特定义务人为或者不为一定行为的权利。

第一百一十九条　依法成立的合同,对当事人具有法律约束力。

第一百二十条　民事权益受到侵害的,被侵权人有权请求侵权人承担侵权责任。

第一百二十一条　没有法定的或者约定的义务,为避免他人利益受损失而进行管理的人,有权请求受益人偿还由此支出的必要费用。

第一百二十二条　因他人没有法律根据,取得不当利益,受损失的人有权请求其返还不当利益。

第一百二十三条　民事主体依法享有知识产权。

知识产权是权利人依法就下列客体享有的专有的权利:

(一)作品;

(二)发明、实用新型、外观设计;

(三)商标;

(四)地理标志;

(五)商业秘密;

(六)集成电路布图设计;

(七)植物新品种;

(八)法律规定的其他客体。

第一百二十四条　自然人依法享有继承权。

自然人合法的私有财产,可以依法继承。

第一百二十五条　民事主体依法享有股权和其他投资性权利。

第一百二十六条　民事主体享有法律规定的其他民事权利和利益。

第一百二十七条　法律对数据、网络虚拟财产的保护有规定的,依照其规定。

第一百二十八条　法律对未成年人、老年人、残疾人、妇女、消费者等的民事权利保护有特别规定的,依照其规定。

第一百二十九条　民事权利可以依据民事法律行为、事实行为、法律规定的事件或者法律规定的其他方式取得。

第一百三十条　民事主体按照自己的意愿依法行使民事权利,不受干涉。

第一百三十一条　民事主体行使权利时,应当履行法律规定的和当事人约定的义务。

第一百三十二条　民事主体不得滥用民事权利损害国家利益、社会公共利益或者他人合法权益。

第六章　民事法律行为

第一节　一般规定

第一百三十三条　民事法律行为是民事主体通过意思表示设立、变更、终止民事法律关系的行为。

第一百三十四条　民事法律行为可以基于双方或者多方的意思表示一致成立,也可以基于单方的意思表示成立。

法人、非法人组织依照法律或者章程规定的议事方式和表决程序作出决议的,该决议行为成立。

第一百三十五条　民事法律行为可以采用书面形式、口头形式或者其他形式;法律、行政法规规定或者当事人约定采用特定形式的,应当采用特定形式。

第一百三十六条　民事法律行为自成立时生效,但是法律另有规定或者当事人另有约定的除外。

行为人非依法律规定或者未经对方同意,不得擅自变更或者解除民事法律行为。

第二节　意思表示

第一百三十七条　以对话方式作出的意思表示,相对人知道其内容时生效。

以非对话方式作出的意思表示,到达相对人时生效。以非对话方式作出的采用数据电文形式的意思表示,相对人指定特定系统接收数据电文的,该数据电文进入该特定系统时生效;未指定特定系统的,相对人知道或者应当知道该数据电文进入其系统时生效。当事人对采用数据电文形式的意思表示的生效时间另有约定的,按照其约定。

第一百三十八条 无相对人的意思表示,表示完成时生效。法律另有规定的,依照其规定。

第一百三十九条 以公告方式作出的意思表示,公告发布时生效。

第一百四十条 行为人可以明示或者默示作出意思表示。

沉默只有在有法律规定、当事人约定或者符合当事人之间的交易习惯时,才可以视为意思表示。

第一百四十一条 行为人可以撤回意思表示。撤回意思表示的通知应当在意思表示到达相对人前或者与意思表示同时到达相对人。

第一百四十二条 有相对人的意思表示的解释,应当按照所使用的词句,结合相关条款、行为的性质和目的、习惯以及诚信原则,确定意思表示的含义。

无相对人的意思表示的解释,不能完全拘泥于所使用的词句,而应当结合相关条款、行为的性质和目的、习惯以及诚信原则,确定行为人的真实意思。

第三节 民事法律行为的效力

第一百四十三条 具备下列条件的民事法律行为有效:

(一)行为人具有相应的民事行为能力;

(二)意思表示真实;

(三)不违反法律、行政法规的强制性规定,不违背公序良俗。

第一百四十四条 无民事行为能力人实施的民事法律行为无效。

第一百四十五条 限制民事行为能力人实施的纯获利益的民事法律行为或者与其年龄、智力、精神健康状况相适应的民事法律行为有效;实施的其他民事法律行为经法定代理人同意或者追认后有效。

相对人可以催告法定代理人自收到通知之日起三十日内予以追认。法定代理人未作表示的,视为拒绝追认。民事法律行为被追认前,善意相对人有撤销的权利。撤销应当以通知的方式作出。

第一百四十六条 行为人与相对人以虚假的意思表示实施的民事法律行为无效。

以虚假的意思表示隐藏的民事法律行为的效力,依照有关法律规定处理。

第一百四十七条 基于重大误解实施的民事法律行为,行为人有权请求人民法院或者仲裁机构予以撤销。

第一百四十八条 一方以欺诈手段,使对方在违背真实意思的情况下实施的民事法律行为,受欺诈方有权请求人民法院或者仲裁机构予以撤销。

第一百四十九条 第三人实施欺诈行为,使一方在违背真实意思的情况下实施的民事法律行为,对方知道或者应当知道该欺诈行为的,受欺诈方有权请求人民法院或者仲裁机构予以撤销。

第一百五十条 一方或者第三人以胁迫手段,使对方在违背真实意思的情况下实施的民事法律行为,受胁迫方有权请求人民法院或者仲裁机构予以撤销。

第一百五十一条 一方利用对方处于危困状态、缺乏判断能力等情形,致使民事法律行为成立时显失公平的,受损害方有权请求人民法院或者仲裁机构予以撤销。

第一百五十二条 有下列情形之一的,撤销权消灭:

(一)当事人自知道或者应当知道撤销事由之日起一年内、重大误解的当事人自知道或者应当知道撤销事由之日起九十日内没有行使撤销权;

(二)当事人受胁迫,自胁迫行为终止之日起一年内没有行使撤销权;

(三)当事人知道撤销事由后明确表示或者以自己的行为表明放弃撤销权。

当事人自民事法律行为发生之日起五年内没有行使撤销权的,撤销权消灭。

第一百五十三条 违反法律、行政法规的强制性规定的民事法律行为无效。但是,该强制性规定不导致该民事法律行为无效的除外。

违背公序良俗的民事法律行为无效。

第一百五十四条 行为人与相对人恶意串通,损害他人合法权益的民事法律行为无效。

第一百五十五条 无效的或者被撤销的民事法律行为自始没有

法律约束力。

第一百五十六条 民事法律行为部分无效，不影响其他部分效力的，其他部分仍然有效。

第一百五十七条 民事法律行为无效、被撤销或者确定不发生效力后，行为人因该行为取得的财产，应当予以返还；不能返还或者没有必要返还的，应当折价补偿。有过错的一方应当赔偿对方由此所受到的损失；各方都有过错的，应当各自承担相应的责任。法律另有规定的，依照其规定。

第四节 民事法律行为的附条件和附期限

第一百五十八条 民事法律行为可以附条件，但是根据其性质不得附条件的除外。附生效条件的民事法律行为，自条件成就时生效。附解除条件的民事法律行为，自条件成就时失效。

第一百五十九条 附条件的民事法律行为，当事人为自己的利益不正当地阻止条件成就的，视为条件已经成就；不正当地促成条件成就的，视为条件不成就。

第一百六十条 民事法律行为可以附期限，但是根据其性质不得附期限的除外。附生效期限的民事法律行为，自期限届至时生效。附终止期限的民事法律行为，自期限届满时失效。

第七章 代 理

第一节 一般规定

第一百六十一条 民事主体可以通过代理人实施民事法律行为。

依照法律规定、当事人约定或者民事法律行为的性质，应当由本人亲自实施的民事法律行为，不得代理。

第一百六十二条 代理人在代理权限内，以被代理人名义实施的民事法律行为，对被代理人发生效力。

第一百六十三条 代理包括委托代理和法定代理。

委托代理人按照被代理人的委托行使代理权。法定代理人依照法律的规定行使代理权。

第一百六十四条 代理人不履行或者不完全履行职责,造成被代理人损害的,应当承担民事责任。

代理人和相对人恶意串通,损害被代理人合法权益的,代理人和相对人应当承担连带责任。

第二节 委托代理

第一百六十五条 委托代理授权采用书面形式的,授权委托书应当载明代理人的姓名或者名称、代理事项、权限和期限,并由被代理人签名或者盖章。

第一百六十六条 数人为同一代理事项的代理人的,应当共同行使代理权,但是当事人另有约定的除外。

第一百六十七条 代理人知道或者应当知道代理事项违法仍然实施代理行为,或者被代理人知道或者应当知道代理人的代理行为违法未作反对表示的,被代理人和代理人应当承担连带责任。

第一百六十八条 代理人不得以被代理人的名义与自己实施民事法律行为,但是被代理人同意或者追认的除外。

代理人不得以被代理人的名义与自己同时代理的其他人实施民事法律行为,但是被代理的双方同意或者追认的除外。

第一百六十九条 代理人需要转委托第三人代理的,应当取得被代理人的同意或者追认。

转委托代理经被代理人同意或者追认的,被代理人可以就代理事务直接指示转委托的第三人,代理人仅就第三人的选任以及对第三人的指示承担责任。

转委托代理未经被代理人同意或者追认的,代理人应当对转委托的第三人的行为承担责任;但是,在紧急情况下代理人为了维护被代理人的利益需要转委托第三人代理的除外。

第一百七十条 执行法人或者非法人组织工作任务的人员,就其职权范围内的事项,以法人或者非法人组织的名义实施的民事法律行为,对法人或者非法人组织发生效力。

法人或者非法人组织对执行其工作任务的人员职权范围的限制,不得对抗善意相对人。

第一百七十一条 行为人没有代理权、超越代理权或者代理权终止后,仍然实施代理行为,未经被代理人追认的,对被代理人不发生效力。

相对人可以催告被代理人自收到通知之日起三十日内予以追认。被代理人未作表示的,视为拒绝追认。行为人实施的行为被追认前,善意相对人有撤销的权利。撤销应当以通知的方式作出。

行为人实施的行为未被追认的,善意相对人有权请求行为人履行债务或者就其受到的损害请求行为人赔偿。但是,赔偿的范围不得超过被代理人追认时相对人所能获得的利益。

相对人知道或者应当知道行为人无权代理的,相对人和行为人按照各自的过错承担责任。

第一百七十二条 行为人没有代理权、超越代理权或者代理权终止后,仍然实施代理行为,相对人有理由相信行为人有代理权的,代理行为有效。

第三节 代理终止

第一百七十三条 有下列情形之一的,委托代理终止:

(一)代理期限届满或者代理事务完成;

(二)被代理人取消委托或者代理人辞去委托;

(三)代理人丧失民事行为能力;

(四)代理人或者被代理人死亡;

(五)作为代理人或者被代理人的法人、非法人组织终止。

第一百七十四条 被代理人死亡后,有下列情形之一的,委托代理人实施的代理行为有效:

(一)代理人不知道且不应当知道被代理人死亡;

(二)被代理人的继承人予以承认;

(三)授权中明确代理权在代理事务完成时终止;

(四)被代理人死亡前已经实施,为了被代理人的继承人的利益继续代理。

作为被代理人的法人、非法人组织终止的,参照适用前款规定。

第一百七十五条 有下列情形之一的,法定代理终止:

(一)被代理人取得或者恢复完全民事行为能力;

(二)代理人丧失民事行为能力；
(三)代理人或者被代理人死亡；
(四)法律规定的其他情形。

第八章 民 事 责 任

第一百七十六条 民事主体依照法律规定或者按照当事人约定，履行民事义务，承担民事责任。

第一百七十七条 二人以上依法承担按份责任，能够确定责任大小的，各自承担相应的责任；难以确定责任大小的，平均承担责任。

第一百七十八条 二人以上依法承担连带责任的，权利人有权请求部分或者全部连带责任人承担责任。

连带责任人的责任份额根据各自责任大小确定；难以确定责任大小的，平均承担责任。实际承担责任超过自己责任份额的连带责任人，有权向其他连带责任人追偿。

连带责任，由法律规定或者当事人约定。

第一百七十九条 承担民事责任的方式主要有：
(一)停止侵害；
(二)排除妨碍；
(三)消除危险；
(四)返还财产；
(五)恢复原状；
(六)修理、重作、更换；
(七)继续履行；
(八)赔偿损失；
(九)支付违约金；
(十)消除影响、恢复名誉；
(十一)赔礼道歉。

法律规定惩罚性赔偿的，依照其规定。

本条规定的承担民事责任的方式，可以单独适用，也可以合并适用。

第一百八十条 因不可抗力不能履行民事义务的，不承担民事责任。法律另有规定的，依照其规定。

不可抗力是不能预见、不能避免且不能克服的客观情况。

第一百八十一条 因正当防卫造成损害的，不承担民事责任。

正当防卫超过必要的限度，造成不应有的损害的，正当防卫人应当承担适当的民事责任。

第一百八十二条 因紧急避险造成损害的，由引起险情发生的人承担民事责任。

危险由自然原因引起的，紧急避险人不承担民事责任，可以给予适当补偿。

紧急避险采取措施不当或者超过必要的限度，造成不应有的损害的，紧急避险人应当承担适当的民事责任。

第一百八十三条 因保护他人民事权益使自己受到损害的，由侵权人承担民事责任，受益人可以给予适当补偿。没有侵权人、侵权人逃逸或者无力承担民事责任，受害人请求补偿的，受益人应当给予适当补偿。

第一百八十四条 因自愿实施紧急救助行为造成受助人损害的，救助人不承担民事责任。

第一百八十五条 侵害英雄烈士等的姓名、肖像、名誉、荣誉，损害社会公共利益的，应当承担民事责任。

第一百八十六条 因当事人一方的违约行为，损害对方人身权益、财产权益的，受损害方有权选择请求其承担违约责任或者侵权责任。

第一百八十七条 民事主体因同一行为应当承担民事责任、行政责任和刑事责任的，承担行政责任或者刑事责任不影响承担民事责任；民事主体的财产不足以支付的，优先用于承担民事责任。

第九章 诉讼时效

第一百八十八条 向人民法院请求保护民事权利的诉讼时效期间为三年。法律另有规定的，依照其规定。

诉讼时效期间自权利人知道或者应当知道权利受到损害以及义务人之日起计算。法律另有规定的，依照其规定。但是，自权利受到损害之日起超过二十年的，人民法院不予保护，有特殊情况的，人民法院可以根据权利人的申请决定延长。

第一百八十九条　当事人约定同一债务分期履行的,诉讼时效期间自最后一期履行期限届满之日起计算。

第一百九十条　无民事行为能力人或者限制民事行为能力人对其法定代理人的请求权的诉讼时效期间,自该法定代理终止之日起计算。

第一百九十一条　未成年人遭受性侵害的损害赔偿请求权的诉讼时效期间,自受害人年满十八周岁之日起计算。

第一百九十二条　诉讼时效期间届满的,义务人可以提出不履行义务的抗辩。

诉讼时效期间届满后,义务人同意履行的,不得以诉讼时效期间届满为由抗辩;义务人已经自愿履行的,不得请求返还。

第一百九十三条　人民法院不得主动适用诉讼时效的规定。

第一百九十四条　在诉讼时效期间的最后六个月内,因下列障碍,不能行使请求权的,诉讼时效中止:

(一)不可抗力;

(二)无民事行为能力人或者限制民事行为能力人没有法定代理人,或者法定代理人死亡、丧失民事行为能力、丧失代理权;

(三)继承开始后未确定继承人或者遗产管理人;

(四)权利人被义务人或者其他人控制;

(五)其他导致权利人不能行使请求权的障碍。

自中止时效的原因消除之日起满六个月,诉讼时效期间届满。

第一百九十五条　有下列情形之一的,诉讼时效中断,从中断、有关程序终结时起,诉讼时效期间重新计算:

(一)权利人向义务人提出履行请求;

(二)义务人同意履行义务;

(三)权利人提起诉讼或者申请仲裁;

(四)与提起诉讼或者申请仲裁具有同等效力的其他情形。

第一百九十六条　下列请求权不适用诉讼时效的规定:

(一)请求停止侵害、排除妨碍、消除危险;

(二)不动产物权和登记的动产物权的权利人请求返还财产;

(三)请求支付抚养费、赡养费或者扶养费;

（四）依法不适用诉讼时效的其他请求权。

第一百九十七条 诉讼时效的期间、计算方法以及中止、中断的事由由法律规定，当事人约定无效。

当事人对诉讼时效利益的预先放弃无效。

第一百九十八条 法律对仲裁时效有规定的，依照其规定；没有规定的，适用诉讼时效的规定。

第一百九十九条 法律规定或者当事人约定的撤销权、解除权等权利的存续期间，除法律另有规定外，自权利人知道或者应当知道权利产生之日起计算，不适用有关诉讼时效中止、中断和延长的规定。存续期间届满，撤销权、解除权等权利消灭。

第十章 期间计算

第二百条 民法所称的期间按照公历年、月、日、小时计算。

第二百零一条 按照年、月、日计算期间的，开始的当日不计入，自下一日开始计算。

按照小时计算期间的，自法律规定或者当事人约定的时间开始计算。

第二百零二条 按照年、月计算期间的，到期月的对应日为期间的最后一日；没有对应日的，月末日为期间的最后一日。

第二百零三条 期间的最后一日是法定休假日的，以法定休假日结束的次日为期间的最后一日。

期间的最后一日的截止时间为二十四时；有业务时间的，停止业务活动的时间为截止时间。

第二百零四条 期间的计算方法依照本法的规定，但是法律另有规定或者当事人另有约定的除外。

第二编 物 权

第一分编 通 则

第一章 一般规定

第二百零五条 本编调整因物的归属和利用产生的民事关系。

第二百零六条 国家坚持和完善公有制为主体、多种所有制经济共同发展,按劳分配为主体、多种分配方式并存,社会主义市场经济体制等社会主义基本经济制度。

国家巩固和发展公有制经济,鼓励、支持和引导非公有制经济的发展。

国家实行社会主义市场经济,保障一切市场主体的平等法律地位和发展权利。

第二百零七条 国家、集体、私人的物权和其他权利人的物权受法律平等保护,任何组织或者个人不得侵犯。

第二百零八条 不动产物权的设立、变更、转让和消灭,应当依照法律规定登记。动产物权的设立和转让,应当依照法律规定交付。

第二章 物权的设立、变更、转让和消灭

第一节 不动产登记

第二百零九条 不动产物权的设立、变更、转让和消灭,经依法登记,发生效力;未经登记,不发生效力,但是法律另有规定的除外。

依法属于国家所有的自然资源,所有权可以不登记。

第二百一十条 不动产登记,由不动产所在地的登记机构办理。

国家对不动产实行统一登记制度。统一登记的范围、登记机构和登记办法,由法律、行政法规规定。

第二百一十一条 当事人申请登记,应当根据不同登记事项提供权属证明和不动产界址、面积等必要材料。

第二百一十二条 登记机构应当履行下列职责:

(一)查验申请人提供的权属证明和其他必要材料;

(二)就有关登记事项询问申请人;

(三)如实、及时登记有关事项;

(四)法律、行政法规规定的其他职责。

申请登记的不动产的有关情况需要进一步证明的,登记机构可以要求申请人补充材料,必要时可以实地查看。

第二百一十三条 登记机构不得有下列行为:

（一）要求对不动产进行评估；

（二）以年检等名义进行重复登记；

（三）超出登记职责范围的其他行为。

第二百一十四条 不动产物权的设立、变更、转让和消灭，依照法律规定应当登记的，自记载于不动产登记簿时发生效力。

第二百一十五条 当事人之间订立有关设立、变更、转让和消灭不动产物权的合同，除法律另有规定或者当事人另有约定外，自合同成立时生效；未办理物权登记的，不影响合同效力。

第二百一十六条 不动产登记簿是物权归属和内容的根据。

不动产登记簿由登记机构管理。

第二百一十七条 不动产权属证书是权利人享有该不动产物权的证明。不动产权属证书记载的事项，应当与不动产登记簿一致；记载不一致的，除有证据证明不动产登记簿确有错误外，以不动产登记簿为准。

第二百一十八条 权利人、利害关系人可以申请查询、复制不动产登记资料，登记机构应当提供。

第二百一十九条 利害关系人不得公开、非法使用权利人的不动产登记资料。

第二百二十条 权利人、利害关系人认为不动产登记簿记载的事项错误的，可以申请更正登记。不动产登记簿记载的权利人书面同意更正或者有证据证明登记确有错误的，登记机构应当予以更正。

不动产登记簿记载的权利人不同意更正的，利害关系人可以申请异议登记。登记机构予以异议登记，申请人自异议登记之日起十五日内不提起诉讼，异议登记失效。异议登记不当，造成权利人损害的，权利人可以向申请人请求损害赔偿。

第二百二十一条 当事人签订买卖房屋的协议或者签订其他不动产物权的协议，为保障将来实现物权，按照约定可以向登记机构申请预告登记。预告登记后，未经预告登记的权利人同意，处分该不动产的，不发生物权效力。

预告登记后，债权消灭或者自能够进行不动产登记之日起九十日内未申请登记的，预告登记失效。

第二百二十二条 当事人提供虚假材料申请登记,造成他人损害的,应当承担赔偿责任。

因登记错误,造成他人损害的,登记机构应当承担赔偿责任。登记机构赔偿后,可以向造成登记错误的人追偿。

第二百二十三条 不动产登记费按件收取,不得按照不动产的面积、体积或者价款的比例收取。

第二节 动产交付

第二百二十四条 动产物权的设立和转让,自交付时发生效力,但是法律另有规定的除外。

第二百二十五条 船舶、航空器和机动车等的物权的设立、变更、转让和消灭,未经登记,不得对抗善意第三人。

第二百二十六条 动产物权设立和转让前,权利人已经占有该动产的,物权自民事法律行为生效时发生效力。

第二百二十七条 动产物权设立和转让前,第三人占有该动产的,负有交付义务的人可以通过转让请求第三人返还原物的权利代替交付。

第二百二十八条 动产物权转让时,当事人又约定由出让人继续占有该动产的,物权自该约定生效时发生效力。

第三节 其他规定

第二百二十九条 因人民法院、仲裁机构的法律文书或者人民政府的征收决定等,导致物权设立、变更、转让或者消灭的,自法律文书或者征收决定等生效时发生效力。

第二百三十条 因继承取得物权的,自继承开始时发生效力。

第二百三十一条 因合法建造、拆除房屋等事实行为设立或者消灭物权的,自事实行为成就时发生效力。

第二百三十二条 处分依照本节规定享有的不动产物权,依照法律规定需要办理登记的,未经登记,不发生物权效力。

第三章　物权的保护

第二百三十三条　物权受到侵害的,权利人可以通过和解、调解、仲裁、诉讼等途径解决。

第二百三十四条　因物权的归属、内容发生争议的,利害关系人可以请求确认权利。

第二百三十五条　无权占有不动产或者动产的,权利人可以请求返还原物。

第二百三十六条　妨害物权或者可能妨害物权的,权利人可以请求排除妨害或者消除危险。

第二百三十七条　造成不动产或者动产毁损的,权利人可以依法请求修理、重作、更换或者恢复原状。

第二百三十八条　侵害物权,造成权利人损害的,权利人可以依法请求损害赔偿,也可以依法请求承担其他民事责任。

第二百三十九条　本章规定的物权保护方式,可以单独适用,也可以根据权利被侵害的情形合并适用。

第二分编　所　有　权

第四章　一　般　规　定

第二百四十条　所有权人对自己的不动产或者动产,依法享有占有、使用、收益和处分的权利。

第二百四十一条　所有权人有权在自己的不动产或者动产上设立用益物权和担保物权。用益物权人、担保物权人行使权利,不得损害所有权人的权益。

第二百四十二条　法律规定专属于国家所有的不动产和动产,任何组织或者个人不能取得所有权。

第二百四十三条　为了公共利益的需要,依照法律规定的权限和程序可以征收集体所有的土地和组织、个人的房屋以及其他不动产。

征收集体所有的土地,应当依法及时足额支付土地补偿费、安置补助费以及农村村民住宅、其他地上附着物和青苗等的补偿费用,并安排被征地农民的社会保障费用,保障被征地农民的生活,维护被征地农民的合法权益。

征收组织、个人的房屋以及其他不动产,应当依法给予征收补偿,维护被征收人的合法权益;征收个人住宅的,还应当保障被征收人的居住条件。

任何组织或者个人不得贪污、挪用、私分、截留、拖欠征收补偿费等费用。

第二百四十四条　国家对耕地实行特殊保护,严格限制农用地转为建设用地,控制建设用地总量。不得违反法律规定的权限和程序征收集体所有的土地。

第二百四十五条　因抢险救灾、疫情防控等紧急需要,依照法律规定的权限和程序可以征用组织、个人的不动产或者动产。被征用的不动产或者动产使用后,应当返还被征用人。组织、个人的不动产或者动产被征用或者征用后毁损、灭失的,应当给予补偿。

第五章　国家所有权和集体所有权、私人所有权

第二百四十六条　法律规定属于国家所有的财产,属于国家所有即全民所有。

国有财产由国务院代表国家行使所有权。法律另有规定的,依照其规定。

第二百四十七条　矿藏、水流、海域属于国家所有。

第二百四十八条　无居民海岛属于国家所有,国务院代表国家行使无居民海岛所有权。

第二百四十九条　城市的土地,属于国家所有。法律规定属于国家所有的农村和城市郊区的土地,属于国家所有。

第二百五十条　森林、山岭、草原、荒地、滩涂等自然资源,属于国家所有,但是法律规定属于集体所有的除外。

第二百五十一条　法律规定属于国家所有的野生动植物资源,属于国家所有。

第二百五十二条　无线电频谱资源属于国家所有。

第二百五十三条　法律规定属于国家所有的文物,属于国家

所有。

第二百五十四条 国防资产属于国家所有。

铁路、公路、电力设施、电信设施和油气管道等基础设施,依照法律规定为国家所有的,属于国家所有。

第二百五十五条 国家机关对其直接支配的不动产和动产,享有占有、使用以及依照法律和国务院的有关规定处分的权利。

第二百五十六条 国家举办的事业单位对其直接支配的不动产和动产,享有占有、使用以及依照法律和国务院的有关规定收益、处分的权利。

第二百五十七条 国家出资的企业,由国务院、地方人民政府依照法律、行政法规规定分别代表国家履行出资人职责,享有出资人权益。

第二百五十八条 国家所有的财产受法律保护,禁止任何组织或者个人侵占、哄抢、私分、截留、破坏。

第二百五十九条 履行国有财产管理、监督职责的机构及其工作人员,应当依法加强对国有财产的管理、监督,促进国有财产保值增值,防止国有财产损失;滥用职权,玩忽职守,造成国有财产损失的,应当依法承担法律责任。

违反国有财产管理规定,在企业改制、合并分立、关联交易等过程中,低价转让、合谋私分、擅自担保或者以其他方式造成国有财产损失的,应当依法承担法律责任。

第二百六十条 集体所有的不动产和动产包括:

(一)法律规定属于集体所有的土地和森林、山岭、草原、荒地、滩涂;

(二)集体所有的建筑物、生产设施、农田水利设施;

(三)集体所有的教育、科学、文化、卫生、体育等设施;

(四)集体所有的其他不动产和动产。

第二百六十一条 农民集体所有的不动产和动产,属于本集体成员集体所有。

下列事项应当依照法定程序经本集体成员决定:

(一)土地承包方案以及将土地发包给本集体以外的组织或者个

人承包；

（二）个别土地承包经营权人之间承包地的调整；

（三）土地补偿费等费用的使用、分配办法；

（四）集体出资的企业的所有权变动等事项；

（五）法律规定的其他事项。

第二百六十二条 对于集体所有的土地和森林、山岭、草原、荒地、滩涂等，依照下列规定行使所有权：

（一）属于村农民集体所有的，由村集体经济组织或者村民委员会依法代表集体行使所有权；

（二）分别属于村内两个以上农民集体所有的，由村内各该集体经济组织或者村民小组依法代表集体行使所有权；

（三）属于乡镇农民集体所有的，由乡镇集体经济组织代表集体行使所有权。

第二百六十三条 城镇集体所有的不动产和动产，依照法律、行政法规的规定由本集体享有占有、使用、收益和处分的权利。

第二百六十四条 农村集体经济组织或者村民委员会、村民小组应当依照法律、行政法规以及章程、村规民约向本集体成员公布集体财产的状况。集体成员有权查阅、复制相关资料。

第二百六十五条 集体所有的财产受法律保护，禁止任何组织或者个人侵占、哄抢、私分、破坏。

农村集体经济组织、村民委员会或者其负责人作出的决定侵害集体成员合法权益的，受侵害的集体成员可以请求人民法院予以撤销。

第二百六十六条 私人对其合法的收入、房屋、生活用品、生产工具、原材料等不动产和动产享有所有权。

第二百六十七条 私人的合法财产受法律保护，禁止任何组织或者个人侵占、哄抢、破坏。

第二百六十八条 国家、集体和私人依法可以出资设立有限责任公司、股份有限公司或者其他企业。国家、集体和私人所有的不动产或者动产投到企业的，由出资人按照约定或者出资比例享有资产收益、重大决策以及选择经营管理者等权利并履行义务。

第二百六十九条 营利法人对其不动产和动产依照法律、行政法规以及章程享有占有、使用、收益和处分的权利。

营利法人以外的法人,对其不动产和动产的权利,适用有关法律、行政法规以及章程的规定。

第二百七十条 社会团体法人、捐助法人依法所有的不动产和动产,受法律保护。

第六章 业主的建筑物区分所有权

第二百七十一条 业主对建筑物内的住宅、经营性用房等专有部分享有所有权,对专有部分以外的共有部分享有共有和共同管理的权利。

第二百七十二条 业主对其建筑物专有部分享有占有、使用、收益和处分的权利。业主行使权利不得危及建筑物的安全,不得损害其他业主的合法权益。

第二百七十三条 业主对建筑物专有部分以外的共有部分,享有权利,承担义务;不得以放弃权利为由不履行义务。

业主转让建筑物内的住宅、经营性用房,其对共有部分享有的共有和共同管理的权利一并转让。

第二百七十四条 建筑区划内的道路,属于业主共有,但是属于城镇公共道路的除外。建筑区划内的绿地,属于业主共有,但是属于城镇公共绿地或者明示属于个人的除外。建筑区划内的其他公共场所、公用设施和物业服务用房,属于业主共有。

第二百七十五条 建筑区划内,规划用于停放汽车的车位、车库的归属,由当事人通过出售、附赠或者出租等方式约定。

占用业主共有的道路或者其他场地用于停放汽车的车位,属于业主共有。

第二百七十六条 建筑区划内,规划用于停放汽车的车位、车库应当首先满足业主的需要。

第二百七十七条 业主可以设立业主大会,选举业主委员会。业主大会、业主委员会成立的具体条件和程序,依照法律、法规的规定。

地方人民政府有关部门、居民委员会应当对设立业主大会和选举业主委员会给予指导和协助。

第二百七十八条 下列事项由业主共同决定：
（一）制定和修改业主大会议事规则；
（二）制定和修改管理规约；
（三）选举业主委员会或者更换业主委员会成员；
（四）选聘和解聘物业服务企业或者其他管理人；
（五）使用建筑物及其附属设施的维修资金；
（六）筹集建筑物及其附属设施的维修资金；
（七）改建、重建建筑物及其附属设施；
（八）改变共有部分的用途或者利用共有部分从事经营活动；
（九）有关共有和共同管理权利的其他重大事项。

业主共同决定事项，应当由专有部分面积占比三分之二以上的业主且人数占比三分之二以上的业主参与表决。决定前款第六项至第八项规定的事项，应当经参与表决专有部分面积四分之三以上的业主且参与表决人数四分之三以上的业主同意。决定前款其他事项，应当经参与表决专有部分面积过半数的业主且参与表决人数过半数的业主同意。

第二百七十九条 业主不得违反法律、法规以及管理规约，将住宅改变为经营性用房。业主将住宅改变为经营性用房的，除遵守法律、法规以及管理规约外，应当经有利害关系的业主一致同意。

第二百八十条 业主大会或者业主委员会的决定，对业主具有法律约束力。

业主大会或者业主委员会作出的决定侵害业主合法权益的，受侵害的业主可以请求人民法院予以撤销。

第二百八十一条 建筑物及其附属设施的维修资金，属于业主共有。经业主共同决定，可以用于电梯、屋顶、外墙、无障碍设施等共有部分的维修、更新和改造。建筑物及其附属设施的维修资金的筹集、使用情况应当定期公布。

紧急情况下需要维修建筑物及其附属设施的，业主大会或者业主委员会可以依法申请使用建筑物及其附属设施的维修资金。

第二百八十二条 建设单位、物业服务企业或者其他管理人等利用业主的共有部分产生的收入，在扣除合理成本之后，属于业主共有。

第二百八十三条 建筑物及其附属设施的费用分摊、收益分配等事项,有约定的,按照约定;没有约定或者约定不明确的,按照业主专有部分面积所占比例确定。

第二百八十四条 业主可以自行管理建筑物及其附属设施,也可以委托物业服务企业或者其他管理人管理。

对建设单位聘请的物业服务企业或者其他管理人,业主有权依法更换。

第二百八十五条 物业服务企业或者其他管理人根据业主的委托,依照本法第三编有关物业服务合同的规定管理建筑区划内的建筑物及其附属设施,接受业主的监督,并及时答复业主对物业服务情况提出的询问。

物业服务企业或者其他管理人应当执行政府依法实施的应急处置措施和其他管理措施,积极配合开展相关工作。

第二百八十六条 业主应当遵守法律、法规以及管理规约,相关行为应当符合节约资源、保护生态环境的要求。对于物业服务企业或者其他管理人执行政府依法实施的应急处置措施和其他管理措施,业主应当依法予以配合。

业主大会或者业主委员会,对任意弃置垃圾、排放污染物或者噪声、违反规定饲养动物、违章搭建、侵占通道、拒付物业费等损害他人合法权益的行为,有权依照法律、法规以及管理规约,请求行为人停止侵害、排除妨碍、消除危险、恢复原状、赔偿损失。

业主或者其他行为人拒不履行相关义务的,有关当事人可以向有关行政主管部门报告或者投诉,有关行政主管部门应当依法处理。

第二百八十七条 业主对建设单位、物业服务企业或者其他管理人以及其他业主侵害自己合法权益的行为,有权请求其承担民事责任。

第七章 相 邻 关 系

第二百八十八条 不动产的相邻权利人应当按照有利生产、方便生活、团结互助、公平合理的原则,正确处理相邻关系。

第二百八十九条 法律、法规对处理相邻关系有规定的,依照其规定;法律、法规没有规定的,可以按照当地习惯。

第二百九十条 不动产权利人应当为相邻权利人用水、排水提供必要的便利。

对自然流水的利用,应当在不动产的相邻权利人之间合理分配。对自然流水的排放,应当尊重自然流向。

第二百九十一条 不动产权利人对相邻权利人因通行等必须利用其土地的,应当提供必要的便利。

第二百九十二条 不动产权利人因建造、修缮建筑物以及铺设电线、电缆、水管、暖气和燃气管线等必须利用相邻土地、建筑物的,该土地、建筑物的权利人应当提供必要的便利。

第二百九十三条 建造建筑物,不得违反国家有关工程建设标准,不得妨碍相邻建筑物的通风、采光和日照。

第二百九十四条 不动产权利人不得违反国家规定弃置固体废物,排放大气污染物、水污染物、土壤污染物、噪声、光辐射、电磁辐射等有害物质。

第二百九十五条 不动产权利人挖掘土地、建造建筑物、铺设管线以及安装设备等,不得危及相邻不动产的安全。

第二百九十六条 不动产权利人因用水、排水、通行、铺设管线等利用相邻不动产的,应当尽量避免对相邻的不动产权利人造成损害。

第八章 共 有

第二百九十七条 不动产或者动产可以由两个以上组织、个人共有。共有包括按份共有和共同共有。

第二百九十八条 按份共有人对共有的不动产或者动产按照其份额享有所有权。

第二百九十九条 共同共有人对共有的不动产或者动产共同享有所有权。

第三百条 共有人按照约定管理共有的不动产或者动产;没有约定或者约定不明确的,各共有人都有管理的权利和义务。

第三百零一条 处分共有的不动产或者动产以及对共有的不动产或者动产作重大修缮、变更性质或者用途的,应当经占份额三分之二以上的按份共有人或者全体共同共有人同意，但是共有人之间另有约定的除外。

第三百零二条　共有人对共有物的管理费用以及其他负担，有约定的，按照其约定；没有约定或者约定不明确的，按份共有人按照其份额负担，共同共有人共同负担。

第三百零三条　共有人约定不得分割共有的不动产或者动产，以维持共有关系的，应当按照约定，但是共有人有重大理由需要分割的，可以请求分割；没有约定或者约定不明确的，按份共有人可以随时请求分割，共同共有人在共有的基础丧失或者有重大理由需要分割时可以请求分割。因分割造成其他共有人损害的，应当给予赔偿。

第三百零四条　共有人可以协商确定分割方式。达不成协议，共有的不动产或者动产可以分割且不会因分割减损价值的，应当对实物予以分割；难以分割或者因分割会减损价值的，应当对折价或者拍卖、变卖取得的价款予以分割。

共有人分割所得的不动产或者动产有瑕疵的，其他共有人应当分担损失。

第三百零五条　按份共有人可以转让其享有的共有的不动产或者动产份额。其他共有人在同等条件下享有优先购买的权利。

第三百零六条　按份共有人转让其享有的共有的不动产或者动产份额的，应当将转让条件及时通知其他共有人。其他共有人应当在合理期限内行使优先购买权。

两个以上其他共有人主张行使优先购买权的，协商确定各自的购买比例；协商不成的，按照转让时各自的共有份额比例行使优先购买权。

第三百零七条　因共有的不动产或者动产产生的债权债务，在对外关系上，共有人享有连带债权、承担连带债务，但是法律另有规定或者第三人知道共有人不具有连带债权债务关系的除外；在共有人内部关系上，除共有人另有约定外，按份共有人按照份额享有债权、承担债务，共同共有人共同享有债权、承担债务。偿还债务超过自己应当承担份额的按份共有人，有权向其他共有人追偿。

第三百零八条　共有人对共有的不动产或者动产没有约定为按

份共有或者共同共有,或者约定不明确的,除共有人具有家庭关系等外,视为按份共有。

第三百零九条 按份共有人对共有的不动产或者动产享有的份额,没有约定或者约定不明确的,按照出资额确定;不能确定出资额的,视为等额享有。

第三百一十条 两个以上组织、个人共同享有用益物权、担保物权的,参照适用本章的有关规定。

第九章 所有权取得的特别规定

第三百一十一条 无处分权人将不动产或者动产转让给受让人的,所有权人有权追回;除法律另有规定外,符合下列情形的,受让人取得该不动产或者动产的所有权:

(一)受让人受让该不动产或者动产时是善意;

(二)以合理的价格转让;

(三)转让的不动产或者动产依照法律规定应当登记的已经登记,不需要登记的已经交付给受让人。

受让人依据前款规定取得不动产或者动产的所有权的,原所有权人有权向无处分权人请求损害赔偿。

当事人善意取得其他物权的,参照适用前两款规定。

第三百一十二条 所有权人或者其他权利人有权追回遗失物。该遗失物通过转让被他人占有的,权利人有权向无处分权人请求损害赔偿,或者自知道或者应当知道受让人之日起二年内向受让人请求返还原物;但是,受让人通过拍卖或者向具有经营资格的经营者购得该遗失物的,权利人请求返还原物时应当支付受让人所付的费用。权利人向受让人支付所付费用后,有权向无处分权人追偿。

第三百一十三条 善意受让人取得动产后,该动产上的原有权利消灭。但是,善意受让人在受让时知道或者应当知道该权利的除外。

第三百一十四条 拾得遗失物,应当返还权利人。拾得人应当及时通知权利人领取,或者送交公安等有关部门。

第三百一十五条 有关部门收到遗失物,知道权利人的,应当及时通知其领取;不知道的,应当及时发布招领公告。

第三百一十六条　拾得人在遗失物送交有关部门前,有关部门在遗失物被领取前,应当妥善保管遗失物。因故意或者重大过失致使遗失物毁损、灭失的,应当承担民事责任。

第三百一十七条　权利人领取遗失物时,应当向拾得人或者有关部门支付保管遗失物等支出的必要费用。

权利人悬赏寻找遗失物的,领取遗失物时应当按照承诺履行义务。

拾得人侵占遗失物的,无权请求保管遗失物等支出的费用,也无权请求权利人按照承诺履行义务。

第三百一十八条　遗失物自发布招领公告之日起一年内无人认领的,归国家所有。

第三百一十九条　拾得漂流物、发现埋藏物或者隐藏物的,参照适用拾得遗失物的有关规定。法律另有规定的,依照其规定。

第三百二十条　主物转让的,从物随主物转让,但是当事人另有约定的除外。

第三百二十一条　天然孳息,由所有权人取得;既有所有权人又有用益物权人的,由用益物权人取得。当事人另有约定的,按照其约定。

法定孳息,当事人有约定的,按照约定取得;没有约定或者约定不明确的,按照交易习惯取得。

第三百二十二条　因加工、附合、混合而产生的物的归属,有约定的,按照约定;没有约定或者约定不明确的,依照法律规定;法律没有规定的,按照充分发挥物的效用以及保护无过错当事人的原则确定。因一方当事人的过错或者确定物的归属造成另一方当事人损害的,应当给予赔偿或者补偿。

第三分编　用益物权

第十章　一般规定

第三百二十三条　用益物权人对他人所有的不动产或者动产,依法享有占有、使用和收益的权利。

第三百二十四条 国家所有或者国家所有由集体使用以及法律规定属于集体所有的自然资源,组织、个人依法可以占有、使用和收益。

第三百二十五条 国家实行自然资源有偿使用制度,但是法律另有规定的除外。

第三百二十六条 用益物权人行使权利,应当遵守法律有关保护和合理开发利用资源、保护生态环境的规定。所有权人不得干涉用益物权人行使权利。

第三百二十七条 因不动产或者动产被征收、征用致使用益物权消灭或者影响用益物权行使的,用益物权人有权依据本法第二百四十三条、第二百四十五条的规定获得相应补偿。

第三百二十八条 依法取得的海域使用权受法律保护。

第三百二十九条 依法取得的探矿权、采矿权、取水权和使用水域、滩涂从事养殖、捕捞的权利受法律保护。

第十一章　土地承包经营权

第三百三十条 农村集体经济组织实行家庭承包经营为基础、统分结合的双层经营体制。

农民集体所有和国家所有由农民集体使用的耕地、林地、草地以及其他用于农业的土地,依法实行土地承包经营制度。

第三百三十一条 土地承包经营权人依法对其承包经营的耕地、林地、草地等享有占有、使用和收益的权利,有权从事种植业、林业、畜牧业等农业生产。

第三百三十二条 耕地的承包期为三十年。草地的承包期为三十年至五十年。林地的承包期为三十年至七十年。

前款规定的承包期限届满,由土地承包经营权人依照农村土地承包的法律规定继续承包。

第三百三十三条 土地承包经营权自土地承包经营权合同生效时设立。

登记机构应当向土地承包经营权人发放土地承包经营权证、林权证等证书,并登记造册,确认土地承包经营权。

第三百三十四条 土地承包经营权人依照法律规定,有权将土地承包经营权互换、转让。未经依法批准,不得将承包地用于非农建设。

第三百三十五条 土地承包经营权互换、转让的,当事人可以向登记机构申请登记;未经登记,不得对抗善意第三人。

第三百三十六条 承包期内发包人不得调整承包地。

因自然灾害严重毁损承包地等特殊情形,需要适当调整承包的耕地和草地的,应当依照农村土地承包的法律规定办理。

第三百三十七条 承包期内发包人不得收回承包地。法律另有规定的,依照其规定。

第三百三十八条 承包地被征收的,土地承包经营权人有权依据本法第二百四十三条的规定获得相应补偿。

第三百三十九条 土地承包经营权人可以自主决定依法采取出租、入股或者其他方式向他人流转土地经营权。

第三百四十条 土地经营权人有权在合同约定的期限内占有农村土地,自主开展农业生产经营并取得收益。

第三百四十一条 流转期限为五年以上的土地经营权,自流转合同生效时设立。当事人可以向登记机构申请土地经营权登记;未经登记,不得对抗善意第三人。

第三百四十二条 通过招标、拍卖、公开协商等方式承包农村土地,经依法登记取得权属证书的,可以依法采取出租、入股、抵押或者其他方式流转土地经营权。

第三百四十三条 国家所有的农用地实行承包经营的,参照适用本编的有关规定。

第十二章 建设用地使用权

第三百四十四条 建设用地使用权人依法对国家所有的土地享有占有、使用和收益的权利,有权利用该土地建造建筑物、构筑物及其附属设施。

第三百四十五条 建设用地使用权可以在土地的地表、地上或者地下分别设立。

第三百四十六条 设立建设用地使用权,应当符合节约资源、保护生态环境的要求,遵守法律、行政法规关于土地用途的规定,不得损害已经设立的用益物权。

第三百四十七条 设立建设用地使用权,可以采取出让或者划拨等方式。

工业、商业、旅游、娱乐和商品住宅等经营性用地以及同一土地有两个以上意向用地者的,应当采取招标、拍卖等公开竞价的方式出让。

严格限制以划拨方式设立建设用地使用权。

第三百四十八条 通过招标、拍卖、协议等出让方式设立建设用地使用权的,当事人应当采用书面形式订立建设用地使用权出让合同。

建设用地使用权出让合同一般包括下列条款:

(一)当事人的名称和住所;
(二)土地界址、面积等;
(三)建筑物、构筑物及其附属设施占用的空间;
(四)土地用途、规划条件;
(五)建设用地使用权期限;
(六)出让金等费用及其支付方式;
(七)解决争议的方法。

第三百四十九条 设立建设用地使用权的,应当向登记机构申请建设用地使用权登记。建设用地使用权自登记时设立。登记机构应当向建设用地使用权人发放权属证书。

第三百五十条 建设用地使用权人应当合理利用土地,不得改变土地用途;需要改变土地用途的,应当依法经有关行政主管部门批准。

第三百五十一条 建设用地使用权人应当依照法律规定以及合同约定支付出让金等费用。

第三百五十二条 建设用地使用权人建造的建筑物、构筑物及其附属设施的所有权属于建设用地使用权人,但是有相反证据证明的除外。

第三百五十三条 建设用地使用权人有权将建设用地使用权转让、互换、出资、赠与或者抵押,但是法律另有规定的除外。

第三百五十四条 建设用地使用权转让、互换、出资、赠与或者抵押的,当事人应当采用书面形式订立相应的合同。使用期限由当事人约定,但是不得超过建设用地使用权的剩余期限。

第三百五十五条 建设用地使用权转让、互换、出资或者赠与的,应当向登记机构申请变更登记。

第三百五十六条 建设用地使用权转让、互换、出资或者赠与的,附着于该土地上的建筑物、构筑物及其附属设施一并处分。

第三百五十七条 建筑物、构筑物及其附属设施转让、互换、出资或者赠与的,该建筑物、构筑物及其附属设施占用范围内的建设用地使用权一并处分。

第三百五十八条 建设用地使用权期限届满前,因公共利益需要提前收回该土地的,应当依据本法第二百四十三条的规定对该土地上的房屋以及其他不动产给予补偿,并退还相应的出让金。

第三百五十九条 住宅建设用地使用权期限届满的,自动续期。续期费用的缴纳或者减免,依照法律、行政法规的规定办理。

非住宅建设用地使用权期限届满后的续期,依照法律规定办理。该土地上的房屋以及其他不动产的归属,有约定的,按照约定;没有约定或者约定不明确的,依照法律、行政法规的规定办理。

第三百六十条 建设用地使用权消灭的,出让人应当及时办理注销登记。登记机构应当收回权属证书。

第三百六十一条 集体所有的土地作为建设用地的,应当依照土地管理的法律规定办理。

第十三章　宅基地使用权

第三百六十二条 宅基地使用权人依法对集体所有的土地享有占有和使用的权利,有权依法利用该土地建造住宅及其附属设施。

第三百六十三条 宅基地使用权的取得、行使和转让,适用土地管理的法律和国家有关规定。

第三百六十四条 宅基地因自然灾害等原因灭失的,宅基地使用权消灭。对失去宅基地的村民,应当依法重新分配宅基地。

第三百六十五条 已经登记的宅基地使用权转让或者消灭的,应当及时办理变更登记或者注销登记。

第十四章 居 住 权

第三百六十六条 居住权人有权按照合同约定,对他人的住宅享有占有、使用的用益物权,以满足生活居住的需要。

第三百六十七条 设立居住权,当事人应当采用书面形式订立居住权合同。

居住权合同一般包括下列条款:

(一)当事人的姓名或者名称和住所;

(二)住宅的位置;

(三)居住的条件和要求;

(四)居住权期限;

(五)解决争议的方法。

第三百六十八条 居住权无偿设立,但是当事人另有约定的除外。设立居住权的,应当向登记机构申请居住权登记。居住权自登记时设立。

第三百六十九条 居住权不得转让、继承。设立居住权的住宅不得出租,但是当事人另有约定的除外。

第三百七十条 居住权期限届满或者居住权人死亡的,居住权消灭。居住权消灭的,应当及时办理注销登记。

第三百七十一条 以遗嘱方式设立居住权的,参照适用本章的有关规定。

第十五章 地 役 权

第三百七十二条 地役权人有权按照合同约定,利用他人的不动产,以提高自己的不动产的效益。

前款所称他人的不动产为供役地,自己的不动产为需役地。

第三百七十三条 设立地役权,当事人应当采用书面形式订立地役权合同。

地役权合同一般包括下列条款:

(一)当事人的姓名或者名称和住所;

(二)供役地和需役地的位置;

（三）利用目的和方法；

（四）地役权期限；

（五）费用及其支付方式；

（六）解决争议的方法。

第三百七十四条 地役权自地役权合同生效时设立。当事人要求登记的，可以向登记机构申请地役权登记；未经登记，不得对抗善意第三人。

第三百七十五条 供役地权利人应当按照合同约定，允许地役权人利用其不动产，不得妨害地役权人行使权利。

第三百七十六条 地役权人应当按照合同约定的利用目的和方法利用供役地，尽量减少对供役地权利人物权的限制。

第三百七十七条 地役权期限由当事人约定；但是，不得超过土地承包经营权、建设用地使用权等用益物权的剩余期限。

第三百七十八条 土地所有权人享有地役权或者负担地役权的，设立土地承包经营权、宅基地使用权等用益物权时，该用益物权人继续享有或者负担已经设立的地役权。

第三百七十九条 土地上已经设立土地承包经营权、建设用地使用权、宅基地使用权等用益物权的，未经用益物权人同意，土地所有权人不得设立地役权。

第三百八十条 地役权不得单独转让。土地承包经营权、建设用地使用权等转让的，地役权一并转让，但是合同另有约定的除外。

第三百八十一条 地役权不得单独抵押。土地经营权、建设用地使用权等抵押的，在实现抵押权时，地役权一并转让。

第三百八十二条 需役地以及需役地上的土地承包经营权、建设用地使用权等部分转让时，转让部分涉及地役权的，受让人同时享有地役权。

第三百八十三条 供役地以及供役地上的土地承包经营权、建设用地使用权等部分转让时，转让部分涉及地役权的，地役权对受让人具有法律约束力。

第三百八十四条 地役权人有下列情形之一的，供役地权利人有权解除地役权合同，地役权消灭：

（一）违反法律规定或者合同约定,滥用地役权;

（二）有偿利用供役地,约定的付款期限届满后在合理期限内经两次催告未支付费用。

第三百八十五条 已经登记的地役权变更、转让或者消灭的,应当及时办理变更登记或者注销登记。

第四分编 担 保 物 权

第十六章 一 般 规 定

第三百八十六条 担保物权人在债务人不履行到期债务或者发生当事人约定的实现担保物权的情形,依法享有就担保财产优先受偿的权利,但是法律另有规定的除外。

第三百八十七条 债权人在借贷、买卖等民事活动中,为保障实现其债权,需要担保的,可以依照本法和其他法律的规定设立担保物权。

第三人为债务人向债权人提供担保的,可以要求债务人提供反担保。反担保适用本法和其他法律的规定。

第三百八十八条 设立担保物权,应当依照本法和其他法律的规定订立担保合同。担保合同包括抵押合同、质押合同和其他具有担保功能的合同。担保合同是主债权债务合同的从合同。主债权债务合同无效的,担保合同无效,但是法律另有规定的除外。

担保合同被确认无效后,债务人、担保人、债权人有过错的,应当根据其过错各自承担相应的民事责任。

第三百八十九条 担保物权的担保范围包括主债权及其利息、违约金、损害赔偿金、保管担保财产和实现担保物权的费用。当事人另有约定的,按照其约定。

第三百九十条 担保期间,担保财产毁损、灭失或者被征收等,担保物权人可以就获得的保险金、赔偿金或者补偿金等优先受偿。被担保债权的履行期限未届满的,也可以提存该保险金、赔偿金或者补偿金等。

第三百九十一条 第三人提供担保,未经其书面同意,债权人允许债务人转移全部或者部分债务的,担保人不再承担相应的担保责任。

第三百九十二条 被担保的债权既有物的担保又有人的担保的,债务人不履行到期债务或者发生当事人约定的实现担保物权的情形,债权人应当按照约定实现债权;没有约定或者约定不明确,债务人自己提供物的担保的,债权人应当先就该物的担保实现债权;第三人提供物的担保的,债权人可以就物的担保实现债权,也可以请求保证人承担保证责任。提供担保的第三人承担担保责任后,有权向债务人追偿。

第三百九十三条 有下列情形之一的,担保物权消灭:

（一）主债权消灭;

（二）担保物权实现;

（三）债权人放弃担保物权;

（四）法律规定担保物权消灭的其他情形。

第十七章 抵 押 权

第一节 一般抵押权

第三百九十四条 为担保债务的履行,债务人或者第三人不转移财产的占有,将该财产抵押给债权人的,债务人不履行到期债务或者发生当事人约定的实现抵押权的情形,债权人有权就该财产优先受偿。

前款规定的债务人或者第三人为抵押人,债权人为抵押权人,提供担保的财产为抵押财产。

第三百九十五条 债务人或者第三人有权处分的下列财产可以抵押:

（一）建筑物和其他土地附着物;

（二）建设用地使用权;

（三）海域使用权;

（四）生产设备、原材料、半成品、产品;

（五）正在建造的建筑物、船舶、航空器;

(六)交通运输工具；

(七)法律、行政法规未禁止抵押的其他财产。

抵押人可以将前款所列财产一并抵押。

第三百九十六条 企业、个体工商户、农业生产经营者可以将现有的以及将有的生产设备、原材料、半成品、产品抵押，债务人不履行到期债务或者发生当事人约定的实现抵押权的情形，债权人有权就抵押财产确定时的动产优先受偿。

第三百九十七条 以建筑物抵押的，该建筑物占用范围内的建设用地使用权一并抵押。以建设用地使用权抵押的，该土地上的建筑物一并抵押。

抵押人未依据前款规定一并抵押的，未抵押的财产视为一并抵押。

第三百九十八条 乡镇、村企业的建设用地使用权不得单独抵押。以乡镇、村企业的厂房等建筑物抵押的，其占用范围内的建设用地使用权一并抵押。

第三百九十九条 下列财产不得抵押：

(一)土地所有权；

(二)宅基地、自留地、自留山等集体所有土地的使用权，但是法律规定可以抵押的除外；

(三)学校、幼儿园、医疗机构等为公益目的成立的非营利法人的教育设施、医疗卫生设施和其他公益设施；

(四)所有权、使用权不明或者有争议的财产；

(五)依法被查封、扣押、监管的财产；

(六)法律、行政法规规定不得抵押的其他财产。

第四百条 设立抵押权，当事人应当采用书面形式订立抵押合同。

抵押合同一般包括下列条款：

(一)被担保债权的种类和数额；

(二)债务人履行债务的期限；

(三)抵押财产的名称、数量等情况；

(四)担保的范围。

一、法律

第四百零一条 抵押权人在债务履行期限届满前,与抵押人约定债务人不履行到期债务时抵押财产归债权人所有的,只能依法就抵押财产优先受偿。

第四百零二条 以本法第三百九十五条第一款第一项至第三项规定的财产或者第五项规定的正在建造的建筑物抵押的,应当办理抵押登记。抵押权自登记时设立。

第四百零三条 以动产抵押的,抵押权自抵押合同生效时设立;未经登记,不得对抗善意第三人。

第四百零四条 以动产抵押的,不得对抗正常经营活动中已经支付合理价款并取得抵押财产的买受人。

第四百零五条 抵押权设立前,抵押财产已经出租并转移占有的,原租赁关系不受该抵押权的影响。

第四百零六条 抵押期间,抵押人可以转让抵押财产。当事人另有约定的,按照其约定。抵押财产转让的,抵押权不受影响。

抵押人转让抵押财产的,应当及时通知抵押权人。抵押权人能够证明抵押财产转让可能损害抵押权的,可以请求抵押人将转让所得的价款向抵押权人提前清偿债务或者提存。转让的价款超过债权数额的部分归抵押人所有,不足部分由债务人清偿。

第四百零七条 抵押权不得与债权分离而单独转让或者作为其他债权的担保。债权转让的,担保该债权的抵押权一并转让,但是法律另有规定或者当事人另有约定的除外。

第四百零八条 抵押人的行为足以使抵押财产价值减少的,抵押权人有权请求抵押人停止其行为;抵押财产价值减少的,抵押权人有权请求恢复抵押财产的价值,或者提供与减少的价值相应的担保。抵押人不恢复抵押财产的价值,也不提供担保的,抵押权人有权请求债务人提前清偿债务。

第四百零九条 抵押权人可以放弃抵押权或者抵押权的顺位。抵押权人与抵押人可以协议变更抵押权顺位以及被担保的债权数额等内容。但是,抵押权的变更未经其他抵押权人书面同意的,不得对其他抵押权人产生不利影响。

债务人以自己的财产设定抵押,抵押权人放弃该抵押权、抵押权顺位或者变更抵押权的,其他担保人在抵押权人丧失优先受偿权益的范围内免除担保责任,但是其他担保人承诺仍然提供担保的除外。

第四百一十条 债务人不履行到期债务或者发生当事人约定的实现抵押权的情形,抵押权人可以与抵押人协议以抵押财产折价或者以拍卖、变卖该抵押财产所得的价款优先受偿。协议损害其他债权人利益的,其他债权人可以请求人民法院撤销该协议。

抵押权人与抵押人未就抵押权实现方式达成协议的,抵押权人可以请求人民法院拍卖、变卖抵押财产。

抵押财产折价或者变卖的,应当参照市场价格。

第四百一十一条 依据本法第三百九十六条规定设定抵押的,抵押财产自下列情形之一发生时确定:

(一)债务履行期限届满,债权未实现;

(二)抵押人被宣告破产或者解散;

(三)当事人约定的实现抵押权的情形;

(四)严重影响债权实现的其他情形。

第四百一十二条 债务人不履行到期债务或者发生当事人约定的实现抵押权的情形,致使抵押财产被人民法院依法扣押的,自扣押之日起,抵押权人有权收取该抵押财产的天然孳息或者法定孳息,但是抵押权人未通知应当清偿法定孳息义务人的除外。

前款规定的孳息应当先充抵收取孳息的费用。

第四百一十三条 抵押财产折价或者拍卖、变卖后,其价款超过债权数额的部分归抵押人所有,不足部分由债务人清偿。

第四百一十四条 同一财产向两个以上债权人抵押的,拍卖、变卖抵押财产所得的价款依照下列规定清偿:

(一)抵押权已经登记的,按照登记的时间先后确定清偿顺序;

(二)抵押权已经登记的先于未登记的受偿;

(三)抵押权未登记的,按照债权比例清偿。

其他可以登记的担保物权,清偿顺序参照适用前款规定。

第四百一十五条 同一财产既设立抵押权又设立质权的,拍卖、变卖该财产所得的价款按照登记、交付的时间先后确定清偿顺序。

第四百一十六条 动产抵押担保的主债权是抵押物的价款,标的物交付后十日内办理抵押登记的,该抵押权人优先于抵押物买受人的其他担保物权人受偿,但是留置权人除外。

第四百一十七条 建设用地使用权抵押后,该土地上新增的建筑物不属于抵押财产。该建设用地使用权实现抵押权时,应当将该土地上新增的建筑物与建设用地使用权一并处分。但是,新增建筑物所得的价款,抵押权人无权优先受偿。

第四百一十八条 以集体所有土地的使用权依法抵押的,实现抵押权后,未经法定程序,不得改变土地所有权的性质和土地用途。

第四百一十九条 抵押权人应当在主债权诉讼时效期间行使抵押权;未行使的,人民法院不予保护。

第二节 最高额抵押权

第四百二十条 为担保债务的履行,债务人或者第三人对一定期间内将要连续发生的债权提供担保财产的,债务人不履行到期债务或者发生当事人约定的实现抵押权的情形,抵押权人有权在最高债权额限度内就该担保财产优先受偿。

最高额抵押权设立前已经存在的债权,经当事人同意,可以转入最高额抵押担保的债权范围。

第四百二十一条 最高额抵押担保的债权确定前,部分债权转让的,最高额抵押权不得转让,但是当事人另有约定的除外。

第四百二十二条 最高额抵押担保的债权确定前,抵押权人与抵押人可以通过协议变更债权确定的期间、债权范围以及最高债权额。但是,变更的内容不得对其他抵押权人产生不利影响。

第四百二十三条 有下列情形之一的,抵押权人的债权确定:

(一)约定的债权确定期间届满;

(二)没有约定债权确定期间或者约定不明确,抵押权人或者抵押人自最高额抵押权设立之日起满二年后请求确定债权的;

(三)新的债权不可能发生;

(四)抵押权人知道或者应当知道抵押财产被查封、扣押的;

(五)债务人、抵押人被宣告破产或者解散的;

(六)法律规定债权确定的其他情形。

第四百二十四条 最高额抵押权除适用本节规定外,适用本章第一节的有关规定。

第十八章 质 权

第一节 动产质权

第四百二十五条 为担保债务的履行,债务人或者第三人将其动产出质给债权人占有的,债务人不履行到期债务或者发生当事人约定的实现质权的情形,债权人有权就该动产优先受偿。

前款规定的债务人或者第三人为出质人,债权人为质权人,交付的动产为质押财产。

第四百二十六条 法律、行政法规禁止转让的动产不得出质。

第四百二十七条 设立质权,当事人应当采用书面形式订立质押合同。

质押合同一般包括下列条款:

(一)被担保债权的种类和数额;

(二)债务人履行债务的期限;

(三)质押财产的名称、数量等情况;

(四)担保的范围;

(五)质押财产交付的时间、方式。

第四百二十八条 质权人在债务履行期限届满前,与出质人约定债务人不履行到期债务时质押财产归债权人所有的,只能依法就质押财产优先受偿。

第四百二十九条 质权自出质人交付质押财产时设立。

第四百三十条 质权人有权收取质押财产的孳息,但是合同另有约定的除外。

前款规定的孳息应当先充抵收取孳息的费用。

第四百三十一条 质权人在质权存续期间,未经出质人同意,擅自使用、处分质押财产,造成出质人损害的,应当承担赔偿责任。

第四百三十二条 质权人负有妥善保管质押财产的义务;因保管不善致使质押财产毁损、灭失的,应当承担赔偿责任。

质权人的行为可能使质押财产毁损、灭失的,出质人可以请求质权人将质押财产提存,或者请求提前清偿债务并返还质押财产。

第四百三十三条 因不可归责于质权人的事由可能使质押财产毁损或者价值明显减少,足以危害质权人权利的,质权人有权请求出质人提供相应的担保;出质人不提供的,质权人可以拍卖、变卖质押财产,并与出质人协议将拍卖、变卖所得的价款提前清偿债务或者提存。

第四百三十四条 质权人在质权存续期间,未经出质人同意转质,造成质押财产毁损、灭失的,应当承担赔偿责任。

第四百三十五条 质权人可以放弃质权。债务人以自己的财产出质,质权人放弃该质权的,其他担保人在质权人丧失优先受偿权益的范围内免除担保责任,但是其他担保人承诺仍然提供担保的除外。

第四百三十六条 债务人履行债务或者出质人提前清偿所担保的债权的,质权人应当返还质押财产。

债务人不履行到期债务或者发生当事人约定的实现质权的情形,质权人可以与出质人协议以质押财产折价,也可以就拍卖、变卖质押财产所得的价款优先受偿。

质押财产折价或者变卖的,应当参照市场价格。

第四百三十七条 出质人可以请求质权人在债务履行期限届满后及时行使质权;质权人不行使的,出质人可以请求人民法院拍卖、变卖质押财产。

出质人请求质权人及时行使质权,因质权人怠于行使权利造成出质人损害的,由质权人承担赔偿责任。

第四百三十八条 质押财产折价或者拍卖、变卖后,其价款超过债权数额的部分归出质人所有,不足部分由债务人清偿。

第四百三十九条 出质人与质权人可以协议设立最高额质权。

最高额质权除适用本节有关规定外,参照适用本编第十七章第二节的有关规定。

第二节 权利质权

第四百四十条 债务人或者第三人有权处分的下列权利可以出质:

（一）汇票、本票、支票；

（二）债券、存款单；

（三）仓单、提单；

（四）可以转让的基金份额、股权；

（五）可以转让的注册商标专用权、专利权、著作权等知识产权中的财产权；

（六）现有的以及将有的应收账款；

（七）法律、行政法规规定可以出质的其他财产权利。

第四百四十一条 以汇票、本票、支票、债券、存款单、仓单、提单出质的，质权自权利凭证交付质权人时设立；没有权利凭证的，质权自办理出质登记时设立。法律另有规定的，依照其规定。

第四百四十二条 汇票、本票、支票、债券、存款单、仓单、提单的兑现日期或者提货日期先于主债权到期的，质权人可以兑现或者提货，并与出质人协议将兑现的价款或者提取的货物提前清偿债务或者提存。

第四百四十三条 以基金份额、股权出质的，质权自办理出质登记时设立。

基金份额、股权出质后，不得转让，但是出质人与质权人协商同意的除外。出质人转让基金份额、股权所得的价款，应当向质权人提前清偿债务或者提存。

第四百四十四条 以注册商标专用权、专利权、著作权等知识产权中的财产权出质的，质权自办理出质登记时设立。

知识产权中的财产权出质后，出质人不得转让或者许可他人使用，但是出质人与质权人协商同意的除外。出质人转让或者许可他人使用出质的知识产权中的财产权所得的价款，应当向质权人提前清偿债务或者提存。

第四百四十五条 以应收账款出质的，质权自办理出质登记时设立。

应收账款出质后，不得转让，但是出质人与质权人协商同意的除外。出质人转让应收账款所得的价款，应当向质权人提前清偿债务或者提存。

第四百四十六条 权利质权除适用本节规定外,适用本章第一节的有关规定。

第十九章 留 置 权

第四百四十七条 债务人不履行到期债务,债权人可以留置已经合法占有的债务人的动产,并有权就该动产优先受偿。

前款规定的债权人为留置权人,占有的动产为留置财产。

第四百四十八条 债权人留置的动产,应当与债权属于同一法律关系,但是企业之间留置的除外。

第四百四十九条 法律规定或者当事人约定不得留置的动产,不得留置。

第四百五十条 留置财产为可分物的,留置财产的价值应当相当于债务的金额。

第四百五十一条 留置权人负有妥善保管留置财产的义务;因保管不善致使留置财产毁损、灭失的,应当承担赔偿责任。

第四百五十二条 留置权人有权收取留置财产的孳息。

前款规定的孳息应当先充抵收取孳息的费用。

第四百五十三条 留置权人与债务人应当约定留置财产后的债务履行期限;没有约定或者约定不明确的,留置权人应当给债务人六十日以上履行债务的期限,但是鲜活易腐等不易保管的动产除外。债务人逾期未履行的,留置权人可以与债务人协议以留置财产折价,也可以就拍卖、变卖留置财产所得的价款优先受偿。

留置财产折价或者变卖的,应当参照市场价格。

第四百五十四条 债务人可以请求留置权人在债务履行期限届满后行使留置权;留置权人不行使的,债务人可以请求人民法院拍卖、变卖留置财产。

第四百五十五条 留置财产折价或者拍卖、变卖后,其价款超过债权数额的部分归债务人所有,不足部分由债务人清偿。

第四百五十六条 同一动产上已经设立抵押权或者质权,该动产又被留置的,留置权人优先受偿。

第四百五十七条 留置权人对留置财产丧失占有或者留置权人

接受债务人另行提供担保的,留置权消灭。

第五分编　占　　有

第二十章　占　　有

第四百五十八条　基于合同关系等产生的占有,有关不动产或者动产的使用、收益、违约责任等,按照合同约定;合同没有约定或者约定不明确的,依照有关法律规定。

第四百五十九条　占有人因使用占有的不动产或者动产,致使该不动产或者动产受到损害的,恶意占有人应当承担赔偿责任。

第四百六十条　不动产或者动产被占有人占有的,权利人可以请求返还原物及其孳息;但是,应当支付善意占有人因维护该不动产或者动产支出的必要费用。

第四百六十一条　占有的不动产或者动产毁损、灭失,该不动产或者动产的权利人请求赔偿的,占有人应当将因毁损、灭失取得的保险金、赔偿金或者补偿金等返还给权利人;权利人的损害未得到足够弥补的,恶意占有人还应当赔偿损失。

第四百六十二条　占有的不动产或者动产被侵占的,占有人有权请求返还原物;对妨害占有的行为,占有人有权请求排除妨害或者消除危险;因侵占或者妨害造成损害的,占有人有权依法请求损害赔偿。

占有人返还原物的请求权,自侵占发生之日起一年内未行使的,该请求权消灭。

第三编　合　　同

第一分编　通　　则

第一章　一　般　规　定

第四百六十三条　本编调整因合同产生的民事关系。

第四百六十四条　合同是民事主体之间设立、变更、终止民事法律关系的协议。

婚姻、收养、监护等有关身份关系的协议,适用有关该身份关系的法律规定;没有规定的,可以根据其性质参照适用本编规定。

第四百六十五条 依法成立的合同,受法律保护。

依法成立的合同,仅对当事人具有法律约束力,但是法律另有规定的除外。

第四百六十六条 当事人对合同条款的理解有争议的,应当依据本法第一百四十二条第一款的规定,确定争议条款的含义。

合同文本采用两种以上文字订立并约定具有同等效力的,对各文本使用的词句推定具有相同含义。各文本使用的词句不一致的,应当根据合同的相关条款、性质、目的以及诚信原则等予以解释。

第四百六十七条 本法或者其他法律没有明文规定的合同,适用本编通则的规定,并可以参照适用本编或者其他法律最相类似合同的规定。

在中华人民共和国境内履行的中外合资经营企业合同、中外合作经营企业合同、中外合作勘探开发自然资源合同,适用中华人民共和国法律。

第四百六十八条 非因合同产生的债权债务关系,适用有关该债权债务关系的法律规定;没有规定的,适用本编通则的有关规定,但是根据其性质不能适用的除外。

第二章 合同的订立

第四百六十九条 当事人订立合同,可以采用书面形式、口头形式或者其他形式。

书面形式是合同书、信件、电报、电传、传真等可以有形地表现所载内容的形式。

以电子数据交换、电子邮件等方式能够有形地表现所载内容,并可以随时调取查用的数据电文,视为书面形式。

第四百七十条 合同的内容由当事人约定,一般包括下列条款:

(一)当事人的姓名或者名称和住所;

(二)标的;

(三)数量;

(四)质量;

(五)价款或者报酬;

（六）履行期限、地点和方式；

（七）违约责任；

（八）解决争议的方法。

当事人可以参照各类合同的示范文本订立合同。

第四百七十一条 当事人订立合同，可以采取要约、承诺方式或者其他方式。

第四百七十二条 要约是希望与他人订立合同的意思表示，该意思表示应当符合下列条件：

（一）内容具体确定；

（二）表明经受要约人承诺，要约人即受该意思表示约束。

第四百七十三条 要约邀请是希望他人向自己发出要约的表示。拍卖公告、招标公告、招股说明书、债券募集办法、基金招募说明书、商业广告和宣传、寄送的价目表等为要约邀请。

商业广告和宣传的内容符合要约条件的，构成要约。

第四百七十四条 要约生效的时间适用本法第一百三十七条的规定。

第四百七十五条 要约可以撤回。要约的撤回适用本法第一百四十一条的规定。

第四百七十六条 要约可以撤销，但是有下列情形之一的除外：

（一）要约人以确定承诺期限或者其他形式明示要约不可撤销；

（二）受要约人有理由认为要约是不可撤销的，并已经为履行合同做了合理准备工作。

第四百七十七条 撤销要约的意思表示以对话方式作出的，该意思表示的内容应当在受要约人作出承诺之前为受要约人所知道；撤销要约的意思表示以非对话方式作出的，应当在受要约人作出承诺之前到达受要约人。

第四百七十八条 有下列情形之一的，要约失效：

（一）要约被拒绝；

（二）要约被依法撤销；

（三）承诺期限届满，受要约人未作出承诺；

（四）受要约人对要约的内容作出实质性变更。

一、法律

第四百七十九条 承诺是受要约人同意要约的意思表示。

第四百八十条 承诺应当以通知的方式作出；但是，根据交易习惯或者要约表明可以通过行为作出承诺的除外。

第四百八十一条 承诺应当在要约确定的期限内到达要约人。

要约没有确定承诺期限的，承诺应当依照下列规定到达：

（一）要约以对话方式作出的，应当即时作出承诺；

（二）要约以非对话方式作出的，承诺应当在合理期限内到达。

第四百八十二条 要约以信件或者电报作出的，承诺期限自信件载明的日期或者电报交发之日开始计算。信件未载明日期的，自投寄该信件的邮戳日期开始计算。要约以电话、传真、电子邮件等快速通讯方式作出的，承诺期限自要约到达受要约人时开始计算。

第四百八十三条 承诺生效时合同成立，但是法律另有规定或者当事人另有约定的除外。

第四百八十四条 以通知方式作出的承诺，生效的时间适用本法第一百三十七条的规定。

承诺不需要通知的，根据交易习惯或者要约的要求作出承诺的行为时生效。

第四百八十五条 承诺可以撤回。承诺的撤回适用本法第一百四十一条的规定。

第四百八十六条 受要约人超过承诺期限发出承诺，或者在承诺期限内发出承诺，按照通常情形不能及时到达要约人的，为新要约；但是，要约人及时通知受要约人该承诺有效的除外。

第四百八十七条 受要约人在承诺期限内发出承诺，按照通常情形能够及时到达要约人，但是因其他原因致使承诺到达要约人时超过承诺期限的，除要约人及时通知受要约人因承诺超过期限不接受该承诺外，该承诺有效。

第四百八十八条 承诺的内容应当与要约的内容一致。受要约人对要约的内容作出实质性变更的，为新要约。有关合同标的、数量、质量、价款或者报酬、履行期限、履行地点和方式、违约责任和解决争议方法等的变更，是对要约内容的实质性变更。

第四百八十九条 承诺对要约的内容作出非实质性变更的，除要约人及时表示反对或者要约表明承诺不得对要约的内容作出任何变更外,该承诺有效,合同的内容以承诺的内容为准。

第四百九十条 当事人采用合同书形式订立合同的,自当事人均签名、盖章或者按指印时合同成立。在签名、盖章或者按指印之前,当事人一方已经履行主要义务,对方接受时,该合同成立。

法律、行政法规规定或者当事人约定合同应当采用书面形式订立,当事人未采用书面形式但是一方已经履行主要义务,对方接受时,该合同成立。

第四百九十一条 当事人采用信件、数据电文等形式订立合同要求签订确认书的,签订确认书时合同成立。

当事人一方通过互联网等信息网络发布的商品或者服务信息符合要约条件的,对方选择该商品或者服务并提交订单成功时合同成立,但是当事人另有约定的除外。

第四百九十二条 承诺生效的地点为合同成立的地点。

采用数据电文形式订立合同的,收件人的主营业地为合同成立的地点;没有主营业地的,其住所地为合同成立的地点。当事人另有约定的,按照其约定。

第四百九十三条 当事人采用合同书形式订立合同的,最后签名、盖章或者按指印的地点为合同成立的地点,但是当事人另有约定的除外。

第四百九十四条 国家根据抢险救灾、疫情防控或者其他需要下达国家订货任务、指令性任务的,有关民事主体之间应当依照有关法律、行政法规规定的权利和义务订立合同。

依照法律、行政法规的规定负有发出要约义务的当事人,应当及时发出合理的要约。

依照法律、行政法规的规定负有作出承诺义务的当事人,不得拒绝对方合理的订立合同要求。

第四百九十五条 当事人约定在将来一定期限内订立合同的认购书、订购书、预订书等,构成预约合同。

当事人一方不履行预约合同约定的订立合同义务的,对方可以请求其承担预约合同的违约责任。

第四百九十六条 格式条款是当事人为了重复使用而预先拟定,并在订立合同时未与对方协商的条款。

采用格式条款订立合同的,提供格式条款的一方应当遵循公平原则确定当事人之间的权利和义务,并采取合理的方式提示对方注意免除或者减轻其责任等与对方有重大利害关系的条款,按照对方的要求,对该条款予以说明。提供格式条款的一方未履行提示或者说明义务,致使对方没有注意或者理解与其有重大利害关系的条款的,对方可以主张该条款不成为合同的内容。

第四百九十七条 有下列情形之一的,该格式条款无效:

(一)具有本法第一编第六章第三节和本法第五百零六条规定的无效情形;

(二)提供格式条款一方不合理地免除或者减轻其责任、加重对方责任、限制对方主要权利;

(三)提供格式条款一方排除对方主要权利。

第四百九十八条 对格式条款的理解发生争议的,应当按照通常理解予以解释。对格式条款有两种以上解释的,应当作出不利于提供格式条款一方的解释。格式条款和非格式条款不一致的,应当采用非格式条款。

第四百九十九条 悬赏人以公开方式声明对完成特定行为的人支付报酬的,完成该行为的人可以请求其支付。

第五百条 当事人在订立合同过程中有下列情形之一,造成对方损失的,应当承担赔偿责任:

(一)假借订立合同,恶意进行磋商;

(二)故意隐瞒与订立合同有关的重要事实或者提供虚假情况;

(三)有其他违背诚信原则的行为。

第五百零一条 当事人在订立合同过程中知悉的商业秘密或者其他应当保密的信息,无论合同是否成立,不得泄露或者不正当地使用;泄露、不正当地使用该商业秘密或者信息,造成对方损失的,应当承担赔偿责任。

第三章　合同的效力

第五百零二条　依法成立的合同,自成立时生效,但是法律另有规定或者当事人另有约定的除外。

依照法律、行政法规的规定,合同应当办理批准等手续的,依照其规定。未办理批准等手续影响合同生效的,不影响合同中履行报批等义务条款以及相关条款的效力。应当办理申请批准等手续的当事人未履行义务的,对方可以请求其承担违反该义务的责任。

依照法律、行政法规的规定,合同的变更、转让、解除等情形应当办理批准等手续的,适用前款规定。

第五百零三条　无权代理人以被代理人的名义订立合同,被代理人已经开始履行合同义务或者接受相对人履行的,视为对合同的追认。

第五百零四条　法人的法定代表人或者非法人组织的负责人超越权限订立的合同,除相对人知道或者应当知道其超越权限外,该代表行为有效,订立的合同对法人或者非法人组织发生效力。

第五百零五条　当事人超越经营范围订立的合同的效力,应当依照本法第一编第六章第三节和本编的有关规定确定,不得仅以超越经营范围确认合同无效。

第五百零六条　合同中的下列免责条款无效:

(一)造成对方人身损害的;

(二)因故意或者重大过失造成对方财产损失的。

第五百零七条　合同不生效、无效、被撤销或者终止的,不影响合同中有关解决争议方法的条款的效力。

第五百零八条　本编对合同的效力没有规定的,适用本法第一编第六章的有关规定。

第四章　合同的履行

第五百零九条　当事人应当按照约定全面履行自己的义务。

当事人应当遵循诚信原则,根据合同的性质、目的和交易习惯履行通知、协助、保密等义务。

当事人在履行合同过程中,应当避免浪费资源、污染环境和破坏生态。

第五百一十条 合同生效后,当事人就质量、价款或者报酬、履行地点等内容没有约定或者约定不明确的,可以协议补充;不能达成补充协议的,按照合同相关条款或者交易习惯确定。

第五百一十一条 当事人就有关合同内容约定不明确,依据前条规定仍不能确定的,适用下列规定:

(一)质量要求不明确的,按照强制性国家标准履行;没有强制性国家标准的,按照推荐性国家标准履行;没有推荐性国家标准的,按照行业标准履行;没有国家标准、行业标准的,按照通常标准或者符合合同目的的特定标准履行。

(二)价款或者报酬不明确的,按照订立合同时履行地的市场价格履行;依法应当执行政府定价或者政府指导价的,依照规定履行。

(三)履行地点不明确,给付货币的,在接受货币一方所在地履行;交付不动产的,在不动产所在地履行;其他标的,在履行义务一方所在地履行。

(四)履行期限不明确的,债务人可以随时履行,债权人也可以随时请求履行,但是应当给对方必要的准备时间。

(五)履行方式不明确的,按照有利于实现合同目的的方式履行。

(六)履行费用的负担不明确的,由履行义务一方负担;因债权人原因增加的履行费用,由债权人负担。

第五百一十二条 通过互联网等信息网络订立的电子合同的标的为交付商品并采用快递物流方式交付的,收货人的签收时间为交付时间。电子合同的标的为提供服务的,生成的电子凭证或者实物凭证中载明的时间为提供服务时间;前述凭证没有载明时间或者载明时间与实际提供服务时间不一致的,以实际提供服务的时间为准。

电子合同的标的物为采用在线传输方式交付的,合同标的物进入对方当事人指定的特定系统且能够检索识别的时间为交付时间。

电子合同当事人对交付商品或者提供服务的方式、时间另有约定的,按照其约定。

第五百一十三条 执行政府定价或者政府指导价的,在合同约定的交付期限内政府价格调整时,按照交付时的价格计价。逾期交付标的物的,遇价格上涨时,按照原价格执行;价格下降时,按照新价格执行。逾期提取标的物或者逾期付款的,遇价格上涨时,按照新价格执行;价格下降时,按照原价格执行。

第五百一十四条　以支付金钱为内容的债,除法律另有规定或者当事人另有约定外,债权人可以请求债务人以实际履行地的法定货币履行。

第五百一十五条　标的有多项而债务人只需履行其中一项的,债务人享有选择权;但是,法律另有规定、当事人另有约定或者另有交易习惯的除外。

享有选择权的当事人在约定期限内或者履行期限届满未作选择,经催告后在合理期限内仍未选择的,选择权转移至对方。

第五百一十六条　当事人行使选择权应当及时通知对方,通知到达对方时,标的确定。标的确定后不得变更,但是经对方同意的除外。

可选择的标的发生不能履行情形的,享有选择权的当事人不得选择不能履行的标的,但是该不能履行的情形是由对方造成的除外。

第五百一十七条　债权人为二人以上,标的可分,按照份额各自享有债权的,为按份债权;债务人为二人以上,标的可分,按照份额各自负担债务的,为按份债务。

按份债权人或者按份债务人的份额难以确定的,视为份额相同。

第五百一十八条　债权人为二人以上,部分或者全部债权人均可以请求债务人履行债务的,为连带债权;债务人为二人以上,债权人可以请求部分或者全部债务人履行全部债务的,为连带债务。

连带债权或者连带债务,由法律规定或者当事人约定。

第五百一十九条　连带债务人之间的份额难以确定的,视为份额相同。

实际承担债务超过自己份额的连带债务人,有权就超出部分在其他连带债务人未履行的份额范围内向其追偿,并相应地享有债权人的权利,但是不得损害债权人的利益。其他连带债务人对债权人的抗辩,可以向该债务人主张。

被追偿的连带债务人不能履行其应分担份额的,其他连带债务人应当在相应范围内按比例分担。

第五百二十条 部分连带债务人履行、抵销债务或者提存标的物的，其他债务人对债权人的债务在相应范围内消灭；该债务人可以依据前条规定向其他债务人追偿。

部分连带债务人的债务被债权人免除的，在该连带债务人应当承担的份额范围内，其他债务人对债权人的债务消灭。

部分连带债务人的债务与债权人的债权同归于一人的，在扣除该债务人应当承担的份额后，债权人对其他债务人的债权继续存在。

债权人对部分连带债务人的给付受领迟延的，对其他连带债务人发生效力。

第五百二十一条 连带债权人之间的份额难以确定的，视为份额相同。

实际受领债权的连带债权人，应当按比例向其他连带债权人返还。

连带债权参照适用本章连带债务的有关规定。

第五百二十二条 当事人约定由债务人向第三人履行债务，债务人未向第三人履行债务或者履行债务不符合约定的，应当向债权人承担违约责任。

法律规定或者当事人约定第三人可以直接请求债务人向其履行债务，第三人未在合理期限内明确拒绝，债务人未向第三人履行债务或者履行债务不符合约定的，第三人可以请求债务人承担违约责任；债务人对债权人的抗辩，可以向第三人主张。

第五百二十三条 当事人约定由第三人向债权人履行债务，第三人不履行债务或者履行债务不符合约定的，债务人应当向债权人承担违约责任。

第五百二十四条 债务人不履行债务，第三人对履行该债务具有合法利益的，第三人有权向债权人代为履行；但是，根据债务性质、按照当事人约定或者依照法律规定只能由债务人履行的除外。

债权人接受第三人履行后，其对债务人的债权转让给第三人，但是债务人和第三人另有约定的除外。

第五百二十五条 当事人互负债务，没有先后履行顺序的，应当同时履行。一方在对方履行之前有权拒绝其履行请求。一方在对方履行债务不符合约定时,有权拒绝其相应的履行请求。

第五百二十六条 当事人互负债务,有先后履行顺序,应当先履行债务一方未履行的,后履行一方有权拒绝其履行请求。先履行一方履行债务不符合约定的,后履行一方有权拒绝其相应的履行请求。

第五百二十七条 应当先履行债务的当事人,有确切证据证明对方有下列情形之一的,可以中止履行:

(一)经营状况严重恶化;

(二)转移财产、抽逃资金,以逃避债务;

(三)丧失商业信誉;

(四)有丧失或者可能丧失履行债务能力的其他情形。

当事人没有确切证据中止履行的,应当承担违约责任。

第五百二十八条 当事人依据前条规定中止履行的,应当及时通知对方。对方提供适当担保的,应当恢复履行。中止履行后,对方在合理期限内未恢复履行能力且未提供适当担保的,视为以自己的行为表明不履行主要债务,中止履行的一方可以解除合同并可以请求对方承担违约责任。

第五百二十九条 债权人分立、合并或者变更住所没有通知债务人,致使履行债务发生困难的,债务人可以中止履行或者将标的物提存。

第五百三十条 债权人可以拒绝债务人提前履行债务,但是提前履行不损害债权人利益的除外。

债务人提前履行债务给债权人增加的费用,由债务人负担。

第五百三十一条 债权人可以拒绝债务人部分履行债务,但是部分履行不损害债权人利益的除外。

债务人部分履行债务给债权人增加的费用,由债务人负担。

第五百三十二条 合同生效后,当事人不得因姓名、名称的变更或者法定代表人、负责人、承办人的变动而不履行合同义务。

第五百三十三条 合同成立后,合同的基础条件发生了当事人在订立合同时无法预见的、不属于商业风险的重大变化,继续履行合同对于当事人一方明显不公平的,受不利影响的当事人可以与对方重新协商;在合理期限内协商不成的,当事人可以请求人民法院或者仲裁机构变更或者解除合同。

人民法院或者仲裁机构应当结合案件的实际情况,根据公平原则变更或者解除合同。

第五百三十四条 对当事人利用合同实施危害国家利益、社会公共利益行为的,市场监督管理和其他有关行政主管部门依照法律、行政法规的规定负责监督处理。

第五章 合同的保全

第五百三十五条 因债务人怠于行使其债权或者与该债权有关的从权利,影响债权人的到期债权实现的,债权人可以向人民法院请求以自己的名义代位行使债务人对相对人的权利,但是该权利专属于债务人自身的除外。

代位权的行使范围以债权人的到期债权为限。债权人行使代位权的必要费用,由债务人负担。

相对人对债务人的抗辩,可以向债权人主张。

第五百三十六条 债权人的债权到期前,债务人的债权或者与该债权有关的从权利存在诉讼时效期间即将届满或者未及时申报破产债权等情形,影响债权人的债权实现的,债权人可以代位向债务人的相对人请求其向债务人履行、向破产管理人申报或者作出其他必要的行为。

第五百三十七条 人民法院认定代位权成立的,由债务人的相对人向债权人履行义务,债权人接受履行后,债权人与债务人、债务人与相对人之间相应的权利义务终止。债务人对相对人的债权或者与该债权有关的从权利被采取保全、执行措施,或者债务人破产的,依照相关法律的规定处理。

第五百三十八条 债务人以放弃其债权、放弃债权担保、无偿转让财产等方式无偿处分财产权益,或者恶意延长其到期债权的履行期限,影响债权人的债权实现的,债权人可以请求人民法院撤销债务人的行为。

第五百三十九条 债务人以明显不合理的低价转让财产、以明显不合理的高价受让他人财产或者为他人的债务提供担保,影响债权人的债权实现,债务人的相对人知道或者应当知道该情形的,债权人可以请求人民法院撤销债务人的行为。

第五百四十条 撤销权的行使范围以债权人的债权为限。债权人行使撤销权的必要费用,由债务人负担。

第五百四十一条 撤销权自债权人知道或者应当知道撤销事由之日起一年内行使。自债务人的行为发生之日起五年内没有行使撤销权的,该撤销权消灭。

第五百四十二条 债务人影响债权人的债权实现的行为被撤销的,自始没有法律约束力。

第六章 合同的变更和转让

第五百四十三条 当事人协商一致,可以变更合同。

第五百四十四条 当事人对合同变更的内容约定不明确的,推定为未变更。

第五百四十五条 债权人可以将债权的全部或者部分转让给第三人,但是有下列情形之一的除外:

(一)根据债权性质不得转让;

(二)按照当事人约定不得转让;

(三)依照法律规定不得转让。

当事人约定非金钱债权不得转让的,不得对抗善意第三人。当事人约定金钱债权不得转让的,不得对抗第三人。

第五百四十六条 债权人转让债权,未通知债务人的,该转让对债务人不发生效力。

债权转让的通知不得撤销,但是经受让人同意的除外。

第五百四十七条 债权人转让债权的,受让人取得与债权有关的从权利,但是该从权利专属于债权人自身的除外。

受让人取得从权利不因该从权利未办理转移登记手续或者未转移占有而受到影响。

第五百四十八条 债务人接到债权转让通知后,债务人对让与人的抗辩,可以向受让人主张。

第五百四十九条　有下列情形之一的,债务人可以向受让人主张抵销:

(一)债务人接到债权转让通知时,债务人对让与人享有债权,且债务人的债权先于转让的债权到期或者同时到期;

(二)债务人的债权与转让的债权是基于同一合同产生。

第五百五十条　因债权转让增加的履行费用,由让与人负担。

第五百五十一条　债务人将债务的全部或者部分转移给第三人的,应当经债权人同意。

债务人或者第三人可以催告债权人在合理期限内予以同意,债权人未作表示的,视为不同意。

第五百五十二条　第三人与债务人约定加入债务并通知债权人,或者第三人向债权人表示愿意加入债务,债权人未在合理期限内明确拒绝的,债权人可以请求第三人在其愿意承担的债务范围内和债务人承担连带债务。

第五百五十三条　债务人转移债务的,新债务人可以主张原债务人对债权人的抗辩;原债务人对债权人享有债权的,新债务人不得向债权人主张抵销。

第五百五十四条　债务人转移债务的,新债务人应当承担与主债务有关的从债务,但是该从债务专属于原债务人自身的除外。

第五百五十五条　当事人一方经对方同意,可以将自己在合同中的权利和义务一并转让给第三人。

第五百五十六条　合同的权利和义务一并转让的,适用债权转让、债务转移的有关规定。

第七章　合同的权利义务终止

第五百五十七条　有下列情形之一的,债权债务终止:

(一)债务已经履行;

(二)债务相互抵销;

(三)债务人依法将标的物提存;

(四)债权人免除债务;

(五)债权债务同归于一人;

（六）法律规定或者当事人约定终止的其他情形。

合同解除的，该合同的权利义务关系终止。

第五百五十八条 债权债务终止后，当事人应当遵循诚信等原则，根据交易习惯履行通知、协助、保密、旧物回收等义务。

第五百五十九条 债权债务终止时，债权的从权利同时消灭，但是法律另有规定或者当事人另有约定的除外。

第五百六十条 债务人对同一债权人负担的数项债务种类相同，债务人的给付不足以清偿全部债务的，除当事人另有约定外，由债务人在清偿时指定其履行的债务。

债务人未作指定的，应当优先履行已经到期的债务；数项债务均到期的，优先履行对债权人缺乏担保或者担保最少的债务；均无担保或者担保相等的，优先履行债务人负担较重的债务；负担相同的，按照债务到期的先后顺序履行；到期时间相同的，按照债务比例履行。

第五百六十一条 债务人在履行主债务外还应当支付利息和实现债权的有关费用，其给付不足以清偿全部债务的，除当事人另有约定外，应当按照下列顺序履行：

（一）实现债权的有关费用；

（二）利息；

（三）主债务。

第五百六十二条 当事人协商一致，可以解除合同。

当事人可以约定一方解除合同的事由。解除合同的事由发生时，解除权人可以解除合同。

第五百六十三条 有下列情形之一的，当事人可以解除合同：

（一）因不可抗力致使不能实现合同目的；

（二）在履行期限届满前，当事人一方明确表示或者以自己的行为表明不履行主要债务；

（三）当事人一方迟延履行主要债务，经催告后在合理期限内仍未履行；

（四）当事人一方迟延履行债务或者有其他违约行为致使不能实现合同目的；

（五）法律规定的其他情形。

以持续履行的债务为内容的不定期合同,当事人可以随时解除合同,但是应当在合理期限之前通知对方。

第五百六十四条 法律规定或者当事人约定解除权行使期限,期限届满当事人不行使的,该权利消灭。

法律没有规定或者当事人没有约定解除权行使期限,自解除权人知道或者应当知道解除事由之日起一年内不行使,或者经对方催告后在合理期限内不行使的,该权利消灭。

第五百六十五条 当事人一方依法主张解除合同的,应当通知对方。合同自通知到达对方时解除;通知载明债务人在一定期限内不履行债务则合同自动解除,债务人在该期限内未履行债务的,合同自通知载明的期限届满时解除。对方对解除合同有异议的,任何一方当事人均可以请求人民法院或者仲裁机构确认解除行为的效力。

当事人一方未通知对方,直接以提起诉讼或者申请仲裁的方式依法主张解除合同,人民法院或者仲裁机构确认该主张的,合同自起诉状副本或者仲裁申请书副本送达对方时解除。

第五百六十六条 合同解除后,尚未履行的,终止履行;已经履行的,根据履行情况和合同性质,当事人可以请求恢复原状或者采取其他补救措施,并有权请求赔偿损失。

合同因违约解除的,解除权人可以请求违约方承担违约责任,但是当事人另有约定的除外。

主合同解除后,担保人对债务人应当承担的民事责任仍应当承担担保责任,但是担保合同另有约定的除外。

第五百六十七条 合同的权利义务关系终止,不影响合同中结算和清理条款的效力。

第五百六十八条 当事人互负债务,该债务的标的物种类、品质相同的,任何一方可以将自己的债务与对方的到期债务抵销;但是,根据债务性质、按照当事人约定或者依照法律规定不得抵销的除外。

当事人主张抵销的,应当通知对方。通知自到达对方时生效。抵销不得附条件或者附期限。

第五百六十九条 当事人互负债务,标的物种类、品质不相同的,经协商一致,也可以抵销。

第五百七十条 有下列情形之一,难以履行债务的,债务人可以将标的物提存:

(一)债权人无正当理由拒绝受领;

(二)债权人下落不明;

(三)债权人死亡未确定继承人、遗产管理人,或者丧失民事行为能力未确定监护人;

(四)法律规定的其他情形。

标的物不适于提存或者提存费用过高的,债务人依法可以拍卖或者变卖标的物,提存所得的价款。

第五百七十一条 债务人将标的物或者将标的物依法拍卖、变卖所得价款交付提存部门时,提存成立。

提存成立的,视为债务人在其提存范围内已经交付标的物。

第五百七十二条 标的物提存后,债务人应当及时通知债权人或者债权人的继承人、遗产管理人、监护人、财产代管人。

第五百七十三条 标的物提存后,毁损、灭失的风险由债权人承担。提存期间,标的物的孳息归债权人所有。提存费用由债权人负担。

第五百七十四条 债权人可以随时领取提存物。但是,债权人对债务人负有到期债务的,在债权人未履行债务或者提供担保之前,提存部门根据债务人的要求应当拒绝其领取提存物。

债权人领取提存物的权利,自提存之日起五年内不行使而消灭,提存物扣除提存费用后归国家所有。但是,债权人未履行对债务人的到期债务,或者债权人向提存部门书面表示放弃领取提存物权利的,债务人负担提存费用后有权取回提存物。

第五百七十五条 债权人免除债务人部分或者全部债务的,债权债务部分或者全部终止,但是债务人在合理期限内拒绝的除外。

第五百七十六条 债权和债务同归于一人的,债权债务终止,但是损害第三人利益的除外。

第八章 违约责任

第五百七十七条 当事人一方不履行合同义务或者履行合同义

务不符合约定的,应当承担继续履行、采取补救措施或者赔偿损失等违约责任。

第五百七十八条 当事人一方明确表示或者以自己的行为表明不履行合同义务的,对方可以在履行期限届满前请求其承担违约责任。

第五百七十九条 当事人一方未支付价款、报酬、租金、利息,或者不履行其他金钱债务的,对方可以请求其支付。

第五百八十条 当事人一方不履行非金钱债务或者履行非金钱债务不符合约定的,对方可以请求履行,但是有下列情形之一的除外:

(一)法律上或者事实上不能履行;

(二)债务的标的不适于强制履行或者履行费用过高;

(三)债权人在合理期限内未请求履行。

有前款规定的除外情形之一,致使不能实现合同目的的,人民法院或者仲裁机构可以根据当事人的请求终止合同权利义务关系,但是不影响违约责任的承担。

第五百八十一条 当事人一方不履行债务或者履行债务不符合约定,根据债务的性质不得强制履行的,对方可以请求其负担由第三人替代履行的费用。

第五百八十二条 履行不符合约定的,应当按照当事人的约定承担违约责任。对违约责任没有约定或者约定不明确,依据本法第五百一十条的规定仍不能确定的,受损害方根据标的的性质以及损失的大小,可以合理选择请求对方承担修理、重作、更换、退货、减少价款或者报酬等违约责任。

第五百八十三条 当事人一方不履行合同义务或者履行合同义务不符合约定的,在履行义务或者采取补救措施后,对方还有其他损失的,应当赔偿损失。

第五百八十四条 当事人一方不履行合同义务或者履行合同义务不符合约定,造成对方损失的,损失赔偿额应当相当于因违约所造成的损失,包括合同履行后可以获得的利益;但是,不得超过违约一方订立合同时预见到或者应当预见到的因违约可能造成的损失。

第五百八十五条 当事人可以约定一方违约时应当根据违约情

况向对方支付一定数额的违约金,也可以约定因违约产生的损失赔偿额的计算方法。

约定的违约金低于造成的损失的,人民法院或者仲裁机构可以根据当事人的请求予以增加;约定的违约金过分高于造成的损失的,人民法院或者仲裁机构可以根据当事人的请求予以适当减少。

当事人就迟延履行约定违约金的,违约方支付违约金后,还应当履行债务。

第五百八十六条 当事人可以约定一方向对方给付定金作为债权的担保。定金合同自实际交付定金时成立。

定金的数额由当事人约定;但是,不得超过主合同标的额的百分之二十,超过部分不产生定金的效力。实际交付的定金数额多于或者少于约定数额的,视为变更约定的定金数额。

第五百八十七条 债务人履行债务的,定金应当抵作价款或者收回。给付定金的一方不履行债务或者履行债务不符合约定,致使不能实现合同目的的,无权请求返还定金;收受定金的一方不履行债务或者履行债务不符合约定,致使不能实现合同目的的,应当双倍返还定金。

第五百八十八条 当事人既约定违约金,又约定定金的,一方违约时,对方可以选择适用违约金或者定金条款。

定金不足以弥补一方违约造成的损失的,对方可以请求赔偿超过定金数额的损失。

第五百八十九条 债务人按照约定履行债务,债权人无正当理由拒绝受领的,债务人可以请求债权人赔偿增加的费用。

在债权人受领迟延期间,债务人无须支付利息。

第五百九十条 当事人一方因不可抗力不能履行合同的,根据不可抗力的影响,部分或者全部免除责任,但是法律另有规定的除外。因不可抗力不能履行合同的,应当及时通知对方,以减轻可能给对方造成的损失,并应当在合理期限内提供证明。

当事人迟延履行后发生不可抗力的,不免除其违约责任。

第五百九十一条 当事人一方违约后,对方应当采取适当措施防止损失的扩大;没有采取适当措施致使损失扩大的,不得就扩大的损失请求赔偿。

当事人因防止损失扩大而支出的合理费用,由违约方负担。

第五百九十二条 当事人都违反合同的,应当各自承担相应的责任。

当事人一方违约造成对方损失,对方对损失的发生有过错的,可以减少相应的损失赔偿额。

第五百九十三条 当事人一方因第三人的原因造成违约的,应当依法向对方承担违约责任。当事人一方和第三人之间的纠纷,依照法律规定或者按照约定处理。

第五百九十四条 因国际货物买卖合同和技术进出口合同争议提起诉讼或者申请仲裁的时效期间为四年。

第二分编 典型合同

第九章 买卖合同

第五百九十五条 买卖合同是出卖人转移标的物的所有权于买受人,买受人支付价款的合同。

第五百九十六条 买卖合同的内容一般包括标的物的名称、数量、质量、价款、履行期限、履行地点和方式、包装方式、检验标准和方法、结算方式、合同使用的文字及其效力等条款。

第五百九十七条 因出卖人未取得处分权致使标的物所有权不能转移的,买受人可以解除合同并请求出卖人承担违约责任。

法律、行政法规禁止或者限制转让的标的物,依照其规定。

第五百九十八条 出卖人应当履行向买受人交付标的物或者交付提取标的物的单证,并转移标的物所有权的义务。

第五百九十九条 出卖人应当按照约定或者交易习惯向买受人交付提取标的物单证以外的有关单证和资料。

第六百条 出卖具有知识产权的标的物的,除法律另有规定或者当事人另有约定外,该标的物的知识产权不属于买受人。

第六百零一条 出卖人应当按照约定的时间交付标的物。约定交付期限的,出卖人可以在该交付期限内的任何时间交付。

第六百零二条 当事人没有约定标的物的交付期限或者约定不明确的,适用本法第五百一十条、第五百一十一条第四项的规定。

第六百零三条 出卖人应当按照约定的地点交付标的物。

当事人没有约定交付地点或者约定不明确,依据本法第五百一十条的规定仍不能确定的,适用下列规定:

(一)标的物需要运输的,出卖人应当将标的物交付给第一承运人以运交给买受人;

(二)标的物不需要运输,出卖人和买受人订立合同时知道标的物在某一地点的,出卖人应当在该地点交付标的物;不知道标的物在某一地点的,应当在出卖人订立合同时的营业地交付标的物。

第六百零四条 标的物毁损、灭失的风险,在标的物交付之前由出卖人承担,交付之后由买受人承担,但是法律另有规定或者当事人另有约定的除外。

第六百零五条 因买受人的原因致使标的物未按照约定的期限交付的,买受人应当自违反约定时起承担标的物毁损、灭失的风险。

第六百零六条 出卖人出卖交由承运人运输的在途标的物,除当事人另有约定外,毁损、灭失的风险自合同成立时起由买受人承担。

第六百零七条 出卖人按照约定将标的物运送至买受人指定地点并交付给承运人后,标的物毁损、灭失的风险由买受人承担。

当事人没有约定交付地点或者约定不明确,依据本法第六百零三条第二款第一项的规定标的物需要运输的,出卖人将标的物交付给第一承运人后,标的物毁损、灭失的风险由买受人承担。

第六百零八条 出卖人按照约定或者依据本法第六百零三条第二款第二项的规定将标的物置于交付地点,买受人违反约定没有收取的,标的物毁损、灭失的风险自违反约定时起由买受人承担。

第六百零九条 出卖人按照约定未交付有关标的物的单证和资料的,不影响标的物毁损、灭失风险的转移。

第六百一十条 因标的物不符合质量要求,致使不能实现合同目的的,买受人可以拒绝接受标的物或者解除合同。买受人拒绝接受标的物或者解除合同的,标的物毁损、灭失的风险由出卖人承担。

第六百一十一条 标的物毁损、灭失的风险由买受人承担的,不影响因出卖人履行义务不符合约定，买受人请求其承担违约责任的权利。

第六百一十二条 出卖人就交付的标的物，负有保证第三人对该标的物不享有任何权利的义务，但是法律另有规定的除外。

第六百一十三条 买受人订立合同时知道或者应当知道第三人对买卖的标的物享有权利的，出卖人不承担前条规定的义务。

第六百一十四条 买受人有确切证据证明第三人对标的物享有权利的，可以中止支付相应的价款，但是出卖人提供适当担保的除外。

第六百一十五条 出卖人应当按照约定的质量要求交付标的物。出卖人提供有关标的物质量说明的，交付的标的物应当符合该说明的质量要求。

第六百一十六条 当事人对标的物的质量要求没有约定或者约定不明确，依据本法第五百一十条的规定仍不能确定的，适用本法第五百一十一条第一项的规定。

第六百一十七条 出卖人交付的标的物不符合质量要求的，买受人可以依据本法第五百八十二条至第五百八十四条的规定请求承担违约责任。

第六百一十八条 当事人约定减轻或者免除出卖人对标的物瑕疵承担的责任，因出卖人故意或者重大过失不告知买受人标的物瑕疵的，出卖人无权主张减轻或者免除责任。

第六百一十九条 出卖人应当按照约定的包装方式交付标的物。对包装方式没有约定或者约定不明确，依据本法第五百一十条的规定仍不能确定的，应当按照通用的方式包装；没有通用方式的，应当采取足以保护标的物且有利于节约资源、保护生态环境的包装方式。

第六百二十条 买受人收到标的物时应当在约定的检验期限内检验。没有约定检验期限的，应当及时检验。

第六百二十一条 当事人约定检验期限的，买受人应当在检验期限内将标的物的数量或者质量不符合约定的情形通知出卖人。买受人怠于通知的，视为标的物的数量或者质量符合约定。

当事人没有约定检验期限的，买受人应当在发现或者应当发现标的物的数量或者质量不符合约定的合理期限内通知出卖人。买受人在合理期限内未通知或者自收到标的物之日起二年内未通知出卖人的,视为标的物的数量或者质量符合约定;但是,对标的物有质量保证期的,适用质量保证期,不适用该二年的规定。

出卖人知道或者应当知道提供的标的物不符合约定的,买受人不受前两款规定的通知时间的限制。

第六百二十二条 当事人约定的检验期限过短,根据标的物的性质和交易习惯,买受人在检验期限内难以完成全面检验的,该期限仅视为买受人对标的物的外观瑕疵提出异议的期限。

约定的检验期限或者质量保证期短于法律、行政法规规定期限的,应当以法律、行政法规规定的期限为准。

第六百二十三条 当事人对检验期限未作约定,买受人签收的送货单、确认单等载明标的物数量、型号、规格的,推定买受人已经对数量和外观瑕疵进行检验,但是有相关证据足以推翻的除外。

第六百二十四条 出卖人依照买受人的指示向第三人交付标的物,出卖人和买受人约定的检验标准与买受人和第三人约定的检验标准不一致的,以出卖人和买受人约定的检验标准为准。

第六百二十五条 依照法律、行政法规的规定或者按照当事人的约定,标的物在有效使用年限届满后应予回收的,出卖人负有自行或者委托第三人对标的物予以回收的义务。

第六百二十六条 买受人应当按照约定的数额和支付方式支付价款。对价款的数额和支付方式没有约定或者约定不明确的,适用本法第五百一十条、第五百一十一条第二项和第五项的规定。

第六百二十七条 买受人应当按照约定的地点支付价款。对支付地点没有约定或者约定不明确,依据本法第五百一十条的规定仍不能确定的,买受人应当在出卖人的营业地支付;但是,约定支付价款以交付标的物或者交付提取标的物单证为条件的,在交付标的物或者交付提取标的物单证的所在地支付。

第六百二十八条 买受人应当按照约定的时间支付价款。对支付时间没有约定或者约定不明确,依据本法第五百一十条的规定仍不能确定的,买受人应当在收到标的物或者提取标的物单证的同时支付。

第六百二十九条 出卖人多交标的物的,买受人可以接收或者拒绝接收多交的部分。买受人接收多交部分的,按照约定的价格支付价款;买受人拒绝接收多交部分的,应当及时通知出卖人。

第六百三十条 标的物在交付之前产生的孳息,归出卖人所有;交付之后产生的孳息,归买受人所有。但是,当事人另有约定的除外。

第六百三十一条 因标的物的主物不符合约定而解除合同的,解除合同的效力及于从物。因标的物的从物不符合约定被解除的,解除的效力不及于主物。

第六百三十二条 标的物为数物,其中一物不符合约定的,买受人可以就该物解除。但是,该物与他物分离使标的物的价值显受损害的,买受人可以就数物解除合同。

第六百三十三条 出卖人分批交付标的物的,出卖人对其中一批标的物不交付或者交付不符合约定,致使该批标的物不能实现合同目的的,买受人可以就该批的物解除。

出卖人不交付其中一批标的物或者交付不符合约定,致使之后其他各批标的物的交付不能实现合同目的的,买受人可以就该批以及之后其他各批标的物解除。

买受人如果就其中一批标的物解除,该批标的物与其他各批标的物相互依存的,可以就已经交付和未交付的各批标的物解除。

第六百三十四条 分期付款的买受人未支付到期价款的数额达到全部价款的五分之一,经催告后在合理期限内仍未支付到期价款的,出卖人可以请求买受人支付全部价款或者解除合同。

出卖人解除合同的,可以向买受人请求支付该标的物的使用费。

第六百三十五条 凭样品买卖的当事人应当封存样品,并可以对样品质量予以说明。出卖人交付的标的物应当与样品及其说明的质量相同。

第六百三十六条 凭样品买卖的买受人不知道样品有隐蔽瑕疵的,即使交付的标的物与样品相同,出卖人交付的标的物的质量仍然应当符合同种物的通常标准。

第六百三十七条 试用买卖的当事人可以约定标的物的试用期限。对试用期限没有约定或者约定不明确,依据本法第五百一十条的规定仍不能确定的,由出卖人确定。

第六百三十八条 试用买卖的买受人在试用期内可以购买标的物,也可以拒绝购买。试用期限届满,买受人对是否购买标的物未作表示的,视为购买。

试用买卖的买受人在试用期内已经支付部分价款或者对标的物实施出卖、出租、设立担保物权等行为的,视为同意购买。

第六百三十九条 试用买卖的当事人对标的物使用费没有约定或者约定不明确的,出卖人无权请求买受人支付。

第六百四十条 标的物在试用期内毁损、灭失的风险由出卖人承担。

第六百四十一条 当事人可以在买卖合同中约定买受人未履行支付价款或者其他义务的,标的物的所有权属于出卖人。

出卖人对标的物保留的所有权,未经登记,不得对抗善意第三人。

第六百四十二条 当事人约定出卖人保留合同标的物的所有权,在标的物所有权转移前,买受人有下列情形之一,造成出卖人损害的,除当事人另有约定外,出卖人有权取回标的物:

(一)未按照约定支付价款,经催告后在合理期限内仍未支付;

(二)未按照约定完成特定条件;

(三)将标的物出卖、出质或者作出其他不当处分。

出卖人可以与买受人协商取回标的物;协商不成,可以参照适用担保物权的实现程序。

第六百四十三条 出卖人依据前条第一款的规定取回标的物后,买受人在双方约定或者出卖人指定的合理回赎期限内,消除出卖人取回标的物的事由的,可以请求回赎标的物。

买受人在回赎期限内没有回赎标的物,出卖人可以以合理价格将标的物出卖给第三人,出卖所得价款扣除买受人未支付的价款以及必要费用后仍有剩余的,应当返还买受人;不足部分由买受人清偿。

第六百四十四条 招标投标买卖的当事人的权利和义务以及招标投标程序等,依照有关法律、行政法规的规定。

第六百四十五条 拍卖的当事人的权利和义务以及拍卖程序等,依照有关法律、行政法规的规定。

第六百四十六条 法律对其他有偿合同有规定的,依照其规定;没有规定的,参照适用买卖合同的有关规定。

第六百四十七条 当事人约定易货交易,转移标的物的所有权的,参照适用买卖合同的有关规定。

第十章 供用电、水、气、热力合同

第六百四十八条 供用电合同是供电人向用电人供电,用电人支付电费的合同。

向社会公众供电的供电人,不得拒绝用电人合理的订立合同要求。

第六百四十九条 供用电合同的内容一般包括供电的方式、质量、时间,用电容量、地址、性质,计量方式,电价、电费的结算方式,供用电设施的维护责任等条款。

第六百五十条 供用电合同的履行地点,按照当事人约定;当事人没有约定或者约定不明确的,供电设施的产权分界处为履行地点。

第六百五十一条 供电人应当按照国家规定的供电质量标准和约定安全供电。供电人未按照国家规定的供电质量标准和约定安全供电,造成用电人损失的,应当承担赔偿责任。

第六百五十二条 供电人因供电设施计划检修、临时检修、依法限电或者用电人违法用电等原因,需要中断供电时,应当按照国家有关规定事先通知用电人;未事先通知用电人中断供电,造成用电人损失的,应当承担赔偿责任。

第六百五十三条 因自然灾害等原因断电,供电人应当按照国家有关规定及时抢修;未及时抢修,造成用电人损失的,应当承担赔偿责任。

第六百五十四条 用电人应当按照国家有关规定和当事人的约定及时支付电费。用电人逾期不支付电费的,应当按照约定支付违约金。经催告用电人在合理期限内仍不支付电费和违约金的,供电人可以按照国家规定的程序中止供电。

供电人依据前款规定中止供电的,应当事先通知用电人。

第六百五十五条 用电人应当按照国家有关规定和当事人的约

定安全、节约和计划用电。用电人未按照国家有关规定和当事人的约定用电,造成供电人损失的,应当承担赔偿责任。

第六百五十六条 供用水、供用气、供用热力合同,参照适用供用电合同的有关规定。

第十一章 赠 与 合 同

第六百五十七条 赠与合同是赠与人将自己的财产无偿给予受赠人,受赠人表示接受赠与的合同。

第六百五十八条 赠与人在赠与财产的权利转移之前可以撤销赠与。

经过公证的赠与合同或者依法不得撤销的具有救灾、扶贫、助残等公益、道德义务性质的赠与合同,不适用前款规定。

第六百五十九条 赠与的财产依法需要办理登记或者其他手续的,应当办理有关手续。

第六百六十条 经过公证的赠与合同或者依法不得撤销的具有救灾、扶贫、助残等公益、道德义务性质的赠与合同,赠与人不交付赠与财产的,受赠人可以请求交付。

依据前款规定应当交付的赠与财产因赠与人故意或者重大过失致使毁损、灭失的,赠与人应当承担赔偿责任。

第六百六十一条 赠与可以附义务。

赠与附义务的,受赠人应当按照约定履行义务。

第六百六十二条 赠与的财产有瑕疵的,赠与人不承担责任。附义务的赠与,赠与的财产有瑕疵的,赠与人在附义务的限度内承担与出卖人相同的责任。

赠与人故意不告知瑕疵或者保证无瑕疵,造成受赠人损失的,应当承担赔偿责任。

第六百六十三条 受赠人有下列情形之一的,赠与人可以撤销赠与:

(一)严重侵害赠与人或者赠与人近亲属的合法权益;

(二)对赠与人有扶养义务而不履行;

(三)不履行赠与合同约定的义务。

赠与人的撤销权,自知道或者应当知道撤销事由之日起一年内行使。

第六百六十四条　因受赠人的违法行为致使赠与人死亡或者丧失民事行为能力的,赠与人的继承人或者法定代理人可以撤销赠与。

赠与人的继承人或者法定代理人的撤销权,自知道或者应当知道撤销事由之日起六个月内行使。

第六百六十五条　撤销权人撤销赠与的,可以向受赠人请求返还赠与的财产。

第六百六十六条　赠与人的经济状况显著恶化,严重影响其生产经营或者家庭生活的,可以不再履行赠与义务。

第十二章　借款合同

第六百六十七条　借款合同是借款人向贷款人借款,到期返还借款并支付利息的合同。

第六百六十八条　借款合同应当采用书面形式,但是自然人之间借款另有约定的除外。

借款合同的内容一般包括借款种类、币种、用途、数额、利率、期限和还款方式等条款。

第六百六十九条　订立借款合同,借款人应当按照贷款人的要求提供与借款有关的业务活动和财务状况的真实情况。

第六百七十条　借款的利息不得预先在本金中扣除。利息预先在本金中扣除的,应当按照实际借款数额返还借款并计算利息。

第六百七十一条　贷款人未按照约定的日期、数额提供借款,造成借款人损失的,应当赔偿损失。

借款人未按照约定的日期、数额收取借款的,应当按照约定的日期、数额支付利息。

第六百七十二条　贷款人按照约定可以检查、监督借款的使用情况。借款人应当按照约定向贷款人定期提供有关财务会计报表或者其他资料。

第六百七十三条　借款人未按照约定的借款用途使用借款的,贷款人可以停止发放借款、提前收回借款或者解除合同。

第六百七十四条　借款人应当按照约定的期限支付利息。对支付利息的期限没有约定或者约定不明确，依据本法第五百一十条的规定仍不能确定，借款期间不满一年的，应当在返还借款时一并支付；借款期间一年以上的，应当在每届满一年时支付，剩余期间不满一年的，应当在返还借款时一并支付。

第六百七十五条　借款人应当按照约定的期限返还借款。对借款期限没有约定或者约定不明确，依据本法第五百一十条的规定仍不能确定的，借款人可以随时返还；贷款人可以催告借款人在合理期限内返还。

第六百七十六条　借款人未按照约定的期限返还借款的，应当按照约定或者国家有关规定支付逾期利息。

第六百七十七条　借款人提前返还借款的，除当事人另有约定外，应当按照实际借款的期间计算利息。

第六百七十八条　借款人可以在还款期限届满前向贷款人申请展期；贷款人同意的，可以展期。

第六百七十九条　自然人之间的借款合同，自贷款人提供借款时成立。

第六百八十条　禁止高利放贷，借款的利率不得违反国家有关规定。

借款合同对支付利息没有约定的，视为没有利息。

借款合同对支付利息约定不明确，当事人不能达成补充协议的，按照当地或者当事人的交易方式、交易习惯、市场利率等因素确定利息；自然人之间借款的，视为没有利息。

第十三章　保证合同

第一节　一般规定

第六百八十一条　保证合同是为保障债权的实现，保证人和债权人约定，当债务人不履行到期债务或者发生当事人约定的情形时，保证人履行债务或者承担责任的合同。

第六百八十二条　保证合同是主债权债务合同的从合同。主债权债务合同无效的,保证合同无效,但是法律另有规定的除外。

保证合同被确认无效后,债务人、保证人、债权人有过错的,应当根据其过错各自承担相应的民事责任。

第六百八十三条 机关法人不得为保证人,但是经国务院批准为使用外国政府或者国际经济组织贷款进行转贷的除外。

以公益为目的的非营利法人、非法人组织不得为保证人。

第六百八十四条 保证合同的内容一般包括被保证的主债权的种类、数额,债务人履行债务的期限,保证的方式、范围和期间等条款。

第六百八十五条 保证合同可以是单独订立的书面合同,也可以是主债权债务合同中的保证条款。

第三人单方以书面形式向债权人作出保证,债权人接收且未提出异议的,保证合同成立。

第六百八十六条 保证的方式包括一般保证和连带责任保证。

当事人在保证合同中对保证方式没有约定或者约定不明确的,按照一般保证承担保证责任。

第六百八十七条 当事人在保证合同中约定,债务人不能履行债务时,由保证人承担保证责任的,为一般保证。

一般保证的保证人在主合同纠纷未经审判或者仲裁,并就债务人财产依法强制执行仍不能履行债务前,有权拒绝向债权人承担保证责任,但是有下列情形之一的除外:

(一)债务人下落不明,且无财产可供执行;

(二)人民法院已经受理债务人破产案件;

(三)债权人有证据证明债务人的财产不足以履行全部债务或者丧失履行债务能力;

(四)保证人书面表示放弃本款规定的权利。

第六百八十八条 当事人在保证合同中约定保证人和债务人对债务承担连带责任的,为连带责任保证。

连带责任保证的债务人不履行到期债务或者发生当事人约定的情形时,债权人可以请求债务人履行债务,也可以请求保证人在其保证范围内承担保证责任。

第六百八十九条 保证人可以要求债务人提供反担保。

第六百九十条 保证人与债权人可以协商订立最高额保证的合同,约定在最高债权额限度内就一定期间连续发生的债权提供保证。

最高额保证除适用本章规定外,参照适用本法第二编最高额抵押权的有关规定。

第二节 保证责任

第六百九十一条 保证的范围包括主债权及其利息、违约金、损害赔偿金和实现债权的费用。当事人另有约定的,按照其约定。

第六百九十二条 保证期间是确定保证人承担保证责任的期间,不发生中止、中断和延长。

债权人与保证人可以约定保证期间,但是约定的保证期间早于主债务履行期限或者与主债务履行期限同时届满的,视为没有约定;没有约定或者约定不明确的,保证期间为主债务履行期限届满之日起六个月。

债权人与债务人对主债务履行期限没有约定或者约定不明确的,保证期间自债权人请求债务人履行债务的宽限期届满之日起计算。

第六百九十三条 一般保证的债权人未在保证期间对债务人提起诉讼或者申请仲裁的,保证人不再承担保证责任。

连带责任保证的债权人未在保证期间请求保证人承担保证责任的,保证人不再承担保证责任。

第六百九十四条 一般保证的债权人在保证期间届满前对债务人提起诉讼或者申请仲裁的,从保证人拒绝承担保证责任的权利消灭之日起,开始计算保证债务的诉讼时效。

连带责任保证的债权人在保证期间届满前请求保证人承担保证责任的,从债权人请求保证人承担保证责任之日起,开始计算保证债务的诉讼时效。

第六百九十五条 债权人和债务人未经保证人书面同意,协商变更主债权债务合同内容,减轻债务的,保证人仍对变更后的债务承担保证责任;加重债务的,保证人对加重的部分不承担保证责任。

债权人和债务人变更主债权债务合同的履行期限,未经保证人书面同意的,保证期间不受影响。

第六百九十六条 债权人转让全部或者部分债权,未通知保证人的,该转让对保证人不发生效力。

保证人与债权人约定禁止债权转让,债权人未经保证人书面同意转让债权的,保证人对受让人不再承担保证责任。

第六百九十七条 债权人未经保证人书面同意,允许债务人转移全部或者部分债务,保证人对未经其同意转移的债务不再承担保证责任,但是债权人和保证人另有约定的除外。

第三人加入债务的,保证人的保证责任不受影响。

第六百九十八条 一般保证的保证人在主债务履行期限届满后,向债权人提供债务人可供执行财产的真实情况,债权人放弃或者怠于行使权利致使该财产不能被执行的,保证人在其提供可供执行财产的价值范围内不再承担保证责任。

第六百九十九条 同一债务有两个以上保证人的,保证人应当按照保证合同约定的保证份额,承担保证责任;没有约定保证份额的,债权人可以请求任何一个保证人在其保证范围内承担保证责任。

第七百条 保证人承担保证责任后,除当事人另有约定外,有权在其承担保证责任的范围内向债务人追偿,享有债权人对债务人的权利,但是不得损害债权人的利益。

第七百零一条 保证人可以主张债务人对债权人的抗辩。债务人放弃抗辩的,保证人仍有权向债权人主张抗辩。

第七百零二条 债务人对债权人享有抵销权或者撤销权的,保证人可以在相应范围内拒绝承担保证责任。

第十四章 租 赁 合 同

第七百零三条 租赁合同是出租人将租赁物交付承租人使用、收益,承租人支付租金的合同。

第七百零四条 租赁合同的内容一般包括租赁物的名称、数量、用途、租赁期限、租金及其支付期限和方式、租赁物维修等条款。

第七百零五条 租赁期限不得超过二十年。超过二十年的,超过部分无效。

租赁期限届满,当事人可以续订租赁合同;但是,约定的租赁期限自续订之日起不得超过二十年。

第七百零六条 当事人未依照法律、行政法规规定办理租赁合同登记备案手续的,不影响合同的效力。

第七百零七条 租赁期限六个月以上的,应当采用书面形式。当事人未采用书面形式,无法确定租赁期限的,视为不定期租赁。

第七百零八条 出租人应当按照约定将租赁物交付承租人,并在租赁期限内保持租赁物符合约定的用途。

第七百零九条 承租人应当按照约定的方法使用租赁物。对租赁物的使用方法没有约定或者约定不明确,依据本法第五百一十条的规定仍不能确定的,应当根据租赁物的性质使用。

第七百一十条 承租人按照约定的方法或者根据租赁物的性质使用租赁物,致使租赁物受到损耗的,不承担赔偿责任。

第七百一十一条 承租人未按照约定的方法或者未根据租赁物的性质使用租赁物,致使租赁物受到损失的,出租人可以解除合同并请求赔偿损失。

第七百一十二条 出租人应当履行租赁物的维修义务,但是当事人另有约定的除外。

第七百一十三条 承租人在租赁物需要维修时可以请求出租人在合理期限内维修。出租人未履行维修义务的,承租人可以自行维修,维修费用由出租人负担。因维修租赁物影响承租人使用的,应当相应减少租金或者延长租期。

因承租人的过错致使租赁物需要维修的,出租人不承担前款规定的维修义务。

第七百一十四条 承租人应当妥善保管租赁物,因保管不善造成租赁物毁损、灭失的,应当承担赔偿责任。

第七百一十五条 承租人经出租人同意,可以对租赁物进行改善或者增设他物。

承租人未经出租人同意,对租赁物进行改善或者增设他物的,出租人可以请求承租人恢复原状或者赔偿损失。

第七百一十六条 承租人经出租人同意,可以将租赁物转租给第三人。承租人转租的,承租人与出租人之间的租赁合同继续有效;第三人造成租赁物损失的,承租人应当赔偿损失。

承租人未经出租人同意转租的,出租人可以解除合同。

第七百一十七条 承租人经出租人同意将租赁物转租给第三人,转租期限超过承租人剩余租赁期限的,超过部分的约定对出租人不具有法律约束力,但是出租人与承租人另有约定的除外。

第七百一十八条 出租人知道或者应当知道承租人转租,但是在六个月内未提出异议的,视为出租人同意转租。

第七百一十九条 承租人拖欠租金的,次承租人可以代承租人支付其欠付的租金和违约金,但是转租合同对出租人不具有法律约束力的除外。

次承租人代为支付的租金和违约金,可以充抵次承租人应当向承租人支付的租金;超出其应付的租金数额的,可以向承租人追偿。

第七百二十条 在租赁期限内因占有、使用租赁物获得的收益,归承租人所有,但是当事人另有约定的除外。

第七百二十一条 承租人应当按照约定的期限支付租金。对支付租金的期限没有约定或者约定不明确,依据本法第五百一十条的规定仍不能确定,租赁期限不满一年的,应当在租赁期限届满时支付;租赁期限一年以上的,应当在每届满一年时支付,剩余期限不满一年的,应当在租赁期限届满时支付。

第七百二十二条 承租人无正当理由未支付或者迟延支付租金的,出租人可以请求承租人在合理期限内支付;承租人逾期不支付的,出租人可以解除合同。

第七百二十三条 因第三人主张权利,致使承租人不能对租赁物使用、收益的,承租人可以请求减少租金或者不支付租金。

第三人主张权利的,承租人应当及时通知出租人。

第七百二十四条 有下列情形之一,非因承租人原因致使租赁物无法使用的,承租人可以解除合同:

(一)租赁物被司法机关或者行政机关依法查封、扣押;

(二)租赁物权属有争议;

(三)租赁物具有违反法律、行政法规关于使用条件的强制性规定情形。

第七百二十五条 租赁物在承租人按照租赁合同占有期限内发生所有权变动的,不影响租赁合同的效力。

第七百二十六条 出租人出卖租赁房屋的,应当在出卖之前的合理期限内通知承租人,承租人享有以同等条件优先购买的权利;但是,房屋按份共有人行使优先购买权或者出租人将房屋出卖给近亲属的除外。

出租人履行通知义务后,承租人在十五日内未明确表示购买的,视为承租人放弃优先购买权。

第七百二十七条 出租人委托拍卖人拍卖租赁房屋的,应当在拍卖五日前通知承租人。承租人未参加拍卖的,视为放弃优先购买权。

第七百二十八条 出租人未通知承租人或者有其他妨害承租人行使优先购买权情形的,承租人可以请求出租人承担赔偿责任。但是,出租人与第三人订立的房屋买卖合同的效力不受影响。

第七百二十九条 因不可归责于承租人的事由,致使租赁物部分或者全部毁损、灭失的,承租人可以请求减少租金或者不支付租金;因租赁物部分或者全部毁损、灭失,致使不能实现合同目的的,承租人可以解除合同。

第七百三十条 当事人对租赁期限没有约定或者约定不明确,依据本法第五百一十条的规定仍不能确定的,视为不定期租赁;当事人可以随时解除合同,但是应当在合理期限之前通知对方。

第七百三十一条 租赁物危及承租人的安全或者健康的,即使承租人订立合同时明知该租赁物质量不合格,承租人仍然可以随时解除合同。

第七百三十二条 承租人在房屋租赁期限内死亡的,与其生前共同居住的人或者共同经营人可以按照原租赁合同租赁该房屋。

第七百三十三条 租赁期限届满,承租人应当返还租赁物。返还的租赁物应当符合按照约定或者根据租赁物的性质使用后的状态。

第七百三十四条 租赁期限届满,承租人继续使用租赁物,出租人没有提出异议的,原租赁合同继续有效,但是租赁期限为不定期。

租赁期限届满,房屋承租人享有以同等条件优先承租的权利。

第十五章　融资租赁合同

第七百三十五条　融资租赁合同是出租人根据承租人对出卖人、租赁物的选择,向出卖人购买租赁物,提供给承租人使用,承租人支付租金的合同。

第七百三十六条　融资租赁合同的内容一般包括租赁物的名称、数量、规格、技术性能、检验方法,租赁期限,租金构成及其支付期限和方式、币种,租赁期限届满租赁物的归属等条款。

融资租赁合同应当采用书面形式。

第七百三十七条　当事人以虚构租赁物方式订立的融资租赁合同无效。

第七百三十八条　依照法律、行政法规的规定,对于租赁物的经营使用应当取得行政许可的,出租人未取得行政许可不影响融资租赁合同的效力。

第七百三十九条　出租人根据承租人对出卖人、租赁物的选择订立的买卖合同,出卖人应当按照约定向承租人交付标的物,承租人享有与受领标的物有关的买受人的权利。

第七百四十条　出卖人违反向承租人交付标的物的义务,有下列情形之一的,承租人可以拒绝受领出卖人向其交付的标的物:

(一)标的物严重不符合约定;

(二)未按照约定交付标的物,经承租人或者出租人催告后在合理期限内仍未交付。

承租人拒绝受领标的物的,应当及时通知出租人。

第七百四十一条　出租人、出卖人、承租人可以约定,出卖人不履行买卖合同义务的,由承租人行使索赔的权利。承租人行使索赔权利的,出租人应当协助。

第七百四十二条　承租人对出卖人行使索赔权利,不影响其履行支付租金的义务。但是,承租人依赖出租人的技能确定租赁物或者出租人干预选择租赁物的,承租人可以请求减免相应租金。

第七百四十三条　出租人有下列情形之一,致使承租人对出卖人行使索赔权利失败的,承租人有权请求出租人承担相应的责任:

（一）明知租赁物有质量瑕疵而不告知承租人；

（二）承租人行使索赔权利时，未及时提供必要协助。

出租人怠于行使只能由其对出卖人行使的索赔权利，造成承租人损失的，承租人有权请求出租人承担赔偿责任。

第七百四十四条 出租人根据承租人对出卖人、租赁物的选择订立的买卖合同，未经承租人同意，出租人不得变更与承租人有关的合同内容。

第七百四十五条 出租人对租赁物享有的所有权，未经登记，不得对抗善意第三人。

第七百四十六条 融资租赁合同的租金，除当事人另有约定外，应当根据购买租赁物的大部分或者全部成本以及出租人的合理利润确定。

第七百四十七条 租赁物不符合约定或者不符合使用目的的，出租人不承担责任。但是，承租人依赖出租人的技能确定租赁物或者出租人干预选择租赁物的除外。

第七百四十八条 出租人应当保证承租人对租赁物的占有和使用。

出租人有下列情形之一的，承租人有权请求其赔偿损失：

（一）无正当理由收回租赁物；

（二）无正当理由妨碍、干扰承租人对租赁物的占有和使用；

（三）因出租人的原因致使第三人对租赁物主张权利；

（四）不当影响承租人对租赁物占有和使用的其他情形。

第七百四十九条 承租人占有租赁物期间，租赁物造成第三人人身损害或者财产损失的，出租人不承担责任。

第七百五十条 承租人应当妥善保管、使用租赁物。

承租人应当履行占有租赁物期间的维修义务。

第七百五十一条 承租人占有租赁物期间，租赁物毁损、灭失的，出租人有权请求承租人继续支付租金，但是法律另有规定或者当事人另有约定的除外。

第七百五十二条 承租人应当按照约定支付租金。承租人经催告后在合理期限内仍不支付租金的，出租人可以请求支付全部租金；

也可以解除合同,收回租赁物。

第七百五十三条 承租人未经出租人同意,将租赁物转让、抵押、质押、投资入股或者以其他方式处分的,出租人可以解除融资租赁合同。

第七百五十四条 有下列情形之一的,出租人或者承租人可以解除融资租赁合同:

(一)出租人与出卖人订立的买卖合同解除、被确认无效或者被撤销,且未能重新订立买卖合同;

(二)租赁物因不可归责于当事人的原因毁损、灭失,且不能修复或者确定替代物;

(三)因出卖人的原因致使融资租赁合同的目的不能实现。

第七百五十五条 融资租赁合同因买卖合同解除、被确认无效或者被撤销而解除,出卖人、租赁物系由承租人选择的,出租人有权请求承租人赔偿相应损失;但是,因出租人原因致使买卖合同解除、被确认无效或者被撤销的除外。

出租人的损失已经在买卖合同解除、被确认无效或者被撤销时获得赔偿的,承租人不再承担相应的赔偿责任。

第七百五十六条 融资租赁合同因租赁物交付承租人后意外毁损、灭失等不可归责于当事人的原因解除的,出租人可以请求承租人按照租赁物折旧情况给予补偿。

第七百五十七条 出租人和承租人可以约定租赁期限届满租赁物的归属;对租赁物的归属没有约定或者约定不明确,依据本法第五百一十条的规定仍不能确定的,租赁物的所有权归出租人。

第七百五十八条 当事人约定租赁期限届满租赁物归承租人所有,承租人已经支付大部分租金,但是无力支付剩余租金,出租人因此解除合同收回租赁物,收回的租赁物的价值超过承租人欠付的租金以及其他费用的,承租人可以请求相应返还。

当事人约定租赁期限届满租赁物归出租人所有,因租赁物毁损、灭失或者附合、混合于他物致使承租人不能返还的,出租人有权请求承租人给予合理补偿。

第七百五十九条 当事人约定租赁期限届满,承租人仅需向出租人支付象征性价款的,视为约定的租金义务履行完毕后租赁物的所有权归承租人。

第七百六十条 融资租赁合同无效,当事人就该情形下租赁物的归属有约定的,按照其约定;没有约定或者约定不明确的,租赁物应当返还出租人。但是,因承租人原因致使合同无效,出租人不请求返还或者返还后会显著降低租赁物效用的,租赁物的所有权归承租人,由承租人给予出租人合理补偿。

第十六章 保 理 合 同

第七百六十一条 保理合同是应收账款债权人将现有的或者将有的应收账款转让给保理人,保理人提供资金融通、应收账款管理或者催收、应收账款债务人付款担保等服务的合同。

第七百六十二条 保理合同的内容一般包括业务类型、服务范围、服务期限、基础交易合同情况、应收账款信息、保理融资款或者服务报酬及其支付方式等条款。

保理合同应当采用书面形式。

第七百六十三条 应收账款债权人与债务人虚构应收账款作为转让标的,与保理人订立保理合同的,应收账款债务人不得以应收账款不存在为由对抗保理人,但是保理人明知虚构的除外。

第七百六十四条 保理人向应收账款债务人发出应收账款转让通知的,应当表明保理人身份并附有必要凭证。

第七百六十五条 应收账款债务人接到应收账款转让通知后,应收账款债权人与债务人无正当理由协商变更或者终止基础交易合同,对保理人产生不利影响的,对保理人不发生效力。

第七百六十六条 当事人约定有追索权保理的,保理人可以向应收账款债权人主张返还保理融资款本息或者回购应收账款债权,也可以向应收账款债务人主张应收账款债权。保理人向应收账款债务人主张应收账款债权,在扣除保理融资款本息和相关费用后有剩余的,剩余部分应当返还给应收账款债权人。

第七百六十七条 当事人约定无追索权保理的,保理人应当向应收账款债务人主张应收账款债权,保理人取得超过保理融资款本息和相关费用的部分,无需向应收账款债权人返还。

第七百六十八条 应收账款债权人就同一应收账款订立多个保理合同,致使多个保理人主张权利的,已经登记的先于未登记的取得应收账款;均已经登记的,按照登记时间的先后顺序取得应收账款;均未登记的,由最先到达应收账款债务人的转让通知中载明的保理人取得应收账款;既未登记也未通知的,按照保理融资款或者服务报酬的比例取得应收账款。

第七百六十九条 本章没有规定的,适用本编第六章债权转让的有关规定。

第十七章 承揽合同

第七百七十条 承揽合同是承揽人按照定作人的要求完成工作,交付工作成果,定作人支付报酬的合同。

承揽包括加工、定作、修理、复制、测试、检验等工作。

第七百七十一条 承揽合同的内容一般包括承揽的标的、数量、质量、报酬、承揽方式、材料的提供、履行期限、验收标准和方法等条款。

第七百七十二条 承揽人应当以自己的设备、技术和劳力,完成主要工作,但是当事人另有约定的除外。

承揽人将其承揽的主要工作交由第三人完成的,应当就该第三人完成的工作成果向定作人负责;未经定作人同意的,定作人也可以解除合同。

第七百七十三条 承揽人可以将其承揽的辅助工作交由第三人完成。承揽人将其承揽的辅助工作交由第三人完成的,应当就该第三人完成的工作成果向定作人负责。

第七百七十四条 承揽人提供材料的,应当按照约定选用材料,并接受定作人检验。

第七百七十五条 定作人提供材料的,应当按照约定提供材料。承揽人对定作人提供的材料应当及时检验,发现不符合约定时,应当及时通知定作人更换、补齐或者采取其他补救措施。

承揽人不得擅自更换定作人提供的材料,不得更换不需要修理的零部件。

第七百七十六条 承揽人发现定作人提供的图纸或者技术要求不合理的,应当及时通知定作人。因定作人怠于答复等原因造成承揽人损失的,应当赔偿损失。

第七百七十七条 定作人中途变更承揽工作的要求,造成承揽人损失的,应当赔偿损失。

第七百七十八条 承揽工作需要定作人协助的,定作人有协助的义务。定作人不履行协助义务致使承揽工作不能完成的,承揽人可以催告定作人在合理期限内履行义务,并可以顺延履行期限;定作人逾期不履行的,承揽人可以解除合同。

第七百七十九条 承揽人在工作期间,应当接受定作人必要的监督检验。定作人不得因监督检验妨碍承揽人的正常工作。

第七百八十条 承揽人完成工作的,应当向定作人交付工作成果,并提交必要的技术资料和有关质量证明。定作人应当验收该工作成果。

第七百八十一条 承揽人交付的工作成果不符合质量要求的,定作人可以合理选择请求承揽人承担修理、重作、减少报酬、赔偿损失等违约责任。

第七百八十二条 定作人应当按照约定的期限支付报酬。对支付报酬的期限没有约定或者约定不明确,依据本法第五百一十条的规定仍不能确定的,定作人应当在承揽人交付工作成果时支付;工作成果部分交付的,定作人应当相应支付。

第七百八十三条 定作人未向承揽人支付报酬或者材料费等价款的,承揽人对完成的工作成果享有留置权或者有权拒绝交付,但是当事人另有约定的除外。

第七百八十四条 承揽人应当妥善保管定作人提供的材料以及完成的工作成果,因保管不善造成毁损、灭失的,应当承担赔偿责任。

第七百八十五条 承揽人应当按照定作人的要求保守秘密,未经定作人许可,不得留存复制品或者技术资料。

第七百八十六条 共同承揽人对定作人承担连带责任,但是当事人另有约定的除外。

第七百八十七条 定作人在承揽人完成工作前可以随时解除合同,造成承揽人损失的,应当赔偿损失。

第十八章 建设工程合同

第七百八十八条 建设工程合同是承包人进行工程建设,发包人支付价款的合同。

建设工程合同包括工程勘察、设计、施工合同。

第七百八十九条 建设工程合同应当采用书面形式。

第七百九十条 建设工程的招标投标活动,应当依照有关法律的规定公开、公平、公正进行。

第七百九十一条 发包人可以与总承包人订立建设工程合同,也可以分别与勘察人、设计人、施工人订立勘察、设计、施工承包合同。发包人不得将应当由一个承包人完成的建设工程支解成若干部分发包给数个承包人。

总承包人或者勘察、设计、施工承包人经发包人同意,可以将自己承包的部分工作交由第三人完成。第三人就其完成的工作成果与总承包人或者勘察、设计、施工承包人向发包人承担连带责任。承包人不得将其承包的全部建设工程转包给第三人或者将其承包的全部建设工程支解以后以分包的名义分别转包给第三人。

禁止承包人将工程分包给不具备相应资质条件的单位。禁止分包单位将其承包的工程再分包。建设工程主体结构的施工必须由承包人自行完成。

第七百九十二条 国家重大建设工程合同,应当按照国家规定的程序和国家批准的投资计划、可行性研究报告等文件订立。

第七百九十三条 建设工程施工合同无效,但是建设工程经验收合格的,可以参照合同关于工程价款的约定折价补偿承包人。

建设工程施工合同无效,且建设工程经验收不合格的,按照以下情形处理:

(一)修复后的建设工程经验收合格的,发包人可以请求承包人承担修复费用;

(二)修复后的建设工程经验收不合格的,承包人无权请求参照合同关于工程价款的约定折价补偿。

发包人对因建设工程不合格造成的损失有过错的,应当承担相应的责任。

第七百九十四条 勘察、设计合同的内容一般包括提交有关基础资料和概预算等文件的期限、质量要求、费用以及其他协作条件等条款。

第七百九十五条 施工合同的内容一般包括工程范围、建设工期、中间交工工程的开工和竣工时间、工程质量、工程造价、技术资料交付时间、材料和设备供应责任、拨款和结算、竣工验收、质量保修范围和质量保证期、相互协作等条款。

第七百九十六条 建设工程实行监理的,发包人应当与监理人采用书面形式订立委托监理合同。发包人与监理人的权利和义务以及法律责任,应当依照本编委托合同以及其他有关法律、行政法规的规定。

第七百九十七条 发包人在不妨碍承包人正常作业的情况下,可以随时对作业进度、质量进行检查。

第七百九十八条 隐蔽工程在隐蔽以前,承包人应当通知发包人检查。发包人没有及时检查的,承包人可以顺延工程日期,并有权请求赔偿停工、窝工等损失。

第七百九十九条 建设工程竣工后,发包人应当根据施工图纸及说明书、国家颁发的施工验收规范和质量检验标准及时进行验收。验收合格的,发包人应当按照约定支付价款,并接收该建设工程。

建设工程竣工经验收合格后,方可交付使用;未经验收或者验收不合格的,不得交付使用。

第八百条 勘察、设计的质量不符合要求或者未按照期限提交勘察、设计文件拖延工期,造成发包人损失的,勘察人、设计人应当继续完善勘察、设计,减收或者免收勘察、设计费并赔偿损失。

第八百零一条 因施工人的原因致使建设工程质量不符合约定的,发包人有权请求施工人在合理期限内无偿修理或者返工、改建。经过修理或者返工、改建后,造成逾期交付的,施工人应当承担违约责任。

第八百零二条 因承包人的原因致使建设工程在合理使用期限内造成人身损害和财产损失的,承包人应当承担赔偿责任。

第八百零三条 发包人未按照约定的时间和要求提供原材料、设备、场地、资金、技术资料的,承包人可以顺延工程日期,并有权请求赔偿停工、窝工等损失。

第八百零四条 因发包人的原因致使工程中途停建、缓建的,发包人应当采取措施弥补或者减少损失,赔偿承包人因此造成的停工、窝工、倒运、机械设备调迁、材料和构件积压等损失和实际费用。

第八百零五条 因发包人变更计划,提供的资料不准确,或者未按照期限提供必需的勘察、设计工作条件而造成勘察、设计的返工、停工或者修改设计,发包人应当按照勘察人、设计人实际消耗的工作量增付费用。

第八百零六条 承包人将建设工程转包、违法分包的,发包人可以解除合同。

发包人提供的主要建筑材料、建筑构配件和设备不符合强制性标准或者不履行协助义务,致使承包人无法施工,经催告后在合理期限内仍未履行相应义务的,承包人可以解除合同。

合同解除后,已经完成的建设工程质量合格的,发包人应当按照约定支付相应的工程价款;已经完成的建设工程质量不合格的,参照本法第七百九十三条的规定处理。

第八百零七条 发包人未按照约定支付价款的,承包人可以催告发包人在合理期限内支付价款。发包人逾期不支付的,除根据建设工程的性质不宜折价、拍卖外,承包人可以与发包人协议将该工程折价,也可以请求人民法院将该工程依法拍卖。建设工程的价款就该工程折价或者拍卖的价款优先受偿。

第八百零八条 本章没有规定的,适用承揽合同的有关规定。

第十九章 运 输 合 同

第一节 一 般 规 定

第八百零九条 运输合同是承运人将旅客或者货物从起运地点

运输到约定地点,旅客、托运人或者收货人支付票款或者运输费用的合同。

第八百一十条 从事公共运输的承运人不得拒绝旅客、托运人通常、合理的运输要求。

第八百一十一条 承运人应当在约定期限或者合理期限内将旅客、货物安全运输到约定地点。

第八百一十二条 承运人应当按照约定的或者通常的运输路线将旅客、货物运输到约定地点。

第八百一十三条 旅客、托运人或者收货人应当支付票款或者运输费用。承运人未按照约定路线或者通常路线运输增加票款或者运输费用的,旅客、托运人或者收货人可以拒绝支付增加部分的票款或者运输费用。

第二节 客运合同

第八百一十四条 客运合同自承运人向旅客出具客票时成立,但是当事人另有约定或者另有交易习惯的除外。

第八百一十五条 旅客应当按照有效客票记载的时间、班次和座位号乘坐。旅客无票乘坐、超程乘坐、越级乘坐或者持不符合减价条件的优惠客票乘坐的,应当补交票款,承运人可以按照规定加收票款;旅客不支付票款的,承运人可以拒绝运输。

实名制客运合同的旅客丢失客票的,可以请求承运人挂失补办,承运人不得再次收取票款和其他不合理费用。

第八百一十六条 旅客因自己的原因不能按照客票记载的时间乘坐的,应当在约定的期限内办理退票或者变更手续;逾期办理的,承运人可以不退票款,并不再承担运输义务。

第八百一十七条 旅客随身携带行李应当符合约定的限量和品类要求;超过限量或者违反品类要求携带行李的,应当办理托运手续。

第八百一十八条 旅客不得随身携带或者在行李中夹带易燃、易爆、有毒、有腐蚀性、有放射性以及可能危及运输工具上人身和财产安全的危险物品或者违禁物品。

旅客违反前款规定的,承运人可以将危险物品或者违禁物品卸下、销毁或者送交有关部门。旅客坚持携带或者夹带危险物品或者违禁物品的，承运人应当拒绝运输。

第八百一十九条 承运人应当严格履行安全运输义务，及时告知旅客安全运输应当注意的事项。旅客对承运人为安全运输所作的合理安排应当积极协助和配合。

第八百二十条 承运人应当按照有效客票记载的时间、班次和座位号运输旅客。承运人迟延运输或者有其他不能正常运输情形的，应当及时告知和提醒旅客，采取必要的安置措施，并根据旅客的要求安排改乘其他班次或者退票；由此造成旅客损失的，承运人应当承担赔偿责任，但是不可归责于承运人的除外。

第八百二十一条 承运人擅自降低服务标准的，应当根据旅客的请求退票或者减收票款；提高服务标准的，不得加收票款。

第八百二十二条 承运人在运输过程中，应当尽力救助患有急病、分娩、遇险的旅客。

第八百二十三条 承运人应当对运输过程中旅客的伤亡承担赔偿责任；但是，伤亡是旅客自身健康原因造成的或者承运人证明伤亡是旅客故意、重大过失造成的除外。

前款规定适用于按照规定免票、持优待票或者经承运人许可搭乘的无票旅客。

第八百二十四条 在运输过程中旅客随身携带物品毁损、灭失，承运人有过错的，应当承担赔偿责任。

旅客托运的行李毁损、灭失的，适用货物运输的有关规定。

第三节 货运合同

第八百二十五条 托运人办理货物运输，应当向承运人准确表明收货人的姓名、名称或者凭指示的收货人，货物的名称、性质、重量、数量，收货地点等有关货物运输的必要情况。

因托运人申报不实或者遗漏重要情况，造成承运人损失的，托运人应当承担赔偿责任。

第八百二十六条 货物运输需要办理审批、检验等手续的，托运人应当将办理完有关手续的文件提交承运人。

第八百二十七条 托运人应当按照约定的方式包装货物。对包装方式没有约定或者约定不明确的,适用本法第六百一十九条的规定。

托运人违反前款规定的,承运人可以拒绝运输。

第八百二十八条 托运人托运易燃、易爆、有毒、有腐蚀性、有放射性等危险物品的,应当按照国家有关危险物品运输的规定对危险物品妥善包装,做出危险物品标志和标签,并将有关危险物品的名称、性质和防范措施的书面材料提交承运人。

托运人违反前款规定的,承运人可以拒绝运输,也可以采取相应措施以避免损失的发生,因此产生的费用由托运人负担。

第八百二十九条 在承运人将货物交付收货人之前,托运人可以要求承运人中止运输、返还货物、变更到达地或者将货物交给其他收货人,但是应当赔偿承运人因此受到的损失。

第八百三十条 货物运输到达后,承运人知道收货人的,应当及时通知收货人,收货人应当及时提货。收货人逾期提货的,应当向承运人支付保管费等费用。

第八百三十一条 收货人提货时应当按照约定的期限检验货物。对检验货物的期限没有约定或者约定不明确,依据本法第五百一十条的规定仍不能确定的,应当在合理期限内检验货物。收货人在约定的期限或者合理期限内对货物的数量、毁损等未提出异议的,视为承运人已经按照运输单证的记载交付的初步证据。

第八百三十二条 承运人对运输过程中货物的毁损、灭失承担赔偿责任。但是,承运人证明货物的毁损、灭失是因不可抗力、货物本身的自然性质或者合理损耗以及托运人、收货人的过错造成的,不承担赔偿责任。

第八百三十三条 货物的毁损、灭失的赔偿额,当事人有约定的,按照其约定;没有约定或者约定不明确,依据本法第五百一十条的规定仍不能确定的,按照交付或者应当交付时货物到达地的市场价格计算。法律、行政法规对赔偿额的计算方法和赔偿限额另有规定的,依照其规定。

第八百三十四条 两个以上承运人以同一运输方式联运的,与托运人订立合同的承运人应当对全程运输承担责任;损失发生在某一运输区段的,与托运人订立合同的承运人和该区段的承运人承担连带责任。

第八百三十五条 货物在运输过程中因不可抗力灭失,未收取运费的,承运人不得请求支付运费;已经收取运费的,托运人可以请求返还。法律另有规定的,依照其规定。

第八百三十六条 托运人或者收货人不支付运费、保管费或者其他费用的,承运人对相应的运输货物享有留置权,但是当事人另有约定的除外。

第八百三十七条 收货人不明或者收货人无正当理由拒绝受领货物的,承运人依法可以提存货物。

第四节 多式联运合同

第八百三十八条 多式联运经营人负责履行或者组织履行多式联运合同,对全程运输享有承运人的权利,承担承运人的义务。

第八百三十九条 多式联运经营人可以与参加多式联运的各区段承运人就多式联运合同的各区段运输约定相互之间的责任;但是,该约定不影响多式联运经营人对全程运输承担的义务。

第八百四十条 多式联运经营人收到托运人交付的货物时,应当签发多式联运单据。按照托运人的要求,多式联运单据可以是可转让单据,也可以是不可转让单据。

第八百四十一条 因托运人托运货物时的过错造成多式联运经营人损失的,即使托运人已经转让多式联运单据,托运人仍然应当承担赔偿责任。

第八百四十二条 货物的毁损、灭失发生于多式联运的某一运输区段的,多式联运经营人的赔偿责任和责任限额,适用调整该区段运输方式的有关法律规定;货物毁损、灭失发生的运输区段不能确定的,依照本章规定承担赔偿责任。

第二十章 技术合同

第一节 一般规定

第八百四十三条 技术合同是当事人就技术开发、转让、许可、咨询或者服务订立的确立相互之间权利和义务的合同。

第八百四十四条 订立技术合同,应当有利于知识产权的保护和科学技术的进步,促进科学技术成果的研发、转化、应用和推广。

第八百四十五条 技术合同的内容一般包括项目的名称,标的的内容、范围和要求,履行的计划、地点和方式,技术信息和资料的保密,技术成果的归属和收益的分配办法,验收标准和方法,名词和术语的解释等条款。

与履行合同有关的技术背景资料、可行性论证和技术评价报告、项目任务书和计划书、技术标准、技术规范、原始设计和工艺文件,以及其他技术文档,按照当事人的约定可以作为合同的组成部分。

技术合同涉及专利的,应当注明发明创造的名称、专利申请人和专利权人、申请日期、申请号、专利号以及专利权的有效期限。

第八百四十六条 技术合同价款、报酬或者使用费的支付方式由当事人约定,可以采取一次总算、一次总付或者一次总算、分期支付,也可以采取提成支付或者提成支付附加预付入门费的方式。

约定提成支付的,可以按照产品价格、实施专利和使用技术秘密后新增的产值、利润或者产品销售额的一定比例提成,也可以按照约定的其他方式计算。提成支付的比例可以采取固定比例、逐年递增比例或者逐年递减比例。

约定提成支付的,当事人可以约定查阅有关会计账目的办法。

第八百四十七条 职务技术成果的使用权、转让权属于法人或者非法人组织的,法人或者非法人组织可以就该项职务技术成果订立技术合同。法人或者非法人组织订立技术合同转让职务技术成果时,职务技术成果的完成人享有以同等条件优先受让的权利。

职务技术成果是执行法人或者非法人组织的工作任务,或者主要是利用法人或者非法人组织的物质技术条件所完成的技术成果。

第八百四十八条 非职务技术成果的使用权、转让权属于完成技术成果的个人,完成技术成果的个人可以就该项非职务技术成果订立技术合同。

第八百四十九条 完成技术成果的个人享有在有关技术成果文件上写明自己是技术成果完成者的权利和取得荣誉证书、奖励的权利。

第八百五十条 非法垄断技术或者侵害他人技术成果的技术合同无效。

第二节 技术开发合同

第八百五十一条 技术开发合同是当事人之间就新技术、新产品、新工艺、新品种或者新材料及其系统的研究开发所订立的合同。

技术开发合同包括委托开发合同和合作开发合同。

技术开发合同应当采用书面形式。

当事人之间就具有实用价值的科技成果实施转化订立的合同,参照适用技术开发合同的有关规定。

第八百五十二条 委托开发合同的委托人应当按照约定支付研究开发经费和报酬,提供技术资料,提出研究开发要求,完成协作事项,接受研究开发成果。

第八百五十三条 委托开发合同的研究开发人应当按照约定制定和实施研究开发计划,合理使用研究开发经费,按期完成研究开发工作,交付研究开发成果,提供有关的技术资料和必要的技术指导,帮助委托人掌握研究开发成果。

第八百五十四条 委托开发合同的当事人违反约定造成研究开发工作停滞、延误或者失败的,应当承担违约责任。

第八百五十五条 合作开发合同的当事人应当按照约定进行投资,包括以技术进行投资,分工参与研究开发工作,协作配合研究开发工作。

第八百五十六条 合作开发合同的当事人违反约定造成研究开发工作停滞、延误或者失败的,应当承担违约责任。

第八百五十七条 作为技术开发合同标的的技术已经由他人公开,致使技术开发合同的履行没有意义的,当事人可以解除合同。

第八百五十八条 技术开发合同履行过程中,因出现无法克服的技术困难,致使研究开发失败或者部分失败的,该风险由当事人约定;没有约定或者约定不明确,依据本法第五百一十条的规定仍不能确定的,风险由当事人合理分担。

当事人一方发现前款规定的可能致使研究开发失败或者部分失败的情形时,应当及时通知另一方并采取适当措施减少损失;没有及时通知并采取适当措施,致使损失扩大的,应当就扩大的损失承担责任。

第八百五十九条 委托开发完成的发明创造,除法律另有规定或者当事人另有约定外,申请专利的权利属于研究开发人。研究开发人取得专利权的,委托人可以依法实施该专利。

研究开发人转让专利申请权的,委托人享有以同等条件优先受让的权利。

第八百六十条 合作开发完成的发明创造,申请专利的权利属于合作开发的当事人共有;当事人一方转让其共有的专利申请权的,其他各方享有以同等条件优先受让的权利。但是,当事人另有约定的除外。

合作开发的当事人一方声明放弃其共有的专利申请权的,除当事人另有约定外,可以由另一方单独申请或者由其他各方共同申请。申请人取得专利权的,放弃专利申请权的一方可以免费实施该专利。

合作开发的当事人一方不同意申请专利的,另一方或者其他各方不得申请专利。

第八百六十一条 委托开发或者合作开发完成的技术秘密成果的使用权、转让权以及收益的分配办法,由当事人约定;没有约定或者约定不明确,依据本法第五百一十条的规定仍不能确定的,在没有相同技术方案被授予专利权前,当事人均有使用和转让的权利。但是,委托开发的研究开发人不得在向委托人交付研究开发成果之前,将研究开发成果转让给第三人。

第三节 技术转让合同和技术许可合同

第八百六十二条 技术转让合同是合法拥有技术的权利人,将现有特定的专利、专利申请、技术秘密的相关权利让与他人所订立的合同。

技术许可合同是合法拥有技术的权利人,将现有特定的专利、技术秘密的相关权利许可他人实施、使用所订立的合同。

一、法律

技术转让合同和技术许可合同中关于提供实施技术的专用设备、原材料或者提供有关的技术咨询、技术服务的约定，属于合同的组成部分。

第八百六十三条 技术转让合同包括专利权转让、专利申请权转让、技术秘密转让等合同。

技术许可合同包括专利实施许可、技术秘密使用许可等合同。

技术转让合同和技术许可合同应当采用书面形式。

第八百六十四条 技术转让合同和技术许可合同可以约定实施专利或者使用技术秘密的范围，但是不得限制技术竞争和技术发展。

第八百六十五条 专利实施许可合同仅在该专利权的存续期限内有效。专利权有效期限届满或者专利权被宣告无效的，专利权人不得就该专利与他人订立专利实施许可合同。

第八百六十六条 专利实施许可合同的许可人应当按照约定许可被许可人实施专利，交付实施专利有关的技术资料，提供必要的技术指导。

第八百六十七条 专利实施许可合同的被许可人应当按照约定实施专利，不得许可约定以外的第三人实施该专利，并按照约定支付使用费。

第八百六十八条 技术秘密转让合同的让与人和技术秘密使用许可合同的许可人应当按照约定提供技术资料，进行技术指导，保证技术的实用性、可靠性，承担保密义务。

前款规定的保密义务，不限制许可人申请专利，但是当事人另有约定的除外。

第八百六十九条 技术秘密转让合同的受让人和技术秘密使用许可合同的被许可人应当按照约定使用技术，支付转让费、使用费，承担保密义务。

第八百七十条 技术转让合同的让与人和技术许可合同的许可人应当保证自己是所提供的技术的合法拥有者，并保证所提供的技术完整、无误、有效，能够达到约定的目标。

第八百七十一条 技术转让合同的受让人和技术许可合同的被许可人应当按照约定的范围和期限，对让与人、许可人提供的技术中尚未公开的秘密部分,承担保密义务。

第八百七十二条 许可人未按照约定许可技术的,应当返还部分或者全部使用费,并应当承担违约责任;实施专利或者使用技术秘密超越约定的范围的,违反约定擅自许可第三人实施该项专利或者使用该项技术秘密的,应当停止违约行为,承担违约责任;违反约定的保密义务的,应当承担违约责任。

让与人承担违约责任,参照适用前款规定。

第八百七十三条 被许可人未按照约定支付使用费的,应当补交使用费并按照约定支付违约金;不补交使用费或者支付违约金的,应当停止实施专利或者使用技术秘密,交还技术资料,承担违约责任;实施专利或者使用技术秘密超越约定的范围的,未经许可人同意擅自许可第三人实施该专利或者使用该技术秘密的,应当停止违约行为,承担违约责任;违反约定的保密义务的,应当承担违约责任。

受让人承担违约责任,参照适用前款规定。

第八百七十四条 受让人或者被许可人按照约定实施专利、使用技术秘密侵害他人合法权益的,由让与人或者许可人承担责任,但是当事人另有约定的除外。

第八百七十五条 当事人可以按照互利的原则,在合同中约定实施专利、使用技术秘密后续改进的技术成果的分享办法;没有约定或者约定不明确,依据本法第五百一十条的规定仍不能确定的,一方后续改进的技术成果,其他各方无权分享。

第八百七十六条 集成电路布图设计专有权、植物新品种权、计算机软件著作权等其他知识产权的转让和许可,参照适用本节的有关规定。

第八百七十七条 法律、行政法规对技术进出口合同或者专利、专利申请合同另有规定的,依照其规定。

第四节 技术咨询合同和技术服务合同

第八百七十八条 技术咨询合同是当事人一方以技术知识为对方就特定技术项目提供可行性论证、技术预测、专题技术调查、分析评价报告等所订立的合同。

一、法律

技术服务合同是当事人一方以技术知识为对方解决特定技术问题所订立的合同,不包括承揽合同和建设工程合同。

第八百七十九条 技术咨询合同的委托人应当按照约定阐明咨询的问题,提供技术背景材料及有关技术资料,接受受托人的工作成果,支付报酬。

第八百八十条 技术咨询合同的受托人应当按照约定的期限完成咨询报告或者解答问题,提出的咨询报告应当达到约定的要求。

第八百八十一条 技术咨询合同的委托人未按照约定提供必要的资料,影响工作进度和质量,不接受或者逾期接受工作成果的,支付的报酬不得追回,未支付的报酬应当支付。

技术咨询合同的受托人未按期提出咨询报告或者提出的咨询报告不符合约定的,应当承担减收或者免收报酬等违约责任。

技术咨询合同的委托人按照受托人符合约定要求的咨询报告和意见作出决策所造成的损失,由委托人承担,但是当事人另有约定的除外。

第八百八十二条 技术服务合同的委托人应当按照约定提供工作条件,完成配合事项,接受工作成果并支付报酬。

第八百八十三条 技术服务合同的受托人应当按照约定完成服务项目,解决技术问题,保证工作质量,并传授解决技术问题的知识。

第八百八十四条 技术服务合同的委托人不履行合同义务或者履行合同义务不符合约定,影响工作进度和质量,不接受或者逾期接受工作成果的,支付的报酬不得追回,未支付的报酬应当支付。

技术服务合同的受托人未按照约定完成服务工作的,应当承担免收报酬等违约责任。

第八百八十五条 技术咨询合同、技术服务合同履行过程中,受托人利用委托人提供的技术资料和工作条件完成的新的技术成果,属于受托人。委托人利用受托人的工作成果完成的新的技术成果,属于委托人。当事人另有约定的,按照其约定。

第八百八十六条 技术咨询合同和技术服务合同对受托人正常开展工作所需费用的负担没有约定或者约定不明确的,由受托人负担。

第八百八十七条 法律、行政法规对技术中介合同、技术培训合同另有规定的,依照其规定。

第二十一章 保管合同

第八百八十八条 保管合同是保管人保管寄存人交付的保管物,并返还该物的合同。

寄存人到保管人处从事购物、就餐、住宿等活动,将物品存放在指定场所的,视为保管,但是当事人另有约定或者另有交易习惯的除外。

第八百八十九条 寄存人应当按照约定向保管人支付保管费。

当事人对保管费没有约定或者约定不明确,依据本法第五百一十条的规定仍不能确定的,视为无偿保管。

第八百九十条 保管合同自保管物交付时成立,但是当事人另有约定的除外。

第八百九十一条 寄存人向保管人交付保管物的,保管人应当出具保管凭证,但是另有交易习惯的除外。

第八百九十二条 保管人应当妥善保管保管物。

当事人可以约定保管场所或者方法。除紧急情况或者为维护寄存人利益外,不得擅自改变保管场所或者方法。

第八百九十三条 寄存人交付的保管物有瑕疵或者根据保管物的性质需要采取特殊保管措施的,寄存人应当将有关情况告知保管人。寄存人未告知,致使保管物受损失的,保管人不承担赔偿责任;保管人因此受损失的,除保管人知道或者应当知道且未采取补救措施外,寄存人应当承担赔偿责任。

第八百九十四条 保管人不得将保管物转交第三人保管,但是当事人另有约定的除外。

保管人违反前款规定,将保管物转交第三人保管,造成保管物损失的,应当承担赔偿责任。

第八百九十五条 保管人不得使用或者许可第三人使用保管物,但是当事人另有约定的除外。

第八百九十六条 第三人对保管物主张权利的,除依法对保管物采取保全或者执行措施外,保管人应当履行向寄存人返还保管物的义务。

第三人对保管人提起诉讼或者对保管物申请扣押的,保管人应当及时通知寄存人。

第八百九十七条　保管期内,因保管人保管不善造成保管物毁损、灭失的,保管人应当承担赔偿责任。但是,无偿保管人证明自己没有故意或者重大过失的,不承担赔偿责任。

第八百九十八条　寄存人寄存货币、有价证券或者其他贵重物品的,应当向保管人声明,由保管人验收或者封存;寄存人未声明的,该物品毁损、灭失后,保管人可以按照一般物品予以赔偿。

第八百九十九条　寄存人可以随时领取保管物。

当事人对保管期限没有约定或者约定不明确的,保管人可以随时请求寄存人领取保管物;约定保管期限的,保管人无特别事由,不得请求寄存人提前领取保管物。

第九百条　保管期限届满或者寄存人提前领取保管物的,保管人应当将原物及其孳息归还寄存人。

第九百零一条　保管人保管货币的,可以返还相同种类、数量的货币;保管其他可替代物的,可以按照约定返还相同种类、品质、数量的物品。

第九百零二条　有偿的保管合同,寄存人应当按照约定的期限向保管人支付保管费。

当事人对支付期限没有约定或者约定不明确,依据本法第五百一十条的规定仍不能确定的,应当在领取保管物的同时支付。

第九百零三条　寄存人未按照约定支付保管费或者其他费用的,保管人对保管物享有留置权,但是当事人另有约定的除外。

第二十二章　仓　储　合　同

第九百零四条　仓储合同是保管人储存存货人交付的仓储物,存货人支付仓储费的合同。

第九百零五条　仓储合同自保管人和存货人意思表示一致时成立。

第九百零六条　储存易燃、易爆、有毒、有腐蚀性、有放射性等危险物品或者易变质物品的,存货人应当说明该物品的性质,提供有关资料。

存货人违反前款规定的,保管人可以拒收仓储物,也可以采取相应措施以避免损失的发生,因此产生的费用由存货人负担。

保管人储存易燃、易爆、有毒、有腐蚀性、有放射性等危险物品的,应当具备相应的保管条件。

第九百零七条 保管人应当按照约定对入库仓储物进行验收。保管人验收时发现入库仓储物与约定不符合的,应当及时通知存货人。保管人验收后,发生仓储物的品种、数量、质量不符合约定的,保管人应当承担赔偿责任。

第九百零八条 存货人交付仓储物的,保管人应当出具仓单、入库单等凭证。

第九百零九条 保管人应当在仓单上签名或者盖章。仓单包括下列事项:

(一)存货人的姓名或者名称和住所;

(二)仓储物的品种、数量、质量、包装及其件数和标记;

(三)仓储物的损耗标准;

(四)储存场所;

(五)储存期限;

(六)仓储费;

(七)仓储物已经办理保险的,其保险金额、期间以及保险人的名称;

(八)填发人、填发地和填发日期。

第九百一十条 仓单是提取仓储物的凭证。存货人或者仓单持有人在仓单上背书并经保管人签名或者盖章的,可以转让提取仓储物的权利。

第九百一十一条 保管人根据存货人或者仓单持有人的要求,应当同意其检查仓储物或者提取样品。

第九百一十二条 保管人发现入库仓储物有变质或者其他损坏的,应当及时通知存货人或者仓单持有人。

第九百一十三条 保管人发现入库仓储物有变质或者其他损坏,

危及其他仓储物的安全和正常保管的,应当催告存货人或者仓单持有人作出必要的处置。因情况紧急,保管人可以作出必要的处置;但是,事后应当将该情况及时通知存货人或者仓单持有人。

第九百一十四条　当事人对储存期限没有约定或者约定不明确的,存货人或者仓单持有人可以随时提取仓储物,保管人也可以随时请求存货人或者仓单持有人提取仓储物,但是应当给予必要的准备时间。

第九百一十五条　储存期限届满,存货人或者仓单持有人应当凭仓单、入库单等提取仓储物。存货人或者仓单持有人逾期提取的,应当加收仓储费;提前提取的,不减收仓储费。

第九百一十六条　储存期限届满,存货人或者仓单持有人不提取仓储物的,保管人可以催告其在合理期限内提取;逾期不提取的,保管人可以提存仓储物。

第九百一十七条　储存期内,因保管不善造成仓储物毁损、灭失的,保管人应当承担赔偿责任。因仓储物本身的自然性质、包装不符合约定或者超过有效储存期造成仓储物变质、损坏的,保管人不承担赔偿责任。

第九百一十八条　本章没有规定的,适用保管合同的有关规定。

第二十三章　委　托　合　同

第九百一十九条　委托合同是委托人和受托人约定,由受托人处理委托人事务的合同。

第九百二十条　委托人可以特别委托受托人处理一项或者数项事务,也可以概括委托受托人处理一切事务。

第九百二十一条　委托人应当预付处理委托事务的费用。受托人为处理委托事务垫付的必要费用,委托人应当偿还该费用并支付利息。

第九百二十二条　受托人应当按照委托人的指示处理委托事务。需要变更委托人指示的,应当经委托人同意;因情况紧急,难以和委托人取得联系的,受托人应当妥善处理委托事务,但是事后应当将该情况及时报告委托人。

第九百二十三条 受托人应当亲自处理委托事务。经委托人同意,受托人可以转委托。转委托经同意或者追认的,委托人可以就委托事务直接指示转委托的第三人,受托人仅就第三人的选任及其对第三人的指示承担责任。转委托未经同意或者追认的,受托人应当对转委托的第三人的行为承担责任;但是,在紧急情况下受托人为了维护委托人的利益需要转委托第三人的除外。

第九百二十四条 受托人应当按照委托人的要求,报告委托事务的处理情况。委托合同终止时,受托人应当报告委托事务的结果。

第九百二十五条 受托人以自己的名义,在委托人的授权范围内与第三人订立的合同,第三人在订立合同时知道受托人与委托人之间的代理关系的,该合同直接约束委托人和第三人;但是,有确切证据证明该合同只约束受托人和第三人的除外。

第九百二十六条 受托人以自己的名义与第三人订立合同时,第三人不知道受托人与委托人之间的代理关系的,受托人因第三人的原因对委托人不履行义务,受托人应当向委托人披露第三人,委托人因此可以行使受托人对第三人的权利。但是,第三人与受托人订立合同时如果知道该委托人就不会订立合同的除外。

受托人因委托人的原因对第三人不履行义务,受托人应当向第三人披露委托人,第三人因此可以选择受托人或者委托人作为相对人主张其权利,但是第三人不得变更选定的相对人。

委托人行使受托人对第三人的权利的,第三人可以向委托人主张其对受托人的抗辩。第三人选定委托人作为其相对人的,委托人可以向第三人主张其对受托人的抗辩以及受托人对第三人的抗辩。

第九百二十七条 受托人处理委托事务取得的财产,应当转交给委托人。

第九百二十八条 受托人完成委托事务的,委托人应当按照约定向其支付报酬。

因不可归责于受托人的事由,委托合同解除或者委托事务不能完成的,委托人应当向受托人支付相应的报酬。当事人另有约定的,按照其约定。

第九百二十九条 有偿的委托合同,因受托人的过错造成委托人损失的,委托人可以请求赔偿损失。无偿的委托合同,因受托人的故意或者重大过失造成委托人损失的,委托人可以请求赔偿损失。

受托人超越权限造成委托人损失的,应当赔偿损失。

第九百三十条 受托人处理委托事务时,因不可归责于自己的事由受到损失的,可以向委托人请求赔偿损失。

第九百三十一条 委托人经受托人同意,可以在受托人之外委托第三人处理委托事务。因此造成受托人损失的,受托人可以向委托人请求赔偿损失。

第九百三十二条 两个以上的受托人共同处理委托事务的,对委托人承担连带责任。

第九百三十三条 委托人或者受托人可以随时解除委托合同。因解除合同造成对方损失的,除不可归责于该当事人的事由外,无偿委托合同的解除方应当赔偿因解除时间不当造成的直接损失,有偿委托合同的解除方应当赔偿对方的直接损失和合同履行后可以获得的利益。

第九百三十四条 委托人死亡、终止或者受托人死亡、丧失民事行为能力、终止的,委托合同终止;但是,当事人另有约定或者根据委托事务的性质不宜终止的除外。

第九百三十五条 因委托人死亡或者被宣告破产、解散,致使委托合同终止将损害委托人利益的,在委托人的继承人、遗产管理人或者清算人承受委托事务之前,受托人应当继续处理委托事务。

第九百三十六条 因受托人死亡、丧失民事行为能力或者被宣告破产、解散,致使委托合同终止的,受托人的继承人、遗产管理人、法定代理人或者清算人应当及时通知委托人。因委托合同终止将损害委托人利益的,在委托人作出善后处理之前,受托人的继承人、遗产管理人、法定代理人或者清算人应当采取必要措施。

第二十四章 物业服务合同

第九百三十七条 物业服务合同是物业服务人在物业服务区域内,为业主提供建筑物及其附属设施的维修养护、环境卫生和相关秩序的管理维护等物业服务,业主支付物业费的合同。

物业服务人包括物业服务企业和其他管理人。

第九百三十八条 物业服务合同的内容一般包括服务事项、服务质量、服务费用的标准和收取办法、维修资金的使用、服务用房的管理和使用、服务期限、服务交接等条款。

物业服务人公开作出的有利于业主的服务承诺,为物业服务合同的组成部分。

物业服务合同应当采用书面形式。

第九百三十九条 建设单位依法与物业服务人订立的前期物业服务合同,以及业主委员会与业主大会依法选聘的物业服务人订立的物业服务合同,对业主具有法律约束力。

第九百四十条 建设单位依法与物业服务人订立的前期物业服务合同约定的服务期限届满前,业主委员会或者业主与新物业服务人订立的物业服务合同生效的,前期物业服务合同终止。

第九百四十一条 物业服务人将物业服务区域内的部分专项服务事项委托给专业性服务组织或者其他第三人的,应当就该部分专项服务事项向业主负责。

物业服务人不得将其应当提供的全部物业服务转委托给第三人,或者将全部物业服务支解后分别转委托给第三人。

第九百四十二条 物业服务人应当按照约定和物业的使用性质,妥善维修、养护、清洁、绿化和经营管理物业服务区域内的业主共有部分,维护物业服务区域内的基本秩序,采取合理措施保护业主的人身、财产安全。

对物业服务区域内违反有关治安、环保、消防等法律法规的行为,物业服务人应当及时采取合理措施制止、向有关行政主管部门报告并协助处理。

第九百四十三条 物业服务人应当定期将服务的事项、负责人员、质量要求、收费项目、收费标准、履行情况,以及维修资金使用情况、业主共有部分的经营与收益情况等以合理方式向业主公开并向业主大会、业主委员会报告。

第九百四十四条 业主应当按照约定向物业服务人支付物业费。物业服务人已经按照约定和有关规定提供服务的,业主不得以未接受或者无需接受相关物业服务为由拒绝支付物业费。

业主违反约定逾期不支付物业费的，物业服务人可以催告其在合理期限内支付；合理期限届满仍不支付的，物业服务人可以提起诉讼或者申请仲裁。

物业服务人不得采取停止供电、供水、供热、供燃气等方式催交物业费。

第九百四十五条 业主装饰装修房屋的，应当事先告知物业服务人，遵守物业服务人提示的合理注意事项，并配合其进行必要的现场检查。

业主转让、出租物业专有部分、设立居住权或者依法改变共有部分用途的，应当及时将相关情况告知物业服务人。

第九百四十六条 业主依照法定程序共同决定解聘物业服务人的，可以解除物业服务合同。决定解聘的，应当提前六十日书面通知物业服务人，但是合同对通知期限另有约定的除外。

依据前款规定解除合同造成物业服务人损失的，除不可归责于业主的事由外，业主应当赔偿损失。

第九百四十七条 物业服务期限届满前，业主依法共同决定续聘的，应当与原物业服务人在合同期限届满前续订物业服务合同。

物业服务期限届满前，物业服务人不同意续聘的，应当在合同期限届满前九十日书面通知业主或者业主委员会，但是合同对通知期限另有约定的除外。

第九百四十八条 物业服务期限届满后，业主没有依法作出续聘或者另聘物业服务人的决定，物业服务人继续提供物业服务的，原物业服务合同继续有效，但是服务期限为不定期。

当事人可以随时解除不定期物业服务合同，但是应当提前六十日书面通知对方。

第九百四十九条 物业服务合同终止的，原物业服务人应当在约定期限或者合理期限内退出物业服务区域，将物业服务用房、相关设施、物业服务所必需的相关资料等交还给业主委员会、决定自行管理的业主或者其指定的人，配合新物业服务人做好交接工作，并如实告知物业的使用和管理状况。

原物业服务人违反前款规定的,不得请求业主支付物业服务合同终止后的物业费;造成业主损失的,应当赔偿损失。

第九百五十条 物业服务合同终止后,在业主或者业主大会选聘的新物业服务人或者决定自行管理的业主接管之前,原物业服务人应当继续处理物业服务事项,并可以请求业主支付该期间的物业费。

第二十五章 行 纪 合 同

第九百五十一条 行纪合同是行纪人以自己的名义为委托人从事贸易活动,委托人支付报酬的合同。

第九百五十二条 行纪人处理委托事务支出的费用,由行纪人负担,但是当事人另有约定的除外。

第九百五十三条 行纪人占有委托物的,应当妥善保管委托物。

第九百五十四条 委托物交付给行纪人时有瑕疵或者容易腐烂、变质的,经委托人同意,行纪人可以处分该物;不能与委托人及时取得联系的,行纪人可以合理处分。

第九百五十五条 行纪人低于委托人指定的价格卖出或者高于委托人指定的价格买入的,应当经委托人同意;未经委托人同意,行纪人补偿其差额的,该买卖对委托人发生效力。

行纪人高于委托人指定的价格卖出或者低于委托人指定的价格买入的,可以按照约定增加报酬;没有约定或者约定不明确,依据本法第五百一十条的规定仍不能确定的,该利益属于委托人。

委托人对价格有特别指示的,行纪人不得违背该指示卖出或者买入。

第九百五十六条 行纪人卖出或者买入具有市场定价的商品,除委托人有相反的意思表示外,行纪人自己可以作为买受人或者出卖人。

行纪人有前款规定情形的,仍然可以请求委托人支付报酬。

第九百五十七条 行纪人按照约定买入委托物,委托人应当及时受领。经行纪人催告,委托人无正当理由拒绝受领的,行纪人依法可以提存委托物。

委托物不能卖出或者委托人撤回出卖,经行纪人催告,委托人不取回或者不处分该物的,行纪人依法可以提存委托物。

第九百五十八条 行纪人与第三人订立合同的,行纪人对该合同直接享有权利、承担义务。

第三人不履行义务致使委托人受到损害的,行纪人应当承担赔偿责任,但是行纪人与委托人另有约定的除外。

第九百五十九条 行纪人完成或者部分完成委托事务的,委托人应当向其支付相应的报酬。委托人逾期不支付报酬的,行纪人对委托物享有留置权,但是当事人另有约定的除外。

第九百六十条 本章没有规定的,参照适用委托合同的有关规定。

第二十六章 中介合同

第九百六十一条 中介合同是中介人向委托人报告订立合同的机会或者提供订立合同的媒介服务,委托人支付报酬的合同。

第九百六十二条 中介人应当就有关订立合同的事项向委托人如实报告。

中介人故意隐瞒与订立合同有关的重要事实或者提供虚假情况,损害委托人利益的,不得请求支付报酬并应当承担赔偿责任。

第九百六十三条 中介人促成合同成立的,委托人应当按照约定支付报酬。对中介人的报酬没有约定或者约定不明确,依据本法第五百一十条的规定仍不能确定的,根据中介人的劳务合理确定。因中介人提供订立合同的媒介服务而促成合同成立的,由该合同的当事人平均负担中介人的报酬。

中介人促成合同成立的,中介活动的费用,由中介人负担。

第九百六十四条 中介人未促成合同成立的,不得请求支付报酬;但是,可以按照约定请求委托人支付从事中介活动支出的必要费用。

第九百六十五条 委托人在接受中介人的服务后,利用中介人提供的交易机会或者媒介服务,绕开中介人直接订立合同的,应当向中介人支付报酬。

第九百六十六条 本章没有规定的,参照适用委托合同的有关规定。

第二十七章　合 伙 合 同

第九百六十七条　合伙合同是两个以上合伙人为了共同的事业目的,订立的共享利益、共担风险的协议。

第九百六十八条　合伙人应当按照约定的出资方式、数额和缴付期限,履行出资义务。

第九百六十九条　合伙人的出资、因合伙事务依法取得的收益和其他财产,属于合伙财产。

合伙合同终止前,合伙人不得请求分割合伙财产。

第九百七十条　合伙人就合伙事务作出决定的,除合伙合同另有约定外,应当经全体合伙人一致同意。

合伙事务由全体合伙人共同执行。按照合伙合同的约定或者全体合伙人的决定,可以委托一个或者数个合伙人执行合伙事务;其他合伙人不再执行合伙事务,但是有权监督执行情况。

合伙人分别执行合伙事务的,执行事务合伙人可以对其他合伙人执行的事务提出异议;提出异议后,其他合伙人应当暂停该项事务的执行。

第九百七十一条　合伙人不得因执行合伙事务而请求支付报酬,但是合伙合同另有约定的除外。

第九百七十二条　合伙的利润分配和亏损分担,按照合伙合同的约定办理;合伙合同没有约定或者约定不明确的,由合伙人协商决定;协商不成的,由合伙人按照实缴出资比例分配、分担;无法确定出资比例的,由合伙人平均分配、分担。

第九百七十三条　合伙人对合伙债务承担连带责任。清偿合伙债务超过自己应当承担份额的合伙人,有权向其他合伙人追偿。

第九百七十四条　除合伙合同另有约定外,合伙人向合伙人以外的人转让其全部或者部分财产份额的,须经其他合伙人一致同意。

第九百七十五条　合伙人的债权人不得代位行使合伙人依照本章规定和合伙合同享有的权利,但是合伙人享有的利益分配请求权除外。

第九百七十六条 合伙人对合伙期限没有约定或者约定不明确，依据本法第五百一十条的规定仍不能确定的，视为不定期合伙。

合伙期限届满，合伙人继续执行合伙事务，其他合伙人没有提出异议的，原合伙合同继续有效，但是合伙期限为不定期。

合伙人可以随时解除不定期合伙合同，但是应当在合理期限之前通知其他合伙人。

第九百七十七条 合伙人死亡、丧失民事行为能力或者终止的，合伙合同终止；但是，合伙合同另有约定或者根据合伙事务的性质不宜终止的除外。

第九百七十八条 合伙合同终止后，合伙财产在支付因终止而产生的费用以及清偿合伙债务后有剩余的，依据本法第九百七十二条的规定进行分配。

第三分编　准　合　同

第二十八章　无　因　管　理

第九百七十九条 管理人没有法定的或者约定的义务，为避免他人利益受损失而管理他人事务的，可以请求受益人偿还因管理事务而支出的必要费用；管理人因管理事务受到损失的，可以请求受益人给予适当补偿。

管理事务不符合受益人真实意思的，管理人不享有前款规定的权利；但是，受益人的真实意思违反法律或者违背公序良俗的除外。

第九百八十条 管理人管理事务不属于前条规定的情形，但是受益人享有管理利益的，受益人应当在其获得的利益范围内向管理人承担前条第一款规定的义务。

第九百八十一条 管理人管理他人事务，应当采取有利于受益人的方法。中断管理对受益人不利的，无正当理由不得中断。

第九百八十二条 管理人管理他人事务，能够通知受益人的，应当及时通知受益人。管理的事务不需要紧急处理的，应当等待受益人的指示。

第九百八十三条 管理结束后，管理人应当向受益人报告管理事务的情况。管理人管理事务取得的财产,应当及时转交给受益人。

第九百八十四条 管理人管理事务经受益人事后追认的,从管理事务开始时起,适用委托合同的有关规定,但是管理人另有意思表示的除外。

第二十九章 不 当 得 利

第九百八十五条 得利人没有法律根据取得不当利益的,受损失的人可以请求得利人返还取得的利益,但是有下列情形之一的除外:

(一)为履行道德义务进行的给付;

(二)债务到期之前的清偿;

(三)明知无给付义务而进行的债务清偿。

第九百八十六条 得利人不知道且不应当知道取得的利益没有法律根据,取得的利益已经不存在的,不承担返还该利益的义务。

第九百八十七条 得利人知道或者应当知道取得的利益没有法律根据的,受损失的人可以请求得利人返还其取得的利益并依法赔偿损失。

第九百八十八条 得利人已经将取得的利益无偿转让给第三人的,受损失的人可以请求第三人在相应范围内承担返还义务。

第四编 人 格 权

第一章 一 般 规 定

第九百八十九条 本编调整因人格权的享有和保护产生的民事关系。

第九百九十条 人格权是民事主体享有的生命权、身体权、健康权、姓名权、名称权、肖像权、名誉权、荣誉权、隐私权等权利。

除前款规定的人格权外,自然人享有基于人身自由、人格尊严产生的其他人格权益。

第九百九十一条 民事主体的人格权受法律保护,任何组织或者个人不得侵害。

第九百九十二条 人格权不得放弃、转让或者继承。

第九百九十三条 民事主体可以将自己的姓名、名称、肖像等许可他人使用,但是依照法律规定或者根据其性质不得许可的除外。

第九百九十四条 死者的姓名、肖像、名誉、荣誉、隐私、遗体等受到侵害的,其配偶、子女、父母有权依法请求行为人承担民事责任;死者没有配偶、子女且父母已经死亡的,其他近亲属有权依法请求行为人承担民事责任。

第九百九十五条 人格权受到侵害的,受害人有权依照本法和其他法律的规定请求行为人承担民事责任。受害人的停止侵害、排除妨碍、消除危险、消除影响、恢复名誉、赔礼道歉请求权,不适用诉讼时效的规定。

第九百九十六条 因当事人一方的违约行为,损害对方人格权并造成严重精神损害,受损害方选择请求其承担违约责任的,不影响受损害方请求精神损害赔偿。

第九百九十七条 民事主体有证据证明行为人正在实施或者即将实施侵害其人格权的违法行为,不及时制止将使其合法权益受到难以弥补的损害的,有权依法向人民法院申请采取责令行为人停止有关行为的措施。

第九百九十八条 认定行为人承担侵害除生命权、身体权和健康权外的人格权的民事责任,应当考虑行为人和受害人的职业、影响范围、过错程度,以及行为的目的、方式、后果等因素。

第九百九十九条 为公共利益实施新闻报道、舆论监督等行为的,可以合理使用民事主体的姓名、名称、肖像、个人信息等;使用不合理侵害民事主体人格权的,应当依法承担民事责任。

第一千条 行为人因侵害人格权承担消除影响、恢复名誉、赔礼道歉等民事责任的,应当与行为的具体方式和造成的影响范围相当。

行为人拒不承担前款规定的民事责任的,人民法院可以采取在报刊、网络等媒体上发布公告或者公布生效裁判文书等方式执行,产生的费用由行为人负担。

第一千零一条 对自然人因婚姻家庭关系等产生的身份权利的保护,适用本法第一编、第五编和其他法律的相关规定;没有规定的,可以根据其性质参照适用本编人格权保护的有关规定。

第二章 生命权、身体权和健康权

第一千零二条 自然人享有生命权。自然人的生命安全和生命尊严受法律保护。任何组织或者个人不得侵害他人的生命权。

第一千零三条 自然人享有身体权。自然人的身体完整和行动自由受法律保护。任何组织或者个人不得侵害他人的身体权。

第一千零四条 自然人享有健康权。自然人的身心健康受法律保护。任何组织或者个人不得侵害他人的健康权。

第一千零五条 自然人的生命权、身体权、健康权受到侵害或者处于其他危难情形的,负有法定救助义务的组织或者个人应当及时施救。

第一千零六条 完全民事行为能力人有权依法自主决定无偿捐献其人体细胞、人体组织、人体器官、遗体。任何组织或者个人不得强迫、欺骗、利诱其捐献。

完全民事行为能力人依据前款规定同意捐献的,应当采用书面形式,也可以订立遗嘱。

自然人生前未表示不同意捐献的,该自然人死亡后,其配偶、成年子女、父母可以共同决定捐献,决定捐献应当采用书面形式。

第一千零七条 禁止以任何形式买卖人体细胞、人体组织、人体器官、遗体。

违反前款规定的买卖行为无效。

第一千零八条 为研制新药、医疗器械或者发展新的预防和治疗方法,需要进行临床试验的,应当依法经相关主管部门批准并经伦理委员会审查同意,向受试者或者受试者的监护人告知试验目的、用途和可能产生的风险等详细情况,并经其书面同意。

进行临床试验的,不得向受试者收取试验费用。

第一千零九条 从事与人体基因、人体胚胎等有关的医学和科研活动,应当遵守法律、行政法规和国家有关规定,不得危害人体健康,不得违背伦理道德,不得损害公共利益。

第一千零一十条 违背他人意愿,以言语、文字、图像、肢体行为等方式对他人实施性骚扰的,受害人有权依法请求行为人承担民事责任。

机关、企业、学校等单位应当采取合理的预防、受理投诉、调查处置等措施，防止和制止利用职权、从属关系等实施性骚扰。

第一千零一十一条　以非法拘禁等方式剥夺、限制他人的行动自由，或者非法搜查他人身体的，受害人有权依法请求行为人承担民事责任。

第三章　姓名权和名称权

第一千零一十二条　自然人享有姓名权，有权依法决定、使用、变更或者许可他人使用自己的姓名，但是不得违背公序良俗。

第一千零一十三条　法人、非法人组织享有名称权，有权依法决定、使用、变更、转让或者许可他人使用自己的名称。

第一千零一十四条　任何组织或者个人不得以干涉、盗用、假冒等方式侵害他人的姓名权或者名称权。

第一千零一十五条　自然人应当随父姓或者母姓，但是有下列情形之一的，可以在父姓和母姓之外选取姓氏：

（一）选取其他直系长辈血亲的姓氏；

（二）因由法定扶养人以外的人扶养而选取扶养人姓氏；

（三）有不违背公序良俗的其他正当理由。

少数民族自然人的姓氏可以遵从本民族的文化传统和风俗习惯。

第一千零一十六条　自然人决定、变更姓名，或者法人、非法人组织决定、变更、转让名称的，应当依法向有关机关办理登记手续，但是法律另有规定的除外。

民事主体变更姓名、名称的，变更前实施的民事法律行为对其具有法律约束力。

第一千零一十七条　具有一定社会知名度，被他人使用足以造成公众混淆的笔名、艺名、网名、译名、字号、姓名和名称的简称等，参照适用姓名权和名称权保护的有关规定。

第四章　肖像权

第一千零一十八条　自然人享有肖像权，有权依法制作、使用、公开或者许可他人使用自己的肖像。

肖像是通过影像、雕塑、绘画等方式在一定载体上所反映的特定自然人可以被识别的外部形象。

第一千零一十九条 任何组织或者个人不得以丑化、污损,或者利用信息技术手段伪造等方式侵害他人的肖像权。未经肖像权人同意,不得制作、使用、公开肖像权人的肖像,但是法律另有规定的除外。

未经肖像权人同意,肖像作品权利人不得以发表、复制、发行、出租、展览等方式使用或者公开肖像权人的肖像。

第一千零二十条 合理实施下列行为的,可以不经肖像权人同意:

(一)为个人学习、艺术欣赏、课堂教学或者科学研究,在必要范围内使用肖像权人已经公开的肖像;

(二)为实施新闻报道,不可避免地制作、使用、公开肖像权人的肖像;

(三)为依法履行职责,国家机关在必要范围内制作、使用、公开肖像权人的肖像;

(四)为展示特定公共环境,不可避免地制作、使用、公开肖像权人的肖像;

(五)为维护公共利益或者肖像权人合法权益,制作、使用、公开肖像权人的肖像的其他行为。

第一千零二十一条 当事人对肖像许可使用合同中关于肖像使用条款的理解有争议的,应当作出有利于肖像权人的解释。

第一千零二十二条 当事人对肖像许可使用期限没有约定或者约定不明确的,任何一方当事人可以随时解除肖像许可使用合同,但是应当在合理期限之前通知对方。

当事人对肖像许可使用期限有明确约定,肖像权人有正当理由的,可以解除肖像许可使用合同,但是应当在合理期限之前通知对方。因解除合同造成对方损失的,除不可归责于肖像权人的事由外,应当赔偿损失。

第一千零二十三条 对姓名等的许可使用,参照适用肖像许可使用的有关规定。

对自然人声音的保护,参照适用肖像权保护的有关规定。

第五章 名誉权和荣誉权

第一千零二十四条 民事主体享有名誉权。任何组织或者个人不得以侮辱、诽谤等方式侵害他人的名誉权。

名誉是对民事主体的品德、声望、才能、信用等的社会评价。

第一千零二十五条 行为人为公共利益实施新闻报道、舆论监督等行为,影响他人名誉的,不承担民事责任,但是有下列情形之一的除外:

(一)捏造、歪曲事实;

(二)对他人提供的严重失实内容未尽到合理核实义务;

(三)使用侮辱性言辞等贬损他人名誉。

第一千零二十六条 认定行为人是否尽到前条第二项规定的合理核实义务,应当考虑下列因素:

(一)内容来源的可信度;

(二)对明显可能引发争议的内容是否进行了必要的调查;

(三)内容的时限性;

(四)内容与公序良俗的关联性;

(五)受害人名誉受贬损的可能性;

(六)核实能力和核实成本。

第一千零二十七条 行为人发表的文学、艺术作品以真人真事或者特定人为描述对象,含有侮辱、诽谤内容,侵害他人名誉权的,受害人有权依法请求该行为人承担民事责任。

行为人发表的文学、艺术作品不以特定人为描述对象,仅其中的情节与该特定人的情况相似的,不承担民事责任。

第一千零二十八条 民事主体有证据证明报刊、网络等媒体报道的内容失实,侵害其名誉权的,有权请求该媒体及时采取更正或者删除等必要措施。

第一千零二十九条 民事主体可以依法查询自己的信用评价;发现信用评价不当的,有权提出异议并请求采取更正、删除等必要措施。信用评价人应当及时核查,经核查属实的,应当及时采取必要措施。

第一千零三十条　民事主体与征信机构等信用信息处理者之间的关系，适用本编有关个人信息保护的规定和其他法律、行政法规的有关规定。

第一千零三十一条　民事主体享有荣誉权。任何组织或者个人不得非法剥夺他人的荣誉称号，不得诋毁、贬损他人的荣誉。

获得的荣誉称号应当记载而没有记载的，民事主体可以请求记载；获得的荣誉称号记载错误的，民事主体可以请求更正。

第六章　隐私权和个人信息保护

第一千零三十二条　自然人享有隐私权。任何组织或者个人不得以刺探、侵扰、泄露、公开等方式侵害他人的隐私权。

隐私是自然人的私人生活安宁和不愿为他人知晓的私密空间、私密活动、私密信息。

第一千零三十三条　除法律另有规定或者权利人明确同意外，任何组织或者个人不得实施下列行为：

（一）以电话、短信、即时通讯工具、电子邮件、传单等方式侵扰他人的私人生活安宁；

（二）进入、拍摄、窥视他人的住宅、宾馆房间等私密空间；

（三）拍摄、窥视、窃听、公开他人的私密活动；

（四）拍摄、窥视他人身体的私密部位；

（五）处理他人的私密信息；

（六）以其他方式侵害他人的隐私权。

第一千零三十四条　自然人的个人信息受法律保护。

个人信息是以电子或者其他方式记录的能够单独或者与其他信息结合识别特定自然人的各种信息，包括自然人的姓名、出生日期、身份证件号码、生物识别信息、住址、电话号码、电子邮箱、健康信息、行踪信息等。

个人信息中的私密信息，适用有关隐私权的规定；没有规定的，适用有关个人信息保护的规定。

第一千零三十五条　处理个人信息的，应当遵循合法、正当、必要原则，不得过度处理，并符合下列条件：

（一）征得该自然人或者其监护人同意，但是法律、行政法规另有规定的除外；

（二）公开处理信息的规则；

（三）明示处理信息的目的、方式和范围；

（四）不违反法律、行政法规的规定和双方的约定。

个人信息的处理包括个人信息的收集、存储、使用、加工、传输、提供、公开等。

第一千零三十六条 处理个人信息，有下列情形之一的，行为人不承担民事责任：

（一）在该自然人或者其监护人同意的范围内合理实施的行为；

（二）合理处理该自然人自行公开的或者其他已经合法公开的信息，但是该自然人明确拒绝或者处理该信息侵害其重大利益的除外；

（三）为维护公共利益或者该自然人合法权益，合理实施的其他行为。

第一千零三十七条 自然人可以依法向信息处理者查阅或者复制其个人信息；发现信息有错误的，有权提出异议并请求及时采取更正等必要措施。

自然人发现信息处理者违反法律、行政法规的规定或者双方的约定处理其个人信息的，有权请求信息处理者及时删除。

第一千零三十八条 信息处理者不得泄露或者篡改其收集、存储的个人信息；未经自然人同意，不得向他人非法提供其个人信息，但是经过加工无法识别特定个人且不能复原的除外。

信息处理者应当采取技术措施和其他必要措施，确保其收集、存储的个人信息安全，防止信息泄露、篡改、丢失；发生或者可能发生个人信息泄露、篡改、丢失的，应当及时采取补救措施，按照规定告知自然人并向有关主管部门报告。

第一千零三十九条 国家机关、承担行政职能的法定机构及其工作人员对于履行职责过程中知悉的自然人的隐私和个人信息，应当予以保密，不得泄露或者向他人非法提供。

第五编　婚姻家庭

第一章　一般规定

第一千零四十条　本编调整因婚姻家庭产生的民事关系。

第一千零四十一条　婚姻家庭受国家保护。

实行婚姻自由、一夫一妻、男女平等的婚姻制度。

保护妇女、未成年人、老年人、残疾人的合法权益。

第一千零四十二条　禁止包办、买卖婚姻和其他干涉婚姻自由的行为。禁止借婚姻索取财物。

禁止重婚。禁止有配偶者与他人同居。

禁止家庭暴力。禁止家庭成员间的虐待和遗弃。

第一千零四十三条　家庭应当树立优良家风，弘扬家庭美德，重视家庭文明建设。

夫妻应当互相忠实，互相尊重，互相关爱；家庭成员应当敬老爱幼，互相帮助，维护平等、和睦、文明的婚姻家庭关系。

第一千零四十四条　收养应当遵循最有利于被收养人的原则，保障被收养人和收养人的合法权益。

禁止借收养名义买卖未成年人。

第一千零四十五条　亲属包括配偶、血亲和姻亲。

配偶、父母、子女、兄弟姐妹、祖父母、外祖父母、孙子女、外孙子女为近亲属。

配偶、父母、子女和其他共同生活的近亲属为家庭成员。

第二章　结　婚

第一千零四十六条　结婚应当男女双方完全自愿，禁止任何一方对另一方加以强迫，禁止任何组织或者个人加以干涉。

第一千零四十七条　结婚年龄，男不得早于二十二周岁，女不得早于二十周岁。

第一千零四十八条　直系血亲或者三代以内的旁系血亲禁止结婚。

第一千零四十九条　要求结婚的男女双方应当亲自到婚姻登记机关申请结婚登记。符合本法规定的,予以登记,发给结婚证。完成结婚登记,即确立婚姻关系。未办理结婚登记的,应当补办登记。

第一千零五十条　登记结婚后,按照男女双方约定,女方可以成为男方家庭的成员,男方可以成为女方家庭的成员。

第一千零五十一条　有下列情形之一的,婚姻无效:

(一)重婚;

(二)有禁止结婚的亲属关系;

(三)未到法定婚龄。

第一千零五十二条　因胁迫结婚的,受胁迫的一方可以向人民法院请求撤销婚姻。

请求撤销婚姻的,应当自胁迫行为终止之日起一年内提出。

被非法限制人身自由的当事人请求撤销婚姻的,应当自恢复人身自由之日起一年内提出。

第一千零五十三条　一方患有重大疾病的,应当在结婚登记前如实告知另一方;不如实告知的,另一方可以向人民法院请求撤销婚姻。

请求撤销婚姻的,应当自知道或者应当知道撤销事由之日起一年内提出。

第一千零五十四条　无效的或者被撤销的婚姻自始没有法律约束力,当事人不具有夫妻的权利和义务。同居期间所得的财产,由当事人协议处理;协议不成的,由人民法院根据照顾无过错方的原则判决。对重婚导致的无效婚姻的财产处理,不得侵害合法婚姻当事人的财产权益。当事人所生的子女,适用本法关于父母子女的规定。

婚姻无效或者被撤销的,无过错方有权请求损害赔偿。

第三章　家庭关系

第一节　夫妻关系

第一千零五十五条　夫妻在婚姻家庭中地位平等。

第一千零五十六条　夫妻双方都有各自使用自己姓名的权利。

第一千零五十七条　夫妻双方都有参加生产、工作、学习和社会活动的自由,一方不得对另一方加以限制或者干涉。

第一千零五十八条 夫妻双方平等享有对未成年子女抚养、教育和保护的权利,共同承担对未成年子女抚养、教育和保护的义务。

第一千零五十九条 夫妻有相互扶养的义务。

需要扶养的一方,在另一方不履行扶养义务时,有要求其给付扶养费的权利。

第一千零六十条 夫妻一方因家庭日常生活需要而实施的民事法律行为,对夫妻双方发生效力,但是夫妻一方与相对人另有约定的除外。

夫妻之间对一方可以实施的民事法律行为范围的限制,不得对抗善意相对人。

第一千零六十一条 夫妻有相互继承遗产的权利。

第一千零六十二条 夫妻在婚姻关系存续期间所得的下列财产,为夫妻的共同财产,归夫妻共同所有:

(一)工资、奖金、劳务报酬;

(二)生产、经营、投资的收益;

(三)知识产权的收益;

(四)继承或者受赠的财产,但是本法第一千零六十三条第三项规定的除外;

(五)其他应当归共同所有的财产。

夫妻对共同财产,有平等的处理权。

第一千零六十三条 下列财产为夫妻一方的个人财产:

(一)一方的婚前财产;

(二)一方因受到人身损害获得的赔偿或者补偿;

(三)遗嘱或者赠与合同中确定只归一方的财产;

(四)一方专用的生活用品;

(五)其他应当归一方的财产。

第一千零六十四条 夫妻双方共同签名或者夫妻一方事后追认等共同意思表示所负的债务,以及夫妻一方在婚姻关系存续期间以个人名义为家庭日常生活需要所负的债务,属于夫妻共同债务。

夫妻一方在婚姻关系存续期间以个人名义超出家庭日常生活需

要所负的债务,不属于夫妻共同债务;但是,债权人能够证明该债务用于夫妻共同生活、共同生产经营或者基于夫妻双方共同意思表示的除外。

第一千零六十五条 男女双方可以约定婚姻关系存续期间所得的财产以及婚前财产归各自所有、共同所有或者部分各自所有、部分共同所有。约定应当采用书面形式。没有约定或者约定不明确的,适用本法第一千零六十二条、第一千零六十三条的规定。

夫妻对婚姻关系存续期间所得的财产以及婚前财产的约定,对双方具有法律约束力。

夫妻对婚姻关系存续期间所得的财产约定归各自所有,夫或者妻一方对外所负的债务,相对人知道该约定的,以夫或者妻一方的个人财产清偿。

第一千零六十六条 婚姻关系存续期间,有下列情形之一的,夫妻一方可以向人民法院请求分割共同财产:

(一)一方有隐藏、转移、变卖、毁损、挥霍夫妻共同财产或者伪造夫妻共同债务等严重损害夫妻共同财产利益的行为;

(二)一方负有法定扶养义务的人患重大疾病需要医治,另一方不同意支付相关医疗费用。

第二节 父母子女关系和其他近亲属关系

第一千零六十七条 父母不履行抚养义务的,未成年子女或者不能独立生活的成年子女,有要求父母给付抚养费的权利。

成年子女不履行赡养义务的,缺乏劳动能力或者生活困难的父母,有要求成年子女给付赡养费的权利。

第一千零六十八条 父母有教育、保护未成年子女的权利和义务。未成年子女造成他人损害的,父母应当依法承担民事责任。

第一千零六十九条 子女应当尊重父母的婚姻权利,不得干涉父母离婚、再婚以及婚后的生活。子女对父母的赡养义务,不因父母的婚姻关系变化而终止。

第一千零七十条 父母和子女有相互继承遗产的权利。

第一千零七十一条 非婚生子女享有与婚生子女同等的权利,任何组织或者个人不得加以危害和歧视。

不直接抚养非婚生子女的生父或者生母,应当负担未成年子女或者不能独立生活的成年子女的抚养费。

第一千零七十二条 继父母与继子女间,不得虐待或者歧视。

继父或者继母和受其抚养教育的继子女间的权利义务关系,适用本法关于父母子女关系的规定。

第一千零七十三条 对亲子关系有异议且有正当理由的,父或者母可以向人民法院提起诉讼,请求确认或者否认亲子关系。

对亲子关系有异议且有正当理由的,成年子女可以向人民法院提起诉讼,请求确认亲子关系。

第一千零七十四条 有负担能力的祖父母、外祖父母,对于父母已经死亡或者父母无力抚养的未成年孙子女、外孙子女,有抚养的义务。

有负担能力的孙子女、外孙子女,对于子女已经死亡或者子女无力赡养的祖父母、外祖父母,有赡养的义务。

第一千零七十五条 有负担能力的兄、姐,对于父母已经死亡或者父母无力抚养的未成年弟、妹,有扶养的义务。

由兄、姐扶养长大的有负担能力的弟、妹,对于缺乏劳动能力又缺乏生活来源的兄、姐,有扶养的义务。

第四章 离 婚

第一千零七十六条 夫妻双方自愿离婚的,应当签订书面离婚协议,并亲自到婚姻登记机关申请离婚登记。

离婚协议应当载明双方自愿离婚的意思表示和对子女抚养、财产以及债务处理等事项协商一致的意见。

第一千零七十七条 自婚姻登记机关收到离婚登记申请之日起三十日内,任何一方不愿意离婚的,可以向婚姻登记机关撤回离婚登记申请。

前款规定期限届满后三十日内,双方应当亲自到婚姻登记机关申请发给离婚证;未申请的,视为撤回离婚登记申请。

第一千零七十八条 婚姻登记机关查明双方确实是自愿离婚,并已经对子女抚养、财产以及债务处理等事项协商一致的，予以登记，发给离婚证。

第一千零七十九条 夫妻一方要求离婚的，可以由有关组织进行调解或者直接向人民法院提起离婚诉讼。

人民法院审理离婚案件，应当进行调解；如果感情确已破裂，调解无效的，应当准予离婚。

有下列情形之一，调解无效的，应当准予离婚：

（一）重婚或者与他人同居的；

（二）实施家庭暴力或者虐待、遗弃家庭成员的；

（三）有赌博、吸毒等恶习屡教不改的；

（四）因感情不和分居满二年的；

（五）其他导致夫妻感情破裂的情形。

一方被宣告失踪，另一方提起离婚诉讼的，应当准予离婚。

经人民法院判决不准离婚后，双方又分居满一年，一方再次提起离婚诉讼的，应当准予离婚。

第一千零八十条 完成离婚登记，或者离婚判决书、调解书生效，即解除婚姻关系。

第一千零八十一条 现役军人的配偶要求离婚，应当征得军人同意，但是军人一方有重大过错的除外。

第一千零八十二条 女方在怀孕期间、分娩后一年内或者终止妊娠后六个月内，男方不得提出离婚；但是，女方提出离婚或者人民法院认为确有必要受理男方离婚请求的除外。

第一千零八十三条 离婚后，男女双方自愿恢复婚姻关系的，应当到婚姻登记机关重新进行结婚登记。

第一千零八十四条 父母与子女间的关系，不因父母离婚而消除。离婚后，子女无论由父或者母直接抚养，仍是父母双方的子女。

离婚后，父母对于子女仍有抚养、教育、保护的权利和义务。

离婚后，不满两周岁的子女，以由母亲直接抚养为原则。已满两周岁的子女，父母双方对抚养问题协议不成的，由人民法院根据双方的具体情况，按照最有利于未成年子女的原则判决。子女已满八周岁的，应当尊重其真实意愿。

第一千零八十五条 离婚后,子女由一方直接抚养的,另一方应当负担部分或者全部抚养费。负担费用的多少和期限的长短,由双方协议;协议不成的,由人民法院判决。

前款规定的协议或者判决,不妨碍子女在必要时向父母任何一方提出超过协议或者判决原定数额的合理要求。

第一千零八十六条 离婚后,不直接抚养子女的父或者母,有探望子女的权利,另一方有协助的义务。

行使探望权利的方式、时间由当事人协议;协议不成的,由人民法院判决。

父或者母探望子女,不利于子女身心健康的,由人民法院依法中止探望;中止的事由消失后,应当恢复探望。

第一千零八十七条 离婚时,夫妻的共同财产由双方协议处理;协议不成的,由人民法院根据财产的具体情况,按照照顾子女、女方和无过错方权益的原则判决。

对夫或者妻在家庭土地承包经营中享有的权益等,应当依法予以保护。

第一千零八十八条 夫妻一方因抚育子女、照料老年人、协助另一方工作等负担较多义务的,离婚时有权向另一方请求补偿,另一方应当给予补偿。具体办法由双方协议;协议不成的,由人民法院判决。

第一千零八十九条 离婚时,夫妻共同债务应当共同偿还。共同财产不足清偿或者财产归各自所有的,由双方协议清偿;协议不成的,由人民法院判决。

第一千零九十条 离婚时,如果一方生活困难,有负担能力的另一方应当给予适当帮助。具体办法由双方协议;协议不成的,由人民法院判决。

第一千零九十一条 有下列情形之一,导致离婚的,无过错方有权请求损害赔偿:

(一)重婚;

(二)与他人同居;

(三)实施家庭暴力;

(四)虐待、遗弃家庭成员;

（五）有其他重大过错。

第一千零九十二条 夫妻一方隐藏、转移、变卖、毁损、挥霍夫妻共同财产，或者伪造夫妻共同债务企图侵占另一方财产的，在离婚分割夫妻共同财产时，对该方可以少分或者不分。离婚后，另一方发现有上述行为的，可以向人民法院提起诉讼，请求再次分割夫妻共同财产。

第五章 收　　养

第一节　收养关系的成立

第一千零九十三条 下列未成年人，可以被收养：

（一）丧失父母的孤儿；

（二）查找不到生父母的未成年人；

（三）生父母有特殊困难无力抚养的子女。

第一千零九十四条 下列个人、组织可以作送养人：

（一）孤儿的监护人；

（二）儿童福利机构；

（三）有特殊困难无力抚养子女的生父母。

第一千零九十五条 未成年人的父母均不具备完全民事行为能力且可能严重危害该未成年人的，该未成年人的监护人可以将其送养。

第一千零九十六条 监护人送养孤儿的，应当征得有抚养义务的人同意。有抚养义务的人不同意送养、监护人不愿意继续履行监护职责的，应当依照本法第一编的规定另行确定监护人。

第一千零九十七条 生父母送养子女，应当双方共同送养。生父母一方不明或者查找不到的，可以单方送养。

第一千零九十八条 收养人应当同时具备下列条件：

（一）无子女或者只有一名子女；

（二）有抚养、教育和保护被收养人的能力；

（三）未患有在医学上认为不应当收养子女的疾病；

（四）无不利于被收养人健康成长的违法犯罪记录；

(五)年满三十周岁。

第一千零九十九条 收养三代以内旁系同辈血亲的子女,可以不受本法第一千零九十三条第三项、第一千零九十四条第三项和第一千一百零二条规定的限制。

华侨收养三代以内旁系同辈血亲的子女,还可以不受本法第一千零九十八条第一项规定的限制。

第一千一百条 无子女的收养人可以收养两名子女;有子女的收养人只能收养一名子女。

收养孤儿、残疾未成年人或者儿童福利机构抚养的查找不到生父母的未成年人,可以不受前款和本法第一千零九十八条第一项规定的限制。

第一千一百零一条 有配偶者收养子女,应当夫妻共同收养。

第一千一百零二条 无配偶者收养异性子女的,收养人与被收养人的年龄应当相差四十周岁以上。

第一千一百零三条 继父或者继母经继子女的生父母同意,可以收养继子女,并可以不受本法第一千零九十三条第三项、第一千零九十四条第三项、第一千零九十八条和第一千一百条第一款规定的限制。

第一千一百零四条 收养人收养与送养人送养,应当双方自愿。收养八周岁以上未成年人的,应当征得被收养人的同意。

第一千一百零五条 收养应当向县级以上人民政府民政部门登记。收养关系自登记之日起成立。

收养查找不到生父母的未成年人的,办理登记的民政部门应当在登记前予以公告。

收养关系当事人愿意签订收养协议的,可以签订收养协议。

收养关系当事人各方或者一方要求办理收养公证的,应当办理收养公证。

县级以上人民政府民政部门应当依法进行收养评估。

第一千一百零六条 收养关系成立后,公安机关应当按照国家有关规定为被收养人办理户口登记。

第一千一百零七条 孤儿或者生父母无力抚养的子女,可以由生父母的亲属、朋友抚养;抚养人与被抚养人的关系不适用本章规定。

第一千一百零八条 配偶一方死亡,另一方送养未成年子女的,死亡一方的父母有优先抚养的权利。

第一千一百零九条 外国人依法可以在中华人民共和国收养子女。

外国人在中华人民共和国收养子女,应当经其所在国主管机关依照该国法律审查同意。收养人应当提供由其所在国有权机构出具的有关其年龄、婚姻、职业、财产、健康、有无受过刑事处罚等状况的证明材料,并与送养人签订书面协议,亲自向省、自治区、直辖市人民政府民政部门登记。

前款规定的证明材料应当经收养人所在国外交机关或者外交机关授权的机构认证,并经中华人民共和国驻该国使领馆认证,但是国家另有规定的除外。

第一千一百一十条 收养人、送养人要求保守收养秘密的,其他人应当尊重其意愿,不得泄露。

第二节 收养的效力

第一千一百一十一条 自收养关系成立之日起,养父母与养子女间的权利义务关系,适用本法关于父母子女关系的规定;养子女与养父母的近亲属间的权利义务关系,适用本法关于子女与父母的近亲属关系的规定。

养子女与生父母以及其他近亲属间的权利义务关系,因收养关系的成立而消除。

第一千一百一十二条 养子女可以随养父或者养母的姓氏,经当事人协商一致,也可以保留原姓氏。

第一千一百一十三条 有本法第一编关于民事法律行为无效规定情形或者违反本编规定的收养行为无效。

无效的收养行为自始没有法律约束力。

第三节 收养关系的解除

第一千一百一十四条 收养人在被收养人成年以前,不得解除收养关系,但是收养人、送养人双方协议解除的除外。养子女八周岁以上的,应当征得本人同意。

收养人不履行抚养义务,有虐待、遗弃等侵害未成年养子女合法权益行为的,送养人有权要求解除养父母与养子女间的收养关系。送养人、收养人不能达成解除收养关系协议的,可以向人民法院提起诉讼。

第一千一百一十五条 养父母与成年养子女关系恶化、无法共同生活的,可以协议解除收养关系。不能达成协议的,可以向人民法院提起诉讼。

第一千一百一十六条 当事人协议解除收养关系的,应当到民政部门办理解除收养关系登记。

第一千一百一十七条 收养关系解除后,养子女与养父母以及其他近亲属间的权利义务关系即行消除,与生父母以及其他近亲属间的权利义务关系自行恢复。但是,成年养子女与生父母以及其他近亲属间的权利义务关系是否恢复,可以协商确定。

第一千一百一十八条 收养关系解除后,经养父母抚养的成年养子女,对缺乏劳动能力又缺乏生活来源的养父母,应当给付生活费。因养子女成年后虐待、遗弃养父母而解除收养关系的,养父母可以要求养子女补偿收养期间支出的抚养费。

生父母要求解除收养关系的,养父母可以要求生父母适当补偿收养期间支出的抚养费;但是,因养父母虐待、遗弃养子女而解除收养关系的除外。

第六编 继 承

第一章 一 般 规 定

第一千一百一十九条 本编调整因继承产生的民事关系。

第一千一百二十条 国家保护自然人的继承权。

第一千一百二十一条 继承从被继承人死亡时开始。

相互有继承关系的数人在同一事件中死亡,难以确定死亡时间的,推定没有其他继承人的人先死亡。都有其他继承人,辈份不同的,推定长辈先死亡;辈份相同的,推定同时死亡,相互不发生继承。

第一千一百二十二条 遗产是自然人死亡时遗留的个人合法财产。

依照法律规定或者根据其性质不得继承的遗产,不得继承。

第一千一百二十三条 继承开始后,按照法定继承办理;有遗嘱的,按照遗嘱继承或者遗赠办理;有遗赠扶养协议的,按照协议办理。

第一千一百二十四条 继承开始后,继承人放弃继承的,应当在遗产处理前,以书面形式作出放弃继承的表示;没有表示的,视为接受继承。

受遗赠人应当在知道受遗赠后六十日内,作出接受或者放弃受遗赠的表示;到期没有表示的,视为放弃受遗赠。

第一千一百二十五条 继承人有下列行为之一的,丧失继承权:

(一)故意杀害被继承人;

(二)为争夺遗产而杀害其他继承人;

(三)遗弃被继承人,或者虐待被继承人情节严重;

(四)伪造、篡改、隐匿或者销毁遗嘱,情节严重;

(五)以欺诈、胁迫手段迫使或者妨碍被继承人设立、变更或者撤回遗嘱,情节严重。

继承人有前款第三项至第五项行为,确有悔改表现,被继承人表示宽恕或者事后在遗嘱中将其列为继承人的,该继承人不丧失继承权。

受遗赠人有本条第一款规定行为的,丧失受遗赠权。

第二章 法定继承

第一千一百二十六条 继承权男女平等。

第一千一百二十七条 遗产按照下列顺序继承:

(一)第一顺序:配偶、子女、父母;

(二)第二顺序:兄弟姐妹、祖父母、外祖父母。

继承开始后,由第一顺序继承人继承,第二顺序继承人不继承;没有第一顺序继承人继承的,由第二顺序继承人继承。

本编所称子女,包括婚生子女、非婚生子女、养子女和有扶养关系的继子女。

本编所称父母,包括生父母、养父母和有扶养关系的继父母。

本编所称兄弟姐妹,包括同父母的兄弟姐妹、同父异母或者同母异父的兄弟姐妹、养兄弟姐妹、有扶养关系的继兄弟姐妹。

第一千一百二十八条 被继承人的子女先于被继承人死亡的,由被继承人的子女的直系晚辈血亲代位继承。

被继承人的兄弟姐妹先于被继承人死亡的,由被继承人的兄弟姐妹的子女代位继承。

代位继承人一般只能继承被代位继承人有权继承的遗产份额。

第一千一百二十九条 丧偶儿媳对公婆,丧偶女婿对岳父母,尽了主要赡养义务的,作为第一顺序继承人。

第一千一百三十条 同一顺序继承人继承遗产的份额,一般应当均等。

对生活有特殊困难又缺乏劳动能力的继承人,分配遗产时,应当予以照顾。

对被继承人尽了主要扶养义务或者与被继承人共同生活的继承人,分配遗产时,可以多分。

有扶养能力和有扶养条件的继承人,不尽扶养义务的,分配遗产时,应当不分或者少分。

继承人协商同意的,也可以不均等。

第一千一百三十一条 对继承人以外的依靠被继承人扶养的人,或者继承人以外的对被继承人扶养较多的人,可以分给适当的遗产。

第一千一百三十二条 继承人应当本着互谅互让、和睦团结的精神,协商处理继承问题。遗产分割的时间、办法和份额,由继承人协商确定;协商不成的,可以由人民调解委员会调解或者向人民法院提起诉讼。

第三章 遗嘱继承和遗赠

第一千一百三十三条 自然人可以依照本法规定立遗嘱处分个人财产,并可以指定遗嘱执行人。

自然人可以立遗嘱将个人财产指定由法定继承人中的一人或者

数人继承。

自然人可以立遗嘱将个人财产赠与国家、集体或者法定继承人以外的组织、个人。

自然人可以依法设立遗嘱信托。

第一千一百三十四条 自书遗嘱由遗嘱人亲笔书写，签名，注明年、月、日。

第一千一百三十五条 代书遗嘱应当有两个以上见证人在场见证，由其中一人代书，并由遗嘱人、代书人和其他见证人签名，注明年、月、日。

第一千一百三十六条 打印遗嘱应当有两个以上见证人在场见证。遗嘱人和见证人应当在遗嘱每一页签名，注明年、月、日。

第一千一百三十七条 以录音录像形式立的遗嘱，应当有两个以上见证人在场见证。遗嘱人和见证人应当在录音录像中记录其姓名或者肖像，以及年、月、日。

第一千一百三十八条 遗嘱人在危急情况下，可以立口头遗嘱。口头遗嘱应当有两个以上见证人在场见证。危急情况消除后，遗嘱人能够以书面或者录音录像形式立遗嘱的，所立的口头遗嘱无效。

第一千一百三十九条 公证遗嘱由遗嘱人经公证机构办理。

第一千一百四十条 下列人员不能作为遗嘱见证人：

（一）无民事行为能力人、限制民事行为能力人以及其他不具有见证能力的人；

（二）继承人、受遗赠人；

（三）与继承人、受遗赠人有利害关系的人。

第一千一百四十一条 遗嘱应当为缺乏劳动能力又没有生活来源的继承人保留必要的遗产份额。

第一千一百四十二条 遗嘱人可以撤回、变更自己所立的遗嘱。

立遗嘱后，遗嘱人实施与遗嘱内容相反的民事法律行为的，视为对遗嘱相关内容的撤回。

立有数份遗嘱，内容相抵触的，以最后的遗嘱为准。

第一千一百四十三条 无民事行为能力人或者限制民事行为能力人所立的遗嘱无效。

遗嘱必须表示遗嘱人的真实意思,受欺诈、胁迫所立的遗嘱无效。伪造的遗嘱无效。

遗嘱被篡改的,篡改的内容无效。

第一千一百四十四条 遗嘱继承或者遗赠附有义务的,继承人或者受遗赠人应当履行义务。没有正当理由不履行义务的,经利害关系人或者有关组织请求,人民法院可以取消其接受附义务部分遗产的权利。

第四章 遗产的处理

第一千一百四十五条 继承开始后,遗嘱执行人为遗产管理人;没有遗嘱执行人的,继承人应当及时推选遗产管理人;继承人未推选的,由继承人共同担任遗产管理人;没有继承人或者继承人均放弃继承的,由被继承人生前住所地的民政部门或者村民委员会担任遗产管理人。

第一千一百四十六条 对遗产管理人的确定有争议的,利害关系人可以向人民法院申请指定遗产管理人。

第一千一百四十七条 遗产管理人应当履行下列职责:

(一)清理遗产并制作遗产清单;

(二)向继承人报告遗产情况;

(三)采取必要措施防止遗产毁损、灭失;

(四)处理被继承人的债权债务;

(五)按照遗嘱或者依照法律规定分割遗产;

(六)实施与管理遗产有关的其他必要行为。

第一千一百四十八条 遗产管理人应当依法履行职责,因故意或者重大过失造成继承人、受遗赠人、债权人损害的,应当承担民事责任。

第一千一百四十九条 遗产管理人可以依照法律规定或者按照约定获得报酬。

第一千一百五十条 继承开始后,知道被继承人死亡的继承人应当及时通知其他继承人和遗嘱执行人。继承人中无人知道被继承人死亡或者知道被继承人死亡而不能通知的,由被继承人生前所在单位或者住所地的居民委员会、村民委员会负责通知。

第一千一百五十一条 存有遗产的人,应当妥善保管遗产,任何组织或者个人不得侵吞或者争抢。

第一千一百五十二条 继承开始后,继承人于遗产分割前死亡,并没有放弃继承的,该继承人应当继承的遗产转给其继承人,但是遗嘱另有安排的除外。

第一千一百五十三条 夫妻共同所有的财产,除有约定的外,遗产分割时,应当先将共同所有的财产的一半分出为配偶所有,其余的为被继承人的遗产。

遗产在家庭共有财产之中的,遗产分割时,应当先分出他人的财产。

第一千一百五十四条 有下列情形之一的,遗产中的有关部分按照法定继承办理:

(一)遗嘱继承人放弃继承或者受遗赠人放弃受遗赠;
(二)遗嘱继承人丧失继承权或者受遗赠人丧失受遗赠权;
(三)遗嘱继承人、受遗赠人先于遗嘱人死亡或者终止;
(四)遗嘱无效部分所涉及的遗产;
(五)遗嘱未处分的遗产。

第一千一百五十五条 遗产分割时,应当保留胎儿的继承份额。胎儿娩出时是死体的,保留的份额按照法定继承办理。

第一千一百五十六条 遗产分割应当有利于生产和生活需要,不损害遗产的效用。

不宜分割的遗产,可以采取折价、适当补偿或者共有等方法处理。

第一千一百五十七条 夫妻一方死亡后另一方再婚的,有权处分所继承的财产,任何组织或者个人不得干涉。

第一千一百五十八条 自然人可以与继承人以外的组织或者个人签订遗赠扶养协议。按照协议,该组织或者个人承担该自然人生养死葬的义务,享有受遗赠的权利。

第一千一百五十九条 分割遗产,应当清偿被继承人依法应当缴纳的税款和债务;但是,应当为缺乏劳动能力又没有生活来源的继承人保留必要的遗产。

第一千一百六十条　无人继承又无人受遗赠的遗产,归国家所有,用于公益事业;死者生前是集体所有制组织成员的,归所在集体所有制组织所有。

第一千一百六十一条　继承人以所得遗产实际价值为限清偿被继承人依法应当缴纳的税款和债务。超过遗产实际价值部分,继承人自愿偿还的不在此限。

继承人放弃继承的,对被继承人依法应当缴纳的税款和债务可以不负清偿责任。

第一千一百六十二条　执行遗赠不得妨碍清偿遗赠人依法应当缴纳的税款和债务。

第一千一百六十三条　既有法定继承又有遗嘱继承、遗赠的,由法定继承人清偿被继承人依法应当缴纳的税款和债务;超过法定继承遗产实际价值部分,由遗嘱继承人和受遗赠人按比例以所得遗产清偿。

第七编　侵权责任

第一章　一般规定

第一千一百六十四条　本编调整因侵害民事权益产生的民事关系。

第一千一百六十五条　行为人因过错侵害他人民事权益造成损害的,应当承担侵权责任。

依照法律规定推定行为人有过错,其不能证明自己没有过错的,应当承担侵权责任。

第一千一百六十六条　行为人造成他人民事权益损害,不论行为人有无过错,法律规定应当承担侵权责任的,依照其规定。

第一千一百六十七条　侵权行为危及他人人身、财产安全的,被侵权人有权请求侵权人承担停止侵害、排除妨碍、消除危险等侵权责任。

第一千一百六十八条　二人以上共同实施侵权行为,造成他人损害的,应当承担连带责任。

第一千一百六十九条 教唆、帮助他人实施侵权行为的,应当与行为人承担连带责任。

教唆、帮助无民事行为能力人、限制民事行为能力人实施侵权行为的,应当承担侵权责任;该无民事行为能力人、限制民事行为能力人的监护人未尽到监护职责的,应当承担相应的责任。

第一千一百七十条 二人以上实施危及他人人身、财产安全的行为,其中一人或者数人的行为造成他人损害,能够确定具体侵权人的,由侵权人承担责任;不能确定具体侵权人的,行为人承担连带责任。

第一千一百七十一条 二人以上分别实施侵权行为造成同一损害,每个人的侵权行为都足以造成全部损害的,行为人承担连带责任。

第一千一百七十二条 二人以上分别实施侵权行为造成同一损害,能够确定责任大小的,各自承担相应的责任;难以确定责任大小的,平均承担责任。

第一千一百七十三条 被侵权人对同一损害的发生或者扩大有过错的,可以减轻侵权人的责任。

第一千一百七十四条 损害是因受害人故意造成的,行为人不承担责任。

第一千一百七十五条 损害是因第三人造成的,第三人应当承担侵权责任。

第一千一百七十六条 自愿参加具有一定风险的文体活动,因其他参加者的行为受到损害的,受害人不得请求其他参加者承担侵权责任;但是,其他参加者对损害的发生有故意或者重大过失的除外。

活动组织者的责任适用本法第一千一百九十八条至第一千二百零一条的规定。

第一千一百七十七条 合法权益受到侵害,情况紧迫且不能及时获得国家机关保护,不立即采取措施将使其合法权益受到难以弥补的损害的,受害人可以在保护自己合法权益的必要范围内采取扣留侵权人的财物等合理措施;但是,应当立即请求有关国家机关处理。

受害人采取的措施不当造成他人损害的,应当承担侵权责任。

第一千一百七十八条 本法和其他法律对不承担责任或者减轻责任的情形另有规定的,依照其规定。

第二章 损害赔偿

第一千一百七十九条 侵害他人造成人身损害的,应当赔偿医疗费、护理费、交通费、营养费、住院伙食补助费等为治疗和康复支出的合理费用,以及因误工减少的收入。造成残疾的,还应当赔偿辅助器具费和残疾赔偿金;造成死亡的,还应当赔偿丧葬费和死亡赔偿金。

第一千一百八十条 因同一侵权行为造成多人死亡的,可以以相同数额确定死亡赔偿金。

第一千一百八十一条 被侵权人死亡的,其近亲属有权请求侵权人承担侵权责任。被侵权人为组织,该组织分立、合并的,承继权利的组织有权请求侵权人承担侵权责任。

被侵权人死亡的,支付被侵权人医疗费、丧葬费等合理费用的人有权请求侵权人赔偿费用,但是侵权人已经支付该费用的除外。

第一千一百八十二条 侵害他人人身权益造成财产损失的,按照被侵权人因此受到的损失或者侵权人因此获得的利益赔偿;被侵权人因此受到的损失以及侵权人因此获得的利益难以确定,被侵权人和侵权人就赔偿数额协商不一致,向人民法院提起诉讼的,由人民法院根据实际情况确定赔偿数额。

第一千一百八十三条 侵害自然人人身权益造成严重精神损害的,被侵权人有权请求精神损害赔偿。

因故意或者重大过失侵害自然人具有人身意义的特定物造成严重精神损害的,被侵权人有权请求精神损害赔偿。

第一千一百八十四条 侵害他人财产的,财产损失按照损失发生时的市场价格或者其他合理方式计算。

第一千一百八十五条 故意侵害他人知识产权,情节严重的,被侵权人有权请求相应的惩罚性赔偿。

第一千一百八十六条 受害人和行为人对损害的发生都没有过错的,依照法律的规定由双方分担损失。

第一千一百八十七条 损害发生后,当事人可以协商赔偿费用的支付方式。协商不一致的,赔偿费用应当一次性支付;一次性支付确有困难的,可以分期支付,但是被侵权人有权请求提供相应的担保。

第三章 责任主体的特殊规定

第一千一百八十八条 无民事行为能力人、限制民事行为能力人造成他人损害的,由监护人承担侵权责任。监护人尽到监护职责的,可以减轻其侵权责任。

有财产的无民事行为能力人、限制民事行为能力人造成他人损害的,从本人财产中支付赔偿费用;不足部分,由监护人赔偿。

第一千一百八十九条 无民事行为能力人、限制民事行为能力人造成他人损害,监护人将监护职责委托给他人的,监护人应当承担侵权责任;受托人有过错的,承担相应的责任。

第一千一百九十条 完全民事行为能力人对自己的行为暂时没有意识或者失去控制造成他人损害有过错的,应当承担侵权责任;没有过错的,根据行为人的经济状况对受害人适当补偿。

完全民事行为能力人因醉酒、滥用麻醉药品或者精神药品对自己的行为暂时没有意识或者失去控制造成他人损害的,应当承担侵权责任。

第一千一百九十一条 用人单位的工作人员因执行工作任务造成他人损害的,由用人单位承担侵权责任。用人单位承担侵权责任后,可以向有故意或者重大过失的工作人员追偿。

劳务派遣期间,被派遣的工作人员因执行工作任务造成他人损害的,由接受劳务派遣的用工单位承担侵权责任;劳务派遣单位有过错的,承担相应的责任。

第一千一百九十二条 个人之间形成劳务关系,提供劳务一方因劳务造成他人损害的,由接受劳务一方承担侵权责任。接受劳务一方承担侵权责任后,可以向有故意或者重大过失的提供劳务一方追偿。提供劳务一方因劳务受到损害的,根据双方各自的过错承担相应的责任。

提供劳务期间,因第三人的行为造成提供劳务一方损害的,提供劳务一方有权请求第三人承担侵权责任,也有权请求接受劳务一方给予补偿。接受劳务一方补偿后,可以向第三人追偿。

第一千一百九十三条 承揽人在完成工作过程中造成第三人损

害或者自己损害的,定作人不承担侵权责任。但是,定作人对定作、指示或者选任有过错的,应当承担相应的责任。

第一千一百九十四条 网络用户、网络服务提供者利用网络侵害他人民事权益的,应当承担侵权责任。法律另有规定的,依照其规定。

第一千一百九十五条 网络用户利用网络服务实施侵权行为的,权利人有权通知网络服务提供者采取删除、屏蔽、断开链接等必要措施。通知应当包括构成侵权的初步证据及权利人的真实身份信息。

网络服务提供者接到通知后,应当及时将该通知转送相关网络用户,并根据构成侵权的初步证据和服务类型采取必要措施;未及时采取必要措施的,对损害的扩大部分与该网络用户承担连带责任。

权利人因错误通知造成网络用户或者网络服务提供者损害的,应当承担侵权责任。法律另有规定的,依照其规定。

第一千一百九十六条 网络用户接到转送的通知后,可以向网络服务提供者提交不存在侵权行为的声明。声明应当包括不存在侵权行为的初步证据及网络用户的真实身份信息。

网络服务提供者接到声明后,应当将该声明转送发出通知的权利人,并告知其可以向有关部门投诉或者向人民法院提起诉讼。网络服务提供者在转送声明到达权利人后的合理期限内,未收到权利人已经投诉或者提起诉讼通知的,应当及时终止所采取的措施。

第一千一百九十七条 网络服务提供者知道或者应当知道网络用户利用其网络服务侵害他人民事权益,未采取必要措施的,与该网络用户承担连带责任。

第一千一百九十八条 宾馆、商场、银行、车站、机场、体育场馆、娱乐场所等经营场所、公共场所的经营者、管理者或者群众性活动的组织者,未尽到安全保障义务,造成他人损害的,应当承担侵权责任。

因第三人的行为造成他人损害的,由第三人承担侵权责任;经营者、管理者或者组织者未尽到安全保障义务的,承担相应的补充责任。经营者、管理者或者组织者承担补充责任后,可以向第三人追偿。

第一千一百九十九条 无民事行为能力人在幼儿园、学校或者其他教育机构学习、生活期间受到人身损害的,幼儿园、学校或者其他教育机构应当承担侵权责任;但是,能够证明尽到教育、管理职责的,不承担侵权责任。

第一千二百条 限制民事行为能力人在学校或者其他教育机构学习、生活期间受到人身损害,学校或者其他教育机构未尽到教育、管理职责的,应当承担侵权责任。

第一千二百零一条 无民事行为能力人或者限制民事行为能力人在幼儿园、学校或者其他教育机构学习、生活期间,受到幼儿园、学校或者其他教育机构以外的第三人人身损害的,由第三人承担侵权责任;幼儿园、学校或者其他教育机构未尽到管理职责的,承担相应的补充责任。幼儿园、学校或者其他教育机构承担补充责任后,可以向第三人追偿。

第四章 产品责任

第一千二百零二条 因产品存在缺陷造成他人损害的,生产者应当承担侵权责任。

第一千二百零三条 因产品存在缺陷造成他人损害的,被侵权人可以向产品的生产者请求赔偿,也可以向产品的销售者请求赔偿。

产品缺陷由生产者造成的,销售者赔偿后,有权向生产者追偿。因销售者的过错使产品存在缺陷的,生产者赔偿后,有权向销售者追偿。

第一千二百零四条 因运输者、仓储者等第三人的过错使产品存在缺陷,造成他人损害的,产品的生产者、销售者赔偿后,有权向第三人追偿。

第一千二百零五条 因产品缺陷危及他人人身、财产安全的,被侵权人有权请求生产者、销售者承担停止侵害、排除妨碍、消除危险等侵权责任。

第一千二百零六条 产品投入流通后发现存在缺陷的,生产者、销售者应当及时采取停止销售、警示、召回等补救措施;未及时采取补救措施或者补救措施不力造成损害扩大的,对扩大的损害也应当承担侵权责任。

依据前款规定采取召回措施的,生产者、销售者应当负担被侵权人因此支出的必要费用。

第一千二百零七条 明知产品存在缺陷仍然生产、销售,或者没有依据前条规定采取有效补救措施,造成他人死亡或者健康严重损害的,被侵权人有权请求相应的惩罚性赔偿。

第五章 机动车交通事故责任

第一千二百零八条 机动车发生交通事故造成损害的,依照道路交通安全法律和本法的有关规定承担赔偿责任。

第一千二百零九条 因租赁、借用等情形机动车所有人、管理人与使用人不是同一人时,发生交通事故造成损害,属于该机动车一方责任的,由机动车使用人承担赔偿责任;机动车所有人、管理人对损害的发生有过错的,承担相应的赔偿责任。

第一千二百一十条 当事人之间已经以买卖或者其他方式转让并交付机动车但是未办理登记,发生交通事故造成损害,属于该机动车一方责任的,由受让人承担赔偿责任。

第一千二百一十一条 以挂靠形式从事道路运输经营活动的机动车,发生交通事故造成损害,属于该机动车一方责任的,由挂靠人和被挂靠人承担连带责任。

第一千二百一十二条 未经允许驾驶他人机动车,发生交通事故造成损害,属于该机动车一方责任的,由机动车使用人承担赔偿责任;机动车所有人、管理人对损害的发生有过错的,承担相应的赔偿责任,但是本章另有规定的除外。

第一千二百一十三条 机动车发生交通事故造成损害,属于该机动车一方责任的,先由承保机动车强制保险的保险人在强制保险责任限额范围内予以赔偿;不足部分,由承保机动车商业保险的保险人按照保险合同的约定予以赔偿;仍然不足或者没有投保机动车商业保险的,由侵权人赔偿。

第一千二百一十四条 以买卖或者其他方式转让拼装或者已经达到报废标准的机动车,发生交通事故造成损害的,由转让人和受让人承担连带责任。

第一千二百一十五条 盗窃、抢劫或者抢夺的机动车发生交通事故造成损害的,由盗窃人、抢劫人或者抢夺人承担赔偿责任。盗窃人、抢劫人或者抢夺人与机动车使用人不是同一人，发生交通事故造成损害，属于该机动车一方责任的，由盗窃人、抢劫人或者抢夺人与机动车使用人承担连带责任。

保险人在机动车强制保险责任限额范围内垫付抢救费用的，有权向交通事故责任人追偿。

第一千二百一十六条 机动车驾驶人发生交通事故后逃逸，该机动车参加强制保险的，由保险人在机动车强制保险责任限额范围内予以赔偿；机动车不明、该机动车未参加强制保险或者抢救费用超过机动车强制保险责任限额，需要支付被侵权人人身伤亡的抢救、丧葬等费用的，由道路交通事故社会救助基金垫付。道路交通事故社会救助基金垫付后，其管理机构有权向交通事故责任人追偿。

第一千二百一十七条 非营运机动车发生交通事故造成无偿搭乘人损害，属于该机动车一方责任的，应当减轻其赔偿责任，但是机动车使用人有故意或者重大过失的除外。

第六章 医疗损害责任

第一千二百一十八条 患者在诊疗活动中受到损害，医疗机构或者其医务人员有过错的，由医疗机构承担赔偿责任。

第一千二百一十九条 医务人员在诊疗活动中应当向患者说明病情和医疗措施。需要实施手术、特殊检查、特殊治疗的，医务人员应当及时向患者具体说明医疗风险、替代医疗方案等情况，并取得其明确同意；不能或者不宜向患者说明的，应当向患者的近亲属说明，并取得其明确同意。

医务人员未尽到前款义务，造成患者损害的，医疗机构应当承担赔偿责任。

第一千二百二十条 因抢救生命垂危的患者等紧急情况，不能取得患者或者其近亲属意见的，经医疗机构负责人或者授权的负责人批准，可以立即实施相应的医疗措施。

第一千二百二十一条 医务人员在诊疗活动中未尽到与当时的医疗水平相应的诊疗义务，造成患者损害的，医疗机构应当承担赔偿责任。

第一千二百二十二条 患者在诊疗活动中受到损害,有下列情形之一的,推定医疗机构有过错:

(一)违反法律、行政法规、规章以及其他有关诊疗规范的规定;

(二)隐匿或者拒绝提供与纠纷有关的病历资料;

(三)遗失、伪造、篡改或者违法销毁病历资料。

第一千二百二十三条 因药品、消毒产品、医疗器械的缺陷,或者输入不合格的血液造成患者损害的,患者可以向药品上市许可持有人、生产者、血液提供机构请求赔偿,也可以向医疗机构请求赔偿。患者向医疗机构请求赔偿的,医疗机构赔偿后,有权向负有责任的药品上市许可持有人、生产者、血液提供机构追偿。

第一千二百二十四条 患者在诊疗活动中受到损害,有下列情形之一的,医疗机构不承担赔偿责任:

(一)患者或者其近亲属不配合医疗机构进行符合诊疗规范的诊疗;

(二)医务人员在抢救生命垂危的患者等紧急情况下已经尽到合理诊疗义务;

(三)限于当时的医疗水平难以诊疗。

前款第一项情形中,医疗机构或者其医务人员也有过错的,应当承担相应的赔偿责任。

第一千二百二十五条 医疗机构及其医务人员应当按照规定填写并妥善保管住院志、医嘱单、检验报告、手术及麻醉记录、病理资料、护理记录等病历资料。

患者要求查阅、复制前款规定的病历资料的,医疗机构应当及时提供。

第一千二百二十六条 医疗机构及其医务人员应当对患者的隐私和个人信息保密。泄露患者的隐私和个人信息,或者未经患者同意公开其病历资料的,应当承担侵权责任。

第一千二百二十七条 医疗机构及其医务人员不得违反诊疗规范实施不必要的检查。

第一千二百二十八条 医疗机构及其医务人员的合法权益受法律保护。

干扰医疗秩序、妨碍医务人员工作、生活,侵害医务人员合法权益的,应当依法承担法律责任。

第七章 环境污染和生态破坏责任

第一千二百二十九条 因污染环境、破坏生态造成他人损害的,侵权人应当承担侵权责任。

第一千二百三十条 因污染环境、破坏生态发生纠纷,行为人应当就法律规定的不承担责任或者减轻责任的情形及其行为与损害之间不存在因果关系承担举证责任。

第一千二百三十一条 两个以上侵权人污染环境、破坏生态的,承担责任的大小,根据污染物的种类、浓度、排放量,破坏生态的方式、范围、程度,以及行为对损害后果所起的作用等因素确定。

第一千二百三十二条 侵权人违反法律规定故意污染环境、破坏生态造成严重后果的,被侵权人有权请求相应的惩罚性赔偿。

第一千二百三十三条 因第三人的过错污染环境、破坏生态的,被侵权人可以向侵权人请求赔偿,也可以向第三人请求赔偿。侵权人赔偿后,有权向第三人追偿。

第一千二百三十四条 违反国家规定造成生态环境损害,生态环境能够修复的,国家规定的机关或者法律规定的组织有权请求侵权人在合理期限内承担修复责任。侵权人在期限内未修复的,国家规定的机关或者法律规定的组织可以自行或者委托他人进行修复,所需费用由侵权人负担。

第一千二百三十五条 违反国家规定造成生态环境损害的,国家规定的机关或者法律规定的组织有权请求侵权人赔偿下列损失和费用:

(一)生态环境受到损害至修复完成期间服务功能丧失导致的损失;

(二)生态环境功能永久性损害造成的损失;

(三)生态环境损害调查、鉴定评估等费用;

(四)清除污染、修复生态环境费用;

(五)防止损害的发生和扩大所支出的合理费用。

第八章　高度危险责任

第一千二百三十六条　从事高度危险作业造成他人损害的,应当承担侵权责任。

第一千二百三十七条　民用核设施或者运入运出核设施的核材料发生核事故造成他人损害的,民用核设施的营运单位应当承担侵权责任;但是,能够证明损害是因战争、武装冲突、暴乱等情形或者受害人故意造成的,不承担责任。

第一千二百三十八条　民用航空器造成他人损害的,民用航空器的经营者应当承担侵权责任;但是,能够证明损害是因受害人故意造成的,不承担责任。

第一千二百三十九条　占有或者使用易燃、易爆、剧毒、高放射性、强腐蚀性、高致病性等高度危险物造成他人损害的,占有人或者使用人应当承担侵权责任;但是,能够证明损害是因受害人故意或者不可抗力造成的,不承担责任。被侵权人对损害的发生有重大过失的,可以减轻占有人或者使用人的责任。

第一千二百四十条　从事高空、高压、地下挖掘活动或者使用高速轨道运输工具造成他人损害的,经营者应当承担侵权责任;但是,能够证明损害是因受害人故意或者不可抗力造成的,不承担责任。被侵权人对损害的发生有重大过失的,可以减轻经营者的责任。

第一千二百四十一条　遗失、抛弃高度危险物造成他人损害的,由所有人承担侵权责任。所有人将高度危险物交由他人管理的,由管理人承担侵权责任;所有人有过错的,与管理人承担连带责任。

第一千二百四十二条　非法占有高度危险物造成他人损害的,由非法占有人承担侵权责任。所有人、管理人不能证明对防止非法占有尽到高度注意义务的,与非法占有人承担连带责任。

第一千二百四十三条　未经许可进入高度危险活动区域或者高度危险物存放区域受到损害,管理人能够证明已经采取足够安全措施并尽到充分警示义务的,可以减轻或者不承担责任。

第一千二百四十四条　承担高度危险责任,法律规定赔偿限额的,依照其规定,但是行为人有故意或者重大过失的除外。

第九章 饲养动物损害责任

第一千二百四十五条 饲养的动物造成他人损害的,动物饲养人或者管理人应当承担侵权责任;但是,能够证明损害是因被侵权人故意或者重大过失造成的,可以不承担或者减轻责任。

第一千二百四十六条 违反管理规定,未对动物采取安全措施造成他人损害的,动物饲养人或者管理人应当承担侵权责任;但是,能够证明损害是因被侵权人故意造成的,可以减轻责任。

第一千二百四十七条 禁止饲养的烈性犬等危险动物造成他人损害的,动物饲养人或者管理人应当承担侵权责任。

第一千二百四十八条 动物园的动物造成他人损害的,动物园应当承担侵权责任;但是,能够证明尽到管理职责的,不承担侵权责任。

第一千二百四十九条 遗弃、逃逸的动物在遗弃、逃逸期间造成他人损害的,由动物原饲养人或者管理人承担侵权责任。

第一千二百五十条 因第三人的过错致使动物造成他人损害的,被侵权人可以向动物饲养人或者管理人请求赔偿,也可以向第三人请求赔偿。动物饲养人或者管理人赔偿后,有权向第三人追偿。

第一千二百五十一条 饲养动物应当遵守法律法规,尊重社会公德,不得妨碍他人生活。

第十章 建筑物和物件损害责任

第一千二百五十二条 建筑物、构筑物或者其他设施倒塌、塌陷造成他人损害的,由建设单位与施工单位承担连带责任,但是建设单位与施工单位能够证明不存在质量缺陷的除外。建设单位、施工单位赔偿后,有其他责任人的,有权向其他责任人追偿。

因所有人、管理人、使用人或者第三人的原因,建筑物、构筑物或者其他设施倒塌、塌陷造成他人损害的,由所有人、管理人、使用人或者第三人承担侵权责任。

第一千二百五十三条 建筑物、构筑物或者其他设施及其搁置物、悬挂物发生脱落、坠落造成他人损害,所有人、管理人或者使用人不能证明自己没有过错的,应当承担侵权责任。所有人、管理人或者使用人赔偿后,有其他责任人的,有权向其他责任人追偿。

第一千二百五十四条 禁止从建筑物中抛掷物品。从建筑物中抛掷物品或者从建筑物上坠落的物品造成他人损害的,由侵权人依法承担侵权责任;经调查难以确定具体侵权人的,除能够证明自己不是侵权人的外,由可能加害的建筑物使用人给予补偿。可能加害的建筑物使用人补偿后,有权向侵权人追偿。

物业服务企业等建筑物管理人应当采取必要的安全保障措施防止前款规定情形的发生;未采取必要的安全保障措施的,应当依法承担未履行安全保障义务的侵权责任。

发生本条第一款规定的情形的,公安等机关应当依法及时调查,查清责任人。

第一千二百五十五条 堆放物倒塌、滚落或者滑落造成他人损害,堆放人不能证明自己没有过错的,应当承担侵权责任。

第一千二百五十六条 在公共道路上堆放、倾倒、遗撒妨碍通行的物品造成他人损害的,由行为人承担侵权责任。公共道路管理人不能证明已经尽到清理、防护、警示等义务的,应当承担相应的责任。

第一千二百五十七条 因林木折断、倾倒或者果实坠落等造成他人损害,林木的所有人或者管理人不能证明自己没有过错的,应当承担侵权责任。

第一千二百五十八条 在公共场所或者道路上挖掘、修缮安装地下设施等造成他人损害,施工人不能证明已经设置明显标志和采取安全措施的,应当承担侵权责任。

窨井等地下设施造成他人损害,管理人不能证明尽到管理职责的,应当承担侵权责任。

附　则

第一千二百五十九条 民法所称的"以上"、"以下"、"以内"、"届满",包括本数;所称的"不满"、"超过"、"以外",不包括本数。

第一千二百六十条 本法自2021年1月1日起施行。《中华人民共和国婚姻法》、《中华人民共和国继承法》、《中华人民共和国民法通则》、《中华人民共和国收养法》、《中华人民共和国担保法》、《中华人民共和国合同法》、《中华人民共和国物权法》、《中华人民共和国侵权责任法》、《中华人民共和国民法总则》同时废止。

中华人民共和国刑法

（1979年7月1日第五届全国人民代表大会第二次会议通过 1997年3月14日第八届全国人民代表大会第五次会议修订 根据1998年12月29日第九届全国人民代表大会常务委员会第六次会议通过的《关于惩治骗购外汇、逃汇和非法买卖外汇犯罪的决定》、1999年12月25日第九届全国人民代表大会常务委员会第十三次会议通过的《中华人民共和国刑法修正案》、2001年8月31日第九届全国人民代表大会常务委员会第二十三次会议通过的《中华人民共和国刑法修正案（二）》、2001年12月29日第九届全国人民代表大会常务委员会第二十五次会议通过的《中华人民共和国刑法修正案（三）》、2002年12月28日第九届全国人民代表大会常务委员会第三十一次会议通过的《中华人民共和国刑法修正案（四）》、2005年2月28日第十届全国人民代表大会常务委员会第十四次会议通过的《中华人民共和国刑法修正案（五）》、2006年6月29日第十届全国人民代表大会常务委员会第二十二次会议通过的《中华人民共和国刑法修正案（六）》、2009年2月28日第十一届全国人民代表大会常务委员会第七次会议通过的《中华人民共和国刑法修正案（七）》、2009年8月27日第十一届全国人民代表大会常务委员会第十次会议通过的《关于修改部分法律的决定》、2011年2月25日第十一届全国人民代表大会常务委员会第十九次会议通过的《中华人民共和国刑法修正案（八）》、2015年8月29日第十二届全国人民代表大会常务委员会第十六次会议通过的《中华人民共和国刑法修正案（九）》、2017年11月4日第十二届全国人民代表大会常务委员会第三十次会议通过的《中华人民共和国刑法修正案(十)》、2020 年 12 月 26 日第十三届全国人民代表大会常务委员会第二十四次会议通过的《中华人民共和国刑法修正案(十一)》和 2023 年 12 月 29 日第十四届全国人民代表大会常务委员会第七次会议通过的《中华人民共和国刑法修正案(十二)》修正①)

目　　录

第一编　总　　则
　第一章　刑法的任务、基本原则和适用范围
　第二章　犯　　罪
　　第一节　犯罪和刑事责任
　　第二节　犯罪的预备、未遂和中止
　　第三节　共同犯罪
　　第四节　单位犯罪
　第三章　刑　　罚
　　第一节　刑罚的种类
　　第二节　管　　制
　　第三节　拘　　役
　　第四节　有期徒刑、无期徒刑
　　第五节　死　　刑
　　第六节　罚　　金
　　第七节　剥夺政治权利
　　第八节　没收财产
　第四章　刑罚的具体运用
　　第一节　量　　刑
　　第二节　累　　犯

---

① 刑法、历次刑法修正案、涉及修改刑法的决定的施行日期,分别依据各法律所规定的施行日期确定。

第三节　自首和立功

　　第四节　数罪并罚

　　第五节　缓　　刑

　　第六节　减　　刑

　　第七节　假　　释

　　第八节　时　　效

第五章　其他规定

第二编　分　　则

第一章　危害国家安全罪

第二章　危害公共安全罪

第三章　破坏社会主义市场经济秩序罪

　　第一节　生产、销售伪劣商品罪

　　第二节　走私罪

　　第三节　妨害对公司、企业的管理秩序罪

　　第四节　破坏金融管理秩序罪

　　第五节　金融诈骗罪

　　第六节　危害税收征管罪

　　第七节　侵犯知识产权罪

　　第八节　扰乱市场秩序罪

第四章　侵犯公民人身权利、民主权利罪

第五章　侵犯财产罪

第六章　妨害社会管理秩序罪

　　第一节　扰乱公共秩序罪

　　第二节　妨害司法罪

　　第三节　妨害国(边)境管理罪

　　第四节　妨害文物管理罪

　　第五节　危害公共卫生罪

　　第六节　破坏环境资源保护罪

　　第七节　走私、贩卖、运输、制造毒品罪

　　第八节　组织、强迫、引诱、容留、介绍卖淫罪

　　第九节　制作、贩卖、传播淫秽物品罪

第七章　危害国防利益罪

第八章　贪污贿赂罪

第九章　渎职罪

第十章　军人违反职责罪

附　则

第一编　总　则

第一章　刑法的任务、基本原则和适用范围

第一条　为了惩罚犯罪，保护人民，根据宪法，结合我国同犯罪作斗争的具体经验及实际情况，制定本法。

第二条　中华人民共和国刑法的任务，是用刑罚同一切犯罪行为作斗争，以保卫国家安全，保卫人民民主专政的政权和社会主义制度，保护国有财产和劳动群众集体所有的财产，保护公民私人所有的财产，保护公民的人身权利、民主权利和其他权利，维护社会秩序、经济秩序，保障社会主义建设事业的顺利进行。

第三条　法律明文规定为犯罪行为的，依照法律定罪处刑；法律没有明文规定为犯罪行为的，不得定罪处刑。

第四条　对任何人犯罪，在适用法律上一律平等。不允许任何人有超越法律的特权。

第五条　刑罚的轻重，应当与犯罪分子所犯罪行和承担的刑事责任相适应。

第六条　凡在中华人民共和国领域内犯罪的，除法律有特别规定的以外，都适用本法。

凡在中华人民共和国船舶或者航空器内犯罪的，也适用本法。

犯罪的行为或者结果有一项发生在中华人民共和国领域内的，就认为是在中华人民共和国领域内犯罪。

第七条　中华人民共和国公民在中华人民共和国领域外犯本法规定之罪的，适用本法，但是按本法规定的最高刑为三年以下有期徒刑的，可以不予追究。

中华人民共和国国家工作人员和军人在中华人民共和国领域外

犯本法规定之罪的,适用本法。

第八条 外国人在中华人民共和国领域外对中华人民共和国国家或者公民犯罪,而按本法规定的最低刑为三年以上有期徒刑的,可以适用本法,但是按照犯罪地的法律不受处罚的除外。

第九条 对于中华人民共和国缔结或者参加的国际条约所规定的罪行,中华人民共和国在所承担条约义务的范围内行使刑事管辖权的,适用本法。

第十条 凡在中华人民共和国领域外犯罪,依照本法应当负刑事责任的,虽然经过外国审判,仍然可以依照本法追究,但是在外国已经受过刑罚处罚的,可以免除或者减轻处罚。

第十一条 享有外交特权和豁免权的外国人的刑事责任,通过外交途径解决。

第十二条 中华人民共和国成立以后本法施行以前的行为,如果当时的法律不认为是犯罪的,适用当时的法律;如果当时的法律认为是犯罪的,依照本法总则第四章第八节的规定应当追诉的,按照当时的法律追究刑事责任,但是如果本法不认为是犯罪或者处刑较轻的,适用本法。

本法施行以前,依照当时的法律已经作出的生效判决,继续有效。

第二章 犯 罪

第一节 犯罪和刑事责任

第十三条 一切危害国家主权、领土完整和安全,分裂国家、颠覆人民民主专政的政权和推翻社会主义制度,破坏社会秩序和经济秩序,侵犯国有财产或者劳动群众集体所有的财产,侵犯公民私人所有的财产,侵犯公民的人身权利、民主权利和其他权利,以及其他危害社会的行为,依照法律应当受刑罚处罚的,都是犯罪,但是情节显著轻微危害不大的,不认为是犯罪。

第十四条 明知自己的行为会发生危害社会的结果,并且希望或者放任这种结果发生,因而构成犯罪的,是故意犯罪。

故意犯罪,应当负刑事责任。

第十五条 应当预见自己的行为可能发生危害社会的结果,因为疏忽大意而没有预见,或者已经预见而轻信能够避免,以致发生这种结果的,是过失犯罪。

过失犯罪,法律有规定的才负刑事责任。

第十六条 行为在客观上虽然造成了损害结果,但是不是出于故意或者过失,而是由于不能抗拒或者不能预见的原因所引起的,不是犯罪。

第十七条 已满十六周岁的人犯罪,应当负刑事责任。

已满十四周岁不满十六周岁的人,犯故意杀人、故意伤害致人重伤或者死亡、强奸、抢劫、贩卖毒品、放火、爆炸、投放危险物质罪的,应当负刑事责任。

已满十二周岁不满十四周岁的人,犯故意杀人、故意伤害罪,致人死亡或者以特别残忍手段致人重伤造成严重残疾,情节恶劣,经最高人民检察院核准追诉的,应当负刑事责任。

对依照前三款规定追究刑事责任的不满十八周岁的人,应当从轻或者减轻处罚。

因不满十六周岁不予刑事处罚的,责令其父母或者其他监护人加以管教;在必要的时候,依法进行专门矫治教育。

第十七条之一 已满七十五周岁的人故意犯罪的,可以从轻或者减轻处罚;过失犯罪的,应当从轻或者减轻处罚。

第十八条 精神病人在不能辨认或者不能控制自己行为的时候造成危害结果,经法定程序鉴定确认的,不负刑事责任,但是应当责令他的家属或者监护人严加看管和医疗;在必要的时候,由政府强制医疗。

间歇性的精神病人在精神正常的时候犯罪,应当负刑事责任。

尚未完全丧失辨认或者控制自己行为能力的精神病人犯罪的,应当负刑事责任,但是可以从轻或者减轻处罚。

醉酒的人犯罪,应当负刑事责任。

第十九条 又聋又哑的人或者盲人犯罪,可以从轻、减轻或者免除处罚。

第二十条 为了使国家、公共利益、本人或者他人的人身、财产和

一、法律

其他权利免受正在进行的不法侵害,而采取的制止不法侵害的行为,对不法侵害人造成损害的,属于正当防卫,不负刑事责任。

正当防卫明显超过必要限度造成重大损害的,应当负刑事责任,但是应当减轻或者免除处罚。

对正在进行行凶、杀人、抢劫、强奸、绑架以及其他严重危及人身安全的暴力犯罪,采取防卫行为,造成不法侵害人伤亡的,不属于防卫过当,不负刑事责任。

第二十一条 为了使国家、公共利益、本人或者他人的人身、财产和其他权利免受正在发生的危险,不得已采取的紧急避险行为,造成损害的,不负刑事责任。

紧急避险超过必要限度造成不应有的损害的,应当负刑事责任,但是应当减轻或者免除处罚。

第一款中关于避免本人危险的规定,不适用于职务上、业务上负有特定责任的人。

第二节 犯罪的预备、未遂和中止

第二十二条 为了犯罪,准备工具、制造条件的,是犯罪预备。

对于预备犯,可以比照既遂犯从轻、减轻处罚或者免除处罚。

第二十三条 已经着手实行犯罪,由于犯罪分子意志以外的原因而未得逞的,是犯罪未遂。

对于未遂犯,可以比照既遂犯从轻或者减轻处罚。

第二十四条 在犯罪过程中,自动放弃犯罪或者自动有效地防止犯罪结果发生的,是犯罪中止。

对于中止犯,没有造成损害的,应当免除处罚;造成损害的,应当减轻处罚。

第三节 共同犯罪

第二十五条 共同犯罪是指二人以上共同故意犯罪。

二人以上共同过失犯罪,不以共同犯罪论处;应当负刑事责任的,按照他们所犯的罪分别处罚。

第二十六条 组织、领导犯罪集团进行犯罪活动的或者在共同犯罪中起主要作用的,是主犯。

三人以上为共同实施犯罪而组成的较为固定的犯罪组织,是犯罪集团。

对组织、领导犯罪集团的首要分子,按照集团所犯的全部罪行处罚。

对于第三款规定以外的主犯,应当按照其所参与的或者组织、指挥的全部犯罪处罚。

第二十七条 在共同犯罪中起次要或者辅助作用的,是从犯。

对于从犯,应当从轻、减轻处罚或者免除处罚。

第二十八条 对于被胁迫参加犯罪的,应当按照他的犯罪情节减轻处罚或者免除处罚。

第二十九条 教唆他人犯罪的,应当按照他在共同犯罪中所起的作用处罚。教唆不满十八周岁的人犯罪的,应当从重处罚。

如果被教唆的人没有犯被教唆的罪,对于教唆犯,可以从轻或者减轻处罚。

第四节 单位犯罪

第三十条 公司、企业、事业单位、机关、团体实施的危害社会的行为,法律规定为单位犯罪的,应当负刑事责任。

第三十一条 单位犯罪的,对单位判处罚金,并对其直接负责的主管人员和其他直接责任人员判处刑罚。本法分则和其他法律另有规定的,依照规定。

第三章 刑 罚

第一节 刑罚的种类

第三十二条 刑罚分为主刑和附加刑。

第三十三条 主刑的种类如下:

(一)管制;

(二)拘役;

(三)有期徒刑;

（四）无期徒刑；

（五）死刑。

第三十四条 附加刑的种类如下：

（一）罚金；

（二）剥夺政治权利；

（三）没收财产。

附加刑也可以独立适用。

第三十五条 对于犯罪的外国人，可以独立适用或者附加适用驱逐出境。

第三十六条 由于犯罪行为而使被害人遭受经济损失的，对犯罪分子除依法给予刑事处罚外，并应根据情况判处赔偿经济损失。

承担民事赔偿责任的犯罪分子，同时被判处罚金，其财产不足以全部支付的，或者被判处没收财产的，应当先承担对被害人的民事赔偿责任。

第三十七条 对于犯罪情节轻微不需要判处刑罚的，可以免予刑事处罚，但是可以根据案件的不同情况，予以训诫或者责令具结悔过、赔礼道歉、赔偿损失，或者由主管部门予以行政处罚或者行政处分。

第三十七条之一 因利用职业便利实施犯罪，或者实施违背职业要求的特定义务的犯罪被判处刑罚的，人民法院可以根据犯罪情况和预防再犯罪的需要，禁止其自刑罚执行完毕之日或者假释之日起从事相关职业，期限为三年至五年。

被禁止从事相关职业的人违反人民法院依照前款规定作出的决定的，由公安机关依法给予处罚；情节严重的，依照本法第三百一十三条的规定定罪处罚。

其他法律、行政法规对其从事相关职业另有禁止或者限制性规定的，从其规定。

第二节 管 制

第三十八条 管制的期限，为三个月以上二年以下。

判处管制，可以根据犯罪情况，同时禁止犯罪分子在执行期间从事特定活动，进入特定区域、场所，接触特定的人。

对判处管制的犯罪分子,依法实行社区矫正。

违反第二款规定的禁止令的,由公安机关依照《中华人民共和国治安管理处罚法》的规定处罚。

第三十九条 被判处管制的犯罪分子,在执行期间,应当遵守下列规定:

(一)遵守法律、行政法规,服从监督;

(二)未经执行机关批准,不得行使言论、出版、集会、结社、游行、示威自由的权利;

(三)按照执行机关规定报告自己的活动情况;

(四)遵守执行机关关于会客的规定;

(五)离开所居住的市、县或者迁居,应当报经执行机关批准。

对于被判处管制的犯罪分子,在劳动中应当同工同酬。

第四十条 被判处管制的犯罪分子,管制期满,执行机关应即向本人和其所在单位或者居住地的群众宣布解除管制。

第四十一条 管制的刑期,从判决执行之日起计算;判决执行以前先行羁押的,羁押一日折抵刑期二日。

第三节 拘 役

第四十二条 拘役的期限,为一个月以上六个月以下。

第四十三条 被判处拘役的犯罪分子,由公安机关就近执行。

在执行期间,被判处拘役的犯罪分子每月可以回家一天至两天;参加劳动的,可以酌量发给报酬。

第四十四条 拘役的刑期,从判决执行之日起计算;判决执行以前先行羁押的,羁押一日折抵刑期一日。

第四节 有期徒刑、无期徒刑

第四十五条 有期徒刑的期限,除本法第五十条、第六十九条规定外,为六个月以上十五年以下。

第四十六条 被判处有期徒刑、无期徒刑的犯罪分子,在监狱或者其他执行场所执行;凡有劳动能力的,都应当参加劳动,接受教育和改造。

第四十七条 有期徒刑的刑期,从判决执行之日起计算;判决执行以前先行羁押的,羁押一日折抵刑期一日。

第五节 死 刑

第四十八条 死刑只适用于罪行极其严重的犯罪分子。对于应当判处死刑的犯罪分子,如果不是必须立即执行的,可以判处死刑同时宣告缓期二年执行。

死刑除依法由最高人民法院判决的以外,都应当报请最高人民法院核准。死刑缓期执行的,可以由高级人民法院判决或者核准。

第四十九条 犯罪的时候不满十八周岁的人和审判的时候怀孕的妇女,不适用死刑。

审判的时候已满七十五周岁的人,不适用死刑,但以特别残忍手段致人死亡的除外。

第五十条 判处死刑缓期执行的,在死刑缓期执行期间,如果没有故意犯罪,二年期满以后,减为无期徒刑;如果确有重大立功表现,二年期满以后,减为二十五年有期徒刑;如果故意犯罪,情节恶劣的,报请最高人民法院核准后执行死刑;对于故意犯罪未执行死刑的,死刑缓期执行的期间重新计算,并报最高人民法院备案。

对被判处死刑缓期执行的累犯以及因故意杀人、强奸、抢劫、绑架、放火、爆炸、投放危险物质或者有组织的暴力性犯罪被判处死刑缓期执行的犯罪分子,人民法院根据犯罪情节等情况可以同时决定对其限制减刑。

第五十一条 死刑缓期执行的期间,从判决确定之日起计算。死刑缓期执行减为有期徒刑的刑期,从死刑缓期执行期满之日起计算。

第六节 罚 金

第五十二条 判处罚金,应当根据犯罪情节决定罚金数额。

第五十三条 罚金在判决指定的期限内一次或者分期缴纳。期满不缴纳的,强制缴纳。对于不能全部缴纳罚金的,人民法院在任何时候发现被执行人有可以执行的财产,应当随时追缴。

由于遭遇不能抗拒的灾祸等原因缴纳确实有困难的,经人民法院裁定,可以延期缴纳、酌情减少或者免除。

第七节　剥夺政治权利

第五十四条　剥夺政治权利是剥夺下列权利:
(一)选举权和被选举权;
(二)言论、出版、集会、结社、游行、示威自由的权利;
(三)担任国家机关职务的权利;
(四)担任国有公司、企业、事业单位和人民团体领导职务的权利。

第五十五条　剥夺政治权利的期限,除本法第五十七条规定外,为一年以上五年以下。

判处管制附加剥夺政治权利的,剥夺政治权利的期限与管制的期限相等,同时执行。

第五十六条　对于危害国家安全的犯罪分子应当附加剥夺政治权利;对于故意杀人、强奸、放火、爆炸、投毒、抢劫等严重破坏社会秩序的犯罪分子,可以附加剥夺政治权利。

独立适用剥夺政治权利的,依照本法分则的规定。

第五十七条　对于被判处死刑、无期徒刑的犯罪分子,应当剥夺政治权利终身。

在死刑缓期执行减为有期徒刑或者无期徒刑减为有期徒刑的时候,应当把附加剥夺政治权利的期限改为三年以上十年以下。

第五十八条　附加剥夺政治权利的刑期,从徒刑、拘役执行完毕之日或者从假释之日起计算;剥夺政治权利的效力当然施用于主刑执行期间。

被剥夺政治权利的犯罪分子,在执行期间,应当遵守法律、行政法规和国务院公安部门有关监督管理的规定,服从监督;不得行使本法第五十四条规定的各项权利。

第八节　没收财产

第五十九条　没收财产是没收犯罪分子个人所有财产的一部或者全部。没收全部财产的,应当对犯罪分子个人及其扶养的家属保留必需的生活费用。

在判处没收财产的时候,不得没收属于犯罪分子家属所有或者应有的财产。

第六十条　没收财产以前犯罪分子所负的正当债务,需要以没收的财产偿还的,经债权人请求,应当偿还。

第四章　刑罚的具体运用

第一节　量　刑

第六十一条　对于犯罪分子决定刑罚的时候,应当根据犯罪的事实、犯罪的性质、情节和对于社会的危害程度,依照本法的有关规定判处。

第六十二条　犯罪分子具有本法规定的从重处罚、从轻处罚情节的,应当在法定刑的限度以内判处刑罚。

第六十三条　犯罪分子具有本法规定的减轻处罚情节的,应当在法定刑以下判处刑罚;本法规定有数个量刑幅度的,应当在法定量刑幅度的下一个量刑幅度内判处刑罚。

犯罪分子虽然不具有本法规定的减轻处罚情节,但是根据案件的特殊情况,经最高人民法院核准,也可以在法定刑以下判处刑罚。

第六十四条　犯罪分子违法所得的一切财物,应当予以追缴或者责令退赔;对被害人的合法财产,应当及时返还;违禁品和供犯罪所用的本人财物,应当予以没收。没收的财物和罚金,一律上缴国库,不得挪用和自行处理。

第二节　累　犯

第六十五条　被判处有期徒刑以上刑罚的犯罪分子,刑罚执行完毕或者赦免以后,在五年以内再犯应当判处有期徒刑以上刑罚之罪的,是累犯,应当从重处罚,但是过失犯罪和不满十八周岁的人犯罪的除外。

前款规定的期限,对于被假释的犯罪分子,从假释期满之日起计算。

第六十六条　危害国家安全犯罪、恐怖活动犯罪、黑社会性质的组织犯罪的犯罪分子,在刑罚执行完毕或者赦免以后,在任何时候再犯上述任一类罪的,都以累犯论处。

第三节 自首和立功

第六十七条 犯罪以后自动投案,如实供述自己的罪行的,是自首。对于自首的犯罪分子,可以从轻或者减轻处罚。其中,犯罪较轻的,可以免除处罚。

被采取强制措施的犯罪嫌疑人、被告人和正在服刑的罪犯,如实供述司法机关还未掌握的本人其他罪行的,以自首论。

犯罪嫌疑人虽不具有前两款规定的自首情节,但是如实供述自己罪行的,可以从轻处罚;因其如实供述自己罪行,避免特别严重后果发生的,可以减轻处罚。

第六十八条 犯罪分子有揭发他人犯罪行为,查证属实的,或者提供重要线索,从而得以侦破其他案件等立功表现的,可以从轻或者减轻处罚;有重大立功表现的,可以减轻或者免除处罚。

犯罪后自首又有重大立功表现的,应当减轻或者免除处罚。①

第四节 数罪并罚

第六十九条 判决宣告以前一人犯数罪的,除判处死刑和无期徒刑的以外,应当在总和刑期以下、数刑中最高刑期以上,酌情决定执行的刑期,但是管制最高不能超过三年,拘役最高不能超过一年,有期徒刑总和刑期不满三十五年的,最高不能超过二十年,总和刑期在三十五年以上的,最高不能超过二十五年。

数罪中有判处有期徒刑和拘役的,执行有期徒刑。数罪中有判处有期徒刑和管制,或者拘役和管制的,有期徒刑、拘役执行完毕后,管制仍须执行。

数罪中有判处附加刑的,附加刑仍须执行,其中附加刑种类相同的,合并执行,种类不同的,分别执行。

---

① 本款根据2011年2月25日《刑法修正案(八)》删除。

第七十条 判决宣告以后,刑罚执行完毕以前,发现被判刑的犯罪分子在判决宣告以前还有其他罪没有判决的,应当对新发现的罪作出判决,把前后两个判决所判处的刑罚,依照本法第六十九条的规定,决定执行的刑罚。已经执行的刑期,应当计算在新判决决定的刑期以内。

第七十一条 判决宣告以后,刑罚执行完毕以前,被判刑的犯罪分子又犯罪的,应当对新犯的罪作出判决,把前罪没有执行的刑罚和后罪所判处的刑罚,依照本法第六十九条的规定,决定执行的刑罚。

第五节 缓刑

第七十二条 对于被判处拘役、三年以下有期徒刑的犯罪分子,同时符合下列条件的,可以宣告缓刑,对其中不满十八周岁的人、怀孕的妇女和已满七十五周岁的人,应当宣告缓刑:

(一)犯罪情节较轻;

(二)有悔罪表现;

(三)没有再犯罪的危险;

(四)宣告缓刑对所居住社区没有重大不良影响。

宣告缓刑,可以根据犯罪情况,同时禁止犯罪分子在缓刑考验期限内从事特定活动,进入特定区域、场所,接触特定的人。

被宣告缓刑的犯罪分子,如果被判处附加刑,附加刑仍须执行。

第七十三条 拘役的缓刑考验期限为原判刑期以上一年以下,但是不能少于二个月。

有期徒刑的缓刑考验期限为原判刑期以上五年以下,但是不能少于一年。

缓刑考验期限,从判决确定之日起计算。

第七十四条 对于累犯和犯罪集团的首要分子,不适用缓刑。

第七十五条 被宣告缓刑的犯罪分子,应当遵守下列规定:

(一)遵守法律、行政法规,服从监督;

(二)按照考察机关的规定报告自己的活动情况;

(三)遵守考察机关关于会客的规定;

(四)离开所居住的市、县或者迁居,应当报经考察机关批准。

第七十六条　对宣告缓刑的犯罪分子,在缓刑考验期限内,依法实行社区矫正,如果没有本法第七十七条规定的情形,缓刑考验期满,原判的刑罚就不再执行,并公开予以宣告。

第七十七条　被宣告缓刑的犯罪分子,在缓刑考验期限内犯新罪或者发现判决宣告以前还有其他罪没有判决的,应当撤销缓刑,对新犯的罪或者新发现的罪作出判决,把前罪和后罪所判处的刑罚,依照本法第六十九条的规定,决定执行的刑罚。

被宣告缓刑的犯罪分子,在缓刑考验期限内,违反法律、行政法规或者国务院有关部门关于缓刑的监督管理规定,或者违反人民法院判决中的禁止令,情节严重的,应当撤销缓刑,执行原判刑罚。

第六节　减　　刑

第七十八条　被判处管制、拘役、有期徒刑、无期徒刑的犯罪分子,在执行期间,如果认真遵守监规,接受教育改造,确有悔改表现的,或者有立功表现的,可以减刑;有下列重大立功表现之一的,应当减刑:

(一)阻止他人重大犯罪活动的;

(二)检举监狱内外重大犯罪活动,经查证属实的;

(三)有发明创造或者重大技术革新的;

(四)在日常生产、生活中舍己救人的;

(五)在抗御自然灾害或者排除重大事故中,有突出表现的;

(六)对国家和社会有其他重大贡献的。

减刑以后实际执行的刑期不能少于下列期限:

(一)判处管制、拘役、有期徒刑的,不能少于原判刑期的二分之一;

(二)判处无期徒刑的,不能少于十三年;

(三)人民法院依照本法第五十条第二款规定限制减刑的死刑缓期执行的犯罪分子,缓期执行期满后依法减为无期徒刑的,不能少于二十五年,缓期执行期满后依法减为二十五年有期徒刑的,不能少于二十年。

第七十九条　对于犯罪分子的减刑,由执行机关向中级以上人民法院提出减刑建议书。人民法院应当组成合议庭进行审理,对确有悔改或者立功事实的,裁定予以减刑。非经法定程序不得减刑。

第八十条 无期徒刑减为有期徒刑的刑期,从裁定减刑之日起计算。

第七节 假 释

第八十一条 被判处有期徒刑的犯罪分子,执行原判刑期二分之一以上,被判处无期徒刑的犯罪分子,实际执行十三年以上,如果认真遵守监规,接受教育改造,确有悔改表现,没有再犯罪的危险的,可以假释。如果有特殊情况,经最高人民法院核准,可以不受上述执行刑期的限制。

对累犯以及因故意杀人、强奸、抢劫、绑架、放火、爆炸、投放危险物质或者有组织的暴力性犯罪被判处十年以上有期徒刑、无期徒刑的犯罪分子,不得假释。

对犯罪分子决定假释时,应当考虑其假释后对所居住社区的影响。

第八十二条 对于犯罪分子的假释,依照本法第七十九条规定的程序进行。非经法定程序不得假释。

第八十三条 有期徒刑的假释考验期限,为没有执行完毕的刑期;无期徒刑的假释考验期限为十年。

假释考验期限,从假释之日起计算。

第八十四条 被宣告假释的犯罪分子,应当遵守下列规定:

(一)遵守法律、行政法规,服从监督;

(二)按照监督机关的规定报告自己的活动情况;

(三)遵守监督机关关于会客的规定;

(四)离开所居住的市、县或者迁居,应当报经监督机关批准。

第八十五条 对假释的犯罪分子,在假释考验期限内,依法实行社区矫正,如果没有本法第八十六条规定的情形,假释考验期满,就认为原判刑罚已经执行完毕,并公开予以宣告。

第八十六条 被假释的犯罪分子,在假释考验期限内犯新罪,应当撤销假释,依照本法第七十一条的规定实行数罪并罚。

在假释考验期限内,发现被假释的犯罪分子在判决宣告以前还有其他罪没有判决的,应当撤销假释,依照本法第七十条的规定实行数罪并罚。

被假释的犯罪分子,在假释考验期限内,有违反法律、行政法规或者国务院有关部门关于假释的监督管理规定的行为,尚未构成新的犯罪的,应当依照法定程序撤销假释,收监执行未执行完毕的刑罚。

第八节 时　效

第八十七条 犯罪经过下列期限不再追诉:
(一)法定最高刑为不满五年有期徒刑的,经过五年;
(二)法定最高刑为五年以上不满十年有期徒刑的,经过十年;
(三)法定最高刑为十年以上有期徒刑的,经过十五年;
(四)法定最高刑为无期徒刑、死刑的,经过二十年。如果二十年以后认为必须追诉的,须报请最高人民检察院核准。

第八十八条 在人民检察院、公安机关、国家安全机关立案侦查或者在人民法院受理案件以后,逃避侦查或者审判的,不受追诉期限的限制。

被害人在追诉期限内提出控告,人民法院、人民检察院、公安机关应当立案而不予立案的,不受追诉期限的限制。

第八十九条 追诉期限从犯罪之日起计算;犯罪行为有连续或者继续状态的,从犯罪行为终了之日起计算。

在追诉期限以内又犯罪的,前罪追诉的期限从犯后罪之日起计算。

第五章　其他规定

第九十条 民族自治地方不能全部适用本法规定的,可以由自治区或者省的人民代表大会根据当地民族的政治、经济、文化的特点和本法规定的基本原则,制定变通或者补充的规定,报请全国人民代表大会常务委员会批准施行。

第九十一条 本法所称公共财产,是指下列财产:
(一)国有财产;

（二）劳动群众集体所有的财产；

（三）用于扶贫和其他公益事业的社会捐助或者专项基金的财产。

在国家机关、国有公司、企业、集体企业和人民团体管理、使用或者运输中的私人财产，以公共财产论。

第九十二条　本法所称公民私人所有的财产，是指下列财产：

（一）公民的合法收入、储蓄、房屋和其他生活资料；

（二）依法归个人、家庭所有的生产资料；

（三）个体户和私营企业的合法财产；

（四）依法归个人所有的股份、股票、债券和其他财产。

第九十三条　本法所称国家工作人员，是指国家机关中从事公务的人员。

国有公司、企业、事业单位、人民团体中从事公务的人员和国家机关、国有公司、企业、事业单位委派到非国有公司、企业、事业单位、社会团体从事公务的人员，以及其他依照法律从事公务的人员，以国家工作人员论。

第九十四条　本法所称司法工作人员，是指有侦查、检察、审判、监管职责的工作人员。

第九十五条　本法所称重伤，是指有下列情形之一的伤害：

（一）使人肢体残废或者毁人容貌的；

（二）使人丧失听觉、视觉或者其他器官机能的；

（三）其他对于人身健康有重大伤害的。

第九十六条　本法所称违反国家规定，是指违反全国人民代表大会及其常务委员会制定的法律和决定，国务院制定的行政法规、规定的行政措施、发布的决定和命令。

第九十七条　本法所称首要分子，是指在犯罪集团或者聚众犯罪中起组织、策划、指挥作用的犯罪分子。

第九十八条　本法所称告诉才处理，是指被害人告诉才处理。如果被害人因受强制、威吓无法告诉的，人民检察院和被害人的近亲属也可以告诉。

第九十九条　本法所称以上、以下、以内，包括本数。

第一百条　依法受过刑事处罚的人，在入伍、就业的时候，应当如实向有关单位报告自己曾受过刑事处罚,不得隐瞒。

犯罪的时候不满十八周岁被判处五年有期徒刑以下刑罚的人,免除前款规定的报告义务。

第一百零一条 本法总则适用于其他有刑罚规定的法律,但是其他法律有特别规定的除外。

第二编 分 则

第一章 危害国家安全罪

第一百零二条 勾结外国,危害中华人民共和国的主权、领土完整和安全的,处无期徒刑或者十年以上有期徒刑。

与境外机构、组织、个人相勾结,犯前款罪的,依照前款的规定处罚。

第一百零三条 组织、策划、实施分裂国家、破坏国家统一的,对首要分子或者罪行重大的,处无期徒刑或者十年以上有期徒刑;对积极参加的,处三年以上十年以下有期徒刑;对其他参加的,处三年以下有期徒刑、拘役、管制或者剥夺政治权利。

煽动分裂国家、破坏国家统一的,处五年以下有期徒刑、拘役、管制或者剥夺政治权利;首要分子或者罪行重大的,处五年以上有期徒刑。

第一百零四条 组织、策划、实施武装叛乱或者武装暴乱的,对首要分子或者罪行重大的,处无期徒刑或者十年以上有期徒刑;对积极参加的,处三年以上十年以下有期徒刑;对其他参加的,处三年以下有期徒刑、拘役、管制或者剥夺政治权利。

策动、胁迫、勾引、收买国家机关工作人员、武装部队人员、人民警察、民兵进行武装叛乱或者武装暴乱的,依照前款的规定从重处罚。

第一百零五条 组织、策划、实施颠覆国家政权、推翻社会主义制度的,对首要分子或者罪行重大的,处无期徒刑或者十年以上有期徒刑;对积极参加的,处三年以上十年以下有期徒刑;对其他参加的,处三年以下有期徒刑、拘役、管制或者剥夺政治权利。

以造谣、诽谤或者其他方式煽动颠覆国家政权、推翻社会主义制度的,处五年以下有期徒刑、拘役、管制或者剥夺政治权利;首要分子或者罪行重大的,处五年以上有期徒刑。

第一百零六条 与境外机构、组织、个人相勾结,实施本章第一百零三条、第一百零四条、第一百零五条规定之罪的,依照各该条的规定从重处罚。

第一百零七条 境内外机构、组织或者个人资助实施本章第一百零二条、第一百零三条、第一百零四条、第一百零五条规定之罪的,对直接责任人员,处五年以下有期徒刑、拘役、管制或者剥夺政治权利;情节严重的,处五年以上有期徒刑。

第一百零八条 投敌叛变的,处三年以上十年以下有期徒刑;情节严重或者带领武装部队人员、人民警察、民兵投敌叛变的,处十年以上有期徒刑或者无期徒刑。

第一百零九条 国家机关工作人员在履行公务期间,擅离岗位,叛逃境外或者在境外叛逃的,处五年以下有期徒刑、拘役、管制或者剥夺政治权利;情节严重的,处五年以上十年以下有期徒刑。

掌握国家秘密的国家工作人员叛逃境外或者在境外叛逃的,依照前款的规定从重处罚。

第一百一十条 有下列间谍行为之一,危害国家安全的,处十年以上有期徒刑或者无期徒刑;情节较轻的,处三年以上十年以下有期徒刑:

(一)参加间谍组织或者接受间谍组织及其代理人的任务的;

(二)为敌人指示轰击目标的。

第一百一十一条 为境外的机构、组织、人员窃取、刺探、收买、非法提供国家秘密或者情报的,处五年以上十年以下有期徒刑;情节特别严重的,处十年以上有期徒刑或者无期徒刑;情节较轻的,处五年以下有期徒刑、拘役、管制或者剥夺政治权利。

第一百一十二条 战时供给敌人武器装备、军用物资资敌的,处十年以上有期徒刑或者无期徒刑;情节较轻的,处三年以上十年以下有期徒刑。

第一百一十三条 本章上述危害国家安全罪行中,除第一百零三条第二款、第一百零五条、第一百零七条、第一百零九条外,对国家和人民危害特别严重、情节特别恶劣的,可以判处死刑。

犯本章之罪的,可以并处没收财产。

第二章 危害公共安全罪

第一百一十四条 放火、决水、爆炸以及投放毒害性、放射性、传染病病原体等物质或者以其他危险方法危害公共安全,尚未造成严重后果的,处三年以上十年以下有期徒刑。

第一百一十五条 放火、决水、爆炸以及投放毒害性、放射性、传染病病原体等物质或者以其他危险方法致人重伤、死亡或者使公私财产遭受重大损失的,处十年以上有期徒刑、无期徒刑或者死刑。

过失犯前款罪的,处三年以上七年以下有期徒刑;情节较轻的,处三年以下有期徒刑或者拘役。

第一百一十六条 破坏火车、汽车、电车、船只、航空器,足以使火车、汽车、电车、船只、航空器发生倾覆、毁坏危险,尚未造成严重后果的,处三年以上十年以下有期徒刑。

第一百一十七条 破坏轨道、桥梁、隧道、公路、机场、航道、灯塔、标志或者进行其他破坏活动,足以使火车、汽车、电车、船只、航空器发生倾覆、毁坏危险,尚未造成严重后果的,处三年以上十年以下有期徒刑。

第一百一十八条 破坏电力、燃气或者其他易燃易爆设备,危害公共安全,尚未造成严重后果的,处三年以上十年以下有期徒刑。

第一百一十九条 破坏交通工具、交通设施、电力设备、燃气设备、易燃易爆设备,造成严重后果的,处十年以上有期徒刑、无期徒刑或者死刑。

过失犯前款罪的,处三年以上七年以下有期徒刑;情节较轻的,处三年以下有期徒刑或者拘役。

第一百二十条 组织、领导恐怖活动组织的,处十年以上有期徒刑或者无期徒刑,并处没收财产;积极参加的,处三年以上十年以下有期徒刑,并处罚金;其他参加的,处三年以下有期徒刑、拘役、管制或者剥夺政治权利,可以并处罚金。

犯前款罪并实施杀人、爆炸、绑架等犯罪的,依照数罪并罚的规定处罚。

第一百二十条之一 资助恐怖活动组织、实施恐怖活动的个人的,或者资助恐怖活动培训的,处五年以下有期徒刑、拘役、管制或者剥夺政治权利,并处罚金;情节严重的,处五年以上有期徒刑,并处罚金或者没收财产。

为恐怖活动组织、实施恐怖活动或者恐怖活动培训招募、运送人员的,依照前款的规定处罚。

单位犯前两款罪的,对单位判处罚金,并对其直接负责的主管人员和其他直接责任人员,依照第一款的规定处罚。

第一百二十条之二 有下列情形之一的,处五年以下有期徒刑、拘役、管制或者剥夺政治权利,并处罚金;情节严重的,处五年以上有期徒刑,并处罚金或者没收财产:

(一)为实施恐怖活动准备凶器、危险物品或者其他工具的;

(二)组织恐怖活动培训或者积极参加恐怖活动培训的;

(三)为实施恐怖活动与境外恐怖活动组织或者人员联络的;

(四)为实施恐怖活动进行策划或者其他准备的。

有前款行为,同时构成其他犯罪的,依照处罚较重的规定定罪处罚。

第一百二十条之三 以制作、散发宣扬恐怖主义、极端主义的图书、音频视频资料或者其他物品,或者通过讲授、发布信息等方式宣扬恐怖主义、极端主义的,或者煽动实施恐怖活动的,处五年以下有期徒刑、拘役、管制或者剥夺政治权利,并处罚金;情节严重的,处五年以上有期徒刑,并处罚金或者没收财产。

第一百二十条之四 利用极端主义煽动、胁迫群众破坏国家法律确立的婚姻、司法、教育、社会管理等制度实施的,处三年以下有期徒刑、拘役或者管制,并处罚金;情节严重的,处三年以上七年以下有期徒刑,并处罚金;情节特别严重的,处七年以上有期徒刑,并处罚金或者没收财产。

第一百二十条之五 以暴力、胁迫等方式强制他人在公共场所穿着、佩戴宣扬恐怖主义、极端主义服饰、标志的,处三年以下有期徒刑、拘役或者管制,并处罚金。

第一百二十条之六 明知是宣扬恐怖主义、极端主义的图书、音频视频资料或者其他物品而非法持有,情节严重的,处三年以下有期徒刑、拘役或者管制,并处或者单处罚金。

第一百二十一条 以暴力、胁迫或者其他方法劫持航空器的,处十年以上有期徒刑或者无期徒刑;致人重伤、死亡或者使航空器遭受严重破坏的,处死刑。

第一百二十二条 以暴力、胁迫或者其他方法劫持船只、汽车的,处五年以上十年以下有期徒刑;造成严重后果的,处十年以上有期徒刑或者无期徒刑。

第一百二十三条 对飞行中的航空器上的人员使用暴力,危及飞行安全,尚未造成严重后果的,处五年以下有期徒刑或者拘役;造成严重后果的,处五年以上有期徒刑。

第一百二十四条 破坏广播电视设施、公用电信设施,危害公共安全的,处三年以上七年以下有期徒刑;造成严重后果的,处七年以上有期徒刑。

过失犯前款罪的,处三年以上七年以下有期徒刑;情节较轻的,处三年以下有期徒刑或者拘役。

第一百二十五条 非法制造、买卖、运输、邮寄、储存枪支、弹药、爆炸物的,处三年以上十年以下有期徒刑;情节严重的,处十年以上有期徒刑、无期徒刑或者死刑。

非法制造、买卖、运输、储存毒害性、放射性、传染病病原体等物质,危害公共安全的,依照前款的规定处罚。

单位犯前两款罪的,对单位判处罚金,并对其直接负责的主管人员和其他直接责任人员,依照第一款的规定处罚。

第一百二十六条 依法被指定、确定的枪支制造企业、销售企业,违反枪支管理规定,有下列行为之一的,对单位判处罚金,并对其直接负责的主管人员和其他直接责任人员,处五年以下有期徒刑;情节严重的,处五年以上十年以下有期徒刑;情节特别严重的,处十年以上有期徒刑或者无期徒刑:

(一)以非法销售为目的,超过限额或者不按照规定的品种制造、配售枪支的;

（二）以非法销售为目的，制造无号、重号、假号的枪支的；

（三）非法销售枪支或者在境内销售为出口制造的枪支的。

第一百二十七条 盗窃、抢夺枪支、弹药、爆炸物的，或者盗窃、抢夺毒害性、放射性、传染病病原体等物质，危害公共安全的，处三年以上十年以下有期徒刑；情节严重的，处十年以上有期徒刑、无期徒刑或者死刑。

抢劫枪支、弹药、爆炸物的，或者抢劫毒害性、放射性、传染病病原体等物质，危害公共安全的，或者盗窃、抢夺国家机关、军警人员、民兵的枪支、弹药、爆炸物的，处十年以上有期徒刑、无期徒刑或者死刑。

第一百二十八条 违反枪支管理规定，非法持有、私藏枪支、弹药的，处三年以下有期徒刑、拘役或者管制；情节严重的，处三年以上七年以下有期徒刑。

依法配备公务用枪的人员，非法出租、出借枪支的，依照前款的规定处罚。

依法配置枪支的人员，非法出租、出借枪支，造成严重后果的，依照第一款的规定处罚。

单位犯第二款、第三款罪的，对单位判处罚金，并对其直接负责的主管人员和其他直接责任人员，依照第一款的规定处罚。

第一百二十九条 依法配备公务用枪的人员，丢失枪支不及时报告，造成严重后果的，处三年以下有期徒刑或者拘役。

第一百三十条 非法携带枪支、弹药、管制刀具或者爆炸性、易燃性、放射性、毒害性、腐蚀性物品，进入公共场所或者公共交通工具，危及公共安全，情节严重的，处三年以下有期徒刑、拘役或者管制。

第一百三十一条 航空人员违反规章制度，致使发生重大飞行事故，造成严重后果的，处三年以下有期徒刑或者拘役；造成飞机坠毁或者人员死亡的，处三年以上七年以下有期徒刑。

第一百三十二条 铁路职工违反规章制度，致使发生铁路运营安全事故，造成严重后果的，处三年以下有期徒刑或者拘役；造成特别严重后果的，处三年以上七年以下有期徒刑。

第一百三十三条 违反交通运输管理法规，因而发生重大事故，致人重伤、死亡或者使公私财产遭受重大损失的，处三年以下有期徒刑或者拘役;交通运输肇事后逃逸或者有其他特别恶劣情节的,处三年以上七年以下有期徒刑;因逃逸致人死亡的,处七年以上有期徒刑。

第一百三十三条之一 在道路上驾驶机动车,有下列情形之一的,处拘役,并处罚金:

(一)追逐竞驶,情节恶劣的;

(二)醉酒驾驶机动车的;

(三)从事校车业务或者旅客运输,严重超过额定乘员载客,或者严重超过规定时速行驶的;

(四)违反危险化学品安全管理规定运输危险化学品,危及公共安全的。

机动车所有人、管理人对前款第三项、第四项行为负有直接责任的,依照前款的规定处罚。

有前两款行为,同时构成其他犯罪的,依照处罚较重的规定定罪处罚。

第一百三十三条之二 对行驶中的公共交通工具的驾驶人员使用暴力或者抢控驾驶操纵装置,干扰公共交通工具正常行驶,危及公共安全的,处一年以下有期徒刑、拘役或者管制,并处或者单处罚金。

前款规定的驾驶人员在行驶的公共交通工具上擅离职守,与他人互殴或者殴打他人,危及公共安全的,依照前款的规定处罚。

有前两款行为,同时构成其他犯罪的,依照处罚较重的规定定罪处罚。

第一百三十四条 在生产、作业中违反有关安全管理的规定,因而发生重大伤亡事故或者造成其他严重后果的,处三年以下有期徒刑或者拘役;情节特别恶劣的,处三年以上七年以下有期徒刑。

强令他人违章冒险作业,或者明知存在重大事故隐患而不排除,仍冒险组织作业,因而发生重大伤亡事故或者造成其他严重后果的,处五年以下有期徒刑或者拘役;情节特别恶劣的,处五年以上有期徒刑。

第一百三十四条之一 在生产、作业中违反有关安全管理的规定,有下列情形之一,具有发生重大伤亡事故或者其他严重后果的现实危险的,处一年以下有期徒刑、拘役或者管制:

（一）关闭、破坏直接关系生产安全的监控、报警、防护、救生设备、设施，或者篡改、隐瞒、销毁其相关数据、信息的；

（二）因存在重大事故隐患被依法责令停产停业、停止施工、停止使用有关设备、设施、场所或者立即采取排除危险的整改措施，而拒不执行的；

（三）涉及安全生产的事项未经依法批准或者许可，擅自从事矿山开采、金属冶炼、建筑施工，以及危险物品生产、经营、储存等高度危险的生产作业活动的。

第一百三十五条　安全生产设施或者安全生产条件不符合国家规定，因而发生重大伤亡事故或者造成其他严重后果的，对直接负责的主管人员和其他直接责任人员，处三年以下有期徒刑或者拘役；情节特别恶劣的，处三年以上七年以下有期徒刑。

第一百三十五条之一　举办大型群众性活动违反安全管理规定，因而发生重大伤亡事故或者造成其他严重后果的，对直接负责的主管人员和其他直接责任人员，处三年以下有期徒刑或者拘役；情节特别恶劣的，处三年以上七年以下有期徒刑。

第一百三十六条　违反爆炸性、易燃性、放射性、毒害性、腐蚀性物品的管理规定，在生产、储存、运输、使用中发生重大事故，造成严重后果的，处三年以下有期徒刑或者拘役；后果特别严重的，处三年以上七年以下有期徒刑。

第一百三十七条　建设单位、设计单位、施工单位、工程监理单位违反国家规定，降低工程质量标准，造成重大安全事故的，对直接责任人员，处五年以下有期徒刑或者拘役，并处罚金；后果特别严重的，处五年以上十年以下有期徒刑，并处罚金。

第一百三十八条　明知校舍或者教育教学设施有危险，而不采取措施或者不及时报告，致使发生重大伤亡事故的，对直接责任人员，处三年以下有期徒刑或者拘役；后果特别严重的，处三年以上七年以下有期徒刑。

第一百三十九条　违反消防管理法规，经消防监督机构通知采取改正措施而拒绝执行，造成严重后果的，对直接责任人员，处三年以下有期徒刑或者拘役；后果特别严重的，处三年以上七年以下有期徒刑。

第一百三十九条之一　在安全事故发生后,负有报告职责的人员不报或者谎报事故情况,贻误事故抢救,情节严重的,处三年以下有期徒刑或者拘役;情节特别严重的,处三年以上七年以下有期徒刑。

第三章　破坏社会主义市场经济秩序罪

第一节　生产、销售伪劣商品罪

第一百四十条　生产者、销售者在产品中掺杂、掺假,以假充真,以次充好或者以不合格产品冒充合格产品,销售金额五万元以上不满二十万元的,处二年以下有期徒刑或者拘役,并处或者单处销售金额百分之五十以上二倍以下罚金;销售金额二十万元以上不满五十万元的,处二年以上七年以下有期徒刑,并处销售金额百分之五十以上二倍以下罚金;销售金额五十万元以上不满二百万元的,处七年以上有期徒刑,并处销售金额百分之五十以上二倍以下罚金;销售金额二百万元以上的,处十五年有期徒刑或者无期徒刑,并处销售金额百分之五十以上二倍以下罚金或者没收财产。

第一百四十一条　生产、销售假药的,处三年以下有期徒刑或者拘役,并处罚金;对人体健康造成严重危害或者有其他严重情节的,处三年以上十年以下有期徒刑,并处罚金;致人死亡或者有其他特别严重情节的,处十年以上有期徒刑、无期徒刑或者死刑,并处罚金或者没收财产。

药品使用单位的人员明知是假药而提供给他人使用的,依照前款的规定处罚。

第一百四十二条　生产、销售劣药,对人体健康造成严重危害的,处三年以上十年以下有期徒刑,并处罚金;后果特别严重的,处十年以上有期徒刑或者无期徒刑,并处罚金或者没收财产。

药品使用单位的人员明知是劣药而提供给他人使用的,依照前款的规定处罚。

第一百四十二条之一　违反药品管理法规,有下列情形之一,足以严重危害人体健康的,处三年以下有期徒刑或者拘役,并处或者单处罚金;对人体健康造成严重危害或者有其他严重情节的,处三年以

上七年以下有期徒刑,并处罚金:

(一)生产、销售国务院药品监督管理部门禁止使用的药品的;

(二)未取得药品相关批准证明文件生产、进口药品或者明知是上述药品而销售的;

(三)药品申请注册中提供虚假的证明、数据、资料、样品或者采取其他欺骗手段的;

(四)编造生产、检验记录的。

有前款行为,同时又构成本法第一百四十一条、第一百四十二条规定之罪或者其他犯罪的,依照处罚较重的规定定罪处罚。

第一百四十三条 生产、销售不符合食品安全标准的食品,足以造成严重食物中毒事故或者其他严重食源性疾病的,处三年以下有期徒刑或者拘役,并处罚金;对人体健康造成严重危害或者有其他严重情节的,处三年以上七年以下有期徒刑,并处罚金;后果特别严重的,处七年以上有期徒刑或者无期徒刑,并处罚金或者没收财产。

第一百四十四条 在生产、销售的食品中掺入有毒、有害的非食品原料的,或者销售明知掺有有毒、有害的非食品原料的食品的,处五年以下有期徒刑,并处罚金;对人体健康造成严重危害或者有其他严重情节的,处五年以上十年以下有期徒刑,并处罚金;致人死亡或者有其他特别严重情节的,依照本法第一百四十一条的规定处罚。

第一百四十五条 生产不符合保障人体健康的国家标准、行业标准的医疗器械、医用卫生材料,或者销售明知是不符合保障人体健康的国家标准、行业标准的医疗器械、医用卫生材料,足以严重危害人体健康的,处三年以下有期徒刑或者拘役,并处销售金额百分之五十以上二倍以下罚金;对人体健康造成严重危害的,处三年以上十年以下有期徒刑,并处销售金额百分之五十以上二倍以下罚金;后果特别严重的,处十年以上有期徒刑或者无期徒刑,并处销售金额百分之五十以上二倍以下罚金或者没收财产。

第一百四十六条 生产不符合保障人身、财产安全的国家标准、行业标准的电器、压力容器、易燃易爆产品或者其他不符合保障人身、财产安全的国家标准、行业标准的产品,或者销售明知是以上不符合保障人身、财产安全的国家标准、行业标准的产品,造成严重后果的,处五年以下有期徒刑,并处销售金额百分之五十以上二倍以下罚金;后果特别严重的,处五年以上有期徒刑,并处销售金额百分之五十以上二倍以下罚金。

第一百四十七条 生产假农药、假兽药、假化肥,销售明知是假的或者失去使用效能的农药、兽药、化肥、种子,或者生产者、销售者以不合格的农药、兽药、化肥、种子冒充合格的农药、兽药、化肥、种子,使生产遭受较大损失的,处三年以下有期徒刑或者拘役,并处或者单处销售金额百分之五十以上二倍以下罚金;使生产遭受重大损失的,处三年以上七年以下有期徒刑,并处销售金额百分之五十以上二倍以下罚金;使生产遭受特别重大损失的,处七年以上有期徒刑或者无期徒刑,并处销售金额百分之五十以上二倍以下罚金或者没收财产。

第一百四十八条 生产不符合卫生标准的化妆品,或者销售明知是不符合卫生标准的化妆品,造成严重后果的,处三年以下有期徒刑或者拘役,并处或者单处销售金额百分之五十以上二倍以下罚金。

第一百四十九条 生产、销售本节第一百四十一条至第一百四十八条所列产品,不构成各该条规定的犯罪,但是销售金额在五万元以上的,依照本节第一百四十条的规定定罪处罚。

生产、销售本节第一百四十一条至第一百四十八条所列产品,构成各该条规定的犯罪,同时又构成本节第一百四十条规定之罪的,依照处罚较重的规定定罪处罚。

第一百五十条 单位犯本节第一百四十条至第一百四十八条规定之罪的,对单位判处罚金,并对其直接负责的主管人员和其他直接责任人员,依照各该条的规定处罚。

第二节 走 私 罪

第一百五十一条 走私武器、弹药、核材料或者伪造的货币的,处七年以上有期徒刑,并处罚金或者没收财产;情节特别严重的,处无期徒刑,并处没收财产;情节较轻的,处三年以上七年以下有期徒刑,并处罚金。

走私国家禁止出口的文物、黄金、白银和其他贵重金属或者国家禁止进出口的珍贵动物及其制品的,处五年以上十年以下有期徒刑,并处罚金;情节特别严重的,处十年以上有期徒刑或者无期徒刑,并处没收财产;情节较轻的,处五年以下有期徒刑,并处罚金。

走私珍稀植物及其制品等国家禁止进出口的其他货物、物品的,处五年以下有期徒刑或者拘役,并处或者单处罚金;情节严重的,处五年以上有期徒刑,并处罚金。

单位犯本条规定之罪的,对单位判处罚金,并对其直接负责的主管人员和其他直接责任人员,依照本条各款的规定处罚。

第一百五十二条 以牟利或者传播为目的,走私淫秽的影片、录像带、录音带、图片、书刊或者其他淫秽物品的,处三年以上十年以下有期徒刑,并处罚金;情节严重的,处十年以上有期徒刑或者无期徒刑,并处罚金或者没收财产;情节较轻的,处三年以下有期徒刑、拘役或者管制,并处罚金。

逃避海关监管将境外固体废物、液态废物和气态废物运输进境,情节严重的,处五年以下有期徒刑,并处或者单处罚金;情节特别严重的,处五年以上有期徒刑,并处罚金。

单位犯前两款罪的,对单位判处罚金,并对其直接负责的主管人员和其他直接责任人员,依照前两款的规定处罚。

第一百五十三条 走私本法第一百五十一条、第一百五十二条、第三百四十七条规定以外的货物、物品的,根据情节轻重,分别依照下列规定处罚:

(一)走私货物、物品偷逃应缴税额较大或者一年内曾因走私被给予二次行政处罚后又走私的,处三年以下有期徒刑或者拘役,并处偷逃应缴税额一倍以上五倍以下罚金。

(二)走私货物、物品偷逃应缴税额巨大或者有其他严重情节的,处三年以上十年以下有期徒刑,并处偷逃应缴税额一倍以上五倍以下罚金。

(三)走私货物、物品偷逃应缴税额特别巨大或者有其他特别严重情节的,处十年以上有期徒刑或者无期徒刑,并处偷逃应缴税额一倍以上五倍以下罚金或者没收财产。

单位犯前款罪的,对单位判处罚金,并对其直接负责的主管人员和其他直接责任人员,处三年以下有期徒刑或者拘役;情节严重的,处三年以上十年以下有期徒刑;情节特别严重的,处十年以上有期徒刑。

对多次走私未经处理的,按照累计走私货物、物品的偷逃应缴税额处罚。

第一百五十四条 下列走私行为,根据本节规定构成犯罪的,依照本法第一百五十三条的规定定罪处罚:

(一)未经海关许可并且未补缴应缴税额,擅自将批准进口的来料加工、来件装配、补偿贸易的原材料、零件、制成品、设备等保税货物,在境内销售牟利的;

(二)未经海关许可并且未补缴应缴税额,擅自将特定减税、免税进口的货物、物品,在境内销售牟利的。

第一百五十五条 下列行为,以走私罪论处,依照本节的有关规定处罚:

(一)直接向走私人非法收购国家禁止进口物品的,或者直接向走私人非法收购走私进口的其他货物、物品,数额较大的;

(二)在内海、领海、界河、界湖运输、收购、贩卖国家禁止进出口物品的,或者运输、收购、贩卖国家限制进出口货物、物品,数额较大,没有合法证明的。

第一百五十六条 与走私罪犯通谋,为其提供贷款、资金、帐号、发票、证明,或者为其提供运输、保管、邮寄或者其他方便的,以走私罪的共犯论处。

第一百五十七条 武装掩护走私的,依照本法第一百五十一条第一款的规定从重处罚。

以暴力、威胁方法抗拒缉私的,以走私罪和本法第二百七十七条规定的阻碍国家机关工作人员依法执行职务罪,依照数罪并罚的规定处罚。

第三节 妨害对公司、企业的管理秩序罪

第一百五十八条 申请公司登记使用虚假证明文件或者采取其他欺诈手段虚报注册资本,欺骗公司登记主管部门,取得公司登记,虚报注册资本数额巨大、后果严重或者有其他严重情节的,处三年以下有期徒刑或者拘役,并处或者单处虚报注册资本金额百分之一以上百

分之五以下罚金。

单位犯前款罪的,对单位判处罚金,并对其直接负责的主管人员和其他直接责任人员,处三年以下有期徒刑或者拘役。

第一百五十九条 公司发起人、股东违反公司法的规定未交付货币、实物或者未转移财产权,虚假出资,或者在公司成立后又抽逃其出资,数额巨大、后果严重或者有其他严重情节的,处五年以下有期徒刑或者拘役,并处或者单处虚假出资金额或者抽逃出资金额百分之二以上百分之十以下罚金。

单位犯前款罪的,对单位判处罚金,并对其直接负责的主管人员和其他直接责任人员,处五年以下有期徒刑或者拘役。

第一百六十条 在招股说明书、认股书、公司、企业债券募集办法等发行文件中隐瞒重要事实或者编造重大虚假内容,发行股票或者公司、企业债券、存托凭证或者国务院依法认定的其他证券,数额巨大、后果严重或者有其他严重情节的,处五年以下有期徒刑或者拘役,并处或者单处罚金;数额特别巨大、后果特别严重或者有其他特别严重情节的,处五年以上有期徒刑,并处罚金。

控股股东、实际控制人组织、指使实施前款行为的,处五年以下有期徒刑或者拘役,并处或者单处非法募集资金金额百分之二十以上一倍以下罚金;数额特别巨大、后果特别严重或者有其他特别严重情节的,处五年以上有期徒刑,并处非法募集资金金额百分之二十以上一倍以下罚金。

单位犯前两款罪的,对单位判处非法募集资金金额百分之二十以上一倍以下罚金,并对其直接负责的主管人员和其他直接责任人员,依照第一款的规定处罚。

第一百六十一条 依法负有信息披露义务的公司、企业向股东和社会公众提供虚假的或者隐瞒重要事实的财务会计报告,或者对依法应当披露的其他重要信息不按照规定披露,严重损害股东或者其他人利益,或者有其他严重情节的,对其直接负责的主管人员和其他直接责任人员,处五年以下有期徒刑或者拘役,并处或者单处罚金;情节特别严重的,处五年以上十年以下有期徒刑,并处罚金。

前款规定的公司、企业的控股股东、实际控制人实施或者组织、指使实施前款行为的,或者隐瞒相关事项导致前款规定的情形发生的,依照前款的规定处罚。

犯前款罪的控股股东、实际控制人是单位的,对单位判处罚金,并对其直接负责的主管人员和其他直接责任人员,依照第一款的规定处罚。

第一百六十二条 公司、企业进行清算时,隐匿财产,对资产负债表或者财产清单作虚伪记载或者在未清偿债务前分配公司、企业财产,严重损害债权人或者其他人利益的,对其直接负责的主管人员和其他直接责任人员,处五年以下有期徒刑或者拘役,并处或者单处二万元以上二十万元以下罚金。

第一百六十二条之一 隐匿或者故意销毁依法应当保存的会计凭证、会计帐簿、财务会计报告,情节严重的,处五年以下有期徒刑或者拘役,并处或者单处二万元以上二十万元以下罚金。

单位犯前款罪的,对单位判处罚金,并对其直接负责的主管人员和其他直接责任人员,依照前款的规定处罚。

第一百六十二条之二 公司、企业通过隐匿财产、承担虚构的债务或者以其他方法转移、处分财产,实施虚假破产,严重损害债权人或者其他人利益的,对其直接负责的主管人员和其他直接责任人员,处五年以下有期徒刑或者拘役,并处或者单处二万元以上二十万元以下罚金。

第一百六十三条 公司、企业或者其他单位的工作人员,利用职务上的便利,索取他人财物或者非法收受他人财物,为他人谋取利益,数额较大的,处三年以下有期徒刑或者拘役,并处罚金;数额巨大或者有其他严重情节的,处三年以上十年以下有期徒刑,并处罚金;数额特别巨大或者有其他特别严重情节的,处十年以上有期徒刑或者无期徒刑,并处罚金。

公司、企业或者其他单位的工作人员在经济往来中,利用职务上的便利,违反国家规定,收受各种名义的回扣、手续费,归个人所有的,依照前款的规定处罚。

国有公司、企业或者其他国有单位中从事公务的人员和国有公司、企业或者其他国有单位委派到非国有公司、企业以及其他单位从事公务的人员有前两款行为的,依照本法第三百八十五条、第三百八十六条的规定定罪处罚。

第一百六十四条 为谋取不正当利益,给予公司、企业或者其他单位的工作人员以财物,数额较大的,处三年以下有期徒刑或者拘役,并处罚金;数额巨大的,处三年以上十年以下有期徒刑,并处罚金。

为谋取不正当商业利益,给予外国公职人员或者国际公共组织官员以财物的,依照前款的规定处罚。

单位犯前两款罪的,对单位判处罚金,并对其直接负责的主管人员和其他直接责任人员,依照第一款的规定处罚。

行贿人在被追诉前主动交待行贿行为的,可以减轻处罚或者免除处罚。

第一百六十五条 国有公司、企业的董事、监事、高级管理人员,利用职务便利,自己经营或者为他人经营与其所任职公司、企业同类的营业,获取非法利益,数额巨大的,处三年以下有期徒刑或者拘役,并处或者单处罚金;数额特别巨大的,处三年以上七年以下有期徒刑,并处罚金。

其他公司、企业的董事、监事、高级管理人员违反法律、行政法规规定,实施前款行为,致使公司、企业利益遭受重大损失的,依照前款的规定处罚。

第一百六十六条 国有公司、企业、事业单位的工作人员,利用职务便利,有下列情形之一,致使国家利益遭受重大损失的,处三年以下有期徒刑或者拘役,并处或者单处罚金;致使国家利益遭受特别重大损失的,处三年以上七年以下有期徒刑,并处罚金:

(一)将本单位的盈利业务交由自己的亲友进行经营的;

(二)以明显高于市场的价格从自己的亲友经营管理的单位采购商品、接受服务或者以明显低于市场的价格向自己的亲友经营管理的单位销售商品、提供服务的;

(三)从自己的亲友经营管理的单位采购、接受不合格商品、服务的。

其他公司、企业的工作人员违反法律、行政法规规定,实施前款行为,致使公司、企业利益遭受重大损失的,依照前款的规定处罚。

第一百六十七条 国有公司、企业、事业单位直接负责的主管人员,在签订、履行合同过程中,因严重不负责任被诈骗,致使国家利益遭受重大损失的,处三年以下有期徒刑或者拘役;致使国家利益遭受特别重大损失的,处三年以上七年以下有期徒刑。

第一百六十八条 国有公司、企业的工作人员,由于严重不负责任或者滥用职权,造成国有公司、企业破产或者严重损失,致使国家利益遭受重大损失的,处三年以下有期徒刑或者拘役;致使国家利益遭受特别重大损失的,处三年以上七年以下有期徒刑。

国有事业单位的工作人员有前款行为,致使国家利益遭受重大损失的,依照前款的规定处罚。

国有公司、企业、事业单位的工作人员,徇私舞弊,犯前两款罪的,依照第一款的规定从重处罚。

第一百六十九条 国有公司、企业或者其上级主管部门直接负责的主管人员,徇私舞弊,将国有资产低价折股或者低价出售,致使国家利益遭受重大损失的,处三年以下有期徒刑或者拘役;致使国家利益遭受特别重大损失的,处三年以上七年以下有期徒刑。

其他公司、企业直接负责的主管人员,徇私舞弊,将公司、企业资产低价折股或者低价出售,致使公司、企业利益遭受重大损失的,依照前款的规定处罚。

第一百六十九条之一 上市公司的董事、监事、高级管理人员违背对公司的忠实义务,利用职务便利,操纵上市公司从事下列行为之一,致使上市公司利益遭受重大损失的,处三年以下有期徒刑或者拘役,并处或者单处罚金;致使上市公司利益遭受特别重大损失的,处三年以上七年以下有期徒刑,并处罚金:

(一)无偿向其他单位或者个人提供资金、商品、服务或者其他资产的;

(二)以明显不公平的条件,提供或者接受资金、商品、服务或者其他资产的;

(三)向明显不具有清偿能力的单位或者个人提供资金、商品、服务或者其他资产的;

(四)为明显不具有清偿能力的单位或者个人提供担保,或者无正当理由为其他单位或者个人提供担保的；

（五）无正当理由放弃债权、承担债务的；

（六）采用其他方式损害上市公司利益的。

上市公司的控股股东或者实际控制人，指使上市公司董事、监事、高级管理人员实施前款行为的，依照前款的规定处罚。

犯前款罪的上市公司的控股股东或者实际控制人是单位的，对单位判处罚金，并对其直接负责的主管人员和其他直接责任人员，依照第一款的规定处罚。

第四节　破坏金融管理秩序罪

第一百七十条　伪造货币的，处三年以上十年以下有期徒刑，并处罚金；有下列情形之一的，处十年以上有期徒刑或者无期徒刑，并处罚金或者没收财产：

（一）伪造货币集团的首要分子；

（二）伪造货币数额特别巨大的；

（三）有其他特别严重情节的。

第一百七十一条　出售、购买伪造的货币或者明知是伪造的货币而运输，数额较大的，处三年以下有期徒刑或者拘役，并处二万元以上二十万元以下罚金；数额巨大的，处三年以上十年以下有期徒刑，并处五万元以上五十万元以下罚金；数额特别巨大的，处十年以上有期徒刑或者无期徒刑，并处五万元以上五十万元以下罚金或者没收财产。

银行或者其他金融机构的工作人员购买伪造的货币或者利用职务上的便利，以伪造的货币换取货币的，处三年以上十年以下有期徒刑，并处二万元以上二十万元以下罚金；数额巨大或者有其他严重情节的，处十年以上有期徒刑或者无期徒刑，并处二万元以上二十万元以下罚金或者没收财产；情节较轻的，处三年以下有期徒刑或者拘役，并处或者单处一万元以上十万元以下罚金。

伪造货币并出售或者运输伪造的货币的，依照本法第一百七十条的规定定罪从重处罚。

第一百七十二条　明知是伪造的货币而持有、使用，数额较大的，处三年以下有期徒刑或者拘役，并处或者单处一万元以上十万元以下罚金;数额巨大的,处三年以上十年以下有期徒刑,并处二万元以上二十万元以下罚金;数额特别巨大的,处十年以上有期徒刑,并处五万元以上五十万元以下罚金或者没收财产。

第一百七十三条 变造货币,数额较大的,处三年以下有期徒刑或者拘役,并处或者单处一万元以上十万元以下罚金;数额巨大的,处三年以上十年以下有期徒刑,并处二万元以上二十万元以下罚金。

第一百七十四条 未经国家有关主管部门批准,擅自设立商业银行、证券交易所、期货交易所、证券公司、期货经纪公司、保险公司或者其他金融机构的,处三年以下有期徒刑或者拘役,并处或者单处二万元以上二十万元以下罚金;情节严重的,处三年以上十年以下有期徒刑,并处五万元以上五十万元以下罚金。

伪造、变造、转让商业银行、证券交易所、期货交易所、证券公司、期货经纪公司、保险公司或者其他金融机构的经营许可证或者批准文件的,依照前款的规定处罚。

单位犯前两款罪的,对单位判处罚金,并对其直接负责的主管人员和其他直接责任人员,依照第一款的规定处罚。

第一百七十五条 以转贷牟利为目的,套取金融机构信贷资金高利转贷他人,违法所得数额较大的,处三年以下有期徒刑或者拘役,并处违法所得一倍以上五倍以下罚金;数额巨大的,处三年以上七年以下有期徒刑,并处违法所得一倍以上五倍以下罚金。

单位犯前款罪的,对单位判处罚金,并对其直接负责的主管人员和其他直接责任人员,处三年以下有期徒刑或者拘役。

第一百七十五条之一 以欺骗手段取得银行或者其他金融机构贷款、票据承兑、信用证、保函等,给银行或者其他金融机构造成重大损失的,处三年以下有期徒刑或者拘役,并处或者单处罚金;给银行或者其他金融机构造成特别重大损失或者有其他特别严重情节的,处三年以上七年以下有期徒刑,并处罚金。

单位犯前款罪的,对单位判处罚金,并对其直接负责的主管人员和其他直接责任人员,依照前款的规定处罚。

第一百七十六条 非法吸收公众存款或者变相吸收公众存款,扰乱金融秩序的,处三年以下有期徒刑或者拘役,并处或者单处罚金;数额巨大或者有其他严重情节的,处三年以上十年以下有期徒刑,并处罚金;数额特别巨大或者有其他特别严重情节的,处十年以上有期徒刑,并处罚金。

单位犯前款罪的,对单位判处罚金,并对其直接负责的主管人员和其他直接责任人员,依照前款的规定处罚。

有前两款行为,在提起公诉前积极退赃退赔,减少损害结果发生的,可以从轻或者减轻处罚。

第一百七十七条 有下列情形之一,伪造、变造金融票证的,处五年以下有期徒刑或者拘役,并处或者单处二万元以上二十万元以下罚金;情节严重的,处五年以上十年以下有期徒刑,并处五万元以上五十万元以下罚金;情节特别严重的,处十年以上有期徒刑或者无期徒刑,并处五万元以上五十万元以下罚金或者没收财产:

(一)伪造、变造汇票、本票、支票的;

(二)伪造、变造委托收款凭证、汇款凭证、银行存单等其他银行结算凭证的;

(三)伪造、变造信用证或者附随的单据、文件的;

(四)伪造信用卡的。

单位犯前款罪的,对单位判处罚金,并对其直接负责的主管人员和其他直接责任人员,依照前款的规定处罚。

第一百七十七条之一 有下列情形之一,妨害信用卡管理的,处三年以下有期徒刑或者拘役,并处或者单处一万元以上十万元以下罚金;数量巨大或者有其他严重情节的,处三年以上十年以下有期徒刑,并处二万元以上二十万元以下罚金:

(一)明知是伪造的信用卡而持有、运输的,或者明知是伪造的空白信用卡而持有、运输,数量较大的;

(二)非法持有他人信用卡,数量较大的;

(三)使用虚假的身份证明骗领信用卡的;

(四)出售、购买、为他人提供伪造的信用卡或者以虚假的身份证明骗领的信用卡的。

窃取、收买或者非法提供他人信用卡信息资料的,依照前款规定处罚。

银行或者其他金融机构的工作人员利用职务上的便利,犯第二款罪的,从重处罚。

第一百七十八条 伪造、变造国库券或者国家发行的其他有价证券,数额较大的,处三年以下有期徒刑或者拘役,并处或者单处二万元以上二十万元以下罚金;数额巨大的,处三年以上十年以下有期徒刑,并处五万元以上五十万元以下罚金;数额特别巨大的,处十年以上有期徒刑或者无期徒刑,并处五万元以上五十万元以下罚金或者没收财产。

伪造、变造股票或者公司、企业债券,数额较大的,处三年以下有期徒刑或者拘役,并处或者单处一万元以上十万元以下罚金;数额巨大的,处三年以上十年以下有期徒刑,并处二万元以上二十万元以下罚金。

单位犯前两款罪的,对单位判处罚金,并对其直接负责的主管人员和其他直接责任人员,依照前两款的规定处罚。

第一百七十九条 未经国家有关主管部门批准,擅自发行股票或者公司、企业债券,数额巨大、后果严重或者有其他严重情节的,处五年以下有期徒刑或者拘役,并处或者单处非法募集资金金额百分之一以上百分之五以下罚金。

单位犯前款罪的,对单位判处罚金,并对其直接负责的主管人员和其他直接责任人员,处五年以下有期徒刑或者拘役。

第一百八十条 证券、期货交易内幕信息的知情人员或者非法获取证券、期货交易内幕信息的人员,在涉及证券的发行,证券、期货交易或者其他对证券、期货交易价格有重大影响的信息尚未公开前,买入或者卖出该证券,或者从事与该内幕信息有关的期货交易,或者泄露该信息,或者明示、暗示他人从事上述交易活动,情节严重的,处五年以下有期徒刑或者拘役,并处或者单处违法所得一倍以上五倍以下罚金;情节特别严重的,处五年以上十年以下有期徒刑,并处违法所得一倍以上五倍以下罚金。

单位犯前款罪的,对单位判处罚金,并对其直接负责的主管人员和其他直接责任人员,处五年以下有期徒刑或者拘役。

内幕信息、知情人员的范围,依照法律、行政法规的规定确定。

证券交易所、期货交易所、证券公司、期货经纪公司、基金管理公司、商业银行、保险公司等金融机构的从业人员以及有关监管部门或者行业协会的工作人员,利用因职务便利获取的内幕信息以外的其他未公开的信息,违反规定,从事与该信息相关的证券、期货交易活动,或者明示、暗示他人从事相关交易活动,情节严重的,依照第一款的规定处罚。

第一百八十一条 编造并且传播影响证券、期货交易的虚假信息,扰乱证券、期货交易市场,造成严重后果的,处五年以下有期徒刑或者拘役,并处或者单处一万元以上十万元以下罚金。

证券交易所、期货交易所、证券公司、期货经纪公司的从业人员,证券业协会、期货业协会或者证券期货监督管理部门的工作人员,故意提供虚假信息或者伪造、变造、销毁交易记录,诱骗投资者买卖证券、期货合约,造成严重后果的,处五年以下有期徒刑或者拘役,并处或者单处一万元以上十万元以下罚金;情节特别恶劣的,处五年以上十年以下有期徒刑,并处二万元以上二十万元以下罚金。

单位犯前两款罪的,对单位判处罚金,并对其直接负责的主管人员和其他直接责任人员,处五年以下有期徒刑或者拘役。

第一百八十二条 有下列情形之一,操纵证券、期货市场,影响证券、期货交易价格或者证券、期货交易量,情节严重的,处五年以下有期徒刑或者拘役,并处或者单处罚金;情节特别严重的,处五年以上十年以下有期徒刑,并处罚金:

(一)单独或者合谋,集中资金优势、持股或者持仓优势或者利用信息优势联合或者连续买卖的;

(二)与他人串通,以事先约定的时间、价格和方式相互进行证券、期货交易的;

(三)在自己实际控制的帐户之间进行证券交易,或者以自己为交易对象,自买自卖期货合约的;

(四)不以成交为目的,频繁或者大量申报买入、卖出证券、期货合约并撤销申报的;

(五)利用虚假或者不确定的重大信息,诱导投资者进行证券、期货交易的;

（六）对证券、证券发行人、期货交易标的公开作出评价、预测或者投资建议，同时进行反向证券交易或者相关期货交易的；

（七）以其他方法操纵证券、期货市场的。

单位犯前款罪的，对单位判处罚金，并对其直接负责的主管人员和其他直接责任人员，依照前款的规定处罚。

第一百八十三条 保险公司的工作人员利用职务上的便利，故意编造未曾发生的保险事故进行虚假理赔，骗取保险金归自己所有的，依照本法第二百七十一条的规定定罪处罚。

国有保险公司工作人员和国有保险公司委派到非国有保险公司从事公务的人员有前款行为的，依照本法第三百八十二条、第三百八十三条的规定定罪处罚。

第一百八十四条 银行或者其他金融机构的工作人员在金融业务活动中索取他人财物或者非法收受他人财物，为他人谋取利益的，或者违反国家规定，收受各种名义的回扣、手续费，归个人所有的，依照本法第一百六十三条的规定定罪处罚。

国有金融机构工作人员和国有金融机构委派到非国有金融机构从事公务的人员有前款行为的，依照本法第三百八十五条、第三百八十六条的规定定罪处罚。

第一百八十五条 商业银行、证券交易所、期货交易所、证券公司、期货经纪公司、保险公司或者其他金融机构的工作人员利用职务上的便利，挪用本单位或者客户资金的，依照本法第二百七十二条的规定定罪处罚。

国有商业银行、证券交易所、期货交易所、证券公司、期货经纪公司、保险公司或者其他国有金融机构的工作人员和国有商业银行、证券交易所、期货交易所、证券公司、期货经纪公司、保险公司或者其他国有金融机构委派到前款规定中的非国有机构从事公务的人员有前款行为的，依照本法第三百八十四条的规定定罪处罚。

第一百八十五条之一 商业银行、证券交易所、期货交易所、证券公司、期货经纪公司、保险公司或者其他金融机构，违背受托义务，擅自运用客户资金或者其他委托、信托的财产，情节严重的，对单位判处罚金，并对其直接负责的主管人员和其他直接责任人员，处三年以下有期徒刑或者拘役，并处三万元以上三十万元以下罚金；情节特别严重的，处三年以上十年以下有期徒刑，并处五万元以上五十万元以下罚金。

社会保障基金管理机构、住房公积金管理机构等公众资金管理机构，以及保险公司、保险资产管理公司、证券投资基金管理公司，违反国家规定运用资金的，对其直接负责的主管人员和其他直接责任人员，依照前款的规定处罚。

第一百八十六条 银行或者其他金融机构的工作人员违反国家规定发放贷款，数额巨大或者造成重大损失的，处五年以下有期徒刑或者拘役，并处一万元以上十万元以下罚金；数额特别巨大或者造成特别重大损失的，处五年以上有期徒刑，并处二万元以上二十万元以下罚金。

银行或者其他金融机构的工作人员违反国家规定，向关系人发放贷款的，依照前款的规定从重处罚。

单位犯前两款罪的，对单位判处罚金，并对其直接负责的主管人员和其他直接责任人员，依照前两款的规定处罚。

关系人的范围，依照《中华人民共和国商业银行法》和有关金融法规确定。

第一百八十七条 银行或者其他金融机构的工作人员吸收客户资金不入帐，数额巨大或者造成重大损失的，处五年以下有期徒刑或者拘役，并处二万元以上二十万元以下罚金；数额特别巨大或者造成特别重大损失的，处五年以上有期徒刑，并处五万元以上五十万元以下罚金。

单位犯前款罪的，对单位判处罚金，并对其直接负责的主管人员和其他直接责任人员，依照前款的规定处罚。

第一百八十八条 银行或者其他金融机构的工作人员违反规定，为他人出具信用证或者其他保函、票据、存单、资信证明，情节严重的，处五年以下有期徒刑或者拘役；情节特别严重的，处五年以上有期徒刑。

单位犯前款罪的，对单位判处罚金，并对其直接负责的主管人员和其他直接责任人员，依照前款的规定处罚。

第一百八十九条 银行或者其他金融机构的工作人员在票据业务中,对违反票据法规定的票据予以承兑、付款或者保证,造成重大损失的,处五年以下有期徒刑或者拘役;造成特别重大损失的,处五年以上有期徒刑。

单位犯前款罪的,对单位判处罚金,并对其直接负责的主管人员和其他直接责任人员,依照前款的规定处罚。

第一百九十条 公司、企业或者其他单位,违反国家规定,擅自将外汇存放境外,或者将境内的外汇非法转移到境外,数额较大的,对单位判处逃汇数额百分之五以上百分之三十以下罚金,并对其直接负责的主管人员和其他直接责任人员,处五年以下有期徒刑或者拘役;数额巨大或者有其他严重情节的,对单位判处逃汇数额百分之五以上百分之三十以下罚金,并对其直接负责的主管人员和其他直接责任人员,处五年以上有期徒刑。

第一百九十一条 为掩饰、隐瞒毒品犯罪、黑社会性质的组织犯罪、恐怖活动犯罪、走私犯罪、贪污贿赂犯罪、破坏金融管理秩序犯罪、金融诈骗犯罪的所得及其产生的收益的来源和性质,有下列行为之一的,没收实施以上犯罪的所得及其产生的收益,处五年以下有期徒刑或者拘役,并处或者单处罚金;情节严重的,处五年以上十年以下有期徒刑,并处罚金:

(一)提供资金帐户的;
(二)将财产转换为现金、金融票据、有价证券的;
(三)通过转帐或者其他支付结算方式转移资金的;
(四)跨境转移资产的;
(五)以其他方法掩饰、隐瞒犯罪所得及其收益的来源和性质的。

单位犯前款罪的,对单位判处罚金,并对其直接负责的主管人员和其他直接责任人员,依照前款的规定处罚。

第五节 金融诈骗罪

第一百九十二条 以非法占有为目的,使用诈骗方法非法集资,数额较大的,处三年以上七年以下有期徒刑,并处罚金;数额巨大或者有其他严重情节的,处七年以上有期徒刑或者无期徒刑,并处罚金或者没收财产。

单位犯前款罪的,对单位判处罚金,并对其直接负责的主管人员和其他直接责任人员,依照前款的规定处罚。

第一百九十三条 有下列情形之一,以非法占有为目的,诈骗银行或者其他金融机构的贷款,数额较大的,处五年以下有期徒刑或者拘役,并处二万元以上二十万元以下罚金;数额巨大或者有其他严重情节的,处五年以上十年以下有期徒刑,并处五万元以上五十万元以下罚金;数额特别巨大或者有其他特别严重情节的,处十年以上有期徒刑或者无期徒刑,并处五万元以上五十万元以下罚金或者没收财产:

(一)编造引进资金、项目等虚假理由的;

(二)使用虚假的经济合同的;

(三)使用虚假的证明文件的;

(四)使用虚假的产权证明作担保或者超出抵押物价值重复担保的;

(五)以其他方法诈骗贷款的。

第一百九十四条 有下列情形之一,进行金融票据诈骗活动,数额较大的,处五年以下有期徒刑或者拘役,并处二万元以上二十万元以下罚金;数额巨大或者有其他严重情节的,处五年以上十年以下有期徒刑,并处五万元以上五十万元以下罚金;数额特别巨大或者有其他特别严重情节的,处十年以上有期徒刑或者无期徒刑,并处五万元以上五十万元以下罚金或者没收财产:

(一)明知是伪造、变造的汇票、本票、支票而使用的;

(二)明知是作废的汇票、本票、支票而使用的;

(三)冒用他人的汇票、本票、支票的;

(四)签发空头支票或者与其预留印鉴不符的支票,骗取财物的;

(五)汇票、本票的出票人签发无资金保证的汇票、本票或者在出票时作虚假记载,骗取财物的。

使用伪造、变造的委托收款凭证、汇款凭证、银行存单等其他银行结算凭证的,依照前款的规定处罚。

第一百九十五条 有下列情形之一,进行信用证诈骗活动的,处五年以下有期徒刑或者拘役,并处二万元以上二十万元以下罚金;数额巨大或者有其他严重情节的,处五年以上十年以下有期徒刑,并处五万元以上五十万元以下罚金;数额特别巨大或者有其他特别严重情节的,处十年以上有期徒刑或者无期徒刑,并处五万元以上五十万元以下罚金或者没收财产:

(一)使用伪造、变造的信用证或者附随的单据、文件的;

(二)使用作废的信用证的;

(三)骗取信用证的;

(四)以其他方法进行信用证诈骗活动的。

第一百九十六条 有下列情形之一,进行信用卡诈骗活动,数额较大的,处五年以下有期徒刑或者拘役,并处二万元以上二十万元以下罚金;数额巨大或者有其他严重情节的,处五年以上十年以下有期徒刑,并处五万元以上五十万元以下罚金;数额特别巨大或者有其他特别严重情节的,处十年以上有期徒刑或者无期徒刑,并处五万元以上五十万元以下罚金或者没收财产:

(一)使用伪造的信用卡,或者使用以虚假的身份证明骗领的信用卡的;

(二)使用作废的信用卡的;

(三)冒用他人信用卡的;

(四)恶意透支的。

前款所称恶意透支,是指持卡人以非法占有为目的,超过规定限额或者规定期限透支,并且经发卡银行催收后仍不归还的行为。

盗窃信用卡并使用的,依照本法第二百六十四条的规定定罪处罚。

第一百九十七条 使用伪造、变造的国库券或者国家发行的其他有价证券,进行诈骗活动,数额较大的,处五年以下有期徒刑或者拘役,并处二万元以上二十万元以下罚金;数额巨大或者有其他严重情节的,处五年以上十年以下有期徒刑,并处五万元以上五十万元以下罚金;数额特别巨大或者有其他特别严重情节的,处十年以上有期徒刑或者无期徒刑,并处五万元以上五十万元以下罚金或者没收财产。

第一百九十八条 有下列情形之一,进行保险诈骗活动,数额较大的,处五年以下有期徒刑或者拘役,并处一万元以上十万元以下罚金;数额巨大或者有其他严重情节的,处五年以上十年以下有期徒刑,并处二万元以上二十万元以下罚金;数额特别巨大或者有其他特别严重情节的,处十年以上有期徒刑,并处二万元以上二十万元以下罚金或者没收财产:

(一)投保人故意虚构保险标的,骗取保险金的;

(二)投保人、被保险人或者受益人对发生的保险事故编造虚假的原因或者夸大损失的程度,骗取保险金的;

(三)投保人、被保险人或者受益人编造未曾发生的保险事故,骗取保险金的;

(四)投保人、被保险人故意造成财产损失的保险事故,骗取保险金的;

(五)投保人、受益人故意造成被保险人死亡、伤残或者疾病,骗取保险金的。

有前款第四项、第五项所列行为,同时构成其他犯罪的,依照数罪并罚的规定处罚。

单位犯第一款罪的,对单位判处罚金,并对其直接负责的主管人员和其他直接责任人员,处五年以下有期徒刑或者拘役;数额巨大或者有其他严重情节的,处五年以上十年以下有期徒刑;数额特别巨大或者有其他特别严重情节的,处十年以上有期徒刑。

保险事故的鉴定人、证明人、财产评估人故意提供虚假的证明文件,为他人诈骗提供条件的,以保险诈骗的共犯论处。

第一百九十九条[①] 犯本节第一百九十二条规定之罪,数额特别巨大并且给国家和人民利益造成特别重大损失的,处无期徒刑或者死刑,并处没收财产。

第二百条 单位犯本节第一百九十四条、第一百九十五条规定之罪的,对单位判处罚金,并对其直接负责的主管人员和其他直接责任人员,处五年以下有期徒刑或者拘役,可以并处罚金;数额巨大或者有

---

① 本条根据 2015 年 8 月 29 日《刑法修正案(九)》删除。

其他严重情节的,处五年以上十年以下有期徒刑,并处罚金;数额特别巨大或者有其他特别严重情节的,处十年以上有期徒刑或者无期徒刑,并处罚金。

第六节　危害税收征管罪

第二百零一条　纳税人采取欺骗、隐瞒手段进行虚假纳税申报或者不申报,逃避缴纳税款数额较大并且占应纳税额百分之十以上的,处三年以下有期徒刑或者拘役,并处罚金;数额巨大并且占应纳税额百分之三十以上的,处三年以上七年以下有期徒刑,并处罚金。

扣缴义务人采取前款所列手段,不缴或者少缴已扣、已收税款,数额较大的,依照前款的规定处罚。

对多次实施前两款行为,未经处理的,按照累计数额计算。

有第一款行为,经税务机关依法下达追缴通知后,补缴应纳税款,缴纳滞纳金,已受行政处罚的,不予追究刑事责任;但是,五年内因逃避缴纳税款受过刑事处罚或者被税务机关给予二次以上行政处罚的除外。

第二百零二条　以暴力、威胁方法拒不缴纳税款的,处三年以下有期徒刑或者拘役,并处拒缴税款一倍以上五倍以下罚金;情节严重的,处三年以上七年以下有期徒刑,并处拒缴税款一倍以上五倍以下罚金。

第二百零三条　纳税人欠缴应纳税款,采取转移或者隐匿财产的手段,致使税务机关无法追缴欠缴的税款,数额在一万元以上不满十万元的,处三年以下有期徒刑或者拘役,并处或者单处欠缴税款一倍以上五倍以下罚金;数额在十万元以上的,处三年以上七年以下有期徒刑,并处欠缴税款一倍以上五倍以下罚金。

第二百零四条　以假报出口或者其他欺骗手段,骗取国家出口退税款,数额较大的,处五年以下有期徒刑或者拘役,并处骗取税款一倍以上五倍以下罚金;数额巨大或者有其他严重情节的,处五年以上十年以下有期徒刑,并处骗取税款一倍以上五倍以下罚金;数额特别巨大或者有其他特别严重情节的,处十年以上有期徒刑或者无期徒刑,并处骗取税款一倍以上五倍以下罚金或者没收财产。

纳税人缴纳税款后，采取前款规定的欺骗方法，骗取所缴纳的税款的，依照本法第二百零一条的规定定罪处罚；骗取税款超过所缴纳的税款部分，依照前款的规定处罚。

第二百零五条 虚开增值税专用发票或者虚开用于骗取出口退税、抵扣税款的其他发票的，处三年以下有期徒刑或者拘役，并处二万元以上二十万元以下罚金；虚开的税款数额较大或者有其他严重情节的，处三年以上十年以下有期徒刑，并处五万元以上五十万元以下罚金；虚开的税款数额巨大或者有其他特别严重情节的，处十年以上有期徒刑或者无期徒刑，并处五万元以上五十万元以下罚金或者没收财产。

有前款行为骗取国家税款，数额特别巨大，情节特别严重，给国家利益造成特别重大损失的，处无期徒刑或者死刑，并处没收财产。①

单位犯本条规定之罪的，对单位判处罚金，并对其直接负责的主管人员和其他直接责任人员，处三年以下有期徒刑或者拘役；虚开的税款数额较大或者有其他严重情节的，处三年以上十年以下有期徒刑；虚开的税款数额巨大或者有其他特别严重情节的，处十年以上有期徒刑或者无期徒刑。

虚开增值税专用发票或者虚开用于骗取出口退税、抵扣税款的其他发票，是指有为他人虚开、为自己虚开、让他人为自己虚开、介绍他人虚开行为之一的。

第二百零五条之一 虚开本法第二百零五条规定以外的其他发票，情节严重的，处二年以下有期徒刑、拘役或者管制，并处罚金；情节特别严重的，处二年以上七年以下有期徒刑，并处罚金。

单位犯前款罪的，对单位判处罚金，并对其直接负责的主管人员和其他直接责任人员，依照前款的规定处罚。

第二百零六条 伪造或者出售伪造的增值税专用发票的，处三年以下有期徒刑、拘役或者管制，并处二万元以上二十万元以下罚金；数量较大或者有其他严重情节的，处三年以上十年以下有期徒刑，并处

---

① 本款根据 2011 年 2 月 25 日《刑法修正案（八）》删除。

五万元以上五十万元以下罚金;数量巨大或者有其他特别严重情节的,处十年以上有期徒刑或者无期徒刑,并处五万元以上五十万元以下罚金或者没收财产。

伪造并出售伪造的增值税专用发票,数量特别巨大,情节特别严重,严重破坏经济秩序的,处无期徒刑或者死刑,并处没收财产。①

单位犯本条规定之罪的,对单位判处罚金,并对其直接负责的主管人员和其他直接责任人员,处三年以下有期徒刑、拘役或者管制;数量较大或者有其他严重情节的,处三年以上十年以下有期徒刑;数量巨大或者有其他特别严重情节的,处十年以上有期徒刑或者无期徒刑。

第二百零七条 非法出售增值税专用发票的,处三年以下有期徒刑、拘役或者管制,并处二万元以上二十万元以下罚金;数量较大的,处三年以上十年以下有期徒刑,并处五万元以上五十万元以下罚金;数量巨大的,处十年以上有期徒刑或者无期徒刑,并处五万元以上五十万元以下罚金或者没收财产。

第二百零八条 非法购买增值税专用发票或者购买伪造的增值税专用发票的,处五年以下有期徒刑或者拘役,并处或者单处二万元以上二十万元以下罚金。

非法购买增值税专用发票或者购买伪造的增值税专用发票又虚开或者出售的,分别依照本法第二百零五条、第二百零六条、第二百零七条的规定定罪处罚。

第二百零九条 伪造、擅自制造或者出售伪造、擅自制造的可以用于骗取出口退税、抵扣税款的其他发票的,处三年以下有期徒刑、拘役或者管制,并处二万元以上二十万元以下罚金;数量巨大的,处三年以上七年以下有期徒刑,并处五万元以上五十万元以下罚金;数量特别巨大的,处七年以上有期徒刑,并处五万元以上五十万元以下罚金或者没收财产。

伪造、擅自制造或者出售伪造、擅自制造的前款规定以外的其他

---

① 本款根据 2011 年 2 月 25 日《刑法修正案(八)》删除。

发票的,处二年以下有期徒刑、拘役或者管制,并处或者单处一万元以上五万元以下罚金;情节严重的,处二年以上七年以下有期徒刑,并处五万元以上五十万元以下罚金。

非法出售可以用于骗取出口退税、抵扣税款的其他发票的,依照第一款的规定处罚。

非法出售第三款规定以外的其他发票的,依照第二款的规定处罚。

第二百一十条　盗窃增值税专用发票或者可以用于骗取出口退税、抵扣税款的其他发票的,依照本法第二百六十四条的规定定罪处罚。

使用欺骗手段骗取增值税专用发票或者可以用于骗取出口退税、抵扣税款的其他发票的,依照本法第二百六十六条的规定定罪处罚。

第二百一十条之一　明知是伪造的发票而持有,数量较大的,处二年以下有期徒刑、拘役或者管制,并处罚金;数量巨大的,处二年以上七年以下有期徒刑,并处罚金。

单位犯前款罪的,对单位判处罚金,并对其直接负责的主管人员和其他直接责任人员,依照前款的规定处罚。

第二百一十一条　单位犯本节第二百零一条、第二百零三条、第二百零四条、第二百零七条、第二百零八条、第二百零九条规定之罪的,对单位判处罚金,并对其直接负责的主管人员和其他直接责任人员,依照各该条的规定处罚。

第二百一十二条　犯本节第二百零一条至第二百零五条规定之罪,被判处罚金、没收财产的,在执行前,应当先由税务机关追缴税款和所骗取的出口退税款。

第七节　侵犯知识产权罪

第二百一十三条　未经注册商标所有人许可,在同一种商品、服务上使用与其注册商标相同的商标,情节严重的,处三年以下有期徒刑,并处或者单处罚金;情节特别严重的,处三年以上十年以下有期徒刑,并处罚金。

第二百一十四条　销售明知是假冒注册商标的商品,违法所得数额较大或者有其他严重情节的,处三年以下有期徒刑,并处或者单处罚金;违法所得数额巨大或者有其他特别严重情节的,处三年以上十年以下有期徒刑,并处罚金。

第二百一十五条 伪造、擅自制造他人注册商标标识或者销售伪造、擅自制造的注册商标标识,情节严重的,处三年以下有期徒刑,并处或者单处罚金;情节特别严重的,处三年以上十年以下有期徒刑,并处罚金。

第二百一十六条 假冒他人专利,情节严重的,处三年以下有期徒刑或者拘役,并处或者单处罚金。

第二百一十七条 以营利为目的,有下列侵犯著作权或者与著作权有关的权利的情形之一,违法所得数额较大或者有其他严重情节的,处三年以下有期徒刑,并处或者单处罚金;违法所得数额巨大或者有其他特别严重情节的,处三年以上十年以下有期徒刑,并处罚金:

(一)未经著作权人许可,复制发行、通过信息网络向公众传播其文字作品、音乐、美术、视听作品、计算机软件及法律、行政法规规定的其他作品的;

(二)出版他人享有专有出版权的图书的;

(三)未经录音录像制作者许可,复制发行、通过信息网络向公众传播其制作的录音录像的;

(四)未经表演者许可,复制发行录有其表演的录音录像制品,或者通过信息网络向公众传播其表演的;

(五)制作、出售假冒他人署名的美术作品的;

(六)未经著作权人或者与著作权有关的权利人许可,故意避开或者破坏权利人为其作品、录音录像制品等采取的保护著作权或者与著作权有关的权利的技术措施的。

第二百一十八条 以营利为目的,销售明知是本法第二百一十七条规定的侵权复制品,违法所得数额巨大或者有其他严重情节的,处五年以下有期徒刑,并处或者单处罚金。

第二百一十九条 有下列侵犯商业秘密行为之一,情节严重的,处三年以下有期徒刑,并处或者单处罚金;情节特别严重的,处三年以上十年以下有期徒刑,并处罚金:

（一）以盗窃、贿赂、欺诈、胁迫、电子侵入或者其他不正当手段获取权利人的商业秘密的；

（二）披露、使用或者允许他人使用以前项手段获取的权利人的商业秘密的；

（三）违反保密义务或者违反权利人有关保守商业秘密的要求，披露、使用或者允许他人使用其所掌握的商业秘密的。

明知前款所列行为，获取、披露、使用或者允许他人使用该商业秘密的，以侵犯商业秘密论。

本条所称权利人，是指商业秘密的所有人和经商业秘密所有人许可的商业秘密使用人。

第二百一十九条之一 为境外的机构、组织、人员窃取、刺探、收买、非法提供商业秘密的，处五年以下有期徒刑，并处或者单处罚金；情节严重的，处五年以上有期徒刑，并处罚金。

第二百二十条 单位犯本节第二百一十三条至第二百一十九条之一规定之罪的，对单位判处罚金，并对其直接负责的主管人员和其他直接责任人员，依照本节各该条的规定处罚。

第八节 扰乱市场秩序罪

第二百二十一条 捏造并散布虚伪事实，损害他人的商业信誉、商品声誉，给他人造成重大损失或者有其他严重情节的，处二年以下有期徒刑或者拘役，并处或者单处罚金。

第二百二十二条 广告主、广告经营者、广告发布者违反国家规定，利用广告对商品或者服务作虚假宣传，情节严重的，处二年以下有期徒刑或者拘役，并处或者单处罚金。

第二百二十三条 投标人相互串通投标报价，损害招标人或者其他投标人利益，情节严重的，处三年以下有期徒刑或者拘役，并处或者单处罚金。

投标人与招标人串通投标，损害国家、集体、公民的合法利益的，依照前款的规定处罚。

第二百二十四条 有下列情形之一，以非法占有为目的，在签订、履行合同过程中，骗取对方当事人财物，数额较大的，处三年以下有期徒刑或者拘役,并处或者单处罚金;数额巨大或者有其他严重情节的,处三年以上十年以下有期徒刑,并处罚金;数额特别巨大或者有其他特别严重情节的,处十年以上有期徒刑或者无期徒刑,并处罚金或者没收财产:

(一)以虚构的单位或者冒用他人名义签订合同的;

(二)以伪造、变造、作废的票据或者其他虚假的产权证明作担保的;

(三)没有实际履行能力,以先履行小额合同或者部分履行合同的方法,诱骗对方当事人继续签订和履行合同的;

(四)收受对方当事人给付的货物、货款、预付款或者担保财产后逃匿的;

(五)以其他方法骗取对方当事人财物的。

第二百二十四条之一 组织、领导以推销商品、提供服务等经营活动为名,要求参加者以缴纳费用或者购买商品、服务等方式获得加入资格,并按照一定顺序组成层级,直接或者间接以发展人员的数量作为计酬或者返利依据,引诱、胁迫参加者继续发展他人参加,骗取财物,扰乱经济社会秩序的传销活动的,处五年以下有期徒刑或者拘役,并处罚金;情节严重的,处五年以上有期徒刑,并处罚金。

第二百二十五条 违反国家规定,有下列非法经营行为之一,扰乱市场秩序,情节严重的,处五年以下有期徒刑或者拘役,并处或者单处违法所得一倍以上五倍以下罚金;情节特别严重的,处五年以上有期徒刑,并处违法所得一倍以上五倍以下罚金或者没收财产:

(一)未经许可经营法律、行政法规规定的专营、专卖物品或者其他限制买卖的物品的;

(二)买卖进出口许可证、进出口原产地证明以及其他法律、行政法规规定的经营许可证或者批准文件的;

(三)未经国家有关主管部门批准非法经营证券、期货、保险业务的,或者非法从事资金支付结算业务的;

(四)其他严重扰乱市场秩序的非法经营行为。

第二百二十六条 以暴力、威胁手段,实施下列行为之一,情节严重的,处三年以下有期徒刑或者拘役,并处或者单处罚金;情节特别严

重的,处三年以上七年以下有期徒刑,并处罚金:

(一)强买强卖商品的;

(二)强迫他人提供或者接受服务的;

(三)强迫他人参与或者退出投标、拍卖的;

(四)强迫他人转让或者收购公司、企业的股份、债券或者其他资产的;

(五)强迫他人参与或者退出特定的经营活动的。

第二百二十七条 伪造或者倒卖伪造的车票、船票、邮票或者其他有价票证,数额较大的,处二年以下有期徒刑、拘役或者管制,并处或者单处票证价额一倍以上五倍以下罚金;数额巨大的,处二年以上七年以下有期徒刑,并处票证价额一倍以上五倍以下罚金。

倒卖车票、船票,情节严重的,处三年以下有期徒刑、拘役或者管制,并处或者单处票证价额一倍以上五倍以下罚金。

第二百二十八条 以牟利为目的,违反土地管理法规,非法转让、倒卖土地使用权,情节严重的,处三年以下有期徒刑或者拘役,并处或者单处非法转让、倒卖土地使用权价额百分之五以上百分之二十以下罚金;情节特别严重的,处三年以上七年以下有期徒刑,并处非法转让、倒卖土地使用权价额百分之五以上百分之二十以下罚金。

第二百二十九条 承担资产评估、验资、验证、会计、审计、法律服务、保荐、安全评价、环境影响评价、环境监测等职责的中介组织的人员故意提供虚假证明文件,情节严重的,处五年以下有期徒刑或者拘役,并处罚金;有下列情形之一的,处五年以上十年以下有期徒刑,并处罚金:

(一)提供与证券发行相关的虚假的资产评估、会计、审计、法律服务、保荐等证明文件,情节特别严重的;

(二)提供与重大资产交易相关的虚假的资产评估、会计、审计等证明文件,情节特别严重的;

(三)在涉及公共安全的重大工程、项目中提供虚假的安全评价、环境影响评价等证明文件,致使公共财产、国家和人民利益遭受特别重大损失的。

有前款行为,同时索取他人财物或者非法收受他人财物构成犯罪的,依照处罚较重的规定定罪处罚。

第一款规定的人员,严重不负责任,出具的证明文件有重大失实,造成严重后果的,处三年以下有期徒刑或者拘役,并处或者单处罚金。

第二百三十条 违反进出口商品检验法的规定,逃避商品检验,将必须经商检机构检验的进口商品未报经检验而擅自销售、使用,或者将必须经商检机构检验的出口商品未报经检验合格而擅自出口,情节严重的,处三年以下有期徒刑或者拘役,并处或者单处罚金。

第二百三十一条 单位犯本节第二百二十一条至第二百三十条规定之罪的,对单位判处罚金,并对其直接负责的主管人员和其他直接责任人员,依照本节各该条的规定处罚。

第四章 侵犯公民人身权利、民主权利罪

第二百三十二条 故意杀人的,处死刑、无期徒刑或者十年以上有期徒刑;情节较轻的,处三年以上十年以下有期徒刑。

第二百三十三条 过失致人死亡的,处三年以上七年以下有期徒刑;情节较轻的,处三年以下有期徒刑。本法另有规定的,依照规定。

第二百三十四条 故意伤害他人身体的,处三年以下有期徒刑、拘役或者管制。

犯前款罪,致人重伤的,处三年以上十年以下有期徒刑;致人死亡或者以特别残忍手段致人重伤造成严重残疾的,处十年以上有期徒刑、无期徒刑或者死刑。本法另有规定的,依照规定。

第二百三十四条之一 组织他人出卖人体器官的,处五年以下有期徒刑,并处罚金;情节严重的,处五年以上有期徒刑,并处罚金或者没收财产。

未经本人同意摘取其器官,或者摘取不满十八周岁的人的器官,或者强迫、欺骗他人捐献器官的,依照本法第二百三十四条、第二百三十二条的规定定罪处罚。

违背本人生前意愿摘取其尸体器官,或者本人生前未表示同意,违反国家规定,违背其近亲属意愿摘取其尸体器官的,依照本法第三百零二条的规定定罪处罚。

第二百三十五条 过失伤害他人致人重伤的,处三年以下有期徒

刑或者拘役。本法另有规定的,依照规定。

第二百三十六条 以暴力、胁迫或者其他手段强奸妇女的,处三年以上十年以下有期徒刑。

奸淫不满十四周岁的幼女的,以强奸论,从重处罚。

强奸妇女、奸淫幼女,有下列情形之一的,处十年以上有期徒刑、无期徒刑或者死刑:

(一)强奸妇女、奸淫幼女情节恶劣的;

(二)强奸妇女、奸淫幼女多人的;

(三)在公共场所当众强奸妇女、奸淫幼女的;

(四)二人以上轮奸的;

(五)奸淫不满十周岁的幼女或者造成幼女伤害的;

(六)致使被害人重伤、死亡或者造成其他严重后果的。

第二百三十六条之一 对已满十四周岁不满十六周岁的未成年女性负有监护、收养、看护、教育、医疗等特殊职责的人员,与该未成年女性发生性关系的,处三年以下有期徒刑;情节恶劣的,处三年以上十年以下有期徒刑。

有前款行为,同时又构成本法第二百三十六条规定之罪的,依照处罚较重的规定定罪处罚。

第二百三十七条 以暴力、胁迫或者其他方法强制猥亵他人或者侮辱妇女的,处五年以下有期徒刑或者拘役。

聚众或者在公共场所当众犯前款罪的,或者有其他恶劣情节的,处五年以上有期徒刑。

猥亵儿童的,处五年以下有期徒刑;有下列情形之一的,处五年以上有期徒刑:

(一)猥亵儿童多人或者多次的;

(二)聚众猥亵儿童的,或者在公共场所当众猥亵儿童,情节恶劣的;

(三)造成儿童伤害或者其他严重后果的;

(四)猥亵手段恶劣或者有其他恶劣情节的。

第二百三十八条 非法拘禁他人或者以其他方法非法剥夺他人人身自由的,处三年以下有期徒刑、拘役、管制或者剥夺政治权利。具有殴打、侮辱情节的,从重处罚。

犯前款罪,致人重伤的,处三年以上十年以下有期徒刑;致人死亡的,处十年以上有期徒刑。使用暴力致人伤残、死亡的,依照本法第二百三十四条、第二百三十二条的规定定罪处罚。

为索取债务非法扣押、拘禁他人的,依照前两款的规定处罚。

国家机关工作人员利用职权犯前三款罪的,依照前三款的规定从重处罚。

第二百三十九条 以勒索财物为目的绑架他人的,或者绑架他人作为人质的,处十年以上有期徒刑或者无期徒刑,并处罚金或者没收财产;情节较轻的,处五年以上十年以下有期徒刑,并处罚金。

犯前款罪,杀害被绑架人的,或者故意伤害被绑架人,致人重伤、死亡的,处无期徒刑或者死刑,并处没收财产。

以勒索财物为目的偷盗婴幼儿的,依照前两款的规定处罚。

第二百四十条 拐卖妇女、儿童的,处五年以上十年以下有期徒刑,并处罚金;有下列情形之一的,处十年以上有期徒刑或者无期徒刑,并处罚金或者没收财产;情节特别严重的,处死刑,并处没收财产:

(一)拐卖妇女、儿童集团的首要分子;

(二)拐卖妇女、儿童三人以上的;

(三)奸淫被拐卖的妇女的;

(四)诱骗、强迫被拐卖的妇女卖淫或者将被拐卖的妇女卖给他人迫使其卖淫的;

(五)以出卖为目的,使用暴力、胁迫或者麻醉方法绑架妇女、儿童的;

(六)以出卖为目的,偷盗婴幼儿的;

(七)造成被拐卖的妇女、儿童或者其亲属重伤、死亡或者其他严重后果的;

(八)将妇女、儿童卖往境外的。

拐卖妇女、儿童是指以出卖为目的,有拐骗、绑架、收买、贩卖、接送、中转妇女、儿童的行为之一的。

第二百四十一条 收买被拐卖的妇女、儿童的,处三年以下有期徒刑、拘役或者管制。

收买被拐卖的妇女,强行与其发生性关系的,依照本法第二百三十六条的规定定罪处罚。

收买被拐卖的妇女、儿童,非法剥夺、限制其人身自由或者有伤害、侮辱等犯罪行为的,依照本法的有关规定定罪处罚。

收买被拐卖的妇女、儿童,并有第二款、第三款规定的犯罪行为的,依照数罪并罚的规定处罚。

收买被拐卖的妇女、儿童又出卖的,依照本法第二百四十条的规定定罪处罚。

收买被拐卖的妇女、儿童,对被买儿童没有虐待行为,不阻碍对其进行解救的,可以从轻处罚;按照被买妇女的意愿,不阻碍其返回原居住地的,可以从轻或者减轻处罚。

第二百四十二条 以暴力、威胁方法阻碍国家机关工作人员解救被收买的妇女、儿童的,依照本法第二百七十七条的规定定罪处罚。

聚众阻碍国家机关工作人员解救被收买的妇女、儿童的首要分子,处五年以下有期徒刑或者拘役;其他参与者使用暴力、威胁方法的,依照前款的规定处罚。

第二百四十三条 捏造事实诬告陷害他人,意图使他人受刑事追究,情节严重的,处三年以下有期徒刑、拘役或者管制;造成严重后果的,处三年以上十年以下有期徒刑。

国家机关工作人员犯前款罪的,从重处罚。

不是有意诬陷,而是错告,或者检举失实的,不适用前两款的规定。

第二百四十四条 以暴力、威胁或者限制人身自由的方法强迫他人劳动的,处三年以下有期徒刑或者拘役,并处罚金;情节严重的,处三年以上十年以下有期徒刑,并处罚金。

明知他人实施前款行为,为其招募、运送人员或者有其他协助强迫他人劳动行为的,依照前款的规定处罚。

单位犯前两款罪的,对单位判处罚金,并对其直接负责的主管人员和其他直接责任人员,依照第一款的规定处罚。

第二百四十四条之一 违反劳动管理法规,雇用未满十六周岁的未成年人从事超强度体力劳动的,或者从事高空、井下作业的,或者在爆炸性、易燃性、放射性、毒害性等危险环境下从事劳动,情节严重的,对直接责任人员,处三年以下有期徒刑或者拘役,并处罚金;情节特别严重的,处三年以上七年以下有期徒刑,并处罚金。

有前款行为,造成事故,又构成其他犯罪的,依照数罪并罚的规定处罚。

第二百四十五条 非法搜查他人身体、住宅,或者非法侵入他人住宅的,处三年以下有期徒刑或者拘役。

司法工作人员滥用职权,犯前款罪的,从重处罚。

第二百四十六条 以暴力或者其他方法公然侮辱他人或者捏造事实诽谤他人,情节严重的,处三年以下有期徒刑、拘役、管制或者剥夺政治权利。

前款罪,告诉的才处理,但是严重危害社会秩序和国家利益的除外。

通过信息网络实施第一款规定的行为,被害人向人民法院告诉,但提供证据确有困难的,人民法院可以要求公安机关提供协助。

第二百四十七条 司法工作人员对犯罪嫌疑人、被告人实行刑讯逼供或者使用暴力逼取证人证言的,处三年以下有期徒刑或者拘役。致人伤残、死亡的,依照本法第二百三十四条、第二百三十二条的规定定罪从重处罚。

第二百四十八条 监狱、拘留所、看守所等监管机构的监管人员对被监管人进行殴打或者体罚虐待,情节严重的,处三年以下有期徒刑或者拘役;情节特别严重的,处三年以上十年以下有期徒刑。致人伤残、死亡的,依照本法第二百三十四条、第二百三十二条的规定定罪从重处罚。

监管人员指使被监管人殴打或者体罚虐待其他被监管人的,依照前款的规定处罚。

第二百四十九条 煽动民族仇恨、民族歧视,情节严重的,处三年以下有期徒刑、拘役、管制或者剥夺政治权利;情节特别严重的,处三年以上十年以下有期徒刑。

第二百五十条 在出版物中刊载歧视、侮辱少数民族的内容,情节恶劣,造成严重后果的,对直接责任人员,处三年以下有期徒刑、拘役或者管制。

第二百五十一条　国家机关工作人员非法剥夺公民的宗教信仰自由和侵犯少数民族风俗习惯，情节严重的，处二年以下有期徒刑或者拘役。

第二百五十二条　隐匿、毁弃或者非法开拆他人信件，侵犯公民通信自由权利，情节严重的，处一年以下有期徒刑或者拘役。

第二百五十三条　邮政工作人员私自开拆或者隐匿、毁弃邮件、电报的，处二年以下有期徒刑或者拘役。

犯前款罪而窃取财物的，依照本法第二百六十四条的规定定罪从重处罚。

第二百五十三条之一　违反国家有关规定，向他人出售或者提供公民个人信息，情节严重的，处三年以下有期徒刑或者拘役，并处或者单处罚金；情节特别严重的，处三年以上七年以下有期徒刑，并处罚金。

违反国家有关规定，将在履行职责或者提供服务过程中获得的公民个人信息，出售或者提供给他人的，依照前款的规定从重处罚。

窃取或者以其他方法非法获取公民个人信息的，依照第一款的规定处罚。

单位犯前三款罪的，对单位判处罚金，并对其直接负责的主管人员和其他直接责任人员，依照各该款的规定处罚。

第二百五十四条　国家机关工作人员滥用职权、假公济私，对控告人、申诉人、批评人、举报人实行报复陷害的，处二年以下有期徒刑或者拘役；情节严重的，处二年以上七年以下有期徒刑。

第二百五十五条　公司、企业、事业单位、机关、团体的领导人，对依法履行职责、抵制违反会计法、统计法行为的会计、统计人员实行打击报复，情节恶劣的，处三年以下有期徒刑或者拘役。

第二百五十六条　在选举各级人民代表大会代表和国家机关领导人员时，以暴力、威胁、欺骗、贿赂、伪造选举文件、虚报选举票数等手段破坏选举或者妨害选民和代表自由行使选举权和被选举权，情节严重的，处三年以下有期徒刑、拘役或者剥夺政治权利。

第二百五十七条　以暴力干涉他人婚姻自由的，处二年以下有期徒刑或者拘役。

犯前款罪,致使被害人死亡的,处二年以上七年以下有期徒刑。

第一款罪,告诉的才处理。

第二百五十八条 有配偶而重婚的,或者明知他人有配偶而与之结婚的,处二年以下有期徒刑或者拘役。

第二百五十九条 明知是现役军人的配偶而与之同居或者结婚的,处三年以下有期徒刑或者拘役。

利用职权、从属关系,以胁迫手段奸淫现役军人的妻子的,依照本法第二百三十六条的规定定罪处罚。

第二百六十条 虐待家庭成员,情节恶劣的,处二年以下有期徒刑、拘役或者管制。

犯前款罪,致使被害人重伤、死亡的,处二年以上七年以下有期徒刑。

第一款罪,告诉的才处理,但被害人没有能力告诉,或者因受到强制、威吓无法告诉的除外。

第二百六十条之一 对未成年人、老年人、患病的人、残疾人等负有监护、看护职责的人虐待被监护、看护的人,情节恶劣的,处三年以下有期徒刑或者拘役。

单位犯前款罪的,对单位判处罚金,并对其直接负责的主管人员和其他直接责任人员,依照前款的规定处罚。

有第一款行为,同时构成其他犯罪的,依照处罚较重的规定定罪处罚。

第二百六十一条 对于年老、年幼、患病或者其他没有独立生活能力的人,负有扶养义务而拒绝扶养,情节恶劣的,处五年以下有期徒刑、拘役或者管制。

第二百六十二条 拐骗不满十四周岁的未成年人,脱离家庭或者监护人的,处五年以下有期徒刑或者拘役。

第二百六十二条之一 以暴力、胁迫手段组织残疾人或者不满十四周岁的未成年人乞讨的,处三年以下有期徒刑或者拘役,并处罚金;情节严重的,处三年以上七年以下有期徒刑,并处罚金。

第二百六十二条之二 组织未成年人进行盗窃、诈骗、抢夺、敲诈勒索等违反治安管理活动的,处三年以下有期徒刑或者拘役,并处罚金;情节严重的,处三年以上七年以下有期徒刑,并处罚金。

第五章　侵犯财产罪

第二百六十三条　以暴力、胁迫或者其他方法抢劫公私财物的,处三年以上十年以下有期徒刑,并处罚金;有下列情形之一的,处十年以上有期徒刑、无期徒刑或者死刑,并处罚金或者没收财产：

（一）入户抢劫的；

（二）在公共交通工具上抢劫的；

（三）抢劫银行或者其他金融机构的；

（四）多次抢劫或者抢劫数额巨大的；

（五）抢劫致人重伤、死亡的；

（六）冒充军警人员抢劫的；

（七）持枪抢劫的；

（八）抢劫军用物资或者抢险、救灾、救济物资的。

第二百六十四条　盗窃公私财物,数额较大的,或者多次盗窃、入户盗窃、携带凶器盗窃、扒窃的,处三年以下有期徒刑、拘役或者管制,并处或者单处罚金;数额巨大或者有其他严重情节的,处三年以上十年以下有期徒刑,并处罚金;数额特别巨大或者有其他特别严重情节的,处十年以上有期徒刑或者无期徒刑,并处罚金或者没收财产。

第二百六十五条　以牟利为目的,盗接他人通信线路、复制他人电信码号或者明知是盗接、复制的电信设备、设施而使用的,依照本法第二百六十四条的规定定罪处罚。

第二百六十六条　诈骗公私财物,数额较大的,处三年以下有期徒刑、拘役或者管制,并处或者单处罚金;数额巨大或者有其他严重情节的,处三年以上十年以下有期徒刑,并处罚金;数额特别巨大或者有其他特别严重情节的,处十年以上有期徒刑或者无期徒刑,并处罚金或者没收财产。本法另有规定的,依照规定。

第二百六十七条　抢夺公私财物,数额较大的,或者多次抢夺的,处三年以下有期徒刑、拘役或者管制,并处或者单处罚金;数额巨大或者有其他严重情节的,处三年以上十年以下有期徒刑,并处罚金;数额特别巨大或者有其他特别严重情节的,处十年以上有期徒刑或者无期徒刑,并处罚金或者没收财产。

携带凶器抢夺的,依照本法第二百六十三条的规定定罪处罚。

第二百六十八条 聚众哄抢公私财物,数额较大或者有其他严重情节的,对首要分子和积极参加的,处三年以下有期徒刑、拘役或者管制,并处罚金;数额巨大或者有其他特别严重情节的,处三年以上十年以下有期徒刑,并处罚金。

第二百六十九条 犯盗窃、诈骗、抢夺罪,为窝藏赃物、抗拒抓捕或者毁灭罪证而当场使用暴力或者以暴力相威胁的,依照本法第二百六十三条的规定定罪处罚。

第二百七十条 将代为保管的他人财物非法占为己有,数额较大,拒不退还的,处二年以下有期徒刑、拘役或者罚金;数额巨大或者有其他严重情节的,处二年以上五年以下有期徒刑,并处罚金。

将他人的遗忘物或者埋藏物非法占为己有,数额较大,拒不交出的,依照前款的规定处罚。

本条罪,告诉的才处理。

第二百七十一条 公司、企业或者其他单位的工作人员,利用职务上的便利,将本单位财物非法占为己有,数额较大的,处三年以下有期徒刑或者拘役,并处罚金;数额巨大的,处三年以上十年以下有期徒刑,并处罚金;数额特别巨大的,处十年以上有期徒刑或者无期徒刑,并处罚金。

国有公司、企业或者其他国有单位中从事公务的人员和国有公司、企业或者其他国有单位委派到非国有公司、企业以及其他单位从事公务的人员有前款行为的,依照本法第三百八十二条、第三百八十三条的规定定罪处罚。

第二百七十二条 公司、企业或者其他单位的工作人员,利用职务上的便利,挪用本单位资金归个人使用或者借贷给他人,数额较大、超过三个月未还的,或者虽未超过三个月,但数额较大、进行营利活动的,或者进行非法活动的,处三年以下有期徒刑或者拘役;挪用本单位资金数额巨大的,处三年以上七年以下有期徒刑;数额特别巨大的,处七年以上有期徒刑。

国有公司、企业或者其他国有单位中从事公务的人员和国有公司、企业或者其他国有单位委派到非国有公司、企业以及其他单位从事公务的人员有前款行为的,依照本法第三百八十四条的规定定罪处罚。

有第一款行为,在提起公诉前将挪用的资金退还的,可以从轻或者减轻处罚。其中,犯罪较轻的,可以减轻或者免除处罚。

第二百七十三条 挪用用于救灾、抢险、防汛、优抚、扶贫、移民、救济款物,情节严重,致使国家和人民群众利益遭受重大损害的,对直接责任人员,处三年以下有期徒刑或者拘役;情节特别严重的,处三年以上七年以下有期徒刑。

第二百七十四条 敲诈勒索公私财物,数额较大或者多次敲诈勒索的,处三年以下有期徒刑、拘役或者管制,并处或者单处罚金;数额巨大或者有其他严重情节的,处三年以上十年以下有期徒刑,并处罚金;数额特别巨大或者有其他特别严重情节的,处十年以上有期徒刑,并处罚金。

第二百七十五条 故意毁坏公私财物,数额较大或者有其他严重情节的,处三年以下有期徒刑、拘役或者罚金;数额巨大或者有其他特别严重情节的,处三年以上七年以下有期徒刑。

第二百七十六条 由于泄愤报复或者其他个人目的,毁坏机器设备、残害耕畜或者以其他方法破坏生产经营的,处三年以下有期徒刑、拘役或者管制;情节严重的,处三年以上七年以下有期徒刑。

第二百七十六条之一 以转移财产、逃匿等方法逃避支付劳动者的劳动报酬或者有能力支付而不支付劳动者的劳动报酬,数额较大,经政府有关部门责令支付仍不支付的,处三年以下有期徒刑或者拘役,并处或者单处罚金;造成严重后果的,处三年以上七年以下有期徒刑,并处罚金。

单位犯前款罪的,对单位判处罚金,并对其直接负责的主管人员和其他直接责任人员,依照前款的规定处罚。

有前两款行为,尚未造成严重后果,在提起公诉前支付劳动者的劳动报酬,并依法承担相应赔偿责任的,可以减轻或者免除处罚。

第六章　妨害社会管理秩序罪

第一节　扰乱公共秩序罪

第二百七十七条　以暴力、威胁方法阻碍国家机关工作人员依法执行职务的,处三年以下有期徒刑、拘役、管制或者罚金。

以暴力、威胁方法阻碍全国人民代表大会和地方各级人民代表大会代表依法执行代表职务的,依照前款的规定处罚。

在自然灾害和突发事件中,以暴力、威胁方法阻碍红十字会工作人员依法履行职责的,依照第一款的规定处罚。

故意阻碍国家安全机关、公安机关依法执行国家安全工作任务,未使用暴力、威胁方法,造成严重后果的,依照第一款的规定处罚。

暴力袭击正在依法执行职务的人民警察的,处三年以下有期徒刑、拘役或者管制;使用枪支、管制刀具,或者以驾驶机动车撞击等手段,严重危及其人身安全的,处三年以上七年以下有期徒刑。

第二百七十八条　煽动群众暴力抗拒国家法律、行政法规实施的,处三年以下有期徒刑、拘役、管制或者剥夺政治权利;造成严重后果的,处三年以上七年以下有期徒刑。

第二百七十九条　冒充国家机关工作人员招摇撞骗的,处三年以下有期徒刑、拘役、管制或者剥夺政治权利;情节严重的,处三年以上十年以下有期徒刑。

冒充人民警察招摇撞骗的,依照前款的规定从重处罚。

第二百八十条　伪造、变造、买卖或者盗窃、抢夺、毁灭国家机关的公文、证件、印章的,处三年以下有期徒刑、拘役、管制或者剥夺政治权利,并处罚金;情节严重的,处三年以上十年以下有期徒刑,并处罚金。

伪造公司、企业、事业单位、人民团体的印章的,处三年以下有期徒刑、拘役、管制或者剥夺政治权利,并处罚金。

伪造、变造、买卖居民身份证、护照、社会保障卡、驾驶证等依法可以用于证明身份的证件的,处三年以下有期徒刑、拘役、管制或者剥夺政治权利,并处罚金;情节严重的,处三年以上七年以下有期徒刑,并处罚金。

第二百八十条之一 在依照国家规定应当提供身份证明的活动中,使用伪造、变造的或者盗用他人的居民身份证、护照、社会保障卡、驾驶证等依法可以用于证明身份的证件,情节严重的,处拘役或者管制,并处或者单处罚金。

有前款行为,同时构成其他犯罪的,依照处罚较重的规定定罪处罚。

第二百八十条之二 盗用、冒用他人身份,顶替他人取得的高等学历教育入学资格、公务员录用资格、就业安置待遇的,处三年以下有期徒刑、拘役或者管制,并处罚金。

组织、指使他人实施前款行为的,依照前款的规定从重处罚。

国家工作人员有前两款行为,又构成其他犯罪的,依照数罪并罚的规定处罚。

第二百八十一条 非法生产、买卖人民警察制式服装、车辆号牌等专用标志、警械,情节严重的,处三年以下有期徒刑、拘役或者管制,并处或者单处罚金。

单位犯前款罪的,对单位判处罚金,并对其直接负责的主管人员和其他直接责任人员,依照前款的规定处罚。

第二百八十二条 以窃取、刺探、收买方法,非法获取国家秘密的,处三年以下有期徒刑、拘役、管制或者剥夺政治权利;情节严重的,处三年以上七年以下有期徒刑。

非法持有属于国家绝密、机密的文件、资料或者其他物品,拒不说明来源与用途的,处三年以下有期徒刑、拘役或者管制。

第二百八十三条 非法生产、销售专用间谍器材或者窃听、窃照专用器材的,处三年以下有期徒刑、拘役或者管制,并处或者单处罚金;情节严重的,处三年以上七年以下有期徒刑,并处罚金。

单位犯前款罪的,对单位判处罚金,并对其直接负责的主管人员和其他直接责任人员,依照前款的规定处罚。

第二百八十四条 非法使用窃听、窃照专用器材,造成严重后果的,处二年以下有期徒刑、拘役或者管制。

第二百八十四条之一 在法律规定的国家考试中,组织作弊的,处三年以下有期徒刑或者拘役,并处或者单处罚金;情节严重的,处三年以上七年以下有期徒刑,并处罚金。

为他人实施前款犯罪提供作弊器材或者其他帮助的,依照前款的规定处罚。

为实施考试作弊行为,向他人非法出售或者提供第一款规定的考试的试题、答案的,依照第一款的规定处罚。

代替他人或者让他人代替自己参加第一款规定的考试的,处拘役或者管制,并处或者单处罚金。

第二百八十五条 违反国家规定,侵入国家事务、国防建设、尖端科学技术领域的计算机信息系统的,处三年以下有期徒刑或者拘役。

违反国家规定,侵入前款规定以外的计算机信息系统或者采用其他技术手段,获取该计算机信息系统中存储、处理或者传输的数据,或者对该计算机信息系统实施非法控制,情节严重的,处三年以下有期徒刑或者拘役,并处或者单处罚金;情节特别严重的,处三年以上七年以下有期徒刑,并处罚金。

提供专门用于侵入、非法控制计算机信息系统的程序、工具,或者明知他人实施侵入、非法控制计算机信息系统的违法犯罪行为而为其提供程序、工具,情节严重的,依照前款的规定处罚。

单位犯前三款罪的,对单位判处罚金,并对其直接负责的主管人员和其他直接责任人员,依照各该款的规定处罚。

第二百八十六条 违反国家规定,对计算机信息系统功能进行删除、修改、增加、干扰,造成计算机信息系统不能正常运行,后果严重的,处五年以下有期徒刑或者拘役;后果特别严重的,处五年以上有期徒刑。

违反国家规定,对计算机信息系统中存储、处理或者传输的数据和应用程序进行删除、修改、增加的操作,后果严重的,依照前款的规定处罚。

故意制作、传播计算机病毒等破坏性程序,影响计算机系统正常运行,后果严重的,依照第一款的规定处罚。

单位犯前三款罪的,对单位判处罚金,并对其直接负责的主管人员和其他直接责任人员,依照第一款的规定处罚。

第二百八十六条之一 网络服务提供者不履行法律、行政法规规定的信息网络安全管理义务,经监管部门责令采取改正措施而拒不改正,有下列情形之一的,处三年以下有期徒刑、拘役或者管制,并处或者单处罚金:

(一)致使违法信息大量传播的;

(二)致使用户信息泄露,造成严重后果的;

(三)致使刑事案件证据灭失,情节严重的;

(四)有其他严重情节的。

单位犯前款罪的,对单位判处罚金,并对其直接负责的主管人员和其他直接责任人员,依照前款的规定处罚。

有前两款行为,同时构成其他犯罪的,依照处罚较重的规定定罪处罚。

第二百八十七条 利用计算机实施金融诈骗、盗窃、贪污、挪用公款、窃取国家秘密或者其他犯罪的,依照本法有关规定定罪处罚。

第二百八十七条之一 利用信息网络实施下列行为之一,情节严重的,处三年以下有期徒刑或者拘役,并处或者单处罚金:

(一)设立用于实施诈骗、传授犯罪方法、制作或者销售违禁物品、管制物品等违法犯罪活动的网站、通讯群组的;

(二)发布有关制作或者销售毒品、枪支、淫秽物品等违禁物品、管制物品或者其他违法犯罪信息的;

(三)为实施诈骗等违法犯罪活动发布信息的。

单位犯前款罪的,对单位判处罚金,并对其直接负责的主管人员和其他直接责任人员,依照第一款的规定处罚。

有前两款行为,同时构成其他犯罪的,依照处罚较重的规定定罪处罚。

第二百八十七条之二 明知他人利用信息网络实施犯罪,为其犯罪提供互联网接入、服务器托管、网络存储、通讯传输等技术支持,或者提供广告推广、支付结算等帮助,情节严重的,处三年以下有期徒刑或者拘役,并处或者单处罚金。

单位犯前款罪的,对单位判处罚金,并对其直接负责的主管人员和其他直接责任人员,依照第一款的规定处罚。

有前两款行为,同时构成其他犯罪的,依照处罚较重的规定定罪处罚。

第二百八十八条 违反国家规定,擅自设置、使用无线电台(站),或者擅自使用无线电频率,干扰无线电通讯秩序,情节严重的,处三年以下有期徒刑、拘役或者管制,并处或者单处罚金;情节特别严重的,处三年以上七年以下有期徒刑,并处罚金。

单位犯前款罪的,对单位判处罚金,并对其直接负责的主管人员和其他直接责任人员,依照前款的规定处罚。

第二百八十九条 聚众"打砸抢",致人伤残、死亡的,依照本法第二百三十四条、第二百三十二条的规定定罪处罚。毁坏或者抢走公私财物的,除判令退赔外,对首要分子,依照本法第二百六十三条的规定定罪处罚。

第二百九十条 聚众扰乱社会秩序,情节严重,致使工作、生产、营业和教学、科研、医疗无法进行,造成严重损失的,对首要分子,处三年以上七年以下有期徒刑;对其他积极参加的,处三年以下有期徒刑、拘役、管制或者剥夺政治权利。

聚众冲击国家机关,致使国家机关工作无法进行,造成严重损失的,对首要分子,处五年以上十年以下有期徒刑;对其他积极参加的,处五年以下有期徒刑、拘役、管制或者剥夺政治权利。

多次扰乱国家机关工作秩序,经行政处罚后仍不改正,造成严重后果的,处三年以下有期徒刑、拘役或者管制。

多次组织、资助他人非法聚集,扰乱社会秩序,情节严重的,依照前款的规定处罚。

第二百九十一条 聚众扰乱车站、码头、民用航空站、商场、公园、影剧院、展览会、运动场或者其他公共场所秩序,聚众堵塞交通或者破坏交通秩序,抗拒、阻碍国家治安管理工作人员依法执行职务,情节严重的,对首要分子,处五年以下有期徒刑、拘役或者管制。

第二百九十一条之一 投放虚假的爆炸性、毒害性、放射性、传染病病原体等物质,或者编造爆炸威胁、生化威胁、放射威胁等恐怖信息,或者明知是编造的恐怖信息而故意传播,严重扰乱社会秩序的,处五年以下有期徒刑、拘役或者管制;造成严重后果的,处五年以上有期徒刑。

编造虚假的险情、疫情、灾情、警情,在信息网络或者其他媒体上传播,或者明知是上述虚假信息,故意在信息网络或者其他媒体上传播,严重扰乱社会秩序的,处三年以下有期徒刑、拘役或者管制;造成严重后果的,处三年以上七年以下有期徒刑。

第二百九十一条之二 从建筑物或者其他高空抛掷物品,情节严重的,处一年以下有期徒刑、拘役或者管制,并处或者单处罚金。

有前款行为,同时构成其他犯罪的,依照处罚较重的规定定罪处罚。

第二百九十二条 聚众斗殴的,对首要分子和其他积极参加的,处三年以下有期徒刑、拘役或者管制;有下列情形之一的,对首要分子和其他积极参加的,处三年以上十年以下有期徒刑:

(一)多次聚众斗殴的;

(二)聚众斗殴人数多、规模大、社会影响恶劣的;

(三)在公共场所或者交通要道聚众斗殴,造成社会秩序严重混乱的;

(四)持械聚众斗殴的。

聚众斗殴,致人重伤、死亡的,依照本法第二百三十四条、第二百三十二条的规定定罪处罚。

第二百九十三条 有下列寻衅滋事行为之一,破坏社会秩序的,处五年以下有期徒刑、拘役或者管制:

(一)随意殴打他人,情节恶劣的;

(二)追逐、拦截、辱骂、恐吓他人,情节恶劣的;

(三)强拿硬要或者任意损毁、占用公私财物,情节严重的;

(四)在公共场所起哄闹事,造成公共场所秩序严重混乱的。

纠集他人多次实施前款行为,严重破坏社会秩序的,处五年以上十年以下有期徒刑,可以并处罚金。

第二百九十三条之一 有下列情形之一,催收高利放贷等产生的非法债务,情节严重的,处三年以下有期徒刑、拘役或者管制,并处或者单处罚金:

(一)使用暴力、胁迫方法的;

（二）限制他人人身自由或者侵入他人住宅的；

（三）恐吓、跟踪、骚扰他人的。

第二百九十四条 组织、领导黑社会性质的组织的，处七年以上有期徒刑，并处没收财产；积极参加的，处三年以上七年以下有期徒刑，可以并处罚金或者没收财产；其他参加的，处三年以下有期徒刑、拘役、管制或者剥夺政治权利，可以并处罚金。

境外的黑社会组织的人员到中华人民共和国境内发展组织成员的，处三年以上十年以下有期徒刑。

国家机关工作人员包庇黑社会性质的组织，或者纵容黑社会性质的组织进行违法犯罪活动的，处五年以下有期徒刑；情节严重的，处五年以上有期徒刑。

犯前三款罪又有其他犯罪行为的，依照数罪并罚的规定处罚。

黑社会性质的组织应当同时具备以下特征：

（一）形成较稳定的犯罪组织，人数较多，有明确的组织者、领导者，骨干成员基本固定；

（二）有组织地通过违法犯罪活动或者其他手段获取经济利益，具有一定的经济实力，以支持该组织的活动；

（三）以暴力、威胁或者其他手段，有组织地多次进行违法犯罪活动，为非作恶，欺压、残害群众；

（四）通过实施违法犯罪活动，或者利用国家工作人员的包庇或者纵容，称霸一方，在一定区域或者行业内，形成非法控制或者重大影响，严重破坏经济、社会生活秩序。

第二百九十五条 传授犯罪方法的，处五年以下有期徒刑、拘役或者管制；情节严重的，处五年以上十年以下有期徒刑；情节特别严重的，处十年以上有期徒刑或者无期徒刑。

第二百九十六条 举行集会、游行、示威，未依照法律规定申请或者申请未获许可，或者未按照主管机关许可的起止时间、地点、路线进行，又拒不服从解散命令，严重破坏社会秩序的，对集会、游行、示威的负责人和直接责任人员，处五年以下有期徒刑、拘役、管制或者剥夺政治权利。

第二百九十七条 违反法律规定，携带武器、管制刀具或者爆炸物参加集会、游行、示威的,处三年以下有期徒刑、拘役、管制或者剥夺政治权利。

第二百九十八条 扰乱、冲击或者以其他方法破坏依法举行的集会、游行、示威,造成公共秩序混乱的,处五年以下有期徒刑、拘役、管制或者剥夺政治权利。

第二百九十九条 在公共场合,故意以焚烧、毁损、涂划、玷污、践踏等方式侮辱中华人民共和国国旗、国徽的,处三年以下有期徒刑、拘役、管制或者剥夺政治权利。

在公共场合,故意篡改中华人民共和国国歌歌词、曲谱,以歪曲、贬损方式奏唱国歌,或者以其他方式侮辱国歌,情节严重的,依照前款的规定处罚。

第二百九十九条之一 侮辱、诽谤或者以其他方式侵害英雄烈士的名誉、荣誉,损害社会公共利益,情节严重的,处三年以下有期徒刑、拘役、管制或者剥夺政治权利。

第三百条 组织、利用会道门、邪教组织或者利用迷信破坏国家法律、行政法规实施的,处三年以上七年以下有期徒刑,并处罚金;情节特别严重的,处七年以上有期徒刑或者无期徒刑,并处罚金或者没收财产;情节较轻的,处三年以下有期徒刑、拘役、管制或者剥夺政治权利,并处或者单处罚金。

组织、利用会道门、邪教组织或者利用迷信蒙骗他人,致人重伤、死亡的,依照前款的规定处罚。

犯第一款罪又有奸淫妇女、诈骗财物等犯罪行为的,依照数罪并罚的规定处罚。

第三百零一条 聚众进行淫乱活动的,对首要分子或者多次参加的,处五年以下有期徒刑、拘役或者管制。

引诱未成年人参加聚众淫乱活动的,依照前款的规定从重处罚。

第三百零二条 盗窃、侮辱、故意毁坏尸体、尸骨、骨灰的,处三年以下有期徒刑、拘役或者管制。

第三百零三条 以营利为目的,聚众赌博或者以赌博为业的,处三年以下有期徒刑、拘役或者管制,并处罚金。

开设赌场的,处五年以下有期徒刑、拘役或者管制,并处罚金;情节严重的,处五年以上十年以下有期徒刑,并处罚金。

组织中华人民共和国公民参与国(境)外赌博,数额巨大或者有其他严重情节的,依照前款的规定处罚。

第三百零四条 邮政工作人员严重不负责任,故意延误投递邮件,致使公共财产、国家和人民利益遭受重大损失的,处二年以下有期徒刑或者拘役。

第二节 妨害司法罪

第三百零五条 在刑事诉讼中,证人、鉴定人、记录人、翻译人对与案件有重要关系的情节,故意作虚假证明、鉴定、记录、翻译,意图陷害他人或者隐匿罪证的,处三年以下有期徒刑或者拘役;情节严重的,处三年以上七年以下有期徒刑。

第三百零六条 在刑事诉讼中,辩护人、诉讼代理人毁灭、伪造证据,帮助当事人毁灭、伪造证据,威胁、引诱证人违背事实改变证言或者作伪证的,处三年以下有期徒刑或者拘役;情节严重的,处三年以上七年以下有期徒刑。

辩护人、诉讼代理人提供、出示、引用的证人证言或者其他证据失实,不是有意伪造的,不属于伪造证据。

第三百零七条 以暴力、威胁、贿买等方法阻止证人作证或者指使他人作伪证的,处三年以下有期徒刑或者拘役;情节严重的,处三年以上七年以下有期徒刑。

帮助当事人毁灭、伪造证据,情节严重的,处三年以下有期徒刑或者拘役。

司法工作人员犯前两款罪的,从重处罚。

第三百零七条之一 以捏造的事实提起民事诉讼,妨害司法秩序或者严重侵害他人合法权益的,处三年以下有期徒刑、拘役或者管制,并处或者单处罚金;情节严重的,处三年以上七年以下有期徒刑,并处罚金。

单位犯前款罪的,对单位判处罚金,并对其直接负责的主管人员和其他直接责任人员,依照前款的规定处罚。

有第一款行为,非法占有他人财产或者逃避合法债务,又构成其他犯罪的,依照处罚较重的规定定罪从重处罚。

司法工作人员利用职权,与他人共同实施前三款行为的,从重处罚;同时构成其他犯罪的,依照处罚较重的规定定罪从重处罚。

第三百零八条 对证人进行打击报复的,处三年以下有期徒刑或者拘役;情节严重的,处三年以上七年以下有期徒刑。

第三百零八条之一 司法工作人员、辩护人、诉讼代理人或者其他诉讼参与人,泄露依法不公开审理的案件中不应当公开的信息,造成信息公开传播或者其他严重后果的,处三年以下有期徒刑、拘役或者管制,并处或者单处罚金。

有前款行为,泄露国家秘密的,依照本法第三百九十八条的规定定罪处罚。

公开披露、报道第一款规定的案件信息,情节严重的,依照第一款的规定处罚。

单位犯前款罪的,对单位判处罚金,并对其直接负责的主管人员和其他直接责任人员,依照第一款的规定处罚。

第三百零九条 有下列扰乱法庭秩序情形之一的,处三年以下有期徒刑、拘役、管制或者罚金:

(一)聚众哄闹、冲击法庭的;

(二)殴打司法工作人员或者诉讼参与人的;

(三)侮辱、诽谤、威胁司法工作人员或者诉讼参与人,不听法庭制止,严重扰乱法庭秩序的;

(四)有毁坏法庭设施,抢夺、损毁诉讼文书、证据等扰乱法庭秩序行为,情节严重的。

第三百一十条 明知是犯罪的人而为其提供隐藏处所、财物,帮助其逃匿或者作假证明包庇的,处三年以下有期徒刑、拘役或者管制;情节严重的,处三年以上十年以下有期徒刑。

犯前款罪,事前通谋的,以共同犯罪论处。

第三百一十一条 明知他人有间谍犯罪或者恐怖主义、极端主义犯罪行为,在司法机关向其调查有关情况、收集有关证据时,拒绝提供,情节严重的,处三年以下有期徒刑、拘役或者管制。

第三百一十二条 明知是犯罪所得及其产生的收益而予以窝藏、

转移、收购、代为销售或者以其他方法掩饰、隐瞒的,处三年以下有期徒刑、拘役或者管制,并处或者单处罚金;情节严重的,处三年以上七年以下有期徒刑,并处罚金。

单位犯前款罪的,对单位判处罚金,并对其直接负责的主管人员和其他直接责任人员,依照前款的规定处罚。

第三百一十三条 对人民法院的判决、裁定有能力执行而拒不执行,情节严重的,处三年以下有期徒刑、拘役或者罚金;情节特别严重的,处三年以上七年以下有期徒刑,并处罚金。

单位犯前款罪的,对单位判处罚金,并对其直接负责的主管人员和其他直接责任人员,依照前款的规定处罚。

第三百一十四条 隐藏、转移、变卖、故意毁损已被司法机关查封、扣押、冻结的财产,情节严重的,处三年以下有期徒刑、拘役或者罚金。

第三百一十五条 依法被关押的罪犯,有下列破坏监管秩序行为之一,情节严重的,处三年以下有期徒刑:

(一)殴打监管人员的;
(二)组织其他被监管人破坏监管秩序的;
(三)聚众闹事,扰乱正常监管秩序的;
(四)殴打、体罚或者指使他人殴打、体罚其他被监管人的。

第三百一十六条 依法被关押的罪犯、被告人、犯罪嫌疑人脱逃的,处五年以下有期徒刑或者拘役。

劫夺押解途中的罪犯、被告人、犯罪嫌疑人的,处三年以上七年以下有期徒刑;情节严重的,处七年以上有期徒刑。

第三百一十七条 组织越狱的首要分子和积极参加的,处五年以上有期徒刑;其他参加的,处五年以下有期徒刑或者拘役。

暴动越狱或者聚众持械劫狱的首要分子和积极参加的,处十年以上有期徒刑或者无期徒刑;情节特别严重的,处死刑;其他参加的,处三年以上十年以下有期徒刑。

第三节 妨害国(边)境管理罪

第三百一十八条 组织他人偷越国(边)境的,处二年以上七年以

下有期徒刑,并处罚金;有下列情形之一的,处七年以上有期徒刑或者无期徒刑,并处罚金或者没收财产:

（一）组织他人偷越国（边）境集团的首要分子;

（二）多次组织他人偷越国（边）境或者组织他人偷越国（边）境人数众多的;

（三）造成被组织人重伤、死亡的;

（四）剥夺或者限制被组织人人身自由的;

（五）以暴力、威胁方法抗拒检查的;

（六）违法所得数额巨大的;

（七）有其他特别严重情节的。

犯前款罪,对被组织人有杀害、伤害、强奸、拐卖等犯罪行为的,或者对检查人员有杀害、伤害等犯罪行为的,依照数罪并罚的规定处罚。

第三百一十九条 以劳务输出、经贸往来或者其他名义,弄虚作假,骗取护照、签证等出境证件,为组织他人偷越国（边）境使用的,处三年以下有期徒刑,并处罚金;情节严重的,处三年以上十年以下有期徒刑,并处罚金。

单位犯前款罪的,对单位判处罚金,并对其直接负责的主管人员和其他直接责任人员,依照前款的规定处罚。

第三百二十条 为他人提供伪造、变造的护照、签证等出入境证件,或者出售护照、签证等出入境证件的,处五年以下有期徒刑,并处罚金;情节严重的,处五年以上有期徒刑,并处罚金。

第三百二十一条 运送他人偷越国（边）境的,处五年以下有期徒刑、拘役或者管制,并处罚金;有下列情形之一的,处五年以上十年以下有期徒刑,并处罚金:

（一）多次实施运送行为或者运送人数众多的;

（二）所使用的船只、车辆等交通工具不具备必要的安全条件,足以造成严重后果的;

（三）违法所得数额巨大的;

（四）有其他特别严重情节的。

在运送他人偷越国（边）境中造成被运送人重伤、死亡,或者以暴力、威胁方法抗拒检查的,处七年以上有期徒刑,并处罚金。

犯前两款罪,对被运送人有杀害、伤害、强奸、拐卖等犯罪行为,或者对检查人员有杀害、伤害等犯罪行为的,依照数罪并罚的规定处罚。

第三百二十二条 违反国(边)境管理法规,偷越国(边)境,情节严重的,处一年以下有期徒刑、拘役或者管制,并处罚金;为参加恐怖活动组织、接受恐怖活动培训或者实施恐怖活动,偷越国(边)境的,处一年以上三年以下有期徒刑,并处罚金。

第三百二十三条 故意破坏国家边境的界碑、界桩或者永久性测量标志的,处三年以下有期徒刑或者拘役。

第四节 妨害文物管理罪

第三百二十四条 故意损毁国家保护的珍贵文物或者被确定为全国重点文物保护单位、省级文物保护单位的文物的,处三年以下有期徒刑或者拘役,并处或者单处罚金;情节严重的,处三年以上十年以下有期徒刑,并处罚金。

故意损毁国家保护的名胜古迹,情节严重的,处五年以下有期徒刑或者拘役,并处或者单处罚金。

过失损毁国家保护的珍贵文物或者被确定为全国重点文物保护单位、省级文物保护单位的文物,造成严重后果的,处三年以下有期徒刑或者拘役。

第三百二十五条 违反文物保护法规,将收藏的国家禁止出口的珍贵文物私自出售或者私自赠送给外国人的,处五年以下有期徒刑或者拘役,可以并处罚金。

单位犯前款罪的,对单位判处罚金,并对其直接负责的主管人员和其他直接责任人员,依照前款的规定处罚。

第三百二十六条 以牟利为目的,倒卖国家禁止经营的文物,情节严重的,处五年以下有期徒刑或者拘役,并处罚金;情节特别严重的,处五年以上十年以下有期徒刑,并处罚金。

单位犯前款罪的,对单位判处罚金,并对其直接负责的主管人员和其他直接责任人员,依照前款的规定处罚。

第三百二十七条 违反文物保护法规,国有博物馆、图书馆等单位将国家保护的文物藏品出售或者私自送给非国有单位或者个人的,对单位判处罚金,并对其直接负责的主管人员和其他直接责任人员,处三年以下有期徒刑或者拘役。

第三百二十八条 盗掘具有历史、艺术、科学价值的古文化遗址、古墓葬的,处三年以上十年以下有期徒刑,并处罚金;情节较轻的,处三年以下有期徒刑、拘役或者管制,并处罚金;有下列情形之一的,处十年以上有期徒刑或者无期徒刑,并处罚金或者没收财产:

(一)盗掘确定为全国重点文物保护单位和省级文物保护单位的古文化遗址、古墓葬的;

(二)盗掘古文化遗址、古墓葬集团的首要分子;

(三)多次盗掘古文化遗址、古墓葬的;

(四)盗掘古文化遗址、古墓葬,并盗窃珍贵文物或者造成珍贵文物严重破坏的。

盗掘国家保护的具有科学价值的古人类化石和古脊椎动物化石的,依照前款的规定处罚。

第三百二十九条 抢夺、窃取国家所有的档案的,处五年以下有期徒刑或者拘役。

违反档案法的规定,擅自出卖、转让国家所有的档案,情节严重的,处三年以下有期徒刑或者拘役。

有前两款行为,同时又构成本法规定的其他犯罪的,依照处罚较重的规定定罪处罚。

第五节 危害公共卫生罪

第三百三十条 违反传染病防治法的规定,有下列情形之一,引起甲类传染病以及依法确定采取甲类传染病预防、控制措施的传染病传播或者有传播严重危险的,处三年以下有期徒刑或者拘役;后果特别严重的,处三年以上七年以下有期徒刑:

(一)供水单位供应的饮用水不符合国家规定的卫生标准的;

(二)拒绝按照疾病预防控制机构提出的卫生要求,对传染病病原体污染的污水、污物、场所和物品进行消毒处理的;

(三)准许或者纵容传染病病人、病原携带者和疑似传染病病人从事国务院卫生行政部门规定禁止从事的易使该传染病扩散的工作的;

（四）出售、运输疫区中被传染病病原体污染或者可能被传染病病原体污染的物品,未进行消毒处理的;

（五）拒绝执行县级以上人民政府、疾病预防控制机构依照传染病防治法提出的预防、控制措施的。

单位犯前款罪的,对单位判处罚金,并对其直接负责的主管人员和其他直接责任人员,依照前款的规定处罚。

甲类传染病的范围,依照《中华人民共和国传染病防治法》和国务院有关规定确定。

第三百三十一条　从事实验、保藏、携带、运输传染病菌种、毒种的人员,违反国务院卫生行政部门的有关规定,造成传染病菌种、毒种扩散,后果严重的,处三年以下有期徒刑或者拘役;后果特别严重的,处三年以上七年以下有期徒刑。

第三百三十二条　违反国境卫生检疫规定,引起检疫传染病传播或者有传播严重危险的,处三年以下有期徒刑或者拘役,并处或者单处罚金。

单位犯前款罪的,对单位判处罚金,并对其直接负责的主管人员和其他直接责任人员,依照前款的规定处罚。

第三百三十三条　非法组织他人出卖血液的,处五年以下有期徒刑,并处罚金;以暴力、威胁方法强迫他人出卖血液的,处五年以上十年以下有期徒刑,并处罚金。

有前款行为,对他人造成伤害的,依照本法第二百三十四条的规定定罪处罚。

第三百三十四条　非法采集、供应血液或者制作、供应血液制品,不符合国家规定的标准,足以危害人体健康的,处五年以下有期徒刑或者拘役,并处罚金;对人体健康造成严重危害的,处五年以上十年以下有期徒刑,并处罚金;造成特别严重后果的,处十年以上有期徒刑或者无期徒刑,并处罚金或者没收财产。

经国家主管部门批准采集、供应血液或者制作、供应血液制品的部门,不依照规定进行检测或者违背其他操作规定,造成危害他人身体健康后果的,对单位判处罚金,并对其直接负责的主管人员和其他直接责任人员,处五年以下有期徒刑或者拘役。

第三百三十四条之一 违反国家有关规定,非法采集我国人类遗传资源或者非法运送、邮寄、携带我国人类遗传资源材料出境,危害公众健康或者社会公共利益,情节严重的,处三年以下有期徒刑、拘役或者管制,并处或者单处罚金;情节特别严重的,处三年以上七年以下有期徒刑,并处罚金。

第三百三十五条 医务人员由于严重不负责任,造成就诊人死亡或者严重损害就诊人身体健康的,处三年以下有期徒刑或者拘役。

第三百三十六条 未取得医生执业资格的人非法行医,情节严重的,处三年以下有期徒刑、拘役或者管制,并处或者单处罚金;严重损害就诊人身体健康的,处三年以上十年以下有期徒刑,并处罚金;造成就诊人死亡的,处十年以上有期徒刑,并处罚金。

未取得医生执业资格的人擅自为他人进行节育复通手术、假节育手术、终止妊娠手术或者摘取宫内节育器,情节严重的,处三年以下有期徒刑、拘役或者管制,并处或者单处罚金;严重损害就诊人身体健康的,处三年以上十年以下有期徒刑,并处罚金;造成就诊人死亡的,处十年以上有期徒刑,并处罚金。

第三百三十六条之一 将基因编辑、克隆的人类胚胎植入人体或者动物体内,或者将基因编辑、克隆的动物胚胎植入人体内,情节严重的,处三年以下有期徒刑或者拘役,并处罚金;情节特别严重的,处三年以上七年以下有期徒刑,并处罚金。

第三百三十七条 违反有关动植物防疫、检疫的国家规定,引起重大动植物疫情的,或者有引起重大动植物疫情危险,情节严重的,处三年以下有期徒刑或者拘役,并处或者单处罚金。

单位犯前款罪的,对单位判处罚金,并对其直接负责的主管人员和其他直接责任人员,依照前款的规定处罚。

第六节　破坏环境资源保护罪

第三百三十八条 违反国家规定,排放、倾倒或者处置有放射性的废物、含传染病病原体的废物、有毒物质或者其他有害物质,严重污染环境的,处三年以下有期徒刑或者拘役,并处或者单处罚金;情节严重的,处三年以上七年以下有期徒刑,并处罚金;有下列情形之一的,

处七年以上有期徒刑,并处罚金:

(一)在饮用水水源保护区、自然保护地核心保护区等依法确定的重点保护区域排放、倾倒、处置有放射性的废物、含传染病病原体的废物、有毒物质,情节特别严重的;

(二)向国家确定的重要江河、湖泊水域排放、倾倒、处置有放射性的废物、含传染病病原体的废物、有毒物质,情节特别严重的;

(三)致使大量永久基本农田基本功能丧失或者遭受永久性破坏的;

(四)致使多人重伤、严重疾病,或者致人严重残疾、死亡的。

有前款行为,同时构成其他犯罪的,依照处罚较重的规定定罪处罚。

第三百三十九条 违反国家规定,将境外的固体废物进境倾倒、堆放、处置的,处五年以下有期徒刑或者拘役,并处罚金;造成重大环境污染事故,致使公私财产遭受重大损失或者严重危害人体健康的,处五年以上十年以下有期徒刑,并处罚金;后果特别严重的,处十年以上有期徒刑,并处罚金。

未经国务院有关主管部门许可,擅自进口固体废物用作原料,造成重大环境污染事故,致使公私财产遭受重大损失或者严重危害人体健康的,处五年以下有期徒刑或者拘役,并处罚金;后果特别严重的,处五年以上十年以下有期徒刑,并处罚金。

以原料利用为名,进口不能用作原料的固体废物、液态废物和气态废物的,依照本法第一百五十二条第二款、第三款的规定定罪处罚。

第三百四十条 违反保护水产资源法规,在禁渔区、禁渔期或者使用禁用的工具、方法捕捞水产品,情节严重的,处三年以下有期徒刑、拘役、管制或者罚金。

第三百四十一条 非法猎捕、杀害国家重点保护的珍贵、濒危野生动物的,或者非法收购、运输、出售国家重点保护的珍贵、濒危野生动物及其制品的,处五年以下有期徒刑或者拘役,并处罚金;情节严重的,处五年以上十年以下有期徒刑,并处罚金;情节特别严重的,处十年以上有期徒刑,并处罚金或者没收财产。

违反狩猎法规,在禁猎区、禁猎期或者使用禁用的工具、方法进行狩猎,破坏野生动物资源,情节严重的,处三年以下有期徒刑、拘役、管制或者罚金。

违反野生动物保护管理法规,以食用为目的非法猎捕、收购、运输、出售第一款规定以外的在野外环境自然生长繁殖的陆生野生动物,情节严重的,依照前款的规定处罚。

第三百四十二条 违反土地管理法规,非法占用耕地、林地等农用地,改变被占用土地用途,数量较大,造成耕地、林地等农用地大量毁坏的,处五年以下有期徒刑或者拘役,并处或者单处罚金。

第三百四十二条之一 违反自然保护地管理法规,在国家公园、国家级自然保护区进行开垦、开发活动或者修建建筑物,造成严重后果或者有其他恶劣情节的,处五年以下有期徒刑或者拘役,并处或者单处罚金。

有前款行为,同时构成其他犯罪的,依照处罚较重的规定定罪处罚。

第三百四十三条 违反矿产资源法的规定,未取得采矿许可证擅自采矿,擅自进入国家规划矿区、对国民经济具有重要价值的矿区和他人矿区范围采矿,或者擅自开采国家规定实行保护性开采的特定矿种,情节严重的,处三年以下有期徒刑、拘役或者管制,并处或者单处罚金;情节特别严重的,处三年以上七年以下有期徒刑,并处罚金。

违反矿产资源法的规定,采取破坏性的开采方法开采矿产资源,造成矿产资源严重破坏的,处五年以下有期徒刑或者拘役,并处罚金。

第三百四十四条 违反国家规定,非法采伐、毁坏珍贵树木或者国家重点保护的其他植物的,或者非法收购、运输、加工、出售珍贵树木或者国家重点保护的其他植物及其制品的,处三年以下有期徒刑、拘役或者管制,并处罚金;情节严重的,处三年以上七年以下有期徒刑,并处罚金。

第三百四十四条之一 违反国家规定,非法引进、释放或者丢弃外来入侵物种,情节严重的,处三年以下有期徒刑或者拘役,并处或者单处罚金。

第三百四十五条 盗伐森林或者其他林木,数量较大的,处三年以下有期徒刑、拘役或者管制,并处或者单处罚金;数量巨大的,处三年以上七年以下有期徒刑,并处罚金;数量特别巨大的,处七年以上有期徒刑,并处罚金。

违反森林法的规定,滥伐森林或者其他林木,数量较大的,处三年以下有期徒刑、拘役或者管制,并处或者单处罚金;数量巨大的,处三年以上七年以下有期徒刑,并处罚金。

非法收购、运输明知是盗伐、滥伐的林木,情节严重的,处三年以下有期徒刑、拘役或者管制,并处或者单处罚金;情节特别严重的,处三年以上七年以下有期徒刑,并处罚金。

盗伐、滥伐国家级自然保护区内的森林或者其他林木的,从重处罚。

第三百四十六条 单位犯本节第三百三十八条至第三百四十五条规定之罪的,对单位判处罚金,并对其直接负责的主管人员和其他直接责任人员,依照本节各该条的规定处罚。

第七节 走私、贩卖、运输、制造毒品罪

第三百四十七条 走私、贩卖、运输、制造毒品,无论数量多少,都应当追究刑事责任,予以刑事处罚。

走私、贩卖、运输、制造毒品,有下列情形之一的,处十五年有期徒刑、无期徒刑或者死刑,并处没收财产:

(一)走私、贩卖、运输、制造鸦片一千克以上、海洛因或者甲基苯丙胺五十克以上或者其他毒品数量大的;

(二)走私、贩卖、运输、制造毒品集团的首要分子;

(三)武装掩护走私、贩卖、运输、制造毒品的;

(四)以暴力抗拒检查、拘留、逮捕,情节严重的;

(五)参与有组织的国际贩毒活动的。

走私、贩卖、运输、制造鸦片二百克以上不满一千克、海洛因或者甲基苯丙胺十克以上不满五十克或者其他毒品数量较大的,处七年以上有期徒刑,并处罚金。

走私、贩卖、运输、制造鸦片不满二百克、海洛因或者甲基苯丙胺不满十克或者其他少量毒品的,处三年以下有期徒刑、拘役或者管制,并处罚金;情节严重的,处三年以上七年以下有期徒刑,并处罚金。

单位犯第二款、第三款、第四款罪的,对单位判处罚金,并对其直接负责的主管人员和其他直接责任人员,依照各该款的规定处罚。

利用、教唆未成年人走私、贩卖、运输、制造毒品,或者向未成年人出售毒品的,从重处罚。

对多次走私、贩卖、运输、制造毒品,未经处理的,毒品数量累计计算。

第三百四十八条 非法持有鸦片一千克以上、海洛因或者甲基苯丙胺五十克以上或者其他毒品数量大的,处七年以上有期徒刑或者无期徒刑,并处罚金;非法持有鸦片二百克以上不满一千克、海洛因或者甲基苯丙胺十克以上不满五十克或者其他毒品数量较大的,处三年以下有期徒刑、拘役或者管制,并处罚金;情节严重的,处三年以上七年以下有期徒刑,并处罚金。

第三百四十九条 包庇走私、贩卖、运输、制造毒品的犯罪分子的,为犯罪分子窝藏、转移、隐瞒毒品或者犯罪所得的财物的,处三年以下有期徒刑、拘役或者管制;情节严重的,处三年以上十年以下有期徒刑。

缉毒人员或者其他国家机关工作人员掩护、包庇走私、贩卖、运输、制造毒品的犯罪分子的,依照前款的规定从重处罚。

犯前两款罪,事先通谋的,以走私、贩卖、运输、制造毒品罪的共犯论处。

第三百五十条 违反国家规定,非法生产、买卖、运输醋酸酐、乙醚、三氯甲烷或者其他用于制造毒品的原料、配剂,或者携带上述物品进出境,情节较重的,处三年以下有期徒刑、拘役或者管制,并处罚金;情节严重的,处三年以上七年以下有期徒刑,并处罚金;情节特别严重的,处七年以上有期徒刑,并处罚金或者没收财产。

明知他人制造毒品而为其生产、买卖、运输前款规定的物品的,以制造毒品罪的共犯论处。

单位犯前两款罪的,对单位判处罚金,并对其直接负责的主管人员和其他直接责任人员,依照前两款的规定处罚。

第三百五十一条 非法种植罂粟、大麻等毒品原植物的,一律强制铲除。有下列情形之一的,处五年以下有期徒刑、拘役或者管制,并处罚金：

（一）种植罂粟五百株以上不满三千株或者其他毒品原植物数量较大的；

（二）经公安机关处理后又种植的；

（三）抗拒铲除的。

非法种植罂粟三千株以上或者其他毒品原植物数量大的，处五年以上有期徒刑，并处罚金或者没收财产。

非法种植罂粟或者其他毒品原植物，在收获前自动铲除的，可以免除处罚。

第三百五十二条 非法买卖、运输、携带、持有未经灭活的罂粟等毒品原植物种子或者幼苗，数量较大的，处三年以下有期徒刑、拘役或者管制，并处或者单处罚金。

第三百五十三条 引诱、教唆、欺骗他人吸食、注射毒品的，处三年以下有期徒刑、拘役或者管制，并处罚金；情节严重的，处三年以上七年以下有期徒刑，并处罚金。

强迫他人吸食、注射毒品的，处三年以上十年以下有期徒刑，并处罚金。

引诱、教唆、欺骗或者强迫未成年人吸食、注射毒品的，从重处罚。

第三百五十四条 容留他人吸食、注射毒品的，处三年以下有期徒刑、拘役或者管制，并处罚金。

第三百五十五条 依法从事生产、运输、管理、使用国家管制的麻醉药品、精神药品的人员，违反国家规定，向吸食、注射毒品的人提供国家规定管制的能够使人形成瘾癖的麻醉药品、精神药品的，处三年以下有期徒刑或者拘役，并处罚金；情节严重的，处三年以上七年以下有期徒刑，并处罚金。向走私、贩卖毒品的犯罪分子或者以牟利为目的，向吸食、注射毒品的人提供国家规定管制的能够使人形成瘾癖的麻醉药品、精神药品的，依照本法第三百四十七条的规定定罪处罚。

单位犯前款罪的，对单位判处罚金，并对其直接负责的主管人员和其他直接责任人员，依照前款的规定处罚。

第三百五十五条之一 引诱、教唆、欺骗运动员使用兴奋剂参加国内、国际重大体育竞赛，或者明知运动员参加上述竞赛而向其提供兴奋剂，情节严重的，处三年以下有期徒刑或者拘役，并处罚金。

组织、强迫运动员使用兴奋剂参加国内、国际重大体育竞赛的，依照前款的规定从重处罚。

第三百五十六条 因走私、贩卖、运输、制造、非法持有毒品罪被判过刑，又犯本节规定之罪的，从重处罚。

第三百五十七条 本法所称的毒品，是指鸦片、海洛因、甲基苯丙胺（冰毒）、吗啡、大麻、可卡因以及国家规定管制的其他能够使人形成瘾癖的麻醉药品和精神药品。

毒品的数量以查证属实的走私、贩卖、运输、制造、非法持有毒品的数量计算，不以纯度折算。

第八节 组织、强迫、引诱、容留、介绍卖淫罪

第三百五十八条 组织、强迫他人卖淫的，处五年以上十年以下有期徒刑，并处罚金；情节严重的，处十年以上有期徒刑或者无期徒刑，并处罚金或者没收财产。

组织、强迫未成年人卖淫的，依照前款的规定从重处罚。

犯前两款罪，并有杀害、伤害、强奸、绑架等犯罪行为的，依照数罪并罚的规定处罚。

为组织卖淫的人招募、运送人员或者有其他协助组织他人卖淫行为的，处五年以下有期徒刑，并处罚金；情节严重的，处五年以上十年以下有期徒刑，并处罚金。

第三百五十九条 引诱、容留、介绍他人卖淫的，处五年以下有期徒刑、拘役或者管制，并处罚金；情节严重的，处五年以上有期徒刑，并处罚金。

引诱不满十四周岁的幼女卖淫的，处五年以上有期徒刑，并处罚金。

第三百六十条 明知自己患有梅毒、淋病等严重性病卖淫、嫖娼的，处五年以下有期徒刑、拘役或者管制，并处罚金。

嫖宿不满十四周岁的幼女的,处五年以上有期徒刑,并处罚金。①

第三百六十一条 旅馆业、饮食服务业、文化娱乐业、出租汽车业等单位的人员,利用本单位的条件,组织、强迫、引诱、容留、介绍他人卖淫的,依照本法第三百五十八条、第三百五十九条的规定定罪处罚。

前款所列单位的主要负责人,犯前款罪的,从重处罚。

第三百六十二条 旅馆业、饮食服务业、文化娱乐业、出租汽车业等单位的人员,在公安机关查处卖淫、嫖娼活动时,为违法犯罪分子通风报信,情节严重的,依照本法第三百一十条的规定定罪处罚。

第九节 制作、贩卖、传播淫秽物品罪

第三百六十三条 以牟利为目的,制作、复制、出版、贩卖、传播淫秽物品的,处三年以下有期徒刑、拘役或者管制,并处罚金;情节严重的,处三年以上十年以下有期徒刑,并处罚金;情节特别严重的,处十年以上有期徒刑或者无期徒刑,并处罚金或者没收财产。

为他人提供书号,出版淫秽书刊的,处三年以下有期徒刑、拘役或者管制,并处或者单处罚金;明知他人用于出版淫秽书刊而提供书号的,依照前款的规定处罚。

第三百六十四条 传播淫秽的书刊、影片、音像、图片或者其他淫秽物品,情节严重的,处二年以下有期徒刑、拘役或者管制。

组织播放淫秽的电影、录像等音像制品的,处三年以下有期徒刑、拘役或者管制,并处罚金;情节严重的,处三年以上十年以下有期徒刑,并处罚金。

制作、复制淫秽的电影、录像等音像制品组织播放的,依照第二款的规定从重处罚。

向不满十八周岁的未成年人传播淫秽物品的,从重处罚。

第三百六十五条 组织进行淫秽表演的,处三年以下有期徒刑、拘役或者管制,并处罚金;情节严重的,处三年以上十年以下有期徒刑,并处罚金。

---

① 本款根据 2015 年 8 月 29 日《刑法修正案(九)》删除。

第三百六十六条 单位犯本节第三百六十三条、第三百六十四条、第三百六十五条规定之罪的,对单位判处罚金,并对其直接负责的主管人员和其他直接责任人员,依照各该条的规定处罚。

第三百六十七条 本法所称淫秽物品,是指具体描绘性行为或者露骨宣扬色情的诲淫性的书刊、影片、录像带、录音带、图片及其他淫秽物品。

有关人体生理、医学知识的科学著作不是淫秽物品。

包含有色情内容的有艺术价值的文学、艺术作品不视为淫秽物品。

第七章 危害国防利益罪

第三百六十八条 以暴力、威胁方法阻碍军人依法执行职务的,处三年以下有期徒刑、拘役、管制或者罚金。

故意阻碍武装部队军事行动,造成严重后果的,处五年以下有期徒刑或者拘役。

第三百六十九条 破坏武器装备、军事设施、军事通信的,处三年以下有期徒刑、拘役或者管制;破坏重要武器装备、军事设施、军事通信的,处三年以上十年以下有期徒刑;情节特别严重的,处十年以上有期徒刑、无期徒刑或者死刑。

过失犯前款罪,造成严重后果的,处三年以下有期徒刑或者拘役;造成特别严重后果的,处三年以上七年以下有期徒刑。

战时犯前两款罪的,从重处罚。

第三百七十条 明知是不合格的武器装备、军事设施而提供给武装部队的,处五年以下有期徒刑或者拘役;情节严重的,处五年以上十年以下有期徒刑;情节特别严重的,处十年以上有期徒刑、无期徒刑或者死刑。

过失犯前款罪,造成严重后果的,处三年以下有期徒刑或者拘役;造成特别严重后果的,处三年以上七年以下有期徒刑。

单位犯第一款罪的,对单位判处罚金,并对其直接负责的主管人员和其他直接责任人员,依照第一款的规定处罚。

第三百七十一条 聚众冲击军事禁区,严重扰乱军事禁区秩序的,对首要分子,处五年以上十年以下有期徒刑;对其他积极参加的,处五年以下有期徒刑、拘役、管制或者剥夺政治权利。

聚众扰乱军事管理区秩序,情节严重,致使军事管理区工作无法进行,造成严重损失的,对首要分子,处三年以上七年以下有期徒刑;对其他积极参加的,处三年以下有期徒刑、拘役、管制或者剥夺政治权利。

第三百七十二条 冒充军人招摇撞骗的,处三年以下有期徒刑、拘役、管制或者剥夺政治权利;情节严重的,处三年以上十年以下有期徒刑。

第三百七十三条 煽动军人逃离部队或者明知是逃离部队的军人而雇用,情节严重的,处三年以下有期徒刑、拘役或者管制。

第三百七十四条 在征兵工作中徇私舞弊,接送不合格兵员,情节严重的,处三年以下有期徒刑或者拘役;造成特别严重后果的,处三年以上七年以下有期徒刑。

第三百七十五条 伪造、变造、买卖或者盗窃、抢夺武装部队公文、证件、印章的,处三年以下有期徒刑、拘役、管制或者剥夺政治权利;情节严重的,处三年以上十年以下有期徒刑。

非法生产、买卖武装部队制式服装,情节严重的,处三年以下有期徒刑、拘役或者管制,并处或者单处罚金。

伪造、盗窃、买卖或者非法提供、使用武装部队车辆号牌等专用标志,情节严重的,处三年以下有期徒刑、拘役或者管制,并处或者单处罚金;情节特别严重的,处三年以上七年以下有期徒刑,并处罚金。

单位犯第二款、第三款罪的,对单位判处罚金,并对其直接负责的主管人员和其他直接责任人员,依照各该款的规定处罚。

第三百七十六条 预备役人员战时拒绝、逃避征召或者军事训练,情节严重的,处三年以下有期徒刑或者拘役。

公民战时拒绝、逃避服役,情节严重的,处二年以下有期徒刑或者拘役。

第三百七十七条 战时故意向武装部队提供虚假敌情,造成严重后果的,处三年以上十年以下有期徒刑;造成特别严重后果的,处十年以上有期徒刑或者无期徒刑。

第三百七十八条 战时造谣惑众,扰乱军心的,处三年以下有期徒刑、拘役或者管制;情节严重的,处三年以上十年以下有期徒刑。

第三百七十九条 战时明知是逃离部队的军人而为其提供隐蔽处所、财物,情节严重的,处三年以下有期徒刑或者拘役。

第三百八十条 战时拒绝或者故意延误军事订货,情节严重的,对单位判处罚金,并对其直接负责的主管人员和其他直接责任人员,处五年以下有期徒刑或者拘役;造成严重后果的,处五年以上有期徒刑。

第三百八十一条 战时拒绝军事征收、征用,情节严重的,处三年以下有期徒刑或者拘役。

第八章　贪污贿赂罪

第三百八十二条 国家工作人员利用职务上的便利,侵吞、窃取、骗取或者以其他手段非法占有公共财物的,是贪污罪。

受国家机关、国有公司、企业、事业单位、人民团体委托管理、经营国有财产的人员,利用职务上的便利,侵吞、窃取、骗取或者以其他手段非法占有国有财物的,以贪污论。

与前两款所列人员勾结,伙同贪污的,以共犯论处。

第三百八十三条 对犯贪污罪的,根据情节轻重,分别依照下列规定处罚:

(一)贪污数额较大或者有其他较重情节的,处三年以下有期徒刑或者拘役,并处罚金。

(二)贪污数额巨大或者有其他严重情节的,处三年以上十年以下有期徒刑,并处罚金或者没收财产。

(三)贪污数额特别巨大或者有其他特别严重情节的,处十年以上有期徒刑或者无期徒刑,并处罚金或者没收财产;数额特别巨大,并使国家和人民利益遭受特别重大损失的,处无期徒刑或者死刑,并处没收财产。

对多次贪污未经处理的,按照累计贪污数额处罚。

犯第一款罪,在提起公诉前如实供述自己罪行、真诚悔罪、积极退赃、避免、减少损害结果的发生,有第一项规定情形的,可以从轻、减轻或者免除处罚;有第二项、第三项规定情形的,可以从轻处罚。

犯第一款罪,有第三项规定情形被判处死刑缓期执行的,人民法院根据犯罪情节等情况可以同时决定在其死刑缓期执行二年期满依法减为无期徒刑后,终身监禁,不得减刑、假释。

第三百八十四条 国家工作人员利用职务上的便利,挪用公款归个人使用,进行非法活动的,或者挪用公款数额较大、进行营利活动的,或者挪用公款数额较大、超过三个月未还的,是挪用公款罪,处五年以下有期徒刑或者拘役;情节严重的,处五年以上有期徒刑。挪用公款数额巨大不退还的,处十年以上有期徒刑或者无期徒刑。

挪用用于救灾、抢险、防汛、优抚、扶贫、移民、救济款物归个人使用的,从重处罚。

第三百八十五条 国家工作人员利用职务上的便利,索取他人财物的,或者非法收受他人财物,为他人谋取利益的,是受贿罪。

国家工作人员在经济往来中,违反国家规定,收受各种名义的回扣、手续费,归个人所有的,以受贿论处。

第三百八十六条 对犯受贿罪的,根据受贿所得数额及情节,依照本法第三百八十三条的规定处罚。索贿的从重处罚。

第三百八十七条 国家机关、国有公司、企业、事业单位、人民团体,索取、非法收受他人财物,为他人谋取利益,情节严重的,对单位判处罚金,并对其直接负责的主管人员和其他直接责任人员,处三年以下有期徒刑或者拘役;情节特别严重的,处三年以上十年以下有期徒刑。

前款所列单位,在经济往来中,在帐外暗中收受各种名义的回扣、手续费的,以受贿论,依照前款的规定处罚。

第三百八十八条 国家工作人员利用本人职权或者地位形成的便利条件,通过其他国家工作人员职务上的行为,为请托人谋取不正当利益,索取请托人财物或者收受请托人财物的,以受贿论处。

第三百八十八条之一 国家工作人员的近亲属或者其他与该国家工作人员关系密切的人,通过该国家工作人员职务上的行为,或者利用该国家工作人员职权或者地位形成的便利条件,通过其他国家工作人员职务上的行为,为请托人谋取不正当利益,索取请托人财物或者收受请托人财物,数额较大或者有其他较重情节的,处三年以下有期徒刑或者拘役,并处罚金;数额巨大或者有其他严重情节的,处三年以上七年以下有期徒刑,并处罚金;数额特别巨大或者有其他特别严重情节的,处七年以上有期徒刑,并处罚金或者没收财产。

离职的国家工作人员或者其近亲属以及其他与其关系密切的人,利用该离职的国家工作人员原职权或者地位形成的便利条件实施前款行为的,依照前款的规定定罪处罚。

第三百八十九条 为谋取不正当利益,给予国家工作人员以财物的,是行贿罪。

在经济往来中,违反国家规定,给予国家工作人员以财物,数额较大的,或者违反国家规定,给予国家工作人员以各种名义的回扣、手续费的,以行贿论处。

因被勒索给予国家工作人员以财物,没有获得不正当利益的,不是行贿。

第三百九十条 对犯行贿罪的,处三年以下有期徒刑或者拘役,并处罚金;因行贿谋取不正当利益,情节严重的,或者使国家利益遭受重大损失的,处三年以上十年以下有期徒刑,并处罚金;情节特别严重的,或者使国家利益遭受特别重大损失的,处十年以上有期徒刑或者无期徒刑,并处罚金或者没收财产。

有下列情形之一的,从重处罚:

(一)多次行贿或者向多人行贿的;

(二)国家工作人员行贿的;

(三)在国家重点工程、重大项目中行贿的;

(四)为谋取职务、职级晋升、调整行贿的;

(五)对监察、行政执法、司法工作人员行贿的;

(六)在生态环境、财政金融、安全生产、食品药品、防灾救灾、社会保障、教育、医疗等领域行贿,实施违法犯罪活动的;

(七)将违法所得用于行贿的。

行贿人在被追诉前主动交待行贿行为的,可以从轻或者减轻处罚。其中,犯罪较轻的,对调查突破、侦破重大案件起关键作用的,或者有重大立功表现的,可以减轻或者免除处罚。

第三百九十条之一 为谋取不正当利益,向国家工作人员的近亲属或者其他与该国家工作人员关系密切的人,或者向离职的国家工作人员或者其近亲属以及其他与其关系密切的人行贿的,处三年以下有期徒刑或者拘役,并处罚金;情节严重的,或者使国家利益遭受重大损失的,处三年以上七年以下有期徒刑,并处罚金;情节特别严重的,或者使国家利益遭受特别重大损失的,处七年以上十年以下有期徒刑,并处罚金。

单位犯前款罪的,对单位判处罚金,并对其直接负责的主管人员和其他直接责任人员,处三年以下有期徒刑或者拘役,并处罚金。

第三百九十一条 为谋取不正当利益,给予国家机关、国有公司、企业、事业单位、人民团体以财物的,或者在经济往来中,违反国家规定,给予各种名义的回扣、手续费的,处三年以下有期徒刑或者拘役,并处罚金;情节严重的,处三年以上七年以下有期徒刑,并处罚金。

单位犯前款罪的,对单位判处罚金,并对其直接负责的主管人员和其他直接责任人员,依照前款的规定处罚。

第三百九十二条 向国家工作人员介绍贿赂,情节严重的,处三年以下有期徒刑或者拘役,并处罚金。

介绍贿赂人在被追诉前主动交待介绍贿赂行为的,可以减轻处罚或者免除处罚。

第三百九十三条 单位为谋取不正当利益而行贿,或者违反国家规定,给予国家工作人员以回扣、手续费,情节严重的,对单位判处罚金,并对其直接负责的主管人员和其他直接责任人员,处三年以下有期徒刑或者拘役,并处罚金;情节特别严重的,处三年以上十年以下有期徒刑,并处罚金。因行贿取得的违法所得归个人所有的,依照本法第三百八十九条、第三百九十条的规定定罪处罚。

第三百九十四条 国家工作人员在国内公务活动或者对外交往中接受礼物,依照国家规定应当交公而不交公,数额较大的,依照本法第三百八十二条、第三百八十三条的规定定罪处罚。

第三百九十五条 国家工作人员的财产、支出明显超过合法收入,差额巨大的,可以责令该国家工作人员说明来源,不能说明来源的,差额部分以非法所得论,处五年以下有期徒刑或者拘役;差额特别巨大的,处五年以上十年以下有期徒刑。财产的差额部分予以追缴。

国家工作人员在境外的存款,应当依照国家规定申报。数额较大、隐瞒不报的,处二年以下有期徒刑或者拘役;情节较轻的,由其所在单位或者上级主管机关酌情给予行政处分。

第三百九十六条 国家机关、国有公司、企业、事业单位、人民团体,违反国家规定,以单位名义将国有资产集体私分给个人,数额较大的,对其直接负责的主管人员和其他直接责任人员,处三年以下有期徒刑或者拘役,并处或者单处罚金;数额巨大的,处三年以上七年以下有期徒刑,并处罚金。

司法机关、行政执法机关违反国家规定,将应当上缴国家的罚没财物,以单位名义集体私分给个人的,依照前款的规定处罚。

第九章 渎职罪

第三百九十七条 国家机关工作人员滥用职权或者玩忽职守,致使公共财产、国家和人民利益遭受重大损失的,处三年以下有期徒刑或者拘役;情节特别严重的,处三年以上七年以下有期徒刑。本法另有规定的,依照规定。

国家机关工作人员徇私舞弊,犯前款罪的,处五年以下有期徒刑或者拘役;情节特别严重的,处五年以上十年以下有期徒刑。本法另有规定的,依照规定。

第三百九十八条 国家机关工作人员违反保守国家秘密法的规定,故意或者过失泄露国家秘密,情节严重的,处三年以下有期徒刑或者拘役;情节特别严重的,处三年以上七年以下有期徒刑。

非国家机关工作人员犯前款罪的,依照前款的规定酌情处罚。

第三百九十九条 司法工作人员徇私枉法、徇情枉法,对明知是无罪的人而使他受追诉、对明知是有罪的人而故意包庇不使他受追诉,或者在刑事审判活动中故意违背事实和法律作枉法裁判的,处五年以下有期徒刑或者拘役;情节严重的,处五年以上十年以下有期徒刑;情节特别严重的,处十年以上有期徒刑。

在民事、行政审判活动中故意违背事实和法律作枉法裁判,情节严重的,处五年以下有期徒刑或者拘役;情节特别严重的,处五年以上十年以下有期徒刑。

在执行判决、裁定活动中,严重不负责任或者滥用职权,不依法采取诉讼保全措施、不履行法定执行职责,或者违法采取诉讼保全措施、强制执行措施,致使当事人或者其他人的利益遭受重大损失的,处五年以下有期徒刑或者拘役;致使当事人或者其他人的利益遭受特别重大损失的,处五年以上十年以下有期徒刑。

司法工作人员收受贿赂,有前三款行为的,同时又构成本法第三百八十五条规定之罪的,依照处罚较重的规定定罪处罚。

第三百九十九条之一 依法承担仲裁职责的人员,在仲裁活动中故意违背事实和法律作枉法裁决,情节严重的,处三年以下有期徒刑或者拘役;情节特别严重的,处三年以上七年以下有期徒刑。

第四百条 司法工作人员私放在押的犯罪嫌疑人、被告人或者罪犯的,处五年以下有期徒刑或者拘役;情节严重的,处五年以上十年以下有期徒刑;情节特别严重的,处十年以上有期徒刑。

司法工作人员由于严重不负责任,致使在押的犯罪嫌疑人、被告人或者罪犯脱逃,造成严重后果的,处三年以下有期徒刑或者拘役;造成特别严重后果的,处三年以上十年以下有期徒刑。

第四百零一条 司法工作人员徇私舞弊,对不符合减刑、假释、暂予监外执行条件的罪犯,予以减刑、假释或者暂予监外执行的,处三年以下有期徒刑或者拘役;情节严重的,处三年以上七年以下有期徒刑。

第四百零二条 行政执法人员徇私舞弊,对依法应当移交司法机关追究刑事责任的不移交,情节严重的,处三年以下有期徒刑或者拘役;造成严重后果的,处三年以上七年以下有期徒刑。

第四百零三条 国家有关主管部门的国家机关工作人员,徇私舞弊,滥用职权,对不符合法律规定条件的公司设立、登记申请或者股票、债券发行、上市申请,予以批准或者登记,致使公共财产、国家和人民利益遭受重大损失的,处五年以下有期徒刑或者拘役。

上级部门强令登记机关及其工作人员实施前款行为的,对其直接负责的主管人员,依照前款的规定处罚。

第四百零四条 税务机关的工作人员徇私舞弊,不征或者少征应征税款,致使国家税收遭受重大损失的,处五年以下有期徒刑或者拘役;造成特别重大损失的,处五年以上有期徒刑。

第四百零五条 税务机关的工作人员违反法律、行政法规的规定,在办理发售发票、抵扣税款、出口退税工作中,徇私舞弊,致使国家利益遭受重大损失的,处五年以下有期徒刑或者拘役;致使国家利益遭受特别重大损失的,处五年以上有期徒刑。

其他国家机关工作人员违反国家规定,在提供出口货物报关单、出口收汇核销单等出口退税凭证的工作中,徇私舞弊,致使国家利益遭受重大损失的,依照前款的规定处罚。

第四百零六条 国家机关工作人员在签订、履行合同过程中,因严重不负责任被诈骗,致使国家利益遭受重大损失的,处三年以下有期徒刑或者拘役;致使国家利益遭受特别重大损失的,处三年以上七年以下有期徒刑。

第四百零七条 林业主管部门的工作人员违反森林法的规定,超过批准的年采伐限额发放林木采伐许可证或者违反规定滥发林木采伐许可证,情节严重,致使森林遭受严重破坏的,处三年以下有期徒刑或者拘役。

第四百零八条 负有环境保护监督管理职责的国家机关工作人员严重不负责任,导致发生重大环境污染事故,致使公私财产遭受重大损失或者造成人身伤亡的严重后果的,处三年以下有期徒刑或者拘役。

第四百零八条之一 负有食品药品安全监督管理职责的国家机关工作人员,滥用职权或者玩忽职守,有下列情形之一,造成严重后果或者有其他严重情节的,处五年以下有期徒刑或者拘役;造成特别严重后果或者有其他特别严重情节的,处五年以上十年以下有期徒刑:

(一)瞒报、谎报食品安全事故、药品安全事件的;

(二)对发现的严重食品药品安全违法行为未按规定查处的;

(三)在药品和特殊食品审批审评过程中,对不符合条件的申请准予许可的;

(四)依法应当移交司法机关追究刑事责任不移交的;

(五)有其他滥用职权或者玩忽职守行为的。

徇私舞弊犯前款罪的,从重处罚。

第四百零九条 从事传染病防治的政府卫生行政部门的工作人员严重不负责任,导致传染病传播或者流行,情节严重的,处三年以下有期徒刑或者拘役。

第四百一十条 国家机关工作人员徇私舞弊,违反土地管理法规,滥用职权,非法批准征收、征用、占用土地,或者非法低价出让国有土地使用权,情节严重的,处三年以下有期徒刑或者拘役;致使国家或者集体利益遭受特别重大损失的,处三年以上七年以下有期徒刑。

第四百一十一条 海关工作人员徇私舞弊,放纵走私,情节严重的,处五年以下有期徒刑或者拘役;情节特别严重的,处五年以上有期徒刑。

第四百一十二条 国家商检部门、商检机构的工作人员徇私舞弊,伪造检验结果的,处五年以下有期徒刑或者拘役;造成严重后果的,处五年以上十年以下有期徒刑。

前款所列人员严重不负责任,对应当检验的物品不检验,或者延误检验出证、错误出证,致使国家利益遭受重大损失的,处三年以下有期徒刑或者拘役。

第四百一十三条 动植物检疫机关的检疫人员徇私舞弊,伪造检疫结果的,处五年以下有期徒刑或者拘役;造成严重后果的,处五年以上十年以下有期徒刑。

前款所列人员严重不负责任,对应当检疫的检疫物不检疫,或者延误检疫出证、错误出证,致使国家利益遭受重大损失的,处三年以下有期徒刑或者拘役。

第四百一十四条 对生产、销售伪劣商品犯罪行为负有追究责任的国家机关工作人员,徇私舞弊,不履行法律规定的追究职责,情节严重的,处五年以下有期徒刑或者拘役。

第四百一十五条 负责办理护照、签证以及其他出入境证件的国家机关工作人员,对明知是企图偷越国(边)境的人员,予以办理出入境证件的,或者边防、海关等国家机关工作人员,对明知是偷越国(边)境的人员,予以放行的,处三年以下有期徒刑或者拘役;情节严重的,处三年以上七年以下有期徒刑。

第四百一十六条 对被拐卖、绑架的妇女、儿童负有解救职责的国家机关工作人员,接到被拐卖、绑架的妇女、儿童及其家属的解救要求或者接到其他人的举报,而对被拐卖、绑架的妇女、儿童不进行解救,造成严重后果的,处五年以下有期徒刑或者拘役。

负有解救职责的国家机关工作人员利用职务阻碍解救的,处二年以上七年以下有期徒刑;情节较轻的,处二年以下有期徒刑或者拘役。

第四百一十七条 有查禁犯罪活动职责的国家机关工作人员,向犯罪分子通风报信、提供便利,帮助犯罪分子逃避处罚的,处三年以下有期徒刑或者拘役;情节严重的,处三年以上十年以下有期徒刑。

第四百一十八条 国家机关工作人员在招收公务员、学生工作中徇私舞弊,情节严重的,处三年以下有期徒刑或者拘役。

第四百一十九条 国家机关工作人员严重不负责任,造成珍贵文物损毁或者流失,后果严重的,处三年以下有期徒刑或者拘役。

第十章 军人违反职责罪

第四百二十条 军人违反职责,危害国家军事利益,依照法律应当受刑罚处罚的行为,是军人违反职责罪。

第四百二十一条 战时违抗命令,对作战造成危害的,处三年以上十年以下有期徒刑;致使战斗、战役遭受重大损失的,处十年以上有期徒刑、无期徒刑或者死刑。

第四百二十二条 故意隐瞒、谎报军情或者拒传、假传军令,对作战造成危害的,处三年以上十年以下有期徒刑;致使战斗、战役遭受重大损失的,处十年以上有期徒刑、无期徒刑或者死刑。

第四百二十三条 在战场上贪生怕死,自动放下武器投降敌人的,处三年以上十年以下有期徒刑;情节严重的,处十年以上有期徒刑或者无期徒刑。

投降后为敌人效劳的,处十年以上有期徒刑、无期徒刑或者死刑。

第四百二十四条 战时临阵脱逃的,处三年以下有期徒刑;情节严重的,处三年以上十年以下有期徒刑;致使战斗、战役遭受重大损失的,处十年以上有期徒刑、无期徒刑或者死刑。

第四百二十五条 指挥人员和值班、值勤人员擅离职守或者玩忽职守,造成严重后果的,处三年以下有期徒刑或者拘役;造成特别严重后果的,处三年以上七年以下有期徒刑。

战时犯前款罪的,处五年以上有期徒刑。

第四百二十六条 以暴力、威胁方法,阻碍指挥人员或者值班、值勤人员执行职务的,处五年以下有期徒刑或者拘役;情节严重的,处五年以上十年以下有期徒刑;情节特别严重的,处十年以上有期徒刑或者无期徒刑。战时从重处罚。

第四百二十七条 滥用职权,指使部属进行违反职责的活动,造成严重后果的,处五年以下有期徒刑或者拘役;情节特别严重的,处五年以上十年以下有期徒刑。

第四百二十八条 指挥人员违抗命令,临阵畏缩,作战消极,造成严重后果的,处五年以下有期徒刑;致使战斗、战役遭受重大损失或者有其他特别严重情节的,处五年以上有期徒刑。

第四百二十九条 在战场上明知友邻部队处境危急请求救援,能救援而不救援,致使友邻部队遭受重大损失的,对指挥人员,处五年以下有期徒刑。

第四百三十条 在履行公务期间,擅离岗位,叛逃境外或者在境外叛逃,危害国家军事利益的,处五年以下有期徒刑或者拘役;情节严重的,处五年以上有期徒刑。

驾驶航空器、舰船叛逃的,或者有其他特别严重情节的,处十年以上有期徒刑、无期徒刑或者死刑。

第四百三十一条 以窃取、刺探、收买方法,非法获取军事秘密的,处五年以下有期徒刑;情节严重的,处五年以上十年以下有期徒刑;情节特别严重的,处十年以上有期徒刑。

为境外的机构、组织、人员窃取、刺探、收买、非法提供军事秘密的,处五年以上十年以下有期徒刑;情节严重的,处十年以上有期徒刑、无期徒刑或者死刑。

第四百三十二条 违反保守国家秘密法规,故意或者过失泄露军事秘密,情节严重的,处五年以下有期徒刑或者拘役;情节特别严重的,处五年以上十年以下有期徒刑。

战时犯前款罪的,处五年以上十年以下有期徒刑;情节特别严重的,处十年以上有期徒刑或者无期徒刑。

第四百三十三条 战时造谣惑众,动摇军心的,处三年以下有期徒刑;情节严重的,处三年以上十年以下有期徒刑;情节特别严重的,处十年以上有期徒刑或者无期徒刑。

第四百三十四条 战时自伤身体,逃避军事义务的,处三年以下有期徒刑;情节严重的,处三年以上七年以下有期徒刑。

第四百三十五条 违反兵役法规,逃离部队,情节严重的,处三年以下有期徒刑或者拘役。

战时犯前款罪的,处三年以上七年以下有期徒刑。

第四百三十六条 违反武器装备使用规定,情节严重,因而发生责任事故,致人重伤、死亡或者造成其他严重后果的,处三年以下有期徒刑或者拘役;后果特别严重的,处三年以上七年以下有期徒刑。

第四百三十七条 违反武器装备管理规定,擅自改变武器装备的编配用途,造成严重后果的,处三年以下有期徒刑或者拘役;造成特别严重后果的,处三年以上七年以下有期徒刑。

第四百三十八条 盗窃、抢夺武器装备或者军用物资的,处五年以下有期徒刑或者拘役;情节严重的,处五年以上十年以下有期徒刑;情节特别严重的,处十年以上有期徒刑、无期徒刑或者死刑。

盗窃、抢夺枪支、弹药、爆炸物的,依照本法第一百二十七条的规定处罚。

第四百三十九条 非法出卖、转让军队武器装备的,处三年以上十年以下有期徒刑;出卖、转让大量武器装备或者有其他特别严重情节的,处十年以上有期徒刑、无期徒刑或者死刑。

第四百四十条 违抗命令,遗弃武器装备的,处五年以下有期徒刑或者拘役;遗弃重要或者大量武器装备的,或者有其他严重情节的,处五年以上有期徒刑。

第四百四十一条 遗失武器装备,不及时报告或者有其他严重情节的,处三年以下有期徒刑或者拘役。

第四百四十二条 违反规定,擅自出卖、转让军队房地产,情节严重的,对直接责任人员,处三年以下有期徒刑或者拘役;情节特别严重的,处三年以上十年以下有期徒刑。

第四百四十三条 滥用职权,虐待部属,情节恶劣,致人重伤或者造成其他严重后果的,处五年以下有期徒刑或者拘役;致人死亡的,处五年以上有期徒刑。

第四百四十四条 在战场上故意遗弃伤病军人,情节恶劣的,对直接责任人员,处五年以下有期徒刑。

第四百四十五条 战时在救护治疗职位上,有条件救治而拒不救治危重伤病军人的,处五年以下有期徒刑或者拘役;造成伤病军人重残、死亡或者有其他严重情节的,处五年以上十年以下有期徒刑。

第四百四十六条 战时在军事行动地区,残害无辜居民或者掠夺无辜居民财物的,处五年以下有期徒刑;情节严重的,处五年以上十年以下有期徒刑;情节特别严重的,处十年以上有期徒刑、无期徒刑或者死刑。

第四百四十七条 私放俘虏的,处五年以下有期徒刑;私放重要俘虏、私放俘虏多人或者有其他严重情节的,处五年以上有期徒刑。

第四百四十八条 虐待俘虏,情节恶劣的,处三年以下有期徒刑。

第四百四十九条 在战时,对被判处三年以下有期徒刑没有现实危险宣告缓刑的犯罪军人,允许其戴罪立功,确有立功表现时,可以撤销原判刑罚,不以犯罪论处。

第四百五十条 本章适用于中国人民解放军的现役军官、文职干部、士兵及具有军籍的学员和中国人民武装警察部队的现役警官、文职干部、士兵及具有军籍的学员以及文职人员、执行军事任务的预备役人员和其他人员。

第四百五十一条 本章所称战时,是指国家宣布进入战争状态、部队受领作战任务或者遭敌突然袭击时。

部队执行戒严任务或者处置突发性暴力事件时,以战时论。

附　　则

第四百五十二条 本法自 1997 年 10 月 1 日起施行。

列于本法附件一的全国人民代表大会常务委员会制定的条例、补充规定和决定,已纳入本法或者已不适用,自本法施行之日起,予以废止。

列于本法附件二的全国人民代表大会常务委员会制定的补充规定

和决定予以保留。其中,有关行政处罚和行政措施的规定继续有效;有关刑事责任的规定已纳入本法,自本法施行之日起,适用本法规定。

附件一

全国人民代表大会常务委员会制定的下列条例、补充规定和决定,已纳入本法或者已不适用,自本法施行之日起,予以废止:

1. 中华人民共和国惩治军人违反职责罪暂行条例
2. 关于严惩严重破坏经济的罪犯的决定
3. 关于严惩严重危害社会治安的犯罪分子的决定
4. 关于惩治走私罪的补充规定
5. 关于惩治贪污罪贿赂罪的补充规定
6. 关于惩治泄露国家秘密犯罪的补充规定
7. 关于惩治捕杀国家重点保护的珍贵、濒危野生动物犯罪的补充规定
8. 关于惩治侮辱中华人民共和国国旗国徽罪的决定
9. 关于惩治盗掘古文化遗址古墓葬犯罪的补充规定
10. 关于惩治劫持航空器犯罪分子的决定
11. 关于惩治假冒注册商标犯罪的补充规定
12. 关于惩治生产、销售伪劣商品犯罪的决定
13. 关于惩治侵犯著作权的犯罪的决定
14. 关于惩治违反公司法的犯罪的决定
15. 关于处理逃跑或者重新犯罪的劳改犯和劳教人员的决定

附件二

全国人民代表大会常务委员会制定的下列补充规定和决定予以保留,其中,有关行政处罚和行政措施的规定继续有效;有关刑事责任的规定已纳入本法,自本法施行之日起,适用本法规定:

1. 关于禁毒的决定①
2. 关于惩治走私、制作、贩卖、传播淫秽物品的犯罪分子的决定

---

① 根据《中华人民共和国禁毒法》第71条的规定,本决定自2008年6月1日起废止。

3. 关于严禁卖淫嫖娼的决定①
4. 关于严惩拐卖、绑架妇女、儿童的犯罪分子的决定
5. 关于惩治偷税、抗税犯罪的补充规定②
6. 关于严惩组织、运送他人偷越国(边)境犯罪的补充规定③
7. 关于惩治破坏金融秩序犯罪的决定
8. 关于惩治虚开、伪造和非法出售增值税专用发票犯罪的决定

中华人民共和国证券法

（1998年12月29日第九届全国人民代表大会常务委员会第六次会议通过 根据2004年8月28日第十届全国人民代表大会常务委员会第十一次会议《关于修改〈中华人民共和国证券法〉的决定》第一次修正 2005年10月27日第十届全国人民代表大会常务委员会第十八次会议第一次修订 根据2013年6月29日第十二届全国人民代表大会常务委员会第三次会议《关于修改〈中华人民共和国文物保护法〉等十二部法律的决定》第二次修正 根据2014年8月31日第十二届全国人民代表大会常务委员会第十次会议《关于修改〈中华人民共和国保险法〉等五部法律的决定》第三次修正 2019年12月28日第十三届全国人民代表大会常务委员会第十五次会议第二次修订）

目 录

第一章 总 则

---

① 根据《全国人民代表大会常务委员会关于废止有关收容教育法律规定和制度的决定》，本决定第4条第2款、第4款自2019年12月29日起废止。
② 根据《全国人民代表大会常务委员会关于废止部分法律的决定》，本决定自2009年6月27日起废止。
③ 根据《全国人民代表大会常务委员会关于废止部分法律的决定》，本决定自2009年6月27日起废止。

一、法律

第二章 证券发行
第三章 证券交易
　第一节 一般规定
　第二节 证券上市
　第三节 禁止的交易行为
第四章 上市公司的收购
第五章 信息披露
第六章 投资者保护
第七章 证券交易场所
第八章 证券公司
第九章 证券登记结算机构
第十章 证券服务机构
第十一章 证券业协会
第十二章 证券监督管理机构
第十三章 法律责任
第十四章 附　则

第一章　总　则

第一条　为了规范证券发行和交易行为,保护投资者的合法权益,维护社会经济秩序和社会公共利益,促进社会主义市场经济的发展,制定本法。

第二条　在中华人民共和国境内,股票、公司债券、存托凭证和国务院依法认定的其他证券的发行和交易,适用本法;本法未规定的,适用《中华人民共和国公司法》和其他法律、行政法规的规定。

政府债券、证券投资基金份额的上市交易,适用本法;其他法律、行政法规另有规定的,适用其规定。

资产支持证券、资产管理产品发行、交易的管理办法,由国务院依照本法的原则规定。

在中华人民共和国境外的证券发行和交易活动,扰乱中华人民共和国境内市场秩序,损害境内投资者合法权益的,依照本法有关规定处理并追究法律责任。

第三条 证券的发行、交易活动,必须遵循公开、公平、公正的原则。

第四条 证券发行、交易活动的当事人具有平等的法律地位,应当遵守自愿、有偿、诚实信用的原则。

第五条 证券的发行、交易活动,必须遵守法律、行政法规;禁止欺诈、内幕交易和操纵证券市场的行为。

第六条 证券业和银行业、信托业、保险业实行分业经营、分业管理,证券公司与银行、信托、保险业务机构分别设立。国家另有规定的除外。

第七条 国务院证券监督管理机构依法对全国证券市场实行集中统一监督管理。

国务院证券监督管理机构根据需要可以设立派出机构,按照授权履行监督管理职责。

第八条 国家审计机关依法对证券交易场所、证券公司、证券登记结算机构、证券监督管理机构进行审计监督。

第二章 证券发行

第九条 公开发行证券,必须符合法律、行政法规规定的条件,并依法报经国务院证券监督管理机构或者国务院授权的部门注册。未经依法注册,任何单位和个人不得公开发行证券。证券发行注册制的具体范围、实施步骤,由国务院规定。

有下列情形之一的,为公开发行:

(一)向不特定对象发行证券;

(二)向特定对象发行证券累计超过二百人,但依法实施员工持股计划的员工人数不计算在内;

(三)法律、行政法规规定的其他发行行为。

非公开发行证券,不得采用广告、公开劝诱和变相公开方式。

第十条 发行人申请公开发行股票、可转换为股票的公司债券,依法采取承销方式的,或者公开发行法律、行政法规规定实行保荐制度的其他证券的,应当聘请证券公司担任保荐人。

保荐人应当遵守业务规则和行业规范,诚实守信,勤勉尽责,对发行人的申请文件和信息披露资料进行审慎核查,督导发行人规范运作。

保荐人的管理办法由国务院证券监督管理机构规定。

第十一条 设立股份有限公司公开发行股票,应当符合《中华人民共和国公司法》规定的条件和经国务院批准的国务院证券监督管理机构规定的其他条件,向国务院证券监督管理机构报送募股申请和下列文件:

(一)公司章程;

(二)发起人协议;

(三)发起人姓名或者名称,发起人认购的股份数、出资种类及验资证明;

(四)招股说明书;

(五)代收股款银行的名称及地址;

(六)承销机构名称及有关的协议。

依照本法规定聘请保荐人的,还应当报送保荐人出具的发行保荐书。

法律、行政法规规定设立公司必须报经批准的,还应当提交相应的批准文件。

第十二条 公司首次公开发行新股,应当符合下列条件:

(一)具备健全且运行良好的组织机构;

(二)具有持续经营能力;

(三)最近三年财务会计报告被出具无保留意见审计报告;

(四)发行人及其控股股东、实际控制人最近三年不存在贪污、贿赂、侵占财产、挪用财产或者破坏社会主义市场经济秩序的刑事犯罪;

(五)经国务院批准的国务院证券监督管理机构规定的其他条件。

上市公司发行新股,应当符合经国务院批准的国务院证券监督管理机构规定的条件,具体管理办法由国务院证券监督管理机构规定。

公开发行存托凭证的,应当符合首次公开发行新股的条件以及国务院证券监督管理机构规定的其他条件。

第十三条 公司公开发行新股,应当报送募股申请和下列文件:

(一)公司营业执照;

(二)公司章程；

(三)股东大会决议；

(四)招股说明书或者其他公开发行募集文件；

(五)财务会计报告；

(六)代收股款银行的名称及地址。

依照本法规定聘请保荐人的，还应当报送保荐人出具的发行保荐书。依照本法规定实行承销的，还应当报送承销机构名称及有关的协议。

第十四条 公司对公开发行股票所募集资金，必须按照招股说明书或者其他公开发行募集文件所列资金用途使用；改变资金用途，必须经股东大会作出决议。擅自改变用途，未作纠正的，或者未经股东大会认可的，不得公开发行新股。

第十五条 公开发行公司债券，应当符合下列条件：

(一)具备健全且运行良好的组织机构；

(二)最近三年平均可分配利润足以支付公司债券一年的利息；

(三)国务院规定的其他条件。

公开发行公司债券筹集的资金，必须按照公司债券募集办法所列资金用途使用；改变资金用途，必须经债券持有人会议作出决议。公开发行公司债券筹集的资金，不得用于弥补亏损和非生产性支出。

上市公司发行可转换为股票的公司债券，除应当符合第一款规定的条件外，还应当遵守本法第十二条第二款的规定。但是，按照公司债券募集办法，上市公司通过收购本公司股份的方式进行公司债券转换的除外。

第十六条 申请公开发行公司债券，应当向国务院授权的部门或者国务院证券监督管理机构报送下列文件：

(一)公司营业执照；

(二)公司章程；

(三)公司债券募集办法；

(四)国务院授权的部门或者国务院证券监督管理机构规定的其他文件。

依照本法规定聘请保荐人的，还应当报送保荐人出具的发行保荐书。

第十七条 有下列情形之一的,不得再次公开发行公司债券:

(一)对已公开发行的公司债券或者其他债务有违约或者延迟支付本息的事实,仍处于继续状态;

(二)违反本法规定,改变公开发行公司债券所募资金的用途。

第十八条 发行人依法申请公开发行证券所报送的申请文件的格式、报送方式,由依法负责注册的机构或者部门规定。

第十九条 发行人报送的证券发行申请文件,应当充分披露投资者作出价值判断和投资决策所必需的信息,内容应当真实、准确、完整。

为证券发行出具有关文件的证券服务机构和人员,必须严格履行法定职责,保证所出具文件的真实性、准确性和完整性。

第二十条 发行人申请首次公开发行股票的,在提交申请文件后,应当按照国务院证券监督管理机构的规定预先披露有关申请文件。

第二十一条 国务院证券监督管理机构或者国务院授权的部门依照法定条件负责证券发行申请的注册。证券公开发行注册的具体办法由国务院规定。

按照国务院的规定,证券交易所等可以审核公开发行证券申请,判断发行人是否符合发行条件、信息披露要求,督促发行人完善信息披露内容。

依照前两款规定参与证券发行申请注册的人员,不得与发行申请人有利害关系,不得直接或者间接接受发行申请人的馈赠,不得持有所注册的发行申请的证券,不得私下与发行申请人进行接触。

第二十二条 国务院证券监督管理机构或者国务院授权的部门应当自受理证券发行申请文件之日起三个月内,依照法定条件和法定程序作出予以注册或者不予注册的决定,发行人根据要求补充、修改发行申请文件的时间不计算在内。不予注册的,应当说明理由。

第二十三条 证券发行申请经注册后,发行人应当依照法律、行政法规的规定,在证券公开发行前公告公开发行募集文件,并将该文件置备于指定场所供公众查阅。

发行证券的信息依法公开前,任何知情人不得公开或者泄露该信息。

发行人不得在公告公开发行募集文件前发行证券。

第二十四条 国务院证券监督管理机构或者国务院授权的部门对已作出的证券发行注册的决定,发现不符合法定条件或者法定程序,尚未发行证券的,应当予以撤销,停止发行。已经发行尚未上市的,撤销发行注册决定,发行人应当按照发行价并加算银行同期存款利息返还证券持有人;发行人的控股股东、实际控制人以及保荐人,应当与发行人承担连带责任,但是能够证明自己没有过错的除外。

股票的发行人在招股说明书等证券发行文件中隐瞒重要事实或者编造重大虚假内容,已经发行并上市的,国务院证券监督管理机构可以责令发行人回购证券,或者责令负有责任的控股股东、实际控制人买回证券。

第二十五条 股票依法发行后,发行人经营与收益的变化,由发行人自行负责;由此变化引致的投资风险,由投资者自行负责。

第二十六条 发行人向不特定对象发行的证券,法律、行政法规规定应当由证券公司承销的,发行人应当同证券公司签订承销协议。证券承销业务采取代销或者包销方式。

证券代销是指证券公司代发行人发售证券,在承销期结束时,将未售出的证券全部退还给发行人的承销方式。

证券包销是指证券公司将发行人的证券按照协议全部购入或者在承销期结束时将售后剩余证券全部自行购入的承销方式。

第二十七条 公开发行证券的发行人有权依法自主选择承销的证券公司。

第二十八条 证券公司承销证券,应当同发行人签订代销或者包销协议,载明下列事项:

(一)当事人的名称、住所及法定代表人姓名;

(二)代销、包销证券的种类、数量、金额及发行价格;

(三)代销、包销的期限及起止日期;

（四）代销、包销的付款方式及日期；

（五）代销、包销的费用和结算办法；

（六）违约责任；

（七）国务院证券监督管理机构规定的其他事项。

第二十九条 证券公司承销证券，应当对公开发行募集文件的真实性、准确性、完整性进行核查。发现有虚假记载、误导性陈述或者重大遗漏的，不得进行销售活动；已经销售的，必须立即停止销售活动，并采取纠正措施。

证券公司承销证券，不得有下列行为：

（一）进行虚假的或者误导投资者的广告宣传或者其他宣传推介活动；

（二）以不正当竞争手段招揽承销业务；

（三）其他违反证券承销业务规定的行为。

证券公司有前款所列行为，给其他证券承销机构或者投资者造成损失的，应当依法承担赔偿责任。

第三十条 向不特定对象发行证券聘请承销团承销的，承销团应当由主承销和参与承销的证券公司组成。

第三十一条 证券的代销、包销期限最长不得超过九十日。

证券公司在代销、包销期内，对所代销、包销的证券应当保证先行出售给认购人，证券公司不得为本公司预留所代销的证券和预先购入并留存所包销的证券。

第三十二条 股票发行采取溢价发行的，其发行价格由发行人与承销的证券公司协商确定。

第三十三条 股票发行采用代销方式，代销期限届满，向投资者出售的股票数量未达到拟公开发行股票数量百分之七十的，为发行失败。发行人应当按照发行价并加算银行同期存款利息返还股票认购人。

第三十四条 公开发行股票，代销、包销期限届满，发行人应当在规定的期限内将股票发行情况报国务院证券监督管理机构备案。

第三章 证券交易

第一节 一般规定

第三十五条 证券交易当事人依法买卖的证券,必须是依法发行并交付的证券。

非依法发行的证券,不得买卖。

第三十六条 依法发行的证券,《中华人民共和国公司法》和其他法律对其转让期限有限制性规定的,在限定的期限内不得转让。

上市公司持有百分之五以上股份的股东、实际控制人、董事、监事、高级管理人员,以及其他持有发行人首次公开发行前发行的股份或者上市公司向特定对象发行的股份的股东,转让其持有的本公司股份的,不得违反法律、行政法规和国务院证券监督管理机构关于持有期限、卖出时间、卖出数量、卖出方式、信息披露等规定,并应当遵守证券交易所的业务规则。

第三十七条 公开发行的证券,应当在依法设立的证券交易所上市交易或者在国务院批准的其他全国性证券交易场所交易。

非公开发行的证券,可以在证券交易所、国务院批准的其他全国性证券交易场所、按照国务院规定设立的区域性股权市场转让。

第三十八条 证券在证券交易所上市交易,应当采用公开的集中交易方式或者国务院证券监督管理机构批准的其他方式。

第三十九条 证券交易当事人买卖的证券可以采用纸面形式或者国务院证券监督管理机构规定的其他形式。

第四十条 证券交易场所、证券公司和证券登记结算机构的从业人员,证券监督管理机构的工作人员以及法律、行政法规规定禁止参与股票交易的其他人员,在任期或者法定限期内,不得直接或者以化名、借他人名义持有、买卖股票或者其他具有股权性质的证券,也不得收受他人赠送的股票或者其他具有股权性质的证券。

任何人在成为前款所列人员时,其原已持有的股票或者其他具有股权性质的证券,必须依法转让。

实施股权激励计划或者员工持股计划的证券公司的从业人员,可以按照国务院证券监督管理机构的规定持有、卖出本公司股票或者其他具有股权性质的证券。

第四十一条 证券交易场所、证券公司、证券登记结算机构、证券服务机构及其工作人员应当依法为投资者的信息保密，不得非法买卖、提供或者公开投资者的信息。

证券交易场所、证券公司、证券登记结算机构、证券服务机构及其工作人员不得泄露所知悉的商业秘密。

第四十二条 为证券发行出具审计报告或者法律意见书等文件的证券服务机构和人员，在该证券承销期内和期满后六个月内，不得买卖该证券。

除前款规定外，为发行人及其控股股东、实际控制人，或者收购人、重大资产交易方出具审计报告或者法律意见书等文件的证券服务机构和人员，自接受委托之日起至上述文件公开后五日内，不得买卖该证券。实际开展上述有关工作之日早于接受委托之日的，自实际开展上述有关工作之日起至上述文件公开后五日内，不得买卖该证券。

第四十三条 证券交易的收费必须合理，并公开收费项目、收费标准和管理办法。

第四十四条 上市公司、股票在国务院批准的其他全国性证券交易场所交易的公司持有百分之五以上股份的股东、董事、监事、高级管理人员，将其持有的该公司的股票或者其他具有股权性质的证券在买入后六个月内卖出，或者在卖出后六个月内又买入，由此所得收益归该公司所有，公司董事会应当收回其所得收益。但是，证券公司因购入包销售后剩余股票而持有百分之五以上股份，以及有国务院证券监督管理机构规定的其他情形的除外。

前款所称董事、监事、高级管理人员、自然人股东持有的股票或者其他具有股权性质的证券，包括其配偶、父母、子女持有的及利用他人账户持有的股票或者其他具有股权性质的证券。

公司董事会不按照第一款规定执行的，股东有权要求董事会在三十日内执行。公司董事会未在上述期限内执行的，股东有权为了公司的利益以自己的名义直接向人民法院提起诉讼。

公司董事会不按照第一款的规定执行的，负有责任的董事依法承担连带责任。

第四十五条 通过计算机程序自动生成或者下达交易指令进行程序化交易的,应当符合国务院证券监督管理机构的规定,并向证券交易所报告,不得影响证券交易所系统安全或者正常交易秩序。

第二节 证券上市

第四十六条 申请证券上市交易,应当向证券交易所提出申请,由证券交易所依法审核同意,并由双方签订上市协议。

证券交易所根据国务院授权的部门的决定安排政府债券上市交易。

第四十七条 申请证券上市交易,应当符合证券交易所上市规则规定的上市条件。

证券交易所上市规则规定的上市条件,应当对发行人的经营年限、财务状况、最低公开发行比例和公司治理、诚信记录等提出要求。

第四十八条 上市交易的证券,有证券交易所规定的终止上市情形的,由证券交易所按照业务规则终止其上市交易。

证券交易所决定终止证券上市交易的,应当及时公告,并报国务院证券监督管理机构备案。

第四十九条 对证券交易所作出的不予上市交易、终止上市交易决定不服的,可以向证券交易所设立的复核机构申请复核。

第三节 禁止的交易行为

第五十条 禁止证券交易内幕信息的知情人和非法获取内幕信息的人利用内幕信息从事证券交易活动。

第五十一条 证券交易内幕信息的知情人包括:

(一)发行人及其董事、监事、高级管理人员;

(二)持有公司百分之五以上股份的股东及其董事、监事、高级管理人员,公司的实际控制人及其董事、监事、高级管理人员;

(三)发行人控股或者实际控制的公司及其董事、监事、高级管理人员;

(四)由于所任公司职务或者因与公司业务往来可以获取公司有

关内幕信息的人员；

（五）上市公司收购人或者重大资产交易方及其控股股东、实际控制人、董事、监事和高级管理人员；

（六）因职务、工作可以获取内幕信息的证券交易场所、证券公司、证券登记结算机构、证券服务机构的有关人员；

（七）因职责、工作可以获取内幕信息的证券监督管理机构工作人员；

（八）因法定职责对证券的发行、交易或者对上市公司及其收购、重大资产交易进行管理可以获取内幕信息的有关主管部门、监管机构的工作人员；

（九）国务院证券监督管理机构规定的可以获取内幕信息的其他人员。

第五十二条　证券交易活动中，涉及发行人的经营、财务或者对该发行人证券的市场价格有重大影响的尚未公开的信息，为内幕信息。

本法第八十条第二款、第八十一条第二款所列重大事件属于内幕信息。

第五十三条　证券交易内幕信息的知情人和非法获取内幕信息的人，在内幕信息公开前，不得买卖该公司的证券，或者泄露该信息，或者建议他人买卖该证券。

持有或者通过协议、其他安排与他人共同持有公司百分之五以上股份的自然人、法人、非法人组织收购上市公司的股份，本法另有规定的，适用其规定。

内幕交易行为给投资者造成损失的，应当依法承担赔偿责任。

第五十四条　禁止证券交易场所、证券公司、证券登记结算机构、证券服务机构和其他金融机构的从业人员、有关监管部门或者行业协会的工作人员，利用因职务便利获取的内幕信息以外的其他未公开的信息，违反规定，从事与该信息相关的证券交易活动，或者明示、暗示他人从事相关交易活动。

利用未公开信息进行交易给投资者造成损失的，应当依法承担赔偿责任。

第五十五条 禁止任何人以下列手段操纵证券市场,影响或者意图影响证券交易价格或者证券交易量:

(一)单独或者通过合谋,集中资金优势、持股优势或者利用信息优势联合或者连续买卖;

(二)与他人串通,以事先约定的时间、价格和方式相互进行证券交易;

(三)在自己实际控制的账户之间进行证券交易;

(四)不以成交为目的,频繁或者大量申报并撤销申报;

(五)利用虚假或者不确定的重大信息,诱导投资者进行证券交易;

(六)对证券、发行人公开作出评价、预测或者投资建议,并进行反向证券交易;

(七)利用在其他相关市场的活动操纵证券市场;

(八)操纵证券市场的其他手段。

操纵证券市场行为给投资者造成损失的,应当依法承担赔偿责任。

第五十六条 禁止任何单位和个人编造、传播虚假信息或者误导性信息,扰乱证券市场。

禁止证券交易场所、证券公司、证券登记结算机构、证券服务机构及其从业人员,证券业协会、证券监督管理机构及其工作人员,在证券交易活动中作出虚假陈述或者信息误导。

各种传播媒介传播证券市场信息必须真实、客观,禁止误导。传播媒介及其从事证券市场信息报道的工作人员不得从事与其工作职责发生利益冲突的证券买卖。

编造、传播虚假信息或者误导性信息,扰乱证券市场,给投资者造成损失的,应当依法承担赔偿责任。

第五十七条 禁止证券公司及其从业人员从事下列损害客户利益的行为:

(一)违背客户的委托为其买卖证券;

(二)不在规定时间内向客户提供交易的确认文件;

(三)未经客户的委托,擅自为客户买卖证券,或者假借客户的名义买卖证券；

（四）为牟取佣金收入，诱使客户进行不必要的证券买卖；

（五）其他违背客户真实意思表示，损害客户利益的行为。

违反前款规定给客户造成损失的，应当依法承担赔偿责任。

第五十八条　任何单位和个人不得违反规定，出借自己的证券账户或者借用他人的证券账户从事证券交易。

第五十九条　依法拓宽资金入市渠道，禁止资金违规流入股市。

禁止投资者违规利用财政资金、银行信贷资金买卖证券。

第六十条　国有独资企业、国有独资公司、国有资本控股公司买卖上市交易的股票，必须遵守国家有关规定。

第六十一条　证券交易场所、证券公司、证券登记结算机构、证券服务机构及其从业人员对证券交易中发现的禁止的交易行为，应当及时向证券监督管理机构报告。

第四章　上市公司的收购

第六十二条　投资者可以采取要约收购、协议收购及其他合法方式收购上市公司。

第六十三条　通过证券交易所的证券交易，投资者持有或者通过协议、其他安排与他人共同持有一个上市公司已发行的有表决权股份达到百分之五时，应当在该事实发生之日起三日内，向国务院证券监督管理机构、证券交易所作出书面报告，通知该上市公司，并予公告，在上述期限内不得再行买卖该上市公司的股票，但国务院证券监督管理机构规定的情形除外。

投资者持有或者通过协议、其他安排与他人共同持有一个上市公司已发行的有表决权股份达到百分之五后，其所持该上市公司已发行的有表决权股份比例每增加或者减少百分之五，应当依照前款规定进行报告和公告，在该事实发生之日起至公告后三日内，不得再行买卖该上市公司的股票，但国务院证券监督管理机构规定的情形除外。

投资者持有或者通过协议、其他安排与他人共同持有一个上市公司已发行的有表决权股份达到百分之五后，其所持该上市公司已发行的有表决权股份比例每增加或者减少百分之一，应当在该事实发生的次日通知该上市公司,并予公告。

违反第一款、第二款规定买入上市公司有表决权的股份的,在买入后的三十六个月内,对该超过规定比例部分的股份不得行使表决权。

第六十四条 依照前条规定所作的公告,应当包括下列内容:

(一)持股人的名称、住所;

(二)持有的股票的名称、数额;

(三)持股达到法定比例或者持股增减变化达到法定比例的日期、增持股份的资金来源;

(四)在上市公司中拥有有表决权的股份变动的时间及方式。

第六十五条 通过证券交易所的证券交易,投资者持有或者通过协议、其他安排与他人共同持有一个上市公司已发行的有表决权股份达到百分之三十时,继续进行收购的,应当依法向该上市公司所有股东发出收购上市公司全部或者部分股份的要约。

收购上市公司部分股份的要约应当约定,被收购公司股东承诺出售的股份数额超过预定收购的股份数额的,收购人按比例进行收购。

第六十六条 依照前条规定发出收购要约,收购人必须公告上市公司收购报告书,并载明下列事项:

(一)收购人的名称、住所;

(二)收购人关于收购的决定;

(三)被收购的上市公司名称;

(四)收购目的;

(五)收购股份的详细名称和预定收购的股份数额;

(六)收购期限、收购价格;

(七)收购所需资金额及资金保证;

(八)公告上市公司收购报告书时持有被收购公司股份数占该公司已发行的股份总数的比例。

第六十七条 收购要约约定的收购期限不得少于三十日,并不得超过六十日。

第六十八条 在收购要约确定的承诺期限内,收购人不得撤销其收购要约。收购人需要变更收购要约的,应当及时公告,载明具体变更事项，且不得存在下列情形：

（一）降低收购价格；

（二）减少预定收购股份数额；

（三）缩短收购期限；

（四）国务院证券监督管理机构规定的其他情形。

第六十九条 收购要约提出的各项收购条件，适用于被收购公司的所有股东。

上市公司发行不同种类股份的，收购人可以针对不同种类股份提出不同的收购条件。

第七十条 采取要约收购方式的，收购人在收购期限内，不得卖出被收购公司的股票，也不得采取要约规定以外的形式和超出要约的条件买入被收购公司的股票。

第七十一条 采取协议收购方式的，收购人可以依照法律、行政法规的规定同被收购公司的股东以协议方式进行股份转让。

以协议方式收购上市公司时，达成协议后，收购人必须在三日内将该收购协议向国务院证券监督管理机构及证券交易所作出书面报告，并予公告。

在公告前不得履行收购协议。

第七十二条 采取协议收购方式的，协议双方可以临时委托证券登记结算机构保管协议转让的股票，并将资金存放于指定的银行。

第七十三条 采取协议收购方式的，收购人收购或者通过协议、其他安排与他人共同收购一个上市公司已发行的有表决权股份达到百分之三十时，继续进行收购的，应当依法向该上市公司所有股东发出收购上市公司全部或者部分股份的要约。但是，按照国务院证券监督管理机构的规定免除发出要约的除外。

收购人依照前款规定以要约方式收购上市公司股份，应当遵守本法第六十五条第二款、第六十六条至第七十条的规定。

第七十四条 收购期限届满，被收购公司股权分布不符合证券交易所规定的上市交易要求的，该上市公司的股票应当由证券交易所依法终止上市交易；其余仍持有被收购公司股票的股东，有权向收购人以收购要约的同等条件出售其股票，收购人应当收购。

收购行为完成后,被收购公司不再具备股份有限公司条件的,应当依法变更企业形式。

第七十五条 在上市公司收购中,收购人持有的被收购的上市公司的股票,在收购行为完成后的十八个月内不得转让。

第七十六条 收购行为完成后,收购人与被收购公司合并,并将该公司解散的,被解散公司的原有股票由收购人依法更换。

收购行为完成后,收购人应当在十五日内将收购情况报告国务院证券监督管理机构和证券交易所,并予公告。

第七十七条 国务院证券监督管理机构依照本法制定上市公司收购的具体办法。

上市公司分立或者被其他公司合并,应当向国务院证券监督管理机构报告,并予公告。

第五章 信息披露

第七十八条 发行人及法律、行政法规和国务院证券监督管理机构规定的其他信息披露义务人,应当及时依法履行信息披露义务。

信息披露义务人披露的信息,应当真实、准确、完整,简明清晰,通俗易懂,不得有虚假记载、误导性陈述或者重大遗漏。

证券同时在境内境外公开发行、交易的,其信息披露义务人在境外披露的信息,应当在境内同时披露。

第七十九条 上市公司、公司债券上市交易的公司、股票在国务院批准的其他全国性证券交易场所交易的公司,应当按照国务院证券监督管理机构和证券交易场所规定的内容和格式编制定期报告,并按照以下规定报送和公告:

(一)在每一会计年度结束之日起四个月内,报送并公告年度报告,其中的年度财务会计报告应当经符合本法规定的会计师事务所审计;

(二)在每一会计年度的上半年结束之日起二个月内,报送并公告中期报告。

第八十条 发生可能对上市公司、股票在国务院批准的其他全国性证券交易场所交易的公司的股票交易价格产生较大影响的重大事件,投资者尚未得知时,公司应当立即将有关该重大事件的情况向国务院证券监督管理机构和证券交易场所报送临时报告,并予公告,说明事件的起因、目前的状态和可能产生的法律后果。

前款所称重大事件包括:

(一)公司的经营方针和经营范围的重大变化;

(二)公司的重大投资行为,公司在一年内购买、出售重大资产超过公司资产总额百分之三十,或者公司营业用主要资产的抵押、质押、出售或者报废一次超过该资产的百分之三十;

(三)公司订立重要合同、提供重大担保或者从事关联交易,可能对公司的资产、负债、权益和经营成果产生重要影响;

(四)公司发生重大债务和未能清偿到期重大债务的违约情况;

(五)公司发生重大亏损或者重大损失;

(六)公司生产经营的外部条件发生的重大变化;

(七)公司的董事、三分之一以上监事或者经理发生变动,董事长或者经理无法履行职责;

(八)持有公司百分之五以上股份的股东或者实际控制人持有股份或者控制公司的情况发生较大变化,公司的实际控制人及其控制的其他企业从事与公司相同或者相似业务的情况发生较大变化;

(九)公司分配股利、增资的计划,公司股权结构的重要变化,公司减资、合并、分立、解散及申请破产的决定,或者依法进入破产程序、被责令关闭;

(十)涉及公司的重大诉讼、仲裁,股东大会、董事会决议被依法撤销或者宣告无效;

(十一)公司涉嫌犯罪被依法立案调查,公司的控股股东、实际控制人、董事、监事、高级管理人员涉嫌犯罪被依法采取强制措施;

(十二)国务院证券监督管理机构规定的其他事项。

公司的控股股东或者实际控制人对重大事件的发生、进展产生较大影响的,应当及时将其知悉的有关情况书面告知公司,并配合公司履行信息披露义务。

第八十一条 发生可能对上市交易公司债券的交易价格产生较大影响的重大事件,投资者尚未得知时,公司应当立即将有关该重大事件的情况向国务院证券监督管理机构和证券交易场所报送临时报告,并予公告,说明事件的起因、目前的状态和可能产生的法律后果。

前款所称重大事件包括:

(一)公司股权结构或者生产经营状况发生重大变化;

(二)公司债券信用评级发生变化;

(三)公司重大资产抵押、质押、出售、转让、报废;

(四)公司发生未能清偿到期债务的情况;

(五)公司新增借款或者对外提供担保超过上年末净资产的百分之二十;

(六)公司放弃债权或者财产超过上年末净资产的百分之十;

(七)公司发生超过上年末净资产百分之十的重大损失;

(八)公司分配股利,作出减资、合并、分立、解散及申请破产的决定,或者依法进入破产程序、被责令关闭;

(九)涉及公司的重大诉讼、仲裁;

(十)公司涉嫌犯罪被依法立案调查,公司的控股股东、实际控制人、董事、监事、高级管理人员涉嫌犯罪被依法采取强制措施;

(十一)国务院证券监督管理机构规定的其他事项。

第八十二条　发行人的董事、高级管理人员应当对证券发行文件和定期报告签署书面确认意见。

发行人的监事会应当对董事会编制的证券发行文件和定期报告进行审核并提出书面审核意见。监事应当签署书面确认意见。

发行人的董事、监事和高级管理人员应当保证发行人及时、公平地披露信息,所披露的信息真实、准确、完整。

董事、监事和高级管理人员无法保证证券发行文件和定期报告内容的真实性、准确性、完整性或者有异议的,应当在书面确认意见中发表意见并陈述理由,发行人应当披露。发行人不予披露的,董事、监事和高级管理人员可以直接申请披露。

第八十三条　信息披露义务人披露的信息应当同时向所有投资者披露,不得提前向任何单位和个人泄露。但是,法律、行政法规另有规定的除外。

任何单位和个人不得非法要求信息披露义务人提供依法需要披

露但尚未披露的信息。任何单位和个人提前获知的前述信息,在依法披露前应当保密。

第八十四条　除依法需要披露的信息之外,信息披露义务人可以自愿披露与投资者作出价值判断和投资决策有关的信息,但不得与依法披露的信息相冲突,不得误导投资者。

发行人及其控股股东、实际控制人、董事、监事、高级管理人员等作出公开承诺的,应当披露。不履行承诺给投资者造成损失的,应当依法承担赔偿责任。

第八十五条　信息披露义务人未按照规定披露信息,或者公告的证券发行文件、定期报告、临时报告及其他信息披露资料存在虚假记载、误导性陈述或者重大遗漏,致使投资者在证券交易中遭受损失的,信息披露义务人应当承担赔偿责任;发行人的控股股东、实际控制人、董事、监事、高级管理人员和其他直接责任人员以及保荐人、承销的证券公司及其直接责任人员,应当与发行人承担连带赔偿责任,但是能够证明自己没有过错的除外。

第八十六条　依法披露的信息,应当在证券交易场所的网站和符合国务院证券监督管理机构规定条件的媒体发布,同时将其置备于公司住所、证券交易场所,供社会公众查阅。

第八十七条　国务院证券监督管理机构对信息披露义务人的信息披露行为进行监督管理。

证券交易场所应当对其组织交易的证券的信息披露义务人的信息披露行为进行监督,督促其依法及时、准确地披露信息。

第六章　投资者保护

第八十八条　证券公司向投资者销售证券、提供服务时,应当按照规定充分了解投资者的基本情况、财产状况、金融资产状况、投资知识和经验、专业能力等相关信息;如实说明证券、服务的重要内容,充分揭示投资风险;销售、提供与投资者上述状况相匹配的证券、服务。

投资者在购买证券或者接受服务时,应当按照证券公司明示的要求提供前款所列真实信息。拒绝提供或者未按照要求提供信息的,证券公司应当告知其后果,并按照规定拒绝向其销售证券、提供服务。

证券公司违反第一款规定导致投资者损失的,应当承担相应的赔偿责任。

第八十九条 根据财产状况、金融资产状况、投资知识和经验、专业能力等因素,投资者可以分为普通投资者和专业投资者。专业投资者的标准由国务院证券监督管理机构规定。

普通投资者与证券公司发生纠纷的,证券公司应当证明其行为符合法律、行政法规以及国务院证券监督管理机构的规定,不存在误导、欺诈等情形。证券公司不能证明的,应当承担相应的赔偿责任。

第九十条 上市公司董事会、独立董事、持有百分之一以上有表决权股份的股东或者依照法律、行政法规或者国务院证券监督管理机构的规定设立的投资者保护机构(以下简称投资者保护机构),可以作为征集人,自行或者委托证券公司、证券服务机构,公开请求上市公司股东委托其代为出席股东大会,并代为行使提案权、表决权等股东权利。

依照前款规定征集股东权利的,征集人应当披露征集文件,上市公司应当予以配合。

禁止以有偿或者变相有偿的方式公开征集股东权利。

公开征集股东权利违反法律、行政法规或者国务院证券监督管理机构有关规定,导致上市公司或者其股东遭受损失的,应当依法承担赔偿责任。

第九十一条 上市公司应当在章程中明确分配现金股利的具体安排和决策程序,依法保障股东的资产收益权。

上市公司当年税后利润,在弥补亏损及提取法定公积金后有盈余的,应当按照公司章程的规定分配现金股利。

第九十二条 公开发行公司债券的,应当设立债券持有人会议,并应当在募集说明书中说明债券持有人会议的召集程序、会议规则和其他重要事项。

公开发行公司债券的,发行人应当为债券持有人聘请债券受托管理人,并订立债券受托管理协议。受托管理人应当由本次发行的承销机构或者其他经国务院证券监督管理机构认可的机构担任,债券持有人会议可以决议变更债券受托管理人。债券受托管理人应当勤勉尽责,公正履行受托管理职责,不得损害债券持有人利益。

债券发行人未能按期兑付债券本息的,债券受托管理人可以接受全部或者部分债券持有人的委托,以自己名义代表债券持有人提起、参加民事诉讼或者清算程序。

第九十三条 发行人因欺诈发行、虚假陈述或者其他重大违法行为给投资者造成损失的,发行人的控股股东、实际控制人、相关的证券公司可以委托投资者保护机构,就赔偿事宜与受到损失的投资者达成协议,予以先行赔付。先行赔付后,可以依法向发行人以及其他连带责任人追偿。

第九十四条 投资者与发行人、证券公司等发生纠纷的,双方可以向投资者保护机构申请调解。普通投资者与证券公司发生证券业务纠纷,普通投资者提出调解请求的,证券公司不得拒绝。

投资者保护机构对损害投资者利益的行为,可以依法支持投资者向人民法院提起诉讼。

发行人的董事、监事、高级管理人员执行公司职务时违反法律、行政法规或者公司章程的规定给公司造成损失,发行人的控股股东、实际控制人等侵犯公司合法权益给公司造成损失,投资者保护机构持有该公司股份的,可以为公司的利益以自己的名义向人民法院提起诉讼,持股比例和持股期限不受《中华人民共和国公司法》规定的限制。

第九十五条 投资者提起虚假陈述等证券民事赔偿诉讼时,诉讼标的是同一种类,且当事人一方人数众多的,可以依法推选代表人进行诉讼。

对按照前款规定提起的诉讼,可能存在有相同诉讼请求的其他众多投资者的,人民法院可以发出公告,说明该诉讼请求的案件情况,通知投资者在一定期间向人民法院登记。人民法院作出的判决、裁定,对参加登记的投资者发生效力。

投资者保护机构受五十名以上投资者委托,可以作为代表人参加诉讼,并为经证券登记结算机构确认的权利人依照前款规定向人民法院登记,但投资者明确表示不愿意参加该诉讼的除外。

第七章 证券交易场所

第九十六条 证券交易所、国务院批准的其他全国性证券交易场所为证券集中交易提供场所和设施,组织和监督证券交易,实行自律管理,依法登记,取得法人资格。

证券交易所、国务院批准的其他全国性证券交易场所的设立、变更和解散由国务院决定。

国务院批准的其他全国性证券交易场所的组织机构、管理办法等,由国务院规定。

第九十七条 证券交易所、国务院批准的其他全国性证券交易场所可以根据证券品种、行业特点、公司规模等因素设立不同的市场层次。

第九十八条 按照国务院规定设立的区域性股权市场为非公开发行证券的发行、转让提供场所和设施,具体管理办法由国务院规定。

第九十九条 证券交易所履行自律管理职能,应当遵守社会公共利益优先原则,维护市场的公平、有序、透明。

设立证券交易所必须制定章程。证券交易所章程的制定和修改,必须经国务院证券监督管理机构批准。

第一百条 证券交易所必须在其名称中标明证券交易所字样。其他任何单位或者个人不得使用证券交易所或者近似的名称。

第一百零一条 证券交易所可以自行支配的各项费用收入,应当首先用于保证其证券交易场所和设施的正常运行并逐步改善。

实行会员制的证券交易所的财产积累归会员所有,其权益由会员共同享有,在其存续期间,不得将其财产积累分配给会员。

第一百零二条 实行会员制的证券交易所设理事会、监事会。

证券交易所设总经理一人,由国务院证券监督管理机构任免。

第一百零三条 有《中华人民共和国公司法》第一百四十六条规定的情形或者下列情形之一的,不得担任证券交易所的负责人:

(一)因违法行为或者违纪行为被解除职务的证券交易场所、证券登记结算机构的负责人或者证券公司的董事、监事、高级管理人员,自被解除职务之日起未逾五年;

（二）因违法行为或者违纪行为被吊销执业证书或者被取消资格的律师、注册会计师或者其他证券服务机构的专业人员，自被吊销执业证书或者被取消资格之日起未逾五年。

第一百零四条　因违法行为或者违纪行为被开除的证券交易场所、证券公司、证券登记结算机构、证券服务机构的从业人员和被开除的国家机关工作人员，不得招聘为证券交易所的从业人员。

第一百零五条　进入实行会员制的证券交易所参与集中交易的，必须是证券交易所的会员。证券交易所不得允许非会员直接参与股票的集中交易。

第一百零六条　投资者应当与证券公司签订证券交易委托协议，并在证券公司实名开立账户，以书面、电话、自助终端、网络等方式，委托该证券公司代其买卖证券。

第一百零七条　证券公司为投资者开立账户，应当按照规定对投资者提供的身份信息进行核对。

证券公司不得将投资者的账户提供给他人使用。

投资者应当使用实名开立的账户进行交易。

第一百零八条　证券公司根据投资者的委托，按照证券交易规则提出交易申报，参与证券交易所场内的集中交易，并根据成交结果承担相应的清算交收责任。证券登记结算机构根据成交结果，按照清算交收规则，与证券公司进行证券和资金的清算交收，并为证券公司客户办理证券的登记过户手续。

第一百零九条　证券交易所应当为组织公平的集中交易提供保障，实时公布证券交易即时行情，并按交易日制作证券市场行情表，予以公布。

证券交易即时行情的权益由证券交易所依法享有。未经证券交易所许可，任何单位和个人不得发布证券交易即时行情。

第一百一十条　上市公司可以向证券交易所申请其上市交易股票的停牌或者复牌，但不得滥用停牌或者复牌损害投资者的合法权益。

证券交易所可以按照业务规则的规定，决定上市交易股票的停牌或者复牌。

第一百一十一条 因不可抗力、意外事件、重大技术故障、重大人为差错等突发性事件而影响证券交易正常进行时,为维护证券交易正常秩序和市场公平,证券交易所可以按照业务规则采取技术性停牌、临时停市等处置措施,并应当及时向国务院证券监督管理机构报告。

因前款规定的突发性事件导致证券交易结果出现重大异常,按交易结果进行交收将对证券交易正常秩序和市场公平造成重大影响的,证券交易所按照业务规则可以采取取消交易、通知证券登记结算机构暂缓交收等措施,并应当及时向国务院证券监督管理机构报告并公告。

证券交易所对其依照本条规定采取措施造成的损失,不承担民事赔偿责任,但存在重大过错的除外。

第一百一十二条 证券交易所对证券交易实行实时监控,并按照国务院证券监督管理机构的要求,对异常的交易情况提出报告。

证券交易所根据需要,可以按照业务规则对出现重大异常交易情况的证券账户的投资者限制交易,并及时报告国务院证券监督管理机构。

第一百一十三条 证券交易所应当加强对证券交易的风险监测,出现重大异常波动的,证券交易所可以按照业务规则采取限制交易、强制停牌等处置措施,并向国务院证券监督管理机构报告;严重影响证券市场稳定的,证券交易所可以按照业务规则采取临时停市等处置措施并公告。

证券交易所对其依照本条规定采取措施造成的损失,不承担民事赔偿责任,但存在重大过错的除外。

第一百一十四条 证券交易所应当从其收取的交易费用和会员费、席位费中提取一定比例的金额设立风险基金。风险基金由证券交易所理事会管理。

风险基金提取的具体比例和使用办法,由国务院证券监督管理机构会同国务院财政部门规定。

证券交易所应当将收存的风险基金存入开户银行专门账户,不得擅自使用。

第一百一十五条 证券交易所依照法律、行政法规和国务院证券监督管理机构的规定,制定上市规则、交易规则、会员管理规则和其他有关业务规则,并报国务院证券监督管理机构批准。

在证券交易所从事证券交易,应当遵守证券交易所依法制定的业务规则。违反业务规则的,由证券交易所给予纪律处分或者采取其他自律管理措施。

第一百一十六条 证券交易所的负责人和其他从业人员执行与证券交易有关的职务时,与其本人或者其亲属有利害关系的,应当回避。

第一百一十七条 按照依法制定的交易规则进行的交易,不得改变其交易结果,但本法第一百一十一条第二款规定的除外。对交易中违规交易者应负的民事责任不得免除;在违规交易中所获利益,依照有关规定处理。

第八章 证券公司

第一百一十八条 设立证券公司,应当具备下列条件,并经国务院证券监督管理机构批准:

(一)有符合法律、行政法规规定的公司章程;

(二)主要股东及公司的实际控制人具有良好的财务状况和诚信记录,最近三年无重大违法违规记录;

(三)有符合本法规定的公司注册资本;

(四)董事、监事、高级管理人员、从业人员符合本法规定的条件;

(五)有完善的风险管理与内部控制制度;

(六)有合格的经营场所、业务设施和信息技术系统;

(七)法律、行政法规和经国务院批准的国务院证券监督管理机构规定的其他条件。

未经国务院证券监督管理机构批准,任何单位和个人不得以证券公司名义开展证券业务活动。

第一百一十九条 国务院证券监督管理机构应当自受理证券公司设立申请之日起六个月内,依照法定条件和法定程序并根据审慎监管原则进行审查,作出批准或者不予批准的决定,并通知申请人;不予批准的,应当说明理由。

证券公司设立申请获得批准的,申请人应当在规定的期限内向公司登记机关申请设立登记,领取营业执照。

证券公司应当自领取营业执照之日起十五日内,向国务院证券监督管理机构申请经营证券业务许可证。未取得经营证券业务许可证,证券公司不得经营证券业务。

第一百二十条 经国务院证券监督管理机构核准,取得经营证券业务许可证,证券公司可以经营下列部分或者全部证券业务:

(一)证券经纪;

(二)证券投资咨询;

(三)与证券交易、证券投资活动有关的财务顾问;

(四)证券承销与保荐;

(五)证券融资融券;

(六)证券做市交易;

(七)证券自营;

(八)其他证券业务。

国务院证券监督管理机构应当自受理前款规定事项申请之日起三个月内,依照法定条件和程序进行审查,作出核准或者不予核准的决定,并通知申请人;不予核准的,应当说明理由。

证券公司经营证券资产管理业务的,应当符合《中华人民共和国证券投资基金法》等法律、行政法规的规定。

除证券公司外,任何单位和个人不得从事证券承销、证券保荐、证券经纪和证券融资融券业务。

证券公司从事证券融资融券业务,应当采取措施,严格防范和控制风险,不得违反规定向客户出借资金或者证券。

第一百二十一条 证券公司经营本法第一百二十条第一款第(一)项至第(三)项业务的,注册资本最低限额为人民币五千万元;经营第(四)项至第(八)项业务之一的,注册资本最低限额为人民币一亿元;经营第(四)项至第(八)项业务中两项以上的,注册资本最低限额为人民币五亿元。证券公司的注册资本应当是实缴资本。

国务院证券监督管理机构根据审慎监管原则和各项业务的风险程度,可以调整注册资本最低限额,但不得少于前款规定的限额。

第一百二十二条 证券公司变更证券业务范围，变更主要股东或者公司的实际控制人，合并、分立、停业、解散、破产，应当经国务院证券监督管理机构核准。

第一百二十三条 国务院证券监督管理机构应当对证券公司净资本和其他风险控制指标作出规定。

证券公司除依照规定为其客户提供融资融券外，不得为其股东或者股东的关联人提供融资或者担保。

第一百二十四条 证券公司的董事、监事、高级管理人员，应当正直诚实、品行良好，熟悉证券法律、行政法规，具有履行职责所需的经营管理能力。证券公司任免董事、监事、高级管理人员，应当报国务院证券监督管理机构备案。

有《中华人民共和国公司法》第一百四十六条规定的情形或者下列情形之一的，不得担任证券公司的董事、监事、高级管理人员：

（一）因违法行为或者违纪行为被解除职务的证券交易场所、证券登记结算机构的负责人或者证券公司的董事、监事、高级管理人员，自被解除职务之日起未逾五年；

（二）因违法行为或者违纪行为被吊销执业证书或者被取消资格的律师、注册会计师或者其他证券服务机构的专业人员，自被吊销执业证书或者被取消资格之日起未逾五年。

第一百二十五条 证券公司从事证券业务的人员应当品行良好，具备从事证券业务所需的专业能力。

因违法行为或者违纪行为被开除的证券交易场所、证券公司、证券登记结算机构、证券服务机构的从业人员和被开除的国家机关工作人员，不得招聘为证券公司的从业人员。

国家机关工作人员和法律、行政法规规定的禁止在公司中兼职的其他人员，不得在证券公司中兼任职务。

第一百二十六条 国家设立证券投资者保护基金。证券投资者保护基金由证券公司缴纳的资金及其他依法筹集的资金组成，其规模以及筹集、管理和使用的具体办法由国务院规定。

第一百二十七条 证券公司从每年的业务收入中提取交易风险准备金，用于弥补证券经营的损失，其提取的具体比例由国务院证监督管理机构会同国务院财政部门规定。

第一百二十八条 证券公司应当建立健全内部控制制度,采取有效隔离措施,防范公司与客户之间、不同客户之间的利益冲突。

证券公司必须将其证券经纪业务、证券承销业务、证券自营业务、证券做市业务和证券资产管理业务分开办理,不得混合操作。

第一百二十九条 证券公司的自营业务必须以自己的名义进行,不得假借他人名义或者以个人名义进行。

证券公司的自营业务必须使用自有资金和依法筹集的资金。

证券公司不得将其自营账户借给他人使用。

第一百三十条 证券公司应当依法审慎经营,勤勉尽责,诚实守信。

证券公司的业务活动,应当与其治理结构、内部控制、合规管理、风险管理以及风险控制指标、从业人员构成等情况相适应,符合审慎监管和保护投资者合法权益的要求。

证券公司依法享有自主经营的权利,其合法经营不受干涉。

第一百三十一条 证券公司客户的交易结算资金应当存放在商业银行,以每个客户的名义单独立户管理。

证券公司不得将客户的交易结算资金和证券归入其自有财产。禁止任何单位或者个人以任何形式挪用客户的交易结算资金和证券。证券公司破产或者清算时,客户的交易结算资金和证券不属于其破产财产或者清算财产。非因客户本身的债务或者法律规定的其他情形,不得查封、冻结、扣划或者强制执行客户的交易结算资金和证券。

第一百三十二条 证券公司办理经纪业务,应当置备统一制定的证券买卖委托书,供委托人使用。采取其他委托方式的,必须作出委托记录。

客户的证券买卖委托,不论是否成交,其委托记录应当按照规定的期限,保存于证券公司。

第一百三十三条 证券公司接受证券买卖的委托,应当根据委托书载明的证券名称、买卖数量、出价方式、价格幅度等,按照交易规则代理买卖证券,如实进行交易记录;买卖成交后,应当按照规定制作买卖成交报告单交付客户。

证券交易中确认交易行为及其交易结果的对账单必须真实,保证账面证券余额与实际持有的证券相一致。

第一百三十四条 证券公司办理经纪业务,不得接受客户的全权委托而决定证券买卖、选择证券种类、决定买卖数量或者买卖价格。

证券公司不得允许他人以证券公司的名义直接参与证券的集中交易。

第一百三十五条 证券公司不得对客户证券买卖的收益或者赔偿证券买卖的损失作出承诺。

第一百三十六条 证券公司的从业人员在证券交易活动中,执行所属的证券公司的指令或者利用职务违反交易规则的,由所属的证券公司承担全部责任。

证券公司的从业人员不得私下接受客户委托买卖证券。

第一百三十七条 证券公司应当建立客户信息查询制度,确保客户能够查询其账户信息、委托记录、交易记录以及其他与接受服务或者购买产品有关的重要信息。

证券公司应当妥善保存客户开户资料、委托记录、交易记录和与内部管理、业务经营有关的各项信息,任何人不得隐匿、伪造、篡改或者毁损。上述信息的保存期限不得少于二十年。

第一百三十八条 证券公司应当按照规定向国务院证券监督管理机构报送业务、财务等经营管理信息和资料。国务院证券监督管理机构有权要求证券公司及其主要股东、实际控制人在指定的期限内提供有关信息、资料。

证券公司及其主要股东、实际控制人向国务院证券监督管理机构报送或者提供的信息、资料,必须真实、准确、完整。

第一百三十九条 国务院证券监督管理机构认为有必要时,可以委托会计师事务所、资产评估机构对证券公司的财务状况、内部控制状况、资产价值进行审计或者评估。具体办法由国务院证券监督管理机构会同有关主管部门制定。

第一百四十条 证券公司的治理结构、合规管理、风险控制指标不符合规定的,国务院证券监督管理机构应当责令其限期改正;逾期未改正,或者其行为严重危及该证券公司的稳健运行、损害客户合法

权益的,国务院证券监督管理机构可以区别情形,对其采取下列措施:

(一)限制业务活动,责令暂停部分业务,停止核准新业务;

(二)限制分配红利,限制向董事、监事、高级管理人员支付报酬、提供福利;

(三)限制转让财产或者在财产上设定其他权利;

(四)责令更换董事、监事、高级管理人员或者限制其权利;

(五)撤销有关业务许可;

(六)认定负有责任的董事、监事、高级管理人员为不适当人选;

(七)责令负有责任的股东转让股权,限制负有责任的股东行使股东权利。

证券公司整改后,应当向国务院证券监督管理机构提交报告。国务院证券监督管理机构经验收,治理结构、合规管理、风险控制指标符合规定的,应当自验收完毕之日起三日内解除对其采取的前款规定的有关限制措施。

第一百四十一条 证券公司的股东有虚假出资、抽逃出资行为的,国务院证券监督管理机构应当责令其限期改正,并可责令其转让所持证券公司的股权。

在前款规定的股东按照要求改正违法行为、转让所持证券公司的股权前,国务院证券监督管理机构可以限制其股东权利。

第一百四十二条 证券公司的董事、监事、高级管理人员未能勤勉尽责,致使证券公司存在重大违法违规行为或者重大风险的,国务院证券监督管理机构可以责令证券公司予以更换。

第一百四十三条 证券公司违法经营或者出现重大风险,严重危害证券市场秩序、损害投资者利益的,国务院证券监督管理机构可以对该证券公司采取责令停业整顿、指定其他机构托管、接管或者撤销等监管措施。

第一百四十四条 在证券公司被责令停业整顿、被依法指定托管、接管或者清算期间,或者出现重大风险时,经国务院证券监督管理机构批准,可以对该证券公司直接负责的董事、监事、高级管理人员和其他直接责任人员采取以下措施:

(一)通知出境入境管理机关依法阻止其出境;

(二)申请司法机关禁止其转移、转让或者以其他方式处分财产,或者在财产上设定其他权利。

第九章　证券登记结算机构

第一百四十五条　证券登记结算机构为证券交易提供集中登记、存管与结算服务,不以营利为目的,依法登记,取得法人资格。

设立证券登记结算机构必须经国务院证券监督管理机构批准。

第一百四十六条　设立证券登记结算机构,应当具备下列条件:

(一)自有资金不少于人民币二亿元;

(二)具有证券登记、存管和结算服务所必须的场所和设施;

(三)国务院证券监督管理机构规定的其他条件。

证券登记结算机构的名称中应当标明证券登记结算字样。

第一百四十七条　证券登记结算机构履行下列职能:

(一)证券账户、结算账户的设立;

(二)证券的存管和过户;

(三)证券持有人名册登记;

(四)证券交易的清算和交收;

(五)受发行人的委托派发证券权益;

(六)办理与上述业务有关的查询、信息服务;

(七)国务院证券监督管理机构批准的其他业务。

第一百四十八条　在证券交易所和国务院批准的其他全国性证券交易场所交易的证券的登记结算,应当采取全国集中统一的运营方式。

前款规定以外的证券,其登记、结算可以委托证券登记结算机构或者其他依法从事证券登记、结算业务的机构办理。

第一百四十九条　证券登记结算机构应当依法制定章程和业务规则,并经国务院证券监督管理机构批准。证券登记结算业务参与人应当遵守证券登记结算机构制定的业务规则。

第一百五十条　在证券交易所或者国务院批准的其他全国性证券交易场所交易的证券,应当全部存管在证券登记结算机构。

证券登记结算机构不得挪用客户的证券。

第一百五十一条　证券登记结算机构应当向证券发行人提供证券持有人名册及有关资料。

证券登记结算机构应当根据证券登记结算的结果，确认证券持有人持有证券的事实，提供证券持有人登记资料。

证券登记结算机构应当保证证券持有人名册和登记过户记录真实、准确、完整，不得隐匿、伪造、篡改或者毁损。

第一百五十二条　证券登记结算机构应当采取下列措施保证业务的正常进行：

（一）具有必备的服务设备和完善的数据安全保护措施；

（二）建立完善的业务、财务和安全防范等管理制度；

（三）建立完善的风险管理系统。

第一百五十三条　证券登记结算机构应当妥善保存登记、存管和结算的原始凭证及有关文件和资料。其保存期限不得少于二十年。

第一百五十四条　证券登记结算机构应当设立证券结算风险基金，用于垫付或者弥补因违约交收、技术故障、操作失误、不可抗力造成的证券登记结算机构的损失。

证券结算风险基金从证券登记结算机构的业务收入和收益中提取，并可以由结算参与人按照证券交易业务量的一定比例缴纳。

证券结算风险基金的筹集、管理办法，由国务院证券监督管理机构会同国务院财政部门规定。

第一百五十五条　证券结算风险基金应当存入指定银行的专门账户，实行专项管理。

证券登记结算机构以证券结算风险基金赔偿后，应当向有关责任人追偿。

第一百五十六条　证券登记结算机构申请解散，应当经国务院证券监督管理机构批准。

第一百五十七条　投资者委托证券公司进行证券交易，应当通过证券公司申请在证券登记结算机构开立证券账户。证券登记结算机构应当按照规定为投资者开立证券账户。

投资者申请开立账户，应当持有证明中华人民共和国公民、法人、合伙企业身份的合法证件。国家另有规定的除外。

第一百五十八条 证券登记结算机构作为中央对手方提供证券结算服务的,是结算参与人共同的清算交收对手,进行净额结算,为证券交易提供集中履约保障。

证券登记结算机构为证券交易提供净额结算服务时,应当要求结算参与人按照货银对付的原则,足额交付证券和资金,并提供交收担保。

在交收完成之前,任何人不得动用用于交收的证券、资金和担保物。

结算参与人未按时履行交收义务的,证券登记结算机构有权按照业务规则处理前款所述财产。

第一百五十九条 证券登记结算机构按照业务规则收取的各类结算资金和证券,必须存放于专门的清算交收账户,只能按业务规则用于已成交的证券交易的清算交收,不得被强制执行。

第十章 证券服务机构

第一百六十条 会计师事务所、律师事务所以及从事证券投资咨询、资产评估、资信评级、财务顾问、信息技术系统服务的证券服务机构,应当勤勉尽责、恪尽职守,按照相关业务规则为证券的交易及相关活动提供服务。

从事证券投资咨询服务业务,应当经国务院证券监督管理机构核准;未经核准,不得为证券的交易及相关活动提供服务。从事其他证券服务业务,应当报国务院证券监督管理机构和国务院有关主管部门备案。

第一百六十一条 证券投资咨询机构及其从业人员从事证券服务业务不得有下列行为:

(一)代理委托人从事证券投资;

(二)与委托人约定分享证券投资收益或者分担证券投资损失;

(三)买卖本证券投资咨询机构提供服务的证券;

(四)法律、行政法规禁止的其他行为。

有前款所列行为之一,给投资者造成损失的,应当依法承担赔偿责任。

第一百六十二条 证券服务机构应当妥善保存客户委托文件、核查和验证资料、工作底稿以及与质量控制、内部管理、业务经营有关的信息和资料,任何人不得泄露、隐匿、伪造、篡改或者毁损。上述信息和资料的保存期限不得少于十年,自业务委托结束之日起算。

第一百六十三条 证券服务机构为证券的发行、上市、交易等证券业务活动制作、出具审计报告及其他鉴证报告、资产评估报告、财务顾问报告、资信评级报告或者法律意见书等文件,应当勤勉尽责,对所依据的文件资料内容的真实性、准确性、完整性进行核查和验证。其制作、出具的文件有虚假记载、误导性陈述或者重大遗漏,给他人造成损失的,应当与委托人承担连带赔偿责任,但是能够证明自己没有过错的除外。

第十一章 证券业协会

第一百六十四条 证券业协会是证券业的自律性组织,是社会团体法人。

证券公司应当加入证券业协会。

证券业协会的权力机构为全体会员组成的会员大会。

第一百六十五条 证券业协会章程由会员大会制定,并报国务院证券监督管理机构备案。

第一百六十六条 证券业协会履行下列职责:

(一)教育和组织会员及其从业人员遵守证券法律、行政法规,组织开展证券行业诚信建设,督促证券行业履行社会责任;

(二)依法维护会员的合法权益,向证券监督管理机构反映会员的建议和要求;

(三)督促会员开展投资者教育和保护活动,维护投资者合法权益;

(四)制定和实施证券行业自律规则,监督、检查会员及其从业人员行为,对违反法律、行政法规、自律规则或者协会章程的,按照规定给予纪律处分或者实施其他自律管理措施;

(五)制定证券行业业务规范,组织从业人员的业务培训;

(六)组织会员就证券行业的发展、运作及有关内容进行研究,收

集整理、发布证券相关信息,提供会员服务,组织行业交流,引导行业创新发展;

(七)对会员之间、会员与客户之间发生的证券业务纠纷进行调解;

(八)证券业协会章程规定的其他职责。

第一百六十七条 证券业协会设理事会。理事会成员依章程的规定由选举产生。

第十二章 证券监督管理机构

第一百六十八条 国务院证券监督管理机构依法对证券市场实行监督管理,维护证券市场公开、公平、公正,防范系统性风险,维护投资者合法权益,促进证券市场健康发展。

第一百六十九条 国务院证券监督管理机构在对证券市场实施监督管理中履行下列职责:

(一)依法制定有关证券市场监督管理的规章、规则,并依法进行审批、核准、注册,办理备案;

(二)依法对证券的发行、上市、交易、登记、存管、结算等行为,进行监督管理;

(三)依法对证券发行人、证券公司、证券服务机构、证券交易场所、证券登记结算机构的证券业务活动,进行监督管理;

(四)依法制定从事证券业务人员的行为准则,并监督实施;

(五)依法监督检查证券发行、上市、交易的信息披露;

(六)依法对证券业协会的自律管理活动进行指导和监督;

(七)依法监测并防范、处置证券市场风险;

(八)依法开展投资者教育;

(九)依法对证券违法行为进行查处;

(十)法律、行政法规规定的其他职责。

第一百七十条 国务院证券监督管理机构依法履行职责,有权采取下列措施:

(一)对证券发行人、证券公司、证券服务机构、证券交易场所、证券登记结算机构进行现场检查;

(二)进入涉嫌违法行为发生场所调查取证;

(三)询问当事人和与被调查事件有关的单位和个人,要求其对与被调查事件有关的事项作出说明;或者要求其按照指定的方式报送与被调查事件有关的文件和资料;

(四)查阅、复制与被调查事件有关的财产权登记、通讯记录等文件和资料;

(五)查阅、复制当事人和与被调查事件有关的单位和个人的证券交易记录、登记过户记录、财务会计资料及其他相关文件和资料;对可能被转移、隐匿或者毁损的文件和资料,可以予以封存、扣押;

(六)查询当事人和与被调查事件有关的单位和个人的资金账户、证券账户、银行账户以及其他具有支付、托管、结算等功能的账户信息,可以对有关文件和资料进行复制;对有证据证明已经或者可能转移或者隐匿违法资金、证券等涉案财产或者隐匿、伪造、毁损重要证据的,经国务院证券监督管理机构主要负责人或者其授权的其他负责人批准,可以冻结或者查封,期限为六个月;因特殊原因需要延长的,每次延长期限不得超过三个月,冻结、查封期限最长不得超过二年;

(七)在调查操纵证券市场、内幕交易等重大证券违法行为时,经国务院证券监督管理机构主要负责人或者其授权的其他负责人批准,可以限制被调查的当事人的证券买卖,但限制的期限不得超过三个月;案情复杂的,可以延长三个月;

(八)通知出境入境管理机关依法阻止涉嫌违法人员、涉嫌违法单位的主管人员和其他直接责任人员出境。

为防范证券市场风险,维护市场秩序,国务院证券监督管理机构可以采取责令改正、监管谈话、出具警示函等措施。

第一百七十一条 国务院证券监督管理机构对涉嫌证券违法的单位或者个人进行调查期间,被调查的当事人书面申请,承诺在国务院证券监督管理机构认可的期限内纠正涉嫌违法行为,赔偿有关投资者损失,消除损害或者不良影响的,国务院证券监督管理机构可以决定中止调查。被调查的当事人履行承诺的,国务院证券监督管理机构可以决定终止调查;被调查的当事人未履行承诺或者有国务院规定的其他情形的,应当恢复调查。具体办法由国务院规定。

国务院证券监督管理机构决定中止或者终止调查的,应当按照规定公开相关信息。

第一百七十二条　国务院证券监督管理机构依法履行职责,进行监督检查或者调查,其监督检查、调查的人员不得少于二人,并应当出示合法证件和监督检查、调查通知书或者其他执法文书。监督检查、调查的人员少于二人或者未出示合法证件和监督检查、调查通知书或者其他执法文书的,被检查、调查的单位和个人有权拒绝。

第一百七十三条　国务院证券监督管理机构依法履行职责,被检查、调查的单位和个人应当配合,如实提供有关文件和资料,不得拒绝、阻碍和隐瞒。

第一百七十四条　国务院证券监督管理机构制定的规章、规则和监督管理工作制度应当依法公开。

国务院证券监督管理机构依据调查结果,对证券违法行为作出的处罚决定,应当公开。

第一百七十五条　国务院证券监督管理机构应当与国务院其他金融监督管理机构建立监督管理信息共享机制。

国务院证券监督管理机构依法履行职责,进行监督检查或者调查时,有关部门应当予以配合。

第一百七十六条　对涉嫌证券违法、违规行为,任何单位和个人有权向国务院证券监督管理机构举报。

对涉嫌重大违法、违规行为的实名举报线索经查证属实的,国务院证券监督管理机构按照规定给予举报人奖励。

国务院证券监督管理机构应当对举报人的身份信息保密。

第一百七十七条　国务院证券监督管理机构可以和其他国家或者地区的证券监督管理机构建立监督管理合作机制,实施跨境监督管理。

境外证券监督管理机构不得在中华人民共和国境内直接进行调查取证等活动。未经国务院证券监督管理机构和国务院有关主管部门同意,任何单位和个人不得擅自向境外提供与证券业务活动有关的文件和资料。

第一百七十八条　国务院证券监督管理机构依法履行职责,发现证券违法行为涉嫌犯罪的,应当依法将案件移送司法机关处理;发现公职人员涉嫌职务违法或者职务犯罪的,应当依法移送监察机关处理。

第一百七十九条 国务院证券监督管理机构工作人员必须忠于职守、依法办事、公正廉洁,不得利用职务便利牟取不正当利益,不得泄露所知悉的有关单位和个人的商业秘密。

国务院证券监督管理机构工作人员在任职期间,或者离职后在《中华人民共和国公务员法》规定的期限内,不得到与原工作业务直接相关的企业或者其他营利性组织任职,不得从事与原工作业务直接相关的营利性活动。

第十三章 法律责任

第一百八十条 违反本法第九条的规定,擅自公开或者变相公开发行证券的,责令停止发行,退还所募资金并加算银行同期存款利息,处以非法所募资金金额百分之五以上百分之五十以下的罚款;对擅自公开或者变相公开发行证券设立的公司,由依法履行监督管理职责的机构或者部门会同县级以上地方人民政府予以取缔。对直接负责的主管人员和其他直接责任人员给予警告,并处以五十万元以上五百万元以下的罚款。

第一百八十一条 发行人在其公告的证券发行文件中隐瞒重要事实或者编造重大虚假内容,尚未发行证券的,处以二百万元以上二千万元以下的罚款;已经发行证券的,处以非法所募资金金额百分之十以上一倍以下的罚款。对直接负责的主管人员和其他直接责任人员,处以一百万元以上一千万元以下的罚款。

发行人的控股股东、实际控制人组织、指使从事前款违法行为的,没收违法所得,并处以违法所得百分之十以上一倍以下的罚款;没有违法所得或者违法所得不足二千万元的,处以二百万元以上二千万元以下的罚款。对直接负责的主管人员和其他直接责任人员,处以一百万元以上一千万元以下的罚款。

第一百八十二条 保荐人出具有虚假记载、误导性陈述或者重大遗漏的保荐书,或者不履行其他法定职责的,责令改正,给予警告,没收业务收入,并处以业务收入一倍以上十倍以下的罚款;没有业务收入或者业务收入不足一百万元的,处以一百万元以上一千万元以下的罚款;情节严重的,并处暂停或者撤销保荐业务许可。对直接负责的主管人员和其他直接责任人员给予警告,并处以五十万元以上五百万元以下的罚款。

第一百八十三条 证券公司承销或者销售擅自公开发行或者变相公开发行的证券,责令停止承销或者销售,没收违法所得,并处以违法所得一倍以上十倍以下的罚款;没有违法所得或者违法所得不足一百万元的,处以一百万元以上一千万元以下的罚款;情节严重的,并处暂停或者撤销相关业务许可。给投资者造成损失的,应当与发行人承担连带赔偿责任。对直接负责的主管人员和其他直接责任人员给予警告,并处以五十万元以上五百万元以下的罚款。

第一百八十四条 证券公司承销证券违反本法第二十九条规定的,责令改正,给予警告,没收违法所得,可以并处五十万元以上五百万元以下的罚款;情节严重的,暂停或者撤销相关业务许可。对直接负责的主管人员和其他直接责任人员给予警告,可以并处二十万元以上二百万元以下的罚款;情节严重的,并处以五十万元以上五百万元以下的罚款。

第一百八十五条 发行人违反本法第十四条、第十五条的规定擅自改变公开发行证券所募集资金的用途的,责令改正,处以五十万元以上五百万元以下的罚款;对直接负责的主管人员和其他直接责任人员给予警告,并处以十万元以上一百万元以下的罚款。

发行人的控股股东、实际控制人从事或者组织、指使从事前款违法行为的,给予警告,并处以五十万元以上五百万元以下的罚款;对直接负责的主管人员和其他直接责任人员,处以十万元以上一百万元以下的罚款。

第一百八十六条 违反本法第三十六条的规定,在限制转让期内转让证券,或者转让股票不符合法律、行政法规和国务院证券监督管理机构规定的,责令改正,给予警告,没收违法所得,并处以买卖证券等值以下的罚款。

第一百八十七条 法律、行政法规规定禁止参与股票交易的人员,违反本法第四十条的规定,直接或者以化名、借他人名义持有、买卖股票或者其他具有股权性质的证券的,责令依法处理非法持有的股票、其他具有股权性质的证券,没收违法所得,并处以买卖证券等值以下的罚款;属于国家工作人员的,还应当依法给予处分。

第一百八十八条 证券服务机构及其从业人员,违反本法第四十二条的规定买卖证券的,责令依法处理非法持有的证券,没收违法所得,并处以买卖证券等值以下的罚款。

第一百八十九条 上市公司、股票在国务院批准的其他全国性证券交易场所交易的公司的董事、监事、高级管理人员、持有该公司百分之五以上股份的股东,违反本法第四十四条的规定,买卖该公司股票或者其他具有股权性质的证券的,给予警告,并处以十万元以上一百万元以下的罚款。

第一百九十条 违反本法第四十五条的规定,采取程序化交易影响证券交易所系统安全或者正常交易秩序的,责令改正,并处以五十万元以上五百万元以下的罚款。对直接负责的主管人员和其他直接责任人员给予警告,并处以十万元以上一百万元以下的罚款。

第一百九十一条 证券交易内幕信息的知情人或者非法获取内幕信息的人违反本法第五十三条的规定从事内幕交易的,责令依法处理非法持有的证券,没收违法所得,并处以违法所得一倍以上十倍以下的罚款;没有违法所得或者违法所得不足五十万元的,处以五十万元以上五百万元以下的罚款。单位从事内幕交易的,还应当对直接负责的主管人员和其他直接责任人员给予警告,并处以二十万元以上二百万元以下的罚款。国务院证券监督管理机构工作人员从事内幕交易的,从重处罚。

违反本法第五十四条的规定,利用未公开信息进行交易的,依照前款的规定处罚。

第一百九十二条 违反本法第五十五条的规定,操纵证券市场的,责令依法处理其非法持有的证券,没收违法所得,并处以违法所得一倍以上十倍以下的罚款;没有违法所得或者违法所得不足一百万元的,处以一百万元以上一千万元以下的罚款。单位操纵证券市场的,还应当对直接负责的主管人员和其他直接责任人员给予警告,并处以五十万元以上五百万元以下的罚款。

第一百九十三条 违反本法第五十六条第一款、第三款的规定，编造、传播虚假信息或者误导性信息，扰乱证券市场的，没收违法所得，并处以违法所得一倍以上十倍以下的罚款；没有违法所得或者违法所得不足二十万元的，处以二十万元以上二百万元以下的罚款。

违反本法第五十六条第二款的规定，在证券交易活动中作出虚假陈述或者信息误导的，责令改正，处以二十万元以上二百万元以下的罚款；属于国家工作人员的，还应当依法给予处分。

传播媒介及其从事证券市场信息报道的工作人员违反本法第五十六条第三款的规定，从事与其工作职责发生利益冲突的证券买卖的，没收违法所得，并处以买卖证券等值以下的罚款。

第一百九十四条 证券公司及其从业人员违反本法第五十七条的规定，有损害客户利益的行为的，给予警告，没收违法所得，并处以违法所得一倍以上十倍以下的罚款；没有违法所得或者违法所得不足十万元的，处以十万元以上一百万元以下的罚款；情节严重的，暂停或者撤销相关业务许可。

第一百九十五条 违反本法第五十八条的规定，出借自己的证券账户或者借用他人的证券账户从事证券交易的，责令改正，给予警告，可以处五十万元以下的罚款。

第一百九十六条 收购人未按照本法规定履行上市公司收购的公告、发出收购要约义务的，责令改正，给予警告，并处以五十万元以上五百万元以下的罚款。对直接负责的主管人员和其他直接责任人员给予警告，并处以二十万元以上二百万元以下的罚款。

收购人及其控股股东、实际控制人利用上市公司收购，给被收购公司及其股东造成损失的，应当依法承担赔偿责任。

第一百九十七条 信息披露义务人未按照本法规定报送有关报告或者履行信息披露义务的，责令改正，给予警告，并处以五十万元以上五百万元以下的罚款；对直接负责的主管人员和其他直接责任人员给予警告，并处以二十万元以上二百万元以下的罚款。发行人的控股股东、实际控制人组织、指使从事上述违法行为，或者隐瞒相关事项导致发生上述情形的，处以五十万元以上五百万元以下的罚款；对直接负责的主管人员和其他直接责任人员,处以二十万元以上二百万元以下的罚款。

信息披露义务人报送的报告或者披露的信息有虚假记载、误导性陈述或者重大遗漏的,责令改正,给予警告,并处以一百万元以上一千万元以下的罚款;对直接负责的主管人员和其他直接责任人员给予警告,并处以五十万元以上五百万元以下的罚款。发行人的控股股东、实际控制人组织、指使从事上述违法行为,或者隐瞒相关事项导致发生上述情形的,处以一百万元以上一千万元以下的罚款;对直接负责的主管人员和其他直接责任人员,处以五十万元以上五百万元以下的罚款。

第一百九十八条 证券公司违反本法第八十八条的规定未履行或者未按照规定履行投资者适当性管理义务的,责令改正,给予警告,并处以十万元以上一百万元以下的罚款。对直接负责的主管人员和其他直接责任人员给予警告,并处以二十万元以下的罚款。

第一百九十九条 违反本法第九十条的规定征集股东权利的,责令改正,给予警告,可以处五十万元以下的罚款。

第二百条 非法开设证券交易场所的,由县级以上人民政府予以取缔,没收违法所得,并处以违法所得一倍以上十倍以下的罚款;没有违法所得或者违法所得不足一百万元的,处以一百万元以上一千万元以下的罚款。对直接负责的主管人员和其他直接责任人员给予警告,并处以二十万元以上二百万元以下的罚款。

证券交易所违反本法第一百零五条的规定,允许非会员直接参与股票的集中交易的,责令改正,可以并处五十万元以下的罚款。

第二百零一条 证券公司违反本法第一百零七条第一款的规定,未对投资者开立账户提供的身份信息进行核对的,责令改正,给予警告,并处以五万元以上五十万元以下的罚款。对直接负责的主管人员和其他直接责任人员给予警告,并处以十万元以下的罚款。

证券公司违反本法第一百零七条第二款的规定,将投资者的账户提供给他人使用的,责令改正,给予警告,并处以十万元以上一百万元以下的罚款。对直接负责的主管人员和其他直接责任人员给予警告,并处以二十万元以下的罚款。

第二百零二条 违反本法第一百一十八条、第一百二十条第一款、第四款的规定,擅自设立证券公司、非法经营证券业务或者未经批准以证券公司名义开展证券业务活动的,责令改正,没收违法所得,并处以违法所得一倍以上十倍以下的罚款;没有违法所得或者违法所得不足一百万元的,处以一百万元以上一千万元以下的罚款。对直接负责的主管人员和其他直接责任人员给予警告,并处以二十万元以上二百万元以下的罚款。对擅自设立的证券公司,由国务院证券监督管理机构予以取缔。

证券公司违反本法第一百二十条第五款规定提供证券融资融券服务的,没收违法所得,并处以融资融券等值以下的罚款;情节严重的,禁止其在一定期限内从事证券融资融券业务。对直接负责的主管人员和其他直接责任人员给予警告,并处以二十万元以上二百万元以下的罚款。

第二百零三条 提交虚假证明文件或者采取其他欺诈手段骗取证券公司设立许可、业务许可或者重大事项变更核准的,撤销相关许可,并处以一百万元以上一千万元以下的罚款。对直接负责的主管人员和其他直接责任人员给予警告,并处以二十万元以上二百万元以下的罚款。

第二百零四条 证券公司违反本法第一百二十二条的规定,未经核准变更证券业务范围,变更主要股东或者公司的实际控制人,合并、分立、停业、解散、破产的,责令改正,给予警告,没收违法所得,并处以违法所得一倍以上十倍以下的罚款;没有违法所得或者违法所得不足五十万元的,处以五十万元以上五百万元以下的罚款;情节严重的,并处撤销相关业务许可。对直接负责的主管人员和其他直接责任人员给予警告,并处以二十万元以上二百万元以下的罚款。

第二百零五条 证券公司违反本法第一百二十三条第二款的规定,为其股东或者股东的关联人提供融资或者担保的,责令改正,给予警告,并处以五十万元以上五百万元以下的罚款。对直接负责的主管人员和其他直接责任人员给予警告,并处以十万元以上一百万元以下的罚款。股东有过错的,在按照要求改正前,国务院证券监督管理机构可以限制其股东权利;拒不改正的,可以责令其转让所持证券公司股权。

第二百零六条 证券公司违反本法第一百二十八条的规定,未采取有效隔离措施防范利益冲突,或者未分开办理相关业务、混合操作的,责令改正,给予警告,没收违法所得,并处以违法所得一倍以上十倍以下的罚款;没有违法所得或者违法所得不足五十万元的,处以五十万元以上五百万元以下的罚款;情节严重的,并处撤销相关业务许可。对直接负责的主管人员和其他直接责任人员给予警告,并处以二十万元以上二百万元以下的罚款。

第二百零七条 证券公司违反本法第一百二十九条的规定从事证券自营业务的,责令改正,给予警告,没收违法所得,并处以违法所得一倍以上十倍以下的罚款;没有违法所得或者违法所得不足五十万元的,处以五十万元以上五百万元以下的罚款;情节严重的,并处撤销相关业务许可或者责令关闭。对直接负责的主管人员和其他直接责任人员给予警告,并处以二十万元以上二百万元以下的罚款。

第二百零八条 违反本法第一百三十一条的规定,将客户的资金和证券归入自有财产,或者挪用客户的资金和证券的,责令改正,给予警告,没收违法所得,并处以违法所得一倍以上十倍以下的罚款;没有违法所得或者违法所得不足一百万元的,处以一百万元以上一千万元以下的罚款;情节严重的,并处撤销相关业务许可或者责令关闭。对直接负责的主管人员和其他直接责任人员给予警告,并处以五十万元以上五百万元以下的罚款。

第二百零九条 证券公司违反本法第一百三十四条第一款的规定接受客户的全权委托买卖证券的,或者违反本法第一百三十五条的规定对客户的收益或者赔偿客户的损失作出承诺的,责令改正,给予警告,没收违法所得,并处以违法所得一倍以上十倍以下的罚款;没有违法所得或者违法所得不足五十万元的,处以五十万元以上五百万元以下的罚款;情节严重的,并处撤销相关业务许可。对直接负责的主管人员和其他直接责任人员给予警告,并处以二十万元以上二百万元以下的罚款。

证券公司违反本法第一百三十四条第二款的规定,允许他人以证券公司的名义直接参与证券的集中交易的,责令改正,可以并处五十万元以下的罚款。

第二百一十条 证券公司的从业人员违反本法第一百三十六条的规定,私下接受客户委托买卖证券的,责令改正,给予警告,没收违法所得,并处以违法所得一倍以上十倍以下的罚款;没有违法所得的,处以五十万元以下的罚款。

第二百一十一条 证券公司及其主要股东、实际控制人违反本法第一百三十八条的规定,未报送、提供信息和资料,或者报送、提供的信息和资料有虚假记载、误导性陈述或者重大遗漏,责令改正,给予警告,并处以一百万元以下的罚款;情节严重的,并处撤销相关业务许可。对直接负责的主管人员和其他直接责任人员,给予警告,并处以五十万元以下的罚款。

第二百一十二条 违反本法第一百四十五条的规定,擅自设立证券登记结算机构的,由国务院证券监督管理机构予以取缔,没收违法所得,并处以违法所得一倍以上十倍以下的罚款;没有违法所得或者违法所得不足五十万元的,处以五十万元以上五百万元以下的罚款。对直接负责的主管人员和其他直接责任人员给予警告,并处以二十万元以上二百万元以下的罚款。

第二百一十三条 证券投资咨询机构违反本法第一百六十条第二款的规定擅自从事证券服务业务,或者从事证券服务业务有本法第一百六十一条规定行为的,责令改正,没收违法所得,并处以违法所得一倍以上十倍以下的罚款;没有违法所得或者违法所得不足五十万元的,处以五十万元以上五百万元以下的罚款。对直接负责的主管人员和其他直接责任人员,给予警告,并处以二十万元以上二百万元以下的罚款。

会计师事务所、律师事务所以及从事资产评估、资信评级、财务顾问、信息技术系统服务的机构违反本法第一百六十条第二款的规定,从事证券服务业务未报备案的,责令改正,可以处二十万元以下的罚款。

证券服务机构违反本法第一百六十三条的规定,未勤勉尽责,所制作、出具的文件有虚假记载、误导性陈述或者重大遗漏,责令改正,没收业务收入,并处以业务收入一倍以上十倍以下的罚款,没有业务收入或者业务收入不足五十万元的,处以五十万元以上五百万元以下的罚款;情节严重的,并处暂停或者禁止从事证券服务业务。对直接负责的主管人员和其他直接责任人员给予警告,并处以二十万元以上二百万元以下的罚款。

第二百一十四条　发行人、证券登记结算机构、证券公司、证券服务机构未按照规定保存有关文件和资料的,责令改正,给予警告,并处以十万元以上一百万元以下的罚款;泄露、隐匿、伪造、篡改或者毁损有关文件和资料的,给予警告,并处以二十万元以上二百万元以下的罚款;情节严重的,处以五十万元以上五百万元以下的罚款,并处暂停、撤销相关业务许可或者禁止从事相关业务。对直接负责的主管人员和其他直接责任人员给予警告,并处以十万元以上一百万元以下的罚款。

第二百一十五条　国务院证券监督管理机构依法将有关市场主体遵守本法的情况纳入证券市场诚信档案。

第二百一十六条　国务院证券监督管理机构或者国务院授权的部门有下列情形之一的,对直接负责的主管人员和其他直接责任人员,依法给予处分:

(一)对不符合本法规定的发行证券、设立证券公司等申请予以核准、注册、批准的;

(二)违反本法规定采取现场检查、调查取证、查询、冻结或者查封等措施的;

(三)违反本法规定对有关机构和人员采取监督管理措施的;

(四)违反本法规定对有关机构和人员实施行政处罚的;

(五)其他不依法履行职责的行为。

第二百一十七条　国务院证券监督管理机构或者国务院授权的部门的工作人员,不履行本法规定的职责,滥用职权、玩忽职守,利用职务便利牟取不正当利益,或者泄露所知悉的有关单位和个人的商业秘密的,依法追究法律责任。

第二百一十八条　拒绝、阻碍证券监督管理机构及其工作人员依法行使监督检查、调查职权,由证券监督管理机构责令改正,处以十万元以上一百万元以下的罚款,并由公安机关依法给予治安管理处罚。

第二百一十九条　违反本法规定,构成犯罪的,依法追究刑事责任。

第二百二十条　违反本法规定,应当承担民事赔偿责任和缴纳罚款、罚金、违法所得,违法行为人的财产不足以支付的,优先用于承担民事赔偿责任。

第二百二十一条　违反法律、行政法规或者国务院证券监督管理机构的有关规定,情节严重的,国务院证券监督管理机构可以对有关责任人员采取证券市场禁入的措施。

前款所称证券市场禁入,是指在一定期限内直至终身不得从事证券业务、证券服务业务,不得担任证券发行人的董事、监事、高级管理人员,或者一定期限内不得在证券交易所、国务院批准的其他全国性证券交易场所交易证券的制度。

第二百二十二条　依照本法收缴的罚款和没收的违法所得,全部上缴国库。

第二百二十三条　当事人对证券监督管理机构或者国务院授权的部门的处罚决定不服的,可以依法申请行政复议,或者依法直接向人民法院提起诉讼。

第十四章　附　　则

第二百二十四条　境内企业直接或者间接到境外发行证券或者将其证券在境外上市交易,应当符合国务院的有关规定。

第二百二十五条　境内公司股票以外币认购和交易的,具体办法由国务院另行规定。

第二百二十六条　本法自2020年3月1日起施行。

中华人民共和国商标法

（1982年8月23日第五届全国人民代表大会常务委员会第二十四次会议通过　根据1993年2月22日第七届全国人民代表大会常务委员会第三十次会议《关于修改〈中华人民共和国商标法〉的决定》第一次修正　根据2001年10月27日第九届全国人民代表大会常务委员会第二十四次会议《关于修改〈中华人民共和国商标法〉的决定》第二次修正　根据2013年8月30日第十二届全国人民代表大会常务委员会第四次会议《关于修改〈中华人民共和国商标法〉的决定》第三次修正　根据2019年4月23日第十三届全国人民代表大会常务委员会第十次会议《关于修改〈中华人民共和国建筑法〉等八部法律的决定》第四次修正）

目　录

第一章　总　则
第二章　商标注册的申请
第三章　商标注册的审查和核准
第四章　注册商标的续展、变更、转让和使用许可
第五章　注册商标的无效宣告
第六章　商标使用的管理
第七章　注册商标专用权的保护
第八章　附　则

第一章　总　则

第一条　为了加强商标管理，保护商标专用权，促使生产、经营者保证商品和服务质量，维护商标信誉，以保障消费者和生产、经营者的利益，促进社会主义市场经济的发展，特制定本法。

第二条 国务院工商行政管理部门商标局主管全国商标注册和管理的工作。

国务院工商行政管理部门设立商标评审委员会,负责处理商标争议事宜。

第三条 经商标局核准注册的商标为注册商标,包括商品商标、服务商标和集体商标、证明商标;商标注册人享有商标专用权,受法律保护。

本法所称集体商标,是指以团体、协会或者其他组织名义注册,供该组织成员在商事活动中使用,以表明使用者在该组织中的成员资格的标志。

本法所称证明商标,是指由对某种商品或者服务具有监督能力的组织所控制,而由该组织以外的单位或者个人使用于其商品或者服务,用以证明该商品或者服务的原产地、原料、制造方法、质量或者其他特定品质的标志。

集体商标、证明商标注册和管理的特殊事项,由国务院工商行政管理部门规定。

第四条 自然人、法人或者其他组织在生产经营活动中,对其商品或者服务需要取得商标专用权的,应当向商标局申请商标注册。不以使用为目的的恶意商标注册申请,应当予以驳回。

本法有关商品商标的规定,适用于服务商标。

第五条 两个以上的自然人、法人或者其他组织可以共同向商标局申请注册同一商标,共同享有和行使该商标专用权。

第六条 法律、行政法规规定必须使用注册商标的商品,必须申请商标注册,未经核准注册的,不得在市场销售。

第七条 申请注册和使用商标,应当遵循诚实信用原则。

商标使用人应当对其使用商标的商品质量负责。各级工商行政管理部门应当通过商标管理,制止欺骗消费者的行为。

第八条 任何能够将自然人、法人或者其他组织的商品与他人的商品区别开的标志,包括文字、图形、字母、数字、三维标志、颜色组合和声音等,以及上述要素的组合,均可以作为商标申请注册。

第九条 申请注册的商标,应当有显著特征,便于识别,并不得与他人在先取得的合法权利相冲突。

商标注册人有权标明"注册商标"或者注册标记。

第十条 下列标志不得作为商标使用：

（一）同中华人民共和国的国家名称、国旗、国徽、国歌、军旗、军徽、军歌、勋章等相同或者近似的，以及同中央国家机关的名称、标志、所在地特定地点的名称或者标志性建筑物的名称、图形相同的；

（二）同外国的国家名称、国旗、国徽、军旗等相同或者近似的，但经该国政府同意的除外；

（三）同政府间国际组织的名称、旗帜、徽记等相同或者近似的，但经该组织同意或者不易误导公众的除外；

（四）与表明实施控制、予以保证的官方标志、检验印记相同或者近似的，但经授权的除外；

（五）同"红十字"、"红新月"的名称、标志相同或者近似的；

（六）带有民族歧视性的；

（七）带有欺骗性，容易使公众对商品的质量等特点或者产地产生误认的；

（八）有害于社会主义道德风尚或者有其他不良影响的。

县级以上行政区划的地名或者公众知晓的外国地名，不得作为商标。但是，地名具有其他含义或者作为集体商标、证明商标组成部分的除外；已经注册的使用地名的商标继续有效。

第十一条 下列标志不得作为商标注册：

（一）仅有本商品的通用名称、图形、型号的；

（二）仅直接表示商品的质量、主要原料、功能、用途、重量、数量及其他特点的；

（三）其他缺乏显著特征的。

前款所列标志经过使用取得显著特征，并便于识别的，可以作为商标注册。

第十二条 以三维标志申请注册商标的，仅由商品自身的性质产生的形状、为获得技术效果而需有的商品形状或者使商品具有实质性价值的形状，不得注册。

第十三条 为相关公众所熟知的商标，持有人认为其权利受到侵害时,可以依照本法规定请求驰名商标保护。

就相同或者类似商品申请注册的商标是复制、摹仿或者翻译他人未在中国注册的驰名商标,容易导致混淆的,不予注册并禁止使用。

就不相同或者不相类似商品申请注册的商标是复制、摹仿或者翻译他人已经在中国注册的驰名商标,误导公众,致使该驰名商标注册人的利益可能受到损害的,不予注册并禁止使用。

第十四条 驰名商标应当根据当事人的请求,作为处理涉及商标案件需要认定的事实进行认定。认定驰名商标应当考虑下列因素:

(一)相关公众对该商标的知晓程度;

(二)该商标使用的持续时间;

(三)该商标的任何宣传工作的持续时间、程度和地理范围;

(四)该商标作为驰名商标受保护的记录;

(五)该商标驰名的其他因素。

在商标注册审查、工商行政管理部门查处商标违法案件过程中,当事人依照本法第十三条规定主张权利的,商标局根据审查、处理案件的需要,可以对商标驰名情况作出认定。

在商标争议处理过程中,当事人依照本法第十三条规定主张权利的,商标评审委员会根据处理案件的需要,可以对商标驰名情况作出认定。

在商标民事、行政案件审理过程中,当事人依照本法第十三条规定主张权利的,最高人民法院指定的人民法院根据审理案件的需要,可以对商标驰名情况作出认定。

生产、经营者不得将"驰名商标"字样用于商品、商品包装或者容器上,或者用于广告宣传、展览以及其他商业活动中。

第十五条 未经授权,代理人或者代表人以自己的名义将被代理人或者被代表人的商标进行注册,被代理人或者被代表人提出异议的,不予注册并禁止使用。

就同一种商品或者类似商品申请注册的商标与他人在先使用的未注册商标相同或者近似,申请人与该他人具有前款规定以外的合同、业务往来关系或者其他关系而明知该他人商标存在,该他人提出异议的,不予注册。

第十六条 商标中有商品的地理标志,而该商品并非来源于该标志所标示的地区,误导公众的,不予注册并禁止使用;但是,已经善意取得注册的继续有效。

前款所称地理标志,是指标示某商品来源于某地区,该商品的特定质量、信誉或者其他特征,主要由该地区的自然因素或者人文因素所决定的标志。

第十七条 外国人或者外国企业在中国申请商标注册的,应当按其所属国和中华人民共和国签订的协议或者共同参加的国际条约办理,或者按对等原则办理。

第十八条 申请商标注册或者办理其他商标事宜,可以自行办理,也可以委托依法设立的商标代理机构办理。

外国人或者外国企业在中国申请商标注册和办理其他商标事宜的,应当委托依法设立的商标代理机构办理。

第十九条 商标代理机构应当遵循诚实信用原则,遵守法律、行政法规,按照被代理人的委托办理商标注册申请或者其他商标事宜;对在代理过程中知悉的被代理人的商业秘密,负有保密义务。

委托人申请注册的商标可能存在本法规定不得注册情形的,商标代理机构应当明确告知委托人。

商标代理机构知道或者应当知道委托人申请注册的商标属于本法第四条、第十五条和第三十二条规定情形的,不得接受其委托。

商标代理机构除对其代理服务申请商标注册外,不得申请注册其他商标。

第二十条 商标代理行业组织应当按照章程规定,严格执行吸纳会员的条件,对违反行业自律规范的会员实行惩戒。商标代理行业组织对其吸纳的会员和对会员的惩戒情况,应当及时向社会公布。

第二十一条 商标国际注册遵循中华人民共和国缔结或者参加的有关国际条约确立的制度,具体办法由国务院规定。

第二章　商标注册的申请

第二十二条 商标注册申请人应当按规定的商品分类表填报使用商标的商品类别和商品名称,提出注册申请。

商标注册申请人可以通过一份申请就多个类别的商品申请注册同一商标。

商标注册申请等有关文件，可以以书面方式或者数据电文方式提出。

第二十三条 注册商标需要在核定使用范围之外的商品上取得商标专用权的，应当另行提出注册申请。

第二十四条 注册商标需要改变其标志的，应当重新提出注册申请。

第二十五条 商标注册申请人自其商标在外国第一次提出商标注册申请之日起六个月内，又在中国就相同商品以同一商标提出商标注册申请的，依照该外国同中国签订的协议或者共同参加的国际条约，或者按照相互承认优先权的原则，可以享有优先权。

依照前款要求优先权的，应当在提出商标注册申请的时候提出书面声明，并且在三个月内提交第一次提出的商标注册申请文件的副本；未提出书面声明或者逾期未提交商标注册申请文件副本的，视为未要求优先权。

第二十六条 商标在中国政府主办的或者承认的国际展览会展出的商品上首次使用的，自该商品展出之日起六个月内，该商标的注册申请人可以享有优先权。

依照前款要求优先权的，应当在提出商标注册申请的时候提出书面声明，并且在三个月内提交展出其商品的展览会名称、在展出商品上使用该商标的证据、展出日期等证明文件；未提出书面声明或者逾期未提交证明文件的，视为未要求优先权。

第二十七条 为申请商标注册所申报的事项和所提供的材料应当真实、准确、完整。

第三章　商标注册的审查和核准

第二十八条 对申请注册的商标，商标局应当自收到商标注册申请文件之日起九个月内审查完毕，符合本法有关规定的，予以初步审定公告。

第二十九条 在审查过程中，商标局认为商标注册申请内容需要说明或者修正的,可以要求申请人做出说明或者修正。申请人未做出说明或者修正的,不影响商标局做出审查决定。

第三十条　申请注册的商标,凡不符合本法有关规定或者同他人在同一种商品或者类似商品上已经注册的或者初步审定的商标相同或者近似的,由商标局驳回申请,不予公告。

第三十一条　两个或者两个以上的商标注册申请人,在同一种商品或者类似商品上,以相同或者近似的商标申请注册的,初步审定并公告申请在先的商标;同一天申请的,初步审定并公告使用在先的商标,驳回其他人的申请,不予公告。

第三十二条　申请商标注册不得损害他人现有的在先权利,也不得以不正当手段抢先注册他人已经使用并有一定影响的商标。

第三十三条　对初步审定公告的商标,自公告之日起三个月内,在先权利人、利害关系人认为违反本法第十三条第二款和第三款、第十五条、第十六条第一款、第三十条、第三十一条、第三十二条规定的,或者任何人认为违反本法第四条、第十条、第十一条、第十二条、第十九条第四款规定的,可以向商标局提出异议。公告期满无异议的,予以核准注册,发给商标注册证,并予公告。

第三十四条　对驳回申请、不予公告的商标,商标局应当书面通知商标注册申请人。商标注册申请人不服的,可以自收到通知之日起十五日内向商标评审委员会申请复审。商标评审委员会应当自收到申请之日起九个月内做出决定,并书面通知申请人。有特殊情况需要延长的,经国务院工商行政管理部门批准,可以延长三个月。当事人对商标评审委员会的决定不服的,可以自收到通知之日起三十日内向人民法院起诉。

第三十五条　对初步审定公告的商标提出异议的,商标局应当听取异议人和被异议人陈述事实和理由,经调查核实后,自公告期满之日起十二个月内做出是否准予注册的决定,并书面通知异议人和被异议人。有特殊情况需要延长的,经国务院工商行政管理部门批准,可以延长六个月。

商标局做出准予注册决定的,发给商标注册证,并予公告。异议人不服的,可以依照本法第四十四条、第四十五条的规定向商标评审委员会请求宣告该注册商标无效。

商标局做出不予注册决定,被异议人不服的,可以自收到通知之日起十五日内向商标评审委员会申请复审。商标评审委员会应当自收到申请之日起十二个月内做出复审决定,并书面通知异议人和被异议人。有特殊情况需要延长的,经国务院工商行政管理部门批准,可以延长六个月。被异议人对商标评审委员会的决定不服的,可以自收到通知之日起三十日内向人民法院起诉。人民法院应当通知异议人作为第三人参加诉讼。

商标评审委员会在依照前款规定进行复审的过程中,所涉及的在先权利的确定必须以人民法院正在审理或者行政机关正在处理的另一案件的结果为依据的,可以中止审查。中止原因消除后,应当恢复审查程序。

第三十六条 法定期限届满,当事人对商标局做出的驳回申请决定、不予注册决定不申请复审或者对商标评审委员会做出的复审决定不向人民法院起诉的,驳回申请决定、不予注册决定或者复审决定生效。

经审查异议不成立而准予注册的商标,商标注册申请人取得商标专用权的时间自初步审定公告三个月期满之日起计算。自该商标公告期满之日起至准予注册决定做出前,对他人在同一种或者类似商品上使用与该商标相同或者近似的标志的行为不具有追溯力;但是,因该使用人的恶意给商标注册人造成的损失,应当给予赔偿。

第三十七条 对商标注册申请和商标复审申请应当及时进行审查。

第三十八条 商标注册申请人或者注册人发现商标申请文件或者注册文件有明显错误的,可以申请更正。商标局依法在其职权范围内作出更正,并通知当事人。

前款所称更正错误不涉及商标申请文件或者注册文件的实质性内容。

第四章 注册商标的续展、变更、转让和使用许可

第三十九条 注册商标的有效期为十年,自核准注册之日起

计算。

第四十条 注册商标有效期满,需要继续使用的,商标注册人应当在期满前十二个月内按照规定办理续展手续;在此期间未能办理的,可以给予六个月的宽展期。每次续展注册的有效期为十年,自该商标上一届有效期满次日起计算。期满未办理续展手续的,注销其注册商标。

商标局应当对续展注册的商标予以公告。

第四十一条 注册商标需要变更注册人的名义、地址或者其他注册事项的,应当提出变更申请。

第四十二条 转让注册商标的,转让人和受让人应当签订转让协议,并共同向商标局提出申请。受让人应当保证使用该注册商标的商品质量。

转让注册商标的,商标注册人对其在同一种商品上注册的近似的商标,或者在类似商品上注册的相同或者近似的商标,应当一并转让。

对容易导致混淆或者有其他不良影响的转让,商标局不予核准,书面通知申请人并说明理由。

转让注册商标经核准后,予以公告。受让人自公告之日起享有商标专用权。

第四十三条 商标注册人可以通过签订商标使用许可合同,许可他人使用其注册商标。许可人应当监督被许可人使用其注册商标的商品质量。被许可人应当保证使用该注册商标的商品质量。

经许可使用他人注册商标的,必须在使用该注册商标的商品上标明被许可人的名称和商品产地。

许可他人使用其注册商标的,许可人应当将其商标使用许可报商标局备案,由商标局公告。商标使用许可未经备案不得对抗善意第三人。

第五章 注册商标的无效宣告

第四十四条 已经注册的商标,违反本法第四条、第十条、第十一条、第十二条、第十九条第四款规定的,或者是以欺骗手段或者其他不正当手段取得注册的,由商标局宣告该注册商标无效;其他单位或者个人可以请求商标评审委员会宣告该注册商标无效。

商标局做出宣告注册商标无效的决定，应当书面通知当事人。当事人对商标局的决定不服的，可以自收到通知之日起十五日内向商标评审委员会申请复审。商标评审委员会应当自收到申请之日起九个月内做出决定，并书面通知当事人。有特殊情况需要延长的，经国务院工商行政管理部门批准，可以延长三个月。当事人对商标评审委员会的决定不服的，可以自收到通知之日起三十日内向人民法院起诉。

其他单位或者个人请求商标评审委员会宣告注册商标无效的，商标评审委员会收到申请后，应当书面通知有关当事人，并限期提出答辩。商标评审委员会应当自收到申请之日起九个月内做出维持注册商标或者宣告注册商标无效的裁定，并书面通知当事人。有特殊情况需要延长的，经国务院工商行政管理部门批准，可以延长三个月。当事人对商标评审委员会的裁定不服的，可以自收到通知之日起三十日内向人民法院起诉。人民法院应当通知商标裁定程序的对方当事人作为第三人参加诉讼。

第四十五条 已经注册的商标，违反本法第十三条第二款和第三款、第十五条、第十六条第一款、第三十条、第三十一条、第三十二条规定的，自商标注册之日起五年内，在先权利人或者利害关系人可以请求商标评审委员会宣告该注册商标无效。对恶意注册的，驰名商标所有人不受五年的时间限制。

商标评审委员会收到宣告注册商标无效的申请后，应当书面通知有关当事人，并限期提出答辩。商标评审委员会应当自收到申请之日起十二个月内做出维持注册商标或者宣告注册商标无效的裁定，并书面通知当事人。有特殊情况需要延长的，经国务院工商行政管理部门批准，可以延长六个月。当事人对商标评审委员会的裁定不服的，可以自收到通知之日起三十日内向人民法院起诉。人民法院应当通知商标裁定程序的对方当事人作为第三人参加诉讼。

商标评审委员会在依照前款规定对无效宣告请求进行审查的过程中，所涉及的在先权利的确定必须以人民法院正在审理或者行政机关正在处理的另一案件的结果为依据的，可以中止审查。中止原因消除后，应当恢复审查程序。

第四十六条 法定期限届满,当事人对商标局宣告注册商标无效的决定不申请复审或者对商标评审委员会的复审决定、维持注册商标或者宣告注册商标无效的裁定不向人民法院起诉的,商标局的决定或者商标评审委员会的复审决定、裁定生效。

第四十七条 依照本法第四十四条、第四十五条的规定宣告无效的注册商标,由商标局予以公告,该注册商标专用权视为自始即不存在。

宣告注册商标无效的决定或者裁定,对宣告无效前人民法院做出并已执行的商标侵权案件的判决、裁定、调解书和工商行政管理部门做出并已执行的商标侵权案件的处理决定以及已经履行的商标转让或者使用许可合同不具有追溯力。但是,因商标注册人的恶意给他人造成的损失,应当给予赔偿。

依照前款规定不返还商标侵权赔偿金、商标转让费、商标使用费,明显违反公平原则的,应当全部或者部分返还。

第六章 商标使用的管理

第四十八条 本法所称商标的使用,是指将商标用于商品、商品包装或者容器以及商品交易文书上,或者将商标用于广告宣传、展览以及其他商业活动中,用于识别商品来源的行为。

第四十九条 商标注册人在使用注册商标的过程中,自行改变注册商标、注册人名义、地址或者其他注册事项的,由地方工商行政管理部门责令限期改正;期满不改正的,由商标局撤销其注册商标。

注册商标成为其核定使用的商品的通用名称或者没有正当理由连续三年不使用的,任何单位或者个人可以向商标局申请撤销该注册商标。商标局应当自收到申请之日起九个月内做出决定。有特殊情况需要延长的,经国务院工商行政管理部门批准,可以延长三个月。

第五十条 注册商标被撤销、被宣告无效或者期满不再续展的,自撤销、宣告无效或者注销之日起一年内,商标局对与该商标相同或者近似的商标注册申请,不予核准。

第五十一条 违反本法第六条规定的,由地方工商行政管理部门责令限期申请注册,违法经营额五万元以上的,可以处违法经营额百分之二十以下的罚款,没有违法经营额或者违法经营额不足五万元的,可以处一万元以下的罚款。

第五十二条 将未注册商标冒充注册商标使用的,或者使用未注册商标违反本法第十条规定的,由地方工商行政管理部门予以制止,限期改正,并可以予以通报,违法经营额五万元以上的,可以处违法经营额百分之二十以下的罚款,没有违法经营额或者违法经营额不足五万元的,可以处一万元以下的罚款。

第五十三条 违反本法第十四条第五款规定的,由地方工商行政管理部门责令改正,处十万元罚款。

第五十四条 对商标局撤销或者不予撤销注册商标的决定,当事人不服的,可以自收到通知之日起十五日内向商标评审委员会申请复审。商标评审委员会应当自收到申请之日起九个月内做出决定,并书面通知当事人。有特殊情况需要延长的,经国务院工商行政管理部门批准,可以延长三个月。当事人对商标评审委员会的决定不服的,可以自收到通知之日起三十日内向人民法院起诉。

第五十五条 法定期限届满,当事人对商标局做出的撤销注册商标的决定不申请复审或者对商标评审委员会做出的复审决定不向人民法院起诉的,撤销注册商标的决定、复审决定生效。

被撤销的注册商标,由商标局予以公告,该注册商标专用权自公告之日起终止。

第七章 注册商标专用权的保护

第五十六条 注册商标的专用权,以核准注册的商标和核定使用的商品为限。

第五十七条 有下列行为之一的,均属侵犯注册商标专用权:

(一)未经商标注册人的许可,在同一种商品上使用与其注册商标相同的商标的;

(二)未经商标注册人的许可,在同一种商品上使用与其注册商标近似的商标,或者在类似商品上使用与其注册商标相同或者近似的商标,容易导致混淆的;

(三)销售侵犯注册商标专用权的商品的;

（四）伪造、擅自制造他人注册商标标识或者销售伪造、擅自制造的注册商标标识的；

（五）未经商标注册人同意，更换其注册商标并将该更换商标的商品又投入市场的；

（六）故意为侵犯他人商标专用权行为提供便利条件，帮助他人实施侵犯商标专用权行为的；

（七）给他人的注册商标专用权造成其他损害的。

第五十八条　将他人注册商标、未注册的驰名商标作为企业名称中的字号使用，误导公众，构成不正当竞争行为的，依照《中华人民共和国反不正当竞争法》处理。

第五十九条　注册商标中含有的本商品的通用名称、图形、型号，或者直接表示商品的质量、主要原料、功能、用途、重量、数量及其他特点，或者含有的地名，注册商标专用权人无权禁止他人正当使用。

三维标志注册商标中含有的商品自身的性质产生的形状、为获得技术效果而需有的商品形状或者使商品具有实质性价值的形状，注册商标专用权人无权禁止他人正当使用。

商标注册人申请商标注册前，他人已经在同一种商品或者类似商品上先于商标注册人使用与注册商标相同或者近似并有一定影响的商标的，注册商标专用权人无权禁止该使用人在原使用范围内继续使用该商标，但可以要求其附加适当区别标识。

第六十条　有本法第五十七条所列侵犯注册商标专用权行为之一，引起纠纷的，由当事人协商解决；不愿协商或者协商不成的，商标注册人或者利害关系人可以向人民法院起诉，也可以请求工商行政管理部门处理。

工商行政管理部门处理时，认定侵权行为成立的，责令立即停止侵权行为，没收、销毁侵权商品和主要用于制造侵权商品、伪造注册商标标识的工具，违法经营额五万元以上的，可以处违法经营额五倍以下的罚款，没有违法经营额或者违法经营额不足五万元的，可以处二十五万元以下的罚款。对五年内实施两次以上商标侵权行为或者有其他严重情节的，应当从重处罚。销售不知道是侵犯注册商标专用权的商品，能证明该商品是自己合法取得并说明提供者的，由工商行政管理部门责令停止销售。

对侵犯商标专用权的赔偿数额的争议,当事人可以请求进行处理的工商行政管理部门调解,也可以依照《中华人民共和国民事诉讼法》向人民法院起诉。经工商行政管理部门调解,当事人未达成协议或者调解书生效后不履行的,当事人可以依照《中华人民共和国民事诉讼法》向人民法院起诉。

第六十一条 对侵犯注册商标专用权的行为,工商行政管理部门有权依法查处;涉嫌犯罪的,应当及时移送司法机关依法处理。

第六十二条 县级以上工商行政管理部门根据已经取得的违法嫌疑证据或者举报,对涉嫌侵犯他人注册商标专用权的行为进行查处时,可以行使下列职权:

(一)询问有关当事人,调查与侵犯他人注册商标专用权有关的情况;

(二)查阅、复制当事人与侵权活动有关的合同、发票、账簿以及其他有关资料;

(三)对当事人涉嫌从事侵犯他人注册商标专用权活动的场所实施现场检查;

(四)检查与侵权活动有关的物品;对有证据证明是侵犯他人注册商标专用权的物品,可以查封或者扣押。

工商行政管理部门依法行使前款规定的职权时,当事人应当予以协助、配合,不得拒绝、阻挠。

在查处商标侵权案件过程中,对商标权属存在争议或者权利人同时向人民法院提起商标侵权诉讼的,工商行政管理部门可以中止案件的查处。中止原因消除后,应当恢复或者终结案件查处程序。

第六十三条 侵犯商标专用权的赔偿数额,按照权利人因被侵权所受到的实际损失确定;实际损失难以确定的,可以按照侵权人因侵权所获得的利益确定;权利人的损失或者侵权人获得的利益难以确定的,参照该商标许可使用费的倍数合理确定。对恶意侵犯商标专用权,情节严重的,可以在按照上述方法确定数额的一倍以上五倍以下确定赔偿数额。赔偿数额应当包括权利人为制止侵权行为所支付的合理开支。

人民法院为确定赔偿数额,在权利人已经尽力举证,而与侵权行为相关的账簿、资料主要由侵权人掌握的情况下,可以责令侵权人提供与侵权行为相关的账簿、资料;侵权人不提供或者提供虚假的账簿、资料的,人民法院可以参考权利人的主张和提供的证据判定赔偿数额。

权利人因被侵权所受到的实际损失、侵权人因侵权所获得的利益、注册商标许可使用费难以确定的,由人民法院根据侵权行为的情节判决给予五百万元以下的赔偿。

人民法院审理商标纠纷案件,应权利人请求,对属于假冒注册商标的商品,除特殊情况外,责令销毁;对主要用于制造假冒注册商标的商品的材料、工具,责令销毁,且不予补偿;或者在特殊情况下,责令禁止前述材料、工具进入商业渠道,且不予补偿。

假冒注册商标的商品不得在仅去除假冒注册商标后进入商业渠道。

第六十四条 注册商标专用权人请求赔偿,被控侵权人以注册商标专用权人未使用注册商标提出抗辩的,人民法院可以要求注册商标专用权人提供此前三年内实际使用该注册商标的证据。注册商标专用权人不能证明此前三年内实际使用过该注册商标,也不能证明因侵权行为受到其他损失的,被控侵权人不承担赔偿责任。

销售不知道是侵犯注册商标专用权的商品,能证明该商品是自己合法取得并说明提供者的,不承担赔偿责任。

第六十五条 商标注册人或者利害关系人有证据证明他人正在实施或者即将实施侵犯其注册商标专用权的行为,如不及时制止将会使其合法权益受到难以弥补的损害的,可以依法在起诉前向人民法院申请采取责令停止有关行为和财产保全的措施。

第六十六条 为制止侵权行为,在证据可能灭失或者以后难以取得的情况下,商标注册人或者利害关系人可以依法在起诉前向人民法院申请保全证据。

第六十七条 未经商标注册人许可,在同一种商品上使用与其注册商标相同的商标,构成犯罪的,除赔偿被侵权人的损失外,依法追究刑事责任。

伪造、擅自制造他人注册商标标识或者销售伪造、擅自制造的注册商标标识，构成犯罪的，除赔偿被侵权人的损失外，依法追究刑事责任。

销售明知是假冒注册商标的商品，构成犯罪的，除赔偿被侵权人的损失外，依法追究刑事责任。

第六十八条 商标代理机构有下列行为之一的，由工商行政管理部门责令限期改正，给予警告，处一万元以上十万元以下的罚款；对直接负责的主管人员和其他直接责任人员给予警告，处五千元以上五万元以下的罚款；构成犯罪的，依法追究刑事责任：

（一）办理商标事宜过程中，伪造、变造或者使用伪造、变造的法律文件、印章、签名的；

（二）以诋毁其他商标代理机构等手段招徕商标代理业务或者以其他不正当手段扰乱商标代理市场秩序的；

（三）违反本法第四条、第十九条第三款和第四款规定的。

商标代理机构有前款规定行为的，由工商行政管理部门记入信用档案；情节严重的，商标局、商标评审委员会并可以决定停止受理其办理商标代理业务，予以公告。

商标代理机构违反诚实信用原则，侵害委托人合法利益的，应当依法承担民事责任，并由商标代理行业组织按照章程规定予以惩戒。

对恶意申请商标注册的，根据情节给予警告、罚款等行政处罚；对恶意提起商标诉讼的，由人民法院依法给予处罚。

第六十九条 从事商标注册、管理和复审工作的国家机关工作人员必须秉公执法，廉洁自律，忠于职守，文明服务。

商标局、商标评审委员会以及从事商标注册、管理和复审工作的国家机关工作人员不得从事商标代理业务和商品生产经营活动。

第七十条 工商行政管理部门应当建立健全内部监督制度，对负责商标注册、管理和复审工作的国家机关工作人员执行法律、行政法规和遵守纪律的情况，进行监督检查。

第七十一条 从事商标注册、管理和复审工作的国家机关工作人员玩忽职守、滥用职权、徇私舞弊，违法办理商标注册、管理和复审事项，收受当事人财物，牟取不正当利益，构成犯罪的，依法追究刑事责任；尚不构成犯罪的，依法给予处分。

第八章　附　　则

第七十二条　申请商标注册和办理其他商标事宜的，应当缴纳费用，具体收费标准另定。

第七十三条　本法自1983年3月1日起施行。1963年4月10日国务院公布的《商标管理条例》同时废止；其他有关商标管理的规定，凡与本法抵触的，同时失效。

本法施行前已经注册的商标继续有效。

中华人民共和国专利法

（1984年3月12日第六届全国人民代表大会常务委员会第四次会议通过　根据1992年9月4日第七届全国人民代表大会常务委员会第二十七次会议《关于修改〈中华人民共和国专利法〉的决定》第一次修正　根据2000年8月25日第九届全国人民代表大会常务委员会第十七次会议《关于修改〈中华人民共和国专利法〉的决定》第二次修正　根据2008年12月27日第十一届全国人民代表大会常务委员会第六次会议《关于修改〈中华人民共和国专利法〉的决定》第三次修正　根据2020年10月17日第十三届全国人民代表大会常务委员会第二十二次会议《关于修改〈中华人民共和国专利法〉的决定》第四次修正）

目　　录

第一章　总　　则
第二章　授予专利权的条件
第三章　专利的申请
第四章　专利申请的审查和批准

第五章 专利权的期限、终止和无效
第六章 专利实施的特别许可
第七章 专利权的保护
第八章 附　则

第一章　总　则

第一条　为了保护专利权人的合法权益，鼓励发明创造，推动发明创造的应用，提高创新能力，促进科学技术进步和经济社会发展，制定本法。

第二条　本法所称的发明创造是指发明、实用新型和外观设计。

发明，是指对产品、方法或者其改进所提出的新的技术方案。

实用新型，是指对产品的形状、构造或者其结合所提出的适于实用的新的技术方案。

外观设计，是指对产品的整体或者局部的形状、图案或者其结合以及色彩与形状、图案的结合所作出的富有美感并适于工业应用的新设计。

第三条　国务院专利行政部门负责管理全国的专利工作；统一受理和审查专利申请，依法授予专利权。

省、自治区、直辖市人民政府管理专利工作的部门负责本行政区域内的专利管理工作。

第四条　申请专利的发明创造涉及国家安全或者重大利益需要保密的，按照国家有关规定办理。

第五条　对违反法律、社会公德或者妨害公共利益的发明创造，不授予专利权。

对违反法律、行政法规的规定获取或者利用遗传资源，并依赖该遗传资源完成的发明创造，不授予专利权。

第六条　执行本单位的任务或者主要是利用本单位的物质技术条件所完成的发明创造为职务发明创造。职务发明创造申请专利的权利属于该单位，申请被批准后，该单位为专利权人。该单位可以依法处置其职务发明创造申请专利的权利和专利权，促进相关发明创造的实施和运用。

非职务发明创造,申请专利的权利属于发明人或者设计人;申请被批准后,该发明人或者设计人为专利权人。

利用本单位的物质技术条件所完成的发明创造,单位与发明人或者设计人订有合同,对申请专利的权利和专利权的归属作出约定的,从其约定。

第七条 对发明人或者设计人的非职务发明创造专利申请,任何单位或者个人不得压制。

第八条 两个以上单位或者个人合作完成的发明创造、一个单位或者个人接受其他单位或者个人委托所完成的发明创造,除另有协议的以外,申请专利的权利属于完成或者共同完成的单位或者个人;申请被批准后,申请的单位或者个人为专利权人。

第九条 同样的发明创造只能授予一项专利权。但是,同一申请人同日对同样的发明创造既申请实用新型专利又申请发明专利,先获得的实用新型专利权尚未终止,且申请人声明放弃该实用新型专利权的,可以授予发明专利权。

两个以上的申请人分别就同样的发明创造申请专利的,专利权授予最先申请的人。

第十条 专利申请权和专利权可以转让。

中国单位或者个人向外国人、外国企业或者外国其他组织转让专利申请权或者专利权的,应当依照有关法律、行政法规的规定办理手续。

转让专利申请权或者专利权的,当事人应当订立书面合同,并向国务院专利行政部门登记,由国务院专利行政部门予以公告。专利申请权或者专利权的转让自登记之日起生效。

第十一条 发明和实用新型专利权被授予后,除本法另有规定的以外,任何单位或者个人未经专利权人许可,都不得实施其专利,即不得为生产经营目的制造、使用、许诺销售、销售、进口其专利产品,或者使用其专利方法以及使用、许诺销售、销售、进口依照该专利方法直接获得的产品。

外观设计专利权被授予后,任何单位或者个人未经专利权人许可,都不得实施其专利,即不得为生产经营目的制造、许诺销售、销售、进口其外观设计专利产品。

第十二条 任何单位或者个人实施他人专利的,应当与专利权人订立实施许可合同,向专利权人支付专利使用费。被许可人无权允许合同规定以外的任何单位或者个人实施该专利。

第十三条 发明专利申请公布后,申请人可以要求实施其发明的单位或者个人支付适当的费用。

第十四条 专利申请权或者专利权的共有人对权利的行使有约定的,从其约定。没有约定的,共有人可以单独实施或者以普通许可方式许可他人实施该专利;许可他人实施该专利的,收取的使用费应当在共有人之间分配。

除前款规定的情形外,行使共有的专利申请权或者专利权应当取得全体共有人的同意。

第十五条 被授予专利权的单位应当对职务发明创造的发明人或者设计人给予奖励;发明创造专利实施后,根据其推广应用的范围和取得的经济效益,对发明人或者设计人给予合理的报酬。

国家鼓励被授予专利权的单位实行产权激励,采取股权、期权、分红等方式,使发明人或者设计人合理分享创新收益。

第十六条 发明人或者设计人有权在专利文件中写明自己是发明人或者设计人。

专利权人有权在其专利产品或者该产品的包装上标明专利标识。

第十七条 在中国没有经常居所或者营业所的外国人、外国企业或者外国其他组织在中国申请专利的,依照其所属国同中国签订的协议或者共同参加的国际条约,或者依照互惠原则,根据本法办理。

第十八条 在中国没有经常居所或者营业所的外国人、外国企业或者外国其他组织在中国申请专利和办理其他专利事务的,应当委托依法设立的专利代理机构办理。

中国单位或者个人在国内申请专利和办理其他专利事务的,可以委托依法设立的专利代理机构办理。

专利代理机构应当遵守法律、行政法规,按照被代理人的委托办理专利申请或者其他专利事务;对被代理人发明创造的内容,除专利申请已经公布或者公告的以外,负有保密责任。专利代理机构的具体管理办法由国务院规定。

第十九条 任何单位或者个人将在中国完成的发明或者实用新型向外国申请专利的,应当事先报经国务院专利行政部门进行保密审查。保密审查的程序、期限等按照国务院的规定执行。

中国单位或者个人可以根据中华人民共和国参加的有关国际条约提出专利国际申请。申请人提出专利国际申请的,应当遵守前款规定。

国务院专利行政部门依照中华人民共和国参加的有关国际条约、本法和国务院有关规定处理专利国际申请。

对违反本条第一款规定向外国申请专利的发明或者实用新型,在中国申请专利的,不授予专利权。

第二十条 申请专利和行使专利权应当遵循诚实信用原则。不得滥用专利权损害公共利益或者他人合法权益。

滥用专利权,排除或者限制竞争,构成垄断行为的,依照《中华人民共和国反垄断法》处理。

第二十一条 国务院专利行政部门应当按照客观、公正、准确、及时的要求,依法处理有关专利的申请和请求。

国务院专利行政部门应当加强专利信息公共服务体系建设,完整、准确、及时发布专利信息,提供专利基础数据,定期出版专利公报,促进专利信息传播与利用。

在专利申请公布或者公告前,国务院专利行政部门的工作人员及有关人员对其内容负有保密责任。

第二章 授予专利权的条件

第二十二条 授予专利权的发明和实用新型,应当具备新颖性、创造性和实用性。

新颖性,是指该发明或者实用新型不属于现有技术;也没有任何单位或者个人就同样的发明或者实用新型在申请日以前向国务院专利行政部门提出过申请,并记载在申请日以后公布的专利申请文件或者公告的专利文件中。

创造性,是指与现有技术相比,该发明具有突出的实质性特点和显著的进步,该实用新型具有实质性特点和进步。

实用性,是指该发明或者实用新型能够制造或者使用,并且能够产生积极效果。

本法所称现有技术,是指申请日以前在国内外为公众所知的技术。

第二十三条　授予专利权的外观设计,应当不属于现有设计;也没有任何单位或者个人就同样的外观设计在申请日以前向国务院专利行政部门提出过申请,并记载在申请日以后公告的专利文件中。

授予专利权的外观设计与现有设计或者现有设计特征的组合相比,应当具有明显区别。

授予专利权的外观设计不得与他人在申请日以前已经取得的合法权利相冲突。

本法所称现有设计,是指申请日以前在国内外为公众所知的设计。

第二十四条　申请专利的发明创造在申请日以前六个月内,有下列情形之一的,不丧失新颖性:

(一)在国家出现紧急状态或者非常情况时,为公共利益目的首次公开的;

(二)在中国政府主办或者承认的国际展览会上首次展出的;

(三)在规定的学术会议或者技术会议上首次发表的;

(四)他人未经申请人同意而泄露其内容的。

第二十五条　对下列各项,不授予专利权:

(一)科学发现;

(二)智力活动的规则和方法;

(三)疾病的诊断和治疗方法;

(四)动物和植物品种;

(五)原子核变换方法以及用原子核变换方法获得的物质;

(六)对平面印刷品的图案、色彩或者二者的结合作出的主要起标识作用的设计。

对前款第(四)项所列产品的生产方法,可以依照本法规定授予专利权。

第三章 专利的申请

第二十六条 申请发明或者实用新型专利的,应当提交请求书、说明书及其摘要和权利要求书等文件。

请求书应当写明发明或者实用新型的名称,发明人的姓名,申请人姓名或者名称、地址,以及其他事项。

说明书应当对发明或者实用新型作出清楚、完整的说明,以所属技术领域的技术人员能够实现为准;必要的时候,应当有附图。摘要应当简要说明发明或者实用新型的技术要点。

权利要求书应当以说明书为依据,清楚、简要地限定要求专利保护的范围。

依赖遗传资源完成的发明创造,申请人应当在专利申请文件中说明该遗传资源的直接来源和原始来源;申请人无法说明原始来源的,应当陈述理由。

第二十七条 申请外观设计专利的,应当提交请求书、该外观设计的图片或者照片以及对该外观设计的简要说明等文件。

申请人提交的有关图片或者照片应当清楚地显示要求专利保护的产品的外观设计。

第二十八条 国务院专利行政部门收到专利申请文件之日为申请日。如果申请文件是邮寄的,以寄出的邮戳日为申请日。

第二十九条 申请人自发明或者实用新型在外国第一次提出专利申请之日起十二个月内,或者自外观设计在外国第一次提出专利申请之日起六个月内,又在中国就相同主题提出专利申请的,依照该外国同中国签订的协议或者共同参加的国际条约,或者依照相互承认优先权的原则,可以享有优先权。

申请人自发明或者实用新型在中国第一次提出专利申请之日起十二个月内,或者自外观设计在中国第一次提出专利申请之日起六个月内,又向国务院专利行政部门就相同主题提出专利申请的,可以享有优先权。

第三十条 申请人要求发明、实用新型专利优先权的,应当在申请的时候提出书面声明,并且在第一次提出申请之日起十六个月内,提交第一次提出的专利申请文件的副本。

申请人要求外观设计专利优先权的,应当在申请的时候提出书面声明,并且在三个月内提交第一次提出的专利申请文件的副本。

申请人未提出书面声明或者逾期未提交专利申请文件副本的,视为未要求优先权。

第三十一条 一件发明或者实用新型专利申请应当限于一项发明或者实用新型。属于一个总的发明构思的两项以上的发明或者实用新型,可以作为一件申请提出。

一件外观设计专利申请应当限于一项外观设计。同一产品两项以上的相似外观设计,或者用于同一类别并且成套出售或者使用的产品的两项以上外观设计,可以作为一件申请提出。

第三十二条 申请人可以在被授予专利权之前随时撤回其专利申请。

第三十三条 申请人可以对其专利申请文件进行修改,但是,对发明和实用新型专利申请文件的修改不得超出原说明书和权利要求书记载的范围,对外观设计专利申请文件的修改不得超出原图片或者照片表示的范围。

第四章 专利申请的审查和批准

第三十四条 国务院专利行政部门收到发明专利申请后,经初步审查认为符合本法要求的,自申请日起满十八个月,即行公布。国务院专利行政部门可以根据申请人的请求早日公布其申请。

第三十五条 发明专利申请自申请日起三年内,国务院专利行政部门可以根据申请人随时提出的请求,对其申请进行实质审查;申请人无正当理由逾期不请求实质审查的,该申请即被视为撤回。

国务院专利行政部门认为必要的时候,可以自行对发明专利申请进行实质审查。

第三十六条 发明专利的申请人请求实质审查的时候,应当提交在申请日前与其发明有关的参考资料。

发明专利已经在外国提出过申请的,国务院专利行政部门可以要求申请人在指定期限内提交该国为审查其申请进行检索的资料或者审查结果的资料;无正当理由逾期不提交的,该申请即被视为撤回。

第三十七条　国务院专利行政部门对发明专利申请进行实质审查后,认为不符合本法规定的,应当通知申请人,要求其在指定的期限内陈述意见,或者对其申请进行修改;无正当理由逾期不答复的,该申请即被视为撤回。

第三十八条　发明专利申请经申请人陈述意见或者进行修改后,国务院专利行政部门仍然认为不符合本法规定的,应当予以驳回。

第三十九条　发明专利申请经实质审查没有发现驳回理由的,由国务院专利行政部门作出授予发明专利权的决定,发给发明专利证书,同时予以登记和公告。发明专利权自公告之日起生效。

第四十条　实用新型和外观设计专利申请经初步审查没有发现驳回理由的,由国务院专利行政部门作出授予实用新型专利权或者外观设计专利权的决定,发给相应的专利证书,同时予以登记和公告。实用新型专利权和外观设计专利权自公告之日起生效。

第四十一条　专利申请人对国务院专利行政部门驳回申请的决定不服的,可以自收到通知之日起三个月内向国务院专利行政部门请求复审。国务院专利行政部门复审后,作出决定,并通知专利申请人。

专利申请人对国务院专利行政部门的复审决定不服的,可以自收到通知之日起三个月内向人民法院起诉。

第五章　专利权的期限、终止和无效

第四十二条　发明专利权的期限为二十年,实用新型专利权的期限为十年,外观设计专利权的期限为十五年,均自申请日起计算。

自发明专利申请日起满四年,且自实质审查请求之日起满三年后授予发明专利权的,国务院专利行政部门应专利权人的请求,就发明专利在授权过程中的不合理延迟给予专利权期限补偿,但由申请人引起的不合理延迟除外。

为补偿新药上市审评审批占用的时间,对在中国获得上市许可的新药相关发明专利,国务院专利行政部门应专利权人的请求给予专利权期限补偿。补偿期限不超过五年,新药批准上市后总有效专利权期限不超过十四年。

第四十三条 专利权人应当自被授予专利权的当年开始缴纳年费。

第四十四条 有下列情形之一的,专利权在期限届满前终止:

(一)没有按照规定缴纳年费的;

(二)专利权人以书面声明放弃其专利权的。

专利权在期限届满前终止的,由国务院专利行政部门登记和公告。

第四十五条 自国务院专利行政部门公告授予专利权之日起,任何单位或者个人认为该专利权的授予不符合本法有关规定的,可以请求国务院专利行政部门宣告该专利权无效。

第四十六条 国务院专利行政部门对宣告专利权无效的请求应当及时审查和作出决定,并通知请求人和专利权人。宣告专利权无效的决定,由国务院专利行政部门登记和公告。

对国务院专利行政部门宣告专利权无效或者维持专利权的决定不服,可以自收到通知之日起三个月内向人民法院起诉。人民法院应当通知无效宣告请求程序的对方当事人作为第三人参加诉讼。

第四十七条 宣告无效的专利权视为自始即不存在。

宣告专利权无效的决定,对在宣告专利权无效前人民法院作出并已执行的专利侵权的判决、调解书,已经履行或者强制执行的专利侵权纠纷处理决定,以及已经履行的专利实施许可合同和专利权转让合同,不具有追溯力。但是因专利权人的恶意给他人造成的损失,应当给予赔偿。

依照前款规定不返还专利侵权赔偿金、专利使用费、专利权转让费,明显违反公平原则的,应当全部或者部分返还。

第六章 专利实施的特别许可

第四十八条 国务院专利行政部门、地方人民政府管理专利工作的部门应当会同同级相关部门采取措施,加强专利公共服务,促进专利实施和运用。

第四十九条 国有企业事业单位的发明专利,对国家利益或者公共利益具有重大意义的,国务院有关主管部门和省、自治区、直辖市人民政府报经国务院批准,可以决定在批准的范围内推广应用,允许指定的单位实施,由实施单位按照国家规定向专利权人支付使用费。

第五十条 专利权人自愿以书面方式向国务院专利行政部门声明愿意许可任何单位或者个人实施其专利,并明确许可使用费支付方式、标准的,由国务院专利行政部门予以公告,实行开放许可。就实用新型、外观设计专利提出开放许可声明的,应当提供专利权评价报告。

专利权人撤回开放许可声明的,应当以书面方式提出,并由国务院专利行政部门予以公告。开放许可声明被公告撤回的,不影响在先给予的开放许可的效力。

第五十一条 任何单位或者个人有意愿实施开放许可的专利的,以书面方式通知专利权人,并依照公告的许可使用费支付方式、标准支付许可使用费后,即获得专利实施许可。

开放许可实施期间,对专利权人缴纳专利年费相应给予减免。

实行开放许可的专利权人可以与被许可人就许可使用费进行协商后给予普通许可,但不得就该专利给予独占或者排他许可。

第五十二条 当事人就实施开放许可发生纠纷的,由当事人协商解决;不愿协商或者协商不成的,可以请求国务院专利行政部门进行调解,也可以向人民法院起诉。

第五十三条 有下列情形之一的,国务院专利行政部门根据具备实施条件的单位或者个人的申请,可以给予实施发明专利或者实用新型专利的强制许可:

(一)专利权人自专利权被授予之日起满三年,且自提出专利申请之日起满四年,无正当理由未实施或者未充分实施其专利的;

(二)专利权人行使专利权的行为被依法认定为垄断行为,为消除或者减少该行为对竞争产生的不利影响的。

第五十四条 在国家出现紧急状态或者非常情况时,或者为了公共利益的目的,国务院专利行政部门可以给予实施发明专利或者实用新型专利的强制许可。

第五十五条 为了公共健康目的,对取得专利权的药品,国务院专利行政部门可以给予制造并将其出口到符合中华人民共和国参加的有关国际条约规定的国家或者地区的强制许可。

第五十六条　一项取得专利权的发明或者实用新型比前已经取得专利权的发明或者实用新型具有显著经济意义的重大技术进步,其实施又有赖于前一发明或者实用新型的实施的,国务院专利行政部门根据后一专利权人的申请,可以给予实施前一发明或者实用新型的强制许可。

在依照前款规定给予实施强制许可的情形下,国务院专利行政部门根据前一专利权人的申请,也可以给予实施后一发明或者实用新型的强制许可。

第五十七条　强制许可涉及的发明创造为半导体技术的,其实施限于公共利益的目的和本法第五十三条第(二)项规定的情形。

第五十八条　除依照本法第五十三条第(二)项、第五十五条规定给予的强制许可外,强制许可的实施应当主要为了供应国内市场。

第五十九条　依照本法第五十三条第(一)项、第五十六条规定申请强制许可的单位或者个人应当提供证据,证明其以合理的条件请求专利权人许可其实施专利,但未能在合理的时间内获得许可。

第六十条　国务院专利行政部门作出的给予实施强制许可的决定,应当及时通知专利权人,并予以登记和公告。

给予实施强制许可的决定,应当根据强制许可的理由规定实施的范围和时间。强制许可的理由消除并不再发生时,国务院专利行政部门应当根据专利权人的请求,经审查后作出终止实施强制许可的决定。

第六十一条　取得实施强制许可的单位或者个人不享有独占的实施权,并且无权允许他人实施。

第六十二条　取得实施强制许可的单位或者个人应当付给专利权人合理的使用费,或者依照中华人民共和国参加的有关国际条约的规定处理使用费问题。付给使用费的,其数额由双方协商;双方不能达成协议的,由国务院专利行政部门裁决。

第六十三条　专利权人对国务院专利行政部门关于实施强制许可的决定不服的,专利权人和取得实施强制许可的单位或者个人对国务院专利行政部门关于实施强制许可的使用费的裁决不服的,可以自收到通知之日起三个月内向人民法院起诉。

第七章　专利权的保护

第六十四条　发明或者实用新型专利权的保护范围以其权利要求的内容为准，说明书及附图可以用于解释权利要求的内容。

外观设计专利权的保护范围以表示在图片或者照片中的该产品的外观设计为准，简要说明可以用于解释图片或者照片所表示的该产品的外观设计。

第六十五条　未经专利权人许可，实施其专利，即侵犯其专利权，引起纠纷的，由当事人协商解决；不愿协商或者协商不成的，专利权人或者利害关系人可以向人民法院起诉，也可以请求管理专利工作的部门处理。管理专利工作的部门处理时，认定侵权行为成立的，可以责令侵权人立即停止侵权行为，当事人不服的，可以自收到处理通知之日起十五日内依照《中华人民共和国行政诉讼法》向人民法院起诉；侵权人期满不起诉又不停止侵权行为的，管理专利工作的部门可以申请人民法院强制执行。进行处理的管理专利工作的部门应当事人的请求，可以就侵犯专利权的赔偿数额进行调解；调解不成的，当事人可以依照《中华人民共和国民事诉讼法》向人民法院起诉。

第六十六条　专利侵权纠纷涉及新产品制造方法的发明专利的，制造同样产品的单位或者个人应当提供其产品制造方法不同于专利方法的证明。

专利侵权纠纷涉及实用新型专利或者外观设计专利的，人民法院或者管理专利工作的部门可以要求专利权人或者利害关系人出具由国务院专利行政部门对相关实用新型或者外观设计进行检索、分析和评价后作出的专利权评价报告，作为审理、处理专利侵权纠纷的证据；专利权人、利害关系人或者被控侵权人也可以主动出具专利权评价报告。

第六十七条　在专利侵权纠纷中，被控侵权人有证据证明其实施的技术或者设计属于现有技术或者现有设计的，不构成侵犯专利权。

第六十八条　假冒专利的，除依法承担民事责任外，由负责专利执法的部门责令改正并予公告，没收违法所得，可以处违法所得五倍以下的罚款；没有违法所得或者违法所得在五万元以下的，可以处二十五万元以下的罚款;构成犯罪的,依法追究刑事责任。

第六十九条 负责专利执法的部门根据已经取得的证据,对涉嫌假冒专利行为进行查处时,有权采取下列措施:

(一)询问有关当事人,调查与涉嫌违法行为有关的情况;

(二)对当事人涉嫌违法行为的场所实施现场检查;

(三)查阅、复制与涉嫌违法行为有关的合同、发票、账簿以及其他有关资料;

(四)检查与涉嫌违法行为有关的产品;

(五)对有证据证明是假冒专利的产品,可以查封或者扣押。

管理专利工作的部门应专利权人或者利害关系人的请求处理专利侵权纠纷时,可以采取前款第(一)项、第(二)项、第(四)项所列措施。

负责专利执法的部门、管理专利工作的部门依法行使前两款规定的职权时,当事人应当予以协助、配合,不得拒绝、阻挠。

第七十条 国务院专利行政部门可以应专利权人或者利害关系人的请求处理在全国有重大影响的专利侵权纠纷。

地方人民政府管理专利工作的部门应专利权人或者利害关系人请求处理专利侵权纠纷,对在本行政区域内侵犯其同一专利权的案件可以合并处理;对跨区域侵犯其同一专利权的案件可以请求上级地方人民政府管理专利工作的部门处理。

第七十一条 侵犯专利权的赔偿数额按照权利人因被侵权所受到的实际损失或者侵权人因侵权所获得的利益确定;权利人的损失或者侵权人获得的利益难以确定的,参照该专利许可使用费的倍数合理确定。对故意侵犯专利权,情节严重的,可以在按照上述方法确定数额的一倍以上五倍以下确定赔偿数额。

权利人的损失、侵权人获得的利益和专利许可使用费均难以确定的,人民法院可以根据专利权的类型、侵权行为的性质和情节等因素,确定给予三万元以上五百万元以下的赔偿。

赔偿数额还应当包括权利人为制止侵权行为所支付的合理开支。

人民法院为确定赔偿数额,在权利人已经尽力举证,而与侵权行为相关的账簿、资料主要由侵权人掌握的情况下,可以责令侵权人提供与侵权行为相关的账簿、资料;侵权人不提供或者提供虚假的账簿、资料的,人民法院可以参考权利人的主张和提供的证据判定赔偿数额。

第七十二条 专利权人或者利害关系人有证据证明他人正在实施或者即将实施侵犯专利权、妨碍其实现权利的行为,如不及时制止将会使其合法权益受到难以弥补的损害的,可以在起诉前依法向人民法院申请采取财产保全、责令作出一定行为或者禁止作出一定行为的措施。

第七十三条 为了制止专利侵权行为,在证据可能灭失或者以后难以取得的情况下,专利权人或者利害关系人可以在起诉前依法向人民法院申请保全证据。

第七十四条 侵犯专利权的诉讼时效为三年,自专利权人或者利害关系人知道或者应当知道侵权行为以及侵权人之日起计算。

发明专利申请公布后至专利权授予前使用该发明未支付适当使用费的,专利权人要求支付使用费的诉讼时效为三年,自专利权人知道或者应当知道他人使用其发明之日起计算,但是,专利权人于专利权授予之日前即已知道或者应当知道的,自专利权授予之日起计算。

第七十五条 有下列情形之一的,不视为侵犯专利权:

(一)专利产品或者依照专利方法直接获得的产品,由专利权人或者经其许可的单位、个人售出后,使用、许诺销售、销售、进口该产品的;

(二)在专利申请日前已经制造相同产品、使用相同方法或者已经作好制造、使用的必要准备,并且仅在原有范围内继续制造、使用的;

(三)临时通过中国领陆、领水、领空的外国运输工具,依照其所属国同中国签订的协议或者共同参加的国际条约,或者依照互惠原则,为运输工具自身需要而在其装置和设备中使用有关专利的;

(四)专为科学研究和实验而使用有关专利的;

(五)为提供行政审批所需要的信息,制造、使用、进口专利药品或者专利医疗器械的,以及专门为其制造、进口专利药品或者专利医疗器械的。

第七十六条 药品上市审评审批过程中,药品上市许可申请人与有关专利权人或者利害关系人,因申请注册的药品相关的专利权产生纠纷的,相关当事人可以向人民法院起诉,请求就申请注册的药品相关技术方案是否落入他人药品专利权保护范围作出判决。国务院药品监督管理部门在规定的期限内,可以根据人民法院生效裁判作出是否暂停批准相关药品上市的决定。

药品上市许可申请人与有关专利权人或者利害关系人也可以就申请注册的药品相关的专利权纠纷,向国务院专利行政部门请求行政裁决。

国务院药品监督管理部门会同国务院专利行政部门制定药品上市许可审批与药品上市许可申请阶段专利权纠纷解决的具体衔接办法,报国务院同意后实施。

第七十七条 为生产经营目的使用、许诺销售或者销售不知道是未经专利权人许可而制造并售出的专利侵权产品,能证明该产品合法来源的,不承担赔偿责任。

第七十八条 违反本法第十九条规定向外国申请专利,泄露国家秘密的,由所在单位或者上级主管机关给予行政处分;构成犯罪的,依法追究刑事责任。

第七十九条 管理专利工作的部门不得参与向社会推荐专利产品等经营活动。

管理专利工作的部门违反前款规定的,由其上级机关或者监察机关责令改正,消除影响,有违法收入的予以没收;情节严重的,对直接负责的主管人员和其他直接责任人员依法给予处分。

第八十条 从事专利管理工作的国家机关工作人员以及其他有关国家机关工作人员玩忽职守、滥用职权、徇私舞弊,构成犯罪的,依法追究刑事责任;尚不构成犯罪的,依法给予处分。

第八章 附 则

第八十一条 向国务院专利行政部门申请专利和办理其他手续,应当按照规定缴纳费用。

第八十二条 本法自1985年4月1日起施行。

中华人民共和国反不正当竞争法

(1993年9月2日第八届全国人民代表大会常务委员会第三次会议通过 2017年11月4日第十二届全国人民代表大会常务委员会第三十次会议修订 根据2019年4月23日第十三届全国人民代表大会常务委员会第十次会议《关于修改〈中华人民共和国建筑法〉等八部法律的决定》修正)

目 录

第一章 总 则
第二章 不正当竞争行为
第三章 对涉嫌不正当竞争行为的调查
第四章 法律责任
第五章 附 则

第一章 总 则

第一条 为了促进社会主义市场经济健康发展,鼓励和保护公平竞争,制止不正当竞争行为,保护经营者和消费者的合法权益,制定本法。

第二条 经营者在生产经营活动中,应当遵循自愿、平等、公平、诚信的原则,遵守法律和商业道德。

本法所称的不正当竞争行为,是指经营者在生产经营活动中,违反本法规定,扰乱市场竞争秩序,损害其他经营者或者消费者的合法权益的行为。

本法所称的经营者,是指从事商品生产、经营或者提供服务(以下所称商品包括服务)的自然人、法人和非法人组织。

第三条 各级人民政府应当采取措施,制止不正当竞争行为,为公平竞争创造良好的环境和条件。

国务院建立反不正当竞争工作协调机制,研究决定反不正当竞争重大政策,协调处理维护市场竞争秩序的重大问题。

第四条 县级以上人民政府履行工商行政管理职责的部门对不正当竞争行为进行查处;法律、行政法规规定由其他部门查处的,依照其规定。

第五条 国家鼓励、支持和保护一切组织和个人对不正当竞争行为进行社会监督。

国家机关及其工作人员不得支持、包庇不正当竞争行为。

行业组织应当加强行业自律,引导、规范会员依法竞争,维护市场竞争秩序。

第二章 不正当竞争行为

第六条 经营者不得实施下列混淆行为,引人误认为是他人商品或者与他人存在特定联系:

(一)擅自使用与他人有一定影响的商品名称、包装、装潢等相同或者近似的标识;

(二)擅自使用他人有一定影响的企业名称(包括简称、字号等)、社会组织名称(包括简称等)、姓名(包括笔名、艺名、译名等);

(三)擅自使用他人有一定影响的域名主体部分、网站名称、网页等;

(四)其他足以引人误认为是他人商品或者与他人存在特定联系的混淆行为。

第七条 经营者不得采用财物或者其他手段贿赂下列单位或者个人,以谋取交易机会或者竞争优势:

(一)交易相对方的工作人员;

(二)受交易相对方委托办理相关事务的单位或者个人;

(三)利用职权或者影响力影响交易的单位或者个人。

经营者在交易活动中,可以以明示方式向交易相对方支付折扣,或者向中间人支付佣金。经营者向交易相对方支付折扣、向中间人支付佣金的,应当如实入账。接受折扣、佣金的经营者也应当如实入账。

经营者的工作人员进行贿赂的,应当认定为经营者的行为;但是,经营者有证据证明该工作人员的行为与为经营者谋取交易机会或者竞争优势无关的除外。

第八条　经营者不得对其商品的性能、功能、质量、销售状况、用户评价、曾获荣誉等作虚假或者引人误解的商业宣传，欺骗、误导消费者。

经营者不得通过组织虚假交易等方式，帮助其他经营者进行虚假或者引人误解的商业宣传。

第九条　经营者不得实施下列侵犯商业秘密的行为：

（一）以盗窃、贿赂、欺诈、胁迫、电子侵入或者其他不正当手段获取权利人的商业秘密；

（二）披露、使用或者允许他人使用以前项手段获取的权利人的商业秘密；

（三）违反保密义务或者违反权利人有关保守商业秘密的要求，披露、使用或者允许他人使用其所掌握的商业秘密；

（四）教唆、引诱、帮助他人违反保密义务或者违反权利人有关保守商业秘密的要求，获取、披露、使用或者允许他人使用权利人的商业秘密。

经营者以外的其他自然人、法人和非法人组织实施前款所列违法行为的，视为侵犯商业秘密。

第三人明知或者应知商业秘密权利人的员工、前员工或者其他单位、个人实施本条第一款所列违法行为，仍获取、披露、使用或者允许他人使用该商业秘密的，视为侵犯商业秘密。

本法所称的商业秘密，是指不为公众所知悉、具有商业价值并经权利人采取相应保密措施的技术信息、经营信息等商业信息。

第十条　经营者进行有奖销售不得存在下列情形：

（一）所设奖的种类、兑奖条件、奖金金额或者奖品等有奖销售信息不明确，影响兑奖；

（二）采用谎称有奖或者故意让内定人员中奖的欺骗方式进行有奖销售；

（三）抽奖式的有奖销售，最高奖的金额超过五万元。

第十一条　经营者不得编造、传播虚假信息或者误导性信息，损害竞争对手的商业信誉、商品声誉。

第十二条　经营者利用网络从事生产经营活动,应当遵守本法的各项规定。

经营者不得利用技术手段,通过影响用户选择或者其他方式,实施下列妨碍、破坏其他经营者合法提供的网络产品或者服务正常运行的行为:

(一)未经其他经营者同意,在其合法提供的网络产品或者服务中,插入链接、强制进行目标跳转;

(二)误导、欺骗、强迫用户修改、关闭、卸载其他经营者合法提供的网络产品或者服务;

(三)恶意对其他经营者合法提供的网络产品或者服务实施不兼容;

(四)其他妨碍、破坏其他经营者合法提供的网络产品或者服务正常运行的行为。

第三章　对涉嫌不正当竞争行为的调查

第十三条　监督检查部门调查涉嫌不正当竞争行为,可以采取下列措施:

(一)进入涉嫌不正当竞争行为的经营场所进行检查;

(二)询问被调查的经营者、利害关系人及其他有关单位、个人,要求其说明有关情况或者提供与被调查行为有关的其他资料;

(三)查询、复制与涉嫌不正当竞争行为有关的协议、账簿、单据、文件、记录、业务函电和其他资料;

(四)查封、扣押与涉嫌不正当竞争行为有关的财物;

(五)查询涉嫌不正当竞争行为的经营者的银行账户。

采取前款规定的措施,应当向监督检查部门主要负责人书面报告,并经批准。采取前款第四项、第五项规定的措施,应当向设区的市级以上人民政府监督检查部门主要负责人书面报告,并经批准。

监督检查部门调查涉嫌不正当竞争行为,应当遵守《中华人民共和国行政强制法》和其他有关法律、行政法规的规定,并应当将查处结果及时向社会公开。

第十四条 监督检查部门调查涉嫌不正当竞争行为,被调查的经营者、利害关系人及其他有关单位、个人应当如实提供有关资料或者情况。

第十五条 监督检查部门及其工作人员对调查过程中知悉的商业秘密负有保密义务。

第十六条 对涉嫌不正当竞争行为,任何单位和个人有权向监督检查部门举报,监督检查部门接到举报后应当依法及时处理。

监督检查部门应当向社会公开受理举报的电话、信箱或者电子邮件地址,并为举报人保密。对实名举报并提供相关事实和证据的,监督检查部门应当将处理结果告知举报人。

第四章 法 律 责 任

第十七条 经营者违反本法规定,给他人造成损害的,应当依法承担民事责任。

经营者的合法权益受到不正当竞争行为损害的,可以向人民法院提起诉讼。

因不正当竞争行为受到损害的经营者的赔偿数额,按照其因被侵权所受到的实际损失确定;实际损失难以计算的,按照侵权人因侵权所获得的利益确定。经营者恶意实施侵犯商业秘密行为,情节严重的,可以在按照上述方法确定数额的一倍以上五倍以下确定赔偿数额。赔偿数额还应当包括经营者为制止侵权行为所支付的合理开支。

经营者违反本法第六条、第九条规定,权利人因被侵权所受到的实际损失、侵权人因侵权所获得的利益难以确定的,由人民法院根据侵权行为的情节判决给予权利人五百万元以下的赔偿。

第十八条 经营者违反本法第六条规定实施混淆行为的,由监督检查部门责令停止违法行为,没收违法商品。违法经营额五万元以上的,可以并处违法经营额五倍以下的罚款;没有违法经营额或者违法经营额不足五万元的,可以并处二十五万元以下的罚款。情节严重的,吊销营业执照。

经营者登记的企业名称违反本法第六条规定的,应当及时办理名称变更登记;名称变更前,由原企业登记机关以统一社会信用代码代替其名称。

第十九条 经营者违反本法第七条规定贿赂他人的,由监督检查部门没收违法所得,处十万元以上三百万元以下的罚款。情节严重的,吊销营业执照。

第二十条 经营者违反本法第八条规定对其商品作虚假或者引人误解的商业宣传,或者通过组织虚假交易等方式帮助其他经营者进行虚假或者引人误解的商业宣传,由监督检查部门责令停止违法行为,处二十万元以上一百万元以下的罚款;情节严重的,处一百万元以上二百万元以下的罚款,可以吊销营业执照。

经营者违反本法第八条规定,属于发布虚假广告的,依照《中华人民共和国广告法》的规定处罚。

第二十一条 经营者以及其他自然人、法人和非法人组织违反本法第九条规定侵犯商业秘密的,由监督检查部门责令停止违法行为,没收违法所得,处十万元以上一百万元以下的罚款;情节严重的,处五十万元以上五百万元以下的罚款。

第二十二条 经营者违反本法第十条规定进行有奖销售的,由监督检查部门责令停止违法行为,处五万元以上五十万元以下的罚款。

第二十三条 经营者违反本法第十一条规定损害竞争对手商业信誉、商品声誉的,由监督检查部门责令停止违法行为、消除影响,处十万元以上五十万元以下的罚款;情节严重的,处五十万元以上三百万元以下的罚款。

第二十四条 经营者违反本法第十二条规定妨碍、破坏其他经营者合法提供的网络产品或者服务正常运行的,由监督检查部门责令停止违法行为,处十万元以上五十万元以下的罚款;情节严重的,处五十万元以上三百万元以下的罚款。

第二十五条 经营者违反本法规定从事不正当竞争,有主动消除或者减轻违法行为危害后果等法定情形的,依法从轻或者减轻行政处罚;违法行为轻微并及时纠正,没有造成危害后果的,不予行政处罚。

第二十六条 经营者违反本法规定从事不正当竞争,受到行政处罚的,由监督检查部门记入信用记录,并依照有关法律、行政法规的规定予以公示。

第二十七条　经营者违反本法规定,应当承担民事责任、行政责任和刑事责任,其财产不足以支付的,优先用于承担民事责任。

第二十八条　妨害监督检查部门依照本法履行职责,拒绝、阻碍调查的,由监督检查部门责令改正,对个人可以处五千元以下的罚款,对单位可以处五万元以下的罚款,并可以由公安机关依法给予治安管理处罚。

第二十九条　当事人对监督检查部门作出的决定不服的,可以依法申请行政复议或者提起行政诉讼。

第三十条　监督检查部门的工作人员滥用职权、玩忽职守、徇私舞弊或者泄露调查过程中知悉的商业秘密的,依法给予处分。

第三十一条　违反本法规定,构成犯罪的,依法追究刑事责任。

第三十二条　在侵犯商业秘密的民事审判程序中,商业秘密权利人提供初步证据,证明其已经对所主张的商业秘密采取保密措施,且合理表明商业秘密被侵犯,涉嫌侵权人应当证明权利人所主张的商业秘密不属于本法规定的商业秘密。

商业秘密权利人提供初步证据合理表明商业秘密被侵犯,且提供以下证据之一的,涉嫌侵权人应当证明其不存在侵犯商业秘密的行为:

(一)有证据表明涉嫌侵权人有渠道或者机会获取商业秘密,且其使用的信息与该商业秘密实质上相同;

(二)有证据表明商业秘密已经被涉嫌侵权人披露、使用或者有被披露、使用的风险;

(三)有其他证据表明商业秘密被涉嫌侵权人侵犯。

第五章　附　　则

第三十三条　本法自2018年1月1日起施行。

中华人民共和国产品质量法

（1993年2月22日第七届全国人民代表大会常务委员会第三十次会议通过　根据2000年7月8日第九届全国人民代表大会常务委员会第十六次会议《关于修改〈中华人民共和国产品质量法〉的决定》第一次修正　根据2009年8月27日第十一届全国人民代表大会常务委员会第十次会议《关于修改部分法律的决定》第二次修正　根据2018年12月29日第十三届全国人民代表大会常务委员会第七次会议《关于修改〈中华人民共和国产品质量法〉等五部法律的决定》第三次修正）

目　　录

第一章　总　　则
第二章　产品质量的监督
第三章　生产者、销售者的产品质量责任和义务
　第一节　生产者的产品质量责任和义务
　第二节　销售者的产品质量责任和义务
第四章　损害赔偿
第五章　罚　　则
第六章　附　　则

第一章　总　　则

第一条　为了加强对产品质量的监督管理，提高产品质量水平，明确产品质量责任，保护消费者的合法权益，维护社会经济秩序，制定本法。

第二条　在中华人民共和国境内从事产品生产、销售活动，必须遵守本法。

本法所称产品是指经过加工、制作,用于销售的产品。

建设工程不适用本法规定;但是,建设工程使用的建筑材料、建筑构配件和设备,属于前款规定的产品范围的,适用本法规定。

第三条 生产者、销售者应当建立健全内部产品质量管理制度,严格实施岗位质量规范、质量责任以及相应的考核办法。

第四条 生产者、销售者依照本法规定承担产品质量责任。

第五条 禁止伪造或者冒用认证标志等质量标志;禁止伪造产品的产地,伪造或者冒用他人的厂名、厂址;禁止在生产、销售的产品中掺杂、掺假,以假充真,以次充好。

第六条 国家鼓励推行科学的质量管理方法,采用先进的科学技术,鼓励企业产品质量达到并且超过行业标准、国家标准和国际标准。

对产品质量管理先进和产品质量达到国际先进水平、成绩显著的单位和个人,给予奖励。

第七条 各级人民政府应当把提高产品质量纳入国民经济和社会发展规划,加强对产品质量工作的统筹规划和组织领导,引导、督促生产者、销售者加强产品质量管理,提高产品质量,组织各有关部门依法采取措施,制止产品生产、销售中违反本法规定的行为,保障本法的施行。

第八条 国务院市场监督管理部门主管全国产品质量监督工作。国务院有关部门在各自的职责范围内负责产品质量监督工作。

县级以上地方市场监督管理部门主管本行政区域内的产品质量监督工作。县级以上地方人民政府有关部门在各自的职责范围内负责产品质量监督工作。

法律对产品质量的监督部门另有规定的,依照有关法律的规定执行。

第九条 各级人民政府工作人员和其他国家机关工作人员不得滥用职权、玩忽职守或者徇私舞弊,包庇、放纵本地区、本系统发生的产品生产、销售中违反本法规定的行为,或者阻挠、干预依法对产品生产、销售中违反本法规定的行为进行查处。

各级地方人民政府和其他国家机关有包庇、放纵产品生产、销售中违反本法规定的行为的,依法追究其主要负责人的法律责任。

第十条　任何单位和个人有权对违反本法规定的行为,向市场监督管理部门或者其他有关部门检举。

市场监督管理部门和有关部门应当为检举人保密,并按照省、自治区、直辖市人民政府的规定给予奖励。

第十一条　任何单位和个人不得排斥非本地区或者非本系统企业生产的质量合格产品进入本地区、本系统。

第二章　产品质量的监督

第十二条　产品质量应当检验合格,不得以不合格产品冒充合格产品。

第十三条　可能危及人体健康和人身、财产安全的工业产品,必须符合保障人体健康和人身、财产安全的国家标准、行业标准;未制定国家标准、行业标准的,必须符合保障人体健康和人身、财产安全的要求。

禁止生产、销售不符合保障人体健康和人身、财产安全的标准和要求的工业产品。具体管理办法由国务院规定。

第十四条　国家根据国际通用的质量管理标准,推行企业质量体系认证制度。企业根据自愿原则可以向国务院市场监督管理部门认可的或者国务院市场监督管理部门授权的部门认可的认证机构申请企业质量体系认证。经认证合格的,由认证机构颁发企业质量体系认证证书。

国家参照国际先进的产品标准和技术要求,推行产品质量认证制度。企业根据自愿原则可以向国务院市场监督管理部门认可的或者国务院市场监督管理部门授权的部门认可的认证机构申请产品质量认证。经认证合格的,由认证机构颁发产品质量认证证书,准许企业在产品或者其包装上使用产品质量认证标志。

第十五条　国家对产品质量实行以抽查为主要方式的监督检查制度,对可能危及人体健康和人身、财产安全的产品,影响国计民生的重要工业产品以及消费者、有关组织反映有质量问题的产品进行抽查。抽查的样品应当在市场上或者企业成品仓库内的待销产品中随机抽取。监督抽查工作由国务院市场监督管理部门规划和组织。县级以上地方市场监督管理部门在本行政区域内也可以组织监督抽查。法律对产品质量的监督检查另有规定的,依照有关法律的规定执行。

国家监督抽查的产品,地方不得另行重复抽查;上级监督抽查的产品,下级不得另行重复抽查。

根据监督抽查的需要,可以对产品进行检验。检验抽取样品的数量不得超过检验的合理需要,并不得向被检查人收取检验费用。监督抽查所需检验费用按照国务院规定列支。

生产者、销售者对抽查检验的结果有异议的,可以自收到检验结果之日起十五日内向实施监督抽查的市场监督管理部门或者其上级市场监督管理部门申请复检,由受理复检的市场监督管理部门作出复检结论。

第十六条 对依法进行的产品质量监督检查,生产者、销售者不得拒绝。

第十七条 依照本法规定进行监督抽查的产品质量不合格的,由实施监督抽查的市场监督管理部门责令其生产者、销售者限期改正。逾期不改正的,由省级以上人民政府市场监督管理部门予以公告;公告后经复查仍不合格的,责令停业,限期整顿;整顿期满后经复查产品质量仍不合格的,吊销营业执照。

监督抽查的产品有严重质量问题的,依照本法第五章的有关规定处罚。

第十八条 县级以上市场监督管理部门根据已经取得的违法嫌疑证据或者举报,对涉嫌违反本法规定的行为进行查处时,可以行使下列职权:

(一)对当事人涉嫌从事违反本法的生产、销售活动的场所实施现场检查;

(二)向当事人的法定代表人、主要负责人和其他有关人员调查、了解与涉嫌从事违反本法的生产、销售活动有关的情况;

(三)查阅、复制当事人有关的合同、发票、帐簿以及其他有关资料;

(四)对有根据认为不符合保障人体健康和人身、财产安全的国家标准、行业标准的产品或者有其他严重质量问题的产品,以及直接用于生产、销售该项产品的原辅材料、包装物、生产工具,予以查封或者扣押。

第十九条 产品质量检验机构必须具备相应的检测条件和能力,经省级以上人民政府市场监督管理部门或者其授权的部门考核合格后,方可承担产品质量检验工作。法律、行政法规对产品质量检验机构另有规定的,依照有关法律、行政法规的规定执行。

第二十条 从事产品质量检验、认证的社会中介机构必须依法设立,不得与行政机关和其他国家机关存在隶属关系或者其他利益关系。

第二十一条 产品质量检验机构、认证机构必须依法按照有关标准,客观、公正地出具检验结果或者认证证明。

产品质量认证机构应当依照国家规定对准许使用认证标志的产品进行认证后的跟踪检查;对不符合认证标准而使用认证标志的,要求其改正;情节严重的,取消其使用认证标志的资格。

第二十二条 消费者有权就产品质量问题,向产品的生产者、销售者查询;向市场监督管理部门及有关部门申诉,接受申诉的部门应当负责处理。

第二十三条 保护消费者权益的社会组织可以就消费者反映的产品质量问题建议有关部门负责处理,支持消费者对因产品质量造成的损害向人民法院起诉。

第二十四条 国务院和省、自治区、直辖市人民政府的市场监督管理部门应当定期发布其监督抽查的产品的质量状况公告。

第二十五条 市场监督管理部门或者其他国家机关以及产品质量检验机构不得向社会推荐生产者的产品;不得以对产品进行监制、监销等方式参与产品经营活动。

第三章 生产者、销售者的产品质量责任和义务

第一节 生产者的产品质量责任和义务

第二十六条 生产者应当对其生产的产品质量负责。

产品质量应当符合下列要求：

（一）不存在危及人身、财产安全的不合理的危险，有保障人体健康和人身、财产安全的国家标准、行业标准的，应当符合该标准；

（二）具备产品应当具备的使用性能，但是，对产品存在使用性能的瑕疵作出说明的除外；

（三）符合在产品或者其包装上注明采用的产品标准，符合以产品说明、实物样品等方式表明的质量状况。

第二十七条 产品或者其包装上的标识必须真实，并符合下列要求：

（一）有产品质量检验合格证明；

（二）有中文标明的产品名称、生产厂厂名和厂址；

（三）根据产品的特点和使用要求，需要标明产品规格、等级、所含主要成份的名称和含量的，用中文相应予以标明；需要事先让消费者知晓的，应当在外包装上标明，或者预先向消费者提供有关资料；

（四）限期使用的产品，应当在显著位置清晰地标明生产日期和安全使用期或者失效日期；

（五）使用不当，容易造成产品本身损坏或者可能危及人身、财产安全的产品，应当有警示标志或者中文警示说明。

裸装的食品和其他根据产品的特点难以附加标识的裸装产品，可以不附加产品标识。

第二十八条 易碎、易燃、易爆、有毒、有腐蚀性、有放射性等危险物品以及储运中不能倒置和其他有特殊要求的产品，其包装质量必须符合相应要求，依照国家有关规定作出警示标志或者中文警示说明，标明储运注意事项。

第二十九条 生产者不得生产国家明令淘汰的产品。

第三十条 生产者不得伪造产地，不得伪造或者冒用他人的厂名、厂址。

第三十一条 生产者不得伪造或者冒用认证标志等质量标志。

第三十二条 生产者生产产品，不得掺杂、掺假，不得以假充真、以次充好，不得以不合格产品冒充合格产品。

第二节　销售者的产品质量责任和义务

第三十三条　销售者应当建立并执行进货检查验收制度,验明产品合格证明和其他标识。

第三十四条　销售者应当采取措施,保持销售产品的质量。

第三十五条　销售者不得销售国家明令淘汰并停止销售的产品和失效、变质的产品。

第三十六条　销售者销售的产品的标识应当符合本法第二十七条的规定。

第三十七条　销售者不得伪造产地,不得伪造或者冒用他人的厂名、厂址。

第三十八条　销售者不得伪造或冒用认证标志等质量标志。

第三十九条　销售者销售产品,不得掺杂、掺假,不得以假充真、以次充好,不得以不合格产品冒充合格产品。

第四章　损害赔偿

第四十条　售出的产品有下列情形之一的,销售者应当负责修理、更换、退货;给购买产品的消费者造成损失的,销售者应当赔偿损失:

（一）不具备产品应当具备的使用性能而事先未作说明的;

（二）不符合在产品或者其包装上注明采用的产品标准的;

（三）不符合以产品说明、实物样品等方式表明的质量状况的。

销售者依照前款规定负责修理、更换、退货、赔偿损失后,属于生产者的责任或者属于向销售者提供产品的其他销售者（以下简称供货者）的责任的,销售者有权向生产者、供货者追偿。

销售者未按照第一款规定给予修理、更换、退货或者赔偿损失的,由市场监督管理部门责令改正。

生产者之间,销售者之间,生产者与销售者之间订立的买卖合同、承揽合同有不同约定的,合同当事人按照合同约定执行。

第四十一条　因产品存在缺陷造成人身、缺陷产品以外的其他财产（以下简称他人财产）损害的,生产者应当承担赔偿责任。

生产者能够证明有下列情形之一的,不承担赔偿责任:
(一)未将产品投入流通的;
(二)产品投入流通时,引起损害的缺陷尚不存在的;
(三)将产品投入流通时的科学技术水平尚不能发现缺陷的存在的。

第四十二条　由于销售者的过错使产品存在缺陷,造成人身、他人财产损害的,销售者应当承担赔偿责任。

销售者不能指明缺陷产品的生产者也不能指明缺陷产品的供货者的,销售者应当承担赔偿责任。

第四十三条　因产品存在缺陷造成人身、他人财产损害的,受害人可以向产品的生产者要求赔偿,也可以向产品的销售者要求赔偿。属于产品的生产者的责任,产品的销售者赔偿的,产品的销售者有权向产品的生产者追偿。属于产品的销售者的责任,产品的生产者赔偿的,产品的生产者有权向产品的销售者追偿。

第四十四条　因产品存在缺陷造成受害人人身伤害的,侵害人应当赔偿医疗费、治疗期间的护理费、因误工减少的收入等费用;造成残疾的,还应当支付残疾者生活自助具费、生活补助费、残疾赔偿金以及由其扶养的人所必需的生活费等费用;造成受害人死亡的,并应当支付丧葬费、死亡赔偿金以及由死者生前扶养的人所必需的生活费等费用。

因产品存在缺陷造成受害人财产损失的,侵害人应当恢复原状或者折价赔偿。受害人因此遭受其他重大损失的,侵害人应当赔偿损失。

第四十五条　因产品存在缺陷造成损害要求赔偿的诉讼时效期间为二年,自当事人知道或者应当知道其权益受到损害时起计算。

因产品存在缺陷造成损害要求赔偿的请求权,在造成损害的缺陷产品交付最初消费者满十年丧失;但是,尚未超过明示的安全使用期的除外。

第四十六条　本法所称缺陷,是指产品存在危及人身、他人财产安全的不合理的危险;产品有保障人体健康和人身、财产安全的国家标准、行业标准的,是指不符合该标准。

第四十七条 因产品质量发生民事纠纷时,当事人可以通过协商或者调解解决。当事人不愿通过协商、调解解决或者协商、调解不成的,可以根据当事人各方的协议向仲裁机构申请仲裁;当事人各方没有达成仲裁协议或者仲裁协议无效的,可以直接向人民法院起诉。

第四十八条 仲裁机构或者人民法院可以委托本法第十九条规定的产品质量检验机构,对有关产品质量进行检验。

第五章 罚 则

第四十九条 生产、销售不符合保障人体健康和人身、财产安全的国家标准、行业标准的产品的,责令停止生产、销售,没收违法生产、销售的产品,并处违法生产、销售产品(包括已售出和未售出的产品,下同)货值金额等值以上三倍以下的罚款;有违法所得的,并处没收违法所得;情节严重的,吊销营业执照;构成犯罪的,依法追究刑事责任。

第五十条 在产品中掺杂、掺假,以假充真,以次充好,或者以不合格产品冒充合格产品的,责令停止生产、销售,没收违法生产、销售的产品,并处违法生产、销售产品货值金额百分之五十以上三倍以下的罚款;有违法所得的,并处没收违法所得;情节严重的,吊销营业执照;构成犯罪的,依法追究刑事责任。

第五十一条 生产国家明令淘汰的产品的,销售国家明令淘汰并停止销售的产品的,责令停止生产、销售,没收违法生产、销售的产品,并处违法生产、销售产品货值金额等值以下的罚款;有违法所得的,并处没收违法所得;情节严重的,吊销营业执照。

第五十二条 销售失效、变质的产品的,责令停止销售,没收违法销售的产品,并处违法销售产品货值金额二倍以下的罚款;有违法所得的,并处没收违法所得;情节严重的,吊销营业执照;构成犯罪的,依法追究刑事责任。

第五十三条 伪造产品产地的,伪造或者冒用他人厂名、厂址的,伪造或者冒用认证标志等质量标志的,责令改正,没收违法生产、销售的产品,并处违法生产、销售产品货值金额等值以下的罚款;有违法所得的,并处没收违法所得;情节严重的,吊销营业执照。

第五十四条 产品标识不符合本法第二十七条规定的,责令改正;有包装的产品标识不符合本法第二十七条第(四)项、第(五)项规定,情节严重的,责令停止生产、销售,并处违法生产、销售产品货值金额百分之三十以下的罚款;有违法所得的,并处没收违法所得。

第五十五条 销售者销售本法第四十九条至第五十三条规定禁止销售的产品,有充分证据证明其不知道该产品为禁止销售的产品并如实说明其进货来源的,可以从轻或者减轻处罚。

第五十六条 拒绝接受依法进行的产品质量监督检查的,给予警告,责令改正;拒不改正的,责令停业整顿;情节特别严重的,吊销营业执照。

第五十七条 产品质量检验机构、认证机构伪造检验结果或者出具虚假证明的,责令改正,对单位处五万元以上十万元以下的罚款,对直接负责的主管人员和其他直接责任人员处一万元以上五万元以下的罚款;有违法所得的,并处没收违法所得;情节严重的,取消其检验资格、认证资格;构成犯罪的,依法追究刑事责任。

产品质量检验机构、认证机构出具的检验结果或者证明不实,造成损失的,应当承担相应的赔偿责任;造成重大损失的,撤销其检验资格、认证资格。

产品质量认证机构违反本法第二十一条第二款的规定,对不符合认证标准而使用认证标志的产品,未依法要求其改正或者取消其使用认证标志资格的,对因产品不符合认证标准给消费者造成的损失,与产品的生产者、销售者承担连带责任;情节严重的,撤销其认证资格。

第五十八条 社会团体、社会中介机构对产品质量作出承诺、保证,而该产品又不符合其承诺、保证的质量要求,给消费者造成损失的,与产品的生产者、销售者承担连带责任。

第五十九条 在广告中对产品质量作虚假宣传,欺骗和误导消费者的,依照《中华人民共和国广告法》的规定追究法律责任。

第六十条 对生产者专门用于生产本法第四十九条、第五十一条所列的产品或者以假充真的产品的原辅材料、包装物、生产工具,应当予以没收。

第六十一条 知道或者应当知道属于本法规定禁止生产、销售的产品而为其提供运输、保管、仓储等便利条件的,或者为以假充真的产品提供制假生产技术的,没收全部运输、保管、仓储或者提供制假生产技术的收入,并处违法收入百分之五十以上三倍以下的罚款;构成犯罪的,依法追究刑事责任。

第六十二条　服务业的经营者将本法第四十九条至第五十二条规定禁止销售的产品用于经营性服务的,责令停止使用;对知道或者应当知道所使用的产品属于本法规定禁止销售的产品的,按照违法使用的产品(包括已使用和尚未使用的产品)的货值金额,依照本法对销售者的处罚规定处罚。

第六十三条　隐匿、转移、变卖、损毁被市场监督管理部门查封、扣押的物品的,处被隐匿、转移、变卖、损毁物品货值金额等值以上三倍以下的罚款;有违法所得的,并处没收违法所得。

第六十四条　违反本法规定,应当承担民事赔偿责任和缴纳罚款、罚金,其财产不足以同时支付时,先承担民事赔偿责任。

第六十五条　各级人民政府工作人员和其他国家机关工作人员有下列情形之一的,依法给予行政处分;构成犯罪的,依法追究刑事责任:

(一)包庇、放纵产品生产、销售中违反本法规定行为的;

(二)向从事违反本法规定的生产、销售活动的当事人通风报信,帮助其逃避查处的;

(三)阻挠、干预市场监督管理部门依法对产品生产、销售中违反本法规定的行为进行查处,造成严重后果的。

第六十六条　市场监督管理部门在产品质量监督抽查中超过规定的数量索取样品或者向被检查人收取检验费用的,由上级市场监督管理部门或者监察机关责令退还;情节严重的,对直接负责的主管人员和其他直接责任人员依法给予行政处分。

第六十七条　市场监督管理部门或者其他国家机关违反本法第二十五条的规定,向社会推荐生产者的产品或者以监制、监销等方式参与产品经营活动的,由其上级机关或者监察机关责令改正,消除影响,有违法收入的予以没收;情节严重的,对直接负责的主管人员和其他直接责任人员依法给予行政处分。

产品质量检验机构有前款所列违法行为的,由市场监督管理部门责令改正,消除影响,有违法收入的予以没收,可以并处违法收入一倍以下的罚款;情节严重的,撤销其质量检验资格。

第六十八条 市场监督管理部门的工作人员滥用职权、玩忽职守、徇私舞弊,构成犯罪的,依法追究刑事责任;尚不构成犯罪的,依法给予行政处分。

第六十九条 以暴力、威胁方法阻碍市场监督管理部门的工作人员依法执行职务的,依法追究刑事责任;拒绝、阻碍未使用暴力、威胁方法的,由公安机关依照治安管理处罚法的规定处罚。

第七十条 本法第四十九条至第五十七条、第六十条至第六十三条规定的行政处罚由市场监督管理部门决定。法律、行政法规对行使行政处罚权的机关另有规定的,依照有关法律、行政法规的规定执行。

第七十一条 对依照本法规定没收的产品,依照国家有关规定进行销毁或者采取其他方式处理。

第七十二条 本法第四十九条至第五十四条、第六十二条、第六十三条所规定的货值金额以违法生产、销售产品的标价计算;没有标价的,按照同类产品的市场价格计算。

第六章 附 则

第七十三条 军工产品质量监督管理办法,由国务院、中央军事委员会另行制定。

因核设施、核产品造成损害的赔偿责任,法律、行政法规另有规定的,依照其规定。

第七十四条 本法自1993年9月1日起施行。

一、法律

中华人民共和国安全生产法

（2002年6月29日第九届全国人民代表大会常务委员会第二十八次会议通过　根据2009年8月27日第十一届全国人民代表大会常务委员会第十次会议《关于修改部分法律的决定》第一次修正　根据2014年8月31日第十二届全国人民代表大会常务委员会第十次会议《关于修改〈中华人民共和国安全生产法〉的决定》第二次修正　根据2021年6月10日第十三届全国人民代表大会常务委员会第二十九次会议《关于修改〈中华人民共和国安全生产法〉的决定》第三次修正）

目　录

第一章　总　则
第二章　生产经营单位的安全生产保障
第三章　从业人员的安全生产权利义务
第四章　安全生产的监督管理
第五章　生产安全事故的应急救援与调查处理
第六章　法律责任
第七章　附　则

第一章　总　则

第一条　为了加强安全生产工作，防止和减少生产安全事故，保障人民群众生命和财产安全，促进经济社会持续健康发展，制定本法。

第二条　在中华人民共和国领域内从事生产经营活动的单位（以下统称生产经营单位）的安全生产，适用本法；有关法律、行政法规对消防安全和道路交通安全、铁路交通安全、水上交通安全、民用航空安全以及核与辐射安全、特种设备安全另有规定的，适用其规定。

第三条 安全生产工作坚持中国共产党的领导。

安全生产工作应当以人为本,坚持人民至上、生命至上,把保护人民生命安全摆在首位,树牢安全发展理念,坚持安全第一、预防为主、综合治理的方针,从源头上防范化解重大安全风险。

安全生产工作实行管行业必须管安全、管业务必须管安全、管生产经营必须管安全,强化和落实生产经营单位主体责任与政府监管责任,建立生产经营单位负责、职工参与、政府监管、行业自律和社会监督的机制。

第四条 生产经营单位必须遵守本法和其他有关安全生产的法律、法规,加强安全生产管理,建立健全全员安全生产责任制和安全生产规章制度,加大对安全生产资金、物资、技术、人员的投入保障力度,改善安全生产条件,加强安全生产标准化、信息化建设,构建安全风险分级管控和隐患排查治理双重预防机制,健全风险防范化解机制,提高安全生产水平,确保安全生产。

平台经济等新兴行业、领域的生产经营单位应当根据本行业、领域的特点,建立健全并落实全员安全生产责任制,加强从业人员安全生产教育和培训,履行本法和其他法律、法规规定的有关安全生产义务。

第五条 生产经营单位的主要负责人是本单位安全生产第一责任人,对本单位的安全生产工作全面负责。其他负责人对职责范围内的安全生产工作负责。

第六条 生产经营单位的从业人员有依法获得安全生产保障的权利,并应当依法履行安全生产方面的义务。

第七条 工会依法对安全生产工作进行监督。

生产经营单位的工会依法组织职工参加本单位安全生产工作的民主管理和民主监督,维护职工在安全生产方面的合法权益。生产经营单位制定或者修改有关安全生产的规章制度,应当听取工会的意见。

第八条 国务院和县级以上地方各级人民政府应当根据国民经济和社会发展规划制定安全生产规划,并组织实施。安全生产规划应当与国土空间规划等相关规划相衔接。

各级人民政府应当加强安全生产基础设施建设和安全生产监管能力建设,所需经费列入本级预算。

县级以上地方各级人民政府应当组织有关部门建立完善安全风险评估与论证机制,按照安全风险管控要求,进行产业规划和空间布局,并对位置相邻、行业相近、业态相似的生产经营单位实施重大安全风险联防联控。

第九条 国务院和县级以上地方各级人民政府应当加强对安全生产工作的领导,建立健全安全生产工作协调机制,支持、督促各有关部门依法履行安全生产监督管理职责,及时协调、解决安全生产监督管理中存在的重大问题。

乡镇人民政府和街道办事处,以及开发区、工业园区、港区、风景区等应当明确负责安全生产监督管理的有关工作机构及其职责,加强安全生产监管力量建设,按照职责对本行政区域或者管理区域内生产经营单位安全生产状况进行监督检查,协助人民政府有关部门或者按照授权依法履行安全生产监督管理职责。

第十条 国务院应急管理部门依照本法,对全国安全生产工作实施综合监督管理;县级以上地方各级人民政府应急管理部门依照本法,对本行政区域内安全生产工作实施综合监督管理。

国务院交通运输、住房和城乡建设、水利、民航等有关部门依照本法和其他有关法律、行政法规的规定,在各自的职责范围内对有关行业、领域的安全生产工作实施监督管理;县级以上地方各级人民政府有关部门依照本法和其他有关法律、法规的规定,在各自的职责范围内对有关行业、领域的安全生产工作实施监督管理。对新兴行业、领域的安全生产监督管理职责不明确的,由县级以上地方各级人民政府按照业务相近的原则确定监督管理部门。

应急管理部门和对有关行业、领域的安全生产工作实施监督管理的部门,统称负有安全生产监督管理职责的部门。负有安全生产监督管理职责的部门应当相互配合、齐抓共管、信息共享、资源共用,依法加强安全生产监督管理工作。

第十一条 国务院有关部门应当按照保障安全生产的要求,依法及时制定有关的国家标准或者行业标准,并根据科技进步和经济发展适时修订。

生产经营单位必须执行依法制定的保障安全生产的国家标准或者行业标准。

第十二条 国务院有关部门按照职责分工负责安全生产强制性国家标准的项目提出、组织起草、征求意见、技术审查。国务院应急管理部门统筹提出安全生产强制性国家标准的立项计划。国务院标准化行政主管部门负责安全生产强制性国家标准的立项、编号、对外通报和授权批准发布工作。国务院标准化行政主管部门、有关部门依据法定职责对安全生产强制性国家标准的实施进行监督检查。

第十三条 各级人民政府及其有关部门应当采取多种形式,加强对有关安全生产的法律、法规和安全生产知识的宣传,增强全社会的安全生产意识。

第十四条 有关协会组织依照法律、行政法规和章程,为生产经营单位提供安全生产方面的信息、培训等服务,发挥自律作用,促进生产经营单位加强安全生产管理。

第十五条 依法设立的为安全生产提供技术、管理服务的机构,依照法律、行政法规和执业准则,接受生产经营单位的委托为其安全生产工作提供技术、管理服务。

生产经营单位委托前款规定的机构提供安全生产技术、管理服务的,保证安全生产的责任仍由本单位负责。

第十六条 国家实行生产安全事故责任追究制度,依照本法和有关法律、法规的规定,追究生产安全事故责任单位和责任人员的法律责任。

第十七条 县级以上各级人民政府应当组织负有安全生产监督管理职责的部门依法编制安全生产权力和责任清单,公开并接受社会监督。

第十八条 国家鼓励和支持安全生产科学技术研究和安全生产先进技术的推广应用,提高安全生产水平。

第十九条 国家对在改善安全生产条件、防止生产安全事故、参加抢险救护等方面取得显著成绩的单位和个人,给予奖励。

一、法律

第二章 生产经营单位的安全生产保障

第二十条 生产经营单位应当具备本法和有关法律、行政法规和国家标准或者行业标准规定的安全生产条件;不具备安全生产条件的,不得从事生产经营活动。

第二十一条 生产经营单位的主要负责人对本单位安全生产工作负有下列职责:

(一)建立健全并落实本单位全员安全生产责任制,加强安全生产标准化建设;

(二)组织制定并实施本单位安全生产规章制度和操作规程;

(三)组织制定并实施本单位安全生产教育和培训计划;

(四)保证本单位安全生产投入的有效实施;

(五)组织建立并落实安全风险分级管控和隐患排查治理双重预防工作机制,督促、检查本单位的安全生产工作,及时消除生产安全事故隐患;

(六)组织制定并实施本单位的生产安全事故应急救援预案;

(七)及时、如实报告生产安全事故。

第二十二条 生产经营单位的全员安全生产责任制应当明确各岗位的责任人员、责任范围和考核标准等内容。

生产经营单位应当建立相应的机制,加强对全员安全生产责任制落实情况的监督考核,保证全员安全生产责任制的落实。

第二十三条 生产经营单位应当具备的安全生产条件所必需的资金投入,由生产经营单位的决策机构、主要负责人或者个人经营的投资人予以保证,并对由于安全生产所必需的资金投入不足导致的后果承担责任。

有关生产经营单位应当按照规定提取和使用安全生产费用,专门用于改善安全生产条件。安全生产费用在成本中据实列支。安全生产费用提取、使用和监督管理的具体办法由国务院财政部门会同国务院应急管理部门征求国务院有关部门意见后制定。

第二十四条 矿山、金属冶炼、建筑施工、运输单位和危险物品的生产、经营、储存、装卸单位,应当设置安全生产管理机构或者配备专职安全生产管理人员。

前款规定以外的其他生产经营单位,从业人员超过一百人的,应当设置安全生产管理机构或者配备专职安全生产管理人员;从业人员在一百人以下的,应当配备专职或者兼职的安全生产管理人员。

第二十五条 生产经营单位的安全生产管理机构以及安全生产管理人员履行下列职责:

(一)组织或者参与拟订本单位安全生产规章制度、操作规程和生产安全事故应急救援预案;

(二)组织或者参与本单位安全生产教育和培训,如实记录安全生产教育和培训情况;

(三)组织开展危险源辨识和评估,督促落实本单位重大危险源的安全管理措施;

(四)组织或者参与本单位应急救援演练;

(五)检查本单位的安全生产状况,及时排查生产安全事故隐患,提出改进安全生产管理的建议;

(六)制止和纠正违章指挥、强令冒险作业、违反操作规程的行为;

(七)督促落实本单位安全生产整改措施。

生产经营单位可以设置专职安全生产分管负责人,协助本单位主要负责人履行安全生产管理职责。

第二十六条 生产经营单位的安全生产管理机构以及安全生产管理人员应当恪尽职守,依法履行职责。

生产经营单位作出涉及安全生产的经营决策,应当听取安全生产管理机构以及安全生产管理人员的意见。

生产经营单位不得因安全生产管理人员依法履行职责而降低其工资、福利等待遇或者解除与其订立的劳动合同。

危险物品的生产、储存单位以及矿山、金属冶炼单位的安全生产管理人员的任免,应当告知主管的负有安全生产监督管理职责的部门。

第二十七条 生产经营单位的主要负责人和安全生产管理人员必须具备与本单位所从事的生产经营活动相应的安全生产知识和管理能力。

危险物品的生产、经营、储存、装卸单位以及矿山、金属冶炼、建筑施工、运输单位的主要负责人和安全生产管理人员,应当由主管的负有安全生产监督管理职责的部门对其安全生产知识和管理能力考核合格。考核不得收费。

危险物品的生产、储存、装卸单位以及矿山、金属冶炼单位应当有注册安全工程师从事安全生产管理工作。鼓励其他生产经营单位聘用注册安全工程师从事安全生产管理工作。注册安全工程师按专业分类管理,具体办法由国务院人力资源和社会保障部门、国务院应急管理部门会同国务院有关部门制定。

第二十八条 生产经营单位应当对从业人员进行安全生产教育和培训,保证从业人员具备必要的安全生产知识,熟悉有关的安全生产规章制度和安全操作规程,掌握本岗位的安全操作技能,了解事故应急处理措施,知悉自身在安全生产方面的权利和义务。未经安全生产教育和培训合格的从业人员,不得上岗作业。

生产经营单位使用被派遣劳动者的,应当将被派遣劳动者纳入本单位从业人员统一管理,对被派遣劳动者进行岗位安全操作规程和安全操作技能的教育和培训。劳务派遣单位应当对被派遣劳动者进行必要的安全生产教育和培训。

生产经营单位接收中等职业学校、高等学校学生实习的,应当对实习学生进行相应的安全生产教育和培训,提供必要的劳动防护用品。学校应当协助生产经营单位对实习学生进行安全生产教育和培训。

生产经营单位应当建立安全生产教育和培训档案,如实记录安全生产教育和培训的时间、内容、参加人员以及考核结果等情况。

第二十九条 生产经营单位采用新工艺、新技术、新材料或者使用新设备,必须了解、掌握其安全技术特性,采取有效的安全防护措施,并对从业人员进行专门的安全生产教育和培训。

第三十条 生产经营单位的特种作业人员必须按照国家有关规定经专门的安全作业培训,取得相应资格,方可上岗作业。

特种作业人员的范围由国务院应急管理部门会同国务院有关部门确定。

第三十一条 生产经营单位新建、改建、扩建工程项目(以下统称建设项目)的安全设施,必须与主体工程同时设计、同时施工、同时投入生产和使用。安全设施投资应当纳入建设项目概算。

第三十二条 矿山、金属冶炼建设项目和用于生产、储存、装卸危险物品的建设项目,应当按照国家有关规定进行安全评价。

第三十三条 建设项目安全设施的设计人、设计单位应当对安全设施设计负责。

矿山、金属冶炼建设项目和用于生产、储存、装卸危险物品的建设项目的安全设施设计应当按照国家有关规定报经有关部门审查,审查部门及其负责审查的人员对审查结果负责。

第三十四条 矿山、金属冶炼建设项目和用于生产、储存、装卸危险物品的建设项目的施工单位必须按照批准的安全设施设计施工,并对安全设施的工程质量负责。

矿山、金属冶炼建设项目和用于生产、储存、装卸危险物品的建设项目竣工投入生产或者使用前,应当由建设单位负责组织对安全设施进行验收;验收合格后,方可投入生产和使用。负有安全生产监督管理职责的部门应当加强对建设单位验收活动和验收结果的监督核查。

第三十五条 生产经营单位应当在有较大危险因素的生产经营场所和有关设施、设备上,设置明显的安全警示标志。

第三十六条 安全设备的设计、制造、安装、使用、检测、维修、改造和报废,应当符合国家标准或者行业标准。

生产经营单位必须对安全设备进行经常性维护、保养,并定期检测,保证正常运转。维护、保养、检测应当作好记录,并由有关人员签字。

生产经营单位不得关闭、破坏直接关系生产安全的监控、报警、防护、救生设备、设施,或者篡改、隐瞒、销毁其相关数据、信息。

餐饮等行业的生产经营单位使用燃气的,应当安装可燃气体报警装置,并保障其正常使用。

第三十七条 生产经营单位使用的危险物品的容器、运输工具,以及涉及人身安全、危险性较大的海洋石油开采特种设备和矿山井下特种设备,必须按照国家有关规定,由专业生产单位生产,并经具有专业资质的检测、检验机构检测、检验合格,取得安全使用证或者安全标志,方可投入使用。检测、检验机构对检测、检验结果负责。

第三十八条　国家对严重危及生产安全的工艺、设备实行淘汰制度,具体目录由国务院应急管理部门会同国务院有关部门制定并公布。法律、行政法规对目录的制定另有规定的,适用其规定。

省、自治区、直辖市人民政府可以根据本地区实际情况制定并公布具体目录,对前款规定以外的危及生产安全的工艺、设备予以淘汰。

生产经营单位不得使用应当淘汰的危及生产安全的工艺、设备。

第三十九条　生产、经营、运输、储存、使用危险物品或者处置废弃危险物品的,由有关主管部门依照有关法律、法规的规定和国家标准或者行业标准审批并实施监督管理。

生产经营单位生产、经营、运输、储存、使用危险物品或者处置废弃危险物品,必须执行有关法律、法规和国家标准或者行业标准,建立专门的安全管理制度,采取可靠的安全措施,接受有关主管部门依法实施的监督管理。

第四十条　生产经营单位对重大危险源应当登记建档,进行定期检测、评估、监控,并制定应急预案,告知从业人员和相关人员在紧急情况下应当采取的应急措施。

生产经营单位应当按照国家有关规定将本单位重大危险源及有关安全措施、应急措施报有关地方人民政府应急管理部门和有关部门备案。有关地方人民政府应急管理部门和有关部门应当通过相关信息系统实现信息共享。

第四十一条　生产经营单位应当建立安全风险分级管控制度,按照安全风险分级采取相应的管控措施。

生产经营单位应当建立健全并落实生产安全事故隐患排查治理制度,采取技术、管理措施,及时发现并消除事故隐患。事故隐患排查治理情况应当如实记录,并通过职工大会或者职工代表大会、信息公示栏等方式向从业人员通报。其中,重大事故隐患排查治理情况应当及时向负有安全生产监督管理职责的部门和职工大会或者职工代表大会报告。

县级以上地方各级人民政府负有安全生产监督管理职责的部门

应当将重大事故隐患纳入相关信息系统,建立健全重大事故隐患治理督办制度,督促生产经营单位消除重大事故隐患。

第四十二条 生产、经营、储存、使用危险物品的车间、商店、仓库不得与员工宿舍在同一座建筑物内,并应当与员工宿舍保持安全距离。

生产经营场所和员工宿舍应当设有符合紧急疏散要求、标志明显、保持畅通的出口、疏散通道。禁止占用、锁闭、封堵生产经营场所或者员工宿舍的出口、疏散通道。

第四十三条 生产经营单位进行爆破、吊装、动火、临时用电以及国务院应急管理部门会同国务院有关部门规定的其他危险作业,应当安排专门人员进行现场安全管理,确保操作规程的遵守和安全措施的落实。

第四十四条 生产经营单位应当教育和督促从业人员严格执行本单位的安全生产规章制度和安全操作规程;并向从业人员如实告知作业场所和工作岗位存在的危险因素、防范措施以及事故应急措施。

生产经营单位应当关注从业人员的身体、心理状况和行为习惯,加强对从业人员的心理疏导、精神慰藉,严格落实岗位安全生产责任,防范从业人员行为异常导致事故发生。

第四十五条 生产经营单位必须为从业人员提供符合国家标准或者行业标准的劳动防护用品,并监督、教育从业人员按照使用规则佩戴、使用。

第四十六条 生产经营单位的安全生产管理人员应当根据本单位的生产经营特点,对安全生产状况进行经常性检查;对检查中发现的安全问题,应当立即处理;不能处理的,应当及时报告本单位有关负责人,有关负责人应当及时处理。检查及处理情况应当如实记录在案。

生产经营单位的安全生产管理人员在检查中发现重大事故隐患,依照前款规定向本单位有关负责人报告,有关负责人不及时处理的,安全生产管理人员可以向主管的负有安全生产监督管理职责的部门报告,接到报告的部门应当依法及时处理。

第四十七条 生产经营单位应当安排用于配备劳动防护用品、进行安全生产培训的经费。

第四十八条 两个以上生产经营单位在同一作业区域内进行生产经营活动，可能危及对方生产安全的，应当签订安全生产管理协议，明确各自的安全生产管理职责和应当采取的安全措施，并指定专职安全生产管理人员进行安全检查与协调。

第四十九条 生产经营单位不得将生产经营项目、场所、设备发包或者出租给不具备安全生产条件或者相应资质的单位或者个人。

生产经营项目、场所发包或者出租给其他单位的，生产经营单位应当与承包单位、承租单位签订专门的安全生产管理协议，或者在承包合同、租赁合同中约定各自的安全生产管理职责；生产经营单位对承包单位、承租单位的安全生产工作统一协调、管理，定期进行安全检查，发现安全问题的，应当及时督促整改。

矿山、金属冶炼建设项目和用于生产、储存、装卸危险物品的建设项目的施工单位应当加强对施工项目的安全管理，不得倒卖、出租、出借、挂靠或者以其他形式非法转让施工资质，不得将其承包的全部建设工程转包给第三人或者将其承包的全部建设工程支解以后以分包的名义分别转包给第三人，不得将工程分包给不具备相应资质条件的单位。

第五十条 生产经营单位发生生产安全事故时，单位的主要负责人应当立即组织抢救，并不得在事故调查处理期间擅离职守。

第五十一条 生产经营单位必须依法参加工伤保险，为从业人员缴纳保险费。

国家鼓励生产经营单位投保安全生产责任保险；属于国家规定的高危行业、领域的生产经营单位，应当投保安全生产责任保险。具体范围和实施办法由国务院应急管理部门会同国务院财政部门、国务院保险监督管理机构和相关行业主管部门制定。

第三章 从业人员的安全生产权利义务

第五十二条 生产经营单位与从业人员订立的劳动合同，应当载明有关保障从业人员劳动安全、防止职业危害的事项，以及依法为从业人员办理工伤保险的事项。

生产经营单位不得以任何形式与从业人员订立协议,免除或者减轻其对从业人员因生产安全事故伤亡依法应承担的责任。

第五十三条 生产经营单位的从业人员有权了解其作业场所和工作岗位存在的危险因素、防范措施及事故应急措施,有权对本单位的安全生产工作提出建议。

第五十四条 从业人员有权对本单位安全生产工作中存在的问题提出批评、检举、控告;有权拒绝违章指挥和强令冒险作业。

生产经营单位不得因从业人员对本单位安全生产工作提出批评、检举、控告或者拒绝违章指挥、强令冒险作业而降低其工资、福利等待遇或者解除与其订立的劳动合同。

第五十五条 从业人员发现直接危及人身安全的紧急情况时,有权停止作业或者在采取可能的应急措施后撤离作业场所。

生产经营单位不得因从业人员在前款紧急情况下停止作业或者采取紧急撤离措施而降低其工资、福利等待遇或者解除与其订立的劳动合同。

第五十六条 生产经营单位发生生产安全事故后,应当及时采取措施救治有关人员。

因生产安全事故受到损害的从业人员,除依法享有工伤保险外,依照有关民事法律尚有获得赔偿的权利的,有权提出赔偿要求。

第五十七条 从业人员在作业过程中,应当严格落实岗位安全责任,遵守本单位的安全生产规章制度和操作规程,服从管理,正确佩戴和使用劳动防护用品。

第五十八条 从业人员应当接受安全生产教育和培训,掌握本职工作所需的安全生产知识,提高安全生产技能,增强事故预防和应急处理能力。

第五十九条 从业人员发现事故隐患或者其他不安全因素,应当立即向现场安全生产管理人员或者本单位负责人报告;接到报告的人员应当及时予以处理。

第六十条 工会有权对建设项目的安全设施与主体工程同时设计、同时施工、同时投入生产和使用进行监督,提出意见。

工会对生产经营单位违反安全生产法律、法规,侵犯从业人员合法权益的行为,有权要求纠正;发现生产经营单位违章指挥、强令冒险作业或者发现事故隐患时,有权提出解决的建议,生产经营单位应当及时研究答复;发现危及从业人员生命安全的情况时,有权向生产经营单位建议组织从业人员撤离危险场所,生产经营单位必须立即作出处理。

工会有权依法参加事故调查,向有关部门提出处理意见,并要求追究有关人员的责任。

第六十一条　生产经营单位使用被派遣劳动者的,被派遣劳动者享有本法规定的从业人员的权利,并应当履行本法规定的从业人员的义务。

第四章　安全生产的监督管理

第六十二条　县级以上地方各级人民政府应当根据本行政区域内的安全生产状况,组织有关部门按照职责分工,对本行政区域内容易发生重大生产安全事故的生产经营单位进行严格检查。

应急管理部门应当按照分类分级监督管理的要求,制定安全生产年度监督检查计划,并按照年度监督检查计划进行监督检查,发现事故隐患,应当及时处理。

第六十三条　负有安全生产监督管理职责的部门依照有关法律、法规的规定,对涉及安全生产的事项需要审查批准(包括批准、核准、许可、注册、认证、颁发证照等,下同)或者验收的,必须严格依照有关法律、法规和国家标准或者行业标准规定的安全生产条件和程序进行审查;不符合有关法律、法规和国家标准或者行业标准规定的安全生产条件的,不得批准或者验收通过。对未依法取得批准或者验收合格的单位擅自从事有关活动的,负责行政审批的部门发现或者接到举报后应当立即予以取缔,并依法予以处理。对已经依法取得批准的单位,负责行政审批的部门发现其不再具备安全生产条件的,应当撤销原批准。

第六十四条　负有安全生产监督管理职责的部门对涉及安全生产的事项进行审查、验收,不得收取费用;不得要求接受审查、验收的单位购买其指定品牌或者指定生产、销售单位的安全设备、器材或者其他产品。

第六十五条 应急管理部门和其他负有安全生产监督管理职责的部门依法开展安全生产行政执法工作,对生产经营单位执行有关安全生产的法律、法规和国家标准或者行业标准的情况进行监督检查,行使以下职权:

(一)进入生产经营单位进行检查,调阅有关资料,向有关单位和人员了解情况;

(二)对检查中发现的安全生产违法行为,当场予以纠正或者要求限期改正;对依法应当给予行政处罚的行为,依照本法和其他有关法律、行政法规的规定作出行政处罚决定;

(三)对检查中发现的事故隐患,应当责令立即排除;重大事故隐患排除前或者排除过程中无法保证安全的,应当责令从危险区域内撤出作业人员,责令暂时停产停业或者停止使用相关设施、设备;重大事故隐患排除后,经审查同意,方可恢复生产经营和使用;

(四)对有根据认为不符合保障安全生产的国家标准或者行业标准的设施、设备、器材以及违法生产、储存、使用、经营、运输的危险物品予以查封或者扣押,对违法生产、储存、使用、经营危险物品的作业场所予以查封,并依法作出处理决定。

监督检查不得影响被检查单位的正常生产经营活动。

第六十六条 生产经营单位对负有安全生产监督管理职责的部门的监督检查人员(以下统称安全生产监督检查人员)依法履行监督检查职责,应当予以配合,不得拒绝、阻挠。

第六十七条 安全生产监督检查人员应当忠于职守,坚持原则,秉公执法。

安全生产监督检查人员执行监督检查任务时,必须出示有效的行政执法证件;对涉及被检查单位的技术秘密和业务秘密,应当为其保密。

第六十八条 安全生产监督检查人员应当将检查的时间、地点、内容、发现的问题及其处理情况,作出书面记录,并由检查人员和被检查单位的负责人签字;被检查单位的负责人拒绝签字的,检查人员应当将情况记录在案,并向负有安全生产监督管理职责的部门报告。

第六十九条 负有安全生产监督管理职责的部门在监督检查中，应当互相配合，实行联合检查；确需分别进行检查的，应当互通情况，发现存在的安全问题应当由其他有关部门进行处理的，应当及时移送其他有关部门并形成记录备查，接受移送的部门应当及时进行处理。

第七十条 负有安全生产监督管理职责的部门依法对存在重大事故隐患的生产经营单位作出停产停业、停止施工、停止使用相关设施或者设备的决定，生产经营单位应当依法执行，及时消除事故隐患。生产经营单位拒不执行，有发生生产安全事故的现实危险的，在保证安全的前提下，经本部门主要负责人批准，负有安全生产监督管理职责的部门可以采取通知有关单位停止供电、停止供应民用爆炸物品等措施，强制生产经营单位履行决定。通知应当采用书面形式，有关单位应当予以配合。

负有安全生产监督管理职责的部门依照前款规定采取停止供电措施，除有危及生产安全的紧急情形外，应当提前二十四小时通知生产经营单位。生产经营单位依法履行行政决定、采取相应措施消除事故隐患的，负有安全生产监督管理职责的部门应当及时解除前款规定的措施。

第七十一条 监察机关依照监察法的规定，对负有安全生产监督管理职责的部门及其工作人员履行安全生产监督管理职责实施监察。

第七十二条 承担安全评价、认证、检测、检验职责的机构应当具备国家规定的资质条件，并对其作出的安全评价、认证、检测、检验结果的合法性、真实性负责。资质条件由国务院应急管理部门会同国务院有关部门制定。

承担安全评价、认证、检测、检验职责的机构应当建立并实施服务公开和报告公开制度，不得租借资质、挂靠、出具虚假报告。

第七十三条 负有安全生产监督管理职责的部门应当建立举报制度，公开举报电话、信箱或者电子邮件地址等网络举报平台，受理有关安全生产的举报；受理的举报事项经调查核实后，应当形成书面材料；需要落实整改措施的，报经有关负责人签字并督促落实。对不属于本部门职责，需要由其他有关部门进行调查处理的，转交其他有关部门处理。

涉及人员死亡的举报事项，应当由县级以上人民政府组织核查处理。

第七十四条 任何单位或者个人对事故隐患或者安全生产违法行为，均有权向负有安全生产监督管理职责的部门报告或者举报。

因安全生产违法行为造成重大事故隐患或者导致重大事故，致使国家利益或者社会公共利益受到侵害的，人民检察院可以根据民事诉讼法、行政诉讼法的相关规定提起公益诉讼。

第七十五条 居民委员会、村民委员会发现其所在区域内的生产经营单位存在事故隐患或者安全生产违法行为时，应当向当地人民政府或者有关部门报告。

第七十六条 县级以上各级人民政府及其有关部门对报告重大事故隐患或者举报安全生产违法行为的有功人员，给予奖励。具体奖励办法由国务院应急管理部门会同国务院财政部门制定。

第七十七条 新闻、出版、广播、电影、电视等单位有进行安全生产公益宣传教育的义务，有对违反安全生产法律、法规的行为进行舆论监督的权利。

第七十八条 负有安全生产监督管理职责的部门应当建立安全生产违法行为信息库，如实记录生产经营单位及其有关从业人员的安全生产违法行为信息；对违法行为情节严重的生产经营单位及其有关从业人员，应当及时向社会公告，并通报行业主管部门、投资主管部门、自然资源主管部门、生态环境主管部门、证券监督管理机构以及有关金融机构。有关部门和机构应当对存在失信行为的生产经营单位及其有关从业人员采取加大执法检查频次、暂停项目审批、上调有关保险费率、行业或者职业禁入等联合惩戒措施，并向社会公示。

负有安全生产监督管理职责的部门应当加强对生产经营单位行政处罚信息的及时归集、共享、应用和公开，对生产经营单位作出处罚决定后七个工作日内在监督管理部门公示系统予以公开曝光，强化对违法失信生产经营单位及其有关从业人员的社会监督，提高全社会安全生产诚信水平。

第五章　生产安全事故的应急救援与调查处理

第七十九条　国家加强生产安全事故应急能力建设,在重点行业、领域建立应急救援基地和应急救援队伍,并由国家安全生产应急救援机构统一协调指挥;鼓励生产经营单位和其他社会力量建立应急救援队伍,配备相应的应急救援装备和物资,提高应急救援的专业化水平。

国务院应急管理部门牵头建立全国统一的生产安全事故应急救援信息系统,国务院交通运输、住房和城乡建设、水利、民航等有关部门和县级以上地方人民政府建立健全相关行业、领域、地区的生产安全事故应急救援信息系统,实现互联互通、信息共享,通过推行网上安全信息采集、安全监管和监测预警,提升监管的精准化、智能化水平。

第八十条　县级以上地方各级人民政府应当组织有关部门制定本行政区域内生产安全事故应急救援预案,建立应急救援体系。

乡镇人民政府和街道办事处,以及开发区、工业园区、港区、风景区等应当制定相应的生产安全事故应急救援预案,协助人民政府有关部门或者按照授权依法履行生产安全事故应急救援工作职责。

第八十一条　生产经营单位应当制定本单位生产安全事故应急救援预案,与所在地县级以上地方人民政府组织制定的生产安全事故应急救援预案相衔接,并定期组织演练。

第八十二条　危险物品的生产、经营、储存单位以及矿山、金属冶炼、城市轨道交通运营、建筑施工单位应当建立应急救援组织;生产经营规模较小的,可以不建立应急救援组织,但应当指定兼职的应急救援人员。

危险物品的生产、经营、储存、运输单位以及矿山、金属冶炼、城市轨道交通运营、建筑施工单位应当配备必要的应急救援器材、设备和物资,并进行经常性维护、保养,保证正常运转。

第八十三条　生产经营单位发生生产安全事故后,事故现场有关人员应当立即报告本单位负责人。

单位负责人接到事故报告后,应当迅速采取有效措施,组织抢救,防止事故扩大,减少人员伤亡和财产损失,并按照国家有关规定立即如实报告当地负有安全生产监督管理职责的部门,不得隐瞒不报、谎报或者迟报,不得故意破坏事故现场、毁灭有关证据。

第八十四条 负有安全生产监督管理职责的部门接到事故报告后,应当立即按照国家有关规定上报事故情况。负有安全生产监督管理职责的部门和有关地方人民政府对事故情况不得隐瞒不报、谎报或者迟报。

第八十五条 有关地方人民政府和负有安全生产监督管理职责的部门的负责人接到生产安全事故报告后,应当按照生产安全事故应急救援预案的要求立即赶到事故现场,组织事故抢救。

参与事故抢救的部门和单位应当服从统一指挥,加强协同联动,采取有效的应急救援措施,并根据事故救援的需要采取警戒、疏散等措施,防止事故扩大和次生灾害的发生,减少人员伤亡和财产损失。

事故抢救过程中应当采取必要措施,避免或者减少对环境造成的危害。

任何单位和个人都应当支持、配合事故抢救,并提供一切便利条件。

第八十六条 事故调查处理应当按照科学严谨、依法依规、实事求是、注重实效的原则,及时、准确地查清事故原因,查明事故性质和责任,评估应急处置工作,总结事故教训,提出整改措施,并对事故责任单位和人员提出处理建议。事故调查报告应当依法及时向社会公布。事故调查和处理的具体办法由国务院制定。

事故发生单位应当及时全面落实整改措施,负有安全生产监督管理职责的部门应当加强监督检查。

负责事故调查处理的国务院有关部门和地方人民政府应当在批复事故调查报告后一年内,组织有关部门对事故整改和防范措施落实情况进行评估,并及时向社会公开评估结果;对不履行职责导致事故整改和防范措施没有落实的有关单位和人员,应当按照有关规定追究责任。

第八十七条 生产经营单位发生生产安全事故,经调查确定为责任事故的,除了应当查明事故单位的责任并依法予以追究外,还应当查明对安全生产的有关事项负有审查批准和监督职责的行政部门的责任,对有失职、渎职行为的,依照本法第九十条的规定追究法律责任。

第八十八条 任何单位和个人不得阻挠和干涉对事故的依法调查处理。

第八十九条 县级以上地方各级人民政府应急管理部门应当定期统计分析本行政区域内发生生产安全事故的情况,并定期向社会公布。

第六章 法 律 责 任

第九十条 负有安全生产监督管理职责的部门的工作人员,有下列行为之一的,给予降级或者撤职的处分;构成犯罪的,依照刑法有关规定追究刑事责任:

(一)对不符合法定安全生产条件的涉及安全生产的事项予以批准或者验收通过的;

(二)发现未依法取得批准、验收的单位擅自从事有关活动或者接到举报后不予取缔或者不依法予以处理的;

(三)对已经依法取得批准的单位不履行监督管理职责,发现其不再具备安全生产条件而不撤销原批准或者发现安全生产违法行为不予查处的;

(四)在监督检查中发现重大事故隐患,不依法及时处理的。

负有安全生产监督管理职责的部门的工作人员有前款规定以外的滥用职权、玩忽职守、徇私舞弊行为的,依法给予处分;构成犯罪的,依照刑法有关规定追究刑事责任。

第九十一条 负有安全生产监督管理职责的部门,要求被审查、验收的单位购买其指定的安全设备、器材或者其他产品的,在对安全生产事项的审查、验收中收取费用的,由其上级机关或者监察机关责令改正,责令退还收取的费用;情节严重的,对直接负责的主管人员和其他直接责任人员依法给予处分。

第九十二条 承担安全评价、认证、检测、检验职责的机构出具失实报告的,责令停业整顿,并处三万元以上十万元以下的罚款;给他人造成损害的,依法承担赔偿责任。

承担安全评价、认证、检测、检验职责的机构租借资质、挂靠、出具虚假报告的,没收违法所得;违法所得在十万元以上的,并处违法所得二倍以上五倍以下的罚款,没有违法所得或者违法所得不足十万元的,单处或者并处十万元以上二十万元以下的罚款;对其直接负责的主管人员和其他直接责任人员处五万元以上十万元以下的罚款;给他人造成损害的,与生产经营单位承担连带赔偿责任;构成犯罪的,依照刑法有关规定追究刑事责任。

对有前款违法行为的机构及其直接责任人员,吊销其相应资质和资格,五年内不得从事安全评价、认证、检测、检验等工作;情节严重的,实行终身行业和职业禁入。

第九十三条 生产经营单位的决策机构、主要负责人或者个人经营的投资人不依照本法规定保证安全生产所必需的资金投入,致使生产经营单位不具备安全生产条件的,责令限期改正,提供必需的资金;逾期未改正的,责令生产经营单位停产停业整顿。

有前款违法行为,导致发生生产安全事故的,对生产经营单位的主要负责人给予撤职处分,对个人经营的投资人处二万元以上二十万元以下的罚款;构成犯罪的,依照刑法有关规定追究刑事责任。

第九十四条 生产经营单位的主要负责人未履行本法规定的安全生产管理职责的,责令限期改正,处二万元以上五万元以下的罚款;逾期未改正的,处五万元以上十万元以下的罚款,责令生产经营单位停产停业整顿。

生产经营单位的主要负责人有前款违法行为,导致发生生产安全事故的,给予撤职处分;构成犯罪的,依照刑法有关规定追究刑事责任。

生产经营单位的主要负责人依照前款规定受刑事处罚或者撤职处分的,自刑罚执行完毕或者受处分之日起,五年内不得担任任何生产经营单位的主要负责人;对重大、特别重大生产安全事故负有责任的,终身不得担任本行业生产经营单位的主要负责人。

第九十五条 生产经营单位的主要负责人未履行本法规定的安全生产管理职责,导致发生生产安全事故的,由应急管理部门依照下列规定处以罚款:

（一）发生一般事故的，处上一年年收入百分之四十的罚款；

（二）发生较大事故的，处上一年年收入百分之六十的罚款；

（三）发生重大事故的，处上一年年收入百分之八十的罚款；

（四）发生特别重大事故的，处上一年年收入百分之一百的罚款。

第九十六条 生产经营单位的其他负责人和安全生产管理人员未履行本法规定的安全生产管理职责的，责令限期改正，处一万元以上三万元以下的罚款；导致发生生产安全事故的，暂停或者吊销其与安全生产有关的资格，并处上一年年收入百分之二十以上百分之五十以下的罚款；构成犯罪的，依照刑法有关规定追究刑事责任。

第九十七条 生产经营单位有下列行为之一的，责令限期改正，处十万元以下的罚款；逾期未改正的，责令停产停业整顿，并处十万元以上二十万元以下的罚款，对其直接负责的主管人员和其他直接责任人员处二万元以上五万元以下的罚款：

（一）未按照规定设置安全生产管理机构或者配备安全生产管理人员、注册安全工程师的；

（二）危险物品的生产、经营、储存、装卸单位以及矿山、金属冶炼、建筑施工、运输单位的主要负责人和安全生产管理人员未按照规定经考核合格的；

（三）未按照规定对从业人员、被派遣劳动者、实习学生进行安全生产教育和培训，或者未按照规定如实告知有关的安全生产事项的；

（四）未如实记录安全生产教育和培训情况的；

（五）未将事故隐患排查治理情况如实记录或者未向从业人员通报的；

（六）未按照规定制定生产安全事故应急救援预案或者未定期组织演练的；

（七）特种作业人员未按照规定经专门的安全作业培训并取得相应资格，上岗作业的。

第九十八条 生产经营单位有下列行为之一的，责令停止建设或者停产停业整顿，限期改正，并处十万元以上五十万元以下的罚款，对其直接负责的主管人员和其他直接责任人员处二万元以上五万元以下的罚款；逾期未改正的，处五十万元以上一百万元以下的罚款，对其直接负责的主管人员和其他直接责任人员处五万元以上十万元以下的罚款；构成犯罪的，依照刑法有关规定追究刑事责任：

（一）未按照规定对矿山、金属冶炼建设项目或者用于生产、储存、装卸危险物品的建设项目进行安全评价的；

（二）矿山、金属冶炼建设项目或者用于生产、储存、装卸危险物品的建设项目没有安全设施设计或者安全设施设计未按照规定报经有关部门审查同意的；

（三）矿山、金属冶炼建设项目或者用于生产、储存、装卸危险物品的建设项目的施工单位未按照批准的安全设施设计施工的；

（四）矿山、金属冶炼建设项目或者用于生产、储存、装卸危险物品的建设项目竣工投入生产或者使用前，安全设施未经验收合格的。

第九十九条 生产经营单位有下列行为之一的，责令限期改正，处五万元以下的罚款；逾期未改正的，处五万元以上二十万元以下的罚款，对其直接负责的主管人员和其他直接责任人员处一万元以上二万元以下的罚款；情节严重的，责令停产停业整顿；构成犯罪的，依照刑法有关规定追究刑事责任：

（一）未在有较大危险因素的生产经营场所和有关设施、设备上设置明显的安全警示标志的；

（二）安全设备的安装、使用、检测、改造和报废不符合国家标准或者行业标准的；

（三）未对安全设备进行经常性维护、保养和定期检测的；

（四）关闭、破坏直接关系生产安全的监控、报警、防护、救生设备、设施，或者篡改、隐瞒、销毁其相关数据、信息的；

（五）未为从业人员提供符合国家标准或者行业标准的劳动防护用品的；

（六）危险物品的容器、运输工具，以及涉及人身安全、危险性较大的海洋石油开采特种设备和矿山井下特种设备未经具有专业资质的机构检测、检验合格，取得安全使用证或者安全标志，投入使用的；

（七）使用应当淘汰的危及生产安全的工艺、设备的；

（八）餐饮等行业的生产经营单位使用燃气未安装可燃气体报警装置的。

第一百条 未经依法批准,擅自生产、经营、运输、储存、使用危险物品或者处置废弃危险物品的,依照有关危险物品安全管理的法律、行政法规的规定予以处罚;构成犯罪的,依照刑法有关规定追究刑事责任。

第一百零一条 生产经营单位有下列行为之一的,责令限期改正,处十万元以下的罚款;逾期未改正的,责令停产停业整顿,并处十万元以上二十万元以下的罚款,对其直接负责的主管人员和其他直接责任人员处二万元以上五万元以下的罚款;构成犯罪的,依照刑法有关规定追究刑事责任:

(一)生产、经营、运输、储存、使用危险物品或者处置废弃危险物品,未建立专门安全管理制度、未采取可靠的安全措施的;

(二)对重大危险源未登记建档,未进行定期检测、评估、监控,未制定应急预案,或者未告知应急措施的;

(三)进行爆破、吊装、动火、临时用电以及国务院应急管理部门会同国务院有关部门规定的其他危险作业,未安排专门人员进行现场安全管理的;

(四)未建立安全风险分级管控制度或者未按照安全风险分级采取相应管控措施的;

(五)未建立事故隐患排查治理制度,或者重大事故隐患排查治理情况未按照规定报告的。

第一百零二条 生产经营单位未采取措施消除事故隐患的,责令立即消除或者限期消除,处五万元以下的罚款;生产经营单位拒不执行的,责令停产停业整顿,对其直接负责的主管人员和其他直接责任人员处五万元以上十万元以下的罚款;构成犯罪的,依照刑法有关规定追究刑事责任。

第一百零三条 生产经营单位将生产经营项目、场所、设备发包或者出租给不具备安全生产条件或者相应资质的单位或者个人的,责令限期改正,没收违法所得;违法所得十万元以上的,并处违法所得二倍以上五倍以下的罚款;没有违法所得或者违法所得不足十万元的,单处或者并处十万元以上二十万元以下的罚款;对其直接负责的主管人员和其他直接责任人员处一万元以上二万元以下的罚款;导致发生生产安全事故给他人造成损害的,与承包方、承租方承担连带赔偿责任。

生产经营单位未与承包单位、承租单位签订专门的安全生产管理协议或者未在承包合同、租赁合同中明确各自的安全生产管理职责,或者未对承包单位、承租单位的安全生产统一协调、管理的,责令限期改正,处五万元以下的罚款,对其直接负责的主管人员和其他直接责任人员处一万元以下的罚款;逾期未改正的,责令停产停业整顿。

矿山、金属冶炼建设项目和用于生产、储存、装卸危险物品的建设项目的施工单位未按照规定对施工项目进行安全管理的,责令限期改正,处十万元以下的罚款,对其直接负责的主管人员和其他直接责任人员处二万元以下的罚款;逾期未改正的,责令停产停业整顿。以上施工单位倒卖、出租、出借、挂靠或者以其他形式非法转让施工资质的,责令停产停业整顿,吊销资质证书,没收违法所得;违法所得十万元以上的,并处违法所得二倍以上五倍以下的罚款,没有违法所得或者违法所得不足十万元的,单处或者并处十万元以上二十万元以下的罚款;对其直接负责的主管人员和其他直接责任人员处五万元以上十万元以下的罚款;构成犯罪的,依照刑法有关规定追究刑事责任。

第一百零四条 两个以上生产经营单位在同一作业区域内进行可能危及对方安全生产的生产经营活动,未签订安全生产管理协议或者未指定专职安全生产管理人员进行安全检查与协调的,责令限期改正,处五万元以下的罚款,对其直接负责的主管人员和其他直接责任人员处一万元以下的罚款;逾期未改正的,责令停产停业。

第一百零五条 生产经营单位有下列行为之一的,责令限期改正,处五万元以下的罚款,对其直接负责的主管人员和其他直接责任人员处一万元以下的罚款;逾期未改正的,责令停产停业整顿;构成犯罪的,依照刑法有关规定追究刑事责任:

(一)生产、经营、储存、使用危险物品的车间、商店、仓库与员工宿舍在同一座建筑内,或者与员工宿舍的距离不符合安全要求的;

(二)生产经营场所和员工宿舍未设有符合紧急疏散需要、标志明显、保持畅通的出口、疏散通道,或者占用、锁闭、封堵生产经营场所或者员工宿舍出口、疏散通道的。

第一百零六条 生产经营单位与从业人员订立协议,免除或者减轻其对从业人员因生产安全事故伤亡依法应承担的责任的,该协议无效;对生产经营单位的主要负责人、个人经营的投资人处二万元以上十万元以下的罚款。

第一百零七条 生产经营单位的从业人员不落实岗位安全责任,不服从管理,违反安全生产规章制度或者操作规程的,由生产经营单位给予批评教育,依照有关规章制度给予处分;构成犯罪的,依照刑法有关规定追究刑事责任。

第一百零八条 违反本法规定,生产经营单位拒绝、阻碍负有安全生产监督管理职责的部门依法实施监督检查的,责令改正;拒不改正的,处二万元以上二十万元以下的罚款;对其直接负责的主管人员和其他直接责任人员处一万元以上二万元以下的罚款;构成犯罪的,依照刑法有关规定追究刑事责任。

第一百零九条 高危行业、领域的生产经营单位未按照国家规定投保安全生产责任保险的,责令限期改正,处五万元以上十万元以下的罚款;逾期未改正的,处十万元以上二十万元以下的罚款。

第一百一十条 生产经营单位的主要负责人在本单位发生生产安全事故时,不立即组织抢救或者在事故调查处理期间擅离职守或者逃匿的,给予降级、撤职的处分,并由应急管理部门处上一年年收入百分之六十至百分之一百的罚款;对逃匿的处十五日以下拘留;构成犯罪的,依照刑法有关规定追究刑事责任。

生产经营单位的主要负责人对生产安全事故隐瞒不报、谎报或者迟报的,依照前款规定处罚。

第一百一十一条 有关地方人民政府、负有安全生产监督管理职责的部门,对生产安全事故隐瞒不报、谎报或者迟报的,对直接负责的主管人员和其他直接责任人员依法给予处分;构成犯罪的,依照刑法有关规定追究刑事责任。

第一百一十二条 生产经营单位违反本法规定,被责令改正且受到罚款处罚,拒不改正的,负有安全生产监督管理职责的部门可以自作出责令改正之日的次日起,按照原处罚数额按日连续处罚。

第一百一十三条 生产经营单位存在下列情形之一的,负有安全生产监督管理职责的部门应当提请地方人民政府予以关闭,有关部门应当依法吊销其有关证照。生产经营单位主要负责人五年内不得担任任何生产经营单位的主要负责人;情节严重的,终身不得担任本行业生产经营单位的主要负责人:

(一)存在重大事故隐患,一百八十日内三次或者一年内四次受到本法规定的行政处罚的;

(二)经停产停业整顿,仍不具备法律、行政法规和国家标准或者行业标准规定的安全生产条件的;

(三)不具备法律、行政法规和国家标准或者行业标准规定的安全生产条件,导致发生重大、特别重大生产安全事故的;

(四)拒不执行负有安全生产监督管理职责的部门作出的停产停业整顿决定的。

第一百一十四条 发生生产安全事故,对负有责任的生产经营单位除要求其依法承担相应的赔偿等责任外,由应急管理部门依照下列规定处以罚款:

(一)发生一般事故的,处三十万元以上一百万元以下的罚款;

(二)发生较大事故的,处一百万元以上二百万元以下的罚款;

(三)发生重大事故的,处二百万元以上一千万元以下的罚款;

(四)发生特别重大事故的,处一千万元以上二千万元以下的罚款。

发生生产安全事故,情节特别严重、影响特别恶劣的,应急管理部门可以按照前款罚款数额的二倍以上五倍以下对负有责任的生产经营单位处以罚款。

第一百一十五条 本法规定的行政处罚,由应急管理部门和其他负有安全生产监督管理职责的部门按照职责分工决定;其中,根据本法第九十五条、第一百一十条、第一百一十四条的规定应当给予民航、铁路、电力行业的生产经营单位及其主要负责人行政处罚的,也可以由主管的负有安全生产监督管理职责的部门进行处罚。予以关闭的行政处罚,由负有安全生产监督管理职责的部门报请县级以上人民政府按照国务院规定的权限决定;给予拘留的行政处罚,由公安机关依照治安管理处罚的规定决定。

第一百一十六条 生产经营单位发生生产安全事故造成人员伤亡、他人财产损失的,应当依法承担赔偿责任;拒不承担或者其负责人逃匿的,由人民法院依法强制执行。

生产安全事故的责任人未依法承担赔偿责任,经人民法院依法采取执行措施后,仍不能对受害人给予足额赔偿的,应当继续履行赔偿义务;受害人发现责任人有其他财产的,可以随时请求人民法院执行。

第七章 附 则

第一百一十七条 本法下列用语的含义:

危险物品,是指易燃易爆物品、危险化学品、放射性物品等能够危及人身安全和财产安全的物品。

重大危险源,是指长期地或者临时地生产、搬运、使用或者储存危险物品,且危险物品的数量等于或者超过临界量的单元(包括场所和设施)。

第一百一十八条 本法规定的生产安全一般事故、较大事故、重大事故、特别重大事故的划分标准由国务院规定。

国务院应急管理部门和其他负有安全生产监督管理职责的部门应当根据各自的职责分工,制定相关行业、领域重大危险源的辨识标准和重大事故隐患的判定标准。

第一百一十九条 本法自 2002 年 11 月 1 日起施行。

中华人民共和国个人信息保护法

(2021 年 8 月 20 日第十三届全国人民代表大会常务委员会第三十次会议通过 2021 年 8 月 20 日中华人民共和国主席令第 91 号公布 自 2021 年 11 月 1 日起施行)

目 录

第一章 总 则

第二章　个人信息处理规则
　第一节　一般规定
　第二节　敏感个人信息的处理规则
　第三节　国家机关处理个人信息的特别规定
第三章　个人信息跨境提供的规则
第四章　个人在个人信息处理活动中的权利
第五章　个人信息处理者的义务
第六章　履行个人信息保护职责的部门
第七章　法律责任
第八章　附　　则

第一章　总　　则

第一条　为了保护个人信息权益,规范个人信息处理活动,促进个人信息合理利用,根据宪法,制定本法。

第二条　自然人的个人信息受法律保护,任何组织、个人不得侵害自然人的个人信息权益。

第三条　在中华人民共和国境内处理自然人个人信息的活动,适用本法。

在中华人民共和国境外处理中华人民共和国境内自然人个人信息的活动,有下列情形之一的,也适用本法:

（一）以向境内自然人提供产品或者服务为目的;

（二）分析、评估境内自然人的行为;

（三）法律、行政法规规定的其他情形。

第四条　个人信息是以电子或者其他方式记录的与已识别或者可识别的自然人有关的各种信息,不包括匿名化处理后的信息。

个人信息的处理包括个人信息的收集、存储、使用、加工、传输、提供、公开、删除等。

第五条　处理个人信息应当遵循合法、正当、必要和诚信原则,不得通过误导、欺诈、胁迫等方式处理个人信息。

第六条　处理个人信息应当具有明确、合理的目的,并应当与处理目的直接相关,采取对个人权益影响最小的方式。

收集个人信息,应当限于实现处理目的的最小范围,不得过度收集个人信息。

第七条　处理个人信息应当遵循公开、透明原则,公开个人信息处理规则,明示处理的目的、方式和范围。

第八条　处理个人信息应当保证个人信息的质量,避免因个人信息不准确、不完整对个人权益造成不利影响。

第九条　个人信息处理者应当对其个人信息处理活动负责,并采取必要措施保障所处理的个人信息的安全。

第十条　任何组织、个人不得非法收集、使用、加工、传输他人个人信息,不得非法买卖、提供或者公开他人个人信息;不得从事危害国家安全、公共利益的个人信息处理活动。

第十一条　国家建立健全个人信息保护制度,预防和惩治侵害个人信息权益的行为,加强个人信息保护宣传教育,推动形成政府、企业、相关社会组织、公众共同参与个人信息保护的良好环境。

第十二条　国家积极参与个人信息保护国际规则的制定,促进个人信息保护方面的国际交流与合作,推动与其他国家、地区、国际组织之间的个人信息保护规则、标准等互认。

第二章　个人信息处理规则

第一节　一般规定

第十三条　符合下列情形之一的,个人信息处理者方可处理个人信息:

(一)取得个人的同意;

(二)为订立、履行个人作为一方当事人的合同所必需,或者按照依法制定的劳动规章制度和依法签订的集体合同实施人力资源管理所必需;

(三)为履行法定职责或者法定义务所必需;

(四)为应对突发公共卫生事件,或者紧急情况下为保护自然人的生命健康和财产安全所必需;

(五)为公共利益实施新闻报道、舆论监督等行为,在合理的范围

内处理个人信息;

(六)依照本法规定在合理的范围内处理个人自行公开或者其他已经合法公开的个人信息;

(七)法律、行政法规规定的其他情形。

依照本法其他有关规定,处理个人信息应当取得个人同意,但是有前款第二项至第七项规定情形的,不需取得个人同意。

第十四条 基于个人同意处理个人信息的,该同意应当由个人在充分知情的前提下自愿、明确作出。法律、行政法规规定处理个人信息应当取得个人单独同意或者书面同意的,从其规定。

个人信息的处理目的、处理方式和处理的个人信息种类发生变更的,应当重新取得个人同意。

第十五条 基于个人同意处理个人信息的,个人有权撤回其同意。个人信息处理者应当提供便捷的撤回同意的方式。

个人撤回同意,不影响撤回前基于个人同意已进行的个人信息处理活动的效力。

第十六条 个人信息处理者不得以个人不同意处理其个人信息或者撤回同意为由,拒绝提供产品或者服务;处理个人信息属于提供产品或者服务所必需的除外。

第十七条 个人信息处理者在处理个人信息前,应当以显著方式、清晰易懂的语言真实、准确、完整地向个人告知下列事项:

(一)个人信息处理者的名称或者姓名和联系方式;

(二)个人信息的处理目的、处理方式,处理的个人信息种类、保存期限;

(三)个人行使本法规定权利的方式和程序;

(四)法律、行政法规规定应当告知的其他事项。

前款规定事项发生变更的,应当将变更部分告知个人。

个人信息处理者通过制定个人信息处理规则的方式告知第一款规定事项的,处理规则应当公开,并且便于查阅和保存。

第十八条 个人信息处理者处理个人信息,有法律、行政法规规定应当保密或者不需要告知的情形的,可以不向个人告知前条第一款规定的事项。

紧急情况下为保护自然人的生命健康和财产安全无法及时向个人告知的,个人信息处理者应当在紧急情况消除后及时告知。

第十九条　除法律、行政法规另有规定外,个人信息的保存期限应当为实现处理目的所必要的最短时间。

第二十条　两个以上的个人信息处理者共同决定个人信息的处理目的和处理方式的,应当约定各自的权利和义务。但是,该约定不影响个人向其中任何一个个人信息处理者要求行使本法规定的权利。

个人信息处理者共同处理个人信息,侵害个人信息权益造成损害的,应当依法承担连带责任。

第二十一条　个人信息处理者委托处理个人信息的,应当与受托人约定委托处理的目的、期限、处理方式、个人信息的种类、保护措施以及双方的权利和义务等,并对受托人的个人信息处理活动进行监督。

受托人应当按照约定处理个人信息,不得超出约定的处理目的、处理方式等处理个人信息;委托合同不生效、无效、被撤销或者终止的,受托人应当将个人信息返还个人信息处理者或者予以删除,不得保留。

未经个人信息处理者同意,受托人不得转委托他人处理个人信息。

第二十二条　个人信息处理者因合并、分立、解散、被宣告破产等原因需要转移个人信息的,应当向个人告知接收方的名称或者姓名和联系方式。接收方应当继续履行个人信息处理者的义务。接收方变更原先的处理目的、处理方式的,应当依照本法规定重新取得个人同意。

第二十三条　个人信息处理者向其他个人信息处理者提供其处理的个人信息的,应当向个人告知接收方的名称或者姓名、联系方式、处理目的、处理方式和个人信息的种类,并取得个人的单独同意。接收方应当在上述处理目的、处理方式和个人信息的种类等范围内处理个人信息。接收方变更原先的处理目的、处理方式的,应当依照本法规定重新取得个人同意。

第二十四条　个人信息处理者利用个人信息进行自动化决策,应当保证决策的透明度和结果公平、公正,不得对个人在交易价格等交易条件上实行不合理的差别待遇。

通过自动化决策方式向个人进行信息推送、商业营销,应当同时提供不针对其个人特征的选项,或者向个人提供便捷的拒绝方式。

通过自动化决策方式作出对个人权益有重大影响的决定,个人有权要求个人信息处理者予以说明,并有权拒绝个人信息处理者仅通过自动化决策的方式作出决定。

第二十五条 个人信息处理者不得公开其处理的个人信息,取得个人单独同意的除外。

第二十六条 在公共场所安装图像采集、个人身份识别设备,应当为维护公共安全所必需,遵守国家有关规定,并设置显著的提示标识。所收集的个人图像、身份识别信息只能用于维护公共安全的目的,不得用于其他目的;取得个人单独同意的除外。

第二十七条 个人信息处理者可以在合理的范围内处理个人自行公开或者其他已经合法公开的个人信息;个人明确拒绝的除外。个人信息处理者处理已公开的个人信息,对个人权益有重大影响的,应当依照本法规定取得个人同意。

第二节 敏感个人信息的处理规则

第二十八条 敏感个人信息是一旦泄露或者非法使用,容易导致自然人的人格尊严受到侵害或者人身、财产安全受到危害的个人信息,包括生物识别、宗教信仰、特定身份、医疗健康、金融账户、行踪轨迹等信息,以及不满十四周岁未成年人的个人信息。

只有在具有特定的目的和充分的必要性,并采取严格保护措施的情形下,个人信息处理者方可处理敏感个人信息。

第二十九条 处理敏感个人信息应当取得个人的单独同意;法律、行政法规规定处理敏感个人信息应当取得书面同意的,从其规定。

第三十条 个人信息处理者处理敏感个人信息的,除本法第十七条第一款规定的事项外,还应当向个人告知处理敏感个人信息的必要性以及对个人权益的影响;依照本法规定可以不向个人告知的除外。

第三十一条 个人信息处理者处理不满十四周岁未成年人个人

信息的,应当取得未成年人的父母或者其他监护人的同意。

个人信息处理者处理不满十四周岁未成年人个人信息的,应当制定专门的个人信息处理规则。

第三十二条 法律、行政法规对处理敏感个人信息规定应当取得相关行政许可或者作出其他限制的,从其规定。

第三节 国家机关处理个人信息的特别规定

第三十三条 国家机关处理个人信息的活动,适用本法;本节有特别规定的,适用本节规定。

第三十四条 国家机关为履行法定职责处理个人信息,应当依照法律、行政法规规定的权限、程序进行,不得超出履行法定职责所必需的范围和限度。

第三十五条 国家机关为履行法定职责处理个人信息,应当依照本法规定履行告知义务;有本法第十八条第一款规定的情形,或者告知将妨碍国家机关履行法定职责的除外。

第三十六条 国家机关处理的个人信息应当在中华人民共和国境内存储;确需向境外提供的,应当进行安全评估。安全评估可以要求有关部门提供支持与协助。

第三十七条 法律、法规授权的具有管理公共事务职能的组织为履行法定职责处理个人信息,适用本法关于国家机关处理个人信息的规定。

第三章 个人信息跨境提供的规则

第三十八条 个人信息处理者因业务等需要,确需向中华人民共和国境外提供个人信息的,应当具备下列条件之一:

(一)依照本法第四十条的规定通过国家网信部门组织的安全评估;

(二)按照国家网信部门的规定经专业机构进行个人信息保护认证;

(三)按照国家网信部门制定的标准合同与境外接收方订立合同,约定双方的权利和义务;

（四）法律、行政法规或者国家网信部门规定的其他条件。

中华人民共和国缔结或者参加的国际条约、协定对向中华人民共和国境外提供个人信息的条件等有规定的，可以按照其规定执行。

个人信息处理者应当采取必要措施，保障境外接收方处理个人信息的活动达到本法规定的个人信息保护标准。

第三十九条　个人信息处理者向中华人民共和国境外提供个人信息的，应当向个人告知境外接收方的名称或者姓名、联系方式、处理目的、处理方式、个人信息的种类以及个人向境外接收方行使本法规定权利的方式和程序等事项，并取得个人的单独同意。

第四十条　关键信息基础设施运营者和处理个人信息达到国家网信部门规定数量的个人信息处理者，应当将在中华人民共和国境内收集和产生的个人信息存储在境内。确需向境外提供的，应当通过国家网信部门组织的安全评估；法律、行政法规和国家网信部门规定可以不进行安全评估的，从其规定。

第四十一条　中华人民共和国主管机关根据有关法律和中华人民共和国缔结或者参加的国际条约、协定，或者按照平等互惠原则，处理外国司法或者执法机构关于提供存储于境内个人信息的请求。非经中华人民共和国主管机关批准，个人信息处理者不得向外国司法或者执法机构提供存储于中华人民共和国境内的个人信息。

第四十二条　境外的组织、个人从事侵害中华人民共和国公民的个人信息权益，或者危害中华人民共和国国家安全、公共利益的个人信息处理活动的，国家网信部门可以将其列入限制或者禁止个人信息提供清单，予以公告，并采取限制或者禁止向其提供个人信息等措施。

第四十三条　任何国家或者地区在个人信息保护方面对中华人民共和国采取歧视性的禁止、限制或者其他类似措施的，中华人民共和国可以根据实际情况对该国家或者地区对等采取措施。

第四章　个人在个人信息处理活动中的权利

第四十四条　个人对其个人信息的处理享有知情权、决定权，有权限制或者拒绝他人对其个人信息进行处理；法律、行政法规另有规定的除外。

第四十五条 个人有权向个人信息处理者查阅、复制其个人信息;有本法第十八条第一款、第三十五条规定情形的除外。

个人请求查阅、复制其个人信息的,个人信息处理者应当及时提供。

个人请求将个人信息转移至其指定的个人信息处理者,符合国家网信部门规定条件的,个人信息处理者应当提供转移的途径。

第四十六条 个人发现其个人信息不准确或者不完整的,有权请求个人信息处理者更正、补充。

个人请求更正、补充其个人信息的,个人信息处理者应当对其个人信息予以核实,并及时更正、补充。

第四十七条 有下列情形之一的,个人信息处理者应当主动删除个人信息;个人信息处理者未删除的,个人有权请求删除:

(一)处理目的已实现、无法实现或者为实现处理目的不再必要;

(二)个人信息处理者停止提供产品或者服务,或者保存期限已届满;

(三)个人撤回同意;

(四)个人信息处理者违反法律、行政法规或者违反约定处理个人信息;

(五)法律、行政法规规定的其他情形。

法律、行政法规规定的保存期限未届满,或者删除个人信息从技术上难以实现的,个人信息处理者应当停止除存储和采取必要的安全保护措施之外的处理。

第四十八条 个人有权要求个人信息处理者对其个人信息处理规则进行解释说明。

第四十九条 自然人死亡的,其近亲属为了自身的合法、正当利益,可以对死者的相关个人信息行使本章规定的查阅、复制、更正、删除等权利;死者生前另有安排的除外。

第五十条 个人信息处理者应当建立便捷的个人行使权利的申请受理和处理机制。拒绝个人行使权利的请求的,应当说明理由。

个人信息处理者拒绝个人行使权利的请求的,个人可以依法向人民法院提起诉讼。

第五章 个人信息处理者的义务

第五十一条 个人信息处理者应当根据个人信息的处理目的、处理方式、个人信息的种类以及对个人权益的影响、可能存在的安全风险等，采取下列措施确保个人信息处理活动符合法律、行政法规的规定，并防止未经授权的访问以及个人信息泄露、篡改、丢失：

（一）制定内部管理制度和操作规程；

（二）对个人信息实行分类管理；

（三）采取相应的加密、去标识化等安全技术措施；

（四）合理确定个人信息处理的操作权限，并定期对从业人员进行安全教育和培训；

（五）制定并组织实施个人信息安全事件应急预案；

（六）法律、行政法规规定的其他措施。

第五十二条 处理个人信息达到国家网信部门规定数量的个人信息处理者应当指定个人信息保护负责人，负责对个人信息处理活动以及采取的保护措施等进行监督。

个人信息处理者应当公开个人信息保护负责人的联系方式，并将个人信息保护负责人的姓名、联系方式等报送履行个人信息保护职责的部门。

第五十三条 本法第三条第二款规定的中华人民共和国境外的个人信息处理者，应当在中华人民共和国境内设立专门机构或者指定代表，负责处理个人信息保护相关事务，并将有关机构的名称或者代表的姓名、联系方式等报送履行个人信息保护职责的部门。

第五十四条 个人信息处理者应当定期对其处理个人信息遵守法律、行政法规的情况进行合规审计。

第五十五条 有下列情形之一的，个人信息处理者应当事前进行个人信息保护影响评估，并对处理情况进行记录：

（一）处理敏感个人信息；

（二）利用个人信息进行自动化决策；

（三）委托处理个人信息、向其他个人信息处理者提供个人信息、公开个人信息；

（四）向境外提供个人信息；

（五）其他对个人权益有重大影响的个人信息处理活动。

第五十六条　个人信息保护影响评估应当包括下列内容：

（一）个人信息的处理目的、处理方式等是否合法、正当、必要；

（二）对个人权益的影响及安全风险；

（三）所采取的保护措施是否合法、有效并与风险程度相适应。

个人信息保护影响评估报告和处理情况记录应当至少保存三年。

第五十七条　发生或者可能发生个人信息泄露、篡改、丢失的，个人信息处理者应当立即采取补救措施，并通知履行个人信息保护职责的部门和个人。通知应当包括下列事项：

（一）发生或者可能发生个人信息泄露、篡改、丢失的信息种类、原因和可能造成的危害；

（二）个人信息处理者采取的补救措施和个人可以采取的减轻危害的措施；

（三）个人信息处理者的联系方式。

个人信息处理者采取措施能够有效避免信息泄露、篡改、丢失造成危害的，个人信息处理者可以不通知个人；履行个人信息保护职责的部门认为可能造成危害的，有权要求个人信息处理者通知个人。

第五十八条　提供重要互联网平台服务、用户数量巨大、业务类型复杂的个人信息处理者，应当履行下列义务：

（一）按照国家规定建立健全个人信息保护合规制度体系，成立主要由外部成员组成的独立机构对个人信息保护情况进行监督；

（二）遵循公开、公平、公正的原则，制定平台规则，明确平台内产品或者服务提供者处理个人信息的规范和保护个人信息的义务；

（三）对严重违反法律、行政法规处理个人信息的平台内的产品或者服务提供者，停止提供服务；

（四）定期发布个人信息保护社会责任报告，接受社会监督。

第五十九条　接受委托处理个人信息的受托人，应当依照本法和有关法律、行政法规的规定，采取必要措施保障所处理的个人信息的安全，并协助个人信息处理者履行本法规定的义务。

第六章 履行个人信息保护职责的部门

第六十条 国家网信部门负责统筹协调个人信息保护工作和相关监督管理工作。国务院有关部门依照本法和有关法律、行政法规的规定,在各自职责范围内负责个人信息保护和监督管理工作。

县级以上地方人民政府有关部门的个人信息保护和监督管理职责,按照国家有关规定确定。

前两款规定的部门统称为履行个人信息保护职责的部门。

第六十一条 履行个人信息保护职责的部门履行下列个人信息保护职责:

(一)开展个人信息保护宣传教育,指导、监督个人信息处理者开展个人信息保护工作;

(二)接受、处理与个人信息保护有关的投诉、举报;

(三)组织对应用程序等个人信息保护情况进行测评,并公布测评结果;

(四)调查、处理违法个人信息处理活动;

(五)法律、行政法规规定的其他职责。

第六十二条 国家网信部门统筹协调有关部门依据本法推进下列个人信息保护工作:

(一)制定个人信息保护具体规则、标准;

(二)针对小型个人信息处理者、处理敏感个人信息以及人脸识别、人工智能等新技术、新应用,制定专门的个人信息保护规则、标准;

(三)支持研究开发和推广应用安全、方便的电子身份认证技术,推进网络身份认证公共服务建设;

(四)推进个人信息保护社会化服务体系建设,支持有关机构开展个人信息保护评估、认证服务;

(五)完善个人信息保护投诉、举报工作机制。

第六十三条 履行个人信息保护职责的部门履行个人信息保护职责,可以采取下列措施:

(一)询问有关当事人,调查与个人信息处理活动有关的情况;

(二)查阅、复制当事人与个人信息处理活动有关的合同、记录、账簿以及其他有关资料；

（三）实施现场检查，对涉嫌违法的个人信息处理活动进行调查；

（四）检查与个人信息处理活动有关的设备、物品；对有证据证明是用于违法个人信息处理活动的设备、物品，向本部门主要负责人书面报告并经批准，可以查封或者扣押。

履行个人信息保护职责的部门依法履行职责，当事人应当予以协助、配合，不得拒绝、阻挠。

第六十四条　履行个人信息保护职责的部门在履行职责中，发现个人信息处理活动存在较大风险或者发生个人信息安全事件的，可以按照规定的权限和程序对该个人信息处理者的法定代表人或者主要负责人进行约谈，或者要求个人信息处理者委托专业机构对其个人信息处理活动进行合规审计。个人信息处理者应当按照要求采取措施，进行整改，消除隐患。

履行个人信息保护职责的部门在履行职责中，发现违法处理个人信息涉嫌犯罪的，应当及时移送公安机关依法处理。

第六十五条　任何组织、个人有权对违法个人信息处理活动向履行个人信息保护职责的部门进行投诉、举报。收到投诉、举报的部门应当依法及时处理，并将处理结果告知投诉、举报人。

履行个人信息保护职责的部门应当公布接受投诉、举报的联系方式。

第七章　法律责任

第六十六条　违反本法规定处理个人信息，或者处理个人信息未履行本法规定的个人信息保护义务的，由履行个人信息保护职责的部门责令改正，给予警告，没收违法所得，对违法处理个人信息的应用程序，责令暂停或者终止提供服务；拒不改正的，并处一百万元以下罚款；对直接负责的主管人员和其他直接责任人员处一万元以上十万元以下罚款。

有前款规定的违法行为，情节严重的，由省级以上履行个人信息保护职责的部门责令改正，没收违法所得，并处五千万元以下或者上一年度营业额百分之五以下罚款，并可以责令暂停相关业务或者停业整顿、通报有关主管部门吊销相关业务许可或者吊销营业执照;对直接负责的主管人员和其他直接责任人员处十万元以上一百万元以下罚款,并可以决定禁止其在一定期限内担任相关企业的董事、监事、高级管理人员和个人信息保护负责人。

第六十七条　有本法规定的违法行为的,依照有关法律、行政法规的规定记入信用档案,并予以公示。

第六十八条　国家机关不履行本法规定的个人信息保护义务的,由其上级机关或者履行个人信息保护职责的部门责令改正;对直接负责的主管人员和其他直接责任人员依法给予处分。

履行个人信息保护职责的部门的工作人员玩忽职守、滥用职权、徇私舞弊,尚不构成犯罪的,依法给予处分。

第六十九条　处理个人信息侵害个人信息权益造成损害,个人信息处理者不能证明自己没有过错的,应当承担损害赔偿等侵权责任。

前款规定的损害赔偿责任按照个人因此受到的损失或者个人信息处理者因此获得的利益确定;个人因此受到的损失和个人信息处理者因此获得的利益难以确定的,根据实际情况确定赔偿数额。

第七十条　个人信息处理者违反本法规定处理个人信息,侵害众多个人的权益的,人民检察院、法律规定的消费者组织和由国家网信部门确定的组织可以依法向人民法院提起诉讼。

第七十一条　违反本法规定,构成违反治安管理行为的,依法给予治安管理处罚;构成犯罪的,依法追究刑事责任。

第八章　附　　则

第七十二条　自然人因个人或者家庭事务处理个人信息的,不适用本法。

法律对各级人民政府及其有关部门组织实施的统计、档案管理活动中的个人信息处理有规定的,适用其规定。

第七十三条　本法下列用语的含义:

(一)个人信息处理者,是指在个人信息处理活动中自主决定处理目的、处理方式的组织、个人。

(二)自动化决策,是指通过计算机程序自动分析、评估个人的行为习惯、兴趣爱好或者经济、健康、信用状况等,并进行决策的活动。

(三)去标识化,是指个人信息经过处理,使其在不借助额外信息的情况下无法识别特定自然人的过程。

(四)匿名化,是指个人信息经过处理无法识别特定自然人且不能复原的过程。

第七十四条 本法自2021年11月1日起施行。

中华人民共和国数据安全法

(2021年6月10日第十三届全国人民代表大会常务委员会第二十九次会议通过 2021年6月10日中华人民共和国主席令第84号公布 自2021年9月1日起施行)

目 录

第一章 总 则
第二章 数据安全与发展
第三章 数据安全制度
第四章 数据安全保护义务
第五章 政务数据安全与开放
第六章 法律责任
第七章 附 则

第一章 总 则

第一条 为了规范数据处理活动,保障数据安全,促进数据开发利用,保护个人、组织的合法权益,维护国家主权、安全和发展利益,制定本法。

第二条 在中华人民共和国境内开展数据处理活动及其安全监管,适用本法。

在中华人民共和国境外开展数据处理活动,损害中华人民共和国国家安全、公共利益或者公民、组织合法权益的,依法追究法律责任。

第三条 本法所称数据,是指任何以电子或者其他方式对信息的记录。

数据处理,包括数据的收集、存储、使用、加工、传输、提供、公开等。

数据安全,是指通过采取必要措施,确保数据处于有效保护和合法利用的状态,以及具备保障持续安全状态的能力。

第四条 维护数据安全,应当坚持总体国家安全观,建立健全数据安全治理体系,提高数据安全保障能力。

第五条 中央国家安全领导机构负责国家数据安全工作的决策和议事协调,研究制定、指导实施国家数据安全战略和有关重大方针政策,统筹协调国家数据安全的重大事项和重要工作,建立国家数据安全工作协调机制。

第六条 各地区、各部门对本地区、本部门工作中收集和产生的数据及数据安全负责。

工业、电信、交通、金融、自然资源、卫生健康、教育、科技等主管部门承担本行业、本领域数据安全监管职责。

公安机关、国家安全机关等依照本法和有关法律、行政法规的规定,在各自职责范围内承担数据安全监管职责。

国家网信部门依照本法和有关法律、行政法规的规定,负责统筹协调网络数据安全和相关监管工作。

第七条 国家保护个人、组织与数据有关的权益,鼓励数据依法合理有效利用,保障数据依法有序自由流动,促进以数据为关键要素的数字经济发展。

第八条 开展数据处理活动,应当遵守法律、法规,尊重社会公德和伦理,遵守商业道德和职业道德,诚实守信,履行数据安全保护义务,承担社会责任,不得危害国家安全、公共利益,不得损害个人、组织的合法权益。

第九条 国家支持开展数据安全知识宣传普及,提高全社会的数据安全保护意识和水平,推动有关部门、行业组织、科研机构、企业、个人等共同参与数据安全保护工作,形成全社会共同维护数据安全和促进发展的良好环境。

第十条　相关行业组织按照章程,依法制定数据安全行为规范和团体标准,加强行业自律,指导会员加强数据安全保护,提高数据安全保护水平,促进行业健康发展。

第十一条　国家积极开展数据安全治理、数据开发利用等领域的国际交流与合作,参与数据安全相关国际规则和标准的制定,促进数据跨境安全、自由流动。

第十二条　任何个人、组织都有权对违反本法规定的行为向有关主管部门投诉、举报。收到投诉、举报的部门应当及时依法处理。

有关主管部门应当对投诉、举报人的相关信息予以保密,保护投诉、举报人的合法权益。

第二章　数据安全与发展

第十三条　国家统筹发展和安全,坚持以数据开发利用和产业发展促进数据安全,以数据安全保障数据开发利用和产业发展。

第十四条　国家实施大数据战略,推进数据基础设施建设,鼓励和支持数据在各行业、各领域的创新应用。

省级以上人民政府应当将数字经济发展纳入本级国民经济和社会发展规划,并根据需要制定数字经济发展规划。

第十五条　国家支持开发利用数据提升公共服务的智能化水平。提供智能化公共服务,应当充分考虑老年人、残疾人的需求,避免对老年人、残疾人的日常生活造成障碍。

第十六条　国家支持数据开发利用和数据安全技术研究,鼓励数据开发利用和数据安全等领域的技术推广和商业创新,培育、发展数据开发利用和数据安全产品、产业体系。

第十七条　国家推进数据开发利用技术和数据安全标准体系建设。国务院标准化行政主管部门和国务院有关部门根据各自的职责,组织制定并适时修订有关数据开发利用技术、产品和数据安全相关标准。国家支持企业、社会团体和教育、科研机构等参与标准制定。

第十八条　国家促进数据安全检测评估、认证等服务的发展,支持数据安全检测评估、认证等专业机构依法开展服务活动。

国家支持有关部门、行业组织、企业、教育和科研机构、有关专业机构等在数据安全风险评估、防范、处置等方面开展协作。

第十九条 国家建立健全数据交易管理制度，规范数据交易行为，培育数据交易市场。

第二十条 国家支持教育、科研机构和企业等开展数据开发利用技术和数据安全相关教育和培训，采取多种方式培养数据开发利用技术和数据安全专业人才，促进人才交流。

第三章 数据安全制度

第二十一条 国家建立数据分类分级保护制度，根据数据在经济社会发展中的重要程度，以及一旦遭到篡改、破坏、泄露或者非法获取、非法利用，对国家安全、公共利益或者个人、组织合法权益造成的危害程度，对数据实行分类分级保护。国家数据安全工作协调机制统筹协调有关部门制定重要数据目录，加强对重要数据的保护。

关系国家安全、国民经济命脉、重要民生、重大公共利益等数据属于国家核心数据，实行更加严格的管理制度。

各地区、各部门应当按照数据分类分级保护制度，确定本地区、本部门以及相关行业、领域的重要数据具体目录，对列入目录的数据进行重点保护。

第二十二条 国家建立集中统一、高效权威的数据安全风险评估、报告、信息共享、监测预警机制。国家数据安全工作协调机制统筹协调有关部门加强数据安全风险信息的获取、分析、研判、预警工作。

第二十三条 国家建立数据安全应急处置机制。发生数据安全事件，有关主管部门应当依法启动应急预案，采取相应的应急处置措施，防止危害扩大，消除安全隐患，并及时向社会发布与公众有关的警示信息。

第二十四条 国家建立数据安全审查制度，对影响或者可能影响国家安全的数据处理活动进行国家安全审查。

依法作出的安全审查决定为最终决定。

第二十五条 国家对与维护国家安全和利益、履行国际义务相关的属于管制物项的数据依法实施出口管制。

第二十六条 任何国家或者地区在与数据和数据开发利用技术等有关的投资、贸易等方面对中华人民共和国采取歧视性的禁止、限制或者其他类似措施的，中华人民共和国可以根据实际情况对该国家或者地区对等采取措施。

第四章 数据安全保护义务

第二十七条 开展数据处理活动应当依照法律、法规的规定，建立健全全流程数据安全管理制度，组织开展数据安全教育培训，采取相应的技术措施和其他必要措施，保障数据安全。利用互联网等信息网络开展数据处理活动，应当在网络安全等级保护制度的基础上，履行上述数据安全保护义务。

重要数据的处理者应当明确数据安全负责人和管理机构，落实数据安全保护责任。

第二十八条 开展数据处理活动以及研究开发数据新技术，应当有利于促进经济社会发展，增进人民福祉，符合社会公德和伦理。

第二十九条 开展数据处理活动应当加强风险监测，发现数据安全缺陷、漏洞等风险时，应当立即采取补救措施；发生数据安全事件时，应当立即采取处置措施，按照规定及时告知用户并向有关主管部门报告。

第三十条 重要数据的处理者应当按照规定对其数据处理活动定期开展风险评估，并向有关主管部门报送风险评估报告。

风险评估报告应当包括处理的重要数据的种类、数量，开展数据处理活动的情况，面临的数据安全风险及其应对措施等。

第三十一条 关键信息基础设施的运营者在中华人民共和国境内运营中收集和产生的重要数据的出境安全管理，适用《中华人民共和国网络安全法》的规定；其他数据处理者在中华人民共和国境内运营中收集和产生的重要数据的出境安全管理办法，由国家网信部门会同国务院有关部门制定。

第三十二条 任何组织、个人收集数据，应当采取合法、正当的方式，不得窃取或者以其他非法方式获取数据。

法律、行政法规对收集、使用数据的目的、范围有规定的，应当在法律、行政法规规定的目的和范围内收集、使用数据。

第三十三条　从事数据交易中介服务的机构提供服务,应当要求数据提供方说明数据来源,审核交易双方的身份,并留存审核、交易记录。

第三十四条　法律、行政法规规定提供数据处理相关服务应当取得行政许可的,服务提供者应当依法取得许可。

第三十五条　公安机关、国家安全机关因依法维护国家安全或者侦查犯罪的需要调取数据,应当按照国家有关规定,经过严格的批准手续,依法进行,有关组织、个人应当予以配合。

第三十六条　中华人民共和国主管机关根据有关法律和中华人民共和国缔结或者参加的国际条约、协定,或者按照平等互惠原则,处理外国司法或者执法机构关于提供数据的请求。非经中华人民共和国主管机关批准,境内的组织、个人不得向外国司法或者执法机构提供存储于中华人民共和国境内的数据。

第五章　政务数据安全与开放

第三十七条　国家大力推进电子政务建设,提高政务数据的科学性、准确性、时效性,提升运用数据服务经济社会发展的能力。

第三十八条　国家机关为履行法定职责的需要收集、使用数据,应当在其履行法定职责的范围内依照法律、行政法规规定的条件和程序进行;对在履行职责中知悉的个人隐私、个人信息、商业秘密、保密商务信息等数据应当依法予以保密,不得泄露或者非法向他人提供。

第三十九条　国家机关应当依照法律、行政法规的规定,建立健全数据安全管理制度,落实数据安全保护责任,保障政务数据安全。

第四十条　国家机关委托他人建设、维护电子政务系统,存储、加工政务数据,应当经过严格的批准程序,并应当监督受托方履行相应的数据安全保护义务。受托方应当依照法律、法规的规定和合同约定履行数据安全保护义务,不得擅自留存、使用、泄露或者向他人提供政务数据。

第四十一条　国家机关应当遵循公正、公平、便民的原则,按照规定及时、准确地公开政务数据。依法不予公开的除外。

第四十二条　国家制定政务数据开放目录,构建统一规范、互联互通、安全可控的政务数据开放平台,推动政务数据开放利用。

第四十三条　法律、法规授权的具有管理公共事务职能的组织为履行法定职责开展数据处理活动,适用本章规定。

第六章　法　律　责　任

第四十四条　有关主管部门在履行数据安全监管职责中,发现数据处理活动存在较大安全风险的,可以按照规定的权限和程序对有关组织、个人进行约谈,并要求有关组织、个人采取措施进行整改,消除隐患。

第四十五条　开展数据处理活动的组织、个人不履行本法第二十七条、第二十九条、第三十条规定的数据安全保护义务的,由有关主管部门责令改正,给予警告,可以并处五万元以上五十万元以下罚款,对直接负责的主管人员和其他直接责任人员可以处一万元以上十万元以下罚款;拒不改正或者造成大量数据泄露等严重后果的,处五十万元以上二百万元以下罚款,并可以责令暂停相关业务、停业整顿、吊销相关业务许可证或者吊销营业执照,对直接负责的主管人员和其他直接责任人员处五万元以上二十万元以下罚款。

违反国家核心数据管理制度,危害国家主权、安全和发展利益的,由有关主管部门处二百万元以上一千万元以下罚款,并根据情况责令暂停相关业务、停业整顿、吊销相关业务许可证或者吊销营业执照;构成犯罪的,依法追究刑事责任。

第四十六条　违反本法第三十一条规定,向境外提供重要数据的,由有关主管部门责令改正,给予警告,可以并处十万元以上一百万元以下罚款,对直接负责的主管人员和其他直接责任人员可以处一万元以上十万元以下罚款;情节严重的,处一百万元以上一千万元以下罚款,并可以责令暂停相关业务、停业整顿、吊销相关业务许可证或者吊销营业执照,对直接负责的主管人员和其他直接责任人员处十万元以上一百万元以下罚款。

第四十七条　从事数据交易中介服务的机构未履行本法第三十三条规定的义务的,由有关主管部门责令改正,没收违法所得,处违法所得一倍以上十倍以下罚款,没有违法所得或者违法所得不足十万元的,处十万元以上一百万元以下罚款,并可以责令暂停相关业务、停业整顿、吊销相关业务许可证或者吊销营业执照;对直接负责的主管人员和其他直接责任人员处一万元以上十万元以下罚款。

第四十八条　违反本法第三十五条规定,拒不配合数据调取的,由有关主管部门责令改正,给予警告,并处五万元以上五十万元以下罚款,对直接负责的主管人员和其他直接责任人员处一万元以上十万元以下罚款。

违反本法第三十六条规定,未经主管机关批准向外国司法或者执法机构提供数据的,由有关主管部门给予警告,可以并处十万元以上一百万元以下罚款,对直接负责的主管人员和其他直接责任人员可以处一万元以上十万元以下罚款;造成严重后果的,处一百万元以上五百万元以下罚款,并可以责令暂停相关业务、停业整顿、吊销相关业务许可证或者吊销营业执照,对直接负责的主管人员和其他直接责任人员处五万元以上五十万元以下罚款。

第四十九条　国家机关不履行本法规定的数据安全保护义务的,对直接负责的主管人员和其他直接责任人员依法给予处分。

第五十条　履行数据安全监管职责的国家工作人员玩忽职守、滥用职权、徇私舞弊的,依法给予处分。

第五十一条　窃取或者以其他非法方式获取数据,开展数据处理活动排除、限制竞争,或者损害个人、组织合法权益的,依照有关法律、行政法规的规定处罚。

第五十二条　违反本法规定,给他人造成损害的,依法承担民事责任。

违反本法规定,构成违反治安管理行为的,依法给予治安管理处罚;构成犯罪的,依法追究刑事责任。

第七章　附　　则

第五十三条　开展涉及国家秘密的数据处理活动,适用《中华人民共和国保守国家秘密法》等法律、行政法规的规定。

在统计、档案工作中开展数据处理活动,开展涉及个人信息的数据处理活动,还应当遵守有关法律、行政法规的规定。

第五十四条 军事数据安全保护的办法,由中央军事委员会依据本法另行制定。

第五十五条 本法自2021年9月1日起施行。

中华人民共和国电子商务法

(2018年8月31日第十三届全国人民代表大会常务委员会第五次会议通过 2018年8月31日中华人民共和国主席令第7号公布 自2019年1月1日起施行)

目 录

第一章 总 则
第二章 电子商务经营者
  第一节 一般规定
  第二节 电子商务平台经营者
第三章 电子商务合同的订立与履行
第四章 电子商务争议解决
第五章 电子商务促进
第六章 法律责任
第七章 附 则

第一章 总 则

第一条 为了保障电子商务各方主体的合法权益,规范电子商务行为,维护市场秩序,促进电子商务持续健康发展,制定本法。

第二条 中华人民共和国境内的电子商务活动,适用本法。

本法所称电子商务,是指通过互联网等信息网络销售商品或者提供服务的经营活动。

法律、行政法规对销售商品或者提供服务有规定的,适用其规定。

金融类产品和服务,利用信息网络提供新闻信息、音视频节目、出版以及文化产品等内容方面的服务,不适用本法。

第三条 国家鼓励发展电子商务新业态,创新商业模式,促进电子商务技术研发和推广应用,推进电子商务诚信体系建设,营造有利于电子商务创新发展的市场环境,充分发挥电子商务在推动高质量发展、满足人民日益增长的美好生活需要、构建开放型经济方面的重要作用。

第四条 国家平等对待线上线下商务活动,促进线上线下融合发展,各级人民政府和有关部门不得采取歧视性的政策措施,不得滥用行政权力排除、限制市场竞争。

第五条 电子商务经营者从事经营活动,应当遵循自愿、平等、公平、诚信的原则,遵守法律和商业道德,公平参与市场竞争,履行消费者权益保护、环境保护、知识产权保护、网络安全与个人信息保护等方面的义务,承担产品和服务质量责任,接受政府和社会的监督。

第六条 国务院有关部门按照职责分工负责电子商务发展促进、监督管理等工作。县级以上地方各级人民政府可以根据本行政区域的实际情况,确定本行政区域内电子商务的部门职责划分。

第七条 国家建立符合电子商务特点的协同管理体系,推动形成有关部门、电子商务行业组织、电子商务经营者、消费者等共同参与的电子商务市场治理体系。

第八条 电子商务行业组织按照本组织章程开展行业自律,建立健全行业规范,推动行业诚信建设,监督、引导本行业经营者公平参与市场竞争。

第二章　电子商务经营者

第一节　一般规定

第九条 本法所称电子商务经营者,是指通过互联网等信息网络从事销售商品或者提供服务的经营活动的自然人、法人和非法人组织,包括电子商务平台经营者、平台内经营者以及通过自建网站、其他网络服务销售商品或者提供服务的电子商务经营者。

本法所称电子商务平台经营者,是指在电子商务中为交易双方或者多方提供网络经营场所、交易撮合、信息发布等服务,供交易双方或者多方独立开展交易活动的法人或者非法人组织。

本法所称平台内经营者,是指通过电子商务平台销售商品或者提供服务的电子商务经营者。

第十条 电子商务经营者应当依法办理市场主体登记。但是,个人销售自产农副产品、家庭手工业产品,个人利用自己的技能从事依法无须取得许可的便民劳务活动和零星小额交易活动,以及依照法律、行政法规不需要进行登记的除外。

第十一条 电子商务经营者应当依法履行纳税义务,并依法享受税收优惠。

依照前条规定不需要办理市场主体登记的电子商务经营者在首次纳税义务发生后,应当依照税收征收管理法律、行政法规的规定申请办理税务登记,并如实申报纳税。

第十二条 电子商务经营者从事经营活动,依法需要取得相关行政许可的,应当依法取得行政许可。

第十三条 电子商务经营者销售的商品或者提供的服务应当符合保障人身、财产安全的要求和环境保护要求,不得销售或者提供法律、行政法规禁止交易的商品或者服务。

第十四条 电子商务经营者销售商品或者提供服务应当依法出具纸质发票或者电子发票等购货凭证或者服务单据。电子发票与纸质发票具有同等法律效力。

第十五条 电子商务经营者应当在其首页显著位置,持续公示营业执照信息、与其经营业务有关的行政许可信息、属于依照本法第十条规定的不需要办理市场主体登记情形等信息,或者上述信息的链接标识。

前款规定的信息发生变更的,电子商务经营者应当及时更新公示信息。

第十六条 电子商务经营者自行终止从事电子商务的,应当提前三十日在首页显著位置持续公示有关信息。

第十七条 电子商务经营者应当全面、真实、准确、及时地披露商品或者服务信息,保障消费者的知情权和选择权。电子商务经营者不得以虚构交易、编造用户评价等方式进行虚假或者引人误解的商业宣传,欺骗、误导消费者。

第十八条 电子商务经营者根据消费者的兴趣爱好、消费习惯等特征向其提供商品或者服务的搜索结果的,应当同时向该消费者提供不针对其个人特征的选项,尊重和平等保护消费者合法权益。

电子商务经营者向消费者发送广告的,应当遵守《中华人民共和国广告法》的有关规定。

第十九条 电子商务经营者搭售商品或者服务,应当以显著方式提请消费者注意,不得将搭售商品或者服务作为默认同意的选项。

第二十条 电子商务经营者应当按照承诺或者与消费者约定的方式、时限向消费者交付商品或者服务,并承担商品运输中的风险和责任。但是,消费者另行选择快递物流服务提供者的除外。

第二十一条 电子商务经营者按照约定向消费者收取押金的,应当明示押金退还的方式、程序,不得对押金退还设置不合理条件。消费者申请退还押金,符合押金退还条件的,电子商务经营者应当及时退还。

第二十二条 电子商务经营者因其技术优势、用户数量、对相关行业的控制能力以及其他经营者对该电子商务经营者在交易上的依赖程度等因素而具有市场支配地位的,不得滥用市场支配地位,排除、限制竞争。

第二十三条 电子商务经营者收集、使用其用户的个人信息,应当遵守法律、行政法规有关个人信息保护的规定。

第二十四条 电子商务经营者应当明示用户信息查询、更正、删除以及用户注销的方式、程序,不得对用户信息查询、更正、删除以及用户注销设置不合理条件。

电子商务经营者收到用户信息查询或者更正、删除的申请的,应当在核实身份后及时提供查询或者更正、删除用户信息。用户注销的,电子商务经营者应当立即删除该用户的信息;依照法律、行政法规的规定或者双方约定保存的,依照其规定。

第二十五条 有关主管部门依照法律、行政法规的规定要求电子商务经营者提供有关电子商务数据信息的,电子商务经营者应当提供。有关主管部门应当采取必要措施保护电子商务经营者提供的数据信息的安全,并对其中的个人信息、隐私和商业秘密严格保密,不得泄露、出售或者非法向他人提供。

第二十六条 电子商务经营者从事跨境电子商务,应当遵守进出口监督管理的法律、行政法规和国家有关规定。

第二节 电子商务平台经营者

第二十七条 电子商务平台经营者应当要求申请进入平台销售商品或者提供服务的经营者提交其身份、地址、联系方式、行政许可等真实信息,进行核验、登记,建立登记档案,并定期核验更新。

电子商务平台经营者为进入平台销售商品或者提供服务的非经营用户提供服务,应当遵守本节有关规定。

第二十八条 电子商务平台经营者应当按照规定向市场监督管理部门报送平台内经营者的身份信息,提示未办理市场主体登记的经营者依法办理登记,并配合市场监督管理部门,针对电子商务的特点,为应当办理市场主体登记的经营者办理登记提供便利。

电子商务平台经营者应当依照税收征收管理法律、行政法规的规定,向税务部门报送平台内经营者的身份信息和与纳税有关的信息,并应当提示依照本法第十条规定不需要办理市场主体登记的电子商务经营者依照本法第十一条第二款的规定办理税务登记。

第二十九条 电子商务平台经营者发现平台内的商品或者服务信息存在违反本法第十二条、第十三条规定情形的,应当依法采取必要的处置措施,并向有关主管部门报告。

第三十条 电子商务平台经营者应当采取技术措施和其他必要措施保证其网络安全、稳定运行,防范网络违法犯罪活动,有效应对网络安全事件,保障电子商务交易安全。

电子商务平台经营者应当制定网络安全事件应急预案,发生网络安全事件时,应当立即启动应急预案,采取相应的补救措施,并向有关主管部门报告。

第三十一条 电子商务平台经营者应当记录、保存平台上发布的商品和服务信息、交易信息，并确保信息的完整性、保密性、可用性。商品和服务信息、交易信息保存时间自交易完成之日起不少于三年；法律、行政法规另有规定的，依照其规定。

第三十二条　电子商务平台经营者应当遵循公开、公平、公正的原则，制定平台服务协议和交易规则，明确进入和退出平台、商品和服务质量保障、消费者权益保护、个人信息保护等方面的权利和义务。

第三十三条　电子商务平台经营者应当在其首页显著位置持续公示平台服务协议和交易规则信息或者上述信息的链接标识，并保证经营者和消费者能够便利、完整地阅览和下载。

第三十四条　电子商务平台经营者修改平台服务协议和交易规则，应当在其首页显著位置公开征求意见，采取合理措施确保有关各方能够及时充分表达意见。修改内容应当至少在实施前七日予以公示。

平台内经营者不接受修改内容，要求退出平台的，电子商务平台经营者不得阻止，并按照修改前的服务协议和交易规则承担相关责任。

第三十五条　电子商务平台经营者不得利用服务协议、交易规则以及技术等手段，对平台内经营者在平台内的交易、交易价格以及与其他经营者的交易等进行不合理限制或者附加不合理条件，或者向平台内经营者收取不合理费用。

第三十六条　电子商务平台经营者依据平台服务协议和交易规则对平台内经营者违反法律、法规的行为实施警示、暂停或者终止服务等措施的，应当及时公示。

第三十七条　电子商务平台经营者在其平台上开展自营业务的，应当以显著方式区分标记自营业务和平台内经营者开展的业务，不得误导消费者。

电子商务平台经营者对其标记为自营的业务依法承担商品销售者或者服务提供者的民事责任。

第三十八条　电子商务平台经营者知道或者应当知道平台内经营者销售的商品或者提供的服务不符合保障人身、财产安全的要求，或者有其他侵害消费者合法权益行为，未采取必要措施的，依法与该平台内经营者承担连带责任。

对关系消费者生命健康的商品或者服务，电子商务平台经营者对平台内经营者的资质资格未尽到审核义务，或者对消费者未尽到安全保障义务，造成消费者损害的，依法承担相应的责任。

第三十九条　电子商务平台经营者应当建立健全信用评价制度，公示信用评价规则，为消费者提供对平台内销售的商品或者提供的服务进行评价的途径。

电子商务平台经营者不得删除消费者对其平台内销售的商品或者提供的服务的评价。

第四十条　电子商务平台经营者应当根据商品或者服务的价格、销量、信用等以多种方式向消费者显示商品或者服务的搜索结果；对于竞价排名的商品或者服务，应当显著标明"广告"。

第四十一条　电子商务平台经营者应当建立知识产权保护规则，与知识产权权利人加强合作，依法保护知识产权。

第四十二条　知识产权权利人认为其知识产权受到侵害的，有权通知电子商务平台经营者采取删除、屏蔽、断开链接、终止交易和服务等必要措施。通知应当包括构成侵权的初步证据。

电子商务平台经营者接到通知后，应当及时采取必要措施，并将该通知转送平台内经营者；未及时采取必要措施的，对损害的扩大部分与平台内经营者承担连带责任。

因通知错误造成平台内经营者损害的，依法承担民事责任。恶意发出错误通知，造成平台内经营者损失的，加倍承担赔偿责任。

第四十三条　平台内经营者接到转送的通知后，可以向电子商务平台经营者提交不存在侵权行为的声明。声明应当包括不存在侵权行为的初步证据。

电子商务平台经营者接到声明后，应当将该声明转送发出通知的知识产权权利人，并告知其可以向有关主管部门投诉或者向人民法院起诉。电子商务平台经营者在转送声明到达知识产权权利人后十五日内，未收到权利人已经投诉或者起诉通知的，应当及时终止所采取的措施。

第四十四条　电子商务平台经营者应当及时公示收到的本法第

四十二条、第四十三条规定的通知、声明及处理结果。

第四十五条 电子商务平台经营者知道或者应当知道平台内经营者侵犯知识产权的,应当采取删除、屏蔽、断开链接、终止交易和服务等必要措施;未采取必要措施的,与侵权人承担连带责任。

第四十六条 除本法第九条第二款规定的服务外,电子商务平台经营者可以按照平台服务协议和交易规则,为经营者之间的电子商务提供仓储、物流、支付结算、交收等服务。电子商务平台经营者为经营者之间的电子商务提供服务,应当遵守法律、行政法规和国家有关规定,不得采取集中竞价、做市商等集中交易方式进行交易,不得进行标准化合约交易。

第三章 电子商务合同的订立与履行

第四十七条 电子商务当事人订立和履行合同,适用本章和《中华人民共和国民法总则》《中华人民共和国合同法》《中华人民共和国电子签名法》等法律的规定。

第四十八条 电子商务当事人使用自动信息系统订立或者履行合同的行为对使用该系统的当事人具有法律效力。

在电子商务中推定当事人具有相应的民事行为能力。但是,有相反证据足以推翻的除外。

第四十九条 电子商务经营者发布的商品或者服务信息符合要约条件的,用户选择该商品或者服务并提交订单成功,合同成立。当事人另有约定的,从其约定。

电子商务经营者不得以格式条款等方式约定消费者支付价款后合同不成立;格式条款等含有该内容的,其内容无效。

第五十条 电子商务经营者应当清晰、全面、明确地告知用户订立合同的步骤、注意事项、下载方法等事项,并保证用户能够便利、完整地阅览和下载。

电子商务经营者应当保证用户在提交订单前可以更正输入错误。

第五十一条 合同标的为交付商品并采用快递物流方式交付的,收货人签收时间为交付时间。合同标的为提供服务的,生成的电子凭证或者实物凭证中载明的时间为交付时间;前述凭证没有载明时间或者载明时间与实际提供服务时间不一致的，实际提供服务的时间为交付时间。

合同标的为采用在线传输方式交付的，合同标的进入对方当事人指定的特定系统并且能够检索识别的时间为交付时间。

合同当事人对交付方式、交付时间另有约定的，从其约定。

第五十二条 电子商务当事人可以约定采用快递物流方式交付商品。

快递物流服务提供者为电子商务提供快递物流服务，应当遵守法律、行政法规，并应当符合承诺的服务规范和时限。快递物流服务提供者在交付商品时，应当提示收货人当面查验；交由他人代收的，应当经收货人同意。

快递物流服务提供者应当按照规定使用环保包装材料，实现包装材料的减量化和再利用。

快递物流服务提供者在提供快递物流服务的同时，可以接受电子商务经营者的委托提供代收货款服务。

第五十三条 电子商务当事人可以约定采用电子支付方式支付价款。

电子支付服务提供者为电子商务提供电子支付服务，应当遵守国家规定，告知用户电子支付服务的功能、使用方法、注意事项、相关风险和收费标准等事项，不得附加不合理交易条件。电子支付服务提供者应当确保电子支付指令的完整性、一致性、可跟踪稽核和不可篡改。

电子支付服务提供者应当向用户免费提供对账服务以及最近三年的交易记录。

第五十四条 电子支付服务提供者提供电子支付服务不符合国家有关支付安全管理要求，造成用户损失的，应当承担赔偿责任。

第五十五条 用户在发出支付指令前，应当核对支付指令所包含的金额、收款人等完整信息。

支付指令发生错误的，电子支付服务提供者应当及时查找原因，并采取相关措施予以纠正。造成用户损失的，电子支付服务提供者应当承担赔偿责任，但能够证明支付错误非自身原因造成的除外。

第五十六条 电子支付服务提供者完成电子支付后，应当及时准确地向用户提供符合约定方式的确认支付的信息。

第五十七条 用户应当妥善保管交易密码、电子签名数据等安全工具。用户发现安全工具遗失、被盗用或者未经授权的支付的,应当及时通知电子支付服务提供者。

未经授权的支付造成的损失,由电子支付服务提供者承担;电子支付服务提供者能够证明未经授权的支付是因用户的过错造成的,不承担责任。

电子支付服务提供者发现支付指令未经授权,或者收到用户支付指令未经授权的通知时,应当立即采取措施防止损失扩大。电子支付服务提供者未及时采取措施导致损失扩大的,对损失扩大部分承担责任。

第四章 电子商务争议解决

第五十八条 国家鼓励电子商务平台经营者建立有利于电子商务发展和消费者权益保护的商品、服务质量担保机制。

电子商务平台经营者与平台内经营者协议设立消费者权益保证金的,双方应当就消费者权益保证金的提取数额、管理、使用和退还办法等作出明确约定。

消费者要求电子商务平台经营者承担先行赔偿责任以及电子商务平台经营者赔偿后向平台内经营者的追偿,适用《中华人民共和国消费者权益保护法》的有关规定。

第五十九条 电子商务经营者应当建立便捷、有效的投诉、举报机制,公开投诉、举报方式等信息,及时受理并处理投诉、举报。

第六十条 电子商务争议可以通过协商和解,请求消费者组织、行业协会或者其他依法成立的调解组织调解,向有关部门投诉,提请仲裁,或者提起诉讼等方式解决。

第六十一条 消费者在电子商务平台购买商品或者接受服务,与平台内经营者发生争议时,电子商务平台经营者应当积极协助消费者维护合法权益。

第六十二条 在电子商务争议处理中,电子商务经营者应当提供原始合同和交易记录。因电子商务经营者丢失、伪造、篡改、销毁、隐匿或者拒绝提供前述资料，致使人民法院、仲裁机构或者有关机关无法查明事实的，电子商务经营者应当承担相应的法律责任。

第六十三条 电子商务平台经营者可以建立争议在线解决机制，制定并公示争议解决规则，根据自愿原则，公平、公正地解决当事人的争议。

第五章 电子商务促进

第六十四条 国务院和省、自治区、直辖市人民政府应当将电子商务发展纳入国民经济和社会发展规划，制定科学合理的产业政策，促进电子商务创新发展。

第六十五条 国务院和县级以上地方人民政府及其有关部门应当采取措施，支持、推动绿色包装、仓储、运输，促进电子商务绿色发展。

第六十六条 国家推动电子商务基础设施和物流网络建设，完善电子商务统计制度，加强电子商务标准体系建设。

第六十七条 国家推动电子商务在国民经济各个领域的应用，支持电子商务与各产业融合发展。

第六十八条 国家促进农业生产、加工、流通等环节的互联网技术应用，鼓励各类社会资源加强合作，促进农村电子商务发展，发挥电子商务在精准扶贫中的作用。

第六十九条 国家维护电子商务交易安全，保护电子商务用户信息，鼓励电子商务数据开发应用，保障电子商务数据依法有序自由流动。

国家采取措施推动建立公共数据共享机制，促进电子商务经营者依法利用公共数据。

第七十条 国家支持依法设立的信用评价机构开展电子商务信用评价，向社会提供电子商务信用评价服务。

第七十一条 国家促进跨境电子商务发展，建立健全适应跨境电子商务特点的海关、税收、进出境检验检疫、支付结算等管理制度，提高跨境电子商务各环节便利化水平，支持跨境电子商务平台经营者等为跨境电子商务提供仓储物流、报关、报检等服务。

国家支持小型微型企业从事跨境电子商务。

第七十二条　国家进出口管理部门应当推进跨境电子商务海关申报、纳税、检验检疫等环节的综合服务和监管体系建设，优化监管流程，推动实现信息共享、监管互认、执法互助，提高跨境电子商务服务和监管效率。跨境电子商务经营者可以凭电子单证向国家进出口管理部门办理有关手续。

第七十三条　国家推动建立与不同国家、地区之间跨境电子商务的交流合作，参与电子商务国际规则的制定，促进电子签名、电子身份等国际互认。

国家推动建立与不同国家、地区之间的跨境电子商务争议解决机制。

第六章　法　律　责　任

第七十四条　电子商务经营者销售商品或者提供服务，不履行合同义务或者履行合同义务不符合约定，或者造成他人损害的，依法承担民事责任。

第七十五条　电子商务经营者违反本法第十二条、第十三条规定，未取得相关行政许可从事经营活动，或者销售、提供法律、行政法规禁止交易的商品、服务，或者不履行本法第二十五条规定的信息提供义务，电子商务平台经营者违反本法第四十六条规定，采取集中交易方式进行交易，或者进行标准化合约交易的，依照有关法律、行政法规的规定处罚。

第七十六条　电子商务经营者违反本法规定，有下列行为之一的，由市场监督管理部门责令限期改正，可以处一万元以下的罚款，对其中的电子商务平台经营者，依照本法第八十一条第一款的规定处罚：

（一）未在首页显著位置公示营业执照信息、行政许可信息、属于不需要办理市场主体登记情形等信息，或者上述信息的链接标识的；

（二）未在首页显著位置持续公示终止电子商务的有关信息的；

（三）未明示用户信息查询、更正、删除以及用户注销的方式、程序，或者对用户信息查询、更正、删除以及用户注销设置不合理条件的。

电子商务平台经营者对违反前款规定的平台内经营者未采取必要措施的,由市场监督管理部门责令限期改正,可以处二万元以上十万元以下的罚款。

第七十七条　电子商务经营者违反本法第十八条第一款规定提供搜索结果,或者违反本法第十九条规定搭售商品、服务的,由市场监督管理部门责令限期改正,没收违法所得,可以并处五万元以上二十万元以下的罚款;情节严重的,并处二十万元以上五十万元以下的罚款。

第七十八条　电子商务经营者违反本法第二十一条规定,未向消费者明示押金退还的方式、程序,对押金退还设置不合理条件,或者不及时退还押金的,由有关主管部门责令限期改正,可以处五万元以上二十万元以下的罚款;情节严重的,处二十万元以上五十万元以下的罚款。

第七十九条　电子商务经营者违反法律、行政法规有关个人信息保护的规定,或者不履行本法第三十条和有关法律、行政法规规定的网络安全保障义务的,依照《中华人民共和国网络安全法》等法律、行政法规的规定处罚。

第八十条　电子商务平台经营者有下列行为之一的,由有关主管部门责令限期改正;逾期不改正的,处二万元以上十万元以下的罚款;情节严重的,责令停业整顿,并处十万元以上五十万元以下的罚款:

(一)不履行本法第二十七条规定的核验、登记义务的;

(二)不按照本法第二十八条规定向市场监督管理部门、税务部门报送有关信息的;

(三)不按照本法第二十九条规定对违法情形采取必要的处置措施,或者未向有关主管部门报告的;

(四)不履行本法第三十一条规定的商品和服务信息、交易信息保存义务的。

法律、行政法规对前款规定的违法行为的处罚另有规定的,依照其规定。

第八十一条　电子商务平台经营者违反本法规定,有下列行为之一的,由市场监督管理部门责令限期改正,可以处二万元以上十万元以下的罚款;情节严重的,处十万元以上五十万元以下的罚款：

（一）未在首页显著位置持续公示平台服务协议、交易规则信息或者上述信息的链接标识的；

（二）修改交易规则未在首页显著位置公开征求意见,未按照规定的时间提前公示修改内容,或者阻止平台内经营者退出的；

（三）未以显著方式区分标记自营业务和平台内经营者开展的业务的；

（四）未为消费者提供对平台内销售的商品或者提供的服务进行评价的途径,或者擅自删除消费者的评价的。

电子商务平台经营者违反本法第四十条规定,对竞价排名的商品或者服务未显著标明"广告"的,依照《中华人民共和国广告法》的规定处罚。

第八十二条　电子商务平台经营者违反本法第三十五条规定,对平台内经营者在平台内的交易、交易价格或者与其他经营者的交易等进行不合理限制或者附加不合理条件,或者向平台内经营者收取不合理费用的,由市场监督管理部门责令限期改正,可以处五万元以上五十万元以下的罚款;情节严重的,处五十万元以上二百万元以下的罚款。

第八十三条　电子商务平台经营者违反本法第三十八条规定,对平台内经营者侵害消费者合法权益行为未采取必要措施,或者对平台内经营者未尽到资质资格审核义务,或者对消费者未尽到安全保障义务的,由市场监督管理部门责令限期改正,可以处五万元以上五十万元以下的罚款;情节严重的,责令停业整顿,并处五十万元以上二百万元以下的罚款。

第八十四条　电子商务平台经营者违反本法第四十二条、第四十五条规定,对平台内经营者实施侵犯知识产权行为未依法采取必要措施的,由有关知识产权行政部门责令限期改正;逾期不改正的,处五万元以上五十万元以下的罚款;情节严重的,处五十万元以上二百万元以下的罚款。

第八十五条　电子商务经营者违反本法规定,销售的商品或者提供的服务不符合保障人身、财产安全的要求,实施虚假或者引人误解的商业宣传等不正当竞争行为,滥用市场支配地位,或者实施侵犯知识产权、侵害消费者权益等行为的,依照有关法律的规定处罚。

第八十六条 电子商务经营者有本法规定的违法行为的,依照有关法律、行政法规的规定记入信用档案,并予以公示。

第八十七条 依法负有电子商务监督管理职责的部门的工作人员,玩忽职守、滥用职权、徇私舞弊,或者泄露、出售或者非法向他人提供在履行职责中所知悉的个人信息、隐私和商业秘密的,依法追究法律责任。

第八十八条 违反本法规定,构成违反治安管理行为的,依法给予治安管理处罚;构成犯罪的,依法追究刑事责任。

第七章 附 则

第八十九条 本法自2019年1月1日起施行。

中华人民共和国科学技术进步法

(1993年7月2日第八届全国人民代表大会常务委员会第二次会议通过 2007年12月29日第十届全国人民代表大会常务委员会第三十一次会议第一次修订 2021年12月24日第十三届全国人民代表大会常务委员会第三十二次会议第二次修订)

目 录

第一章 总 则
第二章 基础研究
第三章 应用研究与成果转化
第四章 企业科技创新
第五章 科学技术研究开发机构

第六章　科学技术人员
第七章　区域科技创新
第八章　国际科学技术合作
第九章　保障措施
第十章　监督管理
第十一章　法律责任
第十二章　附　　则

第一章　总　　则

第一条　为了全面促进科学技术进步,发挥科学技术第一生产力、创新第一动力、人才第一资源的作用,促进科技成果向现实生产力转化,推动科技创新支撑和引领经济社会发展,全面建设社会主义现代化国家,根据宪法,制定本法。

第二条　坚持中国共产党对科学技术事业的全面领导。

国家坚持新发展理念,坚持科技创新在国家现代化建设全局中的核心地位,把科技自立自强作为国家发展的战略支撑,实施科教兴国战略、人才强国战略和创新驱动发展战略,走中国特色自主创新道路,建设科技强国。

第三条　科学技术进步工作应当面向世界科技前沿、面向经济主战场、面向国家重大需求、面向人民生命健康,为促进经济社会发展、维护国家安全和推动人类可持续发展服务。

国家鼓励科学技术研究开发,推动应用科学技术改造提升传统产业、发展高新技术产业和社会事业,支撑实现碳达峰碳中和目标,催生新发展动能,实现高质量发展。

第四条　国家完善高效、协同、开放的国家创新体系,统筹科技创新与制度创新,健全社会主义市场经济条件下新型举国体制,充分发挥市场配置创新资源的决定性作用,更好发挥政府作用,优化科技资源配置,提高资源利用效率,促进各类创新主体紧密合作、创新要素有序流动、创新生态持续优化,提升体系化能力和重点突破能力,增强创新体系整体效能。

国家构建和强化以国家实验室、国家科学技术研究开发机构、高水平研究型大学、科技领军企业为重要组成部分的国家战略科技力量,在关键领域和重点方向上发挥战略支撑引领作用和重大原始创新效能,服务国家重大战略需要。

第五条 国家统筹发展和安全,提高科技安全治理能力,健全预防和化解科技安全风险的制度机制,加强科学技术研究、开发与应用活动的安全管理,支持国家安全领域科技创新,增强科技创新支撑国家安全的能力和水平。

第六条 国家鼓励科学技术研究开发与高等教育、产业发展相结合,鼓励学科交叉融合和相互促进。

国家加强跨地区、跨行业和跨领域的科学技术合作,扶持革命老区、民族地区、边远地区、欠发达地区的科学技术进步。

国家加强军用与民用科学技术协调发展,促进军用与民用科学技术资源、技术开发需求的互通交流和技术双向转移,发展军民两用技术。

第七条 国家遵循科学技术活动服务国家目标与鼓励自由探索相结合的原则,超前部署重大基础研究、有重大产业应用前景的前沿技术研究和社会公益性技术研究,支持基础研究、前沿技术研究和社会公益性技术研究持续、稳定发展,加强原始创新和关键核心技术攻关,加快实现高水平科技自立自强。

第八条 国家保障开展科学技术研究开发的自由,鼓励科学探索和技术创新,保护科学技术人员自由探索等合法权益。

科学技术研究开发机构、高等学校、企业事业单位和公民有权自主选择课题,探索未知科学领域,从事基础研究、前沿技术研究和社会公益性技术研究。

第九条 学校及其他教育机构应当坚持理论联系实际,注重培养受教育者的独立思考能力、实践能力、创新能力和批判性思维,以及追求真理、崇尚创新、实事求是的科学精神。

国家发挥高等学校在科学技术研究中的重要作用,鼓励高等学校开展科学研究、技术开发和社会服务,培养具有社会责任感、创新精神和实践能力的高级专门人才。

第十条 科学技术人员是社会主义现代化建设事业的重要人才

力量,应当受到全社会的尊重。

国家坚持人才引领发展的战略地位,深化人才发展体制机制改革,全方位培养、引进、用好人才,营造符合科技创新规律和人才成长规律的环境,充分发挥人才第一资源作用。

第十一条 国家营造有利于科技创新的社会环境,鼓励机关、群团组织、企业事业单位、社会组织和公民参与和支持科学技术进步活动。

全社会都应当尊重劳动、尊重知识、尊重人才、尊重创造,形成崇尚科学的风尚。

第十二条 国家发展科学技术普及事业,普及科学技术知识,加强科学技术普及基础设施和能力建设,提高全体公民特别是青少年的科学文化素质。

科学技术普及是全社会的共同责任。国家建立健全科学技术普及激励机制,鼓励科学技术研究开发机构、高等学校、企业事业单位、社会组织、科学技术人员等积极参与和支持科学技术普及活动。

第十三条 国家制定和实施知识产权战略,建立和完善知识产权制度,营造尊重知识产权的社会环境,保护知识产权,激励自主创新。

企业事业单位、社会组织和科学技术人员应当增强知识产权意识,增强自主创新能力,提高创造、运用、保护、管理和服务知识产权的能力,提高知识产权质量。

第十四条 国家建立和完善有利于创新的科学技术评价制度。

科学技术评价应当坚持公开、公平、公正的原则,以科技创新质量、贡献、绩效为导向,根据不同科学技术活动的特点,实行分类评价。

第十五条 国务院领导全国科学技术进步工作,制定中长期科学和技术发展规划、科技创新规划,确定国家科学技术重大项目、与科学技术密切相关的重大项目。中长期科学和技术发展规划、科技创新规划应当明确指导方针,发挥战略导向作用,引导和统筹科技发展布局、资源配置和政策制定。

县级以上人民政府应当将科学技术进步工作纳入国民经济和社会发展规划,保障科学技术进步与经济建设和社会发展相协调。

地方各级人民政府应当采取有效措施,加强对科学技术进步工作的组织和管理,优化科学技术发展环境,推进科学技术进步。

第十六条 国务院科学技术行政部门负责全国科学技术进步工作的宏观管理、统筹协调、服务保障和监督实施;国务院其他有关部门在各自的职责范围内,负责有关的科学技术进步工作。

县级以上地方人民政府科学技术行政部门负责本行政区域的科学技术进步工作;县级以上地方人民政府其他有关部门在各自的职责范围内,负责有关的科学技术进步工作。

第十七条 国家建立科学技术进步工作协调机制,研究科学技术进步工作中的重大问题,协调国家科学技术计划项目的设立及相互衔接,协调科学技术资源配置、科学技术研究开发机构的整合以及科学技术研究开发与高等教育、产业发展相结合等重大事项。

第十八条 每年5月30日为全国科技工作者日。

国家建立和完善科学技术奖励制度,设立国家最高科学技术奖等奖项,对在科学技术进步活动中做出重要贡献的组织和个人给予奖励。具体办法由国务院规定。

国家鼓励国内外的组织或者个人设立科学技术奖项,对科学技术进步活动中做出贡献的组织和个人给予奖励。

第二章 基础研究

第十九条 国家加强基础研究能力建设,尊重科学发展规律和人才成长规律,强化项目、人才、基地系统布局,为基础研究发展提供良好的物质条件和有力的制度保障。

国家加强规划和部署,推动基础研究自由探索和目标导向有机结合,围绕科学技术前沿、经济社会发展、国家安全重大需求和人民生命健康,聚焦重大关键技术问题,加强新兴和战略产业等领域基础研究,提升科学技术的源头供给能力。

国家鼓励科学技术研究开发机构、高等学校、企业等发挥自身优势,加强基础研究,推动原始创新。

第二十条 国家财政建立稳定支持基础研究的投入机制。

国家鼓励有条件的地方人民政府结合本地区经济社会发展需要,合理确定基础研究财政投入,加强对基础研究的支持。

国家引导企业加大基础研究投入，鼓励社会力量通过捐赠、设立基金等方式多渠道投入基础研究，给予财政、金融、税收等政策支持。

逐步提高基础研究经费在全社会科学技术研究开发经费总额中的比例，与创新型国家和科技强国建设要求相适应。

第二十一条　国家设立自然科学基金，资助基础研究，支持人才培养和团队建设。确定国家自然科学基金资助项目，应当坚持宏观引导、自主申请、平等竞争、同行评审、择优支持的原则。

有条件的地方人民政府结合本地区经济社会实际情况和发展需要，可以设立自然科学基金，支持基础研究。

第二十二条　国家完善学科布局和知识体系建设，推进学科交叉融合，促进基础研究与应用研究协调发展。

第二十三条　国家加大基础研究人才培养力度，强化对基础研究人才的稳定支持，提高基础研究人才队伍质量和水平。

国家建立满足基础研究需要的资源配置机制，建立与基础研究相适应的评价体系和激励机制，营造潜心基础研究的良好环境，鼓励和吸引优秀科学技术人员投身基础研究。

第二十四条　国家强化基础研究基地建设。

国家完善基础研究的基础条件建设，推进开放共享。

第二十五条　国家支持高等学校加强基础学科建设和基础研究人才培养，增强基础研究自主布局能力，推动高等学校基础研究高质量发展。

第三章　应用研究与成果转化

第二十六条　国家鼓励以应用研究带动基础研究，促进基础研究与应用研究、成果转化融通发展。

国家完善共性基础技术供给体系，促进创新链产业链深度融合，保障产业链供应链安全。

第二十七条　国家建立和完善科研攻关协调机制，围绕经济社会发展、国家安全重大需求和人民生命健康，加强重点领域项目、人才、基地、资金一体化配置，推动产学研紧密合作，推动关键核心技术自主可控。

第二十八条　国家完善关键核心技术攻关举国体制,组织实施体现国家战略需求的科学技术重大任务,系统布局具有前瞻性、战略性的科学技术重大项目,超前部署关键核心技术研发。

第二十九条　国家加强面向产业发展需求的共性技术平台和科学技术研究开发机构建设,鼓励地方围绕发展需求建设应用研究科学技术研究开发机构。

国家鼓励科学技术研究开发机构、高等学校加强共性基础技术研究,鼓励以企业为主导,开展面向市场和产业化应用的研究开发活动。

第三十条　国家加强科技成果中试、工程化和产业化开发及应用,加快科技成果转化为现实生产力。

利用财政性资金设立的科学技术研究开发机构和高等学校,应当积极促进科技成果转化,加强技术转移机构和人才队伍建设,建立和完善促进科技成果转化制度。

第三十一条　国家鼓励企业、科学技术研究开发机构、高等学校和其他组织建立优势互补、分工明确、成果共享、风险共担的合作机制,按照市场机制联合组建研究开发平台、技术创新联盟、创新联合体等,协同推进研究开发与科技成果转化,提高科技成果转移转化成效。

第三十二条　利用财政性资金设立的科学技术计划项目所形成的科技成果,在不损害国家安全、国家利益和重大社会公共利益的前提下,授权项目承担者依法取得相关知识产权,项目承担者可以依法自行投资实施转化、向他人转让、联合他人共同实施转化、许可他人使用或者作价投资等。

项目承担者应当依法实施前款规定的知识产权,同时采取保护措施,并就实施和保护情况向项目管理机构提交年度报告;在合理期限内没有实施且无正当理由的,国家可以无偿实施,也可以许可他人有偿实施或者无偿实施。

项目承担者依法取得的本条第一款规定的知识产权,为了国家安全、国家利益和重大社会公共利益的需要,国家可以无偿实施,也可以许可他人有偿实施或者无偿实施。

项目承担者因实施本条第一款规定的知识产权所产生的利益分配,依照有关法律法规规定执行;法律法规没有规定的,按照约定执行。

第三十三条 国家实行以增加知识价值为导向的分配政策,按照国家有关规定推进知识产权归属和权益分配机制改革,探索赋予科学技术人员职务科技成果所有权或者长期使用权制度。

第三十四条 国家鼓励利用财政性资金设立的科学技术计划项目所形成的知识产权首先在境内使用。

前款规定的知识产权向境外的组织或者个人转让,或者许可境外的组织或者个人独占实施的,应当经项目管理机构批准;法律、行政法规对批准机构另有规定的,依照其规定。

第三十五条 国家鼓励新技术应用,按照包容审慎原则,推动开展新技术、新产品、新服务、新模式应用试验,为新技术、新产品应用创造条件。

第三十六条 国家鼓励和支持农业科学技术的应用研究,传播和普及农业科学技术知识,加快农业科技成果转化和产业化,促进农业科学技术进步,利用农业科学技术引领乡村振兴和农业农村现代化。

县级以上人民政府应当采取措施,支持公益性农业科学技术研究开发机构和农业技术推广机构进行农业新品种、新技术的研究开发、应用和推广。

地方各级人民政府应当鼓励和引导农业科学技术服务机构、科技特派员和农村群众性科学技术组织为种植业、林业、畜牧业、渔业等的发展提供科学技术服务,为农民提供科学技术培训和指导。

第三十七条 国家推动科学技术研究开发与产品、服务标准制定相结合,科学技术研究开发与产品设计、制造相结合;引导科学技术研究开发机构、高等学校、企业和社会组织共同推进国家重大技术创新产品、服务标准的研究、制定和依法采用,参与国际标准制定。

第三十八条 国家培育和发展统一开放、互联互通、竞争有序的技术市场,鼓励创办从事技术评估、技术经纪和创新创业服务等活动的中介服务机构,引导建立社会化、专业化、网络化、信息化和智能化的技术交易服务体系和创新创业服务体系,推动科技成果的应用和推广。

技术交易活动应当遵循自愿平等、互利有偿和诚实信用的原则。

第四章 企业科技创新

第三十九条 国家建立以企业为主体,以市场为导向,企业同科学技术研究开发机构、高等学校紧密合作的技术创新体系,引导和扶持企业技术创新活动,支持企业牵头国家科技攻关任务,发挥企业在技术创新中的主体作用,推动企业成为技术创新决策、科研投入、组织科研和成果转化的主体,促进各类创新要素向企业集聚,提高企业技术创新能力。

国家培育具有影响力和竞争力的科技领军企业,充分发挥科技领军企业的创新带动作用。

第四十条 国家鼓励企业开展下列活动:

(一)设立内部科学技术研究开发机构;

(二)同其他企业或者科学技术研究开发机构、高等学校开展合作研究,联合建立科学技术研究开发机构和平台,设立科技企业孵化机构和创新创业平台,或者以委托等方式开展科学技术研究开发;

(三)培养、吸引和使用科学技术人员;

(四)同科学技术研究开发机构、高等学校、职业院校或者培训机构联合培养专业技术人才和高技能人才,吸引高等学校毕业生到企业工作;

(五)设立博士后工作站或者流动站;

(六)结合技术创新和职工技能培训,开展科学技术普及活动,设立向公众开放的普及科学技术的场馆或者设施。

第四十一条 国家鼓励企业加强原始创新,开展技术合作与交流,增加研究开发和技术创新的投入,自主确立研究开发课题,开展技术创新活动。

国家鼓励企业对引进技术进行消化、吸收和再创新。

企业开发新技术、新产品、新工艺发生的研究开发费用可以按照国家有关规定,税前列支并加计扣除,企业科学技术研究开发仪器、设备可以加速折旧。

第四十二条 国家完善多层次资本市场,建立健全促进科技创新的机制,支持符合条件的科技型企业利用资本市场推动自身发展。

国家加强引导和政策扶持,多渠道拓宽创业投资资金来源,对企业的创业发展给予支持。

国家完善科技型企业上市融资制度,畅通科技型企业国内上市融资渠道,发挥资本市场服务科技创新的融资功能。

第四十三条 下列企业按照国家有关规定享受税收优惠:

(一)从事高新技术产品研究开发、生产的企业;

(二)科技型中小企业;

(三)投资初创科技型企业的创业投资企业;

(四)法律、行政法规规定的与科学技术进步有关的其他企业。

第四十四条 国家对公共研究开发平台和科学技术中介、创新创业服务机构的建设和运营给予支持。

公共研究开发平台和科学技术中介、创新创业服务机构应当为中小企业的技术创新提供服务。

第四十五条 国家保护企业研究开发所取得的知识产权。企业应当不断提高知识产权质量和效益,增强自主创新能力和市场竞争能力。

第四十六条 国有企业应当建立健全有利于技术创新的研究开发投入制度、分配制度和考核评价制度,完善激励约束机制。

国有企业负责人对企业的技术进步负责。对国有企业负责人的业绩考核,应当将企业的创新投入、创新能力建设、创新成效等情况纳入考核范围。

第四十七条 县级以上地方人民政府及其有关部门应当创造公平竞争的市场环境,推动企业技术进步。

国务院有关部门和省级人民政府应当通过制定产业、财政、金融、能源、环境保护和应对气候变化等政策,引导、促使企业研究开发新技术、新产品、新工艺,进行技术改造和设备更新,淘汰技术落后的设备、工艺,停止生产技术落后的产品。

第五章 科学技术研究开发机构

第四十八条 国家统筹规划科学技术研究开发机构布局,建立和完善科学技术研究开发体系。

一、法律

国家在事关国家安全和经济社会发展全局的重大科技创新领域建设国家实验室,建立健全以国家实验室为引领、全国重点实验室为支撑的实验室体系,完善稳定支持机制。

利用财政性资金设立的科学技术研究开发机构,应当坚持以国家战略需求为导向,提供公共科技供给和应急科技支撑。

第四十九条 自然人、法人和非法人组织有权依法设立科学技术研究开发机构。境外的组织或者个人可以在中国境内依法独立设立科学技术研究开发机构,也可以与中国境内的组织或者个人联合设立科学技术研究开发机构。

从事基础研究、前沿技术研究、社会公益性技术研究的科学技术研究开发机构,可以利用财政性资金设立。利用财政性资金设立科学技术研究开发机构,应当优化配置,防止重复设置。

科学技术研究开发机构、高等学校可以设立博士后流动站或者工作站。科学技术研究开发机构可以依法在国外设立分支机构。

第五十条 科学技术研究开发机构享有下列权利:

(一)依法组织或者参加学术活动;

(二)按照国家有关规定,自主确定科学技术研究开发方向和项目,自主决定经费使用、机构设置、绩效考核及薪酬分配、职称评审、科技成果转化及收益分配、岗位设置、人员聘用及合理流动等内部管理事务;

(三)与其他科学技术研究开发机构、高等学校和企业联合开展科学技术研究开发、技术咨询、技术服务等活动;

(四)获得社会捐赠和资助;

(五)法律、行政法规规定的其他权利。

第五十一条 科学技术研究开发机构应当依法制定章程,按照章程规定的职能定位和业务范围开展科学技术研究开发活动;加强科研作风学风建设,建立和完善科研诚信、科技伦理管理制度,遵守科学研究活动管理规范;不得组织、参加、支持迷信活动。

利用财政性资金设立的科学技术研究开发机构开展科学技术研究开发活动,应当为国家目标和社会公共利益服务;有条件的,应当向公众开放普及科学技术的场馆或者设施,组织开展科学技术普及活动。

第五十二条 利用财政性资金设立的科学技术研究开发机构,应当建立职责明确、评价科学、开放有序、管理规范的现代院所制度,实行院长或者所长负责制,建立科学技术委员会咨询制和职工代表大会监督制等制度,并吸收外部专家参与管理、接受社会监督;院长或者所长的聘用引入竞争机制。

第五十三条 国家完善利用财政性资金设立的科学技术研究开发机构的评估制度,评估结果作为机构设立、支持、调整、终止的依据。

第五十四条 利用财政性资金设立的科学技术研究开发机构,应当建立健全科学技术资源开放共享机制,促进科学技术资源的有效利用。

国家鼓励社会力量设立的科学技术研究开发机构,在合理范围内实行科学技术资源开放共享。

第五十五条 国家鼓励企业和其他社会力量自行创办科学技术研究开发机构,保障其合法权益。

社会力量设立的科学技术研究开发机构有权按照国家有关规定,平等竞争和参与实施利用财政性资金设立的科学技术计划项目。

国家完善对社会力量设立的非营利性科学技术研究开发机构税收优惠制度。

第五十六条 国家支持发展新型研究开发机构等新型创新主体,完善投入主体多元化、管理制度现代化、运行机制市场化、用人机制灵活化的发展模式,引导新型创新主体聚焦科学研究、技术创新和研发服务。

第六章 科学技术人员

第五十七条 国家营造尊重人才、爱护人才的社会环境,公正平等、竞争择优的制度环境,待遇适当、保障有力的生活环境,为科学技术人员潜心科研创造良好条件。

国家采取多种措施,提高科学技术人员的社会地位,培养和造就专门的科学技术人才,保障科学技术人员投入科技创新和研究开发活动,充分发挥科学技术人员的作用。禁止以任何方式和手段不公正对待科学技术人员及其科技成果。

第五十八条 国家加快战略人才力量建设,优化科学技术人才队伍结构,完善战略科学家、科技领军人才等创新人才和团队的培养、发现、引进、使用、评价机制,实施人才梯队、科研条件、管理机制等配套政策。

第五十九条 国家完善创新人才教育培养机制,在基础教育中加强科学兴趣培养,在职业教育中加强技术技能人才培养,强化高等教育资源配置与科学技术领域创新人才培养的结合,加强完善战略性科学技术人才储备。

第六十条 各级人民政府、企业事业单位和社会组织应当采取措施,完善体现知识、技术等创新要素价值的收益分配机制,优化收入结构,建立工资稳定增长机制,提高科学技术人员的工资水平;对有突出贡献的科学技术人员给予优厚待遇和荣誉激励。

利用财政性资金设立的科学技术研究开发机构和高等学校的科学技术人员,在履行岗位职责、完成本职工作、不发生利益冲突的前提下,经所在单位同意,可以从事兼职工作获得合法收入。技术开发、技术咨询、技术服务等活动的奖酬金提取,按照科技成果转化有关规定执行。

国家鼓励科学技术研究开发机构、高等学校、企业等采取股权、期权、分红等方式激励科学技术人员。

第六十一条 各级人民政府和企业事业单位应当保障科学技术人员接受继续教育的权利,并为科学技术人员的合理、畅通、有序流动创造环境和条件,发挥其专长。

第六十二条 科学技术人员可以根据其学术水平和业务能力选择工作单位、竞聘相应的岗位,取得相应的职务或者职称。

科学技术人员应当信守工作承诺,履行岗位责任,完成职务或者职称相应工作。

第六十三条 国家实行科学技术人员分类评价制度,对从事不同科学技术活动的人员实行不同的评价标准和方式,突出创新价值、能力、贡献导向,合理确定薪酬待遇、配置学术资源、设置评价周期,形成有利于科学技术人员潜心研究和创新的人才评价体系,激发科学技术人员创新活力。

第六十四条 科学技术行政等有关部门和企业事业单位应当完善科学技术人员管理制度,增强服务意识和保障能力,简化管理流程,避免重复性检查和评估,减轻科学技术人员项目申报、材料报送、经费报销等方面的负担,保障科学技术人员科研时间。

第六十五条 科学技术人员在艰苦、边远地区或者恶劣、危险环境中工作,所在单位应当按照国家有关规定给予补贴,提供其岗位或者工作场所应有的职业健康卫生保护和安全保障,为其接受继续教育、业务培训等提供便利条件。

第六十六条 青年科学技术人员、少数民族科学技术人员、女性科学技术人员等在竞聘专业技术职务、参与科学技术评价、承担科学技术研究开发项目、接受继续教育等方面享有平等权利。鼓励老年科学技术人员在科学技术进步中发挥积极作用。

各级人民政府和企业事业单位应当为青年科学技术人员成长创造环境和条件,鼓励青年科学技术人员在科技领域勇于探索、敢于尝试,充分发挥青年科学技术人员的作用。发现、培养和使用青年科学技术人员的情况,应当作为评价科学技术进步工作的重要内容。

各级人民政府和企业事业单位应当完善女性科学技术人员培养、评价和激励机制,关心孕哺期女性科学技术人员,鼓励和支持女性科学技术人员在科学技术进步中发挥更大作用。

第六十七条 科学技术人员应当大力弘扬爱国、创新、求实、奉献、协同、育人的科学家精神,坚守工匠精神,在各类科学技术活动中遵守学术和伦理规范,恪守职业道德,诚实守信;不得在科学技术活动中弄虚作假,不得参加、支持迷信活动。

第六十八条 国家鼓励科学技术人员自由探索、勇于承担风险,营造鼓励创新、宽容失败的良好氛围。原始记录等能够证明承担探索性强、风险高的科学技术研究开发项目的科学技术人员已经履行了勤勉尽责义务仍不能完成该项目的,予以免责。

第六十九条 科研诚信记录作为对科学技术人员聘任专业技术职务或者职称、审批科学技术人员申请科学技术研究开发项目、授予科学技术奖励等的重要依据。

第七十条　科学技术人员有依法创办或者参加科学技术社会团体的权利。

科学技术协会和科学技术社会团体按照章程在促进学术交流、推进学科建设、推动科技创新、开展科学技术普及活动、培养专门人才、开展咨询服务、加强科学技术人员自律和维护科学技术人员合法权益等方面发挥作用。

科学技术协会和科学技术社会团体的合法权益受法律保护。

第七章　区域科技创新

第七十一条　国家统筹科学技术资源区域空间布局，推动中央科学技术资源与地方发展需求紧密衔接，采取多种方式支持区域科技创新。

第七十二条　县级以上地方人民政府应当支持科学技术研究和应用，为促进科技成果转化创造条件，为推动区域创新发展提供良好的创新环境。

第七十三条　县级以上人民政府及其有关部门制定的与产业发展相关的科学技术计划，应当体现产业发展的需求。

县级以上人民政府及其有关部门确定科学技术计划项目，应当鼓励企业平等竞争和参与实施；对符合产业发展需求、具有明确市场应用前景的项目，应当鼓励企业联合科学技术研究开发机构、高等学校共同实施。

地方重大科学技术计划实施应当与国家科学技术重大任务部署相衔接。

第七十四条　国务院可以根据需要批准建立国家高新技术产业开发区、国家自主创新示范区等科技园区，并对科技园区的建设、发展给予引导和扶持，使其形成特色和优势，发挥集聚和示范带动效应。

第七十五条　国家鼓励有条件的县级以上地方人民政府根据国家发展战略和地方发展需要，建设重大科技创新基地与平台，培育创新创业载体，打造区域科技创新高地。

国家支持有条件的地方建设科技创新中心和综合性科学中心，发挥辐射带动、深化创新改革和参与全球科技合作作用。

第七十六条　国家建立区域科技创新合作机制和协同互助机制,鼓励地方各级人民政府及其有关部门开展跨区域创新合作,促进各类创新要素合理流动和高效集聚。

第七十七条　国家重大战略区域可以依托区域创新平台,构建利益分享机制,促进人才、技术、资金等要素自由流动,推动科学仪器设备、科技基础设施、科学工程和科技信息资源等开放共享,提高科技成果区域转化效率。

第七十八条　国家鼓励地方积极探索区域科技创新模式,尊重区域科技创新集聚规律,因地制宜选择具有区域特色的科技创新发展路径。

第八章　国际科学技术合作

第七十九条　国家促进开放包容、互惠共享的国际科学技术合作与交流,支撑构建人类命运共同体。

第八十条　中华人民共和国政府发展同外国政府、国际组织之间的科学技术合作与交流。

国家鼓励科学技术研究开发机构、高等学校、科学技术社会团体、企业和科学技术人员等各类创新主体开展国际科学技术合作与交流,积极参与科学研究活动,促进国际科学技术资源开放流动,形成高水平的科技开放合作格局,推动世界科学技术进步。

第八十一条　国家鼓励企业事业单位、社会组织通过多种途径建设国际科技创新合作平台,提供国际科技创新合作服务。

鼓励企业事业单位、社会组织和科学技术人员参与和发起国际科学技术组织,增进国际科学技术合作与交流。

第八十二条　国家采取多种方式支持国内外优秀科学技术人才合作研发,应对人类面临的共同挑战,探索科学前沿。

国家支持科学技术研究开发机构、高等学校、企业和科学技术人员积极参与和发起组织实施国际大科学计划和大科学工程。

国家完善国际科学技术研究合作中的知识产权保护与科技伦理、安全审查机制。

第八十三条　国家扩大科学技术计划对外开放合作,鼓励在华外资企业、外籍科学技术人员等承担和参与科学技术计划项目,完善境外科学技术人员参与国家科学技术计划项目的机制。

第八十四条 国家完善相关社会服务和保障措施,鼓励在国外工作的科学技术人员回国,吸引外籍科学技术人员到中国从事科学技术研究开发工作。

科学技术研究开发机构及其他科学技术组织可以根据发展需要,聘用境外科学技术人员。利用财政性资金设立的科学技术研究开发机构、高等学校聘用境外科学技术人员从事科学技术研究开发工作的,应当为其工作和生活提供方便。

外籍杰出科学技术人员到中国从事科学技术研究开发工作的,按照国家有关规定,可以优先获得在华永久居留权或者取得中国国籍。

第九章 保障措施

第八十五条 国家加大财政性资金投入,并制定产业、金融、税收、政府采购等政策,鼓励、引导社会资金投入,推动全社会科学技术研究开发经费持续稳定增长。

第八十六条 国家逐步提高科学技术经费投入的总体水平;国家财政用于科学技术经费的增长幅度,应当高于国家财政经常性收入的增长幅度。全社会科学技术研究开发经费应当占国内生产总值适当的比例,并逐步提高。

第八十七条 财政性科学技术资金应当主要用于下列事项的投入:

(一)科学技术基础条件与设施建设;

(二)基础研究和前沿交叉学科研究;

(三)对经济建设和社会发展具有战略性、基础性、前瞻性作用的前沿技术研究、社会公益性技术研究和重大共性关键技术研究;

(四)重大共性关键技术应用和高新技术产业化示范;

(五)关系生态环境和人民生命健康的科学技术研究开发和成果的应用、推广;

(六)农业新品种、新技术的研究开发和农业科技成果的应用、推广;

（七）科学技术人员的培养、吸引和使用；

（八）科学技术普及。

对利用财政性资金设立的科学技术研究开发机构，国家在经费、实验手段等方面给予支持。

第八十八条 设立国家科学技术计划，应当按照国家需求，聚焦国家重大战略任务，遵循科学研究、技术创新和成果转化规律。

国家建立科学技术计划协调机制和绩效评估制度，加强专业化管理。

第八十九条 国家设立基金，资助中小企业开展技术创新，推动科技成果转化与应用。

国家在必要时可以设立支持基础研究、社会公益性技术研究、国际联合研究等方面的其他非营利性基金，资助科学技术进步活动。

第九十条 从事下列活动的，按照国家有关规定享受税收优惠：

（一）技术开发、技术转让、技术许可、技术咨询、技术服务；

（二）进口国内不能生产或者性能不能满足需要的科学研究、技术开发或者科学技术普及的用品；

（三）为实施国家重大科学技术专项、国家科学技术计划重大项目，进口国内不能生产的关键设备、原材料或者零部件；

（四）科学技术普及场馆、基地等开展面向公众开放的科学技术普及活动；

（五）捐赠资助开展科学技术活动；

（六）法律、国家有关规定规定的其他科学研究、技术开发与科学技术应用活动。

第九十一条 对境内自然人、法人和非法人组织的科技创新产品、服务，在功能、质量等指标能够满足政府采购需求的条件下，政府采购应当购买；首次投放市场的，政府采购应当率先购买，不得以商业业绩为由予以限制。

政府采购的产品尚待研究开发的，通过订购方式实施。采购人应当优先采用竞争性方式确定科学技术研究开发机构、高等学校或者企业进行研究开发，产品研发合格后按约定采购。

第九十二条 国家鼓励金融机构开展知识产权质押融资业务，鼓励和引导金融机构在信贷、投资等方面支持科学技术应用和高新技术产业发展,鼓励保险机构根据高新技术产业发展的需要开发保险品种,促进新技术应用。

第九十三条 国家遵循统筹规划、优化配置的原则,整合和设置国家科学技术研究实验基地。

国家鼓励设置综合性科学技术实验服务单位,为科学技术研究开发机构、高等学校、企业和科学技术人员提供或者委托他人提供科学技术实验服务。

第九十四条 国家根据科学技术进步的需要,按照统筹规划、突出共享、优化配置、综合集成、政府主导、多方共建的原则,统筹购置大型科学仪器、设备,并开展对以财政性资金为主购置的大型科学仪器、设备的联合评议工作。

第九十五条 国家加强学术期刊建设,完善科研论文和科学技术信息交流机制,推动开放科学的发展,促进科学技术交流和传播。

第九十六条 国家鼓励国内外的组织或者个人捐赠财产、设立科学技术基金,资助科学技术研究开发和科学技术普及。

第九十七条 利用财政性资金设立的科学技术研究开发机构、高等学校和企业,在推进科技管理改革、开展科学技术研究开发、实施科技成果转化活动过程中,相关负责人锐意创新探索,出现决策失误、偏差,但尽到合理注意义务和监督管理职责,未牟取非法利益的,免除其决策责任。

第十章 监督管理

第九十八条 国家加强科技法治化建设和科研作风学风建设,建立和完善科研诚信制度和科技监督体系,健全科技伦理治理体制,营造良好科技创新环境。

第九十九条 国家完善科学技术决策的规则和程序,建立规范的咨询和决策机制,推进决策的科学化、民主化和法治化。

国家改革完善重大科学技术决策咨询制度。制定科学技术发展规划和重大政策,确定科学技术重大项目、与科学技术密切相关的重大项目,应当充分听取科学技术人员的意见,发挥智库作用,扩大公众参与,开展科学评估,实行科学决策。

第一百条 国家加强财政性科学技术资金绩效管理,提高资金配置效率和使用效益。财政性科学技术资金的管理和使用情况,应当接受审计机关、财政部门的监督检查。

科学技术行政等有关部门应当加强对利用财政性资金设立的科学技术计划实施情况的监督,强化科研项目资金协调、评估、监管。

任何组织和个人不得虚报、冒领、贪污、挪用、截留财政性科学技术资金。

第一百零一条 国家建立科学技术计划项目分类管理机制,强化对项目实效的考核评价。利用财政性资金设立的科学技术计划项目,应当坚持问题导向、目标导向、需求导向进行立项,按照国家有关规定择优确定项目承担者。

国家建立科技管理信息系统,建立评审专家库,健全科学技术计划项目的专家评审制度和评审专家的遴选、回避、保密、问责制度。

第一百零二条 国务院科学技术行政部门应当会同国务院有关主管部门,建立科学技术研究基地、科学仪器设备等资产和科学技术文献、科学技术数据、科学技术自然资源、科学技术普及资源等科学技术资源的信息系统和资源库,及时向社会公布科学技术资源的分布、使用情况。

科学技术资源的管理单位应当向社会公布所管理的科学技术资源的共享使用制度和使用情况,并根据使用制度安排使用;法律、行政法规规定应当保密的,依照其规定。

科学技术资源的管理单位不得侵犯科学技术资源使用者的知识产权,并应当按照国家有关规定确定收费标准。管理单位和使用者之间的其他权利义务关系由双方约定。

第一百零三条 国家建立科技伦理委员会,完善科技伦理制度规范,加强科技伦理教育和研究,健全审查、评估、监管体系。

科学技术研究开发机构、高等学校、企业事业单位等应当履行科技伦理管理主体责任,按照国家有关规定建立健全科技伦理审查机制,对科学技术活动开展科技伦理审查。

第一百零四条 国家加强科研诚信建设,建立科学技术项目诚信档案及科研诚信管理信息系统,坚持预防与惩治并举、自律与监督并重,完善对失信行为的预防、调查、处理机制。

县级以上地方人民政府和相关行业主管部门采取各种措施加强科研诚信建设,企业事业单位和社会组织应当履行科研诚信管理的主体责任。

任何组织和个人不得虚构、伪造科研成果,不得发布、传播虚假科研成果,不得从事学术论文及其实验研究数据、科学技术计划项目申报验收材料等的买卖、代写、代投服务。

第一百零五条　国家建立健全科学技术统计调查制度和国家创新调查制度,掌握国家科学技术活动基本情况,监测和评价国家创新能力。

国家建立健全科技报告制度,财政性资金资助的科学技术计划项目的承担者应当按照规定及时提交报告。

第一百零六条　国家实行科学技术保密制度,加强科学技术保密能力建设,保护涉及国家安全和利益的科学技术秘密。

国家依法实行重要的生物种质资源、遗传资源、数据资源等科学技术资源和关键核心技术出境管理制度。

第一百零七条　禁止危害国家安全、损害社会公共利益、危害人体健康、违背科研诚信和科技伦理的科学技术研究开发和应用活动。

从事科学技术活动,应当遵守科学技术活动管理规范。对严重违反科学技术活动管理规范的组织和个人,由科学技术行政等有关部门记入科研诚信严重失信行为数据库。

第十一章　法律责任

第一百零八条　违反本法规定,科学技术行政等有关部门及其工作人员,以及其他依法履行公职的人员滥用职权、玩忽职守、徇私舞弊的,对直接负责的主管人员和其他直接责任人员依法给予处分。

第一百零九条　违反本法规定,滥用职权阻挠、限制、压制科学技术研究开发活动,或者利用职权打压、排挤、刁难科学技术人员的,对直接负责的主管人员和其他直接责任人员依法给予处分。

第一百一十条　违反本法规定,虚报、冒领、贪污、挪用、截留用于科学技术进步的财政性资金或者社会捐赠资金的,由有关主管部门责令改正,追回有关财政性资金,责令退还捐赠资金,给予警告或者通报批评,并可以暂停拨款、终止或者撤销相关科学技术活动;情节严重的,依法处以罚款,禁止一定期限内承担或者参与财政性资金支持的科学技术活动;对直接负责的主管人员和其他直接责任人员依法给予行政处罚和处分。

第一百一十一条　违反本法规定,利用财政性资金和国有资本购置大型科学仪器、设备后,不履行大型科学仪器、设备等科学技术资源共享使用义务的,由有关主管部门责令改正,给予警告或者通报批评,对直接负责的主管人员和其他直接责任人员依法给予处分。

第一百一十二条　违反本法规定,进行危害国家安全、损害社会公共利益、危害人体健康、违背科研诚信和科技伦理的科学技术研究开发和应用活动的,由科学技术人员所在单位或者有关主管部门责令改正;获得用于科学技术进步的财政性资金或者有违法所得的,由有关主管部门终止或者撤销相关科学技术活动,追回财政性资金,没收违法所得;情节严重的,由有关主管部门向社会公布其违法行为,依法给予行政处罚和处分,禁止一定期限内承担或者参与财政性资金支持的科学技术活动、申请相关科学技术活动行政许可;对直接负责的主管人员和其他直接责任人员依法给予行政处罚和处分。

违反本法规定,虚构、伪造科研成果,发布、传播虚假科研成果,或者从事学术论文及其实验研究数据、科学技术计划项目申报验收材料等的买卖、代写、代投服务的,由有关主管部门给予警告或者通报批评,处以罚款;有违法所得的,没收违法所得;情节严重的,吊销许可证件。

第一百一十三条　违反本法规定,从事科学技术活动违反科学技术活动管理规范的,由有关主管部门责令限期改正,并可以追回有关财政性资金,给予警告或者通报批评,暂停拨款、终止或者撤销相关财政性资金支持的科学技术活动;情节严重的,禁止一定期限内承担或者参与财政性资金支持的科学技术活动,取消一定期限内财政性资金支持的科学技术活动管理资格;对直接负责的主管人员和其他直接责任人员依法给予处分。

第一百一十四条 违反本法规定,骗取国家科学技术奖励的,由主管部门依法撤销奖励,追回奖章、证书和奖金等,并依法给予处分。

违反本法规定,提名单位或者个人提供虚假数据、材料,协助他人骗取国家科学技术奖励的,由主管部门给予通报批评;情节严重的,暂停或者取消其提名资格,并依法给予处分。

第一百一十五条 违反本法规定的行为,本法未作行政处罚规定,其他有关法律、行政法规有规定的,依照其规定;造成财产损失或者其他损害的,依法承担民事责任;构成违反治安管理行为的,依法给予治安管理处罚;构成犯罪的,依法追究刑事责任。

第十二章 附 则

第一百一十六条 涉及国防科学技术进步的其他有关事项,由国务院、中央军事委员会规定。

第一百一十七条 本法自2022年1月1日起施行。

中华人民共和国促进科技成果转化法

(1996年5月15日第八届全国人民代表大会常务委员会第十九次会议通过 根据2015年8月29日第十二届全国人民代表大会常务委员会第十六次会议《关于修改〈中华人民共和国促进科技成果转化法〉的决定》修正)

目 录

第一章 总 则
第二章 组织实施
第三章 保障措施
第四章 技术权益
第五章 法律责任
第六章 附 则

第一章 总 则

第一条 为了促进科技成果转化为现实生产力,规范科技成果转化活动,加速科学技术进步,推动经济建设和社会发展,制定本法。

第二条 本法所称科技成果,是指通过科学研究与技术开发所产生的具有实用价值的成果。职务科技成果,是指执行研究开发机构、高等院校和企业等单位的工作任务,或者主要是利用上述单位的物质技术条件所完成的科技成果。

本法所称科技成果转化,是指为提高生产力水平而对科技成果所进行的后续试验、开发、应用、推广直至形成新技术、新工艺、新材料、新产品,发展新产业等活动。

第三条 科技成果转化活动应当有利于加快实施创新驱动发展战略,促进科技与经济的结合,有利于提高经济效益、社会效益和保护环境、合理利用资源,有利于促进经济建设、社会发展和维护国家安全。

科技成果转化活动应当尊重市场规律,发挥企业的主体作用,遵循自愿、互利、公平、诚实信用的原则,依照法律法规规定和合同约定,享有权益,承担风险。科技成果转化活动中的知识产权受法律保护。

科技成果转化活动应当遵守法律法规,维护国家利益,不得损害社会公共利益和他人合法权益。

第四条 国家对科技成果转化合理安排财政资金投入,引导社会资金投入,推动科技成果转化资金投入的多元化。

第五条 国务院和地方各级人民政府应当加强科技、财政、投资、税收、人才、产业、金融、政府采购、军民融合等政策协同,为科技成果转化创造良好环境。

地方各级人民政府根据本法规定的原则,结合本地实际,可以采取更加有利于促进科技成果转化的措施。

第六条 国家鼓励科技成果首先在中国境内实施。中国单位或者个人向境外的组织、个人转让或者许可其实施科技成果的,应当遵守相关法律、行政法规以及国家有关规定。

第七条 国家为了国家安全、国家利益和重大社会公共利益的需要,可以依法组织实施或者许可他人实施相关科技成果。

第八条 国务院科学技术行政部门、经济综合管理部门和其他有关行政部门依照国务院规定的职责,管理、指导和协调科技成果转化工作。

地方各级人民政府负责管理、指导和协调本行政区域内的科技成果转化工作。

第二章 组织实施

第九条 国务院和地方各级人民政府应当将科技成果的转化纳入国民经济和社会发展计划,并组织协调实施有关科技成果的转化。

第十条 利用财政资金设立应用类科技项目和其他相关科技项目,有关行政部门、管理机构应当改进和完善科研组织管理方式,在制定相关科技规划、计划和编制项目指南时应当听取相关行业、企业的意见;在组织实施应用类科技项目时,应当明确项目承担者的科技成果转化义务,加强知识产权管理,并将科技成果转化和知识产权创造、运用作为立项和验收的重要内容和依据。

第十一条 国家建立、完善科技报告制度和科技成果信息系统,向社会公布科技项目实施情况以及科技成果和相关知识产权信息,提供科技成果信息查询、筛选等公益服务。公布有关信息不得泄露国家秘密和商业秘密。对不予公布的信息,有关部门应当及时告知相关科技项目承担者。

利用财政资金设立的科技项目的承担者应当按照规定及时提交相关科技报告,并将科技成果和相关知识产权信息汇交到科技成果信息系统。

国家鼓励利用非财政资金设立的科技项目的承担者提交相关科技报告,将科技成果和相关知识产权信息汇交到科技成果信息系统,县级以上人民政府负责相关工作的部门应当为其提供方便。

第十二条 对下列科技成果转化项目,国家通过政府采购、研究开发资助、发布产业技术指导目录、示范推广等方式予以支持:

(一)能够显著提高产业技术水平、经济效益或者能够形成促进社会经济健康发展的新产业的;

(二)能够显著提高国家安全能力和公共安全水平的;

(三)能够合理开发和利用资源、节约能源、降低消耗以及防治环境污染、保护生态、提高应对气候变化和防灾减灾能力的;

(四)能够改善民生和提高公共健康水平的;

(五)能够促进现代农业或者农村经济发展的;

(六)能够加快民族地区、边远地区、贫困地区社会经济发展的。

第十三条 国家通过制定政策措施,提倡和鼓励采用先进技术、工艺和装备,不断改进、限制使用或者淘汰落后技术、工艺和装备。

第十四条 国家加强标准制定工作,对新技术、新工艺、新材料、新产品依法及时制定国家标准、行业标准,积极参与国际标准的制定,推动先进适用技术推广和应用。

国家建立有效的军民科技成果相互转化体系,完善国防科技协同创新体制机制。军品科研生产应当依法优先采用先进适用的民用标准,推动军用、民用技术相互转移、转化。

第十五条 各级人民政府组织实施的重点科技成果转化项目,可以由有关部门组织采用公开招标的方式实施转化。有关部门应当对中标单位提供招标时确定的资助或者其他条件。

第十六条 科技成果持有者可以采用下列方式进行科技成果转化:

(一)自行投资实施转化;

(二)向他人转让该科技成果;

(三)许可他人使用该科技成果;

(四)以该科技成果作为合作条件,与他人共同实施转化;

(五)以该科技成果作价投资,折算股份或者出资比例;

(六)其他协商确定的方式。

第十七条 国家鼓励研究开发机构、高等院校采取转让、许可或者作价投资等方式,向企业或者其他组织转移科技成果。

国家设立的研究开发机构、高等院校应当加强对科技成果转化的管理、组织和协调,促进科技成果转化队伍建设,优化科技成果转化流程,通过本单位负责技术转移工作的机构或者委托独立的科技成果转化服务机构开展技术转移。

第十八条 国家设立的研究开发机构、高等院校对其持有的科技成果，可以自主决定转让、许可或者作价投资，但应当通过协议定价、在技术交易市场挂牌交易、拍卖等方式确定价格。通过协议定价的，应当在本单位公示科技成果名称和拟交易价格。

第十九条 国家设立的研究开发机构、高等院校所取得的职务科技成果，完成人和参加人在不变更职务科技成果权属的前提下，可以根据与本单位的协议进行该项科技成果的转化，并享有协议规定的权益。该单位对上述科技成果转化活动应当予以支持。

科技成果完成人或者课题负责人，不得阻碍职务科技成果的转化，不得将职务科技成果及其技术资料和数据占为己有，侵犯单位的合法权益。

第二十条 研究开发机构、高等院校的主管部门以及财政、科学技术等相关行政部门应当建立有利于促进科技成果转化的绩效考核评价体系，将科技成果转化情况作为对相关单位及人员评价、科研资金支持的重要内容和依据之一，并对科技成果转化绩效突出的相关单位及人员加大科研资金支持。

国家设立的研究开发机构、高等院校应当建立符合科技成果转化工作特点的职称评定、岗位管理和考核评价制度，完善收入分配激励约束机制。

第二十一条 国家设立的研究开发机构、高等院校应当向其主管部门提交科技成果转化情况年度报告，说明本单位依法取得的科技成果数量、实施转化情况以及相关收入分配情况，该主管部门应当按照规定将科技成果转化情况年度报告报送财政、科学技术等相关行政部门。

第二十二条 企业为采用新技术、新工艺、新材料和生产新产品，可以自行发布信息或者委托科技中介服务机构征集其所需的科技成果，或者征寻科技成果转化的合作者。

县级以上地方各级人民政府科学技术行政部门和其他有关部门应当根据职责分工，为企业获取所需的科技成果提供帮助和支持。

第二十三条 企业依法有权独立或者与境内外企业、事业单位和其他合作者联合实施科技成果转化。

企业可以通过公平竞争,独立或者与其他单位联合承担政府组织实施的科技研究开发和科技成果转化项目。

第二十四条 对利用财政资金设立的具有市场应用前景、产业目标明确的科技项目,政府有关部门、管理机构应当发挥企业在研究开发方向选择、项目实施和成果应用中的主导作用,鼓励企业、研究开发机构、高等院校及其他组织共同实施。

第二十五条 国家鼓励研究开发机构、高等院校与企业相结合,联合实施科技成果转化。

研究开发机构、高等院校可以参与政府有关部门或者企业实施科技成果转化的招标投标活动。

第二十六条 国家鼓励企业与研究开发机构、高等院校及其他组织采取联合建立研究开发平台、技术转移机构或者技术创新联盟等产学研合作方式,共同开展研究开发、成果应用与推广、标准研究与制定等活动。

合作各方应当签订协议,依法约定合作的组织形式、任务分工、资金投入、知识产权归属、权益分配、风险分担和违约责任等事项。

第二十七条 国家鼓励研究开发机构、高等院校与企业及其他组织开展科技人员交流,根据专业特点、行业领域技术发展需要,聘请企业及其他组织的科技人员兼职从事教学和科研工作,支持本单位的科技人员到企业及其他组织从事科技成果转化活动。

第二十八条 国家支持企业与研究开发机构、高等院校、职业院校及培训机构联合建立学生实习实践培训基地和研究生科研实践工作机构,共同培养专业技术人才和高技能人才。

第二十九条 国家鼓励农业科研机构、农业试验示范单位独立或者与其他单位合作实施农业科技成果转化。

第三十条 国家培育和发展技术市场,鼓励创办科技中介服务机构,为技术交易提供交易场所、信息平台以及信息检索、加工与分析、评估、经纪等服务。

科技中介服务机构提供服务,应当遵循公正、客观的原则,不得提供虚假的信息和证明,对其在服务过程中知悉的国家秘密和当事人的商业秘密负有保密义务。

第三十一条　国家支持根据产业和区域发展需要建设公共研究开发平台,为科技成果转化提供技术集成、共性技术研究开发、中间试验和工业性试验、科技成果系统化和工程化开发、技术推广与示范等服务。

第三十二条　国家支持科技企业孵化器、大学科技园等科技企业孵化机构发展,为初创期科技型中小企业提供孵化场地、创业辅导、研究开发与管理咨询等服务。

第三章　保障措施

第三十三条　科技成果转化财政经费,主要用于科技成果转化的引导资金、贷款贴息、补助资金和风险投资以及其他促进科技成果转化的资金用途。

第三十四条　国家依照有关税收法律、行政法规规定对科技成果转化活动实行税收优惠。

第三十五条　国家鼓励银行业金融机构在组织形式、管理机制、金融产品和服务等方面进行创新,鼓励开展知识产权质押贷款、股权质押贷款等贷款业务,为科技成果转化提供金融支持。

国家鼓励政策性金融机构采取措施,加大对科技成果转化的金融支持。

第三十六条　国家鼓励保险机构开发符合科技成果转化特点的保险品种,为科技成果转化提供保险服务。

第三十七条　国家完善多层次资本市场,支持企业通过股权交易、依法发行股票和债券等直接融资方式为科技成果转化项目进行融资。

第三十八条　国家鼓励创业投资机构投资科技成果转化项目。

国家设立的创业投资引导基金,应当引导和支持创业投资机构投资初创期科技型中小企业。

第三十九条　国家鼓励设立科技成果转化基金或者风险基金,其资金来源由国家、地方、企业、事业单位以及其他组织或者个人提供,用于支持高投入、高风险、高产出的科技成果的转化,加速重大科技成果的产业化。

科技成果转化基金和风险基金的设立及其资金使用,依照国家有关规定执行。

第四章 技术权益

第四十条 科技成果完成单位与其他单位合作进行科技成果转化的,应当依法由合同约定该科技成果有关权益的归属。合同未作约定的,按照下列原则办理:

（一）在合作转化中无新的发明创造的,该科技成果的权益,归该科技成果完成单位;

（二）在合作转化中产生新的发明创造的,该新发明创造的权益归合作各方共有;

（三）对合作转化中产生的科技成果,各方都有实施该项科技成果的权利,转让该科技成果应经合作各方同意。

第四十一条 科技成果完成单位与其他单位合作进行科技成果转化的,合作各方应当就保守技术秘密达成协议;当事人不得违反协议或者违反权利人有关保守技术秘密的要求,披露、允许他人使用该技术。

第四十二条 企业、事业单位应当建立健全技术秘密保护制度,保护本单位的技术秘密。职工应当遵守本单位的技术秘密保护制度。

企业、事业单位可以与参加科技成果转化的有关人员签订在职期间或者离职、离休、退休后一定期限内保守本单位技术秘密的协议;有关人员不得违反协议约定,泄露本单位的技术秘密和从事与原单位相同的科技成果转化活动。

职工不得将职务科技成果擅自转让或者变相转让。

第四十三条 国家设立的研究开发机构、高等院校转化科技成果所获得的收入全部留归本单位,在对完成、转化职务科技成果做出重要贡献的人员给予奖励和报酬后,主要用于科学技术研究开发与成果转化等相关工作。

第四十四条 职务科技成果转化后,由科技成果完成单位对完成、转化该项科技成果做出重要贡献的人员给予奖励和报酬。

科技成果完成单位可以规定或者与科技人员约定奖励和报酬的

方式、数额和时限。单位制定相关规定，应当充分听取本单位科技人员的意见，并在本单位公开相关规定。

第四十五条 科技成果完成单位未规定、也未与科技人员约定奖励和报酬的方式和数额的，按照下列标准对完成、转化职务科技成果做出重要贡献的人员给予奖励和报酬：

（一）将该项职务科技成果转让、许可给他人实施的，从该项科技成果转让净收入或者许可净收入中提取不低于百分之五十的比例；

（二）利用该项职务科技成果作价投资的，从该项科技成果形成的股份或者出资比例中提取不低于百分之五十的比例；

（三）将该项职务科技成果自行实施或者与他人合作实施的，应当在实施转化成功投产后连续三至五年，每年从实施该项科技成果的营业利润中提取不低于百分之五的比例。

国家设立的研究开发机构、高等院校规定或者与科技人员约定奖励和报酬的方式和数额应当符合前款第一项至第三项规定的标准。

国有企业、事业单位依照本法规定对完成、转化职务科技成果做出重要贡献的人员给予奖励和报酬的支出计入当年本单位工资总额，但不受当年本单位工资总额限制、不纳入本单位工资总额基数。

第五章　法　律　责　任

第四十六条 利用财政资金设立的科技项目的承担者未依照本法规定提交科技报告、汇交科技成果和相关知识产权信息的，由组织实施项目的政府有关部门、管理机构责令改正；情节严重的，予以通报批评，禁止其在一定期限内承担利用财政资金设立的科技项目。

国家设立的研究开发机构、高等院校未依照本法规定提交科技成果转化情况年度报告的，由其主管部门责令改正；情节严重的，予以通报批评。

第四十七条 违反本法规定，在科技成果转化活动中弄虚作假，采取欺骗手段，骗取奖励和荣誉称号、诈骗钱财、非法牟利的，由政府有关部门依照管理职责责令改正，取消该奖励和荣誉称号，没收违法所得，并处以罚款。给他人造成经济损失的，依法承担民事赔偿责任。构成犯罪的，依法追究刑事责任。

第四十八条 科技服务机构及其从业人员违反本法规定,故意提供虚假的信息、实验结果或者评估意见等欺骗当事人,或者与当事人一方串通欺骗另一方当事人的,由政府有关部门依照管理职责责令改正,没收违法所得,并处以罚款;情节严重的,由工商行政管理部门依法吊销营业执照。给他人造成经济损失的,依法承担民事赔偿责任;构成犯罪的,依法追究刑事责任。

科技中介服务机构及其从业人员违反本法规定泄露国家秘密或者当事人的商业秘密的,依照有关法律、行政法规的规定承担相应的法律责任。

第四十九条 科学技术行政部门和其他有关部门及其工作人员在科技成果转化中滥用职权、玩忽职守、徇私舞弊的,由任免机关或者监察机关对直接负责的主管人员和其他直接责任人员依法给予处分;构成犯罪的,依法追究刑事责任。

第五十条 违反本法规定,以唆使窃取、利诱胁迫等手段侵占他人的科技成果,侵犯他人合法权益的,依法承担民事赔偿责任,可以处以罚款;构成犯罪的,依法追究刑事责任。

第五十一条 违反本法规定,职工未经单位允许,泄露本单位的技术秘密,或者擅自转让、变相转让职务科技成果的,参加科技成果转化的有关人员违反与本单位的协议,在离职、离休、退休后约定的期限内从事与原单位相同的科技成果转化活动,给本单位造成经济损失的,依法承担民事赔偿责任;构成犯罪的,依法追究刑事责任。

第六章 附 则

第五十二条 本法自 1996 年 10 月 1 日起施行。

中华人民共和国价格法

(1997年12月29日第八届全国人民代表大会常务委员会第二十九次会议通过　1997年12月29日中华人民共和国主席令第92号公布　自1998年5月1日起施行)

目　录

第一章　总　则
第二章　经营者的价格行为
第三章　政府的定价行为
第四章　价格总水平调控
第五章　价格监督检查
第六章　法律责任
第七章　附　则

第一章　总　则

第一条　为了规范价格行为,发挥价格合理配置资源的作用,稳定市场价格总水平,保护消费者和经营者的合法权益,促进社会主义市场经济健康发展,制定本法。

第二条　在中华人民共和国境内发生的价格行为,适用本法。
本法所称价格包括商品价格和服务价格。
商品价格是指各类有形产品和无形资产的价格。
服务价格是指各类有偿服务的收费。

第三条　国家实行并逐步完善宏观经济调控下主要由市场形成价格的机制。价格的制定应当符合价值规律,大多数商品和服务价格实行市场调节价,极少数商品和服务价格实行政府指导价或者政府定价。
市场调节价,是指由经营者自主制定,通过市场竞争形成的价格。

本法所称经营者是指从事生产、经营商品或者提供有偿服务的法人、其他组织和个人。

政府指导价，是指依照本法规定，由政府价格主管部门或者其他有关部门，按照定价权限和范围规定基准价及其浮动幅度，指导经营者制定的价格。

政府定价，是指依照本法规定，由政府价格主管部门或者其他有关部门，按照定价权限和范围制定的价格。

第四条 国家支持和促进公平、公开、合法的市场竞争，维护正常的价格秩序，对价格活动实行管理、监督和必要的调控。

第五条 国务院价格主管部门统一负责全国的价格工作。国务院其他有关部门在各自的职责范围内，负责有关的价格工作。

县级以上地方各级人民政府价格主管部门负责本行政区域内的价格工作。县级以上地方各级人民政府其他有关部门在各自的职责范围内，负责有关的价格工作。

第二章 经营者的价格行为

第六条 商品价格和服务价格，除依照本法第十八条规定适用政府指导价或者政府定价外，实行市场调节价，由经营者依照本法自主制定。

第七条 经营者定价，应当遵循公平、合法和诚实信用的原则。

第八条 经营者定价的基本依据是生产经营成本和市场供求状况。

第九条 经营者应当努力改进生产经营管理，降低生产经营成本，为消费者提供价格合理的商品和服务，并在市场竞争中获取合法利润。

第十条 经营者应当根据其经营条件建立、健全内部价格管理制度，准确记录与核定商品和服务的生产经营成本，不得弄虚作假。

第十一条 经营者进行价格活动，享有下列权利：

（一）自主制定属于市场调节的价格；

（二）在政府指导价规定的幅度内制定价格；

（三）制定属于政府指导价、政府定价产品范围内的新产品的试销

价格,特定产品除外;

(四)检举、控告侵犯其依法自主定价权利的行为。

第十二条 经营者进行价格活动,应当遵守法律、法规,执行依法制定的政府指导价、政府定价和法定的价格干预措施、紧急措施。

第十三条 经营者销售、收购商品和提供服务,应当按照政府价格主管部门的规定明码标价,注明商品的品名、产地、规格、等级、计价单位、价格或者服务的项目、收费标准等有关情况。

经营者不得在标价之外加价出售商品,不得收取任何未予标明的费用。

第十四条 经营者不得有下列不正当价格行为:

(一)相互串通,操纵市场价格,损害其他经营者或者消费者的合法权益;

(二)在依法降价处理鲜活商品、季节性商品、积压商品等商品外,为了排挤竞争对手或者独占市场,以低于成本的价格倾销,扰乱正常的生产经营秩序,损害国家利益或者其他经营者的合法权益;

(三)捏造、散布涨价信息,哄抬价格,推动商品价格过高上涨的;

(四)利用虚假的或者使人误解的价格手段,诱骗消费者或者其他经营者与其进行交易;

(五)提供相同商品或者服务,对具有同等交易条件的其他经营者实行价格歧视;

(六)采取抬高等级或者压低等级等手段收购、销售商品或者提供服务,变相提高或者压低价格;

(七)违反法律、法规的规定牟取暴利;

(八)法律、行政法规禁止的其他不正当价格行为。

第十五条 各类中介机构提供有偿服务收取费用,应当遵守本法的规定。法律另有规定的,按照有关规定执行。

第十六条 经营者销售进口商品、收购出口商品,应当遵守本章的有关规定,维护国内市场秩序。

第十七条 行业组织应当遵守价格法律、法规,加强价格自律,接受政府价格主管部门的工作指导。

第三章 政府的定价行为

第十八条 下列商品和服务价格,政府在必要时可以实行政府指导价或者政府定价:

(一)与国民经济发展和人民生活关系重大的极少数商品价格;

(二)资源稀缺的少数商品价格;

(三)自然垄断经营的商品价格;

(四)重要的公用事业价格;

(五)重要的公益性服务价格。

第十九条 政府指导价、政府定价的定价权限和具体适用范围,以中央的和地方的定价目录为依据。

中央定价目录由国务院价格主管部门制定、修订,报国务院批准后公布。

地方定价目录由省、自治区、直辖市人民政府价格主管部门按照中央定价目录规定的定价权限和具体适用范围制定,经本级人民政府审核同意,报国务院价格主管部门审定后公布。

省、自治区、直辖市人民政府以下各级地方人民政府不得制定定价目录。

第二十条 国务院价格主管部门和其他有关部门,按照中央定价目录规定的定价权限和具体适用范围制定政府指导价、政府定价;其中重要的商品和服务价格的政府指导价、政府定价,应当按照规定经国务院批准。

省、自治区、直辖市人民政府价格主管部门和其他有关部门,应当按照地方定价目录规定的定价权限和具体适用范围制定在本地区执行的政府指导价、政府定价。

市、县人民政府可以根据省、自治区、直辖市人民政府的授权,按照地方定价目录规定的定价权限和具体适用范围制定在本地区执行的政府指导价、政府定价。

第二十一条 制定政府指导价、政府定价,应当依据有关商品或者服务的社会平均成本和市场供求状况、国民经济与社会发展要求以及社会承受能力,实行合理的购销差价、批零差价、地区差价和季节差价。

第二十二条 政府价格主管部门和其他有关部门制定政府指导价、政府定价,应当开展价格、成本调查,听取消费者、经营者和有关方面的意见。

政府价格主管部门开展对政府指导价、政府定价的价格、成本调查时,有关单位应当如实反映情况,提供必需的帐簿、文件以及其他资料。

第二十三条 制定关系群众切身利益的公用事业价格、公益性服务价格、自然垄断经营的商品价格等政府指导价、政府定价,应当建立听证会制度,由政府价格主管部门主持,征求消费者、经营者和有关方面的意见,论证其必要性、可行性。

第二十四条 政府指导价、政府定价制定后,由制定价格的部门向消费者、经营者公布。

第二十五条 政府指导价、政府定价的具体适用范围、价格水平,应当根据经济运行情况,按照规定的定价权限和程序适时调整。

消费者、经营者可以对政府指导价、政府定价提出调整建议。

第四章 价格总水平调控

第二十六条 稳定市场价格总水平是国家重要的宏观经济政策目标。国家根据国民经济发展的需要和社会承受能力,确定市场价格总水平调控目标,列入国民经济和社会发展计划,并综合运用货币、财政、投资、进出口等方面的政策和措施,予以实现。

第二十七条 政府可以建立重要商品储备制度,设立价格调节基金,调控价格,稳定市场。

第二十八条 为适应价格调控和管理的需要,政府价格主管部门应当建立价格监测制度,对重要商品、服务价格的变动进行监测。

第二十九条 政府在粮食等重要农产品的市场购买价格过低时,可以在收购中实行保护价格,并采取相应的经济措施保证其实现。

第三十条 当重要商品和服务价格显著上涨或者有可能显著上涨,国务院和省、自治区、直辖市人民政府可以对部分价格采取限定差价率或者利润率、规定限价、实行提价申报制度和调价备案制度等干预措施。

省、自治区、直辖市人民政府采取前款规定的干预措施,应当报国务院备案。

第三十一条 当市场价格总水平出现剧烈波动等异常状态时,国务院可以在全国范围内或者部分区域内采取临时集中定价权限、部分或者全面冻结价格的紧急措施。

第三十二条 依照本法第三十条、第三十一条的规定实行干预措施、紧急措施的情形消除后,应当及时解除干预措施、紧急措施。

第五章 价格监督检查

第三十三条 县级以上各级人民政府价格主管部门,依法对价格活动进行监督检查,并依照本法的规定对价格违法行为实施行政处罚。

第三十四条 政府价格主管部门进行价格监督检查时,可以行使下列职权:

(一)询问当事人或者有关人员,并要求其提供证明材料和与价格违法行为有关的其他资料;

(二)查询、复制与价格违法行为有关的帐簿、单据、凭证、文件及其他资料,核对与价格违法行为有关的银行资料;

(三)检查与价格违法行为有关的财物,必要时可以责令当事人暂停相关营业;

(四)在证据可能灭失或者以后难以取得的情况下,可以依法先行登记保存,当事人或者有关人员不得转移、隐匿或者销毁。

第三十五条 经营者接受政府价格主管部门的监督检查时,应当如实提供价格监督检查所必需的帐簿、单据、凭证、文件以及其他资料。

第三十六条 政府部门价格工作人员不得将依法取得的资料或者了解的情况用于依法进行价格管理以外的任何其他目的,不得泄露当事人的商业秘密。

第三十七条 消费者组织、职工价格监督组织、居民委员会、村民委员会等组织以及消费者,有权对价格行为进行社会监督。政府价格主管部门应当充分发挥群众的价格监督作用。

新闻单位有权进行价格舆论监督。

第三十八条 政府价格主管部门应当建立对价格违法行为的举报制度。

任何单位和个人均有权对价格违法行为进行举报。政府价格主管部门应当对举报者给予鼓励,并负责为举报者保密。

第六章 法 律 责 任

第三十九条 经营者不执行政府指导价、政府定价以及法定的价格干预措施、紧急措施的,责令改正,没收违法所得,可以并处违法所得五倍以下的罚款;没有违法所得的,可以处以罚款;情节严重的,责令停业整顿。

第四十条 经营者有本法第十四条所列行为之一的,责令改正,没收违法所得,可以并处违法所得五倍以下的罚款;没有违法所得的,予以警告,可以并处罚款;情节严重的,责令停业整顿,或者由工商行政管理机关吊销营业执照。有关法律对本法第十四条所列行为的处罚及处罚机关另有规定的,可以依照有关法律的规定执行。

有本法第十四条第(一)项、第(二)项所列行为,属于是全国性的,由国务院价格主管部门认定;属于是省及省以下区域性的,由省、自治区、直辖市人民政府价格主管部门认定。

第四十一条 经营者因价格违法行为致使消费者或者其他经营者多付价款的,应当退还多付部分;造成损害的,应当依法承担赔偿责任。

第四十二条 经营者违反明码标价规定的,责令改正,没收违法所得,可以并处五千元以下的罚款。

第四十三条 经营者被责令暂停相关营业而不停止的,或者转移、隐匿、销毁依法登记保存的财物的,处相关营业所得或者转移、隐匿、销毁的财物价值一倍以上三倍以下的罚款。

第四十四条 拒绝按照规定提供监督检查所需资料或者提供虚假资料的,责令改正,予以警告;逾期不改正的,可以处以罚款。

第四十五条 地方各级人民政府或者各级人民政府有关部门违

反本法规定,超越定价权限和范围擅自制定、调整价格或者不执行法定的价格干预措施、紧急措施的,责令改正,并可以通报批评;对直接负责的主管人员和其他直接责任人员,依法给予行政处分。

第四十六条 价格工作人员泄露国家秘密、商业秘密以及滥用职权、徇私舞弊、玩忽职守、索贿受贿,构成犯罪的,依法追究刑事责任;尚不构成犯罪的,依法给予处分。

第七章 附 则

第四十七条 国家行政机关的收费,应当依法进行,严格控制收费项目,限定收费范围、标准。收费的具体管理办法由国务院另行制定。

利率、汇率、保险费率、证券及期货价格,适用有关法律、行政法规的规定,不适用本法。

第四十八条 本法自1998年5月1日起施行。

中华人民共和国劳动法

(1994年7月5日第八届全国人民代表大会常务委员会第八次会议通过 根据2009年8月27日第十一届全国人民代表大会常务委员会第十次会议《关于修改部分法律的决定》第一次修正 根据2018年12月29日第十三届全国人民代表大会常务委员会第七次会议《关于修改〈中华人民共和国劳动法〉等七部法律的决定》第二次修正)

目 录

第一章 总 则
第二章 促进就业
第三章 劳动合同和集体合同
第四章 工作时间和休息休假

第五章 工　　资

第六章 劳动安全卫生

第七章 女职工和未成年工特殊保护

第八章 职业培训

第九章 社会保险和福利

第十章 劳动争议

第十一章 监督检查

第十二章 法律责任

第十三章 附　　则

第一章 总　　则

第一条 为了保护劳动者的合法权益,调整劳动关系,建立和维护适应社会主义市场经济的劳动制度,促进经济发展和社会进步,根据宪法,制定本法。

第二条 在中华人民共和国境内的企业、个体经济组织(以下统称用人单位)和与之形成劳动关系的劳动者,适用本法。

国家机关、事业组织、社会团体和与之建立劳动合同关系的劳动者,依照本法执行。

第三条 劳动者享有平等就业和选择职业的权利、取得劳动报酬的权利、休息休假的权利、获得劳动安全卫生保护的权利、接受职业技能培训的权利、享受社会保险和福利的权利、提请劳动争议处理的权利以及法律规定的其他劳动权利。

劳动者应当完成劳动任务,提高职业技能,执行劳动安全卫生规程,遵守劳动纪律和职业道德。

第四条 用人单位应当依法建立和完善规章制度,保障劳动者享有劳动权利和履行劳动义务。

第五条 国家采取各种措施,促进劳动就业,发展职业教育,制定劳动标准,调节社会收入,完善社会保险,协调劳动关系,逐步提高劳动者的生活水平。

第六条 国家提倡劳动者参加社会义务劳动,开展劳动竞赛和合理化建议活动,鼓励和保护劳动者进行科学研究、技术革新和发明创造,表彰和奖励劳动模范和先进工作者。

第七条 劳动者有权依法参加和组织工会。

工会代表和维护劳动者的合法权益,依法独立自主地开展活动。

第八条 劳动者依照法律规定,通过职工大会、职工代表大会或者其他形式,参与民主管理或者就保护劳动者合法权益与用人单位进行平等协商。

第九条 国务院劳动行政部门主管全国劳动工作。

县级以上地方人民政府劳动行政部门主管本行政区域内的劳动工作。

第二章 促进就业

第十条 国家通过促进经济和社会发展,创造就业条件,扩大就业机会。

国家鼓励企业、事业组织、社会团体在法律、行政法规规定的范围内兴办产业或者拓展经营,增加就业。

国家支持劳动者自愿组织起来就业和从事个体经营实现就业。

第十一条 地方各级人民政府应当采取措施,发展多种类型的职业介绍机构,提供就业服务。

第十二条 劳动者就业,不因民族、种族、性别、宗教信仰不同而受歧视。

第十三条 妇女享有与男子平等的就业权利。在录用职工时,除国家规定的不适合妇女的工种或者岗位外,不得以性别为由拒绝录用妇女或者提高对妇女的录用标准。

第十四条 残疾人、少数民族人员、退出现役的军人的就业,法律、法规有特别规定的,从其规定。

第十五条 禁止用人单位招用未满十六周岁的未成年人。

文艺、体育和特种工艺单位招用未满十六周岁的未成年人,必须遵守国家有关规定,并保障其接受义务教育的权利。

第三章 劳动合同和集体合同

第十六条 劳动合同是劳动者与用人单位确立劳动关系、明确双方权利和义务的协议。

建立劳动关系应当订立劳动合同。

第十七条 订立和变更劳动合同,应当遵循平等自愿、协商一致的原则,不得违反法律、行政法规的规定。

劳动合同依法订立即具有法律约束力,当事人必须履行劳动合同规定的义务。

第十八条 下列劳动合同无效:

(一)违反法律、行政法规的劳动合同;

(二)采取欺诈、威胁等手段订立的劳动合同。

无效的劳动合同,从订立的时候起,就没有法律约束力。确认劳动合同部分无效的,如果不影响其余部分的效力,其余部分仍然有效。

劳动合同的无效,由劳动争议仲裁委员会或者人民法院确认。

第十九条 劳动合同应当以书面形式订立,并具备以下条款:

(一)劳动合同期限;

(二)工作内容;

(三)劳动保护和劳动条件;

(四)劳动报酬;

(五)劳动纪律;

(六)劳动合同终止的条件;

(七)违反劳动合同的责任。

劳动合同除前款规定的必备条款外,当事人可以协商约定其他内容。

第二十条 劳动合同的期限分为有固定期限、无固定期限和以完成一定的工作为期限。

劳动者在同一用人单位连续工作满十年以上,当事人双方同意续延劳动合同的,如果劳动者提出订立无固定期限的劳动合同,应当订立无固定期限的劳动合同。

第二十一条 劳动合同可以约定试用期。试用期最长不得超过六个月。

第二十二条 劳动合同当事人可以在劳动合同中约定保守用人单位商业秘密的有关事项。

第二十三条 劳动合同期满或者当事人约定的劳动合同终止条件出现,劳动合同即行终止。

第二十四条 经劳动合同当事人协商一致,劳动合同可以解除。

第二十五条 劳动者有下列情形之一的,用人单位可以解除劳动合同:

(一)在试用期间被证明不符合录用条件的;

(二)严重违反劳动纪律或者用人单位规章制度的;

(三)严重失职,营私舞弊,对用人单位利益造成重大损害的;

(四)被依法追究刑事责任的。

第二十六条 有下列情形之一的,用人单位可以解除劳动合同,但是应当提前三十日以书面形式通知劳动者本人:

(一)劳动者患病或者非因工负伤,医疗期满后,不能从事原工作也不能从事由用人单位另行安排的工作的;

(二)劳动者不能胜任工作,经过培训或者调整工作岗位,仍不能胜任工作的;

(三)劳动合同订立时所依据的客观情况发生重大变化,致使原劳动合同无法履行,经当事人协商不能就变更劳动合同达成协议的。

第二十七条 用人单位濒临破产进行法定整顿期间或者生产经营状况发生严重困难,确需裁减人员的,应当提前三十日向工会或者全体职工说明情况,听取工会或者职工的意见,经向劳动行政部门报告后,可以裁减人员。

用人单位依据本条规定裁减人员,在六个月内录用人员的,应当优先录用被裁减的人员。

第二十八条 用人单位依据本法第二十四条、第二十六条、第二十七条的规定解除劳动合同的,应当依照国家有关规定给予经济补偿。

第二十九条 劳动者有下列情形之一的,用人单位不得依据本法第二十六条、第二十七条的规定解除劳动合同:

(一)患职业病或者因工负伤并被确认丧失或者部分丧失劳动能力的;

(二)患病或者负伤,在规定的医疗期内的;

（三）女职工在孕期、产期、哺乳期内的；

（四）法律、行政法规规定的其他情形。

第三十条　用人单位解除劳动合同，工会认为不适当的，有权提出意见。如果用人单位违反法律、法规或者劳动合同，工会有权要求重新处理；劳动者申请仲裁或者提起诉讼的，工会应当依法给予支持和帮助。

第三十一条　劳动者解除劳动合同，应当提前三十日以书面形式通知用人单位。

第三十二条　有下列情形之一的，劳动者可以随时通知用人单位解除劳动合同：

（一）在试用期内的；

（二）用人单位以暴力、威胁或者非法限制人身自由的手段强迫劳动的；

（三）用人单位未按照劳动合同约定支付劳动报酬或者提供劳动条件的。

第三十三条　企业职工一方与企业可以就劳动报酬、工作时间、休息休假、劳动安全卫生、保险福利等事项，签订集体合同。集体合同草案应当提交职工代表大会或者全体职工讨论通过。

集体合同由工会代表职工与企业签订；没有建立工会的企业，由职工推举的代表与企业签订。

第三十四条　集体合同签订后应当报送劳动行政部门；劳动行政部门自收到集体合同文本之日起十五日内未提出异议的，集体合同即行生效。

第三十五条　依法签订的集体合同对企业和企业全体职工具有约束力。职工个人与企业订立的劳动合同中劳动条件和劳动报酬等标准不得低于集体合同的规定。

第四章　工作时间和休息休假

第三十六条　国家实行劳动者每日工作时间不超过八小时、平均每周工作时间不超过四十四小时的工时制度。

第三十七条　对实行计件工作的劳动者，用人单位应当根据本法

第三十六条规定的工时制度合理确定其劳动定额和计件报酬标准。

第三十八条 用人单位应当保证劳动者每周至少休息一日。

第三十九条 企业因生产特点不能实行本法第三十六条、第三十八条规定的,经劳动行政部门批准,可以实行其他工作和休息办法。

第四十条 用人单位在下列节日期间应当依法安排劳动者休假:

(一)元旦;

(二)春节;

(三)国际劳动节;

(四)国庆节;

(五)法律、法规规定的其他休假节日。

第四十一条 用人单位由于生产经营需要,经与工会和劳动者协商后可以延长工作时间,一般每日不得超过一小时;因特殊原因需要延长工作时间的,在保障劳动者身体健康的条件下延长工作时间每日不得超过三小时,但是每月不得超过三十六小时。

第四十二条 有下列情形之一的,延长工作时间不受本法第四十一条规定的限制:

(一)发生自然灾害、事故或者因其他原因,威胁劳动者生命健康和财产安全,需要紧急处理的;

(二)生产设备、交通运输线路、公共设施发生故障,影响生产和公众利益,必须及时抢修的;

(三)法律、行政法规规定的其他情形。

第四十三条 用人单位不得违反本法规定延长劳动者的工作时间。

第四十四条 有下列情形之一的,用人单位应当按照下列标准支付高于劳动者正常工作时间工资的工资报酬:

(一)安排劳动者延长工作时间的,支付不低于工资的百分之一百五十的工资报酬;

(二)休息日安排劳动者工作又不能安排补休的,支付不低于工资的百分之二百的工资报酬;

(三)法定休假日安排劳动者工作的,支付不低于工资的百分之三百的工资报酬。

第四十五条 国家实行带薪年休假制度。

劳动者连续工作一年以上的,享受带薪年休假。具体办法由国务院规定。

第五章 工　　资

第四十六条 工资分配应当遵循按劳分配原则,实行同工同酬。

工资水平在经济发展的基础上逐步提高。国家对工资总量实行宏观调控。

第四十七条 用人单位根据本单位的生产经营特点和经济效益,依法自主确定本单位的工资分配方式和工资水平。

第四十八条 国家实行最低工资保障制度。最低工资的具体标准由省、自治区、直辖市人民政府规定,报国务院备案。

用人单位支付劳动者的工资不得低于当地最低工资标准。

第四十九条 确定和调整最低工资标准应当综合参考下列因素:

(一)劳动者本人及平均赡养人口的最低生活费用;

(二)社会平均工资水平;

(三)劳动生产率;

(四)就业状况;

(五)地区之间经济发展水平的差异。

第五十条 工资应当以货币形式按月支付给劳动者本人。不得克扣或者无故拖欠劳动者的工资。

第五十一条 劳动者在法定休假日和婚丧假期间以及依法参加社会活动期间,用人单位应当依法支付工资。

第六章 劳动安全卫生

第五十二条 用人单位必须建立、健全劳动安全卫生制度,严格执行国家劳动安全卫生规程和标准,对劳动者进行劳动安全卫生教育,防止劳动过程中的事故,减少职业危害。

第五十三条 劳动安全卫生设施必须符合国家规定的标准。

新建、改建、扩建工程的劳动安全卫生设施必须与主体工程同时设计、同时施工、同时投入生产和使用。

第五十四条 用人单位必须为劳动者提供符合国家规定的劳动安全卫生条件和必要的劳动防护用品,对从事有职业危害作业的劳动者应当定期进行健康检查。

第五十五条 从事特种作业的劳动者必须经过专门培训并取得特种作业资格。

第五十六条 劳动者在劳动过程中必须严格遵守安全操作规程。

劳动者对用人单位管理人员违章指挥、强令冒险作业,有权拒绝执行;对危害生命安全和身体健康的行为,有权提出批评、检举和控告。

第五十七条 国家建立伤亡事故和职业病统计报告和处理制度。县级以上各级人民政府劳动行政部门、有关部门和用人单位应当依法对劳动者在劳动过程中发生的伤亡事故和劳动者的职业病状况,进行统计、报告和处理。

第七章 女职工和未成年工特殊保护

第五十八条 国家对女职工和未成年工实行特殊劳动保护。

未成年工是指年满十六周岁未满十八周岁的劳动者。

第五十九条 禁止安排女职工从事矿山井下、国家规定的第四级体力劳动强度的劳动和其他禁忌从事的劳动。

第六十条 不得安排女职工在经期从事高处、低温、冷水作业和国家规定的第三级体力劳动强度的劳动。

第六十一条 不得安排女职工在怀孕期间从事国家规定的第三级体力劳动强度的劳动和孕期禁忌从事的劳动。对怀孕七个月以上的女职工,不得安排其延长工作时间和夜班劳动。

第六十二条 女职工生育享受不少于九十天的产假。

第六十三条 不得安排女职工在哺乳未满一周岁的婴儿期间从事国家规定的第三级体力劳动强度的劳动和哺乳期禁忌从事的其他劳动,不得安排其延长工作时间和夜班劳动。

第六十四条 不得安排未成年工从事矿山井下、有毒有害、国家规定的第四级体力劳动强度的劳动和其他禁忌从事的劳动。

第六十五条 用人单位应当对未成年工定期进行健康检查。

第八章 职业培训

第六十六条 国家通过各种途径,采取各种措施,发展职业培训事业,开发劳动者的职业技能,提高劳动者素质,增强劳动者的就业能力和工作能力。

第六十七条 各级人民政府应当把发展职业培训纳入社会经济发展的规划,鼓励和支持有条件的企业、事业组织、社会团体和个人进行各种形式的职业培训。

第六十八条 用人单位应当建立职业培训制度,按照国家规定提取和使用职业培训经费,根据本单位实际,有计划地对劳动者进行职业培训。

从事技术工种的劳动者,上岗前必须经过培训。

第六十九条 国家确定职业分类,对规定的职业制定职业技能标准,实行职业资格证书制度,由经备案的考核鉴定机构负责对劳动者实施职业技能考核鉴定。

第九章 社会保险和福利

第七十条 国家发展社会保险事业,建立社会保险制度,设立社会保险基金,使劳动者在年老、患病、工伤、失业、生育等情况下获得帮助和补偿。

第七十一条 社会保险水平应当与社会经济发展水平和社会承受能力相适应。

第七十二条 社会保险基金按照保险类型确定资金来源,逐步实行社会统筹。用人单位和劳动者必须依法参加社会保险,缴纳社会保险费。

第七十三条 劳动者在下列情形下,依法享受社会保险待遇:

(一)退休;

(二)患病、负伤;

(三)因工伤残或者患职业病;

(四)失业;

(五)生育。

劳动者死亡后,其遗属依法享受遗属津贴。

劳动者享受社会保险待遇的条件和标准由法律、法规规定。

劳动者享受的社会保险金必须按时足额支付。

第七十四条 社会保险基金经办机构依照法律规定收支、管理和运营社会保险基金,并负有使社会保险基金保值增值的责任。

社会保险基金监督机构依照法律规定,对社会保险基金的收支、管理和运营实施监督。

社会保险基金经办机构和社会保险基金监督机构的设立和职能由法律规定。

任何组织和个人不得挪用社会保险基金。

第七十五条 国家鼓励用人单位根据本单位实际情况为劳动者建立补充保险。

国家提倡劳动者个人进行储蓄性保险。

第七十六条 国家发展社会福利事业,兴建公共福利设施,为劳动者休息、休养和疗养提供条件。

用人单位应当创造条件,改善集体福利,提高劳动者的福利待遇。

第十章 劳动争议

第七十七条 用人单位与劳动者发生劳动争议,当事人可以依法申请调解、仲裁、提起诉讼,也可以协商解决。

调解原则适用于仲裁和诉讼程序。

第七十八条 解决劳动争议,应当根据合法、公正、及时处理的原则,依法维护劳动争议当事人的合法权益。

第七十九条 劳动争议发生后,当事人可以向本单位劳动争议调解委员会申请调解;调解不成,当事人一方要求仲裁的,可以向劳动争议仲裁委员会申请仲裁。当事人一方也可以直接向劳动争议仲裁委员会申请仲裁。对仲裁裁决不服的,可以向人民法院提起诉讼。

第八十条 在用人单位内,可以设立劳动争议调解委员会。劳动争议调解委员会由职工代表、用人单位代表和工会代表组成。劳动争议调解委员会主任由工会代表担任。

劳动争议经调解达成协议的,当事人应当履行。

第八十一条 劳动争议仲裁委员会由劳动行政部门代表、同级工会代表、用人单位方面的代表组成。劳动争议仲裁委员会主任由劳动行政部门代表担任。

第八十二条 提出仲裁要求的一方应当自劳动争议发生之日起六十日内向劳动争议仲裁委员会提出书面申请。仲裁裁决一般应在收到仲裁申请的六十日内作出。对仲裁裁决无异议的,当事人必须履行。

第八十三条 劳动争议当事人对仲裁裁决不服的,可以自收到仲裁裁决书之日起十五日内向人民法院提起诉讼。一方当事人在法定期限内不起诉又不履行仲裁裁决的,另一方当事人可以申请人民法院强制执行。

第八十四条 因签订集体合同发生争议,当事人协商解决不成的,当地人民政府劳动行政部门可以组织有关各方协调处理。

因履行集体合同发生争议,当事人协商解决不成的,可以向劳动争议仲裁委员会申请仲裁;对仲裁裁决不服的,可以自收到仲裁裁决书之日起十五日内向人民法院提起诉讼。

第十一章 监督检查

第八十五条 县级以上各级人民政府劳动行政部门依法对用人单位遵守劳动法律、法规的情况进行监督检查,对违反劳动法律、法规的行为有权制止,并责令改正。

第八十六条 县级以上各级人民政府劳动行政部门监督检查人员执行公务,有权进入用人单位了解执行劳动法律、法规的情况,查阅必要的资料,并对劳动场所进行检查。

县级以上各级人民政府劳动行政部门监督检查人员执行公务,必须出示证件,秉公执法并遵守有关规定。

第八十七条 县级以上各级人民政府有关部门在各自职责范围内,对用人单位遵守劳动法律、法规的情况进行监督。

第八十八条 各级工会依法维护劳动者的合法权益,对用人单位遵守劳动法律、法规的情况进行监督。

任何组织和个人对于违反劳动法律、法规的行为有权检举和控告。

第十二章　法　律　责　任

第八十九条　用人单位制定的劳动规章制度违反法律、法规规定的,由劳动行政部门给予警告,责令改正;对劳动者造成损害的,应当承担赔偿责任。

第九十条　用人单位违反本法规定,延长劳动者工作时间的,由劳动行政部门给予警告,责令改正,并可以处以罚款。

第九十一条　用人单位有下列侵害劳动者合法权益情形之一的,由劳动行政部门责令支付劳动者的工资报酬、经济补偿,并可以责令支付赔偿金:

（一）克扣或者无故拖欠劳动者工资的;

（二）拒不支付劳动者延长工作时间工资报酬的;

（三）低于当地最低工资标准支付劳动者工资的;

（四）解除劳动合同后,未依照本法规定给予劳动者经济补偿的。

第九十二条　用人单位的劳动安全设施和劳动卫生条件不符合国家规定或者未向劳动者提供必要的劳动防护用品和劳动保护设施的,由劳动行政部门或者有关部门责令改正,可以处以罚款;情节严重的,提请县级以上人民政府决定责令停产整顿;对事故隐患不采取措施,致使发生重大事故,造成劳动者生命和财产损失的,对责任人员依照刑法有关规定追究刑事责任。

第九十三条　用人单位强令劳动者违章冒险作业,发生重大伤亡事故,造成严重后果的,对责任人员依法追究刑事责任。

第九十四条　用人单位非法招用未满十六周岁的未成年人的,由劳动行政部门责令改正,处以罚款;情节严重的,由市场监督管理部门吊销营业执照。

第九十五条　用人单位违反本法对女职工和未成年工的保护规定,侵害其合法权益的,由劳动行政部门责令改正,处以罚款;对女职工或者未成年工造成损害的,应当承担赔偿责任。

第九十六条　用人单位有下列行为之一,由公安机关对责任人员处以十五日以下拘留、罚款或者警告;构成犯罪的,对责任人员依法追究刑事责任:

（一）以暴力、威胁或者非法限制人身自由的手段强迫劳动的；

（二）侮辱、体罚、殴打、非法搜查和拘禁劳动者的。

第九十七条 由于用人单位的原因订立的无效合同，对劳动者造成损害的，应当承担赔偿责任。

第九十八条 用人单位违反本法规定的条件解除劳动合同或者故意拖延不订立劳动合同的，由劳动行政部门责令改正；对劳动者造成损害的，应当承担赔偿责任。

第九十九条 用人单位招用尚未解除劳动合同的劳动者，对原用人单位造成经济损失的，该用人单位应当依法承担连带赔偿责任。

第一百条 用人单位无故不缴纳社会保险费的，由劳动行政部门责令其限期缴纳；逾期不缴的，可以加收滞纳金。

第一百零一条 用人单位无理阻挠劳动行政部门、有关部门及其工作人员行使监督检查权，打击报复举报人员的，由劳动行政部门或者有关部门处以罚款；构成犯罪的，对责任人员依法追究刑事责任。

第一百零二条 劳动者违反本法规定的条件解除劳动合同或者违反劳动合同中约定的保密事项，对用人单位造成经济损失的，应当依法承担赔偿责任。

第一百零三条 劳动行政部门或者有关部门的工作人员滥用职权、玩忽职守、徇私舞弊，构成犯罪的，依法追究刑事责任；不构成犯罪的，给予行政处分。

第一百零四条 国家工作人员和社会保险基金经办机构的工作人员挪用社会保险基金，构成犯罪的，依法追究刑事责任。

第一百零五条 违反本法规定侵害劳动者合法权益，其他法律、行政法规已规定处罚的，依照该法律、行政法规的规定处罚。

第十三章 附 则

第一百零六条 省、自治区、直辖市人民政府根据本法和本地区的实际情况，规定劳动合同制度的实施步骤，报国务院备案。

第一百零七条 本法自1995年1月1日起施行。

中华人民共和国劳动合同法

(2007年6月29日第十届全国人民代表大会常务委员会第二十八次会议通过 根据2012年12月28日第十一届全国人民代表大会常务委员会第三十次会议《关于修改〈中华人民共和国劳动合同法〉的决定》修正)

目 录

第一章 总 则
第二章 劳动合同的订立
第三章 劳动合同的履行和变更
第四章 劳动合同的解除和终止
第五章 特别规定
　第一节 集体合同
　第二节 劳务派遣
　第三节 非全日制用工
第六章 监督检查
第七章 法律责任
第八章 附 则

第一章 总 则

第一条 为了完善劳动合同制度,明确劳动合同双方当事人的权利和义务,保护劳动者的合法权益,构建和发展和谐稳定的劳动关系,制定本法。

第二条 中华人民共和国境内的企业、个体经济组织、民办非企业单位等组织(以下称用人单位)与劳动者建立劳动关系,订立、履行、变更、解除或者终止劳动合同,适用本法。

国家机关、事业单位、社会团体和与其建立劳动关系的劳动者,订立、履行、变更、解除或者终止劳动合同,依照本法执行。

第三条　订立劳动合同,应当遵循合法、公平、平等自愿、协商一致、诚实信用的原则。

依法订立的劳动合同具有约束力,用人单位与劳动者应当履行劳动合同约定的义务。

第四条　用人单位应当依法建立和完善劳动规章制度,保障劳动者享有劳动权利、履行劳动义务。

用人单位在制定、修改或者决定有关劳动报酬、工作时间、休息休假、劳动安全卫生、保险福利、职工培训、劳动纪律以及劳动定额管理等直接涉及劳动者切身利益的规章制度或者重大事项时,应当经职工代表大会或者全体职工讨论,提出方案和意见,与工会或者职工代表平等协商确定。

在规章制度和重大事项决定实施过程中,工会或者职工认为不适当的,有权向用人单位提出,通过协商予以修改完善。

用人单位应当将直接涉及劳动者切身利益的规章制度和重大事项决定公示,或者告知劳动者。

第五条　县级以上人民政府劳动行政部门会同工会和企业方面代表,建立健全协调劳动关系三方机制,共同研究解决有关劳动关系的重大问题。

第六条　工会应当帮助、指导劳动者与用人单位依法订立和履行劳动合同,并与用人单位建立集体协商机制,维护劳动者的合法权益。

第二章　劳动合同的订立

第七条　用人单位自用工之日起即与劳动者建立劳动关系。用人单位应当建立职工名册备查。

第八条　用人单位招用劳动者时,应当如实告知劳动者工作内容、工作条件、工作地点、职业危害、安全生产状况、劳动报酬,以及劳动者要求了解的其他情况;用人单位有权了解劳动者与劳动合同直接相关的基本情况,劳动者应当如实说明。

第九条　用人单位招用劳动者,不得扣押劳动者的居民身份证和其他证件,不得要求劳动者提供担保或者以其他名义向劳动者收取财物。

第十条 建立劳动关系,应当订立书面劳动合同。

已建立劳动关系,未同时订立书面劳动合同的,应当自用工之日起一个月内订立书面劳动合同。

用人单位与劳动者在用工前订立劳动合同的,劳动关系自用工之日起建立。

第十一条 用人单位未在用工的同时订立书面劳动合同,与劳动者约定的劳动报酬不明确的,新招用的劳动者的劳动报酬按照集体合同规定的标准执行;没有集体合同或者集体合同未规定的,实行同工同酬。

第十二条 劳动合同分为固定期限劳动合同、无固定期限劳动合同和以完成一定工作任务为期限的劳动合同。

第十三条 固定期限劳动合同,是指用人单位与劳动者约定合同终止时间的劳动合同。

用人单位与劳动者协商一致,可以订立固定期限劳动合同。

第十四条 无固定期限劳动合同,是指用人单位与劳动者约定无确定终止时间的劳动合同。

用人单位与劳动者协商一致,可以订立无固定期限劳动合同。有下列情形之一,劳动者提出或者同意续订、订立劳动合同的,除劳动者提出订立固定期限劳动合同外,应当订立无固定期限劳动合同:

(一)劳动者在该用人单位连续工作满十年的;

(二)用人单位初次实行劳动合同制度或者国有企业改制重新订立劳动合同时,劳动者在该用人单位连续工作满十年且距法定退休年龄不足十年的;

(三)连续订立二次固定期限劳动合同,且劳动者没有本法第三十九条和第四十条第一项、第二项规定的情形,续订劳动合同的。

用人单位自用工之日起满一年不与劳动者订立书面劳动合同的,视为用人单位与劳动者已订立无固定期限劳动合同。

第十五条 以完成一定工作任务为期限的劳动合同,是指用人单位与劳动者约定以某项工作的完成为合同期限的劳动合同。

用人单位与劳动者协商一致,可以订立以完成一定工作任务为期限的劳动合同。

第十六条 劳动合同由用人单位与劳动者协商一致,并经用人单位与劳动者在劳动合同文本上签字或者盖章生效。

劳动合同文本由用人单位和劳动者各执一份。

第十七条 劳动合同应当具备以下条款:

(一)用人单位的名称、住所和法定代表人或者主要负责人;

(二)劳动者的姓名、住址和居民身份证或者其他有效身份证件号码;

(三)劳动合同期限;

(四)工作内容和工作地点;

(五)工作时间和休息休假;

(六)劳动报酬;

(七)社会保险;

(八)劳动保护、劳动条件和职业危害防护;

(九)法律、法规规定应当纳入劳动合同的其他事项。

劳动合同除前款规定的必备条款外,用人单位与劳动者可以约定试用期、培训、保守秘密、补充保险和福利待遇等其他事项。

第十八条 劳动合同对劳动报酬和劳动条件等标准约定不明确,引发争议的,用人单位与劳动者可以重新协商;协商不成的,适用集体合同规定;没有集体合同或者集体合同未规定劳动报酬的,实行同工同酬;没有集体合同或者集体合同未规定劳动条件等标准的,适用国家有关规定。

第十九条 劳动合同期限三个月以上不满一年的,试用期不得超过一个月;劳动合同期限一年以上不满三年的,试用期不得超过二个月;三年以上固定期限和无固定期限的劳动合同,试用期不得超过六个月。

同一用人单位与同一劳动者只能约定一次试用期。

以完成一定工作任务为期限的劳动合同或者劳动合同期限不满三个月的,不得约定试用期。

试用期包含在劳动合同期限内。劳动合同仅约定试用期的,试用期不成立,该期限为劳动合同期限。

第二十条 劳动者在试用期的工资不得低于本单位相同岗位最低档工资或者劳动合同约定工资的百分之八十,并不得低于用人单位所在地的最低工资标准。

第二十一条 在试用期中,除劳动者有本法第三十九条和第四十条第一项、第二项规定的情形外,用人单位不得解除劳动合同。用人单位在试用期解除劳动合同的,应当向劳动者说明理由。

第二十二条 用人单位为劳动者提供专项培训费用,对其进行专业技术培训的,可以与该劳动者订立协议,约定服务期。

劳动者违反服务期约定的,应当按照约定向用人单位支付违约金。违约金的数额不得超过用人单位提供的培训费用。用人单位要求劳动者支付的违约金不得超过服务期尚未履行部分所应分摊的培训费用。

用人单位与劳动者约定服务期的,不影响按照正常的工资调整机制提高劳动者在服务期期间的劳动报酬。

第二十三条 用人单位与劳动者可以在劳动合同中约定保守用人单位的商业秘密和与知识产权相关的保密事项。

对负有保密义务的劳动者,用人单位可以在劳动合同或者保密协议中与劳动者约定竞业限制条款,并约定在解除或者终止劳动合同后,在竞业限制期限内按月给予劳动者经济补偿。劳动者违反竞业限制约定的,应当按照约定向用人单位支付违约金。

第二十四条 竞业限制的人员限于用人单位的高级管理人员、高级技术人员和其他负有保密义务的人员。竞业限制的范围、地域、期限由用人单位与劳动者约定,竞业限制的约定不得违反法律、法规的规定。

在解除或者终止劳动合同后,前款规定的人员到与本单位生产或者经营同类产品、从事同类业务的有竞争关系的其他用人单位,或者自己开业生产或者经营同类产品、从事同类业务的竞业限制期限,不得超过二年。

第二十五条 除本法第二十二条和第二十三条规定的情形外,用人单位不得与劳动者约定由劳动者承担违约金。

第二十六条 下列劳动合同无效或者部分无效:

（一）以欺诈、胁迫的手段或者乘人之危,使对方在违背真实意思的情况下订立或者变更劳动合同的;

（二）用人单位免除自己的法定责任、排除劳动者权利的;

（三）违反法律、行政法规强制性规定的。

对劳动合同的无效或者部分无效有争议的,由劳动争议仲裁机构或者人民法院确认。

第二十七条 劳动合同部分无效,不影响其他部分效力的,其他部分仍然有效。

第二十八条 劳动合同被确认无效,劳动者已付出劳动的,用人单位应当向劳动者支付劳动报酬。劳动报酬的数额,参照本单位相同或者相近岗位劳动者的劳动报酬确定。

第三章 劳动合同的履行和变更

第二十九条 用人单位与劳动者应当按照劳动合同的约定,全面履行各自的义务。

第三十条 用人单位应当按照劳动合同约定和国家规定,向劳动者及时足额支付劳动报酬。

用人单位拖欠或者未足额支付劳动报酬的,劳动者可以依法向当地人民法院申请支付令,人民法院应当依法发出支付令。

第三十一条 用人单位应当严格执行劳动定额标准,不得强迫或者变相强迫劳动者加班。用人单位安排加班的,应当按照国家有关规定向劳动者支付加班费。

第三十二条 劳动者拒绝用人单位管理人员违章指挥、强令冒险作业的,不视为违反劳动合同。

劳动者对危害生命安全和身体健康的劳动条件,有权对用人单位提出批评、检举和控告。

第三十三条 用人单位变更名称、法定代表人、主要负责人或者投资人等事项,不影响劳动合同的履行。

第三十四条 用人单位发生合并或者分立等情况,原劳动合同继续有效,劳动合同由承继其权利和义务的用人单位继续履行。

第三十五条 用人单位与劳动者协商一致,可以变更劳动合同约定的内容。变更劳动合同,应当采用书面形式。

变更后的劳动合同文本由用人单位和劳动者各执一份。

第四章　劳动合同的解除和终止

第三十六条　用人单位与劳动者协商一致,可以解除劳动合同。

第三十七条　劳动者提前三十日以书面形式通知用人单位,可以解除劳动合同。劳动者在试用期内提前三日通知用人单位,可以解除劳动合同。

第三十八条　用人单位有下列情形之一的,劳动者可以解除劳动合同:

(一)未按照劳动合同约定提供劳动保护或者劳动条件的;

(二)未及时足额支付劳动报酬的;

(三)未依法为劳动者缴纳社会保险费的;

(四)用人单位的规章制度违反法律、法规的规定,损害劳动者权益的;

(五)因本法第二十六条第一款规定的情形致使劳动合同无效的;

(六)法律、行政法规规定劳动者可以解除劳动合同的其他情形。

用人单位以暴力、威胁或者非法限制人身自由的手段强迫劳动者劳动的,或者用人单位违章指挥、强令冒险作业危及劳动者人身安全的,劳动者可以立即解除劳动合同,不需事先告知用人单位。

第三十九条　劳动者有下列情形之一的,用人单位可以解除劳动合同:

(一)在试用期间被证明不符合录用条件的;

(二)严重违反用人单位的规章制度的;

(三)严重失职,营私舞弊,给用人单位造成重大损害的;

(四)劳动者同时与其他用人单位建立劳动关系,对完成本单位的工作任务造成严重影响,或者经用人单位提出,拒不改正的;

(五)因本法第二十六条第一款第一项规定的情形致使劳动合同无效的;

(六)被依法追究刑事责任的。

第四十条　有下列情形之一的,用人单位提前三十日以书面形式通知劳动者本人或者额外支付劳动者一个月工资后，可以解除劳动合同：

（一）劳动者患病或者非因工负伤，在规定的医疗期满后不能从事原工作，也不能从事由用人单位另行安排的工作的；

（二）劳动者不能胜任工作，经过培训或者调整工作岗位，仍不能胜任工作的；

（三）劳动合同订立时所依据的客观情况发生重大变化，致使劳动合同无法履行，经用人单位与劳动者协商，未能就变更劳动合同内容达成协议的。

第四十一条 有下列情形之一，需要裁减人员二十人以上或者裁减不足二十人但占企业职工总数百分之十以上的，用人单位提前三十日向工会或者全体职工说明情况，听取工会或者职工的意见后，裁减人员方案经向劳动行政部门报告，可以裁减人员：

（一）依照企业破产法规定进行重整的；

（二）生产经营发生严重困难的；

（三）企业转产、重大技术革新或者经营方式调整，经变更劳动合同后，仍需裁减人员的；

（四）其他因劳动合同订立时所依据的客观经济情况发生重大变化，致使劳动合同无法履行的。

裁减人员时，应当优先留用下列人员：

（一）与本单位订立较长期限的固定期限劳动合同的；

（二）与本单位订立无固定期限劳动合同的；

（三）家庭无其他就业人员，有需要扶养的老人或者未成年人的。

用人单位依照本条第一款规定裁减人员，在六个月内重新招用人员的，应当通知被裁减的人员，并在同等条件下优先招用被裁减的人员。

第四十二条 劳动者有下列情形之一的，用人单位不得依照本法第四十条、第四十一条的规定解除劳动合同：

（一）从事接触职业病危害作业的劳动者未进行离岗前职业健康检查，或者疑似职业病病人在诊断或者医学观察期间的；

（二）在本单位患职业病或者因工负伤并被确认丧失或者部分丧

失劳动能力的；

（三）患病或者非因工负伤，在规定的医疗期内的；

（四）女职工在孕期、产期、哺乳期的；

（五）在本单位连续工作满十五年，且距法定退休年龄不足五年的；

（六）法律、行政法规规定的其他情形。

第四十三条 用人单位单方解除劳动合同，应当事先将理由通知工会。用人单位违反法律、行政法规规定或者劳动合同约定的，工会有权要求用人单位纠正。用人单位应当研究工会的意见，并将处理结果书面通知工会。

第四十四条 有下列情形之一的，劳动合同终止：

（一）劳动合同期满的；

（二）劳动者开始依法享受基本养老保险待遇的；

（三）劳动者死亡，或者被人民法院宣告死亡或者宣告失踪的；

（四）用人单位被依法宣告破产的；

（五）用人单位被吊销营业执照、责令关闭、撤销或者用人单位决定提前解散的；

（六）法律、行政法规规定的其他情形。

第四十五条 劳动合同期满，有本法第四十二条规定情形之一的，劳动合同应当续延至相应的情形消失时终止。但是，本法第四十二条第二项规定丧失或者部分丧失劳动能力劳动者的劳动合同的终止，按照国家有关工伤保险的规定执行。

第四十六条 有下列情形之一的，用人单位应当向劳动者支付经济补偿：

（一）劳动者依照本法第三十八条规定解除劳动合同的；

（二）用人单位依照本法第三十六条规定向劳动者提出解除劳动合同并与劳动者协商一致解除劳动合同的；

（三）用人单位依照本法第四十条规定解除劳动合同的；

（四）用人单位依照本法第四十一条第一款规定解除劳动合同的；

（五）除用人单位维持或者提高劳动合同约定条件续订劳动合同，劳动者不同意续订的情形外，依照本法第四十四条第一项规定终止固定期限劳动合同的；

（六）依照本法第四十四条第四项、第五项规定终止劳动合同的；

（七）法律、行政法规规定的其他情形。

第四十七条 经济补偿按劳动者在本单位工作的年限，每满一年支付一个月工资的标准向劳动者支付。六个月以上不满一年的，按一年计算；不满六个月的，向劳动者支付半个月工资的经济补偿。

劳动者月工资高于用人单位所在直辖市、设区的市级人民政府公布的本地区上年度职工月平均工资三倍的，向其支付经济补偿的标准按职工月平均工资三倍的数额支付，向其支付经济补偿的年限最高不超过十二年。

本条所称月工资是指劳动者在劳动合同解除或者终止前十二个月的平均工资。

第四十八条 用人单位违反本法规定解除或者终止劳动合同，劳动者要求继续履行劳动合同的，用人单位应当继续履行；劳动者不要求继续履行劳动合同或者劳动合同已经不能继续履行的，用人单位应当依照本法第八十七条规定支付赔偿金。

第四十九条 国家采取措施，建立健全劳动者社会保险关系跨地区转移接续制度。

第五十条 用人单位应当在解除或者终止劳动合同时出具解除或者终止劳动合同的证明，并在十五日内为劳动者办理档案和社会保险关系转移手续。

劳动者应当按照双方约定，办理工作交接。用人单位依照本法有关规定应当向劳动者支付经济补偿的，在办结工作交接时支付。

用人单位对已经解除或者终止的劳动合同的文本，至少保存二年备查。

第五章 特别规定

第一节 集体合同

第五十一条 企业职工一方与用人单位通过平等协商，可以就劳动报酬、工作时间、休息休假、劳动安全卫生、保险福利等事项订立集体合同。集体合同草案应当提交职工代表大会或者全体职工讨论通过。

集体合同由工会代表企业职工一方与用人单位订立;尚未建立工会的用人单位,由上级工会指导劳动者推举的代表与用人单位订立。

第五十二条　企业职工一方与用人单位可以订立劳动安全卫生、女职工权益保护、工资调整机制等专项集体合同。

第五十三条　在县级以下区域内,建筑业、采矿业、餐饮服务业等行业可以由工会与企业方面代表订立行业性集体合同,或者订立区域性集体合同。

第五十四条　集体合同订立后,应当报送劳动行政部门;劳动行政部门自收到集体合同文本之日起十五日内未提出异议的,集体合同即行生效。

依法订立的集体合同对用人单位和劳动者具有约束力。行业性、区域性集体合同对当地本行业、本区域的用人单位和劳动者具有约束力。

第五十五条　集体合同中劳动报酬和劳动条件等标准不得低于当地人民政府规定的最低标准;用人单位与劳动者订立的劳动合同中劳动报酬和劳动条件等标准不得低于集体合同规定的标准。

第五十六条　用人单位违反集体合同,侵犯职工劳动权益的,工会可以依法要求用人单位承担责任;因履行集体合同发生争议,经协商解决不成的,工会可以依法申请仲裁、提起诉讼。

第二节　劳务派遣

第五十七条　经营劳务派遣业务应当具备下列条件:
(一)注册资本不得少于人民币二百万元;
(二)有与开展业务相适应的固定的经营场所和设施;
(三)有符合法律、行政法规规定的劳务派遣管理制度;
(四)法律、行政法规规定的其他条件。

经营劳务派遣业务,应当向劳动行政部门依法申请行政许可;经许可的,依法办理相应的公司登记。未经许可,任何单位和个人不得经营劳务派遣业务。

第五十八条 劳务派遣单位是本法所称用人单位,应当履行用人单位对劳动者的义务。劳务派遣单位与被派遣劳动者订立的劳动合同,除应当载明本法第十七条规定的事项外,还应当载明被派遣劳动者的用工单位以及派遣期限、工作岗位等情况。

劳务派遣单位应当与被派遣劳动者订立二年以上的固定期限劳动合同,按月支付劳动报酬;被派遣劳动者在无工作期间,劳务派遣单位应当按照所在地人民政府规定的最低工资标准,向其按月支付报酬。

第五十九条 劳务派遣单位派遣劳动者应当与接受以劳务派遣形式用工的单位(以下称用工单位)订立劳务派遣协议。劳务派遣协议应当约定派遣岗位和人员数量、派遣期限、劳动报酬和社会保险费的数额与支付方式以及违反协议的责任。

用工单位应当根据工作岗位的实际需要与劳务派遣单位确定派遣期限,不得将连续用工期限分割订立数个短期劳务派遣协议。

第六十条 劳务派遣单位应当将劳务派遣协议的内容告知被派遣劳动者。

劳务派遣单位不得克扣用工单位按照劳务派遣协议支付给被派遣劳动者的劳动报酬。

劳务派遣单位和用工单位不得向被派遣劳动者收取费用。

第六十一条 劳务派遣单位跨地区派遣劳动者的,被派遣劳动者享有的劳动报酬和劳动条件,按照用工单位所在地的标准执行。

第六十二条 用工单位应当履行下列义务:

(一)执行国家劳动标准,提供相应的劳动条件和劳动保护;

(二)告知被派遣劳动者的工作要求和劳动报酬;

(三)支付加班费、绩效奖金,提供与工作岗位相关的福利待遇;

(四)对在岗被派遣劳动者进行工作岗位所必需的培训;

(五)连续用工的,实行正常的工资调整机制。

用工单位不得将被派遣劳动者再派遣到其他用人单位。

第六十三条 被派遣劳动者享有与用工单位的劳动者同工同酬的权利。用工单位应当按照同工同酬原则,对被派遣劳动者与本单位同类岗位的劳动者实行相同的劳动报酬分配办法。用工单位无同类岗位劳动者的,参照用工单位所在地相同或者相近岗位劳动者的劳动报酬确定。

劳务派遣单位与被派遣劳动者订立的劳动合同和与用工单位订立的劳务派遣协议,载明或者约定的向被派遣劳动者支付的劳动报酬应当符合前款规定。

第六十四条 被派遣劳动者有权在劳务派遣单位或者用工单位依法参加或者组织工会,维护自身的合法权益。

第六十五条 被派遣劳动者可以依照本法第三十六条、第三十八条的规定与劳务派遣单位解除劳动合同。

被派遣劳动者有本法第三十九条和第四十条第一项、第二项规定情形的,用工单位可以将劳动者退回劳务派遣单位,劳务派遣单位依照本法有关规定,可以与劳动者解除劳动合同。

第六十六条 劳动合同用工是我国的企业基本用工形式。劳务派遣用工是补充形式,只能在临时性、辅助性或者替代性的工作岗位上实施。

前款规定的临时性工作岗位是指存续时间不超过六个月的岗位;辅助性工作岗位是指为主营业务岗位提供服务的非主营业务岗位;替代性工作岗位是指用工单位的劳动者因脱产学习、休假等原因无法工作的一定期间内,可以由其他劳动者替代工作的岗位。

用工单位应当严格控制劳务派遣用工数量,不得超过其用工总量的一定比例,具体比例由国务院劳动行政部门规定。

第六十七条 用人单位不得设立劳务派遣单位向本单位或者所属单位派遣劳动者。

第三节 非全日制用工

第六十八条 非全日制用工,是指以小时计酬为主,劳动者在同一用人单位一般平均每日工作时间不超过四小时,每周工作时间累计不超过二十四小时的用工形式。

第六十九条 非全日制用工双方当事人可以订立口头协议。

从事非全日制用工的劳动者可以与一个或者一个以上用人单位订立劳动合同;但是,后订立的劳动合同不得影响先订立的劳动合同的履行。

第七十条 非全日制用工双方当事人不得约定试用期。

第七十一条 非全日制用工双方当事人任何一方都可以随时通知对方终止用工。终止用工，用人单位不向劳动者支付经济补偿。

第七十二条 非全日制用工小时计酬标准不得低于用人单位所在地人民政府规定的最低小时工资标准。

非全日制用工劳动报酬结算支付周期最长不得超过十五日。

第六章 监督检查

第七十三条 国务院劳动行政部门负责全国劳动合同制度实施的监督管理。

县级以上地方人民政府劳动行政部门负责本行政区域内劳动合同制度实施的监督管理。

县级以上各级人民政府劳动行政部门在劳动合同制度实施的监督管理工作中，应当听取工会、企业方面代表以及有关行业主管部门的意见。

第七十四条 县级以上地方人民政府劳动行政部门依法对下列实施劳动合同制度的情况进行监督检查：

（一）用人单位制定直接涉及劳动者切身利益的规章制度及其执行的情况；

（二）用人单位与劳动者订立和解除劳动合同的情况；

（三）劳务派遣单位和用工单位遵守劳务派遣有关规定的情况；

（四）用人单位遵守国家关于劳动者工作时间和休息休假规定的情况；

（五）用人单位支付劳动合同约定的劳动报酬和执行最低工资标准的情况；

（六）用人单位参加各项社会保险和缴纳社会保险费的情况；

（七）法律、法规规定的其他劳动监察事项。

第七十五条 县级以上地方人民政府劳动行政部门实施监督检查时，有权查阅与劳动合同、集体合同有关的材料，有权对劳动场所进行实地检查，用人单位和劳动者都应当如实提供有关情况和材料。

劳动行政部门的工作人员进行监督检查,应当出示证件,依法行使职权,文明执法。

第七十六条 县级以上人民政府建设、卫生、安全生产监督管理等有关主管部门在各自职责范围内,对用人单位执行劳动合同制度的情况进行监督管理。

第七十七条 劳动者合法权益受到侵害的,有权要求有关部门依法处理,或者依法申请仲裁、提起诉讼。

第七十八条 工会依法维护劳动者的合法权益,对用人单位履行劳动合同、集体合同的情况进行监督。用人单位违反劳动法律、法规和劳动合同、集体合同的,工会有权提出意见或者要求纠正;劳动者申请仲裁、提起诉讼的,工会依法给予支持和帮助。

第七十九条 任何组织或者个人对违反本法的行为都有权举报,县级以上人民政府劳动行政部门应当及时核实、处理,并对举报有功人员给予奖励。

第七章 法律责任

第八十条 用人单位直接涉及劳动者切身利益的规章制度违反法律、法规规定的,由劳动行政部门责令改正,给予警告;给劳动者造成损害的,应当承担赔偿责任。

第八十一条 用人单位提供的劳动合同文本未载明本法规定的劳动合同必备条款或者用人单位未将劳动合同文本交付劳动者的,由劳动行政部门责令改正;给劳动者造成损害的,应当承担赔偿责任。

第八十二条 用人单位自用工之日起超过一个月不满一年未与劳动者订立书面劳动合同的,应当向劳动者每月支付二倍的工资。

用人单位违反本法规定不与劳动者订立无固定期限劳动合同的,自应当订立无固定期限劳动合同之日起向劳动者每月支付二倍的工资。

第八十三条 用人单位违反本法规定与劳动者约定试用期的,由劳动行政部门责令改正;违法约定的试用期已经履行的,由用人单位以劳动者试用期满月工资为标准,按已经履行的超过法定试用期的期间向劳动者支付赔偿金。

第八十四条 用人单位违反本法规定,扣押劳动者居民身份证等证件的,由劳动行政部门责令限期退还劳动者本人,并依照有关法律规定给予处罚。

用人单位违反本法规定,以担保或者其他名义向劳动者收取财物的,由劳动行政部门责令限期退还劳动者本人,并以每人五百元以上二千元以下的标准处以罚款;给劳动者造成损害的,应当承担赔偿责任。

劳动者依法解除或者终止劳动合同,用人单位扣押劳动者档案或者其他物品的,依照前款规定处罚。

第八十五条 用人单位有下列情形之一的,由劳动行政部门责令限期支付劳动报酬、加班费或者经济补偿;劳动报酬低于当地最低工资标准的,应当支付其差额部分;逾期不支付的,责令用人单位按应付金额百分之五十以上百分之一百以下的标准向劳动者加付赔偿金:

(一)未按照劳动合同的约定或者国家规定及时足额支付劳动者劳动报酬的;

(二)低于当地最低工资标准支付劳动者工资的;

(三)安排加班不支付加班费的;

(四)解除或者终止劳动合同,未依照本法规定向劳动者支付经济补偿的。

第八十六条 劳动合同依照本法第二十六条规定被确认无效,给对方造成损害的,有过错的一方应当承担赔偿责任。

第八十七条 用人单位违反本法规定解除或者终止劳动合同的,应当依照本法第四十七条规定的经济补偿标准的二倍向劳动者支付赔偿金。

第八十八条 用人单位有下列情形之一的,依法给予行政处罚;构成犯罪的,依法追究刑事责任;给劳动者造成损害的,应当承担赔偿责任:

(一)以暴力、威胁或者非法限制人身自由的手段强迫劳动的;

(二)违章指挥或者强令冒险作业危及劳动者人身安全的;

(三)侮辱、体罚、殴打、非法搜查或者拘禁劳动者的;

(四)劳动条件恶劣、环境污染严重,给劳动者身心健康造成严重损害的。

第八十九条 用人单位违反本法规定未向劳动者出具解除或者终止劳动合同的书面证明，由劳动行政部门责令改正；给劳动者造成损害的，应当承担赔偿责任。

第九十条 劳动者违反本法规定解除劳动合同，或者违反劳动合同中约定的保密义务或者竞业限制，给用人单位造成损失的，应当承担赔偿责任。

第九十一条 用人单位招用与其他用人单位尚未解除或者终止劳动合同的劳动者，给其他用人单位造成损失的，应当承担连带赔偿责任。

第九十二条 违反本法规定，未经许可，擅自经营劳务派遣业务的，由劳动行政部门责令停止违法行为，没收违法所得，并处违法所得一倍以上五倍以下的罚款；没有违法所得的，可以处五万元以下的罚款。

劳务派遣单位、用工单位违反本法有关劳务派遣规定的，由劳动行政部门责令限期改正；逾期不改正的，以每人五千元以上一万元以下的标准处以罚款，对劳务派遣单位，吊销其劳务派遣业务经营许可证。用工单位给被派遣劳动者造成损害的，劳务派遣单位与用工单位承担连带赔偿责任。

第九十三条 对不具备合法经营资格的用人单位的违法犯罪行为，依法追究法律责任；劳动者已经付出劳动的，该单位或者其出资人应当依照本法有关规定向劳动者支付劳动报酬、经济补偿、赔偿金；给劳动者造成损害的，应当承担赔偿责任。

第九十四条 个人承包经营违反本法规定招用劳动者，给劳动者造成损害的，发包的组织与个人承包经营者承担连带赔偿责任。

第九十五条 劳动行政部门和其他有关主管部门及其工作人员玩忽职守、不履行法定职责，或者违法行使职权，给劳动者或者用人单位造成损害的，应当承担赔偿责任；对直接负责的主管人员和其他直接责任人员，依法给予行政处分；构成犯罪的，依法追究刑事责任。

第八章　附　　则

第九十六条 事业单位与实行聘用制的工作人员订立、履行、变更、解除或者终止劳动合同,法律、行政法规或者国务院另有规定的,依照其规定;未作规定的,依照本法有关规定执行。

第九十七条 本法施行前已依法订立且在本法施行之日存续的劳动合同,继续履行;本法第十四条第二款第三项规定连续订立固定期限劳动合同的次数,自本法施行后续订固定期限劳动合同时开始计算。

本法施行前已建立劳动关系,尚未订立书面劳动合同的,应当自本法施行之日起一个月内订立。

本法施行之日存续的劳动合同在本法施行后解除或者终止,依照本法第四十六条规定应当支付经济补偿的,经济补偿年限自本法施行之日起计算;本法施行前按照当时有关规定,用人单位应当向劳动者支付经济补偿的,按照当时有关规定执行。

第九十八条 本法自2008年1月1日起施行。

中华人民共和国税收征收管理法

(1992年9月4日第七届全国人民代表大会常务委员会第二十七次会议通过 根据1995年2月28日第八届全国人民代表大会常务委员会第十二次会议《关于修改〈中华人民共和国税收征收管理法〉的决定》第一次修正 2001年4月28日第九届全国人民代表大会常务委员会第二十一次会议修订 根据2013年6月29日第十二届全国人民代表大会常务委员会第三次会议《关于修改〈中华人民共和国文物保护法〉等十二部法律的决定》第二次修正 根据2015年4月24日第十二届全国人民代表大会常务委员会第十四次会议《关于修改〈中华人民共和国港口法〉等七部法律的决定》第三次修正)

目 录

第一章 总 则

第二章　税务管理
　　第一节　税务登记
　　第二节　帐簿、凭证管理
　　第三节　纳税申报
第三章　税款征收
第四章　税务检查
第五章　法律责任
第六章　附　　则

第一章　总　　则

第一条　为了加强税收征收管理,规范税收征收和缴纳行为,保障国家税收收入,保护纳税人的合法权益,促进经济和社会发展,制定本法。

第二条　凡依法由税务机关征收的各种税收的征收管理,均适用本法。

第三条　税收的开征、停征以及减税、免税、退税、补税,依照法律的规定执行;法律授权国务院规定的,依照国务院制定的行政法规的规定执行。

任何机关、单位和个人不得违反法律、行政法规的规定,擅自作出税收开征、停征以及减税、免税、退税、补税和其他同税收法律、行政法规相抵触的决定。

第四条　法律、行政法规规定负有纳税义务的单位和个人为纳税人。

法律、行政法规规定负有代扣代缴、代收代缴税款义务的单位和个人为扣缴义务人。

纳税人、扣缴义务人必须依照法律、行政法规的规定缴纳税款、代扣代缴、代收代缴税款。

第五条　国务院税务主管部门主管全国税收征收管理工作。各地国家税务局和地方税务局应当按照国务院规定的税收征收管理范围分别进行征收管理。

地方各级人民政府应当依法加强对本行政区域内税收征收管理

工作的领导或者协调,支持税务机关依法执行职务,依照法定税率计算税额,依法征收税款。

各有关部门和单位应当支持、协助税务机关依法执行职务。

税务机关依法执行职务,任何单位和个人不得阻挠。

第六条 国家有计划地用现代信息技术装备各级税务机关,加强税收征收管理信息系统的现代化建设,建立、健全税务机关与政府其他管理机关的信息共享制度。

纳税人、扣缴义务人和其他有关单位应当按照国家有关规定如实向税务机关提供与纳税和代扣代缴、代收代缴税款有关的信息。

第七条 税务机关应当广泛宣传税收法律、行政法规,普及纳税知识,无偿地为纳税人提供纳税咨询服务。

第八条 纳税人、扣缴义务人有权向税务机关了解国家税收法律、行政法规的规定以及与纳税程序有关的情况。

纳税人、扣缴义务人有权要求税务机关为纳税人、扣缴义务人的情况保密。税务机关应当依法为纳税人、扣缴义务人的情况保密。

纳税人依法享有申请减税、免税、退税的权利。

纳税人、扣缴义务人对税务机关所作出的决定,享有陈述权、申辩权;依法享有申请行政复议、提起行政诉讼、请求国家赔偿等权利。

纳税人、扣缴义务人有权控告和检举税务机关、税务人员的违法违纪行为。

第九条 税务机关应当加强队伍建设,提高税务人员的政治业务素质。

税务机关、税务人员必须秉公执法,忠于职守,清正廉洁,礼貌待人,文明服务,尊重和保护纳税人、扣缴义务人的权利,依法接受监督。

税务人员不得索贿受贿、徇私舞弊、玩忽职守、不征或者少征应征税款;不得滥用职权多征税款或者故意刁难纳税人和扣缴义务人。

第十条 各级税务机关应当建立、健全内部制约和监督管理制度。

上级税务机关应当对下级税务机关的执法活动依法进行监督。

各级税务机关应当对其工作人员执行法律、行政法规和廉洁自律准则的情况进行监督检查。

第十一条　税务机关负责征收、管理、稽查、行政复议的人员的职责应当明确,并相互分离、相互制约。

第十二条　税务人员征收税款和查处税收违法案件,与纳税人、扣缴义务人或者税收违法案件有利害关系的,应当回避。

第十三条　任何单位和个人都有权检举违反税收法律、行政法规的行为。收到检举的机关和负责查处的机关应当为检举人保密。税务机关应当按照规定对检举人给予奖励。

第十四条　本法所称税务机关是指各级税务局、税务分局、税务所和按照国务院规定设立的并向社会公告的税务机构。

第二章　税务管理

第一节　税务登记

第十五条　企业,企业在外地设立的分支机构和从事生产、经营的场所,个体工商户和从事生产、经营的事业单位(以下统称从事生产、经营的纳税人)自领取营业执照之日起三十日内,持有关证件,向税务机关申报办理税务登记。税务机关应当于收到申报的当日办理登记并发给税务登记证件。

工商行政管理机关应当将办理登记注册、核发营业执照的情况,定期向税务机关通报。

本条第一款规定以外的纳税人办理税务登记和扣缴义务人办理扣缴税款登记的范围和办法,由国务院规定。

第十六条　从事生产、经营的纳税人,税务登记内容发生变化的,自工商行政管理机关办理变更登记之日起三十日内或者在向工商行政管理机关申请办理注销登记之前,持有关证件向税务机关申报办理变更或者注销税务登记。

第十七条　从事生产、经营的纳税人应当按照国家有关规定,持税务登记证件,在银行或者其他金融机构开立基本存款帐户和其他存款帐户,并将其全部帐号向税务机关报告。

银行和其他金融机构应当在从事生产、经营的纳税人的帐户中登录税务登记证件号码,并在税务登记证件中登录从事生产、经营的纳税人的帐户帐号。

税务机关依法查询从事生产、经营的纳税人开立帐户的情况时,有关银行和其他金融机构应当予以协助。

第十八条 纳税人按照国务院税务主管部门的规定使用税务登记证件。税务登记证件不得转借、涂改、损毁、买卖或者伪造。

第二节 帐簿、凭证管理

第十九条 纳税人、扣缴义务人按照有关法律、行政法规和国务院财政、税务主管部门的规定设置帐簿,根据合法、有效凭证记帐,进行核算。

第二十条 从事生产、经营的纳税人的财务、会计制度或者财务、会计处理办法和会计核算软件,应当报送税务机关备案。

纳税人、扣缴义务人的财务、会计制度或者财务、会计处理办法与国务院或者国务院财政、税务主管部门有关税收的规定抵触的,依照国务院或者国务院财政、税务主管部门有关税收的规定计算应纳税款、代扣代缴和代收代缴税款。

第二十一条 税务机关是发票的主管机关,负责发票印制、领购、开具、取得、保管、缴销的管理和监督。

单位、个人在购销商品、提供或者接受经营服务以及从事其他经营活动中,应当按照规定开具、使用、取得发票。

发票的管理办法由国务院规定。

第二十二条 增值税专用发票由国务院税务主管部门指定的企业印制;其他发票,按照国务院税务主管部门的规定,分别由省、自治区、直辖市国家税务局、地方税务局指定企业印制。

未经前款规定的税务机关指定,不得印制发票。

第二十三条 国家根据税收征收管理的需要,积极推广使用税控装置。纳税人应当按照规定安装、使用税控装置,不得损毁或者擅自改动税控装置。

第二十四条 从事生产、经营的纳税人、扣缴义务人必须按照国务院财政、税务主管部门规定的保管期限保管帐簿、记帐凭证、完税凭证及其他有关资料。

帐簿、记帐凭证、完税凭证及其他有关资料不得伪造、变造或者擅自损毁。

第三节 纳税申报

第二十五条 纳税人必须依照法律、行政法规规定或者税务机关依照法律、行政法规的规定确定的申报期限、申报内容如实办理纳税申报,报送纳税申报表、财务会计报表以及税务机关根据实际需要要求纳税人报送的其他纳税资料。

扣缴义务人必须依照法律、行政法规规定或者税务机关依照法律、行政法规的规定确定的申报期限、申报内容如实报送代扣代缴、代收代缴税款报告表以及税务机关根据实际需要要求扣缴义务人报送的其他有关资料。

第二十六条 纳税人、扣缴义务人可以直接到税务机关办理纳税申报或者报送代扣代缴、代收代缴税款报告表,也可以按照规定采取邮寄、数据电文或者其他方式办理上述申报、报送事项。

第二十七条 纳税人、扣缴义务人不能按期办理纳税申报或者报送代扣代缴、代收代缴税款报告表的,经税务机关核准,可以延期申报。

经核准延期办理前款规定的申报、报送事项的,应当在纳税期内按照上期实际缴纳的税额或者税务机关核定的税额预缴税款,并在核准的延期内办理税款结算。

第三章 税款征收

第二十八条 税务机关依照法律、行政法规的规定征收税款,不得违反法律、行政法规的规定开征、停征、多征、少征、提前征收、延缓征收或者摊派税款。

农业税应纳税额按照法律、行政法规的规定核定。

第二十九条 除税务机关、税务人员以及经税务机关依照法律、行政法规委托的单位和人员外,任何单位和个人不得进行税款征收活动。

第三十条 扣缴义务人依照法律、行政法规的规定履行代扣、代收税款的义务。对法律、行政法规没有规定负有代扣、代收税款义务的单位和个人,税务机关不得要求其履行代扣、代收税款义务。

扣缴义务人依法履行代扣、代收税款义务时,纳税人不得拒绝。纳税人拒绝的,扣缴义务人应当及时报告税务机关处理。

税务机关按照规定付给扣缴义务人代扣、代收手续费。

第三十一条 纳税人、扣缴义务人按照法律、行政法规规定或者税务机关依照法律、行政法规的规定确定的期限,缴纳或者解缴税款。

纳税人因有特殊困难,不能按期缴纳税款的,经省、自治区、直辖市国家税务局、地方税务局批准,可以延期缴纳税款,但是最长不得超过三个月。

第三十二条 纳税人未按照规定期限缴纳税款的,扣缴义务人未按照规定期限解缴税款的,税务机关除责令限期缴纳外,从滞纳税款之日起,按日加收滞纳税款万分之五的滞纳金。

第三十三条 纳税人依照法律、行政法规的规定办理减税、免税。

地方各级人民政府、各级人民政府主管部门、单位和个人违反法律、行政法规规定,擅自作出的减税、免税决定无效,税务机关不得执行,并向上级税务机关报告。

第三十四条 税务机关征收税款时,必须给纳税人开具完税凭证。扣缴义务人代扣、代收税款时,纳税人要求扣缴义务人开具代扣、代收税款凭证的,扣缴义务人应当开具。

第三十五条 纳税人有下列情形之一的,税务机关有权核定其应纳税额:

(一)依照法律、行政法规的规定可以不设置帐簿的;

(二)依照法律、行政法规的规定应当设置帐簿但未设置的;

(三)擅自销毁帐簿或者拒不提供纳税资料的;

(四)虽设置帐簿,但帐目混乱或者成本资料、收入凭证、费用凭证残缺不全,难以查帐的;

(五)发生纳税义务,未按照规定的期限办理纳税申报,经税务机关责令限期申报,逾期仍不申报的;

(六)纳税人申报的计税依据明显偏低,又无正当理由的。

税务机关核定应纳税额的具体程序和方法由国务院税务主管部

门规定。

第三十六条　企业或者外国企业在中国境内设立的从事生产、经营的机构、场所与其关联企业之间的业务往来,应当按照独立企业之间的业务往来收取或者支付价款、费用;不按照独立企业之间的业务往来收取或者支付价款、费用,而减少其应纳税的收入或者所得额的,税务机关有权进行合理调整。

第三十七条　对未按照规定办理税务登记的从事生产、经营的纳税人以及临时从事经营的纳税人,由税务机关核定其应纳税额,责令缴纳;不缴纳的,税务机关可以扣押其价值相当于应纳税款的商品、货物。扣押后缴纳应纳税款的,税务机关必须立即解除扣押,并归还所扣押的商品、货物;扣押后仍不缴纳应纳税款的,经县以上税务局(分局)局长批准,依法拍卖或者变卖所扣押的商品、货物,以拍卖或者变卖所得抵缴税款。

第三十八条　税务机关有根据认为从事生产、经营的纳税人有逃避纳税义务行为的,可以在规定的纳税期之前,责令限期缴纳应纳税款;在限期内发现纳税人有明显的转移、隐匿其应纳税的商品、货物以及其他财产或者应纳税的收入的迹象的,税务机关可以责成纳税人提供纳税担保。如果纳税人不能提供纳税担保,经县以上税务局(分局)局长批准,税务机关可以采取下列税收保全措施:

(一)书面通知纳税人开户银行或者其他金融机构冻结纳税人的金额相当于应纳税款的存款;

(二)扣押、查封纳税人的价值相当于应纳税款的商品、货物或者其他财产。

纳税人在前款规定的限期内缴纳税款的,税务机关必须立即解除税收保全措施;限期期满仍未缴纳税款的,经县以上税务局(分局)局长批准,税务机关可以书面通知纳税人开户银行或者其他金融机构从其冻结的存款中扣缴税款,或者依法拍卖或者变卖所扣押、查封的商品、货物或者其他财产,以拍卖或者变卖所得抵缴税款。

个人及其所扶养家属维持生活必需的住房和用品,不在税收保全措施的范围之内。

第三十九条　纳税人在限期内已缴纳税款,税务机关未立即解除税收保全措施，使纳税人的合法利益遭受损失的，税务机关应当承担赔偿责任。

第四十条 从事生产、经营的纳税人、扣缴义务人未按照规定的期限缴纳或者解缴税款，纳税担保人未按照规定的期限缴纳所担保的税款，由税务机关责令限期缴纳，逾期仍未缴纳的，经县以上税务局（分局）局长批准，税务机关可以采取下列强制执行措施：

（一）书面通知其开户银行或者其他金融机构从其存款中扣缴税款；

（二）扣押、查封、依法拍卖或者变卖其价值相当于应纳税款的商品、货物或者其他财产，以拍卖或者变卖所得抵缴税款。

税务机关采取强制执行措施时，对前款所列纳税人、扣缴义务人、纳税担保人未缴纳的滞纳金同时强制执行。

个人及其所扶养家属维持生活必需的住房和用品，不在强制执行措施的范围之内。

第四十一条 本法第三十七条、第三十八条、第四十条规定的采取税收保全措施、强制执行措施的权力，不得由法定的税务机关以外的单位和个人行使。

第四十二条 税务机关采取税收保全措施和强制执行措施必须依照法定权限和法定程序，不得查封、扣押纳税人个人及其所扶养家属维持生活必需的住房和用品。

第四十三条 税务机关滥用职权违法采取税收保全措施、强制执行措施，或者采取税收保全措施、强制执行措施不当，使纳税人、扣缴义务人或者纳税担保人的合法权益遭受损失的，应当依法承担赔偿责任。

第四十四条 欠缴税款的纳税人或者他的法定代表人需要出境的，应当在出境前向税务机关结清应纳税款、滞纳金或者提供担保。未结清税款、滞纳金，又不提供担保的，税务机关可以通知出境管理机关阻止其出境。

第四十五条 税务机关征收税款，税收优先于无担保债权，法律另有规定的除外；纳税人欠缴的税款发生在纳税人以其财产设定抵押、质押或者纳税人的财产被留置之前的，税收应当先于抵押权、质权、留置权执行。

纳税人欠缴税款,同时又被行政机关决定处以罚款、没收违法所得的,税收优先于罚款、没收违法所得。

税务机关应当对纳税人欠缴税款的情况定期予以公告。

第四十六条 纳税人有欠税情形而以其财产设定抵押、质押的,应当向抵押权人、质权人说明其欠税情况。抵押权人、质权人可以请求税务机关提供有关的欠税情况。

第四十七条 税务机关扣押商品、货物或者其他财产时,必须开付收据;查封商品、货物或者其他财产时,必须开付清单。

第四十八条 纳税人有合并、分立情形的,应当向税务机关报告,并依法缴清税款。纳税人合并时未缴清税款的,应当由合并后的纳税人继续履行未履行的纳税义务;纳税人分立时未缴清税款的,分立后的纳税人对未履行的纳税义务应当承担连带责任。

第四十九条 欠缴税款数额较大的纳税人在处分其不动产或者大额资产之前,应当向税务机关报告。

第五十条 欠缴税款的纳税人因怠于行使到期债权,或者放弃到期债权,或者无偿转让财产,或者以明显不合理的低价转让财产而受让人知道该情形,对国家税收造成损害的,税务机关可以依照合同法第七十三条、第七十四条的规定行使代位权、撤销权。

税务机关依照前款规定行使代位权、撤销权的,不免除欠缴税款的纳税人尚未履行的纳税义务和应承担的法律责任。

第五十一条 纳税人超过应纳税额缴纳的税款,税务机关发现后应当立即退还;纳税人自结算缴纳税款之日起三年内发现的,可以向税务机关要求退还多缴的税款并加算银行同期存款利息,税务机关及时查实后应当立即退还;涉及从国库中退库的,依照法律、行政法规有关国库管理的规定退还。

第五十二条 因税务机关的责任,致使纳税人、扣缴义务人未缴或者少缴税款的,税务机关在三年内可以要求纳税人、扣缴义务人补缴税款,但是不得加收滞纳金。

因纳税人、扣缴义务人计算错误等失误,未缴或者少缴税款的,税务机关在三年内可以追征税款、滞纳金;有特殊情况的,追征期可以延长到五年。

对偷税、抗税、骗税的，税务机关追征其未缴或者少缴的税款、滞纳金或者所骗取的税款，不受前款规定期限的限制。

第五十三条 国家税务局和地方税务局应当按照国家规定的税收征收管理范围和税款入库预算级次，将征收的税款缴入国库。

对审计机关、财政机关依法查出的税收违法行为，税务机关应当根据有关机关的决定、意见书，依法将应收的税款、滞纳金按照税款入库预算级次缴入国库，并将结果及时回复有关机关。

第四章 税务检查

第五十四条 税务机关有权进行下列税务检查：

（一）检查纳税人的帐簿、记帐凭证、报表和有关资料，检查扣缴义务人代扣代缴、代收代缴税款帐簿、记帐凭证和有关资料；

（二）到纳税人的生产、经营场所和货物存放地检查纳税人应纳税的商品、货物或者其他财产，检查扣缴义务人与代扣代缴、代收代缴税款有关的经营情况；

（三）责成纳税人、扣缴义务人提供与纳税或者代扣代缴、代收代缴税款有关的文件、证明材料和有关资料；

（四）询问纳税人、扣缴义务人与纳税或者代扣代缴、代收代缴税款有关的问题和情况；

（五）到车站、码头、机场、邮政企业及其分支机构检查纳税人托运、邮寄应纳税商品、货物或者其他财产的有关单据、凭证和有关资料；

（六）经县以上税务局（分局）局长批准，凭全国统一格式的检查存款帐户许可证明，查询从事生产、经营的纳税人、扣缴义务人在银行或者其他金融机构的存款帐户。税务机关在调查税收违法案件时，经设区的市、自治州以上税务局（分局）局长批准，可以查询案件涉嫌人员的储蓄存款。税务机关查询所获得的资料，不得用于税收以外的用途。

第五十五条 税务机关对从事生产、经营的纳税人以前纳税期的纳税情况依法进行税务检查时，发现纳税人有逃避纳税义务行为，并有明显的转移、隐匿其应纳税的商品、货物以及其他财产或者应纳税的收入的迹象的,可以按照本法规定的批准权限采取税收保全措施或者强制执行措施。

第五十六条　纳税人、扣缴义务人必须接受税务机关依法进行的税务检查,如实反映情况,提供有关资料,不得拒绝、隐瞒。

第五十七条　税务机关依法进行税务检查时,有权向有关单位和个人调查纳税人、扣缴义务人和其他当事人与纳税或者代扣代缴、代收代缴税款有关的情况,有关单位和个人有义务向税务机关如实提供有关资料及证明材料。

第五十八条　税务机关调查税务违法案件时,对与案件有关的情况和资料,可以记录、录音、录像、照相和复制。

第五十九条　税务机关派出的人员进行税务检查时,应当出示税务检查证和税务检查通知书,并有责任为被检查人保守秘密;未出示税务检查证和税务检查通知书的,被检查人有权拒绝检查。

第五章　法　律　责　任

第六十条　纳税人有下列行为之一的,由税务机关责令限期改正,可以处二千元以下的罚款;情节严重的,处二千元以上一万元以下的罚款:

(一)未按照规定的期限申报办理税务登记、变更或者注销登记的;

(二)未按照规定设置、保管帐簿或者保管记帐凭证和有关资料的;

(三)未按照规定将财务、会计制度或者财务、会计处理办法和会计核算软件报送税务机关备查的;

(四)未按照规定将其全部银行帐号向税务机关报告的;

(五)未按照规定安装、使用税控装置,或者损毁或者擅自改动税控装置的。

纳税人不办理税务登记的,由税务机关责令限期改正;逾期不改正的,经税务机关提请,由工商行政管理机关吊销其营业执照。

纳税人未按照规定使用税务登记证件,或者转借、涂改、损毁、买卖、伪造税务登记证件的，处二千元以上一万元以下的罚款；情节严重的，处一万元以上五万元以下的罚款。

第六十一条 扣缴义务人未按照规定设置、保管代扣代缴、代收代缴税款帐簿或者保管代扣代缴、代收代缴税款记帐凭证及有关资料的，由税务机关责令限期改正，可以处二千元以下的罚款；情节严重的，处二千元以上五千元以下的罚款。

第六十二条 纳税人未按照规定的期限办理纳税申报和报送纳税资料的，或者扣缴义务人未按照规定的期限向税务机关报送代扣代缴、代收代缴税款报告表和有关资料的，由税务机关责令限期改正，可以处二千元以下的罚款；情节严重的，可以处二千元以上一万元以下的罚款。

第六十三条 纳税人伪造、变造、隐匿、擅自销毁帐簿、记帐凭证，或者在帐簿上多列支出或者不列、少列收入，或者经税务机关通知申报而拒不申报或者进行虚假的纳税申报，不缴或者少缴应纳税款的，是偷税。对纳税人偷税的，由税务机关追缴其不缴或者少缴的税款、滞纳金，并处不缴或者少缴的税款百分之五十以上五倍以下的罚款；构成犯罪的，依法追究刑事责任。

扣缴义务人采取前款所列手段，不缴或者少缴已扣、已收税款，由税务机关追缴其不缴或者少缴的税款、滞纳金，并处不缴或者少缴的税款百分之五十以上五倍以下的罚款；构成犯罪的，依法追究刑事责任。

第六十四条 纳税人、扣缴义务人编造虚假计税依据的，由税务机关责令限期改正，并处五万元以下的罚款。

纳税人不进行纳税申报，不缴或者少缴应纳税款的，由税务机关追缴其不缴或者少缴的税款、滞纳金，并处不缴或者少缴的税款百分之五十以上五倍以下的罚款。

第六十五条 纳税人欠缴应纳税款，采取转移或者隐匿财产的手段，妨碍税务机关追缴欠缴的税款的，由税务机关追缴欠缴的税款、滞纳金，并处欠缴税款百分之五十以上五倍以下的罚款；构成犯罪的，依法追究刑事责任。

第六十六条 以假报出口或者其他欺骗手段，骗取国家出口退税款的,由税务机关追缴其骗取的退税款,并处骗取税款一倍以上五倍以下的罚款;构成犯罪的,依法追究刑事责任。

对骗取国家出口退税款的,税务机关可以在规定期间内停止为其办理出口退税。

第六十七条 以暴力、威胁方法拒不缴纳税款的,是抗税,除由税务机关追缴其拒缴的税款、滞纳金外,依法追究刑事责任。情节轻微,未构成犯罪的,由税务机关追缴其拒缴的税款、滞纳金,并处拒缴税款一倍以上五倍以下的罚款。

第六十八条 纳税人、扣缴义务人在规定期限内不缴或者少缴应纳或者应解缴的税款,经税务机关责令限期缴纳,逾期仍未缴纳的,税务机关除依照本法第四十条的规定采取强制执行措施追缴其不缴或者少缴的税款外,可以处不缴或者少缴的税款百分之五十以上五倍以下的罚款。

第六十九条 扣缴义务人应扣未扣、应收而不收税款的,由税务机关向纳税人追缴税款,对扣缴义务人处应扣未扣、应收未收税款百分之五十以上三倍以下的罚款。

第七十条 纳税人、扣缴义务人逃避、拒绝或者以其他方式阻挠税务机关检查的,由税务机关责令改正,可以处一万元以下的罚款;情节严重的,处一万元以上五万元以下的罚款。

第七十一条 违反本法第二十二条规定,非法印制发票的,由税务机关销毁非法印制的发票,没收违法所得和作案工具,并处一万元以上五万元以下的罚款;构成犯罪的,依法追究刑事责任。

第七十二条 从事生产、经营的纳税人、扣缴义务人有本法规定的税收违法行为,拒不接受税务机关处理的,税务机关可以收缴其发票或者停止向其发售发票。

第七十三条 纳税人、扣缴义务人的开户银行或者其他金融机构拒绝接受税务机关依法检查纳税人、扣缴义务人存款帐户,或者拒绝执行税务机关作出的冻结存款或者扣缴税款的决定,或者在接到税务机关的书面通知后帮助纳税人、扣缴义务人转移存款,造成税款流失的,由税务机关处十万元以上五十万元以下的罚款,对直接负责的主管人员和其他直接责任人员处一千元以上一万元以下的罚款。

第七十四条 本法规定的行政处罚,罚款额在二千元以下的,可以由税务所决定。

第七十五条 税务机关和司法机关的涉税罚没收入,应当按照税款入库预算级次上缴国库。

第七十六条 税务机关违反规定擅自改变税收征收管理范围和税款入库预算级次的,责令限期改正,对直接负责的主管人员和其他直接责任人员依法给予降级或者撤职的行政处分。

第七十七条 纳税人、扣缴义务人有本法第六十三条、第六十五条、第六十六条、第六十七条、第七十一条规定的行为涉嫌犯罪的,税务机关应当依法移交司法机关追究刑事责任。

税务人员徇私舞弊,对依法应当移交司法机关追究刑事责任的不移交,情节严重的,依法追究刑事责任。

第七十八条 未经税务机关依法委托征收税款的,责令退还收取的财物,依法给予行政处分或者行政处罚;致使他人合法权益受到损失的,依法承担赔偿责任;构成犯罪的,依法追究刑事责任。

第七十九条 税务机关、税务人员查封、扣押纳税人个人及其所扶养家属维持生活必需的住房和用品的,责令退还,依法给予行政处分;构成犯罪的,依法追究刑事责任。

第八十条 税务人员与纳税人、扣缴义务人勾结,唆使或者协助纳税人、扣缴义务人有本法第六十三条、第六十五条、第六十六条规定的行为,构成犯罪的,依法追究刑事责任;尚不构成犯罪的,依法给予行政处分。

第八十一条 税务人员利用职务上的便利,收受或者索取纳税人、扣缴义务人财物或者谋取其他不正当利益,构成犯罪的,依法追究刑事责任;尚不构成犯罪的,依法给予行政处分。

第八十二条 税务人员徇私舞弊或者玩忽职守,不征或者少征应征税款,致使国家税收遭受重大损失,构成犯罪的,依法追究刑事责任;尚不构成犯罪的,依法给予行政处分。

税务人员滥用职权,故意刁难纳税人、扣缴义务人的,调离税收工作岗位,并依法给予行政处分。

税务人员对控告、检举税收违法违纪行为的纳税人、扣缴义务人以及其他检举人进行打击报复的,依法给予行政处分;构成犯罪的,依法追究刑事责任。

税务人员违反法律、行政法规的规定,故意高估或者低估农业税计税产量,致使多征或者少征税款,侵犯农民合法权益或者损害国家利益,构成犯罪的,依法追究刑事责任;尚不构成犯罪的,依法给予行政处分。

第八十三条 违反法律、行政法规的规定提前征收、延缓征收或者摊派税款的,由其上级机关或者行政监察机关责令改正,对直接负责的主管人员和其他直接责任人员依法给予行政处分。

第八十四条 违反法律、行政法规的规定,擅自作出税收的开征、停征或者减税、免税、退税、补税以及其他同税收法律、行政法规相抵触的决定的,除依照本法规定撤销其擅自作出的决定外,补征应征未征税款,退还不应征收而征收的税款,并由上级机关追究直接负责的主管人员和其他直接责任人员的行政责任;构成犯罪的,依法追究刑事责任。

第八十五条 税务人员在征收税款或者查处税收违法案件时,未按照本法规定进行回避的,对直接负责的主管人员和其他直接责任人员,依法给予行政处分。

第八十六条 违反税收法律、行政法规应当给予行政处罚的行为,在五年内未被发现的,不再给予行政处罚。

第八十七条 未按照本法规定为纳税人、扣缴义务人、检举人保密的,对直接负责的主管人员和其他直接责任人员,由所在单位或者有关单位依法给予行政处分。

第八十八条 纳税人、扣缴义务人、纳税担保人同税务机关在纳税上发生争议时,必须先依照税务机关的纳税决定缴纳或者解缴税款及滞纳金或者提供相应的担保,然后可以依法申请行政复议;对行政复议决定不服的,可以依法向人民法院起诉。

当事人对税务机关的处罚决定、强制执行措施或者税收保全措施不服的,可以依法申请行政复议,也可以依法向人民法院起诉。

当事人对税务机关的处罚决定逾期不申请行政复议也不向人民法院起诉、又不履行的,作出处罚决定的税务机关可以采取本法第四十条规定的强制执行措施,或者申请人民法院强制执行。

第六章 附 则

第八十九条 纳税人、扣缴义务人可以委托税务代理人代为办理税务事宜。

第九十条 耕地占用税、契税、农业税、牧业税征收管理的具体办法,由国务院另行制定。

关税及海关代征税收的征收管理,依照法律、行政法规的有关规定执行。

第九十一条 中华人民共和国同外国缔结的有关税收的条约、协定同本法有不同规定的,依照条约、协定的规定办理。

第九十二条 本法施行前颁布的税收法律与本法有不同规定的,适用本法规定。

第九十三条 国务院根据本法制定实施细则。

第九十四条 本法自2001年5月1日起施行。

中华人民共和国社会保险法

(2010年10月28日第十一届全国人民代表大会常务委员会第十七次会议通过 根据2018年12月29日第十三届全国人民代表大会常务委员会第七次会议《关于修改〈中华人民共和国社会保险法〉的决定》修正)

目 录

第一章 总 则
第二章 基本养老保险
第三章 基本医疗保险
第四章 工伤保险
第五章 失业保险

第六章　生育保险

第七章　社会保险费征缴

第八章　社会保险基金

第九章　社会保险经办

第十章　社会保险监督

第十一章　法律责任

第十二章　附　　则

第一章　总　　则

第一条　为了规范社会保险关系，维护公民参加社会保险和享受社会保险待遇的合法权益，使公民共享发展成果，促进社会和谐稳定，根据宪法，制定本法。

第二条　国家建立基本养老保险、基本医疗保险、工伤保险、失业保险、生育保险等社会保险制度，保障公民在年老、疾病、工伤、失业、生育等情况下依法从国家和社会获得物质帮助的权利。

第三条　社会保险制度坚持广覆盖、保基本、多层次、可持续的方针，社会保险水平应当与经济社会发展水平相适应。

第四条　中华人民共和国境内的用人单位和个人依法缴纳社会保险费，有权查询缴费记录、个人权益记录，要求社会保险经办机构提供社会保险咨询等相关服务。

个人依法享受社会保险待遇，有权监督本单位为其缴费情况。

第五条　县级以上人民政府将社会保险事业纳入国民经济和社会发展规划。

国家多渠道筹集社会保险资金。县级以上人民政府对社会保险事业给予必要的经费支持。

国家通过税收优惠政策支持社会保险事业。

第六条　国家对社会保险基金实行严格监管。

国务院和省、自治区、直辖市人民政府建立健全社会保险基金监督管理制度，保障社会保险基金安全、有效运行。

县级以上人民政府采取措施，鼓励和支持社会各方面参与社会保险基金的监督。

第七条 国务院社会保险行政部门负责全国的社会保险管理工作,国务院其他有关部门在各自的职责范围内负责有关的社会保险工作。

县级以上地方人民政府社会保险行政部门负责本行政区域的社会保险管理工作,县级以上地方人民政府其他有关部门在各自的职责范围内负责有关的社会保险工作。

第八条 社会保险经办机构提供社会保险服务,负责社会保险登记、个人权益记录、社会保险待遇支付等工作。

第九条 工会依法维护职工的合法权益,有权参与社会保险重大事项的研究,参加社会保险监督委员会,对与职工社会保险权益有关的事项进行监督。

第二章 基本养老保险

第十条 职工应当参加基本养老保险,由用人单位和职工共同缴纳基本养老保险费。

无雇工的个体工商户、未在用人单位参加基本养老保险的非全日制从业人员以及其他灵活就业人员可以参加基本养老保险,由个人缴纳基本养老保险费。

公务员和参照公务员法管理的工作人员养老保险的办法由国务院规定。

第十一条 基本养老保险实行社会统筹与个人账户相结合。

基本养老保险基金由用人单位和个人缴费以及政府补贴等组成。

第十二条 用人单位应当按照国家规定的本单位职工工资总额的比例缴纳基本养老保险费,记入基本养老保险统筹基金。

职工应当按照国家规定的本人工资的比例缴纳基本养老保险费,记入个人账户。

无雇工的个体工商户、未在用人单位参加基本养老保险的非全日制从业人员以及其他灵活就业人员参加基本养老保险的,应当按照国家规定缴纳基本养老保险费,分别记入基本养老保险统筹基金和个人账户。

第十三条 国有企业、事业单位职工参加基本养老保险前,视同缴费年限期间应当缴纳的基本养老保险费由政府承担。

基本养老保险基金出现支付不足时,政府给予补贴。

第十四条 个人账户不得提前支取,记账利率不得低于银行定期存款利率,免征利息税。个人死亡的,个人账户余额可以继承。

第十五条 基本养老金由统筹养老金和个人账户养老金组成。

基本养老金根据个人累计缴费年限、缴费工资、当地职工平均工资、个人账户金额、城镇人口平均预期寿命等因素确定。

第十六条 参加基本养老保险的个人,达到法定退休年龄时累计缴费满十五年的,按月领取基本养老金。

参加基本养老保险的个人,达到法定退休年龄时累计缴费不足十五年的,可以缴费至满十五年,按月领取基本养老金;也可以转入新型农村社会养老保险或者城镇居民社会养老保险,按照国务院规定享受相应的养老保险待遇。

第十七条 参加基本养老保险的个人,因病或者非因工死亡的,其遗属可以领取丧葬补助金和抚恤金;在未达到法定退休年龄时因病或者非因工致残完全丧失劳动能力的,可以领取病残津贴。所需资金从基本养老保险基金中支付。

第十八条 国家建立基本养老金正常调整机制。根据职工平均工资增长、物价上涨情况,适时提高基本养老保险待遇水平。

第十九条 个人跨统筹地区就业的,其基本养老保险关系随本人转移,缴费年限累计计算。个人达到法定退休年龄时,基本养老金分段计算、统一支付。具体办法由国务院规定。

第二十条 国家建立和完善新型农村社会养老保险制度。

新型农村社会养老保险实行个人缴费、集体补助和政府补贴相结合。

第二十一条 新型农村社会养老保险待遇由基础养老金和个人账户养老金组成。

参加新型农村社会养老保险的农村居民,符合国家规定条件的,按月领取新型农村社会养老保险待遇。

第二十二条 国家建立和完善城镇居民社会养老保险制度。

省、自治区、直辖市人民政府根据实际情况,可以将城镇居民社会养老保险和新型农村社会养老保险合并实施。

第三章 基本医疗保险

第二十三条 职工应当参加职工基本医疗保险，由用人单位和职工按照国家规定共同缴纳基本医疗保险费。

无雇工的个体工商户、未在用人单位参加职工基本医疗保险的非全日制从业人员以及其他灵活就业人员可以参加职工基本医疗保险，由个人按照国家规定缴纳基本医疗保险费。

第二十四条 国家建立和完善新型农村合作医疗制度。

新型农村合作医疗的管理办法，由国务院规定。

第二十五条 国家建立和完善城镇居民基本医疗保险制度。

城镇居民基本医疗保险实行个人缴费和政府补贴相结合。

享受最低生活保障的人、丧失劳动能力的残疾人、低收入家庭六十周岁以上的老年人和未成年人等所需个人缴费部分，由政府给予补贴。

第二十六条 职工基本医疗保险、新型农村合作医疗和城镇居民基本医疗保险的待遇标准按照国家规定执行。

第二十七条 参加职工基本医疗保险的个人，达到法定退休年龄时累计缴费达到国家规定年限的，退休后不再缴纳基本医疗保险费，按照国家规定享受基本医疗保险待遇；未达到国家规定年限的，可以缴费至国家规定年限。

第二十八条 符合基本医疗保险药品目录、诊疗项目、医疗服务设施标准以及急诊、抢救的医疗费用，按照国家规定从基本医疗保险基金中支付。

第二十九条 参保人员医疗费用中应当由基本医疗保险基金支付的部分，由社会保险经办机构与医疗机构、药品经营单位直接结算。

社会保险行政部门和卫生行政部门应当建立异地就医医疗费用结算制度，方便参保人员享受基本医疗保险待遇。

第三十条 下列医疗费用不纳入基本医疗保险基金支付范围：

（一）应当从工伤保险基金中支付的；

（二）应当由第三人负担的；

(三)应当由公共卫生负担的;

(四)在境外就医的。

医疗费用依法应当由第三人负担,第三人不支付或者无法确定第三人的,由基本医疗保险基金先行支付。基本医疗保险基金先行支付后,有权向第三人追偿。

第三十一条 社会保险经办机构根据管理服务的需要,可以与医疗机构、药品经营单位签订服务协议,规范医疗服务行为。

医疗机构应当为参保人员提供合理、必要的医疗服务。

第三十二条 个人跨统筹地区就业的,其基本医疗保险关系随本人转移,缴费年限累计计算。

第四章 工 伤 保 险

第三十三条 职工应当参加工伤保险,由用人单位缴纳工伤保险费,职工不缴纳工伤保险费。

第三十四条 国家根据不同行业的工伤风险程度确定行业的差别费率,并根据使用工伤保险基金、工伤发生率等情况在每个行业内确定费率档次。行业差别费率和行业内费率档次由国务院社会保险行政部门制定,报国务院批准后公布施行。

社会保险经办机构根据用人单位使用工伤保险基金、工伤发生率和所属行业费率档次等情况,确定用人单位缴费费率。

第三十五条 用人单位应当按照本单位职工工资总额,根据社会保险经办机构确定的费率缴纳工伤保险费。

第三十六条 职工因工作原因受到事故伤害或者患职业病,且经工伤认定的,享受工伤保险待遇;其中,经劳动能力鉴定丧失劳动能力的,享受伤残待遇。

工伤认定和劳动能力鉴定应当简捷、方便。

第三十七条 职工因下列情形之一导致本人在工作中伤亡的,不认定为工伤:

(一)故意犯罪;

(二)醉酒或者吸毒;

(三)自残或者自杀;

(四)法律、行政法规规定的其他情形。

第三十八条 因工伤发生的下列费用,按照国家规定从工伤保险基金中支付:

(一)治疗工伤的医疗费用和康复费用;

(二)住院伙食补助费;

(三)到统筹地区以外就医的交通食宿费;

(四)安装配置伤残辅助器具所需费用;

(五)生活不能自理的,经劳动能力鉴定委员会确认的生活护理费;

(六)一次性伤残补助金和一至四级伤残职工按月领取的伤残津贴;

(七)终止或者解除劳动合同时,应当享受的一次性医疗补助金;

(八)因工死亡的,其遗属领取的丧葬补助金、供养亲属抚恤金和因工死亡补助金;

(九)劳动能力鉴定费。

第三十九条 因工伤发生的下列费用,按照国家规定由用人单位支付:

(一)治疗工伤期间的工资福利;

(二)五级、六级伤残职工按月领取的伤残津贴;

(三)终止或者解除劳动合同时,应当享受的一次性伤残就业补助金。

第四十条 工伤职工符合领取基本养老金条件的,停发伤残津贴,享受基本养老保险待遇。基本养老保险待遇低于伤残津贴的,从工伤保险基金中补足差额。

第四十一条 职工所在用人单位未依法缴纳工伤保险费,发生工伤事故的,由用人单位支付工伤保险待遇。用人单位不支付的,从工伤保险基金中先行支付。

从工伤保险基金中先行支付的工伤保险待遇应当由用人单位偿还。用人单位不偿还的,社会保险经办机构可以依照本法第六十三条的规定追偿。

第四十二条 由于第三人的原因造成工伤,第三人不支付工伤医疗费用或者无法确定第三人的,由工伤保险基金先行支付。工伤保险基金先行支付后,有权向第三人追偿。

第四十三条 工伤职工有下列情形之一的,停止享受工伤保险待遇:

(一)丧失享受待遇条件的;

(二)拒不接受劳动能力鉴定的;

(三)拒绝治疗的。

第五章 失业保险

第四十四条 职工应当参加失业保险,由用人单位和职工按照国家规定共同缴纳失业保险费。

第四十五条 失业人员符合下列条件的,从失业保险基金中领取失业保险金:

(一)失业前用人单位和本人已经缴纳失业保险费满一年的;

(二)非因本人意愿中断就业的;

(三)已经进行失业登记,并有求职要求的。

第四十六条 失业人员失业前用人单位和本人累计缴费满一年不足五年的,领取失业保险金的期限最长为十二个月;累计缴费满五年不足十年的,领取失业保险金的期限最长为十八个月;累计缴费十年以上的,领取失业保险金的期限最长为二十四个月。重新就业后,再次失业的,缴费时间重新计算,领取失业保险金的期限与前次失业应当领取而尚未领取的失业保险金的期限合并计算,最长不超过二十四个月。

第四十七条 失业保险金的标准,由省、自治区、直辖市人民政府确定,不得低于城市居民最低生活保障标准。

第四十八条 失业人员在领取失业保险金期间,参加职工基本医疗保险,享受基本医疗保险待遇。

失业人员应当缴纳的基本医疗保险费从失业保险基金中支付,个人不缴纳基本医疗保险费。

第四十九条 失业人员在领取失业保险金期间死亡的,参照当地对在职职工死亡的规定,向其遗属发给一次性丧葬补助金和抚恤金。

所需资金从失业保险基金中支付。

个人死亡同时符合领取基本养老保险丧葬补助金、工伤保险丧葬补助金和失业保险丧葬补助金条件的,其遗属只能选择领取其中的一项。

第五十条 用人单位应当及时为失业人员出具终止或者解除劳动关系的证明,并将失业人员的名单自终止或者解除劳动关系之日起十五日内告知社会保险经办机构。

失业人员应当持本单位为其出具的终止或者解除劳动关系的证明,及时到指定的公共就业服务机构办理失业登记。

失业人员凭失业登记证明和个人身份证明,到社会保险经办机构办理领取失业保险金的手续。失业保险金领取期限自办理失业登记之日起计算。

第五十一条 失业人员在领取失业保险金期间有下列情形之一的,停止领取失业保险金,并同时停止享受其他失业保险待遇:

(一)重新就业的;

(二)应征服兵役的;

(三)移居境外的;

(四)享受基本养老保险待遇的;

(五)无正当理由,拒不接受当地人民政府指定部门或者机构介绍的适当工作或者提供的培训的。

第五十二条 职工跨统筹地区就业的,其失业保险关系随本人转移,缴费年限累计计算。

第六章 生育保险

第五十三条 职工应当参加生育保险,由用人单位按照国家规定缴纳生育保险费,职工不缴纳生育保险费。

第五十四条 用人单位已经缴纳生育保险费的,其职工享受生育保险待遇;职工未就业配偶按照国家规定享受生育医疗费用待遇。所需资金从生育保险基金中支付。

生育保险待遇包括生育医疗费用和生育津贴。

第五十五条 生育医疗费用包括下列各项:

（一）生育的医疗费用；

（二）计划生育的医疗费用；

（三）法律、法规规定的其他项目费用。

第五十六条 职工有下列情形之一的，可以按照国家规定享受生育津贴：

（一）女职工生育享受产假；

（二）享受计划生育手术休假；

（三）法律、法规规定的其他情形。

生育津贴按照职工所在用人单位上年度职工月平均工资计发。

第七章　社会保险费征缴

第五十七条 用人单位应当自成立之日起三十日内凭营业执照、登记证书或者单位印章，向当地社会保险经办机构申请办理社会保险登记。社会保险经办机构应当自收到申请之日起十五日内予以审核，发给社会保险登记证件。

用人单位的社会保险登记事项发生变更或者用人单位依法终止的，应当自变更或者终止之日起三十日内，到社会保险经办机构办理变更或者注销社会保险登记。

市场监督管理部门、民政部门和机构编制管理机关应当及时向社会保险经办机构通报用人单位的成立、终止情况，公安机关应当及时向社会保险经办机构通报个人的出生、死亡以及户口登记、迁移、注销等情况。

第五十八条 用人单位应当自用工之日起三十日内为其职工向社会保险经办机构申请办理社会保险登记。未办理社会保险登记的，由社会保险经办机构核定其应当缴纳的社会保险费。

自愿参加社会保险的无雇工的个体工商户、未在用人单位参加社会保险的非全日制从业人员以及其他灵活就业人员，应当向社会保险经办机构申请办理社会保险登记。

国家建立全国统一的个人社会保障号码。个人社会保障号码为公民身份号码。

第五十九条 县级以上人民政府加强社会保险费的征收工作。

社会保险费实行统一征收,实施步骤和具体办法由国务院规定。

第六十条 用人单位应当自行申报、按时足额缴纳社会保险费,非因不可抗力等法定事由不得缓缴、减免。职工应当缴纳的社会保险费由用人单位代扣代缴,用人单位应当按月将缴纳社会保险费的明细情况告知本人。

无雇工的个体工商户、未在用人单位参加社会保险的非全日制从业人员以及其他灵活就业人员,可以直接向社会保险费征收机构缴纳社会保险费。

第六十一条 社会保险费征收机构应当依法按时足额征收社会保险费,并将缴费情况定期告知用人单位和个人。

第六十二条 用人单位未按规定申报应当缴纳的社会保险费数额的,按照该单位上月缴费额的百分之一百一十确定应当缴纳数额;缴费单位补办申报手续后,由社会保险费征收机构按照规定结算。

第六十三条 用人单位未按时足额缴纳社会保险费的,由社会保险费征收机构责令其限期缴纳或者补足。

用人单位逾期仍未缴纳或者补足社会保险费的,社会保险费征收机构可以向银行和其他金融机构查询其存款账户;并可以申请县级以上有关行政部门作出划拨社会保险费的决定,书面通知其开户银行或者其他金融机构划拨社会保险费。用人单位账户余额少于应当缴纳的社会保险费的,社会保险费征收机构可以要求该用人单位提供担保,签订延期缴费协议。

用人单位未足额缴纳社会保险费且未提供担保的,社会保险费征收机构可以申请人民法院扣押、查封、拍卖其价值相当于应当缴纳社会保险费的财产,以拍卖所得抵缴社会保险费。

第八章 社会保险基金

第六十四条 社会保险基金包括基本养老保险基金、基本医疗保险基金、工伤保险基金、失业保险基金和生育保险基金。除基本医疗保险基金与生育保险基金合并建账及核算外,其他各项社会保险基金按照社会保险险种分别建账,分账核算。社会保险基金执行国家统一的会计制度。

社会保险基金专款专用,任何组织和个人不得侵占或者挪用。

基本养老保险基金逐步实行全国统筹,其他社会保险基金逐步实行省级统筹,具体时间、步骤由国务院规定。

第六十五条 社会保险基金通过预算实现收支平衡。

县级以上人民政府在社会保险基金出现支付不足时,给予补贴。

第六十六条 社会保险基金按照统筹层次设立预算。除基本医疗保险基金与生育保险基金预算合并编制外,其他社会保险基金预算按照社会保险项目分别编制。

第六十七条 社会保险基金预算、决算草案的编制、审核和批准,依照法律和国务院规定执行。

第六十八条 社会保险基金存入财政专户,具体管理办法由国务院规定。

第六十九条 社会保险基金在保证安全的前提下,按照国务院规定投资运营实现保值增值。

社会保险基金不得违规投资运营,不得用于平衡其他政府预算,不得用于兴建、改建办公场所和支付人员经费、运行费用、管理费用,或者违反法律、行政法规规定挪作其他用途。

第七十条 社会保险经办机构应当定期向社会公布参加社会保险情况以及社会保险基金的收入、支出、结余和收益情况。

第七十一条 国家设立全国社会保障基金,由中央财政预算拨款以及国务院批准的其他方式筹集的资金构成,用于社会保障支出的补充、调剂。全国社会保障基金由全国社会保障基金管理运营机构负责管理运营,在保证安全的前提下实现保值增值。

全国社会保障基金应当定期向社会公布收支、管理和投资运营的情况。国务院财政部门、社会保险行政部门、审计机关对全国社会保障基金的收支、管理和投资运营情况实施监督。

第九章 社会保险经办

第七十二条 统筹地区设立社会保险经办机构。社会保险经办机构根据工作需要,经所在地的社会保险行政部门和机构编制管理机关批准,可以在本统筹地区设立分支机构和服务网点。

社会保险经办机构的人员经费和经办社会保险发生的基本运行费用、管理费用，由同级财政按照国家规定予以保障。

第七十三条 社会保险经办机构应当建立健全业务、财务、安全和风险管理制度。

社会保险经办机构应当按时足额支付社会保险待遇。

第七十四条 社会保险经办机构通过业务经办、统计、调查获取社会保险工作所需的数据，有关单位和个人应当及时、如实提供。

社会保险经办机构应当及时为用人单位建立档案，完整、准确地记录参加社会保险的人员、缴费等社会保险数据，妥善保管登记、申报的原始凭证和支付结算的会计凭证。

社会保险经办机构应当及时、完整、准确地记录参加社会保险的个人缴费和用人单位为其缴费，以及享受社会保险待遇等个人权益记录，定期将个人权益记录单免费寄送本人。

用人单位和个人可以免费向社会保险经办机构查询、核对其缴费和享受社会保险待遇记录，要求社会保险经办机构提供社会保险咨询等相关服务。

第七十五条 全国社会保险信息系统按照国家统一规划，由县级以上人民政府按照分级负责的原则共同建设。

第十章 社会保险监督

第七十六条 各级人民代表大会常务委员会听取和审议本级人民政府对社会保险基金的收支、管理、投资运营以及监督检查情况的专项工作报告，组织对本法实施情况的执法检查等，依法行使监督职权。

第七十七条 县级以上人民政府社会保险行政部门应当加强对用人单位和个人遵守社会保险法律、法规情况的监督检查。

社会保险行政部门实施监督检查时，被检查的用人单位和个人应当如实提供与社会保险有关的资料，不得拒绝检查或者谎报、瞒报。

第七十八条 财政部门、审计机关按照各自职责，对社会保险基金的收支、管理和投资运营情况实施监督。

第七十九条 社会保险行政部门对社会保险基金的收支、管理和投资运营情况进行监督检查,发现存在问题的,应当提出整改建议,依法作出处理决定或者向有关行政部门提出处理建议。社会保险基金检查结果应当定期向社会公布。

社会保险行政部门对社会保险基金实施监督检查,有权采取下列措施:

(一)查阅、记录、复制与社会保险基金收支、管理和投资运营相关的资料,对可能被转移、隐匿或者灭失的资料予以封存;

(二)询问与调查事项有关的单位和个人,要求其对与调查事项有关的问题作出说明、提供有关证明材料;

(三)对隐匿、转移、侵占、挪用社会保险基金的行为予以制止并责令改正。

第八十条 统筹地区人民政府成立由用人单位代表、参保人员代表,以及工会代表、专家等组成的社会保险监督委员会,掌握、分析社会保险基金的收支、管理和投资运营情况,对社会保险工作提出咨询意见和建议,实施社会监督。

社会保险经办机构应当定期向社会保险监督委员会汇报社会保险基金的收支、管理和投资运营情况。社会保险监督委员会可以聘请会计师事务所对社会保险基金的收支、管理和投资运营情况进行年度审计和专项审计。审计结果应当向社会公开。

社会保险监督委员会发现社会保险基金收支、管理和投资运营中存在问题的,有权提出改正建议;对社会保险经办机构及其工作人员的违法行为,有权向有关部门提出依法处理建议。

第八十一条 社会保险行政部门和其他有关行政部门、社会保险经办机构、社会保险费征收机构及其工作人员,应当依法为用人单位和个人的信息保密,不得以任何形式泄露。

第八十二条 任何组织或者个人有权对违反社会保险法律、法规的行为进行举报、投诉。

社会保险行政部门、卫生行政部门、社会保险经办机构、社会保险费征收机构和财政部门、审计机关对属于本部门、本机构职责范围的举报、投诉,应当依法处理;对不属于本部门、本机构职责范围的,应当书面通知并移交有权处理的部门、机构处理。有权处理的部门、机构应当及时处理，不得推诿。

第八十三条　用人单位或者个人认为社会保险费征收机构的行为侵害自己合法权益的，可以依法申请行政复议或者提起行政诉讼。

用人单位或者个人对社会保险经办机构不依法办理社会保险登记、核定社会保险费、支付社会保险待遇、办理社会保险转移接续手续或者侵害其他社会保险权益的行为，可以依法申请行政复议或者提起行政诉讼。

个人与所在用人单位发生社会保险争议的，可以依法申请调解、仲裁，提起诉讼。用人单位侵害个人社会保险权益的，个人也可以要求社会保险行政部门或者社会保险费征收机构依法处理。

第十一章　法律责任

第八十四条　用人单位不办理社会保险登记的，由社会保险行政部门责令限期改正；逾期不改正的，对用人单位处应缴社会保险费数额一倍以上三倍以下的罚款，对其直接负责的主管人员和其他直接责任人员处五百元以上三千元以下的罚款。

第八十五条　用人单位拒不出具终止或者解除劳动关系证明的，依照《中华人民共和国劳动合同法》的规定处理。

第八十六条　用人单位未按时足额缴纳社会保险费的，由社会保险费征收机构责令限期缴纳或者补足，并自欠缴之日起，按日加收万分之五的滞纳金；逾期仍不缴纳的，由有关行政部门处欠缴数额一倍以上三倍以下的罚款。

第八十七条　社会保险经办机构以及医疗机构、药品经营单位等社会保险服务机构以欺诈、伪造证明材料或者其他手段骗取社会保险基金支出的，由社会保险行政部门责令退回骗取的社会保险金，处骗取金额二倍以上五倍以下的罚款；属于社会保险服务机构的，解除服务协议；直接负责的主管人员和其他直接责任人员有执业资格的，依法吊销其执业资格。

第八十八条　以欺诈、伪造证明材料或者其他手段骗取社会保险待遇的，由社会保险行政部门责令退回骗取的社会保险金，处骗取金额二倍以上五倍以下的罚款。

第八十九条　社会保险经办机构及其工作人员有下列行为之一的,由社会保险行政部门责令改正;给社会保险基金、用人单位或者个人造成损失的,依法承担赔偿责任;对直接负责的主管人员和其他直接责任人员依法给予处分:

(一)未履行社会保险法定职责的;

(二)未将社会保险基金存入财政专户的;

(三)克扣或者拒不按时支付社会保险待遇的;

(四)丢失或者篡改缴费记录、享受社会保险待遇记录等社会保险数据、个人权益记录的;

(五)有违反社会保险法律、法规的其他行为的。

第九十条　社会保险费征收机构擅自更改社会保险费缴费基数、费率,导致少收或者多收社会保险费的,由有关行政部门责令其追缴应当缴纳的社会保险费或者退还不应当缴纳的社会保险费;对直接负责的主管人员和其他直接责任人员依法给予处分。

第九十一条　违反本法规定,隐匿、转移、侵占、挪用社会保险基金或者违规投资运营的,由社会保险行政部门、财政部门、审计机关责令追回;有违法所得的,没收违法所得;对直接负责的主管人员和其他直接责任人员依法给予处分。

第九十二条　社会保险行政部门和其他有关行政部门、社会保险经办机构、社会保险费征收机构及其工作人员泄露用人单位和个人信息的,对直接负责的主管人员和其他直接责任人员依法给予处分;给用人单位或者个人造成损失的,应当承担赔偿责任。

第九十三条　国家工作人员在社会保险管理、监督工作中滥用职权、玩忽职守、徇私舞弊的,依法给予处分。

第九十四条　违反本法规定,构成犯罪的,依法追究刑事责任。

第十二章　附　　则

第九十五条　进城务工的农村居民依照本法规定参加社会保险。

第九十六条　征收农村集体所有的土地,应当足额安排被征地农民的社会保险费,按照国务院规定将被征地农民纳入相应的社会保险制度。

第九十七条　外国人在中国境内就业的,参照本法规定参加社会保险。

第九十八条　本法自2011年7月1日起施行。

中华人民共和国环境保护法

(1989年12月26日第七届全国人民代表大会常务委员会第十一次会议通过　2014年4月24日第十二届全国人民代表大会常务委员会第八次会议修订)

目　录

第一章　总　则
第二章　监督管理
第三章　保护和改善环境
第四章　防治污染和其他公害
第五章　信息公开和公众参与
第六章　法律责任
第七章　附　则

第一章　总　则

第一条　为保护和改善环境,防治污染和其他公害,保障公众健康,推进生态文明建设,促进经济社会可持续发展,制定本法。

第二条　本法所称环境,是指影响人类生存和发展的各种天然的和经过人工改造的自然因素的总体,包括大气、水、海洋、土地、矿藏、森林、草原、湿地、野生生物、自然遗迹、人文遗迹、自然保护区、风景名胜区、城市和乡村等。

第三条　本法适用于中华人民共和国领域和中华人民共和国管辖的其他海域。

第四条　保护环境是国家的基本国策。

国家采取有利于节约和循环利用资源、保护和改善环境、促进人与自然和谐的经济、技术政策和措施,使经济社会发展与环境保护相协调。

第五条 环境保护坚持保护优先、预防为主、综合治理、公众参与、损害担责的原则。

第六条 一切单位和个人都有保护环境的义务。

地方各级人民政府应当对本行政区域的环境质量负责。

企业事业单位和其他生产经营者应当防止、减少环境污染和生态破坏,对所造成的损害依法承担责任。

公民应当增强环境保护意识,采取低碳、节俭的生活方式,自觉履行环境保护义务。

第七条 国家支持环境保护科学技术研究、开发和应用,鼓励环境保护产业发展,促进环境保护信息化建设,提高环境保护科学技术水平。

第八条 各级人民政府应当加大保护和改善环境、防治污染和其他公害的财政投入,提高财政资金的使用效益。

第九条 各级人民政府应当加强环境保护宣传和普及工作,鼓励基层群众性自治组织、社会组织、环境保护志愿者开展环境保护法律法规和环境保护知识的宣传,营造保护环境的良好风气。

教育行政部门、学校应当将环境保护知识纳入学校教育内容,培养学生的环境保护意识。

新闻媒体应当开展环境保护法律法规和环境保护知识的宣传,对环境违法行为进行舆论监督。

第十条 国务院环境保护主管部门,对全国环境保护工作实施统一监督管理;县级以上地方人民政府环境保护主管部门,对本行政区域环境保护工作实施统一监督管理。

县级以上人民政府有关部门和军队环境保护部门,依照有关法律的规定对资源保护和污染防治等环境保护工作实施监督管理。

第十一条 对保护和改善环境有显著成绩的单位和个人,由人民政府给予奖励。

第十二条 每年6月5日为环境日。

第二章 监督管理

第十三条 县级以上人民政府应当将环境保护工作纳入国民经济和社会发展规划。

国务院环境保护主管部门会同有关部门,根据国民经济和社会发展规划编制国家环境保护规划,报国务院批准并公布实施。

县级以上地方人民政府环境保护主管部门会同有关部门,根据国家环境保护规划的要求,编制本行政区域的环境保护规划,报同级人民政府批准并公布实施。

环境保护规划的内容应当包括生态保护和污染防治的目标、任务、保障措施等,并与主体功能区规划、土地利用总体规划和城乡规划等相衔接。

第十四条 国务院有关部门和省、自治区、直辖市人民政府组织制定经济、技术政策,应当充分考虑对环境的影响,听取有关方面和专家的意见。

第十五条 国务院环境保护主管部门制定国家环境质量标准。

省、自治区、直辖市人民政府对国家环境质量标准中未作规定的项目,可以制定地方环境质量标准;对国家环境质量标准中已作规定的项目,可以制定严于国家环境质量标准的地方环境质量标准。地方环境质量标准应当报国务院环境保护主管部门备案。

国家鼓励开展环境基准研究。

第十六条 国务院环境保护主管部门根据国家环境质量标准和国家经济、技术条件,制定国家污染物排放标准。

省、自治区、直辖市人民政府对国家污染物排放标准中未作规定的项目,可以制定地方污染物排放标准;对国家污染物排放标准中已作规定的项目,可以制定严于国家污染物排放标准的地方污染物排放标准。地方污染物排放标准应当报国务院环境保护主管部门备案。

第十七条 国家建立、健全环境监测制度。国务院环境保护主管部门制定监测规范,会同有关部门组织监测网络,统一规划国家环境质量监测站(点)的设置,建立监测数据共享机制,加强对环境监测的管理。

有关行业、专业等各类环境质量监测站(点)的设置应当符合法律法规规定和监测规范的要求。

监测机构应当使用符合国家标准的监测设备,遵守监测规范。监测机构及其负责人对监测数据的真实性和准确性负责。

第十八条 省级以上人民政府应当组织有关部门或者委托专业机构,对环境状况进行调查、评价,建立环境资源承载能力监测预警机制。

第十九条 编制有关开发利用规划,建设对环境有影响的项目,应当依法进行环境影响评价。

未依法进行环境影响评价的开发利用规划,不得组织实施;未依法进行环境影响评价的建设项目,不得开工建设。

第二十条 国家建立跨行政区域的重点区域、流域环境污染和生态破坏联合防治协调机制,实行统一规划、统一标准、统一监测、统一的防治措施。

前款规定以外的跨行政区域的环境污染和生态破坏的防治,由上级人民政府协调解决,或者由有关地方人民政府协商解决。

第二十一条 国家采取财政、税收、价格、政府采购等方面的政策和措施,鼓励和支持环境保护技术装备、资源综合利用和环境服务等环境保护产业的发展。

第二十二条 企业事业单位和其他生产经营者,在污染物排放符合法定要求的基础上,进一步减少污染物排放的,人民政府应当依法采取财政、税收、价格、政府采购等方面的政策和措施予以鼓励和支持。

第二十三条 企业事业单位和其他生产经营者,为改善环境,依照有关规定转产、搬迁、关闭的,人民政府应当予以支持。

第二十四条 县级以上人民政府环境保护主管部门及其委托的环境监察机构和其他负有环境保护监督管理职责的部门,有权对排放污染物的企业事业单位和其他生产经营者进行现场检查。被检查者应当如实反映情况,提供必要的资料。实施现场检查的部门、机构及其工作人员应当为被检查者保守商业秘密。

第二十五条 企业事业单位和其他生产经营者违反法律法规规

定排放污染物,造成或者可能造成严重污染的,县级以上人民政府环境保护主管部门和其他负有环境保护监督管理职责的部门,可以查封、扣押造成污染物排放的设施、设备。

第二十六条　国家实行环境保护目标责任制和考核评价制度。县级以上人民政府应当将环境保护目标完成情况纳入对本级人民政府负有环境保护监督管理职责的部门及其负责人和下级人民政府及其负责人的考核内容,作为对其考核评价的重要依据。考核结果应当向社会公开。

第二十七条　县级以上人民政府应当每年向本级人民代表大会或者人民代表大会常务委员会报告环境状况和环境保护目标完成情况,对发生的重大环境事件应当及时向本级人民代表大会常务委员会报告,依法接受监督。

第三章　保护和改善环境

第二十八条　地方各级人民政府应当根据环境保护目标和治理任务,采取有效措施,改善环境质量。

未达到国家环境质量标准的重点区域、流域的有关地方人民政府,应当制定限期达标规划,并采取措施按期达标。

第二十九条　国家在重点生态功能区、生态环境敏感区和脆弱区等区域划定生态保护红线,实行严格保护。

各级人民政府对具有代表性的各种类型的自然生态系统区域,珍稀、濒危的野生动植物自然分布区域,重要的水源涵养区域,具有重大科学文化价值的地质构造、著名溶洞和化石分布区、冰川、火山、温泉等自然遗迹,以及人文遗迹、古树名木,应当采取措施予以保护,严禁破坏。

第三十条　开发利用自然资源,应当合理开发,保护生物多样性,保障生态安全,依法制定有关生态保护和恢复治理方案并予以实施。

引进外来物种以及研究、开发和利用生物技术,应当采取措施,防止对生物多样性的破坏。

第三十一条　国家建立、健全生态保护补偿制度。

国家加大对生态保护地区的财政转移支付力度。有关地方人民政府应当落实生态保护补偿资金,确保其用于生态保护补偿。

国家指导受益地区和生态保护地区人民政府通过协商或者按照市场规则进行生态保护补偿。

第三十二条 国家加强对大气、水、土壤等的保护,建立和完善相应的调查、监测、评估和修复制度。

第三十三条 各级人民政府应当加强对农业环境的保护,促进农业环境保护新技术的使用,加强对农业污染源的监测预警,统筹有关部门采取措施,防治土壤污染和土地沙化、盐渍化、贫瘠化、石漠化、地面沉降以及防治植被破坏、水土流失、水体富营养化、水源枯竭、种源灭绝等生态失调现象,推广植物病虫害的综合防治。

县级、乡级人民政府应当提高农村环境保护公共服务水平,推动农村环境综合整治。

第三十四条 国务院和沿海地方各级人民政府应当加强对海洋环境的保护。向海洋排放污染物、倾倒废弃物,进行海岸工程和海洋工程建设,应当符合法律法规规定和有关标准,防止和减少对海洋环境的污染损害。

第三十五条 城乡建设应当结合当地自然环境的特点,保护植被、水域和自然景观,加强城市园林、绿地和风景名胜区的建设与管理。

第三十六条 国家鼓励和引导公民、法人和其他组织使用有利于保护环境的产品和再生产品,减少废弃物的产生。

国家机关和使用财政资金的其他组织应当优先采购和使用节能、节水、节材等有利于保护环境的产品、设备和设施。

第三十七条 地方各级人民政府应当采取措施,组织对生活废弃物的分类处置、回收利用。

第三十八条 公民应当遵守环境保护法律法规,配合实施环境保护措施,按照规定对生活废弃物进行分类放置,减少日常生活对环境造成的损害。

第三十九条 国家建立、健全环境与健康监测、调查和风险评估制度;鼓励和组织开展环境质量对公众健康影响的研究,采取措施预防和控制与环境污染有关的疾病。

第四章 防治污染和其他公害

第四十条 国家促进清洁生产和资源循环利用。

国务院有关部门和地方各级人民政府应当采取措施,推广清洁能源的生产和使用。

企业应当优先使用清洁能源,采用资源利用率高、污染物排放量少的工艺、设备以及废弃物综合利用技术和污染物无害化处理技术,减少污染物的产生。

第四十一条 建设项目中防治污染的设施,应当与主体工程同时设计、同时施工、同时投产使用。防治污染的设施应当符合经批准的环境影响评价文件的要求,不得擅自拆除或者闲置。

第四十二条 排放污染物的企业事业单位和其他生产经营者,应当采取措施,防治在生产建设或者其他活动中产生的废气、废水、废渣、医疗废物、粉尘、恶臭气体、放射性物质以及噪声、振动、光辐射、电磁辐射等对环境的污染和危害。

排放污染物的企业事业单位,应当建立环境保护责任制度,明确单位负责人和相关人员的责任。

重点排污单位应当按照国家有关规定和监测规范安装使用监测设备,保证监测设备正常运行,保存原始监测记录。

严禁通过暗管、渗井、渗坑、灌注或者篡改、伪造监测数据,或者不正常运行防治污染设施等逃避监管的方式违法排放污染物。

第四十三条 排放污染物的企业事业单位和其他生产经营者,应当按照国家有关规定缴纳排污费。排污费应当全部专项用于环境污染防治,任何单位和个人不得截留、挤占或者挪作他用。

依照法律规定征收环境保护税的,不再征收排污费。

第四十四条 国家实行重点污染物排放总量控制制度。重点污染物排放总量控制指标由国务院下达,省、自治区、直辖市人民政府分解落实。企业事业单位在执行国家和地方污染物排放标准的同时,应当遵守分解落实到本单位的重点污染物排放总量控制指标。

对超过国家重点污染物排放总量控制指标或者未完成国家确定的环境质量目标的地区,省级以上人民政府环境保护主管部门应当暂停审批其新增重点污染物排放总量的建设项目环境影响评价文件。

第四十五条 国家依照法律规定实行排污许可管理制度。

实行排污许可管理的企业事业单位和其他生产经营者应当按照排污许可证的要求排放污染物；未取得排污许可证的，不得排放污染物。

第四十六条 国家对严重污染环境的工艺、设备和产品实行淘汰制度。任何单位和个人不得生产、销售或者转移、使用严重污染环境的工艺、设备和产品。

禁止引进不符合我国环境保护规定的技术、设备、材料和产品。

第四十七条 各级人民政府及其有关部门和企业事业单位，应当依照《中华人民共和国突发事件应对法》的规定，做好突发环境事件的风险控制、应急准备、应急处置和事后恢复等工作。

县级以上人民政府应当建立环境污染公共监测预警机制，组织制定预警方案；环境受到污染，可能影响公众健康和环境安全时，依法及时公布预警信息，启动应急措施。

企业事业单位应当按照国家有关规定制定突发环境事件应急预案，报环境保护主管部门和有关部门备案。在发生或者可能发生突发环境事件时，企业事业单位应当立即采取措施处理，及时通报可能受到危害的单位和居民，并向环境保护主管部门和有关部门报告。

突发环境事件应急处置工作结束后，有关人民政府应当立即组织评估事件造成的环境影响和损失，并及时将评估结果向社会公布。

第四十八条 生产、储存、运输、销售、使用、处置化学物品和含有放射性物质的物品，应当遵守国家有关规定，防止污染环境。

第四十九条 各级人民政府及其农业等有关部门和机构应当指导农业生产经营者科学种植和养殖，科学合理施用农药、化肥等农业投入品，科学处置农用薄膜、农作物秸秆等农业废弃物，防止农业面源污染。

禁止将不符合农用标准和环境保护标准的固体废物、废水施入农田。施用农药、化肥等农业投入品及进行灌溉，应当采取措施，防止重金属和其他有毒有害物质污染环境。

畜禽养殖场、养殖小区、定点屠宰企业等的选址、建设和管理应当符合有关法律法规规定。从事畜禽养殖和屠宰的单位和个人应当采取措施,对畜禽粪便、尸体和污水等废弃物进行科学处置,防止污染环境。

县级人民政府负责组织农村生活废弃物的处置工作。

第五十条　各级人民政府应当在财政预算中安排资金,支持农村饮用水水源地保护、生活污水和其他废弃物处理、畜禽养殖和屠宰污染防治、土壤污染防治和农村工矿污染治理等环境保护工作。

第五十一条　各级人民政府应当统筹城乡建设污水处理设施及配套管网,固体废物的收集、运输和处置等环境卫生设施,危险废物集中处置设施、场所以及其他环境保护公共设施,并保障其正常运行。

第五十二条　国家鼓励投保环境污染责任保险。

第五章　信息公开和公众参与

第五十三条　公民、法人和其他组织依法享有获取环境信息、参与和监督环境保护的权利。

各级人民政府环境保护主管部门和其他负有环境保护监督管理职责的部门,应当依法公开环境信息、完善公众参与程序,为公民、法人和其他组织参与和监督环境保护提供便利。

第五十四条　国务院环境保护主管部门统一发布国家环境质量、重点污染源监测信息及其他重大环境信息。省级以上人民政府环境保护主管部门定期发布环境状况公报。

县级以上人民政府环境保护主管部门和其他负有环境保护监督管理职责的部门,应当依法公开环境质量、环境监测、突发环境事件以及环境行政许可、行政处罚、排污费的征收和使用情况等信息。

县级以上地方人民政府环境保护主管部门和其他负有环境保护监督管理职责的部门,应当将企业事业单位和其他生产经营者的环境违法信息记入社会诚信档案,及时向社会公布违法者名单。

第五十五条　重点排污单位应当如实向社会公开其主要污染物的名称、排放方式、排放浓度和总量、超标排放情况,以及防治污染设施的建设和运行情况,接受社会监督。

第五十六条　对依法应当编制环境影响报告书的建设项目,建设单位应当在编制时向可能受影响的公众说明情况,充分征求意见。

负责审批建设项目环境影响评价文件的部门在收到建设项目环境影响报告书后,除涉及国家秘密和商业秘密的事项外,应当全文公开;发现建设项目未充分征求公众意见的,应当责成建设单位征求公众意见。

第五十七条 公民、法人和其他组织发现任何单位和个人有污染环境和破坏生态行为的,有权向环境保护主管部门或者其他负有环境保护监督管理职责的部门举报。

公民、法人和其他组织发现地方各级人民政府、县级以上人民政府环境保护主管部门和其他负有环境保护监督管理职责的部门不依法履行职责的,有权向其上级机关或者监察机关举报。

接受举报的机关应当对举报人的相关信息予以保密,保护举报人的合法权益。

第五十八条 对污染环境、破坏生态,损害社会公共利益的行为,符合下列条件的社会组织可以向人民法院提起诉讼:

(一)依法在设区的市级以上人民政府民政部门登记;

(二)专门从事环境保护公益活动连续五年以上且无违法记录。

符合前款规定的社会组织向人民法院提起诉讼,人民法院应当依法受理。

提起诉讼的社会组织不得通过诉讼牟取经济利益。

第六章 法律责任

第五十九条 企业事业单位和其他生产经营者违法排放污染物,受到罚款处罚,被责令改正,拒不改正的,依法作出处罚决定的行政机关可以自责令改正之日的次日起,按照原处罚数额按日连续处罚。

前款规定的罚款处罚,依照有关法律法规按照防治污染设施的运行成本、违法行为造成的直接损失或者违法所得等因素确定的规定执行。

地方性法规可以根据环境保护的实际需要,增加第一款规定的按日连续处罚的违法行为的种类。

第六十条 企业事业单位和其他生产经营者超过污染物排放标

准或者超过重点污染物排放总量控制指标排放污染物的,县级以上人民政府环境保护主管部门可以责令其采取限制生产、停产整治等措施;情节严重的,报经有批准权的人民政府批准,责令停业、关闭。

第六十一条　建设单位未依法提交建设项目环境影响评价文件或者环境影响评价文件未经批准,擅自开工建设的,由负有环境保护监督管理职责的部门责令停止建设,处以罚款,并可以责令恢复原状。

第六十二条　违反本法规定,重点排污单位不公开或者不如实公开环境信息的,由县级以上地方人民政府环境保护主管部门责令公开,处以罚款,并予以公告。

第六十三条　企业事业单位和其他生产经营者有下列行为之一,尚不构成犯罪的,除依照有关法律法规规定予以处罚外,由县级以上人民政府环境保护主管部门或者其他有关部门将案件移送公安机关,对其直接负责的主管人员和其他直接责任人员,处十日以上十五日以下拘留;情节较轻的,处五日以上十日以下拘留:

(一)建设项目未依法进行环境影响评价,被责令停止建设,拒不执行的;

(二)违反法律规定,未取得排污许可证排放污染物,被责令停止排污,拒不执行的;

(三)通过暗管、渗井、渗坑、灌注或者篡改、伪造监测数据,或者不正常运行防治污染设施等逃避监管的方式违法排放污染物的;

(四)生产、使用国家明令禁止生产、使用的农药,被责令改正,拒不改正的。

第六十四条　因污染环境和破坏生态造成损害的,应当依照《中华人民共和国侵权责任法》的有关规定承担侵权责任。

第六十五条　环境影响评价机构、环境监测机构以及从事环境监测设备和防治污染设施维护、运营的机构,在有关环境服务活动中弄虚作假,对造成的环境污染和生态破坏负有责任的,除依照有关法律法规规定予以处罚外,还应当与造成环境污染和生态破坏的其他责任者承担连带责任。

第六十六条　提起环境损害赔偿诉讼的时效期间为三年,从当事人知道或者应当知道其受到损害时起计算。

第六十七条　上级人民政府及其环境保护主管部门应当加强对下级人民政府及其有关部门环境保护工作的监督。发现有关工作人员有违法行为，依法应当给予处分的，应当向其任免机关或者监察机关提出处分建议。

依法应当给予行政处罚，而有关环境保护主管部门不给予行政处罚的，上级人民政府环境保护主管部门可以直接作出行政处罚的决定。

第六十八条　地方各级人民政府、县级以上人民政府环境保护主管部门和其他负有环境保护监督管理职责的部门有下列行为之一的，对直接负责的主管人员和其他直接责任人员给予记过、记大过或者降级处分；造成严重后果的，给予撤职或者开除处分，其主要负责人应当引咎辞职：

（一）不符合行政许可条件准予行政许可的；

（二）对环境违法行为进行包庇的；

（三）依法应当作出责令停业、关闭的决定而未作出的；

（四）对超标排放污染物、采用逃避监管的方式排放污染物、造成环境事故以及不落实生态保护措施造成生态破坏等行为，发现或者接到举报未及时查处的；

（五）违反本法规定，查封、扣押企业事业单位和其他生产经营者的设施、设备的；

（六）篡改、伪造或者指使篡改、伪造监测数据的；

（七）应当依法公开环境信息而未公开的；

（八）将征收的排污费截留、挤占或者挪作他用的；

（九）法律法规规定的其他违法行为。

第六十九条　违反本法规定，构成犯罪的，依法追究刑事责任。

第七章　附　　则

第七十条　本法自 2015 年 1 月 1 日起施行。

一、法律

中华人民共和国招标投标法

(1999年8月30日第九届全国人民代表大会常务委员会第十一次会议通过 根据2017年12月27日第十二届全国人民代表大会常务委员会第三十一次会议《关于修改〈中华人民共和国招标投标法〉、〈中华人民共和国计量法〉的决定》修正)

目 录

第一章 总 则
第二章 招 标
第三章 投 标
第四章 开标、评标和中标
第五章 法律责任
第六章 附 则

第一章 总 则

第一条 为了规范招标投标活动,保护国家利益、社会公共利益和招标投标活动当事人的合法权益,提高经济效益,保证项目质量,制定本法。

第二条 在中华人民共和国境内进行招标投标活动,适用本法。

第三条 在中华人民共和国境内进行下列工程建设项目包括项目的勘察、设计、施工、监理以及与工程建设有关的重要设备、材料等的采购,必须进行招标:

(一)大型基础设施、公用事业等关系社会公共利益、公众安全的项目;

(二)全部或者部分使用国有资金投资或者国家融资的项目;

(三)使用国际组织或者外国政府贷款、援助资金的项目。

前款所列项目的具体范围和规模标准,由国务院发展计划部门会同国务院有关部门制订,报国务院批准。

法律或者国务院对必须进行招标的其他项目的范围有规定的,依照其规定。

第四条 任何单位和个人不得将依法必须进行招标的项目化整为零或者以其他任何方式规避招标。

第五条 招标投标活动应当遵循公开、公平、公正和诚实信用的原则。

第六条 依法必须进行招标的项目,其招标投标活动不受地区或者部门的限制。任何单位和个人不得违法限制或者排斥本地区、本系统以外的法人或者其他组织参加投标,不得以任何方式非法干涉招标投标活动。

第七条 招标投标活动及其当事人应当接受依法实施的监督。

有关行政监督部门依法对招标投标活动实施监督,依法查处招标投标活动中的违法行为。

对招标投标活动的行政监督及有关部门的具体职权划分,由国务院规定。

第二章 招 标

第八条 招标人是依照本法规定提出招标项目、进行招标的法人或者其他组织。

第九条 招标项目按照国家有关规定需要履行项目审批手续的,应当先履行审批手续,取得批准。

招标人应当有进行招标项目的相应资金或者资金来源已经落实,并应当在招标文件中如实载明。

第十条 招标分为公开招标和邀请招标。

公开招标,是指招标人以招标公告的方式邀请不特定的法人或者其他组织投标。

邀请招标,是指招标人以投标邀请书的方式邀请特定的法人或者其他组织投标。

第十一条 国务院发展计划部门确定的国家重点项目和省、自治区、直辖市人民政府确定的地方重点项目不适宜公开招标的,经国务院发展计划部门或者省、自治区、直辖市人民政府批准,可以进行邀请招标。

第十二条　招标人有权自行选择招标代理机构,委托其办理招标事宜。任何单位和个人不得以任何方式为招标人指定招标代理机构。

招标人具有编制招标文件和组织评标能力的,可以自行办理招标事宜。任何单位和个人不得强制其委托招标代理机构办理招标事宜。

依法必须进行招标的项目,招标人自行办理招标事宜的,应当向有关行政监督部门备案。

第十三条　招标代理机构是依法设立、从事招标代理业务并提供相关服务的社会中介组织。

招标代理机构应当具备下列条件:

(一)有从事招标代理业务的营业场所和相应资金;

(二)有能够编制招标文件和组织评标的相应专业力量。

第十四条　招标代理机构与行政机关和其他国家机关不得存在隶属关系或者其他利益关系。

第十五条　招标代理机构应当在招标人委托的范围内办理招标事宜,并遵守本法关于招标人的规定。

第十六条　招标人采用公开招标方式的,应当发布招标公告。依法必须进行招标的项目的招标公告,应当通过国家指定的报刊、信息网络或者其他媒介发布。

招标公告应当载明招标人的名称和地址、招标项目的性质、数量、实施地点和时间以及获取招标文件的办法等事项。

第十七条　招标人采用邀请招标方式的,应当向三个以上具备承担招标项目的能力、资信良好的特定的法人或者其他组织发出投标邀请书。

投标邀请书应当载明本法第十六条第二款规定的事项。

第十八条　招标人可以根据招标项目本身的要求,在招标公告或者投标邀请书中,要求潜在投标人提供有关资质证明文件和业绩情况,并对潜在投标人进行资格审查;国家对投标人的资格条件有规定的,依照其规定。

招标人不得以不合理的条件限制或者排斥潜在投标人,不得对潜在投标人实行歧视待遇。

第十九条 招标人应当根据招标项目的特点和需要编制招标文件。招标文件应当包括招标项目的技术要求、对投标人资格审查的标准、投标报价要求和评标标准等所有实质性要求和条件以及拟签订合同的主要条款。

国家对招标项目的技术、标准有规定的,招标人应当按照其规定在招标文件中提出相应要求。

招标项目需要划分标段、确定工期的,招标人应当合理划分标段、确定工期,并在招标文件中载明。

第二十条 招标文件不得要求或者标明特定的生产供应者以及含有倾向或者排斥潜在投标人的其他内容。

第二十一条 招标人根据招标项目的具体情况,可以组织潜在投标人踏勘项目现场。

第二十二条 招标人不得向他人透露已获取招标文件的潜在投标人的名称、数量以及可能影响公平竞争的有关招标投标的其他情况。

招标人设有标底的,标底必须保密。

第二十三条 招标人对已发出的招标文件进行必要的澄清或者修改的,应当在招标文件要求提交投标文件截止时间至少十五日前,以书面形式通知所有招标文件收受人。该澄清或者修改的内容为招标文件的组成部分。

第二十四条 招标人应当确定投标人编制投标文件所需要的合理时间;但是,依法必须进行招标的项目,自招标文件开始发出之日起至投标人提交投标文件截止之日止,最短不得少于二十日。

第三章 投 标

第二十五条 投标人是响应招标、参加投标竞争的法人或者其他组织。

依法招标的科研项目允许个人参加投标的,投标的个人适用本法有关投标人的规定。

第二十六条　投标人应当具备承担招标项目的能力；国家有关规定对投标人资格条件或者招标文件对投标人资格条件有规定的，投标人应当具备规定的资格条件。

第二十七条　投标人应当按照招标文件的要求编制投标文件。投标文件应当对招标文件提出的实质性要求和条件作出响应。

招标项目属于建设施工的，投标文件的内容应当包括拟派出的项目负责人与主要技术人员的简历、业绩和拟用于完成招标项目的机械设备等。

第二十八条　投标人应当在招标文件要求提交投标文件的截止时间前，将投标文件送达投标地点。招标人收到投标文件后，应当签收保存，不得开启。投标人少于三个的，招标人应当依照本法重新招标。

在招标文件要求提交投标文件的截止时间后送达的投标文件，招标人应当拒收。

第二十九条　投标人在招标文件要求提交投标文件的截止时间前，可以补充、修改或者撤回已提交的投标文件，并书面通知招标人。补充、修改的内容为投标文件的组成部分。

第三十条　投标人根据招标文件载明的项目实际情况，拟在中标后将中标项目的部分非主体、非关键性工作进行分包的，应当在投标文件中载明。

第三十一条　两个以上法人或者其他组织可以组成一个联合体，以一个投标人的身份共同投标。

联合体各方均应当具备承担招标项目的相应能力；国家有关规定或者招标文件对投标人资格条件有规定的，联合体各方均应当具备规定的相应资格条件。由同一专业的单位组成的联合体，按照资质等级较低的单位确定资质等级。

联合体各方应当签订共同投标协议，明确约定各方拟承担的工作和责任，并将共同投标协议连同投标文件一并提交招标人。联合体中标的，联合体各方应当共同与招标人签订合同，就中标项目向招标人承担连带责任。

招标人不得强制投标人组成联合体共同投标，不得限制投标人之间的竞争。

第三十二条 投标人不得相互串通投标报价，不得排挤其他投标人的公平竞争，损害招标人或者其他投标人的合法权益。

投标人不得与招标人串通投标，损害国家利益、社会公共利益或者他人的合法权益。

禁止投标人以向招标人或者评标委员会成员行贿的手段谋取中标。

第三十三条 投标人不得以低于成本的报价竞标，也不得以他人名义投标或者以其他方式弄虚作假，骗取中标。

第四章　开标、评标和中标

第三十四条 开标应当在招标文件确定的提交投标文件截止时间的同一时间公开进行；开标地点应当为招标文件中预先确定的地点。

第三十五条 开标由招标人主持，邀请所有投标人参加。

第三十六条 开标时，由投标人或者其推选的代表检查投标文件的密封情况，也可以由招标人委托的公证机构检查并公证；经确认无误后，由工作人员当众拆封，宣读投标人名称、投标价格和投标文件的其他主要内容。

招标人在招标文件要求提交投标文件的截止时间前收到的所有投标文件，开标时都应当当众予以拆封、宣读。

开标过程应当记录，并存档备查。

第三十七条 评标由招标人依法组建的评标委员会负责。

依法必须进行招标的项目，其评标委员会由招标人的代表和有关技术、经济等方面的专家组成，成员人数为五人以上单数，其中技术、经济等方面的专家不得少于成员总数的三分之二。

前款专家应当从事相关领域工作满八年并具有高级职称或者具有同等专业水平，由招标人从国务院有关部门或者省、自治区、直辖市人民政府有关部门提供的专家名册或者招标代理机构的专家库内的相关专业的专家名单中确定；一般招标项目可以采取随机抽取方式，特殊招标项目可以由招标人直接确定。

与投标人有利害关系的人不得进入相关项目的评标委员会;已经进入的应当更换。

评标委员会成员的名单在中标结果确定前应当保密。

第三十八条 招标人应当采取必要的措施,保证评标在严格保密的情况下进行。

任何单位和个人不得非法干预、影响评标的过程和结果。

第三十九条 评标委员会可以要求投标人对投标文件中含义不明确的内容作必要的澄清或者说明,但是澄清或者说明不得超出投标文件的范围或者改变投标文件的实质性内容。

第四十条 评标委员会应当按照招标文件确定的评标标准和方法,对投标文件进行评审和比较;设有标底的,应当参考标底。评标委员会完成评标后,应当向招标人提出书面评标报告,并推荐合格的中标候选人。

招标人根据评标委员会提出的书面评标报告和推荐的中标候选人确定中标人。招标人也可以授权评标委员会直接确定中标人。

国务院对特定招标项目的评标有特别规定的,从其规定。

第四十一条 中标人的投标应当符合下列条件之一:

(一)能够最大限度地满足招标文件中规定的各项综合评价标准;

(二)能够满足招标文件的实质性要求,并且经评审的投标价格最低;但是投标价格低于成本的除外。

第四十二条 评标委员会经评审,认为所有投标都不符合招标文件要求的,可以否决所有投标。

依法必须进行招标的项目的所有投标被否决的,招标人应当依照本法重新招标。

第四十三条 在确定中标人前,招标人不得与投标人就投标价格、投标方案等实质性内容进行谈判。

第四十四条 评标委员会成员应当客观、公正地履行职务,遵守职业道德,对所提出的评审意见承担个人责任。

评标委员会成员不得私下接触投标人,不得收受投标人的财物或者其他好处。

评标委员会成员和参与评标的有关工作人员不得透露对投标文

件的评审和比较、中标候选人的推荐情况以及与评标有关的其他情况。

第四十五条 中标人确定后,招标人应当向中标人发出中标通知书,并同时将中标结果通知所有未中标的投标人。

中标通知书对招标人和中标人具有法律效力。中标通知书发出后,招标人改变中标结果的,或者中标人放弃中标项目的,应当依法承担法律责任。

第四十六条 招标人和中标人应当自中标通知书发出之日起三十日内,按照招标文件和中标人的投标文件订立书面合同。招标人和中标人不得再行订立背离合同实质性内容的其他协议。

招标文件要求中标人提交履约保证金的,中标人应当提交。

第四十七条 依法必须进行招标的项目,招标人应当自确定中标人之日起十五日内,向有关行政监督部门提交招标投标情况的书面报告。

第四十八条 中标人应当按照合同约定履行义务,完成中标项目。中标人不得向他人转让中标项目,也不得将中标项目肢解后分别向他人转让。

中标人按照合同约定或者经招标人同意,可以将中标项目的部分非主体、非关键性工作分包给他人完成。接受分包的人应当具备相应的资格条件,并不得再次分包。

中标人应当就分包项目向招标人负责,接受分包的人就分包项目承担连带责任。

第五章　法　律　责　任

第四十九条 违反本法规定,必须进行招标的项目而不招标的,将必须进行招标的项目化整为零或者以其他任何方式规避招标的,责令限期改正,可以处项目合同金额千分之五以上千分之十以下的罚款;对全部或者部分使用国有资金的项目,可以暂停项目执行或者暂停资金拨付;对单位直接负责的主管人员和其他直接责任人员依法给予处分。

第五十条 招标代理机构违反本法规定,泄露应当保密的与招标投标活动有关的情况和资料的,或者与招标人、投标人串通损害国家利益、社会公共利益或者他人合法权益的,处五万元以上二十五万元以下的罚款;对单位直接负责的主管人员和其他直接责任人员处单位罚款数额百分之五以上百分之十以下的罚款;有违法所得的,并处没收违法所得;情节严重的,禁止其一年至二年内代理依法必须进行招标的项目并予以公告,直至由工商行政管理机关吊销营业执照;构成犯罪的,依法追究刑事责任。给他人造成损失的,依法承担赔偿责任。

前款所列行为影响中标结果的,中标无效。

第五十一条 招标人以不合理的条件限制或者排斥潜在投标人的,对潜在投标人实行歧视待遇的,强制要求投标人组成联合体共同投标的,或者限制投标人之间竞争的,责令改正,可以处一万元以上五万元以下的罚款。

第五十二条 依法必须进行招标的项目的招标人向他人透露已获取招标文件的潜在投标人的名称、数量或者可能影响公平竞争的有关招标投标的其他情况的,或者泄露标底的,给予警告,可以并处一万元以上十万元以下的罚款;对单位直接负责的主管人员和其他直接责任人员依法给予处分;构成犯罪的,依法追究刑事责任。

前款所列行为影响中标结果的,中标无效。

第五十三条 投标人相互串通投标或者与招标人串通投标的,投标人以向招标人或者评标委员会成员行贿的手段谋取中标的,中标无效,处中标项目金额千分之五以上千分之十以下的罚款,对单位直接负责的主管人员和其他直接责任人员处单位罚款数额百分之五以上百分之十以下的罚款;有违法所得的,并处没收违法所得;情节严重的,取消其一年至二年内参加依法必须进行招标的项目的投标资格并予以公告,直至由工商行政管理机关吊销营业执照;构成犯罪的,依法追究刑事责任。给他人造成损失的,依法承担赔偿责任。

第五十四条 投标人以他人名义投标或者以其他方式弄虚作假,骗取中标的,中标无效,给招标人造成损失的,依法承担赔偿责任;构成犯罪的,依法追究刑事责任。

依法必须进行招标的项目的投标人有前款所列行为尚未构成犯罪的,处中标项目金额千分之五以上千分之十以下的罚款,对单位直接负责的主管人员和其他直接责任人员处单位罚款数额百分之五以上百分之十以下的罚款;有违法所得的,并处没收违法所得;情节严重的,取消其一年至三年内参加依法必须进行招标的项目的投标资格并予以公告,直至由工商行政管理机关吊销营业执照。

第五十五条 依法必须进行招标的项目,招标人违反本法规定,与投标人就投标价格、投标方案等实质性内容进行谈判的,给予警告,对单位直接负责的主管人员和其他直接责任人员依法给予处分。

前款所列行为影响中标结果的,中标无效。

第五十六条 评标委员会成员收受投标人的财物或者其他好处的,评标委员会成员或者参加评标的有关工作人员向他人透露对投标文件的评审和比较、中标候选人的推荐以及与评标有关的其他情况的,给予警告,没收收受的财物,可以并处三千元以上五万元以下的罚款,对有所列违法行为的评标委员会成员取消担任评标委员会成员的资格,不得再参加任何依法必须进行招标的项目的评标;构成犯罪的,依法追究刑事责任。

第五十七条 招标人在评标委员会依法推荐的中标候选人以外确定中标人的,依法必须进行招标的项目在所有投标被评标委员会否决后自行确定中标人的,中标无效,责令改正,可以处中标项目金额千分之五以上千分之十以下的罚款;对单位直接负责的主管人员和其他直接责任人员依法给予处分。

第五十八条 中标人将中标项目转让给他人的,将中标项目肢解后分别转让给他人的,违反本法规定将中标项目的部分主体、关键性工作分包给他人的,或者分包人再次分包的,转让、分包无效,处转让、分包项目金额千分之五以上千分之十以下的罚款;有违法所得的,并处没收违法所得;可以责令停业整顿;情节严重的,由工商行政管理机关吊销营业执照。

第五十九条 招标人与中标人不按照招标文件和中标人的投标文件订立合同的,或者招标人、中标人订立背离合同实质性内容的协议的,责令改正;可以处中标项目金额千分之五以上千分之十以下的罚款。

第六十条 中标人不履行与招标人订立的合同的,履约保证金不予退还,给招标人造成的损失超过履约保证金数额的,还应当对超过部分予以赔偿;没有提交履约保证金的,应当对招标人的损失承担赔偿责任。

中标人不按照与招标人订立的合同履行义务,情节严重的,取消其二年至五年内参加依法必须进行招标的项目的投标资格并予以公告,直至由工商行政管理机关吊销营业执照。

因不可抗力不能履行合同的,不适用前两款规定。

第六十一条 本章规定的行政处罚,由国务院规定的有关行政监督部门决定。本法已对实施行政处罚的机关作出规定的除外。

第六十二条 任何单位违反本法规定,限制或者排斥本地区、本系统以外的法人或者其他组织参加投标的,为招标人指定招标代理机构的,强制招标人委托招标代理机构办理招标事宜的,或者以其他方式干涉招标投标活动的,责令改正;对单位直接负责的主管人员和其他直接责任人员依法给予警告、记过、记大过的处分,情节较重的,依法给予降级、撤职、开除的处分。

个人利用职权进行前款违法行为的,依照前款规定追究责任。

第六十三条 对招标投标活动依法负有行政监督职责的国家机关工作人员徇私舞弊、滥用职权或者玩忽职守,构成犯罪的,依法追究刑事责任;不构成犯罪的,依法给予行政处分。

第六十四条 依法必须进行招标的项目违反本法规定,中标无效的,应当依照本法规定的中标条件从其余投标人中重新确定中标人或者依照本法重新进行招标。

第六章 附 则

第六十五条 投标人和其他利害关系人认为招标投标活动不符合本法有关规定的,有权向招标人提出异议或者依法向有关行政监督部门投诉。

第六十六条 涉及国家安全、国家秘密、抢险救灾或者属于利用扶贫资金实行以工代赈、需要使用农民工等特殊情况,不适宜进行招标的项目,按照国家有关规定可以不进行招标。

第六十七条 使用国际组织或者外国政府贷款、援助资金的项目进行招标,贷款方、资金提供方对招标投标的具体条件和程序有不同规定的,可以适用其规定,但违背中华人民共和国的社会公共利益的除外。

第六十八条 本法自2000年1月1日起施行。

中华人民共和国政府采购法

(2002年6月29日第九届全国人民代表大会常务委员会第二十八次会议通过 根据2014年8月31日第十二届全国人民代表大会常务委员会第十次会议《关于修改〈中华人民共和国保险法〉等五部法律的决定》修正)

目 录

第一章 总 则
第二章 政府采购当事人
第三章 政府采购方式
第四章 政府采购程序
第五章 政府采购合同
第六章 质疑与投诉
第七章 监督检查
第八章 法律责任
第九章 附 则

第一章 总 则

第一条 为了规范政府采购行为,提高政府采购资金的使用效益,维护国家利益和社会公共利益,保护政府采购当事人的合法权益,促进廉政建设,制定本法。

第二条 在中华人民共和国境内进行的政府采购适用本法。

本法所称政府采购,是指各级国家机关、事业单位和团体组织,使用财政性资金采购依法制定的集中采购目录以内的或者采购限额标准以上的货物、工程和服务的行为。

政府集中采购目录和采购限额标准依照本法规定的权限制定。

本法所称采购,是指以合同方式有偿取得货物、工程和服务的行为,包括购买、租赁、委托、雇用等。

本法所称货物,是指各种形态和种类的物品,包括原材料、燃料、设备、产品等。

本法所称工程,是指建设工程,包括建筑物和构筑物的新建、改建、扩建、装修、拆除、修缮等。

本法所称服务,是指除货物和工程以外的其他政府采购对象。

第三条 政府采购应当遵循公开透明原则、公平竞争原则、公正原则和诚实信用原则。

第四条 政府采购工程进行招标投标的,适用招标投标法。

第五条 任何单位和个人不得采用任何方式,阻挠和限制供应商自由进入本地区和本行业的政府采购市场。

第六条 政府采购应当严格按照批准的预算执行。

第七条 政府采购实行集中采购和分散采购相结合。集中采购的范围由省级以上人民政府公布的集中采购目录确定。

属于中央预算的政府采购项目,其集中采购目录由国务院确定并公布;属于地方预算的政府采购项目,其集中采购目录由省、自治区、直辖市人民政府或者其授权的机构确定并公布。

纳入集中采购目录的政府采购项目,应当实行集中采购。

第八条 政府采购限额标准,属于中央预算的政府采购项目,由国务院确定并公布;属于地方预算的政府采购项目,由省、自治区、直辖市人民政府或者其授权的机构确定并公布。

第九条 政府采购应当有助于实现国家的经济和社会发展政策目标,包括保护环境,扶持不发达地区和少数民族地区,促进中小企业发展等。

第十条 政府采购应当采购本国货物、工程和服务。但有下列情形之一的除外:

(一)需要采购的货物、工程或者服务在中国境内无法获取或者无法以合理的商业条件获取的；

（二）为在中国境外使用而进行采购的；

（三）其他法律、行政法规另有规定的。

前款所称本国货物、工程和服务的界定，依照国务院有关规定执行。

第十一条 政府采购的信息应当在政府采购监督管理部门指定的媒体上及时向社会公开发布，但涉及商业秘密的除外。

第十二条 在政府采购活动中，采购人员及相关人员与供应商有利害关系的，必须回避。供应商认为采购人员及相关人员与其他供应商有利害关系的，可以申请其回避。

前款所称相关人员，包括招标采购中评标委员会的组成人员，竞争性谈判采购中谈判小组的组成人员，询价采购中询价小组的组成人员等。

第十三条 各级人民政府财政部门是负责政府采购监督管理的部门，依法履行对政府采购活动的监督管理职责。

各级人民政府其他有关部门依法履行与政府采购活动有关的监督管理职责。

第二章 政府采购当事人

第十四条 政府采购当事人是指在政府采购活动中享有权利和承担义务的各类主体，包括采购人、供应商和采购代理机构等。

第十五条 采购人是指依法进行政府采购的国家机关、事业单位、团体组织。

第十六条 集中采购机构为采购代理机构。设区的市、自治州以上人民政府根据本级政府采购项目组织集中采购的需要设立集中采购机构。

集中采购机构是非营利事业法人，根据采购人的委托办理采购事宜。

第十七条 集中采购机构进行政府采购活动，应当符合采购价格低于市场平均价格、采购效率更高、采购质量优良和服务良好的要求。

第十八条 采购人采购纳入集中采购目录的政府采购项目，必须委托集中采购机构代理采购;采购未纳入集中采购目录的政府采购项目,可以自行采购,也可以委托集中采购机构在委托的范围内代理采购。

纳入集中采购目录属于通用的政府采购项目的,应当委托集中采购机构代理采购;属于本部门、本系统有特殊要求的项目,应当实行部门集中采购;属于本单位有特殊要求的项目,经省级以上人民政府批准,可以自行采购。

第十九条 采购人可以委托集中采购机构以外的采购代理机构,在委托的范围内办理政府采购事宜。

采购人有权自行选择采购代理机构,任何单位和个人不得以任何方式为采购人指定采购代理机构。

第二十条 采购人依法委托采购代理机构办理采购事宜的,应当由采购人与采购代理机构签订委托代理协议,依法确定委托代理的事项,约定双方的权利义务。

第二十一条 供应商是指向采购人提供货物、工程或者服务的法人、其他组织或者自然人。

第二十二条 供应商参加政府采购活动应当具备下列条件:

(一)具有独立承担民事责任的能力;

(二)具有良好的商业信誉和健全的财务会计制度;

(三)具有履行合同所必需的设备和专业技术能力;

(四)有依法缴纳税收和社会保障资金的良好记录;

(五)参加政府采购活动前三年内,在经营活动中没有重大违法记录;

(六)法律、行政法规规定的其他条件。

采购人可以根据采购项目的特殊要求,规定供应商的特定条件,但不得以不合理的条件对供应商实行差别待遇或者歧视待遇。

第二十三条 采购人可以要求参加政府采购的供应商提供有关资质证明文件和业绩情况,并根据本法规定的供应商条件和采购项目对供应商的特定要求,对供应商的资格进行审查。

第二十四条 两个以上的自然人、法人或者其他组织可以组成一个联合体,以一个供应商的身份共同参加政府采购。

以联合体形式进行政府采购的,参加联合体的供应商均应当具备本法第二十二条规定的条件,并应当向采购人提交联合协议,载明联合体各方承担的工作和义务。联合体各方应当共同与采购人签订采购合同,就采购合同约定的事项对采购人承担连带责任。

第二十五条 政府采购当事人不得相互串通损害国家利益、社会公共利益和其他当事人的合法权益;不得以任何手段排斥其他供应商参与竞争。

供应商不得以向采购人、采购代理机构、评标委员会的组成人员、竞争性谈判小组的组成人员、询价小组的组成人员行贿或者采取其他不正当手段谋取中标或者成交。

采购代理机构不得以向采购人行贿或者采取其他不正当手段谋取非法利益。

第三章 政府采购方式

第二十六条 政府采购采用以下方式:
(一)公开招标;
(二)邀请招标;
(三)竞争性谈判;
(四)单一来源采购;
(五)询价;
(六)国务院政府采购监督管理部门认定的其他采购方式。
公开招标应作为政府采购的主要采购方式。

第二十七条 采购人采购货物或者服务应当采用公开招标方式的,其具体数额标准,属于中央预算的政府采购项目,由国务院规定;属于地方预算的政府采购项目,由省、自治区、直辖市人民政府规定;因特殊情况需要采用公开招标以外的采购方式的,应当在采购活动开始前获得设区的市、自治州以上人民政府采购监督管理部门的批准。

第二十八条 采购人不得将应当以公开招标方式采购的货物或者服务化整为零或者以其他任何方式规避公开招标采购。

第二十九条 符合下列情形之一的货物或者服务,可以依照本法采用邀请招标方式采购:

（一）具有特殊性，只能从有限范围的供应商处采购的；

（二）采用公开招标方式的费用占政府采购项目总价值的比例过大的。

第三十条 符合下列情形之一的货物或者服务，可以依照本法采用竞争性谈判方式采购：

（一）招标后没有供应商投标或者没有合格标的或者重新招标未能成立的；

（二）技术复杂或者性质特殊，不能确定详细规格或者具体要求的；

（三）采用招标所需时间不能满足用户紧急需要的；

（四）不能事先计算出价格总额的。

第三十一条 符合下列情形之一的货物或者服务，可以依照本法采用单一来源方式采购：

（一）只能从唯一供应商处采购的；

（二）发生了不可预见的紧急情况不能从其他供应商处采购的；

（三）必须保证原有采购项目一致性或者服务配套的要求，需要继续从原供应商处添购，且添购资金总额不超过原合同采购金额百分之十的。

第三十二条 采购的货物规格、标准统一、现货货源充足且价格变化幅度小的政府采购项目，可以依照本法采用询价方式采购。

第四章 政府采购程序

第三十三条 负有编制部门预算职责的部门在编制下一财政年度部门预算时，应当将该财政年度政府采购的项目及资金预算列出，报本级财政部门汇总。部门预算的审批，按预算管理权限和程序进行。

第三十四条 货物或者服务项目采取邀请招标方式采购的，采购人应当从符合相应资格条件的供应商中，通过随机方式选择三家以上的供应商，并向其发出投标邀请书。

第三十五条 货物和服务项目实行招标方式采购的，自招标文件开始发出之日起至投标人提交投标文件截止之日止，不得少于二十日。

第三十六条　在招标采购中,出现下列情形之一的,应予废标:

(一)符合专业条件的供应商或者对招标文件作实质响应的供应商不足三家的;

(二)出现影响采购公正的违法、违规行为的;

(三)投标人的报价均超过了采购预算,采购人不能支付的;

(四)因重大变故,采购任务取消的。

废标后,采购人应当将废标理由通知所有投标人。

第三十七条　废标后,除采购任务取消情形外,应当重新组织招标;需要采取其他方式采购的,应当在采购活动开始前获得设区的市、自治州以上人民政府采购监督管理部门或者政府有关部门批准。

第三十八条　采用竞争性谈判方式采购的,应当遵循下列程序:

(一)成立谈判小组。谈判小组由采购人的代表和有关专家共三人以上的单数组成,其中专家的人数不得少于成员总数的三分之二。

(二)制定谈判文件。谈判文件应当明确谈判程序、谈判内容、合同草案的条款以及评定成交的标准等事项。

(三)确定邀请参加谈判的供应商名单。谈判小组从符合相应资格条件的供应商名单中确定不少于三家的供应商参加谈判,并向其提供谈判文件。

(四)谈判。谈判小组所有成员集中与单一供应商分别进行谈判。在谈判中,谈判的任何一方不得透露与谈判有关的其他供应商的技术资料、价格和其他信息。谈判文件有实质性变动的,谈判小组应当以书面形式通知所有参加谈判的供应商。

(五)确定成交供应商。谈判结束后,谈判小组应当要求所有参加谈判的供应商在规定时间内进行最后报价,采购人从谈判小组提出的成交候选人中根据符合采购需求、质量和服务相等且报价最低的原则确定成交供应商,并将结果通知所有参加谈判的未成交的供应商。

第三十九条　采取单一来源方式采购的,采购人与供应商应当遵循本法规定的原则,在保证采购项目质量和双方商定合理价格的基础上进行采购。

第四十条　采取询价方式采购的,应当遵循下列程序:

（一）成立询价小组。询价小组由采购人的代表和有关专家共三人以上的单数组成，其中专家的人数不得少于成员总数的三分之二。询价小组应当对采购项目的价格构成和评定成交的标准等事项作出规定。

（二）确定被询价的供应商名单。询价小组根据采购需求，从符合相应资格条件的供应商名单中确定不少于三家的供应商，并向其发出询价通知书让其报价。

（三）询价。询价小组要求被询价的供应商一次报出不得更改的价格。

（四）确定成交供应商。采购人根据符合采购需求、质量和服务相等且报价最低的原则确定成交供应商，并将结果通知所有被询价的未成交的供应商。

第四十一条 采购人或者其委托的采购代理机构应当组织对供应商履约的验收。大型或者复杂的政府采购项目，应当邀请国家认可的质量检测机构参加验收工作。验收方成员应当在验收书上签字，并承担相应的法律责任。

第四十二条 采购人、采购代理机构对政府采购项目每项采购活动的采购文件应当妥善保存，不得伪造、变造、隐匿或者销毁。采购文件的保存期限为从采购结束之日起至少保存十五年。

采购文件包括采购活动记录、采购预算、招标文件、投标文件、评标标准、评估报告、定标文件、合同文本、验收证明、质疑答复、投诉处理决定及其他有关文件、资料。

采购活动记录至少应当包括下列内容：

（一）采购项目类别、名称；

（二）采购项目预算、资金构成和合同价格；

（三）采购方式，采用公开招标以外的采购方式的，应当载明原因；

（四）邀请和选择供应商的条件及原因；

（五）评标标准及确定中标人的原因；

（六）废标的原因；

（七）采用招标以外采购方式的相应记载。

第五章　政府采购合同

第四十三条　政府采购合同适用合同法。采购人和供应商之间的权利和义务,应当按照平等、自愿的原则以合同方式约定。

采购人可以委托采购代理机构代表其与供应商签订政府采购合同。由采购代理机构以采购人名义签订合同的,应当提交采购人的授权委托书,作为合同附件。

第四十四条　政府采购合同应当采用书面形式。

第四十五条　国务院政府采购监督管理部门应当会同国务院有关部门,规定政府采购合同必须具备的条款。

第四十六条　采购人与中标、成交供应商应当在中标、成交通知书发出之日起三十日内,按照采购文件确定的事项签订政府采购合同。

中标、成交通知书对采购人和中标、成交供应商均具有法律效力。中标、成交通知书发出后,采购人改变中标、成交结果的,或者中标、成交供应商放弃中标、成交项目的,应当依法承担法律责任。

第四十七条　政府采购项目的采购合同自签订之日起七个工作日内,采购人应当将合同副本报同级政府采购监督管理部门和有关部门备案。

第四十八条　经采购人同意,中标、成交供应商可以依法采取分包方式履行合同。

政府采购合同分包履行的,中标、成交供应商就采购项目和分包项目向采购人负责,分包供应商就分包项目承担责任。

第四十九条　政府采购合同履行中,采购人需追加与合同标的相同的货物、工程或者服务的,在不改变合同其他条款的前提下,可以与供应商协商签订补充合同,但所有补充合同的采购金额不得超过原合同采购金额的百分之十。

第五十条　政府采购合同的双方当事人不得擅自变更、中止或者终止合同。

政府采购合同继续履行将损害国家利益和社会公共利益的,双方当事人应当变更、中止或者终止合同。有过错的一方应当承担赔偿责任,双方都有过错的,各自承担相应的责任。

第六章　质疑与投诉

第五十一条　供应商对政府采购活动事项有疑问的,可以向采购人提出询问,采购人应当及时作出答复,但答复的内容不得涉及商业秘密。

第五十二条　供应商认为采购文件、采购过程和中标、成交结果使自己的权益受到损害的,可以在知道或者应知其权益受到损害之日起七个工作日内,以书面形式向采购人提出质疑。

第五十三条　采购人应当在收到供应商的书面质疑后七个工作日内作出答复,并以书面形式通知质疑供应商和其他有关供应商,但答复的内容不得涉及商业秘密。

第五十四条　采购人委托采购代理机构采购的,供应商可以向采购代理机构提出询问或者质疑,采购代理机构应当依照本法第五十一条、第五十三条的规定就采购人委托授权范围内的事项作出答复。

第五十五条　质疑供应商对采购人、采购代理机构的答复不满意或者采购人、采购代理机构未在规定的时间内作出答复的,可以在答复期满后十五个工作日内向同级政府采购监督管理部门投诉。

第五十六条　政府采购监督管理部门应当在收到投诉后三十个工作日内,对投诉事项作出处理决定,并以书面形式通知投诉人和与投诉事项有关的当事人。

第五十七条　政府采购监督管理部门在处理投诉事项期间,可以视具体情况书面通知采购人暂停采购活动,但暂停时间最长不得超过三十日。

第五十八条　投诉人对政府采购监督管理部门的投诉处理决定不服或者政府采购监督管理部门逾期未作处理的,可以依法申请行政复议或者向人民法院提起行政诉讼。

第七章　监督检查

第五十九条　政府采购监督管理部门应当加强对政府采购活动及集中采购机构的监督检查。

监督检查的主要内容是：

（一）有关政府采购的法律、行政法规和规章的执行情况；

（二）采购范围、采购方式和采购程序的执行情况；

（三）政府采购人员的职业素质和专业技能。

第六十条 政府采购监督管理部门不得设置集中采购机构，不得参与政府采购项目的采购活动。

采购代理机构与行政机关不得存在隶属关系或者其他利益关系。

第六十一条 集中采购机构应当建立健全内部监督管理制度。采购活动的决策和执行程序应当明确，并相互监督、相互制约。经办采购的人员与负责采购合同审核、验收人员的职责权限应当明确，并相互分离。

第六十二条 集中采购机构的采购人员应当具有相关职业素质和专业技能，符合政府采购监督管理部门规定的专业岗位任职要求。

集中采购机构对其工作人员应当加强教育和培训；对采购人员的专业水平、工作实绩和职业道德状况定期进行考核。采购人员经考核不合格的，不得继续任职。

第六十三条 政府采购项目的采购标准应当公开。

采用本法规定的采购方式的，采购人在采购活动完成后，应当将采购结果予以公布。

第六十四条 采购人必须按照本法规定的采购方式和采购程序进行采购。

任何单位和个人不得违反本法规定，要求采购人或者采购工作人员向其指定的供应商进行采购。

第六十五条 政府采购监督管理部门应当对政府采购项目的采购活动进行检查，政府采购当事人应当如实反映情况，提供有关材料。

第六十六条 政府采购监督管理部门应当对集中采购机构的采购价格、节约资金效果、服务质量、信誉状况、有无违法行为等事项进行考核，并定期如实公布考核结果。

第六十七条 依照法律、行政法规的规定对政府采购负有行政监督职责的政府有关部门，应当按照其职责分工，加强对政府采购活动的监督。

第六十八条 审计机关应当对政府采购进行审计监督。政府采购监督管理部门、政府采购各当事人有关政府采购活动,应当接受审计机关的审计监督。

第六十九条 监察机关应当加强对参与政府采购活动的国家机关、国家公务员和国家行政机关任命的其他人员实施监察。

第七十条 任何单位和个人对政府采购活动中的违法行为,有权控告和检举,有关部门、机关应当依照各自职责及时处理。

第八章 法律责任

第七十一条 采购人、采购代理机构有下列情形之一的,责令限期改正,给予警告,可以并处罚款,对直接负责的主管人员和其他直接责任人员,由其行政主管部门或者有关机关给予处分,并予通报:

(一)应当采用公开招标方式而擅自采用其他方式采购的;

(二)擅自提高采购标准的;

(三)以不合理的条件对供应商实行差别待遇或者歧视待遇的;

(四)在招标采购过程中与投标人进行协商谈判的;

(五)中标、成交通知书发出后不与中标、成交供应商签订采购合同的;

(六)拒绝有关部门依法实施监督检查的。

第七十二条 采购人、采购代理机构及其工作人员有下列情形之一,构成犯罪的,依法追究刑事责任;尚不构成犯罪的,处以罚款,有违法所得的,并处没收违法所得,属于国家机关工作人员的,依法给予行政处分:

(一)与供应商或者采购代理机构恶意串通的;

(二)在采购过程中接受贿赂或者获取其他不正当利益的;

(三)在有关部门依法实施的监督检查中提供虚假情况的;

(四)开标前泄露标底的。

第七十三条 有前两条违法行为之一影响中标、成交结果或者可能影响中标、成交结果的,按下列情况分别处理:

(一)未确定中标、成交供应商的,终止采购活动;

(二)中标、成交供应商已经确定但采购合同尚未履行的,撤销合

同,从合格的中标、成交候选人中另行确定中标、成交供应商;

(三)采购合同已经履行的,给采购人、供应商造成损失的,由责任人承担赔偿责任。

第七十四条 采购人对应当实行集中采购的政府采购项目,不委托集中采购机构实行集中采购的,由政府采购监督管理部门责令改正;拒不改正的,停止按预算向其支付资金,由其上级行政主管部门或者有关机关依法给予其直接负责的主管人员和其他直接责任人员处分。

第七十五条 采购人未依法公布政府采购项目的采购标准和采购结果的,责令改正,对直接负责的主管人员依法给予处分。

第七十六条 采购人、采购代理机构违反本法规定隐匿、销毁应当保存的采购文件或者伪造、变造采购文件的,由政府采购监督管理部门处以二万元以上十万元以下的罚款,对其直接负责的主管人员和其他直接责任人员依法给予处分;构成犯罪的,依法追究刑事责任。

第七十七条 供应商有下列情形之一的,处以采购金额千分之五以上千分之十以下的罚款,列入不良行为记录名单,在一至三年内禁止参加政府采购活动,有违法所得的,并处没收违法所得,情节严重的,由工商行政管理机关吊销营业执照;构成犯罪的,依法追究刑事责任:

(一)提供虚假材料谋取中标、成交的;

(二)采取不正当手段诋毁、排挤其他供应商的;

(三)与采购人、其他供应商或者采购代理机构恶意串通的;

(四)向采购人、采购代理机构行贿或者提供其他不正当利益的;

(五)在招标采购过程中与采购人进行协商谈判的;

(六)拒绝有关部门监督检查或者提供虚假情况的。

供应商有前款第(一)至(五)项情形之一的,中标、成交无效。

第七十八条 采购代理机构在代理政府采购业务中有违法行为的,按照有关法律规定处以罚款,可以在一至三年内禁止其代理政府采购业务,构成犯罪的,依法追究刑事责任。

第七十九条 政府采购当事人有本法第七十一条、第七十二条、第七十七条违法行为之一,给他人造成损失的,并应依照有关民事法律规定承担民事责任。

第八十条　政府采购监督管理部门的工作人员在实施监督检查中违反本法规定滥用职权、玩忽职守、徇私舞弊的,依法给予行政处分;构成犯罪的,依法追究刑事责任。

第八十一条　政府采购监督管理部门对供应商的投诉逾期未作处理的,给予直接负责的主管人员和其他直接责任人员行政处分。

第八十二条　政府采购监督管理部门对集中采购机构业绩的考核,有虚假陈述、隐瞒真实情况的,或者不作定期考核和公布考核结果的,应当及时纠正,由其上级机关或者监察机关对其负责人进行通报,并对直接负责的人员依法给予行政处分。

集中采购机构在政府采购监督管理部门考核中,虚报业绩,隐瞒真实情况的,处以二万元以上二十万元以下的罚款,并予以通报;情节严重的,取消其代理采购的资格。

第八十三条　任何单位或者个人阻挠和限制供应商进入本地区或者本行业政府采购市场的,责令限期改正;拒不改正的,由该单位、个人的上级行政主管部门或者有关机关给予单位责任人或者个人处分。

第九章　附　　则

第八十四条　使用国际组织和外国政府贷款进行的政府采购,贷款方、资金提供方与中方达成的协议对采购的具体条件另有规定的,可以适用其规定,但不得损害国家利益和社会公共利益。

第八十五条　对因严重自然灾害和其他不可抗力事件所实施的紧急采购和涉及国家安全和秘密的采购,不适用本法。

第八十六条　军事采购法规由中央军事委员会另行制定。

第八十七条　本法实施的具体步骤和办法由国务院规定。

第八十八条　本法自2003年1月1日起施行。

中华人民共和国行政处罚法

（1996年3月17日第八届全国人民代表大会第四次会议通过 根据2009年8月27日第十一届全国人民代表大会常务委员会第十次会议《关于修改部分法律的决定》第一次修正 根据2017年9月1日第十二届全国人民代表大会常务委员会第二十九次会议《关于修改〈中华人民共和国法官法〉等八部法律的决定》第二次修正 2021年1月22日第十三届全国人民代表大会常务委员会第二十五次会议修订）

目 录

第一章 总 则
第二章 行政处罚的种类和设定
第三章 行政处罚的实施机关
第四章 行政处罚的管辖和适用
第五章 行政处罚的决定
 第一节 一般规定
 第二节 简易程序
 第三节 普通程序
 第四节 听证程序
第六章 行政处罚的执行
第七章 法律责任
第八章 附 则

第一章 总 则

第一条 为了规范行政处罚的设定和实施，保障和监督行政机关有效实施行政管理，维护公共利益和社会秩序，保护公民、法人或者其他组织的合法权益，根据宪法，制定本法。

第二条 行政处罚是指行政机关依法对违反行政管理秩序的公民、法人或者其他组织，以减损权益或者增加义务的方式予以惩戒的行为。

第三条 行政处罚的设定和实施，适用本法。

第四条 公民、法人或者其他组织违反行政管理秩序的行为，应当给予行政处罚的，依照本法由法律、法规、规章规定，并由行政机关依照本法规定的程序实施。

第五条 行政处罚遵循公正、公开的原则。

设定和实施行政处罚必须以事实为依据，与违法行为的事实、性质、情节以及社会危害程度相当。

对违法行为给予行政处罚的规定必须公布；未经公布的，不得作为行政处罚的依据。

第六条 实施行政处罚，纠正违法行为，应当坚持处罚与教育相结合，教育公民、法人或者其他组织自觉守法。

第七条 公民、法人或者其他组织对行政机关所给予的行政处罚，享有陈述权、申辩权；对行政处罚不服的，有权依法申请行政复议或者提起行政诉讼。

公民、法人或者其他组织因行政机关违法给予行政处罚受到损害的，有权依法提出赔偿要求。

第八条 公民、法人或者其他组织因违法行为受到行政处罚，其违法行为对他人造成损害的，应当依法承担民事责任。

违法行为构成犯罪，应当依法追究刑事责任的，不得以行政处罚代替刑事处罚。

第二章 行政处罚的种类和设定

第九条 行政处罚的种类：

（一）警告、通报批评；

（二）罚款、没收违法所得、没收非法财物；

（三）暂扣许可证件、降低资质等级、吊销许可证件；

（四）限制开展生产经营活动、责令停产停业、责令关闭、限制从业；

(五)行政拘留;

(六)法律、行政法规规定的其他行政处罚。

第十条 法律可以设定各种行政处罚。

限制人身自由的行政处罚,只能由法律设定。

第十一条 行政法规可以设定除限制人身自由以外的行政处罚。

法律对违法行为已经作出行政处罚规定,行政法规需要作出具体规定的,必须在法律规定的给予行政处罚的行为、种类和幅度的范围内规定。

法律对违法行为未作出行政处罚规定,行政法规为实施法律,可以补充设定行政处罚。拟补充设定行政处罚的,应当通过听证会、论证会等形式广泛听取意见,并向制定机关作出书面说明。行政法规报送备案时,应当说明补充设定行政处罚的情况。

第十二条 地方性法规可以设定除限制人身自由、吊销营业执照以外的行政处罚。

法律、行政法规对违法行为已经作出行政处罚规定,地方性法规需要作出具体规定的,必须在法律、行政法规规定的给予行政处罚的行为、种类和幅度的范围内规定。

法律、行政法规对违法行为未作出行政处罚规定,地方性法规为实施法律、行政法规,可以补充设定行政处罚。拟补充设定行政处罚的,应当通过听证会、论证会等形式广泛听取意见,并向制定机关作出书面说明。地方性法规报送备案时,应当说明补充设定行政处罚的情况。

第十三条 国务院部门规章可以在法律、行政法规规定的给予行政处罚的行为、种类和幅度的范围内作出具体规定。

尚未制定法律、行政法规的,国务院部门规章对违反行政管理秩序的行为,可以设定警告、通报批评或者一定数额罚款的行政处罚。罚款的限额由国务院规定。

第十四条 地方政府规章可以在法律、法规规定的给予行政处罚的行为、种类和幅度的范围内作出具体规定。

尚未制定法律、法规的,地方政府规章对违反行政管理秩序的行为,可以设定警告、通报批评或者一定数额罚款的行政处罚。罚款的限额由省、自治区、直辖市人民代表大会常务委员会规定。

第十五条　国务院部门和省、自治区、直辖市人民政府及其有关部门应当定期组织评估行政处罚的实施情况和必要性，对不适当的行政处罚事项及种类、罚款数额等，应当提出修改或者废止的建议。

第十六条　除法律、法规、规章外，其他规范性文件不得设定行政处罚。

第三章　行政处罚的实施机关

第十七条　行政处罚由具有行政处罚权的行政机关在法定职权范围内实施。

第十八条　国家在城市管理、市场监管、生态环境、文化市场、交通运输、应急管理、农业等领域推行建立综合行政执法制度，相对集中行政处罚权。

国务院或者省、自治区、直辖市人民政府可以决定一个行政机关行使有关行政机关的行政处罚权。

限制人身自由的行政处罚权只能由公安机关和法律规定的其他机关行使。

第十九条　法律、法规授权的具有管理公共事务职能的组织可以在法定授权范围内实施行政处罚。

第二十条　行政机关依照法律、法规、规章的规定，可以在其法定权限内书面委托符合本法第二十一条规定条件的组织实施行政处罚。行政机关不得委托其他组织或者个人实施行政处罚。

委托书应当载明委托的具体事项、权限、期限等内容。委托行政机关和受委托组织应当将委托书向社会公布。

委托行政机关对受委托组织实施行政处罚的行为应当负责监督，并对该行为的后果承担法律责任。

受委托组织在委托范围内，以委托行政机关名义实施行政处罚；不得再委托其他组织或者个人实施行政处罚。

第二十一条　受委托组织必须符合以下条件：

（一）依法成立并具有管理公共事务职能；

（二）有熟悉有关法律、法规、规章和业务并取得行政执法资格的工作人员；

（三）需要进行技术检查或者技术鉴定的,应当有条件组织进行相应的技术检查或者技术鉴定。

第四章　行政处罚的管辖和适用

第二十二条　行政处罚由违法行为发生地的行政机关管辖。法律、行政法规、部门规章另有规定的,从其规定。

第二十三条　行政处罚由县级以上地方人民政府具有行政处罚权的行政机关管辖。法律、行政法规另有规定的,从其规定。

第二十四条　省、自治区、直辖市根据当地实际情况,可以决定将基层管理迫切需要的县级人民政府部门的行政处罚权交由能够有效承接的乡镇人民政府、街道办事处行使,并定期组织评估。决定应当公布。

承接行政处罚权的乡镇人民政府、街道办事处应当加强执法能力建设,按照规定范围、依照法定程序实施行政处罚。

有关地方人民政府及其部门应当加强组织协调、业务指导、执法监督,建立健全行政处罚协调配合机制,完善评议、考核制度。

第二十五条　两个以上行政机关都有管辖权的,由最先立案的行政机关管辖。

对管辖发生争议的,应当协商解决,协商不成的,报请共同的上一级行政机关指定管辖；也可以直接由共同的上一级行政机关指定管辖。

第二十六条　行政机关因实施行政处罚的需要,可以向有关机关提出协助请求。协助事项属于被请求机关职权范围内的,应当依法予以协助。

第二十七条　违法行为涉嫌犯罪的,行政机关应当及时将案件移送司法机关,依法追究刑事责任。对依法不需要追究刑事责任或者免予刑事处罚,但应当给予行政处罚的,司法机关应当及时将案件移送有关行政机关。

行政处罚实施机关与司法机关之间应当加强协调配合,建立健全案件移送制度,加强证据材料移交、接收衔接,完善案件处理信息通报机制。

第二十八条　行政机关实施行政处罚时,应当责令当事人改正或者限期改正违法行为。

当事人有违法所得,除依法应当退赔的外,应当予以没收。违法所得是指实施违法行为所取得的款项。法律、行政法规、部门规章对违法所得的计算另有规定的,从其规定。

第二十九条　对当事人的同一个违法行为,不得给予两次以上罚款的行政处罚。同一个违法行为违反多个法律规范应当给予罚款处罚的,按照罚款数额高的规定处罚。

第三十条　不满十四周岁的未成年人有违法行为的,不予行政处罚,责令监护人加以管教;已满十四周岁不满十八周岁的未成年人有违法行为的,应当从轻或者减轻行政处罚。

第三十一条　精神病人、智力残疾人在不能辨认或者不能控制自己行为时有违法行为的,不予行政处罚,但应当责令其监护人严加看管和治疗。间歇性精神病人在精神正常时有违法行为的,应当给予行政处罚。尚未完全丧失辨认或者控制自己行为能力的精神病人、智力残疾人有违法行为的,可以从轻或者减轻行政处罚。

第三十二条　当事人有下列情形之一,应当从轻或者减轻行政处罚:

(一)主动消除或者减轻违法行为危害后果的;

(二)受他人胁迫或者诱骗实施违法行为的;

(三)主动供述行政机关尚未掌握的违法行为的;

(四)配合行政机关查处违法行为有立功表现的;

(五)法律、法规、规章规定其他应当从轻或者减轻行政处罚的。

第三十三条　违法行为轻微并及时改正,没有造成危害后果的,不予行政处罚。初次违法且危害后果轻微并及时改正的,可以不予行政处罚。

当事人有证据足以证明没有主观过错的,不予行政处罚。法律、行政法规另有规定的,从其规定。

对当事人的违法行为依法不予行政处罚的,行政机关应当对当事人进行教育。

第三十四条　行政机关可以依法制定行政处罚裁量基准,规范行使行政处罚裁量权。行政处罚裁量基准应当向社会公布。

第三十五条　违法行为构成犯罪,人民法院判处拘役或者有期徒刑时,行政机关已经给予当事人行政拘留的,应当依法折抵相应刑期。

违法行为构成犯罪,人民法院判处罚金时,行政机关已经给予当事人罚款的,应当折抵相应罚金;行政机关尚未给予当事人罚款的,不再给予罚款。

第三十六条　违法行为在二年内未被发现的,不再给予行政处罚;涉及公民生命健康安全、金融安全且有危害后果的,上述期限延长至五年。法律另有规定的除外。

前款规定的期限,从违法行为发生之日起计算;违法行为有连续或者继续状态的,从行为终了之日起计算。

第三十七条　实施行政处罚,适用违法行为发生时的法律、法规、规章的规定。但是,作出行政处罚决定时,法律、法规、规章已被修改或者废止,且新的规定处罚较轻或者不认为是违法的,适用新的规定。

第三十八条　行政处罚没有依据或者实施主体不具有行政主体资格的,行政处罚无效。

违反法定程序构成重大且明显违法的,行政处罚无效。

第五章　行政处罚的决定

第一节　一般规定

第三十九条　行政处罚的实施机关、立案依据、实施程序和救济渠道等信息应当公示。

第四十条　公民、法人或者其他组织违反行政管理秩序的行为,依法应当给予行政处罚的,行政机关必须查明事实;违法事实不清、证据不足的,不得给予行政处罚。

第四十一条　行政机关依照法律、行政法规规定利用电子技术监控设备收集、固定违法事实的,应当经过法制和技术审核,确保电子技术监控设备符合标准、设置合理、标志明显,设置地点应当向社会公布。

电子技术监控设备记录违法事实应当真实、清晰、完整、准确。行政机关应当审核记录内容是否符合要求；未经审核或者经审核不符合要求的，不得作为行政处罚的证据。

行政机关应当及时告知当事人违法事实，并采取信息化手段或者其他措施，为当事人查询、陈述和申辩提供便利。不得限制或者变相限制当事人享有的陈述权、申辩权。

第四十二条 行政处罚应当由具有行政执法资格的执法人员实施。执法人员不得少于两人，法律另有规定的除外。

执法人员应当文明执法，尊重和保护当事人合法权益。

第四十三条 执法人员与案件有直接利害关系或者有其他关系可能影响公正执法的，应当回避。

当事人认为执法人员与案件有直接利害关系或者有其他关系可能影响公正执法的，有权申请回避。

当事人提出回避申请的，行政机关应当依法审查，由行政机关负责人决定。决定作出之前，不停止调查。

第四十四条 行政机关在作出行政处罚决定之前，应当告知当事人拟作出的行政处罚内容及事实、理由、依据，并告知当事人依法享有的陈述、申辩、要求听证等权利。

第四十五条 当事人有权进行陈述和申辩。行政机关必须充分听取当事人的意见，对当事人提出的事实、理由和证据，应当进行复核；当事人提出的事实、理由或者证据成立的，行政机关应当采纳。

行政机关不得因当事人陈述、申辩而给予更重的处罚。

第四十六条 证据包括：

（一）书证；

（二）物证；

（三）视听资料；

（四）电子数据；

（五）证人证言；

（六）当事人的陈述；

（七）鉴定意见；

（八）勘验笔录、现场笔录。

证据必须经查证属实,方可作为认定案件事实的根据。

以非法手段取得的证据,不得作为认定案件事实的根据。

第四十七条　行政机关应当依法以文字、音像等形式,对行政处罚的启动、调查取证、审核、决定、送达、执行等进行全过程记录,归档保存。

第四十八条　具有一定社会影响的行政处罚决定应当依法公开。

公开的行政处罚决定被依法变更、撤销、确认违法或者确认无效的,行政机关应当在三日内撤回行政处罚决定信息并公开说明理由。

第四十九条　发生重大传染病疫情等突发事件,为了控制、减轻和消除突发事件引起的社会危害,行政机关对违反突发事件应对措施的行为,依法快速、从重处罚。

第五十条　行政机关及其工作人员对实施行政处罚过程中知悉的国家秘密、商业秘密或者个人隐私,应当依法予以保密。

第二节　简易程序

第五十一条　违法事实确凿并有法定依据,对公民处以二百元以下、对法人或者其他组织处以三千元以下罚款或者警告的行政处罚的,可以当场作出行政处罚决定。法律另有规定的,从其规定。

第五十二条　执法人员当场作出行政处罚决定的,应当向当事人出示执法证件,填写预定格式、编有号码的行政处罚决定书,并当场交付当事人。当事人拒绝签收的,应当在行政处罚决定书上注明。

前款规定的行政处罚决定书应当载明当事人的违法行为、行政处罚的种类和依据、罚款数额、时间、地点,申请行政复议、提起行政诉讼的途径和期限以及行政机关名称,并由执法人员签名或者盖章。

执法人员当场作出的行政处罚决定,应当报所属行政机关备案。

第五十三条　对当场作出的行政处罚决定,当事人应当依照本法第六十七条至第六十九条的规定履行。

第三节　普通程序

第五十四条　除本法第五十一条规定的可以当场作出的行政处罚外,行政机关发现公民、法人或者其他组织有依法应当给予行政处罚的行为的,必须全面、客观、公正地调查,收集有关证据;必要时,依照法律、法规的规定,可以进行检查。

符合立案标准的,行政机关应当及时立案。

第五十五条 执法人员在调查或者进行检查时,应当主动向当事人或者有关人员出示执法证件。当事人或者有关人员有权要求执法人员出示执法证件。执法人员不出示执法证件的,当事人或者有关人员有权拒绝接受调查或者检查。

当事人或者有关人员应当如实回答询问,并协助调查或者检查,不得拒绝或者阻挠。询问或者检查应当制作笔录。

第五十六条 行政机关在收集证据时,可以采取抽样取证的方法;在证据可能灭失或者以后难以取得的情况下,经行政机关负责人批准,可以先行登记保存,并应当在七日内及时作出处理决定,在此期间,当事人或者有关人员不得销毁或者转移证据。

第五十七条 调查终结,行政机关负责人应当对调查结果进行审查,根据不同情况,分别作出如下决定:

(一)确有应受行政处罚的违法行为的,根据情节轻重及具体情况,作出行政处罚决定;

(二)违法行为轻微,依法可以不予行政处罚的,不予行政处罚;

(三)违法事实不能成立的,不予行政处罚;

(四)违法行为涉嫌犯罪的,移送司法机关。

对情节复杂或者重大违法行为给予行政处罚,行政机关负责人应当集体讨论决定。

第五十八条 有下列情形之一,在行政机关负责人作出行政处罚的决定之前,应当由从事行政处罚决定法制审核的人员进行法制审核;未经法制审核或者审核未通过的,不得作出决定:

(一)涉及重大公共利益的;

(二)直接关系当事人或者第三人重大权益,经过听证程序的;

(三)案件情况疑难复杂、涉及多个法律关系的;

(四)法律、法规规定应当进行法制审核的其他情形。

行政机关中初次从事行政处罚决定法制审核的人员,应当通过国家统一法律职业资格考试取得法律职业资格。

第五十九条 行政机关依照本法第五十七条的规定给予行政处罚,应当制作行政处罚决定书。行政处罚决定书应当载明下列事项:

(一)当事人的姓名或者名称、地址;

(二)违反法律、法规、规章的事实和证据;

(三)行政处罚的种类和依据;

(四)行政处罚的履行方式和期限;

(五)申请行政复议、提起行政诉讼的途径和期限;

(六)作出行政处罚决定的行政机关名称和作出决定的日期。

行政处罚决定书必须盖有作出行政处罚决定的行政机关的印章。

第六十条 行政机关应当自行政处罚案件立案之日起九十日内作出行政处罚决定。法律、法规、规章另有规定的,从其规定。

第六十一条 行政处罚决定书应当在宣告后当场交付当事人;当事人不在场的,行政机关应当在七日内依照《中华人民共和国民事诉讼法》的有关规定,将行政处罚决定书送达当事人。

当事人同意并签订确认书的,行政机关可以采用传真、电子邮件等方式,将行政处罚决定书等送达当事人。

第六十二条 行政机关及其执法人员在作出行政处罚决定之前,未依照本法第四十四条、第四十五条的规定向当事人告知拟作出的行政处罚内容及事实、理由、依据,或者拒绝听取当事人的陈述、申辩,不得作出行政处罚决定;当事人明确放弃陈述或者申辩权利的除外。

第四节 听证程序

第六十三条 行政机关拟作出下列行政处罚决定,应当告知当事人有要求听证的权利,当事人要求听证的,行政机关应当组织听证:

(一)较大数额罚款;

(二)没收较大数额违法所得、没收较大价值非法财物;

(三)降低资质等级、吊销许可证件;

(四)责令停产停业、责令关闭、限制从业;

(五)其他较重的行政处罚;

(六)法律、法规、规章规定的其他情形。

当事人不承担行政机关组织听证的费用。

第六十四条　听证应当依照以下程序组织：

（一）当事人要求听证的，应当在行政机关告知后五日内提出；

（二）行政机关应当在举行听证的七日前，通知当事人及有关人员听证的时间、地点；

（三）除涉及国家秘密、商业秘密或者个人隐私依法予以保密外，听证公开举行；

（四）听证由行政机关指定的非本案调查人员主持；当事人认为主持人与本案有直接利害关系的，有权申请回避；

（五）当事人可以亲自参加听证，也可以委托一至二人代理；

（六）当事人及其代理人无正当理由拒不出席听证或者未经许可中途退出听证的，视为放弃听证权利，行政机关终止听证；

（七）举行听证时，调查人员提出当事人违法的事实、证据和行政处罚建议，当事人进行申辩和质证；

（八）听证应当制作笔录。笔录应当交当事人或者其代理人核对无误后签字或者盖章。当事人或者其代理人拒绝签字或者盖章的，由听证主持人在笔录中注明。

第六十五条　听证结束后，行政机关应当根据听证笔录，依照本法第五十七条的规定，作出决定。

第六章　行政处罚的执行

第六十六条　行政处罚决定依法作出后，当事人应当在行政处罚决定书载明的期限内，予以履行。

当事人确有经济困难，需要延期或者分期缴纳罚款的，经当事人申请和行政机关批准，可以暂缓或者分期缴纳。

第六十七条　作出罚款决定的行政机关应当与收缴罚款的机构分离。

除依照本法第六十八条、第六十九条的规定当场收缴的罚款外，作出行政处罚决定的行政机关及其执法人员不得自行收缴罚款。

当事人应当自收到行政处罚决定书之日起十五日内，到指定的银行或者通过电子支付系统缴纳罚款。银行应当收受罚款，并将罚款直接上缴国库。

第六十八条 依照本法第五十一条的规定当场作出行政处罚决定,有下列情形之一,执法人员可以当场收缴罚款:

(一)依法给予一百元以下罚款的;

(二)不当场收缴事后难以执行的。

第六十九条 在边远、水上、交通不便地区,行政机关及其执法人员依照本法第五十一条、第五十七条的规定作出罚款决定后,当事人到指定的银行或者通过电子支付系统缴纳罚款确有困难,经当事人提出,行政机关及其执法人员可以当场收缴罚款。

第七十条 行政机关及其执法人员当场收缴罚款的,必须向当事人出具国务院财政部门或者省、自治区、直辖市人民政府财政部门统一制发的专用票据;不出具财政部门统一制发的专用票据的,当事人有权拒绝缴纳罚款。

第七十一条 执法人员当场收缴的罚款,应当自收缴罚款之日起二日内,交至行政机关;在水上当场收缴的罚款,应当自抵岸之日起二日内交至行政机关;行政机关应当在二日内将罚款缴付指定的银行。

第七十二条 当事人逾期不履行行政处罚决定的,作出行政处罚决定的行政机关可以采取下列措施:

(一)到期不缴纳罚款的,每日按罚款数额的百分之三加处罚款,加处罚款的数额不得超出罚款的数额;

(二)根据法律规定,将查封、扣押的财物拍卖、依法处理或者将冻结的存款、汇款划拨抵缴罚款;

(三)根据法律规定,采取其他行政强制执行方式;

(四)依照《中华人民共和国行政强制法》的规定申请人民法院强制执行。

行政机关批准延期、分期缴纳罚款的,申请人民法院强制执行的期限,自暂缓或者分期缴纳罚款期限结束之日起计算。

第七十三条 当事人对行政处罚决定不服,申请行政复议或者提起行政诉讼的,行政处罚不停止执行,法律另有规定的除外。

当事人对限制人身自由的行政处罚决定不服,申请行政复议或者提起行政诉讼的,可以向作出决定的机关提出暂缓执行申请。符合法律规定情形的,应当暂缓执行。

当事人申请行政复议或者提起行政诉讼的,加处罚款的数额在行政复议或者行政诉讼期间不予计算。

第七十四条 除依法应当予以销毁的物品外,依法没收的非法财物必须按照国家规定公开拍卖或者按照国家有关规定处理。

罚款、没收的违法所得或者没收非法财物拍卖的款项,必须全部上缴国库,任何行政机关或者个人不得以任何形式截留、私分或者变相私分。

罚款、没收的违法所得或者没收非法财物拍卖的款项,不得同作出行政处罚决定的行政机关及其工作人员的考核、考评直接或者变相挂钩。除依法应当退还、退赔的外,财政部门不得以任何形式向作出行政处罚决定的行政机关返还罚款、没收的违法所得或者没收非法财物拍卖的款项。

第七十五条 行政机关应当建立健全对行政处罚的监督制度。县级以上人民政府应当定期组织开展行政执法评议、考核,加强对行政处罚的监督检查,规范和保障行政处罚的实施。

行政机关实施行政处罚应当接受社会监督。公民、法人或者其他组织对行政机关实施行政处罚的行为,有权申诉或者检举;行政机关应当认真审查,发现有错误的,应当主动改正。

第七章 法 律 责 任

第七十六条 行政机关实施行政处罚,有下列情形之一,由上级行政机关或者有关机关责令改正,对直接负责的主管人员和其他直接责任人员依法给予处分:

(一)没有法定的行政处罚依据的;
(二)擅自改变行政处罚种类、幅度的;
(三)违反法定的行政处罚程序的;
(四)违反本法第二十条关于委托处罚的规定的;
(五)执法人员未取得执法证件的。

行政机关对符合立案标准的案件不及时立案的,依照前款规定予以处理。

第七十七条 行政机关对当事人进行处罚不使用罚款、没收财物单据或者使用非法定部门制发的罚款、没收财物单据的,当事人有权拒绝,并有权予以检举,由上级行政机关或者有关机关对使用的非法单据予以收缴销毁,对直接负责的主管人员和其他直接责任人员依法给予处分。

第七十八条 行政机关违反本法第六十七条的规定自行收缴罚款的,财政部门违反本法第七十四条的规定向行政机关返还罚款、没收的违法所得或者拍卖款项的,由上级行政机关或者有关机关责令改正,对直接负责的主管人员和其他直接责任人员依法给予处分。

第七十九条 行政机关截留、私分或者变相私分罚款、没收的违法所得或者财物的,由财政部门或者有关机关予以追缴,对直接负责的主管人员和其他直接责任人员依法给予处分;情节严重构成犯罪的,依法追究刑事责任。

执法人员利用职务上的便利,索取或者收受他人财物、将收缴罚款据为己有,构成犯罪的,依法追究刑事责任;情节轻微不构成犯罪的,依法给予处分。

第八十条 行政机关使用或者损毁查封、扣押的财物,对当事人造成损失的,应当依法予以赔偿,对直接负责的主管人员和其他直接责任人员依法给予处分。

第八十一条 行政机关违法实施检查措施或者执行措施,给公民人身或者财产造成损害、给法人或者其他组织造成损失的,应当依法予以赔偿,对直接负责的主管人员和其他直接责任人员依法给予处分;情节严重构成犯罪的,依法追究刑事责任。

第八十二条 行政机关对应当依法移交司法机关追究刑事责任的案件不移交,以行政处罚代替刑事处罚,由上级行政机关或者有关机关责令改正,对直接负责的主管人员和其他直接责任人员依法给予处分;情节严重构成犯罪的,依法追究刑事责任。

第八十三条 行政机关对应当予以制止和处罚的违法行为不予制止、处罚,致使公民、法人或者其他组织的合法权益、公共利益和社会秩序遭受损害的,对直接负责的主管人员和其他直接责任人员依法给予处分;情节严重构成犯罪的,依法追究刑事责任。

第八章 附 则

第八十四条 外国人、无国籍人、外国组织在中华人民共和国领域内有违法行为,应当给予行政处罚的,适用本法,法律另有规定的除外。

第八十五条 本法中"二日""三日""五日""七日"的规定是指工作日,不含法定节假日。

第八十六条 本法自 2021 年 7 月 15 日起施行。

二、行政法规

优化营商环境条例

（2019年10月8日国务院第66次常务会议通过 2019年10月22日国务院令第722号公布 自2020年1月1日起施行）

第一章 总 则

第一条 为了持续优化营商环境，不断解放和发展社会生产力，加快建设现代化经济体系，推动高质量发展，制定本条例。

第二条 本条例所称营商环境，是指企业等市场主体在市场经济活动中所涉及的体制机制性因素和条件。

第三条 国家持续深化简政放权、放管结合、优化服务改革，最大限度减少政府对市场资源的直接配置，最大限度减少政府对市场活动的直接干预，加强和规范事中事后监管，着力提升政务服务能力和水平，切实降低制度性交易成本，更大激发市场活力和社会创造力，增强发展动力。

各级人民政府及其部门应当坚持政务公开透明，以公开为常态、不公开为例外，全面推进决策、执行、管理、服务、结果公开。

第四条 优化营商环境应当坚持市场化、法治化、国际化原则，以市场主体需求为导向，以深刻转变政府职能为核心，创新体制机制、强化协同联动、完善法治保障，对标国际先进水平，为各类市场主体投资兴业营造稳定、公平、透明、可预期的良好环境。

第五条 国家加快建立统一开放、竞争有序的现代市场体系，依法促进各类生产要素自由流动，保障各类市场主体公平参与市场竞争。

第六条 国家鼓励、支持、引导非公有制经济发展，激发非公有制经济活力和创造力。

国家进一步扩大对外开放,积极促进外商投资,平等对待内资企业、外商投资企业等各类市场主体。

第七条 各级人民政府应当加强对优化营商环境工作的组织领导,完善优化营商环境的政策措施,建立健全统筹推进、督促落实优化营商环境工作的相关机制,及时协调、解决优化营商环境工作中的重大问题。

县级以上人民政府有关部门应当按照职责分工,做好优化营商环境的相关工作。县级以上地方人民政府根据实际情况,可以明确优化营商环境工作的主管部门。

国家鼓励和支持各地区、各部门结合实际情况,在法治框架内积极探索原创性、差异化的优化营商环境具体措施;对探索中出现失误或者偏差,符合规定条件的,可以予以免责或者减轻责任。

第八条 国家建立和完善以市场主体和社会公众满意度为导向的营商环境评价体系,发挥营商环境评价对优化营商环境的引领和督促作用。

开展营商环境评价,不得影响各地区、各部门正常工作,不得影响市场主体正常生产经营活动或者增加市场主体负担。

任何单位不得利用营商环境评价谋取利益。

第九条 市场主体应当遵守法律法规,恪守社会公德和商业道德,诚实守信、公平竞争,履行安全、质量、劳动者权益保护、消费者权益保护等方面的法定义务,在国际经贸活动中遵循国际通行规则。

第二章 市场主体保护

第十条 国家坚持权利平等、机会平等、规则平等,保障各种所有制经济平等受到法律保护。

第十一条 市场主体依法享有经营自主权。对依法应当由市场主体自主决策的各类事项,任何单位和个人不得干预。

第十二条 国家保障各类市场主体依法平等使用资金、技术、人力资源、土地使用权及其他自然资源等各类生产要素和公共服务资源。

各类市场主体依法平等适用国家支持发展的政策。政府及其有关部门在政府资金安排、土地供应、税费减免、资质许可、标准制定、项目申报、职称评定、人力资源政策等方面,应当依法平等对待各类市场主体,不得制定或者实施歧视性政策措施。

第十三条 招标投标和政府采购应当公开透明、公平公正,依法平等对待各类所有制和不同地区的市场主体,不得以不合理条件或者产品产地来源等进行限制或者排斥。

政府有关部门应当加强招标投标和政府采购监管,依法纠正和查处违法违规行为。

第十四条 国家依法保护市场主体的财产权和其他合法权益,保护企业经营者人身和财产安全。

严禁违反法定权限、条件、程序对市场主体的财产和企业经营者个人财产实施查封、冻结和扣押等行政强制措施;依法确需实施前述行政强制措施的,应当限定在所必需的范围内。

禁止在法律、法规规定之外要求市场主体提供财力、物力或者人力的摊派行为。市场主体有权拒绝任何形式的摊派。

第十五条 国家建立知识产权侵权惩罚性赔偿制度,推动建立知识产权快速协同保护机制,健全知识产权纠纷多元化解决机制和知识产权维权援助机制,加大对知识产权的保护力度。

国家持续深化商标注册、专利申请便利化改革,提高商标注册、专利申请审查效率。

第十六条 国家加大中小投资者权益保护力度,完善中小投资者权益保护机制,保障中小投资者的知情权、参与权,提升中小投资者维护合法权益的便利度。

第十七条 除法律、法规另有规定外,市场主体有权自主决定加入或者退出行业协会商会等社会组织,任何单位和个人不得干预。

除法律、法规另有规定外,任何单位和个人不得强制或者变相强制市场主体参加评比、达标、表彰、培训、考核、考试以及类似活动,不得借前述活动向市场主体收费或者变相收费。

第十八条 国家推动建立全国统一的市场主体维权服务平台,为市场主体提供高效、便捷的维权服务。

第三章 市场环境

第十九条 国家持续深化商事制度改革,统一企业登记业务规范,统一数据标准和平台服务接口,采用统一社会信用代码进行登记管理。

国家推进"证照分离"改革,持续精简涉企经营许可事项,依法采取直接取消审批、审批改为备案、实行告知承诺、优化审批服务等方式,对所有涉企经营许可事项进行分类管理,为企业取得营业执照后开展相关经营活动提供便利。除法律、行政法规规定的特定领域外,涉企经营许可事项不得作为企业登记的前置条件。

政府有关部门应当按照国家有关规定,简化企业从申请设立到具备一般性经营条件所需办理的手续。在国家规定的企业开办时限内,各地区应当确定并公开具体办理时间。

企业申请办理住所等相关变更登记的,有关部门应当依法及时办理,不得限制。除法律、法规、规章另有规定外,企业迁移后其持有的有效许可证件不再重复办理。

第二十条 国家持续放宽市场准入,并实行全国统一的市场准入负面清单制度。市场准入负面清单以外的领域,各类市场主体均可以依法平等进入。

各地区、各部门不得另行制定市场准入性质的负面清单。

第二十一条 政府有关部门应当加大反垄断和反不正当竞争执法力度,有效预防和制止市场经济活动中的垄断行为、不正当竞争行为以及滥用行政权力排除、限制竞争的行为,营造公平竞争的市场环境。

第二十二条 国家建立健全统一开放、竞争有序的人力资源市场体系,打破城乡、地区、行业分割和身份、性别等歧视,促进人力资源有序社会性流动和合理配置。

第二十三条 政府及其有关部门应当完善政策措施、强化创新服务,鼓励和支持市场主体拓展创新空间,持续推进产品、技术、商业模式、管理等创新,充分发挥市场主体在推动科技成果转化中的作用。

第二十四条 政府及其有关部门应当严格落实国家各项减税降

费政策,及时研究解决政策落实中的具体问题,确保减税降费政策全面、及时惠及市场主体。

第二十五条 设立政府性基金、涉企行政事业性收费、涉企保证金,应当有法律、行政法规依据或者经国务院批准。对政府性基金、涉企行政事业性收费、涉企保证金以及实行政府定价的经营服务性收费,实行目录清单管理并向社会公开,目录清单之外的前述收费和保证金一律不得执行。推广以金融机构保函替代现金缴纳涉企保证金。

第二十六条 国家鼓励和支持金融机构加大对民营企业、中小企业的支持力度,降低民营企业、中小企业综合融资成本。

金融监督管理部门应当完善对商业银行等金融机构的监管考核和激励机制,鼓励、引导其增加对民营企业、中小企业的信贷投放,并合理增加中长期贷款和信用贷款支持,提高贷款审批效率。

商业银行等金融机构在授信中不得设置不合理条件,不得对民营企业、中小企业设置歧视性要求。商业银行等金融机构应当按照国家有关规定规范收费行为,不得违规向服务对象收取不合理费用。商业银行应当向社会公开开设企业账户的服务标准、资费标准和办理时限。

第二十七条 国家促进多层次资本市场规范健康发展,拓宽市场主体融资渠道,支持符合条件的民营企业、中小企业依法发行股票、债券以及其他融资工具,扩大直接融资规模。

第二十八条 供水、供电、供气、供热等公用企事业单位应当向社会公开服务标准、资费标准等信息,为市场主体提供安全、便捷、稳定和价格合理的服务,不得强迫市场主体接受不合理的服务条件,不得以任何名义收取不合理费用。各地区应当优化报装流程,在国家规定的报装办理时限内确定并公开具体办理时间。

政府有关部门应当加强对公用企事业单位运营的监督管理。

第二十九条 行业协会商会应当依照法律、法规和章程,加强行业自律,及时反映行业诉求,为市场主体提供信息咨询、宣传培训、市场拓展、权益保护、纠纷处理等方面的服务。

国家依法严格规范行业协会商会的收费、评比、认证等行为。

第三十条 国家加强社会信用体系建设,持续推进政务诚信、商务诚信、社会诚信和司法公信建设,提高全社会诚信意识和信用水平,维护信用信息安全,严格保护商业秘密和个人隐私。

第三十一条 地方各级人民政府及其有关部门应当履行向市场主体依法作出的政策承诺以及依法订立的各类合同,不得以行政区划调整、政府换届、机构或者职能调整以及相关责任人更替等为由违约毁约。因国家利益、社会公共利益需要改变政策承诺、合同约定的,应当依照法定权限和程序进行,并依法对市场主体因此受到的损失予以补偿。

第三十二条 国家机关、事业单位不得违约拖欠市场主体的货物、工程、服务等账款,大型企业不得利用优势地位拖欠中小企业账款。

县级以上人民政府及其有关部门应当加大对国家机关、事业单位拖欠市场主体账款的清理力度,并通过加强预算管理、严格责任追究等措施,建立防范和治理国家机关、事业单位拖欠市场主体账款的长效机制。

第三十三条 政府有关部门应当优化市场主体注销办理流程,精简申请材料、压缩办理时间、降低注销成本。对设立后未开展生产经营活动或者无债权债务的市场主体,可以按照简易程序办理注销。对有债权债务的市场主体,在债权债务依法解决后及时办理注销。

县级以上地方人民政府应当根据需要建立企业破产工作协调机制,协调解决企业破产过程中涉及的有关问题。

第四章 政 务 服 务

第三十四条 政府及其有关部门应当进一步增强服务意识,切实转变工作作风,为市场主体提供规范、便利、高效的政务服务。

第三十五条 政府及其有关部门应当推进政务服务标准化,按照减环节、减材料、减时限的要求,编制并向社会公开政务服务事项(包括行政权力事项和公共服务事项,下同)标准化工作流程和办事指南,细化量化政务服务标准,压缩自由裁量权,推进同一事项实行无差别受理、同标准办理。没有法律、法规、规章依据,不得增设政务服务事项的办理条件和环节。

第三十六条 政府及其有关部门办理政务服务事项,应当根据实际情况,推行当场办结、一次办结、限时办结等制度,实现集中办理、就近办理、网上办理、异地可办。需要市场主体补正有关材料、手续的,应当一次性告知需要补正的内容;需要进行现场踏勘、现场核查、技术审查、听证论证的,应当及时安排、限时办结。

法律、法规、规章以及国家有关规定对政务服务事项办理时限有规定的,应当在规定的时限内尽快办结;没有规定的,应当按照合理、高效的原则确定办理时限并按时办结。各地区可以在国家规定的政务服务事项办理时限内进一步压减时间,并应当向社会公开;超过办理时间的,办理单位应当公开说明理由。

地方各级人民政府已设立政务服务大厅的,本行政区域内各类政务服务事项一般应当进驻政务服务大厅统一办理。对政务服务大厅中部门分设的服务窗口,应当创造条件整合为综合窗口,提供一站式服务。

第三十七条 国家加快建设全国一体化在线政务服务平台(以下称一体化在线平台),推动政务服务事项在全国范围内实现"一网通办"。除法律、法规另有规定或者涉及国家秘密等情形外,政务服务事项应当按照国务院确定的步骤,纳入一体化在线平台办理。

国家依托一体化在线平台,推动政务信息系统整合,优化政务流程,促进政务服务跨地区、跨部门、跨层级数据共享和业务协同。政府及其有关部门应当按照国家有关规定,提供数据共享服务,及时将有关政务服务数据上传至一体化在线平台,加强共享数据使用全过程管理,确保共享数据安全。

国家建立电子证照共享服务系统,实现电子证照跨地区、跨部门共享和全国范围内互信互认。各地区、各部门应当加强电子证照的推广应用。

各地区、各部门应当推动政务服务大厅与政务服务平台全面对接融合。市场主体有权自主选择政务服务办理渠道,行政机关不得限定办理渠道。

第三十八条 政府及其有关部门应当通过政府网站、一体化在线平台,集中公布涉及市场主体的法律、法规、规章、行政规范性文件和各类政策措施,并通过多种途径和方式加强宣传解读。

第三十九条 国家严格控制新设行政许可。新设行政许可应当按照行政许可法和国务院的规定严格设定标准,并进行合法性、必要性和合理性审查论证。对通过事中事后监管或者市场机制能够解决以及行政许可法和国务院规定不得设立行政许可的事项,一律不得设立行政许可,严禁以备案、登记、注册、目录、规划、年检、年报、监制、认定、认证、审定以及其他任何形式变相设定或者实施行政许可。

法律、行政法规和国务院决定对相关管理事项已作出规定,但未采取行政许可管理方式的,地方不得就该事项设定行政许可。对相关管理事项尚未制定法律、行政法规的,地方可以依法就该事项设定行政许可。

第四十条 国家实行行政许可清单管理制度,适时调整行政许可清单并向社会公布,清单之外不得违法实施行政许可。

国家大力精简已有行政许可。对已取消的行政许可,行政机关不得继续实施或者变相实施,不得转由行业协会商会或者其他组织实施。

对实行行政许可管理的事项,行政机关应当通过整合实施、下放审批层级等多种方式,优化审批服务,提高审批效率,减轻市场主体负担。符合相关条件和要求的,可以按照有关规定采取告知承诺的方式办理。

第四十一条 县级以上地方人民政府应当深化投资审批制度改革,根据项目性质、投资规模等分类规范投资审批程序,精简审批要件,简化技术审查事项,强化项目决策与用地、规划等建设条件落实的协同,实行与相关审批在线并联办理。

第四十二条 设区的市级以上地方人民政府应当按照国家有关规定,优化工程建设项目(不包括特殊工程和交通、水利、能源等领域的重大工程)审批流程,推行并联审批、多图联审、联合竣工验收等方式,简化审批手续,提高审批效能。

在依法设立的开发区、新区和其他有条件的区域,按照国家有关规定推行区域评估,由设区的市级以上地方人民政府组织对一定区域内压覆重要矿产资源、地质灾害危险性等事项进行统一评估,不再对区域内的市场主体单独提出评估要求。区域评估的费用不得由市场主体承担。

第四十三条 作为办理行政审批条件的中介服务事项(以下称法定行政审批中介服务)应当有法律、法规或者国务院决定依据；没有依据的，不得作为办理行政审批的条件。中介服务机构应当明确办理法定行政审批中介服务的条件、流程、时限、收费标准，并向社会公开。

国家加快推进中介服务机构与行政机关脱钩。行政机关不得为市场主体指定或者变相指定中介服务机构；除法定行政审批中介服务外，不得强制或者变相强制市场主体接受中介服务。行政机关所属事业单位、主管的社会组织及其举办的企业不得开展与本机关所负责行政审批相关的中介服务，法律、行政法规另有规定的除外。

行政机关在行政审批过程中需要委托中介服务机构开展技术性服务的，应当通过竞争性方式选择中介服务机构，并自行承担服务费用，不得转嫁给市场主体承担。

第四十四条 证明事项应当有法律、法规或者国务院决定依据。

设定证明事项，应当坚持确有必要、从严控制的原则。对通过法定证照、法定文书、书面告知承诺、政府部门内部核查和部门间核查、网络核验、合同凭证等能够办理，能够被其他材料涵盖或者替代，以及开具单位无法调查核实的，不得设定证明事项。

政府有关部门应当公布证明事项清单，逐项列明设定依据、索要单位、开具单位、办理指南等。清单之外，政府部门、公用企事业单位和服务机构不得索要证明。各地区、各部门之间应当加强证明的互认共享，避免重复索要证明。

第四十五条 政府及其有关部门应当按照国家促进跨境贸易便利化的有关要求，依法削减进出口环节审批事项，取消不必要的监管要求，优化简化通关流程，提高通关效率，清理规范口岸收费，降低通关成本，推动口岸和国际贸易领域相关业务统一通过国际贸易"单一窗口"办理。

第四十六条 税务机关应当精简办税资料和流程，简并申报缴税次数，公开涉税事项办理时限，压减办税时间，加大推广使用电子发票的力度，逐步实现全程网上办税，持续优化纳税服务。

第四十七条 不动产登记机构应当按照国家有关规定,加强部门协作,实行不动产登记、交易和缴税一窗受理、并行办理,压缩办理时间,降低办理成本。在国家规定的不动产登记时限内,各地区应当确定并公开具体办理时间。

国家推动建立统一的动产和权利担保登记公示系统,逐步实现市场主体在一个平台上办理动产和权利担保登记。纳入统一登记公示系统的动产和权利范围另行规定。

第四十八条 政府及其有关部门应当按照构建亲清新型政商关系的要求,建立畅通有效的政企沟通机制,采取多种方式及时听取市场主体的反映和诉求,了解市场主体生产经营中遇到的困难和问题,并依法帮助其解决。

建立政企沟通机制,应当充分尊重市场主体意愿,增强针对性和有效性,不得干扰市场主体正常生产经营活动,不得增加市场主体负担。

第四十九条 政府及其有关部门应当建立便利、畅通的渠道,受理有关营商环境的投诉和举报。

第五十条 新闻媒体应当及时、准确宣传优化营商环境的措施和成效,为优化营商环境创造良好舆论氛围。

国家鼓励对营商环境进行舆论监督,但禁止捏造虚假信息或者歪曲事实进行不实报道。

第五章 监 管 执 法

第五十一条 政府有关部门应当严格按照法律法规和职责,落实监管责任,明确监管对象和范围、厘清监管事权,依法对市场主体进行监管,实现监管全覆盖。

第五十二条 国家健全公开透明的监管规则和标准体系。国务院有关部门应当分领域制定全国统一、简明易行的监管规则和标准,并向社会公开。

第五十三条 政府及其有关部门应当按照国家关于加快构建以信用为基础的新型监管机制的要求,创新和完善信用监管,强化信用监管的支撑保障,加强信用监管的组织实施,不断提升信用监管效能。

第五十四条 国家推行"双随机、一公开"监管,除直接涉及公共安全和人民群众生命健康等特殊行业、重点领域外,市场监管领域的行政检查应当通过随机抽取检查对象、随机选派执法检查人员、抽查事项及查处结果及时向社会公开的方式进行。针对同一检查对象的多个检查事项,应当尽可能合并或者纳入跨部门联合抽查范围。

对直接涉及公共安全和人民群众生命健康等特殊行业、重点领域,依法依规实行全覆盖的重点监管,并严格规范重点监管的程序;对通过投诉举报、转办交办、数据监测等发现的问题,应当有针对性地进行检查并依法依规处理。

第五十五条 政府及其有关部门应当按照鼓励创新的原则,对新技术、新产业、新业态、新模式等实行包容审慎监管,针对其性质、特点分类制定和实行相应的监管规则和标准,留足发展空间,同时确保质量和安全,不得简单化予以禁止或者不予监管。

第五十六条 政府及其有关部门应当充分运用互联网、大数据等技术手段,依托国家统一建立的在线监管系统,加强监管信息归集共享和关联整合,推行以远程监管、移动监管、预警防控为特征的非现场监管,提升监管的精准化、智能化水平。

第五十七条 国家建立健全跨部门、跨区域行政执法联动响应和协作机制,实现违法线索互联、监管标准互通、处理结果互认。

国家统筹配置行政执法职能和执法资源,在相关领域推行综合行政执法,整合精简执法队伍,减少执法主体和执法层级,提高基层执法能力。

第五十八条 行政执法机关应当按照国家有关规定,全面落实行政执法公示、行政执法全过程记录和重大行政执法决定法制审核制度,实现行政执法信息及时准确公示、行政执法全过程留痕和可回溯管理、重大行政执法决定法制审核全覆盖。

第五十九条 行政执法中应当推广运用说服教育、劝导示范、行政指导等非强制性手段,依法慎重实施行政强制。采用非强制性手段能够达到行政管理目的的,不得实施行政强制;违法行为情节轻微或者社会危害较小的,可以不实施行政强制;确需实施行政强制的,应当尽可能减少对市场主体正常生产经营活动的影响。

开展清理整顿、专项整治等活动，应当严格依法进行，除涉及人民群众生命安全、发生重特大事故或者举办国家重大活动，并报经有权机关批准外，不得在相关区域采取要求相关行业、领域的市场主体普遍停产、停业的措施。

禁止将罚没收入与行政执法机关利益挂钩。

第六十条 国家健全行政执法自由裁量基准制度，合理确定裁量范围、种类和幅度，规范行政执法自由裁量权的行使。

第六章 法治保障

第六十一条 国家根据优化营商环境需要，依照法定权限和程序及时制定或者修改、废止有关法律、法规、规章、行政规范性文件。

优化营商环境的改革措施涉及调整实施现行法律、行政法规等有关规定的，依照法定程序经有权机关授权后，可以先行先试。

第六十二条 制定与市场主体生产经营活动密切相关的行政法规、规章、行政规范性文件，应当按照国务院的规定，充分听取市场主体、行业协会商会的意见。

除依法需要保密外，制定与市场主体生产经营活动密切相关的行政法规、规章、行政规范性文件，应当通过报纸、网络等向社会公开征求意见，并建立健全意见采纳情况反馈机制。向社会公开征求意见的期限一般不少于30日。

第六十三条 制定与市场主体生产经营活动密切相关的行政法规、规章、行政规范性文件，应当按照国务院的规定进行公平竞争审查。

制定涉及市场主体权利义务的行政规范性文件，应当按照国务院的规定进行合法性审核。

市场主体认为地方性法规同行政法规相抵触，或者认为规章同法律、行政法规相抵触的，可以向国务院书面提出审查建议，由有关机关按照规定程序处理。

第六十四条 没有法律、法规或者国务院决定和命令依据的，行政规范性文件不得减损市场主体合法权益或者增加其义务，不得设置市场准入和退出条件，不得干预市场主体正常生产经营活动。

涉及市场主体权利义务的行政规范性文件应当按照法定要求和程序予以公布,未经公布的不得作为行政管理依据。

第六十五条 制定与市场主体生产经营活动密切相关的行政法规、规章、行政规范性文件,应当结合实际,确定是否为市场主体留出必要的适应调整期。

政府及其有关部门应当统筹协调、合理把握规章、行政规范性文件等的出台节奏,全面评估政策效果,避免因政策叠加或者相互不协调对市场主体正常生产经营活动造成不利影响。

第六十六条 国家完善调解、仲裁、行政裁决、行政复议、诉讼等有机衔接、相互协调的多元化纠纷解决机制,为市场主体提供高效、便捷的纠纷解决途径。

第六十七条 国家加强法治宣传教育,落实国家机关普法责任制,提高国家工作人员依法履职能力,引导市场主体合法经营、依法维护自身合法权益,不断增强全社会的法治意识,为营造法治化营商环境提供基础性支撑。

第六十八条 政府及其有关部门应当整合律师、公证、司法鉴定、调解、仲裁等公共法律服务资源,加快推进公共法律服务体系建设,全面提升公共法律服务能力和水平,为优化营商环境提供全方位法律服务。

第六十九条 政府和有关部门及其工作人员有下列情形之一的,依法依规追究责任:

(一)违法干预应当由市场主体自主决策的事项;

(二)制定或者实施政策措施不依法平等对待各类市场主体;

(三)违反法定权限、条件、程序对市场主体的财产和企业经营者个人财产实施查封、冻结和扣押等行政强制措施;

(四)在法律、法规规定之外要求市场主体提供财力、物力或者人力;

(五)没有法律、法规依据,强制或者变相强制市场主体参加评比、达标、表彰、培训、考核、考试以及类似活动,或者借前述活动向市场主体收费或者变相收费;

(六)违法设立或者在目录清单之外执行政府性基金、涉企行政事业性收费、涉企保证金；

（七）不履行向市场主体依法作出的政策承诺以及依法订立的各类合同，或者违约拖欠市场主体的货物、工程、服务等账款；

（八）变相设定或者实施行政许可，继续实施或者变相实施已取消的行政许可，或者转由行业协会商会或者其他组织实施已取消的行政许可；

（九）为市场主体指定或者变相指定中介服务机构，或者违法强制市场主体接受中介服务；

（十）制定与市场主体生产经营活动密切相关的行政法规、规章、行政规范性文件时，不按照规定听取市场主体、行业协会商会的意见；

（十一）其他不履行优化营商环境职责或者损害营商环境的情形。

第七十条　公用企事业单位有下列情形之一的，由有关部门责令改正，依法追究法律责任：

（一）不向社会公开服务标准、资费标准、办理时限等信息；

（二）强迫市场主体接受不合理的服务条件；

（三）向市场主体收取不合理费用。

第七十一条　行业协会商会、中介服务机构有下列情形之一的，由有关部门责令改正，依法追究法律责任：

（一）违法开展收费、评比、认证等行为；

（二）违法干预市场主体加入或者退出行业协会商会等社会组织；

（三）没有法律、法规依据，强制或者变相强制市场主体参加评比、达标、表彰、培训、考核、考试以及类似活动，或者借前述活动向市场主体收费或者变相收费；

（四）不向社会公开办理法定行政审批中介服务的条件、流程、时限、收费标准；

（五）违法强制或者变相强制市场主体接受中介服务。

第七章　附　　则

第七十二条　本条例自2020年1月1日起施行。

促进个体工商户发展条例

(2022年9月26日国务院第190次常务会议通过 2022年10月1日国务院令第755号公布 自2022年11月1日起施行)

第一条 为了鼓励、支持和引导个体经济健康发展,维护个体工商户合法权益,稳定和扩大城乡就业,充分发挥个体工商户在国民经济和社会发展中的重要作用,制定本条例。

第二条 有经营能力的公民在中华人民共和国境内从事工商业经营,依法登记为个体工商户的,适用本条例。

第三条 促进个体工商户发展工作坚持中国共产党的领导,发挥党组织在个体工商户发展中的引领作用和党员先锋模范作用。

个体工商户中的党组织和党员按照中国共产党章程的规定开展党的活动。

第四条 个体经济是社会主义市场经济的重要组成部分,个体工商户是重要的市场主体,在繁荣经济、增加就业、推动创业创新、方便群众生活等方面发挥着重要作用。

国家持续深化简政放权、放管结合、优化服务改革,优化营商环境,积极扶持、加强引导、依法规范,为个体工商户健康发展创造有利条件。

第五条 国家对个体工商户实行市场平等准入、公平待遇的原则。

第六条 个体工商户可以个人经营,也可以家庭经营。个体工商户的财产权、经营自主权等合法权益受法律保护,任何单位和个人不得侵害或者非法干预。

第七条 国务院建立促进个体工商户发展部际联席会议制度,研究并推进实施促进个体工商户发展的重大政策措施,统筹协调促进个体工商户发展工作中的重大事项。

国务院市场监督管理部门会同有关部门加强对促进个体工商户发展工作的宏观指导、综合协调和监督检查。

第八条 国务院发展改革、财政、人力资源社会保障、住房城乡建设、商务、金融、税务、市场监督管理等有关部门在各自职责范围内研究制定税费支持、创业扶持、职业技能培训、社会保障、金融服务、登记注册、权益保护等方面的政策措施,做好促进个体工商户发展工作。

第九条 县级以上地方人民政府应当将促进个体工商户发展纳入本级国民经济和社会发展规划,结合本行政区域个体工商户发展情况制定具体措施并组织实施,为个体工商户发展提供支持。

第十条 国家加强个体工商户发展状况监测分析,定期开展抽样调查、监测统计和活跃度分析,强化个体工商户发展信息的归集、共享和运用。

第十一条 市场主体登记机关应当为个体工商户提供依法合规、规范统一、公开透明、便捷高效的登记服务。

第十二条 国务院市场监督管理部门应当根据个体工商户发展特点,改革完善个体工商户年度报告制度,简化内容、优化流程,提供简易便捷的年度报告服务。

第十三条 个体工商户可以自愿变更经营者或者转型为企业。变更经营者的,可以直接向市场主体登记机关申请办理变更登记。涉及有关行政许可的,行政许可部门应当简化手续,依法为个体工商户提供便利。

个体工商户变更经营者或者转型为企业的,应当结清依法应缴纳的税款等,对原有债权债务作出妥善处理,不得损害他人的合法权益。

第十四条 国家加强个体工商户公共服务平台体系建设,为个体工商户提供法律政策、市场供求、招聘用工、创业培训、金融支持等信息服务。

第十五条 依法成立的个体劳动者协会在市场监督管理部门指导下,充分发挥桥梁纽带作用,推动个体工商户党的建设,为个体工商户提供服务,维护个体工商户合法权益,引导个体工商户诚信自律。

个体工商户自愿加入个体劳动者协会。

第十六条 政府及其有关部门在制定相关政策措施时,应当充分听取个体工商户以及相关行业组织的意见,不得违反规定在资质许可、项目申报、政府采购、招标投标等方面对个体工商户制定或者实施歧视性政策措施。

第十七条 县级以上地方人民政府应当结合本行政区域实际情况,根据个体工商户的行业类型、经营规模、经营特点等,对个体工商户实施分型分类培育和精准帮扶。

第十八条 县级以上地方人民政府应当采取有效措施,为个体工商户增加经营场所供给,降低经营场所使用成本。

第十九条 国家鼓励和引导创业投资机构和社会资金支持个体工商户发展。

县级以上地方人民政府应当充分发挥各类资金作用,为个体工商户在创业创新、贷款融资、职业技能培训等方面提供资金支持。

第二十条 国家实行有利于个体工商户发展的财税政策。

县级以上地方人民政府及其有关部门应当严格落实相关财税支持政策,确保精准、及时惠及个体工商户。

第二十一条 国家推动建立和完善个体工商户信用评价体系,鼓励金融机构开发和提供适合个体工商户发展特点的金融产品和服务,扩大个体工商户贷款规模和覆盖面,提高贷款精准性和便利度。

第二十二条 县级以上地方人民政府应当支持个体工商户参加社会保险,对符合条件的个体工商户给予相应的支持。

第二十三条 县级以上地方人民政府应当完善创业扶持政策,支持个体工商户参加职业技能培训,鼓励各类公共就业服务机构为个体工商户提供招聘用工服务。

第二十四条 县级以上地方人民政府应当结合城乡社区服务体系建设,支持个体工商户在社区从事与居民日常生活密切相关的经营活动,满足居民日常生活消费需求。

第二十五条 国家引导和支持个体工商户加快数字化发展、实现线上线下一体化经营。

平台经营者应当在入驻条件、服务规则、收费标准等方面,为个体工商户线上经营提供支持,不得利用服务协议、平台规则、数据算法、技术等手段,对平台内个体工商户进行不合理限制、附加不合理条件或者收取不合理费用。

第二十六条　国家加大对个体工商户的字号、商标、专利、商业秘密等权利的保护力度。

国家鼓励和支持个体工商户提升知识产权的创造运用水平、增强市场竞争力。

第二十七条　县级以上地方人民政府制定实施城乡建设规划及城市和交通管理、市容环境治理、产业升级等相关政策措施,应当充分考虑个体工商户经营需要和实际困难,实施引导帮扶。

第二十八条　各级人民政府对因自然灾害、事故灾难、公共卫生事件、社会安全事件等原因造成经营困难的个体工商户,结合实际情况及时采取纾困帮扶措施。

第二十九条　政府及其有关部门按照国家有关规定,对个体工商户先进典型进行表彰奖励,不断提升个体工商户经营者的荣誉感。

第三十条　任何单位和个人不得违反法律法规和国家有关规定向个体工商户收费或者变相收费,不得擅自扩大收费范围或者提高收费标准,不得向个体工商户集资、摊派,不得强行要求个体工商户提供赞助或者接受有偿服务。

任何单位和个人不得诱导、强迫劳动者登记注册为个体工商户。

第三十一条　机关、企业事业单位不得要求个体工商户接受不合理的付款期限、方式、条件和违约责任等交易条件,不得违约拖欠个体工商户账款,不得通过强制个体工商户接受商业汇票等非现金支付方式变相拖欠账款。

第三十二条　县级以上地方人民政府应当提升个体工商户发展质量,不得将个体工商户数量增长率、年度报告率等作为绩效考核评价指标。

第三十三条　个体工商户对违反本条例规定、侵害自身合法权益的行为,有权向有关部门投诉、举报。

县级以上地方人民政府及其有关部门应当畅通投诉、举报途径,并依法及时处理。

第三十四条　个体工商户应当依法经营、诚实守信,自觉履行劳动用工、安全生产、食品安全、职业卫生、环境保护、公平竞争等方面的法定义务。

对涉及公共安全和人民群众生命健康等重点领域,有关行政部门应当加强监督管理,维护良好市场秩序。

第三十五条 个体工商户开展经营活动违反有关法律规定的,有关行政部门应当按照教育和惩戒相结合、过罚相当的原则,依法予以处理。

第三十六条 政府及其有关部门的工作人员在促进个体工商户发展工作中不履行或者不正确履行职责,损害个体工商户合法权益,造成严重后果的,依法依规给予处分;构成犯罪的,依法追究刑事责任。

第三十七条 香港特别行政区、澳门特别行政区永久性居民中的中国公民,台湾地区居民可以按照国家有关规定,申请登记为个体工商户。

第三十八条 省、自治区、直辖市可以结合本行政区域实际情况,制定促进个体工商户发展的具体办法。

第三十九条 本条例自2022年11月1日起施行。《个体工商户条例》同时废止。

公平竞争审查条例

(2024年5月11日国务院第32次常务会议通过 2024年6月6日国务院令第783号公布 自2024年8月1日起施行)

第一章 总 则

第一条 为了规范公平竞争审查工作,促进市场公平竞争,优化营商环境,建设全国统一大市场,根据《中华人民共和国反垄断法》等法律,制定本条例。

第二条　起草涉及经营者经济活动的法律、行政法规、地方性法规、规章、规范性文件以及具体政策措施(以下统称政策措施),行政机关和法律、法规授权的具有管理公共事务职能的组织(以下统称起草单位)应当依照本条例规定开展公平竞争审查。

第三条　公平竞争审查工作坚持中国共产党的领导,贯彻党和国家路线方针政策和决策部署。

国家加强公平竞争审查工作,保障各类经营者依法平等使用生产要素、公平参与市场竞争。

第四条　国务院建立公平竞争审查协调机制,统筹、协调和指导全国公平竞争审查工作,研究解决公平竞争审查工作中的重大问题,评估全国公平竞争审查工作情况。

第五条　县级以上地方人民政府应当建立健全公平竞争审查工作机制,保障公平竞争审查工作力量,并将公平竞争审查工作经费纳入本级政府预算。

第六条　国务院市场监督管理部门负责指导实施公平竞争审查制度,督促有关部门和地方开展公平竞争审查工作。

县级以上地方人民政府市场监督管理部门负责在本行政区域组织实施公平竞争审查制度。

第七条　县级以上人民政府将公平竞争审查工作情况纳入法治政府建设、优化营商环境等考核评价内容。

第二章　审查标准

第八条　起草单位起草的政策措施,不得含有下列限制或者变相限制市场准入和退出的内容:

(一)对市场准入负面清单以外的行业、领域、业务等违法设置审批程序;

(二)违法设置或者授予特许经营权;

(三)限定经营、购买或者使用特定经营者提供的商品或者服务(以下统称商品);

(四)设置不合理或者歧视性的准入、退出条件;

(五)其他限制或者变相限制市场准入和退出的内容。

第九条　起草单位起草的政策措施,不得含有下列限制商品、要素自由流动的内容:

(一)限制外地或者进口商品、要素进入本地市场,或者阻碍本地经营者迁出,商品、要素输出;

(二)排斥、限制、强制或者变相强制外地经营者在本地投资经营或者设立分支机构;

(三)排斥、限制或者变相限制外地经营者参加本地政府采购、招标投标;

(四)对外地或者进口商品、要素设置歧视性收费项目、收费标准、价格或者补贴;

(五)在资质标准、监管执法等方面对外地经营者在本地投资经营设置歧视性要求;

(六)其他限制商品、要素自由流动的内容。

第十条　起草单位起草的政策措施,没有法律、行政法规依据或者未经国务院批准,不得含有下列影响生产经营成本的内容:

(一)给予特定经营者税收优惠;

(二)给予特定经营者选择性、差异化的财政奖励或者补贴;

(三)给予特定经营者要素获取、行政事业性收费、政府性基金、社会保险费等方面的优惠;

(四)其他影响生产经营成本的内容。

第十一条　起草单位起草的政策措施,不得含有下列影响生产经营行为的内容:

(一)强制或者变相强制经营者实施垄断行为,或者为经营者实施垄断行为提供便利条件;

(二)超越法定权限制定政府指导价、政府定价,为特定经营者提供优惠价格;

(三)违法干预实行市场调节价的商品、要素的价格水平;

(四)其他影响生产经营行为的内容。

第十二条　起草单位起草的政策措施,具有或者可能具有排除、限制竞争效果,但符合下列情形之一,且没有对公平竞争影响更小的替代方案,并能够确定合理的实施期限或者终止条件的,可以出台:

（一）为维护国家安全和发展利益的；

（二）为促进科学技术进步、增强国家自主创新能力的；

（三）为实现节约能源、保护环境、救灾救助等社会公共利益的；

（四）法律、行政法规规定的其他情形。

第三章 审查机制

第十三条 拟由部门出台的政策措施，由起草单位在起草阶段开展公平竞争审查。

拟由多个部门联合出台的政策措施，由牵头起草单位在起草阶段开展公平竞争审查。

第十四条 拟由县级以上人民政府出台或者提请本级人民代表大会及其常务委员会审议的政策措施，由本级人民政府市场监督管理部门会同起草单位在起草阶段开展公平竞争审查。起草单位应当开展初审，并将政策措施草案和初审意见送市场监督管理部门审查。

第十五条 国家鼓励有条件的地区探索建立跨区域、跨部门的公平竞争审查工作机制。

第十六条 开展公平竞争审查，应当听取有关经营者、行业协会商会等利害关系人关于公平竞争影响的意见。涉及社会公众利益的，应当听取社会公众意见。

第十七条 开展公平竞争审查，应当按照本条例规定的审查标准，在评估对公平竞争影响后，作出审查结论。

适用本条例第十二条规定的，应当在审查结论中详细说明。

第十八条 政策措施未经公平竞争审查，或者经公平竞争审查认为违反本条例第八条至第十一条规定且不符合第十二条规定情形的，不得出台。

第十九条 有关部门和单位、个人对在公平竞争审查过程中知悉的国家秘密、商业秘密和个人隐私，应当依法予以保密。

第四章 监督保障

第二十条 国务院市场监督管理部门强化公平竞争审查工作监督保障，建立健全公平竞争审查抽查、举报处理、督查等机制。

第二十一条 市场监督管理部门建立健全公平竞争审查抽查机制，组织对有关政策措施开展抽查，经核查发现违反本条例规定的，应当督促起草单位进行整改。

市场监督管理部门应当向本级人民政府报告抽查情况，抽查结果可以向社会公开。

第二十二条 对违反本条例规定的政策措施，任何单位和个人可以向市场监督管理部门举报。市场监督管理部门接到举报后，应当及时处理或者转送有关部门处理。

市场监督管理部门应当向社会公开受理举报的电话、信箱或者电子邮件地址。

第二十三条 国务院定期对县级以上地方人民政府公平竞争审查工作机制建设情况、公平竞争审查工作开展情况、举报处理情况等开展督查。国务院市场监督管理部门负责具体实施。

第二十四条 起草单位未依照本条例规定开展公平竞争审查，经市场监督管理部门督促，逾期仍未整改的，上一级市场监督管理部门可以对其负责人进行约谈。

第二十五条 未依照本条例规定开展公平竞争审查，造成严重不良影响的，对起草单位直接负责的主管人员和其他直接责任人员依法给予处分。

第五章 附 则

第二十六条 国务院市场监督管理部门根据本条例制定公平竞争审查的具体实施办法。

第二十七条 本条例自 2024 年 8 月 1 日起施行。

保障中小企业款项支付条例

(2020年7月5日国务院令第728号公布　2025年3月17日国务院令第802号修订　自2025年6月1日起施行)

第一章　总　　则

第一条　为了促进机关、事业单位和大型企业及时支付中小企业款项，维护中小企业合法权益，优化营商环境，根据《中华人民共和国中小企业促进法》等法律，制定本条例。

第二条　机关、事业单位和大型企业采购货物、工程、服务支付中小企业款项，应当遵守本条例。

第三条　本条例所称中小企业，是指在中华人民共和国境内依法设立，依据国务院批准的中小企业划分标准确定的中型企业、小型企业和微型企业；所称大型企业，是指中小企业以外的企业。

中小企业、大型企业依合同订立时的企业规模类型确定。中小企业与机关、事业单位、大型企业订立合同时，应当主动告知其属于中小企业。

第四条　保障中小企业款项支付工作，应当贯彻落实党和国家的路线方针政策、决策部署，坚持支付主体负责、行业规范自律、政府依法监管、社会协同监督的原则，依法防范和治理拖欠中小企业款项问题。

第五条　国务院负责中小企业促进工作综合管理的部门对保障中小企业款项支付工作进行综合协调、监督检查。国务院发展改革、财政、住房城乡建设、交通运输、水利、金融管理、国有资产监管、市场监督管理等有关部门应当按照职责分工，负责保障中小企业款项支付相关工作。

省、自治区、直辖市人民政府对本行政区域内保障中小企业款项支付工作负总责，加强组织领导、统筹协调，健全制度机制。县级以上地方人民政府负责本行政区域内保障中小企业款项支付的管理工作。

县级以上地方人民政府负责中小企业促进工作综合管理的部门和发展改革、财政、住房城乡建设、交通运输、水利、金融管理、国有资产监管、市场监督管理等有关部门应当按照职责分工，负责保障中小企业款项支付相关工作。

第六条 有关行业协会商会应当按照法律法规和组织章程，加强行业自律管理，规范引导本行业大型企业履行及时支付中小企业款项义务，不得利用优势地位拖欠中小企业款项，为中小企业提供信息咨询、权益保护、纠纷处理等方面的服务，保护中小企业合法权益。

鼓励大型企业公开承诺向中小企业采购货物、工程、服务的付款期限与方式。

第七条 机关、事业单位和大型企业不得要求中小企业接受不合理的付款期限、方式、条件和违约责任等交易条件，不得拖欠中小企业的货物、工程、服务款项。

中小企业应当依法经营，诚实守信，按照合同约定提供合格的货物、工程和服务。

第二章　款项支付规定

第八条 机关、事业单位使用财政资金从中小企业采购货物、工程、服务，应当严格按照批准的预算执行，不得无预算、超预算开展采购。

政府投资项目所需资金应当按照国家有关规定确保落实到位，不得由施工单位垫资建设。

第九条 机关、事业单位从中小企业采购货物、工程、服务，应当自货物、工程、服务交付之日起30日内支付款项；合同另有约定的，从其约定，但付款期限最长不得超过60日。

大型企业从中小企业采购货物、工程、服务，应当自货物、工程、服务交付之日起60日内支付款项；合同另有约定的，从其约定，但应当按照行业规范、交易习惯合理约定付款期限并及时支付款项，不得约定以收到第三方付款作为向中小企业支付款项的条件或者按照第三方付款进度比例支付中小企业款项。

法律、行政法规或者国家有关规定对本条第一款、第二款付款期限另有规定的,从其规定。

合同约定采取履行进度结算、定期结算等结算方式的,付款期限应当自双方确认结算金额之日起算。

第十条 机关、事业单位和大型企业与中小企业约定以货物、工程、服务交付后经检验或者验收合格作为支付中小企业款项条件的,付款期限应当自检验或者验收合格之日起算。

合同双方应当在合同中约定明确、合理的检验或者验收期限,并在该期限内完成检验或者验收,法律、行政法规或者国家有关规定对检验或者验收期限另有规定的,从其规定。机关、事业单位和大型企业拖延检验或者验收的,付款期限自约定的检验或者验收期限届满之日起算。

第十一条 机关、事业单位和大型企业使用商业汇票、应收账款电子凭证等非现金支付方式支付中小企业款项的,应当在合同中作出明确、合理约定,不得强制中小企业接受商业汇票、应收账款电子凭证等非现金支付方式,不得利用商业汇票、应收账款电子凭证等非现金支付方式变相延长付款期限。

第十二条 机关、事业单位和国有大型企业不得强制要求以审计机关的审计结果作为结算依据,法律、行政法规另有规定的除外。

第十三条 除依法设立的投标保证金、履约保证金、工程质量保证金、农民工工资保证金外,工程建设中不得以任何形式收取其他保证金。保证金的收取比例、方式应当符合法律、行政法规和国家有关规定。

机关、事业单位和大型企业不得将保证金限定为现金。中小企业以金融机构出具的保函等提供保证的,机关、事业单位和大型企业应当接受。

机关、事业单位和大型企业应当依法或者按照合同约定,在保证期限届满后及时与中小企业对收取的保证金进行核算并退还。

第十四条 机关、事业单位和大型企业不得以法定代表人或者主要负责人变更,履行内部付款流程,或者在合同未作约定的情况下以等待竣工验收备案、决算审计等为由,拒绝或者迟延支付中小企业款项。

第十五条 机关、事业单位和大型企业与中小企业的交易,部分存在争议但不影响其他部分履行的,对于无争议部分应当履行及时付款义务。

第十六条 鼓励、引导、支持商业银行等金融机构增加对中小企业的信贷投放,降低中小企业综合融资成本,为中小企业以应收账款、知识产权、政府采购合同、存货、机器设备等为担保品的融资提供便利。

中小企业以应收账款融资的,机关、事业单位和大型企业应当自中小企业提出确权请求之日起 30 日内确认债权债务关系,支持中小企业融资。

第十七条 机关、事业单位和大型企业迟延支付中小企业款项的,应当支付逾期利息。双方对逾期利息的利率有约定的,约定利率不得低于合同订立时 1 年期贷款市场报价利率;未作约定的,按照每日利率万分之五支付逾期利息。

第十八条 机关、事业单位应当于每年 3 月 31 日前将上一年度逾期尚未支付中小企业款项的合同数量、金额等信息通过网站、报刊等便于公众知晓的方式公开。

大型企业应当将逾期尚未支付中小企业款项的合同数量、金额等信息纳入企业年度报告,依法通过国家企业信用信息公示系统向社会公示。

第十九条 大型企业应当将保障中小企业款项支付工作情况,纳入企业风险控制与合规管理体系,并督促其全资或者控股子公司及时支付中小企业款项。

第二十条 机关、事业单位和大型企业及其工作人员不得以任何形式对提出付款请求或者投诉的中小企业及其工作人员进行恐吓、打击报复。

第三章 监督管理

第二十一条 县级以上人民政府及其有关部门通过监督检查、函询约谈、督办通报、投诉处理等措施,加大对机关、事业单位和大型企业拖欠中小企业款项的清理力度。

第二十二条 县级以上地方人民政府部门应当每年定期将上一年度逾期尚未支付中小企业款项情况按程序报告本级人民政府。事业单位、国有大型企业应当每年定期将上一年度逾期尚未支付中小企业款项情况按程序报其主管部门或者监管部门。

县级以上地方人民政府应当每年定期听取本行政区域内保障中小企业款项支付工作汇报,加强督促指导,研究解决突出问题。

第二十三条 省级以上人民政府建立督查制度,对保障中小企业款项支付工作进行监督检查,对政策落实不到位、工作推进不力的部门和地方人民政府主要负责人进行约谈。

县级以上人民政府负责中小企业促进工作综合管理的部门对拖欠中小企业款项的机关、事业单位和大型企业,可以进行函询约谈,对情节严重的,予以督办通报,必要时可以会同拖欠单位上级机关、行业主管部门、监管部门联合进行。

第二十四条 省级以上人民政府负责中小企业促进工作综合管理的部门(以下统称受理投诉部门)应当建立便利畅通的渠道,受理对机关、事业单位和大型企业拖欠中小企业款项的投诉。

国务院负责中小企业促进工作综合管理的部门建立国家统一的拖欠中小企业款项投诉平台,加强投诉处理机制建设,与相关部门、地方人民政府信息共享、协同配合。

第二十五条 受理投诉部门应当按照"属地管理、分级负责,谁主管谁负责、谁监管谁负责"的原则,自正式受理之日起10个工作日内,按程序将投诉转交有关部门或者地方人民政府指定的部门(以下统称处理投诉部门)处理。

处理投诉部门应当自收到投诉材料之日起30日内形成处理结果,以书面形式反馈投诉人,并反馈受理投诉部门。情况复杂或者有其他特殊原因的,经部门负责人批准,可适当延长,但处理期限最长不得超过90日。

被投诉人应当配合处理投诉部门工作。处理投诉部门应当督促被投诉人及时反馈情况。被投诉人未及时反馈或者未按规定反馈的,处理投诉部门应当向其发出督办书;收到督办书仍拒不配合的,处理投诉部门可以约谈、通报被投诉人,并责令整改。

投诉人应当与被投诉人存在合同关系,不得虚假、恶意投诉。

受理投诉部门和处理投诉部门的工作人员,对在履行职责中获悉的国家秘密、商业秘密和个人信息负有保密义务。

第二十六条 机关、事业单位和大型企业拖欠中小企业款项依法依规被认定为失信的,受理投诉部门和有关部门按程序将有关失信情况记入相关主体信用记录。情节严重或者造成严重不良社会影响的,将相关信息纳入全国信用信息共享平台和国家企业信用信息公示系统,向社会公示;对机关、事业单位在公务消费、办公用房、经费安排等方面采取必要的限制措施,对大型企业在财政资金支持、投资项目审批、融资获取、市场准入、资质评定、评优评先等方面依法依规予以限制。

第二十七条 审计机关依法对机关、事业单位和国有大型企业支付中小企业款项情况实施审计监督。

第二十八条 国家依法开展中小企业发展环境评估和营商环境评价时,应当将保障中小企业款项支付工作情况纳入评估和评价内容。

第二十九条 国务院负责中小企业促进工作综合管理的部门依据国务院批准的中小企业划分标准,建立企业规模类型测试平台,提供中小企业规模类型自测服务。

对中小企业规模类型有争议的,可以向主张为中小企业一方所在地的县级以上地方人民政府负责中小企业促进工作综合管理的部门申请认定。人力资源社会保障、市场监督管理、统计等相关部门应当应认定部门的请求,提供必要的协助。

第三十条 国家鼓励法律服务机构为与机关、事业单位和大型企业存在支付纠纷的中小企业提供公益法律服务。

新闻媒体应当开展对保障中小企业款项支付相关法律法规政策的公益宣传,依法加强对机关、事业单位和大型企业拖欠中小企业款项行为的舆论监督。

第四章 法 律 责 任

第三十一条 机关、事业单位违反本条例,有下列情形之一的,由

其上级机关、主管部门责令改正;拒不改正的,对负有责任的领导人员和直接责任人员依法给予处分:

(一)未在规定的期限内支付中小企业货物、工程、服务款项;

(二)拖延检验、验收;

(三)强制中小企业接受商业汇票、应收账款电子凭证等非现金支付方式,或者利用商业汇票、应收账款电子凭证等非现金支付方式变相延长付款期限;

(四)没有法律、行政法规依据,要求以审计机关的审计结果作为结算依据;

(五)违法收取保证金,拒绝接受中小企业以金融机构出具的保函等提供保证,或者不及时与中小企业对保证金进行核算并退还;

(六)以法定代表人或者主要负责人变更,履行内部付款流程,或者在合同未作约定的情况下以等待竣工验收备案、决算审计等为由,拒绝或者迟延支付中小企业款项;

(七)未按照规定公开逾期尚未支付中小企业款项信息。

第三十二条 机关、事业单位有下列情形之一的,依法追究责任:

(一)使用财政资金从中小企业采购货物、工程、服务,未按照批准的预算执行;

(二)要求施工单位对政府投资项目垫资建设。

第三十三条 国有大型企业拖欠中小企业款项,造成不良后果或者影响的,对负有责任的国有企业管理人员依法给予处分。

国有大型企业没有法律、行政法规依据,要求以审计机关的审计结果作为结算依据的,由其监管部门责令改正;拒不改正的,对负有责任的国有企业管理人员依法给予处分。

第三十四条 大型企业违反本条例,未按照规定在企业年度报告中公示逾期尚未支付中小企业款项信息或者隐瞒真实情况、弄虚作假的,由市场监督管理部门依法处理。

第三十五条 机关、事业单位和大型企业及其工作人员对提出付款请求或者投诉的中小企业及其工作人员进行恐吓、打击报复,或者有其他滥用职权、玩忽职守、徇私舞弊行为的,对负有责任的领导人员和直接责任人员依法给予处分或者处罚;构成犯罪的,依法追究刑事责任。

第五章 附 则

第三十六条 部分或者全部使用财政资金的团体组织采购货物、工程、服务支付中小企业款项,参照本条例对机关、事业单位的有关规定执行。

军队采购货物、工程、服务支付中小企业款项,按照军队的有关规定执行。

第三十七条 本条例自2025年6月1日起施行。

中华人民共和国市场主体登记管理条例

(2021年7月27日国务院令第746号公布
自2022年3月1日起施行)

第一章 总 则

第一条 为了规范市场主体登记管理行为,推进法治化市场建设,维护良好市场秩序和市场主体合法权益,优化营商环境,制定本条例。

第二条 本条例所称市场主体,是指在中华人民共和国境内以营利为目的从事经营活动的下列自然人、法人及非法人组织:

(一)公司、非公司企业法人及其分支机构;

(二)个人独资企业、合伙企业及其分支机构;

(三)农民专业合作社(联合社)及其分支机构;

(四)个体工商户;

(五)外国公司分支机构;

(六)法律、行政法规规定的其他市场主体。

第三条 市场主体应当依照本条例办理登记。未经登记,不得以市场主体名义从事经营活动。法律、行政法规规定无需办理登记的除外。

市场主体登记包括设立登记、变更登记和注销登记。

第四条　市场主体登记管理应当遵循依法合规、规范统一、公开透明、便捷高效的原则。

第五条　国务院市场监督管理部门主管全国市场主体登记管理工作。

县级以上地方人民政府市场监督管理部门主管本辖区市场主体登记管理工作，加强统筹指导和监督管理。

第六条　国务院市场监督管理部门应当加强信息化建设，制定统一的市场主体登记数据和系统建设规范。

县级以上地方人民政府承担市场主体登记工作的部门（以下称登记机关）应当优化市场主体登记办理流程，提高市场主体登记效率，推行当场办结、一次办结、限时办结等制度，实现集中办理、就近办理、网上办理、异地可办，提升市场主体登记便利化程度。

第七条　国务院市场监督管理部门和国务院有关部门应当推动市场主体登记信息与其他政府信息的共享和运用，提升政府服务效能。

第二章　登　记　事　项

第八条　市场主体的一般登记事项包括：

（一）名称；

（二）主体类型；

（三）经营范围；

（四）住所或者主要经营场所；

（五）注册资本或者出资额；

（六）法定代表人、执行事务合伙人或者负责人姓名。

除前款规定外，还应当根据市场主体类型登记下列事项：

（一）有限责任公司股东、股份有限公司发起人、非公司企业法人出资人的姓名或者名称；

（二）个人独资企业的投资人姓名及居所；

（三）合伙企业的合伙人名称或者姓名、住所、承担责任方式；

（四）个体工商户的经营者姓名、住所、经营场所；

（五）法律、行政法规规定的其他事项。

第九条 市场主体的下列事项应当向登记机关办理备案：

（一）章程或者合伙协议；

（二）经营期限或者合伙期限；

（三）有限责任公司股东或者股份有限公司发起人认缴的出资数额，合伙企业合伙人认缴或者实际缴付的出资数额、缴付期限和出资方式；

（四）公司董事、监事、高级管理人员；

（五）农民专业合作社（联合社）成员；

（六）参加经营的个体工商户家庭成员姓名；

（七）市场主体登记联络员、外商投资企业法律文件送达接受人；

（八）公司、合伙企业等市场主体受益所有人相关信息；

（九）法律、行政法规规定的其他事项。

第十条 市场主体只能登记一个名称，经登记的市场主体名称受法律保护。

市场主体名称由申请人依法自主申报。

第十一条 市场主体只能登记一个住所或者主要经营场所。

电子商务平台内的自然人经营者可以根据国家有关规定，将电子商务平台提供的网络经营场所作为经营场所。

省、自治区、直辖市人民政府可以根据有关法律、行政法规的规定和本地区实际情况，自行或者授权下级人民政府对住所或者主要经营场所作出更加便利市场主体从事经营活动的具体规定。

第十二条 有下列情形之一的，不得担任公司、非公司企业法人的法定代表人：

（一）无民事行为能力或者限制民事行为能力；

（二）因贪污、贿赂、侵占财产、挪用财产或者破坏社会主义市场经济秩序被判处刑罚，执行期满未逾5年，或者因犯罪被剥夺政治权利，执行期满未逾5年；

（三）担任破产清算的公司、非公司企业法人的法定代表人、董事或者厂长、经理，对破产负有个人责任的，自破产清算完结之日起未逾

3年；

（四）担任因违法被吊销营业执照、责令关闭的公司、非公司企业法人的法定代表人，并负有个人责任的，自被吊销营业执照之日起未逾3年；

（五）个人所负数额较大的债务到期未清偿；

（六）法律、行政法规规定的其他情形。

第十三条 除法律、行政法规或者国务院决定另有规定外，市场主体的注册资本或者出资额实行认缴登记制，以人民币表示。

出资方式应当符合法律、行政法规的规定。公司股东、非公司企业法人出资人、农民专业合作社（联合社）成员不得以劳务、信用、自然人姓名、商誉、特许经营权或者设定担保的财产等作价出资。

第十四条 市场主体的经营范围包括一般经营项目和许可经营项目。经营范围中属于在登记前依法须经批准的许可经营项目，市场主体应当在申请登记时提交有关批准文件。

市场主体应当按照登记机关公布的经营项目分类标准办理经营范围登记。

第三章 登记规范

第十五条 市场主体实行实名登记。申请人应当配合登记机关核验身份信息。

第十六条 申请办理市场主体登记，应当提交下列材料：

（一）申请书；

（二）申请人资格文件、自然人身份证明；

（三）住所或者主要经营场所相关文件；

（四）公司、非公司企业法人、农民专业合作社（联合社）章程或者合伙企业合伙协议；

（五）法律、行政法规和国务院市场监督管理部门规定提交的其他材料。

国务院市场监督管理部门应当根据市场主体类型分别制定登记材料清单和文书格式样本，通过政府网站、登记机关服务窗口等向社会公开。

登记机关能够通过政务信息共享平台获取的市场主体登记相关信息,不得要求申请人重复提供。

第十七条 申请人应当对提交材料的真实性、合法性和有效性负责。

第十八条 申请人可以委托其他自然人或者中介机构代其办理市场主体登记。受委托的自然人或者中介机构代为办理登记事宜应当遵守有关规定,不得提供虚假信息和材料。

第十九条 登记机关应当对申请材料进行形式审查。对申请材料齐全、符合法定形式的予以确认并当场登记。不能当场登记的,应当在3个工作日内予以登记;情形复杂的,经登记机关负责人批准,可以再延长3个工作日。

申请材料不齐全或者不符合法定形式的,登记机关应当一次性告知申请人需要补正的材料。

第二十条 登记申请不符合法律、行政法规规定,或者可能危害国家安全、社会公共利益的,登记机关不予登记并说明理由。

第二十一条 申请人申请市场主体设立登记,登记机关依法予以登记的,签发营业执照。营业执照签发日期为市场主体的成立日期。

法律、行政法规或者国务院决定规定设立市场主体须经批准的,应当在批准文件有效期内向登记机关申请登记。

第二十二条 营业执照分为正本和副本,具有同等法律效力。

电子营业执照与纸质营业执照具有同等法律效力。

营业执照样式、电子营业执照标准由国务院市场监督管理部门统一制定。

第二十三条 市场主体设立分支机构,应当向分支机构所在地的登记机关申请登记。

第二十四条 市场主体变更登记事项,应当自作出变更决议、决定或者法定变更事项发生之日起30日内向登记机关申请变更登记。

市场主体变更登记事项属于依法须经批准的,申请人应当在批准文件有效期内向登记机关申请变更登记。

第二十五条 公司、非公司企业法人的法定代表人在任职期间发生本条例第十二条所列情形之一的,应当向登记机关申请变更登记。

第二十六条　市场主体变更经营范围,属于依法须经批准的项目的,应当自批准之日起30日内申请变更登记。许可证或者批准文件被吊销、撤销或者有效期届满的,应当自许可证或者批准文件被吊销、撤销或者有效期届满之日起30日内向登记机关申请变更登记或者办理注销登记。

第二十七条　市场主体变更住所或者主要经营场所跨登记机关辖区的,应当在迁入新的住所或者主要经营场所前,向迁入地登记机关申请变更登记。迁出地登记机关无正当理由不得拒绝移交市场主体档案等相关材料。

第二十八条　市场主体变更登记涉及营业执照记载事项的,登记机关应当及时为市场主体换发营业执照。

第二十九条　市场主体变更本条例第九条规定的备案事项的,应当自作出变更决议、决定或者法定变更事项发生之日起30日内向登记机关办理备案。农民专业合作社(联合社)成员发生变更的,应当自本会计年度终了之日起90日内向登记机关办理备案。

第三十条　因自然灾害、事故灾难、公共卫生事件、社会安全事件等原因造成经营困难的,市场主体可以自主决定在一定时期内歇业。法律、行政法规另有规定的除外。

市场主体应当在歇业前与职工依法协商劳动关系处理等有关事项。

市场主体应当在歇业前向登记机关办理备案。登记机关通过国家企业信用信息公示系统向社会公示歇业期限、法律文书送达地址等信息。

市场主体歇业的期限最长不得超过3年。市场主体在歇业期间开展经营活动的,视为恢复营业,市场主体应当通过国家企业信用信息公示系统向社会公示。

市场主体歇业期间,可以以法律文书送达地址代替住所或者主要经营场所。

第三十一条　市场主体因解散、被宣告破产或者其他法定事由需要终止的,应当依法向登记机关申请注销登记。经登记机关注销登记,市场主体终止。

市场主体注销依法须经批准的,应当经批准后向登记机关申请注销登记。

第三十二条　市场主体注销登记前依法应当清算的,清算组应当自成立之日起10日内将清算组成员、清算组负责人名单通过国家企业信用信息公示系统公告。清算组可以通过国家企业信用信息公示系统发布债权人公告。

清算组应当自清算结束之日起30日内向登记机关申请注销登记。市场主体申请注销登记前,应当依法办理分支机构注销登记。

第三十三条　市场主体未发生债权债务或者已将债权债务清偿完结,未发生或者已结清清偿费用、职工工资、社会保险费用、法定补偿金、应缴纳税款(滞纳金、罚款),并由全体投资人书面承诺对上述情况的真实性承担法律责任的,可以按照简易程序办理注销登记。

市场主体应当将承诺书及注销登记申请通过国家企业信用信息公示系统公示,公示期为20日。在公示期内无相关部门、债权人及其他利害关系人提出异议的,市场主体可以于公示期届满之日起20日内向登记机关申请注销登记。

个体工商户按照简易程序办理注销登记的,无需公示,由登记机关将个体工商户的注销登记申请推送至税务等有关部门,有关部门在10日内没有提出异议的,可以直接办理注销登记。

市场主体注销依法须经批准的,或者市场主体被吊销营业执照、责令关闭、撤销,或者被列入经营异常名录的,不适用简易注销程序。

第三十四条　人民法院裁定强制清算或者裁定宣告破产的,有关清算组、破产管理人可以持人民法院终结强制清算程序的裁定或者终结破产程序的裁定,直接向登记机关申请办理注销登记。

第四章　监　督　管　理

第三十五条　市场主体应当按照国家有关规定公示年度报告和登记相关信息。

第三十六条　市场主体应当将营业执照置于住所或者主要经营场所的醒目位置。从事电子商务经营的市场主体应当在其首页显著位置持续公示营业执照信息或者相关链接标识。

第三十七条 任何单位和个人不得伪造、涂改、出租、出借、转让营业执照。

营业执照遗失或者毁坏的,市场主体应当通过国家企业信用信息公示系统声明作废,申请补领。

登记机关依法作出变更登记、注销登记和撤销登记决定的,市场主体应当缴回营业执照。拒不缴回或者无法缴回营业执照的,由登记机关通过国家企业信用信息公示系统公告营业执照作废。

第三十八条 登记机关应当根据市场主体的信用风险状况实施分级分类监管。

登记机关应当采取随机抽取检查对象、随机选派执法检查人员的方式,对市场主体登记事项进行监督检查,并及时向社会公开监督检查结果。

第三十九条 登记机关对市场主体涉嫌违反本条例规定的行为进行查处,可以行使下列职权:

(一)进入市场主体的经营场所实施现场检查;

(二)查阅、复制、收集与市场主体经营活动有关的合同、票据、账簿以及其他资料;

(三)向与市场主体经营活动有关的单位和个人调查了解情况;

(四)依法责令市场主体停止相关经营活动;

(五)依法查询涉嫌违法的市场主体的银行账户;

(六)法律、行政法规规定的其他职权。

登记机关行使前款第四项、第五项规定的职权的,应当经登记机关主要负责人批准。

第四十条 提交虚假材料或者采取其他欺诈手段隐瞒重要事实取得市场主体登记的,受虚假市场主体登记影响的自然人、法人和其他组织可以向登记机关提出撤销市场主体登记的申请。

登记机关受理申请后,应当及时开展调查。经调查认定存在虚假市场主体登记情形的,登记机关应当撤销市场主体登记。相关市场主体和人员无法联系或者拒不配合的,登记机关可以将相关市场主体的登记时间、登记事项等通过国家企业信用信息公示系统向社会公示,公示期为45日。相关市场主体及其利害关系人在公示期内没有提出异议的,登记机关可以撤销市场主体登记。

因虚假市场主体登记被撤销的市场主体,其直接责任人自市场主体登记被撤销之日起3年内不得再次申请市场主体登记。登记机关应当通过国家企业信用信息公示系统予以公示。

第四十一条 有下列情形之一的,登记机关可以不予撤销市场主体登记:

(一)撤销市场主体登记可能对社会公共利益造成重大损害;

(二)撤销市场主体登记后无法恢复到登记前的状态;

(三)法律、行政法规规定的其他情形。

第四十二条 登记机关或者其上级机关认定撤销市场主体登记决定错误的,可以撤销该决定,恢复原登记状态,并通过国家企业信用信息公示系统公示。

第五章 法律责任

第四十三条 未经设立登记从事经营活动的,由登记机关责令改正,没收违法所得;拒不改正的,处1万元以上10万元以下的罚款;情节严重的,依法责令关闭停业,并处10万元以上50万元以下的罚款。

第四十四条 提交虚假材料或者采取其他欺诈手段隐瞒重要事实取得市场主体登记的,由登记机关责令改正,没收违法所得,并处5万元以上20万元以下的罚款;情节严重的,处20万元以上100万元以下的罚款,吊销营业执照。

第四十五条 实行注册资本实缴登记制的市场主体虚报注册资本取得市场主体登记的,由登记机关责令改正,处虚报注册资本金额5%以上15%以下的罚款;情节严重的,吊销营业执照。

实行注册资本实缴登记制的市场主体的发起人、股东虚假出资,未交付或者未按期交付作为出资的货币或者非货币财产的,或者在市场主体成立后抽逃出资的,由登记机关责令改正,处虚假出资金额5%以上15%以下的罚款。

第四十六条 市场主体未依照本条例办理变更登记的,由登记机关责令改正;拒不改正的,处1万元以上10万元以下的罚款;情节严重的,吊销营业执照。

第四十七条 市场主体未依照本条例办理备案的,由登记机关责令改正;拒不改正的,处5万元以下的罚款。

第四十八条 市场主体未依照本条例将营业执照置于住所或者主要经营场所醒目位置的,由登记机关责令改正;拒不改正的,处3万元以下的罚款。

从事电子商务经营的市场主体未在其首页显著位置持续公示营业执照信息或者相关链接标识的,由登记机关依照《中华人民共和国电子商务法》处罚。

市场主体伪造、涂改、出租、出借、转让营业执照的,由登记机关没收违法所得,处10万元以下的罚款;情节严重的,处10万元以上50万元以下的罚款,吊销营业执照。

第四十九条 违反本条例规定的,登记机关确定罚款金额时,应当综合考虑市场主体的类型、规模、违法情节等因素。

第五十条 登记机关及其工作人员违反本条例规定未履行职责或者履行职责不当的,对直接负责的主管人员和其他直接责任人员依法给予处分。

第五十一条 违反本条例规定,构成犯罪的,依法追究刑事责任。

第五十二条 法律、行政法规对市场主体登记管理违法行为处罚另有规定的,从其规定。

第六章 附 则

第五十三条 国务院市场监督管理部门可以依照本条例制定市场主体登记和监督管理的具体办法。

第五十四条 无固定经营场所摊贩的管理办法,由省、自治区、直辖市人民政府根据当地实际情况另行规定。

第五十五条 本条例自2022年3月1日起施行。《中华人民共和国公司登记管理条例》、《中华人民共和国企业法人登记管理条例》、《中华人民共和国合伙企业登记管理办法》、《农民专业合作社登记管理条例》、《企业法人法定代表人登记管理规定》同时废止。

中华人民共和国商标法实施条例

(2002年8月3日国务院令第358号公布　2014年4月29日国务院令第651号修订　自2014年5月1日起施行)

第一章　总　　则

第一条　根据《中华人民共和国商标法》(以下简称商标法),制定本条例。

第二条　本条例有关商品商标的规定,适用于服务商标。

第三条　商标持有人依照商标法第十三条规定请求驰名商标保护的,应当提交其商标构成驰名商标的证据材料。商标局、商标评审委员会应当依照商标法第十四条的规定,根据审查、处理案件的需要以及当事人提交的证据材料,对其商标驰名情况作出认定。

第四条　商标法第十六条规定的地理标志,可以依照商标法和本条例的规定,作为证明商标或者集体商标申请注册。

以地理标志作为证明商标注册的,其商品符合使用该地理标志条件的自然人、法人或者其他组织可以要求使用该证明商标,控制该证明商标的组织应当允许。以地理标志作为集体商标注册的,其商品符合使用该地理标志条件的自然人、法人或者其他组织,可以要求参加以该地理标志作为集体商标注册的团体、协会或者其他组织,该团体、协会或者其他组织应当依据其章程接纳为会员;不要求参加以该地理标志作为集体商标注册的团体、协会或者其他组织的,也可以正当使用该地理标志,该团体、协会或者其他组织无权禁止。

第五条　当事人委托商标代理机构申请商标注册或者办理其他商标事宜,应当提交代理委托书。代理委托书应当载明代理内容及权限;外国人或者外国企业的代理委托书还应当载明委托人的国籍。

外国人或者外国企业的代理委托书及与其有关的证明文件的公证、认证手续,按照对等原则办理。

申请商标注册或者转让商标,商标注册申请人或者商标转让受让人为外国人或者外国企业的,应当在申请书中指定中国境内接收人负责接收商标局、商标评审委员会后继商标业务的法律文件。商标局、商标评审委员会后继商标业务的法律文件向中国境内接收人送达。

商标法第十八条所称外国人或者外国企业,是指在中国没有经常居所或者营业所的外国人或者外国企业。

第六条 申请商标注册或者办理其他商标事宜,应当使用中文。

依照商标法和本条例规定提交的各种证件、证明文件和证据材料是外文的,应当附送中文译文;未附送的,视为未提交该证件、证明文件或者证据材料。

第七条 商标局、商标评审委员会工作人员有下列情形之一的,应当回避,当事人或者利害关系人可以要求其回避:

(一)是当事人或者当事人、代理人的近亲属的;

(二)与当事人、代理人有其他关系,可能影响公正的;

(三)与申请商标注册或者办理其他商标事宜有利害关系的。

第八条 以商标法第二十二条规定的数据电文方式提交商标注册申请等有关文件,应当按照商标局或者商标评审委员会的规定通过互联网提交。

第九条 除本条例第十八条规定的情形外,当事人向商标局或者商标评审委员会提交文件或者材料的日期,直接递交的,以递交日为准;邮寄的,以寄出的邮戳日为准;邮戳日不清晰或者没有邮戳的,以商标局或者商标评审委员会实际收到日为准,但是当事人能够提出实际邮戳日证据的除外。通过邮政企业以外的快递企业递交的,以快递企业收寄日为准;收寄日不明确的,以商标局或者商标评审委员会实际收到日为准,但是当事人能够提出实际收寄日证据的除外。以数据电文方式提交的,以进入商标局或者商标评审委员会电子系统的日期为准。

当事人向商标局或者商标评审委员会邮寄文件,应当使用给据邮件。

当事人向商标局或者商标评审委员会提交文件,以书面方式提交的,以商标局或者商标评审委员会所存档案记录为准;以数据电文方式提交的,以商标局或者商标评审委员会数据库记录为准,但是当事人确有证据证明商标局或者商标评审委员会档案、数据库记录有错误的除外。

第十条 商标局或者商标评审委员会的各种文件,可以通过邮寄、直接递交、数据电文或者其他方式送达当事人;以数据电文方式送达当事人的,应当经当事人同意。当事人委托商标代理机构的,文件送达商标代理机构视为送达当事人。

商标局或者商标评审委员会向当事人送达各种文件的日期,邮寄的,以当事人收到的邮戳日为准;邮戳日不清晰或者没有邮戳的,自文件发出之日起满15日视为送达当事人,但是当事人能够证明实际收到日的除外;直接递交的,以递交日为准;以数据电文方式送达的,自文件发出之日起满15日视为送达当事人,但是当事人能够证明文件进入其电子系统日期的除外。文件通过上述方式无法送达的,可以通过公告方式送达,自公告发布之日起满30日,该文件视为送达当事人。

第十一条 下列期间不计入商标审查、审理期限:

(一)商标局、商标评审委员会文件公告送达的期间;

(二)当事人需要补充证据或者补正文件的期间以及因当事人更换需要重新答辩的期间;

(三)同日申请提交使用证据及协商、抽签需要的期间;

(四)需要等待优先权确定的期间;

(五)审查、审理过程中,依案件申请人的请求等待在先权利案件审理结果的期间。

第十二条 除本条第二款规定的情形外,商标法和本条例规定的各种期限开始的当日不计算在期限内。期限以年或者月计算的,以期限最后一月的相应日为期限届满日;该月无相应日的,以该月最后一日为期限届满日;期限届满日是节假日的,以节假日后的第一个工作日为期限届满日。

商标法第三十九条、第四十条规定的注册商标有效期从法定日开始起算,期限最后一月相应日的前一日为期限届满日,该月无相应日的,以该月最后一日为期限届满日。

第二章 商标注册的申请

第十三条 申请商标注册，应当按照公布的商品和服务分类表填报。每一件商标注册申请应当向商标局提交《商标注册申请书》1份、商标图样1份；以颜色组合或者着色图样申请商标注册的，应当提交着色图样，并提交黑白稿1份；不指定颜色的，应当提交黑白图样。

商标图样应当清晰，便于粘贴，用光洁耐用的纸张印制或者用照片代替，长和宽应当不大于10厘米，不小于5厘米。

以三维标志申请商标注册的，应当在申请书中予以声明，说明商标的使用方式，并提交能够确定三维形状的图样，提交的商标图样应当至少包含三面视图。

以颜色组合申请商标注册的，应当在申请书中予以声明，说明商标的使用方式。

以声音标志申请商标注册的，应当在申请书中予以声明，提交符合要求的声音样本，对申请注册的声音商标进行描述，说明商标的使用方式。对声音商标进行描述，应当以五线谱或者简谱对申请用作商标的声音加以描述并附加文字说明；无法以五线谱或者简谱描述的，应当以文字加以描述；商标描述与声音样本应当一致。

申请注册集体商标、证明商标的，应当在申请书中予以声明，并提交主体资格证明文件和使用管理规则。

商标为外文或者包含外文的，应当说明含义。

第十四条 申请商标注册的，申请人应当提交其身份证明文件。商标注册申请人的名义与所提交的证明文件应当一致。

前款关于申请人提交其身份证明文件的规定适用于向商标局提出的办理变更、转让、续展、异议、撤销等其他商标事宜。

第十五条 商品或者服务项目名称应当按照商品和服务分类表中的类别号、名称填写；商品或者服务项目名称未列入商品和服务分类表的，应当附送对该商品或者服务的说明。

商标注册申请等有关文件以纸质方式提出的，应当打字或者印刷。

本条第二款规定适用于办理其他商标事宜。

第十六条 共同申请注册同一商标或者办理其他共有商标事宜的,应当在申请书中指定一个代表人;没有指定代表人的,以申请书中顺序排列的第一人为代表人。

商标局和商标评审委员会的文件应当送达代表人。

第十七条 申请人变更其名义、地址、代理人、文件接收人或者删减指定的商品的,应当向商标局办理变更手续。

申请人转让其商标注册申请的,应当向商标局办理转让手续。

第十八条 商标注册的申请日期以商标局收到申请文件的日期为准。

商标注册申请手续齐备、按照规定填写申请文件并缴纳费用的,商标局予以受理并书面通知申请人;申请手续不齐备、未按照规定填写申请文件或者未缴纳费用的,商标局不予受理,书面通知申请人并说明理由。申请手续基本齐备或者申请文件基本符合规定,但是需要补正的,商标局通知申请人予以补正,限其自收到通知之日起30日内,按照指定内容补正并交回商标局。在规定期限内补正并交回商标局的,保留申请日期;期满未补正的或者不按照要求进行补正的,商标局不予受理并书面通知申请人。

本条第二款关于受理条件的规定适用于办理其他商标事宜。

第十九条 两个或者两个以上的申请人,在同一种商品或者类似商品上,分别以相同或者近似的商标在同一天申请注册的,各申请人应当自收到商标局通知之日起30日内提交其申请注册前在先使用该商标的证据。同日使用或者均未使用的,各申请人可以自收到商标局通知之日起30日内自行协商,并将书面协议报送商标局;不愿协商或者协商不成的,商标局通知各申请人以抽签的方式确定一个申请人,驳回其他人的注册申请。商标局已经通知但申请人未参加抽签的,视为放弃申请,商标局应当书面通知未参加抽签的申请人。

第二十条 依照商标法第二十五条规定要求优先权的,申请人提交的第一次提出商标注册申请文件的副本应当经受理该申请的商标主管机关证明,并注明申请日期和申请号。

第三章 商标注册申请的审查

第二十一条 商标局对受理的商标注册申请，依照商标法及本条例的有关规定进行审查，对符合规定或者在部分指定商品上使用商标的注册申请符合规定的，予以初步审定，并予以公告；对不符合规定或者在部分指定商品上使用商标的注册申请不符合规定的，予以驳回或者驳回在部分指定商品上使用商标的注册申请，书面通知申请人并说明理由。

第二十二条 商标局对一件商标注册申请在部分指定商品上予以驳回的，申请人可以将该申请中初步审定的部分申请分割成另一件申请，分割后的申请保留原申请的申请日期。

需要分割的，申请人应当自收到商标局《商标注册申请部分驳回通知书》之日起15日内，向商标局提出分割申请。

商标局收到分割申请后，应当将原申请分割为两件，对分割出来的初步审定申请生成新的申请号，并予以公告。

第二十三条 依照商标法第二十九条规定，商标局认为对商标注册申请内容需要说明或者修正的，申请人应当自收到商标局通知之日起15日内作出说明或者修正。

第二十四条 对商标局初步审定予以公告的商标提出异议的，异议人应当向商标局提交下列商标异议材料一式两份并标明正、副本：

（一）商标异议申请书；

（二）异议人的身份证明；

（三）以违反商标法第十三条第二款和第三款、第十五条、第十六条第一款、第三十条、第三十一条、第三十二条规定为由提出异议的，异议人作为在先权利人或者利害关系人的证明。

商标异议申请书应当有明确的请求和事实依据，并附送有关证据材料。

第二十五条 商标局收到商标异议申请书后，经审查，符合受理条件的，予以受理，向申请人发出受理通知书。

第二十六条 商标异议申请有下列情形的，商标局不予受理，书面通知申请人并说明理由：

(一)未在法定期限内提出的;

(二)申请人主体资格、异议理由不符合商标法第三十三条规定的;

(三)无明确的异议理由、事实和法律依据的;

(四)同一异议人以相同的理由、事实和法律依据针对同一商标再次提出异议申请的。

第二十七条 商标局应当将商标异议材料副本及时送交被异议人,限其自收到商标异议材料副本之日起30日内答辩。被异议人不答辩的,不影响商标局作出决定。

当事人需要在提出异议申请或者答辩后补充有关证据材料的,应当在商标异议申请书或者答辩书中声明,并自提交商标异议申请书或者答辩书之日起3个月内提交;期满未提交的,视为当事人放弃补充有关证据材料。但是,在期满后生成或者当事人有其他正当理由未能在期满前提交的证据,在期满后提交的,商标局将证据交对方当事人并质证后可以采信。

第二十八条 商标法第三十五条第三款和第三十六条第一款所称不予注册决定,包括在部分指定商品上不予注册决定。

被异议商标在商标局作出准予注册决定或者不予注册决定前已经刊发注册公告的,撤销该注册公告。经审查异议不成立而准予注册的,在准予注册决定生效后重新公告。

第二十九条 商标注册申请人或者商标注册人依照商标法第三十八条规定提出更正申请的,应当向商标局提交更正申请书。符合更正条件的,商标局核准后更正相关内容;不符合更正条件的,商标局不予核准,书面通知申请人并说明理由。

已经刊发初步审定公告或者注册公告的商标经更正的,刊发更正公告。

第四章 注册商标的变更、转让、续展

第三十条 变更商标注册人名义、地址或者其他注册事项的,应当向商标局提交变更申请书。变更商标注册人名义的,还应当提交有关登记机关出具的变更证明文件。商标局核准的,发给商标注册人相

应证明,并予以公告;不予核准的,应当书面通知申请人并说明理由。

变更商标注册人名义或者地址的,商标注册人应当将其全部注册商标一并变更;未一并变更的,由商标局通知其限期改正;期满未改正的,视为放弃变更申请,商标局应当书面通知申请人。

第三十一条　转让注册商标的,转让人和受让人应当向商标局提交转让注册商标申请书。转让注册商标申请手续应当由转让人和受让人共同办理。商标局核准转让注册商标申请的,发给受让人相应证明,并予以公告。

转让注册商标,商标注册人对其在同一种或者类似商品上注册的相同或者近似的商标未一并转让的,由商标局通知其限期改正;期满未改正的,视为放弃转让该注册商标的申请,商标局应当书面通知申请人。

第三十二条　注册商标专用权因转让以外的继承等其他事由发生移转的,接受该注册商标专用权的当事人应当凭有关证明文件或者法律文书到商标局办理注册商标专用权移转手续。

注册商标专用权移转的,注册商标专用权人在同一种或者类似商品上注册的相同或者近似的商标,应当一并移转;未一并移转的,由商标局通知其限期改正;期满未改正的,视为放弃该移转注册商标的申请,商标局应当书面通知申请人。

商标移转申请经核准的,予以公告。接受该注册商标专用权移转的当事人自公告之日起享有商标专用权。

第三十三条　注册商标需要续展注册的,应当向商标局提交商标续展注册申请书。商标局核准商标注册续展申请的,发给相应证明并予以公告。

第五章　商标国际注册

第三十四条　商标法第二十一条规定的商标国际注册,是指根据《商标国际注册马德里协定》(以下简称马德里协定)、《商标国际注册马德里协定有关议定书》(以下简称马德里议定书)及《商标国际注册马德里协定及该协定有关议定书的共同实施细则》的规定办理的马德里商标国际注册。

马德里商标国际注册申请包括以中国为原属国的商标国际注册申请、指定中国的领土延伸申请及其他有关的申请。

第三十五条 以中国为原属国申请商标国际注册的,应当在中国设有真实有效的营业所,或者在中国有住所,或者拥有中国国籍。

第三十六条 符合本条例第三十五条规定的申请人,其商标已在商标局获得注册的,可以根据马德里协定申请办理该商标的国际注册。

符合本条例第三十五条规定的申请人,其商标已在商标局获得注册,或者已向商标局提出商标注册申请并被受理的,可以根据马德里议定书申请办理该商标的国际注册。

第三十七条 以中国为原属国申请商标国际注册的,应当通过商标局向世界知识产权组织国际局(以下简称国际局)申请办理。

以中国为原属国的,与马德里协定有关的商标国际注册的后期指定、放弃、注销,应当通过商标局向国际局申请办理;与马德里协定有关的商标国际注册的转让、删减、变更、续展,可以通过商标局向国际局申请办理,也可以直接向国际局申请办理。

以中国为原属国的,与马德里议定书有关的商标国际注册的后期指定、转让、删减、放弃、注销、变更、续展,可以通过商标局向国际局申请办理,也可以直接向国际局申请办理。

第三十八条 通过商标局向国际局申请商标国际注册及办理其他有关申请的,应当提交符合国际局和商标局要求的申请书和相关材料。

第三十九条 商标国际注册申请指定的商品或者服务不得超出国内基础申请或者基础注册的商品或者服务的范围。

第四十条 商标国际注册申请手续不齐备或者未按照规定填写申请书的,商标局不予受理,申请日不予保留。

申请手续基本齐备或者申请书基本符合规定,但需要补正的,申请人应当自收到补正通知书之日起30日内予以补正,逾期未补正的,商标局不予受理,书面通知申请人。

第四十一条 通过商标局向国际局申请商标国际注册及办理其他有关申请的,应当按照规定缴纳费用。

申请人应当自收到商标局缴费通知单之日起 15 日内,向商标局缴纳费用。期满未缴纳的,商标局不受理其申请,书面通知申请人。

第四十二条 商标局在马德里协定或者马德里议定书规定的驳回期限(以下简称驳回期限)内,依照商标法和本条例的有关规定对指定中国的领土延伸申请进行审查,作出决定,并通知国际局。商标局在驳回期限内未发出驳回或者部分驳回通知的,该领土延伸申请视为核准。

第四十三条 指定中国的领土延伸申请人,要求将三维标志、颜色组合、声音标志作为商标保护或者要求保护集体商标、证明商标的,自该商标在国际局国际注册簿登记之日起 3 个月内,应当通过依法设立的商标代理机构,向商标局提交本条例第十三条规定的相关材料。未在上述期限内提交相关材料的,商标局驳回该领土延伸申请。

第四十四条 世界知识产权组织对商标国际注册有关事项进行公告,商标局不再另行公告。

第四十五条 对指定中国的领土延伸申请,自世界知识产权组织《国际商标公告》出版的次月 1 日起 3 个月内,符合商标法第三十三条规定条件的异议人可以向商标局提出异议申请。

商标局在驳回期限内将异议申请的有关情况以驳回决定的形式通知国际局。

被异议人可以自收到国际局转发的驳回通知书之日起 30 日内进行答辩,答辩书及相关证据材料应当通过依法设立的商标代理机构向商标局提交。

第四十六条 在中国获得保护的国际注册商标,有效期自国际注册日或者后期指定日起算。在有效期届满前,注册人可以向国际局申请续展,在有效期内未申请续展的,可以给予 6 个月的宽展期。商标局收到国际局的续展通知后,依法进行审查。国际局通知未续展的,注销该国际注册商标。

第四十七条 指定中国的领土延伸申请办理转让的,受让人应当在缔约方境内有真实有效的营业所,或者在缔约方境内有住所,或者是缔约方国民。

转让人未将其在相同或者类似商品或者服务上的相同或者近似

商标一并转让的,商标局通知注册人自发出通知之日起3个月内改正;期满未改正或者转让容易引起混淆或者有其他不良影响的,商标局作出该转让在中国无效的决定,并向国际局作出声明。

第四十八条 指定中国的领土延伸申请办理删减,删减后的商品或者服务不符合中国有关商品或者服务分类要求或者超出原指定商品或者服务范围的,商标局作出该删减在中国无效的决定,并向国际局作出声明。

第四十九条 依照商标法第四十九条第二款规定申请撤销国际注册商标,应当自该商标国际注册申请的驳回期限届满之日起满3年后向商标局提出申请;驳回期限届满时仍处在驳回复审或者异议相关程序的,应当自商标局或者商标评审委员会作出的准予注册决定生效之日起满3年后向商标局提出申请。

依照商标法第四十四条第一款规定申请宣告国际注册商标无效的,应当自该商标国际注册申请的驳回期限届满后向商标评审委员会提出申请;驳回期限届满时仍处在驳回复审或者异议相关程序的,应当自商标局或者商标评审委员会作出的准予注册决定生效后向商标评审委员会提出申请。

依照商标法第四十五条第一款规定申请宣告国际注册商标无效的,应当自该商标国际注册申请的驳回期限届满之日起5年内向商标评审委员会提出申请;驳回期限届满时仍处在驳回复审或者异议相关程序的,应当自商标局或者商标评审委员会作出的准予注册决定生效之日起5年内向商标评审委员会提出申请。对恶意注册的,驰名商标所有人不受5年的时间限制。

第五十条 商标法和本条例下列条款的规定不适用于办理商标国际注册相关事宜:

(一)商标法第二十八条、第三十五条第一款关于审查和审理期限的规定;

(二)本条例第二十二条、第三十条第二款;

(三)商标法第四十二条及本条例第三十一条关于商标转让由转让人和受让人共同申请并办理手续的规定。

第六章 商标评审

第五十一条 商标评审是指商标评审委员会依照商标法第三十四条、第三十五条、第四十四条、第四十五条、第五十四条的规定审理有关商标争议事宜。当事人向商标评审委员会提出商标评审申请，应当有明确的请求、事实、理由和法律依据，并提供相应证据。

商标评审委员会根据事实，依法进行评审。

第五十二条 商标评审委员会审理不服商标局驳回商标注册申请决定的复审案件，应当针对商标局的驳回决定和申请人申请复审的事实、理由、请求及评审时的事实状态进行审理。

商标评审委员会审理不服商标局驳回商标注册申请决定的复审案件，发现申请注册的商标有违反商标法第十条、第十一条、第十二条和第十六条第一款规定情形，商标局并未依据上述条款作出驳回决定的，可以依据上述条款作出驳回申请的复审决定。商标评审委员会作出复审决定前应当听取申请人的意见。

第五十三条 商标评审委员会审理不服商标局不予注册决定的复审案件，应当针对商标局的不予注册决定和申请人申请复审的事实、理由、请求及原异议人提出的意见进行审理。

商标评审委员会审理不服商标局不予注册决定的复审案件，应当通知原异议人参加并提出意见。原异议人的意见对案件审理结果有实质影响的，可以作为评审的依据；原异议人不参加或者不提出意见的，不影响案件的审理。

第五十四条 商标评审委员会审理依照商标法第四十四条、第四十五条规定请求宣告注册商标无效的案件，应当针对当事人申请和答辩的事实、理由及请求进行审理。

第五十五条 商标评审委员会审理不服商标局依照商标法第四十四条第一款规定作出宣告注册商标无效决定的复审案件，应当针对商标局的决定和申请人申请复审的事实、理由及请求进行审理。

第五十六条 商标评审委员会审理不服商标局依照商标法第四十九条规定作出撤销或者维持注册商标决定的复审案件，应当针对商标局作出撤销或者维持注册商标决定和当事人申请复审时所依据的事实、理由及请求进行审理。

第五十七条 申请商标评审,应当向商标评审委员会提交申请书,并按照对方当事人的数量提交相应份数的副本;基于商标局的决定书申请复审的,还应当同时附送商标局的决定书副本。

商标评审委员会收到申请书后,经审查,符合受理条件的,予以受理;不符合受理条件的,不予受理,书面通知申请人并说明理由;需要补正的,通知申请人自收到通知之日起30日内补正。经补正仍不符合规定的,商标评审委员会不予受理,书面通知申请人并说明理由;期满未补正的,视为撤回申请,商标评审委员会应当书面通知申请人。

商标评审委员会受理商标评审申请后,发现不符合受理条件的,予以驳回,书面通知申请人并说明理由。

第五十八条 商标评审委员会受理商标评审申请后应当及时将申请书副本送交对方当事人,限其自收到申请书副本之日起30日内答辩;期满未答辩的,不影响商标评审委员会的评审。

第五十九条 当事人需要在提出评审申请或者答辩后补充有关证据材料的,应当在申请书或者答辩书中声明,并自提交申请书或者答辩书之日起3个月内提交;期满未提交的,视为放弃补充有关证据材料。但是,在期满后生成或者当事人有其他正当理由未能在期满前提交的证据,在期满后提交的,商标评审委员会将证据交对方当事人并质证后可以采信。

第六十条 商标评审委员会根据当事人的请求或者实际需要,可以决定对评审申请进行口头审理。

商标评审委员会决定对评审申请进行口头审理的,应当在口头审理15日前书面通知当事人,告知口头审理的日期、地点和评审人员。当事人应当在通知书指定的期限内作出答复。

申请人不答复也不参加口头审理的,其评审申请视为撤回,商标评审委员会应当书面通知申请人;被申请人不答复也不参加口头审理的,商标评审委员会可以缺席评审。

第六十一条 申请人在商标评审委员会作出决定、裁定前,可以书面向商标评审委员会要求撤回申请并说明理由,商标评审委员会认为可以撤回的,评审程序终止。

第六十二条 申请人撤回商标评审申请的,不得以相同的事实和理由再次提出评审申请。商标评审委员会对商标评审申请已经作出裁定或者决定的,任何人不得以相同的事实和理由再次提出评审申请。但是,经不予注册复审程序予以核准注册后向商标评审委员会提起宣告注册商标无效的除外。

第七章 商标使用的管理

第六十三条 使用注册商标,可以在商品、商品包装、说明书或者其他附着物上标明"注册商标"或者注册标记。

注册标记包括㊟和Ⓡ。使用注册标记,应当标注在商标的右上角或者右下角。

第六十四条 《商标注册证》遗失或者破损的,应当向商标局提交补发《商标注册证》申请书。《商标注册证》遗失的,应当在《商标公告》上刊登遗失声明。破损的《商标注册证》,应当在提交补发申请时交回商标局。

商标注册人需要商标局补发商标变更、转让、续展证明,出具商标注册证明,或者商标申请人需要商标局出具优先权证明文件的,应当向商标局提交相应申请书。符合要求的,商标局发给相应证明;不符合要求的,商标局不予办理,通知申请人并告知理由。

伪造或者变造《商标注册证》或者其他商标证明文件的,依照刑法关于伪造、变造国家机关证件罪或者其他罪的规定,依法追究刑事责任。

第六十五条 有商标法第四十九条规定的注册商标成为其核定使用的商品通用名称情形的,任何单位或者个人可以向商标局申请撤销该注册商标,提交申请时应当附送证据材料。商标局受理后应当通知商标注册人,限其自收到通知之日起2个月内答辩;期满未答辩的,不影响商标局作出决定。

第六十六条 有商标法第四十九条规定的注册商标无正当理由连续3年不使用情形的,任何单位或者个人可以向商标局申请撤销该注册商标,提交申请时应当说明有关情况。商标局受理后应当通知商标注册人,限其自收到通知之日起2个月内提交该商标在撤销申请提出前使用的证据材料或者说明不使用的正当理由；期满未提供使用的证据材料或者证据材料无效并没有正当理由的，由商标局撤销其注册商标。

前款所称使用的证据材料，包括商标注册人使用注册商标的证据材料和商标注册人许可他人使用注册商标的证据材料。

以无正当理由连续3年不使用为由申请撤销注册商标的，应当自该注册商标注册公告之日起满3年后提出申请。

第六十七条 下列情形属于商标法第四十九条规定的正当理由：

（一）不可抗力；

（二）政府政策性限制；

（三）破产清算；

（四）其他不可归责于商标注册人的正当事由。

第六十八条 商标局、商标评审委员会撤销注册商标或者宣告注册商标无效，撤销或者宣告无效的理由仅及于部分指定商品的，对在该部分指定商品上使用的商标注册予以撤销或者宣告无效。

第六十九条 许可他人使用其注册商标的，许可人应当在许可合同有效期内向商标局备案并报送备案材料。备案材料应当说明注册商标使用许可人、被许可人、许可期限、许可使用的商品或者服务范围等事项。

第七十条 以注册商标专用权出质的，出质人与质权人应当签订书面质权合同，并共同向商标局提出质权登记申请，由商标局公告。

第七十一条 违反商标法第四十三条第二款规定的，由工商行政管理部门责令限期改正；逾期不改正的，责令停止销售，拒不停止销售的，处10万元以下的罚款。

第七十二条 商标持有人依照商标法第十三条规定请求驰名商标保护的，可以向工商行政管理部门提出请求。经商标局依照商标法第十四条规定认定为驰名商标的，由工商行政管理部门责令停止违反商标法第十三条规定使用商标的行为，收缴、销毁违法使用的商标标识；商标标识与商品难以分离的，一并收缴、销毁。

第七十三条 商标注册人申请注销其注册商标或者注销其商标在部分指定商品上的注册的，应当向商标局提交商标注销申请书，并交回原《商标注册证》。

商标注册人申请注销其注册商标或者注销其商标在部分指定商品上的注册,经商标局核准注销的,该注册商标专用权或者该注册商标专用权在该部分指定商品上的效力自商标局收到其注销申请之日起终止。

第七十四条 注册商标被撤销或者依照本条例第七十三条的规定被注销的,原《商标注册证》作废,并予以公告;撤销该商标在部分指定商品上的注册的,或者商标注册人申请注销其商标在部分指定商品上的注册的,重新核发《商标注册证》,并予以公告。

第八章　注册商标专用权的保护

第七十五条 为侵犯他人商标专用权提供仓储、运输、邮寄、印制、隐匿、经营场所、网络商品交易平台等,属于商标法第五十七条第六项规定的提供便利条件。

第七十六条 在同一种商品或者类似商品上将与他人注册商标相同或者近似的标志作为商品名称或者商品装潢使用,误导公众的,属于商标法第五十七条第二项规定的侵犯注册商标专用权的行为。

第七十七条 对侵犯注册商标专用权的行为,任何人可以向工商行政管理部门投诉或者举报。

第七十八条 计算商标法第六十条规定的违法经营额,可以考虑下列因素:

(一)侵权商品的销售价格;

(二)未销售侵权商品的标价;

(三)已查清侵权商品实际销售的平均价格;

(四)被侵权商品的市场中间价格;

(五)侵权人因侵权所产生的营业收入;

(六)其他能够合理计算侵权商品价值的因素。

第七十九条 下列情形属于商标法第六十条规定的能证明该商品是自己合法取得的情形:

(一)有供货单位合法签章的供货清单和货款收据且经查证属实或者供货单位认可的;

（二）有供销双方签订的进货合同且经查证已真实履行的；

（三）有合法进货发票且发票记载事项与涉案商品对应的；

（四）其他能够证明合法取得涉案商品的情形。

第八十条 销售不知道是侵犯注册商标专用权的商品，能证明该商品是自己合法取得并说明提供者的，由工商行政管理部门责令停止销售，并将案件情况通报侵权商品提供者所在地工商行政管理部门。

第八十一条 涉案注册商标权属正在商标局、商标评审委员会审理或者人民法院诉讼中，案件结果可能影响案件定性的，属于商标法第六十二条第三款规定的商标权属存在争议。

第八十二条 在查处商标侵权案件过程中，工商行政管理部门可以要求权利人对涉案商品是否为权利人生产或者其许可生产的产品进行辨认。

第九章 商 标 代 理

第八十三条 商标法所称商标代理，是指接受委托人的委托，以委托人的名义办理商标注册申请、商标评审或者其他商标事宜。

第八十四条 商标法所称商标代理机构，包括经工商行政管理部门登记从事商标代理业务的服务机构和从事商标代理业务的律师事务所。

商标代理机构从事商标局、商标评审委员会主管的商标事宜代理业务的，应当按照下列规定向商标局备案：

（一）交验工商行政管理部门的登记证明文件或者司法行政部门批准设立律师事务所的证明文件并留存复印件；

（二）报送商标代理机构的名称、住所、负责人、联系方式等基本信息；

（三）报送商标代理从业人员名单及联系方式。

工商行政管理部门应当建立商标代理机构信用档案。商标代理机构违反商标法或者本条例规定的，由商标局或者商标评审委员会予以公开通报，并记入其信用档案。

第八十五条 商标法所称商标代理从业人员，是指在商标代理机构中从事商标代理业务的工作人员。

商标代理从业人员不得以个人名义自行接受委托。

第八十六条　商标代理机构向商标局、商标评审委员会提交的有关申请文件，应当加盖该代理机构公章并由相关商标代理从业人员签字。

第八十七条　商标代理机构申请注册或者受让其代理服务以外的其他商标，商标局不予受理。

第八十八条　下列行为属于商标法第六十八条第一款第二项规定的以其他不正当手段扰乱商标代理市场秩序的行为：

（一）以欺诈、虚假宣传、引人误解或者商业贿赂等方式招徕业务的；

（二）隐瞒事实，提供虚假证据，或者威胁、诱导他人隐瞒事实，提供虚假证据的；

（三）在同一商标案件中接受有利益冲突的双方当事人委托的。

第八十九条　商标代理机构有商标法第六十八条规定行为的，由行为人所在地或者违法行为发生地县级以上工商行政管理部门进行查处并将查处情况通报商标局。

第九十条　商标局、商标评审委员会依照商标法第六十八条规定停止受理商标代理机构办理商标代理业务的，可以作出停止受理该商标代理机构商标代理业务6个月以上直至永久停止受理的决定。停止受理商标代理业务的期间届满，商标局、商标评审委员会应当恢复受理。

商标局、商标评审委员会作出停止受理或者恢复受理商标代理的决定应当在其网站予以公告。

第九十一条　工商行政管理部门应当加强对商标代理行业组织的监督和指导。

第十章　附　则

第九十二条　连续使用至1993年7月1日的服务商标，与他人在相同或者类似的服务上已注册的服务商标相同或者近似的，可以继续使用；但是，1993年7月1日后中断使用3年以上的，不得继续使用。

已连续使用至商标局首次受理新放开商品或者服务项目之日的

商标,与他人在新放开商品或者服务项目相同或者类似的商品或者服务上已注册的商标相同或者近似的,可以继续使用;但是,首次受理之日后中断使用3年以上的,不得继续使用。

第九十三条　商标注册用商品和服务分类表,由商标局制定并公布。

申请商标注册或者办理其他商标事宜的文件格式,由商标局、商标评审委员会制定并公布。

商标评审委员会的评审规则由国务院工商行政管理部门制定并公布。

第九十四条　商标局设置《商标注册簿》,记载注册商标及有关注册事项。

第九十五条　《商标注册证》及相关证明是权利人享有注册商标专用权的凭证。《商标注册证》记载的注册事项,应当与《商标注册簿》一致;记载不一致的,除有证据证明《商标注册簿》确有错误外,以《商标注册簿》为准。

第九十六条　商标局发布《商标公告》,刊发商标注册及其他有关事项。

《商标公告》采用纸质或者电子形式发布。

除送达公告外,公告内容自发布之日起视为社会公众已经知道或者应当知道。

第九十七条　申请商标注册或者办理其他商标事宜,应当缴纳费用。缴纳费用的项目和标准,由国务院财政部门、国务院价格主管部门分别制定。

第九十八条　本条例自2014年5月1日起施行。

中华人民共和国专利法实施细则

（2001年6月15日国务院令第306号公布　根据2002年12月28日《国务院关于修改〈中华人民共和国专利法实施细则〉的决定》第一次修订　根据2010年1月9日《国务院关于修改〈中华人民共和国专利法实施细则〉的决定》第二次修订　根据2023年12月11日《国务院关于修改〈中华人民共和国专利法实施细则〉的决定》第三次修订）

第一章　总　　则

第一条　根据《中华人民共和国专利法》（以下简称专利法），制定本细则。

第二条　专利法和本细则规定的各种手续，应当以书面形式或者国务院专利行政部门规定的其他形式办理。以电子数据交换等方式能够有形地表现所载内容，并可以随时调取查用的数据电文（以下统称电子形式），视为书面形式。

第三条　依照专利法和本细则规定提交的各种文件应当使用中文；国家有统一规定的科技术语的，应当采用规范词；外国人名、地名和科技术语没有统一中文译文的，应当注明原文。

依照专利法和本细则规定提交的各种证件和证明文件是外文的，国务院专利行政部门认为必要时，可以要求当事人在指定期限内附送中文译文；期满未附送的，视为未提交该证件和证明文件。

第四条　向国务院专利行政部门邮寄的各种文件，以寄出的邮戳日为递交日；邮戳日不清晰的，除当事人能够提出证明外，以国务院专利行政部门收到日为递交日。

以电子形式向国务院专利行政部门提交各种文件的，以进入国务院专利行政部门指定的特定电子系统的日期为递交日。

国务院专利行政部门的各种文件，可以通过电子形式、邮寄、直接送交或者其他方式送达当事人。当事人委托专利代理机构的,文件送交专利代理机构;未委托专利代理机构的,文件送交请求书中指明的联系人。

国务院专利行政部门邮寄的各种文件,自文件发出之日起满15日,推定为当事人收到文件之日。当事人提供证据能够证明实际收到文件的日期的,以实际收到日为准。

根据国务院专利行政部门规定应当直接送交的文件,以交付日为送达日。

文件送交地址不清,无法邮寄的,可以通过公告的方式送达当事人。自公告之日起满1个月,该文件视为已经送达。

国务院专利行政部门以电子形式送达的各种文件,以进入当事人认可的电子系统的日期为送达日。

第五条 专利法和本细则规定的各种期限开始的当日不计算在期限内,自下一日开始计算。期限以年或者月计算的,以其最后一月的相应日为期限届满日;该月无相应日的,以该月最后一日为期限届满日;期限届满日是法定休假日的,以休假日后的第一个工作日为期限届满日。

第六条 当事人因不可抗拒的事由而延误专利法或者本细则规定的期限或者国务院专利行政部门指定的期限,导致其权利丧失的,自障碍消除之日起2个月内且自期限届满之日起2年内,可以向国务院专利行政部门请求恢复权利。

除前款规定的情形外,当事人因其他正当理由延误专利法或者本细则规定的期限或者国务院专利行政部门指定的期限,导致其权利丧失的,可以自收到国务院专利行政部门的通知之日起2个月内向国务院专利行政部门请求恢复权利;但是,延误复审请求期限的,可以自复审请求期限届满之日起2个月内向国务院专利行政部门请求恢复权利。

当事人依照本条第一款或者第二款的规定请求恢复权利的,应当提交恢复权利请求书,说明理由,必要时附具有关证明文件,并办理权利丧失前应当办理的相应手续;依照本条第二款的规定请求恢复权利的,还应当缴纳恢复权利请求费。

当事人请求延长国务院专利行政部门指定的期限的,应当在期限届满前,向国务院专利行政部门提交延长期限请求书,说明理由,并办理有关手续。

本条第一款和第二款的规定不适用专利法第二十四条、第二十九条、第四十二条、第七十四条规定的期限。

第七条 专利申请涉及国防利益需要保密的,由国防专利机构受理并进行审查;国务院专利行政部门受理的专利申请涉及国防利益需要保密的,应当及时移交国防专利机构进行审查。经国防专利机构审查没有发现驳回理由的,由国务院专利行政部门作出授予国防专利权的决定。

国务院专利行政部门认为其受理的发明或者实用新型专利申请涉及国防利益以外的国家安全或者重大利益需要保密的,应当及时作出按照保密专利申请处理的决定,并通知申请人。保密专利申请的审查、复审以及保密专利权无效宣告的特殊程序,由国务院专利行政部门规定。

第八条 专利法第十九条所称在中国完成的发明或者实用新型,是指技术方案的实质性内容在中国境内完成的发明或者实用新型。

任何单位或者个人将在中国完成的发明或者实用新型向外国申请专利的,应当按照下列方式之一请求国务院专利行政部门进行保密审查:

(一)直接向外国申请专利或者向有关国外机构提交专利国际申请的,应当事先向国务院专利行政部门提出请求,并详细说明其技术方案;

(二)向国务院专利行政部门申请专利后拟向外国申请专利或者向有关国外机构提交专利国际申请的,应当在向外国申请专利或者向有关国外机构提交专利国际申请前向国务院专利行政部门提出请求。

向国务院专利行政部门提交专利国际申请的,视为同时提出了保密审查请求。

第九条 国务院专利行政部门收到依照本细则第八条规定递交的请求后,经过审查认为该发明或者实用新型可能涉及国家安全或者重大利益需要保密的,应当在请求递交日起2个月内向申请人发出保密审查通知;情况复杂的,可以延长2个月。

国务院专利行政部门依照前款规定通知进行保密审查的,应当在请求递交日起4个月内作出是否需要保密的决定,并通知申请人;情况复杂的,可以延长2个月。

第十条 专利法第五条所称违反法律的发明创造,不包括仅其实施为法律所禁止的发明创造。

第十一条 申请专利应当遵循诚实信用原则。提出各类专利申请应当以真实发明创造活动为基础,不得弄虚作假。

第十二条 除专利法第二十八条和第四十二条规定的情形外,专利法所称申请日,有优先权的,指优先权日。

本细则所称申请日,除另有规定的外,是指专利法第二十八条规定的申请日。

第十三条 专利法第六条所称执行本单位的任务所完成的职务发明创造,是指:

(一)在本职工作中作出的发明创造;

(二)履行本单位交付的本职工作之外的任务所作出的发明创造;

(三)退休、调离原单位后或者劳动、人事关系终止后1年内作出的,与其在原单位承担的本职工作或者原单位分配的任务有关的发明创造。

专利法第六条所称本单位,包括临时工作单位;专利法第六条所称本单位的物质技术条件,是指本单位的资金、设备、零部件、原材料或者不对外公开的技术信息和资料等。

第十四条 专利法所称发明人或者设计人,是指对发明创造的实质性特点作出创造性贡献的人。在完成发明创造过程中,只负责组织工作的人、为物质技术条件的利用提供方便的人或者从事其他辅助工作的人,不是发明人或者设计人。

第十五条 除依照专利法第十条规定转让专利权外,专利权因其他事由发生转移的,当事人应当凭有关证明文件或者法律文书向国务院专利行政部门办理专利权转移手续。

专利权人与他人订立的专利实施许可合同,应当自合同生效之日起3个月内向国务院专利行政部门备案。

以专利权出质的,由出质人和质权人共同向国务院专利行政部门办理出质登记。

第十六条 专利工作应当贯彻党和国家知识产权战略部署,提升我国专利创造、运用、保护、管理和服务水平,支持全面创新,促进创新型国家建设。

国务院专利行政部门应当提升专利信息公共服务能力,完整、准确、及时发布专利信息,提供专利基础数据,促进专利相关数据资源的开放共享、互联互通。

第二章 专利的申请

第十七条 申请专利的,应当向国务院专利行政部门提交申请文件。申请文件应当符合规定的要求。

申请人委托专利代理机构向国务院专利行政部门申请专利和办理其他专利事务的,应当同时提交委托书,写明委托权限。

申请人有2人以上且未委托专利代理机构的,除请求书中另有声明的外,以请求书中指明的第一申请人为代表人。

第十八条 依照专利法第十八条第一款的规定委托专利代理机构在中国申请专利和办理其他专利事务的,涉及下列事务,申请人或者专利权人可以自行办理:

(一)申请要求优先权的,提交第一次提出的专利申请(以下简称在先申请)文件副本;

(二)缴纳费用;

(三)国务院专利行政部门规定的其他事务。

第十九条 发明、实用新型或者外观设计专利申请的请求书应当写明下列事项:

(一)发明、实用新型或者外观设计的名称;

(二)申请人是中国单位或者个人的,其名称或者姓名、地址、邮政编码、统一社会信用代码或者身份证件号码;申请人是外国人、外国企业或者外国其他组织的,其姓名或者名称、国籍或者注册的国家或者地区;

(三)发明人或者设计人的姓名;

（四）申请人委托专利代理机构的,受托机构的名称、机构代码以及该机构指定的专利代理师的姓名、专利代理师资格证号码、联系电话；

（五）要求优先权的,在先申请的申请日、申请号以及原受理机构的名称；

（六）申请人或者专利代理机构的签字或者盖章；

（七）申请文件清单；

（八）附加文件清单；

（九）其他需要写明的有关事项。

第二十条 发明或者实用新型专利申请的说明书应当写明发明或者实用新型的名称,该名称应当与请求书中的名称一致。说明书应当包括下列内容：

（一）技术领域:写明要求保护的技术方案所属的技术领域；

（二）背景技术:写明对发明或者实用新型的理解、检索、审查有用的背景技术；有可能的,并引证反映这些背景技术的文件；

（三）发明内容:写明发明或者实用新型所要解决的技术问题以及解决其技术问题采用的技术方案,并对照现有技术写明发明或者实用新型的有益效果；

（四）附图说明:说明书有附图的,对各幅附图作简略说明；

（五）具体实施方式:详细写明申请人认为实现发明或者实用新型的优选方式；必要时,举例说明；有附图的,对照附图。

发明或者实用新型专利申请人应当按照前款规定的方式和顺序撰写说明书,并在说明书每一部分前面写明标题,除非其发明或者实用新型的性质用其他方式或者顺序撰写能节约说明书的篇幅并使他人能够准确理解其发明或者实用新型。

发明或者实用新型说明书应当用词规范、语句清楚,并不得使用"如权利要求……所述的……"一类的引用语,也不得使用商业性宣传用语。

发明专利申请包含一个或者多个核苷酸或者氨基酸序列的,说明书应当包括符合国务院专利行政部门规定的序列表。

实用新型专利申请说明书应当有表示要求保护的产品的形状、构造或者其结合的附图。

第二十一条 发明或者实用新型的几幅附图应当按照"图1,图2,……"顺序编号排列。

发明或者实用新型说明书文字部分中未提及的附图标记不得在附图中出现,附图中未出现的附图标记不得在说明书文字部分中提及。申请文件中表示同一组成部分的附图标记应当一致。

附图中除必需的词语外,不应当含有其他注释。

第二十二条 权利要求书应当记载发明或者实用新型的技术特征。

权利要求书有几项权利要求的,应当用阿拉伯数字顺序编号。

权利要求书中使用的科技术语应当与说明书中使用的科技术语一致,可以有化学式或者数学式,但是不得有插图。除绝对必要的外,不得使用"如说明书……部分所述"或者"如图……所示"的用语。

权利要求中的技术特征可以引用说明书附图中相应的标记,该标记应当放在相应的技术特征后并置于括号内,便于理解权利要求。附图标记不得解释为对权利要求的限制。

第二十三条 权利要求书应当有独立权利要求,也可以有从属权利要求。

独立权利要求应当从整体上反映发明或者实用新型的技术方案,记载解决技术问题的必要技术特征。

从属权利要求应当用附加的技术特征,对引用的权利要求作进一步限定。

第二十四条 发明或者实用新型的独立权利要求应当包括前序部分和特征部分,按照下列规定撰写:

(一)前序部分:写明要求保护的发明或者实用新型技术方案的主题名称和发明或者实用新型主题与最接近的现有技术共有的必要技术特征;

(二)特征部分:使用"其特征是……"或者类似的用语,写明发明或者实用新型区别于最接近的现有技术的技术特征。这些特征和前序部分写明的特征合在一起,限定发明或者实用新型要求保护的范围。

发明或者实用新型的性质不适于用前款方式表达的,独立权利要求可以用其他方式撰写。

一项发明或者实用新型应当只有一个独立权利要求,并写在同一发明或者实用新型的从属权利要求之前。

第二十五条 发明或者实用新型的从属权利要求应当包括引用部分和限定部分,按照下列规定撰写:

(一)引用部分:写明引用的权利要求的编号及其主题名称;

(二)限定部分:写明发明或者实用新型附加的技术特征。

从属权利要求只能引用在前的权利要求。引用两项以上权利要求的多项从属权利要求,只能以择一方式引用在前的权利要求,并不得作为另一项多项从属权利要求的基础。

第二十六条 说明书摘要应当写明发明或者实用新型专利申请所公开内容的概要,即写明发明或者实用新型的名称和所属技术领域,并清楚地反映所要解决的技术问题、解决该问题的技术方案的要点以及主要用途。

说明书摘要可以包含最能说明发明的化学式;有附图的专利申请,还应当在请求书中指定一幅最能说明该发明或者实用新型技术特征的说明书附图作为摘要附图。摘要中不得使用商业性宣传用语。

第二十七条 申请专利的发明涉及新的生物材料,该生物材料公众不能得到,并且对该生物材料的说明不足以使所属领域的技术人员实施其发明的,除应当符合专利法和本细则的有关规定外,申请人还应当办理下列手续:

(一)在申请日前或者最迟在申请日(有优先权的,指优先权日),将该生物材料的样品提交国务院专利行政部门认可的保藏单位保藏,并在申请时或者最迟自申请日起4个月内提交保藏单位出具的保藏证明和存活证明;期满未提交证明的,该样品视为未提交保藏;

(二)在申请文件中,提供有关该生物材料特征的资料;

(三)涉及生物材料样品保藏的专利申请应当在请求书和说明书中写明该生物材料的分类命名(注明拉丁文名称)、保藏该生物材料样品的单位名称、地址、保藏日期和保藏编号;申请时未写明的,应当自申请日起4个月内补正;期满未补正的,视为未提交保藏。

第二十八条 发明专利申请人依照本细则第二十七条的规定保藏生物材料样品的,在发明专利申请公布后,任何单位或者个人需要将该专利申请所涉及的生物材料作为实验目的使用的,应当向国务院专利行政部门提出请求,并写明下列事项:

(一)请求人的姓名或者名称和地址;

(二)不向其他任何人提供该生物材料的保证;

(三)在授予专利权前,只作为实验目的使用的保证。

第二十九条 专利法所称遗传资源,是指取自人体、动物、植物或者微生物等含有遗传功能单位并具有实际或者潜在价值的材料和利用此类材料产生的遗传信息;专利法所称依赖遗传资源完成的发明创造,是指利用了遗传资源的遗传功能完成的发明创造。

就依赖遗传资源完成的发明创造申请专利的,申请人应当在请求书中予以说明,并填写国务院专利行政部门制定的表格。

第三十条 申请人应当就每件外观设计产品所需要保护的内容提交有关图片或者照片。

申请局部外观设计专利的,应当提交整体产品的视图,并用虚线与实线相结合或者其他方式表明所需要保护部分的内容。

申请人请求保护色彩的,应当提交彩色图片或者照片。

第三十一条 外观设计的简要说明应当写明外观设计产品的名称、用途,外观设计的设计要点,并指定一幅最能表明设计要点的图片或者照片。省略视图或者请求保护色彩的,应当在简要说明中写明。

对同一产品的多项相似外观设计提出一件外观设计专利申请的,应当在简要说明中指定其中一项作为基本设计。

申请局部外观设计专利的,应当在简要说明中写明请求保护的部分,已在整体产品的视图中用虚线与实线相结合方式表明的除外。

简要说明不得使用商业性宣传用语,也不得说明产品的性能。

第三十二条 国务院专利行政部门认为必要时,可以要求外观设计专利申请人提交使用外观设计的产品样品或者模型。样品或者模型的体积不得超过30厘米×30厘米×30厘米,重量不得超过15公斤。易腐、易损或者危险品不得作为样品或者模型提交。

第三十三条 专利法第二十四条第(二)项所称中国政府承认的

国际展览会,是指国际展览会公约规定的在国际展览局注册或者由其认可的国际展览会。

专利法第二十四条第(三)项所称学术会议或者技术会议,是指国务院有关主管部门或者全国性学术团体组织召开的学术会议或者技术会议,以及国务院有关主管部门认可的由国际组织召开的学术会议或者技术会议。

申请专利的发明创造有专利法第二十四条第(二)项或者第(三)项所列情形的,申请人应当在提出专利申请时声明,并自申请日起2个月内提交有关发明创造已经展出或者发表,以及展出或者发表日期的证明文件。

申请专利的发明创造有专利法第二十四条第(一)项或者第(四)项所列情形的,国务院专利行政部门认为必要时,可以要求申请人在指定期限内提交证明文件。

申请人未依照本条第三款的规定提出声明和提交证明文件的,或者未依照本条第四款的规定在指定期限内提交证明文件的,其申请不适用专利法第二十四条的规定。

第三十四条 申请人依照专利法第三十条的规定要求外国优先权的,申请人提交的在先申请文件副本应当经原受理机构证明。依照国务院专利行政部门与该受理机构签订的协议,国务院专利行政部门通过电子交换等途径获得在先申请文件副本的,视为申请人提交了经该受理机构证明的在先申请文件副本。要求本国优先权,申请人在请求书中写明在先申请的申请日和申请号的,视为提交了在先申请文件副本。

要求优先权,但请求书中漏写或者错写在先申请的申请日、申请号和原受理机构名称中的一项或者两项内容的,国务院专利行政部门应当通知申请人在指定期限内补正;期满未补正的,视为未要求优先权。

要求优先权的申请人的姓名或者名称与在先申请文件副本中记载的申请人姓名或者名称不一致的,应当提交优先权转让证明材料,未提交该证明材料的,视为未要求优先权。

外观设计专利申请人要求外国优先权,其在先申请未包括对外观设计的简要说明,申请人按照本细则第三十一条规定提交的简要说明未超出在先申请文件的图片或者照片表示的范围的,不影响其享有优先权。

第三十五条 申请人在一件专利申请中,可以要求一项或者多项优先权;要求多项优先权的,该申请的优先权期限从最早的优先权日起计算。

发明或者实用新型专利申请人要求本国优先权,在先申请是发明专利申请的,可以就相同主题提出发明或者实用新型专利申请;在先申请是实用新型专利申请的,可以就相同主题提出实用新型或者发明专利申请。外观设计专利申请人要求本国优先权,在先申请是发明或者实用新型专利申请的,可以就附图显示的设计提出相同主题的外观设计专利申请;在先申请是外观设计专利申请的,可以就相同主题提出外观设计专利申请。但是,提出后一申请时,在先申请的主题有下列情形之一的,不得作为要求本国优先权的基础:

(一)已经要求外国优先权或者本国优先权的;

(二)已经被授予专利权的;

(三)属于按照规定提出的分案申请的。

申请人要求本国优先权的,其在先申请自后一申请提出之日起即视为撤回,但外观设计专利申请人要求以发明或者实用新型专利申请作为本国优先权基础的除外。

第三十六条 申请人超出专利法第二十九条规定的期限,向国务院专利行政部门就相同主题提出发明或者实用新型专利申请,有正当理由的,可以在期限届满之日起2个月内请求恢复优先权。

第三十七条 发明或者实用新型专利申请人要求了优先权的,可以自优先权日起16个月内或者自申请日起4个月内,请求在请求书中增加或者改正优先权要求。

第三十八条 在中国没有经常居所或者营业所的申请人,申请专利或者要求外国优先权的,国务院专利行政部门认为必要时,可以要求其提供下列文件:

(一)申请人是个人的,其国籍证明;

(二)申请人是企业或者其他组织的,其注册的国家或者地区的证明文件；

（三）申请人的所属国，承认中国单位和个人可以按照该国国民的同等条件，在该国享有专利权、优先权和其他与专利有关的权利的证明文件。

第三十九条 依照专利法第三十一条第一款规定，可以作为一件专利申请提出的属于一个总的发明构思的两项以上的发明或者实用新型，应当在技术上相互关联，包含一个或者多个相同或者相应的特定技术特征，其中特定技术特征是指每一项发明或者实用新型作为整体，对现有技术作出贡献的技术特征。

第四十条 依照专利法第三十一条第二款规定，将同一产品的多项相似外观设计作为一件申请提出的，对该产品的其他设计应当与简要说明中指定的基本设计相似。一件外观设计专利申请中的相似外观设计不得超过10项。

专利法第三十一条第二款所称同一类别并且成套出售或者使用的产品的两项以上外观设计，是指各产品属于分类表中同一大类，习惯上同时出售或者同时使用，而且各产品的外观设计具有相同的设计构思。

将两项以上外观设计作为一件申请提出的，应当将各项外观设计的顺序编号标注在每件外观设计产品各幅图片或者照片的名称之前。

第四十一条 申请人撤回专利申请的，应当向国务院专利行政部门提出声明，写明发明创造的名称、申请号和申请日。

撤回专利申请的声明在国务院专利行政部门做好公布专利申请文件的印刷准备工作后提出的，申请文件仍予公布；但是，撤回专利申请的声明应当在以后出版的专利公报上予以公告。

第三章 专利申请的审查和批准

第四十二条 在初步审查、实质审查、复审和无效宣告程序中，实施审查和审理的人员有下列情形之一的，应当自行回避，当事人或者其他利害关系人可以要求其回避：

（一）是当事人或者其代理人的近亲属的；

（二）与专利申请或者专利权有利害关系的；

（三）与当事人或者其代理人有其他关系，可能影响公正审查和审理的；

（四）复审或者无效宣告程序中，曾参与原申请的审查的。

第四十三条 国务院专利行政部门收到发明或者实用新型专利申请的请求书、说明书（实用新型必须包括附图）和权利要求书，或者外观设计专利申请的请求书、外观设计的图片或者照片和简要说明后，应当明确申请日、给予申请号，并通知申请人。

第四十四条 专利申请文件有下列情形之一的，国务院专利行政部门不予受理，并通知申请人：

（一）发明或者实用新型专利申请缺少请求书、说明书（实用新型无附图）或者权利要求书的，或者外观设计专利申请缺少请求书、图片或者照片、简要说明的；

（二）未使用中文的；

（三）申请文件的格式不符合规定的；

（四）请求书中缺少申请人姓名或者名称，或者缺少地址的；

（五）明显不符合专利法第十七条或者第十八条第一款的规定的；

（六）专利申请类别（发明、实用新型或者外观设计）不明确或者难以确定的。

第四十五条 发明或者实用新型专利申请缺少或者错误提交权利要求书、说明书或者权利要求书、说明书的部分内容，但申请人在递交日要求了优先权的，可以自递交日起2个月内或者在国务院专利行政部门指定的期限内以援引在先申请文件的方式补交。补交的文件符合有关规定的，以首次提交文件的递交日为申请日。

第四十六条 说明书中写有对附图的说明但无附图或者缺少部分附图的，申请人应当在国务院专利行政部门指定的期限内补交附图或者声明取消对附图的说明。申请人补交附图的，以向国务院专利行政部门提交或者邮寄附图之日为申请日；取消对附图的说明的，保留原申请日。

第四十七条 两个以上的申请人同日（指申请日；有优先权的，指优先权日）分别就同样的发明创造申请专利的，应当在收到国务院专利行政部门的通知后自行协商确定申请人。

同一申请人在同日(指申请日)对同样的发明创造既申请实用新型专利又申请发明专利的,应当在申请时分别说明对同样的发明创造已申请了另一专利;未作说明的,依照专利法第九条第一款关于同样的发明创造只能授予一项专利权的规定处理。

国务院专利行政部门公告授予实用新型专利权,应当公告申请人已依照本条第二款的规定同时申请了发明专利的说明。

发明专利申请经审查没有发现驳回理由,国务院专利行政部门应当通知申请人在规定期限内声明放弃实用新型专利权。申请人声明放弃的,国务院专利行政部门应当作出授予发明专利权的决定,并在公告授予发明专利权时一并公告申请人放弃实用新型专利权声明。申请人不同意放弃的,国务院专利行政部门应当驳回该发明专利申请;申请人期满未答复的,视为撤回该发明专利申请。

实用新型专利权自公告授予发明专利权之日起终止。

第四十八条 一件专利申请包括两项以上发明、实用新型或者外观设计的,申请人可以在本细则第六十条第一款规定的期限届满前,向国务院专利行政部门提出分案申请;但是,专利申请已经被驳回、撤回或者视为撤回的,不能提出分案申请。

国务院专利行政部门认为一件专利申请不符合专利法第三十一条和本细则第三十九条或者第四十条的规定的,应当通知申请人在指定期限内对其申请进行修改;申请人期满未答复的,该申请视为撤回。

分案的申请不得改变原申请的类别。

第四十九条 依照本细则第四十八条规定提出的分案申请,可以保留原申请日,享有优先权的,可以保留优先权日,但是不得超出原申请记载的范围。

分案申请应当依照专利法及本细则的规定办理有关手续。

分案申请的请求书中应当写明原申请的申请号和申请日。

第五十条 专利法第三十四条和第四十条所称初步审查,是指审查专利申请是否具备专利法第二十六条或者第二十七条规定的文件和其他必要的文件,这些文件是否符合规定的格式,并审查下列各项:

(一)发明专利申请是否明显属于专利法第五条、第二十五条规定的情形,是否不符合专利法第十七条、第十八条第一款、第十九条第一款或者本细则第十一条、第十九条、第二十九条第二款的规定,是否明显不符合专利法第二条第二款、第二十六条第五款、第三十一条第一款、第三十三条或者本细则第二十条至第二十四条的规定;

(二)实用新型专利申请是否明显属于专利法第五条、第二十五条规定的情形,是否不符合专利法第十七条、第十八条第一款、第十九条第一款或者本细则第十一条、第十九条至第二十二条、第二十四条至第二十六条的规定,是否明显不符合专利法第二条第三款、第二十二条、第二十六条第三款、第二十六条第四款、第三十一条第一款、第三十三条或者本细则第二十三条、第四十九条第一款的规定,是否依照专利法第九条规定不能取得专利权;

(三)外观设计专利申请是否明显属于专利法第五条、第二十五条第一款第(六)项规定的情形,是否不符合专利法第十七条、第十八条第一款或者本细则第十一条、第十九条、第三十条、第三十一条的规定,是否明显不符合专利法第二条第四款、第二十三条第一款、第二十三条第二款、第二十七条第二款、第三十一条第二款、第三十三条或者本细则第四十九条第一款的规定,是否依照专利法第九条规定不能取得专利权;

(四)申请文件是否符合本细则第二条、第三条第一款的规定。

国务院专利行政部门应当将审查意见通知申请人,要求其在指定期限内陈述意见或者补正;申请人期满未答复的,其申请视为撤回。申请人陈述意见或者补正后,国务院专利行政部门仍然认为不符合前款所列各项规定的,应当予以驳回。

第五十一条 除专利申请文件外,申请人向国务院专利行政部门提交的与专利申请有关的其他文件有下列情形之一的,视为未提交:

(一)未使用规定的格式或者填写不符合规定的;

(二)未按照规定提交证明材料的。

国务院专利行政部门应当将视为未提交的审查意见通知申请人。

第五十二条 申请人请求早日公布其发明专利申请的,应当向国务院专利行政部门声明。国务院专利行政部门对该申请进行初步审查后,除予以驳回的外,应当立即将申请予以公布。

第五十三条 申请人写明使用外观设计的产品及其所属类别的,

应当使用国务院专利行政部门公布的外观设计产品分类表。未写明使用外观设计的产品所属类别或者所写的类别不确切的,国务院专利行政部门可以予以补充或者修改。

第五十四条 自发明专利申请公布之日起至公告授予专利权之日止,任何人均可以对不符合专利法规定的专利申请向国务院专利行政部门提出意见,并说明理由。

第五十五条 发明专利申请人因有正当理由无法提交专利法第三十六条规定的检索资料或者审查结果资料的,应当向国务院专利行政部门声明,并在得到有关资料后补交。

第五十六条 国务院专利行政部门依照专利法第三十五条第二款的规定对专利申请自行进行审查时,应当通知申请人。

申请人可以对专利申请提出延迟审查请求。

第五十七条 发明专利申请人在提出实质审查请求时以及在收到国务院专利行政部门发出的发明专利申请进入实质审查阶段通知书之日起的3个月内,可以对发明专利申请主动提出修改。

实用新型或者外观设计专利申请人自申请日起2个月内,可以对实用新型或者外观设计专利申请主动提出修改。

申请人在收到国务院专利行政部门发出的审查意见通知书后对专利申请文件进行修改的,应当针对通知书指出的缺陷进行修改。

国务院专利行政部门可以自行修改专利申请文件中文字和符号的明显错误。国务院专利行政部门自行修改的,应当通知申请人。

第五十八条 发明或者实用新型专利申请的说明书或者权利要求书的修改部分,除个别文字修改或者增删外,应当按照规定格式提交替换页。外观设计专利申请的图片或者照片的修改,应当按照规定提交替换页。

第五十九条 依照专利法第三十八条的规定,发明专利申请经实质审查应当予以驳回的情形是指:

(一)申请属于专利法第五条、第二十五条规定的情形,或者依照专利法第九条规定不能取得专利权的;

(二)申请不符合专利法第二条第二款、第十九条第一款、第二十二条、第二十六条第三款、第二十六条第四款、第二十六条第五款、第三十一条第一款或者本细则第十一条、第二十三条第二款规定的；

（三）申请的修改不符合专利法第三十三条规定，或者分案的申请不符合本细则第四十九条第一款的规定的。

第六十条 国务院专利行政部门发出授予专利权的通知后，申请人应当自收到通知之日起2个月内办理登记手续。申请人按期办理登记手续的，国务院专利行政部门应当授予专利权，颁发专利证书，并予以公告。

期满未办理登记手续的，视为放弃取得专利权的权利。

第六十一条 保密专利申请经审查没有发现驳回理由的，国务院专利行政部门应当作出授予保密专利权的决定，颁发保密专利证书，登记保密专利权的有关事项。

第六十二条 授予实用新型或者外观设计专利权的决定公告后，专利法第六十六条规定的专利权人、利害关系人、被控侵权人可以请求国务院专利行政部门作出专利权评价报告。申请人可以在办理专利权登记手续时请求国务院专利行政部门作出专利权评价报告。

请求作出专利权评价报告的，应当提交专利权评价报告请求书，写明专利申请号或者专利号。每项请求应当限于一项专利申请或者专利权。

专利权评价报告请求书不符合规定的，国务院专利行政部门应当通知请求人在指定期限内补正；请求人期满未补正的，视为未提出请求。

第六十三条 国务院专利行政部门应当自收到专利权评价报告请求书后2个月内作出专利权评价报告，但申请人在办理专利权登记手续时请求作出专利权评价报告的，国务院专利行政部门应当自公告授予专利权之日起2个月内作出专利权评价报告。

对同一项实用新型或者外观设计专利权，有多个请求人请求作出专利权评价报告的，国务院专利行政部门仅作出一份专利权评价报告。任何单位或者个人可以查阅或者复制该专利权评价报告。

第六十四条 国务院专利行政部门对专利公告、专利单行本中出现的错误，一经发现，应当及时更正，并对所作更正予以公告。

第四章　专利申请的复审与专利权的无效宣告

第六十五条　依照专利法第四十一条的规定向国务院专利行政部门请求复审的,应当提交复审请求书,说明理由,必要时还应当附具有关证据。

复审请求不符合专利法第十八条第一款或者第四十一条第一款规定的,国务院专利行政部门不予受理,书面通知复审请求人并说明理由。

复审请求书不符合规定格式的,复审请求人应当在国务院专利行政部门指定的期限内补正;期满未补正的,该复审请求视为未提出。

第六十六条　请求人在提出复审请求或者在对国务院专利行政部门的复审通知书作出答复时,可以修改专利申请文件;但是,修改应当仅限于消除驳回决定或者复审通知书指出的缺陷。

第六十七条　国务院专利行政部门进行复审后,认为复审请求不符合专利法和本细则有关规定或者专利申请存在其他明显违反专利法和本细则有关规定情形的,应当通知复审请求人,要求其在指定期限内陈述意见。期满未答复的,该复审请求视为撤回;经陈述意见或者进行修改后,国务院专利行政部门认为仍不符合专利法和本细则有关规定的,应当作出驳回复审请求的复审决定。

国务院专利行政部门进行复审后,认为原驳回决定不符合专利法和本细则有关规定的,或者认为经过修改的专利申请文件消除了原驳回决定和复审通知书指出的缺陷的,应当撤销原驳回决定,继续进行审查程序。

第六十八条　复审请求人在国务院专利行政部门作出决定前,可以撤回其复审请求。

复审请求人在国务院专利行政部门作出决定前撤回其复审请求的,复审程序终止。

第六十九条　依照专利法第四十五条的规定,请求宣告专利权无效或者部分无效的,应当向国务院专利行政部门提交专利权无效宣告请求书和必要的证据一式两份。无效宣告请求书应当结合提交的所有证据,具体说明无效宣告请求的理由,并指明每项理由所依据的证据。

前款所称无效宣告请求的理由,是指被授予专利的发明创造不符合专利法第二条、第十九条第一款、第二十二条、第二十三条、第二十六条第三款、第二十六条第四款、第二十七条第二款、第三十三条或者本细则第十一条、第二十三条第二款、第四十九条第一款的规定,或者属于专利法第五条、第二十五条规定的情形,或者依照专利法第九条规定不能取得专利权。

第七十条 专利权无效宣告请求不符合专利法第十八条第一款或者本细则第六十九条规定的,国务院专利行政部门不予受理。

在国务院专利行政部门就无效宣告请求作出决定之后,又以同样的理由和证据请求无效宣告的,国务院专利行政部门不予受理。

以不符合专利法第二十三条第三款的规定为理由请求宣告外观设计专利权无效,但是未提交证明权利冲突的证据的,国务院专利行政部门不予受理。

专利权无效宣告请求书不符合规定格式的,无效宣告请求人应当在国务院专利行政部门指定的期限内补正;期满未补正的,该无效宣告请求视为未提出。

第七十一条 在国务院专利行政部门受理无效宣告请求后,请求人可以在提出无效宣告请求之日起1个月内增加理由或者补充证据。逾期增加理由或者补充证据的,国务院专利行政部门可以不予考虑。

第七十二条 国务院专利行政部门应当将专利权无效宣告请求书和有关文件的副本送交专利权人,要求其在指定的期限内陈述意见。

专利权人和无效宣告请求人应当在指定期限内答复国务院专利行政部门发出的转送文件通知书或者无效宣告请求审查通知书;期满未答复的,不影响国务院专利行政部门审理。

第七十三条 在无效宣告请求的审查过程中,发明或者实用新型专利的专利权人可以修改其权利要求书,但是不得扩大原专利的保护范围。国务院专利行政部门在修改后的权利要求基础上作出维持专利权有效或者宣告专利权部分无效的决定的,应当公告修改后的权利要求。

发明或者实用新型专利的专利权人不得修改专利说明书和附图，外观设计专利的专利权人不得修改图片、照片和简要说明。

第七十四条 国务院专利行政部门根据当事人的请求或者案情需要，可以决定对无效宣告请求进行口头审理。

国务院专利行政部门决定对无效宣告请求进行口头审理的，应当向当事人发出口头审理通知书，告知举行口头审理的日期和地点。当事人应当在通知书指定的期限内作出答复。

无效宣告请求人对国务院专利行政部门发出的口头审理通知书在指定的期限内未作答复，并且不参加口头审理的，其无效宣告请求视为撤回；专利权人不参加口头审理的，可以缺席审理。

第七十五条 在无效宣告请求审查程序中，国务院专利行政部门指定的期限不得延长。

第七十六条 国务院专利行政部门对无效宣告的请求作出决定前，无效宣告请求人可以撤回其请求。

国务院专利行政部门作出决定之前，无效宣告请求人撤回其请求或者其无效宣告请求被视为撤回的，无效宣告请求审查程序终止。但是，国务院专利行政部门认为根据已进行的审查工作能够作出宣告专利权无效或者部分无效的决定的，不终止审查程序。

第五章 专利权期限补偿

第七十七条 依照专利法第四十二条第二款的规定请求给予专利权期限补偿的，专利权人应当自公告授予专利权之日起3个月内向国务院专利行政部门提出。

第七十八条 依照专利法第四十二条第二款的规定给予专利权期限补偿的，补偿期限按照发明专利在授权过程中不合理延迟的实际天数计算。

前款所称发明专利在授权过程中不合理延迟的实际天数，是指自发明专利申请日起满4年且自实质审查请求之日起满3年之日至公告授予专利权之日的间隔天数，减去合理延迟的天数和由申请人引起的不合理延迟的天数。

下列情形属于合理延迟：

（一）依照本细则第六十六条的规定修改专利申请文件后被授予专利权的，因复审程序引起的延迟；

（二）因本细则第一百零三条、第一百零四条规定情形引起的延迟；

（三）其他合理情形引起的延迟。

同一申请人同日对同样的发明创造既申请实用新型专利又申请发明专利，依照本细则第四十七条第四款的规定取得发明专利权的，该发明专利权的期限不适用专利法第四十二条第二款的规定。

第七十九条 专利法第四十二条第二款规定的由申请人引起的不合理延迟包括以下情形：

（一）未在指定期限内答复国务院专利行政部门发出的通知；

（二）申请延迟审查；

（三）因本细则第四十五条规定情形引起的延迟；

（四）其他由申请人引起的不合理延迟。

第八十条 专利法第四十二条第三款所称新药相关发明专利是指符合规定的新药产品专利、制备方法专利、医药用途专利。

第八十一条 依照专利法第四十二条第三款的规定请求给予新药相关发明专利权期限补偿的，应当符合下列要求，自该新药在中国获得上市许可之日起3个月内向国务院专利行政部门提出：

（一）该新药同时存在多项专利的，专利权人只能请求对其中一项专利给予专利权期限补偿；

（二）一项专利同时涉及多个新药的，只能对一个新药就该专利提出专利权期限补偿请求；

（三）该专利在有效期内，且尚未获得过新药相关发明专利权期限补偿。

第八十二条 依照专利法第四十二条第三款的规定给予专利权期限补偿的，补偿期限按照该专利申请日至该新药在中国获得上市许可之日的间隔天数减去5年，在符合专利法第四十二条第三款规定的基础上确定。

第八十三条 新药相关发明专利在专利权期限补偿期间，该专利的保护范围限于该新药及其经批准的适应症相关技术方案；在保护范围内,专利权人享有的权利和承担的义务与专利权期限补偿前相同。

第八十四条 国务院专利行政部门对依照专利法第四十二条第二款、第三款的规定提出的专利权期限补偿请求进行审查后,认为符合补偿条件的,作出给予期限补偿的决定,并予以登记和公告;不符合补偿条件的,作出不予期限补偿的决定,并通知提出请求的专利权人。

第六章 专利实施的特别许可

第八十五条 专利权人自愿声明对其专利实行开放许可的,应当在公告授予专利权后提出。

开放许可声明应当写明以下事项:

(一)专利号;

(二)专利权人的姓名或者名称;

(三)专利许可使用费支付方式、标准;

(四)专利许可期限;

(五)其他需要明确的事项。

开放许可声明内容应当准确、清楚,不得出现商业性宣传用语。

第八十六条 专利权有下列情形之一的,专利权人不得对其实行开放许可:

(一)专利权处于独占或者排他许可有效期限内的;

(二)属于本细则第一百零三条、第一百零四条规定的中止情形的;

(三)没有按照规定缴纳年费的;

(四)专利权被质押,未经质权人同意的;

(五)其他妨碍专利权有效实施的情形。

第八十七条 通过开放许可达成专利实施许可的,专利权人或者被许可人应当凭能够证明达成许可的书面文件向国务院专利行政部门备案。

第八十八条 专利权人不得通过提供虚假材料、隐瞒事实等手段,作出开放许可声明或者在开放许可实施期间获得专利年费减免。

第八十九条 专利法第五十三条第(一)项所称未充分实施其专利,是指专利权人及其被许可人实施其专利的方式或者规模不能满足国内对专利产品或者专利方法的需求。

专利法第五十五条所称取得专利权的药品，是指解决公共健康问题所需的医药领域中的任何专利产品或者依照专利方法直接获得的产品，包括取得专利权的制造该产品所需的活性成分以及使用该产品所需的诊断用品。

第九十条 请求给予强制许可的，应当向国务院专利行政部门提交强制许可请求书，说明理由并附具有关证明文件。

国务院专利行政部门应当将强制许可请求书的副本送交专利权人，专利权人应当在国务院专利行政部门指定的期限内陈述意见；期满未答复的，不影响国务院专利行政部门作出决定。

国务院专利行政部门在作出驳回强制许可请求的决定或者给予强制许可的决定前，应当通知请求人和专利权人拟作出的决定及其理由。

国务院专利行政部门依照专利法第五十五条的规定作出给予强制许可的决定，应当同时符合中国缔结或者参加的有关国际条约关于为了解决公共健康问题而给予强制许可的规定，但中国作出保留的除外。

第九十一条 依照专利法第六十二条的规定，请求国务院专利行政部门裁决使用费数额的，当事人应当提出裁决请求书，并附具双方不能达成协议的证明文件。国务院专利行政部门应当自收到请求书之日起3个月内作出裁决，并通知当事人。

第七章　对职务发明创造的发明人或者设计人的奖励和报酬

第九十二条 被授予专利权的单位可以与发明人、设计人约定或者在其依法制定的规章制度中规定专利法第十五条规定的奖励、报酬的方式和数额。鼓励被授予专利权的单位实行产权激励，采取股权、期权、分红等方式，使发明人或者设计人合理分享创新收益。

企业、事业单位给予发明人或者设计人的奖励、报酬，按照国家有关财务、会计制度的规定进行处理。

第九十三条 被授予专利权的单位未与发明人、设计人约定也未在其依法制定的规章制度中规定专利法第十五条规定的奖励的方式和数额的,应当自公告授予专利权之日起3个月内发给发明人或者设计人奖金。一项发明专利的奖金最低不少于4000元;一项实用新型专利或者外观设计专利的奖金最低不少于1500元。

由于发明人或者设计人的建议被其所属单位采纳而完成的发明创造,被授予专利权的单位应当从优发给奖金。

第九十四条 被授予专利权的单位未与发明人、设计人约定也未在其依法制定的规章制度中规定专利法第十五条规定的报酬的方式和数额的,应当依照《中华人民共和国促进科技成果转化法》的规定,给予发明人或者设计人合理的报酬。

第八章 专利权的保护

第九十五条 省、自治区、直辖市人民政府管理专利工作的部门以及专利管理工作量大又有实际处理能力的地级市、自治州、盟、地区和直辖市的区人民政府管理专利工作的部门,可以处理和调解专利纠纷。

第九十六条 有下列情形之一的,属于专利法第七十条所称的在全国有重大影响的专利侵权纠纷:

(一)涉及重大公共利益的;
(二)对行业发展有重大影响的;
(三)跨省、自治区、直辖市区域的重大案件;
(四)国务院专利行政部门认为可能有重大影响的其他情形。

专利权人或者利害关系人请求国务院专利行政部门处理专利侵权纠纷,相关案件不属于在全国有重大影响的专利侵权纠纷的,国务院专利行政部门可以指定有管辖权的地方人民政府管理专利工作的部门处理。

第九十七条 当事人请求处理专利侵权纠纷或者调解专利纠纷的,由被请求人所在地或者侵权行为地的管理专利工作的部门管辖。

两个以上管理专利工作的部门都有管辖权的专利纠纷,当事人可以向其中一个管理专利工作的部门提出请求;当事人向两个以上有管辖权的管理专利工作的部门提出请求的,由最先受理的管理专利工作的部门管辖。

管理专利工作的部门对管辖权发生争议的,由其共同的上级人民政府管理专利工作的部门指定管辖;无共同上级人民政府管理专利工作的部门的,由国务院专利行政部门指定管辖。

第九十八条 在处理专利侵权纠纷过程中,被请求人提出无效宣告请求并被国务院专利行政部门受理的,可以请求管理专利工作的部门中止处理。

管理专利工作的部门认为被请求人提出的中止理由明显不能成立的,可以不中止处理。

第九十九条 专利权人依照专利法第十六条的规定,在其专利产品或者该产品的包装上标明专利标识的,应当按照国务院专利行政部门规定的方式予以标明。

专利标识不符合前款规定的,由县级以上负责专利执法的部门责令改正。

第一百条 申请人或者专利权人违反本细则第十一条、第八十八条规定的,由县级以上负责专利执法的部门予以警告,可以处10万元以下的罚款。

第一百零一条 下列行为属于专利法第六十八条规定的假冒专利的行为:

(一)在未被授予专利权的产品或者其包装上标注专利标识,专利权被宣告无效后或者终止后继续在产品或者其包装上标注专利标识,或者未经许可在产品或者产品包装上标注他人的专利号;

(二)销售第(一)项所述产品;

(三)在产品说明书等材料中将未被授予专利权的技术或者设计称为专利技术或者专利设计,将专利申请称为专利,或者未经许可使用他人的专利号,使公众将所涉及的技术或者设计误认为是专利技术或者专利设计;

(四)伪造或者变造专利证书、专利文件或者专利申请文件;

(五)其他使公众混淆,将未被授予专利权的技术或者设计误认为是专利技术或者专利设计的行为。

专利权终止前依法在专利产品、依照专利方法直接获得的产品或者其包装上标注专利标识,在专利权终止后许诺销售、销售该产品的,不属于假冒专利行为。

销售不知道是假冒专利的产品,并且能够证明该产品合法来源的,由县级以上负责专利执法的部门责令停止销售。

第一百零二条 除专利法第六十五条规定的外,管理专利工作的部门应当事人请求,可以对下列专利纠纷进行调解:

(一)专利申请权和专利权归属纠纷;

(二)发明人、设计人资格纠纷;

(三)职务发明创造的发明人、设计人的奖励和报酬纠纷;

(四)在发明专利申请公布后专利权授予前使用发明而未支付适当费用的纠纷;

(五)其他专利纠纷。

对于前款第(四)项所列的纠纷,当事人请求管理专利工作的部门调解的,应当在专利权被授予之后提出。

第一百零三条 当事人因专利申请权或者专利权的归属发生纠纷,已请求管理专利工作的部门调解或者向人民法院起诉的,可以请求国务院专利行政部门中止有关程序。

依照前款规定请求中止有关程序的,应当向国务院专利行政部门提交请求书,说明理由,并附具管理专利工作的部门或者人民法院的写明申请号或者专利号的有关受理文件副本。国务院专利行政部门认为当事人提出的中止理由明显不能成立的,可以不中止有关程序。

管理专利工作的部门作出的调解书或者人民法院作出的判决生效后,当事人应当向国务院专利行政部门办理恢复有关程序的手续。自请求中止之日起1年内,有关专利申请权或者专利权归属的纠纷未能结案,需要继续中止有关程序的,请求人应当在该期限内请求延长中止。期满未请求延长的,国务院专利行政部门自行恢复有关程序。

第一百零四条 人民法院在审理民事案件中裁定对专利申请权或者专利权采取保全措施的,国务院专利行政部门应当在收到写明申请号或者专利号的裁定书和协助执行通知书之日中止被保全的专利申请权或者专利权的有关程序。保全期限届满,人民法院没有裁定继续采取保全措施的,国务院专利行政部门自行恢复有关程序。

第一百零五条 国务院专利行政部门根据本细则第一百零三条和第一百零四条规定中止有关程序,是指暂停专利申请的初步审查、实质审查、复审程序,授予专利权程序和专利权无效宣告程序;暂停办理放弃、变更、转移专利权或者专利申请权手续,专利权质押手续以及专利权期限届满前的终止手续等。

第九章 专利登记和专利公报

第一百零六条 国务院专利行政部门设置专利登记簿,登记下列与专利申请和专利权有关的事项:

(一)专利权的授予;

(二)专利申请权、专利权的转移;

(三)专利权的质押、保全及其解除;

(四)专利实施许可合同的备案;

(五)国防专利、保密专利的解密;

(六)专利权的无效宣告;

(七)专利权的终止;

(八)专利权的恢复;

(九)专利权期限的补偿;

(十)专利实施的开放许可;

(十一)专利实施的强制许可;

(十二)专利权人的姓名或者名称、国籍和地址的变更。

第一百零七条 国务院专利行政部门定期出版专利公报,公布或者公告下列内容:

(一)发明专利申请的著录事项和说明书摘要;

(二)发明专利申请的实质审查请求和国务院专利行政部门对发明专利申请自行进行实质审查的决定;

(三)发明专利申请公布后的驳回、撤回、视为撤回、视为放弃、恢复和转移;

(四)专利权的授予以及专利权的著录事项;

(五)实用新型专利的说明书摘要,外观设计专利的一幅图片或者照片;

（六）国防专利、保密专利的解密；

（七）专利权的无效宣告；

（八）专利权的终止、恢复；

（九）专利权期限的补偿；

（十）专利权的转移；

（十一）专利实施许可合同的备案；

（十二）专利权的质押、保全及其解除；

（十三）专利实施的开放许可事项；

（十四）专利实施的强制许可的给予；

（十五）专利权人的姓名或者名称、国籍和地址的变更；

（十六）文件的公告送达；

（十七）国务院专利行政部门作出的更正；

（十八）其他有关事项。

第一百零八条 国务院专利行政部门应当提供专利公报、发明专利申请单行本以及发明专利、实用新型专利、外观设计专利单行本，供公众免费查阅。

第一百零九条 国务院专利行政部门负责按照互惠原则与其他国家、地区的专利机关或者区域性专利组织交换专利文献。

第十章 费　　用

第一百一十条 向国务院专利行政部门申请专利和办理其他手续时，应当缴纳下列费用：

（一）申请费、申请附加费、公布印刷费、优先权要求费；

（二）发明专利申请实质审查费、复审费；

（三）年费；

（四）恢复权利请求费、延长期限请求费；

（五）著录事项变更费、专利权评价报告请求费、无效宣告请求费、专利文件副本证明费。

前款所列各种费用的缴纳标准，由国务院发展改革部门、财政部门会同国务院专利行政部门按照职责分工规定。国务院财政部门、发展改革部门可以会同国务院专利行政部门根据实际情况对申请专利和办理其他手续应当缴纳的费用种类和标准进行调整。

第一百一十一条 专利法和本细则规定的各种费用,应当严格按照规定缴纳。

直接向国务院专利行政部门缴纳费用的,以缴纳当日为缴费日;以邮局汇付方式缴纳费用的,以邮局汇出的邮戳日为缴费日;以银行汇付方式缴纳费用的,以银行实际汇出日为缴费日。

多缴、重缴、错缴专利费用的,当事人可以自缴费日起3年内,向国务院专利行政部门提出退款请求,国务院专利行政部门应当予以退还。

第一百一十二条 申请人应当自申请日起2个月内或者在收到受理通知书之日起15日内缴纳申请费、公布印刷费和必要的申请附加费;期满未缴纳或者未缴足的,其申请视为撤回。

申请人要求优先权的,应当在缴纳申请费的同时缴纳优先权要求费;期满未缴纳或者未缴足的,视为未要求优先权。

第一百一十三条 当事人请求实质审查或者复审的,应当在专利法及本细则规定的相关期限内缴纳费用;期满未缴纳或者未缴足的,视为未提出请求。

第一百一十四条 申请人办理登记手续时,应当缴纳授予专利权当年的年费;期满未缴纳或者未缴足的,视为未办理登记手续。

第一百一十五条 授予专利权当年以后的年费应当在上一年度期满前缴纳。专利权人未缴纳或者未缴足的,国务院专利行政部门应当通知专利权人自应当缴纳年费期满之日起6个月内补缴,同时缴纳滞纳金;滞纳金的金额按照每超过规定的缴费时间1个月,加收当年全额年费的5%计算;期满未缴纳的,专利权自应当缴纳年费期满之日起终止。

第一百一十六条 恢复权利请求费应当在本细则规定的相关期限内缴纳;期满未缴纳或者未缴足的,视为未提出请求。

延长期限请求费应当在相应期限届满之日前缴纳;期满未缴纳或者未缴足的,视为未提出请求。

著录事项变更费、专利权评价报告请求费、无效宣告请求费应当自提出请求之日起1个月内缴纳;期满未缴纳或者未缴足的,视为未提出请求。

第一百一十七条 申请人或者专利权人缴纳本细则规定的各种费用有困难的,可以按照规定向国务院专利行政部门提出减缴的请求。减缴的办法由国务院财政部门会同国务院发展改革部门、国务院专利行政部门规定。

第十一章 关于发明、实用新型国际申请的特别规定

第一百一十八条 国务院专利行政部门根据专利法第十九条规定,受理按照专利合作条约提出的专利国际申请。

按照专利合作条约提出并指定中国的专利国际申请(以下简称国际申请)进入国务院专利行政部门处理阶段(以下称进入中国国家阶段)的条件和程序适用本章的规定;本章没有规定的,适用专利法及本细则其他各章的有关规定。

第一百一十九条 按照专利合作条约已确定国际申请日并指定中国的国际申请,视为向国务院专利行政部门提出的专利申请,该国际申请日视为专利法第二十八条所称的申请日。

第一百二十条 国际申请的申请人应当在专利合作条约第二条所称的优先权日(本章简称优先权日)起30个月内,向国务院专利行政部门办理进入中国国家阶段的手续;申请人未在该期限内办理该手续的,在缴纳宽限费后,可以在自优先权日起32个月内办理进入中国国家阶段的手续。

第一百二十一条 申请人依照本细则第一百二十条的规定办理进入中国国家阶段的手续的,应当符合下列要求:

(一)以中文提交进入中国国家阶段的书面声明,写明国际申请号和要求获得的专利权类型;

(二)缴纳本细则第一百一十条第一款规定的申请费、公布印刷费,必要时缴纳本细则第一百二十条规定的宽限费;

(三)国际申请以外文提出的,提交原始国际申请的说明书和权利要求书的中文译文;

(四)在进入中国国家阶段的书面声明中写明发明创造的名称,申请人姓名或者名称、地址和发明人的姓名,上述内容应当与世界知识

产权组织国际局(以下简称国际局)的记录一致;国际申请中未写明发明人的,在上述声明中写明发明人的姓名;

(五)国际申请以外文提出的,提交摘要的中文译文,有附图和摘要附图的,提交附图副本并指定摘要附图,附图中有文字的,将其替换为对应的中文文字;

(六)在国际阶段向国际局已办理申请人变更手续的,必要时提供变更后的申请人享有申请权的证明材料;

(七)必要时缴纳本细则第一百一十条第一款规定的申请附加费。

符合本条第一款第(一)项至第(三)项要求的,国务院专利行政部门应当给予申请号,明确国际申请进入中国国家阶段的日期(以下简称进入日),并通知申请人其国际申请已进入中国国家阶段。

国际申请已进入中国国家阶段,但不符合本条第一款第(四)项至第(七)项要求的,国务院专利行政部门应当通知申请人在指定期限内补正;期满未补正的,其申请视为撤回。

第一百二十二条　国际申请有下列情形之一的,其在中国的效力终止:

(一)在国际阶段,国际申请被撤回或者被视为撤回,或者国际申请对中国的指定被撤回的;

(二)申请人未在优先权日起32个月内按照本细则第一百二十条规定办理进入中国国家阶段手续的;

(三)申请人办理进入中国国家阶段的手续,但自优先权日起32个月期限届满仍不符合本细则第一百二十一条第(一)项至第(三)项要求的。

依照前款第(一)项的规定,国际申请在中国的效力终止的,不适用本细则第六条的规定;依照前款第(二)项、第(三)项的规定,国际申请在中国的效力终止的,不适用本细则第六条第二款的规定。

第一百二十三条　国际申请在国际阶段作过修改,申请人要求以经修改的申请文件为基础进行审查的,应当自进入日起2个月内提交修改部分的中文译文。在该期间内未提交中文译文的,对申请人在国际阶段提出的修改,国务院专利行政部门不予考虑。

第一百二十四条　国际申请涉及的发明创造有专利法第二十四

条第(二)项或者第(三)项所列情形之一,在提出国际申请时作过声明的,申请人应当在进入中国国家阶段的书面声明中予以说明,并自进入日起2个月内提交本细则第三十三条第三款规定的有关证明文件;未予说明或者期满未提交证明文件的,其申请不适用专利法第二十四条的规定。

第一百二十五条　申请人按照专利合作条约的规定,对生物材料样品的保藏已作出说明的,视为已经满足了本细则第二十七条第(三)项的要求。申请人应当在进入中国国家阶段声明中指明记载生物材料样品保藏事项的文件以及在该文件中的具体记载位置。

申请人在原始提交的国际申请的说明书中已记载生物材料样品保藏事项,但是没有在进入中国国家阶段声明中指明的,应当自进入日起4个月内补正。期满未补正的,该生物材料视为未提交保藏。

申请人自进入日起4个月内向国务院专利行政部门提交生物材料样品保藏证明和存活证明的,视为在本细则第二十七条第(一)项规定的期限内提交。

第一百二十六条　国际申请涉及的发明创造依赖遗传资源完成的,申请人应当在国际申请进入中国国家阶段的书面声明中予以说明,并填写国务院专利行政部门制定的表格。

第一百二十七条　申请人在国际阶段已要求一项或者多项优先权,在进入中国国家阶段时该优先权要求继续有效的,视为已经依照专利法第三十条的规定提出了书面声明。

申请人应当自进入日起2个月内缴纳优先权要求费;期满未缴纳或者未缴足的,视为未要求该优先权。

申请人在国际阶段已依照专利合作条约的规定,提交过在先申请文件副本的,办理进入中国国家阶段手续时不需要向国务院专利行政部门提交在先申请文件副本。申请人在国际阶段未提交在先申请文件副本的,国务院专利行政部门认为必要时,可以通知申请人在指定期限内补交;申请人期满未补交的,其优先权要求视为未提出。

第一百二十八条　国际申请的申请日在优先权期限届满之后2个月内,在国际阶段受理局已经批准恢复优先权的,视为已经依照本细则第三十六条的规定提出了恢复优先权请求;在国际阶段申请人未请求恢复优先权,或者提出了恢复优先权请求但受理局未批准,申请人有正当理由的,可以自进入日起2个月内向国务院专利行政部门请求恢复优先权。

第一百二十九条　在优先权日起30个月期满前要求国务院专利行政部门提前处理和审查国际申请的,申请人除应当办理进入中国国家阶段手续外,还应当依照专利合作条约第二十三条第二款规定提出请求。国际局尚未向国务院专利行政部门传送国际申请的,申请人应当提交经确认的国际申请副本。

第一百三十条　要求获得实用新型专利权的国际申请,申请人可以自进入日起2个月内对专利申请文件主动提出修改。

要求获得发明专利权的国际申请,适用本细则第五十七条第一款的规定。

第一百三十一条　申请人发现提交的说明书、权利要求书或者附图中的文字的中文译文存在错误的,可以在下列规定期限内依照原始国际申请文本提出改正:

（一）在国务院专利行政部门做好公布发明专利申请或者公告实用新型专利权的准备工作之前;

（二）在收到国务院专利行政部门发出的发明专利申请进入实质审查阶段通知书之日起3个月内。

申请人改正译文错误的,应当提出书面请求并缴纳规定的译文改正费。

申请人按照国务院专利行政部门的通知书的要求改正译文的,应当在指定期限内办理本条第二款规定的手续;期满未办理规定手续的,该申请视为撤回。

第一百三十二条　对要求获得发明专利权的国际申请,国务院专利行政部门经初步审查认为符合专利法和本细则有关规定的,应当在专利公报上予以公布;国际申请以中文以外的文字提出的,应当公布申请文件的中文译文。

要求获得发明专利权的国际申请,由国际局以中文进行国际公布的,自国际公布日或者国务院专利行政部门公布之日起适用专利法第十三条的规定;由国际局以中文以外的文字进行国际公布的,自国务院专利行政部门公布之日起适用专利法第十三条的规定。

对国际申请,专利法第二十一条和第二十二条中所称的公布是指本条第一款所规定的公布。

第一百三十三条 国际申请包含两项以上发明或者实用新型的,申请人可以自进入日起,依照本细则第四十八条第一款的规定提出分案申请。

在国际阶段,国际检索单位或者国际初步审查单位认为国际申请不符合专利合作条约规定的单一性要求时,申请人未按照规定缴纳附加费,导致国际申请某些部分未经国际检索或者未经国际初步审查,在进入中国国家阶段时,申请人要求将所述部分作为审查基础,国务院专利行政部门认为国际检索单位或者国际初步审查单位对发明单一性的判断正确的,应当通知申请人在指定期限内缴纳单一性恢复费。期满未缴纳或者未足额缴纳的,国际申请中未经检索或者未经国际初步审查的部分视为撤回。

第一百三十四条 国际申请在国际阶段被有关国际单位拒绝给予国际申请日或者宣布视为撤回的,申请人在收到通知之日起2个月内,可以请求国际局将国际申请档案中任何文件的副本转交国务院专利行政部门,并在该期限内向国务院专利行政部门办理本细则第一百二十条规定的手续,国务院专利行政部门应当在接到国际局传送的文件后,对国际单位作出的决定是否正确进行复查。

第一百三十五条 基于国际申请授予的专利权,由于译文错误,致使依照专利法第六十四条规定确定的保护范围超出国际申请的原文所表达的范围的,以依据原文限制后的保护范围为准;致使保护范围小于国际申请的原文所表达的范围的,以授权时的保护范围为准。

第十二章 关于外观设计国际申请的特别规定

第一百三十六条 国务院专利行政部门根据专利法第十九条第二款、第三款规定,处理按照工业品外观设计国际注册海牙协定(1999年文本)(以下简称海牙协定)提出的外观设计国际注册申请。

国务院专利行政部门处理按照海牙协定提出并指定中国的外观设计国际注册申请(简称外观设计国际申请)的条件和程序适用本章

的规定;本章没有规定的,适用专利法及本细则其他各章的有关规定。

第一百三十七条　按照海牙协定已确定国际注册日并指定中国的外观设计国际申请,视为向国务院专利行政部门提出的外观设计专利申请,该国际注册日视为专利法第二十八条所称的申请日。

第一百三十八条　国际局公布外观设计国际申请后,国务院专利行政部门对外观设计国际申请进行审查,并将审查结果通知国际局。

第一百三十九条　国际局公布的外观设计国际申请中包括一项或者多项优先权的,视为已经依照专利法第三十条的规定提出了书面声明。

外观设计国际申请的申请人要求优先权的,应当自外观设计国际申请公布之日起3个月内提交在先申请文件副本。

第一百四十条　外观设计国际申请涉及的外观设计有专利法第二十四条第(二)项或者第(三)项所列情形的,应当在提出外观设计国际申请时声明,并自外观设计国际申请公布之日起2个月内提交本细则第三十三条第三款规定的有关证明文件。

第一百四十一条　一件外观设计国际申请包括两项以上外观设计的,申请人可以自外观设计国际申请公布之日起2个月内,向国务院专利行政部门提出分案申请,并缴纳费用。

第一百四十二条　国际局公布的外观设计国际申请中包括含设计要点的说明书的,视为已经依照本细则第三十一条的规定提交了简要说明。

第一百四十三条　外观设计国际申请经国务院专利行政部门审查后没有发现驳回理由的,由国务院专利行政部门作出给予保护的决定,通知国际局。

国务院专利行政部门作出给予保护的决定后,予以公告,该外观设计专利权自公告之日起生效。

第一百四十四条　已在国际局办理权利变更手续的,申请人应当向国务院专利行政部门提供有关证明材料。

第十三章　附　　则

第一百四十五条　经国务院专利行政部门同意,任何人均可以查阅或者复制已经公布或者公告的专利申请的案卷和专利登记簿,并可以请求国务院专利行政部门出具专利登记簿副本。

已视为撤回、驳回和主动撤回的专利申请的案卷,自该专利申请失效之日起满 2 年后不予保存。

已放弃、宣告全部无效和终止的专利权的案卷,自该专利权失效之日起满 3 年后不予保存。

第一百四十六条 向国务院专利行政部门提交申请文件或者办理各种手续,应当由申请人、专利权人、其他利害关系人或者其代表人签字或者盖章;委托专利代理机构的,由专利代理机构盖章。

请求变更发明人姓名、专利申请人和专利权人的姓名或者名称、国籍和地址、专利代理机构的名称、地址和专利代理师姓名的,应当向国务院专利行政部门办理著录事项变更手续,必要时应当提交变更理由的证明材料。

第一百四十七条 向国务院专利行政部门邮寄有关申请或者专利权的文件,应当使用挂号信函,不得使用包裹。

除首次提交专利申请文件外,向国务院专利行政部门提交各种文件、办理各种手续的,应当标明申请号或者专利号、发明创造名称和申请人或者专利权人姓名或者名称。

一件信函中应当只包含同一申请的文件。

第一百四十八条 国务院专利行政部门根据专利法和本细则制定专利审查指南。

第一百四十九条 本细则自 2001 年 7 月 1 日起施行。1992 年 12 月 12 日国务院批准修订、1992 年 12 月 21 日中国专利局发布的《中华人民共和国专利法实施细则》同时废止。

中华人民共和国劳动合同法实施条例

(2008年9月3日国务院第25次常务会议通过 2008年9月18日国务院令第535号公布 自公布之日起施行)

第一章 总 则

第一条 为了贯彻实施《中华人民共和国劳动合同法》(以下简称劳动合同法),制定本条例。

第二条 各级人民政府和县级以上人民政府劳动行政等有关部门以及工会等组织,应当采取措施,推动劳动合同法的贯彻实施,促进劳动关系的和谐。

第三条 依法成立的会计师事务所、律师事务所等合伙组织和基金会,属于劳动合同法规定的用人单位。

第二章 劳动合同的订立

第四条 劳动合同法规定的用人单位设立的分支机构,依法取得营业执照或者登记证书的,可以作为用人单位与劳动者订立劳动合同;未依法取得营业执照或者登记证书的,受用人单位委托可以与劳动者订立劳动合同。

第五条 自用工之日起一个月内,经用人单位书面通知后,劳动者不与用人单位订立书面劳动合同的,用人单位应当书面通知劳动者终止劳动关系,无需向劳动者支付经济补偿,但是应当依法向劳动者支付其实际工作时间的劳动报酬。

第六条 用人单位自用工之日起超过一个月不满一年未与劳动者订立书面劳动合同的,应当依照劳动合同法第八十二条的规定向劳动者每月支付两倍的工资,并与劳动者补订书面劳动合同;劳动者不与用人单位订立书面劳动合同的,用人单位应当书面通知劳动者终止劳动关系,并依照劳动合同法第四十七条的规定支付经济补偿。

前款规定的用人单位向劳动者每月支付两倍工资的起算时间为用工之日起满一个月的次日,截止时间为补订书面劳动合同的前一日。

第七条 用人单位自用工之日起满一年未与劳动者订立书面劳动合同的,自用工之日起满一个月的次日至满一年的前一日应当依照劳动合同法第八十二条的规定向劳动者每月支付两倍的工资,并视为自用工之日起满一年的当日已经与劳动者订立无固定期限劳动合同,应当立即与劳动者补订书面劳动合同。

第八条 劳动合同法第七条规定的职工名册,应当包括劳动者姓名、性别、公民身份号码、户籍地址及现住址、联系方式、用工形式、用工起始时间、劳动合同期限等内容。

第九条 劳动合同法第十四条第二款规定的连续工作满10年的起始时间,应当自用人单位用工之日起计算,包括劳动合同法施行前的工作年限。

第十条 劳动者非因本人原因从原用人单位被安排到新用人单位工作的,劳动者在原用人单位的工作年限合并计算为新用人单位的工作年限。原用人单位已经向劳动者支付经济补偿的,新用人单位在依法解除、终止劳动合同计算支付经济补偿的工作年限时,不再计算劳动者在原用人单位的工作年限。

第十一条 除劳动者与用人单位协商一致的情形外,劳动者依照劳动合同法第十四条第二款的规定,提出订立无固定期限劳动合同的,用人单位应当与其订立无固定期限劳动合同。对劳动合同的内容,双方应当按照合法、公平、平等自愿、协商一致、诚实信用的原则协商确定;对协商不一致的内容,依照劳动合同法第十八条的规定执行。

第十二条 地方各级人民政府及县级以上地方人民政府有关部门为安置就业困难人员提供的给予岗位补贴和社会保险补贴的公益性岗位,其劳动合同不适用劳动合同法有关无固定期限劳动合同的规定以及支付经济补偿的规定。

第十三条 用人单位与劳动者不得在劳动合同法第四十四条规定的劳动合同终止情形之外约定其他的劳动合同终止条件。

第十四条 劳动合同履行地与用人单位注册地不一致的,有关劳动者的最低工资标准、劳动保护、劳动条件、职业危害防护和本地区上年度职工月平均工资标准等事项，按照劳动合同履行地的有关规定执行；用人单位注册地的有关标准高于劳动合同履行地的有关标准，且用人单位与劳动者约定按照用人单位注册地的有关规定执行的，从其约定。

第十五条　劳动者在试用期的工资不得低于本单位相同岗位最低档工资的80%或者不得低于劳动合同约定工资的80%，并不得低于用人单位所在地的最低工资标准。

第十六条　劳动合同法第二十二条第二款规定的培训费用，包括用人单位为了对劳动者进行专业技术培训而支付的有凭证的培训费用、培训期间的差旅费用以及因培训产生的用于该劳动者的其他直接费用。

第十七条　劳动合同期满，但是用人单位与劳动者依照劳动合同法第二十二条的规定约定的服务期尚未到期的，劳动合同应当续延至服务期满；双方另有约定的，从其约定。

第三章　劳动合同的解除和终止

第十八条　有下列情形之一的，依照劳动合同法规定的条件、程序，劳动者可以与用人单位解除固定期限劳动合同、无固定期限劳动合同或者以完成一定工作任务为期限的劳动合同：

（一）劳动者与用人单位协商一致的；

（二）劳动者提前30日以书面形式通知用人单位的；

（三）劳动者在试用期内提前3日通知用人单位的；

（四）用人单位未按照劳动合同约定提供劳动保护或者劳动条件的；

（五）用人单位未及时足额支付劳动报酬的；

（六）用人单位未依法为劳动者缴纳社会保险费的；

（七）用人单位的规章制度违反法律、法规的规定，损害劳动者权益的；

（八）用人单位以欺诈、胁迫的手段或者乘人之危，使劳动者在违背真实意思的情况下订立或者变更劳动合同的；

（九）用人单位在劳动合同中免除自己的法定责任、排除劳动者权利的；

（十）用人单位违反法律、行政法规强制性规定的；

（十一）用人单位以暴力、威胁或者非法限制人身自由的手段强迫劳动者劳动的；

（十二）用人单位违章指挥、强令冒险作业危及劳动者人身安全的；

（十三）法律、行政法规规定劳动者可以解除劳动合同的其他情形。

第十九条　有下列情形之一的，依照劳动合同法规定的条件、程序，用人单位可以与劳动者解除固定期限劳动合同、无固定期限劳动合同或者以完成一定工作任务为期限的劳动合同：

（一）用人单位与劳动者协商一致的；

（二）劳动者在试用期间被证明不符合录用条件的；

（三）劳动者严重违反用人单位的规章制度的；

（四）劳动者严重失职，营私舞弊，给用人单位造成重大损害的；

（五）劳动者同时与其他用人单位建立劳动关系，对完成本单位的工作任务造成严重影响，或者经用人单位提出，拒不改正的；

（六）劳动者以欺诈、胁迫的手段或者乘人之危，使用人单位在违背真实意思的情况下订立或者变更劳动合同的；

（七）劳动者被依法追究刑事责任的；

（八）劳动者患病或者非因工负伤，在规定的医疗期满后不能从事原工作，也不能从事由用人单位另行安排的工作的；

（九）劳动者不能胜任工作，经过培训或者调整工作岗位，仍不能胜任工作的；

（十）劳动合同订立时所依据的客观情况发生重大变化，致使劳动合同无法履行，经用人单位与劳动者协商，未能就变更劳动合同内容达成协议的；

（十一）用人单位依照企业破产法规定进行重整的；

（十二）用人单位生产经营发生严重困难的；

（十三）企业转产、重大技术革新或者经营方式调整，经变更劳动

合同后,仍需裁减人员的;

(十四)其他因劳动合同订立时所依据的客观经济情况发生重大变化,致使劳动合同无法履行的。

第二十条 用人单位依照劳动合同法第四十条的规定,选择额外支付劳动者一个月工资解除劳动合同的,其额外支付的工资应当按照该劳动者上一个月的工资标准确定。

第二十一条 劳动者达到法定退休年龄的,劳动合同终止。

第二十二条 以完成一定工作任务为期限的劳动合同因任务完成而终止的,用人单位应当依照劳动合同法第四十七条的规定向劳动者支付经济补偿。

第二十三条 用人单位依法终止工伤职工的劳动合同的,除依照劳动合同法第四十七条的规定支付经济补偿外,还应当依照国家有关工伤保险的规定支付一次性工伤医疗补助金和伤残就业补助金。

第二十四条 用人单位出具的解除、终止劳动合同的证明,应当写明劳动合同期限、解除或者终止劳动合同的日期、工作岗位、在本单位的工作年限。

第二十五条 用人单位违反劳动合同法的规定解除或者终止劳动合同,依照劳动合同法第八十七条的规定支付了赔偿金的,不再支付经济补偿。赔偿金的计算年限自用工之日起计算。

第二十六条 用人单位与劳动者约定了服务期,劳动者依照劳动合同法第三十八条的规定解除劳动合同的,不属于违反服务期的约定,用人单位不得要求劳动者支付违约金。

有下列情形之一,用人单位与劳动者解除约定服务期的劳动合同的,劳动者应当按照劳动合同的约定向用人单位支付违约金:

(一)劳动者严重违反用人单位的规章制度的;

(二)劳动者严重失职,营私舞弊,给用人单位造成重大损害的;

(三)劳动者同时与其他用人单位建立劳动关系,对完成本单位的工作任务造成严重影响,或者经用人单位提出,拒不改正的;

(四)劳动者以欺诈、胁迫的手段或者乘人之危,使用人单位在违背真实意思的情况下订立或者变更劳动合同的;

(五)劳动者被依法追究刑事责任的。

第二十七条　劳动合同法第四十七条规定的经济补偿的月工资按照劳动者应得工资计算,包括计时工资或者计件工资以及奖金、津贴和补贴等货币性收入。劳动者在劳动合同解除或者终止前12个月的平均工资低于当地最低工资标准的,按照当地最低工资标准计算。劳动者工作不满12个月的,按照实际工作的月数计算平均工资。

第四章　劳务派遣特别规定

第二十八条　用人单位或者其所属单位出资或者合伙设立的劳务派遣单位,向本单位或者所属单位派遣劳动者的,属于劳动合同法第六十七条规定的不得设立的劳务派遣单位。

第二十九条　用工单位应当履行劳动合同法第六十二条规定的义务,维护被派遣劳动者的合法权益。

第三十条　劳务派遣单位不得以非全日制用工形式招用被派遣劳动者。

第三十一条　劳务派遣单位或者被派遣劳动者依法解除、终止劳动合同的经济补偿,依照劳动合同法第四十六条、第四十七条的规定执行。

第三十二条　劳务派遣单位违法解除或者终止被派遣劳动者的劳动合同的,依照劳动合同法第四十八条的规定执行。

第五章　法　律　责　任

第三十三条　用人单位违反劳动合同法有关建立职工名册规定的,由劳动行政部门责令限期改正;逾期不改正的,由劳动行政部门处2000元以上2万元以下的罚款。

第三十四条　用人单位依照劳动合同法的规定应当向劳动者每月支付两倍的工资或者应当向劳动者支付赔偿金而未支付的,劳动行政部门应当责令用人单位支付。

第三十五条　用工单位违反劳动合同法和本条例有关劳务派遣规定的,由劳动行政部门和其他有关主管部门责令改正;情节严重的,以每位被派遣劳动者1000元以上5000元以下的标准处以罚款;给被派遣劳动者造成损害的,劳务派遣单位和用工单位承担连带赔偿责任。

第六章 附 则

第三十六条 对违反劳动合同法和本条例的行为的投诉、举报,县级以上地方人民政府劳动行政部门依照《劳动保障监察条例》的规定处理。

第三十七条 劳动者与用人单位因订立、履行、变更、解除或者终止劳动合同发生争议的,依照《中华人民共和国劳动争议调解仲裁法》的规定处理。

第三十八条 本条例自公布之日起施行。

中华人民共和国政府采购法实施条例

(2014年12月31日国务院第75次常务会议通过 2015年1月30日国务院令第658号公布 自2015年3月1日起施行)

第一章 总 则

第一条 根据《中华人民共和国政府采购法》(以下简称政府采购法),制定本条例。

第二条 政府采购法第二条所称财政性资金是指纳入预算管理的资金。

以财政性资金作为还款来源的借贷资金,视同财政性资金。

国家机关、事业单位和团体组织的采购项目既使用财政性资金又使用非财政性资金的,使用财政性资金采购的部分,适用政府采购法及本条例;财政性资金与非财政性资金无法分割采购的,统一适用政府采购法及本条例。

政府采购法第二条所称服务,包括政府自身需要的服务和政府向社会公众提供的公共服务。

第三条 集中采购目录包括集中采购机构采购项目和部门集中

采购项目。

技术、服务等标准统一,采购人普遍使用的项目,列为集中采购机构采购项目;采购人本部门、本系统基于业务需要有特殊要求,可以统一采购的项目,列为部门集中采购项目。

第四条 政府采购法所称集中采购,是指采购人将列入集中采购目录的项目委托集中采购机构代理采购或者进行部门集中采购的行为;所称分散采购,是指采购人将采购限额标准以上的未列入集中采购目录的项目自行采购或者委托采购代理机构代理采购的行为。

第五条 省、自治区、直辖市人民政府或者其授权的机构根据实际情况,可以确定分别适用于本行政区域省级、设区的市级、县级的集中采购目录和采购限额标准。

第六条 国务院财政部门应当根据国家的经济和社会发展政策,会同国务院有关部门制定政府采购政策,通过制定采购需求标准、预留采购份额、价格评审优惠、优先采购等措施,实现节约能源、保护环境、扶持不发达地区和少数民族地区、促进中小企业发展等目标。

第七条 政府采购工程以及与工程建设有关的货物、服务,采用招标方式采购的,适用《中华人民共和国招标投标法》及其实施条例;采用其他方式采购的,适用政府采购法及本条例。

前款所称工程,是指建设工程,包括建筑物和构筑物的新建、改建、扩建及其相关的装修、拆除、修缮等;所称与工程建设有关的货物,是指构成工程不可分割的组成部分,且为实现工程基本功能所必需的设备、材料等;所称与工程建设有关的服务,是指为完成工程所需的勘察、设计、监理等服务。

政府采购工程以及与工程建设有关的货物、服务,应当执行政府采购政策。

第八条 政府采购项目信息应当在省级以上人民政府财政部门指定的媒体上发布。采购项目预算金额达到国务院财政部门规定标准的,政府采购项目信息应当在国务院财政部门指定的媒体上发布。

第九条 在政府采购活动中,采购人员及相关人员与供应商有下列利害关系之一的,应当回避:

(一)参加采购活动前3年内与供应商存在劳动关系;

（二）参加采购活动前 3 年内担任供应商的董事、监事；

（三）参加采购活动前 3 年内是供应商的控股股东或者实际控制人；

（四）与供应商的法定代表人或者负责人有夫妻、直系血亲、三代以内旁系血亲或者近姻亲关系；

（五）与供应商有其他可能影响政府采购活动公平、公正进行的关系。

供应商认为采购人员及相关人员与其他供应商有利害关系的，可以向采购人或者采购代理机构书面提出回避申请，并说明理由。采购人或者采购代理机构应当及时询问被申请回避人员，有利害关系的被申请回避人员应当回避。

第十条 国家实行统一的政府采购电子交易平台建设标准，推动利用信息网络进行电子化政府采购活动。

第二章 政府采购当事人

第十一条 采购人在政府采购活动中应当维护国家利益和社会公共利益，公正廉洁，诚实守信，执行政府采购政策，建立政府采购内部管理制度，厉行节约，科学合理确定采购需求。

采购人不得向供应商索要或者接受其给予的赠品、回扣或者与采购无关的其他商品、服务。

第十二条 政府采购法所称采购代理机构，是指集中采购机构和集中采购机构以外的采购代理机构。

集中采购机构是设区的市级以上人民政府依法设立的非营利事业法人，是代理集中采购项目的执行机构。集中采购机构应当根据采购人委托制定集中采购项目的实施方案，明确采购规程，组织政府采购活动，不得将集中采购项目转委托。集中采购机构以外的采购代理机构，是从事采购代理业务的社会中介机构。

第十三条 采购代理机构应当建立完善的政府采购内部监督管理制度，具备开展政府采购业务所需的评审条件和设施。

采购代理机构应当提高确定采购需求，编制招标文件、谈判文件、询价通知书，拟订合同文本和优化采购程序的专业化服务水平，根据采购人委托在规定的时间内及时组织采购人与中标或者成交供应商签订政府采购合同,及时协助采购人对采购项目进行验收。

第十四条 采购代理机构不得以不正当手段获取政府采购代理业务,不得与采购人、供应商恶意串通操纵政府采购活动。

采购代理机构工作人员不得接受采购人或者供应商组织的宴请、旅游、娱乐,不得收受礼品、现金、有价证券等,不得向采购人或者供应商报销应当由个人承担的费用。

第十五条 采购人、采购代理机构应当根据政府采购政策、采购预算、采购需求编制采购文件。

采购需求应当符合法律法规以及政府采购政策规定的技术、服务、安全等要求。政府向社会公众提供的公共服务项目,应当就确定采购需求征求社会公众的意见。除因技术复杂或者性质特殊,不能确定详细规格或者具体要求外,采购需求应当完整、明确。必要时,应当就确定采购需求征求相关供应商、专家的意见。

第十六条 政府采购法第二十条规定的委托代理协议,应当明确代理采购的范围、权限和期限等具体事项。

采购人和采购代理机构应当按照委托代理协议履行各自义务,采购代理机构不得超越代理权限。

第十七条 参加政府采购活动的供应商应当具备政府采购法第二十二条第一款规定的条件,提供下列材料:

(一)法人或者其他组织的营业执照等证明文件,自然人的身份证明;

(二)财务状况报告,依法缴纳税收和社会保障资金的相关材料;

(三)具备履行合同所必需的设备和专业技术能力的证明材料;

(四)参加政府采购活动前3年内在经营活动中没有重大违法记录的书面声明;

(五)具备法律、行政法规规定的其他条件的证明材料。

采购项目有特殊要求的,供应商还应当提供其符合特殊要求的证明材料或者情况说明。

第十八条 单位负责人为同一人或者存在直接控股、管理关系的不同供应商,不得参加同一合同项下的政府采购活动。

除单一来源采购项目外,为采购项目提供整体设计、规范编制或者项目管理、监理、检测等服务的供应商,不得再参加该采购项目的其他采购活动。

第十九条 政府采购法第二十二条第一款第五项所称重大违法记录,是指供应商因违法经营受到刑事处罚或者责令停产停业、吊销许可证或者执照、较大数额罚款等行政处罚。

供应商在参加政府采购活动前3年内因违法经营被禁止在一定期限内参加政府采购活动,期限届满的,可以参加政府采购活动。

第二十条 采购人或者采购代理机构有下列情形之一的,属于以不合理的条件对供应商实行差别待遇或者歧视待遇:

(一)就同一采购项目向供应商提供有差别的项目信息;

(二)设定的资格、技术、商务条件与采购项目的具体特点和实际需要不相适应或者与合同履行无关;

(三)采购需求中的技术、服务等要求指向特定供应商、特定产品;

(四)以特定行政区域或者特定行业的业绩、奖项作为加分条件或者中标、成交条件;

(五)对供应商采取不同的资格审查或者评审标准;

(六)限定或者指定特定的专利、商标、品牌或者供应商;

(七)非法限定供应商的所有制形式、组织形式或者所在地;

(八)以其他不合理条件限制或者排斥潜在供应商。

第二十一条 采购人或者采购代理机构对供应商进行资格预审的,资格预审公告应当在省级以上人民政府财政部门指定的媒体上发布。已进行资格预审的,评审阶段可以不再对供应商资格进行审查。资格预审合格的供应商在评审阶段资格发生变化的,应当通知采购人和采购代理机构。

资格预审公告应当包括采购人和采购项目名称、采购需求、对供应商的资格要求以及供应商提交资格预审申请文件的时间和地点。提交资格预审申请文件的时间自公告发布之日起不得少于5个工作日。

第二十二条 联合体中有同类资质的供应商按照联合体分工承担相同工作的,应当按照资质等级较低的供应商确定资质等级。

以联合体形式参加政府采购活动的,联合体各方不得再单独参加或者与其他供应商另外组成联合体参加同一合同项下的政府采购活动。

第三章 政府采购方式

第二十三条 采购人采购公开招标数额标准以上的货物或者服务,符合政府采购法第二十九条、第三十条、第三十一条、第三十二条规定情形或者有需要执行政府采购政策等特殊情况的,经设区的市级以上人民政府财政部门批准,可以依法采用公开招标以外的采购方式。

第二十四条 列入集中采购目录的项目,适合实行批量集中采购的,应当实行批量集中采购,但紧急的小额零星货物项目和有特殊要求的服务、工程项目除外。

第二十五条 政府采购工程依法不进行招标的,应当依照政府采购法和本条例规定的竞争性谈判或者单一来源采购方式采购。

第二十六条 政府采购法第三十条第三项规定的情形,应当是采购人不可预见的或者非因采购人拖延导致的;第四项规定的情形,是指因采购艺术品或者因专利、专有技术或者因服务的时间、数量事先不能确定等导致不能事先计算出价格总额。

第二十七条 政府采购法第三十一条第一项规定的情形,是指因货物或者服务使用不可替代的专利、专有技术,或者公共服务项目具有特殊要求,导致只能从某一特定供应商处采购。

第二十八条 在一个财政年度内,采购人将一个预算项目下的同一品目或者类别的货物、服务采用公开招标以外的方式多次采购,累计资金数额超过公开招标数额标准的,属于以化整为零方式规避公开招标,但项目预算调整或者经批准采用公开招标以外方式采购除外。

第四章 政府采购程序

第二十九条 采购人应当根据集中采购目录、采购限额标准和已批复的部门预算编制政府采购实施计划,报本级人民政府财政部门备案。

第三十条　采购人或者采购代理机构应当在招标文件、谈判文件、询价通知书中公开采购项目预算金额。

第三十一条　招标文件的提供期限自招标文件开始发出之日起不得少于5个工作日。

采购人或者采购代理机构可以对已发出的招标文件进行必要的澄清或者修改。澄清或者修改的内容可能影响投标文件编制的，采购人或者采购代理机构应当在投标截止时间至少15日前，以书面形式通知所有获取招标文件的潜在投标人；不足15日的，采购人或者采购代理机构应当顺延提交投标文件的截止时间。

第三十二条　采购人或者采购代理机构应当按照国务院财政部门制定的招标文件标准文本编制招标文件。

招标文件应当包括采购项目的商务条件、采购需求、投标人的资格条件、投标报价要求、评标方法、评标标准以及拟签订的合同文本等。

第三十三条　招标文件要求投标人提交投标保证金的，投标保证金不得超过采购项目预算金额的2%。投标保证金应当以支票、汇票、本票或者金融机构、担保机构出具的保函等非现金形式提交。投标人未按照招标文件要求提交投标保证金的，投标无效。

采购人或者采购代理机构应当自中标通知书发出之日起5个工作日内退还未中标供应商的投标保证金，自政府采购合同签订之日起5个工作日内退还中标供应商的投标保证金。

竞争性谈判或者询价采购中要求参加谈判或者询价的供应商提交保证金的，参照前两款的规定执行。

第三十四条　政府采购招标评标方法分为最低评标价法和综合评分法。

最低评标价法，是指投标文件满足招标文件全部实质性要求且投标报价最低的供应商为中标候选人的评标方法。综合评分法，是指投标文件满足招标文件全部实质性要求且按照评审因素的量化指标评审得分最高的供应商为中标候选人的评标方法。

技术、服务等标准统一的货物和服务项目，应当采用最低评标价法。

采用综合评分法的,评审标准中的分值设置应当与评审因素的量化指标相对应。

招标文件中没有规定的评标标准不得作为评审的依据。

第三十五条 谈判文件不能完整、明确列明采购需求,需要由供应商提供最终设计方案或者解决方案的,在谈判结束后,谈判小组应当按照少数服从多数的原则投票推荐3家以上供应商的设计方案或者解决方案,并要求其在规定时间内提交最后报价。

第三十六条 询价通知书应当根据采购需求确定政府采购合同条款。在询价过程中,询价小组不得改变询价通知书所确定的政府采购合同条款。

第三十七条 政府采购法第三十八条第五项、第四十条第四项所称质量和服务相等,是指供应商提供的产品质量和服务均能满足采购文件规定的实质性要求。

第三十八条 达到公开招标数额标准,符合政府采购法第三十一条第一项规定情形,只能从唯一供应商处采购的,采购人应当将采购项目信息和唯一供应商名称在省级以上人民政府财政部门指定的媒体上公示,公示期不得少于5个工作日。

第三十九条 除国务院财政部门规定的情形外,采购人或者采购代理机构应当从政府采购评审专家库中随机抽取评审专家。

第四十条 政府采购评审专家应当遵守评审工作纪律,不得泄露评审文件、评审情况和评审中获悉的商业秘密。

评标委员会、竞争性谈判小组或者询价小组在评审过程中发现供应商有行贿、提供虚假材料或者串通等违法行为的,应当及时向财政部门报告。

政府采购评审专家在评审过程中受到非法干预的,应当及时向财政、监察等部门举报。

第四十一条 评标委员会、竞争性谈判小组或者询价小组成员应当按照客观、公正、审慎的原则,根据采购文件规定的评审程序、评审方法和评审标准进行独立评审。采购文件内容违反国家有关强制性规定的,评标委员会、竞争性谈判小组或者询价小组应当停止评审并向采购人或者采购代理机构说明情况。

评标委员会、竞争性谈判小组或者询价小组成员应当在评审报告上签字,对自己的评审意见承担法律责任。对评审报告有异议的,应当在评审报告上签署不同意见,并说明理由,否则视为同意评审报告。

第四十二条 采购人、采购代理机构不得向评标委员会、竞争性谈判小组或者询价小组的评审专家作倾向性、误导性的解释或者说明。

第四十三条 采购代理机构应当自评审结束之日起2个工作日内将评审报告送交采购人。采购人应当自收到评审报告之日起5个工作日内在评审报告推荐的中标或者成交候选人中按顺序确定中标或者成交供应商。

采购人或者采购代理机构应当自中标、成交供应商确定之日起2个工作日内,发出中标、成交通知书,并在省级以上人民政府财政部门指定的媒体上公告中标、成交结果,招标文件、竞争性谈判文件、询价通知书随中标、成交结果同时公告。

中标、成交结果公告内容应当包括采购人和采购代理机构的名称、地址、联系方式,项目名称和项目编号,中标或者成交供应商名称、地址和中标或者成交金额,主要中标或者成交标的的名称、规格型号、数量、单价、服务要求以及评审专家名单。

第四十四条 除国务院财政部门规定的情形外,采购人、采购代理机构不得以任何理由组织重新评审。采购人、采购代理机构按照国务院财政部门的规定组织重新评审的,应当书面报告本级人民政府财政部门。

采购人或者采购代理机构不得通过对样品进行检测、对供应商进行考察等方式改变评审结果。

第四十五条 采购人或者采购代理机构应当按照政府采购合同规定的技术、服务、安全标准组织对供应商履约情况进行验收,并出具验收书。验收书应当包括每一项技术、服务、安全标准的履约情况。

政府向社会公众提供的公共服务项目,验收时应当邀请服务对象参与并出具意见,验收结果应当向社会公告。

第四十六条 政府采购法第四十二条规定的采购文件,可以用电子档案方式保存。

第五章　政府采购合同

第四十七条　国务院财政部门应当会同国务院有关部门制定政府采购合同标准文本。

第四十八条　采购文件要求中标或者成交供应商提交履约保证金的,供应商应当以支票、汇票、本票或者金融机构、担保机构出具的保函等非现金形式提交。履约保证金的数额不得超过政府采购合同金额的 10%。

第四十九条　中标或者成交供应商拒绝与采购人签订合同的,采购人可以按照评审报告推荐的中标或者成交候选人名单排序,确定下一候选人为中标或者成交供应商,也可以重新开展政府采购活动。

第五十条　采购人应当自政府采购合同签订之日起 2 个工作日内,将政府采购合同在省级以上人民政府财政部门指定的媒体上公告,但政府采购合同中涉及国家秘密、商业秘密的内容除外。

第五十一条　采购人应当按照政府采购合同规定,及时向中标或者成交供应商支付采购资金。

政府采购项目资金支付程序,按照国家有关财政资金支付管理的规定执行。

第六章　质疑与投诉

第五十二条　采购人或者采购代理机构应当在 3 个工作日内对供应商依法提出的询问作出答复。

供应商提出的询问或者质疑超出采购人对采购代理机构委托授权范围的,采购代理机构应当告知供应商向采购人提出。

政府采购评审专家应当配合采购人或者采购代理机构答复供应商的询问和质疑。

第五十三条　政府采购法第五十二条规定的供应商应知其权益受到损害之日,是指:

(一)对可以质疑的采购文件提出质疑的,为收到采购文件之日或者采购文件公告期限届满之日;

(二)对采购过程提出质疑的,为各采购程序环节结束之日;

（三）对中标或者成交结果提出质疑的，为中标或者成交结果公告期限届满之日。

第五十四条　询问或者质疑事项可能影响中标、成交结果的，采购人应当暂停签订合同，已经签订合同的，应当中止履行合同。

第五十五条　供应商质疑、投诉应当有明确的请求和必要的证明材料。供应商投诉的事项不得超出已质疑事项的范围。

第五十六条　财政部门处理投诉事项采用书面审查的方式，必要时可以进行调查取证或者组织质证。

对财政部门依法进行的调查取证，投诉人和与投诉事项有关的当事人应当如实反映情况，并提供相关材料。

第五十七条　投诉人捏造事实、提供虚假材料或者以非法手段取得证明材料进行投诉的，财政部门应当予以驳回。

财政部门受理投诉后，投诉人书面申请撤回投诉的，财政部门应当终止投诉处理程序。

第五十八条　财政部门处理投诉事项，需要检验、检测、鉴定、专家评审以及需要投诉人补正材料的，所需时间不计算在投诉处理期限内。

财政部门对投诉事项作出的处理决定，应当在省级以上人民政府财政部门指定的媒体上公告。

第七章　监督检查

第五十九条　政府采购法第六十三条所称政府采购项目的采购标准，是指项目采购所依据的经费预算标准、资产配置标准和技术、服务标准等。

第六十条　除政府采购法第六十六条规定的考核事项外，财政部门对集中采购机构的考核事项还包括：

（一）政府采购政策的执行情况；

（二）采购文件编制水平；

（三）采购方式和采购程序的执行情况；

（四）询问、质疑答复情况；

（五）内部监督管理制度建设及执行情况；

（六）省级以上人民政府财政部门规定的其他事项。

财政部门应当制定考核计划,定期对集中采购机构进行考核,考核结果有重要情况的,应当向本级人民政府报告。

第六十一条　采购人发现采购代理机构有违法行为的,应当要求其改正。采购代理机构拒不改正的,采购人应当向本级人民政府财政部门报告,财政部门应当依法处理。

采购代理机构发现采购人的采购需求存在以不合理条件对供应商实行差别待遇、歧视待遇或者其他不符合法律、法规和政府采购政策规定内容,或者发现采购人有其他违法行为的,应当建议其改正。采购人拒不改正的,采购代理机构应当向采购人的本级人民政府财政部门报告,财政部门应当依法处理。

第六十二条　省级以上人民政府财政部门应当对政府采购评审专家库实行动态管理,具体管理办法由国务院财政部门制定。

采购人或者采购代理机构应当对评审专家在政府采购活动中的职责履行情况予以记录,并及时向财政部门报告。

第六十三条　各级人民政府财政部门和其他有关部门应当加强对参加政府采购活动的供应商、采购代理机构、评审专家的监督管理,对其不良行为予以记录,并纳入统一的信用信息平台。

第六十四条　各级人民政府财政部门对政府采购活动进行监督检查,有权查阅、复制有关文件、资料,相关单位和人员应当予以配合。

第六十五条　审计机关、监察机关以及其他有关部门依法对政府采购活动实施监督,发现采购当事人有违法行为的,应当及时通报财政部门。

第八章　法　律　责　任

第六十六条　政府采购法第七十一条规定的罚款,数额为10万元以下。

政府采购法第七十二条规定的罚款,数额为5万元以上25万元以下。

第六十七条　采购人有下列情形之一的,由财政部门责令限期改正,给予警告,对直接负责的主管人员和其他直接责任人员依法给予处分,并予以通报:

(一)未按照规定编制政府采购实施计划或者未按照规定将政府采购实施计划报本级人民政府财政部门备案；

(二)将应当进行公开招标的项目化整为零或者以其他任何方式规避公开招标；

(三)未按照规定在评标委员会、竞争性谈判小组或者询价小组推荐的中标或者成交候选人中确定中标或者成交供应商；

(四)未按照采购文件确定的事项签订政府采购合同；

(五)政府采购合同履行中追加与合同标的相同的货物、工程或者服务的采购金额超过原合同采购金额10%；

(六)擅自变更、中止或者终止政府采购合同；

(七)未按照规定公告政府采购合同；

(八)未按照规定时间将政府采购合同副本报本级人民政府财政部门和有关部门备案。

第六十八条 采购人、采购代理机构有下列情形之一的，依照政府采购法第七十一条、第七十八条的规定追究法律责任：

(一)未依照政府采购法和本条例规定的方式实施采购；

(二)未依法在指定的媒体上发布政府采购项目信息；

(三)未按照规定执行政府采购政策；

(四)违反本条例第十五条的规定导致无法组织对供应商履约情况进行验收或者国家财产遭受损失；

(五)未依法从政府采购评审专家库中抽取评审专家；

(六)非法干预采购评审活动；

(七)采用综合评分法时评审标准中的分值设置未与评审因素的量化指标相对应；

(八)对供应商的询问、质疑逾期未作处理；

(九)通过对样品进行检测、对供应商进行考察等方式改变评审结果；

(十)未按照规定组织对供应商履约情况进行验收。

第六十九条 集中采购机构有下列情形之一的，由财政部门责令限期改正，给予警告，有违法所得的，并处没收违法所得，对直接负责的主管人员和其他直接责任人员依法给予处分，并予以通报：

（一）内部监督管理制度不健全，对依法应当分设、分离的岗位、人员未分设、分离；

（二）将集中采购项目委托其他采购代理机构采购；

（三）从事营利活动。

第七十条 采购人员与供应商有利害关系而不依法回避的，由财政部门给予警告，并处2000元以上2万元以下的罚款。

第七十一条 有政府采购法第七十一条、第七十二条规定的违法行为之一，影响或者可能影响中标、成交结果的，依照下列规定处理：

（一）未确定中标或者成交供应商的，终止本次政府采购活动，重新开展政府采购活动。

（二）已确定中标或者成交供应商但尚未签订政府采购合同的，中标或者成交结果无效，从合格的中标或者成交候选人中另行确定中标或者成交供应商；没有合格的中标或者成交候选人的，重新开展政府采购活动。

（三）政府采购合同已签订但尚未履行的，撤销合同，从合格的中标或者成交候选人中另行确定中标或者成交供应商；没有合格的中标或者成交候选人的，重新开展政府采购活动。

（四）政府采购合同已经履行，给采购人、供应商造成损失的，由责任人承担赔偿责任。

政府采购当事人有其他违反政府采购法或者本条例规定的行为，经改正后仍然影响或者可能影响中标、成交结果或者依法被认定为中标、成交无效的，依照前款规定处理。

第七十二条 供应商有下列情形之一的，依照政府采购法第七十七条第一款的规定追究法律责任：

（一）向评标委员会、竞争性谈判小组或者询价小组成员行贿或者提供其他不正当利益；

（二）中标或者成交后无正当理由拒不与采购人签订政府采购合同；

（三）未按照采购文件确定的事项签订政府采购合同；

（四）将政府采购合同转包；

（五）提供假冒伪劣产品；

（六）擅自变更、中止或者终止政府采购合同。

供应商有前款第一项规定情形的，中标、成交无效。评审阶段资格发生变化，供应商未依照本条例第二十一条的规定通知采购人和采购代理机构的，处以采购金额5‰的罚款，列入不良行为记录名单，中标、成交无效。

第七十三条 供应商捏造事实、提供虚假材料或者以非法手段取得证明材料进行投诉的，由财政部门列入不良行为记录名单，禁止其1至3年内参加政府采购活动。

第七十四条 有下列情形之一的，属于恶意串通，对供应商依照政府采购法第七十七条第一款的规定追究法律责任，对采购人、采购代理机构及其工作人员依照政府采购法第七十二条的规定追究法律责任：

（一）供应商直接或者间接从采购人或者采购代理机构处获得其他供应商的相关情况并修改其投标文件或者响应文件；

（二）供应商按照采购人或者采购代理机构的授意撤换、修改投标文件或者响应文件；

（三）供应商之间协商报价、技术方案等投标文件或者响应文件的实质性内容；

（四）属于同一集团、协会、商会等组织成员的供应商按照该组织要求协同参加政府采购活动；

（五）供应商之间事先约定由某一特定供应商中标、成交；

（六）供应商之间商定部分供应商放弃参加政府采购活动或者放弃中标、成交；

（七）供应商与采购人或者采购代理机构之间、供应商相互之间，为谋求特定供应商中标、成交或者排斥其他供应商的其他串通行为。

第七十五条 政府采购评审专家未按照采购文件规定的评审程序、评审方法和评审标准进行独立评审或者泄露评审文件、评审情况的，由财政部门给予警告，并处2000元以上2万元以下的罚款；影响中标、成交结果的，处2万元以上5万元以下的罚款，禁止其参加政府采购评审活动。

政府采购评审专家与供应商存在利害关系未回避的，处2万元以上5万元以下的罚款，禁止其参加政府采购评审活动。

政府采购评审专家收受采购人、采购代理机构、供应商贿赂或者获取其他不正当利益,构成犯罪的,依法追究刑事责任;尚不构成犯罪的,处2万元以上5万元以下的罚款,禁止其参加政府采购评审活动。

政府采购评审专家有上述违法行为的,其评审意见无效,不得获取评审费;有违法所得的,没收违法所得;给他人造成损失的,依法承担民事责任。

第七十六条 政府采购当事人违反政府采购法和本条例规定,给他人造成损失的,依法承担民事责任。

第七十七条 财政部门在履行政府采购监督管理职责中违反政府采购法和本条例规定,滥用职权、玩忽职守、徇私舞弊的,对直接负责的主管人员和其他直接责任人员依法给予处分;直接负责的主管人员和其他直接责任人员构成犯罪的,依法追究刑事责任。

第九章 附 则

第七十八条 财政管理实行省直接管理的县级人民政府可以根据需要并报经省级人民政府批准,行使政府采购法和本条例规定的设区的市级人民政府批准变更采购方式的职权。

第七十九条 本条例自2015年3月1日起施行。

中华人民共和国招标投标法实施条例

(2011年12月20日国务院令第613号公布 根据2017年3月1日《国务院关于修改和废止部分行政法规的决定》第一次修订 根据2018年3月19日《国务院关于修改和废止部分行政法规的决定》第二次修订 根据2019年3月2日《国务院关于修改部分行政法规的决定》第三次修订)

第一章 总 则

第一条 为了规范招标投标活动,根据《中华人民共和国招标投标法》(以下简称招标投标法),制定本条例。

第二条 招标投标法第三条所称工程建设项目,是指工程以及与工程建设有关的货物、服务。

前款所称工程,是指建设工程,包括建筑物和构筑物的新建、改建、扩建及其相关的装修、拆除、修缮等;所称与工程建设有关的货物,是指构成工程不可分割的组成部分,且为实现工程基本功能所必需的设备、材料等;所称与工程建设有关的服务,是指为完成工程所需的勘察、设计、监理等服务。

第三条 依法必须进行招标的工程建设项目的具体范围和规模标准,由国务院发展改革部门会同国务院有关部门制订,报国务院批准后公布施行。

第四条 国务院发展改革部门指导和协调全国招标投标工作,对国家重大建设项目的工程招标投标活动实施监督检查。国务院工业和信息化、住房城乡建设、交通运输、铁道、水利、商务等部门,按照规定的职责分工对有关招标投标活动实施监督。

县级以上地方人民政府发展改革部门指导和协调本行政区域的招标投标工作。县级以上地方人民政府有关部门按照规定的职责分工,对招标投标活动实施监督,依法查处招标投标活动中的违法行为。县级以上地方人民政府对其所属部门有关招标投标活动的监督职责分工另有规定的,从其规定。

财政部门依法对实行招标投标的政府采购工程建设项目的政府采购政策执行情况实施监督。

监察机关依法对与招标投标活动有关的监察对象实施监察。

第五条 设区的市级以上地方人民政府可以根据实际需要,建立统一规范的招标投标交易场所,为招标投标活动提供服务。招标投标交易场所不得与行政监督部门存在隶属关系,不得以营利为目的。

国家鼓励利用信息网络进行电子招标投标。

第六条 禁止国家工作人员以任何方式非法干涉招标投标活动。

第二章 招　　标

第七条 按照国家有关规定需要履行项目审批、核准手续的依法必须进行招标的项目,其招标范围、招标方式、招标组织形式应当报项目审批、核准部门审批、核准。项目审批、核准部门应当及时将审批、核准确定的招标范围、招标方式、招标组织形式通报有关行政监督部门。

第八条 国有资金占控股或者主导地位的依法必须进行招标的项目,应当公开招标;但有下列情形之一的,可以邀请招标:

(一)技术复杂、有特殊要求或者受自然环境限制,只有少量潜在投标人可供选择;

(二)采用公开招标方式的费用占项目合同金额的比例过大。

有前款第二项所列情形,属于本条例第七条规定的项目,由项目审批、核准部门在审批、核准项目时作出认定;其他项目由招标人申请有关行政监督部门作出认定。

第九条 除招标投标法第六十六条规定的可以不进行招标的特殊情况外,有下列情形之一的,可以不进行招标:

(一)需要采用不可替代的专利或者专有技术;

(二)采购人依法能够自行建设、生产或者提供;

(三)已通过招标方式选定的特许经营项目投资人依法能够自行建设、生产或者提供;

(四)需要向原中标人采购工程、货物或者服务,否则将影响施工或者功能配套要求;

(五)国家规定的其他特殊情形。

招标人为适用前款规定弄虚作假的,属于招标投标法第四条规定的规避招标。

第十条 招标投标法第十二条第二款规定的招标人具有编制招标文件和组织评标能力,是指招标人具有与招标项目规模和复杂程度相适应的技术、经济等方面的专业人员。

第十一条 国务院住房城乡建设、商务、发展改革、工业和信息化等部门,按照规定的职责分工对招标代理机构依法实施监督管理。

第十二条 招标代理机构应当拥有一定数量的具备编制招标文件、组织评标等相应能力的专业人员。

第十三条 招标代理机构在招标人委托的范围内开展招标代理

业务,任何单位和个人不得非法干涉。

招标代理机构代理招标业务,应当遵守招标投标法和本条例关于招标人的规定。招标代理机构不得在所代理的招标项目中投标或者代理投标,也不得为所代理的招标项目的投标人提供咨询。

第十四条 招标人应当与被委托的招标代理机构签订书面委托合同,合同约定的收费标准应当符合国家有关规定。

第十五条 公开招标的项目,应当依照招标投标法和本条例的规定发布招标公告、编制招标文件。

招标人采用资格预审办法对潜在投标人进行资格审查的,应当发布资格预审公告、编制资格预审文件。

依法必须进行招标的项目的资格预审公告和招标公告,应当在国务院发展改革部门依法指定的媒介发布。在不同媒介发布的同一招标项目的资格预审公告或者招标公告的内容应当一致。指定媒介发布依法必须进行招标的项目的境内资格预审公告、招标公告,不得收取费用。

编制依法必须进行招标的项目的资格预审文件和招标文件,应当使用国务院发展改革部门会同有关行政监督部门制定的标准文本。

第十六条 招标人应当按照资格预审公告、招标公告或者投标邀请书规定的时间、地点发售资格预审文件或者招标文件。资格预审文件或者招标文件的发售期不得少于5日。

招标人发售资格预审文件、招标文件收取的费用应当限于补偿印刷、邮寄的成本支出,不得以营利为目的。

第十七条 招标人应当合理确定提交资格预审申请文件的时间。依法必须进行招标的项目提交资格预审申请文件的时间,自资格预审文件停止发售之日起不得少于5日。

第十八条 资格预审应当按照资格预审文件载明的标准和方法进行。

国有资金占控股或者主导地位的依法必须进行招标的项目,招标人应当组建资格审查委员会审查资格预审申请文件。资格审查委员会及其成员应当遵守招标投标法和本条例有关评标委员会及其成员的规定。

第十九条 资格预审结束后,招标人应当及时向资格预审申请人发出资格预审结果通知书。未通过资格预审的申请人不具有投标资格。

通过资格预审的申请人少于3个的,应当重新招标。

第二十条 招标人采用资格后审办法对投标人进行资格审查的,应当在开标后由评标委员会按照招标文件规定的标准和方法对投标人的资格进行审查。

第二十一条 招标人可以对已发出的资格预审文件或者招标文件进行必要的澄清或者修改。澄清或者修改的内容可能影响资格预审申请文件或者投标文件编制的,招标人应当在提交资格预审申请文件截止时间至少3日前,或者投标截止时间至少15日前,以书面形式通知所有获取资格预审文件或者招标文件的潜在投标人;不足3日或者15日的,招标人应当顺延提交资格预审申请文件或者投标文件的截止时间。

第二十二条 潜在投标人或者其他利害关系人对资格预审文件有异议的,应当在提交资格预审申请文件截止时间2日前提出;对招标文件有异议的,应当在投标截止时间10日前提出。招标人应当自收到异议之日起3日内作出答复;作出答复前,应当暂停招标投标活动。

第二十三条 招标人编制的资格预审文件、招标文件的内容违反法律、行政法规的强制性规定,违反公开、公平、公正和诚实信用原则,影响资格预审结果或者潜在投标人投标的,依法必须进行招标的项目的招标人应当在修改资格预审文件或者招标文件后重新招标。

第二十四条 招标人对招标项目划分标段的,应当遵守招标投标法的有关规定,不得利用划分标段限制或者排斥潜在投标人。依法必须进行招标的项目的招标人不得利用划分标段规避招标。

第二十五条 招标人应当在招标文件中载明投标有效期。投标有效期从提交投标文件的截止之日起算。

第二十六条 招标人在招标文件中要求投标人提交投标保证金的,投标保证金不得超过招标项目估算价的2%。投标保证金有效期应当与投标有效期一致。

依法必须进行招标的项目的境内投标单位，以现金或者支票形式提交的投标保证金应当从其基本账户转出。

招标人不得挪用投标保证金。

第二十七条 招标人可以自行决定是否编制标底。一个招标项目只能有一个标底。标底必须保密。

接受委托编制标底的中介机构不得参加受托编制标底项目的投标，也不得为该项目的投标人编制投标文件或者提供咨询。

招标人设有最高投标限价的，应当在招标文件中明确最高投标限价或者最高投标限价的计算方法。招标人不得规定最低投标限价。

第二十八条 招标人不得组织单个或者部分潜在投标人踏勘项目现场。

第二十九条 招标人可以依法对工程以及与工程建设有关的货物、服务全部或者部分实行总承包招标。以暂估价形式包括在总承包范围内的工程、货物、服务属于依法必须进行招标的项目范围且达到国家规定规模标准的，应当依法进行招标。

前款所称暂估价，是指总承包招标时不能确定价格而由招标人在招标文件中暂时估定的工程、货物、服务的金额。

第三十条 对技术复杂或者无法精确拟定技术规格的项目，招标人可以分两阶段进行招标。

第一阶段，投标人按照招标公告或者投标邀请书的要求提交不带报价的技术建议，招标人根据投标人提交的技术建议确定技术标准和要求，编制招标文件。

第二阶段，招标人向在第一阶段提交技术建议的投标人提供招标文件，投标人按照招标文件的要求提交包括最终技术方案和投标报价的投标文件。

招标人要求投标人提交投标保证金的，应当在第二阶段提出。

第三十一条 招标人终止招标的，应当及时发布公告，或者以书面形式通知被邀请的或者已经获取资格预审文件、招标文件的潜在投标人。已经发售资格预审文件、招标文件或者已经收取投标保证金的，招标人应当及时退还所收取的资格预审文件、招标文件的费用，以及所收取的投标保证金及银行同期存款利息。

第三十二条　招标人不得以不合理的条件限制、排斥潜在投标人或者投标人。

招标人有下列行为之一的，属于以不合理条件限制、排斥潜在投标人或者投标人：

（一）就同一招标项目向潜在投标人或者投标人提供有差别的项目信息；

（二）设定的资格、技术、商务条件与招标项目的具体特点和实际需要不相适应或者与合同履行无关；

（三）依法必须进行招标的项目以特定行政区域或者特定行业的业绩、奖项作为加分条件或者中标条件；

（四）对潜在投标人或者投标人采取不同的资格审查或者评标标准；

（五）限定或者指定特定的专利、商标、品牌、原产地或者供应商；

（六）依法必须进行招标的项目非法限定潜在投标人或者投标人的所有制形式或者组织形式；

（七）以其他不合理条件限制、排斥潜在投标人或者投标人。

第三章　投　　标

第三十三条　投标人参加依法必须进行招标的项目的投标，不受地区或者部门的限制，任何单位和个人不得非法干涉。

第三十四条　与招标人存在利害关系可能影响招标公正性的法人、其他组织或者个人，不得参加投标。

单位负责人为同一人或者存在控股、管理关系的不同单位，不得参加同一标段投标或者未划分标段的同一招标项目投标。

违反前两款规定的，相关投标均无效。

第三十五条　投标人撤回已提交的投标文件，应当在投标截止时间前书面通知招标人。招标人已收取投标保证金的，应当自收到投标人书面撤回通知之日起5日内退还。

投标截止后投标人撤销投标文件的，招标人可以不退还投标保证金。

第三十六条　未通过资格预审的申请人提交的投标文件，以及逾期送达或者不按照招标文件要求密封的投标文件,招标人应当拒收。

招标人应当如实记载投标文件的送达时间和密封情况,并存档备查。

第三十七条 招标人应当在资格预审公告、招标公告或者投标邀请书中载明是否接受联合体投标。

招标人接受联合体投标并进行资格预审的,联合体应当在提交资格预审申请文件前组成。资格预审后联合体增减、更换成员的,其投标无效。

联合体各方在同一招标项目中以自己名义单独投标或者参加其他联合体投标的,相关投标均无效。

第三十八条 投标人发生合并、分立、破产等重大变化的,应当及时书面告知招标人。投标人不再具备资格预审文件、招标文件规定的资格条件或者其投标影响招标公正性的,其投标无效。

第三十九条 禁止投标人相互串通投标。

有下列情形之一的,属于投标人相互串通投标:

(一)投标人之间协商投标报价等投标文件的实质性内容;

(二)投标人之间约定中标人;

(三)投标人之间约定部分投标人放弃投标或者中标;

(四)属于同一集团、协会、商会等组织成员的投标人按照该组织要求协同投标;

(五)投标人之间为谋取中标或者排斥特定投标人而采取的其他联合行动。

第四十条 有下列情形之一的,视为投标人相互串通投标:

(一)不同投标人的投标文件由同一单位或者个人编制;

(二)不同投标人委托同一单位或者个人办理投标事宜;

(三)不同投标人的投标文件载明的项目管理成员为同一人;

(四)不同投标人的投标文件异常一致或者投标报价呈规律性差异;

(五)不同投标人的投标文件相互混装;

(六)不同投标人的投标保证金从同一单位或者个人的账户转出。

第四十一条 禁止招标人与投标人串通投标。

有下列情形之一的,属于招标人与投标人串通投标:

(一)招标人在开标前开启投标文件并将有关信息泄露给其他投标人;

(二)招标人直接或者间接向投标人泄露标底、评标委员会成员等信息;

(三)招标人明示或者暗示投标人压低或者抬高投标报价;

(四)招标人授意投标人撤换、修改投标文件;

(五)招标人明示或者暗示投标人为特定投标人中标提供方便;

(六)招标人与投标人为谋求特定投标人中标而采取的其他串通行为。

第四十二条 使用通过受让或者租借等方式获取的资格、资质证书投标的,属于招标投标法第三十三条规定的以他人名义投标。

投标人有下列情形之一的,属于招标投标法第三十三条规定的以其他方式弄虚作假的行为:

(一)使用伪造、变造的许可证件;

(二)提供虚假的财务状况或者业绩;

(三)提供虚假的项目负责人或者主要技术人员简历、劳动关系证明;

(四)提供虚假的信用状况;

(五)其他弄虚作假的行为。

第四十三条 提交资格预审申请文件的申请人应当遵守招标投标法和本条例有关投标人的规定。

第四章 开标、评标和中标

第四十四条 招标人应当按照招标文件规定的时间、地点开标。

投标人少于3个的,不得开标;招标人应当重新招标。

投标人对开标有异议的,应当在开标现场提出,招标人应当当场作出答复,并制作记录。

第四十五条 国家实行统一的评标专家专业分类标准和管理办法。具体标准和办法由国务院发展改革部门会同国务院有关部门制定。

省级人民政府和国务院有关部门应当组建综合评标专家库。

第四十六条 除招标投标法第三十七条第三款规定的特殊招标项目外,依法必须进行招标的项目,其评标委员会的专家成员应当从评标专家库内相关专业的专家名单中以随机抽取方式确定。任何单位和个人不得以明示、暗示等任何方式指定或者变相指定参加评标委员会的专家成员。

依法必须进行招标的项目的招标人非因招标投标法和本条例规定的事由,不得更换依法确定的评标委员会成员。更换评标委员会的专家成员应当依照前款规定进行。

评标委员会成员与投标人有利害关系的,应当主动回避。

有关行政监督部门应当按照规定的职责分工,对评标委员会成员的确定方式、评标专家的抽取和评标活动进行监督。行政监督部门的工作人员不得担任本部门负责监督项目的评标委员会成员。

第四十七条 招标投标法第三十七条第三款所称特殊招标项目,是指技术复杂、专业性强或者国家有特殊要求,采取随机抽取方式确定的专家难以保证胜任评标工作的项目。

第四十八条 招标人应当向评标委员会提供评标所必需的信息,但不得明示或者暗示其倾向或者排斥特定投标人。

招标人应当根据项目规模和技术复杂程度等因素合理确定评标时间。超过三分之一的评标委员会成员认为评标时间不够的,招标人应当适当延长。

评标过程中,评标委员会成员有回避事由、擅离职守或者因健康等原因不能继续评标的,应当及时更换。被更换的评标委员会成员作出的评审结论无效,由更换后的评标委员会成员重新进行评审。

第四十九条 评标委员会成员应当依照招标投标法和本条例的规定,按照招标文件规定的评标标准和方法,客观、公正地对投标文件提出评审意见。招标文件没有规定的评标标准和方法不得作为评标的依据。

评标委员会成员不得私下接触投标人,不得收受投标人给予的财物或者其他好处,不得向招标人征询确定中标人的意向,不得接受任何单位或者个人明示或者暗示提出的倾向或者排斥特定投标人的要求,不得有其他不客观、不公正履行职务的行为。

第五十条 招标项目设有标底的,招标人应当在开标时公布。标底只能作为评标的参考,不得以投标报价是否接近标底作为中标条件,也不得以投标报价超过标底上下浮动范围作为否决投标的条件。

第五十一条 有下列情形之一的,评标委员会应当否决其投标:

(一)投标文件未经投标单位盖章和单位负责人签字;

(二)投标联合体没有提交共同投标协议;

(三)投标人不符合国家或者招标文件规定的资格条件;

(四)同一投标人提交两个以上不同的投标文件或者投标报价,但招标文件要求提交备选投标的除外;

(五)投标报价低于成本或者高于招标文件设定的最高投标限价;

(六)投标文件没有对招标文件的实质性要求和条件作出响应;

(七)投标人有串通投标、弄虚作假、行贿等违法行为。

第五十二条 投标文件中有含义不明确的内容、明显文字或者计算错误,评标委员会认为需要投标人作出必要澄清、说明的,应当书面通知该投标人。投标人的澄清、说明应当采用书面形式,并不得超出投标文件的范围或者改变投标文件的实质性内容。

评标委员会不得暗示或者诱导投标人作出澄清、说明,不得接受投标人主动提出的澄清、说明。

第五十三条 评标完成后,评标委员会应当向招标人提交书面评标报告和中标候选人名单。中标候选人应当不超过3个,并标明排序。

评标报告应当由评标委员会全体成员签字。对评标结果有不同意见的评标委员会成员应当以书面形式说明其不同意见和理由,评标报告应当注明该不同意见。评标委员会成员拒绝在评标报告上签字又不书面说明其不同意见和理由的,视为同意评标结果。

第五十四条 依法必须进行招标的项目,招标人应当自收到评标报告之日起3日内公示中标候选人,公示期不得少于3日。

投标人或者其他利害关系人对依法必须进行招标的项目的评标结果有异议的,应当在中标候选人公示期间提出。招标人应当自收到异议之日起3日内作出答复;作出答复前,应当暂停招标投标活动。

第五十五条 国有资金占控股或者主导地位的依法必须进行招标的项目，招标人应当确定排名第一的中标候选人为中标人。排名第一的中标候选人放弃中标、因不可抗力不能履行合同、不按照招标文件要求提交履约保证金，或者被查实存在影响中标结果的违法行为等情形，不符合中标条件的，招标人可以按照评标委员会提出的中标候选人名单排序依次确定其他中标候选人为中标人，也可以重新招标。

第五十六条 中标候选人的经营、财务状况发生较大变化或者存在违法行为，招标人认为可能影响其履约能力的，应当在发出中标通知书前由原评标委员会按照招标文件规定的标准和方法审查确认。

第五十七条 招标人和中标人应当依照招标投标法和本条例的规定签订书面合同，合同的标的、价款、质量、履行期限等主要条款应当与招标文件和中标人的投标文件的内容一致。招标人和中标人不得再行订立背离合同实质性内容的其他协议。

招标人最迟应当在书面合同签订后5日内向中标人和未中标的投标人退还投标保证金及银行同期存款利息。

第五十八条 招标文件要求中标人提交履约保证金的，中标人应当按照招标文件的要求提交。履约保证金不得超过中标合同金额的10%。

第五十九条 中标人应当按照合同约定履行义务，完成中标项目。中标人不得向他人转让中标项目，也不得将中标项目肢解后分别向他人转让。

中标人按照合同约定或者经招标人同意，可以将中标项目的部分非主体、非关键性工作分包给他人完成。接受分包的人应当具备相应的资格条件，并不得再次分包。

中标人应当就分包项目向招标人负责，接受分包的人就分包项目承担连带责任。

第五章 投诉与处理

第六十条 投标人或者其他利害关系人认为招标投标活动不符合法律、行政法规规定的，可以自知道或者应当知道之日起10日内向有关行政监督部门投诉。投诉应当有明确的请求和必要的证明材料。

就本条例第二十二条、第四十四条、第五十四条规定事项投诉的，应当先向招标人提出异议，异议答复期间不计算在前款规定的期限内。

第六十一条　投诉人就同一事项向两个以上有权受理的行政监督部门投诉的，由最先收到投诉的行政监督部门负责处理。

行政监督部门应当自收到投诉之日起 3 个工作日内决定是否受理投诉，并自受理投诉之日起 30 个工作日内作出书面处理决定；需要检验、检测、鉴定、专家评审的，所需时间不计算在内。

投诉人捏造事实、伪造材料或者以非法手段取得证明材料进行投诉的，行政监督部门应当予以驳回。

第六十二条　行政监督部门处理投诉，有权查阅、复制有关文件、资料，调查有关情况，相关单位和人员应当予以配合。必要时，行政监督部门可以责令暂停招标投标活动。

行政监督部门的工作人员对监督检查过程中知悉的国家秘密、商业秘密，应当依法予以保密。

第六章　法律责任

第六十三条　招标人有下列限制或者排斥潜在投标人行为之一的，由有关行政监督部门依照招标投标法第五十一条的规定处罚：

（一）依法应当公开招标的项目不按照规定在指定媒介发布资格预审公告或者招标公告；

（二）在不同媒介发布的同一招标项目的资格预审公告或者招标公告的内容不一致，影响潜在投标人申请资格预审或者投标。

依法必须进行招标的项目的招标人不按照规定发布资格预审公告或者招标公告，构成规避招标的，依照招标投标法第四十九条的规定处罚。

第六十四条　招标人有下列情形之一的，由有关行政监督部门责令改正，可以处 10 万元以下的罚款：

（一）依法应当公开招标而采用邀请招标；

（二）招标文件、资格预审文件的发售、澄清、修改的时限，或者确定的提交资格预审申请文件、投标文件的时限不符合招标投标法和本条例规定；

（三）接受未通过资格预审的单位或者个人参加投标；

（四）接受应当拒收的投标文件。

招标人有前款第一项、第三项、第四项所列行为之一的，对单位直接负责的主管人员和其他直接责任人员依法给予处分。

第六十五条 招标代理机构在所代理的招标项目中投标、代理投标或者向该项目投标人提供咨询的，接受委托编制标底的中介机构参加受托编制标底项目的投标或为该项目的投标人编制投标文件、提供咨询的，依照招标投标法第五十条的规定追究法律责任。

第六十六条 招标人超过本条例规定的比例收取投标保证金、履约保证金或者不按照规定退还投标保证金及银行同期存款利息的，由有关行政监督部门责令改正，可以处5万元以下的罚款；给他人造成损失的，依法承担赔偿责任。

第六十七条 投标人相互串通投标或者与招标人串通投标的，投标人向招标人或者评标委员会成员行贿谋取中标的，中标无效；构成犯罪的，依法追究刑事责任；尚不构成犯罪的，依照招标投标法第五十三条的规定处罚。投标人未中标的，对单位的罚款金额按照招标项目合同金额依照招标投标法规定的比例计算。

投标人有下列行为之一的，属于招标投标法第五十三条规定的情节严重行为，由有关行政监督部门取消其1年至2年内参加依法必须进行招标的项目的投标资格：

（一）以行贿谋取中标；

（二）3年内2次以上串通投标；

（三）串通投标行为损害招标人、其他投标人或者国家、集体、公民的合法利益，造成直接经济损失30万元以上；

（四）其他串通投标情节严重的行为。

投标人自本条第二款规定的处罚执行期限届满之日起3年内又有该款所列违法行为之一的，或者串通投标、以行贿谋取中标情节特别严重的，由工商行政管理机关吊销营业执照。

法律、行政法规对串通投标报价行为的处罚另有规定的，从其规定。

第六十八条　投标人以他人名义投标或者以其他方式弄虚作假骗取中标的,中标无效;构成犯罪的,依法追究刑事责任;尚不构成犯罪的,依照招标投标法第五十四条的规定处罚。依法必须进行招标的项目的投标人未中标的,对单位的罚款金额按照招标项目合同金额依照招标投标法规定的比例计算。

投标人有下列行为之一的,属于招标投标法第五十四条规定的情节严重行为,由有关行政监督部门取消其1年至3年内参加依法必须进行招标的项目的投标资格:

(一)伪造、变造资格、资质证书或者其他许可证件骗取中标;

(二)3年内2次以上使用他人名义投标;

(三)弄虚作假骗取中标给招标人造成直接经济损失30万元以上;

(四)其他弄虚作假骗取中标情节严重的行为。

投标人自本条第二款规定的处罚执行期限届满之日起3年内又有该款所列违法行为之一的,或者弄虚作假骗取中标情节特别严重的,由工商行政管理机关吊销营业执照。

第六十九条　出让或者出租资格、资质证书供他人投标的,依照法律、行政法规的规定给予行政处罚;构成犯罪的,依法追究刑事责任。

第七十条　依法必须进行招标的项目的招标人不按照规定组建评标委员会,或者确定、更换评标委员会成员违反招标投标法和本条例规定的,由有关行政监督部门责令改正,可以处10万元以下的罚款,对单位直接负责的主管人员和其他直接责任人员依法给予处分;违法确定或者更换的评标委员会成员作出的评审结论无效,依法重新进行评审。

国家工作人员以任何方式非法干涉选取评标委员会成员的,依照本条例第八十条的规定追究法律责任。

第七十一条　评标委员会成员有下列行为之一的,由有关行政监督部门责令改正;情节严重的,禁止其在一定期限内参加依法必须进行招标的项目的评标;情节特别严重的,取消其担任评标委员会成员的资格:

(一)应当回避而不回避；

(二)擅离职守；

(三)不按照招标文件规定的评标标准和方法评标；

(四)私下接触投标人；

(五)向招标人征询确定中标人的意向或者接受任何单位或者个人明示或者暗示提出的倾向或者排斥特定投标人的要求；

(六)对依法应当否决的投标不提出否决意见；

(七)暗示或者诱导投标人作出澄清、说明或者接受投标人主动提出的澄清、说明；

(八)其他不客观、不公正履行职务的行为。

第七十二条 评标委员会成员收受投标人的财物或者其他好处的，没收收受的财物，处3000元以上5万元以下的罚款，取消担任评标委员会成员的资格，不得再参加依法必须进行招标的项目的评标；构成犯罪的，依法追究刑事责任。

第七十三条 依法必须进行招标的项目的招标人有下列情形之一的，由有关行政监督部门责令改正，可以处中标项目金额10‰以下的罚款；给他人造成损失的，依法承担赔偿责任；对单位直接负责的主管人员和其他直接责任人员依法给予处分：

(一)无正当理由不发出中标通知书；

(二)不按照规定确定中标人；

(三)中标通知书发出后无正当理由改变中标结果；

(四)无正当理由不与中标人订立合同；

(五)在订立合同时向中标人提出附加条件。

第七十四条 中标人无正当理由不与招标人订立合同，在签订合同时向招标人提出附加条件，或者不按照招标文件要求提交履约保证金的，取消其中标资格，投标保证金不予退还。对依法必须进行招标的项目的中标人，由有关行政监督部门责令改正，可以处中标项目金额10‰以下的罚款。

第七十五条 招标人和中标人不按照招标文件和中标人的投标文件订立合同，合同的主要条款与招标文件、中标人的投标文件的内容不一致，或者招标人、中标人订立背离合同实质性内容的协议的，由有关行政监督部门责令改正,可以处中标项目金额5‰以上10‰以下的罚款。

第七十六条 中标人将中标项目转让给他人的,将中标项目肢解后分别转让给他人的,违反招标投标法和本条例规定将中标项目的部分主体、关键性工作分包给他人的,或者分包人再次分包的,转让、分包无效,处转让、分包项目金额5‰以上10‰以下的罚款;有违法所得的,并处没收违法所得;可以责令停业整顿;情节严重的,由工商行政管理机关吊销营业执照。

第七十七条 投标人或者其他利害关系人捏造事实、伪造材料或者以非法手段取得证明材料进行投诉,给他人造成损失的,依法承担赔偿责任。

招标人不按照规定对异议作出答复,继续进行招标投标活动的,由有关行政监督部门责令改正,拒不改正或者不能改正并影响中标结果的,依照本条例第八十一条的规定处理。

第七十八条 国家建立招标投标信用制度。有关行政监督部门应当依法公告对招标人、招标代理机构、投标人、评标委员会成员等当事人违法行为的行政处理决定。

第七十九条 项目审批、核准部门不依法审批、核准项目招标范围、招标方式、招标组织形式的,对单位直接负责的主管人员和其他直接责任人员依法给予处分。

有关行政监督部门不依法履行职责,对违反招标投标法和本条例规定的行为不依法查处,或者不按照规定处理投诉、不依法公告对招标投标当事人违法行为的行政处理决定的,对直接负责的主管人员和其他直接责任人员依法给予处分。

项目审批、核准部门和有关行政监督部门的工作人员徇私舞弊、滥用职权、玩忽职守,构成犯罪的,依法追究刑事责任。

第八十条 国家工作人员利用职务便利,以直接或者间接、明示或者暗示等任何方式非法干涉招标投标活动,有下列情形之一的,依法给予记过或者记大过处分;情节严重的,依法给予降级或者撤职处分;情节特别严重的,依法给予开除处分;构成犯罪的,依法追究刑事责任:

（一）要求对依法必须进行招标的项目不招标，或者要求对依法应当公开招标的项目不公开招标；

（二）要求评标委员会成员或者招标人以其指定的投标人作为中标候选人或者中标人，或者以其他方式非法干涉评标活动，影响中标结果；

（三）以其他方式非法干涉招标投标活动。

第八十一条　依法必须进行招标的项目的招标投标活动违反招标投标法和本条例的规定，对中标结果造成实质性影响，且不能采取补救措施予以纠正的，招标、投标、中标无效，应当依法重新招标或者评标。

第七章　附　则

第八十二条　招标投标协会按照依法制定的章程开展活动，加强行业自律和服务。

第八十三条　政府采购的法律、行政法规对政府采购货物、服务的招标投标另有规定的，从其规定。

第八十四条　本条例自2012年2月1日起施行。

企业信息公示暂行条例

（2014年8月7日国务院令第654号公布　根据2024年3月10日《国务院关于修改和废止部分行政法规的决定》修订）

第一条　为了保障公平竞争，促进企业诚信自律，规范企业信息公示，强化企业信用约束，维护交易安全，提高政府监管效能，扩大社会监督，制定本条例。

第二条　本条例所称企业信息，是指在市场监督管理部门登记的企业从事生产经营活动过程中形成的信息，以及政府部门在履行职责过程中产生的能够反映企业状况的信息。

第三条 企业信息公示应当真实、及时。公示的企业信息涉及国家秘密、国家安全或者社会公共利益的,应当报请主管的保密行政管理部门或者国家安全机关批准。县级以上地方人民政府有关部门公示的企业信息涉及企业商业秘密或者个人隐私的,应当报请上级主管部门批准。

第四条 省、自治区、直辖市人民政府领导本行政区域的企业信息公示工作,按照国家社会信用信息平台建设的总体要求,推动本行政区域企业信用信息公示系统的建设。

第五条 国务院市场监督管理部门推进、监督企业信息公示工作,组织国家企业信用信息公示系统的建设。国务院其他有关部门依照本条例规定做好企业信息公示相关工作。

县级以上地方人民政府有关部门依照本条例规定做好企业信息公示工作。

第六条 市场监督管理部门应当通过国家企业信用信息公示系统,公示其在履行职责过程中产生的下列企业信息:

(一)注册登记、备案信息;

(二)动产抵押登记信息;

(三)股权出质登记信息;

(四)行政处罚信息;

(五)其他依法应当公示的信息。

前款规定的企业信息应当自产生之日起20个工作日内予以公示。

第七条 市场监督管理部门以外的其他政府部门(以下简称其他政府部门)应当公示其在履行职责过程中产生的下列企业信息:

(一)行政许可准予、变更、延续信息;

(二)行政处罚信息;

(三)其他依法应当公示的信息。

其他政府部门可以通过国家企业信用信息公示系统,也可以通过其他系统公示前款规定的企业信息。市场监督管理部门和其他政府部门应当按照国家社会信用信息平台建设的总体要求,实现企业信息的互联共享。

第八条 企业应当于每年1月1日至6月30日,通过国家企业信用信息公示系统向市场监督管理部门报送上一年度年度报告,并向社会公示。

当年设立登记的企业,自下一年起报送并公示年度报告。

第九条 企业年度报告内容包括:

(一)企业通信地址、邮政编码、联系电话、电子邮箱等信息;

(二)企业开业、歇业、清算等存续状态信息;

(三)企业投资设立企业、购买股权信息;

(四)企业为有限责任公司或者股份有限公司的,其股东或者发起人认缴和实缴的出资额、出资时间、出资方式等信息;

(五)有限责任公司股东股权转让等股权变更信息;

(六)企业网站以及从事网络经营的网店的名称、网址等信息;

(七)企业从业人数、资产总额、负债总额、对外提供保证担保、所有者权益合计、营业总收入、主营业务收入、利润总额、净利润、纳税总额信息。

前款第一项至第六项规定的信息应当向社会公示,第七项规定的信息由企业选择是否向社会公示。

经企业同意,公民、法人或者其他组织可以查询企业选择不公示的信息。

第十条 企业应当自下列信息形成之日起20个工作日内通过国家企业信用信息公示系统向社会公示:

(一)有限责任公司股东或者股份有限公司发起人认缴和实缴的出资额、出资时间、出资方式等信息;

(二)有限责任公司股东股权转让等股权变更信息;

(三)行政许可取得、变更、延续信息;

(四)知识产权出质登记信息;

(五)受到行政处罚的信息;

(六)其他依法应当公示的信息。

市场监督管理部门发现企业未依照前款规定履行公示义务的,应当责令其限期履行。

第十一条　政府部门和企业分别对其公示信息的真实性、及时性负责。

第十二条　政府部门发现其公示的信息不准确的,应当及时更正。公民、法人或者其他组织有证据证明政府部门公示的信息不准确的,有权要求该政府部门予以更正。

企业发现其公示的信息不准确的,应当及时更正;但是,企业年度报告公示信息的更正应当在每年 6 月 30 日之前完成。更正前后的信息应当同时公示。

第十三条　公民、法人或者其他组织发现企业公示的信息虚假的,可以向市场监督管理部门举报,接到举报的市场监督管理部门应当自接到举报材料之日起 20 个工作日内进行核查,予以处理,并将处理情况书面告知举报人。

公民、法人或者其他组织对依照本条例规定公示的企业信息有疑问的,可以向政府部门申请查询,收到查询申请的政府部门应当自收到申请之日起 20 个工作日内书面答复申请人。

第十四条　国务院市场监督管理部门和省、自治区、直辖市人民政府市场监督管理部门应当按照公平规范的要求,根据企业注册号等随机摇号,确定抽查的企业,组织对企业公示信息的情况进行检查。

市场监督管理部门抽查企业公示的信息,可以采取书面检查、实地核查、网络监测等方式。市场监督管理部门抽查企业公示的信息,可以委托会计师事务所、税务师事务所、律师事务所等专业机构开展相关工作,并依法利用其他政府部门作出的检查、核查结果或者专业机构作出的专业结论。

抽查结果由市场监督管理部门通过国家企业信用信息公示系统向社会公布。

第十五条　市场监督管理部门对企业公示的信息依法开展抽查或者根据举报进行核查,企业应当配合,接受询问调查,如实反映情况,提供相关材料。

对不予配合情节严重的企业,市场监督管理部门应当通过国家企业信用信息公示系统公示。

第十六条　市场监督管理部门对涉嫌违反本条例规定的行为进

行查处,可以行使下列职权:

(一)进入企业的经营场所实施现场检查;

(二)查阅、复制、收集与企业经营活动相关的合同、票据、账簿以及其他资料;

(三)向与企业经营活动有关的单位和个人调查了解情况;

(四)依法查询涉嫌违法的企业银行账户;

(五)法律、行政法规规定的其他职权。

市场监督管理部门行使前款第四项规定的职权的,应当经市场监督管理部门主要负责人批准。

第十七条 任何公民、法人或者其他组织不得非法修改公示的企业信息,不得非法获取企业信息。

第十八条 企业未按照本条例规定的期限公示年度报告或者未按照市场监督管理部门责令的期限公示有关企业信息的,由县级以上市场监督管理部门列入经营异常名录,并依法给予行政处罚。企业因连续2年未按规定报送年度报告被列入经营异常名录未改正,且通过登记的住所或者经营场所无法取得联系的,由县级以上市场监督管理部门吊销营业执照。

企业公示信息隐瞒真实情况、弄虚作假的,法律、行政法规有规定的,依照其规定;没有规定的,由市场监督管理部门责令改正,处1万元以上5万元以下罚款;情节严重的,处5万元以上20万元以下罚款,列入市场监督管理严重违法失信名单,并可以吊销营业执照。被列入市场监督管理严重违法失信名单的企业的法定代表人、负责人,3年内不得担任其他企业的法定代表人、负责人。

企业被吊销营业执照后,应当依法办理注销登记;未办理注销登记的,由市场监督管理部门依法作出处理。

第十九条 县级以上地方人民政府及其有关部门应当建立健全信用约束机制,在政府采购、工程招投标、国有土地出让、授予荣誉称号等工作中,将企业信息作为重要考量因素,对被列入经营异常名录或者市场监督管理严重违法失信名单的企业依法予以限制或者禁入。

第二十条 鼓励企业主动纠正违法失信行为、消除不良影响,依法申请修复失信记录。政府部门依法解除相关管理措施并修复失信记录的,应当及时将上述信息与有关部门共享。

第二十一条 政府部门未依照本条例规定履行职责的,由监察机关、上一级政府部门责令改正;情节严重的,对负有责任的主管人员和其他直接责任人员依法给予处分;构成犯罪的,依法追究刑事责任。

第二十二条 非法修改公示的企业信息,或者非法获取企业信息的,依照有关法律、行政法规规定追究法律责任。

第二十三条 公民、法人或者其他组织认为政府部门在企业信息公示工作中的具体行政行为侵犯其合法权益的,可以依法申请行政复议或者提起行政诉讼。

第二十四条 企业依照本条例规定公示信息,不免除其依照其他有关法律、行政法规规定公示信息的义务。

第二十五条 法律、法规授权的具有管理公共事务职能的组织公示企业信息适用本条例关于政府部门公示企业信息的规定。

第二十六条 国务院市场监督管理部门负责制定国家企业信用信息公示系统的技术规范。

个体工商户、农民专业合作社信息公示的具体办法由国务院市场监督管理部门另行制定。

第二十七条 本条例自2014年10月1日起施行。

企业财务会计报告条例

(2000年6月21日国务院令第287号公布
自2001年1月1日起施行)

第一章 总 则

第一条 为了规范企业财务会计报告,保证财务会计报告的真实、完整,根据《中华人民共和国会计法》,制定本条例。

第二条 企业(包括公司,下同)编制和对外提供财务会计报告,应当遵守本条例。

本条例所称财务会计报告,是指企业对外提供的反映企业某一特定日期财务状况和某一会计期间经营成果、现金流量的文件。

第三条 企业不得编制和对外提供虚假的或者隐瞒重要事实的财务会计报告。

企业负责人对本企业财务会计报告的真实性、完整性负责。

第四条 任何组织或者个人不得授意、指使、强令企业编制和对外提供虚假的或者隐瞒重要事实的财务会计报告。

第五条 注册会计师、会计师事务所审计企业财务会计报告,应当依照有关法律、行政法规以及注册会计师执业规则的规定进行,并对所出具的审计报告负责。

第二章 财务会计报告的构成

第六条 财务会计报告分为年度、半年度、季度和月度财务会计报告。

第七条 年度、半年度财务会计报告应当包括:

(一)会计报表;

(二)会计报表附注;

(三)财务情况说明书。

会计报表应当包括资产负债表、利润表、现金流量表及相关附表。

第八条 季度、月度财务会计报告通常仅指会计报表,会计报表至少应当包括资产负债表和利润表。国家统一的会计制度规定季度、月度财务会计报告需要编制会计报表附注的,从其规定。

第九条 资产负债表是反映企业在某一特定日期财务状况的报表。资产负债表应当按照资产、负债和所有者权益(或者股东权益,下同)分类分项列示。其中,资产、负债和所有者权益的定义及列示应当遵循下列规定:

(一)资产,是指过去的交易、事项形成并由企业拥有或者控制的资源,该资源预期会给企业带来经济利益。在资产负债表上,资产应当按照其流动性分类分项列示,包括流动资产、长期投资、固定资产、无形资产及其他资产。银行、保险公司和非银行金融机构的各项资产有特殊性的,按照其性质分类分项列示。

（二）负债,是指过去的交易、事项形成的现时义务,履行该义务预期会导致经济利益流出企业。在资产负债表上,负债应当按照其流动性分类分项列示,包括流动负债、长期负债等。银行、保险公司和非银行金融机构的各项负债有特殊性的,按照其性质分类分项列示。

（三）所有者权益,是指所有者在企业资产中享有的经济利益,其金额为资产减去负债后的余额。在资产负债表上,所有者权益应当按照实收资本(或者股本)、资本公积、盈余公积、未分配利润等项目分项列示。

第十条 利润表是反映企业在一定会计期间经营成果的报表。利润表应当按照各项收入、费用以及构成利润的各个项目分类分项列示。其中,收入、费用和利润的定义及列示应当遵循下列规定：

（一）收入,是指企业在销售商品、提供劳务及让渡资产使用权等日常活动中所形成的经济利益的总流入。收入不包括为第三方或者客户代收的款项。在利润表上,收入应当按照其重要性分项列示。

（二）费用,是指企业为销售商品、提供劳务等日常活动所发生的经济利益的流出。在利润表上,费用应当按照其性质分项列示。

（三）利润,是指企业在一定会计期间的经营成果。在利润表上,利润应当按照营业利润、利润总额和净利润等利润的构成分类分项列示。

第十一条 现金流量表是反映企业一定会计期间现金和现金等价物(以下简称现金)流入和流出的报表。现金流量表应当按照经营活动、投资活动和筹资活动的现金流量分类分项列示。其中,经营活动、投资活动和筹资活动的定义及列示应当遵循下列规定：

（一）经营活动,是指企业投资活动和筹资活动以外的所有交易和事项。在现金流量表上,经营活动的现金流量应当按照其经营活动的现金流入和流出的性质分项列示；银行、保险公司和非银行金融机构的经营活动按照其经营活动特点分项列示。

（二）投资活动,是指企业长期资产的购建和不包括在现金等价物范围内的投资及其处置活动。在现金流量表上,投资活动的现金流量应当按照其投资活动的现金流入和流出的性质分项列示。

（三）筹资活动，是指导致企业资本及债务规模和构成发生变化的活动。在现金流量表上，筹资活动的现金流量应当按照其筹资活动的现金流入和流出的性质分项列示。

第十二条　相关附表是反映企业财务状况、经营成果和现金流量的补充报表，主要包括利润分配表以及国家统一的会计制度规定的其他附表。

利润分配表是反映企业一定会计期间对实现净利润以及以前年度未分配利润的分配或者亏损弥补的报表。利润分配表应当按照利润分配各个项目分类分项列示。

第十三条　年度、半年度会计报表至少应当反映两个年度或者相关两个期间的比较数据。

第十四条　会计报表附注是为便于会计报表使用者理解会计报表的内容而对会计报表的编制基础、编制依据、编制原则和方法及主要项目等所作的解释。会计报表附注至少应当包括下列内容：

（一）不符合基本会计假设的说明；

（二）重要会计政策和会计估计及其变更情况、变更原因及其对财务状况和经营成果的影响；

（三）或有事项和资产负债表日后事项的说明；

（四）关联方关系及其交易的说明；

（五）重要资产转让及其出售情况；

（六）企业合并、分立；

（七）重大投资、融资活动；

（八）会计报表中重要项目的明细资料；

（九）有助于理解和分析会计报表需要说明的其他事项。

第十五条　财务情况说明书至少应当对下列情况作出说明：

（一）企业生产经营的基本情况；

（二）利润实现和分配情况；

（三）资金增减和周转情况；

（四）对企业财务状况、经营成果和现金流量有重大影响的其他事项。

第三章 财务会计报告的编制

第十六条 企业应当于年度终了编报年度财务会计报告。国家统一的会计制度规定企业应当编报半年度、季度和月度财务会计报告的，从其规定。

第十七条 企业编制财务会计报告，应当根据真实的交易、事项以及完整、准确的账簿记录等资料，并按照国家统一的会计制度规定的编制基础、编制依据、编制原则和方法。

企业不得违反本条例和国家统一的会计制度规定，随意改变财务会计报告的编制基础、编制依据、编制原则和方法。

任何组织或者个人不得授意、指使、强令企业违反本条例和国家统一的会计制度规定，改变财务会计报告的编制基础、编制依据、编制原则和方法。

第十八条 企业应当依照本条例和国家统一的会计制度规定，对会计报表中各项会计要素进行合理的确认和计量，不得随意改变会计要素的确认和计量标准。

第十九条 企业应当依照有关法律、行政法规和本条例规定的结账日进行结账，不得提前或者延迟。年度结账日为公历年度每年的12月31日；半年度、季度、月度结账日分别为公历年度每半年、每季、每月的最后1天。

第二十条 企业在编制年度财务会计报告前，应当按照下列规定，全面清查资产、核实债务：

（一）结算款项，包括应收款项、应付款项、应交税金等是否存在，与债务、债权单位的相应债务、债权金额是否一致；

（二）原材料、在产品、自制半成品、库存商品等各项存货的实存数量与账面数量是否一致，是否有报废损失和积压物资等；

（三）各项投资是否存在，投资收益是否按照国家统一的会计制度规定进行确认和计量；

（四）房屋建筑物、机器设备、运输工具等各项固定资产的实存数量与财面数量是否一致；

（五）在建工程的实际发生额与账面记录是否一致；

（六）需要清查、核实的其他内容。

企业通过前款规定的清查、核实，查明财产物资的实存数量与账面数量是否一致、各项结算款项的拖欠情况及其原因、材料物资的实际储备情况、各项投资是否达到预期目的、固定资产的使用情况及其完好程度等。企业清查、核实后，应当将清查、核实的结果及其处理办法向企业的董事会或者相应机构报告，并根据国家统一的会计制度的规定进行相应的会计处理。

企业应当在年度中间根据具体情况，对各项财产物资和结算款项进行重点抽查、轮流清查或者定期清查。

第二十一条 企业在编制财务会计报告前，除应当全面清查资产、核实债务外，还应当完成下列工作：

（一）核对各会计账簿记录与会计凭证的内容、金额等是否一致，记账方向是否相符；

（二）依照本条例规定的结账日进行结账，结出有关会计账簿的余额和发生额，并核对各会计账簿之间的余额；

（三）检查相关的会计核算是否按照国家统一的会计制度的规定进行；

（四）对于国家统一的会计制度没有规定统一核算方法的交易、事项，检查其是否按照会计核算的一般原则进行确认和计量以及相关账务处理是否合理；

（五）检查是否存在因会计差错、会计政策变更等原因需要调整前期或者本期相关项目。

在前款规定工作中发现问题的，应当按照国家统一的会计制度的规定进行处理。

第二十二条 企业编制年度和半年度财务会计报告时，对经查实后的资产、负债有变动的，应当按照资产、负债的确认和计量标准进行确认和计量，并按照国家统一的会计制度的规定进行相应的会计处理。

第二十三条 企业应当按照国家统一的会计制度规定的会计报表格式和内容，根据登记完整、核对无误的会计账簿记录和其他有关资料编制会计报表，做到内容完整、数字真实、计算准确，不得漏报或者任意取舍。

第二十四条 会计报表之间、会计报表各项目之间,凡有对应关系的数字,应当相互一致;会计报表中本期与上期的有关数字应当相互衔接。

第二十五条 会计报表附注和财务情况说明书应当按照本条例和国家统一的会计制度的规定,对会计报表中需要说明的事项作出真实、完整、清楚的说明。

第二十六条 企业发生合并、分立情形的,应当按照国家统一的会计制度的规定编制相应的财务会计报告。

第二十七条 企业终止营业的,应当在终止营业时按照编制年度财务会计报告的要求全面清查资产、核实债务、进行结账,并编制财务会计报告;在清算期间,应当按照国家统一的会计制度的规定编制清算期间的财务会计报告。

第二十八条 按照国家统一的会计制度的规定,需要编制合并会计报表的企业集团,母公司除编制其个别会计报表外,还应当编制企业集团的合并会计报表。

企业集团合并会计报表,是指反映企业集团整体财务状况、经营成果和现金流量的会计报表。

第四章 财务会计报告的对外提供

第二十九条 对外提供的财务会计报告反映的会计信息应当真实、完整。

第三十条 企业应当依照法律、行政法规和国家统一的会计制度有关财务会计报告提供期限的规定,及时对外提供财务会计报告。

第三十一条 企业对外提供的财务会计报告应当依次编定页数,加具封面,装订成册,加盖公章。封面上应当注明:企业名称、企业统一代码、组织形式、地址、报表所属年度或者月份、报出日期,并由企业负责人和主管会计工作的负责人、会计机构负责人(会计主管人员)签名并盖章;设置总会计师的企业,还应当由总会计师签名并盖章。

第三十二条 企业应当依照企业章程的规定,向投资者提供财务会计报告。

国务院派出监事会的国有重点大型企业、国有重点金融机构和省、自治区、直辖市人民政府派出监事会的国有企业,应当依法定期向监事会提供财务会计报告。

第三十三条 有关部门或者机构依照法律、行政法规或者国务院的规定,要求企业提供部分或者全部财务会计报告及其有关数据的,应当向企业出示依据,并不得要求企业改变财务会计报告有关数据的会计口径。

第三十四条 非依照法律、行政法规或者国务院的规定,任何组织或者个人不得要求企业提供部分或者全部财务会计报告及其有关数据。

违反本条例规定,要求企业提供部分或者全部财务会计报告及其有关数据的,企业有权拒绝。

第三十五条 国有企业、国有控股的或者占主导地位的企业,应当至少每年一次向本企业的职工代表大会公布财务会计报告,并重点说明下列事项:

(一)反映与职工利益密切相关的信息,包括:管理费用的构成情况,企业管理人员工资、福利和职工工资、福利费用的发放、使用和结余情况,公益金的提取及使用情况,利润分配的情况以及其他与职工利益相关的信息;

(二)内部审计发现的问题及纠正情况;

(三)注册会计师审计的情况;

(四)国家审计机关发现的问题及纠正情况;

(五)重大的投资、融资和资产处置决策及其原因的说明;

(六)需要说明的其他重要事项。

第三十六条 企业依照本条例规定向有关各方提供的财务会计报告,其编制基础、编制依据、编制原则和方法应当一致,不得提供编制基础、编制依据、编制原则和方法不同的财务会计报告。

第三十七条 财务会计报告须经注册会计师审计的,企业应当将注册会计师及其会计师事务所出具的审计报告随同财务会计报告一并对外提供。

第三十八条 接受企业财务会计报告的组织或者个人,在企业财务会计报告未正式对外披露前,应当对其内容保密。

第五章 法律责任

第三十九条 违反本条例规定,有下列行为之一的,由县级以上人民政府财政部门责令限期改正,对企业可以处3000元以上5万元以下的罚款;对直接负责的主管人员和其他直接责任人员,可以处2000元以上2万元以下的罚款;属于国家工作人员的,并依法给予行政处分或者纪律处分:

(一)随意改变会计要素的确认和计量标准的;

(二)随意改变财务会计报告的编制基础、编制依据、编制原则和方法的;

(三)提前或者延迟结账日结账的;

(四)在编制年度财务会计报告前,未按照本条例规定全面清查资产、核实债务的;

(五)拒绝财政部门和其他有关部门对财务会计报告依法进行的监督检查,或者不如实提供有关情况的。

会计人员有前款所列行为之一,情节严重的,由县级以上人民政府财政部门吊销会计从业资格证书。

第四十条 企业编制、对外提供虚假的或者隐瞒重要事实的财务会计报告,构成犯罪的,依法追究刑事责任。

有前款行为,尚不构成犯罪的,由县级以上人民政府财政部门予以通报,对企业可以处5000元以上10万元以下的罚款;对直接负责的主管人员和其他直接责任人员,可以处3000元以上5万元以下的罚款;属于国家工作人员的,并依法给予撤职直至开除的行政处分或者纪律处分;对其中的会计人员,情节严重的,并由县级以上人民政府财政部门吊销会计从业资格证书。

第四十一条 授意、指使、强令会计机构、会计人员及其他人员编制、对外提供虚假的或者隐瞒重要事实的财务会计报告,或者隐匿、故意销毁依法应当保存的财务会计报告,构成犯罪的,依法追究刑事责任;尚不构成犯罪的,可以处5000元以上5万元以下的罚款;属于国家工作人员的,并依法给予降级、撤职、开除的行政处分或者纪律处分。

第四十二条　违反本条例的规定,要求企业向其提供部分或者全部财务会计报告及其有关数据的,由县级以上人民政府责令改正。

第四十三条　违反本条例规定,同时违反其他法律、行政法规规定的,由有关部门在各自的职权范围内依法给予处罚。

第六章　附　　则

第四十四条　国务院财政部门可以根据本条例的规定,制定财务会计报告的具体编报办法。

第四十五条　不对外筹集资金、经营规模较小的企业编制和对外提供财务会计报告的办法,由国务院财政部门根据本条例的原则另行规定。

第四十六条　本条例自 2001 年 1 月 1 日起施行。

国务院关于经营者集中申报标准的规定

（2008 年 8 月 3 日国务院令第 529 号公布　根据 2018 年 9 月 18 日《国务院关于修改部分行政法规的决定》第一次修订　2024 年 1 月 22 日国务院令第 773 号第二次修订）

第一条　为了明确经营者集中的申报标准,根据《中华人民共和国反垄断法》,制定本规定。

第二条　经营者集中是指下列情形：

（一）经营者合并；

（二）经营者通过取得股权或者资产的方式取得对其他经营者的控制权；

（三）经营者通过合同等方式取得对其他经营者的控制权或者能够对其他经营者施加决定性影响。

第三条　经营者集中达到下列标准之一的,经营者应当事先向国务院反垄断执法机构申报,未申报的不得实施集中：

（一）参与集中的所有经营者上一会计年度在全球范围内的营业额合计超过120亿元人民币,并且其中至少两个经营者上一会计年度在中国境内的营业额均超过8亿元人民币;

（二）参与集中的所有经营者上一会计年度在中国境内的营业额合计超过40亿元人民币,并且其中至少两个经营者上一会计年度在中国境内的营业额均超过8亿元人民币。

营业额的计算,应当考虑银行、保险、证券、期货等特殊行业、领域的实际情况,具体办法由国务院反垄断执法机构会同国务院有关部门制定。

第四条 经营者集中未达到本规定第三条规定的申报标准,但有证据证明该经营者集中具有或者可能具有排除、限制竞争效果的,国务院反垄断执法机构可以要求经营者申报。

第五条 经营者未依照本规定第三条和第四条规定进行申报的,国务院反垄断执法机构应当依法进行调查。

第六条 国务院反垄断执法机构应当根据经济发展情况,对本规定确定的申报标准的实施情况进行评估。

第七条 本规定自公布之日起施行。

企业债券管理条例

（1993年8月2日国务院令第121号发布 根据2011年1月8日《国务院关于废止和修改部分行政法规的决定》修订）

第一章 总 则

第一条 为了加强对企业债券的管理,引导资金的合理流向,有效利用社会闲散资金,保护投资者的合法权益,制定本条例。

第二条 本条例适用于中华人民共和国境内具有法人资格的企业（以下简称企业）在境内发行的债券。但是,金融债券和外币债券除外。

除前款规定的企业外,任何单位和个人不得发行企业债券。

第三条 企业进行有偿筹集资金活动,必须通过公开发行企业债券的形式进行。但是,法律和国务院另有规定的除外。

第四条 发行和购买企业债券应当遵循自愿、互利、有偿的原则。

第二章 企 业 债 券

第五条 本条例所称企业债券,是指企业依照法定程序发行、约定在一定期限内还本付息的有价证券。

第六条 企业债券的票面应当载明下列内容:

(一)企业的名称、住所;

(二)企业债券的面额;

(三)企业债券的利率;

(四)还本期限和方式;

(五)利息的支付方式;

(六)企业债券发行日期和编号;

(七)企业的印记和企业法定代表人的签章;

(八)审批机关批准发行的文号、日期。

第七条 企业债券持有人有权按照约定期限取得利息、收回本金,但是无权参与企业的经营管理。

第八条 企业债券持有人对企业的经营状况不承担责任。

第九条 企业债券可以转让、抵押和继承。

第三章 企业债券的管理

第十条 国家计划委员会会同中国人民银行、财政部、国务院证券委员会拟订全国企业债券发行的年度规模和规模内的各项指标,报国务院批准后,下达到各省、自治区、直辖市、计划单列市人民政府和国务院有关部门执行。

未经国务院同意,任何地方、部门不得擅自突破企业债券发行的年度规模,并不得擅自调整年度规模内的各项指标。

第十一条 企业发行企业债券必须按照本条例的规定进行审批;

未经批准的,不得擅自发行和变相发行企业债券。

中央企业发行企业债券,由中国人民银行会同国家计划委员会审批;地方企业发行企业债券,由中国人民银行省、自治区、直辖市、计划单列市分行会同同级计划主管部门审批。

第十二条 企业发行企业债券必须符合下列条件:

(一)企业规模达到国家规定的要求;

(二)企业财务会计制度符合国家规定;

(三)具有偿债能力;

(四)企业经济效益良好,发行企业债券前连续3年盈利;

(五)所筹资金用途符合国家产业政策。

第十三条 企业发行企业债券应当制订发行章程。

发行章程应当包括下列内容:

(一)企业的名称、住所、经营范围、法定代表人;

(二)企业近3年的生产经营状况和有关业务发展的基本情况;

(三)财务报告;

(四)企业自有资产净值;

(五)筹集资金的用途;

(六)效益预测;

(七)发行对象、时间、期限、方式;

(八)债券的种类及期限;

(九)债券的利率;

(十)债券总面额;

(十一)还本付息方式;

(十二)审批机关要求载明的其他事项。

第十四条 企业申请发行企业债券,应当向审批机关报送下列文件:

(一)发行企业债券的申请书;

(二)营业执照;

(三)发行章程;

(四)经会计师事务所审计的企业近3年的财务报告;

(五)审批机关要求提供的其他材料。

企业发行企业债券用于固定资产投资,按照国家有关规定需要经有关部门审批的,还应当报送有关部门的审批文件。

第十五条　企业发行企业债券应当公布经审批机关批准的发行章程。

企业发行企业债券,可以向经认可的债券评信机构申请信用评级。

第十六条　企业发行企业债券的总面额不得大于该企业的自有资产净值。

第十七条　企业发行企业债券用于固定资产投资的,依照国家有关固定资产投资的规定办理。

第十八条　企业债券的利率不得高于银行相同期限居民储蓄定期存款利率的40%。

第十九条　任何单位不得以下列资金购买企业债券:

(一)财政预算拨款;

(二)银行贷款;

(三)国家规定不得用于购买企业债券的其他资金。

办理储蓄业务的机构不得将所吸收的储蓄存款用于购买企业债券。

第二十条　企业发行企业债券所筹资金应当按照审批机关批准的用途,用于本企业的生产经营。

企业发行企业债券所筹资金不得用于房地产买卖、股票买卖和期货交易等与本企业生产经营无关的风险性投资。

第二十一条　企业发行企业债券,应当由证券经营机构承销。

证券经营机构承销企业债券,应当对发行债券的企业的发行章程和其他有关文件的真实性、准确性、完整性进行核查。

第二十二条　企业债券的转让,应当在经批准的可以进行债券交易的场所进行。

第二十三条　非证券经营机构和个人不得经营企业债券的承销和转让业务。

第二十四条　单位和个人所得的企业债券利息收入,按照国家规定纳税。

第二十五条 中国人民银行及其分支机构和国家证券监督管理机构,依照规定的职责,负责对企业债券的发行和交易活动,进行监督检查。

第四章 法 律 责 任

第二十六条 未经批准发行或者变相发行企业债券的,以及未通过证券经营机构发行企业债券的,责令停止发行活动,退还非法所筹资金,处以相当于非法所筹资金金额5%以下的罚款。

第二十七条 超过批准数额发行企业债券的,责令退还超额发行部分或者核减相当于超额发行金额的贷款额度,处以相当于超额发行部分5%以下的罚款。

第二十八条 超过本条例第十八条规定的最高利率发行企业债券的,责令改正,处以相当于所筹资金金额5%以下的罚款。

第二十九条 用财政预算拨款、银行贷款或者国家规定不得用于购买企业债券的其他资金购买企业债券的,以及办理储蓄业务的机构用所吸收的储蓄存款购买企业债券的,责令收回该资金,处以相当于所购买企业债券金额5%以下的罚款。

第三十条 未按批准用途使用发行企业债券所筹资金的,责令改正,没收其违反批准用途使用资金所获收益,并处以相当于违法使用资金金额5%以下的罚款。

第三十一条 非证券经营机构和个人经营企业债券的承销或者转让业务的,责令停止非法经营,没收非法所得,并处以承销或者转让企业债券金额5%以下的罚款。

第三十二条 本条例第二十六条、第二十七条、第二十八条、第二十九条、第三十条、第三十一条规定的处罚,由中国人民银行及其分支机构决定。

第三十三条 对有本条例第二十六条、第二十七条、第二十八条、第二十九条、第三十条、第三十一条所列违法行为的单位的法定代表人和直接责任人员,由中国人民银行及其分支机构给予警告或者处以1万元以上10万元以下的罚款;构成犯罪的,依法追究刑事责任。

第三十四条 地方审批机关违反本条例规定,批准发行企业债券的,责令改正,给予通报批评,根据情况相应核减该地方企业债券的发行规模。

第三十五条　企业债券监督管理机关的工作人员玩忽职守、徇私舞弊的,给予行政处分;构成犯罪的,依法追究刑事责任。

第三十六条　发行企业债券的企业违反本条例规定,给他人造成损失的,应当依法承担民事赔偿责任。

第五章　附　　则

第三十七条　企业发行短期融资券,按照中国人民银行有关规定执行。

第三十八条　本条例由中国人民银行会同国家计划委员会解释。

第三十九条　本条例自发布之日起施行。1987年3月27日国务院发布的《企业债券管理暂行条例》同时废止。

企业投资项目核准和备案管理条例

(2016年10月8日国务院第149次常务会议通过　2016年11月30日国务院令第673号公布　自2017年2月1日起施行)

第一条　为了规范政府对企业投资项目的核准和备案行为,加快转变政府的投资管理职能,落实企业投资自主权,制定本条例。

第二条　本条例所称企业投资项目(以下简称项目),是指企业在中国境内投资建设的固定资产投资项目。

第三条　对关系国家安全、涉及全国重大生产力布局、战略性资源开发和重大公共利益等项目,实行核准管理。具体项目范围以及核准机关、核准权限依照政府核准的投资项目目录执行。政府核准的投资项目目录由国务院投资主管部门会同国务院有关部门提出,报国务院批准后实施,并适时调整。国务院另有规定的,依照其规定。

对前款规定以外的项目,实行备案管理。除国务院另有规定的,实行备案管理的项目按照属地原则备案,备案机关及其权限由省、自治区、直辖市和计划单列市人民政府规定。

第四条 除涉及国家秘密的项目外,项目核准、备案通过国家建立的项目在线监管平台(以下简称在线平台)办理。

核准机关、备案机关以及其他有关部门统一使用在线平台生成的项目代码办理相关手续。

国务院投资主管部门会同有关部门制定在线平台管理办法。

第五条 核准机关、备案机关应当通过在线平台列明与项目有关的产业政策,公开项目核准的办理流程、办理时限等,并为企业提供相关咨询服务。

第六条 企业办理项目核准手续,应当向核准机关提交项目申请书;由国务院核准的项目,向国务院投资主管部门提交项目申请书。项目申请书应当包括下列内容:

(一)企业基本情况;

(二)项目情况,包括项目名称、建设地点、建设规模、建设内容等;

(三)项目利用资源情况分析以及对生态环境的影响分析;

(四)项目对经济和社会的影响分析。

企业应当对项目申请书内容的真实性负责。

法律、行政法规规定办理相关手续作为项目核准前置条件的,企业应当提交已经办理相关手续的证明文件。

第七条 项目申请书由企业自主组织编制,任何单位和个人不得强制企业委托中介服务机构编制项目申请书。

核准机关应当制定并公布项目申请书示范文本,明确项目申请书编制要求。

第八条 由国务院有关部门核准的项目,企业可以通过项目所在地省、自治区、直辖市和计划单列市人民政府有关部门(以下称地方人民政府有关部门)转送项目申请书,地方人民政府有关部门应当自收到项目申请书之日起5个工作日内转送核准机关。

由国务院核准的项目,企业通过地方人民政府有关部门转送项目申请书的,地方人民政府有关部门应当在前款规定的期限内将项目申请书转送国务院投资主管部门,由国务院投资主管部门审核后报国务院核准。

第九条 核准机关应当从下列方面对项目进行审查:
(一)是否危害经济安全、社会安全、生态安全等国家安全;
(二)是否符合相关发展建设规划、技术标准和产业政策;
(三)是否合理开发并有效利用资源;
(四)是否对重大公共利益产生不利影响。

项目涉及有关部门或者项目所在地地方人民政府职责的,核准机关应当书面征求其意见,被征求意见单位应当及时书面回复。

核准机关委托中介服务机构对项目进行评估的,应当明确评估重点;除项目情况复杂的,评估时限不得超过30个工作日。评估费用由核准机关承担。

第十条 核准机关应当自受理申请之日起20个工作日内,作出是否予以核准的决定;项目情况复杂或者需要征求有关单位意见的,经本机关主要负责人批准,可以延长核准期限,但延长的期限不得超过40个工作日。核准机关委托中介服务机构对项目进行评估的,评估时间不计入核准期限。

核准机关对项目予以核准的,应当向企业出具核准文件;不予核准的,应当书面通知企业并说明理由。由国务院核准的项目,由国务院投资主管部门根据国务院的决定向企业出具核准文件或者不予核准的书面通知。

第十一条 企业拟变更已核准项目的建设地点,或者拟对建设规模、建设内容等作较大变更的,应当向核准机关提出变更申请。核准机关应当自受理申请之日起20个工作日内,作出是否同意变更的书面决定。

第十二条 项目自核准机关作出予以核准决定或者同意变更决定之日起2年内未开工建设,需要延期开工建设的,企业应当在2年期限届满的30个工作日前,向核准机关申请延期开工建设。核准机关应当自受理申请之日起20个工作日内,作出是否同意延期开工建设的决定。开工建设只能延期一次,期限最长不得超过1年。国家对项目延期开工建设另有规定的,依照其规定。

第十三条 实行备案管理的项目,企业应当在开工建设前通过在线平台将下列信息告知备案机关:

(一)企业基本情况;

(二)项目名称、建设地点、建设规模、建设内容;

(三)项目总投资额;

(四)项目符合产业政策的声明。

企业应当对备案项目信息的真实性负责。

备案机关收到本条第一款规定的全部信息即为备案;企业告知的信息不齐全的,备案机关应当指导企业补正。

企业需要备案证明的,可以要求备案机关出具或者通过在线平台自行打印。

第十四条 已备案项目信息发生较大变更的,企业应当及时告知备案机关。

第十五条 备案机关发现已备案项目属于产业政策禁止投资建设或者实行核准管理的,应当及时告知企业予以纠正或者依法办理核准手续,并通知有关部门。

第十六条 核准机关、备案机关以及依法对项目负有监督管理职责的其他有关部门应当加强事中事后监管,按照谁审批谁监管、谁主管谁监管的原则,落实监管责任,采取在线监测、现场核查等方式,加强对项目实施的监督检查。

企业应当通过在线平台如实报送项目开工建设、建设进度、竣工的基本信息。

第十七条 核准机关、备案机关以及依法对项目负有监督管理职责的其他有关部门应当建立项目信息共享机制,通过在线平台实现信息共享。

企业在项目核准、备案以及项目实施中的违法行为及其处理信息,通过国家社会信用信息平台向社会公示。

第十八条 实行核准管理的项目,企业未依照本条例规定办理核准手续开工建设或者未按照核准的建设地点、建设规模、建设内容等进行建设的,由核准机关责令停止建设或者责令停产,对企业处项目总投资额1‰以上5‰以下的罚款;对直接负责的主管人员和其他直接责任人员处 2 万元以上 5 万元以下的罚款,属于国家工作人员的,依法给予处分。

以欺骗、贿赂等不正当手段取得项目核准文件,尚未开工建设的,由核准机关撤销核准文件,处项目总投资额 1‰以上 5‰以下的罚款;已经开工建设的,依照前款规定予以处罚;构成犯罪的,依法追究刑事责任。

第十九条 实行备案管理的项目,企业未依照本条例规定将项目信息或者已备案项目的信息变更情况告知备案机关,或者向备案机关提供虚假信息的,由备案机关责令限期改正;逾期不改正的,处 2 万元以上 5 万元以下的罚款。

第二十条 企业投资建设产业政策禁止投资建设项目的,由县级以上人民政府投资主管部门责令停止建设或者责令停产并恢复原状,对企业处项目总投资额 5‰以上 10‰以下的罚款;对直接负责的主管人员和其他直接责任人员处 5 万元以上 10 万元以下的罚款,属于国家工作人员的,依法给予处分。法律、行政法规另有规定的,依照其规定。

第二十一条 核准机关、备案机关及其工作人员在项目核准、备案工作中玩忽职守、滥用职权、徇私舞弊的,对负有责任的领导人员和直接责任人员依法给予处分;构成犯罪的,依法追究刑事责任。

第二十二条 事业单位、社会团体等非企业组织在中国境内投资建设的固定资产投资项目适用本条例,但通过预算安排的固定资产投资项目除外。

第二十三条 国防科技工业企业在中国境内投资建设的固定资产投资项目核准和备案管理办法,由国务院国防科技工业管理部门根据本条例的原则另行制定。

第二十四条 本条例自 2017 年 2 月 1 日起施行。

三、中央及国务院政策文件

中共中央、国务院关于促进民营经济发展壮大的意见

（2023年7月14日）

民营经济是推进中国式现代化的生力军,是高质量发展的重要基础,是推动我国全面建成社会主义现代化强国、实现第二个百年奋斗目标的重要力量。为促进民营经济发展壮大,现提出如下意见。

一、总体要求

以习近平新时代中国特色社会主义思想为指导,深入贯彻党的二十大精神,坚持稳中求进工作总基调,完整、准确、全面贯彻新发展理念,加快构建新发展格局,着力推动高质量发展,坚持社会主义市场经济改革方向,坚持"两个毫不动摇",加快营造市场化、法治化、国际化一流营商环境,优化民营经济发展环境,依法保护民营企业产权和企业家权益,全面构建亲清政商关系,使各种所有制经济依法平等使用生产要素、公平参与市场竞争、同等受到法律保护,引导民营企业通过自身改革发展、合规经营、转型升级不断提升发展质量,促进民营经济做大做优做强,在全面建设社会主义现代化国家新征程中作出积极贡献,在中华民族伟大复兴历史进程中肩负起更大使命、承担起更重责任、发挥出更大作用。

二、持续优化民营经济发展环境

构建高水平社会主义市场经济体制,持续优化稳定公平透明可预期的发展环境,充分激发民营经济生机活力。

（一）持续破除市场准入壁垒。各地区各部门不得以备案、注册、年检、认定、认证、指定、要求设立分公司等形式设定或变相设定准入障碍。清理规范行政审批、许可、备案等政务服务事项的前置条件和

审批标准,不得将政务服务事项转为中介服务事项,没有法律法规依据不得在政务服务前要求企业自行检测、检验、认证、鉴定、公证或提供证明等。稳步开展市场准入效能评估,建立市场准入壁垒投诉和处理回应机制,完善典型案例归集和通报制度。

(二)全面落实公平竞争政策制度。强化竞争政策基础地位,健全公平竞争制度框架和政策实施机制,坚持对各类所有制企业一视同仁、平等对待。强化制止滥用行政权力排除限制竞争的反垄断执法。未经公平竞争不得授予经营者特许经营权,不得限定经营、购买、使用特定经营者提供的商品和服务。定期推出市场干预行为负面清单,及时清理废除含有地方保护、市场分割、指定交易等妨碍统一市场和公平竞争的政策。优化完善产业政策实施方式,建立涉企优惠政策目录清单并及时向社会公开。

(三)完善社会信用激励约束机制。完善信用信息记录和共享体系,全面推广信用承诺制度,将承诺和履约信息纳入信用记录。发挥信用激励机制作用,提升信用良好企业获得感。完善信用约束机制,依法依规按照失信惩戒措施清单对责任主体实施惩戒。健全失信行为纠正后的信用修复机制,研究出台相关管理办法。完善政府诚信履约机制,建立健全政务失信记录和惩戒制度,将机关、事业单位的违约毁约、拖欠账款、拒不履行司法裁判等失信信息纳入全国信用信息共享平台。

(四)完善市场化重整机制。鼓励民营企业盘活存量资产回收资金。坚持精准识别、分类施策,对陷入财务困境但仍具有发展前景和挽救价值的企业,按照市场化、法治化原则,积极适用破产重整、破产和解程序。推动修订企业破产法并完善配套制度。优化个体工商户转企业相关政策,降低转换成本。

三、加大对民营经济政策支持力度

精准制定实施各类支持政策,完善政策执行方式,加强政策协调性,及时回应关切和利益诉求,切实解决实际困难。

(五)完善融资支持政策制度。健全银行、保险、担保、券商等多方共同参与的融资风险市场化分担机制。健全中小微企业和个体工商户信用评级和评价体系,加强涉企信用信息归集,推广"信易贷"等服务模式。支持符合条件的民营中小微企业在债券市场融资,鼓励符合条件的民营企业发行科技创新公司债券,推动民营企业债券融资专项支持计划扩大覆盖面、提升增信力度。支持符合条件的民营企业上市融资和再融资。

(六)完善拖欠账款常态化预防和清理机制。严格执行《保障中小企业款项支付条例》,健全防范化解拖欠中小企业账款长效机制,依法依规加大对责任人的问责处罚力度。机关、事业单位和大型企业不得以内部人员变更,履行内部付款流程,或在合同未作约定情况下以等待竣工验收批复、决算审计等为由,拒绝或延迟支付中小企业和个体工商户款项。建立拖欠账款定期披露、劝告指导、主动执法制度。强化商业汇票信息披露,完善票据市场信用约束机制。完善拖欠账款投诉处理和信用监督机制,加强对恶意拖欠账款案例的曝光。完善拖欠账款清理与审计、督查、巡视等制度的常态化对接机制。

(七)强化人才和用工需求保障。畅通人才向民营企业流动渠道,健全人事管理、档案管理、社会保障等接续的政策机制。完善民营企业职称评审办法,畅通民营企业职称评审渠道,完善以市场评价为导向的职称评审标准。搭建民营企业、个体工商户用工和劳动者求职信息对接平台。大力推进校企合作、产教融合。推进民营经济产业工人队伍建设,优化职业发展环境。加强灵活就业和新就业形态劳动者权益保障,发挥平台企业在扩大就业方面的作用。

(八)完善支持政策直达快享机制。充分发挥财政资金直达机制作用,推动涉企资金直达快享。加大涉企补贴资金公开力度,接受社会监督。针对民营中小微企业和个体工商户建立支持政策"免申即享"机制,推广告知承诺制,有关部门能够通过公共数据平台提取的材料,不再要求重复提供。

(九)强化政策沟通和预期引导。依法依规履行涉企政策调整程序,根据实际设置合理过渡期。加强直接面向民营企业和个体工商户的政策发布和解读引导。支持各级政府部门邀请优秀企业家开展咨询,在涉企政策、规划、标准的制定和评估等方面充分发挥企业家作用。

四、强化民营经济发展法治保障

健全对各类所有制经济平等保护的法治环境,为民营经济发展营造良好稳定的预期。

（十）依法保护民营企业产权和企业家权益。防止和纠正利用行政或刑事手段干预经济纠纷，以及执法司法中的地方保护主义。进一步规范涉产权强制性措施，避免超权限、超范围、超数额、超时限查封扣押冻结财产。对不宜查封扣押冻结的经营性涉案财物，在保证侦查活动正常进行的同时，可以允许有关当事人继续合理使用，并采取必要的保值保管措施，最大限度减少侦查办案对正常办公和合法生产经营的影响。完善涉企案件申诉、再审等机制，健全冤错案件有效防范和常态化纠正机制。

（十一）构建民营企业源头防范和治理腐败的体制机制。出台司法解释，依法加大对民营企业工作人员职务侵占、挪用资金、受贿等腐败行为的惩处力度。健全涉案财物追缴处置机制。深化涉案企业合规改革，推动民营企业合规守法经营。强化民营企业腐败源头治理，引导民营企业建立严格的审计监督体系和财会制度。充分发挥民营企业党组织作用，推动企业加强法治教育，营造诚信廉洁的企业文化氛围。建立多元主体参与的民营企业腐败治理机制。推动建设法治民营企业、清廉民营企业。

（十二）持续完善知识产权保护体系。加大对民营中小微企业原始创新保护力度。严格落实知识产权侵权惩罚性赔偿、行为保全等制度。建立知识产权侵权和行政非诉执行快速处理机制，健全知识产权法院跨区域管辖制度。研究完善商业改进、文化创意等创新成果的知识产权保护办法，严厉打击侵犯商业秘密、仿冒混淆等不正当竞争行为和恶意抢注商标等违法行为。加大对侵犯知识产权违法犯罪行为的刑事打击力度。完善海外知识产权纠纷应对指导机制。

（十三）完善监管执法体系。加强监管标准化规范化建设，依法公开监管标准和规则，增强监管制度和政策的稳定性、可预期性。提高监管公平性、规范性、简约性，杜绝选择性执法和让企业"自证清白"式监管。鼓励跨行政区域按规定联合发布统一监管政策法规及标准规范，开展联动执法。按照教育与处罚相结合原则，推行告知、提醒、劝导等执法方式，对初次违法且危害后果轻微并及时改正的依法不予行政处罚。

（十四）健全涉企收费长效监管机制。持续完善政府定价的涉企收费清单制度,进行常态化公示,接受企业和社会监督。畅通涉企违规收费投诉举报渠道,建立规范的问题线索部门共享和转办机制,综合采取市场监管、行业监管、信用监管等手段实施联合惩戒,公开曝光违规收费典型案例。

五、着力推动民营经济实现高质量发展

引导民营企业践行新发展理念,深刻把握存在的不足和面临的挑战,转变发展方式、调整产业结构、转换增长动力,坚守主业、做强实业,自觉走高质量发展之路。

(十五)引导完善治理结构和管理制度。支持引导民营企业完善法人治理结构、规范股东行为、强化内部监督,实现治理规范、有效制衡、合规经营,鼓励有条件的民营企业建立完善中国特色现代企业制度。依法推动实现企业法人财产与出资人个人或家族财产分离,明晰企业产权结构。研究构建风险评估体系和提示机制,对严重影响企业运营并可能引发社会稳定风险的情形提前预警。支持民营企业加强风险防范管理,引导建立覆盖企业战略、规划、投融资、市场运营等各领域的全面风险管理体系,提升质量管理意识和能力。

(十六)支持提升科技创新能力。鼓励民营企业根据国家战略需要和行业发展趋势,持续加大研发投入,开展关键核心技术攻关,按规定积极承担国家重大科技项目。培育一批关键行业民营科技领军企业、专精特新中小企业和创新能力强的中小企业特色产业集群。加大政府采购创新产品力度,发挥首台(套)保险补偿机制作用,支持民营企业创新产品迭代应用。推动不同所有制企业、大中小企业融通创新,开展共性技术联合攻关。完善高等学校、科研院所管理制度和成果转化机制,调动其支持民营中小微企业创新发展积极性,支持民营企业与科研机构合作建立技术研发中心、产业研究院、中试熟化基地、工程研究中心、制造业创新中心等创新平台。支持民营企业加强基础性前沿性研究和成果转化。

(十七)加快推动数字化转型和技术改造。鼓励民营企业开展数字化共性技术研发,参与数据中心、工业互联网等新型基础设施投资建设和应用创新。支持中小企业数字化转型,推动低成本、模块化智能制造设备和系统的推广应用。引导民营企业积极推进标准化建设,提升产品质量水平。支持民营企业加大生产工艺、设备、技术的绿色低碳改造力度,加快发展柔性制造,提升应急扩产转产能力,提升产业链韧性。

(十八)鼓励提高国际竞争力。支持民营企业立足自身实际,积极向核心零部件和高端制成品设计研发等方向延伸;加强品牌建设,提升"中国制造"美誉度。鼓励民营企业拓展海外业务,积极参与共建"一带一路",有序参与境外项目,在走出去中遵守当地法律法规、履行社会责任。更好指导支持民营企业防范应对贸易保护主义、单边主义、"长臂管辖"等外部挑战。强化部门协同配合,针对民营经济人士海外人身和财产安全,建立防范化解风险协作机制。

(十九)支持参与国家重大战略。鼓励民营企业自主自愿通过扩大吸纳就业、完善工资分配制度等,提升员工享受企业发展成果的水平。支持民营企业到中西部和东北地区投资发展劳动密集型制造业、装备制造业和生态产业,促进革命老区、民族地区加快发展,投入边疆地区建设推进兴边富民。支持民营企业参与推进碳达峰碳中和,提供减碳技术和服务,加大可再生能源发电和储能等领域投资力度,参与碳排放权、用能权交易。支持民营企业参与乡村振兴,推动新型农业经营主体和社会化服务组织发展现代种养业,高质量发展现代农产品加工业,因地制宜发展现代农业服务业,壮大休闲农业、乡村旅游业等特色产业,积极投身"万企兴万村"行动。支持民营企业参与全面加强基础设施建设,引导民营资本参与新型城镇化、交通水利等重大工程和补短板领域建设。

(二十)依法规范和引导民营资本健康发展。健全规范和引导民营资本健康发展的法律制度,为资本设立"红绿灯",完善资本行为制度规则,集中推出一批"绿灯"投资案例。全面提升资本治理效能,提高资本监管能力和监管体系现代化水平。引导平台经济向开放、创新、赋能方向发展,补齐发展短板弱项,支持平台企业在创造就业、拓展消费、国际竞争中大显身手,推动平台经济规范健康持续发展。鼓励民营企业集中精力做强做优主业,提升核心竞争力。

六、促进民营经济人士健康成长

全面贯彻信任、团结、服务、引导、教育的方针,用务实举措稳定人心、鼓舞人心、凝聚人心,引导民营经济人士弘扬企业家精神。

(二十一)健全民营经济人士思想政治建设机制。积极稳妥做好在民营经济代表人士先进分子中发展党员工作。深入开展理想信念教育和社会主义核心价值观教育。教育引导民营经济人士中的党员坚定理想信念,发挥先锋模范作用,坚决执行党的理论和路线方针政策。积极探索创新民营经济领域党建工作方式。

(二十二)培育和弘扬企业家精神。引导民营企业家增强爱国情怀、勇于创新、诚信守法、承担社会责任、拓展国际视野,敢闯敢干,不断激发创新活力和创造潜能。发挥优秀企业家示范带动作用,按规定加大评选表彰力度,在民营经济中大力培育企业家精神,及时总结推广富有中国特色、顺应时代潮流的企业家成长经验。

(二十三)加强民营经济代表人士队伍建设。优化民营经济代表人士队伍结构,健全选人机制,兼顾不同地区、行业和规模企业,适当向战略性新兴产业、高技术产业、先进制造业、现代服务业、现代农业等领域倾斜。规范政治安排,完善相关综合评价体系,稳妥做好推荐优秀民营经济人士作为各级人大代表候选人、政协委员人选工作,发挥工商联在民营经济人士有序政治参与中的主渠道作用。支持民营经济代表人士在国际经济活动和经济组织中发挥更大作用。

(二十四)完善民营经济人士教育培训体系。完善民营经济人士专题培训和学习研讨机制,进一步加大教育培训力度。完善民营中小微企业培训制度,构建多领域多层次、线上线下相结合的培训体系。加强对民营经济人士的梯次培养,建立健全年轻一代民营经济人士传帮带辅导制度,推动事业新老交接和有序传承。

(二十五)全面构建亲清政商关系。把构建亲清政商关系落到实处,党政干部和民营企业家要双向建立亲清统一的新型政商关系。各级领导干部要坦荡真诚同民营企业家接触交往,主动作为、靠前服务,依法依规为民营企业和民营企业家解难题、办实事,守住交往底线,防范廉政风险,做到亲而有度、清而有为。民营企业家要积极主动与各级党委和政府及部门沟通交流,讲真话、说实情、建净言,洁身自好走正道,遵纪守法办企业,光明正大搞经营。

七、持续营造关心促进民营经济发展壮大社会氛围

引导和支持民营经济履行社会责任,展现良好形象,更好与舆论互动,营造正确认识、充分尊重、积极关心民营经济的良好社会氛围。

(二十六)引导全社会客观正确全面认识民营经济和民营经济人士。加强理论研究和宣传,坚持实事求是、客观公正,把握好正确舆论导向,引导社会正确认识民营经济的重大贡献和重要作用,正确看待民营经济人士通过合法合规经营获得的财富。坚决抵制、及时批驳澄清质疑社会主义基本经济制度、否定和弱化民营经济的错误言论与做法,及时回应关切、打消顾虑。

(二十七)培育尊重民营经济创新创业的舆论环境。加强对优秀企业家先进事迹、加快建设世界一流企业的宣传报道,凝聚崇尚创新创业正能量,增强企业家的荣誉感和社会价值感。营造鼓励创新、宽容失败的舆论环境和时代氛围,对民营经济人士合法经营中出现的失误失败给予理解、宽容、帮助。建立部门协作机制,依法严厉打击以负面舆情为要挟进行勒索等行为,健全相关举报机制,降低企业维权成本。

(二十八)支持民营企业更好履行社会责任。教育引导民营企业自觉担负促进共同富裕的社会责任,在企业内部积极构建和谐劳动关系,推动构建全体员工利益共同体,让企业发展成果更公平惠及全体员工。鼓励引导民营经济人士做发展的实干家和新时代的奉献者,在更高层次上实现个人价值,向全社会展现遵纪守法、遵守社会公德的良好形象,做到富而有责、富而有义、富而有爱。探索建立民营企业社会责任评价体系和激励机制,引导民营企业踊跃投身光彩事业和公益慈善事业,参与应急救灾,支持国防建设。

八、加强组织实施

(二十九)坚持和加强党的领导。坚持党中央对民营经济工作的集中统一领导,把党的领导落实到工作全过程各方面。坚持正确政治方向,建立完善民营经济和民营企业发展工作机制,明确和压实部门责任,加强协同配合,强化央地联动。支持工商联围绕促进民营经济健康发展和民营经济人士健康成长更好发挥作用。

(三十)完善落实激励约束机制。强化已出台政策的督促落实,重点推动促进民营经济发展壮大、产权保护、弘扬企业家精神等政策落实落细,完善评估督导体系。建立健全民营经济投诉维权平台,完善投诉举报保密制度、处理程序和督办考核机制。

(三十一)及时做好总结评估。在与宏观政策取向一致性评估中对涉民营经济政策开展专项评估审查。完善中国营商环境评价体系,健全政策实施效果第三方评价机制。加强民营经济统计监测评估,必要时可研究编制统一规范的民营经济发展指数。不断创新和发展"晋江经验",及时总结推广各地好经验好做法,对行之有效的经验做法以适当形式予以固化。

中共中央、国务院关于营造更好发展环境支持民营企业改革发展的意见

(2019年12月4日)

改革开放40多年来,民营企业在推动发展、促进创新、增加就业、改善民生和扩大开放等方面发挥了不可替代的作用。民营经济已经成为我国公有制为主体多种所有制经济共同发展的重要组成部分。为进一步激发民营企业活力和创造力,充分发挥民营经济在推进供给侧结构性改革、推动高质量发展、建设现代化经济体系中的重要作用,现就营造更好发展环境支持民营企业改革发展提出如下意见。

一、总体要求

(一)指导思想。以习近平新时代中国特色社会主义思想为指导,全面贯彻党的十九大和十九届二中、三中、四中全会精神,深入落实习近平总书记在民营企业座谈会上的重要讲话精神,坚持和完善社会主义基本经济制度,坚持"两个毫不动摇",坚持新发展理念,坚持以供给侧结构性改革为主线,营造市场化、法治化、国际化营商环境,保障民营企业依法平等使用资源要素、公开公平公正参与竞争、同等受到法律保护,推动民营企业改革创新、转型升级、健康发展,让民营经济

创新源泉充分涌流，让民营企业创造活力充分迸发，为实现"两个一百年"奋斗目标和中华民族伟大复兴的中国梦作出更大贡献。

（二）基本原则。坚持公平竞争，对各类市场主体一视同仁，营造公平竞争的市场环境、政策环境、法治环境，确保权利平等、机会平等、规则平等；遵循市场规律，处理好政府与市场的关系，强化竞争政策的基础性地位，注重采用市场化手段，通过市场竞争实现企业优胜劣汰和资源优化配置，促进市场秩序规范；支持改革创新，鼓励和引导民营企业加快转型升级，深化供给侧结构性改革，不断提升技术创新能力和核心竞争力；加强法治保障，依法保护民营企业和企业家的合法权益，推动民营企业筑牢守法合规经营底线。

二、优化公平竞争的市场环境

（三）进一步放开民营企业市场准入。深化"放管服"改革，进一步精简市场准入行政审批事项，不得额外对民营企业设置准入条件。全面落实放宽民营企业市场准入的政策措施，持续跟踪、定期评估市场准入有关政策落实情况，全面排查、系统清理各类显性和隐性壁垒。在电力、电信、铁路、石油、天然气等重点行业和领域，放开竞争性业务，进一步引入市场竞争机制。支持民营企业以参股形式开展基础电信运营业务，以控股或参股形式开展发电配电售电业务。支持民营企业进入油气勘探开发、炼化和销售领域，建设原油、天然气、成品油储运和管道输送等基础设施。支持符合条件的企业参与原油进口、成品油出口。在基础设施、社会事业、金融服务业等领域大幅放宽市场准入。上述行业、领域相关职能部门要研究制定民营企业分行业、分领域、分业务市场准入具体路径和办法，明确路线图和时间表。

（四）实施公平统一的市场监管制度。进一步规范失信联合惩戒对象纳入标准和程序，建立完善信用修复机制和异议制度，规范信用核查和联合惩戒。加强优化营商环境涉及的法规规章备案审查。深入推进部门联合"双随机、一公开"监管，推行信用监管和"互联网+监管"改革。细化明确行政执法程序，规范执法自由裁量权，严格规范公正文明执法。完善垄断性中介管理制度，清理强制性重复鉴定评估。深化要素市场化配置体制机制改革，健全市场化要素价格形成和传导机制，保障民营企业平等获得资源要素。

（五）强化公平竞争审查制度刚性约束。坚持存量清理和增量审查并重，持续清理和废除妨碍统一市场和公平竞争的各种规定和做法，加快清理与企业性质挂钩的行业准入、资质标准、产业补贴等规定和做法。推进产业政策由差异化、选择性向普惠化、功能性转变。严格审查新出台的政策措施，建立规范流程，引入第三方开展评估审查。建立面向各类市场主体的有违公平竞争问题的投诉举报和处理回应机制并及时向社会公布处理情况。

（六）破除招投标隐性壁垒。对具备相应资质条件的企业，不得设置与业务能力无关的企业规模门槛和明显超过招标项目要求的业绩门槛等。完善招投标程序监督与信息公示制度，对依法依规完成的招标，不得以中标企业性质为由对招标责任人进行追责。

三、完善精准有效的政策环境

（七）进一步减轻企业税费负担。切实落实更大规模减税降费，实施好降低增值税税率、扩大享受税收优惠小微企业范围、加大研发费用加计扣除力度、降低社保费率等政策，实质性降低企业负担。建立完善监督检查清单制度，落实涉企收费清单制度，清理违规涉企收费、摊派事项和各类评比达标活动，加大力度清理整治第三方截留减税降费红利等行为，进一步畅通减税降费政策传导机制，切实降低民营企业成本费用。既要以最严格的标准防范逃避税，又要避免因为不当征税影响企业正常运行。

（八）健全银行业金融机构服务民营企业体系。进一步提高金融结构与经济结构匹配度，支持发展以中小微民营企业为主要服务对象的中小金融机构。深化联合授信试点，鼓励银行与民营企业构建中长期银企关系。健全授信尽职免责机制，在内部绩效考核制度中落实对小微企业贷款不良容忍的监管政策。强化考核激励，合理增加信用贷款，鼓励银行提前主动对接企业续贷需求，进一步降低民营和小微企业综合融资成本。

（九）完善民营企业直接融资支持制度。完善股票发行和再融资制度，提高民营企业首发上市和再融资审核效率。积极鼓励符合条件的民营企业在科创板上市。深化创业板、新三板改革，服务民营企业持续发展。支持服务民营企业的区域性股权市场建设。支持民营企业发行债券,降低可转债发行门槛。在依法合规的前提下,支持资管产品和保险资金通过投资私募股权基金等方式积极参与民营企业纾困。鼓励通过债务重组等方式合力化解股票质押风险。积极吸引社会力量参与民营企业债转股。

(十)健全民营企业融资增信支持体系。推进依托供应链的票据、订单等动产质押融资,鼓励第三方建立供应链综合服务平台。民营企业、中小企业以应收账款申请担保融资的,国家机关、事业单位和大型企业等应付款方应当及时确认债权债务关系。推动抵质押登记流程简便化、标准化、规范化,建立统一的动产和权利担保登记公示系统。积极探索建立为优质民营企业增信的新机制,鼓励有条件的地方设立中小民营企业风险补偿基金,研究推出民营企业增信示范项目。发展民营企业债券融资支持工具,以市场化方式增信支持民营企业融资。

(十一)建立清理和防止拖欠账款长效机制。各级政府、大型国有企业要依法履行与民营企业、中小企业签订的协议和合同,不得违背民营企业、中小企业真实意愿或在约定的付款方式之外以承兑汇票等形式延长付款期限。加快及时支付款项有关立法,建立拖欠账款问题约束惩戒机制,通过审计监察和信用体系建设,提高政府部门和国有企业的拖欠失信成本,对拖欠民营企业、中小企业款项的责任人严肃问责。

四、健全平等保护的法治环境

(十二)健全执法司法对民营企业的平等保护机制。加大对民营企业的刑事保护力度,依法惩治侵犯民营企业投资者、管理者和从业人员合法权益的违法犯罪行为。提高司法审判和执行效率,防止因诉讼拖延影响企业生产经营。保障民营企业家在协助纪检监察机关审查调查时的人身和财产合法权益。健全知识产权侵权惩罚性赔偿制度,完善诉讼证据规则、证据披露以及证据妨碍排除规则。

(十三)保护民营企业和企业家合法财产。严格按照法定程序采取查封、扣押、冻结等措施,依法严格区分违法所得、其他涉案财产与合法财产,严格区分企业法人财产与股东个人财产,严格区分涉案人员个人财产与家庭成员财产。持续甄别纠正侵犯民营企业和企业家人身财产权的冤错案件。建立涉政府产权纠纷治理长效机制。

五、鼓励引导民营企业改革创新

（十四）引导民营企业深化改革。鼓励有条件的民营企业加快建立治理结构合理、股东行为规范、内部约束有效、运行高效灵活的现代企业制度，重视发挥公司律师和法律顾问作用。鼓励民营企业制定规范的公司章程，完善公司股东会、董事会、监事会等制度，明确各自职权及议事规则。鼓励民营企业完善内部激励约束机制，规范优化业务流程和组织结构，建立科学规范的劳动用工、收入分配制度，推动质量、品牌、财务、营销等精细化管理。

（十五）支持民营企业加强创新。鼓励民营企业独立或与有关方面联合承担国家各类科研项目，参与国家重大科学技术项目攻关，通过实施技术改造转化创新成果。各级政府组织实施科技创新、技术转化等项目时，要平等对待不同所有制企业。加快向民营企业开放国家重大科研基础设施和大型科研仪器。在标准制定、复审过程中保障民营企业平等参与。系统清理与企业性质挂钩的职称评定、奖项申报、福利保障等规定，畅通科技创新人才向民营企业流动渠道。在人才引进支持政策方面对民营企业一视同仁，支持民营企业引进海外高层次人才。

（十六）鼓励民营企业转型升级优化重组。鼓励民营企业因地制宜聚焦主业加快转型升级。优化企业兼并重组市场环境，支持民营企业做优做强，培育更多具有全球竞争力的世界一流企业。支持民营企业参与国有企业改革。引导中小民营企业走"专精特新"发展之路。畅通市场化退出渠道，完善企业破产清算和重整等法律制度，提高注销登记便利度，进一步做好"僵尸企业"处置工作。

（十七）完善民营企业参与国家重大战略实施机制。鼓励民营企业积极参与共建"一带一路"、京津冀协同发展、长江经济带发展、长江三角洲区域一体化发展、粤港澳大湾区建设、黄河流域生态保护和高质量发展、推进海南全面深化改革开放等重大国家战略，积极参与乡村振兴战略。在重大规划、重大项目、重大工程、重大活动中积极吸引民营企业参与。

六、促进民营企业规范健康发展

（十八）引导民营企业聚精会神办实业。营造实干兴邦、实业报国的良好社会氛围,鼓励支持民营企业心无旁骛做实业。引导民营企业提高战略规划和执行能力,弘扬工匠精神,通过聚焦实业、做精主业不断提升企业发展质量。大力弘扬爱国敬业、遵纪守法、艰苦奋斗、创新发展、专注品质、追求卓越、诚信守约、履行责任、勇于担当、服务社会的优秀企业家精神,认真总结梳理宣传一批典型案例,发挥示范带动作用。

(十九)推动民营企业守法合规经营。民营企业要筑牢守法合规经营底线,依法经营、依法治企、依法维权,认真履行环境保护、安全生产、职工权益保障等责任。民营企业走出去要遵法守法、合规经营,塑造良好形象。

(二十)推动民营企业积极履行社会责任。引导民营企业重信誉、守信用、讲信义,自觉强化信用管理,及时进行信息披露。支持民营企业赴革命老区、民族地区、边疆地区、贫困地区和中西部、东北地区投资兴业,引导民营企业参与对口支援和帮扶工作。鼓励民营企业积极参与社会公益、慈善事业。

(二十一)引导民营企业家健康成长。民营企业家要加强自我学习、自我教育、自我提升,珍视自身社会形象,热爱祖国、热爱人民、热爱中国共产党,把守法诚信作为安身立命之本,积极践行社会主义核心价值观。要加强对民营企业家特别是年轻一代民营企业家的理想信念教育,实施年轻一代民营企业家健康成长促进计划,支持帮助民营企业家实现事业新老交接和有序传承。

七、构建亲清政商关系

(二十二)建立规范化机制化政企沟通渠道。地方各级党政主要负责同志要采取多种方式经常听取民营企业意见和诉求,畅通企业家提出意见诉求通道。鼓励行业协会商会、人民团体在畅通民营企业与政府沟通等方面发挥建设性作用,支持优秀民营企业家在群团组织中兼职。

(二十三)完善涉企政策制定和执行机制。制定实施涉企政策时,要充分听取相关企业意见建议。保持政策连续性稳定性,健全涉企政策全流程评估制度,完善涉企政策调整程序,根据实际设置合理过渡期,给企业留出必要的适应调整时间。政策执行要坚持实事求是,不搞"一刀切"。

(二十四)创新民营企业服务模式。进一步提升政府服务意识和能力,鼓励各级政府编制政务服务事项清单并向社会公布。维护市场公平竞争秩序,完善陷入困境优质企业的救助机制。建立政务服务"好差评"制度。完善对民营企业全生命周期的服务模式和服务链条。

(二十五)建立政府诚信履约机制。各级政府要认真履行在招商引资、政府与社会资本合作等活动中与民营企业依法签订的各类合同。建立政府失信责任追溯和承担机制,对民营企业因国家利益、公共利益或其他法定事由需要改变政府承诺和合同约定而受到的损失,要依法予以补偿。

八、组织保障

(二十六)建立健全民营企业党建工作机制。坚持党对支持民营企业改革发展工作的领导,增强"四个意识",坚定"四个自信",做到"两个维护",教育引导民营企业和企业家拥护党的领导,支持企业党建工作。指导民营企业设立党组织,积极探索创新党建工作方式,围绕宣传贯彻党的路线方针政策、团结凝聚职工群众、维护各方合法权益、建设先进企业文化、促进企业健康发展等开展工作,充分发挥党组织的战斗堡垒作用和党员的先锋模范作用,努力提升民营企业党的组织和工作覆盖质量。

(二十七)完善支持民营企业改革发展工作机制。建立支持民营企业改革发展的领导协调机制。将支持民营企业发展相关指标纳入高质量发展绩效评价体系。加强民营经济统计监测和分析工作。开展面向民营企业家的政策培训。

(二十八)健全舆论引导和示范引领工作机制。加强舆论引导,主动讲好民营企业和企业家故事,坚决抵制、及时批驳澄清质疑社会主义基本经济制度、否定民营经济的错误言论。在各类评选表彰活动中,平等对待优秀民营企业和企业家。研究支持改革发展标杆民营企业和民营经济示范城市,充分发挥示范带动作用。

各地区各部门要充分认识营造更好发展环境支持民营企业改革发展的重要性,切实把思想和行动统一到党中央、国务院的决策部署上来,加强组织领导,完善工作机制,制定具体措施,认真抓好本意见的贯彻落实。国家发展改革委要会同有关部门适时对支持民营企业改革发展的政策落实情况进行评估,重大情况及时向党中央、国务院报告。

中共中央、国务院关于加快建设全国统一大市场的意见

(2022年3月25日)

建设全国统一大市场是构建新发展格局的基础支撑和内在要求。为从全局和战略高度加快建设全国统一大市场,现提出如下意见。

一、总体要求

(一)指导思想。以习近平新时代中国特色社会主义思想为指导,全面贯彻党的十九大和十九届历次全会精神,弘扬伟大建党精神,坚持稳中求进工作总基调,完整、准确、全面贯彻新发展理念,加快构建新发展格局,全面深化改革开放,坚持创新驱动发展,推动高质量发展,坚持以供给侧结构性改革为主线,以满足人民日益增长的美好生活需要为根本目的,统筹发展和安全,充分发挥法治的引领、规范、保障作用,加快建立全国统一的市场制度规则,打破地方保护和市场分割,打通制约经济循环的关键堵点,促进商品要素资源在更大范围内畅通流动,加快建设高效规范、公平竞争、充分开放的全国统一大市场,全面推动我国市场由大到强转变,为建设高标准市场体系、构建高水平社会主义市场经济体制提供坚强支撑。

(二)工作原则

——立足内需,畅通循环。以高质量供给创造和引领需求,使生产、分配、流通、消费各环节更加畅通,提高市场运行效率,进一步巩固和扩展市场资源优势,使建设超大规模的国内市场成为一个可持续的历史过程。

——立破并举,完善制度。从制度建设着眼,明确阶段性目标要

求,压茬推进统一市场建设,同时坚持问题导向,着力解决突出矛盾和问题,加快清理废除妨碍统一市场和公平竞争的各种规定和做法,破除各种封闭小市场、自我小循环。

——有效市场,有为政府。坚持市场化、法治化原则,充分发挥市场在资源配置中的决定性作用,更好发挥政府作用,强化竞争政策基础地位,加快转变政府职能,用足用好超大规模市场优势,让需求更好地引领优化供给,让供给更好地服务扩大需求,以统一大市场集聚资源、推动增长、激励创新、优化分工、促进竞争。

——系统协同,稳妥推进。不断提高政策的统一性、规则的一致性、执行的协同性,科学把握市场规模、结构、组织、空间、环境和机制建设的步骤与进度,坚持放管结合、放管并重,提升政府监管效能,增强在开放环境中动态维护市场稳定、经济安全的能力,有序扩大统一大市场的影响力和辐射力。

(三)主要目标

——持续推动国内市场高效畅通和规模拓展。发挥市场促进竞争、深化分工等优势,进一步打通市场效率提升、劳动生产率提高、居民收入增加、市场主体壮大、供给质量提升、需求优化升级之间的通道,努力形成供需互促、产销并进、畅通高效的国内大循环,扩大市场规模容量,不断培育发展强大国内市场,保持和增强对全球企业、资源的强大吸引力。

——加快营造稳定公平透明可预期的营商环境。以市场主体需求为导向,力行简政之道,坚持依法行政,公平公正监管,持续优化服务,加快打造市场化法治化国际化营商环境。充分发挥各地区比较优势,因地制宜为各类市场主体投资兴业营造良好生态。

——进一步降低市场交易成本。发挥市场的规模效应和集聚效应,加强和改进反垄断反不正当竞争执法司法,破除妨碍各种生产要素市场化配置和商品服务流通的体制机制障碍,降低制度性交易成本。促进现代流通体系建设,降低全社会流通成本。

——促进科技创新和产业升级。发挥超大规模市场具有丰富应用场景和放大创新收益的优势,通过市场需求引导创新资源有效配置,促进创新要素有序流动和合理配置,完善促进自主创新成果市场化应用的体制机制,支撑科技创新和新兴产业发展。

——培育参与国际竞争合作新优势。以国内大循环和统一大市场为支撑,有效利用全球要素和市场资源,使国内市场与国际市场更好联通。推动制度型开放,增强在全球产业链供应链创新链中的影响力,提升在国际经济治理中的话语权。

二、强化市场基础制度规则统一

(四)完善统一的产权保护制度。完善依法平等保护各种所有制经济产权的制度体系。健全统一规范的涉产权纠纷案件执法司法体系,强化执法司法部门协同,进一步规范执法领域涉产权强制措施规则和程序,进一步明确和统一行政执法、司法裁判标准,健全行政执法与刑事司法双向衔接机制,依法保护企业产权及企业家人身财产安全。推动知识产权诉讼制度创新,完善知识产权法院跨区域管辖制度,畅通知识产权诉讼与仲裁、调解的对接机制。

(五)实行统一的市场准入制度。严格落实"全国一张清单"管理模式,严禁各地区各部门自行发布具有市场准入性质的负面清单,维护市场准入负面清单制度的统一性、严肃性、权威性。研究完善市场准入效能评估指标,稳步开展市场准入效能评估。依法开展市场主体登记注册工作,建立全国统一的登记注册数据标准和企业名称自主申报行业字词库,逐步实现经营范围登记的统一表述。制定全国通用性资格清单,统一规范评价程序及管理办法,提升全国互通互认互用效力。

(六)维护统一的公平竞争制度。坚持对各类市场主体一视同仁、平等对待。健全公平竞争制度框架和政策实施机制,建立公平竞争政策与产业政策协调保障机制,优化完善产业政策实施方式。健全反垄断法律规则体系,加快推动修改反垄断法、反不正当竞争法,完善公平竞争审查制度,研究重点领域和行业性审查规则,健全审查机制,统一审查标准,规范审查程序,提高审查效能。

(七)健全统一的社会信用制度。编制出台全国公共信用信息基础目录,完善信用信息标准,建立公共信用信息同金融信息共享整合机制,形成覆盖全部信用主体、所有信用信息类别、全国所有区域的信用信息网络。建立健全以信用为基础的新型监管机制,全面推广信用承诺制度,建立企业信用状况综合评价体系,以信用风险为导向优化配置监管资源,依法依规编制出台全国失信惩戒措施基础清单。健全守信激励和失信惩戒机制,将失信惩戒和惩治腐败相结合。完善信用修复机制。加快推进社会信用立法。

三、推进市场设施高标准联通

（八）建设现代流通网络。优化商贸流通基础设施布局,加快数字化建设,推动线上线下融合发展,形成更多商贸流通新平台新业态新模式。推动国家物流枢纽网络建设,大力发展多式联运,推广标准化托盘带板运输模式。大力发展第三方物流,支持数字化第三方物流交付平台建设,推动第三方物流产业科技和商业模式创新,培育一批有全球影响力的数字化平台企业和供应链企业,促进全社会物流降本增效。加强应急物流体系建设,提升灾害高风险区域交通运输设施、物流站点等设防水平和承灾能力,积极防范粮食、能源等重要产品供应短缺风险。完善国家综合立体交通网,推进多层次一体化综合交通枢纽建设,推动交通运输设施跨区域一体化发展。建立健全城乡融合、区域联通、安全高效的电信、能源等基础设施网络。

（九）完善市场信息交互渠道。统一产权交易信息发布机制,实现全国产权交易市场联通。优化行业公告公示等重要信息发布渠道,推动各领域市场公共信息互通共享。优化市场主体信息公示,便利市场主体信息互联互通。推进同类型及同目的信息认证平台统一接口建设,完善接口标准,促进市场信息流动和高效使用。依法公开市场主体、投资项目、产量、产能等信息,引导供需动态平衡。

（十）推动交易平台优化升级。深化公共资源交易平台整合共享,研究明确各类公共资源交易纳入统一平台体系的标准和方式。坚持应进必进的原则要求,落实和完善"管办分离"制度,将公共资源交易平台覆盖范围扩大到适合以市场化方式配置的各类公共资源,加快推进公共资源交易全流程电子化,积极破除公共资源交易领域的区域壁垒。加快推动商品市场数字化改造和智能化升级,鼓励打造综合性商品交易平台。加快推进大宗商品期现货市场建设,不断完善交易规则。鼓励交易平台与金融机构、中介机构合作,依法发展涵盖产权界定、价格评估、担保、保险等业务的综合服务体系。

四、打造统一的要素和资源市场

（十一）健全城乡统一的土地和劳动力市场。统筹增量建设用地与存量建设用地，实行统一规划，强化统一管理。完善城乡建设用地增减挂钩节余指标、补充耕地指标跨区域交易机制。完善全国统一的建设用地使用权转让、出租、抵押二级市场。健全统一规范的人力资源市场体系，促进劳动力、人才跨地区顺畅流动。完善财政转移支付和城镇新增建设用地规模与农业转移人口市民化挂钩政策。

（十二）加快发展统一的资本市场。统一动产和权利担保登记，依法发展动产融资。强化重要金融基础设施建设与统筹监管，统一监管标准，健全准入管理。选择运行安全规范、风险管理能力较强的区域性股权市场，开展制度和业务创新试点，加强区域性股权市场和全国性证券市场板块间的合作衔接。推动债券市场基础设施互联互通，实现债券市场要素自由流动。发展供应链金融，提供直达各流通环节经营主体的金融产品。加大对资本市场的监督力度，健全权责清晰、分工明确、运行顺畅的监管体系，筑牢防范系统性金融风险安全底线。坚持金融服务实体经济，防止脱实向虚。为资本设置"红绿灯"，防止资本无序扩张。

（十三）加快培育统一的技术和数据市场。建立健全全国性技术交易市场，完善知识产权评估与交易机制，推动各地技术交易市场互联互通。完善科技资源共享服务体系，鼓励不同区域之间科技信息交流互动，推动重大科研基础设施和仪器设备开放共享，加大科技领域国际合作力度。加快培育数据要素市场，建立健全数据安全、权利保护、跨境传输管理、交易流通、开放共享、安全认证等基础制度和标准规范，深入开展数据资源调查，推动数据资源开发利用。

（十四）建设全国统一的能源市场。在有效保障能源安全供应的前提下，结合实现碳达峰碳中和目标任务，有序推进全国能源市场建设。在统筹规划、优化布局基础上，健全油气期货产品体系，规范油气交易中心建设，优化交易场所、交割库等重点基础设施布局。推动油气管网设施互联互通并向各类市场主体公平开放。稳妥推进天然气市场化改革，加快建立统一的天然气能量计量计价体系。健全多层次统一电力市场体系，研究推动适时组建全国电力交易中心。进一步发挥全国煤炭交易中心作用,推动完善全国统一的煤炭交易市场。

(十五)培育发展全国统一的生态环境市场。依托公共资源交易平台,建设全国统一的碳排放权、用水权交易市场,实行统一规范的行业标准、交易监管机制。推进排污权、用能权市场化交易,探索建立初始分配、有偿使用、市场交易、纠纷解决、配套服务等制度。推动绿色产品认证与标识体系建设,促进绿色生产和绿色消费。

五、推进商品和服务市场高水平统一

(十六)健全商品质量体系。建立健全质量分级制度,广泛开展质量管理体系升级行动,加强全供应链、全产业链、产品全生命周期管理。深化质量认证制度改革,支持社会力量开展检验检测业务,探索推进计量区域中心、国家产品质量检验检测中心建设,推动认证结果跨行业跨区域互通互认。推动重点领域主要消费品质量标准与国际接轨,深化质量认证国际合作互认,实施产品伤害监测和预防干预,完善质量统计监测体系。推进内外贸产品同线同标同质。进一步巩固拓展中国品牌日活动等品牌发展交流平台,提高中国品牌影响力和认知度。

(十七)完善标准和计量体系。优化政府颁布标准与市场自主制定标准结构,对国家标准和行业标准进行整合精简。强化标准验证、实施、监督,健全现代流通、大数据、人工智能、区块链、第五代移动通信(5G)、物联网、储能等领域标准体系。深入开展人工智能社会实验,推动制定智能社会治理相关标准。推动统一智能家居、安防等领域标准,探索建立智能设备标识制度。加快制定面部识别、指静脉、虹膜等智能化识别系统的全国统一标准和安全规范。紧贴战略性新兴产业、高新技术产业、先进制造业等重点领域需求,突破一批关键测量技术,研制一批新型标准物质,不断完善国家计量体系。促进内外资企业公平参与我国标准化工作,提高标准制定修订的透明度和开放度。开展标准、计量等国际交流合作。加强标准必要专利国际化建设,积极参与并推动国际知识产权规则形成。

(十八)全面提升消费服务质量。改善消费环境,强化消费者权益保护。加快完善并严格执行缺陷产品召回制度,推动跨国跨地区经营的市场主体为消费者提供统一便捷的售后服务,进一步畅通商品异地、异店退换货通道,提升消费者售后体验。畅通消费者投诉举报渠道,优化消费纠纷解决流程与反馈机制,探索推进消费者权益保护工作部门间衔接联动机制。建立完善消费投诉信息公示制度,促进消费纠纷源头治理。完善服务市场预付式消费管理办法。围绕住房、教育培训、医疗卫生、养老托育等重点民生领域,推动形成公开的消费者权益保护事项清单,完善纠纷协商处理办法。

六、推进市场监管公平统一

(十九)健全统一市场监管规则。加强市场监管行政立法工作,完善市场监管程序,加强市场监管标准化规范化建设,依法公开监管标准和规则,增强市场监管制度和政策的稳定性、可预期性。对食品药品安全等直接关系群众健康和生命安全的重点领域,落实最严谨标准、最严格监管、最严厉处罚、最严肃问责。对互联网医疗、线上教育培训、在线娱乐等新业态,推进线上线下一体化监管。加强对工程建设领域统一公正监管,依纪依法严厉查处违纪违法行为。强化重要工业产品风险监测和监督抽查,督促企业落实质量安全主体责任。充分发挥行业协会商会作用,建立有效的政企沟通机制,形成政府监管、平台自律、行业自治、社会监督的多元治理新模式。

(二十)强化统一市场监管执法。推进维护统一市场综合执法能力建设,加强知识产权保护、反垄断、反不正当竞争执法力量。强化部门联动,建立综合监管部门和行业监管部门联动的工作机制,统筹执法资源,减少执法层级,统一执法标准和程序,规范执法行为,减少自由裁量权,促进公平公正执法,提高综合执法效能,探索在有关行业领域依法建立授权委托监管执法方式。鼓励跨行政区域按规定联合发布统一监管政策法规及标准规范,积极开展联动执法,创新联合监管模式,加强调查取证和案件处置合作。

(二十一)全面提升市场监管能力。深化简政放权、放管结合、优化服务改革,完善"双随机、一公开"监管、信用监管、"互联网+监管"、跨部门协同监管等方式,加强各类监管的衔接配合。充分利用大数据等技术手段,加快推进智慧监管,提升市场监管政务服务、网络交易监管、消费者权益保护、重点产品追溯等方面跨省通办、共享协作的信息化水平。建立健全跨行政区域网络监管协作机制,鼓励行业协会商会、新闻媒体、消费者和公众共同开展监督评议。对新业态新模式坚持监管规范和促进发展并重,及时补齐法规和标准空缺。

七、进一步规范不当市场竞争和市场干预行为

(二十二)着力强化反垄断。完善垄断行为认定法律规则,健全经营者集中分类分级反垄断审查制度。破除平台企业数据垄断等问题,防止利用数据、算法、技术手段等方式排除、限制竞争。加强对金融、传媒、科技、民生等领域和涉及初创企业、新业态、劳动密集型行业的经营者集中审查,提高审查质量和效率,强化垄断风险识别、预警、防范。稳步推进自然垄断行业改革,加强对电网、油气管网等网络型自然垄断环节的监管。加强对创新型中小企业原始创新和知识产权的保护。

(二十三)依法查处不正当竞争行为。对市场主体、消费者反映强烈的重点行业和领域,加强全链条竞争监管执法,以公正监管保障公平竞争。加强对平台经济、共享经济等新业态领域不正当竞争行为的规制,整治网络黑灰产业链条,治理新型网络不正当竞争行为。健全跨部门跨行政区域的反不正当竞争执法信息共享、协作联动机制,提高执法的统一性、权威性、协调性。构建跨行政区域的反不正当竞争案件移送、执法协助、联合执法机制,针对新型、疑难、典型案件畅通会商渠道、互通裁量标准。

(二十四)破除地方保护和区域壁垒。指导各地区综合比较优势、资源环境承载能力、产业基础、防灾避险能力等因素,找准自身功能定位,力戒贪大求洋、低层次重复建设和过度同质竞争,不搞"小而全"的自我小循环,更不能以"内循环"的名义搞地区封锁。建立涉企优惠政策目录清单并及时向社会公开,及时清理废除各地区含有地方保护、市场分割、指定交易等妨碍统一市场和公平竞争的政策,全面清理歧视外资企业和外地企业、实行地方保护的各类优惠政策,对新出台政策严格开展公平竞争审查。加强地区间产业转移项目协调合作,建立重大问题协调解决机制,推动产业合理布局、分工进一步优化。鼓励各地区持续优化营商环境,依法开展招商引资活动,防止招商引资恶性竞争行为,以优质的制度供给和制度创新吸引更多优质企业投资。

(二十五)清理废除妨碍依法平等准入和退出的规定做法。除法律法规明确规定外,不得要求企业必须在某地登记注册,不得为企业跨区域经营或迁移设置障碍。不得设置不合理和歧视性的准入、退出条件以限制商品服务、要素资源自由流动。不得以备案、注册、年检、认定、认证、指定、要求设立分公司等形式设定或者变相设定准入障碍。不得在资质认定、业务许可等方面,对外地企业设定明显高于本地经营者的资质要求、技术要求、检验标准或评审标准。清理规范行政审批、许可、备案等政务服务事项的前置条件和审批标准,不得将政务服务事项转为中介服务事项,没有法律法规依据不得在政务服务前要求企业自行检测、检验、认证、鉴定、公证以及提供证明等,不得搞变相审批、有偿服务。未经公平竞争不得授予经营者特许经营权,不得限定经营、购买、使用特定经营者提供的商品和服务。

(二十六)持续清理招标采购领域违反统一市场建设的规定和做法。制定招标投标和政府采购制度规则要严格按照国家有关规定进行公平竞争审查、合法性审核。招标投标和政府采购中严禁违法限定或者指定特定的专利、商标、品牌、零部件、原产地、供应商,不得违法设定与招标采购项目具体特点和实际需要不相适应的资格、技术、商务条件等。不得违法限定投标人所在地、所有制形式、组织形式,或者设定其他不合理的条件以排斥、限制经营者参与投标采购活动。深入推进招标投标全流程电子化,加快完善电子招标投标制度规则、技术标准,推动优质评标专家等资源跨地区跨行业共享。

八、组织实施保障

(二十七)加强党的领导。各地区各部门要充分认识建设全国统一大市场对于构建新发展格局的重要意义,切实把思想和行动统一到党中央决策部署上来,做到全国一盘棋,统一大市场,畅通大循环,确保各项重点任务落到实处。

(二十八)完善激励约束机制。探索研究全国统一大市场建设标准指南,对积极推动落实全国统一大市场建设、取得突出成效的地区可按国家有关规定予以奖励。动态发布不当干预全国统一大市场建设问题清单,建立典型案例通报约谈和问题整改制度,着力解决妨碍全国统一大市场建设的不当市场干预和不当竞争行为问题。

(二十九)优先推进区域协作。结合区域重大战略、区域协调发展战略实施,鼓励京津冀、长三角、粤港澳大湾区以及成渝地区双城经济圈、长江中游城市群等区域,在维护全国统一大市场前提下,优先开展区域市场一体化建设工作,建立健全区域合作机制,积极总结并复制推广典型经验和做法。

(三十)形成工作合力。各地区各部门要根据职责分工,不折不扣落实本意见要求,对本地区本部门是否存在妨碍全国统一大市场建设的规定和实际情况开展自查清理。国家发展改革委、市场监管总局会同有关部门建立健全促进全国统一大市场建设的部门协调机制,加大统筹协调力度,强化跟踪评估,及时督促检查,推动各方抓好贯彻落实。加强宣传引导和舆论监督,为全国统一大市场建设营造良好社会氛围。重大事项及时向党中央、国务院请示报告。

中共中央、国务院关于构建更加完善的要素市场化配置体制机制的意见

(2020年3月30日)

完善要素市场化配置是建设统一开放、竞争有序市场体系的内在要求,是坚持和完善社会主义基本经济制度、加快完善社会主义市场经济体制的重要内容。为深化要素市场化配置改革,促进要素自主有序流动,提高要素配置效率,进一步激发全社会创造力和市场活力,推动经济发展质量变革、效率变革、动力变革,现就构建更加完善的要素市场化配置体制机制提出如下意见。

一、总体要求

(一)指导思想。以习近平新时代中国特色社会主义思想为指导,全面贯彻党的十九大和十九届二中、三中、四中全会精神,坚持稳中求进工作总基调,坚持以供给侧结构性改革为主线,坚持新发展理念,坚持深化市场化改革、扩大高水平开放,破除阻碍要素自由流动的体制机制障碍,扩大要素市场化配置范围,健全要素市场体系,推进要素市

场制度建设,实现要素价格市场决定、流动自主有序、配置高效公平,为建设高标准市场体系、推动高质量发展、建设现代化经济体系打下坚实制度基础。

(二)基本原则。一是市场决定,有序流动。充分发挥市场配置资源的决定性作用,畅通要素流动渠道,保障不同市场主体平等获取生产要素,推动要素配置依据市场规则、市场价格、市场竞争实现效益最大化和效率最优化。二是健全制度,创新监管。更好发挥政府作用,健全要素市场运行机制,完善政府调节与监管,做到放活与管好有机结合,提升监管和服务能力,引导各类要素协同向先进生产力集聚。三是问题导向,分类施策。针对市场决定要素配置范围有限、要素流动存在体制机制障碍等问题,根据不同要素属性、市场化程度差异和经济社会发展需要,分类完善要素市场化配置体制机制。四是稳中求进,循序渐进。坚持安全可控,从实际出发,尊重客观规律,培育发展新型要素形态,逐步提高要素质量,因地制宜稳步推进要素市场化配置改革。

二、推进土地要素市场化配置

(三)建立健全城乡统一的建设用地市场。加快修改完善土地管理法实施条例,完善相关配套制度,制定出台农村集体经营性建设用地入市指导意见。全面推开农村土地征收制度改革,扩大国有土地有偿使用范围。建立公平合理的集体经营性建设用地入市增值收益分配制度。建立公共利益征地的相关制度规定。

(四)深化产业用地市场化配置改革。健全长期租赁、先租后让、弹性年期供应、作价出资(入股)等工业用地市场供应体系。在符合国土空间规划和用途管制要求前提下,调整完善产业用地政策,创新使用方式,推动不同产业用地类型合理转换,探索增加混合产业用地供给。

(五)鼓励盘活存量建设用地。充分运用市场机制盘活存量土地和低效用地,研究完善促进盘活存量建设用地的税费制度。以多种方式推进国有企业存量用地盘活利用。深化农村宅基地制度改革试点,深入推进建设用地整理,完善城乡建设用地增减挂钩政策,为乡村振兴和城乡融合发展提供土地要素保障。

（六）完善土地管理体制。完善土地利用计划管理，实施年度建设用地总量调控制度，增强土地管理灵活性，推动土地计划指标更加合理化，城乡建设用地指标使用应更多由省级政府负责。在国土空间规划编制、农村房地一体不动产登记基本完成的前提下，建立健全城乡建设用地供应三年滚动计划。探索建立全国性的建设用地、补充耕地指标跨区域交易机制。加强土地供应利用统计监测。实施城乡土地统一调查、统一规划、统一整治、统一登记。推动制定不动产登记法。

三、引导劳动力要素合理畅通有序流动

（七）深化户籍制度改革。推动超大、特大城市调整完善积分落户政策，探索推动在长三角、珠三角等城市群率先实现户籍准入年限同城化累计互认。放开放宽除个别超大城市外的城市落户限制，试行以经常居住地登记户口制度。建立城镇教育、就业创业、医疗卫生等基本公共服务与常住人口挂钩机制，推动公共资源按常住人口规模配置。

（八）畅通劳动力和人才社会性流动渠道。健全统一规范的人力资源市场体系，加快建立协调衔接的劳动力、人才流动政策体系和交流合作机制。营造公平就业环境，依法纠正身份、性别等就业歧视现象，保障城乡劳动者享有平等就业权利。进一步畅通企业、社会组织人员进入党政机关、国有企事业单位渠道。优化国有企事业单位面向社会选人用人机制，深入推行国有企业分级分类公开招聘。加强就业援助，实施优先扶持和重点帮助。完善人事档案管理服务，加快提升人事档案信息化水平。

（九）完善技术技能评价制度。创新评价标准，以职业能力为核心制定职业标准，进一步打破户籍、地域、身份、档案、人事关系等制约，畅通非公有制经济组织、社会组织、自由职业专业技术人员职称申报渠道。加快建立劳动者终身职业技能培训制度。推进社会化职称评审。完善技术工人评价选拔制度。探索实现职业技能等级证书和学历证书互通衔接。加强公共卫生队伍建设，健全执业人员培养、准入、使用、待遇保障、考核评价和激励机制。

（十）加大人才引进力度。畅通海外科学家来华工作通道。在职业资格认定认可、子女教育、商业医疗保险以及在中国境内停留、居留等方面,为外籍高层次人才来华创新创业提供便利。

四、推进资本要素市场化配置

(十一)完善股票市场基础制度。制定出台完善股票市场基础制度的意见。坚持市场化、法治化改革方向,改革完善股票市场发行、交易、退市等制度。鼓励和引导上市公司现金分红。完善投资者保护制度,推动完善具有中国特色的证券民事诉讼制度。完善主板、科创板、中小企业板、创业板和全国中小企业股份转让系统(新三板)市场建设。

(十二)加快发展债券市场。稳步扩大债券市场规模,丰富债券市场品种,推进债券市场互联互通。统一公司信用类债券信息披露标准,完善债券违约处置机制。探索对公司信用类债券实行发行注册管理制。加强债券市场评级机构统一准入管理,规范信用评级行业发展。

(十三)增加有效金融服务供给。健全多层次资本市场体系。构建多层次、广覆盖、有差异、大中小合理分工的银行机构体系,优化金融资源配置,放宽金融服务业市场准入,推动信用信息深度开发利用,增加服务小微企业和民营企业的金融服务供给。建立县域银行业金融机构服务"三农"的激励约束机制。推进绿色金融创新。完善金融机构市场化法治化退出机制。

(十四)主动有序扩大金融业对外开放。稳步推进人民币国际化和人民币资本项目可兑换。逐步推进证券、基金行业对内对外双向开放,有序推进期货市场对外开放。逐步放宽外资金融机构准入条件,推进境内金融机构参与国际金融市场交易。

五、加快发展技术要素市场

(十五)健全职务科技成果产权制度。深化科技成果使用权、处置权和收益权改革,开展赋予科研人员职务科技成果所有权或长期使用权试点。强化知识产权保护和运用,支持重大技术装备、重点新材料等领域的自主知识产权市场化运营。

(十六)完善科技创新资源配置方式。改革科研项目立项和组织实施方式,坚持目标引领,强化成果导向,建立健全多元化支持机制。完善专业机构管理项目机制。加强科技成果转化中试基地建设。支持有条件的企业承担国家重大科技项目。建立市场化社会化的科研成果评价制度,修订技术合同认定规则及科技成果登记管理办法。建立健全科技成果常态化路演和科技创新咨询制度。

(十七)培育发展技术转移机构和技术经理人。加强国家技术转移区域中心建设。支持科技企业与高校、科研机构合作建立技术研发中心、产业研究院、中试基地等新型研发机构。积极推进科研院所分类改革,加快推进应用技术类科研院所市场化、企业化发展。支持高校、科研机构和科技企业设立技术转移部门。建立国家技术转移人才培养体系,提高技术转移专业服务能力。

(十八)促进技术要素与资本要素融合发展。积极探索通过天使投资、创业投资、知识产权证券化、科技保险等方式推动科技成果资本化。鼓励商业银行采用知识产权质押、预期收益质押等融资方式,为促进技术转移转化提供更多金融产品服务。

(十九)支持国际科技创新合作。深化基础研究国际合作,组织实施国际科技创新合作重点专项,探索国际科技创新合作新模式,扩大科技领域对外开放。加大抗病毒药物及疫苗研发国际合作力度。开展创新要素跨境便利流动试点,发展离岸创新创业,探索推动外籍科学家领衔承担政府支持科技项目。发展技术贸易,促进技术进口来源多元化,扩大技术出口。

六、加快培育数据要素市场

(二十)推进政府数据开放共享。优化经济治理基础数据库,加快推动各地区各部门间数据共享交换,制定出台新一批数据共享责任清单。研究建立促进企业登记、交通运输、气象等公共数据开放和数据资源有效流动的制度规范。

(二十一)提升社会数据资源价值。培育数字经济新产业、新业态和新模式,支持构建农业、工业、交通、教育、安防、城市管理、公共资源交易等领域规范化数据开发利用的场景。发挥行业协会商会作用,推动人工智能、可穿戴设备、车联网、物联网等领域数据采集标准化。

(二十二)加强数据资源整合和安全保护。探索建立统一规范的数据管理制度,提高数据质量和规范性,丰富数据产品。研究根据数据性质完善产权性质。制定数据隐私保护制度和安全审查制度。推动完善适用于大数据环境下的数据分类分级安全保护制度,加强对政务数据、企业商业秘密和个人数据的保护。

七、加快要素价格市场化改革

(二十三)完善主要由市场决定要素价格机制。完善城乡基准地价、标定地价的制定与发布制度,逐步形成与市场价格挂钩动态调整机制。健全最低工资标准调整、工资集体协商和企业薪酬调查制度。深化国有企业工资决定机制改革,完善事业单位岗位绩效工资制度。建立公务员和企业相当人员工资水平调查比较制度,落实并完善工资正常调整机制。稳妥推进存贷款基准利率与市场利率并轨,提高债券市场定价效率,健全反映市场供求关系的国债收益率曲线,更好发挥国债收益率曲线定价基准作用。增强人民币汇率弹性,保持人民币汇率在合理均衡水平上的基本稳定。

(二十四)加强要素价格管理和监督。引导市场主体依法合理行使要素定价自主权,推动政府定价机制由制定具体价格水平向制定定价规则转变。构建要素价格公示和动态监测预警体系,逐步建立要素价格调查和信息发布制度。完善要素市场价格异常波动调节机制。加强要素领域价格反垄断工作,维护要素市场价格秩序。

(二十五)健全生产要素由市场评价贡献、按贡献决定报酬的机制。着重保护劳动所得,增加劳动者特别是一线劳动者劳动报酬,提高劳动报酬在初次分配中的比重。全面贯彻落实以增加知识价值为导向的收入分配政策,充分尊重科研、技术、管理人才,充分体现技术、知识、管理、数据等要素的价值。

八、健全要素市场运行机制

(二十六)健全要素市场化交易平台。拓展公共资源交易平台功能。健全科技成果交易平台,完善技术成果转化公开交易与监管体系。引导培育大数据交易市场,依法合规开展数据交易。支持各类所有制企业参与要素交易平台建设,规范要素交易平台治理,健全要素交易信息披露制度。

(二十七)完善要素交易规则和服务。研究制定土地、技术市场交易管理制度。建立健全数据产权交易和行业自律机制。推进全流程电子化交易。推进实物资产证券化。鼓励要素交易平台与各类金融机构、中介机构合作,形成涵盖产权界定、价格评估、流转交易、担保、保险等业务的综合服务体系。

(二十八)提升要素交易监管水平。打破地方保护,加强反垄断和反不正当竞争执法,规范交易行为,健全投诉举报查处机制,防止发生损害国家安全及公共利益的行为。加强信用体系建设,完善失信行为认定、失信联合惩戒、信用修复等机制。健全交易风险防范处置机制。

(二十九)增强要素应急配置能力。把要素的应急管理和配置作为国家应急管理体系建设的重要内容,适应应急物资生产调配和应急管理需要,建立对相关生产要素的紧急调拨、采购等制度,提高应急状态下的要素高效协同配置能力。鼓励运用大数据、人工智能、云计算等数字技术,在应急管理、疫情防控、资源调配、社会管理等方面更好发挥作用。

九、组织保障

(三十)加强组织领导。各地区各部门要充分认识完善要素市场化配置的重要性,切实把思想和行动统一到党中央、国务院决策部署上来,明确职责分工,完善工作机制,落实工作责任,研究制定出台配套政策措施,确保本意见确定的各项重点任务落到实处。

(三十一)营造良好改革环境。深化"放管服"改革,强化竞争政策基础地位,打破行政性垄断、防止市场垄断,清理废除妨碍统一市场和公平竞争的各种规定和做法,进一步减少政府对要素的直接配置。深化国有企业和国有金融机构改革,完善法人治理结构,确保各类所有制企业平等获取要素。

(三十二)推动改革稳步实施。在维护全国统一大市场的前提下,开展要素市场化配置改革试点示范。及时总结经验,认真研究改革中出现的新情况新问题,对不符合要素市场化配置改革的相关法律法规,要按程序抓紧推动调整完善。

中共中央、国务院关于营造企业家健康成长环境弘扬优秀企业家精神更好发挥企业家作用的意见

(2017年9月8日)

企业家是经济活动的重要主体。改革开放以来,一大批优秀企业家在市场竞争中迅速成长,一大批具有核心竞争力的企业不断涌现,为积累社会财富、创造就业岗位、促进经济社会发展、增强综合国力作出了重要贡献。营造企业家健康成长环境,弘扬优秀企业家精神,更好发挥企业家作用,对深化供给侧结构性改革、激发市场活力、实现经济社会持续健康发展具有重要意义。为此,提出以下意见。

一、总体要求

1. 指导思想

全面贯彻党的十八大和十八届三中、四中、五中、六中全会精神,深入贯彻习近平总书记系列重要讲话精神和治国理政新理念新思想新战略,着力营造依法保护企业家合法权益的法治环境、促进企业家公平竞争诚信经营的市场环境、尊重和激励企业家干事创业的社会氛围,引导企业家爱国敬业、遵纪守法、创业创新、服务社会,调动广大企业家积极性、主动性、创造性,发挥企业家作用,为促进经济持续健康发展和社会和谐稳定、实现全面建成小康社会奋斗目标和中华民族伟大复兴的中国梦作出更大贡献。

2. 基本原则

——模范遵纪守法、强化责任担当。依法保护企业家合法权益,更好发挥企业家遵纪守法、恪尽责任的示范作用,推动企业家带头依法经营,自觉履行社会责任,为建立良好的政治生态、净化社会风气、营造风清气正环境多作贡献。

——创新体制机制、激发生机活力。营造"亲""清"新型政商关

系,创新政企互动机制,完善企业家正向激励机制,完善产权保护制度,增强企业家创新活力、创业动力。

——遵循发展规律、优化发展环境。坚持党管人才,遵循市场规律和企业家成长规律,完善精准支持政策,推动政策落地实施,坚定企业家信心,稳定企业家预期,营造法治、透明、公平的政策环境和舆论环境。

——注重示范带动、着力弘扬传承。树立和宣传企业家先进典型,弘扬优秀企业家精神,造就优秀企业家队伍,强化年轻一代企业家的培育,让优秀企业家精神代代传承。

二、营造依法保护企业家合法权益的法治环境

3. 依法保护企业家财产权。全面落实党中央、国务院关于完善产权保护制度依法保护产权的意见,认真解决产权保护方面的突出问题,及时甄别纠正社会反映强烈的产权纠纷申诉案件,剖析侵害产权案例,总结宣传依法有效保护产权的好做法、好经验、好案例。在立法、执法、司法、守法等各方面各环节,加快建立依法平等保护各种所有制经济产权的长效机制。研究建立因政府规划调整、政策变化造成企业合法权益受损的依法依规补偿救济机制。

4. 依法保护企业家创新权益。探索在现有法律法规框架下以知识产权的市场价值为参照确定损害赔偿额度,完善诉讼证据规则、证据披露以及证据妨碍排除规则。探索建立非诉行政强制执行绿色通道。研究制定商业模式、文化创意等创新成果的知识产权保护办法。

5. 依法保护企业家自主经营权。企业家依法进行自主经营活动,各级政府、部门及其工作人员不得干预。建立完善涉企收费、监督检查等清单制度,清理涉企收费、摊派事项和各类达标评比活动,细化、规范行政执法条件,最大程度减轻企业负担、减少自由裁量权。依法保障企业自主加入和退出行业协会商会的权利。研究设立全国统一的企业维权服务平台。

三、营造促进企业家公平竞争诚信经营的市场环境

6. 强化企业家公平竞争权益保障。落实公平竞争审查制度,确立竞争政策基础性地位。全面实施市场准入负面清单制度,保障各类市场主体依法平等进入负面清单以外的行业、领域和业务。反对垄断和不正当竞争,反对地方保护,依法清理废除妨碍统一市场公平竞争的各种规定和做法,完善权利平等、机会平等、规则平等的市场环境,促进各种所有制经济依法依规平等使用生产要素、公开公平公正参与市场竞争、同等受到法律保护。

7.健全企业家诚信经营激励约束机制。坚守契约精神,强化企业家信用宣传,实施企业诚信承诺制度,督促企业家自觉诚信守法、以信立业,依法依规生产经营。利用全国信用信息共享平台和国家企业信用信息公示系统,整合在工商、财税、金融、司法、环保、安监、行业协会商会等部门和领域的企业及企业家信息,建立企业家个人信用记录和诚信档案,实行守信联合激励和失信联合惩戒。

8.持续提高监管的公平性规范性简约性。推行监管清单制度,明确和规范监管事项、依据、主体、权限、内容、方法、程序和处罚措施。全面实施"双随机、一公开"监管,有效避免选择性执法。推进综合监管,加强跨部门跨地区的市场协同监管。重点在食品药品安全、工商质检、公共卫生、安全生产、文化旅游、资源环境、农林水利、交通运输、城乡建设、海洋渔业等领域推行综合执法,有条件的领域积极探索跨部门综合执法。探索建立鼓励创新的审慎监管方式。清除多重多头执法,提高综合执法效率,减轻企业负担。

四、营造尊重和激励企业家干事创业的社会氛围

9.构建"亲""清"新型政商关系。畅通政企沟通渠道,规范政商交往行为。各级党政机关干部要坦荡真诚同企业家交往,树立服务意识,了解企业经营情况,帮助解决企业实际困难,同企业家建立真诚互信、清白纯洁、良性互动的工作关系。鼓励企业家积极主动同各级党委和政府相关部门沟通交流,通过正常渠道反映情况、解决问题,依法维护自身合法权益,讲真话、谈实情、建诤言。引导更多民营企业家成为"亲""清"新型政商关系的模范,更多国有企业家成为奉公守法守纪、清正廉洁自律的模范。

10.树立对企业家的正向激励导向。营造鼓励创新、宽容失败的文化和社会氛围,对企业家合法经营中出现的失误失败给予更多理解、宽容、帮助。对国有企业家以增强国有经济活力和竞争力等为目标、在企业发展中大胆探索、锐意改革所出现的失误,只要不属于有令不行、有禁不止、不当谋利、主观故意、独断专行等情形者,要予以容错,为担当者担当、为负责者负责、为干事者撑腰。

11.营造积极向上的舆论氛围。坚持实事求是、客观公正的原则,把握好正确舆论导向,加强对优秀企业家先进事迹和突出贡献的宣传报道,展示优秀企业家精神,凝聚崇尚创新创业正能量,营造尊重企业家价值、鼓励企业家创新、发挥企业家作用的舆论氛围。

五、弘扬企业家爱国敬业遵纪守法艰苦奋斗的精神

12.引导企业家树立崇高理想信念。加强对企业家特别是年轻一代民营企业家的理想信念教育和社会主义核心价值观教育,开展优良革命传统、形势政策、守法诚信教育培训,培养企业家国家使命感和民族自豪感,引导企业家正确处理国家利益、企业利益、员工利益和个人利益的关系,把个人理想融入民族复兴的伟大实践。

13.强化企业家自觉遵纪守法意识。企业家要自觉依法合规经营,依法治企、依法维权,强化诚信意识,主动抵制逃税漏税、走私贩私、制假贩假、污染环境、侵犯知识产权等违法行为,不做偷工减料、缺斤短两、以次充好等亏心事,在遵纪守法方面争做社会表率。党员企业家要自觉做遵守党的政治纪律、组织纪律、廉洁纪律、群众纪律、工作纪律、生活纪律的模范。

14.鼓励企业家保持艰苦奋斗精神风貌。激励企业家自强不息、勤俭节约,反对享乐主义,力戒奢靡之风,保持健康向上的生活情趣。企业发展遇到困难,要坚定信心、迎接挑战、奋发图强。企业经营成功,要居安思危、不忘初心、谦虚谨慎。树立不进则退、慢进亦退的竞争意识。

六、弘扬企业家创新发展专注品质追求卓越的精神

15.支持企业家创新发展。激发企业家创新活力和创造潜能,依法保护企业家拓展创新空间,持续推进产品创新、技术创新、商业模式创新、管理创新、制度创新,将创新创业作为终身追求,增强创新自信。提升企业家科学素养,发挥企业家在推动科技成果转化中的重要作用。吸收更多企业家参与科技创新政策、规划、计划、标准制定和立项评估等工作,向企业开放专利信息资源和科研基地。引导金融机构为企业家创新创业提供资金支持,探索建立创业保险、担保和风险分担制度。

16. 引导企业家弘扬工匠精神。建立健全质量激励制度,强化企业家"以质取胜"的战略意识,鼓励企业家专注专长领域,加强企业质量管理,立志于"百年老店"持久经营与传承,把产品和服务做精做细,以工匠精神保证质量、效用和信誉。深入开展质量提升行动。着力培养技术精湛技艺高超的高技术人才,推广具有核心竞争力的企业品牌,扶持具有优秀品牌的骨干企业做强做优,树立具有一流质量标准和品牌价值的样板企业。激发和保护老字号企业企业家改革创新发展意识,发挥老字号的榜样作用。

17. 支持企业家追求卓越。弘扬敢闯敢试、敢为天下先、敢于承担风险的精神,支持企业家敏锐捕捉市场机遇,不断开拓进取、拼搏奋进,争创一流企业、一流管理、一流产品、一流服务和一流企业文化,提供人无我有、人有我优、人优我特、人特我新的具有竞争力的产品和服务,在市场竞争中勇立潮头、脱颖而出,培育发展壮大更多具有国际影响力的领军企业。

七、弘扬企业家履行责任敢于担当服务社会的精神

18. 引导企业家主动履行社会责任。增强企业家履行社会责任的荣誉感和使命感,引导和支持企业家奉献爱心,参与光彩事业、公益慈善事业、"万企帮万村"精准扶贫行动、应急救灾等,支持国防建设,在构建和谐劳动关系、促进就业、关爱员工、依法纳税、节约资源、保护生态等方面发挥更加重要的作用。国有企业家要自觉做履行政治责任、经济责任、社会责任的模范。

19. 鼓励企业家干事担当。激发企业家致富思源的情怀,引导企业家认识改革开放为企业和个人施展才华提供的广阔空间、良好机遇、美好前景,先富带动后富,创造更多经济效益和社会效益。引导企业家认识把握引领经济发展新常态,积极投身供给侧结构性改革,在振兴和发展实体经济等方面作更大贡献。激发国有企业家服务党服务国家服务人民的担当精神。国有企业家要更好肩负起经营管理国有资产、实现保值增值的重要责任,做强做优做大国有企业,不断提高企业核心竞争力。

20. 引导企业家积极投身国家重大战略。完善企业家参与国家重大战略实施机制,鼓励企业家积极投身"一带一路"建设、京津冀协同发展、长江经济带发展等国家重大战略实施,参与引进来和走出去战略,参与军民融合发展,参与中西部和东北地区投资兴业,为经济发展拓展新空间。

八、加强对企业家优质高效务实服务

21. 以市场主体需求为导向深化"放管服"改革。围绕使市场在资源配置中起决定性作用和更好发挥政府作用,在更大范围、更深层次上深化简政放权、放管结合,优化服务。做好"放管服"改革涉及的规章、规范性文件清理工作。建立健全企业投资项目高效审核机制,支持符合条件的地区和领域开展企业投资项目承诺制改革探索。优化面向企业和企业家服务项目的办事流程,推进窗口单位精准服务。

22. 健全企业家参与涉企政策制定机制。建立政府重大经济决策主动向企业家问计求策的程序性规范,政府部门研究制定涉企政策、规划、法规,要听取企业家的意见建议。保持涉企政策稳定性和连续性,基于公共利益确需调整的,严格调整程序,合理设立过渡期。

23. 完善涉企政策和信息公开机制。利用实体政务大厅、网上政务平台、移动客户端、自助终端、服务热线等线上线下载体,建立涉企政策信息集中公开制度和推送制度。加大政府信息数据开放力度。强化涉企政策落实责任考核,充分吸收行业协会商会等第三方机构参与政策后评估。

24. 加大对企业家的帮扶力度。发挥统战部门、国资监管机构和工商联、行业协会商会等作用,建立健全帮扶企业家的工作联动机制,定期组织企业家座谈和走访,帮助解决企业实际困难。对经营困难的企业,有关部门、工商联、行业协会商会等要主动及时了解困难所在、发展所需,在维护市场公平竞争的前提下积极予以帮助。支持再次创业,完善再创业政策,根据企业家以往经营企业的纳税信用级别,在办理相关涉税事项时给予更多便捷支持。加强对创业成功和失败案例研究,为企业家创新创业提供借鉴。

九、加强优秀企业家培育

25. 加强企业家队伍建设规划引领。遵循企业家成长规律,加强部门协作,创新工作方法,加强对企业家队伍建设的统筹规划,将培养企业家队伍与实施国家重大战略同步谋划、同步推进,鼓励支持更多具有创新创业能力的人才脱颖而出,在实践中培养一批具有全球战略眼光、市场开拓精神、管理创新能力和社会责任感的优秀企业家。

26. 发挥优秀企业家示范带动作用。总结优秀企业家典型案例,对爱国敬业、遵纪守法、艰苦奋斗、创新发展、专注品质、追求卓越、诚信守约、履行责任、勇于担当、服务社会等有突出贡献的优秀企业家,以适当方式予以表彰和宣传,发挥示范带动作用。强化优秀企业家精神研究,支持高等学校、科研院所与行业协会商会、知名企业合作,总结富有中国特色、顺应时代潮流的企业家成长规律。

27. 加强企业家教育培训。以强化忠诚意识、拓展世界眼光、提高战略思维、增强创新精神、锻造优秀品行为重点,加快建立健全企业家培训体系。支持高等学校、科研院所、行业协会商会等开展精准化的理论培训、政策培训、科技培训、管理培训、法规培训,全面增强企业家发现机会、整合资源、创造价值、回馈社会的能力。建立健全创业辅导制度,支持发展创客学院,发挥企业家组织的积极作用,培养年轻一代企业家。加大党校、行政学院等机构对企业家的培训力度。搭建各类企业家互相学习交流平台,促进优势互补、共同提高。组织开展好企业家活动日等形式多样的交流培训。

十、加强党对企业家队伍建设的领导

28. 加强党对企业家队伍的领导。坚持党对国有企业的领导,全面加强国有企业党的建设,发挥国有企业党组织领导作用。增强国有企业家坚持党的领导、主动抓企业党建意识,建好、用好、管好一支对党忠诚、勇于创新、治企有方、兴企有为、清正廉洁的国有企业家队伍。教育引导民营企业家拥护党的领导,支持企业党建工作。建立健全非公有制企业党建工作机制,积极探索党建工作多种方式,努力扩大非公有制企业党的组织和工作覆盖。充分发挥党组织在职工群众中的政治核心作用、在企业发展中的政治引领作用。

29. 发挥党员企业家先锋模范作用。强化对党员企业家日常教育管理基础性工作,加强党性教育、宗旨教育、警示教育,教育党员企业家牢固树立政治意识、大局意识、核心意识、看齐意识,严明政治纪律和政治规矩,坚定理想信念,坚决执行党的基本路线和各项方针政策,把爱党、忧党、兴党、护党落实到经营管理各项工作中，率先垂范，用实际行动彰显党员先锋模范作用。

各地区各部门要充分认识营造企业家健康成长环境、弘扬优秀企业家精神、更好发挥企业家作用的重要性，统一思想，形成共识和合力，制定和细化具体政策措施，加大面向企业家的政策宣传和培训力度，狠抓贯彻落实。国家发展改革委要会同有关方面分解工作任务，对落实情况定期督察和总结评估，确保各项举措落到实处、见到实效。

国务院关于进一步规范和监督罚款设定与实施的指导意见

(2024年2月9日　国发〔2024〕5号)

各省、自治区、直辖市人民政府，国务院各部委、各直属机构：

行政执法是行政机关履行政府职能、管理经济社会事务的重要方式。行政执法工作面广量大，一头连着政府，一头连着群众，直接关系群众对党和政府的信任、对法治的信心。罚款是较为常见的行政执法行为。为进一步提高罚款规定的立法、执法质量，规范和监督罚款设定与实施，现就行政法规、规章中罚款设定与实施提出以下意见。

一、总体要求

（一）指导思想。以习近平新时代中国特色社会主义思想为指导，深入学习贯彻习近平法治思想，全面贯彻落实党的二十大精神，立足新发展阶段，完整、准确、全面贯彻新发展理念，加快构建新发展格局，严格规范和有力监督罚款设定与实施，强化对违法行为的预防和惩戒作用，提升政府治理能力，维护经济社会秩序，切实保护企业和群众合法权益，优化法治化营商环境，推进国家治理体系和治理能力现代化。

（二）基本原则。坚持党的领导，把坚持和加强党的领导贯穿于规范和监督罚款设定与实施工作的全过程和各方面。坚持以人民为中心，努力让企业和群众在每一个执法行为中都能看到风清气正、从每一项执法决定中都能感受到公平正义。坚持依法行政，按照处罚法定、公正公开、过罚相当、处罚与教育相结合的要求，依法行使权力、履行职责、承担责任。坚持问题导向，着力破解企业和群众反映强烈的乱罚款等突出问题。

（三）主要目标。罚款设定更加科学，罚款实施更加规范，罚款监督更加有力，全面推进严格规范公正文明执法，企业和群众的满意度显著提升。

二、依法科学设定罚款

（四）严守罚款设定权限。法律、法规对违法行为已经作出行政处罚规定但未设定罚款的，规章不得增设罚款。法律、法规已经设定罚款但未规定罚款数额的，或者尚未制定法律、法规，因行政管理迫切需要依法先以规章设定罚款的，规章要在规定的罚款限额内作出具体规定。规章设定的罚款数额不得超过法律、法规对相似违法行为规定的罚款数额，并要根据经济社会发展情况适时调整。鼓励跨行政区域按规定联合制定统一监管制度及标准规范，协同推动罚款数额、裁量基准等相对统一。

（五）科学适用过罚相当原则。行政法规、规章新设罚款和确定罚款数额时，要坚持过罚相当，做到该宽则宽、当严则严，避免失衡。要综合运用各种管理手段，能够通过教育劝导、责令改正、信息披露等方式管理的，一般不设定罚款。实施罚款处罚无法有效进行行政管理时，要依法确定更加适当的处罚种类。设定罚款要结合违法行为的事实、性质、情节以及社会危害程度，统筹考虑经济社会发展水平、行业特点、地方实际、主观过错、获利情况、相似违法行为罚款规定等因素，区分情况、分类处理，确保有效遏制违法、激励守法。制定行政法规、规章时，可以根据行政处罚法第三十二条等规定，对当事人为盲人、又聋又哑的人或者已满75周岁的人等，结合具体情况明确罚款的从轻、减轻情形；根据行政处罚法第三十三条等规定，细化不予、可以不予罚款情形；参考相关法律规范对教唆未成年人等的从重处罚规定，明确罚款的从重情形。

（六）合理确定罚款数额。设定罚款要符合行政处罚法和相关法律规范的立法目的,一般要明确罚款数额,科学采用数额罚、倍数(比例)罚等方法。规定处以一定幅度的罚款时,除涉及公民生命健康安全、金融安全等情形外,罚款的最低数额与最高数额之间一般不超过10倍。各地区、各部门要根据地域、领域等因素,适时调整本地区、本部门规定的适用听证程序的"较大数额罚款"标准。同一行政法规、规章对不同违法行为设定罚款的要相互协调,不同行政法规、规章对同一个违法行为设定罚款的要相互衔接,避免畸高畸低。拟规定较高起罚数额的,要充分听取专家学者等各方面意见,参考不同领域的相似违法行为或者同一领域的不同违法行为的罚款数额。起草法律、行政法规、地方性法规时,需要制定涉及罚款的配套规定的,有关部门要统筹考虑、同步研究。

（七）定期评估清理罚款规定。国务院部门和省、自治区、直辖市人民政府及其有关部门在落实行政处罚定期评估制度、每5年分类分批组织行政处罚评估时,要重点评估设定时间较早、罚款数额较大、社会关注度较高、与企业和群众关系密切的罚款规定。对评估发现有不符合上位法规定、不适应经济社会发展需要、明显过罚不当、缺乏针对性和实用性等情形的罚款规定,要及时按照立法权限和程序自行或者建议有权机关予以修改或者废止。各地区、各部门以行政规范性文件形式对违法所得计算方式作出例外规定的,要及时清理;确有必要保留的,要依法及时通过法律、行政法规、部门规章予以明确。

（八）及时修改废止罚款规定。国务院决定取消行政法规、部门规章中设定的罚款事项的,自决定印发之日起暂时停止适用相关行政法规、部门规章中的有关罚款规定。国务院决定调整行政法规、部门规章中设定的罚款事项的,按照修改后的相关行政法规、部门规章中的有关罚款规定执行。国务院有关部门要自决定印发之日起60日内向国务院报送相关行政法规修改方案,并完成相关部门规章修改或者废止工作,部门规章需要根据修改后的行政法规调整的,要自相关行政法规公布之日起60日内完成修改或者废止工作。因特殊原因无法在上述期限内完成部门规章修改或者废止工作的,可以适当延长,但延长期限最多不得超过30日。罚款事项取消后,有关部门要依法认真研究,严格落实监管责任,着力加强事中事后监管,完善监管方法,规范监管程序,提高监管的科学性、简约性和精准性,进一步提升监管效能。

三、严格规范罚款实施

(九)坚持严格规范执法。要严格按照法律规定和违法事实实施罚款,不得随意给予顶格罚款或者高额罚款,不得随意降低对违法行为的认定门槛,不得随意扩大违法行为的范围。对违法行为的事实、性质、情节以及社会危害程度基本相似的案件,要确保罚款裁量尺度符合法定要求,避免类案不同罚。严禁逐利罚款,严禁对已超过法定追责期限的违法行为给予罚款。加大对重点领域的执法力度,对严重违法行为,要依法落实"处罚到人"要求,坚决维护企业和群众合法权益。行政机关实施处罚时应当责令当事人改正或者限期改正违法行为,不得只罚款而不纠正违法行为。

(十)坚持公正文明执法。国务院部门和省、自治区、直辖市人民政府及其有关部门要根据不同地域、领域等实际情况,科学细化行政处罚法第三十二条、第三十三条规定的适用情形。行政机关实施罚款等处罚时,要统筹考虑相关法律规范与行政处罚法的适用关系,符合行政处罚法第三十二条规定的从轻、减轻处罚或者第三十三条等规定的不予、可以不予处罚情形的,要适用行政处罚法依法作出相应处理。鼓励行政机关制定不予、可以不予、减轻、从轻、从重罚款等处罚清单,依据行政处罚法、相关法律规范定期梳理、发布典型案例,加强指导、培训。制定罚款等处罚清单或者实施罚款时,要统筹考虑法律制度与客观实际、合法性与合理性、具体条款与原则规定,确保过罚相当、法理相融。行政执法人员要文明执法,尊重和保护当事人合法权益,准确使用文明执法用语,注重提升行政执法形象,依法文明应对突发情况。行政机关要根据实际情况,细化对行政执法人员的追责免责相关办法。

(十一)坚持处罚与教育相结合。认真落实"谁执法谁普法"普法责任制,将普法教育贯穿于行政处罚全过程,引导企业和群众依法经营、自觉守法,努力预防和化解违法风险。要充分考虑社会公众的切身感受,确保罚款决定符合法理,并考虑相关事理和情理,优化罚款决定延期、分期履行制度。要依法广泛综合运用说服教育、劝导示范、指导约谈等方式，让执法既有力度又有温度。总结证券等领域经验做法，在部分领域研究、探索运用行政和解等非强制行政手段。鼓励行政机关建立与企业和群众常态化沟通机制，加强跟进帮扶指导，探索构建"预防为主、轻微免罚、重违严惩、过罚相当、事后回访"等执法模式。

（十二）持续规范非现场执法。县级以上地方人民政府有关部门、乡镇人民政府（街道办事处）要在2024年12月底前完成执法类电子技术监控设备（以下简称监控设备）清理、规范工作，及时停止使用不合法、不合规、不必要的监控设备，清理结果分别报本级人民政府、上级人民政府；每年年底前，县级以上地方人民政府有关部门、乡镇人民政府（街道办事处）要分别向本级人民政府、上级人民政府报告监控设备新增情况，司法行政部门加强执法监督。利用监控设备收集、固定违法事实的，应当经过法制和技术审核，根据监管需要确定监控设备的设置地点、间距和数量等，设置地点要有明显可见的标识，投入使用前要及时向社会公布，严禁为增加罚款收入脱离实际监管需要随意设置。要确保计量准确，未经依法检定、逾期未检定或者检定不合格的，不得使用。要充分运用大数据分析研判，对违法事实采集量、罚款数额畸高的监控设备开展重点监督，违法违规设置或者滥用监控设备的立即停用，限期核查评估整改。

四、全面强化罚款监督

（十三）深入开展源头治理。坚决防止以罚增收、以罚代管、逐利罚款等行为，严格规范罚款，推进事中事后监管法治化、制度化、规范化。对社会关注度较高、投诉举报集中、违法行为频繁发生等罚款事项，要综合分析研判，优化管理措施，不能只罚不管；行政机关不作为的，上级行政机关要加强监督，符合问责规定的，严肃问责。要坚持系统观念，对涉及公共安全和群众生命健康等行业、领域中的普遍性问题，要推动从个案办理到类案管理再到系统治理，实现"办理一案、治理一类、影响一域"。

（十四）持续加强财会审计监督。行政机关要将应当上缴的罚款收入，按照规定缴入国库，任何部门、单位和个人不得截留、私分、占用、挪用或者拖欠。对当事人不及时足额缴纳罚款的,行政机关要及时启动追缴程序,履行追缴职责。坚决防止罚款收入不合理增长,严肃查处罚款收入不真实、违规处置罚款收入等问题。财政部门要加强对罚缴分离、收支两条线等制度实施情况的监督,会同有关部门按规定开展专项监督检查。要依法加强对罚款收入的规范化管理,强化对罚款收入异常变化的监督,同一地区、同一部门罚款收入同比异常上升的,必要时开展实地核查。强化中央与地方监督上下联动,压实财政、审计等部门的监督责任。

(十五)充分发挥监督合力。各地区、各部门要健全和完善重大行政处罚备案制度和行政执法统计年报制度。县级以上地方人民政府司法行政部门要加强案卷评查等行政执法监督工作,对违法或者明显过罚不当的,要督促有关行政机关予以改正;对不及时改正的,要报请本级人民政府责令改正。拓宽监督渠道,建立行政执法监督与12345政务服务便民热线等监督渠道的信息共享工作机制。充分发挥行政复议化解行政争议的主渠道作用,促进行政复议案件繁简分流,依法纠正违法或者不当的罚款决定。对罚款决定被依法变更、撤销、确认违法或者确认无效的,有关行政机关和财政部门要及时办理罚款退还等手续。加大规章备案审查力度,审查发现规章违法变更法律、行政法规、地方性法规规定的罚款实施主体、对象范围、行为种类或者数额幅度的,要及时予以纠正,切实维护国家法制统一。要加强分析研判和指导监督,收集梳理高频投诉事项和网络舆情,对设定或者实施罚款中的典型违法问题予以及时通报和点名曝光,依法依规对相关人员给予处分。

各地区、各部门要将规范和监督罚款设定与实施,作为提升政府治理能力、维护公共利益和社会秩序、优化营商环境的重要抓手,认真贯彻实施行政处罚法和《国务院关于进一步贯彻实施〈中华人民共和国行政处罚法〉的通知》(国发〔2021〕26号)等,系统梳理涉及罚款事项的行政法规、规章,加快修改完善相关制度。司法部要加强统筹协调监督,组织推动完善行政处罚制度,做好有关解释答复工作,指导监督各地区、各部门抓好贯彻实施,重要情况和问题及时报国务院。

国务院关于开展营商环境
创新试点工作的意见

（2021年10月31日　国发〔2021〕24号）

各省、自治区、直辖市人民政府，国务院各部委、各直属机构：

党中央、国务院高度重视优化营商环境工作。近年来，我国营商环境持续改善，特别是部分地方主动对标国际先进率先加大营商环境改革力度，取得明显成效，对推动全国营商环境整体优化、培育和激发市场主体活力发挥了较好的示范带动作用。为鼓励有条件的地方进一步瞄准最高标准、最高水平开展先行先试，加快构建与国际通行规则相衔接的营商环境制度体系，持续优化市场化法治化国际化营商环境，现提出以下意见。

一、总体要求

（一）指导思想。以习近平新时代中国特色社会主义思想为指导，全面贯彻党的十九大和十九届二中、三中、四中、五中全会精神，立足新发展阶段，完整、准确、全面贯彻新发展理念，构建新发展格局，以推动高质量发展为主题，统筹发展和安全，以制度创新为核心，赋予有条件的地方更大改革自主权，对标国际一流水平，聚焦市场主体关切，进一步转变政府职能，一体推进简政放权、放管结合、优化服务改革，推进全链条优化审批、全过程公正监管、全周期提升服务，推动有效市场和有为政府更好结合，促进营商环境迈向更高水平，更大激发市场活力和社会创造力，更好稳定市场预期，保持经济平稳运行。

（二）试点范围。综合考虑经济体量、市场主体数量、改革基础条件等，选择部分城市开展营商环境创新试点工作。首批试点城市为北京、上海、重庆、杭州、广州、深圳6个城市。强化创新试点同全国优化营商环境工作的联动，具备条件的创新试点举措经主管部门和单位同意后在全国范围推开。

（三）主要目标。经过三至五年的创新试点，试点城市营商环境国际竞争力跃居全球前列，政府治理效能全面提升，在全球范围内集聚和配置各类资源要素能力明显增强，市场主体活跃度和发展质量显著提高，率先建成市场化法治化国际化的一流营商环境，形成一系列可复制可推广的制度创新成果，为全国营商环境建设作出重要示范。

二、重点任务

（四）进一步破除区域分割和地方保护等不合理限制。加快破除妨碍生产要素市场化配置和商品服务流通的体制机制障碍。在不直接涉及公共安全和人民群众生命健康的领域，推进"一照多址"、"一证多址"等改革，便利企业扩大经营规模。清理对企业跨区域经营、迁移设置的不合理条件，全面取消没有法律法规依据的要求企业在特定区域注册的规定。着力破除招投标、政府采购等领域对外地企业设置的隐性门槛和壁垒。探索企业生产经营高频办理的许可证件、资质资格等跨区域互认通用。

（五）健全更加开放透明、规范高效的市场主体准入和退出机制。进一步提升市场主体名称登记、信息变更、银行开户等便利度。建立健全市场准入评估制度，定期排查和清理在市场准入方面对市场主体资质、资金、股比、人员、场所等设置的不合理条件。推行企业年报"多报合一"改革。完善市场主体退出机制，全面实施简易注销，建立市场主体强制退出制度。推行破产预重整制度，建立健全企业破产重整信用修复机制，允许债权人等推荐选任破产管理人。建立健全司法重整的府院联动机制，提高市场重组、出清的质量和效率。

（六）持续提升投资和建设便利度。深化投资审批制度改革。推进社会投资项目"用地清单制"改革，在土地供应前开展相关评估工作和现状普查，形成评估结果和普查意见清单，在土地供应时一并交付用地单位。推进产业园区规划环评与项目环评联动，避免重复评价。在确保工程质量安全的前提下，持续推进工程建设项目审批制度改革，清理审批中存在的"体外循环"、"隐性审批"等行为。推动分阶段整合规划、土地、房产、交通、绿化、人防等测绘测量事项，优化联合验收实施方式。建立健全市政接入工程信息共享机制。探索在民用建筑工程领域推进和完善建筑师负责制。

（七）更好支持市场主体创新发展。完善创新资源配置方式和管理机制，探索适应新业态新模式发展需要的准入准营标准，提升市场主体创新力。在确保安全的前提下，探索高精度地图面向智能网联汽车开放使用。推进区块链技术在政务服务、民生服务、物流、会计等领域探索应用。探索对食品自动制售设备等新业态发放经营许可。完善知识产权市场化定价和交易机制，开展知识产权证券化试点。深化科技成果使用权、处置权和收益权改革，赋予科研人员职务科技成果所有权或长期使用权，探索完善科研人员职务发明成果权益分享机制。

（八）持续提升跨境贸易便利化水平。高标准建设国际贸易"单一窗口"，加快推动"单一窗口"服务功能由口岸通关向口岸物流、贸易服务等全链条拓展，推进全流程作业无纸化。在确保数据安全的前提下，推动与东亚地区主要贸易伙伴口岸间相关单证联网核查。推进区域通关便利化协作，探索开展粤港澳大湾区"组合港"、"一港通"等改革。推进铁路、公路、水路、航空等运输环节信息对接共享，实现运li信息可查、货物全程实时追踪，提升多式联运便利化水平。在有条件的港口推进进口货物"船边直提"和出口货物"抵港直装"。探索开展科研设备、耗材跨境自由流动，简化研发用途设备和样本样品进出口手续。

（九）优化外商投资和国际人才服务管理。加强涉外商事法律服务，建设涉外商事一站式多元解纷中心，为国际商事纠纷提供多元、高效、便捷解纷渠道。探索制定外籍"高精尖缺"人才地方认定标准。在不直接涉及公共安全和人民群众生命健康、风险可控的领域，探索建立国际职业资格证书认可清单制度，对部分需持证上岗的职业，允许取得境外相应职业资格或公认的国际专业组织认证的国际人才，经能力水平认定或有关部门备案后上岗，并加强执业行为监管。研究建立与国际接轨的人才评价体系。持续提升政府门户网站国际版服务水平，方便外籍人员及时准确了解投资、工作、生活等政策信息，将更多涉外审批服务事项纳入"一网通办"。

（十）维护公平竞争秩序。坚持对各类市场主体一视同仁、同等对待，稳定市场主体预期。强化公平竞争审查刚性约束，建立举报处理和回应机制,定期公布审查结果。着力清理取消企业在资质资格获取、招投标、政府采购、权益保护等方面存在的差别化待遇,防止滥用行政权力通过划分企业等级、增设证明事项、设立项目库、注册、认证、认定等形式排除和限制竞争的行为。建立招标计划提前发布制度,推进招投标全流程电子化改革。加强和改进反垄断与反不正当竞争执法。清理规范涉企收费,健全遏制乱收费、乱摊派的长效机制,着力纠正各类中介垄断经营、强制服务等行为。

(十一)进一步加强和创新监管。坚持放管结合、并重,夯实监管责任,健全事前事中事后全链条全流程的监管机制。完善公开透明、简明易行的监管规则和标准,加强政策解读。在直接涉及公共安全和人民群众生命财产安全的领域,探索实行惩罚性赔偿等制度。深化"互联网+监管",加快构建全国一体化在线监管平台,积极运用大数据、物联网、人工智能等技术为监管赋能,探索形成市场主体全生命周期监管链。推动"双随机、一公开"监管和信用监管深度融合,完善按风险分级分类管理模式。在医疗、教育、工程建设等领域探索建立完善执业诚信体系。对新产业新业态实行包容审慎监管,建立健全平台经济治理体系。推动行业协会商会等建立健全行业经营自律规范,更好发挥社会监督作用。

(十二)依法保护各类市场主体产权和合法权益。构建亲清政商关系,健全政府守信践诺机制,建立政府承诺合法性审查制度和政府失信补偿、赔偿与追究制度,重点治理债务融资、政府采购、招投标、招商引资等领域的政府失信行为,畅通政府失信投诉举报渠道,健全治理"新官不理旧账"的长效机制。完善产权保护制度,强化知识产权保护,开展商标专利巡回评审和远程评审,完善对商标恶意注册和非正常专利申请的快速处置联动机制,加强海外知识产权维权协作。规范罚款行为,全面清理取消违反法定权限和程序设定的罚款事项,从源头上杜绝乱罚款。严格落实重大行政决策程序,增强公众参与实效。全面建立重大政策事前评估和事后评价制度,推进评估评价标准化、制度化、规范化。

(十三)优化经常性涉企服务。加快建立健全高效便捷、优质普惠的市场主体全生命周期服务体系,健全常态化政企沟通机制和营商环境投诉处理机制。完善动产和权利担保统一登记制度,有针对性地逐步整合各类动产和权利担保登记系统,提升企业动产和权利融资便利度。持续优化企业办税服务,深化"多税合一"申报改革,试行代征税款电子缴税并开具电子完税证明。进一步提升不动产登记涉税、继承等业务办理便利度。推进水电气暖等"一站式"便捷服务,加快实现报装、查询、缴费等业务全程网办。推进电子证照、电子签章在银行开户、贷款、货物报关、项目申报、招投标等领域全面应用和互通互认。推进公安服务"一窗通办"。推行涉企事项"一网通办"、"一照通办",全面实行惠企政策"免申即享"、快速兑现。

三、组织保障

(十四)加强组织领导和统筹协调。国务院办公厅要统筹推进营商环境创新试点工作,牵头制定改革事项清单,做好协调督促、总结评估、复制推广等工作。司法部要做好改革的法治保障工作。国务院有关部门要结合自身职责,协调指导试点城市推进相关改革,为试点城市先行先试创造良好条件。有关省份人民政府要加大对试点城市的支持力度,加强政策措施衔接配套,依法依规赋予试点城市相关权限。各试点城市人民政府要制定本地区试点实施方案,坚持稳步实施,在风险总体可控前提下,科学把握改革的时序、节奏和步骤,推动创新试点工作走深走实,实施方案应报国务院办公厅备案并向社会公布。试点城市辖区内开发区具备较好改革基础的,可研究进一步加大改革力度,为创新试点工作探索更多有益经验。

(十五)强化法治保障。按照重大改革于法有据的要求,依照法定程序开展营商环境创新试点工作。国务院决定,根据《全国人民代表大会常务委员会关于授权国务院在营商环境创新试点城市暂时调整适用〈中华人民共和国计量法〉有关规定的决定》,3年内在营商环境创新试点城市暂时调整适用《中华人民共和国计量法》有关规定;同时,在营商环境创新试点城市暂时调整适用《植物检疫条例》等7部行政法规有关规定。国务院有关部门和有关地方人民政府要根据法律、行政法规的调整情况,及时对本部门和本地区制定的规章、规范性文件作相应调整,建立与试点要求相适应的管理制度。对试点成效明显的改革举措,要及时推动有关法律、法规、规章的立改废释,固化改革成果。

（十六）加强数据共享和电子证照应用支撑。加快打破信息孤岛，扩大部门和地方间系统互联互通和数据共享范围。优化数据资源授权模式，探索实施政务数据、电子证照地域授权和场景授权，将产生于地方但目前由国家统一管理的相关领域数据和电子证照回流试点城市；对试点城市需使用的中央部门和单位、外地的数据和电子证照，由主管部门和单位通过数据落地或数据核验等方式统一提供给试点城市使用。优化全国一体化政务服务平台功能，推动更多数据资源依托平台实现安全高效优质的互通共享。

（十七）做好滚动试点和评估推广。国务院办公厅会同有关方面根据试点情况，结合改革需要，适时扩大试点城市范围。同时，建立改革事项动态更新机制，分批次研究制定改革事项清单，按照批量授权方式，按程序报批后推进实施，定期对营商环境创新试点工作进行评估，对实践证明行之有效、市场主体欢迎的改革措施要及时在更大范围复制推广，对出现问题和风险的要及时调整或停止实施。试点中的重要情况，有关地方和部门要及时向国务院请示报告。

附件：1. 首批营商环境创新试点改革事项清单（略）
      2. 国务院决定在营商环境创新试点城市暂时调整适用有关行政法规规定目录（略）

国务院办公厅关于服务"六稳""六保"进一步做好"放管服"改革有关工作的意见

（2021年4月7日　国办发〔2021〕10号）

各省、自治区、直辖市人民政府，国务院各部委、各直属机构：

深化"放管服"改革，打造市场化法治化国际化营商环境，是做好"六稳"工作、落实"六保"任务的重要抓手。近年来，"放管服"改革深入推进，有效激发了市场主体活力和社会创造力，但仍然存在一些企业和群众关注度高、反映强烈的突出问题亟待解决。为进一步深化"放管服"改革,切实做好"六稳"、"六保"工作,推动高质量发展,经国务院同意,现提出以下意见。

一、总体要求

(一)指导思想。以习近平新时代中国特色社会主义思想为指导,全面贯彻党的十九大和十九届二中、三中、四中、五中全会精神,认真落实党中央、国务院决策部署,立足新发展阶段、贯彻新发展理念、构建新发展格局,围绕"六稳"、"六保",加快转变政府职能,深化"放管服"改革,促进要素资源高效配置,切实维护公平竞争,建设国际一流营商环境,推进政府治理体系和治理能力现代化,推动经济社会持续健康发展。

(二)基本原则。

坚持目标导向、综合施策。围绕稳定和扩大就业、培育市场主体、扩大有效投资、促进消费、稳外贸稳外资、保障基本民生等重点领域,以务实管用的政策和改革举措,增强企业和群众获得感。

坚持问题导向、务求实效。聚焦企业和群众办事创业的难点堵点继续"啃硬骨头",坚持放管结合、并重,着力清理对市场主体的不合理限制,实施更加有效监管,持续优化政务服务,不断提高改革含金量。

坚持系统集成、协同推进。坚持系统观念,加强各领域"放管服"改革有机衔接、统筹推进,促进中央和地方上下联动,强化部门之间协作配合,立足全生命周期、全产业链条推进改革,完善配套政策,放大综合效应,增强发展内生动力。

二、进一步推动优化就业环境

(三)推动降低就业门槛。进一步梳理压减准入类职业资格数量,取消乡村兽医、勘察设计注册石油天然气工程师等职业资格,推进社会化职业技能等级认定,持续动态优化国家职业资格目录。合理降低或取消部分准入类职业资格考试工作年限要求。进一步规范小微电商准入,科学界定《中华人民共和国电子商务法》中"便民劳务活动"、"零星小额交易活动"标准。(人力资源社会保障部、住房城乡建设部、农业农村部、市场监管总局等国务院相关部门及各地区按职责分工负责)

(四)支持提升职业技能。建立职业技能培训补贴标准动态调整机制,科学合理确定培训补贴标准。拓宽职业技能培训资金使用范围。延长以工代训政策实施期限,简化企业申请以工代训补贴材料。加强对家政、养老等行业从业人员职业技能培训,全面提升就业能力。创新开展"行校合作",鼓励行业协会、跨企业培训中心等组织中小微企业开展学徒制培训,鼓励各地区探索开展项目制培训等多种形式培训。采取优化审批服务、探索实行告知承诺制等方式,便利各类职业培训机构设立。(人力资源社会保障部、民政部、财政部等国务院相关部门及各地区按职责分工负责)

(五)支持和规范新就业形态发展。着力推动消除制约新产业新业态发展的隐性壁垒,不断拓宽就业领域和渠道。加强对平台企业的监管和引导,促进公平有序竞争,推动平台企业依法依规完善服务协议和交易规则,合理确定收费标准,改进管理服务,支持新就业形态健康发展。落实和完善财税、金融等支持政策,发挥双创示范基地带动作用,支持高校毕业生、退役军人、返乡农民工等重点群体创业就业。完善适应灵活就业人员的社保政策措施,推动放开在就业地参加社会保险的户籍限制,加快推进职业伤害保障试点,扩大工伤保险覆盖面,维护灵活就业人员合法权益。(国家发展改革委、教育部、财政部、人力资源社会保障部、农业农村部、退役军人部、人民银行、税务总局、市场监管总局、国家医保局、银保监会等国务院相关部门及各地区按职责分工负责)

三、进一步推动减轻市场主体负担

(六)健全惠企服务机制。推广财政资金直达机制的有效做法,研究将具备条件的惠企资金纳入直达机制。优化国库退税审核程序,逐步实现智能化、自动化处理。推动实现非税收入全领域"跨省通缴"。精简享受税费优惠政策的办理流程和手续,持续扩大"自行判别、自行申报、事后监管"范围。整合财产和行为税10税纳税申报表,整合增值税、消费税及城市维护建设税等附加税费申报表。大力发展市场化征信机构,建设和完善"信易贷"平台,推动水电气、纳税、社保等信用信息归集共享,依托大数据等现代信息技术为企业精准"画像"、有效增信,提升金融、社保等惠企政策覆盖度、精准性和有效性。持续规范水电气暖等行业收费,确保政策红利传导到终端用户。推动企业建立健全合规经营制度,依法查处垄断行为,严厉打击价格串通、哄抬价格等价格违法行为。(国家发展改革委、财政部、人力资源社会保障部、国家医保局、人民银行、税务总局、市场监管总局、银保监会等国务院相关部门及各地区按职责分工负责)

(七)规范提升中介服务。从严查处行政机关为特定中介机构垄断服务设定隐性壁垒或将自身应承担的行政审批中介服务费用转嫁给企业承担等违规行为。严格规范国务院部门和地方政府设定的中介服务事项。依法降低中介服务准入门槛,破除行业壁垒,打破地方保护,引入竞争机制,促进提升中介服务质量,建立合理定价机制。加强对中介机构的监管,推动中介机构公开服务条件、流程、时限和收费标准,坚决查处乱收费、变相涨价等行为。(国务院办公厅、市场监管总局、国家发展改革委等国务院相关部门及各地区按职责分工负责)

(八)规范改进认证服务。推动认证机构转企改制、与政府部门脱钩,提高市场开放度,促进公平有序竞争。加强对认证机构的监管,督促认证机构公开收费标准,及时公布认证信息,提高服务质量。清理规范涉及认证的评价制度,推动向国家统一的认证制度转变。健全政府、行业、社会等多层面的认证采信机制,推动认证结果在不同部门、层级和地区间互认通用。(市场监管总局等国务院相关部门及各地区按职责分工负责)

(九)优化涉企审批服务。分行业分领域清理规范行政审批前置条件和审批标准,明确行政备案材料、程序,依托全国一体化政务服务平台,推动更多涉企事项网上办理,简化优化商事服务流程,大力推进减环节、减材料、减时限、减费用,降低制度性交易成本。精简优化涉及电子电器产品的管理措施,探索推行企业自检自证和产品系族管理。加快商标专利注册申请全流程电子化,分类压减商标异议、变更、转让、续展周期和专利授权公告周期,建立健全重大不良影响商标快速驳回机制,严厉打击商标恶意注册、非正常专利申请等行为。(国务院办公厅、工业和信息化部、市场监管总局、国家知识产权局等国务院相关部门及各地区按职责分工负责)

四、进一步推动扩大有效投资

(十)持续提高投资审批效率。进一步深化投资审批制度改革,简化、整合投资项目报建手续,推进实施企业投资项目承诺制,优化交通、水利、能源等领域重大投资项目审批流程。鼓励各地区推进"标准地"出让改革,科学构建"标准地"出让指标体系,简化优化工业项目供地流程,压缩供地时间,降低投资项目运行成本。推动投资项目在线审批监管平台和各相关审批系统互联互通和数据共享,避免企业重复填报、部门重复核验。(国家发展改革委、自然资源部、住房城乡建设部、交通运输部、水利部、国家能源局等国务院相关部门及各地区按职责分工负责)

(十一)优化工程建设项目审批。持续深化工程建设项目审批制度改革,完善全国统一的工程建设项目审批和管理体系。进一步精简整合工程建设项目全流程涉及的行政许可、技术审查、中介服务、市政公用服务等事项。支持各地区结合实际提高工程建设项目建筑工程施工许可证办理限额,对简易低风险工程建设项目实行"清单制+告知承诺制"审批。研究制定工程建设项目全过程审批管理制度性文件,建立健全工程建设项目审批监督管理机制,加强全过程审批行为和时间管理,规范预先审查、施工图审查等环节,防止体外循环。(住房城乡建设部、国家发展改革委等国务院相关部门及各地区按职责分工负责)

五、进一步推动激发消费潜力

(十二)清除消费隐性壁垒。着力打破行业垄断和地方保护,打通经济循环堵点,推动形成高效规范、公平竞争的国内统一市场。有序取消一些行政性限制消费购买的规定,释放消费潜力。加快修订《二手车流通管理办法》,推动各地区彻底清理违规设置的二手车迁入限制,放宽二手车经营条件。规范报废机动车回收拆解企业资质认定,支持具备条件的企业进入回收拆解市场,依法查处非法拆解行为。鼓励各地区适当放宽旅游民宿市场准入,推进实施旅游民宿行业标准。制定跨地区巡回演出审批程序指南,优化审批流程,为演出经营单位跨地区开展业务提供便利。(国家发展改革委、公安部、生态环境部、商务部、文化和旅游部等国务院相关部门及各地区按职责分工负责)

(十三)便利新产品市场准入。针对市场急需、消费需求大的新技术新产品,优先适用国家标准制定快速程序,简化标准制修订流程,缩短发布周期。在相关国家标准出台前,鼓励先由社会团体制定发布满足市场和创新需要的团体标准,鼓励企业制定有竞争力的企业标准并自我声明公开,推动新技术新产品快速进入市场。加快统一出口商品和内贸商品在工艺流程、流通规则等方面的规定,推进内外贸产品"同线同标同质",破除制约出口商品转内销的系统性障碍。继续扩大跨境电商零售进口试点城市范围,调整扩大跨境电商零售进口商品清单。(市场监管总局、商务部、海关总署、财政部等国务院相关部门及各地区按职责分工负责)

六、进一步推动稳外贸稳外资

(十四)持续优化外商投资环境。完善外商投资准入前国民待遇加负面清单管理制度,确保外资企业平等享受各项支持政策。支持外资企业更好参与国家和行业标准制定。优化外商投资信息报告制度,完善企业登记系统和企业信用信息公示系统功能,加强填报指导,减轻企业报送负担。(国家发展改革委、商务部、市场监管总局等国务院相关部门及各地区按职责分工负责)

(十五)持续推进通关便利化。推动国际贸易"单一窗口"同港口、铁路、民航等信息平台及银行、保险等机构对接。优化海关风险布控规则,推广科学随机布控,提高人工分析布控精准度,降低守法合规企业和低风险商品查验率。深入推进进出口商品检验监管模式改革,积极推进第三方检验结果采信制度化建设。鼓励理货、拖轮、委托检验等经营主体进入市场,促进公平竞争。(海关总署、交通运输部、银保监会、国家铁路局、中国民航局等国务院相关部门及各地区按职责分工负责)

(十六)清理规范口岸收费。加快修订《港口收费计费办法》,进一步完善港口收费政策,减并港口收费项目。定向降低沿海港口引航费标准,进一步扩大船方自主决定是否使用拖轮的船舶范围。完善洗修箱服务规则,清理规范港外堆场洗修箱费、铁路运输关门费等收费。实行口岸收费项目目录清单制度,做到清单外无收费。对政府依成本定价的收费项目,开展成本监审或成本调查,及时调整收费标准;对实行市场调节价的收费项目及对应的收费主体,开展典型成本调查,为合理规范收费提供依据。(国家发展改革委、财政部、交通运输部、国

务院国资委、海关总署、市场监管总局等国务院相关部门及各地区按职责分工负责）

七、进一步推动优化民生服务

（十七）创新养老和医疗服务供给。推进公办养老机构公建民营改革，引入社会资本和专业管理服务机构，盘活闲置床位资源，在满足失能、半失能特困人员集中供养基础上，向其他失能、失智、高龄老年人开放。推动取消诊所设置审批，推动诊所执业登记由审批改为备案。推动取消职业卫生技术服务机构资质等级划分，便利市场准入。在确保电子处方来源真实可靠的前提下，允许网络销售除国家实行特殊管理的药品以外的处方药。（民政部、国家卫生健康委、国家药监局等国务院相关部门及各地区按职责分工负责）

（十八）提高社会救助精准性。支持各地区推动民政、人力资源社会保障、残联、医保、乡村振兴等部门和单位相关数据共享，运用大数据等现代信息技术建立困难群众主动发现机制和动态调整机制，优化服务流程，缩短办理时限，实现民生保障领域问题早发现、早干预，确保符合条件的困难群众及时得到救助，防止产生违规冒领和设租寻租等问题。（民政部、人力资源社会保障部、国家医保局、国家乡村振兴局、中国残联等相关部门和单位及各地区按职责分工负责）

（十九）提升便民服务水平。建立健全政务数据共享协调机制，加强信息共享和证明互认，通过完善信用监管、全面推行告知承诺制等方式，推动减少各类证明事项。实施证明事项清单管理制度，清单之外不得向企业和群众索要证明。确需提供证明的，应告知证明事项名称、用途、依据、索要单位、开具单位等信息。围绕保障改善民生，推动更多服务事项"跨省通办"。坚持传统服务方式与智能化服务创新并行，切实解决老年人等特殊群体在运用智能技术方面遇到的突出困难。（国务院办公厅、司法部等国务院相关部门及各地区按职责分工负责）

八、进一步加强事中事后监管

（二十）加强取消和下放事项监管。坚持放管结合、并重，把有效监管作为简政放权的必要保障，推动政府管理从事前审批更多转向事中事后监管，对取消和下放的行政许可事项，由主管部门会同相关部门逐项制定事中事后监管措施,明确监管层级、监管部门、监管方式,完善监管规则和标准。进一步梳理监管部门监管职责,强化与地方监管执法的衔接,建立相互协作、齐抓共管的高效监管机制,确保责任清晰、监管到位。(国务院办公厅牵头,国务院相关部门及各地区按职责分工负责)

(二十一)提升事中事后监管效能。各地区各部门要完善"双随机、一公开"监管、信用监管、"互联网+监管"等方式,实施更加精准更加有效的监管。梳理职责范围内的重点监管事项,聚焦管好"一件事"实施综合监管。加强对日常监管事项的风险评估,实施分级分类监管,强化高风险环节监管。对涉及人民群众生命健康和公共安全的要严格监管,坚决守住安全底线。对新产业新业态实行包容审慎监管,引导和规范其健康发展。完善全国一体化在线监管平台,推动监管信息共享,加快形成统一的监管大数据,强化监管信息综合运用,提升监管质量和效率。(国务院办公厅牵头,国务院相关部门及各地区按职责分工负责)

(二十二)严格规范行政执法。制定出台进一步规范行政裁量权基准制度的指导意见,推动各地区各部门明确行政裁量种类、幅度,规范适用程序,纠正处罚畸轻畸重等不规范行政执法行为。鼓励各地区依法依规建立柔性执法清单管理制度,对轻微违法行为,慎用少用行政强制措施,防止一关了之、以罚代管。(司法部牵头,国务院相关部门及各地区按职责分工负责)

九、保障措施

(二十三)完善企业和群众评价机制。坚持以企业和群众获得感和满意度作为评判改革成效的标准,依托全国一体化政务服务平台、中国政府网建立企业和群众评价国家层面改革举措的常态化机制。及时公开评价结果,强化差评整改,形成评价、反馈、整改有机衔接的工作闭环,做到群众参与、社会评判、市场认可。各地区要建立地方层面改革举措社会评价机制。

(二十四)加强组织实施。各地区各部门要高度重视,及时研究解决"放管服"改革中出现的新情况、新问题,切实做到放出活力、管出公平、服出效率。要结合实际情况,依法依规制定实施方案,出台具体政策措施，逐项抓好落实。国务院办公厅要加强督促指导，确保改革举措落实到位。

国务院关于加强监管防范风险推动资本市场高质量发展的若干意见

（2024年4月4日　国发〔2024〕10号）

各省、自治区、直辖市人民政府，国务院各部委、各直属机构：

党的十八大以来，我国资本市场快速发展，在促进资源优化配置、推动经济快速发展和社会长期稳定、支持科技创新等方面发挥了重要作用。为深入贯彻中央金融工作会议精神，进一步推动资本市场高质量发展，现提出以下意见。

一、总体要求

以习近平新时代中国特色社会主义思想为指导，全面贯彻党的二十大和二十届二中全会精神，贯彻新发展理念，紧紧围绕打造安全、规范、透明、开放、有活力、有韧性的资本市场，坚持把资本市场的一般规律同中国国情市情相结合，坚守资本市场工作的政治性、人民性，以强监管、防风险、促高质量发展为主线，以完善资本市场基础制度为重点，更好发挥资本市场功能作用，推进金融强国建设，服务中国式现代化大局。

深刻把握资本市场高质量发展的主要内涵，在服务国家重大战略和推动经济社会高质量发展中实现资本市场稳定健康发展。必须坚持和加强党的领导，充分发挥党的政治优势、组织优势、制度优势，确保资本市场始终保持正确的发展方向；必须始终践行金融为民的理念，突出以人民为中心的价值取向，更加有效保护投资者特别是中小投资者合法权益，助力更好满足人民群众日益增长的财富管理需求；必须全面加强监管、有效防范化解风险，稳为基调、严字当头，确保监管"长牙带刺"、有棱有角；必须始终坚持市场化法治化原则，突出目标导向、问题导向,进一步全面深化资本市场改革,统筹好开放和安全;必须牢牢把握高质量发展的主题,守正创新,更加有力服务国民经济重点领域和现代化产业体系建设。

未来5年,基本形成资本市场高质量发展的总体框架。投资者保护的制度机制更加完善。上市公司质量和结构明显优化,证券基金期货机构实力和服务能力持续增强。资本市场监管能力和有效性大幅提高。资本市场良好生态加快形成。到2035年,基本建成具有高度适应性、竞争力、普惠性的资本市场,投资者合法权益得到更加有效的保护。投融资结构趋于合理,上市公司质量显著提高,一流投资银行和投资机构建设取得明显进展。资本市场监管体制机制更加完备。到本世纪中叶,资本市场治理体系和治理能力现代化水平进一步提高,建成与金融强国相匹配的高质量资本市场。

二、严把发行上市准入关

进一步完善发行上市制度。提高主板、创业板上市标准,完善科创板科创属性评价标准。提高发行上市辅导质效,扩大对在审企业及相关中介机构现场检查覆盖面。明确上市时要披露分红政策。将上市前突击"清仓式"分红等情形纳入发行上市负面清单。从严监管分拆上市。严格再融资审核把关。

强化发行上市全链条责任。进一步压实交易所审核主体责任,完善股票上市委员会组建方式和运行机制,加强对委员履职的全过程监督。建立审核回溯问责追责机制。进一步压实发行人第一责任和中介机构"看门人"责任,建立中介机构"黑名单"制度。坚持"申报即担责",严查欺诈发行等违法违规问题。

加大发行承销监管力度。强化新股发行询价定价配售各环节监管,整治高价超募、抱团压价等市场乱象。从严加强募投项目信息披露监管。依法规范和引导资本健康发展,加强穿透式监管和监管协同,严厉打击违规代持、以异常价格突击入股、利益输送等行为。

三、严格上市公司持续监管

加强信息披露和公司治理监管。构建资本市场防假打假综合惩防体系,严肃整治财务造假、资金占用等重点领域违法违规行为。督促上市公司完善内控体系。切实发挥独立董事监督作用,强化履职保障约束。

全面完善减持规则体系。出台上市公司减持管理办法，对不同类型股东分类施策。严格规范大股东尤其是控股股东、实际控制人减持，按照实质重于形式的原则坚决防范各类绕道减持。责令违规主体购回违规减持股份并上缴价差。严厉打击各类违规减持。

强化上市公司现金分红监管。对多年未分红或分红比例偏低的公司，限制大股东减持、实施风险警示。加大对分红优质公司的激励力度，多措并举推动提高股息率。增强分红稳定性、持续性和可预期性，推动一年多次分红、预分红、春节前分红。

推动上市公司提升投资价值。制定上市公司市值管理指引。研究将上市公司市值管理纳入企业内外部考核评价体系。引导上市公司回购股份后依法注销。鼓励上市公司聚焦主业，综合运用并购重组、股权激励等方式提高发展质量。依法从严打击以市值管理为名的操纵市场、内幕交易等违法违规行为。

四、加大退市监管力度

深化退市制度改革，加快形成应退尽退、及时出清的常态化退市格局。进一步严格强制退市标准。建立健全不同板块差异化的退市标准体系。科学设置重大违法退市适用范围。收紧财务类退市指标。完善市值标准等交易类退市指标。加大规范类退市实施力度。进一步畅通多元退市渠道。完善吸收合并等政策规定，鼓励引导头部公司立足主业加大对产业链上市公司的整合力度。进一步削减"壳"资源价值。加强并购重组监管，强化主业相关性，严把注入资产质量关，加大对"借壳上市"的监管力度，精准打击各类违规"保壳"行为。进一步强化退市监管。严格退市执行，严厉打击财务造假、操纵市场等恶意规避退市的违法行为。健全退市过程中的投资者赔偿救济机制，对重大违法退市负有责任的控股股东、实际控制人、董事、高管等要依法赔偿投资者损失。

五、加强证券基金机构监管，推动行业回归本源、做优做强

推动证券基金机构高质量发展。引导行业机构树立正确经营理念，处理好功能性和盈利性关系。加强行业机构股东、业务准入管理，完善高管人员任职条件与备案管理制度。完善对衍生品、融资融券等重点业务的监管制度。推动行业机构加强投行能力和财富管理能力建设。支持头部机构通过并购重组、组织创新等方式提升核心竞争力,鼓励中小机构差异化发展、特色化经营。

积极培育良好的行业文化和投资文化。完善与经营绩效、业务性质、贡献水平、合规风控、社会文化相适应的证券基金行业薪酬管理制度。持续开展行业文化综合治理,建立健全从业人员分类名单制度和执业声誉管理机制,坚决纠治拜金主义、奢靡享乐、急功近利、"炫富"等不良风气。

六、加强交易监管,增强资本市场内在稳定性

促进市场平稳运行。强化股市风险综合研判。加强战略性力量储备和稳定机制建设。集中整治私募基金领域突出风险隐患。完善市场化法治化多元化的债券违约风险处置机制,坚决打击逃废债行为。探索适应中国发展阶段的期货监管制度和业务模式。做好跨市场跨行业跨境风险监测应对。

加强交易监管。完善对异常交易、操纵市场的监管标准。出台程序化交易监管规定,加强对高频量化交易监管。制定私募证券基金运作规则。强化底线思维,完善极端情形的应对措施。严肃查处操纵市场恶意做空等违法违规行为,强化震慑警示。

健全预期管理机制。将重大经济或非经济政策对资本市场的影响评估内容纳入宏观政策取向一致性评估框架,建立重大政策信息发布协调机制。

七、大力推动中长期资金入市,持续壮大长期投资力量

建立培育长期投资的市场生态,完善适配长期投资的基础制度,构建支持"长钱长投"的政策体系。大力发展权益类公募基金,大幅提升权益类基金占比。建立交易型开放式指数基金(ETF)快速审批通道,推动指数化投资发展。全面加强基金公司投研能力建设,丰富公募基金可投资产类别和投资组合,从规模导向向投资者回报导向转变。稳步降低公募基金行业综合费率,研究规范基金经理薪酬制度。修订基金管理人分类评价制度,督促树牢理性投资、价值投资、长期投资理念。支持私募证券投资基金和私募资管业务稳健发展,提升投资行为稳定性。

优化保险资金权益投资政策环境,落实并完善国有保险公司绩效评价办法,更好鼓励开展长期权益投资。完善保险资金权益投资监管制度,优化上市保险公司信息披露要求。完善全国社会保障基金、基本养老保险基金投资政策。提升企业年金、个人养老金投资灵活度。鼓励银行理财和信托资金积极参与资本市场,提升权益投资规模。

八、进一步全面深化改革开放,更好服务高质量发展

着力做好科技金融、绿色金融、普惠金融、养老金融、数字金融五篇大文章。推动股票发行注册制走深走实,增强资本市场制度竞争力,提升对新产业新业态新技术的包容性,更好服务科技创新、绿色发展、国资国企改革等国家战略实施和中小企业、民营企业发展壮大,促进新质生产力发展。加大对符合国家产业政策导向、突破关键核心技术企业的股债融资支持。加大并购重组改革力度,多措并举活跃并购重组市场。健全上市公司可持续信息披露制度。

完善多层次资本市场体系。坚持主板、科创板、创业板和北交所错位发展,深化新三板改革,促进区域性股权市场规范发展。进一步畅通"募投管退"循环,发挥好创业投资、私募股权投资支持科技创新作用。推动债券和不动产投资信托基金(REITs)市场高质量发展。稳慎有序发展期货和衍生品市场。

坚持统筹资本市场高水平制度型开放和安全。拓展优化资本市场跨境互联互通机制。拓宽企业境外上市融资渠道,提升境外上市备案管理质效。加强开放条件下的监管能力建设。深化国际证券监管合作。

九、推动形成促进资本市场高质量发展的合力

推动加强资本市场法治建设,大幅提升违法违规成本。推动修订证券投资基金法。出台上市公司监督管理条例,修订证券公司监督管理条例,加快制定公司债券管理条例,研究制定不动产投资信托基金管理条例。推动出台背信损害上市公司利益罪的司法解释、内幕交易和操纵市场等民事赔偿的司法解释,以及打击挪用私募基金资金、背信运用受托财产等犯罪行为的司法文件。

加大对证券期货违法犯罪的联合打击力度。健全线索发现、举报奖励等机制。完善证券执法司法体制机制，提高行政刑事衔接效率。强化行政监管、行政审判、行政检察之间的高效协同。加大行政、民事、刑事立体化追责力度，依法从严查处各类违法违规行为。加大证券纠纷特别代表人诉讼制度适用力度，完善行政执法当事人承诺制度。探索开展检察机关提起证券民事公益诉讼试点。进一步加强资本市场诚信体系建设。

深化央地、部际协调联动。强化宏观政策协同，促进实体经济和产业高质量发展，为资本市场健康发展营造良好的环境。落实并完善上市公司股权激励、中长期资金、私募股权创投基金、不动产投资信托基金等税收政策，健全有利于创新资本形成和活跃市场的财税体系。建立央地和跨部门监管数据信息共享机制。压实地方政府在提高上市公司质量以及化解处置债券违约、私募机构风险等方面的责任。

打造政治过硬、能力过硬、作风过硬的监管铁军。把政治建设放在更加突出位置，深入推进全面从严治党，锻造忠诚干净担当的高素质专业化的资本市场干部人才队伍。坚决破除"例外论"、"精英论"、"特殊论"等错误思想。从严从紧完善离职人员管理，整治"影子股东"、不当入股、政商"旋转门"、"逃逸式辞职"等问题。铲除腐败问题产生的土壤和条件，坚决惩治腐败与风险交织、资本与权力勾连等腐败问题，营造风清气正的政治生态。

中共中央办公厅、国务院办公厅关于完善市场准入制度的意见

（2024 年 8 月 1 日）

市场准入制度是社会主义市场经济基础制度之一，是推动有效市场和有为政府更好结合的关键。为深入贯彻党的二十届三中全会精神，完善市场准入制度，深入破除市场准入壁垒，构建开放透明、规范

有序、平等竞争、权责清晰、监管有力的市场准入制度体系,经党中央、国务院同意,现提出如下意见。

一、完善市场准入负面清单管理模式。由法律、行政法规、国务院决定、地方性法规设定的市场准入管理措施,省、自治区、直辖市政府规章依法设定的临时性市场准入管理措施,全部列入全国统一的市场准入负面清单。各类按要求编制的全国层面准入类清单目录和产业政策、投资政策、环境政策、国土空间规划等涉及市场准入的,全部纳入市场准入负面清单管理,各类经营主体可依法平等进入清单之外的领域。严禁在清单之外违规设立准入许可、违规增设准入条件、自行制定市场准入性质的负面清单,或者在实施特许经营、指定经营、检测认证等过程中违规设置准入障碍。市场准入负面清单实行动态调整,清单事项内容、主管部门等向社会全面公开。

二、科学确定市场准入规则。实施宽进严管,放开充分竞争领域准入,大幅减少对经营主体的准入限制。对关系国家安全、国民经济命脉和涉及重大生产力布局、战略性资源开发、重大公共利益的领域,兼顾社会效益和经济效益,依法实施准入管理。对经营自然垄断环节业务企业开展垄断性业务和竞争性业务的范围进行监管,防止有关企业利用垄断优势向上下游竞争性环节延伸或排除、限制上下游竞争性环节的市场竞争。加强金融行业准入监管。前瞻性部署新业态新领域市场准入体系,更好促进新质生产力发展。

三、合理设定市场禁入和许可准入事项。需要实施市场准入管理的领域,确有必要的可依法制定市场禁入的措施,或者采取行政审批和限制经营主体资质、股权比例、经营范围、经营业态、商业模式等许可准入管理办法。对市场禁入事项,政府依法不予审批、核准,不予办理有关手续,坚决查处违法违规进入行为。对许可准入事项,地方各级政府要公开法律法规依据、技术标准、许可要求、办理流程、办理时限,制定市场准入服务规程,由经营主体按照规定的条件和方式合规进入。对未实施市场禁入或许可准入但按照备案管理的事项,不得以备案名义变相设立许可。

四、明确市场准入管理措施调整程序。市场准入管理措施新增或调整前,行业主管部门应按照"谁制定、谁负责"的原则自行开展必要性、安全性、有效性评估,评估通过后,依照法定程序提请制定或修订法律法规规章等。可能造成经济运行突发重大风险的,经报党中央、国务院同意后,可采取临时性市场准入管理措施。

五、加强内外资准入政策协同联动。加强内外资准入政策调整协同,在不减损现有经营主体准入机会的前提下,坚持国民待遇原则。对外资放开准入限制的,对内资同步放开;在不违反国际协定和承诺的前提下,对内资设定准入门槛的,对外资同步适用。鼓励海南自由贸易港、自由贸易试验区等有条件地方探索更加安全、便利、高效的内外资准入协同模式。

六、有序放宽服务业准入限制。对不涉及国家安全、社会稳定,可以依靠市场充分竞争提升供给质量的服务业行业领域逐步取消准入限制。对涉及重要民生领域的教育、卫生、体育等行业,稳妥放宽准入限制,优化养老、托育、助残等行业准入标准。清理不合理的服务业经营主体准入限制,破除跨地区经营行政壁垒,放宽服务业经营主体从事经营活动的资质、股权比例、注册资金、从业人员、营业场所、经营范围等要求,不得在环保、卫生、安保、质检、消防等领域违规设置准入障碍。推动市场准入相关中介服务事项网上公开办理。

七、优化新业态新领域市场准入环境。聚焦深海、航天、航空、生命健康、新型能源、人工智能、自主可信计算、信息安全、智慧轨道交通、现代种业等新业态新领域,按照标准引领、场景开放、市场推动、产业聚集、体系升级的原则和路径,分领域制定优化市场环境实施方案,推动生产要素创新性配置,提高准入效率。用好先进技术应用推进中心和各类科技成果转化等创新平台,畅通产业体系、创新资源、资本要素、应用场景、制度政策等,因地制宜加快发展新质生产力。实施前沿技术领域创新成果应用转化市场准入环境建设行动,率先推动海陆空全空间智能无人体系应用和标准建设,加快构建绿色能源等领域准入政策体系,积极扩大数字产品市场准入。选取电子信息、计算科学、深海、航空航天、新能源、新材料、生物医药、量子科技、现代种业等领域,推动重点企业、研究机构等创新单元和有关地方建立相关领域全球前沿科学研究协同模式,积极参与国际市场准入规则和标准制定,推动重点领域创新成果便捷高效应用。

八、加大放宽市场准入试点力度。围绕战略性新兴产业、未来产业重点领域和重大生产力布局,以法规政策、技术标准、检测认证、数据体系为抓手,更好促进新技术新产品应用,选择重点地区开展放宽市场准入试点,分批制定和推出放宽市场准入特别措施。抓好已部署的放宽市场准入特别措施落地实施,做好政策评估。实施效果好的地区,可推出新一批特别措施;具备复制推广条件的特别措施,可在更大范围推广应用。

九、抓好市场准入制度落实。全面开展市场准入效能评估,优化指标体系,注重发挥第三方机构作用,确保评估过程公开透明,评估结果客观合理,鼓励地方结合实际加强评估结果应用。对地方违背市场准入制度情况进行排查,发现一起,整改一起,有关情况纳入全国信用信息共享平台和全国城市信用监测范围并向社会通报。建立与市场准入相适应的监管模式,提升市场综合监管能力和水平,推动形成政府监管、企业自觉、行业自律、社会监督的格局。

十、强化组织实施。各地区各有关部门要把思想和行动统一到党中央决策部署上来,完善工作机制,加强组织实施、跟踪评估、总结反馈。重大事项及时向党中央、国务院请示报告。

中共中央办公厅、国务院办公厅 关于促进中小企业健康发展的指导意见

(2019年4月7日)

中小企业是国民经济和社会发展的生力军,是扩大就业、改善民生、促进创业创新的重要力量,在稳增长、促改革、调结构、惠民生、防风险中发挥着重要作用。党中央、国务院高度重视中小企业发展,在财税金融、营商环境、公共服务等方面出台一系列政策措施,取得积极成效。同时,随着国际国内市场环境变化,中小企业面临的生产成本上升、融资难融资贵、创新发展能力不足等问题日益突出,必须引起高

度重视。为促进中小企业健康发展,现提出如下意见。

一、指导思想

以习近平新时代中国特色社会主义思想为指导,全面贯彻党的十九大和十九届二中、三中全会精神,坚持和完善我国社会主义基本经济制度,坚持"两个毫不动摇",坚持稳中求进工作总基调,坚持新发展理念,以供给侧结构性改革为主线,以提高发展质量和效益为中心,按照竞争中性原则,打造公平便捷营商环境,进一步激发中小企业活力和发展动力。认真实施中小企业促进法,纾解中小企业困难,稳定和增强企业信心及预期,加大创新支持力度,提升中小企业专业化发展能力和大中小企业融通发展水平,促进中小企业健康发展。

二、营造良好发展环境

(一)进一步放宽市场准入。坚决破除各种不合理门槛和限制,在市场准入、审批许可、招标投标、军民融合发展等方面打造公平竞争环境,提供充足市场空间。不断缩减市场准入负面清单事项,推进"非禁即入"普遍落实,最大程度实现准入便利化。

(二)主动服务中小企业。进一步深化对中小企业的"放管服"改革。继续推进商事制度改革,推动企业注册登记、注销更加便利化。推进环评制度改革,落实环境影响登记表备案制,将项目环评审批时限压缩至法定时限的一半。落实好公平竞争审查制度,营造公平、开放、透明的市场环境,清理废除妨碍统一市场和公平竞争的各种规定和做法。主动服务企业,对企业发展中遇到的困难,要"一企一策"给予帮助。

(三)实行公平统一的市场监管制度。创新监管方式,寓监管于服务之中。避免在安监、环保等领域微观执法和金融机构去杠杆中对中小企业采取简单粗暴的处置措施。深入推进反垄断、反不正当竞争执法,保障中小企业公平参与市场竞争。坚决保护企业及其出资人的财产权和其他合法权益,任何单位和个人不得侵犯中小企业财产及其合法收益。严格禁止各种刁难限制中小企业发展的行为,对违反规定的问责追责。

三、破解融资难融资贵问题

(一)完善中小企业融资政策。进一步落实普惠金融定向降准政策。加大再贴现对小微企业支持力度,重点支持小微企业500万元及以下小额票据贴现。将支小再贷款政策适用范围扩大到符合条件的中小银行(含新型互联网银行)。将单户授信1000万元及以下的小微企业贷款纳入中期借贷便利的合格担保品范围。

(二)积极拓宽融资渠道。进一步完善债券发行机制,实施民营企业债券融资支持工具,采取出售信用风险缓释凭证、提供信用增进服务等多种方式,支持经营正常、面临暂时流动性紧张的民营企业合理债券融资需求。探索实施民营企业股权融资支持工具,鼓励设立市场化运作的专项基金开展民营企业兼并收购或财务投资。大力发展高收益债券、私募债、双创专项债务融资工具、创业投资基金类债券、创新创业企业专项债券等产品。研究促进中小企业依托应收账款、供应链金融、特许经营权等进行融资。完善知识产权质押融资风险分担补偿机制,发挥知识产权增信增贷作用。引导金融机构对小微企业发放中长期贷款,开发续贷产品。

(三)支持利用资本市场直接融资。加快中小企业首发上市进度,为主业突出、规范运作的中小企业上市提供便利。深化发行、交易、信息披露等改革,支持中小企业在新三板挂牌融资。推进创新创业公司债券试点,完善创新创业可转债转股机制。研究允许挂牌企业发行可转换公司债。落实创业投资基金股份减持比例与投资期限的反向挂钩制度,鼓励支持早期创新创业。鼓励地方知识产权运营基金等专业化基金服务中小企业创新发展。对存在股票质押风险的企业,要按照市场化、法治化原则研究制定相关过渡性机制,根据企业具体情况采取防范化解风险措施。

(四)减轻企业融资负担。鼓励金融机构扩大出口信用保险保单融资和出口退税账户质押融资,满足进出口企业金融服务需求。加快发挥国家融资担保基金作用,引导担保机构逐步取消反担保,降低担保费率。清理规范中小企业融资时强制要求办理的担保、保险、评估、公证等事项,减少融资过程中的附加费用,降低融资成本;相关费用无法减免的,由地方财政根据实际制定鼓励降低取费标准的奖补措施。

(五)建立分类监管考核机制。研究放宽小微企业贷款享受风险资本优惠权重的单户额度限制,进一步释放商业银行投放小微企业贷款的经济资本。修订金融企业绩效评价办法,适当放宽考核指标要求,激励金融机构加大对小微企业的信贷投入。指导银行业金融机构夯实对小微业务的内部激励传导机制,优化信贷资源配置、完善绩效考核方案、适当降低利润考核指标权重,安排专项激励费用;鼓励对小微业务推行内部资金转移价格优惠措施;细化小微企业贷款不良容忍度管理,完善授信尽职免责规定,加大对基层机构发放民营企业、小微企业贷款的激励力度,提高民营企业、小微企业信贷占比;提高信贷风险管控能力、落实规范服务收费政策。

四、完善财税支持政策

(一)改进财税对小微企业融资的支持。落实对小微企业融资担保降费奖补政策,中央财政安排奖补资金,引导地方支持扩大实体经济领域小微企业融资担保业务规模,降低融资担保成本。进一步降低创业担保贷款贴息的政策门槛,中央财政安排资金支持地方给予小微企业创业担保贷款贴息及奖补,同时推进相关统计监测和分析工作。落实金融机构单户授信1000万元及以下小微企业和个体工商户贷款利息收入免征增值税政策、贷款损失准备金所得税税前扣除政策。

(二)减轻中小企业税费负担。清理规范涉企收费,加快推进地方涉企行政事业性收费零收费。推进增值税等实质性减税,对小微企业、科技型初创企业实施普惠性税收减免。根据实际情况,降低社会保险费率,支持中小企业吸纳就业。

(三)完善政府采购支持中小企业的政策。各级政府要为中小企业开展政府采购项下融资业务提供便利,依法及时公开政府采购合同等信息。研究修订政府采购促进中小企业发展暂行办法,采取预算预留、消除门槛、评审优惠等手段,落实政府采购促进中小企业发展政策。在政府采购活动中,向专精特新中小企业倾斜。

(四)充分发挥各类基金的引导带动作用。推动国家中小企业发展基金走市场化、公司化和职业经理人的制度建设道路,使其支持种子期、初创期成长型中小企业发展,在促进中小企业转型升级、实现高质量发展中发挥更大作用。大力推进国家级新兴产业发展基金、军民融合产业投资基金的实施和运营,支持战略性新兴产业、军民融合产业领域优质企业融资。

五、提升创新发展能力

(一)完善创新创业环境。加强中央财政对中小企业技术创新的支持。通过国家科技计划加大对中小企业科技创新的支持力度,调整完善科技计划立项、任务部署和组织管理方式,大幅度提高中小企业承担研发任务的比例。鼓励大型企业向中小企业开放共享资源,围绕创新链、产业链打造大中小企业协同发展的创新网络。推动专业化众创空间提升服务能力,实现对创新创业的精准支持。健全科技资源开放共享机制,鼓励科研机构、高等学校搭建网络管理平台,建立高效对接机制,推动大型科研仪器和实验设施向中小企业开放。鼓励中小企业参与共建国家重大科研基础设施。中央财政安排资金支持一批国家级和省级开发区打造大中小企业融通型、专业资本集聚型、科技资源支撑型、高端人才引领型等特色载体。

(二)切实保护知识产权。运用互联网、大数据等手段,通过源头追溯、实时监测、在线识别等强化知识产权保护,加快建立侵权惩罚性赔偿制度,提高违法成本,保护中小企业创新研发成果。组织实施中小企业知识产权战略推进工程,开展专利导航,助推中小企业技术研发布局,推广知识产权辅导、预警、代理、托管等服务。

(三)引导中小企业专精特新发展。支持推动中小企业转型升级,聚焦主业,增强核心竞争力,不断提高发展质量和水平,走专精特新发展道路。研究制定专精特新评价体系,建立动态企业库。以专精特新中小企业为基础,在核心基础零部件(元器件)、关键基础材料、先进基础工艺和产业技术基础等领域,培育一批主营业务突出、竞争力强、成长性好的专精特新"小巨人"企业。实施大中小企业融通发展专项工程,打造一批融通发展典型示范和新模式。围绕要素汇集、能力开放、模式创新、区域合作等领域分别培育一批制造业双创平台试点示范项目,引领制造业融通发展迈上新台阶。

(四)为中小企业提供信息化服务。推进发展"互联网+中小企业",鼓励大型企业及专业服务机构建设面向中小企业的云制造平台和云服务平台,发展适合中小企业智能制造需求的产品、解决方案和工具包,完善中小企业智能制造支撑服务体系。推动中小企业业务系统云化部署,引导有基础、有条件的中小企业推进生产线智能化改造,推动低成本、模块化的智能制造设备和系统在中小企业部署应用。大力推动降低中西部地区中小企业宽带专线接入资费水平。

六、改进服务保障工作

(一)完善公共服务体系。规范中介机构行为,提升会计、律师、资产评估、信息等各方面中介服务质量水平,优先为中小企业提供优质高效的信息咨询、创业辅导、技术支持、投资融资、知识产权、财会税务、法律咨询等服务。加强中小企业公共服务示范平台建设和培育。搭建跨部门的中小企业政策信息互联网发布平台,及时汇集涉及中小企业的法律法规、创新创业、财税金融、权益保护等各类政策和政府服务信息,实现中小企业政策信息一站式服务。建立完善对中小企业的统计调查、监测分析和定期发布制度。

(二)推动信用信息共享。进一步完善小微企业名录,积极推进银商合作。依托国家企业信用信息公示系统和小微企业名录,建立完善小微企业数据库。依托全国公共信用信息共享平台建设全国中小企业融资综合信用服务平台,开发"信易贷",与商业银行共享注册登记、行政许可、行政处罚、"黑名单"以及纳税、社保、水电煤气、仓储物流等信息,改善银企信息不对称,提高信用状况良好中小企业的信用评分和贷款可得性。

(三)重视培育企业家队伍。继续做好中小企业经营管理领军人才培训,提升中小企业经营管理水平。健全宽容失败的有效保护机制,为企业家成长创造良好环境。完善人才待遇政策保障和分类评价制度。构建亲清政商关系,推动企业家参与制定涉企政策,充分听取企业家意见建议。树立优秀企业家典型,大力弘扬企业家精神。

(四)支持对外合作与交流。优化海关流程、简化办事手续,降低企业通关成本。深化双多边合作,加强在促进政策、贸易投资、科技创新等领域的中小企业交流与合作。支持有条件的地方建设中外中小企业合作区。鼓励中小企业服务机构、协会等探索在条件成熟的国家和地区设立"中小企业中心"。继续办好中国国际中小企业博览会,支持中小企业参加境内外展览展销活动。

七、强化组织领导和统筹协调

（一）加强支持和统筹指导。各级党委和政府要认真贯彻党中央、国务院关于支持中小企业发展的决策部署，积极采取有针对性的措施，在政策、融资、营商环境等方面主动帮助企业解决实际困难。各有关部门要加强对中小企业存在问题的调研，并按照分工要求抓紧出台解决办法，同时对好的经验予以积极推广。加强促进中小企业发展工作组织机构和工作机制建设，充分发挥组织领导、政策协调、指导督促作用，明确部门责任和分工，加强监督检查，推动政策落实。

（二）加强工作督导评估。国务院促进中小企业发展工作领导小组办公室要加强对促进中小企业健康发展工作的督导，委托第三方机构定期开展中小企业发展环境评估并向社会公布。各地方政府根据实际情况组织开展中小企业发展环境评估。

（三）营造良好舆论氛围。大力宣传促进中小企业发展的方针政策与法律法规，强调中小企业在国民经济和社会发展中的重要地位和作用，表彰中小企业发展和服务中小企业工作中涌现出的先进典型，让企业有更多获得感和荣誉感，形成有利于中小企业健康发展的良好社会舆论环境。

中共中央办公厅、国务院办公厅
关于加强金融服务民营企业的若干意见

（2019年2月14日）

民营经济是社会主义市场经济的重要组成部分，在稳定增长、促进创新、增加就业、改善民生等方面发挥着不可替代的作用。党中央、国务院始终高度重视金融服务民营企业工作。各地区各部门及各金融机构认真落实，出台措施，积极支持民营企业融资，取得一定成效，但部分民营企业融资难融资贵问题仍然比较突出。为深入贯彻落实党中央、国务院决策部署，切实加强对民营企业的金融服务，现提出如下意见。

一、总体要求

(一)指导思想。以习近平新时代中国特色社会主义思想为指导,全面贯彻党的十九大和十九届二中、三中全会精神,落实中央经济工作会议和全国金融工作会议要求,坚持基本经济制度,坚持稳中求进工作总基调,围绕全面建成小康社会目标和高质量发展要求,毫不动摇地巩固和发展公有制经济,毫不动摇地鼓励、支持、引导非公有制经济发展,平等对待各类所有制企业,有效缓解民营企业融资难融资贵问题,增强微观主体活力,充分发挥民营企业对经济增长和创造就业的重要支撑作用,促进经济社会平稳健康发展。

(二)基本原则

——公平公正。坚持对各类所有制经济一视同仁,消除对民营经济的各种隐性壁垒,不断深化金融改革,完善金融服务体系,按照市场化、法治化原则,推动金融资源配置与民营经济在国民经济中发挥的作用更加匹配,保证各类所有制经济依法公平参与市场竞争。

——聚焦难点。坚持问题导向,着力疏通货币政策传导机制,重点解决金融机构对民营企业"不敢贷、不愿贷、不能贷"问题,增强金融机构服务民营企业特别是小微企业的意识和能力,扩大对民营企业的有效金融供给,完善对民营企业的纾困政策措施,支持民营企业持续健康发展,促进实现"六稳"目标。

——压实责任。金融管理部门要切实承担监督、指导责任,财政部门要充分发挥财税政策作用并履行好国有金融资本出资人职责,各相关部门要加强政策支持,督促和引导金融机构不断加强和改进对民营企业的金融服务。各省(自治区、直辖市)政府要认真落实属地管理责任,因地制宜采取措施,促进本地区金融服务民营企业水平进一步提升。金融机构要切实履行服务民营企业第一责任人的职责,让民营企业有实实在在的获得感。

——标本兼治。在有效缓解当前融资痛点、堵点的同时,精准分析民营企业融资难融资贵背后的制度性、结构性原因,注重优化结构性制度安排,建立健全长效机制,持续提升金融服务民营企业质效。

（三）主要目标。通过综合施策，实现各类所有制企业在融资方面得到平等待遇，确保对民营企业的金融服务得到切实改善，融资规模稳步扩大，融资效率明显提升，融资成本逐步下降并稳定在合理水平，民营企业特别是小微企业融资难融资贵问题得到有效缓解，充分激发民营经济的活力和创造力。

二、加大金融政策支持力度，着力提升对民营企业金融服务的针对性和有效性

（四）实施差别化货币信贷支持政策。合理调整商业银行宏观审慎评估参数，鼓励金融机构增加民营企业、小微企业信贷投放。完善普惠金融定向降准政策。增加再贷款和再贴现额度，把支农支小再贷款和再贴现政策覆盖到包括民营银行在内的符合条件的各类金融机构。加大对民营企业票据融资支持力度，简化贴现业务流程，提高贴现融资效率，及时办理再贴现。加快出台非存款类放贷组织条例。支持民营银行和其他地方法人银行等中小银行发展，加快建设与民营中小微企业需求相匹配的金融服务体系。深化联合授信试点，鼓励银行与民营企业构建中长期银企关系。

（五）加大直接融资支持力度。积极支持符合条件的民营企业扩大直接融资。完善股票发行和再融资制度，加快民营企业首发上市和再融资审核进度。深化上市公司并购重组体制机制改革。结合民营企业合理诉求，研究扩大定向可转债适用范围和发行规模。扩大创新创业债试点，支持非上市、非挂牌民营企业发行私募可转债。抓紧推进在上海证券交易所设立科创板并试点注册制。稳步推进新三板发行与交易制度改革，促进新三板成为创新型民营中小微企业融资的重要平台。支持民营企业债券发行，鼓励金融机构加大民营企业债券投资力度。

（六）提高金融机构服务实体经济能力。支持金融机构通过资本市场补充资本。加快商业银行资本补充债券工具创新，支持通过发行无固定期限资本债券、转股型二级资本债券等创新工具补充资本。从宏观审慎角度对商业银行储备资本等进行逆周期调节。把民营企业、小微企业融资服务质量和规模作为中小商业银行发行股票的重要考量因素。研究取消保险资金开展财务性股权投资行业范围限制，规范

实施战略性股权投资。聚焦民营企业融资增信环节,提高信用保险和债券信用增进机构覆盖范围。引导和支持银行加快处置不良资产,将盘活资金重点投向民营企业。

三、强化融资服务基础设施建设,着力破解民营企业信息不对称、信用不充分等问题

(七)从战略高度抓紧抓好信息服务平台建设。依法开放相关信息资源,在确保信息安全前提下,推动数据共享。地方政府依托国家数据共享交换平台体系,抓紧构建完善金融、税务、市场监管、社保、海关、司法等大数据服务平台,实现跨层级跨部门跨地域互联互通。健全优化金融机构与民营企业信息对接机制,实现资金供需双方线上高效对接,让信息"多跑路",让企业"少跑腿"。发展各类信用服务机构,鼓励信用服务产品开发和创新。支持征信机构、信用评级机构利用公共信息为民营企业提供信用产品及服务。加大守信激励和失信惩戒力度。

(八)采取多种方式健全地方增信体系。发挥国家融资担保基金引领作用,推动各地政府性融资担保体系建设和业务合作。政府出资的融资担保机构应坚持准公共定位,不以营利为目的,逐步减少反担保等要求,对符合条件的可取消反担保。对民营企业和小微企业贷款规模增长快、户数占比高的商业银行,可提高风险分担比例和贷款合作额度。鼓励有条件的地方设立民营企业和小微企业贷款风险补偿专项资金、引导基金或信用保证基金,重点为首贷、转贷、续贷等提供增信服务。研究探索融资担保公司接入人民银行征信系统。

(九)积极推动地方各类股权融资规范发展。积极培育投资于民营科创企业的天使投资、风险投资等早期投资力量,抓紧完善进一步支持创投基金发展的税收政策。规范发展区域性股权市场,构建多元融资、多层细分的股权融资市场。鼓励地方政府大力开展民营企业股权融资辅导培训。

四、完善绩效考核和激励机制,着力疏通民营企业融资堵点

(十)抓紧建立"敢贷、愿贷、能贷"长效机制。商业银行要推动基层分支机构下沉工作重心,提升服务民营企业的内生动力。尽快完善内部绩效考核机制,制定民营企业服务年度目标,加大正向激励力度。

对服务民营企业的分支机构和相关人员,重点对其服务企业数量、信贷质量进行综合考核。建立健全尽职免责机制,提高不良贷款考核容忍度。设立内部问责申诉通道,为尽职免责提供机制保障。授信中不得附加以贷转存等任何不合理条件,对相关违规行为一经查实,严肃处理。严厉打击金融信贷领域强行返点等行为,对涉嫌违法犯罪的机构和个人,及时移送司法机关等有关机关依法查处。

（十一）有效提高民营企业融资可获得性。新发放公司类贷款中,民营企业贷款比重应进一步提高。贷款审批中不得对民营企业设置歧视性要求,同等条件下民营企业与国有企业贷款利率和贷款条件保持一致。金融监管部门按法人机构实施差异化考核,形成贷款户数和金额并重的考核机制。发现数据造假的,依法严肃处理相关机构和责任人员。国有控股大型商业银行要主动作为,加强普惠金融事业部建设,落实普惠金融领域专门信贷政策,完善普惠金融业务专项评价机制和绩效考核制度,在提高民营企业融资可获得性和金融服务水平等方面积极发挥"头雁"作用。

（十二）减轻对抵押担保的过度依赖。商业银行要坚持审核第一还款来源,把主业突出、财务稳健、大股东及实际控制人信用良好作为授信主要依据,合理提高信用贷款比重。商业银行要依托产业链核心企业信用、真实交易背景和物流、信息流、资金流闭环,为上下游企业提供无需抵押担保的订单融资、应收应付账款融资。

（十三）提高贷款需求响应速度和审批时效。商业银行要积极运用金融科技支持风险评估与信贷决策,提高授信审批效率。对于贷款到期有续贷需求的,商业银行要提前主动对接。鼓励商业银行开展线上审批操作,各商业银行应结合自身实际,将一定额度信贷业务审批权下放至分支机构;确需集中审批的,要明确内部时限,提高时效。

（十四）增强金融服务民营企业的可持续性。商业银行要遵循经济金融规律,依法合规审慎经营,科学设定信贷计划,不得组织运动式信贷投放。健全信用风险管控机制,不断提升数据治理、客户评级和贷款风险定价能力,强化贷款全生命周期的穿透式风险管理,在有效防范风险前提下加大对民营企业支持力度。加强享受优惠政策低成本资金使用管理,严格监控资金流向,防止被个别机构或个人截留、挪用甚至转手套利,有效防范道德风险。加强金融监管与指导,处理好支持民营企业发展与防范金融风险之间关系。

五、积极支持民营企业融资纾困,着力化解流动性风险并切实维护企业合法权益

(十五)从实际出发帮助遭遇风险事件的企业摆脱困境。加快实施民营企业债券融资支持工具和证券行业支持民营企业发展集合资产管理计划。研究支持民营企业股权融资,鼓励符合条件的私募基金管理人发起设立民营企业发展支持基金。支持资管产品、保险资金依法合规通过监管部门认可的私募股权基金等机构,参与化解处置民营上市公司股票质押风险。对暂时遇到困难的民营企业,金融机构要按照市场化、法治化原则,区别对待,分类采取支持处置措施。

(十六)加快清理拖欠民营企业账款。坚持边界清晰、突出重点、源头治理、循序渐进,运用市场化、法治化手段,抓紧清理政府部门及其所属机构(包括所属事业单位)、大型国有企业(包括政府平台公司)因业务往来与民营企业形成的逾期欠款,确保民营企业有明显获得感。政府部门、大型国有企业特别是中央企业要做重合同、守信用的表率,认真组织清欠,依法依规及时支付各类应付未付账款。要加强政策支持,完善长效机制,严防新增拖欠,切实维护民营企业合法权益。

(十七)企业要主动创造有利于融资的条件。民营企业要依法合规经营,珍惜商业信誉和信用记录。严格区分个人家庭收支与企业生产经营收支,规范会计核算制度,主动做好信息披露。加强自身财务约束,科学安排融资结构,规范关联交易管理。不逃废金融债务,为金融支持提供必要基础条件。

(十八)加强对落地实施的监督检查。各地区各部门及各金融机构要树牢"四个意识",坚定"四个自信",坚决做到"两个维护",坚持问题导向,明确责任,确定时限,狠抓落实。推动第三方机构开展金融服务民营企业政策落实情况评估,提高政策落实透明度。及时总结并向各地提供可复制易推广的成功案例和有效做法。对贯彻执行不力的,要依法依规予以严肃问责,确保各项政策落地落细落实。

中共中央办公厅关于加强新时代民营经济统战工作的意见

(2020年9月15日)

改革开放以来,我国民营经济持续快速发展,党的民营经济统战工作不断开拓创新。党的十八大以来,以习近平同志为核心的党中央提出一系列新理念新思想新战略,采取一系列重大举措,指导和推动民营经济统战工作取得显著成绩。同时也要看到,中国特色社会主义进入新时代,民营经济规模不断扩大、风险挑战明显增多,民营经济人士的价值观念和利益诉求日趋多样,民营经济统战工作面临新形势新任务。为深入贯彻落实党中央重大决策部署,进一步加强党对民营经济统战工作的领导,更好把民营经济人士的智慧和力量凝聚到实现中华民族伟大复兴的目标任务上来,现提出如下意见。

一、重要意义

(一)加强民营经济统战工作是实现党对民营经济领导的重要方式。民营经济作为我国经济制度的内在要素,始终是坚持和发展中国特色社会主义的重要经济基础;民营经济人士作为我们自己人,始终是我们党长期执政必须团结和依靠的重要力量。充分认识民营经济对我国经济社会发展的重要性,充分认识民营经济存在和发展的长期性、必然性,推动新时代民营经济统战工作创新发展,有利于不断增强党对民营经济的领导力,把广大民营经济人士更加紧密地团结在党的周围,凝聚起同心共筑中国梦的磅礴力量。

(二)加强民营经济统战工作是发展完善中国特色社会主义制度的重要内容。坚持和完善中国特色社会主义制度、推进国家治理体系和治理能力现代化,必须始终坚持和完善我国基本经济制度,毫不动摇巩固和发展公有制经济,毫不动摇鼓励、支持、引导非公有制经济发展。做好民营经济统战工作,有利于激发民营经济人士在深化改革扩大开放、参与国家治理中的积极性、主动性,发挥市场在资源配置中的决定性作用,更好发挥政府作用,充分彰显中国特色社会主义的制度优势。

(三)加强民营经济统战工作是促进民营经济高质量发展的重要保障。深化供给侧结构性改革,实现经济高质量发展,迫切需要民营企业加快转型升级,提高民营企业家队伍整体素质。加强民营经济统战工作,有利于引导民营经济人士坚定发展信心、提高创新能力,鼓励支持民营企业转变发展方式、调整产业结构、转换增长动力,推动民营经济更好发展。

二、总体要求

(四)指导思想。以习近平新时代中国特色社会主义思想为指导,全面贯彻党的十九大和十九届二中、三中、四中全会精神,紧紧围绕统筹推进"五位一体"总体布局、协调推进"四个全面"战略布局,全面提高党领导民营经济统战工作的能力水平,切实加强民营经济统战工作,教育引导民营经济人士增强"四个意识"、坚定"四个自信"、做到"两个维护",坚定不移听党话、跟党走,为实现"两个一百年"奋斗目标、实现中华民族伟大复兴的中国梦作出更大贡献。

(五)基本原则。坚持党对民营经济统战工作的领导,始终从政治和全局高度谋划推进工作;坚持"两个毫不动摇",进一步增强党对民营经济人士的领导力和凝聚力;坚持构建亲清政商关系,优化营商环境,促进形成良好政治生态;坚持信任、团结、服务、引导、教育方针,正确处理一致性和多样性关系,一手抓鼓励支持,一手抓教育引导,不断增进民营经济人士在党的领导下走中国特色社会主义道路的政治共识。

三、加强民营经济人士思想政治建设

高举爱国主义、社会主义旗帜,加大政治引领和思想引导力度,不断筑牢民营经济人士思想政治工作基础。

(六)巩固扩大政治共识。教育引导民营经济人士用习近平新时代中国特色社会主义思想武装头脑、指导实践,在政治立场、政治方向、政治原则、政治道路上同党中央保持高度一致,始终做政治上的明白人。进一步加强民营企业党建工作,切实发挥党组织的战斗堡垒作用和党员的先锋模范作用。大力宣传党中央关于民营经济发展的大政方针,进一步推动思想理论创新,及时回应广大民营经济人士思想关切。各级党委统战部门要落实民营经济领域意识形态工作责任制,做到守土有责、守土负责、守土尽责。

（七）深化理想信念教育。持续深入开展理想信念教育实践活动,创新教育形式和话语体系,不断扩大覆盖面,提升实效性。依托革命老区、贫困地区、改革开放前沿地区等主题教育示范基地,加强世情国情党情教育,引导民营经济人士不断增进对中国共产党和中国特色社会主义的政治认同、思想认同、情感认同。发挥党员民营企业家、民营经济代表人士在理想信念教育中的示范作用,充分调动广大民营经济人士的主观能动性,加强自我学习、自我教育、自我提升。

（八）加大思想引导力度。引导民营经济人士增强自律意识,筑牢思想道德防线,严格规范自身言行,培养健康生活情趣,塑造良好公众形象。完善联谊交友、谈心交流制度,广交深交挚友诤友,打造一支关键时刻靠得住、用得上的民营经济人士骨干队伍。按照"团结－批评－团结"原则,扩大团结面、体现包容性。

（九）倡导争做"四个典范"。强化价值观引领,引导民营经济人士树立正确的国家观、法治观、事业观、财富观,做爱国敬业、守法经营、创业创新、回报社会的典范。深化中国梦宣传教育,引导民营经济人士树立家国情怀,以产业报国、实业强国为己任,脚踏实地干事,谦虚低调做人。注重发挥典型案例的警示作用,开展常态化法治宣传和警示教育,筑牢依法合规经营底线,倡导重信誉、守信用、讲信义,不断提升民营经济人士法治修养和道德水准。大力弘扬优秀企业家精神和工匠精神,充分激发创新活力和创造潜能。倡导义利兼顾、以义为先理念,坚持致富思源、富而思进,认真履行社会责任,大力构建和谐劳动关系,积极参与光彩事业、精准扶贫和公益慈善事业,克服享乐主义和奢靡之风,做到富而有德、富而有爱、富而有责。

四、建设高素质民营经济代表人士队伍

坚持党管人才原则,遵循民营经济人士成长规律,以提高素质、优化结构、发挥作用为目标,建设一支高素质、有担当的民营经济代表人士队伍。

（十）明确工作范围。统战工作要面向所有民营企业和民营经济人士，工作对象主要包括民营企业主要出资人、实际控制人，民营企业中持有股份的主要经营者，民营投资机构自然人大股东，以民营企业和民营经济人士为主体的工商领域社会团体主要负责人，相关社会服务机构主要负责人，民营中介机构主要合伙人，在内地投资的港澳工商界人士，有代表性的个体工商户。

（十一）健全选人机制。扩大选人视野，兼顾不同地区和行业、大中型企业和小微企业，建立民营经济代表人士数据库和人才库。拓宽人才发现渠道，发挥人才主管部门、统战部门、行业主管部门的作用，构建与民营经济人士健康成长相适应的人才工作体系。优化代表人士队伍结构，适当向战略性新兴产业、高技术产业、先进制造业、现代服务业、现代农业等领域倾斜，培养壮大坚定不移跟党走、一心一意谋发展的民营经济人士队伍。

（十二）加强教育培养。做好民营经济代表人士队伍建设规划，形成规范化常态化教育培养体系。充分发挥非公有制经济人士优秀中国特色社会主义事业建设者表彰的激励作用，进一步扩大其社会影响。以弘扬优秀传统文化、优秀企业家精神为主要内容，加强对民营企业家的教育培训。地方各级党校（行政学院）注意加强对党员民营经济人士的教育培训。坚持政治标准，积极稳妥做好在民营经济代表人士优秀分子中发展党员工作，把政治素质好、群众认可度高、符合党员条件的民营经济代表人士及时吸收到党内来。所在单位没有党组织的，县级以上党委（党组）组织人事部门可直接做好联系培养工作。

（十三）规范政治安排。坚持思想政治强、行业代表性强、参政议政能力强、社会信誉好的选人用人标准，严把人选政治关和遵纪守法关，并按规定事先征求企业党组织和各有关方面的意见。完善民营经济代表人士综合评价体系，确保选人用人质量。做好民营企业家担任省级工商联主席试点工作。稳妥做好推荐优秀民营企业家作为各级人大、政协常委会组成人员人选工作，把好入口关。开展聘请民营企业家担任特约检察员、特约监察员工作。引导民营经济代表人士强化履职尽责意识，建立健全履职考核制度和退出机制。

（十四）加大年轻一代培养力度。制定实施年轻一代民营经济人士健康成长促进计划，加大教育培养力度。发挥老一代民营企业家的传帮带作用，大力弘扬中华民族传统美德，注重家庭、家教和家风建设，引导年轻一代继承发扬听党话、跟党走的光荣传统，努力实现事业新老交接和有序传承。

五、支持服务民营经济高质量发展

坚持围绕中心、服务大局，促进民营经济高质量发展，是民营经济统战工作的题中应有之义，是衡量工作成效的重要标准。

（十五）推动践行新发展理念。加强形势政策教育，大力选树先进典型，引导民营经济人士按照新发展理念谋划推进企业改革发展，充分利用政府搭建的各类产学研用对接平台，发挥民营企业在科技创新和成果转化中的积极作用。深入开展调查研究，及时反映和推动解决民营企业转型升级面临的体制机制性障碍。引导民营经济人士坚持稳中求进，坚守实业、做强主业，强化底线思维，增强风险意识，有效防范化解经营风险特别是金融风险。

（十六）鼓励参与国家重大战略。依托统一战线组织动员民营经济人士投身创新驱动发展战略等国家重大战略，在服务国家经济建设大局中实现企业发展，提升思想境界和事业格局。加强与重点国家和地区工商领域社会团体及其驻华机构的交流合作，在相关国际合作机制中充分发挥工商联作用。引导民营企业积极参与"一带一路"建设，自觉维护国家利益，树立中国民营企业良好形象。

（十七）支持投身全面深化改革。引导民营经济人士正确对待改革带来的利益调整，理解改革、支持改革、参与改革，为全面深化改革建睿智之言、献务实之策。鼓励民营企业参与混合所有制改革。引导民营企业完善法人治理结构，探索建立中国特色现代企业制度。推动民营企业主动加强与世界一流企业和优秀国有企业交流合作，不断提升经营能力和管理水平。

（十八）不断优化营商环境。以促进市场公平竞争、平等保护产权为关键，推动构建市场化、法治化、国际化的营商环境。教育引导民营经济人士树立法律意识，坚持守法经营，自觉维护公开开放透明的市场规则。加强民营经济统计和监测分析，大力推进服务管理创新。充分发挥工商联和商会的优势作用,积极参与营商环境评价,主动配合有关部门开展依法甄别纠正侵害民营企业产权错案冤案、防范和处置拖欠民营企业账款等工作。

六、建立健全政企沟通协商制度

推动构建亲清政商关系,是民营经济统战工作的重要任务。依托统一战线开展政企沟通协商,是构建亲清政商关系的关键之举。

(十九)规范沟通协商内容。包括经济形势和民营经济发展状况分析研判,经济社会发展和产业发展规划、年度经济工作部署、重要改革举措和涉企政策,重要涉企法律法规制定和修改,优化营商环境、构建亲清政商关系情况,民营企业发展面临的普遍性问题,重点骨干民营企业风险防范和危机处置等。

(二十)创新沟通协商形式。各级党委和政府及有关部门就协商事项事先听取民营企业和行业协会商会代表意见建议。各级党委和政府主要负责同志通过与民营企业和行业协会商会代表座谈恳谈等方式,沟通有关情况,聚焦发展难题,共商解决办法,并建立健全沟通成果督办和反馈机制。建立民营经济代表人士专题调研制度,每年开展重点考察调研,党政领导和有关部门要认真听取调研提出的意见建议。民营经济占比较大的地方,党委和政府召开经济工作会议和涉及民营经济发展的会议,人大制定修改相关地方性法规,可邀请民营企业和行业协会商会代表参加。有关部门制定行业标准和规范,一般应委托行业协会商会提出意见。

(二十一)加强对商会和民营企业的联系服务。建立党政领导干部联系商会制度,以行业类、专业类商会和乡镇、街道商会为重点,畅通商会向党委和政府反映情况、提出建议的渠道。规范党政领导干部与民营经济人士联系交往,制定正面和负面清单,激励干部主动作为、靠前服务,督促干部守住交往底线、防范廉政风险,做到"亲"而有度、"清"而有为。统战部门、工商联要积极主动深入民营企业,及时反映并帮助解决困难和问题。

(二十二)完善民营企业诉求反映和权益维护机制。引导民营经济人士依法理性反映诉求、维护权益。依法维护企业正常经营秩序,尊重和保护企业家合法人身和财产权益。健全调解、仲裁、诉讼等多元化纠纷解决机制,及时有效化解民营企业民商事纠纷。

七、切实发挥工商联和商会作用

工商联及所属商会是民营经济统战工作的重要组织依托。要深入推进工商联改革和建设,培育和发展中国特色商会组织,推动统战工作向商会组织有效覆盖。

(二十三)推进工商联改革发展。围绕促进"两个健康"工作主题,坚持政治建会、团结立会、服务兴会、改革强会,积极探索彰显统战性、经济性、民间性有机统一优势的组织体制、运行机制和活动方式,不断增强工商联的凝聚力、执行力、影响力。充分发挥工商联在民营经济人士思想政治建设中的引导作用,在民营经济人士有序政治参与中的主渠道作用,在民营企业改革发展中的服务作用,在保障和改善民生、创新社会治理中的协同作用,在依法平等保护产权方面的民主监督作用,努力把工商联建成"民营经济人士之家"。积极探索更好发挥工商联作为民间商会(总商会)功能的有效形式。创新服务、培训和维权平台载体,加快推进"网上工商联"建设,进一步提升工作整体效能。

(二十四)推动统战工作向商会组织有效覆盖。加强工商联所属商会党建工作,探索完善工商联党组织领导和管理所属商会党建工作的有效机制。探索在工商联所属商会党组织中建立统战工作联络员制度。积极培育和发展工商联所属商会,使商会组织覆盖民营经济发展各个行业和领域。鼓励引导民营企业加入商会,商会发展会员不得设立资产规模等门槛。对以民营企业和民营经济人士为主体的行业协会商会,工商联要加强联系、指导和服务。将适宜由商会提供的公共服务职能转移或委托给商会承担。通过政府购买服务等方式,支持帮助商会更好承接公共服务、参与社会服务。鼓励有条件的地方出台地方性法规或政府规章,规范和促进行业协会商会发展。加快推进工商联所属商会依法登记注册。

(二十五)引导民营企业家相关组织规范有序发展。按照摸清情况、主动联系、依法监管、积极引导的工作方针,做好民营企业家相关组织工作。未经社团登记注册的企业家相关组织不得从事社团活动,对经市场监管部门登记但主要开展社团活动的企业家相关组织进行清理整顿,对其中符合条件的依法进行社会组织登记管理。加强对企业家相关组织举办论坛、研讨、讲堂、沙龙等活动的引导和管理。

八、加强党对民营经济统战工作的领导

民营经济统战工作是全党的重要工作。要把加强民营经济统战工作摆上重要议事日程,在党委统一领导下,形成各方面既明确分工又高效协同的民营经济统战工作格局。

(二十六)完善领导体制机制。各级党委要依托统一战线工作领导小组,建立完善民营经济统战工作协调机制,定期研究部署、统筹推进民营经济统战工作。要充分发挥党委统战部门在民营经济统战工作中的牵头协调作用,发挥工商联的桥梁纽带和助手作用。

(二十七)强化组织保障。充实民营经济统战工作力量,按照既精通统战工作又熟悉经济工作的要求,选好配强统战部相关业务部门和工商联机关干部。工作任务重的市、县党委统战部门要统筹现有资源,充实工作力量,保障工作开展。

(二十八)加强能力建设。加强教育培训,注重实践锻炼,全面提升民营经济统战干部队伍整体素质,进一步增强从全局把握问题能力、应对风险挑战能力、沟通协调能力、开拓创新能力,为做好新时代民营经济统战工作提供有力支撑。

国务院办公厅转发国家发展改革委、财政部《关于规范实施政府和社会资本合作新机制的指导意见》的通知

(2023年11月3日　国办函〔2023〕115号)

各省、自治区、直辖市人民政府,国务院各部委、各直属机构:

国家发展改革委、财政部《关于规范实施政府和社会资本合作新机制的指导意见》已经国务院同意,现转发给你们,请认真贯彻落实。

关于规范实施政府和社会资本合作新机制的指导意见

(国家发展改革委　财政部)

政府和社会资本合作(PPP)实施近十年来,一定程度上起到了改善公共服务、拉动有效投资的作用,但在实践中也出现了一些亟待解决的问题。为贯彻落实党中央、国务院决策部署,进一步深化基础设施投融资体制改革,切实激发民间投资活力,现就规范实施政府和社会资本合作新机制(简称新机制)提出如下指导意见。

一、准确把握新机制的总体要求

以习近平新时代中国特色社会主义思想为指导,深入贯彻党的二十大精神,坚持稳中求进工作总基调,完整、准确、全面贯彻新发展理念,加快构建新发展格局,着力推动高质量发展,统筹发展和安全,规范实施政府和社会资本合作新机制,充分发挥市场机制作用,拓宽民间投资空间,坚决遏制新增地方政府隐性债务,提高基础设施和公用事业项目建设运营水平,确保规范发展、阳光运行。

(一)聚焦使用者付费项目。政府和社会资本合作项目应聚焦使用者付费项目,明确收费渠道和方式,项目经营收入能够覆盖建设投资和运营成本、具备一定投资回报,不因采用政府和社会资本合作模式额外新增地方财政未来支出责任。政府可在严防新增地方政府隐性债务、符合法律法规和有关政策规定要求的前提下,按照一视同仁的原则,在项目建设期对使用者付费项目给予政府投资支持;政府付费只能按规定补贴运营、不能补贴建设成本。除此之外,不得通过可行性缺口补助、承诺保底收益率、可用性付费等任何方式,使用财政资金弥补项目建设和运营成本。

(二)全部采取特许经营模式。政府和社会资本合作应全部采取特许经营模式实施,根据项目实际情况,合理采用建设—运营—移交(BOT)、转让—运营—移交(TOT)、改建—运营—移交(ROT)、建设—拥有—运营—移交(BOOT)、设计—建设—融资—运营—移交(DBFOT)等具体实施方式,并在合同中明确约定建设和运营期间的资产权属,清晰界定各方权责利关系。

(三)合理把握重点领域。政府和社会资本合作应限定于有经营性收益的项目,主要包括公路、铁路、民航基础设施和交通枢纽等交通项目,物流枢纽、物流园区项目,城镇供水、供气、供热、停车场等市政项目,城镇污水垃圾收集处理及资源化利用等生态保护和环境治理项目,具有发电功能的水利项目,体育、旅游公共服务等社会项目,智慧城市、智慧交通、智慧农业等新型基础设施项目,城市更新、综合交通枢纽改造等盘活存量和改扩建有机结合的项目。

(四)优先选择民营企业参与。要坚持初衷、回归本源,最大程度鼓励民营企业参与政府和社会资本合作新建(含改扩建)项目,制定《支持民营企业参与的特许经营新建(含改扩建)项目清单(2023年版)》(以下简称清单,见附件)并动态调整。市场化程度较高、公共属性较弱的项目,应由民营企业独资或控股;关系国计民生、公共属性较强的项目,民营企业股权占比原则上不低于35%;少数涉及国家安全、公共属性强且具有自然垄断属性的项目,应积极创造条件、支持民营企业参与。对清单所列领域以外的政府和社会资本合作项目,可积极鼓励民营企业参与。外商投资企业参与政府和社会资本合作项目按照外商投资管理有关要求并参照上述规定执行。

(五)明确管理责任分工。国家发展改革委要牵头做好特许经营模式推进工作,切实加强政策指导。地方各级人民政府要切实负起主体责任,规范推进本级政府事权范围内的特许经营项目。地方各级人民政府可依法依规授权有关行业主管部门、事业单位等,作为特许经营项目实施机构(以下简称项目实施机构),负责特许经营方案编制、特许经营者选择、特许经营协议签订、项目实施监管、合作期满移交接收等工作。地方各级发展改革部门要发挥综合协调作用,严格把关项目特许经营方案等有关内容,依法依规履行项目审批、核准或备案职责。各级财政部门要严格执行预算管理制度,加强地方政府债务管理,加大财会监督力度,严肃财经纪律。

(六)稳妥推进新机制实施。把握好工作力度、节奏,2023年2月政府和社会资本合作项目清理核查前未完成招标采购程序的项目,以及后续新实施的政府和社会资本合作项目,均应按照本指导意见规定的新机制执行,不再执行2015年5月印发的《国务院办公厅转发财政部发展改革委人民银行关于在公共服务领域推广政府和社会资本合作模式指导意见的通知》(国办发〔2015〕42号)。

二、规范推进建设实施

(七)严格审核特许经营方案。对拟采取特许经营模式实施的项目,项目实施机构应参照可行性研究报告编写规范,牵头编制特许经营方案,并比照政府投资项目审批权限和要求,由有关方面履行审核手续,以合理控制项目建设内容和规模、明确项目产出(服务)方案。在审核特许经营方案时,要同步开展特许经营模式可行性论证,对项目是否适合采取特许经营模式进行认真比较和论证;必要时可委托专业咨询机构评估,提高可行性论证质量。

(八)公平选择特许经营者。项目实施机构应根据经批准的特许经营方案,通过公开竞争方式依法依规选择特许经营者(含特许经营者联合体,下同)。应将项目运营方案、收费单价、特许经营期限等作为选择特许经营者的重要评定标准,并高度关注其项目管理经验、专业运营能力、企业综合实力、信用评级状况。选定的特许经营者及其投融资、建设责任原则上不得调整,确需调整的应重新履行特许经营者选择程序。根据国家有关规定和项目建设投资、运营成本、投资回收年限等,合理确定特许经营期限,充分保障特许经营者合法权益。特许经营期限原则上不超过40年,投资规模大、回报周期长的特许经营项目可以根据实际情况适当延长,法律法规另有规定的除外。

(九)规范签订特许经营协议。项目实施机构与特许经营者应在法律地位平等、权利义务对等的基础上签订特许经营协议。需成立项目公司的,项目实施机构应当与特许经营者签订协议,约定其在规定期限内成立项目公司,并与项目公司签订特许经营协议。特许经营协议应明确项目实施范围、产出(服务)质量和标准、投资收益获得方式、项目风险管控、协议变更、特许经营期限等内容,约定双方的权利、义务和责任。

(十)严格履行投资管理程序。对政府采用资本金注入方式给予投资支持的特许经营项目,应按照《政府投资条例》有关规定履行审批手续;对由社会资本方单独投资的项目,应按照《企业投资项目核准和备案管理条例》有关规定履行核准或备案手续。规范履行项目调整程序，完成审批、核准或备案手续的项目如发生变更建设地点、调整主要建设内容、调整建设标准等重大情形，应报请原审批、核准机关重新履行项目审核程序，必要时应重新开展特许经营模式可行性论证和特许经营方案审核工作。特许经营项目法人确定后，如与前期办理审批、用地、规划等手续时的项目法人不一致，应依法办理项目法人变更手续，项目实施机构应给予必要支持和便利。

（十一）做好项目建设实施管理。特许经营者应做深做实项目前期工作，严格按照有关规定优化工程建设方案，合理安排工期，有效控制造价，保障工程质量，做好运营筹备。对地质条件复杂、施工风险较大、存在维修养护困难的项目，应完善勘察和施工设计，强化建设风险控制，防止项目烂尾。项目建成后，应依法依规及时组织竣工验收和专项验收。需要试运行或试运营的项目，应在投入试运行或试运营前符合相应要求并取得试运行或试运营许可。

三、切实加强运营监管

（十二）定期开展项目运营评价。项目实施机构应会同有关方面对项目运营情况进行监测分析，开展运营评价，评估潜在风险，建立约束机制，切实保障公共产品、公共服务的质量和效率。项目实施机构应将社会公众意见作为项目监测分析和运营评价的重要内容，加大公共监督力度，按照有关规定开展绩效评价。

（十三）惩戒违法违规和失信行为。如特许经营者存在违反法律法规和国家强制性标准，严重危害公共利益，造成重大质量、安全事故或突发环境事件等情形，有关方面应依法依规责令限期改正并予以处罚。对提供的公共产品、公共服务不满足特许经营协议约定标准的，特许经营者应按照协议约定承担违约责任。依法依规将项目相关方的失信信息纳入全国信用信息共享平台。

（十四）规范开展特许经营协议变更和项目移交等工作。在特许经营协议有效期内，如确需变更协议内容，协议当事人应在协商一致的基础上依法签订补充协议。特许经营期限届满或提前终止的，应按协议约定依法依规做好移交或退出工作，严禁以提前终止为由将特许经营转变为通过建设—移交（BT）模式变相举债；拟继续采取特许经营模式的,应按规定重新选择特许经营者,同等条件下可优先选择原特许经营者。特许经营期限内因改扩建等原因需重新选择特许经营者的,同等条件下可优先选择原特许经营者。对因特许经营协议引发的各类争议,鼓励通过友好协商解决,必要时可根据争议性质,依法依规申请仲裁、申请行政复议或提起行政、民事诉讼,妥善处理解决。

(十五)建立常态化信息披露机制。项目实施机构应将项目建设内容、特许经营中标结果、特许经营协议主要内容、公共产品和公共服务标准、运营考核结果等非涉密信息,依托全国投资项目在线审批监管平台,及时向社会公开。特许经营者应将项目每季度运营情况、经审计的年度财务报表等信息,通过适当方式向社会公开。

四、加大政策保障力度

(十六)加强组织实施。各地区要压紧压实主体责任,完善工作机制,精心组织实施。各有关部门要强化协同联动,明确政策规定,加强实施监管。国家发展改革委要制定特许经营方案编写大纲、特许经营协议范本和实施细则,指导各地区按照新机制要求依法合规、稳妥有序实施政府和社会资本合作项目,并会同有关方面及时修订完善特许经营相关制度文件,营造良好制度环境。

(十七)做好要素保障和融资支持。支持在不改变项目地表原地类和使用现状的前提下,利用地下空间进行开发建设,提高土地使用效率。支持依法依规合理调整土地规划用途和开发强度,通过特许经营模式推动原有资产改造与转型,提高资产利用效率。探索分层设立国有建设用地使用权,支持项目依法依规加快办理前期手续。鼓励金融机构按照风险可控、商业可持续的原则,采用预期收益质押等方式为特许经营项目提供融资支持。积极支持符合条件的特许经营项目发行基础设施领域不动产投资信托基金(REITs)。

(十八)支持创新项目实施方式。鼓励特许经营者通过技术创新、管理创新和商业模式创新等降低建设和运营成本,提高投资收益,促进政府和社会资本合作项目更好实施。特许经营者在保障项目质量和产出(服务)效果的前提下,通过加强管理、降低成本、提升效率、积极创新等获得的额外收益主要归特许经营者所有。鼓励符合条件的国有企业通过特许经营模式规范参与盘活存量资产,形成投资良性循环。

附件:支持民营企业参与的特许经营新建(含改扩建)项目清单(2023年版)

附件

支持民营企业参与的特许经营新建(含改扩建)项目清单
(2023年版)

一、应由民营企业独资或控股的项目

(一)环保领域

1. 垃圾固废处理和垃圾焚烧发电项目

(二)市政领域

2. 园区基础设施项目

3. 公共停车场项目

(三)物流领域

4. 物流枢纽、物流园区项目

(四)农业林业领域

5. 农业废弃物资源化利用项目

6. 旅游农业、休闲农业基础设施项目

7. 林业生态项目

(五)社会领域

8. 体育项目

9. 旅游公共服务项目

二、民营企业股权占比原则上不低于35%的项目

(一)环保领域

10. 污水处理项目

11. 污水管网项目

(二)市政领域

12. 城镇供水、供气、供热项目

（三）交通运输领域

13. 城际铁路、资源开发性铁路和支线铁路,铁路客货运输商业类、延伸类业务项目

14. 收费公路项目(不含投资规模大、建设难度高的收费公路项目)

15. 低运量轨道交通项目

（四）物流领域

16. 机场货运处理设施项目

17. 国家物流枢纽、国家骨干冷链物流基地项目

（五）水利领域

18. 具有发电功能的小型水利项目

（六）新型基础设施领域

19. 智慧城市、智慧交通、智慧农业、智慧能源项目

20. 数据中心项目

21. 人工智能算力基础设施项目

22. 民用空间基础设施项目

三、积极创造条件、支持民营企业参与的项目

（一）交通运输领域

23. 列入中长期铁路网规划、国家批准的专项规划和区域规划的铁路项目

24. 投资规模大、建设难度高的收费公路等项目

25. 城市地铁、轻轨和市域(郊)铁路项目

26. 民用运输机场项目

（二）能源领域

27. 农村电网改造升级项目

28. 油气管网主干线或支线项目

29. 石油、天然气储备设施项目

（三）水利领域

30. 具有发电功能的大中型水利项目

国务院办公厅关于进一步优化营商环境降低市场主体制度性交易成本的意见

(2022年9月7日　国办发〔2022〕30号)

各省、自治区、直辖市人民政府，国务院各部委、各直属机构：

优化营商环境、降低制度性交易成本是减轻市场主体负担、激发市场活力的重要举措。当前，经济运行面临一些突出矛盾和问题，市场主体特别是中小微企业、个体工商户生产经营困难依然较多，要积极运用改革创新办法，帮助市场主体解难题、渡难关、复元气、增活力，加力巩固经济恢复发展基础。为深入贯彻党中央、国务院决策部署，打造市场化法治化国际化营商环境，降低制度性交易成本，提振市场主体信心，助力市场主体发展，为稳定宏观经济大盘提供有力支撑，经国务院同意，现提出以下意见。

一、进一步破除隐性门槛，推动降低市场主体准入成本

(一)全面实施市场准入负面清单管理。健全市场准入负面清单管理及动态调整机制，抓紧完善与之相适应的审批机制、监管机制，推动清单事项全部实现网上办理。稳步扩大市场准入效能评估范围，2022年10月底前，各地区各部门对带有市场准入限制的显性和隐性壁垒开展清理，并建立长效排查机制。深入实施外商投资准入前国民待遇加负面清单管理制度，推动出台全国版跨境服务贸易负面清单。(国家发展改革委、商务部牵头，国务院相关部门及各地区按职责分工负责)

(二)着力优化工业产品管理制度。规范工业产品生产、流通、使用等环节涉及的行政许可、强制性认证管理。推行工业产品系族管理，结合开发设计新产品的具体情形，取消或优化不必要的行政许可、检验检测和认证。2022年10月底前，选择部分领域探索开展企业自检自证试点。推动各地区完善工业生产许可证审批管理系统，建设一

批标准、计量、检验检测、认证、产品鉴定等质量基础设施一站式服务平台，实现相关审批系统与质量监督管理平台互联互通、相关质量技术服务结果通用互认，推动工业产品快速投产上市。开展工业产品质量安全信用分类监管，2022年底前，研究制定生产企业质量信用评价规范。（市场监管总局牵头，工业和信息化部等国务院相关部门及各地区按职责分工负责）

（三）规范实施行政许可和行政备案。2022年底前，国务院有关部门逐项制定中央层面设定的行政许可事项实施规范，省、市、县级编制完成本级行政许可事项清单及办事指南。深入推进告知承诺等改革，积极探索"一业一证"改革，推动行政许可减环节、减材料、减时限、减费用。在部分地区探索开展审管联动试点，强化事前事中事后全链条监管。深入开展行政备案规范管理改革试点，研究制定关于行政备案规范管理的政策措施。（国务院办公厅牵头，国务院相关部门及各地区按职责分工负责）

（四）切实规范政府采购和招投标。持续规范招投标主体行为，加强招投标全链条监管。2022年10月底前，推动工程建设领域招标、投标、开标等业务全流程在线办理和招投标领域数字证书跨地区、跨平台互认。支持地方探索电子营业执照在招投标平台登录、签名、在线签订合同等业务中的应用。取消各地区违规设置的供应商预选库、资格库、名录库等，不得将在本地注册企业或建设生产线、采购本地供应商产品、进入本地扶持名录等与中标结果挂钩，着力破除所有制歧视、地方保护等不合理限制。政府采购和招投标不得限制保证金形式，不得指定出具保函的金融机构或担保机构。督促相关招标人、招标代理机构、公共资源交易中心等及时清退应退未退的沉淀保证金。（国家发展改革委、财政部、市场监管总局等国务院相关部门及各地区按职责分工负责）

（五）持续便利市场主体登记。2022年10月底前，编制全国统一的企业设立、变更登记规范和审查标准，逐步实现内外资一体化服务，有序推动外资企业设立、变更登记网上办理。全面清理各地区非法设置的企业跨区域经营和迁移限制。简化企业跨区域迁移涉税涉费等事项办理程序，2022年底前，研究制定企业异地迁移档案移交规则。

健全市场主体歇业制度,研究制定税务、社保等配套政策。进一步提升企业注销"一网服务"水平,优化简易注销和普通注销办理程序。(人力资源社会保障部、税务总局、市场监管总局、国家档案局等国务院相关部门及各地区按职责分工负责)

二、进一步规范涉企收费,推动减轻市场主体经营负担

(六)严格规范政府收费和罚款。严格落实行政事业性收费和政府性基金目录清单,依法依规从严控制新设涉企收费项目,严厉查处强制摊派、征收过头税费、截留减税降费红利、违规设置罚款项目、擅自提高罚款标准等行为。严格规范行政处罚行为,进一步清理调整违反法定权限设定、过罚不当等不合理罚款事项,抓紧制定规范罚款设定和实施的政策文件,坚决防止以罚增收、以罚代管、逐利执法等行为。2022年底前,完成涉企违规收费专项整治,重点查处落实降费减负政策不到位、不按要求执行惠企收费政策等行为。(国家发展改革委、工业和信息化部、司法部、财政部、税务总局、市场监管总局等国务院相关部门及各地区按职责分工负责)

(七)推动规范市政公用服务价外收费。加强水、电、气、热、通信、有线电视等市政公用服务价格监管,坚决制止强制捆绑搭售等行为,对实行政府定价、政府指导价的服务和收费项目一律实行清单管理。2022年底前,在全国范围内全面推行居民用户和用电报装容量160千瓦及以下的小微企业用电报装"零投资"。全面公示非电网直供电价格,严厉整治在电费中违规加收其他费用的行为,对符合条件的终端用户尽快实现直供到户和"一户一表"。督促商务楼宇管理人等及时公示宽带接入市场领域收费项目,严肃查处限制进场、未经公示收费等违法违规行为。(国家发展改革委、工业和信息化部、住房城乡建设部、市场监管总局、国家能源局、国家电网有限公司等相关部门和单位及各地区按职责分工负责)

(八)着力规范金融服务收费。加快健全银行收费监管长效机制,规范银行服务市场调节价管理,加强服务外包与服务合作管理,设定服务价格行为监管红线,加快修订《商业银行服务价格管理办法》。鼓励银行等金融机构对小微企业等予以合理优惠,适当减免账户管理服务等收费。坚决查处银行未按照规定进行服务价格信息披露以及在融资服务中不落实小微企业收费优惠政策、转嫁成本、强制捆绑搭售保险或理财产品等行为。鼓励证券、基金、担保等机构进一步降低服务收费,推动金融基础设施合理降低交易、托管、登记、清算等费用。(国家发展改革委、人民银行、市场监管总局、银保监会、证监会等国务院相关部门及各地区按职责分工负责)

(九)清理规范行业协会商会收费。加大对行业协会商会收费行为的监督检查力度,进一步推动各级各类行业协会商会公示收费信息,严禁行业协会商会强制企业到特定机构检测、认证、培训等并获取利益分成,或以评比、表彰等名义违规向企业收费。研究制定关于促进行业协会商会健康规范发展的政策措施,加强行业协会商会收费等规范管理,发挥好行业协会商会在政策制定、行业自治、企业权益维护中的积极作用。2022年10月底前,完成对行业协会商会违规收费清理整治情况"回头看"。(国家发展改革委、民政部、市场监管总局等国务院相关部门及各地区按职责分工负责)

(十)推动降低物流服务收费。强化口岸、货场、专用线等货运领域收费监管,依法规范船公司、船代公司、货代公司等收费行为。明确铁路、公路、水路、航空等运输环节的口岸物流作业时限及流程,加快推动大宗货物和集装箱中长距离运输"公转铁"、"公转水"等多式联运改革,推进运输运载工具和相关单证标准化,在确保安全规范的前提下,推动建立集装箱、托盘等标准化装载器具循环共用体系。2022年11月底前,开展不少于100个多式联运示范工程建设,减少企业重复投入,持续降低综合运价水平。(国家发展改革委、交通运输部、商务部、市场监管总局、国家铁路局、中国民航局、中国国家铁路集团有限公司等相关部门和单位及各地区按职责分工负责)

三、进一步优化涉企服务,推动降低市场主体办事成本

(十一)全面提升线上线下服务能力。加快建立高效便捷、优质普惠的市场主体全生命周期服务体系,全面提高线下"一窗综办"和线上"一网通办"水平。聚焦企业和群众"办好一件事",积极推行企业开办注销、不动产登记、招工用工等高频事项集成化办理,进一步减少办事环节。依托全国一体化政务服务平台,加快构建统一的电子证照库,明确各类电子证照信息标准,推广和扩大电子营业执照、电子合同、电子签章等应用,推动实现更多高频事项异地办理、"跨省通办"。(国务院办公厅牵头,国务院相关部门及各地区按职责分工负责)

(十二)持续优化投资和建设项目审批服务。优化压覆矿产、气候可行性、水资源论证、防洪、考古等评估流程,支持有条件的地方开展区域综合评估。探索利用市场机制推动城镇低效用地再开发,更好盘活存量土地资源。分阶段整合各类测量测绘事项,推动统一测绘标准和成果形式,实现同一阶段"一次委托、成果共享"。探索建立部门集中联合办公、手续并联办理机制,依法优化重大投资项目审批流程,对用地、环评等投资审批有关事项,推动地方政府根据职责权限试行承诺制,提高审批效能。2022年10月底前,建立投资主管部门与金融机构投融资信息对接机制,为重点项目快速落地投产提供综合金融服务。2022年11月底前,制定工程建设项目审批标准化规范化管理措施。2022年底前,实现各地区工程建设项目审批管理系统与市政公用服务企业系统互联、信息共享,提升水、电、气、热接入服务质量。(国家发展改革委、自然资源部、生态环境部、住房城乡建设部、水利部、人民银行、银保监会、国家能源局、国家文物局、国家电网有限公司等相关部门和单位及各地区按职责分工负责)

(十三)着力优化跨境贸易服务。进一步完善自贸协定综合服务平台功能,助力企业用好区域全面经济伙伴关系协定等规则。拓展"单一窗口"的"通关+物流"、"外贸+金融"功能,为企业提供通关物流信息查询、出口信用保险办理、跨境结算融资等服务。支持有关地区搭建跨境电商一站式服务平台,为企业提供优惠政策申报、物流信息跟踪、争端解决等服务。探索解决跨境电商退换货难问题,优化跨境电商零售进口工作流程,推动便捷快速通关。2022年底前,在国内主要口岸实现进出口通关业务网上办理。(交通运输部、商务部、人民银行、海关总署、国家外汇局等国务院相关部门及各地区按职责分工负责)

(十四)切实提升办税缴费服务水平。全面推行电子非税收入一般缴款书,推动非税收入全领域电子收缴、"跨省通缴",便利市场主体缴费办事。实行汇算清缴结算多缴退税和已发现的误收多缴退税业务自动推送提醒、在线办理。推动出口退税全流程无纸化。进一步优化留抵退税办理流程,简化退税审核程序,强化退税风险防控,确保留抵退税安全快捷直达纳税人。拓展"非接触式"办税缴费范围,推行跨省异地电子缴税、行邮税电子缴库服务,2022年11月底前,实现95%税费服务事项"网上办"。2022年底前,实现电子发票无纸化报销、入账、归档、存储等。(财政部、人民银行、税务总局、国家档案局等国务院相关部门及各地区按职责分工负责)

(十五)持续规范中介服务。清理规范没有法律、法规、国务院决定依据的行政许可中介服务事项,建立中央和省级行政许可中介服务事项清单。鼓励各地区依托现有政务服务系统提供由省级统筹的网上中介超市服务,吸引更多中介机构入驻,坚决整治行政机关指定中介机构垄断服务、干预市场主体选取中介机构等行为,依法查处中介机构强制服务收费等行为。全面实施行政许可中介服务收费项目清单管理,清理规范环境检测、招标代理、政府采购代理、产权交易、融资担保评估等涉及的中介服务违规收费和不合理收费。(国务院办公厅、国家发展改革委、市场监管总局等国务院相关部门及各地区按职责分工负责)

(十六)健全惠企政策精准直达机制。2022年底前,县级以上政府及其有关部门要在门户网站、政务服务平台等醒目位置设置惠企政策专区,汇集本地区本领域市场主体适用的惠企政策。加强涉企信息归集共享,对企业进行分类"画像",推动惠企政策智能匹配、快速兑现。鼓励各级政务服务大厅设立惠企政策集中办理窗口,积极推动地方和部门构建惠企政策移动端服务体系,提供在线申请、在线反馈、应享未享提醒等服务,确保财政补贴、税费减免、稳岗扩岗等惠企政策落实到位。(各地区、各部门负责)

四、进一步加强公正监管,切实保护市场主体合法权益

(十七)创新实施精准有效监管。进一步完善监管方式,全面实施跨部门联合"双随机、一公开"监管,推动监管信息共享互认,避免多头执法、重复检查。加快在市场监管、税收管理、进出口等领域建立健全信用分级分类监管制度,依据风险高低实施差异化监管。积极探索在安全生产、食品安全、交通运输、生态环境等领域运用现代信息技术实施非现场监管,避免对市场主体正常生产经营活动的不必要干扰。

（国务院办公厅牵头，国务院相关部门及各地区按职责分工负责）

（十八）严格规范监管执法行为。全面提升监管透明度，2022年底前，编制省、市两级监管事项目录清单。严格落实行政执法三项制度，建立违反公平执法行为典型案例通报机制。建立健全行政裁量权基准制度，防止任性执法、类案不同罚、过度处罚等问题。坚决杜绝"一刀切"、"运动式"执法，严禁未经法定程序要求市场主体普遍停产停业。在市场监管、城市管理、应急管理、消防安全、交通运输、生态环境等领域，制定完善执法工作指引和标准化检查表单，规范日常监管行为。（国务院办公厅牵头，国务院相关部门及各地区按职责分工负责）

（十九）切实保障市场主体公平竞争。全面落实公平竞争审查制度，2022年10月底前，组织开展制止滥用行政权力排除、限制竞争执法专项行动。细化垄断行为和不正当竞争行为认定标准，加强和改进反垄断与反不正当竞争执法，依法查处恶意补贴、低价倾销、设置不合理交易条件等行为，严厉打击"搭便车"、"蹭流量"等仿冒混淆行为，严格规范滞压占用经营者保证金、交易款等行为。（国家发展改革委、司法部、人民银行、国务院国资委、市场监管总局等国务院相关部门及各地区按职责分工负责）

（二十）持续加强知识产权保护。严格知识产权管理，依法规范非正常专利申请行为，及时查处违法使用商标和恶意注册申请商标等行为。完善集体商标、证明商标管理制度，规范地理标志集体商标注册及使用，坚决遏制恶意诉讼或变相收取"会员费"、"加盟费"等行为，切实保护小微商户合法权益。健全大数据、人工智能、基因技术等新领域、新业态知识产权保护制度。加强对企业海外知识产权纠纷应对的指导，2022年底前，发布海外重点国家商标维权指南。（最高人民法院、民政部、市场监管总局、国家知识产权局等相关部门和单位及各地区按职责分工负责）

五、进一步规范行政权力，切实稳定市场主体政策预期

（二十一）不断完善政策制定实施机制。建立政府部门与市场主体、行业协会商会常态化沟通平台，及时了解、回应企业诉求。制定涉企政策要严格落实评估论证、公开征求意见、合法性审核等要求，重大涉企政策出台前要充分听取相关企业意见。2022年11月底前,开展行政规范性文件合法性审核机制落实情况专项监督工作。切实发挥中国政府网网上调研平台及各级政府门户网站意见征集平台作用,把握好政策出台和调整的时度效,科学设置过渡期等缓冲措施,避免"急转弯"和政策"打架"。各地区在制定和执行城市管理、环境保护、节能减排、安全生产等方面政策时,不得层层加码、加重市场主体负担。建立健全重大政策评估评价制度,政策出台前科学研判预期效果,出台后密切监测实施情况,2022年底前,在重大项目投资、科技、生态环境等领域开展评估试点。(各地区、各部门负责)

（二十二）着力加强政务诚信建设。健全政务守信践诺机制,各级行政机关要抓紧对依法依规作出但未履行到位的承诺列明清单,明确整改措施和完成期限,坚决纠正"新官不理旧账"、"击鼓传花"等政务失信行为。2022年底前,落实逾期未支付中小企业账款强制披露制度,将拖欠信息列入政府信息主动公开范围。开展拖欠中小企业账款行为集中治理,严肃问责虚报还款金额或将无分歧欠款做成有争议欠款的行为,清理整治通过要求中小企业接受指定机构债务凭证或到指定机构贴现进行不当牟利的行为,严厉打击虚假还款或以不签合同、不开发票、不验收等方式变相拖欠的行为。鼓励各地区探索建立政务诚信诉讼执行协调机制,推动政务诚信履约。(最高人民法院、国务院办公厅、国家发展改革委、工业和信息化部、司法部、市场监管总局等相关部门和单位及各地区按职责分工负责)

（二十三）坚决整治不作为乱作为。各地区各部门要坚决纠正各种懒政怠政等不履职和重形式不重实绩等不正确履职行为。严格划定行政权力边界,没有法律法规依据,行政机关出台政策不得减损市场主体合法权益。各地区要建立健全营商环境投诉举报和问题线索核查处理机制,充分发挥12345政务服务便民热线、政务服务平台等渠道作用,及时查处市场主体和群众反映的不作为乱作为问题,切实加强社会监督。国务院办公厅要会同有关方面适时通报损害营商环境典型案例。(各地区、各部门负责)

各地区各部门要认真贯彻落实党中央、国务院决策部署,加强组织实施、强化协同配合,结合工作实际加快制定具体配套措施,确保各项举措落地见效,为各类市场主体健康发展营造良好环境。国务院办公厅要加大协调督促力度,及时总结推广各地区各部门经验做法,不断扩大改革成效。

国务院办公厅关于印发
加强信用信息共享应用
促进中小微企业融资实施方案的通知

(2021年12月22日 国办发〔2021〕52号)

各省、自治区、直辖市人民政府,国务院各部委、各直属机构:

《加强信用信息共享应用促进中小微企业融资实施方案》已经国务院同意,现印发给你们,请认真组织实施。

各地区、各部门要认真贯彻落实党中央、国务院关于加强社会信用体系建设、促进中小微企业融资的决策部署,围绕保市场主体、应对新的经济下行压力,加快信用信息共享步伐,深化数据开发利用,创新优化融资模式,加强信息安全和市场主体权益保护,助力银行等金融机构提升服务中小微企业能力,不断提高中小微企业贷款可得性,有效降低融资成本,切实防范化解风险,支持中小微企业纾困发展,保持经济平稳运行,为构建新发展格局、推动高质量发展提供有力支撑。

加强信用信息共享应用
促进中小微企业融资实施方案

中小微企业是稳增长、促就业、保民生的重要力量。近年来,金融供给侧结构性改革深入推进,社会信用体系不断完善,有效促进了中小微企业融资。但受银企信息不对称等因素制约,中小微企业贷款可得性不高、信用贷款占比偏低等问题仍然存在。为进一步发挥信用信息对中小微企业融资的支持作用,推动建立缓解中小微企业融资难融资贵问题的长效机制,根据《中共中央办公厅 国务院办公厅关于促进中小企业健康发展的指导意见》部署和《政府工作报告》要求,制定本实施方案。

一、总体要求

（一）指导思想。

以习近平新时代中国特色社会主义思想为指导,深入贯彻落实党的十九大和十九届历次全会精神,按照党中央、国务院决策部署,充分发挥各类信用信息平台作用,在切实保障信息安全和市场主体权益的前提下,加强信用信息共享整合,深化大数据应用,支持创新优化融资模式,加强对中小微企业的金融服务,不断提高中小微企业贷款覆盖率、可得性和便利度,助力中小微企业纾困发展,为扎实做好"六稳"工作、全面落实"六保"任务、加快构建新发展格局、推动高质量发展提供有力支撑。

（二）基本原则。

需求导向,充分共享。以支持银行等金融机构提升服务中小微企业能力为出发点,充分发挥各类信用信息平台作用,多种方式归集共享各类涉企信用信息,破解银企信息不对称难题。

创新应用,防控风险。充分运用大数据等技术,完善信用评价体系,创新金融产品和服务,加大信贷资源向中小微企业倾斜力度。建立健全风险识别、监测、分担、处置等机制,提升风险防范能力。

多方参与,协同联动。健全信用信息共享协调机制,发挥政府在组织协调、信息整合等方面的作用,加快构建政府与银行、保险、担保、信用服务等机构协同联动的工作格局,形成工作合力。

依法依规,保护权益。强化信息分级分类管理,规范信息使用权限和程序,加强信息安全保护,防止信息泄露和非法使用。依法查处侵权行为,保护商业秘密和个人隐私,维护市场主体合法权益。

二、加强信用信息共享整合

（三）健全信息共享网络。省级人民政府要在充分利用现有地方信用信息共享平台、征信平台、综合金融服务平台等信息系统的基础上,统筹建立或完善地方融资信用服务平台,鼓励有条件的市县结合实际建立相关融资信用服务平台。依托已建成的全国中小企业融资综合信用服务平台(以下简称全国融资信用服务平台),横向联通国家企业信用信息公示系统和有关行业领域信息系统,纵向对接地方各级融资信用服务平台,构建全国一体化融资信用服务平台网络,与全国一体化政务服务平台等数据共享交换通道做好衔接。(国家发展改革委、人民银行、银保监会牵头,各地区各有关部门和单位按职责分工负责)

(四)扩大信息共享范围。进一步整合市场主体注册登记、行政许可、行政处罚、司法判决及执行、严重失信主体名单、荣誉表彰、政策支持等公共信用信息,不断提高数据准确性、完整性和及时性。以中小微企业、个体工商户融资业务需求为导向,在依法依规、确保信息安全的前提下,逐步将纳税、社会保险费和住房公积金缴纳、进出口、水电气、不动产、知识产权、科技研发等信息纳入共享范围,打破"数据壁垒"和"信息孤岛"。鼓励企业通过"自愿填报+信用承诺"等方式补充完善自身信息,畅通信息共享渠道。(国家发展改革委、人民银行、银保监会牵头,最高人民法院、人力资源社会保障部、自然资源部、生态环境部、住房城乡建设部、农业农村部、海关总署、税务总局、市场监管总局、国家版权局、国家知识产权局等有关部门和单位及各地区按职责分工负责)

(五)优化信息共享方式。立足工作实际,灵活采取物理归集、系统接口调用、数据核验等多种方式共享相关信息。已实现全国集中管理的信息原则上在国家层面共享,由国家有关部门和单位负责与全国融资信用服务平台共享,在完成"总对总"对接前可以根据实际需求先行推进地方层面共享;其他信息在地方层面共享,由地方人民政府负责归集整合,以适当方式与地方融资信用服务平台共享。充分利用现有信息共享机制和渠道,凡已实现共享的信息,不再要求有关部门和单位重复提供。全国融资信用服务平台要根据有关部门和单位工作需要,依法依规同步共享所归集的信用信息,加强信息使用和管理的有效衔接。建立相关工作机制,支持有需求的银行、保险、担保、信用服务等机构(以下统称接入机构)接入融资信用服务平台。(各地区各有关部门和单位按职责分工负责)

(六)优化信用信息服务。各级融资信用服务平台按照公益性原则,依法依规向接入机构提供基础性信息服务,并将相关信息使用情况及时反馈数据提供单位。对依法公开的信息,应当整合形成标准化信用信息报告供接入机构查询,鼓励有条件的融资信用服务平台根据接入机构需求,按照区域、行业等维度批量推送相关信息。对涉及商业秘密等不宜公开的信息,未经信息主体授权不得向接入机构提供原始明细数据,主要通过数据提供单位与融资信用服务平台联合建模等方式供接入机构使用,或经信息主体授权后提供数据查询、核验等服务,实现数据"可用不可见"。在切实加强监管的基础上,稳妥引入企业征信机构依法依规参与平台建设和运营。(国家发展改革委、工业和信息化部、人民银行、银保监会及各地区按职责分工负责)

三、深化信用信息开发利用

(七)完善信用评价体系。各级融资信用服务平台要建立完善中小微企业信用评价指标体系,对中小微企业开展全覆盖信用评价,供银行等接入机构参考使用。鼓励接入机构根据自身业务特点和市场定位,充分利用内外部信息资源,完善信用评价模型,实现对中小微企业的精准"画像"。鼓励接入机构依法依规将相关信息向融资信用服务平台和有关部门开放共享。(国家发展改革委、工业和信息化部、人民银行、银保监会及各地区按职责分工负责)

(八)强化风险监测处置。各级融资信用服务平台要加强对获得贷款企业信用状况的动态监测,分析研判潜在风险并及时推送相关机构参考。依托融资信用服务平台等,探索建立中小微企业贷款"线上公证"、"线上仲裁"机制和金融互联网法庭,高效处置金融纠纷。对依法认定的恶意逃废债等行为,各有关部门和单位要依法依规开展联合惩戒。(国家发展改革委、最高人民法院、司法部、人民银行、银保监会等有关部门和单位及各地区按职责分工负责)

四、保障信息主体合法权益

(九)规范信息管理使用。各数据提供单位要按照相关法律法规和党中央、国务院政策文件要求,明确相关信息的共享公开属性和范围。各级融资信用服务平台要建立信息分级分类管理和使用制度。信息主体有权免费查询其在融资信用服务平台上的所有信息,并可按照有关规定提起异议申诉和申请信用修复。未经脱敏处理或信息主体明确授权,不得对外提供涉及商业秘密或个人隐私的信息。(各地

区各有关部门和单位按职责分工负责)

(十)加强信息安全保障。各级融资信用服务平台应当建立完备的信息安全管理制度,强化信息安全技术保障,对接入机构进行信息安全评估,提升信息安全风险监测、预警、处置能力。接入机构要加强内部信息安全管理,严格遵守国家有关规定和融资信用服务平台信息管理要求,获取的信息不得用于为企业提供融资支持以外的活动。严肃查处非法获取、传播、泄露、出售信息等违法违规行为。(各地区各有关部门和单位按职责分工负责)

五、保障措施

(十一)加强组织协调。国家发展改革委、工业和信息化部、人民银行、银保监会要会同有关部门和单位建立健全加强信用信息共享应用促进中小微企业融资工作协调机制,做好与国家政务数据共享协调机制的衔接,设立工作专班负责推动相关信息共享,通报工作成效。人民银行、银保监会要依法依规对涉及的相关金融机构和金融业务进行监督管理。各有关部门和单位要加快实现本领域相关信息系统与融资信用服务平台互联互通,推动信用信息应用服务。地方各级人民政府要加大工作力度,按照本实施方案要求统筹建立或完善地方融资信用服务平台,做好本行政区域内信用信息共享应用相关工作。(国家发展改革委、工业和信息化部、人民银行、银保监会牵头,最高人民法院、司法部、财政部、人力资源社会保障部、自然资源部、生态环境部、住房城乡建设部、农业农村部、海关总署、税务总局、市场监管总局、国家版权局、国家知识产权局等有关部门和单位及各地区按职责分工负责)

(十二)强化政策支持。地方人民政府要对地方融资信用服务平台建设予以合理保障。鼓励有条件的地方建立中小微企业信用贷款市场化风险分担补偿机制,合理分担信用风险。鼓励有条件的地方为符合产业政策导向、信用状况良好的中小微企业提供贷款贴息,对为中小微企业提供有效担保的政府性融资担保机构予以补贴。充分发挥国家融资担保基金引导作用,增强地方政府性融资担保机构增信能力,推动完善政府性融资担保体系。(财政部、银保监会及各地区按职责分工负责)

(十三)做好宣传引导。创建一批加强信用信息共享应用促进中小微企业融资示范地区、示范银行、示范平台,强化正面引导,推广先进经验。组织动员银行、保险、担保、信用服务等机构广泛参与,加强中小微企业融资服务供给,不断提升中小微企业获得感。充分发挥部门、地方、行业组织、新闻媒体等作用,通过召开新闻发布会、制作新媒体产品等多种形式,全面准确解读政策,大力宣传工作成效、典型案例和创新做法,营造良好舆论环境。(国家发展改革委、工业和信息化部、人民银行、银保监会牵头,各地区各有关部门和单位按职责分工负责)

附件:信用信息共享清单(略)

国务院办公厅关于聚焦企业关切进一步推动优化营商环境政策落实的通知

(2018年10月29日 国办发〔2018〕104号)

各省、自治区、直辖市人民政府,国务院各部委、各直属机构:

党中央、国务院高度重视深化"放管服"改革、优化营商环境工作,近年来部署出台了一系列有针对性的政策措施,优化营商环境工作取得积极成效。但同时我国营商环境仍存在一些短板和突出问题,企业负担仍需降低,小微企业融资难融资贵仍待缓解,投资和贸易便利化水平仍有待进一步提升,审批难审批慢依然存在,一些地方监管执法存在"一刀切"现象,产权保护仍需加强,部分政策制定不科学、落实不到位等。目前亟需以市场主体期待和需求为导向,围绕破解企业投资生产经营中的"堵点"、"痛点",加快打造市场化、法治化、国际化营商环境,增强企业发展信心和竞争力。经国务院同意,现将有关事项通知如下:

一、坚决破除各种不合理门槛和限制,营造公平竞争市场环境

(一)进一步减少社会资本市场准入限制。发展改革委、商务部要牵头负责在 2018 年底前修订并全面实施新版市场准入负面清单,推动"非禁即入"普遍落实。发展改革委要加强协调指导督促工作,有关部门和地方按职责分工尽快在民航、铁路、公路、油气、电信等领域,落实一批高质量的项目吸引社会资本参与。发展改革委、财政部要牵头继续规范有序推进政府和社会资本合作(PPP)项目建设,在核查清理后的 PPP 项目库基础上,加大对符合规定的 PPP 项目推进力度,督促地方政府依法依规落实已承诺的合作条件,加快项目进度。发展改革委要组织开展招投标领域专项整治,消除在招投标过程中对不同所有制企业设置的各类不合理限制和壁垒,严格落实《必须招标的工程项目规定》,赋予社会投资的房屋建筑工程建设单位发包自主权。

(二)推动缓解中小微企业融资难融资贵问题。人民银行要牵头会同有关部门疏通货币信贷政策传导机制,综合运用多种工具,细化监管措施,强化政策协调,提高政策精准度,稳定市场预期。抓好支小再贷款、中小企业高收益债券、小微企业金融债券、知识产权质押融资等相关政策落实。银保监会要抓紧制定出台鼓励银行业金融机构对民营企业加大信贷支持力度,不盲目停贷、压贷、抽贷、断贷的政策措施,防止对民营企业随意减少授信、抽贷断贷"一刀切"等做法;建立金融机构绩效考核与小微信贷投放挂钩的激励机制,修改完善尽职免责实施办法。财政部、人力资源社会保障部、人民银行要指导各地区加大创业担保贷款贴息资金支持。各地区要通过设立创业启动基金等方式,支持高校毕业生等群体创业创新。银保监会、税务总局要积极推进"银税互动",鼓励商业银行依托纳税信用信息创新信贷产品,推动税务、银行信息互联互通,缓解小微企业融资难题。银保监会要督促有关金融机构坚决取消和查处各类违规手续费,除银团贷款外,不得向小微企业收取贷款承诺费、资金管理费,严格限制向小微企业收取财务顾问费、咨询费等费用,减少融资过程中的附加费用,降低融资成本。

(三)清理地方保护和行政垄断行为。市场监管总局、发展改革委要在 2018 年底前组织各地区、各有关部门完成对清理废除妨碍统一市场和公平竞争政策文件、执行公平竞争审查制度情况的自查,并向全社会公示,接受社会监督;2019 年修订《公平竞争审查制度实施细则

(暂行)》。市场监管总局要牵头负责在2018年底前清理废除现有政策措施中涉及地方保护、指定交易、市场壁垒等的内容,查处并公布一批行政垄断案件,坚决纠正滥用行政权力排除、限制竞争行为。

(四)加强诚信政府建设。各地区、各部门要把政府诚信作为优化营商环境的重要内容,建立健全"政府承诺+社会监督+失信问责"机制,凡是对社会承诺的服务事项,都要履行约定义务,接受社会监督,没有执行到位的要有整改措施并限期整改,对整改不到位、严重失职失责的要追究责任。发展改革委要监测评价城市政务诚信状况,组织开展政府机构失信问题专项治理。各地区要梳理政府对企业失信事项,提出依法依规限期解决的措施,治理"新官不理旧账"等问题,研究建立因政府规划调整、政策变化造成企业合法权益受损的补偿救济机制。同时,要加大政府欠款清偿力度。

二、推动外商投资和贸易便利化,提高对外开放水平

(五)切实保障外商投资企业公平待遇。发展改革委、商务部要在2019年3月底前,全面清理取消在外商投资准入负面清单以外领域针对外资设置的准入限制,实现市场准入内外资标准一致,落实以在线备案为主的外商投资管理制度,并组织对外资企业在政府采购、资金补助、资质许可等方面是否享有公平待遇进行专项督查。商务部要督促各地区2018年底前在省级层面建立健全外资投诉处理机制,及时回应和解决外资企业反映的问题。商务部、发展改革委、司法部要组织各地区和各有关部门,2019年完成与现行开放政策不符的法规、规章和规范性文件的废止或修订工作。司法部、商务部、发展改革委要加快推动统一内外资法律法规,制定外资基础性法律。

(六)进一步促进外商投资。发展改革委要会同有关部门积极推进重大外资项目建设,将符合条件的外资项目纳入重大建设项目范围,或依申请按程序加快调整列入相关产业规划,给予用地、用海审批等支持,加快环评审批进度,推动项目尽快落地。发展改革委、商务部要在2019年3月底前完成《外商投资产业指导目录》和《中西部地区外商投资优势产业目录》修订工作,扩大鼓励外商投资范围。财政部、税务总局、发展改革委、商务部要在2018年底前制定出台征管办法等政策文件,督促各地区严格执行外商再投资暂不征收预提所得税政策适用范围从鼓励类外资项目扩大至所有非禁止项目和领域的要求。

（七）降低进出口环节合规成本和推进通关便利化。财政部要会同市场监管总局、海关总署、交通运输部、发展改革委、商务部抓紧建立并启动相关工作机制，指导督促各地区认真落实国务院确定的降低集装箱进出口环节合规成本的要求，抓紧制定公布口岸收费目录清单，加强督促检查，确保落实到位。海关总署要牵头商有关部门进一步优化通关流程和作业方式，推动精简进出口环节监管证件，能退出口岸验核的退出，2018年底前整体通关时间比2017年压减1/3，到2021年压减1/2。商务部要尽快完成进口许可管理货物目录调整，减去已无必要监管的产品。

（八）完善出口退税政策，加快出口退税进度。财政部、税务总局要抓紧制定出台完善出口退税政策的操作文件，简并退税率，提高部分商品出口退税率，推动实体经济降成本、保持外贸稳定增长。税务总局、海关总署等部门要加强合作，进一步加快出口退税进度，对信用评级高、纳税记录好的企业简化手续、缩短退税时间；全面推行无纸化退税申报，提高退税审核效率，确保2018年底前将办理退税平均时间由目前13个工作日缩短至10个工作日；尽快实现电子退库全联网全覆盖，实现申报、证明办理、核准、退库等业务网上办理。同时，要采取切实有效的措施防范和坚决打击骗取出口退税行为。

三、持续提升审批服务质量，提高办事效率

（九）进一步简化企业投资审批。发展改革委要牵头优化投资项目审批流程，2018年底前公布投资审批事项统一名称和申请材料，2019年实现各类投资审批在线并联办理；2019年出台指导地方开展投资项目承诺制改革的文件，实现政府定标准、企业作承诺、过程强监管、失信有惩戒，大幅压缩投资项目落地时间。住房城乡建设部要牵头推进工程建设项目审批制度改革，会同发展改革委、人力资源社会保障部、应急部等有关部门，在2018年底前完成《房屋建筑和市政基础设施工程施工图设计文件审查管理办法》、《建设工程消防监督管理规定》、《关于进一步做好建筑业工伤保险工作的意见》等部门规章、规范性文件和标准规范修订工作，精简取消部分审批前置条件，推动将消防设计审核、人防设计审查等纳入施工图联审，进一步压减工程建设项目审批时限;同时,再提出一批优化精简工程建设项目审批相关法律法规和政策文件的修改建议。2019年在全国开展全流程、全覆盖的工程建设项目审批制度改革,指导地方统一审批流程,通过精简审批事项和条件、下放审批权限、合并审批事项、调整审批时序、转变管理方式、推行告知承诺制等措施,完善审批体系,努力实现"一张蓝图"统筹项目实施、"一个系统"实施统一管理、"一个窗口"提供综合服务、"一张表单"整合申报材料、"一套机制"规范审批运行。有条件的地方可探索试行新批工业用地"标准地"制度,用地企业可直接开工建设,不再需要各类审批,建成投产后,有关部门按照既定标准与法定条件验收。

(十)深化商事制度改革。国务院审改办、市场监管总局要会同有关部门按时在全国范围内对第一批106项涉企行政审批事项开展"证照分离"改革,逐一制定出台直接取消审批、审批改为备案、实行告知承诺或优化准入服务的具体办法和加强事中事后监管的措施,并于2018年11月10日前向社会公开。要按照涉企许可证全覆盖的要求,抓紧梳理形成中央设定的涉及市场准入的行政审批事项清单,并组织各地区梳理地方设定的各类审批事项,在自贸试验区率先实现"证照分离"改革全覆盖,条件成熟后在全国推广。市场监管总局要会同税务总局、人力资源社会保障部等有关部门,在全面梳理企业注销各环节办理事项基础上,2018年底前研究提出疏解"堵点"、优化流程的改革措施,编制公布统一的企业注销操作指南,破解企业注销难题。

(十一)进一步压减行政许可等事项。2018年底前,国务院审改办要牵头组织各部门对现有行政许可事项进行一次全面清理论证,再推动取消部分行政许可事项,2019年3月底前修订公布新的行政许可事项清单,清单外许可事项一律视作违规审批。国务院审改办要在2019年组织各地区、各有关部门清理各类变相审批和许可,对以备案、登记、注册、目录、年检、监制、认定、认证、专项计划等形式变相设置审批的违规行为进行整治。国务院审改办要组织有关部门试点开展现有行政许可的成本和效果评估,充分听取企业、公众、专家学者的意见,并根据评估结果,及时调整完善相关许可。

(十二)加快制定政务服务事项清单和推进政务服务标准化。国务院办公厅要督促各地区抓紧以省为单位公布各层级政府"马上办、网上办、就近办、一次办"审批服务事项目录,协调各有关方面加快编制全国标准统一的行政权力事项目录清单,推动各地区、各部门编制公共服务事项清单。国务院办公厅、发展改革委要督促各地区、各部门提升政务服务质量,加快推进全国一体化在线政务服务平台建设,制定统一的审批服务事项编码、规范标准、办事指南和时限,消除模糊条款,优化审批服务流程,制作易看易懂、实用简便的办理流程图(表),2019年统一事项办理标准。同时,督促各地区、各部门建立政务服务满意度调查机制,并纳入绩效考核。

四、进一步减轻企业税费负担,降低企业生产经营成本

(十三)清理物流、认证、检验检测、公用事业等领域经营服务性收费。发展改革委、交通运输部、公安部、市场监管总局、生态环境部要组织落实货车年审、年检和尾气排放检验"三检合一"等政策,2018年底前公布货车"三检合一"检验检测机构名单,全面实现"一次上线、一次检测、一次收费"。公安部、市场监管总局要查处整治公章刻制领域行政垄断案件,严禁各地公安机关指定公章刻制企业,纠正和制止垄断经营、强制换章、不合理收费等现象。市场监管总局要在2018年底前再取消10%以上实行强制性认证的产品种类或改为以自我声明方式实施,科学合理简化认证管理单元,减少认证证书种类,提升认证、检测"一站式"、"一体化"服务能力;增加认证机构数量,引导和督促认证机构降低收费标准。对教育、医疗、电信、金融、公证、供水供电等公共服务领域收费,各行业主管部门要加强监督检查,重点检查是否存在收费项目取消后继续收取或变相收取、越权违规设立收费项目、擅自扩大收费范围和提高收费标准等行为,发现问题要严肃整改问责。

(十四)整治政府部门下属单位、行业协会商会、中介机构等乱收费行为。发展改革委、市场监管总局要牵头会同有关行业主管部门,依法整治"红顶中介",督促有关部门和单位取消违法违规收费、降低收费标准,坚决纠正行政审批取消后由中介机构和部门下属单位变相审批及违法违规收费、加重企业负担等现象。发展改革委、市场监管总局要督促指导各有关部门在2019年3月底前,对本部门下属单位涉企收费情况进行一次全面清理,整顿政府部门下属单位利用行政权力违规收费行为。人民银行、银保监会、证监会要推动中国银行间市场交易商协会、中国支付清算协会、中国证券投资基金业协会、中国互联网金融协会等金融类协会规范合理收取会费、服务费,减轻企业负担。民政部、市场监管总局、发展改革委、财政部、国资委要在2018年底前部署检查行业协会商会收费情况,纠正不合理收费和强制培训等行为,并建立健全行业协会商会乱收费投诉举报和查处机制。

(十五)规范降低涉企保证金和社保费率,减轻企业负担。工业和信息化部、财政部要牵头组织有关部门,清理没有法律、行政法规依据或未经国务院批准的涉企保证金,严格执行已公布的涉企保证金目录清单,进一步降低涉企保证金缴纳标准,推广以银行保函替代现金缴纳保证金。市场监管总局要牵头会同有关部门,加强对厂房租金的监督检查和指导工作,各地区要落实管控责任,切实做好管控工作,严厉打击囤积厂房、哄抬租金等违规行为,对问题严重的地方要严肃追究责任。财政部要抓紧研究提出进一步降低企业税负的具体方案。人力资源社会保障部、财政部、税务总局、医保局等部门要根据国务院有关部署,抓紧制定出台降低社保费率的具体实施办法,做好相关准备工作,与征收体制改革同步实施,确保总体上不增加企业负担。

五、大力保护产权,为创业创新营造良好环境

(十六)加快知识产权保护体系建设。知识产权局要采取措施提高专利、商标注册审查质量和效率,全面推进商标注册全程电子化,确保2018年底前将商标注册审查周期压缩至6个月、高价值专利审查周期压减10%以上。市场监管总局要会同公安部、农业农村部、海关总署、知识产权局等有关部门在2018年底前制定出台对网购、进出口等重点领域加强知识产权执法的实施办法;对侵犯商业秘密、专利商标地理标志侵权假冒、网络盗版侵权等违法行为开展集中整治。知识产权局要牵头实施"互联网+"知识产权保护工作方案,引导电商平台运用"互联网+"高效处理侵权假冒投诉,在进出口环节知识产权保护工作中推进线上信息共享、办案咨询、案件协查。司法部、市场监管总局、知识产权局要积极配合加快推进专利法修订实施工作,推动建立侵权惩罚性赔偿制度,解决知识产权侵权成本低、维权成本高问题。

商务部、知识产权局要加强对中小微企业知识产权海外维权的援助。

（十七）加快落实各项产权保护措施。发展改革委、司法部要督促各地区、各部门抓紧完成不利于产权保护的规章、规范性文件清理工作，2018年底前将清理情况汇总报国务院。发展改革委要配合高法院继续加大涉产权冤错案件甄别纠正力度，2019年6月底前再审理公布一批有代表性、有影响力的产权纠纷申诉案件。

六、加强和规范事中事后监管，维护良好市场秩序

（十八）加强事中事后监管。国务院办公厅、市场监管总局要会同有关部门抓紧研究制定加强和规范事中事后监管的指导意见，落实放管结合、并重的要求，在持续深化简政放权的同时，进一步强化事中事后监管，建立健全适合我国高质量发展要求、全覆盖、保障安全的事中事后监管制度，夯实监管责任，健全监管体系，创新监管方式，完善配套政策，寓监管于服务之中，不断提高事中事后监管的针对性和有效性，规范市场秩序，进一步激发市场活力。

（十九）创新市场监管方式。各有关部门要进一步转变理念，创新工作方法，根据自身职责加强和创新事中事后监管，积极推进"双随机、一公开"监管、信用监管、大数据监管、"告知承诺＋事中事后监管"等新型监管方式，既提高监管效能，又切实减少对企业的干扰。市场监管总局要在2018年底前研究制定在市场监管领域全面推行部门联合"双随机、一公开"监管的指导意见。加快深化质量认证制度改革，规范认证行业发展，通过质量认证和监管、完善标准规范，促进企业提品质、创品牌，让群众放心消费。发展改革委要会同有关部门加快信用体系建设，2018年底前完成50个以上重点领域联合奖惩备忘录。国务院办公厅要牵头会同各有关部门和各地区加快推进"互联网＋监管"系统建设，力争2019年9月底前与国家政务服务平台同步上线运行。

（二十）坚决纠正"一刀切"式执法，规范自由裁量权。生态环境部要加强分类指导、精准施策，及时纠正一些地区以环保检查为由"一刀切"式关停企业的做法，并严肃追责。生态环境部、交通运输部、农业农村部、文化和旅游部、市场监管总局等部门要依法精简行政处罚事项，分别制定规范执法自由裁量权的办法，指导各地区细化、量化行政处罚标准,防止执法随意、标准不一等现象。财政部要督促将各级行政执法机关办案经费按规定纳入预算管理,禁止将罚没收入与行政执法机关利益挂钩,对违规行为进行整改和问责。

七、强化组织领导,进一步明确工作责任

(二十一)提高认识,进一步明确抓落实的责任。各地区、各部门要以习近平新时代中国特色社会主义思想为指导,认真贯彻落实党中央、国务院决策部署,坚持稳中求进工作总基调,将优化营商环境、减轻企业负担、解决企业反映的突出问题作为稳就业、稳金融、稳外贸、稳外资、稳投资、稳预期的重要措施,想企业所想,急企业所急,消除制约企业发展的各种障碍,进一步增强企业发展信心和动力,确保今年经济社会发展各项目标任务全面如期完成。主要领导同志要亲自负责,分管领导同志要具体抓到位,并层层明确落实责任。各有关部门要进一步细化抓落实的措施,制定落实上述政策的具体实施办法,明确责任人、实施主体、实施时间、实施要求,确保各项政策取得实效。

(二十二)落实地方政府责任。各省(区、市)政府要按照本通知精神,认真梳理分析本地区营商环境存在的突出问题,找准政策落实中的"堵点",切实承担优化本地区营商环境的职责,结合实际有针对性地制定出台落实有关政策的具体办法。同时,要主动对标先进,相互学习借鉴,进一步深化"放管服"改革,探索推出更多切实管用的改革举措,降低制度性交易成本,不断优化营商环境。

(二十三)组织开展营商环境评价。发展改革委要牵头在2018年底前构建营商环境评价机制,通过引入第三方等方式在22个城市开展试评价;2019年在各省(区、市)以及计划单列市、副省级城市、省会城市、若干地级市开展营商环境评价,编制发布《中国营商环境报告》;2020年在全国地级及以上城市开展营商环境评价。

(二十四)增强政策制定实施的科学性和透明度。各有关部门要加强调查研究和科学论证,提高政策质量,增强政策稳定性。对企业高度关注的行业规定或限制性措施调整要设置合理过渡期,防止脱离实际、层层加码。科学审慎研判拟出台政策的预期效果和市场反应,统筹把握好政策出台时机和力度,防止政策效应叠加共振或相互抵消,避免给市场造成大的波动。各地区、各有关部门要在2018年底前建立健全企业家参与涉企政策制定机制,制定出台政府重大经济决策主动向企业家和行业协会商会问计求策的操作办法,完善与企业的常态化联系机制。

(二十五)强化政策宣传解读和舆论引导。各地区、各部门要对已出台的优化营商环境政策措施及时跟进解读,准确传递权威信息和政策意图,并向企业精准推送各类优惠政策信息,提高政策可及性。对于市场主体关注的重点难点问题,要及时研究解决,回应社会关切,合理引导预期。要总结推广基层利企便民的创新典型做法,借鉴吸收国内外有益经验,进一步推动形成竞相优化营商环境的良好局面。

(二十六)加强对政策落实的督促检查。凡是与上述政策要求不符的文件,要及时进行修订,防止出现惠企政策被原有规定堵住、卡壳等现象。各地区、各部门要按照规定时限,向社会公布落实政策的具体措施,接受社会监督,并进行自查。各地区要在2018年底前设立营商环境投诉举报和查处回应制度,及时纠正发现的问题,并公开曝光营商环境反面典型案例。各地区、各部门要将有关落实情况报国务院。

国务院办公厅关于进一步激发民间有效投资活力促进经济持续健康发展的指导意见

(2017年9月1日 国办发〔2017〕79号)

各省、自治区、直辖市人民政府,国务院各部委、各直属机构:

党中央、国务院高度重视民间投资工作,近年来部署出台了一系列有针对性的政策措施并开展了专项督查,民间投资增速企稳回升。但是,当前民间投资增长仍面临着不少困难和障碍,部分鼓励民间投资的政策尚未落实到位,营商环境有待进一步改善,一些垄断行业市场开放度不够,融资难、融资贵问题仍然存在,民间投资活力不强的局面尚未根本改观。为进一步激发民间有效投资活力,促进经济持续健康发展,经国务院同意,现提出以下意见。

一、深入推进"放管服"改革,不断优化营商环境

各地区、各部门要深入贯彻落实国务院关于深化"放管服"改革的各项要求,确保取消下放国务院部门行政许可事项、取消中央指定地方实施行政审批事项、清理规范国务院部门行政审批中介服务事项等重点任务落实到位。坚决落实清理规范投资项目报建审批事项有关要求,精简合并投资项目报建审批事项,不得擅自增加行政审批事项,不得擅自增加审批环节,切实防范权力复归和边减边增。充分发挥全国投资项目在线审批监管平台作用,实现项目网上申报、并联审批、信息公开、协同监管,不断提高审批效率和服务质量。

二、开展民间投资项目报建审批情况清理核查,提高审批服务水平

各地区、各部门要对民间投资项目报建审批情况开展一次全面细致的清理核查,逐项梳理已报审的民间投资项目,清查各类审批事项办理情况,明确办理时限。能够办理的,要尽快办理;暂不具备办理条件的,要帮助民营企业尽快落实有关条件;依法依规确实不能办理的,要主动做好解释工作。对无正当理由拖延不办的,要加大问责力度,通过约谈、通报、督办等方式督促限期整改,必要时对相关责任人给予处分。要针对清理核查中发现的问题,进一步改进工作,提高效率,优化民间投资项目报建审批服务。

三、推动产业转型升级,支持民间投资创新发展

鼓励民营企业进入轨道交通装备、"互联网+"、大数据和工业机器人等产业链长、带动效应显著的行业领域,在创建"中国制造2025"国家级示范区时积极吸引民营企业参与。发挥财政性资金带动作用,通过投资补助、资本金注入、设立基金等多种方式,广泛吸纳各类社会资本,支持企业加大技术改造力度,加大对集成电路等关键领域和薄弱环节重点项目的投入。支持双创示范基地、产业园区公共服务平台建设,提高为民营企业投资新兴产业服务的能力和水平。推进创新技术市场交易,缩短科技成果转化周期,提高科技型企业投资回报水平。鼓励民间资本开展多元化农业投资,支持农村新产业新业态发展,推动民间资本与农户建立股份合作等紧密利益联结机制,对带动农户较多的市场主体加大支持力度。

四、鼓励民间资本参与政府和社会资本合作(PPP)项目,促进基础设施和公用事业建设

加大基础设施和公用事业领域开放力度,禁止排斥、限制或歧视民间资本的行为,为民营企业创造平等竞争机会,支持民间资本股权占比高的社会资本方参与 PPP 项目,调动民间资本积极性。积极采取多种 PPP 运作方式,规范有序盘活存量资产,丰富民营企业投资机会,回收的资金主要用于补短板项目建设,形成新的优质资产,实现投资良性循环。合理确定基础设施和公用事业价格和收费标准,完善 PPP 项目价格和收费适时调整机制,通过适当延长合作期限、积极创新运营模式、充分挖掘项目商业价值等,建立 PPP 项目合理回报机制,吸引民间资本参与。努力提高民营企业融资能力,有效降低融资成本,推动 PPP 项目资产证券化,鼓励民间资本采取混合所有制、设立基金、组建联合体等多种方式,参与投资规模较大的 PPP 项目。

五、降低企业经营成本,增强民间投资动力

落实和完善全面推开营改增试点政策,落实好研发费用税前加计扣除政策,加强涉企经营服务性收费和中介服务收费监管。允许失业保险总费率为 1.5% 的地方将总费率阶段性降至 1%,落实适当降低企业住房公积金缴存比例政策,推动各地出台或完善户口迁移政策和配套措施。深化输配电价格改革,推进电力市场化交易等,实行工业用地弹性出让制度,用好用足标准厂房、科技孵化器用地支持政策,降低企业用能用地成本。科学合理确定车辆通行费标准,规范铁路港口收费,开展物流领域收费专项检查,着力解决"乱收费、乱罚款"等问题。督促银行业金融机构依法合规收费,降低贷款中间环节费用,严禁各种不规范收费和不合理的贷款附加条件。

六、努力破解融资难题,为民间资本提供多样化融资服务

发挥各类金融机构优势,优化授信管理和服务流程,完善特许经营权、收费权等权利的确权、登记、抵押、流转等配套制度,发展和丰富循环贷款等金融产品,加快建设普惠金融体系,实施小微企业应收账款融资专项行动,着力解决对企业抽贷、压贷、断贷等融资难题。完善民营企业信用评级制度,客观评价民营企业实力,引导金融机构加大对民营企业的融资支持力度。充分发挥各级政府网站与全国信用信息共享平台作用,鼓励地方推进"银税互动"、银行业金融机构和全国信用信息共享平台之间的合作等,化解银企信息不对称问题,促进中小企业融资。发展政府支持的融资担保和再担保机构,鼓励各地设立信贷风险补偿基金、过桥转贷资金池等,加大对中小微企业、科技创新企业的支持。

七、加强政务诚信建设,确保政府诚信履约

地方各级政府向民营企业作出政策承诺要严格依法依规,并严格兑现合法合规的政策承诺,不得违法违规承诺优惠条件。要认真履行与民营企业签订的合法合规协议或合同,不得以政府换届、相关责任人更替等理由拒不执行,不得随意改变约定,不得出现"新官不理旧账"等情况。开展政务失信专项治理,对地方政府拒不履行政府所作的合法合规承诺,特别是严重损害民营企业合法权益、破坏民间投资良好环境等行为,加大查处力度。对造成政府严重失信违约行为的主要负责人和直接责任人要依法依规追究责任,惩戒到人。

八、加强政策统筹协调,稳定市场预期和投资信心

加强部门间协调配合,科学审慎研判拟出台政策的预期效果和市场反应,统筹把握好政策出台时机和力度。有关部门要在加强监管的同时,明确政策导向,提出符合法律法规和政策规定的具体要求,正确引导投资预期。围绕经济运行态势和宏观政策取向,加大政策解读力度,主动解疑释惑,帮助民营企业准确理解政策意图。建立健全政务舆情收集、研判、处置和回应机制,及时准确发布权威信息,切实做好民营企业关切事项的回应工作。完善公平、开放、透明的市场规则,稳定市场预期、增强市场活力,帮助民营企业充分利用好国内大市场,加大对适应国内消费升级和产业转型需要项目的投资力度,支持劳动密集型产业向内陆沿边地区梯度转移。

九、构建"亲""清"新型政商关系,增强政府服务意识和能力

建立健全政府与民营企业常态化沟通机制,进一步发挥工商联和协会商会在企业与政府沟通中的桥梁纽带作用,倾听民营企业呼声,帮助解决实际困难。因地制宜明确政商交往"正面清单"和"负面清单",着力破解"亲"而不"清"、"清"而不"亲"等问题。坚决贯彻落实

《中共中央 国务院关于完善产权保护制度依法保护产权的意见》，尽快出台相关配套文件和实施方案，加强各种所有制经济产权保护，加大知识产权保护力度，激发和保护企业家精神。组织开展民营企业家专业化、精准化培训，提升民营企业经营管理水平。

十、狠抓各项政策措施落地见效，增强民营企业获得感

各地区、各部门要全面梳理党中央、国务院已出台的鼓励民间投资政策措施，逐项检查各项政策措施在本地区、本领域落实情况，对尚未有效落实的政策措施，要认真分析原因，抓紧研究解决办法，确保政策尽快落地。充分发挥中央和地方两个积极性，鼓励各地以改革的办法、创新的思维进一步实化、细化、深化鼓励民间投资的具体措施，努力解决制约民间投资增长的深层次问题，进一步激发民间有效投资活力。

各省（区、市）人民政府、各有关部门要按照本意见要求，切实抓好贯彻落实，进一步做好民间投资各项工作。国家发展改革委要加强统筹协调，会同有关部门对本意见落实情况进行督促检查和跟踪分析，重大事项及时向国务院报告。

国务院办公厅关于有效发挥政府性融资担保基金作用切实支持小微企业和"三农"发展的指导意见

（2019年1月22日　国办发〔2019〕6号）

各省、自治区、直辖市人民政府，国务院各部委、各直属机构：

近年来，各地区、各部门认真贯彻落实《国务院关于促进融资担保行业加快发展的意见》（国发〔2015〕43号），按照全国金融工作会议关于设立国家和地方融资担保基金、完善政府性融资担保和再担保体系等要求，进行了积极探索，推动政府性融资担保基金（机构）不断发展壮大。但融资担保行业还存在业务聚焦不够、担保能力不强、银担合

作不畅、风险分担补偿机制有待健全等问题。为进一步发挥政府性融资担保基金作用,引导更多金融资源支持小微企业和"三农"发展,经国务院同意,现提出以下意见:

一、总体要求

(一)指导思想。以习近平新时代中国特色社会主义思想为指导,全面贯彻党的十九大和十九届二中、三中全会精神,坚持和加强党的全面领导,坚持稳中求进工作总基调,坚持新发展理念,紧扣我国社会主要矛盾变化,按照高质量发展要求,紧紧围绕统筹推进"五位一体"总体布局和协调推进"四个全面"战略布局,坚持以供给侧结构性改革为主线,规范政府性融资担保基金运作,坚守政府性融资担保机构的准公共定位,弥补市场不足,降低担保服务门槛,着力缓解小微企业、"三农"等普惠领域融资难、融资贵,支持发展战略性新兴产业,促进大众创业、万众创新。

(二)基本原则。

聚焦支小支农主业。政府性融资担保、再担保机构要严格以小微企业和"三农"融资担保业务为主业,支持符合条件的战略性新兴产业项目,不断提高支小支农担保业务规模和占比,服务大众创业、万众创新,不得偏离主业盲目扩大业务范围,不得为政府债券发行提供担保,不得为政府融资平台融资提供增信,不得向非融资担保机构进行股权投资。

坚持保本微利运行。政府性融资担保、再担保机构不以营利为目的,在可持续经营的前提下,保持较低费率水平,切实有效降低小微企业和"三农"综合融资成本。

落实风险分担补偿。构建政府性融资担保机构和银行业金融机构共同参与、合理分险的银担合作机制。优化政府支持、正向激励的资金补充和风险补偿机制。

凝聚担保机构合力。加强各级政府性融资担保、再担保机构业务合作和资源共享,不断增强资本实力和业务拓展能力,聚力引导金融机构不断加大支小支农贷款投放。

二、坚持聚焦支小支农融资担保业务

(三)明确支持范围。各级政府性融资担保、再担保机构要合理界定服务对象范围,聚焦小微企业、个体工商户、农户、新型农业经营主体等小微企业和"三农"主体,以及符合条件的战略性新兴产业企业。其中,小微企业认定标准按照中小企业划型标准有关规定执行,农户认定标准按照支持小微企业融资税收政策有关规定执行。

(四)聚焦重点对象。各级政府性融资担保、再担保机构要重点支持单户担保金额500万元及以下的小微企业和"三农"主体,优先为贷款信用记录和有效抵质押品不足但产品有市场、项目有前景、技术有竞争力的小微企业和"三农"主体融资提供担保增信。

(五)回归担保主业。各级政府性融资担保、再担保机构要坚守支小支农融资担保主业,主动剥离政府债券发行和政府融资平台融资担保业务,严格控制闲置资金运作规模和风险,不得向非融资担保机构进行股权投资,逐步压缩大中型企业担保业务规模,确保支小支农担保业务占比达到80%以上。

(六)加强业务引导。国家融资担保基金和省级担保、再担保基金(机构)要合理设置合作机构准入条件,带动合作机构逐步提高支小支农担保业务规模和占比。合作机构支小支农担保金额占全部担保金额的比例不得低于80%,其中单户担保金额500万元及以下的占比不得低于50%。

(七)发挥再担保功能。国家融资担保基金和省级担保、再担保基金(机构)要积极为符合条件的融资担保业务提供再担保,向符合条件的担保、再担保机构注资,充分发挥增信分险作用。不得为防止资金闲置而降低合作条件标准,不得为追求稳定回报而偏离主业。

三、切实降低小微企业和"三农"综合融资成本

(八)引导降费让利。各级政府性融资担保、再担保机构要在可持续经营的前提下,适时调降再担保费率,引导合作机构逐步将平均担保费率降至1%以下。其中,对单户担保金额500万元及以下的小微企业和"三农"主体收取的担保费率原则上不超过1%,对单户担保金额500万元以上的小微企业和"三农"主体收取的担保费率原则上不超过1.5%。

(九)实行差别费率。国家融资担保基金再担保业务收费一般不高于省级担保、再担保基金(机构),单户担保金额500万元以上的再

担保业务收费,原则上不高于承担风险责任的0.5%,单户担保金额500万元及以下的再担保业务收费,原则上不高于承担风险责任的0.3%。优先与费率较低的融资担保、再担保机构开展合作。对于担保业务规模增长较快、代偿率较低的合作机构,可以适当返还再担保费。

(十)清理规范收费。规范银行业金融机构和融资担保、再担保机构的收费行为,除贷款利息和担保费外,不得以保证金、承诺费、咨询费、顾问费、注册费、资料费等名义收取不合理费用,避免加重企业负担。

四、完善银担合作机制

(十一)明确风险分担比例。银担合作各方要协商确定融资担保业务风险分担比例。原则上国家融资担保基金和银行业金融机构承担的风险责任比例均不低于20%,省级担保、再担保基金(机构)承担的风险责任比例不低于国家融资担保基金承担的比例。对于贷款规模增长快、小微企业和"三农"主体户数占比大的银行业金融机构,国家和地方融资担保基金可以提高自身承担的风险责任比例或扩大合作贷款规模。

(十二)加强"总对总"合作。国家融资担保基金要推动与全国性银行业金融机构的"总对总"合作,引导银行业金融机构扩大分支机构审批权限并在授信额度、担保放大倍数、利率水平、续贷条件等方面提供更多优惠。省级担保、再担保基金(机构)要推动辖内融资担保机构与银行业金融机构的"总对总"合作,落实银担合作条件,夯实银担合作基础。

(十三)落实银担责任。银担合作各方要细化业务准入和担保代偿条件,明确代偿追偿责任,强化担保贷款风险识别与防控。银行业金融机构要按照勤勉尽职原则,落实贷前审查和贷中贷后管理责任。各级政府性融资担保机构要按照"先代偿、后分险"原则,落实代偿和分险责任。

(十四)实施跟踪评估。各级政府性融资担保机构要对合作银行业金融机构进行定期评估,重点关注其推荐担保业务的数量和规模、担保对象存活率、代偿率以及贷款风险管理等情况,作为开展银担合作的重要参考。

五、强化财税正向激励

（十五）加大奖补支持力度。中央财政要对扩大实体经济领域小微企业融资担保业务规模、降低小微企业融资担保费率等工作成效明显的地方予以奖补激励。有条件的地方可对单户担保金额500万元及以下、平均担保费率不超过1%的担保业务给予适当担保费补贴，提升融资担保机构可持续经营能力。

（十六）完善资金补充机制。探索建立政府、金融机构、企业、社会团体和个人广泛参与，出资入股与无偿捐资相结合的多元化资金补充机制。中央财政要根据国家融资担保基金的业务拓展、担保代偿和绩效考核等情况，适时对其进行资金补充。鼓励地方政府和参与银担合作的银行业金融机构根据融资担保、再担保机构支小支农业务拓展和放大倍数等情况，适时向符合条件的机构注资、捐资。鼓励各类主体对政府性融资担保、再担保机构进行捐赠。

（十七）探索风险补偿机制。鼓励有条件的地方探索建立风险补偿机制，对支小支农担保业务占比较高，在保余额、户数增长较快，代偿率控制在合理区间的融资担保、再担保机构，给予一定比例的代偿补偿。

（十八）落实扶持政策。国家融资担保基金，省级担保、再担保基金（机构）以及融资担保、再担保机构的代偿损失核销，参照金融企业呆账核销管理办法有关规定执行。符合条件的融资担保、再担保机构的担保赔偿准备金和未到期责任准备金企业所得税税前扣除，按照中小企业融资（信用）担保机构准备金企业所得税税前扣除政策执行。

六、构建上下联动机制

（十九）推进机构建设。国家融资担保基金要充分依托现有政府性融资担保机构开展业务，主要通过再担保、股权投资等方式与省、市、县融资担保、再担保机构开展合作，避免层层下设机构。鼓励通过政府注资、兼并重组等方式加快培育省级担保、再担保基金（机构），原则上每个省（自治区、直辖市）培育一家在资本实力、业务规模和风险管控等方面优势突出的龙头机构。加快发展市、县两级融资担保机构，争取三年内实现政府性融资担保业务市级全覆盖，并向经济相对发达、小微企业和"三农"主体融资需求旺盛的县（区）延伸。

（二十）加强协同配合。国家融资担保基金和省级担保、再担保基金(机构)要加强对市、县融资担保机构的业务培训和技术支持,提升辅导企业发展能力,推行统一的业务标准和管理要求,促进业务合作和资源共享。市、县融资担保机构要主动强化与国家融资担保基金和省级担保、再担保基金(机构)的对标,提高业务对接效率,做实资本、做强机构、做精业务、严控风险,不断提升规范运作水平。

七、逐级放大增信效应

（二十一）营造发展环境。县级以上地方人民政府要落实政府性融资担保、再担保机构的属地管理责任和出资人职责,推进社会信用体系建设,强化守信激励和失信惩戒,严厉打击逃废债行为,为小微企业和"三农"主体融资营造良好信用环境。要维护政府性融资担保、再担保机构的独立市场主体地位,不得干预其日常经营决策。完善风险预警和应急处置机制,切实加强区域风险防控。

（二十二）简化担保要求。国家融资担保基金和省级担保、再担保基金(机构)要引导融资担保机构加快完善信用评价和风险防控体系,逐步减少、取消反担保要求,简化审核手续,提供续保便利,降低小微企业和"三农"主体融资门槛。

（二十三）防止风险转嫁。各级政府性融资担保机构要严格审核有银行贷款记录的小微企业和"三农"主体的担保申请,防止银行业金融机构将应由自身承担的贷款风险转由融资担保、再担保机构承担,避免占用有限的担保资源、增加小微企业和"三农"主体综合融资成本。

（二十四）提升服务能力。各级政府性融资担保、再担保机构要充分发挥信用中介作用,针对小微企业和"三农"主体的信用状况和个性化融资需求,提供融资规划、贷款申请、担保手续等方面的专业辅导,并加强经验总结和案例宣传,不断增强融资服务能力,提高小微企业和"三农"主体融资便利度。

八、优化监管考核机制

（二十五）实施差异化监管措施。金融管理部门要对银行业金融机构和融资担保、再担保机构的支小支农业务实施差异化监管,引导加大支小支农信贷供给。加强对支小支农业务贷款利率和担保费率的跟踪监测,对贷款利率和担保费率保持较低水平或降幅较大的机构给予考核加分,鼓励进一步降费让利。对政府性融资担保、再担保机构提供担保的贷款,结合银行业金融机构实际承担的风险责任比例,合理确定贷款风险权重。适当提高对担保代偿损失的监管容忍度,完善支小支农担保贷款监管政策。

(二十六)健全内部考核激励机制。银行业金融机构和融资担保、再担保机构要优化支小支农业务内部考核激励机制。提高支小支农业务考核指标权重,重点考核业务规模、户数及其占比、增量等指标,降低或取消相应利润考核要求。对已按规定妥善履行授信审批和担保审核职责的业务人员实行尽职免责。银行业金融机构要对支小支农业务实行内部资金转移优惠定价。

(二十七)完善绩效评价体系。各级财政部门要会同有关方面研究制定对政府性融资担保、再担保机构的绩效考核办法,合理使用外部信用评级,落实考核结果与资金补充、风险补偿、薪酬待遇等直接挂钩的激励约束机制,激发其开展支小支农担保业务的内生动力。

各地区、各部门要充分认识规范政府性融资担保机构运作的重要意义,把思想、认识和行动统一到党中央、国务院决策部署上来,强化责任担当,加大工作力度,完善配套措施,抓好组织实施,推动政府性融资担保机构发挥应有作用。财政部要会同发展改革委、工业和信息化部、农业农村部、银保监会等部门,加强统筹协调,对本意见执行情况进行督促检查和跟踪分析,重大事项及时向国务院报告。

国务院关于鼓励支持和引导个体私营等非公有制经济发展的若干意见

(2005年2月19日 国发〔2005〕3号)

公有制为主体、多种所有制经济共同发展是我国社会主义初级阶段的基本经济制度。毫不动摇地巩固和发展公有制经济,毫不动摇地鼓励、支持和引导非公有制经济发展,使两者在社会主义现代化进程中相互促进,共同发展,是必须长期坚持的基本方针,是完善社会主义市场经济体制、建设中国特色社会主义的必然要求。改革开放以来,我国个体、私营等非公有制经济不断发展壮大,已经成为社会主义市场经济的重要组成部分和促进社会生产力发展的重要力量。积极发展个体、私营等非公有制经济,有利于繁荣城乡经济、增加财政收入,有利于扩大社会就业、改善人民生活,有利于优化经济结构、促进经济发展,对全面建设小康社会和加快社会主义现代化进程具有重大的战略意义。

鼓励、支持和引导非公有制经济发展,要以邓小平理论和"三个代表"重要思想为指导,全面落实科学发展观,认真贯彻中央确定的方针政策,进一步解放思想,深化改革,消除影响非公有制经济发展的体制性障碍,确立平等的市场主体地位,实现公平竞争;进一步完善国家法律法规和政策,依法保护非公有制企业和职工的合法权益;进一步加强和改进政府监督管理和服务,为非公有制经济发展创造良好环境;进一步引导非公有制企业依法经营、诚实守信、健全管理,不断提高自身素质,促进非公有制经济持续健康发展。为此,现提出以下意见:

一、放宽非公有制经济市场准入

(一)贯彻平等准入、公平待遇原则。允许非公有资本进入法律法规未禁入的行业和领域。允许外资进入的行业和领域,也允许国内非公有资本进入,并放宽股权比例限制等方面的条件。在投资核准、融资服务、财税政策、土地使用、对外贸易和经济技术合作等方面,对非公有制企业与其他所有制企业一视同仁,实行同等待遇。对需要审批、核准和备案的事项,政府部门必须公开相应的制度、条件和程序。国家有关部门与地方人民政府要尽快完成清理和修订限制非公有制经济市场准入的法规、规章和政策性规定工作。外商投资企业依照有关法律法规的规定执行。

(二)允许非公有资本进入垄断行业和领域。加快垄断行业改革,在电力、电信、铁路、民航、石油等行业和领域,进一步引入市场竞争机制。对其中的自然垄断业务,积极推进投资主体多元化,非公有资本可以参股等方式进入;对其他业务,非公有资本可以独资、合资、合作、项目融资等方式进入。在国家统一规划的前提下,除国家法律法规等另有规定的外,允许具备资质的非公有制企业依法平等取得矿产资源的探矿权、采矿权,鼓励非公有资本进行商业性矿产资源的勘查开发。

(三)允许非公有资本进入公用事业和基础设施领域。加快完善政府特许经营制度,规范招投标行为,支持非公有资本积极参与城镇供水、供气、供热、公共交通、污水垃圾处理等市政公用事业和基础设施的投资、建设与运营。在规范转让行为的前提下,具备条件的公用事业和基础设施项目,可向非公有制企业转让产权或经营权。鼓励非公有制企业参与市政公用企业、事业单位的产权制度和经营方式改革。

(四)允许非公有资本进入社会事业领域。支持、引导和规范非公有资本投资教育、科研、卫生、文化、体育等社会事业的非营利性和营利性领域。在放开市场准入的同时,加强政府和社会监管,维护公众利益。支持非公有制经济参与公有制社会事业单位的改组改制。通过税收等相关政策,鼓励非公有制经济捐资捐赠社会事业。

(五)允许非公有资本进入金融服务业。在加强立法、规范准入、严格监管、有效防范金融风险的前提下,允许非公有资本进入区域性股份制银行和合作性金融机构。符合条件的非公有制企业可以发起设立金融中介服务机构。允许符合条件的非公有制企业参与银行、证券、保险等金融机构的改组改制。

(六)允许非公有资本进入国防科技工业建设领域。坚持军民结合、寓军于民的方针,发挥市场机制的作用,允许非公有制企业按有关规定参与军工科研生产任务的竞争以及军工企业的改组改制。鼓励非公有制企业参与军民两用高技术开发及其产业化。

(七)鼓励非公有制经济参与国有经济结构调整和国有企业重组。大力发展国有资本、集体资本和非公有资本等参股的混合所有制经济。鼓励非公有制企业通过并购和控股、参股等多种形式,参与国有企业和集体企业的改组改制改造。非公有制企业并购国有企业,参与其分离办社会职能和辅业改制,在资产处置、债务处理、职工安置和社会保障等方面,参照执行国有企业改革的相应政策。鼓励非公有制企业并购集体企业,有关部门要抓紧研究制定相应政策。

（八）鼓励、支持非公有制经济参与西部大开发、东北地区等老工业基地振兴和中部地区崛起。西部地区、东北地区等老工业基地和中部地区要采取切实有效的政策措施，大力发展非公有制经济，积极吸引非公有制企业投资建设和参与国有企业重组。东部沿海地区也要继续鼓励、支持非公有制经济发展壮大。

二、加大对非公有制经济的财税金融支持

（九）加大财税支持力度。逐步扩大国家有关促进中小企业发展专项资金规模，省级人民政府及有条件的市、县应在本级财政预算中设立相应的专项资金。加快设立国家中小企业发展基金。研究完善有关税收扶持政策。

（十）加大信贷支持力度。有效发挥贷款利率浮动政策的作用，引导和鼓励各金融机构从非公有制经济特点出发，开展金融产品创新，完善金融服务，切实发挥银行内设中小企业信贷部门的作用，改进信贷考核和奖惩管理方式，提高对非公有制企业的贷款比重。城市商业银行和城市信用社要积极吸引非公有资本入股；农村信用社要积极吸引农民、个体工商户和中小企业入股，增强资本实力。政策性银行要研究改进服务方式，扩大为非公有制企业服务的范围，提供有效的金融产品和服务。鼓励政策性银行依托地方商业银行等中小金融机构和担保机构，开展以非公有制中小企业为主要服务对象的转贷款、担保贷款等业务。

（十一）拓宽直接融资渠道。非公有制企业在资本市场发行上市与国有企业一视同仁。在加快完善中小企业板块和推进制度创新的基础上，分步推进创业板市场，健全证券公司代办股份转让系统的功能，为非公有制企业利用资本市场创造条件。鼓励符合条件的非公有制企业到境外上市。规范和发展产权交易市场，推动各类资本的流动和重组。鼓励非公有制经济以股权融资、项目融资等方式筹集资金。建立健全创业投资机制，支持中小投资公司的发展。允许符合条件的非公有制企业依照国家有关规定发行企业债券。

（十二）鼓励金融服务创新。改进对非公有制企业的资信评估制度，对符合条件的企业发放信用贷款。对符合有关规定的企业，经批准可开展工业产权和非专利技术等无形资产的质押贷款试点。鼓励金融机构开办融资租赁、公司理财和账户托管等业务。改进保险机构服务方式和手段,开展面向非公有制企业的产品和服务创新。支持非公有制企业依照有关规定吸引国际金融组织投资。

(十三)建立健全信用担保体系。支持非公有制经济设立商业性或互助性信用担保机构。鼓励有条件的地区建立中小企业信用担保基金和区域性信用再担保机构。建立和完善信用担保的行业准入、风险控制和补偿机制,加强对信用担保机构的监管。建立健全担保业自律性组织。

三、完善对非公有制经济的社会服务

(十四)大力发展社会中介服务。各级政府要加大对中介服务机构的支持力度,坚持社会化、专业化、市场化原则,不断完善社会服务体系。支持发展创业辅导、筹资融资、市场开拓、技术支持、认证认可、信息服务、管理咨询、人才培训等各类社会中介服务机构。按照市场化原则,规范和发展各类行业协会、商会等自律性组织。整顿中介服务市场秩序,规范中介服务行为,为非公有制经济营造良好的服务环境。

(十五)积极开展创业服务。进一步落实国家就业和再就业政策,加大对自主创业的政策扶持,鼓励下岗失业人员、退役士兵、大学毕业生和归国留学生等各类人员创办小企业,开发新岗位,以创业促就业。各级政府要支持建立创业服务机构,鼓励为初创小企业提供各类创业服务和政策支持。对初创小企业,可按照行业特点降低公司注册资本限额,允许注册资金分期到位,减免登记注册费用。

(十六)支持开展企业经营者和员工培训。根据非公有制经济的不同需求,开展多种形式的培训。整合社会资源,创新培训方式,形成政府引导、社会支持和企业自主相结合的培训机制。依托大专院校、各类培训机构和企业,重点开展法律法规、产业政策、经营管理、职业技能和技术应用等方面的培训,各级政府应给予适当补贴和资助。企业应定期对职工进行专业技能培训和安全知识培训。

(十七)加强科技创新服务。要加大对非公有制企业科技创新活动的支持,加快建立适合非公有制中小企业特点的信息和共性技术服务平台,推进非公有制企业的信息化建设。大力培育技术市场,促进科技成果转化和技术转让。科技中介服务机构要积极为非公有制企业提供科技咨询、技术推广等专业化服务。引导和支持科研院所、高等院校与非公有制企业开展多种形式的产学研联合。鼓励国有科研机构向非公有制企业开放试验室,充分利用现有科技资源。支持非公有资本创办科技型中小企业和科研开发机构。鼓励有专长的离退休人员为非公有制企业提供技术服务。切实保护单位和个人知识产权。

（十八）支持企业开拓国内外市场。改进政府采购办法,在政府采购中非公有制企业与其他企业享受同等待遇。推动信息网络建设,积极为非公有制企业提供国内外市场信息。鼓励和支持非公有制企业扩大出口和"走出去",到境外投资兴业,在对外投资、进出口信贷、出口信用保险等方面与其他企业享受同等待遇。鼓励非公有制企业在境外申报知识产权。发挥行业协会、商会等中介组织作用,利用好国家中小企业国际市场开拓资金,支持非公有制企业开拓国际市场。

（十九）推进企业信用制度建设。加快建立适合非公有制中小企业特点的信用征集体系、评级发布制度以及失信惩戒机制,推进建立企业信用档案试点工作,建立和完善非公有制企业信用档案数据库。对资信等级较高的企业,有关登记审核机构应简化年检、备案等手续。要强化企业信用意识,健全企业信用制度,建立企业信用自律机制。

四、维护非公有制企业和职工的合法权益

（二十）完善私有财产保护制度。要严格执行保护合法私有财产的法律法规和行政规章,任何单位和个人不得侵犯非公有制企业的合法财产,不得非法改变非公有制企业财产的权属关系。按照宪法修正案规定,加快清理、修订和完善与保护合法私有财产有关的法律法规和行政规章。

（二十一）维护企业合法权益。非公有制企业依法进行的生产经营活动,任何单位和个人不得干预。依法保护企业主的名誉、人身和财产等各项合法权益。非公有制企业合法权益受到侵害时提出的行政复议等,政府部门必须及时受理,公平对待,限时答复。

（二十二）保障职工合法权益。非公有制企业要尊重和维护职工的各项合法权益,要依照《中华人民共和国劳动法》等法律法规,在平等协商的基础上与职工签订规范的劳动合同,并健全集体合同制度,保证双方权利与义务对等;必须依法按时足额支付职工工资,工资标准不得低于或变相低于当地政府规定的最低工资标准,逐步建立职工工资正常增长机制;必须尊重和保障职工依照国家规定享有的休息休假权利,不得强制或变相强制职工超时工作,加班或延长工时必须依法支付加班工资或给予补休;必须加强劳动保护和职业病防治,按照《中华人民共和国安全生产法》等法律法规要求,切实做好安全生产与作业场所职业危害防治工作,改善劳动条件,加强劳动保护。要保障女职工合法权益和特殊利益,禁止使用童工。

(二十三)推进社会保障制度建设。非公有制企业及其职工要按照国家有关规定,参加养老、失业、医疗、工伤、生育等社会保险,缴纳社会保险费。按照国家规定建立住房公积金制度。有关部门要根据非公有制企业量大面广、用工灵活、员工流动性大等特点,积极探索建立健全职工社会保障制度。

(二十四)建立健全企业工会组织。非公有制企业要保障职工依法参加和组建工会的权利。企业工会组织实行民主管理,依法代表和维护职工合法权益。企业必须为工会正常开展工作创造必要条件,依法拨付工会经费,不得干预工会事务。

五、引导非公有制企业提高自身素质

(二十五)贯彻执行国家法律法规和政策规定。非公有制企业要贯彻执行国家法律法规,依法经营,照章纳税。服从国家的宏观调控,严格执行有关技术法规,自觉遵守环境保护和安全生产等有关规定,主动调整和优化产业、产品结构,加快技术进步,提高产品质量,降低资源消耗,减少环境污染。国家支持非公有制经济投资高新技术产业、现代服务业和现代农业,鼓励发展就业容量大的加工贸易、社区服务、农产品加工等劳动密集型产业。

(二十六)规范企业经营管理行为。非公有制企业从事生产经营活动,必须依法获得安全生产、环保、卫生、质量、土地使用、资源开采等方面的相应资格和许可。企业要强化生产、营销、质量等管理,完善各项规章制度。建立安全、环保、卫生、劳动保护等责任制度,并保证必要的投入。建立健全会计核算制度,如实编制财务报表。企业必须依法报送统计信息。加快研究改进和完善个体工商户、小企业的会计、税收、统计等管理制度。

（二十七）完善企业组织制度。企业要按照法律法规的规定，建立规范的个人独资企业、合伙企业和公司制企业。公司制企业要按照《中华人民共和国公司法》要求，完善法人治理结构。探索建立有利于个体工商户、小企业发展的组织制度。

（二十八）提高企业经营管理者素质。非公有制企业出资人和经营管理人员要自觉学习国家法律法规和方针政策，学习现代科学技术和经营管理知识，增强法制观念、诚信意识和社会公德，努力提高自身素质。引导非公有制企业积极开展扶贫开发、社会救济和"光彩事业"等社会公益性活动，增强社会责任感。各级政府要重视非公有制经济的人才队伍建设，在人事管理、教育培训、职称评定和政府奖励等方面，与公有制企业实行同等政策。建立职业经理人测评与推荐制度，加快企业经营管理人才职业化、市场化进程。

（二十九）鼓励有条件的企业做强做大。国家支持有条件的非公有制企业通过兼并、收购、联合等方式，进一步壮大实力，发展成为主业突出、市场竞争力强的大公司大集团，有条件的可向跨国公司发展。鼓励非公有制企业实施品牌发展战略，争创名牌产品。支持发展非公有制高新技术企业，鼓励其加大科技创新和新产品开发力度，努力提高自主创新能力，形成自主知识产权。国家关于企业技术改造、科技进步、对外贸易以及其他方面的扶持政策，对非公有制企业同样适用。

（三十）推进专业化协作和产业集群发展。引导和支持企业从事专业化生产和特色经营，向"专、精、特、新"方向发展。鼓励中小企业与大企业开展多种形式的经济技术合作，建立稳定的供应、生产、销售、技术开发等协作关系。通过提高专业化协作水平，培育骨干企业和知名品牌，发展专业化市场，创新市场组织形式，推进公共资源共享，促进以中小企业集聚为特征的产业集群健康发展。

六、改进政府对非公有制企业的监管

（三十一）改进监管方式。各级人民政府要根据非公有制企业生产经营特点，完善相关制度，依法履行监督和管理职能。各有关监管部门要改进监管办法，公开监管制度，规范监管行为，提高监管水平。加强监管队伍建设，提高监管人员素质。及时向社会公布有关监管信息,发挥社会监督作用。

(三十二)加强劳动监察和劳动关系协调。各级劳动保障等部门要高度重视非公有制企业劳动关系问题,加强对非公有制企业执行劳动合同、工资报酬、劳动保护和社会保险等法规、政策的监督检查。建立和完善非公有制企业劳动关系协调机制,健全劳动争议处理制度,及时化解劳动争议,促进劳动关系和谐,维护社会稳定。

(三十三)规范国家行政机关和事业单位收费行为。进一步清理现有行政机关和事业单位收费,除国家法律法规和国务院财政、价格主管部门规定的收费项目外,任何部门和单位无权向非公有制企业强制收取任何费用,无权以任何理由强行要求企业提供各种赞助费或接受有偿服务。要严格执行收费公示制度和收支两条线的管理规定,企业有权拒绝和举报无证收费和不合法收费行为。各级人民政府要加强对各类收费的监督检查,严肃查处乱收费、乱罚款及各种摊派行为。

七、加强对发展非公有制经济的指导和政策协调

(三十四)加强对非公有制经济发展的指导。各级人民政府要根据非公有制经济发展的需要,强化服务意识,改进服务方式,创新服务手段。要将非公有制经济发展纳入国民经济和社会发展规划,加强对非公有制经济发展动态的监测和分析,及时向社会公布有关产业政策、发展规划、投资重点和市场需求等方面的信息。建立促进非公有制经济发展的工作协调机制和部门联席会议制度,加强部门之间配合,形成促进非公有制经济健康发展的合力。要充分发挥各级工商联在政府管理非公有制企业方面的助手作用。统计部门要改进和完善现行统计制度,及时准确反映非公有制经济发展状况。

(三十五)营造良好的舆论氛围。大力宣传党和国家鼓励、支持和引导非公有制经济发展的方针政策与法律法规,宣传非公有制经济在社会主义现代化建设中的重要地位和作用,宣传和表彰非公有制经济中涌现出的先进典型,形成有利于非公有制经济发展的良好社会舆论环境。

(三十六)认真做好贯彻落实工作。各地区、各部门要加强调查研究,抓紧制订和完善促进非公有制经济发展的具体措施及配套办法,认真解决非公有制经济发展中遇到的新问题,确保党和国家的方针政策落到实处,促进非公有制经济健康发展。

国务院办公厅关于金融支持
小微企业发展的实施意见

(2013年8月8日　国办发〔2013〕87号)

各省、自治区、直辖市人民政府，国务院各部委、各直属机构：

小微企业是国民经济发展的生力军，在稳定增长、扩大就业、促进创新、繁荣市场和满足人民群众需求等方面，发挥着极为重要的作用。加强小微企业金融服务，是金融支持实体经济和稳定就业、鼓励创业的重要内容，事关经济社会发展全局，具有十分重要的战略意义。为进一步做好小微企业金融服务工作，全力支持小微企业良性发展，经国务院同意，现提出以下意见。

一、确保实现小微企业贷款增速和增量"两个不低于"的目标

继续坚持"两个不低于"的小微企业金融服务目标，在风险总体可控的前提下，确保小微企业贷款增速不低于各项贷款平均水平、增量不低于上年同期水平。在继续实施稳健的货币政策、合理保持全年货币信贷总量的前提下，优化信贷结构，腾挪信贷资源，在盘活存量中扩大小微企业融资增量，在新增信贷中增加小微企业贷款份额。充分发挥再贷款、再贴现和差别准备金动态调整机制的引导作用，对中小金融机构继续实施较低的存款准备金率。进一步细化"两个不低于"的考核措施，对银行业金融机构的小微企业贷款比例、贷款覆盖率、服务覆盖率和申贷获得率等指标，定期考核，按月通报。要求各银行业金融机构在商业可持续和有效控制风险的前提下，单列小微企业信贷计划，合理分解任务，优化绩效考核机制，并由主要负责人推动层层落实。(人民银行、银监会按职责分工负责)

二、加快丰富和创新小微企业金融服务方式

增强服务功能、转变服务方式、创新服务产品，是丰富和创新小微企业金融服务方式的重点内容。进一步引导金融机构增强支小助微的服务理念,动员更多营业网点参与小微企业金融服务,扩大业务范围,加大创新力度,增强服务功能;牢固树立以客户为中心的经营理念,针对不同类型、不同发展阶段小微企业的特点,不断开发特色产品,为小微企业提供量身定做的金融产品和服务。积极鼓励金融机构为小微企业全面提供开户、结算、理财、咨询等基础性、综合性金融服务;大力发展产业链融资、商业圈融资和企业群融资,积极开展知识产权质押、应收账款质押、动产质押、股权质押、订单质押、仓单质押、保单质押等抵质押贷款业务;推动开办商业保理、金融租赁和定向信托等融资服务。鼓励保险机构创新资金运用安排,通过投资企业股权、基金、债权、资产支持计划等多种形式,为小微企业发展提供资金支持。充分利用互联网等新技术、新工具,不断创新网络金融服务模式。(人民银行、银监会、证监会、保监会按职责分工负责)

三、着力强化对小微企业的增信服务和信息服务

加快建立"小微企业－信息和增信服务机构－商业银行"利益共享、风险共担新机制,是破解小微企业缺信息、缺信用导致融资难的关键举措。积极搭建小微企业综合信息共享平台,整合注册登记、生产经营、人才及技术、纳税缴费、劳动用工、用水用电、节能环保等信息资源。加快建立小微企业信用征集体系、评级发布制度和信息通报制度,引导银行业金融机构注重用好人才、技术等"软信息",建立针对小微企业的信用评审机制。建立健全主要为小微企业服务的融资担保体系,由地方人民政府参股和控股部分担保公司,以省(区、市)为单位建立政府主导的再担保公司,创设小微企业信贷风险补偿基金。指导相关行业协会推进联合增信,加强本行业小微企业的合作互助。充分挖掘保险工具的增信作用,大力发展贷款保证保险和信用保险业务,稳步扩大出口信用保险对小微企业的服务范围。(发展改革委、工业和信息化部、财政部、商务部、人民银行、工商总局、银监会、证监会、保监会等按职责分工负责)

四、积极发展小型金融机构

积极发展小型金融机构,打通民间资本进入金融业的通道,建立广覆盖、差异化、高效率的小微企业金融服务机构体系,是增加小微企业金融服务有效供给、促进竞争的有效途径。进一步丰富小微企业金

融服务机构种类,支持在小微企业集中的地区设立村镇银行、贷款公司等小型金融机构,推动尝试由民间资本发起设立自担风险的民营银行、金融租赁公司和消费金融公司等金融机构。引导地方金融机构坚持立足当地、服务小微的市场定位,向县域和乡镇等小微企业集中的地区延伸网点和业务,进一步做深、做实小微企业金融服务。鼓励大中型银行加快小微企业专营机构建设和向下延伸服务网点,提高小微企业金融服务的批量化、规模化、标准化水平。(银监会牵头)

五、大力拓展小微企业直接融资渠道

加快发展多层次资本市场,是解决小微企业直接融资比例过低、渠道过窄的必由之路。进一步优化中小企业板、创业板市场的制度安排,完善发行、定价、并购重组等方面的政策和措施。适当放宽创业板市场对创新型、成长型企业的财务准入标准,尽快启动上市小微企业再融资。建立完善全国中小企业股份转让系统(以下称"新三板"),加大产品创新力度,增加适合小微企业的融资品种。进一步扩大中小企业私募债券试点,逐步扩大中小企业集合债券和小微企业增信集合债券发行规模,在创业板、"新三板"、公司债、私募债等市场建立服务小微企业的小额、快速、灵活的融资机制。在清理整顿各类交易场所基础上,将区域性股权市场纳入多层次资本市场体系,促进小微企业改制、挂牌、定向转让股份和融资,支持证券公司通过区域性股权市场为小微企业提供挂牌公司推荐、股权代理买卖等服务。进一步建立健全非上市公众公司监管制度,适时出台定向发行、并购重组等具体规定,支持小微企业股本融资、股份转让、资产重组等活动。探索发展并购投资基金,积极引导私募股权投资基金、创业投资企业投资于小微企业,支持符合条件的创业投资企业、股权投资企业等发行企业债券,专项用于投资小微企业,促进创新型、创业型小微企业融资发展。(证监会、发展改革委、科技部等按职责分工负责)

六、切实降低小微企业融资成本

进一步清理规范各类不合理收费,是切实降低小微企业综合融资成本的必然要求。继续对小微企业免征管理类、登记类、证照类行政事业性收费。规范担保公司等中介机构的收费定价行为,通过财政补贴和风险补偿等方式合理降低费率。继续治理金融机构不合理收费和高收费行为,开展对金融机构落实收费政策情况的专项检查,对落实不到位的金融机构要严肃处理。(发展改革委、工业和信息化部、财政部、人民银行、银监会等按职责分工负责)

七、加大对小微企业金融服务的政策支持力度

对小微企业金融服务予以政策倾斜,是做好小微企业金融服务、防范金融风险的必要条件。进一步完善和细化小微企业划型标准,引导各类金融机构和支持政策更好地聚焦小微企业。充分发挥支持性财税政策的引导作用,强化对小微企业金融服务的正向激励;在简化程序、扩大金融机构自主核销权等方面,对小微企业不良贷款核销给予支持。建立科技金融服务体系,进一步细化科技型小微企业标准,完善对各类科技成果的评价机制。在银行业金融机构的业务准入、风险资产权重、存贷比考核等方面实施差异化监管。继续支持符合条件的银行发行小微企业专项金融债,用所募集资金发放的小微企业贷款不纳入存贷比考核。逐步推进信贷资产证券化常规化发展,引导金融机构将盘活的资金主要用于小微企业贷款。鼓励银行业金融机构适度提高小微企业不良贷款容忍度,相应调整绩效考核机制。继续鼓励担保机构加大对小微企业的服务力度,推进完善有关扶持政策。积极争取将保险服务纳入小微企业产业引导政策,不断完善小微企业风险补偿机制。(发展改革委、科技部、工业和信息化部、财政部、人民银行、税务总局、统计局、银监会、证监会、保监会等按职责分工负责)

八、全面营造良好的小微金融发展环境

推进金融环境建设,营造良好的金融环境,是促进小微金融发展的重要基础。地方人民政府要在健全法治、改善公共服务、预警提示风险、完善抵质押登记、宣传普及金融知识等方面,抓紧研究制定支持小微企业金融服务的政策措施;切实落实融资性担保公司、小额贷款公司、典当行、投资(咨询)公司、股权投资企业等机构的监管和风险处置责任,加大对非法集资等非法金融活动的打击惩处力度;减少对金融机构正常经营活动的干预,帮助维护银行债权,打击逃废银行债务行为;化解金融风险,切实维护地方金融市场秩序。有关部门要研究采取有效措施,积极引导小微企业提高自身素质,改善经营管理,健全财务制度,增强信用意识。(发展改革委、工业和信息化部、公安部、财

政部、商务部、人民银行、税务总局、工商总局、银监会、证监会、保监会等按职责分工负责）

各地区、各有关部门和各金融机构要按照国务院的统一部署，进一步提高对小微企业金融服务重要性的认识，明确分工，落实责任，形成合力，真正帮助小微企业解决现实难题。银监会要牵头组织实施督促检查工作，确保各项政策措施落实到位。从2014年开始，各省级人民政府、人民银行、银监会、证监会和保监会要将本地区或本领域上一年度小微企业金融服务的情况、成效、问题、下一步打算及政策建议，于每年1月底前专题报告国务院。各银行业金融机构有关落实情况及下一步工作和建议，由银监会汇总后报国务院。

国务院办公厅关于创新完善体制机制推动招标投标市场规范健康发展的意见

（2024年5月2日 国办发〔2024〕21号）

各省、自治区、直辖市人民政府，国务院各部委、各直属机构：

招标投标市场是全国统一大市场和高标准市场体系的重要组成部分，对提高资源配置效率效益、持续优化营商环境具有重要作用。为创新完善体制机制，推动招标投标市场规范健康发展，经国务院同意，现提出如下意见。

一、总体要求

创新完善体制机制，推动招标投标市场规范健康发展，要坚持以习近平新时代中国特色社会主义思想为指导，深入贯彻党的二十大精神，完整、准确、全面贯彻新发展理念，加快构建新发展格局，着力推动高质量发展，坚持有效市场和有为政府更好结合，聚焦发挥招标投标竞争择优作用，改革创新招标投标制度设计，纵深推进数字化转型升级，加快实现全流程全链条监管，坚持全国一盘棋，坚决打破条块分割、行业壁垒，推动形成高效规范、公平竞争、充分开放的招标投标市场,促进商品要素资源在更大范围内畅通流动,为建设高标准市场体系、构建高水平社会主义市场经济体制提供坚强支撑。

——坚持问题导向、标本兼治。直面招标投标领域突出矛盾和深层次问题,采取针对性措施纠治制度规则滞后、主体责任不落实、交易壁垒难破除、市场秩序不规范等顽瘴痼疾,逐步形成推动招标投标市场规范健康发展的长效机制。

——坚持系统观念、协同联动。加强前瞻性思考、全局性谋划、战略性布局、整体性推进,深化制度、技术、数据融合,提升跨地区跨行业协作水平,更好调动各方面积极性,推动形成共建共治共享格局,有效凝聚招标投标市场建设合力。

——坚持分类施策、精准发力。按照统分结合、分级分类的思路完善招标投标制度、规则、标准,统筹短期和中长期政策举措,提升招标投标市场治理精准性有效性。

——坚持创新引领、赋能增效。不断强化招标投标制度规则创新、运行模式创新、交易机制创新、监管体制创新,提升交易效率、降低交易成本、规范市场秩序,推动招标投标市场转型升级。

二、完善招标投标制度体系

(一)优化制度规则设计。加快推动招标投标法、政府采购法及相关实施条例修订工作,着力破除制约高标准市场体系建设的制度障碍。加快完善分类统一的招标投标交易基本规则和实施细则,优化招标投标交易程序,促进要素自主有序流动。探索编制招标投标市场公平竞争指数。加快构建科学规范的招标投标交易标准体系,按照不同领域和专业制定数字化招标采购技术标准,满足各类项目专业化交易需求。建立招标投标领域统一分级分类的信用评价指标体系,规范招标投标信用评价应用。

(二)强化法规政策协同衔接。落实招标投标领域公平竞争审查规则,健全招标投标交易壁垒投诉、处理、回应机制,及时清理违反公平竞争的规定和做法。各级政府及其部门制定涉及招标投标的法规政策,要严格落实公开征求意见、合法性审核、公平竞争审查等要求,不得干涉招标人、投标人自主权,禁止在区域、行业、所有制形式等方面违法设置限制条件。

三、落实招标人主体责任

（三）强化招标人主体地位。尊重和保障招标人法定权利，任何单位和个人不得干涉招标人选择招标代理机构、编制招标文件、委派代表参加评标等自主权。分类修订勘察、设计、监理、施工、总承包等招标文件示范文本。加强招标需求管理和招标方案策划，规范招标计划发布，鼓励招标文件提前公示。加大招标公告、中标合同、履约信息公开力度，招标公告应当载明招标投标行政监督部门。落实招标人组织招标、处理异议、督促履约等方面责任。将国有企业组织招标和参与投标纳入经营投资责任追究制度从严管理。

（四）健全招标代理机构服务机制。制定招标代理服务标准和行为规范，加强招标代理行业自律，完善招标人根据委托合同管理约束招标代理活动的机制。加快推进招标采购专业人员能力评价工作，研究完善招标采购相关人才培养机制，提升招标采购专业服务水平。治理招标代理领域乱收费，打击价外加价等价格违法行为。对严重违法的招标代理机构及其直接责任人员依法予以处理并实行行业禁入。

（五）推进招标采购机制创新。全面对接国际高标准经贸规则，优化国内招标采购方式。支持企业集中组织实施招标采购，探索形成符合企业生产经营和供应链管理需要的招标采购管理机制。加强招标采购与非招标采购的衔接，支持科技创新、应急抢险、以工代赈、村庄建设、造林种草等领域项目采用灵活方式发包。

四、完善评标定标机制

（六）改进评标方法和评标机制。规范经评审的最低投标价法适用范围，一般适用于具有通用技术、性能标准或者招标人对技术、性能没有特殊要求的招标项目。在勘察设计项目评标中突出技术因素、相应增加权重。完善评标委员会对异常低价的甄别处理程序，依法否决严重影响履约的低价投标。合理确定评标时间和评标委员会成员人数。全面推广网络远程异地评标。推行隐藏投标人信息的暗标评审。积极试行投标人资格、业绩、信用等客观量化评审，提升评标质量效率。

（七）优化中标人确定程序。厘清专家评标和招标人定标的职责定位，进一步完善定标规则，保障招标人根据招标项目特点和需求依法自主选择定标方式并在招标文件中公布。建立健全招标人对评标报告的审核程序,招标人发现评标报告存在错误的,有权要求评标委员会进行复核纠正。探索招标人从评标委员会推荐的中标候选人范围内自主研究确定中标人。实行定标全过程记录和可追溯管理。

(八)加强评标专家全周期管理。加快实现评标专家资源跨地区跨行业共享。优化评标专家专业分类,强化评标专家入库审查、业务培训、廉洁教育,提升履职能力。依法保障评标专家独立开展评标,不受任何单位或者个人的干预。评标专家库组建单位应当建立健全从专家遴选到考核监督的全过程全链条管理制度体系,完善评标专家公正履职承诺、保密管理等制度规范,建立评标专家日常考核评价、动态调整轮换等机制,实行评标专家对评标结果终身负责。

五、推进数字化智能化转型升级

(九)加快推广数智技术应用。推动招标投标与大数据、云计算、人工智能、区块链等新技术融合发展。制定实施全国统一的电子招标投标技术标准和数据规范,依法必须进行招标的项目推广全流程电子化交易。加快推进全国招标投标交易主体信息互联互通,实现经营主体登记、资格、业绩、信用等信息互认共享。加快实现招标投标领域数字证书全国互认,支持电子营业执照推广应用。推动固定资产投资项目代码与招标投标交易编码关联应用。全面推广以电子保函(保险)等方式缴纳投标保证金、履约保证金、工程质量保证金。

(十)优化电子招标投标平台体系。统筹规划电子招标投标平台建设,提高集约化水平。设区的市级以上人民政府要按照政府主导、互联互通、开放共享原则,优化电子招标投标公共服务平台。支持社会力量按照市场化、专业化、标准化原则建设运营招标投标电子交易系统。电子交易系统应当开放对接各类专业交易工具。任何单位和个人不得为经营主体指定特定的电子交易系统、交易工具。

六、加强协同高效监督管理

(十一)压实行政监督部门责任。进一步理顺招标投标行政监督体制,探索建立综合监管与行业监管相结合的协同机制。理清责任链条,分领域编制行政监督责任清单,明确主管部门和监管范围、程序、方式,消除监管盲区。对监管边界模糊、职责存在争议的事项,由地方人民政府按照领域归口、精简高效原则明确主管部门和监管责任。

（十二）强化多层次立体化监管。加强招标投标与投资决策、质量安全、竣工验收等环节的有机衔接，打通审批和监管业务信息系统，提升工程建设一体化监管能力，强化招标投标交易市场与履约现场联动，完善事前事中事后全链条全领域监管。推行信用分级分类监管。发挥行业组织作用，提升行业自律水平。完善招标投标行政监督部门向纪检监察机关、司法机关等移送线索的标准和程序，推动加大巡视巡察、审计监督力度，将损害国家利益或者社会公共利益行为的线索作为公益诉讼线索向检察机关移送，将串通投标情节严重行为的线索向公安机关移送，将党政机关、国有企事业单位、人民团体等单位公职人员利用职权谋取非法利益和受贿行为的线索向纪检监察机关移送。建立移送线索办理情况反馈机制，形成管理闭环。

（十三）加快推进智慧监管。创新招标投标数字化监管方式，推动现场监管向全流程数字化监管转变，完善招标投标电子监督平台功能，畅通招标投标行政监督部门、纪检监察机关、司法机关、审计机关监督监管通道，建立开放协同的监管网络。招标投标行政监督部门要建立数字化执法规则标准，运用非现场、物联感知、掌上移动、穿透式等新型监管手段，进一步提升监管效能。加大招标文件随机抽查力度，运用数字化手段强化同类项目资格、商务条件分析比对，对异常招标文件进行重点核查。

七、营造规范有序市场环境

（十四）严厉打击招标投标违法活动。建立健全招标投标行政执法标准规范，完善行政处罚裁量权基准。依法加大对排斥限制潜在投标人、规避招标、串通投标、以行贿手段谋取中标等违法犯罪行为的惩处力度，严厉打击转包、违法分包行为。适时组织开展跨部门联合执法，集中整治工程建设领域突出问题。推动修订相关刑事法律，依法严肃惩治招标投标犯罪活动。发挥调解、仲裁、诉讼等争议解决机制作用，支持经营主体依据民事合同维护自身合法权益，推动招标投标纠纷多元化解。完善招标投标投诉处理机制，遏制恶意投诉行为。

（十五）持续清理妨碍全国统一大市场建设和公平竞争的规定、做法。开展招标投标法规政策文件专项清理，对法规、规章、规范性文件及其他政策文件和示范文本进行全面排查,存在所有制歧视、行业壁垒、地方保护等不合理限制的按照规定权限和程序予以修订、废止。清理规范招标投标领域行政审批、许可、备案、注册、登记、报名等事项,不得以公共服务、交易服务等名义变相实施行政审批。

八、提升招标投标政策效能

(十六)健全支持创新的激励机制。完善首台(套)重大技术装备招标投标机制,首台(套)重大技术装备参与招标投标视同满足市场占有率、使用业绩等要求,对已投保的首台(套)重大技术装备一般不再收取质量保证金。鼓励国有企业通过招标投标首购、订购创新产品和服务。

(十七)优化绿色招标采购推广应用机制。编制绿色招标采购示范文本,引导招标人合理设置绿色招标采购标准,对原材料、生产制造工艺等明确环保、节能、低碳要求。鼓励招标人综合考虑生产、包装、物流、销售、服务、回收和再利用等环节确定评标标准,建立绿色供应链管理体系。

(十八)完善支持中小企业参与的政策体系。优化工程建设招标投标领域支持中小企业发展政策举措,通过预留份额、完善评标标准、提高首付款比例等方式,加大对中小企业参与招标投标的支持力度。鼓励大型企业与中小企业组成联合体参与投标,促进企业间优势互补、资源融合。探索将支持中小企业参与招标投标情况列为国有企业履行社会责任考核内容。

九、强化组织实施保障

(十九)加强组织领导。坚持加强党的全面领导和党中央集中统一领导,把党的领导贯彻到推动招标投标市场规范健康发展各领域全过程。国家发展改革委要加强统筹协调,细化实化各项任务,清单化推进落实。工业和信息化部、公安部、住房城乡建设部、交通运输部、水利部、农业农村部、商务部、国务院国资委等要根据职责,健全工作推进机制,扎实推动各项任务落实落细。省级人民政府要明确时间表、路线图,整合力量、扭住关键、狠抓落实,确保各项任务落地见效。健全常态化责任追究机制,对监管不力、执法缺位的,依规依纪依法严肃追责问责。重大事项及时向党中央、国务院请示报告。

（二十）营造良好氛围。尊重人民首创精神，鼓励地方和基层积极探索，在改革招标投标管理体制、完善评标定标机制、推行全流程电子化招标投标、推进数字化智慧监管等方面鼓励大胆创新。国家发展改革委要会同有关部门及时跟进创新完善招标投标体制机制的工作进展，加强动态监测和定期评估，对行之有效的经验做法以适当形式予以固化并在更大范围推广。加强宣传解读和舆论监督，营造有利于招标投标市场规范健康发展的社会环境。

统筹融资信用服务平台建设提升中小微企业融资便利水平实施方案

（2024年3月28日 国办发〔2024〕15号）

融资信用服务平台是政府部门指导建立的通过跨部门跨领域归集信用信息、为金融机构开展企业融资活动提供信用信息服务的综合性平台，在破解银企信息不对称难题、降低企业融资成本等方面发挥重要作用。为贯彻落实党中央、国务院决策部署，更好统筹融资信用服务平台建设，完善以信用信息为基础的普惠融资服务体系，有效提升中小微企业融资便利水平，制定本实施方案。

一、总体要求

以习近平新时代中国特色社会主义思想为指导，全面贯彻落实党的二十大精神，完整、准确、全面贯彻新发展理念，加快构建新发展格局，着力推动高质量发展，健全数据基础制度，加大融资信用服务平台建设统筹力度，健全信用信息归集共享机制，深入推进"信易贷"工作，深化信用大数据应用，保障信息安全和经营主体合法权益，推动金融机构转变经营理念、优化金融服务、防控金融风险，为企业特别是中小微企业提供高质量金融服务。

二、加大平台建设统筹力度

（一）明确信用信息归集共享渠道。强化全国信用信息共享平台

（以下简称信用信息平台）的信用信息归集共享"总枢纽"功能，加强国家金融信用信息基础数据库的数据共享。信用信息平台统一归集各类信用信息，并根据需要向部门和地方共享。依托信用信息平台建设全国融资信用服务平台，并联通地方融资信用服务平台形成全国一体化平台网络，作为向金融机构集中提供公共信用信息服务的"唯一出口"，部门向金融机构提供的本领域信用信息服务不受此限制。坚持国家金融信用信息基础数据库的金融基础设施定位，为金融机构提供高质量的专业化征信服务。

（二）加强地方平台整合和统一管理。对功能重复或运行低效的地方融资信用服务平台进行整合，原则上一个省份只保留一个省级平台，市县设立的平台不超过一个，所有地方平台统一纳入全国一体化平台网络，实行清单式管理，减少重复建设和资源闲置浪费。国家发展改革委负责统筹融资信用服务平台建设，推动地方平台整合和统一管理。各地区要在2024年12月底前完成平台整合，有序做好资产划转、数据移交、人员安置等工作，确保整合期间平台服务功能不受影响。

（三）加强对地方平台建设的指导。统一地方融资信用服务平台接入全国一体化平台网络的标准，优化信用信息服务，促进地方平台规范健康发展。依托城市信用监测、社会信用体系建设示范区创建，加强对提升平台数据质量的指导。充分利用现有对口援建机制，进一步深化东部地区和中西部地区融资信用服务平台建设合作，推动中西部地区加快推进"信易贷"工作。

三、优化信息归集共享机制

（四）明确信用信息归集共享范围。根据金融机构对信用信息的实际需求，进一步扩大信用信息归集共享范围，将企业主要人员信息、各类资质信息、进出口信息等纳入信用信息归集共享清单（见附件），国家发展改革委牵头适时对清单进行更新。各地区要充分发挥地方融资信用服务平台作用，进一步破除数据壁垒，依法依规加大清单外信用信息归集共享力度，结合本地区实际编制省级信用信息归集共享清单，有效拓展数据归集共享的广度与深度。

（五）提升信用信息共享质效。对已在国家有关部门实现集中管理的信用信息,要加大"总对总"共享力度。加强数据质量协同治理,统一数据归集标准,及时做好信用信息修复,健全信息更新维护机制,确保数据真实、准确、完整。着力解决数据共享频次不够、接口调用容量不足、部分公共事业信息共享不充分等问题,进一步提升信用信息共享效率。根据数据提供单位需求,定期反馈数据使用情况及成效。国家发展改革委要牵头对各地区和有关部门信用信息共享质效开展评估。

四、深化信用数据开发利用

(六)完善信息查询服务。各级融资信用服务平台要按照公益性原则依法依规向金融机构提供信息推送、信息查询、信用报告查询等服务,扩大信用信息查询范围,完善信用报告查询制度,提高信用报告质量。支持银行机构完善信贷管理制度,加大信用报告在客户筛选、贷前调查、贷中审批、贷后管理等方面的应用力度,为中小微企业提供优质金融服务。

(七)开展联合建模应用。支持融资信用服务平台与金融机构建立信用信息归集加工联合实验室,通过"数据不出域"等方式加强敏感数据开发应用,提升金融授信联合建模水平。鼓励金融机构积极对接融资信用服务平台,充分利用信用信息优化信贷产品研发、信用评估和风险管理等。

(八)开发信用融资产品。充分发挥链主企业、集中交易场所、特色产业集群的信用信息集聚优势,因地制宜开展"信易贷"专项产品试点。加强公共信用综合评价结果应用,鼓励地方融资信用服务平台开发战略性新兴产业、未来产业、绿色低碳发展、重点产业链供应链、"三农"等特色功能模块,支持金融机构用好特色化信用信息,面向市场需要推出细分领域金融产品和服务。加快推动农村信用体系建设,支持金融机构开发农户、新型农业经营主体专属的金融产品和服务,适度提高信用贷款比例。

(九)拓展提升平台服务功能。鼓励地方建立健全"政策找人"机制,充分发挥地方融资信用服务平台联通企业和金融机构优势,推动各项金融便民惠企政策通过平台直达中小微企业等经营主体。推动融资担保机构入驻融资信用服务平台,依托平台建立银行机构、政府、融资担保机构等多方合作机制,合理简化融资担保相关手续。鼓励有条件的地方依托融资信用服务平台等,建立"线上公证"、"线上仲裁"机制和金融互联网法庭,高效处置金融纠纷。

(十)发展信用服务市场。制定信用信息平台的授权运营条件和标准。在确保信息安全的前提下,依法合规向包括征信机构在内的各类信用服务机构稳步开放数据,积极培育信用服务市场,提升信用融资供需匹配效率。

五、保障措施

(十一)加强信息安全保障和信息主体权益保护。加强融资信用服务平台信息安全管理,完善平台对接、机构入驻、信息归集、信息共享、数据安全等管理规范和标准体系,有效保障物理归集信息安全。各级融资信用服务平台要加强信息授权规范管理,强化数据共享、使用、传输、存储的安全性保障,提升安全风险监测和预警处置能力,切实保障数据安全。未经脱敏处理或信息主体明确授权,各级融资信用服务平台不得对外提供涉及商业秘密或个人隐私的信息,不得违法传播、泄露、出售有关信用信息。

(十二)强化政策支持保障。地方人民政府要对本级融资信用服务平台建设予以适当支持,引导地方平台和融资担保机构加强合作,提升中小微企业融资便利水平。鼓励地方制定支持信用融资的激励政策,对通过融资信用服务平台帮助中小微企业实现融资的金融机构给予适当激励。

附件:信用信息归集共享清单(略)

国务院办公厅关于进一步盘活存量资产扩大有效投资的意见

(2022年5月19日 国办发〔2022〕19号)

各省、自治区、直辖市人民政府,国务院各部委、各直属机构:

经过多年投资建设,我国在基础设施等领域形成了一大批存量资产,为推动经济社会发展提供了重要支撑。有效盘活存量资产,形成存量资产和新增投资的良性循环,对于提升基础设施运营管理水平、拓宽社会投资渠道、合理扩大有效投资以及降低政府债务风险、降低企业负债水平等具有重要意义。为深入贯彻习近平新时代中国特色社会主义思想,完整、准确、全面贯彻新发展理念,加快构建新发展格局,推动高质量发展,经国务院同意,现就进一步盘活存量资产、扩大有效投资提出以下意见。

一、聚焦盘活存量资产重点方向

（一）重点领域。一是重点盘活存量规模较大、当前收益较好或增长潜力较大的基础设施项目资产,包括交通、水利、清洁能源、保障性租赁住房、水电气热等市政设施、生态环保、产业园区、仓储物流、旅游、新型基础设施等。二是统筹盘活存量和改扩建有机结合的项目资产,包括综合交通枢纽改造、工业企业退城进园等。三是有序盘活长期闲置但具有较大开发利用价值的项目资产,包括老旧厂房、文化体育场馆和闲置土地等,以及国有企业开办的酒店、餐饮、疗养院等非主业资产。

（二）重点区域。一是推动建设任务重、投资需求强、存量规模大、资产质量好的地区,积极盘活存量资产,筹集建设资金,支持新项目建设,牢牢守住风险底线。二是推动地方政府债务率较高、财政收支平衡压力较大的地区,加快盘活存量资产,稳妥化解地方政府债务风险,提升财政可持续能力,合理支持新项目建设。三是围绕落实京津冀协同发展、长江经济带发展、粤港澳大湾区建设、长三角一体化发展、黄河流域生态保护和高质量发展等区域重大战略以及推动海南自由贸易港建设等,鼓励相关地区率先加大存量资产盘活力度,充分发挥示范带动作用。

（三）重点企业。盘活存量资产对参与的各类市场主体一视同仁。引导支持基础设施存量资产多、建设任务重、负债率较高的国有企业,把盘活存量资产作为国有资产保值增值以及防范债务风险、筹集建设资金、优化资产结构的重要手段,选择适合的存量资产,采取多种方式予以盘活。鼓励民营企业根据实际情况,参与盘活国有存量资产,积极盘活自身存量资产,将回收资金用于再投资,降低企业经营风险,促进持续健康发展。

二、优化完善存量资产盘活方式

（四）推动基础设施领域不动产投资信托基金（REITs）健康发展。进一步提高推荐、审核效率，鼓励更多符合条件的基础设施 REITs 项目发行上市。对于在维护产业链供应链稳定、强化民生保障等方面具有重要作用的项目，在满足发行要求、符合市场预期、确保风险可控等前提下，可进一步灵活合理确定运营年限、收益集中度等要求。建立健全扩募机制，探索建立多层次基础设施 REITs 市场。国有企业发行基础设施 REITs 涉及国有产权非公开协议转让的，按规定报同级国有资产监督管理机构批准。研究推进 REITs 相关立法工作。

（五）规范有序推进政府和社会资本合作（PPP）。鼓励具备长期稳定经营性收益的存量项目采用 PPP 模式盘活存量资产，提升运营效率和服务水平。社会资本方通过创新运营模式、引入先进技术、提升运营效率等方式，有效盘活存量资产并减少政府补助额度的，地方人民政府可采取适当方式通过现有资金渠道予以奖励。

（六）积极推进产权规范交易。充分发挥产权交易所的价值发现和投资者发现功能，创新交易产品和交易方式，加强全流程精细化服务，协助开展咨询顾问、尽职调查、方案优化、信息披露、技术支撑、融资服务等，为存量资产的合理流动和优化配置开辟绿色通道，推动存量资产盘活交易更加规范、高效、便捷。采取多种方式加大宣传引导力度，吸引更多买方参与交易竞价。

（七）发挥国有资本投资、运营公司功能作用。鼓励国有企业依托国有资本投资、运营公司，按规定通过进场交易、协议转让、无偿划转、资产置换、联合整合等方式，盘活长期闲置的存量资产，整合非主业资产。通过发行债券等方式，为符合条件的国有资本投资、运营公司盘活存量资产提供中长期资金支持。

（八）探索促进盘活存量和改扩建有机结合。吸引社会资本参与盘活城市老旧资产资源特别是老旧小区改造等，通过精准定位、提升品质、完善用途等进一步丰富存量资产功能、提升资产效益。因地制宜积极探索污水处理厂下沉、地铁上盖物业、交通枢纽地上地下空间综合开发、保障性租赁住房小区经营性公共服务空间开发等模式，有效盘活既有铁路场站及周边可开发土地等资产,提升项目收益水平。在各级国土空间规划、相关专项规划中充分考虑老港区搬迁或功能改造提升,支持优化港口客运场站规划用途,实施综合开发利用。

(九)挖掘闲置低效资产价值。推动闲置低效资产改造与转型,依法依规合理调整规划用途和开发强度,开发用于创新研发、卫生健康、养老托育、体育健身、休闲旅游、社区服务或作为保障性租赁住房等新功能。支持金融资产管理公司、金融资产投资公司以及国有资本投资、运营公司通过不良资产收购处置、实质性重组、市场化债转股等方式盘活闲置低效资产。

(十)支持兼并重组等其他盘活方式。积极探索通过资产证券化等市场化方式盘活存量资产。在符合反垄断等法律法规前提下,鼓励行业龙头企业通过兼并重组、产权转让等方式加强存量资产优化整合,提升资产质量和规模效益。通过混合所有制改革、引入战略投资方和专业运营管理机构等,提升存量资产项目的运营管理能力。

三、加大盘活存量资产政策支持

(十一)积极落实项目盘活条件。针对存量资产项目具体情况,分类落实各项盘活条件。对产权不明晰的项目,依法依规理顺产权关系,完成产权界定,加快办理相关产权登记。对项目前期工作手续不齐全的项目,按照有关规定补办相关手续,加快履行竣工验收、收费标准核定等程序。对项目盘活过程中遇到的难点问题,探索制定合理解决方案并积极推动落实。

(十二)有效提高项目收益水平。完善公共服务和公共产品价格动态调整机制,依法依规按程序合理调整污水处理收费标准,推动县级以上地方人民政府建立完善生活垃圾处理收费制度。建立健全与投融资体制相适应的水利工程水价形成机制,促进水资源节约利用和水利工程良性运行。对整体收益水平较低的存量资产项目,完善市场化运营机制,提高项目收益水平,支持开展资产重组,为盘活存量资产创造条件。研究通过资产合理组合等方式,将准公益性、经营性项目打包,提升资产吸引力。

(十三)完善规划和用地用海政策。依法依规指导拟盘活的存量项目完善规划、用地用海、产权登记、土地分宗等手续，积极协助妥善解决土地和海域使用相关问题，涉及手续办理或开具证明的积极予以支持。坚持先规划后建设，对盘活存量资产过程中确需调整相关规划或土地、海域用途的，应充分开展规划实施评估，依法依规履行相关程序，确保土地、海域使用符合相关法律法规和国土空间用途管制要求。

（十四）落实财税金融政策。落实落细支持基础设施 REITs 有关税收政策。对符合存量资产盘活条件、纳税金额较大的重点项目，各级税务机关做好服务和宣传工作，指导企业依法依规纳税，在现行税收政策框架下助力盘活存量资产。支持银行、信托、保险、金融资产管理、股权投资基金等机构，充分发挥各自优势，按照市场化原则积极参与盘活存量资产。鼓励符合条件的金融资产管理公司、金融资产投资公司通过发行债券融资，解决负债久期与资产久期错配等问题。加强投融资合作对接，积极向有关金融机构推介盘活存量资产项目。

四、用好回收资金增加有效投资

（十五）引导做好回收资金使用。加强对盘活存量资产回收资金的管理，除按规定用于本项目职工安置、税费缴纳、债务偿还等支出外，应确保主要用于项目建设，形成优质资产。鼓励以资本金注入方式将回收资金用于具有收益的项目建设，充分发挥回收资金对扩大投资的撬动作用。对地方政府债务率较高、财政收支平衡压力较大的地区，盘活存量公共资产回收的资金可适当用于"三保"支出及债务还本付息。回收资金使用应符合预算管理、国有资产监督管理等有关政策要求。

（十六）精准有效支持新项目建设。盘活存量资产回收资金拟投入新项目建设的，优先支持综合交通和物流枢纽、大型清洁能源基地、环境基础设施、"一老一小"等重点领域项目，重点支持"十四五"规划102项重大工程，优先投入在建项目或符合相关规划和生态环保要求、前期工作成熟的项目。有关部门应加快相关项目审批核准备案、规划选址、用地用海、环境影响评价、施工许可等前期工作手续办理，促进项目尽快落地实施、形成实物工作量。

（十七）加强配套资金支持。在安排中央预算内投资等资金时，对盘活存量资产回收资金投入的新项目，可在同等条件下给予优先支持;发挥中央预算内投资相关专项示范引导作用,鼓励社会资本通过多种方式参与盘活国有存量资产。对回收资金投入的新项目,地方政府专项债券可按规定予以支持。鼓励银行等金融机构按照市场化原则提供配套融资支持。

五、严格落实各类风险防控举措

(十八)依法依规稳妥有序推进存量资产盘活。严格落实防范化解地方政府隐性债务风险的要求,严禁在盘活存量资产过程中新增地方政府隐性债务。坚持市场化法治化原则,严格落实国有资产监督管理规定,做好财务审计、资产评估、决策审批等工作,除相关政策规定的情形外,应主要通过公共资源交易平台、证券交易所、产权交易所等公开透明渠道合理确定交易价格,严防国有资产流失。充分保障债权人的合法权益,避免在存量资产转让过程中出现债权悬空。多措并举做好职工安置,为盘活存量资产创造良好条件和氛围。所有拟发行基础设施REITs的项目均应符合国家重大战略、发展规划、产业政策、投资管理法规等相关要求,保障项目质量,防范市场风险。

(十九)提升专业机构合规履职能力。严格落实相关中介机构自律规则、执业标准和业务规范,推动中介机构等履职尽责,依法依规为盘活存量资产提供尽职调查、项目评估、财务和法律咨询等专业服务。积极培育为盘活存量资产服务的专业机构,提高专业化服务水平。对违反相关法律法规的中介机构依法追责。

(二十)保障基础设施稳健运营。对公共属性较强的基础设施项目,在盘活存量资产时应处理好项目公益性与经营性的关系,确保投资方在接手后引入或组建具备较强能力和丰富经验的基础设施运营管理机构,保持基础设施稳健运营,切实保障公共利益,防范化解潜在风险。推动基础设施REITs基金管理人与运营管理机构健全运营机制,更好发挥原始权益人在项目运营管理中的专业作用,保障基金存续期间项目持续稳定运营。

六、建立工作台账强化组织保障

(二十一)实行台账式管理。全面梳理各地区基础设施等领域存量资产情况,筛选出具备一定盘活条件的项目,建立盘活存量资产台账,实行动态管理。针对纳入台账项目的类型和基本情况,逐一明确盘活方案,落实责任单位和责任人。地方各级人民政府要加强指导协调,定期开展项目调度,梳理掌握项目进展情况、及时解决存在问题,调动民间投资参与积极性。

(二十二)建立健全协调机制。由国家发展改革委牵头,会同财政部、自然资源部、住房城乡建设部、人民银行、国务院国资委、税务总局、银保监会、证监会等部门,加强盘活存量资产工作信息沟通和政策衔接,建立完善工作机制,明确任务分工,做好指导督促,协调解决共性问题,形成工作合力,重大事项及时向党中央、国务院报告。各地区建立相关协调机制,切实抓好盘活存量资产、回收资金用于新项目建设等工作。

(二十三)加强督促激励引导。对盘活存量资产、扩大有效投资工作成效突出的地区或单位,以适当方式积极给予激励;对资产长期闲置、盘活工作不力的,采取约谈、问责等方式,加大督促力度。适时将盘活存量资产、扩大有效投资有关工作开展情况作为国务院大督查的重点督查内容。研究将鼓励盘活存量资产纳入国有企业考核评价体系。对地方政府债务率较高的地区,重点督促其通过盘活存量资产降低债务率、提高再投资能力。当年盘活国有存量资产相关情况,纳入地方各级政府年度国有资产报告。

(二十四)积极开展试点探索。根据实际工作需要,在全国范围内选择不少于30个有吸引力、代表性强的重点项目,并确定一批可以为盘活存量资产、扩大有效投资提供有力支撑的相关机构,开展试点示范,形成可复制、可推广的经验做法。引导各地区积极学习借鉴先进经验,因地制宜研究制定盘活存量资产的有力有效措施,防止"一哄而上"。

四、司法解释（含司法解释性质文件、两高工作文件）

最高人民法院关于优化法治环境促进民营经济发展壮大的指导意见

（2023年9月25日　法发〔2023〕15号）

为深入贯彻落实《中共中央、国务院关于促进民营经济发展壮大的意见》，充分发挥人民法院职能作用，全面强化民营经济发展法治保障，持续优化民营经济发展法治环境，结合人民法院审判执行工作实际，提出如下意见。

一、总体要求

坚持以习近平新时代中国特色社会主义思想为指导，深入学习贯彻习近平法治思想，坚决贯彻落实党中央决策部署，坚持"两个毫不动摇"，围绕加快营造市场化、法治化、国际化一流营商环境，找准把握法治保障民营经济发展壮大的结合点和着力点，以高质量审判服务高质量发展。坚持全面贯彻依法平等保护原则，加强对各种所有制经济的平等保护，将确保各类市场主体享有平等的诉讼地位、诉讼权利贯彻到立案、审判、执行全过程各方面，运用法治方式促进民营经济做大做优做强。坚持能动司法理念，围绕"公正与效率"工作主题，依法稳慎审理涉民营企业案件，强化促进民营经济发展壮大的司法政策措施供给，在持续优化民营经济发展法治环境中做实为大局服务、为人民司法。

二、依法保护民营企业产权和企业家合法权益

1.加强对民营企业产权和企业家合法财产权的保护。依法认定财产权属，加强对民营经济主体的物权、债权、股权、知识产权等合法财产权益的保护。研究制订司法解释，依法加大对民营企业工作人员

职务侵占、挪用资金、行贿受贿、背信等腐败行为的惩处力度,加大追赃挽损力度。强化涉企产权案件申诉、再审工作,健全冤错案件有效防范和依法甄别纠正机制。民营企业和企业家因国家机关及其工作人员行使职权侵害其合法权益,依据国家赔偿法申请国家赔偿的,人民法院依法予以支持。

2.依法保障民营企业和企业家人格权。加强对民营企业名誉权和企业家人身自由、人格尊严以及个人信息、隐私权等人格权益的司法保护,充分发挥人格权侵害禁令制度功能,及时制止侵害人格权的违法行为。依法惩治故意误导公众、刻意吸引眼球的极端言论行为,推动营造有利于民营经济发展的舆论环境、法治环境。对利用互联网、自媒体、出版物等传播渠道,以侮辱、诽谤或者其他方式对民营企业和企业家进行诋毁、贬损和丑化等侵犯名誉权行为,应当依法判令侵权行为人承担相应的民事责任;因名誉权受到侵害致使企业生产、经营、销售等遭受实际损失的,应当依法判令行为人承担赔偿责任;因编造、传播虚假信息或者误导性信息扰乱企业发行的股票、债券市场交易秩序,给投资者造成损失的,应当依法判令行为人承担赔偿责任。构成犯罪的,依法追究刑事责任。

3.严格区分经济纠纷与违法犯罪。严格落实罪刑法定、疑罪从无等刑法原则,全面贯彻宽严相济刑事政策,该严则严,当宽则宽。依法认定民营企业正当融资与非法集资、合同纠纷与合同诈骗、参与兼并重组与恶意侵占国有资产等罪与非罪的界限,严格区分经济纠纷、行政违法与刑事犯罪,坚决防止和纠正利用行政或者刑事手段干预经济纠纷,坚决防止和纠正地方保护主义,坚决防止和纠正把经济纠纷认定为刑事犯罪、把民事责任认定为刑事责任。

严格规范采取刑事强制措施的法律程序,切实保障民营企业家的诉讼权利。对被告人采取限制或剥夺人身自由的强制措施时,应当综合考虑被诉犯罪事实、被告人主观恶性、悔罪表现等情况、可能判处的刑罚和有无再危害社会的危险等因素;措施不当的,人民法院应当依法及时撤销或者变更。对涉案财产采取强制措施时,应当加强财产甄别,严格区分违法所得与合法财产、涉案人员个人财产与家庭成员财产等,对与案件无关的财物,应当依法及时解除;对于经营性涉案财物，在保证案件审理的情况下，一般应当允许有关当事人继续合理使用，最大限度减少因案件办理对企业正常办公和生产经营的影响；对于依法不应交由涉案企业保管使用的财物，查封扣押部门要采取合理的保管保值措施，防止财产价值贬损。

4. 深入推进涉案企业合规改革。坚持治罪与治理并重，对于依法可判处缓刑、免于刑事处罚的民营企业，与检察机关共同做好涉案企业刑事合规改革，充分利用第三方合规监管机制，确保合规整改落到实处，从源头预防和减少企业重新违法犯罪。积极延伸司法职能，在民商事、行政、执行过程中引导企业守法合规经营，强化防范法律风险、商业风险意识，推进民营企业在法治轨道上健康发展。

5. 健全涉案财物追缴处置机制。对于被告人的合法财产以及与犯罪活动无关的财产及其孳息，符合返还条件的，应当及时返还。涉案财物已被用于清偿合法债务、转让或者设置其他权利负担，善意案外人通过正常的市场交易、支付了合理对价，并实际取得相应权利的，不得追缴或者没收。对于通过违法犯罪活动聚敛、获取的财产形成的投资权益，应当对该投资权益依法进行处置，不得直接追缴投入的财产。

进一步畅通权益救济渠道，被告人或案外人对查封、扣押、冻结的财物及其孳息提出权属异议的，人民法院应当听取意见，必要时可以通知案外人出庭。被告人或案外人以生效裁判侵害其合法财产权益或对是否属于赃款赃物认定错误为由提出申诉的，人民法院应当及时受理审查，确有错误的，应予纠正。

三、维护统一公平诚信的市场竞争环境

6. 依法保障市场准入的统一。依法审理涉及要素配置和市场准入的各类纠纷案件，按照"非禁即入"原则依法认定合同效力，加强市场准入负面清单、涉企优惠政策目录清单等行政规范性文件的附带审查，破除区域壁垒和地方保护，遏制滥用行政权力排除、限制竞争行为，促进市场主体、要素资源、规则秩序的平等统一。

7. 依法打击垄断和不正当竞争行为。完善竞争案件裁判规则，研究出台反垄断民事诉讼司法解释。依法严惩强制"二选一"、大数据杀熟、低价倾销、强制搭售等破坏公平竞争、扰乱市场秩序行为，引导平

台经济向开放、创新、赋能方向发展。依法审理虚假宣传、商业诋毁等不正当竞争纠纷案件,保障和促进民营企业品牌建设。强化商业秘密司法保护,处理好保护商业秘密与自由择业、竞业限制和人才合理流动的关系,在依法保护商业秘密的同时,维护就业创业合法权益。

8. 保护民营企业创新创造。完善算法、商业方法、文化创意等知识产权司法保护规则,促进新经济新业态健康发展。加强民营企业科研人员和科创成果司法保护,依法保护民营企业及其科研人员合法权益,激发原始创新活力和创造潜能。依法运用行为保全等临时措施,积极适用举证妨碍排除规则,保障民营企业和企业家依法维权。依法严惩侵犯知识产权犯罪,正确把握民事纠纷和刑事犯罪界限,对于当事人存有一定合作基础、主观恶性不大的案件,依法稳慎确定案件性质。

9. 加大知识产权保护力度。持续严厉打击商标攀附、仿冒搭车等恶意囤积和恶意抢注行为,依法保护民营企业的品牌利益和市场形象。当事人违反诚信原则,恶意取得、行使权利并主张他人侵权的,依法判决驳回其诉讼请求。被告举证证明原告滥用权利起诉损害其合法权益,请求原告赔偿合理诉讼开支的,依法予以支持。严格落实知识产权侵权惩罚性赔偿制度,坚持侵权代价与其主观恶性和行为危害性相适应,对以侵权为业、获利巨大、危害国家安全、公共利益或者人身健康等情节严重的故意侵权,依法加大赔偿力度。推动知识产权法院审理知识产权刑事案件。推动优化调整知识产权法院管辖案件类型,完善知识产权案件繁简分流机制。

10. 依法遏制恶意"维权"行为。既要依法保护消费者维权行为,发挥公众和舆论监督作用,助力提升食品药品安全治理水平,又要完善对恶意中伤生产经营者、扰乱正常市场秩序行为的认定和惩处制度。对当事人一方通过私藏食品、私放过期食品、伪造或者抹去标签内容等方式恶意制造企业违法生产经营食品、药品虚假事实,恶意举报、恶意索赔,敲诈勒索等构成违法犯罪的,依法予以严惩。

11. 依法严厉惩治虚假诉讼。充分利用信息技术手段,加强对虚假诉讼的甄别、审查和惩治,依法打击通过虚假诉讼逃废债、侵害民营企业和企业家合法权益的行为。当事人一方恶意利用诉讼打击竞争企业,破坏企业和企业家商誉信誉,谋取不正当利益的,依法驳回其诉讼请求;对方反诉请求损害赔偿的,依法予以支持。依法加大虚假诉讼的违法犯罪成本,对虚假诉讼的参与人,依法采取罚款、拘留等民事强制措施,构成犯罪的,依法追究刑事责任。

12.弘扬诚实守信经营的法治文化。依法审理因"新官不理旧账"等违法失信行为引发的合同纠纷,政府机关、国有企业、事业单位因负责人、承办人变动拒绝履行生效合同义务的,应当依法判令其承担相应的违约责任,依法维护民营企业经营发展的诚信环境。综合运用债的保全制度、股东出资责任、法人人格否认以及破产撤销权等相关制度,依法惩治逃废债务行为。充分发挥司法裁判评价、指引、示范、教育功能作用,加大法治宣传力度,通过发布典型案例等方式促进提高企业家依法维权意识和能力,积极引导企业家在经营活动中遵纪守法、诚实守信、公平竞争,积极履行社会责任,大力培育和弘扬企业家精神。

13.支持民营企业市场化重整。坚持市场化、法治化原则,完善企业重整识别机制,依托"府院联动",依法拯救陷入财务困境但有挽救价值的民营企业。引导民营企业充分利用破产重整、和解程序中的中止执行、停止计息、集中管辖等制度功能,及时保全企业财产、阻止债务膨胀,通过公平清理债务获得重生。推进破产配套制度完善,提升市场化重整效益。

14.营造鼓励创业、宽容失败的创业氛围。不断完善保护和鼓励返乡创业的司法政策,为民营企业在全面推进乡村振兴中大显身手创造良好法治环境。采取发布典型案例、以案说法等方式引导社会公众对破产现象的正确认知,积极营造鼓励创业、宽容失败的创业氛围。完善民营企业市场退出机制,便利产能落后、经营困难、资不抵债的民营企业依法有序退出市场,助力市场要素资源的重新配置。积极推动建立专门的小微企业破产程序和个人债务集中清理制度,探索在破产程序中一体解决企业家为企业债务提供担保问题,有效化解民营企业债务链条,助力"诚实而不幸"的民营企业家东山再起,重新创业。

15.推动健全监管执法体系。监督支持行政机关强化统一市场监管执法,依法审理市场监管领域政府信息公开案件,修改完善办理政府信息公开案件司法解释,促进行政机关严格依照法定权限和程序公开市场监管规则。依法审理涉市场监管自由裁量、授权委托监管执法、跨行政区域联合执法等行政纠纷案件,监督行政机关遵守妥当性、适当性和比例原则合理行政,以过罚相当的监管措施落实教育与处罚相结合原则。加强与检察机关协作,通过审理行政公益诉讼案件、提出司法建议等方式,共同推动市场监管部门健全权责清晰、分工明确、运行顺畅的监管体系。

四、运用法治方式促进民营企业发展和治理

16. 助力拓宽民营企业融资渠道降低融资成本。依法推动供应链金融健康发展,有效拓宽中小微民营企业融资渠道。对中小微民营企业结合自身财产特点设定的融资担保措施持更加包容的司法态度,依法认定生产设备等动产担保以及所有权保留、融资租赁、保理等非典型担保合同效力和物权效力;对符合法律规定的仓单、提单、汇票、应收账款、知识产权、新类型生态资源权益等权利质押以及保兑仓交易,依法认定其有效。严格落实民法典关于禁止高利放贷的规定,降低民营企业的融资成本,依法规制民间借贷市场"砍头息"、"高息转本"等乱象,金融机构和地方金融组织向企业收取的利息和费用违反监管政策的,诉讼中依法不予支持。

17. 依法保障民营企业人才和用工需求。妥善审理民营企业劳动争议案件,既要鼓励人才的合理流动,也要维护民营企业的正常科研和生产秩序,依法确认民营企业为吸引人才在劳动合同中约定股权激励、年薪制等条款的法律效力。依法规范劳动者解除劳动合同的行为,加大调解力度,引导民营企业与劳动者协商共事、机制共建、效益共创、利益共享,构建和谐劳动关系。

依法保障灵活就业和新就业形态劳动者权益,依法支持劳动者依托互联网平台就业,支持用人单位依法依规灵活用工,实现平台经济良性发展与劳动者权益保护互促共进。畅通仲裁诉讼衔接程序,完善多元解纷机制,依法为新就业形态劳动者提供更加便捷、优质高效的解纷服务。

18. 推动完善民营企业治理结构。严守法人财产独立原则,规范股东行为,依法追究控股股东、实际控制人实施关联交易"掏空"企业、非经营性占用企业资金、违规担保向企业转嫁风险等滥用支配地位行为的法律责任,依法维护股东与公司之间财产相互独立、责任相互分离、产权结构明晰的现代企业产权结构。对股东之间的纠纷,在尊重公司自治的同时,积极以司法手段矫正公司治理僵局,防止内部治理失序拖垮企业生产经营,损害股东和社会利益。

以法治手段破解"代理成本"问题,依法追究民营企业董事、监事、高管违规关联交易、谋取公司商业机会、开展同业竞争等违背忠实义务行为的法律责任,细化勤勉义务的司法认定标准,推动构建企业内部处分、民事赔偿和刑事惩治等多重责任并举的立体追责体系,提高"内部人控制"的违法犯罪成本,维护股东所有权与企业经营权分离的现代企业管理制度。

19. 促进民营企业绿色低碳发展。依法保护合同能源管理节能服务企业、温室气体排放报告技术服务机构等市场主体的合法权益,保障民营企业积极参与推进碳达峰碳中和目标任务。创新惠企纾困司法举措,兼顾当事人意思自治、产业政策和碳排放强度、碳排放总量双控要求,依法明晰交易主体权责,有效化解涉产能置换纠纷案件,助力民营企业有序开展节能降碳技术改造。

20. 助力民营企业积极参与共建"一带一路"。健全"一带一路"国际商事纠纷多元化解决机制,推动最高人民法院国际商事法庭高质量发展,充分发挥国际商事专家委员会作用,进一步深化诉讼、仲裁、调解相互衔接的"一站式"国际商事争端解决机制建设,打造国际商事争端解决优选地,为民营企业"走出去"提供强有力的司法保障。

五、持续提升司法审判保障质效

21. 强化能动司法履职。落实落细抓前端治未病、双赢多赢共赢、案结事了政通人和等司法理念,努力实现涉民营企业案件办理政治效果、社会效果、法律效果有机统一,同时坚持办理与治理并重,积极融入社会治理、市场治理、企业治理,切实增强司法保障民营经济发展壮大的主动性实效性。充分发挥司法定分止争作用,增强实质性化解涉民营企业矛盾纠纷的成效,坚决防止因"程序空转"而加重民营企业诉累。及时总结涉民营企业案件暴露出来的政策落实、行业监管、公司治理等问题,推动建立健全民营企业风险评估和预警机制,积极运用府院联动等机制,充分发挥司法建议作用,促进从源头上预防和解决问题,形成促进民营经济发展壮大的工作合力。充分运用审判质量管理指标体系及配套机制,强化对涉民营企业案件审理的管理调度,持续提升司法审判保障质效。

22. 公正高效办理民刑行交叉案件。不断完善人民法院内部工作机制,统一法律适用,妥善办理涉民营企业的民商事纠纷、行政违法和刑事犯罪交叉案件。积极推动建立和完善人民法院与公安机关、检察机关之间沟通协调机制,解决多头查封、重复查封、相互掣肘等问题,促进案件公正高效办理。

依法受理刑民交叉案件,健全刑事案件线索移送工作机制。如刑事案件与民事案件非"同一事实",民事案件与刑事案件应分别审理;民事案件无需以刑事案件裁判结果为依据的,不得以刑事案件正在侦查或者尚未审结为由拖延民事诉讼;如果民事案件必须以刑事案件的审理结果为依据,在中止诉讼期间,应当加强工作交流,共同推进案件审理进展,及时有效保护民营经济主体合法权益。

23. 完善拖欠账款常态化预防和清理机制。完善党委领导、多方协作、法院主办的执行工作协调联动机制,依法督促政府机关、事业单位、国有企业及时支付民营企业款项,大型企业及时支付中小微企业款项,及时化解民营企业之间相互拖欠账款问题。严厉打击失信被执行人通过多头开户、关联交易、变更法定代表人等方式规避执行的行为,确保企业及时收回账款。

将拖欠中小微企业账款案件纳入办理拖欠农民工工资案件的快立快审快执"绿色通道",确保农民工就业比较集中的中小微企业及时回笼账款,及时发放农民工工资。与相关部门协同治理,加大对机关、事业单位拖欠民营企业账款的清理力度,符合纳入失信被执行人名单情形的,依法予以纳入,并将失信信息纳入全国信用信息共享平台。加大平安建设中相关执行工作考评力度,促推执行工作更加有力、有效,及时兑现中小微企业胜诉权益。

24. 严禁超权限、超范围、超数额、超时限查封扣押冻结财产。严格规范财产保全、行为保全程序,依法审查保全申请的合法性和必要性,防止当事人恶意利用保全手段侵害企业正常生产经营。因错误实施保全措施致使当事人或者利害关系人、案外人等财产权利受到侵害的,应当依法及时解除或变更,依法支持当事人因保全措施不当提起的损害赔偿请求。

25. 强化善意文明执行。依法灵活采取查封措施,有效释放被查封财产使用价值和融资功能。在能够实现保全目的的情况下,人民法院应当选择对生产经营活动影响较小的方式。对不宜查封扣押冻结的经营性涉案财物,采取强制措施可能会延误企业生产经营、甚至造成企业停工的,应严格审查执行措施的合法性和必要性。被申请人提供担保请求解除保全措施,经审查认为担保充分有效的,应当裁定准许。

在依法保障胜诉债权人权益实现的同时,最大限度减少对被执行企业权益的影响,严格区分失信与丧失履行能力,对丧失履行能力的,只能采取限制消费措施,不得纳入失信名单。决定纳入失信名单或者采取限制消费措施的,可以给予其一至三个月宽限期,对于信用良好的,应当给予其宽限期,宽限期内暂不发布其失信或者限制消费信息。加快修订相关司法解释,建立健全失信被执行人分类分级惩戒制度及信用修复机制。

26. 高效率低成本实现企业合法权益。充分考虑中小微民营企业抗风险能力弱的特点,建立小额债权纠纷快速审理机制,切实提升案件审判效率。通过合理确定保全担保数额、引入保全责任险担保等方式,降低中小微民营企业诉讼保全成本。进一步规范审限管理,全面排查梳理违规延长审限、不当扣除审限的行为,切实防止因诉讼拖延影响民营企业生产经营。加强诉讼引导和释明,对当事人依法提出的调查收集、保全证据的申请,应当及时采取措施;对审理案件需要的证据,应当在充分发挥举证责任功能的基础上,依职权调查收集,切实查清案件事实,防止一些中小微民营企业在市场交易中的弱势地位转化为诉讼中的不利地位,实现实体公正与程序公正相统一。

27. 深化涉民营企业解纷机制建设。持续优化诉讼服务质效,为民营企业提供优质的网上立案、跨域立案、在线鉴定、在线保全等诉讼服务,切实为涉诉企业提供便利。尊重当事人的仲裁约定,依法认定仲裁协议效力,支持民营企业选择仲裁机制解决纠纷。完善仲裁司法审查制度,在统一、严格司法审查标准基础上,营造仲裁友好型的司法环境。坚持和发展新时代"枫桥经验",坚持把非诉讼纠纷解决机制挺在前面,充分发挥多元解纷效能,加强与相关单位协作配合,依法支持引导相关主体构建协会内和平台内的纠纷解决机制,为民营企业提供低成本、多样化、集约式纠纷解决方式。深化与工商联的沟通联系机制,畅通工商联依法反映民营企业维权诉求渠道。保障商会调解培育培优行动,优化拓展民营企业维权渠道,不断提升民营经济矛盾纠纷多元化解能力水平。

六、加强组织实施

各级人民法院要把强化民营经济法治保障作为重大政治任务,加强组织领导和推进实施,及时研究解决工作落实中的新情况新问题。最高人民法院各审判业务部门要加强条线指导,各地法院要结合本地区经济社会发展实际,细化完善保障措施,确保务实管用见效。要强化对已出台司法政策措施的督促落实,及时听取社会各方面特别是工商联、民营企业家等意见建议,以问题为导向做好整改完善工作。要认真总结人民法院保障民营经济发展的好经验好做法,做好总结、宣传、推广,为民营经济发展壮大营造更加良好的舆论和法治氛围。

最高人民法院关于为改善营商环境提供司法保障的若干意见

(2017年8月7日 法发〔2017〕23号)

为改善投资和市场环境,营造稳定公平透明、可预期的营商环境,加快建设开放型经济新体制提供更加有力的司法服务和保障,结合人民法院审判执行工作实际,制定本意见。

一、依法平等保护各类市场主体,推动完善社会主义市场经济主体法律制度

1. 坚持平等保护原则,充分保障各类市场主体的合法权益。全面贯彻平等保护不同所有制主体、不同地区市场主体、不同行业利益主体的工作要求,坚持各类市场主体法律地位平等、权利保护平等和发展机会平等的原则,依法化解各类矛盾纠纷,推动形成平等有序、充满活力的法治化营商环境。严格落实《最高人民法院关于依法平等保护非公有制经济促进非公有制经济健康发展的意见》,为非公有制经济健康发展提供良好的司法环境。

2. 根据《中华人民共和国民法总则》法人制度的规定,进一步完善法人规则体系。针对《中华人民共和国民法总则》法人制度部分的变化,及时总结具体适用过程中存在的问题,区分情况加以研究解决,推动社会主义市场经济法人制度的进一步完善。

3. 加强中小股东保护,推动完善公司治理结构。适时出台公司法相关司法解释,正确处理公司决议效力、股东知情权、利润分配权、优先购买权和股东代表诉讼等纠纷案件,依法加强股东权利保护,促进公司治理规范化,提升我国保护中小股东权益的国际形象,增强社会投资的积极性。

二、准确把握市场准入标准,服务开放型经济新体制建设

4. 做好与商事制度改革的相互衔接,推动形成更加有利于大众创业、万众创新的营商氛围。妥善应对商事登记制度改革对司法审判工作的影响,切实推动解决注册资本认缴登记制改革后的法律适用问题。利用大数据和现代信息技术,积极推动建立全国统一的各类财产权属登记平台和金融交易登记平台,让市场交易更加便利、透明。

5. 准确把握外商投资负面清单制度,促进外资的有效利用。在处理外商投资企业纠纷的案件中,依法落实外商投资管理体制改革的各项举措,准确把握外商投资负面清单制度的内容以及清单变化情况,妥善处理在逐步放开外商投资领域时产生的涉及外资准入限制和股比限制的法律适用问题,形成更加开放、公平、便利的投资环境。

6. 依法审理各类涉外商事海事案件,服务和保障"一带一路"等国家重大战略的实施。充分发挥审判职能作用,依法行使司法管辖权,公正高效审理各类涉外商事海事案件,平等保护中外当事人程序权利和实体权益。按照《最高人民法院关于人民法院为"一带一路"建设提供司法服务和保障的若干意见》,加强与"一带一路"沿线国家的国际

司法协助,完善相关工作机制,及时化解争议纠纷,为"一带一路"建设营造良好法治环境。

7. 加强涉自贸试验区民商事审判工作,为开放型经济新体制建设提供司法保障。落实《最高人民法院关于为自由贸易试验区建设提供司法保障的意见》,积极配合自贸试验区政府职能转变、投资领域开放、贸易发展方式转变、金融领域开放创新等各项改革措施,公正高效审理各类涉自贸试验区案件,依法保障自贸试验区建设的制度创新。对案件审理过程中发现与自贸试验区市场规则有关的制度缺陷问题,及时提出司法建议,持续推进自贸试验区法治建设。

8. 适时提出立法、修法建议和制定、修订司法解释,为外商投资提供良好的法制保障。清理涉及外商投资的司法解释及政策文件,对于已与国家对外开放基本政策、原则不符的司法解释及政策文件,及时修订或废止。对于需要通过制定相关法律法规予以解决的问题,及时提出立法、修法建议;对于需要出台司法解释解决的问题,及时出台司法解释。

三、保障市场交易公平公正,切实维护市场交易主体合法权益

9. 加大产权保护力度,夯实良好营商环境的制度基础。严格落实《中共中央、国务院关于完善产权保护制度依法保护产权的意见》及《最高人民法院关于充分发挥审判职能作用切实加强产权司法保护的意见》,完善各类市场交易规则,妥善处理涉产权保护案件,推动建立健全产权保护法律制度体系。深入研究和合理保护新型权利类型,科学界定产权保护边界,妥善调处权利冲突,切实实现产权保护法治化。

10. 依法审理各类合同案件,尊重契约自由,维护契约正义。尊重和保护市场主体的意思自治,合理判断各类交易模式和交易结构创新的合同效力,促进市场在资源配置中起决定性作用,提升市场经济活力。严格按照法律和司法解释规定,认定合同性质、效力、可撤销、可解除等情形,维护契约正义。通过裁判案件以及适时发布指导性案例等形式,向各类市场主体宣示正当的权利行使规则和违反义务的法律后果,强化市场主体的契约意识、规则意识和责任意识。妥善处理民行、民刑交叉问题,厘清法律适用边界,建立相应机制,准确把握裁判尺度。

11. 妥善审理各类金融案件，为优化营商环境提供金融司法支持。依法审理金融借款、担保、票据、证券、期货、保险、信托、民间借贷等案件，保护合法交易，平衡各方利益。以服务实体经济为宗旨，引导和规范各类金融行为。慎重审查各类金融创新的交易模式、合同效力，加快研究出台相应的司法解释和司法政策。严厉打击各类金融违法犯罪行为，维护金融秩序。加强对金融消费者的保护，切实维护其合法权益。加强金融审判机构和队伍的专业化建设，持续提升金融审判专业化水平。

12. 严格依法审理各类知识产权案件，加大知识产权保护力度，提升知识产权保护水平。严格落实《中国知识产权司法保护纲要（2016—2020）》，持续推进知识产权审判工作。加强对新兴领域和业态知识产权保护的法律问题研究，适时出台司法解释和司法政策，推动知识产权保护法律法规和制度体系的健全完善。加强知识产权法院体系建设，充分发挥审判机构专门化、审判人员专职化和审判工作专业化的制度优势。进一步发挥知识产权司法监督职能，加大对知识产权授权确权行政行为司法审查的深度和广度，推动完善知识产权诉讼中的权利效力审查机制，合理强化特定情形下民事诉讼对民行交叉纠纷解决的引导作用，促进知识产权行政纠纷的实质性解决。综合运用民事、行政和刑事手段从严惩处各类知识产权侵权违法犯罪行为，依法让侵权者付出相应代价。

13. 推动建立统一开放的社会主义市场体系，促进市场有序竞争。严格依据相关竞争法律法规，规制各类垄断行为和不正当竞争行为，妥善处理破坏市场竞争规则的案件，充分发挥司法裁判对公平竞争市场环境的维护和指引作用。进一步规范行政机关的行政许可和审批行为，并通过建立完善与行政区划适当分离的司法管辖制度等方式，打破部门垄断和地方保护，推动形成权责明确、公平公正、透明高效、法治保障的市场监管格局，为维护公平有序的市场竞争环境提供司法保障。

14. 加强执行工作，充分保障胜诉当事人合法权益的实现。全面构建综合治理执行难工作格局，按照《关于落实"用两到三年时间基本解决执行难问题"的工作纲要》要求，完善执行法律规范体系，加强执行信息化建设,加大执行力度,规范执行行为,切实增强执行威慑,优化执行效果。严格依据刑法及司法解释的规定,依法追究拒不执行人民法院判决、裁定的被执行人、协助执行义务人、担保人的刑事责任。

四、加强破产制度机制建设,完善社会主义市场主体救治和退出机制

15. 完善破产程序启动机制和破产企业识别机制,切实解决破产案件立案难问题。按照法律及司法解释的相关规定,及时受理符合立案条件的破产案件,不得在法定条件之外设置附加条件。全力推进执行案件移送破产审查工作,实现"能够执行的依法执行,整体执行不能符合破产法定条件的依法破产"的良性工作格局。积极探索根据破产案件的难易程度进行繁简分流,推动建立简捷高效的快速审理机制,尝试将部分事实清楚、债权债务关系清晰或者"无产可破"的案件,纳入快速审理范围。

16. 推动完善破产重整、和解制度,促进有价值的危困企业再生。引导破产程序各方充分认识破产重整、和解制度在挽救危困企业方面的重要作用。坚持市场化导向开展破产重整工作,更加重视营业整合和资产重组,严格依法适用强制批准权,以实现重整制度的核心价值和制度目标。积极推动构建庭外兼并重组与庭内破产程序的相互衔接机制,加强对预重整制度的探索研究。研究制定关于破产重整制度的司法解释。

17. 严厉打击各类"逃废债"行为,切实维护市场主体合法权益。严厉打击恶意逃废债务行为,依法适用破产程序中的关联企业合并破产、行使破产撤销权和取回权等手段,查找和追回债务人财产。加大对隐匿、故意销毁会计凭证、会计账簿、财务会计报告等犯罪行为的刑事处罚力度。

18. 协调完善破产配套制度,提升破产法治水平。推动设立破产费用专项基金,为"无产可破"案件提供费用支持。将破产审判工作纳入社会信用体系整体建设,对失信主体加大惩戒力度。推动制定针对破产企业豁免债务、财产处置等环节的税收优惠法律法规,切实减轻破产企业税费负担。协调解决重整或和解成功企业的信用修复问题,促进企业重返市场。推进府院联动破产工作统一协调机制,统筹推进破产程序中的业务协调、信息提供、维护稳定等工作。积极协调政府运用财政奖补资金或设立专项基金,妥善处理职工安置和利益保障问题。

19.加强破产审判组织和破产管理人队伍的专业化建设,促进破产审判整体工作水平的持续提升。持续推进破产审判庭室的设立与建设工作,提升破产审判组织和人员的专业化水平。研究制定关于破产管理人的相关司法解释,加快破产管理人职业化建设。切实完善破产审判绩效考核等相关配套机制,提高破产审判工作效能。

五、推动社会信用体系建设,为持续优化营商环境提供信用保障

20.充分运用信息化手段,促进社会信用体系建设的持续完善。探索社会信用体系建设与人民法院审判执行工作的深度融合路径,推动建立健全与市场主体信用信息相关的司法大数据的归集共享和使用机制,加大守信联合激励和失信联合惩戒工作力度。

21.严厉惩处虚假诉讼行为,推进诉讼诚信建设。严格依照法律规定,追究虚假诉讼、妨害作证等行为人的刑事法律责任。适时出台相关司法解释,明确虚假诉讼罪的定罪量刑标准。完善对提供虚假证据、故意逾期举证等不诚信诉讼行为的规制机制,严厉制裁诉讼失信行为。

22.强化对失信被执行人的信用惩戒力度,推动完善失信惩戒机制。按照中共中央办公厅、国务院办公厅印发的《关于加快推进失信被执行人信用监督、警示和惩戒机制建设的意见》要求,持续完善公布失信被执行人名单信息、限制被执行人高消费等制度规范,严厉惩戒被执行人失信行为。推动完善让失信主体"一处失信、处处受限"的信用惩戒大格局,促进社会诚信建设,实现长效治理。

关于依法惩治和预防民营企业内部人员侵害民营企业合法权益犯罪为民营经济发展营造良好法治环境的意见

(2023年7月26日 高检发办字〔2023〕100号)

为深入贯彻党的二十大精神,全面贯彻习近平经济思想、习近平法治思想,认真落实《中共中央 国务院关于促进民营经济发展壮大的意见》,积极回应企业家关切,以高质效检察履职助力优化民营经济发展环境,依法保护民营企业产权和企业家权益,促进民营经济发展壮大,现就检察机关依法保护民营企业合法权益,惩治和预防侵害民营企业利益的民营企业内部人员犯罪,营造良好法治环境,提出如下意见。

一、基本要求

1. 深入贯彻党中央决策部署,把依法惩治和预防民营企业内部人员犯罪作为依法保护民营企业合法权益的重要内容。党的十八大以来,以习近平同志为核心的党中央高度重视民营经济健康发展、高质量发展,习近平总书记作出一系列重要指示批示,突出强调"两个毫不动摇""三个没有变""两个健康"。党的二十大报告明确要求:"优化民营企业发展环境,依法保护民营企业产权和企业家权益,促进民营经济发展壮大。"民营企业内部人员,特别是民营企业高管、财务、采购、销售、技术等关键岗位人员犯罪,不仅严重损害民营企业合法权益,影响民营企业核心竞争力和创新发展,而且扰乱公平竞争市场秩序,破坏民营企业发展环境。各级检察机关要深入贯彻党中央决策部署,把平等对待、平等保护的要求落实到履职办案中,助力营造市场化、法治化、国际化营商环境。坚持标本兼治,既要依法惩治民营企业内部人员犯罪,又要在办案中依法保障企业正常生产经营活动,帮助民营企业去疴除弊、完善内部治理。

2.依法惩治影响民营企业健康发展的民营企业内部人员犯罪。依法加大对民营企业内部人员实施的职务侵占、挪用资金、受贿等腐败行为的惩处力度。推动健全涉案财物追缴处置机制,为涉案民营企业挽回损失。结合办案,推动民营企业腐败源头治理。对民营企业内部人员利用职务便利,非法经营同类营业、为亲友非法牟利和徇私舞弊低价折股、出售企业资产等行为,要依法处理。严厉打击影响企业创新发展的民营企业关键技术岗位、管理岗位人员侵犯商业秘密、商标权、著作权等犯罪。办理上述案件过程中,发现行贿、对非国家工作人员行贿等犯罪线索的,要依法及时移送监察机关、公安机关。办理案件时,要防止以刑事手段插手经济纠纷,对因股权纠纷、债务纠纷等经济纠纷引发的案件,要准确把握罪与非罪的界限。

3.坚持公正司法,全面准确贯彻宽严相济刑事政策。坚持严格依法办案、公正司法,综合考虑主观恶性、犯罪性质情节、认罪认罚情况、退赃退赔情况、与被害企业和解等因素,全面准确贯彻落实宽严相济刑事政策,做到依法该严则严、当宽则宽。对于主观恶性大、情节恶劣的犯罪嫌疑人、被告人,应当依法从严处理;对于认罪认罚、主观恶性不大、情节较轻的人员,依法从宽处理。

二、高质效履行检察职责,确保政治效果、法律效果、社会效果有机统一

4.加强立案监督。结合民营企业内部人员犯罪案件特点,会同公安机关进一步明确职务侵占、挪用资金、侵犯商业秘密等常见犯罪立案标准,健全涉民营企业案件立案审查机制,防止应当立案而不立案。充分发挥侦查监督与协作配合机制作用,加强侵害民营企业利益的民营企业内部人员犯罪案件信息共享,对公安机关应当立案而不立案问题依法进行监督。检察机关接到报案、控告、举报或者在工作中发现监督线索,要依法及时开展调查核实工作;需要监督纠正的,依法向公安机关提出监督意见。对监督立案案件,注重跟踪问效,防止立而不查。探索利用大数据法律监督模型,破解"立案难"问题。

5.准确把握审查逮捕标准。准确把握逮捕的证据条件、刑罚条件和社会危险性条件,对符合逮捕条件的依法批准逮捕,防止以起诉条件替代逮捕条件;对没有逮捕必要的,依法作出不批准逮捕决定。对

关键技术岗位人员,要根据案情、结合企业生产经营需求依法判断是否有逮捕必要性。用好引导取证、退回补充侦查、自行侦查等措施,加强对民营企业内部人员犯罪案件证据收集的引导工作。对不符合逮捕条件但有补充侦查必要的,应当列明补充侦查提纲。对于犯罪嫌疑人在取保候审期间有实施毁灭、伪造证据,串供或者干扰证人作证,足以影响侦查、审查起诉工作正常进行的行为的,依法予以逮捕。

6. 准确把握起诉标准。坚持罪刑法定、罪责刑相适应和法律面前人人平等等原则,依照法律规定和法定程序准确适用起诉和不起诉。犯罪行为本身性质、社会危害与犯罪嫌疑人的主观恶性是决定诉与不诉的基本依据;认罪认罚、赔偿谅解、被害企业态度等是在确定行为性质与主观恶性后,案件处于可诉可不诉情形时,需要予以充分考量的因素。在查明案件事实、情节的基础上,结合案件具体情况和公共利益考量等因素,对起诉必要性进行审查。对于符合法定条件、没有起诉必要的,依法作出不起诉决定。

7. 加强追赃挽损工作。充分运用认罪认罚从宽制度,督促引导犯罪嫌疑人、被告人退赃退赔,积极帮助被害企业挽回损失。注重依法提出财产刑方面的量刑建议,加大对刑事裁判涉财产部分执行监督,不让犯罪嫌疑人、被告人从侵害民营企业利益案件中得到任何好处。

8. 加强行政执法与刑事司法的有效衔接。加强与市场监管部门、知识产权主管部门等行政执法机关的工作衔接,依法监督有关行政执法机关及时向公安机关移送在执法过程中发现的涉嫌非国家工作人员受贿、对非国家工作人员行贿、侵犯知识产权等犯罪线索。对于行政机关移送立案侦查的案件,加强立案监督。检察机关作出不起诉的案件,需要给予行政处罚的,依法向有关行政机关提出检察意见。

三、推动完善立法及司法解释,为民营经济健康发展提供更加有力的法治保障

9. 推动完善相关立法。结合案件办理,深入调研刑事立法、司法等方面存在的民营企业平等保护落实不到位的突出问题,积极提出立法建议,推动就依法惩治民营企业内部人员犯罪问题修改法律,在法律上体现平等保护的要求。

10. 及时出台相关司法解释。会同最高人民法院研究制定办理非国家工作人员受贿、职务侵占等刑事案件适用法律的司法解释，对司法实践中办理民营企业内部人员相关犯罪案件的法律适用、定罪量刑标准、法定从宽从严情形的认定、此罪与彼罪的界限以及宽严相济刑事政策的把握等问题予以明确，统一司法标准。

四、加强法治宣传，促进企业加强自身合规建设

11. 引导促进民营企业自主加强合规建设。针对民营企业内部人员犯罪案件中反映出的内部管理问题，通过制发检察建议等方式促进源头治理，帮助企业查缺补漏、建章立制、加强管理，推动建立现代企业制度。会同工商联等鼓励、引导民营企业自主加强合规建设，把廉洁经营作为合规建设重要内容，出台企业廉洁合规指引与建设标准，落实内部监督检查制度，对人财物和基建、采购、销售等重点部门、重点环节、重点人员实施财务审核、检查、审计，及时发现和预防违法犯罪问题，推动建设法治民营企业、清廉民营企业。

12. 创新开展犯罪预防工作。加强与各级工商联以及行业协会、商会等单位合作，根据不同类型民营企业内部人员犯罪的发案特点，有针对性加强犯罪预防工作。通过发布典型案例，举办"检察开放日"、常态化开展检察官巡讲、巡展等法治宣传教育，加大以案释法力度。通过公开送达法律文书、邀请参加典型案件庭审观摩等方式，引导民营企业内部人员增强法治意识、廉洁意识、底线意识。充分利用检察机关新媒体平台，持续宣传依法平等保护民营经济的理念、做法、成效，促进凝聚社会共识。

最高人民法院关于充分发挥司法职能作用助力中小微企业发展的指导意见

（2022年1月13日　法发〔2022〕2号）

中小微企业是国民经济和社会发展的生力军，是扩大就业、改善民生、促进创业创新的重要力量。进一步加大对中小微企业支持力

度,激发企业活力和发展动力,对于继续做好"六稳""六保"工作,稳定宏观经济大盘,加快构建新发展格局、推动高质量发展具有重要意义。为完整、准确、全面贯彻新发展理念,进一步发挥人民法院司法职能作用,助力中小微企业发展,提出如下意见。

一、积极营造公平竞争、诚信经营的市场环境

1. 依法保护中小微企业生存发展空间。依法公正高效审理反垄断、反不正当竞争案件,严惩强制"二选一"、低价倾销、强制搭售、屏蔽封锁、刷单炒信等违法行为。依法认定经营者滥用数据、算法、技术、资本优势以及平台规则等排除、限制竞争行为,防止资本无序扩张,保护中小微企业生存发展空间。健全司法与执法衔接机制,支持反垄断行政执法机关依法履职,加强沟通协作,推动形成工作合力。

2. 服务深化"放管服"改革。加强行政审判,支持行政机关整顿违法经营,规范市场秩序。依法监督、促进行政机关严格依照法定权限和程序进行监管,保护中小微企业经营自主权。推动破除区域分割和地方保护,促进落实全国统一的市场准入负面清单制度。加强市场主体涉诉信息与相关部门信息共享整合,为构建以信用为基础的新型监管机制提供有力司法支持。

3. 支持保护市场主体自主交易。在审理合同纠纷案件中,坚持自愿原则和鼓励交易原则,准确把握认定合同无效的法定事由,合理判断各类交易模式和交易结构创新的合同效力,充分发挥中小微企业的能动性,促进提升市场经济活力。弘扬契约精神,具有优势地位的市场主体利用中小微企业处于危困状态或者对内容复杂的合同缺乏判断能力,致使合同成立时显失公平,中小微企业请求撤销该合同的,应予支持;具有优势地位的市场主体采用格式条款与中小微企业订立合同,未按照民法典第四百九十六条第二款的规定就与中小微企业有重大利害关系的条款履行提示或者说明义务,致使中小微企业没有注意或者理解该条款,中小微企业主张该条款不成为合同内容的,应予支持;对于受疫情等因素影响直接导致中小微企业合同履行不能或者继续履行合同对其明显不公的,依照民法典第五百九十条或者第五百三十三条的规定适用不可抗力或者情势变更规则妥善处理。

4. 支持引导市场主体依法诚信经营。在审理合同纠纷案件中,对当事人违反预约合同约定的义务,或者假借订立合同恶意进行磋商等违背诚信原则的行为,强化预约合同违约责任、缔约过失责任等制度运用,提升市场主体的诚信意识、规则意识和责任意识。在依法认定合同不成立、无效或者予以撤销后,应当根据具体情况合理确定双方当事人的法律责任,防止不诚信当事人因合同不成立、无效或者被撤销而获益。推动诉讼诚信建设,严厉惩处通过虚假诉讼、恶意诉讼阻碍中小微企业正常经营发展的违法行为。加大执行力度,严厉打击失信企业通过多头开户、关联交易、变更法定代表人等方式规避执行的逃废债行为。

二、切实加强中小微企业产权司法保护

5. 公平公正保护中小微企业合法权益。坚持各类市场主体权利平等、机会平等、规则平等,在诉讼过程中,对大型企业和中小微企业一视同仁。充分考虑中小微企业的实际情况,依法对其进行诉讼引导和释明,加大依职权调取证据的力度,切实查清案件事实,防止一些中小微企业在市场交易中的弱势地位转化为诉讼中的不利地位,努力实现程序公正与实体公正相统一。继续完善一站式多元解纷机制,推进在线诉讼模式,强化简易、小额诉讼程序适用,提升诉讼便捷性,切实降低中小微企业诉讼成本。通过合理确定保全担保数额、引入保全责任险担保等方式,降低中小微企业保全成本,保障实现胜诉债权。对生产经营存在严重困难的中小微企业,依法提供减交、缓交诉讼费等司法救助。

6. 加大中小微企业知识产权保护力度。落实知识产权侵权惩罚性赔偿制度,加大对"专精特新"中小微企业关键核心技术和原始创新成果的保护力度,支持引导企业通过技术进步和科技创新提升核心竞争力。中小微企业在订立技术转让合同、技术许可合同获取特定技术过程中,合同相对方利用优势地位附加不合理限制技术竞争和技术改进的条件,或者不合理要求无偿、低价回购中小微企业所开发的新技术、新产品,经审查认为违反反垄断法等法律强制性规定的,原则上应当认定相关条款或者合同无效。妥善处理保护商业秘密与人才合理流动的关系,在维护劳动者正当就业创业合法权益的同时,依法保护中小微企业商业秘密。依法制裁不诚信诉讼和恶意诉讼行为,规制滥

用知识产权阻碍中小微企业创新的不法行为。

7.坚决防止利用刑事手段干预中小微企业经济纠纷。严格落实罪刑法定、疑罪从无等法律原则,严格区分中小微企业正当融资与非法集资、合同纠纷与合同诈骗、参与兼并重组与恶意侵占国有资产等的界限,坚决防止把经济纠纷认定为刑事犯罪、把民事责任认定为刑事责任。落实刑法及有关司法解释的规定,对于中小微企业非法吸收或者变相吸收公众存款,主要用于正常的生产经营活动,能够及时清退所吸收资金的,可以免予刑事处罚;情节显著轻微、危害不大的,不作为犯罪处理。

8.依法保护中小微企业等市场主体在民事、行政、刑事交叉案件中的合法权益。切实贯彻民法典第一百八十七条的规定,债务人因同一行为应当承担民事责任、行政责任和刑事责任,其财产不足以支付的,依法保障中小微企业等市场主体的民事债权优先于罚款、罚金、没收财产等行政、刑事处罚受偿。在刑事裁判涉财产部分执行过程中,中小微企业等市场主体作为案外人对执行标的提出异议的,严格依照相关规定妥善处理,依法保护其合法财产权益。除法律、司法解释另有规定外,对中小微企业等市场主体与刑事案件犯罪嫌疑人或者被告人产生的民事纠纷,如果民事案件不是必须以刑事案件的审理结果为依据,则不得以刑事案件正在侦查或者尚未审结为由对民事案件不予受理或者中止审理,切实避免因刑事案件影响中小微企业等市场主体通过民事诉讼及时维护其合法权益。在中小微企业等市场主体为被告人的刑事案件审理过程中,应当严格区分违法所得和合法财产、企业法人财产和个人财产,对确实与案件无关的财物,应当及时解除查封、扣押、冻结措施。

三、助力缓解中小微企业融资难融资贵问题

9.依法妥善审理金融借款纠纷案件。对金融机构违反普惠小微贷款支持工具政策提出的借款提前到期、单方解除合同等诉讼主张,不予支持;对金融机构收取的利息以及以咨询费、担保费等其他费用为名收取的变相利息,严格依照支农支小再贷款信贷优惠利率政策的规定,对超出部分不予支持。

10.助力拓宽中小微企业融资渠道。严格依照民法典及有关司法解释的规定,依法认定生产设备等动产担保,以及所有权保留、融资租赁、保理等非典型担保债权优先受偿效力,支持中小微企业根据自身实际情况拓宽融资渠道。对符合法律规定的仓单、提单、汇票、应收账款、知识产权等权利质押以及保兑仓交易,依法认定其有效,支持金融机构创新服务中小微企业信贷产品。依法推动供应链金融更好服务实体经济发展,针对供应链金融交易中产生的费用,根据费用类型探索形成必要性和适当性原则,合理限制交易费用,切实降低中小微企业融资成本。积极与全国中小企业融资综合信用服务平台共享企业涉诉信息,推动实现对中小微企业信用评价的精准"画像",提高企业贷款可得性。

11. 依法规制民间借贷市场秩序。对"高利转贷""职业放贷"等违法借贷行为,依法认定其无效。推动各地人民法院根据本地区实际情况建立"职业放贷人"名录制度。依法否定规避利率司法保护上限合同条款,对变相高息等超出法律、司法解释规定的利息部分不予支持。在审判执行过程中发现有非法集资、"套路贷"、催收非法债务等犯罪嫌疑的,应当及时将有关材料移送相关部门。

四、依法高效办理拖欠中小微企业账款案件

12. 建立健全办理拖欠中小微企业账款案件长效机制。将拖欠中小微企业账款案件纳入办理拖欠农民工工资案件的快立快审快执"绿色通道",确保农民工就业比较集中的中小微企业及时回笼账款,及时发放农民工工资。与拖欠中小微企业账款监管部门密切协作,推进协同治理。加大平安建设考评(执行难综合治理及源头治理部分)在机关、事业单位拖欠中小微企业账款案件中的适用力度。推动将清理拖欠中小微企业账款工作情况纳入营商环境指标体系。开展拖欠中小微企业账款案件专项执行行动,依法加大失信惩戒、限制消费等措施的适用力度,及时兑现中小微企业胜诉权益。

13. 切实防止有关市场主体损害中小微企业合法权益。机关、事业单位和大型企业以法定代表人或者主要负责人变更、履行内部付款流程,或者在合同未作约定的情况下以等待竣工验收批复、决算审计等明显不合理的理由拒绝或者延迟向中小微企业支付账款,中小微企业提起诉讼要求支付的,人民法院应予支持。机关、事业单位和大型企业就拖欠账款问题迫使中小微企业接受不平等条件,达成与市场价格明显背离的以物抵债协议或者约定明显不合理的支付期限、条件,中小微企业以显失公平为由请求撤销该协议或者约定的,人民法院应予支持。

14. 依法保障建设工程领域中小微企业和农民工合法权益。对商品房预售资金监管账户、农民工工资专用账户和工资保证金账户内资金依法审慎采取保全、执行措施,支持保障相关部门防范应对房地产项目逾期交付风险,维护购房者合法权益,确保农民工工资支付到位。冻结商品房预售资金监管账户的,应当及时通知当地住房和城乡建设主管部门;除当事人申请执行因建设该商品房项目而产生的工程建设进度款、材料款、设备款等债权案件外,在商品房项目完成房屋所有权首次登记前,对于监管账户中监管额度内的款项,不得采取扣划措施,不得影响账户内资金依法依规使用。除法律另有专门规定外,不得以支付为本项目提供劳动的农民工工资之外的原因冻结或者划拨农民工工资专用账户和工资保证金账户资金;为办理案件需要,人民法院可以对前述两类账户采取预冻结措施。

五、有效发挥司法对中小微企业的挽救功能

15. 积极促成当事人达成执行和解。在执行过程中,中小微企业因资金流动性困难不能清偿执行债务的,积极引导当事人达成减免债务、延期支付的执行和解协议;多个案件由不同人民法院管辖的,可以通过提级执行、指定执行等方式集中办理,积极促成当事人达成履行债务的"一揽子"协议,依法为企业缓解债务压力、恢复生产经营创造条件。

16. 科学甄别、依法保护有挽救价值的中小微企业。对受疫情等因素影响无法清偿所有债务但具有挽救价值的中小微企业,债权人提出破产申请的,积极引导当事人通过债务重组、资产重构等方式进行庭外和解,帮助企业渡过难关。对于已经进入破产程序但具有挽救价值的中小微企业,积极引导企业通过破产重整、和解等程序,全面解决企业债务危机,公平有序清偿相应债权,使企业获得再生。

六、最大限度降低保全、执行措施对中小微企业等市场主体的不利影响

17. 全面清查超标的查封、乱查封问题。开展专项清查行动,依法及时纠正超标的查封、乱查封问题。各级人民法院应当依托12368司法服务热线、执行信访等问题反映渠道,建立解决超标的查封、乱查封问题快速反应机制,对当事人反映的问题及时受理,快速处理;执行人员对超标的查封、乱查封问题存在过错的,依法严肃追责。

18. 依法审慎采取财产保全措施。对中小微企业等市场主体采取保全措施时,人民法院应当依照法律规定的标准和程序严格审查。经初步审查认为当事人的诉讼请求明显不能成立的,对其提出的保全申请,依法予以驳回。当事人明显超出诉讼请求范围申请保全的,对其超出部分的申请,不予支持。在金钱债权案件中,被采取保全措施的中小微企业等市场主体提供担保请求解除保全措施,经审查认为担保充分有效的,应当裁定准许,不得以申请保全人同意为必要条件。加大对错误保全损害赔偿案件的审查力度,严厉惩处恶意申请保全妨碍中小微企业等市场主体正常经营发展的违法行为。

19. 依法灵活采取查封、变价措施。查封中小微企业等市场主体的厂房、机器设备等生产性资料的,优先采取"活封"措施,在能够保障债权人利益的情况下,应当允许其继续使用或者利用该财产进行融资。需要查封的不动产整体价值明显超出债权额的,应当对该不动产相应价值部分采取查封措施;因不动产未办理分割登记而对其进行整体查封后,应当及时协调相关部门办理分割登记并解除对超标的部分的查封。积极引导当事人通过议价、询价等方式确定财产处置参考价,切实为被执行中小微企业等市场主体节省评估费用。发挥网络司法拍卖溢价率高、成本低的优势,优先适用网络司法拍卖方式处置财产。对不动产等标的额较大或者情况复杂的财产,被执行中小微企业等市场主体认为委托评估确定的参考价过低,申请在一定期限内自行处置的,在能够保障债权人利益的情况下,人民法院可以准许。

20. 依法精准适用失信惩戒和限制消费措施。严格区分失信惩戒与限制消费措施的适用条件,被执行中小微企业等市场主体仅符合限制消费情形但不符合失信情形的,不得将其纳入失信名单。严格区分失信与丧失履行能力,中小微企业等市场主体因经营失利丧失履行能力且不具有法律、司法解释规定的规避、抗拒执行等违法情形的,不得以有履行能力拒不履行义务为由将其纳入失信名单。健全信用修复机制,中小微企业等市场主体的失信信息符合法定屏蔽条件的,应当及时采取屏蔽措施;失信信息被屏蔽后,其因融资、招投标等需要请求提供信用修复证明的,人民法院可以出具相关证明材料。

最高人民法院关于大型企业与中小企业约定以第三方支付款项为付款前提条款效力问题的批复

(2024年6月3日最高人民法院审判委员会第1921次会议通过 2024年8月27日公布 法释〔2024〕11号 自2024年8月27日起施行)

山东省高级人民法院:

你院《关于合同纠纷案件中"背靠背"条款效力的请示》收悉。经研究,批复如下:

一、大型企业在建设工程施工、采购货物或者服务过程中,与中小企业约定以收到第三方向其支付的款项为付款前提的,因其内容违反《保障中小企业款项支付条例》第六条、第八条的规定,人民法院应当根据民法典第一百五十三条第一款的规定,认定该约定条款无效。

二、在认定合同约定条款无效后,人民法院应当根据案件具体情况,结合行业规范、双方交易习惯等,合理确定大型企业的付款期限及相应的违约责任。双方对欠付款项利息计付标准有约定的,按约定处理;约定违法或者没有约定的,按照全国银行间同业拆借中心公布的一年期贷款市场报价利率计息。大型企业以合同价款已包含对逾期付款补偿为由要求减轻违约责任,经审查抗辩理由成立的,人民法院可予支持。

最高人民法院关于为加快建设全国统一大市场提供司法服务和保障的意见

(2022年7月14日 法发〔2022〕22号)

为深入贯彻党的十九大和十九届历次全会精神，认真落实《中共中央、国务院关于加快建设全国统一大市场的意见》，充分发挥人民法院职能作用，为加快建设全国统一大市场提供高质量司法服务和保障，结合人民法院工作实际，制定本意见。

一、总体要求

1. 切实增强为加快建设全国统一大市场提供司法服务和保障的责任感、使命感。加快建设高效规范、公平竞争、充分开放的全国统一大市场，是以习近平同志为核心的党中央从全局和战略高度作出的重大战略部署，是构建新发展格局的基础支撑和内在要求。各级人民法院要切实把思想和行动统一到党中央重大战略部署上来，深刻把握"两个确立"的决定性意义，增强"四个意识"、坚定"四个自信"、做到"两个维护"，不断提高政治判断力、政治领悟力、政治执行力，坚持服务大局、司法为民、公正司法，忠实履行宪法法律赋予的职责，充分发挥法治的规范、引领和保障作用，为加快建设全国统一大市场提供高质量司法服务和保障。

2. 准确把握为加快建设全国统一大市场提供司法服务和保障的切入点、着力点。各级人民法院要紧紧围绕党中央重大决策部署，坚持"两个毫不动摇"，坚持问题导向，完整、准确、全面贯彻新发展理念，强化系统观念、注重协同配合、积极担当作为，统筹立审执各领域、各环节精准发力，统筹市场主体、要素、规则、秩序统一保护，对标对表持续推动国内市场高效畅通和规模拓展、加快营造稳定公平透明可预期的营商环境、进一步降低市场交易成本、促进科技创新和产业升级、培育参与国际竞争合作新优势五大主要目标，有针对性地完善司法政策、创新工作机制、提升司法质效,不断提高司法服务保障工作的实效性,更好发挥市场在资源配置中的决定性作用,为建设高标准市场体系、构建高水平社会主义市场经济体制提供坚强司法支撑。

二、加强市场主体统一平等保护

3.助力实行统一的市场准入。依法审理建设工程、房地产、矿产资源以及水、电、气、热力等要素配置和市场准入合同纠纷案件,准确把握自然垄断行业、服务业等市场准入放宽对合同效力的影响,严格落实"非禁即入"政策。依法审理涉市场准入行政案件,支持分级分类推进行政审批制度改革,遏制不当干预经济活动特别是滥用行政权力排除、限制竞争行为。加强市场准入负面清单、涉企优惠政策目录清单等行政规范性文件的附带审查,推动行政机关及时清理废除含有地方保护、市场分割、指定交易等妨碍统一市场和公平竞争的规范性文件,破除地方保护和区域壁垒。

4.加强产权平等保护。坚持各类市场主体诉讼地位平等、法律适用平等、法律责任平等,依法平等保护各类市场主体合法权益。严格区分经济纠纷、行政违法与刑事犯罪,坚决防止将经济纠纷当作犯罪处理,坚决防止将民事责任变为刑事责任。依法惩治侵犯产权违法犯罪行为,健全涉案财物追缴处置机制,最大限度追赃挽损。充分贯彻善意文明执行理念,进一步规范涉产权强制措施,严禁超标的、违法查封财产,灵活采取查封、变价措施,有效释放被查封财产使用价值和融资功能。完善涉企产权案件申诉、重审等机制,健全涉产权冤错案件有效防范纠正机制。支持规范行政执法领域涉产权强制措施,依法维护市场主体经营自主权。

5.依法平等保护中外当事人合法权益。研究制定法律查明和国际条约、国际惯例适用等司法解释,准确适用域外法律和国际条约、国际惯例。优化涉外民商事纠纷诉讼管辖机制,研究制定第一审涉外民商事案件管辖司法解释。加强司法协助工作,完善涉外送达机制,推动建成域外送达统一平台。推进国际商事法庭实质化运行,健全国际商事专家委员会工作机制,完善一站式国际商事纠纷解决信息化平台,实现调解、仲裁和诉讼有机衔接,努力打造国际商事纠纷解决新高地。准确适用外商投资法律法规,全面实施外商投资准入前国民待遇加负面清单制度,依法维护外商投资合同效力,促进内外资企业公平竞争。推进我国法域外适用法律体系建设,依法保护"走出去"企业和公民合法权益。

6.完善市场主体救治和退出机制。坚持破产审判市场化、法治化、专业化、信息化方向,依法稳妥审理破产案件,促进企业优胜劣汰。坚持精准识别、分类施策,对陷入财务困境但仍具有发展前景和挽救价值的企业,积极适用破产重整、破产和解程序,促进生产要素优化组合和企业转型升级,让企业重新焕发生机活力,让市场资源配置更加高效。积极推动完善破产法制及配套机制建设,完善执行与破产工作有序衔接机制,推动企业破产法修改和个人破产立法,推动成立破产管理人协会和设立破产费用专项基金,推进建立常态化"府院联动"协调机制。

7.依法及时兑现市场主体胜诉权益。进一步健全完善综合治理执行难工作大格局,加强执行难综合治理、源头治理考评,推动将执行工作纳入基层网格化管理,完善立审执协调配合机制,确保"切实解决执行难"目标如期实现。进一步加强执行信息化建设,拓展升级系统功能,强化执行节点管理,提升执行流程监管自动化、智能化水平。探索建立律师调查被执行人财产等制度,推进落实委托审计调查、公证取证、悬赏举报等制度。探索建立怠于履行协助执行义务责任追究机制,建立防范和制止规避执行行为制度,依法惩戒拒执违法行为。配合做好强制执行法立法工作,制定或修订债权执行等司法解释,完善执行法律法规体系。

三、助力打造统一的要素和资源市场

8.支持健全城乡统一的土地市场。妥善审理涉农村土地"三权分置"纠纷案件,促进土地经营权有序流转。依法审理农村集体经营性建设用地入市纠纷,支持加快建设同权同价、流转顺畅、收益共享的城乡统一建设用地市场。以盘活利用土地为目标,妥善审理涉及国有企事业单位改革改制土地资产处置、存量划拨土地资产产权确定、上市交易等案件。依法审理建设用地使用权转让、出租、抵押等纠纷案件,保障建设用地规范高效利用。适应土地供给政策调整,统一国有土地使用权出让、转让合同纠纷案件裁判尺度。

9.支持发展统一的资本市场。依法严惩操纵市场、内幕交易、非法集资、贷款诈骗、洗钱等金融领域犯罪,促进金融市场健康发展。妥善审理金融借款合同、证券、期货交易及票据纠纷等案件,规范资本市场投融资秩序。依法处理涉供应链金融、互联网金融、不良资产处置、私募投资基金等纠纷,助力防范化解金融风险。完善私募股权投资、委托理财、资产证券化、跨境金融资产交易等新型纠纷审理规则,加强数字货币、移动支付等法律问题研究,服务保障金融业创新发展。

10.支持建设统一的技术和数据市场。加强科技成果所有权、使用权、处置权、收益权司法保护,妥善处理因科技成果权属认定、权利转让、权利质押、价值认定和利益分配等产生的纠纷,依法支持科技创新成果市场化应用。依法保护数据权利人对数据控制、处理、收益等合法权益,以及数据要素市场主体以合法收集和自身生成数据为基础开发的数据产品的财产性权益,妥善审理因数据交易、数据市场不正当竞争等产生的各类案件,为培育数据驱动、跨界融合、共创共享、公平竞争的数据要素市场提供司法保障。加强数据产权属性、形态、权属、公共数据共享机制等法律问题研究,加快完善数据产权司法保护规则。

11.支持建设全国统一的能源和生态环境市场。依法审理涉油气期货产品、天然气、电力、煤炭交易等纠纷案件,依法严惩油气、天然气、电力、煤炭非法开采开发、非法交易等违法犯罪行为,推动资源合法有序开发利用。研究发布司法助力实现碳达峰碳中和目标的司法政策,妥善审理涉碳排放配额、核证自愿减排量交易、碳交易产品担保以及企业环境信息公开、涉碳绿色信贷、绿色金融等纠纷案件,助力完善碳排放权交易机制。全面准确适用民法典绿色原则、绿色条款,梳理碳排放领域出现的新业态、新权属、新问题,健全涉碳排放权、用水权、排污权、用能权交易纠纷裁判规则。研究适用碳汇认购、技改抵扣等替代性赔偿方式,引导企业对生产设备和生产技术进行绿色升级。

四、依法维护统一的市场交易规则

12.优化营商环境司法保障机制。法治是最好的营商环境。对照加快建设全国统一大市场要求,探索建立符合我国国情、国际标准的司法服务保障营商环境指标体系,加大服务保障营商环境建设情况在考评工作中的比重。出台服务保障营商环境建设的司法解释和司法政策。配合有关职能部门，开展营商环境创新试点工作，制定出台建设法治化营商环境实施规划，建立营商环境定期会商机制。依托司法大数据，建立法治化营商环境分析研判机制。加大营商环境司法保障工作宣传力度，提振经营者投资信心。探索设立人民法院优化营商环境专家咨询委员会。

13. 助力营造公平诚信的交易环境。切实实施民法典，出台民法典合同编司法解释，贯彻合同自由、诚实信用原则，保护合法交易行为，畅通商品服务流通，降低市场交易成本。完善推动社会主义核心价值观深度融入审判执行工作配套机制，发挥司法裁判明辨是非、惩恶扬善、平衡利益、定分止争功能，引导市场主体增强法治意识、公共意识、规则意识。构建虚假诉讼预防、识别、惩治机制，依法严惩虚假诉讼违法犯罪行为。强化失信被执行人信用惩戒力度，完善失信惩戒系统，细化信用惩戒分级机制，修订完善失信被执行人名单管理规定，探索建立守信激励和失信被执行人信用修复制度。探索社会信用体系建设与人民法院审判执行工作深度融合路径，推动建立健全与市场主体信用信息相关的司法大数据归集共享和使用机制。

14. 支持区域市场一体化建设。健全区域重大战略、区域协调发展司法服务和保障机制，依法支持京津冀、长三角、粤港澳大湾区以及成渝地区双城经济圈、长江中游城市群等区域，在维护全国统一大市场前提下，优先开展区域市场一体化建设工作。充分发挥最高人民法院巡回法庭作用，健全巡回区法院资源共享、联席会议、法官交流等工作机制，积极探索区域司法协作新路径。健全跨域司法联动协作机制，积极推广司法服务保障区域市场一体化的典型经验做法。

15. 推进内地与港澳、大陆与台湾规则衔接机制对接。加强涉港澳台审判工作，探索建立涉港澳台商事案件集中管辖机制。加强司法协助互助，落实内地与澳门仲裁程序相互协助保全安排，落实内地与香港相互认可和协助破产程序机制。探索简化港澳诉讼主体资格司法确认和诉讼证据审查认定程序，拓展涉港澳案件诉讼文书跨境送达途径，拓宽内地与港澳相互委托查明法律渠道。推动建立深港澳调解组织和调解员资质统一认证机制，完善港澳人士担任特邀调解员、陪审员制度,依法保障符合条件的港澳律师在粤港澳大湾区执业权利。完善与港澳台司法交流机制,推动建立粤港澳法官审判专业研讨常态化机制,支持海峡两岸法院开展实务交流。

16.加强国内法律与国际规则衔接。坚持统筹推进国内法治与涉外法治,大力推进涉外审判体系和审判能力现代化建设,加强重大涉外民商事案件审判指导,探索多语言发布涉外民商事指导性案例,扩大中国司法裁判国际影响力和公信力。实施海事审判精品战略,加快推进国际海事司法中心建设,探索完善航运业务开放、国际船舶登记、沿海捎带、船舶融资租赁等新类型案件审理规则,打造国际海事纠纷争议解决优选地。加强与有关国际组织、国家和地区司法领域合作,加大对走私、洗钱、网络诈骗、跨境腐败等跨境犯罪的打击力度。积极参与国际贸易、知识产权、环境保护、网络空间等领域国际规则制定,提升我国在国际经济治理中的话语权。

五、助力推进商品和服务市场高水平统一

17.强化知识产权司法保护。加大知识产权司法保护力度,服务保障科技创新和新兴产业发展,以创新驱动、高质量供给引领和创造新需求。持续加大对重点领域、新兴产业关键核心技术和创新型中小企业原始创新司法保护力度。严格落实知识产权侵权惩罚性赔偿、行为保全等制度,有效遏制知识产权侵权行为。推动完善符合知识产权案件审判规律的诉讼规范,健全知识产权法院跨区域管辖制度,畅通知识产权诉讼与仲裁、调解对接机制,健全知识产权行政执法和司法衔接机制。

18.依法保护劳动者权益。妥善审理平等就业权纠纷等案件,推动消除户籍、地域、身份、性别等就业歧视,促进劳动力、人才跨地区顺畅流动。加强跨境用工司法保护,准确认定没有办理就业证件的港澳台居民与内地用人单位签定的劳动合同效力。出台服务保障国家新型城镇化建设的司法政策,依法保护进城务工人员合法权益。研究出台涉新业态民事纠纷司法解释,加强新业态从业人员劳动权益保障。积极开展根治欠薪专项行动,依法严惩拒不支付劳动报酬违法犯罪行为,加大欠薪案件审执力度。推动完善劳动争议解决体系。

19.助力提升商品质量。坚决惩处制售假冒伪劣商品、危害食品药品安全等违法犯罪行为。依法从严惩处制假售假、套牌侵权、危害种质资源等危害种业安全犯罪，促进国家种业资源统一保护。依法审理因商品质量引发的合同、侵权纠纷案件，准确适用惩罚性赔偿制度，注重运用民事手段助推商品质量提升。依法审理涉产品质量行政纠纷案件，支持行政机关深化质量认证制度改革，加强全供应链、全产业链、产品全生命周期管理。研究制定审理危害生产安全犯罪案件司法解释，促进安全生产形势持续好转。

20. 支持提升消费服务质量。完善扩大内需司法政策支撑体系，积极营造有利于全面促进消费的法治环境。严惩预付消费诈骗犯罪，妥善处理住房、教育培训、医疗卫生、养老托育等重点民生领域消费者权益保护纠纷案件，提高群众消费安全感和满意度。完善网络消费、服务消费等消费案件审理规则，服务保障消费升级和消费新模式新业态发展。优化消费纠纷案件审理机制，探索建立消费者权益保护集体诉讼制度，完善消费公益诉讼制度，推动建立消费者权益保护工作部门间衔接联动机制，促进消费纠纷源头治理。

六、切实维护统一的市场竞争秩序

21. 依法打击垄断和不正当竞争行为。强化司法反垄断和反不正当竞争，依法制止垄断协议、滥用市场支配地位等垄断行为，严厉打击侵犯商业秘密、商标恶意抢注、攀附仿冒等不正当竞争行为，加强科技创新、信息安全、民生保障等重点领域不正当竞争案件审理。加强对平台企业垄断的司法规制，及时制止利用数据、算法、技术手段等方式排除、限制竞争行为，依法严惩强制"二选一"、大数据杀熟、低价倾销、强制搭售等破坏公平竞争、扰乱市场秩序行为，防止平台垄断和资本无序扩张。依法严厉打击自媒体运营者借助舆论影响力对企业进行敲诈勒索行为，以及恶意诋毁商家商业信誉、商品声誉等不正当竞争行为。完善竞争案件裁判规则，适时出台反垄断民事诉讼司法解释。

22. 监督支持行政机关强化统一市场监管执法。修改完善办理政府信息公开案件司法解释，依法审理市场监管领域政府信息公开案件，促进行政机关严格依照法定权限和程序公开市场监管规则。依法妥善审理涉市场监管自由裁量、授权委托监管执法、跨行政区域联合执法等行政纠纷案件，监督支持行政机关提高综合执法效能、公平公正执法。加强与检察机关协作,通过审理行政公益诉讼案件、发送司法建议等方式,共同推动市场监管部门健全权责清晰、分工明确、运行顺畅的监管体系。加强与市场监管执法部门沟通协作,推进统一市场监管领域行政裁判规则与执法标准。

23. 依法惩处扰乱市场秩序违法犯罪行为。研究制定审理涉税犯罪案件司法解释,依法惩处逃税、抗税、骗税、虚开增值税专用发票等违法犯罪行为,加大对利用"阴阳合同"逃税、文娱领域高净值人群逃税等行为的惩处力度。加强与税务、公安等部门执法司法协同,推动完善税收监管制度。准确把握合同诈骗、强迫交易等违法犯罪行为入刑标准,依法认定相关合同效力,维护市场主体意思自治。依法严惩通过虚假诉讼手段逃废债、虚假破产、诈骗财物等行为。研究制定审理非法经营刑事案件司法解释,严格规范非法经营刑事案件定罪量刑标准。研究制定办理渎职刑事案件适用法律问题司法解释,对国家工作人员妨害市场经济发展的渎职犯罪处理问题作出规定。

24. 助力统筹推进疫情防控和经济社会发展。依法严惩利用疫情诈骗、哄抬物价、囤积居奇、造谣滋事,以及制售假劣药品、医疗器械、医用卫生材料等犯罪,维护疫情防控期间生产生活秩序。妥善处理疫情引发的合同违约、企业债务等纠纷案件,准确适用不可抗力规则,合理平衡当事人利益。精准服务做好"六稳"、"六保",妥善处理因疫情引发的劳资用工、购销合同、商铺租赁等民商事纠纷,持续完善司法惠民惠企政策,帮助受疫情严重冲击的行业、中小微企业和个体工商户纾困解难。

七、健全司法服务和保障工作机制

25. 深入推进诉讼制度改革。严格按照改革部署要求,系统集成推进司法体制综合配套改革各项工作举措,切实满足市场主体高效便捷公正解决纠纷的司法需求。强化诉权保护理念,坚决贯彻执行立案登记制度。稳妥推进四级法院审级职能定位改革,优化民商事、行政案件级别管辖标准,完善再审申请程序和立案标准,健全案件移送管辖提级审理机制,推动将具有普遍法律适用指导意义、关乎社会公共利益的案件交由较高层级法院审理。认真贯彻落实新修订的民事诉讼法,用足用好繁简分流改革成果,出台民事速裁适用法律问题司法解释,进一步推动案件繁简分流、轻重分离、快慢分道。

26.完善统一法律适用工作机制。加强司法解释管理,完善案例指导制度,建立全国法院法律统一适用平台,构建类案裁判规则数据库,推行类案和新类型案件强制检索制度,完善合议庭、专业法官会议工作机制,充分发挥审判委员会职责,构建多层次、立体化法律适用分歧解决机制。健全完善司法公开制度体系,加大司法公开四大平台整合力度。推进司法制约监督体系建设,全面推行审判权力责任清单和履职指引制度,完善"四类案件"识别监管机制,构建科学合理的司法责任认定和追究制度。

27.深化一站式多元解纷和诉讼服务体系建设。坚持和发展新时代"枫桥经验",把非诉讼纠纷解决机制挺在前面,推动矛盾纠纷系统治理、综合治理、源头治理,切实降低市场主体纠纷解决成本。突出一站、集约、集成、在线、融合五个关键,建设集约高效、多元解纷、便民利民、智慧精准、开放互动、交融共享的现代化诉讼服务体系。发挥人民法院调解平台集成作用,完善司法调解与人民调解、行政调解联动体系,强化诉讼与非诉讼实质性对接。加大在线视频调解力度,建立健全劳动争议、金融保险、证券期货、知识产权等专业化调解机制。

28.加强互联网司法和智慧法院建设。推进互联网、大数据、人工智能、区块链与审判执行工作深度融合,以司法数据中台和智慧法院大脑为牵引,推动智能协同应用,拓展数据知识服务,构建一体云网设施,提升质效运维水平。推进落实《人民法院在线诉讼规则》《人民法院在线调解规则》《人民法院在线运行规则》,进一步健全完善在线司法程序规范,优化平台建设,推动互联网司法模式成熟定型。深化互联网法院建设,推动完善互联网法院设置和案件管辖范围,充分发挥互联网法院在确立规则、完善制度、网络治理等方面的规范引领作用。

29.提高服务保障能力水平。牢牢坚持党对司法工作的绝对领导,坚持以党建带队伍建促审判,推动党建与审判业务工作深度融合、互促共进。加大知识产权、环境资源、涉外法治、破产、金融、反垄断等领域高层次审判人才培养力度,培养一批树牢市场化思维、精通相关领域业务的审判业务专家。通过教育培训、案例指导、交流研讨等形式,加强相关领域审判业务指导,最高人民法院适时发布相关领域指导性案例和典型案例。充分用好人民法院各类研究平台和资源,加强对有关重大问题的调查研究,推出高质量研究成果。

30.加强组织实施保障。各级人民法院要把服务保障加快建设全国统一大市场作为重大政治任务,列入党组重要议事日程,及时研究解决工作推进中的新情况新问题,对是否存在妨碍全国统一大市场建设的规定和实际情况开展自查清理。最高人民法院各有关部门要加强条线指导,各地法院要结合本地区经济社会发展实际,细化完善服务保障措施,推出新招硬招实招,确保各项服务保障举措落地见效。要认真总结司法服务保障建设全国统一大市场的好经验好做法,全媒体、多角度、立体化做好宣传、总结、推广,为加快建设全国统一大市场营造良好舆论氛围。

最高人民法院关于依法审理和执行民事商事案件保障民间投资健康发展的通知

(2016年9月2日 法〔2016〕334号)

各省、自治区、直辖市高级人民法院,解放军军事法院,新疆维吾尔自治区高级人民法院生产建设兵团分院:

公有制经济和非公有制经济都是社会主义市场经济的重要组成部分,都是我国经济社会发展的重要基础。促进民间投资健康发展,既利当前又惠长远,对稳增长、保就业具有重要意义,也是推进供给侧结构性改革的重要内容。各级人民法院要牢固树立为大局服务、为人民司法的意识,深刻认识开展好当前形势下涉民间投资民事商事审判工作的重要意义。为切实抓好涉民间投资民事商事审判工作,根据相关法律和国家政策规定,现就司法实践中应当注意的问题通知如下:

一、积极贯彻落实中央精神,依法保障民间投资健康发展

非公有制经济是稳定经济的重要基础,是国家税收的重要来源,是技术创新的重要主体,是金融发展的重要依托,是经济持续健康发展的重要力量。党的十八届三中、四中、五中全会对完善产权保护制度、平等保护各种所有制经济提出了明确要求。习近平总书记强调,国家保护各种所有制经济产权和合法利益,坚持权利平等、机会平等、规则平等,激发非公有制经济活力和创造力。依法平等保护非公有制经济,促进民间投资健康发展,是推进供给侧结构性改革的重要内容。各级人民法院要深入贯彻落实中央精神,充分发挥民事商事审判职能作用,坚持保护产权、契约自由、平等保护、权利义务责任相统一、诚实守信、程序公正与实体公正相统一六大原则,依法化解民间投资中的各类矛盾纠纷,保障民间投资健康发展,服务"创新、协调、绿色、开放、共享"五大发展。

二、统一严格执法,依法平等保护非公有制经济

法律面前人人平等是我国宪法确立的基本原则。各级人民法院审理民事商事案件时,要依法平等保护非公有制经济的合法权益,坚持各类市场主体的诉讼地位平等、法律适用平等、法律责任平等,为各种所有制经济提供平等司法保障。坚持诉讼地位平等,公有制经济主体与非公有制经济主体享有相同的诉讼权利,承担相同的诉讼义务。坚持法律适用平等,公有制经济主体与非公有制经济主体适用相同的交易规则,平等使用生产要素、公平参与市场竞争。坚持法律责任平等,公有制经济主体和非公有制经济主体都必须遵守法律,违反法律应依法承担法律责任。

三、依法妥善审理合同纠纷案件,保护合法交易

及时审理与民间投资相关的买卖、借款、建筑、加工承揽等合同纠纷案件,正确划分当事人合同责任,保护各类投资主体的合法权利。正确处理意思自治与行政审批的关系,对法律、行政法规规定应当办理批准、登记等手续生效的合同,应当根据《最高人民法院关于适用〈中华人民共和国合同法〉若干问题的解释(一)》,尽量促使合同合法有效。要正确理解、识别和适用合同法第五十二条第(五)项中的"违反法律、行政法规的强制性规定",注意区分效力性强制规定和管理性强制规定,严格限制认定无效的范围。当事人一方要求解除合同的,应当严格依照合同法第九十三条、第九十四条,审查合同是否具备解除条件,防止不诚信一方当事人通过解除合同逃避债务。

四、依法妥善审理权益纠纷案件,保护合法投资利益

充分发挥民事商事审判职能,理顺产权关系,既要依法保护公有制经济,有效防止国有资产流失,也要防止超越法律规定和合同约定,不当损害非公有制经济主体的正当权利。对产权有争议的挂靠企业,要在认真查明投资事实的基础上明确所有权,防止非法侵占非公有制经济主体财产。严格按照有关法律、法规和政策,审理企业改制纠纷案件,准确界定产权关系,保护非公有制经济主体的合法权益。妥善审理涉及境外投资案件,保障非公有制经济主体实施"走出去"战略,扩大对外投资。严格按照《最高人民法院关于适用〈中华人民共和国公司法〉若干问题的规定(三)》,妥善审理各类股东资格纠纷案件,依法维护实际出资的非公有制经济股东的合法权益。依法审理股东的知情权、利润分配请求权、请求确认董事会、股东会或者股东大会决议无效或撤销董事会、股东会或者股东大会决议等纠纷案件,维护各类投资主体的股东权益。通过股权转让纠纷案件的审理,畅通股权转让渠道,依法保障各类投资主体退出公司的权利。在审理公司债权人请求公司偿还债务的纠纷案件时,依法区分公司财产与股东个人财产、家庭共有财产,正确认定公司的责任财产,防止在没有法律依据的情况下将股东个人财产和家庭共有财产用于偿还公司债务,切实维护非公有制经济股东的合法权益。

五、依法妥善审理知识产权案件,加大知识产权保护力度

充分运用知识产权司法保护手段,加大对各种侵犯知识产权行为的惩治力度。妥善审理技术改造升级过程中引发的技术开发、技术转让、技术咨询和技术服务合同纠纷案件,鼓励非公有制经济主体通过技术进步和科技创新实现产业升级,提升核心竞争力。及时受理反不正当竞争纠纷案件,依法制裁各种形式的不正当竞争行为,保障非公有制经济主体平等地参与市场竞争。加强反垄断案件的审理,依法制止占有市场支配地位的垄断者滥用垄断地位,严格追究违法垄断行为的法律责任,为各种所有制经济主体提供竞争高效公平的市场环境。

六、依法妥善审理融资纠纷案件,缓解融资难、融资贵问题

依法审理涉及非公有制经济主体的金融借款、融资租赁、民间借贷等案件,依法支持非公有制经济主体多渠道融资。根据物权法定原则的最新发展,正确认定新型担保合同的法律效力,助力提升非公有制经济主体的融资担保能力。正确理解和适用《最高人民法院关于审理民间借贷案件适用法律若干问题的规定》,在统一规范的金融体制改革范围内,依法保护民间金融创新,促进民间资本的市场化有序流动,缓解中小微企业融资困难的问题。严格执行借贷利率的司法保护标准,对商业银行、典当公司、小额贷款公司等以利息以外的不合理收费变相收取的高息不予支持。要区分正常的借贷行为与利用借贷资金从事违法犯罪的行为,既要依法打击和处理非法集资犯罪,又要保护合法的借贷行为,依法维护合同当事人的合法权益。在案件审理过程中,发现有高利率导致的洗钱、暴力追债、恶意追债等犯罪嫌疑的,要及时将相关材料移交公安机关,推动形成合法有序的民间借贷市场。

七、依法妥善审理劳动纠纷案件,降低企业用工成本

继续坚持依法保障劳动者合法权益与企业生存发展并重的理念,坚持保护劳动者权益和企业生存发展的有机统一,努力找准利益平衡点,把保护劳动者眼前利益、现实利益同保护劳动者长远利益、根本利益结合起来。要根据企业能否适应市场需要的具体情况,有针对性地开展好劳动争议案件的审理,优化劳动力要素配置。对暂时存在资金困难但有发展潜力的企业,特别是中小微企业,尽量通过和解、调解等方式,鼓励劳动者与企业共渡难关;对因产能过剩被倒逼退出市场的企业,要防止用人单位对劳动者权益的恶意侵害,加大审判和财产保全、先予执行力度,最大限度保护劳动者权益;对地区、行业影响较大的产业结构调整,要提前制定劳动争议处置预案,形成多层次、全方位的协同联动机制和纠纷化解合力。要保护企业的各种合法用工形式,平衡劳动者和企业之间的利益,降低企业用工成本,提高企业的产业竞争力。要依法保护劳动者创业权利,注重引导劳动者转变就业观念,促进形成以创业带就业的新机制。

八、依法审慎采取强制措施,保护企业正常生产经营

平等对待各种所有制经济主体,不因申请执行人和被执行人的所有制性质不同而在执行力度、执行标准上有所不同,公正高效地保护守信方当事人的合法权益。要以执行工作信息化建设为依托,逐步实现执行信息查询和共享,力求破解被执行人难找、被执行财产难查问题。在采取财产保全和查封、扣押、冻结、拘留等强制执行措施时,要注意考量非公有制经济主体规模相对较小、抗风险能力相对较低的客观实际,对因宏观经济形势变化、产业政策调整所引起的涉诉纠纷或者因生产经营出现暂时性困难无法及时履行债务的被执行人,严格把握财产保全、证据保全的适用条件,依法慎用拘留、查封、冻结等强制措施,尽量减少对企业正常生产经营活动可能造成的不当影响,维持非公有制经济主体的经营稳定。确需采取查封、扣押、冻结等强制措施的,要严格按照法定程序进行,尽可能为企业预留必要的流动资产和往来账户,最大限度降低对企业正常生产经营活动的不利影响。

最高人民法院关于依法平等保护非公有制经济促进非公有制经济健康发展的意见

(2014年12月17日 法发〔2014〕27号)

非公有制经济作为社会主义市场经济的重要组成部分,与公有制经济共同构成我国经济社会发展的重要基础。改革开放以来,非公有制经济不断发展壮大,在支撑增长、促进创新、扩大就业、增加税收等方面都发挥了重要作用,成为促进经济社会发展的重要力量。支持非公有制经济健康发展是坚持和完善我国基本经济制度的必然要求,也是人民法院为经济社会发展提供司法保障的重要方面。各级人民法院要充分发挥司法审判的职能作用,为非公有制经济健康发展提供有力的司法保障。

一、提高认识,切实增强依法保障非公有制经济健康发展的主动性和责任感

1. 贯彻党的十八届三中全会精神,正确认识非公有制经济的重要地位。公有制为主体、多种所有制经济共同发展的基本经济制度,是中国特色社会主义制度的重要支柱,也是社会主义市场经济体制的根基。党的十八届三中全会进一步明确了非公有制经济在社会主义市场经济中的重要地位,提出必须毫不动摇鼓励、支持、引导非公有制经济发展,激发非公有制经济活力和创造力。各级人民法院要深入学习贯彻十八届三中全会精神,依法支持、保障、促进非公有制经济的健康发展。

2. 贯彻党的十八届四中全会精神,依法平等保护各种所有制经济共同发展。法律面前人人平等是我国宪法确立的基本原则。非公有制经济与公有制经济一样,是社会主义市场经济的重要组成部分,都是我国经济社会发展的重要基础。党的十八届四中全会决定指出,平等是社会主义法律的基本属性。人民法院在依法保障公有制经济发展,不断增强国有经济活力、控制力和影响力的同时,要依法平等保护非公有制经济的合法权益,坚持各类市场主体的诉讼地位平等、法律适用平等、法律责任平等,为各种所有制经济提供平等司法保障。

3. 及时审理执行相关案件,有效化解非公有制经济发展中的各类纠纷。当前,非公有制经济发展迅速,投资经营过程不可避免会产生一些纠纷,这些纠纷将有相当部分通过诉讼程序进入人民法院。各级人民法院要充分考虑非公有制经济的特点,依法公正高效审理执行相关案件,及时化解非公有制经济投资经营中的各类纠纷。

二、加强民商事审判工作,依法维护公开平等的市场交易秩序

4. 正确认定民商事合同效力,保障非公有制经济的合法交易。要处理好意思自治与行政审批的关系,对法律、行政法规规定应当办理批准、登记等手续生效的合同,应当允许当事人在判决前补办批准、登记手续,尽量促使合同合法有效。要正确理解和适用合同法第五十二条关于无效合同的规定,严格限制认定合同无效的范围。对故意不履行报批手续、恶意违约的当事人,依法严格追究其法律责任,保护守信方的合法权益。要依法审理涉及非公有制经济主体的金融借款、融资租赁、民间借贷等案件,依法支持非公有制经济主体多渠道融资。要根据物权法定原则的最新发展,正确认定新型担保合同的法律效力,助力提升非公有制经济主体的融资担保能力。

5. 妥善审理权属及劳动争议纠纷案件,保护非公有制经济的合法权利。充分发挥民商事审判职能,理顺产权关系,既要依法保护公有制经济,有效防止国有资产流失,也要防止超越法律规定和合同约定,不当损害非公有制经济主体的正当权利。对产权有争议的挂靠企业,要在认真查明投资事实的基础上明确所有权,防止非法侵占非公有制经济主体财产。要严格按照有关法律、法规和政策,审理企业改制纠纷案件,准确界定产权关系,保护非公有制经济主体的合法权益。妥善审理涉及境外投资案件,保障非公有制企业实施"走出去"战略,扩大对外投资。妥善审理涉及非公有制企业的劳动争议案件,依法维护劳动者的合法权益,支持非公有制企业依法管理。

6. 妥善审理破产、清算案件,促进生产要素的优化组合和非公有制经济的转型升级。依法受理企业破产案件和强制清算案件,积极引导非公有制经济主体依法有序退出市场,实现优胜劣汰。充分发挥破产重整程序的特殊功能,帮助非公有制企业压缩和合并过剩产能,推动企业业务流程再造和技术升级改造,优化资金、技术、人才等生产要素配置,帮助和支持符合国家产业政策要求的企业恢复生机,重返市场。要依法保障非公有制经济参与各类企业的破产重组,通过生产要素的优化组合,实现经济效率的整体提升。

7. 妥善审理各类知识产权案件,保障和推动非公有制经济的自主创新。充分运用知识产权司法保护手段,加大对各种侵犯知识产权行为的惩治力度。妥善审理技术改造升级过程中引发的技术开发、技术转让、技术咨询和技术服务合同纠纷案件,鼓励非公有制经济主体通过技术进步和科技创新实现产业升级,提升核心竞争力。及时受理反不正当竞争纠纷案件,依法制裁各种形式的不正当竞争行为,保障非公有制经济主体平等地参与市场竞争。加强反垄断案件的审理,依法制止占有市场支配地位的垄断者滥用垄断地位,严格追究违法垄断行为的法律责任,为各种所有制经济主体提供竞争高效公平的市场环境。

三、严格执行刑事法律和相关司法解释,确保非公有制经济主体受到平等刑事保护

8. 平等适用刑法,依法维护非公有制经济主体合法权益。对非法侵害非公有制经济主体合法权益,构成犯罪的,要依法追究刑事责任;对犯罪分子非法占有、处置非公有制经济主体的财产,要依法予以追缴或者责令退赔;犯罪分子非法毁坏非公有制经济主体财产,非公有制经济主体提起附带民事诉讼的,依法予以支持。非公有制经济主体或者其工作人员实施诈骗、非法集资、行贿等行为,构成犯罪的,要依法追究刑事责任。

9. 坚持罪刑法定,确保无罪的非公有制经济主体不受刑事追究。准确把握立法精神,正确适用法律和司法解释,严格区分罪与非罪、犯罪与行政违法、犯罪与民商事纠纷。对非公有制经济主体在生产、经营、融资活动中的创新性行为,要依法审慎对待,只要不违反法律和司法解释的规定,不得以违法论处。违反有关规定,但尚不符合犯罪构成条件的,不得以犯罪论处。在合同签订、履行过程中产生的争议,如无确实、充分的证据证明行为人有非法占有的目的,不得以合同诈骗罪论处。

10. 严格办案程序,切实保障非公有制经济主体的诉讼权利。对于确已涉嫌犯罪的,要根据所涉犯罪的性质、危害程度等具体案件情况,依法慎重决定是否适用强制措施以及适用强制措施的种类,是否采取查封、扣押、冻结、处理涉案财物措施以及查封、扣押、冻结、处理涉案财物的范围,最大限度减少对涉案非公有制经济主体正常生产经营活动的影响。要坚持证据裁判原则,对非公有制经济主体或者其工作人员涉嫌犯罪的案件,经审理认为事实、证据存在疑问,不能排除合理怀疑的,应当依法宣告无罪。

四、切实发挥行政审判职能,依法维护非公有制经济主体行政相对人合法权益

11. 监督和促进行政机关依法行使职权,依法纠正违法行政行为。非公有制经济主体起诉认为行政机关作出的行政行为逾越法定权限、违背法定程序,侵犯其合法权益,其主张事实依据充分的,人民法院应依法纠正相关行政行为。要正确审理涉及税收、工商管理、质量监督、物价、海关监管、经营自主权等行政案件,依法纠正对非公有制经济主体乱收费、乱罚款、乱摊派等违法干预非公有制企业自主经营的行为。对非公有制经济主体实施的行政强制措施和行政处罚,要与违法行为的性质、情节及危害后果相适应,显失公正的,人民法院要依法撤销或者变更。行政机关违法侵权并给非公有制经济主体造成损失的,要依法承担赔偿责任。

12. 坚持审判中立,确保非公有制经济与行政机关同受法律保护和约束。促进行政机关转变职能,维护行政机关与非公有制经济主体在行政管理过程中依法达成的行政合同的有效性和稳定性。审理好政府招商引资合同案件,监督政府机关诚实守信地履行政府文件和合同所约定的义务。妥善审理政府采购过程中发生的政府采购合同案件和其他行政诉讼案件,落实非公有制经济主体的平等待遇,促进公平竞争。依法保护非公有制经济主体由于对行政机关的信赖而形成的利益,维护行政行为的稳定性。行政机关为公共利益的需要,依法变更或者撤回已经生效的行政许可、行政审批,或者提前解除国有土地出让等自然资源有偿使用合同的,人民法院应依法支持非公有制经济主体关于补偿财产损失的合理诉求。

13. 维护非公有制经济主体的合法权益和经营自主权,推动建立公平公正的市场竞争秩序。人民法院审理行政案件,要正确处理好权利与权力的关系,对非公有制经济主体要坚持"法无禁止即可为"的原则,对行政权力要坚持"法无授权不可为"的原则。正确处理政府与市场的关系,完善产权保护制度,尊重非公有制经济主体经营自主权。要通过裁判推动社会主义市场经济体制进一步完善,依法支持行政机关规范和整顿市场经济秩序,依法打击制售假冒伪劣商品,支持行政机关对违法侵权行为进行治理整顿,切实维护非公有制经济主体的商标、专利等知识产权。加大对行政机关不作为、不依法履行法定职责行政案件的审理力度,帮助防范少数行政机关懒政、惰政。

14. 依法受理和审理政府信息公开案件,推动建立公开透明的市场环境。依法受理和审理非公有制经济主体提起的政府信息公开行政案件,推动政府信息的主动公开和依申请公开。非公有制经济主体因为自身生产和科研等特殊需要,申请获取不涉及国家秘密、商业秘密、个人隐私的政府信息,人民法院应予支持。非公有制经济主体请求撤销行政机关以未经事先公布的规范性文件为依据作出的行政行为,事实依据充分的,人民法院应予支持。非公有制经济主体要求行政机关提供在履行职责过程中制作或者获取的本地区、本行业企业生产经营信息,人民法院亦应依法予以支持。

四、司法解释(含司法解释性质文件、两高工作文件)

五、加强执行工作,依法保障非公有制经济主体合法权益

15.坚持平等原则,确保非公有制经济合法权益及时实现。对非公有制经济主体与国有经济、集体经济主体同等对待,不得因申请执行人和被执行人的所有制性质不同而在执行力度、执行标准上有所不同,树立市场诚信,公正高效地保护守信方当事人的合法权益。要紧紧围绕依法突出执行工作强制性、全力推进执行工作信息化、大力加强执行工作规范化的总体思路,充分发挥执行联动机制、公布失信被执行人名单等制度的作用,确保生效法律文书确定的非公有制经济主体的债权及时得以实现。

16.采取有效措施,积极破解执行难问题。以执行工作信息化建设为依托,逐步实现执行信息查询和共享,力求破解被执行人难找、被执行财产难查问题;将失信被执行人名单信息向社会公布,同时向相关单位定向通报,及时予以相应的信用惩戒,挤压被执行人的生存空间,迫使其自动履行;对规避执行和拒不执行生效裁判文书的坚决予以打击;对不积极协助法院执行甚至阻碍执行的要及时向有关单位及其上级主管部门进行反映并依法追究其法律责任;因地方保护主义和部门保护主义的干扰无法及时执结的,要采取协调、督促、提级执行等方式,努力使非公有制经济主体申请执行人的债权及时得到实现。

17.保护申请执行人的合法权益,切实维护非公有制经济的正常生产经营。在采取诉讼保全和查封、冻结、扣押、拘留等强制执行措施时,要注意考量非公有制经济主体规模相对较小、抗风险能力相对较低的客观实际,对因宏观经济形势变化、产业政策调整所引起的涉诉纠纷或者因生产经营出现暂时性困难无法及时履行债务的被执行人,严格把握财产保全、证据保全的适用条件,依法慎用拘留、查封、冻结等强制措施,尽量减少对企业正常生产经营活动可能造成的不当影响,维持非公有制经济主体的经营稳定。

六、完善审判工作机制,不断提高司法保障水平

18.改进司法工作作风,切实保障非公有制经济主体的诉讼权利。要依法保障非公有制经济主体的诉权,对符合法律规定应当受理的案件要及时立案,并尽快做出裁判。依法适用督促程序,进一步落实便

利诉讼原则,不断扩展适用简易程序的范围,减轻当事人诉累。完善诉讼代理人出庭制度,为非公有制企业参加诉讼提供便利。规范庭审程序,平等地听取包括非公有制经济主体在内的各方当事人的意见,依法全面审查各方当事人提供的证据。依法纠正确有错误的裁判,维护当事人的合法权益。支持和推动非公有企业人士担任人民陪审员,妥善审理涉非公有企业的各类案件。充分发挥商会、行业协会等组织的作用,建立适合于非公有制经济特点的多元纠纷解决机制,构建诉调对接工作平台,促进非公有制经济主体纠纷的及时有效化解。

19. 加大司法公开力度,不断提升信息化服务水平。要加快推进人民法院信息化建设,全面提升司法公开水平。要充分发挥"中国审判流程信息公开网"等载体作用,向包括非公有制经济主体在内的社会公众依法全面公开审判执行活动。借助失信被执行人数据库平台,会同有关部门和社会组织共同开展诚信建设。大力推进裁判文书上网,加强裁判文书对案件事实认定和法律适用理由的论证,增强各类所有制主体对其经营行为及其法律后果的可预测性。要通过公开审判、以案说法、发布重要新闻和典型案例等形式,宣传涉及非公有制经济的法律法规,提高非公有制企业的法律意识。

20. 加强司法建议工作,积极为非公有制企业提供司法服务。要加强调查研究,及时总结经验,结合审判工作实际,对非公有制经济主体在经济发展新常态中加快转型升级和"走出去"过程中遇到的法律风险和法律问题进行深入研究,及时向工商联、相关行业商协会、有关政府部门发出司法建议。要牢固树立服务意识,充分发挥司法裁判的规范、指引作用,促进非公有制企业切实增强法治观念和依法经营意识,不断完善生产经营管理制度,提升行业管理水平,增强国际竞争力和影响力,保障非公有制经济健康顺利发展。

最高人民法院关于审理民间借贷案件适用法律若干问题的规定

(2015年6月23日最高人民法院审判委员会第1655次会议通过 根据2020年8月18日最高人民法院审判委员会第1809次会议通过的《最高人民法院关于修改〈关于审理民间借贷案件适用法律若干问题的规定〉的决定》第一次修正 根据2020年12月23日最高人民法院审判委员会第1823次会议通过的《最高人民法院关于修改〈最高人民法院关于在民事审判工作中适用《中华人民共和国工会法》若干问题的解释〉等二十七件民事类司法解释的决定》第二次修正)

为正确审理民间借贷纠纷案件,根据《中华人民共和国民法典》《中华人民共和国民事诉讼法》《中华人民共和国刑事诉讼法》等相关法律之规定,结合审判实践,制定本规定。

第一条 本规定所称的民间借贷,是指自然人、法人和非法人组织之间进行资金融通的行为。

经金融监管部门批准设立的从事贷款业务的金融机构及其分支机构,因发放贷款等相关金融业务引发的纠纷,不适用本规定。

第二条 出借人向人民法院提起民间借贷诉讼时,应当提供借据、收据、欠条等债权凭证以及其他能够证明借贷法律关系存在的证据。

当事人持有的借据、收据、欠条等债权凭证没有载明债权人,持有债权凭证的当事人提起民间借贷诉讼的,人民法院应予受理。被告对原告的债权人资格提出有事实依据的抗辩,人民法院经审查认为原告不具有债权人资格的,裁定驳回起诉。

第三条 借贷双方就合同履行地未约定或者约定不明确,事后未达成补充协议,按照合同相关条款或者交易习惯仍不能确定的,以接受货币一方所在地为合同履行地。

第四条 保证人为借款人提供连带责任保证,出借人仅起诉借款人的,人民法院可以不追加保证人为共同被告;出借人仅起诉保证人的,人民法院可以追加借款人为共同被告。

保证人为借款人提供一般保证,出借人仅起诉保证人的,人民法院应当追加借款人为共同被告;出借人仅起诉借款人的,人民法院可以不追加保证人为共同被告。

第五条 人民法院立案后,发现民间借贷行为本身涉嫌非法集资等犯罪的,应当裁定驳回起诉,并将涉嫌非法集资等犯罪的线索、材料移送公安或者检察机关。

公安或者检察机关不予立案,或者立案侦查后撤销案件,或者检察机关作出不起诉决定,或者经人民法院生效判决认定不构成非法集资等犯罪,当事人又以同一事实向人民法院提起诉讼的,人民法院应予受理。

第六条 人民法院立案后,发现与民间借贷纠纷案件虽有关联但不是同一事实的涉嫌非法集资等犯罪的线索、材料的,人民法院应当继续审理民间借贷纠纷案件,并将涉嫌非法集资等犯罪的线索、材料移送公安或者检察机关。

第七条 民间借贷纠纷的基本案件事实必须以刑事案件的审理结果为依据,而该刑事案件尚未审结的,人民法院应当裁定中止诉讼。

第八条 借款人涉嫌犯罪或者生效判决认定其有罪,出借人起诉请求担保人承担民事责任的,人民法院应予受理。

第九条 自然人之间的借款合同具有下列情形之一的,可以视为合同成立:

(一)以现金支付的,自借款人收到借款时;

(二)以银行转账、网上电子汇款等形式支付的,自资金到达借款人账户时;

(三)以票据交付的,自借款人依法取得票据权利时;

(四)出借人将特定资金账户支配权授权给借款人的,自借款人取得对该账户实际支配权时;

(五)出借人以与借款人约定的其他方式提供借款并实际履行完

成时。

第十条 法人之间、非法人组织之间以及它们相互之间为生产、经营需要订立的民间借贷合同,除存在民法典第一百四十六条、第一百五十三条、第一百五十四条以及本规定第十三条规定的情形外,当事人主张民间借贷合同有效的,人民法院应予支持。

第十一条 法人或者非法人组织在本单位内部通过借款形式向职工筹集资金,用于本单位生产、经营,且不存在民法典第一百四十四条、第一百四十六条、第一百五十三条、第一百五十四条以及本规定第十三条规定的情形,当事人主张民间借贷合同有效的,人民法院应予支持。

第十二条 借款人或者出借人的借贷行为涉嫌犯罪,或者已经生效的裁判认定构成犯罪,当事人提起民事诉讼的,民间借贷合同并不当然无效。人民法院应当依据民法典第一百四十四条、第一百四十六条、第一百五十三条、第一百五十四条以及本规定第十三条之规定,认定民间借贷合同的效力。

担保人以借款人或者出借人的借贷行为涉嫌犯罪或者已经生效的裁判认定构成犯罪为由,主张不承担民事责任的,人民法院应当依据民间借贷合同与担保合同的效力、当事人的过错程度,依法确定担保人的民事责任。

第十三条 具有下列情形之一的,人民法院应当认定民间借贷合同无效:

(一)套取金融机构贷款转贷的;

(二)以向其他营利法人借贷、向本单位职工集资,或者以向公众非法吸收存款等方式取得的资金转贷的;

(三)未依法取得放贷资格的出借人,以营利为目的向社会不特定对象提供借款的;

(四)出借人事先知道或者应当知道借款人借款用于违法犯罪活动仍然提供借款的;

(五)违反法律、行政法规强制性规定的;

(六)违背公序良俗的。

第十四条 原告以借据、收据、欠条等债权凭证为依据提起民间借贷诉讼,被告依据基础法律关系提出抗辩或者反诉,并提供证据证明债权纠纷非民间借贷行为引起的,人民法院应当依据查明的案件事实,按照基础法律关系审理。

当事人通过调解、和解或者清算达成的债权债务协议,不适用前款规定。

第十五条 原告仅依据借据、收据、欠条等债权凭证提起民间借贷诉讼,被告抗辩已经偿还借款的,被告应当对其主张提供证据证明。被告提供相应证据证明其主张后,原告仍应就借贷关系的存续承担举证责任。

被告抗辩借贷行为尚未实际发生并能作出合理说明的,人民法院应当结合借贷金额、款项交付、当事人的经济能力、当地或者当事人之间的交易方式、交易习惯、当事人财产变动情况以及证人证言等事实和因素,综合判断查证借贷事实是否发生。

第十六条 原告仅依据金融机构的转账凭证提起民间借贷诉讼,被告抗辩转账系偿还双方之前借款或者其他债务的,被告应当对其主张提供证据证明。被告提供相应证据证明其主张后,原告仍应就借贷关系的成立承担举证责任。

第十七条 依据《最高人民法院关于适用〈中华人民共和国民事诉讼法〉的解释》第一百七十四条第二款之规定,负有举证责任的原告无正当理由拒不到庭,经审查现有证据无法确认借贷行为、借贷金额、支付方式等案件主要事实的,人民法院对原告主张的事实不予认定。

第十八条 人民法院审理民间借贷纠纷案件时发现有下列情形之一的,应当严格审查借贷发生的原因、时间、地点、款项来源、交付方式、款项流向以及借贷双方的关系、经济状况等事实,综合判断是否属于虚假民事诉讼:

(一)出借人明显不具备出借能力的;

(二)出借人起诉所依据的事实和理由明显不符合常理的;

(三)出借人不能提交债权凭证或者提交的债权凭证存在伪造的可能;

(四)当事人双方在一定期限内多次参加民间借贷诉讼的;

(五)当事人无正当理由拒不到庭参加诉讼,委托代理人对借贷事

实陈述不清或者陈述前后矛盾;

（六）当事人双方对借贷事实的发生没有任何争议或者诉辩明显不符合常理;

（七）借款人的配偶或者合伙人、案外人的其他债权人提出有事实依据的异议;

（八）当事人在其他纠纷中存在低价转让财产的情形;

（九）当事人不正当放弃权利;

（十）其他可能存在虚假民间借贷诉讼的情形。

第十九条 经查明属于虚假民间借贷诉讼,原告申请撤诉的,人民法院不予准许,并应当依据民事诉讼法第一百一十二条之规定,判决驳回其请求。

诉讼参与人或者其他人恶意制造、参与虚假诉讼,人民法院应当依据民事诉讼法第一百一十一条、第一百一十二条和第一百一十三条之规定,依法予以罚款、拘留;构成犯罪的,应当移送有管辖权的司法机关追究刑事责任。

单位恶意制造、参与虚假诉讼的,人民法院应当对该单位进行罚款,并可以对其主要负责人或者直接责任人员予以罚款、拘留;构成犯罪的,应当移送有管辖权的司法机关追究刑事责任。

第二十条 他人在借据、收据、欠条等债权凭证或者借款合同上签名或者盖章,但是未表明其保证人身份或者承担保证责任,或者通过其他事实不能推定其为保证人,出借人请求其承担保证责任的,人民法院不予支持。

第二十一条 借贷双方通过网络贷款平台形成借贷关系,网络贷款平台的提供者仅提供媒介服务,当事人请求其承担担保责任的,人民法院不予支持。

网络贷款平台的提供者通过网页、广告或者其他媒介明示或者有其他证据证明其为借贷提供担保,出借人请求网络贷款平台的提供者承担担保责任的,人民法院应予支持。

第二十二条 法人的法定代表人或者非法人组织的负责人以单位名义与出借人签订民间借贷合同,有证据证明所借款项系法定代表人或者负责人个人使用,出借人请求将法定代表人或者负责人列为共同被告或者第三人的,人民法院应予准许。

法人的法定代表人或者非法人组织的负责人以个人名义与出借人订立民间借贷合同,所借款项用于单位生产经营,出借人请求单位与个人共同承担责任的,人民法院应予支持。

第二十三条 当事人以订立买卖合同作为民间借贷合同的担保,借款到期后借款人不能还款,出借人请求履行买卖合同的,人民法院应当按照民间借贷法律关系审理。当事人根据法庭审理情况变更诉讼请求的,人民法院应当准许。

按照民间借贷法律关系审理作出的判决生效后,借款人不履行生效判决确定的金钱债务,出借人可以申请拍卖买卖合同标的物,以偿还债务。就拍卖所得的价款与应偿还借款本息之间的差额,借款人或者出借人有权主张返还或者补偿。

第二十四条 借贷双方没有约定利息,出借人主张支付利息的,人民法院不予支持。

自然人之间借贷对利息约定不明,出借人主张支付利息的,人民法院不予支持。除自然人之间借贷的外,借贷双方对借贷利息约定不明,出借人主张利息的,人民法院应当结合民间借贷合同的内容,并根据当地或者当事人的交易方式、交易习惯、市场报价利率等因素确定利息。

第二十五条 出借人请求借款人按照合同约定利率支付利息的,人民法院应予支持,但是双方约定的利率超过合同成立时一年期贷款市场报价利率四倍的除外。

前款所称"一年期贷款市场报价利率",是指中国人民银行授权全国银行间同业拆借中心自2019年8月20日起每月发布的一年期贷款市场报价利率。

第二十六条 借据、收据、欠条等债权凭证载明的借款金额,一般认定为本金。预先在本金中扣除利息的,人民法院应当将实际出借的金额认定为本金。

第二十七条 借贷双方对前期借款本息结算后将利息计入后期借款本金并重新出具债权凭证,如果前期利率没有超过合同成立时一年期贷款市场报价利率四倍,重新出具的债权凭证载明的金额可认定为后期借款本金。超过部分的利息,不应认定为后期借款本金。

按前款计算,借款人在借款期间届满后应当支付的本息之和,超过以最初借款本金与以最初借款本金为基数、以合同成立时一年期贷款市场报价利率四倍计算的整个借款期间的利息之和的,人民法院不予支持。

第二十八条 借贷双方对逾期利率有约定的,从其约定,但是以不超过合同成立时一年期贷款市场报价利率四倍为限。

未约定逾期利率或者约定不明的,人民法院可以区分不同情况处理:

(一)既未约定借期内利率,也未约定逾期利率,出借人主张借款人自逾期还款之日起参照当时一年期贷款市场报价利率标准计算的利息承担逾期还款违约责任的,人民法院应予支持;

(二)约定了借期内利率但是未约定逾期利率,出借人主张借款人自逾期还款之日起按照借期内利率支付资金占用期间利息的,人民法院应予支持。

第二十九条 出借人与借款人既约定了逾期利率,又约定了违约金或者其他费用,出借人可以选择主张逾期利息、违约金或者其他费用,也可以一并主张,但是总计超过合同成立时一年期贷款市场报价利率四倍的部分,人民法院不予支持。

第三十条 借款人可以提前偿还借款,但是当事人另有约定的除外。

借款人提前偿还借款并主张按照实际借款期限计算利息的,人民法院应予支持。

第三十一条 本规定施行后,人民法院新受理的一审民间借贷纠纷案件,适用本规定。

2020年8月20日之后新受理的一审民间借贷案件,借贷合同成立于2020年8月20日之前,当事人请求适用当时的司法解释计算自合同成立到2020年8月19日的利息部分的,人民法院应予支持;对于自2020年8月20日到借款返还之日的利息部分,适用起诉时本规定的利率保护标准计算。

本规定施行后,最高人民法院以前作出的相关司法解释与本规定不一致的,以本规定为准。

最高人民检察院关于充分发挥检察职能依法保障和促进非公有制经济健康发展的意见

(2016年2月19日 高检发〔2016〕2号)

为深入贯彻党的十八大及十八届三中、四中、五中全会精神和习近平总书记系列重要讲话精神,认真落实中央经济工作会议和中央政法工作会议部署,坚持平等保护公有制经济与非公有制经济,依法履行检察职能,充分发挥保障和促进非公有制经济健康发展的积极作用,提出如下意见:

一、充分认识非公有制经济的重要地位,切实增强保障和促进非公有制经济健康发展的主动性和责任感

1. 依法保护非公有制企业产权和合法权益,是检察机关的重要责任。非公有制经济是社会主义市场经济的重要组成部分,也是推动我国经济转型升级的重要依托,对于支撑增长、促进创新、扩大就业、增加税收等发挥重要作用。检察机关要切实把思想和行动统一到中央决策部署和要求上来,围绕服务经济建设和发展大局,找准检察工作保障和促进非公有制经济健康发展和非公有制经济人士健康成长的切入点,积极履职尽责,为非公有制经济发展提供有力司法保障。

2. 牢固树立平等保护的理念,加强对非公有制经济的司法保护。对公有制经济和非公有制经济平等保护,是我国宪法规定的一项重要原则。要把平等保护各类市场主体合法权益作为检察工作服务改革发展稳定大局的重要着力点,坚持诉讼地位和诉讼权利平等、法律适用和法律责任平等、法律保护和法律服务平等,主动适应非公有制经济发展的司法需求,依法保护非公有制企业产权和合法权益,依法保

护企业家和从业人员创新创业的积极性,增强发展预期和信心,激发活力,促进创新发展。

二、积极履行检察职能,依法保障非公有制企业产权和合法权益

3. 依法打击侵犯非公有制企业权益和非公有制经济人士人身、财产权利的刑事犯罪,营造平安稳定社会环境。依法履行批捕、起诉职能,突出工作重点,依法惩治侵犯非公有制经济投资者、管理者和从业人员人身安全、财产安全的犯罪活动。依法惩治黑社会性质犯罪组织和恶势力犯罪团伙以暴力、胁迫等方式向非公有制企业收取"保护费",欺行霸市、强买强卖的犯罪。依法惩治盗窃、抢夺、敲诈勒索、哄抢非公有制企业财物的犯罪。依法惩治利用职务便利侵占、挪用非公有制企业财产的犯罪。依法惩治由经济纠纷引发的暴力讨债、绑架、非法拘禁等犯罪。积极配合有关部门加强对非公有制企业周边治安乱点的专项整治,维护企业管理秩序,保障企业生产经营活动正常进行。

4. 依法惩治破坏市场秩序、侵犯非公有制企业产权和合法权益的经济犯罪,营造诚信有序的市场环境。依法惩治侵犯非公有制企业合法权益的金融诈骗、合同诈骗、商业贿赂等破坏市场经济秩序的犯罪。依法惩治强揽工程、串通投标、强迫交易、官商勾结垄断经营以及故意损害商业信誉等破坏公平竞争的犯罪。依法惩治侵犯商标专用权、专利权、著作权、商业秘密等破坏非公有制企业创新发展的侵犯知识产权犯罪。依法惩治集资诈骗、非法吸收公众存款等涉众型犯罪。依法惩治利用互联网金融平台、打着金融创新旗号从事非法活动等增加金融风险的犯罪。通过惩治各种经济犯罪,有力维护公平竞争、健康有序的市场秩序,提高非公有制企业投资信心,激发资本参与热情。

5. 依法打击侵犯非公有制企业合法权益的职务犯罪,推动构建新型政商关系。依法惩治国家工作人员利用市场准入、市场监管、招商引资、证照颁发审验、项目审批、土地征用、工商管理、税收征管、金融贷款以及国家财政补贴等职务之便,向非公有制企业通过明示、暗示等方式索贿、受贿的犯罪。依法惩治电力、电信、交通、石油、天然气、市政公用等领域非公有制企业资本参股、参与经营活动等公私合营过程中发生的贪污受贿、失职渎职等犯罪。

6. 强化对涉及非公有制企业和非公有制经济人士诉讼活动的法律监督，维护非公有制企业合法权益和司法公正。重点监督纠正涉及非公有制企业的案件该立不立、不该立乱立、违法使用刑事手段插手经济纠纷，以及适用强制措施、查封扣押冻结财物不当等问题。着力加强对涉及非公有制企业债务纠纷、股权分配、知识产权、职工工资、劳动争议、工伤赔偿等案件审判、执行活动的法律监督。切实加强对涉及市场准入、不正当竞争等问题的法律监督。坚持把加强对诉讼活动的法律监督与查处司法腐败结合起来，注重查办执法不严、司法不公背后的虚假诉讼、贪赃枉法等司法人员违法犯罪案件，加大对虚假诉讼、恶意诉讼的打击惩治力度，促进和优化非公有制经济发展环境，努力适应经济发展新常态。

三、准确把握法律政策界限，努力营造法治化营商环境

7. 准确把握法律政策界限，严格执行宽严相济刑事政策。坚持法治思维，充分考虑非公有制经济的特点，优先考虑企业生存发展，防止不讲罪与非罪界限、不讲法律政策界限、不讲方式方法，防止选择性司法，防止任意侵犯非公有制企业合法权益问题的发生。注意严格区分经济纠纷与经济犯罪的界限，个人犯罪与企业违规的界限，企业正当融资与非法集资的界限，经济活动中的不正之风与违法犯罪的界限，执行和利用国家政策谋发展中的偏差与钻改革空子实施犯罪的界限，合法的经营收入与违法犯罪所得的界限，非公有制企业参与国企兼并重组中涉及的经济纠纷与恶意侵占国有资产的界限。对于法律政策界限不明，罪与非罪、罪与错不清的，要慎重妥善处理，加强研究分析，注意听取行业主管、监管部门意见，坚决防止把一般违法违纪、工作失误甚至改革创新视为犯罪，做到依法惩治犯罪者、支持创业者、挽救失足者、教育失误者，确保办案的质量和效果。

8. 注意研究新情况新问题，鼓励和支持非公经济主体投入到创新发展中去。注重研究创新发展中出现的新兴产业、新兴业态、新型商业模式、新型投资模式和新型经营管理模式等新变化，慎重对待创新融资、成果资本化、转化收益等不断出现的新问题，坚持"法无明文规定不为罪"。对法律规定不明确、法律政策界限不清晰的，要及时向上级人民检察院请示报告。

四、改进办案方式和规范司法行为,确保办案"三个效果"有机统一

9.更加注重改进办案方式方法。坚持既充分履行职能、严格依法办案,又注意改进办案方式方法,防止办案对非公有制企业正常生产经营活动造成负面影响。坚持深入查办案件与规范自身司法行为并重,采取强制措施、侦查措施与维护非公有制企业正常经营秩序、合法权益并重,打击经济犯罪、查办职务犯罪与依法帮助非公有制企业挽回和减少经济损失并重,严格公正廉洁司法与理性平和文明规范司法并重。慎重选择办案时机和方式,慎重使用搜查、扣押、冻结、拘留、逮捕等措施;不轻易查封企业账册,不轻易扣押企业财物。对于有自首、立功表现,认罪态度较好,社会危险性不高、积极配合的非公有制企业涉案人员,一般不采取拘留、逮捕措施。对于查办非公有制企业经营管理者和关键岗位工作人员的犯罪案件,主动加强与涉案企业或者当地政府有关部门、行业管理部门的沟通协调,合理掌控办案进度,严格慎用拘留、逮捕措施,帮助涉案非公有制企业做好生产经营衔接工作;确需查封扣押冻结的,预留必要的流动资金和往来账户,减少对正常生产经营活动的影响;对于涉案非公有制企业正在投入生产运营或者正在用于科技创新、产品研发的设备、资金和技术资料等,原则上不予查封、扣押、冻结,确需提取犯罪证据的,可以采取拍照、复制等方式提取。慎重发布涉及非公有制企业案件的新闻信息,对涉及知名的非公有制企业或者上市公司的案件一般不对外报道,在法律允许的范围内合理顾及非公有制企业关切,最大限度维护非公有制企业声誉、促进长远发展。对于涉及非公有制企业和企业经营人员的举报,经查证失实的,应当按照检察机关举报工作规定,及时采取适当方式澄清事实,最大限度维护非公有制企业和企业经营人员的声誉,最大限度减少对非公有制企业正常生产经营活动的影响。

10.严格规范司法行为。强化规范司法意识,明确司法行为不规范必然损害非公有制企业的合法权益。严禁越权办案、插手经济纠纷,严禁以服务为名到发案单位吃拿卡要报,严禁使用涉案单位的交通通讯工具和办公设备,严禁乱拉赞助和乱摊派,严禁干预发案单位的正常生产经营活动,严禁干预非公有制企业合法自主经济行为。对

于知法犯法、违法办案的,发现一起、处理一起、通报一起,让司法不规范行为见人、见事、见案件,依法保护非公有制企业合法权益。

五、结合办案加强法制教育和犯罪预防,延伸职能为非公有制经济发展提供法律服务

11. 认真落实"谁执法谁普法"的普法责任制,积极开展法律普及教育。结合司法办案,加强法制宣传,采取普法讲座、以案释法等方式,帮助和促进非公有制企业、非公有制经济人士强化依法经营意识,明确法律红线和法律风险,促进非公有制企业及从业人员做到既依法办事、守法经营,又提高自我保护意识,有效防控重大法律风险,提高经营管理的法治化水平。

12. 积极拓展法律服务渠道,加强对非公有制企业合法权益的司法救济。及时办理非公有制企业的控告、申诉和举报,加强检察监督。充分发挥检察机关视频接访系统、12309举报网络平台等诉求表达渠道的作用,为非公有制企业、非公有制经济人士寻求法律咨询、司法救济等提供更加便捷高效的服务。对涉及非公有制企业、非公有制经济人士维护自身合法权益的控告、申诉和举报,依法及时审查,严格按照法律的管辖规定、诉求性质和相应的法律程序办理。对于检察机关和检察人员提出的不合理、不合法要求,非公有制企业有权拒绝并及时向本级检察机关或上级检察机关反映。更加注重从非公有制经济界人士、工商联及商会工作人员中选聘特约检察员、人民监督员,认真听取非公有制企业的意见和建议,深入倾听非公有制经济界的声音,努力为非公有制经济健康发展服务。

13. 加强典型案例剖析和警示教育,紧紧围绕非公有制企业生产经营活动开展预防。结合查办侵害非公有制企业合法权益的犯罪案件以及非公有制企业在生产经营活动中发生的犯罪案件,深入剖析典型案件和发案规律,及时提出检察建议,帮助非公有制企业建章立制,堵塞漏洞,完善内部监督制约和管理机制,提高依法经营管理水平,增强非公有制企业在经济发展新常态下的竞争力和发展后劲。通过开展预防咨询、预防宣传等工作,及时告知非公有制企业享有的合法权益,帮助非公有制企业依法维护自身合法权益。加大对促进经济增长、发展方式转变、科技创新、吸纳就业、居民增收等贡献大的非公有制企业的预防服务力度,增强预防工作的整体效果。

14. 创新预防方式和工作机制,增强预防实效。坚持从适应经济发展新常态的实际出发,立足办案积极创新预防工作的方式和机制,及时收集分析非公有制经济运行中的各种有效信息,对可能影响非公有制经济健康发展、存在犯罪风险隐患的苗头性、倾向性问题及时开展预防调查和预警预测,提出对策建议,不断增强预防工作的预见性和针对性。结合办案,对非公有制企业生产经营活动中存在的普遍性问题,探索组织区域性、系统性、规模性的专题预防活动,促进有效解决,最大限度地保障非公有制企业生产经营和资本运作的正常活动,以及生产要素和资本要素的有效配置、流动,努力服务、保障和促进非公有制经济健康发展。

六、加强组织领导和协作配合,确保对非公有制经济发展各项保障和促进措施落到实处

15. 加强对保障和促进非公有制经济发展的组织领导。坚持把充分发挥职能作用、积极服务非公有制经济发展作为当前检察机关的一项重要工作任务,切实加强领导,强化措施,狠抓落实,增强保障和促进非公有制经济发展的主动性、针对性和实效性。加强与行政执法机关的协作配合,进一步完善行政执法与刑事司法衔接机制,整合执法司法资源,充分发挥保护和促进非公有制经济发展的作用。上级人民检察院特别是省级人民检察院要深入研究分析保障和促进非公有制经济发展中遇到的新情况新问题,加强对下业务指导和宏观指导,及时出台指导性意见,总结推广下级人民检察院的典型经验。下级人民检察院对于在办理非公有制企业或非公有制经济人士涉嫌犯罪案件过程中遇到的困难和问题,应当及时向上级人民检察院请示报告,必要时层报最高人民检察院。

16. 加强重大情况报告、通报和建议。结合司法办案,深入分析和把握影响非公有制经济发展的深层次问题,对于办案工作中发现的体制性、政策性、策略性、方向性等重大问题,要及时向党委报告,提出解决的建议。对于机制性、管理性以及政策执行中的问题,要及时向政府通报,积极协助政府完善制度、强化管理。对于影响非公有制经济运行、妨碍非公有制经济发展的立法不完善问题,要及时提出修改完善法律法规的建议,推动完善有利于非公有制经济发展的法律体系。

17. 加强工作宣传和舆情引导。增强主动宣传的意识、知识和能力,进一步加强与主流媒体和新媒体的联系沟通,充分利用报刊、广播电视和门户网站、微信、微博等新闻宣传平台,加强宣传检察机关保障和促进非公有制经济发展的新思路、新举措和新成效,传播检察机关保障和促进非公有制经济发展的"好声音"和法治"正能量",增强司法办案工作保障和促进非公有制经济发展的主动权、话语权。发布涉及非公有制企业和非公有制经济人士涉嫌违法犯罪的有关新闻,应严肃纪律,统一口径,把握好尺度,必要时请示汇报,避免影响非公有制企业的正常经营和发展。对于查办非公有制企业及从业人员案件引发的舆情,要树立积极回应理念,加强舆情收集、分析、研判,善于把握时、度、效,及时快速应对,正面引导疏解。

18. 加强与工商联的沟通协调,形成保障和促进非公有制经济发展的合力。主动加强与各级工商联的密切联系,建立健全联席会议、定期通报情况、共同开展调研等常态化机制,及时了解非公有制经济最新政策和发展情况,全面把握非公有制企业的司法需求,不断增强服务的针对性和有效性。对于工商联反映的突出问题,要高度关注、认真督办,建立处理结果反馈机制。对于办案中发现的非公有制企业经营管理存在的典型性、普遍性的问题,要及时向工商联通报。支持工商联依法开展法律维权工作,充分发挥工商联联系面广、信息来源多、整合各方面资源能力强的优势,共同研究解决经济发展新常态下非公有制经济转型升级和"走出去"遇到的法律风险及法律问题,积极采取保障和促进非公有制经济发展的有效措施,形成工作合力,增强整体效果。

五、部门规章及规范性文件

（一）综　　合

生态环境部门进一步促进民营经济发展的若干措施

（2024年9月13日　环综合〔2024〕62号）

为深入贯彻党中央、国务院关于促进民营经济发展壮大的决策部署,落实"两个毫不动摇",发挥民营企业在高质量发展中的重要作用,以生态环境高水平保护增创民营经济发展新动能新优势,指导生态环境部门更好支持服务民营经济发展,现提出如下措施。

一、支持绿色发展

1.促进绿色低碳转型。加快制修订污染物排放标准,完善重点行业企业碳排放核算、项目碳减排量核算标准和技术规范,建立产品碳足迹管理体系,引导企业绿色低碳发展。支持企业发展绿色低碳产业和绿色供应链,开展减污降碳协同创新。推动石化化工、钢铁、建材等传统产业绿色改造,提升清洁生产水平。支持企业实施清洁能源替代,鼓励有条件的企业提升大宗货物清洁化运输水平,推进内部作业车辆和机械新能源更新改造。

2.推动大规模设备更新。坚持鼓励先进、淘汰落后,帮扶企业排查落后生产工艺设备、低效失效污染治理设施,积极支持企业对各类生产设备、大气污染治理设施、污水垃圾处理设备等设备更新和技术改造,促进产业高端化、智能化、绿色化。推动对环境保护专用设备更新给予财税、金融等政策支持。

3.增加环境治理服务供给。推动大规模回收循环利用,支持企业提升废旧资源循环利用水平。完善产业园区环境基础设施,推动企业集聚发展和集中治污。鼓励中小型传统制造企业集中的地区,结合产业集群特点,因地制宜建设集中污染处理设施。进一步完善小微企业和社会源危险废物收集处理体系,支持企业提供第三方专业服务。

4. 加强生态环境科技支撑。深入开展科技帮扶行动,为中小微企业治理环境污染提供技术咨询。完善实用技术管理机制,基于生态环境治理需求,面向社会征集先进污染防治技术,鼓励民营企业积极申报,加快企业先进技术推广应用。依托国家生态环境科技成果转化综合服务平台,为各类市场主体提供技术咨询和推广服务。鼓励具备条件的民营企业参与生态环境重大科技计划和创新平台建设。

5. 支持发展环保产业。结合"十五五"规划编制研究实施一批生态环境保护治理重大工程,制定污染防治可行技术指南和环境工程技术规范,增强环保产业发展预期。引导环保企业延伸拓展服务范围和服务领域,促进生态环保产业、节能产业、资源循环利用产业、低碳产业一体化融合发展。配合有关部门依法依规督促机关、事业单位和大型企业履行生态环境领域项目合同。

二、优化环境准入

6. 提高行政审批服务水平。对照中央和地方层面设定的生态环境领域涉企经营许可事项,以告知书、引导单等形式告知企业生态环境保护政策、责任和要求,以及许可事项办理流程、时限、联系方式等。对企业投资建设项目中遇到的问题落实首问负责制、一次告知服务制。

7. 持续深化环评改革。落实登记表免予办理备案手续、报告表"打捆"审批、简化报告书(表)内容等"四个一批"环评改革试点政策。有序推进环评分类管理,环评文件标准化编制、智能化辅助审批试点,优化环评审批分级管理。继续实施环评审批"三本台账"和绿色通道机制,对符合生态环境保护要求的民营重大投资项目,开辟绿色通道,实施即报即受理即转评估,提高环评审批效率。

8. 优化总量指标管理。健全总量指标配置机制,优化新改扩建建设项目总量指标监督管理。在严格实施各项污染防治措施基础上,对氮氧化物、化学需氧量、挥发性有机污染物的单项新增年排放量小于

0.1吨,氨氮小于0.01吨的建设项目,免予提交总量指标来源说明,由地方生态环境部门统筹总量指标替代来源,并纳入台账管理。

9.推动环评与排污许可协同衔接。对工艺相对单一、环境影响较小、建设周期短的建设项目,在按规定办理环评审批手续后,新增产品品种但生产工艺、主要原辅材料、主要燃料未发生变化、污染物种类和排放量不增加的,不涉及重大变动的,无需重新办理环评,直接纳入排污许可管理;建设单位无法确定是否涉及重大变动的,可以报请行政审批部门核实。对符合要求的建设项目,在企业自愿的原则下,探索实施环评与排污许可"审批合一"。统筹优化环评和排污许可分类管理,部分排放量很小的污染影响类建设项目不再纳入环评管理,直接纳入排污许可管理。

10.加强建设项目投资政策指导。对企业投资的同一建设项目,涉及生态环境领域多个行政许可事项的,要加强行政许可事项衔接;对有区域布局、规模控制等要求的,要加强统筹、提前考虑项目建成之后的经营准入许可,为项目建设、运行提供一揽子指导服务。

三、优化环境执法

11.实行生态环境监督执法正面清单管理。对正面清单内的企业减少现场执法检查次数,综合运用新技术、新手段,按照排污许可证规定,以非现场方式为主开展执法检查,对守法企业无事不扰。规范生态环境管理第三方服务,切实提高服务质效。

12.持续规范涉企收费和罚款。定期清理规范生态环境领域涉企收费事项,做好规范经营服务性收费、中介服务收费相关工作,推动治理变相收费、低质高价,切实减轻企业经营负担。严禁以生态环境保护名义向企业摊派。全面落实规范和监督罚款设定与实施要求,优化营商环境。

13.减少企业填表。充分利用环境统计、排污许可、环评审批、固废管理、污染源监测等系统平台已有数据,建立数据共享机制,实现数据互联互通,推动"多表合一",探索"最多报一次"。鼓励省级生态环境部门开展涉企报表填报减负改革试点。

14.严禁生态环境领域"一刀切"。统筹民生保障和应急减排,实施绩效分级差异化管控,科学合理制定重污染天气应急减排清单,明确不同预警级别的应急响应措施,严格按照应急预案启动和解除重污染天气预警。不得为突击完成年度环境质量改善目标搞限产停产。严禁为应付督察等采取紧急停工停业停产等简单粗暴行为,以及"一律关停""先停再说"等敷衍应对做法。

四、加大政策支持

15. 规范环保信用评价。合理界定评价对象,坚持过惩相当,明确评价结果适用边界条件。推进依法不予处罚信息、一定期限之前的生态环境行政处罚决定,不纳入环保信用信息范围。推广环保信用承诺制度。健全企业环保信用修复制度,完善信用修复机制,引导企业"纠错复活",帮助企业"应修尽修"。

16. 强化财政金融支持。将符合条件的民营企业污染治理等项目纳入各级生态环境资金项目储备库,一视同仁给予财政资金支持。发展绿色金融,推动生态环境导向的开发(EOD)等模式创新,加快推进气候投融资试点,适时开展盈余碳排放权(配额)抵押机制建设,解决民营企业环境治理融资难、融资贵问题。

17. 落实税收优惠政策。配合税务部门落实《环境保护、节能节水项目企业所得税优惠目录(2021年版)》《资源综合利用企业所得税优惠目录(2021年版)》和《资源综合利用产品和劳务增值税优惠目录(2022年版)》以及延长从事污染防治的第三方企业减按15%的企业所得税优惠政策。对不能准确判定企业从事的项目是否属于优惠目录范围的,要及时研究、推动解决。

18. 支持参与环境权益交易。完善全国温室气体自愿减排交易市场,推动更多方法学出台,鼓励企业自主自愿开发温室气体减排项目,并通过参与全国碳排放权、全国温室气体自愿减排交易市场交易,实现减排有收益、发展可持续。鼓励各类企业通过淘汰落后和过剩产能、清洁生产、污染治理、技术改造升级等减少污染物排放,形成"富余排污权",积极参与排污权市场交易。

19. 支持创优和试点示范。鼓励民营企业创建环保绩效A级企业,并落实好相关激励政策。支持企业发挥自身优势,参与危险废物"点对点"利用豁免、跨区域转移管理、"无废集团"建设等改革试点示范。支持民营企业在区域重大战略生态环境保护中发挥示范引领作用,生态环境部建立绿色发展典型案例展示平台,引导各类市场主体为打造美丽中国先行区作贡献。

五、健全保障措施

20. 完善工作机制。健全本地区生态环境部门促进民营经济发展的工作机制,明确抓落实的牵头部门、责任分工和责任人。加强与发展改革部门、工商联等沟通联系,经常走访和听取民营企业意见建议,畅通民营企业投诉举报、反映问题、表达诉求的渠道。对民营企业反映突出的共性生态环境问题,要快速反应、紧抓快办。建立"问题收集—问题解决—结果反馈—跟踪问效"工作闭环,努力让更多民营企业有感有得。

21. 加强政策指导。生态环境保护法规标准政策制修订过程中,要充分征求社会各界意见,依照国家有关规定做好合法性审查和宏观政策取向一致性评估。加强排放标准等强制性标准的制修订质量管理,标准发布前制定实施方案,为企业预留足够时间。加强生态环境法规、标准、政策等宣传解读和培训,激发企业绿色发展内生动力。

22. 强化宣传推广。加强对民营企业保护生态环境先进典型的挖掘总结,及时梳理生态环境部门特别是基层一线服务民营经济发展的好做法好经验,综合运用新闻发布会、官网、报纸、"双微"等形式,加大宣传推广力度。积极回应中小微企业的关切,多措并举为企业纾困解难。持续强化舆论引导,营造支持民营企业绿色发展、健康发展的浓厚氛围。

财政部、工业和信息化部关于进一步支持专精特新中小企业高质量发展的通知

(2024年6月14日 财建〔2024〕148号)

各省、自治区、直辖市、计划单列市财政厅(局)、中小企业主管部门,新疆生产建设兵团财政局、工业和信息化局:

为深入贯彻习近平总书记关于"激发涌现更多专精特新中小企业"的重要指示精神，落实党中央、国务院决策部署，财政部、工业和信息化部（以下称两部门）通过中央财政资金进一步支持专精特新中小企业高质量发展，为加快推进新型工业化、发展新质生产力、完善现代化产业体系提供有力支撑。现将有关事项通知如下：

一、工作目标

深入贯彻习近平总书记重要指示批示精神，围绕科技创新与产业创新相结合，培优企业与做强产业相结合，通过中央财政资金引导和带动，充分发挥地方主动性和积极性，进一步提升专精特新中小企业创新能力和专业化水平，增强产业链配套能力，加大对专精特新中小企业培育赋能，发挥专精特新"小巨人"企业（以下称"小巨人"企业）示范引领作用，促进更多中小企业专精特新发展。

2024—2026年，聚焦重点产业链、工业"六基"及战略性新兴产业、未来产业领域（以下称重点领域），通过财政综合奖补方式，分三批次重点支持"小巨人"企业高质量发展。2024年首批先支持1000多家"小巨人"企业，以后年度根据实施情况进一步扩大支持范围。

二、支持内容

通过中央财政资金引导和带动，深化上下联动、央地协同，增强政策实效性、培育系统性和服务精准性，提升专精特新中小企业补链强链作用，增强产业链配套能力。中央财政资金将支持重点领域的"小巨人"企业打造新动能、攻坚新技术、开发新产品（以下称"三新"）、强化产业链配套能力（以下称"一强"），同时支持地方加大对专精特新中小企业培育赋能：

一是支持"小巨人"企业围绕"三新"加大科技创新投入，不断夯实企业立身之本。即打造新动能，从人才、组织机构、设备条件等方面，加强企业创新能力建设，打造创新团队；攻坚新技术，突破关键核心技术，产生原创性、颠覆性科技创新成果；开发新产品，以科技创新引领产业创新，加快科技成果向现实生产力转移转化。

二是支持"小巨人"企业围绕"一强"提升协作配套能力，不断夯实产业基础支撑。即围绕重点领域龙头企业产业链供应链需求，加大产业化投入，着力提升产业链供应链韧性和安全水平。

三是支持地方探索对专精特新中小企业培育赋能，不断夯实服务体系。即鼓励地方因地制宜、因企施策，推出针对性强、实用性高、精准有效的培育赋能举措，积极培育专精特新中小企业。支持地方重点向"小巨人"企业提供规范化、标准化的管理诊断、人才培训、质量诊断等培育赋能服务，助力企业形成诊断评估、对标对表、改进提升的持续跃迁。鼓励地方立足产业特点，兼顾小型微型企业创业创新基地、中小企业特色产业集群、中小企业公共服务平台建设，加大体制机制创新，探索建设以技术支持、成果转化、资金对接、企业孵化、产业融通等为主要功能的专精特新赋能体系。

三、组织实施

（一）组织申报。两部门将根据各省份（含兵团，下同）规模以上工业中小企业数量、"小巨人"企业数量，结合各省份专精特新中小企业培育绩效情况，并综合考虑区域发展基础差异，统筹分配拟支持"小巨人"企业名额。各省级中小企业主管部门会同财政部门，聚焦重点领域，组织企业申报。申请企业须为有效期内的"小巨人"企业，且未在上交所、深交所、北交所，以及境外公开发行股票，须提出"三新"、"一强"推进计划（以下称推进计划）。推进计划可覆盖"三新"、"一强"单个或多个方面，须分别提出绩效目标，投资总额需超过2000万元。

（二）遴选推荐企业。各省级中小企业主管部门会同财政部门，统筹考虑企业条件及推进计划，制定可量化可考核的统一遴选标准，遴选确定推荐支持的"小巨人"企业。对在上一轮财政支持专精特新中小企业高质量发展政策（财建〔2021〕2号文）中已获得支持的"小巨人"企业不再重复支持。

（三）编报方案。各省级中小企业主管部门会同财政部门，统一编制《××省份第×批支持专精特新"小巨人"企业工作实施方案》（以下称《实施方案》，模板详见附件）。按程序将《实施方案》联合上报两部门。相关佐证材料留存备查。

（四）确定支持对象并批复实施方案。工业和信息化部牵头组织对各省份《实施方案》进行审核，重点审核推荐支持的"小巨人"企业是否符合支持条件(包括是否为有效期内的"小巨人"企业、是否在上一轮支持政策中获得支持、是否已公开发行股票、是否符合重点领域要求等),推进计划是否符合"三新"、"一强"(包括是否聚焦"三新"、"一强",是否合理可行,是否清晰具体,是否具有强链补链稳链作用等),并对实施方案有关内容提出审核意见。剔除审核不通过的"小巨人"企业后,将按程序向社会公示,确定中央财政奖补支持的"小巨人"企业名单。省级中小企业主管部门会同财政部门,按审核意见对《实施方案》进行修改完善,并按程序报送至两部门备案,由工业和信息化部会同财政部予以批复。

(五)实施推进。省级中小企业主管部门会同财政部门按照两部门批复的《实施方案》,制定实施管理办法,组织推进实施。获得支持的"小巨人"企业,需围绕提出的"三新"、"一强"推进计划,用好奖补资金,扎实推进;省级中小企业主管部门应按照要求,具体负责专精特新中小企业培育赋能。企业提出的推进计划原则上不能调整,受经营环境变化确需调整的,需报经省级中小企业主管部门和财政部门审核同意,且调整后的推进计划投资额、绩效目标等不得降低。

(六)绩效评价。省级中小企业主管部门会同财政部门,对企业推进计划完成情况、投资情况、资金拨付使用情况等组织开展年度绩效评价,明确绩效评价等次,以及继续支持的"小巨人"企业(仍通过可量化可考核的统一标准择优确定),评价结果与后续奖补资金安排挂钩。各省级中小企业主管部门会同财政部门于每年4月30日前将年度绩效评价有关情况报两部门,两部门组织抽查检查。对于抽查检查中发现问题的,由有关省级中小企业主管部门会同财政部门组织落实整改。工业和信息化部于实施期结束后组织绩效评价,财政部按照绩效评价结果进行财政奖补资金清算。

四、资金安排

(一)奖补标准。新一轮专精特新中小企业奖补政策拟沿用此前奖补标准,即按照每家企业连续支持三年,每家企业合计600万元测算对地方的奖补数额。

(二)资金分配。工业和信息化部根据审核通过的"小巨人"企业数量，按奖补标准提出资金安排建议。财政部按照预算管理的有关规定，依据工业和信息化部的资金安排建议或绩效评价结果，按程序安排奖补资金，切块下达到省级财政部门。每批次奖补资金分两次下达，实施期初下达50％，实施期末根据绩效评价情况下达剩余资金。其中，对推进计划投资总额未达2000万元的企业，收回资金；对推进计划投资总额达2000万元以上但未完成目标任务的企业，不再安排剩余资金。

（三）资金使用。省级中小企业主管部门会同财政部门制定资金分配方案，并向社会公示，避免简单分配。奖补资金总额的95％以上由省级财政部门直接拨付到"小巨人"企业，由企业围绕"三新"、"一强"目标任务自主安排使用；不超过奖补资金总额的5％可重点用于对"小巨人"企业培育赋能，包括向"小巨人"企业提供管理诊断、人才培训、质量诊断等培育赋能服务，建立健全以技术支持、成果转化、资金对接、企业孵化、产业融通等为主要功能的专精特新赋能体系，相关工作要求由两部门相关司局制定规范标准，统一进行组织部署，通知另发。

五、其他要求

（一）加强组织协调。省级中小企业主管部门会同财政部门做好《实施方案》编制工作，严格落实申报审核责任。企业应如实、自主申报，并提供有关佐证材料，不得借助第三方机构申请。地方应采取措施，防范不良中介机构围绕申报企业谋取不当利益。两部门将加强政策解读、业务指导、监督管理和跟踪监测，及时总结经验做法和存在的困难问题。

（二）加强资金管理。奖补资金管理适用《中小企业发展专项资金管理办法》（财建〔2021〕148号）。省级财政部门、中小企业主管部门应按职责分工加强有关奖补资金管理，切实提升财政资金使用效益，严格按照文件规定管理和使用奖补资金，不得自行分配，不得用于平衡本级财政预算。对检查考核发现以虚报、冒领等手段骗取财政资金的，按照《财政违法行为处罚处分条例》等有关规定处理。

六、2024年第一批工作要求

请各省级中小企业主管部门会同财政部门，按要求遴选推荐符合条件的"小巨人"企业，编制《××省份第×批支持专精特新"小巨人"企业工作实施方案》，于7月31日前，将《实施方案》按程序联合上报两部门(加盖公章纸质版和扫描PDF电子版各一式两份)。

附件：××省份第×批支持专精特新"小巨人"企业工作实施方案（模板）

附件

××省份第×批支持专精特新"小巨人"企业工作实施方案(模板)

一、本省份专精特新中小企业培育工作开展情况

（一）贯彻落实习近平总书记关于促进中小企业专精特新发展的重要指示精神，本省份所采取的培育措施。单列一节重点介绍在全国具有创新性的政策举措。

（二）本省份专精特新"小巨人"企业和专精特新中小企业总体情况，包括但不限于企业数量、产业分布、行业分布、创新优势、发展特征，以及通过培育实现上市或成长为大企业等情况；企业为行业龙头企业提供配套，承担国家重点研发计划重点专项等情况。单列一节重点介绍在上一轮(财建〔2021〕2号文)获得支持的专精特新"小巨人"企业发展情况。

（三）本省份开展优质中小企业梯度培育工作的下一步考虑，包括加大政策支持力度、完善优质中小企业梯度培育体系、提高存量专精特新中小企业质量、规范专精特新中小企业认定、防范不良中介机构影响等内容。

二、本省份推荐重点支持的专精特新"小巨人"企业有关情况

（一）本省份推荐重点支持的专精特新"小巨人"企业（以下简称重点"小巨人"企业）遴选情况，包括但不限于工作依据、遴选过程、遴选结果等。

(二)本省份重点"小巨人"企业情况,包括但不限于拟支持企业数量、产业分布、行业分布、创新优势、发展特征等;企业为行业龙头企业配套,承担国家重点研发计划重点专项等情况;企业在支撑产业链供应链、掌握关键核心技术、关键领域"补短板"、主导产品填补国内国际空白等方面发挥的突出作用和典型案例等。

(三)本省份重点"小巨人"企业"三新"、"一强"推进计划情况,包括但不限于拟支持的企业资金投入总额、聚焦"三新"、"一强"情况(含"三新"、"一强"目标任务中的突出亮点)、企业绩效目标成效(含定性和定量描述)等。

三、本省份保障措施

重点描述保障实施方案顺利开展的组织领导、资金支持、动态监测、宣传引导等方面的措施。

同时,填报《××省份第×批重点"小巨人"企业名单汇总表》(附1)、《××省份第×批重点"小巨人"企业推进计划投资情况汇总表》(附2)、组织拟支持的重点"小巨人"企业填报《××省份第×批重点"小巨人"企业信息表》(附3,以下简称《信息表》),与实施方案一并报送。

此外,省级中小企业主管部门可参考《信息表》,结合本省份审核管理工作和专家评审需求,设计《××省份第×批重点"小巨人"企业申报表》,一并组织企业填报,无需报送两部门。

附:1.××省份第×批重点"小巨人"企业名单汇总表

2.××省份第×批重点"小巨人"企业推进计划投资情况汇总表

3.××省份第×批重点"小巨人"企业信息表

附 1

××省份第×批重点"小巨人"企业名单汇总表

序号	企业名称	所属领域	推进计划名称	支持该企业实施推进计划的作用、意义说明(不超过200字)
1				
2				
3				
4				
...				

附 2

××省份第×批重点"小巨人"企业推进计划投资情况汇总表

序号	企业名称	推进计划情况			其中:打造新动能		其中:攻坚新技术		其中:开发新产品		其中:增强配套能力	
		推进计划名称	投资总额(万元)	投资额(万元)	投资额(万元)	具体目标或标志性成果	投资额(万元)	具体目标或标志性成果	投资额(万元)	具体目标或标志性成果	投资额(万元)	具体目标或标志性成果
1												
2												
3												
4												
...												

注:打造新动能、攻坚新技术、开发新产品、增强配套能力四项,企业推进计划中不涉及的可不填。

附3

××省份第×批重点"小巨人"企业信息表

企业名称(盖章)
填报时间
推荐单位

一、企业基本情况				
企业名称				
企业注册地	省____市(区)____县			
通讯地址			邮编	
法定代表人	电话		手机	
控股股东	实际控制人		实际控制人国籍	
联系人	电话		手机	
传真	E-mail			
注册时间	注册资本(万元)			
统一社会信用代码				
根据《中小企业划型标准规定》(工信部联企业〔2011〕300号),企业规模属于	□大型 □中型 □小型 □微型			
所属行业	2位数代码及名称:____			
具体细分领域	4位数代码及名称:____			
企业类型	□国有 □合资 □民营 □外资			
二、经济效益和经营情况				
重要指标	2021年		2022年	2023年
全职员工数量	人		人	人
营业收入	万元		万元	万元
其中:主营业务收入	万元		万元	万元

续表

主营业务收入占营业收入比重	%	%	%
从事细分市场年限			年
主持制修订国际、国家标准数量			个
主持制修订行业标准数量			个
参与制修订国际、国家、行业标准数量			个
销售费用	万元	万元	万元
管理费用	万元	万元	万元
取得相关质量管理体系认证(可多选) □ISO9000 质量管理体系认证　□ISO14000 环境管理体系认证 □OHSAS18000 职业安全健康管理体系认证　□其他____(请说明)			
产品获得发达国家或地区权威机构认证情况(可多选) □UL　□CSA　□ETL　□GS □其他____(请说明)			
主营业务成本	万元	万元	万元
毛利率	%	%	%
人均营业收入	万元	万元	万元
出口额	万元	万元	万元
研发费用总额	万元	万元	万元
研发费用占营业收入比重	%	%	%
有效发明专利并实际应用数量			个
营业收入增长率	%	%	%
净利润总额	万元	万元	万元
净利润增长率	%	%	%
三、主导产品和产业链配套情况			
主导产品名称			
所属产业链			

五、部门规章及规范性文件

续表

与行业龙头企业配套情况	□否 □是 如是,请填写 龙头企业1名称: 配套产品: 配套的重要性: 龙头企业2名称: 配套产品: 配套的重要性: 龙头企业3名称: 配套产品: 配套的重要性:
四、"三新""一强"推进计划情况	
推进计划名称	
投资总额	_____万元
推进计划具体情况	请按"三新""一强"推进计划(附3-1)填写,并作为本信息表附件一并装订提供。
投资方向和绩效目标	□打造新动能	投资额:_____万元,具体目标或标志性成果:____
	□攻坚新技术	投资额:_____万元,具体目标或标志性成果:____
	□开发新产品	投资额:_____万元,具体目标或标志性成果:____
	□增强配套能力	投资额:_____万元,具体目标或标志性成果:____

续表

企业总体情况简要介绍(2000字以内,请勿另附页)	一、企业经营管理概况。从事细分领域及从业时间,企业在细分领域的地位,企业经营战略等。 二、企业主导产品及技术情况。关键领域补短板锻长板,参与关键核心技术攻关等情况;所属产业链供应链情况;知识产权积累和运用情况等。
真实性声明	以上所填内容和提交资料均准确、真实、合法、有效、无涉密信息,本企业愿为此承担有关责任。 法定代表人(签名):　　　　(企业公章):

附3-1

"三新""一强"推进计划

企业名称:

推进计划名称:

一、背景和必要性(不超过3000字)

介绍本推进计划的需求来源、技术竞争性分析、现有工艺技术方案等,以及实施本推进计划的必要性。

二、拟开展的主要内容、标志性成果和作用意义(不超过3000字)

介绍本推进计划拟围绕"三新""一强"将开展哪些工作,分别取得哪些标志性成果,以及取得标志性成果的作用意义,可包括但不限于对企业自身发展带来的经济效益,以及对国民经济稳定性或产业链韧性等方面带来的社会效益等。

三、可行性分析(不超过3000字)

介绍本企业实施推进计划的优势和可能面临的困难问题,以及解决困难问题的考虑和举措,分析完成推进计划的可行性。

四、投资情况、年度安排和绩效目标(不超过3000字)

介绍本企业实施推进计划的拟投资总额,包含资金来源、主要投资方向和资金分配计划等。介绍分年度实施推进计划的安排和绩效目标,分年度绩效目标应可量化可考核,应包含所有标志性成果。

市场监管部门促进民营经济发展的若干举措

(2023年9月15日　国市监信发〔2023〕77号)

为深入贯彻党中央、国务院关于促进民营经济发展壮大的决策部署，全面落实《中共中央国务院关于促进民营经济发展壮大的意见》（以下简称《意见》），持续优化稳定公平透明可预期的发展环境，充分激发民营经济生机活力，确保《意见》提出的各项工作落到实处，现提出如下措施。

一、持续优化民营经济发展环境

1. 修订出台新版市场准入负面清单，推动各类经营主体依法平等进入清单之外的行业、领域、业务，持续破除市场准入壁垒。优化行政许可服务，大力推进许可审批工作的标准化、规范化和便利化。支持各地区探索电子营业执照在招投标平台登录、签名、在线签订合同等业务中的应用。

2. 清理规范行政审批、许可、备案等政务服务事项的前置条件和审批标准，不得将政务服务事项转为中介服务事项，没有法律法规依据不得在政务服务前要求企业自行检测、检验、认证、鉴定、公正或提供证明等。

3. 推动认证结果跨行业跨区域互通互认。深化强制性产品认证制度改革，进一步简化CCC认证程序。全面推进认证机构资质审批制度改革，推进认证机构批准书电子化。

4. 加强公平竞争政策供给，加快出台《公平竞争审查条例》等制度文件，健全公平竞争制度框架和政策实施机制，坚持对各类所有制企业一视同仁、平等对待。及时清理废除含有地方保护、市场分割、指定交易等妨碍统一市场和公平竞争的政策，定期推出不当干预全国统一大市场建设问题清单。未经公平竞争，不得授予经营者特许经营权，不得限定经营、购买、使用特定经营者提供的商品和服务。

5. 强化反垄断执法,严格依法开展经营者集中审查。依法制止滥用行政权力排除限制竞争行为。着力加强公平竞争倡导,凝聚全社会公平竞争共识,促进公平竞争更大合力。优化经营者集中申报标准。指导企业落实合规主体责任,提高合规意识和能力。加大对企业境外反垄断诉讼和调查应对指导,提升企业合规意识和维权能力。做好企业海外投资并购风险研究和预警,制定合规指引。

6. 深入推进企业信用风险分类管理。优化完善企业信用风险分类指标体系,推动分类结果在"双随机、一公开"监管中常态化运用,对信用风险低的A类企业,合理降低抽查比例和频次,不断提高分类的科学性和精准性。鼓励有条件的地区探索对个体工商户、农民专业合作社等经营主体实施信用风险分类管理。加强企业信用监管大数据分析应用,继续编制中国企业信用指数,优化企业信用指数编制方案,打造企业信用趋势"晴雨表",提升防范化解各类潜在性、苗头性、趋势性信用风险能力。

7. 强化信用约束激励。研究制定关于强化失信惩戒和守信激励的政策文件。深入开展严重违法失信行为治理专项行动。加快修订总局有关信用修复管理规范性文件,扩大信用修复范围,完善信用修复机制。发挥公示对企业的信用激励作用,对获得荣誉的企业在公示系统上予以标注公示,提升信用良好企业获得感。

8. 深入开展信用提升行动,全面推广信用承诺制度,围绕构建信用承诺、守诺核查、失信惩戒、信用修复闭环管理体系,便利经营主体以承诺方式取得许可或者修复信用。

9. 推动企业信用同盟常态化运行,遵循政府引导、企业主导、自愿加入、协同共治的原则,进一步发挥诚信企业的标杆示范作用,激励更多企业守信重信,提升市场整体信用水平。

10. 促进经营主体注册、注销便利化,全面落实简易注销、普通注销制度,完善企业注销"一网服务"平台。推动出台跨部门的歇业政策指引。进一步优化企业开办服务。促进个体工商户持续健康发展,实施个体工商户分型分类精准帮扶。优化个体工商户转企业相关政策,降低转换成本。

二、加大对民营经济政策支持力度

11. 完善信用信息归集共享公示体系,将承诺和履约信息纳入信用记录。开展经营主体信用监管标准体系建设,推动各地各部门在企业信用监管数据归集共享应用中执行使用。深入开展经营主体信用监管数据质量提升行动,以高质量的数据支撑"三个监管"。健全中小微企业和个体工商户信用评级和评价体系。

12. 为个体工商户提供更加方便便捷的年报服务。不断扩大"多报合一"范围,切实减轻企业负担。按照《保障中小企业款项支付条例》规定,做好大型企业逾期尚未支付中小企业款项的合同数量、金额的年报公示工作。

13. 针对民营中小微企业和个体工商户建立支持政策"免审即享"机制,推广告知承诺制,能够通过公共数据平台获取的材料,不再要求重复提供。加强直接面向个体工商户的政策发布和解读引导。配合相关部门搭建民营企业、个体工商户用工和劳动者求职信息对接平台。

三、强化民营经济发展法治保障

14. 开展反不正当竞争"守护"专项执法行动,严厉打击侵犯商业秘密、仿冒混淆等不正当竞争行为和恶意抢注商标等违法行为。

15. 持续深化"双随机、一公开"监管,推动建设统一工作平台,深入推进跨部门综合监管,推行"一业一查",避免多头执法、重复检查,减轻企业负担,提高监管效能。

16. 深入推动公正文明执法行风建设。构建"预防为主、轻微免罚、重违严惩、过罚相当、事后回访"的闭环式管理模式,以行政执法服务公平竞争、保障高质量发展。鼓励开展跨行政区域联动执法。

17. 持续开展涉企违规收费整治工作,减轻企业费用负担。开展涉企违规收费督检考工作,对违规收费治理情况开展"回头看"。畅通涉企违规收费投诉举报渠道,建立规范的问题线索部门共享和转办机制,综合采取市场监管、行业监管、信用监管等手段实施联合惩戒,集中曝光违规收费典型案例。

四、着力推动民营经济实现高质量发展

18. 支持引导民营企业完善法人治理结构、规范股东行为、强化内

部监督,实现治理规范、有效制衡、合规经营,鼓励有条件的民营企业建立完善中国特色现代企业制度。

19. 支持民营企业提升标准化能力,参与国家标准制修订工作,在国家标准立项、起草、技术审查以及标准实施信息反馈、评估等过程中提出意见和建议。支持民营企业牵头设立国际性专业标准组织,积极推进标准化建设。联合全国工商联共同举办2023年民营经济标准创新大会,开展民营经济标准创新周活动,组织开展小微民营企业"标准体检"试点,推动各级工商联及所属商会积极开展民营企业标准"领跑者"和商会团体标准"领先者"活动。

20. 开展民营企业质量管理体系认证提升行动,提升民营企业质量技术创新能力。持续开展"计量服务中小企业行"活动,梳理企业测量需求,为企业实施计量咨询和技术服务。支持民营企业参与产业计量测试中心建设,提升民营企业先进测量能力。

21. 促进平台规则透明和行为规范,推动平台经济健康发展。持续开展网络市场监管与服务示范区创建,不断释放平台经济发展新动能。加强互联网平台常态化监管,建立健全平台企业合规推进机制,降低平台企业合规经营成本。持续推出平台企业"绿灯"投资案例,规范平台收费行为,引导平台和中小商户共赢合作,促进平台经济良性发展。

五、持续营造关心促进民营经济发展壮大社会氛围

22. 加强新闻宣传。综合运用新闻发布会、集体采访等多种形式,加大政策解读力度,提高政策传播声量,推动政策效能释放;加大成效宣传力度,结合民营经济准入准营亮点数据、各地典型经验做法,强化选题策划和正面阐释引导,积极营造民营经济健康发展的舆论氛围。

国家发展改革委关于完善政府诚信履约机制优化民营经济发展环境的通知

（2023年8月5日　发改财金〔2023〕1103号）

各省、自治区、直辖市、新疆生产建设兵团社会信用体系建设牵头部门：

为深入贯彻《中共中央、国务院关于促进民营经济发展壮大的意见》关于"完善政府诚信履约机制，建立健全政务失信记录和惩戒制度"的有关要求，深入推进政府诚信建设，为民营经济发展创造良好环境，现将有关工作通知如下。

一、充分认识完善政府诚信履约机制的重要意义

政务诚信是社会信用体系重要组成部分，政府在信用建设中具有表率作用，直接影响政府形象和公信力。要以习近平新时代中国特色社会主义思想为指导，全面贯彻落实党的二十大精神，加强政府诚信履约机制建设，着力解决朝令夕改、新官不理旧账、损害市场公平交易、危害企业利益等政务失信行为，促进营商环境优化，增强民营企业投资信心，推动民营经济发展壮大。

二、建立违约失信信息源头获取和认定机制

（一）畅通违约失信投诉渠道。各省级社会信用体系建设牵头部门（以下简称"信用牵头部门"）要依托本级信用网站、国务院"互联网+督查"平台、工信部门"违约拖欠中小企业款项登记（投诉）平台"、本地12345政务服务热线、营商环境投诉举报平台、信访部门等渠道建立或完善违约失信投诉专栏，受理、归集本辖区涉及政府部门（含机关和事业单位）的违约失信投诉。违约失信范围包括政府部门在政府采购、招标投标、招商引资、政府与社会资本合作、产业扶持、政府投资等领域与民营企业签订的各类协议、合同中的违约毁约行为。我委将在"信用中国"网站公示地方投诉专栏，及时调度各地受理投诉情况。支

持各地探索依托本级信用信息共享平台和信用网站建立合同履约信用监管专栏,归集辖区内政府部门与民营企业签订的相关协议与合同,定期跟踪履约情况。

(二)加强违约失信行为的认定。各省级信用牵头部门要将接收归集到的违约失信投诉线索第一时间转交至被投诉主体的上级部门或主管部门开展核实认定。经核实,情况不属实的,要督促认定部门及时反馈投诉人并做好解释说明;情况属实的,要督促认定部门立即推动整改,拒不整改的,由认定部门确认为违约失信。以机构调整、人员变动等理由不履约的,均属于违约失信情形。

三、健全失信惩戒和信用修复机制

(三)全面健全政务信用记录。国家公共信用信息中心要抓紧制定相关信息归集标准。各省级信用牵头部门要加大政府信用信息归集力度,按照统一标准将经认定的违约失信信息实时共享至全国信用信息共享平台。我委将违约失信信息、各地按要求梳理的拖欠账款信息、被列入失信被执行人信息统一计入相关主体名下形成政务信用记录。各级信用牵头部门要推动将失信记录纳入相关政府部门绩效考核评价指标。我委适时将政务失信记录纳入营商环境评价和高质量发展综合绩效考核评价。

(四)充分用好发展改革系统失信惩戒措施"工具箱"。对于存在失信记录的相关主体,我委将按规定限制中央预算内资金支持、限制地方政府专项债券申请、限制各类融资项目推荐;对于存在政府失信记录的地级以上城市,我委将取消发展改革系统的评优评先和试点示范资格、加大城市信用监测扣分权重、取消社会信用体系建设示范区称号或参评资格。

(五)督促地方建立失信惩戒制度。各级信用牵头部门要参照建立政府失信惩戒机制,推动同级政府部门积极调动职能范围内各类失信惩戒措施,包括但不限于限制政府资金支持、限制申请扶持政策、取消评优评先、限制参加政府采购等,实现失信必惩。

(六)完善信用修复机制。各级信用牵头部门要协调指导辖区内失信主体信用修复工作,经认定部门确认已纠正失信行为、完成履约的,要及时修复相关失信记录,终止对其实施失信惩戒措施。

四、强化工作落实的政策保障

（七）定期开展评估通报。我委将针对违约失信投诉处置和认定效率、信用信息归集质量、失信惩戒措施落实等重点工作，通过抽查、委托第三方调查、交叉检查等多种方式开展评估，定期向省级信用牵头部门通报情况并抄送省级人民政府。各级信用牵头部门要参照建立评估通报机制。

（八）建立失信线索监测发现督办机制。我委将通过民营企业沟通交流机制、大数据监测、选取有代表性的民营企业建立监测点等方式，加大政府失信线索监测发现力度，按所属地"即发现即转交"并挂牌督办，持续跟踪办理情况。各级信用牵头部门要参照建立相应机制，通过多种渠道及时发现和处置失信行为。

（九）曝光一批典型案例。选取一批失信情形严重、多次反复失信、人民群众反映强烈的失信案例，在"信用中国"网站予以公示并通过新闻媒体向社会曝光，形成强大舆论震慑。

国家发展改革委、工业和信息化部、财政部、科技部、中国人民银行、税务总局、市场监管总局、金融监管总局关于实施促进民营经济发展近期若干举措的通知

（2023年7月28日　发改体改〔2023〕1054号）

司法部、人力资源社会保障部、自然资源部、生态环境部、住房城乡建设部、交通运输部、水利部、商务部、应急管理部、审计署、国务院国资委、中国证监会、国家知识产权局、国家能源局、全国工商联：

为深入贯彻党中央、国务院关于促进民营经济发展壮大的决策部署，全面落实《中共中央、国务院关于促进民营经济发展壮大的意见》，推动破解民营经济发展中面临的突出问题，激发民营经济发展活力，

提振民营经济发展信心,现提出以下措施。

一、促进公平准入

1. 在国家重大工程和补短板项目中,选取具有一定收益水平、条件相对成熟的项目,形成鼓励民间资本参与的重大项目清单。通过举办重大项目推介会、在全国投资项目在线审批监管平台上开辟专栏等方式,向民营企业集中发布项目信息,积极引导项目落地实施。各地区对照上述举措,形成鼓励民间资本参与的项目清单并加强推介。(责任单位:国家发展改革委、工业和信息化部、全国工商联)

2. 扩大基础设施领域不动产投资信托基金(REITs)发行规模,推动符合条件的民间投资项目发行基础设施REITs,进一步扩大民间投资。(责任单位:国家发展改革委、中国证监会)

3. 支持民营企业参与重大科技攻关,牵头承担工业软件、云计算、人工智能、工业互联网、基因和细胞医疗、新型储能等领域的攻关任务。(责任单位:科技部、国家发展改革委、工业和信息化部)

4. 提升民营企业在产业链供应链关键环节的供应能力,在全国县域范围内培育一批中小企业特色产业集群。(责任单位:工业和信息化部)

5. 推动平台经济健康发展,持续推出平台企业"绿灯"投资案例。(责任单位:国家发展改革委、工业和信息化部、商务部、市场监管总局、中国人民银行)

6. 支持专精特新"小巨人"企业、高新技术企业在当地的国家级知识产权保护中心进行备案,开展快速预审、快速确权、快速维权。(责任单位:国家知识产权局、工业和信息化部、科技部)

7. 开展民营企业质量管理体系认证升级行动,提升民营企业质量技术创新能力。支持民营企业牵头设立国际性产业与标准组织。持续开展"计量服务中小企业行"活动,支持民营企业参与产业计量测试中心建设,提升民营企业先进测量能力。(责任单位:市场监管总局、工业和信息化部、民政部)

8. 按照《助力中小微企业稳增长调结构强能力若干措施》(工信部企业函〔2023〕4号)要求,延长政府采购工程面向中小企业的预留份额提高至40%以上的政策期限至2023年底。加快合同款支付进度、运用信用担保,为中小企业参与采购活动提供便利。(责任单位:财政

部、工业和信息化部）

9. 开展工程建设招标投标突出问题专项治理，分类采取行政处罚、督促整改、通报案例等措施，集中解决一批民营企业反映比较强烈的地方保护、所有制歧视等问题。支持各地区探索电子营业执照在招投标平台登录、签名、在线签订合同等业务中的应用。（责任单位：国家发展改革委、市场监管总局、住房城乡建设部、交通运输部、水利部、国务院国资委）

10. 修订出台新版市场准入负面清单，推动各类经营主体依法平等进入清单之外的行业、领域、业务。（责任单位：国家发展改革委、商务部、市场监管总局）

二、强化要素支持

11. 在当年10月企业所得税预缴申报期和次年1－5月汇算清缴期两个时点基础上，增加当年7月预缴申报期作为可享受政策的时点，符合条件的行业企业可按规定申报享受研发费用加计扣除政策。（责任单位：税务总局、财政部）

12. 持续确保出口企业正常出口退税平均办理时间在6个工作日内，将办理一类、二类出口企业正常出口退（免）税的平均时间压缩在3个工作日内政策延续实施至2024年底。更新发布国别（地区）投资税收指南，帮助民营企业更好防范跨境投资税收风险。（责任单位：税务总局）

13. 延长普惠小微贷款支持工具期限至2024年底，持续加大普惠金融支持力度。引导商业银行接入"信易贷"、地方征信平台等融资信用服务平台，强化跨部门信用信息联通。扩大民营企业信用贷款规模。有效落实金融企业呆账核销管理制度。（责任单位：中国人民银行、国家发展改革委、金融监管总局）

14. 将民营企业债券央地合作增信新模式扩大至全部符合发行条件的各类民营企业，尽快形成更多示范案例。（责任单位：中国证监会、国家发展改革委、财政部）

15. 适应民营中小微企业用地需求，探索实行产业链供地，对产业链关联项目涉及的多宗土地实行整体供应。（责任单位：自然资源部、工业和信息化部）

16. 除法律法规和相关政策规定外，在城镇规划建设用地范围内，

供水供气供电企业的投资界面免费延伸至企业建筑区划红线。(责任单位:住房城乡建设部)

17. 赋予民营企业职称评审权,允许技术实力较强的规模以上民营企业单独或联合组建职称评审委员会,开展自主评审。(责任单位:人力资源社会保障部)

三、加强法治保障

18. 清理废除有违平等保护各类所有制经济原则的规章、规范性文件,加强对民营经济发展的保护和支持。(责任单位:司法部)

19. 根据《中华人民共和国行政处罚法》第三十三条,在城市管理、生态环保、市场监管等重点领域分别明确不予处罚具体情形。出台《关于进一步规范监督行政罚款设定和实施的指导意见》。开展行政法规和部门规章中罚款事项专项清理,清理结果对社会公布。(责任单位:司法部、生态环境部、市场监管总局、应急管理部)

四、优化涉企服务

20. 全面构建亲清政商关系,支持各地区探索以不同方式服务民营企业,充分利用全国一体化政务服务平台等数字化手段提升惠企政策和服务效能,多措并举帮助民营企业解决问题困难。(责任单位:全国工商联、国家发展改革委)

21. 建立涉企行政许可相关中介服务事项清单管理制度,未纳入清单的事项,一律不再作为行政审批的受理条件,今后确需新设的,依照法定程序设定并纳入清单管理。将中介服务事项纳入各级一体化政务服务平台,实现机构选择、费用支付、报告上传、服务评价等全流程线上办理,公开接受社会监督。(责任单位:工业和信息化部、市场监管总局、国家发展改革委)

22. 加大对拖欠民营企业账款的清理力度,重点清理机关、事业单位、国有企业拖欠中小微企业账款。审计部门接受民营企业反映的欠款线索,加强审计监督。(责任单位:工业和信息化部、国家发展改革委、财政部、审计署、国务院国资委、市场监管总局)

23. 全面落实简易注销、普通注销制度,完善企业注销"一网服务"平台。完善歇业制度配套政策措施。(责任单位:市场监管总局、人力资源社会保障部、税务总局)

24.除依法需要保密外,涉企政策制定和修订应充分听取企业家意见建议。涉企政策调整应设置合理过渡期。(责任单位:国家发展改革委)

五、营造良好氛围

25.分级畅通涉企投诉渠道,在国务院"互联网+督查"平台开设涉企问题征集专题公告,在国家政务服务平台投诉建议系统上开设涉企问题征集专栏,各地区结合自身实际,将涉企投诉事项纳入"12345"热线等政务服务平台,建立转办整改跟踪机制。持续开展万家民营企业评营商环境工作。(责任单位:国务院办公厅、市场监管总局、国家发展改革委、全国工商联)

26.开展"打假治敲"等专项行动,依法打击蓄意炒作、造谣抹黑民营企业和民营企业家的"网络黑嘴"和"黑色产业链"。(责任单位:公安部、中国证监会、全国工商联)

27.将各地区落实支持民营经济发展情况纳入国务院年度综合督查,对发现的问题予以督促整改,对好的经验做法予以宣传推广。设立中央预算内投资促进民间投资奖励支持专项,每年向一批民间投资增速快、占比高、活力强、措施实的市县提供奖励支持。(责任单位:国务院办公厅、国家发展改革委)

28.按照国家有关规定对在民营经济发展工作中作出突出贡献的集体和个人予以表彰奖励,弘扬企业家精神,发挥先进标杆的示范引领作用。(责任单位:全国工商联、国家发展改革委、工业和信息化部)

国务院促进中小企业发展工作领导小组办公室关于印发助力中小微企业稳增长调结构强能力若干措施的通知

(2023年1月11日 工信部企业函〔2023〕4号)

各省、自治区、直辖市及计划单列市、新疆生产建设兵团促进中小企业

发展工作领导小组,国务院促进中小企业发展工作领导小组各成员单位,教育部:

《助力中小微企业稳增长调结构强能力若干措施》已经国务院促进中小企业发展工作领导小组同意,现印发给你们,请结合实际,认真抓好贯彻落实。

助力中小微企业稳增长调结构强能力若干措施

为深入贯彻党的二十大精神,落实中央经济工作会议决策部署,帮助中小微企业应对当前面临的困难,进一步推动稳增长稳预期,着力促进中小微企业调结构强能力,制定以下措施。

一、进一步推动稳增长稳预期

(一)强化政策落实和支持力度。深入落实减税降费、稳岗返还等政策,切实推动已出台政策措施落地见效。结合实际优化调整2022年底到期的阶段性政策。加强中小微企业运行监测,及时掌握中小微企业面临的困难问题,进一步研究提出有针对性的政策措施。(财政部、税务总局、人力资源社会保障部、工业和信息化部等部门会同各地方按职责分工负责)

(二)加大对中小微企业的金融支持力度。用好支小再贷款、普惠小微贷款支持工具、科技创新再贷款等货币政策工具,持续引导金融机构增加对中小微企业信贷投放。推动金融机构增加小微企业首贷、信用贷、无还本续贷和中长期贷款,推广随借随还贷款模式,推动普惠型小微企业贷款增量扩面。(人民银行、银保监会按职责分工负责)

(三)促进产业链上中小微企业融资。选择部分具备条件的重点产业链、特色产业集群主导产业链,开展"一链一策一批"中小微企业融资促进行动,深化产融对接和信息共享,鼓励银行业金融机构在风险可控前提下,制定专门授信方案,高效服务链上中小微企业,促进产业与金融良性循环。(工业和信息化部、人民银行、银保监会按职责分工负责)

(四)有效扩大市场需求。支持中小企业设备更新和技术改造,参与国家科技创新项目建设,承担国家重大科技战略任务。将政府采购工程面向中小企业的预留份额阶段性提高至40%以上政策延续到2023年底。落实扩大汽车、绿色智能家电消费以及绿色建材、新能源汽车下乡等促消费政策措施。持续开展消费品"三品"(新品、名品、精品)全国行系列活动,举办第三届中国国际消费品博览会,开展国际消费季、消费促进月等活动。鼓励大型企业和平台机构发布面向中小微企业的采购清单,开展跨境撮合活动,为中小微企业开拓更多市场,创造更多商机。(发展改革委、财政部、工业和信息化部、科技部、商务部、国资委等部门按职责分工负责)

(五)做好大宗原材料保供稳价。推动建立原材料重点产业链上下游长协机制,实现产业链上下游衔接联动,保障链上中小微企业原材料需求。强化大宗原材料"红黄蓝"供需季度预警,密切监测市场供需和价格变化,灵活运用国家储备开展市场调节。强化大宗商品期现货市场监管,打击囤积居奇、哄抬价格等违法违规行为,坚决遏制过度投机炒作。(发展改革委、工业和信息化部、市场监管总局、证监会按职责分工负责)

(六)加大公共服务供给和舆论宣传引导。健全国家、省、市、县四级中小企业服务体系,发挥社会化公共服务机构作用。深入推进"一起益企"中小企业服务行动和中小企业服务月活动,为中小微企业提供更加优质、精准的政策宣传解读、咨询、培训和技术等服务。充分发挥"中小企助查APP"等数字化平台作用,提供个性化政策匹配服务,提高惠企政策的知晓率、惠及率和满意率。加强先进典型宣传,讲好中小企业发展故事,深入开展中小企业发展环境第三方评估,形成有利于中小微企业健康发展的良好氛围。(工业和信息化部、中央宣传部、商务部按职责分工负责)

(七)强化合法权益保护。强化落实支持中小微企业发展的有关法律制度,依法保护产权和知识产权。严格执行《保障中小企业款项支付条例》,落实机关、事业单位、大型企业逾期未支付中小微企业账款信息披露制度,强化监管,加强投诉处理。深入开展涉企违规收费整治,建立协同治理和联合惩戒机制,坚决查处乱收费、乱罚款、乱摊派。(工业和信息化部、市场监管总局、发展改革委、财政部、国资委、

商务部等部门会同各地方按职责分工负责）

二、着力促进中小微企业调结构强能力

（八）加大专精特新中小企业培育力度。健全优质中小企业梯度培育体系，建立优质中小企业梯度培育平台，完善企业画像，加强动态管理。整合各类服务资源，完善服务专员工作机制，支持创新专属服务产品，开展个性化、订单式服务，"一企一策"精准培育，着力提升培育质效。中央财政通过中小企业发展专项资金继续支持专精特新中小企业高质量发展和小微企业融资担保业务降费奖补。到 2023 年底，累计培育创新型中小企业 15 万家以上、省级专精特新中小企业 8 万家以上、专精特新"小巨人"企业 1 万家以上。（工业和信息化部、财政部按职责分工负责）

（九）促进大中小企业融通创新。深入实施大中小企业融通创新"携手行动"，围绕重点产业链举办"百场万企"大中小企业融通创新对接活动，引导大企业向中小企业开放创新资源和应用场景。分行业分地区开展大中小企业供需对接活动，着力提升产业链供应链韧性和安全水平。推动中小微商贸企业创特色、创品质、创品牌，促进商贸企业以大带小、协同发展。（工业和信息化部、国资委、科技部、商务部、全国工商联按职责分工负责）

（十）促进科技成果转化和中小企业数字化转型。实施科技成果赋智中小企业专项行动，搭建创新成果转化平台，解决中小企业技术创新需求，建立完善中小企业科技成果评价机制，促进科技成果转化，提升中小微企业核心竞争力。深入实施数字化赋能中小企业专项行动，中央财政继续支持数字化转型试点工作，带动广大中小企业"看样学样"加快数字化转型步伐。推动工业互联网平台进园区、进集群、进企业。（工业和信息化部、财政部、科技部、商务部按职责分工负责）

（十一）提升中小企业质量标准品牌水平。实施质量标准品牌赋值中小企业专项行动，开展可靠性"筑基"和"倍增"工程，持续推进"计量服务中小企业行""小微企业质量管理体系认证提升行动"等活动，提高中小企业质量工程技术能力和质量管理能力。支持中小企业牵头或参与国内外标准编制，推广运用先进标准，提升中小企业标准化能力。为中小企业提供品牌创建与培育、咨询评估、品牌保护等服务,实施"千企百城"商标品牌价值提升行动,提高中小企业品牌建设能力。(工业和信息化部、市场监管总局、知识产权局、商务部按职责分工负责)

(十二)加强知识产权运用和保护。组织开展知识产权创新管理相关国际标准实施试点,推广企业知识产权合规管理相关国家标准,发布中小企业知识产权运用工作指引,指导中小企业加强知识产权管理。深入推进专利开放许可试点工作,做好许可使用费估算指引、许可后产业化配套服务。加大中小企业知识产权保护力度,完善知识产权纠纷多元化解决机制,加强知识产权纠纷行政裁决、调解和仲裁工作,开展维权援助公益服务。(知识产权局、工业和信息化部按职责分工负责)

(十三)加大人才兴企支持力度。深入实施中小企业经营管理领军人才培训,优化中小企业职称评审工作,支持符合条件的专精特新"小巨人"企业备案设立博士后科研工作站。深入实施"千校万企"协同创新伙伴行动,择优派驻一批博士生为企业提供技术服务,实施"校企双聘"制度,遴选一批专家教授担任专精特新中小企业技术、管理导师,为企业提供"一对一"咨询指导等服务,吸引更多高校毕业生到中小微企业创新创业。(工业和信息化部、教育部、人力资源社会保障部按职责分工负责)

(十四)加大对优质中小企业直接融资支持。支持专精特新中小企业上市融资,北京证券交易所实行"专人对接、即报即审"机制,加快专精特新中小企业上市进程。发挥国家中小企业发展基金、国家科技成果转化引导基金的政策引导作用,带动更多社会资本投早投小投创新。(证监会、工业和信息化部、科技部、财政部按职责分工负责)

(十五)促进中小企业特色产业集群高质量发展。加强政策引导和资源统筹,构建中小企业特色产业集群梯度培育体系,壮大集群主导产业,促进集群内中小微企业专精特新发展。组织服务机构、行业专家进集群开展咨询诊断服务活动,打通产业链上下游生产资源与优质服务资源渠道,提升集群服务能力。2023年培育100家左右国家级中小企业特色产业集群。(工业和信息化部负责)

各有关部门、各地方要按照党中央、国务院决策部署,充分发挥各级促进中小企业发展工作协调机制作用,建立横向协同、纵向联动的工作机制,强化组织领导,凝聚工作合力,进一步帮助中小微企业稳定发展预期、增强发展信心,共同助力中小微企业稳增长调结构强能力,实现高质量发展。

市场监管总局、全国工商联、国家发展改革委、科技部、工业和信息化部、商务部关于进一步发挥质量基础设施支撑引领民营企业提质增效升级作用的意见

(2021年9月28日 国市监质发〔2021〕62号)

各省、自治区、直辖市和新疆生产建设兵团市场监管局(委、厅)、工商联、发展改革委、科技厅(委、局)、工业和信息化主管部门、商务厅(局、委):

民营企业是推动质量强国建设的重要市场主体,质量基础设施是民营企业提升质量的关键技术支撑。习近平总书记强调指出要把住质量安全关,推进标准化、品牌化,帮助民营企业解决实际困难,鼓励、支持、引导民营企业发展壮大。党的十九届五中全会明确要求推进质量强国建设,深入开展质量提升行动,完善国家质量基础设施。为深入贯彻习近平总书记的重要指示精神,落实党中央、国务院决策部署,进一步发挥质量基础设施支撑引领民营企业提质增效升级作用,现提出如下意见。

一、总体要求

坚持以习近平新时代中国特色社会主义思想为指导,全面贯彻党的十九大和十九届二中、三中、四中、五中全会精神,深入落实党中央、国务院关于深入开展质量提升行动和支持民营企业改革发展的决策部署,立足新发展阶段、贯彻新发展理念、构建新发展格局,统筹发展和安全,大力推动计量、标准、认证认可、检验检测等要素共建共享、协

同服务、综合运用,提供高效便捷的质量技术服务,严把质量安全关,推进标准化、品牌化,营造平等准入、公平竞争、依法经营的政策环境,促进民营企业提质增效升级。力争到2025年,建立系统完备、平等获得、支撑有力、机制健全的民营企业质量基础设施服务保障体系。

二、重点任务

(一)引导民营企业牢固树立"质量第一"的意识。加强《产品质量法》等法律法规的普法工作,引导民营企业增强法治意识,自觉做到尊法学法守法用法。积极倡导诚实守信、持续改进、创新发展、追求卓越的质量精神,推行以质取胜的经营战略,保证质量、效用和信誉。推广具有核心竞争力的企业品牌,扶持具有优秀品牌的骨干企业做强做优,树立具有一流质量标准和品牌价值的样板企业。发挥优秀企业的标杆引领作用,开展比学赶帮超活动,形成企业提升质量、优化服务、升级品牌的外部推力。

(二)更好发挥民营企业质量创新重要作用。充分激发企业质量创新活力,鼓励领军企业组建创新联合体,拓展产学研用融合通道,推动科技成果加快向产品、标准和知识产权转化,支持大众创业、万众创新。鼓励民营企业参与质量攻关活动,开展质量关键共性技术研发,提供人无我有、人有我优、人优我特、人特我新的具有竞争力的产品和服务。支持民营企业参与各类科研项目和标准规范制定修订、检测能力提升、计量比对项目,提升质量研发能力。

(三)支持民营企业加强质量基础能力建设。提高民营企业计量、标准化、检验检测等技术能力,增强质量发展、质量安全的基础保障。针对个性化订单、柔性化生产等新兴需求,不断提升人员、工艺、设备、制度、标准的响应性和适配性。充分运用大数据、云计算、人工智能、物联网、5G等新一代信息技术,推动生产流程和设备数字化改造,推行在线监测、实时分析、持续改进,实施数字化赋能。畅通企业质量信息渠道,动态获取法律法规、标准、规范、技术性贸易壁垒等最新质量要求。鼓励民营企业家专注专长领域,加强企业质量管理,立志于"百年老店"持久经营与传承,把产品和服务做精做细。

(四)加强民营企业质量人才队伍建设。加强民营企业党建工作,发挥基层党组织在质量提升中的引导作用和党员的模范带头作用。

强化民营企业家质量素质的培养，重点关注年轻一代企业家的健康成长，让优秀企业家精神代代传承。推行企业首席质量官制度，开展质量管理知识和能力培训工作。加强民营企业质量管理人员、产品质检员、关键岗位技工、计量人员等知识更新，提高专业能力和水平。着力培养技术精湛技艺高超的高技术人才。引导民营企业完善售后服务、投诉受理等人员配备，增强为消费者服务的能力。

（五）弘扬优良的民营企业质量文化。深入开展质量月、消费者权益保护日、世界计量日、世界标准日等活动，引导企业树立质量就是生命、质量就是效益，高标准才能引领高质量发展的理念。大力弘扬企业家精神，带领企业树立高标准、开发新产品、满足新需求。积极倡导工匠精神和劳模精神，引导广大员工爱岗敬业、刻苦钻研、勇于奉献，把提高技能、打造精品融入职业目标和行为准则。坚持顾客至上，树立为消费者服务、受社会监督的责任意识。深入开展"光彩服务日"等宣传教育工作，引导民营企业更好履行社会责任。

（六）强化民营企业质量技术服务。针对民营企业质量短板和弱项，开展"计量服务中小企业行"活动、小微企业质量管理体系认证提升行动、民营企业质量提升专项活动。强化对民营企业的咨询问诊和技术帮扶，鼓励认证机构开展标准和认证培训。大力推行质量基础设施"一站式"服务，提供全方位、全链条、全生命周期的质量技术支撑。在民营经济发达的区域，优先布局国家质检中心、国家产业计量测试中心、检验检测认证公共服务平台示范区，支撑民营企业标准化、产业化、品牌化发展，培育特色鲜明、质量可靠、效益良好的产业集聚区。推动高等学校和科研院所重大科研基础设施和大型科研仪器开放共享，为中小企业提供产品研发、计量测试、进料管控、生产保障、销售服务等专业质量改进方案，降低民营企业技术门槛和质量成本。

（七）提升民营企业全链条质量水平。充分发挥民营企业经营优势，引导"专精特新"发展，提升质量竞争能力，培育一批"小巨人"企业。根据产业发展需要，针对重点质量技术服务链条，加快强链、补链、延链，推动标准规范对接、质量品牌共建。鼓励大型企业和"链主"企业，加强上下游企业质量管理体系建设，开放资源要素，整体提升产业链供应链质量创造和保障能力。做好原材料、深加工等企业对接，畅通研发生产、销售、消费循环,依靠质量促进循环,在循环中提升质量。定期举办中国民营企业合作大会,促进质量合作和交流。

（八）支持民营企业参与全球竞争。鼓励民营企业参加国际标准化活动,开展国际标准化人才培训。大力推进认证认可制度国际接轨,鼓励民营企业参与制定国际产业合作的技术规则,助力产品和服务出口。加强国外技术性贸易措施通报与培训,指导民营企业加强内部合规建设,帮助民营企业降低经营风险。重视民营企业海外质量纠纷解决,更好维护合法权益。加强反不正当竞争执法,强化民营企业商业秘密保护。加强"一带一路"质量基础设施互联互通,强化全链条质量配套输出。引导民营检测认证机构"走出去"。

（九）优化民营企业发展政策环境。坚持"两个毫不动摇",对包括民营企业在内的各类市场主体一视同仁、平等对待。完善权利平等、机会平等、规则平等的市场环境,促进各种所有制经济依法依规平等使用生产要素、公开公平公正参与市场竞争、同等受到法律保护。持续深化"证照分离"改革,完善"一网通办",推进"跨省通办",健全市场退出制度。落实公平竞争审查制度,加强反垄断监管执法,依法查处滥用行政权力排除、限制竞争行为。全面推行"双随机、一公开"监管。加大CCC认证自我声明实施力度,简化认证产品变更程序。推进质量分级工作。鼓励民营企业申报中国质量奖、中国标准创新贡献奖,培育一批企业标准"领跑者"。鼓励民间资本参与质量技术机构、国家技术标准创新基地建设。

三、保障措施

（一）加强统筹协调。建立部门协调联络机制,开展专题研究,确定工作重点和任务安排,商议解决重大问题。营造亲清新型政商关系,建立民营企业沟通座谈的工作机制,及时分析新情况、掌握新诉求、解决新问题,切实保障该项工作落地落实。

（二）加强督促引导。引导各地立足本地民营经济的特色和实际,制定有针对性的实施方案。结合调研、检查、考核等工作,压实工作责任。引导窗口服务单位增强服务意识、优化流程、提高服务效能。充分发挥协会、学会、商会等社会组织桥梁纽带作用,加强行业自律,开展第三方质量服务。

(三)加强总结宣传。及时总结推广支持民营企业发展壮大的好经验、好做法,加强进展和成效统计。广泛宣传相关政策,方便民营企业获取。进一步凝聚社会共识,营造有利于民营企业提质增效升级的良好氛围。

工业和信息化部、发展改革委、科技部、财政部、人力资源社会保障部、生态环境部、农业农村部、商务部、文化和旅游部、人民银行、海关总署、税务总局、市场监管总局、统计局、银保监会、证监会、知识产权局关于健全支持中小企业发展制度的若干意见

(2020年7月3日 工信部联企业〔2020〕108号)

各省、自治区、直辖市及计划单列市人民政府,新疆生产建设兵团:

中小企业是国民经济和社会发展的主力军,是建设现代化经济体系、推动经济高质量发展的重要基础,是扩大就业、改善民生的重要支撑,是企业家精神的重要发源地。党中央、国务院高度重视中小企业发展,近年来出台了一系列政策措施,有关工作取得积极成效,但仍存在一些突出问题,特别是一些基础性制度性问题亟待解决。为深入贯彻党的十九届四中全会精神,坚持和完善社会主义基本经济制度,坚持"两个毫不动摇",形成支持中小企业发展的常态化、长效化机制,促进中小企业高质量发展,经国务院同意,现就健全支持中小企业发展制度,提出如下意见。

一、完善支持中小企业发展的基础性制度

(一)健全中小企业法律法规体系。以《中小企业促进法》为基础,加快构建具有中国特色、支持中小企业发展、保护中小企业合法权益的法律法规体系。鼓励地方依法制定本地促进中小企业发展的地

方法规。探索建立中小企业法律法规评估制度和执行情况检查制度,督促法律法规落实到位。

(二)坚持公平竞争制度。全面实施市场准入负面清单制度,公正公平对待中小企业,破除不合理门槛和限制,实现大中小企业和各种所有制经济权利平等、机会平等、规则平等。全面落实公平竞争审查制度,完善审查流程和标准,建立健全公平竞争审查投诉、公示、抽查制度。加强和改进反垄断和反不正当竞争执法,维护市场竞争秩序。

(三)完善中小企业统计监测和发布制度。健全中小企业统计监测制度,定期发布中小企业统计数据。建立中小企业融资状况调查统计制度,编制中小微企业金融条件指数。加强中小企业结构化分析,提高统计监测分析水平。探索利用大数据等手段开展中小企业运行监测分析。完善《中小企业主要统计数据》手册,研究编制中小企业发展指数。适时修订中小企业划型标准。

(四)健全中小企业信用制度。坚持"政府+市场"的模式,建立健全中小企业信用信息归集、共享、查询机制,依托全国信用信息共享平台,及时整合共享各类涉企公共服务数据。建立健全中小企业信用评价体系,完善金融信用信息基础数据库,创新小微企业征信产品,高效对接金融服务。研究出台有关法律法规,规范中小企业信用信息采集、公示查询和信用监管等。发挥国家企业信用信息公示系统的基础作用,将涉企信息记于企业名下并依法公示。

(五)完善公正监管制度。减少监管事项,简化办事流程,推广全程网上办、引导帮办,全面推行信用监管和"互联网+监管"改革。推进分级分类、跨部门联合监管,加强和规范事中事后监管,落实和完善包容审慎监管,避免对中小企业采取简单粗暴处理措施,对"一刀切"行为严肃查处。

二、坚持和完善中小企业财税支持制度

(六)健全精准有效的财政支持制度。中央财政设立中小企业科目,县级以上财政根据实际情况安排中小企业发展专项资金。建立国家中小企业发展基金公司制母基金,健全基金管理制度,完善基金市场化运作机制,引导有条件的地方政府设立中小企业发展基金。完善专项资金管理办法,加强资金绩效评价。

（七）建立减轻小微企业税费负担长效机制。实行有利于小微企业发展的税收政策，依法对符合条件的小微企业按照规定实行缓征、减征、免征企业所得税、增值税等措施，简化税收征管程序；对小微企业行政事业性收费实行减免等优惠政策，减轻小微企业税费负担。落实好涉企收费目录清单制度，加强涉企收费监督检查，清理规范涉企收费。

（八）强化政府采购支持中小企业政策机制。修订《政府采购促进中小企业发展暂行办法》，完善预留采购份额、价格评审优惠等措施，提高中小企业在政府采购中的份额。向中小企业预留采购份额应占本部门年度政府采购项目预算总额的30%以上；其中，预留给小微企业的比例不低于60%。

三、坚持和完善中小企业融资促进制度

（九）优化货币信贷传导机制。综合运用支小再贷款、再贴现、差别存款准备金率等货币政策工具，引导商业银行增加小微企业信贷投放。进一步疏通利率传导渠道，确保贷款市场报价利率（LPR）有效传导至贷款利率。建立差异化小微企业利率定价机制，促进信贷利率和费用公开透明，保持小微企业贷款利率定价合理水平。

（十）健全多层次小微企业金融服务体系。推进普惠金融体系建设，深化大中型银行普惠金融事业部改革，推动中小银行、非存款类金融机构和互联网金融有序健康发展。鼓励金融机构创新产品和服务，发展便利续贷业务和信用贷款，增加小微企业首贷、中长期贷款、知识产权质押贷款等，开展供应链金融、应收账款融资，加强银税互动。推动金融科技赋能金融机构服务中小企业。研究出台《非存款类放贷组织条例》。加快推进小额金融纠纷快速解决等机制建设。完善规范银行业涉企服务收费监管法规制度，降低小微企业综合性融资成本。

（十一）强化小微企业金融差异化监管激励机制。健全商业银行小微企业金融服务监管长效机制，出台《商业银行小微企业金融服务监管评价办法》。修订《金融企业绩效评价办法》。将商业银行小微企业服务情况与资本补充、金融债发行、宏观审慎评估（MPA）考核、金融机构总部相关负责人考核及提任挂钩。引导银行业金融机构探索建立授信尽职免责负面清单制度。督促商业银行优化内部信贷资源配置和考核激励机制,单列小微企业信贷计划,改进贷款服务方式。

(十二)完善中小企业直接融资支持制度。大力培育创业投资市场,完善创业投资激励和退出机制,引导天使投资人群体、私募股权、创业投资等扩大中小企业股权融资,更多地投长、投早、投小、投创新。稳步推进以信息披露为核心的注册制改革,支持更多优质中小企业登陆资本市场。鼓励中小企业通过并购重组对接资本市场。稳步推进新三板改革,健全挂牌公司转板上市机制。完善中小企业上市培育机制,鼓励地方加大对小升规、规改股、股上市企业的支持。加大优质中小企业债券融资,通过市场化机制开发更多适合中小企业的债券品种,完善中小企业债券融资增信机制,扩大债券融资规模。

(十三)完善中小企业融资担保体系。健全政府性融资担保体系,发挥国家融资担保基金作用,实施小微企业融资担保降费奖补政策,完善风险补偿机制和绩效考核激励机制,引导各级政府性融资担保机构扩大小微企业融资担保业务规模、降低担保费率水平。鼓励银行业金融机构加大与政府性融资担保机构合作,合理确定风险分担比例和担保贷款风险权重,落实金融机构和融资担保机构尽职免责制度,提高小微企业融资可获得性。推动建立统一的动产和权利担保登记公示系统。

四、建立和健全中小企业创新发展制度

(十四)完善创业扶持制度。改善创业环境,广泛培育创业主体。完善创业载体建设,健全扶持与评价机制,为小微企业创业提供低成本、便利化、高质量服务。鼓励大企业发挥技术优势、人才优势和市场优势,为创业活动提供支撑。鼓励服务机构提供创业相关规范化、专业化服务。

(十五)完善中小企业创新支持制度。创新中小企业产学研深度融合机制,促进大中小企业联合参与重大科技项目,推动高校、科研院所和大企业科研仪器、实验设施、中试小试基地等创新资源向中小企业开放。调整完善科技计划立项、任务部署和组织管理方式,大幅提高中小企业承担研发任务比例,加大对中小企业研发活动的直接支持。完善专业化市场化创新服务体系,完善国家技术创新中心、制造业创新中心等支持中小企业创新的机制,提升小微企业创业创新示范基地、科技企业孵化器、专业化众创空间、大学科技园等扶持中小企业创新的能力与水平。完善中小企业创新人才引进和培育制度,优化人才激励和权益保障机制。以包容审慎的态度,鼓励中小企业技术创新、产品创新、模式创新。

(十六)完善支持中小企业"专精特新"发展机制。健全"专精特新"中小企业、专精特新"小巨人"企业和制造业单项冠军企业梯度培育体系、标准体系和评价机制,引导中小企业走"专精特新"之路。完善大中小企业和各类主体协同创新和融通发展制度,发挥大企业引领支撑作用,提高中小企业专业化能力和水平。

(十七)构建以信息技术为主的新技术应用机制。支持中小企业发展应用5G、工业互联网、大数据、云计算、人工智能、区块链等新一代信息技术以及新材料技术、智能绿色服务制造技术、先进高效生物技术等,完善支持中小企业应用新技术的工作机制,提升中小企业数字化、网络化、智能化、绿色化水平。支持产业园区、产业集群提高基础设施支撑能力,建立中小企业新技术公共服务平台,完善新技术推广机制,提高新技术在园区和产业链上的整体应用水平。

五、完善和优化中小企业服务体系

(十八)完善中小企业服务体系。健全政府公共服务、市场化服务、社会化公益服务相结合的中小企业服务体系,完善服务机构良性发展机制和公共服务平台梯度培育、协同服务和评价激励机制。探索建立全国中小企业公共服务一体化平台。发展中小企业服务产业,引导服务机构提供规范化、精细化、个性化服务,引导大企业结合产业链、供应链、价值链、创新链为中小企业提供配套服务。鼓励各类社会组织为企业提供公益性服务,探索建立志愿服务机制。

(十九)健全促进中小企业管理提升机制。完善中小企业培训制度,构建具有时代特点的课程、教材、师资和组织体系,建设慕课平台,构建多领域、多层次、线上线下相结合的中小企业培训体系。健全技能人才培养、使用、评价、激励制度,加快培养高素质技能人才,弘扬"工匠精神"。健全中小企业品牌培育机制。实施小微企业质量管理提升行动。完善中小企业管理咨询服务机制。

(二十)夯实中小企业国际交流合作机制。深化双多边中小企合作机制,促进中小企业国际交流合作。探索建设中小企业海外服务体系,夯实中小企业国际化发展服务机制,在国际商务法务咨询、知识产权保护、技术性贸易措施、质量认证等方面为中小企业提供帮助。支持有条件的地方建设中外中小企业合作区,完善评价激励机制。推进关税保证保险改革。鼓励跨境电商等新业态发展,探索建立B2B出口监管制度,支持跨境电商优进优出。

六、建立和健全中小企业合法权益保护制度

(二十一)构建保护中小企业及企业家合法财产权制度。坚决保护中小企业及企业家合法财产权,依法惩治侵犯中小企业投资者、管理者和从业人员合法权益的违法犯罪行为。严格按照法定程序采取查封、扣押、冻结等措施,依法严格区分违法所得、其他涉案财产与合法财产,严格区分企业法人财产与股东个人财产,严格区分涉案人员个人财产与家庭成员财产。建立涉政府产权纠纷治理长效机制。出台并落实《保障中小企业款项支付条例》,从源头遏制拖欠问题。

(二十二)健全中小企业知识产权保护制度。完善知识产权保护法律法规和政策,建立健全惩罚性赔偿制度,提高法定赔偿额。实施中小企业知识产权战略推进工程,加强知识产权服务业集聚发展区建设,强化专利导航工作机制,完善支持中小企业开发自主知识产权技术和产品的政策,提升中小企业创造、运用、保护和管理知识产权能力。优化中小企业知识产权维权机制,建设一批知识产权保护中心。构建知识产权纠纷多元化解决机制,强化中小企业知识产权信息公共服务,推进知识产权纠纷仲裁调解工作。提高知识产权审查效率,减轻中小企业申请和维持知识产权的费用负担。

(二十三)完善中小企业维权救济制度。构建统一的政务咨询投诉举报平台,畅通中小企业表达诉求渠道,完善咨询投诉举报处理程序和督办考核机制。探索建立中小企业公益诉讼制度、国际维权服务机制。鼓励法律服务机构开展小微企业法律咨询公益服务。建立健全中小企业应急救援救济机制,帮助中小企业应对自然灾害、事故灾难、公共卫生事件和社会安全事件等不可抗力事件。

七、强化促进中小企业发展组织领导制度

(二十四)强化各级促进中小企业发展工作机制。县级以上地方人民政府必须建立健全促进中小企业发展领导小组,由政府领导担任领导小组组长,办公室设在负责中小企业促进工作的综合管理部门,强化促进中小企业发展工作队伍建设。领导小组要定期召开会议研究落实党中央、国务院促进中小企业发展的重大决策部署,及时向上一级领导小组办公室报告有关工作情况。领导小组各成员单位要认真执行领导小组议定事项,建立内部责任制,加强工作落实。

(二十五)完善中小企业决策保障工作机制。完善中小企业政策咨询制度,培育一批聚焦中小企业研究的中国特色新型智库,建立政策出台前征求中小企业与专家意见制度和政策实施效果评估制度。完善中小企业政策发布、解读和舆情引导机制,提高政策知晓率、获得感和满意度。定期开展中小企业发展环境第三方评估,并向社会公布结果。

国家发展改革委、科技部、工业和信息化部、财政部、人力资源社会保障部、人民银行关于支持民营企业加快改革发展与转型升级的实施意见

(2020年10月14日 发改体改〔2020〕1566号)

各省、自治区、直辖市人民政府,新疆生产建设兵团,国务院有关部门,全国总工会,国家开发银行、中国进出口银行、中国农业发展银行、中国国家铁路集团有限公司:

为深入贯彻习近平总书记关于支持民营企业改革发展的重要讲话精神,认真落实《中共中央 国务院关于营造更好发展环境支持民营企业改革发展的意见》有关要求,推动相关支持政策加快落地见效,有效应对新冠肺炎疫情影响,激发民营企业活力和创造力,进一步为民营企业发展创造公平竞争环境,带动扩大就业,经国务院同意,现提

出以下意见。

一、切实降低企业生产经营成本

（一）继续推进减税降费。切实落实常态化疫情防控和复工复产各项政策，简化优惠政策适用程序，深入开展有针对性的政策宣传辅导，帮助企业准确掌握和及时享受各项优惠政策。贯彻实施好阶段性减免社会保险费和降低社保费率政策等。对受疫情影响严重的中小企业，依法核准其延期缴纳税款申请。对小微企业2020年1月1日至2021年12月31日的工会经费，实行全额返还支持政策。

（二）进一步降低用能用网成本。落实阶段性降低企业用电价格的支持政策，持续推进将除高耗能以外的大工业和一般工商业电价全年降低5%。切实加强转供电价格监管，确保民营企业及时足额享受降价红利。

（三）深入推进物流降成本。依法规范港口、班轮、铁路、机场等经营服务性收费。建立物流基础设施用地保障机制，引导各地合理设置投资强度、税收贡献等指标限制，鼓励通过长期租赁等方式保障物流用地。规范城市配送车辆通行管理，根据地方实际优化通行管理措施，鼓励发展夜间配送和共同配送、统一配送等集约化配送模式。

二、强化科技创新支撑

（四）支持参与国家重大科研攻关项目。鼓励民营企业参与国家产业创新中心、国家制造业创新中心、国家工程研究中心、国家技术创新中心等创新平台建设，加快推进对民营企业的国家企业技术中心认定工作，支持民营企业承担国家重大科技战略任务。

（五）增加普惠型科技创新投入。各地要加大将科技创新资金用于普惠型科技创新的力度，通过银企合作、政府引导基金、科技和知识产权保险补助、科技信贷和知识产权质押融资风险补偿等方式，支持民营企业开展科技创新。

（六）畅通国家科研资源开放渠道。推动国家重大科研基础设施和大型科研仪器进一步向民营企业开放。鼓励民营企业和社会力量组建专业化的科学仪器设备服务机构，参与国家科研设施与仪器的管理与运营。

（七）完善知识产权运营服务体系。发展专业化技术交易知识产权运营机构,培育技术经理人。规范探索知识产权证券化,推动知识产权融资产品创新。建设国家知识产权公共服务平台,为民营企业和中小企业创新提供知识产权一站式检索、保护和咨询等服务。

(八)促进民营企业数字化转型。实施企业"上云用数赋智"行动和中小企业数字化赋能专项行动,布局一批数字化转型促进中心,集聚一批面向中小企业数字化服务商,开发符合中小企业需求的数字化平台、系统解决方案等,结合行业特点对企业建云、上云、用云提供相应融资支持。实施工业互联网创新发展工程,支持优势企业提高工业互联网应用水平,带动发展网络协同制造、大规模个性化定制等新业态新模式。

三、完善资源要素保障

(九)创新产业用地供给方式。优化土地市场营商环境,保障民营企业依法平等取得政府供应或园区转让的工业用地权利,允许中小民营企业联合参与工业用地招拍挂,可按规定进行宗地分割。鼓励民营企业利用自有工业用地发展新产业新业态并进行研发创新,根据相关规划及有关规定允许增加容积率的,不增收土地价款等费用。民营企业退出原使用土地的,市、县人民政府应支持依法依约转让土地,并保障其合法土地权益;易地发展的,可以协议出让方式重新安排工业用地。

(十)加大人才支持和培训力度。畅通民营企业专业技术人才职称评审通道,推动社会化评审。增加民营企业享受政府特殊津贴人员比重。适时发布技能人才薪酬分配指引,引导企业建立符合技能人才特点的工资分配制度。加快实施职业技能提升行动,面向包括民营企业职工在内的城乡各类劳动者开展大规模职业技能培训,并按规定落实培训补贴。

(十一)优化资质管理制度。对存量资质、认证认可实施动态调整,优化缩减资质类别,建筑企业资质类别和等级压减三分之一以上。对新能源汽车、商用车等行业新增产能,在符合市场准入要求条件下,公平给予资质、认证认可,不得额外设置前置条件。深化工业产品生产许可证制度改革,除涉及公共安全、经济安全产品以外,不再实行许可证管理,对于保留许可证管理产品,审批权限下放至省级市场监管部门。完善强制性产品认证制度,探索引入"自我符合性声明"方式,优化认证程序。

(十二)破除要素流动的区域分割和地方保护。除法律法规明确规定外,不得要求企业必须在某地登记注册,不得为企业在不同区域间的自由迁移设置障碍。支持地方开展"一照多址"改革,探索简化平台企业分支机构设立手续。逐步统一全国市场主体登记业务规范、数据标准和统一平台服务接口,减少区域间登记注册业务的差异性。完善企业注销网上服务平台,进一步便利纳税人注销程序。对设立后未开展生产经营活动或者无债权债务的市场主体,可以按照简易程序办理注销。

四、着力解决融资难题

(十三)加大对民营企业信贷支持力度。引导商业银行增加制造业民营企业信贷投放,大幅增加制造业中长期贷款,满足民营制造业企业长期融资需求。进一步修改完善金融企业绩效评价办法,强化对小微企业贷款业务评价。鼓励中小银行与开发性、政策性金融机构加深合作,提升服务民营企业、小微企业质效。

(十四)支持开展信用融资。加大对中小企业融资综合信用服务平台和地方征信平台建设指导力度,推动政府部门、公用事业单位、大型互联网平台向征信机构和信用评级机构开放企业信用信息,鼓励金融机构和征信机构、信用评级机构加强合作,利用大数据等技术手段开发针对民营企业的免抵押免担保信用贷款产品。加大"信易贷"等以信用信息为核心内容的中小微企业融资模式推广力度,依托全国中小企业融资综合信用服务平台、地方征信平台等各类信用信息服务平台,加大信用信息归集力度,更好发挥对小微企业信用贷款的支持作用。用好普惠小微信用贷款支持方案,大幅增加小微企业信用贷款。深入开展"银税互动",扩大受惠企业范围,推动缓解企业融资难题。

(十五)拓展贷款抵押质押物范围。支持大型企业协助上下游企业开展供应链融资。依法合规发展企业应收账款、存货、仓单、股权、租赁权等权利质押贷款。积极探索将用能权、碳排放权、排污权、合同能源管理未来收益权、特许经营收费权等纳入融资质押担保范围。逐步扩大知识产权质押物范围,对企业专利权、商标专用权和著作权等无形资产进行打包组合融资，推动知识产权质押贷款增量扩面。继续向银行业金融机构延伸不动产登记服务点，加快"互联网＋不动产登记"，推进查询不动产登记信息、办理抵押预告登记和抵押登记、发放电子不动产登记证明等全程不见面网上办理。鼓励银行等金融机构根据企业物流、信息流、资金流的评价结果，提升制造业民营企业最高授信额度。

（十六）拓展民营经济直接融资渠道。支持民营企业开展债券融资，进一步增加民营企业债券发行规模。大力发展创业投资，支持民营企业创新发展。支持民营企业在全国中小企业股份转让系统、区域性股权市场挂牌交易和融资。

（十七）创新信贷风险政府担保补偿机制。指导政府性融资担保机构加大对中小微企业的支持力度，适当降低融资担保费率。鼓励各地设立信用贷款、知识产权质押贷款、中小微企业贷款等风险分担机制，简化审核流程，分担违约风险。

（十八）促进及时支付中小企业款项。落实《保障中小企业款项支付条例》，加快建立支付信息披露制度、投诉处理和失信惩戒制度以及监督评价机制。要对恶意拖欠、变相拖欠等行为开展专项督查，通报一批拖欠民营企业账款的典型案例，督促拖欠主体限期清偿拖欠账款。

五、引导扩大转型升级投资

（十九）鼓励产业引导基金加大支持力度。更好发挥国家新兴产业创业投资引导基金、国家中小企业发展基金、国家制造业转型升级基金、先进制造产业投资基金、战略性新兴产业引导基金和国家绿色发展基金等基金以及地方各级政府设立的产业引导基金作用，鼓励各类产业引导基金加大对民营企业的支持力度。发挥国家科技成果转化引导基金作用，支持民营企业推广转化一批重大技术创新成果。

（二十）支持传统产业改造升级。加快推动传统产业技术改造，向智能、安全、绿色、服务、高端方向发展，加强检验检测平台、系统集成服务商等技术改造服务体系建设。推动机械装备产业高质量发展、石化产业安全绿色高效发展，推进老旧农业机械、工程机械及老旧船舶更新改造。支持危化品企业改造升级，对于仅申报小批量使用危险化学品、不涉及制造和大规模囤积的项目,设立"一企一策"评审通道。

（二十一）支持民营企业平等参与项目投资。用好中央预算内投资和地方政府专项债券筹集的资金,优化投向结构和投资领域,支持金融机构依法合规提供融资,保障各类市场主体平等参与项目建设运营。对在政府和社会资本合作（PPP）项目中设置针对民营资本差别待遇或歧视性条款的,各级财政部门按照规定不予资金支持。探索按照"揭榜挂帅、立军令状"的公开征集方式组织实施一批重大投资工程。

（二十二）引导民营企业聚焦主业和核心技术。优化《鼓励外商投资产业目录》和《产业结构调整指导目录》,推动民营企业在产业链、价值链关键业务上重组整合,进一步集聚资源、集中发力,增强核心竞争力。

（二十三）提升民营企业应急物资供给保障能力。加快发展柔性制造,提升制造业应急保障能力。完善合理的激励政策,引导生产重要应急物资、应急装备的民营企业强化日常供应链管理,增强生产能力储备。积极支持民营节能环保企业参与医疗废弃物处理处置、污水垃圾处理等工程建设。鼓励民营企业加大医疗器械生产制造投资,保障民营企业公平参与公共卫生基础设施建设。

六、巩固提升产业链水平

（二十四）精准帮扶重点民营企业。对处于产业链关键环节重点民营企业所遇到的问题和困难,实施响应快速、程序简单、规则透明的针对性帮扶。及时研判产业链发展趋势,引导企业将产业链关键环节留在国内。

（二十五）依托产业园区促进产业集群发展。以园区为载体集聚创新资源和要素,促进国家级新区、高新技术开发区、经济技术开发区、新型工业化产业示范基地等规模扩大、水平提升。在产业转型升级示范区和示范园区的相关项目安排方面,加大对民营企业支持力度。鼓励各地建设中小微企业产业园、小型微型企业创业创新示范基地、标准化厂房及配套设施。

（二十六）有序引导制造业民营企业产业转移。推动中西部和东北地区积极承接东部地区制造业民营企业转移,支持承接产业转移示范区等重点功能平台建设,为制造业民营企业有序转移创造条件。

(二十七)提高产业链上下游协同协作水平。国有企业特别是中央企业要发挥龙头带动作用,进一步加强与产业链上下游企业协同,协助解决配套民营企业技术、设备、资金、原辅料等实际困难,带动上下游各类企业共渡难关。支持民营企业参与供应链协同制造,推进建设上下游衔接的开放信息平台。

七、深入挖掘市场需求潜力

(二十八)进一步放宽民营企业市场准入。加快电网企业剥离装备制造等竞争性业务,进一步放开设计施工市场,推动油气基础设施向企业公平开放。进一步放开石油、化工、电力、天然气等领域节能环保竞争性业务。制定鼓励民营企业参与铁路发展的政策措施,支持民营企业参与重大铁路项目建设以及铁路客货站场经营开发、快递物流等业务经营。依法支持社会资本进入银行、证券、资产管理、债券市场等金融服务业。推动检验检测机构市场化改革,鼓励社会力量进入检验检测市场。

(二十九)以高质量供给创造新的市场需求。落实支持出口产品转内销的实施意见,支持适销对路出口商品开拓国内市场。扩大基础设施建设投资主体,规范有序推进PPP项目,营造公平竞争的市场环境,带动民营企业参与5G网络、数据中心、工业互联网等新型基础设施投资建设运营。

(三十)实施机器人及智能装备推广计划。扩大机器人及智能装备在医疗、助老助残、康复、配送以及民爆、危险化学品、煤矿、非煤矿山、消防等领域应用。加快高危行业领域"机器化换人、自动化减人"行动实施步伐,加快自动化、智能化装备推广应用及高危企业装备升级换代。加强对民营企业创新型应急技术装备推广应用的支持力度,在各类应急救援场景中,开展无人机、机器人等无人智能装备测试。

(三十一)支持自主研发产品市场迭代应用。适时修订国家首台(套)重大技术装备推广应用指导目录,优化首台(套)保险覆盖范围,加大对小型关键装备和核心零部件支持力度。支持通过示范试验工程提升国产装备应用水平。

(三十二)助力开拓国际市场。健全促进对外投资的政策和服务体系,拓展民营企业"走出去"发展空间,支持民营企业平等参与海外项目投标,避免与国内企业恶性竞争。搭建支持民营企业开展第三方市场合作的平台。鼓励行业组织协助企业开拓国际市场。发挥海外中国中小企业中心作用,提供专业化、本地化服务。

八、鼓励引导民营企业改革创新

(三十三)鼓励有条件的民营企业优化产权结构。鼓励民营企业构建现代企业产权结构,严格区分企业法人财产和企业主个人以及家族财产,分离股东所有权和公司法人财产权,明确企业各股东的持股比例。鼓励民营企业推进股权多元化,推动民营企业自然人产权向法人产权制度转变。鼓励有条件的股份制民营企业上市和挂牌交易。

(三十四)鼓励民营企业参与混合所有制改革。加大国有企业混合所有制改革力度,深入推进重点领域混合所有制改革。鼓励民营企业通过出资入股、收购股权、认购可转债、股权置换等形式参与国有企业改制重组、合资经营和混合所有制改革,促进行业上下游和企业内部生产要素有效整合。

(三十五)引导民营企业建立规范的法人治理结构。引导企业依据公司法及相关法律法规,形成权责明确、运转协调、有效制衡的决策执行监督体系,健全市场化规范经营机制,建立健全以质量、品牌、安全、环保、财务等为重点的企业内部管理制度。积极推动民营企业加强党组织和工会组织、职工代表大会制度建设,强化企业内部监督,增强企业凝聚力。

九、统筹推进政策落实

(三十六)完善涉企政策服务机制。建立健全企业家参与涉企政策制定机制,鼓励各地建立统一的民营企业政策信息服务平台,畅通企业提出意见诉求直通渠道。认真听取民营企业意见和诉求,鼓励各地建立民营企业转型升级问题清单制度,及时协调解决企业反映的问题困难。

(三十七)加强组织领导和督促落实。发展改革委要会同相关部门统筹做好支持民营企业改革发展与转型升级工作,完善工作机制,加强政策指导、工作协调和督促落实,及时研究解决民营企业发展中遇到的问题。

（三十八）加强典型推广示范引领。开展民营企业转型升级综合改革试点，支持试点地方先行先试、大胆创新，探索解决民营企业转型升级面临突出问题的有效路径和方式，梳理总结民营企业建立现代企业制度和转型升级的经验成效，复制推广各地支持民营企业改革发展的先进做法。

科技部印发《关于新时期支持科技型中小企业加快创新发展的若干政策措施》的通知

（2019年8月5日　国科发区〔2019〕268号）

各省、自治区、直辖市及计划单列市科技厅（委、局），新疆生产建设兵团科技局：

为深入贯彻落实党中央、国务院支持民营企业发展的重大决策部署，加快推动民营企业特别是各类中小企业走创新驱动发展道路，强化对科技型中小企业的政策引导与精准支持，科技部制订了《关于新时期支持科技型中小企业加快创新发展的若干政策措施》。现印发给你们，请结合实际，认真贯彻执行。

关于新时期支持科技型中小企业加快创新发展的若干政策措施

科技型中小企业是培育发展新动能、推动高质量发展的重要力量，科技创新能力是企业打不垮的竞争力。为深入贯彻习近平总书记在民营企业座谈会上的重要讲话精神，切实落实中央办公厅、国务院办公厅《关于促进中小企业健康发展的指导意见》，加快推动民营企业特别是各类中小企业走创新驱动发展道路，增强技术创新能力与核心竞争力，现就支持科技型中小企业创新发展提出以下政策措施。

一、总体思路

以习近平新时代中国特色社会主义思想为指导,全面贯彻党的十九大和十九届二中、三中全会精神,以培育壮大科技型中小企业主体规模、提升科技型中小企业创新能力为主要着力点,完善科技创新政策,加强创新服务供给,激发创新创业活力,引导科技型中小企业加大研发投入,完善技术创新体系,增强以科技创新为核心的企业竞争力,为推动高质量发展、支撑现代化经济体系建设发挥更加重要的作用。

二、主要措施

(一)培育壮大科技型中小企业主体规模。

1. 完善创新创业孵化体系建设。加强专业化众创空间在重点地区和细分领域的梯次布局,推动专业化众创空间提升服务能力,在若干行业领域推动建立专业孵化器联盟,支撑科技型中小企业培育孵化。

2. 鼓励科研人员创新创业。推动出台支持科研人员离岗创业的实施细则,完善科研人员校企、院企共建双聘机制。支持持有外国人永久居留证的外籍高层次人才创办科技型企业,给予与中国籍公民同等待遇。

3. 强化考核评估导向。将科技型中小企业培育孵化情况列入国家高新区、国家自主创新示范区以及创新型省份、创新型城市、创新型县(市)等相关评价指标体系。完善科技型中小企业评价办法,扩大全国科技型中小企业数据库入库规模。

(二)强化科技创新政策完善与落实。

4. 加大政策激励力度。推动研究制订提高科技型中小企业研发费用加计扣除比例、科技型初创企业普惠性税收减免等新的政策措施。

5. 加强政策落实与宣讲。进一步落实高新技术企业所得税减免、技术开发及技术转让增值税和所得税减免、小型微利企业免增值税和所得税减免等支持政策,推动降低执行门槛。加强现有政策宣传推广,在科技园区、众创空间、孵化器中开展面向科技型初创企业的重点政策解读。

(三)加大对科技型中小企业研发活动的财政支持。

6. 加大财政资金支持力度。通过国家科技计划加大对中小企业科技创新的支持力度,调整完善科技计划立项、任务部署和组织管理方式,对中小企业研发活动给予直接支持。鼓励各级地方政府设立支持科技型中小企业技术研发的专项资金。

7. 支持承担国家科技计划项目。在国家重点研发计划、科技创新2030-重大项目等国家科技计划组织实施中,支持科技型中小企业广泛参与龙头骨干企业、高校、科研院所等牵头的项目,组建创新联合体"揭榜攻关"。对于任务体量和条件要求适宜的,鼓励科技型中小企业牵头申报。

(四)引导创新资源向科技型中小企业集聚。

8. 推动完善企业研发体系。鼓励科技型中小企业制定企业科技创新战略,完善内部研发管理制度,推广应用创新方法。支持有条件的科技型中小企业建立内部研发平台、技术中心等,引进培育骨干创新团队,申请认定高新技术企业。支持有条件的科技型中小企业参与建设国家技术创新中心、企业国家重点实验室等。

9. 鼓励开展产学研协同创新。研究出台新时期强化产学研一体化创新的政策措施,引导科技型中小企业通过组建产业技术创新战略联盟、共设研发基金、共建实验室、研发众包等方式,共享创新资源、开展协同创新。

10. 加大科技资源集聚共享。支持国家高新区打造科技资源支撑型、高端人才引领型等特色载体,引导科技型中小企业集聚和开展专业化分工协作。推动科研机构、高等学校、大型企业搭建科技资源开放共享网络管理平台,促进科研仪器、实验设施等向科技型中小企业开放共享。

(五)扩大面向科技型中小企业的创新服务供给。

11. 推广科技创新券。支持地方设立科技创新券专项资金,以政府购买公共服务方式对各类服务科技型中小企业的服务载体进行奖励或后补助。

12. 加强科技服务机构培育建设。制订出台促进新型研发机构发展的政策举措,开展新型研发机构培育建设试点,引导面向科技型中小企业创新需求开展成果转化与创新服务。在高等学校、科研院所培育建设一批专业化技术转移机构,为科技型中小企业吸纳科技成果提供专业化服务。

13. 搭建特色服务载体。建设全国科技型中小企业信息服务平台,举办科技型中小企业创新产品博览会,开展科技成果直通车,提供政策咨询、融资对接、技术转移、政府采购等综合服务。

(六)加强金融资本市场对科技型中小企业的支持。

14. 加强创业投资引导。拓展国家科技成果转化引导基金功能,引导地方政府、社会资本成立专门投资科技型中小企业的"双创"基金,培育发展专注投资初创期科技型中小企业的天使投资。

15. 拓展企业融资渠道。开展贷款风险补偿试点,引导银行信贷支持转化科技成果的科技型中小企业。加强科技金融结合试点工作,加快推进投贷联动、知识产权质押、融资租赁等。实施"科技型中小企业成长路线图计划2.0",为优质企业进入"新三板"、科创板上市融资提供便捷通道。

(七)鼓励科技型中小企业开展国际科技合作。

16. 强化"一带一路"合作交流。探索开展"一带一路"产权交易与技术转移相关工作,为更多科技型中小企业与"一带一路"沿线国家开展科技合作营造良好的环境。

17. 加强国际人才交流对接。优先支持科技型中小企业参与"国际杰青计划",帮助科技型中小企业与相关领域外国青年人才进行对接。支持科技型中小企业选派专业技术人才参加中长期出国(境)培训。

三、组织实施

(一)加强组织领导。科技部成立推进科技型中小企业创新发展工作小组,统筹推进有关工作。各级科技管理部门要牢固树立"创新不问出身、不分大小"理念,切实把营造良好创新创业环境作为转变政府职能、提升服务意识的根本要求,因地制宜制定出台相关支持政策,加大力度推动科技型中小企业创新发展。

(二)强化任务落实。加强对各项任务的细化分解,明确责任分工和时间节点,以抓铁有痕的决心和久久为功的毅力,持续推动各项任务落实。适时开展政策落实情况评估,定期报告工作进展,确保各项任务落实到位。

（三）开展总结宣传。结合国家创新调查工作，监测科技型中小企业发展情况，及时调整完善政策措施。总结科技型中小企业创新经验，加强对企业家精神和重大创新成果的宣传推广，引领和带动更多科技型中小企业实现创新发展。

生态环境部、全国工商联关于支持服务民营企业绿色发展的意见

（2019年1月11日 环综合〔2019〕6号）

各省、自治区、直辖市、新疆生产建设兵团、计划单列市生态环境（环境保护）厅（局）、工商联：

公有制经济和非公有制经济都是我国社会主义市场经济的重要组成部分，国有企业和民营企业都是践行新发展理念、推进供给侧结构性改革、推动高质量发展、建设现代化经济体系的重要主体。为贯彻落实习近平总书记在民营企业座谈会上的重要讲话精神，支持服务民营企业绿色发展、打好污染防治攻坚战，现结合工作实际，提出以下意见。

一、总体要求

以习近平新时代中国特色社会主义思想为指导，全面贯彻党的十九大和十九届二中、三中全会精神，深入贯彻习近平生态文明思想，认真落实全国生态环境保护大会、中央经济工作会议和中央民营企业座谈会决策部署，协同推进经济高质量发展和生态环境高水平保护，综合运用法治、市场、科技、行政等多种手段，严格监管与优化服务并重，引导激励与约束惩戒并举，鼓励民营企业积极参与污染防治攻坚战，帮助民营企业解决环境治理困难，提高绿色发展能力，营造公平竞争市场环境，提升服务保障水平，完善经济政策措施，形成支持服务民营企业绿色发展长效机制。

二、支持民营企业提高绿色发展水平

(一)强化企业绿色发展理念

引导民营企业深入学习贯彻习近平生态文明思想和全国生态环境保护大会精神,牢固树立生态环境保护主体责任意识,把生态环境保护和可持续发展作为企业发展的基本准则,严格遵守生态环境法律法规和政策标准要求,合法合规经营。支持民营企业走创新发展、绿色发展、内涵发展新路,积极探索形成资源节约、环境友好的企业发展模式。鼓励民营企业积极履行生态环境保护社会责任,建立自行监测制度,主动公开生态环境信息,自觉接受公众和社会监督。组织开展民营企业绿色发展培训,帮助民营企业及时了解和掌握国家生态环境相关法律法规标准、政策措施等,提高企业绿色发展意识。

(二)支持企业提升环保水平

指导民营企业以生态环境保护促转型升级,主动对标高质量发展。对不同类型民营企业,有针对性地提供指导服务,推动企业提升污染治理水平。对大型民营企业,鼓励加快环境管理和污染治理技术创新,积极利用市场机制,在达标排放基础上不断提高环境治理绩效水平,建设绿色工厂,树立行业标杆。对中小型民营企业,根据行业特点,分类施策,推动企业提高污染治理水平,实现达标排放和全过程管控。

(三)营造企业环境守法氛围

构建政府为主导、企业为主体、社会组织和公众共同参与的生态环境治理体系。建立以排污许可为核心的固定污染源环境管理制度,加快重点行业排污许可证核发,对固定污染源实施全过程管理和多污染物协同控制,促进企业全过程环境守法。加强行政审批与执法环节有效衔接,在行政审批的同时,以告知书、引导单等形式告知企业生态环境保护责任义务要求以及办理流程、时限、联系方式等。严肃查处企业环境违法行为,推动形成优胜劣汰的市场竞争环境。充分利用主流媒体和自媒体平台,加强生态环境法律法规标准、重大政策性文件的宣传解读,认真总结民营企业环境治理经验,及时宣传先进典型,曝光反面案例,推动企业履行好生态环境保护责任和义务。对生态环境治理作出突出贡献的民营企业,全国工商联优先推荐参评中华环境奖。

(四)鼓励企业积极采用第三方治理模式

积极引导有条件的民营企业引入第三方治理模式,降低环境治理成本,提升绿色发展水平。通过第三方专业化市场服务,为有环境治理和低碳发展需求的民营企业提供问题诊断、治理方案编制、污染物排放监测以及环境治理设施建设、运营和维护等综合服务。

三、营造公平竞争市场环境

(五)健全市场准入机制

以污染防治攻坚战七大标志性战役为重点,加快推进重大治理工程项目谋划和实施,努力做大市场规模。推动健全市场准入机制,打破地域壁垒,规范市场秩序,对生态环境领域政府投资项目制定科学合理的招标采购条件,进一步减少社会资本市场准入限制,清理在招投标等环节设置的不合理限制,破除民营企业参与竞标污染防治攻坚战重大治理工程项目的准入屏障。积极推动生态环境领域政府和社会资本合作(PPP)模式,鼓励建立生态环境领域 PPP 项目和政府、国有企业环境治理项目第三方担保支付平台,推动地方政府、国有企业依法严格履约,防止拖欠民营企业环保工程款。在项目环境影响评价管理过程中,对各类企业主体公平对待、统一要求,营造公平的市场发展环境。

(六)完善环境法规标准

加快相关领域环境标准制修订。根据经济技术可行性、打好污染防治攻坚战的要求,完善环境标准实施情况评估制度,全面筛查并梳理现有环境标准,针对亟需破解的瓶颈问题制订标准修改单,稳妥有序推进标准修订工作;结合行业协会、商会、企业的意见建议,制定出台细分行业环境标准,为依法依规监管提供支撑。加强对地方标准制修订工作的指导,确保地方标准与国家标准有效衔接。鼓励相关行业协会、商会制定发布高于国家标准或细分领域的行业自律标准,以及指导企业达标排放的相关规范及指南。在制定出台涉及企业的生态环境法律法规标准、政策措施时,通过征求意见函、座谈会等多种方式广泛听取民营企业意见,充分考虑民营企业的关切和诉求,在法规标准和政策文件出台前,加强合法性审核,在标准制定时系统谋划、超前布局,在标准实施中,为企业预留足够时间,提高政策的可预期性。

(七)规范环境执法行为

全面推行"双随机、一公开"监管方式,对重点区域、重点行业、群众投诉反映强烈、违法违规频次高的企业加密监管频次,对守法意识强、管理规范、守法记录良好的企业减少监管频次,着力整治无相关手续、又无污染治理设施的"散乱污"企业。充分利用大数据、移动APP等信息化技术手段,推动建立政府部门间、跨区域间协查、联查和信息共享机制。坚持严格执法、文明执法、人文执法。工商联要积极配合生态环境部门督促帮助民营企业落实环境问题整改要求。

避免处置措施简单粗暴。严格禁止监管"一刀切",充分保障合法合规企业权益。对民生领域和"散乱污"企业整治、错峰生产、督察、强化监督等工作,出台明确具体要求,加强规范引导。各级工商联和生态环境部门定期召开座谈会,邀请民营企业交流座谈,及时听取民营企业诉求。发挥各类行业协会、商会等作用,积极搭建民营企业与环境监管部门沟通平台,发挥民营企业中的人大代表、政协委员作用,对环境监管执法进行民主监督。

四、提升环境服务保障水平

(八)加快"放管服"改革

进一步深化简政放权,做好生态环境机构改革涉及行政审批事项的划入整合和取消下放工作,加快推进生态环境行政许可标准化,持续精简审批环节,提高审批效率。持续推进"减证便民"行动,进一步精简行政申请材料。进一步规范生态环境中介服务及涉企收费事项。加快推进货车安全技术检验、综合性检测和排放检测"三检合一"。

进一步调整环评审批权限,改革环评管理方式。深化规划环评与项目环评联动,对符合规划环评结论和审查意见的建设项目,适当简化环评内容,落实并联审批要求,不得违规设置环评审批前置条件,优化环评审批流程,减少环评审批报件,进一步压缩审批时间,将项目审批法定时限压缩一半。各级生态环境部门要主动服务,指导企业规避风险、少走弯路。

(九)增加环境基础设施供给

按照"因地制宜、适度超前"原则,合理规划布局,加强污水、垃圾、危险废物等治理设施建设,为民营企业经营发展提供良好的配套条件。修订危险废物经营许可证管理办法,规范管理,增加透明度,支持民营企业进入危险废物利用处置市场,鼓励危险废物产生单位自建危险废物利用处置设施,并对外提供经营服务。

推动提升工业园区环境基础设施供给水平,加快工业园区污水集中处理设施配套管网的建设和完善,实现对园区内所有应纳管企业的全覆盖,污水应收尽收,指导服务相关行业企业做好污水预处理,为园区内企业经营发展提供公共服务。引导和规范工业园区危险废物综合利用,配套建设危险废物集中处置设施。加快园区一体化生态环境监测、监控体系和应急处置能力建设。

(十)强化科技支撑服务

加大科技攻关,突破一批污染防治、清洁生产、循环经济等关键核心技术,开展重点行业环境治理综合技术方案研究,及时更新国家先进污染防治技术示范目录。鼓励民营企业加强生态环境技术创新,筛选和发布一批优秀示范工程,推动先进技术成果应用示范。在中央生态环境保护督察、强化监督中,及时了解和密切关注民营企业污染治理存在的技术难题,提供针对性服务。

依托产业园区、科研机构和行业协会、商会,搭建生态环境治理技术服务平台,为民营企业提供污染治理咨询服务。鼓励组建由企业牵头,产学研共同参与的绿色技术创新产业联盟,推进行业关键共性技术研发、上下游产业链资源整合和协同发展。组建生态环境专家服务团队深入民营企业问诊把脉,帮助企业制定生态环境治理解决方案。

(十一)大力发展环保产业

做好生态环境项目规划储备,及时向社会公开项目信息与投资需求。建立环保产业供给方与需求方交易信息平台,推动生态环保市场健康发展。培育壮大一批民营环保龙头企业,提高为流域、城镇、园区、企业提供系统解决方案和综合服务的能力。创新环境治理模式,培育新业态,提高服务专业化水平。探索生态环境导向的城市开发(EOD)模式和工业园区、小城镇环境综合治理托管服务模式。规范环保产业发展,指导招投标机构完善评标流程和方法,加强行业和企自律,避免恶意"低价中标"。

五、完善环境经济政策措施

(十二)实施财税优惠政策

支持民营企业参与实施国家环保科技重大项目和中央环保投资项目。生态环境领域各级财政专项资金要加强对环境基础设施建设、企业污染治理设施改造升级等的支持力度。积极推动落实环境保护专用设备企业所得税、第三方治理企业所得税、污水垃圾与污泥处理及再生水产品增值税返还等优惠政策。

(十三)创新绿色金融政策

加快推动设立国家绿色发展基金,鼓励有条件的地方政府和社会资本共同发起区域性绿色发展基金,支持民营企业污染治理和绿色产业发展。完善环境污染责任强制保险制度,将环境风险高、环境污染事件较为集中的行业企业纳入投保范围。健全企业环境信用评价制度,充分运用企业环境信用评价结果,创新抵押担保方式。鼓励民营企业设立环保风投基金,发行绿色债券,积极推动金融机构创新绿色金融产品,发展绿色信贷,推动解决民营企业环境治理融资难、融资贵问题。

(十四)落实绿色价格政策

积极推动资源环境价格改革,加快形成有利于资源节约、环境保护、绿色发展的价格机制。加快构建覆盖污水处理和污泥处置成本并合理盈利的价格机制,推进污水处理服务费形成市场化。加快建立有利于促进垃圾分类和减量化、资源化、无害化处理的固体废物处理收费机制。完善阶梯水价、阶梯电价等制度。建立生态环境领域按效付费机制。引导民营企业形成绿色发展的合理预期。

(十五)完善市场化机制

推进碳排放权、排污权交易市场建设,支持民营企业达标排放、积极减排,合规履约,通过参与碳排放权、排污权交易市场,提高环境成本意识。发展基于碳排放权、排污权等各类环境权益的融资工具,推动环境权益及未来收益权切实成为合格抵质押物,拓宽企业绿色融资渠道。加强清洁生产审核机制,支持民营企业建设绿色供应链。完善环境标志产品、绿色产品认证体系,扩大绿色消费市场。

六、加强民营企业绿色发展组织领导

（十六）建立协调机制

生态环境部和全国工商联建立工作协调机制，加强民营企业绿色发展顶层设计，研究双方合作重点任务，协商推进实施。各地生态环境部门和工商联也要建立工作协调机制。研究建立企业环境问题投诉反馈平台，积极回应企业合理诉求。

（十七）加强交流合作

加强调研和总结，定期研究解决遇到的新情况新问题。加强信息共享，积极开展联合调查研究、教育培训、宣传推广，积极协调有关部门支持民营企业绿色发展。

（十八）创新服务平台

各级生态环境部门要提高支持服务民营企业绿色发展的责任意识，市县生态环境部门要设立"企业环境问题接待日"，定期开展服务活动，帮助企业解决实际困难。依托生态环境大数据平台建设，构建实体政务大厅、网上办事、移动客户端等多种形式的公共服务平台，力争实现"一站式、全流程"网上办事服务。全国和省级工商联要围绕民营企业绿色发展，整合资源，打造政策研究、决策咨询、交流合作新平台。

国家税务总局关于实施进一步支持和服务民营经济发展若干措施的通知

（2018年11月16日　税总发〔2018〕174号）

国家税务总局各省、自治区、直辖市和计划单列市税务局，国家税务总局驻各地特派员办事处，局内各单位：

党中央、国务院高度重视民营经济发展。习近平总书记在最近召开的民营企业座谈会上发表了十分重要的讲话，对支持民营企业发展并走向更加广阔舞台作出重要指示，为税收工作更好地服务民营经济发展提出了明确要求、提供了根本遵循。近年来,税务部门认真落实党中央、国务院决策部署,在积极推动民营经济发展壮大方面发挥了应有作用。为深入贯彻落实习近平总书记重要讲话精神,切实履行好税务部门职责,现就进一步支持和服务民营经济发展提出如下措施:

一、认真落实和完善政策,促进民营企业减税降负

(一)不折不扣落实税收优惠政策。各级税务机关要坚决贯彻依法征税的组织收入原则,坚决不收"过头税",坚决落实减免税政策。对符合享受税收优惠政策条件的民营企业与其他纳税人一律平等对待,确保优惠政策落实到位。要依法依规执行好小微企业免征增值税、小型微利企业减半征收企业所得税、金融机构向小微企业提供贷款的利息收入及担保机构向中小企业提供信用担保收入免征增值税等主要惠及民营企业的优惠政策,持续加大政策落实力度,确保民营企业应享尽享。

(二)稳定社会保险费缴费方式。税务总局要积极配合有关部门研究提出降低社保费率等建议,确保总体上不增加企业负担,确保企业社保缴费实际负担有实质性下降。各级税务机关在社保费征管机制改革过程中,要确保缴费方式稳定,积极配合有关部门合理编制体现减费要求的社保费收入预算,严格按照人大审议通过的预算负责征收。对包括民营企业在内的缴费人以前年度欠费,一律不得自行组织开展集中清缴。

(三)积极研究提出减税政策建议。税务总局要配合有关部门抓紧研究提出推进增值税等实质性减税、对小微企业和科技型初创企业实施普惠性税收免除的建议,统筹提出解决税制改革和推进过程中发现问题的建议;要根据公开征求意见情况,配合有关部门抓紧对个人所得税6项专项附加扣除的政策进行完善。各省税务局要围绕进一步加大减税力度,深入组织开展调查研究,积极提出有针对性、切实可行的意见建议。

(四)加强税收政策宣传辅导。各级税务机关要充分运用纳税人学堂等载体,专门组织开展面向民营企业的政策辅导。对面上普遍适用的政策要进行系统辅导,对重要专项政策要进行专题辅导,对持续经营的民营企业要及时开展政策更新辅导,对新开办的民营企业要及时送政策上门,帮助企业及时了解、充分适用。税务总局要持续做好税收政策文件清理和税收政策视频解读,动态编写、修订和发布《税收优惠政策汇编》及分类别的税收优惠指引,并在12366纳税服务平台开辟税收优惠政策专题栏目,帮助包括民营企业在内的广大纳税人熟悉掌握、用足用好相关优惠政策。

(五)强化税收政策执行情况反馈。税务总局和各省税务局要进一步健全和落实税收政策执行情况反馈机制。各基层税务机关要充分发挥直接面对纳税人的优势,深入民营企业征询意见并及时反馈,特别是对操作性不强、获益面受限等政策,要积极研究提出简明易行好操作的改进完善建议。

二、持续优化营商环境,增进民营企业办税便利

(六)开展新一轮大调研大走访活动。结合国税地税征管体制改革,深入开展"新机构 新服务 新形象"活动。在前期工作基础上,税务总局再组织开展新一轮针对民营企业的大调研、大走访活动,深入民营企业广泛收集涉税诉求,听取意见建议并认真梳理分析,对反映较多的问题,统一出台措施进行解决,推动税收管理和服务朝着更贴近民营企业需求、更顺应民营企业关切的方向不断优化升级。

(七)精简压缩办税资料。进一步清理税务证明事项和精简涉税资料报送。2018年底前,税务总局再取消20项涉税证明事项。2019年,对民营企业等纳税人向税务机关报送的资料再精简25%以上;简并优化增值税、消费税等纳税申报表,并推进实施增值税申报"一表集成"、消费税"一键申报"。

(八)拓宽一次办结事项。各级税务机关要持续更新办税事项"最多跑一次"清单。2018年底前,实现50%以上涉税事项一次办结;2019年底前,实现70%以上涉税事项一次办结。

(九)大幅简化办税程序。探索推行纳税申报"提醒纠错制"。在税务注销等环节推行"承诺制"容缺办理,凡符合条件的民营企业等纳税人,如相关资料不全,可在其作出承诺后,即时办理相关业务。简化税务注销办理流程,税务总局配合有关部门编制和公布统一的企业注销操作指南。

(十)继续压缩办税时间。按照世界银行《营商环境报告》的纳税时间标准,在上年度已较大幅度压缩的基础上,2018年再压缩10%以上,并持续推进为民营企业等纳税人办理涉税事项的提速工作。2018年底前,实现无纸化出口退税申报覆盖所有地域和所有信用评级高、纳税记录良好的一类、二类出口企业,将审核办理出口退税的平均时间从目前13个工作日压缩至10个工作日。

(十一)积极推进电子办税和多元化缴退库。整合各地面向纳税人的网上办税服务厅,2018年底前,推出实施全国范围规范统一的优化版电子税务局,实现界面标准统一、业务标准统一、数据标准统一、财务报表转换等关键创新事项统一的优化版电子税务局,进一步拓展"一网通办"的范围。丰富多元化缴退库方式,税务总局积极研究推动通过第三方非银行支付机构缴纳税费,为从事个体经营的民营纳税人办理缴款提供便利;尽快推进税收电子退库全联网、全覆盖,实现申报、证明办理、核准、退库等业务网上办理,提高资金退付和使用效率,增强民营企业等纳税人的资金流动性。加强税收信息系统整合优化工作,进一步提高信息系统的稳定性和办税服务质效。

(十二)大力支持民营企业"走出去"。进一步落实好与110个国家和地区签署的税收协定,积极与主要投资地国家和地区开展税收协定谈签,通过税收协定帮助"走出去"民营企业降低在投资目的地国家和地区的税收负担,提高税收争议解决质效,避免重复征税。充分运用好国际税收合作机制和平台,深入推进"一带一路"税收合作长效机制建设,为民营企业扩大在沿线国家和地区投资提供有力支持。税务总局适时更新完善《"走出去"企业税收指引》,在目前已发布81份国别税收投资指南的基础上,2018年底前,再更新和发布20份左右,基本覆盖"一带一路"重点国家和地区。各地税务机关要积极帮助"走出去"民营企业利用税收协定、国际税收合作机制维护自身合法权益,用好委托境外研发费用企业所得税加计扣除、企业境外所得税综合抵免等政策,切实减轻税收负担。

三、积极开展精准帮扶,助力民营企业纾困解难

(十三)健全与民营企业常态化沟通机制。各级税务机关要会同工商联和协会商会等部门,进一步扩展税企双方沟通渠道和平台。要经常性通过召开座谈会等方式,面对面征询民营企业意见,及时回应

关切。税务总局通过12366纳税服务热线、12366纳税服务平台等渠道在全国范围组织开展民营企业需求专项调查。

（十四）建立中小企业跨区域涉税诉求受理和解决机制。在税务总局和省税务局明确专门部门，组织专门力量，集中受理和协调解决中小企业在生产经营过程中遇到的跨区域税收执法标准不统一、政策执行口径不一致等问题。

（十五）依法为经营困难的民营企业办理延期缴纳税款。各级税务机关对生产经营困难、纳税信用良好的民营企业，要进一步研究针对性、操作性强的税收帮扶措施，并积极推动纳入地方政府的统筹安排中，帮助其实现更好发展。对确有特殊困难而不能按期缴纳税款的民营企业，税务机关要通过依法办理税款延期缴纳等方式，积极帮助企业缓解资金压力。

（十六）切实保障纳税人正常经营的发票需求。根据纳税人实际经营情况，合理确定增值税发票领用数量和最高开票限额，切实保障民营企业正常生产经营所需发票，严禁在发票领用中对民营企业设置不合理限制。进一步推行电子发票。持续扩大小规模纳税人自行开具增值税专用发票范围。对民营企业增值税异常扣税凭证要依法依规进行认定和处理，除税收征管法规定的情形外，不得停供发票。

（十七）深化"银税互动"助力民营企业便利融资。各级税务机关要联合银保监部门和银行业金融机构，进一步深入开展"银税互动"活动，并由"线下"向"线上"拓展，鼓励和推动银行依托纳税信用创新信贷产品，深化税务、银行信息互通，缓解小微民营企业融资难题。

（十八）积极支持新经济、新业态、新模式发展。各级税务机关要坚持包容审慎监管的原则，积极培育民营企业新兴经济增长点，大力支持企业做大做优做强。切实执行好跨境电商零售出口"无票免税"政策，落实鼓励外贸综合服务企业发展的措施，积极支持市场采购贸易方式发展，不断研究完善适应新经济、新业态、新模式发展要求的税收政策、管理和服务措施，助力民营企业增强创新能力和核心竞争力。

四、严格规范税收执法，保障民营企业合法权益

（十九）加强税收规范性文件的公平竞争审查。制定税收规范性文件要充分评估可能产生的经济、社会等各方面综合影响,对违反公平竞争审查要求、可能不利于民营企业发展的,应调整完善或不予出台。各级税务机关在税收规范性文件清理中,对有违市场公平竞争的内容,要一律修改或废止。

(二十)进一步规范税务检查。各级税务机关在实施税务检查中,必须做到民营企业与其他企业一视同仁,坚持"无风险不检查、无审批不进户、无违法不停票"。对正常生产经营的企业要少打扰乃至不打扰,避免因为不当征税导致正常运行的企业停摆。除举报等违法线索明显的案件外,一律运用税收大数据开展评估分析发现税收风险后,采取税务检查措施。对涉税事项需要到企业实地了解核查的,必须严格履行审批程序。

(二十一)妥善处理依法征管和支持企业发展的关系。以最严格的标准防范逃避税,为守法经营的民营企业等纳税人营造公平竞争的环境。不断健全以税收风险为导向、以"双随机一公开"为基本方式的新型稽查监管机制。坚决依法打击恶意偷逃税特别是没有实际经营业务只为虚开发票的"假企业"和没有实际出口只为骗取出口退税的"假出口"。严格落实行政处罚法有关规定,对民营企业等纳税人有主动消除或者减轻违法行为危害后果等情形的,依法从轻或者减轻行政处罚;对违法行为轻微并及时纠正,没有造成危害后果的,依法不予行政处罚。

(二十二)充分保障民营企业法律救济权利。抓紧研究建立纳税人诉求和意见受理快速反应机制。税务总局在12366纳税服务热线设立专线,受理民营企业纳税人的税收法律咨询、投诉举报等。各级税务机关对民营企业反映的执法问题、提出的行政复议申请要积极依法受理、及时办理。对民营企业因经营困难一时无力缴清税款、滞纳金或无法提供担保等原因,不符合行政复议受理条件的,复议机关在依法处理的同时,要甄别情况,发现主管税务机关税收执法行为确有错误的,应及时督促其依法纠正。

(二十三)加强税收执法监督。全面推行税务行政执法公示制度、税收执法全过程记录制度、重大税收执法决定法制审核制度。统筹加大税收执法督察力度,强化执法责任追究,坚决查处税务人员简单粗暴执法、任性任意执法、选择执法、情绪执法等行为,坚决查处税务人员吃拿卡要等损害民营企业等纳税人利益的不正之风。

五、切实加强组织实施,确保各项措施落实见效

(二十四)加强党的领导。各级税务机关党委要高度重视支持和服务民营经济发展工作。党委书记是第一责任人,要亲自组织、亲自部署、亲自过问,统筹研究工作安排并认真抓好督导落实。各级税务机关党委在年度工作报告中,要专门就支持和服务民营经济发展工作情况进行报告,认真总结经验和不足,自觉接受评议和监督,促进工作不断改进、不断提高。

(二十五)细化工作落实。税务总局办公厅要加强对各项措施落实情况的督办,并纳入绩效考核;各司局要结合分管工作,明确责任分工,一项一项组织实施,对标对表加以推进,确保按时保质落实到位。各省税务局要结合自身实际,进一步细化实化支持和服务民营经济发展的具体办法,层层压实责任,一级一级抓好贯彻落实。特别是在地方党委、政府制定出台支持民营经济发展的措施时,要积极承担应尽职责,根据当地民营经济发展状况和需求,主动依法提出税收支持措施,不断创新工作方法,拓展服务手段,增强工作的针对性。

(二十六)务求实效长效。支持和服务民营经济发展是一项长期任务。各级税务机关务必常抓不懈,融入日常工作常抓常新、常抓常进。在落实已有措施的基础上,要不断谋划和推出新的举措;在取得积极效果的基础上,要不断深化和拓展新的成效;在积累有益经验的基础上,要不断完善和丰富新的制度安排,确保支持和服务民营经济发展有实招、显实效、见长效。

各级税务机关要以习近平新时代中国特色社会主义思想为指导,从讲政治的高度,坚定不移强化责任担当,不折不扣抓好工作落实,以助力民营企业发展壮大的积极成效,促进经济活力不断增强和现代化经济体系建设深入推进,为服务高质量发展作出新的贡献。工作中的经验做法和意见建议,要及时向税务总局(政策法规司)报告。

（二）市场管理与服务

中华人民共和国
市场主体登记管理条例实施细则

（2022年3月1日国家市场监督管理总局令第52公布
自公布之日起施行）

第一章 总 则

第一条 根据《中华人民共和国市场主体登记管理条例》（以下简称《条例》）等有关法律法规，制定本实施细则。

第二条 市场主体登记管理应当遵循依法合规、规范统一、公开透明、便捷高效的原则。

第三条 国家市场监督管理总局主管全国市场主体统一登记管理工作，制定市场主体登记管理的制度措施，推进登记全程电子化，规范登记行为，指导地方登记机关依法有序开展登记管理工作。

县级以上地方市场监督管理部门主管本辖区市场主体登记管理工作，加强对辖区内市场主体登记管理工作的统筹指导和监督管理，提升登记管理水平。

县级市场监督管理部门的派出机构可以依法承担个体工商户等市场主体的登记管理职责。

各级登记机关依法履行登记管理职责，执行全国统一的登记管理政策文件和规范要求，使用统一的登记材料、文书格式，以及省级统一的市场主体登记管理系统，优化登记办理流程，推行网上办理等便捷方式，健全数据安全管理制度，提供规范化、标准化登记管理服务。

第四条 省级以上人民政府或者其授权的国有资产监督管理机

构履行出资人职责的公司,以及该公司投资设立并持有50%以上股权或者股份的公司的登记管理由省级登记机关负责;股份有限公司的登记管理由地市级以上地方登记机关负责。

除前款规定的情形外,省级市场监督管理部门依法对本辖区登记管辖作出统一规定;上级登记机关在特定情形下,可以依法将部分市场主体登记管理工作交由下级登记机关承担,或者承担下级登记机关的部分登记管理工作。

外商投资企业登记管理由国家市场监督管理总局或者其授权的地方市场监督管理部门负责。

第五条 国家市场监督管理总局应当加强信息化建设,统一登记管理业务规范、数据标准和平台服务接口,归集全国市场主体登记管理信息。

省级市场监督管理部门主管本辖区登记管理信息化建设,建立统一的市场主体登记管理系统,归集市场主体登记管理信息,规范市场主体登记注册流程,提升政务服务水平,强化部门间信息共享和业务协同,提升市场主体登记管理便利化程度。

第二章 登 记 事 项

第六条 市场主体应当按照类型依法登记下列事项:

(一)公司:名称、类型、经营范围、住所、注册资本、法定代表人姓名、有限责任公司股东或者股份有限公司发起人姓名或者名称。

(二)非公司企业法人:名称、类型、经营范围、住所、出资额、法定代表人姓名、出资人(主管部门)名称。

(三)个人独资企业:名称、类型、经营范围、住所、出资额、投资人姓名及居所。

(四)合伙企业:名称、类型、经营范围、主要经营场所、出资额、执行事务合伙人名称或者姓名,合伙人名称或者姓名、住所、承担责任方式。执行事务合伙人是法人或者其他组织的,登记事项还应当包括其委派的代表姓名。

(五)农民专业合作社(联合社):名称、类型、经营范围、住所、出资额、法定代表人姓名。

（六）分支机构：名称、类型、经营范围、经营场所、负责人姓名。

（七）个体工商户：组成形式、经营范围、经营场所，经营者姓名、住所。个体工商户使用名称的，登记事项还应当包括名称。

（八）法律、行政法规规定的其他事项。

第七条 市场主体应当按照类型依法备案下列事项：

（一）公司：章程、经营期限、有限责任公司股东或者股份有限公司发起人认缴的出资数额、董事、监事、高级管理人员、登记联络员、外商投资公司法律文件送达接受人。

（二）非公司企业法人：章程、经营期限、登记联络员。

（三）个人独资企业：登记联络员。

（四）合伙企业：合伙协议、合伙期限、合伙人认缴或者实际缴付的出资数额、缴付期限和出资方式、登记联络员、外商投资合伙企业法律文件送达接受人。

（五）农民专业合作社（联合社）：章程、成员、登记联络员。

（六）分支机构：登记联络员。

（七）个体工商户：家庭参加经营的家庭成员姓名、登记联络员。

（八）公司、合伙企业等市场主体受益所有人相关信息。

（九）法律、行政法规规定的其他事项。

上述备案事项由登记机关在设立登记时一并进行信息采集。

受益所有人信息管理制度由中国人民银行会同国家市场监督管理总局另行制定。

第八条 市场主体名称由申请人依法自主申报。

第九条 申请人应当依法申请登记下列市场主体类型：

（一）有限责任公司、股份有限公司；

（二）全民所有制企业、集体所有制企业、联营企业；

（三）个人独资企业；

（四）普通合伙（含特殊普通合伙）企业、有限合伙企业；

（五）农民专业合作社、农民专业合作社联合社；

（六）个人经营的个体工商户、家庭经营的个体工商户。

分支机构应当按所属市场主体类型注明分公司或者相应的分支机构。

第十条 申请人应当根据市场主体类型依法向其住所(主要经营场所、经营场所)所在地具有登记管辖权的登记机关办理登记。

第十一条 申请人申请登记市场主体法定代表人、执行事务合伙人(含委派代表),应当符合章程或者协议约定。

合伙协议未约定或者全体合伙人未决定委托执行事务合伙人的,除有限合伙人外,申请人应当将其他合伙人均登记为执行事务合伙人。

第十二条 申请人应当按照国家市场监督管理总局发布的经营范围规范目录,根据市场主体主要行业或者经营特征自主选择一般经营项目和许可经营项目,申请办理经营范围登记。

第十三条 申请人申请登记的市场主体注册资本(出资额)应当符合章程或者协议约定。

市场主体注册资本(出资额)以人民币表示。外商投资企业的注册资本(出资额)可以用可自由兑换的货币表示。

依法以境内公司股权或者债权出资的,应当权属清楚、权能完整,依法可以评估、转让,符合公司章程规定。

第三章 登 记 规 范

第十四条 申请人可以自行或者指定代表人、委托代理人办理市场主体登记、备案事项。

第十五条 申请人应当在申请材料上签名或者盖章。

申请人可以通过全国统一电子营业执照系统等电子签名工具和途径进行电子签名或者电子签章。符合法律规定的可靠电子签名、电子签章与手写签名或者盖章具有同等法律效力。

第十六条 在办理登记、备案事项时,申请人应当配合登记机关通过实名认证系统,采用人脸识别等方式对下列人员进行实名验证:

(一)法定代表人、执行事务合伙人(含委派代表)、负责人;

(二)有限责任公司股东、股份有限公司发起人、公司董事、监事及高级管理人员;

(三)个人独资企业投资人、合伙企业合伙人、农民专业合作社(联合社)成员、个体工商户经营者;

（四）市场主体登记联络员、外商投资企业法律文件送达接受人；
（五）指定的代表人或者委托代理人。

因特殊原因，当事人无法通过实名认证系统核验身份信息的，可以提交经依法公证的自然人身份证明文件，或者由本人持身份证件到现场办理。

第十七条 办理市场主体登记、备案事项，申请人可以到登记机关现场提交申请，也可以通过市场主体登记注册系统提出申请。

申请人对申请材料的真实性、合法性、有效性负责。

办理市场主体登记、备案事项，应当遵守法律法规，诚实守信，不得利用市场主体登记，牟取非法利益，扰乱市场秩序，危害国家安全、社会公共利益。

第十八条 申请材料齐全、符合法定形式的，登记机关予以确认，并当场登记，出具登记通知书，及时制发营业执照。

不予当场登记的，登记机关应当向申请人出具接收申请材料凭证，并在3个工作日内对申请材料进行审查；情形复杂的，经登记机关负责人批准，可以延长3个工作日，并书面告知申请人。

申请材料不齐全或者不符合法定形式的，登记机关应当将申请材料退还申请人，并一次性告知申请人需要补正的材料。申请人补正后，应当重新提交申请材料。

不属于市场主体登记范畴或者不属于本登记机关登记管辖范围的事项，登记机关应当告知申请人向有关行政机关申请。

第十九条 市场主体登记申请不符合法律、行政法规或者国务院决定规定，或者可能危害国家安全、社会公共利益的，登记机关不予登记，并出具不予登记通知书。

利害关系人就市场主体申请材料的真实性、合法性、有效性或者其他有关实体权利提起诉讼或者仲裁，对登记机关依法登记造成影响的，申请人应当在诉讼或者仲裁终结后，向登记机关申请办理登记。

第二十条 市场主体法定代表人依法受到任职资格限制的，在申请办理其他变更登记时，应当依法及时申请办理法定代表人变更登记。

市场主体因通过登记的住所（主要经营场所、经营场所）无法取得联系被列入经营异常名录的,在申请办理其他变更登记时,应当依法及时申请办理住所(主要经营场所、经营场所)变更登记。

第二十一条　公司或者农民专业合作社(联合社)合并、分立的,可以通过国家企业信用信息公示系统公告,公告期45日,应当于公告期届满后申请办理登记。

非公司企业法人合并、分立的,应当经出资人(主管部门)批准,自批准之日起30日内申请办理登记。

市场主体设立分支机构的,应当自决定作出之日起30日内向分支机构所在地登记机关申请办理登记。

第二十二条　法律、行政法规或者国务院决定规定市场主体申请登记、备案事项前需要审批的,在办理登记、备案时,应当在有效期内提交有关批准文件或者许可证书。有关批准文件或者许可证书未规定有效期限,自批准之日起超过90日的,申请人应当报审批机关确认其效力或者另行报批。

市场主体设立后,前款规定批准文件或者许可证书内容有变化、被吊销、撤销或者有效期届满的,应当自批准文件、许可证书重新批准之日或者被吊销、撤销、有效期届满之日起30日内申请办理变更登记或者注销登记。

第二十三条　市场主体营业执照应当载明名称、法定代表人(执行事务合伙人、个人独资企业投资人、经营者或者负责人)姓名、类型(组成形式)、注册资本(出资额)、住所(主要经营场所、经营场所)、经营范围、登记机关、成立日期、统一社会信用代码。

电子营业执照与纸质营业执照具有同等法律效力,市场主体可以凭电子营业执照开展经营活动。

市场主体在办理涉及营业执照记载事项变更登记或者申请注销登记时,需要在提交申请时一并缴回纸质营业执照正、副本。对于市场主体营业执照拒不缴回或者无法缴回的,登记机关在完成变更登记或者注销登记后,通过国家企业信用信息公示系统公告营业执照作废。

第二十四条　外国投资者在中国境内设立外商投资企业,其主体资格文件或者自然人身份证明应当经所在国家公证机关公证并经中国驻该国使(领)馆认证。中国与有关国家缔结或者共同参加的国际条约对认证另有规定的除外。

香港特别行政区、澳门特别行政区和台湾地区投资者的主体资格文件或者自然人身份证明应当按照专项规定或者协议,依法提供当地公证机构的公证文件。按照国家有关规定,无需提供公证文件的除外。

第四章 设 立 登 记

第二十五条 申请办理设立登记,应当提交下列材料:

(一)申请书;

(二)申请人主体资格文件或者自然人身份证明;

(三)住所(主要经营场所、经营场所)相关文件;

(四)公司、非公司企业法人、农民专业合作社(联合社)章程或者合伙企业合伙协议。

第二十六条 申请办理公司设立登记,还应当提交法定代表人、董事、监事和高级管理人员的任职文件和自然人身份证明。

除前款规定的材料外,募集设立股份有限公司还应当提交依法设立的验资机构出具的验资证明;公开发行股票的,还应当提交国务院证券监督管理机构的核准或者注册文件。涉及发起人首次出资属于非货币财产的,还应当提交已办理财产权转移手续的证明文件。

第二十七条 申请设立非公司企业法人,还应当提交法定代表人的任职文件和自然人身份证明。

第二十八条 申请设立合伙企业,还应当提交下列材料:

(一)法律、行政法规规定设立特殊的普通合伙企业需要提交合伙人的职业资格文件的,提交相应材料。

(二)全体合伙人决定委托执行事务合伙人的,应当提交全体合伙人的委托书和执行事务合伙人的主体资格文件或者自然人身份证明。执行事务合伙人是法人或者其他组织的,还应当提交其委派代表的委托书和自然人身份证明。

第二十九条 申请设立农民专业合作社(联合社),还应当提交下列材料:

（一）全体设立人签名或者盖章的设立大会纪要；

（二）法定代表人、理事的任职文件和自然人身份证明；

（三）成员名册和出资清单，以及成员主体资格文件或者自然人身份证明。

第三十条　申请办理分支机构设立登记，还应当提交负责人的任职文件和自然人身份证明。

第五章　变更登记

第三十一条　市场主体变更登记事项，应当自作出变更决议、决定或者法定变更事项发生之日起30日内申请办理变更登记。

市场主体登记事项变更涉及分支机构登记事项变更的，应当自市场主体登记事项变更登记之日起30日内申请办理分支机构变更登记。

第三十二条　申请办理变更登记，应当提交申请书，并根据市场主体类型及具体变更事项分别提交下列材料：

（一）公司变更事项涉及章程修改的，应当提交修改后的章程或者章程修正案；需要对修改章程作出决议决定的，还应当提交相关决议决定；

（二）合伙企业应当提交全体合伙人或者合伙协议约定的人员签署的变更决定书；变更事项涉及修改合伙协议的，应当提交由全体合伙人签署或者合伙协议约定的人员签署修改或者补充的合伙协议；

（三）农民专业合作社（联合社）应当提交成员大会或者成员代表大会作出的变更决议；变更事项涉及章程修改的应当提交修改后的章程或者章程修正案。

第三十三条　市场主体更换法定代表人、执行事务合伙人（含委派代表）、负责人的变更登记申请由新任法定代表人、执行事务合伙人（含委派代表）、负责人签署。

第三十四条　市场主体变更名称，可以自主申报名称并在保留期届满前申请变更登记，也可以直接申请变更登记。

第三十五条　市场主体变更住所（主要经营场所、经营场所），应当在迁入新住所（主要经营场所、经营场所）前向迁入地登记机关申请变更登记,并提交新的住所(主要经营场所、经营场所)使用相关文件。

第三十六条 市场主体变更注册资本或者出资额的,应当办理变更登记。

公司增加注册资本,有限责任公司股东认缴新增资本的出资和股份有限公司的股东认购新股的,应当按照设立时缴纳出资和缴纳股款的规定执行。股份有限公司以公开发行新股方式或者上市公司以非公开发行新股方式增加注册资本,还应当提交国务院证券监督管理机构的核准或者注册文件。

公司减少注册资本,可以通过国家企业信用信息公示系统公告,公告期45日,应当于公告期届满后申请变更登记。法律、行政法规或者国务院决定对公司注册资本有最低限额规定的,减少后的注册资本应当不少于最低限额。

外商投资企业注册资本(出资额)币种发生变更,应当向登记机关申请变更登记。

第三十七条 公司变更类型,应当按照拟变更公司类型的设立条件,在规定的期限内申请变更登记,并提交有关材料。

非公司企业法人申请改制为公司,应当按照拟变更的公司类型设立条件,在规定期限内申请变更登记,并提交有关材料。

个体工商户申请转变为企业组织形式,应当按照拟变更的企业类型设立条件申请登记。

第三十八条 个体工商户变更经营者,应当在办理注销登记后,由新的经营者重新申请办理登记。双方经营者同时申请办理的,登记机关可以合并办理。

第三十九条 市场主体变更备案事项的,应当按照《条例》第二十九条规定办理备案。

农民专业合作社因成员发生变更,农民成员低于法定比例的,应当自事由发生之日起6个月内采取吸收新的农民成员入社等方式使农民成员达到法定比例。农民专业合作社联合社成员退社,成员数低于联合社设立法定条件的,应当自事由发生之日起6个月内采取吸收新的成员入社等方式使农民专业合作社联合社成员达到法定条件。

第六章 歇 业

第四十条 因自然灾害、事故灾难、公共卫生事件、社会安全事件等原因造成经营困难的,市场主体可以自主决定在一定时期内歇业。法律、行政法规另有规定的除外。

第四十一条 市场主体决定歇业,应当在歇业前向登记机关办理备案。登记机关通过国家企业信用信息公示系统向社会公示歇业期限、法律文书送达地址等信息。

以法律文书送达地址代替住所(主要经营场所、经营场所)的,应当提交法律文书送达地址确认书。

市场主体延长歇业期限,应当于期限届满前30日内按规定办理。

第四十二条 市场主体办理歇业备案后,自主决定开展或者已实际开展经营活动的,应当于30日内在国家企业信用信息公示系统上公示终止歇业。

市场主体恢复营业时,登记、备案事项发生变化的,应当及时办理变更登记或者备案。以法律文书送达地址代替住所(主要经营场所、经营场所)的,应当及时办理住所(主要经营场所、经营场所)变更登记。

市场主体备案的歇业期限届满,或者累计歇业满3年,视为自动恢复经营,决定不再经营的,应当及时办理注销登记。

第四十三条 歇业期间,市场主体以法律文书送达地址代替原登记的住所(主要经营场所、经营场所)的,不改变歇业市场主体的登记管辖。

第七章 注销登记

第四十四条 市场主体因解散、被宣告破产或者其他法定事由需要终止的,应当依法向登记机关申请注销登记。依法需要清算的,应当自清算结束之日起30日内申请注销登记。依法不需要清算的,应当自决定作出之日起30日内申请注销登记。市场主体申请注销后,不得从事与注销无关的生产经营活动。自登记机关予以注销登记之日起,市场主体终止。

第四十五条 市场主体注销登记前依法应当清算的,清算组应当自成立之日起10日内将清算组成员、清算组负责人名单通过国家企业信用信息公示系统公告。清算组可以通过国家企业信用信息公示系统发布债权人公告。

第四十六条 申请办理注销登记,应当提交下列材料:

(一)申请书;

(二)依法作出解散、注销的决议或者决定,或者被行政机关吊销营业执照、责令关闭、撤销的文件;

(三)清算报告、负责清理债权债务的文件或者清理债务完结的证明;

(四)税务部门出具的清税证明。

除前款规定外,人民法院指定清算人、破产管理人进行清算的,应当提交人民法院指定证明;合伙企业分支机构申请注销登记,还应当提交全体合伙人签署的注销分支机构决定书。

个体工商户申请注销登记的,无需提交第二项、第三项材料;因合并、分立而申请市场主体注销登记的,无需提交第三项材料。

第四十七条 申请办理简易注销登记,应当提交申请书和全体投资人承诺书。

第四十八条 有下列情形之一的,市场主体不得申请办理简易注销登记:

(一)在经营异常名录或者市场监督管理严重违法失信名单中的;

(二)存在股权(财产份额)被冻结、出质或者动产抵押,或者对其他市场主体存在投资的;

(三)正在被立案调查或者采取行政强制措施,正在诉讼或者仲裁程序中的;

(四)被吊销营业执照、责令关闭、撤销的;

(五)受到罚款等行政处罚尚未执行完毕的;

(六)不符合《条例》第三十三条规定的其他情形。

第四十九条 申请办理简易注销登记,市场主体应当将承诺书及注销登记申请通过国家企业信用信息公示系统公示,公示期为20日。

在公示期内无相关部门、债权人及其他利害关系人提出异议的,市场主体可以于公示期届满之日起20日内向登记机关申请注销登记。

第八章　撤　销　登　记

第五十条　对涉嫌提交虚假材料或者采取其他欺诈手段隐瞒重要事实取得市场主体登记的行为,登记机关可以根据当事人申请或者依职权主动进行调查。

第五十一条　受虚假登记影响的自然人、法人和其他组织,可以向登记机关提出撤销市场主体登记申请。涉嫌冒用自然人身份的虚假登记,被冒用人应当配合登记机关通过线上或者线下途径核验身份信息。

涉嫌虚假登记市场主体的登记机关发生变更的,由现登记机关负责处理撤销登记,原登记机关应当协助进行调查。

第五十二条　登记机关收到申请后,应当在3个工作日内作出是否受理的决定,并书面通知申请人。

有下列情形之一的,登记机关可以不予受理:

（一）涉嫌冒用自然人身份的虚假登记,被冒用人未能通过身份信息核验的;

（二）涉嫌虚假登记的市场主体已注销的,申请撤销注销登记的除外;

（三）其他依法不予受理的情形。

第五十三条　登记机关受理申请后,应当于3个月内完成调查,并及时作出撤销或者不予撤销市场主体登记的决定。情形复杂的,经登记机关负责人批准,可以延长3个月。

在调查期间,相关市场主体和人员无法联系或者拒不配合的,登记机关可以将涉嫌虚假登记市场主体的登记时间、登记事项,以及登记机关联系方式等信息通过国家企业信用信息公示系统向社会公示,公示期45日。相关市场主体及其利害关系人在公示期内没有提出异议的,登记机关可以撤销市场主体登记。

第五十四条　有下列情形之一的,经当事人或者其他利害关系人申请,登记机关可以中止调查:

（一）有证据证明与涉嫌虚假登记相关的民事权利存在争议的；

（二）涉嫌虚假登记的市场主体正在诉讼或者仲裁程序中的；

（三）登记机关收到有关部门出具的书面意见，证明涉嫌虚假登记的市场主体或者其法定代表人、负责人存在违法案件尚未结案，或者尚未履行相关法定义务的。

第五十五条 有下列情形之一的，登记机关可以不予撤销市场主体登记：

（一）撤销市场主体登记可能对社会公共利益造成重大损害的；

（二）撤销市场主体登记后无法恢复到登记前的状态的；

（三）法律、行政法规规定的其他情形。

第五十六条 登记机关作出撤销登记决定后，应当通过国家企业信用信息公示系统向社会公示。

第五十七条 同一登记包含多个登记事项，其中部分登记事项被认定为虚假，撤销虚假的登记事项不影响市场主体存续的，登记机关可以仅撤销虚假的登记事项。

第五十八条 撤销市场主体备案事项的，参照本章规定执行。

第九章 档案管理

第五十九条 登记机关应当负责建立市场主体登记管理档案，对在登记、备案过程中形成的具有保存价值的文件依法分类，有序收集管理，推动档案电子化、影像化，提供市场主体登记管理档案查询服务。

第六十条 申请查询市场主体登记管理档案，应当按照下列要求提交材料：

（一）公安机关、国家安全机关、检察机关、审判机关、纪检监察机关、审计机关等国家机关进行查询，应当出具本部门公函及查询人员的有效证件；

（二）市场主体查询自身登记管理档案，应当出具授权委托书及查询人员的有效证件；

（三）律师查询与承办法律事务有关市场主体登记管理档案，应当出具执业证书、律师事务所证明以及相关承诺书。

除前款规定情形外,省级以上市场监督管理部门可以结合工作实际,依法对档案查询范围以及提交材料作出规定。

第六十一条 登记管理档案查询内容涉及国家秘密、商业秘密、个人信息的,应当按照有关法律法规规定办理。

第六十二条 市场主体发生住所(主要经营场所、经营场所)迁移的,登记机关应当于3个月内将所有登记管理档案移交迁入地登记机关管理。档案迁出、迁入应当记录备案。

第十章 监督管理

第六十三条 市场主体应当于每年1月1日至6月30日,通过国家企业信用信息公示系统报送上一年度年度报告,并向社会公示。

个体工商户可以通过纸质方式报送年度报告,并自主选择年度报告内容是否向社会公示。

歇业的市场主体应当按时公示年度报告。

第六十四条 市场主体应当将营业执照(含电子营业执照)置于住所(主要经营场所、经营场所)的醒目位置。

从事电子商务经营的市场主体应当在其首页显著位置持续公示营业执照信息或者其链接标识。

营业执照记载的信息发生变更时,市场主体应当于15日内完成对应信息的更新公示。市场主体被吊销营业执照的,登记机关应当将吊销情况标注于电子营业执照中。

第六十五条 登记机关应当对登记注册、行政许可、日常监管、行政执法中的相关信息进行归集,根据市场主体的信用风险状况实施分级分类监管,并强化信用风险分类结果的综合应用。

第六十六条 登记机关应当随机抽取检查对象、随机选派执法检查人员,对市场主体的登记备案事项、公示信息情况等进行抽查,并将抽查检查结果通过国家企业信用信息公示系统向社会公示。必要时可以委托会计师事务所、税务师事务所、律师事务所等专业机构开展审计、验资、咨询等相关工作,依法使用其他政府部门作出的检查、核查结果或者专业机构作出的专业结论。

第六十七条 市场主体被撤销设立登记、吊销营业执照、责令关闭,6个月内未办理清算组公告或者未申请注销登记的,登记机关可以在国家企业信用信息公示系统上对其作出特别标注并予以公示。

第十一章 法律责任

第六十八条 未经设立登记从事一般经营活动的,由登记机关责令改正,没收违法所得;拒不改正的,处1万元以上10万元以下的罚款;情节严重的,依法责令关闭停业,并处10万元以上50万元以下的罚款。

第六十九条 未经设立登记从事许可经营活动或者未依法取得许可从事经营活动的,由法律、法规或者国务院决定规定的部门予以查处;法律、法规或者国务院决定没有规定或者规定不明确的,由省、自治区、直辖市人民政府确定的部门予以查处。

第七十条 市场主体未按照法律、行政法规规定的期限公示或者报送年度报告的,由登记机关列入经营异常名录,可以处1万元以下的罚款。

第七十一条 提交虚假材料或者采取其他欺诈手段隐瞒重要事实取得市场主体登记的,由登记机关依法责令改正,没收违法所得,并处5万元以上20万元以下的罚款;情节严重的,处20万元以上100万元以下的罚款,吊销营业执照。

明知或者应当知道申请人提交虚假材料或者采取其他欺诈手段隐瞒重要事实进行市场主体登记,仍接受委托代为办理,或者协助其进行虚假登记的,由登记机关没收违法所得,处10万元以下的罚款。

虚假市场主体登记的直接责任人自市场主体登记被撤销之日起3年内不得再次申请市场主体登记。登记机关应当通过国家企业信用信息公示系统予以公示。

第七十二条 市场主体未按规定办理变更登记的,由登记机关责令改正;拒不改正的,处1万元以上10万元以下的罚款;情节严重的,吊销营业执照。

第七十三条 市场主体未按规定办理备案的,由登记机关责令改正;拒不改正的,处5万元以下的罚款。

依法应当办理受益所有人信息备案的市场主体,未办理备案的,按照前款规定处理。

第七十四条 市场主体未按照本实施细则第四十二条规定公示终止歇业的,由登记机关责令改正;拒不改正的,处3万元以下的罚款。

第七十五条 市场主体未按规定将营业执照置于住所(主要经营场所、经营场所)醒目位置的,由登记机关责令改正;拒不改正的,处3万元以下的罚款。

电子商务经营者未在首页显著位置持续公示营业执照信息或者相关链接标识的,由登记机关依照《中华人民共和国电子商务法》处罚。

市场主体伪造、涂改、出租、出借、转让营业执照的,由登记机关没收违法所得,处10万元以下的罚款;情节严重的,处10万元以上50万元以下的罚款,吊销营业执照。

第七十六条 利用市场主体登记,牟取非法利益,扰乱市场秩序,危害国家安全、社会公共利益的,法律、行政法规有规定的,依照其规定;法律、行政法规没有规定的,由登记机关处10万元以下的罚款。

第七十七条 违反本实施细则规定,登记机关确定罚款幅度时,应当综合考虑市场主体的类型、规模、违法情节等因素。

情节轻微并及时改正,没有造成危害后果的,依法不予行政处罚。初次违法且危害后果轻微并及时改正的,可以不予行政处罚。当事人有证据足以证明没有主观过错的,不予行政处罚。

第十二章 附 则

第七十八条 本实施细则所指申请人,包括设立登记时的申请人、依法设立后的市场主体。

第七十九条 人民法院办理案件需要登记机关协助执行的,登记机关应当按照人民法院的生效法律文书和协助执行通知书,在法定职责范围内办理协助执行事项。

第八十条 国家市场监督管理总局根据法律、行政法规、国务院决定及本实施细则,制定登记注册前置审批目录、登记材料和文书格式。

第八十一条 法律、行政法规或者国务院决定对登记管理另有规定的，从其规定。

第八十二条 本实施细则自公布之日起施行。1988年11月3日原国家工商行政管理局令第1号公布的《中华人民共和国企业法人登记管理条例施行细则》，2000年1月13日原国家工商行政管理局令第94号公布的《个人独资企业登记管理办法》，2011年9月30日原国家工商行政管理总局令第56号公布的《个体工商户登记管理办法》，2014年2月20日原国家工商行政管理总局令第64号公布的《公司注册资本登记管理规定》，2015年8月27日原国家工商行政管理总局令第76号公布的《企业经营范围登记管理规定》同时废止。

市场监管总局、国家发展改革委、公安部、人力资源社会保障部、住房城乡建设部、税务总局关于进一步优化企业开办服务的通知

（2020年8月4日 国市监注〔2020〕129号）

各省、自治区、直辖市及计划单列市、新疆生产建设兵团市场监管局（厅、委）、发展改革委、公安厅（局）、人力资源社会保障厅（局）、住房和城乡建设厅（委），国家税务总局各省、自治区、直辖市、计划单列市税务局，直辖市、新疆生产建设兵团住房公积金管理中心，国家税务总局驻各地特派员办事处：

为贯彻落实党中央、国务院决策部署，深化"放管服"改革，持续打造市场化、法治化、国际化营商环境，现就进一步优化企业开办服务、做到企业开办全程网上办理有关事项通知如下：

一、切实做到企业开办全程网上办理

（一）全面推广企业开办一网通办。2020年年底前，各省（区、市）

和新疆生产建设兵团全部开通企业开办一网通办平台(以下简称一网通办平台),在全国各地均可实现企业开办全程网上办理。

(二)进一步深化线上线下融合服务。依托一网通办平台,推行企业登记、公章刻制、申领发票和税控设备、员工参保登记、住房公积金企业缴存登记可在线上"一表填报"申请办理;具备条件的地方实现办齐的材料线下"一个窗口"一次领取,或者通过推行寄递、自助打印等实现"不见面"办理。

(三)不断优化一网通办服务能力。完善一网通办平台功能设计,加强部门信息共享,2020年年底前具备公章刻制网上服务在线缴费能力。推动实现相关申请人一次身份验证后,即可一网通办企业开办全部事项。鼓励具备条件的地方,实现企业在设立登记完成后仍可随时通过一网通办平台办理员工参保登记、住房公积金企业缴存登记等企业开办服务事项。

二、进一步压减企业开办时间、环节和成本

(一)进一步压缩开办时间。2020年年底前,全国实现压缩企业开办时间至4个工作日以内;鼓励具备条件的地方,在确保工作质量前提下,压缩企业开办时间至更少。

(二)进一步简化开办环节。2020年年底前,推动员工参保登记、住房公积金企业缴存登记通过一网通办平台,一表填报、合并申请,填报信息实时共享,及时完成登记备案。企业通过一网通办平台申请刻制公章,不再要求企业提供营业执照复印件以及法定代表人(负责人等)的身份证明材料。

(三)进一步降低开办成本。鼓励具备条件的地方,改变税控设备"先买后抵"的领用方式,免费向新开办企业发放税务Ukey。

三、大力推进电子营业执照、电子发票、电子印章应用

(一)推广电子营业执照应用。在加强监管、保障安全前提下,依托全国一体化政务服务平台,推广电子营业执照应用,作为企业在网上办理企业登记、公章刻制、涉税服务、社保登记、银行开户等业务的合法有效身份证明和电子签名手段。

(二)推进电子发票应用。继续推行增值税电子普通发票,积极推进增值税专用发票电子化。

（三）推动电子印章应用。鼓励具备条件的地方，出台管理规定，明确部门职责，细化管理要求，探索统筹推进电子印章应用管理，形成可复制推广的经验做法。

各地相关政府部门要在地方党委、政府领导下，进一步健全完善企业开办长效工作机制，统筹协调推进优化企业开办流程、完善一网通办服务能力、强化部门信息共享等基础工作，提升企业开办标准化、规范化水平。要结合本地实际，制定具体措施，并及时向社会公布。要加强本地区企业开办工作的监督检查，定期分析企业开办数据，查找工作短板，改进工作措施。市场监管总局等有关部门将密切跟踪工作进展，指导督促各地抓好工作落实。

优质中小企业梯度培育管理暂行办法

（2022年6月1日 工信部企业〔2022〕63号）

第一章 总 则

第一条 为提升中小企业创新能力和专业化水平，促进中小企业高质量发展，助力实现产业基础高级化和产业链现代化，根据《中华人民共和国国民经济和社会发展第十四个五年规划和2035年远景目标纲要》《"十四五"促进中小企业发展规划》《关于健全支持中小企业发展制度的若干意见》，制定本办法。

第二条 优质中小企业是指在产品、技术、管理、模式等方面创新能力强、专注细分市场、成长性好的中小企业，由创新型中小企业、专精特新中小企业和专精特新"小巨人"企业三个层次组成。创新型中小企业具有较高专业化水平、较强创新能力和发展潜力，是优质中小企业的基础力量；专精特新中小企业实现专业化、精细化、特色化发展，创新能力强、质量效益好，是优质中小企业的中坚力量；专精特新"小巨人"企业位于产业基础核心领域、产业链关键环节，创新能力突出、掌握核心技术、细分市场占有率高、质量效益好，是优质中小企的核心力量。

第三条　参评优质中小企业应在中华人民共和国境内工商注册登记、具有独立法人资格，符合《中小企业划型标准规定》，企业未被列入经营异常名录或严重失信主体名单，提供的产品（服务）不属于国家禁止、限制或淘汰类，同时近三年未发生重大安全（含网络安全、数据安全）、质量、环境污染等事故以及偷漏税等违法违规行为。

第四条　优质中小企业梯度培育工作，坚持完整、准确、全面贯彻新发展理念，坚持专精特新发展方向，坚持有效市场与有为政府相结合，坚持分层分类分级指导，坚持动态管理和精准服务。

第五条　工业和信息化部负责优质中小企业梯度培育工作的宏观指导、统筹协调和监督检查，推动出台相关支持政策，发布相关评价和认定标准，负责专精特新"小巨人"企业认定工作。各省、自治区、直辖市及计划单列市、新疆生产建设兵团中小企业主管部门（以下简称省级中小企业主管部门）根据本办法制定细则，报工业和信息化部备案，并依据细则负责本地区优质中小企业梯度培育工作，负责专精特新中小企业认定和创新型中小企业评价工作。其他机构不得开展与创新型中小企业、专精特新中小企业、专精特新"小巨人"企业有关的评价、认定、授牌等活动。

第六条　各级中小企业主管部门应强化优质中小企业的动态管理，建立健全"有进有出"的动态管理机制。"十四五"期间，努力在全国推动培育一百万家创新型中小企业、十万家专精特新中小企业、一万家专精特新"小巨人"企业。

第七条　工业和信息化部建设优质中小企业梯度培育平台（https://zjtx.miit.gov.cn/，以下简称培育平台），搭建优质中小企业数据库。各级中小企业主管部门应加强服务对接和监测分析，对企业运行、发展态势、意见诉求，以及扶持政策与培育成效等开展定期和不定期跟踪，有针对性地制定政策和开展精准服务；进一步落实"放管服"要求，推动涉企数据互通共享，减轻企业数据填报负担。

第二章　评价和认定

第八条　优质中小企业评价和认定工作坚持政策引领、企业自愿、培育促进、公开透明的原则，按照"谁推荐、谁把关、谁审核、谁管理"方式统筹开展、有序推进。

第九条 工业和信息化部发布并适时更新创新型中小企业评价标准（附件1）、专精特新中小企业认定标准（附件2）和专精特新"小巨人"企业认定标准（附件3）。专精特新中小企业认定标准中的"特色化指标"，由省级中小企业主管部门结合本地产业状况和中小企业发展实际设定并发布。

第十条 创新型中小企业评价，由企业按属地原则自愿登录培育平台参与自评，省级中小企业主管部门根据评价标准，组织对企业自评信息和相关佐证材料进行审核、实地抽查和公示。公示无异议的，由省级中小企业主管部门公告为创新型中小企业。

第十一条 专精特新中小企业认定，由创新型中小企业按属地原则自愿提出申请，省级中小企业主管部门根据认定标准，组织对企业申请材料和相关佐证材料进行审核、实地抽查和公示。公示无异议的，由省级中小企业主管部门认定为专精特新中小企业。

第十二条 专精特新"小巨人"企业认定，由专精特新中小企业按属地原则自愿提出申请，省级中小企业主管部门根据认定标准，对企业申请材料和相关佐证材料进行初审和实地抽查，初审通过的向工业和信息化部推荐。工业和信息化部组织对被推荐企业进行审核、抽查和公示。公示无异议的，由工业和信息化部认定为专精特新"小巨人"企业。

原则上每年第二季度组织开展专精特新"小巨人"企业认定工作，省级中小企业主管部门应根据工作要求，统筹做好创新型中小企业评价、专精特新中小企业认定和专精特新"小巨人"企业推荐工作。

第三章 动态管理

第十三条 经公告的创新型中小企业有效期为三年，每次到期后由企业重新登录培育平台进行自评，经省级中小企业主管部门审核（含实地抽查）通过后，有效期延长三年。经认定的专精特新中小企业、专精特新"小巨人"企业有效期为三年，每次到期后由认定部门组织复核（含实地抽查），复核通过的，有效期延长三年。

第十四条 有效期内的创新型中小企业、专精特新中小企业和专精特新"小巨人"企业,应在每年 4 月 30 日前通过培育平台更新企业信息。未及时更新企业信息的,取消复核资格。

第十五条 有效期内的创新型中小企业、专精特新中小企业和专精特新"小巨人"企业,如发生更名、合并、重组、跨省迁移、设立境外分支机构等与评价认定条件有关的重大变化,应在发生变化后的 3 个月内登录培育平台,填写重大变化情况报告表。不再符合评价或认定标准的创新型中小企业和专精特新中小企业,由省级中小企业主管部门核实后取消公告或认定;不再符合认定标准的专精特新"小巨人"企业,由省级中小企业主管部门核实后报工业和信息化部,由工业和信息化部取消认定。对于未在 3 个月内报告重大变化情况的,取消复核资格,或直接取消公告或认定。

第十六条 有效期内的创新型中小企业、专精特新中小企业和专精特新"小巨人"企业,如发生重大安全(含网络安全、数据安全)、质量、环境污染等事故,或严重失信、偷漏税等违法违规行为,或被发现存在数据造假等情形,直接取消公告或认定,且至少三年内不得再次申报。

第十七条 任何组织和个人可针对创新型中小企业、专精特新中小企业和专精特新"小巨人"企业相关信息真实性、准确性等方面存在的问题,向相应中小企业主管部门实名举报,并提供佐证材料和联系方式。对受理的举报内容,相应中小企业主管部门应及时向被举报企业核实,被举报企业未按要求回复或经核实确认该企业存在弄虚作假行为的,视情节轻重要求企业进行整改,或直接取消公告或认定。

第四章 培育扶持

第十八条 中小企业主管部门应针对本地区不同发展阶段、不同类型中小企业的特点和需求,建立优质中小企业梯度培育体系,制定分层分类的专项扶持政策,加大服务力度,维护企业合法权益,不断优化中小企业发展环境,激发涌现一大批专精特新企业。

第十九条 中小企业主管部门应发挥促进中小企业发展工作协调机制作用,加强部门协同、上下联动,形成工作合力。统筹运用财税、金融、技术、产业、人才、用地、用能等政策工具持续支持优质中小企业发展，提高政策精准性和有效性。

第二十条 中小企业主管部门应着力构建政府公共服务、市场化服务、公益性服务协同促进的服务体系，通过搭建创新成果对接、大中小企业融通创新、创新创业大赛、供需对接等平台，汇聚服务资源，创新服务方式，为中小企业提供全周期、全方位、多层次的服务。通过普惠服务与精准服务相结合，着力提升服务的广度、深度、精准度和响应速度，增强企业获得感。

第二十一条 中小企业主管部门和各类中小企业服务机构应加强指导和服务，促进中小企业提升公司治理、精细管理和合规管理水平，防范各类风险，推动持续健康发展，切实发挥优质中小企业示范作用。在评价、认定和服务过程中应注重对企业商业秘密的保护，在宣传报道、考察交流前，应征得企业同意。

第五章 附　则

第二十二条 本办法由工业和信息化部负责解释。

第二十三条 本办法自2022年8月1日起实施。8月1日前已被省级中小企业主管部门认定的专精特新中小企业和已被工业和信息化部认定的专精特新"小巨人"企业，继续有效。有效期（最长不超过3年）到期后自动失效，复核时按本办法执行。

附件：1. 创新型中小企业评价标准
　　　2. 专精特新中小企业认定标准
　　　3. 专精特新"小巨人"企业认定标准
　　　4. 部分指标和要求说明

附件1

创新型中小企业评价标准

一、公告条件

评价得分达到60分以上（其中创新能力指标得分不低于20分、

成长性指标及专业化指标得分均不低于15分),或满足下列条件之一:

(一)近三年内获得过国家级、省级科技奖励。

(二)获得高新技术企业、国家级技术创新示范企业、知识产权优势企业和知识产权示范企业等荣誉(均为有效期内)。

(三)拥有经认定的省部级以上研发机构。

(四)近三年新增股权融资总额(合格机构投资者的实缴额)500万元以上。

二、评价指标

包括创新能力、成长性、专业化三类六个指标,评价结果依分值计算,满分为100分。

(一)创新能力指标(满分40分)

1.与企业主导产品相关的有效知识产权数量(满分20分)

A.Ⅰ类高价值知识产权1项以上(20分)

B.自主研发的Ⅰ类知识产权1项以上(15分)

C.Ⅰ类知识产权1项以上(10分)

D.Ⅱ类知识产权1项以上(5分)

E.无(0分)

2.上年度研发费用总额占营业收入总额比重(满分20分)

A.5%以上(20分)

B.3%－5%(15分)

C.2%－3%(10分)

D.1%－2%(5分)

E.1%以下(0分)

(二)成长性指标(满分30分)

3.上年度主营业务收入增长率(满分20分)

A.15%以上(20分)

B.10%－15%(15分)

C.5%－10%(10分)

D.0%－5%(5分)

E.0%以下(0分)

4. 上年度资产负债率(满分10分)

A. 55%以下(10分)

B. 55%–75%(5分)

C. 75%以上(0分)

(三)专业化指标(满分30分)

5. 主导产品所属领域情况(满分10分)

A. 属于《战略性新兴产业分类》(10分)

B. 属于其他领域(5分)

6. 上年度主营业务收入总额占营业收入总额比重(满分20分)

A. 70%以上(20分)

B. 60%–70%(15分)

C. 55%–60%(10分)

D. 50%–55%(5分)

E. 50%以下(0分)

附件2

专精特新中小企业认定标准

一、认定条件

同时满足以下四项条件即视为满足认定条件：

(一)从事特定细分市场时间达到2年以上。

(二)上年度研发费用总额不低于100万元,且占营业收入总额比重不低于3%。

(三)上年度营业收入总额在1000万元以上,或上年度营业收入总额在1000万元以下,但近2年新增股权融资总额(合格机构投资者的实缴额)达到2000万元以上。

(四)评价得分达到60分以上或满足下列条件之一：

1. 近三年获得过省级科技奖励,并在获奖单位中排名前三；或获得国家级科技奖励,并在获奖单位中排名前五。

2. 近两年研发费用总额均值在1000万元以上。

3.近两年新增股权融资总额(合格机构投资者的实缴额)6000万元以上。

4.近三年进入"创客中国"中小企业创新创业大赛全国500强企业组名单。

二、评价指标

包括专业化、精细化、特色化和创新能力四类十三个指标,评价结果依分值计算,满分为100分。

(一)专业化指标(满分25分)

1.上年度主营业务收入总额占营业收入总额比重(满分5分)

A.80%以上(5分)

B.70%－80%(3分)

C.60%－70%(1分)

D.60%以下(0分)

2.近2年主营业务收入平均增长率(满分10分)

A.10%以上(10分)

B.8%－10%(8分)

C.6%－8%(6分)

D.4%－6%(4分)

E.0%－4%(2分)

F.0%以下(0分)

3.从事特定细分市场年限(满分5分)

每满2年得1分,最高不超过5分。

4.主导产品所属领域情况(满分5分)

A.在产业链供应链关键环节及关键领域"补短板""锻长板""填空白"取得实际成效(5分)

B.属于工业"六基"领域、中华老字号名录或企业主导产品服务关键产业链重点龙头企业(3分)

C.不属于以上情况(0分)

(二)精细化指标(满分25分)

5.数字化水平(满分5分)

A.三级以上(5分)

B. 二级(3分)

C. 一级(0分)

6. 质量管理水平(每满足一项加3分,最高不超过5分)

A. 获得省级以上质量奖荣誉

B. 建立质量管理体系,获得ISO9001等质量管理体系认证证书

C. 拥有自主品牌

D. 参与制修订标准

7. 上年度净利润率(满分10分)

A. 10%以上(10分)

B. 8%–10%(8分)

C. 6%–8%(6分)

D. 4%–6%(4分)

E. 2%–4%(2分)

F. 2%以下(0分)

8. 上年度资产负债率(满分5分)

A. 50%以下(5分)

B. 50%–60%(3分)

C. 60%–70%(1分)

D. 70%以上(0分)

(三)特色化指标(满分15分)

9. 地方特色指标。由省级中小企业主管部门结合本地产业状况和中小企业发展实际自主设定1–3个指标进行评价(满分15分)

(四)创新能力指标(满分35分)

10. 与企业主导产品相关的有效知识产权数量(满分10分)

A. Ⅰ类高价值知识产权1项以上(10分)

B. 自主研发Ⅰ类知识产权1项以上(8分)

C. Ⅰ类知识产权1项以上(6分)

D. Ⅱ类知识产权1项以上(2分)

E. 无(0分)

11. 上年度研发费用投入(满分10分)

A. 研发费用总额500万元以上或研发费用总额占营业收入总额

比重在 10% 以上(10 分)

  B. 研发费用总额 400 - 500 万元或研发费用总额占营业收入总额比重在 8% - 10%(8 分)

  C. 研发费用总额 300 - 400 万元或研发费用总额占营业收入总额比重在 6% - 8%(6 分)

  D. 研发费用总额 200 - 300 万元或研发费用总额占营业收入总额比重在 4% - 6%(4 分)

  E. 研发费用总额 100 - 200 万元或研发费用总额占营业收入总额比重在 3% - 4%(2 分)

  F. 不属于以上情况(0 分)

  12. 上年度研发人员占比(满分 5 分)

  A. 20% 以上(5 分)

  B. 10% - 20%(3 分)

  C. 5% - 10%(1 分)

  D. 5% 以下(0 分)

  13. 建立研发机构级别(满分 10 分)

  A. 国家级(10 分)

  B. 省级(8 分)

  C. 市级(4 分)

  D. 市级以下(2 分)

  E. 未建立研发机构(0 分)

附件 3

专精特新"小巨人"企业认定标准

  专精特新"小巨人"企业认定需同时满足专、精、特、新、链、品六个方面指标。

  一、专业化指标

  坚持专业化发展道路,长期专注并深耕于产业链某一环节或某一产品。截至上年末,企业从事特定细分市场时间达到 3 年以上,主营业务收入总额占营业收入总额比重不低于70%,近2年主营业务收入平均增长率不低于5%。

二、精细化指标

重视并实施长期发展战略,公司治理规范、信誉良好、社会责任感强,生产技术、工艺及产品质量性能国内领先,注重数字化、绿色化发展,在研发设计、生产制造、供应链管理等环节,至少1项核心业务采用信息系统支撑。取得相关管理体系认证,或产品通过发达国家和地区产品认证(国际标准协会行业认证)。截至上年末,企业资产负债率不高于70%。

三、特色化指标

技术和产品有自身独特优势,主导产品在全国细分市场占有率达到10%以上,且享有较高知名度和影响力。拥有直接面向市场并具有竞争优势的自主品牌。

四、创新能力指标

满足一般性条件或创新直通条件。

(一)一般性条件。需同时满足以下三项:

1. 上年度营业收入总额在1亿元以上的企业,近2年研发费用总额占营业收入总额比重均不低于3%;上年度营业收入总额在5000万元-1亿元的企业,近2年研发费用总额占营业收入总额比重均不低于6%;上年度营业收入总额在5000万元以下的企业,同时满足近2年新增股权融资总额(合格机构投资者的实缴额)8000万元以上,且研发费用总额3000万元以上、研发人员占企业职工总数比重50%以上。

2. 自建或与高等院校、科研机构联合建立研发机构,设立技术研究院、企业技术中心、企业工程中心、院士专家工作站、博士后工作站等。

3. 拥有2项以上与主导产品相关的Ⅰ类知识产权,且实际应用并已产生经济效益。

(二)创新直通条件。满足以下一项即可:

1. 近三年获得国家级科技奖励,并在获奖单位中排名前三。

2. 近三年进入"创客中国"中小企业创新创业大赛全国50强企业

组名单。

五、产业链配套指标

位于产业链关键环节,围绕重点产业链实现关键基础技术和产品的产业化应用,发挥"补短板""锻长板""填空白"等重要作用。

六、主导产品所属领域指标

主导产品原则上属于以下重点领域:从事细分产品市场属于制造业核心基础零部件、元器件、关键软件、先进基础工艺、关键基础材料和产业技术基础;或符合制造强国战略十大重点产业领域;或属于网络强国建设的信息基础设施、关键核心技术、网络安全、数据安全领域等产品。

附件4

部分指标和要求说明

(一)指标中如对期限无特殊说明,一般使用企业近1年的年度数据,具体定义为:指企业上一完整会计年度,以企业上一年度审计报告期末数为准。对于存在子公司或母公司的企业,按财政部印发的《企业会计准则》有关规定执行。

(二)所称拥有自主品牌是指主营业务产品或服务具有自主知识产权,且符合下列条件之一:

1. 产品或服务品牌已经国家知识产权局商标局正式注册。

2. 产品或服务已经实现收入。

(三)所称"Ⅰ类知识产权"包括发明专利(含国防专利)、植物新品种、国家级农作物品种、国家新药、国家一级中药保护品种、集成电路布图设计专有权(均不包含转让未满1年的知识产权)。

(四)所称"Ⅰ类高价值知识产权"须符合以下条件之一:

1. 在海外有同族专利权的发明专利或在海外取得收入的其他Ⅰ类知识产权,其中专利限G20成员、新加坡以及欧洲专利局经实质审查后获得授权的发明专利。

2. 维持年限超过10年的Ⅰ类知识产权。

3. 实现较高质押融资金额的Ⅰ类知识产权。

4. 获得国家科学技术奖或中国专利奖的Ⅰ类知识产权。

(五)所称"Ⅱ类知识产权"包括与主导产品相关的软件著作权(不含商标)、授权后维持超过2年的实用新型专利或外观设计专利(均不包含转让未满1年的知识产权)。

(六)所称"企业数字化转型水平"是指在优质中小企业梯度培育平台完成数字化水平免费自测,具体自测网址、相关标准等事宜,另行明确。

(七)所称"重大安全(含网络安全、数据安全)、质量、环境污染等事故"是指产品安全、生产安全、工程质量安全、环境保护、网络安全等各级监管部门,依据《中华人民共和国安全生产法》《中华人民共和国环境保护法》《生产安全事故报告和调查处理条例》《中华人民共和国网络安全法》《中华人民共和国数据安全法》等法律法规,最高人民法院、最高人民检察院司法解释,部门规章以及地方法规等出具的判定意见。

(八)所称"股权融资"是指公司股东稀释部分公司股权给投资人,以增资扩股(出让股权不超过30%)的方式引进新的股东,从而取得公司融资的方式。

(九)所称"合格机构投资者"是指符合《创业投资企业管理暂行办法》(发展改革委等10部门令第39号)或者《私募投资基金监督管理暂行办法》(证监会令第105号)相关规定,按照上述规定完成备案且规范运作的创业投资基金及私募股权投资基金。

(十)所称"主导产品"是指企业核心技术在产品中发挥重要作用,且产品收入之和占企业同期营业收入比重超过50%。

(十一)所称"主导产品在全国细分市场占有率达10%以上,且享有较高知名度和影响力"可通过企业自证或其他方式佐证。

(十二)所称"省级科技奖励"包括各省、自治区、直辖市科学技术奖的一、二、三等奖;"国家级科技奖励"包括国家科学技术进步奖、国家自然科学奖、国家技术发明奖,以及国防科技奖。

(十三)如无特殊说明,所称"以上"、"以下",包括本数;所称的"超过",不包括本数。在计算评价指标得分时,如指标值位于两个评分区间边界上,按高分计算得分。

(十四)本办法部分指标计算公式

近2年主营业务收入平均增长率=(企业上一年度主营业务收入增长率+企业上上年度主营业务收入增长率)/2。

企业上一年度主营业务收入增长率=(企业上一年度主营业务收入总额－企业上上年度主营业务收入总额)/企业上上年度主营业务收入总额*100%。其他年度主营业务收入增长率计算方法以此类推。

(十五)所称"被列入经营异常名录"以国家企业信用信息公示系统(http://www.gsxt.gov.cn)查询结果为准;所称"严重失信主体名单"以信用中国(http://www.creditchina.gov.cn)查询结果为准。

(十六)所称"创客中国"中小企业创新创业大赛全国500强、50强企业组名单是指该大赛2021年以来正式发布的名单。

国家企业信用信息公示系统使用运行管理办法(试行)

(2017年6月27日 工商办字〔2017〕104号)

第一章 总 则

第一条 为规范国家企业信用信息公示系统(以下简称"公示系统")使用、运行和管理,充分发挥其在服务社会公众和加强事中事后监管中的作用,促进社会信用体系建设,根据《企业信息公示暂行条例》《政府部门涉企信息统一归集公示工作实施方案》等有关规定,制定本办法。

第二条 公示系统的使用、运行和管理,适用本办法。

第三条 公示系统是国家的企业信息归集公示平台,是企业报送并公示年度报告和即时信息的法定平台,是工商、市场监管部门(以下简称工商部门)实施网上监管的操作平台,是政府部门开展协同监管的重要工作平台。

公示系统部署于中央和各省(区、市,以下简称省级),各省级公示系统是公示系统的组成部分。

第四条　公示系统的使用、运行和管理,应当遵循科学合理、依法履职、安全高效的原则,保障公示系统的正常运行。

第五条　国家工商行政管理总局(以下简称工商总局)负责公示系统运行管理的组织协调、制度制定和具体实施工作。各省级工商部门负责本辖区公示系统运行管理的组织协调、制度制定和具体实施工作。

第六条　工商总局和各省级工商部门企业监管机构负责公示系统使用、运行、管理的统筹协调,研究制定信息归集公示、共享应用、运行保障等相关管理制度和业务规范并督促落实;信息化管理机构负责公示系统数据管理、安全保障及运行维护的技术实施工作及相关技术规范的制定。

第二章　信息归集与公示

第七条　工商部门应当将在履行职责过程中产生的依法应当公示的涉企信息在规定时间内归集到公示系统。

第八条　工商部门应在公示系统中通过在线录入、批量导入、数据接口等方式,为其他政府部门在规定时间内将依法应当公示的涉企信息归集至公示系统提供保障。

各级工商部门企业监管机构负责组织协调其他政府部门依法提供相关涉企信息;信息化管理机构负责归集其他政府部门相关涉企信息的技术实现。

第九条　各级工商部门负责将涉及本部门登记企业的信息记于相对应企业名下。

第十条　工商总局负责定期公布《政府部门涉企信息归集资源目录》,制定《政府部门涉企信息归集格式规范》,各级工商部门按照标准归集信息。

省级工商部门应当将其归集的信息,按规定时间要求及时汇总到工商总局。汇总的信息应与其在本辖区公示系统公示的信息保持一致。

第十一条 工商部门应当将本部门履行职责过程中产生的依法应当公示的涉企信息，以及归集并记于企业名下的其他政府部门涉企信息，在规定时间内通过公示系统进行公示。

公示的企业信息涉及国家秘密、国家安全或者社会公共利益的，应当经主管的保密行政管理部门或者国家安全机关批准。公示的县级以上地方人民政府有关部门企业信息涉及企业商业秘密或者个人隐私的，应当经其上级主管部门批准。

第十二条 在公示系统上归集公示涉企信息，应当按照"谁产生、谁提供、谁负责"的原则，由信息提供方对所提供信息的合法性、真实性、完整性、及时性负责。

第三章 信息共享与应用

第十三条 工商部门应当在公示系统中通过在线查询、数据接口、批量导出等方式，为网络市场监管信息化系统提供数据支持，为其他政府部门获取信息提供服务。

第十四条 工商部门依法有序开放公示系统企业信息资源，鼓励社会各方合法运用企业公示信息，促进社会共治。

各级工商部门开放公示系统归集公示的本辖区内企业信用信息，应当履行审批程序；开放超出本辖区范围企业信息资源的，应当取得相应上级工商部门的批准。

第十五条 各级工商部门在履行职责过程中，应当使用公示系统开展信用监管、大数据分析应用等工作。

第十六条 各级工商部门应当使用公示系统，与其他政府部门交换案件线索、市场监管风险预警等信息，并开展"双随机、一公开"等协同监管工作。

第十七条 工商部门应当依法依规或经提请，将记于企业名下的不良信息交换至相关政府部门和其他组织，为其在政府采购、工程招投标、国有土地出让、授予荣誉称号等工作中实施信用约束提供数据支持。

第十八条　工商部门应当为社会各方广泛使用公示系统提供相应的技术条件,扩大企业信息在公共服务领域中的应用。

第四章　系统运行与保障

第十九条　工商总局负责中央本级公示系统建设工作。各省级工商部门应当按照工商总局制定的技术规范统一建设本辖区公示系统。

各省级工商部门按照"统一性与开放性相结合的原则",可以在本辖区公示系统的协同监管平台中增加功能模块或在规定的功能模块中增加相应功能。

第二十条　工商总局及省级工商部门负责本级公示系统日常运行维护,保障公示系统的正常运行。

第二十一条　工商总局负责公示系统在国务院各部门及各省级工商部门的使用授权,各省级工商部门负责本辖区公示系统在辖区内政府部门及各级工商部门的使用授权。

第二十二条　工商总局及省级工商部门应当按照信息系统安全等级保护基本要求(GB/T 22239-2008)中关于第三级信息系统的技术要求和管理要求,建立公示系统安全管理制度,落实安全保障措施,加强日常运行监控,做好安全防护。

第二十三条　工商总局负责制定公示系统数据相关制度、标准和规范,开展数据质量监测、检查及考核,定期通报数据质量考核情况;各省级工商部门负责本辖区公示系统数据质量监测、问题数据追溯、校核、纠错、反馈等工作,对工商总局发现的公示系统中的问题数据,应当及时处理、更新。

第二十四条　归集于企业名下并公示的其他政府部门涉企信息发生异议的,由负责记于企业名下的工商部门协调相关信息提供部门进行处理,并将处理后的信息及时推送到公示系统。

其他信息的异议处理按照《企业信息公示暂行条例》的规定执行。

第二十五条　工商总局负责制定公示系统使用运行管理考核办法及标准,组织对省级工商部门落实相关职责的考核工作。

省级工商部门负责组织对辖区内各级工商部门使用公示系统情

况的考核工作。

第五章 责任追究

第二十六条 各级工商部门及其工作人员在使用、管理公示系统过程中,因违反本办法导致提供信息不真实、不准确、不及时,或利用工作之便违法使用公示系统信息侵犯企业合法权益,情节严重或造成不良后果的,依法追究责任。

第二十七条 公民、法人或者其他组织非法获取或者修改公示系统信息的,依法追究责任。

第六章 附 则

第二十八条 依托公示系统归集公示、共享应用个体工商户、农民专业合作社信息等工作,参照本办法执行。

第二十九条 本办法由工商总局负责解释。

第三十条 本办法自印发之日起施行。

市场监管总局关于进一步优化国家企业信用信息公示系统的通知

(2019年7月19日 国市监信〔2019〕142号)

各省、自治区、直辖市及新疆生产建设兵团市场监管局(厅、委):

国家企业信用信息公示系统(以下简称公示系统)是国家级企业信用信息归集公示平台,是企业报送并公示年度报告和即时信息的法定平台,是各级政府部门实施信用监管的重要工作平台。为充分发挥公示系统支撑商事制度改革和"放管服"改革措施落地、推动建设统一开放竞争有序市场体系、推进国家治理体系和治理能力现代化、服务营商环境优化和经济高质量发展的重要基础性作用,更好释放企业(含个体工商户、农民专业合作社,下同)信用红利,降低制度性交易成

本,激发市场活力和创造力,加强事中事后监管,持续优化营商环境,现就进一步优化公示系统有关事项通知如下:

一、优化公示系统内容

(一)依法公示涉企信息。落实《国务院办公厅关于政府部门涉企信息统一归集公示工作实施方案的复函》(国办函〔2016〕74号)要求,发挥市场监管部门牵头作用,按照"谁产生、谁公示、谁负责"原则,依照政府部门涉企信息资源目录、数据标准,加快实现各级各部门涉企信息统一归集公示。做好各类业务系统与公示系统的互联互通和数据对接,在注册登记备案、资质审核管理、日常监管执法、提供公共服务等工作中,以统一社会信用代码为标识,以注册登记准入审批、食品药品安全监管、特种设备安全监管、工业产品质量安全监管、重点领域市场监管、知识产权管理、侵权假冒治理、公平竞争执法、消费者权益保护、标准计量认证认可检验检测等为重点,将企业登记注册备案、动产抵押登记、股权出质登记、知识产权出质登记、行政许可、行政处罚、商标注册、纳入经营异常名录和严重违法失信企业名单及各类黑名单、抽查检查结果等信息,全部记于企业名下并通过公示系统向社会公示,形成全面覆盖市场监管各业务条线的涉企信息公示"全国一张网"。

(二)有序公示存量信息。加强对涉企信息存量数据的梳理清洗,明确时间节点,明晰公示规则,实现登记备案存量信息的有效公示,推动解决市场主体、政府部门、社会公众间涉企信息不对称问题。2014年3月1日(不含3月1日)前企业的变更信息及此前已注销企业的信息,可不予公示。2014年10月1日(不含10月1日)前已吊销的企业,登记机关应公示"名称""注册号""吊销日期"并标注"已吊销"。2014年10月1日(不含10月1日)前的动产抵押登记、股权出质登记、司法协助、行政处罚等,可不予公示;2014年10月1日(含10月1日)后设立的企业,登记机关应公示全量信息。2014年3月1日(不含3月1日)前设立的企业,登记机关应公示其认缴信息和实缴信息;2014年3月1日至2015年10月1日(不含10月1日)设立的,登记机关不公示其实缴信息和认缴信息;2015年10月1日(含10月1日)后设立的,登记机关应公示其认缴信息。

二、强化应用支撑

（三）支撑改革措施落地。依托公示系统加快建设省级统一的"双随机、一公开"监管工作平台，实现各部门、各层级监管信息的互联互通，满足跨部门、跨层级随机抽查检查的公示需求。完善协同监管平台"双告知"功能，优化涉及证照分离改革事项信息的推送、认领、反馈、查询和统计，为宽进严管、放管结合和压缩企业开办时间、降低企业运营成本提供支撑。完善公示系统注销和简易注销等功能模块，满足企业自主公示承诺、在线提起异议、破产重整状态提示等应用需求，畅通企业的市场退出机制，有效解决"注销难""退出难"问题。部署应用电子营业执照登录认证等功能模块，夯实电子营业执照在公共服务领域规模使用的平台基础。在信息公告栏目增加无证无照经营公示模块，对从事无证无照经营的，依法记入信用记录并向社会公告。

（四）提升利企便民水平。落实《外商投资法》要求，推进年报"多报合一"，便于外国投资者或者外商投资企业通过企业登记系统以及公示系统报送投资信息。加强与国家药监局协调协作，做好疫苗企业年度质量报告与企业年报公示制度的衔接。强化公示系统及其协同监管平台在行政审批便利化中的服务功能，将其作为减证便民的信息共享交换渠道，推动实现凡是能通过公示系统及其协同监管平台获取的信息，不再要求企业和社会公众提交相关书面证明，实现一次采集、部门共享、多方使用。优化营业执照遗失和作废声明工作程序，方便企业通过公示系统自助办理和社会公众检索查询，为企业节约时间与费用。强化企业年报填报提示功能，在具体填报事项中逐项内置填报说明，并针对部分企业反映的因手机号码公示受到推销骚扰的问题，对将手机号码填报为联系电话的予以提醒。搭建企业自主公示告知承诺、信用承诺的模块，将企业的各类自主承诺、执行标准自我声明等记于名下并公示，推动构建企业自律、政府监管、社会共治的监管新格局。

（五）形成联合惩戒链条。严格企业全生命周期信用记录的归集公示和痕迹管理，通过"一体化数据平台跨地域涉企信用信息流转与记名系统"，及时将异地产生的涉企信息归集至登记机关，实现企业失信信息的跨地域、跨部门有序流转。强化公示系统严重违法失信企业名单（黑名单）功能，有效归集其他政府部门黑名单信息，实现与严重违法失信企业名单信息的并联公示。明确严重违法失信企业名单内企业注销后的移出规则,在数据标准中增加"企业注销,自动移出"的移出原因,鼓励企业依法有序退出。加强对经营异常名录和严重违法失信企业名单的统筹管理,鼓励有条件的地方积极探索通过数据接口等方式实现黑名单信息和惩戒结果实时共享、自动反馈。加强对上传涉企信息数据的质量监测与勘误校正,深化总局一体化数据平台与各省节点的协调配合,织牢织密信用约束全国"一张网"。

三、畅通诉求渠道

(六)加强咨询服务。畅通电话咨询服务,及时答复网站留言,用最快的速度、最优的服务、最好的态度,提高公示系统咨询服务的效率和质量,确保群众反映的问题及时得到回应。提供 5×8 小时人工咨询服务,通过设立咨询专岗、五级协同联动等前后台结合的方式,优化服务流程,加强服务供给。各级市场监管部门政务网站要开通留言服务功能,在规定期限内及时解答群众咨询留言,缓解人工咨询电话席位少、拨打难的问题。聚焦社会公众查询使用公示系统的堵点、难点、痛点,协调各相关业务条线及时解决群众反映突出的问题,不断提升群众对公示系统的满意度。

(七)做好异议处理。及时办理"为政府网站找错"留言,明确受理、转办、督办、反馈等工作流程和具体要求,确保群众留言事项件件有落实、事事有回应。对社会公众通过公示系统异议平台提出的异议,经异议平台自动分转或市场监管总局人工送达省级市场监管部门,由省级市场监管部门对异议的具体内容进行审核,对不符合异议处理条件的,应驳回其申请并说明理由;对符合异议处理条件的,应及时更正和反馈,并上报市场监管总局对账销号。

四、提高数据质量

(八)把好数据采集关。健全完善市场监管部门各类业务的数据元标准和数据规范,细化数据产生、归集、记名、使用的具体要求。通过窗口服务、上门指导、监督检查等,督促指导市场主体高质量做好年度报告公示和即时信息公示,提高市场主体年报公示和即时信息报送质量。推动建立涉企信息归集质量考核机制,加强各部门涉企信息数据采集的源头管理,提高市场主体登记、备案等信息报送质量,及时准确归集涉企信息数据。

（九）把好数据比对关。加强重点环节审核，建立指标间勾稽关系的逻辑校验模块，强化对企业报送信息完整性与逻辑性的审核提示，减少各类数据缺漏和差错。开展年报信息和即时公示信息抽查检查，加强企业经营数据与税务部门报税信息、政府部门归集公示涉企信息与企业即时公示信息的比对，对检查中发现存在隐瞒真实情况、弄虚作假的，依照法规规章规定列入经营异常名录并向社会公示。

（十）把好数据安全关。完善数据安全管理规定，采取必要的技术手段，加强对涉及国家利益、公共安全、商业秘密、个人隐私等信息的保护，有效防范数据安全各类风险。遵循严格保护的原则，制定数据脱敏规则和泄密应急处置预案，切实防止因依法履职获取的非公示信息失控失察。因玩忽职守导致出现数据安全事故，或利用工作之便非法泄露涉密隐私信息的，依法追究行政责任；构成犯罪的，依法追究刑事责任。

五、做好组织实施

（十一）加强组织领导。优化公示系统是一项系统工程，涉及市场监管各业务条线，必须加强组织领导，统筹协调推进。主要领导要亲自谋划部署，分管负责同志要抓紧抓好落实。各级市场监管部门信用监管工作机构、信息化工作机构要具体协调推动，充分发挥牵头协调作用，及时协调解决工作推进中遇到的困难和问题。

（十二）注重宣传引导。要采取多种形式，综合利用广播、电视、报刊、互联网、自媒体等传播媒介，大力宣传公示系统利企便民各项措施与功能，让广大市场主体和社会公众充分享受改革便利和信用红利。要坚持典型示范引领，鼓励基层创新，形成一批可复制、可推广的经验做法。要加大对各级政府部门的宣传培训，提高依托公示系统及其协同监管平台履行监管职责的能力水平。

（十三）严格监督检查。各省（区、市）和新疆生产建设兵团市场监管部门要结合本地实际，研究制定优化公示系统的具体实施方案，明确各项任务的时间表、路线图、责任人，层层分解、层层抓实，并于2019年8月15日前报市场监管总局信用监管司。要主动担当作为，严格督促检查，严肃工作纪律，一级抓一级、层层抓落实，确保优化公示系统各项任务落到实处、取得实效。

工商总局关于加强国家企业信用信息公示系统应用和管理的通知

(2018年2月11日 工商企监字〔2018〕25号)

各省、自治区、直辖市工商行政管理局、市场监督管理部门：

国家企业信用信息公示系统(以下简称公示系统)正式启用以来，各地工商、市场监管部门按照工商总局的统一部署，牵头推动涉企信息统一归集公示和开放共享，依托公示系统加强事中事后监管，努力提升市场监管治理能力现代化水平，取得明显成效。为加强公示系统应用和管理，保障公示系统安全、稳定、高效运行，充分发挥公示系统支撑商事制度改革和"放管服"改革的基础性作用，现就有关问题通知如下：

一、充分认识加强公示系统应用和管理的重要意义

公示系统是国务院批准建设的国家级企业信用信息公示平台，是企业报送并公示年报和即时信息的法定平台，是社会公众使用企业信用信息的查询平台，是各级政府部门实施协同监管和联合惩戒的工作平台，是各级工商、市场监管部门开展事中事后监管的操作平台。

加强公示系统应用和管理，是加快社会信用体系建设的务实举措，是建立健全大数据辅助科学决策和社会治理机制的有效支撑，有利于健全信用约束机制，规范企业经营行为，增强事中事后监管的科学性、准确性和时效性，有助于破解基层执法资源不足、监管执法精准性不够、企业诚信自律意识缺失等难点问题，对创新市场监管机制、营造良好营商环境具有重大意义。

各地工商、市场监管部门要充分认识加强公示系统应用和管理的重要性与紧迫性，将加强公示系统应用和管理作为创新监管机制、深化商事制度改革、营造良好营商环境的重要抓手，多措并举，扎实推进，为加强事中事后监管提供更加有力支撑。

二、准确把握加强公示系统应用和管理的重点任务

要按照"一网归集、三方使用"的总体要求,扎实推进公示系统的全面应用、科学管理。"一网归集"是指依托企业信用信息一体化网络平台,实现政府部门涉企信息、企业年报和即时公示信息的统一归集、公示。"三方使用"是指服务于企业主动接受社会监督、积累自身信用、收获更多信用红利,服务于各级政府部门共享涉企信息、实现工作联动、提升治理水平,服务于社会公众查询判断企业信息和信用状况、降低制度性交易成本、避免交易风险。

1. 及时全面归集涉企信息,推动形成企业信用精准画像。完善政府部门涉企信息归集工作机制,充分发挥工商、市场监管部门的牵头作用,按照"谁产生、谁提供、谁负责"的原则,全方位、多渠道归集涉企信息,提高涉企信息归集的政府部门总体覆盖率,推动实现"应归尽归"和"应公示、尽公示"。坚持"谁登记、谁录入""谁办案、谁录入",实时归集依法履职产生的注册登记备案、动产抵押登记、股权出质登记、知识产权出质登记、商标注册、行政处罚、抽查检查结果、联合惩戒、简易注销、经营异常名录和严重违法失信企业名单("黑名单")等信息,并根据职责分工,及时处理异议信息,做好与工商总局一体化数据平台企业迁入迁出数据流转、跨地域涉企信用信息流转与记名、公示信息异议数据交换、简易注销异议下发等系统的对接使用。继续做好企业年报和相关信息公示工作,在巩固年报率基础上更加注重年报质量,加强对企业年报信息和即时信息公示的检查,强化企业主体责任,加快形成企业信用信息多维全景画像。

2. 加快推进数据协同共享,有效实现政府部门精准监管。以政务信息系统整合共享为契机,加快公示系统与其他部门信息系统的互联互通互融,实现公示系统涉企信息在各级政务部门的开放共享,打通"放管服"改革数据流转"经脉",简化优化企业办事程序,降低群众创新创业成本。切实履行"双告知"职责,对经营范围涉及后置审批的企业,告知其需要申请审批的部门和事项,同时通过公示系统协同监管平台,将企业登记信息以精准推送或平台推送的方式告知审批部门,并建立健全提醒催告的技术手段和管理制度。继续完善公示系统协同监管平台功能,推动市场监管工作实现数据通、业务通,有效支撑

"多证合一""电子营业执照""证照分离""双随机、一公开"等改革措施落地。

3. 深度融合线上线下监管，扎实推进重点问题精准治理。结合日常监管职责任务，通过比对核查企业的信用信息，对辖区内企业遵守法律法规规定、履行法定责任义务、开展生产经营活动等情况进行线上线下动态监测和核查，形成网上监管与线下监管互相配合、相互支撑的工作格局。通过查验企业登记信息、出质抵押、信息公示等情况，关联比对行政许可、行政处罚、监督检查、投诉举报、转办交办、大数据分析、舆情监测等信息，及时发现企业违法违规线索，推动精准治理和靶向式监管。严格落实联合惩戒备忘录，进一步梳理各部门联合惩戒措施清单，依托公示系统健全联合惩戒的发起、实施与反馈机制，形成失信企业名单公示、市场准入限制、任职资格限制、实施信用监管、反馈惩戒信息的完整闭环，推动实现对违法失信行为的有效治理。

4. 深化拓展数据资源应用，切实推动监管风险精准预警。建立健全综合运用公示系统数据资源辅助科学决策和监管风险预警机制，依托公示系统归集的各类涉企信息，有效关联互联网数据资源，推动对企业生存发展状况、生产经营行为、违法违规风险的研判、预测、预警，探索建立市场监管风险预警的规则、方法、指标、模型。结合网上监测监管，精准聚焦辖区高风险行业领域和高频度违法违规行为，提高对风险因素的感知、预测、防范能力。将风险等级较高的企业作为监管重点，坚持问题导向，采取差异化的监管方式，合理确定本辖区重点监督检查的事项和频次，着力提高监管执法的有效性、精准性，发挥风险预警在监管中的导向作用。

三、统筹抓好加强公示系统应用和管理的组织落实

1. 建立健全督查考核机制，确保统筹协调推进有力有序。制定加强公示系统应用和管理工作的具体实施方案，明确时间表、路线图、责任人，将应用和管理的各项任务层层明晰、层层分解、层层抓实，切实做到公示系统应用全覆盖、公示系统管理无盲区。进一步加强本省（区、市）公示系统应用和管理工作的督促检查、考核评价和奖惩机制建设，对加强公示系统应用和管理实施全过程督查，确保落到实处。

2. 建立健全协同协作机制，确保涉企信息归集全面覆盖。推动地

方党委、政府更加重视公示系统的运行、管理、使用工作,建立健全涉企信息归集共享和全程应用的协调协作机制,加快实现政府部门涉企信息归集全面覆盖。积极履行牵头抓总的职责,建立健全统一协调、分工负责的工作机制和联合会商制度,加强对本级政府部门涉企信息归集和公示系统应用管理的组织协调。进一步完善和拓展公示系统功能,强化与各相关政府部门的协同联动、资源共享、无缝衔接。

3. 建立健全质量控制机制,确保公示系统数据准确可靠。加快部署应用数据检查功能模块,提高涉企信息归集公示数据的准确性。组织开展数据质量检查,切实做好数据采集、传输汇总、转换监测、应用共享、情况通报、安全管理工作,实现公示系统数据标准执行率达到100%。依法有序推进公示系统的公示数据向共享交换平台、地方政务系统的开放共享和比对核查,推动公示系统协同监管平台与地方政府政务信息系统互联互通,为公示系统数据质量提升创造有利条件。

4. 建立健全宣传培训机制,确保应用管理工作落地生根。综合利用广播、电视、报刊、互联网、自媒体等传播媒介,通过拍摄专题片和广告片、组织新闻发布会、开设报刊专题专栏等多种形式,全方位深度介绍公示系统,形成全社会认知公示系统、使用公示系统、信赖公示系统良好环境。加大对工商、市场监管部门和其他政府部门公示系统应用和管理的培训,及时掌握各级各部门依托公示系统履行监管职责的动态情况,有针对性地加强协调服务、答疑解惑、督促推动,切实强化公示系统在全社会的广泛认知和深度应用。

公平竞争审查条例实施办法

(2025年2月28日国家市场监督管理总局令第99号公布 自2025年4月20日起施行)

第一章 总　则

第一条 为了保障公平竞争审查制度实施,根据《中华人民共和国反垄断法》《公平竞争审查条例》(以下简称条例),制定本办法。

第二条 行政机关和法律、法规授权的具有管理公共事务职能的组织(以下统称起草单位)起草涉及经营者经济活动的政策措施,应当依法开展公平竞争审查。

前款所称涉及经营者经济活动的政策措施,包括市场准入和退出、产业发展、招商引资、政府采购、招标投标、资质标准、监管执法等方面涉及经营者依法平等使用生产要素、公平参与市场竞争的法律、行政法规、地方性法规、规章、规范性文件以及具体政策措施。

前款所称具体政策措施,是指除法律、行政法规、地方性法规、规章、规范性文件外其他涉及经营者经济活动的政策措施,包括政策性文件、标准、技术规范、与经营者签订的行政协议以及备忘录等。

第三条 国家市场监督管理总局负责指导实施公平竞争审查制度,督促有关部门和地方开展公平竞争审查工作,依法履行以下职责:

(一)指导全国公平竞争审查制度实施,推动解决制度实施中的重大问题;

(二)对拟由国务院出台或者提请全国人民代表大会及其常务委员会审议的政策措施,会同起草单位开展公平竞争审查;

(三)建立健全公平竞争审查抽查、举报处理、督查机制,在全国范围内组织开展相关工作;

(四)承担全国公平竞争审查制度实施情况评估工作;

(五)指导、督促公平竞争审查制度实施的其他事项。

第四条 县级以上地方市场监督管理部门负责在本行政区域内组织实施公平竞争审查制度,督促有关部门开展公平竞争审查工作,并接受上级市场监督管理部门的指导和监督。

第五条 起草单位应当严格落实公平竞争审查责任,建立健全公平竞争审查机制,明确承担公平竞争审查工作的机构,加强公平竞争审查能力建设,强化公平竞争审查工作保障。

第六条 市场监督管理部门应当加强公平竞争审查业务培训指导和普法宣传,推动提高公平竞争审查能力和水平。

第七条 市场监督管理部门应当做好公平竞争审查数据统计和开发利用等相关工作,加强公平竞争审查信息化建设。

第八条 在县级以上人民政府法治政府建设、优化营商环境等考核评价过程中,市场监督管理部门应当配合做好涉及公平竞争审查工作情况的考核评价,推动公平竞争审查制度全面落实。

第二章 审 查 标 准

第一节 关于限制市场准入和退出的审查标准

第九条 起草涉及经营者经济活动的政策措施,不得含有下列对市场准入负面清单以外的行业、领域、业务等违法设置市场准入审批程序的内容:

(一)在全国统一的市场准入负面清单之外违规制定市场准入性质的负面清单;

(二)在全国统一的市场准入负面清单之外违规设立准入许可,或者以备案、证明、目录、计划、规划、认证等方式,要求经营主体经申请获批后方可从事投资经营活动;

(三)违法增加市场准入审批环节和程序,或者设置具有行政审批性质的前置备案程序;

(四)违规增设市场禁入措施,或者限制经营主体资质、所有制形式、股权比例、经营范围、经营业态、商业模式等方面的市场准入许可管理措施;

(五)违规采取临时性市场准入管理措施;

(六)其他对市场准入负面清单以外的行业、领域、业务等违法设置审批程序的内容。

第十条 起草涉及经营者经济活动的政策措施,不得含有下列违法设置或者授予政府特许经营权的内容:

(一)没有法律、行政法规依据或者未经国务院批准,设置特许经营权或者以特许经营名义增设行政许可事项;

(二)未通过招标、谈判等公平竞争方式选择政府特许经营者;

(三)违法约定或者未经法定程序变更特许经营期限;

(四)其他违法设置或者授予政府特许经营权的内容。

第十一条 起草涉及经营者经济活动的政策措施,不得含有下列

限定经营、购买或者使用特定经营者提供的商品或者服务(以下统称商品)的内容:

(一)以明确要求、暗示等方式,限定或者变相限定经营、购买、使用特定经营者提供的商品;

(二)通过限定经营者所有制形式、注册地、组织形式,或者设定其他不合理条件,限定或者变相限定经营、购买、使用特定经营者提供的商品;

(三)通过设置不合理的项目库、名录库、备选库、资格库等方式,限定或者变相限定经营、购买、使用特定经营者提供的商品;

(四)通过实施奖励性或者惩罚性措施,限定或者变相限定经营、购买、使用特定经营者提供的商品;

(五)其他限定经营、购买或者使用特定经营者提供的商品的内容。

第十二条 起草涉及经营者经济活动的政策措施,不得含有下列设置不合理或者歧视性的准入、退出条件的内容:

(一)设置明显不必要或者超出实际需要的准入条件;

(二)根据经营者所有制形式、注册地、组织形式、规模等设置歧视性的市场准入、退出条件;

(三)在经营者注销、破产、挂牌转让等方面违法设置市场退出障碍;

(四)其他设置不合理或者歧视性的准入、退出条件的内容。

第二节 关于限制商品、要素自由流动的审查标准

第十三条 起草涉及经营者经济活动的政策措施,不得含有下列限制外地或者进口商品、要素进入本地市场,或者阻碍本地经营者迁出、商品、要素输出的内容:

(一)对外地或者进口商品规定与本地同类商品不同的技术要求、检验标准,更多的检验频次等歧视性措施,或者要求重复检验、重复认证;

(二)通过设置关卡或者其他手段,阻碍外地和进口商品、要素进入本地市场或者本地商品、要素对外输出;

(三)违法设置审批程序或者其他不合理条件妨碍经营者变更注册地址、减少注册资本,或者对经营者在本地经营年限提出要求;

(四)其他限制外地或者进口商品、要素进入本地市场,或者阻碍本地经营者迁出,商品、要素输出的内容。

第十四条 起草涉及经营者经济活动的政策措施,不得含有下列排斥、限制、强制或者变相强制外地经营者在本地投资经营或者设立分支机构的内容:

(一)强制、拒绝或者阻碍外地经营者在本地投资经营或者设立分支机构;

(二)对外地经营者在本地投资的规模、方式、产值、税收,以及设立分支机构的商业模式、组织形式等进行不合理限制或者提出不合理要求;

(三)将在本地投资或者设立分支机构作为参与本地政府采购、招标投标、开展生产经营的必要条件;

(四)其他排斥、限制、强制或者变相强制外地经营者在本地投资经营或者设立分支机构的内容。

第十五条 起草涉及经营者经济活动的政策措施,不得含有下列排斥、限制或者变相限制外地经营者参加本地政府采购、招标投标的内容:

(一)禁止外地经营者参与本地政府采购、招标投标活动;

(二)直接或者变相要求优先采购在本地登记注册的经营者提供的商品;

(三)将经营者取得业绩和奖项荣誉的区域、缴纳税收社保的区域、投标(响应)产品的产地、注册地址、与本地经营者组成联合体等作为投标(响应)条件、加分条件、中标(成交、入围)条件或者评标条款;

(四)将经营者在本地区业绩、成立年限、所获得的奖项荣誉、在本地缴纳税收社保等用于评价企业信用等级,或者根据商品、要素产地等因素设置差异化信用得分,影响外地经营者参加本地政府采购、招标投标;

(五)根据经营者投标(响应)产品的产地设置差异性评审标准;

（六）设置不合理的公示时间、响应时间、要求现场报名或者现场购买采购文件、招标文件等，影响外地经营者参加本地政府采购、招标投标；

（七）其他排斥、限制或者变相限制外地经营者参加本地政府采购、招标投标的内容。

第十六条 起草涉及经营者经济活动的政策措施，不得含有下列对外地或者进口商品、要素设置歧视性收费项目、收费标准、价格或者补贴的内容：

（一）对外地或者进口商品、要素设置歧视性的收费项目或者收费标准；

（二）对外地或者进口商品、要素实行歧视性的价格；

（三）对外地或者进口商品、要素实行歧视性的补贴政策；

（四）其他对外地或者进口商品、要素设置歧视性收费项目、收费标准、价格或者补贴的内容。

第十七条 起草涉及经营者经济活动的政策措施，不得含有下列在资质标准、监管执法等方面对外地经营者在本地投资经营设置歧视性要求的内容：

（一）对外地经营者在本地投资经营规定歧视性的资质、标准等要求；

（二）对外地经营者实施歧视性的监管执法标准，增加执法检查项目或者提高执法检查频次等；

（三）在投资经营规模、方式和税费水平等方面对外地经营者规定歧视性要求；

（四）其他在资质标准、监管执法等方面对外地经营者在本地投资经营设置歧视性要求的内容。

第三节　关于影响生产经营成本的审查标准

第十八条 起草涉及经营者经济活动的政策措施，没有法律、行政法规依据或者未经国务院批准，不得含有下列给予特定经营者税收优惠的内容：

（一）减轻或者免除特定经营者的税收缴纳义务；

（二）通过违法转换经营者组织形式等方式，变相支持特定经营者少缴或者不缴税款；

（三）通过对特定产业园区实行核定征收等方式，变相支持特定经营者少缴或者不缴税款；

（四）其他没有法律、行政法规依据或者未经国务院批准，给予特定经营者税收优惠的内容。

第十九条　起草涉及经营者经济活动的政策措施，没有法律、行政法规依据或者未经国务院批准，不得含有下列给予特定经营者选择性、差异化的财政奖励或者补贴的内容：

（一）以直接确定受益经营者或者设置不明确、不合理入选条件的名录库、企业库等方式，实施财政奖励或者补贴；

（二）根据经营者的所有制形式、组织形式等实施财政奖励或者补贴；

（三）以外地经营者将注册地迁移至本地、在本地纳税、纳入本地统计等为条件，实施财政奖励或者补贴；

（四）采取列收列支或者违法违规采取先征后返、即征即退等形式，对特定经营者进行返还，或者给予特定经营者财政奖励或者补贴、减免自然资源有偿使用收入等优惠政策；

（五）其他没有法律、行政法规依据或者未经国务院批准，给予特定经营者选择性、差异化的财政奖励或者补贴的内容。

第二十条　起草涉及经营者经济活动的政策措施，没有法律、行政法规依据或者未经国务院批准，不得含有下列给予特定经营者要素获取、行政事业性收费、政府性基金、社会保险费等方面优惠的内容：

（一）以直接确定受益经营者，或者设置无客观明确条件的方式在要素获取方面给予优惠政策；

（二）减免、缓征或者停征行政事业性收费、政府性基金；

（三）减免或者缓征社会保险费用；

（四）其他没有法律、行政法规依据或者未经国务院批准给予特定经营者要素获取、行政事业性收费、政府性基金、社会保险费等方面优惠的内容。

第四节 关于影响生产经营行为的审查标准

第二十一条 起草涉及经营者经济活动的政策措施,不得含有下列强制或者变相强制经营者实施垄断行为,或者为经营者实施垄断行为提供便利条件的内容:

(一)以行政命令、行政指导等方式,强制、组织或者引导经营者实施垄断行为;

(二)通过组织签订协议、备忘录等方式,强制或者变相强制经营者实施垄断行为;

(三)对实行市场调节价的商品、要素,违法公开披露或者要求经营者公开披露拟定价格、成本、生产销售数量、生产销售计划、经销商和终端客户信息等生产经营敏感信息;

(四)其他强制或者变相强制经营者实施垄断行为,或者为经营者实施垄断行为提供便利条件的内容。

第二十二条 起草涉及经营者经济活动的政策措施,不得含有下列超越法定权限制定政府指导价、政府定价,为特定经营者提供优惠价格,影响生产经营行为的内容:

(一)对实行政府指导价的商品、要素进行政府定价,违法提供优惠价格;

(二)对不属于本级政府定价目录范围内的商品、要素制定政府指导价、政府定价,违法提供优惠价格;

(三)不执行政府指导价或者政府定价,违法提供优惠价格;

(四)其他超越法定权限制定政府指导价、政府定价,为特定经营者提供优惠价格,影响生产经营行为的内容。

第二十三条 起草涉及经营者经济活动的政策措施,不得含有下列违法干预实行市场调节价的商品、要素价格水平的内容:

(一)对实行市场调节价的商品、要素制定建议价,影响公平竞争;

(二)通过违法干预手续费、保费、折扣等方式干预实行市场调节价的商品、要素价格水平,影响公平竞争;

(三)其他违法干预实行市场调节价的商品、要素的价格水平的内容。

第五节 关于审查标准的其他规定

第二十四条 起草涉及经营者经济活动的政策措施,不得含有其他限制或者变相限制市场准入和退出、限制商品要素自由流动、影响生产经营成本、影响生产经营行为等影响市场公平竞争的内容。

第二十五条 经公平竞争审查具有或者可能具有排除、限制竞争效果的政策措施,符合下列情形之一,且没有对公平竞争影响更小的替代方案,并能够确定合理的实施期限或者终止条件的,可以出台:

(一)为维护国家安全和发展利益的;

(二)为促进科学技术进步、增强国家自主创新能力的;

(三)为实现节约能源、保护环境、救灾救助等社会公共利益的;

(四)法律、行政法规规定或者经国务院批准的其他情形。

本条所称没有对公平竞争影响更小的替代方案,是指政策措施对实现有关政策目的确有必要,且对照审查标准评估竞争效果后,对公平竞争的不利影响范围最小、程度最轻的方案。

本条所称合理的实施期限应当是为实现政策目的所需的最短期限,终止条件应当明确、具体。在期限届满或者终止条件满足后,有关政策措施应当及时停止实施。

第三章 审查机制和审查程序

第二十六条 起草单位在起草阶段对政策措施开展公平竞争审查,应当严格遵守公平竞争审查程序,准确适用公平竞争审查标准,科学评估公平竞争影响,依法客观作出公平竞争审查结论。

第二十七条 公平竞争审查应当在政策措施内容基本完备后开展。审查后政策措施内容发生重大变化的,应当重新开展公平竞争审查。

第二十八条 起草单位开展公平竞争审查,应当依法听取利害关系人关于公平竞争影响的意见。涉及社会公众利益的,应当通过政府部门网站、政务新媒体等便于社会公众知晓的方式听取社会公众意见。听取关于公平竞争影响的意见可以与其他征求意见程序一并进行。

对需要保密或者有正当理由需要限定知悉范围的政策措施,由起草单位按照相关法律法规规定处理,并在审查结论中说明有关情况。

本条所称利害关系人,包括参与相关市场竞争的经营者、上下游经营者、行业协会商会以及可能受政策措施影响的其他经营者。

第二十九条 起草单位应当在评估有关政策措施的公平竞争影响后,书面作出是否符合公平竞争审查标准的明确审查结论。

适用条例第十二条规定的,起草单位还应当在审查结论中说明下列内容:

(一)政策措施具有或者可能具有的排除、限制竞争效果;
(二)适用条例第十二条规定的具体情形;
(三)政策措施对公平竞争不利影响最小的理由;
(四)政策措施实施期限或者终止条件的合理性;
(五)其他需要说明的内容。

第三十条 拟由县级以上人民政府出台或者提请本级人民代表大会及其常务委员会审议的政策措施,由本级人民政府市场监督管理部门会同起草单位在起草阶段开展公平竞争审查。

本条所称拟由县级以上人民政府出台的政策措施,包括拟由县级以上人民政府及其办公厅(室)出台或者转发本级政府部门起草的政策措施。

本条所称提请本级人民代表大会及其常务委员会审议的政策措施,包括提请审议的法律、地方性法规草案等。

第三十一条 起草单位应当在向本级人民政府报送政策措施草案前,提请同级市场监督管理部门开展公平竞争审查,并提供下列材料:

(一)政策措施草案;
(二)政策措施起草说明;
(三)公平竞争审查初审意见;
(四)其他需要提供的材料。

起草单位提供的政策措施起草说明应当包含政策措施制定依据、听取公平竞争影响意见及采纳情况等内容。

起草单位应当严格依照条例和本办法规定的审查标准开展公平

竞争审查,形成初审意见。

起草单位提供的材料不完备或者政策措施尚未按照条例要求征求有关方面意见的,市场监督管理部门可以要求在一定期限内补正;未及时补正的,予以退回处理。

第三十二条 起草单位不得以送市场监督管理部门会签、征求意见等代替公平竞争审查。

第三十三条 市场监督管理部门应当根据起草单位提供的材料对政策措施开展公平竞争审查,书面作出审查结论。

第三十四条 涉及经营者经济活动的政策措施未经公平竞争审查,或者经审查认为违反条例规定的,不得出台。

第三十五条 市场监督管理部门、起草单位可以根据职责,委托第三方机构,对政策措施可能产生的竞争影响、实施后的竞争效果和本地区公平竞争审查制度实施情况等开展评估,为决策提供参考。

第三十六条 有关部门和单位、个人在公平竞争审查过程中知悉的国家秘密、商业秘密和个人隐私,应当依法予以保密。

第四章 监 督 保 障

第三十七条 对违反条例规定的政策措施,任何单位和个人可以向市场监督管理部门举报。举报人应当对举报内容的真实性负责。起草单位及其工作人员应当依法保障举报人的合法权益。

各级市场监督管理部门负责处理对本级人民政府相关单位及下一级人民政府政策措施的举报;上级市场监督管理部门认为有必要的,可以直接处理属于下级市场监督管理部门职责范围的举报。

市场监督管理部门收到反映法律、行政法规、地方性法规涉嫌影响市场公平竞争的,应当依法依规移交有关单位处理。收到反映尚未出台的政策措施涉嫌违反条例规定的,可以转送起草单位处理。

第三十八条 市场监督管理部门收到举报材料后,应当及时审核举报材料是否属于反映涉嫌违反公平竞争审查制度的情形,以及举报材料是否完整、明确。

举报材料不完整、不明确的,市场监督管理部门可以要求举报人在七个工作日内补正。举报人逾期未补正或者补正后仍然无法判断举报材料指向的,市场监督管理部门不予核查。

有处理权限的市场监督管理部门应当自收到符合规定的举报材料之日起六十日内进行核查并作出核查结论。举报事项情况复杂的,经市场监督管理部门负责人批准,可以根据需要适当延长期限。

第三十九条 市场监督管理部门组织对有关政策措施开展抽查。

抽查可以在一定区域范围内进行,或者针对具体的行业、领域实施。对发现或者举报反映违反条例规定问题集中的地区或者行业、领域,市场监督管理部门应当开展重点抽查。

对实行垂直管理的单位及其派出机构起草的有关政策措施开展抽查,由实行垂直管理单位的同级或者上级人民政府市场监督管理部门负责。

市场监督管理部门应当向本级人民政府及上一级市场监督管理部门报告抽查情况,并可以向社会公开抽查结果。

第四十条 对通过举报处理、抽查等方式发现的涉嫌违反条例规定的政策措施,市场监督管理部门应当组织开展核查。核查认定有关政策措施违反条例规定的,市场监督管理部门应当督促有关起草单位进行整改。

各级地方市场监督管理部门在工作中发现实行垂直管理的单位派出机构涉嫌违反条例规定的,应当逐级报送实行垂直管理单位的同级或者上级人民政府市场监督管理部门核查。

第四十一条 国家市场监督管理总局应当按照条例有关规定实施公平竞争审查督查,并将督查情况报送国务院。对督查中发现的问题,督查对象应当按要求整改。

第四十二条 起草单位未按照条例规定开展公平竞争审查,经市场监督管理部门督促,逾期未整改或者整改不到位的,上一级市场监督管理部门可以对其负责人进行约谈,指出问题,听取意见,要求其提出整改措施。

市场监督管理部门可以将约谈情况通报起草单位的有关上级机关,也可以邀请有关上级机关共同实施约谈。

第四十三条 市场监督管理部门在公平竞争审查工作中发现存在行业、领域、区域性问题或者风险的,可以书面提醒敦促有关行业主管部门或者地方人民政府进行整改和预防。

第四十四条 市场监督管理部门在公平竞争审查工作中发现起草单位存在涉嫌滥用行政权力排除、限制竞争行为的,应当按照《中华人民共和国反垄断法》等有关规定,移交有管辖权的反垄断执法机构依法调查处理。

第四十五条 起草单位存在下列情形之一、造成严重不良影响的,市场监督管理部门可以向有权机关提出对直接负责的主管人员和其他直接责任人员依法给予处分的建议:

(一)违反公平竞争审查制度出台政策措施的;

(二)拒绝、阻碍市场监督管理部门依法开展公平竞争审查有关监督工作的;

(三)对公平竞争审查监督发现问题,经市场监督管理部门约谈后仍不整改的;

(四)其他违反公平竞争审查制度,造成严重不良影响的。

第五章 附 则

第四十六条 本办法所称特定经营者,是指在政策措施中直接或者变相确定的某个或者某部分经营者,但通过公平合理、客观明确且非排他性条件确定的除外。

第四十七条 本办法所称法律、法规授权的具有管理公共事务职能的组织,包括依据法律法规,被授予特定管理公共事务权力和职责的事业单位、基层自治组织、专业技术机构、行业协会等非行政机关组织。

第四十八条 本办法自 2025 年 4 月 20 日起施行。

公平竞争审查举报处理工作规则

（2024年10月13日市场监管总局公告
2024年第45号公布施行）

第一条 为了做好公平竞争审查举报处理工作，强化公平竞争审查工作监督保障，根据《中华人民共和国反垄断法》《公平竞争审查条例》等有关规定，制定本规则。

第二条 对涉嫌违反《公平竞争审查条例》规定的政策措施，任何单位和个人可以向市场监督管理部门举报。

前款所称违反《公平竞争审查条例》规定，包括以下情形：

（一）有关政策措施未履行公平竞争审查程序，或者履行公平竞争审查程序不规范；

（二）有关政策措施存在违反公平竞争审查标准的内容；

（三）其他违反《公平竞争审查条例》的情形。

第三条 国家市场监督管理总局主管全国公平竞争审查举报处理工作，监督指导地方市场监督管理部门公平竞争审查举报处理工作。

县级以上地方市场监督管理部门负责本行政区域内的公平竞争审查举报处理工作，并对下级市场监督管理部门公平竞争审查举报处理工作进行监督指导。

第四条 市场监督管理部门处理公平竞争审查举报，应当遵循依法、公正、高效的原则。

第五条 县级以上市场监督管理部门负责处理对本级人民政府相关单位及下一级人民政府政策措施的举报。

上级市场监督管理部门认为有必要的，可以直接处理属于下级市场监督管理部门处理权限的公平竞争审查举报。

第六条 收到举报的市场监督管理部门不具备处理权限的，应当告知举报人直接向有处理权限的市场监督管理部门提出。

第七条 市场监督管理部门应当向社会公开举报电话、信箱或者电子邮件地址。

第八条 举报人应当对举报内容的真实性负责。举报内容一般包括：

（一）举报人的基本情况；

（二）政策措施的起草单位；

（三）政策措施涉嫌违反《公平竞争审查条例》的具体情形和理由；

（四）是否就同一事实已向其他机关举报，或者就依据该政策措施作出的具体行政行为已申请行政复议或者向人民法院提起行政诉讼。

举报人采取非书面方式举报的，市场监督管理部门工作人员应当记录。

第九条 市场监督管理部门收到举报材料后应当做好登记，准确记录举报材料反映的主要事项、举报人、签收日期等信息。

第十条 市场监督管理部门收到举报后，应当及时对举报反映的政策措施是否违反《公平竞争审查条例》规定组织开展核查。

反映法律、行政法规、地方性法规涉嫌存在影响市场公平竞争问题的，市场监督管理部门应当根据有关法律法规规定移交有关单位处理。

反映尚未出台的政策措施涉嫌违反《公平竞争审查条例》规定的，市场监督管理部门可以转送有关起草单位处理。

第十一条 举报具有下列情形之一的，市场监督管理部门不予处理：

（一）不属于本规则第二条规定情形的；

（二）举报已核查处理结束，举报人以同一事实或者理由重复举报的；

（三）对有关具体行政行为及所依据的政策措施已申请行政复议或者向人民法院提起行政诉讼已经受理或者处理的；

（四）举报材料不完整、不明确，经市场监督管理部门要求未在七个工作日内补正或者补正后仍然无法判断举报材料指向的；

（五）不予处理举报的其他情形。

第十二条 市场监督管理部门开展核查，可以要求起草单位、牵头起草单位或者制定机关提供以下材料：

（一）政策措施文本及起草说明；

（二）政策措施征求意见情况；

（三）公平竞争审查结论；

（四）关于政策措施是否存在违反《公平竞争审查条例》规定情况的说明；

（五）其他为开展核查需要提供的材料。

第十三条 经核查存在下列情形的，属于未履行或者不规范履行公平竞争审查程序：

（一）政策措施属于公平竞争审查范围，但未开展公平竞争审查的；

（二）有关单位主张已经开展公平竞争审查，但未提供佐证材料的；

（三）适用《公平竞争审查条例》第十二条规定，但未在审查结论中详细说明的；

（四）政策措施属于《公平竞争审查条例》第十四条规定的情形，但未送交市场监督管理部门开展公平竞争审查的；

（五）未按照《公平竞争审查条例》第十六条规定听取有关方面意见的，法律另有规定的除外；

（六）未作出公平竞争审查结论，或者结论不明确的；

（七）其他违反公平竞争审查程序的情形。

第十四条 经核查存在下列情形的，属于违反公平竞争审查标准：

（一）政策措施中含有《公平竞争审查条例》第八条至第十一条规定的禁止性内容且不符合第十二条规定的；

（二）适用《公平竞争审查条例》第十二条规定的政策措施，经核查后发现不符合《公平竞争审查条例》第十二条第（一）至（四）项规定的适用情形的；

（三）适用《公平竞争审查条例》第十二条规定的政策措施，经核查后发现文件出台时存在其他对公平竞争影响更小的替代方案的；

（四）适用《公平竞争审查条例》第十二条规定的政策措施，没有确定合理的实施期限或者终止条件，或者在实施期限到期或者满足终止条件后未及时停止实施的；

（五）其他违反公平竞争审查标准的情形。

第十五条 核查过程中，市场监督管理部门可以听取有关部门、经营者、行业协会商会对有关政策措施公平竞争影响的意见。

第十六条 市场监督管理部门应当自收到完备的举报材料之日起六十日内结束核查；举报事项情况复杂的，经市场监督管理部门负责人批准，可以适当延长。

第十七条 经组织核查，属于下列情形之一的，市场监督管理部门可以结束核查：

（一）有关政策措施不违反《公平竞争审查条例》规定的；

（二）在核查期间有关单位主动修改、废止有关政策措施的；

（三）有关政策措施已经失效或者废止的。

第十八条 经核查发现有关单位违反《公平竞争审查条例》规定的，市场监督管理部门可以制发《提醒敦促函》，督促有关单位整改。《提醒敦促函》主要包括收到举报和组织核查的有关情况、整改要求和书面反馈整改情况的时间要求等内容。

市场监督管理部门可以提出以下整改要求：

（一）有关单位未履行或者履行公平竞争审查程序不规范的，要求开展公平竞争审查或者补正程序等；

（二）政策措施存在违反公平竞争审查标准内容的，要求按照相关程序予以修订或者废止；

（三）核查发现有关单位存在公平竞争审查制度和机制不完善等情形的，要求健全完善有关制度机制。

《提醒敦促函》可以抄送有关单位的上级机关。

第十九条 有关单位违反《公平竞争审查条例》规定，经市场监督管理部门督促，逾期仍未提供核查材料或者整改的，上一级市场监督管理部门可以对其负责人进行约谈。

市场监督管理部门根据工作实际，可以联合有关单位的上级机关共同开展约谈。

约谈应当指出违反《公平竞争审查条例》规定的有关问题,并提出明确整改要求。约谈情况可以向社会公开。

第二十条 未依照《公平竞争审查条例》规定开展公平竞争审查,造成严重不良影响的,市场监督管理部门可以向有关上级机关提出对有关单位直接负责的主管人员和其他直接责任人员依法给予处分的建议。

市场监督管理部门在工作中发现有关单位及其工作人员涉嫌违纪违法的,可以将有关问题线索按规定移送相应纪检监察机关。

第二十一条 市场监督管理部门经核查认为有关政策措施的制定依据涉嫌违反《公平竞争审查条例》规定的,应当逐级报告有处理权限的上级市场监督管理部门,由其按照本规则开展核查。

第二十二条 举报线索涉嫌滥用行政权力排除、限制竞争的,及时按照《中华人民共和国反垄断法》等有关规定,移交有管辖权的反垄断执法机构调查处理。

第二十三条 对于实名举报,市场监督管理部门可以根据举报人的书面请求,依法向其反馈举报处理情况。

第二十四条 鼓励社会公众和新闻媒体对违反《公平竞争审查条例》规定的行为依法进行社会监督和舆论监督。

第二十五条 市场监督管理部门应当做好本行政区域公平竞争审查举报信息的统计分析,有针对性加强公平竞争审查工作。

第二十六条 对公平竞争审查举报处理工作中获悉的国家秘密、商业秘密和个人隐私,市场监督管理部门、有关单位、个人应当依法予以保密。

第二十七条 本规则自2024年10月13日起实施。

公平竞争审查第三方评估实施指南

(2023年4月26日国家市场监管总局公告2023年第17号公布施行)

第一章 总 则

第一条 为了建立健全公平竞争审查第三方评估机制,鼓励支持各级公平竞争审查工作联席会议(或者相应职能机构)办公室和各政策制定机关在公平竞争审查工作中引入第三方评估,提高审查质量和效果,推动公平竞争审查制度深入实施,根据《中华人民共和国反垄断法》、《国务院关于在市场体系建设中建立公平竞争审查制度的意见》(国发〔2016〕34号,以下简称《意见》)和《公平竞争审查制度实施细则》(国市监反垄规〔2021〕2号,以下简称《实施细则》)规定,制定本指南。

第二条 本指南所称第三方评估,是指各级公平竞争审查工作联席会议(或者相应职能机构)办公室或者各政策制定机关(以下称委托单位)根据职责,委托第三方机构,依据本指南规定的标准和程序,运用科学、系统、规范的评估方法,对本地区或者本部门公平竞争审查制度实施情况、有关政策措施以及公平竞争审查其他有关工作进行评估,形成评估报告供委托单位或者其他有关政府部门决策参考的活动。

第三条 第三方评估应当遵循客观公正、科学严谨、专业规范、注重实效的原则。

第四条 各级公平竞争审查工作联席会议办公室开展第三方评估时要加强统筹协调,与相关成员单位强化信息共享和协同协作,提升工作合力。

第二章　适用范围和评估内容

第五条　地方各级公平竞争审查工作联席会议办公室可以针对以下事项定期或者不定期开展第三方评估：

（一）本地区公平竞争审查制度实施总体情况；

（二）本地区重点领域、行业公平竞争审查制度实施情况；

（三）对本地区已出台政策措施进行定期清理、抽查检查等情况；

（四）其他需要评估的内容。

公平竞争审查工作部际联席会议办公室可以对各地区、行业或者部门公平竞争审查制度实施情况定期或者不定期开展第三方评估。

第六条　政策制定机关在开展公平竞争审查工作的以下阶段和环节，均可以引入第三方评估：

（一）对拟出台的政策措施进行公平竞争审查；

（二）对经公平竞争审查出台的政策措施进行定期或者不定期评估；

（三）对适用例外规定出台的政策措施进行逐年评估；

（四）对本机关公平竞争审查制度实施情况进行综合评估；

（五）与公平竞争审查工作相关的其他阶段和环节。

第七条　对拟出台的政策措施进行公平竞争审查时存在以下情形之一的，应当引入第三方评估：

（一）政策制定机关拟适用例外规定的；

（二）被多个单位或者个人反映或者举报涉嫌违反公平竞争审查标准的。

第八条　对拟出台的政策措施进行公平竞争审查时引入第三方评估，重点评估以下内容：

（一）是否涉及市场主体经济活动；

（二）是否违反公平竞争审查标准。违反标准的，分析对市场竞争的具体影响，并提出调整建议；

（三）是否符合适用例外规定的情形和条件。符合的，是否有对竞争损害更小的替代方案；不符合的，提出调整建议。

第九条　对已出台的政策措施进行第三方评估，重点评估以下内容：

（一）政策措施是否已按要求进行公平竞争审查；

（二）此前作出的审查结论是否符合公平竞争审查制度要求；

（三）政策措施出台后是否产生新的排除、限制竞争问题；

（四）政策措施出台后的客观情况变化，如法律法规政策或者市场状况变化等，对政策措施实施的影响；

（五）对评估发现排除、限制竞争的政策措施提出调整建议。

第十条 对适用例外规定出台的政策措施进行逐年评估时引入第三方评估，重点评估以下内容：

（一）此前作出的适用例外规定结论是否符合公平竞争审查制度要求；

（二）政策措施是否达到预期效果，政策措施出台后是否产生新的排除、限制竞争问题；

（三）目前是否存在对竞争损害更小的替代方案；

（四）政策措施出台后的客观情况变化，如法律法规政策或者市场状况变化等，对政策措施实施的影响；

（五）对评估发现不符合例外规定的政策措施提出调整建议。

第十一条 对公平竞争审查制度实施情况进行第三方评估，重点评估以下内容：

（一）工作部署落实情况，包括印发方案、建立机制、督查指导、宣传培训等；

（二）增量政策措施审查情况，包括审查范围是否全面、审查流程是否规范、审查结论是否准确等；

（三）存量政策措施清理情况，包括清理任务是否完成、清理范围是否全面、清理结果是否准确等；

（四）制度实施成效，包括经审查调整政策措施的情况、经清理废止调整政策措施的情况，以及公平竞争审查在预防和纠正行政性垄断、维护市场公平竞争、促进经济高质量发展等方面的作用等；

（五）总结分析制度实施中存在的问题和原因，本地区、本部门、本行业推行公平竞争审查制度过程中面临的难点，可采取的应对措施；

（六）政策制定机关、利害关系人、社会公众以及新闻媒体对制度实施情况的相关评价和意见建议等；

（七）其他与公平竞争审查工作相关的内容。

第三章 评估机构

第十二条 本指南所称第三方评估机构，是指与政策制定机关及评估事项无利害关系，且具备相应评估能力的咨询研究机构，包括政府决策咨询及评估机构、高等院校、科研院所、专业咨询公司、律师事务所及其他社会组织等。

第十三条 第三方评估机构应当具备以下条件：

（一）遵守国家法律法规和行业相关规定，组织机构健全、内部管理规范；

（二）在法学、经济学、公共政策等领域具有一定的影响力和研究经验，完成项目所必备的人才等保障，具备评估所需的理论研究、数据收集分析和决策咨询能力；

（三）在组织机构、人员构成、经费来源上独立于评估涉及的政策制定机关；

（四）与评估事项无利害关系；

（五）能够承担民事责任，具有良好的商业信誉和健全的财务会计制度；

（六）具体评估所需的其他条件。

第四章 评估程序和方法

第十四条 第三方评估按照下列程序进行：

（一）确定评估事项。委托单位可以根据实际需要，决定将有关政策措施或者公平竞争审查其他工作委托第三方评估机构进行评估。

（二）选择评估机构。委托单位通过政府购买服务开展第三方评估工作，确定第三方评估机构，签订委托协议，明确评估事项、质量要求、评估费用、评估时限、权责关系及违约责任等。

按照本指南有关规定对政策措施进行事前评估后，再对同一项政策措施进行事后评估，原则上不得委托同一个或者具有隶属关系的第三方评估机构。

(三)制定评估方案。第三方评估机构根据委托单位的要求,组建评估小组,制定评估方案,明确具体的评估目标、内容、标准、方法、步骤、时间安排及成果形式等,经委托单位审核同意后组织实施。

(四)开展评估工作。第三方评估机构通过全面调查、抽样调查、网络调查、实地调研、舆情跟踪、专家论证等方式方法,汇总收集相关信息,广泛听取意见建议,全面了解真实情况,深入开展研究分析,形成评估报告。评估报告一般应当包括基本情况、评估内容、评估方法、评估结论、意见建议、评估机构主要负责人及参与评估工作人员的签名、评估机构盖章以及需要说明的其他问题等。

(五)验收评估成果。委托单位对评估报告及其他评估工作情况进行验收。对符合评估方案要求的,履行成果交接、费用支付等手续;对不符合评估方案要求的,可以根据协议约定要求第三方评估机构限期补充评估或者重新评估。

对特定政策措施或者其他简单事项进行评估时,委托单位可根据实际情况适当简化以上程序。

第十五条 第三方评估应当遵循《意见》和《实施细则》明确的基本分析框架和审查标准,并综合运用以下方法进行全面、客观、系统、深入的评估。

(一)定性评估。通过汇总、梳理、提炼、归纳相关资料和信息,运用相关基础理论,对政策措施影响市场竞争情况、制度实施情况等形成客观的定性评估结果。

(二)定量评估。使用规范统计数据,运用科学计算方法,对政策措施对市场竞争的影响程度、制度实施成效等形成量化评估结论。定量评估应当更多应用现代信息技术。

(三)比较分析。对政策措施实施前后的市场竞争状况进行对比分析。

(四)成本效益分析。将可以量化的竞争损害成本与政策措施取得的其他效益进行对比分析。

(五)第三方评估机构认为有助于评估的其他方法。

第十六条 第三方评估结束后评估机构应当提交评估报告,报告应当包括但不限于以下内容:

（一）对拟出台的政策措施进行公平竞争审查时引入第三方评估的，评估报告应当至少包含是否违反审查标准、是否适用例外规定、是否有对竞争损害更小的替代方案、审查结论等；

（二）对已出台的政策措施进行第三方评估的，评估报告应当至少包含审查程序执行情况、审查结论是否恰当、对公平竞争的影响、调整建议等；

（三）对适用例外规定出台的政策措施进行第三方评估的，评估报告应当至少包含例外规定适用结论是否恰当、政策措施是否达到预期效果、对公平竞争的影响、是否存在对竞争损害更小的替代方案、调整建议等；

（四）对重点领域、行业公平竞争审查制度实施情况进行第三方评估的，评估报告应当至少包含重点领域或者行业发展背景和现状、市场竞争态势、公平竞争审查工作落实情况和实施成效、市场主体对本领域竞争环境的满意度、存在的主要问题、下一步工作建议等；

（五）对公平竞争审查制度实施情况进行综合评估时引入第三方评估的，评估报告应当至少包含公平竞争审查工作落实情况和实施成效、存量和增量政策措施审查清理情况、存在的主要问题、利害关系人等各方意见建议、下一步工作建议等。

第五章 评估成果及运用

第十七条 评估成果所有权归委托单位所有。未经委托单位许可，第三方评估机构和有关个人不得对外披露、转让或者许可他人使用相关成果。

第十八条 评估成果作为委托单位开展公平竞争审查、评价制度实施成效、制定工作推进方案的重要参考依据。鼓励各委托单位以适当方式共享评估成果。

第十九条 对拟出台的政策措施进行第三方评估的，政策制定机关应当在书面审查结论中说明评估相关情况，评估成果不能代替政策制定机关的公平竞争审查结论。最终作出的审查结论与第三方评估结果不一致或者未采纳第三方评估相关意见建议的，应当在书面审查结论中说明理由。

第六章 保障措施和纪律要求

第二十条 第三方评估经费纳入政府预算管理,委托单位严格按照有关财务规定加强评估经费管理。

第二十一条 政策制定机关在不影响正常工作的前提下,应当积极配合第三方评估工作,主动、全面、准确提供相关资料和情况,不得以任何形式干扰评估工作、敷衍应付评估活动或者预先设定评判性、结论性意见。

第二十二条 第三方评估机构及其工作人员应当严格遵守国家法律法规,严守职业道德和职业规范;严格履行保密义务,对评估工作中涉及国家秘密、商业秘密和个人隐私的必须严格保密,涉密文件和介质以及未公开的内部信息要严格按相关规定使用和保存;不得干扰政策制定机关正常工作;应当接受委托单位监督,不得参与任何影响评估真实性、客观性、公正性的活动,一经发现,委托单位有权解除评估委托,由评估机构承担相应法律责任。

第二十三条 第三方评估机构在评估工作中出现以下情形之一的,有关政策制定机关应当及时向本级联席会议报告,由本级联席会议逐级上报部际联席会议,由部际联席会议进行通报:

(一)出现严重违规违约行为;

(二)政策制定机关根据第三方评估机构作出的评估报告得出公平竞争审查结论,并出台相关政策措施,被认定违反公平竞争审查标准。

对存在失信行为的,推送至全国信用信息共享平台,记入其信用档案。

第七章 附 则

第二十四条 本指南由公平竞争审查工作部际联席会议办公室负责解释。

第二十五条 本指南自公布之日起施行。

公平竞争审查制度实施细则

(2021年6月29日　国市监反垄规〔2021〕2号)

第一章　总　　则

第一条　为全面落实公平竞争审查制度,健全公平竞争审查机制,规范有效开展审查工作,根据《中华人民共和国反垄断法》、《国务院关于在市场体系建设中建立公平竞争审查制度的意见》(国发〔2016〕34号,以下简称《意见》),制定本细则。

第二条　行政机关以及法律、法规授权的具有管理公共事务职能的组织(以下统称政策制定机关),在制定市场准入和退出、产业发展、招商引资、招标投标、政府采购、经营行为规范、资质标准等涉及市场主体经济活动的规章、规范性文件、其他政策性文件以及"一事一议"形式的具体政策措施(以下统称政策措施)时,应当进行公平竞争审查,评估对市场竞争的影响,防止排除、限制市场竞争。

经公平竞争审查认为不具有排除、限制竞争效果或者符合例外规定的,可以实施;具有排除、限制竞争效果且不符合例外规定的,应当不予出台或者调整至符合相关要求后出台;未经公平竞争审查的,不得出台。

第三条　涉及市场主体经济活动的行政法规、国务院制定的政策措施,以及政府部门负责起草的地方性法规、自治条例和单行条例,由起草部门在起草过程中按照本细则规定进行公平竞争审查。未经公平竞争审查的,不得提交审议。

以县级以上地方各级人民政府名义出台的政策措施,由起草部门或者本级人民政府指定的相关部门进行公平竞争审查。起草部门在审查过程中,可以会同本级市场监管部门进行公平竞争审查。未经审查的,不得提交审议。

以多个部门名义联合制定出台的政策措施,由牵头部门负责公平竞争审查,其他部门在各自职责范围内参与公平竞争审查。政策措施涉及其他部门职权的,政策制定机关在公平竞争审查中应当充分征求其意见。

第四条 市场监管总局、发展改革委、财政部、商务部会同有关部门,建立健全公平竞争审查工作部际联席会议制度,统筹协调和监督指导全国公平竞争审查工作。

县级以上地方各级人民政府负责建立健全本地区公平竞争审查工作联席会议制度(以下简称联席会议),统筹协调和监督指导本地区公平竞争审查工作,原则上由本级人民政府分管负责同志担任联席会议召集人。联席会议办公室设在市场监管部门,承担联席会议日常工作。

地方各级联席会议应当每年向本级人民政府和上一级联席会议报告本地区公平竞争审查制度实施情况,接受其指导和监督。

第二章 审查机制和程序

第五条 政策制定机关应当建立健全公平竞争内部审查机制,明确审查机构和程序,可以由政策制定机关的具体业务机构负责,也可以采取内部特定机构统一审查或者由具体业务机构初审后提交特定机构复核等方式。

第六条 政策制定机关开展公平竞争审查应当遵循审查基本流程(可参考附件1),识别相关政策措施是否属于审查对象、判断是否违反审查标准、分析是否适用例外规定。属于审查对象的,经审查后应当形成明确的书面审查结论。审查结论应当包括政策措施名称、涉及行业领域、性质类别、起草机构、审查机构、征求意见情况、审查结论、适用例外规定情况、审查机构主要负责人意见等内容(可参考附件2)。政策措施出台后,审查结论由政策制定机关存档备查。

未形成书面审查结论出台政策措施的,视为未进行公平竞争审查。

第七条 政策制定机关开展公平竞争审查,应当以适当方式征求利害关系人意见,或者通过政府部门网站、政务新媒体等便于社会公众知晓的方式公开征求意见,并在书面审查结论中说明征求意见情况。

在起草政策措施的其他环节已征求过利害关系人意见或者向社会公开征求意见的,可以不再专门就公平竞争审查问题征求意见。对出台前需要保密或者有正当理由需要限定知悉范围的政策措施,由政策制定机关按照相关法律法规处理。

利害关系人指参与相关市场竞争的经营者、上下游经营者、行业协会商会、消费者以及政策措施可能影响其公平参与市场竞争的其他市场主体。

第八条 政策制定机关进行公平竞争审查,可以咨询专家学者、法律顾问、专业机构的意见。征求上述方面意见的,应当在书面审查结论中说明有关情况。

各级联席会议办公室可以根据实际工作需要,建立公平竞争审查工作专家库,便于政策制定机关进行咨询。

第九条 政策制定机关可以就公平竞争审查中遇到的具体问题,向本级联席会议办公室提出咨询。提出咨询请求的政策制定机关,应当提供书面咨询函、政策措施文稿、起草说明、相关法律法规依据及其他相关材料。联席会议办公室应当在收到书面咨询函后及时研究回复。

对涉及重大公共利益,且在制定过程中被多个单位或者个人反映或者举报涉嫌排除、限制竞争的政策措施,本级联席会议办公室可以主动向政策制定机关提出公平竞争审查意见。

第十条 对多个部门联合制定或者涉及多个部门职责的政策措施,在公平竞争审查中出现较大争议或者部门意见难以协调一致时,政策制定机关可以提请本级联席会议协调。联席会议办公室认为确有必要的,可以根据相关工作规则召开会议进行协调。仍无法协调一致的,由政策制定机关提交上级机关决定。

第十一条 政策制定机关应当对本年度公平竞争审查工作进行总结,于次年1月15日前将书面总结报告报送本级联席会议办公室。

地方各级联席会议办公室汇总形成本级公平竞争审查工作总体情况,于次年1月20日前报送本级人民政府和上一级联席会议办公室,并以适当方式向社会公开。

第十二条　对经公平竞争审查后出台的政策措施,政策制定机关应当对其影响统一市场和公平竞争的情况进行定期评估。评估报告应当向社会公开征求意见,评估结果应当向社会公开。经评估认为妨碍统一市场和公平竞争的,应当及时废止或者修改完善。定期评估可以每三年进行一次,或者在定期清理规章、规范性文件时一并评估。

第三章　审查标准

第十三条　市场准入和退出标准。

（一）不得设置不合理或者歧视性的准入和退出条件,包括但不限于：

1. 设置明显不必要或者超出实际需要的准入和退出条件,排斥或者限制经营者参与市场竞争；

2. 没有法律、行政法规或者国务院规定依据,对不同所有制、地区、组织形式的经营者实施不合理的差别化待遇,设置不平等的市场准入和退出条件；

3. 没有法律、行政法规或者国务院规定依据,以备案、登记、注册、目录、年检、年报、监制、认定、认证、认可、检验、监测、审定、指定、配号、复检、复审、换证、要求设立分支机构以及其他任何形式,设定或者变相设定市场准入障碍；

4. 没有法律、行政法规或者国务院规定依据,对企业注销、破产、挂牌转让、搬迁转移等设定或者变相设定市场退出障碍；

5. 以行政许可、行政检查、行政处罚、行政强制等方式,强制或者变相强制企业转让技术,设定或者变相设定市场准入和退出障碍。

（二）未经公平竞争不得授予经营者特许经营权,包括但不限于：

1. 在一般竞争性领域实施特许经营或者以特许经营为名增设行政许可；

2. 未明确特许经营权期限或者未经法定程序延长特许经营权期限；

3. 未依法采取招标、竞争性谈判等竞争方式,直接将特许经营权授予特定经营者；

4. 设置歧视性条件,使经营者无法公平参与特许经营权竞争。

(三)不得限定经营、购买、使用特定经营者提供的商品和服务,包括但不限于:

1. 以明确要求、暗示、拒绝或者拖延行政审批、重复检查、不予接入平台或者网络、违法违规给予奖励补贴等方式,限定或者变相限定经营、购买、使用特定经营者提供的商品和服务;

2. 在招标投标、政府采购中限定投标人所在地、所有制形式、组织形式,或者设定其他不合理的条件排斥或者限制经营者参与招标投标、政府采购活动;

3. 没有法律、行政法规或者国务院规定依据,通过设置不合理的项目库、名录库、备选库、资格库等条件,排斥或限制潜在经营者提供商品和服务。

(四)不得设置没有法律、行政法规或者国务院规定依据的审批或者具有行政审批性质的事前备案程序,包括但不限于:

1. 没有法律、行政法规或者国务院规定依据,增设行政审批事项,增加行政审批环节、条件和程序;

2. 没有法律、行政法规或者国务院规定依据,设置具有行政审批性质的前置性备案程序。

(五)不得对市场准入负面清单以外的行业、领域、业务等设置审批程序,主要指没有法律、行政法规或者国务院规定依据,采取禁止进入、限制市场主体资质、限制股权比例、限制经营范围和商业模式等方式,限制或者变相限制市场准入。

第十四条 商品和要素自由流动标准。

(一)不得对外地和进口商品、服务实行歧视性价格和歧视性补贴政策,包括但不限于:

1. 制定政府定价或者政府指导价时,对外地和进口同类商品、服务制定歧视性价格;

2. 对相关商品、服务进行补贴时,对外地同类商品、服务,国际经贸协定允许外的进口同类商品以及我国作出国际承诺的进口同类服务不予补贴或者给予较低补贴。

(二)不得限制外地和进口商品、服务进入本地市场或者阻碍本地商品运出、服务输出,包括但不限于:

1.对外地商品、服务规定与本地同类商品、服务不同的技术要求、检验标准,或者采取重复检验、重复认证等歧视性技术措施;

2.对进口商品规定与本地同类商品不同的技术要求、检验标准,或者采取重复检验、重复认证等歧视性技术措施;

3.没有法律、行政法规或者国务院规定依据,对进口服务规定与本地同类服务不同的技术要求、检验标准,或者采取重复检验、重复认证等歧视性技术措施;

4.设置专门针对外地和进口商品、服务的专营、专卖、审批、许可、备案,或者规定不同的条件、程序和期限等;

5.在道路、车站、港口、航空港或者本行政区域边界设置关卡,阻碍外地和进口商品、服务进入本地市场或者本地商品运出和服务输出;

6.通过软件或者互联网设置屏蔽以及采取其他手段,阻碍外地和进口商品、服务进入本地市场或者本地商品运出和服务输出。

(三)不得排斥或者限制外地经营者参加本地招标投标活动,包括但不限于:

1.不依法及时、有效、完整地发布招标信息;

2.直接规定外地经营者不能参与本地特定的招标投标活动;

3.对外地经营者设定歧视性的资质资格要求或者评标评审标准;

4.将经营者在本地区的业绩、所获得的奖项荣誉作为投标条件、加分条件、中标条件或者用于评价企业信用等级,限制或者变相限制外地经营者参加本地招标投标活动;

5.没有法律、行政法规或者国务院规定依据,要求经营者在本地注册设立分支机构,在本地拥有一定办公面积,在本地缴纳社会保险等,限制或者变相限制外地经营者参加本地招标投标活动;

6.通过设定与招标项目的具体特点和实际需要不相适应或者与合同履行无关的资格、技术和商务条件,限制或者变相限制外地经营者参加本地招标投标活动。

(四)不得排斥、限制或者强制外地经营者在本地投资或者设立分支机构,包括但不限于:

1.直接拒绝外地经营者在本地投资或者设立分支机构;

2. 没有法律、行政法规或者国务院规定依据，对外地经营者在本地投资的规模、方式以及设立分支机构的地址、模式等进行限制；

3. 没有法律、行政法规或者国务院规定依据，直接强制外地经营者在本地投资或者设立分支机构；

4. 没有法律、行政法规或者国务院规定依据，将在本地投资或者设立分支机构作为参与本地招标投标、享受补贴和优惠政策等的必要条件，变相强制外地经营者在本地投资或者设立分支机构。

（五）不得对外地经营者在本地的投资或者设立的分支机构实行歧视性待遇，侵害其合法权益，包括但不限于：

1. 对外地经营者在本地的投资不给予与本地经营者同等的政策待遇；

2. 对外地经营者在本地设立的分支机构在经营规模、经营方式、税费缴纳等方面规定与本地经营者不同的要求；

3. 在节能环保、安全生产、健康卫生、工程质量、市场监管等方面，对外地经营者在本地设立的分支机构规定歧视性监管标准和要求。

第十五条　影响生产经营成本标准。

（一）不得违法给予特定经营者优惠政策，包括但不限于：

1. 没有法律、行政法规或者国务院规定依据，给予特定经营者财政奖励和补贴；

2. 没有专门的税收法律、法规和国务院规定依据，给予特定经营者税收优惠政策；

3. 没有法律、行政法规或者国务院规定依据，在土地、劳动力、资本、技术、数据等要素获取方面，给予特定经营者优惠政策；

4. 没有法律、行政法规或者国务院规定依据，在环保标准、排污权限等方面给予特定经营者特殊待遇；

5. 没有法律、行政法规或者国务院规定依据，对特定经营者减免、缓征或停征行政事业性收费、政府性基金、住房公积金等。

给予特定经营者的优惠政策应当依法公开。

（二）安排财政支出一般不得与特定经营者缴纳的税收或非税收入挂钩，主要指根据特定经营者缴纳的税收或者非税收入情况，采取列收列支或者违法违规采取先征后返、即征即退等形式，对特定经营者进行返还,或者给予特定经营者财政奖励或补贴、减免土地等自然资源有偿使用收入等优惠政策。

(三)不得违法违规减免或者缓征特定经营者应当缴纳的社会保险费用,主要指没有法律、行政法规或者国务院规定依据,根据经营者规模、所有制形式、组织形式、地区等因素,减免或者缓征特定经营者需要缴纳的基本养老保险费、基本医疗保险费、失业保险费、工伤保险费、生育保险费等。

(四)不得在法律规定之外要求经营者提供或扣留经营者各类保证金,包括但不限于:

1. 没有法律、行政法规依据或者经国务院批准,要求经营者交纳各类保证金;

2. 限定只能以现金形式交纳投标保证金或履约保证金;

3. 在经营者履行相关程序或者完成相关事项后,不依法退还经营者交纳的保证金及银行同期存款利息。

第十六条 影响生产经营行为标准。

(一)不得强制经营者从事《中华人民共和国反垄断法》禁止的垄断行为,主要指以行政命令、行政授权、行政指导等方式或者通过行业协会商会,强制、组织或者引导经营者达成垄断协议、滥用市场支配地位,以及实施具有或者可能具有排除、限制竞争效果的经营者集中等行为。

(二)不得违法披露或者违法要求经营者披露生产经营敏感信息,为经营者实施垄断行为提供便利条件。生产经营敏感信息是指除依据法律、行政法规或者国务院规定需要公开之外,生产经营者未主动公开、通过公开渠道无法采集的生产经营数据。主要包括:拟定价格、成本、营业收入、利润、生产数量、销售数量、生产销售计划、进出口数量、经销商信息、终端客户信息等。

(三)不得超越定价权限进行政府定价,包括但不限于:

1. 对实行政府指导价的商品、服务进行政府定价;

2. 对不属于本级政府定价目录范围内的商品、服务制定政府定价或者政府指导价;

3. 违反《中华人民共和国价格法》等法律法规采取价格干预措施。

（四）不得违法干预实行市场调节价的商品和服务的价格水平，包括但不限于：

1. 制定公布商品和服务的统一执行价、参考价；

2. 规定商品和服务的最高或者最低限价；

3. 干预影响商品和服务价格水平的手续费、折扣或者其他费用。

第四章 例外规定

第十七条 属于下列情形之一的政策措施，虽然在一定程度上具有限制竞争的效果，但在符合规定的情况下可以出台实施：

（一）维护国家经济安全、文化安全、科技安全或者涉及国防建设的；

（二）为实现扶贫开发、救灾救助等社会保障目的；

（三）为实现节约能源资源、保护生态环境、维护公共卫生健康安全等社会公共利益的；

（四）法律、行政法规规定的其他情形。

属于前款第一项至第三项情形的，政策制定机关应当说明相关政策措施对实现政策目的不可或缺，且不会严重限制市场竞争，并明确实施期限。

第十八条 政策制定机关应当在书面审查结论中说明政策措施是否适用例外规定。认为适用例外规定的，应当对符合适用例外规定的情形和条件进行详细说明。

第十九条 政策制定机关应当逐年评估适用例外规定的政策措施的实施效果，形成书面评估报告。实施期限到期或者未达到预期效果的政策措施，应当及时停止执行或者进行调整。

第五章 第三方评估

第二十条 政策制定机关可以根据工作实际，委托具备相应评估能力的高等院校、科研院所、专业咨询公司等第三方机构，对有关政策措施进行公平竞争评估，或者对公平竞争审查有关工作进行评估。

各级联席会议办公室可以委托第三方机构，对本地公平竞争审查制度总体实施情况开展评估。

第二十一条 政策制定机关在开展公平竞争审查工作的以下阶段和环节,均可以采取第三方评估方式进行:

(一)对拟出台的政策措施进行公平竞争审查;

(二)对经公平竞争审查出台的政策措施进行定期评估;

(三)对适用例外规定出台的政策措施进行逐年评估;

(四)对公平竞争审查制度实施情况进行综合评价;

(五)与公平竞争审查工作相关的其他阶段和环节。

第二十二条 对拟出台的政策措施进行公平竞争审查时,存在以下情形之一的,应当引入第三方评估:

(一)政策制定机关拟适用例外规定的;

(二)被多个单位或者个人反映或者举报涉嫌违反公平竞争审查标准的。

第二十三条 第三方评估结果作为政策制定机关开展公平竞争审查、评价制度实施成效、制定工作推进方案的重要参考。对拟出台的政策措施进行第三方评估的,政策制定机关应当在书面审查结论中说明评估情况。最终做出的审查结论与第三方评估结果不一致的,应当在书面审查结论中说明理由。

第二十四条 第三方评估经费纳入预算管理。政策制定机关依法依规做好第三方评估经费保障。

第六章 监督与责任追究

第二十五条 政策制定机关涉嫌未进行公平竞争审查或者违反审查标准出台政策措施的,任何单位和个人可以向政策制定机关反映,也可以向政策制定机关的上级机关或者本级及以上市场监管部门举报。反映或者举报采用书面形式并提供相关事实依据的,有关部门要及时予以处理。涉嫌违反《中华人民共和国反垄断法》的,由反垄断执法机构依法调查。

第二十六条 政策制定机关未进行公平竞争审查出台政策措施的,应当及时补做审查。发现存在违反公平竞争审查标准问题的,应当按照相关程序停止执行或者调整相关政策措施。停止执行或者调整相关政策措施的,应当依照《中华人民共和国政府信息公开条例》要求向社会公开。

第二十七条 政策制定机关的上级机关经核实认定政策制定机关未进行公平竞争审查或者违反审查标准出台政策措施的,应当责令其改正;拒不改正或者不及时改正的,对直接负责的主管人员和其他直接责任人员依据《中华人民共和国公务员法》《中华人民共和国公职人员政务处分法》《行政机关公务员处分条例》等法律法规给予处分。本级及以上市场监管部门可以向政策制定机关或者其上级机关提出整改建议;整改情况要及时向有关方面反馈。违反《中华人民共和国反垄断法》的,反垄断执法机构可以向有关上级机关提出依法处理的建议。相关处理决定和建议依法向社会公开。

第二十八条 市场监管总局负责牵头组织政策措施抽查,检查有关政策措施是否履行审查程序、审查流程是否规范、审查结论是否准确等。对市场主体反映比较强烈、问题比较集中、滥用行政权力排除限制竞争行为多发的行业和地区,进行重点抽查。抽查结果及时反馈被抽查单位,并以适当方式向社会公开。对抽查发现的排除、限制竞争问题,被抽查单位应当及时整改。

各地应当结合实际,建立本地区政策措施抽查机制。

第二十九条 县级以上地方各级人民政府建立健全公平竞争审查考核制度,对落实公平竞争审查制度成效显著的单位予以表扬激励,对工作推进不力的进行督促整改,对工作中出现问题并造成不良后果的依法依规严肃处理。

第七章 附 则

第三十条 各地区、各部门在遵循《意见》和本细则规定的基础上,可以根据本地区、本行业实际情况,制定公平竞争审查工作办法和具体措施。

第三十一条 本细则自公布之日起实施。《公平竞争审查制度实施细则(暂行)》(发改价监〔2017〕1849号)同时废止。

附件:1.公平竞争审查基本流程(略)

2.公平竞争审查表(略)

招标投标领域公平竞争审查规则

（2024年3月25日国家发展和改革委员会、工业和信息化部、住房和城乡建设部、交通运输部、水利部、农业农村部、商务部、国家市场监督管理总局令第16号公布　自2024年5月1日起施行）

第一章　总　　则

第一条　为加强和规范招标投标领域公平竞争审查，维护公平竞争市场秩序，根据《中华人民共和国招标投标法》、《中华人民共和国招标投标法实施条例》等有关规定，制定本规则。

第二条　招标投标领域公平竞争审查工作，适用本规则。

第三条　本规则所称公平竞争审查，是指行政机关和法律、法规授权的具有管理公共事务职能的组织（以下统称政策制定机关）对拟制定的招标投标领域涉及经营主体经济活动的规章、行政规范性文件、其他政策性文件以及具体政策措施（以下统称政策措施）是否存在排除、限制竞争情形进行审查评估的活动。

除法律、行政法规或者国务院规定的公平竞争审查例外情形，未经公平竞争审查或者经审查存在排除、限制竞争情形的，不得出台有关政策措施。

第四条　政策制定机关履行公平竞争审查职责。政策制定机关应当确定专门机构具体负责政策措施的公平竞争审查工作。

多个部门联合制定政策措施的，由牵头部门组织开展公平竞争审查，各参与部门对职责范围内的政策措施负责。

第二章　审查标准

第五条　政策制定机关应当尊重和保障招标人组织招标、选择招标代理机构、编制资格预审文件和招标文件的自主权，不得制定以下政策措施：

（一）为招标人指定招标代理机构或者违法限定招标人选择招标代理机构的方式；

（二）为招标人指定投标资格、技术、商务条件；

（三）为招标人指定特定类型的资格审查方法或者评标方法；

（四）为招标人指定具体的资格审查标准或者评标标准；

（五）为招标人指定评标委员会成员；

（六）对于已经纳入统一的公共资源交易平台体系的电子交易系统，限制招标人自主选择；

（七）强制招标人或者招标代理机构选择电子认证服务；

（八）为招标人或者招标代理机构指定特定交易工具；

（九）为招标人指定承包商（供应商）预选库、资格库或者备选名录等；

（十）要求招标人依照本地区创新产品名单、优先采购产品名单等地方性扶持政策开展招标投标活动；

（十一）以其他不合理条件限制招标人自主权的政策措施。

第六条 政策制定机关应当落实全国统一的市场准入条件，对经营主体参与投标活动，不得制定以下政策措施：

（一）对市场准入负面清单以外的行业、领域、业务，要求经营主体在参与投标活动前取得行政许可；

（二）要求经营主体在本地区设立分支机构、缴纳税收社保或者与本地区经营主体组成联合体；

（三）要求经营主体取得本地区业绩或者奖项；

（四）要求经营主体取得培训合格证、上岗证等特定地区或者特定行业组织颁发的相关证书；

（五）要求经营主体取得特定行业组织成员身份；

（六）以其他不合理条件限制经营主体参与投标的政策措施。

第七条 政策制定机关制定标准招标文件（示范文本）和标准资格预审文件（示范文本），应当平等对待不同地区、所有制形式的经营主体，不得在标准招标文件（示范文本）和标准资格预审文件（示范文本）中设置以下内容：

(一)根据经营主体取得业绩的区域设置差异性得分；

(二)根据经营主体的所有制形式设置差异性得分；

(三)根据经营主体投标产品的产地设置差异性得分；

(四)根据经营主体的规模、注册地址、注册资金、市场占有率、负债率、净资产规模等设置差异性得分；

(五)根据联合体成员单位的注册地址、所有制形式等设置差异性得分；

(六)其他排除或者限制竞争的内容。

第八条 政策制定机关制定定标相关政策措施,应当尊重和保障招标人定标权,落实招标人定标主体责任,不得制定以下政策措施：

(一)为招标人指定定标方法；

(二)为招标人指定定标单位或者定标人员；

(三)将定标权交由招标人或者其授权的评标委员会以外的其他单位或者人员行使；

(四)规定直接以抽签、摇号、抓阄等方式确定合格投标人、中标候选人或者中标人；

(五)以其他不合理条件限制招标人定标权的政策措施。

第九条 政策制定机关可以通过组织开展信用评价引导经营主体诚信守法参与招标投标活动,并可以通过制定实施相应政策措施鼓励经营主体应用信用评价结果,但应当平等对待不同地区、所有制形式的经营主体,依法保障经营主体自主权,不得制定以下政策措施：

(一)在信用信息记录、归集、共享等方面对不同地区或者所有制形式的经营主体作出区别规定；

(二)对不同地区或者所有制形式经营主体的资质、资格、业绩等采用不同信用评价标准；

(三)根据经营主体的所在地区或者所有制形式采取差异化的信用监管措施；

(四)没有法定依据,限制经营主体参考使用信用评价结果的自主权；

(五)其他排除限制竞争或者损害经营主体合法权益的政策措施。

第十条 政策制定机关制定涉及招标投标交易监管和服务的政策措施,应当平等保障各类经营主体参与,不得在交易流程上制定以下政策措施：

（一）规定招标投标交易服务机构行使审批、备案、监管、处罚等具有行政管理性质的职能；

（二）强制非公共资源交易项目进入公共资源交易平台交易；

（三）对能够通过告知承诺和事后核验核实真伪的事项，强制投标人在投标环节提供原件；

（四）在获取招标文件、开标环节违法要求投标人的法定代表人、技术负责人、项目负责人或者其他特定人员到场；

（五）其他不当限制经营主体参与招标投标的政策措施。

第十一条　政策制定机关制定涉及保证金的政策措施，不得设置以下不合理限制：

（一）限制招标人依法收取保证金；

（二）要求经营主体缴纳除投标保证金、履约保证金、工程质量保证金、农民工工资保证金以外的其他保证金；

（三）限定经营主体缴纳保证金的形式；

（四）要求经营主体从特定机构开具保函（保险）；

（五）在招标文件之外设定保证金退还的前置条件；

（六）其他涉及保证金的不合理限制措施。

第三章　审查机制

第十二条　政策制定机关应当建立本机关公平竞争审查工作机制，明确公平竞争审查负责机构、审查标准和审查流程，规范公平竞争审查行为。

第十三条　政策措施应当在提请审议或者报批前完成公平竞争审查。

政策制定机关应当作出符合或者不符合审查标准的书面审查结论。适用有关法律、行政法规或者国务院规定的公平竞争审查例外情形的，应当在审查结论中说明理由。

第十四条　政策制定机关在对政策措施开展公平竞争审查过程中，应当以适当方式听取有关经营主体、行业协会商会等意见；除依法保密外，应当向社会公开征求意见。

在起草政策措施的其他环节已经向社会公开征求意见或者征求过有关方面意见的,可以不再专门就公平竞争审查征求意见。

第十五条 政策制定机关可以委托第三方机构对拟出台政策措施的公平竞争影响、已出台政策措施的竞争效果和本地区招标投标公平竞争审查制度总体实施情况、市场竞争状况等开展评估。

第四章 监督管理

第十六条 地方各级招标投标指导协调部门会同招标投标行政监督部门,应当定期组织开展政策措施评估,发现违反公平竞争审查有关规定的,应当及时纠正。

第十七条 公民、法人或者其他组织认为政策措施妨碍公平竞争的,有权向政策制定机关及其上一级机关反映。

地方各级招标投标指导协调部门、招标投标行政监督部门应当建立招标投标市场壁垒线索征集机制,动态清理废止各类有违公平竞争的政策措施。

第十八条 公民、法人或者其他组织认为资格预审文件、招标文件存在排斥、限制潜在投标人不合理条件的,有权依照《招标投标法》及其实施条例相关规定提出异议和投诉。招标投标行政监督部门、招标人应当按照规定程序处理。

第十九条 政策制定机关未进行公平竞争审查或者违反审查标准出台政策措施的,由上级机关责令改正;拒不改正或者不及时改正的,对直接负责的主管人员和其他相关责任人员依照《中华人民共和国公职人员政务处分法》第三十九条、《中华人民共和国公务员法》第六十一条等有关规定依法给予处分。

第五章 附 则

第二十条 政策制定机关作为招标人编制招标公告、资格预审文件和招标文件,以及公共资源交易平台运行服务机构制定招标投标交易服务文件,应当参照本规则开展公平竞争审查。

第二十一条 本规则由国家发展改革委会同有关部门负责解释。

第二十二条 本规则自 2024 年 5 月 1 日起施行。

经营者集中审查规定

(2023年3月10日国家市场监督管理总局令第67号公布 自2023年4月15日起施行)

第一章 总 则

第一条 为了规范经营者集中反垄断审查工作,根据《中华人民共和国反垄断法》(以下简称反垄断法)和《国务院关于经营者集中申报标准的规定》,制定本规定。

第二条 国家市场监督管理总局(以下简称市场监管总局)负责经营者集中反垄断审查工作,并对违法实施的经营者集中进行调查处理。

市场监管总局根据工作需要,可以委托省、自治区、直辖市市场监督管理部门(以下称省级市场监管部门)实施经营者集中审查。

市场监管总局加强对受委托的省级市场监管部门的指导和监督,健全审查人员培训管理制度,保障审查工作的科学性、规范性、一致性。

第三条 经营者可以通过公平竞争、自愿联合,依法实施集中,扩大经营规模,提高市场竞争能力。

市场监管总局开展经营者集中反垄断审查工作时,坚持公平公正,依法平等对待所有经营者。

第四条 本规定所称经营者集中,是指反垄断法第二十五条所规定的下列情形:

(一)经营者合并;

(二)经营者通过取得股权或者资产的方式取得对其他经营者的控制权;

(三)经营者通过合同等方式取得对其他经营者的控制权或者能够对其他经营者施加决定性影响。

第五条 判断经营者是否取得对其他经营者的控制权或者能够对其他经营者施加决定性影响,应当考虑下列因素:

(一)交易的目的和未来的计划;

(二)交易前后其他经营者的股权结构及其变化;

(三)其他经营者股东(大)会等权力机构的表决事项及其表决机制,以及其历史出席率和表决情况;

(四)其他经营者董事会等决策或者管理机构的组成及其表决机制,以及其历史出席率和表决情况;

(五)其他经营者高级管理人员的任免等;

(六)其他经营者股东、董事之间的关系,是否存在委托行使投票权、一致行动人等;

(七)该经营者与其他经营者是否存在重大商业关系、合作协议等;

(八)其他应当考虑的因素。

两个以上经营者均拥有对其他经营者的控制权或者能够对其他经营者施加决定性影响的,构成对其他经营者的共同控制。

第六条 市场监管总局健全经营者集中分类分级审查制度。

市场监管总局可以针对涉及国计民生等重要领域的经营者集中,制定具体的审查办法。

市场监管总局对经营者集中审查制度的实施效果进行评估,并根据评估结果改进审查工作。

第七条 市场监管总局强化经营者集中审查工作的信息化体系建设,充分运用技术手段,推进智慧监管,提升审查效能。

第二章 经营者集中申报

第八条 经营者集中达到国务院规定的申报标准(以下简称申报标准)的,经营者应当事先向市场监管总局申报,未申报或者申报后获得批准前不得实施集中。

经营者集中未达到申报标准,但有证据证明该经营者集中具有或者可能具有排除、限制竞争效果的,市场监管总局可以要求经营者申报并书面通知经营者。集中尚未实施的,经营者未申报或者申报后获得批准前不得实施集中;集中已经实施的,经营者应当自收到书面通知之日起一百二十日内申报,并采取暂停实施集中等必要措施减少集中对竞争的不利影响。

是否实施集中的判断因素包括但不限于是否完成市场主体登记或者权利变更登记、委派高级管理人员、实际参与经营决策和管理、与其他经营者交换敏感信息、实质性整合业务等。

第九条 营业额包括相关经营者上一会计年度内销售产品和提供服务所获得的收入,扣除相关税金及附加。

前款所称上一会计年度,是指集中协议签署日的上一会计年度。

第十条 参与集中的经营者的营业额,应当为该经营者以及申报时与该经营者存在直接或者间接控制关系的所有经营者的营业额总和,但是不包括上述经营者之间的营业额。

经营者取得其他经营者的组成部分时,出让方不再对该组成部分拥有控制权或者不能施加决定性影响的,目标经营者的营业额仅包括该组成部分的营业额。

参与集中的经营者之间或者参与集中的经营者和未参与集中的经营者之间有共同控制的其他经营者时,参与集中的经营者的营业额应当包括被共同控制的经营者与第三方经营者之间的营业额,此营业额只计算一次,且在有共同控制权的参与集中的经营者之间平均分配。

金融业经营者营业额的计算,按照金融业经营者集中申报营业额计算相关规定执行。

第十一条 相同经营者之间在两年内多次实施的未达到申报标准的经营者集中,应当视为一次集中,集中时间从最后一次交易算起,参与集中的经营者的营业额应当将多次交易合并计算。经营者通过与其有控制关系的其他经营者实施上述行为,依照本规定处理。

前款所称两年内,是指从第一次交易完成之日起至最后一次交易签订协议之日止的期间。

第十二条 市场监管总局加强对经营者集中申报的指导。在正式申报前,经营者可以以书面方式就集中申报事宜提出商谈申请,并列明拟商谈的具体问题。

第十三条　通过合并方式实施的经营者集中,合并各方均为申报义务人;其他情形的经营者集中,取得控制权或者能够施加决定性影响的经营者为申报义务人,其他经营者予以配合。

同一项经营者集中有多个申报义务人的,可以委托一个申报义务人申报。被委托的申报义务人未申报的,其他申报义务人不能免除申报义务。申报义务人未申报的,其他参与集中的经营者可以提出申报。

申报人可以自行申报,也可以依法委托他人代理申报。申报人应当严格审慎选择代理人。申报代理人应当诚实守信、合规经营。

第十四条　申报文件、资料应当包括如下内容:

(一)申报书。申报书应当载明参与集中的经营者的名称、住所(经营场所)、经营范围、预定实施集中的日期,并附申报人身份证件或者登记注册文件,境外申报人还须提交当地公证机关的公证文件和相关的认证文件。委托代理人申报的,应当提交授权委托书。

(二)集中对相关市场竞争状况影响的说明。包括集中交易概况;相关市场界定;参与集中的经营者在相关市场的市场份额及其对市场的控制力;主要竞争者及其市场份额;市场集中度;市场进入;行业发展现状;集中对市场竞争结构、行业发展、技术进步、创新、国民经济发展、消费者以及其他经营者的影响;集中对相关市场竞争影响的效果评估及依据。

(三)集中协议。包括各种形式的集中协议文件,如协议书、合同以及相应的补充文件等。

(四)参与集中的经营者经会计师事务所审计的上一会计年度财务会计报告。

(五)市场监管总局要求提交的其他文件、资料。

申报人应当对申报文件、资料的真实性、准确性、完整性负责。

申报代理人应当协助申报人对申报文件、资料的真实性、准确性、完整性进行审核。

第十五条　申报人应当对申报文件、资料中的商业秘密、未披露信息、保密商务信息、个人隐私或者个人信息进行标注,并且同时提交申报文件、资料的公开版本和保密版本。申报文件、资料应当使用中文。

第十六条 市场监管总局对申报人提交的文件、资料进行核查，发现申报文件、资料不完备的，可以要求申报人在规定期限内补交。申报人逾期未补交的，视为未申报。

第十七条 市场监管总局经核查认为申报文件、资料符合法定要求的，自收到完备的申报文件、资料之日予以受理并书面通知申报人。

第十八条 经营者集中未达到申报标准，参与集中的经营者自愿提出经营者集中申报，市场监管总局收到申报文件、资料后经核查认为有必要受理的，按照反垄断法予以审查并作出决定。

第十九条 符合下列情形之一的经营者集中，可以作为简易案件申报，市场监管总局按照简易案件程序进行审查：

（一）在同一相关市场，参与集中的经营者所占的市场份额之和小于百分之十五；在上下游市场，参与集中的经营者所占的市场份额均小于百分之二十五；不在同一相关市场也不存在上下游关系的参与集中的经营者，在与交易有关的每个市场所占的市场份额均小于百分之二十五；

（二）参与集中的经营者在中国境外设立合营企业，合营企业不在中国境内从事经济活动的；

（三）参与集中的经营者收购境外企业股权或者资产，该境外企业不在中国境内从事经济活动的；

（四）由两个以上经营者共同控制的合营企业，通过集中被其中一个或者一个以上经营者控制的。

第二十条 符合本规定第十九条但存在下列情形之一的经营者集中，不视为简易案件：

（一）由两个以上经营者共同控制的合营企业，通过集中被其中的一个经营者控制，该经营者与合营企业属于同一相关市场的竞争者，且市场份额之和大于百分之十五的；

（二）经营者集中涉及的相关市场难以界定的；

（三）经营者集中对市场进入、技术进步可能产生不利影响的；

（四）经营者集中对消费者和其他有关经营者可能产生不利影响的；

（五）经营者集中对国民经济发展可能产生不利影响的；

（六）市场监管总局认为可能对市场竞争产生不利影响的其他情形。

第二十一条 市场监管总局受理简易案件后，对案件基本信息予以公示，公示期为十日。公示的案件基本信息由申报人填报。

对于不符合简易案件标准的简易案件申报，市场监管总局予以退回，并要求申报人按非简易案件重新申报。

第三章 经营者集中审查

第二十二条 市场监管总局应当自受理之日起三十日内，对申报的经营者集中进行初步审查，作出是否实施进一步审查的决定，并书面通知申报人。

市场监管总局决定实施进一步审查的，应当自决定之日起九十日内审查完毕，作出是否禁止经营者集中的决定，并书面通知申报人。符合反垄断法第三十一条第二款规定情形的，市场监管总局可以延长本款规定的审查期限，最长不得超过六十日。

第二十三条 在审查过程中，出现反垄断法第三十二条规定情形的，市场监管总局可以决定中止计算经营者集中的审查期限并书面通知申报人，审查期限自决定作出之日起中止计算。

自中止计算审查期限的情形消除之日起，审查期限继续计算，市场监管总局应当书面通知申报人。

第二十四条 在审查过程中，申报人未按照规定提交文件、资料导致审查工作无法进行的，市场监管总局应当书面通知申报人在规定期限内补正。申报人未在规定期限内补正的，市场监管总局可以决定中止计算审查期限。

申报人按要求提交文件、资料后，审查期限继续计算。

第二十五条 在审查过程中，出现对经营者集中审查具有重大影响的新情况、新事实，不经核实将导致审查工作无法进行的，市场监管总局可以决定中止计算审查期限。

经核实，审查工作可以进行的，审查期限继续计算。

第二十六条 在市场监管总局对申报人提交的附加限制性条件

承诺方案进行评估阶段,申报人提出中止计算审查期限请求,市场监管总局认为确有必要的,可以决定中止计算审查期限。

对附加限制性条件承诺方案评估完成后,审查期限继续计算。

第二十七条 在市场监管总局作出审查决定之前,申报人要求撤回经营者集中申报的,应当提交书面申请并说明理由。经市场监管总局同意,申报人可以撤回申报。

集中交易情况或者相关市场竞争状况发生重大变化,需要重新申报的,申报人应当申请撤回。

撤回经营者集中申报的,审查程序终止。市场监管总局同意撤回申报不视为对集中的批准。

第二十八条 在审查过程中,市场监管总局根据审查工作需要,可以要求申报人在规定期限内补充提供相关文件、资料,就申报有关事项与申报人及其代理人进行沟通。

申报人可以主动提供有助于对经营者集中进行审查和作出决定的有关文件、资料。

第二十九条 在审查过程中,参与集中的经营者可以通过信函、传真、电子邮件等方式向市场监管总局就有关申报事项进行书面陈述,市场监管总局应当听取。

第三十条 在审查过程中,市场监管总局根据审查工作需要,可以通过书面征求、座谈会、论证会、问卷调查、委托咨询、实地调研等方式听取有关政府部门、行业协会、经营者、消费者、专家学者等单位或者个人的意见。

第三十一条 审查经营者集中,应当考虑下列因素:

(一)参与集中的经营者在相关市场的市场份额及其对市场的控制力;

(二)相关市场的市场集中度;

(三)经营者集中对市场进入、技术进步的影响;

(四)经营者集中对消费者和其他有关经营者的影响;

(五)经营者集中对国民经济发展的影响;

(六)应当考虑的影响市场竞争的其他因素。

第三十二条 评估经营者集中的竞争影响,可以考察相关经营者单独或者共同排除、限制竞争的能力、动机及可能性。

集中涉及上下游市场或者关联市场的,可以考察相关经营者利用在一个或者多个市场的控制力,排除、限制其他市场竞争的能力、动机及可能性。

第三十三条 评估参与集中的经营者对市场的控制力,可以考虑参与集中的经营者在相关市场的市场份额、产品或者服务的替代程度、控制销售市场或者原材料采购市场的能力、财力和技术条件、掌握和处理数据的能力,以及相关市场的市场结构、其他经营者的生产能力、下游客户购买能力和转换供应商的能力、潜在竞争者进入的抵消效果等因素。

评估相关市场的市场集中度,可以考虑相关市场的经营者数量及市场份额等因素。

第三十四条 评估经营者集中对市场进入的影响,可以考虑经营者通过控制生产要素、销售和采购渠道、关键技术、关键设施、数据等方式影响市场进入的情况,并考虑进入的可能性、及时性和充分性。

评估经营者集中对技术进步的影响,可以考虑经营者集中对技术创新动力和能力、技术研发投入和利用、技术资源整合等方面的影响。

第三十五条 评估经营者集中对消费者的影响,可以考虑经营者集中对产品或者服务的数量、价格、质量、多样化等方面的影响。

评估经营者集中对其他有关经营者的影响,可以考虑经营者集中对同一相关市场、上下游市场或者关联市场经营者的市场进入、交易机会等竞争条件的影响。

第三十六条 评估经营者集中对国民经济发展的影响,可以考虑经营者集中对经济效率、经营规模及其对相关行业发展等方面的影响。

第三十七条 评估经营者集中的竞争影响,还可以综合考虑集中对公共利益的影响、参与集中的经营者是否为濒临破产的企业等因素。

第三十八条 市场监管总局认为经营者集中具有或者可能具有排除、限制竞争效果的,应当告知申报人,并设定一个允许参与集中的经营者提交书面意见的合理期限。

参与集中的经营者的书面意见应当包括相关事实和理由，并提供相应证据。参与集中的经营者逾期未提交书面意见的，视为无异议。

第三十九条　为减少集中具有或者可能具有的排除、限制竞争的效果，参与集中的经营者可以向市场监管总局提出附加限制性条件承诺方案。

市场监管总局应当对承诺方案的有效性、可行性和及时性进行评估，并及时将评估结果通知申报人。

市场监管总局认为承诺方案不足以减少集中对竞争的不利影响的，可以与参与集中的经营者就限制性条件进行磋商，要求其在合理期限内提出其他承诺方案。

第四十条　根据经营者集中交易具体情况，限制性条件可以包括如下种类：

（一）剥离有形资产，知识产权、数据等无形资产或者相关权益（以下简称剥离业务）等结构性条件；

（二）开放其网络或者平台等基础设施、许可关键技术（包括专利、专有技术或者其他知识产权）、终止排他性或者独占性协议、保持独立运营、修改平台规则或者算法、承诺兼容或者不降低互操作性水平等行为性条件；

（三）结构性条件和行为性条件相结合的综合性条件。

剥离业务一般应当具有在相关市场开展有效竞争所需要的所有要素，包括有形资产、无形资产、股权、关键人员以及客户协议或者供应协议等权益。剥离对象可以是参与集中经营者的子公司、分支机构或者业务部门等。

第四十一条　承诺方案存在不能实施的风险的，参与集中的经营者可以提出备选方案。备选方案应当在首选方案无法实施后生效，并且比首选方案的条件更为严格。

承诺方案为剥离，但存在下列情形之一的，参与集中的经营者可以在承诺方案中提出特定买方和剥离时间建议：

（一）剥离存在较大困难；

（二）剥离前维持剥离业务的竞争性和可销售性存在较大风险；

（三）买方身份对剥离业务能否恢复市场竞争具有重要影响；

（四）市场监管总局认为有必要的其他情形。

第四十二条 对于具有或者可能具有排除、限制竞争效果的经营者集中，参与集中的经营者提出的附加限制性条件承诺方案能够有效减少集中对竞争产生的不利影响的，市场监管总局可以作出附加限制性条件批准决定。

参与集中的经营者未能在规定期限内提出附加限制性条件承诺方案，或者所提出的承诺方案不能有效减少集中对竞争产生的不利影响的，市场监管总局应当作出禁止经营者集中的决定。

第四十三条 任何单位和个人发现未达申报标准但具有或者可能具有排除、限制竞争效果的经营者集中，可以向市场监管总局书面反映，并提供相关事实和证据。

市场监管总局经核查，对有证据证明未达申报标准的经营者集中具有或者可能具有排除、限制竞争效果的，依照本规定第八条进行处理。

第四章　限制性条件的监督和实施

第四十四条 对于附加限制性条件批准的经营者集中，义务人应当严格履行审查决定规定的义务，并按规定向市场监管总局报告限制性条件履行情况。

市场监管总局可以自行或者通过受托人对义务人履行限制性条件的行为进行监督检查。通过受托人监督检查的，市场监管总局应当在审查决定中予以明确。受托人包括监督受托人和剥离受托人。

义务人，是指附加限制性条件批准经营者集中的审查决定中要求履行相关义务的经营者。

监督受托人，是指受义务人委托并经市场监管总局评估确定，负责对义务人实施限制性条件进行监督并向市场监管总局报告的自然人、法人或者非法人组织。

剥离受托人，是指受义务人委托并经市场监管总局评估确定，在受托剥离阶段负责出售剥离业务并向市场监管总局报告的自然人、法人或者非法人组织。

第四十五条 通过受托人监督检查的，义务人应当在市场监管总局作出审查决定之日起十五日内向市场监管总局提交监督受托人人选。限制性条件为剥离的，义务人应当在进入受托剥离阶段三十日前向市场监管总局提交剥离受托人人选。义务人应当严格审慎选择受托人人选并对相关文件、资料的真实性、完整性、准确性负责。受托人人选应当符合下列具体要求：

（一）诚实守信、合规经营；

（二）有担任受托人的意愿；

（三）独立于义务人和剥离业务的买方；

（四）具有履行受托人职责的专业团队，团队成员应当具有对限制性条件进行监督所需的专业知识、技能及相关经验；

（五）能够提出可行的工作方案；

（六）过去五年未在担任受托人过程中受到处罚；

（七）市场监管总局提出的其他要求。

义务人正式提交受托人人选后，受托人人选无正当理由不得放弃参与受托人评估。

一般情况下，市场监管总局应当从义务人提交的人选中择优评估确定受托人。但义务人未在规定期限内提交受托人人选且经再次书面通知后仍未按时提交，或者两次提交的人选均不符合要求，导致监督执行工作难以正常进行的，市场监管总局可以指导义务人选择符合条件的受托人。

受托人确定后，义务人应当与受托人签订书面协议，明确各自权利和义务，并报市场监管总局同意。受托人应当勤勉、尽职地履行职责。义务人支付受托人报酬，并为受托人提供必要的支持和便利。

第四十六条　限制性条件为剥离的，剥离义务人应当在审查决定规定的期限内，自行找到合适的剥离业务买方、签订出售协议，并报经市场监管总局批准后完成剥离。剥离义务人未能在规定期限内完成剥离的，市场监管总局可以要求义务人委托剥离受托人在规定的期限内寻找合适的剥离业务买方。剥离业务买方应当符合下列要求：

（一）独立于参与集中的经营者；

（二）拥有必要的资源、能力并有意愿使用剥离业务参与市场竞争；

（三）取得其他监管机构的批准；

（四）不得向参与集中的经营者融资购买剥离业务；

（五）市场监管总局根据具体案件情况提出的其他要求。

买方已有或者能够从其他途径获得剥离业务中的部分资产或者权益时，可以向市场监管总局申请对剥离业务的范围进行必要调整。

第四十七条 义务人提交市场监管总局审查的监督受托人、剥离受托人、剥离业务买方人选原则上各不少于三家。在特殊情况下，经市场监管总局同意，上述人选可少于三家。

市场监管总局应当对义务人提交的受托人及委托协议、剥离业务买方人选及出售协议进行审查，以确保其符合审查决定要求。

限制性条件为剥离的，市场监管总局上述审查所用时间不计入剥离期限。

第四十八条 审查决定未规定自行剥离期限的，剥离义务人应当在审查决定作出之日起六个月内找到适当的买方并签订出售协议。经剥离义务人申请并说明理由，市场监管总局可以酌情延长自行剥离期限，但延期最长不得超过三个月。

审查决定未规定受托剥离期限的，剥离受托人应当在受托剥离开始之日起六个月内找到适当的买方并签订出售协议。

第四十九条 剥离义务人应当在市场监管总局审查批准买方和出售协议后，与买方签订出售协议，并自签订之日起三个月内将剥离业务转移给买方，完成所有权转移等相关法律程序。经剥离义务人申请并说明理由，市场监管总局可以酌情延长业务转移的期限。

第五十条 经市场监管总局批准的买方购买剥离业务达到申报标准的，取得控制权的经营者应当将其作为一项新的经营者集中向市场监管总局申报。市场监管总局作出审查决定之前，剥离义务人不得将剥离业务出售给买方。

第五十一条 在剥离完成之前，为确保剥离业务的存续性、竞争性和可销售性，剥离义务人应当履行下列义务：

（一）保持剥离业务与其保留的业务之间相互独立，并采取一切必要措施以最符合剥离业务发展的方式进行管理。

（二）不得实施任何可能对剥离业务有不利影响的行为，包括聘用被剥离业务的关键员工，获得剥离业务的商业秘密或者其他保密信息等。

（三）指定专门的管理人，负责管理剥离业务。管理人在监督受托人的监督下履行职责，其任命和更换应当得到监督受托人的同意。

（四）确保潜在买方能够以公平合理的方式获得有关剥离业务的充分信息，评估剥离业务的商业价值和发展潜力。

（五）根据买方的要求向其提供必要的支持和便利，确保剥离业务的顺利交接和稳定经营。

（六）向买方及时移交剥离业务并履行相关法律程序。

第五十二条 监督受托人应当在市场监管总局的监督下履行下列职责：

（一）监督义务人履行本规定、审查决定及相关协议规定的义务；

（二）对剥离义务人推荐的买方人选、拟签订的出售协议进行评估，并向市场监管总局提交评估报告；

（三）监督剥离业务出售协议的执行，并定期向市场监管总局提交监督报告；

（四）协调剥离义务人与潜在买方就剥离事项产生的争议；

（五）按照市场监管总局的要求提交其他与义务人履行限制性条件有关的报告。

未经市场监管总局同意，监督受托人不得披露其在履行职责过程中向市场监管总局提交的各种报告及相关信息。

第五十三条 在受托剥离阶段，剥离受托人负责为剥离业务找到买方并达成出售协议。

剥离受托人有权以无底价方式出售剥离业务。

第五十四条 审查决定应当规定附加限制性条件的期限。

根据审查决定，限制性条件到期自动解除的，经市场监管总局核查确认，义务人未违反审查决定的，限制性条件自动解除。义务人存在违反审查决定情形的，市场监管总局可以适当延长附加限制性条件的期限，并及时向社会公布。

根据审查决定，限制性条件到期后义务人需要申请解除的，义务人应当提交书面申请并说明理由。市场监管总局评估后决定解除限制性条件的,应当及时向社会公布。

限制性条件为剥离,经市场监管总局核查确认,义务人履行完成所有义务的,限制性条件自动解除。

第五十五条 审查决定生效期间,市场监管总局可以主动或者应义务人申请对限制性条件进行重新审查,变更或者解除限制性条件。市场监管总局决定变更或者解除限制性条件的,应当及时向社会公布。

市场监管总局变更或者解除限制性条件时,应当考虑下列因素:

(一)集中交易方是否发生重大变化;

(二)相关市场竞争状况是否发生实质性变化;

(三)实施限制性条件是否无必要或者不可能;

(四)应当考虑的其他因素。

第五章 对违法实施经营者集中的调查

第五十六条 经营者集中达到申报标准,经营者未申报实施集中、申报后未经批准实施集中或者违反审查决定的,依照本章规定进行调查。

未达申报标准的经营者集中,经营者未按照本规定第八条进行申报的,市场监管总局依照本章规定进行调查。

第五十七条 对涉嫌违法实施经营者集中,任何单位和个人有权向市场监管总局举报。市场监管总局应当为举报人保密。

举报采用书面形式,并提供举报人和被举报人基本情况、涉嫌违法实施经营者集中的相关事实和证据等内容的,市场监管总局应当进行必要的核查。

对于采用书面形式的实名举报,市场监管总局可以根据举报人的请求向其反馈举报处理结果。

对举报处理工作中获悉的国家秘密以及公开后可能危及国家安全、公共安全、经济安全、社会稳定的信息,市场监管总局应当严格保密。

第五十八条 对有初步事实和证据表明存在违法实施经营者集中嫌疑的,市场监管总局应当予以立案,并书面通知被调查的经营者。

第五十九条　被调查的经营者应当在立案通知送达之日起三十日内,向市场监管总局提交是否属于经营者集中、是否达到申报标准、是否申报、是否违法实施等有关的文件、资料。

第六十条　市场监管总局应当自收到被调查的经营者依照本规定第五十九条提交的文件、资料之日起三十日内,对被调查的交易是否属于违法实施经营者集中完成初步调查。

属于违法实施经营者集中的,市场监管总局应当作出实施进一步调查的决定,并书面通知被调查的经营者。经营者应当停止违法行为。

不属于违法实施经营者集中的,市场监管总局应当作出不实施进一步调查的决定,并书面通知被调查的经营者。

第六十一条　市场监管总局决定实施进一步调查的,被调查的经营者应当自收到市场监管总局书面通知之日起三十日内,依照本规定关于经营者集中申报文件、资料的规定向市场监管总局提交相关文件、资料。

市场监管总局应当自收到被调查的经营者提交的符合前款规定的文件、资料之日起一百二十日内,完成进一步调查。

在进一步调查阶段,市场监管总局应当按照反垄断法及本规定,对被调查的交易是否具有或者可能具有排除、限制竞争效果进行评估。

第六十二条　在调查过程中,被调查的经营者、利害关系人有权陈述意见。市场监管总局应当对被调查的经营者、利害关系人提出的事实、理由和证据进行核实。

第六十三条　市场监管总局在作出行政处罚决定前,应当告知被调查的经营者拟作出的行政处罚内容及事实、理由、依据,并告知被调查的经营者依法享有的陈述、申辩、要求听证等权利。

被调查的经营者自告知书送达之日起五个工作日内,未行使陈述、申辩权,未要求听证的,视为放弃此权利。

第六十四条　市场监管总局对违法实施经营者集中应当依法作出处理决定,并可以向社会公布。

第六十五条　市场监管总局责令经营者采取必要措施恢复到集

中前状态的,相关措施的监督和实施参照本规定第四章执行。

第六章 法律责任

第六十六条 经营者违反反垄断法规定实施集中的,依照反垄断法第五十八条规定予以处罚。

第六十七条 对市场监管总局依法实施的审查和调查,拒绝提供有关材料、信息,或者提供虚假材料、信息,或者隐匿、销毁、转移证据,或者有其他拒绝、阻碍调查行为的,由市场监管总局责令改正,对单位处上一年度销售额百分之一以下的罚款,上一年度没有销售额或者销售额难以计算的,处五百万元以下的罚款;对个人处五十万元以下的罚款。

第六十八条 市场监管总局在依据反垄断法和本规定对违法实施经营者集中进行调查处理时,应当考虑集中实施的时间,是否具有或者可能具有排除、限制竞争的效果及其持续时间,消除违法行为后果的情况等因素。

当事人主动报告市场监管总局尚未掌握的违法行为,主动消除或者减轻违法行为危害后果的,市场监管总局应当依据《中华人民共和国行政处罚法》第三十二条从轻或者减轻处罚。

第六十九条 市场监管总局依据反垄断法和本规定第六十六条、第六十七条对经营者予以行政处罚的,依照反垄断法第六十四条和国家有关规定记入信用记录,并向社会公示。

第七十条 申报人应当对代理行为加强管理并依法承担相应责任。

申报代理人故意隐瞒有关情况、提供虚假材料或者有其他行为阻碍经营者集中案件审查、调查工作的,市场监管总局依法调查处理并公开,可以向有关部门提出处理建议。

第七十一条 受托人不符合履职要求、无正当理由放弃履行职责、未按要求履行职责或者有其他行为阻碍经营者集中案件监督执行的,市场监管总局可以要求义务人更换受托人,并可以对受托人给予警告、通报批评,处十万元以下的罚款。

第七十二条 剥离业务的买方未按规定履行义务,影响限制性条件实施的,由市场监管总局责令改正,处十万元以下的罚款。

第七十三条 违反反垄断法第四章和本规定,情节特别严重、影响特别恶劣、造成特别严重后果的,市场监管总局可以在反垄断法第五十八条、第六十二条规定和本规定第六十六条、第六十七条规定的罚款数额的二倍以上五倍以下处以罚款。

第七十四条 反垄断执法机构工作人员滥用职权、玩忽职守、徇私舞弊或者泄露执法过程中知悉的商业秘密、个人隐私和个人信息的,依照有关规定处理。

反垄断执法机构在调查期间发现的公职人员涉嫌职务违法、职务犯罪问题线索,应当及时移交纪检监察机关。

第七章 附 则

第七十五条 市场监管总局以及其他单位和个人对于知悉的商业秘密、未披露信息、保密商务信息、个人隐私和个人信息承担保密义务,但根据法律法规规定应当披露的或者事先取得权利人同意的除外。

第七十六条 本规定对违法实施经营者集中的调查、处罚程序未作规定的,依照《市场监督管理行政处罚程序规定》执行,有关时限、立案、案件管辖的规定除外。

在审查或者调查过程中,市场监管总局可以组织听证。听证程序依照《市场监督管理行政许可程序暂行规定》、《市场监督管理行政处罚听证办法》执行。

第七十七条 对于需要送达经营者的书面文件,送达方式参照《市场监督管理行政处罚程序规定》执行。

第七十八条 本规定自2023年4月15日起施行。2020年10月23日国家市场监督管理总局令第30号公布的《经营者集中审查暂行规定》同时废止。

网络反不正当竞争暂行规定

(2024年5月6日国家市场监督管理总局令第91号公布 自2024年9月1日起施行)

第一章　总　　则

第一条　为了预防和制止网络不正当竞争行为，维护公平竞争的市场秩序，鼓励创新，保护经营者和消费者的合法权益，促进数字经济规范持续健康发展，根据《中华人民共和国反不正当竞争法》(以下简称反不正当竞争法)、《中华人民共和国电子商务法》(以下简称电子商务法)等法律、行政法规，制定本规定。

第二条　鼓励和支持经营者依法开展经营活动，公平参与市场竞争。经营者通过互联网等信息网络(以下简称网络)从事生产经营活动，应当遵循自愿、平等、公平、诚信的原则，遵守法律法规规章，遵守商业道德。

经营者不得实施网络不正当竞争行为，扰乱市场竞争秩序，影响市场公平交易，损害其他经营者或者消费者的合法权益。

第三条　国家市场监督管理总局负责监督指导全国网络反不正当竞争工作，组织查处全国范围内有重大影响的网络不正当竞争案件。

县级以上地方市场监督管理部门依法对网络不正当竞争行为进行查处。

市场监督管理部门在查处违法行为过程中，应当坚持依法行政，保证严格、规范、公正、文明执法。

第四条　市场监督管理部门应当会同反不正当竞争工作协调机制各成员单位，贯彻落实网络反不正当竞争重大政策措施，研究网络反不正当竞争工作重大问题，联合查处重大案件，协同推进综合治理。

反不正当竞争工作协调机制各成员单位应当按照职责分工，依法加强金融、传媒、电信等行业管理,采取有效措施,预防和制止网络不正当竞争行为。

第五条　国家鼓励、支持和保护一切组织和个人对网络不正当竞争行为进行社会监督。对涉嫌网络不正当竞争行为,任何单位和个人有权依法向市场监督管理部门举报,市场监督管理部门接到举报后应当及时处理。

行业组织应当加强行业自律,引导、规范会员依法合规竞争。

第六条　平台经营者应当加强对平台内竞争行为的规范管理,发现平台内经营者采取不正当竞争方式、违法销售商品、提供服务,或者侵害消费者合法权益的行为,应当及时采取必要的处置措施,保存有关记录,并按规定向平台经营者住所地县级以上市场监督管理部门报告。记录保存时间自作出处置措施之日起计算,不少于三年。

第二章　网络不正当竞争行为

第七条　经营者不得利用网络实施下列混淆行为,引人误以为是他人商品(本规定所称商品包括服务)或者与他人存在特定联系:

(一)擅自使用与他人有一定影响的域名主体部分、网站名称、网页等相同或者近似的标识;

(二)擅自将他人有一定影响的商品名称、企业名称(包括简称、字号等)、社会组织名称(包括简称等)、姓名(包括笔名、艺名、译名等)作为域名主体部分等网络经营活动标识;

(三)擅自使用与他人有一定影响的应用软件、网店、客户端、小程序、公众号、游戏界面等的页面设计、名称、图标、形状等相同或者近似的标识;

(四)擅自使用他人有一定影响的网络代称、网络符号、网络简称等标识;

(五)生产销售足以引人误认为是他人商品或者与他人存在特定联系的商品;

(六)通过提供网络经营场所等便利条件,与其他经营者共同实施混淆行为;

(七)其他利用网络实施的足以引人误认为是他人商品或者与他

人存在特定联系的混淆行为。

擅自将他人有一定影响的商业标识设置为搜索关键词，足以引人误认为是他人商品或者与他人存在特定联系的，属于前款规定的混淆行为。

第八条 经营者不得采取下列方式，对商品生产经营主体以及商品性能、功能、质量、来源、曾获荣誉、资格资质等作虚假或者引人误解的商业宣传，欺骗、误导消费者或者相关公众：

（一）通过网站、客户端、小程序、公众号等进行展示、演示、说明、解释、推介或者文字标注；

（二）通过直播、平台推荐、网络文案等方式，实施商业营销活动；

（三）通过热搜、热评、热转、榜单等方式，实施商业营销活动；

（四）其他虚假或者引人误解的商业宣传。

经营者不得帮助其他经营者实施前款虚假或者引人误解的商业宣传行为。

第九条 经营者不得实施下列行为，对商品生产经营主体以及商品销售状况、交易信息、经营数据、用户评价等作虚假或者引人误解的商业宣传，欺骗、误导消费者或者相关公众：

（一）虚假交易、虚假排名；

（二）虚构交易额、成交量、预约量等与经营有关的数据信息；

（三）采用谎称现货、虚构预订、虚假抢购等方式进行营销；

（四）编造用户评价，或者采用误导性展示等方式隐匿差评、将好评前置、差评后置、不显著区分不同商品的评价等；

（五）以返现、红包、卡券等方式利诱用户作出指定好评、点赞、定向投票等互动行为；

（六）虚构收藏量、点击量、关注量、点赞量、阅读量、订阅量、转发量等流量数据；

（七）虚构投票量、收听量、观看量、播放量、票房、收视率等互动数据；

（八）虚构升学率、考试通过率、就业率等教育培训效果；

（九）采用伪造口碑、炮制话题、制造虚假舆论热点、虚构网络就业者收入等方式进行营销；

（十）其他虚假或者引人误解的商业宣传行为。

经营者不得通过组织虚假交易、组织虚假排名等方式，帮助其他经营者实施前款虚假或者引人误解的商业宣传行为。

第十条 经营者不得采用财物或者其他手段，贿赂平台工作人员、对交易有影响的单位或者个人，以谋取交易机会或者在流量、排名、跟帖服务等方面的竞争优势。

前款所称的财物，包括现金、物品、网络虚拟财产以及礼券、基金、股份、债务免除等其他财产权益。

第十一条 经营者不得利用网络编造、传播虚假信息或者误导性信息，实施下列损害或者可能损害竞争对手的商业信誉、商品声誉的行为：

（一）组织、指使他人对竞争对手的商品进行恶意评价；

（二）利用或者组织、指使他人通过网络散布虚假或者误导性信息；

（三）利用网络传播含有虚假或者误导性信息的风险提示、告客户书、警告函或者举报信等；

（四）其他编造、传播虚假或者误导性信息，损害竞争对手商业信誉、商品声誉的行为。

客户端、小程序、公众号运营者以及提供跟帖评论服务的组织或者个人，不得故意与经营者共同实施前款行为。

本条所称的商业信誉，是指经营者在商业活动中的信用和名誉，包括相关公众对该经营者的资信状况、商业道德、技术水平、经济实力等方面的评价。

本条所称的商品声誉，是指商品在质量、品牌等方面的美誉度和知名度。

第十二条 经营者不得利用互联网、大数据、算法等技术手段，通过影响用户选择或者其他方式，实施流量劫持、干扰、恶意不兼容等行为，妨碍、破坏其他经营者合法提供的网络产品或者服务正常运行。

前款所称的影响用户选择，包括违背用户意愿和选择权、增加操作复杂性、破坏使用连贯性等。

判定是否构成第一款规定的不正当竞争行为，应当充分考虑是否有利于技术创新和行业发展等因素。

第十三条 未经其他经营者同意,经营者不得利用技术手段,实施下列插入链接或者强制进行目标跳转等行为,妨碍、破坏其他经营者合法提供的网络产品或者服务正常运行:

(一)在其他经营者合法提供的网络产品或者服务中,插入跳转链接、嵌入自己或者他人的产品或者服务;

(二)利用关键词联想、设置虚假操作选项等方式,设置指向自身产品或者服务的链接,欺骗或者误导用户点击;

(三)其他插入链接或者强制进行目标跳转的行为。

第十四条 经营者不得利用技术手段,误导、欺骗、强迫用户修改、关闭、卸载其他经营者合法提供的设备、功能或者其他程序等网络产品或者服务。

第十五条 经营者不得利用技术手段,恶意对其他经营者合法提供的网络产品或者服务实施不兼容。

判定经营者是否恶意对其他经营者合法提供的网络产品或者服务实施不兼容,可以综合考虑以下因素:

(一)是否知道或者应当知道不兼容行为会妨碍、破坏其他经营者合法提供的网络产品或者服务正常运行;

(二)不兼容行为是否影响其他经营者合法提供的网络产品或者服务正常运行,是否影响网络生态开放共享;

(三)不兼容行为是否针对特定对象,是否违反公平、合理、无歧视原则;

(四)不兼容行为对消费者、使用该网络产品或者服务的第三方经营者合法权益以及社会公共利益的影响;

(五)不兼容行为是否符合行业惯例、从业规范、自律公约等;

(六)不兼容行为是否导致其他经营者合法提供的网络产品或者服务成本不合理增加;

(七)是否有正当理由。

第十六条 经营者不得利用技术手段,直接、组织或者通过第三方实施以下行为,妨碍、破坏其他经营者合法提供的网络产品或者服务正常运行:

（一）故意在短期内与其他经营者发生大规模、高频次交易,或者给予好评等,使其他经营者受到搜索降权、降低信用等级、商品下架、断开链接、停止服务等处置;

（二）恶意在短期内批量拍下商品不付款;

（三）恶意批量购买后退货或者拒绝收货等。

第十七条 经营者不得针对特定经营者,拦截、屏蔽其合法提供的信息内容以及页面,妨碍、破坏其他经营者合法提供的网络产品或者服务正常运行,扰乱市场公平竞争秩序。拦截、屏蔽非法信息,频繁弹出干扰用户正常使用的信息以及不提供关闭方式的漂浮视窗等除外。

第十八条 经营者不得利用技术手段,通过影响用户选择、限流、屏蔽、搜索降权、商品下架等方式,干扰其他经营者之间的正常交易,妨碍、破坏其他经营者合法提供的网络产品或者服务的正常运行,扰乱市场公平竞争秩序。

经营者不得利用技术手段,通过限制交易对象、销售区域或者时间、参与促销推广活动等,影响其他经营者的经营选择,妨碍、破坏交易相对方合法提供的网络产品或者服务的正常运行,扰乱市场公平交易秩序。

第十九条 经营者不得利用技术手段,非法获取、使用其他经营者合法持有的数据,妨碍、破坏其他经营者合法提供的网络产品或者服务的正常运行,扰乱市场公平竞争秩序。

第二十条 经营者不得利用技术手段,对条件相同的交易相对方不合理地提供不同的交易条件,侵害交易相对方的选择权、公平交易权等,妨碍、破坏其他经营者合法提供的网络产品或者服务正常运行,扰乱市场公平交易秩序。

以下情形不属于前款规定的不正当竞争行为:

（一）根据交易相对人实际需求且符合正当的交易习惯和行业惯例,实行不同交易条件的;

（二）针对新用户在合理期限内开展的优惠活动;

（三）基于公平、合理、无歧视的规则实施的随机性交易。

第二十一条 经营者不得利用技术手段,通过下列方式,实施妨碍、破坏其他经营者合法提供的网络产品或者服务正常运行的行为：

（一）违背用户意愿下载、安装、运行应用程序；

（二）无正当理由，对其他经营者合法提供的网络产品或者服务实施拦截、拖延审查、下架，以及其他干扰下载、安装、运行、更新、传播等行为；

（三）对相关设备运行非必需的应用程序不提供卸载功能或者对应用程序卸载设置不合理障碍；

（四）无正当理由，对其他经营者合法提供的网络产品或者服务，实施搜索降权、限制服务内容、调整搜索结果的自然排序等行为；

（五）其他妨碍、破坏其他经营者合法提供的网络产品或者服务正常运行的行为。

第二十二条 经营者不得违反本规定，实施其他网络不正当竞争行为，扰乱市场竞争秩序，影响市场公平交易，损害其他经营者或者消费者合法权益。

第二十三条 具有竞争优势的平台经营者没有正当理由，不得利用技术手段，滥用后台交易数据、流量等信息优势以及管理规则，通过屏蔽第三方经营信息、不正当干扰商品展示顺序等方式，妨碍、破坏其他经营者合法提供的网络产品或者服务正常运行，扰乱市场公平竞争秩序。

第二十四条 平台经营者不得利用服务协议、交易规则等手段，对平台内经营者在平台内的交易、交易价格以及与其他经营者的交易等进行不合理限制或者附加不合理条件。主要包括以下情形：

（一）强制平台内经营者签订排他性协议；

（二）对商品的价格、销售对象、销售区域或者销售时间进行不合理的限制；

（三）不合理设定扣取保证金，削减补贴、优惠和流量资源等限制；

（四）利用服务协议、交易规则对平台内经营者的交易进行其他不合理限制或者附加不合理条件。

第二十五条 平台经营者应当在服务协议、交易规则中公平合理确定收费标准，不得违背商业道德、行业惯例，向平台内经营者收取不合理的服务费用。

第二十六条 判定构成妨碍、破坏其他经营者合法提供的网络产品或者服务正常运行,可以综合考虑下列因素:

(一)其他经营者合法提供的网络产品或者服务是否无法正常使用;

(二)其他经营者合法提供的网络产品或者服务是否无法正常下载、安装、更新或者卸载;

(三)其他经营者合法提供的网络产品或者服务成本是否不合理增加;

(四)其他经营者合法提供的网络产品或者服务的用户或者访问量是否不合理减少;

(五)用户合法利益是否遭受损失,或者用户体验和满意度是否下降;

(六)行为频次、持续时间;

(七)行为影响的地域范围、时间范围等;

(八)是否利用其他经营者的网络产品或者服务牟取不正当利益。

第三章 监督检查

第二十七条 对网络不正当竞争案件的管辖适用《市场监督管理行政处罚程序规定》。

网络不正当竞争行为举报较为集中,或者引发严重后果或者其他不良影响的,可以由实际经营地、违法结果发生地的设区的市级以上地方市场监督管理部门管辖。

第二十八条 市场监督管理部门应当加强对网络不正当竞争行为的监测,发现违法行为的,依法予以查处。

市场监督管理部门在查办网络不正当竞争案件过程中,被调查的经营者、利害关系人及其他有关单位、个人应当如实提供有关资料或者情况,不得伪造、销毁涉案数据以及相关资料,不得妨害市场监督管理部门依法履行职责,不得拒绝、阻碍调查。

第二十九条 市场监督管理部门基于案件办理的需要,可以委托第三方专业机构对与案件相关的电子证据进行取证、固定,对财务数据进行审计。

第三十条　对于新型、疑难案件,市场监督管理部门可以委派专家观察员参与协助调查。专家观察员可以依据自身专业知识、业务技能、实践经验等,对经营者的竞争行为是否有促进创新、提高效率、保护消费者合法权益等正当理由提出建议。

第三十一条　市场监督管理部门及其工作人员、第三方专业机构、专家观察员等对参与调查过程中知悉的商业秘密负有保密义务。

市场监督管理部门的工作人员滥用职权、玩忽职守、徇私舞弊或者泄露调查过程中知悉的商业秘密的,依法给予处分。

第四章　法　律　责　任

第三十二条　平台经营者违反本规定第六条,未按规定保存信息,或者对平台内经营者侵害消费者合法权益行为未采取必要措施的,由市场监督管理部门依照电子商务法第八十条、第八十三条的规定处罚。

第三十三条　经营者违反本规定第七条的,由市场监督管理部门依照反不正当竞争法第十八条的规定处罚。

第三十四条　经营者违反本规定第八条、第九条的,由市场监督管理部门依照反不正当竞争法第二十条的规定处罚。

第三十五条　经营者违反本规定第十条的,由市场监督管理部门依照反不正当竞争法第十九条的规定处罚。

第三十六条　经营者违反本规定第十一条的,由市场监督管理部门依照反不正当竞争法第二十三条的规定处罚。

第三十七条　经营者违反本规定第十二条至第二十三条,妨害、破坏其他经营者合法提供的网络产品或者服务正常运行的,由市场监督管理部门依照反不正当竞争法第二十四条的规定处罚。

第三十八条　平台经营者违反本规定第二十四条、第二十五条的,由市场监督管理部门依照电子商务法第八十二条的规定处罚。

第三十九条　经营者违反本规定第二十八条的,由市场监督管理部门依照反不正当竞争法第二十八条的规定处罚。

第四十条　法律、行政法规对网络不正当竞争行为的查处另有规定的,依照其规定。

经营者利用网络排除、限制竞争,构成垄断行为的,依照《中华人民共和国反垄断法》处理。

第四十一条 经营者违反本规定,有违法所得的,依照《中华人民共和国行政处罚法》第二十八条的规定,除依法应当退赔的外,应当予以没收。

第四十二条 违反本规定涉嫌构成犯罪,依法需要追究刑事责任的,市场监督管理部门应当按照有关规定及时将案件移送公安机关处理。

第五章 附 则

第四十三条 本规定自2024年9月1日起施行。

政府采购货物和服务招标投标管理办法

(2017年7月11日财政部令第87号公布
自2017年10月1日起施行)

第一章 总 则

第一条 为了规范政府采购当事人的采购行为,加强对政府采购货物和服务招标投标活动的监督管理,维护国家利益、社会公共利益和政府采购招标投标活动当事人的合法权益,依据《中华人民共和国政府采购法》(以下简称政府采购法)、《中华人民共和国政府采购法实施条例》(以下简称政府采购法实施条例)和其他有关法律法规规定,制定本办法。

第二条 本办法适用于在中华人民共和国境内开展政府采购货物和服务(以下简称货物服务)招标投标活动。

第三条 货物服务招标分为公开招标和邀请招标。

公开招标,是指采购人依法以招标公告的方式邀请非特定的供应商参加投标的采购方式。

邀请招标,是指采购人依法从符合相应资格条件的供应商中随机抽取3家以上供应商,并以投标邀请书的方式邀请其参加投标的采购方式。

第四条 属于地方预算的政府采购项目,省、自治区、直辖市人民政府根据实际情况,可以确定分别适用于本行政区域省级、设区的市级、县级公开招标数额标准。

第五条 采购人应当在货物服务招标投标活动中落实节约能源、保护环境、扶持不发达地区和少数民族地区、促进中小企业发展等政府采购政策。

第六条 采购人应当按照行政事业单位内部控制规范要求,建立健全本单位政府采购内部控制制度,在编制政府采购预算和实施计划、确定采购需求、组织采购活动、履约验收、答复询问质疑、配合投诉处理及监督检查等重点环节加强内部控制管理。

采购人不得向供应商索要或者接受其给予的赠品、回扣或者与采购无关的其他商品、服务。

第七条 采购人应当按照财政部制定的《政府采购品目分类目录》确定采购项目属性。按照《政府采购品目分类目录》无法确定的,按照有利于采购项目实施的原则确定。

第八条 采购人委托采购代理机构代理招标的,采购代理机构应当在采购人委托的范围内依法开展采购活动。

采购代理机构及其分支机构不得在所代理的采购项目中投标或者代理投标,不得为所代理的采购项目的投标人参加本项目提供投标咨询。

第二章 招 标

第九条 未纳入集中采购目录的政府采购项目,采购人可以自行招标,也可以委托采购代理机构在委托的范围内代理招标。

采购人自行组织开展招标活动的,应当符合下列条件:

(一)有编制招标文件、组织招标的能力和条件;

(二)有与采购项目专业性相适应的专业人员。

第十条 采购人应当对采购标的的市场技术或者服务水平、供应、价格等情况进行市场调查,根据调查情况、资产配置标准等科学、合理地确定采购需求,进行价格测算。

第十一条 采购需求应当完整、明确,包括以下内容:

(一)采购标的需实现的功能或者目标,以及为落实政府采购政策需满足的要求;

(二)采购标的需执行的国家相关标准、行业标准、地方标准或者其他标准、规范;

(三)采购标的需满足的质量、安全、技术规格、物理特性等要求;

(四)采购标的的数量、采购项目交付或者实施的时间和地点;

(五)采购标的需满足的服务标准、期限、效率等要求;

(六)采购标的的验收标准;

(七)采购标的的其他技术、服务等要求。

第十二条 采购人根据价格测算情况,可以在采购预算额度内合理设定最高限价,但不得设定最低限价。

第十三条 公开招标公告应当包括以下主要内容:

(一)采购人及其委托的采购代理机构的名称、地址和联系方法;

(二)采购项目的名称、预算金额,设定最高限价的,还应当公开最高限价;

(三)采购人的采购需求;

(四)投标人的资格要求;

(五)获取招标文件的时间期限、地点、方式及招标文件售价;

(六)公告期限;

(七)投标截止时间、开标时间及地点;

(八)采购项目联系人姓名和电话。

第十四条 采用邀请招标方式的,采购人或者采购代理机构应当通过以下方式产生符合资格条件的供应商名单,并从中随机抽取3家以上供应商向其发出投标邀请书:

(一)发布资格预审公告征集;

(二)从省级以上人民政府财政部门(以下简称财政部门)建立的供应商库中选取;

(三)采购人书面推荐。

采用前款第一项方式产生符合资格条件供应商名单的,采购人或者采购代理机构应当按照资格预审文件载明的标准和方法,对潜在投标人进行资格预审。

采用第一款第二项或者第三项方式产生符合资格条件供应商名单的,备选的符合资格条件供应商总数不得少于拟随机抽取供应商总数的两倍。

随机抽取是指通过抽签等能够保证所有符合资格条件供应商机会均等的方式选定供应商。随机抽取供应商时,应当有不少于两名采购人工作人员在场监督,并形成书面记录,随采购文件一并存档。

投标邀请书应当同时向所有受邀请的供应商发出。

第十五条 资格预审公告应当包括以下主要内容:

(一)本办法第十三条第一至四项、第六项和第八项内容;

(二)获取资格预审文件的时间期限、地点、方式;

(三)提交资格预审申请文件的截止时间、地点及资格预审日期。

第十六条 招标公告、资格预审公告的公告期限为5个工作日。公告内容应当以省级以上财政部门指定媒体发布的公告为准。公告期限自省级以上财政部门指定媒体最先发布公告之日起算。

第十七条 采购人、采购代理机构不得将投标人的注册资本、资产总额、营业收入、从业人员、利润、纳税额等规模条件作为资格要求或者评审因素,也不得通过将除进口货物以外的生产厂家授权、承诺、证明、背书等作为资格要求,对投标人实行差别待遇或者歧视待遇。

第十八条 采购人或者采购代理机构应当按照招标公告、资格预审公告或者投标邀请书规定的时间、地点提供招标文件或者资格预审文件,提供期限自招标公告、资格预审公告发布之日起计算不得少于5个工作日。提供期限届满后,获取招标文件或者资格预审文件的潜在投标人不足3家的,可以顺延提供期限,并予公告。

公开招标进行资格预审的,招标公告和资格预审公告可以合并发布,招标文件应当向所有通过资格预审的供应商提供。

第十九条 采购人或者采购代理机构应当根据采购项目的实施要求,在招标公告、资格预审公告或者投标邀请书中载明是否接受联合体投标。如未载明,不得拒绝联合体投标。

第二十条 采购人或者采购代理机构应当根据采购项目的特点和采购需求编制招标文件。招标文件应当包括以下主要内容：

（一）投标邀请；

（二）投标人须知（包括投标文件的密封、签署、盖章要求等）；

（三）投标人应当提交的资格、资信证明文件；

（四）为落实政府采购政策，采购标的需满足的要求，以及投标人须提供的证明材料；

（五）投标文件编制要求、投标报价要求和投标保证金交纳、退还方式以及不予退还投标保证金的情形；

（六）采购项目预算金额，设定最高限价的，还应当公开最高限价；

（七）采购项目的技术规格、数量、服务标准、验收等要求，包括附件、图纸等；

（八）拟签订的合同文本；

（九）货物、服务提供的时间、地点、方式；

（十）采购资金的支付方式、时间、条件；

（十一）评标方法、评标标准和投标无效情形；

（十二）投标有效期；

（十三）投标截止时间、开标时间及地点；

（十四）采购代理机构代理费用的收取标准和方式；

（十五）投标人信用信息查询渠道及截止时点、信用信息查询记录和证据留存的具体方式、信用信息的使用规则等；

（十六）省级以上财政部门规定的其他事项。

对于不允许偏离的实质性要求和条件，采购人或者采购代理机构应当在招标文件中规定，并以醒目的方式标明。

第二十一条 采购人或者采购代理机构应当根据采购项目的特点和采购需求编制资格预审文件。资格预审文件应当包括以下主要内容：

（一）资格预审邀请；

（二）申请人须知；

（三）申请人的资格要求；

（四）资格审核标准和方法；

（五）申请人应当提供的资格预审申请文件的内容和格式；

（六）提交资格预审申请文件的方式、截止时间、地点及资格审核日期；

（七）申请人信用信息查询渠道及截止时点、信用信息查询记录和证据留存的具体方式、信用信息的使用规则等内容；

（八）省级以上财政部门规定的其他事项。

资格预审文件应当免费提供。

第二十二条　采购人、采购代理机构一般不得要求投标人提供样品，仅凭书面方式不能准确描述采购需求或者需要对样品进行主观判断以确认是否满足采购需求等特殊情况除外。

要求投标人提供样品的，应当在招标文件中明确规定样品制作的标准和要求、是否需要随样品提交相关检测报告、样品的评审方法以及评审标准。需要随样品提交检测报告的，还应当规定检测机构的要求、检测内容等。

采购活动结束后，对于未中标人提供的样品，应当及时退还或者经未中标人同意后自行处理；对于中标人提供的样品，应当按照招标文件的规定进行保管、封存，并作为履约验收的参考。

第二十三条　投标有效期从提交投标文件的截止之日起算。投标文件中承诺的投标有效期应当不少于招标文件中载明的投标有效期。投标有效期内投标人撤销投标文件的，采购人或者采购代理机构可以不退还投标保证金。

第二十四条　招标文件售价应当按照弥补制作、邮寄成本的原则确定，不得以营利为目的，不得以招标采购金额作为确定招标文件售价的依据。

第二十五条　招标文件、资格预审文件的内容不得违反法律、行政法规、强制性标准、政府采购政策，或者违反公开透明、公平竞争、公正和诚实信用原则。

有前款规定情形，影响潜在投标人投标或者资格预审结果的，采购人或者采购代理机构应当修改招标文件或者资格预审文件后重新招标。

第二十六条　采购人或者采购代理机构可以在招标文件提供期

限截止后,组织已获取招标文件的潜在投标人现场考察或者召开开标前答疑会。

组织现场考察或者召开答疑会的,应当在招标文件中载明,或者在招标文件提供期限截止后以书面形式通知所有获取招标文件的潜在投标人。

第二十七条 采购人或者采购代理机构可以对已发出的招标文件、资格预审文件、投标邀请书进行必要的澄清或者修改,但不得改变采购标的和资格条件。澄清或者修改应当在原公告发布媒体上发布澄清公告。澄清或者修改的内容为招标文件、资格预审文件、投标邀请书的组成部分。

澄清或者修改的内容可能影响投标文件编制的,采购人或者采购代理机构应当在投标截止时间至少15日前,以书面形式通知所有获取招标文件的潜在投标人;不足15日的,采购人或者采购代理机构应当顺延提交投标文件的截止时间。

澄清或者修改的内容可能影响资格预审申请文件编制的,采购人或者采购代理机构应当在提交资格预审申请文件截止时间至少3日前,以书面形式通知所有获取资格预审文件的潜在投标人;不足3日的,采购人或者采购代理机构应当顺延提交资格预审申请文件的截止时间。

第二十八条 投标截止时间前,采购人、采购代理机构和有关人员不得向他人透露已获取招标文件的潜在投标人的名称、数量以及可能影响公平竞争的有关招标投标的其他情况。

第二十九条 采购人、采购代理机构在发布招标公告、资格预审公告或者发出投标邀请书后,除因重大变故采购任务取消情况外,不得擅自终止招标活动。

终止招标的,采购人或者采购代理机构应当及时在原公告发布媒体上发布终止公告,以书面形式通知已经获取招标文件、资格预审文件或者被邀请的潜在投标人,并将项目实施情况和采购任务取消原因报告本级财政部门。已经收取招标文件费用或者投标保证金的,采购人或者采购代理机构应当在终止采购活动后5个工作日内,退还所收取的招标文件费用和所收取的投标保证金及其在银行产生的孳息。

第三章 投 标

第三十条 投标人,是指响应招标、参加投标竞争的法人、其他组织或者自然人。

第三十一条 采用最低评标价法的采购项目,提供相同品牌产品的不同投标人参加同一合同项下投标的,以其中通过资格审查、符合性审查且报价最低的参加评标;报价相同的,由采购人或者采购人委托评标委员会按照招标文件规定的方式确定一个参加评标的投标人,招标文件未规定的采取随机抽取方式确定,其他投标无效。

使用综合评分法的采购项目,提供相同品牌产品且通过资格审查、符合性审查的不同投标人参加同一合同项下投标的,按一家投标人计算,评审后得分最高的同品牌投标人获得中标人推荐资格;评审得分相同的,由采购人或者采购人委托评标委员会按照招标文件规定的方式确定一个投标人获得中标人推荐资格,招标文件未规定的采取随机抽取方式确定,其他同品牌投标人不作为中标候选人。

非单一产品采购项目,采购人应当根据采购项目技术构成、产品价格比重等合理确定核心产品,并在招标文件中载明。多家投标人提供的核心产品品牌相同的,按前两款规定处理。

第三十二条 投标人应当按照招标文件的要求编制投标文件。投标文件应当对招标文件提出的要求和条件作出明确响应。

第三十三条 投标人应当在招标文件要求提交投标文件的截止时间前,将投标文件密封送达投标地点。采购人或者采购代理机构收到投标文件后,应当如实记载投标文件的送达时间和密封情况,签收保存,并向投标人出具签收回执。任何单位和个人不得在开标前开启投标文件。

逾期送达或者未按照招标文件要求密封的投标文件,采购人、采购代理机构应当拒收。

第三十四条 投标人在投标截止时间前,可以对所递交的投标文件进行补充、修改或者撤回,并书面通知采购人或者采购代理机构。补充、修改的内容应当按照招标文件要求签署、盖章、密封后,作为投标文件的组成部分。

第三十五条　投标人根据招标文件的规定和采购项目的实际情况,拟在中标后将中标项目的非主体、非关键性工作分包的,应当在投标文件中载明分包承担主体,分包承担主体应当具备相应资质条件且不得再次分包。

第三十六条　投标人应当遵循公平竞争的原则,不得恶意串通,不得妨碍其他投标人的竞争行为,不得损害采购人或者其他投标人的合法权益。

在评标过程中发现投标人有上述情形的,评标委员会应当认定其投标无效,并书面报告本级财政部门。

第三十七条　有下列情形之一的,视为投标人串通投标,其投标无效:

(一)不同投标人的投标文件由同一单位或者个人编制;

(二)不同投标人委托同一单位或者个人办理投标事宜;

(三)不同投标人的投标文件载明的项目管理成员或者联系人员为同一人;

(四)不同投标人的投标文件异常一致或者投标报价呈规律性差异;

(五)不同投标人的投标文件相互混装;

(六)不同投标人的投标保证金从同一单位或者个人的账户转出。

第三十八条　投标人在投标截止时间前撤回已提交的投标文件的,采购人或者采购代理机构应当自收到投标人书面撤回通知之日起5个工作日内,退还已收取的投标保证金,但因投标人自身原因导致无法及时退还的除外。

采购人或者采购代理机构应当自中标通知书发出之日起5个工作日内退还未中标人的投标保证金,自采购合同签订之日起5个工作日内退还中标人的投标保证金或者转为中标人的履约保证金。

采购人或者采购代理机构逾期退还投标保证金的,除应当退还投标保证金本金外,还应当按中国人民银行同期贷款基准利率上浮20%后的利率支付超期资金占用费,但因投标人自身原因导致无法及时退还的除外。

第四章 开标、评标

第三十九条 开标应当在招标文件确定的提交投标文件截止时间的同一时间进行。开标地点应当为招标文件中预先确定的地点。

采购人或者采购代理机构应当对开标、评标现场活动进行全程录音录像。录音录像应当清晰可辨，音像资料作为采购文件一并存档。

第四十条 开标由采购人或者采购代理机构主持，邀请投标人参加。评标委员会成员不得参加开标活动。

第四十一条 开标时，应当由投标人或者其推选的代表检查投标文件的密封情况；经确认无误后，由采购人或者采购代理机构工作人员当众拆封，宣布投标人名称、投标价格和招标文件规定的需要宣布的其他内容。

投标人不足3家的，不得开标。

第四十二条 开标过程应当由采购人或者采购代理机构负责记录，由参加开标的各投标人代表和相关工作人员签字确认后随采购文件一并存档。

投标人代表对开标过程和开标记录有疑义，以及认为采购人、采购代理机构相关工作人员有需要回避的情形的，应当场提出询问或者回避申请。采购人、采购代理机构对投标人代表提出的询问或者回避申请应当及时处理。

投标人未参加开标的，视同认可开标结果。

第四十三条 公开招标数额标准以上的采购项目，投标截止后投标人不足3家或者通过资格审查或符合性审查的投标人不足3家的，除采购任务取消情形外，按照以下方式处理：

（一）招标文件存在不合理条款或者招标程序不符合规定的，采购人、采购代理机构改正后依法重新招标；

（二）招标文件没有不合理条款、招标程序符合规定，需要采用其他采购方式采购的，采购人应当依法报财政部门批准。

第四十四条 公开招标采购项目开标结束后，采购人或者采购代理机构应当依法对投标人的资格进行审查。

合格投标人不足3家的，不得评标。

第四十五条　采购人或者采购代理机构负责组织评标工作,并履行下列职责:

(一)核对评审专家身份和采购人代表授权函,对评审专家在政府采购活动中的职责履行情况予以记录,并及时将有关违法违规行为向财政部门报告;

(二)宣布评标纪律;

(三)公布投标人名单,告知评审专家应当回避的情形;

(四)组织评标委员会推选评标组长,采购人代表不得担任组长;

(五)在评标期间采取必要的通讯管理措施,保证评标活动不受外界干扰;

(六)根据评标委员会的要求介绍政府采购相关政策法规、招标文件;

(七)维护评标秩序,监督评标委员会依照招标文件规定的评标程序、方法和标准进行独立评审,及时制止和纠正采购人代表、评审专家的倾向性言论或者违法违规行为;

(八)核对评标结果,有本办法第六十四条规定情形的,要求评标委员会复核或者书面说明理由,评标委员会拒绝的,应予记录并向本级财政部门报告;

(九)评审工作完成后,按照规定向评审专家支付劳务报酬和异地评审差旅费,不得向评审专家以外的其他人员支付评审劳务报酬;

(十)处理与评标有关的其他事项。

采购人可以在评标前说明项目背景和采购需求,说明内容不得含有歧视性、倾向性意见,不得超出招标文件所述范围。说明应当提交书面材料,并随采购文件一并存档。

第四十六条　评标委员会负责具体评标事务,并独立履行下列职责:

(一)审查、评价投标文件是否符合招标文件的商务、技术等实质性要求;

(二)要求投标人对投标文件有关事项作出澄清或者说明;

(三)对投标文件进行比较和评价;

(四)确定中标候选人名单,以及根据采购人委托直接确定中标人；

（五）向采购人、采购代理机构或者有关部门报告评标中发现的违法行为。

第四十七条 评标委员会由采购人代表和评审专家组成，成员人数应当为5人以上单数，其中评审专家不得少于成员总数的三分之二。

采购项目符合下列情形之一的，评标委员会成员人数应当为7人以上单数：

（一）采购预算金额在1000万元以上；

（二）技术复杂；

（三）社会影响较大。

评审专家对本单位的采购项目只能作为采购人代表参与评标，本办法第四十八条第二款规定情形除外。采购代理机构工作人员不得参加由本机构代理的政府采购项目的评标。

评标委员会成员名单在评标结果公告前应当保密。

第四十八条 采购人或者采购代理机构应当从省级以上财政部门设立的政府采购评审专家库中，通过随机方式抽取评审专家。

对技术复杂、专业性强的采购项目，通过随机方式难以确定合适评审专家的，经主管预算单位同意，采购人可以自行选定相应专业领域的评审专家。

第四十九条 评标中因评标委员会成员缺席、回避或者健康等特殊原因导致评标委员会组成不符合本办法规定的，采购人或者采购代理机构应当依法补足后继续评标。被更换的评标委员会成员所作出的评标意见无效。

无法及时补足评标委员会成员的，采购人或者采购代理机构应当停止评标活动，封存所有投标文件和开标、评标资料，依法重新组建评标委员会进行评标。原评标委员会所作出的评标意见无效。

采购人或者采购代理机构应当将变更、重新组建评标委员会的情况予以记录，并随采购文件一并存档。

第五十条 评标委员会应当对符合资格的投标人的投标文件进行符合性审查，以确定其是否满足招标文件的实质性要求。

第五十一条　对于投标文件中含义不明确、同类问题表述不一致或者有明显文字和计算错误的内容，评标委员会应当以书面形式要求投标人作出必要的澄清、说明或者补正。

投标人的澄清、说明或者补正应当采用书面形式，并加盖公章，或者由法定代表人或其授权的代表签字。投标人的澄清、说明或者补正不得超出投标文件的范围或者改变投标文件的实质性内容。

第五十二条　评标委员会应当按照招标文件中规定的评标方法和标准，对符合性审查合格的投标文件进行商务和技术评估，综合比较与评价。

第五十三条　评标方法分为最低评标价法和综合评分法。

第五十四条　最低评标价法，是指投标文件满足招标文件全部实质性要求，且投标报价最低的投标人为中标候选人的评标方法。

技术、服务等标准统一的货物服务项目，应当采用最低评标价法。

采用最低评标价法评标时，除了算术修正和落实政府采购政策需进行的价格扣除外，不能对投标人的投标价格进行任何调整。

第五十五条　综合评分法，是指投标文件满足招标文件全部实质性要求，且按照评审因素的量化指标评审得分最高的投标人为中标候选人的评标方法。

评审因素的设定应当与投标人所提供货物服务的质量相关，包括投标报价、技术或者服务水平、履约能力、售后服务等。资格条件不得作为评审因素。评审因素应当在招标文件中规定。

评审因素应当细化和量化，且与相应的商务条件和采购需求对应。商务条件和采购需求指标有区间规定的，评审因素应当量化到相应区间，并设置各区间对应的不同分值。

评标时，评标委员会各成员应当独立对每个投标人的投标文件进行评价，并汇总每个投标人的得分。

货物项目的价格分值占总分值的比重不得低于30%；服务项目的价格分值占总分值的比重不得低于10%。执行国家统一定价标准和采用固定价格采购的项目，其价格不列为评审因素。

价格分应当采用低价优先法计算，即满足招标文件要求且投标价格最低的投标报价为评标基准价，其价格分为满分。其他投标人的价格分统一按照下列公式计算：

投标报价得分 = (评标基准价/投标报价) × 100

评标总得分 = F1 × A1 + F2 × A2 + …… + Fn × An

F1、F2……Fn 分别为各项评审因素的得分；

A1、A2、……An 分别为各项评审因素所占的权重（A1 + A2 + …… + An = 1）。

评标过程中，不得去掉报价中的最高报价和最低报价。

因落实政府采购政策进行价格调整的，以调整后的价格计算评标基准价和投标报价。

第五十六条 采用最低评标价法的，评标结果按投标报价由低到高顺序排列。投标报价相同的并列。投标文件满足招标文件全部实质性要求且投标报价最低的投标人为排名第一的中标候选人。

第五十七条 采用综合评分法的，评标结果按评审后得分由高到低顺序排列。得分相同的，按投标报价由低到高顺序排列。得分且投标报价相同的并列。投标文件满足招标文件全部实质性要求，且按照评审因素的量化指标评审得分最高的投标人为排名第一的中标候选人。

第五十八条 评标委员会根据全体评标成员签字的原始评标记录和评标结果编写评标报告。评标报告应当包括以下内容：

（一）招标公告刊登的媒体名称、开标日期和地点；

（二）投标人名单和评标委员会成员名单；

（三）评标方法和标准；

（四）开标记录和评标情况及说明，包括无效投标人名单及原因；

（五）评标结果，确定的中标候选人名单或者经采购人委托直接确定的中标人；

（六）其他需要说明的情况，包括评标过程中投标人根据评标委员会要求进行的澄清、说明或者补正，评标委员会成员的更换等。

第五十九条 投标文件报价出现前后不一致的，除招标文件另有规定外，按照下列规定修正：

（一）投标文件中开标一览表（报价表）内容与投标文件中相应内容不一致的，以开标一览表（报价表）为准；

（二）大写金额和小写金额不一致的，以大写金额为准；

（三）单价金额小数点或者百分比有明显错位的，以开标一览表的总价为准，并修改单价；

（四）总价金额与按单价汇总金额不一致的，以单价金额计算结果为准。

同时出现两种以上不一致的，按照前款规定的顺序修正。修正后的报价按照本办法第五十一条第二款的规定经投标人确认后产生约束力，投标人不确认的，其投标无效。

第六十条　评标委员会认为投标人的报价明显低于其他通过符合性审查投标人的报价，有可能影响产品质量或者不能诚信履约的，应当要求其在评标现场合理的时间内提供书面说明，必要时提交相关证明材料；投标人不能证明其报价合理性的，评标委员会应当将其作为无效投标处理。

第六十一条　评标委员会成员对需要共同认定的事项存在争议的，应当按照少数服从多数的原则作出结论。持不同意见的评标委员会成员应当在评标报告上签署不同意见及理由，否则视为同意评标报告。

第六十二条　评标委员会及其成员不得有下列行为：

（一）确定参与评标至评标结束前私自接触投标人；

（二）接受投标人提出的与投标文件不一致的澄清或者说明，本办法第五十一条规定的情形除外；

（三）违反评标纪律发表倾向性意见或者征询采购人的倾向性意见；

（四）对需要专业判断的主观评审因素协商评分；

（五）在评标过程中擅离职守，影响评标程序正常进行的；

（六）记录、复制或者带走任何评标资料；

（七）其他不遵守评标纪律的行为。

评标委员会成员有前款第一至五项行为之一的，其评审意见无效，并不得获取评审劳务报酬和报销异地评审差旅费。

第六十三条　投标人存在下列情况之一的，投标无效：

（一）未按照招标文件的规定提交投标保证金的；

（二）投标文件未按招标文件要求签署、盖章的；

（三）不具备招标文件中规定的资格要求的；

（四）报价超过招标文件中规定的预算金额或者最高限价的；

（五）投标文件含有采购人不能接受的附加条件的；

（六）法律、法规和招标文件规定的其他无效情形。

第六十四条 评标结果汇总完成后，除下列情形外，任何人不得修改评标结果：

（一）分值汇总计算错误的；

（二）分项评分超出评分标准范围的；

（三）评标委员会成员对客观评审因素评分不一致的；

（四）经评标委员会认定评分畸高、畸低的。

评标报告签署前，经复核发现存在以上情形之一的，评标委员会应当当场修改评标结果，并在评标报告中记载；评标报告签署后，采购人或者采购代理机构发现存在以上情形之一的，应当组织原评标委员会进行重新评审，重新评审改变评标结果的，书面报告本级财政部门。

投标人对本条第一款情形提出质疑的，采购人或者采购代理机构可以组织原评标委员会进行重新评审，重新评审改变评标结果的，应当书面报告本级财政部门。

第六十五条 评标委员会发现招标文件存在歧义、重大缺陷导致评标工作无法进行，或者招标文件内容违反国家有关强制性规定的，应当停止评标工作，与采购人或者采购代理机构沟通并作书面记录。采购人或者采购代理机构确认后，应当修改招标文件，重新组织采购活动。

第六十六条 采购人、采购代理机构应当采取必要措施，保证评标在严格保密的情况下进行。除采购人代表、评标现场组织人员外，采购人的其他工作人员以及与评标工作无关的人员不得进入评标现场。

有关人员对评标情况以及在评标过程中获悉的国家秘密、商业秘密负有保密责任。

第六十七条 评标委员会或者其成员存在下列情形导致评标结果无效的，采购人、采购代理机构可以重新组建评标委员会进行评标，

并书面报告本级财政部门,但采购合同已经履行的除外:

(一)评标委员会组成不符合本办法规定的;

(二)有本办法第六十二条第一至五项情形的;

(三)评标委员会及其成员独立评标受到非法干预的;

(四)有政府采购法实施条例第七十五条规定的违法行为的。

有违法违规行为的原评标委员会成员不得参加重新组建的评标委员会。

第五章 中标和合同

第六十八条 采购代理机构应当在评标结束后2个工作日内将评标报告送采购人。

采购人应当自收到评标报告之日起5个工作日内,在评标报告确定的中标候选人名单中按顺序确定中标人。中标候选人并列的,由采购人或者采购人委托评标委员会按照招标文件规定的方式确定中标人;招标文件未规定的,采取随机抽取的方式确定。

采购人自行组织招标的,应当在评标结束后5个工作日内确定中标人。

采购人在收到评标报告5个工作日内未按评标报告推荐的中标候选人顺序确定中标人,又不能说明合法理由的,视同按评标报告推荐的顺序确定排名第一的中标候选人为中标人。

第六十九条 采购人或者采购代理机构应当自中标人确定之日起2个工作日内,在省级以上财政部门指定的媒体上公告中标结果,招标文件应当随中标结果同时公告。

中标结果公告内容应当包括采购人及其委托的采购代理机构的名称、地址、联系方式,项目名称和项目编号,中标人名称、地址和中标金额,主要中标标的的名称、规格型号、数量、单价、服务要求,中标公告期限以及评审专家名单。

中标公告期限为1个工作日。

邀请招标采购人采用书面推荐方式产生符合资格条件的潜在投标人的,还应当将所有被推荐供应商名单和推荐理由随中标结果同时公告。

在公告中标结果的同时,采购人或者采购代理机构应当向中标人发出中标通知书;对未通过资格审查的投标人,应当告知其未通过的原因;采用综合评分法评审的,还应当告知未中标人本人的评审得分与排序。

第七十条 中标通知书发出后,采购人不得违法改变中标结果,中标人无正当理由不得放弃中标。

第七十一条 采购人应当自中标通知书发出之日起 30 日内,按照招标文件和中标人投标文件的规定,与中标人签订书面合同。所签订的合同不得对招标文件确定的事项和中标人投标文件作实质性修改。

采购人不得向中标人提出任何不合理的要求作为签订合同的条件。

第七十二条 政府采购合同应当包括采购人与中标人的名称和住所、标的、数量、质量、价款或者报酬、履行期限及地点和方式、验收要求、违约责任、解决争议的方法等内容。

第七十三条 采购人与中标人应当根据合同的约定依法履行合同义务。

政府采购合同的履行、违约责任和解决争议的方法等适用《中华人民共和国合同法》。

第七十四条 采购人应当及时对采购项目进行验收。采购人可以邀请参加本项目的其他投标人或者第三方机构参与验收。参与验收的投标人或者第三方机构的意见作为验收书的参考资料一并存档。

第七十五条 采购人应当加强对中标人的履约管理,并按照采购合同约定,及时向中标人支付采购资金。对于中标人违反采购合同约定的行为,采购人应当及时处理,依法追究其违约责任。

第七十六条 采购人、采购代理机构应当建立真实完整的招标采购档案,妥善保存每项采购活动的采购文件。

第六章 法律责任

第七十七条 采购人有下列情形之一的,由财政部门责令限期改正;情节严重的,给予警告,对直接负责的主管人员和其他直接责任人

员由其行政主管部门或者有关机关依法给予处分,并予以通报;涉嫌犯罪的,移送司法机关处理:

(一)未按照本办法的规定编制采购需求的;

(二)违反本办法第六条第二款规定的;

(三)未在规定时间内确定中标人的;

(四)向中标人提出不合理要求作为签订合同条件的。

第七十八条 采购人、采购代理机构有下列情形之一的,由财政部门责令限期改正,情节严重的,给予警告,对直接负责的主管人员和其他直接责任人员,由其行政主管部门或者有关机关给予处分,并予通报;采购代理机构有违法所得的,没收违法所得,并可以处以不超过违法所得3倍、最高不超过3万元的罚款,没有违法所得的,可以处以1万元以下的罚款:

(一)违反本办法第八条第二款规定的;

(二)设定最低限价的;

(三)未按照规定进行资格预审或者资格审查的;

(四)违反本办法规定确定招标文件售价的;

(五)未按规定对开标、评标活动进行全程录音录像的;

(六)擅自终止招标活动的;

(七)未按照规定进行开标和组织评标的;

(八)未按照规定退还投标保证金的;

(九)违反本办法规定进行重新评审或者重新组建评标委员会进行评标的;

(十)开标前泄露已获取招标文件的潜在投标人的名称、数量或者其他可能影响公平竞争的有关招标投标情况的;

(十一)未妥善保存采购文件的;

(十二)其他违反本办法规定的情形。

第七十九条 有本办法第七十七条、第七十八条规定的违法行为之一,经改正后仍然影响或者可能影响中标结果的,依照政府采购法实施条例第七十一条规定处理。

第八十条 政府采购当事人违反本办法规定,给他人造成损失的,依法承担民事责任。

第八十一条 评标委员会成员有本办法第六十二条所列行为之一的,由财政部门责令限期改正;情节严重的,给予警告,并对其不良行为予以记录。

第八十二条 财政部门应当依法履行政府采购监督管理职责。财政部门及其工作人员在履行监督管理职责中存在懒政怠政、滥用职权、玩忽职守、徇私舞弊等违法违纪行为的,依照政府采购法、《中华人民共和国公务员法》、《中华人民共和国行政监察法》、政府采购法实施条例等国家有关规定追究相应责任;涉嫌犯罪的,移送司法机关处理。

第七章 附 则

第八十三条 政府采购货物服务电子招标投标、政府采购货物中的进口机电产品招标投标有关特殊事宜,由财政部另行规定。

第八十四条 本办法所称主管预算单位是指负有编制部门预算职责,向本级财政部门申报预算的国家机关、事业单位和团体组织。

第八十五条 本办法规定按日计算期间的,开始当天不计入,从次日开始计算。期限的最后一日是国家法定节假日的,顺延到节假日后的次日为期限的最后一日。

第八十六条 本办法所称的"以上"、"以下"、"内"、"以内",包括本数;所称的"不足",不包括本数。

第八十七条 各省、自治区、直辖市财政部门可以根据本办法制定具体实施办法。

第八十八条 本办法自2017年10月1日起施行。财政部2004年8月11日发布的《政府采购货物和服务招标投标管理办法》(财政部令第18号)同时废止。

信用评级业管理暂行办法

(2019年11月26日中国人民银行、国家发展和改革委员会、财政部、中国证券监督管理委员会令〔2019〕第5号公布 自2019年12月26日起施行)

第一章 总　则

第一条 为了规范信用评级业务,保护当事人合法权益,促进信用评级业健康发展,根据《中华人民共和国中国人民银行法》《中华人民共和国公司法》《中华人民共和国证券法》《中华人民共和国预算法》《企业债券管理条例》等法律法规,制定本办法。

第二条 在中华人民共和国境内从事信用评级业务,适用本办法。法律法规和有关业务管理部门制定的信用评级机构监督管理规则中另有规定的,适用其规定。

本办法所称信用评级,是指信用评级机构对影响经济主体或者债务融资工具的信用风险因素进行分析,就其偿债能力和偿债意愿作出综合评价,并通过预先定义的信用等级符号进行表示。

本办法所称信用评级业务,是指为开展信用评级而进行的信息收集、分析、评估、审核和结果发布等活动。

本办法所称信用评级机构,是指依法设立,主要从事信用评级业务的社会中介机构。

本办法所称评级对象,是指受评经济主体或者受评债务融资工具。

本办法所称债务融资工具,包括:贷款,地方政府债券、金融债券、非金融企业债务融资工具、企业债券、公司债券等债券,资产支持证券等结构化融资产品,其他债务类融资产品。

第三条 本办法所称监管主体包括信用评级行业主管部门和业务管理部门。中国人民银行是信用评级行业主管部门,主管全国的信用评级监督管理工作。

发展改革委、财政部、证监会为信用评级业务管理部门（以下统称业务管理部门），在职责范围内依法对信用评级业务实施监督管理。

第四条 信用评级行业主管部门履行以下职责：

（一）研究起草信用评级相关法律法规草案；

（二）拟定信用评级业发展战略、规划和政策；

（三）制定信用评级机构的准入原则和基本规范；

（四）研究制定信用评级业对外开放政策；

（五）促进信用评级业健康发展。

第五条 业务管理部门依据相关法律法规和监管职责，对信用评级业务进行监督管理。业务管理部门可以根据需要，对信用评级机构的监督管理制定相应规则。

第六条 信用评级行业主管部门和业务管理部门建立部际协调机制，根据职责分工，协调配合，共同加强监管工作。

第七条 信用评级行业主管部门、业务管理部门在各自职责范围内分别建立信用评级机构信用档案和信用评级机构高级管理人员信用档案，并将信用评级机构及高级管理人员信用档案信息、评级业务信息、检查及行政处罚等信息纳入全国信用信息共享平台，按照有关规定，实现信息公开与共享。

信用评级机构应当建立本机构从业人员信用档案，并将从业人员信用档案信息纳入全国信用信息共享平台，按照有关规定，实现信息公开与共享。

第八条 信用评级机构从事信用评级业务应当遵循独立、客观、公正和审慎性原则，勤勉尽责，诚信经营，不得损害国家利益、社会公共利益和市场主体合法权益。

信用评级机构从事评级业务，应当遵循一致性原则，对同一类对象评级，或者对同一评级对象跟踪评级，应当采用一致的评级标准和工作程序。评级标准和工作程序及其调整，应当予以充分披露。

信用评级机构依法独立开展业务，不受任何单位和个人的干涉。

第二章 信用评级机构管理

第九条 设立信用评级机构，应当符合《中华人民共和国公司法》规定的公司设立条件，自公司登记机关准予登记之日起30日内向所在地的信用评级行业主管部门省一级派出机构（以下简称备案机构）办理备案，并提交以下材料：

（一）信用评级机构备案表；

（二）营业执照复印件；

（三）全球法人机构识别编码；

（四）股权结构说明，包括注册资本、股东名单及其出资额或者所持股份，股东在本机构以外的实体持股情况，实际控制人、受益所有人情况；

（五）董事、监事、高级管理人员以及信用评级分析人员的情况说明和证明文件；

（六）主要股东、实际控制人、受益所有人、董事、监事、高级管理人员未因犯有贪污、贿赂、侵占财产、挪用财产罪或者破坏社会主义市场经济秩序罪，被判处刑罚，或者因犯罪被剥夺政治权利的声明，以及主要股东、实际控制人、受益所有人的信用报告；

（七）营业场所、组织机构设置及公司治理情况；

（八）独立性、信息披露以及业务制度说明；

（九）信用评级行业主管部门基于保护投资者、维护社会公共利益考虑，合理要求的与信用评级机构及其相关自然人有关的其他材料。

备案机构可以对高级管理人员和主要信用评级分析人员进行政策法规、业务技能等方面的监管谈话，以评估其专业素质的合格性。

第十条 信用评级机构设立分支机构的，自该分支机构成立之日起30日内，信用评级机构应当向原备案机构、信用评级机构分支机构应当向备案机构分别办理备案，并提交以下材料：

（一）信用评级机构分支机构备案表；

（二）信用评级机构分支机构营业执照复印件；

（三）信用评级机构分支机构营业场所及组织机构设置说明；

（四）信用评级机构分支机构高级管理人员和信用评级分析人员

情况说明和证明文件。

第十一条 信用评级机构应当自下列事项变更或者发生之日起30日内，向备案机构办理变更备案：

（一）机构名称、营业场所；

（二）持有出资额或者股份5%以上的股东，实际控制人、受益所有人；

（三）董事、监事、高级管理人员、信用评级分析人员；

（四）按照法律法规、行业主管部门和业务管理部门的规定开展相关市场信用评级业务；

（五）不再从事信用评级业务。

信用评级机构分支机构前款第一项、第三项和第五项事项变更或者发生的，信用评级机构及其分支机构应当自相关事项变更或者发生之日起30日内向各自的备案机构办理变更备案。

第十二条 信用评级机构解散或者被依法宣告破产的，应当向备案机构报告，并按照以下方式处理信用评级数据库系统：

（一）与其他信用评级机构约定，转让给其他信用评级机构；

（二）不能依照前项规定转让的，移交给备案机构指定的信用评级机构；

（三）不能依照前两项规定转让、移交的，在备案机构的监督下销毁。

第十三条 业务管理部门对有关信用评级业务资质另有规定的，从其规定。

第三章 信用评级从业人员管理

第十四条 信用评级机构应当将高级管理人员和信用评级分析人员的基本信息向备案机构办理备案。

第十五条 信用评级机构的高级管理人员和信用评级分析人员离职并受聘于其曾参与评级的受评经济主体、受评债务融资工具发行人、信用评级委托方或者主承销商的，信用评级机构应当检查其离职前两年内参与的与其受聘机构有关的信用评级工作。对评级结果确有影响的，信用评级机构应当及时披露检查结果以及对原信用评级结果的调整情况。

第十六条　信用评级机构应当定期对高级管理人员和信用评级分析人员进行业务培训和业务能力测试，采取有效措施提高从业人员的职业道德和业务水平，并做好培训和测试记录。

第四章　信用评级程序及业务规则

第十七条　信用评级机构应当对内部管理制度的有效性进行年度检查和评估，就存在的问题提出处理措施，并于每个财务年度结束之日起四个月内将检查和评估报告向信用评级行业主管部门和业务管理部门报备。

第十八条　信用评级机构应当建立完善的信用评级制度，对信用等级的划分与定义、评级方法与程序、评级质量控制、尽职调查、信用评级评审委员会、评级结果公布、跟踪评级等进行明确规定。

第十九条　信用评级机构在开展委托评级项目前，应当与委托人签订评级协议，明确评级双方的权利和义务。

第二十条　信用评级机构在开展信用评级业务时，应当组建评级项目组。

信用评级机构应当对每一评级项目投入充分的富有经验的分析资源。评级项目组成员应当具备从事相关项目的工作经历或者与评级项目相适应的知识结构，评级项目组长应当有充分的经验且至少从事信用评级业务三年以上。

第二十一条　信用评级机构应当对评级对象开展尽职调查，进行必要的评估以确信评级所需信息来源可靠且充分满足使用需求，并在调查前制定详细的调查提纲。

调查过程中，信用评级机构应当制作尽职调查工作底稿，作为评级资料一并存档保管。

第二十二条　评级项目组应当依法收集评级对象的相关资料，并对所依据的文件资料内容进行核查验证和客观分析，在此基础上得出初评结果。

第二十三条　信用评级初评结果应当经过三级审核程序，包括评级小组初审、部门再审和公司三审。

各审核阶段应当相互独立,三级审核文件资料应当按相关要求存档保管。

第二十四条　信用评级机构应当成立内部信用评审委员会。信用评级结果由内部信用评审委员会召开评审会议,以投票表决方式最终确定。信用评级机构应当根据每一评级项目的具体情况,安排充足且具有相关经验的人员参加评审会议。

第二十五条　信用评级机构应当将信用评级结果反馈至评级委托方,评级委托方应当在规定期限内反馈意见。如评级委托方、受评经济主体、受评债务融资工具发行人不是同一主体的,信用评级机构还应当将信用评级结果反馈至受评经济主体和受评债务融资工具发行人。

评级委托方、受评经济主体或者受评债务融资工具发行人对信用评级结果有异议且向信用评级机构提供充分、有效的补充材料的,可以在约定时间内申请复评一次。

第二十六条　信用评级机构公布受评债务融资工具及受评经济主体信用评级结果,应当符合下列要求:

(一)评级结果应当包括评级等级和评级报告,评级报告应当采用简洁、明了的语言,对评级对象的信用等级和有效期等内容作出明确解释;

(二)按照本办法第三十八条的规定公布评级结果;

(三)存在多个评级结果的,多个评级结果均应当予以公布。

业务管理部门另有规定的,从其规定。

第二十七条　在信用评级结果有效期内,信用评级机构应当对评级对象进行跟踪评级,并在签订评级协议时明确跟踪评级安排。其中,评级结果有效期为一年以上的,信用评级机构应当每年跟踪评级一次,并及时公布跟踪评级结果。

业务管理部门另有规定的,从其规定。

第二十八条　在评级结果有效期内发生可能影响评级对象偿债能力和偿债意愿的重大事项的,信用评级机构应当及时进行不定期跟踪评级,并公布跟踪评级结果。

第二十九条　信用评级机构应当建立评级业务档案管理制度。

业务档案应当包括受托开展评级业务的委托书、出具评级报告所依据的原始资料、工作底稿、初评报告、评级报告、内部信用评审委员会表决意见及会议记录、跟踪评级资料、跟踪评级报告等。

业务档案应当保存至评级合同期满后五年、评级对象存续期满后五年或者评级对象违约后五年,且不得少于十年。

第三十条 信用评级机构应当建立信用评级业务信息保密制度。对于在开展信用评级业务、处理信用评级数据库系统过程中知悉的国家秘密、商业秘密和个人隐私,信用评级机构及其从业人员应当依法履行保密义务。

信用评级机构在中国境内采集的信息的整理、保存和加工,应当在中国境内进行。信用评级机构向境外组织或者个人提供信息,应当遵守法律法规以及信用评级行业主管部门和业务管理部门的有关规定。

第三十一条 发生下列情形之一的,信用评级机构可以终止或者撤销评级:

(一)受评经济主体及债务融资工具发行人拒不提供评级所需关键材料或者提供的材料存在虚假记载、误导性陈述或者重大遗漏的;

(二)受评经济主体解散或者被依法宣告破产的;

(三)受评债务融资工具不再存续的;

(四)评级工作不能正常开展的其他情形。

因上述原因终止或者撤销评级的,信用评级机构应当及时公告并说明原因。

第三十二条 信用评级机构不得有下列行为:

(一)篡改相关资料或者歪曲评级结果;

(二)以承诺分享投资收益或者分担投资损失、承诺高等级、承诺低收费、诋毁同行等手段招揽业务;

(三)以挂靠、外包等形式允许其他机构使用其名义开展信用评级业务;

(四)与受评经济主体、受评债务融资工具发行人或者相关第三方存在不正当交易或者商业贿赂;

(五)向受评经济主体、受评债务融资工具发行人或者相关第三方提供顾问或者咨询服务；

（六）对受评经济主体、受评债务融资工具发行人或者相关第三方进行敲诈勒索；

（七）违反信用评级业务规则，损害投资人、评级对象合法权益，损害信用评级业声誉的其他行为。

第五章 独立性要求

第三十三条 信用评级机构、信用评级从业人员应当在对经济主体、债务融资工具本身风险进行充分分析的基础之上独立得出信用评级结果，防止评级结果受到其他商业行为的不当影响。

第三十四条 信用评级机构与受评经济主体或者受评债务融资工具发行人存在下列情形之一的，不得开展信用评级业务：

（一）信用评级机构与受评经济主体或者受评债务融资工具发行人为同一实际控制人所控制，或者由同一股东持股均达到5%以上；

（二）受评经济主体、受评债务融资工具发行人或者其实际控制人直接或者间接持有信用评级机构出资额或者股份达到5%以上；

（三）信用评级机构或者其实际控制人直接或者间接持有受评经济主体、受评债务融资工具发行人出资额或者股份达到5%以上；

（四）信用评级机构或者其实际控制人在开展评级业务之前六个月内及开展评级业务期间买卖受评经济主体或者受评债务融资工具发行人发行的证券等产品；

（五）影响信用评级机构独立性的其他情形。

第三十五条 信用评级机构应当建立回避制度。信用评级从业人员在开展信用评级业务期间有下列情形之一的，应当回避：

（一）本人、直系亲属持有受评经济主体或者受评债务融资工具发行人的出资额或者股份达到5%以上，或者是受评经济主体、受评债务融资工具发行人的实际控制人；

（二）本人、直系亲属担任受评经济主体或者受评债务融资工具发行人的董事、监事或者高级管理人员；

（三）本人、直系亲属担任受评经济主体或者受评债务融资工具发行人聘任的会计师事务所、律师事务所、财务顾问等服务机构的负责人或者项目签字人；

（四）本人、直系亲属持有债务融资工具或者受评经济主体发行的证券金额超过 50 万元，或者与受评经济主体、受评债务融资工具发行人发生累计超过 50 万元的交易；

（五）信用评级行业主管部门和业务管理部门认定的足以影响独立、客观、公正原则的其他情形。

第三十六条　信用评级机构应建立完善的公司治理机制，确保其主要股东及实际控制人在出资比例、股权比例或投票权等方面不存在足以影响评级独立性的情形。

信用评级机构应当建立清晰合理的内部组织结构，建立健全防火墙，确保信用评级业务部门独立于营销等其他部门。

信用评级机构应当建立独立的合规部门，负责监督并报告评级机构及其员工的合规状况。

第三十七条　信用评级从业人员的薪酬不得与评级对象的信用级别、债务融资工具发行状况等因素相关联。

第六章　信息披露要求

第三十八条　信用评级机构应当通过信用评级行业主管部门和业务管理部门指定的网站和其公司网站进行信息披露。

第三十九条　信用评级机构应当披露下列基本信息：

（一）机构基本情况、经营范围；

（二）股东及其出资额或者所持股份、出资方式、出资比例、股东之间是否存在关联关系的说明，股权变更信息；

（三）保证评级质量的内部控制制度；

（四）评级报告采用的评级符号、评级方法、评级模型和关键假设，披露程度以反映评级可靠性为限，不得涉及商业秘密或妨碍创新。

以上内容发生变更的，应当披露变更原因和对已评级项目的影响。

第四十条　信用评级机构应当在每个财务年度结束之日起四个月内披露下列独立性相关信息：

（一）每年对其独立性的内部审核结果；

（二）信用评级分析人员轮换政策；

（三）财务年度评级收入前20名或者占比5%以上的客户名单；

（四）信用评级机构的关联公司为受评经济主体、受评债务融资工具发行人或者相关第三方提供顾问、咨询服务的情况；

（五）信用评级机构为受评经济主体、受评债务融资工具发行人或者相关第三方提供其他附加服务的情况。

信用评级机构在前款规定时间内将前款第三项信息向行业主管部门以及业务管理部门备案的，可以不披露该信息。

第四十一条　信用评级机构应当披露下列评级质量相关信息：

（一）一年、三年、五年期的信用评级违约率和信用等级迁移情况；

（二）任何终止或撤销信用评级的决定及原因；

（三）其他依法应当披露的信息。

第四十二条　信用评级机构应当披露开展信用评级项目依据的主要信息来源。

第四十三条　信用评级机构应当披露聘用第三方进行尽职调查的情况。

第四十四条　信用评级机构开展结构化融资产品信用评级的，应当持续更新，并按照第三十九条第一款第四项的要求，及时披露结构化融资产品评级方法、评级模型和关键假设。

第七章　监　督　管　理

第四十五条　信用评级行业主管部门、业务管理部门及其派出机构依照法律法规和本办法相关规定，履行对信用评级机构的监督管理职责，可以采取下列监督检查措施：

（一）进入信用评级机构进行现场检查；

（二）询问相关的单位和个人，要求其对有关事项作出说明；

（三）查询、复制相关文件、资料，封存可能被转移、销毁、隐匿或者篡改的文件、资料；

（四）检查信用评级数据库系统；

（五）其他现场检查措施。

第四十六条　现场检查内容包括下列事项：

（一）备案信息与实际情况的一致性；

（二）信用评级业务与评级模型、程序、方法的一致性；

（三）内部管理情况；

（四）独立性管理情况；

（五）信息披露情况；

（六）执行信用评级行业主管部门、业务管理部门信用评级管理规定情况；

（七）信用评级行业主管部门、业务管理部门认为有必要检查的其他内容。

第四十七条 现场检查程序按照信用评级行业主管部门、业务管理部门的规定执行。

相关信用评级机构和从业人员应当配合，如实提供有关文件、资料，不得隐瞒、拒绝和阻碍。

第四十八条 信用评级机构按照相关规定向信用评级行业主管部门、业务管理部门及其派出机构报送信用评级结果、信用评级报告、统计报表、违约率数据、经审计的财务报表、财务年度信用评级工作报告等资料，并对报表和资料的真实性、准确性、完整性负责。

第四十九条 信用评级行业主管部门、业务管理部门及其派出机构对信用评级机构报送内容进行监测、分析和统计。对发现的问题依据本办法相关规定及时处理。

第五十条 信用评级行业主管部门组织建立违约率检验系统对信用评级结果进行事后检验，并建立违约率检验和通报机制。

第五十一条 信用评级行业主管部门可以将现场与非现场检查情况形成行业监管报告并适时公布。

第五十二条 信用评级行业主管部门、业务管理部门及其派出机构根据监管需要，可以约谈信用评级机构董事、监事和高级管理人员，要求其就相关重大事项作出说明。

第八章 法律责任

第五十三条 信用评级行业主管部门、业务管理部门及其派出机构的工作人员泄露知悉的国家秘密或者商业秘密，或者徇私舞弊、滥用职权、玩忽职守的,依法给予行政处分;涉嫌构成犯罪的,移送司法机关依法追究刑事责任。

第五十四条 信用评级机构及其从业人员违反本办法的,依照本章的有关规定给予处罚。

法律法规和业务管理部门另有规定的,从其规定。

第五十五条 信用评级机构开展业务,未按本办法规定办理备案的,由信用评级行业主管部门或者其省一级派出机构责令限期改正,并处未备案期间评级业务收入50%的罚款,没有评级业务收入或者评级业务收入无法计算的,处50万元以上200万元以下的罚款;逾期不改正的,处未备案期间评级业务收入1倍以上3倍以下的罚款,没有评级业务收入或者评级业务收入无法计算的,处200万元以上500万元以下的罚款。

第五十六条 信用评级机构未按本办法规定办理信用评级从业人员备案的,由信用评级行业主管部门或者其省一级派出机构责令限期改正,对信用评级机构处该评级从业人员未备案期间参与的评级业务收入50%的罚款,没有评级业务收入或者评级业务收入无法计算的,处20万元以上50万元以下的罚款;逾期不改正的,对信用评级机构处该评级从业人员未备案期间参与的评级业务收入1倍以上3倍以下的罚款,没有评级业务收入或者评级业务收入无法计算的,处50万元以上200万元以下的罚款。

第五十七条 信用评级机构隐瞒相关情况或者提交虚假备案材料的,信用评级行业主管部门省一级派出机构不予办理备案或者注销备案;已经开展信用评级业务的,处虚假备案期间评级业务收入50%的罚款,没有评级业务收入或者评级业务收入无法计算的,处50万元以上200万元以下的罚款;情节严重的,处虚假备案期间评级业务收入1倍以上3倍以下的罚款,没有评级业务收入或者评级业务收入无法计算的,处200万元以上500万元以下的罚款。

第五十八条 信用评级机构违反本办法规定,有下列行为之一的,由信用评级行业主管部门、业务管理部门或者其派出机构给予警告,并处相关评级业务收入50%的罚款,没有评级业务收入或者评级业务收入无法计算的,处50万元以上200万元以下的罚款;情节严重或者拒不改正的,并处相关评级业务收入1倍以上3倍以下的罚款,没有评级业务收入或者评级业务收入无法计算的,处200万元以上500万元以下的罚款;对直接责任人员给予警告,并处3万元以上10万元以下的罚款:

(一)未按照法定评级程序及业务规则开展信用评级业务的;

(二)违反独立性要求的;

(三)未按照规定披露信息或者披露虚假信息的。

第五十九条 信用评级机构违反本办法规定,有下列行为之一的,由信用评级行业主管部门、业务管理部门或者其派出机构给予警告,并处3万元罚款;拒不改正的,自违规行为发生之日起每日处1万元的罚款:

(一)拒绝、阻碍信用评级行业主管部门、业务管理部门或者其派出机构检查、监管,或者不如实提供文件、资料的;

(二)未按规定向信用评级行业主管部门、业务管理部门或者其派出机构报送报告、资料的;

(三)违反本办法其他规定的。

第六十条 信用评级从业人员违反本办法规定,有下列行为之一的,由信用评级行业主管部门、业务管理部门或者其派出机构给予警告,并处违规收入50%的罚款,没有违规收入或者违规收入无法计算的,处50万元以上200万元以下的罚款;情节严重的,并处违规收入1倍以上3倍以下的罚款,没有违规收入或者违规收入无法计算的,处200万元以上500万元以下的罚款;涉嫌犯罪的,移送司法机关依法追究刑事责任:

(一)从事与信用评级业务有利益冲突的兼职行为的;

(二)以礼金、回扣等方式输送或者接受不正当利益的;

(三)接受受评经济主体、受评债务融资工具发行人等相关主体的礼物或者现金馈赠,参与受评经济主体、受评债务融资工具发行人等相关主体组织的可能影响评级结果独立、客观、公正的活动的;

(四)违反本办法第三十五条相关规定的;

(五)离职并受聘于曾参与评级的受评经济主体、受评债务融资工具发行人、信用评级委托方或者主承销商,未通知信用评级机构的;

第六十一条 信用评级机构由于故意或者重大过失,对投资人、评级委托人或者评级对象利益造成严重损害的,由信用评级行业主管部门、业务管理部门或者其派出机构给予警告,并处相关评级业务收入 1 倍以上 3 倍以下的罚款,没有评级业务收入或者评级业务收入无法计算的,处 200 万元以上 500 万元以下的罚款;对直接责任人员给予警告,并处 3 万元以上 10 万元以下的罚款。

第六十二条 信用评级行业主管部门、业务管理部门依据本办法相关规定,建立信用评价机制,定期对信用评级机构及信用评级从业人员的违法失信行为等开展信用评价,并将信用评价结果纳入信用评级机构信用档案。对信用评价较低的信用评级机构,可以采取向市场公开通报等惩戒措施。

信用评级行业主管部门会同业务管理部门健全守信联合激励和失信联合惩戒机制。建立信用评级机构及信用评级从业人员"失信联合惩戒对象名单"管理制度,根据失信严重程度采取不同惩戒措施;对失信较严重的信用评级机构及信用评级从业人员,纳入"失信联合惩戒对象名单"管理范畴,列为市场不信任信用评级机构及失信信用评级从业人员,发起多部门联合惩戒与约束,情节严重的依法依规实施暂停业务或市场禁入措施。

第六十三条 信用评级机构违反本办法有关规定,受到行政处罚的,信用评级行业主管部门、业务管理部门依法通过"信用中国"网站等渠道向社会公布。

第九章 附 则

第六十四条 信用评级机构自律组织依法开展行业自律管理,接受信用评级行业主管部门和业务管理部门的监督指导。

第六十五条 本办法实施前已经开展信用评级业务的机构,应当自本办法实施之日起六个月内,依照本办法规定向备案机构办理备案。

第六十六条 非信用评级机构为了自身业务开展的内部信用评级结果不得对外提供。

第六十七条 主动评级是指信用评级机构未经委托,主要通过公开渠道收集评级对象相关资料,并以此为依据对相关经济主体或者债务融资工具开展的信用评级。

信用评级机构开展主动评级的,不适用本办法第十九条、第二十五条、第二十六条、第二十七条、第二十八条的规定。

第六十八条 依照评级协议,评级结果不公开的,信用评级机构在开展相关业务时,不适用本办法第二十六条、第二十七条、第二十八条的规定。

第六十九条 境外信用评级机构申请中华人民共和国境内有关信用评级业务资质的,依照信用评级行业主管部门和业务管理部门的相关规定执行。

第七十条 本办法所称受益所有人,是指最终拥有或控制信用评级机构的自然人,包括直接或间接拥有超过25%公司股权或者表决权,或者以其他形式可以对公司的决策、经营、管理形成有效控制或者实际影响的自然人。

第七十一条 本办法由信用评级行业主管部门会同业务管理部门解释。

第七十二条 本办法自2019年12月26日起施行。

失信行为纠正后的信用信息修复管理办法(试行)

(2023年1月13日国家发展和改革委员会令第58号公布
自2023年5月1日起施行)

第一章 总 则

第一条 为规范信用信息修复工作,维护信用主体合法权益,进一步提升社会信用体系建设法治化、规范化水平,根据《中共中央办公厅 国务院办公厅印发〈关于推进社会信用体系建设高质量发展促进形成新发展格局的意见〉的通知》《国务院关于建立完善守信联合激励和失信联合惩戒制度加快推进社会诚信建设的指导意见》《国务院办公厅关于加快推进社会信用体系建设构建以信用为基础的新型监管机制的指导意见》《国务院办公厅关于进一步完善失信约束制度构建诚信建设长效机制的指导意见》要求,制定本办法。

第二条　信用主体依法享有信用信息修复的权利。除法律、法规和党中央、国务院政策文件明确规定不可修复的情形外,满足相关条件的信用主体均可按要求申请信用信息修复。

第三条　本办法所称的信用信息修复,是指信用主体为积极改善自身信用状况,在纠正失信行为、履行相关义务后,向认定失信行为的单位(以下简称"认定单位")或者归集失信信息的信用平台网站的运行机构(以下简称"归集机构")提出申请,由认定单位或者归集机构按照有关规定,移除或终止公示失信信息的活动。

本办法所称的公示,是指归集机构整合相关信用信息并记于信用主体名下后,对依法可公开的信息在信用网站进行集中统一公示。

第四条　本办法所称的失信信息,是指全国公共信用信息基础目录和地方公共信用信息补充目录中所列的对信用主体信用状况具有负面影响的信息,包括严重失信主体名单信息、行政处罚信息和其他失信信息。

本办法所称的严重失信主体名单,是指以法律、法规或党中央、国务院政策文件为依据设列的严重失信主体名单。

第五条　全国信用信息共享平台、"信用中国"网站以及地方信用信息共享平台和信用网站(以下统称"信用平台网站")开展信用信息修复活动,适用本办法。

有关行业主管(监管)部门建立的信用信息系统开展信用信息修复,可参照本办法执行。

法律、法规、部门规章和党中央、国务院文件对信用信息公示和修复另有规定的,从其规定。

第六条　国家发展和改革委员会负责统筹协调指导信用信息修复工作。地方各级人民政府社会信用体系建设牵头部门负责统筹协调指导辖区内信用信息修复工作。各有关部门和单位按职责分工做好信用信息修复相关工作。

第二章 信用信息修复的主要方式

第七条 信用信息修复的方式包括移出严重失信主体名单、终止公示行政处罚信息和修复其他失信信息。

第八条 移出严重失信主体名单,是指认定单位按照有关规定,将信用主体从有关严重失信主体名单中移出。

第九条 终止公示行政处罚信息,是指归集机构按照有关规定,对正在信用网站上公示的信用主体有关行政处罚信息终止公示。

第十条 修复其他失信信息,按照认定单位有关规定执行。

第十一条 依据法律、法规、部门规章建立信用信息修复制度的,由认定单位受理相关修复申请。

尚未建立信用信息修复制度的领域,由国家公共信用信息中心受理修复申请。国家公共信用信息中心作出决定后,在全国信用信息共享平台和"信用中国"网站更新相关信息。地方各级信用平台网站的运行机构配合国家公共信用信息中心做好信用信息修复相关工作。

第三章 严重失信主体名单信息的修复

第十二条 移出严重失信主体名单的申请由认定单位负责受理。

第十三条 认定单位应当严格按照已建立的严重失信主体名单制度规定,审核决定是否同意将信用主体移出名单。

第十四条 "信用中国"网站自收到认定单位共享的移出名单之日起三个工作日内终止公示严重失信主体名单信息。

第四章 行政处罚公示信息的修复

第十五条 以简易程序作出的对法人和非法人组织的行政处罚信息,信用平台网站不进行归集和公示。

以普通程序作出的对法人和非法人组织的行政处罚信息,信用平台网站应当进行归集和公示。被处以警告、通报批评的行政处罚信息,不予公示。其他行政处罚信息最短公示期为三个月,最长公示期为三年,其中涉及食品、药品、特种设备、安全生产、消防领域行政处罚信息最短公示期一年。最短公示期届满后,方可按规定申请提前终止公示。最长公示期届满后,相关信息自动停止公示。

前款规定的行政处罚信息,同一行政处罚决定涉及多种处罚类型的,其公示期限以期限最长的类型为准。行政处罚信息的公示期限起点以行政处罚作出时间为准。

对自然人的行政处罚信息,信用平台网站原则上不公示。

第十六条 法人和非法人组织对行政处罚决定不服,申请行政复议或提起行政诉讼的,相关程序终结前,除行政复议机关或人民法院认定需要停止执行的,相关行政处罚信息不暂停公示。

行政复议或行政诉讼程序终结后,行政处罚被依法撤销或变更的,原处罚机关应当及时将结果报送信用平台网站。信用平台网站应当自收到相关信息之日起三个工作日内撤销或修改相关信息。

第十七条 法人和非法人组织认为信用平台网站对其行政处罚信息的公示内容有误、公示期限不符合规定或者行政处罚决定被依法撤销或变更的,可以向国家公共信用信息中心提出申诉。经核实符合申诉条件的,申诉结果应在七个工作日内反馈,信用平台网站应当及时更新信息。

第十八条 提前终止公示对法人和非法人组织的行政处罚信息,应当同时满足以下条件:

(一)完全履行行政处罚决定规定的义务,纠正违法行为;

(二)达到最短公示期限;

(三)公开作出信用承诺。承诺内容应包括所提交材料真实有效,并明确愿意承担违反承诺的相应责任。

第十九条 法人和非法人组织申请提前终止公示行政处罚信息,应当通过"信用中国"网站向国家公共信用信息中心提出申请,并提交以下材料:

(一)行政处罚机关出具的说明行政处罚决定书明确的责任义务已履行完毕的意见,或者其他可说明相关责任义务已履行完毕的材料;

(二)信用承诺书。

第二十条 国家公共信用信息中心收到提前终止法人和非法人

组织行政处罚信息公示的申请后,应当对申请材料进行形式审查,材料齐全且符合要求的,予以受理;材料不齐全或者不符合要求的,应当在三个工作日内一次性告知信用主体予以补正,补正后符合要求的,予以受理。

第二十一条 国家公共信用信息中心应当自受理之日起七个工作日内确定是否可以提前终止公示;对不予提前终止公示的,应当说明理由。

第二十二条 法律、法规对相关违法违规行为规定了附带期限的惩戒措施的,在相关期限届满前,行政处罚信息不得提前终止公示。

第五章 信用信息修复的协同联动

第二十三条 国家公共信用信息中心应当保障信用信息修复申请受理、审核确认、信息处理等流程线上运行。

第二十四条 地方信用平台网站运行机构应当配合国家公共信用信息中心做好工作协同和信息同步。

第二十五条 信用平台网站与认定单位、国家企业信用信息公示系统、有关行业主管(监管)部门信用信息系统建立信用信息修复信息共享机制。信用平台网站应当自收到信用信息修复信息之日起三个工作日内更新公示信息。信用平台网站应当在作出信用信息修复决定之日起三个工作日内将修复信息共享至认定单位和相关系统。

第二十六条 从"信用中国"网站获取失信信息的第三方信用服务机构,应当建立信息更新机制,确保与"信用中国"网站保持一致。信息不一致的,以"信用中国"网站信息为准。

国家公共信用信息中心应当对第三方信用服务机构信息更新情况进行监督检查,对不及时更新修复信息的机构,可以暂停或者取消向其共享信息。

第六章 信用信息修复的监督管理与诚信教育

第二十七条 信用主体申请信用信息修复应当秉持诚实守信原则,如有提供虚假材料、信用承诺严重不实或被行政机关认定为故意不履行承诺等行为,由受理申请的单位记入信用记录,纳入全国信用信息共享平台,与认定单位及时共享,相关信用记录在"信用中国"网站公示三年并不得提前终止公示,三年内不得在信用平台网站申请信用信息修复;构成犯罪的,依法追究刑事责任。

第二十八条 国家公共信用信息中心不得以任何形式向申请修复的信用主体收取费用。有不按规定办理信用信息修复、直接或变相向信用主体收取费用行为的,依法依规追究相关单位和人员责任。

第二十九条 国家发展和改革委员会、县级及以上地方人民政府社会信用体系建设牵头部门应当会同有关部门加强对信用信息修复工作的督促指导,发现问题及时责令改正。

第三十条 充分发挥有关部门、行业协会商会、第三方信用服务机构、专家学者、新闻媒体等作用,及时阐释和解读信用信息修复政策。鼓励开展各类诚信宣传教育,营造良好舆论环境。

第七章 附 则

第三十一条 本办法由国家发展和改革委员会负责解释。

第三十二条 本办法自2023年5月1日起施行。涉及信用平台网站的信用信息修复相关规定,凡与本办法不一致的停止执行。

市场监管总局关于推进个体工商户信用风险分类管理的意见

(2024年7月24日 国市监信发〔2024〕72号)

各省、自治区、直辖市和新疆生产建设兵团市场监管局(厅、委),总局各司局、网数中心,国家药监局综合司:

个体工商户遍布城乡、数量庞大、领域广泛、发展迅速,是民营经济的重要组成部分,是中国式现代化的有生力量和高质量发展的重要基础。为充分发挥信用风险分类管理优化监管资源配置、提升监管效能的积极作用,以信用助力个体经济健康发展,现就市场监管系统全面推进个体工商户信用风险分类管理提出如下意见。

一、总体要求

以习近平新时代中国特色社会主义思想为指导,深入贯彻党的二十大和二十届二中、三中全会精神,积极落实党中央、国务院关于促进个体工商户发展、优化营商环境的决策部署,锚定建设全国统一大市场和高标准市场体系要求,坚持问题导向、目标导向相结合,坚持法治监管、信用监管、智慧监管融合推进,强化信用护航赋能作用,依法推进个体工商户信用风险分类管理,建立健全基于提升市场监管效能和服务经济发展的信用风险分类管理机制,有效发挥信用约束激励作用,为个体经济健康发展提供有力支撑。

到2025年底,各省级市场监管部门对辖区全量个体工商户实施科学分类,实现个体工商户信用风险分类结果在"双随机、一公开"等监管中常态化运用。到2026年底,实现个体工商户信用风险分类结果与专业领域监管有效结合,信用风险监测预警深入推进,监管效能普遍提升,服务发展有力有效。用三年左右的时间,形成个体工商户信用风险分类管理长效机制,监管及时性、精准性、有效性不断提升,政策精准供给和帮扶培育更加高效,个体工商户满意度、获得感大幅提升。

二、夯实个体工商户信用风险分类数据基础

(一)全面归集个体工商户信用信息。全面及时有效归集市场监管部门个体工商户登记注册、行政许可、年报公示、行政执法、抽查检查、投诉举报、分型分类、信用修复等各类信息;协调推动有关部门共享在履职过程中掌握的行政许可、行政执法、抽查检查、社保缴纳、纳税、司法判决、信用评价等个体工商户相关信息;鼓励探索有关公用企事业单位、行业协会商会、大型平台企业等有关方面共享掌握的与个体工商户密切相关的经营规模、资产状况、信誉评分等信息,为个体工商户精准分类夯实基础。

(二)切实提升个体工商户数据质量。下大力气从源头加强个体工商户数据治理,保障归集数据的真实、准确、完整、及时。常态化做好信用监管数据质量提升工作,实施数据质量常态化、自动化、智能化监测评估,完善数据治理规则,不断提升个体工商户数据质量。坚持以用促归、以用提质,通过开展个体工商户信用风险分类管理,推动个体工商户信用信息质量不断提升。

三、实现个体工商户信用风险科学精准分类

(三)建立个体工商户信用风险分类指标体系。市场监管总局从个体工商户基础属性信息、经营状况信息、监管执法信息等方面构建通用型个体工商户信用风险分类指标体系,实现全国范围内个体工商户信用风险分类标准相对统一,并根据监管实际更新调整、优化完善。有条件的省级市场监管部门可以在市场监管总局指标体系框架下,考虑个体工商户经营状况、合规水平、信用评价、社会责任等因素,因地制宜构建具有本地特色的通用型个体工商户信用风险分类指标体系。

(四)建立完善个体工商户信用风险分类功能模块。各省级市场监管部门要在现有企业信用风险分类管理系统基础上,按照统一的信息化技术标准规范,建立个体工商户信用风险分类管理功能模块,统筹做好与"双随机、一公开"监管工作平台等相关业务系统的对接,为个体工商户信用风险自动分类和结果共享共用提供技术支撑。

(五)按照信用风险状况对个体工商户实施自动分类。各省级市场监管部门统一负责对本辖区个体工商户进行信用风险分类,依托信用风险分类管理系统,按照信用风险状况由低到高将个体工商户自动分为信用风险低(A类)、信用风险一般(B类)、信用风险较高(C类)、信用风险高(D类)四类。分类结果记于个体工商户名下,按月动态更新,作为配置监管资源的内部参考依据,不作为对个体工商户的信用评价,供各级市场监管部门及相关部门共享共用,并按照统一的数据标准规范推送至市场监管总局。

四、打造个体工商户标注体系,实现精细化监管

(六)探索建立个体工商户标注制度。依托信用风险分类管理系统,聚焦市场监管部门监管重点和工作需要,探索打造个体工商户标注体系。鼓励各地优先从个体工商户信用风险分类指标体系中选取与精准监管、服务发展等相关的指标,如行业类型、线上经营、非公党建、"名特优新"等进行分类标注,并根据工作需要,探索从市场监管重点行业领域、特殊重点区域经营、社会高度关注行业等维度设置标注,不断扩大标注范围,为实现精准有效监管、优惠政策直达、提升服务举措针对性等提供支持。

(七)对长期未年报和失联个体工商户建立专门标注。依托信用风险分类管理系统,对最近连续两个年度未年报、通过登记的住所或经营场所无法取得联系的个体工商户等设置专门标注,并采取针对性监管措施,探索通过引导注销等方式清理个体工商户虚数,提升个体工商户发展质量。

五、服务于监管,全面提升市场监管效能

(八)实现与"双随机、一公开"监管深度融合。省级市场监管部门要将个体工商户信用风险分类结果和标注信息推送到"双随机、一公开"监管工作平台,与抽查检查对象名录库对接。各级市场监管部门在制定抽查工作计划时,要根据信用风险分类结果和标注信息,合理确定、动态调整抽查比例和频次,实施差异化监管。对A类个体工商户,合理降低抽查比例和频次,探索实施非现场检查等宽松监管举措,最大限度减少打扰;对B类个体工商户,按常规比例和频次开展抽查;对C类个体工商户,适当提高抽查比例和频次,在各类监督检查中列为重点关注对象;对D类个体工商户,实行严格监管,有针对性地大幅提高抽查比例和频次,必要时主动实施现场检查。各级市场监管部门要积极推动市场监管领域各有关部门在开展"双随机、一公开"等监管工作时,参考个体工商户信用风险分类结果。抽查检查结果要及时共享至信用风险分类管理系统,为个体工商户信用风险分类结果动态更新提供实时数据支持。对有专门标注的个体工商户,要根据标注情况和当地实际采取针对性监管措施。

(九)实现在专业领域全面运用。通用型个体工商户信用风险分类不代替各专业领域对个体工商户的分级分类。食品、药品、特种设备等重点领域在按照现有规定实行重点监管同时,要统筹行业风险防控和个体工商户信用风险分类管理,通过指标融合、结果叠加、结果融合等方式,强化信用赋能专业领域监管作用。市场监管其他专业领域,可以直接使用通用型个体工商户信用风险分类结果,也可以参考通用型个体工商户信用风险分类管理模式,构建本领域的分级分类监管机制。

（十）探索"四新"个体工商户监管新模式。对新技术新产业新业态新模式类属于新质生产力范畴的个体工商户，要积极参考信用风险分类结果，实施更加科学高效监管。按照鼓励支持创新的原则，给予信用风险低和信用风险一般的"四新"类个体工商户更宽松更友好的发展空间，在严守安全底线前提下，探索实施触发式监管，切实做到"无事不扰"。

（十一）积极开展信用风险监测预警。有条件的地方可聚焦监管重点难点，探索开展个体工商户信用风险监测预警，及时预警风险隐患，并按照"谁审批、谁监管，谁主管、谁监管"的原则分类处置化解风险。可以从个体工商户信用风险分类指标体系中选取与信用风险关联度高的重点指标，如异常注册、抽查检查多次不合格、投诉举报异常增长等进行监测，及早发现苗头性、趋势性、潜在性风险，推动监管关口前移，实现由被动监管向主动监管转变。

六、服务于发展，助力个体经济健康发展

（十二）以信用助推个体经济发展。各级市场监管部门要积极探索、不断拓展个体工商户信用风险分类结果运用场景，在办理相关业务时，注重参考信用风险分类结果，积极向有关部门和单位共享个体工商户信用风险分类结果，助力信用风险低的个体工商户获得更多政策红利。鼓励有条件的地方在个体工商户信用风险分类管理工作基础上，探索开展个体工商户信用评价，真正让信用成为通行证、金招牌，让诚信守法的个体工商户有更高含金量、更多获得感。在办理许可、备案、认证、个转企等相关业务时，推动信用风险低、信用评价好的个体工商户优先享受绿色通道、简化程序等便利措施；在评先评优、示范店创建、"名特优新"个体工商户认定等工作中，积极参考信用风险分类、信用评价结果，让信用的价值在更大范围、更广领域、更高层次得到充分体现；组织梳理有资金需求且信用风险低、信用评价好的个体工商户形成"白名单"，向金融机构推荐，推动信用金融产品开发，提升信用贷款的可获得性和便利性。支持推动相关政府部门、企事业单位为信用风险低、信用评价好的个体工商户提供更多的"精准滴灌"帮扶。

（十三）积极拓展信用风险分类结果运用场景。鼓励各地积极开展个体工商户信用风险分类信息综合分析运用,根据个体工商户信用风险分类结果和掌握的信息,科学研判区域性、行业性、潜在性信用风险状况,为区域发展、行业治理、监管执法等提供信息支撑,为政府决策提供参考。加强与个体工商户沟通,适时进行风险提醒,引导个体工商户加强自我管理、自我约束,提高守信意识,依法诚信经营。

七、加强组织实施

各级市场监管部门要提高政治站位,强化组织部署、沟通协调、业务衔接,形成工作合力。信用监管机构要做好统筹协调,完善制度规范,牵头推进个体工商户信用风险分类管理各项工作;各专业领域监管机构要切实履行职责,加快建立完善本行业领域分级分类监管机制;信息化管理机构要提供技术支撑,加强安全基础设施和安全防护能力建设,防止失密泄密和侵犯个人隐私;基层市场监管所要发挥属地管理优势,丰富完善信用风险分类管理方式,推进信用风险分类结果常态化运用。要加强业务培训和政策宣传,及时总结推广先进经验,积极宣传典型做法和工作成效,推动形成政府公正监管、个体工商户依法诚信经营的良好社会氛围。

市场监管总局关于推进企业信用风险分类管理进一步提升监管效能的意见

(2022年1月13日 国市监信发〔2022〕6号)

各省、自治区、直辖市人民政府,国务院各部委、各直属机构:

推进企业信用风险分类管理,是贯彻落实党中央、国务院关于深化"放管服"改革优化营商环境决策部署的重要举措,是构建以信用为基础的新型监管机制的重要内容,是提升"双随机、一公开"等监管工作效能的迫切需要,对于优化监管资源配置,营造诚实守信、公平竞争的市场环境具有重要作用。近年来,"放管服"改革有效激发了市场活力和社会创造力,市场主体数量迅速增长,新产业新业态新模式蓬勃发展,对市场监管部门监管资源、监管能力、监管智慧化水平提出了更高要求。为有效破解监管任务重与监管力量不足的矛盾,进一步提升监管效能,经国务院同意,现就市场监管系统全面推进企业信用风险分类管理提出以下意见。

一、总体要求

(一)指导思想。

以习近平新时代中国特色社会主义思想为指导,深入贯彻党的十九大和十九届历次全会精神,全面落实党中央、国务院关于深化"放管服"改革优化营商环境决策部署,坚持问题导向,加快转变政府职能,围绕推进国家治理体系和治理能力现代化,建设高标准市场体系,创新和加强事前事中事后全链条全领域监管,依法依规推进企业信用风险分类管理工作,科学研判企业违法失信的风险高低,根据监管对象信用风险等级和行业特点,实施分级分类监管,针对突出问题和风险隐患加强抽查检查,实现监管资源合理配置和高效利用,推进精准监管、有效监管、智慧监管、公正监管,提升监管综合效能,更好服务经济社会高质量发展。

(二)基本原则。

准确定位,服务监管。企业信用风险分类管理主要服务于"双随机、一公开"等监管工作,为监管数字赋能、信用赋能。分类结果作为配置监管资源的内部参考依据,不作为对企业的信用评价。

明确标准,科学分类。科学建立企业信用风险分类指标体系,动态管理指标和权重,综合运用各类涉企信息,依靠信息化手段实施及时、自动分类,客观反映企业信用风险状况。

强化应用,分类施策。根据企业信用风险状况和监测预警结果,合理确定监管重点、监管措施、抽查比例和频次等,推动从无差别、粗放式监管向差异化、精准化监管转变。

协同高效,共享共用。加强顶层设计,依法依规协同推进企业信用风险分类管理工作,充分归集企业信用风险信息,推动企业信用风险分类结果共享共用,实现监管效能普遍提升。

(三)工作目标。

将企业信用风险分类管理理念和方式拓展到市场监管各业务领

域,运用企业信用风险分类结果科学配置监管资源,提高监管及时性、精准性、有效性,使监管对违法失信者"无处不在",对诚信守法者"无事不扰",以公正监管促进公平竞争、优胜劣汰。到2022年底,各省级市场监管部门建立通用型企业信用风险分类管理工作机制,对辖区内全量企业实施科学分类,实现企业信用风险分类结果在"双随机、一公开"等监管工作中常态化运用。到2023年底,各省级市场监管部门实现企业信用风险分类管理与专业领域监管的有效结合,建立健全适用于专业领域的企业分级分类监管机制。力争用3年左右的时间,市场监管系统全面实施企业信用风险分类管理,有效实现企业信用风险监测预警,努力做到对风险早发现、早提醒、早处置。

二、科学实施分类,精准研判企业信用风险

(四)建立企业信用风险分类指标体系。市场监管总局建立通用型企业信用风险分类指标体系,实现全国范围内企业信用风险分类标准相对统一。重点从企业基础属性信息、企业动态信息、监管信息、关联关系信息、社会评价信息等方面构建分类指标体系,科学赋予指标权重,并根据监管实际不断更新调整,持续优化完善。有条件的省(自治区、直辖市)可以在市场监管总局指标体系框架下,因地制宜构建具有地方特色的通用型企业信用风险分类指标体系。市场监管各业务领域可以结合本领域特点,参考通用型企业信用风险分类指标体系,建立专业型分级分类指标体系。

(五)全面有效归集企业信用风险信息。各省级市场监管部门要按照企业信用风险分类指标体系要求,通过国家企业信用信息公示系统(以下简称公示系统)全面、及时归集企业信用风险信息。要及时归集市场监管系统企业登记注册、备案、股权出质登记、知识产权质押登记、行政许可、行政处罚、列入经营异常名录和严重失信主体名单、抽查检查等信息;整合归集包括食品药品安全监管、特种设备安全监管、工业产品质量安全监管、侵权假冒治理、价格执法、反垄断和反不正当竞争执法、消费者权益保护、计量、标准、检验检测、认证认可等领域的企业信用风险信息;协调推动有关部门将履职过程中产生的行政许可、行政处罚、严重失信主体名单、抽查检查等涉企信息依托公示系统有效归集;鼓励探索运用公用企事业单位、行业协会商会、大型平台企业等有关方面掌握的涉企信用风险信息,进一步夯实企业信用风险分类基础。市场监管总局通过公示系统,将采用"总对总"方式归集的中央部门掌握的涉企信用风险信息推送至各省级市场监管部门。

(六)统筹建设企业信用风险分类管理系统。各省级市场监管部门要以公示系统为依托,按照统一的企业信用风险分类管理信息化技术方案和标准规范,建设企业信用风险分类管理系统,并与"双随机、一公开"监管工作平台做好对接,为企业信用风险自动分类和分类结果共享共用提供技术支撑。各地市已经建设并使用的系统要与省级企业信用风险分类管理系统整合融合,避免重复建设、多头分类。要做好企业信用风险分类管理系统与市场监管部门相关业务系统的对接,建立信息归集、分析加工、共享应用的闭环模式。

(七)按照信用风险状况对企业实施自动分类。各省级市场监管部门统一负责对本辖区企业进行信用风险分类,按照信用风险状况由低到高将企业分为信用风险低(A类)、信用风险一般(B类)、信用风险较高(C类)、信用风险高(D类)四类。要加强对企业经营行为和运行规律的分析,综合运用大数据、机器学习、人工智能等现代科技手段,对各类涉企信息进行汇聚整合、关联分析和数据挖掘,依托信息化系统进行自动分类。企业信用风险分类结果记于企业名下,按月动态更新,供各级市场监管部门及相关部门共享共用,并按照统一的数据规范推送至市场监管总局。

三、强化分类结果运用,提升监管精准性和有效性

(八)实现与"双随机、一公开"监管有机融合。省级市场监管部门要将企业信用风险分类结果全量推送到"双随机、一公开"监管工作平台,与抽查检查对象名录库对接。各级市场监管部门在制定"双随机、一公开"监管抽查工作计划时,要根据企业信用风险分类结果,合理确定、动态调整抽查比例和频次,实施差异化监管。对A类企业,可合理降低抽查比例和频次,除投诉举报、大数据监测发现问题、转办交办案件线索及法律法规另有规定外,根据实际情况可不主动实施现场检查,实现"无事不扰";对B类企业,按常规比例和频次开展抽查;对C类企业,实行重点关注,适当提高抽查比例和频次;对D类企业,实行严格监管,有针对性地大幅提高抽查比例和频次,必要时主动实施

现场检查。抽查检查结果要及时通过"双随机、一公开"监管工作平台共享至企业信用风险分类管理系统,为企业信用风险分类结果动态更新提供实时数据支持。

(九)推进与专业领域风险防控有效结合。通用型企业信用风险分类不代替市场监管各专业领域对企业的分级分类。食品、药品、特种设备等直接关系人民群众生命财产安全、公共安全,以及潜在风险大、社会风险高的重点领域,在按照现有规定实行重点监管的同时,要统筹行业风险防控和企业信用风险分类管理,强化业务协同,实行全链条监管。市场监管其他专业领域,可以直接使用通用型企业信用风险分类结果,也可以参考通用型企业信用风险分类管理模式,构建本领域的分级分类监管机制。

(十)探索完善新产业新业态新模式监管。对新产业新业态新模式等企业要参考信用风险分类结果,探索实施更加科学有效监管,切实堵塞监管漏洞。根据企业信用风险状况动态调整监管政策和措施,对信用风险低和信用风险一般的企业,给予一定时间的"观察期",探索推行触发式监管,在严守安全底线前提下,给予企业充足的发展空间;对信用风险高的企业,要有针对性地采取严格监管措施,防止风险隐患演变为区域性、行业性突出问题。

(十一)拓展企业信用风险分类结果运用。各级市场监管部门要积极探索企业信用风险分类结果的综合运用,在办理相关业务时,注重参考企业信用风险分类结果。积极推动市场监管领域各有关部门在开展"双随机、一公开"等监管工作时,参考企业信用风险分类结果。同时,加强与企业沟通,适时进行风险提醒,引导企业加强自我管理、自我约束,依法诚信经营。

四、加强监测预警,有效防范化解风险

(十二)加强企业信用风险监测预警。各省级市场监管部门要结合企业信用风险分类管理,积极推进企业信用风险监测预警,在企业信用风险分类管理系统中构建监测预警模块。要根据各专业领域监管需求、监管重点,把握日常监管中发现的带有普遍性、规律性的高风险行为特征,从企业信用风险分类指标体系中选取若干与企业信用风险关联度高的重点指标项,如异常注册、异常变更、投诉举报异常增长等,进行实时监测,对企业风险隐患及时预警,推动监管关口前移。要按照"谁审批、谁监管,谁主管、谁监管"的原则采取提醒、警示、约谈、检查等措施,依法处置企业风险隐患。

(十三)强化企业信用风险综合研判处置。各级市场监管部门要坚持系统思维,增强全局意识,加强对企业信用风险发展变化的综合分析,提高监管工作预见性、针对性和有效性,实现由被动监管向主动监管转变。要综合分析企业信用风险分类结果,科学研判区域性、行业性整体信用风险状况,及早发现高风险区域和高风险行业,采取定向抽查检查、专项检查等措施防范化解风险。

五、保障措施

(十四)加强组织领导。要切实提高政治站位,充分认识推进企业信用风险分类管理进一步提升监管效能的重要意义,加强统筹协调和研究部署,扎实有效做好各项工作。要牢固树立"一盘棋"思想,加强协同配合、信息互通和工作衔接。鼓励各地区结合实际大胆探索企业信用风险分类管理创新举措,有条件的地区可以进一步探索对个体工商户、农民专业合作社等市场主体实施信用风险分类管理。

(十五)严格责任落实。要增强责任意识,完善配套措施,狠抓工作落实。要明确信息安全责任,构建数据安全责任体系,加强企业信用风险分类管理系统的安全基础设施和安全防护能力建设,防止失密泄密和侵犯个人隐私。对于违规泄露、篡改分类结果或利用相关信息谋取私利等行为要依法严肃处理。

(十六)做好宣传培训。要通过多种渠道和方式,加强企业信用风险分类管理工作的指导和业务培训,不断提升监管能力和水平。要及时总结推广先进经验,积极宣传企业信用风险分类管理工作成效,推动形成政府公正监管、企业诚信自律的良好氛围。

国家税务总局关于纳税信用评价与修复有关事项的公告

(2021年11月15日国家税务总局公告
2021年第31号公布)

为贯彻落实中办、国办印发的《关于进一步深化税收征管改革的意见》，深入开展2021年"我为纳税人缴费人办实事暨便民办税春风行动"，推进税务领域"放管服"改革，优化税收营商环境，引导纳税人及时纠正违规失信行为、消除不良影响，根据《国务院办公厅关于进一步完善失信约束制度　构建诚信建设长效机制的指导意见》(国办发〔2020〕49号)等文件要求，现就纳税信用评价与修复有关事项公告如下：

一、符合下列条件之一的纳税人，可向主管税务机关申请纳税信用修复：

(一)破产企业或其管理人在重整或和解程序中，已依法缴纳税款、滞纳金、罚款，并纠正相关纳税信用失信行为的。

(二)因确定为重大税收违法失信主体，纳税信用直接判为D级的纳税人，失信主体信息已按照国家税务总局相关规定不予公布或停止公布，申请前连续12个月没有新增纳税信用失信行为记录的。

(三)由纳税信用D级纳税人的直接责任人员注册登记或者负责经营，纳税信用关联评价为D级的纳税人，申请前连续6个月没有新增纳税信用失信行为记录的。

(四)因其他失信行为纳税信用直接判为D级的纳税人，已纠正纳税信用失信行为、履行税收法律责任，申请前连续12个月没有新增纳税信用失信行为记录的。

(五)因上一年度纳税信用直接判为D级，本年度纳税信用保留为D级的纳税人，已纠正纳税信用失信行为、履行税收法律责任或失信主体信息已按照国家税务总局相关规定不予公布或停止公布,申请前连续12个月没有新增纳税信用失信行为记录的。

二、符合《国家税务总局关于纳税信用修复有关事项的公告》(2019年第37号)所列条件的纳税人,其纳税信用级别及失信行为的修复仍从其规定。

三、符合本公告所列条件的纳税人,可填写《纳税信用修复申请表》(附件1),对当前的纳税信用评价结果向主管税务机关申请纳税信用修复。税务机关核实纳税人纳税信用状况,按照《纳税信用修复范围及标准》(附件2)调整相应纳税信用评价指标状态,根据纳税信用评价相关规定,重新评价纳税人的纳税信用级别。

申请破产重整企业纳税信用修复的,应同步提供人民法院批准的重整计划或认可的和解协议,其破产重整前发生的相关失信行为,可按照《纳税信用修复范围及标准》中破产重整企业适用的修复标准开展修复。

四、自2021年度纳税信用评价起,税务机关按照"首违不罚"相关规定对纳税人不予行政处罚的,相关记录不纳入纳税信用评价。

五、本公告自2022年1月1日起施行。《国家税务总局关于明确纳税信用管理若干业务口径的公告》(2015年第85号,2018年第31号修改)第六条第(十)项、《国家税务总局关于纳税信用修复有关事项的公告》(2019年第37号)所附《纳税信用修复申请表》《纳税信用修复范围及标准》同时废止。

特此公告。

附件:1.纳税信用修复申请表(略)
     2.纳税信用修复范围及标准(略)

市场监管总局关于印发《市场监督管理信用修复管理办法》的通知

（2021年7月30日　国市监信规〔2021〕3号）

国家药监局、国家知识产权局，各省、自治区、直辖市和新疆生产建设兵团市场监管局（厅、委），总局各司局：

《市场监督管理信用修复管理办法》已经2021年7月22日市场监管总局第11次局务会议通过，现印发给你们，请认真贯彻执行，并就有关事项通知如下：

一、加强组织领导。各级市场监管部门要高度重视，建立健全工作机制，明确职责分工，加强与其他部门沟通协调，统筹推进信用修复管理各项工作。加强宣传解读和业务培训，做好舆情引导，营造良好舆论环境。

二、强化技术支撑。各省级市场监管部门要按照总局数据标准规范，开发完善信用修复管理模块，升级改造国家企业信用信息公示系统，推动与经营异常名录（状态）、严重违法失信名单、登记注册、行政审批、执法办案、异地信息交换等信息化模块或系统的互联互通，确保数据准确、更新及时，实现自动交换、自动提示、自动统计等功能。

三、严格监督检查。各级市场监管部门要通过自查、大数据分析和投诉举报等手段，及时监测有关工作情况。上级市场监管部门发现信用修复管理工作中存在错误的，应当责令下级市场监管部门予以改正。对负有责任的主管人员和其他直接责任人员，依照有关规定予以处理。

《市场监督管理信用修复管理办法》实施中出现的重大问题和情况，要及时报告总局。

附件：市场监督管理信用修复管理办法

附件

市场监督管理信用修复管理办法

第一条 为了规范市场监督管理部门信用修复管理工作,鼓励违法失信当事人(以下简称当事人)主动纠正违法失信行为、消除不良影响、重塑良好信用,保障当事人合法权益,优化营商环境,依据《国务院办公厅关于进一步完善失信约束制度 构建诚信建设长效机制的指导意见》(国办发〔2020〕49号)、《市场监督管理严重违法失信名单管理办法》、《市场监督管理行政处罚信息公示规定》等,制定本办法。

第二条 本办法所称信用修复管理,是指市场监督管理部门按照规定的程序,将符合条件的当事人依法移出经营异常名录、恢复个体工商户正常记载状态、提前移出严重违法失信名单、提前停止通过国家企业信用信息公示系统(以下简称公示系统)公示行政处罚等相关信息,并依法解除相关管理措施,按照规定及时将信用修复信息与有关部门共享。

第三条 国家市场监督管理总局负责组织、指导全国的信用修复管理工作。

县级以上地方市场监督管理部门依据本办法规定负责信用修复管理工作。

第四条 经营异常名录、严重违法失信名单信用修复管理工作由作出列入决定的市场监督管理部门负责。

个体工商户经营异常状态信用修复管理工作由作出标记的市场监督管理部门负责。

行政处罚信息信用修复管理工作由作出行政处罚决定的市场监督管理部门负责。

作出决定或者标记的市场监督管理部门和当事人登记地(住所地)不属于同一省、自治区、直辖市的,应当自作出决定之日起三个工作日内,将相关信息交换至登记地(住所地)市场监督管理部门,由其协助停止公示相关信息。

第五条 被列入经营异常名录或者被标记为经营异常状态的当

事人,符合下列情形之一的,可以依照本办法规定申请信用修复:

(一)补报未报年份年度报告并公示;

(二)已经履行即时信息公示义务;

(三)已经更正其隐瞒真实情况、弄虚作假的公示信息;

(四)依法办理住所或者经营场所变更登记,或者当事人提出通过登记的住所或者经营场所可以重新取得联系。

第六条 除《市场监督管理行政处罚信息公示规定》第十四条第三款规定的行政处罚,或者仅受到警告、通报批评和较低数额罚款外,其他行政处罚信息公示期满六个月,其中食品、药品、特种设备领域行政处罚信息公示期满一年,且符合下列情形的当事人,可以申请信用修复:

(一)已经自觉履行行政处罚决定中规定的义务;

(二)已经主动消除危害后果和不良影响;

(三)未因同一类违法行为再次受到市场监督管理部门行政处罚;

(四)未在经营异常名录和严重违法失信名单中。

第七条 当事人被列入严重违法失信名单满一年,且符合下列情形的,可以依照本办法规定申请信用修复:

(一)已经自觉履行行政处罚决定中规定的义务;

(二)已经主动消除危害后果和不良影响;

(三)未再受到市场监督管理部门较重行政处罚。

依照法律、行政法规规定,实施相应管理措施期限尚未届满的,不得申请提前移出。

第八条 当事人申请信用修复,应当提交以下材料:

(一)信用修复申请书;

(二)守信承诺书;

(三)履行法定义务、纠正违法行为的相关材料;

(四)国家市场监督管理总局要求提交的其他材料。

当事人可以到市场监督管理部门,或者通过公示系统向市场监督管理部门提出申请。

市场监督管理部门应当自收到申请之日起二个工作日内作出是否受理的决定。申请材料齐全、符合法定形式的,应当予以受理,并告知当事人。不予受理的,应当告知当事人,并说明理由。

第九条 市场监督管理部门可以采取网上核实、书面核实、实地核实等方式,对当事人履行法定义务、纠正违法行为等情况进行核实。

第十条 当事人按照本办法第五条(一)、(二)项规定申请移出经营异常名录或者申请恢复个体工商户正常记载状态的,市场监督管理部门应当自收到申请之日起五个工作日内作出决定,移出经营异常名录,或者恢复个体工商户正常记载状态。

当事人按照本办法第五条(三)、(四)项规定申请移出经营异常名录或者申请恢复个体工商户正常记载状态的,市场监督管理部门应当自查实之日起五个工作日内作出决定,移出经营异常名录,或者恢复个体工商户正常记载状态。

当事人按照本办法第六条、第七条规定申请信用修复的,市场监督管理部门应当自受理之日起十五个工作日内作出决定。准予提前停止公示行政处罚信息或者移出严重违法失信名单的,应当自作出决定之日起三个工作日内,停止公示相关信息,并依法解除相关管理措施。不予提前停止公示行政处罚信息或者移出严重违法失信名单的,应当告知当事人,并说明理由。

依照法律、行政法规规定,实施相应管理措施期限尚未届满的除外。

第十一条 市场监督管理部门应当自移出经营异常名录、严重违法失信名单,恢复个体工商户正常记载状态,或者停止公示行政处罚等相关信息后三个工作日内,将相关信息推送至其他部门。

第十二条 按照"谁认定、谁修复"原则,登记地(住所地)市场监督管理部门应当自收到其他部门提供的信用修复信息之日起五个工作日内,配合在公示系统中停止公示、标注失信信息。

第十三条 当事人故意隐瞒真实情况、弄虚作假,情节严重的,由市场监督管理部门撤销准予信用修复的决定,恢复之前状态。市场监督管理部门行政处罚信息、严重违法失信名单公示期重新计算。

第十四条 市场监督管理部门可以通过纸质、电子邮件、手机短信、网络等方式告知当事人。

第十五条 法律、法规和党中央、国务院政策文件明确规定不可信用修复的,市场监督管理部门不予信用修复。

第十六条 当事人对市场监督管理部门信用修复的决定,可以依法申请行政复议或者提起行政诉讼。

第十七条 市场监督管理部门未依照本办法规定履行职责的,上级市场监督管理部门应当责令改正。对负有责任的主管人员和其他直接责任人员依照《市场监督管理行政执法责任制规定》等予以处理。

严禁在信用修复管理中收取任何费用。

第十八条 药品监督管理部门、知识产权管理部门实施信用修复管理,适用本办法。

第十九条 市场监督管理部门信用修复管理文书格式范本由国家市场监督管理总局统一制定。

第二十条 本办法自2021年9月1日起施行。

动产和权利担保统一登记办法

(2021年12月28日中国人民银行令〔2021〕第7号公布
自2022年2月1日起施行)

第一章 总　则

第一条 为规范动产和权利担保统一登记,保护担保当事人和利害关系人的合法权益,根据《中华人民共和国民法典》、《优化营商环境条例》、《国务院关于实施动产和权利担保统一登记的决定》(国发〔2020〕18号)等相关法律法规规定,制定本办法。

第二条 纳入动产和权利担保统一登记范围的担保类型包括:

(一)生产设备、原材料、半成品、产品抵押;

(二)应收账款质押;

(三)存款单、仓单、提单质押;

(四)融资租赁;

(五)保理;

（六）所有权保留；

（七）其他可以登记的动产和权利担保，但机动车抵押、船舶抵押、航空器抵押、债券质押、基金份额质押、股权质押、知识产权中的财产权质押除外。

第三条　本办法所称应收账款是指应收账款债权人因提供一定的货物、服务或设施而获得的要求应收账款债务人付款的权利以及依法享有的其他付款请求权，包括现有的以及将有的金钱债权，但不包括因票据或其他有价证券而产生的付款请求权，以及法律、行政法规禁止转让的付款请求权。

本办法所称的应收账款包括下列权利：

（一）销售、出租产生的债权，包括销售货物，供应水、电、气、暖，知识产权的许可使用，出租动产或不动产等；

（二）提供医疗、教育、旅游等服务或劳务产生的债权；

（三）能源、交通运输、水利、环境保护、市政工程等基础设施和公用事业项目收益权；

（四）提供贷款或其他信用活动产生的债权；

（五）其他以合同为基础的具有金钱给付内容的债权。

第四条　中国人民银行征信中心（以下简称征信中心）是动产和权利担保的登记机构，具体承担服务性登记工作，不开展事前审批性登记，不对登记内容进行实质审查。

征信中心建立基于互联网的动产融资统一登记公示系统（以下简称统一登记系统）为社会公众提供动产和权利担保登记和查询服务。

第五条　中国人民银行对征信中心登记和查询服务有关活动进行督促指导。

第二章　登记与查询

第六条　纳入统一登记范围的动产和权利担保登记通过统一登记系统办理。

第七条　担保权人办理登记。担保权人办理登记前，应当与担保人就登记内容达成一致。

担保权人也可以委托他人办理登记。委托他人办理登记的，适用本办法关于担保权人办理登记的规定。

第八条 担保权人办理登记时,应当注册为统一登记系统的用户。

第九条 登记内容包括担保权人和担保人的基本信息、担保财产的描述、登记期限。

担保权人或担保人为法人、非法人组织的,应当填写法人、非法人组织的法定注册名称、住所、法定代表人或负责人姓名,金融机构编码、统一社会信用代码、全球法人识别编码等机构代码或编码以及其他相关信息。

担保权人或担保人为自然人的,应当填写有效身份证件号码、有效身份证件载明的地址等信息。

担保权人可以与担保人约定将主债权金额、担保范围、禁止或限制转让的担保财产等项目作为登记内容。对担保财产进行概括性描述的,应当能够合理识别担保财产。

最高额担保应登记最高债权额。

第十条 担保权人应当将填写完毕的登记内容提交统一登记系统。统一登记系统记录提交时间并分配登记编号,生成初始登记证明和修改码提供给担保权人。

第十一条 担保权人应当根据主债权履行期限合理确定登记期限。登记期限最短1个月,最长不超过30年。

第十二条 在登记期限届满前,担保权人可以申请展期。

担保权人可以多次展期,每次展期期限最短1个月,最长不超过30年。

第十三条 登记内容存在遗漏、错误等情形或登记内容发生变化的,担保权人应当办理变更登记。

担保权人在原登记中增加新的担保财产的,新增加的部分视为新的登记。

第十四条 担保权人办理登记时所填写的担保人法定注册名称或有效身份证件号码变更的,担保权人应当自变更之日起4个月内办理变更登记。

第十五条 担保权人办理展期、变更登记的,应当与担保人就展期、变更事项达成一致。

第十六条 有下列情形之一的,担保权人应当自该情形发生之日起10个工作日内办理注销登记:

(一)主债权消灭;

(二)担保权利实现;

(三)担保权人放弃登记载明的担保财产之上的全部担保权;

(四)其他导致所登记权利消灭的情形。

担保权人迟延办理注销登记,给他人造成损害的,应当承担相应的法律责任。

第十七条 担保权人凭修改码办理展期、变更登记、注销登记。

第十八条 担保人或其他利害关系人认为登记内容错误的,可以要求担保权人办理变更登记或注销登记。担保权人不同意变更或注销的,担保人或其他利害关系人可以办理异议登记。

办理异议登记的担保人或其他利害关系人可以自行注销异议登记。

第十九条 担保人或其他利害关系人应当自异议登记办理完毕之日起7日内通知担保权人。

第二十条 担保人或其他利害关系人自异议登记之日起30日内,未就争议起诉或提请仲裁并在统一登记系统提交案件受理通知的,征信中心撤销异议登记。

第二十一条 应担保人或其他利害关系人、担保权人的申请,征信中心根据对担保人或其他利害关系人、担保权人生效的人民法院判决、裁定或仲裁机构裁决等法律文书撤销相关登记。

第二十二条 担保权人办理变更登记和注销登记、担保人或其他利害关系人办理异议登记后,统一登记系统记录登记时间、分配登记编号,并生成变更登记、注销登记或异议登记证明。

第二十三条 担保权人开展动产和权利担保融资业务时,应当严格审核确认担保财产的真实性,并在统一登记系统中查询担保财产的权利负担状况。

第二十四条 担保权人、担保人和其他利害关系人应当按照统一登记系统提示项目如实登记,并对登记内容的真实性、完整性和合法性负责。因担保权人或担保人名称填写错误,担保财产描述不能够合理识别担保财产等情形导致不能正确公示担保权利的,其法律后果由当事人自行承担。办理登记时,存在提供虚假材料等行为给他人造成损害的,应当承担相应的法律责任。

第二十五条 任何法人、非法人组织和自然人均可以在注册为统一登记系统的用户后,查询动产和权利担保登记信息。

第二十六条 担保人为法人、非法人组织的,查询人以担保人的法定注册名称进行查询。

担保人为自然人的,查询人以担保人的身份证件号码进行查询。

第二十七条 征信中心根据查询人的申请,提供查询证明。

第二十八条 担保权人、担保人或其他利害关系人、查询人可以通过证明编号在统一登记系统对登记证明和查询证明进行验证。

第三章 征信中心的职责

第二十九条 征信中心应当建立登记信息内部控制制度,采取技术措施和其他必要措施,做好统一登记系统建设和维护工作,保障系统安全、稳定运行,建立高效运转的服务体系,不断提高服务效率和质量,防止登记信息泄露、丢失,保护当事人合法权益。

第三十条 征信中心应当制定登记操作规则和内部管理制度,并报中国人民银行备案。

第三十一条 登记注销、登记期限届满或登记撤销后,征信中心应当对登记记录进行电子化离线保存,保存期限为15年。

第四章 附 则

第三十二条 征信中心按照国务院价格主管部门批准的收费标准收取登记服务费用。

第三十三条 本办法由中国人民银行负责解释。

第三十四条 本办法自2022年2月1日起施行。《应收账款质押登记办法》(中国人民银行令〔2019〕第4号发布)同时废止。

著作权质权登记办法

(2010年11月25日国家版权局令第8号公布
自2011年1月1日起施行)

第一条 为规范著作权出质行为,保护债权人合法权益,维护著作权交易秩序,根据《中华人民共和国物权法》、《中华人民共和国担保法》和《中华人民共和国著作权法》的有关规定,制定本办法。

第二条 国家版权局负责著作权质权登记工作。

第三条 《中华人民共和国著作权法》规定的著作权以及与著作权有关权利(以下统称"著作权")中的财产权可以出质。

以共有的著作权出质的,除另有约定外,应当取得全体共有人的同意。

第四条 以著作权出质的,出质人和质权人应当订立书面质权合同,并由双方共同向登记机构办理著作权质权登记。

出质人和质权人可以自行办理,也可以委托代理人办理。

第五条 著作权质权的设立、变更、转让和消灭,自记载于《著作权质权登记簿》时发生效力。

第六条 申请著作权质权登记的,应提交下列文件:

(一)著作权质权登记申请表;

(二)出质人和质权人的身份证明;

(三)主合同和著作权质权合同;

(四)委托代理人办理的,提交委托书和受托人的身份证明;

(五)以共有的著作权出质的,提交共有人同意出质的书面文件;

(六)出质前授权他人使用的,提交授权合同;

(七)出质的著作权经过价值评估的、质权人要求价值评估的或相关法律法规要求价值评估的,提交有效的价值评估报告;

(八)其他需要提供的材料。

提交的文件是外文的,需同时附送中文译本。

第七条 著作权质权合同一般包括以下内容:

(一)出质人和质权人的基本信息;

(二)被担保债权的种类和数额;

(三)债务人履行债务的期限;

(四)出质著作的内容和保护期;

(五)质权担保的范围和期限;

(六)当事人约定的其他事项。

第八条 申请人提交材料齐全的,登记机构应当予以受理。提交的材料不齐全的,登记机构不予受理。

第九条 经审查符合要求的,登记机构应当自受理之日起10日内予以登记,并向出质人和质权人发放《著作权质权登记证书》。

第十条 经审查不符合要求的,登记机构应当自受理之日起10日内通知申请人补正。补正通知书应载明补正事项和合理的补正期限。无正当理由逾期不补正的,视为撤回申请。

第十一条 《著作权质权登记证书》的内容包括:

(一)出质人和质权人的基本信息;

(二)出质著作权的基本信息;

(三)著作权质权登记号;

(四)登记日期。

《著作权质权登记证书》应当标明:著作权质权自登记之日起设立。

第十二条 有下列情形之一的,登记机构不予登记:

(一)出质人不是著作权人的;

(二)合同违反法律法规强制性规定的;

(三)出质著作权的保护期届满的;

(四)债务人履行债务的期限超过著作权保护期的;

(五)出质著作权存在权属争议的;

(六)其他不符合出质条件的。

第十三条 登记机构办理著作权质权登记前,申请人可以撤回登记申请。

第十四条 著作权出质期间,未经质权人同意,出质人不得转让或者许可他人使用已经出质的权利。

出质人转让或者许可他人使用出质的权利所得的价款,应当向质权人提前清偿债务或者提存。

第十五条 有下列情形之一的,登记机构应当撤销质权登记:

(一)登记后发现有第十二条所列情形的;

(二)根据司法机关、仲裁机关或行政管理机关作出的影响质权效力的生效裁决或行政处罚决定书应当撤销的;

(三)著作权质权合同无效或者被撤销的;

(四)申请人提供虚假文件或者以其他手段骗取著作权质权登记的;

(五)其他应当撤销的。

第十六条 著作权出质期间,申请人的基本信息、著作权的基本信息、担保的债权种类及数额、或者担保的范围等事项发生变更的,申请人持变更协议、原《著作权质权登记证书》和其他相关材料向登记机构申请变更登记。

第十七条 申请变更登记的,登记机构自受理之日起10日内完成审查。经审查符合要求的,对变更事项予以登记。

变更事项涉及证书内容变更的,应交回原登记证书,由登记机构发放新的证书。

第十八条 有下列情形之一的,申请人应当申请注销质权登记:

(一)出质人和质权人协商一致同意注销的;

(二)主合同履行完毕的;

(三)质权实现的;

(四)质权人放弃质权的;

(五)其他导致质权消灭的。

第十九条 申请注销质权登记的,应当提交注销登记申请书、注销登记证明、申请人身份证明等材料,并交回原《著作权质权登记证书》。

登记机构应当自受理之日起10日内办理完毕,并发放注销登记通知书。

第二十条 登记机构应当设立《著作权质权登记簿》,记载著作权质权登记的相关信息,供社会公众查询。

《著作权质权登记证书》的内容应当与《著作权质权登记簿》的内容一致。记载不一致的,除有证据证明《著作权质权登记簿》确有错误外,以《著作权质权登记簿》为准。

第二十一条 《著作权质权登记簿》应当包括以下内容:

(一)出质人和质权人的基本信息;

(二)著作权质权合同的主要内容;

(三)著作权质权登记号;

(四)登记日期;

(五)登记撤销情况;

(六)登记变更情况;

(七)登记注销情况;

(八)其他需要记载的内容。

第二十二条 《著作权质权登记证书》灭失或者毁损的,可以向登记机构申请补发或换发。登记机构应自收到申请之日起5日内予以补发或换发。

第二十三条 登记机构应当通过国家版权局官方网站公布著作权质权登记的基本信息。

第二十四条 本办法由国家版权局负责解释。

第二十五条 本办法自2011年1月1日起施行。1996年9月23日国家版权局发布的《著作权质押合同登记办法》同时废止。

企业投资项目核准和备案管理办法

(2017年3月8日国家发展改革委令第2号公布
根据2023年3月23日国家发展改革委令第1号修订)

第一章 总 则

第一条 为落实企业投资自主权,规范政府对企业投资项目的核准和备案行为,实现便利、高效服务和有效管理,依法保护企业合法权益,依据《行政许可法》、《企业投资项目核准和备案管理条例》等有关法律法规,制定本办法。

第二条　本办法所称企业投资项目(以下简称项目),是指企业在中国境内投资建设的固定资产投资项目,包括企业使用自己筹措资金的项目,以及使用自己筹措的资金并申请使用政府投资补助或贷款贴息等的项目。

项目申请使用政府投资补助、贷款贴息的,应在履行核准或备案手续后,提出资金申请报告。

第三条　县级以上人民政府投资主管部门对投资项目履行综合管理职责。

县级以上人民政府其他部门依照法律、法规规定,按照本级政府规定职责分工,对投资项目履行相应管理职责。

第四条　根据项目不同情况,分别实行核准管理或备案管理。

对关系国家安全、涉及全国重大生产力布局、战略性资源开发和重大公共利益等项目,实行核准管理。其他项目实行备案管理。

第五条　实行核准管理的具体项目范围以及核准机关、核准权限,由国务院颁布的《政府核准的投资项目目录》(以下简称《核准目录》)确定。法律、行政法规和国务院对项目核准的范围、权限有专门规定的,从其规定。

《核准目录》由国务院投资主管部门会同有关部门研究提出,报国务院批准后实施,并根据情况适时调整。

未经国务院批准,各部门、各地区不得擅自调整《核准目录》确定的核准范围和权限。

第六条　除国务院另有规定外,实行备案管理的项目按照属地原则备案。

各省级政府负责制定本行政区域内的项目备案管理办法,明确备案机关及其权限。

第七条　依据本办法第五条第一款规定具有项目核准权限的行政机关统称项目核准机关。《核准目录》所称国务院投资主管部门是指国家发展和改革委员会;《核准目录》规定由省级政府、地方政府核准的项目,其具体项目核准机关由省级政府确定。

项目核准机关对项目进行的核准是行政许可事项,实施行政许可所需经费应当由本级财政予以保障。

依据国务院专门规定和省级政府规定具有项目备案权限的行政机关统称项目备案机关。

第八条 项目的市场前景、经济效益、资金来源和产品技术方案等,应当依法由企业自主决策、自担风险,项目核准、备案机关及其他行政机关不得非法干预企业的投资自主权。

第九条 项目核准、备案机关及其工作人员应当依法对项目进行核准或者备案,不得擅自增减审查条件,不得超出办理时限。

第十条 项目核准、备案机关应当遵循便民、高效原则,提高办事效率,提供优质服务。

项目核准、备案机关应当制定并公开服务指南,列明项目核准的申报材料及所需附件、受理方式、审查条件、办理流程、办理时限等;列明项目备案所需信息内容、办理流程等,提高工作透明度,为企业提供指导和服务。

第十一条 县级以上地方人民政府有关部门应当依照相关法律法规和本级政府有关规定,建立健全对项目核准、备案机关的监督制度,加强对项目核准、备案行为的监督检查。

各级政府及其有关部门应当依照相关法律法规及规定对企业从事固定资产投资活动实施监督管理。

任何单位和个人都有权对项目核准、备案、建设实施过程中的违法违规行为向有关部门检举。有关部门应当及时核实、处理。

第十二条 除涉及国家秘密的项目外,项目核准、备案通过全国投资项目在线审批监管平台(以下简称在线平台)实行网上受理、办理、监管和服务,实现核准、备案过程和结果的可查询、可监督。

第十三条 项目核准、备案机关以及其他有关部门统一使用在线平台生成的项目代码办理相关手续。

项目通过在线平台申报时,生成作为该项目整个建设周期身份标识的唯一项目代码。项目的审批信息、监管(处罚)信息,以及工程实施过程中的重要信息,统一汇集至项目代码,并与社会信用体系对接,作为后续监管的基础条件。

第十四条 项目核准、备案机关及有关部门应当通过在线平台公开与项目有关的发展规划、产业政策和准入标准,公开项目核准、备案等事项的办理条件、办理流程、办理时限等。

项目核准、备案机关应根据《政府信息公开条例》有关规定将核准、备案结果予以公开,不得违法违规公开重大工程的关键信息。

第十五条 企业投资建设固定资产投资项目,应当遵守国家法律法规,符合国民经济和社会发展总体规划、专项规划、区域规划、产业政策、市场准入标准、资源开发、能耗与环境管理等要求,依法履行项目核准或者备案及其他相关手续,并依法办理城乡规划、土地(海域)使用、环境保护、能源资源利用、安全生产等相关手续,如实提供相关材料,报告相关信息。

第十六条 对项目核准、备案机关实施的项目核准、备案行为,相关利害关系人有权依法申请行政复议或者提起行政诉讼。

第二章 项目核准的申请文件

第十七条 企业办理项目核准手续,应当按照国家有关要求编制项目申请报告,取得第二十二条规定依法应当附具的有关文件后,按照本办法第二十三条规定报送。

第十八条 组织编制和报送项目申请报告的项目单位,应当对项目申请报告以及依法应当附具文件的真实性、合法性和完整性负责。

第十九条 项目申请报告应当主要包括以下内容:

(一)项目单位情况;

(二)拟建项目情况,包括项目名称、建设地点、建设规模、建设内容等;

(三)项目资源利用情况分析以及对生态环境的影响分析;

(四)项目对经济和社会的影响分析。

第二十条 项目申请报告通用文本由国务院投资主管部门会同有关部门制定,主要行业的项目申请报告示范文本由相应的项目核准机关参照项目申请报告通用文本制定,明确编制内容、深度要求等。

第二十一条 项目申请报告可以由项目单位自行编写,也可以由项目单位自主委托具有相关经验和能力的工程咨询单位编写。任何单位和个人不得强制项目单位委托中介服务机构编制项目申请报告。

项目单位或者其委托的工程咨询单位应当按照项目申请报告通用文本和行业示范文本的要求编写项目申请报告。

工程咨询单位接受委托编制有关文件，应当做到依法、独立、客观、公正，对其编制的文件负责。

第二十二条 项目单位在报送项目申请报告时，应当根据国家法律法规的规定附具以下文件：

（一）自然资源主管部门出具的用地（用海）预审与选址意见书；

（二）法律、行政法规规定需要办理的其他相关手续。

第三章 项目核准的基本程序

第二十三条 地方企业投资建设应当分别由国务院投资主管部门、国务院行业管理部门核准的项目，可以分别通过项目所在地省级政府投资主管部门、行业管理部门向国务院投资主管部门、国务院行业管理部门转送项目申请报告。属于国务院投资主管部门核准权限的项目，项目所在地省级政府规定由省级政府行业管理部门转送的，可以由省级政府投资主管部门与其联合报送。

国务院有关部门所属单位、计划单列企业集团、中央管理企业投资建设应当由国务院有关部门核准的项目，直接向相应的项目核准机关报送项目申请报告，并附行业管理部门的意见。

企业投资建设应当由国务院核准的项目，按照本条第一、二款规定向国务院投资主管部门报送项目申请报告，由国务院投资主管部门审核后报国务院核准。新建运输机场项目由相关省级政府直接向国务院、中央军委报送项目申请报告。

第二十四条 企业投资建设应当由地方政府核准的项目，应当按照地方政府的有关规定，向相应的项目核准机关报送项目申请报告。

第二十五条 项目申报材料齐全、符合法定形式的，项目核准机关应当予以受理。

申报材料不齐全或者不符合法定形式的，项目核准机关应当在收到项目申报材料之日起5个工作日内一次告知项目单位补充相关文件,或对相关内容进行调整。逾期不告知的,自收到项目申报材料之日起即为受理。

项目核准机关受理或者不予受理申报材料,都应当出具加盖本机关专用印章并注明日期的书面凭证。对于受理的申报材料,书面凭证应注明项目代码,项目单位可以根据项目代码在线查询、监督核准过程和结果。

第二十六条 项目核准机关在正式受理项目申请报告后,需要评估的,应在4个工作日内按照有关规定委托具有相应资质的工程咨询机构进行评估。项目核准机关在委托评估时,应当根据项目具体情况,提出评估重点,明确评估时限。

工程咨询机构与编制项目申请报告的工程咨询机构为同一单位、存在控股、管理关系或者负责人为同一人的,该工程咨询机构不得承担该项目的评估工作。工程咨询机构与项目单位存在控股、管理关系或者负责人为同一人的,该工程咨询机构不得承担该项目单位的项目评估工作。

除项目情况复杂的,评估时限不得超过30个工作日。接受委托的工程咨询机构应当在项目核准机关规定的时间内提出评估报告,并对评估结论承担责任。项目情况复杂的,履行批准程序后,可以延长评估时限,但延长的期限不得超过60个工作日。

项目核准机关应当将项目评估报告与核准文件一并存档备查。

评估费用由委托评估的项目核准机关承担,评估机构及其工作人员不得收取项目单位的任何费用。

第二十七条 项目涉及有关行业管理部门或者项目所在地地方政府职责的,项目核准机关应当商请有关行业管理部门或地方人民政府在7个工作日内出具书面审查意见。有关行业管理部门或地方人民政府逾期没有反馈书面审查意见的,视为同意。

第二十八条 项目建设可能对公众利益构成重大影响的,项目核准机关在作出核准决定前,应当采取适当方式征求公众意见。

相关部门对直接涉及群众切身利益的用地(用海)、环境影响、移民安置、社会稳定风险等事项已经进行实质性审查并出具了相关审批文件的,项目核准机关可不再就相关内容重复征求公众意见。

对于特别重大的项目，可以实行专家评议制度。除项目情况特别复杂外，专家评议时限原则上不得超过30个工作日。

第二十九条 项目核准机关可以根据评估意见、部门意见和公众意见等，要求项目单位对相关内容进行调整，或者对有关情况和文件做进一步澄清、补充。

第三十条 项目违反相关法律法规，或者不符合发展规划、产业政策和市场准入标准要求的，项目核准机关可以不经过委托评估、征求意见等程序，直接作出不予核准的决定。

第三十一条 项目核准机关应当在正式受理申报材料后20个工作日内作出是否予以核准的决定，或向上级项目核准机关提出审核意见。项目情况复杂或者需要征求有关单位意见的，经本行政机关主要负责人批准，可以延长核准时限，但延长的时限不得超过40个工作日，并应当将延长期限的理由告知项目单位。

项目核准机关需要委托评估或进行专家评议的，所需时间不计算在前款规定的期限内。项目核准机关应当将咨询评估或专家评议所需时间书面告知项目单位。

第三十二条 项目符合核准条件的，项目核准机关应当对项目予以核准并向项目单位出具项目核准文件。项目不符合核准条件的，项目核准机关应当出具不予核准的书面通知，并说明不予核准的理由。

属于国务院核准权限的项目，由国务院投资主管部门根据国务院的决定向项目单位出具项目核准文件或者不予核准的书面通知。

项目核准机关出具项目核准文件或者不予核准的书面通知应当抄送同级行业管理、城乡规划、国土资源、水行政管理、环境保护、节能审查等相关部门和下级机关。

第三十三条 项目核准文件和不予核准书面通知的格式文本，由国务院投资主管部门制定。

第三十四条 项目核准机关应制定内部工作规则，不断优化工作流程，提高核准工作效率。

第四章 项目核准的审查及效力

第三十五条 项目核准机关应当从以下方面对项目进行审查：

（一）是否危害经济安全、社会安全、生态安全等国家安全；

（二）是否符合相关发展建设规划、产业政策和技术标准；

（三）是否合理开发并有效利用资源；

（四）是否对重大公共利益产生不利影响。

项目核准机关应当制定审查工作细则，明确审查具体内容、审查标准、审查要点、注意事项及不当行为需要承担的后果等。

第三十六条　除本办法第二十二条要求提供的项目申请报告附送文件之外，项目单位还应在开工前依法办理其他相关手续。

第三十七条　取得项目核准文件的项目，有下列情形之一的，项目单位应当及时以书面形式向原项目核准机关提出变更申请。原项目核准机关应当自受理申请之日起20个工作日内作出是否同意变更的书面决定：

（一）建设地点发生变更的；

（二）投资规模、建设规模、建设内容发生较大变化的；

（三）项目变更可能对经济、社会、环境等产生重大不利影响的；

（四）需要对项目核准文件所规定的内容进行调整的其他重大情形。

第三十八条　项目自核准机关出具项目核准文件或同意项目变更决定2年内未开工建设，需要延期开工建设的，项目单位应当在2年期限届满的30个工作日前，向项目核准机关申请延期开工建设。项目核准机关应当自受理申请之日起20个工作日内，作出是否同意延期开工建设的决定，并出具相应文件。开工建设只能延期一次，期限最长不得超过1年。国家对项目延期开工建设另有规定的，依照其规定。

在2年期限内未开工建设也未按照规定向项目核准机关申请延期的，项目核准文件或同意项目变更决定自动失效。

第五章　项　目　备　案

第三十九条　实行备案管理的项目，项目单位应当在开工建设前通过在线平台将相关信息告知项目备案机关，依法履行投资项目信息告知义务，并遵循诚信和规范原则。

第四十条 项目备案机关应当制定项目备案基本信息格式文本，具体包括以下内容：

（一）项目单位基本情况；

（二）项目名称、建设地点、建设规模、建设内容；

（三）项目总投资额；

（四）项目符合产业政策声明。

项目单位应当对备案项目信息的真实性、合法性和完整性负责。

第四十一条 项目备案机关收到本办法第四十条规定的全部信息即为备案。项目备案信息不完整的，备案机关应当及时以适当方式提醒和指导项目单位补正。

项目备案机关发现项目属产业政策禁止投资建设或者依法应实行核准管理，以及不属于固定资产投资项目、依法应实施审批管理、不属于本备案机关权限等情形的，应当通过在线平台及时告知企业予以纠正或者依法申请办理相关手续。

第四十二条 项目备案相关信息通过在线平台在相关部门之间实现互通共享。

项目单位需要备案证明的，可以通过在线平台自行打印或者要求备案机关出具。

第四十三条 项目备案后，项目法人发生变化、项目建设地点、规模、内容发生重大变更，或者放弃项目建设的，项目单位应当通过在线平台及时告知项目备案机关，并修改相关信息。

第四十四条 实行备案管理的项目，项目单位在开工建设前还应当根据相关法律法规规定办理其他相关手续。

第六章　监　督　管　理

第四十五条 上级项目核准、备案机关应当加强对下级项目核准、备案机关的指导和监督，及时纠正项目管理中存在的违法违规行为。

第四十六条 项目核准和备案机关、行业管理、城乡规划（建设）、国家安全、国土（海洋）资源、环境保护、节能审查、金融监管、安全生产监管、审计等部门，应当按照谁审批谁监管、谁主管谁监管的原则，采取在线监测、现场核查等方式,依法加强对项目的事中事后监管。

项目核准、备案机关应当根据法律法规和发展规划、产业政策、总量控制目标、技术政策、准入标准及相关环保要求等,对项目进行监管。

城乡规划、国土(海洋)资源、环境保护、节能审查、安全监管、建设、行业管理等部门,应当履行法律法规赋予的监管职责,在各自职责范围内对项目进行监管。

金融监管部门应当加强指导和监督,引导金融机构按照商业原则,依法独立审贷。

审计部门应当依法加强对国有企业投资项目、申请使用政府投资资金的项目以及其他公共工程项目的审计监督。

第四十七条 各级地方政府有关部门应按照相关法律法规及职责分工,加强对本行政区域内项目的监督检查,发现违法违规行为的,应当依法予以处理,并通过在线平台登记相关违法违规信息。

第四十八条 对不符合法定条件的项目予以核准,或者超越法定职权予以核准的,应依法予以撤销。

第四十九条 各级项目核准、备案机关的项目核准或备案信息,以及国土(海洋)资源、城乡规划、水行政管理、环境保护、节能审查、安全监管、建设、工商等部门的相关手续办理信息、审批结果信息、监管(处罚)信息,应当通过在线平台实现互通共享。

第五十条 项目单位应当通过在线平台如实报送项目开工建设、建设进度、竣工的基本信息。

项目开工前,项目单位应当登录在线平台报备项目开工基本信息。项目开工后,项目单位应当按年度在线报备项目建设动态进度基本信息。项目竣工验收后,项目单位应当在线报备项目竣工基本信息。

第五十一条 项目单位有下列行为之一的,相关信息列入项目异常信用记录,并纳入全国信用信息共享平台:

(一)应申请办理项目核准但未依法取得核准文件的;

(二)提供虚假项目核准或备案信息,或者未依法将项目信息告知备案机关,或者已备案项目信息变更未告知备案机关的;

(三)违反法律法规擅自开工建设的;

(四)不按照批准内容组织实施的;

(五)项目单位未按本办法第五十条规定报送项目开工建设、建设进度、竣工等基本信息,或者报送虚假信息的;

(六)其他违法违规行为。

第七章 法 律 责 任

第五十二条 项目核准、备案机关有下列情形之一的,由其上级行政机关责令改正,对负有责任的领导人员和直接责任人员由有关单位和部门依纪依法给予处分:

(一)超越法定职权予以核准或备案的;

(二)对不符合法定条件的项目予以核准的;

(三)对符合法定条件的项目不予核准的;

(四)擅自增减核准审查条件的,或者以备案名义变相审批、核准的;

(五)不在法定期限内作出核准决定的;

(六)不依法履行监管职责或者监督不力,造成严重后果的。

第五十三条 项目核准、备案机关及其工作人员,以及其他相关部门及其工作人员,在项目核准、备案以及相关审批手续办理过程中玩忽职守、滥用职权、徇私舞弊、索贿受贿的,对负有责任的领导人员和直接责任人员依法给予处分;构成犯罪的,依法追究刑事责任。

第五十四条 项目核准、备案机关,以及国土(海洋)资源、城乡规划、水行政管理、环境保护、节能审查、安全监管、建设等部门违反相关法律法规规定,未依法履行监管职责的,对直接负责的主管人员和其他直接责任人员,依法给予处分;构成犯罪的,依法追究刑事责任。

项目所在地的地方政府有关部门不履行企业投资监管职责的,对直接负责的主管人员和其他直接责任人员,依法给予处分。

第五十五条 企业以分拆项目、隐瞒有关情况或者提供虚假申报材料等不正当手段申请核准、备案的,项目核准机关不予受理或者不予核准、备案,并给予警告。

第五十六条 实行核准管理的项目,企业未依法办理核准手续开工建设或者未按照核准的建设地点、建设规模、建设内容等进行建设的,由核准机关责令停止建设或者责令停产,对企业处项目总投资额1‰以上5‰以下的罚款;对直接负责的主管人员和其他直接责任人员处2万元以上5万元以下的罚款,属于国家工作人员的,依法给予处分。项目应视情况予以拆除或者补办相关手续。

以欺骗、贿赂等不正当手段取得项目核准文件,尚未开工建设的,由核准机关撤销核准文件,处项目总投资额1‰以上5‰以下的罚款;已经开工建设的,依照前款规定予以处罚;构成犯罪的,依法追究刑事责任。

第五十七条 实行备案管理的项目,企业未依法将项目信息或者已备案项目信息变更情况告知备案机关,或者向备案机关提供虚假信息的,由备案机关责令限期改正;逾期不改正的,处2万元以上5万元以下的罚款。

第五十八条 企业投资建设产业政策禁止投资建设项目的,由县级以上人民政府投资主管部门责令停止建设或者责令停产并恢复原状,对企业处项目总投资额5‰以上10‰以下的罚款;对直接负责的主管人员和其他直接责任人员处5万元以上10万元以下的罚款,属于国家工作人员的,依法给予处分。法律、行政法规另有规定的,依照其规定。

第五十九条 项目单位在项目建设过程中不遵守国土(海洋)资源、城乡规划、环境保护、节能、安全监管、建设等方面法律法规和有关审批文件要求的,相关部门应依法予以处理。

第六十条 承担项目申请报告编写、评估任务的工程咨询评估机构及其人员、参与专家评议的专家,在编制项目申请报告、受项目核准机关委托开展评估或者参与专家评议过程中,违反从业规定,造成重大损失和恶劣影响的,依法降低或撤销工程咨询单位资格,取消主要责任人员的相关职业资格。

第八章 附 则

第六十一条 本办法所称省级政府包括各省、自治区、直辖市及计划单列市人民政府和新疆生产建设兵团。

第六十二条 外商投资项目和境外投资项目的核准和备案管理办法另行制定。

第六十三条 省级政府和国务院行业管理部门,可以按照《企业投资项目核准和备案管理条例》和本办法的规定,制订具体实施办法。

第六十四条 事业单位、社会团体等非企业组织在中国境内利用自有资金、不申请政府投资建设的固定资产投资项目,按照企业投资项目进行管理。

个人投资建设项目参照本办法的相关规定执行。

第六十五条 本办法由国家发展和改革委员会负责解释。

第六十六条 本办法自2017年4月8日起施行。《政府核准投资项目管理办法》(国家发展改革委令第11号)同时废止。

企业投资项目事中事后监管办法

(2018年1月4日国家发展改革委令第14号公布
根据2023年3月23日国家发展改革委令第1号修订)

第一章 总 则

第一条 为加强对企业投资项目的事中事后监管,规范企业投资行为,维护公共利益和企业合法权益,依据《行政许可法》《行政处罚法》《企业投资项目核准和备案管理条例》等法律法规,制定本办法。

第二条 各级发展改革部门根据核准和备案职责,对企业在境内投资建设的固定资产项目(以下简称项目)核准和备案的事中事后监督管理,适用本办法。

第三条 项目事中事后监管是指各级发展改革部门对项目开工前是否依法取得核准批复文件或者办理备案手续,并在开工后是否按照核准批复文件或者备案内容进行建设的监督管理。

各级发展改革部门开展项目事中事后监管,应当与规划、环保、国土、建设、安全生产等主管部门的事中事后监管工作各司其职、各负其责,并加强协调配合。

第四条 各级发展改革部门对项目实施分级分类监督管理。

对已经取得核准批复文件的项目,由核准机关实施监督管理;对已经备案的项目,由备案机关实施监督管理。对项目是否依法取得核准批复文件或者办理备案手续,由项目所在地县级以上地方发展改革部门实施监督管理。

第五条 各级发展改革部门应当建立健全行政监督和监管执法程序,加强监管执法队伍建设,保障监管执法经费,依法行使监督管理职权。

第二章 对核准项目的监管

第六条 核准机关对本机关已核准的项目,应当对以下方面进行监督管理：

(一)是否通过全国投资项目在线审批监管平台(以下简称在线平台),如实、及时报送项目开工建设、建设进度、竣工等建设实施基本信息;

(二)需要变更已核准建设地点或者对已核准建设规模、建设内容等作较大变更的,是否按规定办理变更手续;

(三)需要延期开工建设的,是否按规定办理延期开工建设手续;

(四)是否按照核准的建设地点、建设规模、建设内容等进行建设。

第七条 核准机关应当根据行业特点、监管需要和简易、可操作的原则,制定、上线核准项目报送建设实施基本信息的格式文本,并对报送的建设实施基本信息进行在线监测。

第八条 核准机关对其核准的项目,应当采取抽查等方式开展项目监管,在项目开工后制定现场核查计划并进行现场核查。

第九条 已开工核准项目未如实、及时报送建设实施基本信息的,核准机关应当责令项目单位予以纠正;拒不纠正的,给予警告。

第十条 项目未按规定办理核准批复文件、项目变更批复文件或者批复文件失效后开工建设的,核准机关应当依法责令停止建设或者责令停产,并依法处以罚款。

第十一条 项目未按照核准的建设地点、建设规模、建设内容等进行建设的,核准机关应当依法责令停止建设或者责令停产,并依法处以罚款。

对于有关部门依法认定项目建设内容属于产业政策禁止投资建设的,核准机关应当依法责令停止建设或者责令停产并恢复原状,并依法处以罚款。

第十二条　县级以上地方发展改革部门发现本行政区域内的项目列入《政府核准的投资项目目录》,但未依法办理核准批复文件、项目变更批复文件或者批复文件失效后开工建设的,应当报告对该项目有核准权限的机关,由核准机关依法责令停止建设或者责令停产,并依法处以罚款。

第三章　对备案项目的监管

第十三条　备案机关对本机关已备案的项目,应当对以下方面进行监督管理:

(一)是否通过在线平台如实、及时报送项目开工建设、建设进度、竣工等建设实施基本信息;

(二)是否属于实行核准管理的项目;

(三)是否按照备案的建设地点、建设规模、建设内容进行建设;

(四)是否属于产业政策禁止投资建设的项目。

第十四条　备案机关应当根据行业特点、监管需要和简易、可操作的原则,制定、上线备案项目报送建设实施基本信息的格式文本,并对报送的建设实施基本信息进行在线监测。

第十五条　项目自备案后2年内未开工建设或者未办理任何其他手续,项目单位如果决定继续实施该项目,应当通过在线平台作出说明;如果不再继续实施,应当撤回已备案信息。

前款项目既未作出说明,也未撤回备案信息的,备案机关应当予以提醒。经提醒后仍未作出相应处理的,备案机关应当移除已向社会公示的备案信息,项目单位获取的备案证明文件自动失效。对其中属于故意报备不真实项目、影响投资信息准确性的,备案机关可以将项目列入异常名录,并向社会公开。

第十六条　备案机关对其备案的项目,应当根据"双随机一公开"

的原则,结合投资调控实际需要,定期制定现场核查计划。对列入现场核查计划的项目,应当在项目开工后至少开展一次现场核查。列入现场核查计划的项目数量比例,由备案机关根据实际确定。

第十七条 已开工备案项目未如实、及时报送建设实施基本信息的,备案机关应当责令项目单位予以纠正;拒不纠正的,给予警告。

第十八条 项目建设与备案信息不符的,备案机关应当责令限期改正;逾期不改正的,依法处以罚款并列入失信企业名单,向社会公开。

对于有关部门依法认定项目建设内容属于产业政策禁止投资建设的,备案机关应当依法责令停止建设或者责令停产并恢复原状,并依法处以罚款。

第十九条 县级以上地方发展改革部门发现本行政区域内的已开工项目应备案但未依法备案的,应当报告对该项目有备案权限的机关,由备案机关责令其限期改正;逾期不改正的,依法处以罚款并列入失信企业名单,向社会公开。

第二十条 对本行政区域内的已开工项目,经有关部门依法认定属于产业政策禁止投资建设的,县级以上发展改革部门应当依法责令停止建设或者责令停产并恢复原状,并依法处以罚款。

第四章 监管程序和方式

第二十一条 各级发展改革部门对项目的现场核查,可以自行开展,也可以发挥工程咨询单位等机构的专业优势,以委托第三方机构的方式开展。

委托第三方机构开展现场核查的,应当建立核查机构名录,制订核查工作规范,加强对核查工作的指导和监督。委托第三方机构开展现场核查的经费由委托方承担。

第二十二条 各级发展改革部门要严格落实监管责任,采取抽查等方式开展项目监管,并依托投资项目在线审批监管平台(国家重大项目库)加强对企业投资项目的在线动态监管。

对未履行、不当履行或违法履行监管职责的,要依法依规严肃处理;涉嫌犯罪的,要移送有关机关依法处理。对严格依据抽查事项清单和相关工作要求开展监管,项目出现问题的,应结合执法检查人员工作态度、工作程序方法、客观条件等进行综合分析,该免责的依法依规免予追究相关责任。

第二十三条 各级发展改革部门应当依托在线平台,运用大数据、互联网、移动计算等信息技术手段,加强对各类信息的分析研判,提高发现问题线索的能力。

第二十四条 各级发展改革部门应当畅通投诉举报渠道,对投诉举报反映的问题线索及时予以处理。

第二十五条 各级发展改革部门对发现的涉嫌违法问题,应当按照法定权限和程序立案查处,并作出处理决定。

对发现的涉及其他部门职权的违法违纪线索,应当及时移送。涉嫌犯罪的,应当移送司法机关追究刑事责任。

第二十六条 各级发展改革部门对项目的行政处罚信息,应当通过在线平台进行归集,并通过在线平台和"信用中国"网站向社会公开。

对在项目事中事后监管中形成的项目异常名录和失信企业名单,应当通过在线平台与全国信用信息平台共享,通过"信用中国"网站向社会公开,并实施联合惩戒。

第二十七条 各级发展改革部门应当与规划、环保、国土、建设、安全生产等主管部门建立健全协同监管和联合执法机制,参加本级人民政府开展的综合执法工作,提高监管执法效率。

第二十八条 各级发展改革部门应当建立健全项目事中事后监管责任制和责任追究制,通过约谈、挂牌督办、上收核准权限等措施,督促下级发展改革部门落实工作责任。

第五章 法 律 责 任

第二十九条 本办法第九条、第十七条所称的警告,均指《行政处罚法》规定的行政处罚罚种,各级发展改革部门应当依照法定程序和要求实施。

第三十条 核准机关对未按规定办理核准手续的项目,未按照核准的建设地点、建设规模、建设内容等进行建设的项目,处以罚款的情形和幅度依照《企业投资项目核准和备案管理条例》第十八条执行。

第三十一条　备案机关对未依法备案的项目,建设与备案信息不符的项目,处以罚款的情形和幅度依照《企业投资项目核准和备案管理条例》第十九条执行。

第三十二条　对属于产业政策禁止投资建设的项目,处以罚款的情形和幅度依照《企业投资项目核准和备案管理条例》第二十条执行。

第三十三条　违反本办法规定,但能够积极配合调查、认真整改纠正、主动消除或者减轻危害后果的,可以在法定幅度内减轻处罚。

第六章　附　　则

第三十四条　外商投资项目事中事后监督管理另有规定的,从其规定。

第三十五条　事业单位、社会团体等非企业组织在境内投资建设的项目事中事后监督管理适用本办法,但通过预算安排的项目除外。

第三十六条　本办法由国家发展和改革委员会负责解释。

第三十七条　本办法自2018年2月4日起实施。

境外投资管理办法

(2014年9月6日商务部令2014年第3号公布
自2014年10月6日起施行)

第一章　总　　则

第一条　为了促进和规范境外投资,提高境外投资便利化水平,根据《国务院关于投资体制改革的决定》、《国务院对确需保留的行政审批项目设定行政许可的决定》及相关法律规定,制定本办法。

第二条　本办法所称境外投资,是指在中华人民共和国境内依法设立的企业(以下简称企业)通过新设、并购及其他方式在境外拥有非金融企业或取得既有非金融企业所有权、控制权、经营管理权及其他权益的行为。

第三条 企业开展境外投资，依法自主决策、自负盈亏。

第四条 企业境外投资不得有以下情形：

（一）危害中华人民共和国国家主权、安全和社会公共利益，或违反中华人民共和国法律法规；

（二）损害中华人民共和国与有关国家（地区）关系；

（三）违反中华人民共和国缔结或者参加的国际条约、协定；

（四）出口中华人民共和国禁止出口的产品和技术。

第五条 商务部和各省、自治区、直辖市、计划单列市及新疆生产建设兵团商务主管部门（以下称省级商务主管部门）负责对境外投资实施管理和监督。

第二章 备案和核准

第六条 商务部和省级商务主管部门按照企业境外投资的不同情形，分别实行备案和核准管理。

企业境外投资涉及敏感国家和地区、敏感行业的，实行核准管理。

企业其他情形的境外投资，实行备案管理。

第七条 实行核准管理的国家是指与中华人民共和国未建交的国家、受联合国制裁的国家。必要时，商务部可另行公布其他实行核准管理的国家和地区的名单。

实行核准管理的行业是指涉及出口中华人民共和国限制出口的产品和技术的行业、影响一国（地区）以上利益的行业。

第八条 商务部和省级商务主管部门应当依法办理备案和核准，提高办事效率，提供优质服务。

商务部和省级商务主管部门通过"境外投资管理系统"（以下简称"管理系统"）对企业境外投资进行管理，并向获得备案或核准的企业颁发《企业境外投资证书》（以下简称《证书》，样式见附件1）。《证书》由商务部和省级商务主管部门分别印制并盖章，实行统一编码管理。

《证书》是企业境外投资获得备案或核准的凭证，按照境外投资最终目的地颁发。

第九条 对属于备案情形的境外投资,中央企业报商务部备案;地方企业报所在地省级商务主管部门备案。

中央企业和地方企业通过"管理系统"按要求填写并打印《境外投资备案表》(以下简称《备案表》,样式见附件2),加盖印章后,连同企业营业执照复印件分别报商务部或省级商务主管部门备案。

《备案表》填写如实、完整、符合法定形式,且企业在《备案表》中声明其境外投资无本办法第四条所列情形的,商务部或省级商务主管部门应当自收到《备案表》之日起3个工作日内予以备案并颁发《证书》。企业不如实、完整填报《备案表》的,商务部或省级商务主管部门不予备案。

第十条 对属于核准情形的境外投资,中央企业向商务部提出申请,地方企业通过所在地省级商务主管部门向商务部提出申请。

企业申请境外投资核准需提交以下材料:

(一)申请书,主要包括投资主体情况、境外企业名称、股权结构、投资金额、经营范围、经营期限、投资资金来源、投资具体内容等;

(二)《境外投资申请表》(样式见附件3),企业应当通过"管理系统"按要求填写打印,并加盖印章;

(三)境外投资相关合同或协议;

(四)有关部门对境外投资所涉的属于中华人民共和国限制出口的产品或技术准予出口的材料;

(五)企业营业执照复印件。

第十一条 核准境外投资应当征求我驻外使(领)馆(经商处室)意见。涉及中央企业的,由商务部征求意见;涉及地方企业的,由省级商务主管部门征求意见。征求意见时,商务部和省级商务主管部门应当提供投资事项基本情况等相关信息。驻外使(领)馆(经商处室)应当自接到征求意见要求之日起7个工作日内回复。

第十二条 商务部应当在受理中央企业核准申请后20个工作日内(包含征求驻外使(领)馆(经商处室)意见的时间)作出是否予以核准的决定。申请材料不齐全或者不符合法定形式的,商务部应当在3个工作日内一次告知申请企业需要补正的全部内容。逾期不告知的,自收到申请材料之日起即为受理。中央企业按照商务部的要求提交全部补正申请材料的,商务部应当受理该申请。

省级商务主管部门应当在受理地方企业核准申请后对申请是否涉及本办法第四条所列情形进行初步审查,并在15个工作日内(包含征求驻外使(领)馆(经商处室)意见的时间)将初步审查意见和全部申请材料报送商务部。申请材料不齐全或者不符合法定形式的,省级商务主管部门应当在3个工作日内一次告知申请企业需要补正的全部内容。逾期不告知的,自收到申请材料之日起即为受理。地方企业按照省级商务主管部门的要求提交全部补正申请材料的,省级商务主管部门应当受理该申请。商务部收到省级商务主管部门的初步审查意见后,应当在15个工作日内做出是否予以核准的决定。

第十三条 对予以核准的境外投资,商务部出具书面核准决定并颁发《证书》;因存在本办法第四条所列情形而不予核准的,应当书面通知申请企业并说明理由,告知其享有依法申请行政复议或者提起行政诉讼的权利。企业提供虚假材料申请核准的,商务部不予核准。

第十四条 两个以上企业共同开展境外投资的,应当由相对大股东在征求其他投资方书面同意后办理备案或申请核准。如果各方持股比例相等,应当协商后由一方办理备案或申请核准。如投资方不属同一行政区域,负责办理备案或核准的商务部或省级商务主管部门应当将备案或核准结果告知其他投资方所在地商务主管部门。

第十五条 企业境外投资经备案或核准后,原《证书》载明的境外投资事项发生变更的,企业应当按照本章程序向原备案或核准的商务部或省级商务主管部门办理变更手续。

第十六条 自领取《证书》之日起2年内,企业未在境外开展投资的,《证书》自动失效。如需再开展境外投资,应当按照本章程序重新办理备案或申请核准。

第十七条 企业终止已备案或核准的境外投资,应当在依投资目的地法律办理注销等手续后,向原备案或核准的商务部或省级商务主管部门报告。原备案或核准的商务部或省级商务主管部门根据报告出具注销确认函。

终止是指原经备案或核准的境外企业不再存续或企业不再拥有

原经备案或核准的境外企业的股权等任何权益。

第十八条 《证书》不得伪造、涂改、出租、出借或以任何其他形式转让。已变更、失效或注销的《证书》应当交回原备案或核准的商务部或省级商务主管部门。

第三章 规范和服务

第十九条 企业应当客观评估自身条件、能力，深入研究投资目的地投资环境，积极稳妥开展境外投资，注意防范风险。境内外法律法规和规章对资格资质有要求的，企业应当取得相关证明文件。

第二十条 企业应当要求其投资的境外企业遵守投资目的地法律法规、尊重当地风俗习惯，履行社会责任，做好环境、劳工保护、企业文化建设等工作，促进与当地的融合。

第二十一条 企业对其投资的境外企业的冠名应当符合境内外法律法规和政策规定。未按国家有关规定获得批准的企业，其境外企业名称不得使用"中国"、"中华"等字样。

第二十二条 企业应当落实人员和财产安全防范措施，建立突发事件预警机制和应急预案。在境外发生突发事件时，企业应当在驻外使(领)馆和国内有关主管部门的指导下，及时、妥善处理。

企业应当做好外派人员的选审、行前安全、纪律教育和应急培训工作，加强对外派人员的管理，依法办理当地合法居留和工作许可。

第二十三条 企业应当要求其投资的境外企业中方负责人当面或以信函、传真、电子邮件等方式及时向驻外使(领)馆(经商处室)报到登记。

第二十四条 企业应当向原备案或核准的商务部或省级商务主管部门报告境外投资业务情况、统计资料，以及与境外投资相关的困难、问题，并确保报送情况和数据真实准确。

第二十五条 企业投资的境外企业开展境外再投资，在完成境外法律手续后，企业应当向商务主管部门报告。涉及中央企业的，中央企业通过"管理系统"填报相关信息，打印《境外中资企业再投资报告表》(以下简称《再投资报告表》，样式见附件4)并加盖印章后报商务部;涉及地方企业的，地方企业通过"管理系统"填报相关信息，打印

《再投资报告表》并加盖印章后报省级商务主管部门。

第二十六条 商务部负责对省级商务主管部门的境外投资管理情况进行检查和指导。省级商务主管部门应当每半年向商务部报告本行政区域内境外投资的情况。

第二十七条 商务部会同有关部门为企业境外投资提供权益保障、投资促进、风险预警等服务。

商务部发布《对外投资合作国别(地区)指南》、国别产业指引等文件,帮助企业了解投资目的地投资环境;加强对企业境外投资的指导和规范,会同有关部门发布环境保护等指引,督促企业在境外合法合规经营;建立对外投资与合作信息服务系统,为企业开展境外投资提供数据统计、投资机会、投资障碍、风险预警等信息。

第四章 法律责任

第二十八条 企业以提供虚假材料等不正当手段办理备案并取得《证书》的,商务部或省级商务主管部门撤销该企业境外投资备案,给予警告,并依法公布处罚决定。

第二十九条 企业提供虚假材料申请核准的,商务部给予警告,并依法公布处罚决定。该企业在一年内不得再次申请该项核准。

企业以欺骗、贿赂等不正当手段获得境外投资核准的,商务部撤销该企业境外投资核准,给予警告,并依法公布处罚决定。该企业在三年内不得再次申请该项核准;构成犯罪的,依法追究刑事责任。

第三十条 企业开展境外投资过程中出现本办法第四条所列情形的,应当承担相应的法律责任。

第三十一条 企业伪造、涂改、出租、出借或以任何其他形式转让《证书》的,商务部或省级商务主管部门给予警告;构成犯罪的,依法追究刑事责任。

第三十二条 境外投资出现第二十八至三十一条规定的情形以及违反本办法其他规定的企业,三年内不得享受国家有关政策支持。

第三十三条 商务部和省级商务主管部门有关工作人员不依照本办法规定履行职责、滥用职权、索取或者收受他人财物或者谋取其他利益,构成犯罪的,依法追究刑事责任;尚不构成犯罪的,依法给予行政处分。

第五章　附　　则

第三十四条　省级商务主管部门可依照本办法制定相应的工作细则。

第三十五条　本办法所称中央企业系指国务院国有资产监督管理委员会履行出资人职责的企业及其所属企业、中央管理的其他单位。

第三十六条　事业单位法人开展境外投资、企业在境外设立分支机构参照本办法执行。

第三十七条　企业赴香港、澳门、台湾地区投资参照本办法执行。

第三十八条　本办法由商务部负责解释。

第三十九条　本办法自2014年10月6日起施行。商务部2009年发布的《境外投资管理办法》(商务部令2009年第5号)同时废止。

附件:1. 企业境外投资证书(样式)
　　　2. 境外投资备案表(样式)
　　　3. 境外投资申请表(样式)
　　　4. 境外中资企业再投资报告表(样式)

附件1:

企业境外投资证书(样式)

境外投资证第　号
　　××公司右页所列境外投资符合《境外投资管理办法》(商务部令2014年第3号)有关规定,现予以颁发《企业境外投资证书》。
　　公司自领取本证书之日起2年内,未从事右页所列境外投资,证书自动失效。
　　公司开展境外投资业务应认真遵守境内外相关的法律法规和政策。
　　　　　　　　　　发证机关(盖章)
　　　　　　　　　　　年　月　日

境外企业 （最终目的地）	名称			国家/地区	
设立方式	□新设　□并购　□变更					
投资主体	中方名称			股比	
	外方名称			股比	
投资总额	中方	万元人民币（折合　　万美元）			
	外方	万元人民币（折合　　万美元）			
中方境内现金出资 实际币种和金额	币种		金额 （单位：万）		
中方投资构成 （单位： 万元人民币）	境内	现金	自有资金		
			银行贷款		
		实物			
		无形 资产			
		股权			
		其他			
	境外	自有 资金			
		银行 贷款			
		其他			
经营范围					
申报文号			核准或 备案文号		
投资路径 （仅限第一层级境外企业）	名称			国家/地区	
备注					

附件 2：

境外投资备案表（样式）

单位：万美元

【系统统一编号】				
基本事由				
境内投资主体	名称：	联系人	姓名：
	法定代表人：		座机：
	地址：		手机：
	所有制类型：（下拉列表选择）		电子邮件：
主管部门/集团总部				
投资路径 （仅限第一层级境外企业）	名称：（可视情增加）		国家（地区）：	
境外投资 最终目的地	国家（地区）：省（州）：城市：			
境外企业名称 （最终目的地）	中文： 外文：			
股权结构	中方	股东1：	股比：
		股东2：（可视情增加）	股比：
	外方	股东1：	股比：
		股东2：	股比：
设立方式	○新设 ○并购 ○变更			
经营范围				

五、部门规章及规范性文件

续表

境外企业所属行业	（下拉式列表选择） ○ 是否属于涉及出口国家限制出口的产品和技术的行业 ○ 是否属于影响一国（地区）以上利益的行业	
注册资本	＿＿＿＿＿＿＿，中方占＿＿＿％股份，外方占＿＿＿％股份	
投资规模	投资总额＿＿＿＿＿＿（折合＿＿＿＿＿＿万元人民币），其中， 1. 中方投资额＿＿＿＿＿＿（折合＿＿＿＿＿＿万元人民币）； 2. 外方投资额＿＿＿＿＿＿（折合＿＿＿＿＿＿万元人民币）。 折算汇率：	
中方出资币种和金额（单位：万）	币种1：金额：	
	币种2：（可视情增加）金额：	
中方投资的构成（单位：万美元）	境内	1. 现金出资＿＿＿＿＿＿（包括股东借款等债权出资），其中：自有资金＿＿＿＿＿＿，银行贷款＿＿＿＿＿＿（包括项目融资）； 2. 实物出资＿＿＿＿＿＿； 3. 无形资产＿＿＿＿＿＿； 4. 股权出资＿＿＿＿＿＿； 5. 其他＿＿＿＿＿＿。
	境外	1. 自有资金＿＿＿＿＿＿； 2. 银行贷款＿＿＿＿＿＿（包括内保外贷、外保外贷等）； 3. 其他＿＿＿＿＿＿。
投资具体情况	项目简况	（包括经营内容、规模、产品/市场、配套基础设施、投资回收期等。如属于并购类投资，需包括并购目标公司的生产经营状况、资产财务状况以及具体收购方案等）
	项目意义	（包括带动出口、获取技术、获得或建立营销网络、创造当地就业和税收等情况）

续表

本单位承诺本表中涉及的投资无以下情形： （一）危害中华人民共和国国家主权、安全和社会公共利益，或违反中华人民共和国法律法规； （二）损害中华人民共和国与有关国家（地区）关系； （三）违反中华人民共和国缔结或者参加的国际条约、协定； （四）出口中华人民共和国禁止出口的产品和技术。 本单位保证以上填报事项及材料的真实性，承诺遵守中华人民共和国及投资目的地相关法律法规，并按照《境外投资管理办法》（商务部令2014年第3号）的规定开展境外投资。 企业盖章： 年 月 日				
注：实行核准管理的国家中，与我国未建交的国家名单参见中华人民共和国外交部网站（cs.mfa.gov.cn/zlbg/bgzl/qtzl/t1094257.shtml）；受联合国制裁的国家名单参见联合国中文网站（www.un.org/chinese/sc/committees/list_compend.shtml）。				
以下由商务部或省级商务主管机关填写：				
初核		复核		签发

附件3：

境外投资申请表（样式）

单位：万美元

【系统统一编号】			
基本事由			
境内投资主体	名称：	联系人	姓名：
	法定代表人：		座机：
	地址：		手机：
	所有制类型：（下拉列表选择）		电子邮件：
主管部门/集团总部			

续表

投资路径 （仅限第一层级境外企业）	名称：（可视情增加）		国家（地区）：	
境外投资最终目的地	国家（地区）：省（州）：城市：			
境外企业名称（最终目的地）	中文： 外文：			
注册资本	_____，中方占____%股份，外方占____%股份			
股权结构	中方	股东1：	股比：	
		股东2：（可视情增加）	股比：	
	外方	股东1：	股比：	
		股东2：	股比：	
设立方式	○新设　○并购　○变更			
经营范围				
境外企业所属行业	（下拉式列表选择） ○ 是否属于涉及出口国家限制出口的产品和技术的行业 ○ 是否属于影响一国（地区）以上利益的行业			
投资规模	投资总额_____（折合_____万元人民币），其中， 1.中方投资额_____（折合_____万元人民币）； 2.外方投资额_____（折合_____万元人民币）。 折算汇率：			
中方出资币种和金额（单位：万）	币种1：金额：			
	币种2：（可视情增加）金额：			

续表

中方投资的构成 （单位：万美元）	境内	1. 现金出资_____（包括股东借款等债权出资），其中：自有资金_____，银行贷款_____（包括项目融资）； 2. 实物出资_____； 3. 无形资产_____； 4. 股权出资_____； 5. 其他_____。
	境外	1. 自有资金_____； 2. 银行贷款_____（包括内保外贷、外保外贷等）； 3. 其他_____。
投资具体情况	项目简况	（包括经营内容、规模、产品/市场、配套基础设施、投资回收期等。如属于并购类投资，需包括并购目标公司的生产经营状况、资产财务状况以及具体收购方案等）
	项目意义	（包括带动出口、获取技术、获得或建立营销网络、创造当地就业和税收等情况）

本单位承诺本表中涉及的投资无以下情形：
（一）危害中华人民共和国国家主权、安全和社会公共利益，或违反中华人民共和国法律法规；
（二）损害中华人民共和国与有关国家（地区）关系；
（三）违反中华人民共和国缔结或者参加的国际条约、协定；
（四）出口中华人民共和国禁止出口的产品和技术。
本单位保证以上填报事项及材料的真实性，承诺遵守中华人民共和国及投资目的地相关法律法规，并按照《境外投资管理办法》（商务部令2014年第3号）的规定开展境外投资。
企业盖章：
　年　　月　　日

注：实行核准管理的国家中，与我国未建交的国家名单参见中华人民共和国外交部网站（cs.mfa.gov.cn/zlbg/bgzl/qtzl/t1094257.shtml）；受联合国制裁的国家名单参见联合国中文网站（www.un.org/chinese/sc/committees/list_compend.shtml）。

以下由商务部或省级商务主管机关填写：

初核		复核		签发	

附件4：

境外中资企业再投资报告表（样式）

单位：万美元

【系统统一编号】				
基本事由				
境外中资企业名称	中文：		注册地	
	外文：			
再投资境外企业（项目）名称	中文：		注册地	国家（地区）：（下拉式列表选择） 省（州）： 城市：
	外文：			
再投资规模	投资总额_____，其中：1.自有资金_____； 2.境内银行贷款_____； 3.境外银行贷款_____；4.其他_____。			
再投资简介	（包括经营内容、规模、产品/市场、配套基础设施、投资回收期等。如属于并购类投资，需包括并购目标公司的生产经营状况、资产财务状况以及具体收购方案等）			
注册资本	_____			
股权结构	境外中资企业占股比： 其他方股东名称及股比：			
设立方式	○新设 ○并购			
经营范围				
所属行业	（下拉式列表选择）			
多层级再投资报告说明	（如该境外中资企业通过设立多层级企业实现再投资，则需填写此项）			

附件：
1.《企业境外投资证书》（即境外中资企业获得的证书）

续表

> 本单位保证以上填报事项及材料的真实性,承诺遵守中华人民共和国及投资目的地相关法律法规,并按照《境外投资管理办法》(商务部令2014年第3号)的规定开展境外投资。
> 企业盖章:
> 年 月 日

企业境外投资管理办法

(2017年12月26日国家发展和改革委员会令第11号公布 自2018年3月1日起施行)

第一章 总 则

第一条 为加强境外投资宏观指导,优化境外投资综合服务,完善境外投资全程监管,促进境外投资持续健康发展,维护我国国家利益和国家安全,根据《中华人民共和国行政许可法》《国务院关于投资体制改革的决定》《国务院对确需保留的行政审批项目设定行政许可的决定》等法律法规,制定本办法。

第二条 本办法所称境外投资,是指中华人民共和国境内企业(以下称"投资主体")直接或通过其控制的境外企业,以投入资产、权益或提供融资、担保等方式,获得境外所有权、控制权、经营管理权及其他相关权益的投资活动。

前款所称投资活动,主要包括但不限于下列情形:

(一)获得境外土地所有权、使用权等权益;

(二)获得境外自然资源勘探、开发特许权等权益;

(三)获得境外基础设施所有权、经营管理权等权益;

(四)获得境外企业或资产所有权、经营管理权等权益;

(五)新建或改扩建境外固定资产;

(六)新建境外企业或向既有境外企业增加投资;

(七)新设或参股境外股权投资基金;

（八）通过协议、信托等方式控制境外企业或资产。

本办法所称企业，包括各种类型的非金融企业和金融企业。

本办法所称控制，是指直接或间接拥有企业半数以上表决权，或虽不拥有半数以上表决权，但能够支配企业的经营、财务、人事、技术等重要事项。

第三条 投资主体依法享有境外投资自主权，自主决策、自担风险。

第四条 投资主体开展境外投资，应当履行境外投资项目（以下称"项目"）核准、备案等手续，报告有关信息，配合监督检查。

第五条 投资主体开展境外投资，不得违反我国法律法规，不得威胁或损害我国国家利益和国家安全。

第六条 国家发展和改革委员会（以下称"国家发展改革委"）在国务院规定的职责范围内，履行境外投资主管部门职责，根据维护我国国家利益和国家安全的需要，对境外投资进行宏观指导、综合服务和全程监管。

第七条 国家发展改革委建立境外投资管理和服务网络系统（以下称"网络系统"）。投资主体可以通过网络系统履行核准和备案手续、报告有关信息；涉及国家秘密或不适宜使用网络系统的事项，投资主体可以另行使用纸质材料提交。网络系统操作指南由国家发展改革委发布。

第二章　境外投资指导和服务

第八条 投资主体可以就境外投资向国家发展改革委咨询政策和信息、反映情况和问题、提出意见和建议。

第九条 国家发展改革委在国务院规定的职责范围内，会同有关部门根据国民经济和社会发展需要制定完善相关领域专项规划及产业政策，为投资主体开展境外投资提供宏观指导。

第十条 国家发展改革委在国务院规定的职责范围内，会同有关部门加强国际投资形势分析，发布境外投资有关数据、情况等信息，为投资主体提供信息服务。

第十一条 国家发展改革委在国务院规定的职责范围内，会同有关部门参与国际投资规则制定,建立健全投资合作机制,加强政策交流和协调,推动有关国家和地区为我国企业开展投资提供公平环境。

第十二条　国家发展改革委在国务院规定的职责范围内,推动海外利益安全保护体系和能力建设,指导投资主体防范和应对重大风险,维护我国企业合法权益。

第三章　境外投资项目核准和备案

第一节　核准、备案的范围

第十三条　实行核准管理的范围是投资主体直接或通过其控制的境外企业开展的敏感类项目。核准机关是国家发展改革委。

本办法所称敏感类项目包括:

(一)涉及敏感国家和地区的项目;

(二)涉及敏感行业的项目。

本办法所称敏感国家和地区包括:

(一)与我国未建交的国家和地区;

(二)发生战争、内乱的国家和地区;

(三)根据我国缔结或参加的国际条约、协定等,需要限制企业对其投资的国家和地区;

(四)其他敏感国家和地区。

本办法所称敏感行业包括:

(一)武器装备的研制生产维修;

(二)跨境水资源开发利用;

(三)新闻传媒;

(四)根据我国法律法规和有关调控政策,需要限制企业境外投资的行业。

敏感行业目录由国家发展改革委发布。

第十四条　实行备案管理的范围是投资主体直接开展的非敏感类项目,也即涉及投资主体直接投入资产、权益或提供融资、担保的非敏感类项目。

实行备案管理的项目中,投资主体是中央管理企业(含中央管理金融企业、国务院或国务院所属机构直接管理的企业,下同)的,备案机关是国家发展改革委;投资主体是地方企业,且中方投资额3亿美元及以上的,备案机关是国家发展改革委;投资主体是地方企业,且中方投资额3亿美元以下的,备案机关是投资主体注册地的省级政府发展改革部门。

本办法所称非敏感类项目,是指不涉及敏感国家和地区且不涉及敏感行业的项目。

本办法所称中方投资额,是指投资主体直接以及通过其控制的境外企业为项目投入的货币、证券、实物、技术、知识产权、股权、债权等资产、权益以及提供融资、担保的总额。

本办法所称省级政府发展改革部门,包括各省、自治区、直辖市及计划单列市人民政府发展改革部门和新疆生产建设兵团发展改革部门。

第十五条 投资主体可以向核准、备案机关咨询拟开展的项目是否属于核准、备案范围,核准、备案机关应当及时予以告知。

第十六条 两个以上投资主体共同开展的项目,应当由投资额较大一方在征求其他投资方书面同意后提出核准、备案申请。如各方投资额相等,应当协商一致后由其中一方提出核准、备案申请。

第十七条 对项目所需前期费用(包括履约保证金、保函手续费、中介服务费、资源勘探费等)规模较大的,投资主体可以参照本办法第十三条、第十四条规定对项目前期费用提出核准、备案申请。经核准或备案的项目前期费用计入项目中方投资额。

第二节 核准的程序和时限

第十八条 实行核准管理的项目,投资主体应当通过网络系统向核准机关提交项目申请报告并附具有关文件。其中,投资主体是中央管理企业的,由其集团公司或总公司向核准机关提交;投资主体是地方企业的,由其直接向核准机关提交。

第十九条 项目申请报告应当包括以下内容:

(一)投资主体情况;

(二)项目情况,包括项目名称、投资目的地、主要内容和规模、中方投资额等；

（三）项目对我国国家利益和国家安全的影响分析；

（四）投资主体关于项目真实性的声明。

项目申请报告的通用文本以及应当附具的文件（以下称"附件"）清单由国家发展改革委发布。

第二十条 项目申请报告可以由投资主体自行编写，也可以由投资主体自主委托具有相关经验和能力的中介服务机构编写。

第二十一条 项目申请报告和附件齐全、符合法定形式的，核准机关应当予以受理。

项目申请报告或附件不齐全、不符合法定形式的，核准机关应当在收到项目申请报告之日起5个工作日内一次性告知投资主体需要补正的内容。逾期不告知的，自收到项目申请报告之日起即为受理。

核准机关受理或不予受理项目申请报告，都应当通过网络系统告知投资主体。投资主体需要受理或不予受理凭证的，可以通过网络系统自行打印或要求核准机关出具。

第二十二条 项目涉及有关部门职责的，核准机关应当商请有关部门在7个工作日内出具书面审查意见。有关部门逾期没有反馈书面审查意见的，视为同意。

第二十三条 核准机关在受理项目申请报告后，如确有必要，应当在4个工作日内委托咨询机构进行评估。除项目情况复杂的，评估时限不得超过30个工作日。项目情况复杂的，经核准机关同意，可以延长评估时限，但延长的时限不得超过60个工作日。

核准机关应当将咨询机构进行评估所需的时间告知投资主体。

接受委托的咨询机构应当在规定时限内提出评估报告，并对评估结论承担责任。

评估费用由核准机关承担，咨询机构及其工作人员不得收取投资主体任何费用。

第二十四条 核准机关可以结合有关单位意见、评估意见等，建议投资主体对项目申请报告有关内容进行调整，或要求投资主体对有关情况或材料作进一步澄清、补充。

第二十五条 核准机关应当在受理项目申请报告后20个工作日

内作出是否予以核准的决定。项目情况复杂或需要征求有关单位意见的,经核准机关负责人批准,可以延长核准时限,但延长的核准时限不得超过10个工作日,并应当将延长时限的理由告知投资主体。

前款规定的核准时限,包括征求有关单位意见的时间,不包括咨询机构评估的时间。

第二十六条 核准机关对项目予以核准的条件为:

(一)不违反我国法律法规;

(二)不违反我国有关发展规划、宏观调控政策、产业政策和对外开放政策;

(三)不违反我国缔结或参加的国际条约、协定;

(四)不威胁、不损害我国国家利益和国家安全。

第二十七条 对符合核准条件的项目,核准机关应当予以核准,并向投资主体出具书面核准文件。

对不符合核准条件的项目,核准机关应当出具不予核准书面通知,并说明不予核准的理由。

第二十八条 项目违反有关法律法规、违反有关规划或政策、违反有关国际条约或协定、威胁或损害我国国家利益和国家安全的,核准机关可以不经过征求意见、委托评估等程序,直接作出不予核准的决定。

第三节 备案的程序和时限

第二十九条 实行备案管理的项目,投资主体应当通过网络系统向备案机关提交项目备案表并附具有关文件。其中,投资主体是中央管理企业的,由其集团公司或总公司向备案机关提交;投资主体是地方企业的,由其直接向备案机关提交。

项目备案表格式文本及附件清单由国家发展改革委发布。

第三十条 项目备案表和附件齐全、符合法定形式的,备案机关应当予以受理。

项目备案表或附件不齐全、项目备案表或附件不符合法定形式、项目不属于备案管理范围、项目不属于备案机关管理权限的,备案机关应当在收到项目备案表之日起5个工作日内一次性告知投资主体。

逾期不告知的,自收到项目备案表之日起即为受理。

备案机关受理或不予受理项目备案表,都应当通过网络系统告知投资主体。投资主体需要受理或不予受理凭证的,可以通过网络系统自行打印或要求备案机关出具。

第三十一条　备案机关在受理项目备案表之日起7个工作日内向投资主体出具备案通知书。

备案机关发现项目违反有关法律法规、违反有关规划或政策、违反有关国际条约或协定、威胁或损害我国国家利益和国家安全的,应当在受理项目备案表之日起7个工作日内向投资主体出具不予备案书面通知,并说明不予备案的理由。

第四节　核准、备案的效力、变更和延期

第三十二条　属于核准、备案管理范围的项目,投资主体应当在项目实施前取得项目核准文件或备案通知书。

本办法所称项目实施前,是指投资主体或其控制的境外企业为项目投入资产、权益(已按照本办法第十七条办理核准、备案的项目前期费用除外)或提供融资、担保之前。

第三十三条　属于核准、备案管理范围的项目,投资主体未取得有效核准文件或备案通知书的,外汇管理、海关等有关部门依法不予办理相关手续,金融企业依法不予办理相关资金结算和融资业务。

第三十四条　已核准、备案的项目,发生下列情形之一的,投资主体应当在有关情形发生前向出具该项目核准文件或备案通知书的机关提出变更申请:

(一)投资主体增加或减少;

(二)投资地点发生重大变化;

(三)主要内容和规模发生重大变化;

(四)中方投资额变化幅度达到或超过原核准、备案金额的20%,或中方投资额变化1亿美元及以上;

(五)需要对项目核准文件或备案通知书有关内容进行重大调整的其他情形。

核准机关应当在受理变更申请之日起20个工作日内作出是否同

意变更核准的书面决定。备案机关应当在受理变更申请之日起7个工作日内作出是否同意变更备案的书面决定。

第三十五条 核准文件、备案通知书有效期2年。确需延长有效期的,投资主体应当在有效期届满的30个工作日前向出具该项目核准文件或备案通知书的机关提出延长有效期的申请。

核准机关应当在受理延期申请之日起20个工作日内作出是否同意延长核准文件有效期的书面决定。备案机关应当在受理延期申请之日起7个工作日内作出是否同意延长备案通知书有效期的书面决定。

第三十六条 核准、备案机关应当依法履行职责,严格按照规定权限、程序、时限等要求实施核准、备案行为,提高行政效能,提供优质服务。

第三十七条 对核准、备案机关实施的核准、备案行为,相关利害关系人有权依法申请行政复议或提起行政诉讼。

第三十八条 对不符合本办法规定条件的项目予以核准、备案,或违反本办法规定权限和程序予以核准、备案的,应当依法予以撤销。

第三十九条 核准、备案机关应当按照《政府信息公开条例》规定将核准、备案有关信息予以公开。

第四章 境外投资监管

第四十条 国家发展改革委和省级政府发展改革部门根据境外投资有关法律法规和政策,按照本办法第十三条、第十四条规定的分工,联合同级政府有关部门建立协同监管机制,通过在线监测、约谈函询、抽查核实等方式对境外投资进行监督检查,对违法违规行为予以处理。

第四十一条 倡导投资主体创新境外投资方式、坚持诚信经营原则、避免不当竞争行为、保障员工合法权益、尊重当地公序良俗、履行必要社会责任、注重生态环境保护、树立中国投资者良好形象。

第四十二条 投资主体通过其控制的境外企业开展大额非敏感类项目的,投资主体应当在项目实施前通过网络系统提交大额非敏感类项目情况报告表,将有关信息告知国家发展改革委。

投资主体提交的大额非敏感类项目情况报告表内容不完整的,国家发展改革委应当在收到之日起5个工作日内一次性告知投资主体需要补正的内容。逾期不告知的,视作内容完整。大额非敏感类项目情况报告表格式文本由国家发展改革委发布。

本办法所称大额非敏感类项目,是指中方投资额3亿美元及以上的非敏感类项目。

第四十三条 境外投资过程中发生外派人员重大伤亡、境外资产重大损失、损害我国与有关国家外交关系等重大不利情况的,投资主体应当在有关情况发生之日起5个工作日内通过网络系统提交重大不利情况报告表。重大不利情况报告表格式文本由国家发展改革委发布。

第四十四条 属于核准、备案管理范围的项目,投资主体应当在项目完成之日起20个工作日内通过网络系统提交项目完成情况报告表。项目完成情况报告表格式文本由国家发展改革委发布。

前款所称项目完成,是指项目所属的建设工程竣工、投资标的股权或资产交割、中方投资额支出完毕等情形。

第四十五条 国家发展改革委、省级政府发展改革部门可以就境外投资过程中的重大事项向投资主体发出重大事项问询函。投资主体应当按照重大事项问询函载明的问询事项和时限要求提交书面报告。

国家发展改革委、省级政府发展改革部门认为确有必要的,可以公示重大事项问询函及投资主体提交的书面报告。

第四十六条 投资主体按照本办法第四十二条、第四十三条、第四十四条、第四十五条规定提交有关报告表或书面报告后,需要凭证的,可以通过网络系统自行打印提交完成凭证。

第四十七条 国家发展改革委、省级政府发展改革部门可以根据其掌握的国际国内经济社会运行情况和风险状况,向投资主体或利益相关方发出风险提示,供投资主体或利益相关方参考。

第四十八条 投资主体应当对自身通过网络系统和线下提交的各类材料的真实性、合法性、完整性负责,不得有虚假、误导性陈述和重大遗漏。

第四十九条 有关部门和单位、驻外使领馆等发现企业违反本办法规定的,可以告知核准、备案机关。公民、法人或其他组织发现企业违反本办法规定的,可以据实向核准、备案机关举报。

国家发展改革委建立境外投资违法违规行为记录,公布并更新企业违反本办法规定的行为及相应的处罚措施,将有关信息纳入全国信用信息共享平台、国家企业信用信息公示系统、"信用中国"网站等进行公示,会同有关部门和单位实施联合惩戒。

第五章 法律责任

第五十条 国家发展改革委工作人员有下列行为之一的,责令其限期改正,并依法追究有关责任人的行政责任;构成犯罪的,依法追究刑事责任:

(一)滥用职权、玩忽职守、徇私舞弊、索贿受贿的;

(二)违反本办法规定程序和条件办理项目核准、备案的;

(三)其他违反本办法规定的行为。

第五十一条 投资主体通过恶意分拆项目、隐瞒有关情况或提供虚假材料等手段申请核准、备案的,核准、备案机关不予受理或不予核准、备案,对投资主体及主要责任人处以警告。

第五十二条 投资主体通过欺骗、贿赂等不正当手段取得项目核准文件或备案通知书的,核准、备案机关应当撤销该核准文件或备案通知书,对投资主体及主要责任人处以警告;构成犯罪的,依法追究刑事责任。

第五十三条 属于核准、备案管理范围的项目,投资主体有下列行为之一的,由核准、备案机关责令投资主体中止或停止实施该项目并限期改正,对投资主体及有关责任人处以警告;构成犯罪的,依法追究刑事责任:

(一)未取得核准文件或备案通知书而擅自实施的;

(二)应当履行核准、备案变更手续,但未经核准、备案机关同意而擅自实施变更的。

第五十四条 投资主体有下列行为之一的,由国家发展改革委或投资主体注册地的省级政府发展改革部门责令投资主体限期改正;情

节严重或逾期不改正的,对投资主体及有关责任人处以警告:

(一)未按本办法第四十二条、第四十三条、第四十四条、第四十五条规定报告有关信息的;

(二)违反本办法第四十八条规定的。

第五十五条 投资主体在境外投资过程中实施不正当竞争行为、扰乱境外投资市场秩序的,由国家发展改革委或投资主体注册地的省级政府发展改革部门责令投资主体中止或停止开展该项目并限期改正,对投资主体及主要责任人处以警告。

第五十六条 境外投资威胁我国国家利益和国家安全的,由国家发展改革委或投资主体注册地的省级政府发展改革部门责令投资主体中止实施项目并限期改正。

境外投资损害我国国家利益和国家安全的,由国家发展改革委或投资主体注册地的省级政府发展改革部门责令投资主体停止实施项目、限期改正并采取补救措施,对投资主体及有关责任人处以警告;构成犯罪的,依法追究刑事责任。

投资主体按照本办法第四十三条规定及时提交重大不利情况报告表并主动改正的,可以减轻或免除本条规定的行政处罚。

第五十七条 金融企业为属于核准、备案管理范围但未取得核准文件或备案通知书的项目提供融资、担保的,由国家发展改革委通报该违规行为并商请有关金融监管部门依法依规处罚该金融企业及有关责任人。

第六章 附 则

第五十八条 各省级政府发展改革部门要加强对本地企业境外投资的指导、服务和监管,可以按照本办法的规定制定具体实施办法。

第五十九条 国家发展改革委对省级政府发展改革部门的境外投资管理工作进行指导和监督,对发现的问题及时予以纠正。

第六十条 核准、备案机关及其工作人员,以及被核准机关征求意见、受核准机关委托进行评估的单位及其工作人员,依法对投资主体根据本办法提交的材料负有保守商业秘密的义务。

第六十一条 事业单位、社会团体等非企业组织对境外开展投资参照本办法执行。

第六十二条 投资主体直接或通过其控制的企业对香港、澳门、台湾地区开展投资的,参照本办法执行。

投资主体通过其控制的香港、澳门、台湾地区企业对境外开展投资的,参照本办法执行。

第六十三条 境内自然人通过其控制的境外企业或香港、澳门、台湾地区企业对境外开展投资的,参照本办法执行。

境内自然人直接对境外开展投资不适用本办法。境内自然人直接对香港、澳门、台湾地区开展投资不适用本办法。

第六十四条 法律、行政法规对境外投资管理有专门规定的,从其规定。

第六十五条 本办法由国家发展改革委负责解释。

第六十六条 本办法自2018年3月1日起施行。《境外投资项目核准和备案管理办法》(国家发展和改革委员会令第9号)同时废止。

市场监督管理投诉举报处理暂行办法

(2019年11月30日国家市场监督管理总局令第20号公布 根据2022年3月24日国家市场监督管理总局令第55号第一次修正 根据2022年9月29日国家市场监督管理总局令第61号第二次修正)

第一条 为规范市场监督管理投诉举报处理工作,保护自然人、法人或者其他组织合法权益,根据《中华人民共和国消费者权益保护法》等法律、行政法规,制定本办法。

第二条 市场监督管理部门处理投诉举报,适用本办法。

第三条 本办法所称的投诉,是指消费者为生活消费需要购买、使用商品或者接受服务,与经营者发生消费者权益争议,请求市场监督管理部门解决该争议的行为。

本办法所称的举报,是指自然人、法人或者其他组织向市场监督管理部门反映经营者涉嫌违反市场监督管理法律、法规、规章线索的行为。

第四条 国家市场监督管理总局主管全国投诉举报处理工作,指导地方市场监督管理部门投诉举报处理工作。

县级以上地方市场监督管理部门负责本行政区域内的投诉举报处理工作。

第五条 市场监督管理部门处理投诉举报,应当遵循公正、高效的原则,做到适用依据正确、程序合法。

第六条 鼓励社会公众和新闻媒体对涉嫌违反市场监督管理法律、法规、规章的行为依法进行社会监督和舆论监督。

鼓励消费者通过在线消费纠纷解决机制、消费维权服务站、消费维权绿色通道、第三方争议解决机制等方式与经营者协商解决消费者权益争议。

第七条 向市场监督管理部门同时提出投诉和举报,或者提供的材料同时包含投诉和举报内容的,市场监督管理部门应当按照本办法规定的程序对投诉和举报予以分别处理。

第八条 向市场监督管理部门提出投诉举报的,应当通过市场监督管理部门公布的接收投诉举报的互联网、电话、传真、邮寄地址、窗口等渠道进行。

第九条 投诉应当提供下列材料:

(一)投诉人的姓名、电话号码、通讯地址;

(二)被投诉人的名称(姓名)、地址;

(三)具体的投诉请求以及消费者权益争议事实。

投诉人采取非书面方式进行投诉的,市场监督管理部门工作人员应当记录前款规定信息。

第十条 委托他人代为投诉的,除提供本办法第九条第一款规定的材料外,还应当提供授权委托书原件以及受托人身份证明。

授权委托书应当载明委托事项、权限和期限,由委托人签名。

第十一条 投诉人为两人以上,基于同一消费者权益争议投诉同一经营者的,经投诉人同意,市场监督管理部门可以按共同投诉处理。

共同投诉可以由投诉人书面推选两名代表人进行投诉。代表人的投诉行为对其代表的投诉人发生效力,但代表人变更、放弃投诉请求或者达成调解协议的,应当经被代表的投诉人同意。

第十二条 投诉由被投诉人实际经营地或者住所地县级市场监督管理部门处理。

对电子商务平台经营者以及通过自建网站、其他网络服务销售商品或者提供服务的电子商务经营者的投诉,由其住所地县级市场监督管理部门处理。对平台内经营者的投诉,由其实际经营地或者平台经营者住所地县级市场监督管理部门处理。

上级市场监督管理部门认为有必要的,可以处理下级市场监督管理部门收到的投诉。下级市场监督管理部门认为需要由上级市场监督管理部门处理本行政机关收到的投诉的,可以报请上级市场监督管理部门决定。

第十三条 对同一消费者权益争议的投诉,两个以上市场监督管理部门均有处理权限的,由先收到投诉的市场监督管理部门处理。

第十四条 具有本办法规定的处理权限的市场监督管理部门,应当自收到投诉之日起七个工作日内作出受理或者不予受理的决定,并告知投诉人。

第十五条 投诉有下列情形之一的,市场监督管理部门不予受理:

(一)投诉事项不属于市场监督管理部门职责,或者本行政机关不具有处理权限的;

(二)法院、仲裁机构、市场监督管理部门或者其他行政机关、消费者协会或者依法成立的其他调解组织已经受理或者处理过同一消费者权益争议的;

(三)不是为生活消费需要购买、使用商品或者接受服务,或者不能证明与被投诉人之间存在消费者权益争议的;

(四)除法律另有规定外,投诉人知道或者应当知道自己的权益受到被投诉人侵害之日起超过三年的;

(五)未提供本办法第九条第一款和第十条规定的材料的;

(六)法律、法规、规章规定不予受理的其他情形。

第十六条 市场监督管理部门经投诉人和被投诉人同意,采用调解的方式处理投诉,但法律、法规另有规定的,依照其规定。

鼓励投诉人和被投诉人平等协商,自行和解。

第十七条 市场监督管理部门可以委托消费者协会或者依法成立的其他调解组织等单位代为调解。

受委托单位在委托范围内以委托的市场监督管理部门名义进行调解,不得再委托其他组织或者个人。

第十八条 调解可以采取现场调解方式,也可以采取互联网、电话、音频、视频等非现场调解方式。

采取现场调解方式的,市场监督管理部门或者其委托单位应当提前告知投诉人和被投诉人调解的时间、地点、调解人员等。

第十九条 调解由市场监督管理部门或者其委托单位工作人员主持,并可以根据需要邀请有关人员协助。

调解人员是投诉人或者被投诉人的近亲属或者有其他利害关系,可能影响公正处理投诉的,应当回避。投诉人或者被投诉人对调解人员提出回避申请的,市场监督管理部门应当中止调解,并作出是否回避的决定。

第二十条 需要进行检定、检验、检测、鉴定的,由投诉人和被投诉人协商一致,共同委托具备相应条件的技术机构承担。

除法律、法规另有规定的外,检定、检验、检测、鉴定所需费用由投诉人和被投诉人协商一致承担。

检定、检验、检测、鉴定所需时间不计算在调解期限内。

第二十一条 有下列情形之一的,终止调解:

(一)投诉人撤回投诉或者双方自行和解的;

(二)投诉人与被投诉人对委托承担检定、检验、检测、鉴定工作的技术机构或者费用承担无法协商一致的;

(三)投诉人或者被投诉人无正当理由不参加调解,或者被投诉人明确拒绝调解的;

(四)经组织调解,投诉人或者被投诉人明确表示无法达成调解协议的;

(五)自投诉受理之日起四十五个工作日内投诉人和被投诉人未

能达成调解协议的;

(六)市场监督管理部门受理投诉后,发现存在本办法第十五条规定情形的;

(七)法律、法规、规章规定的应当终止调解的其他情形。

终止调解的,市场监督管理部门应当自作出终止调解决定之日起七个工作日内告知投诉人和被投诉人。

第二十二条　经现场调解达成调解协议的,市场监督管理部门应当制作调解书,但调解协议已经即时履行或者双方同意不制作调解书的除外。调解书由投诉人和被投诉人双方签字或者盖章,并加盖市场监督管理部门印章,交投诉人和被投诉人各执一份,市场监督管理部门留存一份归档。

未制作调解书的,市场监督管理部门应当做好调解记录备查。

第二十三条　市场监督管理部门在调解中发现涉嫌违反市场监督管理法律、法规、规章线索的,应当自发现之日起十五个工作日内予以核查,并按照市场监督管理行政处罚有关规定予以处理。特殊情况下,核查时限可以延长十五个工作日。法律、法规、规章另有规定的,依照其规定。

对消费者权益争议的调解不免除经营者依法应当承担的其他法律责任。

第二十四条　举报人应当提供涉嫌违反市场监督管理法律、法规、规章的具体线索,对举报内容的真实性负责。举报人采取非书面方式进行举报的,市场监督管理部门工作人员应当记录。

鼓励经营者内部人员依法举报经营者涉嫌违反市场监督管理法律、法规、规章的行为。

第二十五条　举报由被举报行为发生地的县级以上市场监督管理部门处理。法律、行政法规、部门规章另有规定的,从其规定。

第二十六条　县级市场监督管理部门派出机构在县级市场监督管理部门确定的权限范围内以县级市场监督管理部门的名义处理举报,法律、法规、规章授权以派出机构名义处理举报的除外。

第二十七条　对电子商务平台经营者和通过自建网站、其他网络服务销售商品或者提供服务的电子商务经营者的举报,由其住所地县级以上市场监督管理部门处理。

对平台内经营者的举报,由其实际经营地县级以上市场监督管理部门处理。电子商务平台经营者住所地县级以上市场监督管理部门先行收到举报的,也可以予以处理。

第二十八条 对利用广播、电影、电视、报纸、期刊、互联网等大众传播媒介发布违法广告的举报,由广告发布者所在地市场监督管理部门处理。广告发布者所在地市场监督管理部门处理对异地广告主、广告经营者的举报有困难的,可以将对广告主、广告经营者的举报移送广告主、广告经营者所在地市场监督管理部门处理。

对互联网广告的举报,广告主所在地、广告经营者所在地市场监督管理部门先行收到举报的,也可以予以处理。

对广告主自行发布违法互联网广告的举报,由广告主所在地市场监督管理部门处理。

第二十九条 收到举报的市场监督管理部门不具备处理权限的,应当告知举报人直接向有处理权限的市场监督管理部门提出。

第三十条 两个以上市场监督管理部门因处理权限发生争议的,应当自发生争议之日起七个工作日内协商解决,协商不成的,报请共同的上一级市场监督管理部门指定处理机关;也可以直接由共同的上一级市场监督管理部门指定处理机关。

第三十一条 市场监督管理部门应当按照市场监督管理行政处罚等有关规定处理举报。

举报人实名举报的,有处理权限的市场监督管理部门还应当自作出是否立案决定之日起五个工作日内告知举报人。

第三十二条 法律、法规、规章规定市场监督管理部门应当将举报处理结果告知举报人或者对举报人实行奖励的,市场监督管理部门应当予以告知或者奖励。

第三十三条 市场监督管理部门应当对举报人的信息予以保密,不得将举报人个人信息、举报办理情况等泄露给被举报人或者与办理举报工作无关的人员,但提供的材料同时包含投诉和举报内容,并且需要向被举报人提供组织调解所必需信息的除外。

第三十四条 市场监督管理部门应当加强对本行政区域投诉举

报信息的统计、分析、应用,定期公布投诉举报统计分析报告,依法公示消费投诉信息。

第三十五条　对投诉举报处理工作中获悉的国家秘密以及公开后可能危及国家安全、公共安全、经济安全、社会稳定的信息,市场监督管理部门应当严格保密。

涉及商业秘密、个人隐私等信息,确需公开的,依照《中华人民共和国政府信息公开条例》等有关规定执行。

第三十六条　市场监督管理部门应当畅通全国12315平台、12315专用电话等投诉举报接收渠道,实行统一的投诉举报数据标准和用户规则,实现全国投诉举报信息一体化。

第三十七条　县级以上地方市场监督管理部门统一接收投诉举报的工作机构,应当及时将投诉举报分送有处理权限的下级市场监督管理部门或者同级市场监督管理部门相关机构处理。

同级市场监督管理部门相关机构收到分送的投诉举报的,应当按照本办法有关规定及时处理。不具备处理权限的,应当及时反馈统一接收投诉举报的工作机构,不得自行移送。

第三十八条　市场监督管理部门处理依法提起的除本办法第三条规定以外的其他投诉的,可以参照本办法执行。

举报涉嫌违反《中华人民共和国反垄断法》的行为的,按照国家市场监督管理总局专项规定执行。专项规定未作规定的,可以参照本办法执行。

药品监督管理部门、知识产权行政部门处理投诉举报,适用本办法,但法律、法规另有规定的,依照其规定。

第三十九条　自然人、法人或者其他组织反映国家机关、事业单位、代行政府职能的社会团体及其他组织的行政事业性收费问题的,按照《信访工作条例》有关规定处理。

以投诉举报形式进行咨询、政府信息公开申请、行政复议申请、信访、纪检监察检举控告等活动的,不适用本办法,市场监督管理部门可以告知通过相应途径提出。

第四十条　本办法自2020年1月1日起施行。1998年3月12日原国家质量技术监督局令第51号公布的《产品质量申诉处理办法》、

2014年2月14日原国家工商行政管理总局令第62号公布的《工商行政管理部门处理消费者投诉办法》、2016年1月12日原国家食品药品监督管理总局令第21号公布的《食品药品投诉举报管理办法》同时废止。

（三）税收和金融支持

支持小微企业和个体工商户发展税费优惠政策指引（2.0）

（财政部、国家税务总局 2023年12月）

前 言

党中央、国务院高度重视小微企业、个体工商户发展。2023年7月24日，中共中央政治局会议强调延续、优化、完善并落实好减税降费政策。7月31日，国务院常务会议对今明两年到期的阶段性政策作出后续安排。为深入落实党中央、国务院决策部署，更加便利小微企业和个体工商户及时了解适用税费优惠政策，我们对现行有效的税费优惠政策进行了梳理，按照享受主体、优惠内容、享受条件、享受方式、政策依据、政策案例的体例，编写形成了减轻税费负担、推动普惠金融发展、支持创新创业、重点群体创业税收优惠等4方面50项税费优惠政策的指引，供纳税人缴费人和各地财税人员参考使用。

一、减轻税费负担

1. 增值税起征点政策

【享受主体】

个体工商户和其他个人

【优惠内容】

1. 纳税人未达到增值税起征点的，免征增值税。

2.增值税起征点的幅度规定如下:销售货物的,为月销售额5000-20000元;销售应税劳务的,为月销售额5000-20000元;按次纳税的,为每次(日)销售额300-500元。

3.省、自治区、直辖市财政厅(局)和国家税务局应在规定的幅度内,根据实际情况确定本地区适用的起征点。

【享受条件】

增值税起征点的适用范围限于个人,个人包括个体工商户和其他个人。

【享受方式】

个人可在电子税务局、办税服务厅等线上、线下渠道办理代开发票、缴纳税款等业务。

【政策依据】

1.《中华人民共和国增值税暂行条例》第十七条

2.《中华人民共和国增值税暂行条例实施细则》第三十七条

【政策案例】

某教授在外单位授课获取酬劳,8月5日到办税服务厅代开征收率为1%的增值税普通发票。如代开发票金额为400元,未超过500元的起征点,则可免征增值税;如代开发票金额为800元,超过500元的起征点,则需按照800元全额缴纳增值税8元(=800*1%)。

2.增值税小规模纳税人月销售额10万元以下免征增值税政策

【享受主体】

增值税小规模纳税人

【优惠内容】

自2023年1月1日至2027年12月31日,对月销售额10万元以下(含本数)的增值税小规模纳税人免征增值税。

【享受条件】

1.适用于按期纳税的增值税小规模纳税人。

2.小规模纳税人以1个月为1个纳税期的,月销售额未超过10万元;小规模纳税人以1个季度为1个纳税期的,季度销售额未超过30万元,可以享受免征增值税政策。

3.小规模纳税人发生增值税应税销售行为,合计月销售额超过10

万元,但扣除本期发生的销售不动产的销售额后未超过10万元的,其销售货物、劳务、服务、无形资产取得的销售额免征增值税。

4.适用增值税差额征税政策的小规模纳税人,以差额后的销售额确定是否可以享受上述免征增值税政策。

5.其他个人采取一次性收取租金形式出租不动产取得的租金收入,可在对应的租赁期内平均分摊,分摊后的月租金收入未超过10万元的,免征增值税。

6.按固定期限纳税的小规模纳税人可以选择以1个月或1个季度为纳税期限,一经选择,一个会计年度内不得变更。

【享受方式】

1.申报流程:该事项属于申报享受增值税减免事项。小规模纳税人发生增值税应税销售行为,合计月销售额未超过10万元的,免征增值税的销售额等项目应当填写在《增值税及附加税费申报表(小规模纳税人适用)》"小微企业免税销售额"或者"未达起征点销售额"相关栏次,如果没有其他免税项目,则无需填报《增值税减免税申报明细表》。

2.办理渠道:小规模纳税人可在电子税务局、办税服务厅等线上、线下渠道办理增值税纳税申报。

【政策依据】

1.《财政部 税务总局关于明确增值税小规模纳税人减免增值税等政策的公告》(2023年第1号)

2.《国家税务总局关于增值税小规模纳税人减免增值税等政策有关征管事项的公告》(2023年第1号)

3.《财政部 税务总局关于增值税小规模纳税人减免增值税政策的公告》(2023年第19号)

【政策案例】

例1:某小规模纳税人2023年7-9月的销售额分别是6万元、8万元和12万元。如果纳税人按月纳税,则9月的销售额超过了月销售额10万元的免税标准,可减按1%缴纳增值税,7月、8月的6万元、8万元能够享受免税;如果纳税人按季纳税,2023年3季度销售额合计26万元,未超过季度销售额30万元的免税标准,因此,26万元全部能够享受免税政策。

例2：某小规模纳税人2023年7-9月的销售额分别是6万元、8万元和20万元，如果纳税人按月纳税，7月和8月的销售额均未超过月销售额10万元的免税标准，能够享受免税政策，9月的销售额超过了月销售额10万元的免税标准，可减按1%缴纳增值税；如果纳税人按季纳税，2023年3季度销售额合计34万元，超过季度销售额30万元的免税标准，因此，34万元均无法享受免税政策，但可以享受减按1%征收增值税政策。

3. 增值税小规模纳税人适用3%征收率的应税销售收入减按1%征收增值税政策

【享受主体】

增值税小规模纳税人

【优惠内容】

自2023年1月1日至2027年12月31日，增值税小规模纳税人适用3%征收率的应税销售收入，减按1%征收率征收增值税；适用3%预征率的预缴增值税项目，减按1%预征率预缴增值税。

【享受条件】

1. 适用于增值税小规模纳税人。

2. 发生3%征收率的应税销售或3%预征率的预缴增值税项目。

【享受方式】

1. 申报流程：该事项属于申报享受增值税减免事项。小规模纳税人减按1%征收率征收增值税的销售额应填写在《增值税及附加税费申报表（小规模纳税人适用）》"应征增值税不含税销售额（3%征收率）"相应栏次，对应减征的增值税应纳税额按销售额的2%计算填写在《增值税及附加税费申报表（小规模纳税人适用）》"本期应纳税额减征额"相应栏次，并在《增值税减免税申报明细表》中选择对应的减免性质代码01011608，填写减税项目相应栏次。

2. 办理渠道：小规模纳税人可在电子税务局、办税服务厅等线上、线下渠道办理增值税纳税申报。

【政策依据】

1.《财政部　税务总局关于明确增值税小规模纳税人减免增值税

等政策的公告》(2023年第1号)

2.《财政部 税务总局关于增值税小规模纳税人减免增值税政策的公告》(2023年第19号)

3.《国家税务总局关于增值税小规模纳税人减免增值税等政策有关征管事项的公告》(2023年第1号)

【政策案例】

一家餐饮公司为按月申报的增值税小规模纳税人,2023年8月5日为客户开具了2万元的3%征收率增值税普通发票。8月实际月销售额为15万元,均为3%征收率的销售收入,因公司客户为个人,无法收回已开具发票,还能否享受3%征收率销售收入减按1%征收率征收增值税政策。

解析:此种情形下,该餐饮企业3%征收率的销售收入15万元,可以在申报纳税时直接进行减税申报,享受3%征收率销售收入减按1%征收率征收增值税政策。为减轻纳税人办税负担,无需对已开具的3%征收率的增值税普通发票进行作废或换开。但需要注意的是,按照《中华人民共和国发票管理办法》等相关规定,纳税人应如实开具发票,因此,今后享受3%征收率销售收入减按1%征收率征收增值税政策时,如需开具增值税普通发票,应按照1%征收率开具。

4.增值税小规模纳税人、小型微利企业和个体工商户减半征收"六税两费"政策

【享受主体】

增值税小规模纳税人、小型微利企业和个体工商户

【优惠内容】

自2023年1月1日至2027年12月31日,对增值税小规模纳税人、小型微利企业和个体工商户减半征收资源税(不含水资源税)、城市维护建设税、房产税、城镇土地使用税、印花税(不含证券交易印花税)、耕地占用税和教育费附加、地方教育附加。

增值税小规模纳税人、小型微利企业和个体工商户已依法享受资源税、城市维护建设税、房产税、城镇土地使用税、印花税、耕地占用税、教育费附加、地方教育附加等其他优惠政策的,可叠加享受此项优惠政策。

【享受条件】

小型微利企业是指从事国家非限制和禁止行业,且同时符合年度应纳税所得额不超过 300 万元、从业人数不超过 300 人、资产总额不超过 5000 万元等三个条件的企业。

从业人数,包括与企业建立劳动关系的职工人数和企业接受的劳务派遣用工人数。所称从业人数和资产总额指标,应按企业全年的季度平均值确定。具体计算公式如下:

季度平均值=(季初值+季末值)÷2

全年季度平均值=全年各季度平均值之和÷4

年度中间开业或者终止经营活动的,以其实际经营期作为一个纳税年度确定上述相关指标。

小型微利企业的判定以企业所得税年度汇算清缴结果为准。登记为增值税一般纳税人的新设立的企业,从事国家非限制和禁止行业,且同时符合申报期上月末从业人数不超过 300 人、资产总额不超过 5000 万元等两个条件的,可在首次办理汇算清缴前按照小型微利企业申报享受以上优惠政策。

【享受方式】

纳税人自行申报享受减免优惠,不需额外提交资料。

【政策依据】

《财政部 税务总局关于进一步支持小微企业和个体工商户发展有关税费政策的公告》(2023 年第 12 号)

【政策案例】

甲企业为小型微利企业,符合《财政部 税务总局关于继续实施物流企业大宗商品仓储设施用地城镇土地使用税优惠政策的公告》(2023 年第 5 号,以下简称 5 号公告)规定的"物流企业"条件,当地的城镇土地使用税税额标准为 20 元/平方米,该企业自有的大宗商品仓储设施用地面积为 10000 平方米,可按 5 号公告规定享受城镇土地使用税减按 50% 计征优惠。甲企业是否可以叠加享受"六税两费"减半征收优惠政策,年应纳税额是多少?

解析:根据《财政部 税务总局关于进一步支持小微企业和个体工商户发展有关税费政策的公告》(2023 年第 12 号)第四条规定,增值税小规模纳税人、小型微利企业和个体工商户已依法享受其他优惠政策的,可叠加享受"六税两费"减半征收优惠政策。在纳税申报时,甲企业可先享受物流企业大宗商品仓储设施用地城镇土地使用税优惠政策,再按减免后的金额享受"六税两费"优惠政策,两项优惠政策叠加减免后的应纳税额为:$20 \times 10000 \times 50\% \times 50\% = 50000$ 元。

5. 小型微利企业减免企业所得税政策

【享受主体】

小型微利企业

【优惠内容】

对小型微利企业减按 25% 计算应纳税所得额,按 20% 的税率缴纳企业所得税政策,延续执行至 2027 年 12 月 31 日。

【享受条件】

小型微利企业是指从事国家非限制和禁止行业,且同时符合年度应纳税所得额不超过 300 万元、从业人数不超过 300 人、资产总额不超过 5000 万元等三个条件的企业。

从业人数,包括与企业建立劳动关系的职工人数和企业接受的劳务派遣用工人数。所称从业人数和资产总额指标,应按企业全年的季度平均值确定。具体计算公式如下:

季度平均值 = (季初值 + 季末值) ÷ 2

全年季度平均值 = 全年各季度平均值之和 ÷ 4

年度中间开业或者终止经营活动的,以其实际经营期作为一个纳税年度确定上述相关指标。

【享受方式】

小型微利企业在预缴和汇算清缴企业所得税时,通过填写纳税申报表,即可享受小型微利企业所得税优惠政策。小型微利企业应准确填报基础信息,包括从业人数、资产总额、年度应纳税所得额、国家限制或禁止行业等,信息系统将为小型微利企业智能预填优惠项目、自动计算减免税额。

【政策依据】

1.《财政部　税务总局关于进一步实施小微企业所得税优惠政策的公告》(2022 年第 13 号)

2.《财政部 税务总局关于小微企业和个体工商户所得税优惠政策的公告》(2023年第6号)

3.《财政部 税务总局关于进一步支持小微企业和个体工商户发展有关税费政策的公告》(2023年第12号)

4.《国家税务总局关于落实小型微利企业所得税优惠政策征管问题的公告》(2023年第6号)

【政策案例】

A企业2022年成立,从事国家非限制和禁止行业,2023年1季度季初、季末的从业人数分别为120人、200人,1季度季初、季末的资产总额分别为2000万元、4000万元,1季度的应纳税所得额为190万元。

解析:2023年1季度,A企业"从业人数"的季度平均值为160人,"资产总额"的季度平均值为3000万元,应纳税所得额为190万元。符合关于小型微利企业预缴企业所得税时的判断标准:从事国家非限制和禁止行业,且同时符合截至本期预缴申报所属期末资产总额季度平均值不超过5000万元、从业人数季度平均值不超过300人、应纳税所得额不超过300万元,可以享受优惠政策。A企业1季度的应纳税额为:$190 \times 25\% \times 20\% = 9.5$(万元)。

6.个体工商户年应纳税所得额不超过200万元部分减半征收个人所得税政策

【享受主体】

个体工商户

【优惠内容】

2023年1月1日至2027年12月31日,对个体工商户年应纳税所得额不超过200万元的部分,减半征收个人所得税。个体工商户在享受现行其他个人所得税优惠政策的基础上,可叠加享受本条优惠政策。

【享受条件】

1.个体工商户不区分征收方式,均可享受。

2.个体工商户在预缴税款时即可享受,其年应纳税所得额暂按截至本期申报所属期末的情况进行判断,并在年度汇算清缴时按年计算、多退少补。若个体工商户从两处以上取得经营所得,需在办理年度汇总纳税申报时,合并个体工商户经营所得年应纳税所得额,重新计算减免税额,多退少补。

3.按照以下方法计算减免税额:

减免税额=(经营所得应纳税所得额不超过200万元部分的应纳税额-其他政策减免税额×经营所得应纳税所得额不超过200万元部分÷经营所得应纳税所得额)×50%

【享受方式】

个体工商户在预缴和汇算清缴个人所得税时均可享受减半征税政策,享受政策时无需进行备案,通过填写经营所得纳税申报表和减免税事项报告表相关栏次,即可享受。对于通过电子税务局申报的个体工商户,税务机关将自动提供申报表和报告表中该项政策的预填服务。实行简易申报的定期定额个体工商户,税务机关按照减免后的应纳税额自动进行税款划缴。

【政策依据】

1.《财政部 税务总局关于进一步支持小微企业和个体工商户发展有关税费政策的公告》(2023年第12号)

2.《国家税务总局关于进一步落实支持个体工商户发展个人所得税优惠政策有关事项的公告》(2023年第12号)

【政策案例】

例1:纳税人张某同时经营个体工商户A和个体工商户B,年应纳税所得额分别为80万元和150万元,那么张某在年度汇总纳税申报时,可以享受减半征收个人所得税政策的应纳税所得额为200万元。

例2:纳税人李某经营个体工商户C,年应纳税所得额为80000元(适用税率10%,速算扣除数1500),同时可以享受残疾人政策减免税额2000元,那么李某该项政策的减免税额=[(80000×10%-1500)-2000]×50%=2250元。

例3:纳税人吴某经营个体工商户D,年应纳税所得额为2400000元(适用税率35%,速算扣除数65500),同时可以享受残疾人政策减免税额6000元,那么吴某该项政策的减免税额=[(2000000×35%-65500)-6000×2000000÷2400000]×50%=314750元。

7. 500万元以下设备器具一次性税前扣除政策

【享受主体】

企业

【优惠内容】

企业在2018年1月1日至2027年12月31日期间新购进的设备、器具,单位价值不超过500万元的,允许一次性计入当期成本费用在计算应纳税所得额时扣除,不再分年度计算折旧(以下简称一次性税前扣除政策)。

【享受条件】

1.设备、器具,是指除房屋、建筑物以外的固定资产(以下简称固定资产);所称购进,包括以货币形式购进或自行建造,其中以货币形式购进的固定资产包括购进的使用过的固定资产;以货币形式购进的固定资产,以购买价款和支付的相关税费以及直接归属于使该资产达到预定用途发生的其他支出确定单位价值,自行建造的固定资产,以竣工结算前发生的支出确定单位价值。

固定资产购进时点按以下原则确认:以货币形式购进的固定资产,除采取分期付款或赊销方式购进外,按发票开具时间确认;以分期付款或赊销方式购进的固定资产,按固定资产到货时间确认;自行建造的固定资产,按竣工结算时间确认。

2.固定资产在投入使用月份的次月所属年度一次性税前扣除。

3.企业选择享受一次性税前扣除政策的,其资产的税务处理可与会计处理不一致。

4.企业根据自身生产经营核算需要,可自行选择享受一次性税前扣除政策。未选择享受一次性税前扣除政策的,以后年度不得再变更。

5.企业按照《国家税务总局关于发布修订后的〈企业所得税优惠政策事项办理办法〉的公告》(国家税务总局公告2018年第23号)的规定办理享受政策的相关手续,主要留存备查资料如下:

(1)有关固定资产购进时点的资料(如以货币形式购进固定资产的发票,以分期付款或赊销方式购进固定资产的到货时间说明,自行建造固定资产的竣工决算情况说明等);

(2)固定资产记账凭证;

(3)核算有关资产税务处理与会计处理差异的台账。

6.单位价值超过500万元的固定资产,仍按照企业所得税法及其实施条例、《财政部 国家税务总局关于完善固定资产加速折旧企业所得税政策的通知》(财税〔2014〕75号)、《财政部 国家税务总局关于进一步完善固定资产加速折旧企业所得税政策的通知》(财税〔2015〕106号)、《国家税务总局关于固定资产加速折旧税收政策有关问题的公告》(国家税务总局公告2014年第64号)、《国家税务总局关于进一步完善固定资产加速折旧企业所得税政策有关问题的公告》(国家税务总局公告2015年第68号)等相关规定执行。

【享受方式】

上述政策免于申请即可享受。

【政策依据】

1.《财政部 税务总局关于设备器具扣除有关企业所得税政策的通知》(财税〔2018〕54号)

2.《财政部 税务总局关于延长部分税收优惠政策执行期限的公告》(2021年第6号)

3.《财政部 税务总局关于设备、器具扣除有关企业所得税政策的公告》(2023年第37号)

4.《国家税务总局关于设备、器具扣除有关企业所得税政策执行问题的公告》(2018年第46号)

【政策案例】

A企业2021年12月购入了一套生产设备并投入使用,价值300万元,使用年限为5年,无残值,2022年1月起在会计处理时采用直线法计提折旧,年折旧额60万元。根据相关规定,A企业购入的该套设备金额可一次性计入2022年度成本费用在计算应纳税所得额扣除。

8.符合条件的缴纳义务人减免残疾人就业保障金政策

【享受主体】

符合减免条件的机关、团体、企业、事业单位和民办非企业单位

【优惠内容】

自2020年1月1日至2027年12月31日,用人单位安排残疾人

就业比例达到1%（含）以上，但未达到所在地省、自治区、直辖市人民政府规定比例的，按规定应缴费额的50%缴纳残疾人就业保障金；用人单位安排残疾人就业比例在1%以下的，按规定应缴费额的90%缴纳残疾人就业保障金。在职职工人数在30人（含）以下的企业，继续免征残疾人就业保障金。

【享受条件】

残疾人就业保障金的计算公式：残疾人就业保障金年缴纳额＝（上年用人单位在职职工人数×所在地省、自治区、直辖市人民政府规定的安排残疾人就业比例－上年用人单位实际安排的残疾人就业人数）×上年用人单位在职职工年平均工资（或当地社平工资的2倍，取低值）。

跨地区招用残疾人的，应当计入所安排的残疾人就业人数。依法以劳务派遣方式接受残疾人在本单位就业的，由派遣单位和接受单位通过签订协议的方式协商一致后，将残疾人数计入其中一方的实际安排残疾人就业人数和在职职工人数，不得重复计算。

【享受方式】

上述政策申报时即可享受。

【政策依据】

1.《财政部关于调整残疾人就业保障金征收政策的公告》（2019年第98号）

2.《财政部关于延续实施残疾人就业保障金优惠政策的公告》（2023年第8号）

【政策案例】

例1：北京一事业单位在职职工人数为500人，年平均工资10万元，由残联部门审核实际安置了2名残疾人就业。企业安置残疾人的比例为2÷500×100%＝0.4%＜1%，按90%比例缴纳残保金为(500×1.5%－2)×10×90%＝49.5万元。若该企业安置5名残疾人就业，则比例为5÷500×100%＝1%，可按50%比例缴纳残保金为(500×1.5%－2)×10×50%＝12.5万元。

例2：北京一企业在职职工人数为30人，年平均工资15万元，未安置残疾人就业。企业可享受免征残保金政策。

9.符合条件的缴纳义务人减征文化事业建设费政策

【享受主体】

符合条件的文化事业建设费缴纳义务人

【优惠内容】

对归属中央收入的文化事业建设费,按照缴纳义务人应缴费额的50%减征;对归属地方收入的文化事业建设费,各省(区、市)财政、党委宣传部门可以结合当地经济发展水平、宣传思想文化事业发展等因素,在应缴费额50%的幅度内减征。

【享受条件】

自2019年7月1日至2024年12月31日,对归属中央收入的文化事业建设费,按照缴纳义务人应缴费额的50%减征;对归属地方收入的文化事业建设费,各省(区、市)财政、党委宣传部门可以结合当地经济发展水平、宣传思想文化事业发展等因素,在应缴费额50%的幅度内减征。各省(区、市)财政、党委宣传部门应当将本地区制定的减征政策文件抄送财政部、中共中央宣传部。

【享受方式】

上述政策申报时即可享受。

【政策依据】

《财政部关于调整部分政府性基金有关政策的通知》(财税〔2019〕46号)

【政策案例】

一广告公司2022年文化事业建设费应缴费额为2万元。享受减半征收政策后,实际应补(退)费额为2×50%=1万元。

10.符合条件的增值税小规模纳税人免征文化事业建设费政策

【享受主体】

符合条件的增值税小规模纳税人

【优惠内容】

增值税小规模纳税人中月销售额不超过2万元(按季纳税6万元)的企业和非企业性单位提供的应税服务,免征文化事业建设费。

【享受条件】

月销售额不超过2万元(按季纳税6万元)的增值税小规模纳税

人,免征文化事业建设费。

【享受方式】

上述政策免于申请即可享受。

【政策依据】

《财政部 国家税务总局关于营业税改征增值税试点有关文化事业建设费政策及征收管理问题的通知》(财税〔2016〕25号)

【政策案例】

一广告公司为增值税小规模纳税人,2022年10月份申报3季度(7月-9月)增值税时所填季销售额为5.5万元,可享受文化事业建设费免征政策。

11. 符合条件的缴纳义务人免征有关政府性基金政策

【享受主体】

符合条件的缴纳义务人

【优惠内容】

符合条件的缴纳义务人免征教育费附加、地方教育附加、水利建设基金。

【享受条件】

按月纳税的月销售额不超过10万元,以及按季度纳税的季度销售额不超过30万元的缴纳义务人免征教育费附加、地方教育附加、水利建设基金。

【享受方式】

上述政策免于申请即可享受。

【政策依据】

《财政部 国家税务总局关于扩大有关政府性基金免征范围的通知》(财税〔2016〕12号)

【政策案例】

一超市为增值税一般纳税人,2021年6月份申报上月增值税时所填月销售额为8万元,可享受教育费附加、地方教育附加、水利建设基金免征政策。

12. 阶段性降低失业保险、工伤保险费率政策

【享受主体】

失业保险、工伤保险缴费人

【优惠内容】

自 2023 年 5 月 1 日起,继续实施阶段性降低失业保险费率至 1% 的政策,实施期限延长至 2024 年底。在省(区、市)行政区域内,单位及个人的费率应当统一,个人费率不得超过单位费率。

自 2023 年 5 月 1 日起,按照《国务院办公厅关于印发降低社会保险费率综合方案的通知》(国办发〔2019〕13 号)有关实施条件,继续实施阶段性降低工伤保险费率政策,实施期限延长至 2024 年底。

【享受条件】

1. 所有失业保险缴费人均可享受。

2. 各省、自治区、直辖市按照《国务院办公厅关于印发降低社会保险费率综合方案的通知》(国办发〔2019〕13 号)有关规定,确定实施阶段性降低工伤保险费率的地区范围。

【享受方式】

上述政策免于申请即可享受。

【政策依据】

1.《国务院办公厅关于印发降低社会保险费率综合方案的通知》(国办发〔2019〕13 号)

2.《人力资源社会保障部 财政部 国家税务总局关于阶段性降低失业保险、工伤保险费率有关问题的通知》(人社部发〔2023〕19 号)

【政策案例】

以上海市为例,根据《上海市人力资源和社会保障局 上海市财政局 国家税务总局上海市税务局关于继续阶段性降低本市城镇职工社会保险费率的通知》(沪人社规〔2023〕9 号),"从 2023 年 5 月 1 日至 2024 年 12 月 31 日,本市失业保险继续执行 1% 的缴费比例,其中单位缴费比例 0.5%,个人缴费比例 0.5%。从 2023 年 5 月 1 日至 2024 年 12 月 31 日,本市一类至八类行业用人单位工伤保险基准费率,继续在国家规定的行业基准费率基础上下调 20%。社会保险经办机构按照规定考核用人单位浮动费率时,按照调整后的行业基准费率

执行。"本市甲企业工伤保险行业基准费率为0.4%,该企业职工小张上年度月平均工资为7000元,那么,该企业2023年5月应为小张缴纳失业保险费为70元,其中单位缴费部分为:7000元*0.5%=35元,个人缴费部分为:7000元*0.5%=35元;为小张缴纳工伤保险费为:7000元*0.4%*80%=22.4元。

二、推动普惠金融发展

13.金融机构小微企业及个体工商户1000万元及以下小额贷款利息收入免征增值税政策

【享受主体】

向小型企业、微型企业及个体工商户发放小额贷款的金融机构

【优惠内容】

2027年12月31日前,对金融机构向小型企业、微型企业和个体工商户发放小额贷款取得的利息收入,免征增值税。金融机构可以选择以下两种方法之一适用免税:

(1)对金融机构向小型企业、微型企业和个体工商户发放的、利率水平不高于全国银行间同业拆借中心公布的贷款市场报价利率(LPR)150%(含本数)的单笔小额贷款取得的利息收入,免征增值税;高于全国银行间同业拆借中心公布的贷款市场报价利率(LPR)150%的单笔小额贷款取得的利息收入,按照现行政策规定缴纳增值税。

(2)对金融机构向小型企业、微型企业和个体工商户发放单笔小额贷款取得的利息收入中,不高于该笔贷款按照全国银行间同业拆借中心公布的贷款市场报价利率(LPR)150%(含本数)计算的利息收入部分,免征增值税;超过部分按照现行政策规定缴纳增值税。

金融机构可按会计年度在以上两种方法之间选定其一作为该年的免税适用方法,一经选定,该会计年度内不得变更。

【享受条件】

1.小型企业、微型企业,是指符合《中小企业划型标准规定》(工信部联企业〔2011〕300号)的小型企业和微型企业。其中,资产总额和从业人员指标均以贷款发放时的实际状态确定,营业收入指标以贷款发放前12个自然月的累计数确定,不满12个自然月的,按照以下公式计算:

营业收入(年) = 企业实际存续期间营业收入/企业实际存续月数×12

2. 2023年1月1日至2023年12月31日,金融机构,是指经人民银行、金融监管总局批准成立的已通过监管部门上一年度"两增两控"考核的机构,以及经人民银行、金融监管总局、证监会批准成立的开发银行及政策性银行、外资银行和非银行业金融机构。"两增两控"是指单户授信总额1000万元以下(含)小微企业贷款同比增速不低于各项贷款同比增速,有贷款余额的户数不低于上年同期水平,合理控制小微企业贷款资产质量水平和贷款综合成本(包括利率和贷款相关的银行服务收费)水平。金融机构完成"两增两控"情况,以金融监管总局及其派出机构考核结果为准。2024年1月1日至2027年12月31日,金融机构,是指经中国人民银行、金融监管总局批准成立的已实现监管部门上一年度提出的小微企业贷款增长目标的机构,以及经中国人民银行、金融监管总局、中国证监会批准成立的开发银行及政策性银行、外资银行和非银行业金融机构。金融机构实现小微企业贷款增长目标情况,以金融监管总局及其派出机构考核结果为准。

3. 小额贷款,是指单户授信小于1000万元(含本数)的小型企业、微型企业或个体工商户贷款;没有授信额度的,是指单户贷款合同金额且贷款余额在1000万元(含本数)以下的贷款。

4. 金融机构应将相关免税证明材料留存备查,单独核算符合免税条件的小额贷款利息收入,按现行规定向主管税务机关办理纳税申报;未单独核算的,不得免征增值税。

金融机构应依法依规享受增值税优惠政策,一经发现存在虚报或造假骗取本项税收优惠情形的,停止享受上述有关增值税优惠政策。

金融机构应持续跟踪贷款投向,确保贷款资金真正流向小型企业、微型企业和个体工商户,贷款的实际使用主体与申请主体一致。

【享受方式】

1. 享受方式:纳税人在增值税纳税申报时按规定填写申报表相应减免税栏次。

2. 办理渠道:纳税人可以通过电子税务局、办税服务厅办理。

【政策依据】

1.《财政部 税务总局关于金融机构小微企业贷款利息收入免征增值税政策的通知》(财税〔2018〕91号)

2.《财政部 税务总局关于明确国有农用地出租等增值税政策的公告》(2020年第2号)

3.《财政部 税务总局关于延长部分税收优惠政策执行期限的公告》(2021年第6号)

4.《财政部 税务总局关于金融机构小微企业贷款利息收入免征增值税政策的公告》(2023年第16号)

5.《工业和信息化部 国家统计局 国家发展和改革委员会 财政部关于印发中小企业划型标准规定的通知》(工信部联企业〔2011〕300号)

【政策案例】

A银行是一家通过2022年度监管部门"两增两控"考核的机构。2023年第3季度,全国银行间同业拆借中心公布的贷款市场报价利率(LPR)为3.55%,A银行累计向5户小微企业发放5笔1000万元以下的小额贷款,其中:3笔年利率为6%,第3季度确认利息收入36万元(不含税,下同),2笔年利率为3%,第3季度确认利息收入12万元。10月份,A银行在进行纳税申报时,可按会计年度在规定的两种方法之间选定其中一种作为该年的免税适用方法,享受免征增值税优惠;免税适用方法一经选定,该会计年度内不得变更。

方法一:A银行3笔6%利率【超过LPR150%(5.325% = 3.55% × 150%)】的小额贷款利息收入不适用免征增值税优惠,应按照6%税率计算增值税销项税额2.16万元(= 36 × 6%)。2笔3%利率【未超过LPR150%(5.325% = 3.55% × 150%)】的小额贷款利息收入可以按规定免征增值税。

方法二:A银行3笔6%利率的小额贷款取得的利息收入中,不高于该笔贷款按照LPR150%计算的利息收入部分(31.95 = 36 × 5.325% ÷ 6%),可以按规定免征增值税;高于该笔贷款按照LPR150%计算的利息收入部分(4.05 = 36 − 31.95),不能享受免税优惠,应按照6%税率计算增值税销项税额0.243万元(= 4.05 × 6%)。

2笔3%利率的小额贷款取得的利息收入,均不高于该笔贷款按照LPR150%计算的利息收入,可以按规定免征增值税。

14.金融机构小微企业及个体工商户100万元及以下小额贷款利息收入免征增值税政策

【享受主体】

向小型企业、微型企业及个体工商户发放小额贷款的金融机构

【优惠内容】

2027年12月31日前,对金融机构向小型企业、微型企业及个体工商户发放小额贷款取得的利息收入,免征增值税。

【享受条件】

1.小型企业、微型企业,是指符合《中小企业划型标准规定》(工信部联企业〔2011〕300号)的小型企业和微型企业。其中,资产总额和从业人员指标均以贷款发放时的实际状态确定,营业收入指标以贷款发放前12个自然月的累计数确定,不满12个自然月的,按照以下公式计算:

营业收入(年)=企业实际存续期间营业收入/企业实际存续月数×12

2.小额贷款,是指单户授信小于100万元(含本数)的小型企业、微型企业或个体工商户贷款;没有授信额度的,是指单户贷款合同金额且贷款余额在100万元(含本数)以下的贷款。

3.金融机构应将相关免税证明材料留存备查,单独核算符合免税条件的小额贷款利息收入,按现行规定向主管税务机关办理纳税申报;未单独核算的,不得免征增值税。

【享受方式】

1.享受方式:纳税人在增值税纳税申报时按规定填写申报表相应减免税栏次。

2.办理渠道:纳税人可以通过电子税务局、办税服务厅办理。

【政策依据】

1.《财政部 税务总局关于支持小微企业融资有关税收政策的通知》(财税〔2017〕77号)

2.《财政部 税务总局关于延续实施普惠金融有关税收优惠政策

的公告》(2020年第22号)

3.《财政部 税务总局关于支持小微企业融资有关税收政策的公告》(2023年第13号)

4.《工业和信息化部 国家统计局 国家发展和改革委员会 财政部关于印发中小企业划型标准规定的通知》(工信部联企业〔2011〕300号)

【政策案例】

2024年第1季度,假设A银行向30户小型企业、微型企业发放的单笔额度100万元以下的小额贷款,取得的利息收入共计300万元(不含税收入)。4月份纳税申报时,A银行取得的300万元利息收入可按规定享受免征增值税优惠。

15.为农户、小微企业及个体工商户提供融资担保及再担保业务免征增值税政策

【享受主体】

为农户、小型企业、微型企业及个体工商户借款、发行债券提供融资担保以及为上述融资担保(以下称"原担保")提供再担保的纳税人

【优惠内容】

2027年12月31日前,纳税人为农户、小型企业、微型企业及个体工商户借款、发行债券提供融资担保取得的担保费收入,以及为原担保提供再担保取得的再担保费收入,免征增值税。

【享受条件】

1.农户,是指长期(一年以上)居住在乡镇(不包括城关镇)行政管理区域内的住户,还包括长期居住在城关镇所辖行政村范围内的住户和户口不在本地而在本地居住一年以上的住户,国有农场的职工。位于乡镇(不包括城关镇)行政管理区域内和在城关镇所辖行政村范围内的国有经济的机关、团体、学校、企事业单位的集体户;有本地户口,但举家外出谋生一年以上的住户,无论是否保留承包耕地均不属于农户。农户以户为统计单位,既可以从事农业生产经营,也可以从事非农业生产经营。农户担保、再担保的判定应以原担保生效时的被担保人是否属于农户为准。

2.小型企业、微型企业,是指符合《中小企业划型标准规定》(工信

部联企业〔2011〕300号)的小型企业和微型企业。其中,资产总额和从业人员指标均以原担保生效时的实际状态确定;营业收入指标以原担保生效前12个自然月的累计数确定,不满12个自然月的,按照以下公式计算:

营业收入(年)=企业实际存续期间营业收入/企业实际存续月数×12

3.再担保合同对应多个原担保合同的,原担保合同应全部适用免征增值税政策。否则,再担保合同应按规定缴纳增值税。

【享受方式】

1.享受方式:纳税人在增值税纳税申报时按规定填写申报表相应减免税栏次。

2.办理渠道:纳税人可以通过电子税务局、办税服务厅办理。

【政策依据】

1.《财政部　税务总局关于租入固定资产进项税额抵扣等增值税政策的通知》(财税〔2017〕90号)

2.《财政部　税务总局关于延续实施普惠金融有关税收优惠政策的公告》(2020年第22号)

3.《财政部　税务总局关于延续执行农户、小微企业和个体工商户融资担保增值税政策的公告》(2023年第18号)

4.《工业和信息化部　国家统计局　国家发展和改革委员会　财政部关于印发中小企业划型标准规定的通知》(工信部联企业〔2011〕300号)

【政策案例】

2024年1月,假设A公司为10户农户、小型企业、微型企业及个体工商户借款、发行债券提供融资担保取得的担保费收入10万元(不含税收入)。2月份纳税申报时,A公司取得的10万元担保费收入可按规定享受免征增值税优惠。

16.金融机构农户贷款利息收入免征增值税政策

【享受主体】

向农户发放小额贷款的金融机构

【优惠内容】

2027年12月31日前,对金融机构向农户发放小额贷款取得的利息收入,免征增值税。

【享受条件】

1. 农户,是指长期(一年以上)居住在乡镇(不包括城关镇)行政管理区域内的住户,还包括长期居住在城关镇所辖行政村范围内的住户和户口不在本地而在本地居住一年以上的住户,国有农场的职工。位于乡镇(不包括城关镇)行政管理区域内和在城关镇所辖行政村范围内的国有经济的机关、团体、学校、企事业单位的集体户;有本地户口,但举家外出谋生一年以上的住户,无论是否保留承包耕地均不属于农户。农户以户为统计单位,既可以从事农业生产经营,也可以从事非农业生产经营。农户贷款的判定应以贷款发放时的借款人是否属于农户为准。

2. 小额贷款,是指单户授信小于100万元(含本数)的农户贷款;没有授信额度的,是指单户贷款合同金额且贷款余额在100万元(含本数)以下的贷款。

3. 金融机构应将相关免税证明材料留存备查,单独核算符合免税条件的小额贷款利息收入,按现行规定向主管税务机关办理纳税申报;未单独核算的,不得免征增值税。

【享受方式】

纳税人在增值税纳税申报时按规定填写申报表相应减免税栏次即可享受,相关政策规定的证明材料留存备查。

【政策依据】

《财政部 税务总局关于延续实施金融机构农户贷款利息收入免征增值税政策的公告》(2023年第67号)

【政策案例】

2023年7-9月,假设甲银行(按季纳税)向50户农户发放小额贷款取得利息收入15万元(不含税收入)。10月份纳税申报时,甲银行取得15万元利息收入可按规定申报享受免征增值税优惠。

17. 小额贷款公司取得的农户小额贷款利息收入免征增值税政策

【享受主体】

经省级地方金融监督管理部门批准成立的小额贷款公司

【优惠内容】

2027年12月31日前,对经省级地方金融监督管理部门批准成立的小额贷款公司取得的农户小额贷款利息收入,免征增值税。

【享受条件】

1. 农户,是指长期(一年以上)居住在乡镇(不包括城关镇)行政管理区域内的住户,还包括长期居住在城关镇所辖行政村范围内的住户和户口不在本地而在本地居住一年以上的住户,国有农场的职工和农村个体工商户。位于乡镇(不包括城关镇)行政管理区域内和在城关镇所辖行政村范围内的国有经济的机关、团体、学校、企事业单位的集体户;有本地户口,但举家外出谋生一年以上的住户,无论是否保留承包耕地均不属于农户。农户以户为统计单位,既可以从事农业生产经营,也可以从事非农业生产经营。农户贷款的判定应以贷款发放时的承贷主体是否属于农户为准。

2. 小额贷款,是指单笔且该农户贷款余额总额在10万元(含本数)以下的贷款。

【享受方式】

纳税人在增值税纳税申报时按规定填写申报表相应减免税栏次即可享受,相关政策规定的证明材料留存备查。

【政策依据】

《财政部 税务总局关于延续实施小额贷款公司有关税收优惠政策的公告》(2023年第54号)

【政策案例】

2023年8月,假设A小额贷款公司向30户农户发放10万元以下小额贷款取得利息收入2万元(不含税收入)。9月份纳税申报时,A小额贷款公司取得2万元利息收入可按规定享受免征增值税优惠。

18. 金融机构与小微企业签订借款合同免征印花税政策

【享受主体】

金融机构和小型企业、微型企业

【优惠内容】

2027年12月31日前,对金融机构与小型企业、微型企业签订的借款合同免征印花税。

【享受条件】

小型企业、微型企业,是指符合《中小企业划型标准规定》(工信部联企业〔2011〕300号)的小型企业和微型企业。其中,资产总额和从业人员指标均以贷款发放时的实际状态确定,营业收入指标以贷款发放前12个自然月的累计数确定,不满12个自然月的,按照以下公式计算:

营业收入(年) = 企业实际存续期间营业收入/企业实际存续月数×12

【享受方式】

纳税人享受印花税优惠政策,实行"自行判别、申报享受、相关资料留存备查"的办理方式。纳税人对留存备查资料的真实性、完整性和合法性承担法律责任。

【政策依据】

1.《财政部 税务总局关于支持小微企业融资有关税收政策的通知》(财税〔2017〕77号)

2.《财政部 税务总局关于延长部分税收优惠政策执行期限的公告》(2021年第6号)

3.《财政部 税务总局关于印花税若干事项政策执行口径的公告》(2022年第22号)

4.《财政部 税务总局关于支持小微企业融资有关税收政策的公告》(2023年第13号)

5.《工业和信息化部 国家统计局 国家发展和改革委员会 财政部关于印发中小企业划型标准规定的通知》(工信部联企业〔2011〕300号)

6.《国家税务总局关于实施〈中华人民共和国印花税法〉等有关事项的公告》(2022年第14号)

【政策案例】

甲企业为微型企业,2023年5月与乙银行签订了借款合同,借款10万元,期限一年,年利率4%。甲企业、乙银行是否都可以享受免征借款合同印花税优惠?

答:根据《财政部 税务总局关于印花税若干事项政策执行口径

的公告》(财政部 税务总局公告2022年第22号)第四条第(一)项规定,对应税凭证适用印花税减免优惠的,书立该应税凭证的纳税人均可享受印花税减免政策,明确特定纳税人适用印花税减免优惠的除外。因此,甲企业、乙银行申报该笔借款合同印花税时,均可享受免征印花税优惠。

19. 金融企业涉农和中小企业贷款损失准备金税前扣除政策

【享受主体】

提供涉农贷款、中小企业贷款的金融企业

【优惠内容】

自2019年1月1日起,金融企业根据《贷款风险分类指引》(银监发〔2007〕54号),对其涉农贷款和中小企业贷款进行风险分类后,按照以下比例计提的贷款损失准备金,准予在计算应纳税所得额时扣除:

1. 关注类贷款,计提比例为2%;

2. 次级类贷款,计提比例为25%;

3. 可疑类贷款,计提比例为50%;

4. 损失类贷款,计提比例为100%。

【享受条件】

1. 涉农贷款,是指《涉农贷款专项统计制度》(银发〔2007〕246号)统计的以下贷款:

(1) 农户贷款;

(2) 农村企业及各类组织贷款。

农户贷款,是指金融企业发放给农户的所有贷款。农户贷款的判定应以贷款发放时的承贷主体是否属于农户为准。农户,是指长期(一年以上)居住在乡镇(不包括城关镇)行政管理区域内的住户,还包括长期居住在城关镇所辖行政村范围内的住户和户口不在本地而在本地居住一年以上的住户,国有农场的职工和农村个体工商户。位于乡镇(不包括城关镇)行政管理区域内和在城关镇所辖行政村范围内的国有经济的机关、团体、学校、企事业单位的集体户;有本地户口,但举家外出谋生一年以上的住户,无论是否保留承包耕地均不属于农户。农户以户为统计单位,既可以从事农业生产经营,也可以从事非农业生产经营。

农村企业及各类组织贷款,是指金融企业发放给注册地位于农村区域的企业及各类组织的所有贷款。农村区域,是指除地级及以上城市的城市行政区及其市辖建制镇之外的区域。

2.中小企业贷款,是指金融企业对年销售额和资产总额均不超过2亿元的企业的贷款。

3.金融企业发生的符合条件的涉农贷款和中小企业贷款损失,应先冲减已在税前扣除的贷款损失准备金,不足冲减部分可据实在计算应纳税所得额时扣除。

【享受方式】

上述政策免于申请即可享受。

【政策依据】

1.《财政部 税务总局关于金融企业涉农贷款和中小企业贷款损失准备金税前扣除有关政策的公告》(2019年第85号)

2.《财政部 税务总局关于延长部分税收优惠政策执行期限的公告》(2021年第6号)第四条

【政策案例】

某银行给年销售额和资产总额均不超过2亿元的企业贷款,其可疑类贷款和损失类贷款分别可按什么比例计提贷款损失准备金?

解析:该银行给年销售额和资产总额均不超过2亿元的企业贷款,按照政策规定,属于中小企业贷款,其可疑类贷款可按50%计提贷款损失准备金,损失类贷款可按100%计提贷款损失准备金,在税前扣除。

20.金融企业涉农和中小企业贷款损失税前扣除政策

【享受主体】

提供涉农贷款、中小企业贷款的金融企业

【优惠内容】

金融企业涉农贷款、中小企业贷款逾期1年以上,经追索无法收回,应依据涉农贷款、中小企业贷款分类证明,按下列规定计算确认贷款损失进行税前扣除:

1.单户贷款余额不超过300万元(含300万元)的,应依据向借款人和担保人的有关原始追索记录（包括司法追索、电话追索、信件追索和上门追索等原始记录之一，并由经办人和负责人共同签章确认），计算确认损失进行税前扣除。

2. 单户贷款余额超过 300 万元至 1000 万元（含 1000 万元）的，应依据有关原始追索记录（应当包括司法追索记录，并由经办人和负责人共同签章确认），计算确认损失进行税前扣除。

3. 单户贷款余额超过 1000 万元的，仍按《国家税务总局关于发布〈企业资产损失所得税税前扣除管理办法〉的公告》（2011 年第 25 号）有关规定计算确认损失进行税前扣除。

【享受条件】

1. 涉农贷款，是指《涉农贷款专项统计制度》（银发〔2007〕246 号）统计的以下贷款：

（1）农户贷款；

（2）农村企业及各类组织贷款。

农户贷款，是指金融企业发放给农户的所有贷款。农户贷款的判定应以贷款发放时的承贷主体是否属于农户为准。农户，是指长期（一年以上）居住在乡镇（不包括城关镇）行政管理区域内的住户，还包括长期居住在城关镇所辖行政村范围内的住户和户口不在本地而在本地居住一年以上的住户，国有农场的职工和农村个体工商户。位于乡镇（不包括城关镇）行政管理区域内和在城关镇所辖行政村范围内的国有经济的机关、团体、学校、企事业单位的集体户；有本地户口，但举家外出谋生一年以上的住户，无论是否保留承包耕地均不属于农户。农户以户为统计单位，既可以从事农业生产经营，也可以从事非农业生产经营。

农村企业及各类组织贷款，是指金融企业发放给注册地位于农村区域的企业及各类组织的所有贷款。农村区域，是指除地级及以上城市的城市行政区及其市辖建制镇之外的区域。

2. 中小企业贷款，是指金融企业对年销售额和资产总额均不超过 2 亿元的企业的贷款。

3. 金融企业发生的符合条件的涉农贷款和中小企业贷款损失，应先冲减已在税前扣除的贷款损失准备金，不足冲减部分可据实在计算应纳税所得额时扣除。

【享受方式】

上述政策免于申请即可享受。

【政策依据】

1.《财政部 国家税务总局关于企业资产损失税前扣除政策的通知》(财税〔2009〕57号)

2.《国家税务总局关于发布〈企业资产损失所得税税前扣除管理办法〉的公告》(2011年第25号)

3.《国家税务总局关于金融企业涉农贷款和中小企业贷款损失税前扣除问题的公告》(2015年第25号)

【政策案例】

假设A企业是一家金融企业,涉农贷款发生300万元贷款损失,应依据什么资料计算确认损失税前扣除?

解析:根据《国家税务总局关于金融企业涉农贷款和中小企业贷款损失税前扣除问题的公告》(2015年第25号)第一条第一款规定,金融企业涉农贷款、中小企业贷款逾期1年以上,单户贷款余额不超过300万元(含300万元)的,经追索无法收回,应依据涉农贷款、中小企业贷款分类证明,向借款人和担保人的有关原始追索记录(包括司法追索、电话追索、信件追索和上门追索等原始记录之一,并由经办人和负责人共同签章确认),计算确认损失进行税前扣除。

21. 中小企业融资(信用)担保机构有关准备金企业所得税税前扣除政策

【享受主体】

符合条件的中小企业融资(信用)担保机构

【优惠内容】

自2016年1月1日起,对于符合条件的中小企业融资(信用)担保机构提取的以下准备金准予在企业所得税税前扣除:

1. 按照不超过当年年末担保责任余额1%的比例计提的担保赔偿准备,允许在企业所得税税前扣除,同时将上年度计提的担保赔偿准备余额转为当期收入。

2. 按照不超过当年担保费收入50%的比例计提的未到期责任准

备,允许在企业所得税税前扣除,同时将上年度计提的未到期责任准备余额转为当期收入。

3. 中小企业融资(信用)担保机构实际发生的代偿损失,符合税收法律法规关于资产损失税前扣除政策规定的,应冲减已在税前扣除的担保赔偿准备,不足冲减部分据实在企业所得税税前扣除。

【享受条件】

符合条件的中小企业融资(信用)担保机构,必须同时满足以下条件:

1. 符合《融资性担保公司管理暂行办法》(银监会等七部委令2010年第3号)相关规定,并具有融资性担保机构监管部门颁发的经营许可证。

2. 以中小企业为主要服务对象,当年中小企业信用担保业务和再担保业务发生额占当年信用担保业务发生总额的70%以上(上述收入不包括信用评级、咨询、培训等收入)。

3. 中小企业融资担保业务的平均年担保费率不超过银行同期贷款基准利率的50%。

4. 财政、税务部门规定的其他条件。

【享受方式】

上述政策免于申请即可享受。

【政策依据】

1.《财政部 税务总局关于中小企业融资(信用)担保机构有关准备金企业所得税税前扣除政策的通知》(财税〔2017〕22号)

2.《财政部 税务总局关于延长部分税收优惠政策执行期限的公告》(2021年第6号)第四条

【政策案例】

某公司为中小企业融资(信用)担保机构,2023年当年年末担保责任余额为1500万元,上年度计提的担保赔偿准备为10万元,应如何进行企业所得税处理?

解析:按照现行政策规定,对于符合条件的中小企业融资(信用)担保机构提取的担保赔偿准备,按照不超过当年年末担保责任余额1%的比例计提的,允许在企业所得税税前扣除,同时将上年度计提的担保赔偿准备余额转为当期收入。该公司当年年末担保责任余额的1%为1500万×1%=15万，即允许在企业所得税税前扣除15万元，同时将上年度计提的担保赔偿准备10万元转为当期收入。

22. 农牧保险免征增值税政策

【享受主体】

提供农牧保险的纳税人

【优惠内容】

纳税人提供农牧保险取得的收入免征增值税。

【享受条件】

农牧保险，是指为种植业、养殖业、牧业种植和饲养的动植物提供保险的业务。

【享受方式】

1. 享受方式：纳税人在增值税纳税申报时按规定填写申报表相应减免税栏次。

2. 办理渠道：纳税人可以通过电子税务局、办税服务厅办理。

【政策依据】

《财政部 国家税务总局关于全面推开营业税改征增值税试点的通知》（财税〔2016〕36号）附件3《营业税改征增值税试点过渡政策的规定》第一条第（十）项

【政策案例】

甲公司是一家保险公司，2023年10月，甲公司与一家肉鸡饲养企业签订了养殖业保险合同，并取得保费收入100万元（不含税收入）。11月份增值税纳税申报时，甲公司取得的100万元担保费收入可按规定享受免征增值税优惠。

23. 为农户提供小额贷款的利息收入减计收入总额政策

【享受主体】

为农户提供小额贷款的金融机构、小额贷款公司

【优惠内容】

对金融机构、经省级地方金融监督管理部门批准成立的小额贷款公司取得的农户小额贷款的利息收入，在计算应纳税所得额时，按90%计入收入总额。政策延续执行至2027年12月31日。

【享受条件】

1.农户,是指长期(一年以上)居住在乡镇(不包括城关镇)行政管理区域内的住户,还包括长期居住在城关镇所辖行政村范围内的住户和户口不在本地而在本地居住一年以上的住户,国有农场的职工和农村个体工商户。位于乡镇(不包括城关镇)行政管理区域内和在城关镇所辖行政村范围内的国有经济的机关、团体、学校、企事业单位的集体户;有本地户口,但举家外出谋生一年以上的住户,无论是否保留承包耕地均不属于农户。农户以户为统计单位,既可以从事农业生产经营,也可以从事非农业生产经营。农户贷款的判定应以贷款发放时的承贷主体是否属于农户为准。

2.小额贷款,是指单笔且该农户贷款余额总额在10万元(含本数)以下的贷款。

3.金融机构应对符合条件的农户小额贷款利息收入进行单独核算,不能单独核算的不得适用本优惠政策。

【享受方式】

上述政策免于申请即可享受。

【政策依据】

1.《财政部 税务总局关于延续支持农村金融发展有关税收政策的通知》(财税〔2017〕44号)

2.《财政部 税务总局关于小额贷款公司有关税收政策的通知》(财税〔2017〕48号)

3.《财政部 税务总局关于延续实施普惠金融有关税收优惠政策的公告》(2020年第22号)

4.《财政部 税务总局关于延续实施小额贷款公司有关税收优惠政策的公告》(2023年第54号)

5.《财政部 税务总局关于延续实施支持农村金融发展企业所得税政策的公告》(2023年第55号)

【政策案例】

某小额贷款公司2023年取得9万元农户小额贷款利息收入,应如何计入收入总额?

解析:对金融机构、经省级地方金融监督管理部门批准成立的小额贷款公司取得的农户小额贷款的利息收入,符合条件的,在计算应纳税所得额时,按90%计入收入总额。在上例中,小额贷款公司取得的9万元农户小额贷款利息收入,应按其90%,即8.1万元计入收入总额。

24.小额贷款公司贷款损失准备金税前扣除政策

【享受主体】

经省级地方金融监督管理部门批准成立的小额贷款公司

【优惠内容】

对经省级地方金融监督管理部门批准成立的小额贷款公司按年末贷款余额的1%计提的贷款损失准备金准予在企业所得税税前扣除。具体政策口径按照《财政部 税务总局关于延长部分税收优惠政策执行期限的公告》(财政部 税务总局公告2021年第6号)附件2中"6.《财政部 税务总局关于金融企业贷款损失准备金企业所得税税前扣除有关政策的公告》(财政部 税务总局公告2019年第86号)"执行。政策延续执行至2027年12月31日。

【享受条件】

1.准予税前提取贷款损失准备金的贷款资产范围包括:

(1)贷款(含抵押、质押、保证、信用等贷款);

(2)银行卡透支、贴现、信用垫款(含银行承兑汇票垫款、信用证垫款、担保垫款等)、进出口押汇、同业拆出、应收融资租赁款等具有贷款特征的风险资产;

(3)由金融企业转贷并承担对外还款责任的国外贷款,包括国际金融组织贷款、外国买方信贷、外国政府贷款、日本国际协力银行不附条件贷款和外国政府混合贷款等资产。

2.准予当年税前扣除的贷款损失准备金计算公式如下:

准予当年税前扣除的贷款损失准备金=本年末准予提取贷款损失准备金的贷款资产余额×1%-截至上年末已在税前扣除的贷款损失准备金的余额。

小额贷款公司按上述公式计算的数额如为负数,应当相应调增当年应纳税所得额。

3.小额贷款公司的委托贷款、代理贷款、国债投资、应收股利、上交央行准备金以及金融企业剥离的债权和股权、应收财政贴息、央行款项等不承担风险和损失的资产,以及除第一条列举资产之外的其他风险资产,不得提取贷款损失准备金在税前扣除。

4.小额贷款公司发生的符合条件的贷款损失,应先冲减已在税前扣除的贷款损失准备金,不足冲减部分可据实在计算当年应纳税所得额时扣除。

【享受方式】

上述政策免于申请即可享受。

【政策依据】

1.《财政部 税务总局关于金融企业贷款损失准备金企业所得税税前扣除有关政策的公告》(2019年第86号)

2.《财政部 税务总局关于小额贷款公司有关税收政策的通知》(财税〔2017〕48号)

3.《财政部 税务总局关于延续实施普惠金融有关税收优惠政策的公告》(2020年第22号)

4.《财政部 税务总局关于延续实施小额贷款公司有关税收优惠政策的公告》(2023年第54号)

【政策案例】

A公司为经省级地方金融监督管理部门批准成立的小额贷款公司,2023年年末准予提取贷款损失准备金的贷款资产余额为1000万元,截至上年末已在税前扣除的贷款损失准备金的余额为3万元,当年可税前扣除多少贷款损失准备金?

解析:根据政策规定,对经省级地方金融监督管理部门批准成立的小额贷款公司按年末贷款余额的1%计提的贷款损失准备金准予在企业所得税税前扣除。准予当年税前扣除的贷款损失准备金=本年末准予提取贷款损失准备金的贷款资产余额×1% - 截至上年末已在税前扣除的贷款损失准备金的余额。

上例中,根据计算公式计算可得,A公司准予当年税前扣除的贷款损失准备金=本年末准予提取贷款损失准备金的贷款资产余额1000万×1% - 截至上年末已在税前扣除的贷款损失准备金3万=7万,即准予在企业所得税税前扣除7万元。

25. 为种植业、养殖业提供保险业务取得的保费收入减计收入总额政策

【享受主体】

为种植业、养殖业提供保险业务的保险公司

【优惠内容】

对保险公司为种植业、养殖业提供保险业务取得的保费收入，在计算应纳税所得额时，按90%计入收入总额。政策延续执行至2027年12月31日。

【享受条件】

保费收入，是指原保险保费收入加上分保费收入减去分出保费后的余额。

【享受方式】

上述政策免于申请即可享受。

【政策依据】

1.《财政部 税务总局关于延续支持农村金融发展有关税收政策的通知》（财税〔2017〕44号）

2.《财政部 税务总局关于延续实施普惠金融有关税收优惠政策的公告》（2020年第22号）

3.《财政部 税务总局关于延续实施支持农村金融发展企业所得税政策的公告》（2023年第55号）

【政策案例】

甲公司是一家为种植业、养殖业提供保险业务的保险公司，2022年取得100万保费收入，在申报企业所得税时，应如何计入收入总额？

解析：对保险公司为种植业、养殖业提供保险业务取得的保费收入，在计算应纳税所得额时，按90%计入收入总额。100万×90%＝90万，甲公司在申报企业所得税时，按90万计入收入总额。

三、支持创新创业

26. 创业投资企业和天使投资个人有关税收政策

【享受主体】

公司制创业投资企业、有限合伙制创业投资企业合伙人和天使投资个人

【优惠内容】

（一）公司制创业投资企业采取股权投资方式直接投资于种子期、初创期科技型企业（以下简称初创科技型企业）满2年（24个月，下同）的，可以按照投资额的70%在股权持有满2年的当年抵扣该公司制创业投资企业的应纳税所得额；当年不足抵扣的，可以在以后纳税年度结转抵扣。

（二）有限合伙制创业投资企业（以下简称合伙创投企业）采取股权投资方式直接投资于初创科技型企业满2年的，该合伙创投企业的合伙人分别按以下方式处理：

1. 法人合伙人可以按照对初创科技型企业投资额的70%抵扣法人合伙人从合伙创投企业分得的所得；当年不足抵扣的，可以在以后纳税年度结转抵扣。

2. 个人合伙人可以按照对初创科技型企业投资额的70%抵扣个人合伙人从合伙创投企业分得的经营所得；当年不足抵扣的，可以在以后纳税年度结转抵扣。

（三）天使投资个人采取股权投资方式直接投资于初创科技型企业满2年的，可以按照投资额的70%抵扣转让该初创科技型企业股权取得的应纳税所得额；当期不足抵扣的，可以在以后取得转让该初创科技型企业股权的应纳税所得额时结转抵扣。

天使投资个人投资多个初创科技型企业的，对其中办理注销清算的初创科技型企业，天使投资个人对其投资额的70%尚未抵扣完的，可自注销清算之日起36个月内抵扣天使投资个人转让其他初创科技型企业股权取得的应纳税所得额。

【享受条件】

（一）初创科技型企业，应同时符合以下条件：

1. 在中国境内（不包括港、澳、台地区）注册成立、实行查账征收的居民企业；

2. 接受投资时，从业人数不超过300人，其中具有大学本科以上学历的从业人数不低于30%；资产总额和年销售收入均不超过5000万元；

3. 接受投资时设立时间不超过5年（60个月）；

4.接受投资时以及接受投资后2年内未在境内外证券交易所上市;

5.接受投资当年及下一纳税年度,研发费用总额占成本费用支出的比例不低于20%。

(二)创业投资企业,应同时符合以下条件:

1.在中国境内(不含港、澳、台地区)注册成立、实行查账征收的居民企业或合伙创投企业,且不属于被投资初创科技型企业的发起人;

2.符合《创业投资企业管理暂行办法》(发展改革委等10部门令第39号)规定或者《私募投资基金监督管理暂行办法》(证监会令第105号)关于创业投资基金的特别规定,按照上述规定完成备案且规范运作;

3.投资后2年内,创业投资企业及其关联方持有被投资初创科技型企业的股权比例合计应低于50%。

(三)天使投资个人,应同时符合以下条件:

1.不属于被投资初创科技型企业的发起人、雇员或其亲属(包括配偶、父母、子女、祖父母、外祖父母、孙子女、外孙子女、兄弟姐妹,下同),且与被投资初创科技型企业不存在劳务派遣等关系;

2.投资后2年内,本人及其亲属持有被投资初创科技型企业股权比例合计应低于50%。

(四)享受上述税收政策的投资,仅限于通过向被投资初创科技型企业直接支付现金方式取得的股权投资,不包括受让其他股东的存量股权。

2019年1月1日至2027年12月31日,在此期间已投资满2年及新发生的投资,可按《财政部 税务总局关于创业投资企业和天使投资个人有关税收政策的通知》(财税〔2018〕55号)文件和《财政部 税务总局关于延续执行创业投资企业和天使投资个人投资初创科技型企业有关政策条件的公告》(2023年第17号)适用有关税收政策。

【享受方式】

天使投资个人、公司制创业投资企业、合伙创投企业、合伙创投企业法人合伙人、被投资初创科技型企业按规定办理优惠手续。

【政策依据】

1.《财政部 税务总局关于创业投资企业和天使投资个人有关税

收政策的通知》(财税〔2018〕55号)

2.《财政部 税务总局关于实施小微企业普惠性税收减免政策的通知》(财税〔2019〕13号)

3.《财政部 税务总局关于延续执行创业投资企业和天使投资个人投资初创科技型企业有关政策条件的公告》(2022年第6号)

4.《财政部 税务总局关于延续执行创业投资企业和天使投资个人投资初创科技型企业有关政策条件的公告》(2023年第17号)

5.《国家税务总局关于创业投资企业和天使投资个人税收政策有关问题的公告》(2018年第43号)

【政策案例】

例1:某合伙创投企业于2020年12月投资初创科技型企业,假设其他条件均符合文件规定,合伙创投企业的某个法人合伙人于2021年1月对该合伙创投企业出资,2022年12月,合伙创投企业投资初创科技型企业满2年时,该法人合伙人同样可享受税收政策。

例2:纳税人张某采取股权投资方式直接投资于符合条件的初创科技型企业,投资额为500万元。2022年,张某在投资期限满2年后,转让该初创科技型企业股权,取得应纳税所得额400万元。按照现行税收优惠政策规定,张某可按照投资额的70%抵扣转让该初创科技型企业股权取得的应纳税所得额,即可抵扣500万元×70% = 350万元。

27. 创业投资企业灵活选择个人合伙人所得税核算方式政策

【享受主体】

创业投资企业(含创投基金,以下统称创投企业)个人合伙人

【优惠内容】

2027年12月31日前,创投企业可以选择按单一投资基金核算或者按创投企业年度所得整体核算两种方式之一,对其个人合伙人来源于创投企业的所得计算个人所得税应纳税额。

1. 创投企业选择按单一投资基金核算的,其个人合伙人从该基金应分得的股权转让所得和股息红利所得,按照20%税率计算缴纳个人所得税。

2. 创投企业选择按年度所得整体核算的,其个人合伙人应从创投企业取得的所得,按照"经营所得"项目、5% - 35%的超额累进税率计

算缴纳个人所得税。

【享受条件】

1. 创投企业是指符合《创业投资企业管理暂行办法》(发展改革委等10部门令第39号)或者《私募投资基金监督管理暂行办法》(证监会令第105号)关于创业投资企业(基金)的有关规定,并按照上述规定完成备案且规范运作的合伙制创业投资企业(基金)。

2. 单一投资基金核算,是指单一投资基金(包括不以基金名义设立的创投企业)在一个纳税年度内从不同创业投资项目取得的股权转让所得和股息红利所得按下述方法分别核算纳税:

(1)股权转让所得。单个投资项目的股权转让所得,按年度股权转让收入扣除对应股权原值和转让环节合理费用后的余额计算,股权原值和转让环节合理费用的确定方法,参照股权转让所得个人所得税有关政策规定执行;单一投资基金的股权转让所得,按一个纳税年度内不同投资项目的所得和损失相互抵减后的余额计算,余额大于或等于零的,即确认为该基金的年度股权转让所得;余额小于零的,该基金年度股权转让所得按零计算且不能跨年结转。

个人合伙人按照其应从基金年度股权转让所得中分得的份额计算其应纳税额,并由创投企业在次年3月31日前代扣代缴个人所得税。如符合《财政部 税务总局关于创业投资企业和天使投资个人有关税收政策的通知》(财税〔2018〕55号)规定条件的,创投企业个人合伙人可以按照被转让项目对应投资额的70%抵扣其应从基金年度股权转让所得中分得的份额后再计算其应纳税额,当期不足抵扣的,不得向以后年度结转。

(2)股息红利所得。单一投资基金的股息红利所得,以其来源于所投资项目分配的股息、红利收入以及其他固定收益类证券等收入的全额计算。

个人合伙人按照其应从基金股息红利所得中分得的份额计算其应纳税额,并由创投企业按次代扣代缴个人所得税。

(3)除前述可以扣除的成本、费用之外,单一投资基金发生的包括投资基金管理人的管理费和业绩报酬在内的其他支出,不得在核算时扣除。

上述单一投资基金核算方法仅适用于计算创投企业个人合伙人的应纳税额。

3. 创投企业年度所得整体核算，是指将创投企业以每一纳税年度的收入总额减除成本、费用以及损失后，计算应分配给个人合伙人的所得。如符合《财政部 税务总局关于创业投资企业和天使投资个人有关税收政策的通知》（财税〔2018〕55号）规定条件的，创投企业个人合伙人可以按照被转让项目对应投资额的70%抵扣其可以从创投企业应分得的经营所得后再计算其应纳税额。年度核算亏损的，准予按有关规定向以后年度结转。

按照"经营所得"项目计税的个人合伙人，没有综合所得的，可依法减除基本减除费用、专项扣除、专项附加扣除以及国务院确定的其他扣除。从多处取得经营所得的，应汇总计算个人所得税，只减除一次上述费用和扣除。

4. 创投企业选择按单一投资基金核算或按创投企业年度所得整体核算后，3年内不能变更。

5. 创投企业选择按单一投资基金核算的，应当在按照《创业投资企业管理暂行办法》（发展改革委等10部门令第39号）或者《私募投资基金监督管理暂行办法》（证监会令第105号）规定完成备案的30日内，向主管税务机关进行核算方式备案；未按规定备案的，视同选择按创投企业年度所得整体核算。创投企业选择一种核算方式满3年需要调整的，应当在满3年的次年1月31日前，重新向主管税务机关备案。

【享受方式】

上述政策按规定办理核算方式备案后即可享受。

【政策依据】

1.《财政部 税务总局关于创业投资企业和天使投资个人有关税收政策的通知》（财税〔2018〕55号）

2.《财政部 税务总局 发展改革委 证监会关于创业投资企业个人合伙人所得税政策问题的通知》（财税〔2019〕8号）

3.《财政部 税务总局 国家发展改革委 中国证监会关于延续实施创业投资企业个人合伙人所得税政策的公告》（2023年第24号）

【政策案例】

纳税人张某是 A 创业投资企业的合伙人,按照现行税收政策规定,A 企业可选择按照单一投资基金核算,也可以按照年度所得整体核算。

假设 A 企业选择按照单一投资基金核算,2022 年度张某从该企业分得股权转让所得 100 万元,按照 20% 税率计算缴纳个人所得税,张某应纳税额 = 100 × 20% = 20 万元。

假设 A 企业选择按年度所得整体核算,2022 年度张某从该企业分得所得 100 万元,按照"经营所得"项目、5% – 35% 的超额累进税率计算缴纳个人所得税,张某应纳税额 = 100 × 35% – 6.55 = 28.45 万元。

28. 创投企业投资未上市的中小高新技术企业按比例抵扣应纳税所得额政策

【享受主体】

创业投资企业

【优惠内容】

创业投资企业采取股权投资方式投资于未上市的中小高新技术企业 2 年(24 个月)以上的,凡符合享受条件的,可以按照其对中小高新技术企业投资额的 70% 在股权持有满 2 年的当年抵扣该创业投资企业的应纳税所得额;当年不足抵扣的,可以在以后纳税年度结转抵扣。

【享受条件】

1. 创业投资企业采取股权投资方式投资于未上市的中小高新技术企业 2 年(24 个月)以上。

2. 创业投资企业是指依照《创业投资企业管理暂行办法》(国家发展和改革委员会等 10 部委令 2005 年第 39 号,以下简称《暂行办法》)和《外商投资创业投资企业管理规定》(商务部等 5 部委令 2003 年第 2 号)在中华人民共和国境内设立的专门从事创业投资活动的企业或其他经济组织。

3. 经营范围符合《暂行办法》规定,且工商登记为"创业投资有限责任公司"、"创业投资股份有限公司"等专业性法人创业投资企业。

4. 按照《暂行办法》规定的条件和程序完成备案,经备案管理部门年度检查核实,投资运作符合《暂行办法》的有关规定。

5. 创业投资企业投资的中小高新技术企业,按照科技部、财政部、国家税务总局《关于修订印发〈高新技术企业认定管理办法〉的通知》(国科发火〔2016〕32号)和《关于修订印发〈高新技术企业认定管理工作指引〉的通知》(国科发火〔2016〕195号)的规定,通过高新技术企业认定;同时,职工人数不超过500人,年销售(营业)额不超过2亿元,资产总额不超过2亿元。

6. 财政部、国家税务总局规定的其他条件。

【享受方式】

上述政策免于申请即可享受。

【政策依据】

1.《中华人民共和国企业所得税法》第三十一条

2.《中华人民共和国企业所得税法实施条例》第九十七条

3.《国家税务总局关于实施创业投资企业所得税优惠问题的通知》(国税发〔2009〕87号)

【政策案例】

甲公司是一家国内的创业投资企业,在2020年6月以2000万投资了乙公司,持有乙公司10%的股份。乙公司为依法认定的高新技术企业(未上市),目前有在职员工数200人,年营业额5000万,总资产1.5亿。按照政策规定,乙公司符合未上市中小高新技术企业条件,因此甲公司对乙公司投资额的70%在股权持有满2年的当年可抵扣该创业投资企业的应纳税所得额,当年不足抵扣的,可以在以后纳税年度结转抵扣。

29. 有限合伙制创业投资企业法人合伙人投资未上市的中小高新技术企业按比例抵扣应纳税所得额政策

【享受主体】

有限合伙制创业投资企业的法人合伙人

【优惠内容】

自2015年10月1日起,有限合伙制创业投资企业采取股权投资方式投资于未上市的中小高新技术企业满2年(24个月)的,该投资企业的法人合伙人可按照其对未上市中小高新技术企业投资额的70%抵扣该法人合伙人从该投资企业分得的应纳税所得额,当年不足抵扣的,可以在以后纳税年度结转抵扣。

有限合伙制创业投资企业的法人合伙人对未上市中小高新技术企业的投资额,按照有限合伙制创业投资企业对中小高新技术企业的投资额和合伙协议约定的法人合伙人占有限合伙制创业投资企业的出资比例计算确定。

【享受条件】

1.有限合伙制创业投资企业是指依照《中华人民共和国合伙企业法》、《创业投资企业管理暂行办法》(国家发展和改革委员会令第39号)和《外商投资创业投资企业管理规定》(外经贸部、科技部、工商总局、税务总局、外汇管理局令2003年第2号)设立的专门从事创业投资活动的有限合伙企业。

2.有限合伙制创业投资企业的法人合伙人,是指依照《中华人民共和国企业所得税法》及其实施条例以及相关规定,实行查账征收企业所得税的居民企业。

3.有限合伙制创业投资企业采取股权投资方式投资于未上市的中小高新技术企业满2年(24个月),即2015年10月1日起,有限合伙制创业投资企业投资于未上市中小高新技术企业的实缴投资满2年,同时,法人合伙人对该有限合伙制创业投资企业的实缴出资也应满2年。

4.创业投资企业投资的中小高新技术企业,按照科技部、财政部、国家税务总局《关于修订印发〈高新技术企业认定管理办法〉的通知》(国科发火〔2016〕32号)和《关于修订印发〈高新技术企业认定管理工作指引〉的通知》(国科发火〔2016〕195号)的规定,通过高新技术企业认定;同时,职工人数不超过500人,年销售(营业)额不超过2亿元,资产总额不超过2亿元。

5.有限合伙制创业投资企业应纳税所得额的确定及分配应按照《财政部国家税务总局关于合伙企业合伙人所得税问题的通知》(财税〔2008〕159号)相关规定执行。

6.财政部、国家税务总局规定的其他条件。

【享受方式】

上述政策免于申请即可享受。

【政策依据】

1.《财政部 国家税务总局关于将国家自主创新示范区有关税收试点政策推广到全国范围实施的通知》(财税〔2015〕116号)第一条

2.《国家税务总局关于有限合伙制创业投资企业法人合伙人企业所得税有关问题的公告》(2015年第81号)

3.《国家税务总局关于实施创业投资企业所得税优惠问题的通知》(国税发〔2009〕87号)

【政策案例】

A企业于2020年8月1日成为某有限合伙制创业投资企业的法人合伙人,该有限合伙制创业投资企业又于2021年10月2日投资于中小高新技术企业,至2023年10月2日该投资满2年。2023年,A企业可按照其对未上市中小高新技术企业投资额的70%抵扣该企业从有限合伙制创业投资企业分得的应纳税所得额,当年不足抵扣的,可以在以后纳税年度结转抵扣。

30. 中小高新技术企业向个人股东转增股本分期缴纳个人所得税政策

【享受主体】

中小高新技术企业的个人股东

【优惠内容】

自2016年1月1日起,中小高新技术企业以未分配利润、盈余公积、资本公积向个人股东转增股本时,个人股东一次缴纳个人所得税确有困难的,可根据实际情况自行制定分期缴税计划,在不超过5个公历年度内(含)分期缴纳,并将有关资料报主管税务机关备案。

【享受条件】

1. 中小高新技术企业是在中国境内注册的实行查账征收的、经认定取得高新技术企业资格,且年销售额和资产总额均不超过2亿元、从业人数不超过500人的企业。

2. 上市中小高新技术企业或在全国中小企业股份转让系统挂牌的中小高新技术企业向个人股东转增股本,股东应纳的个人所得税,继续按照现行有关股息红利差别化个人所得税政策执行,不适用本政策。

【享受方式】

享受政策应将有关资料报主管税务机关备案。

【政策依据】

1.《财政部 国家税务总局关于将国家自主创新示范区有关税收试点政策推广到全国范围实施的通知》(财税〔2015〕116号)第三条

2.《国家税务总局关于股权奖励和转增股本个人所得税征管问题的公告》(2015年第80号)第二条

【政策案例】

例:甲企业为符合条件的未上市中小高新技术企业。2022年,该企业以未分配利润、盈余公积、资本公积,向个人股东李某转增股本100万元。李某应按照"利息、股息、红利所得"项目,适用20%税率计算个人所得税,应纳税额 = 100 × 20% = 20万元。若李某一次缴纳个人所得税确有困难的,可按规定享受转增股本分期缴纳个人所得税政策,根据实际情况自行制定分期缴税计划,在不超过5个公历年度内(含)分期缴纳税款。

31. 研发费用加计扣除政策

【享受主体】

除烟草制造业、住宿和餐饮业、批发和零售业、房地产业、租赁和商务服务业、娱乐业等以外,会计核算健全、实行查账征收并能够准确归集研发费用的居民企业

不适用税前加计扣除政策的行业	不适用税前加计扣除政策的活动
1. 烟草制造业	1. 企业产品(服务)的常规性升级。
2. 住宿和餐饮业	2. 对某项科研成果的直接应用,如直接采用公开的新工艺、材料、装置、产品、服务或知识等。
3. 批发和零售业	3. 企业在商品化后为顾客提供的技术支持活动。

续表

不适用税前加计扣除政策的行业	不适用税前加计扣除政策的活动
4. 房地产业	4. 对现存产品、服务、技术、材料或工艺流程进行的重复或简单改变。
5. 租赁和商务服务业	5. 市场调查研究、效率调查或管理研究。
6. 娱乐业	6. 作为工业(服务)流程环节或常规的质量控制、测试分析、维修维护。
7. 财政部和国家税务总局规定的其他行业	7. 社会科学、艺术或人文学方面的研究。
备注:上述行业以《国民经济行业分类与代码(GB/T4754-2017)》为准,并随之更新	

【优惠内容】

1. 企业开展研发活动中实际发生的研发费用,未形成无形资产计入当期损益的,在按规定据实扣除的基础上,自2023年1月1日起,再按照实际发生额的100%在税前加计扣除。

2. 企业开展研发活动中实际发生的研发费用,形成无形资产的,自2023年1月1日起,按照无形资产成本的200%在税前摊销。

【享受条件】

1. 企业应按照国家财务会计制度要求,对研发支出进行会计处理;同时,对享受加计扣除的研发费用按研发项目设置辅助账,准确归集核算当年可加计扣除的各项研发费用实际发生额。企业在一个纳税年度内进行多项研发活动的,应按照不同研发项目分别归集可加计扣除的研发费用。

2. 企业应对研发费用和生产经营费用分别核算,准确、合理归集各项费用支出,对划分不清的,不得实行加计扣除。

3. 企业委托外部机构或个人进行研发活动所发生的费用,按照费用实际发生额的80%计入委托方研发费用并计算加计扣除。无论委托方是否享受研发费用税前加计扣除政策,受托方均不得加计扣除。

委托外部研究开发费用实际发生额应按照独立交易原则确定。委托方与受托方存在关联关系的,受托方应向委托方提供研发项目费用支出明细情况。

4. 企业共同合作开发的项目,由合作各方就自身实际承担的研发费用分别计算加计扣除。

5. 企业集团根据生产经营和科技开发的实际情况,对技术要求高、投资数额大,需要集中研发的项目,其实际发生的研发费用,可以按照权利和义务相一致、费用支出和收益分享相配比的原则,合理确定研发费用的分摊方法,在受益成员企业间进行分摊,由相关成员企业分别计算加计扣除。

6. 企业为获得创新性、创意性、突破性的产品进行创意设计活动而发生的相关费用,可按照规定进行税前加计扣除。

【享受方式】

上述政策免于申请即可享受。

【政策依据】

1.《中华人民共和国企业所得税法》第三十条第(一)项

2.《中华人民共和国企业所得税法实施条例》第九十五条

3.《财政部　国家税务总局　科技部关于完善研究开发费用税前加计扣除政策的通知》(财税〔2015〕119号)

4.《国家税务总局关于企业研究开发费用税前加计扣除政策有关问题的公告》(2015年第97号)

5.《国家税务总局关于研发费用税前加计扣除归集范围有关问题的公告》(2017年第40号)

6.《财政部　税务总局　科技部关于企业委托境外研究开发费用税前加计扣除有关政策问题的通知》(财税〔2018〕64号)

7.《财政部　税务总局关于进一步完善研发费用税前加计扣除政策的公告》(2023年第7号)

【政策案例】

A公司是一家科技服务业企业,假设2023年发生了1000万元研发费用(假设全部符合加计扣除条件,计入当期损益),应如何享受加计扣除政策?

解析:根据《财政部 税务总局关于进一步完善研发费用税前加计扣除政策的公告》(2023年第7号),企业开展研发活动中实际发生的研发费用,未形成无形资产计入当期损益的,在按规定据实扣除的基础上,自2023年1月1日起,再按照实际发生额的100%在税前加计扣除;企业开展研发活动中实际发生的研发费用,形成无形资产的,自2023年1月1日起,按照无形资产成本的200%在税前摊销。即A公司2023年发生研发费用1000万元,未形成无形资产计入当期损益的,可在按规定据实扣除1000万元的基础上,再按照实际发生额的100%在税前加计扣除,合计在税前扣除2000万元。

32.科技企业孵化器和众创空间免征增值税政策

【享受主体】

国家级、省级科技企业孵化器及国家备案众创空间

【优惠内容】

自2019年1月1日至2027年12月31日,对国家级、省级科技企业孵化器和国家备案众创空间向在孵对象提供孵化服务取得的收入,免征增值税。

【享受条件】

1.孵化服务是指为在孵对象提供的经纪代理、经营租赁、研发和技术、信息技术、鉴证咨询服务。国家级、省级科技企业孵化器和国家备案众创空间应当单独核算孵化服务收入。

2.国家级科技企业孵化器和国家备案众创空间认定和管理办法由国务院科技部门发布;省级科技企业孵化器认定和管理办法由省级科技部门发布。

3.在孵对象是指符合上述相关认定和管理办法规定的孵化企业、创业团队和个人。

4.国家级、省级科技企业孵化器和国家备案众创空间应按规定申报享受免税政策,并将房产土地租赁合同、孵化协议等留存备查。

5. 2018年12月31日以前认定的国家级科技企业孵化器,以及2019年1月1日至2023年12月31日认定的国家级、省级科技企业孵化器和国家备案众创空间,自2024年1月1日起继续享受上述税收优惠政策。2024年1月1日以后认定的国家级、省级科技企业孵化器和

国家备案众创空间,自认定之日次月起享受上述税收优惠政策。被取消资格的,自取消资格之日次月起停止享受上述税收优惠政策。

【享受方式】

1.享受方式:纳税人在增值税纳税申报时按规定填写申报表相应减免税栏次。

2.办理渠道:纳税人可以通过电子税务局、办税服务厅办理。

【政策依据】

1.《财政部 税务总局 科技部 教育部关于科技企业孵化器大学科技园和众创空间税收政策的通知》(财税〔2018〕120号)

2.《财政部 税务总局关于延长部分税收优惠政策执行期限的公告》(2022年第4号)

3.《财政部 税务总局 科技部 教育部关于继续实施科技企业孵化器、大学科技园和众创空间有关税收政策的公告》(2023年第42号)

【政策案例】

2023年4月,A省级科技企业孵化器为符合条件的在孵对象提供经纪代理服务,取得收入100万元(不含税收入)。5月份纳税申报时,A省级科技企业孵化器取得100万元收入可按规定享受免征增值税优惠。

33.科技企业孵化器和众创空间免征房产税政策

【享受主体】

国家级、省级科技企业孵化器及国家备案众创空间

【优惠内容】

自2019年1月1日至2027年12月31日,对国家级、省级科技企业孵化器和国家备案众创空间自用以及无偿或通过出租等方式提供给在孵对象使用的房产,免征房产税。

【享受条件】

1.国家级科技企业孵化器和国家备案众创空间认定和管理办法由国务院科技部门发布;省级科技企业孵化器认定和管理办法由省级科技部门发布。

2.在孵对象是指符合上述相关认定和管理办法规定的孵化企业、创业团队和个人。

3.国家级、省级科技企业孵化器和国家备案众创空间应按规定申报享受免税政策,并将房产土地权属资料、房产原值资料、房产土地租赁合同、孵化协议等留存备查。

4. 2018年12月31日以前认定的国家级科技企业孵化器,以及2019年1月1日至2023年12月31日认定的国家级、省级科技企业孵化器和国家备案众创空间,自2024年1月1日起继续享受上述税收优惠政策。2024年1月1日以后认定的国家级、省级科技企业孵化器和国家备案众创空间,自认定之日次月起享受上述税收优惠政策。被取消资格的,自取消资格之日次月起停止享受上述税收优惠政策。

【享受方式】

纳税人享受上述优惠政策,实行"自行判别、申报享受、相关资料留存备查"的办理方式。纳税人对留存备查资料的真实性、完整性和合法性承担法律责任。

【政策依据】

1.《财政部 税务总局 科技部 教育部关于科技企业孵化器大学科技园和众创空间税收政策的通知》(财税〔2018〕120号)

2.《财政部 税务总局关于延长部分税收优惠政策执行期限的公告》(2022年第4号)

3.《财政部 税务总局 科技部 教育部关于继续实施科技企业孵化器、大学科技园和众创空间有关税收政策的公告》(2023年第42号)

【政策案例】

A省级科技企业孵化器,房产原值5000万元,减除比例30%,该省房产税实行按季申报。2023年三季度,A企业应缴纳房产税10.5万元[5000×(1-30%)×1.2%×1/4],在纳税申报时,可直接申报享受免税政策,对应免税额10.5万元。

34.科技企业孵化器和众创空间免征城镇土地使用税政策

【享受主体】

国家级、省级科技企业孵化器及国家备案众创空间

【优惠内容】

自2019年1月1日至2027年12月31日,对国家级、省级科技企业孵化器和国家备案众创空间自用以及无偿或通过出租等方式提供

给在孵对象使用的土地,免征城镇土地使用税。

【享受条件】

1. 国家级科技企业孵化器和国家备案众创空间认定和管理办法由国务院科技部门发布;省级科技企业孵化器认定和管理办法由省级科技部门发布。

2. 在孵对象是指符合上述相关认定和管理办法规定的孵化企业、创业团队和个人。

3. 国家级、省级科技企业孵化器和国家备案众创空间应按规定申报享受免税政策,并将房产土地权属资料、房产原值资料、房产土地租赁合同、孵化协议等留存备查。

4. 2018年12月31日以前认定的国家级科技企业孵化器,以及2019年1月1日至2023年12月31日认定的国家级、省级科技企业孵化器和国家备案众创空间,自2024年1月1日起继续享受上述税收优惠政策。2024年1月1日以后认定的国家级、省级科技企业孵化器和国家备案众创空间,自认定之日次月起享受上述税收优惠政策。被取消资格的,自取消资格之日次月起停止享受上述税收优惠政策。

【享受方式】

纳税人享受上述优惠政策,实行"自行判别、申报享受、相关资料留存备查"的办理方式。纳税人对留存备查资料的真实性、完整性和合法性承担法律责任。

【政策依据】

1.《财政部 税务总局 科技部 教育部关于科技企业孵化器大学科技园和众创空间税收政策的通知》(财税〔2018〕120号)

2.《财政部 税务总局关于延长部分税收优惠政策执行期限的公告》(2022年第4号)

3.《财政部 税务总局 科技部 教育部关于继续实施科技企业孵化器、大学科技园和众创空间有关税收政策的公告》(2023年第42号)

【政策案例】

A国家备案众创空间,占地面积3000平方米,城镇土地使用税税额标准每平方米20元,该省土地使用税实行按季申报。2023年三季度,A企业应缴纳土地使用税1.5万元(3000×20/10000×1/4),在纳税申报时,可直接申报享受免税政策,对应免税额1.5万元。

35.大学科技园免征增值税政策

【享受主体】

国家级、省级大学科技园

【优惠内容】

自2019年1月1日至2027年12月31日,对国家级、省级大学科技园向在孵对象提供孵化服务取得的收入,免征增值税。

【享受条件】

1.孵化服务是指为在孵对象提供的经纪代理、经营租赁、研发和技术、信息技术、鉴证咨询服务。国家级、省级大学科技园应当单独核算孵化服务收入。

2.国家级、省级大学科技园认定和管理办法分别由国务院教育部门和省级教育部门发布。

3.在孵对象是指符合上述相关认定和管理办法规定的孵化企业、创业团队和个人。

4.国家级、省级大学科技园应按规定申报享受免税政策,并将房产土地租赁合同、孵化协议等留存备查。

5.2018年12月31日以前认定的国家级大学科技园,以及2019年1月1日至2023年12月31日认定的国家级、省级大学科技园,自2024年1月1日起继续享受上述税收优惠政策。2024年1月1日以后认定的国家级、省级大学科技园,自认定之日次月起享受上述税收优惠政策。被取消资格的,自取消资格之日次月起停止享受上述税收优惠政策。

【享受方式】

1.享受方式:纳税人在增值税纳税申报时按规定填写申报表相应减免税栏次。

2.办理渠道:纳税人可以通过电子税务局、办税服务厅办理。

【政策依据】

1.《财政部 税务总局 科技部 教育部关于科技企业孵化器大学科技园和众创空间税收政策的通知》(财税〔2018〕120号)

2.《财政部 税务总局关于延长部分税收优惠政策执行期限的公

告》（2022年第4号）

3.《财政部 税务总局 科技部 教育部关于继续实施科技企业孵化器、大学科技园和众创空间有关税收政策的公告》（2023年第42号）

【政策案例】

2023年1月，A国家级大学科技园向符合条件的在孵对象提供鉴证咨询服务，取得收入100万元（不含税收入）。2月份纳税申报时，A国家级大学科技园取得的100万元收入可按规定享受免征增值税优惠。

36.大学科技园免征房产税政策

【享受主体】

国家级、省级大学科技园

【优惠内容】

自2019年1月1日至2027年12月31日，对国家级、省级大学科技园自用以及无偿或通过出租等方式提供给在孵对象使用的房产，免征房产税。

【享受条件】

1.国家级、省级大学科技园认定和管理办法分别由国务院教育部门和省级教育部门发布。

2.在孵对象是指符合上述相关认定和管理办法规定的孵化企业、创业团队和个人。

3.国家级、省级大学科技园应按规定申报享受免税政策，并将房产土地权属资料、房产原值资料、房产土地租赁合同、孵化协议等留存备查。

4.2018年12月31日以前认定的国家级大学科技园，以及2019年1月1日至2023年12月31日认定的国家级、省级大学科技园，自2024年1月1日起继续享受上述税收优惠政策。2024年1月1日以后认定的国家级、省级大学科技园，自认定之日次月起享受上述税收优惠政策。被取消资格的，自取消资格之日次月起停止享受上述税收优惠政策。

【享受方式】

纳税人享受上述优惠政策，实行"自行判别、申报享受、相关资料留存备查"的办理方式。纳税人对留存备查资料的真实性、完整性和合法性承担法律责任。

【政策依据】

1.《财政部 税务总局 科技部 教育部关于科技企业孵化器大学科技园和众创空间税收政策的通知》(财税〔2018〕120号)

2.《财政部 税务总局关于延长部分税收优惠政策执行期限的公告》(2022年第4号)

3.《财政部 税务总局 科技部 教育部关于继续实施科技企业孵化器、大学科技园和众创空间有关税收政策的公告》(2023年第42号)

【政策案例】

A省级大学科技园，房产原值5000万元，减除比例30%，该省房产税实行按季申报。2023年三季度，A企业应缴纳房产税10.5万元[5000×(1-30%)×1.2%×1/4]，在纳税申报时，可直接申报享受免税政策，对应免税额10.5万元。

37. 大学科技园免征城镇土地使用税政策

【享受主体】

国家级、省级大学科技园

【优惠内容】

自2019年1月1日至2027年12月31日，对国家级、省级大学科技园自用以及无偿或通过出租等方式提供给在孵对象使用的土地，免征城镇土地税使用税。

【享受条件】

1. 国家级、省级大学科技园认定和管理办法分别由国务院教育部门和省级教育部门发布。

2. 在孵对象是指符合上述相关认定和管理办法规定的孵化企业、创业团队和个人。

3. 国家级、省级大学科技园应按规定申报享受免税政策，并将房产土地权属资料、房产原值资料、房产土地租赁合同、孵化协议等留存备查。

4. 2018年12月31日以前认定的国家级大学科技园，以及2019年1月1日至2023年12月31日认定的国家级、省级大学科技园，自

2024年1月1日起继续享受上述税收优惠政策。2024年1月1日以后认定的国家级、省级大学科技园,自认定之日次月起享受上述税收优惠政策。被取消资格的,自取消资格之日次月起停止享受上述税收优惠政策。

【享受方式】

纳税人享受上述优惠政策,实行"自行判别、申报享受、相关资料留存备查"的办理方式。纳税人对留存备查资料的真实性、完整性和合法性承担法律责任。

【政策依据】

1.《财政部 税务总局 科技部 教育部关于科技企业孵化器大学科技园和众创空间税收政策的通知》(财税〔2018〕120号)

2.《财政部 税务总局关于延长部分税收优惠政策执行期限的公告》(2022年第4号)

3.《财政部 税务总局 科技部 教育部关于继续实施科技企业孵化器、大学科技园和众创空间有关税收政策的公告》(2023年第42号)

【政策案例】

A省级大学科技园,占地面积3000平方米,城镇土地使用税税额标准每平方米20元,该省土地使用税实行按季申报。2023年三季度,A企业应缴纳土地使用税1.5万元(3000×20/10000×1/4),在纳税申报时,可直接申报享受免税政策,对应免税额1.5万元。

四、重点群体创业税收优惠

38.重点群体创业税费减免政策

【享受主体】

脱贫人口(含防止返贫监测对象)、持《就业创业证》(注明"自主创业税收政策"或"毕业年度内自主创业税收政策")或《就业失业登记证》(注明"自主创业税收政策")的人员,具体包括:

1.纳入全国防止返贫监测和衔接推进乡村振兴信息系统的脱贫人口。

2.在人力资源社会保障部门公共就业服务机构登记失业半年以上的人员。

3.零就业家庭、享受城市居民最低生活保障家庭劳动年龄内的登记失业人员。

4.毕业年度内高校毕业生。高校毕业生是指实施高等学历教育的普通高等学校、成人高等学校应届毕业的学生；毕业年度是指毕业所在自然年，即1月1日至12月31日。

【优惠内容】

自2023年1月1日至2027年12月31日，上述人员从事个体经营的，自办理个体工商户登记当月起，在3年（36个月）内按每户每年20000元为限额依次扣减其当年实际应缴纳的增值税、城市维护建设税、教育费附加、地方教育附加和个人所得税。限额标准最高可上浮20%，各省、自治区、直辖市人民政府可根据本地区实际情况在此幅度内确定具体限额标准。

【享受条件】

纳税人年度应缴纳税款小于规定扣减限额的，减免税额以实际缴纳的税款为限；大于规定扣减限额的，以上述扣减限额为限。

【享受方式】

1.脱贫人口从事个体经营的，向主管税务机关申报纳税时享受优惠。

2.登记失业半年以上的人员，零就业家庭、享受城市居民最低生活保障家庭劳动年龄的登记失业人员，以及毕业年度内高校毕业生从事个体经营的，先申领《就业创业证》。失业人员在常住地公共就业服务机构进行失业登记，申领《就业创业证》。毕业年度内高校毕业生在校期间凭学生证向公共就业服务机构申领《就业创业证》，或委托所在高校就业指导中心向公共就业服务机构代为申领《就业创业证》；毕业年度内高校毕业生离校后可凭毕业证直接向公共就业服务机构按规定申领《就业创业证》。

申领后，相关人员可持《就业创业证》（或《就业失业登记证》，下同）、个体工商户登记执照（未完成"两证整合"的还须持《税务登记证》）向创业地县以上（含县级，下同）人力资源社会保障部门提出申请。县以上人力资源社会保障部门应当按照《财政部　税务总局　人力资源社会保障部　农业农村部关于进一步支持重点群体创业就业有关税收政策的公告》（2023年第15号）的规定，核实其是否享受过重点群体创业就业税收优惠政策。对符合规定条件的人员在《就业创业证》上注明"自主创业税收政策"或"毕业年度内自主创业税收政策"。登记失业半年以上的人员，零就业家庭、享受城市居民最低生活保障家庭劳动年龄的登记失业人员，以及毕业年度内高校毕业生向主管税务机关申报纳税时享受优惠。

3.纳税人在2027年12月31日享受上述税收优惠政策未满3年的，可继续享受至3年期满为止。本公告所述人员，以前年度已享受重点群体创业就业税收优惠政策满3年的，不得再享受上述税收优惠政策；以前年度享受重点群体创业就业税收优惠政策未满3年且符合条件的，可按上述规定享受优惠至3年期满。

【政策依据】

《财政部　税务总局　人力资源社会保障部　农业农村部关于进一步支持重点群体创业就业有关税收政策的公告》（2023年第15号）

【政策案例】

某脱贫人口于2023年2月在北京市创办个体工商户A，前期未享受过重点群体创业税费优惠政策。一季度实际应当缴纳增值税10000元、城市维护建设税700元、教育费附加300元、地方教育附加200元、个人所得税1000元，合计12200元。北京市的限额扣除标准为每户每年24000元，该个体工商户2023年的扣除限额=24000/12*11=22000元。该纳税人4月申报纳税时可依次扣除增值税10000元、城市维护建设税700元、教育费附加300元、地方教育附加200元、个人所得税1000元，合计12200元。

39.退役士兵创业税费减免政策

【享受主体】

自主就业的退役士兵

【优惠内容】

自2023年1月1日至2027年12月31日，自主就业退役士兵从事个体经营的，自办理个体工商户登记当月起，在3年（36个月）内按每户每年20000元为限额依次扣减其当年实际应缴纳的增值税、城市维护建设税、教育费附加、地方教育附加和个人所得税。限额标准最高可上浮20%，各省、自治区、直辖市人民政府可根据本地区实际情况在此幅度内确定具体限额标准。

【享受条件】

1. 自主就业退役士兵,是指依照《退役士兵安置条例》(国务院中央军委令第608号)的规定退出现役并按自主就业方式安置的退役士兵。

2. 纳税人年度应缴纳税款小于上述扣减限额的,减免税额以其实际缴纳的税款为限;大于上述扣减限额的,以上述扣减限额为限。纳税人的实际经营期不足一年的,应当按月换算其减免税限额。换算公式为:减免税限额=年度减免税限额÷12×实际经营月数。

3. 自主就业退役士兵从事个体经营的,在享受税收优惠政策进行纳税申报时,注明其退役军人身份,并将《中国人民解放军退出现役证书》、《中国人民解放军义务兵退出现役证》、《中国人民解放军士官退出现役证》或《中国人民武装警察部队退出现役证书》、《中国人民武装警察部队义务兵退出现役证》、《中国人民武装警察部队士官退出现役证》留存备查。

4. 纳税人在2027年12月31日享受上述税收优惠政策未满3年的,可继续享受至3年期满为止。退役士兵以前年度已享受退役士兵创业就业税收优惠政策满3年的,不得再享受上述税收优惠政策;以前年度享受退役士兵创业就业税收优惠政策未满3年且符合条件的,可按上述规定享受优惠至3年期满。

【享受方式】

自主就业退役士兵向主管税务机关申报纳税时享受优惠。

【政策依据】

《财政部 税务总局 退役军人事务部关于进一步扶持自主就业退役士兵创业就业有关税收政策的公告》(2023年第14号)

【政策案例】

某自主就业退役士兵于2023年2月在北京市创办个体工商户A,前期未享受过退役士兵创业税费优惠政策。一季度实际应当缴纳增值税20000元、城市维护建设税1400元、教育费附加600元、地方教育附加400元、个人所得税2000元,合计24400元。北京市的限额扣除标准为每户每年24000元,该个体工商户2023年的扣除限额=24000/12*11=22000元。该纳税人4月申报纳税时可依次扣除增值税

20000元、城市维护建设税1400元、教育费附加600元，合计22000元。由于22000元的额度已用尽，不再扣减地方教育附加和个人所得税。2023年剩余期间也不再享受该政策。

40.吸纳重点群体就业税费减免政策

【享受主体】

招用脱贫人口，以及在人力资源社会保障部门公共就业服务机构登记失业半年以上且持《就业创业证》或《就业失业登记证》（注明"企业吸纳税收政策"）人员，与其签订1年以上期限劳动合同并依法缴纳社会保险费的企业

【优惠内容】

自2023年1月1日至2027年12月31日，企业招用脱贫人口，以及在人力资源社会保障部门公共就业服务机构登记失业半年以上且持《就业创业证》或《就业失业登记证》（注明"企业吸纳税收政策"）的人员，与其签订1年以上期限劳动合同并依法缴纳社会保险费的，自签订劳动合同并缴纳社会保险当月起，在3年（36个月）内按实际招用人数予以定额依次扣减增值税、城市维护建设税、教育费附加、地方教育附加和企业所得税优惠。定额标准为每人每年6000元，最高可上浮30%，各省、自治区、直辖市人民政府可根据本地区实际情况在此幅度内确定具体定额标准。

【享受条件】

1.上述政策中的企业，是指属于增值税纳税人或企业所得税纳税人的企业等单位。

2.企业招用就业人员既可以适用上述规定的税收优惠政策，又可以适用其他扶持就业专项税收优惠政策的，企业可以选择适用最优惠的政策，但不得重复享受。

3.企业与脱贫人口，以及在人力资源社会保障部门公共就业服务机构登记失业半年以上且持《就业创业证》或《就业失业登记证》（注明"企业吸纳税收政策"）的人员签订1年以上期限劳动合同并依法缴纳社会保险费。

4.按上述标准计算的税收扣减额应在企业当年实际缴纳的增值税、城市维护建设税、教育费附加、地方教育附加和企业所得税税额中

扣减,纳税人当年扣减不完的,不再结转以后年度扣减。

5. 纳税人在2027年12月31日享受上述税收优惠政策未满3年的,可继续享受至3年期满为止。本公告所述人员,以前年度已享受重点群体创业就业税收优惠政策满3年的,不得再享受上述税收优惠政策;以前年度享受重点群体创业就业税收优惠政策未满3年且符合条件的,可按上述规定享受优惠至3年期满。

【享受方式】

1. 申请

享受招用重点群体就业税收优惠政策的企业,持下列材料向县以上人力资源社会保障部门递交申请:

(1)招用人员持有的《就业创业证》(脱贫人口不需提供)。

(2)企业与招用重点群体签订的劳动合同(副本),企业依法为重点群体缴纳的社会保险记录。通过内部信息共享、数据比对等方式审核的地方,可不再要求企业提供缴纳社会保险记录。

招用人员发生变化的,应向人力资源社会保障部门办理变更申请。

2. 税款减免顺序及额度

(1)纳税人按本单位招用重点群体的人数及其实际工作月数核算本单位减免税总额,在减免税总额内每月依次扣减增值税、城市维护建设税、教育费附加和地方教育附加。城市维护建设税、教育费附加、地方教育附加的计税依据是享受本项税收优惠政策前的增值税应纳税额。

纳税人实际应缴纳的增值税、城市维护建设税、教育费附加和地方教育附加小于核算的减免税总额的,以实际应缴纳的增值税、城市维护建设税、教育费附加、地方教育附加为限;实际应缴纳的增值税、城市维护建设税、教育费附加和地方教育附加大于核算的减免税总额的,以核算的减免税总额为限。纳税年度终了,如果纳税人实际减免的增值税、城市维护建设税、教育费附加和地方教育附加小于核算的减免税总额,纳税人在企业所得税汇算清缴时,以差额部分扣减企业所得税。当年扣减不完的,不再结转以后年度扣减。

享受优惠政策当年,重点群体人员工作不满1年的,应当以实际月数换算其减免税总额。

减免税总额＝∑每名重点群体人员本年度在本企业工作月数÷12×具体定额标准

(2)第2年及以后年度当年新招用人员、原招用人员及其工作时间按上述程序和办法执行。计算每名重点群体人员享受税收优惠政策的期限最长不超过36个月。

3.企业招用重点群体享受本项优惠的，由企业留存以下材料备查：

(1)登记失业半年以上的人员的《就业创业证》(注明"企业吸纳税收政策"，招用脱贫人口无需提供)。

(2)县以上人力资源社会保障部门核发的《企业吸纳重点群体就业认定证明》。

(3)《重点群体人员本年度实际工作时间表》。

【政策依据】

《财政部　税务总局　人力资源社会保障部　农业农村部关于进一步支持重点群体创业就业有关税收政策的公告》(2023年第15号)

【政策案例】

某北京市企业A于2023年1月、4月分别招录一名脱贫人口就业(以下分别称甲和乙)，与其签订了1年以上劳动合同并依法缴纳社保。该企业按季申报缴纳增值税，一季度实际应当缴纳增值税2000元、城市维护建设税140元、教育费附加60元、地方教育附加40元，合计2240元；二季度实际应当缴纳增值税4000元、城市维护建设税280元、教育费附加120元、地方教育附加80元，合计4480元。

北京市的定额扣除标准为每人每年7800元，该企业4月申报期申报纳税时的减免税总额为7800元，可依次扣除增值税2000元、城市维护建设税140元、教育费附加60元、地方教育附加40元，合计2240元。7月申报期申报纳税时的减免税总额为13650元(甲的额度为7800元，乙的额度为5850元)，剩余额度为11410元，可依次扣除增值税4000元、城市维护建设税280元、教育费附加120元、地方教育附加80元，合计4480元。二季度享受该政策后，剩余额度6930元，可用于2023年内剩余期间继续扣减。

41. 吸纳退役士兵就业税费减免政策

【享受主体】

招用自主就业退役士兵，与其签订1年以上期限劳动合同并依法缴纳社会保险费的企业

【优惠内容】

2023年1月1日至2027年12月31日，招用自主就业退役士兵，与其签订1年以上期限劳动合同并依法缴纳社会保险费的，自签订劳动合同并缴纳社会保险当月起，在3年(36个月)内按实际招用人数予以定额依次扣减增值税、城市维护建设税、教育费附加、地方教育附加和企业所得税优惠。定额标准为每人每年6000元，最高可上浮50%，各省、自治区、直辖市人民政府可根据本地区实际情况在此幅度内确定具体定额标准。

【享受条件】

1. 自主就业退役士兵，是指依照《退役士兵安置条例》(国务院中央军委令第608号)的规定退出现役并按自主就业方式安置的退役士兵。

2. 上述政策中的企业，是指属于增值税纳税人或企业所得税纳税人的企业等单位。

3. 企业与招用自主就业退役士兵签订1年以上期限劳动合同并依法缴纳社会保险费。

4. 企业既可以适用上述税收优惠政策，又可以适用其他扶持就业专项税收优惠政策的，可以选择适用最优惠的政策，但不得重复享受。

5. 企业按招用人数和签订的劳动合同时间核算企业减免税总额，在核算减免税总额内每月依次扣减增值税、城市维护建设税、教育费附加和地方教育附加。企业实际应缴纳的增值税、城市维护建设税、教育费附加和地方教育附加小于核算减免税总额的，以实际应缴纳的增值税、城市维护建设税、教育费附加和地方教育附加为限；实际应缴纳的增值税、城市维护建设税、教育费附加和地方教育附加大于核算减免税总额的，以核算减免税总额为限。

纳税年度终了，如果企业实际减免的增值税、城市维护建设税、教育费附加和地方教育附加小于核算减免税总额，企业在企业所得税汇

算清缴时以差额部分扣减企业所得税。当年扣减不完的,不再结转以后年度扣减。

自主就业退役士兵在企业工作不满1年的,应当按月换算减免税限额。计算公式为:企业核算减免税总额=Σ每名自主就业退役士兵本年度在本单位工作月份÷12×具体定额标准。

6.企业招用自主就业退役士兵享受税收优惠政策的,将以下资料留存备查:

(1)招用自主就业退役士兵的《中国人民解放军退出现役证书》、《中国人民解放军义务兵退出现役证》、《中国人民解放军士官退出现役证》或《中国人民武装警察部队退出现役证书》、《中国人民武装警察部队义务兵退出现役证》、《中国人民武装警察部队士官退出现役证》;

(2)企业与招用自主就业退役士兵签订的劳动合同(副本),为职工缴纳的社会保险费记录;

(3)自主就业退役士兵本年度在企业工作时间表。

7.纳税人在2027年12月31日享受上述税收优惠政策未满3年的,可继续享受至3年期满为止。退役士兵以前年度已享受退役士兵创业就业税收优惠政策满3年的,不得再享受上述税收优惠政策;以前年度享受退役士兵创业就业税收优惠政策未满3年且符合条件的,可按上述规定享受优惠至3年期满。

【享受方式】

招用自主就业退役士兵的企业,向主管税务机关申报纳税时享受优惠。

【政策依据】

《财政部　税务总局　退役军人事务部关于进一步扶持自主就业退役士兵创业就业有关税收政策的公告》(2023年第14号)

【政策案例】

某北京市企业A于2023年1月、4月分别招录一名自主就业退役士兵就业(以下分别称甲和乙),与其签订了1年以上劳动合同并依法缴纳社保。该企业按季申报缴纳增值税,一季度实际应当缴纳增值税8000元、城市维护建设税560元、教育费附加240元、地方教育附加

160元,合计8960元;二季度实际应当缴纳增值税10000元、城市维护建设税700元、教育费附加300元、地方教育附加200元,合计11200元。

北京市的定额扣除标准为每人每年9000元,该企业4月申报期申报纳税时的减免税总额为9000元,可依次扣除增值税8000元、城市维护建设税560元、教育费附加240元、地方教育附加160元,合计8960元。7月申报期申报纳税时的减免税总额为15750元(甲的额度为9000元,乙的额度为6750元),剩余额度为6790元,可扣除增值税6790元。由于15750元的额度已用尽,不再扣减其他税费。如无其他变化,2023年剩余期间也不再享受该政策。

42. 随军家属创业免征增值税政策

【享受主体】

从事个体经营的随军家属

【优惠内容】

随军家属从事个体经营的,自办理税务登记事项之日起,其提供的应税服务3年内免征增值税。

【享受条件】

必须持有师以上政治机关出具的可以表明其身份的证明,每一名随军家属可以享受一次免税政策。

【享受方式】

1. 享受方式:纳税人在增值税纳税申报时按规定填写申报表相应减免税栏次。

2. 办理渠道:纳税人可以通过电子税务局、办税服务厅办理。

【政策依据】

《财政部 国家税务总局关于全面推开营业税改征增值税试点的通知》(财税〔2016〕36号)附件3《营业税改征增值税试点过渡政策的规定》第一条第(三十九)项

【政策案例】

A为符合条件的随军家属,于2023年1月办理个体工商户登记,该个体工商户自2023年1月至2025年12月,提供的增值税应税服务可享受免征增值税优惠。

43. 随军家属创业免征个人所得税政策

【享受主体】

从事个体经营的随军家属

【优惠内容】

随军家属从事个体经营,自领取税务登记证之日起,3年内免征个人所得税。

【享受条件】

1. 随军家属须有师以上政治机关出具的可以表明其身份的证明。

2. 每一随军家属只能按上述规定,享受一次免税政策。

【享受方式】

上述政策免于申请即可享受。

【政策依据】

《财政部 国家税务总局关于随军家属就业有关税收政策的通知》(财税〔2000〕84号)第二条

【政策案例】

纳税人李某为随军家属,从事个体经营,于2023年3月办理个体工商户登记,在三年内李某从事个体经营的所得,可按规定享受免征个人所得税优惠。

44. 安置随军家属就业的企业免征增值税政策

【享受主体】

为安置随军家属就业而新开办的企业

【优惠内容】

为安置随军家属就业而新开办的企业,自领取税务登记证之日起,其提供的应税服务3年内免征增值税。

【享受条件】

安置的随军家属必须占企业总人数的60%(含)以上,并有军(含)以上政治和后勤机关出具的证明。

【享受方式】

安置随军家属就业的企业,向主管税务机关申报纳税时享受优惠。

【政策依据】

《财政部 国家税务总局关于全面推开营业税改征增值税试点的

通知》(财税〔2016〕36号)附件3《营业税改征增值税试点过渡政策的规定》第一条第(三十九)项

【政策案例】

甲企业是一家2023年10月为安置随军家属就业新开办的家政服务企业,自2023年10月至2026年9月的三年内,甲企业提供的家政服务可按规定享受免征增值税优惠。

45.军队转业干部创业免征增值税政策

【享受主体】

从事个体经营的军队转业干部

【优惠内容】

从事个体经营的军队转业干部,自领取税务登记证之日起,其提供的应税服务3年内免征增值税。

【享受条件】

自主择业的军队转业干部必须持有师以上部队颁发的转业证件。

【享受方式】

1.享受方式:纳税人在增值税纳税申报时按规定填写申报表相应减免税栏次。

2.办理渠道:纳税人可以通过电子税务局、办税服务厅办理。

【政策依据】

《财政部 国家税务总局关于全面推开营业税改征增值税试点的通知》(财税〔2016〕36号)附件3《营业税改征增值税试点过渡政策的规定》第一条第(四十)项

【政策案例】

A为符合条件的军队转业干部,于2023年1月办理个体工商户登记,该个体工商户自2023年1月至2025年12月,提供的增值税应税服务可享受免征增值税优惠。

46.自主择业的军队转业干部免征个人所得税政策

【享受主体】

从事个体经营的军队转业干部

【优惠内容】

自主择业的军队转业干部从事个体经营,自领取税务登记证之日起,3年内免征个人所得税。

【享受条件】

自主择业的军队转业干部必须持有师以上部队颁发的转业证件。

【享受方式】

上述政策免于申请即可享受。

【政策依据】

《财政部 国家税务总局关于自主择业的军队转业干部有关税收政策问题的通知》(财税〔2003〕26号)第一条

【政策案例】

纳税人李某为自主择业的军队转业干部,从事个体经营,于2023年3月办理个体工商户登记,在三年内李某从事个体经营的所得,可按规定享受免征个人所得税优惠。

47.安置军队转业干部就业的企业免征增值税政策

【享受主体】

为安置自主择业的军队转业干部就业而新开办的企业

【优惠内容】

为安置自主择业的军队转业干部就业而新开办的企业,自领取税务登记证之日起,其提供的应税服务3年内免征增值税。

【享受条件】

1.安置的自主择业军队转业干部占企业总人数60%(含)以上。

2.自主择业的军队转业干部必须持有师以上部队颁发的转业证件。

【享受方式】

安置军队转业干部就业的企业,向主管税务机关申报纳税时享受优惠。

【政策依据】

《财政部 国家税务总局关于全面推开营业税改征增值税试点的通知》(财税〔2016〕36号)附件3《营业税改征增值税试点过渡政策的规定》第一条第(四十)项

【政策案例】

A企业是一家2023年1月为安置自主择业的军队转业干部就业

新开办的驾驶员培训学校,自 2023 年 1 月至 2025 年 12 月的三年内,A 企业提供的驾驶培训服务可按规定享受免征增值税优惠。

48. 残疾人创业免征增值税政策

【享受主体】

残疾人个人

【优惠内容】

残疾人个人提供的加工、修理修配劳务,为社会提供的应税服务,免征增值税。

【享受条件】

残疾人,是指在法定劳动年龄内,持有《中华人民共和国残疾人证》或者《中华人民共和国残疾军人证(1 至 8 级)》的自然人,包括具有劳动条件和劳动意愿的精神残疾人。

【享受方式】

符合条件的残疾人个人适用增值税免征政策的,在增值税纳税申报时按规定填写申报表相应减免税栏次即可享受,相关政策规定的证明材料留存备查。

【政策依据】

1.《财政部　国家税务总局关于全面推开营业税改征增值税试点的通知》(财税〔2016〕36 号)附件 3《营业税改征增值税试点过渡政策的规定》第一条第(六)项

2.《财政部　国家税务总局关于促进残疾人就业增值税优惠政策的通知》(财税〔2016〕52 号)第八条

【政策案例】

张某今年 30 岁,下肢残疾持有《中华人民共和国残疾人证》。其作为个体工商户开办了一家发廊,2023 年 9 月,提供理发服务取得收入 12 万元(不含税收入)。按照现行规定,残疾人个人为社会提供的应税服务,免征增值税。理发服务属于生活服务中的居民日常服务,因此张某取得的 12 万元收入可免征增值税。

49. 安置残疾人就业的单位和个体工商户增值税即征即退政策

【享受主体】

安置残疾人的单位和个体工商户

【优惠内容】

对安置残疾人的单位和个体工商户(以下称纳税人),实行由税务机关按纳税人安置残疾人的人数,限额即征即退增值税。

每月可退还的增值税具体限额,由县级以上税务机关根据纳税人所在区县(含县级市、旗)适用的经省(含自治区、直辖市、计划单列市)人民政府批准的月最低工资标准的4倍确定。

纳税人本期已缴增值税额小于本期应退税额不足退还的,可在本年度内以前纳税期已缴增值税额扣除已退增值税额的余额中退还,仍不足退还的可结转本年度内以后纳税期退还。年度已缴增值税额小于或等于年度应退税额的,退税额为年度已缴增值税额;年度已缴增值税额大于年度应退税额的,退税额为年度应退税额。年度已缴增值税额不足退还的,不得结转以后年度退还。

【享受条件】

1.纳税人(除盲人按摩机构外)月安置的残疾人占在职职工人数的比例不低于25%(含25%),并且安置的残疾人人数不少于10人(含10人);盲人按摩机构月安置的残疾人占在职职工人数的比例不低于25%(含25%),并且安置的残疾人人数不少于5人(含5人)。

2.依法与安置的每位残疾人签订了一年以上(含一年)的劳动合同或服务协议。

3.为安置的每位残疾人按月足额缴纳了基本养老保险、基本医疗保险、失业保险、工伤保险和生育保险等社会保险。

4.通过银行等金融机构向安置的每位残疾人,按月支付了不低于纳税人所在区县适用的经省人民政府批准的月最低工资标准的工资。

5.纳税人纳税信用等级为税务机关评定的C级或D级的,不得享受此项税收优惠政策。

6.如果既适用促进残疾人就业增值税优惠政策,又适用重点群体、退役士兵、随军家属、军转干部等支持就业的增值税优惠政策的,纳税人可自行选择适用的优惠政策,但不能累加执行。一经选定,36个月内不得变更。

7.此项税收优惠政策仅适用于生产销售货物,提供加工、修理修配劳务,以及提供营改增现代服务和生活服务税目(不含文化体育服务和娱乐服务)范围的服务取得的收入之和,占其增值税收入的比例达到50%的纳税人,但不适用于上述纳税人直接销售外购货物(包括商品批发和零售)以及销售委托加工的货物取得的收入。

【享受方式】

1. 办理渠道:符合条件的增值税一般纳税人可在电子税务局、办税服务厅等线上、线下渠道申请退还增值税。

2. 纳税人首次申请享受税收优惠政策,应向主管税务机关提供以下备案资料:

(1)《税务资格备案表》。

(2)安置的残疾人的《中华人民共和国残疾人证》或者《中华人民共和国残疾军人证(1至8级)》复印件,注明与原件一致,并逐页加盖公章。安置精神残疾人的,提供精神残疾人同意就业的书面声明以及其法定监护人签字或印章的证明精神残疾人具有劳动条件和劳动意愿的书面材料。

(3)安置的残疾人的身份证明复印件,注明与原件一致,并逐页加盖公章。

3. 纳税人申请退还增值税时,需报送如下资料:

(1)《退(抵)税申请审批表》。

(2)《安置残疾人纳税人申请增值税退税声明》。

(3)当期为残疾人缴纳社会保险费凭证的复印件及由纳税人加盖公章确认的注明缴纳人员、缴纳金额、缴纳期间的明细表。

(4)当期由银行等金融机构或纳税人加盖公章的按月为残疾人支付工资的清单。

特殊教育学校举办的企业,申请退还增值税时,不提供资料(3)和资料(4)。

【政策依据】

1.《财政部 国家税务总局关于促进残疾人就业增值税优惠政策的通知》(财税〔2016〕52号)

2.《国家税务总局关于发布〈促进残疾人就业增值税优惠政策管理办法〉的公告》(2016年第33号)

【政策案例】

甲公司为增值税一般纳税人,2023年1月在职职工30人,其中残疾人12人。该公司纳税信用等级为B级,与每位残疾人均签订了三年的劳动合同,每月工资4000元,并为每位残疾人足额缴纳五险,符合安置残疾人优惠政策的各项条件。

按照现行规定,安置残疾人的单位和个体工商户按安置残疾人的人数限额即征即退增值税,安置的每位残疾人每月可退还的增值税具体限额为当地月最低工资标准的4倍。纳税人按照纳税期限向主管税务机关申请退还增值税。本纳税期已交增值税额不足退还的,可在本纳税年度内以前纳税期已交增值税扣除已退增值税的余额中退还,仍不足退还的可结转本纳税年度内以后纳税期退还,但不得结转以后年度退还。

甲公司所在地区2023年的最低工资标准为2200元/月,甲公司2023年1月可退增值税额10.56万元(=0.22*4*12)。

如2023年1月,甲公司应纳增值税税额合计45万元,则1月可退还10.56万元。2023年2月,甲公司所有条件未发生变化,可退增值税额仍为10.56万元,但2月应纳增值税税款仅为7万元,不足以退还,则2月退还7万元,剩下3.56万元在1月的34.44万元(=45-10.56)余额中退还。

如2023年1月,甲公司应纳增值税税额合计12万元,1月可退还10.56万元。2023年2月,甲公司可退增值税额仍为10.56万元,应纳增值税税款为7万元,不足以退还,则2月退还7万元,1月余额中再退还1.44万元余额,仍余下2.12万元未能退还,结转后续纳税期继续退还。

50.企业安置残疾人员所支付工资加计扣除政策

【享受主体】

安置残疾人员的企业

【优惠内容】

企业安置残疾人员的,在按照支付给残疾职工工资据实扣除的基础上,可以在计算应纳税所得额时按照支付给残疾职工工资的100%加计扣除。

【享受条件】

1.企业享受安置残疾职工工资100%加计扣除应同时具备如下条件：

(1)依法与安置的每位残疾人签订了1年以上(含1年)的劳动合同或服务协议,并且安置的每位残疾人在企业实际上岗工作。

(2)为安置的每位残疾人按月足额缴纳了企业所在区县人民政府根据国家政策规定的基本养老保险、基本医疗保险、失业保险和工伤保险等社会保险。

(3)定期通过银行等金融机构向安置的每位残疾人实际支付了不低于企业所在区县适用的经省级人民政府批准的最低工资标准的工资。

(4)具备安置残疾人上岗工作的基本设施。

2.残疾人员的范围适用《中华人民共和国残疾人保障法》的有关规定。

【享受方式】

上述政策免于申请即可享受。

【政策依据】

1.《中华人民共和国企业所得税法》第三十条第(二)项

2.《中华人民共和国企业所得税法实施条例》第九十六条

3.《财政部 国家税务总局关于安置残疾人员就业有关企业所得税优惠政策问题的通知》(财税〔2009〕70号)

【政策案例】

A企业2022年安置残疾人员所支付工资10万元,符合享受安置残疾人员工资加计扣除的条件,在按照支付给残疾职工工资10万元据实扣除的基础上,还可以在计算应纳税所得额时按照支付给残疾职工工资的100%加计扣除,即在税前共可扣除20万元。

财政部、税务总局关于支持小微企业融资有关税收政策的公告

(2023年8月2日财政部、税务总局公告2023年第13号公布)

为继续加大对小微企业的支持力度，推动缓解融资难、融资贵问题，现将有关税收政策公告如下：

一、对金融机构向小型企业、微型企业及个体工商户发放小额贷款取得的利息收入，免征增值税。金融机构应将相关免税证明材料留存备查，单独核算符合免税条件的小额贷款利息收入，按现行规定向主管税务机关办理纳税申报；未单独核算的，不得免征增值税。

二、对金融机构与小型企业、微型企业签订的借款合同免征印花税。

三、本公告所称小型企业、微型企业，是指符合《中小企业划型标准规定》(工信部联企业〔2011〕300号)的小型企业和微型企业。其中，资产总额和从业人员指标均以贷款发放时的实际状态确定；营业收入指标以贷款发放前12个自然月的累计数确定，不满12个自然月的，按照以下公式计算：

营业收入(年) = 企业实际存续期间营业收入/企业实际存续月数×12

四、本公告所称小额贷款，是指单户授信小于100万元(含本数)的小型企业、微型企业或个体工商户贷款；没有授信额度的，是指单户贷款合同金额且贷款余额在100万元(含本数)以下的贷款。

五、本公告执行至2027年12月31日。

特此公告。

国家税务总局关于落实小型微利企业所得税优惠政策征管问题的公告

(2023年3月27日国家税务总局公告2023年第6号公布)

为支持小微企业发展,落实好小型微利企业所得税优惠政策,现就有关征管问题公告如下:

一、符合财政部、税务总局规定的小型微利企业条件的企业(以下简称小型微利企业),按照相关政策规定享受小型微利企业所得税优惠政策。

企业设立不具有法人资格分支机构的,应当汇总计算总机构及其各分支机构的从业人数、资产总额、年度应纳税所得额,依据合计数判断是否符合小型微利企业条件。

二、小型微利企业无论按查账征收方式或核定征收方式缴纳企业所得税,均可享受小型微利企业所得税优惠政策。

三、小型微利企业在预缴和汇算清缴企业所得税时,通过填写纳税申报表,即可享受小型微利企业所得税优惠政策。

小型微利企业应准确填报基础信息,包括从业人数、资产总额、年度应纳税所得额、国家限制或禁止行业等,信息系统将为小型微利企业智能预填优惠项目、自动计算减免税额。

四、小型微利企业预缴企业所得税时,从业人数、资产总额、年度应纳税所得额指标,暂按当年度截至本期预缴申报所属期末的情况进行判断。

五、原不符合小型微利企业条件的企业,在年度中间预缴企业所得税时,按照相关政策标准判断符合小型微利企业条件的,应按照截至本期预缴申报所属期末的累计情况,计算减免税额。当年度此前期间如因不符合小型微利企业条件而多预缴的企业所得税税款,可在以后季度应预缴的企业所得税税款中抵减。

六、企业预缴企业所得税时享受了小型微利企业所得税优惠政策，但在汇算清缴时发现不符合相关政策标准的，应当按照规定补缴企业所得税税款。

七、小型微利企业所得税统一实行按季度预缴。

按月度预缴企业所得税的企业，在当年度4月、7月、10月预缴申报时，若按相关政策标准判断符合小型微利企业条件的，下一个预缴申报期起调整为按季度预缴申报，一经调整，当年度内不再变更。

八、本公告自2023年1月1日起施行。《国家税务总局关于小型微利企业所得税优惠政策征管问题的公告》（2022年第5号）同时废止。

特此公告。

国家税务总局关于增值税小规模纳税人减免增值税等政策有关征管事项的公告

（2023年1月9日国家税务总局公告2023年第1号公布）

按照《财政部 税务总局关于明确增值税小规模纳税人减免增值税等政策的公告》（2023年第1号，以下简称1号公告）的规定，现将有关征管事项公告如下：

一、增值税小规模纳税人（以下简称小规模纳税人）发生增值税应税销售行为，合计月销售额未超过10万元（以1个季度为1个纳税期的，季度销售额未超过30万元，下同）的，免征增值税。

小规模纳税人发生增值税应税销售行为，合计月销售额超过10万元，但扣除本期发生的销售不动产的销售额后未超过10万元的，其销售货物、劳务、服务、无形资产取得的销售额免征增值税。

二、适用增值税差额征税政策的小规模纳税人，以差额后的销售额确定是否可以享受1号公告第一条规定的免征增值税政策。

《增值税及附加税费申报表(小规模纳税人适用)》中的"免税销售额"相关栏次,填写差额后的销售额。

三、《中华人民共和国增值税暂行条例实施细则》第九条所称的其他个人,采取一次性收取租金形式出租不动产取得的租金收入,可在对应的租赁期内平均分摊,分摊后的月租金收入未超过10万元的,免征增值税。

四、小规模纳税人取得应税销售收入,适用1号公告第一条规定的免征增值税政策的,纳税人可就该笔销售收入选择放弃免税并开具增值税专用发票。

五、小规模纳税人取得应税销售收入,适用1号公告第二条规定的减按1%征收率征收增值税政策的,应按照1%征收率开具增值税发票。纳税人可就该笔销售收入选择放弃减税并开具增值税专用发票。

六、小规模纳税人取得应税销售收入,纳税义务发生时间在2022年12月31日前并已开具增值税发票,如发生销售折让、中止或者退回等情形需要开具红字发票,应开具对应征收率红字发票或免税红字发票;开票有误需要重新开具的,应开具对应征收率红字发票或免税红字发票,再重新开具正确的蓝字发票。

七、小规模纳税人发生增值税应税销售行为,合计月销售额未超过10万元的,免征增值税的销售额等项目应填写在《增值税及附加税费申报表(小规模纳税人适用)》"小微企业免税销售额"或者"未达起征点销售额"相关栏次;减按1%征收率征收增值税的销售额应填写在《增值税及附加税费申报表(小规模纳税人适用)》"应征增值税不含税销售额(3%征收率)"相应栏次,对应减征的增值税应纳税额按销售额的2%计算填写在《增值税及附加税费申报表(小规模纳税人适用)》"本期应纳税额减征额"及《增值税减免税申报明细表》减税项目相应栏次。

八、按固定期限纳税的小规模纳税人可以选择以1个月或1个季度为纳税期限,一经选择,一个会计年度内不得变更。

九、按照现行规定应当预缴增值税税款的小规模纳税人,凡在预缴地实现的月销售额未超过10万元的,当期无需预缴税款。在预缴地实现的月销售额超过10万元的,适用3%预征率的预缴增值税项目,减按1%预征率预缴增值税。

十、小规模纳税人中的单位和个体工商户销售不动产,应按其纳税期、本公告第九条以及其他现行政策规定确定是否预缴增值税;其他个人销售不动产,继续按照现行规定征免增值税。

十一、符合《财政部 税务总局 海关总署关于深化增值税改革有关政策的公告》(2019年第39号)、1号公告规定的生产性服务业纳税人,应在年度首次确认适用5%加计抵减政策时,通过电子税务局或办税服务厅提交《适用5%加计抵减政策的声明》(见附件1);符合《财政部 税务总局关于明确生活性服务业增值税加计抵减政策的公告》(2019年第87号)、1号公告规定的生活性服务业纳税人,应在年度首次确认适用10%加计抵减政策时,通过电子税务局或办税服务厅提交《适用10%加计抵减政策的声明》(见附件2)。

十二、纳税人适用加计抵减政策的其他征管事项,按照《国家税务总局关于国内旅客运输服务进项税抵扣等增值税征管问题的公告》(2019年第31号)第二条等有关规定执行。

十三、纳税人按照1号公告第四条规定申请办理抵减或退还已缴纳税款,如果已经向购买方开具了增值税专用发票,应先将增值税专用发票追回。

十四、本公告自2023年1月1日起施行。《国家税务总局关于深化增值税改革有关事项的公告》(2019年第14号)第八条及附件《适用加计抵减政策的声明》、《国家税务总局关于增值税发票管理等有关事项的公告》(2019年第33号)第一条及附件《适用15%加计抵减政策的声明》、《国家税务总局关于支持个体工商户复工复业等税收征收管理事项的公告》(2020年第5号)第一条至第五条、《国家税务总局关于小规模纳税人免征增值税征管问题的公告》(2021年第5号)、《国家税务总局关于小规模纳税人免征增值税等征收管理事项的公告》(2022年第6号)第一、二、三条同时废止。

特此公告。

附件:1.适用5%加计抵减政策的声明(略)
　　　2.适用10%加计抵减政策的声明(略)

小微企业、个体工商户税费优惠政策指引（2022）

（国家税务总局　2022年5月）

近年来，党中央、国务院高度重视小微企业、个体工商户发展，出台了一系列税费支持政策，持续加大减税降费力度，助力小微企业和个体工商户降低经营成本、缓解融资难题。小微企业、个体工商户等市场主体成长迅速，已成为我国繁荣经济、扩大就业、改善民生的重要力量。2022年，党中央、国务院根据经济发展形势，出台了新的组合式税费支持政策，进一步加大对小微企业和个体工商户的扶持力度，为广大小微企业和个体工商户发展壮大再添助力。

为深入落实党中央、国务院实施新的组合式税费支持政策的决策部署，更加便利小微企业和个体工商户及时了解适用税费优惠政策，税务总局针对小微企业和个体工商户的税费优惠政策进行了梳理，按照享受主体、优惠内容、享受条件、政策依据的编写体例，从减负担、促融资、助创业三个方面，梳理形成了涵盖39项针对小微企业和个体工商户的税费优惠政策指引内容。具体包括：

一、减免税费负担

1. 小微企业增值税期末留抵退税
2. 符合条件的增值税小规模纳税人免征增值税
3. 增值税小规模纳税人阶段性免征增值税
4. 科技型中小企业研发费用企业所得税100%加计扣除
5. 小型微利企业减免企业所得税
6. 个体工商户应纳税所得不超过100万元部分个人所得税减半征收
7. 增值税小规模纳税人减征地方"六税两费"
8. 小型微利企业减征地方"六税两费"

9. 个体工商户减征地方"六税两费"
10. 制造业中小微企业延缓缴纳部分税费
11. 中小微企业购置设备器具按一定比例一次性税前扣除
12. 个体工商户阶段性缓缴企业社会保险费政策
13. 符合条件的企业暂免征收残疾人就业保障金
14. 符合条件的缴纳义务人免征有关政府性基金
15. 符合条件的企业减征残疾人就业保障金
16. 符合条件的缴纳义务人减征文化事业建设费
17. 符合条件的增值税小规模纳税人免征文化事业建设费

二、推动普惠金融发展

18. 金融机构向小微企业及个体工商户小额贷款利息收入免征增值税
19. 金融机构农户小额贷款利息收入企业所得税减计收入
20. 金融企业涉农和中小企业贷款损失准备金税前扣除
21. 金融企业涉农和中小企业贷款损失税前扣除
22. 金融机构与小型微型企业签订借款合同免征印花税
23. 小额贷款公司农户小额贷款利息收入免征增值税
24. 小额贷款公司农户小额贷款利息收入企业所得税减计收入
25. 小额贷款公司贷款损失准备金企业所得税税前扣除
26. 为农户及小型微型企业提供融资担保及再担保业务免征增值税
27. 中小企业融资（信用）担保机构有关准备金企业所得税税前扣除
28. 金融机构向农户小额贷款利息收入免征增值税
29. 农牧保险及相关技术培训业务项目免征增值税
30. 保险公司为种植业、养殖业提供保险业务取得的保费收入减计企业所得税收入
31. 账簿印花税减免

三、重点群体创业税收优惠

32. 重点群体创业税费扣减
33. 退役士兵创业税费扣减

34. 随军家属创业免征增值税
35. 随军家属创业免征个人所得税
36. 军队转业干部创业免征增值税
37. 自主择业的军队转业干部免征个人所得税
38. 残疾人创业免征增值税
39. 安置残疾人就业的单位和个体工商户增值税即征即退

附件：1. 小微企业、个体工商户税费优惠政策指引汇编（略）
2. 小微企业、个体工商户税费优惠政策文件目录（略）

国家税务总局关于落实支持小型微利企业和个体工商户发展所得税优惠政策有关事项的公告

（2021年4月7日国家税务总局公告
2021年第8号公布）

为贯彻落实《财政部　税务总局关于实施小微企业和个体工商户所得税优惠政策的公告》（2021年第12号），进一步支持小型微利企业和个体工商户发展，现就有关事项公告如下：

一、关于小型微利企业所得税减半政策有关事项

（一）对小型微利企业年应纳税所得额不超过100万元的部分，减按12.5%计入应纳税所得额，按20%的税率缴纳企业所得税。

（二）小型微利企业享受上述政策时涉及的具体征管问题，按照《国家税务总局关于实施小型微利企业普惠性所得税减免政策有关问题的公告》（2019年第2号）相关规定执行。

二、关于个体工商户个人所得税减半政策有关事项

（一）对个体工商户经营所得年应纳税所得额不超过100万元的部分，在现行优惠政策基础上，再减半征收个人所得税。个体工商户不区分征收方式，均可享受。

（二）个体工商户在预缴税款时即可享受，其年应纳税所得额暂按截至本期申报所属期末的情况进行判断，并在年度汇算清缴时按年计算、多退少补。若个体工商户从两处以上取得经营所得，需在办理年度汇总纳税申报时，合并个体工商户经营所得年应纳税所得额，重新计算减免税额，多退少补。

（三）个体工商户按照以下方法计算减免税额：

减免税额＝（个体工商户经营所得应纳税所得额不超过100万元部分的应纳税额－其他政策减免税额×个体工商户经营所得应纳税所得额不超过100万元部分÷经营所得应纳税所得额）×（1－50%）

（四）个体工商户需将按上述方法计算得出的减免税额填入对应经营所得纳税申报表"减免税额"栏次，并附报《个人所得税减免税事项报告表》。对于通过电子税务局申报的个体工商户，税务机关将提供该优惠政策减免税额和报告表的预填服务。实行简易申报的定期定额个体工商户，税务机关按照减免后的税额进行税款划缴。

三、关于取消代开货物运输业发票预征个人所得税有关事项

对个体工商户、个人独资企业、合伙企业和个人，代开货物运输业增值税发票时，不再预征个人所得税。个体工商户业主、个人独资企业投资者、合伙企业个人合伙人和其他从事货物运输经营活动的个人，应依法自行申报缴纳经营所得个人所得税。

四、关于执行时间和其他事项

本公告第一条和第二条自2021年1月1日起施行，2022年12月31日终止执行。2021年1月1日至本公告发布前，个体工商户已经缴纳经营所得个人所得税的，可自动抵减以后月份的税款，当年抵减不完的可在汇算清缴时办理退税；也可直接申请退还应减免的税款。本公告第三条自2021年4月1日起施行。

《国家税务总局关于实施小型微利企业普惠性所得税减免政策有关问题的公告》（2019年第2号）第一条与本公告不一致的，依照本公告执行。《国家税务总局关于代开货物运输业发票个人所得税预征率问题的公告》（2011年第44号）同时废止。

特此公告。

银行业金融机构小微企业金融服务监管评价办法

(2024年11月25日　金规〔2024〕18号)

第一章　总　　则

第一条　为科学评价银行业金融机构小微企业金融服务工作开展情况和成效,督促和激励银行业金融机构深入贯彻落实党和国家关于普惠金融发展的战略部署,持续提升服务质效,依据《中华人民共和国银行业监督管理法》《中华人民共和国商业银行法》《中华人民共和国中小企业促进法》《国务院关于推进普惠金融高质量发展的实施意见》,结合国家金融监督管理总局关于推进银行业金融机构小微企业金融服务的监管政策文件,制定本办法。

第二条　做好小微企业金融服务是银行业金融机构服务实体经济、实现高质量发展的重要内涵。对银行业金融机构小微企业金融服务工作开展监管评价(以下简称小微金融监管评价),应当坚持以下原则:

(一)定量与定性并行。兼顾小微金融监管评价的客观性、全面性和灵活性,以定量指标为重点,突出实效评价,定量指标的总分值高于定性指标。

(二)总量与结构并重。以监管目标为导向,通过多维度评价,在持续推动小微企业金融服务供给总量稳定增长的同时,引导不同类型的银行业金融机构深入开展差异化竞争,优化服务结构,扩大服务覆盖面。

(三)激励与约束并举。小微金融监管评价结果应当作为衡量该年度银行业金融机构小微企业金融服务情况的主要依据,与差异化监管政策制定和执行、现场检查以及小微企业金融服务相关的政策试点、奖励激励等工作有效联动。

第三条 小微金融监管评价的实施主体是国家金融监督管理总局及其派出机构。

第四条 本办法所称银行业金融机构是指在中华人民共和国境内依法设立的中资商业银行及农村合作银行、农村信用社、村镇银行。

各金融监管局可根据辖内实际情况，自主决定是否对辖内村镇银行、当年新成立的银行业金融机构等开展小微金融监管评价。

政策性银行、直销银行、外资银行应参照本办法，结合自身职能定位和业务特点，认真贯彻落实相关监管政策要求，积极改进完善本行小微企业金融服务。国家金融监督管理总局及其派出机构应参照本办法，对政策性银行、直销银行、外资银行小微企业金融服务工作加强督促指导。

第二章 评价体系

第五条 小微金融监管评价体系由信贷总体投放情况、成本及风险情况、服务结构优化情况、激励约束机制情况、合规经营及内控情况、服务地方经济情况等评价要素构成。

各项评价要素下设若干评价指标。每项评价要素的得分通过对评价指标的打分，结合监管人员的专业判断综合得出。

评价得分由各部分要素各自得分加总产生。定量指标依据计算结果得分（保留小数点后一位），定性指标最小计分单位为0.5分。

第六条 评价指标是评价要素的构成单元。对法人银行业金融机构评价的指标具体内容及分值以附件《银行业金融机构小微企业金融服务监管评价指标表》（以下简称《评价指标表》）为准。

国家金融监督管理总局负责普惠金融职能的司局在每年开展小微金融监管评价前，可根据小微企业金融服务有关政策法规最新要求和实践需要，结合当年小微企业金融工作重点，牵头对评价范围、评价要素、评价指标、评价标准、分值权重等作必要和适当的调整，制定年度《评价指标表》。

第七条 评价指标包含常规指标和加分指标两类。常规指标与加分指标的合计得分为被评价银行的最终得分。

常规指标分值以正向赋分为主,符合指标要求的,按具体情况得分,不符合要求的不得分。对于监管法律法规和规范性文件明令禁止银行业金融机构实施的行为,或明文规定银行业金融机构应当实施但未能实施、情节严重的行为,给予负向赋分。常规指标合计满分100分。

加分指标分值为正向赋分,符合指标要求的,按具体情况得分,不符合要求的不得分。

第八条 小微金融监管评价结果根据各指标加总得分划分为四个评价等级。

评价得分在90分(含)以上者为一级;得分在[75,90)区间者为二级,其中得分在[85,90)区间者为二A,[80,85)区间者为二B,[75,80)区间者为二C;得分在[60,75)区间者为三级,其中得分在[70,75)区间者为三A,[65,70)区间者为三B,[60,65)区间者为三C;得分在60分以下者为四级。

常规指标得分在60分以下者,当年评价结果等级直接判定为四级。

第九条 小微金融监管评价结果等级对应的评价含义如下:

(一)评价结果为一级,表示该机构对小微企业金融服务工作的重要性有充分的认识,内部机制体制健全,政策落实和制度保障有力,较好实现了监管目标,小微企业金融产品、业务、服务成效突出,经营服务行为基本规范。

(二)评价结果为二级,表示该机构围绕小微企业金融服务进行了专门的内部机制体制安排,能够落实政策要求,基本实现了监管目标,小微企业金融产品、业务、服务取得一定成效,但工作还存在一些不足,需及时予以改进。

(三)评价结果为三级,表示该机构小微企业金融服务的各项机制体制、产品、业务尚有欠缺,主动作为不足,存在政策落实不得力、部分监管目标不达标的问题,亟需采取有针对性的改进措施。

(四)评价结果为四级,表示该机构小微企业金融服务工作存在严重缺陷,未按照要求落实相关政策,主要监管目标不达标,没有围绕小微企业金融服务建立专门的机制体制、开发特色产品、改进业务流程,应当对小微企业金融服务工作进行全面检视、切实整改,国家金融监督管理总局及其派出机构必要时可依法采取相应的监管措施。

第三章 评价机制

第十条 小微金融监管评价按年度进行,评价周期为当年1月1日至12月31日。

各金融监管局当年度小微金融监管评价工作原则上应于次年4月30日前完成。

第十一条 国家金融监督管理总局负责组织、督导全国银行业金融机构小微金融监管评价工作,并直接负责开展对大型商业银行、股份制银行的小微金融监管评价工作。

各金融监管局负责组织开展对辖内属地监管的地方法人银行业金融机构,以及大型商业银行、股份制银行一级分行的小微金融监管评价工作。对大型商业银行、股份制银行分支机构的评价,可参照法人银行业金融机构确定评价指标和分值权重。

各金融监管局可根据辖内实际情况,自主决定是否对辖内的城市商业银行异地分支机构等其他分支机构开展小微金融监管评价。

第十二条 国家金融监督管理总局、各金融监管局应当建立小微金融监管评价协调机制,具体负责对所管辖银行业金融机构的评价工作。协调机制由各级普惠金融职能司局(处室)牵头,参与司局(处室)应当至少包括同级机构监管、现场检查、统计、消费者权益保护等职能司局(处室)。

国家金融监督管理总局普惠金融职能司局负责对小微金融监管评价的总体规划、统筹协调和督促指导。

各金融监管局可根据工作需要,决定是否在辖内金融监管分局建立小微金融监管评价协调机制,并可参照本条第一款规定,自行确定分局层面相关协调机制的具体安排。

第十三条 国家金融监督管理总局各级派出机构应当加强对银行分支机构小微企业金融服务情况的信息共享。

各金融监管局应当将大型商业银行、股份制银行分支机构评价结果抄报国家金融监督管理总局负责普惠金融及相应机构监管的职能司局。对地方法人银行的异地分支机构开展小微金融监管评价的,应当将评价结果抄报该法人银行属地金融监管局。

地方法人银行异地分支机构所在地金融监管局应积极配合法人银行属地金融监管局,向其提供分支机构在辖内小微企业金融服务的情况。

第四章 评价流程

第十四条 小微金融监管评价流程分为以下七个环节:确定评价范围、银行自评、监管信息收集、监管初评、监管复审、评价结果通报、档案归集。

第十五条 国家金融监督管理总局及其派出机构每年按照本办法,结合工作实际确定年度小微金融监管评价的银行业金融机构范围。

第十六条 银行业金融机构应按照本办法及《评价指标表》,对本行年度小微企业金融服务工作情况开展自评,并于次年2月底前向国家金融监督管理总局及其派出机构书面报告自评结果。书面报告内容应当包括:自评等级,各项评价要素及指标得分,对每项评价指标得分的证明材料。

银行业金融机构应当高度重视、严肃对待自评工作,做到客观、全面、证据充分。对于自评得分显著高于小微金融监管评价得分,且自评得分缺乏必要证据支持的银行业金融机构,国家金融监督管理总局及其派出机构可视情形进行额外扣分。

银行业金融机构向国家金融监督管理总局及其派出机构提交的自评证明材料,应当确保真实性。对于提交虚假证明材料、影响小微金融监管评价结果的银行业金融机构,监管评价结果应直接认定为四级。

《评价指标表》规定需作为评价参照值的监管统计数据,国家金融监督管理总局及其派出机构应在银行自评工作开始前,以适当形式向相关银行业金融机构告知。

第十七条 国家金融监督管理总局及其派出机构应当通过小微金融监管评价协调机制,全面收集银行业金融机构相关信息,为监管评价做好准备。监管信息收集工作原则上由监管初评牵头职能部门负责。信息收集内容及渠道包括：

（一）定量评价指标，原则上以从国家金融监督管理总局非现场监管信息系统中获取的数据为准。

定量指标在国家金融监督管理总局非现场监管信息系统中确无数据的，可通过监管检查报告、银行内外部审计报告、银行年报等材料获取。

（二）定性评价指标，可从以下方面收集相关信息：

1. 要求银行提供本行正式印发的文件（包括内部制度文件、会议纪要、考核评价通报、内外部审计报告等）。

2. 国家金融监督管理总局及其派出机构开展的小微企业金融服务相关调研、调查、检查、督导、督查、暗访中反映的，经核查属实的情况。

3. 国家金融监督管理总局及其派出机构接到的有关小微企业金融服务的信访、举报、投诉等，经核查属实的情况。

4. 其他国家机关开展的有关小微企业金融服务的外部审计、检查、处罚等情况。

5. 在前述材料的基础上，通过现场走访、抽查、监管会谈等途径进一步掌握的情况。

第十八条 国家金融监督管理总局及其派出机构综合前期信息采集和银行业金融机构自评结果，并结合日常工作中掌握的银行业金融机构小微企业金融服务有关情况，开展监管初评。

大型商业银行、股份制银行的监管初评，由国家金融监督管理总局普惠金融职能司局牵头，按照小微金融监管评价协调机制实施。地方法人银行业金融机构，以及大型商业银行、股份制银行一级分行的监管初评，由属地金融监管局普惠金融职能处室牵头，根据内部小微金融监管评价协调机制具体开展。

初评人员应当对照《评价指标表》，逐项填写银行业金融机构得分情况及评分依据，并保存好相应的工作底稿和证明材料。初评人员可根据评价工作需要，参照第十七条规定，补充收集相关信息。属于必须由银行业金融机构提交证明材料的评价指标，可要求银行业金融机构补充提交证明材料,银行业金融机构不愿或不能按要求提供的,相关指标应直接判定为最低分值。

第十九条 在初评基础上,国家金融监督管理总局及其派出机构应当对银行业金融机构小微企业金融服务工作进行复审。

监管复审工作应当成立专门小组负责。大型商业银行、股份制银行的监管复审,由国家金融监督管理总局普惠金融职能司局主要负责同志担任复审小组组长。普惠金融职能司局负责具体组织,按照国家金融监督管理总局小微金融监管评价协调机制开展工作。地方法人银行业金融机构,以及大型商业银行、股份制银行一级分行的监管复审小组,由属地金融监管局分管普惠金融工作的负责同志担任小组组长,普惠金融职能处室具体负责组织,按照本局小微金融监管评价协调机制实施。

复审人员可视实际情况,要求银行业金融机构补充提交证明材料,或请初评人员对打分依据进行补充说明。初评等级为一级或四级的银行业金融机构,应当作为复审重点关注对象。对于各项要素及指标的评价得分,复审结果高于初评结果的,应当逐一书面阐明理由。

第二十条 监管复审小组形成复审评价结果后,应提请国家金融监督管理总局及其派出机构本级主要负责同志审核。审核批准后的结果,即为小微金融监管评价最终结果。

第二十一条 小微金融监管评价结果形成后,国家金融监督管理总局及其派出机构应及时向被评价的银行业金融机构通报。

第二十二条 年度小微金融监管评价工作结束后,国家金融监督管理总局及其派出机构普惠金融职能部门应做好相关文件及证明材料的归档工作。

第二十三条 各金融监管局应于次年5月10日前汇总形成辖内银行业金融机构年度小微金融监管评价结果,书面报送国家金融监督管理总局。书面报告应附辖内银行业金融机构监管评价结果明细,对评价结果为一级或四级的银行业金融机构,应专门说明评价依据。

国家金融监督管理总局应于次年5月31日前汇总形成全国银行

业金融机构年度小微金融监管评价结果。汇总工作由国家金融监督管理总局负责普惠金融的职能司局负责。

第五章 评价结果运用

第二十四条 小微金融监管评价结果通过以下方式运用：

（一）在对单家机构的相关监管通报中，专题通报评价结果。

（二）将单家机构评价结果抄送有关组织部门、纪检监察机构和财政、国资等相关部门。

（三）将辖内银行业金融机构总体评价结果抄送人民银行同级机构，并根据工作需要，以适当形式全辖通报。

（四）将评价结果作为小微企业金融服务相关的政策试点、奖励激励的主要依据，优先选择或推荐评价结果为一级或二A级的银行业金融机构。

（五）评价结果为三级的银行业金融机构，国家金融监督管理总局及其派出机构应要求其提出针对性的改进措施，并加强监管督导。

（六）评价结果为四级的银行业金融机构，国家金融监督管理总局及其派出机构应专题约谈其主要负责人，责令限时制定专项整改方案，并跟踪督促评估其后续落实情况。

（七）评价结果为四级，或合规经营、体制机制建设等方面评价指标中扣分较多的银行业金融机构，在相关现场检查中应作为重点检查对象。

对当年新成立银行业金融机构开展监管评价的，评价结果可不按前款要求运用。

银行业金融机构应当将评价结果作为对小微企业金融业务条线绩效考核的重要参考。大中型商业银行应当将一级分行评价结果与对分行的绩效考核挂钩。

第二十五条 国家金融监督管理总局及其派出机构责令银行业金融机构开展小微企业金融服务专项整改的，在下一年度的小微金融监管评价中，应当重点关注其整改落实情况。

对于违反国家金融监督管理总局相关规定，整改措施不力或下一年度监管评价时仍无明显整改效果的银行业金融机构，国家金融监督管理总局及其派出机构可根据《中华人民共和国银行业监督管理法》第三十七条规定,区别情形,对其采取暂停部分业务、停止批准开办新业务等监管措施。

第二十六条 国家金融监督管理总局各级派出机构可根据相关监管法规,结合辖内实践,积极探索创新小微金融监管评价与其他监管措施的联动,进一步丰富监管工具箱,完善监管激励和约束手段,强化监管评价结果对提升小微企业金融服务水平的导向作用。

第二十七条 国家金融监督管理总局及其派出机构应将小微金融监管评价与小微企业金融服务日常监管工作充分结合。在按年度开展监管评价的同时,应继续做实对银行业金融机构的数据监测、业务推动、监督检查等工作。

国家金融监督管理总局及其派出机构应当依据监管评价结果及各项评价要素和指标的具体得分情况,分行施策,精准发力,对银行业金融机构小微企业金融服务工作确定督导、督促、检查的重点。

第六章 附 则

第二十八条 本办法自印发之日起施行,《中国银保监会关于印发商业银行小微企业金融服务监管评价办法(试行)的通知》(银保监发〔2020〕29号)同时废止。

第二十九条 本办法由国家金融监督管理总局负责解释。

第三十条 各金融监管局按照本办法规定,可结合辖内情况,就小微金融监管评价工作的具体协调机制和流程制定细则,报送国家金融监督管理总局普惠金融职能司局备案。

附件:银行业金融机构小微企业金融服务监管评价指标表(略)

中国人民银行、金融监管总局、最高人民法院、国家发展改革委、商务部、市场监管总局关于规范供应链金融业务 引导供应链信息服务机构更好服务中小企业融资有关事宜的通知

（2025年4月26日　银发〔2025〕77号）

为深入贯彻党的二十届三中全会、中央经济工作会议和中央金融工作会议精神，提升金融服务实体经济质效，减少对中小企业资金挤占和账款拖欠，优化中小企业融资环境，强化供应链金融规范，防控相关业务风险，根据《中华人民共和国中国人民银行法》《中华人民共和国银行业监督管理法》《中华人民共和国商业银行法》《保障中小企业款项支付条例》《中国人民银行　工业和信息化部　司法部　商务部　国资委　市场监管总局　银保监会　外汇局关于规范发展供应链金融　支持供应链产业链稳定循环和优化升级的意见》（银发〔2020〕226号）、《关于推动动产和权利融资业务健康发展的指导意见》（银保监发〔2022〕29号）等法律法规和文件精神，现就有关事宜通知如下：

一、规范发展供应链金融业务，促进供应链上下游互利共赢发展

（一）正确把握供应链金融内涵与方向。发展供应链金融应完整、准确、全面贯彻新发展理念，深刻把握金融工作的政治性、人民性，以服务实体经济、服务社会民生、服务国家战略为出发点，促进加速发展新质生产力，着力做好金融"五篇大文章"。以支持产业链供应链优化升级为着力点，聚焦制造业等重点行业和关键领域，增强产业链供应链韧性和竞争力。以维护市场公平有序为立足点，促进降低产业链供应链整体融资成本，实现上下游企业互利共赢发展。

（二）鼓励发展多样化的供应链金融模式。鼓励商业银行加强自

身能力建设,更多采取直接服务方式触达供应链企业,提升应收账款融资服务质效,积极探索供应链脱核模式,利用供应链"数据信用"和"物的信用",支持供应链企业尤其是中小企业开展信用贷款及基于订单、存货、仓单等动产和权利的质押融资业务。鼓励商业银行完善供应链票据业务管理制度、优化业务流程和系统功能,推动供应链票据扩大应用。研究推动经营主体在平等自愿的前提下,通过市场化、法治化方式试点供应链票据有限追索服务。引导金融机构在依法合规、风险可控的前提下,有序开展供应链票据资产证券化试点,拓宽票据融资渠道。

(三)促进供应链核心企业及时支付账款。供应链核心企业应遵守《保障中小企业款项支付条例》等法律法规和有关规定,及时支付中小企业款项,保障中小企业的合法权益,合理共担供应链融资成本,不得利用优势地位拖欠中小企业账款或不当增加中小企业应收账款,不得要求中小企业接受不合理的付款期限,不得强制中小企业接受各类非现金支付方式和滥用非现金支付方式变相延长付款期限。

(四)坚持供应链信息服务机构本职定位。运营、管理供应链信息服务系统的供应链信息服务机构,要按照依法、诚信、自愿、公平、自律的原则,做好"四流合一"等供应链信息归集、整合等信息服务工作,切实维护供应链金融各参与主体合法权益。供应链信息服务机构应回归信息服务本源,未依法获得许可不得开展支付结算、融资担保、保理融资或贷款等金融业务,不得直接或间接归集资金。杜绝信息中介异化为信用中介,从事企业征信业务的应当依法办理企业征信机构备案。严禁以供应链金融名义开展非法金融活动。

二、规范商业银行供应链金融管理,切实履行贷款管理主体责任

(五)完善供应链金融信用风险管理。商业银行要建立健全基于供应链核心企业的贷款、债券、票据、应付账款等全口径债务监测机制,认真审核核心企业的融资需求和资金用途,加强对核心企业生产经营、市场销售、存货周转、货款支付等经营状况监控,及时跟踪其信用评级、授信余额、资产质量等因素,对于出现财务状况恶化、预付账款或应付账款比例异常、严重信贷违约等情况的核心企业,严格控制风险敞口。要严防对核心企业多头授信、过度授信以及不当利用供应链金融业务加剧上下游账款拖欠。积极研究建立涵盖供应链上下游授信企业的信用风险防控体系。

（六）切实履行贷款管理主体责任。商业银行要在建立健全贷款尽职免责机制基础上，严格履行贷款调查、风险评估、授信管理、贷款资金监测等主体责任，加强核心风控环节管理，提高贷款风险管控能力，不得因业务合作降低风险管控标准，不得将贷前、贷中、贷后管理的关键环节外包，防范贷款管理"空心化"。贷款资金发放等关键环节要由商业银行自主决策，指令由商业银行发起，采用自主支付的，资金直接发放至借款人银行账户，采用受托支付的，商业银行应当履行受托支付责任，将贷款资金最终支付给符合借款人合同约定用途的交易对象，防范供应链信息服务机构截留、汇集、挪用，并严格落实金融管理部门对征信、支付和反洗钱等方面的要求。

（七）规范供应链金融业务合作管理。商业银行与供应链信息服务机构开展营销获客、信息科技合作的，要遵循公平、公正、公开原则，及时签订合作协议并明确各方权责，定期评估合作供应链信息服务机构的经营情况、管理能力、服务质量等。对于供应链信息服务机构存在违法违规归集贷款资金、设定不公平不合理合作条件、提供虚假客户资料或数据信息、服务收费质价不符或者违反其他法律规定与自律规则等情况，商业银行应当限制或者拒绝合作。商业银行建设运营供应链信息服务系统，均限于自身开展业务使用，不得对外提供建设运营供应链信息服务系统的服务。

（八）强化供应链金融信息数据管理。商业银行与供应链信息服务机构合作，要严格执行《中华人民共和国民法典》《中华人民共和国个人信息保护法》《征信业管理条例》《征信业务管理办法》（中国人民银行令〔2021〕第4号发布）等法律法规和监管规定，遵循合法、正当、必要原则，完整准确获取身份验证、贷前调查、风险评估和贷后管理所需要的信息数据，并采取有效措施核实其真实性，在数据使用、加工、保管等方面加强对借款人信息的保护。商业银行要结合有关自律评估情况，定期对合作供应链信息服务机构进行信息安全评估，评估内容包括但不限于信息保护合规制度体系、监督机制、处理信息规范、安全防护措施等，相关评估费用应由商业银行承担。

三、规范应收账款电子凭证业务,完善管理框架,防范业务风险

（九）本通知所称应收账款电子凭证,是指供应链核心企业等应收账款债务人依据真实贸易关系,通过供应链信息服务系统向供应链链上企业等应收账款债权人出具的,承诺按期支付相应款项的电子化记录。

供应链信息服务系统,是指商业银行、供应链核心企业或第三方公司等建设运营的,为应收账款电子凭证等供应链金融业务或其他供应链管理活动提供信息服务和技术支撑的系统。供应链信息服务机构,是指负责运营、管理供应链信息服务系统并承担相应经济责任、法律责任的法人主体。

（十）应收账款电子凭证的开立、供应链链上企业间转让应具备真实贸易背景,不得基于预付款开立。供应链信息服务机构应做好贸易背景材料的信息归集。商业银行提供应收账款电子凭证融资服务,应当严格审查贸易背景材料,有效识别和防范虚构贸易背景套取银行资金和无贸易背景的资金交易行为,同时应积极优化资金供给结构,优先支持科技创新、先进制造、绿色发展相关企业及中小企业融资,严禁借此新增地方政府隐性债务。

（十一）应收账款电子凭证付款期限原则上应在6个月以内,最长不超过1年。付款期限超过6个月的,商业银行应对应收账款电子凭证开立的账期合理性和行业结算惯例加强审查,审慎开展融资业务。

（十二）供应链信息服务机构为应收账款电子凭证提供拆分转让功能的,应强化自律约束,对凭证转让层级、笔数进行合理管控,对异常的拆分转让行为及时进行风险核查和提示报告,防范供应链核心企业信用风险扩散外溢。商业银行为拆分后的应收账款电子凭证提供融资,应加强贸易背景审查,不得为债权债务关系不清晰的应收账款电子凭证提供融资。

（十三）应收账款电子凭证融资,由当事人通过中国人民银行征信中心动产融资统一登记公示系统办理登记,并对登记内容的真实性、完整性和合法性负责。鼓励推进应收账款电子凭证融资业务登记标准化,提升登记质效,促进供应链金融健康规范发展。

（十四）应收账款电子凭证的资金清结算应通过商业银行等具备相关业务资质的机构开展。供应链信息服务机构不得以自身账户作

为应收账款电子凭证业务的资金结算账户,不得占用、挪用相关资金。

应收账款电子凭证到期付款时,提供清结算服务的商业银行等应根据应收账款电子凭证开立人(供应链核心企业)的支付指令或授权划转资金,并采取必要措施核验支付指令或授权的有效性、完整性;供应链链上企业持有应收账款电子凭证到期的,应将资金划转至持有应收账款电子凭证的供应链链上企业指定账户;供应链链上企业申请保理融资的,应将资金划转至持有应收账款电子凭证的融资机构指定账户;供应链链上企业申请质押融资的,应将资金按约定分别划转至供应链链上企业及融资机构指定账户。

(十五)供应链核心企业等应收账款债务人到期未按约定支付应收账款电子凭证款项,或存在发行债券违约、承兑票据持续逾期等情形且尚未完成清偿的,供应链信息服务机构应及时停止为其新开立应收账款电子凭证提供服务。

(十六)供应链核心企业不得利用优势地位,强制供应链链上企业与特定融资方以高于合理市场利率的水平获取融资服务,不得以应收账款确权有关名义对链上企业进行收费、获取不当费用返还或者侵害链上企业合法权益。供应链信息服务机构提供应收账款电子凭证相关服务,应合理制定服务收费标准、明确收费对象,并将收费标准公示或与相关方进行协议约定,供应链信息服务收费和银行融资利息要严格区分。

(十七)供应链信息服务机构应切实保障供应链信息服务系统的安全性、可靠性、稳定性,保护用户隐私和数据安全,准确、完整记录并妥善保存相关信息,支撑应收账款电子凭证业务安全、稳定开展,及时按要求向行业自律组织、上海票据交易所报送自律管理、业务统计监测等所需数据。

(十八)中国人民银行等部门指导有关供应链金融行业自律组织对供应链信息服务机构和应收账款电子凭证业务开展自律管理,研究制定自律管理规则,组织开展自律备案和风险监测,督促各业务参与主体合规审慎经营,强化供应链信息服务安全性、合规性评估。供应链信息服务机构、商业银行、供应链核心企业等各业务参与主体遵循自愿原则加入行业自律组织。

(十九)中国人民银行等部门指导上海票据交易所组织应收账款

电子凭证业务信息归集,开展统计监测分析,提供信息查询服务,并与行业自律组织做好数据对接和信息共享。供应链信息服务机构、为应收账款电子凭证提供融资或资金清结算服务的商业银行应切实做好信息报送工作,并对报送信息的真实性、准确性和完整性负责。

(二十)中国人民银行、金融监管总局依照本通知及法定职责分工,对供应链金融业务实施监督管理,并加强与最高人民法院、国家发展改革委、商务部、国务院国资委、市场监管总局等相关部门的政策协同和信息共享,共同强化对应收账款电子凭证业务有关参与主体的政策指导。地方金融管理部门依照本通知精神及相关职责,对商业保理公司等地方金融组织参与应收账款电子凭证业务实施监督管理。

(二十一)本通知自2025年6月15日起实施。

关于应收账款电子凭证业务的相关规定,自实施之日起设置两年过渡期,过渡期内,各参与主体应积极做好业务整改;过渡期后,各参与主体应严格按照通知要求加强业务规范。行业自律组织、金融基础设施做好有关落实工作。国家开发银行、政策性银行、农村合作银行、农村信用社、外资银行、企业集团财务公司、商业保理公司等金融机构及地方金融组织开展相关业务,参照本通知执行。

金融监管总局关于做好续贷工作提高小微企业金融服务水平的通知

(2024年9月24日 金规〔2024〕13号)

各金融监管局,各政策性银行、大型银行、股份制银行、外资银行、金融资产管理公司:

为深入贯彻落实党的二十届三中全会和中央金融工作会议、中央经济工作会议精神,进一步做好续贷工作,切实提升小微企业金融服务质量,现就有关事项通知如下:

一、优化贷款服务模式。银行业金融机构应当根据小微企业生产经营特点、风险状况和偿付能力等因素,优化贷款服务模式,合理设置贷款期限,丰富还款结息方式,扩大信贷资金覆盖面。持续开发续贷产品,完善续贷产品功能,并建立健全相关管理机制。可以办理续期的贷款产品包括小微企业流动资金贷款和小微企业主、个体工商户及农户经营性贷款等。

二、加大续贷支持力度。对贷款到期后仍有融资需求,又临时存在资金困难的债务人,在贷款到期前经其主动申请,银行业金融机构按照市场化、法治化原则,可以提前开展贷款调查和评审,经审核合格后办理续贷。

银行业金融机构同意续贷的,应当在原贷款到期前与小微企业签订新的借款合同,需要担保的签订新的担保合同,落实借款条件,通过新发放贷款结清已有贷款等形式,允许小微企业继续使用贷款资金。

三、合理确定续期贷款风险分类。银行业金融机构对小微企业续贷的,应当按照金融资产风险分类的原则和标准,考虑借款人的履约能力、担保等因素,确定续期贷款的风险分类。

原贷款为正常类,且借款人符合下列条件的,不因续贷单独下调风险分类,可以归为正常类:

(一)依法合规经营;

(二)生产经营正常,具有持续经营能力;

(三)信用状况良好,还款意愿强,没有挪用贷款资金、欠息和逃废债等不良行为;

(四)符合发放贷款标准;

(五)银行业金融机构要求的其他条件。

对不符合本条前款规定的续期贷款,银行业金融机构应当根据借款人偿债能力等因素开展风险分类,真实、准确反映金融资产质量。

四、加强续期贷款风险管理。银行业金融机构应当按照风险为本的原则,制定续贷管理制度,建立业务操作流程,明确客户准入和业务授权标准,合理设计和完善借款合同与担保合同等配套文件。

银行业金融机构应当多渠道掌握小微企业经营情况和续贷资产相关信息,防止小微企业利用续贷隐瞒真实经营与财务状况或者短贷长用、改变贷款用途。切实加大对续贷贷款的贷后管理力度,及时做好风险评估和风险预警。加强对续贷业务的内部控制,在信贷系统中单独标识续贷贷款,建立对续贷业务的监测分析机制,防止通过续贷人为操纵贷款风险分类,掩盖贷款的真实风险状况。

五、完善尽职免责机制。银行业金融机构应当建立健全贷款尽职免责机制,完善内部制度,规范工作流程,并将不良容忍与绩效考核、尽职免责有机结合,切实为信贷人员松绑减负,有效保护信贷人员的积极性,真正实现"应免尽免"。统筹考虑履职过程、履职结果和损失程度等因素,明确信贷业务不同岗位、不同类型产品的尽职认定标准,细化免责情形,畅通异议申诉渠道,提升责任认定效率。

六、提升融资服务水平。银行业金融机构应当贯彻落实金融支持实体经济发展的要求,加大小微金融投入,提升融资对接力度,切实增强小微企业金融服务获得感。根据小微企业客户的实际需求,改进业务流程,积极提升金融服务水平,推动小微企业高质量发展。

七、阶段性拓展适用对象。对2027年9月30日前到期的中型企业流动资金贷款,银行业金融机构可以根据自身风险管控水平和信贷管理制度,比照小微企业续贷相关要求提供续贷支持。

本通知由国家金融监督管理总局负责解释。自本通知印发之日起,《中国银监会关于完善和创新小微企业贷款服务提高小微企业金融服务水平的通知》(银监发〔2014〕36号)废止。

中国人民银行、金融监管总局、中国证监会、国家外汇局、国家发展改革委、工业和信息化部、财政部、全国工商联关于强化金融支持举措助力民营经济发展壮大的通知

(2023年11月　银发〔2023〕233号)

为深入贯彻党的二十大精神和中央金融工作会议要求,全面落实

《中共中央国务院关于促进民营经济发展壮大的意见》，坚持"两个毫不动摇"，引导金融机构树立"一视同仁"理念，持续加强民营企业金融服务，努力做到金融对民营经济的支持与民营经济对经济社会发展的贡献相适应，现就有关事宜通知如下。

一、持续加大信贷资源投入，助力民营经济发展壮大

（一）明确金融服务民营企业目标和重点。银行业金融机构要制定民营企业年度服务目标，提高服务民营企业相关业务在绩效考核中的权重，加大对民营企业的金融支持力度，逐步提升民营企业贷款占比。健全适应民营企业融资需求特点的组织架构和产品服务，加大对科技创新、"专精特新"、绿色低碳、产业基础再造工程等重点领域民营企业的支持力度，支持民营企业技术改造投资和项目建设，积极满足民营中小微企业的合理金融需求，优化信贷结构。合理提高民营企业不良贷款容忍度，建立健全民营企业贷款尽职免责机制，充分保护基层展业人员的积极性。

（二）加大首贷、信用贷支持力度。银行业金融机构要积极开展首贷客户培育拓展行动，加强与发展改革和行业管理部门、工商联、商会协会对接合作，挖掘有市场、有效益、信用好、有融资需求的优质民营企业，制定针对性综合培育方案，提升民营企业的金融获得率。强化科技赋能，开发适合民营企业的信用类融资产品，推广"信易贷"模式，发挥国家产融合作平台作用，持续扩大信用贷款规模。

（三）积极开展产业链供应链金融服务。银行业金融机构要积极探索供应链脱核模式，支持供应链上民营中小微企业开展订单贷款、仓单质押贷款等业务。进一步完善中征应收账款融资服务平台功能，加强服务平台应用。促进供应链票据规范发展。深入实施"一链一策一批"中小微企业融资促进行动，支持重点产业链和先进制造业集群、中小企业特色产业集群内民营中小微企业融资。

（四）主动做好资金接续服务。鼓励主办银行和银团贷款牵头银行积极发挥牵头协调作用，对暂时遇到困难但产品有市场、项目有发展前景、技术有市场竞争力的民营企业，按市场化原则提前对接接续融资需求，不盲目停贷、压贷、抽贷、断贷。抓好《关于做好当前金融支持房地产市场平稳健康发展工作的通知》（银发〔2022〕254号文）等政

策落实落地,保持信贷、债券等重点融资渠道稳定,合理满足民营房地产企业金融需求。

（五）切实抓好促发展和防风险。银行业金融机构要增强服务民营企业的可持续性,依法合规审慎经营。健全信用风险管控机制,加强享受优惠政策低成本资金使用管理,严格监控资金流向。加强关联交易管理,提高对关联交易的穿透识别、监测预警能力。

二、深化债券市场体系建设,畅通民营企业债券融资渠道

（六）扩大民营企业债券融资规模。支持民营企业注册发行科创票据、科创债券、股债结合类产品、绿色债券、碳中和债券、转型债券等,进一步满足科技创新、绿色低碳等领域民营企业资金需求。支持民营企业发行资产支持证券,推动盘活存量资产。优化民营企业债务融资工具注册机制,注册全流程采用"快速通道",支持储架式注册发行,提高融资服务便利度。

（七）充分发挥民营企业债券融资支持工具作用。鼓励中债信用增进投资股份有限公司、中国证券金融股份有限公司以及市场机构按照市场化、法治化原则,通过担保增信、创设信用风险缓释工具、直接投资等方式,推动民营企业债券融资支持工具扩容增量、稳定存量。

（八）加大对民营企业债券投资力度。鼓励和引导商业银行、保险公司、各类养老金、公募基金等机构投资者积极科学配置民营企业债券。支持民营企业在符合信息披露、公允定价、公平交易等规范基础上,以市场化方式购回本企业发行的债务融资工具。

（九）探索发展高收益债券市场。研究推进高收益债券市场建设,面向科技型中小企业融资需求,建设高收益债券专属平台,设计符合高收益特征的交易机制与系统,加强专业投资者培育,提高市场流动性。

三、更好发挥多层次资本市场作用,扩大优质民营企业股权融资规模

（十）支持民营企业上市融资和并购重组。推动注册制改革走深走实,大力支持民营企业发行上市和再融资。支持符合条件的民营企业赴境外上市,利用好两个市场、两种资源。继续深化并购重组市场化改革,研究优化并购重组"小额快速"审核机制,支持民营企业通过

并购重组提质增效、做大做强。

（十一）强化区域性股权市场对民营企业的支持服务。推动区域性股权市场突出私募股权市场定位，稳步拓展私募基金份额转让、认股权综合服务等创新业务试点，提升私募基金、证券服务机构等参与区域性股权市场积极性。支持保险、信托等机构以及资管产品在依法合规、风险可控、商业自愿的前提下，投资民营企业重点建设项目和未上市企业股权。

（十二）发挥股权投资基金支持民营企业融资的作用。发挥政府资金引导作用，支持更多社会资本投向重点产业、关键领域民营企业。积极培育天使投资、创业投资等早期投资力量，增加对初创期民营中小微企业的投入。完善投资退出机制，优化创投基金所投企业上市解禁期与投资期限反向挂钩制度安排。切实落实国有创投机构尽职免责机制。

四、加大外汇便利化政策和服务供给，支持民营企业"走出去""引进来"

（十三）提升经常项目收支便利化水平。鼓励银行业金融机构开展跨境人民币"首办户"拓展行动。支持银行业金融机构为更多优质民营企业提供贸易外汇收支便利化服务，提升资金跨境结算效率。支持银行业金融机构统筹运用好本外币结算政策，为跨境电商等贸易新业态提供优质的贸易便利化服务。

（十四）完善跨境投融资便利化政策。优化外汇账户和资本项目资金使用管理，完善资本项目收入支付结汇便利化政策，支持符合条件的银行业金融机构开展资本项目数字化服务。扩大高新技术和"专精特新"中小企业跨境融资便利化试点范围。支持符合条件的民营企业开展跨国公司本外币一体化资金池业务试点，便利民营企业统筹境内外资金划转和使用。有序扩大外资企业境内再投资免登记试点范围，提升外资企业境内开展股权投资便利化水平和民营企业利用外资效率。支持跨境股权投资基金投向优质民营企业。

（十五）优化跨境金融外汇特色服务。鼓励银行业金融机构健全汇率风险管理服务体系和工作机制，加强政银企担保多方联动合作，减轻民营中小微企业外汇套期保值成本。持续创新跨境金融服务平台应用场景、拓展覆盖范围,为民营企业提供线上化、便利化的融资结算服务。

五、强化正向激励,提升金融机构服务民营经济的积极性

(十六)加大货币政策工具支持力度。继续实施好多种货币政策工具,支持银行业金融机构增加对重点领域民营企业的信贷投放。用好支农支小再贷款额度,将再贷款优惠利率传导到民营小微企业,降低民营小微企业融资成本。

(十七)强化财政奖补和保险保障。优化创业担保贷款政策,简化办理流程,推广线上化业务模式。发挥首台(套)重大技术装备、重点新材料首批次应用保险补偿机制作用。在风险可控前提下,稳步扩大出口信用保险覆盖面。

(十八)拓宽银行业金融机构资金来源渠道。支持银行业金融机构发行金融债券,募集资金用于发放民营企业贷款。对于支持民营企业力度较大的银行业金融机构,在符合发债条件的前提下,优先支持发行各类资本工具补充资本。

六、优化融资配套政策,增强民营经济金融承载力

(十九)完善信用激励约束机制。完善民营企业信用信息共享机制,健全中小微企业和个体工商户信用评级和评价体系。推动水电、工商、税务、政府补贴等涉企信用信息在依法合规前提下向银行业金融机构开放查询,缓解信息不对称。健全失信行为纠正后信用修复机制。

(二十)健全风险分担和补偿机制。发挥国家融资担保基金体系引领作用,稳定再担保业务规模,引导各级政府性融资担保机构合理厘定担保费率,积极培育民营企业"首保户",加大对民营小微企业的融资增信支持力度。建立国家融资担保基金风险补偿机制,鼓励有条件的地方完善政府性融资担保机构的资本补充和风险补偿机制,进一步增强政府性融资担保机构的增信分险作用。

(二十一)完善票据市场信用约束机制。支持民营企业更便利地使用票据进行融资,强化对民营企业使用票据的保护,对票据持续逾期的失信企业,限制其开展票据业务,更好防范拖欠民营企业账款。引导票据市场基础设施优化系统功能,便利企业查询票据信息披露结果,更有效地识别评估相关信用风险。

(二十二)强化应收账款确权。鼓励机关、事业单位、大型企业等应收账款付款方在中小企业提出确权请求后,及时确认债权债务关系。鼓励地方政府积极采取多种措施,加大辖区内小微企业应收账款确权力度,提高应收账款融资效率。推动核心企业、政府部门、金融机构加强与中征应收账款融资服务平台对接,通过服务平台及时确认账款,缓解核心企业、政府部门确权难和金融机构风控难问题。

(二十三)加大税收政策支持力度。落实以物抵债资产税收政策,银行业金融机构处置以物抵债资产时无法取得进项发票的,允许按现行规定适用差额征收增值税政策,按现行规定减免接收、处置环节的契税、印花税等。推动落实金融企业呆账核销管理制度,进一步支持银行业金融机构加快不良资产处置。

七、强化组织实施保障

(二十四)加强宣传解读。金融机构要积极开展宣传解读,丰富宣传形式、提高宣传频率、扩大宣传范围,主动将金融支持政策、金融产品和服务信息推送至民营企业。发展改革和行业管理部门、工商联通过培训等方式,引导民营企业依法合规诚信经营,珍惜商业信誉和信用记录,防范化解风险。

(二十五)强化工作落实。各地金融管理、发展改革、工信、财税、工商联等部门加强沟通协调,推动解决政策落实中的堵点、难点问题,强化政策督导,梳理总结典型经验,加强宣传推介,提升政策实效。进一步完善统计监测,加强政策效果评估。工商联要发挥好桥梁纽带和助手作用,建立优质民营企业名录,及时向金融机构精准推送,加强银企沟通。各金融机构要履行好主体责任,抓紧制定具体实施细则,加快政策落实落细。

中国人民银行关于推动建立金融服务小微企业敢贷愿贷能贷会贷长效机制的通知

(2022年5月19日 银发〔2022〕117号)

为贯彻落实党中央、国务院决策部署和中央经济工作会议精神，推动建立金融服务小微企业敢贷愿贷能贷会贷长效机制（以下简称长效机制），着力提升金融机构服务小微企业等市场主体的意愿、能力和可持续性，助力稳市场主体、稳就业创业、稳经济增长，现将有关要求通知如下。

一、坚持问题导向，深刻认识建立长效机制的紧迫性和重要性

小微企业是发展的生力军、就业的主渠道、创新的重要载体。党中央、国务院高度重视小微企业发展，要求金融系统加大对实体经济特别是小微企业的支持力度，推动普惠小微贷款明显增长、信用贷款和首贷户比重继续提升。近年来，金融系统坚决贯彻落实党中央、国务院决策部署，自觉提高政治站位，服务小微企业取得积极成效，但金融机构内生动力不足、外部激励约束作用发挥不充分，"惧贷""惜贷"问题仍然存在。加强和改进小微企业金融服务，关键要全面提高政治性、人民性，按照市场化、法治化原则，从制约金融机构放贷的因素入手，深化小微企业金融服务供给侧结构性改革，加快建立长效机制，平衡好增加信贷投放、优化信贷结构和防控信贷风险的关系，促进小微企业融资增量、扩面、降价，支持小微企业纾困发展，稳定宏观经济大盘，助力经济高质量发展。

二、健全容错安排和风险缓释机制，增强敢贷信心

（一）优化完善尽职免责制度。各金融机构要通过建立正面清单和负面清单、搭建申诉平台、加强公示等，探索简便易行、客观可量化的尽职免责内部认定标准和流程，引导相关岗位人员勤勉尽职，适当提高免责和减责比例。在有效防范道德风险的前提下,对小微企业贷款不良率符合监管规定的分支机构,可免除或减轻相关人员内部考核扣分、行政处分、经济处罚等责任。贷款风险发生后需启动问责程序的,要先启动尽职免责认定程序、开展尽职免责调查与评议并进行责任认定。要通过案例引导、经验交流等方式,推动尽职免责制度落地,营造尽职免责的信贷文化氛围。

(二)加快构建全流程风控管理体系。各金融机构要加强小微企业信贷风险管理和内控机制建设,强化贷前客户准入和信用评价、贷中授信评级和放款支用、贷后现场检查和非现场抽查,提升小微企业贷款风险识别、预警、处置能力。积极打造智能化贷后管理系统,通过大数据分析、多维度监测等手段,及时掌握可疑贷款主体、资金异常流动等企业风险点和信贷资产质量情况,有效识别管控业务风险。人民银行分支机构要督促金融机构加强对小微企业贷款资金用途管理和异常情况的监测,严禁虚构贷款用途套利。

(三)改进小微企业不良贷款处置方式。各金融机构要落实好普惠小微贷款不良容忍度监管要求,对不超出容忍度标准的分支机构,计提效益工资总额时,可不考虑或部分考虑不良贷款造成的利润损失。优先安排小微企业不良贷款核销计划,确保应核尽核。用好批量转让、资产证券化、重组转化等处置手段,提高小微企业不良贷款处置质效。对长账龄不良贷款,争取实现应处置尽处置。人民银行分支机构在各项评估中,可对普惠小微贷款增速、增量进行不良贷款核销还原,鼓励金融机构加快普惠小微不良贷款处置。

(四)积极开展银政保担业务合作。各金融机构要积极与政府性融资担保机构开展"见贷即担""见担即贷"批量担保业务合作,减少重复尽职调查,优化担保流程,提高担保效率。深化"银行+保险"合作,优化保单质押、贷款保证保险等合作业务流程,助力小微企业融资。人民银行分支机构要会同相关部门推动政府性融资担保机构合理提高担保放大倍数,降低担保费率和反担保要求,扩大对小微企业的覆盖面,降低或取消盈利性考核要求,依法依约及时履行代偿责任,适度提高代偿比例。鼓励有条件的地方设立风险补偿基金,为小微信贷业务提供风险缓释。

三、强化正向激励和评估考核,激发愿贷动力

(五)牢固树立服务小微经营理念。各金融机构要切实增强服务小微企业的自觉性,在经营战略、发展目标、机制体制等方面做出专门安排,对照小微企业需求持续改进金融服务,提升金融供给与小微企业需求的适配性。进一步优化信贷结构,逐步转变对地方政府融资平台、国有企业等的传统偏好,扭转"垒大户"倾向,减少超过合理融资需求的多头授信、过度授信,腾挪更多信贷资源支持小微企业发展。

(六)优化提升贷款精细化定价水平。各金融机构要继续完善成本分摊和收益分享机制,加大内部资金转移定价优惠幅度,调整优化经济资本占用计量系数,加大对小微业务的倾斜支持力度。将贷款市场报价利率(LPR)内嵌到内部定价和传导相关环节,统筹考虑小微市场主体资质、经营状况、担保方式、贷款期限等情况,提高精细化定价水平,推动综合融资成本稳中有降。适当下放贷款定价权限,提高分支机构金融服务效率。对受新冠肺炎疫情影响严重行业和地区的小微企业,鼓励阶段性实行更优惠的利率和服务收费,减免罚息,减轻困难企业负担。

(七)改进完善差异化绩效考核机制。各金融机构要进一步强化绩效考核引导,优化评价指标体系,降低或取消对小微业务条线存款、利润、中间业务等考核要求,适当提高信用贷款、首贷户等指标权重。将金融服务小微企业情况与分支机构考核挂钩,作为薪酬激励、评优评先的主要依据。合理增加专项激励工资、营销费用补贴、业务创新奖励等配套供给,鼓励开展小微客户拓展和产品创新。做好考核目标分解落实,确保各项保障激励政策及时兑现,充分调动分支机构和一线从业人员积极性。

(八)加强政策效果评估运用。人民银行分支机构要认真开展小微企业信贷政策导向效果评估,推动金融机构将评估结果纳入对其分支机构的综合绩效考核。加强财政金融政策协同,推动有条件的地方将小微企业金融服务情况与财政奖补等挂钩。继续开展区域融资环境评价,完善评价体系,加强评价结果运用,推动地方融资环境持续优化。

四、做好资金保障和渠道建设,夯实能贷基础

(九)发挥好货币政策工具总量和结构双重功能。各金融机构要

充分运用降准释放的长期资金、再贷款再贴现等结构性货币政策工具提供的资金,将新增信贷资源优先投向小微企业。人民银行分支机构要运用好普惠小微贷款支持工具,推动金融机构持续增加普惠小微贷款投放,更多发放信用贷款。继续做好延期贷款和普惠小微信用贷款质量监测,密切关注延期贷款到期情况和信贷资产质量变化。

（十）持续增加小微企业信贷供给。各金融机构要围绕普惠小微贷款增速不低于各项贷款平均增速的目标,结合各项贷款投放安排,科学制定年度普惠小微专项信贷计划,鼓励有条件的金融机构单列信用贷、首贷计划,加强监测管理,确保贷款专项专用。全国性银行分解专项信贷计划,要向中西部地区、信贷增长缓慢地区和受疫情影响严重地区和行业倾斜。地方法人银行新增可贷资金要更多用于发放涉农和小微企业贷款,确保涉农和普惠小微贷款持续稳定增长。人民银行分支机构要及时调研了解辖区内金融机构普惠小微专项信贷计划制定和落实情况,并加强督促指导。

（十一）拓宽多元化信贷资金来源渠道。鼓励金融机构在依法合规、风险可控前提下,通过信贷资产证券化等方式,盘活存量信贷资源。通过加大利润留存、适当控制风险资产增速等,增加内生资本补充。继续支持中小银行发行永续债、二级资本债,配合有关部门指导地方政府用好新增专项债额度合理补充中小银行资本,鼓励资质相对较好的银行通过权益市场融资,加大外源资本补充力度。金融债券余额管理试点银行要在年度批复额度内,合理安排小微企业金融债券发行规模,严格规范募集资金使用管理。人民银行分支机构要及时摸排地方法人银行发行小微企业金融债券、资本补充债券需求,做好辅导沟通,提高发行效率。鼓励有条件的地区对地方法人银行发行小微企业金融债券进行奖补。

（十二）增强小微金融专业化服务能力。各金融机构要围绕增加小微企业、个体工商户有效金融供给,结合区域差异化金融需求,继续完善普惠金融专营机制,加强渠道建设,推动线上线下融合发展,探索形成批量化、规模化、标准化、智能化的小微金融服务模式。持续推动普惠金融服务网点建设,有序拓展小微业务营销和贷后管理职能,适当下放授信审批权限。加强跨条线联动,做好小微企业账户、结算、咨询等服务工作,促进多元化融资。

(十三)常态化开展多层次融资对接。人民银行分支机构、各金融机构要加强与行业主管部门合作,通过线下主动走访、线上服务平台推送、行业主管部门推送等,畅通银企对接渠道,提高融资对接效率,降低获客成本。积极与各类产业园区、创业服务中心、企业孵化基地、协会商会等开展业务合作,搭建分主体、分产品的特定对接场景,为不同类型小微企业提供有针对性的金融服务。持续开展小微企业融资跟踪监测,动态优化政策措施,快速、精准响应小微企业融资需求。

五、推动科技赋能和产品创新,提升会贷水平

(十四)健全分层分类的小微金融服务体系。开发性银行、政策性银行要加强对转贷款资金的规范管理,确保用于小微企业信贷供给,并围绕核心企业创新供应链金融模式,探索为其上下游小微企业提供直贷业务。全国性银行要发挥"头雁"作用,充分运用网点、人才和科技优势,切实满足小微企业综合金融服务需求,提高融资可得性和便利性。地方法人银行要强化支农支小定位,将增加小微信贷投放与改革化险相结合,充分发挥贴近基层优势,形成特色化产品和服务模式,重点支持县域经济和小微企业发展。

(十五)强化金融科技手段运用。各金融机构要深入实施《金融科技发展规划(2022－2025年)》(银发〔2021〕335号文印发),加大金融科技投入,加强组织人员保障,有序推进数字化转型。充分发挥金融科技创新监管工具作用,合理运用大数据、云计算、人工智能等技术手段,创新风险评估方式,提高贷款审批效率,拓宽小微客户覆盖面。聚焦行业、区域资源搭建数字化获客渠道,拓展小微金融服务生态场景,提升批量获客能力和业务集约运营水平。优化企业网上银行、手机银行、微信小程序等功能及业务流程,为小微企业提供在线测额、快速申贷、线上放款等服务,提升客户融资便利性。科技实力较弱的中小银行可通过与大型银行、科技公司合作等方式提升数字化水平,增强服务小微企业能力。

(十六)加快推进涉企信用信息共享应用。各金融机构要深度挖掘自身金融数据和外部信息数据资源,发挥金融信用信息基础数据库作用,对小微企业进行精准画像。人民银行分支机构要依托地方征信平台建设,按照数据"可用不可见"的原则,在保障原始数据不出域的前提下,进一步推动地方政府部门和公用事业单位涉企信息向金融机构、征信机构等开放共享。指导市场化征信机构运用新技术,完善信用评价模型,创新征信产品和服务,加强征信供给。加快推广应用"长三角征信链""珠三角征信链""京津冀征信链",推动跨领域、跨地域信用信息互联互通。

(十七)丰富特色化金融产品。各金融机构要针对小微企业生命周期、所属行业、交易场景和融资需求等特点,持续推进信贷产品创新,合理设置贷款期限,优化贷款流程,继续推广主动授信、随借随还贷款模式,满足小微企业灵活用款需求。运用续贷、年审制等方式,丰富中长期贷款产品供给。依托核心企业,优化对产业链上下游小微企业的融资、结算等金融服务,积极开展应收账款、预付款、存货、仓单等权利和动产质押融资业务。发挥动产融资统一登记公示系统、供应链票据平台、中征应收账款融资服务平台作用,拓宽抵质押物范围,便利小微企业融资。

(十八)加大对重点领域和困难行业的金融支持力度。各金融机构要持续增加对科技创新、绿色发展、制造业等领域小微企业的信贷投放,支持培育更多"专精特新"企业。深入研究个体工商户经营特点和融资需求,加大创业担保贷款、信用贷款投放力度,为个体工商户发展提供更多金融服务。鼓励为符合授信条件但未办理登记注册的个体经营者提供融资支持,激发创业动能。按照市场化、法治化原则,提高对新市民在创业、就业、教育等领域的金融服务质效。人民银行分支机构、各金融机构要做好疫情防控下的金融服务和困难行业支持工作,加强与商务、文旅、交通等行业主管部门的沟通协作,发挥普惠性支持措施和针对性支持措施合力,帮助企业纾困,避免出现行业性限贷、抽贷、断贷。

六、加强组织实施,推动长效机制建设取得实效

(十九)加强政策宣传解读。人民银行分支机构、各金融机构要积极开展政策宣传解读,丰富宣传形式、提高宣传频率、扩大宣传范围。通过电视、广播、报纸、网络等多种媒体,金融机构营业网点以及线上线下融资服务平台等,主动将金融支持政策、金融产品和服务推送至小微企业等市场主体。充分利用人民银行官方网站、官方微博、微信公众号、新闻发布会等渠道,开展经验交流,宣传典型事例,营造良好舆论氛围。

(二十)强化工作落实。人民银行分支机构要明确分管负责同志、责任部门和责任人,一级抓一级,层层抓落实。要切实发挥牵头作用,加强与发展改革、工业和信息化、财税、交通、商务、文旅、市场监管、银保监等部门协调联动,强化对辖区内金融机构长效机制建设情况的监测督导。各金融机构要履行好主体责任,抓紧制定具体实施细则,认真梳理总结长效机制建设情况、遇到的困难和典型经验,打通长效机制落实落地的"最后一公里"。全国性银行于2022年6月底前将实施细则、牵头部门及其负责人、联系人、联系方式报送人民银行。

中国人民银行关于做好小微企业银行账户优化服务和风险防控工作的指导意见

(2021年10月9日)

中国人民银行上海总部,各分行、营业管理部,各省会(首府)城市中心支行,各副省级城市中心支行;清算总中心;国家开发银行,各政策性银行、国有商业银行,中国邮政储蓄银行,各股份制商业银行;中国银联:

为进一步贯彻落实党中央、国务院关于深化"放管服"改革的决策部署,优化营商环境,推进电信网络诈骗和跨境赌博资金链治理,统筹做好优化小微企业银行账户服务和风险防控工作,提升银行账户管理质效,切实解决小微企业开户难问题,现提出如下意见。

一、优化银行账户开户流程

(一)采取差异化的客户尽职调查方式。银行业金融机构(以下简称银行)应当在"了解你的客户"基础上,遵循"风险为本"原则确定对小微企业(含个体工商户,下同)客户尽职调查的具体方式,不得"一刀切"要求客户提供辅助证明材料,不得向客户提出不合理或超出必要

（二）推行小微企业简易开户服务。银行应当按规定审核小微企业开户证明文件，对开户用途合理且无明显理由怀疑开立账户从事违法犯罪活动的，应予以开户。根据小微企业需求可以提供简易开户服务，简化辅助证明材料要求，加强后台数据核实，账户功能设置应当与客户身份核实程度、账户风险等级相匹配。后续可根据客户尽职调查情况，升级账户功能。鼓励银行于2021年底前参照《小微企业银行账户简易开户服务业务指引》（附件1），在前期试点基础上完成全面推行简易开户服务。

（三）利用科技手段提升企业银行账户服务水平。鼓励银行开通小微企业开户预约服务电子渠道。支持小微企业在线提交开户证明文件，最大程度精减纸质材料、减少填表及签章次数。积极推动电子营业执照和电子签章在银行账户开立等环节的应用。鼓励在有效识别客户身份前提下支持线上办理小微企业银行账户变更和撤销业务。

（四）推动银行开户与企业开办联动合作。鼓励银行加快与企业开办"一网通办"平台对接，为小微企业提供预约开户服务。各银行应于2021年底前完成支持北京地区和上海地区分支机构实现与当地"一网通办"平台对接。鼓励有条件的地区和银行与市场监管部门开展政银合作创新服务。

二、提升银行开户服务透明度

（五）公开开户服务事项。银行应当落实《优化营商环境条例》关于向社会公开开设企业账户的服务标准、资费标准和办理时限的规定，区分账户开户费用和其他服务费用，落实小微企业账户服务费减免规定。鼓励银行事前充分告知企业开户所需材料、开户流程、账户风险管理以及法律责任等，账户开立成功时明确告知企业开户时间和开户费用。

（六）公开开户服务负面清单。鼓励银行深入梳理并排查与小微企业客户身份识别无关或与评估账户潜在风险不相称、不合理的业务办理流程和服务行为，参照《小微企业银行账户开立服务规范负面清单指引》（附件2），向社会公示本银行账户服务负面清单，接受社会监督。

（七）公开账户服务监督电话。鼓励银行在网点醒目位置公示本网点、上级管理行和当地人民银行分支机构三级咨询投诉电话。明确账户服务投诉处理流程、责任部门和处理期限。鼓励配备具有专业知识的业务人员负责账户业务咨询，加强业务培训，统一答复口径。

（八）跟踪管理开户服务全流程。银行应当跟踪小微企业开户全流程进度，以适当方式及时向企业发送开户进度提示信息、提供开户进度查询服务。探索建立异常开户复核制度，对延长开户审查期限、强化客户尽职调查或拒绝开户等予以复核，并向客户说明理由。

三、加强银行账户风险防控能力

（九）强化账户全生命周期管理。银行应当建立健全小微企业银行账户事前事中事后全生命周期管理机制。事前利用有效数据交叉核实客户身份，由客户承诺合法合规使用账户；事中加强涉诈涉赌交易识别管控；事后加强对存量账户的排查清理和对涉诈涉赌账户的责任倒查。

（十）建立账户分类分级管理体系。银行应当在2021年底前建立小微企业银行账户分类分级管理体系，根据行业特征、企业规模和经营情况等，提供与客户身份核实程度、账户风险等级相匹配的账户功能，审慎与客户约定非柜面业务，并合理设置非柜面渠道资金转出限额、交易笔数、验证方式等，可根据客户正常合理需求或临时需求、账户风险情况等进行动态调整。

（十一）识别并管控涉诈涉赌账户。银行应当结合涉诈涉赌账户特征持续完善风险监测模型，将开立和交易存在异常情况的账户纳入重点监测范围。对监测发现并经核查无法排除的涉诈涉赌可疑账户，依法依规、区分情形及时采取适当控制措施，并移送当地公安机关。

（十二）持续开展涉案账户核查。支持银行对公安机关移送的涉案账户开展倒查，关联排查涉案企业及其相关人员开立的其他银行账户，对可疑账户采取适当控制措施。鼓励建立涉案账户定期分析制度，查找风险防控漏洞并完善风险防控体系。

四、建立银行账户管理长效机制

（十三）完善企业银行账户质效考核机制。银行应当持续健全以账户服务质量和风险防控为导向，兼顾小微企业开户数量合理增长的业绩考核指标体系。原则上银行小微企业新开户全年增幅不低于其展业范围内同期新注册市场主体增幅。银行以适当方式主动公开小微企业开户情况。

（十四）明确涉案账户责任划分。支持银行厘清小微企业涉案账户事前事中事后风险防控责任，建立内部全链条责任追究制度，分清各环节、各部门、总行与分支机构风险防控责任，不能简单将全链条风险责任全部压在银行网点和柜面开户环节。

（十五）建立银行账户质量管理机制。人民银行分支机构、银行探索建立常态化监督检查、服务暗访、服务质效统计监测、咨询投诉处理等小微企业账户管理质量保障机制。探索开展开户时间、开户费用、账户增长率、开户服务满意率、账户涉案率等监测分析。

（十六）加强宣传。人民银行分支机构、银行应当对企业财务人员等重点人群、买卖账户高发人群、小微企业等开户难投诉群体，分类重点宣传依法开立和安全使用账户、优化账户服务措施和风险防控政策。

五、工作要求

（十七）统一思想认识。人民银行分支机构、银行应当将优化小微企业银行账户服务作为落实党中央、国务院关于深化"放管服"改革的决策部署，服务实体经济、优化营商环境的重要举措，有效解决小微企业开户难点和堵点。2021年底前完成相关制度设计、系统改造、流程再造，保障各项工作措施落到实处。

（十八）加强部门沟通协作。人民银行分支机构、银行应当加强与当地市场监管部门、公安机关等的沟通协作，根据商事制度改革和涉案账户特征及时调整银行账户服务要求和风险防控策略，最大程度减少因风险防控对正常银行账户服务产生的不利影响。

执行过程中如遇重大问题，请及时报告人民银行。

附件：1. 小微企业银行账户简易开户服务业务指引
　　　2. 小微企业银行账户开立服务规范负面清单指引

附件1

小微企业银行账户简易开户服务业务指引

第一章 总 则

第一条 为优化银行账户服务,建立健全账户分类分级管理体系,有效解决小微企业开户难问题,根据《中华人民共和国反洗钱法》、《人民币银行结算账户管理办法》(中国人民银行令〔2003〕第5号发布)、《企业银行结算账户管理办法》(银发〔2019〕41号文印发)等规定,制定本指引。

第二条 银行业金融机构(以下简称银行)为小微企业(含个体工商户,下同)提供简易开户服务适用本指引。

本指引所称简易开户服务是指银行根据《人民币银行结算账户管理办法》等规定审核小微企业开户证明文件后,简化辅助证明材料要求,开立账户功能与客户身份核实程度、账户风险等级相匹配的银行基本存款账户,满足客户开户需求。

第三条 银行提供简易开户服务应当遵循"风险为本"原则,履行反洗钱、反恐怖融资、反逃税义务,落实账户实名制,按照客户身份核实程度、账户风险等级合理设置账户功能,建立事前承诺、事中监测和事后管理机制,有效识别、评估监测和控制账户业务风险。开户环节发现有明显可疑特征的,不适用简易开户服务。

第四条 银行应当建立健全账户分类分级管理体系,重点通过限制非柜面业务加强账户事中事后风险防控,结合小微企业行业特征、企业规模和经营情况等综合确定账户功能。

第五条 银行应当向客户充分宣讲简易开户政策,明确告知客户根据其当前提供的有关情况开立账户,账户功能与当前客户身份核实程度、账户风险等级匹配,由客户自主选择是否接受简易开户服务,后续可根据客户尽职调查情况,升级账户功能。银行应当向客户说明后续需配合尽职调查,以及需要补充提供的材料。

第二章 简易开户服务程序

第六条 银行应当公示简易开户服务流程，明确简易开户所需材料、客户身份核实程序以及制度依据等，确保小微企业法定代表人或负责人等了解简易开户程序及相关制度规定。

第七条 银行提供简易开户服务，需向客户宣讲依法使用银行账户的法律法规和相关制度，在开户申请书或协议的醒目位置告知出租、出借、出售银行账户的法律责任和惩戒措施，由小微企业法定代表人、负责人或授权代理人对合法开立和使用银行账户进行承诺并在开户申请书或协议上签字（签章）确认。

第八条 银行提供简易开户服务，应当采取有助于核实客户身份的方法，依据客户提交的必需证明文件，以及愿意提供的其他辅助证明材料，了解客户经营情况、开户用途、资金支付需求。客户暂时无法提供相关辅助证明材料的，不得强制要求客户提供。

第九条 银行应当依据所收集的客户信息，以及客户身份核实程度，结合客户经营情况、开户用途等与客户约定账户功能，审慎开通非柜面支付、单位结算卡等业务并设定交易限额，确保账户功能与客户身份核实程度、账户风险等级相匹配。

第十条 银行应当科学、审慎判断客户异常开户情形，建立拒绝开户复核机制，确保拒绝开户理由合理充分，并向客户做好解释说明。

第十一条 银行应当对简易账户进行识别管理，建立跟踪服务机制，根据客户需求补充完成客户身份核实后可视情况升级账户功能，确保银行账户服务满足客户正常经营的支付需求。

第三章 内控与管理

第十二条 银行应当制定简易开户服务制度，包括但不限于开户材料、开户审核、账户功能设置及升级等，并报当地人民银行分支机构备案。银行对下级机构制度执行情况进行监督管理。

第十三条 银行应将开立和交易异常的简易账户列入重点监测范围，监测相关简易账户资金交易是否存在与电信网络诈骗、跨境赌博等违法犯罪活动有关的可疑情形，对监测发现并经核查无法排除的涉诈涉赌可疑账户，依法依规、区分情形及时采取适当控制措施，并移送当地公安机关。

第十四条 银行应当建立简易开户咨询投诉机制，加强对客户经理、柜员和客服等人员的培训，提高客户对账户服务的满意度。

第十五条 银行应当建立本银行简易开户服务监督机制，通过梳理管理制度和业务流程、分析客户投诉典型案例、查看业务系统、电话暗访、现场走访、调阅开户材料等方式，督促下级机构特别是基层网点规范办理简易开户服务业务。

第四章 附 则

第十六条 本指引所称非柜面支付是指客户无需临柜即可办理的账户付款业务，包括但不限于通过网上银行、手机银行、网关支付、快捷支付、销售终端（POS）、自助柜员机（ATM）等渠道发起的账户付款业务。

第十七条 本指引所称小微企业可按照《中小企业划型标准规定》认定。

第十八条 银行为小微企业以外的其他企业提供简易开户服务可参照本指引执行。

附件2

小微企业银行账户开立服务规范负面清单指引

在为小微企业（含个体工商户，下同）提供银行账户服务过程中，银行应当始终遵循"风险为本"原则，综合评估账户风险，采取与账户风险等级相适应的风险防控措施，做到该坚持的风险防控原则要坚持，该满足的正当合理账户服务需求要满足。鼓励银行参照本指引制定本银行账户开立服务规范负面清单，并接受社会监督。

一、不得要求小微企业提供与大中型企业相同的详细、完备的经营情况材料。

二、不得仅以注册地址为集中登记地、以自有或租赁房屋作为经营地址等理由拒绝小微企业开户。

三、不得仅以办公场所较为简单、没有企业门牌、雇佣人员较少等理由拒绝小微企业开户。

四、不得将是否实际开展经营活动作为初创小微企业开立基本账户的条件。

五、不得仅以小微企业法定代表人或负责人户籍所在地为异地等理由拒绝开户。

六、不得要求小微企业存入大额存款、达到一定经营规模或绑定销售相关产品及服务等作为开户附加条件。

七、不得出于成本收益等考虑拒绝小微企业开户。

八、不得以账户开立成功后待激活、预留印鉴启用等方式影响账户即开即用。

中国人民银行关于深入开展中小微企业金融服务能力提升工程的通知

(2021年6月30日　银发〔2021〕176号)

中国人民银行上海总部,各分行、营业管理部,各省会(首府)城市中心支行,各副省级城市中心支行;国家开发银行,各政策性银行、国有商业银行、股份制商业银行,中国邮政储蓄银行:

2020年以来,金融系统坚决贯彻党中央、国务院决策部署,强化稳企业保就业金融支持,实现中小微企业融资量增、面扩、价降、提质,为实体经济恢复发展提供支撑。为进一步提升银行业金融机构中小微企业(含个体工商户,下同)金融服务能力,强化"敢贷、愿贷、能贷、会贷"长效机制建设,推动金融在新发展阶段更好服务实体经济,现就深入开展中小微企业金融服务能力提升工程有关事项通知如下:

一、大力推动中小微企业融资增量扩面,提质增效

(一)扩大中小微企业信贷投放。人民银行各分支机构要发挥再

贷款再贴现等货币政策工具作用,引导银行业金融机构加大对小微企业的信贷投放。鼓励中小银行业金融机构发行小微企业专项金融债券,拓宽支小信贷资金来源。各银行业金融机构要着力扩大普惠金融覆盖面,持续增加首贷户。同时,在合理管控风险和市场化法治化原则下,适当加大对经济欠发达地区的中小微企业信贷支持力度。

(二)加大对个体工商户等经营主体的金融支持力度。各银行业金融机构要继续加强对个体工商户、小店、商铺、新型农业经营主体等稳定扩大就业重点群体的金融支持,巩固稳企业保就业成果。要结合个体工商户等经营主体融资需求特点和地方产业特色,优化信贷产品服务。鼓励精简办贷环节,加强线上服务,优化贷款审批手续,提高个体工商户等经营主体的融资便利度。

(三)实施好两项直达实体经济的货币政策工具。人民银行各分支机构要实施好普惠小微企业贷款延期支持工具和普惠小微企业信用贷款支持计划,指导辖区内地方法人银行业金融机构按市场化原则支持受新冠肺炎疫情影响的小微企业和个体工商户贷款延期还本付息,注重审核第一还款来源,提升信用贷款发放能力。

二、持续优化银行业金融机构内部政策安排

(四)优化普惠金融资源配置。各银行业金融机构要单列小微企业专项信贷计划,在内部资源上加大对小微企业的倾斜力度,通过实行内部资金转移定价优惠、安排专项激励费用补贴等方式,提高分支机构和小微信贷从业人员对小微企业贷款的积极性。

(五)完善绩效考核机制。鼓励银行业金融机构加大对分支机构普惠小微贷款的考核比重。强化差异化考核,对服务小微企业成效显著的分支机构,在绩效考评、资源分配中予以倾斜,并适当下放授信审批权限;对服务小微企业工作不力的,要在考核中予以体现并督促整改。

(六)落实落细尽职免责制度。各银行业金融机构要建立健全尽职免责制度,制定针对性强、具备可操作性的实施细则,保障尽职免责制度有效落地。进一步提高小微信贷从业人员免责比例,适当提高不良贷款容忍度,鼓励建立正面清单和负面清单,明确界定基层员工操作规范,免除小微信贷从业人员的后顾之忧。

三、充分运用科技手段赋能中小微企业金融服务

（七）加大普惠金融科技投入。鼓励银行业金融机构通过大数据、云计算、区块链等金融科技手段，提高贷款效率，创新风险评估方式，拓宽金融客户覆盖面。大中型银行业金融机构要依托金融科技手段，加快数字化转型，打造线上线下、全流程的中小微金融产品体系，满足中小微企业信贷、支付结算、理财等综合金融服务需求。地方法人银行业金融机构要坚守"支小支农"市场定位，借助信息技术手段优化信贷业务流程，鼓励开发线上产品，提升中小微企业金融服务便利度。

（八）创新特色信贷产品。各银行业金融机构要针对中小微企业融资需求和特点，持续改进和丰富信贷产品。鼓励银行业金融机构与地方征信平台、融资服务平台、第三方征信机构合作，运用税务、工商等非信贷信息以及在本银行的交易结算等信息，综合评价中小微企业信用水平，提高信用贷款发放比例。

（九）提高融资便利度。在有效控制风险的前提下，银行业金融机构要开发并持续完善无还本续贷、随借随还等贷款产品，提升用款便利度，降低中小微企业融资的综合财务成本。大力推动供应链金融服务，鼓励银行业金融机构依托人民银行征信中心应收账款融资服务平台，为供应链上下游中小微企业提供融资支持。

四、切实提升中小微企业贷款定价能力

（十）持续释放贷款市场报价利率（LPR）改革红利。各银行业金融机构要将贷款市场报价利率内嵌到内部定价和传导相关环节，疏通内部利率传导机制，释放贷款市场报价利率改革促进降低贷款利率的潜力，巩固小微企业贷款实际利率水平下降成果。

（十一）提升贷款差异化定价能力。各银行业金融机构要提高精细化定价水平，结合自身资金成本、业务成本、风险成本，综合考虑客户的综合贡献、客户关系等要素，建立定价模型。要适时根据小微市场主体资质、经营状况及贷款方式、期限等因素，及时调整贷款利率水平，形成差异化、精细化利率定价体系，降低市场主体融资成本。

（十二）强化负债成本管控能力。人民银行各分支机构要加强存款利率监管，充分发挥市场利率定价自律机制作用，引导银行业金融机构合理确定存款利率，稳定负债成本。加强对互联网平台存款和异

地存款的管理,依法从严处理高息揽储等违规行为,推动降低中小银行业金融机构负债成本。

五、着力完善融资服务和配套机制

(十三)开展多层次融资对接活动。人民银行各分支机构要建立健全政银企对接机制,依托地方融资服务平台促进"线上+线下"融资,加强政策宣传、信息采集、融资服务、监测预警等。各银行业金融机构要结合实际,通过主动走访、线上服务平台遴选、地方政府主管部门推介、银企融资洽谈对接等多种形式,构建常态化、便捷化、网络化银企对接机制。

(十四)加快中小微企业信用信息共享。人民银行各分支机构要加强与工信、科技、市场监管、税务等部门沟通协作,推动相关数据通过地方征信平台对银行业金融机构共享,鼓励建立优质中小微企业信息库,促进银行业金融机构与中小微企业高效对接。

(十五)完善中小微企业融资配套机制。发挥人民银行征信中心动产融资统一登记公示系统作用,高效实施动产和权利担保统一登记制度。人民银行各分支机构要推动有条件的地方建立续贷中心、首贷中心、确权中心等平台,提供便民利企服务。

六、保障措施

(十六)强化政策激励约束。人民银行各分支机构要认真开展小微企业信贷政策导向效果评估,强化评估结果运用,督促银行业金融机构改进完善中小微企业金融服务。要加大对中小微企业金融服务先进经验和突出成效的宣传报道,持续营造金融服务实体经济的良好氛围。

(十七)开展地方融资环境评价。人民银行各分支机构要在前期开展中小微企业融资环境评价试点的基础上,进一步优化融资环境评价体系。重点关注银行业金融机构内部资源配置、完善考核评价、尽职免责落实、首贷户拓展、随借随还产品创新等,以及地方政府中小微企业信用信息共享机制、融资担保和风险补偿机制以及不动产、知识产权和应收账款登记评估建设等,推动地方营造良好融资环境。

(十八)加强组织领导和工作情况报送。人民银行各分支机构要加强对辖区内银行业金融机构的组织领导,认真落实中小微企业金融服务能力提升工程各项要求,确保取得实效。及时梳理困难堵点,深入调研中小微企业经营情况、融资特点、生命周期、贷款定价、风险管控等问题,形成报告报送总行。

中国人民银行、银保监会、发展改革委、工业和信息化部、财政部、市场监管总局、证监会、外汇局关于进一步强化中小微企业金融服务的指导意见

(2020年5月26日 银发〔2020〕120号)

中国人民银行上海总部,各分行、营业管理部、各省会(首府)城市中心支行、各副省级城市中心支行;各银保监局;各省、自治区、直辖市、计划单列市、新疆生产建设兵团发展改革委、中小企业主管部门、财政厅(局)、市场监管局(委、厅);各证监局;国家外汇管理局各省、自治区、直辖市分局、外汇管理部、计划单列市分局;国家开发银行,各政策性银行、国有商业银行、股份制商业银行、中国邮政储蓄银行,各保险集团(控股)公司、保险公司、保险资产管理公司,各证券基金期货经营机构:

　　面对新冠肺炎疫情对中小微企业造成的重大影响,金融及相关部门坚决贯彻党中央、国务院的决策部署,迅速行动,主动作为,出台了一系列措施,支持扩内需、助复产、保就业,为疫情防控、复工复产、实体经济发展提供了精准金融服务。为推动金融支持政策更好适应市场主体的需要,进一步疏通内外部传导机制,促进中小微企业(含个体工商户和小微企业主,不含地方政府融资平台,下同)融资规模明显增长、融资结构更加优化,实现"增量、降价、提质、扩面",推动加快恢复正常生产生活秩序,支持实体经济高质量发展,提出以下意见。

　　一、不折不扣落实中小微企业复工复产信贷支持政策
　　(一)安排好中小微企业贷款延期还本付息。完善延期还本付息

政策,加大对普惠小微企业延期还本付息的支持力度。银行业金融机构要加大政策落实力度,提高受惠企业占比,对于疫情前经营正常、受疫情冲击经营困难的企业,贷款期限要能延尽延。要结合企业实际,提供分期还本、利息平摊至后续还款日等差异化支持。提高响应效率、简化办理手续,鼓励通过线上办理。

(二)发挥好全国性银行带头作用。全国性银行要用好全面降准和定向降准政策,实现中小微企业贷款"量增价降",出台细化方案,按月跟进落实。五家大型国有商业银行普惠型小微企业贷款增速高于40%。全国性银行要合理让利,确保中小微企业贷款覆盖面明显扩大,综合融资成本明显下降。

(三)用好再贷款再贴现政策。人民银行分支机构要用好再贷款再贴现政策,引导金融机构重点支持中小微企业,以及支持脱贫攻坚、春耕备耕、禽畜养殖、外贸、旅游娱乐、住宿餐饮、交通运输等行业领域。加强监督管理,确保资金发放依法合规,防止"跑冒滴漏"。中小银行要运用好再贷款再贴现资金,鼓励中小银行加大自有资金支持力度,促进加大中小微企业信贷投放,降低融资成本。

(四)落实好开发性、政策性银行专项信贷额度。开发性、政策性银行要在2020年6月底前将3500亿元专项信贷额度落实到位,以优惠利率支持中小微企业复工复产,制定本银行专项信贷额度实施方案,按月报送落实情况。

(五)加大保险保障支持力度。鼓励保险机构根据中小微企业受疫情影响程度的具体情况,提供针对性较强的相关贷款保证保险产品。鼓励保险公司区分国别风险类型,进一步提高出口信用保险覆盖面,加大出口中小微企业的风险保障。鼓励保险公司在疫情防控期间,探索创新有效的理赔方式,确保出险客户得到及时、便捷的理赔服务。

二、开展商业银行中小微企业金融服务能力提升工程

(六)提高政治站位,转变经营理念。要高度重视对受疫情影响的中小微企业等实体经济的金融支持工作,强化社会责任担当。按照金融供给侧结构性改革要求,把经营重心和信贷资源从偏好房地产、地方政府融资平台,转移到中小微企业等实体经济领域,实现信贷资源

增量优化、存量重组。

（七）改进内部资源配置和政策安排。大中型商业银行要做实普惠金融事业部"五专"机制，单列小微企业、民营企业、制造业等专项信贷计划，适当下放审批权限。改革小微信贷业务条线的成本分摊和收益分享机制，全国性商业银行内部转移定价优惠力度要不低于50个基点，中小银行可结合自身实际，实施内部转移定价优惠或经济利润补贴。

（八）完善内部绩效考核评价。商业银行要提升普惠金融在分支行和领导班子绩效考核中的权重，将普惠金融在分支行综合绩效考核中的权重提升至10%以上。要降低小微金融利润考核权重，增加小微企业客户服务情况考核权重。改进贷款尽职免责内部认定标准和流程，如无明显证据表明失职的均认定为尽职，逐步提高小微信贷从业人员免责比例，激发其开展小微信贷业务的积极性。

（九）大幅增加小微企业信用贷款、首贷、无还本续贷。商业银行要优化风险评估机制，注重审核第一还款来源，减少对抵押担保的依赖。在风险可控的前提下，力争实现新发放信用贷款占比显著提高。督促商业银行提高首次从银行体系获得贷款的户数。允许将符合条件的小微企业续贷贷款纳入正常类贷款，鼓励商业银行加大中长期贷款投放力度，力争2020年小微企业续贷比例高于上年。

（十）运用金融科技手段赋能小微企业金融服务。鼓励商业银行运用大数据、云计算等技术建立风险定价和管控模型，改造信贷审批发放流程。深入挖掘整合银行内部小微企业客户信用信息，加强与征信、税务、市场监管等外部信用信息平台的对接，提高客户识别和信贷投放能力。打通企业融资"最后一公里"堵点，切实满足中小微企业融资需求。

三、改革完善外部政策环境和激励约束机制

（十一）强化货币政策逆周期调节和结构调整功能。实施稳健的货币政策，综合运用公开市场操作、中期借贷便利等货币政策工具，保持银行体系流动性合理充裕，引导金融机构加大对中小微企业的信贷支持力度。

（十二）发挥贷款市场报价利率改革作用。将主要银行贷款利率与贷款市场报价利率的点差纳入宏观审慎评估考核，密切监测中小银行贷款点差变化。督促银行业金融机构将贷款市场报价利率内嵌到内部定价和传导相关环节,疏通银行内部利率传导机制。按照市场化、法治化原则,有序推进存量浮动利率贷款定价基准转换。

(十三)优化监管政策外部激励。推动修订商业银行法,研究修改商业银行贷款应当提供担保的规定,便利小微企业获得信贷。开展商业银行小微企业金融服务监管评价,继续实施普惠型小微企业贷款增速和户数"两增"要求。进一步放宽普惠型小微企业不良贷款容忍度。

(十四)研究完善金融企业绩效评价制度。修改完善金融企业绩效评价管理办法,弱化国有金融企业绩效考核中对利润增长的要求。将金融机构绩效考核与普惠型小微企业贷款情况挂钩。引导金融企业更好地落实国家宏观战略、服务实体经济,加大对小微企业融资支持力度。鼓励期货公司风险管理子公司通过场外期权、仓单服务等方式,为小微企业提供更加优质、便捷的风险管理服务。

(十五)更好落实财税政策优惠措施。加大小微企业金融服务税收优惠和奖补措施的宣传力度,力争做到应享尽享。加强普惠金融发展专项资金保障,做好财政支持小微企业金融服务综合改革试点。

(十六)发挥地方政府性融资担保机构作用。建立政府性融资担保考核评价体系,突出其准公共产品属性和政策性,逐步取消盈利考核要求,重点考核其支小支农成效(包括新增户数、金额、占比、费率水平等)、降低反担保要求、及时履行代偿责任和首次贷款支持率等指标,落实考核结果与资金补充、风险补偿、薪酬待遇等直接挂钩的激励约束机制。逐步提高担保放大倍数,并将政府性融资担保和再担保机构平均担保费率降至1%以下。

(十七)推动国家融资担保基金加快运作。2020年力争新增再担保业务规模4000亿元。与银行业金融机构开展批量担保贷款业务合作,提高批量合作业务中风险责任分担比例至30%。对合作机构单户100万元及以下担保业务免收再担保费,2020年全年对100万元以上担保业务减半收取再担保费。

(十八)清理规范不合理和违规融资收费。对银行业金融机构小微贷款中违规收费及借贷搭售、转嫁成本、存贷挂钩等变相抬高中小微企业实际融资成本的乱象加强监管检查,从严问责处罚。

四、发挥多层次资本市场融资支持作用

（十九）加大债券市场融资支持力度。引导公司信用类债券净融资比上年多增1万亿元，支持大型企业更多发债融资，释放信贷资源用于支持小微企业贷款。优化小微企业专项金融债券审批流程，疏通审批堵点，加强后续管理，2020年支持金融机构发行小微企业专项金融债券3000亿元。进一步发挥民营企业债券融资工具支持作用。推动信用风险缓释工具和信用保护工具发展，推广非公开发行可转换公司债融资工具。

（二十）提升中小微企业使用商业汇票融资效率。对于确需延时支付中小微企业货款的，促进企业使用更有利于保护中小微企业合法权益的商业汇票结算，推动供应链信息平台与商业汇票基础设施互联，加快商业汇票产品规范创新，提升中小微企业应收账款融资效率。

（二十一）支持优质中小微企业上市或挂牌融资。支持符合条件的中小企业在主板、科创板、中小板、创业板上市融资，加快推进创业板改革并试点注册制。优化新三板发行融资制度，引入向不特定合格投资者公开发行机制，取消定向发行单次融资新增股东35人限制，允许内部小额融资实施自办发行，降低企业融资成本。设立精选层，建立转板上市制度，允许在精选层挂牌一年并符合相关条件的企业直接转板上市，打通挂牌公司持续发展壮大的上升通道。对基础层、创新层、精选层建立差异化的投资者适当性标准，引入公募基金等长期资金，优化投资者结构。

（二十二）引导私募股权投资和创业投资投早投小。修订《私募投资基金监督管理暂行办法》（中国证券监督管理委员会令第105号），强化对创业投资基金的差异化监管和自律。制定《创业投资企业标准》，引导和鼓励创业投资企业和天使投资专注投资中小微企业创新创造企业。鼓励资管产品加大对创业投资的支持力度，并逐步提高股权投资类资管产品比例，完善银行、保险等金融机构与创业投资企业的投贷联动、投保联动机制，加强创业投资企业与金融机构的市场化合作。推动完善保险资金投资创业投资基金政策。

（二十三）推进区域性股权市场创新试点。选择具备条件的区域

性股权市场开展制度和业务创新试点,推动修改区域性股权市场交易制度、融资产品、公司治理有关政策规定。推动有关部门和地方政府加大政策扶持力度,将区域性股权市场作为地方中小微企业扶持政策措施综合运用平台。加强与征信、税务、市场监管、地方信用平台等对接,鼓励商业银行、证券公司、私募股权投资机构等参与,推动商业银行提供相关金融服务。

五、加强中小微企业信用体系建设

(二十四)加大对地方征信平台和中小企业融资综合信用服务平台建设指导力度。研究制定相关数据目录、运行管理等标准,推动地方政府充分利用现有的信用信息平台,建立地方征信平台和中小企业融资综合信用服务平台,支持有条件的地区设立市场化征信机构运维地方平台。以地方服务平台为基础,加快实现互联互通,服务区域经济一体化发展。探索建立制造业单项冠军、专精特新"小巨人"企业、专精特新中小企业以及纳入产业部门先进制造业集群和工业企业技术改造升级导向计划等优质中小微企业信息库,搭建产融合作平台,加强信息共享和比对,促进金融机构与中小微企业对接,提供高质量融资服务。完善和推广"信易贷"模式。

(二十五)建立动产和权利担保统一登记公示系统。推动动产和权利担保登记改革,建立统一的动产和权利担保登记公示系统,逐步实现市场主体在一个平台上办理动产和权利担保登记。

六、优化地方融资环境

(二十六)建立健全贷款风险奖补机制。有条件的地方政府可因地制宜建立风险补偿"资金池",提供中小微企业贷款贴息和奖励、政府性融资担保机构资本补充等,以出资额为限承担有限责任。完善风险补偿金管理制度,合理设置托管对象、补偿条件,提高风险补偿金使用效率。

(二十七)支持对中小微企业开展供应链金融服务。支持产融合作,推动全产业链金融服务,鼓励发展订单、仓单、存货、应收账款融资等供应链金融产品,发挥应收账款融资服务平台作用,促进中小微企业2020年应收账款融资8000亿元。加强金融、财政、工信、国资等部门政策联动,加快推动核心企业、财政部门与应收账款融资服务平台完成系统对接,力争实现国有商业银行、主要股份制商业银行全部接入应收账款融资服务平台。

(二十八)推动地方政府深化放管服改革。推动地方政府夯实风险分担、信息共享、账款清欠等主体责任,继续组织清理拖欠民营企业、中小微企业账款,督促政府部门和大型企业依法依规及时支付各类应付未付账款。支持有条件的地方探索建立续贷中心、首次贷款中心、确权中心等平台,提供便民利企服务。继续清理地方政府部门、中介机构在中小微企业融资环节不合理和违规收费。

七、强化组织实施

(二十九)加强组织推动。人民银行分支机构、银保监会派出机构可通过建立专项小组等形式,加强与当地发展改革、财税、工信、商务、国资等部门的联动,从强化内部激励、加强首贷户支持、改进服务效率、降低融资成本、强化银企对接、优化融资环境等方面,因地制宜开展商业银行中小微企业金融服务能力提升专项行动。

(三十)完善监测评价。探索建立科学客观的全国性中小微企业融资状况调查统计制度和评价体系,开发中小微企业金融条件指数,适时向社会发布。人民银行副省级城市中心支行以上分支机构会同各银保监局探索建立地市级和县级中小微金融区域环境评价体系,重点评价辖区内金融服务中小微企业水平、融资担保、政府部门信息公开和共享、账款清欠等,并视情将金融机构和市县政府评价结果告知金融机构上级部门和副省级以上地方政府,营造良好金融生态环境。

国家发展改革委、银保监会关于深入开展"信易贷"支持中小微企业融资的通知

(2019年9月12日　发改财金〔2019〕1491号)

各省、自治区、直辖市、新疆生产建设兵团社会信用体系建设牵头部

门、各银保监局,国家公共信用信息中心,各政策性银行、大型银行、股份制银行,邮储银行,外资银行:

为认真贯彻落实习近平总书记在民营企业座谈会上的重要讲话精神,落实《中华人民共和国中小企业促进法》和《关于加强金融服务民营企业的若干意见》《关于促进中小企业健康发展的指导意见》等法律、政策文件要求,按照党中央、国务院关于解决中小微企业融资难融资贵问题的一系列具体部署,进一步加强信用信息共享,充分发挥信用信息应用价值,加大对守信主体的融资支持力度,提高金融服务实体经济质效,现就深入开展"信易贷"工作,支持金融机构破解中小微企业融资难融资贵问题通知如下:

一、总体要求

深入开展"信易贷"工作,是落实金融供给侧结构性改革要求的重要举措,有利于破解中小微企业融资难题,畅通金融体系和实体经济良性循环。各地区各部门及各金融机构要充分认识深入开展"信易贷"工作的重要意义,积极探索、主动作为,切实利用信用信息加强对中小微企业的金融服务。国家公共信用信息中心要积极协调有关部门,加强信用信息整合共享,加快建设全国中小企业融资综合信用服务平台。各地区社会信用体系建设牵头部门要认真落实属地管理职责,因地制宜采取措施,促进本地区"信易贷"工作成效进一步提升。金融机构要切实履行服务中小微企业第一责任人的职责,扩大"信易贷"规模,提高中小微企业的政策获得感。

二、重点工作任务

(一)建立健全信用信息归集共享查询机制。

依托全国信用信息共享平台,整合税务、市场监管、海关、司法、水、电、气费以及社保、住房公积金缴纳等领域的信用信息,"自上而下"打通部门间的信息孤岛,降低银行信息收集成本。完善信用信息采集标准规范,健全自动采集和实时更新机制,确保信息归集的准确性、时效性和完整性。根据金融机构需求,持续扩大信用信息归集范围。鼓励有条件的地方建设地区性中小企业信用服务平台,选择合适方式对接全国中小企业融资综合信用服务平台,缓解银企信息不对称问题。

明确可依法依规公开信息范围,全国信用信息共享平台可根据有关信息共享协议将可公开信息推送给金融机构使用。全国信用信息共享平台向金融机构提供信息推送、信用报告查询等服务,应当依法依规并按照公益性原则开展。研究制定信用报告格式规范,建立信用报告授权查询制度。规范查询办理流程,未经授权严禁查询信用报告。

(二)建立健全中小微企业信用评价体系。

依托全国信用信息共享平台,构建符合中小微企业特点的公共信用综合评价体系,将评价结果定期推送给金融机构,提高金融机构风险识别能力。鼓励征信机构、信用服务机构依法依规提供针对中小微企业的信用产品和服务。鼓励有条件的金融机构使用公共信用信息,依托大数据、云计算等完善中小微企业信贷评价和风险管理模型,优化信贷审批流程,降低运营管理成本,提高贷款发放效率和服务便利程度。

(三)支持金融机构创新"信易贷"产品和服务。

鼓励金融机构对接全国中小企业融资综合信用服务平台,创新开发"信易贷"产品和服务,加大"信易贷"模式的推广力度。鼓励金融机构以提升风险管理能力为立足点,减少对抵质押担保的过度依赖,逐步提高中小微企业贷款中信用贷款的占比。鼓励金融机构对信用良好、正常经营的中小微企业创新续贷方式,切实降低企业贷款周转成本。

(四)创新"信易贷"违约风险处置机制。

鼓励金融机构依托金融科技建立线上可强制执行公证机制,加快债务纠纷解决速度。依托全国信用信息共享平台对失信债务人开展联合惩戒,严厉打击恶意逃废债务行为,维护金融机构合法权益。

(五)鼓励地方政府出台"信易贷"支持政策。

支持有条件的地方设立由政府部门牵头,金融机构和其他市场主体共同参与、共担风险的"信易贷"专项风险缓释基金或风险补偿金,专项用于弥补金融机构在开展"信易贷"过程中,由于企业债务违约等失信行为造成的经济损失。鼓励根据本地实际出台更加多元化的风险缓释措施。

(六)加强"信易贷"管理考核激励。

在逐步丰富完善全国信用信息共享平台信息资源的基础上,研究制定"信易贷"统计报表规范。金融机构应定期向金融监管部门报送统计报表,金融监管部门和社会信用体系建设牵头部门定期共享统计数据。

建立"信易贷"工作专项评价机制,并从金融机构和地方政府两个维度开展评价。金融机构评价结果纳入小微企业金融服务监管考核评价指标体系,地方政府评价结果纳入城市信用状况监测。加强工作督导和考核,有序推进"信易贷"工作落地见效。

三、保障措施

(一)建立"信易贷"工作协调机制。

国家发展改革委与银保监会牵头建立"信易贷"工作协调机制,建立健全全国信用信息共享平台与金融机构共享共用信用信息的体制机制,协调解决工作推进中的重点难点问题,协同推进"信易贷"工作切实落地,定期总结工作成效。

(二)保障数据安全。

全国信用信息共享平台、金融机构与数据来源部门签订信息保密协议,规范信息共享共用范围和方式,明确信息保密义务和责任。加强数据共享传输技术保障,提升全国信用信息共享平台和金融机构数据系统的安全防护能力。

(三)维护主体权益。

除依法依规可向社会公开的数据外,数据来源部门提供的涉及商业秘密和个人隐私的数据应当获得企业或个人授权后方可查询、加工、分析和使用。数据传输和接收单位应当建立系统日志,完整记录数据访问、操作等信息,避免越权操作,并建立相关制度对违反规定人员追究法律责任。

(四)加强风险防控。

金融机构应当建立覆盖贷前贷中贷后的一体化风险防控体系,加强监测预警和提前处置。鼓励银行业金融机构与保险公司开展信用保证保险等业务合作,完善风险分担机制。

(五)加大宣传力度。

依托部门政务服务大厅、银行网点、服务热线、"信用中国"网站、部门和单位门户网站、微博微信等渠道和方式,对"信易贷"进行全方位宣传,提升企业和个人对"信易贷"的知晓度。加大对典型案例和突出成效的宣传,加强示范引领,在全社会形成守信受益、信用有价的价值导向,营造良好的信用环境,不断扩大"信易贷"的社会影响力。

中国银保监会关于进一步加强金融服务民营企业有关工作的通知

(2019年2月25日 银保监发〔2019〕8号)

为深入贯彻落实中共中央办公厅、国务院办公厅印发的《关于加强金融服务民营企业的若干意见》精神,进一步缓解民营企业融资难融资贵问题,切实提高民营企业金融服务的获得感,现就有关工作通知如下:

一、持续优化金融服务体系

(一)国有控股大型商业银行要继续加强普惠金融事业部建设,严格落实"五专"经营机制,合理配置服务民营企业的内部资源。鼓励中型商业银行设立普惠金融事业部,结合各自特色和优势,探索创新更加灵活的普惠金融服务方式。

(二)地方法人银行要坚持回归本源,继续下沉经营管理和服务重心,充分发挥了解当地市场的优势,创新信贷产品,服务地方实体经济。

(三)银行要加快处置不良资产,将盘活资金重点投向民营企业。加强与符合条件的融资担保机构的合作,通过利益融合、激励相容实现增信分险,为民营企业提供更多服务。银行保险机构要加大对民营企业债券投资力度。

(四)保险机构要不断提升综合服务水平,在风险可控情况下提供更灵活的民营企业贷款保证保险服务,为民营企业获得融资提供增信支持。

（五）支持银行保险机构通过资本市场补充资本，提高服务实体经济能力。加快商业银行资本补充债券工具创新，通过发行无固定期限资本债券、转股型二级资本债券等创新工具补充资本，支持保险资金投资银行发行的二级资本债券和无固定期限资本债券。加快研究取消保险资金开展财务性股权投资行业范围限制，规范实施战略性股权投资。

（六）银保监会及派出机构将继续按照"成熟一家、设立一家"的原则，有序推进民营银行常态化发展，推动其明确市场定位，积极服务民营企业发展，加快建设与民营中小微企业需求相匹配的金融服务体系。

二、抓紧建立"敢贷、愿贷、能贷"的长效机制

（七）商业银行要于每年年初制定民营企业服务年度目标，在内部绩效考核机制中提高民营企业融资业务权重，加大正向激励力度。对服务民营企业的分支机构和相关人员，重点对其服务企业数量、信贷质量进行综合考核，提高不良贷款考核容忍度。对民营企业贷款增速和质量高于行业平均水平，以及在客户体验好、可复制、易推广服务项目创新上表现突出的分支机构和个人，要予以奖励。

（八）商业银行要尽快建立健全民营企业贷款尽职免责和容错纠错机制。重点明确对分支机构和基层人员的尽职免责认定标准和免责条件，将授信流程涉及的人员全部纳入尽职免责评价范畴。设立内部问责申诉通道，对已尽职但出现风险的项目，可免除相关人员责任，激发基层机构和人员服务民营企业的内生动力。

三、公平精准有效开展民营企业授信业务

（九）商业银行贷款审批中不得对民营企业设置歧视性要求，同等条件下民营企业与国有企业贷款利率和贷款条件保持一致，有效提高民营企业融资可获得性。

（十）商业银行要根据民营企业融资需求特点，借助互联网、大数据等新技术，设计个性化产品满足企业不同需求。综合考虑资金成本、运营成本、服务模式以及担保方式等因素科学定价。

（十一）商业银行要坚持审核第一还款来源，减轻对抵押担保的过度依赖，合理提高信用贷款比重。把主业突出、财务稳健、大股东及实

际控制人信用良好作为授信主要依据。对于制造业企业,要把经营稳健、订单充足和用水用电正常等作为授信重要考虑因素。对于科创型轻资产企业,要把创始人专业专注、有知识产权等作为授信重要考虑因素。要依托产业链核心企业信用、真实交易背景和物流、信息流、资金流闭环,为上下游企业提供无需抵押担保的订单融资、应收应付账款融资。

四、着力提升民营企业信贷服务效率

(十二)商业银行要积极运用金融科技手段加强对风险评估与信贷决策的支持,提高贷款需求响应速度和授信审批效率。在探索线上贷款审批操作的同时,结合自身实际,将一定额度民营企业信贷业务的发起权和审批权下放至分支机构,进一步下沉经营重心。

(十三)商业银行要根据自身风险管理制度和业务流程,通过推广预授信、平行作业、简化年审等方式,提高信贷审批效率。特别是对于材料齐备的首次申贷中小企业、存量客户1000万元以内的临时性融资需求等,要在信贷审批及放款环节提高时效。加大续贷支持力度,要至少提前一个月主动对接续贷需求,切实降低民营企业贷款周转成本。

五、从实际出发帮助遭遇风险事件的民营企业融资纾困

(十四)支持资管产品、保险资金依法合规通过监管部门认可的私募股权基金等机构,参与化解处置民营上市公司股票质押风险。

(十五)对暂时遇到困难的民营企业,银行保险机构要按照市场化、法治化原则,区别对待、"一企一策",分类采取支持处置措施,着力化解企业流动性风险。对符合经济结构优化升级方向、有发展前景和一定竞争力但暂时遇到困难的民营企业,银行业金融机构债权人委员会要加强统一协调,不盲目停贷、压贷,可提供必要的融资支持,帮助企业维持或恢复正常生产经营;对其中困难较大的民营企业,可在平等自愿前提下,综合运用增资扩股、财务重组、兼并重组或市场化债转股等方式,帮助企业优化负债结构,完善公司治理。对于符合破产清算条件的"僵尸企业",应积极配合各方面坚决破产清算。

六、推动完善融资服务信息平台

(十六)银行保险机构要加强内外部数据的积累、集成和对接,搭

建大数据综合信息平台,精准分析民营企业生产经营和信用状况。健全优化与民营企业信息对接机制,实现资金供需双方线上高效对接,让信息"多跑路",让企业"少跑腿",为民营企业融资提供支持。

(十七)银保监会及派出机构要积极协调配合地方政府,进一步整合金融、税务、市场监管、社保、海关、司法等领域的企业信用信息,建设区域性的信用信息服务平台,加强数据信息的自动采集、查询和实时更新,推动实现跨层级跨部门跨地域互联互通。

七、处理好支持民营企业发展与防范金融风险的关系

(十八)商业银行要遵循经济金融规律,坚持审慎稳健的经营理念,建立完善行之有效的风险管控体系和精细高效的管理机制。科学设定信贷计划,不得组织运动式信贷投放。

(十九)商业银行要健全信用风险管控机制,不断提升数据治理、客户评级和贷款风险定价能力,强化贷款全生命周期的穿透式风险管理。加强对贷款资金流向的监测,做好贷中贷后管理,确保贷款资金真正用于支持民营企业和实体经济,防止被截留、挪用甚至转手套利,有效防范道德风险和形成新的风险隐患。

(二十)银行业金融机构要继续深化联合授信试点工作,与民营企业构建中长期银企关系,遏制多头融资、过度融资,有效防控信用风险。

八、加大对金融服务民营企业的监管督查力度

(二十一)商业银行要在 2019 年 3 月底前制定 2019 年度民营企业服务目标,结合民营企业经营实际科学安排贷款投放。国有控股大型商业银行要充分发挥"头雁"效应,2019 年普惠型小微企业贷款力争总体实现余额同比增长 30% 以上,信贷综合融资成本控制在合理水平。

(二十二)银保监会将在 2019 年 2 月底前明确民营企业贷款统计口径。按季监测银行业金融机构民营企业贷款情况。根据实际情况按法人机构制定实施差异化考核方案,形成贷款户数和金额并重的年度考核机制。加强监管督导和考核,确保民营企业贷款在新发放公司类贷款中的比重进一步提高,并将融资成本保持在合理水平。

(二十三)银保监会将对金融服务民营企业政策落实情况进行督

导和检查。2019年督查重点将包括贷款尽职免责和容错纠错机制是否有效建立、贷款审批中对民营企业是否设置歧视性要求、授信中是否附加以贷转存等不合理条件、民营企业贷款数据是否真实、享受优惠政策低成本资金的使用是否合规等方面。相关违规行为一经查实，依法严肃处理相关机构和责任人员。严厉打击金融信贷领域强行返点等行为，对涉嫌违法犯罪的机构和个人，及时移送司法机关等有关机关依法查处。

中国银监会关于支持商业银行进一步改进小企业金融服务的通知

（2011年5月23日　银监发〔2011〕59号）

各银监局，各国有商业银行、股份制商业银行，邮政储蓄银行，各省级农村信用联社：

近年来，为深入贯彻落实党中央、国务院的战略部署，着力解决小企业融资方面的突出问题，监管部门积极引导商业银行开展小企业金融业务，不断优化小企业融资环境，取得了明显成效。为巩固小企业金融工作成果，促进小企业金融业务可持续发展，支持商业银行进一步改进小企业金融服务，现将有关要求通知如下：

一、指导商业银行重点支持符合国家产业和环保政策、有利于扩大就业、有偿还意愿和偿还能力、具有商业可持续性的小企业的融资需求。

二、引导商业银行继续深化六项机制（利率的风险定价机制、独立核算机制、高效的贷款审批机制、激励约束机制、专业化的人员培训机制、违约信息通报机制），按照四单原则（小企业专营机构单列信贷计划、单独配置人力和财务资源、单独客户认定与信贷评审、单独会计核算），进一步加大对小企业业务条线的管理建设及资源配置力度，满足符合条件的小企业的贷款需求，努力实现小企业信贷投放增速不低于全部贷款平均增速。

三、鼓励商业银行先行先试，积极探索，进行小企业贷款模式、产品和服务创新，根据小企业融资需求特点，加强对新型融资模式、服务手段、信贷产品及抵(质)押方式的研发和推广。

四、优先受理和审核小企业金融服务市场准入事项的有关申请，提高行政审批效率。对连续两年实现小企业贷款投放增速不低于全部贷款平均增速且风险管控良好的商业银行，在满足审慎监管要求的条件下，积极支持其增设分支机构。

五、督促商业银行进一步加强小企业专营管理建设。对于设立"在行式"小企业专营机构的，其总行应相应设立单独的管理部门。同时鼓励小企业专营机构延伸服务网点，对于小企业贷款余额占企业贷款余额达到一定比例的商业银行，支持其在机构规划内筹建多家专营机构网点。

六、鼓励商业银行新设或改造部分分支行为专门从事小企业金融服务的专业分支行或特色分支行。

七、对于小企业贷款余额占企业贷款余额达到一定比例的商业银行，在满足审慎监管要求的条件下，优先支持其发行专项用于小企业贷款的金融债，同时严格监控所募集资金的流向。

八、对于风险成本计量到位、资本与拨备充足、小企业金融服务良好的商业银行，经监管部门认定，相关监管指标可做差异化考核，具体包括：

（一）对于运用内部评级法计算资本充足率的商业银行，允许其将单户500万元(含)以下的小企业贷款视同零售贷款处理，对于未使用内部评级法计算资本充足率的商业银行，对于单户500万元(含)以下的小企业贷款在满足一定标准的前提下，可视为零售贷款，具体的风险权重按照《商业银行资本充足率管理办法》执行。

（二）在计算存贷比时，对于商业银行发行金融债所对应的单户500万元(含)以下的小企业贷款，可不纳入存贷比考核范围。

九、根据商业银行小企业贷款的风险、成本和核销等具体情况，对小企业不良贷款比率实行差异化考核，适当提高小企业不良贷款比率容忍度。

十、积极推动多元化小企业融资服务体系建设，拓宽小企业融资渠道。同时协调各地方政府、各部门进一步落实和完善相关财税支持政策,完善社会信用体系,推动商业银行同融资性担保机构、产业基金的科学有序合作,创造良好的社会基础。

本通知所指小企业,暂以《关于印发中小企业标准暂行规定的通知》(国经贸中小企〔2003〕143号)的小企业定义为准,国家有关部门对小企业划型标准修改后即按新标准执行。

农村合作银行、农村信用社和村镇银行等农村中小金融机构参照本通知执行。

请各银监局将本通知转发至辖内银监分局和有关商业银行,组织做好贯彻实施工作,并及时总结小企业金融服务工作的问题和经验,不断发展完善,将实施过程中的问题和建议及时反馈银监会。

中国银行业监督管理委员会关于支持商业银行进一步改进小型微型企业金融服务的补充通知

(2011年10月24日 银监发〔2011〕94号)

各银监局,各国有商业银行、股份制商业银行,邮政储蓄银行,各省级农村信用联社:

为贯彻国务院关于加强小型微型企业金融服务的政策精神,巩固和扩大小企业金融服务工作成果,促进小型微型企业金融业务可持续发展,银监会此前印发了《关于支持商业银行进一步改进小企业金融服务的通知》(银监发〔2011〕59号),现根据新的政策精神,就有关要求补充通知如下:

一、进一步明确改进小型微型企业金融服务的工作目标

(一)商业银行应加大对小型微型企业的贷款投放,努力实现小型微型企业贷款增速不低于全部贷款平均增速,增量高于上年同期水平,并重点加大对单户授信总额500万元(含)以下小型微型企业的信

贷支持。

（二）商业银行应继续深化六项机制建设，加强内部管理，形成对小型微型企业金融服务前中后台的横贯型管理和支持机制。

二、关于小型微型企业金融服务机构准入

（一）鼓励和支持商业银行进一步扩大小型微型企业金融服务网点覆盖面，将小企业金融服务专营机构向社区、县域和大的集镇等基层延伸。鼓励和支持商业银行在已开设分支行的地区加快建设小企业金融服务专营机构分中心。

（二）对于小型微型企业授信客户数占该行辖内所有企业授信客户数以及最近六个月月末平均小型微型企业授信余额占该行辖内企业授信余额达到一定比例以上的商业银行，各银监局在综合评估其风险管控水平、IT系统建设水平、管理人才储备和资本充足状况的基础上，可允许其一次同时筹建多家同城支行，但每次批量申请的间隔期限不得少于半年。

前述两项比例标准由各银监局自行确定后报送银监会完善小企业金融服务领导小组办公室备案。原则上授信客户数占比东部沿海省份和计划单列市不应低于70%，其它省份应不低于60%。

（三）鼓励和支持商业银行积极通过制度、产品和服务创新支持科技型小型微型企业成长，进一步探索建设符合我国国情的科技支行。

三、关于支持商业银行发行专项用于小型微型企业贷款的金融债

（一）申请发行小型微型企业贷款专项金融债的商业银行除应符合《全国银行间债券市场金融债券发行管理办法》等现有各项监管法规外，其小型微型企业贷款增速应不低于全部贷款平均增速，增量应高于上年同期水平。

（二）申请发行小型微型企业贷款专项金融债的商业银行应出具书面承诺，承诺将发行金融债所筹集的资金全部用于发放小型微型企业贷款。

（三）对于商业银行申请发行小型微型企业贷款专项金融债的，银监会结合其小型微型企业业务发展、贷款质量、专营机构建设、产品及服务创新、战略定位等情况作出审批决定。对于属地监管的商业银行，属地银监局应对其上述情况出具书面意见，作为银监会审批的参

考材料。

（四）获准发行小型微型企业贷款专项金融债的商业银行，该债项所对应的单户授信总额500万元（含）以下的小型微型企业贷款在计算"小型微型企业调整后存贷比"时，可在分子项中予以扣除，并以书面形式报送监管部门。

（五）各级监管机构应在日常监管中对获准发行小型微型企业贷款专项金融债的商业银行法人进行动态监测和抽样调查，严格监管发债募集资金的流向，确保资金全部用于发放小型微型企业贷款。

四、关于小型微型企业贷款优惠计算风险权重

商业银行在计算资本充足率时，对符合相关条件的小型微型企业贷款，应根据《商业银行资本管理办法》相关规定，在权重法下适用75%的优惠风险权重，在内部评级法下比照零售贷款适用优惠的资本监管要求。

五、关于小型微型企业贷款不良率容忍度的监管标准

（一）各级监管机构应对商业银行小型微型企业贷款不良率执行差异化的考核标准，根据各行实际平均不良率适当放宽对小型微型企业贷款不良率的容忍度。

（二）各级监管机构应结合当前经济金融形势和小型微型企业贷款的风险点，及时做好小型微型企业贷款的风险提示与防范工作。

六、自收到本通知之日起，除银团贷款外，商业银行不得对小型微型企业贷款收取承诺费、资金管理费，严格限制对小型微型企业收取财务顾问费、咨询费等费用。

七、各商业银行应根据《关于印发中小企业划型标准规定的通知》（工信部联企业〔2011〕300号）规定的企业划型标准，并按照银监会2012年非现场监管报表制度要求，及时、准确填报相关数据。

八、本通知所称"小型微型企业贷款"，含商业银行向小企业、微型企业发放的贷款及个人经营性贷款。有关企业划分标准按《关于印发中小企业划型标准规定的通知》（工信部联企业〔2011〕300号）规定执行。

农村合作银行、农村信用社和村镇银行等农村中小金融机构参照本通知执行。

请各银监局将本通知转发辖内银监分局和有关商业银行，组织做好贯彻实施和信息反馈工作。

（四）民间投资促进

国家发展改革委办公厅等关于建立促进民间投资资金和要素保障工作机制的通知

（2024年8月16日　发改办投资〔2024〕705号）

各省、自治区、直辖市及计划单列市、新疆生产建设兵团发展改革委、自然资源主管部门、生态环境厅（局）、金融监管局：

为贯彻党中央、国务院决策部署，进一步增强促进民间投资政策制定的针对性，持续加大对民间投资项目的支持力度，抓好抓紧抓实促进民间投资工作，国家发展改革委、自然资源部、生态环境部、金融监管总局共同决定建立以统计数据为基础，以重点项目为抓手，以政策为支撑的促进民间投资资金和要素保障工作机制。现就有关工作通知如下。

一、加强统计数据分析，找准政策着力点和结合点

国家发展改革委聚焦基础设施、制造业、房地产开发等民间投资重点行业重点领域，进一步加强民间投资增速、结构、占比等统计数据分析，依据全国投资在线审批监管平台汇集共享的投资项目数据，同步开展民间意向投资分析，发现民间投资需要加力支持的领域，找准民间投资存在的短板弱项，为更加精准、更加务实地制定相应支持政策和措施奠定基础。

二、建立重点领域项目常态化推介机制，加大政府投资支持力度

国家发展改革委依托全国向民间资本推介项目平台，组织地方持续向社会公开推介并严格审核把关，形成滚动接续的向民间资本推介

项目清单。按照好中选优的原则，再遴选一批交通、能源、水利等重点领域向民间资本推介的项目，进一步加大集中推介力度。组织各地方持续筛选符合政策要求、投资规模较大、示范性较强的民间投资项目，经评估审核后，按程序纳入全国重点民间投资项目库，形成全国重点民间投资项目清单。筛选全国重点民间投资项目时，优先考虑重点领域向民间资本推介项目清单中的成功推介项目。国家发展改革委将针对全国重点民间投资项目，通过安排中央预算内投资等方式，按照规定予以政府投资支持。

三、加强用地用海等要素保障，协同提升项目前期工作质效

国家发展改革委将存在用地用海保障需求的全国重点民间投资项目清单推送至自然资源部，由自然资源部依据土地管理法、海域使用管理法等法律法规和国土空间规划，对全国重点民间投资项目予以用地用海保障支持。自然资源部、国家发展改革委将加强项目前期工作的协同配合，共同研究分析民间投资项目用地用海要素保障中存在的问题，指导民营企业用足用好现有用地用海要素保障系列措施，提升民间投资项目前期工作质量和效率，依法依规、节约集约用地用海。

四、做好环评要素保障，促进投资建设与环评管理协同推进

国家发展改革委将全国重点民间投资项目清单及时推送至生态环境部，由生态环境部依据环境影响评价法、《规划环境影响评价条例》等法律法规，根据对项目环评分级分类管理要求，做好全国重点民间投资项目环评保障。生态环境部、国家发展改革委将深化沟通协作，结合民间投资项目有关环评工作诉求，不断优化投资决策管理与环评审批服务，加强政策解读和培训，指导民营企业在前期工作阶段同步启动、同等深度开展环评工作，扎实推进项目前期工作。

五、坚持市场化导向，引导加大民间投资项目融资支持力度

国家发展改革委将全国重点民间投资项目清单通过全国投资项目在线审批监管平台推送至有关合作银行，同步请金融监管总局向其他银行保险机构推送，引导各家机构按照市场化法治化原则，独立评审、自主选择符合条件的项目给予融资支持。国家发展改革委将依托全国投资项目在线审批监管平台，协助各家银行准确核验民间投资项目法人单位、建设内容、审批事项以及建设进度等信息，为银行贷款审

批提供信息支撑,助力提升审贷效能。金融监管总局、国家发展改革委共同研究促进民间投资发展的融资支持政策,引导银行业、保险业等金融机构创新金融产品和服务,合理确定民营企业贷款利率水平,严格规范信贷融资各环节收费,持续提升民间投资项目融资便利化水平,促进解决民营企业融资难、融资贵问题。

六、加强组织领导,不断提升促进民间投资工作效能

国家发展改革委、自然资源部、生态环境部、金融监管总局共同建立促进民间投资资金和要素保障工作机制,定期召开工作会议,研究解决民间投资项目推进存在的共性问题,共同完善民间投资项目投资、融资和要素保障政策,并加强对各地方的政策指导,切实提升民营企业对相关改革和审批服务的获得感。各地方发展改革、自然资源、生态环境、金融监管等部门要根据本通知精神,建立健全本地区有关工作机制,帮助民营企业切实解决项目推进遇到的资金、要素等难点堵点问题,不断促进民间投资工作走深走实。

国家发展改革委关于进一步抓好抓实促进民间投资工作努力调动民间投资积极性的通知

(2023年7月14日　发改投资〔2023〕1004号)

各省、自治区、直辖市及计划单列市、新疆生产建设兵团发展改革委:

为深入贯彻习近平总书记重要指示精神,落实党中央、国务院决策部署,按照中央经济工作会议和《政府工作报告》要求,进一步深化、实化、细化政策措施,持续增强民间投资意愿和能力,努力调动民间投资积极性,推动民间投资高质量发展,现就有关工作通知如下。

一、明确工作目标,提振民间投资信心

(一)充分认识促进民间投资的重要意义。习近平总书记指出,党中央始终坚持"两个毫不动摇"、"三个没有变",始终把民营企业和民营企业家当作自己人;要激发民间资本投资活力,鼓励和吸引更多民间资本参与国家重大工程、重点产业链供应链项目建设,为构建新发展格局、推动高质量发展作出更大贡献。我们要以习近平新时代中国特色社会主义思想为指导,全面贯彻落实党的二十大精神,按照中央经济工作会议和《政府工作报告》要求,切实做好促进民间投资工作,充分调动民间投资积极性。

(二)明确促进民间投资的工作目标。充分发挥民间投资的重要作用,力争将全国民间投资占固定资产投资的比重保持在合理水平,带动民间投资环境进一步优化、民间投资意愿进一步增强、民间投资活力进一步提升。各省级发展改革委要明确本地区民间投资占比、民间投资中基础设施投资增速的工作目标,分解重点任务,制定具体措施,压实各方责任,推动各项工作落到实处。

二、聚焦重点领域,支持民间资本参与重大项目

(三)明确一批鼓励民间资本参与的重点细分行业。我委将在交通、水利、清洁能源、新型基础设施、先进制造业、现代设施农业等领域中,选择一批市场空间大、发展潜力强、符合国家重大战略和产业政策要求、有利于推动高质量发展的细分行业,鼓励民间资本积极参与;组织梳理相关细分行业的发展规划、产业政策、投资管理要求、财政金融支持政策等,向社会公开发布,帮助民营企业更好进行投资决策。各省级发展改革委要对照上述细分行业目录,商请本地相关部门补充完善地方有关政策,并加强宣传解读,引导民间投资落地生根。

(四)全面梳理吸引民间资本项目清单。各省级发展改革委要从国家重大工程和补短板项目中,认真选取投资回报机制明确、投资收益水平较好、适合向民间资本推介的项目,形成拟向民间资本推介的重大项目清单。要积极组织本地区有关方面,因地制宜选择适合民间资本参与的重点产业链供应链等项目,形成拟向民间资本推介的产业项目清单。要组织梳理完全使用者付费的特许经营项目,形成拟向民间资本推介的特许经营项目清单。

(五)切实做好民间投资服务对接工作。各省级发展改革委要在推进有效投资重要项目协调机制中,纳入鼓励民间投资工作机制,明确工作重点,细化支持政策,强化协调联动,加强服务保障。要以上述拟向民间资本推介的重大项目、产业项目、特许经营项目等三类项目清单为基础，通过召开项目推介会等多种方式开展投融资合作对接，公开发布项目基本情况、参与方式、回报机制等信息，做好政策解读、业务对接、条件落实等工作，为项目落地创造条件。有关方面在选择项目投资人、社会资本方或合作单位时，鼓励选择技术水平高、创新能力强、综合实力好的民营企业。

（六）搭建统一的向民间资本推介项目平台。我委将依托全国投资项目在线审批监管平台，建立统一的向民间资本推介项目平台，发布项目推介、支持政策等信息，便于民间资本更便捷地获取相关项目信息，吸引更多民间资本参与国家重大工程和补短板项目、重点产业链供应链项目、完全使用者付费的特许经营项目等建设。各地投资项目在线审批监管平台要完善功能、强化服务，及时更新项目清单，动态发布地方政策、推介活动、项目进展等信息，为统一的向民间资本推介项目平台提供更好支撑。

（七）引导民间投资科学合理决策。各省级发展改革委要采取多种方式向民营企业宣传解读《企业投资项目可行性研究报告编写参考大纲（2023年版）》，引导民营企业切实重视可行性研究工作，不断提高投资决策的科学性和精准性，实现长期健康可持续发展。鼓励民营企业聚焦实业、做精主业、提升核心竞争力，避免片面追求热点、盲目扩大投资、增加运营风险。引导民营企业量力而行，自觉强化信用管理，合理控制债务融资规模和比例，避免超出自身能力的高杠杆投资，防止资金链断裂等重大风险。

三、健全保障机制，促进民间投资项目落地实施

（八）建立重点民间投资项目库。我委将按照标准明确、程序严谨、客观公正的原则，在各省级发展改革委推荐的基础上，经过专业评估，筛选符合条件的民间投资项目，建立全国重点民间投资项目库，加强重点民间投资项目的融资保障和要素保障。各省级发展改革委应分别建立省级重点民间投资项目库，对入库项目加强融资保障和要素保障，并以此为基础向我委推荐重点民间投资项目。

（九）优化民间投资项目的融资支持。我委将按照"成熟一批、推荐一批"的思路，向有关金融机构推荐全国重点民间投资项目库项目；

有关金融机构按照市场化法治化原则,独立评审、自主决策、自担风险,自主选择符合条件的项目给予金融支持。我委将与有关政策性开发性银行、国有商业银行、股份制银行加强对接,依托全国投资项目在线审批监管平台,适时共享有关民间投资项目前期手续办理情况,以及是否获得中央预算内投资等资金支持信息,引导加大融资支持力度。有关金融机构及时向我委反馈向重点民间投资项目及其他民间投资项目提供银行贷款或股权投资等资金支持情况。各省级发展改革委要参照上述工作机制,主动与银行、保险等金融机构加强对接,积极帮助民间投资项目解决融资困难。

（十）强化重点民间投资项目的要素保障。我委将把全国重点民间投资项目库项目纳入国家重大项目用地保障机制,商请自然资源部加大项目用地保障力度;各省级发展改革委要商请本地区自然资源部门,帮助解决本地区重点民间投资项目用地保障问题。各省级发展改革委要主动与自然资源、生态环境等有关部门加强沟通协调,在办理用林用海、环境影响评价、节能等手续时,对民间投资项目一视同仁、平等对待,帮助民间投资项目顺利实施。

（十一）积极发挥信用信息的支撑作用。我委将会同有关部门进一步推广"信易贷"模式,以信用信息共享和大数据开发利用为基础,深入挖掘信用信息价值,提升信用支持金融服务实体经济能力水平,提高民间投资融资能力。各省级发展改革委要会同有关部门,在现有地方信用信息共享平台、征信平台、综合金融服务平台等信息系统基础上,进一步统筹建立或完善地方融资信用服务平台,努力减少银企信息不对称,促进信贷资源向民间投资合理配置。

（十二）鼓励民间投资项目发行基础设施领域不动产投资信托基金（REITs）。我委将进一步加大工作力度,推荐更多符合条件的民间投资项目发行基础设施 REITs,促进资产类型多样化,进一步拓宽民间投资的投融资渠道,降低企业资产负债率,提升再投资能力。各省级发展改革委要与自然资源、生态环境、住房城乡建设等部门加强沟通协调,重点围绕前期手续完善、产权证书办理、土地使用管理等方面,帮助落实存量资产盘活条件,支持更多的民间投资项目发行基础设施 REITs。

四、营造良好环境,促进民间投资健康发展

(十三)优化民间投资项目管理流程。各省级发展改革委要与有关部门密切配合,压缩民间投资项目核准备案、规划许可、施工许可流程,积极探索开展"多评合一、一评多用"的综合评估模式,提高民间投资项目前期工作效率。对民间投资项目探索采取分层供地等创新模式,提高土地供应与使用效率。探索对民间投资项目分栋、分层、分段进行预验收,在保证安全生产的前提下对个别检测耗时较长的验收材料实行容缺受理,探索联合验收模式,压缩竣工验收、不动产登记时间,尽早完成权属登记,帮助民间投资项目尽快具备融资条件。

(十四)搭建民间投资问题反映和解决渠道。我委将依托全国投资项目在线审批监管平台,建立民间投资问题反映专栏,收集民间投资遇到的以罚代管、市场准入隐性壁垒、招投标不公正待遇、前期手续办理进展缓慢等重点问题线索。对事实清楚、问题明确的重点线索,将转请有关地方和部门加快推动解决,并将具体落实情况反馈我委,形成问题线索"收集-反馈-解决"的闭环管理机制。我委将明确一批定点联系的民营企业,定期开展民间投资深度问卷调查,畅通直诉路径,更好倾听民营企业呼声。对反映问题集中、解决问题不力的地方,将报请国务院纳入国务院大督查范围。对民间投资遇到的共性问题,将会同或提请有关部门研究提出具体措施,制定或修改政策文件,从制度和法律上把对国企民企平等对待的要求落下来。

(十五)建立民间投资工作调度评估机制。我委将建立促进民间投资工作调度评估机制,对明确工作目标、梳理项目清单、公开推介项目、建立工作机制、加强与金融机构对接、做好要素保障、处理反映问题等工作进展,以及民间投资增速、民间投资占比、推介项目数量、吸引金融机构融资支持规模、项目要素保障力度、民间投资问题解决效率等工作成效,进行每月调度、每季通报、每年评估,压实工作责任。有关情况将以通报等方式印发各省级发展改革委,抄送省级人民政府和国务院有关部门,并适时上报国务院。

(十六)设立促进民间投资引导专项。我委将调整设立中央预算内投资专项,每年选择20个民间投资增速快、占比高、活力强、措施实的地级市(区)予以支持,由相关地方将专项资金用于符合条件的重点项目建设。我委将制定专项管理办法和评价标准,确保支持措施规范公平落实到位,并将支持名单以适当方式向社会公开,充分调动各地促进民间投资工作的积极性。

(十七)宣传推广促进民间投资典型经验。各地要积极探索、大胆尝试,创新方式方法,支持民间投资健康发展。我委将深入挖掘、大力推广各地促进民间投资的好经验好做法,通过召开促进民间投资现场会、举办新闻发布会、印发典型经验案例等多种方式,推动各地互相学习借鉴,不断优化投资环境,为民间投资健康发展创造良好氛围。

各地发展改革部门要按照本通知要求,切实抓好促进民间投资工作,努力营造公平、透明、法治的发展环境,充分调动民间投资积极性,促进民间投资高质量发展。我委将对政策落实情况进行跟踪调研和督促检查,重大事项及时向国务院报告。

国家发展改革委关于进一步完善政策环境加大力度支持民间投资发展的意见

(2022年10月28日 发改投资〔2022〕1652号)

各省、自治区、直辖市人民政府,新疆生产建设兵团,国务院各部委、各直属机构,全国工商联,中国国家铁路集团有限公司:

全面建设社会主义现代化国家必须扎实推进高质量发展,必须完整、准确、全面贯彻新发展理念,坚持社会主义市场经济改革方向。党中央、国务院明确要求,着力做好"六稳"、"六保"工作,注重启动既能补短板调结构、又能带消费扩就业的一举多得项目,促进有效投资特别是民间投资合理增长。民间投资占全社会投资一半以上,坚持"两个毫不动摇",加大政策支持,用市场办法、改革举措激发民间投资活力,有利于调动各方投资积极性、稳定市场预期、增加就业岗位、促进经济高质量发展,助力实现中国式现代化。为贯彻落实党的二十大精神,进一步完善政策环境、加大力度支持民间投资发展,经国务院同意,现提出以下意见。

一、发挥重大项目牵引和政府投资撬动作用

（一）支持民间投资参与102项重大工程等项目建设。根据"十四五"规划102项重大工程、国家重大战略等明确的重点建设任务,选择具备一定收益水平、条件相对成熟的项目,多种方式吸引民间资本参与。已确定的交通、水利等项目要加快推进,在招投标中对民间投资一视同仁。支持民营企业参与铁路、高速公路、港口码头及相关站场、服务设施建设。鼓励民间投资以城市基础设施等为重点,通过综合开发模式参与重点项目建设,提高数字化、网络化、智能化水平。鼓励民营企业加大太阳能发电、风电、生物质发电、储能等节能降碳领域投资力度。鼓励民间投资的重点工程项目积极采取以工代赈方式扩大就业容量。(国家发展改革委、住房城乡建设部、交通运输部、水利部、国家能源局等国务院相关部门,中国国家铁路集团有限公司及各地区按职责分工负责)

（二）发挥政府投资引导带动作用。全面梳理适用于民间投资项目的投资支持政策,加大宣传推广力度。在安排各类政府性投资资金时,对民营企业一视同仁,积极利用投资补助、贷款贴息等方式,支持符合条件的民间投资项目建设。用好政府出资产业引导基金,加大对民间投资项目的支持力度。推动政府和社会资本合作(PPP)模式规范发展、阳光运行,引导民间投资积极参与基础设施建设。在政府投资招投标领域全面推行保函(保险)替代现金缴纳投标、履约、工程质量等保证金,鼓励招标人对民营企业投标人免除投标担保。(国家发展改革委、财政部牵头,国务院相关部门及各地区按职责分工负责)

（三）支持民间投资参与科技创新项目建设。鼓励民间资本积极参与国家产业创新中心、国家技术创新中心、国家能源研发创新平台、国家工程研究中心、国家企业技术中心等创新平台建设,支持民营企业承担国家重大科技战略任务。鼓励中央企业、行业龙头企业加强对民营企业新产品、新技术的应用,引导民营企业参与重大项目供应链建设。在稳定产业链供应链相关项目招投标中,对大中小企业联合体给予倾斜,鼓励民营企业参与。支持平台经济规范健康持续发展,鼓励平台企业加快人工智能、云计算、区块链、操作系统、处理器等领域重点项目建设。(国家发展改革委、科技部、工业和信息化部、国务院国资委、国家能源局等国务院相关部门及各地区按职责分工负责)

二、推动民间投资项目加快实施

(四)深化"放管服"改革。强化事前事中事后全链条全领域监管,全面开展市场准入效能评估,优化完善市场准入负面清单,健全重点案例督查督办机制,持续破除市场准入壁垒,创造公平市场准入环境。持续规范和完善以市场主体和公众满意度为导向的中国营商环境评价机制,不断优化市场化法治化国际化营商环境。支持各地区聚焦制造业、科技创新和服务业等民间投资重点领域,研究出台有针对性的具体支持措施,与符合政策鼓励方向的民间投资项目建立常态化沟通机制,密切跟进、主动服务,协调解决关键问题,营造有利于民间投资发展的政策环境。充分发挥全国投资项目在线审批监管平台作用,实现项目网上申报、并联审批、信息公开、协同监管,不断提高民间投资项目办理效率和服务质量。(国家发展改革委、科技部、工业和信息化部等国务院相关部门及各地区按职责分工负责)

(五)加快民间投资项目前期工作。加快民间投资项目核准备案、规划选址、用地用海、环境影响评价、施工许可等前期工作手续办理,落实各项建设条件。对符合法律法规和政策要求,在推动经济社会发展、促进产业转型、加快技术进步等方面有较强带动作用、投资规模较大的民间投资项目,积极纳入各地区重点投资项目库,加强用地(用海)、用能、用水、资金等要素保障,促进项目落地实施。(国家发展改革委、自然资源部、生态环境部、住房城乡建设部、银保监会、国家能源局等国务院相关部门及各地区按职责分工负责)

(六)健全完善政府守信践诺机制。在鼓励和吸引民间投资项目落地的过程中,要切实加强政务诚信建设,避免开头承诺,不开"空头支票"。地方各级政府要严格履行依法依规作出的政策承诺,对中小企业账款拖欠问题要抓紧按要求化解。加大失信惩戒力度,将政府拖欠账款且拒不履行司法裁判等失信信息纳入全国信用信息共享平台并向社会公开。(国家发展改革委、工业和信息化部、财政部等国务院相关部门及各地区按职责分工负责)

三、引导民间投资高质量发展

（七）支持制造业民间投资转型升级。鼓励民营企业立足我国产业规模优势、配套优势和部分领域先发优势，积极加大先进制造业投资，持续提升核心竞争力。鼓励民营企业应用先进适用技术，加快设备更新升级，推动传统产业高端化、智能化、绿色化转型升级，巩固优势产业领先地位。引导制造业民营企业顺应市场变化和高质量发展要求，充分发挥自身优势，积极开发新技术、推出新产品，构建新的增长引擎。（国家发展改革委、科技部、工业和信息化部等国务院相关部门及各地区按职责分工负责）

（八）鼓励民间投资更多依靠创新驱动发展。引导民间资本以市场为导向，发挥自身在把握创新方向、凝聚人才等方面的积极作用，持续加大研发投入，推动创新创业创造深入发展。支持有条件的地区建立混合所有制的产业技术研究院，服务区域关键共性技术开发。营造有利于科技型中小微企业成长的良好环境，鼓励民间资本参与 5G 应用、数据中心、工业互联网、工业软件等新型基础设施及相关领域投资建设和运营，发展以数据资源为关键要素的数字经济，积极培育新业态、新模式。（国家发展改革委、工业和信息化部等国务院相关部门及各地区按职责分工负责）

（九）引导民间投资积极参与乡村振兴。在充分保障农民权益的前提下，鼓励并规范民间资本到农村发展种苗种畜繁育、高标准设施农业、规模化养殖等现代种养业，参与高标准农田建设；支持民营企业投资农村新产业新业态，促进农业与文化体育、健康养老等业态融合，因地制宜发展休闲农业和乡村旅游产业，培育壮大特色产业。鼓励民间资本参与文化产业赋能乡村振兴建设，支持优势特色产业集群、现代农业产业园、农业产业强镇等项目，以及国家农村产业融合发展示范园建设，激发乡村产业发展活力。（国家发展改革委、民政部、农业农村部、文化和旅游部等国务院相关部门及各地区按职责分工负责）

（十）探索开展投资项目环境、社会和治理（ESG）评价。完善支持绿色发展的投资体系，充分借鉴国际经验，结合国内资本市场、绿色金融等方面的具体实践，研究开展投资项目 ESG 评价，引导民间投资更加注重环境影响优化、社会责任担当、治理机制完善。ESG 评价工作要坚持前瞻性和指导性,帮助民营企业更好地预判、防范和管控投资项目可能产生的环境、社会、治理风险,规范投资行为,提高投资质量。(国家发展改革委牵头,国务院相关部门及各地区按职责分工负责)

四、鼓励民间投资以多种方式盘活存量资产

(十一)支持民间投资项目参与基础设施领域不动产投资信托基金(REITs)试点。在发行基础设施 REITs 时,对各类所有制企业一视同仁,加快推出民间投资具体项目,形成示范效应,增强民营企业参与信心。积极做好政策解读和宣传引导,提升民营企业参与基础设施 REITs 试点的积极性,拿出优质项目参与试点,降低企业资产负债率,实现轻资产运营,增强再投资能力。(证监会、国家发展改革委牵头,国务院相关部门及各地区按职责分工负责)

(十二)引导民间投资积极参与盘活国有存量资产。鼓励民间资本通过政府和社会资本合作(PPP)等方式参与盘活国有存量资产。通过开展混合所有制改革、引入战略投资人和专业运营管理方等,吸引民间资本参与基础设施项目建设、运营。对长期闲置但具有潜在开发利用价值的老旧厂房、文化体育场馆和闲置土地等资产,可采取资产升级改造与定位转型等方式,充分挖掘资产价值,吸引民间投资参与。(国家发展改革委、财政部、自然资源部、文化和旅游部、国务院国资委等国务院相关部门及各地区按职责分工负责)

(十三)通过盘活存量和改扩建有机结合等方式吸引民间投资。鼓励民间投资参与盘活城市老旧资源,因地制宜推进城镇老旧小区改造,支持通过精准定位、提升品质、完善用途,丰富存量资产功能、提升资产效益。因地制宜推广污水处理厂下沉、地铁上盖物业、交通枢纽地上地下空间、公路客运场站及城市公共交通场站用地综合开发等模式,拓宽收益来源,提高资产综合利用价值,增强对民间投资的吸引力。(国家发展改革委、自然资源部、住房城乡建设部、交通运输部等国务院相关部门及各地区按职责分工负责)

(十四)鼓励民营企业盘活自身存量资产。鼓励民营企业通过产权交易、并购重组、不良资产收购处置等方式盘活自身资产,加强存量资产优化整合。引导民营企业将盘活存量资产回收资金,用于新的助力国家重大战略、符合政策鼓励方向的项目建设,形成投资良性循环。

(国家发展改革委、人民银行、银保监会等国务院相关部门及各地区按职责分工负责)

五、加强民间投资融资支持

(十五)加大对民间投资项目融资的政策支持。加强涉企信用信息共享应用,引导金融机构对民营企业精准信用画像,客观合理判断企业风险。建立和完善社会资本投融资合作对接机制,通过项目对接会等多种方式,搭建有利于民间投资项目与金融机构沟通衔接的平台。发挥政府性融资担保机构作用,按市场化原则对符合条件的交通运输、餐饮、住宿、旅游行业民间投资项目提供融资担保支持,扩大民营企业融资担保业务规模。(国家发展改革委、财政部、文化和旅游部、人民银行、银保监会等国务院相关部门及各地区按职责分工负责)

(十六)引导金融机构积极支持民间投资项目。推动金融机构按市场化原则积极采用续贷、贷款展期、调整还款安排等方式对民间投资项目予以支持,避免因抽贷、断贷影响项目正常建设。完善民营企业债券融资支持机制,加大对民营企业发债融资的支持力度。引导金融机构创新金融产品和服务,降低对民营企业贷款利率水平和与融资相关的费用支出,加大对符合条件的民间投资项目的支持力度。督促金融机构对民营企业债券融资交易费用能免尽免。(国家发展改革委、人民银行、银保监会、证监会等国务院相关部门及各地区按职责分工负责)

(十七)支持民营企业创新融资方式。鼓励国有企业通过投资入股、联合投资、并购重组等方式,与民营企业进行股权融合、战略合作、资源整合,投资新的重点领域项目。支持民间资本发展创业投资,加大对创新型中小企业的支持力度。支持符合条件的高新技术和"专精特新"企业开展外债便利化额度试点。(国家发展改革委、工业和信息化部、国务院国资委、外汇局等国务院相关部门及各地区按职责分工负责)

六、促进民间投资健康发展

(十八)深入落实降成本各项政策。落实落细党中央、国务院关于降成本的各项决策部署,畅通政策落地"最后一公里",持续推动合理降低企业税费负担,鼓励金融机构合理让利,推进降低企业用能、用地、房屋租金等成本。及时研究解决突出问题，切实降低民营企业生产经营成本，推动政策红利应享尽享。（国家发展改革委、财政部、自然资源部、住房城乡建设部、人民银行、银保监会等国务院相关部门及各地区按职责分工负责）

（十九）引导民间投资科学合理决策。引导民营企业正确看待国内外经济形势，准确理解国家政策意图，客观认识困难和挑战，发掘新的投资机遇，找准未来发展方向。引导民营企业加强投资项目管理，掌握投资决策的理论和方法，不断提高投资决策的科学性和精准性，提升投资效益，坚持依法合规生产经营，实现健康可持续发展。（国家发展改革委等国务院相关部门，全国工商联及各地区按职责分工负责）

（二十）支持民营企业加强风险防范。鼓励民营企业聚焦实业、做精主业、提升核心竞争力，避免片面追求热点、盲目扩大投资、增加运营风险。引导民营企业量力而行，自觉强化信用管理，合理控制债务融资规模和比例，避免超出自身能力的高杠杆投资，防止资金链断裂等重大风险。（国家发展改革委、工业和信息化部、人民银行、银保监会等国务院相关部门及各地区按职责分工负责）

（二十一）进一步优化民间投资社会环境。落实鼓励民营经济发展的各项政策措施，促进民营经济发展壮大。依法保护民营企业产权和企业家权益，在防止资本无序扩张的前提下设立"红绿灯"，推出一批"绿灯"投资案例，规范和引导资本健康发展。做好拟出台政策与宏观政策取向一致性评估，防止出台影响民间投资积极性的政策措施。加强宣传引导，及时回应市场关切，稳定市场预期，增强民间投资信心，促进民间投资高质量发展。（国家发展改革委等国务院相关部门，全国工商联及各地区按职责分工负责）

促进民间投资健康发展若干政策措施

(2016年10月12日国家发展改革委发布)

一、促进投资增长

(一)进一步放开民间投资市场准入。按照国务院两个"36条"、一个"39条"要求,进一步开放民用机场、基础电信运营、油气勘探开发、配售电、国防科技等领域,市场准入对各类投资主体要一视同仁,鼓励民间投资进入。

(二)确保各类投资主体进入社会服务领域一视同仁。在医疗、养老、教育等民生领域完善已有的配套政策,出台实质性措施。重点解决民办养老机构在设立许可、土地使用、医保对接、金融支持、人才培养等方面的难题,民营医院在职称晋升、政府补贴、土地使用等方面的突出困难,民办学校在办学资格、职称评定等方面的突出矛盾。

(三)大力推广政府和社会资本合作(PPP)模式,进一步完善公共服务和基础设施领域鼓励民间投资参与的政策措施。研究出台相关行业、领域的PPP实施细则,切实解决民企与国企公平竞争问题,鼓励民间资本进入公共服务和基础设施领域。加快推动相关立法工作,明确适用范围、条件和程序,去除不合理门槛,保障各方的合法权益。

(四)抓紧建立市场准入负面清单制度。在部分地区试点的基础上,进一步明确市场准入负面清单以外的行业、领域、业务等,各类市场主体皆可依法平等进入。

(五)加快推动投资项目在线审批监管平台建设。各地区、各部门引入全流程监督管理和挂牌督办机制,加快推动有效落实部门横向协调联动和网上集中并联审批。

(六)加快修订政府核准的投资项目目录。推动有关部门加快落实《清理规范投资项目报建审批事项实施方案》,推动项目前期工作提速。

二、改善金融服务

（七）鼓励政策性、开发性金融机构发挥作用，在业务范围内对符合条件的小微企业提供信贷支持。发挥商业银行、财务公司、金融租赁公司等金融机构优势，改进授信管理，优化服务流程，为小微企业提供多样化的金融服务和融资支持。对经营状况良好、符合条件的小微企业给予续贷支持。

（八）设立国家融资担保基金，推进省级再担保机构基本实现全覆盖，以着力缓解小微企业融资难融资贵为导向，探索发展新型融资担保行业。

（九）鼓励发展支持重点领域建设的投资基金，充分发挥引导作用，按照"政府引导、市场化运作、风险可控"原则规范化操作，加大对处于种子期、初创期企业的融资支持力度。积极稳妥推进"投贷联动"试点，适时总结推广成功经验。

（十）拓宽民营企业直接融资渠道，降低企业融资成本。支持符合条件的民营企业发行债券融资、首次公开发行上市和再融资，积极推动私募股权投资机构和创业投资机构规范发展，积极稳妥发展"新三板"市场和区域性股权市场。

（十一）依法依规加快民营银行审批，成熟一家，设立一家，防止一哄而起。在条件成熟时，研究放宽村镇银行"一县一机构"的限制。

（十二）完善排污权、收费权、特许经营权等权利的确权、登记、抵押、流转等配套制度，积极开展创新类贷款业务。

（十三）进一步规范有关部门和中介机构在企业融资过程中的评估、登记等收费行为，督促商业银行取消不合法不合理收费。

（十四）推动动产质押统一登记立法，建立以互联网为基础、全国集中统一的动产和应收账款等财产权利质押登记系统，实现信息共享，以便于金融机构等相关方面查询和办理质押贷款，改进和完善小微企业金融服务。

（十五）提高信用评级质量，按照统一标准对民营企业进行信用评级，对评级结果一视同仁，引导金融市场和金融机构根据评级结果等加大对民营企业的融资支持力度。

三、落实并完善相关财税政策

(十六)进一步落实《政府采购法》和《政府采购法实施条例》,制定相关配套文件。严格执行政府采购有关制度规定,采购人、采购代理机构不得在采购文件中设置不合理条件限制或排斥民营企业,严格依照采购合同约定的付款时限和方式支付款项,为民营企业参与政府采购营造公平竞争的市场环境。

(十七)落实《环境保护、节能节水项目企业所得税优惠目录》和《资源综合利用产品和劳务增值税优惠目录》,确保垃圾填埋沼气发电项目按规定享受所得税优惠和增值税优惠。

四、降低企业成本

(十八)改革完善国有建设用地供应方式,对采用有偿使用方式供应土地的,采取长期租赁、先租后让、租让结合方式供应土地,有效降低民营企业用地成本。

(十九)针对民营物流企业建设用地束缚较多、成本较高等问题,落实好物流行业建设用地有关支持政策。

(二十)针对民营企业反映改扩建项目环评繁琐问题,按照改扩建项目与新建项目区别对待原则,结合不同行业企业情况,研究改进环评管理,简化环评内容或降低环评类别。

五、改进综合管理服务措施

(二十一)继续推进政府职能转变,加快构建权责明确、透明高效的事中事后监管体系,全面推行"双随机、一公开"监管等政府管理新模式。

(二十二)研究制定"地方政府偿还欠款计划"。对于依法依规应由地方政府偿还的拖欠企业的工程款、物资采购款、保证金等,督促地方政府制定分期还款计划。

(二十三)完善政策发布等信息公开机制,建立涉企政策手机推送制度和网上集中公开制度,加大政府信息数据开放力度,创新宣传推介方式。

(二十四)结合推进行业协会商会脱钩转型工作,加大对民营企业的专业培训力度,建立为民营企业提供信息服务的有效渠道,减少中介服务环节和费用。

(二十五)政府要认真履行承诺,遵守与企业、投资人签订的各类合同协议,基于公共利益确需改变承诺和约定的,严格按照法律程序进行。加强对政府服务的监督考核。

六、研究制定修改相关法律法规

(二十六)尽快出台《企业投资项目核准和备案管理条例》。进一步落实企业投资自主权,规范政府对企业投资项目的核准、备案等行为,依法保护企业合法权益。

国家发展改革委关于印发利用价格杠杆鼓励和引导民间投资发展的实施意见的通知

(2012年6月27日 发改价格〔2012〕1906号)

各省、自治区、直辖市发展改革委、物价局:

为贯彻落实《国务院关于鼓励和引导民间投资健康发展的若干意见》(国发〔2010〕13号)和《国务院办公厅关于鼓励和引导民间投资健康发展重点工作分工的通知》(国办函〔2010〕120号)精神,充分发挥价格职能作用,鼓励和引导民间投资发展,特制定了《国家发展改革委关于利用价格杠杆鼓励和引导民间投资发展的实施意见》,现印发你们,请按照执行。

附件:国家发展改革委关于利用价格杠杆鼓励和引导民间投资发展的实施意见

附件:

国家发展改革委关于利用价格杠杆鼓励和引导民间投资发展的实施意见

为贯彻落实《国务院关于鼓励和引导民间投资健康发展的若干意

见》(国发〔2010〕13号)要求,深化价格改革,完善价格政策,发挥价格杠杆作用,鼓励和引导民间投资发展,现提出以下意见:

一、深化资源性产品价格改革,促进民间资本在资源能源领域投资发展

(一)继续推进电力价格市场化改革。选择部分电力供需较为宽松的地区,开展竞价上网试点,发挥市场配置资源的基础性作用,促进各类企业平等竞争和健康发展。鼓励符合国家产业政策、体现转变经济发展方式要求、具备一定规模的非高耗能企业,按照有关规定与发电企业开展直接交易试点,交易电量、交易价格由双方自愿协商确定,增加电力用户选择权。

(二)进一步理顺天然气价格。建立反映资源稀缺程度和市场供求关系的天然气价格形成机制,逐步理顺天然气价格,为民营资本参与天然气勘探开发业务创造条件。页岩气、煤层气、煤制气出厂价格由供需双方协商确定,鼓励民营资本进入非常规天然气生产领域。

(三)完善水利工程供水价格形成机制。继续对民办民营的水利工程供水价格实行政府指导价,按照补偿成本、合理收益的原则,合理制定基准价格,扩大上下浮动幅度,为供水、用水双方提供更大的协商空间,吸引民间资本参与水利工程建设。

二、完善公共事业价格政策,调动民间资本参与投资经营的积极性

(一)完善城市供水、供气、供热价格政策。民间资本按照国家有关规定通过特许经营的方式参与城市供水、排水和污水处理以及供气、供热设施建设与运营的,应与国有资本、外资同等对待,其价格水平按补偿成本、合理收益的原则制定。

(二)合理制定保障性住房价格。对廉租住房、公共租赁住房、经济适用住房等保障性住房免收行政事业性收费和政府性基金;合理制定保障性住房租金和销售价格,鼓励和引导民间资本参与保障性住房建设。

(三)健全铁路特殊运价政策。对民间资本参与投资建设的铁路货物运输制定特殊运价,按照满足正常运营需要并有合理回报的原则,并充分考虑社会承受能力,合理确定特殊运价水平。

(四)落实鼓励社会资本办医的价格政策。进一步理顺医药价格,充分反映医务人员技术劳务价值,为鼓励社会资本办医创造良好条件。社会资本举办的非营利医疗机构用电、用水、用气、用热与公立医疗机构同价,提供的医疗服务和药品按照政府规定的相关价格政策执行;营利性医疗机构提供的医疗服务实行自主定价。

三、清费治乱减负,优化民营企业经营环境

(一)加大涉企收费减免力度。落实中央和省级财政、价格主管部门已公布取消的行政事业性收费,贯彻好小微企业减免部分行政事业性收费等减轻企业负担的各项收费优惠政策。在全面梳理的基础上,再取消一批中央和省级设立的管理类、登记类、证照类等行政事业性收费项目,降低一批收费标准。

(二)研究建立收费管理长效机制。进一步完善和强化收费许可证年度审验工作,加大涉企收费审验力度。全面梳理规范涉企收费项目和标准,完善相关收费政策。严格规范企业纳税环节收费行为,并逐步实现税控产品和维护服务免费向企业提供,减轻企业负担。加强垄断性经营服务价格管理,规范涉及行政许可和强制准入的经营服务价格行为。

(三)规范金融服务价格行为。加强商业银行服务价格管理,规范商业银行价格行为,督促其履行明码标价和报告义务。鼓励商业银行提供免费服务,优化和调整银行卡刷卡手续费,开展商业银行收费专项检查,彻查违规行为,减轻商户负担,优化民营企业发展的金融环境。

四、加强价格监管服务,维护市场正常秩序

(一)强化价格监管。指导行业组织加强价格自律,引导民营企业自觉规范价格行为,维护合理的价格秩序,营造诚信、公平的价格环境。大力加强反垄断执法,对达成垄断协议、滥用市场支配地位和滥用行政权力排除、限制竞争的行为,要依法严肃查处,保护民营企业公平竞争,保障民营企业合法权益。

(二)推进价格和收费信息公开。加快推进价格信息化建设,改进信息公开方式方法,依法及时、便捷公开政府制定价格和收费信息。

支持并促进行业组织及时发布市场价格信息,为经营企业特别是民营企业提供方便、快捷、优质的信息服务。

国家税务总局关于进一步贯彻落实税收政策促进民间投资健康发展的意见

(2012年5月29日　国税发〔2012〕53号)

各省、自治区、直辖市和计划单列市国家税务局、地方税务局：

根据国务院关于鼓励和引导民间投资健康发展的有关精神和工作部署,结合税收工作实际,就进一步贯彻落实税收政策促进民间投资健康发展提出如下意见：

一、充分认识进一步贯彻落实税收政策促进民间投资健康发展的重要意义

民间投资是促进我国经济发展、调整产业结构、繁荣城乡市场、扩大社会就业的重要力量。进一步鼓励和引导民间投资健康发展,对于增强经济发展活力、改善民生和促进社会和谐具有重要意义。中央高度重视民间投资发展,国务院于2010年5月发布了《关于鼓励和引导民间投资健康发展的若干意见》(国发〔2010〕13号),2012年3月批转发展改革委《关于2012年深化经济体制改革重点工作意见的通知》(国发〔2012〕12号)将"抓紧完善鼓励引导民间投资健康发展的配套措施和实施细则"列为一项重要任务。税收政策是国家宏观调控的重要工具,在鼓励和引导民间投资中发挥着重要作用。各级税务机关要充分认识发展民间投资的重要性,坚决贯彻执行中央决策部署,认真落实好有关税收政策,积极发挥税收职能作用,促进民间投资健康发展。

二、不断加大税收政策落实力度

为便于各级税务机关全面贯彻落实鼓励和引导民间投资健康发展的税收政策,国家税务总局对现行税收政策规定中涉及民间投资的优惠政策进行了系统梳理，汇总形成了《鼓励和引导民间投资健康发展的税收政策》（见附件，以下简称《税收政策》）。各级税务机关要以《税收政策》为指引，采取切实有效措施，认真抓好贯彻落实。要牢固树立不落实税收优惠政策也是收过头税的理念，绝不能以收入任务紧张等为由不落实税收优惠政策。凡是符合政策规定条件的，要不折不扣地执行到位，确保纳税人及时足额享受税收优惠。对民间资本和国有资本享受税收优惠政策，要做到一视同仁，营造公平竞争的税收环境。

三、切实加强税收政策宣传辅导

《税收政策》涵盖引导和鼓励民间资本进入基础产业和基础设施领域等六大类33项，涉及面广，政策内容多。各级税务机关要进一步加强学习培训，使广大税务干部熟悉和掌握《税收政策》的有关内容。要加强对纳税人的宣传辅导，通过办税服务厅、税务网站、12366纳税服务热线等多种途径向纳税人广泛宣传《税收政策》。要根据纳税人的特点，细分纳税人类型，突出政策解读、办税流程等方面的宣传，帮助纳税人准确理解和及时享受相关税收政策。

四、认真抓好税收政策落实情况的督促检查和跟踪问效

为确保《税收政策》落实到位，各级税务机关主要负责同志要高度重视，分管领导要具体负责，有关部门要加强协调和指导，基层要认真落实，形成长效工作机制。要加强督促检查，定期对落实情况进行通报。要跟踪税收政策执行情况和实施效应，定期开展分析评估。要加强调研反馈，及时了解执行中遇到的问题，研究提出调整和完善税收政策的建议，更好地促进民间投资健康发展。

附件：鼓励和引导民间投资健康发展的税收政策

附件：

鼓励和引导民间投资健康发展的税收政策

一、鼓励和引导民间资本进入基础产业和基础设施领域的税收政策

（一）企业从事《公共基础设施项目企业所得税优惠目录》内符合

相关条件和技术标准及国家投资管理相关规定,自2008年1月1日后经批准的公共基础设施项目,其投资经营的所得,自该项目取得第一笔生产经营收入所属纳税年度起,第一年至第三年免征企业所得税,第四年至第六年减半征收企业所得税。

(《财政部　国家税务总局关于执行公共基础设施项目企业所得税优惠目录有关问题的通知》,财税〔2008〕46号)

(二)凡是在基建工地为基建工地服务的各种工棚、材料棚、休息棚和办公室、食堂、茶炉房、汽车房等临时性房屋,不论是施工企业自行建造还是由基建单位出资建造交施工企业使用的,在施工期间,一律免征房产税。

(《财政部　税务总局关于房产税若干具体问题的解释和暂行规定》,(1986)财税地字第8号)

(三)单位和个人提供的污水处理劳务不属于营业税应税劳务,其处理污水取得的污水处理费,不征收营业税。

(《国家税务总局关于污水处理费不征收营业税的批复》,国税函〔2004〕1366号)

(四)对水利设施及其管护用地(如水库库区、大坝、堤防、灌渠、泵站等用地),免征土地使用税。

(《国家税务局关于水利设施用地征免土地使用税问题的规定》,〔1989〕国税地字第14号)

(五)销售自产的再生水免征增值税。再生水是指对污水处理厂出水、工业排水(矿井水)、生活污水、垃圾处理厂渗透(滤)液等水源进行回收,经适当处理后达到一定水质标准,并在一定范围内重复利用的水资源。再生水应当符合水利部《再生水水质标准》(SL368-2006)的有关规定。

(《财政部　国家税务总局关于资源综合利用及其他产品增值税政策的通知》,财税〔2008〕156号)

(六)对污水处理劳务免征增值税。污水处理是指将污水加工处理后符合GB18918-2002有关规定的水质标准的业务。

(《财政部　国家税务总局关于资源综合利用及其他产品增值税政策的通知》,财税〔2008〕156号)

（七）销售自产的以垃圾为燃料生产的电力或者热力实行增值税即征即退的政策。垃圾用量占发电燃料的比重不低于80%，并且生产排放达到GB13223-2003第1时段标准或者GB18485-2001的有关规定。所称垃圾，是指城市生活垃圾、农作物秸秆、树皮废渣、污泥、医疗垃圾。

（《财政部　国家税务总局关于资源综合利用及其他产品增值税政策的通知》，财税〔2008〕156号）

（八）销售自产的利用风力生产的电力实现的增值税实行即征即退50%的政策。

（《财政部　国家税务总局关于资源综合利用及其他产品增值税政策的通知》，财税〔2008〕156号）

（九）属于增值税一般纳税人的县级及县级以下小型水力发电单位生产销售自产的电力，可选择按照简易办法依照6%征收率计算缴纳增值税。小型水力发电单位，是指各类投资主体建设的装机容量为5万千瓦以下（含5万千瓦）的小型水力发电单位。

（《财政部　国家税务总局关于部分货物适用增值税低税率和简易办法征收增值税政策的通知》，财税〔2009〕9号）

二、鼓励和引导民间资本进入市政公用事业和政策性住房建设领域的税收政策

（十）开发商在经济适用住房、商品住房项目中配套建造廉租住房，在商品住房项目中配套建造经济适用住房，如能提供政府部门出具的相关材料，可按廉租住房、经济适用住房建筑面积占总建筑面积的比例免征开发商应缴纳的城镇土地使用税、印花税。

（《财政部　国家税务总局关于廉租住房、经济适用住房和住房租赁有关税收政策的通知》，财税〔2008〕24号）

三、鼓励和引导民间资本进入社会事业领域的税收政策

（十一）对非营利性医疗机构按照国家规定的价格取得的医疗服务收入，免征各项税收（2008年1月1日以后，不包括企业所得税）。

对非营利性医疗机构自产自用的制剂，免征增值税。

对非营利性医疗机构自用的房产、土地，免征房产税、城镇土地使用税。

(《财政部 国家税务总局关于医疗卫生机构有关税收政策的通知》,财税〔2000〕42号)

(十二)医院、诊所和其他医疗机构提供的医疗服务免征营业税。

(《中华人民共和国营业税暂行条例》第八条,国务院令第540号)

(十三)符合条件的非营利组织的收入,为免税收入。

(《中华人民共和国企业所得税法》第二十六条)

(十四)对从事学历教育的学校提供教育劳务取得的收入,免征营业税。

对学校从事技术开发、技术转让业务和与之相关的技术咨询、技术服务业务取得的收入,免征营业税。

对托儿所、幼儿园提供养育服务取得的收入,免征营业税。

企业办的各类学校、托儿所、幼儿园自用的房产、土地,免征房产税、城镇土地使用税。

对学校、幼儿园经批准征用的耕地,免征耕地占用税。

(《财政部 国家税务总局关于教育税收政策的通知》,财税〔2004〕39号)

(十五)对规定的科学研究机构和学校,以科学研究和教学为目的,在合理数量范围内进口国内不能生产或者性能不能满足需要的科学研究和教学用品,免征进口关税和进口环节增值税、消费税。

(《财政部 海关总署 国家税务总局关于科学研究和教学用品免征进口税收规定》,财政部 海关总署 国家税务总局令第45号)

(十六)养老院、残疾人福利机构提供的育养服务,免征营业税。

(《中华人民共和国营业税暂行条例》第八条,国务院令第540号)

(十七)养老院占用耕地,免征耕地占用税。

(《中华人民共和国耕地占用税暂行条例》第八条,国务院令第511号)

(十八)对政府部门和企事业单位、社会团体以及个人等社会力量投资兴办的福利性、非营利性的老年服务机构自用的房产暂免征收房产税。

(《财政部 国家税务总局关于对老年服务机构有关税收政策问题的通知》,财税〔2000〕97号)

（十九）纪念馆、博物馆、文化馆、文物保护单位管理机构、美术馆、展览馆、书画院、图书馆举办文化活动的门票收入，免征营业税。

（《中华人民共和国营业税暂行条例》第八条，国务院令第540号）

（二十）广播电影电视行政主管部门（包括中央、省、地市及县级）按照各自职能权限批准从事电影制片、发行、放映的电影集团公司（含成员企业）、电影制片厂及其他电影企业取得的销售电影拷贝收入、转让电影版权收入、电影发行收入以及在农村取得的电影放映收入免征增值税和营业税。

出口图书、报纸、期刊、音像制品、电子出版物、电影和电视完成片按规定享受增值税出口退税政策。

文化企业在境外演出从境外取得的收入免征营业税。

在文化产业支撑技术等领域内，依据《关于印发〈高新技术企业认定管理办法〉的通知》（国科发火〔2008〕172号）和《关于印发〈高新技术企业认定管理工作指引〉的通知》（国科发火〔2008〕362号）的规定认定的高新技术企业，减按15%的税率征收企业所得税；文化企业开发新技术、新产品、新工艺发生的研究开发费用，允许按国家税法规定在计算应纳税所得额时加计扣除。

出版、发行企业库存呆滞出版物，纸质图书超过五年（包括出版当年，下同）、音像制品、电子出版物和投影片（含缩微制品）超过两年、纸质期刊和挂历年画等超过一年的，可以作为财产损失在税前据实扣除。

为生产重点文化产品而进口国内不能生产的自用设备及配套件、备件等，按现行税收政策有关规定，免征进口关税。

(《财政部　海关总署　国家税务总局关于支持文化企业发展若干税收政策问题的通知》，财税〔2009〕31号）

（二十一）纳税人从事旅游业务的，以其取得的全部价款和价外费用扣除替旅游者支付给其他单位或者个人的住宿费、餐费、交通费、旅游景点门票和支付给其他接团旅游企业的旅游费后的余额为营业额。

（《中华人民共和国营业税暂行条例》第五条，国务院令第540号）

四、鼓励和引导民间资本进入金融服务领域的税收政策

（二十二）金融企业根据《贷款风险分类指导原则》（银发〔2001〕

416号),对其涉农贷款和中小企业贷款进行风险分类后,按照规定比例计提的贷款损失专项准备金,准予在计算应纳税所得额时扣除。

[《财政部 国家税务总局关于金融企业涉农贷款和中小企业贷款损失准备金税前扣除政策的通知》(财税〔2009〕99号),《财政部 国家税务总局关于延长金融企业涉农贷款和中小企业贷款损失准备金税前扣除政策执行期限的通知》(财税〔2011〕104号)]

(二十三)《国家税务总局关于发布〈企业资产损失所得税税前扣除管理办法〉的公告》(国家税务总局公告2011年第25号)

(二十四)自2009年1月1日至2013年12月31日,对金融机构农户小额贷款的利息收入,免征营业税;对金融机构农户小额贷款的利息收入在计算应纳税所得额时,按90%计入收入总额。对保险公司为种植业、养殖业提供保险业务取得的保费收入,在计算应纳税所得额时,按90%比例减计收入。

自2009年1月1日至2015年12月31日,对农村信用社、村镇银行、农村资金互助社、由银行业机构全资发起设立的贷款公司、法人机构所在地在县(含县级市、区、旗)及县以下地区的农村合作银行和农村商业银行的金融保险业收入减按3%的税率征收营业税。

[《财政部 国家税务总局关于农村金融有关税收政策的通知》(财税〔2010〕4号),《财政部 国家税务总局关于延长农村金融机构营业税政策执行期限的通知》(财税〔2011〕101号)]

(二十五)列名的中小企业信用担保机构,按照其机构所在地地市级(含)以上人民政府规定标准取得的担保和再担保业务收入,自主管税务机关办理免税之日起,三年内免征营业税。

[《工业和信息化部 国家税务总局关于公布免征营业税中小企业信用担保机构名单及取消名单的通知》(工信部联企业〔2010〕462号),《工业和信息化部 国家税务总局关于公布免征营业税中小企业信用担保机构名单有关问题的通知》(工信部联企业〔2011〕68号)]

五、鼓励和引导民间资本进入商贸流通领域的税收政策

(二十六)试点企业将承揽的运输业务分给其他单位并由其统一收取价款的,应以该企业取得的全部收入减去付给其他运输企业的运费后的余额为营业额计算征收营业税。

试点企业将承揽的仓储业务分给其他单位并由其统一收取价款的,应以该企业取得的全部收入减去付给其他仓储合作方的仓储费后的余额为营业额计算征收营业税。

(《国家税务总局关于试点物流企业有关税收政策问题的通知》,国税发〔2005〕208号)

六、推动民营企业加强自主创新和转型升级的税收政策

(二十七)《国家税务总局关于印发〈企业研究开发费用税前扣除管理办法(试行)〉的通知》(国税发〔2008〕116号)

(二十八)企业开发新技术、新产品、新工艺发生的研究开发费用可以在计算应纳税所得额时加计扣除。

(《中华人民共和国企业所得税法》第三十条)

(二十九)企业的固定资产由于技术进步等原因,确需加速折旧的,可以缩短折旧年限或者采取加速折旧的方法。

(《中华人民共和国企业所得税法》第三十二条)

(三十)企业从事公共污水处理、公共垃圾处理、沼气综合开发利用、节能减排技术改造、海水淡化等环境保护、节能节水项目的所得,自项目取得第一笔生产经营收入所属纳税年度起,第一年至第三年免征企业所得税,第四年至第六年减半征收企业所得税。

(《中华人民共和国企业所得税法实施条例》第八十八条,国务院令第512号)

(三十一)企业以《资源综合利用企业所得税优惠目录》规定的资源作为主要原材料,生产国家非限制和禁止并符合国家和行业相关标准的产品取得的收入,减按90%计入收入总额。

前款所称原材料占生产产品材料的比例不得低于《资源综合利用企业所得税优惠目录》规定的标准。

(《中华人民共和国企业所得税法实施条例》第九十九条,国务院令第512号)

(三十二)企业购置并实际使用《环境保护专用设备企业所得税优惠目录》、《节能节水专用设备企业所得税优惠目录》和《安全生产专用设备企业所得税优惠目录》规定的环境保护、节能节水、安全生产等专用设备的,该专用设备的投资额的10%可以从企业当年的应纳税额

中抵免;当年不足抵免的,可以在以后5个纳税年度结转抵免。

（《中华人民共和国企业所得税法实施条例》第一百条,国务院令第512号）

（三十三）《财政部　国家税务总局关于资源综合利用及其他产品增值税政策的通知》（财税〔2008〕156号）、《财政部　国家税务总局关于资源综合利用及其他产品增值税政策的补充通知》（财税〔2009〕163号）、《财政部　国家税务总局关于调整完善资源综合利用产品及劳务增值税政策的通知》（财税〔2011〕115号）规定的有关资源综合利用、环境保护等优惠项目。

国家发展改革委办公厅关于进一步做好政府和社会资本合作新机制项目规范实施工作的通知

（2024年12月12日　发改办投资〔2024〕1013号）

各省、自治区、直辖市及计划单列市、新疆生产建设兵团发展改革委：

为贯彻党中央、国务院决策部署,进一步推动政府和社会资本合作（PPP）新机制落实落细,推进PPP新机制项目规范有序实施,按照《关于规范实施政府和社会资本合作新机制的指导意见》（国办函〔2023〕115号）等要求,现就有关工作通知如下。

一、高度重视PPP新机制规范实施

各省级发展改革委要高度重视,切实负起牵头责任,认真履职尽责,对本省（区、市）所有PPP新机制项目加强监督管理,强化项目全流程把关,指导督促地方各级发展改革部门切实发挥综合协调作用,在有效防范地方政府债务风险的基础上,做好PPP新机制政策执行。要加强政策解读和培训宣传,指导地方各级发展改革部门和有关方面深刻理解聚焦使用者付费项目、全部采取特许经营模式、优先选择民营企业参与等政策导向,严格按照PPP新机制要求规范实施特许经营项目。

二、严格聚焦使用者付费项目

PPP新机制项目应为具有明确收费渠道和方式的使用者付费项目。使用者付费包括特许经营者直接向用户收费，以及由政府或其依法授权机构代为向用户收费。对拟在建设期提供政府投资支持的项目，要在特许经营方案中明确政府投资支持资金来源、支持方式以及额度上限。对拟在运营期按规定补贴运营的项目，要按照地市级以上人民政府或其行业主管部门制定的补贴政策及具体标准执行，并在特许经营方案中明确相关依据。相关补贴政策应当具有普适性，不得仅适用于个别项目。除法律法规和国家政策有明确规定外，不得针对具体项目设定任何保底安排，不得在特许经营协议中对具体项目作出保底约定或承诺。

三、合理使用特许经营模式

要准确把握PPP新机制定位，不应强制规定特定领域和范围必须采用特许经营模式。对具有一定投资回报的基础设施和公用事业固定资产投资项目，要充分论证采取特许经营模式的必要性和可行性，合理决策是否采取特许经营模式。要鼓励特许经营者通过技术创新、管理创新和商业模式创新等降低建设和运营成本，鼓励特许经营者充分挖掘项目市场价值，提高基础设施和公用事业项目建设运营水平，提升项目投资收益。市场化程度高的商业项目和产业项目，以及没有经营收入的公益项目，不得采用特许经营模式。路侧停车服务、垃圾清运服务等不涉及固定资产投资项目的经营权或收费权转让等，不得采取特许经营模式。

四、优先选择民营企业参与

严格按照《支持民营企业参与的特许经营新建（含改扩建）项目清单（2023年版）》要求，推动有关特许经营新建或改扩建项目吸引民营企业参与。优先采取公开招标方式选择特许经营者，如不采取公开招标方式，要充分论证采取其他方式的合法性、合理性；不得采取拍卖等方式选择特许经营者。不得规避项目管理经验、专业运营能力、企业综合实力、信用评级状况等设定的评审条件，将标的物总价作为唯一标准选择特许经营者。要将项目运营方案、收费单价、特许经营期限等作为选择特许经营者的重要评定标准,不得设置限制民营企业参与的招标条件、评标标准。对因通过资格预审的申请人少于3人等招标失败的,重新组织招标时应重新审查项目基本条件、评标标准,确保不存在不利于民营企业参与的招标条件,最大程度鼓励民营企业参与;若无法选择符合条件的特许经营者,应重新论证采取特许经营模式的必要性和可行性。

五、规范盘活存量资产

对不涉及新建、改扩建的盘活存量资产项目,要结合项目历史运营和本地区实际情况,合理预测项目收益、确定项目估值,深入论证采取特许经营模式的可行性和必要性。要严格落实防范化解地方政府隐性债务风险的要求,不得以盘活存量资产为名,将特许经营模式异化为地方政府、地方国有企业或平台公司变卖资产、变相融资的手段,严禁在盘活存量资产过程中新增地方政府隐性债务等各类风险。要优先支持民营企业通过特许经营模式参与盘活存量资产项目,鼓励符合条件的国有企业规范参与不涉及新建和改扩建的盘活存量资产特许经营项目。

六、加强特许经营方案把关

地方各级发展改革部门要切实负起特许经营方案审核责任。对采取资本金注入的政府投资项目,应比照政府投资项目可行性研究报告审批权限,由相关发展改革部门审核特许经营方案;对企业投资项目,应比照核准(备案)权限,由相关发展改革部门审核特许经营方案。对由其他部门负责审批、核准或备案的项目,原则上应由与其他部门同级的发展改革部门审核特许经营方案。负责审核特许经营方案的发展改革部门要在全国PPP项目信息系统中及时上传完整规范的特许经营方案审核证明文件。

七、做好信息填报和审核把关

各省级发展改革委要用好全国PPP项目信息系统,指导地方各级发展改革部门组织实施机构、特许经营者等及时填报项目信息,并对填报信息进行审核确认。经省级发展改革委确认通过且实施机构启动特许经营者选择程序的项目,将通过全国PPP项目信息系统向社会公开。对不符合PPP新机制要求的特许经营项目,省级发展改革委要指导有关地方发展改革部门,及时组织有关方面优化完善特许经营方案,规范推进建设实施流程,严格按照PPP新机制要求实施特许经营项目。

八、强化事中事后监管

国家发展改革委将健全事中事后监管机制,持续组织对经省级发展改革委确认后的项目是否符合PPP新机制政策导向进行抽查复核,并通过各种渠道摸排项目实施情况,督促各地切实将PPP新机制各项政策要求逐一落到实处。同时,持续完善PPP新机制现行制度体系,切实加强政策指导和培训交流,针对各方关注较高的共性问题适时发布问答口径,帮助各方全面准确把握PPP新机制定位、作用和要求,推动PPP新机制深入实施,最大程度鼓励民营企业参与,不断提升基础设施等项目建设运营水平。

国家发展改革委关于鼓励民间资本参与政府和社会资本合作(PPP)项目的指导意见

(2017年11月28日 发改投资〔2017〕2059号)

各省、自治区、直辖市及计划单列市、新疆生产建设兵团发展改革委:

按照党中央、国务院关于深化投融资体制改革的意见等文件精神,为贯彻落实《国务院办公厅关于进一步激发民间有效投资活力促进经济持续健康发展的指导意见》(国办发〔2017〕79号)要求,鼓励民间资本规范有序参与基础设施项目建设,促进政府和社会资本合作(PPP)模式更好发展,提高公共产品供给效率,加快补短板建设,充分发挥投资对优化供给结构的关键性作用,增强经济内生增长动力,现提出以下意见。

一、创造民间资本参与PPP项目的良好环境

不断加大基础设施领域开放力度,除国家法律法规明确禁止准入的行业和领域外,一律向民间资本开放,不得以任何名义、任何形式限

制民间资本参与PPP项目。在制定PPP政策、编制PPP规划、确定PPP项目实施方案时,注重听取民营企业的意见,充分吸收采纳民营企业的合理建议。主动为民营企业服务,不断优化营商环境,构建"亲""清"新型政商关系,为民间资本参与PPP项目创造更加公平、规范、开放的市场环境。对民间资本主导或参与的PPP项目,鼓励开通前期工作办理等方面的"绿色通道"。鼓励结合本地区实际,依法依规出台更多的优惠政策。

二、分类施策支持民间资本参与PPP项目

针对不同PPP项目投资规模、合作期限、技术要求、运营管理等特点,采取多种方式积极支持民间资本参与,充分发挥民营企业创新、运营等方面的优势。对商业运营潜力大、投资规模适度、适合民间资本参与的PPP项目,积极支持民间资本控股,提高项目运营效率。对投资规模大、合作期限长、工程技术复杂的项目,鼓励民营企业相互合作,或与国有企业、外商投资企业等合作,通过组建投标联合体、成立混合所有制公司等方式参与,充分发挥不同企业比较优势。鼓励民间资本成立或参与投资基金,将分散的资金集中起来,由专业机构管理并投资PPP项目,获取长期稳定收益。

三、鼓励民营企业运用PPP模式盘活存量资产

积极采取转让-运营-移交(TOT)、改扩建-运营-移交(ROT)等多种运作方式,规范有序盘活存量资产,吸引民间资本参与,避免项目规划选址、征地拆迁等比较复杂的前期工作由民营企业承担。盘活资产回收的资金主要用于补短板项目建设,形成新的优质资产,实现投资良性循环。对适宜采取PPP模式的存量项目,鼓励多采用转让项目的经营权、收费权等方式盘活存量资产,降低转让难度,提高盘活效率。对已经采取PPP模式的存量项目,经与社会资本方协商一致,在保证有效监管的前提下,可通过股权转让等多种方式,将政府方持有的股权部分或全部转让给民营企业。对在建的政府投资项目,积极探索、规范有序推进PPP模式,吸引民间资本参与。

四、持续做好民营企业PPP项目推介工作

依托全国投资项目在线审批监管平台建立的PPP项目库,对入库项目定期进行梳理,规范有序开展推介工作,适时选择回报机制明确、运营收益潜力大、前期工作成熟的PPP项目,向民营企业推介。重点推介以使用者付费为主的特许经营类项目,审慎推介完全依靠政府付费的PPP项目,以降低地方政府支出压力,防范地方债务风险。各地发展改革部门要与当地行业主管部门、工商联、行业协会等加强合作,通过多种方式推介优质项目、介绍典型案例,加大政策宣传解读和业务培训力度,帮助民营企业更好参与PPP项目。

五、科学合理设定社会资本方选择标准

严格按照《中华人民共和国招标投标法》和《中华人民共和国政府采购法》规定,通过公开招标等竞争性方式选择PPP项目的社会资本方。合理确定社会资本方资格,不得设置超过项目实际需要的注册资本金、资产规模、银行存款证明或融资意向函等条件,不得设置与项目投融资、建设、运营无关的准入条件。规范投标保证金设置,除合法合规的投标保证金外,不得以任何其他名义设置投标担保要求,推行以银行保函方式缴纳保证金。科学设置评标标准,综合考虑投标人的工程技术、运营水平、投融资能力、投标报价等因素。鼓励通过组建高质量的PPP项目特殊目的载体(SPV)等方式,整合各方资源,完善项目治理结构,提高专业化运作能力。支持民间资本股权占比高的社会资本参与PPP项目,调动民间资本积极性。同等条件下,优先选择运营经验丰富、商业运作水平高、创新创造能力强的民营企业。

六、依法签订规范、有效、全面的PPP项目合同

在与民营企业充分协商、利益共享、风险共担的基础上,客观合理、全面详尽地订立PPP项目合同。明确各方责权利和争议解决方式,合理确定价格调整机制,科学设定运营服务绩效标准,有效设置排他性条款,保障项目顺利实施。PPP项目合同既要规范民营企业投资行为,确保项目持续稳定运行,也要保证当政府方不依法履约时,民营企业可以及时获得合理补偿乃至合法退出。要依据相关法律法规和合同约定,对PPP项目进行全生命周期监管。禁止政府和投资人签订承诺回购投资本金、承诺最低收益等条款,严禁利用PPP模式违法违规变相举债,严防地方政府隐性债务风险。

七、加大民间资本PPP项目融资支持力度

鼓励政府投资通过资本金注入、投资补助、贷款贴息等方式支持民间资本PPP项目,鼓励各级政府出资的PPP基金投资民间资本PPP项目。鼓励各类金融机构发挥专业优势,大力开展PPP项目金融产品创新,支持开展基于项目本身现金流的有限追索融资,有针对性地为民间资本PPP项目提供优质金融服务。积极推进符合条件的民间资本PPP项目发行债券、开展资产证券化,拓宽项目融资渠道。按照统一标准对参与PPP项目的民营企业等各类社会资本方进行信用评级,引导金融市场和金融机构根据评级结果等加大对民营企业的融资支持力度。

八、提高咨询机构的PPP业务能力

咨询机构要坚持"合法、合规、专业、自律"的原则,深入研究民间资本参与PPP项目咨询服务新要求,加强PPP项目策划、论证、建设、运营阶段管理能力建设,准确把握民间资本参与PPP项目的商业诉求,提高项目全过程咨询服务能力。健全行业自律管理体系,通过PPP咨询机构论坛等多种形式,加强同业交流与合作。制定和完善PPP咨询业务操作标准规范,着力解决PPP项目工程技术、招投标、投融资、项目管理、法律和财务等方面难题,为民间资本PPP项目提供优质高效的咨询服务。

九、评选民间资本PPP项目典型案例

各地在已经引入民间资本的PPP项目中,适时评选在项目运作规范、交易结构合理、运营持续稳定、商业模式创新、回报机制明确等方面具有参考示范价值的典型案例,总结经验、加强宣传,发挥示范效应。国家发展改革委将会同有关行业主管部门组织专家对各地报送的案例进行评审和筛选,挑选出若干典型案例进行宣传,优先推荐发行PPP项目资产证券化产品。对支持和鼓励民间资本参与PPP项目工作积极主动、典型案例多的地区,在安排PPP项目前期工作中央预算内投资时予以倾斜支持。

十、加强政府和社会资本合作诚信体系建设

建立健全PPP项目守信践诺机制,准确记录并客观评价政府方和民营企业在PPP项目实施过程中的履约情况。政府方要严格履行各项约定义务,做出履约守信表率,坚决杜绝"新官不理旧账"现象。民营企业也要认真履行合同,持续稳定提供高质量且成本合理的公共产品和服务。将PPP项目各方信用记录,纳入全国信用信息共享平台供各部门、各地区共享,并依法通过"信用中国"网站公示。将严重失信责任主体纳入黑名单,并开展联合惩戒。

鼓励民间资本参与PPP项目是贯彻落实党中央、国务院关于激发民间有效投资活力、促进经济持续健康发展的重要措施,是充分发挥投资对优化供给结构关键性作用的重要抓手。各地发展改革部门要高度重视,加强组织领导,努力破除制约民间资本参与PPP项目的困难和障碍,切实保障民间资本合法权益,推动民间资本PPP项目规范有序发展。

政府和社会资本合作建设重大水利工程操作指南(试行)

(2017年12月7日 发改农经〔2017〕2119号)

第一章 总 则

第一条 为进一步规范社会资本参与重大水利工程建设运营,提升政府和社会资本合作(PPP)质量和效果,根据《中共中央国务院关于深化投融资体制改革的意见》(中发〔2016〕18号)、《国务院关于创新重点领域投融资机制鼓励社会投资的指导意见》(国发〔2014〕60号)、《基础设施和公用事业特许经营管理办法》(国家发展改革委等部门令2015年第25号)、《国家发展改革委财政部水利部关于鼓励和引导社会资本参与重大水利工程建设运营的实施意见》(发改农经〔2015〕488号)等文件要求,结合重大水利工程建设运营实际,制定本指南。

第二条 本指南用于指引政府负有提供责任、需求长期稳定和较适宜市场化运作、采用PPP模式建设运营的重大水利工程项目(以下简称水利PPP项目)操作,包括重点水源工程、重大引调水工程、大型灌区工程、江河湖泊治理骨干工程等。采用PPP模式建设的其他水利工程可参照做好相关工作。

除特殊情形外，水利工程建设运营一律向社会资本开放，原则上优先考虑由社会资本参与建设运营。

第三条 水利 PPP 项目实施程序主要包括项目储备、项目论证、社会资本方选择、项目执行等。

第四条 各参与方按照依法合规、诚信守约、利益共享、风险共担、合理收益、公众受益的原则，规范、务实、高效实施水利 PPP 项目。

第五条 地方各级发展改革、水行政主管部门会同有关部门统筹做好水利 PPP 项目实施协调工作，包括加强规划引导、指导项目策划、组织 PPP 实施方案评估论证、给予政策支持、开展项目实施监督与绩效评价等。

国家发展改革委、水利部按职责加强指导和监督。

第二章 项目储备

第六条 水利 PPP 项目需具备相关规划依据。地方各级水行政主管部门汇总整理本地区水利 PPP 项目，并依托投资项目在线审批监管平台（国家重大项目库），建立本地统一、共享的 PPP 项目库，及时向社会发布相关信息，做好项目储备、动态管理、滚动推进、实施监测等工作。

项目合作期低于 10 年及没有现金流，或通过保底承诺、回购安排等方式违法违规融资、变相举债的项目，不纳入 PPP 项目库。

第七条 对列入 PPP 项目库的水利 PPP 项目，计划当年推进实施的，需纳入本地 PPP 项目年度实施计划。使用各类政府投资资金的水利 PPP 项目，需纳入三年滚动政府投资计划。

第八条 水利 PPP 项目由项目所在地县级以上人民政府授权的部门或单位作为实施机构。

项目实施机构在授权范围内负责水利 PPP 项目实施方案编制、社会资本方选择、项目合同签署、项目组织实施和合作期满项目移交等工作。

第三章 项目论证

第九条 水利PPP项目实施方式根据各项目情况合理选择,灵活运用。

对新建项目,其中经济效益较好,能够通过使用者付费方式平衡建设经营成本并获取合理收益的经营性水利工程,一般采用特许经营合作方式。社会效益和生态效益显著,向社会公众提供公共服务为主的公益性水利工程,可通过与经营性较强项目组合开发、授予与项目实施相关的资源开发收益权、按流域或区域统一规划项目实施等方式,提高项目综合盈利能力,吸引社会资本参与工程建设与管护。既有显著的社会效益和生态效益,又具有一定经济效益的准公益性水利工程,一般采用政府特许经营附加部分投资补助、运营补贴或直接投资参股的合作方式,也可按照模块化设计的思路,在保持项目完整性、连续性的前提下,将主体工程、配套工程等不同建设内容划分为单独的模块,根据各模块的主要功能和投资收益水平,相应采用适宜的合作方式。对已建成项目,可通过项目资产转让、改建、委托运营、股权合作等方式将项目资产所有权、股权、经营权、收费权等全部或部分转让给社会资本,规范有序盘活基础设施存量资产,提高项目运营管理效率和效益。对在建项目,也可积极探索引入社会资本负责项目投资、建设、运营和管理。

第十条 对拟采用PPP模式的政府或企业投资新建重大水利工程项目,要将项目是否适用PPP模式的论证纳入项目可行性研究或项目申请报告论证和决策。对拟采用PPP模式的已建成项目和在建项目,涉及新增投资建设的,应依法依规履行投资管理程序。要充分考虑项目的战略价值、功能定位、预期收益、可融资性以及管理要求,科学分析项目采用PPP模式的必要性和可行性。

当前,优先选择以使用者付费为主的特许经营项目和盘活存量资产的已建成项目,严格防范地方政府债务风险。

第十一条 政府采用直接投资、资本金注入方式参与的新建水利PPP项目,按政府投资项目进行审批,由具有相应审批权限的发展改革部门审批可行性研究报告。

企业使用自己筹措资金建设,以及使用自己筹措的资金并申请使用政府投资补助或贷款贴息等的新建水利PPP项目,按企业投资项目履行核准制,由相应的核准机关办理核准手续。

第十二条　纳入PPP项目库及年度实施计划的水利PPP项目,由实施机构组织编制PPP项目实施方案。实施方案可以单独编制,也可在项目可行性研究报告或项目申请报告中包括PPP项目实施专章。

第十三条　水利PPP项目实施方案编制需符合相关法律法规、技术标准和政策文件要求,与项目可行性研究报告或项目申请报告等相衔接,采用最新、统一的数据。主要包括以下内容:

1. 项目概况。工程主要任务、建设规模、经济技术指标、征地移民数量、项目投资以及其它需要说明的情况等。

2. 实施方式。根据项目类型、收费定价机制、投资收益水平、融资需求等情况,合理确定水利PPP项目合作方式和期限。

3. 社会资本方选择方案。根据项目合作方式,明确社会资本方在资质、资本金、企业信用、项目实施经验等方面的准入要求,以及遴选的原则、程序和方法。

4. 投融资和财务方案。分析项目的投融资结构、主要融资方式和财务方案,初步明确项目产品(供水、发电等)的议定价格,以及政府投资补助、运营补贴和其他承诺支持事项等。鼓励符合条件的项目建设运营主体通过IPO(首次公开发行股票并上市)、增发、资产证券化、企业债券、项目收益债券、公司债券、中期票据等市场化方式进行融资。鼓励各类投资基金、社保资金和保险资金按照市场化原则,创新运用债权投资计划、股权投资计划、项目资产支持计划等多种方式参与项目建设与运营。

5. 建设运营和移交方案。明确项目建设运营中的资产产权关系、责权利关系、建设运营要求、合作期限、服务标准和监管要求、收入来源及投资回报方式、项目移交安排等。

6. 合同体系和主要内容。提出政府和社会资本方合作的合同体系与主要内容,主要包括各方权利义务、资金投入与项目实施要求、投入回报机制、监管机制与违约责任等。

7. 风险识别与分担。分析识别合作周期内各阶段风险因素,遵循责权利对等和动态防控原则,在政府和社会资本方之间合理分配分担风险。原则上,项目建设、运营等商业风险由社会资本方承担,法律和政策调整风险由政府承担,自然灾害等不可抗力风险由双方共同承担。

8. 保障措施与监管架构。包括合作期内合同履约管理、行政监管、公众监督、退出机制等。

第十四条 水利PPP项目实施方案编制过程中,可视情况以发布公告等方式征询潜在社会资本方的意见和建议,引导社会资本方形成合理的收益预期,建立主要依靠市场的投资回报机制。涉及政府定价管理、投资补助、政府付费等事项的,应当征求相关主管部门的意见。

第十五条 水利PPP项目实施方案编制完成后,可由项目所在地发展改革部门和同级水行政主管部门牵头,按照"多评合一、统一评审"的要求,会同项目涉及的同级财政、规划、国土、价格、国有资产管理、公共资源交易管理、审计、法制等政府相关部门,对PPP项目实施方案进行联合评审。项目可行性研究报告或项目申请报告中包含PPP项目实施专章的,可结合项目审批或核准一并审查。

初审未通过的水利PPP项目,可进一步优化调整实施方案,重新报审。经重新报审仍不能通过的,原则上不再采用PPP模式。通过审查的水利PPP项目实施方案,应按程序报项目所在地政府审批。

第十六条 水利PPP项目实施机构依据经批准的实施方案,组织起草PPP项目合同草案。

(一)项目实施机构拟与中选社会资本方签署的PPP项目合同。主要确认双方的合作意向、内容和方式,约定项目公司组建、投资及实施主要事项,并明确项目实施机构与项目公司后续签署的PPP项目合同生效后是否承继该合同。

政府参股项目公司的,需约定政府持有股份享有的分配权益和股东代表在公司法人治理结构中的安排,如是否享有与其他股东同等权益,是否在利润分配顺序上予以优先安排,是否在特定事项上拥有否决权等。

(二)项目实施机构拟与项目公司签署的PPP项目合同。约定各方的责任、权利和义务,明确政府和社会资本合作的内容、期限、履约担保、分年度投资计划及融资方案、风险分担、项目建设和运营管理、回报方式、项目移交、违约处理、信息披露等事项。

根据水利PPP项目特点，PPP项目合同通常包括以下关键条款和内容：(1)项目股权和资产处置。在合作期内，未经项目公司董事会研究并经项目实施机构同意，项目公司不得变更公司股权及经营权，不得自行处置和出让、转让、拍卖、质押项目任何重要资产。为合作项目融资而抵押或担保项目资产的，对外抵押和担保期限不得超出合作期限。(2)风险管理。针对不同阶段的主要风险因素，明确防控措施，通过加强工程建设和运营管理、优化资本结构、多元融资、建立项目最低需求照付不议机制、投资包干机制、完工担保机制、保险和专业机构增信机制等方式，最大限度控制、缓释和降低风险发生，减少风险损失。(3)排他性约定。对区域供水项目，如有必要，可作出合作期间的排他性约定，同时，明确项目公司承担相应的供水普遍服务义务，保证向特许经营区域内所有愿意接受服务并愿意支付服务价格的人提供连续、充足和符合水质要求的供水服务。(4)回报机制。明确项目收入范围、计算及结算方法，项目收费定价或财政补贴的调整周期、条件、触发机制和程序等，约定项目具体产出标准和绩效考核指标，明确项目付费与绩效评价结果挂钩等要求。对有经营现金流的项目，区别风险情况，合理确定预期投资回报率，既保障社会资本合理收益，又要防止不合理让利或利益输送。相关财政支出事项，需足额纳入预算，按照规定程序批准后，及时支付资金。(5)债务性质。水利PPP项目融资及偿债责任由项目公司或社会资本方承担，当地政府及其相关部门不能违规提供担保。(6)退出机制。针对不可抗力、违约、主动退出等社会资本方各种中途退出情形，区别实行不同的退出方式，明确相应的预案和应急接管流程及赔偿、清算措施。(7)其他相关承诺。如政府承诺负责协调落实工程外部建设条件，保障项目无开发权争议，负责工程移民安置规划组织实施，依法进行监管等。项目公司承诺在合作期内服从政府有关部门的防汛抗旱调度、水资源统一管理，任何情况下均不得出现恶意停止运营服务、中断供水等重大违约和损害公众利益的行为等。

第四章 社会资本方选择

第十七条 项目实施机构可依法采用公开招标、邀请招标、竞争性谈判等方式，综合考虑投资能力、管理经验、专业水平、融资实力以及信用状况等因素，公开公平公正择优选择社会资本方作为水利PPP项目合作伙伴。其中，拟由社会资本方自行承担工程项目勘察、设计、施工、监理以及与工程建设有关的重要设备、材料等采购的，按照《中华人民共和国招标投标法》规定，必须通过招标的方式选择社会资本方。

第十八条 项目实施机构根据水利PPP项目实施方案和项目合同草案，准备社会资本方遴选的相关法律文本，包括资格预审文件、招标文件等。

在社会资本方资格要求及评标标准设定等方面，需客观、公正、详细、透明，禁止排斥、限制或歧视民间资本和外商投资。对于具有较好投资收益的项目，在招标约定收入计算及价格机制等条件下，可将不同投标人项目收益等利益分享承诺作为主要评标因素；对于需要政府投资补助或运营补贴等政策支持的项目，可将不同投标人对支持政策的需求要价作为主要评标因素。

第十九条 项目实施机构可根据需要组织资格预审，验证项目能否获得社会资本响应和实现充分竞争，并将资格预审结果提交项目主管部门。预审合格社会资本方数量不满足相关法律法规规定的，可依法调整实施方案确定的社会资本方选取方式。

第二十条 项目实施机构可根据需要，在招标文件中明确项目公司组建、投资及实施等主要事项，作为社会资本方投标时必须响应的内容。开标、评标后，实施机构可组织项目谈判小组，与评标委员会推荐排名第一的中标候选人，进行确认谈判；中标候选人提出的主要条款与招标文件、中标人的投标文件内容不一致的，可终止其谈判资格并没收投标保证金，然后与评标委员会推荐排名第二的中标候选人进行确认谈判，依次类推。

确认谈判完成后，项目实施机构与谈判确认的社会资本方签署确认谈判备忘录，并根据信息公开相关规定公示招标结果和拟与社会资本方签署的项目合同文本及相关文件,明确相关申诉渠道和方式。

第二十一条 项目实施机构按相关规定做好公示期间异议的解释、澄清和回复等工作。公示期满无异议的,由项目实施机构将项目合同报经当地政府或其授权的部门和单位审核同意后,与谈判确认的社会资本方正式签署水利PPP项目合同。

项目可行性研究报告或项目申请报告批复、核准时已明确项目法人的,可以根据社会资本方选择结果依法变更。

第五章 项目执行

第二十二条 社会资本方与项目实施机构签署水利PPP项目合同后,按约定在规定期限内成立项目公司,负责项目建设与运营管理。

项目公司可由社会资本方单独出资组建,也可由政府授权单位(不包括项目实施机构)与社会资本方共同出资组建,作为水利PPP项目的直接实施主体。

第二十三条 项目公司成立后,由项目实施机构与项目公司签署水利PPP项目合同,或签署关于承继此前PPP项目合同的补充合同。对项目合同与项目实施方案核心内容有重大变更的,项目实施机构需报项目实施方案批准机构审核同意后再签署。

第二十四条 项目公司按照项目合同,履行约定的义务和职责,依法开展项目建设、经营和管理活动,自主经营、自负盈亏。按约定和相关法律法规要求接受项目实施机构、政府相关部门的监管,定期报告项目进展情况。

项目实施机构、相关政府部门根据水利PPP项目合同和有关规定,对项目公司履行PPP项目建设与运行管理责任进行监管。

第二十五条 水利PPP项目合作期满后,如需继续合作的,原合作方有优先续约权。合同约定期满移交的,及时组织开展项目移交工作,由项目公司按照约定的形式、内容和标准,将项目资产无偿移交指定的政府部门。

除另有约定外,合同期满前12个月为项目公司向政府移交项目的过渡期,项目实施机构或政府指定的其他机构与社会资本方在过渡期内共同组建项目移交工作组,启动移交准备工作。移交工作组按合同约定的移交标准,组织进行资产评估和性能测试,确保项目处于良好状态。经评估和性能测试,项目状况符合约定的移交条件和标准的,项目公司按合同要求及有关规定完成移交工作并办理移交手续;项目状况不符合约定的移交条件和标准的,项目公司按要求出具移交维修保函,对相关设施进行恢复性修理、更新重置,在满足移交条件和标准后,及时办理移交手续。

第二十六条　水利PPP项目移交完成后,政府有关主管部门可组织对项目开展后评价,对项目全生命周期的效率、效果、影响和可持续性等进行评价。评价结果及时反馈给项目利益相关方,并按有关规定公开。

第二十七条　除涉及国家秘密、商业秘密外,地方政府相关部门依法公开水利PPP项目入库、社会资本方选择、项目合同订立、工程建设进展、运营绩效等信息。

第六章　附　　则

第二十八条　本指南由国家发展改革委、水利部负责解释。

第二十九条　本指南自印发之日起试行。相关法律、行政法规另有规定的,依照其规定。

国家发展改革委、农业部关于推进农业领域政府和社会资本合作的指导意见

(2016年12月6日　发改农经〔2016〕2574号)

各省(区、市)发展改革委、农业(农牧、农机、畜牧、兽医、农垦、渔业)厅(局、委、办)、新疆生产建设兵团发展改革委、农业局:

农业承担着保障国家粮食安全和重要农产品供给,促进农民增收的重要任务。深化农业投融资体制改革,加强农业领域政府与社会资本合作,对于多渠道增加农业投入,推动农业供给侧结构性改革,促进

农业持续健康发展具有重要意义。根据《中共中央 国务院关于深化投融资体制改革的意见》(中发〔2016〕18号)、《国务院关于创新重点领域投融资机制鼓励社会投资的指导意见》(国发〔2014〕60号)等文件要求,现就推进农业领域政府和社会资本合作提出如下意见:

一、总体要求

(一)指导思想。深入贯彻党的十八大和十八届三中、四中、五中全会精神,按照党中央、国务院决策部署,以创新、协调、绿色、开放、共享发展理念为指导,充分发挥市场在资源配置中的决定性作用和更好地发挥政府作用,健全配套政策体系,创新农业基础设施建设投入体制机制,大力推进农业领域政府和社会资本合作(简称PPP),提升农业投资整体效率与效益,为加快农业现代化提供有力支撑。

(二)基本原则。

——政府引导,公益导向。各级政府做好政策制定、发展规划、指导服务和市场监管,加快从农业领域公共产品的直接"提供者",向社会资本"合作者"和项目"监管者"转变。在明确政府职能的前提下,以增强农业农村基础设施和公共服务供给能力为目标,积极引入社会资本合作,强化绩效评价和项目监管,实现公共利益最大化。

——市场运作,公平竞争。注重市场的资源配置功能,明确社会资本平等的市场主体地位,通过市场机制吸引社会资本合作。降低社会资本准入门槛,破除企业进入、退出农业基础设施和公共服务领域的壁垒,营造宽松、规范的政策环境。

——因地制宜,试点先行。根据农业项目特点,通过合理约定,建立风险分担和投资回报机制,确保社会资本投入回报,推进社会资本参与农业项目投融资、建设和管护。选择重点领域、重点项目先行试点探索,及时总结经验,完善相关政策,形成可复制、可推广的合作模式。

二、重点领域与路径

(一)重点领域。拓宽社会资本参与现代农业建设的领域和范围,重点支持社会资本开展高标准农田、种子工程、现代渔港、农产品质量安全检测及追溯体系、动植物保护等农业基础设施建设和公共服务;引导社会资本参与农业废弃物资源化利用、农业面源污染治理、规模化大型沼气、农业资源环境保护与可持续发展等项目;鼓励社会资本参与现代农业示范区、农业物联网与信息化、农产品批发市场、旅游休闲农业发展。

(二)明确规程。地方政府从当地经济社会与现代农业发展需要出发,根据"十三五"全国农业现代化规划,确定本地区政府和社会资本合作的重点领域及其模式。根据具体项目的性质和特点,由当地政府主管部门或其委托的相关单位作为PPP项目实施机构,负责项目的准备及实施。科学界定政府与社会资本的权利责任,规范项目投资管理和实施程序,明确操作规则与机制。鼓励地方政府采用资本金注入的方式投资农业领域PPP项目,并明确出资人代表,参与项目准备及实施工作。

(三)合作责任。地方政府主导推动开展工作,建立农业领域PPP项目建设的部门协调推进机制,强化政策指导与服务;积极推进体制机制创新与政策创设,为社会资本获得合理回报创造条件。各类符合条件的国有企业、民营企业、外商投资企业、混合所有制企业,以及其他投资、经营主体均享有依法依规平等参与的权利;开展合作后要进一步依法完善企业法人治理结构,不断增强法制意识和履约能力,提升运营效率。

三、项目管理

(一)项目储备。各地发展改革部门会同农业部门,对重大农业项目进行分类汇总,在投资项目在线审批监管平台(重大建设项目库)基础上,建立本地区农业PPP项目储备库,建立贯通各地区、各部门的农业PPP项目信息平台。入库情况作为安排政府投资、确定与调整价格、发行企业债券及享受专项优惠政策的重要依据。

(二)审批流程。各地发展改革部门、农业部门会同相关部门建立农业PPP项目实施方案联评联审机制,对提出申请的农业建设项目从项目建设必要性、PPP模式适用性、价格合理性等方面进行审查,必要时组织相关专家进行评议或委托第三方专业机构出具评估意见。一般性政府投资项目,其PPP实施方案可结合可研报告审批一并审查审批;实行核准制或备案制的企业投资项目,在完成核准或备案后,实施机构依据相关要求完善和确定PPP实施方案,再进行审查审批。通过实施方案审查的项目,可以开展下一步工作;按规定需报当地政府批准的,在当地政府批准后开展下一步工作。

(三)合作伙伴选择。严格依据《招标投标法》、《政府采购法》相关法律法规,采取公开招标、邀请招标、竞争性谈判等多种形式,择优选择具有相应运营管理经验、专业水平、投融资能力以及信用状况良好的社会资本方作为合作伙伴,组织项目实施。社会资本方遴选结果要及时公告或公示,并明确申诉渠道和方式。社会资本方可依法设立项目公司。政府指定了出资人代表的,项目公司由政府出资人代表与社会资本方共同成立。

(四)加强项目监管。政府及其部门应根据PPP项目合同及有关规定,建立项目全生命周期管理机制,实行全过程管理。加强可行性研究、招标投标、合同签订、项目建设和运营等方面的全程监督,监督内容包括项目公司或社会资本方履行PPP项目建设责任等,确保项目建设质量。提升项目管理水平,切实做好项目分类管理、动态监测、及时更新等各项工作。

(五)开展绩效评价。鼓励引进第三方评价机构,制定PPP项目绩效评价方案,对项目建设运营质量以及资金使用效率等方面进行综合评价。绩效评价结果应作为项目公司或社会资本方取得项目回报的依据。项目移交完成之后,适时开展项目后评价工作,评价结果及时反馈给项目利益相关方,并按有关规定公开。

(六)规范退出程序。项目建设过程中,如遇不可抗力或违约事件导致项目提前终止时,项目实施机构要及时做好接管,保障项目设施持续运行。政府和社会资本合作期满后,按照合同约定,妥善做好项目移交。积极构建多元化退出机制,为社会资本提供规范化、市场化的退出方式。

四、政策支持

(一)加强政府农业投资引导。转变政府农业投入方式,积极探索通过投资补助、资本金注入等方式支持农业PPP项目,强化政府投资的撬动和引导作用。对同类农业项目,在同等条件下中央投资按照有关管理办法和程序要求,积极支持引入社会资本的PPP项目。使用各类政府投资的农业基础设施PPP项目,应纳入三年滚动政府投资计划。

(二)加快农村集体产权制度改革。着力推进农村集体资产清产核资、确权到户和股份合作制改革。对已建成的重大农业基础设施开展确权试点,政府投资形成的资产归农村集体经济组织成员集体所有,社会资本投资的资产归投资者所有。建立健全农村产权流转交易市场,引导农村土地、集体资产及农业设施等产权规范流转交易。开展经营性集体资产折股量化到户试点,探索农村基础设施集体所有和发展股份合作经营的有效实现形式。

(三)创新金融服务与支持方式。着力提高农业PPP项目投融资效率,鼓励金融机构通过债权、股权、资产支持计划等多种方式,支持农业PPP项目。鼓励金融机构加大金融产品和服务创新力度,开展投贷联动、投贷保贴一体化等投融资模式试点;探索以项目预期收益或整体资产用作贷款抵(质)押担保。

(四)建立合理投资回报机制。积极探索优化准公益性与公益性农业项目的多种付费模式。采取资本金注入、直接投资、投资补助、贷款贴息等多种方式,实现社会资本的合理投资回报。完善农业基础设施使用价格制定与调整机制,合理确定价格收费标准。

(五)完善风险防控和分担机制。建立分工明确的风险防控机制,政府负责防范和化解政策风险,项目公司或社会资本方承担工程建设成本、质量、进度等风险,自然灾害等不可抗力风险由政府和社会资本共同承担。逐步建立完善全生命周期风险防控与识别体系,鼓励保险机构根据项目建设、运营的需求开发相应保险产品。加快完善农业生产经营保险,探索开展特色优势农产品价格指数保险,以及贷款保证保险和信用保险等业务。鼓励有条件的地方对设施农业、农机具等保险保费予以补贴。

(六)保障项目用地需要。加强耕地资源的保护与利用,各地要在土地利用总体规划中统筹考虑项目建设需要。鼓励社会资本通过整理复垦增加耕地面积,落实耕地占补平衡,合理安排项目建设用地供给。

五、试点示范

(一)确定试点示范领域。鼓励各地围绕重点领域,选择适合当地特点、对农业发展有示范带动作用、需求长期稳定的农业基础设施建设和公共服务项目开展试点,探索合作机制。

(二)抓好试点示范关键环节。地方政府要加强对试点项目实施必要性、可行性和具体操作模式的论证,明确项目实施主体和责任,建立合理的投资回报和风险分担机制,构建高效的监管模式。

(三)做好试点项目评价总结。及时做好试点项目后评价和绩效评价,总结成功经验,形成可复制模式,逐步推广。试点情况要及时报送国家发展改革委、农业部。

六、组织保障

(一)加强组织领导。各地要切实提高认识,把农业领域政府与社会资本合作作为创新农业投融资机制的一项重要任务来抓。各级发改、农业等部门要明确各自职责分工,抓好工作部署,落实工作责任,及时研究解决合作项目建设运行中的重大问题。各地要依据当地实际情况制定实施细则,并抄送国家发展改革委与农业部。

(二)优化政策环境。各地要细化落实各项扶持政策,切实为社会资本进入农业领域创造公平有序的市场环境和保障有力的政策支持体系。切实加大对农业投入力度,加快涉农投资整合,强化农业领域信用体系建设,优化投资环境。根据项目实施情况,探索创设适合区域特点的具体政策,进一步提高社会资本进入农业领域的积极性。

(三)加强宣传引导。积极宣传引导社会资本参与农业领域项目建设,为相关责任主体和实施主体做好政策解释。认真总结试点经验与典型案例,营造良好的社会环境和舆论氛围,推动农业领域政府与社会资本合作。

国家发展改革委、财政部、住房城乡建设部、交通运输部、人民银行、市场监管总局、银保监会、证监会、能源局、铁路局、民航局、中国国家铁路集团有限公司关于支持民营企业参与交通基础设施建设发展的实施意见

(2020年6月28日　发改基础〔2020〕1008号)

各省、自治区、直辖市及计划单列市、新疆生产建设兵团发展改革委、财政厅(局)、住房城乡建设厅(局、委)、交通运输厅(局、委)、市场监管局、银保监局、证监局,中国人民银行上海总部,各分行、营业管理部、各省会(首府)城市中心支行、副省级城市中心支行,国家能源局各派出能源监管机构,各地区铁路监管局,民航各地区管理局,各铁路局集团公司:

为贯彻落实《中共中央国务院关于营造更好发展环境支持民营企业改革发展的意见》(中发〔2019〕49号)精神,进一步激发民营企业活力和创造力,加快推进交通基础设施高质量发展,现就支持民营企业参与交通基础设施建设发展提出以下实施意见:

一、总体要求

以习近平新时代中国特色社会主义思想为指导,全面贯彻党的十九大和十九届二中、三中、四中全会精神,深入学习贯彻习近平总书记在民营企业座谈会上的重要讲话精神,统筹疫情防控和经济社会发展工作,坚持稳中求进工作总基调,坚持新发展理念,坚持以供给侧结构性改革为主线,坚持各类投资主体一视同仁,遵循交通基础设施经济属性和发展规律,聚焦重点领域,优化市场环境,强化要素支持,鼓励改革创新,减轻企业负担,切实解决民营企业参与交通基础设施建

发展的痛点堵点难点问题,构建民营企业合理盈利的参与机制,充分发挥民营企业作用,提升交通基础设施发展质量和效率,为经济社会高质量发展提供有力支撑。

二、破除市场准入壁垒,维护公平竞争秩序

合理设置资格条件,不得以任何形式对民营企业参与交通基础设施建设运营设置限制性门槛,不得以施工企业必须在施工所在地设立子公司为由限制民营企业参与项目投标,不得在招标文件中提出明显超出项目特点和实际需求的资质资格、业绩、奖项等要求。以平等对待各类市场主体为原则,全面清理交通基础设施领域现有资质资格限制性规定,分类提出处理措施。在不影响铁路路网完整统一的前提下,研究将部分路段或部分工程分开招标,单独组建项目公司。(国家发展改革委、交通运输部、市场监管总局、民航局、铁路局、国铁集团分工负责,地方各级人民政府有关部门、民航各地区管理局、铁路各地区监管局负责)

三、创新完善体制机制,营造良好政策环境

加快研究制定和完善符合市场原则的铁路行业调度、收费定价、财务清算等方面的规则和制度。健全运输企业间协商调度机制,平等协商处理相关事务。完善行业清算平台,制定公开透明、公平合理的铁路运输收入清算规则,完善清算收费标准体系,保证各类主体平等准入、公平竞争,调动企业参与建设投资积极性,切实保障投资者的合法权益。规范路网接轨技术标准和办理程序。公平配置航权时刻等资源,不得因企业性质不同对航线、时刻、航油、航材、飞行员、机场等要素实施差异化供给。推广站城融合开发新模式,以多层次轨道交通衔接枢纽为重点,将枢纽地上地下及周边区域开发作为一个整体,构建"一个主体"的建设开发新体制,建立各类开发主体公平合理的利益分配机制、风险分担机制和协商机制,鼓励民营企业通过独资、股权合作等方式参与依托既有枢纽的城市更新和新建枢纽区域综合开发。(国家发展改革委、交通运输部、住房城乡建设部、民航局、铁路局、国铁集团分工负责,地方各级人民政府有关部门、民航各地区管理局、铁路各地区监管局负责)

四、塑造新型商业模式,拓展企业参与领域

支持和鼓励民营企业参与重大铁路项目建设以及铁路客货站

场经营开发、移动互联网服务、快递物流等业务经营,推动铁路站城融合投融资改革,因地制宜规划建设以铁路车站为载体的城市商业综合体,打造公铁、铁水联运中心。支持民营企业参与以货运功能为主的机场、通用机场、直升机起降点项目建设,获取航空货运国内和国际航权,与上下游产业链深度融合,加快国际物流供应链体系建设;参与机场服务配套设施建设运营,对机场周边物业、商业、广告等资源综合开发。研究支持从事航空货运的民营企业扩大货运飞机引进规模。鼓励具备专业经验的民营企业参与高速公路服务区经营活动。拓宽社会资本参与城市停车设施建设运营渠道,加快探索政府投入公共资源产权与社会资本共同开发的 PPP 模式,构建政府引导、市场主导的城市智慧停车发展模式,支持和鼓励民营企业推动 5G、物联网、互联网等智能技术与停车设施建设、管理、运营深度融合。完善政府采购政策,推动民营企业提供拥堵治理、交通大数据平台建设等服务。引导、鼓励和支持民营企业参与绿色维修、绿色驾培、绿色物流、绿色公路、绿色航运等绿色交通发展。(国家发展改革委、交通运输部、住房城乡建设部、民航局、铁路局、国铁集团分工负责,地方各级人民政府有关部门、民航各地区管理局、铁路各地区监管局负责)

五、减轻企业实际负担,保障企业合法收入

优化营商环境,税费优惠政策平等对待各类所有制主体。不得向民营企业收取不合理的交通基础设施建设贷款承诺费、资金管理费等。对政府部门和国有企业拖欠民营企业账款情况实行台账管理,限期清零,对应收账款优先使用现金支付,暂无法现金支付的应主动使用商业汇票支付款项或对账款进行确权,为中小企业融资提供便利,切实杜绝新增拖欠款。对交工验收且投入运营的交通基础设施,符合验收条件的原则上不得晚于 1 年内开展竣工验收;竣工验收前,对工程尾款、保证金,可在第三方金融机构监管、确保承包企业有承担能力的前提下,由第三方金融机构按照业主指令先行支付给承包企业。(财政部、国家发展改革委、交通运输部、住房城乡建设部、人民银行、银保监会、市场监管总局分工负责,地方各级人民政府有关部门负责)。

六、强化资源要素支持,解决企业实际困难

对民营企业投资建设的公益性交通基础设施项目,与其他市场主体享受相同投资支持政策。支持民营企业规范参与交通基础设施PPP项目,中国政企合作投资基金对符合条件的项目予以融资支持。对民营企业投资建设铁路,按有关规定程序审批由电网企业投资建设的铁路配套外部电源电力工程,相关建设成本费用纳入省级电网输配电成本,通过省级电网输配电价回收。吸引更多民营企业参与交通基础设施项目股改上市融资。支持符合条件的交通领域民营企业在科创板上市。支持符合条件的铁路企业实施债转股或资产股改上市融资。引导金融机构结合职能定位,按照市场化原则对民营企业参与交通基础设施项目提供信贷支持。(人民银行、证监会、财政部、国家发展改革委、能源局分工负责,地方各级人民政府有关部门、国家能源局各派出能源监管机构负责)

七、畅通信息获取渠道,强化有效沟通交流

建立民营企业参与交通基础设施建设发展沟通协商机制,加强对示范项目的全过程跟踪服务,定期组织召开协调推进会议,调度进展、协调解决困难问题。系统梳理交通基础设施项目,形成鼓励民营企业投资建设的项目库,定期向社会公开推介。发挥交通运输领域行业协会作用,引导民营企业参与标准制定和技术攻关,鼓励协会灵活采取多种形式定期听取本领域民营企业的意见建议,汇总后报送有关部门研究解决。(国家发展改革委、交通运输部、民航局、铁路局、国铁集团分工负责,地方各级人民政府有关部门、民航各地区管理局、铁路各地区监管局负责)

八、切实转变思想观念,加强宣传推广评估

进一步转变思想观念,提高思想认识,坚持"两个毫不动摇",深刻认识发展民营经济的重要意义,深刻认识民营企业在创新交通基础设施发展体制机制、提升交通基础设施建设运营效率等方面的重要作用,在制定和实施重大战略、重大规划、重大政策过程中认真听取民营企业意见,推动民营企业不断提升企业发展质量、守法合规经营,积极参与交通基础设施建设发展。要分区分级分类统筹推进新冠肺炎疫情防控和企业复工达产,确保在建项目正常运转和新建项目按期开工．要组织落实好现有支持民营企业发展的政策措施，及时梳理总结支持民营企业参与交通基础设施建设发展的好经验、好做法，积极发掘和总结典型案例，通过召开现场经验交流会等形式，积极推广先进经验。（各部门各地方负责）

工业和信息化部、国家发展和改革委员会、科学技术部、财政部、环境保护部、商务部、中国人民银行、国家工商行政管理总局、国家质量监督检验检疫总局、国家知识产权局、中国工程院、中国银行业监督管理委员会、中国证券监督管理委员会、中国保险监督管理委员会、国家国防科技工业局、中华全国工商业联合会关于印发发挥民间投资作用推进实施制造强国战略指导意见的通知

（2017年10月27日　工信部联规〔2017〕243号）

各省、自治区、直辖市及计划单列市、新疆生产建设兵团工业和信息化主管部门、发展改革委、科技厅、财政厅（局）、环境保护厅、商务厅、人民银行中心支行、工商局、质量技术监督局、知识产权局、银监局、证监局、保监局、国防科技工业主管部门、工商联：

《中国制造2025》发布实施以来，制造强国建设取得显著成效。民营企业是制造业发展的主力军，但近年来受多重因素影响，制造业民间投资增速放缓。为促进民营企业转型升级、激发民间投资活力，加快制造强国建设，制定《关于发挥民间投资作用 推进实施制造强国战略的指导意见》。现印发给你们，请做好贯彻实施。

关于发挥民间投资作用
推进实施制造强国战略的指导意见

当前,新一轮科技革命和产业变革正在全球范围内孕育兴起,制造业重新成为全球经济竞争的制高点。随着我国经济发展进入新常态,增长速度、经济结构和发展动力发生重大变化,制造业发展站到了由大变强的历史起点上。民营企业是制造业的主力军和突击队,但近年来受多重因素影响,制造业民间投资增速明显放缓。为推进供给侧结构性改革,深入实施制造强国战略,贯彻落实《中国制造2025》,释放民间投资活力,引导民营企业转型升级,促进制造业向高端、智能、绿色、服务方向发展,现提出以下意见：

一、总体要求

（一）指导思想

全面贯彻党中央、国务院有关决策部署,牢固树立创新、协调、绿色、开放、共享的发展理念,着力推进供给侧结构性改革,破解制约民间投资的体制机制障碍,加快企业转型升级提质增效,培育壮大新动能,改造提升传统产业,优化现代产业体系,为建设制造强国提供有力支撑和持续动力。

（二）基本原则

坚持市场主导。充分发挥市场在资源配置中的决定性作用,更好地发挥政府规划引导和政策支持作用,形成有利于民营企业发展、促进民间投资的体制机制和政策环境。

坚持问题导向。从民营企业反映强烈、制约民间投资、影响提质增效升级的突出问题出发,提出有针对性的措施,及时回应社会关切。

坚持协同推进。与化解过剩产能、促进企业转型升级、降低实体经济企业成本和企业杠杆率等工作有机结合,加强部门协同,引导企业、社会中介和公众参与,形成合力。

坚持公平共享。推进产业政策由选择性向功能性转变,形成公平竞争的市场环境,促使各类市场主体平等有效地获取政策信息并受益。

二、主要任务

(一)提升创新发展能力

一是探索完善制造业创新体系,推动骨干民营企业参与制造业创新中心建设,建立市场化的创新方向选择机制和鼓励创新的风险分担、利益共享机制。支持有条件的民营企业组建国家技术创新中心,攻克转化一批产业前沿和共性关键技术,培育具有国际影响力的行业领军企业。引导社会资本共同建设协同创新公共服务平台、重大科研基础设施及大型科研仪器,推动设施和仪器向社会开放。(工业和信息化部、科技部、发展改革委)

二是分年度遴选实施一批标志性项目,引导民营企业参与承担相关任务,发挥民营骨干企业在重大工程、重点任务研发和产业化中的重要作用,在任务部署方面充分征求并吸收民营企业的意见。以民营企业为重要对象,推动国家技术创新示范企业认定工作和企业技术中心建设。以民营企业为主体打造创新设计集群,培育一批专业化、开放型的工业设计企业。(工业和信息化部、发展改革委、科技部)

三是进一步完善产学研合作机制,理顺创新成果所有权、使用权、收入分配权,提升研发及成果转化针对性。鼓励民营企业和社会资本建立一批从事技术集成、熟化和工程化的中试基地。建立国家技术成果服务系统等科技成果发布和共享平台,提供适合民营企业需求的项目技术源和公共技术服务。围绕重点领域试点示范,建立案例库、专家库、知识库,形成可复制、可推广的经验。(工业和信息化部、科技部)

四是推动民营企业参与知识产权联盟建设,完善国家知识产权运营公共服务平台运行机制,落实降低制造业企业知识产权申请、保护及维权成本的措施。支持民营企业参与国际标准、国家标准和行业标准制定,推动制定团体标准和区域标准,引导民营企业对标贯标。(知识产权局、工业和信息化部、工商总局、国家标准委、全国工商联)

(二)提升信息化和工业化融合水平

一是建立完善两化融合管理体系标准,加快形成两化融合管理体系评定结果的市场化采信机制,鼓励民营企业参与两化融合管理体系贯标。引导民营企业和社会资本投入工业控制系统、工业软件、工业控制芯片、传感器、工业云与智能服务平台和工业网络等领域,围绕工业云、工业大数据、工业电子商务、信息物理系统、行业系统解决方案等开展制造业与互联网融合发展试点示范。(工业和信息化部)

二是推动制造业企业与互联网企业共同建设优势互补、合作共赢的开放型产业生产体系,鼓励民营企业和社会资本参与大企业"双创"平台和面向中小企业的"双创"服务平台建设。引导民营企业发展基于互联网的个性化定制、网络协同制造、服务型制造等制造业新模式和基于消费需求动态感知的研发、制造和产业组织方式。(工业和信息化部)

三是鼓励民营企业参与智能制造工程,围绕离散型智能制造、流程型智能制造、网络协同制造、大规模个性化定制、远程运维服务等新模式开展应用,建设一批数字化车间和智能工厂,引导产业智能升级。支持民营企业开展智能制造综合标准化工作,建设一批试验验证平台,开展标准试验验证。加快传统行业民营企业生产设备的智能化改造,提高精准制造、敏捷制造能力。(工业和信息化部)

四是鼓励和支持民营企业参与研发制造高档数控机床与工业机器人、增材制造装备等关键技术装备及《中国制造2025》十大领域急需的专用生产设备及测试装备、生产线及检测系统等关键短板装备,培育和提升民营企业智能制造系统集成服务能力。(工业和信息化部)

五是鼓励民营资本进入电信业,深入推进提速降费。开放民间资本进入基础电信领域竞争性业务,深入推进移动通信转售业务发展,进一步扩大宽带接入网业务试点范围。支持民营企业探索建设工业互联网。(工业和信息化部)

(三)参与工业基础能力提升

一是发布推广"四基"发展目录,广泛宣传工业强基工程实施进展和成果,建立协调推进机制,推动基础产品企业与整机企业加强战略合作,建立上下游合作紧密、分工明确、利益共享的组织模式。(工业和信息化部、工程院)

二是实施"一揽子"突破行动。围绕重点领域整机发展需要,聚焦工业基础领域亟待解决的重点难点和卡脖子问题,公开招标遴选一批核心基础零部件、关键基础材料、先进基础工艺,制定实施方案。支持民营企业参与军民两用技术联合攻关,支持军民技术相互有效利用,促进军民融合发展。(工业和信息化部、国防科工局、财政部)

三是开展重点产品、工艺"一条龙"示范应用,完善首台(套)、首批次保险政策。发挥第三方专业机构作用,以上下游需求和供给能力为依据,梳理形成若干条产业链,公开征集参与单位和投资机构,提供有针对性的支持服务。(工业和信息化部、保监会)

四是针对重点领域和行业发展需求,围绕可靠性试验验证、计量测试、标准制修订、认证认可、检验检测、产业信息、知识产权等技术基础支撑能力,依托现有第三方服务机构,创建一批产业技术基础公共服务平台,建立完善产业技术基础服务体系。(工业和信息化部、质检总局)

五是培育一批专注于核心基础零部件(元器件)、关键基础材料和先进基础工艺细分领域的专精特新"小巨人"企业。依托国家新型工业化产业示范基地,培育和建设一批特色鲜明、具备国际竞争优势的基础企业集聚区。(工业和信息化部)

(四)提升质量品牌水平

一是面向民营企业全面推广先进质量管理方法,参与质量标杆评选和品牌培育,加强中小企业质量管理培训辅导,推动出口食品企业内外销"同线同标同质"工作。推动民营企业参与行业自律活动,在重点领域实施质量管理、质量自我声明和质量追溯制度。(质检总局、工业和信息化部)

二是加大质量品牌公共服务平台建设,提高强制性产品认证的有效性,推动自愿性产品认证健康发展,指导社会中介组织及第三方机构,为民营企业提供质量改进和品牌创建服务。(工业和信息化部、质检总局)

三是健全产品质量标准、政策、法律法规体系。完善质量信用信息收集和发布制度,建立质量黑名单制度,加大对质量违法和商标侵权假冒行为的打击和惩处力度,重点查处流通领域强制性产品认证环节无证违法行为。严格实施产品"三包"、产品召回等制度。(质检总局、工商总局、工业和信息化部)

四是引导民营企业建立品牌管理体系,增强以信誉为核心的品牌意识。以民企民资为重点,扶持一批品牌培育和运营专业服务机构,打造产业集群区域品牌和知名品牌示范区。(工业和信息化部、工商总局、质检总局)

(五)推动绿色制造升级

一是试点推广企业用水等核定和确权,完善用水、排污权的等级、抵押、流转等配套制度。实施控制污染物排放许可制,落实企事业单位污染物治理主体责任,推动污染治理技术升级改造和污染物减排。加大节能减排宣传和执法力度。(发展改革委、工业和信息化部、财政部、环境保护部按职责分工负责)

二是开展绿色制造试点示范,支持民营企业实施绿色化改造、开发绿色产品,引导民营企业和社会资本积极投入节能环保产业。(工业和信息化部、财政部、发展改革委)

三是加快建立以资源节约、环境友好为导向的采购、生产、营销物流体系,落实生产者责任延伸制度,推动民营企业积极履行社会责任。(工业和信息化部、发展改革委)

(六)优化产业结构布局

一是加强重点领域技术路线图和分省市指南的宣传引导,及时发布技术创新和产业发展成果及趋势,引导民间投资找准方向、合理布局,形成错位发展、良性竞争的格局。(工程院、工业和信息化部)

二是编制发布重点产业技术改造投资指南,以重点领域产品、技术和工艺目录的形式,编制重点项目导向计划,细化对民营企业和社会资本的引导,优化投资结构。(工业和信息化部)

三是规范行业准入退出管理。建立完善产能过剩预警机制,综合运用法律、经济、技术及必要的行政手段,引导民营企业主动退出产能严重过剩行业,依法依规加快淘汰落后产能。完善企业破产制度,简化和完善企业注销流程。(工业和信息化部、工商总局)

四是支持民营企业战略合作与兼并重组,鼓励民间资本参与国有企业混合所有制改革,推动重点领域投资主体多元化。(发展改革委、国资委、工业和信息化部、财政部、全国工商联)

五是引导中小企业通过专业分工、服务外包、订单生产等方式,与国有大企业建立协同创新、合作共赢的协作关系。发展一批专业化"小巨人"企业,引导优势民营企业进入军品科研生产和维修领域,鼓励支持民营企业参与军民融合发展。(工业和信息化部、国防科工局、全国工商联)

六是制定和实施重点行业布局规划,修订产业转移指导目录,完善国家产业转移信息服务平台。将引导民间投资健康发展和促进民营企业转型升级纳入"中国制造2025"国家级示范区创建工作当中,及时总结推广地方先进经验。支持民营企业参与国家新型工业化产业示范基地的建设提升,参与国家新型工业化卓越提升计划和智慧集群建设,推动新型网络化协作组织的培育形成。(工业和信息化部)

(七)促进服务化转型

一是引导制造业企业延伸服务链条,积极发展服务型制造,开展试点示范,总结推广经验案例。健全市场化收益共享和风险共担机制,鼓励社会资本参与制造业企业服务转型创新。(工业和信息化部)

二是支持民间资本投入个性化定制、网络精准营销、在线支持服务和制造设备融资租赁等领域,鼓励开展"互联网+"制造业模式创新。(工业和信息化部牵头)

三是推动政府和民间投资共同参与面向制造业的公共平台建设,面向量大面广的中小企业和民营企业提供多元化的生产服务,健全数据共享和协同制造机制,建立技术标准和服务规范。(工业和信息化部牵头)

(八)鼓励国际化发展

一是支持企业运用商标品牌参与国际竞争,健全企业商标海外维权协调机制。引导企业在实施"走出去"战略中"商标先行",通过马德里商标国际注册等途径,加强商标海外布局规划,拓展商标海外布局渠道。探索建立中国企业商标海外维权信息收集平台。进一步加大海外商标维权援助力度,协助企业解决海外商标注册与维权问题。(工商总局、商务部)

二是制定规范企业海外投资经营行为的指导性文件,推动加强企业"走出去"信用体系建设。对民营企业参与国家援外项目、对外融资、保险给予平等待遇。健全境外投资风险防控体系,完善境外投资

风险评估与预警机制、境外突发安全事件应急处理机制。(发展改革委、商务部按职责分工牵头,财政部、全国工商联等参与)

三是加强民营企业"走出去"信息服务,建设综合信息服务平台,完善信息共享制度。加快境外分支机构和服务网点布局。发挥行业协会、中介组织作用,推动制定"走出去"行业自律规范,组织民营企业"抱团出海"、优势互补。(发展改革委、商务部按职责分工牵头,工业和信息化部、全国工商联等参与)

四是鼓励金融机构开发支持企业"走出去"的金融产品,加强银担合作。支持符合条件的企业和金融机构在境内外市场募集资金。支持"走出去"企业以境外资产或股权、矿权为抵押获得融资。(发展改革委、商务部、人民银行、银监会、工业和信息化部)

五是鼓励民营企业"走出去"参与国外基础设施建设,构建国内外优势产业长效合作机制。加强与"一带一路"沿线国家的经贸合作,支持光伏、高铁等具有国际竞争力的优势产业,积极加强国际布局,提供政策、资金、金融等服务,推动民营企业稳妥有序拓展国际新兴市场。(发展改革委、商务部、工业和信息化部、人民银行、银监会、全国工商联)

三、保障措施

(一)改善制度供给,优化市场环境

一是深入推进简政放权、放管结合、优化服务,精简和优化行政审批,清理相关政策法规,建立和完善市场准入负面清单制度,构建完善市场准入管理新体制,保障民营经济依法平等参与市场竞争。(发展改革委、各相关部门)

二是深入推进落实投融资体制改革。不断优化制造业领域政府投资范围,平等对待各类投资主体,在不改变规划条件的前提下,依法依规研究推广零土地技改项目承诺备案制,完善事中事后监管和信用体系建设。(发展改革委、工业和信息化部)

三是深入推进企业减负工作。发挥国务院减轻企业负担部际联席会议机制作用,加强政策宣传和督促检查,推动各项惠企减负政策的落实。建立涉企收费目录清单制度,打造减轻企业负担综合服务平台,加强行政审批中介服务事项清理规范,完善企业举报查处机制,制止各种清单之外违规收费行为。(工业和信息化部、发展改革委、财政

部牵头）

四是制定完善《中国制造2025》配套政策，充分征求相关民营企业意见，细化落实更符合民营企业特点和需求的政策措施。（各相关部门）

（二）完善公共服务体系，提高服务质量水平

一是加快行业信息平台建设。充分运用新一代信息技术，可视化展示产业布局、发展动态、制约瓶颈，引导平台及时向民营企业发布宏观经济信息、政策信息、行业信息和项目信息。（工业和信息化部）

二是完善技术创新服务平台。打造以制造业创新中心为重要节点的制造业创新体系，完善产业技术基础，增强产业共性技术供给，为民营企业技术创新提供支撑。（工业和信息化部）

三是打造制造业企业互联网"双创"平台，深化工业云、大数据等技术的集成应用，推动互联网企业构建制造业"双创"服务体系，支持民营制造企业与互联网企业跨界融合，为中小企业提供系统解决方案。（工业和信息化部）

四是完善中小企业服务体系。加快建设中小企业服务平台网络，推进国家检验检测认证公共服务平台示范区建设，构建基于互联网的第三方服务平台，构建质量品牌专业化服务、信息共享和活动推进平台，构建商标品牌管理公共服务平台。推动建设面向中小企业的网络安全公共服务平台，提供专业化、实时的网络安全监测预警和应急响应服务，提升中小企业网络安全防护水平。（工业和信息化部、质检总局、工商总局）

五是完善投融资服务平台。培育发展股权投资基金、创业投资基金等各类民间资本，鼓励引导服务于制造业的金融创新，为制造业民营企业融资提供咨询辅导。（人民银行、证监会）

六是完善投资项目在线审批监管平台，实现部门与投资项目相关审批在线平台对接和信息共享，促进网上并联审批，提高审批效率。（发展改革委牵头）

（三）健全人才激励体系，提升企业管理水平

一是大力倡导企业家精神。贯彻落实《关于完善产权保护制度依法保护产权的意见》。加强对民营企业家的关注和保障，营造鼓励创

业创新、宽容失败的社会氛围,强化创造利润、奉献爱心、回报社会的价值导向。通过理论培训和实践锻炼,提升企业家的战略管理能力,培育一批专注实业、精于主业、勇于创新的企业家队伍。(发展改革委、工业和信息化部、全国工商联)

二是促进民营企业提升管理水平。充分发挥商会等社会组织的作用,鼓励和引导有条件的民营企业建立现代企业制度,完善公司治理结构;加强管理创新和提质增效,推广应用先进管理经验;鼓励和引导管理咨询机构为民营企业创新发展提供企业诊断和管理咨询服务。(工业和信息化部、全国工商联等)

三是完善职业经理人、专业技术人才、技能型人才的评价评定、薪酬设计、交流选聘、培训激励等机制,激发各类人才的活力和创造力。(人力资源社会保障部、工业和信息化部)

(四)加大财税支持力度,发挥引导带动作用

一是发挥工业转型升级(中国制造2025)资金作用,重点支持制造业关键领域和薄弱环节发展,为民营企业转型升级提供产业支撑。(工业和信息化部、财政部)

二是创新资金使用方式,支持战略性、基础性、公益性领域的技术改造,制定企业技术改造年度导向计划。(发展改革委、财政部、工业和信息化部)

三是探索和实践股权投资、资本合作方式,充分发挥先进制造、集成电路、中小企业等投资基金的作用,撬动更多社会资源投入工业领域。(发展改革委、财政部、工业和信息化部)

四是鼓励各地引导民营企业加大对技术改造的投入力度。(财政部、工业和信息化部)

五是运用政府和社会资本合作(PPP)模式,出台合同范本,引导民间投资参与制造业重大项目建设。(财政部、工业和信息化部)

六是综合运用税收政策工具,落实税收优惠政策,促进制造业转型升级。(财政部、税务总局、工业和信息化部)

(五)规范产融合作,创新金融支持方式

一是深入开展产融合作有关工作,建立信息共享和工作协调机制,推动各地以信息共享为切入点,完善产融信息对接合作平台,在严

格监管前提下促进银企对接和产融合作。(工业和信息化部、财政部、人民银行、银监会)

二是开展产融合作试点城市有关工作,对产融合作实施严格准入和监管,促进城市聚合各类资源,探索产业与金融良性互动、互利共赢的发展模式。鼓励金融机构在风险可控、商业可持续的前提下,创新适合民营企业需求特点的金融产品和金融服务,促进民营企业改造升级。(工业和信息化部、财政部、人民银行、银监会、证监会、保监会)

三是推动建立国家融资担保基金,增强省级再担保机构资本实力,强化省级再担保机构为担保机构增信和分担风险功能,推进开展中小企业信用担保代偿补偿工作。(财政部、银监会、工业和信息化部)

四是推进商业银行落实小微企业授信尽职免责制度,按照收益覆盖风险的原则合理确定贷款利率,支持商业银行发行小微企业金融债,加强小微企业增信合作。(银监会、人民银行)

五是引导开发性、政策性金融机构落实民营企业金融服务有关政策,支持其在依法合规、风险可控的前提下,根据职能定位和业务范围要求,加强与其他银行业金融机构合作,强化对民营企业信贷支持。(人民银行、银监会)

六是扩大民营企业财产质押范围,落实《商业银行押品管理指引》,在风险可控的前提下推动企业以应收账款、收益权、商标权、专利权等无形资产进行抵质押贷款,并推动建立全国统一的动产担保登记公示制度。(人民银行、银监会、工业和信息化部、工商总局、知识产权局)

七是鼓励银行等金融机构开展供应链融资,为制造业民营企业产业链上下游提供金融服务,促进产业链相关企业协调发展。(银监会、人民银行、工业和信息化部)

八是加快债券市场化产品创新,支持开展创新创业公司债券、可交换公司债券、可续期公司债券、绿色公司债券等公司信用类债券;研究发展项目收益债券,支持民营企业发行公司债券、资产支持证券等产品融资。(人民银行、证监会、工业和信息化部)

九是推进民营企业利用多层次资本市场直接融资。建立健全创

业板上市公司再融资制度,继续完善新三板市场规则体系建设,扩大资本市场服务民营企业的覆盖面。(证监会、工业和信息化部)

国家工商行政管理总局关于充分发挥工商行政管理职能作用鼓励和引导民间投资健康发展的意见

(2012年6月4日 工商个字〔2012〕107号)

各省、自治区、直辖市及计划单列市、副省级市工商行政管理局、市场监督管理局,总局机关各司局、直属单位:

民间投资是促进经济发展、调整产业结构、繁荣城乡市场、扩大社会就业的重要力量。近年来,各级工商行政管理机关认真贯彻落实《国务院关于鼓励和引导民间投资健康发展的若干意见》(国发〔2010〕13号)、《国务院办公厅关于鼓励和引导民间投资健康发展重点工作分工的通知》(国办函〔2010〕120号)文件精神,积极营造平等准入、公平竞争的市场环境,服务和促进民间投资发展,做了大量工作。为进一步发挥工商行政管理职能作用,鼓励和引导民间投资健康发展,提出以下意见:

一、为进一步拓宽民间投资领域和范围营造公平公正的市场主体准入环境

(一)各级工商行政管理部门要严格执行市场主体登记管理法律法规的规定,按照统一的登记标准、登记程序和登记要求,为民间投资设立各类市场主体营造公开公平、便捷高效的准入环境。

(二)支持民间投资以多种形式设立市场主体,支持民间资本进入法律法规未明确禁止准入的行业和领域。

(三)拓宽非货币出资方式,鼓励投资者依法以股权、债权、知识产权等非货币形式评估作价出资,支持以不需要办理权属登记的自有技术作为公司股东的首次出资。

(四)落实有关中小企业注册登记费减免的政策规定,减轻企业负担。认真落实国家优惠政策,对符合政策法规规定条件的,在一定期限内免收登记类和证照类等有关行政事业性收费。

二、为民间资本重组、联合、转型提供优质高效的登记管理服务

(一)按照"增加总量、扩大规模、鼓励先进、淘汰落后"的要求,配合做好淘汰落后产能工作,加大资源节约和环境保护力度,促进民间投资市场主体产业结构调整,提高民间投资质量。

(二)鼓励和引导民间投资市场主体通过参股、控股、资产收购等多种形式,参与国有企业的改制重组。

(三)支持符合国家产业政策、具有竞争优势的民间投资市场主体,通过跨地区、跨行业兼并、重组,组建大型企业集团。鼓励民间投资市场主体"走出去",积极参与国际竞争,对民间投资市场主体之间、民间投资市场主体与国有企业之间组成联合体开展境外投资,需要组建企业的,依法做好登记衔接和服务。

(四)扶持小型微型企业发展,支持具有一定规模的个体工商户转变为企业。

(五)做好中西部地区承接产业转移中的工商登记衔接。积极支持中西部地区在承接产业转移中新设市场主体,增加市场主体总量。鼓励和支持东部地区的民间投资市场主体以多种方式向中西部地区投资发展,支持企业以整体迁移方式实现东部地区产业向中西部地区的有序转移,支持产业转移中企业资产整合和兼并重组,支持产业转移中的项目对接,促进区域经济协调发展。

(六)以参与主办和支持举办"中国中部投资贸易博览会"、"中国国际中小企业博览会"等经贸洽谈和展览展销活动为契机,为民间投资市场主体牵线搭桥、招商引资,促进东中西部地区民间投资市场主体加强经贸交流,实现优势互补、共赢发展,提高东中西部民间投资市场主体互利合作的实效性。

三、充分运用工商行政管理职能帮助解决民间投资市场主体融资难题

(一)积极开展动产抵押、股权出质登记,完善相关工作机制,提供高效便利的服务,指导民间投资市场主体利用抵押、质押担保进行融资。

（二）鼓励和支持民间投资市场主体运用商标权出资、商标质押和商标许可等方式，实现商标无形资产的资本化运作。

（三）支持公司以正常经营活动中产生的债权，以及人民法院生效裁判确认的债权、破产重整期间列入经人民法院批准重整计划的债权等转为公司股权，减轻债务负担，提高盈利能力，优化行业布局和资产结构，进一步拓宽民间投资市场主体的融资渠道，增强发展动力。

（四）积极搭建平台，促进金融机构与民间投资市场主体的对接合作，支持面向民间投资市场主体的金融服务体系和信用担保体系建设，不断改善民间投资市场主体的融资环境。

四、在民间投资领域大力推进商标战略实施

（一）指导民间投资市场主体实施商标战略，鼓励其提高商标注册、运用、保护、管理能力。在确定国家商标战略实施示范企业时适当考虑民间投资企业的代表性。

（二）引导民间投资市场主体不断提升产品质量和商业信誉，培育驰名、著名商标。加大对创新型、科技含量高、市场占有量大、经济效益好、出口创汇多、抵御风险能力强的民间投资市场主体驰名商标、著名商标的认定和保护工作力度。

（三）引导和鼓励民间投资市场主体积极参与农业产业技术创新战略联盟，发展涉农新兴产业，注册农产品商标和地理标志，保护创新成果、扩大市场份额、提升市场竞争力。

（四）进一步完善商标确权机制，提高审查审理效能，缩短案件审理周期，切实保障民间投资市场主体商标权益。健全商标评审案件的提前审理制度，对涉及战略性新兴产业、现代服务业等重点行业的民间投资市场主体商标评审案件，根据案情予以加快审理。

（五）切实加强对商标专用权的保护，有效打击商标侵权行为，坚决遏制恶意抢注、恶意异议、恶意转让、恶意撤销等行为，扶持民间投资市场主体培育自主品牌。建立依法、规范、高效的商标保护长效机制，为民间投资市场主体创新发展和转型升级创造公平竞争的市场环境。

五、大力支持民间投资市场主体培育国际知名品牌

（一）加强对民间投资市场主体马德里国际商标注册的指导、宣传和培训，引导民间投资市场主体增强商标国际注册和保护意识，有效支持和帮助民间投资市场主体利用自有品牌开拓国际市场。

（二）建立健全海外商标维权机制,在中国商标网上对马德里国际注册商标进行公告,方便国内民间投资市场主体对国际商标提出异议。加强与国际组织、外国政府商标主管机关合作,畅通海外维权投诉和救助渠道。加强对涉及面广、影响大的商标纠纷、争端和突发事件的应对和处理。

（三）加强商标国际注册统计工作,建立商标国际注册和维权数据库,为民间投资市场主体商标海外维权提供法律指导、案例参考和信息服务。

六、充分发挥民间投资对广告产业的提升作用

（一）支持民间资本投资广告业。支持广告业民间投资市场主体加快提高自身专业化服务水平,积极扶持资质好、潜力大、有特色、经营行为规范的民间投资市场主体,促其向专、精、特、新方向发展,以独特专长建立品牌。积极引导广告业民间投资市场主体通过参股、控股、兼并、收购、联盟等方式做强做大,打造广告服务业知名品牌。

（二）支持广告业民间投资市场主体参与广告产业园区建设,到中西部地区拓展市场,参与广告科技研发,发挥民间资本在推动广告资源合理配置,培育广告产业链和广告产业集群,促进区域协调发展,加快广告业技术创新方面的积极作用。

（三）支持广告业民间投资市场主体外向发展,融入国际产业链条,为"中国制造"和"中国创造"商品与"中国服务"品牌开展自主营销、开拓国际市场提供国际化专业服务。

七、加强对民间投资的市场监管和规范

（一）进一步推进市场主体信用体系建设,在深入推进企业、个体工商户信用分类监管的基础上,积极建立市场主体信用信息的公开机制,加强对市场主体信用和监管信息的披露,加大信用激励和信用约束力度,引导民间投资市场主体依法经营,切实履行社会诚信责任,推动社会信用制约机制的建立和完善。

（二）进一步加强反垄断、反不正当竞争、打击传销活动、打击合同欺诈、打击制售假冒伪劣商品、治理虚假违法广告、查处取缔无照经营等工作,加大执法力度,严厉查处违法经营行为,依法保护合法经营,维护公平竞争的市场秩序,为民间投资发展提供良好市场环境。

(三)充分发挥行政执法"预防、警示、教育"的功能,积极实施以行政提醒、行政预警、行政劝导和行政建议为主要内容的行政指导,加大对民间投资市场主体的规范和帮扶力度。

(四)发挥各级个私协会、广告协会、商标协会"教育引导、提供服务、反映诉求、规范自律"的作用,加强行业自律,引导民间投资市场主体不断提高自身素质和能力,树立诚信意识和责任意识,主动承担相应的社会责任。

八、不断提升工商部门对民间投资的综合服务水平

(一)加强市场主体登记管理信息综合运用,通过市场主体登记管理信息的分析和公开,及时反映市场主体发展动态,为部门监管、政府决策、投资创业和社会公众提供参考。

(二)发挥各级个私协会、广告协会、商标协会桥梁纽带作用,积极参与民间投资相关政策法规制定,充分反映民间投资市场主体的合理要求。工商部门在制定涉及民间投资的政策时,也要积极听取民间投资市场主体的意见建议。

(三)发挥各级个私协会、广告协会、商标协会服务功能,通过维权保障、宣传教育、培训学习、经贸交流、公益活动等多种举措,为民间投资市场主体排忧解难,提供服务。

(四)充分发挥工商部门和个私协会、广告协会、商标协会紧密联系市场主体的优势,开展政策宣传工作,让更多的民间投资市场主体知晓国家有关扶持政策和获取政策扶持的渠道。

民用航空局关于鼓励和引导
民间投资健康发展的若干意见

(2010年11月1日　民航发〔2010〕133号)

民航各地区管理局,各航空运输(通用)、服务保障公司,各机场公司:

为深入贯彻落实《国务院关于鼓励和引导民间投资健康发展的若干意见》(国发〔2010〕13号),根据民航实际,现就民间资本投资民航业提出以下意见。

一、鼓励和引导民间资本参与民航强国建设

(一)改革开放以来,尤其是《国务院关于鼓励支持和引导个体私营等非公有制经济发展的若干意见》颁布以来,民航鼓励和支持民间资本参与民航事业的发展,在公共航空运输、通用航空、航空器维修、航空客货运输销售代理等多个领域,涌现出一批具有一定规模、管理日益完善的民营企业,对于打破垄断经营、活跃航空市场、提高服务水平发挥了重要作用,成为促进民航发展的重要力量。

(二)建设民航强国,是实现民航科学发展和历史性跨越的战略部署,需要充分利用一切社会力量共同参与。民间资本是民航事业发展的重要资金来源,民营航空企业是建设民航强国不可或缺的重要力量。进一步鼓励和引导民间资本投资民航业,对促进民航协调发展、培育新的经济增长点、推动民航强国建设具有重要意义。

二、鼓励和支持民间资本宽领域、多方式投资民航业

(三)鼓励和引导民间资本进入法律法规规章未明确禁止准入的民航各领域。除《国内投资民用航空业规定(试行)》禁止和限制的项目外,鼓励民间资本投资民用运输机场、通用航空、航空货运和地面保障服务等基础设施项目,支持民间资本投资公共航空运输企业、通用航空企业及其他服务保障企业。规范设置民航业投资准入门槛,创造公平竞争、平等准入的市场环境。参与民航业经营的主体必须具备合法的资质和较强的资金实力,应当满足各类民航企业设立要求的最低注册资本金限额。

(四)鼓励和支持民间资本按照有关规定,以参股、控股、独资等多种方式新设民航企业,或以合并重组、股权收购等方式投资民航企业。民间资本在参与民航企业改制重组过程中,要认真执行国家有关资产处置、债务处理和社会保障等方面的政策要求,依法妥善安置职工,保证企业职工的正当权益。

三、发挥民营航空企业在民航产业结构调整中的积极作用

(五)中小企业是民间资本活跃的主要领域,民营航空企业经营规模相对较小,要加大政府扶持和政策引导,鼓励其发挥机制活、包袱轻的优势,积极参与低成本航空、支线航空、货运航空、通用航空和民航专业人员培训等行业薄弱环节的发展。

(六)加大政府扶持和政策引导,鼓励民间资本加大对西部地区、东北地区、新疆、西藏等民航发展相对薄弱地区的投入,促进区域经济和社会协调发展。在编制民航"十二五"规划、重大投资计划和制定民航财经政策时要注意对上述地区民间资本的充分利用和平等保护。

(七)鼓励民营航空企业积极参与国际竞争。支持具备条件的民营航空公司开辟国际航线,尤其是国际货运航线,开展国际业务。支持有竞争力的民营航空维修企业、航空物流企业,及其他具备条件的民营航空企业"走出去",开拓国际市场。支持民营航空企业之间、民营航空企业与国有企业之间组成联合体,发挥各自优势,共同开展多种形式的合作,提高国际竞争力。

四、推动民营航空企业加强自主创新,提高运营能力

(八)鼓励民营航空企业加大新航线、新市场的开发力度,实现服务创新,培育核心竞争力,实施品牌发展战略,争创一流服务,提高发展能力。

(九)支持民营航空企业加快专业技术人员引进,加强专业技术储备和专业人才培养,严格执行规定的人员配置比例,保持飞行人员、机务维修等专业技术队伍稳定。

(十)推动民营航空企业加强内部管理,支持有条件的民营企业通过联合重组等方式做大做强,发展成为市场定位准确、服务特色鲜明、收入盈利稳定的集团化公司。

五、为民营航空企业营造公平、宽松的政策环境

(十一)拓宽民营航空企业市场准入的渠道。相关标准和政策要公开透明,不得单独对民间资本设置附加条件。改革国内航线航班经营许可办法,分步放开国内航线经营权的审批。

(十二)加大对民营航空企业融资支持力度,在防范风险的基础上,引导民营航空企业灵活运用金融工具筹集运营和发展资金。采取搭建银企合作融资平台等方式,加强与金融机构合作,支持民营航空公司拓宽融资渠道、创新融资方式。

（十三）各项行业管理政策要明确规则、统一标准，对包括民间投资在内的各类投资主体同等对待。支持民营企业的产品和服务进入民航业政府采购目录范围。

（十四）培育和维护平等竞争的投资环境，切实保护民间资本的合法权益。在制定、修订相关规定和制度时，要充分听取各类投资主体的意见和建议，充分采纳民营航空企业的合理要求。

六、加强对民间投资的服务、指导和规范管理

（十五）切实加强对民营航空企业的安全监管。民航各级监管部门要指导和支持民营航空企业牢固树立持续安全理念，建立和完善航空安全管理体系，加强企业内部队伍建设、严格执行安全规章、强化安全责任落实，提高安全运营能力和水平。

（十六）加强对民间投资的宏观指导。强化民航生产统计和财经信息采集工作，全面、准确反映行业内民间投资的进展和分布情况，切实做好民间投资的监测和分析工作，及时公布民航产业政策、发展规划和市场准入标准等信息，合理引导民间投资。

（十七）支持和引导民营航空企业加大安全投入，完善和优化安全设施和运营环境。在航空安全监管方面，对民营航空企业必须坚持高标准、严要求，进行全方位、多层次的监管和考核。对安全考核不达标，或在安全检查中存在严重安全隐患的航空企业，责成限期整改；性质严重的，依法进行处理。

（十八）规范民营航空企业经营行为，构筑公平有序、良性发展的竞争格局和市场环境。推动民营航空企业依法依规开展生产经营活动，切实履行社会责任，企业良性健康发展。加快民航统一清算体系建设，推动行业诚信体系建设。发挥民航各类协会、社团等自律性组织的积极作用。

（十九）完善民间资本退出机制，保护消费者和投资者合法权益，防范国有资产流失。民间资本投资设立的公共航空运输企业、民用运输机场和其他需要许可的民航企业，停业、歇业、解散或关闭必须按规定报请民航局或地区管理局批准。在破产清算阶段，要按照法定程序和市场化原则依法进行资产评估和债务清偿，既要维护民间资本的合法权益，也要强化管理和监督，防止国有资产流失。

七、营造有利于民营航空企业健康发展的氛围

（二十）营造有利于民航业民间投资健康发展的良好舆论氛围。客观、公正宣传报道民间投资在促进民航协调发展、调整产业结构、繁荣航空市场和建设民航强国等方面的积极作用。积极宣传依法经营、诚实守信、认真履行社会责任、积极参与社会公益事业的民营航空企业和先进人物事迹。

（二十一）各部门、各单位要把鼓励和引导民间投资健康发展工作摆在更加重要的位置，进一步解放思想，转变观念，深化改革，创新求实。尽快将有关政策措施落到实处，切实促进民间资本合理增长、结构优化、效益提高，民营航空企业健康发展，推进民航强国建设进程。

住房和城乡建设部、国家发展和改革委员会、财政部、国土资源部、中国人民银行关于进一步鼓励和引导民间资本进入城市供水、燃气、供热、污水和垃圾处理行业的意见

（2016年9月22日　建城〔2016〕208号）

各省、自治区、直辖市、新疆生产建设兵团住房城乡建设厅（建委、建设局）、发展改革委、财政厅（局）、国土资源主管部门，北京市城管委、水务局，天津市市容园林委、水务局，上海市绿化和市容管理局、水务局，重庆市市政委，海南省水务厅，中国人民银行上海总部、各分行、营业管理部，各省会（首府）城市中心支行，各副省级城市中心支行：

为进一步贯彻落实《国务院关于创新重点领域投融资机制鼓励社会投资的指导意见》（国发〔2014〕60号），鼓励和引导民间资本进入城市供水、燃气、供热、污水和垃圾处理等市政公用行业，按照《国务院办公厅关于进一步做好民间投资有关工作的通知》（国办发明电〔2016〕

12号)要求,现提出以下意见：

一、进一步认识民间资本进入市政公用行业的重要意义

党中央、国务院高度重视促进非公有制经济和民间投资健康发展。近年来,国务院有关部门陆续出台了多项政策措施,积极推进市政公用行业向民间资本开放。民间资本的进入,对促进市政基础设施建设、提高市政公用行业服务和供应保障水平发挥了重要作用。但当前民间资本进入城市供水、燃气、供热、污水和垃圾处理等市政公用行业,仍不同程度地存在一些壁垒和体制机制障碍。

鼓励和引导民间资本进入市政公用行业既利当前又惠长远,对稳增长、保就业具有重要意义,也是推进供给侧结构性改革的重要内容。各地要进一步提高认识,采取有效措施,破除民间资本进入市政公用行业的各种显性和隐性壁垒,完善促进民间投资的各项政策,深化投融资体制改革,促进市政公用行业健康发展。

二、拓宽民间资本投资渠道

(一)规范直接投资。民间资本可以采取独资、合资等方式直接投资城镇燃气、供热、垃圾处理设施建设和运营。可以采取合作、参股等方式参与供水、污水处理设施建设和经营。具备条件的民营企业可作为专业运营商,受托运营供水、燃气、供热、污水和垃圾处理设施。鼓励民间资本通过政府和社会资本合作(PPP)模式参与市政公用设施建设运营。

(二)鼓励间接投资。鼓励民间资本通过依法合规投资产业投资基金等方式,参与城市供水、燃气、供热、污水和垃圾处理设施建设和运营。鼓励民间资本通过参与国有企业改制重组、股权认购等进入市政公用行业,政府可根据行业特点和不同地区实际,采取控股或委派公益董事等方法,保持必要的调控能力。

(三)提高产业集中度。鼓励市县、乡镇和村级污水收集处理、垃圾处理项目"打包"投资和运营,实施统一招标、建设和运行,探索市政公用设施建设运营以城带乡模式。鼓励大型、专业化城市供水、燃气、供热、污水和垃圾处理企业,通过资产兼并、企业重组,打破区域和行业等限制,形成专业化、规模化的大型企业集团,解决企业"小""散""弱"等问题。鼓励有实力、有规模的专业化民营供热企业参与改造、兼并不符合环境要求的小锅炉,扩大集中供热面积。鼓励优先使用工业余热提供供热服务。鼓励地方政府、热用户通过合同能源管理模式委托专业化供热公司负责锅炉运行、维护。鼓励燃气供应商参加天然气市场交易、竞价供气,为更多民营企业参与燃气供应提供更大的空间。

三、改善民间资本投资环境

(一)落实土地供应政策。在遵守相关规划的前提下,对符合《划拨用地目录》的供水、燃气、供热、污水和垃圾处理项目用地,经依法批准可以划拨方式供应。支持实行土地有偿使用,土地出让底价按照国家有关土地政策的规定执行;不符合《划拨用地目录》且只有一个意向投资者的,可依法以协议方式供应土地,有两个以上意向投资者、需要通过竞争方式确定项目投资者的,可在市、县人民政府土地管理部门拟订土地出让方案的基础上,将竞争确定投资者的环节和竞争确定用地者的环节合并进行。

(二)完善行业用电政策。完善峰谷分时电价政策和两部制电价用户基本电价执行方式,支持供水、燃气、供热、排水、污水和垃圾处理企业参与电力直接交易,降低企业用电成本。

(三)完善金融服务政策。充分发挥开发性、政策性金融机构作用,加大对城市供水、燃气、供热、污水和垃圾处理等市政公用行业的信贷支持力度。鼓励银行业金融机构在风险可控、商业可持续的前提下,加快创新金融产品和服务方式,积极开展特许经营权、购买服务协议预期收益、地下管廊有偿使用收费权等担保创新类贷款业务,做好在市政公用行业推广 PPP 模式的配套金融服务。支持相关企业和项目发行短期融资券、中期票据、资产支持票据、项目收益票据等非金融企业债务融资工具及可续期债券、项目收益债券,拓宽市场化资金来源。

(四)加快推进社会诚信建设。按照《国务院关于建立完善守信联合激励和失信联合惩戒制度加快推进社会诚信建设的指导意见》(国发〔2016〕33号)要求,建立健全全国范围的城市供水、燃气、供热、污水和垃圾处理行业信用信息归集共享和使用机制,将有关信息纳入全国信用信息共享平台,并对相关主体实行守信联合激励和失信联合惩戒。积极引导中央、地方媒体、互联网等加强垃圾处理行业的正面宣传，客观认识垃圾处理问题。

四、完善价费财税政策

（一）完善价格政策。加快改进城市供水、燃气、供热价格形成、调整和补偿机制，稳定民间投资合理收益预期。价格调整不到位时，地方政府可根据实际情况对企业运营进行合理补偿。推进天然气价格市场化改革，建立完善天然气价格上下游联动机制，完善居民阶梯气价制度，鼓励推行非居民用气季节性差价政策。督促各地贯彻落实煤热价格联动机制，推动供热项目市场化运作和供热企业良性发展。

（二）完善收费制度。严格落实《污水处理费征收使用管理办法》（财税〔2014〕151号）、《关于制定和调整污水处理收费标准等有关问题的通知》（发改价格〔2015〕119号）的相关要求，没有建立收费制度的要尽快建立，收费标准调整不到位的要尽快调整到位。完善垃圾处理收费办法，按照补偿垃圾收集、运输、处理成本和合理盈利的原则，加强收费工作，提高收缴率。污水和垃圾处理费要纳入政府预算管理，按照政府购买服务合同约定的期限及时、足额拨付。供水、燃气、供热等企业运营管线进入城市地下综合管廊的，可根据实际成本变化情况，适时适当调整供水、燃气、供热等价格。

（三）完善财税政策。落实对供水、燃气、污水和垃圾处理、污泥处置及再生水利用等市政公用行业的财税支持政策，对民间资本给予公平待遇。对北方采暖地区供热企业增值税、房产税、城镇土地使用税继续执行减免税收优惠政策。

（四）确保政府必要投入。发挥政府资金引导作用，加强政府对城镇供水、燃气、供热、污水处理管网等设施建设改造的投入。政府资金投入形成的资产可以通过特许经营等PPP模式引入民间资本经营。

五、加强组织领导

住房城乡建设部负责鼓励和引导民间资本进入城市供水、燃气、供热、污水和垃圾处理等市政公用行业的指导、协调和监督。住房城乡建设部、国家发展改革委、财政部、国土资源部、中国人民银行等部门负责完善相关配套措施，进一步稳定市场预期，充分调动民间投资的积极性，切实发挥好民间投资对经济增长的拉动作用。各省、自治区、直辖市有关主管部门负责本行政区域内相关工作的指导和监管。各城市人民政府及其有关管理部门应依据有关法律法规,加强对民间资本进入市政公用行业的管理,抓好有关扶持政策的落实。

民政部、发展改革委、教育部、财政部、人力资源社会保障部、国土资源部、住房城乡建设部、国家卫生计生委、银监会、保监会关于鼓励民间资本参与养老服务业发展的实施意见

(2015年2月3日 民发〔2015〕33号)

各省、自治区、直辖市民政厅(局)、发展改革委、教育厅(局)、财政厅(局)、人力资源社会保障厅(局)、国土资源厅(局)、住房城乡建设厅(局),卫生计生委、银监局、保监局,各计划单列市民政局、发展改革委、教育局、财政局、人力资源社会保障局、国土资源局、住房城乡建设局、卫生局、银监局、保监局,新疆生产建设兵团民政局、发展改革委、教育局、财政局、人力资源社会保障局、国土资源局、住房城乡建设局、卫生局:

根据《国务院关于加快发展养老服务业的若干意见》(国发〔2013〕35号)精神,为了充分发挥市场在资源配置中的决定性作用和更好地发挥政府作用,逐步使社会力量成为发展养老服务业的主体,现就鼓励民间资本参与养老服务业发展,提出如下意见。

一、鼓励民间资本参与居家和社区养老服务

鼓励民间资本在城镇社区举办或运营老年人日间照料中心、老年人活动中心等养老服务设施,为有需求的老年人,特别是高龄、空巢、独居、生活困难的老年人,提供集中就餐、托养、助浴、健康、休闲和上门照护等服务,并协助做好老年人信息登记、身体状况评估等工作。

符合民办非企业单位登记条件的居家和社区养老服务机构,可以依法登记为民办非企业单位,其他机构依法登记为企业。

通过政府购买服务、协调指导、评估认证等方式,鼓励民间资本举办家政服务企业、居家养老服务专业机构或企业,上门为居家老年人提供助餐、助浴、助洁、助急、助医等定制服务。积极引导有条件的居家养老服务企业实行规模化、网络化、品牌化经营,增加和扩大网点,提高养老服务的可及性。支持社区居家养老服务网点引入社会组织和家政、教育、物业服务等企业,兴办或运营形式多样的养老服务项目。鼓励专业居家养老机构对社区养老服务组织进行业务指导和人员培训。

推进养老服务信息化建设,逐步实现对老年人信息的动态管理。支持民间资本运用互联网、物联网、云计算等技术手段,对接老年人服务需求和各类社会主体服务供给,发展面向养老机构的远程医疗服务,发展老年电子商务,为老年人提供紧急呼叫、家政预约、健康咨询、物品代购、服务缴费等服务项目。有条件的地方,可为居家老年人免费配置"一键通"等电子呼叫设备。

二、鼓励民间资本参与机构养老服务

支持采取股份制、股份合作制、PPP(政府和民间资本合作)等模式建设或发展养老机构。

鼓励社会力量举办规模化、连锁化的养老机构,鼓励养老机构跨区联合、资源共享,发展异地互动养老,推动形成一批具有较强竞争力的养老机构。

支持机关、企事业单位将所属的度假村、培训中心、招待所、疗养院等转型为养老机构,支持民间资本对企业厂房、商业设施及其他可利用的社会资源进行整合和改造,用于养老服务。

鼓励将政府投资举办的养老机构特别是新建机构,在明晰产权的基础上,通过公开招投标,以承包、联营、合资、合作等方式,交由社会力量来运营,实现运行机制市场化。有条件的地方,可稳妥开展把专门面向社会提供经营性服务的公办养老机构转制成为企业或社会组织的试点工作,完善法人治理结构。

鼓励通过政府购买服务的方式,支持民办养老机构接收城乡特困人员或政府承担照料责任的其他老年人。

三、支持民间资本参与养老产业发展

鼓励和引导民间资本拓展适合老年人特点的文化娱乐、教育、体育健身、休闲旅游、健康服务、精神慰藉、法律维权等服务,加强对残障老年人专业化服务。

支持企业开发安全有效的康复辅具、食品药品、服装服饰等老年用品用具和服务产品,引导商场、超市、批发市场设立老年用品专区专柜,鼓励有条件的地区建立老年用品一条街或专业交易市场。鼓励已有电商平台完善服务功能,增加适应老年人消费需求及特点的商品和服务。

鼓励民间资本参与老年公寓和居住区养老服务设施建设以及既有住宅适老化改造。对按照《城市居住区规划设计规范》、《老年人居住建筑设计标准》等建设标准规划建设的适老住区和老年公寓项目中,其配套的符合独立登记条件的养老机构按规定享受相应的扶持性政策。

扶持发展龙头企业,特别要发展居家养老服务企业,培育一批带动力强的龙头企业和知名度高的养老服务业品牌,形成一批产业链长、覆盖领域广、经济社会效益显著的产业集群。

引导和规范商业银行、保险公司、证券公司等金融机构开发适合老年人的理财、信贷、保险等产品。

四、推进医养融合发展

支持有条件的养老机构内设医疗机构或与医疗卫生机构签订协议,为老年人提供优质便捷的医疗卫生服务。各级卫生计生行政部门要对养老机构设立医务室、护理站等医疗机构给予大力支持,积极提供便利;按规定进行设置审批和执业登记。

养老机构内设医疗机构符合职工基本医疗保险、城镇居民基本医疗保险和新型农村合作医疗定点医疗机构条件的,要按规定申请纳入定点范围。在定点医疗机构发生的符合规定的医疗康复项目费用,可按规定纳入基本医疗保险支付范围。

扶持和发展护理型养老机构建设。对民间资本投资举办的护理型养老机构,在财政补贴等政策上要予以倾斜。

要将养老机构内设医疗机构及其医护人员纳入卫生计生行政部门统一指导,在资格认定、职称评定、技术准入和推荐评优等方面,与其他医疗机构同等对待。

加强对养老机构中医师、执业护士、管理人员等的培训,强化医养融合发展的人才保障。鼓励医师和执业护士到养老机构、医疗机构中提供服务。

促进医疗卫生资源进入社区和居民家庭,加强居家和社区养老服务设施与基层医疗卫生机构的合作。

五、完善投融资政策

加大对养老服务业发展的财政资金投入。有条件的地区,可设立专项扶持资金。充分利用支持服务业发展的各类财政资金,探索采取建立产业基金、PPP等模式,支持发展面向大众的社会化养老服务产业,带动社会资本加大投入。通过中央基建投资等现有资金渠道,对社会急需、项目发展前景好的养老项目予以适当扶持。

民政部本级彩票公益金和地方各级政府用于社会福利事业的彩票公益金,要将50%以上的资金用于支持发展养老服务业,并随老年人口的增加逐步提高投入比例。其中,支持民办养老服务发展的资金不得低于30%。

民办非营利性养老机构应当为捐资举办,机构享有对其资产的法人财产权,捐资人(举办者)不拥有对所捐赠财产的所有权。对于举办者没有捐赠而以租赁形式给予组织使用的固定资产、以及以借款方式投入组织运营的流动资金,允许其收取不高于市场公允水平的租金和利息。行业管理部门和登记管理机关应当对其关联交易进行披露并进行必要监管。

民办非营利性养老机构停办后,应当依法进行清算,其剩余资产由民政部门负责统筹,以捐赠形式纳入当地政府养老发展专项基金。原始捐资有增值的,经养老机构决策机构同意并经审计符合规定的,可对捐资人(举办者)给予一次性奖励。

鼓励通过财政贴息、补助投资、风险补偿等方式,支持金融机构加快金融产品和服务方式创新,推进实施健康与养老服务工程。研究以养老服务产业为基础资产的证券化产品,稳步推进金融机构直接或间接投资养老服务业。

拓宽信贷抵押担保物范围,允许民办养老机构利用有偿取得的土地使用权、产权明晰的房产等固定资产办理抵押贷款,不动产登记机构要给予办理抵押登记手续。

六、落实税费优惠政策

对民办养老机构提供的育养服务免征营业税。养老机构在资产重组过程中涉及的不动产、土地使用权转让,不征收增值税和营业税。

进一步落实国家扶持小微企业相关税收优惠政策,对符合条件的小型微利养老服务企业,按照相关规定给予增值税、营业税、所得税优惠。

对家政服务企业由员工制家政服务员提供的老人护理等家政服务,在政策有效期内按规定免征营业税。

对符合条件的民办福利性、非营利性养老机构取得的收入,按规定免征企业所得税。

对民办福利性、非营利性养老机构自用的房产、土地免征房产税、城镇土地使用税。对经批准设立的民办养老院内专门为老年人提供生活照顾的场所免征耕地占用税。

对企事业单位、社会团体以及个人通过公益性社会团体或者县级以上人民政府及其部门,用于《中华人民共和国公益事业捐赠法》规定的公益事业的捐赠,符合相关规定的不超过年度利润总额12%的部分,准予扣除。对个人通过非营利性的社会团体和政府部门向福利性、非营利性的民办养老机构的捐赠,在缴纳个人所得税前准予全额扣除。

对民办非营利性养老机构建设免征有关行政事业性收费,对营利性养老机构建设减半征收有关行政事业性收费。

七、加强人才保障

支持职业院校设立养老服务相关专业点,扩大人才培养规模;加快发展养老服务专科本科教育,积极发展养老服务研究生教育,培养老年学、人口与家庭、人口管理、老年医学、中医骨伤、康复、护理、营养、心理和社会工作等方面的专门人才。拓展人才培养渠道,打通技术技能人才的培养发展通道,推进医学专业外其他适宜专业的"3+2"、五年一贯制等中高职一体化人才培养。编制实施《全国老年教育发展规划（2015－2020年）》。充分发挥开放大学作用,开展继续教育和远程教育,进一步提升养老服务从业人员整体素质。

依托职业院校和养老机构等,加强养老护理人员培训,对符合条件参加养老照护职业培训和职业技能鉴定的从业人员,按规定给予补贴。

允许符合条件的医师到民办养老机构医疗机构开展多点执业。鼓励民办养老机构引入社会工作人才。对在民办养老机构就业的专业技术人员执行与公办机构相同的执业资格、注册考核政策。

做好养老护理员工资指导价位发布工作,指导民办养老机构和组织合理确定养老护理员劳动报酬。养老机构和组织应当依法足额缴纳社会保险费,对吸纳就业困难人员就业的养老机构,按规定给予社会保险补贴。就业困难人员以灵活就业方式从事居家养老服务的,可按规定享受灵活就业社会保险补贴。积极改善养老护理员工作条件,加强劳动保护和职业防护。

八、促进民间资本规范有序参与

建立完善政府领导、民政牵头、相关部门参与的工作机制,充分发挥已经建立的各类养老服务议事协调机构的作用,加强政策协调,定期分析问题,共同研究鼓励民间资本参与养老服务业发展的推进举措。

民政部门要切实履行监督管理、行业规范、业务指导职责,及时编制养老服务业发展规划。发展改革部门要将养老服务业纳入经济社会发展规划,支持养老服务体系建设。住房城乡建设部门要制订养老服务设施建设标准,组织编制养老服务设施专项规划,指导养老服务设施有序建设。其他有关部门要各司其职,按照职责分工,做好鼓励民间资本参与养老服务业发展工作。

贯彻落实养老服务业相关政策法规,建立公开、透明、规范的养老服务业准入、退出、监管制度,营造平等参与、公平竞争的市场环境。凡是法律法规没有明令禁入的养老服务领域,都要向民间资本开放。

加快制订和完善养老服务相关标准,建立健全养老服务标准体系,不断提升养老服务的规范化和标准化水平。加强对民间资本进入养老服务业的跟踪监测和服务。

培育和发展养老服务行业协会,发挥其在行业自律、监督评估和沟通协调等方面的作用,推动形成政府、社会组织、养老服务实体三者相结合的管理机制。

九、保障用地需求

民间资本投资养老服务设施所需建设用地,适用国家规定的养老服务设施用地供应和开发利用政策,国土资源管理部门应按照《国土资源部办公厅关于印发〈养老服务设施用地指导意见〉的通知》(国土资源厅发〔2014〕11号)相关规定,积极做好用地服务工作。

民政部、全国工商联关于鼓励支持民营企业积极投身公益慈善事业的意见

(2014年1月9日 民发〔2014〕5号)

各省、自治区、直辖市民政厅(局)、工商联,新疆生产建设兵团民政局、工商联:

为贯彻落实党的十八大和十八届三中全会关于"支持发展慈善事业"、"创新社会治理"的要求,促进广大民营企业通过参与公益慈善事业,弘扬中华民族传统美德,积极履行社会责任,在解决社会问题、缩小收入差距、促进社会公平和谐中不断作出新贡献,现就鼓励支持民营企业积极投身公益慈善事业提出如下意见:

一、重要意义

改革开放特别是进入新世纪以来,非公有制经济不断发展壮大,已成为社会主义市场经济的重要组成部分和我国经济社会发展的重要基础。广大民营企业家和民营企业作为建设中国特色社会主义事业的重要力量,深入践行社会主义核心价值体系,切实履行社会责任,广泛开展救助灾害、救孤济困、扶老助残等慈善活动,积极投身教育、科学、文化、卫生、体育、环境保护等公益事业,已成为我国公益慈善事

业的主体力量,为我国公益慈善事业发展作出了突出贡献。同时,也应看到,民营企业参与公益慈善事业的潜力有待进一步挖掘,优势有待进一步发挥。当前,我国已进入全面建成小康社会的决定性阶段,保障和改善民生的任务十分繁重。鼓励支持民营企业参与公益慈善事业,是引导民营企业坚定中国特色社会主义的理想信念、积极履行社会责任的有效方式,是促进非公有制经济健康发展和非公有制经济人士健康成长的重要途径,是推动中国特色公益慈善事业发展的必然要求。各级民政部门和工商联组织要统一思想、提高认识,采取切实可行的措施,进一步提高民营企业参与公益慈善事业的积极性、科学性和有效性,支持民营企业为中国特色公益慈善事业的科学发展作出新的更大贡献。

二、基本原则

(一)自觉自愿。民营企业参与公益慈善事业,应坚持自觉自愿、尽力而为、量力而行的原则。任何组织和个人不得强迫或变相强迫民营企业开展和参与各项公益慈善活动或进行捐赠。

(二)合法合规。民营企业参与公益慈善事业,要遵守国家相关法律法规和政策,遵守社会公德,维护公共利益。民营企业只能将其有权处分的合法财产用于公益慈善事业。民营企业依法设立的慈善组织受赠的财产及其增值部分是社会公共财产,受国家法律保护,任何单位和个人不得私分、侵占和挪用。

(三)诚信公正。民营企业参与公益慈善事业,要诚实守信,已经向社会公众或受赠对象承诺的捐赠,必须诚实履行;与慈善组织开展的合作,必须依据协议认真履行。民营企业参与公益慈善事业,要公平公正,不得要求受赠人、受益人在融资活动、市场准入、资源占有等方面为其创造便利条件或提供利益回报。

三、参与途径

(一)开展社会捐赠。

——鼓励支持民营企业通过捐赠资金、产权、物资和服务等方式参与公益慈善事业。

——鼓励支持民营企业通过捐赠有价证券、专利、技术等探索参与公益慈善事业的新方式。

——鼓励支持民营企业在政府引导下,积极向需求突出的社会领域进行捐赠。

(二)设立慈善组织。

——鼓励支持具备条件的民营企业依法设立基金会,或在慈善组织中设立专项基金,探索企业留本冠名慈善基金、公益信托等新载体。

——鼓励支持民营企业举办扶贫济困、教育、医疗、养老、助残等方面的民办非企业单位,大力发展公益慈善事业,不断增加社会公共产品供给,提高公共服务水平。

(三)与慈善组织合作。

——鼓励支持民营企业选择公信力高、专业性强、富有活力的慈善组织开展合作,参与有影响力、创新性和实效性的慈善项目。

——鼓励支持民营企业持续稳定关注某一公益慈善领域,以形成长期广泛的社会影响和正面积极的社会评价。

(四)组织员工开展志愿服务。

——鼓励支持民营企业有意识地引导、组织员工,立足于所在地区和所从事的行业,在扶贫济困、帮老助幼、支教助学、卫生保健、科技推广、环境保护、应急救援、心理安抚、大型社会活动的服务等方面,有计划、有针对性、可持续地开展志愿服务活动。

(五)在投资兴业中吸纳困难群体。

——鼓励支持民营企业在投资兴业中吸纳残疾人和贫困家庭劳动力就业,实现公益目标和经济目标、社会效益和经济效益的有机统一。

(六)传播慈善文化。

——鼓励支持民营企业发扬扶危济困、乐善好施的传统美德,将以"平等、互助、博爱、共享"为核心内容的现代慈善理念和以"义利兼顾、以义为先"的光彩理念融入企业文化,在企业内部形成人人关心慈善、人人支持慈善的良好氛围,并通过提升合作伙伴和社会公众的慈善理念,传播慈善文化。

——鼓励支持民营企业采取冠名、资助等协作方式,与社会组织、科研机构等合作开展各类慈善文化活动。

(七)创新其他参与公益慈善事业的方式。

——鼓励支持民营企业继续保持发扬光彩事业精神,创新光彩事业发展新模式,并结合自身实际,发挥特色和优势,积极探索开展公益慈善活动、推动公益慈善事业发展的新途径和新机制。

四、支持措施

(一)支持民营企业依法设立公益慈善组织。根据全面深化改革的战略部署,围绕建设法治政府、服务型政府,创新行政管理方式,激发社会组织活力的新要求,各级民政部门要依照相关法律法规和政策规定,积极履行部门职责,转变工作作风,提高办事效率,丰富完善窗口和在线服务内容,为民营企业依法设立公益慈善组织提供有效的咨询和指导。

(二)协助落实优惠政策。各级民政部门和工商联组织要积极协助有关部门依法落实民营企业设立的公益慈善组织应享受的优惠政策和扶持措施。指导民营企业对发生的公益性捐赠支出进行所得税税前扣除。协同财政、税务部门,做好有关基金会等公益性社会团体的公益性捐赠税前扣除资格的审核工作。

(三)做好民营企业与慈善组织和慈善需求对接。各级民政部门和工商联组织要掌握本行政区内的优秀慈善组织和优秀慈善项目状况,及时采集、发布求助信息,主动向民营企业做好推荐工作,为民营企业与慈善需求对接提供便利。各级民政部门和工商联组织要加强合作,通过联系协调、信息共享等方式,搭建展示交流会、项目推介会等平台,促进民营企业与慈善组织对接,开展长期、多样、有效合作。

(四)宣传民营企业公益慈善行为。各级民政部门和工商联组织要积极协调报刊、广播、电视、互联网等媒体,大力宣传民营企业的慈行善举,努力营造有利于民营企业投身公益慈善事业良好的社会氛围和舆论环境。

(五)完善其他扶持和激励措施。各级民政部门和工商联组织要积极推动有关部门从土地供应、设施配套、企业服务等方面,对为公益慈善事业作出突出贡献的民营企业提供便利和优惠条件。在各级民政部门评选慈善奖项时,应注重表彰民营企业公益慈善典型。在政府采购中,对为公益慈善事业作出突出贡献的民营企业,同等条件下优先考虑。

五、服务与监管

各级民政部门和工商联组织要把民营企业参与公益慈善事业的

各项支持措施落到实处。要做好民营企业参与公益慈善事业基础数据的统计工作,及时总结和宣传民营企业参与公益慈善事业中的好经验和涌现出的新典型。要根据民营企业参与公益慈善事业的实际需求,提供针对性的政策解读、业务培训等服务。要充分尊重民营企业参与公益慈善事业的知情权和监督权,督促受赠单位严格按照捐赠单位、捐赠人的意愿落实善款和物品的使用,并及时通报受赠资金使用和项目进展情况。要通过调研、座谈等方式,及时听取民营企业关于发展公益慈善事业的意见建议,主动研究解决民营企业在相关工作中遇到的困难和问题。要积极指导民营企业将开展公益慈善活动的情况作为企业社会责任报告的重要内容主动向社会公布,引导有条件的民营企业编制专门的企业年度公益慈善报告。要建立信息反馈机制,督促问题整改,自觉接受社会公众、新闻媒体对民营企业开展的各类公益慈善活动的监督。

住房和城乡建设部、国家发展和改革委员会、财政部、国土资源部、中国人民银行、国家税务总局、中国银行业监督管理委员会关于鼓励民间资本参与保障性安居工程建设有关问题的通知

(2012年6月20日 建保〔2012〕91号)

各省、自治区、直辖市住房城乡建设厅(委、局),发展改革委,财政厅(局),国土资源厅(局),中国人民银行上海总部、各分行、营业管理部、省会(首府)城市中心支行、副省级城市中心支行,各省、自治区、直辖市和计划单列市国家税务局、地方税务局,银监局,新疆生产建设兵团建设局、发展改革委、财务局、国土资源局:

根据《国务院关于鼓励和引导民间投资健康发展的若干意见》(国

发〔2010〕13号)、《国务院办公厅关于鼓励和引导民间投资健康发展重点工作分工的通知》(国办函〔2010〕120号)和《国务院办公厅关于保障性安居工程建设和管理的指导意见》(国办发〔2011〕45号)的有关规定,现就支持、鼓励和引导民间资本参与保障性安居工程建设的有关问题通知如下:

一、多种方式引导民间资本参与保障性安居工程建设

鼓励和引导民间资本根据市、县保障性安居工程建设规划和年度计划,通过直接投资、间接投资、参股、委托代建等多种方式参与廉租住房、公共租赁住房、经济适用住房、限价商品住房和棚户区改造住房等保障性安居工程建设,按规定或合同约定的租金标准、价格面向政府核定的保障对象出租、出售。具体方式如下:

(一)直接投资或参股建设并持有、运营公共租赁住房。

(二)接受政府委托代建廉租住房和公共租赁住房,建成后由政府按合同约定回购。

(三)投资建设经济适用住房和限价商品住房。

(四)在商品住房项目中配建廉租住房和公共租赁住房,按合同约定无偿移交给政府,或由政府以约定的价格回购。

(五)参与棚户区改造项目建设。

(六)市、县政府规定的其他形式。

二、落实民间资本参与保障性安居工程建设的支持政策

民间资本参与保障性安居工程建设的,享受下列政策支持:

(一)对实行公司化运作并符合贷款条件的项目,银行业金融机构依据《关于认真做好公共租赁住房等保障性安居工程金融服务工作的通知》(银发〔2011〕193号)的有关规定,按照风险可控、商业可持续原则给予积极支持。

(二)地方政府可采取贴息方式对公共租赁住房建设和运营给予支持,贴息贷款只能用于公共租赁住房建设和运营,不得用于与此无关的项目及开支,贴息幅度及年限按照财政部有关规定执行,具体办法由市、县人民政府制定。民间资本参与各类棚户区改造,享受与国有企业同等的政策。

(三)可以在政府核定的保障性安居工程建设投资额度内,通过发行企业债券进行项目融资。

（四）符合财政部、国家税务总局《关于廉租住房经济适用住房和住房租赁有关税收政策的通知》（财税〔2008〕24号）、《关于城市和国有工矿棚户区改造项目有关税收优惠政策的通知》（财税〔2010〕42号）和《关于支持公共租赁住房建设和运营有关税收优惠政策的通知》（财税〔2010〕88号）规定的，可以享受有关税收优惠政策。同时，按规定免收行政事业性收费和政府性基金。

（五）用地上适用国家规定的保障性安居工程土地供应和开发利用政策。

（六）公共租赁住房项目可以规划建设配套商业服务设施，统一管理经营，以实现资金平衡。

三、营造民间资本参与保障性安居工程建设的良好环境

各地要高度重视，积极采取措施，消除民间资本参与保障性安居工程建设的政策障碍，加强对民间资本参与保障性住房建设和运营的指导监督，为民间资本参与保障性住房投资、建设、运营和管理创造良好的环境。

（一）今年8月底前，各地要对本地区民间资本参与保障性安居工程建设和管理的各项政策进行一次梳理，对其中不符合法律、法规和有关政策的规定，予以取消。

（二）列入年度建设计划的保障性安居工程项目，市、县住房城乡建设部门要及时公布项目名称、位置、占地面积、建设规模、套型结构、总投资、开竣工时间等信息，便于民间资本参与。

（三）民间资本参与建设的保障性住房，在分配、使用、上市交易、退出管理和财务核算等方面，要遵守国家和地方的有关规定。

（四）各地住房城乡建设部门要严格落实民间资本参与建设的保障性住房的质量责任，切实履行监督管理职责，加大工程质量责任追究力度，依法严肃查处各种违法违规行为。

科技部关于印发进一步鼓励和引导民间资本进入科技创新领域意见的通知

(2012年6月18日 国科发财〔2012〕739号)

各省、自治区、直辖市、计划单列市、副省级城市科技厅(委、局),新疆生产建设兵团科技局,各国家高新区管委会:

根据《国务院关于鼓励和引导民间投资健康发展的若干意见》(国发〔2010〕13号)的精神,为支持民营企业提高技术创新能力,鼓励和引导民间资本进入科技创新领域,促进民间投资健康发展,科技部制定了《科技部关于进一步鼓励和引导民间资本进入科技创新领域的意见》。现印发你们,请结合本地区实际情况,认真贯彻落实。如有意见和建议,请及时反馈至科研条件与财务司。

联系人:沈文京,电话:010-58881686

附件:科技部关于进一步鼓励和引导民间资本进入科技创新领域的意见

附件:

科技部关于进一步鼓励和引导民间资本进入科技创新领域的意见

改革开放以来,我国民营企业快速发展,民间资本持续增长,在促进科技成果转化、培育发展战略性新兴产业、加快经济发展方式转变中发挥了重要作用。科技工作始终把支持和鼓励民间资本进入科技创新领域作为一项重要任务。目前,50%的国家科技重大专项、90%的国家科技支撑计划、35%的863计划项目都有企业(包括民营企业)参与实施。民间资本已经成为科技投入的重要来源,民营企业已经成为自主创新的重要力量。

为贯彻落实《国务院关于鼓励和引导民间投资健康发展的若干意见》（国发〔2010〕13号），进一步鼓励和引导民间资本进入科技创新领域，提升民营企业技术创新能力，促进民间投资和民营企业健康发展，提出以下意见：

一、深化国家科技计划管理改革，进一步加大对民营企业技术创新的支持力度

（一）鼓励更多的民营企业参与国家科技计划。切实落实国家科技计划管理改革的各项政策措施，在计划管理的各个环节为民营企业提供便利，鼓励其通过平等竞争牵头承担或与高等院校、科研院所联合承担国家科技重大专项和973计划、863计划、支撑计划、科技惠民计划等国家科技计划项目。支持有实力的民营企业联合高等院校、科研院所等组建产业技术创新战略联盟，组织实施产业带动力强、经济社会影响力大的国家重大科技攻关项目和科技成果产业化项目，依靠科技创新做强做大。经科技部审核的产业技术创新战略联盟，可作为项目组织单位参与国家科技计划项目的组织实施。

（二）大力扶持小型微型民营科技企业发展。星火计划、火炬计划、科技惠民计划、科技型中小企业技术创新基金、农业科技成果转化资金、科技富民强县专项等要进一步发挥对小型微型民营科技企业发展的抚育扶持作用，创新支持方式，扩大资助范围，加大支持力度，激发小型微型民营科技企业的技术创新活力。

（三）创新国家科技计划资助方式。综合运用科研资助、风险补偿、偿还性资助、创业投资、贷款贴息等方式，激励民营企业加大科技投入。继续探索和实践国家科学基金与有实力的企业设立联合基金，以企业需求为导向资助研发活动。

（四）鼓励民营企业参与国家科技计划的制定和管理。在确定国家科技计划的重点领域和编制项目指南时，要充分听取民营企业的意见，反映民营企业的重大技术需求。吸收更多来自民营企业的技术、管理、经营等方面的专家参加国家科技计划的立项评审、结题验收等工作。鼓励民间资本对国有单位承担的国家科技计划项目进行前瞻性投入，参与过程管理，分担风险，共享收益。

（五）支持民营企业参与国际科技合作。发挥政府间科技合作机制和国际创新园、国际联合研发中心、国际技术转移中心的作用，推动国内优势民营企业与国外一流机构建立稳定互利的合作关系，以人才引进、技术引进、研发外包等方式开展国际科技合作与交流。

二、汇聚科技资源，进一步增强民营企业持续创新能力

（六）加快推进民营企业研发机构建设。在布局建设国家和地方工程（技术）研究中心、工程实验室、重点实验室等产业关键共性技术创新平台时，支持有条件的行业大型骨干民营企业发展综合性研发机构和海外研发机构，提高其利用全球创新资源和参与国际分工协作的能力。在实施创新人才推进计划等相关工作中，引导一批拥有核心技术或自主知识产权的优秀科技人才向民营企业流动和集聚。进一步加强民营企业工程技术人才的继续教育。积极探索设立专项资金，吸引和带动民间资本，鼓励和引导有条件的中小型民营科技企业自建或与科研院所、高等院校共建技术（开发）中心和中试示范基地。

（七）支持民办科研机构创新发展。完善政策法规，鼓励民间资本兴办科研机构，探索建立符合自身特点和发展需要的新型体制机制，面向市场和新兴产业发展需求开展技术研发、成果转化和技术服务。对瞄准国际前沿开展源头性技术创新的民办科研机构加大扶持力度，鼓励其牵头或参与承担国家科技计划项目，引进和培养优秀创新人才，创建国际一流研究开发条件和平台，在重大原创性技术方面取得突破，努力掌握新兴产业和行业发展话语权。符合条件的民办科研机构，可按照程序申请成为国家重点实验室或工程技术研究中心。研究制定民办科研机构进口科研仪器设备的税收优惠政策。

（八）促进公共创新资源向民营企业开放共享。推进工程技术研究中心、重点实验室、大型科学仪器设备中心、分析测试中心、实验动物中心等创新平台的资源共享，加大先进实验仪器设备和设施、科技文献、科学数据的开放力度，针对民营企业急需解决的技术问题，提供个性化的服务和分析测试方案，提高民营企业的科技创新效率。对公共创新资源实行开放共享运行的补贴政策。

（九）搭建民间资本与国家科技计划成果的信息对接平台。建立国家科技成果转化项目库，统筹国家财政性资金资助形成的科技成果

信息资源,除涉及国家安全、重大社会公共利益和商业秘密外,科技成果的相关信息向社会公开,鼓励民间资本投资科技成果转化和产业化项目。

三、促进科技和金融结合,进一步拓宽民间资本进入科技创新领域的渠道

(十)大力引导民间资本开展科技创业投资。切实发挥科技型中小企业创业投资引导基金的杠杆带动作用,与地方规范设立和运作的创业投资引导基金形成上下联动的引导体系,运用阶段参股、风险补助和投资保障等方式,支持民间资本创办或参股科技创业投资机构,支持以民间资本为主体的科技创业投资健康发展。启动国家科技成果转化引导基金,鼓励地方参照设立相关基金,采取设立创业投资子基金、贷款风险补偿和绩效奖励等方式,支持和引导民间资本参与科技成果转化。

(十一)推动民营科技企业进入多层次资本市场融资。支持和指导民营科技企业进行股份制改造,建立现代企业制度,规范治理结构。完善科技管理部门和证券监管部门的信息沟通机制,支持符合条件的民营科技企业在主板、中小企业板和创业板上市。加快推进中关村非上市公司股权转让试点,为非上市民营科技企业的产权转让、融资提供服务。

(十二)支持民间资本通过发行债券产品和设立科技金融专营机构等方式开展科技投融资活动。鼓励地方科技管理部门和国家高新区组织发行中小型科技企业集合债券、集合票据、私募债券以及信托产品等债券产品,并引导民间资本合法合规投资。鼓励和支持民间资本与地方科技管理部门、国家高新区共同设立科技小额贷款公司、科技担保公司、科技融资租赁公司等专业机构。

(十三)加强和完善技术产权交易机构的融资服务功能。建立技术产权交易机构联盟和统一规范的交易标准流程,以技术产权交易机构为平台,为民营企业提供技术产权交易、股权转让、知识产权质押物流转等服务。

(十四)发挥民间资本在促进科技和金融结合试点中的重要作用。各试点地区要作为引导民间资本进入科技创新领域的先行区,制定出

台政策措施,统筹协调科技资源、金融资源和民间资本,建设多层次、多元化、多渠道的科技投融资体系,支持小型微型民营科技企业发展。

四、落实和完善政策,进一步营造有利于民营企业创新创业的发展环境

(十五)为民营企业的科技创新落实各项扶持政策。经认定的民营高新技术企业享受所得税优惠政策。规范企业研发费用归集方法,对民营企业开发新技术、新产品、新工艺发生的研究开发费用,落实加计扣除政策。民营企业的技术转让所得,享受所得税优惠政策。

(十六)落实民间资本参与创业投资的税收政策。创业投资企业采取股权投资方式投资于未上市的中小高新技术企业2年以上的,可以按照其投资额的70%在股权持有满2年的当年抵扣该创业投资企业的应纳税所得额。

(十七)健全完善科技中介服务体系。加快发展生产力促进中心、科技企业孵化器、大学科技园、技术转移机构、科技金融服务中心等各类科技中介服务机构,逐步建立一批具有分析测试、创业孵化、评估咨询、法律、财务、投融资等功能的综合服务平台,实现组织网络化、功能社会化、服务产业化,为民营企业提供技术开发、创业辅导、信息咨询和融资支持等服务,为民间资本投资科技成果(项目)搭建对接平台,协助初创期的企业解决各种困难,提高科技创业和民间投资的成功率。继续实施国家对科技企业孵化器、大学科技园的税收扶持政策。

(十八)推进国家高新区建设。实施国家高新区创新发展战略提升行动,推动国家自主创新示范区加大先行先试力度并适时推广成功经验,在高新区聚焦具有明确优势的战略性新兴产业,积极打造具有国际竞争力的创新型产业集群,将高新区建设成为民营企业创新创业和民间资本进入科技创新领域的重要平台和基地。

(十九)各级科技管理部门、国家高新区要进一步解放思想、统一认识、创新工作方法,破除制约民间资本进入科技创新领域的思想观念和体制机制障碍,切实把民营企业作为技术创新的主体,把民间资本作为推动全社会科技进步的重要力量,努力营造良好的创新创业环境。要面向民营企业进一步加大科技工作大政方针、科技计划申报、科技经费管理和使用、科技资源开放共享、科技税收政策、科技和金融

结合等方面的宣传、培训和服务,支持民营企业不断提高技术创新能力,促进民间资本健康发展,加快推进创新型国家建设。

住房和城乡建设部关于印发进一步鼓励和引导民间资本进入市政公用事业领域的实施意见的通知

(2012年6月8日 建城〔2012〕89号)

各省、自治区住房和城乡建设厅,直辖市建(交)委,北京市市政市容委、园林绿化局、水务局,天津市市容园林委、水务局,上海市绿化和市容管理局、水务局,重庆市市政委、园林事业管理局,海南省水务厅,各计划单列市建委(建设局),新疆生产建设兵团建设局,有关单位:

  为了落实《国务院关于鼓励和引导民间投资健康发展的若干意见》(国发〔2010〕13号)要求,支持民间资本参与市政公用事业建设,促进市政公用事业健康发展,现将《关于进一步鼓励和引导民间资本进入市政公用事业领域的实施意见》印发你们,请认真贯彻执行。

  附件:关于进一步鼓励和引导民间资本进入市政公用事业领域的实施意见

附件:

关于进一步鼓励和引导民间资本进入市政公用事业领域的实施意见

  为贯彻落实《国务院关于鼓励和引导民间投资健康发展的若干意见》(国发〔2010〕13号)要求,支持民间资本参与市政公用事业建设,深化市政公用事业改革,促进市政公用事业又好又快发展,现制定以下实施意见:

一、充分认识民间资本进入市政公用事业的重要意义

市政公用事业是为城镇居民生产生活提供必需的普遍服务的行业，是城市重要的基础设施，是有限的公共资源，直接关系到社会公众利益和人民群众生活质量，关系到城市经济和社会的可持续发展。进一步鼓励和引导民间资本进入市政公用事业，是适应城镇化快速发展的需要，是加快和完善市政公用设施建设、推进市政公用事业健康持续发展的需要。

进一步鼓励和引导民间资本进入市政公用事业，有利于完善社会主义市场经济体制，充分发挥市场配置资源的基础性作用，建立公平竞争的市场环境；有利于充分发挥民间资本的积极作用，加快形成市政公用事业多元化投资格局，完善市场竞争机制，进一步增强企业活力，提高运行效率和产品服务质量；有利于加快城市基础设施建设，提高城镇建设质量，改善人居生态环境，更好地满足城镇居民和社会生产生活需要。

二、进一步鼓励引导民间资本参与市政公用事业建设

（一）鼓励和引导民间资本进入市政公用事业领域的基本原则。

坚持公平竞争。民间资本参与市政公用事业建设，应与其他投资主体同等对待，不对民间投资另设附加条件。凡是实行优惠政策的投资领域，其优惠政策同样适用于民间投资。

实行分类指导。根据不同地区、不同行业、不同业务环节的实际，采用合适的途径和方式，有序推进民间资本进入市政公用事业领域。

强化政府责任。确保政府对市政管网设施、市政公用公益性设施和服务等领域的必要投入。加强行业监管，切实保障社会公共利益和投资者利益。

（二）民间资本进入市政公用事业领域的途径和方式。要进一步打破垄断，引入市场竞争机制，开放市政公用事业投资、建设和运营市场，鼓励民间资本参与市政公用设施的建设和运营。允许跨地区、跨行业参与市政公用设施的建设与运营。

鼓励民间资本采取独资、合资合作、资产收购等方式直接投资城镇供气、供热、污水处理厂、生活垃圾处理设施等项目的建设和运营。鼓励民间资本以合资、合作等方式参与城市道路、桥梁、轨道交通、公共停车场等交通设施建设。

鼓励民间资本通过政府购买服务的模式,进入城镇供水、污水处理、中水回用、雨水收集、环卫保洁、垃圾清运、道路、桥梁、园林绿化等市政公用事业领域的运营和养护。

鼓励民间资本通过购买地方政府债券、投资基金、股票等间接参与市政公用设施的建设和运营。

鼓励民间资本通过参与企业改制重组、股权认购等进入市政公用事业领域。根据行业特点和不同地区的实际,政府可采取控股或委派公益董事等方法,保持必要的调控能力。

(三)营造公平竞争的制度环境。各地要严格贯彻执行《市政公用事业特许经营管理办法》(建设部令第126号),坚持公开、公正、公平的原则,及时、广泛、充分发布特许经营项目的相关信息,在招标、评标等环节中,平等对待民间资本,严格按照招投标程序,择优选择特许经营者,为民间资本创造良好的公平竞争环境。

(四)完善价格和财政补贴机制。逐步理顺市政公用产品和服务的价格形成机制,制定合理的价格,使经营者能够补偿合理成本、取得合理收益。研究建立城镇供水、供气行业上下游价格联动机制。实行煤热联动机制,全面推行按用热量计价收费。建立并规范城镇污水处理和生活垃圾处理运营费按月核拨制度。对民间资本进入微利或非营利市政公用事业领域的,城市人民政府应建立相应的激励和补贴机制,鼓励民间资本为社会提供服务。

(五)加强财税、土地等政策扶持。坚持市政公用事业公益性和公用性的性质,民营企业与国有企业享有同样的税收和土地等优惠政策。市政公用行业事业单位改制为企业的,按照国家税收政策的有关规定,享受既有优惠政策。政府投资可采取补助、贴息或参股等形式,加大对民间投资的引导力度,降低民间资本投资风险。要保障市政公用设施建设用地,符合《划拨用地目录》的,应准予划拨使用。

(六)拓宽融资渠道。深化市政公用事业投融资体制改革,进一步拓宽融资渠道。鼓励金融机构支持民间资本投资市政公用设施建设。积极利用地方政府债券用于市政项目建设。支持符合条件的市政公用企业发行企业债券。

（七）加强技术指导服务。各级政府要发挥科研院所、大专院校和国有企业的科研、人才、技术等优势，为进入市政公用事业领域的民营企业提供技术推广、技术咨询、员工培训等服务，提升民间资本公平竞争的能力。各级市政公用行业学会协会要发挥桥梁纽带作用，吸纳民营企业入会，建立民间资本反映诉求和信息沟通渠道。

（八）完善信息公开制度。充分发挥行业信息对投资的导向作用，积极为民间资本投资者提供宏观政策和国内外市政公用事业领域的市场信息，及时发布行业政策、市场需求、建设项目、行业发展规划、国内外行业动态等信息，增加政策透明度，保障民营企业及时享有相关信息。鼓励民间资本参与国际竞争，承揽国外市政公用设施工程和服务，提高国际知名度和竞争力。

三、落实政府责任，促进民间投资健康发展

（九）完善法规政策体系。各地要加快制定鼓励和引导民间资本进入市政公用事业领域的实施细则和相关政策，进一步清理和修订不利于民间资本发展的法规和政策性规定。在政策制定过程中，要充分听取民间资本投资者的意见建议，反映其合理要求。积极研究《市政公用事业特许经营条例》等立法工作。

（十）确保政府投入。要加大对市政公用事业的必要投入，加快完善基础设施，确保对城市供水、供气、供热、污水管网以及生活垃圾处理、园林绿化等公益性基础设施建设、改造和维护的投入。充分发挥政府投资的导向作用，引导民间资本健康有序发展。对国有企事业单位改组改制的，涉及转让、出让市政公用企业国有资产的价款，除用于原有职工的安置和社会保障费用外，应主要用于市政公用事业的发展。城市人民政府应采取必要的措施，保障城市低收入家庭和特殊困难群体享用基本的市政公用产品和服务。

（十一）落实政府监管责任。各地要严格贯彻执行《关于加强市政公用事业监管的意见》（建城〔2005〕154号），切实加强对市政公用事业的投资、建设、生产、运营及其相关活动的管理和监督，确保市政公用产品与服务质量。

健全市政公用产品、服务质量和工程验收等标准规范，组织有关部门定期对市政公用产品和服务质量进行检验、检测和检查。严格按照有关产品和服务质量标准的要求,对企业提供的产品和服务质量实施定点、定时监测。监测结果要按有关规定报上级主管部门,必要时应通过适当的途径向社会公布。

完善特许经营制度,严格组织实施。要严格按照特许经营制度的要求,规范市场准入,完善退出机制,认真签订和执行特许经营项目协议,加强项目实施和运行情况监管,确保项目运行质量和服务水平。

组织编制市政公用事业近、远期发展规划和市政公用基础设施年度投资建设计划,组织并督促有关方面和相关市政公用企业予以实施。

加强对市政公用产品和服务的价格、成本监管,通过产品和服务成本定期监审制度,及时掌握企业经营成本状况,为政府定价提供基础依据,形成科学合理的价格形成机制,防止成本和价格不合理上涨。

城市人民政府及其有关部门要切实加强对生产运营和作业单位安全生产的监管,监督企业建立和完善各项安全保障制度,严格执行安全操作规程,消除各种安全隐患。

(十二)建立预警和应急机制。要建立健全安全预警和应急救援工作机制,提高应对突发事件的应急反应能力,妥善应对重大安全和突发事件,防范和及时化解运营风险。要制定特殊情况下临时接管的应急预案。实施临时接管的,必须报当地政府批准,并向上一级主管部门报告。必要时,上一级主管部门可跨区域组织技术力量,为临时接管提供支持和保障,确保市政公用事业生产、供应和服务的连续性、稳定性。

(十三)健全公众参与和社会监督制度。按照政务公开的要求,鼓励公众参与监督,完善公众咨询、投诉和处理机制,建立及时畅通的信息渠道,尊重公众的知情权。有关主管部门和企业要将特许经营协议执行情况、产品和服务的质量信息、企业经营状况等关系公众利益的重要信息,以适当的方式予以公开,自觉接受公众的监督。推进信用体系建设,建立诚信管理体系和诚信信息发布平台,建立黑名单制度和失信惩戒机制,引导民间投资健康发展。

(十四)加强组织领导。城市人民政府及其有关管理部门要依据有关法律法规,认真履行职责,加强对民间资本进入市政公用事业领域投资、建设、生产、运营活动的管理和监督,抓好有关扶持政策的落实。理顺管理体制机制,落实管理机构和人员,维护市场秩序,保障社会公众利益和民间资本的合法权益,确保市政公用行业安全高效运行。各省、自治区、直辖市市政公用行业主管部门负责本辖区内相关工作的指导和监管。住房城乡建设部负责鼓励和引导民间资本进入市政公用事业领域工作的指导、协调和监督,会同国家发展改革委、财政部等有关部门研究制定相关引导和扶持政策。

国家发展改革委、公安部、财政部、国土资源部、交通运输部、铁道部、商务部、人民银行、税务总局、工商总局、银监会、证监会关于鼓励和引导民间投资进入物流领域的实施意见

(2012年5月31日 发改经贸〔2012〕1619号)

各省、自治区、直辖市及计划单列市、新疆生产建设兵团发展改革委、公安厅(局)、财政厅(局、财务局)、国土资源主管部门、交通运输厅(局、委)、商务主管部门,中国人民银行上海总部、各分行、营业部、各省会(首府)城市中心支行、各副省级城市中心支行,各省、自治区、直辖市及计划单列市国家税务局、地方税务局、工商行政管理局(市场监督管理局),各省、自治区、直辖市银监局、证监局,各铁路局,中国物流与采购联合会:

为贯彻落实《国务院关于鼓励和引导民间投资健康发展的若干意见》(国发〔2010〕13号)精神,鼓励和引导民间投资进入物流领域,各地要在切实抓好《国务院办公厅关于促进物流业健康发展政策措施的意见》(国办发〔2011〕38号)等各项政策措施落实的基础上,进一步加大对民间资本投资物流领域的支持力度,为民营物流企业发展营造良

好的环境。为做好此项工作,特提出如下意见:

一、引导民间资本投资第三方物流服务领域

(一)积极支持民间资本投资从事社会化物流服务。为民间资本投资参与承接传统制造业、商贸业的物流服务外包创造条件,鼓励民间资本投资从事为商贸流通企业服务的共同配送业务,降低配送成本、提高配送效率;鼓励民间资本加强与制造企业合作,投资参与制造企业的供应链管理或与制造企业共同组建第三方物流企业。

(二)支持民间资本进入物流业重点领域。鼓励民间资本进入快递、城市配送(含冷链)、医药物流、再生资源物流、汽车及家电物流、特种货物运输、大宗物资物流、多式联运、集装箱、危化品物流、供应链管理、国际物流和保税物流等重点物流领域。鼓励民营企业和国铁企业开展多种方式的物流合作,提高铁路物流运输服务水平。鼓励民间投资开展厢式货车运输以及重点物资的散装运输等。鼓励民间资本参与物流标准化体系建设。

(三)支持民间资本进入物流基础设施领域。支持民间资本投资运输、仓储、配送、分拨、物流信息化以及物流园区等领域的物流基础设施建设,支持民间资本进入商贸功能区领域,鼓励民间资本投资参与铁水联运、公铁联运、公水联运等转运中心设施建设。鼓励民间投资参与建设铁路干线、客运专线、城际铁路、煤运通道和地方铁路、铁路支线、专用铁路、企业专用线、铁路轮渡及其场站设施等项目。

二、加快形成支持民间资本进入物流领域的管理体制

(一)打破阻碍物流设施资源整合利用的管理瓶颈。鼓励目前只为本行业本系统提供服务的仓储、运输设施向社会开放,鼓励民间资本投资参与现有物流基础设施的整合利用,开展社会化物流服务。

(二)完善资质审批管理。进一步清理针对物流企业的资质审批项目,逐步减少行政审批,积极为民营物流企业设立法人、非法人分支机构提供便利,鼓励民营物流企业开展跨区域网络化经营。进一步规范交通、公安、环保、质检、消防等方面的审批手续,缩短审批时间,提高审批效率。对于法律未规定或国务院未批准必须由法人机构申请的资质,由民营物流企业总部统一申请获得后,其非法人分支机构可向所在地有关部门备案获得。

（三）简化注册经营手续。民间资本投资设立物流企业，在总部统一办理工商登记注册和经营审批手续后，其非法人分支机构可持总部出具的文件，直接到所在地工商行政管理机关申请登记注册，免予办理工商登记核转手续。

三、为民营物流企业创造公平规范的市场竞争环境

（一）切实减轻民营物流企业税收负担。完善营业税改征增值税试点工作。符合条件的民营物流企业同等享受营业税差额纳税试点政策。民营物流企业同等享受已经出台的大宗商品仓储设施用地城镇土地使用税减半征收政策。

（二）加大对民营物流企业的土地政策支持力度。鼓励民营物流企业利用旧厂房、闲置仓库等建设符合规划的物流设施，涉及原划拨土地使用权转让或租赁的，经批准可采取协议方式供应。对于以物流业为主的城市功能区和园区，细化规划功能分区，按国家标准确定土地用途，严格按照不同地类和土地使用标准分宗供地，防止以物流中心、商品集散地名义圈占土地和实施整体供地，增强民营物流企业的土地市场竞争能力，提高节约集约用地水平。

（三）优化民营物流企业融资环境。鼓励银行业金融机构创新适合民营物流企业特点的金融产品和服务方式，对符合条件的民营物流企业积极提供必要的融资支持，提高对民营物流企业的金融服务水平。进一步拓宽民营物流企业融资渠道，完善民营物流企业融资担保制度，发展物流业股权投资基金，积极支持符合条件的民营物流企业上市和发行债券。

（四）促进民营物流企业车辆便利通行。各地在制定本地区促进城区物流车辆便利通行的管理办法时，要关注民营物流企业发展的需要，对民营物流企业的物流车辆享受同等的通行证发放、进城停靠等便利通行政策。要依法维护民营物流企业生产经营秩序，促进其健康发展。

四、鼓励民营物流企业做强做大

（一）推动民营物流企业加快向现代物流企业转变。鼓励现有单一从事运输、仓储、货代、船代、无船承运人、联运、快递服务的民营企业整合功能、延伸服务，加快向具有较强资源整合和综合服务能力的

现代物流企业转型。鼓励中小民营物流企业加强联盟合作,支持大型优势民营物流企业加快兼并重组,不断创新合作方式和服务模式,优化资源配置,提高服务水平,提升民营物流企业竞争力,加快培育一批具有一定规模和国际竞争力的民营物流企业。

(二)积极支持民营物流企业开展国际合作。支持民营物流企业同国际先进物流企业的合资、合作与交流,引进和吸收国外促进现代物流发展的先进经验和管理方法。积极创造有利条件,鼓励民营物流企业"走出去"。鼓励民营物流企业为国内企业海外投资提供配套物流服务,加快建立具有国际竞争力的物流服务网络。

(三)发挥行业协会在支持民营物流企业发展中的重要作用。物流业社团组织要充分发挥政府与企业联系的桥梁纽带作用,积极为民营物流企业发展提供服务支撑,及时向有关政府部门反映民营物流企业发展中面临的问题,切实引导民营物流企业加强行业自律,健全完善内部安全管理制度,严格落实安全管理责任,促进民营物流企业健康发展。

鼓励和引导民间资本进入物流领域,推动民营物流企业加快发展,对于促进物流业结构调整和可持续发展具有重要意义。各单位要认真贯彻落实国家相关政策,切实采取有效措施,鼓励民间资本投资物流领域。同时,注意跟踪了解本地区物流领域利用民间投资的情况、效果和存在的问题,将有关情况和意见建议及时反馈发展改革委。

国家发展改革委关于鼓励和引导工程咨询机构服务民间投资的实施意见

(2012年5月31日 发改投资〔2012〕1546号)

各省、自治区、直辖市及计划单列市、副省级省会城市、新疆生产建设兵团发展改革委,国务院各部委、各直属机构,各中央管理企业:

为贯彻落实《国务院关于鼓励和引导民间投资健康发展的若干意

见》精神,充分发挥工程咨询在扩大和优化民间投资、推进民间投资转型升级等方面的专业化服务作用,调动工程咨询机构为民间投资服务的主动性和积极性,提高民间投资科学决策水平,提升民间投资建设项目的质量和效益,促进民间投资健康发展,提出以下意见:

一、充分发挥工程咨询在服务民间投资中的重要作用

工程咨询是以技术为基础,综合运用多学科知识、工程实践经验、现代科学和管理方法,为经济社会发展、投资建设项目决策与实施全过程提供咨询和管理的智力服务。鼓励和引导工程咨询机构为民间投资服务,有利于促进民间投资者及时准确了解国家政策,把握投资方向和投资机遇,获得高质量的专业技术支持;有利于提高民间投资决策的科学化水平,有效规避投资风险,确保投资建设项目的高质量和可持续,实现经济、社会、环境等方面协调发展;有利于引导民间资本进入国家鼓励和引导的产业和服务领域,优化社会资源配置,推动产业结构优化调整,加强和改善宏观调控。

二、工程咨询机构服务民间投资的重点领域

按照《国务院关于鼓励和引导民间投资健康发展的若干意见》要求,工程咨询机构重点对民间资本进入基础产业、基础设施、市政公用事业、政策性住房建设、社会事业、商贸流通、国防科技工业等重点领域以及民间资本重组联合和参与国有企业改革、民营企业加强自主创新和转型升级、民营企业积极参与国际竞争等重大事项提供全过程、全方位的工程咨询服务。

三、根据民间投资的特点和需求提供高效的工程咨询服务

(一)强化投资机会研究。工程咨询机构要根据民间投资的利益诉求和目标取向,帮助民间投资者优化选择投资项目,加强相关政策咨询,合理引导民间投资的投向。

(二)加强决策咨询服务。工程咨询机构应注重决策咨询研究的广度和深度,切实按照"独立、公正、科学"的服务宗旨,为民间投资提供可行性研究、融资咨询等决策阶段的咨询服务,并加大对民间投资项目涉及经济安全、公共利益、社会稳定等方面的咨询服务力度。

(三)提供全过程的工程咨询服务。鼓励民间投资者以全过程管理方式选择工程咨询服务。工程咨询机构要按民间投资者的需求,

对民间投资的项目策划、融资方案、风险管理、经营方式、可持续发展等方面提供包括决策、准备、实施、运营在内的全过程工程咨询服务。

（四）开展新领域业务咨询。工程咨询机构应拓展民间投资者关注的统筹城乡、新兴产业、资源能源综合利用及环境保护与生态建设等领域的发展方向研究、投资机会研究、工程风险评估咨询、工程合同纠纷调解等新领域业务，为民间投资者提供多层次、全方位、专业化的特色服务。

四、大力提高工程咨询服务质量

（一）创新咨询服务理念，增强服务实力。工程咨询机构应不断创新工程咨询理念、理论方法和技术，在继续重视提高民间投资效益、规避投资风险、保障工程质量的同时，必须全面关注经济社会的可持续发展。要增强社会责任感，注重投资建设对所涉及人群的生活、生产、教育、发展等方面所产生的影响；注重投资建设对转变经济发展方式和促进社会全面进步所产生的影响；注重投资建设对城乡发展、区域发展、经济社会发展、人与自然和谐发展、国内发展和对外开放等方面的影响；注重投资建设中对资源、能源的节约与综合利用以及生态环境承载力等因素的影响。同时，工程咨询机构应加强自身人才培养和实力建设，强化工程咨询机构的廉洁建设、品牌建设和创新能力建设，增强核心竞争力和服务能力。

（二）根据质量选择工程咨询服务。工程咨询实行有偿服务，按照国家颁布的收费指导价格，收取相应的服务费用。对未明确服务收费指导价格的应制定收费指导价或可根据服务的内容由双方协商确定。

鼓励民间投资者重视工程咨询服务质量，借鉴国际惯例，根据质量选择工程咨询服务，不将咨询服务价格作为首要选择因素，以提高投资效益。国家法律法规规定必须招标采购工程咨询服务的，民间投资者要依照其规定开展招标采购活动，按照国家有关规定合理支付咨询服务费用。工程咨询机构应树立质量意识和社会责任意识，不得恶意低价竞争，确保工程咨询服务的高质量。

五、强化职业道德和职业责任

（一）提高服务意识。工程咨询机构和从业人员在服务民间投资过程中,要增强服务意识,恪守职业道德,加强廉洁自律,严禁弄虚作假,树立和维护"廉洁自律、诚信高效、社会信赖"的行业形象。

（二）强化职业责任。工程咨询机构应依据规划咨询、投资机会研究、可行性研究、评估咨询、工程勘察设计、招投标咨询、工程和设备监理、工程项目管理等行政许可的工程咨询服务范围,出具咨询文件并承担相应法律责任。工程咨询服务应由注册执业人员主持,注册执业人员按国家有关规定对服务承担相应法律责任。

（三）加强工程咨询服务合同管理。民间投资者和受委托的工程咨询机构应订立书面工程咨询合同,约定各方权利义务并共同遵守。工程咨询合同的内容由当事人参照有关工程咨询合同范本约定。工程咨询合同履行过程中形成的知识产权归属,应在工程咨询合同中进行约定。

（四）建立职业责任保险制度。推动建立为民间投资服务的风险防范机制,提高工程咨询机构应对风险的能力。鼓励工程咨询机构按照国际惯例,积极参加职业责任保险。

六、加大对民间资本"走出去"的服务力度

（一）协助民间资本"走出去"。根据《境外投资产业指导政策》、《境外投资项目核准暂行管理办法》等政策法规和我国境外投资合作有关管理制度,工程咨询机构为民营企业在研发、生产、营销等方面开展国际化经营、开发战略资源、建立国际销售网络、开拓国际市场提供咨询服务。为民营企业"走出去"在资金支持、金融保险、外汇管理、以及境外投资项目的风险评估和风险控制等方面,提供咨询服务,充分利用国家给予的良好投资贸易环境和优惠政策。

（二）工程咨询机构要加快熟悉国际规则。中国工程咨询协会要继续引进和转化国际咨询工程师联合会(FIDIC)合同条件、工作手册和指南,以及世行、亚行咨询服务指南等规范性文件,推动工程咨询机构加快熟悉国际规则,帮助民间投资者有效参与国际竞争。

（三）大力加强国际交流与合作。中国工程咨询协会要充分利用与国际咨询工程师联合会(FIDIC)等相关国际组织以及境外工程咨询行业协会交流与合作的有利条件,为民间投资"走出去"积极推介、协助联系境外有实力的工程咨询机构。

七、鼓励和引导各种类型工程咨询机构平等参与竞争

（一）建立统一开放、平等竞争的工程咨询市场环境。清理和修改阻碍工程咨询市场公平竞争的法规政策规定；打破部门、行业和地方垄断保护；允许民间投资者按市场化机制自主选择有资质的工程咨询机构；强化市场竞争机制，保障各种所有制和法人类型、不同规模的工程咨询机构平等参与竞争。

（二）鼓励资源合理整合。鼓励和引导民间资本进入工程咨询行业。鼓励工程咨询机构按照优势互补、资源共享、合作共赢的原则，打破地区、行业、所有制限制，采取战略联盟、合资合作、并购重组等多种形式整合资源，为民间投资提供全过程的优质、高效咨询服务。

中国保监会关于鼓励和支持民间投资健康发展的实施意见

（2012年6月15日　保监发〔2012〕54号）

改革开放以来，民间投资已经成为促进经济和社会发展的重要力量。为深入贯彻落实《国务院关于鼓励和引导民间投资健康发展的若干意见》（国发〔2010〕13号），进一步完善和落实保险业支持民间投资的各项政策，鼓励和引导民间资本合理有序地进入保险行业，支持民营保险企业科学健康发展，更好地为民间投资健康发展提供保险服务，制定本实施意见。

一、积极鼓励民间资本进入保险领域

（一）支持民间资本投资保险公司。积极支持符合条件的民营资本，通过发起设立、受让股权、认购新股等多种方式投资保险公司，促进保险公司的资本多元化和股权多样化。对于符合条件的民营股东，在坚持战略投资、优化治理结构、避免同业竞争、维护稳健发展的原则下，单一持股比例可以适当放宽至20%以上。引导民间资本投资养老、健康、责任、汽车、农业和信用等专业保险公司。引导民间资本积

极参与相互保险组织、自保公司等试点,丰富市场主体组织形式。

(二)鼓励民间资本投资保险中介机构。支持民间资本投资设立保险代理、经纪、公估机构,不断完善保险中介市场格局。支持具备条件的民间资本投资设立大型保险代理公司,稳步提高承接保险销售职能的能力,为保险营销员管理体制改革提供更广阔的平台。积极推动具有主营业务优势的民营企业设立和发展专属保险代理机构和保险销售公司,促进保险中介业务的专业化、规模化、规范化发展。

(三)合理引导民间资本投向。鼓励民间资本加大对农村保险市场的投入力度,参与农村保险合作社的试点,不断提高服务"三农"的水平和能力。支持民间资本在中西部和东北地区投资设立保险机构。协调有关部门出台优惠政策,鼓励民间资本投向西藏、新疆等民族地区保险市场。支持民间资本按照统筹规划、合理布局、突出特色、控制风险的原则,参与保险改革试验区建设,鼓励在改革创新的重点领域先行先试,发挥试验区示范带动效应。

二、鼓励民间资本积极参与行业基础建设

(四)鼓励民营企业参与行业信息化建设。支持民营IT企业加大与保险机构的合作力度,进一步提升保险机构在保险电子商务、信息系统建设、数据库建设等方面的水平。支持民营IT企业加强与保险监管部门的合作,不断优化监管信息数据库,完善信息系统,提高监管工作效率。鼓励民间资本投资行业信息安全基础设施项目,完善信息安全保障体系,提升保险机构信息安全综合防范能力。

(五)鼓励民间资本投资行业基础教育。引导民间资本与各类大专院校和科研机构建立长效合作机制,加强保险人才培训基础建设,打造行业人才培训基地。引导民间资本参与各种层次的保险课题研究,提升保险理论研究水平,促进理论研究成果向实践的转化。鼓励民间资本设立保险教育培训机构,根据行业不同专业技能需求,提供广覆盖、多层次、具有保险业特色的职业教育服务。

(六)鼓励民间资本为行业提供外包服务。发挥民营企业和民间资本的优势,为保险机构和保险监管部门提供数据维护、软件开发、翻译、咨询等专业化的外包服务。不断完善采购制度,引导行业在采购外包服务时,给予民营企业同等待遇。

三、大力支持民营保险企业发展

（七）支持民营保险企业差异化发展。引导民营保险企业按照科学发展观的要求，摒弃"大而全、小而全"的发展思路，集中优势资源，针对市场空白领域和社会急需、有效供给不足的领域拓展保险业务，在细分市场上形成竞争优势。鼓励民营保险企业依托自身特点，围绕专业化经营和精细化管理的思路，加强产品线和营销渠道整合，提升专业化经营水平。鼓励民营保险企业基于客户多元化的保险需求，实施差异化竞争战略，在产品、渠道、服务等方面形成自身特色。

（八）支持民营保险企业增强资本实力。引导股东树立长期投资的理念，进一步了解保险业的发展特点和经营规律，为民营保险企业的发展提供长期稳定的资本支持。鼓励实力雄厚、信誉良好、具有持续出资能力的企业参与投资民营保险企业。积极协调有关部门，支持符合条件的民营保险公司发行债券或上市融资，建立多渠道、多元化的资本补充机制。

（九）支持民营保险企业提高资产管理水平。支持符合条件的民营保险企业发起设立资产管理公司，提高资金运用专业化水平。鼓励民营保险企业在安全稳健的原则下，加强资产负债管理，多种类配置资产，提高投资收益。坚持市场化改革取向，简化审批程序，支持民营保险企业拓宽投资渠道，提升资产管理能力。

四、为民间投资健康发展提供优质保险服务

（十）不断完善保险产品体系。加大保险产品创新力度，大力开展财产保险、责任保险、信用保险等业务，为民间资本扩大投资提供全面的风险保障。大力发展出口信用保险业务，加大对民营企业出口收汇的保障和融资的支持力度。积极推进科技保险发展，为民营企业开展技术创新提供保险保障。

（十一）切实提高保险服务水平。支持保险机构根据民营企业性质进行客户细分，有针对性地为民营企业提供差异化的保险服务。鼓励保险机构不断完善承保和理赔流程，精简操作环节，提高服务效率，更好地满足民营企业的保险需求。创新服务手段，大力发展保险电子商务，提高保险服务的信息化水平。

五、建立和完善相关工作机制

(十二)加强组织和协调。中国保监会各部门、各派出机构要加强政策研究,继续出台鼓励和支持民间投资发展的配套措施,进一步消除障碍,创造更加良好的政策环境。各保险机构要充分认识民间资本对行业发展的重要意义,创新手段,完善机制,全方位、多渠道地引入民间资本,发挥民间资本的积极作用。各级保险行业协会要加强与保险监管部门和保险机构的协调配合,形成保险行业共同推进民间投资健康发展的合力。

(十三)加强政策宣传。保险监管部门要通过多种媒体和官方网站进行政策发布,分步骤、有计划地对相关政策进行解读,以便民营企业准确了解政策导向。保险机构要对引入民间资本的重大成果进行宣传,树立民营企业的良好形象,进一步营造有利于民间投资的良好社会环境。

(十四)畅通沟通联系渠道。保险监管部门和保险机构要确定支持民间投资的联系工作部门,积极为民间投资提供服务,形成上下联动的工作格局。要建立高效便捷的信息反馈机制,便于民营企业及时反馈投资过程中遇到的问题,切实解决好民营企业的实际困难,确保鼓励和支持民间投资的各项政策落到实处。

国务院国有资产监督管理委员会关于印发《关于国有企业改制重组中积极引入民间投资的指导意见》的通知

(2012年5月23日 国资发产权〔2012〕80号)

各中央企业,各省、自治区、直辖市及计划单列市和新疆生产建设兵团国资委:

为贯彻落实《国务院关于鼓励和引导民间投资健康发展的若干意见》(国发〔2010〕13号)和《国务院办公厅关于鼓励和引导民间投资健

康发展重点工作分工的通知》(国办函〔2010〕120号)精神,积极引导和鼓励民间投资参与国有企业改制重组,我们商有关部门研究制定了《关于国有企业改制重组中积极引入民间投资的指导意见》,现印发给你们,请认真贯彻执行。

关于国有企业改制重组中积极引入民间投资的指导意见

根据《国务院关于鼓励和引导民间投资健康发展的若干意见》(国发〔2010〕13号)和《国务院办公厅关于鼓励和引导民间投资健康发展重点工作分工的通知》(国办函〔2010〕120号)精神,为了积极推动民间投资参与国有企业改制重组,现提出以下意见:

一、坚持毫不动摇地巩固和发展公有制经济、毫不动摇地鼓励支持和引导非公有制经济发展,深入推进国有经济战略性调整,完善国有资本有进有退、合理流动机制。

二、积极引入民间投资参与国有企业改制重组,发展混合所有制经济,建立现代产权制度,进一步推动国有企业转换经营机制、转变发展方式。

三、国有企业改制重组中引入民间投资,应当符合国家对国有经济布局与结构调整的总体要求和相关规定,遵循市场规律,尊重企业意愿,平等保护各类相关利益主体的合法权益。

四、国有企业在改制重组中引入民间投资时,应当通过产权市场、媒体和互联网广泛发布拟引入民间投资项目的相关信息。

五、国有企业改制重组引入民间投资,应当优先引入业绩优秀、信誉良好和具有共同目标追求的民间投资主体。

六、民间投资主体参与国有企业改制重组可以用货币出资,也可以用实物、知识产权、土地使用权等法律、行政法规允许的方式出资。

七、民间投资主体可以通过出资入股、收购股权、认购可转债、融资租赁等多种形式参与国有企业改制重组。

八、民间投资主体之间或者民间投资主体与国有企业之间可以共同设立股权投资基金,参与国有企业改制重组,共同投资战略性新兴产业,开展境外投资。

九、国有企业改制上市或国有控股的上市公司增发股票时,应当积极引入民间投资。国有股东通过公开征集方式或通过大宗交易方式转让所持上市公司股权时,不得在意向受让人资质条件中单独对民间投资主体设置附加条件。

十、企业国有产权转让时,除国家相关规定允许协议转让者外,均应当进入由省级以上国资监管机构选择确认的产权市场公开竞价转让,不得在意向受让人资质条件中单独对民间投资主体设置附加条件。

十一、从事国有产权转让的产权交易机构,应当积极发挥市场配置资源功能,有序聚集和组合民间资本,参与受让企业国有产权。

十二、国有企业改制重组引入民间投资,要遵守国家相关法律、行政法规、国有资产监管制度和企业章程,依法履行决策程序,维护出资人权益。

十三、国有企业改制重组引入民间投资,应按规定履行企业改制重组民主程序,依法制定切实可行的职工安置方案,妥善安置职工,做好劳动合同、社会保险关系接续、偿还拖欠职工债务等工作,维护职工合法权益,维护企业和社会的稳定。

十四、改制企业要依法承继债权债务,维护社会信用秩序,保护金融债权人和其他债权人的合法权益。

(五) 其 他

中小企业数字化赋能专项行动方案
(2025—2027年)

(2024年12月12日 工信部联企业〔2024〕239号)

中小企业是推动创新、促进就业、改善民生的重要力量。推进中小企业数字化转型是推进新型工业化的重要举措，建设现代化产业体系的必然要求，实现中小企业专精特新发展的关键路径。《中小企业数字化赋能专项行动方案》(工信厅企业〔2020〕10号)印发以来，中小企业数字化进程明显加快，发展质量显著提升。为进一步贯彻党中央、国务院关于支持中小企业创新发展的决策部署，落实《制造业数字化转型行动方案》，由点及面、由表及里、体系化推进中小企业数字化转型，制定本方案。

一、总体要求

以习近平新时代中国特色社会主义思想为指导，贯彻落实习近平总书记关于加快推进新型工业化、促进中小企业专精特新发展系列重要指示精神，将推动中小企业数字化转型与开展大规模设备更新行动、实施技术改造升级工程等有机结合，以中小企业数字化转型城市试点为抓手，"点线面"结合推进数字化改造，加速人工智能创新应用和深度赋能，充分激活数据要素价值，着力提升供给质效和服务保障水平，实施中小企业数字化赋能专项行动。到2027年，中小企业数字化转型"百城"试点取得扎实成效，专精特新中小企业实现数字化改造应改尽改，形成一批数字化水平达到三级、四级的转型标杆；试点省级专精特新中小企业数字化水平达到二级及以上，全国规上工业中小企业关键工序数控化率达到75%；中小企业上云率超过40%。

初步构建起部省联动、大中小企业融通、重点场景供需适配、公共服务保障有力的中小企业数字化转型生态,赋能中小企业专精特新发展。

二、重点任务

(一)深入实施"百城"试点

1. 因地制宜推进中小企业数字化转型城市试点。发挥中央财政资金引导作用,分批支持100个左右城市开展中小企业数字化转型试点,因地制宜探索中小企业数字化转型路径,推动4万家以上中小企业开展数字化转型,其中1万家专精特新中小企业。更新发布《中小企业数字化转型城市试点实施指南》,细化实施要求和流程规范。制定试点城市数字化转型绩效评价办法。研究探索对中小企业数字化转型城市试点服务商的服务情况进行评价,强化激励约束。(工业和信息化部牵头负责)

2. 纵深推动工业大县中小企业数字化转型。面向基础较好的工业大县大范围复制推广试点城市工作经验和成果,依托县域优势产业推动人工智能、5G、区块链等新技术在重点中小企业的应用推广,打造一批数字化水平达到三级、四级的中小企业标杆。推动工业大县产业链与产业集群"链群"同转,实现县域中小企业规模化、普惠式数字化转型。(工业和信息化部牵头负责)

(二)分类梯次开展数字化改造

3. 面向专精特新"小巨人"企业开展系统化集成改造。对专精特新"小巨人"企业全面"建档立卡","一企一策"靶向推动数字化水平系统提升。引导数字化水平二级及以下的企业加强关键业务系统部署应用与跨系统集成改造,实现数字化水平向更高层级提升跨越。支持数字化水平三级及以上企业开展高价值集成应用创新,围绕产品数字孪生、设计制造一体化、个性化定制等复杂场景开展系统化集成改造,培育一批四级标杆企业。深入实施智能制造工程,支持专精特新"小巨人"企业打造一批智能场景、智能车间、智能工厂。深入实施工业互联网创新发展工程,打造"5G+工业互联网"升级版,引导专精特新"小巨人"企业建设一批5G工厂。(工业和信息化部牵头负责)

4. 面向省级专精特新中小企业、规上工业中小企业实施重点场景深度改造。加强中小企业数字化转型城市试点与制造业新型技术改造城市试点工作协同衔接,以"智改数转网联"为重点,优先支持数字化水平二级及以下的专精特新中小企业或规上工业中小企业实施软硬件一体化改造,打造产品工艺仿真、设备预测运维、产线智能控制等场景样本,加快行业普及推广。鼓励数字化水平三级及以上企业对标同行业标杆企业,开展更高水平改造。聚焦原材料、装备制造、消费品、电子信息等行业实施大规模设备更新,重点推动中小企业开展"哑"设备改造和关键设备更新。(工业和信息化部牵头负责)

5. 面向小微企业推广普惠性"上云用数赋智"服务。加快中小企业内外网升级改造,提升数字化基础水平。完善企业级、行业级、区域级等多层次云平台布局,推动现有工业软件产品云化迁移,形成云化软件供给目录。加速关键设备、业务系统上云,推广基于云的设备运行监测、产品性能仿真以及数据存储、建模分析等普惠应用。在先进制造业集群、中小企业特色产业集群、国家高新技术产业开发区等重点集群、园区,加快新型基础设施规模化建设应用,为中小企业上云用云提供基础支撑。支持地方探索"上云券""算力券"等优惠政策措施,为中小企业上云用算提供支持。鼓励算力中心提供"随接随用、按需付费"的云端算力服务,降低中小企业用算成本。(工业和信息化部牵头负责)

(三)推进链群融通转型

6. 推广龙头企业牵引的供应链"链式"转型。支持链主企业、龙头企业开放数字系统接口,促进供应链上下游中小企业实施标准统一的数字化改造,推动中小企业主动融入大企业的供应链,强化中小企业在供应链上的配套能力。持续梳理遴选中小企业"链式"转型典型案例,编制发布案例集。(工业和信息化部牵头负责)

7. 推广工业互联网平台企业驱动的产业链"链式"转型。支持细分行业工业互联网平台企业打造产业链协同能力,面向细分行业梳理数字化转型场景图谱及数据要素、知识模型、工具软件等要素清单,面向中小企业推广行业共性数字化产品及系统解决方案,提升产业链整体数字化水平。基于平台汇聚、组织制造资源,实现市场订单、研发资源、生产原料等与中小企业精准匹配,打造共享制造、个性定制、众包

众创等新模式新业态,加速平台经济赋能中小企业高质量发展。(工业和信息化部牵头负责)

8. 推广以集群、园区为单位的"面状"转型。支持先进制造业集群、中小企业特色产业集群、国家高新技术产业开发区等重点集群、园区引进或建设工业互联网平台,开发标准化、模块化、解耦化的数字工具与服务,打造贯通工具链、数据链、模型链的数字底座,大力推广集采集销、中央工厂、众包众创等协同转型新模式,带动集群、园区中小企业数字化水平整体提升。探索发展跨越物理边界的"虚拟"产业园区和产业集群,推动中小企业跨地域数据互通、资源共享、业务协同,构建虚实结合的产业数字化新生态。(工业和信息化部牵头负责)

(四)推动人工智能创新赋能

9. 发布中小企业人工智能应用指引。编制发布中小企业与人工智能融合应用推进指南,明确中小企业人工智能应用实施的主要模式、典型路径,为中小企业提供可落地、易操作的参考指引。鼓励各地组织开展中小企业人工智能应用案例征集遴选,培育挖掘视觉质量检测、客户画像与精准营销、财务管理自动化等一批典型场景,为中小企业提供借鉴参考。(工业和信息化部牵头负责)

10. 加强中小企业人工智能应用推广。发挥中小企业数字化转型试点城市现场交流活动的平台作用,宣传推介人工智能赋能中小企业典型应用场景、解决方案,加快中小企业人工智能应用复制推广。鼓励各地参考中小企业人工智能典型应用案例、应用图谱等,推动人工智能技术在研发设计、生产制造、质量检测、运行维护、经营管理等中小企业关键业务场景应用普及。(工业和信息化部牵头负责)

11. 强化中小企业人工智能应用基础。支持开放原子开源基金会等开源社区牵头成立人工智能开源社区,聚焦中小企业特色需求设立专题人工智能开源项目,提供可复制、易推广的训练框架、开发示例、测试工具和开源代码。引导中小企业积极参与开源项目,降低人工智能部署开发门槛。鼓励龙头企业、交易机构、平台企业、数据服务企业等经营主体建设公共数据集、行业数据集,为中小企业提供用于人工智能模型训练的高质量数据。建设一批适用于中小企业的垂直行业大模型,强化中小企业大模型技术产品供给。(工业和信息化部牵头

负责)

(五)深度激活中小企业数据要素价值

12. 提升中小企业数据管理、利用能力。鼓励各地面向中小企业加强《数据管理能力成熟度评估模型》(DCMM)标准应用推广,引导有条件的中小企业开展生产经营全过程数据采集,加快大数据系统建设部署,建立健全数据管理制度。鼓励中小企业探索数据创新应用,引导中小企业面向业务需求开展数据建模分析,实现精益生产、精细管理、精准营销等业务能力提升,推广服务型生产、增值服务、共享经济等数据驱动的新模式新业态。(工业和信息化部牵头负责)

13. 加强中小企业数据资源供给与价值开发。鼓励龙头企业、平台企业向中小企业开放数据,有针对性地开展数据清洗标注、交易撮合、分析挖掘等工作,为中小企业提供专业普惠的数据服务。探索打造以可信数据空间、区块链等技术为支撑的数据流通利用基础设施,推动大中小企业间实现研发设计、设备状态、交易订单等高价值数据安全可信流通,拓宽中小企业数据获取渠道。(工业和信息化部牵头负责)支持中小企业开展数据资产价值评估,加强对中小企业数据资产依法依规入表的指导,加强数据资产管理,依法依规维护中小企业数据资产权益。(财政部牵头负责)

(六)提升数字化转型供给质效

14. 供需适配发展"小快轻准"产品。围绕细分行业数字化转型场景图谱,推动龙头企业联合工业软件企业开发数字化专用工具,培育一批"小快轻准"数字化产品和解决方案,形成供需图谱。推动工业软件、工业互联网平台企业等不同厂商提供开放接口,提升"小快轻准"数字化产品和解决方案的数据互联互通与跨平台互操作能力,增强产品易用性及开发便捷性。支持地方建设"小快轻准"资源池,通过线上宣传、线下体验等方式加快产品推广。(工业和信息化部牵头负责)

15. 培育壮大数字经济领域优质企业。推动龙头企业数字化团队对外输出服务,推进现有工业互联网平台与垂直行业深度融合,培育一批在特定行业、特定领域具有较深知识积累和优质服务能力的行业型服务商、场景型服务商。以数字化培育新动能,用新动能推动新发展,推动中小企业在5G、人工智能、工业软件、工业互联网平台等数字化领域加大创业创新力度,着力培育一批专精特新中小企业和"小巨人"企业。(工业和信息化部牵头负责)

(七)提高数字化转型公共服务能力

16. 构建中小企业数字化转型标准体系。组建中小企业数字化转型标准工作组,研制一批国家标准、行业标准。更新完善中小企业数字化水平评测指标,构建细分行业中小企业数字化水平评价体系。编制细分行业中小企业数字化转型实施指南,为中小企业改造实施提供专业指导。开展中小企业数字化转型标准验证、推广,强化中小企业与龙头企业的标准适配与信息共享,推动中小企业全面融入产业链供应链。(工业和信息化部牵头负责)

17. 完善中小企业数字化转型服务载体。基于优质中小企业梯度培育平台,完善全国中小企业数字化转型公共服务功能,打造满足行业共性需求和企业个性需求的工具箱、资源池、案例库。推进地方中小企业数字化转型服务平台与全国平台数据互通,提供转型咨询、诊断评估、应用推广等专业化服务。鼓励地方合规探索公益性服务和市场化运作相结合的公共服务载体运营机制。推动全国中小企业数字化转型服务平台与制造业数字化转型综合信息平台资源共享,凝聚工作合力,加强中小企业数字化转型公共服务供给。(工业和信息化部牵头负责)

18. 全面增强中小企业数据与网络安全防护能力。引导中小企业建立健全网络和数据安全管理制度,促进态势感知、工业防火墙、入侵检测系统等安全产品部署应用。支持中小企业开展网络和数据安全演练,提升中小企业网络风险防御和处置能力。鼓励中小企业通过购买网络安全保险等方式降低安全风险。(工业和信息化部牵头负责)

三、保障措施

(一)强化组织保障。组织建立部省联动的中小企业数字化转型工作体系,加强横向跨部门资源调度与纵向跨层级工作协同。推动各地强化中小企业数字化转型推进力量,加强相关部门工作协同,明确重点工作组织分工,构建定期监测、指导、评估、培训、交流等长效工作机制。(工业和信息化部牵头负责)

(二)加大资金支持。深入开展"一链一策一批"中小微企业融资促进行动,按照市场化原则满足中小企业数字化转型融资需求。支持有条件的地方针对中小企业数字化转型项目提供贴息支持,分行业常态化组织投融资对接活动。鼓励金融机构推出支持中小企业数字化转型的专门信贷产品,鼓励融资担保公司提供增信支持,深入实施科技创新和技术改造再贷款政策、设备更新贷款财政贴息政策,加大对中小企业技术改造和设备更新项目,特别是数字化转型的金融支持力度。(中国人民银行、金融监管总局、财政部、工业和信息化部按职责分工负责)

(三)加强人才保障。利用中小企业服务"一张网",面向不同行业、不同对象,分层分类提供培训课程资源,组织开展大规模数字化培训。开展数字化转型职业标准、人才标准开发与专业技术人员培养,为中小企业数字化提供专业人才支撑。依托"制造业人才支持计划""国家卓越工程师实践基地"等加大中小企业数字化人才培育力度,壮大中小企业数字化转型人才队伍。(工业和信息化部牵头负责)

(四)促进交流互鉴。常态化举办中小企业数字化转型现场交流活动,加强沟通合作。鼓励中小企业数字化转型试点城市开展对口协作,推动转型资源共享共用与典型经验复制推广。支持开展工业互联网平台赋能中小企业数字化转型试点城市行活动,促进工业互联网平台供给与中小企业数字化转型市场需求精准对接。加大舆论宣传引导。及时总结中小企业数字化转型工作经验,推广典型案例、典型模式、典型产品。(工业和信息化部牵头负责)

(五)深化国际合作。依托二十国集团、金砖国家等合作机制,用好亚太经合组织中小企业部长会议、中国国际中小企业博览会等平台,组织开展中小企业数字化转型国际交流合作活动,积极推动中小企业数字化转型优秀解决方案、产品服务、标准规范走出去。(工业和信息化部牵头负责)

中小企业数字化赋能专项行动方案

(2020年3月18日 工信厅企业〔2020〕10号)

为深入贯彻习近平总书记关于统筹推进新冠肺炎疫情防控和经济社会发展工作的重要指示精神,落实党中央、国务院有关复工复产和提升中小企业专业化能力的决策部署,以数字化网络化智能化赋能中小企业,助力中小企业疫情防控、复工复产和可持续发展,制定本方案。

一、行动目标

坚持统筹推进新冠肺炎疫情防控和经济社会发展,以新一代信息技术与应用为支撑,以提升中小企业应对危机能力、夯实可持续发展基础为目标,集聚一批面向中小企业的数字化服务商,培育推广一批符合中小企业需求的数字化平台、系统解决方案、产品和服务,助推中小企业通过数字化网络化智能化赋能实现复工复产,增添发展后劲,提高发展质量。

二、重点任务

(一)利用信息技术加强疫情防控。推广"行程卡""健康码"等新应用,实现人员流动信息实时监测与共享,在确保疫情防控到位的前提下加快企业员工返岗。运用医疗物资保障、疫情预警、库存及物流配送、资源调配等小程序、工具包,科学精准防控疫情,推动有序复工复产。

(二)利用数字化工具尽快恢复生产运营。支持中小企业运用线上办公、财务管理、智能通讯、远程协作、视频会议、协同开发等产品和解决方案,尽快恢复生产管理,实现运营管理数字化,鼓励数字化服务商在疫情防控期间向中小企业减免使用费。支持数字化服务商打造智能办公平台,推出虚拟云桌面、超高清视频、全息投影视频等解决方案,满足虚拟团队管理、敏感数据防控等远程办公场景升级新需求。

（三）助推中小企业上云用云。引导数字化服务商面向中小企业推出云制造平台和云服务平台，支持中小企业设备上云和业务系统向云端迁移，帮助中小企业从云上获取资源和应用服务，满足中小企业研发设计、生产制造、经营管理、市场营销等业务系统云化需求。加快"云+智能"融合，帮助中小企业从云上获取更多的生产性服务。鼓励数字化服务商向中小企业和创业团队开放平台接口、数据、计算能力等数字化资源，提升中小企业二次开发能力。

（四）夯实数字化平台功能。搭建技术水平高、集成能力强、行业应用广的数字化平台，应用物联网、大数据、边缘计算、5G、人工智能、增强现实/虚拟现实等新兴技术，集成工程设计、电子设计、建模、仿真、产品生命周期管理、制造运营管理、自动化控制等通用操作系统、软件和工具包，灵活部署通用性强、安全可靠、易二次开发的工业APP，促进中小企业生产要素数字化、生产过程柔性化及系统服务集成化。打造工业APP测试评估平台和可信区块链创新协同平台，为中小服务商和中小企业提供测试认证服务。

（五）创新数字化运营解决方案。针对不同行业中小企业的需求场景，开发使用便捷、成本低廉的中小企业数字化解决方案，实现研发、设计、采购、生产、销售、物流、库存等业务在线协同。推广应用集中采购、资源融合、共享生产、协同物流、新零售等解决方案，以及线上采购与销售、线下最优库存与无人配送、智慧物流相结合的供应链体系与分销网络，提升中小企业应对突发危机能力和运营效率。

（六）提升智能制造水平。针对中小企业典型应用场景，鼓励创新工业互联网、5G、人工智能和工业APP融合应用模式与技术，引导有基础、有条件的中小企业加快传统制造装备联网、关键工序数控化等数字化改造，应用低成本、模块化、易使用、易维护的先进智能装备和系统，优化工艺流程与装备技术，建设智能生产线、智能车间和智能工厂，实现精益生产、敏捷制造、精细管理和智能决策。

（七）加强数据资源共享和开发利用。支持基于产业集群和供应链上下游企业打通不同系统间的数据联通渠道，实现数据信息畅通、制造资源共享和生产过程协同。支持发展新型数据产品和服务，鼓励探索专业化的数据采集、数据清洗、数据交换、数据标注等新商业模式，发展弹性分布式计算、数据存储等基础数据处理云服务和在线机器学习、自然语言处理、图像理解、语音识别、知识图谱、数据可视化、数字孪生等数据分析服务，帮助中小企业提升数据开发和应用水平。

（八）发展数字经济新模式新业态。扶持疫情防控期间涌现的在线办公、在线教育、远程医疗、无人配送、新零售等新模式新业态加快发展，培育壮大共享制造、个性化定制等服务型制造新业态，深挖工业数据价值，探索企业制造能力交易、工业知识交易等新模式，鼓励发展算法产业和数据产业，培育一批中小数字化服务商。打造开源工业APP开发者社区和中小企业开放平台，搭建中小企业资源库和需求池，发展众包、众创、云共享、云租赁等模式。

（九）强化供应链对接平台支撑。建设产业供应链对接平台，打造线上采购、分销流通模式，为中小企业提供原材料匹配、返工人员共享、自动化生产线配置、模具资源互助、防护物资采购、销售和物流资源对接等服务。基于工业互联网平台，促进中小企业深度融入大企业的供应链、创新链。支持大型企业立足中小企业共性需求，搭建资源和能力共享平台，在重点领域实现设备共享、产能对接、生产协同。

（十）促进产业集群数字化发展。支持小型微型企业创业创新基地、创客空间等中小企业产业集聚区加快数字基础设施改造升级，建设中小企业数字化公共技术服务平台，创建中小企业数字化创新示范园。支持产业集群内中小企业以网络化协作弥补单个企业资源和能力不足，通过协同制造平台整合分散的制造能力，实现技术、产能、订单与员工共享。

（十一）提高产融对接平台服务水平。促进中小企业、数字化服务商和金融机构等的合作，构建企业信用监测、智能供需匹配、大数据风控等服务体系，提供基于生产运营实时数据的信用评估、信用贷款、融资租赁、质押担保等金融服务，为企业获得低成本融资增信，提升中小企业融资能力和效率。打造促进中小企业融资增信的公共服务平台，应用新一代信息技术，提供合同多方在线签署、存证服务，传递供应链上下游信用价值，激发中小企业数据资产活力。

（十二）强化网络、计算和安全等数字资源服务支撑。支持电信运营商开展"提速惠企""云光惠企""企业上云"等专项行动，提升高速宽带网络能力,强化基础网络安全,进一步提速降费。加快推广5G和工业互联网应用,拓展工业互联网标识应用,加强中小企业网络、计算和安全等数字基础设施建设。

(十三)加强网络和数据安全保障。推动中小企业落实《网络安全法》等法律法规和技术标准的要求,强化网络与数据安全保障措施。建设工业互联网安全公共服务平台,面向广大中小企业提供网络和数据安全技术支持服务。鼓励安全服务商创新安全服务模式,提升安全服务供给能力,为中小企业量身定制全天候、全方位、立体化的安全解决方案。

三、推进措施

(一)强化组织保障。各地中小企业主管部门要加强中小企业数字化赋能工作的统筹协调,政府、服务机构、企业协同推进和落实好专项行动。发挥中小企业主体作用,主动适应新形势,推进自我变革与数字化赋能,提升企业应对风险能力和可持续发展能力。调动数字化服务商积极性,发挥中小企业公共服务示范平台和平台网络作用,帮助企业精准防控疫情、有序复工复产,加速数字化网络化智能化转型。

(二)完善激励机制。将中小企业数字化改造升级纳入"专精特新"中小企业培育体系和小型微型企业创业创新示范基地建设,予以重点支持。按照"企业出一点、服务商让一点、政府补一点"的思路,鼓励各地将中小企业数字化列入中小企业发展专项资金等资金重点支持范围。对流动性遇到暂时困难、发展前景良好的中小企业,通过数字化改造升级推进复工复产和转型发展的,金融机构在优惠利率贷款中给予优先支持。

(三)组织供需对接。建立中小企业数字化可信服务商、优秀数字化产品与服务评价体系,征集、培育和推广一批技术力量强、服务效果好、深受中小企业欢迎的数字化服务商、优秀数字化产品与服务。通过在线直播、视频展播、线上对接等形式,实现数字化产品和服务展示互动与对接交易,指导企业科学制定部署模式,合理配置资源服务。举办2020中小企业信息化服务信息发布会。组织大中小企业融通创新暨数字化产品和解决方案对接、"创新中国行"数字化应用推广等活动。

（四）加强培训推广。加强面向中小企业的数字化网络化智能化培训课程体系和教学师资队伍建设，利用"企业微课"、工业和信息化技术技能人才网上学习平台等线上平台和中小企业经营管理领军人才培训、银河培训工程等渠道，加强数字化网络化智能化技术培训。适时总结推介数字化赋能标杆中小企业和实践案例，加强示范引领。在中国国际中小企业博览会、中国（四川）中小微企业云服务大会、中国数字经济高端峰会等会议期间，举办中小企业数字化赋能高端论坛，促进理论研究与实践交流。在工业和信息化部门户网站开设专栏，提供"一站式"综合服务。加强新闻宣传，营造良好舆论环境。

国家发展改革委、人力资源社会保障部、中华全国总工会、中华全国工商业联合会关于共享公共实训基地开展民营企业员工职业技能提升行动的通知

（2024年3月21日　发改就业〔2024〕349号）

各省、自治区、直辖市、新疆生产建设兵团发展改革委、人力资源社会保障厅（局）、总工会、工商联：

　　为提高公共实训基地的共享开放水平，完善民营企业利用公共实训基地开展职业技能培训的合作机制，强化技能人才培养和用工保障，更好服务民营企业，促进民营经济发展壮大，国家发展改革委会同有关部门决定，从2024年至2027年，加力提效用好公共实训基地，开展百万民企员工职业技能提升行动，现就做好有关工作通知如下：

　　一、共享场地设备。研究制定公共实训基地建设扩容提质方案，加大中央预算内投资支持力度，推动公共培训资源向市场急需、企业生产必需领域集中。指导公共实训基地与民营企业签订合作协议，共建"联合体"和"分基地"，共享培训所需的场地和设备，打造"生产＋

培训"真实场景,提高培训资源使用效益。支持公共实训基地采取"送培上门"等形式为民营企业提供服务。探索以公共实训基地为桥梁纽带,统筹整合行业领域内多家民营企业培训资源,构建"一个基地、多点布局"技能培训体系,增强对全行业职业技能培训的辐射带动作用。

二、建强师傅队伍。创新公共实训基地教师评聘制度,将民营企业具备丰富实践经验和技术专长的"老工匠""老师傅"纳入师资库,推动企业、公共实训基地、行业协会、商会、产业园区、职业院校(含技工院校)、工匠学院的师资互通共用,不断培育壮大"双师型"师资队伍。对承担公共实训基地培训任务的民营企业导师,在高技能人才评价、使用、激励等方面予以适当支持。指导公共实训基地与民营企业联合组织开展师资培训、研修交流、教学能力竞赛等活动,健全完善师傅队伍培养制度和"老带新"分享机制。

三、开发优质课程。引导民营企业深度参与公共实训基地培训课程设计和开发,及时将新技术、新工艺、新规范、典型生产案例等纳入培训课程,构建符合企业需求和技能人才成长的课程体系,完善培训课程与产业发展需求联动调整机制。鼓励公共实训基地与龙头民营企业、链主民营企业以及行业协会、商会等社会组织共同研究制定新的职业标准和培训大纲,加大生产岗位技能、数字技能、绿色技能、安全生产技能等领域课程开发力度,形成具有自主知识产权的教材。推进培训课程数字化建设,实现课堂面授与远程学习相结合、线上线下培训无缝对接,提升民营企业员工参与技能培训的便利性和可及性。

四、扩大岗前培训。支持公共实训基地面向高校毕业生、农村转移劳动力等重点群体大规模开展实用性、操作性技能培训。指导劳务输出地公共实训基地结合当地劳动力资源禀赋和转移就业特点,积极打造劳务品牌,提高劳务输出组织化程度,有效满足输入地民营企业用工需求。鼓励公共实训基地积极承接民营企业新入职员工、转岗员工新型学徒培训,提高岗前培训的覆盖率和质量,推动员工"上岗即能适岗、转岗即能顶岗"。推动公共实训基地与行业协会共同建立为中小微民营企业提供岗前培训的服务机制,对单个企业培训人数无法独立开班的,由行业协会、商会等社会组织协调多个企业开展培训,有效降低中小微民营企业培训用工成本。

五、加强在岗培训。坚持产训结合,推行公共实训基地与民营企业"双师带徒"、工学一体化技能人才培养模式,促进实训过程与工作过程对接、培训链与产业链衔接。指导民营企业科学合理制定培训计划,以增强核心竞争力为导向,联合公共实训基地对关键岗位员工开展技能提升培训,突出实例操作为主、典型任务驱动,促进员工在岗成才。着力帮助民营企业培养适应新质生产力发展的战略型人才和应用型人才,在新产业、新业态、新赛道上形成竞争新优势。针对高危行业领域民营企业员工开展安全技能实操实训。引导民营企业按规定提取职工教育经费,与公共实训基地联合开展员工在岗培训和评价激励,构建聚才留人的良好生态。

六、深化以赛促训。支持公共实训基地承办、协办各类职业技能竞赛活动,完善参赛人员培养、赛事服务保障等方面工作机制,培育选拔优秀民营企业员工参加各类职业技能竞赛。引导民营企业以参加职业技能竞赛为契机,引入行业标准和高端技艺,开展技术革新、技术攻关、技能比武、岗位练兵等多种活动,形成比学赶超的良好氛围,激发人才创新活力和创造潜能。依托公共实训基地建立职业技能竞赛交流平台,开展企业间横向交流和学习互鉴,协同推进人才发掘、技术升级、科研创新和成果转化。

七、完善就业帮扶。推进"技能培训+就业服务"深度融合,加强民营企业用工需求和劳动者技能培训对接,培训前做好就业意愿调查,根据劳动者意愿开设课程项目;对培训后的人员多形式开展就业推荐,促进培训后尽快实现就业。加大技能人才有关政策宣传力度,帮助民营企业充分享受已出台政策红利。持续开展民营企业服务月等活动,重点面向低保家庭、零就业家庭、脱贫家庭、残疾人等困难群体,推送合适就业岗位。

八、凝聚工作合力。地方要强化公共实训基地服务企业的目标导向,切实加强组织领导、统筹实施。公共实训基地运营管理机构要做好培训台账管理和数据报送。发展改革部门要牵头建立绩效评估体系,根据地方实际确定公共实训基地为民营企业开展的岗前培训和在岗培训规模,力争2024—2027年,每年培训民营企业员工100万人次以上,持续增强对民营经济发展的支撑带动作用。各级总工会、工商联要强化劳动者培训与企业需求对接,推动共建共享,形成工作合力。参训人员、相关企业和公共实训基地可按规定享受有关资金政策支持。

九、推广典型经验。支持公共实训基地设立专门区域,展示民营企业员工技能提升质效,广泛解读合作共享公共实训基地的政策举措。组织召开公共实训基地建设运营工作现场会,加强区域间经验交流。总结公共实训基地与民营企业共同开展技能人才培养的有效举措,及时将成熟经验上升为政策制度。遴选一批优秀案例,由发展改革部门会同相关部门进行通报推广、奖励表彰,营造有利于劳动者成长成才、民营企业健康发展的良好环境。

市场监管总局、国家发展改革委、工业和信息化部、财政部、人力资源社会保障部、住房城乡建设部、交通运输部、农业农村部、商务部、文化和旅游部、退役军人事务部、中国人民银行、税务总局、金融监管总局、国家知识产权局关于开展个体工商户分型分类精准帮扶提升发展质量的指导意见

(2024年1月12日 国市监注发〔2024〕10号)

各省、自治区、直辖市和新疆生产建设兵团市场监管局(厅、委)、发展改革委、工业和信息化主管部门、财政厅(局)、人力资源社会保障厅(局)、住房城乡建设厅(委)、交通运输厅(局、委)、农业农村(农牧)厅(局、委)、商务主管部门、文化和旅游厅(局)、退役军人事务厅(局),中国人民银行上海总部、各省、自治区、直辖市及计划单列市分行,国家税务总局各省、自治区、直辖市和计划单列市税务局,国家金融监督管理总局各监管局,知识产权管理部门,中国个体劳动者协会:

个体工商户是重要的经营主体,在繁荣经济、增加就业、推动创业创新、方便群众生活等方面发挥着重要作用。为贯彻党中央、国务院关于促进个体工商户发展的决策部署,落实《促进个体工商户发展条例》(以下简称《条例》)相关规定,需要针对其数量巨大、点多面广、利益诉求多元化、发展水平差异化的特点,采取个性化措施进行分型分类培育和精准帮扶,着力提升个体工商户总体发展质量。现提出如下意见:

一、总体要求

(一)基本原则。坚持以习近平新时代中国特色社会主义思想为指导,始终坚持"两个毫不动摇",贯彻落实《中共中央 国务院关于促进民营经济发展壮大的意见》,按照《条例》规定,充分发挥扶持个体工商户发展联席会议等工作机制作用,着眼个体工商户持续健康发展,注重质量和效益,以分型提供差异化帮扶,以分类发挥示范带动作用,聚焦个体工商户全生命周期发展特点和突出诉求,整合各方面资源,加强政策精准供给和梯次帮扶培育,不断提升个体工商户的稳定经营能力,提高总体生存周期、活跃度和发展质量。

(二)主要工作。按照统一标准,将实际从事经营的个体工商户划分为"生存型""成长型"和"发展型",分别采取有针对性的帮扶措施。结合各地实际,在分型基础上加大对"名特优新"四类个体工商户的认定和培育力度,推动完善各项支持政策。各省级市场监管部门会同相关部门,建立完善个体工商户分型标准,实现数据归集基础上的自动分型判定;指导建立个体工商户分类指标体系和政府引导、自愿参与、择优认定、公正公开的"名特优新"个体工商户申报比选机制,逐步扩大参与面。建设全国统一的"个体工商户名录",实现个体工商户分型分类结果有效运用。

二、重点任务

(一)推动构建涵盖个体工商户不同发展阶段的政策体系。在现有法律法规和政策体系内,对不同发展阶段和发展水平的个体工商户采取差异化帮扶措施。对处于初创阶段,缺乏竞争力的"生存型"个体工商户,侧重优化市场准入服务、降低经营场所等成本、探索包容审慎监管机制,激发创业创新活力。对处于稳定经营阶段,有一定销售额或者营业收入的"成长型"个体工商户,侧重畅通招工渠道、提供职业技能培训信息、引导按规定参加社会保险、加大金融支持力度,增强抵御风险、持续经营能力。对处于持续壮大阶段,有较强市场竞争力的"发展型"个体工商户,侧重增强合规管理水平、支持引导转型升级为企业、提高知识产权创造运用保护和管理能力,实现高质量发展。

(二)加大对"名特优新"个体工商户的培育力度。在个体工商户分型帮扶基础上,支持和培育一批特色鲜明、诚信经营好、发展潜力大的个体工商户,带动同行业、同类型经营主体实现更好发展。对产品和服务质量好、有一定品牌影响力、深受群众喜爱的"知名"类个体工商户,加大宣传推介力度、深化品牌创建服务、加强知识产权保护;拓展便民服务,支持个体工商户积极参与一刻钟便民生活圈建设。对依托本地独特产业和旅游资源,开展旅游接待、传统手工艺制作、土特产品销售、特色餐饮服务的"特色"类个体工商户,在技术研发、产品设计、检验检测、质量追溯、营销推广等方面加大服务支持力度。对传承民间传统技艺,执着坚守、长期经营的"优质"类个体工商户,注重传承人培育,加强传统技艺挖掘整理和宣传报道。对积极参与新技术、新产业、新业态、新模式等新经济形态的"新兴"类个体工商户,引导参加网上经营技能培训,推动互联网平台企业提供流量支持、合规指导等服务措施。县(区)、市(地)级市场监管部门要会同相关部门,结合本地区实际和个体工商户经营特点,综合乡村振兴、民族区域经济发展、产业布局等要素,突出导向性,研究制定本地区"名特优新"四类个体工商户的分类标准,并向社会公示。鼓励各地制定量化指标体系,增强分类工作的可操作性。

(三)有序推进分型分类各项工作。各省级市场监管部门要按照《个体工商户分型分类精准帮扶总体方案(试行)》(见附件,以下简称《方案》)要求,在归集相关部门数据基础上,通过系统自动判定方式,在每年个体工商户年度报告结束后,集中进行一次个体工商户分型判定,将分型结果在本省(区、市)"个体工商户名录"中进行标注,并将数据汇总至全国"个体工商户名录"。根据统计分析、辅助决策需要,可以增加分型判定频次并及时汇总更新数据,具体安排由各省级市场监管部门确定。基于集中分型判定结果,按照《方案》确定的程序和方式,各级市场监管部门每年定期会同相关部门集中组织开展"名特优新"个体工商户的申报、推荐、认定工作,持续做好评估确认。市场监管总局建设"'名特优新'个体工商户培育平台",支持个体工商户分类培育各项工作的开展。

（四）增强不同类型个体工商户持续健康发展的内生动力。发挥数据对业务工作的支撑作用,持续夯实个体工商户数据基础。以实施分型分类精准帮扶为契机,支持个体工商户提高诚信经营水平和持续经营能力,完善市场退出机制。各级市场监管部门要加强对个体工商户年度报告的分型引导帮扶,优化年报服务、提升数据质量,指导个体工商户重视信用、如实报送年报。探索实施信用风险分类管理,在"双随机、一公开"监管中,对不同类型个体工商户采取不同的抽查比例和频次。积极探索柔性执法,依法推进轻微免罚、"首违不罚"等柔性监管措施。建立支持政策"免申即享"机制,推广告知承诺制,实现政策直达快享。各行业主管部门要充分发挥个体工商户小规模、轻资产、灵活度高的优势,支持个体工商户逐步以专业化分工、服务外包等方式融入各类企业的技术研发、产品生产、配套服务体系,不断提升个体工商户参与共享生产和创新的能力,实现与中小微企业基于产业链、供应链、资金链、创新链的融通发展。

（五）突出党建引领提升个体工商户发展质量。贯彻落实《市场监管部门开展"小个专"党建工作指引》,充分发挥各级市场监管部门"小个专"党委和基层党建工作指导站作用,积极开展形势宣传、政策宣讲、走访调研等活动,引导个体工商户稳预期、提信心。充分发挥"小个专"党组织作用,推动党组织和党员在凝聚人才、开拓市场、革新技术、提高效益中主动作为。将个体工商户党的建设与分型分类精准帮扶工作有机结合,积极探索针对不同发展阶段和发展特点的个体工商户开展党建工作的有效路径。

（六）持续优化个体工商户发展环境,营造良好氛围。各级市场监管部门要依托扶持个体工商户发展联席会议等工作机制,每年会同相关部门开展"全国个体工商户服务月"各项活动,持续宣传贯彻《条例》,为个体工商户提供政策解读、技能培训、银商对接等服务。全面落实公平竞争政策制度,加强反垄断和反不正当竞争执法,持续整治各种乱收费行为。按照《条例》和国家有关规定,依托分型分类各项措施,加强对本地区优秀个体工商户的表彰奖励,不断提升个体工商户经营者的荣誉感、归属感。各级个体劳动者私营企业协会要将服务个体私营经济健康发展作为基本职责,深入开展"问情服务"活动,帮助个体工商户解决生产经营中的问题和困难。

(七)加强沟通交流、监测分析和问题研究。建立各级市场监管部门与个体工商户常态化沟通交流机制,定期召开座谈会或专题研讨会,听取不同类型个体工商户和各相关方面意见建议,健全督办和反馈机制,推动问题有效解决。充分发挥市场监管总局和各省级市场监管部门个体工商户发展工作联系点作用,定期组织开展专题调研,收集反馈基层情况。完善个体工商户发展监测分析机制,针对不同类型个体工商户开展生产经营、吸纳就业、贷款融资等多维度分析。加强对本地区个体工商户发展情况、经营方式、人员结构、社会贡献、利益诉求等问题的基础性研究。

三、工作要求

(一)切实提高思想认识。个体工商户分型分类精准帮扶是贯彻落实党中央国务院决策部署、着眼个体工商户长远发展的制度设计,是激发个体工商户发展内生动力、提升总体发展质量的重要途径,是统筹各方面资源、增强服务个体工商户各项政策措施精准性、有效性的重要方式,是提振个体工商户发展信心、推动实现共同富裕的有效手段。各地相关部门要切实提高思想认识,充分认识个体工商户分型分类精准帮扶工作的重要意义,将其作为当前和今后一个时期促进个体工商户发展的重要手段,持续深入落实。

(二)加强部门协同配合。各省级市场监管、税务、人力资源社会保障等部门要按照《方案》要求,加强数据共享,支撑个体工商户分型判定。税务部门结合个体工商户分型分类标准,提供缴纳不同幅度税款情况的个体工商户纳税人名单。相关行业主管部门要在个体工商户分类工作中,积极推荐本行业领域优秀个体工商户。各地相关部门要研究出台更加符合不同类型个体工商户发展特点、更加精准的政策措施,特别是针对"名特优新"个体工商户的专项培育政策,提升含金量。市场监管总局会同相关部门,依托"全国个体工商户发展网",推进"名特优新"个体工商户数据与互联网平台企业、金融机构等方面的信息共享,优化各项服务措施。各级市场监管部门要加强对个体劳动者私营企业协会的指导,充分发挥其桥梁纽带作用和密切联系个体工商户的优势,做好政策宣传普及、专项调查调研、实施效果评估、推动党的建设等工作,协同推动政策制度的有效供给和发展环境的持续优化。

(三)坚持公平公正公开。各地市场监管部门在组织开展"名特优新"个体工商户的申报、认定等工作中,要严格遵循自愿原则,依法依规履行相关程序,做好信息公示和异议处理工作。要严格落实市场监管总局关于加强行风建设的部署要求,严格遵守廉政纪律,不得在分类认定、评估确认和扶持政策兑现过程中,向个体工商户收费、摊派或索要财物。能够通过政府部门之间信息共享获得的材料和数据,不得要求个体工商户另行提供,减轻个体工商户申报负担。

(四)积极做好宣传引导。各地相关部门要通过多种途径加大政策宣传力度,引导个体工商户准确理解、广泛关注、积极参与分型分类精准帮扶工作,扩大政策覆盖面。通过多种方式扩大"名特优新"个体工商户的知名度和影响力,宣传他们艰苦创业、诚信经营、党建引领、大胆创新等典型经验和突出事迹,切实发挥示范带动作用。要及时关注舆情动向、加强正面引导,妥善处理个体工商户对分型分类结果的异议和申诉,确保平稳有序。

市场监管总局确定的先行先试开展个体工商户分型分类精准帮扶的地方,要及时总结经验做法,提出完善各项制度措施的建议。各地在推进个体工商户分型分类精准帮扶工作中遇到的问题,请及时报告市场监管总局登记注册局。

附件:个体工商户分型分类精准帮扶总体方案(试行)(略)

人力资源社会保障部关于强化人社支持举措助力民营经济发展壮大的通知

(2023年11月30日 人社部发〔2023〕61号)

各省、自治区、直辖市及新疆生产建设兵团人力资源社会保障厅(局):

民营经济是推进中国式现代化的生力军,是高质量发展的重要基础,是推动我国全面建成社会主义现代化强国、实现第二个百年奋斗目标的重要力量。为深入贯彻党中央、国务院关于促进民营经济发展壮大的决策部署,全面落实《中共中央 国务院关于促进民营经济发展壮大的意见》,始终坚持"两个毫不动摇",促进民营经济做大做优做强,着力推动高质量发展,现将有关事项通知如下:

一、扩大民营企业技术技能人才供给

(一)加强民营企业技能人才培养。围绕制造强国、数字中国、健康中国建设,梳理急需紧缺职业(工种)信息,引导民营企业积极发挥职工培训主体作用,自行组织开展或依托技工院校等职业院校、职业技能培训机构等开展技术技能人才培训。深化产教融合、校企合作,支持民营企业与技工院校以多种方式开展合作,开设冠名班、订单班、学徒班,强化技能人才培养。鼓励具备条件的民营企业建设高技能人才培养基地,设立技能大师工作室,开展技术攻关、技能传承等工作。

(二)畅通民营企业人才评价渠道。加大"新八级工"职业技能等级制度落实力度,支持符合条件的民营企业自主开展职业技能等级认定,打破学历、资历、年龄、比例等限制,对技艺高超、业绩突出的民营企业一线职工,按照规定直接认定其相应技能等级。支持民营企业专业技术人才在劳动合同履行地、所在企业注册地设立的职称申报受理服务点,或通过人力资源服务机构等社会组织进行职称申报。建立职称评审"绿色通道"或"直通车",民营企业高层次专业技术人才、急需紧缺人才、优秀青年人才可直接申报相应级别职称。支持民营企业参与制定职称评审标准,与企业相关的职称评审委员会、专家库要吸纳一定比例的民营企业专家。推进民营企业高技能人才与专业技术人才贯通发展,畅通技能人才成长通道。支持符合条件的民营企业备案新设博士后科研工作站。

(三)健全民营企业人才激励机制。推动民营企业建立健全体现技能价值激励导向的薪酬分配制度,突出技能人才实际贡献,合理确定技能人才工资水平。鼓励民营企业参加各级各类职业技能竞赛,对于获奖选手可按照有关规定晋升相应职业技能等级。推荐民营企业高技能人才参评中华技能大奖、全国技术能手,支持将符合条件的民营企业高层次专业技术人才、高技能人才纳入享受政府特殊津贴人员推荐选拔范围。

二、优化民营企业就业创业服务

(四)支持民营企业稳岗扩岗。综合运用财政补贴、税收优惠、就业创业等各项涉企扶持政策,持续强化倾斜支持中小微企业政策导向,健全惠企政策精准直达机制,支持民营企业稳岗扩岗,引导高校毕业生等青年群体到民营企业就业。倾斜支持就业示范效应好的民营企业,优先推荐参评全国就业与社会保障先进民营企业暨关爱员工实现双赢表彰活动。

(五)强化民营企业就业服务。各级公共就业服务机构要面向各类民营企业,提供劳动用工咨询、招聘信息发布、用工指导等均等化服务。组织开展民营企业线上线下专场招聘活动,推动招聘服务进园区、进企业。加快建设全省集中的就业信息资源库和就业信息平台,搭建供需对接平台,为民营企业提供招聘求职等一站式服务。实施重点企业用工保障,及时将专精特新、涉及重点外资项目等民营企业纳入重点企业清单,提供"一对一"和"点对点"用工服务。鼓励人力资源服务机构面向民营企业提供高级人才寻访、人力资源管理咨询等专业化服务。

(六)加大民营企业创业扶持。集聚优质创业服务资源,构建创业信息发布、业务咨询、能力培养、指导帮扶、孵化服务、融资支持、活动组织等一体化服务机制,支持高校毕业生、农民工、就业困难人员等重点群体创业。充分发挥各类创业载体作用,搭建中小企业创新创业服务平台,提供低成本、全要素、便利化的中小微企业孵化服务。组织开展创业大赛、展示交流等推进活动,发掘一批创新型企业和项目,培育一批创业主体。

三、推动民营企业构建和谐劳动关系

(七)提升协调劳动关系能力。健全政府、工会、企业代表组织共同参与的协调劳动关系三方机制,深入推进民营企业开展和谐劳动关系创建。发挥龙头企业作用,带动中小微企业聚集的产业链供应链构建和谐劳动关系。加强对民营企业的用工指导服务,依法保障职工劳动报酬、休息休假、社会保险等基本权益。建立职工工资集体协商和正常增长机制,推动企业与职工协商共事、机制共建、效益共创、利益共享,促进劳动关系和谐稳定。

(八)强化民营企业劳动争议协商调解。建立劳动争议预防预警机制,推动企业完善劳动争议内部协商解决机制,及时发现影响劳动关系和谐稳定的苗头性、倾向性问题,强化劳动争议协商和解。推动规模以上民营企业广泛设立劳动争议调解委员会,建立健全小微型企业劳动争议协商调解机制,及时化解涉民营企业劳动争议。持续推进青年仲裁员志愿者联系企业活动,将预防调解工作纳入"中小企业服务月"活动,为民营企业提供法律政策宣传咨询、劳动用工指导等服务,依法规范企业劳动用工行为。加强新就业形态劳动纠纷一站式调解,推动相关劳动争议和民事纠纷一站式化解。强化涉民营企业劳动争议仲裁办案指导,加大终局裁决和仲裁调解力度,提升仲裁终结率。

(九)优化劳动保障监察服务。主动为民营企业提供劳动保障法律服务,并融入日常执法和专项检查全过程,引导民营企业自觉守法用工。全面推进严格规范公正文明执法,全面推行"双随机、一公开"监管,减少对企业正常生产经营活动影响,做到对守法者"无事不扰"。推行告知、提醒、劝导等执法方式,落实行政处罚法"轻微违法不处罚"和"首违不罚"规定,为民营企业发展壮大营造良好稳定预期和公平市场环境。

四、加大社会保险惠企支持力度

(十)降低民营企业用工成本。继续实施阶段性降低失业、工伤保险费率政策至2025年底,对不裁员、少裁员的民营企业实施失业保险稳岗返还政策,以单位形式参保的个体工商户参照实施。

(十一)发挥工伤保险降风险作用。以出行、外卖、即时配送、同城货运等行业的平台企业为重点,组织开展新就业形态就业人员职业伤害保障试点。积极开展面向民营企业特别是小微企业的工伤预防工作,化解民营企业工伤事故风险。

五、工作要求

(十二)加强组织领导。各地要进一步提高政治站位,始终坚持把支持和促进民营经济发展壮大作为重要政治任务,立足人社部门职能职责,完善各项政策措施,细化实化工作任务。建立常态化服务民营企业沟通交流机制,定期听取民营企业意见诉求,积极作为、靠前服务,推动促进民营经济发展壮大的各项政策举措落地见效。

(十三)便利涉企服务。各地要不断优化经办服务流程,全面推行证明事项告知承诺制,进一步清理办理事项、精简办事材料、压缩办理时限,及时制定更新服务清单、办事指南,提升民营企业享受人社政策便利度。深化涉企"一件事"集成改革,推广"直补快办""政策找企",对民营企业政策享受、员工招聘、参保缴费、档案转递等事项打包办、提速办、智慧办。

(十四)衔接公共服务。各地要进一步打破户籍、身份、档案、所有制等制约,做好人事管理、档案管理、社会保障工作衔接,促进各类人才资源向民营企业合理流动、有效配置。强化公共服务有序衔接,配合相关部门将民营企业高技能人才纳入人才引进范畴,在积分落户、购(租)房、医疗保障、子女教育等方面给予倾斜。

(十五)营造良好氛围。各地要加强政策宣传解读,面向社会公开政策清单、申办流程、补贴标准、服务机构名单,集中开展人社厅局长进企业宣讲活动。加大宣传引导力度,及时总结经验,推广创新举措,挖掘先进典型,大力弘扬企业家精神,引导广大民营经济人士争做爱国敬业、守法经营、创业创新、回报社会的典范。

人力资源社会保障部办公厅关于进一步做好民营企业职称工作的通知

（2020年2月20日　人社厅发〔2020〕13号）

各省、自治区、直辖市及新疆生产建设兵团人力资源社会保障厅（局）：

为深入落实习近平总书记在民营企业座谈会上的重要讲话精神，贯彻落实《中共中央　国务院关于营造更好发展环境支持民营企业改革发展的意见》《中共中央办公厅　国务院办公厅关于深化职称制度改革的意见》，更好地发挥职称评价"指挥棒"作用，充分激发和释放民营企业专业技术人才创新创造活力，大力支持民营企业改革创新，根据《职称评审管理暂行规定》，现就进一步做好民营企业职称工作有关事项通知如下：

一、拓宽民营企业职称申报渠道

民营企业专业技术人才一般在劳动关系所在地自愿参加职称评审，合法权益受到同等保护，履行同等义务。各地人力资源社会保障部门（或职称综合管理部门，下同）要进一步打破户籍、身份、档案、所有制等制约，积极拓宽民营企业专业技术人才职称申报渠道。积极创造条件，在专业技术人才密集的创业孵化基地、高新技术开发区、科技园区等地设立职称申报受理服务点，或通过人才中介服务机构、工商联、行业协会商会、学会等社会组织受理民营企业专业技术人才职称申报。非面向单位、系统内部组建的职称评审委员会，要向民营企业平等开放。经批准离岗创业或到民营企业兼职的高校、科研院所、医疗机构等企事业单位专业技术人才，3年内可在原单位按规定申报职称，其创业和兼职期间工作业绩作为职称评审的依据。民营企业专业技术人才被派驻外地连续工作一年以上的，可按有关规定在派驻地申报职称评审。各地人力资源社会保障部门要不断完善职称社会化申报渠道，建立职称申报兜底机制，确保民营企业专业技术人才公平公正参与职称评审。

二、健全民营企业职称评审机构

各地要按照党中央、国务院要求系统清理与企业性质挂钩的职称评定政策,确保科技、教育、医疗、文化等领域民营企业专业技术人才与公立机构专业技术人才在职称评审方面享有平等待遇。坚持属地化、专业化和规范化,按照规定的条件和程序,遴选具有专业优势、服务能力强、行业自律水平高的社会组织组建社会化评审机构,开展民营企业专业技术人才职称评审。从严控制面向全国的职称评审委员会,建立公开透明、竞争择优的遴选和退出机制,确保社会组织评审工作规范有序,稳妥推进。进一步下放职称评审权限,支持专业技术人才密集、技术实力较强、内部管理规范的规模以上民营企业组建职称评审委员会,或由民营企业联合组建职称评审委员会,按程序报相应人力资源社会保障部门核准备案后开展自主评审。

三、完善以市场评价为导向的职称评审标准

民营企业职称评审标准要充分体现民营企业专业技术人才特点和工作实际,贴近民营企业用人需求。进一步克服唯学历、唯资历、唯论文、唯奖项倾向,突出工作能力和业绩考核,注重市场认可和对企业的实际贡献。对论文、职称外语等不做限制性要求,专利成果、技术突破、工艺流程、标准开发、成果转化等均可作为职称评审的重要内容。支持民营企业参与制定职称评审标准,与企业相关的职称评审委员会、专家库要吸纳一定比例的民营企业专家。积极借鉴龙头企业人才评价标准,充分考虑新兴行业、职业的特点,制定职称评审的通用标准。各地制定的职称评审标准应广泛征求本地区民营企业、行业协会商会、学会的意见。

四、创新民营企业职称评价方式

各地要综合采用考试、评审、答辩、考核认定、实践操作、业绩展示等方式,提高民营企业专业技术人才职称评审的针对性和科学性。各地人力资源社会保障部门要会同行业主管部门及时组织民营企业专业技术人才职称评价,做好职业资格与相应职称的衔接确认。对于当地具备评审能力的职称系列或专业,积极协调落实民营企业专业技术人才参加职称评审;对于当地不具备评审能力的职称系列或专业,按照规定做好委托评审工作。建立职称评审"绿色通道"或"直通车",民营企业高层次专业技术人才、急需紧缺人才、优秀青年人才可直接申报相应级别职称。鼓励有条件的地区对民营企业专业技术人才实行单独分组、单独评审,或组织开展民营企业专项评审。专业技术人才因驻外或其他原因确实不能参加现场评审的,有条件的地方和单位要积极通过技术手段远程评审,切实减轻专业技术人才职称评审负担。

五、调动民营企业职称工作积极性

各地要加大职称政策宣传力度,创新宣传方式方法,搞好职称政策解读,做到及时公开、化繁为简、通俗易懂。加强对民营企业人力资源(人事)管理部门的职称业务培训,及时为民营企业专业技术人才提供职称评审服务,保障民营企业专业技术人才职称申报权利。加快职称评审信息化建设,推广在线评审,逐步实现网上受理、集中评审。进一步简化申报评审程序,精简职称申报材料,减少证明事项。探索实行职称评审电子证书,提供职称信息查询验证服务。要坚持评以适用、以用促评,促进职称评审结果与民营企业人才培养、使用相衔接,引导民营企业将职称评审结果作为确定岗位、考核、晋升、绩效、薪酬等的依据。企业博士后获得中国博士后科学基金资助或主持省部级以上科研项目,出站后继续留在企业的可直接认定副高级职称。对专业化人才服务机构、行业协会商会、学会和民营企业的自主职称评审结果实行事后备案管理,做好统计和查询验证工作。

六、加强民营企业职称评审事中事后监管

民营企业职称评审工作要坚持质量第一,通过科学制定评价标准,建设高水平专家和管理人员队伍,制定规范评审制度和程序,合理确定通过率等措施,把好评审质量关。各地要加强对民营企业职称评审工作的监督检查和抽查巡查,规范评审程序,严肃评审纪律,确保评审质量,建立倒查追责机制,完善诚信承诺和失信惩戒机制,从严查处材料造假、暗箱操作等行为。有关社会组织要严格按照人力资源社会保障部门核准备案的专业领域和区域范围,开展职称评审工作,不得多头重复交叉评价和强制评价。要突出职称评审公益性,严禁社会组织以营利为目的开展职称评审。对制度缺失、管理混乱、评审质量不高、社会反映较大的,各地人力资源社会保障部门要会同行业主管部门及时对其进行整改,必要时可暂停自主评审工作直至收回职称评审权,并依法追究相关人员责任。

各地要充分认识做好民营企业职称工作的重要性,切实提高政治站位,加强组织领导,完善工作机制,制定具体措施,切实抓好通知的贯彻落实。人力资源社会保障部将适时对各地民营企业职称工作情况进行评估,各地要认真总结经验,及时解决出现的新情况、新问题,妥善处理改革、发展和稳定的关系,重大情况及时向人力资源社会保障部专业技术人员管理司报告。

本通知自印发之日起实施。自由职业者和其他非公有制经济组织专业技术人才职称评审工作参照本通知精神执行。

国家发展改革委、科技部、工业和信息化部、生态环境部、银保监会、全国工商联关于营造更好发展环境　支持民营节能环保企业健康发展的实施意见

(2020年5月21日　发改环资〔2020〕790号)

各省、自治区、直辖市、新疆生产建设兵团发展改革委、科技厅(委)、工业和信息化委(厅)、生态环境厅、银保监局、工商联:

民营节能环保企业是打赢污染防治攻坚战的重要力量,在保护生态环境、建设美丽中国中发挥着重要作用。为深入贯彻习近平总书记在民营企业座谈会上的重要讲话精神,落实《中共中央　国务院关于营造更好发展环境支持民营企业改革发展的意见》,统筹推进疫情防控和经济社会发展工作,现就进一步优化节能环保领域市场营商环境,保障民营企业公平公正参与竞争,推动民营节能环保企业健康发展提出如下意见:

一、营造公平开放的市场环境

（一）进一步开放重点行业市场。在石油、化工、电力、天然气等重点行业和领域,进一步引入市场竞争机制,放开节能环保竞争性业务,积极推行合同能源管理和环境污染第三方治理。各地在推进污水垃圾等环境基础设施建设、园区环境污染第三方治理、医疗废物和危险废物收集处理处置、大宗固体废弃物综合利用基地建设时,要对民营节能环保企业全面开放、一视同仁,确保权利平等、机会平等、规则平等。鼓励国有企业与民营节能环保企业成立混合所有制公司,发挥各自优势,合作开展相关业务。

（二）持续完善招投标机制。倡导质量优先的评标原则,鼓励适度增加技术标权重,严防恶性低价竞争。招投标活动中不得设置影响民营企业准入的限制性规定,不得设置与节能环保业务能力无关的企业规模门槛,不得设置明显超过项目需求的业绩门槛。各地不得以签署战略性合作协议等方式,为特定企业在招投标中谋取竞争优势;不得设置与企业性质挂钩的行业准入、资质标准等。

（三）积极兑现对企业各项承诺。各地要重信守诺,积极兑现依法作出的政策承诺,不得盲目向企业许诺优惠条件。继续深入推进清欠民营企业账款工作,建立工作台账,通过情况会商、问题督办、督导检查和跟踪评估等措施,逐项清偿,并确保不再增加新的拖欠。进一步促进各地、大型国有企业履行与民营节能环保企业依法订立的合同,严格按合同约定及时支付账款,不得违背民营企业意愿或在约定的付款方式之外以承兑汇票等形式延长付款期限。

（四）支持参与补短板强弱项工程建设。各地要针对新冠疫情应对中暴露出的环境基础设施短板弱项,积极支持民营节能环保企业参与医疗废弃物处理处置、污水垃圾处理等工程建设,为常态化疫情防控提供有力保障。

二、完善稳定普惠的产业支持政策

（五）鼓励参与节能环保重大工程建设。积极支持民营企业参与大气、水、土壤污染防治攻坚战,引导民营企业参与污水垃圾等环境基础设施建设、危险废物收集处理处置、城乡黑臭水体整治、产业园区绿色循环化改造、重点行业清洁生产示范、海水（苦咸水）淡化及综合利用、污水资源化利用，以及长江经济带尾矿库污染防治项目、化工等工业园区治污项目等重大生态环保工程建设。各级发展改革部门在中央预算内投资生态文明建设专项、地方政府专项债券、特别国债等项目申报、审核中，要对各种所有制企业一视同仁、公平对待，不得违规限制民营企业申报，不得附加额外的条件要求。

（六）贯彻落实好现行税收优惠政策。落实好环境保护和节能节水项目企业所得税、资源综合利用企业所得税和增值税、节能节水和环境保护专用设备企业所得税，以及合同能源管理、污染第三方治理等税收优惠政策，继续按照规定实行便利化的税收优惠办理方式，方便广大企业享受税收优惠。

（七）加大绿色金融支持力度。鼓励金融机构将环境、社会、治理要求纳入业务流程，提升对民营节能环保企业的绿色金融专业服务水平，大力发展绿色融资。积极发展绿色信贷，加强就国家重大节能环保项目的信息沟通，积极对符合条件的项目加大融资支持力度。支持符合条件的民营节能环保企业发行绿色债券，统一国内绿色债券界定标准，发布与《绿色产业指导目录（2019年版）》相一致的绿色债券支持项目目录。拓宽节能环保产业增信方式，积极探索将用能权、碳排放权、排污权、合同能源管理未来收益权、特许经营收费权等纳入融资质押担保范围。民营节能环保企业要坚持审慎经营原则，严防盲目增加杠杆率。针对民营节能环保企业资金链出现的问题，地方有关部门在依法合规的前提下，搭建交流平台，促进资管公司、投资基金、国有资本等积极参与民营节能环保企业纾困，合理化解股票质押风险。各地要按照依法合规原则，对具有核心先进技术、长期发展前景较好但遇到暂时经营性困难的民营企业积极予以救助，帮助渡过难关。

三、推动提升企业经营水平

（八）提升绿色技术创新能力。加大对民营企业绿色技术创新的支持力度，支持民营企业独立或联合承担国家重大科技专项、国家重点研发计划支持的绿色技术研发项目。混合所有制改革中，若未规定、也未与科研人员约定奖励、报酬方式和数额的，对企业的发明人或研发团队以技术转让、许可或作价投资方式转化职务绿色技术创新成果，参照《中华人民共和国促进科技成果转化法》有关规定给予奖励和报酬。发挥国家科技成果转化引导基金的作用,遴选一批民营企业重点环保技术创新成果支持转化应用,引导各类天使投资、创业投资基金、地方创投基金等支持民营节能环保企业关键技术创新转化。支持民营节能环保企业牵头或参与建设绿色技术领域国家技术创新中心。

(九)推进商业模式创新。鼓励民营节能环保企业进一步创新合同能源管理服务模式,根据用能单位特点采用能源托管、节能量保证、融资租赁等新商业模式,推动服务内容由单一设备提供向流程性节能改造、区域能效提升扩展。以钢铁、冶金、建材、电镀、化工、印染等行业企业和园区为重点,支持民营企业开展环境污染第三方治理。积极推行按效付费机制,以环境治理效果为导向,推动环保企业服务水平提升。积极支持民营企业开展环境综合治理托管服务,参与生态环境导向开发模式创新。

(十)督促企业守法合规经营。有关部门要督促节能环保领域民营企业大力发扬遵纪守法、专注品质、追求卓越、诚信守约、履行责任、勇于担当、服务社会的优秀企业家精神,筑牢守法合规经营底线,推动企业完善内部激励约束机制,勇于承担疫情防控、灾害救助等急难险重任务,积极履行社会责任,提升企业社会形象。对节能环保企业的违法违规问题,依法追究法律责任。

四、畅通信息沟通反馈机制

(十一)强化信息沟通。有关部门要采取多种形式,了解民营节能环保企业诉求,畅通企业意见诉求渠道,重大政策出台要听取相关利益主体意见,政策实施、标准调整要留出合理的缓冲期、不搞急刹车。充分发挥行业协会、商会的作用,支持相关社会组织加强行业自律、推动信息沟通、反映企业诉求、研究重大政策。各级发展改革等有关部门要加强与行业协会、商会和企业的沟通联系,及时了解节能环保行业苗头性倾向性潜在性问题,构建亲清政商关系。

(十二)营造良好舆论氛围。各地要加强节能环保产业政策宣讲,全面宣讲国家支持节能环保产业发展的价格、财税、投资、产业等政策,帮助企业全面了解政策、用好政策、用足政策,提振民营节能环保企业信心。要加强舆论引导,积极宣传民营节能环保企业的先进技术、先进事迹、先进人物,在各类评选表彰活动中平等对待民营企业和企业家,营造民营节能环保企业发展的良好氛围。

各级发展改革部门要会同有关部门,及时对本地区节能环保产业发展状况进行分析研判、梳理总结,研究解决发展中出现的问题,帮助企业解决实际困难。要做好信息报送,新情况、新问题及时报告。

财政部、工业和信息化部、银监会、国家知识产权局、国家工商行政管理总局、国家版权局关于加强知识产权质押融资与评估管理支持中小企业发展的通知

(2010年8月12日 财企〔2010〕199号)

各省、自治区、直辖市、计划单列市财政厅(局)、中小企业管理部门、银监局、知识产权局、工商行政管理局、版权局:

为贯彻落实《国家知识产权战略纲要》(国发〔2008〕18号)和《国务院关于进一步促进中小企业发展的若干意见》(国发〔2009〕36号),推进知识产权质押融资工作,拓展中小企业融资渠道,完善知识产权质押评估管理体系,支持中小企业创新发展,积极推动产业结构优化升级,加快经济发展方式转变,现就知识产权质押融资与评估管理有关问题通知如下:

一、建立促进知识产权质押融资的协同推进机制

知识产权质押融资是知识产权权利人将其合法拥有的且目前仍有效的专利权、注册商标权、著作权等知识产权出质,从银行等金融机构取得资金,并按期偿还资金本息的一种融资方式。各级财政、银监、知识产权、工商行政、版权、中小企业管理部门(以下统称各有关部门)要充分发挥各自的职能作用,加强协调配合和信息沟通,积极探索促进本地区知识产权质押融资工作的新模式、新方法,完善知识产权

押融资的扶持政策和管理机制,加强知识产权质押评估管理,支持中小企业开展知识产权质押融资,加快建立知识产权质押融资协同工作机制,有效推进知识产权质押融资工作。

二、创新知识产权质押融资的服务机制

各有关部门要指导和支持银行等金融机构探索和创新知识产权信贷模式,积极拓展知识产权质押融资业务,鼓励和支持商业银行结合自身特点和业务需要,选择符合国家产业政策和信贷政策、可以用货币估价并依法流转的知识产权作为质押物,有效满足中小企业的融资需求。

各有关部门要指导和支持商业银行等金融机构根据国家扶持中小企业发展的政策,充分利用知识产权的融资价值,开展多种模式的知识产权质押融资业务,扩大中小企业知识产权质押融资规模。要鼓励商业银行积极开展以拥有自主知识产权的中小企业为服务对象的信贷业务,对中小企业以自主知识产权质押的贷款项目予以优先支持。要充分利用国家财政现有中小企业信用担保资金政策,对担保机构开展的中小企业知识产权质押融资担保业务给予支持。

各有关部门要引导商业银行、融资性担保机构充分利用资产评估在知识产权质押中的作用,促进知识产权、资产评估法律及财政金融等方面的专业协作,协助贷款、担保等金融机构开展知识产权质押融资业务。要进一步加强知识产权、资产评估、金融等专业知识培训和业务交流,开展相关政策与理论研究,提升商业银行、融资性担保机构、资产评估机构等组织及有关从业人员的专业能力。

各有关部门要支持和指导中小企业运用相关政策开展知识产权质押融资,构建中小企业与商业银行等金融机构之间的信息交流平台,提高中小企业知识产权保护和运用水平。

三、建立完善知识产权质押融资风险管理机制

各地银监部门要指导和支持商业银行等金融机构建立健全知识产权质押融资管理体系,创新授信评级,严格授信额度管理,建立知识产权质押物价值动态评估机制,落实风险防控措施。

各有关部门要鼓励融资性担保机构为中小企业知识产权质押融资提供担保服务,引导企业开展同业担保业务,构建知识产权质押融资多层次风险分担机制。探索建立适合中小企业知识产权质押融资特点的风险补偿和尽职免责机制。支持和引导各类信用担保机构为知识产权交易提供担保服务,探索建立社会化知识产权权益担保机制。

四、完善知识产权质押融资评估管理体系

各有关部门要根据财政部和国家知识产权局、国家工商行政管理总局、国家版权局等部门有关加强知识产权资产评估管理的意见,完善知识产权质押评估管理制度,加强评估质量管理,防范知识产权评估风险。

各有关部门要鼓励商业银行、融资性担保机构、中小企业充分利用专业评估服务,由经财政部门批准设立的具有知识产权评估专业胜任能力的资产评估机构,对需要评估的质押知识产权进行评估。要指导商业银行、融资性担保机构、中小企业等评估业务委托方,针对知识产权质押融资的评估行为,充分关注评估报告披露事项,按照约定合理使用评估报告。

中国资产评估协会要加强相关评估业务的准则建设和自律监管,促进资产评估机构、注册资产评估师规范执业,加快推进知识产权评估理论研究和数据服务系统建设,为评估机构开展知识产权评估提供理论和数据支持。要在无形资产评估准则框架下,针对各类知识产权制定具体的资产评估指导意见,形成完整的知识产权评估准则体系。要加大知识产权评估相关业务的培训,进一步提高注册资产评估师专业胜任能力。要监督资产评估机构按照国家有关规定合理收取评估费用,制止资产评估机构低价恶性竞争或超标准收费行为。

五、建立有利于知识产权流转的管理机制

各级知识产权部门要建立动态的信息跟踪和沟通机制,及时做好知识产权质押登记,加强流程管理,强化质押后的知识产权保护,并为商业银行、融资性担保机构、质押评估委托方查询质押知识产权法律状态、知识产权质押物经营状况等信息提供必要的支持,协助商业银行逐步建立知识产权质押融资信用体系。

各级中小企业管理部门要积极引导拥有自主知识产权的中小企业进行质押融资,提高其知识产权参与资产评估的积极性和有效性,建立适应知识产权交易的多元化、多渠道投融资机制,并将其纳入当地中小企业成长工程。

各有关部门要加快推进知识产权交易市场建设,充分依托各类产权交易市场,引导风险投资机构参与科技成果产业化投资,促进知识产权流转。要积极探索知识产权许可、拍卖、出资入股等多元化价值实现形式,支持商业银行、融资性担保机构质权的实现。

国家发展改革委、教育部、科技部、财政部、人事部、人民银行、海关总署、税务总局、银监会、统计局、知识产权局、中科院关于印发关于支持中小企业技术创新的若干政策的通知

(2007年10月23日 发改企业〔2007〕2797号)

各省、自治区、直辖市及计划单列市发展改革委、经贸委(经委)、中小企业局(厅、办)、教育厅(教委)、科技厅(委、局)、财政厅(局)、人事厅、人民银行上海总部、各分行、营业管理部、省会(首府)城市中心支行、各直属海关、国家税务局、地方税务局、各银监局、统计局、各知识产权局,新疆生产建设兵团发展改革委、经贸委(经委),中科院各分院及研究机构:

为贯彻落实《中共中央、国务院关于实施科技规划纲要,增强自主创新能力的决定》、《国务院关于实施〈国家中长期科学和技术发展规划纲要(2006-2020年)〉若干配套政策》、《国务院关于鼓励支持和引导个体私营等非公有制经济发展的若干意见》,全面提升中小企业的自主创新能力,国家发展改革委、教育部、科技部、财政部、人事部、人民银行、海关总署、国家税务总局、银监会、国家统计局、国家知识产权局、中科院制定了《关于支持中小企业技术创新的若干政策》,现印发

你们,请认真贯彻执行。

附:关于支持中小企业技术创新的若干政策

附件:

关于支持中小企业技术创新的若干政策

为贯彻落实《中共中央、国务院关于实施科技规划纲要,增强自主创新能力的决定》、《国务院关于鼓励支持和引导个体私营等非公有制经济发展的若干意见》,全面提升中小企业的自主创新能力,充分发挥其在建设创新型国家中的重要作用,根据国家中长期科技发展规划纲要(2006－2020年)若干配套政策,制定本政策。

一、激励企业自主创新

(一)鼓励加大研发投入。中小企业技术开发费税前扣除,按照《国务院关于实施〈国家中长期科学和技术发展规划纲要(2006－2020年)〉若干配套政策》(国发〔2006〕6号)和《财政部、国家税务总局关于企业技术创新有关企业所得税优惠政策的通知》(财税〔2006〕88号)执行。

(二)支持建立研发机构。鼓励有条件的中小企业建立企业技术中心,或与大学、科研机构联合建立研发机构,提高自主创新能力。具备条件的企业可申报国家、省市认定企业技术中心。鼓励国家、省市认定企业技术中心向中小企业开放,提供技术支持服务。

(三)加快技术进步。中小企业投资建设属于国家鼓励发展的内外资项目,其投资总额内进口的自用设备,以及随设备进口的技术和配套件、备件,按照《国务院关于调整进口设备税收政策的通知》(国发〔1997〕37号)的有关规定,免征关税和进口环节增值税。

(四)大力发展高新技术企业。经国家有关部门认定为高新技术企业的中小企业,可以按现行政策规定享受高新技术企业税收优惠政策。

(五)鼓励发明创造和标准制订。各级知识产权部门应按照有关规定对个人或小企业的国内外发明专利申请、维持等费用予以减免或给予资助。鼓励具有专利技术的中小企业参与行业标准制订。对中小企业参与行业技术标准制定发生的费用,给予一定比例的资助。

(六)加快中小企业信息化建设。鼓励中小企业运用现代信息技术提升管理水平,增强技术创新能力。鼓励信息技术供应商、服务商和中介服务机构为中小企业信息化提供技术支援与相关服务。鼓励建立中小企业信息化公共服务平台,推动信息技术在中小企业的应用。

(七)加强人才培养。鼓励中小企业加大职工岗位技能培训和技术人才培养,企业当年提取并实际使用的职工教育经费,按国家有关税收政策规定执行。

(八)建立人才培养机制。鼓励有条件的中小企业与大学、职业院校建立定向、订单式人才培养机制,提高企业职工素质;鼓励企业为学生提供实习、实训条件和实习指导。鼓励各类院校毕业生到企业工作,积极参与企业的创新活动。各级中小企业管理部门应采取政府、企业、高校、社会投资共建等方式,建立健全中小企业人才培养输送渠道,满足中小企业技术创新的人才需求。

(九)建立创新人才激励机制。鼓励中小企业建立健全培训、考核、使用与待遇相结合的机制,激励员工发明创造。对作出突出贡献的技术创新人才,可采取新产品销售提成、科技成果或知识产权入股等多种形式,予以奖励。

(十)政府采购支持自主创新。各级国家机关、事业单位、社团组织在政府采购活动中,在同等条件下,对列入《政府采购自主创新产品目录》的中小企业产品应当优先采购。

二、加强投融资对技术创新的支持

(十一)鼓励金融机构积极支持中小企业技术创新。商业银行对纳入国家及省、自治区、直辖市的各类技术创新计划和高新技术产业化示范工程计划的中小企业技术创新项目,应按照国家产业政策和信贷原则,积极提供信贷支持。各地可通过有关支持中小企业发展的专项资金对中小企业贷款给予一定的贴息补助,对中小企业信用担保机构予以一定的风险补偿。各级中小企业管理部门、知识产权部门要积极向金融机构推荐中小企业自主知识产权项目、产学研合作项目、科技成果产业化项目、企业信息化项目、品牌建设项目等,促进银企合作,推动中小企业创新发展。

(十二)加大对技术创新产品和技术进出口的金融支持。各金融机构要按照信贷原则,对有效益、有还贷能力的中小企业自主创新产品出口所需流动资金贷款积极提供信贷支持。对中小企业用于研究与开发所需的、符合国家相关政策和信贷原则的核心技术软件的进口及运用新技术所生产设备的出口,相关金融机构应按照有关规定积极提供必要的资金支持。

(十三)加强和改善金融服务。引导和鼓励各类金融机构按照中小企业特点,加大金融产品的创新力度。畅通中小企业支付结算渠道,积极创造条件促使票据等支付工具服务中小企业,丰富中小企业支付和融资手段。组织开展对中小企业的信用评价,对资信好、创新能力强的中小企业,可核定相应的授信额度予以重点扶持。加快中小企业信用体系建设,促进各类征信机构发展,为金融机构改善对中小企业技术创新的金融服务提供配套服务。

(十四)鼓励和引导担保机构对中小企业技术创新提供支持。通过税收优惠、风险补偿和奖励等政策,引导各类担保机构积极为中小企业技术创新项目或自主知识产权产业化项目贷款提供担保服务,改进服务方式,对一些技术含量高、创新能力强、拥有自主知识产权并易于实现市场化的优质创新项目给予保费优惠。

(十五)加快发展中小企业投资公司和创业投资企业。鼓励设立创业投资引导基金,建立健全创业投资机制,引导社会资金流向创业投资企业。支持中小企业投资公司设立和发展,加大对中小企业投资公司的政策支持和风险补偿,激励其拓展投资业务,支持中小企业的技术创新活动。

(十六)鼓励中小企业上市融资。支持和推动有条件的中小企业在中小企业板上市。大力推进中小企业板制度创新,加快科技型中小企业、自主知识产权中小企业上市进程。在条件成熟时,设立创业板市场。

三、建立技术创新服务体系

(十七)加大创业服务。各地可利用闲置场地建立小企业创业基地,为初创小企业提供低成本的经营场地、创业辅导和融资服务。支持科技企业孵化器等科技中介机构为科技型中小企业发展提供孵化和公共技术服务。对科技企业孵化器、国家大学科技园的税收优惠政策,按照《财政部、国家税务总局关于科技企业孵化器有关税收政策问题的通知》(财税〔2007〕121号)、《财政部、国家税务总局关于国家大学科技园有关税收政策问题的通知》(财税〔2007〕120号)的有关规定执行。对符合条件的创业服务机构为创业企业提供的创业辅导服务,各地应给予一定的支持。

(十八)培育技术中介服务机构。鼓励技术中介服务机构、行业协会和技术服务企业为中小企业提供信息、设计、研发、共性技术转移、技术人才培养等服务,促进科研成果、尤其是拥有自主知识产权科研成果的商品化、产业化。对单位和个人从事技术转让、技术开发业务和与之相关的技术咨询、技术服务业务取得的收入,依据国家现行政策规定享受有关税收优惠。国家有关部门要研究制定支持技术中介服务机构发展的政策,各地要加大对技术中介服务机构的支持力度。

(十九)建立公共技术支持平台。各地要根据区域中小企业的产业特点,引导和促进中小企业转变发展方式,打破"小而全",提倡分工协作。重点支持在中小企业相对集中的产业集群或具有产业优势的地区,建立为中小企业服务的公共技术支持平台。鼓励企业和社会各方面积极参与中小企业公共技术平台建设。国家有关部门应加大对公共技术平台的政策支持。

(二十)开放科研设施。鼓励大学、科研院所、大企业开放科研仪器设施,为中小企业服务。各地中小企业管理、科技、教育、知识产权部门要密切合作,建立共享设施数据库,定期发布相关信息。要加强共享科研设施管理,简化中小企业使用手续,降低使用费用。

(二十一)加强技术信息服务。各级中小企业管理部门要健全信息服务网络,改善中小企业信息化建设的基础条件,优化技术资源配置,促进中小企业间、中小企业与大学和科研机构间、中小企业与大企业间的技术交流与合作。要逐步建立网上技术信息、技术咨询与网下专业化技术服务有机结合的服务系统,提高技术服务的即时有效性。

(二十二)加强知识产权服务与管理。各级中小企业管理部门要配合知识产权部门落实《专利法》，广泛开展知识产权宣传、培训活动，提高中小企业知识产权保护意识；建立区域性专利辅导服务系统，为中小企业提供专利查询、申报指导、管理与维护等服务；建立知识产权维权援助中心，为中小企业提供专利诉讼与代理等援助服务。加大对侵权行为的监督、处罚力度。密切跟踪国外行业技术法规、标准、评定程序、检验检疫规程的变化，对中小企业产品出口可能遭遇的技术性贸易措施进行监测，提供预警服务。国家知识产权部门、中小企业管理部门要制订完善中小企业知识产权促进政策。

（二十三）加强新产品认定和标准化服务。鼓励行业协会、服务机构根据国家、地方有关自主创新产品的认证评价办法，帮助中小企业申请新产品认证，提供相关服务。鼓励行业协会为中小企业提供标准化知识培训，加强对中小企业申请行业标准制订的指导和服务，对涉及跨行业的技术标准制订，要做好组织协调工作，简化手续，提供便利服务。

（二十四）营造公平的人才发展环境。各级中小企业管理部门要引导服务机构健全中小企业人才服务系统，帮助中小企业解决技术人才引进、职称评定等实际问题。对中小企业技术人员的任职资格评聘以及科技人才评选、奖励、培养等应一视同仁，同等对待。

四、健全保障措施

（二十五）加大对中小企业技术创新的支持力度。各地可根据财力情况，逐步加大中小企业技术创新的环境建设，重点支持中小企业公共服务体系建设、中小企业信用体系与担保体系建设和创业投资企业发展。

（二十六）建立健全统计评价制度。国家有关部门要研究建立中小企业技术创新评价指标体系，尽快建立中小企业技术创新统计调查制度，建立中小企业技术创新政策的跟踪测评机制，逐步形成支持中小企业技术创新的科学的政策体系。

（二十七）加强工作领导。要充分发挥全国推动中小企业发展工作领导小组的统筹协调作用，各部门要加强配合，推动中小企业技术创新。各地要将支持中小企业技术创新工作纳入政府中小企业工作考核范围，建立目标责任制，确保国家中长期科技发展规划纲要及其各项配套政策实施细则的落实到位。

科学技术部、国家经贸委关于促进民营科技企业发展的若干意见

(1999年7月26日 外经贸政发〔1999〕639号)

兴办民营科技企业是我国科技人员为经济建设服务的重大创举。民营科技企业包括国有、集体、股份制、股份合作制、私营、个体等多种经济成份,基本特征是实行"自筹资金、自愿组合、自主经营、自负盈亏、自我约束、自我发展"的经营机制,主要从事科技成果产业化以及技术开发、技术转让、技术咨询、技术服务等活动。民营科技企业的发展得到了党和政府的充分肯定,赢得了全社会的重视和支持,已成为我国科技进步体系的重要组成部分和中小企业发展中最具活力的增长点。在推进两个根本性转变、加速实施科教兴国发展战略的新形势下,为引导、支持民营科技企业完善企业制度,提高管理水平,增强创新能力,在我国经济建设和社会发展中作出更大贡献,提出以下意见:

一、为民营科技企业发展创造公平竞争的环境条件

大力发展民营科技企业是加速科技成果产业化的重要措施。要按照国家的有关规定,鼓励更多的科技人员带技术、带成果进入市场发展民营科技企业,吸引出国留学人员带着先进技术和管理方法回国创新创业,协调有关部门在审批条件、注册登记手续等方面提供便利。各类创业服务中心、工程技术中心、生产力促进中心要把培育民营高科技企业作为一项重要职能,积极提供各种服务。

国家已设立科技型中小企业技术创新基金,重点支持包括民营科技企业在内的科技型中小企业的技术创新活动。地方设立的各类科技发展专项基金也应对民营科技企业开放,为其成果转化活动提供资助。鼓励有实力的民营科技企业申请政府科技计划项目,特别是高新技术成果商品化、产业化项目,从计划管理制度上保证其平等参与竞争;对获得项目的民营科技企业给予同等支持。国有科研机构、高等

学校要对民营科技企业开放实验仪器设备,允许其有偿使用国有科技资源。

在实施国家产业政策、技术政策和扶持科技创新等有关政策中,要对民营科技企业一视同仁,鼓励他们发挥科技创新优势,形成新的经济增长点。积极解决中小型民营科技企业普遍面临的贷款担保问题,各地中小企业信用担保机构要把民营科技企业列入担保服务范围,分散贷款风险,支持民营科技企业获得科技创新项目贷款。切实执行国家鼓励企业出口的相关政策,充分发挥民营科技企业在扩大高新技术产品和相关服务出口中的重要作用。在享受政府税收政策中,民营科技企业的合法权益应得到充分保障。允许符合条件的民营科技企业通过发行债券和股票、进入国际资本市场融资等方式筹集发展资金。民营科技企业有权拒绝不符合国家政策的各种摊派。

二、引导民营科技企业不断提高技术创新能力

提高科技创新能力是民营科技企业健康发展的重要保障。要指导大型民营科技企业建立健全技术开发机构,增加科技投入,吸纳科技人才和高等学校毕业生到企业工作,提高自身的研究开发和成果转化能力。促进各类民营科技企业与科研机构按照利益共享、风险共担的原则建立双边或多边技术协作,人才、技术资源互补;有条件的可以向国家有关部门申请设立企业博士后科研工作站。对于民营科技企业与科研机构联合兴建中试基地、工业性试验基地、工程技术中心、开放实验室等,当地有关部门应当给予支持。

鼓励有实力民营科技企业通过高新技术作价入股、租赁、兼并、收购等方式,积极参与中小企业的改革实践,用高新技术增量盘活资产存量,提高科技成果转化的规模化水平。对国有性质的民营科技企业兼并国有工业企业的,可比照执行《国务院关于在若干城市试行国有企业兼并破产和职工再就业有关问题的补充通知》(国发〔1997〕10号)中的有关政策。对资产规模较大、经营不善、濒临倒闭的国有企业,可在合理确定国有资产保值增值基数的基础上,委托民营科技企业经营。

三、理顺民营科技企业产权关系,完善企业制度

要根据国家有关规定解决民营科技企业中存在的产权关系不清

问题。对因历史原因造成的民营科技企业与国有企事业单位的产权纠纷,要本着有利于鼓励成果转化、支持科技人员创业、保护国有资产权益的原则,妥善加以解决。要在企业决策、管理、分配等方面,充分保障个人产权持有者行使合法权益。

支持有条件的大型民营科技企业在明晰产权的基础上,按照《公司法》进行公司制改造,逐步建立现代企业制度;允许中小型民营科技企业积极探索和完善股份合作制等新的企业组织形式,逐步向现代企业制度过渡。国有小型科研机构经有关部门批准,可通过股份制或股份合作制等方式改组成为民营科技企业。允许以自愿平等、有偿互利原则租赁经营国有小型科研机构;本单位科技人员集体提出租赁申请的,同等条件下应享有优先权。

引导民营科技企业重视和加强内部管理,逐步完善法人治理结构,建立科学高效的企业决策、管理、运营体制和经营者激励与约束机制,积极培养和聘用专业管理人才,向规范化、现代化的管理过渡,抵制急功近利、短期行为等不利于企业健康成长的经营思想,使企业发展建立在准确的市场预测、持续的技术创新和科学的经营管理之上。

四、加强对民营科技企业发展的指导和服务

建立面向民营科技企业经营者的培训制度,使他们能够及时了解国家政策和适用知识,正确把握企业发展方向。继续大力宣传民营科技企业在我国改革开放和现代化建设中的地位作用,使全社会更广泛的理解、重视与支持民营科技企业,为其发展创造公平有序的环境条件。各级科委、经贸委等有关部门要在当地政府领导下,根据本文件精神,因地制宜地制定新形势下促进民营科技企业快速健康发展的规划和具体政策措施,加强指导,作好协调和服务。科技管理部门要进一步转变职能,健全民营科技企业指导和管理服务机构,加强调研、统计等基础性管理工作,提高业务水平和办事效率。各级经贸委要将民营科技企业发展纳入指导中小企业改革和发展的总体规划之中,加强对民营科技企业的指导和支持。

国家发展改革委、商务部关于深圳建设中国特色社会主义先行示范区放宽市场准入若干特别措施的意见

(2022年1月24日 发改体改〔2022〕135号)

广东省人民政府、深圳市人民政府,国务院有关部委、有关直属机构,有关中央企业、中央金融企业,有关行业协会:

按照《中共中央、国务院关于支持深圳建设中国特色社会主义先行示范区的意见》《深圳建设中国特色社会主义先行示范区综合改革试点实施方案(2020-2025年)》和《建设高标准市场体系行动方案》部署要求,为进一步支持深圳建设中国特色社会主义先行示范区,加快推进综合改革试点,持续推动放宽市场准入,打造市场化法治化国际化营商环境,牵引带动粤港澳大湾区在更高起点、更高层次、更高目标上推进改革开放,经党中央、国务院同意,现提出意见如下。

一、放宽和优化先进技术应用和产业发展领域市场准入

(一)创新市场准入方式建立电子元器件和集成电路交易平台。支持深圳优化同类交易场所布局,组建市场化运作的电子元器件和集成电路国际交易中心,打造电子元器件、集成电路企业和产品市场准入新平台,促进上下游供应链和产业链的集聚融合、集群发展。支持电子元器件和集成电路企业入驻交易中心,鼓励国内外用户通过交易中心采购电子元器件和各类专业化芯片,支持集成电路设计公司与用户单位通过交易中心开展合作。积极鼓励、引导全球知名基础电子元器件和芯片公司及上下游企业(含各品牌商、分销商或生产商)依托中心开展销售、采购、品牌展示、软体方案研发、应用设计、售后服务、人员培训等。支持开展电子元器件的设计、研发、制造、检测等业务,降低供应链总成本,实现电子元器件产业链生产要素自由流通、整体管理;优化海关监管与通关环境,在风险可控前提下,推动海关、金融、税

务等数据协同与利用,联合海关、税务、银行等机构开展跨境业务,交易中心为入驻企业提供进出口报关、物流仓储服务,鼓励金融机构与交易中心合作,为企业提供供应链金融服务。鼓励市场主体依托中心开展采购,设立贸易联盟并按市场化运作方式提供国际贸易资金支持,汇聚企业对关键元器件的采购需求,以集中采购方式提高供应链整体谈判优势。支持设立基础电子元器件检测认证及实验平台,面向智能终端、5G、智能汽车、高端装备等重点市场,加快完善相关标准体系,加强提质增效,降低相关测试认证成本。(工业和信息化部、国家发展改革委、民政部、海关总署、商务部、人民银行、税务总局、市场监管总局、银保监会、外汇管理局等单位按职责分工会同深圳市组织实施)

(二)放宽数据要素交易和跨境数据业务等相关领域市场准入。在严控质量、具备可行业务模式前提下,审慎研究设立数据要素交易场所,加快数据要素在粤港澳大湾区的集聚与流通,鼓励深圳在国家法律法规框架下,开展地方性政策研究探索,建立数据资源产权、交易流通、跨境传输、信息权益和数据安全保护等基础制度和技术标准。探索个人信息保护与分享利用机制,鼓励深圳市探索立法,对信息处理行为设定条件、程序,明确处理者义务或主体参与权利,依法处理个人信息,保护数据处理者合法利益。加快推动公共数据开放,编制公共数据共享目录,区分公共数据共享类型,分类制定共享规则,引导社会机构依法开放自有数据,支持在特定领域开展央地数据合作。重点围绕金融、交通、健康、医疗等领域做好国际规则衔接,积极参与跨境数据流动国际规则制定,在国家及行业数据跨境传输安全管理制度框架下,开展数据跨境传输(出境)安全管理试点,建立数据安全保护能力评估认证、数据流通备份审查、跨境数据流通和交易风险评估等数据安全管理机制。以人民币结算为主,研究推出一批需求明确、交易高频和数据标准化程度高的数据资产交易产品,利用区块链、量子信息等先进技术实现数据可交易、流向可追溯、安全有保障,探索建立数据要素交易领域相关标准体系。探索建设离岸数据交易平台,以国际互联网转接等核心业态,带动发展数字贸易、离岸数据服务外包、互联网创新孵化等关联业态,汇聚国际数据资源,完善相关管理机制。(中

央网信办、国家发展改革委、工业和信息化部、商务部、证监会、外汇管理局等单位按职责分工会同深圳市组织实施）

（三）优化先进技术应用市场准入环境。利用深圳产业链、创新链深度融合优势，围绕先进技术应用推广，设立国际先进技术应用推进中心，以企业化市场化方式运作，对标国际一流智库，搭建世界级先进技术应用推广平台，建立与重要科研院所、重要高校、重要国有企业、重要创新型领军企业和创新联合体的联系机制，直接联接港澳先进技术创新资源，分步在综合性国家科学中心和科创中心所在地设立分中心，加快汇聚国内外前沿技术创新成果和高端创新要素，全面对接产业链供应链"锻长板"和"补短板"一线需求，打破制约产业发展和创新要素流动的信息壁垒和市场准入限制，推动先进创新成果直接应用转化。与证监会和上交所、深交所建立重点应用项目沟通机制，加大创业和产业投资对先进技术应用推动作用，搭建创新资源与投资机构交流渠道，组建投资平台对先进技术应用和成果转化提供资金支持。服务重大需求，打破传统项目实施方式，破除市场准入门槛，突出系统观念，建立先进技术合作转化机制，共享需求和创新资源信息，构建先进技术相关需求应用转化流程和评价标准，整合汇聚科技创新能力，加速人工智能、新材料、量子信息、大数据、网络安全、高端芯片、高端仪器、工业软件、基础软件、新兴平台软件等战略性前沿性颠覆性先进技术在相关领域直接应用。通过首购、订购等政府采购政策，支持新技术产业化规模化应用，大幅提高科技成果转移转化成效。（国家发展改革委、深圳市会同国家保密局、科技部、教育部、财政部、证监会、中国科学院等单位按职责分工组织实施）

（四）优化5G、物联网等新一代信息技术应用方式。依托鹏城实验室等深圳优质资源搭建5G、物联网等新一代信息技术分布式实验平台，联接国内科研院所、高校、企业的相关实验资源和能力，直接对接服务网络通信、网络空间、网络智能、5G、物联网等各类相关任务，加大与国际先进技术应用推进中心等单位协同力度，积极对接中国科学院等有关科研院所需求，配合有关单位确立相关市场准入的实验标准和评估流程，降低5G、物联网等新一代信息技术和新型基础设施在相关领域准入门槛，推动相关融合应用示范。（国家发展改革委、工业和

信息化部、科技部、中国科学院等单位按职责分工会同深圳市组织实施)

(五)支持设立国际性产业与标准组织。加快设立若干科技类急需的国际性产业与标准组织,建立国际性产业与标准组织设立登记通道,按照"成熟一家、上报一家"原则报批。抓紧推动设立条件已具备的国际组织。支持深圳会同相关部门研究制定培育发展国际性产业与标准组织的政策措施,允许进一步放宽会员国籍、人数和活动审批,为国际会员参与科研交流提供入出境便利,参照国际通行标准确定会费收缴额度和雇员薪酬标准,建立与国际标准相适配的认证和测试体系。(深圳市会同工业和信息化部、科技部、外交部、民政部、国家发展改革委、公安部、市场监管总局、国家移民管理局等单位组织实施)

二、完善金融投资领域准入方式

(六)提升农产品供应链金融支持能力。鼓励金融机构基于真实交易背景和风险可控前提,按照市场化法治化原则,依托农产品供应链产业链核心企业(以下简称核心企业),开展存货、仓单、订单质押融资等供应链金融业务,降低下游经销商融资成本。注重发挥核心企业存货监管能力、底层货物分销处置能力,汇集验收交割、在库监控等交易信息,打造动产智能监管大数据平台;鼓励以"银企信息系统直联+物联网+区块链技术"创新方式,打通银行、核心企业、仓储监管企业等系统间信息接口,引入企业征信、信用评级等各类市场化机构,动态更新业务数据并形成电子化标准仓单和风险评估报告;鼓励以区块链和物联网设备为基础,形成存货质押监管技术统一标准,利用新一代信息技术,确保货物权属转移记录等信息有效性。稳妥规范开展供应链金融资产证券化。探索运用数字人民币进行交易结算。(银保监会、人民银行、商务部、证监会、国家发展改革委、农业农村部等单位按职责分工会同深圳市组织实施)

(七)推动深港澳地区保险市场互联互通。积极推进保险服务中心有关工作,在符合现有的法律法规前提下,为已购买符合国家外汇管理政策的港澳保险产品的客户提供便利化保全、理赔等服务,推动深圳与港澳地区建立有关资金互通、市场互联机制,试点在深圳公立医院开通港澳保险直接结算服务并允许报销使用境外药品。(银保监

会、人民银行、国家卫生健康委、国务院港澳办、国家药监局等单位按职责分工会同深圳市组织实施）

（八）提升贸易跨境结算便利度。支持境内银行在"展业三原则"基础上，制定供应链优质企业白名单，优化供应链核心企业对外付款结算流程，凭优质企业提交的《跨境人民币结算收/付款说明》或收付款指令，直接为优质企业办理货物贸易、服务贸易跨境人民币结算。研究支持供应链上下游优质企业开展经常项目下跨境人民币资金集中收付。鼓励深圳针对中国（广东）自由贸易试验区前海蛇口片区内优质企业制定支持政策。（深圳市会同人民银行、外汇管理局、银保监会、商务部、国家发展改革委等单位按职责分工组织实施）

（九）优化基础设施领域不动产投资信托基金（REITs）市场环境。探索基础设施收费机制改革，针对地下综合管廊等基础设施，探索创新资产有偿使用制度，按照使用者付费、受益者补偿原则，合理提高资产端收费标准，提升资产收益率。研究基础设施领域不动产投资信托基金（REITs）税收政策，支持开展基础设施领域不动产投资信托基金（REITs）试点，减轻企业和投资者负担。（国家发展改革委、财政部、税务总局、证监会等单位按职责分工会同深圳市组织实施）

三、创新医药健康领域市场准入机制

（十）放宽医药和医疗器械市场准入限制。允许采信由国家认监委会同国家药监局认定的第三方检验机构出具的医疗器械注册检验报告。支持在深圳本地药品、医疗器械的全生命周期临床评价（包括新药械上市前审批注册、已获批药械说明书修改、上市后安全性研究与主动监测）中推广真实世界数据应用，重点覆盖临床急需、罕见病治疗、AI 医疗算法、精准医疗、中医药等领域的临床评价，进一步加快新产品上市进程，及时发现和控制已上市产品使用风险。加快 AI 医疗算法商业化和临床应用水平。（国家药监局、国家卫生健康委、市场监管总局等单位会同深圳市组织实施）

（十一）试点开展互联网处方药销售。建立深圳电子处方中心（为处方药销售机构提供第三方信息服务），对于在国内上市销售的处方药，除国家明确在互联网禁售的药品外，其他允许依托电子处方中心进行互联网销售，不再另行审批。深圳电子处方中心对接互联网医院、深圳医疗机构处方系统、各类处方药销售平台、广东省国家医保信息平台、支付结算机构、商业类保险机构,实现处方相关信息统一归集及处方药购买、信息安全认证、医保结算等事项"一网通办",探索运用数字人民币进行交易结算。深圳电子处方中心及深圳市相关部门要制定细化工作方案,强化对高风险药品管理,落实网络安全、信息安全、个人信息保护等相关主体责任。利用区块链、量子信息技术,实现线上线下联动监管、药品流向全程追溯、数据安全存储。深圳电子处方中心与已批准试点的海南等电子处方中心实现信息互联互通互认。(深圳市会同国家发展改革委、国家卫生健康委、国家药监局、国家医保局、银保监会、国家中医药局等单位组织实施)

(十二)优化人类遗传资源审批准入服务。提升深圳人类遗传资源审批服务能力,探索设立人类遗传资源审批管理平台,支持干细胞治疗、免疫治疗、基因治疗等新型医疗产品、技术研发,优化临床实验中涉及国际合作的人类遗传资源活动审批程序,对出入境的人体组织、血液等科研样本、实验室试剂实施风险分类分级管理,在保证生物安全的前提下,对低风险特殊物品给予通关便利并在使用、流向及用后销毁等环节做好档案登记。(科技部、海关总署、深圳市会同国家药监局、国家卫生健康委等单位组织实施)

(十三)放宽医疗机构资质和业务准入限制。下放深圳受理港澳服务提供者来深办医审批权限,进一步优化港澳独资、合资医疗机构执业许可审批流程。鼓励有优秀临床经验或同行认可度高的境外医疗技术骨干按规定来深执业。探索建立与国际接轨的医院评审认证标准体系。支持在深圳开业的指定医疗机构使用临床急需、已在港澳上市的药品和临床急需、港澳公立医院已采购使用、具有临床应用先进性的医疗器械,探索开展国际远程会诊。按照医药研究国际标准建立区域伦理中心,指导临床试验机构伦理审查工作,接受不具备伦理审查条件的机构委托对临床试验方案进行伦理审查,鼓励医疗机构与合同研究组织(CRO)合作,提升医疗临床试验技术能力和质量管理水平。优化完善医疗机构中药制剂审批和备案流程,支持开展中药临床试验和上市后评价试点,鼓励建设现代化研究型中医院。支持符合条件的民营医院建设住院医师规范化培训基地。科学制定大型医用设备配置规划,优化大型医用设备配置评审标准,在大型医用设备配置规划数量方面,充分考虑社会办医疗机构配置需求,支持社会办医发展。(国家卫生健康委、人力资源社会保障部、国家药监局、国家中医药局、海关总署等单位按职责分工会同深圳市组织实施)

四、放宽教育文化领域准入限制

(十四)支持深圳高等教育和职业教育改革发展。教育部和深圳市探索实施中外合作办学项目和不具有法人资格的中外合作办学机构部市联合审批机制。放宽外籍人员子女学校举办者市场准入,允许内资企业或中国公民等开办外籍人员子女学校,促进内资企业吸引外籍人才。支持深圳筹建海洋大学、创新创意设计学院等高等院校。支持社会力量通过内资独资、合资、合作等多种形式举办职业教育,推动产教深度融合,优化社会资本依法投资职业院校办学准入流程。(教育部、人力资源社会保障部、广东省等单位会同深圳市组织实施)

(十五)优化网络游戏、视听、直播领域市场环境。支持深圳网络游戏产业高质量发展,鼓励深圳加强属地网络游戏内容把关和运营管理,加快推进网络游戏适龄提示制度。授权深圳市电信管理机构依照有关规定对属地APP和互联网应用商店进行监督管理和执法。支持建立网络视听创新基地,鼓励网络视听节目精品创作,加大高质量视听内容供给,推动网络视听关键技术自主研发。支持深圳建设国际化网络直播电商服务平台,注重发挥全国性行业协会作用。(中央宣传部、中央网信办、广电总局、新闻出版署、工业和信息化部、文化和旅游部、商务部等单位会同深圳市组织实施)

五、推动交通运输领域准入放宽和环境优化

(十六)优化邮轮游艇行业发展市场准入环境。支持深圳优化粤港澳大湾区巡游航线、游艇自由行开放水域范围、出入境码头审批等邮轮游艇行业发展市场准入环境,试点探索深港游艇操作人员证书互认,对深圳自由行入境游艇实行免担保政策。积极支持在深圳前海注册的符合条件的邮轮公司申请从事除台湾地区以外的出境旅游业务。探索建立游艇型式检验制度,简化进口游艇检验,对通过型式检验的新建游艇或持有经认可机构出具证书的进口游艇,可按照船舶检验管理程序申领或者换发游艇适航证书。支持符合条件的粤港澳游艇"一次审批、多次进出",允许为其办理有效期不超过半年的定期进出口岸许可证。(交通运输部、海关总署、文化和旅游部、公安部、国家移民管理局等单位会同深圳市组织实施)

(十七)统一构建海陆空全空间无人系统准入标准和开放应用平台。支持深圳基于国土空间基础信息平台等开展智能网联基础设施建设及面向未来的海陆空三域一体融合的交通规划(底层数据),制定高效包容的市场和技术准入标准,打造与民航局等相关国务院行业主管部门共享的底层基础数据体系,构建开放服务应用平台。组织建筑、民用航空、地面交通、无线电等专业机构,制订无人系统接入城市建筑物的统一标准和空域、无线电电磁等环境要求,研究优化无人系统使用频段,推动智能网联无人系统与城市建筑、立体交通、空港码头、5G网络、数据中心的环境适配,率先探索智能网联无人系统在工业生产、物流配送、冷链运输、防灾减灾救灾、应急救援、安全监测、环境监测、海洋调查、海上装备、城市管理、文化旅游等领域的产业化应用,推动海陆空无人系统产业协同发展和技术跨界融合。支持深圳市以宝安区为基础,以机场、港口、物流园区、开发区、铁路物流基地、城市道路、地下管廊、空中海上运输线路为依托,组织重要相关市场主体打造统一共享的底层基础数据体系,率先建设海陆空全空间无人系统管理平台,进一步深化拓展深圳地区无人驾驶航空器飞行管理试点,提升无人驾驶航空器飞行便利性和监管有效性,优化飞行活动申请审批流程,缩短申请办理时限,试点开通深圳与珠海等地无人机、无人船跨域货运运输航线。简化符合技术标准和统一底层数据要求的各类智能网联系统及产品的平台测试准入门槛和申请条件;支持深圳市坪山区建设国家级智能网联汽车测试区、产品质量检验检测中心和车联网先导区,相关测试、检验报告与各地国家级平台互认;推动无人驾驶道路测试全域开放,加快城市主干道、高速公路、低空领域、港口码头、区域配送、铁路物流基地等有序纳入测试开放目录。支持深圳在智能网联无人系统(智能网联汽车、无人机、无人船等)领域先行先试,并通过探索地方立法等方式制定相应配套措施,开展多场景运行试点,探索完善无人系统产品运行服务技术标准体系,支持保险机构探索制定针对无人系统的保险产品及相关服务。(深圳市会同国家发展改革委、交通运输部、自然资源部、中央空管委办公室、中国民航局、工业和信息化部、公安部、应急部、市场监管总局、国家邮政局、国铁集团等单位组织实施)

(十八)放宽航空领域准入限制。深化粤港澳大湾区低空空域管理试点,加强粤港澳三地低空飞行管理协同,完善低空飞行服务保障体系,积极发展跨境直升机飞行、短途运输、公益服务、航空消费等多种类型通用航空服务和通用航空投资、租赁、保险等业务,建设具备较强国际竞争力的基地航空公司。优化调整大湾区空域结构,完善国际全货机航线,扩大包括第五航权在内的航权安排。探索粤港澳三地空域管理和空管运行协同管理模式,有效提升大湾区空域使用效益。(中央空管委办公室、中国民航局、国家发展改革委、交通运输部、财政部、国务院国资委等单位会同深圳市组织实施)

(十九)支持深圳统一布局新能源汽车充换电基础设施建设和运营。支持深圳统一规划建设和运营新能源汽车充换储放一体化新型基础设施,放宽融合性产品和服务的市场准入限制,推进车路协同和无人驾驶技术应用。重点加快干线公路沿线服务区快速充换电设施布局,推进城区、产业园区、景区和公共服务场所停车场集中式充换电设施建设,简化项目报备程序及规划建设、消防设计审查验收等方面审批流程,破除市场准入隐性壁垒。鼓励相关企业围绕充换电业务开展商业模式创新示范,探索包容创新的审慎监管制度,支持引导电网企业、新能源汽车生产、电池制造及运营、交通、地产、物业等相关领域企业按照市场化方式组建投资建设运营公司,鼓励创新方式开展各类业务合作,提高充换电业务运营效率。(国家发展改革委、国家能源局、交通运输部、工业和信息化部、自然资源部、住房城乡建设部、国务院国资委等单位会同深圳市组织实施)

六、放宽其他重点领域市场准入

(二十)完善深圳珠宝玉石行业准入体系。支持深圳发挥珠宝玉石产业集聚优势,建设深圳国际珠宝玉石综合贸易平台,选取具有丰富珠宝玉石交易经验的企业牵头,联合国内外知名珠宝玉石企业共同打造集玉石、彩宝、珍珠等珠宝玉石原料及成品一般贸易、拍卖、商品会展、设计研发、加工制造、检测评估、人才职业教育、信息技术服务、

五、部门规章及规范性文件

金融服务等于一体的国际性珠宝玉石产业中心。支持深圳市出台相关产业支持政策,推动降低珠宝玉石交易成本,形成国际交易成本比较优势。推动形成覆盖珠宝玉石全品类的国际产品标准、国际检测标准、国际评估标准,增强我国珠宝产业国际话语权。支持交易平台与中国(上海)宝玉石交易中心、上海钻石交易所、广东珠宝玉石交易中心、海南国际文物艺术品交易中心形成联动机制,充分发挥全国性和区域性珠宝行业协会作用,共同开展珠宝玉石类艺术品展览、交易、拍卖业务。完善珠宝玉石全产业链事中事后监管,在通关便利、货物监管、人才职业教育、信息技术服务、金融服务等方面给予政策支持。(商务部、海关总署、国家发展改革委、自然资源部等单位按职责分工会同深圳市组织实施)

(二十一)放宽通信行业准入限制。支持深圳开展5G室内分布系统、5G行业虚拟专网及特定区域5G网络建设主体多元化改革试点。安全有序开放基础电信业务,支持符合条件的卫星应用企业申请卫星相关基础电信业务经营许可或与具备相关资质的企业合作,允许在全国范围内开展卫星移动通信业务和卫星固定通信业务。支持深港澳三地通信运营商创新通信产品,降低漫游通信资费。(工业和信息化部、国务院港澳办等单位会同深圳市组织实施)

(二十二)开展检验检测和认证结果采信试点。落实建设高标准市场体系要求,选取建筑装饰装修建材等重点行业领域,鼓励相关专业机构、全国性行业协会研究制定统一的检验检测服务评价体系,引导市场采信认证和检验检测结果,支持深圳市和其他开展放宽市场准入试点的地区率先开展检验检测、认证机构"结果互认、一证通行",有关地区和单位原则上不得要求进行重复认证和检验检测,推动实质性降低企业成本。坚决破除现行标准过多过乱造成的市场准入隐性壁垒,鼓励优秀企业制定实施更高要求的企业标准,引导检验检测和认证机构良性竞争,市场化进行优胜劣汰,加强事中事后监管,引入第三方信用服务机构,推动行业协会和相关机构自律和健康发展。(国家发展改革委、市场监管总局、住房城乡建设部等单位会同深圳市组织实施)

(二十三)放宽城市更新业务市场准入推进全生命周期管理。以建筑信息模型(BIM)、地理信息系统(GIS)、物联网(IOT)等技术为基础,整合城市地上地下、历史现状未来多维多尺度信息模型数据和城市感知数据,鼓励深圳市探索结合城市各类既有信息平台和国土空间基础信息平台形成数据底图,提高开放共享程度,健全完善城市信息模型(CIM)平台,推动智慧城市时空大数据平台应用,支撑城市更新项目开展国土空间规划评估。率先建立城市体检评估制度,查找城市建设和发展中的短板和不足,明确城市更新重点,编制城市更新规划,建立项目库,稳妥有序实施城市更新行动。优化生态修复和功能完善、存量用地盘活、历史遗留问题用地处置、历史文化保护和城市风貌塑造、城中村和老旧小区改造等城市建设领域的准入环境。鼓励城中村实施规模化租赁改造,支持利用集体建设用地和企事业单位自有闲置土地建设保障性租赁住房。结合公共利益,试点在城市更新项目中引入"个别征收"、"商业和办公用房改建保障性租赁住房"等机制。针对涉产权争议的更新单位,研究制定并完善"个别征收、产权注销"或"预告登记、产权注销"等特别城市更新办法。探索城市更新与城市历史遗留问题、违法建筑处置和土地整备制度融合机制。综合利用大数据、云计算、移动互联网技术,完善城市更新项目跟踪监管系统,实现城市更新项目全流程审批跟踪,在指标监测、成果规范等方面提高信息化、标准化、自动化程度。(住房城乡建设部、自然资源部、国家发展改革委等单位会同深圳市组织实施)

(二十四)优化养老托育市场发展环境。加快落实国家关于促进养老托育健康发展相关政策,全面优化机构设立、物业获取、设施改造各环节办事流程,引导社会力量开展机构服务能力综合评价,构建以信用为基础的新型监管机制。制定养老托育机构土地供应、物业改造和持有支持措施,适当放宽土地、规划和最长租赁期限要求,建立既有物业改造和重建绿色通道,支持运营能力强、服务质量高的优秀民营企业利用各类房屋和设施发展养老托育业务,允许国有物业租赁时限延长至10年以上,合理控制租赁收益水平。推动中央企业与深圳市政府投资平台合作建立养老托育资产管理运营公司,集中购置、改造、运营管理养老托育设施,降低服务机构初期的建设和运营成本,增加养老托育服务供给。搭建养老托育智慧服务平台和产业合作平台,面向政府部门、养老托育机构、银行保险等金融机构、社会公众提供精准化数据服务,建立从业人员标准化培训和管理机制,推动职业资格认定结果互认,加快互联网、大数据、人工智能、5G等信息技术和智能硬件的深度应用,推进养老托育机构与当地医疗资源的深度融合,深圳市人民政府对智慧服务平台和产业合作平台在数据共享、人员培训、标准推广、新技术应用、医养有机结合等方面提供支持。(深圳市会同国家发展改革委、民政部、国家卫生健康委、住房城乡建设部等单位组织实施)

各部门各单位要高度重视,按照职责分工,主动作为,积极支持,通力配合,协同高效推进各项任务落实。广东省要积极为各项特别措施落地创造条件,加强与国家对口部门沟通衔接,在省级事权范围内给予深圳充分支持。深圳市要切实承担起主体责任,周密安排部署,积极组织推动,认真做好具体实施工作,确保取得实效。在放宽市场准入的同时,有关部门和深圳市要同步完善监管规则,坚持放宽准入和加强监管结合并重,健全事中事后监管措施,确保有关市场准入限制"放得开、管得好"。本措施实施中如遇新情况新问题,涉及调整现行法律和行政法规的,按照《深圳建设中国特色社会主义先行示范区综合改革试点实施方案(2020－2025年)》有关规定办理。本文涉及港澳服务和服务提供者市场准入开放和单独优惠待遇的措施,纳入内地与香港、澳门关于建立更紧密经贸关系的安排(CEPA)框架下实施。国家发展改革委、商务部会同有关部门加强统筹协调、指导评估和督促检查,重大问题及时向党中央、国务院请示报告。

国家发展改革委、商务部
关于支持横琴粤澳深度合作区
放宽市场准入特别措施的意见

(2023年12月15日　发改体改〔2023〕1730号)

横琴粤澳深度合作区管理委员会,广东省发展改革委、商务厅,有关中央企业：

建设横琴粤澳深度合作区是习近平总书记亲自谋划、亲自部署、亲自推动的重大决策。《横琴粤澳深度合作区建设总体方案》明确提出，制定出台合作区放宽市场准入特别措施。为贯彻党中央、国务院决策部署，构建更好促进澳门经济适度多元发展的市场准入体系和市场环境，坚持改革创新，推动制度型开放，通过首创性改革举措促进澳门融入国家发展大局，维护澳门长期繁荣稳定，经中央区域协调发展领导小组同意，现提出如下意见。

一、优化现代金融领域市场准入

（一）允许开展便利澳门居民民生类金融服务。建立健全跨境金融监管合作机制，完善合作区澳门居民民生金融产品和服务。允许澳门政务服务智能终端在合作区特定区域布设，支持使用澳门元缴费支付。鼓励支持澳门国际银行、大西洋银行、大丰银行等澳门银行的内地分支机构在"澳门新街坊"及其它特定区域布设电子智能柜台和设立服务窗口等金融便民服务设施，针对澳门居民开展一站式金融便民服务。允许粤澳跨境车险等效先认制度适用于经横琴口岸入出合作区的澳门机动车。

（二）全面服务澳门创新资源融资需求。鼓励吸引汇聚全球优质资本和国际创新资源，支持合作区牵头建立与境内外主流证券交易机构合作交流机制，畅通创新企业投融资渠道，聚焦服务粤港澳大湾区、葡语系及共建"一带一路"国家，促进深海深空、无人体系、生物医药、新型能源、电子信息、新材料等新兴产业发展，打造服务支持澳门创新创业的新高地。

（三）推动内地与国际绿色金融标准和规则接轨应用。支持合作区吸引和集聚各类绿色金融服务机构，推动绿色金融标准和规则中外兼容，提供绿色金融产品和服务，高效对接国际绿色项目和资本，助力粤港澳大湾区、葡语系及共建"一带一路"国家绿色可持续发展。

二、放宽文化旅游领域市场准入

（四）优化文旅行业市场发展环境。琴澳联合制定便利国际游客跨区域旅游政策，携手构建"一程多站、综合运营、联动拓展"的跨境旅游产业链。允许注册在合作区符合条件的港澳合资或独资旅行社经营中国内地居民出境旅游业务(台湾地区除外)。允许符合条件的港澳导游经合作区备案后在粤港澳大湾区内地九市跨境执业。研究优化珠海经济特区旅游签证政策。率先推动放开澳门单牌营运车辆中的旅游客车出入合作区。

(五)优化文化演艺环境。支持开展共建"一带一路"文化交流合作,推动表演、创作、资本、科技等优质文化演艺资源向合作区聚集,加快建设横琴国际演艺岛。在合作区建设国际文化演艺发展区,吸引澳门等境外知名制作人、演出机构、演出团队等创新发展。支持将举办涉外涉港澳台营业性演出行政审批权限下放至合作区,广东省有关部门指导合作区完善事前事中事后全链条监管方式。允许经其他省级及以上文化旅游主管部门审批通过的国内营业性巡回演出,在合作区备案即可开演。推动合作区与澳门共同举办电子音乐节、电影节、马戏节、电子竞技等国际大型活动。允许为符合条件的外籍艺术类专家办理工作类居留许可,促进琴澳文化交流及合作。支持以中外合作办学等形式,在合作区设立国际艺术学院。

三、放宽科技创新领域市场准入

(六)支持合作区建设国际先进技术应用推进中心。利用琴澳一体化开放融合的体制优势,围绕先进技术应用推广,设立粤澳横琴国际先进技术应用推进中心,以企业化市场化方式运作,建立与境内外重要科研机构、高等院校、创新型领军企业和创新联合体的联系机制,对接澳门、葡语系国家和其他国际创新资源,吸引具有全球竞争力的科技型企业入驻合作区,加快汇聚境内外前沿技术创新成果和高端创新要素。立足国内国际两个循环,推动境内外先进创新成果直接在合作区应用转化,加速战略性前沿性颠覆性先进技术在相关领域直接应用。按照市场化原则组建投资平台,搭建创新资源与投资机构交流渠道,吸引境内外优质投资机构对先进技术应用和成果转化提供资金支持,促进新技术产业化规模化应用。与长三角、合肥等其它国际先进技术应用推进中心共享创新资源和需求信息,对接技术转化流程和评价标准,一体化协同推进。

(七)优化创新创业准入环境。创新实施"居住在澳门、工作在合作区"、"科研在澳门、转化在合作区"模式,精准链接一流人才引进。

允许领衔科学家在其承担的科研项目任务范围内,自主选聘科研团队,自主安排科研经费使用,3至5年后采取第三方评估、国际同行评议等方式,对领衔科学家及其团队的研究质量、原创价值、实际贡献等进行绩效评价。加快建设澳门大学校园与合作区之间新型智能化口岸,便利境外高层次人才及其团队入境合作区。建立合作区科研试点单位研发用物品"白名单",对合作区科研设备、样品、试剂、耗材等物资入境免于强制性产品认证。深入实施风险分类分级管理,授权拱北海关开展检疫审批,对满足生物安全管控要求的科研用生物材料进一步优化海关通关流程。

(八)加强科研管理规则衔接。优化合作区科技资金跨境流动监管,支持银行为合作区内的科技企业设立直通渠道,经常项目科研资金可便利拨付至澳门牵头科研单位。支持在合作区的澳门科研单位参照澳门有关标准编制科研项目收支预算。推动跨境科研项目实施过程中,直接费用预算调整可由项目依托共建单位自主办理,按照澳门科研项目管理有关规定执行。支持合作区新型研发机构实行"预算+负面清单"管理模式,科研经费(含省级和市级科研资金)采取总项目预算控制,不设置细化科目,项目负责人根据实际需要统筹使用、自主安排经费支出。

(九)推动合作区全域建设海陆空全空间智能无人体系。支持合作区全域规划建设海陆空全空间智能无人体系,以口岸、产业园区、城市道路、地下管廊、空中海上运输线路为依托,面向需求开放物流配送、交通运输、环境监测、城市管理、边境管控、文化旅游等场景,汇聚智能无人体系产业和创新资源。支持合作区参与统一的底层基础数据体系和开放服务应用平台建设。支持合作区按市场化原则举办全球智能无人体系展会暨无人系统装备大赛。进一步推动合作区无人驾驶空域开放,优化飞行活动申请审批流程,缩短申请办理时限,研究试点开通合作区与澳门及周边海岛等地无人机、无人船跨境跨域物流运输航线。支持设立在澳门注册、在合作区运营的相关国际性产业标准组织及认证机构。支持保险机构探索制定针对无人体系的保险产品和提供相关服务。支持依托国际先进技术应用推进中心加快智能无人体系经验海外推广。

（十）推动绿色能源国际认证平台建设。支持重点行业企业联合成立在澳门注册、在合作区运营的国际绿色能源认证中心，重点面向粤港澳大湾区、葡语系及共建"一带一路"国家开展认证业务。建设国际绿色能源认证和交易平台，运用区块链技术实现对认证凭证的生成、核发、交易、核销、统计全生命周期管理，配套碳资产管理、碳交易及电碳计量平台等辅助功能，建立健全交易功能体系。

四、创新医药健康领域市场准入方式

（十一）放宽中医药市场准入。鼓励澳门医疗机构中药制剂在粤澳医疗机构中药制剂中心研发、生产。允许粤澳医疗机构中药制剂中心承接广东省外医疗机构中药制剂的委托配制。支持经由粤澳医疗机构中药制剂中心研发的医疗机构中药制剂向中药新药转化，符合有关规定的，可不开展Ⅰ、Ⅱ期临床试验。

（十二）放宽药品和医疗器械市场准入。鼓励开展临床真实世界数据应用研究，探索将临床真实世界数据用于药品、医疗器械产品注册。支持合作区市场监管部门开展Ⅱ、Ⅲ类医疗器械产品出口销售证明管理。合作区企业生产境内获批临床使用的Ⅲ类医疗器械，按照医疗器械和医疗服务的价格政策收费。研究琴澳特定专用渠道便捷配送合作区澳门居民购买的合理自用非处方类药品的可行性。

（十三）支持新型医疗技术研发和应用。研究制定干细胞制剂质量复核检验的专业细胞检验机构、实验室的相关资质认定标准，支持引进和建设具备细胞治疗产品检定专业能力的第三方药物检验机构、实验室。推动在合作区注册并实质性经营的医药企业开展国际合作临床试验。支持合作区医疗机构利用前沿检验方法开展体检分析及诊断。放宽临床试验中涉及国际合作的人类遗传资源活动审批程序，对不涉及人类遗传资源材料出境的，备案权限由国务院主管部门下放至广东省主管部门。支持合作区发展数字疗法、移动医疗。

（十四）放宽港澳医疗机构准入限制。鼓励在合作区设立港澳独资、合资医疗机构，制定支持澳门服务提供者在合作区开办诊所、门诊部等医疗机构的政策措施。完善琴澳双向跨境转诊合作机制，优化转诊流程，对紧急转诊病人开通"绿色通道"，实现点对点跨境转诊服务。在充分保护个人数据隐私前提下，以澳门市民门户系统"一户通"为基础,试点建立粤澳医疗卫生机构医疗文书及检验检查结果互认互通机制,便利澳门居民跨境就医。

(十五)支持高端医美产业发展。鼓励境内外知名医疗美容机构落户合作区。合作区研究提出医疗美容产业发展需要的进口药品、医疗器械、化妆品企业和产品清单,协助相关企业开展注册。允许外籍高水平医疗美容医生按照有关规定进行医疗美容主诊医师备案后独立实施医疗美容项目。

五、放宽专业服务领域市场准入

(十六)优化港澳专业服务业准入条件。支持合作区依托广东省知识产权保护中心和珠海市知识产权保护中心为合作区创新主体做好专利快速预审、快速确权、快速维权等知识产权综合服务。允许港澳验楼服务、物业服务等公司在合作区便利化运营。允许港澳承建商地盘经理、注册安全主任、安全督导员、检验人员等在合作区便利执业。允许港澳人力资源服务机构在合作区提供服务。推动单向认可港澳养老护理型人才职业资格。

六、放宽其他领域市场准入

(十七)放宽数据通信领域市场准入。营造趋同澳门的国际互联网开放环境。支持发展创作者经济,探索建立数据元宇宙等产品确权出海中心,推动数字贸易创新和国际合作。允许珠澳高校、科研机构、企业和社会组织等联合建立专用科研网络并依法进行管理。在国家数据跨境流动安全管理制度框架下,充分保护个人隐私,探索制定数据跨境流动相关规则标准,加快实现科研、医疗等数据跨境安全有序流动。探索跨境数据服务交易、监管规则标准制定等。

(十八)便利通关入境环境。探索试点合作区内企业单侧申报。优化海关对真空包装的集成电路产品等高新技术货物布控查验协同模式。推动在横琴口岸实施出境与安检合作"一次过检"。研究增设横琴口岸水运口岸功能的可行性,推动法拉帝游艇码头相关水域开放,加快设施改造,满足游艇停靠条件并赋予其出入境查验功能,推进粤港澳游艇自由行政策落地。支持在合作区选定的特定区域建设琴澳直航新通道,推动其作为横琴口岸附属监管作业点,便利澳门居民往来合作区。

（十九）完善企业商事服务。支持在合作区登记的经营主体在名称中使用"横琴"或"横琴粤澳深度合作区"字样。授权委托合作区相关职能部门的商标受理窗口可以直接受理在合作区内有经营场所或固定联系机构的澳门企业的商标注册申请。支持合作区相关职能部门对接澳门市场监管规则，推出经济领域免罚清单。

（二十）创新发展澳门特色品牌产业。利用合作区"一线"货物免保税政策，选择境外高附加值进口料件在合作区加工增值。支持境内外珠宝玉石企业集团、机构在合作区开展珠宝玉石加工、鉴定、展览、交易等业务。推动澳门知名餐饮品牌和传统美食进驻合作区，由澳门主管部门或商协会出具相关认证文件，经海关认可后，允许其食品、原材料等减免进口报关和检验检疫手续进入合作区，其中涉及进口关税配额的商品按现行政策管理。积极支持合作区科技研发和高端制造、中医药等澳门品牌工业、文旅商贸会展等产业中小企业参与专精特新企业评定。

各部门各单位要主动作为、加强协调配合，协同高效推进各项任务落实。广东省和澳门特别行政区要对措施落地给予全方位支持，加强与国家对口部门沟通衔接。合作区要充分发挥主体作用，周密安排部署，围绕特别措施制定细化落实方案。同时，有关部门和广东省等方面要同步完善监管规则，坚持放宽准入和加强监管结合并重，健全事前事中事后全链条监管，确保有关市场准入限制"放得开、管得好"。本措施实施过程中，涉及需调整现行法律和行政法规的，按照《横琴粤澳深度合作区建设总体方案》有关规定办理。本文涉及港澳服务和服务提供者市场准入开放和单独优惠待遇的措施，纳入内地与香港、澳门关于建立更紧密经贸关系的安排（CEPA）框架下实施。国家发展改革委、商务部会同有关部门加大协调力度，加强协同配合和信息共享，做好督促检查，对实施效果组织专项评估，适时研究制定合作区新一批放宽市场准入特别措施，重大情况及时向党中央、国务院请示报告。

国家发展改革委、商务部、市场监管总局关于支持广州南沙放宽市场准入与加强监管体制改革的意见

（2023年12月26日　发改体改〔2023〕1786号）

国务院有关部门，广东省发展改革委、商务厅、市场监管局，有关中央企业，中国认证认可协会：

为深入贯彻落实党中央、国务院关于完善市场准入制度有关部署，按照《广州南沙深化面向世界的粤港澳全面合作总体方案》工作要求，以标准先行、场景开放、资本推动、产业汇聚、体系升级为原则优化市场环境，加强和规范全流程监管，坚持改革创新，坚持先立后破，通过首创性改革举措，更好发挥广州南沙在粤港澳大湾区建设中引领带动作用，打造立足湾区、协同港澳、面向世界的重大战略性平台，现提出如下意见。

一、推动海陆空全空间无人体系准入标准实施和应用

参与制定并推动实施海陆空全空间无人体系技术标准，研究制定无人系统接入城市建筑物的技术规范。探索空地一体化城市交通管理办法，打造高效包容的市场准入环境。研究建设区域无人体系管控调度系统，分类划设低空空域和航线，简化航线审批流程，率先在工业生产、物流配送、应急救援、城市管理以及海上搜救作业等领域开展无人设备产业化应用。支持参与统一的智能无人体系底层数据体系和开放服务应用平台建设。加快智能（网联）汽车多场景试点应用及商业化运营，推动电动垂直起降飞行器（eVTOL）和智能网联汽车紧密联接，构建与技术发展适配的安全标准及管理规则，实现无人体系产业协同发展和技术跨界融合。建设大湾区无人体系产业孵化基地。（责任部门：国家发展改革委、交通运输部、住房城乡建设部、工业和信息化部、中央空管办、中国民航局、市场监管总局，广东省、广州市按职责

分工负责)

二、推进海洋科技创新要素加快应用

推动各类创新资源进入天然气水合物研发和商业体系,依托南方海洋科学与工程广东省实验室(广州)、天然气水合物勘查开发国家工程研究中心,利用冷泉生态系统研究装置、天然气水合物钻采船等装备,打造全国天然气水合物研发和商业开发总部基地。加快打造高端海洋装备制造基地,推动建设智能船舶中试基地,畅通海洋科技与装备、海洋资源勘探、海洋科学与环境等海洋资源保护与开发领域关键技术场景应用、制度政策等各环节,提高海洋工程装备、高技术船舶、深海养殖装备、深潜水装备、海洋勘探等高端装备的自主研制能力。推动重点企业、研究机构等创新单元和地方建立深海领域全球前沿科学研究协同机制,积极参与国际市场准入规则和标准制定,推进重点领域创新成果便捷、高效应用,促进海洋科技成果转移转化,实现创新链产业链融合发展。(责任部门:国家发展改革委、科技部、自然资源部、交通运输部、工业和信息化部,广东省、广州市按职责分工负责)

三、优化先进技术应用市场环境

依托南沙科学城设立国际先进技术应用推进中心(大湾区),服务重大项目需求,构建先进技术应用转化流程与评价标准,加快推进商业航天、生物医药、海洋科学等全产业链发展,在商业模式、资金合作等方面形成符合技术攻关特征的新范式,创新应用场景,促进前沿性颠覆性技术市场化应用。聚焦工业机器人等新质生产力发展,积极引入并推动自主建立相关国际标准认证组织,构建国际领先的智能设备行业标准与认证体系,面向粤港澳大湾区及共建"一带一路"国家和地区核心部件厂商开展检测认证服务。支持联合港澳高校、科研院所等开展技术攻关,推动面向科研等应用场景实现粤港澳数据跨境流通和交易,在科研项目评审、经费支出、过程管理等方面借鉴港澳及国际管理制度。(责任部门:国家发展改革委、科技部、工业和信息化部、市场监管总局,广东省、广州市按职责分工负责)

四、深化服务贸易创新

积极引入港澳等境外专业服务人才,研究建立境外职业资格认可清单,提供更便利的工作执业、跨境流动、生活等支持政策,对于在南沙从业、已在港澳参保的港澳居民,免于在南沙参加基本养老保险和失业保险。创新发展研发设计、质量认证、检验检测、跨境租赁等新兴服务贸易。优化珠江航运运价服务指数体系,探索推动注册在广东自贸试验区南沙新区片区的企业以保税物流方式开展以船供为目的的高低硫燃料油混兑调和业务。(责任部门:商务部、人力资源社会保障部、海关总署、国家移民局、市场监管总局,广东省、广州市按职责分工负责)

五、打造国际一流的企业跨境投融资综合服务体系

支持以央地统筹推进、省市区联动、港澳资源协同、市场充分参与的方式推进中国企业"走出去"综合服务基地建设。设立省级实体化运作的中国企业"走出去"综合服务中心,为企业"走出去"提供一站式服务。建立境外投资相关政务事项在综合服务基地的服务窗口,统筹集成境外投资备案等环节手续。建设专业服务业集聚区,引进法律、金融、会计、咨询等专业服务业集聚发展。探索与港澳、国际相关机构共建共享"走出去"综合服务海外布局网点。(责任部门:国家发展改革委、商务部,广东省、广州市按职责分工负责)

六、加快发展特色金融

探索建立与国际标准衔接的绿色金融标准、评估认证及规范管理体系。支持广州期货交易所立足于服务实体经济高质量发展、绿色低碳发展、粤港澳大湾区建设和共建"一带一路",有序拓展品种布局。健全绿色建筑激励政策措施,探索完善绿色建筑预评价工作,鼓励金融机构按照市场化、法治化原则支持绿色建筑发展。加快建设粤港澳大湾区(广州南沙)跨境理财和资管中心。(责任部门:金融监管总局、人民银行、中国证监会、生态环境部、市场监管总局,广东省、广州市按职责分工负责)

七、推进绿色低碳高质量发展

研究建立碳排放统计核算、计量体系,大力推动绿色产品认证及结果采信。加快建设国家碳计量中心(广东)。深入推进气候投融资试点工作,探索气候投融资模式和工具创新。创建广州南沙粤港融合绿色低碳示范区,研究绿色低碳园区建设运营新模式,探索与共建"一带一路"国家及欧盟碳排放相关标准互认机制,助力"零碳"产品全球范围自由流通。推进氢能等清洁能源利用,适当超前布局建设和运营换电站、高压充电桩等新能源汽车充换电新型基础设施。扩大绿证绿电交易,支持各类企业购买和使用绿证,推动广东自贸试验区南沙新区片区实现高比例绿电消费。(责任部门:国家发展改革委、国家能源局、生态环境部、工业和信息化部、交通运输部、市场监管总局,广东省、广州市按职责分工负责)

八、全面提升种业行业准入效能

支持建设特色种业创新中心、种业科技成果转化中心和种业中外合作创新中心。优化农作物种子、苗木、种畜禽、水产苗种的生产经营审批服务。推动探索种业市场准入承诺即入制,支持下放省级种业生产经营审批权限,健全市场监管执法方式。加快推进广州南沙农业对外开放合作试验区建设,优化品种审定登记程序。(责任部门:农业农村部,广东省、广州市按职责分工负责)

九、放宽医药和医疗器械市场准入限制

支持完善各类新药与医疗器械新技术研发、应用管理标准,准许细胞和基因治疗企业经卫生健康部门备案后可依托医疗机构开展限制类细胞移植治疗技术临床应用,允许符合条件的港澳企业利用境内人类遗传资源开展人体干细胞、基因诊断与治疗之外的医学研究。更好发挥粤港澳大湾区审评检查分中心作用,探索承接相关职能。鼓励国内外生物医药与健康企业和研发机构在南沙设厂开发各类产品。(责任部门:国家药监局、国家卫生健康委、海关总署,广东省、广州市按职责分工负责)

十、放宽其他民生重点领域市场准入

拓展广东省电子处方中心功能,优化医疗服务与药品流通体系,探索放宽特定全营养配方食品互联网销售限制。支持推动在南沙实施外国人144小时过境免签政策及游轮免签政策。塑造国际化高品质的生活圈,支持提供与港澳相衔接的公共服务,引进香港地区注册兽医、先进动物诊疗机构进驻南沙,探索香港地区进境兽药区域定点使用模式。(责任部门:国家卫生健康委、商务部、交通运输部、国家移民局、海关总署、农业农村部、市场监管总局,广东省、广州市按职责分工负责)

十一、开展检验检测和认证结果采信试点

落实建设高标准市场体系要求,坚决破除现行标准过多过乱造成的市场准入隐性壁垒,选取电子元器件和集成电路、基础软件和工业软件等重点行业领域,引导市场采信认证和检验检测结果,推动与其他开展放宽市场准入试点的地区检验检测、认证机构"结果互认、一证通行",有关地区和单位原则上不得要求进行重复认证和检验检测,推动实质性降低企业成本。引导检验检测和认证机构良性竞争,市场化进行优胜劣汰,加强事中事后监管,对认证检测机构试点开展信用评价,推动行业协会和相关机构自律和健康发展。(责任部门:国家发展改革委、市场监管总局、工业和信息化部、住房城乡建设部,广东省、广州市按职责分工负责)

十二、构建市场准入全链条监管体系

优化市场准入监管体系,完善事前事中事后监管,有效维护市场秩序,妥善防范重大风险,坚持先立后破、整体谋划,创新监管机制,灵活运用信用监管、行业监管、"互联网+"监管与触发式监管等监管模式与工具,构建"准入+监管"闭环管理体系,实现各领域市场准入全链条、多方位、多渠道监管,促进各领域规范健康高质量发展。创新优化新业态新领域市场环境,依法保障有关各方合法权益,激发市场发展潜力与活力。(责任部门:各有关行业主管部门,广东省、广州市按职责分工负责)

十三、推进跨部门准入综合监管

对涉及多部门、管理难度大、风险隐患突出的监管事项,建立健全跨部门准入综合监管制度,强化条块结合、区域联动,提升准入监管的精准性和有效性。对重大预警信息开展跨部门综合研判、协同处置,利用信息技术手段全面提升监测感知能力,及早发现和处置各类风险隐患。(责任部门:各有关行业主管部门,广东省、广州市按职责分工负责)

十四、强化重点领域准入监管

探索建立无人体系产品运营违法和事故分级分类责任认定机制。优化科技监督体系,完善备案项目事中事后监管。建立健全全球溯源体系标准体系和数据规则体系,构建食品药品安全全链条社会共治管

理模式。做好企业"走出去"服务和管理,积极防范、妥善应对各类境外安全风险。建立健全金融监测管理体系,构筑金融"防火墙"。完善口岸种质资源进境监管查验设施,提升种质资源检验检疫能力。确保电子处方中心数据安全和可追溯,制定监测信息通报机制和风险管控措施。(责任部门:各有关行业主管部门,广东省、广州市按职责分工负责)

十五、推动协同化市场监管

构建政府监管、企业自觉、行业自律、社会监督互为支撑的协同监管格局。增强经营主体自我约束能力,发挥行业协会、产业联盟、标准组织等自律作用,针对相应准入领域建立健全行业自治与管理规则。畅通社会监督渠道,鼓励和支持社会各方面进行监督。(责任部门:各有关行业主管部门,广东省、广州市按职责分工负责)

各部门各单位要高度重视,主动作为,积极支持,协同高效推进各项任务落实。国家发展改革委、商务部、市场监管总局将会同有关部门加大协调力度,加强督促检查,组织专项评估,在条件成熟基础上推出新一批改革举措,重大情况及时向党中央、国务院请示报告。广东省要积极为各项改革举措落地创造条件,在省级事权范围内给予充分支持和授权。广州市要切实担起主体责任,整体谋划、分步实施,认真做好具体实施工作,确保取得实效。

国家发展改革委、商务部关于支持海南自由贸易港建设放宽市场准入若干特别措施的意见

(2021年4月7日 发改体改〔2021〕479号)

海南省人民政府,国务院有关部委、有关直属机构:

按照《海南自由贸易港建设总体方案》要求,为进一步支持海南打造具有中国特色的自由贸易港市场准入体系和市场环境,促进生产要

素自由便利流动,加快培育国际比较优势产业,高质量高标准建设自由贸易港,经党中央、国务院同意,现提出意见如下。

一、创新医药卫生领域市场准入方式

(一)支持开展互联网处方药销售。在博鳌乐城国际医疗旅游先行区(以下简称"乐城先行区")建立海南电子处方中心(为处方药销售机构提供第三方信息服务),对于在国内上市销售的处方药,除国家药品管理法明确实行特殊管理的药品外,全部允许依托电子处方中心进行互联网销售,不再另行审批。海南电子处方中心对接互联网医院、海南医疗机构处方系统、各类处方药销售平台、医保信息平台与支付结算机构、商业类保险机构,实现处方相关信息统一归集及处方药购买、信息安全认证、医保结算等事项"一网通办",海南电子处方中心及海南省相关部门要制定细化工作方案,强化对高风险药品管理,落实网络安全、信息安全、个人隐私保护等相关主体责任。利用区块链、量子信息等技术,实现线上线下联动监管、药品流向全程追溯、数据安全存储。(牵头单位:国家卫生健康委、国家药监局、国家发展改革委按职责分工负责;参加单位:国家医保局、银保监会、国家中医药局)

(二)支持海南国产化高端医疗装备创新发展。鼓励高端医疗装备首台(套)在海南进行生产,对在海南落户生产的列入首台(套)重大技术装备推广应用指导目录或列入甲、乙类大型医用设备配置许可目录的国产大型医疗设备,按照国产设备首台(套)有关文件要求执行。(牵头单位:工业和信息化部、国家卫生健康委、国家药监局;参加单位:国家发展改革委)

(三)加大对药品市场准入支持。海南省人民政府优化药品(中药、化学药、生物制品)的研发、试验、生产、应用环境,鼓励国产高值医用耗材、国家创新药和中医药研发生产企业落户海南,完善海南新药研发融资配套体系,制定与药品上市许可持有人相匹配的新药研发支持制度,鼓励国内外药企和药品研制机构在海南开发各类创新药和改良型新药。按照规定支持落户乐城先行区的医疗机构开展临床试验。对注册地为海南的药企,在中国境内完成Ⅰ-Ⅲ期临床试验并获得上市许可的创新药,鼓励海南具备相应条件的医疗机构按照"随批随进"的原则直接使用,有关部门不得额外设置市场准入要求。(牵头单位:

国家药监局、国家卫生健康委；参加单位：国家中医药局、海关总署）

（四）全面放宽合同研究组织（CRO）准入限制。海南省人民政府制定支持合同研究组织（CRO）落户海南发展的政策意见，支持在海南建立医药研究国际标准的区域伦理中心，鼓励海南医疗机构与合同研究组织合作，提升医疗机构临床试验技术能力和质量管理水平。优化完善医疗机构中药制剂审批和备案流程。按照安全性、有效性原则制定相关标准，在海南开展中药临床试验和上市后再评价试点。（牵头单位：国家药监局；参加单位：科技部、国家卫生健康委、国家中医药局）

（五）支持海南高端医美产业发展。鼓励知名美容医疗机构落户乐城先行区，在乐城先行区的美容医疗机构可批量使用在美国、欧盟、日本等国家或地区上市的医美产品，其中属于需在境内注册或备案的药品、医疗器械、化妆品，应依法注册或备案，乐城先行区可制定鼓励措施。海南省有关部门研究提出乐城先行区医美产业发展需要的进口药品、医疗器械、化妆品企业及产品清单，协助相关企业开展注册，国家药品监督管理部门予以支持。支持国外高水平医疗美容医生依法依规在海南短期行医，推动发展医疗美容旅游产业，支持引进、组织国际性、专业化的医美产业展会、峰会、论坛，规范医疗美容机构审批和监管。（牵头单位：国家卫生健康委、国家药监局；参加单位：商务部、文化和旅游部）

（六）优化移植科学全领域准入和发展环境。汇聚各类优质资源，推动成立国际移植科学研究中心，按照国际领先标准加快建设组织库，不断完善相关制度和工作体系，推进生物再生材料研究成果在海南应用转化。优化移植领域各类新药、检验检测试剂、基因技术、医疗器械等准入环境，畅通研制、注册、生产、使用等市场准入环节，支持符合相应条件的相关产品，进入优先或创新审批程序。对社会资本办医疗机构和公立医疗机构在人体器官移植执业资格认定审批采取一致准入标准，一视同仁。在乐城先行区设立国际移植医疗康复诊疗中心，与各大医疗机构对接开展移植医疗康复诊疗。符合条件的移植医疗项目纳入医保支付范围，实现异地医保结算便利化。鼓励商业保险机构探索研究移植诊疗和康复相关保险业务。鼓励国内一流中医医疗机构在海南开设相关机构,开展移植学科中西医结合诊疗研究,推动康养结合。(牵头单位:国家卫生健康委、国家药监局;参加单位:科技部、国家医保局、国家中医药局、中科院)

(七)设立海南医疗健康产业发展混改基金。在国家发展改革委指导下,支持海南设立社会资本出资、市场化运作的医疗健康产业发展混改基金,支持相关产业落地发展。对混改基金支持的战略性重点企业上市、并购、重组等,证监会积极给予支持。(牵头单位:国家发展改革委;参加单位:证监会)

二、优化金融领域市场准入和发展环境

(八)支持证券、保险、基金等行业在海南发展。依法支持证券、基金等金融机构落户海南。鼓励发展医疗健康、长期护理等商业保险,支持多种形式养老金融发展。(牵头单位:人民银行、银保监会、证监会按职责分工负责;参加单位:国家发展改革委)

(九)加强数据信息共享,开展支持农业全产业链发展试点。选取海南省部分地区开展试点,利用地理信息系统(GIS)、卫星遥感技术、无人机信息采集技术等信息化手段获取的土地、农作物等农业全产业链数据,按市场化原则引入第三方机构,开展风险评估和信用评价。鼓励各类金融机构根据职能定位,按照农业发展需求和市场化原则,结合第三方评估评价信息,依法合规为农业全产业链建设提供金融支持,鼓励保险机构配套开展农业保险服务。鼓励海南省带动种植、养殖、渔业的生产、加工、流通、销售、体验等全产业链发展。支持海南省会同相关金融机构、第三方信息服务机构制定具体实施方案,充分发挥地方农垦集团资源整合和信息整合优势,形成科技信息和金融数据第三方机构参与、农垦集团、农业龙头企业、农户联动的发展格局。(牵头单位:农业农村部、国家发展改革委按职责分工负责;参加单位:财政部、自然资源部、银保监会)

三、促进文化领域准入放宽和繁荣发展

(十)支持建设海南国际文物艺术品交易中心。引入艺术品行业的展览、交易、拍卖等国际规则,组建中国海南国际文物艺术品交易中心,为"一带一路"沿线国家优秀艺术品和符合文物保护相关法律规定的可交易文物提供开放、专业、便捷、高效的国际化交易平台。鼓励国内外知名拍卖机构在交易中心开展业务。推动降低艺术品和可交易文物交易成本,形成国际交易成本比较优势。在通关便利、保税货物监管、仓储物流等方面给予政策支持。(牵头单位:中央宣传部、文化和旅游部、国家文物局、国家发展改革委按职责分工负责;参加单位:商务部、人民银行、国务院国资委、海关总署、国家外汇局)

(十一)鼓励文化演艺产业发展。支持开展"一带一路"文化交流合作,推动"一带一路"沿线国家乃至全球优质文化演艺行业的表演、创作、资本、科技等各类资源向海南聚集。落实具有国际竞争力的文化产业奖励扶持政策,鼓励5G、VR、AR等新技术率先应用,在规划、用地、用海、用能、金融、人才引进等方面进行系统性支持。优化营业性演出审批,创新事中事后监管方式,充分发挥演出行业协会作用,提高行业自律水平。优化对娱乐场所经营活动和对游戏游艺设备内容的审核。(牵头单位:文化和旅游部、中央宣传部;参加单位:国家发展改革委、科技部、工业和信息化部、民政部、人力资源社会保障部、自然资源部、市场监管总局、国家移民局)

(十二)鼓励网络游戏产业发展。探索将国产网络游戏试点审批权下放海南,支持海南发展网络游戏产业。(牵头单位:中央宣传部)

(十三)放宽文物行业领域准入。对海南文物商店设立审批实行告知承诺管理。支持设立市场化运营的文物修复、保护和鉴定研究机构。(牵头单位:国家文物局)

四、推动教育领域准入放宽和资源汇聚

(十四)鼓励高校在海南进行科研成果转化。支持海南在陵水国际教育先行区、乐城先行区等重点开发区域设立高校生物医药、电子信息、计算机及大数据、人工智能、海洋科学等各类科研成果转化基地,鼓励高校科研人员按照国家有关规定在海南创业、兼职、开展科研成果转化。鼓励高校在保障正常运转和事业发展的前提下,参与符合国家战略的产业投资基金,通过转让许可、作价入股等方式,促进科研成果转化。(牵头单位:教育部、科技部;参加单位:国家发展改革委、财政部、人力资源社会保障部)

(十五)支持国内知名高校在海南建立国际学院。支持国内知名高校在海南陵水国际教育先行区或三亚等具备较好办学条件的地区设立国际学院,服务"一带一路"建设。国际学院实行小规模办学,开展高质量本科教育,学科专业设置以基础科学和应用技术理工学科专业为主,中科院有关院所对口支持学院建设,鼓励创新方式与国际知名高校开展办学合作和学术交流。初期招生规模每年300－500人,招生以国际学生为主。国际学生主要接收"一带一路"沿线国家优秀高中毕业生和大学一年级学生申请,公平择优录取。教育部通过中国政府奖学金等方式对海南省有关高校高质量来华留学项目予以积极支持。中科院等有关单位会同海南省制定具体建设方案,按程序报批后实施。(牵头单位:中科院、教育部;参加单位:国家发展改革委、外交部、国家移民局)

(十六)鼓励海南大力发展职业教育。完善职业教育和培训体系,深化产教融合、校企合作,鼓励社会力量通过独资、合资、合作等多种形式举办职业教育。支持海南建设服务国家区域发展战略的职业技能公共实训基地。鼓励海南大力发展医疗、康养、文化演艺、文物修复和鉴定等领域职业教育,对仅实施职业技能培训的民办学校的设立、变更和终止审批以及技工学校设立审批,实行告知承诺管理。(牵头单位:教育部、人力资源社会保障部、国家发展改革委)

五、放宽其他重点领域市场准入

(十七)优化海南商业航天领域市场准入环境,推动实现高质量发展。支持建设融合、开放的文昌航天发射场,打造国际一流、市场化运营的航天发射场系统,统筹建设相关测控系统、地面系统、应用系统,建立符合我国国际商业航天产业发展特点的建设管理运用模式。推动卫星遥感、北斗导航、卫星通信、量子卫星、芯片设计、运载火箭、测控等商业航天产业链落地海南。优化航天发射申报、航天发射场协调等事项办理程序,提升运载火箭、发动机及相关产品生产、储存、运输和试验等活动安全监管能力。支持在海南开展北斗导航国际应用示范。支持设立社会资本出资、市场化运作的商业航天发展混合所有制改革基金。鼓励保险机构在依法合规、风险可控的前提下,开展航天领域相关保险业务。支持商业卫星与载荷领域产学研用国际合作,鼓励开展卫星数据的国际协作开发应用与数据共享服务。优化商业航天领域技术研发、工程研制、系统运行、应用推广等领域的国际合作审批程序。制定吸引国际商业航天领域高端人才与创新团队落户的特别优惠政策,建立国际交流与培训平台。(牵头单位:国防科工局、国家发展改革委等单位按职责分工负责;参加单位:科技部、工业和信息化部、自然资源部、交通运输部、商务部、银保监会)

(十八)放宽民用航空业准入。优化海南民用机场管理方式,优化民航安检设备使用许可,简化通用航空机场规划及报批建设审批流程。在通用航空领域,探索建立分级分类的人员资质管理机制与航空器适航技术标准体系,简化飞行训练中心、民用航空器驾驶员学校、飞行签派员培训机构审批流程,在符合安全技术要求的前提下最大限度降低准入门槛。支持5G民航安全通信、北斗、广播式自动监视等新技术在空中交通管理、飞行服务保障等领域应用。落实金融、财税、人才等政策支持,鼓励社会资本投资通用航空、航油保障、飞机维修服务等领域。(牵头单位:民航局、国家发展改革委;参加单位:工业和信息化部、财政部、人民银行、银保监会等单位)

(十九)放宽体育市场准入。支持在海南建设国家体育训练南方基地和省级体育中心。支持打造国家体育旅游示范区,鼓励开展沙滩运动、水上运动等户外项目,按程序开展相关授权。(牵头单位:体育总局;参加单位:国家发展改革委、自然资源部)

(二十)放宽海南种业市场准入,简化审批促进种业发展。简化农作物、中药材等种子的质量检验机构资格认定、进出口许可等审批流程,优化与规范从事农业生物技术研究与试验的审批程序,鼓励海南省与境外机构、专家依法开展合作研究,进一步优化对海外引进农林业优异种质、苗木等繁殖材料的管理办法及推广应用。(牵头单位:农业农村部、国家林草局、海关总署按职责分工负责;参加单位:商务部、市场监管总局、中科院、国家中医药局)

(二十一)支持海南统一布局新能源汽车充换电基础设施建设和运营。支持海南统一规划建设和运营新能源汽车充换电新型基础设施,放宽5G融合性产品和服务的市场准入限制,推进车路协同和无人驾驶技术应用。重点加快干线公路沿线服务区快速充换电设施布局,推进城区、产业园区、景区和公共服务场所停车场集中式充换电设施建设,简化项目报备程序及规划建设、消防设计审查验收等方面审批流程,破除市场准入隐性壁垒。鼓励相关企业围绕充换电业务开展商业模式创新示范,探索包容创新的审慎监管制度,支持引导电网企业、新能源汽车生产、电池制造及运营、交通、地产、物业等相关领域企业按照市场化方式组建投资建设运营公司,鼓励创新方式开展各类业务合作,打造全岛"一张网"运营模式。(牵头单位:国家发展改革委、国家能源局;参加单位:工业和信息化部、自然资源部、住房城乡建设部、国务院国资委)

(二十二)优化准入环境开展乡村旅游和休闲农业创新发展试点。选取海南省部分地区,共享应用农村不动产登记数据,以市域或县域为单位开展乡村旅游市场准入试点,有关地方人民政府组织对试点地区所辖适合开展乡村旅游和休闲农业的乡镇和行政村进行整体评估,坚持农村土地农民集体所有,按照市场化原则,组建乡村旅游资产运营公司。在平等协商一致的基础上,支持适合开展民宿、农家乐等乡村旅游业务的资产以长期租赁、联营、入股等合法合规方式,与运营公司开展合作,积极推动闲置农房和宅基地发展民宿和农家乐,将民宿和农家乐纳入相关发展规划统一考虑,注重与周边产业、乡村建设互动协调、配套发展。海南省统一农家乐服务质量标准,统一民宿服务标准,乡村民宿主管部门统一规划信息管理平台、统一能力评估和运营监管。切实维护农民利益,坚决杜绝把乡村变景区的"一刀切"整体开发模式,充分考虑投资方、运营方、集体经济组织、农户等多方利益,因地制宜制定试点具体方案,支持集体经济组织和农户以租金、参与经营、分红等多种形式获得收益。鼓励各类金融机构按照市场化原则,为符合条件的运营公司提供金融支持,全面提升乡村旅游品质,增加农民收入。鼓励保险机构开发财产保险产品,为乡村旅游产业提供风险保障。引导银行按照风险可控、商业可持续原则加大对乡村旅游产业支持力度,优化业务流程,提高服务效率。(牵头单位:农业农村部、文化和旅游部、国家发展改革委按职责分工负责;参加单位:自然资源部、住房城乡建设部、银保监会)

本意见所列措施由海南省会同各部门各单位具体实施,凡涉及调整现行法律或行政法规的,经全国人大及其常委会或国务院统一授权后实施,各部门各单位要高度重视,按照职责分工,主动作为,积极支持,通力配合。海南省要充分发挥主体作用,加强组织领导,周密安排部署,推动工作取得实效。国家发展改革委、商务部会同有关部门加大协调力度,加强督促检查,重大问题及时向党中央、国务院请示报告。

财政部、工业和信息化部关于支持 "专精特新"中小企业高质量发展的通知

(2021年1月23日 财建〔2021〕2号)

各省、自治区、直辖市、计划单列市财政厅(局)、中小企业主管部门,新疆生产建设兵团财政局、工信局:

为深入贯彻习近平总书记在中央财经委员会第五次会议上关于"培育一批'专精特新'中小企业"的重要指示精神,落实党的十九届五中全会提出"支持创新型中小微企业成长为创新重要发源地"、《政府工作报告》和国务院促进中小企业发展工作领导小组工作部署,在"十四五"时期进一步提升中小企业专业化能力和水平,财政部、工业和信息化部(统称两部门)通过中央财政资金进一步支持中小企业"专精特新"发展。现将有关事项通知如下:

一、工作目标

以习近平新时代中国特色社会主义思想为指导,着眼于推进中小企业高质量发展和助推构建双循环新发展格局,2021-2025年,中央财政累计安排100亿元以上奖补资金,引导地方完善扶持政策和公共服务体系,分三批(每批不超过三年)重点支持1000余家国家级专精特新"小巨人"企业(以下简称重点"小巨人"企业)高质量发展,促进这些企业发挥示范作用,并通过支持部分国家(或省级)中小企业公共服务示范平台(以下简称公共服务示范平台)强化服务水平,聚集资金、人才和技术等资源,带动1万家左右中小企业成长为国家级专精特新"小巨人"企业。

二、实施内容

通过中央财政资金引导，促进上下联动，将培优中小企业与做强产业相结合，加快培育一批专注于细分市场、聚焦主业、创新能力强、成长性好的专精特新"小巨人"企业，推动提升专精特新"小巨人"企业数量和质量，助力实体经济特别是制造业做实做强做优，提升产业链供应链稳定性和竞争力。

（一）支持对象。

中央财政安排奖补资金，引导省级财政部门、中小企业主管部门统筹支持以下两个方面：一是重点"小巨人"企业。由工业和信息化部商财政部从已认定的专精特新"小巨人"企业中择优选定（不含已在上交所主板、科创板和深交所主板、中小板、创业板，以及境外公开发行股票的）。二是公共服务示范平台。由省级中小企业主管部门商同级财政部门从工业和信息化部（或省级中小企业主管部门）认定的国家（或省级）中小企业公共服务示范平台中选定，每省份每批次自主确定不超过3个平台。上述企业和平台须符合的条件详见附件。

（二）支持内容。

支持重点"小巨人"企业推进以下工作：一是加大创新投入，加快技术成果产业化应用，推进工业"四基"领域或制造强国战略明确的十大重点产业领域"补短板"和"锻长板"；二是与行业龙头企业协同创新、产业链上下游协作配套，支撑产业链补链延链固链、提升产业链供应链稳定性和竞争力；三是促进数字化网络化智能化改造，业务系统向云端迁移，并通过工业设计促进提品质和创品牌。另外，支持企业加快上市步伐，加强国际合作等，进一步增强发展潜力和国际竞争能力。

支持公共服务示范平台为国家级专精特新"小巨人"企业提供技术创新、上市辅导、创新成果转化与应用、数字化智能化改造、知识产权应用、上云用云及工业设计等服务。其中，对于重点"小巨人"企业，应提供"点对点"服务。

三、组织实施

（一）编报实施方案。省级中小企业主管部门会同财政部门，按要求组织符合条件的重点"小巨人"企业和公共服务示范平台自愿申报，并编制《××省份第X批支持专精特新"小巨人"企业工作实施方案》（以下称《实施方案》，含推荐的重点"小巨人"企业名单和公共服务示范平台名单，模板见附件）的报送版，按程序联合上报两部门。

（二）审核批复方案。工业和信息化部商财政部组织合规性审核，提出审核意见，其中，对于地方推荐的重点"小巨人"企业，按照可量化可考核的统一标准，择优确定。省级中小企业主管部门会同财政部门，按合规性审核意见进行修改完善，并将完善后的《实施方案》[以下称《实施方案》（备案版）]按程序报送至两部门，由工业和信息化部会同财政部予以批复（含重点"小巨人"企业名单和公共服务示范平台名单）。

（三）工作实施及绩效考核。省级中小企业主管部门会同财政部门按照两部门批复的《实施方案》（备案版），组织推进实施并做好分年度实施成效自评估。工业和信息化部商财政部对地方培育工作组织分年度绩效考核，明确绩效考核等次，以及继续支持的重点"小巨人"企业（仍通过可量化可考核的统一标准择优确定），考核结果与后续奖补资金安排挂钩。对于年度绩效考核中发现问题及不足的，由有关省级中小企业主管部门会同财政部门组织落实整改。

（四）拨付奖补资金。两部门批复《实施方案》（备案版）后，财政部于批复当年、实施期满1年及满2年时，按照预算管理规定、分年度绩效考核结果及工业和信息化部建议，按程序滚动安排奖补资金，切块下达省级财政部门。省级中小企业主管部门商同级财政部门按照《实施方案》（备案版），并结合本地区重点"小巨人"企业、公共服务示范平台实际情况，确定资金分配方案（奖补资金90%以上用于直接支持重点"小巨人"企业），避免简单分配。按照直达资金管理要求，各省级财政部门应在接到中央直达资金指标发文后30日内，将分配方案上报财政部，同时抄送财政部当地监管局。

关于重点"小巨人"企业支持数量、绩效考核工作程序、相关标准等事宜，另行明确。

四、其他要求

（一）加强组织协调。省级中小企业主管部门会同财政部门组织做好《实施方案》编制报送工作，落实申报责任并核实申报材料和留存备查;做好定期跟踪指导、现场督促、服务满意度测评、监督管理,适时总结经验做法和存在困难问题,有关情况报送工业和信息化部并抄报财政部。

各省份组织编报《实施方案》过程中,要严格把关,做好初核,相关佐证材料留存备查;要做好政策解读解释。

任何机构和单位不得以参加收费培训班或解读班作为企业申报前提条件。

(二)加强资金管理。奖补资金管理适用《中小企业发展专项资金管理办法》。省级财政部门、中小企业主管部门应按职责分工加强有关奖补资金管理,提高资金使用效益。公共服务示范平台所获奖补资金须用于服务专精特新"小巨人"企业,不得用于平衡本级财政预算,不得用于示范平台自身建设、工作经费等;如检查考核发现存在此类问题的,酌情扣减有关奖补资金。重点"小巨人"企业所获奖补资金,由企业围绕"专精特新"发展目标自主安排使用;对检查考核发现以虚报、冒领等手段骗取财政资金的,按照《财政违法行为处罚处分条例》等有关规定处理。

(三)做好信息公开。根据预算公开规定和当前实际,工业和信息化部主动公开有关工作推进情况,并公示重点"小巨人"企业和公共服务示范平台名单及每年考核结果,财政部主动公开各省份转移支付分配情况。省级中小企业主管部门、财政部门应按职责分工主动公开有关工作推进及资金管理使用情况。

各省份第一批《实施方案》(报送版)应于2021年3月31日前报送;第二批、第三批《实施方案》(报送版)应分别于2021年、2022年7月15日前报送(加盖公章纸质版和扫描PDF电子版各一式三份)。

联系方式:财政部经济建设司产业政策处
010-61965324 61965364
工业和信息化部中小企业局创业创新服务处
010-68205301 68205320

附件:××省份第×批支持专精特新"小巨人"企业工作实施方案(模板)(略)

工作场所职业卫生管理规定

(2020年12月31日国家卫生健康委员会令第5号公布 自2021年2月1日起施行)

第一章 总 则

第一条 为了加强职业卫生管理工作,强化用人单位职业病防治的主体责任,预防、控制职业病危害,保障劳动者健康和相关权益,根据《中华人民共和国职业病防治法》等法律、行政法规,制定本规定。

第二条 用人单位的职业病防治和卫生健康主管部门对其实施监督管理,适用本规定。

第三条 用人单位应当加强职业病防治工作,为劳动者提供符合法律、法规、规章、国家职业卫生标准和卫生要求的工作环境和条件,并采取有效措施保障劳动者的职业健康。

第四条 用人单位是职业病防治的责任主体,并对本单位产生的职业病危害承担责任。

用人单位的主要负责人对本单位的职业病防治工作全面负责。

第五条 国家卫生健康委依照《中华人民共和国职业病防治法》和国务院规定的职责,负责全国用人单位职业卫生的监督管理工作。

县级以上地方卫生健康主管部门依照《中华人民共和国职业病防治法》和本级人民政府规定的职责,负责本行政区域内用人单位职业卫生的监督管理工作。

第六条 为职业病防治提供技术服务的职业卫生技术服务机构,应当依照国家有关职业卫生技术服务机构管理的相关法律法规及标准、规范的要求,为用人单位提供技术服务。

第七条 任何单位和个人均有权向卫生健康主管部门举报用人单位违反本规定的行为和职业病危害事故。

第二章　用人单位的职责

第八条　职业病危害严重的用人单位,应当设置或者指定职业卫生管理机构或者组织,配备专职职业卫生管理人员。

其他存在职业病危害的用人单位,劳动者超过一百人的,应当设置或者指定职业卫生管理机构或者组织,配备专职职业卫生管理人员;劳动者在一百人以下的,应当配备专职或者兼职的职业卫生管理人员,负责本单位的职业病防治工作。

第九条　用人单位的主要负责人和职业卫生管理人员应当具备与本单位所从事的生产经营活动相适应的职业卫生知识和管理能力,并接受职业卫生培训。

对用人单位主要负责人、职业卫生管理人员的职业卫生培训,应当包括下列主要内容:

(一)职业卫生相关法律、法规、规章和国家职业卫生标准;

(二)职业病危害预防和控制的基本知识;

(三)职业卫生管理相关知识;

(四)国家卫生健康委规定的其他内容。

第十条　用人单位应当对劳动者进行上岗前的职业卫生培训和在岗期间的定期职业卫生培训,普及职业卫生知识,督促劳动者遵守职业病防治的法律、法规、规章、国家职业卫生标准和操作规程。

用人单位应当对职业病危害严重的岗位的劳动者,进行专门的职业卫生培训,经培训合格后方可上岗作业。

因变更工艺、技术、设备、材料,或者岗位调整导致劳动者接触的职业病危害因素发生变化的,用人单位应当重新对劳动者进行上岗前的职业卫生培训。

第十一条　存在职业病危害的用人单位应当制定职业病危害防治计划和实施方案,建立、健全下列职业卫生管理制度和操作规程:

(一)职业病危害防治责任制度;

(二)职业病危害警示与告知制度;

(三)职业病危害项目申报制度;

(四)职业病防治宣传教育培训制度;

(五)职业病防护设施维护检修制度;

(六)职业病防护用品管理制度;

(七)职业病危害监测及评价管理制度;

(八)建设项目职业病防护设施"三同时"管理制度;

(九)劳动者职业健康监护及其档案管理制度;

(十)职业病危害事故处置与报告制度;

(十一)职业病危害应急救援与管理制度;

(十二)岗位职业卫生操作规程;

(十三)法律、法规、规章规定的其他职业病防治制度。

第十二条 产生职业病危害的用人单位的工作场所应当符合下列基本要求:

(一)生产布局合理,有害作业与无害作业分开;

(二)工作场所与生活场所分开,工作场所不得住人;

(三)有与职业病防治工作相适应的有效防护设施;

(四)职业病危害因素的强度或者浓度符合国家职业卫生标准;

(五)有配套的更衣间、洗浴间、孕妇休息间等卫生设施;

(六)设备、工具、用具等设施符合保护劳动者生理、心理健康的要求;

(七)法律、法规、规章和国家职业卫生标准的其他规定。

第十三条 用人单位工作场所存在职业病目录所列职业病的危害因素的,应当按照《职业病危害项目申报办法》的规定,及时、如实向所在地卫生健康主管部门申报职业病危害项目,并接受卫生健康主管部门的监督检查。

第十四条 新建、改建、扩建的工程建设项目和技术改造、技术引进项目(以下统称建设项目)可能产生职业病危害的,建设单位应当按照国家有关建设项目职业病防护设施"三同时"监督管理的规定,进行职业病危害预评价、职业病防护设施设计、职业病危害控制效果评价及相应的评审,组织职业病防护设施验收。

第十五条 产生职业病危害的用人单位,应当在醒目位置设置公告栏,公布有关职业病防治的规章制度、操作规程、职业病危害事故应急救援措施和工作场所职业病危害因素检测结果。

存在或者产生职业病危害的工作场所、作业岗位、设备、设施，应当按照《工作场所职业病危害警示标识》(GBZ158)的规定，在醒目位置设置图形、警示线、警示语句等警示标识和中文警示说明。警示说明应当载明产生职业病危害的种类、后果、预防和应急处置措施等内容。

存在或者产生高毒物品的作业岗位，应当按照《高毒物品作业岗位职业病危害告知规范》(GBZ/T203)的规定，在醒目位置设置高毒物品告知卡，告知卡应当载明高毒物品的名称、理化特性、健康危害、防护措施及应急处理等告知内容与警示标识。

第十六条 用人单位应当为劳动者提供符合国家职业卫生标准的职业病防护用品，并督促、指导劳动者按照使用规则正确佩戴、使用，不得发放钱物替代发放职业病防护用品。

用人单位应当对职业病防护用品进行经常性的维护、保养，确保防护用品有效，不得使用不符合国家职业卫生标准或者已经失效的职业病防护用品。

第十七条 在可能发生急性职业损伤的有毒、有害工作场所，用人单位应当设置报警装置，配置现场急救用品、冲洗设备、应急撤离通道和必要的泄险区。

现场急救用品、冲洗设备等应当设在可能发生急性职业损伤的工作场所或者临近地点，并在醒目位置设置清晰的标识。

在可能突然泄漏或者逸出大量有害物质的密闭或者半密闭工作场所，除遵守本条第一款、第二款规定外，用人单位还应当安装事故通风装置以及与事故排风系统相连锁的泄漏报警装置。

生产、销售、使用、贮存放射性同位素和射线装置的场所，应当按照国家有关规定设置明显的放射性标志，其入口处应当按照国家有关安全和防护标准的要求，设置安全和防护设施以及必要的防护安全联锁、报警装置或者工作信号。放射性装置的生产调试和使用场所，应当具有防止误操作、防止工作人员受到意外照射的安全措施。用人单位必须配备与辐射类型和辐射水平相适应的防护用品和监测仪器，包括个人剂量测量报警、固定式和便携式辐射监测、表面污染监测、流出物监测等设备，并保证可能接触放射线的工作人员佩戴个人剂量计。

第十八条 用人单位应当对职业病防护设备、应急救援设施进行经常性的维护、检修和保养,定期检测其性能和效果,确保其处于正常状态,不得擅自拆除或者停止使用。

第十九条 存在职业病危害的用人单位,应当实施由专人负责的工作场所职业病危害因素日常监测,确保监测系统处于正常工作状态。

第二十条 职业病危害严重的用人单位,应当委托具有相应资质的职业卫生技术服务机构,每年至少进行一次职业病危害因素检测,每三年至少进行一次职业病危害现状评价。

职业病危害一般的用人单位,应当委托具有相应资质的职业卫生技术服务机构,每三年至少进行一次职业病危害因素检测。

检测、评价结果应当存入本单位职业卫生档案,并向卫生健康主管部门报告和劳动者公布。

第二十一条 存在职业病危害的用人单位发生职业病危害事故或者国家卫生健康委规定的其他情形的,应当及时委托具有相应资质的职业卫生技术服务机构进行职业病危害现状评价。

用人单位应当落实职业病危害现状评价报告中提出的建议和措施,并将职业病危害现状评价结果及整改情况存入本单位职业卫生档案。

第二十二条 用人单位在日常的职业病危害监测或者定期检测、现状评价过程中,发现工作场所职业病危害因素不符合国家职业卫生标准和卫生要求时,应当立即采取相应治理措施,确保其符合职业卫生环境和条件的要求;仍然达不到国家职业卫生标准和卫生要求的,必须停止存在职业病危害因素的作业;职业病危害因素经治理后,符合国家职业卫生标准和卫生要求的,方可重新作业。

第二十三条 向用人单位提供可能产生职业病危害的设备的,应当提供中文说明书,并在设备的醒目位置设置警示标识和中文警示说明。警示说明应当载明设备性能、可能产生的职业病危害、安全操作和维护注意事项、职业病防护措施等内容。

用人单位应当检查前款规定的事项,不得使用不符合要求的设备。

第二十四条 向用人单位提供可能产生职业病危害的化学品、放射性同位素和含有放射性物质的材料的,应当提供中文说明书。说明书应当载明产品特性、主要成份、存在的有害因素、可能产生的危害后果、安全使用注意事项、职业病防护和应急救治措施等内容。产品包装应当有醒目的警示标识和中文警示说明。贮存上述材料的场所应当在规定的部位设置危险物品标识或者放射性警示标识。

用人单位应当检查前款规定的事项,不得使用不符合要求的材料。

第二十五条 任何用人单位不得使用国家明令禁止使用的可能产生职业病危害的设备或者材料。

第二十六条 任何单位和个人不得将产生职业病危害的作业转移给不具备职业病防护条件的单位和个人。不具备职业病防护条件的单位和个人不得接受产生职业病危害的作业。

第二十七条 用人单位应当优先采用有利于防治职业病危害和保护劳动者健康的新技术、新工艺、新材料、新设备,逐步替代产生职业病危害的技术、工艺、材料、设备。

第二十八条 用人单位对采用的技术、工艺、材料、设备,应当知悉其可能产生的职业病危害,并采取相应的防护措施。对有职业病危害的技术、工艺、设备、材料,故意隐瞒其危害而采用的,用人单位对其所造成的职业病危害后果承担责任。

第二十九条 用人单位与劳动者订立劳动合同时,应当将工作过程中可能产生的职业病危害及其后果、职业病防护措施和待遇等如实告知劳动者,并在劳动合同中写明,不得隐瞒或者欺骗。

劳动者在履行劳动合同期间因工作岗位或者工作内容变更,从事与所订立劳动合同中未告知的存在职业病危害的作业时,用人单位应当依照前款规定,向劳动者履行如实告知的义务,并协商变更原劳动合同相关条款。

用人单位违反本条规定的,劳动者有权拒绝从事存在职业病危害的作业,用人单位不得因此解除与劳动者所订立的劳动合同。

第三十条 对从事接触职业病危害因素作业的劳动者,用人单位应当按照《用人单位职业健康监护监督管理办法》、《放射工作人员职业健康管理办法》、《职业健康监护技术规范》(GBZ188)、《放射工作人员职业健康监护技术规范》(GBZ235)等有关规定组织上岗前、在岗期间、离岗时的职业健康检查,并将检查结果书面如实告知劳动者。

职业健康检查费用由用人单位承担。

第三十一条 用人单位应当按照《用人单位职业健康监护监督管理办法》的规定,为劳动者建立职业健康监护档案,并按照规定的期限妥善保存。

职业健康监护档案应当包括劳动者的职业史、职业病危害接触史、职业健康检查结果、处理结果和职业病诊疗等有关个人健康资料。

劳动者离开用人单位时,有权索取本人职业健康监护档案复印件,用人单位应当如实、无偿提供,并在所提供的复印件上签章。

第三十二条 劳动者健康出现损害需要进行职业病诊断、鉴定的,用人单位应当如实提供职业病诊断、鉴定所需的劳动者职业史和职业病危害接触史、工作场所职业病危害因素检测结果和放射工作人员个人剂量监测结果等资料。

第三十三条 用人单位不得安排未成年工从事接触职业病危害的作业,不得安排有职业禁忌的劳动者从事其所禁忌的作业,不得安排孕期、哺乳期女职工从事对本人和胎儿、婴儿有危害的作业。

第三十四条 用人单位应当建立健全下列职业卫生档案资料:

(一)职业病防治责任制文件;

(二)职业卫生管理规章制度、操作规程;

(三)工作场所职业病危害因素种类清单、岗位分布以及作业人员接触情况等资料;

(四)职业病防护设施、应急救援设施基本信息,以及其配置、使用、维护、检修与更换等记录;

(五)工作场所职业病危害因素检测、评价报告与记录;

(六)职业病防护用品配备、发放、维护与更换等记录;

(七)主要负责人、职业卫生管理人员和职业病危害严重工作岗位的劳动者等相关人员职业卫生培训资料;

(八)职业病危害事故报告与应急处置记录;

(九)劳动者职业健康检查结果汇总资料,存在职业禁忌证、职业健康损害或者职业病的劳动者处理和安置情况记录；

（十）建设项目职业病防护设施"三同时"有关资料；

（十一）职业病危害项目申报等有关回执或者批复文件；

（十二）其他有关职业卫生管理的资料或者文件。

第三十五条　用人单位发生职业病危害事故，应当及时向所在地卫生健康主管部门和有关部门报告，并采取有效措施，减少或者消除职业病危害因素，防止事故扩大。对遭受或者可能遭受急性职业病危害的劳动者，用人单位应当及时组织救治、进行健康检查和医学观察，并承担所需费用。

用人单位不得故意破坏事故现场、毁灭有关证据，不得迟报、漏报、谎报或者瞒报职业病危害事故。

第三十六条　用人单位发现职业病病人或者疑似职业病病人时，应当按照国家规定及时向所在地卫生健康主管部门和有关部门报告。

第三十七条　用人单位在卫生健康主管部门行政执法人员依法履行监督检查职责时，应当予以配合，不得拒绝、阻挠。

第三章　监督管理

第三十八条　卫生健康主管部门应当依法对用人单位执行有关职业病防治的法律、法规、规章和国家职业卫生标准的情况进行监督检查，重点监督检查下列内容：

（一）设置或者指定职业卫生管理机构或者组织，配备专职或者兼职的职业卫生管理人员情况；

（二）职业卫生管理制度和操作规程的建立、落实及公布情况；

（三）主要负责人、职业卫生管理人员和职业病危害严重的工作岗位的劳动者职业卫生培训情况；

（四）建设项目职业病防护设施"三同时"制度落实情况；

（五）工作场所职业病危害项目申报情况；

（六）工作场所职业病危害因素监测、检测、评价及结果报告和公布情况；

（七）职业病防护设施、应急救援设施的配置、维护、保养情况，以及职业病防护用品的发放、管理及劳动者佩戴使用情况；

（八）职业病危害因素及危害后果警示、告知情况；

（九）劳动者职业健康监护、放射工作人员个人剂量监测情况；

（十）职业病危害事故报告情况；

（十一）提供劳动者健康损害与职业史、职业病危害接触关系等相关资料的情况；

（十二）依法应当监督检查的其他情况。

第三十九条 卫生健康主管部门应当建立健全职业卫生监督检查制度，加强行政执法人员职业卫生知识的培训，提高行政执法人员的业务素质。

第四十条 卫生健康主管部门应当加强建设项目职业病防护设施"三同时"的监督管理，建立健全相关资料的档案管理制度。

第四十一条 卫生健康主管部门应当加强职业卫生技术服务机构的资质认可管理和技术服务工作的监督检查，督促职业卫生技术服务机构公平、公正、客观、科学地开展职业卫生技术服务。

第四十二条 卫生健康主管部门应当建立健全职业病危害防治信息统计分析制度，加强对用人单位职业病危害因素检测、评价结果、劳动者职业健康监护信息以及职业卫生监督检查信息等资料的统计、汇总和分析。

第四十三条 卫生健康主管部门应当按照有关规定，支持、配合有关部门和机构开展职业病的诊断、鉴定工作。

第四十四条 卫生健康主管部门行政执法人员依法履行监督检查职责时，应当出示有效的执法证件。

行政执法人员应当忠于职守，秉公执法，严格遵守执法规范；涉及被检查单位的技术秘密、业务秘密以及个人隐私的，应当为其保密。

第四十五条 卫生健康主管部门履行监督检查职责时，有权采取下列措施：

（一）进入被检查单位及工作场所，进行职业病危害检测，了解情况，调查取证；

（二）查阅、复制被检查单位有关职业病危害防治的文件、资料，采集有关样品；

（三）责令违反职业病防治法律、法规的单位和个人停止违法行为；

（四）责令暂停导致职业病危害事故的作业，封存造成职业病危害事故或者可能导致职业病危害事故发生的材料和设备；

（五）组织控制职业病危害事故现场。

在职业病危害事故或者危害状态得到有效控制后，卫生健康主管部门应当及时解除前款第四项、第五项规定的控制措施。

第四十六条　发生职业病危害事故，卫生健康主管部门应当依照国家有关规定报告事故和组织事故的调查处理。

第四章　法律责任

第四十七条　用人单位有下列情形之一的，责令限期改正，给予警告，可以并处五千元以上二万元以下的罚款：

（一）未按照规定实行有害作业与无害作业分开、工作场所与生活场所分开的；

（二）用人单位的主要负责人、职业卫生管理人员未接受职业卫生培训的；

（三）其他违反本规定的行为。

第四十八条　用人单位有下列情形之一的，责令限期改正，给予警告；逾期未改正的，处十万元以下的罚款：

（一）未按照规定制定职业病防治计划和实施方案的；

（二）未按照规定设置或者指定职业卫生管理机构或者组织，或者未配备专职或者兼职的职业卫生管理人员的；

（三）未按照规定建立、健全职业卫生管理制度和操作规程的；

（四）未按照规定建立、健全职业卫生档案和劳动者健康监护档案的；

（五）未建立、健全工作场所职业病危害因素监测及评价制度的；

（六）未按照规定公布有关职业病防治的规章制度、操作规程、职业病危害事故应急救援措施的；

（七）未按照规定组织劳动者进行职业卫生培训，或者未对劳动者个体防护采取有效的指导、督促措施的；

（八）工作场所职业病危害因素检测、评价结果未按照规定存档、上报和公布的。

第四十九条　用人单位有下列情形之一的,责令限期改正,给予警告,可以并处五万元以上十万元以下的罚款:

(一)未按照规定及时、如实申报产生职业病危害的项目的;

(二)未实施由专人负责职业病危害因素日常监测,或者监测系统不能正常监测的;

(三)订立或者变更劳动合同时,未告知劳动者职业病危害真实情况的;

(四)未按照规定组织劳动者进行职业健康检查、建立职业健康监护档案或者未将检查结果书面告知劳动者的;

(五)未按照规定在劳动者离开用人单位时提供职业健康监护档案复印件的。

第五十条　用人单位有下列情形之一的,责令限期改正,给予警告;逾期未改正的,处五万元以上二十万元以下的罚款;情节严重的,责令停止产生职业病危害的作业,或者提请有关人民政府按照国务院规定的权限责令关闭:

(一)工作场所职业病危害因素的强度或者浓度超过国家职业卫生标准的;

(二)未提供职业病防护设施和劳动者使用的职业病防护用品,或者提供的职业病防护设施和劳动者使用的职业病防护用品不符合国家职业卫生标准和卫生要求的;

(三)未按照规定对职业病防护设备、应急救援设施和劳动者职业病防护用品进行维护、检修、检测,或者不能保持正常运行、使用状态的;

(四)未按照规定对工作场所职业病危害因素进行检测、现状评价的;

(五)工作场所职业病危害因素经治理仍然达不到国家职业卫生标准和卫生要求时,未停止存在职业病危害因素的作业的;

(六)发生或者可能发生急性职业病危害事故,未立即采取应急救援和控制措施或者未按照规定及时报告的;

(七)未按照规定在产生严重职业病危害的作业岗位醒目位置设

置警示标识和中文警示说明的；

（八）拒绝卫生健康主管部门监督检查的；

（九）隐瞒、伪造、篡改、毁损职业健康监护档案、工作场所职业病危害因素检测评价结果等相关资料，或者不提供职业病诊断、鉴定所需要资料的；

（十）未按照规定承担职业病诊断、鉴定费用和职业病病人的医疗、生活保障费用的。

第五十一条 用人单位有下列情形之一的，依法责令限期改正，并处五万元以上三十万元以下的罚款；情节严重的，责令停止产生职业病危害的作业，或者提请有关人民政府按照国务院规定的权限责令关闭：

（一）隐瞒技术、工艺、设备、材料所产生的职业病危害而采用的；

（二）隐瞒本单位职业卫生真实情况的；

（三）可能发生急性职业损伤的有毒、有害工作场所或者放射工作场所不符合法律有关规定的；

（四）使用国家明令禁止使用的可能产生职业病危害的设备或者材料的；

（五）将产生职业病危害的作业转移给没有职业病防护条件的单位和个人，或者没有职业病防护条件的单位和个人接受产生职业病危害的作业的；

（六）擅自拆除、停止使用职业病防护设备或者应急救援设施的；

（七）安排未经职业健康检查的劳动者、有职业禁忌的劳动者、未成年工或者孕期、哺乳期女职工从事接触产生职业病危害的作业或者禁忌作业的；

（八）违章指挥和强令劳动者进行没有职业病防护措施的作业的。

第五十二条 用人单位违反《中华人民共和国职业病防治法》的规定，已经对劳动者生命健康造成严重损害的，责令停止产生职业病危害的作业，或者提请有关人民政府按照国务院规定的权限责令关闭，并处十万元以上五十万元以下的罚款。

造成重大职业病危害事故或者其他严重后果，构成犯罪的，对直接负责的主管人员和其他直接责任人员，依法追究刑事责任。

第五十三条　向用人单位提供可能产生职业病危害的设备或者材料,未按照规定提供中文说明书或者设置警示标识和中文警示说明的,责令限期改正,给予警告,并处五万元以上二十万元以下的罚款。

第五十四条　用人单位未按照规定报告职业病、疑似职业病的,责令限期改正,给予警告,可以并处一万元以下的罚款;弄虚作假的,并处二万元以上五万元以下的罚款。

第五十五条　卫生健康主管部门及其行政执法人员未按照规定报告职业病危害事故的,依照有关规定给予处理;构成犯罪的,依法追究刑事责任。

第五十六条　本规定所规定的行政处罚,由县级以上地方卫生健康主管部门决定。法律、行政法规和国务院有关规定对行政处罚决定机关另有规定的,依照其规定。

第五章　附　　则

第五十七条　本规定下列用语的含义:

工作场所,是指劳动者进行职业活动的所有地点,包括建设单位施工场所。

职业病危害严重的用人单位,是指建设项目职业病危害风险分类管理目录中所列职业病危害严重行业的用人单位。建设项目职业病危害风险分类管理目录由国家卫生健康委公布。各省级卫生健康主管部门可以根据本地区实际情况,对分类管理目录作出补充规定。

建设项目职业病防护设施"三同时",是指建设项目的职业病防护设施与主体工程同时设计、同时施工、同时投入生产和使用。

第五十八条　本规定未规定的其他有关职业病防治事项,依照《中华人民共和国职业病防治法》和其他有关法律、法规、规章的规定执行。

第五十九条　医疗机构放射卫生管理按照放射诊疗管理相关规定执行。

第六十条　本规定自2021年2月1日起施行。原国家安全生产监督管理总局2012年4月27日公布的《工作场所职业卫生监督管理规定》同时废止。

六、行业规定

中国银行间市场交易商协会关于发布《银行间债券市场进一步支持民营企业高质量发展行动方案》的通知

(2025年3月14日 中市协发〔2025〕42号)

各市场成员:

为深入学习贯彻习近平总书记在2月17日民营企业座谈会上的重要讲话精神,贯彻落实人民银行关于金融支持民营企业高质量发展系列工作部署,交易商协会研究制定了《银行间债券市场进一步支持民营企业高质量发展行动方案》,以发挥银行间市场作用,优化民营企业债券融资环境,为民营经济健康发展和民营企业做强做优做大提供有力支持。

特此通知。

附件:银行间债券市场进一步支持民营企业高质量发展行动方案

附件:

银行间债券市场进一步支持民营企业高质量发展行动方案

为深入学习贯彻习近平总书记在2月17日民营企业座谈会上的重要讲话精神,贯彻落实人民银行关于金融支持民营企业高质量发展系列工作部署,交易商协会把支持民营企业发展作为各项工作的重中之重,着力优化民营企业债券融资环境,进一步为民营经济健康发展和民营企业做强做优做大提供有力支持。

一、加大产品创新服务民营企业，做好金融"五篇大文章"

（一）多措并举支持民营企业发行科技创新债券。创新风险分担机制，支持民营科技型企业和股权投资机构发行科技创新债券，提升金融适配性及融资便利性。

（二）支持民营企业聚焦绿色低碳转型发展。提升绿色债券注册便利，支持民营企业发行碳中和债、转型债券、可持续发展挂钩债券、碳资产债务融资工具等产品，满足低碳转型发展需求。

（三）大力支持民营企业盘活存量资产。加大民营企业资产担保债券支持力度，丰富担保资产和担保模式，提升资产担保降成本效果。推动银行间多层次REITs市场发展和供应链票据资产支持证券扩面增量，通过证券化方式盘活民营存量资产。

（四）积极做好服务银发经济民营企业发债。鼓励服务银发经济民营企业发债用于养老产业相关领域，以及以养老产业项目现金流为支持发行资产证券化产品，盘活企业存量资产。

（五）做好民营企业数字化转型发债支持。研究健全债券融资支持机制，鼓励民营企业发债促进数字经济及其核心产业发展，助力企业数字化转型。

二、优化民营企业债券融资环境，提升注册发行服务质效

（六）优化民营企业储架注册发行机制。民营企业享受成熟层企业（TDFI/DFI）注册流程"绿色通道"、资产支持证券多资产储架注册、同类资产豁免发行备案、简化募集资金用途披露等发行便利。进一步发挥定向发行自主协商、灵活约定特点，优化定价方式、中介机构责任等差异化安排，满足各类民营企业多元化发债融资需求。

（七）加大民营企业债券承销投资引导力度。定期公布金融机构参与民营企业债券承销、投资情况，纳入主承销商执业情况市场评价，鼓励其加大民营企业债券服务力度。

（八）加大首次注册民营企业支持力度。鼓励主承销商开展首次注册民营企业培育拓展行动，持续挖掘有市场、有效益、信用好、有融资需求的优质民营企业进入债券市场。通过定期推送、路演宣介推动首次注册民营企业纳入金融机构投资"白名单"。

三、完善民营企业债券估值方法，提高二级市场流动性

（九）健全民营企业债券估值方法。推动估值机构优化民营企业债券估值方法，准确反映民营企业信用状况，建立投资人、发行人意见反馈机制，加强估值机构自律管理。

（十）鼓励主承销商开展民营企业债券做市。引导主承销商积极参与民营企业债券做市，推动纳入主承销商执业情况市场评价和做市商评价，提高民企债券二级市场流动性。

四、加大民营企业债券融资支持工具服务力度，拓宽"第二支箭"覆盖面

（十一）针对民营企业和投资人需求优化增信服务机制。通过担保增信、凭证创设等多种方式，一企一策制定增信服务方案，降低直接融资成本，更好发挥信用增进对民营企业的融资促进功能。

（十二）持续加强支持工具带动作用。积极争取各类金融机构、增信担保公司等多方协同联动，发挥政策合力，引导更多投资人参与投资民营企业债券。

五、营造支持民营企业良好氛围，加强"会员之家"惠民服务

（十三）发挥协会自律组织桥梁纽带作用。鼓励引导民营企业完善公司治理，优化债务结构。针对民营企业融资堵点难点问题加强市场调研，发挥桥梁作用会同相关部门，共同推动解决民营企业债券融资难问题。

（十四）为民营企业债券发行搭建专业服务平台。组织线上线下路演，便利民营企业与投资人深度交流互动，汇集投融资双方意向，服务民营企业债券发行。

中国银行间市场交易商协会
关于进一步加大债务融资工具支持力度
促进民营经济健康发展的通知

(2023年8月30日　中市协发〔2023〕146号)

各市场成员：

党中央始终高度重视民营经济，习近平总书记多次指出，要毫不动摇鼓励、支持、引导非公有制经济发展。为深入贯彻落实党中央、国务院关于坚持两个"毫不动摇"、促进民营经济发展壮大的决策部署，在人民银行正确领导下，交易商协会认真贯彻落实《中共中央　国务院关于促进民营经济发展壮大的意见》政策要求，把支持民营企业发展作为工作的重中之重。按照人民银行等金融管理部门与全国工商联8月30日共同召开的金融支持民营企业发展工作推进会有关精神，着力优化民营企业融资环境，积极营造支持民营企业发展壮大的良好氛围，助力民营经济平稳健康发展。

一、落实"第二支箭"扩容增量工作部署，提振市场信心

（一）继续加大"第二支箭"服务力度，更好支持民营企业发展。支持符合条件的产业类及地产民营企业、科技创新公司以及采用中小企业集合票据的科技公司在债券市场融资，继续扩大民营企业债券融资支持工具覆盖面，惠及更多中低信用等级民营企业发行主体。

（二）继续丰富和创新"第二支箭"工具箱，提升增信力度。运用信用风险缓释凭证（CRMW）、信用联结票据（CLN）、担保增信、交易型增信等多种方式，积极为民营企业发债融资提供增信支持。加强与地方政府担保机构、人民银行分支机构及地方政府等部门的工作联动、信息共享，健全风险分担机制，提升风险处置合力，促进增信支持模式的可持续性。

二、拓宽民营企业"绿色通道",提高融资服务便利

(三)主动跨前服务,加强精准对接。一是"跨前一步"开展"预沟通"。在注册发行文件准备阶段、发行阶段、存续期年报及重大事项披露等环节,设置民营企业"预沟通"机制,将注册发行服务前置业务办理前,提升服务质效。二是"一对一"设置"服务专员"。专人对接民营企业实现服务直达,主动了解企业融资诉求,做好上门宣介和培训工作。

(四)优化注册机制,提高服务质效。一是支持民营企业储架式注册发行。采用主承销商团便利机制,可结合实际需求确定主承销商团成员及家数。二是民营企业注册全流程采用"快速通道"。实行"申报即受理",将受理工作合并至预评环节[1],首轮反馈5个工作日内完成,后续反馈2个工作日内完成,预评完成后,及时安排上会,提升工作效率。三是支持民营企业使用"常发行计划",优化信息披露制式要求,减少重复披露内容,提高企业融资效率。

(五)提升发行便利,满足融资需求。一是拓宽民营企业发行时限要求。在当前最晚18时截标规范基础上[2],民营企业可根据实际情况,申请将最晚截标时间延长至当日20时。二是优化发行金额动态调整机制。民营企业采用发行金额动态调整的,可在簿记建档结束后,按照投资集中度限制等监管规则要求,结合申购情况自主决定发行金额,发行金额无需在簿记建档截止时间前1小时披露。

(六)丰富主动债务管理工具箱,促进优化负债结构。支持民营企业根据自身债务管理需要,开展现金要约收购、二级市场收购,在符合信息披露、公允定价、公平交易等规范基础上,以市场化方式购回本企业发行的债务融资工具,促进优化负债结构,提振市场信心,改善融资环境。

三、加强民营企业创新产品支持力度,激发市场活力

(七)支持绿色低碳转型,助力可持续发展。一是支持民营企业发行中长期绿色债务融资工具、碳中和债,引导募集资金向绿色低碳领域配置。二是支持民营企业注册发行可持续发展挂钩债券(SLB)、转型债券,进一步满足高碳行业转型资金需求。

(八)拓宽科技企业融资渠道,支持战略新兴产业发展。一是支持

专精特新"小巨人"等民营科技型企业注册发行科创票据,募集资金用于信息技术、生物技术、新能源、高端装备等战略性新兴产业,支持民营科技型企业发展。二是鼓励发行混合型科创票据,通过设置合理期限、设计浮动利率、挂钩投资收益等实现股债联动,为民营科技型企业提供股性资金支持。三是鼓励民营企业发行股债结合类产品,支持募集资金用于并购、权益出资等股债结合类用途,满足企业合理股权资金需求。

(九)丰富证券化融资模式,支持盘活存量资产。一是鼓励以支持民营和中小微企业融资所形成的应收账款、融资租赁债权、不动产、微小企业贷款等作为基础资产发行资产支持票据(ABN)、资产支持商业票据(ABCP)、不动产信托资产支持票据(类REITs)等证券化产品,提升民营企业融资可得性。二是支持科技型民营企业以知识产权质押贷款、许可使用费、融资租赁及供应链等多种模式开展证券化融资,为民营企业提供多元化金融服务。三是鼓励民营企业注册发行资产担保债务融资工具(CB),充分发挥资产和主体"双重增信"机制,盘活不动产、土地使用权等存量资产。四是鼓励以上海票据交易所供应链票据作为基础资产发行资产证券化产品,盘活票据资产,引导债券市场资金加大对民营企业支持力度,扎实推进保供稳链工作。

四、加大市场宣传力度,增进各方交流互信

(十)加强宣传鼓励,激发市场活力。按期在协会官网公布各类金融机构承销、投资民营企业债券情况,激发金融机构服务民营企业债券特别是中长期限债券融资的内生动力,鼓励金融机构优化内部绩效考核、尽职免责等激励考评机制。

(十一)释放积极信号,引导市场参与。发挥债券市场公开透明、预期引导性强的优势,加强典型案例宣传,释放积极明确信号,引导市场机构积极参与"第二支箭"债券和信用风险缓释工具投资。

(十二)积极搭台唱戏,增进各方交流。通过官网、公众号以及媒体等多渠道开展服务民营企业宣传,重点强化政策效果、产品模式和市场反应等内容的舆论引导。组织开展恳谈会、联合路演等交流活动,为民营企业搭建对话沟通和共建共享的平台,增进投资人对民营企业的了解。

本通知自发布之日起实施。

特此通知。

注：[1]系统填报修改意见除外，因在受理阶段修改更便利。

　　[2]《关于进一步加强银行间债券市场发行业务规范有关事项的通知》(中市协发〔2023〕102号)。

七、地方有关规定

北京市优化营商环境条例

（2020年3月27日北京市第十五届人民代表大会常务委员会第二十次会议通过 根据2022年8月29日北京市第十五届人民代表大会常务委员会第四十二次会议通过的《关于修改〈北京市优化营商环境条例〉的决定》第一次修正 2024年11月29日北京市第十六届人民代表大会常务委员会第十三次会议第一次修订）

目 录

第一章 总 则
第二章 市场环境
第三章 政务服务
第四章 监管执法
第五章 法治保障
第六章 附 则

第一章 总 则

第一条 为了持续优化营商环境，推进首都治理体系和治理能力现代化，推动高质量发展，根据国务院《优化营商环境条例》等法律、行政法规，结合本市实际情况，制定本条例。

第二条 优化营商环境应当坚持市场化、法治化、国际化原则，以经营主体需求为导向，以政府职能转变为核心，构建以告知承诺为基础的审批制度、以信用为基础的监管制度、以标准化为基础的政务服务制度、以新一代信息技术为基础的数据共享和业务协同制度，以法治为基础的政策保障制度，切实降低制度性交易成本，激发经营主体活力,充分发挥市场在资源配置中的决定性作用,打造"北京服务",建设稳定、公平、透明、可预期的国际一流营商环境。

本市依托国家服务业扩大开放综合示范区、中国(北京)自由贸易试验区等区域建设,对接国际高标准经贸规则,扩大规则、规制、管理、标准等制度型开放。

第三条 经营主体在市场经济活动中的权利平等、机会平等、规则平等,依法享有自主决定经营业态、模式的权利,人身和财产权益受到保护的权利,知悉法律、政策和监管、服务等情况的权利,自主加入或者退出社会组织的权利,对营商环境工作进行监督的权利。

经营主体应当遵守法律法规,恪守社会公德和商业道德,诚实守信、公平竞争,履行安全、质量、环境保护、劳动者权益保护、消费者权益保护等方面的法定义务,在国际经贸活动中遵循国际通行规则。

第四条 本市建立健全优化营商环境议事协调工作机制,组建专家咨询委员会,完善优化营商环境政策措施,及时协调解决重大问题,统筹推进、督促落实优化营商环境工作。

市、区人民政府应当加强对优化营商环境工作的组织协调,政府主要负责人是优化营商环境第一责任人。

市、区发展改革部门主管本行政区域内优化营商环境工作,组织、指导、协调优化营商环境日常事务;有关政府部门依照各自职责,做好优化营商环境的相关工作。

第五条 本市鼓励政府及有关部门结合实际情况,在法治框架内积极探索原创性、差异化的优化营商环境具体措施;对探索中出现的失误或者偏差,符合规定条件的,可以免除或者减轻责任。

第六条 本市完善营商环境监测评价制度。市发展改革部门会同有关部门以经营主体和社会公众满意度为导向,对本市营商环境开展数字化监测。

第七条 市、区人民政府应当每年向同级人民代表大会常务委员会报告优化营商环境工作,人大常委会可以采取听取专项工作报告、执法检查、质询、询问或者代表视察等方式,对优化营商环境工作进行监督。

第八条 本市建立优化营商环境社会监督员制度,聘请企业经营者、有关社会人士作为监督员,发现营商环境问题,及时提出意见和建议。政府及有关部门应当接受社会监督员的监督,及时整改查实的问题。

第九条 本市与天津市、河北省协同推进优化营商环境工作,实现政务服务标准统一、资质互认、区域通办,促进区域内生产要素自由流动和优化配置。

第二章 市场环境

第十条 本市以经营主体需求为导向,创新体制机制,为经营主体从事生产经营活动创造国际领先的发展条件。

第十一条 保障各种所有制经济平等受到法律保护。保障各类经营主体依法平等使用资金、技术、人力资源、土地使用权、数据等各类生产要素和公共服务资源,依法平等适用国家和本市各类支持发展政策,在政府采购和招标投标等公共资源交易活动中获得公平待遇。

禁止违反法定权限、条件、程序对经营主体的财产和企业经营者个人财产实施查封、扣押和冻结等行政强制措施;禁止在法律、法规规定之外要求经营主体提供财力、物力或者人力的收费和摊派行为。

因国家利益、社会公共利益需要,政府采取征收征用、变更或者撤回已经生效的行政许可、承诺等措施的,应当依法予以补偿。

第十二条 本市按照党中央、国务院批复的《北京城市总体规划》和国家要求,制定符合首都功能定位的产业发展政策和新增产业的禁止和限制目录。本市新增产业的禁止和限制目录,由市发展改革部门会同有关政府部门拟订,报市人民政府批准后向社会公布。

其他政府部门、各区人民政府不得制定新增产业的禁止和限制目录。

国家市场准入负面清单和本市新增产业的禁止和限制目录以外的领域,各类经营主体均可以依法平等进入。

第十三条 政府有关部门应当采取下列措施简化经营主体注册登记手续,法律、行政法规另有规定的除外:

(一)申请设立登记或者变更登记事项,申请人承诺所提交的章程、协议、决议和住所使用证明等材料真实、合法、有效的,市场监督管

理部门对提交的材料实行形式审查;

（二）对申请设立一般经营项目,提交材料齐全的,应当即时办结,并一次性向申请人提供开展生产经营活动所需的营业执照、公章和票据;不能即时办结的,应当在一个工作日内办结;

（三）允许多个经营主体使用同一地址作为登记住所;

（四）推行企业住所标准化登记,以跨部门数据互联互通方式对申请人自主申报的住所信息进行智能匹配校验,校验通过的,申请人无需提交书面的住所证明材料;

（五）允许在登记住所以外的场所开展生产经营活动,但应当由经营主体通过企业信用信息系统自行公示实际生产经营场所的地址或者联系方式;

（六）设立分支机构的,可以申请在其营业执照上注明分支机构住所,不再单独申请营业执照。

简化注册登记手续的具体办法,由市市场监督管理部门制定,并向社会公布。

在中国（北京）自由贸易试验区试点商事主体登记确认制改革,最大限度尊重经营主体自主经营权。

第十四条 经营主体登记的住所或者通过北京市企业登记服务平台自行填报公示的其他地址承诺,应当能够作为纸质法律文书送达地址;同意适用电子送达方式的,在北京市企业登记服务平台中填写的电子邮箱、传真号、移动即时通讯账号等视为电子法律文书送达地址,但法律法规另有规定的除外。

第十五条 本市推进科技重点产业发展。经营主体可以利用国家自主创新示范区和北京经济技术开发区现有资源,建设科技企业孵化器。经依法登记的农村集体经营性建设用地符合国土空间规划的,可以用于科技孵化、科技成果转化和产业落地等项目建设。

支持在本市设立国际科技组织或者联盟、国际知识产权组织或者其分支机构。

第十六条 知识产权等有关政府部门应当健全知识产权保护的举报、投诉、维权和援助平台,完善行政机关之间、行政机关与司法机关之间的案件移送和线索通报制度。

市知识产权部门应当鼓励、引导企业提升保护和运用知识产权的能力,建立专利预警制度;支持行业协会、知识产权中介机构为企业提供目标市场的知识产权预警和战略分析服务。

市知识产权部门应当建立海外知识产权纠纷应对指导和维权援助机制,指导企业、行业协会制定海外重大突发知识产权案件应对预案,支持行业协会、知识产权中介机构为企业提供海外知识产权纠纷、争端和突发事件的应急援助。

第十七条 市人力资源和社会保障部门建立健全人力资源服务体制机制,培育国际化、专业化的人力资源服务机构,为人力资源合理流动和优化配置提供服务;畅通劳动者维权渠道,完善调解机制,加大监督执法力度,依法保护劳动者合法权益;按照国家规定取消水平评价类技能人员职业资格,推行社会化职业技能等级认定。

第十八条 本市鼓励金融机构在风险可控的前提下,为中小企业提供信用贷款,开展无还本续贷、循环贷等业务,提高对中小企业的信贷规模和比重。

市地方金融管理部门应当组织协调有关金融机构,为经营主体办理首贷、续贷业务和其他金融业务提供服务。

本市在确保商业秘密、个人隐私受到保护的前提下,推动不动产登记、税务、市场监督管理、民政等有关政府部门的信息与金融机构共享。

第十九条 本市由人民银行动产融资登记系统对除航空器、船舶、机动车和知识产权外的动产担保物进行统一登记。经营主体办理动产担保登记,可以对担保物进行概括性描述。

动产担保双方当事人可以约定担保权益涵盖担保物本身及其将来产生的产品、收益、替代品等资产。市地方金融管理部门推动建立担保物处置平台,为债权人实现担保权益提供便利。

第二十条 本市在风险可控的前提下,探索建立不动产、股权等作为信托财产的信托财产登记及相关配套机制。

第二十一条 本市推动区域性股权市场规范健康发展,支持北京股权交易中心完善股东名册托管登记机制,扩大中小微企业股权直接融资规模。

第二十二条 本市鼓励金融机构定期发布环境信息披露报告,将投融资相关业务的环境信息向社会公布。

支持金融机构优化、创新绿色信贷、绿色保险、绿色金融债券等产品和服务,将环境、社会和治理因素纳入投资决策,推动被投资方改善环境绩效。

第二十三条 政府及有关部门应当严格落实国家各项减税降费政策,及时研究解决政策落实中的具体问题,确保减税降费政策全面、及时惠及经营主体。

第二十四条 发生突发事件的,市、区人民政府应当根据经营主体遭受的损失和采取应急处置措施的情况,制定并组织实施救助、补偿、补贴、减免、抚慰、抚恤、安置等措施。

第二十五条 政府采购和招标投标等公共资源交易活动,不得有下列限制或者排斥潜在供应商或者投标人的行为:

(一)违法限定潜在供应商或者投标人的所有制形式或者组织形式;

(二)违法要求潜在供应商或者投标人设立分支机构;

(三)以特定行政区域或者特定行业的业绩、奖项作为加分条件;

(四)限定或者指定特定的专利、商标、品牌、原产地或者供应商等;

(五)其他限制或者排斥潜在供应商或者投标人的行为。

第二十六条 市发展改革部门推动建立健全本市公共资源交易平台体系,实行公共资源交易目录管理,依法公开公共资源交易的规则、流程、结果、监管和信用等信息,推进公共资源交易全流程数字化、智能化,实现一表申请、一证通用、一网通办服务。

推广投标保证金、履约保证金和工程质量保证金使用电子保函,降低交易成本,提高交易效率。

第二十七条 政府及有关部门应当履行依法作出的政策承诺以及依法订立的各类合同,不得以行政区划调整、政府换届、机构或者职能调整以及相关责任人更替等为由违约毁约,不得违背经营主体真实意愿延长付款期限。因国家利益、社会公共利益需要改变政策承诺、合同约定的,应当依照法定权限和程序进行,造成损失的应当依法予以补偿。

经营主体以应收账款申请担保融资,向国家机关、事业单位和企业等应付款方提出确权请求的,应付款方应当及时确认债权债务关系。

第二十八条　有下列情形之一的,市场监督管理部门应当为企业办理注销登记:

(一)领取营业执照后未开展生产经营活动或者无债权债务,在国家企业信用信息系统发布拟注销公告满二十日,且无异议的;

(二)破产管理人依据人民法院终结破产程序裁定文书提出申请的;

(三)被吊销营业执照三年以上的公司,其股东书面承诺承担未清偿债务的。

第二十九条　本市鼓励和支持行业协会商会依法自主发展会员,代表会员反映诉求,服务会员发展;政府及有关部门起草或者制定有关行业发展的政策措施,应当主动听取有关行业协会商会的意见,对其意见采纳情况及时反馈和说明。

第三章　政　务　服　务

第三十条　政府及有关部门应当统一政务服务标准,创新政务服务方式,推动区块链、人工智能、大数据、物联网等新一代信息技术在政务服务领域的应用,不断提高政务服务质量,为经营主体提供规范、便利、高效的政务服务。

第三十一条　本市推进政务服务标准化。

市政务服务和数据管理部门会同有关政府部门编制并公布全市统一的政务服务事项目录及其办事指南,明确办理条件和流程、所需材料、容缺受理、办理环节和时限、收费标准、联系方式、投诉渠道等内容。办事指南中的办理条件、所需材料不得含有其他、有关等模糊性兜底要求。

第三十二条　有关政府部门及其工作人员应当按照有利于经营主体的原则办理政务服务事项,并遵守下列规定:

(一)按照办事指南的规定办理政务服务事项,不得提出办事指南

规定以外的要求;

（二）能够通过政府部门之间信息共享获取的材料,不得要求经营主体提供;

（三）需要进行现场踏勘、现场核查、技术审查、听证论证的,应当在规定时限内及时安排,不得推诿、拖延;

（四）同一政务服务事项在同等情况下,应当同标准受理、同标准办理;

（五）遵守工作纪律,不得与经营主体有任何影响依法履职的交往。

第三十三条 本市在除直接涉及国家安全、公共安全和人民群众生命健康等以外的行业、领域,推行政务服务事项办理告知承诺制。申请人承诺符合办理条件的,有关政府部门应当直接作出同意的决定;未履行承诺的,责令其限期整改,整改后仍未达到条件的,撤销决定,并将有关情况纳入本市公共信用信息服务平台;作出虚假承诺的,直接撤销决定,按照未取得决定擅自从事相关活动追究相应法律责任,并将有关情况纳入本市公共信用信息服务平台。

告知承诺事项的具体范围和办理条件、标准、流程等,分别由市政务服务和数据管理部门、有关政府部门制定并向社会公布。

第三十四条 本市建立市、区、街道和乡镇政务服务体系,根据需要设置政务服务大厅或者站点,统一办理政务服务事项。

政务服务大厅或者站点应当统一政务服务场所名称和标识,实行周末服务、错时或者延时服务,为经营主体就近办事、多点办事、快速办事、随时办事提供便利。

第三十五条 政务服务部门应当在政务服务大厅或者站点设置综合窗口,集中受理政务服务事项。有关政府部门可以通过协议委托同级政务服务机构受理政务服务事项,分别进行行政审批,综合窗口统一反馈办理结果。

有关政府部门在政务服务大厅或者站点派驻人员的,应当赋予派驻人员充分的行政审批权限,对已经受理的事项,原则上实行经办人、首席代表最多签两次办结的工作机制,实现受理、审批、办结一站式服务。

有关政府部门应当根据经营主体的申请,在行政审批有效期届满前作出是否准予延续的决定;逾期未作出决定的,视为准予延续。

第三十六条　本市推行全部政务服务事项在网上全程办理,法律法规另有规定或者涉及国家秘密的除外。

有关政府部门不得以政务服务事项已实现网上全程办理为由,限制经营主体自主选择网上或者现场办理。

市政务服务和数据管理部门建设全市统一的在线政务服务平台,推进各区、各部门政务服务平台规范化、标准化和互联互通。

第三十七条　市政务服务和数据管理部门建立全市统一的大数据管理平台和信息共享机制,推进政务信息共享。有关政府部门应当依据职责准确、及时、完整向大数据管理平台汇集政务信息。支持有条件的区域通过大数据管理平台共享和调用经营主体的电子证照。

有关政府部门应当在政务服务中推广应用电子证照、电子印章、电子签名等电子材料。经营主体办理政务服务事项,使用符合《中华人民共和国电子签名法》规定条件的可靠电子签名,与手写签名或者盖章具有同等法律效力;电子印章与实物印章具有同等法律效力;电子证照与纸质证照具有同等法律效力,但法律、行政法规另有规定的除外。

区块链技术应用中产生的电子数据可以作为办理政务服务事项的依据和归档材料。

第三十八条　本市实行行政许可事项清单管理制度,依法编制、调整并公布全市行政许可事项清单,清单之外不得违法设定、变相设定或者实施行政许可。

第三十九条　市政务服务和数据管理部门依法制定行政审批中介服务事项清单,并向社会公布;有关政府部门不得将清单以外的中介服务事项作为办理行政审批的条件。

第四十条　企业固定资产投资项目审批实行告知承诺制,其范围由市发展改革部门拟订,报市人民政府批准后向社会公布。

第四十一条　在北京城市副中心、中关村科学城、怀柔科学城、未来科学城、北京经济技术开发区及其他有条件的区域,政府及有关部门编制详细规划或者土地一级开发阶段应当同步开展环境、水、交通、

七、地方有关规定

地震、地质、压覆矿产、考古等区域评估,不再对区域内经营主体的建设项目单独提出评估要求。

第四十二条　本市持续深化工程建设领域测绘测量改革,整合测绘测量事项,制定统一的测绘测量技术标准,推进联合测绘测量和成果互认。符合规定的建设单位无需多次提交对同一标的物的测绘测量成果;情况发生变化的,可以进行补充测绘测量。

第四十三条　本市建立工程建设领域"风险+信用"监管体系,根据风险等级、信用等级,分级分类、动态调整监管规则,实行差别化管理。

对社会投资低风险工程建设项目,规划许可和施工许可、联合验收和不动产登记可以合并办理,从立项到不动产登记全流程审批总时长累计不超过十五日;对其他社会投资工程建设项目,推行并联办理、限时办结。

市规划和自然资源部门按照国家有关规定,探索制定建设工程规划许可证豁免清单并完善相应监管机制。

第四十四条　本市在民用和低风险工业建筑工程领域推行建筑师负责制,注册建筑师为核心的设计团队、注册建筑师所属的设计企业可以为建筑工程提供全周期设计、咨询、管理等服务。推行建筑师负责制职业责任保险制度,支持保险企业开发建筑师负责制职业责任保险产品。

对于可以不聘用工程监理、建设单位不具备工程建设项目管理能力的建设项目,建设单位可以通过购买工程质量潜在缺陷保险,由保险公司委托风险管理机构对工程建设项目实施管理。

本市依据国务院授权探索取消施工图审查或者缩小审查范围,在勘察设计质量监管中实施告知承诺制,推动"双随机、一公开"联合监管和信用监管深度融合,完善按风险分级分类管理模式。

第四十五条　本市优化工程建设项目施工管理。房屋建筑工程项目和土方作业量大的市政工程项目,项目单位取得项目设计方案审查意见且施工现场具备条件的,可以先期开展土方、护坡、降水等作业;但是最迟应当在主体工程施工前取得建设工程施工许可证。

第四十六条　供水、排水、供电、供气、供热、通信等公用企业事业单位,应当公开服务范围、标准、收费、流程、完成时限等信息。

对经营主体投资的建设项目需要附属接入市政公用设施的小型工程项目,由供水、排水、低压供电等市政公用企业直接上门提供免费服务。

推行不动产登记与供水、排水、供电、供气、通信等公用服务事项变更联动办理。公用企业事业单位应当优化报装流程,精简报装材料,压缩办理时间,实现报装申请全流程网上办理,探索报装单一窗口,增强报装协同性。

本市保障通信基础设施建设,按照国家和本市有关规定在控制性详细规划中明确通信基础设施建设要求,并列入土地出让的规划条件。

电信运营企业与建筑物产权人及其委托的物业服务企业或者其他管理人,不得限制其他电信运营企业使用建筑物通信配套设施,阻碍其网络平等接入。

本市深化市政接入工程审批改革。公用企业事业单位在非禁止道路区域内实施市政接入工程,按照规定报送施工、地下管线专项防护等方案后,可以开始施工。有关部门应当优化市政接入工程审批的办事流程和监管要求。

第四十七条 供电企业应当保障供电设施的正常、稳定运行,确保供电质量符合国家规定。市城市管理部门应当加强对供电企业年供电可靠率的监督,对年供电可靠率低于国家规定的,责令改正;拒不改正的,处五万元以上五十万元以下罚款。

第四十八条 税务、人力资源和社会保障等部门在确保信息安全的前提下,应当采取下列缴纳税费便利措施:

(一)推动纳税事项全市通办;

(二)推行使用财税辅助申报系统,为经营主体提供财务报表与税务申报表数据自动转换服务;

(三)对经营主体进行纳税提醒和风险提示;

(四)推行社会保险、医疗保险、住房公积金合并申报,网上缴纳;

(五)推广使用电子发票。

预期未来发生特定复杂重大涉税事项的企业,可以就税收政策适用问题,向税务机关提出纳税服务申请,税务机关应当书面告知政策适用意见。

第四十九条 有关部门应当在土地有偿使用合同(划拨决定书)、建设工程规划许可证、房屋销售(买卖)合同、抵押合同、完税凭证、不动产登记簿册、法律文书等资料中记载不动产单元代码,并与不动产交易、税款征收、确权登记、市政公用设施服务、司法裁决等业务实现一码关联,为开展共享查询追溯提供便利。

本市健全登记风险保障机制,推行不动产登记责任保险制度。

不动产登记部门应当按照国家有关规定,加强与住房和城乡建设、税务等部门的协作,为经营主体转让不动产提供登记、交易和缴税一窗受理、并行办理服务,时间不超过一个工作日。

不动产登记部门应当按照国家和本市有关规定,为经营主体查询下列信息,提供网上和现场服务:

(一)不动产面积、用途等自然状况信息;

(二)抵押、查封等限制信息;

(三)规划用途为非住宅且权利人为法人和非法人组织的房屋权属信息,但涉及国家秘密的除外;

(四)地籍图、宗地图等图件信息。

经权利人授权的被委托人,可以查询权利人名下的不动产信息并获得查询结果告知单。

人民法院应当依法及时公开涉及土地纠纷案件的审理情况及有关数据。

第五十条 市口岸管理部门应当按照国家促进跨境贸易便利化的要求,对进出口货物申报、舱单申报和运输工具申报业务提供单一窗口服务,推进监管信息和物流运输服务信息互联互通,实现无纸化通关,涉及国家秘密的特殊情况除外。

海关应当公布报关企业整体通关时间;口岸管理部门应当组织编制并公布口岸收费目录,口岸经营服务企业不得在目录以外收取费用。

第五十一条 海关、商务等有关政府部门应当依法精简进出口环节审批事项和单证,优化通关流程,能够退出口岸验核的,全部退出;

符合规定条件的,实行先验放后检测、先放行后缴税、先放行后改单管理。

鼓励企业提前申报通关,提前办理单证审核,对于提前申报通关存在差错的,按照有关容错机制处理。

第五十二条 市交通部门会同有关部门建立货物多式联运公共信息平台,推动空运、铁路、公路、邮政、水运等运输信息共享,实现货运信息可查、全程实时追踪。

第五十三条 政府及有关部门应当建立常态化的政企沟通机制,听取意见建议,提供政策信息,协调解决经营主体的困难和问题。

经营主体可以通过12345服务热线电话、部门电话、政府网站、政务新媒体等提出有关营商环境的咨询和举报投诉。有关政府部门、市政公用企业事业单位应当按照规定的时限协调解决、答复;无法解决的,应当及时告知并说明情况。

第五十四条 市政务服务和数据管理部门应当会同有关部门建设全市政策服务平台。有关部门依托平台开展政策归集共享,为经营主体精准匹配相关政策,提供政策发布、政策推送、政策兑现等服务。

对需要提出申请的惠企政策,应当合理设置申报期限、公开申请条件和兑现期限,实现一次申报、按期兑现。

第五十五条 支持北京城市副中心管理委员会、北京经济技术开发区管理委员会和有条件的区人民政府,探索实施相对集中行政许可权试点,可以由一个行政机关行使有关行政机关的行政许可权。

本市探索在部分领域开展营业执照和有关行政许可联合审批试点。经营主体在申请设立登记时,可以一并提出相关行政许可申请,由市场监督管理部门与其他有关政府部门并联办理。

本市探索在部分行业开展综合行政许可试点。一个行业经营涉及的多项行政许可可以整合为一项行业综合行政许可,一张行业综合行政许可证统一记载相关行政许可信息。

本市探索基于风险的分级分类审批管理机制。

第五十六条 本市推行"高效办成一件事"集成化办理,有关政府部门应当根据经营主体需求,推动跨层级、跨部门政务服务事项集成办理,一次性告知办理要求,统一受理申请材料、统一送达办理结果。

本市建立审批服务协调机制，统筹推进新产业、新业态、新模式发展中复杂的涉企审批服务项目。

第五十七条　本市实行外国人工作许可和工作类居留许可并联审批。有关部门应当完善具体措施，为境外人员入境住宿、出行、支付等提供便利。

第五十八条　本市实行政务服务好差评制度，经营主体可以对有关政府部门及其工作人员办理政务服务事项的情况进行评价。有关政府部门应当对差评快速响应、及时反馈。具体办法由市政务服务和数据管理部门制定并向社会公布。

第四章　监管执法

第五十九条　政府及有关部门应当依法履行监管职责，创新监管方式，坚持公平公正监管、信用监管、综合监管，做到严格规范、公正文明执法。

第六十条　有关政府部门编制的权力清单应当明确监管执法事项、依据、主体、权限、内容、方法、程序和处罚措施等内容。

第六十一条　本市推行以信用为基础的分级分类监管制度，探索构建以"风险＋信用"为基础、"分级分类＋协同"为关键、"科技＋共治"为驱动的一体化综合监管体系。

市有关政府部门以公共信用信息评价结果等为依据，制定本行业、本领域信用分级分类监管标准，减少对信用较好、风险较低的经营主体的检查。

本市推行经营主体专用信用报告制度。经营主体可以通过国家有关信用平台网站等网上或者现场渠道获取专用信用报告。专用信用报告可以替代相关部门出具的有无违法违规行为的证明。

第六十二条　市经济和信息化部门建立健全经营主体信用修复制度。失信的经营主体可以采取作出信用承诺、完成信用整改、通过信用核查、接受专题培训、提交信用报告、参加公益慈善活动等方式，开展信用修复；对完成信用修复的，有关政府部门应当及时停止公示其失信信息，并将修复结果共享至本市公共信用信息服务平台。

其他信用服务机构公布的信用信息，以国家有关信用平台网站作为来源的,应当根据信用修复结果及时更新其信用信息。

第六十三条 市场监督管理部门建立反垄断风险预警机制,对涉嫌垄断的问题及时予以提醒,加强经营者集中合规风险提示,开展反垄断合规指导,完善合规指引。

第六十四条 有关政府部门应当按照鼓励创新和发展、确保质量和安全的原则,针对新技术、新产业、新业态、新模式的性质和特点,制定临时性、过渡性监管规则和措施,实行包容审慎监管,引导其健康规范发展。

第六十五条 本市在除直接涉及国家安全、公共安全和人民群众生命健康等以外的行业、领域,实行"双随机、一公开"监管,随机抽取检查对象、随机选派执法检查人员、抽查事项及查处结果及时向社会公开。

有关政府部门应当确定本行业或者本领域实行"双随机、一公开"监管的范围,健全随机抽查系统,完善相关细则,确保公平监管。

第六十六条 本市健全违法违规行为举报投诉制度,畅通公众监督渠道。有关政府部门接到举报投诉的,应当及时调查处理。

本市推进在特定行业、领域建立内部举报人等制度,鼓励行业、领域内部人员举报经营主体涉嫌严重违法违规行为和重大风险隐患。查证属实的,有关政府部门加大对内部举报人的奖励力度,并对其实行严格保护。

举报投诉应当遵守法律、法规和有关规定,不得利用举报投诉牟取不正当利益,侵害经营主体的合法权益。

第六十七条 有关政府部门应当制定本部门年度执法检查计划,并于每年三月底前向社会公布。

年度执法检查计划应当包括检查主体、检查对象范围、检查方式、检查项目和检查比例等内容。

第六十八条 有关政府部门应当提高监管效能,优化监管方式,坚持无事不扰原则,注重运用技术手段及时发现问题,逐步降低现场检查频次。

第六十九条 本市在现场检查中推行行政检查单制度。市有关政府部门应当依法制定本行业、本领域行政检查单,明确检查内容、检查方式和检查标准。发现同一检查内容的检查标准不一致的，市场监督管理部门、司法行政部门应当组织有关政府部门及时调整一致。

行政执法人员现场检查时，以扫描经营主体营业执照二维码记录检查行为，并不得擅自改变行政检查单规定的内容，不得要求监管对象准备书面汇报材料或者要求负责人陪同。

有关政府部门实施非现场监管，应当保护经营主体的数据安全和商业秘密。

行政检查确需第三方机构提供专业协助的，第三方机构不得单独进入检查现场，不得单独向监管对象出具意见；市级有关政府部门应当指导本行业、本领域协助行政检查的第三方机构执行统一的工作内容和标准。

第七十条　需要在特定区域或者时段，对监管对象实施不同监管部门多项监管内容检查的，应当采用联合检查的方式，由牵头部门组织、多部门参加，按照同一时间、针对同一对象，实施一次检查，完成所有检查内容。

第七十一条　本市推行综合执法，减少执法主体和执法层级，分别在农业农村、文化旅游、生态环境、交通运输、市场监督管理等领域组建综合执法队伍，在街乡层面整合执法力量，按照有关法律规定相对集中行使行政处罚权。

第七十二条　市有关政府部门应当根据违法行为的事实、性质、情节以及社会危害程度、危害后果消除情况、违法行为人的主观过错，建立健全本行业、本领域行政处罚裁量基准制度，依法明确从轻、减轻或者不予行政处罚的具体情形。市、区有关政府部门和街道办事处、乡镇人民政府应当严格执行裁量基准，不得擅自突破裁量基准实施行政处罚。

行政执法机关应当将服务贯穿于行政执法全过程，运用提醒告诫、说服教育、劝导示范、行政指导等方式，引导经营主体依法合规经营。

第七十三条　市有关政府部门应当根据经营主体违法行为造成后果的严重程度，将本部门依法应当公示的行政处罚行为区分为一般违法行为和严重违法行为，制定相应目录及其公示期限，并向社会公布。

对于一般违法行为,行政处罚信息的最短公示期为三个月,最长为一年;对于严重违法行为,行政处罚信息的最短公示期为一年,最长为三年。公示期届满的行政处罚信息不再公示,未履行行政处罚决定的除外;经营主体发现行政处罚信息不应当公示的,有权要求相关公示主体更正。

在规定期限内履行行政处罚决定、主动消除或者减轻违法行为危害后果的,经经营主体申请,有关政府部门可以视情况相应缩短公示期。

第五章 法治保障

第七十四条 政府及有关部门制定与经营主体生产经营活动密切相关的政策措施,应当进行合法性审查;充分听取经营主体、行业协会商会的意见;除依法保密外,应当向社会公开征求意见,期限一般不少于三十日,并建立健全意见采纳情况反馈机制;除涉及国家安全或者必须立即施行的外,应当为经营主体留出一般不少于三十日的适应调整期。

第七十五条 起草涉及经营主体经济活动的地方性法规、政府规章、规范性文件以及具体政策措施时,有关单位应当按照规定开展公平竞争审查、宏观政策取向一致性评估。

第七十六条 经营主体认为地方性法规、政府规章或者规范性文件同上位法相抵触的,可以依法提出审查建议。有关机关应当按照规定程序处理。

经营主体认为地方性法规、政府规章、规范性文件以及具体政策措施影响公平竞争的,有权向市场监督管理部门举报;市场监督管理部门应当依法及时处理或者转送有关部门处理,并反馈结果。

第七十七条 本市根据全面深化改革、全面依法治国、经济社会发展需要,以及上位法制定、修改、废止情况,及时清理有关地方性法规、政府规章、规范性文件。清理结果应当向社会公布。

第七十八条 本市支持在京商事仲裁机构和商事调解机构发展,支持其加入一站式国际商事纠纷多元化解决平台。

七、地方有关规定

商事仲裁机构应当建立信息公开机制,及时向社会公开机构章程、收费标准、年度工作报告、仲裁案件统计数据等信息。

商事调解机构应当明确调解程序,制定调解规则,公示调解员名册,建立调解员回避制度。

第七十九条 本市各级人民法院依法公开案件审理用时、案件结案率等相关数据,提高司法透明度。

本市支持人民法院完善网上诉讼服务平台功能,推进全流程网上办案。当事人通过网上立案方式递交诉状材料的,可以不再提交纸质材料。

人民法院可以根据涉诉中小企业需要,将该涉诉企业案件的必要信息共享给授权金融机构,避免金融机构因获取信息不全面影响中小企业的正常贷款。

第八十条 相关部门应当健全司法鉴定、资产评估、审计审价等行业管理制度,督促相关机构优化工作流程、压缩工作时限、提高工作质量,配合有关方面查明事实。

市高级人民法院应当建立健全司法鉴定、资产评估、审计审价等委托机构的遴选、评价、考核的规则和标准,向社会公布,并定期向相关部门通报对委托机构的考核结果。

第八十一条 人民法院依法通过指派技术调查官参与专业技术性较强的知识产权案件诉讼活动等措施,提高知识产权案件的审理效率和质量。

第八十二条 有关政府部门应当与人民法院建立企业破产工作协调机制,支持符合破产条件的企业进行破产清算或者重整,协调解决破产企业信用修复、企业注销、社会稳定等问题。

第八十三条 人民法院探索建立重整识别、预重整等破产拯救机制,完善破产案件繁简分流审理机制,提高办理破产案件效率。

人民法院应当向社会公开破产管理人、破产程序进展、破产裁判文书等信息。

人民法院探索建立跨境破产工作机制,推进跨境破产程序认可与协助、境外破产裁决承认与执行工作,加强跨境破产司法合作与交流。

第八十四条 债权人可以向人民法院推荐符合要求的中介机构

担任破产案件的管理人。

破产管理人持人民法院出具的受理破产申请裁定书、指定管理人决定书等法律文书,有权依法接管、调查、管理、处分破产财产。

破产管理人查询破产企业注册登记材料、社会保险费用缴纳情况、银行开户信息及存款状况,以及不动产、车辆、知识产权等信息,有关政府部门、金融机构应当予以配合。本市建设企业破产信息核查平台,支持破产管理人在线查询相关破产信息。

破产管理人协会应当加强行业自律,加大对破产管理人的培训力度,提高破产管理人的履职能力和水平。

第八十五条 市高级人民法院应当与市规划和自然资源、公安机关交通管理等有关政府部门建立破产案件财产处置联动机制,统一破产企业土地、房产、车辆等处置规则,提高破产财产处置效率。

第八十六条 人力资源和社会保障部门应当加大对破产企业职工权益的保障力度,协调解决职工社会保险关系转移、退休人员社会化管理、档案接转等事项,保障职工合法权益。

第八十七条 人民法院应当健全破产案件债权人权益保障机制,保障债权人会议对破产企业财产分配、处置的决策权,保障债权人的知情权、参与权和监督权。

第八十八条 破产企业重整期间,税务机关按照有关规定自动解除或者经破产管理人申请解除破产企业非正常户认定状态。

第八十九条 人民法院执行案件需要查找被执行人或者被执行人的法定代表人、主要负责人、影响债务履行的直接责任人员、实际控制人等人员,或者被执行人车辆的,可以向公安机关提出协助查找需求,公安机关应当予以配合。

第九十条 人民检察院应当依法纠正以刑事手段插手经济纠纷、违法适用强制措施和违法查封、扣押、冻结、执行企业财产等行为;发现行政机关违法行使职权或者不行使职权,损害经营主体合法权益的,可以依法制发检察建议等督促其纠正。

第九十一条 监察机关应当加强对公职人员在优化营商环境工作中存在的不作为、乱作为问题的监督问责。

第九十二条 政府和有关部门及其工作人员未按照本条例的规

定依法履行职责或者侵犯经营主体合法权益的,依法依规追究责任。

第六章 附 则

第九十三条 政府及有关部门可以依据本条例制定有关实施办法或者实施细则。

第九十四条 本条例自公布之日起施行。

中共北京市委、北京市人民政府关于进一步提升民营经济活力促进民营经济高质量发展的实施意见

(2020年4月26日)

为深入贯彻习近平总书记关于民营经济发展的重要指示和《中共中央、国务院关于营造更好发展环境支持民营企业改革发展的意见》精神,营造有利于民营企业健康发展长期稳定的市场化、法治化、制度化发展环境,推动民营企业创新、开放、规范发展,特别是减轻当前新冠肺炎疫情对民营企业的影响,支持和引导民营企业化危为机,结合本市实际,现提出如下实施意见。

一、进一步营造有利于民营企业公平竞争的市场环境

(一)持续完善市场准入和退出制度。全面清理市场准入负面清单之外违规设立的准入许可和隐性门槛,不得额外对民营企业设置准入附加条件。建立清理隐性门槛的长效机制,重点在教育、文化、体育、医疗、养老等社会领域加大清理力度。破除招投标隐性壁垒,不得对具备相应资质条件的企业设置与业务能力无关的企业规模门槛和明显超过招投标项目要求的业绩门槛。开展与企业性质挂钩的行业准入、资质标准、产业补贴等规定的清理工作。畅通市场化退出渠道,完善企业破产清算和重整制度,提高注销登记便利度。

(二)进一步放开民间投资领域。支持民营企业参与电力、电信、

铁路等重点行业和领域改革,承接部分竞争性业务。支持民营企业参与交通、水利、市政公用事业等领域投资运营。支持民营企业参与医疗、教育、养老等领域建设和运营。支持民营企业参与老旧小区、商业区改造等城市更新项目。鼓励和引导民营企业积极参与新一代信息技术等十大高精尖产业集群建设。鼓励民营企业参与"三城一区"、北京城市副中心等重点项目建设。建立向民营企业推介项目长效机制,每年向民营企业发布推介项目清单。

(三)积极推进混合所有制改革。鼓励民营企业参与央企和市属国有企业混合所有制改革,提高民间资本在混合所有制企业中的比重。鼓励民营企业通过资本联合、产业协同、模式创新等参与国有企业重大投资、成果转化和资产整合项目,符合条件的民营企业可获得项目控制权。建立混合所有制项目发布机制,公开发布合作项目。

(四)实施公平统一的市场监管制度。规范行政执法行为,推进跨部门联合"双随机、一公开"监管和"互联网+监管",细化量化行政处罚标准。加强信用监管,进一步规范失信联合惩戒对象纳入的标准和程序,建立完善信用修复机制和异议制度,规范信用核查和联合惩戒。

二、持续营造平等公正保护民营企业合法权益的法治环境

(五)健全政府重诺守信机制。规范政府行为,保持政府行为的连续性、稳定性和一致性。建立政府诚信履约机制,依法履行在招商引资、政府与社会资本合作等活动中与民营企业依法签订的各类合同。建立政府失信责任追溯和承担机制,对造成政府严重失约行为的主要责任人和直接责任人依法依规追究责任。建立解决清理和防止拖欠账款长效机制,通过审计监察和信用体系建设,对拖欠民营企业、中小企业款项的责任人依法严肃问责。建立涉政府产权纠纷治理长效机制。

(六)健全司法对民营企业的平等保护机制。加强对民营企业和企业家合法财产的保护,加强对民营企业家在协助纪检监察机关审查调查时的人身和财产合法权益的保护,严格遵循罪刑法定、法不溯及既往、从旧兼从轻等法治原则处理民营企业涉嫌违法犯罪的行为。依法保护民营企业创新创业行为,对民营企业经营者在正当生产、经营、融资活动中发生的失误,不违反刑法及相关规定的,不得以犯罪论处。

准确认定经济纠纷和经济犯罪的性质,严禁刑事执法介入经济纠纷。加强知识产权审判领域改革创新,落实知识产权侵权惩罚性赔偿制度。严格规范司法行为,依法慎重并严格按照法定程序使用查封、扣押、冻结等强制性措施,条件允许情况下可为企业预留必要的流动资金和往来账户。对民营企业经营者个人涉嫌犯罪,需要查封、扣押、冻结涉案财物的,及时甄别区分股东个人财产与企业法人财产。对于符合速裁程序和简易程序条件的涉及民营企业刑事案件,依法从速办理。

（七）完善社会化纠纷调解机制。健全民营企业产权保护社会化服务体系,发挥工商业联合会、行业协会商会、律师事务所在保护非公有制经济和民营企业合法权益方面的作用,优化北京民营企业维权服务平台,完善诉调对接机制。支持各区建立民营企业律师服务团等公益性法律服务组织,开展线上线下法律服务。

三、不断营造有利于激发民营企业生机活力的政策环境

（八）加快构建有利于民营企业资金融通的政策体系。落实优化金融信贷营商环境的政策措施。完善北京市企业续贷受理中心功能,探索建立面向小微企业的贷款服务中心,解决民营企业续贷难、贷款难问题。鼓励银行业金融机构开展无形资产抵押贷款业务,探索拓宽轻资产企业融资渠道。深化新三板改革,支持服务民营企业的区域性股权市场建设。支持符合条件的民营企业发行企业债、公司债、中小企业私募债、可转换为股票的公司债券。完善民营企业增信支持和金融服务体系,利用好市级融资担保基金,2020年底前累计办理民营和小微企业票据再贴现不低于500亿元。开展民营和小微企业金融服务综合改革试点,试点期内对试点区每年给予3000万元的资金支持。加大政府投资基金对民营企业的支持力度。积极培育投资于民营科创企业的天使投资、风险投资等早期投资力量。

（九）不断完善有利于民营企业降成本的政策体系。全面落实国家各项惠及民营企业的减税降费政策。创新产业用地供地方式,新增产业用地通过弹性年期、先租后让、租让结合等多种供应方式,切实控制和降低用地成本。鼓励各区有效盘活闲置土地、厂房资源,为民营企业提供更多低成本发展空间。落实国家一般工商业电价降价政策,减轻企业用电负担。降低企业制度性交易成本,持续推动减事项、减材料、减时间、减跑动,推进全市政务服务"一门、一窗、一网、一号"改革,推动高频政务服务事项办理"最多跑一次"或"一次不用跑"。

(十)持续构建有利于形成亲清政商关系的政策体系。完善民营企业服务机制,坚持市、区领导走访服务企业制度,进一步完善重点企业"服务包"工作体系,兑现服务承诺。畅通企业反映诉求渠道,强化12345市民服务热线企业服务功能,对企业诉求的办理情况进行响应率、解决率和满意率考核。每年召开促进民营经济发展工作会议,营造重商亲商良好氛围。充分发挥行业协会商会服务功能,为民营企业提供政策宣传、需求调研、跟踪反馈和服务对接。健全涉及民营企业的政策评估制度,梳理并督促落实已出台的民营经济发展政策。建立营商环境监督员制度,建立政务服务"好差评"制度,开展企业对政府服务和营商环境评价。

(十一)建立完善应对疫情影响帮助企业化危为机的政策体系。制定实施恢复生产秩序和支持企业转型升级发展的政策措施,助力企业实现疫情当前少减速、疫情过后加速跑。加大对民营企业在纾困、融资、用工等方面的支持力度,引导民营企业用好用足援企稳岗政策、阶段性社保费减免政策、公积金缓缴政策。加强疫情期间援企政策效果的跟踪研判,实施效果好的在条件成熟时及时固化为长效机制。

四、引导民营企业创新发展

(十二)突出民营企业创新主体作用。鼓励民营企业开展原始创新、产品创新、技术创新、商业模式创新、管理创新和制度创新。鼓励民营企业独立或联合承担国家各类科研项目,参与国家重大科学技术项目攻关,参与国家产业创新中心建设。鼓励行业龙头民营企业建设应用基础研究机构,推动研发链条前移。鼓励民营企业开展关键核心技术攻关和自主研发,加快疫情防控关键技术和药品科研攻关。支持民营企业申请发明专利和国际商标。定期发布应用场景项目清单,鼓励民营企业参与人工智能、区块链、前沿材料、5G等新技术新产品新模式在2022年北京冬奥会冬残奥会、北京城市副中心、北京大兴国际机场等国家和本市重大项目的应用场景建设。

(十三)完善促进民营企业创新发展支持机制。充分发挥首台

(套)政策作用,助力制造业高质量发展。实施更加积极、开放的人才政策,对业绩贡献突出的民营企业高层次专业技术人员,允许通过"直通车"评审申报工程技术系列或研究系列正高级职称。加快建设创新创业集聚区,认真落实国家相关税收政策,对符合政策规定的孵化器、大学科技园和众创空间,免征房产税和城镇土地使用税,对其向在孵对象提供孵化服务取得的收入免征增值税。

五、引导民营企业开放发展

(十四)支持民营企业开拓国际市场。落实企业委托境外研究开发费用税前加计扣除、企业境外所得税收抵免等政策,切实减轻税收负担。鼓励科技型民营企业并购境外创新资源,在"一带一路"沿线国家建设研发中心、实验室。鼓励民营企业通过参加展会、开展境外品牌和知识产权认证等方式开拓国际市场。鼓励民营企业充分运用跨境电商等贸易新方式拓宽销售渠道,建立"海外仓"和海外运营中心。健全民营企业"走出去"信息、融资、法律、人才等支持服务体系,促进企业稳健开展境外投资,构建海外市场体系。

(十五)支持民营企业开拓区域市场。在京津冀地区,加快探索建立规划制度统一、发展模式共推、治理模式一致、区域市场联动的区域一体化发展机制,推动区域市场一体化建设。鼓励民营企业积极参与京津冀协同发展,发挥龙头和骨干民营企业作用,参与区域间产业升级、项目建设、联盟合作。深入推进国家供应链创新与应用试点,鼓励民营企业在京津冀地区布局产业链,鼓励京外民营企业利用首都创新资源禀赋完善创新链。

六、引导民营企业规范发展

(十六)引导民营企业守法守信。推动民营企业守法合规经营,增强民营企业实实在在做实业、筑牢守法底线的意识,督促民营企业依法经营、依法治企、依法维权,认真履行环境保护、安全生产等责任,在疫情期间严格落实防控责任。引导民营企业重信誉、守信用、讲信义,自觉强化信用管理,及时进行信息披露。推动民营企业积极履行社会责任,引导民营企业参与对口支援和帮扶工作,鼓励民营企业积极参与社会公益、慈善事业和疫情防控,对在疫情防控中发挥重要作用的民营企业给予关爱帮扶和宣传鼓励。加大对优秀企业家的培育和激励力度,制定企业家培育计划,从理想信念、行业发展、经营管理、政策法规等方面开展培训,对有突出贡献的优秀企业家,给予表彰和宣传。

(十七)引导民营企业提升能力。支持民营企业采取联合互助等多种方式提升危机应对能力。鼓励有条件的民营企业加快建立治理结构合理、股东行为规范、内部约束有效、运行高效灵活的现代企业制度。引导民营企业提高经营管理水平、完善内部激励约束机制,推动质量、品牌、财务、营销等方面的精细化管理。鼓励民营企业立足"四个中心"功能建设,强化统筹布局错位发展,促进科技文化深度融合,培育打造文化创意特色品牌。鼓励民营企业聚焦主业加快转型升级,因地制宜优化产业链布局。引导有实力的民营企业做优做强。鼓励引导中小民营企业"专精特新"发展,建立"专精特新"中小企业培育库。教育引导民营企业和企业家拥护党的领导,支持民营企业党建工作。指导民营企业设立党组织,提升民营企业党的组织和工作覆盖质量。

七、保障机制

(十八)建立促进民营经济发展的领导协调机制。加强党对民营经济工作的领导,建立促进民营经济高质量发展的联席会议制度,统筹解决民营经济发展相关问题。加强各部门统筹协调,发挥好经济和信息化部门中小企业资金和平台促进、发展改革部门民间投资项目推动、投资促进中心民间投资信息平台服务、工商联桥梁纽带、科技和商务等部门行业管理作用。

(十九)建立民营经济统计监测和工作评价机制。建立民营经济统计监测分析制度,定期发布全市民营经济发展报告。鼓励智库机构联合专业服务机构探索建立民营经济观测点,加强本市民营经济研究。建立民营经济促进工作评价机制,将支持和引导民营企业克服困难、创新发展方面的工作情况,纳入高质量发展绩效评价体系。

(二十)健全舆论引导和示范引领工作机制。加强舆论引导,坚决抵制、及时批驳澄清质疑基本经济制度、否定民营经济的错误言论。在各类评选表彰活动中,平等对待优秀民营企业和民营企业家。开展民营企业百强调研和发布工作,宣传民营企业发展贡献和履行社会责任情况,树立民营企业良好形象。

各区、各部门、各单位要充分认识提升民营经济活力、促进民营经济高质量发展的重要性,加强组织领导,完善工作机制,着力解决民营企业受疫情影响产生的困难,认真抓好本实施意见的贯彻落实。

上海市优化营商环境条例

(2020年4月10日上海市第十五届人民代表大会常务委员会第二十次会议通过 根据2021年10月28日上海市第十五届人民代表大会常务委员会第三十六次会议《关于修改〈上海市优化营商环境条例〉的决定》第一次修正 根据2023年11月22日上海市第十六届人民代表大会常务委员会第八次会议《关于修改〈上海市优化营商环境条例〉的决定》第二次修正 根据2024年9月27日上海市第十六届人民代表大会常务委员会第十六次会议《关于修改〈上海市优化营商环境条例〉的决定》第三次修正)

目 录

第一章 总 则
第二章 市场环境
第三章 政务服务
第四章 公共服务
第五章 监管执法
第六章 法治保障
第七章 法律责任
第八章 附 则

第一章 总 则

第一条 为了持续优化营商环境,激发市场活力,维护市场主体合法权益,推动经济高质量发展,推进政府治理体系和治理能力现代化建设,全面提升上海城市软实力,将上海建设成为卓越的全球城市、具有世界影响力的社会主义现代化国际大都市,根据《优化营商环境条例》等法律、行政法规,结合本市实际,制定本条例。

第二条　本条例适用于本市行政区域内优化营商环境的相关工作。

本条例所称营商环境,是指企业等经营主体在市场经济活动中所涉及的体制机制性因素和条件。

第三条　优化营商环境应当坚持市场化、法治化、国际化原则,以企业等经营主体获得感为评价标准,以政府职能转变为核心,以"一网通办"为抓手,践行"有求必应、无事不扰"的服务理念,对标最高标准、最高水平,打造贸易投资便利、行政效率高效、政务服务规范、法治体系完善的国际一流营商环境,为企业等经营主体投资兴业营造稳定、公平、透明、可预期的发展环境。

第四条　市、区人民政府应当加强优化营商环境工作的组织领导,按照优化营商环境的原则和要求,建立健全优化营商环境的统筹推进工作机制,完善服务企业联席会议机制,加强统筹本行政区域企业服务工作。政府主要负责人是优化营商环境的第一责任人。

市、区发展改革部门是本行政区域内优化营商环境工作的主管部门,负责指导、组织、协调优化营商环境日常工作。

本市经济信息化、商务、政务服务、市场监管、住房城乡建设、规划资源、司法行政、地方金融、知识产权、数据等部门应当按照各自职责,做好优化营商环境相关工作。

第五条　市、区人民政府及其有关部门应当结合实际,充分运用现行法律制度及国家政策资源,探索具体可行的优化营商环境新经验、新做法,并复制推广行之有效的改革措施。

浦东新区应当以打造社会主义现代化建设引领区为目标,加强改革系统集成,在优化营商环境方面大胆试、大胆闯、自主改。

中国(上海)自由贸易试验区和临港新片区、张江国家自主创新示范区、虹桥国际中央商务区等区域应当在优化营商环境方面发挥引领示范作用,先行先试有利于优化营商环境的各项改革措施。

第六条　本市加强与长江三角洲区域相关省、市的交流合作,以

七、地方有关规定

长三角生态绿色一体化发展示范区营商环境建设为重点,推动建立统一的市场准入和监管规则,着力形成要素自由流动的统一开放市场;推进政务服务"跨省通办",优化事项业务规则和办事流程,加强数据资源共享和电子证照互认,推动"一件事"集成服务,提升长江三角洲区域整体营商环境水平。

第七条 市、区人民政府应当建立优化营商环境工作激励机制,对在优化营商环境工作中作出显著成绩的单位和个人,按照有关规定给予表彰和奖励。

各区、各部门可以结合实际情况,在法治框架内积极探索优化营商环境具体措施。对探索中出现失误或者偏差,但有关单位和个人依照国家和本市有关规定决策、实施,且勤勉尽责、未牟取私利的,不作负面评价,依法予以免责或者减轻责任。

第八条 本市按照营商环境评价体系要求,以企业等经营主体和社会公众满意度为导向推进优化营商环境改革,发挥营商环境评价对优化营商环境的引领和督促作用。

各区、各部门应当根据营商环境评价结果,及时调整完善优化营商环境的政策措施。

第二章 市场环境

第九条 本市充分发挥市场在资源配置中的决定性作用,构建覆盖企业全生命周期的服务体系,在企业开办、融资信贷、纠纷解决、企业退出等方面持续优化营商环境。

第十条 国家市场准入负面清单以外的领域,各类市场主体均可以依法平等进入。国家外商投资准入负面清单以外的领域,按照内外资一致的原则实施管理。

本市根据城市功能定位、发展规划以及环保安全等相关规定,按照规定程序制定产业引导政策,并向社会公开。

第十一条 本市对标国际高标准投资贸易规则,推进贸易便利化,鼓励和促进外商投资;按照国家部署,在中国(上海)自由贸易试验区和临港新片区实行外商投资试验性政策措施,扩大对外开放。

鼓励各类企业在本市设立总部机构、研发中心,鼓励与上海国际经济、金融、贸易、航运和科创中心建设密切相关的国际组织落户本市,支持创设与本市重点发展的战略性新兴产业相关的国际组织。

第十二条 本市依法保护企业等经营主体的经营自主权、财产权和其他合法权益,保护企业经营者的人身和财产安全。

任何单位和个人不得干预应当由企业等经营主体依法自主决策的定价、内部治理、经营模式等事项,不得实施任何形式的摊派,不得非法实施行政强制或者侵犯企业等经营主体及其经营者合法权益的其他行为,不得以任何方式和途径捏造或者歪曲事实,诽谤、损害企业等经营主体的名誉。

规范查办涉企案件,依法保护协助调查的企业及其经营管理人员、股东的合法权益,保障企业合法经营。实施查封、扣押、冻结等措施,应当严格区分公司法人与股东个人财产、涉案人员违法所得与家庭合法财产等,不得超权限、超范围、超数额、超时限查封、扣押、冻结,对调查属实的及时依法调整或者解除相关措施。

除法律、法规另有规定外,企业等经营主体有权自主决定加入或者退出行业协会、商会等社会组织,任何单位和个人不得干预。

第十三条 企业等经营主体依法平等适用国家及本市支持发展的政策,享有公平使用资金、技术、人力资源、土地使用权以及其他自然资源等各类生产要素和公共服务资源的权利。

市、区人民政府及其部门应当平等对待企业等经营主体,不得制定和实施歧视性政策。

本市支持企业等经营主体开展环境、社会和治理等可持续发展实践。对于满足环境、社会和治理相关要求的企业等经营主体,鼓励金融机构按照有关规定给予差别化待遇。

招标投标和政府采购应当公开透明、公平公正,不得设定不合理条件,不得要求潜在供应商或者投标人设立分支机构,不得以特定行政区域或者特定行业的业绩、奖项作为加分条件,或者以其他任何形式排斥、限制潜在投标人或者供应商,保障各类主体依法平等参与。有关主管部门应当依法查处排斥、限制平等参与招标投标和政府采购的违法违规行为。

本市完善公共资源交易管理制度,建立健全公共资源交易平台,

七、地方有关规定

优化交易服务流程,依法公开公共资源交易规则、流程、结果、监管和信用等信息。推广投标保证金和履约保证金使用电子保函,降低交易成本,提高交易效率。

第十四条 本市建立健全公平竞争工作协调机制,加大执法力度,预防和制止市场垄断和滥用行政权力排除、限制竞争的行为,以及不正当竞争行为,营造公平竞争的市场环境。

第十五条 本市营造中小企业健康发展环境,保障中小企业公平参与市场竞争,支持中小企业创业创新。

市、区人民政府应当在财政扶持、费用减免、金融支持、公共服务等方面制定专项政策,并在本级预算中安排中小企业发展专项资金,支持中小企业发展。

第十六条 本市加大对中小投资者权益的保护力度,完善中小投资者权益保护机制,保障中小投资者的知情权、表决权、收益权和监督权,发挥中小投资者服务机构在持股行权、纠纷调解、支持诉讼等方面的职能作用,提升中小投资者维护合法权益的便利度。

公司董事对公司负有忠实义务和勤勉义务,审议公司股东关联交易等事项时,应当维护公司利益和中小股东合法权益。

第十七条 本市将涉企经营许可事项全部纳入"证照分离"改革范围,通过直接取消审批、审批改为备案、实行告知承诺、优化审批服务等方式,分类推进改革。除法律、行政法规规定的特定领域外,涉企经营许可事项不得作为企业登记的前置条件,有关主管部门不得以企业登记的经营范围为由,限制其办理涉企经营许可事项或者其他政务服务事项。企业超经营范围开展非许可类经营活动的,市场监管部门不予处罚。

本市支持"一业一证"改革,将一个行业准入涉及的多张许可证整合为一张行业综合许可证,通过"一网通办"平台集成办理。行业综合许可证集成的信息与相关单项许可证具有同等证明力。行业综合许可证在全市通用。

市场监管部门应当根据企业自主申报的经营范围,明确告知企业需要办理的许可事项,同时将需要申请许可的企业信息告知有关主管部门。有关主管部门应当依企业申请及时办理涉企经营许可事项,并将办理结果即时反馈市场监管部门。

第十八条　对依法设立的政府性基金、涉企保证金、涉企行政事业性收费、政府定价的经营服务性收费,实行目录清单管理,目录清单之外一律不得执行。市财政、发展改革等部门应当编制目录清单,并向社会公开。

本市推广以金融机构保函、保证保险等替代现金缴纳涉企保证金,市发展改革、住房城乡建设等有关主管部门应当明确具体规范和办事指南。

第十九条　本市培育和发展各类行业协会、商会,依法规范和监督行业协会、商会的收费、评比、认证等行为。

行业协会、商会应当加强内部管理和能力建设,及时反映行业诉求,组织制定和实施团体标准,加强行业自律,为会员提供信息咨询、宣传培训、市场拓展、权益保护、纠纷处理等服务。

第二十条　本市各级人民政府及其有关部门应当履行依法作出的政策承诺以及依法订立的各类合同,不得以行政区划调整、政府换届、机构或者职能调整以及相关责任人更替等为由违约、毁约。因国家利益、社会公共利益需要改变政策承诺、合同约定的,应当依照法定权限和程序进行,并依法对相关主体受到的损失予以补偿。

政府依照法律规定的条件和程序变更或者撤回已经生效的行政许可、采取征用等措施的,应当依法予以补偿。

第二十一条　本市各级人民政府及其有关部门、事业单位不得违反合同约定拖欠货物、工程、服务等账款,也不得在约定付款方式之外变相延长付款期限。

企业等经营主体以应收账款申请担保融资,向国家机关、事业单位等应付款方提出确权请求的,应付款方应当及时确认债权债务关系。

本市建立健全拖欠账款行为约束惩戒机制,通过预算管理、绩效考核、审计监督等,防止和纠正拖欠账款的问题。

第二十二条　本市加强知识产权保护工作,理顺知识产权综合管理和执法体制,加强跨区域、跨部门知识产权执法协作机制。

本市依法实行知识产权侵权惩罚性赔偿制度,推动建立知识产权

七、地方有关规定

快速协同保护机制,完善行政保护与司法保护衔接机制,探索开展知识产权公益诉讼,完善知识产权维权援助机制。建立企业知识产权海外应急援助机制,市知识产权等部门应当指导行业、企业加强知识产权案件海外应对,提供知识产权相关信息发布、法律咨询等服务。

本市建立健全商业秘密保护体系,开展商业秘密保护示范创建,引导和鼓励企业加强商业秘密自我保护,加大行政保护、司法保护力度。

本市完善知识产权纠纷多元解决机制,充分发挥行业协会和调解、仲裁、知识产权服务等机构在解决知识产权纠纷中的积极作用。

第二十三条 发生突发事件的,市、区人民政府根据遭受突发事件影响的企业等经营主体损失情况,制定救助、补偿、补贴、减免或者安置等工作计划并组织实施。

第三章 政务服务

第二十四条 本市加快数字政府建设,以"高效办成一件事"为牵引,优化政务服务、提升行政效能,深化全流程一体化政务服务平台(以下简称"一网通办"平台)建设,推动线上和线下集成融合、渠道互补,推进关联事项集成办、容缺事项承诺办、异地事项跨域办、政策服务精准办,促进政务服务标准化、规范化、便利化。

本市政务服务事项全部纳入"一网通办"平台办理,但法律、法规另有规定或者涉及国家秘密、公共安全等情形的除外。企业等经营主体可以通过"一网通办"平台办理政务服务,并可以通过企业专属服务空间获得精准化政务服务。

本市建立惠企政策全流程服务工作机制。各区、各部门应当将惠企政策汇集至"一网通办"平台,做好办理事项涉及的适用条件、所需材料、业务规则、审查要点等的精准匹配工作,通过"一网通办"平台将匹配的政策直接推送企业等经营主体,有序推进惠企政策直达快享。

市政务服务部门负责统筹规划、协调推进、指导监督"一网通办""高效办成一件事"等工作,推进数字政府建设。各区、各部门推进政务服务标准化规范化建设,细化量化政务服务标准,编制政务服务办事指南,明确事项办理条件、办事材料、办理流程、容缺受理等内容,线上办理和线下办理标准应当一致。政务服务事项办理条件不得含有兜底条款,有关部门不得要求企业等经营主体提供办事指南规定之外的申请材料。

企业等经营主体可以自主选择政务服务办理渠道,有关部门不得限定办理渠道。已在线收取规范化电子材料的,不得要求申请人再提供纸质材料。

本市推进"一网通办"平台涉外服务专窗建设,为外商投资企业、外国人提供便利化政务服务。

第二十五条 本市健全政务服务"一窗受理"综合窗口服务,实行综合受理、分类办理、统一出件;推进政务服务"异地办理",企业等经营主体在就近政务服务窗口可获得与属地窗口同质同效的办事服务。

各区、各部门应当按照要求加强服务窗口标准化管理,推进统一标准、统一标识等规范化建设,健全一次告知、首问负责、收件凭证、限时办结等服务制度,完善预约、全程帮办、联办以及错时服务、延时服务等工作机制。

各区、各部门应当加强窗口服务力量配置和窗口工作人员业务培训。服务窗口应当按照政府效能建设管理规定,综合运用效能评估、监督检查、效能问责等手段,提高服务质量和效能。

除法律、法规有明确规定的情形外,窗口工作人员不得对申请人提出的申请事项不予收件。窗口工作人员不予收件的,各部门应当加强核实监督。

各区、各部门应当建立涉企兜底服务机制,及时协调解决企业等经营主体办事过程中遇到的疑难事项和复杂问题。

第二十六条 本市对行政许可事项实施清单管理制度。市审批改革部门应当会同有关行政管理部门及时向社会公布清单并进行动态调整。

在行政许可事项清单之外,不得违法设定或者以备案、登记、注册、目录、规划、年检、年报、监制、认定、认证、审定以及其他任何形式变相设定或者实施行政许可。对国家和本市已经取消的行政许可事项,不得继续实施、变相恢复实施或者转由行业协会、商会以及其他组织实施。

各有关部门应当将本年度行政许可办理、费用收取、监督检查等工作情况,向同级审批改革部门报告并依法向社会公布。

第二十七条　本市全面推行行政审批告知承诺制度。对审批条件难以事先核实、能够通过事中事后监管纠正且风险可控的行政审批事项,行政审批机关可以采取告知承诺方式实施行政审批,但直接涉及公共安全、生态环境保护和直接关系人身健康、生命财产安全的以及依法应当当场作出行政审批决定的行政审批事项除外。告知承诺的具体事项,由审批改革部门会同有关部门确定,并向社会公布。

实行行政审批告知承诺的,有关部门应当一次性告知申请人审批条件和需要提交的材料。申请人以书面形式承诺符合审批条件的,应当直接作出行政审批决定,并依法对申请人履行承诺情况进行监督检查。申请人未履行承诺的,审批部门应当责令其限期整改;整改后仍未满足条件的,应当撤销行政审批决定,并按照有关规定纳入信用信息平台。

第二十八条　本市遵循合法、必要、精简的原则,规范行政审批中介服务事项。行政审批中介服务事项清单由市审批改革部门会同有关行政管理部门编制,并向社会公布。

除法律、法规另有规定外,企业等经营主体有权自主选择中介服务机构,任何行政管理部门不得为其指定或者变相指定中介服务机构,不得强制或者变相强制企业等经营主体接受中介服务。

各区、各部门在行政审批过程中需要委托中介服务机构提供技术性服务的,应当通过竞争性方式选择中介服务机构,并自行承担服务费用。

中介服务机构应当明确办理法定行政审批中介服务的条件、流程、时限、收费标准,并向社会公开。

第二十九条　市人民政府有关部门应当在市政府网站上公布证明事项清单,逐项列明设定依据、索要单位、开具单位等内容。有关部门应当在新证明事项实施或者原有证明事项取消之日,同步更新清单。

市人民政府有关部门应当在风险可控的基础上,选取与企业密切相关的证明事项实行告知承诺制,法律、法规和国家另有规定的除外。

行政机关应当以书面形式将证明义务、证明内容以及不实承诺的法律责任一次性告知申请人。行政机关发现承诺不实的,应当依法终止办理、责令限期整改、撤销行政决定或者予以行政处罚,并纳入信用记录。实行告知承诺制的证明事项目录应当向社会公布。

各区、各部门应当加强证明的互认共享,不得重复索要证明。

第三十条 本市实施政务服务"好差评"制度,提高政务服务水平。"好差评"制度覆盖本市全部政务服务事项、被评价对象、服务渠道。评价和回复应当公开。

本市各级人民政府及其有关部门应当建立差评和投诉问题调查核实、督促整改和反馈机制。对实名差评事项,业务办理单位应当在一个工作日内联系核实。对于情况清楚、诉求合理的事项,立即整改;对于情况复杂、一时难以解决的事项,限期整改。整改情况及时向企业和群众反馈。政务服务主管部门应当对实名差评整改情况进行跟踪回访。

第三十一条 本市推行企业开办全流程"一表申请、一窗领取"。申请人可以通过本市企业登记网上服务平台申办营业执照、印章、发票、基本社会保险等业务。材料齐全、符合法定形式的,政府有关部门应当当场办结;不能当场办结的,应当在一个工作日内办结。

申请企业等经营主体设立、变更登记事项,申请人承诺所提交的章程、协议、决议和任职资格证明等材料真实、合法、有效的,市场监管部门应当对申请材料进行形式审查,对申请材料齐全、符合法定形式的予以确认并当场登记,但法律、法规另有规定的除外。当事人提供虚假材料申请登记的,应当依法承担责任。

企业可以在政务服务大厅开办企业综合窗口一次领取从事一般性经营活动所需的营业执照、印章和发票。

经营主体设立试行名称申报承诺制和企业住所自主申报制,推广实施经营主体设立、变更、注销全程电子化登记。多个经营主体可以根据本市相关规定,使用同一地址作为登记住所。

本市登记的经营主体可以在登记住所以外开展经营活动,无需向市场监管部门申请办理经营主体登记备案手续;法律、行政法规另有规定的,从其规定。企业需要办理增加经营场所备案的,可以向原办

七、地方有关规定

理登记的市场监管部门申请办理。

区人民政府或者其有关部门可以结合城乡社区服务体系建设,提供个体工商户登记地,供社区内从事居民服务业的个体工商户登记。

第三十二条 本市按照电子证照相关规定,建立健全电子证照归集和应用机制。除法律、法规另有规定外,市、区人民政府及其部门签发的电子证照应当向市电子证照库实时归集,确保数据完整、准确。

申请人在申请办理有关事项时,可以通过市电子证照库出示业务办理所需要的电子证照,受理单位不得拒绝办理或者要求申请人提供实体证照,但依法需要收回证照原件的除外。

第三十三条 本市建立统一的电子印章系统,推进电子印章在政务服务、社区事务受理等领域的应用,鼓励企业等经营主体和社会组织在经济和社会活动中使用电子印章。各部门已经建立电子印章系统的,应当实现互认互通。

经营主体电子印章与电子营业执照和经营主体身份码同步免费发放。政府有关部门应当推广电子营业执照和经营主体身份码的数字化场景应用。经营主体可以根据实际需要,自主刻制实体印章。

第三十四条 企业办理政务服务事项,使用的符合法律规定条件的可靠的电子签名,与手写签名或者盖章具有同等法律效力;电子印章与实物印章具有同等法律效力;电子证照与纸质证照具有同等法律效力,但法律、行政法规另有规定的除外。

第三十五条 本市推行企业年报多报合一。市场监管、人力资源社会保障、税务等有关部门应当共享企业年报有关信息,免于企业重复填报。

第三十六条 企业固定资产投资项目实行告知承诺制,其范围由市发展改革部门拟订,报市人民政府批准后向社会公布。

第三十七条 本市推行工程建设项目风险分级分类审批和监管制度。市住房城乡建设、交通等部门应当制定并公布各类工程建设项目的风险划分标准和风险等级,并会同市发展改革、规划资源等部门实行差异化审批、监督和管理。

本市实施工程建设项目审批全流程、全覆盖、一体化改革,强化项目施工与规划用地审批相衔接,推行同一阶段不同部门同类事项整合办理。市住房城乡建设部门依托"一网通办"总门户,牵头建立和完善统一的工程建设项目审批管理系统,实现立项、用地、规划、施工、竣工验收等各审批阶段"一表申请、一口受理、一网通办、限时完成、一次发证",推动工程建设项目审批实现全流程网上办理。对社会投资的工程建设项目,建设工程规划许可和施工许可可以一站式办理。

市、区人民政府应当设立工程建设项目审批审查中心,依托工程建设项目审批管理系统,实行联合会审、联合监督检查和综合竣工验收等一站式服务模式。

本市加强对重大工程建设项目跨前服务,对不影响安全和公共利益的非关键要件在审批流程中探索试点"容缺后补"机制,允许建设单位在竣工验收备案前补齐相关材料。

第三十八条 本市探索建筑师负责制,在可行性研究、规划方案、设计方案、招标投标、施工图设计文件、工程管理、竣工验收等环节优化管理流程,发挥建筑师专业优势和全过程技术主导作用。

第三十九条 本市推行住宅工程质量潜在缺陷保险制度。对于其他项目,除国家规定必须实行监理的以外,探索建设单位通过购买工程质量潜在缺陷保险,由保险公司委托风险管理机构对工程建设项目进行管理。

第四十条 本市在产业基地和产业社区等区域实施区域评估,对评估的区域和事项实行清单管理。各区域管理主体应当根据清单要求,组织开展水资源论证、交通影响评价、水土保持方案审查、地质灾害危险性评估、雷击风险评估或者环境影响评价等区域评估。区域评估应当在土地出让前完成,评估结果向社会公开,并纳入有关部门管理依据。

企业等经营主体在已经完成区域评估的产业基地和产业社区建设工程项目的,不再单独开展上述评估评审,但国家和本市另有规定的除外。

第四十一条 本市企业新建社会投资低风险产业类项目的竣工验收与不动产登记合并办理,竣工验收后一次性获得验收合格相关证书和不动产权证电子证书,并可以当场获得纸质权证。

本市持续深化不动产登记便利化措施,推进全流程网上办理,推

七、地方有关规定

行交易、税务、登记等部门的申请信息综合采集和税、费网上一次收缴等便利化措施。不动产登记机构线下企业专区实行登记与缴税合并办理,以纳税人申报价格作为计税依据,当场计算契税应纳税款,企业可以当场缴税、当场领证。税务部门在事后监管过程中发现纳税人申报价格明显偏低且无正当理由的,应当按照规定核实调整并补征税款。不动产登记机构应当与公用企事业单位协作,实现电力、供排水、燃气、网络、有线电视过户与不动产登记同步办理。本市推广在商业银行申请不动产抵押登记等便利化改革。

任何单位和个人有查询需要的,可以根据国家和本市不动产登记资料查询的相关规定,通过自助查询终端、"一网通办"平台等渠道自助查询全市范围登记的不动产自然状况、权利状况和地籍图等信息,以及非住宅且权利人为法人或者非法人组织的不动产权利人信息。权利人查询其名下不动产信息,可以获得本市房屋查询结果证明。

第四十二条　本市深化人才发展体制机制改革,充分发挥用人主体在培养、引进、用好人才中的作用,营造人才成长发展的良好生态,集聚海内外优秀人才,加快建设成为高水平人才高地。

本市依托市、区两级人才服务中心,提供人才引进、落户、交流、评价、咨询等便利化专业服务。

本市为外籍高层次人才出入境、停居留和工作学习生活提供便利。推进建立移民事务服务中心、上海国际服务门户网站,为常住外国人提供政策咨询、居留旅行、法律援助、语言文化等社会融入服务。推广外国人永久居留身份证的应用。通过"外国人工作、居留单一窗口"办理工作许可和居留许可的,应当在七个工作日内一次办结。

第四十三条　本市通过国际贸易单一窗口,为申报人提供进出口货物申报、运输工具申报、税费支付、贸易许可和原产地证书申领等全流程电子化服务,并推广贸易融资、信用保险、出口退税等地方特色应用。

各收费主体应当在国际贸易单一窗口公开收费标准,实现口岸相关市场收费"一站式"查询和办理。市口岸、交通、发展改革、市场监管等部门应当加强口岸收费管理。

本市依托国际贸易单一窗口,推动与其他经济体的申报接口对接,促进信息互联互通,便利企业开展跨境业务。

第四十四条 本市运用各类口岸通关便利化措施,压缩货物口岸监管和港航物流作业时间,实现通关与物流各环节的货物状态和支付信息可查询,便利企业开展各环节作业。

本市推动优化口岸监管,鼓励企业提前申报通关,提前办理通关手续。对于申报通关存在差错的,按照有关容错机制处理。

对符合条件的企业,依照有关规定,实行先验放后检测、先放行后缴税、先放行后改单等管理。海关应当公布报关企业整体通关时间。

第四十五条 本市构建面向纳税人和缴费人的统一税费申报平台,推动相关税费合并申报及缴纳。有关部门应当精简税费办理资料和流程,减少纳税次数和税费办理时间,提升电子税务局和智慧办税服务场所的服务能力,推广使用电子发票,完善税费争议解决机制。

本市严格落实国家各项减税降费政策,积极开展宣传辅导,确保各项政策落实到位。

第四十六条 知识产权部门应当编制完善知识产权公共服务事项清单,明确知识产权相关事项办理的内容、时限、条件等。

知识产权部门应当优化知识产权业务受理流程,推进专利、商标等领域公共服务事项集中受理。

第四十七条 企业可以在本市自主选择主要办事机构所在地,并依法登记为住所。各区、各部门应当对企业跨区域变更住所提供便利,不得对企业变更住所设置障碍。

对区级层面难以协调解决的企业跨区域迁移事项,由市服务企业联席会议机制协调解决,并推动落实。

第四十八条 企业可以通过本市企业登记网上服务平台申请注销,由市场监管、税务、人力资源社会保障等部门分类处置、同步办理、一次办结相关事项。

对未发生债权债务或者已将债权债务清偿完结,未发生或者已结清清偿费用、职工工资、社会保险费用、法定补偿金、应缴纳税款(滞纳金、罚款),并由全体投资人书面承诺对上述情况的真实性承担法律责任的,可以按照简易程序办理注销登记。企业应当将承诺书及注销登记申请通过国家企业信用信息公示系统公示,公示期为二十日。公示期内无异议的，登记机关可以为企业办理注销登记并予以当场办结。

第四章 公共服务

第四十九条 市经济信息化部门组织开展全市企业服务体系建设，依托上海市企业服务云，实现涉企政策统一发布、专业服务机构集中入驻、企业诉求集中受理。

市、区经济信息化部门应当建立中小企业服务中心，受理企业各类诉求，完善诉求快速处理反馈机制，一般问题五个工作日办结，疑难问题十五个工作日办结，无法办理的应当向企业说明情况。

各区应当建立网格化企业服务模式，在乡镇、街道、园区及商务楼宇等设立企业服务专员，建立定期走访机制，了解企业需求和困难，主动宣传涉企政策措施，为协调解决企业诉求提供服务。

第五十条 本市建立完善市级财政资金类惠企政策统一申报系统，为企业提供一站式在线检索、订阅、匹配、申报服务。各区参照建立区级财政资金类惠企政策统一申报系统以及相应服务机制。各区、各部门应当严格执行国家和本市关于支持中小企业发展的财政资金类政策，并提供便利化服务。

各区应当设立财政资金类等惠企政策服务窗口，有条件的区可以设立惠企政策综合服务窗口。

第五十一条 本市建立政企沟通机制，通过调研、座谈、问卷调查、新媒体等多种形式，及时倾听和回应企业等经营主体的合理诉求。

本市设立优化营商环境咨询委员会，负责收集、反映企业等经营主体对营商环境的诉求，为营商环境改革提供决策咨询，推动优化营商环境精准施策。

商务、经济信息化及其他有关部门应当建立咨询服务机制，通过线上线下等方式，为企业等经营主体提供国际经贸规则的政策咨询、培训和指导等服务；支持行业协会、国际贸易促进组织等提供与国际经贸规则相关的专业服务。

第五十二条 本市鼓励电力、供排水、燃气、网络等公用企事业单位为企业等经营主体提供全程代办服务。鼓励公用企事业单位全面实施网上办理业务，在"一网通办"总门户开设服务专窗，优化流程、压减申报材料和办理时限。

本市推行市政公用基础设施服务可靠性监管计划,公用企事业单位应当保障服务设施正常、稳定运行,确保供应质量符合国家和本市规定。有关主管部门应当加强对公用企事业单位服务可靠性的监管,发布实施基于服务可靠性的绩效管理措施。

公用企事业单位应当推行接入和服务的标准化,确保接入标准、服务标准公开透明,并提供相关延伸服务和一站式服务。公用企事业单位应当对收费项目明码标价,并按照规定履行成本信息报送和公开义务。

本市实施"水电气网"联合报装制度,实行接入服务事项"一表申请、一口受理、联合踏勘、一站服务、一窗咨询"。联合报装涉及挖掘道路审批事项的,推行联合报装和挖掘道路审批事项协同办理。

本市保障通信基础设施建设,将通信基础设施专项规划有关内容依法纳入相应的国土空间规划,并根据控制性详细规划将通信基础设施建设要求纳入规划条件,作为土地出让合同的组成部分。

通信管理、市场监管、经济信息化、住房城乡建设、房屋管理等部门依法规范园区及商务楼宇的通信基础设施建设及运营,保障基础电信业务经营者平等接入的权利和企业用户自主选择通信网络业务的权利。

第五十三条 本市全面落实动产和权利担保统一登记制度。当事人通过中国人民银行征信中心动产融资统一登记公示系统,对纳入统一登记范围的动产和权利担保自主办理登记。

本市鼓励金融机构为诚信经营的中小企业提供无抵押信用贷款,优化中小企业信贷产品,提高融资对接和贷款审批发放效率。支持为科技型企业提供全生命周期综合金融服务,加大科技型企业培育力度,鼓励符合条件的科技型企业上市。鼓励金融机构持续推动绿色金融产品和服务创新。

本市建立健全中小企业涉诉信息澄清机制,避免金融机构因获取信息不全面影响对中小企业的正常贷款。

第五十四条 市地方金融部门会同市民政、规划资源、市场监管等部门以及信托登记机构,配合中央金融管理部门在沪机构探索建立以不动产、股权等作为信托财产的信托财产登记及相关配套机制。

第五十五条 本市设立中小微企业政策性融资担保基金,建立健全融资担保体系,为中小微企业融资提供增信服务。市财政部门应当会同市地方金融等部门,建立信贷风险补偿和奖励机制。

本市推进公共数据开放及大数据普惠金融应用,依托中小企业融资综合信用服务平台等,依法与金融机构等共享市场监管、税务、不动产登记、环保等政务数据和电力、供排水、燃气、网络等公用事业数据,为中小企业融资提供增信服务,并依法保护个人信息、商业秘密。

第五十六条 本市扶持产业园区建设,推进产业与城市融合发展。有关政府部门根据需要在产业园区设立政务服务窗口。鼓励各类产业园区的管理运营单位设立一站式企业服务受理点,提供企业开办、项目建设、人才服务等政策咨询和代办服务。

园区管理运营单位通过推荐函等方式为园区企业办事提供证明、保证等服务的,有关政府部门应当予以支持。

第五十七条 本市支持创新创业集聚区建设,支持发展科技企业孵化器、众创空间等各类创新创业载体。对于符合条件的创新创业载体,按照有关规定给予税收优惠和财政支持。

鼓励和支持高校、科研院所通过建设专业团队、委托第三方服务机构等方式开展技术转移服务,推动科技成果转移转化。

第五十八条 本市实行重大产业项目目录制管理,并定期动态调整。市、区人民政府应当建立重大项目联系制度和协调处理机制,为企业提供全流程服务保障。

市经济信息化部门应当推进市级投资促进平台建设,制定发布上海市产业地图,推进建设重点项目信息库和载体资源库,推动项目与产业地图精准匹配。

市商务部门应当统筹全市外商投资促进服务等相关工作,推动完善海外招商促进网络。

第五十九条 本市加快推进公共法律服务体系建设,整合律师、公证、司法鉴定等公共法律服务资源,以公共法律服务中心、公共法律服务热线等为载体,提升公共法律服务质量和水平。

鼓励律师创新法律服务模式,通过专业化的法律服务,帮助中小企业有效防范法律风险,及时高效地解决各类纠纷。

持续优化公证服务,实现简易公证事项和公证信息查询的"自助办、网上办、一次办"。

鼓励鉴定机构优化鉴定流程,提高鉴定效率。与委托人有约定时限的,在约定的时限内完成鉴定;没有约定的,一般应当在三十个工作日内完成鉴定,但重大复杂或者法律、法规、部门规章有专门规定的除外。

第五章 监管执法

第六十条 有关政府部门应当按照鼓励创新的原则,对新技术、新产业、新业态、新模式等实行包容审慎监管,针对其性质、特点分类制定和实行相应的监管规则和标准,制定生产经营合规指引,预留发展空间,同时确保质量和安全,不得予以禁止或者不予监管。

本市建立健全包容审慎监管制度,推行轻微违法行为依法不予行政处罚,并对实施情况开展执法监督。市有关行政管理部门应当制定本系统轻微违法行为依法不予行政处罚清单,并依法实施。

有关政府部门开展行政执法时,应当依法运用说服教育、劝导示范、指导约谈等方式,加强对企业等经营主体违法行为整改的指导。

第六十一条 市审批改革部门应当会同有关行政管理部门编制监管事项目录清单,明确监管主体、监管对象、监管措施、处理方式等,并向社会公开。监管事项目录清单实行动态调整。

本市基于监管对象信用状况及风险程度等,对其实施差异化分类监督管理。各部门应当根据分类结果建立相应的激励、预警、惩戒等机制。规范重点监管程序,对食品、药品、建筑工程、交通、应急等直接涉及公共安全和人民群众生命健康等特殊行业、重点领域,依法实行全覆盖全过程重点监管。

实施分类监管的部门和履行相应公共事务管理职能的组织,应当制定分类监管实施细则,并向社会公布。

有关政府部门应当对直接涉及公共安全、人民群众生命健康等的特殊行业、重点领域制定经营主体生产经营重点监管事项合规指引,指导企业等经营主体依法开展生产经营活动。

七、地方有关规定

第六十二条 有关政府部门应当制定本部门年度执法检查计划,并于每年三月底前向社会公布。

年度执法检查计划应当包括检查主体、检查对象范围、检查方式、检查项目和检查比例等内容。

第六十三条 市级行政执法部门应当统筹规范本系统行政检查行为,优化检查流程,指导行政执法单位合理确定检查频次,整合、精简行政检查事项。对于可以由不同层级行政执法单位开展的行政检查,市级行政执法部门应当依法合理确定行使层级,避免对同一事项重复检查。

本市推行应用检查码,归集、共享行政检查数据,对行政检查行为进行监督评价,规范涉企行政检查行为。

第六十四条 行政执法部门开展行政检查时确需第三方进行专业技术协助的,应当与第三方签订协议,明确工作内容及要求。第三方不得单独开展行政检查,不得单独向行政相对人出具意见或者建议。

第六十五条 有关政府部门应当按照规定将经营主体的行政处罚信息向社会公示,期限为三年,法律、法规和国家另有规定的,从其规定。

第六十六条 本市推行专用信用报告替代有关行政机关出具的无违法记录证明。专用信用报告可以通过"一网通办"平台等获取。各区、各市级部门应当按照国家和本市要求,全面、准确、及时将有关公共信用信息归集至市公共信用信息服务平台。

有关行政管理部门应当充分运用信用信息,在实施行政许可过程中,对守信主体给予优先办理、简化程序等便利服务,同时严格规范联合惩戒名单认定,依法依规开展失信联合惩戒。

第六十七条 本市建立健全公共信用信息修复机制,实施公共信用信息分级分类修复制度,明确失信信息修复的条件、标准、流程等要素,优化"信用中国(上海)"网站与"国家企业信用信息公示系统(上海)"等部门网站以及信用服务机构之间公共信用信息修复结论的共享和互认机制。

符合条件的经营主体可以在行政处罚信息最短公示期届满后,按照规定申请修复,提前终止公示。一般行政处罚信息的最短公示期为三个月;涉及食品、药品、特种设备、安全生产、消防领域的行政处罚信息的最短公示期为一年。按照简易程序作出的行政处罚和仅被处以警告、通报批评处罚的信息不予公示。严重失信主体名单的修复,由认定失信行为的单位依法开展。

失信信息由"信用中国(上海)"等信用平台网站负责修复的,应当在三个工作日内将修复结论共享至有关部门和系统;认定失信行为的单位负责修复的,应当及时将修复结论共享至"信用中国(上海)"等信用平台。各部门应当在申请人的信用信息修复后同步删除相关网站上的公示信息。信用信息修复结果应当及时告知申请人。采集、使用失信信息的信用服务机构应当及时在系统查询界面中删除相关信息。

法律、法规和国家另有规定的,从其规定。

第六十八条 本市全面落实行政执法公示、行政执法全过程记录和重大行政执法决定法制审核制度,通过考核、定期报告、协调指导、执法数据共享等方式,推进行政执法严格规范公正文明。

各行政执法部门应当根据监管需求,加强执法协作,明确联动程序,提高跨部门、跨领域联合执法效能。

本市深化行政综合执法改革,推进相对集中行使行政处罚权,统筹配置行政执法资源。

本市建立健全审批、监管、执法、司法相互衔接的协同联动机制。

第六十九条 本市依托"互联网+监管"系统、上海市统一综合执法系统、综合监管运行管理系统,推动各部门监管业务系统互联互通,加强监管信息归集共享和应用,推行远程监管、移动监管、预警防控等非现场监管,为开展"双随机、一公开"监管、分类监管、信用监管、联合执法等提供支撑。在监管过程中涉及的企业等经营主体商业秘密,各部门应当依法予以保密。

第七十条 除直接涉及公共安全和人民群众生命健康等特殊行业、重点领域外,市场监管领域各有关部门在监管过程中通过随机抽取检查对象、随机选派执法检查人员的方式开展行政检查。

随机抽查的比例频次、被抽查概率应当与抽查对象的信用等级、风险程度挂钩。针对同一检查对象的多个检查事项,应当合并或者纳入跨部门联合抽查范围。规范行政检查行为,避免随意检查、重复检查。

市场监管领域各有关部门应当及时通过国家企业信用信息公示系统等平台向社会公开抽查情况及查处结果。

第七十一条　各行政执法部门实施行政强制,应当遵循合法、适当、教育与强制相结合的原则,对采用非强制性手段能够达到行政管理目的的,不得实施行政强制;对违法行为情节轻微或者社会危害较小的,可以不实施行政强制;确需实施行政强制的,应当限定在所必需的范围内,尽可能减少对企业等经营主体正常生产经营活动的影响。

市人民政府有关部门应当探索建立完善不予实施行政强制措施清单。

第七十二条　市人民政府有关部门应当按照国家和本市规定科学规范行政裁量权,建立健全行政裁量权基准制度,并实行动态管理;推进将行政裁量权基准内容嵌入上海市统一综合执法系统,为执法人员提供指引。各行政执法单位应当按照国家和本市规定,规范适用行政裁量权基准。

行政执法单位实施行政处罚、行政检查等执法行为时,应当审慎适用列举式条文中的兜底条款。兜底条款需要由本市有关行政部门作出规定的,有关市级行政主管部门应当明确兜底条款的具体适用情形和规则。

第七十三条　除涉及人民群众生命安全、发生重特大事故或者举办国家重大活动,并报经有权机关批准外,市、区人民政府及其部门不得在相关区域采取要求相关行业、领域普遍停产、停业等措施。采取普遍停产、停业等措施的,应当提前书面通知企业或者向社会公告,法律、法规另有规定的除外。

第六章　法　治　保　障

第七十四条　本市制定与企业等经营主体生产经营活动密切相关的地方性法规、规章、行政规范性文件,应当通过报纸、网络等向社会公开征求意见,充分听取企业等经营主体、行业协会、商会的意见,并建立健全意见采纳情况反馈机制。

涉及企业等经营主体权利义务的地方性法规、规章、行政规范性文件,应当通过便于公众知晓的方式及时公布。行政规范性文件应当录入本市统一的行政规范性文件数据库。地方性法规、规章、行政规范性文件公布时,应当同步进行宣传解读。与外商投资、国际贸易等密切相关的地方性法规、规章、行政规范性文件,应当提供相应的英文译本或者摘要。

第七十五条 本市各级人民政府及其有关部门制定与企业等经营主体生产经营活动密切相关的规范性文件、政策措施,应当进行合法性审查,并由制定机关集体讨论决定。

起草涉及企业等经营主体经济活动的地方性法规、规章、规范性文件以及具体政策措施时,应当按照规定进行公平竞争审查。鼓励社会第三方机构参与公平竞争审查工作。

对违反公平竞争有关规定的政策措施,任何单位和个人可以向市场监管部门举报。市场监管部门接到举报后,应当及时处理或者转送有关部门处理。

第七十六条 本市各级人民政府及其有关部门制定的与企业等经营主体生产经营活动密切相关的政策措施,应当简明清晰、通俗易懂。

涉及企业等经营主体的办理事项应当明确,办理流程应当简化便捷,办理状态信息应当及时告知。

第七十七条 本市各级人民政府及其有关部门制定与企业等经营主体生产经营活动密切相关的政策措施,应当留出必要的适应调整期,但涉及国家安全和公布后不立即施行将有碍施行的除外。

本市各级人民政府及其有关部门应当建立政策措施定期评估清理机制,对与企业等经营主体生产经营活动密切相关的政策措施每年至少开展一次评估,并公布清理结果。

第七十八条 本市加强灵活就业人员权益保护,保障灵活就业人员参加社会保险的权利。

灵活就业人员失业后,符合规定条件的,可以申请领取失业保险金。

七、地方有关规定

第七十九条 用人单位应当制定禁止工作场所暴力、歧视、骚扰和霸凌的规章制度,加强安全保卫和管理等工作,预防风险和制止相关危害,并将识别工作场所相关危害和风险纳入教育培训的内容。

用人单位应当建立工作场所暴力、歧视、骚扰和霸凌行为内部申诉机制,并完善相应的调查处置程序。

第八十条 本市完善劳动纠纷多元化解机制,推行调解优先,发挥行业协会、商会在预防和化解劳动纠纷中的作用,提高劳动纠纷解决效率。市、区劳动人事争议仲裁委员会通过设立速裁庭、巡回庭、派出庭,为当事人解决劳动纠纷提供便利。

市人力资源社会保障部门应当畅通劳动者维权渠道,完善劳动监察案前调解机制,加大监察执法力度,依法保护劳动者合法权益。

第八十一条 本市积极完善调解、仲裁、行政裁决、行政复议、诉讼等有机衔接、相互协调的多元化纠纷解决机制,充分发挥各级非诉讼争议解决中心功能,支持在金融、建设工程、航运、知识产权等专业领域建立纠纷解决机构,加强纠纷解决数字化平台建设,为当事人提供高效、便捷的纠纷解决途径。

本市建立涉外商事纠纷调解、仲裁、诉讼多元化解决一站式工作机制,为当事人提供多元、便捷、高效的纠纷解决服务。

支持境外知名仲裁及争议解决机构按照规定在本市设立业务机构,就国际商事、海事、投资等领域发生的民商事争议开展涉外仲裁业务。本市人民法院建立支持仲裁案件审理开具调查令工作机制。

第八十二条 各类商事调解组织应当建立调解员名册,并向社会公开,名册中的调解员不受国籍、性别、居住地等限制。当事人可以选择调解员名册以外的调解员调解。

商事调解应当在当事人自愿、平等的基础上进行。调解组织、调解员可能与案件产生利益冲突的,应当及时进行披露并主动回避,当事人有权更换调解组织或者申请调解员回避。商事调解案件进入仲裁程序的,除当事人另有约定外,担任过商事调解案件的调解员应当回避担任同一案件或者相关案件的仲裁员。

调解组织应当定期公开通过调解解决的各类商事纠纷的统计数据。

在民事诉讼中以调解方式结案的,依法减半交纳案件受理费。

第八十三条 本市支持各级人民法院依法公正审理涉及市场主体的各类案件,平等保护各类市场主体合法权益;支持各级人民检察院对人民法院审判活动实施法律监督。

本市各级人民法院依法发挥庭前会议固定争点、交换证据、促进调解等功能,提高庭前准备环节工作质量,促进庭审质效提升。

本市根据国家统一部署,加强国际商事纠纷审判组织建设,支持国际商事纠纷审判组织对接国际商事通行规则,加快形成与上海国际商事纠纷解决需求相适应的审判体制机制。

本市强化执行难源头治理制度建设,推动完善执行联动机制,支持人民法院加强和改进执行工作。政府各有关部门、人民检察院、人民团体、企事业单位、金融机构等,应当加强与人民法院执行工作的配合与协作,协同提高本市执行工作水平和效率。

第八十四条 企业等经营主体在本市办理设立、变更、备案等登记注册业务或者申报年报时,市场监管部门应当告知其填报法律文书送达地址。企业等经营主体应当主动填报法律文书送达地址,未填报的,依法以登记的住所为本市各级人民法院和行政管理部门法律文书的送达地址。

第八十五条 本市各级人民法院应当加强网上诉讼服务平台建设,推进全流程网上办案模式,并严格遵守法律及司法解释关于规范民商事案件延长审限和延期开庭的规定。当事人通过网上立案方式递交诉状材料的,可以不再提交纸质版本。

市高级人民法院加强司法质效数据公开平台建设,推进涉营商环境相关数据实时、常态化公开,提高司法公开透明度。

市高级人民法院应当建立健全对从事司法委托的鉴定、资产评估、审计审价等中介机构的遴选、评价、考核规则和标准,向社会公布,并定期向有关部门通报对中介机构的考核评价结果。

有关部门应当与人民法院建立信息共享机制,支持人民法院依法查询相关主体的身份、财产权利、市场交易等信息,支持人民法院对涉案不动产、动产、银行存款、股权、知识产权及其他财产权利实施网络查控和依法处置,提高财产查控和强制执行效率。

七、地方有关规定

有关部门应当与人民法院加强协同联动，将拒不履行生效裁判确定义务的被执行人纳入失信惩戒名单，强化对失信被执行人的惩戒力度。

第八十六条　本市推进完善市场化、法治化、便利化的破产制度，通过市场化机制加大重整保护力度，探索建立庭外重组、重整识别、预重整等破产拯救机制，探索破产案件繁简分流、简易破产案件快速审理等机制，简化破产流程。

本市建立健全市人民政府和市高级人民法院共同牵头、有关部门参加的企业破产工作协调机制，协调解决本市企业破产工作中的问题，提升破产领域公共服务和公共事务办理效能。

本市加大企业重整、和解政策支持力度，探索通过提供专项政府性融资担保等方式，推动金融机构为重整、和解企业提供必要的纾困融资。

本市各级人民法院依照相关法律和司法解释的规定，建立重整计划草案由权益受到调整或者影响的债权人或者股东参加表决的机制，促进具有营运价值的困境企业及时获得重整救济。

第八十七条　本市企业法人出现《中华人民共和国企业破产法》规定的清理债务、重整情形的，企业董事、高级管理人员应当忠实、勤勉履行职责，及时采取合理措施，避免企业状况继续恶化和财产减损。

本市优化专门针对小微企业的破产办理机制，促进不可存续的小微企业迅速清算和可存续的小微企业有效重整。

本市各级人民法院依法探索跨境破产工作机制，提高跨境破产程序认可与协助、境外破产裁决承认与执行工作质效，加强跨境破产司法合作与交流。

本市各级人民法院依法确定环境损害赔偿在破产财产中的清偿顺位及其实现方式。

第八十八条　本市加强人民法院全流程网上办案平台与本市政务服务平台的对接，建立健全破产企业不动产、车辆、银行账户、证券、企业登记原始档案、税务、社会保险、住房公积金、相关涉案主体身份等信息在线查询机制和破产财产解封处置在线办理机制。

本市建立破产企业职工权益保障机制。各级人力资源社会保障部门应当在破产企业处置过程中,协同做好用工政策指导、就业服务、欠薪保障、职工社会保险关系转移等事项,保障职工合法权益。

破产企业按照有关规定履行相关义务后,自动解除企业非正常户认定状态。企业因重整取得的债务重组收入,依照国家有关规定适用企业所得税相关政策。对于破产企业涉及的房产税、城镇土地使用税等,税务机关应当依法予以减免。

本市建立企业破产信息公示机制,依托"信用中国(上海)"网站,向社会公开破产债务人、破产管理人、破产程序进展、破产裁判文书等信息。

第八十九条 本市人民法院对债权人提名或者债权人会议更换破产管理人的意见,符合法定条件的,依法核准。

本市推动和保障破产管理人在破产程序中依法履职。破产管理人持人民法院出具的受理破产申请裁定书、指定管理人决定书等法律文书,有权依法接管、调查、管理、处分破产财产。破产管理人依法履行职责,办理破产相关业务时,相关单位和部门应当予以配合。

破产管理人处分破产企业重大财产的,应当经债权人会议逐项表决通过。

破产管理人依据人民法院终结破产程序裁定文书、清算组依据人民法院强制清算终结裁定文书提出申请的,市场监管部门依法为企业办理注销登记。

本市健全破产管理人分级管理机制,加强破产管理人专业化、规范化建设。

市破产管理人协会应当加强行业自律和业务培训,提高破产管理人的履职能力和水平。

第九十条 本市建立营商环境投诉维权机制,任何单位和个人可以通过"12345"市民服务热线、上海市企业服务云、中小企业服务中心以及"一网通办"平台等,对营商环境方面的问题进行投诉举报。

各有关部门应当畅通投诉举报反馈渠道,保障投诉举报人合理、合法诉求得到及时响应和处置,无法解决的,应当及时告知并说明情况。

市、区人民政府及有关行政管理部门可以邀请人大代表、政协委员、专家学者、行业协会代表、商会代表、专业服务业人员代表、企业代表和群众代表等担任社会监督员。社会监督员结合本职工作及时收集、反映与营商环境相关的问题线索、意见建议等信息,发挥监督作用。

第九十一条　本市探索在生态环境和资源保护、食品药品安全、公共卫生安全等领域建立内部举报人制度,发挥社会监督作用,对举报严重违法、违规行为和重大风险隐患的有功人员予以奖励,并对其实行严格保护。

第九十二条　本市建立由机关单位、专业院校、社会组织等共同参与的优化营商环境法治保障共同体,畅通政策和制度的设计、执行、反馈沟通渠道,重点疏通协调营商环境建设中存在的制度性瓶颈和体制机制问题,为各区、各部门提供依法推进营商环境建设的智力支持。

第九十三条　本市探索创建优化营商环境法治宣传新模式,采取以案释法、场景互动等方式提升法治宣传效能。

本市遵循"谁执法谁普法""谁服务谁普法"的原则,探索将优化营商环境法治宣传工作纳入普法责任制考核。

第九十四条　市、区人民代表大会常务委员会通过听取专项工作报告、开展执法检查等方式,加强本行政区域内优化营商环境工作监督。

市、区人民代表大会常务委员会充分发挥代表作用,组织代表围绕优化营商环境开展专题调研和视察等活动,汇集、反映企业等经营主体的意见和建议,督促有关方面落实优化营商环境的各项工作。

第七章　法律责任

第九十五条　违反本条例规定的行为,法律、行政法规有处罚规定的,从其规定。

第九十六条　本市各级人民政府和有关部门及其工作人员在优化营商环境工作中,有下列情形之一的,由有关部门责令改正;情节严重的,依法追究责任:

(一)违反"一网通办"工作要求,限定企业等经营主体办理渠道的;

（二）对情况清楚、诉求合理的实名差评事项，拒不整改的；
（三）对企业变更住所地违法设置障碍的；
（四）妨碍破产管理人依法履职的；
（五）其他不履行优化营商环境职责或者损害营商环境的。

第八章 附 则

第九十七条 本条例自2020年4月10日起施行。

上海市促进中小企业发展条例

（2011年4月12日上海市第十三届人民代表大会常务委员会第二十六次会议通过 根据2018年5月24日上海市第十五届人民代表大会常务委员会第四次会议《关于修改本市部分地方性法规的决定》修正 2020年6月18日上海市第十五届人民代表大会常务委员会第二十二次会议修订）

第一章 总 则

第一条 为了保障中小企业公平参与市场竞争，维护中小企业合法权益，支持中小企业创业创新，稳定和扩大城乡就业，发挥中小企业在国民经济和社会发展中的重要作用，根据《中华人民共和国中小企业促进法》以及相关法律、行政法规，结合本市实际，制定本条例。

第二条 本市促进中小企业发展工作适用本条例。

本条例所称中小企业，是指在本市行政区域内依法设立并符合国家中小企业划分标准的企业，包括中型企业、小型企业和微型企业。

第三条 市、区人民政府应当加强对促进中小企业发展工作的领导，将中小企业发展纳入国民经济和社会发展规划，为中小企业的设立和发展营造有利环境。

市、区人民政府应当建立和完善服务企业议事协调机制，加强对中小企业促进工作的统筹规划和综合协调；建立走访中小企业制度，加强对中小企业的服务。

市、区人民政府应当明确本行政区域促进中小企业发展工作的第一责任人。

第四条 市经济信息化部门是本市促进中小企业发展工作的主管部门,负责对本市中小企业促进工作的统筹指导、组织协调和监督检查。

区人民政府确定的负责中小企业促进工作的主管部门(以下简称区中小企业工作部门)应当在市经济信息化部门指导下,做好本行政区域内促进中小企业发展工作。

市和区发展改革、科技、商务、市场监管、人力资源社会保障、规划资源、财政、税务、地方金融监管、生态环境、知识产权、司法行政等部门应当在各自职责范围内,负责中小企业促进工作。

对中小企业发展中面临的问题和困难,没有具体责任部门或者涉及多个部门无法落实的,市经济信息化部门负责牵头协调解决。

第五条 本市将促进中小企业发展作为长期发展战略,坚持准入平等、倾斜扶持、特殊保护的原则,营造有利于中小企业健康发展的市场环境。

本市保障各类企业权利平等、机会平等、规则平等,法律、行政法规未予禁止或者未限制投资经营的市场领域,不得对中小企业设置附加条件。强化对中小企业财税支持、融资促进、创业创新等政策扶持,拓展中小企业发展空间。对中小企业特别是小型微型企业强化服务和权益保障,增强企业自我发展能力。

第六条 市、区人民政府应当支持中小企业融入、服务国家战略,在上海国际经济、金融、贸易、航运和科技创新中心建设中发挥中小企业作用。

市、区人民政府应当引导中小企业向专业化、精细化、特色化、新颖化发展,因地制宜聚焦主业加快转型升级,提升中小企业在细分市场领域的竞争力,支持中小企业做优做强,培育更多具有行业领先地位、拥有核心竞争力的企业。

第七条 本市建立健全中小企业统计监测和分析制度,为中小企业扶持政策的制定与调整提供决策参考。市统计、经济信息化部门定期对本市规模以上中小企业进行分类统计、监测、分析和发布相关统计信息,并加强对规模以下中小企业的统计分析,准确反映企业发展运行情况。

第二章 服务保障

第八条 本市建立中小企业扶持政策的统筹协调机制。市人民政府职能部门制定中小企业扶持政策时,应当就政策的合理性、政策之间的协调性听取主管部门和相关部门意见;有关部门如有不同意见且协调不一致的,可以通过市服务企业议事协调机制协调予以解决。

第九条 市、区人民政府及其有关部门应当及时对涉及中小企业的法律法规和政策进行解读和宣传,为中小企业免费提供市场监管、财税、金融、环境保护、安全生产、劳动用工、社会保障等方面的法律政策咨询和公共信息服务,营造公开、透明、可预期的中小企业发展政策环境。

市经济信息化部门应当会同相关部门梳理、归集国家和本市有关中小企业发展的法律法规、产业政策、扶持措施等信息,编制惠企政策清单和涉企公共服务清单,为中小企业提供快速、便捷、无偿的信息服务。

中小企业办理注册登记时,区行政服务中心应当向申请企业提供惠企政策清单和涉企公共服务清单,告知其相关扶持政策。

第十条 本市依托"一网通办"打造上海市企业服务云平台,为中小企业提供管理咨询、市场拓展、科技创新、投资融资等专业服务;建立首接负责制,受理中小企业各类诉求,健全诉求分派、督办、反馈的闭环机制。

市大数据中心依托"一网通办"企业专属网页,为中小企业提供个性化、精准化服务。

第十一条 市、区人民政府应当建立健全中小企业公共服务体系,建立和完善中小企业公共服务机构。

市、区中小企业公共服务机构应当在市经济信息化部门和区中小企业工作部门的指导下,设立中小企业服务专员,为中小企业提供公益性服务,联系和引导各类服务机构为中小企业提供服务。

第十二条 各类服务机构为中小企业提供创业培训与辅导、知识产权保护、管理咨询、信息咨询、信用服务、市场营销、项目开发、投资融资、财会税务、产权交易、技术支持、人力资源、对外合作、展览展销、法律咨询等服务,符合规定的可以享受市、区人民政府的扶持政策。

支持各类服务机构设立中小企业境外服务机构,为本市中小企业境外发展提供企业开办、场地开设、市场开拓、专业咨询等服务,符合规定的可以享受市经济信息化部门的扶持政策。

第十三条 本市各级行政机关以及履行公共管理和服务职能的事业单位应当根据中小企业发展需求,动态调整公共数据开放清单,增加数据供给。

本市鼓励中小企业依法开放自有数据,促进公共数据和非公共数据安全有序的融合应用。

第十四条 市教育、人力资源社会保障等部门应当根据中小企业发展的需求,指导本市相关高等学校、职业教育院校和职业技能培训机构及时调整专业设置,培养创新、专业和实用人才。

市经济信息化、人力资源社会保障、科技、商务、市场监管等部门应当有计划地组织实施中小企业经营管理人员培训,提高企业营销、管理和技术水平。

市经济信息化、人力资源社会保障等部门应当引导和支持社会化专业机构为中小企业提供人才招聘、服务外包等人力资源服务,帮助中小企业解决用工需求。

第十五条 本市行业协会、商会等社会组织应当依法维护中小企业会员的合法权益,反映中小企业会员诉求,加强行业自律管理,并在中小企业参与制定标准、创业创新、开拓市场等方面发挥作用。

除法律、法规另有规定外,本市行业协会、商会等社会组织应当坚持入会自愿、退会自由的原则,不得强制或者变相强制中小企业入会、阻碍退会。行业协会、商会等社会组织不得以政府名义或者以政府委托事项为由擅自设立收费项目、提高收费标准。

第十六条 市、区人民政府应当推动中小企业诚信建设,建立适合中小企业规范发展的守信激励和失信联动惩戒制度,引导中小企业诚信经营,帮助信用优质企业在经济和社会活动中获取更多的商业机会和实际利益。

第三章 财税支持

第十七条 市、区财政部门应当安排中小企业发展专项资金,列入中小企业科目,并逐步扩大资金规模、加大支持力度。中小企业发展专项资金用于小型微型企业的资金比例应当不低于三分之一。

本市支持企业发展的其他相关专项资金应当适当向中小企业倾斜,用于中小企业的资金比例原则上不低于三分之一。

第十八条 中小企业发展专项资金采取贷款贴息、政府购买服务、资助、奖励等方式安排使用,重点支持中小企业转型升级、公共服务体系完善、融资服务环境营造和市场开拓等。

中小企业发展专项资金管理使用坚持规范、公开、透明的原则,实行预算绩效管理。

第十九条 市级支持中小企业发展的政府引导基金,应当遵循政策性导向和市场化运作原则,主要用于引导和带动社会资金支持初创期中小企业,促进创业创新。

区人民政府应当根据实际情况,设立区级中小企业发展基金。

第二十条 本市财政部门应当会同相关部门落实国家和本市有关行政事业性收费减免政策措施。

本市税务部门应当按照国家相关规定,对符合条件的小型微型企业实行缓征、减征、免征企业所得税、增值税等措施,简化税收征管程序。

本市发展改革、财政、税务部门应当按照各自职责,向社会公布国家和本市促进中小企业发展的行政事业性收费、税收的优惠政策,指导和帮助中小企业减轻税费负担。

第四章 融资促进

第二十一条 金融管理部门按照国家要求推进普惠金融发展,加强对银行业金融机构的贷款投放情况监测评估,引导银行业金融机构创新信贷产品和服务,单列小型微型企业信贷计划,建立适合小型微型企业特点的授信制度,推动普惠型小型微型企业贷款增速不低于各项贷款增速，逐步提高信用贷款、首贷和无还本续贷的规模和比例，加大中长期贷款投放力度。

本市支持各类金融机构为小型微型企业提供金融服务，促进实体经济发展。

市国资监管部门应当会同相关部门将市属国有银行为小型微型企业提供金融服务的情况纳入考核内容。

第二十二条 本市落实国家制定的小型微型企业金融服务差异化监管政策，推动商业银行完善内部考核机制，增加普惠金融在考核中权重占比，降低普惠金融利润考核要求，提升小型微型企业客户服务情况考核权重，并建立健全授信尽职免责机制。

市财政部门应当会同市地方金融监管部门、国家在沪金融管理部门建立信贷风险补偿和信贷奖励机制，鼓励和引导金融机构加大对中小企业的信贷支持。

第二十三条 本市引导和支持有条件的中小企业上市融资。

市经济信息化部门应当会同市相关部门、行业协会、商会和中介服务机构等加强本市中小企业上市资源培育工作，推动中小企业完善法人治理结构。

市地方金融监管部门应当加强与国家金融监管部门的联系沟通，协调推动本市中小企业挂牌、上市。

本市引导和鼓励创业投资企业和天使投资专注投资创新型中小企业，以股权投资方式支持中小企业发展。

第二十四条 本市支持中小企业发行集合债券和集合票据。

市经济信息化部门对中小企业发行集合债券和集合票据所应承担的评级、审计、担保和法律咨询等中介服务费用，按照规定给予资金支持。

金融管理、市财政等部门应当鼓励金融机构通过创设信用风险缓释工具、担保增信等方式，支持中小企业债券融资，降低融资成本。

第二十五条 市地方金融监管、科技、经济信息化等部门应当指导、支持上海股权托管交易中心开展制度和业务创新，为中小企业提供综合金融服务，完善符合中小企业融资需求的挂牌条件、审核机制、交易方式、融资工具等制度。

第二十六条 本市优化完善大数据普惠金融应用、中小企业融资综合信用服务平台、银税互动等平台建设,依法归集纳税、社保、公用事业缴费、海关企业信用、仓储物流等信息,逐步扩大数据开放范围,完善数据标准,提高数据质量,促进银行业金融机构完善信贷审批流程,提高对中小企业的融资服务效率和覆盖面。

鼓励产业园区、行业协会、商会等与金融机构加强合作,依法共享中小企业经营信息与信用信息。

第二十七条 市经济信息化、金融管理等部门应当建立与供应链核心企业的联系沟通机制,推动全产业链和供应链金融服务;鼓励金融机构和供应链核心企业加强合作,共享产业链上下游交易等信息,发展订单、仓单、存货、应收账款融资等供应链金融产品。

各级政府采购主体和大型企业应当及时确认与中小企业的债权债务关系,帮助中小企业利用应收账款融资,缓解中小企业资金压力。

市、区人民政府鼓励建立知识产权质押融资市场化风险分担补偿机制,支持中小企业与金融机构开展知识产权质押融资。

本市通过动产融资统一登记公示系统,为中小企业融资提供便利。

第二十八条 市、区人民政府应当建立中小企业政府性融资担保体系,为中小企业融资提供增信服务。政府性融资担保机构担保放大倍数原则上不低于五倍,担保代偿率可以达到百分之五。政府性融资担保机构发生的代偿损失,市、区财政部门应当及时核销,并按照规定补充资本金。有关单位和个人已经履行相关勤勉尽责、合规审查义务的,可以不追究单位和个人责任。

市、区财政部门应当推动政府性融资担保行业发展,履行出资人职责、组织实施绩效评价。本市用于支持中小企业发展的财政资金,应当优先保障政府性融资担保机构为增强中小企业融资担保功能、充实融资担保资金的需要。

财政、经济信息化等部门应当对符合政策导向的重点领域的中小企业实施担保费补贴,或者引导担保机构降低担保和再担保费率。对为中小企业融资提供担保的担保机构,市经济信息化部门按照规定给予奖补支持。

七、地方有关规定

第二十九条　本市支持保险机构积极开展中小企业贷款保证保险和信用保险业务，开发适应中小企业分散风险、补偿损失需求的保险产品。

第三十条　市地方金融监管部门应当发挥小额贷款公司、融资租赁公司、典当行、商业保理公司等地方金融组织服务中小企业的功能，扩大中小企业融资渠道。

第三十一条　本市建立完善中小企业融资中介收费清理机制，规范中小企业融资时需要办理的保险、评估、公证等事项。

金融机构承担上述费用的，可以向市经济信息化部门申请资金支持。

第三十二条　本市鼓励金融机构开展面向中小企业的产品、业务、服务等金融创新。市人民政府设立的金融创新奖，应当对面向中小企业的金融创新活动予以支持。

第五章　创业扶持

第三十三条　市和区人力资源社会保障、经济信息化、科技、商务等部门应当加强创业指导，为创业人员提供政策咨询、创业培训等指导和服务。

鼓励本市高等学校、职业教育院校等对学生开展创业教育，开设创业教育课程，宣传国家和本市的最新政策并进行创业指导。

第三十四条　市、区市场监管部门应当根据新兴行业和中小企业发展需求，探索优化经营范围登记方式，提高登记效率。

市、区市场监管部门应当进一步简化中小企业住所登记材料。创业初期尚不具备或者不需要实体办公条件的创业创新企业，可以利用众创空间内的集中登记地作为住所申办登记。

第三十五条　市、区人民政府应当根据中小企业发展的需要，在国土空间规划中安排必要的用地和设施，为中小企业获得生产经营场所提供便利。鼓励开发区、高新产业园、商业街区、城市商业综合体利用闲置厂房等存量房产，投资建设和创办小型微型企业创业基地、孵化基地、原创品牌培育基地，为小型微型企业提供低成本生产经营场所、相关配套服务，支持中小企业开展特色经营。

第三十六条 符合要求的小型微型企业可以向所在区的人力资源社会保障部门申请获得一定额度的创业场地房租补贴。

市、区国资监管部门应当鼓励国有产业园区给予创业企业租金优惠。

第三十七条 财政、人力资源社会保障部门应当制定并完善本市创业贷款担保政策。对于符合条件的创业者和创业组织，可以按照规定给予创业贷款担保和贴息。

第三十八条 高等学校毕业生、退役军人和失业人员、残疾人员等创办小型微型企业，按照国家规定享受税收优惠和收费减免。

就业困难人员和符合条件的高校毕业生首次在本市创办小型微型企业，可以按照规定向所在区的人力资源社会保障部门申请一次性创业补贴。

市、区人民政府鼓励中小企业创造就业岗位。区人力资源社会保障部门对符合条件的小型微型企业，按照规定给予初创期创业组织社会保险补贴。

第三十九条 中小企业因工作情况特殊等原因，可以按照规定向所在区的人力资源社会保障部门申请实行不定时工作制或者综合计算工时工作制。

本市加强对灵活从业人员合法权益的保护。劳动者实现灵活就业的，可以依法参加社会保险。

第四十条 对符合条件的创业人才，市、区人力资源社会保障部门应当按照规定，直接赋予居住证积分标准分值、缩短居住证转办常住户口年限或者直接落户。

第六章 创新支持

第四十一条 本市支持中小企业聚焦产业重点领域和关键环节实施技术改造；支持中小企业通过搭建或者运用数字化平台等方式，在研发设计、生产制造、运营管理等环节实施数字化、网络化、智能化升级，实现提质增效。

中小企业实施符合上述发展方向的技术改造，符合条件的，可以向经济信息化或者相关部门申请资金支持。

第四十二条 市、区人民政府鼓励中小企业建立企业技术中心、工程技术研究中心、企业设计中心、院士专家工作站等研发机构,并参与制造业创新中心建设。

中小企业开发新技术、新产品、新工艺发生的研发费用,符合国家税收相关规定的,可以享受研发费用加计扣除优惠。

中小企业开展技术创新活动,符合规定的,可以向市科技、经济信息化部门申请科技型中小企业技术创新资金和中小企业发展专项资金支持。

第四十三条 本市鼓励科研机构、高等学校和大型企业向中小企业开放大型科学仪器设施、平台,开展技术研发与合作,帮助中小企业开发新产品。市、区科技部门应当按照有关规定,对符合条件的开放共享提供单位给予奖励。

市经济信息化、教育、科技等部门应当组织本市中小企业、高等学校和科研机构开展产学研项目交流合作,推进科技成果转移转化。鼓励高等学校、研究机构采取转让、许可、作价投资或者产学研合作等方式,在同等条件下,优先向中小企业转移具有自主知识产权的知识成果或者提供技术支持,相关政府部门应当提供便利。

第四十四条 市经济信息化部门应当会同市科技等部门将符合条件的中小企业产品纳入创新产品推荐目录,促进创新产品市场化和产业化。

市经济信息化部门支持中小企业自主创新,对中小企业符合条件的首台(套)高端智能装备、首版次软件产品、首批次新材料,按照合同金额的一定比例给予支持。

第四十五条 市科技、发展改革、经济信息化等部门推动建设长三角中小企业技术创新服务平台,为长三角中小企业提供技术交易咨询、知识产权运营、产权评估、投资融资等专业化、集成化服务。

第四十六条 市、区规划资源部门根据产业类型、投资强度、产出强度、环保、安全、就业等产业项目绩效,可以采取先出租后出让、在法定最高年期内实行缩短出让年期的方式,向符合条件的中小企业出让土地。

中国(上海)自由贸易试验区临港新片区内从事集成电路、人工智能、生物医药等重点产业的中小企业,符合条件的,可以享受相关用地支持。

第四十七条 市市场监管、经济信息化等部门应当鼓励中小企业开展重点产品质量攻关,推动企业质量技术水平、质量管理水平和质量总体水平同步提高。

在中小企业办理质量管理体系认证、环境管理体系认证、测量管理体系认证和产品认证等国际标准认证过程中,市市场监管等有关部门应当给予指导和支持。

本市支持中小企业以及相关行业协会组织或者参与制定拥有自主知识产权的高水平技术标准,开展标准化创新和应用。对主导制定国家标准、行业标准、地方标准的中小企业,市市场监管部门应当给予技术指导,并可以按照有关规定给予资金支持。

第四十八条 本市相关部门应当鼓励中小企业研发拥有自主知识产权的技术和产品,指导和帮助中小企业建立内部知识产权管理规范,按照规定资助中小企业申请和维持知识产权。

市知识产权管理部门应当完善基本公共服务,设立中小企业知识产权服务机构,为中小企业办理专利检索提供便利,助推中小企业技术研发布局,推广知识产权辅导、预警、代理、托管等服务。

市知识产权管理部门应当推进中小企业知识产权快速维权机制建设,推动纠纷快速处理。

第七章 市 场 开 拓

第四十九条 本市按照国家有关规定,采取预算预留、评审优惠等措施,落实政府采购支持中小企业的政策。对中小企业创新产品,给予政府采购支持。

本市政府采购的采购人和采购代理机构应当公开发布采购信息,依法实现采购预算、采购过程、采购结果全过程信息公开,为中小企业参与政府采购提供指导和服务。鼓励采购人、采购代理机构对信用记录良好的中小企业供应商减免投标保证金、履约保证金。

向中小企业预留的采购份额应当不低于本部门年度政府采购项目预算总额的百分之三十,其中预留给小型微型企业的比例不低于百分之六十。中小企业无法提供的商品和服务除外。

第五十条 市经济信息化、市场监管、商务部门应当支持中小企业自主品牌的培育和建设,实施品牌发展战略,鼓励中小企业开展品牌培育管理体系建设工作,对符合规定的中小企业给予资金支持。

市市场监管、商务、知识产权管理部门应当对中小企业申请注册商标、申请地理标志保护产品和申报"中华老字号"给予指导和帮助。

第五十一条 本市推进大型企业与中小企业建立协作关系,引导、支持国有大型企业与中小企业通过项目投资、资产整合等方式开展合资合作,实现优势互补,带动和促进中小企业发展。

市经济信息化部门应当会同市发展改革、财政、国资监管、科技、商务部门定期组织开展大型企业和中小企业之间的项目、技术、供需等交流活动,构建大型企业与中小企业协同创新、共享资源、融合发展的产业生态,促进中小企业的产品和服务进入大型企业的产业链或者采购系统;建设大中小企业融通发展特色园区,促进大中小企业在研发创新、创意设计、生产制造、物资采购、市场营销、资金融通等方面相互合作。

第五十二条 本市实施中小企业信息化、电子商务以及互联网应用的推广工程,引导中小企业利用信息技术提高研发、管理、制造和服务水平,鼓励中小企业应用电子商务平台和公共信息平台开拓国内国际市场,推动创新型中小企业服务产业平台加快发展。

本市促进跨境电子商务发展,建立健全适应跨境电子商务特点的海关、税收、支付结算等管理制度,为中小企业开展跨境电商业务提供便利。

第五十三条 中小企业在境外参加展览展销活动、获得发明专利或者注册商标、申请管理体系认证或者产品认证的,可以按照规定向市商务、市场监管、知识产权管理部门申请资金支持。

市商务、经济信息化部门应当在投资、开拓国际市场等方面加强对中小企业的指导和服务,组织中小企业参加国际性展会,参与采购交易。

市商务部门应当建立和完善产业损害预警机制,监测进出口异动情况,跟踪进出口涉案产业,指导和服务中小企业有效运用贸易救济措施保护产业安全。

第八章 权益保护

第五十四条 本市依法保护中小企业财产权、经营权和其他合法权益,依法保障中小企业经营者人身和财产安全。任何单位和个人不得侵犯中小企业及其经营者的合法权益。

任何单位和个人不得强制或者变相强制中小企业购买产品、接受指定服务、赞助捐赠、摊派财物,不得非法强制或者变相强制中小企业参加评比、考核、表彰、培训等活动。

国家机关、事业单位和大型企业不得强迫中小企业接受不合理的交易条件,签订不平等协议,违约拖欠中小企业的货物、工程、服务、投资款项。审计机关在审计监督工作中应当依法加强对国家机关、事业单位、国有企业支付中小企业账款情况的审计。

第五十五条 本市建立中小企业应急援助机制。发生自然灾害、公共卫生事件等突发事件或者其他影响中小企业生产经营的重大事件时,市经济信息化部门、区中小企业工作部门应当协调相关部门采取措施,积极做好中小企业应急援助工作。

对受前述突发事件、重大事件影响较大的中小企业,市、区人民政府及其有关部门应当出台有针对性的政策措施,在稳定就业、融资纾困、房租减免、资金支持等方面加大力度,减轻企业负担,并就不可抗力免责、灵活用工等法律问题及时向有需求的企业提供指导,帮助企业恢复正常的生产经营活动。

对参加突发事件应急救援和处置的中小企业,市、区人民政府及其有关部门应当按照规定给予奖励、补助和补偿。

第五十六条 本市在制定与中小企业权益密切相关的地方性法规、政府规章和规范性文件过程中,应当通过座谈会、听证会、问卷调查等方式听取中小企业的意见,建立健全意见采纳情况反馈机制。

第五十七条 市、区人民政府及其有关部门应当按照鼓励创新、包容审慎的原则,对新技术、新产业、新业态、新模式的中小企业,根据其性质、特点,分类制定和实行相应的监管规则和标准,采取书面检查、互联网监管等手段,优化监管方式。

有关部门对中小企业随机抽查的比例、频次应当与中小企业的信用等级、违法风险程度挂钩。针对同一中小企业的多个检查事项，应当合并或者纳入部门联合抽查范围。

第五十八条 市、区相关部门应当遵循合法、客观、必要、关联的原则，归集、使用中小企业及其经营者信用信息，不得违法扩大失信信息、严重失信名单的认定范围，不得违法增设失信惩戒措施。

本市应当建立健全符合中小企业特点的信用修复机制，完善失信信息修复的条件、标准、流程等要素。对于信用修复申请，相关部门应当及时核实，符合条件的，应当予以修复，并解除惩戒措施。

第五十九条 市、区人民政府有关部门和行业组织应当公布投诉举报方式，受理中小企业的投诉、举报。中小企业可以通过"12345"市民服务热线、上海市企业服务云等平台，进行投诉、举报。收到投诉举报的相关部门和行业组织应当在规定的时间内予以调查并反馈处理结果。

市经济信息化部门、区中小企业工作部门应当建立专门渠道，听取中小企业对政府相关管理工作的意见和建议，及时向有关部门反馈并督促改进。

第六十条 本市加快推进公共法律服务体系建设，整合法律服务资源，为促进中小企业健康发展提供全方位法律服务。

鼓励律师、调解、公证、司法鉴定等行业协会组建中小企业法律服务专业团队，为中小企业维护合法权益提供公益性法律服务。

本市探索将小型微型企业纳入法律援助范畴，对生产经营困难的小型微型企业提供法律帮助。

第九章　监　督　检　查

第六十一条 市经济信息化部门应当委托第三方机构定期对本市落实中小企业发展政策措施、资金使用等发展环境开展评估，相关部门应当根据评估情况对政策进行动态调整。评估情况应当向社会公开，接受社会监督。

区人民政府可以根据实际情况，委托第三方机构开展中小企业发展环境评估。

第六十二条　市经济信息化部门应当会同市税务、金融、市场监管、人力资源社会保障、知识产权管理、财政等部门定期收集、汇总有关中小企业的税收、融资、登记、就业、知识产权以及参与政府采购等信息。

市经济信息化部门应当会同市有关部门和区人民政府编制中小企业年度发展报告，汇总分析中小企业发展、服务保障、权益保护等情况，并向社会公布。

第六十三条　市、区人民政府应当每年向同级人民代表大会常务委员会报告促进中小企业发展情况。报告包括以下内容：

（一）本市中小企业发展的基本情况；

（二）扶持中小企业发展的政策及其实施情况；

（三）支持中小企业发展的资金、基金的使用情况；

（四）中小企业发展存在的问题、对策；

（五）其他应当报告的事项。

市、区人民代表大会常务委员会通过听取和审议专项工作报告、组织执法检查等方式，加强对本行政区域内中小企业发展工作的监督。

市、区人民代表大会常务委员会应当在预算编制审查和执行情况监督中，加强对本级财政涉及中小企业发展的各类专项资金使用情况的监督。

第六十四条　市人民政府应当对中小企业促进工作情况开展监督检查，对违反《中华人民共和国中小企业促进法》和本条例的行为，应当约谈有关部门或者区人民政府的负责人，责令限期整改；未按照要求组织整改或者整改不到位的，对直接负责的主管人员和其他直接责任人员依法给予处分。

第六十五条　行政机关工作人员在工作中滥用职权、玩忽职守、徇私舞弊侵犯中小企业合法权益的，由其所在单位或者上级主管部门依法给予处分；对受害企业造成损失的，依法给予赔偿；构成犯罪的，依法追究刑事责任。

第十章　附　　则

第六十六条　本条例自 2020 年 6 月 18 日起施行。

七、地方有关规定

上海市加大力度支持民间投资发展若干政策措施

(2023年5月25日　沪发改规范〔2023〕6号)

民间投资是全社会投资的重要组成部分,民营企业是上海市加快建设具有世界影响力的社会主义现代化国际大都市的耕耘者、建设者、分享者。为切实落实"两个毫不动摇",进一步完善政策环境加大力度支持民间投资发展,服务构建新发展格局,推动高质量发展,结合我市实际,制定本政策措施。

一、营造公平的市场准入环境

1. 落实统一的市场准入制度。对国家市场准入负面清单以外的领域,支持民营企业依法平等进入,依法开展投资。各区、各部门推进民间投资服务标准化规范化建设,编制服务办事指南,细化服务标准,明确办理时效,服务事项办理条件不得含有兜底条款。在浦东新区试行市场准营承诺即入制改革,通过一次性告知市场主体从事特定行业许可经营项目须具备的全部条件和标准,市场主体书面承诺其已经符合要求并提交必要材料,即可取得行政许可。(责任部门:市发展改革委、市商务委、市审改办、各市级主管部门、各区政府)

2. 支持民间投资参与重大项目。建立健全重大项目发布和重要政策宣传推介机制,鼓励民间资本参与我市列入国家"十四五"规划102项重大工程的项目及上海"十四五"规划重大项目。符合条件的民间投资项目,滚动列入年度市重大工程项目清单,由市重大办负责协调推进。支持民间投资与国有资本联合,通过合资共设、股权转让、增资扩股等方式,共同参与重大项目投资建设。民营企业参与重大项目的设计、施工、原材料、设施设备供应等,在招投标中一视同仁,坚决破除隐性壁垒。(责任部门:市发展改革委、市工商联、市住房城乡建设管理委、市重大办、市国资委)

3. 发挥政府投资引导带动作用。在政府投资招投标领域全面推行保函(保险)替代现金缴纳投标、履约、工程质量等保证金。在企业投资领域投标、履约、工程质量等保证金,不得拒绝使用保函。纳入部门预算管理的政府采购工程项目,预算主管部门要在预算编制环节统筹制定面向中小企业预留采购份额方案,将政府采购工程面向中小企业的预留份额阶段性提高至40%以上的政策延续至2023年底。(责任部门:市财政局、市经济信息化委、市住房城乡建设管理委、上海银保监局)

二、优化民间投资环境

4. 加快民间投资项目前期工作。修订企业投资项目核准、备案目录,进一步下放部分固定资产投资项目管理权限。全面推进落实社会投资项目用地清单制。纳入建筑师负责制试点且已投保注册建筑师职业责任保险的项目,经责任建筑师告知承诺,在具备相关审批要件后,施工图审查合格证书不再作为建设工程施工许可核发前置条件。巩固提升"多测合一"改革成效,全面推广"桩基先行",全面推进"水电气网联合报装",推进民间投资一站式办理施工许可,一次申请并联审批,一次性核发电子证照。(责任部门:市发展改革委、市规划资源局、市住房城乡建设管理委)

5. 落实税费优惠政策。全面落实增值税小规模纳税人减免增值税等政策。按照国家有关政策要求,对符合条件的制造业等行业企业,继续按月全额退还增值税增量留抵税额。自2023年1月1日至2024年12月31日,继续按照50%幅度减免增值税小规模纳税人、小型微利企业和个体工商户的资源税、城市维护建设税、房产税、城镇土地使用税、印花税(不含证券交易印花税)、耕地占用税和教育费附加、地方教育附加等"六税两费"。(责任部门:市财政局、市税务局)

6. 降低企业用地成本。优化土地市场交易环节,对采取定向挂牌以及仅有一人报名参与竞拍的出让地块,取消现场交易环节,民间投资可以直接电子挂牌交易并确认竞得。产业用地地价实行底线管理原则,工业用地最低可按全国工业用地出让最低价标准确定,研发用地最低可按本市研发用地基准地价出让。弹性年期到期续期时的土地价款,符合国土空间规划和产业发展规划的,经集体决策,可按照原出让合同约定价格，综合评估确定续期价格。支持民间资本组建基金，参与存量产业园区转型升级，涉及规划调整给予支持。鼓励存量产业用地提容增效，按照规划和产业导向，民间投资存量工业和仓储用地经批准提高容积率和增加地下空间的，不再增收土地价款。（责任部门：市规划资源局、市经济信息化委）

7. **降低市政公用接入成本**。在城镇规划建设用地范围内，供水供电供气企业的投资界面延伸至用户建筑区划红线，不得由用户承担建筑区划红线外发生的费用。（责任部门：市发展改革委、市经济信息化委、市住房城乡建设管理委、市水务局）

8. **构建亲清政商关系**。建立健全政商定期沟通机制，各级领导干部通过深入调研等方式，为民营企业解难题、办实事。健全完善政府守信践诺机制，在鼓励和吸引民间投资项目落地的过程中，各级政府及有关部门、事业单位要严格履行依法依规作出的政策承诺以及依法订立的各类合同，不得以行政区划调整、政府换届、机构或者职能调整以及相关责任人更替等为由违约、毁约。（责任部门：市工商联、各市级主管部门、各区政府）

9. **弘扬企业家精神**。鼓励建设和管理领域的民营企业争创上海市重点工程实事立功竞赛先进集体、先进个人，定期开展优秀民营企业和民营企业家评选，加强对民营企业参与我市重大工程先进事迹和突出贡献的宣传报道，营造鼓励民营企业干事创业、更好发挥作用的浓厚氛围。（责任部门：市住房城乡建设管理委、市经济信息化委、市工商联）

三、完善民间投资融资服务

10. **加强企业信用信息共享应用**。在全市 41 个主要执法领域分两批推行市场主体以专用信用报告替代有无违法记录证明，进一步便利民营企业上市融资、招投标等经营活动。优化"一网通办""随申办"融资信用服务功能和设置，加强与银行合作深化"联合建模全流程放贷"创新试点，助力中小微企业更加便捷、精准获取融资服务。推动公共信用信息数据上链工程，优化企业信用信息公示系统和"信用中国（上海）"网上平台信用修复结论共享和互认机制，推动市场化信用服务机构同步更新公共信用修复结论，实现"一次申请、同步修复"。

(责任部门:市发展改革委、市经济信息化委、市司法局、市地方金融监管局、市市场监管局、各市级主管部门、市大数据中心、市公共信用信息服务中心)

11.拓宽民营企业融资渠道。充分发挥上海证券交易所等平台优势,积极开展政策解读和宣传引导,支持符合条件的民间投资项目在保障性租赁住房、产业园区、消费基础设施等领域加快发行REITs产品,鼓励民间资本参与REITs产品战略配售。支持民营企业在沪设立资产管理公司,将不同地区资产进行整合优化后通过基础设施REITs充分盘活。支持民间投资项目申报国家政策性开发性金融工具(基金)、制造业中长期贷款项目。落实"应科尽科",支持符合科创板定位、符合国家战略、拥有关键核心技术、科技创新能力突出等要求的未上市民营企业到科创板上市,已在境外上市的民营企业回归科创板上市。(责任部门:市发展改革委、上海证监局、上海证券交易所)

12.发挥政府性融资担保机构作用。优化完善区级政府性融资担保机构考核机制。进一步增强市级政府性融资担保机构增信能力,优化批次业务占比要求,稳步提升民营企业首贷率。(责任部门:市财政局、市地方金融监管局、各区政府)

13.引导金融机构支持民间投资项目。推动金融机构积极采用续贷、贷款展期、调整还款安排等方式对民间投资项目予以支持。稳步提高新发放企业贷款中民营企业贷款占比。引导金融机构创新金融产品和服务,降低对民营企业贷款利率水平和与融资相关费用支出,督促金融机构对民营企业债券融资交易费用能免尽免,推动民营企业平均融资成本稳中有降。滚动实施中小微企业信贷奖补政策,对在沪银行申报的符合条件的中小企业贷款产品"应纳尽纳",优化普惠型小微企业贷款奖励考核,引导金融机构加大对中小微企业的支持力度。持续推进无缝续贷增量扩面,在符合各行授信管理要求和风险可控的前提下,做到"零门槛申请、零费用办理、零周期续贷"。(责任部门:人民银行上海总部、市发展改革委、市财政局、市地方金融监管局、上海银保监局、上海证监局)

四、引导民间投资高质量发展

14.支持民间投资科技创新。鼓励民间资本积极参与国家产业创新中心、国家工程研究中心、国家企业技术中心、国家产教融合创新平台、国家制造业创新中心、国家技术创新中心、国家能源研发创新平台等建设,支持民营企业承担国家重大科技战略任务。支持民营企业申报上海市创新型企业总部,对获得认定的民营企业给予最高不超过1000万元开办费和经营奖励。鼓励民营企业联合高校院所、产业上下游等建立多种形式技术联合体,申报市级工程研究中心和市级重点实验室。加大对民间投资技术改造项目支持力度,持续推动产业高端化、智能化、绿色化转型升级。支持专精特新"小巨人"民营企业和上海市重点服务独角兽民营企业做大做强,支持鼓励有技术优势的民营企业参与国际竞争。企业实际发生的研发费用,未形成无形资产计入当期损益的,在按规定据实扣除的基础上,再按照实际发生额的100%在税前加计扣除;形成无形资产的,按照无形资产成本的200%在税前摊销。(责任部门:市发展改革委、市经济信息化委、市科委、市商务委、市财政局、市税务局)

15. 加大三大产业民间投资支持力度。积极引导民营企业深度参与集成电路、生物医药、人工智能三大产业高地建设,全面落实好三大产业相关的各项资金补助政策。支持符合条件的优秀产业人才纳入"产业菁英",实施重点产业人才专项政策保障。充分依托国家药监局药品审评检查、医疗器械技术审评检查长三角分中心,加强对民营企业研发的创新药、改良型新药、创新医疗器械上市许可注册申报的指导。支持将符合条件的民营企业动态纳入本市研发用物品"白名单"、进出境特殊物品联合监管机制,进一步优化通关流程、缩短通关时间。统筹全市政府投资的高性能计算资源,为民营企业提供中立普惠、持续迭代、安全可靠的公共算力资源。(责任部门:市经济信息化委、市科委、市发展改革委、市人力资源社会保障局、市药品监管局、市商务委、上海海关)

16. 鼓励民间资本投资新型基础设施。延长新型基础设施项目贴息政策执行期限至2027年底,提供最高1.5个百分点的利息补贴。充分发挥人工智能创新发展专项等引导作用,支持民营企业广泛参与数据、算力等人工智能基础设施建设。推动"补需方"改革,支持高校、科研机构、国有企业通过政府采购、租用等方式使用民间投资的数据储存和算力资源;通过科技创新券支持民营企业租用算力、存储资源;推动政府部门租用民间投资专用算力支持大语义学习、元宇宙、时空底图等专业场景应用。(责任部门:市发展改革委、市经济信息化委、市规划资源局、市财政局、市教委、市科委、市国资委、市大数据中心)

17. 强化绿色发展领域民间投资支持。鼓励民间投资积极参与可再生能源和新能源发展项目,对可再生能源项目按程序给予0.05元/千瓦时-0.3元/千瓦时的资金支持。鼓励民营企业投建出租车充电示范站、共享充电桩示范小区、高水平换电站等示范项目,对充电设备给予30%-50%的设备补贴,对充电站点和企业给予0.05-0.8元/千瓦时的度电补贴,落实经营性集中式充电设施免收电力接入工程费等措施。(责任部门:市发展改革委、市经济信息化委、市住房城乡建设管理委、市交通委、市房屋管理局、市财政局、市电力公司)

18. 稳定房地产民间投资。运用好专项借款、配套融资等相关政策措施,扎实推进"保交楼、保民生、保稳定"工作。发挥政府引导和市场机制作用,鼓励民间投资参与"两旧一村"改造、保障性住房建设和运营。(责任部门:市住房城乡建设管理委、市房屋管理局)

19. 促进民间投资参与社会民生服务。进一步放宽对社会办医医疗设备的配额限制。鼓励民间资本利用存量空间资源,建设养老、体育、社会福利等项目,养老等社会领域民间投资新建项目实现整体地价水平与标准厂房类工业基准地价相当。支持更多市场主体参与老年人居家适老化改造。支持民办高校发展,制定新一轮非营利性民办高校实训中心建设投资补助政策。鼓励民营企业建设市民健身设施补短板重点项目,市级体育发展专项资金按实际投资30%、最高不超过150万元给予补助。用好服务业发展引导资金、电影事业发展、文化创意产业发展、旅游发展等专项资金,采用无偿资助、贷款贴息等方式,支持文创、旅游等民间投资项目。(责任部门:市发展改革委、市卫生健康委、市民政局、市教委、市体育局、市文化旅游局、市财政局)

20. 鼓励民间投资参与乡村振兴。鼓励以市场化方式在乡村振兴领域设立投资基金。针对农村低效闲置的各类资源,加大盘活利用力度,鼓励民间资本进行整体开发,发展特色种源产业,做强农业品牌,做精数字农业,打造绿色农业高地。推进农村集体经营性建设用地入市试点，结合崇明世界级生态岛建设，创新开发模式，引入产业内核，形成特色产业空间。（责任部门：市农业农村委、市经济信息化委、市文化旅游局、市规划资源局、市发展改革委、崇明区政府）

本政策措施自2023年6月1日起施行，有效期至2025年12月31日。具体政策措施明确执行期限的，从其规定。

上海市人民政府办公厅关于健全本市公平竞争审查工作机制的实施意见

（2024年12月30日　沪府办〔2024〕68号）

各区人民政府，市政府各委、办、局：

为进一步规范公平竞争审查工作，促进和保障市场公平竞争，持续优化营商环境，服务全国统一大市场建设，根据《公平竞争审查条例》（以下简称《条例》）等国家政策要求，经市政府同意，现就健全本市公平竞争审查工作机制提出如下实施意见：

一、健全公平竞争审查协调工作机制

结合本市实际，健全高效有力的公平竞争审查协调工作机制。统筹公平竞争审查与行政性垄断执法、招商引资、价格收费监管等工作，加强公平竞争政策与产业发展、金融监管、科技创新和财政等政策的协调保障，加强公平竞争审查与地方性法规、政府规章、行政规范性文件制定和行政复议、监察等程序的衔接，加强公平竞争审查与市场准入负面清单、特许经营、招标投标、政府采购等管理工作的协同，切实形成工作、政策、制度合力。

二、健全起草单位内部公平竞争审查工作机制

各行政机关和法律法规授权的具有管理公共事务职能的组织（以下称"起草单位"）要按照《条例》有关规定，健全本单位出台政策措施前的公平竞争审查工作机制，明确审查机构和程序，切实把牢政策措施的源头关。市场监管部门等行政机关要加强对法律法规授权具有

管理公共事务职能组织的指导,督促其履行公平竞争审查职责。各起草单位要保障公平竞争审查工作力量,鼓励单独设立审查岗位并保持审查人员相对稳定。公平竞争审查程序应当与合法性审核等工作程序保持独立,不得以合法性审核等替代公平竞争审查。

三、健全市场监管部门公平竞争会同审查工作机制

进一步落实《条例》对地方性法规、政府规章草案的公平竞争审查要求。市市场监管局要加强与市政府办公厅、市司法局的协调,明确公平竞争会同审查的范围、程序、标准和起草单位初审、市场监管部门会同审查的工作要求,优化工作程序,提高工作质效。各起草单位要严格履行公平竞争审查初审职责,及时做好政策措施上位依据梳理和合规性论证,正确对待会同审查意见,妥善处理相关政策措施。

四、健全公平竞争审查举报处理工作机制

结合本市实际制定公平竞争审查举报处理办法。市市场监管部门要按照《条例》等要求,明确市、区两级市场监管部门的职责和工作要求,加强对区级市场监管部门举报处理工作的监督指导。市场监管部门要向社会公布受理举报的电话、信箱等方式,加强与复议机关、审判机关的协调,加强与行政性垄断调查执法的衔接,强化公平竞争审查监督保障工作。

五、健全公平竞争审查专家咨询工作机制

落实国家和本市关于加强专家参与公共决策行为监督管理的要求,组建由有相应学术背景的理论专家和有相关行业、领域工作经验的实务专家组成的公平竞争审查专家咨询群体,加强公平竞争政策和产业政策的深度沟通。鼓励起草单位和市场监管部门通过书面征求意见、专家座谈会等方式听取专家意见,充分发挥专家或专家团队在宣传培训、专项论证、效果评估、课题调研、制度创新等方面的作用,不断提高公平竞争审查工作的专业性、理论化水平。探索举办高水平的区域性研讨会,推进跨地区、跨领域的竞争理论实践交流。

六、健全公平竞争审查抽查评估工作机制

健全政策措施抽查和公平竞争审查制度落实情况评估制度。结合市委、市政府年度重点工作安排、市场监管总局统一部署和会同审查、举报处理情况,市场监管部门制定年度政策措施抽查工作方案和评估工作方案,明确抽查评估的重点、工作要求和结果应用。抽查情况应当向同级政府报告,抽查结果可以向社会公开。

七、健全公平竞争审查考核评价工作机制

探索将公平竞争审查工作情况纳入法治政府建设、优化营商环境等考核评价内容。市市场监管局要加强与考核评价牵头部门的沟通,科学设定考核评价指标,不断优化考核评价方式,重点加强对起草单位内部审查、初步审查工作机制和实效的考察,充分发挥考核评价对公平竞争审查工作的正向激励作用。

八、探索建立跨区域跨部门公平竞争审查工作机制

依托长三角一体化工作机制,结合全国统一大市场先行区建设等工作,探索建立沪苏浙皖三省一市公平竞争审查协同落实机制,加强审查标准、审查机制和监督保障方面的协调配合,提升长三角区域公平竞争审查工作的协调性和一致性。加强与京津冀、粤港澳、长江经济带等区域省市的沟通,学习借鉴兄弟省市先进经验做法。市场监管部门要加强与政府采购、招标投标等主管部门的业务协同,加强与发展改革、商务、经济信息化、财政等部门的工作协同,加强与司法行政、审计、检察等部门和纪检监察机关的协调沟通,在会同审查、抽查、评估等环节充分发挥相关部门的业务优势和职能作用,着力增强公平竞争审查的科学性和约束力。

各区政府、各部门、各单位要提高贯彻执行的自觉性、主动性,加大宣传培训力度,加强公平竞争审查刚性约束,主动接受社会监督和舆论监督,努力营造促进公平竞争的市场环境和社会环境。各区政府要切实保障市场监管部门和各起草单位的公平竞争审查工作力量,将公平竞争审查工作经费纳入本级政府预算,支持市场监管部门开展宣传培训、举报处理、抽查评估等工作。各相关部门要支持公平竞争审查机构依法严格开展公平竞争审查或者初审工作,持续提高审查质量。

上海市高级人民法院、上海市工商业联合会关于加强合作促进民营经济健康发展的合作意见备忘录

（2020年1月2日 沪高法〔2020〕1号）

为深入贯彻习近平总书记关于民营经济发展重要指示精神和党中央决策部署，更好地运用法治手段服务保障本市民营经济健康发展，构建共建共治共享的社会治理格局，上海市高级人民法院与上海市工商业联合会达成合作意见备忘录如下：

一、总体思路

（一）指导思想。以习近平新时代中国特色社会主义思想为指导，深刻认识民营经济是我国经济制度的内在要素，坚持"两个毫不动摇"，促进"两个健康"，充分发挥民营经济作为推进供给侧结构性改革、推动高质量发展、建设现代化经济体系的重要主体作用。

（二）工作目标。进一步转变司法理念，发挥司法在促进和保障民营经济健康发展过程中的引领、推动和保障作用，为民营企业创新创业营造良好法治环境；进一步建立健全切实有效的长效机制，主动预防并推动多元化解决矛盾纠纷；广泛开展法治宣传教育活动，帮助民营企业增强法律意识，提升民营企业依法经营、规范管理、合规发展能力。

二、工作措施

（一）健全沟通联系机制

1. 市高院和市工商联建立定期沟通和工作联系制度，互相通报民营经济发展动向、涉民营企业民商事纠纷动态分析等信息，沟通工作信息，总结交流经验。明确市高院商事审判庭（破产审判庭）和市工商联商会部作为对口联系部门，确定联系人，根据实际工作需要开展磋商，在各自职责范围内加强具体工作的沟通协调。

2. 全市各区人民法院与区工商联参照建立沟通联系机制。市高院和市工商联加强指导，推动各区人民法院和区工商联结合区域工作实际，建立符合需求的交流沟通机制。

（二）进一步加强民营企业司法保障

3. 全面贯彻各类市场主体法律地位平等、权利保护平等和发展机会平等的原则，依法平等保护不同所有制主体、不同地区市场主体、不同行业利益主体的合法产权和权益。依法保护市场主体的契约自由，促进市场在资源配置中起决定性作用。充分尊重市场主体的自主经营权，严格遵循司法审慎介入原则，依法保障企业和股东的合法权益，增强社会投资的积极性。

4. 严格遵守罪刑法定、疑罪从无等法治原则，公正处理涉民营企业的刑事犯罪案件。坚持依法打击刑事犯罪和保障民营经济发展并重的原则，积极落实宽严相济的刑事司法政策，对社会危害不大、具有各种从宽情节的被告人，充分运用缓刑、管制等非监禁刑，最大限度减少司法对民营企业经营的影响。

5. 继续加强知识产权保护工作，增强知识产权司法保护的整体效能，激发民营企业创业创新动力。切实发挥金融商事审判的规则导向和价值引领功能，合理引导金融回归服务实体经济本源，降低民营企业融资成本。创新完善涉自由贸易试验区案件审判工作体制机制及涉外民商事、海事海商案件审判机制，努力为民营企业家创新创业提供国际化、法治化、便利化营商环境。

6. 加强对破产法律制度的宣传，消除"谈破色变"的传统观念，引导经营不善且不符合经济发展规律的落后企业依法退出市场；积极运用破产重整以及破产和解制度，对存在挽救价值的企业进行救治，促进民营企业转型升级；建立常态化"府院破产协调机制"、破产费用保障机制，保障破产案件有序推进。

7. 依法用好用足各种强制执行措施，针对"执行难"问题，创新工作举措，加大执行力度，努力兑现民营企业胜诉权益。对是否纳入失信被执行人名单，应严格程序规范。对已履行债务的被执行人，应及时从失信被执行人名单中予以删除，恢复涉案民营企业家信用，营造鼓励创新、宽容失败的营商氛围。

(三)进一步加强多元化纠纷解决机制建设

8.工商联加强对所属商会的指导、引导和服务,支持商会依照法律法规及相关程序设立商会调解组织或设立调解工作室、联络点等,规范运行,使调解成为化解民营经济领域矛盾纠纷的重要渠道。

9.建立健全商会调解机制与诉讼程序有机衔接的纠纷化解体系,引导当事人优先选择商会调解组织解决纠纷。人民法院吸纳符合条件的商会调解组织或者调解员加入特邀调解组织名册或者特邀调解员名册。落实委派调解和委托调解机制,加强与商会调解组织对接工作。经调解组织达成的调解协议,当事人应按约履行,调解组织应加强督促。人民法院在立案登记后委托商会调解组织进行调解达成协议的,当事人申请出具调解书或者撤回起诉的,人民法院应当依法审查并制作民事调解书或者裁定书。对调解不成的纠纷,依法导入诉讼程序,切实维护当事人诉权。

10.人民法院与工商联完善信息互通和数据共享,建立相关信息和纠纷处理的工作台账,通过挖掘分析数据,研判纠纷类型特点、规律和问题,为更好地推进商会调解、做好纠纷预防提供数据支撑。

(四)进一步加强法治宣传和服务

11.工商联在工作中主动对民营企业、行业纠纷进行排查、监测和预警;人民法院与工商联合作,采取积极措施,通过普法宣传、典型案例等形式,加强矛盾纠纷源头治理。

12.工商联应当注重对民营企业司法需求的搜集和整理工作,首先在工商联职责范围内予以解决;对于涉及司法政策、裁判尺度等方面的问题,工商联应及时提炼,将代表性典型性问题向人民法院反馈;人民法院及时回应相关司法需求,双方共同推动解决民营企业实际困难,依法维护民营企业合法权益。

七、地方有关规定

广东省优化营商环境条例

(2022 年 6 月 1 日广东省第十三届人民代表大会
常务委员会第四十三次会议通过)

目 录

第一章 总　　则
第二章 市场和要素环境
第三章 政务服务
第四章 法治环境
第五章 监督保障
第六章 附　　则

第一章 总　　则

第一条 为了优化营商环境，维护各类市场主体合法权益，激发市场主体活力和创造力，推动经济高质量发展，根据《优化营商环境条例》等法律、行政法规，结合本省实际，制定本条例。

第二条 本条例适用于本省行政区域内优化营商环境相关工作。

第三条 优化营商环境应当坚持市场化、法治化、国际化原则，充分发挥市场在资源配置中的决定性作用，更好发挥政府作用，有效降低制度性交易成本，营造稳定、公平、透明、可预期的发展环境。

第四条 各类市场主体在经济活动中权利平等、机会平等、规则平等。市场主体人身权利、财产权利和经营自主权受法律保护。

市场主体应当遵守法律法规，恪守社会公德和商业道德，诚实守信、公平竞争，维护市场秩序，履行法定义务，承担社会责任。

第五条 各级人民政府应当加强对优化营商环境工作的组织领导，统筹推进、督促落实优化营商环境工作，协调解决工作中遇到的重大问题。

省人民政府发展改革部门是省优化营商环境工作的主管部门；地级以上市和县级人民政府应当明确负责组织、协调优化营商环境日常工作的主管部门。县级以上人民政府有关部门应当按照职责分工，做好优化营商环境的相关工作。

第六条 各级人民政府及其有关部门应当及时总结、复制、推广行之有效的经验和做法，并结合本地实际，在法治框架内积极探索原创性、差异化的优化营商环境改革措施；对探索中出现失误或者偏差，符合规定条件的，可以予以免责或者减轻责任。

第七条 省人民政府营商环境主管部门应当完善以市场主体和社会公众满意度为导向的营商环境评价机制，采取公开信息分析、问卷调查、暗访和直接听取市场主体和行业协会商会意见建议等方式，按照国家和省的营商环境评价指标定期开展营商环境评价，并向社会公布评价结果。

省人民政府营商环境主管部门可以委托符合条件的第三方机构对营商环境状况进行评价。

省人民政府有关部门应当规范营商环境评价工作，加强对其委托或者隶属的研究机构、社会团体等评价机构的监督，撤销没有实质作用的评价活动，防止多头评价、重复评价。任何单位不得利用营商环境评价谋取利益，不得冒用国家机关的名义开展评价或者发布评价结果。

县级以上人民政府及其有关部门应当结合本地实际，参照营商环境评价结果，完善优化营商环境的政策措施。

第八条 加强与香港、澳门特别行政区在优化营商环境方面的交流合作，推动在投资和贸易、市场准入、标准认定、产权保护、政务服务、法律服务等方面实现规则衔接和机制对接，促进各类要素跨境便捷流动和优化配置。

第二章 市场和要素环境

第九条 各级人民政府及其有关部门应当全面落实全国统一的市场准入负面清单制度，不得另行制定市场准入性质的负面清单，不得在市场准入方面对市场主体的资质、资金、股比、人员、场所等设置不合理条件。

县级以上人民政府及其有关部门应当建立适应市场准入负面清单管理的审批、监管等配套制度。

推动在符合国家规定条件的地区试行放宽市场准入特别措施。

第十条 各类市场主体依法平等获取和使用资金、技术、人力资源、数据、土地使用权及其他自然资源等各类生产要素和公共服务资源,平等适用支持发展的政策措施。

各级人民政府及其有关部门不得制定和实施歧视性政策或者设置隐性障碍。

第十一条 县级以上人民政府及其市场监管等有关部门应当按照法定职责加大反垄断和反不正当竞争执法力度,依法查处或者配合查处市场主体达成垄断协议、滥用市场支配地位等行为以及行政主体滥用行政权力排除、限制竞争等行为。

县级以上人民政府及其市场监管等有关部门应当加强平台经济、共享经济等新业态领域反垄断和反不正当竞争规制,依法查处新型网络不正当竞争行为。

第十二条 市场主体登记机关及有关部门应当优化市场主体设立登记的服务流程,设置市场主体登记综合服务窗口,实现一次性申请办理营业执照、公章刻制、发票申领、社保登记、住房公积金缴存登记、银行预约开户等业务,一次性领取营业执照、印章、发票、税控设备等。

市场主体登记机关及有关部门应当推行市场主体设立登记的全程网上办理,依托网上政务服务平台实现在线填报、审批、发证。

第十三条 省人民政府应当对所有涉企经营许可事项建立清单管理制度,按照直接取消审批、审批改为备案、实行告知承诺、优化审批服务等方式进行分类管理。除法律、行政法规规定的特定领域外,涉企经营许可事项不得作为企业登记的前置条件。

在符合条件的行业推行涉企经营许可按照企业需求整合,企业办理营业执照时,可以同时申办经营涉及的多项许可事项。市场主体登记机关及有关部门应当将各类许可证信息归集至营业执照,减少审批发证。

第十四条 市场主体登记的住所、经营场所及其确认的其他地址为纸质法律文书送达地址。

市场主体同意适用电子送达方式并签订确认书的,行政执法主体可以向市场主体送达电子法律文书。市场主体确认的手机号码、电子邮箱、即时通讯账号等为电子法律文书送达地址,但法律、法规另有规定的除外。

第十五条 市场主体登记机关及有关部门应当优化市场主体注销登记的办理流程,规范办理时限,精简申请材料;建立线上、线下注销服务专区,集中受理营业执照、税务、社会保险、海关等各类注销业务申请,一次办结注销相关事项。

对符合条件的市场主体,市场主体登记机关可以按照简易程序办理注销登记。

企业办理注销登记时,应当清算并提交清算报告、清税证明等文件。企业申请税务注销后,税务机关未在十个工作日内完成核查或者未将结果告知企业,企业全体投资人书面承诺对企业债务及税收清缴承担清偿责任的,免于提交清税证明。

支持有条件的地区探索依职权注销制度。

第十六条 各级人民政府及其有关部门应当依法保障各类市场主体平等参与政府采购和招标投标等公共资源交易活动,不得实施限制或者排斥潜在供应商或者投标人的行为。

政府采购活动以及对依法必须进行招标的项目,应当允许投标人自主选择以保函、保险等方式提交投标保证金和履约保证金,不得强制要求支付现金。

政府采购活动推广不收取投标保证金,以责任承诺书的方式替代投标保证金。

第十七条 县级以上人民政府及其工业和信息化、地方金融监管等有关部门应当加强企业上市指导,支持符合产业政策、具有发展潜力的企业上市挂牌融资;对准备上市、挂牌企业因改制、重组、并购而涉及的土地手续完善、税费补缴、产权过户等事项,应当通过建立健全绿色通道、限时办结等制度,加强政策指导和服务,协助企业妥善处理。

七、地方有关规定

地级以上市人民政府应当支持区域股权交易中心建设非上市股权公司股权托管平台，为企业提供股权登记、托管、转让和融资等综合金融服务。

参与政府采购的中小企业供应商可以凭借中标通知书、成交通知书或者政府采购合同向金融机构申请融资，政府采购人应当支持配合中标的中小企业供应商办理政府采购合同融资业务。鼓励金融机构依托应收账款融资服务平台为符合条件的中小企业供应商提供应收账款融资服务。

第十八条 商业银行等金融机构应当制定并公开收费目录及标准，不得向小微企业收取贷款承诺费、资金管理费等不合理费用，严格限制收取财务顾问费、咨询费等费用。

商业银行等金融机构不得设置贷款审批歧视性规定，不得强制设定条款或者协商约定将企业的部分贷款转为存款，不得以存款作为审批和发放贷款的前提条件。

第十九条 省人民政府及其自然资源部门应当科学统筹土地利用计划指标，建立健全城乡建设用地供应定期滚动计划，重点保障有效投资用地需求。

县级以上人民政府自然资源部门及有关部门应当优化对用地规划、项目招商、土地供应、供后管理和退出等各环节的协同监管，实行产业用地全周期管理机制。

第二十条 省人民政府人力资源社会保障部门应当建立全省统一归集的流动人员人事档案信息系统和基础信息资源库，实现专业技术人才职称信息跨地区在线核验，整合就业服务资源，完善就业岗位信息归集发布制度，为市场主体用工提供便利。

县级以上人民政府人力资源社会保障部门应当为市场主体提供用工指导、劳动关系协调等服务。支持市场主体采用灵活用工机制，引导有需求的市场主体通过用工余缺调剂开展共享用工。

县级以上人民政府应当建立城镇教育、就业创业、医疗卫生等基本公共服务与常住人口挂钩机制，推动公共资源按照常住人口规模配置。

县级以上人民政府及其教育、科技、人力资源社会保障等有关部门应当深化产教融合,推进校企合作,支持普通高等学校、职业学校(含技工学校)培养与市场主体需求相适应的产业人才。

省人民政府及其人力资源社会保障等部门推动完善外籍高层次人才在创新创业方面的便利措施。

第二十一条 县级以上人民政府及其科技等有关部门应当建立主要由市场决定的科技项目遴选、经费分配、成果评价机制,完善支持市场主体技术创新的扶持政策和激励措施。

县级以上人民政府及其科技等有关部门应当推动市场主体与科研机构、高等学校以及其他组织通过合作开发、委托研发、技术入股、共建新型研发机构、科技创新平台和公共技术服务平台等产学研合作方式,共同开展研究开发、成果应用与推广、标准研究与制定等活动,提高市场主体自主创新和科技成果转化能力。

市场主体开展研究开发活动,按照有关规定享受研究开发费用税前加计扣除、科研仪器设备加速折旧、技术开发和转让税收减免等优惠待遇。

第二十二条 县级以上人民政府及其政务服务数据管理等有关部门应当推进公共数据开放共享,优化经济治理基础数据库,建立健全政府及公共服务机构数据开放共享规则,推动公共交通、路政管理、医疗卫生、养老等公共服务领域和政府部门数据有序开放。

县级以上人民政府以及网信、公安、政务服务数据管理等有关部门应当建立数据隐私保护和安全审查制度,加强对政务、商业秘密、个人隐私和个人信息等数据的保护。

第二十三条 省人民政府应当推动建立多式联运公共信息平台,实现海运、空运、铁路、公路运输信息共享,构建货运信息可查、全程实时追踪的多式联运体系;推进货运运输工具、载运装备等设施的标准化建设,提升货物运输效率。

交通运输、市场监管等部门应当按照各自职责加强对货运收费的监管、指导,监督落实收费公示和明码标价制度,取消无依据、无实质服务内容的收费项目。推进高速公路按照车型、时段、路段等实施差异化收费。鼓励有条件的地区通过政府回购等方式降低公路通行成本。

县级以上人民政府应当规范车辆限行措施,清理不合理的车辆限行政策。

第二十四条　供水、供电、供气、通信等公用企事业单位应当向社会公开依法依规确定的收费范围、收费标准、服务标准、服务流程和服务时限等内容,向市场主体提供安全、方便、快捷、稳定和价格合理的服务,不得以指定交易、拖延服务等方式强迫市场主体接受不合理条件,不得以任何名义收取不合理费用。

公用企事业单位应当优化报装审批流程,精简报装材料,压缩办理时间,实现报装申请全流程网上办理;不得设置与技术规范无关的非必要前置条件。

第二十五条　行业协会商会应当完善自律性管理约束机制,规范会员行为,收集并反映会员合理诉求,维护市场秩序。

行业协会商会及其工作人员不得有下列行为:

(一)组织市场主体从事联合抵制、固定价格等排除、限制竞争行为;

(二)出具虚假证明或者报告,谋取不正当利益;

(三)对已取消的资格资质变相进行认定;

(四)没有法律、法规依据,强制或者变相强制市场主体参加评比、达标、表彰、培训、考核、考试等活动;

(五)违法违规向市场主体收费或者强制要求市场主体捐赠、赞助等变相收费;

(六)其他干扰市场主体正常生产经营活动或者扰乱市场秩序的行为。

除法律、法规另有规定外,市场主体有权自主决定加入或者退出行业协会商会等社会组织,任何单位和个人不得干预。

第二十六条　各级人民政府应当加强政府诚信建设,建立政务诚信监测治理体系和政府失信责任追究制度。

各级人民政府及其有关部门应当履行向市场主体依法作出的政策承诺以及依法订立的各类合同,不得以行政区划调整、政府换届、机构或者职能调整以及相关责任人员更替等为由违约毁约。

因国家利益、社会公共利益等确需改变政策承诺、合同约定的,应当依照法定权限和程序进行,并对市场主体因此受到的损失依法予以公平、合理、及时的补偿。

第二十七条 国家机关、事业单位、社会团体等不得违反合同约定拖欠市场主体的货物、工程、服务等账款;国有企业、大型企业不得利用优势地位拖欠民营企业、中小企业账款,不得强制民营企业、中小企业接受商业汇票等非现金支付方式,不得利用商业汇票等非现金支付方式变相延长付款期限。

各级人民政府及其有关部门应当加大对国家机关、事业单位拖欠市场主体账款的清理力度,并通过加强预算管理、审计监督、严格责任追究等措施,建立防范和治理国家机关、事业单位拖欠市场主体账款的长效机制和约束惩戒机制。

第二十八条 因自然灾害、事故灾难或者公共卫生事件等突发事件造成市场主体普遍性生产经营困难的,县级以上人民政府及其有关部门应当依法及时采取补偿、减免等纾困救助措施。

县级以上人民政府及其有关部门应当加强对中小企业的纾困帮扶,加大政府采购支持力度,对适宜由中小企业提供的,按照规定为其预留采购份额;加大融资支持力度,建立中小企业应急转贷机制,支持银行机构对符合条件的中小企业按照市场化原则展期、续贷。鼓励有条件的地方安排中小企业纾困资金和应急转贷资金。

县级以上人民政府可以结合实际探索购买突发公共事件保险,运用市场化机制加强普惠性的纾困救助工作。

第三章 政务服务

第二十九条 省人民政府有关部门应当牵头推进本系统政务服务标准化工作,按照减环节、减材料、减时限的要求,编制并向社会公开统一标准化政务服务事项目录和办事指南,规范政务服务事项办理流程,实现同一政务服务事项名称、类型、依据、编码统一。

办理事项的申请条件和申请材料应当明确、具体,不得含有兜底条款。有关部门不得要求市场主体提供办事指南规定之外的申请材料。可以通过省政务大数据中心共享获得的公共数据,不得要求市场主体提供。

七、地方有关规定

第三十条 省人民政府政务服务主管部门应当制定、公布并完善各级政务服务中心的建设运行标准和服务标准。

地级以上市、县级人民政府应当按照省制定的标准建设综合性实体政务服务中心，根据实际将政务服务中心部门分设的专业性服务窗口整合为综合办事窗口，推动实行前台综合受理、后台分类审批、综合窗口出件的工作模式，实现政务服务事项一窗通办；设置政务服务事项跨省办理和省内跨市办理的专门窗口，为市场主体提供异地办事服务。乡镇人民政府、街道办事处应当设立便民服务中心，为市场主体就近办理政务服务事项提供便利。

县级以上人民政府及其有关部门应当明确政务服务线上线下的办理条件、申请材料、办理流程，提供集中办理、就近办理、网上办理、异地办理等多样化便民服务方式。

市场主体有权自主选择线上或者线下办理政务服务，行政机关不得限定市场主体的申请方式和办理渠道，但法律、法规另有规定的除外。

第三十一条 各级人民政府及其有关部门应当不断优化政务服务事项的申办审批流程，推行政务服务事项一次办结。市场主体申请办理一件政务服务事项，申请材料齐全、符合法定形式的，从提出申请到收到办理结果，只需到实体服务大厅办理一次，但法律、法规另有规定的除外。

各级政务服务事项实施部门应当通过广东政务服务网公布适用于一次办结的政务服务事项清单，并按照国家和省的有关规定实行动态调整。

第三十二条 县级以上人民政府及其有关部门应当建立政务服务事项容缺受理制度，公开容缺受理的适用事项，明确事项的主要申报材料和次要申报材料。

对基本条件具备、主要申报材料齐全且符合法定条件，但次要材料或者副件有欠缺的登记、审批事项，申请人按照要求作出书面承诺后，行政机关应当先予受理并一次性告知申请人需要补充的材料、补交期限。

第三十三条 各级人民政府及其有关部门应当健全首问负责、预约办理、业务咨询、一次告知、限时办结等制度,完善全程帮办、联办以及错时、延时服务等工作机制。

各级人民政府及其有关部门应当建立健全政务服务评价和整改制度,市场主体可以通过线上线下渠道评价服务绩效。

第三十四条 各级人民政府及其有关部门应当在政务服务中推广应用电子证照、电子印章、电子签名,并规定证照、签章等电子材料具体业务应用场景,推动电子证照、签章互认共享。

市场主体办理政务服务事项和公用服务事项,可以使用电子证照、电子证明和加盖电子印章或者使用符合法定要求的电子签名进行确认的电子材料,有关单位不得拒绝办理或者要求申请人提供实体材料,但依法应当核验的除外。

第三十五条 各级人民政府及其有关部门应当全面清理地方实施的证明事项,公布依法保留的证明事项清单,逐项列明设定依据、开具单位、索要单位、办事指南等。清单之外,政府部门、公用企事业单位和服务机构不得索要证明。

县级以上人民政府及其有关部门应当推动在市场监管、税务、消防安全、生态环境保护等领域,使用由省公共信用信息平台生成的含有市场主体自身监管信息的信用报告,代替需要办理的证明事项。

第三十六条 省和地级以上市人民政府及其有关部门应当按照规定制定并公布告知承诺事项清单。列入告知承诺事项清单的证明事项和涉企经营许可事项,申请人可以自主选择提供相关材料或者采用告知承诺制办理。承诺情况记入申请人信用信息,作为差异化分类监管的重要依据。

第三十七条 县级以上人民政府应当深化投资审批制度改革,严格控制增设或者变相增设投资审批环节;健全部门协同工作机制,推进投资项目在线审批监管平台、工程建设项目审批管理系统等相关信息系统互联互通、信息共享,强化项目决策与用地、规划等建设条件同步落实,实行与相关审批在线并联办理。

第三十八条 地级以上市人民政府应当深化工程建设项目(不包括特殊工程和交通、水利、能源等领域的重大工程)审批制度改革,确定立项用地规划许可、工程建设许可、施工许可、竣工验收四个审批阶段的牵头部门,组织并联审批;并依托工程建设项目审批管理系统,实现全过程在线审批。

在自由贸易试验区、开发区、产业园区、新区等有条件的区域,按照国家和省的有关规定推行区域评估,组织有关部门或者委托第三方机构对压覆重要矿产资源、环境影响、地质灾害危险性、水资源论证、水土保持、文物考古调查勘探、雷电灾害等事项进行统一评估,并在土地出让或者划拨前主动向建设单位告知相关建设要求。对已经实施区域评估范围内的工程建设项目,相应的审批事项实行告知承诺制。区域评估费用不得由市场主体承担。

住房城乡建设、交通运输、水利、能源等行业主管部门应当会同发展改革、自然资源等有关部门加强工程建设项目风险分级分类审批和基于风险等级的质量安全监管,明确各类工程建设项目风险划分标准和风险等级,并实行差异化审批和监管。

第三十九条 不动产登记机构应当加强与住房城乡建设、税务等部门的协作,实施不动产登记、交易和缴税一窗受理、并行办理,免费提供不动产登记信息网上查询和现场自助查询服务。

不动产登记机构应当加强与供水、供电、供气、通信等公用企事业单位协作,推行不动产登记与有关公用服务事项变更联动办理,由不动产登记机构统一受理,一次性收取全部材料并推送至相应公用企事业单位并联办理相关业务。

不动产登记机构应当加强与金融机构协作,实现市场主体委托金融机构直接在银行网点代为办理不动产抵押登记手续。

第四十条 税务机关及有关部门应当优化办税流程,简化优惠政策申报程序,拓宽办税渠道,实现主要涉税服务事项网上办理,拓展非接触式办税缴费服务。

第四十一条 县级以上人民政府及商务等有关部门应当依法精简进出口环节审批事项和单证,推广提前申报报关模式,优化通关流程;对符合条件的企业及商品,依照有关规定,实行先放行后缴税、先放行后改单、先放行后检测等管理。

省人民政府依托国际贸易"单一窗口"平台,建立跨境贸易大数据平台,推动监管部门、相关出证机构、港口、船舶公司、进出口企业、物流企业、中间代理商等各类主体信息系统对接和数据实时共享,为市场主体提供通关与物流各环节的货物状态查询服务。

第四十二条 省和地级以上市人民政府应当整合公共资源交易平台,建立和公开本地区公共资源交易目录清单,推进公共资源交易全流程电子化。

各级公共资源交易平台应当依法公开交易目录、程序、结果、监督等信息,优化见证、场所、信息、档案和专家抽取等服务,保障各类市场主体及时获取有关信息并平等参与交易活动。

第四十三条 省人民政府有关部门应当依据法律、行政法规和国务院决定编制并公布法定行政审批中介服务事项清单,明确事项名称、设定依据、办理时限、工作流程、申报条件、收费标准等。未纳入清单的中介服务事项,不得作为行政审批的受理条件。

各级人民政府有关部门应当清理和取消自行设定的区域性、行业性或者部门间的中介服务机构执业限制,不得通过限额管理控制中介服务机构数量。

各级人民政府及其有关部门在行政审批过程中需要委托中介服务机构开展技术性服务的,应当通过竞争性方式选择中介服务机构,并自行承担服务费用,不得转嫁给市场主体。行政审批过程中的中介服务事项依法由市场主体委托的,应当由其自主选择中介服务机构,行政机关不得利用职权指定或者变相指定,不得妨碍中介服务机构公平竞争。

各级人民政府应当依托全省统一的中介服务网上交易平台,为入驻的项目业主提供中介服务。项目业主使用财政性资金购买中介服务事项清单以内、政府集中采购目录以外且未达到采购限额标准的中介服务,应当通过中介服务网上交易平台交易,但法律、法规另有规定的除外。

第四十四条 县级以上人民政府应当按照构建亲清新型政商关系的要求,畅通常态化政企沟通联系渠道,建立本级人民政府主要负责人与市场主体代表定期面对面协商沟通机制,采取多种方式及时听取市场主体的反映和诉求,并依法帮助其解决问题。

第四十五条 县级以上人民政府及其有关部门应当建立完善优

七、地方有关规定

惠政策免于申报的工作机制,通过信息共享、大数据分析等方式,对符合条件的企业实行优惠政策免于申报、直接享受;确需企业提出申请的优惠政策,应当简化申报手续,推行全程网上办理,实现一次申报、快速兑现。

县级以上人民政府及其有关部门应当梳理并集中公布惠企政策清单,根据企业所属行业、规模等主动向企业精准推送政策内容。

第四章 法治环境

第四十六条 有关国家机关制定、修改涉及市场主体重大权益的地方性法规、规章和政策措施,应当充分听取市场主体、工商业联合会、企业联合会或者相关行业协会商会的意见、建议。

第四十七条 政府及其有关部门在起草与市场主体经济活动有关的地方性法规、规章和政策措施时,应当进行公平竞争审查;在公平竞争审查中发现涉嫌违反公平竞争审查标准或者拟适用例外规定的,按照规定引入第三方评估。未经公平竞争审查的,不得提交审议。

鼓励有条件的地方建立公平竞争独立审查机制,实施本级人民政府及其有关部门相关政策措施出台前公平竞争的集中审查。

第四十八条 行政检查主体应当制定年度行政检查计划,并报上级行政检查主体备案。行政检查计划包括行政检查的依据、事项、范围、方式、时间等内容。

行政检查实行清单管理制度,按照省的规定推行综合查一次制度。同一部门同一时期对同一市场主体实施多项检查,并且检查内容可以合并进行的,应当合并检查;多个部门对同一市场主体进行检查,并且可以实施联合检查的,应当协调组织实施联合检查;联合检查协调组织存在困难的,本级人民政府应当明确由一个部门组织实施联合检查。

第四十九条 行政执法主体应当依法运用互联网、大数据等技术手段,依托国家和省的在线监管系统、非现场执法系统和信息共享等方式,开展非现场执法。非现场执法可以实现有效监管的,原则上不再进行现场执法;非现场执法难以实现有效监管的,应当及时进行现场执法。

第五十条　各级人民政府应当推行行政执法减免责清单制度,依法制定公布减免责清单并实行动态管理。

利用自然灾害、事故灾难或者公共卫生事件等突发事件实施的哄抬价格等违法行为,以及纳入重点执法领域、潜在风险较大、可能造成严重后果、纠错成本较高的违法行为,不得纳入减免责清单。

第五十一条　各级人民政府及其有关部门应当按照鼓励创新的原则,对新技术、新产业、新业态、新模式等实行包容审慎监管。对符合国家和省政策导向的新技术、新产业、新业态、新模式市场主体,可以按照规定优先采取教育提醒、劝导示范、警示告诫、行政提示、行政指导、行政约谈等方式执法,但法律、法规、规章明确禁止或者涉及危害公共安全和人民群众生命健康的情形除外。

第五十二条　县级以上人民政府及其有关部门开展清理整顿、专项整治等活动,应当严格依法进行,因法定事由经有权机关批准在相关区域对相关行业、领域的市场主体采取普遍停产、停业等措施的,应当合理确定实施范围和期限。

实施有关措施应当提前书面通知企业或者向社会公告,但法律、法规另有规定的除外。

第五十三条　各级人民政府及其有关部门应当加强对市场主体的产权保护,依法需要采取查封、扣押、冻结等强制措施的,应当依照法律、法规的规定进行;在条件允许的情况下,应当减少对市场主体正常生产经营活动的影响;除依法需责令关闭企业的情形外,应当为企业预留必要的流动资金和往来账户。

行政机关作出的行政执法决定确有错误、不当,依法需要撤销、变更,给当事人合法权益造成损失的,应当依照民法典、行政许可法、国家赔偿法等依法处理。

第五十四条　县级以上人民政府及其有关部门应当按照科学合理、合法合规、公平公正的原则制定涉及市场主体的财政奖励、补贴政策,并严格规范财政奖励、补贴的发放程序,及时公开财政奖励、补贴的政策依据、适用范围、发放程序和时限等。

有关主管部门应当按照规定的时限发放财政奖励、补贴,并通过门户网站等渠道及时公布最终发放对象及其相关情况、发放标准、发放金额及监督投诉渠道等。

第五十五条 县级以上人民政府及其有关部门应当建立涉及市场主体的行政许可、证明事项、保证金、财政奖励及补贴事项的定期评估制度。评估认为相关事项已经具备调整或者取消条件的，应当按照管理权限和程序，及时予以调整或者取消。

第五十六条 县级以上人民政府与人民法院建立企业破产工作协调机制，协调解决企业破产启动、职工安置、资产处置、信用修复、涉税事项处理、破产企业重整等问题。

省和地级以上市应当明确政府部门承担政府各相关部门间协调、债权人利益保护以及防范恶意逃废债等破产行政管理职责。

破产管理人持相关法律文件查询破产企业注册登记材料、社会保险费用缴纳情况、银行开户信息及存款状况，以及不动产、车辆、知识产权等信息时，或者查询后接管上述财产至破产管理人、受理破产的人民法院账户的，相关部门、金融机构应当依法配合。

破产管理人依据人民法院终结破产程序裁定文书、清算组依据人民法院强制清算终结裁定文书提出注销申请的，市场主体登记机关应当依法办理注销登记。

第五十七条 县级以上人民政府司法行政部门应当建立全面覆盖城乡、便捷高效的现代公共法律服务体系，推动发展法律服务业，支持有条件的地区探索建立法律服务聚集区，为市场主体提供便捷的法律服务。

县级以上人民政府司法行政部门应当完善涉外法律服务工作机制，加强涉外法律服务机构建设和涉外法律服务人才的培养引进工作，搭建涉外法律服务供需对接平台，支持律师等法律服务人才在服务市场主体境外投资决策、项目评估和风险防范等方面发挥作用。

第五十八条 完善调解、仲裁、行政裁决、行政复议、诉讼等纠纷解决协调对接机制，推动一站式多元化纠纷解决机制建设，发挥仲裁、调解机构及行业协会商会等的专业人才优势，为市场主体提供多元化纠纷解决渠道。

加强区域性、行业性、专业性调解机构建设，推动建立国际商事调解组织，支持商事调解机构和商事仲裁机构加入国际商事纠纷多元化解决平台。

鼓励市场主体选择商事调解机构和商事仲裁机构解决商事争议纠纷。

第五章 监督保障

第五十九条 县级以上人民政府应当通过专项督查、日常检查等方式开展营商环境监督工作,督促纠正存在的问题。

县级以上人民政府营商环境主管部门应当会同有关部门定期汇总、分析涉及营商环境投诉、举报的主要问题,并及时制定解决方案。

第六十条 县级以上人民政府及其有关部门应当支持新闻媒体对营商环境进行舆论监督,及时调查处理新闻媒体曝光的损害营商环境的行为,并向社会公开调查处理结果。

第六十一条 鼓励县级以上人民政府营商环境主管部门建立优化营商环境特约监督员制度,聘请企业经营者、专家学者、行业协会商会代表等作为特约监督员,对营商环境问题进行监督。特约监督员应当收集并及时反馈市场主体对营商环境工作的意见建议及破坏营商环境的问题线索等情况,客观公正地提出监督、评价意见。

第六十二条 县级以上人民政府及其有关部门应当听取行业协会商会等第三方机构对营商环境工作的意见。

鼓励和支持行业协会商会等第三方机构对优化营商环境问题开展调研,向营商环境主管部门提出专业性报告和政策性建议。

第六十三条 对涉及营商环境的问题或者违法行为,市场主体可以通过政务服务便民热线、在线政务服务平台等渠道进行投诉、举报。行政机关应当按照规定的时限直接办理或者按照职责予以转办,并将办理结果及时反馈给投诉人、举报人。

第六十四条 国家机关及其工作人员违反本条例的规定,损害营商环境的,由有权机关责令改正;情节严重的,对直接负责的主管人员和其他直接责任人员依法给予处分;构成犯罪的,依法追究刑事责任。

第六十五条 公用企事业单位、行业协会商会以及中介服务机构有损害营商环境行为的,由有关部门责令改正,依法追究法律责任,并按照相关规定记入信用记录。

第六章 附 则

第六十六条 本条例自 2022 年 7 月 1 日起施行。

广东省促进中小企业发展条例

(2007 年 9 月 30 日广东省第十届人民代表大会常务委员会第三十四次会议通过 2019 年 9 月 25 日广东省第十三届人民代表大会常务委员会第十四次会议修订)

目 录

第一章 总 则
第二章 营商环境
第三章 融资促进
第四章 创业扶持
第五章 创新支持
第六章 市场开拓
第七章 服务措施
第八章 权益保护
第九章 监督检查
第十章 附 则

第一章 总 则

第一条 为了优化中小企业经营环境,保障中小企业公平参与市场竞争,维护中小企业合法权益,支持中小企业创新创业创造,促进中小企业健康发展,根据《中华人民共和国中小企业促进法》等有关法律法规,结合本省实际,制定本条例。

第二条 本条例适用于本省行政区域内促进中小企业发展的活动。

本条例所称中小企业,是指在本省行政区域内依法设立的,符合国家有关中小企业划分标准的各种所有制和各种组织形式的企业,包括中型企业、小型企业和微型企业。

第三条 县级以上人民政府应当将促进中小企业发展纳入国民经济和社会发展规划,按照竞争中性原则,坚持各类企业权利平等、机会平等、规则平等,制定相应政策措施,鼓励、支持和引导中小企业发展。

第四条 中小企业的合法权益受法律保护,任何单位和个人不得侵犯。

中小企业应当依法履行义务,遵循诚信原则,践行社会责任,不得损害劳动者的合法权益和社会公共利益。

第五条 省人民政府制定促进全省中小企业发展政策,建立中小企业促进工作协调机制,统筹全省中小企业促进工作。

省人民政府负责中小企业促进工作综合管理的部门组织实施中小企业发展政策,负责全省中小企业促进工作的综合协调、服务指导和监督检查。

市、县、区人民政府应当建立中小企业促进工作协调机制,明确相应的负责中小企业促进工作综合管理的部门,负责本行政区域内的中小企业促进工作。

县级以上人民政府有关部门在各自职责范围内负责中小企业促进工作。

第六条 省级财政预算应当安排中小企业发展专项资金,支持中小企业发展。

市、县、区人民政府应当根据实际情况,在本级财政预算中安排中小企业发展专项资金。

中小企业发展专项资金重点用于支持中小企业高质量发展,支持中小企业公共服务体系和融资服务体系建设,并向小型微型企业倾斜。中小企业发展专项资金管理使用坚持公开、透明的原则,实行预算绩效管理。

第七条 县级以上人民政府统计部门应当会同同级负责中小企业促进工作综合管理的部门开展中小企业统计调查和监测分析,定期发布中小企业有关信息,反映中小企业发展运行状况。

第八条 县级以上人民政府及其有关部门应当推进中小企业信用建设,利用公共信用信息平台、企业信用信息公示系统、中小微企业信用信息与融资对接平台等,实现中小企业信用信息查询和共享的社会化。

第二章 营商环境

第九条 县级以上人民政府应当转变政府职能,优化行政许可流程,实施负面清单、权力清单、责任清单、公共服务清单管理制度,改善投资和市场环境,降低市场运行成本,为中小企业发展营造稳定、透明、可预期和公平竞争的营商环境。

第十条 县级以上人民政府及其有关部门应当保护中小企业依法参与市场公平竞争的权利,为中小企业创造平等的市场准入条件,实施全国统一的市场准入和市场监管制度,不得对中小企业设定歧视性市场准入条件和监管措施。

第十一条 行政机关和法律、法规授权的具有管理公共事务职能的组织制定市场准入、产业发展、招商引资、招标投标、政府采购、经营行为规范、资质标准等涉及中小企业经济活动的规章、规范性文件和其他政策措施,应当按照国家和省有关规定进行公平竞争审查,并听取相关中小企业和行业协会商会的意见。

第十二条 县级以上人民政府应当依托实体办事大厅和"数字政府"建设,建立一门式、一网式政府服务模式,推行标准化的政务服务,实现行政许可及服务事项便捷办理。

各级人民政府及其有关部门应当依照法定权限、程序、时限办理行政许可、行政确认、行政复议、行政裁决等行政管理和服务事项,简化办事流程,提高行政效率。

第十三条 县级以上人民政府及其有关部门应当推进中小企业商事登记的便利化,推进中小企业简易注销登记,降低市场进入、退出成本。

第十四条 行政机关对中小企业提交的行政许可申请材料应当予以接收、登记,按照《中华人民共和国行政许可法》的规定作出受理或者不予受理的决定,出具加盖本行政机关专用印章和注明日期的书面凭证。

行政机关对申请材料不齐全或者不符合法定形式的,应当当场或者在五日内一次告知申请人需要补正的全部内容,不得无故拒收中小企业提交的行政许可申请材料。

第十五条 行政许可事项依法需要第三方机构进行技术审查的,第三方机构应当明确具体的审查时限并书面告知中小企业。

有关行政机关应当规定第三方机构技术审查通常所需的时限,对超过通常时限的第三方机构,应当责令其说明理由。

第十六条 县级以上人民政府及其有关部门应当及时向社会公布促进中小企业发展的相关税收、行政事业性收费等优惠政策,指导和帮助中小企业享受优惠政策,减轻税费负担。

第十七条 县级以上人民政府有关部门对中小企业实施日常监督检查应当依法进行,随机抽取检查对象、随机选派执法检查人员。同一部门对中小企业实施的多项日常监督检查应当合并进行;不同部门对中小企业实施的多项日常监督检查能够合并进行的,由本级人民政府组织有关部门实施合并检查或者联合检查。

第十八条 县级以上人民政府及其有关部门应当支持开展中小微企业日等宣传活动,营造良好发展环境。

第三章 融资促进

第十九条 县级以上人民政府及其有关部门应当建立中小企业信贷激励机制,运用信贷风险补偿、增信、贴息等方式,鼓励和引导金融机构服务实体经济,调整信贷结构,创新信贷产品,减少贷款附加费用,加大对小型微型企业的信贷支持,改善小型微型企业信贷环境。

鼓励有条件的县级以上人民政府设立中小企业信贷风险补偿资金、中小企业转贷资金等政策性融资支持工具。

县级以上人民政府及其有关部门应当支持组建融资租赁公司、小额贷款公司、融资性担保公司等,为小型微型企业提供金融服务。

金融机构不得强制设定条款或者协商约定将中小企业的部分贷款转为存款,不得以存款作为审批和发放贷款的前提条件,变相增加中小企业的融资成本。

第二十条　省级财政注资设立的支持企业发展的政策性基金或者投资基金，应当遵循政策性导向和市场化运作原则，将引导和带动社会资金支持高成长、初创期、科技型中小企业作为重要内容，促进创新创业创造。

市、县、区人民政府可以根据实际情况，设立中小企业发展基金或者创业引导基金。

鼓励社会资本设立创业投资基金，以股权投资方式支持中小企业发展。

第二十一条　县级以上人民政府及其有关部门应当支持有条件的中小企业到境内外证券交易所上市，或者到全国中小企业股份转让系统和区域性股权市场挂牌，通过发行股份、债券和资产证券化等方式直接融资。鼓励市、县、区人民政府对中小企业上市挂牌、发债等产生的相关费用给予补助。

县级以上人民政府有关部门应当培育中小企业上市资源，引导证券、会计、法律等专业服务机构为符合条件的中小企业上市挂牌、实施股权融资和发行债券提供指导和服务。

第二十二条　鼓励发展供应链金融，支持金融机构依托供应链核心企业的信用和交易信息，为上下游中小企业提供无需抵押担保的订单融资、应收账款融资。

政府采购主体和大型企业应当及时确认与中小企业的债权债务关系，帮助中小企业利用应收账款融资。县级以上人民政府及其有关部门应当推动本地区供应链核心企业加入依法设立的应收账款融资服务平台。

第二十三条　县级以上人民政府应当建立健全中小企业政府性融资担保体系，通过风险补偿、资本注入、优化考核方法或者降低盈利考核标准等方式，加大对政府性融资担保机构的扶持力度，为小型微型企业提供低成本、高效率担保服务。

支持社会资本出资的融资担保机构规范可持续发展，鼓励社会资本出资的融资担保机构与政府性融资担保、再担保机构合作开展中小企业融资担保业务，共享风险代偿补偿和信用信息服务。

政府性融资担保、再担保机构应当重点为符合条件的小型微型企业提供融资担保服务,保证支持小型微型企业担保业务的比例达到国家要求。

第二十四条　支持金融机构开展无还本续贷业务,对流动资金贷款到期后仍有融资需求的中小企业,提前开展贷款调查与评审;符合标准和条件的,依照程序办理续贷。

支持商业银行建立小额票据贴现中心,专门为中小企业持有的小额商业汇票进行贴现。

第二十五条　鼓励保险机构推广信用保险和贷款保证保险等业务,开发适应中小企业特点的保险产品,提高小型微型企业信用保险和贷款保证保险覆盖率。

第二十六条　支持省有关部门建立和完善中小微企业信用信息与融资对接平台、中小企业融资服务平台,依法向政府有关部门、公用事业单位和商业机构采集信息,提高信贷审批效率。县级以上人民政府有关部门应当与平台共享有关信息。

鼓励金融机构根据中小企业纳税、缴费等信用信息给予便捷高效的信贷支持,运用金融科技手段加强风险评估与信贷决策支持,提高中小企业贷款审批效率。

鼓励第三方征信、评级机构利用大数据资源和技术开展中小企业信用信息征集、评价或者评级、应用等服务。

第四章　创业扶持

第二十七条　县级以上人民政府及其有关部门应当通过政府网站、公共服务平台、热线电话、宣传资料、政府购买服务等形式,为创业人员免费提供财税、金融、市场监管、生态环境、安全生产、人力资源和社会保障等方面的法律政策咨询、公共信息和指导服务。

第二十八条　县级以上人民政府及其有关部门应当鼓励创业,对符合条件的创业人员给予一次性创业资助,支持其申请创业担保贷款。

第二十九条　县级以上人民政府及其有关部门应当根据实际,在符合规划和不改变用途的前提下,适当提高标准厂房和工业厂房的容积率,保障中小企业发展。对创业企业入驻小型微型企业创业基地、孵化基地或者标准厂房的,有关部门可以给予场地房租补贴。

第三十条 县级以上人民政府及其有关部门应当在符合当地国土空间规划的前提下,根据中小企业创业创新和生产经营需要,依法合理安排中小企业发展用地。

县级以上人民政府及其有关部门应当通过弹性年期出让、先租后让、租让结合、长期租赁等方式向中小企业供应土地;允许中小企业在国家规定期限内按照合同约定分期缴纳土地出让价款;支持工业厂房按照幢、层等固定界限为基本单元分割,转让给中小企业。

第三十一条 县级以上人民政府及其有关部门应当加大工业厂房租售市场监管力度,完善工业厂房供需信息发布机制,促进租售信息公开透明。

第三十二条 鼓励大型企业通过生产协作、开放平台、共享资源、开放标准、建设创新产业化基地等方式,扶持中小企业和创业者发展。

县级以上人民政府及其有关部门应当鼓励大型互联网企业和基础电信企业向中小企业开放计算、存储和数据资源,为创业创新提供大数据支撑。

第五章 创 新 支 持

第三十三条 县级以上人民政府及其有关部门应当鼓励中小企业开展技术、产品、质量、管理模式、商业模式创新,引导中小企业向专业化、精细化、特色化、新颖化发展,培育具有成长性的科技型、生态型、资源节约型等中小企业。

中小企业开发新技术、新产品、新工艺发生的研发费用,符合国家有关规定的,可以享受税前加计扣除政策。

支持中小企业开展行业关键技术攻关和关键产品研发,鼓励中小企业建立研发管理制度。

第三十四条 县级以上人民政府及其有关部门应当鼓励和支持中小企业管理创新,完善法人治理结构,建立现代企业制度,引导中小企业加强财务、安全、节能、环保、人力资源等管理创新。

第三十五条 鼓励中小企业加强技术改造,引导粗放型、高耗能、高污染的中小企业转型升级。省级财政应当安排企业技术改造专项资金,支持中小企业实施提质增效、智能化改造、设备更新和绿色发展等技术改造项目。

支持中小企业提升信息化水平,运用工业互联网新技术、新模式,对生产管理关键环节实施数字化、网络化、智能化升级,提高生产效率。

第三十六条 县级以上人民政府及其有关部门应当支持发展工业设计、工艺美术、工业旅游、工业遗产保护和开发等工业文化产业。

鼓励中小企业建立工业设计中心,提高工业设计能力,丰富和创新设计产品和设计服务。

鼓励中小企业通过开放生产车间、设立用户体验中心等形式进行产品展示和品牌宣传,建设公益性工业旅游示范点。

第三十七条 县级以上人民政府及其有关部门应当推广先进质量管理方法,支持中小企业加强质量技术基础保障能力。

鼓励中小企业加快质量品牌建设,打造具有竞争力和影响力的品牌。支持中小企业较为集中的区域打造区域品牌、申请注册集体商标和证明商标。

第三十八条 鼓励中小企业以及有关行业协会商会参与国际标准、国家标准、行业标准、地方标准和团体标准的制定。

对主导制定国际标准、国家标准、行业标准、地方标准、团体标准的中小企业,有关部门应当给予指导和支持。

第三十九条 县级以上人民政府及其有关部门应当促进以中小企业集聚为特征的产业集群健康发展,支持重点培育先进制造业、现代服务业、战略性新兴产业集群。

在产业集群发展区域的行业协会和自主研发能力强的企业,可以建立或者带动中小企业建立技术研发机构或者产业技术联盟,提高产业集群的整体水平。

第四十条 鼓励中小企业加大知识产权的投入,建立健全知识产权管理体系,积极创造、保护和运用知识产权,提高自主创新能力和知识产权制度运用水平;鼓励中小企业投保知识产权保险。

中小企业申请国内外发明专利并获得授权的,按照有关规定给予资金支持。

第四十一条 县级以上人民政府有关部门应当拓宽渠道，采取补贴、培训、推送就业政策和岗位信息、举办校企招聘活动等措施，引导高等学校毕业生到中小企业就业，帮助中小企业引进创新人才。

鼓励科研机构、高等学校选派科学技术人员参与中小企业自主创新活动，开展成果转化研究攻关。

鼓励中小企业选派专业技术人员到科研机构、高等学校开展自主创新课题研究。

第四十二条 鼓励中小企业参与粤港澳大湾区创新合作，引进港澳科技创新人才，对接国际创新资源，提升企业创新能力。

第六章 市场开拓

第四十三条 县级以上人民政府及其有关部门应当定期组织开展大型企业和中小企业之间的项目、技术、供需等交流活动，引导中小企业与国内外大型企业协作配套和协同创新，促进中小企业的产品和服务进入大型企业的产业链或者采购系统。

第四十四条 政府采购部门应当在政府采购监督管理部门指定的媒体上及时向社会公开发布采购信息，实现采购预算、采购过程、采购结果全过程信息公开，为中小企业公平参与政府采购提供指导和服务。

向中小企业预留的采购份额应当占本部门年度政府采购项目预算总额的百分之三十以上；其中，预留给小型微型企业的比例不低于百分之六十。中小企业无法提供的商品和服务除外。

对于非专门面向中小企业的项目，采购人或者采购代理机构应当在采购文件中作出规定，对小型微型企业产品的价格给予百分之六至百分之十的扣除，用扣除后的价格参与评审，具体扣除比例由采购人或者采购代理机构确定。

参加政府采购活动的中小企业，应当按照国家规定提供表明其为中型、小型或者微型企业的声明函，并由采购人或者采购代理机构在政府采购监督管理部门指定的媒体上进行公开。

政府采购监督检查和投诉处理中涉及对中小企业的认定，由企业所在地的县级以上人民政府负责中小企业促进工作综合管理的部门负责。

第四十五条 定期举办专门面向中小企业的国际性展览活动,为中小企业搭建展示、交易、交流、合作平台,帮助中小企业建立供需对接渠道,提高市场开拓能力。

县级以上人民政府及其有关部门应当支持中小企业参加境内外展览展销活动。

第四十六条 县级以上人民政府及其有关部门应当加强信息、物流等服务平台建设,鼓励中小企业利用各类电子商务平台开拓国内国际市场,扩大产品销售渠道。

第四十七条 县级以上人民政府及其有关部门应当支持建立供应链综合服务平台,为中小企业提供采购、分销、商检、报关、退税、融资等综合服务,提升贸易便利化水平。

第四十八条 县级以上人民政府及其有关部门应当在法律咨询、知识产权保护、技术性贸易措施、产品认证、原产地证明等方面,为中小企业产品和服务出口提供指导和帮助,推动对外经济技术合作与交流,提高中小企业在国际市场的竞争力。

第四十九条 县级以上人民政府及其有关部门应当支持和协助中小企业取得进出口经营资格,提供用汇、人员出入境等方面的便利,支持中小企业到境外投资,开拓国际市场,参与国际工程承包和劳务合作,收购、并购境外企业,开展国际化经营。

第五十条 省、地级以上市人民政府应当建立和完善产业损害预警机制,监测进出口异动情况,跟踪进出口涉案产业,指导和服务中小企业有效运用贸易救济措施,维护企业合法权益,保护产业安全。

第七章 服务措施

第五十一条 县级以上人民政府及其有关部门应当坚持社会化、专业化、市场化的原则,推动中小企业公共服务体系建设。

第五十二条 县级以上人民政府应当建立和完善中小企业公共服务机构,为中小企业提供政策咨询、创业创新、人才培训、投融资等公益性服务,提升服务能力和水平。

第五十三条 县级以上人民政府及其有关部门应当鼓励和支持各类服务机构的发展,可以结合财力情况,采取资助、购买服务、奖励等方式,支持各类服务机构为中小企业提供创业培训与辅导、知识产权保护、管理咨询、信息咨询、信用服务、市场营销、项目开发、投资融资、财会税务、产权交易、技术支持、人才引进、对外合作、展览展销、法律咨询、质量标准、检验检测等服务。

鼓励中小企业根据发展需要购买社会化服务。县级以上人民政府及其有关部门可以根据实际情况,采取服务券等方式对购买社会化服务的中小企业给予补助。

第五十四条 县级以上人民政府应当建立跨部门的涉企政策发布平台,为中小企业提供政策发布、解读、宣传等便捷无偿信息服务,听取中小企业对政府相关管理工作的意见和建议。

第五十五条 县级以上人民政府负责中小企业促进工作综合管理的部门应当安排资金,整合各类培训资源,有计划地组织实施中小企业经营管理人员免费培训,推动中小企业素质能力提升。

县级以上人民政府应当支持职业院校和技工院校与中小企业开展合作办学,培养掌握先进技术技能以及岗位适应能力强的劳动力。

第五十六条 行业协会商会等社会组织应当依法反映企业诉求,加强行业指导和自律管理,积极为中小企业创业创新、开拓市场等提供服务。

行业协会商会等社会组织应当坚持入会自愿、退会自由的原则,不得依托政府部门、利用垄断优势和行业影响力强制或者变相强制中小企业入会、阻碍退会。

第八章 权益保护

第五十七条 依法保护中小企业及其出资人的财产权、经营自主权等合法权益。

各级人民政府及其有关部门应当履行与中小企业依法签订的合同,不得以政府换届、领导人员更替等理由违约。

第五十八条 省人民政府建立省级统一的企业投诉和维权服务平台,制定全省统一的企业投诉和维权工作规范,受理对侵害中小企业合法权益违法行为的投诉、举报,实行统一受理、按责转办、限时办结、统一督办、统一考核。

市、县、区人民政府按照全省统一的工作规范建立本地区企业投诉和维权服务平台,受理对侵害中小企业合法权益违法行为的投诉、举报。

第五十九条 鼓励县级以上人民政府有关部门整合各种法律服务资源,建立中小企业法律服务队伍,为中小企业维护合法权益提供公益性的法律服务。

建立中小企业法律服务费用救助制度,将确有困难的中小企业的律师费、公证费、司法鉴定费等法律服务费用纳入救助范围。

第六十条 鼓励有条件的县级以上人民政府建设知识产权保护中心、知识产权快速维权中心,为中小企业提供快速审查、快速确权、快速维权和专利预警等服务。

第六十一条 国家机关、事业单位和大型企业不得违约拖欠中小企业的货物、工程、服务款项。

县级以上人民政府及其有关部门应当督促拖欠方按约履行偿付义务,对经依法确认违约的欠款单位,纳入失信记录,实施联合惩戒。

第六十二条 任何单位不得违法向中小企业收费或者罚款,不得向中小企业摊派财物,不得强行要求中小企业提供赞助或者接受有偿服务。

县级以上人民政府及其有关部门应当建立和公开行政事业性收费目录清单、政府定价的经营服务性收费目录清单,动态化调整,常态化公示,规范对中小企业的收费行为。

第六十三条 县级以上人民政府及其有关部门不得设定区域性、行业性或者部门间中介服务机构执业限制,不得通过限额管理控制中介服务机构数量,不得强制中小企业接受其指定的中介服务机构提供的服务或者购买其指定的产品。

第九章 监督检查

第六十四条 县级以上人民政府应当定期组织对中小企业促进工作情况的监督检查,对违反《中华人民共和国中小企业促进法》和本条例的行为及时予以纠正,并对直接负责的主管人员和其他直接责任人员依法给予处分。

第六十五条 省人民政府应当委托第三方机构定期开展中小企业发展环境评估,并向社会公布,接受社会监督。

市、县、区人民政府可以根据实际情况委托第三方机构开展中小企业发展环境评估。

第六十六条 各级人民政府及其有关部门,有下列行为之一的,对直接负责的主管人员和其他直接责任人员依法给予处分;对企业造成损失的,依法给予赔偿;构成犯罪的,依法追究刑事责任:

(一)不履行法定职责的;

(二)设定歧视性市场准入条件或者监管措施,违反公平竞争的;

(三)违法拒收中小企业行政许可申请材料的;

(四)对中小企业举报、投诉的事项拖延、推诿或者不予处理的;

(五)利用职权非法占有或者无偿使用中小企业财产的;

(六)截留、挪用、侵占、贪污扶持中小企业发展的各项专项资金的;

(七)违法对中小企业实施监督检查的;

(八)违法向中小企业收费、罚款、摊派财物,强行要求中小企业赞助或者接受有偿服务的;

(九)强制中小企业接受其指定的中介服务机构提供的服务或者购买其指定产品的;

(十)其他侵害中小企业合法权益的行为。

第十章 附 则

第六十七条 本条例自2020年1月1日起施行。

广东省高级人民法院关于为促进民营经济健康发展提供司法保障的实施意见

(2018年12月)

为依法保障和促进民营经济健康发展,推动营造民营经济创新创业良好法治环境,结合我省审判工作实际,制定本意见。

一、坚持依法保护,切实维护民营企业家人身财产安全。依法保护民营经济主体合法权益,严禁非法侵害民营经济主体人身权利,严禁非法侵占或处置民营经济主体财产权利,坚决依法打击针对民营企业的不正当竞争、侵犯知识产权、强迫交易等违法犯罪行为,依法惩治涉民营企业的职务侵占、挪用资金、商业诈骗等犯罪行为。严格落实罪刑法定、疑罪从无原则,鼓励、支持、引导企业主体在生产、经营、融资活动中的创新创业,坚决防止将经济纠纷当作犯罪处理,坚决防止将民事责任变为刑事责任。严格规范刑事审判涉案财产处置,严格区分违法所得和合法财产、个人财产和企业法人财产、涉案人员个人财产和家庭成员财产,依法维护涉案企业和人员的合法权益。

二、坚持有错必纠,依法纠正涉产权冤错案件。坚持依法妥善处理民营企业经营不规范问题,加大涉企业家产权冤错案件的甄别纠正工作力度。依法及时再审并纠正适用法律确有错误的案件。注意发布侵害产权典型案例,积极营造依法保护产权的社会氛围。严格落实司法责任制,完善审判管理体制机制,从源头上、制度上有效防范冤错案件的发生。

三、加强司法审查,严格依法规范适用司法强制措施。准确把握民事诉讼中财产保全、证据保全适用条件,严格依法采取查封、扣押、冻结等强制措施,防止当事人恶意利用保全手段侵害企业正常生产经营。加强对虚假诉讼和恶意诉讼的审查,坚决依法制止利用诉讼打击竞争企业,破坏企业家信誉的行为。完善对提供虚假证据、故意逾期举证等不诚信诉讼行为的规制机制,依法制裁诉讼失信行为。

四、推动行政机关守信践诺,依法保护民营企业自主经营权。严肃依法认定行政机关与企业签订的合同效力,支持企业的合理诉求,追究行政机关因领导人员更替等原因违约、毁约的法律责任。依法允许民营企业因政府规划调整、政策变化等客观原因解除民商事合同,支持民营企业依法请求返还已经支付的国有土地使用权出让金、投资款、租金或者承担损害赔偿责任。坚决依法纠正行政机关违法违规向企业收费或者以各种监督检查的名义非法干预企业自主经营权的行为。

五、公平审理权益类纠纷,依法保护民营企业投资利益。准确把握法人自治原则,妥善处理民营企业内部治理纠纷,促进民营企业治理结构现代化。依法审理股东知情权、利润分配请求权、请求确认董事会、股东会或者股东大会决议无效或撤销董事会、股东会或者股东大会决议等纠纷案件,维护各类投资主体股东权益。依法维护破产民营企业、债权人等合法权益,对暂时经营困难但具有发展潜力和经营价值的民营企业,综合运用重整、和解等手段,积极帮助企业恢复生机、重返市场。

六、做好金融审判工作,依法解决民营企业融资难融资贵。依法保护融资租赁、保理等新型融资模式,准确认定涉及企业股权质押担保的法律效力,积极推广专利权、著作权等知识产权质押融资,促进金融服务实体经济。合理准确把握资金借贷的裁判尺度,遏制高利贷化倾向,对商业银行、典当公司、小额贷款公司等金融机构以不合理收费变相收取高息的,参照民间借贷利率标准处理,依法降低企业融资成本。

七、加大知识产权保护力度,增强民营企业创新创业活力。完善知识产权诉讼证据规则,加强对战略性科技成果、原创作品、驰名商标和老字号的保护力度,对恶意侵权行为加大惩罚性赔偿。依法审理不正当竞争和垄断纠纷案件,支持新兴产业健康成长。坚持依法维护劳动者合法权益与促进企业生存发展并重的原则,依法保护用人单位的商业秘密等合法权益。优化知识产权审判资源配置,设立巡回审判法庭和诉讼服务处,方便权利人及时获得司法救济。

八、认真解决执行难,努力实现民营企业胜诉权益。推进涉行政机关等主体欠债执行案件清理工作,综合采取协调、督促、提级执行等方式,坚决破除地方保护主义和部门保护主义的干扰。强化公正执行、善意执行、文明执行理念,依法慎用强制措施,严禁超标的、超范围查封、扣押、冻结涉案财物,最大限度减少司法活动对正常经营造成的不利影响。加强民营企业信用保护,对已履行生效法律文书确定的义务的民营企业及其法定代表人或者负责人,及时依法提供诚信证明或删除失信记录,保护民营企业的正常生产经营活动。

九、强化司法引导,维护公平竞争市场秩序。严格依据相关竞争法律法规,规制各类垄断行为和不正当竞争行为,妥善处理破坏市场竞争规则案件,充分发挥司法裁判对公平竞争市场环境的维护和指引作用。明确行政垄断行为的司法认定标准,有效规制滥用行政权力排除和限制竞争行为。尊重和保护市场主体的意思自治,正确认定民商事合同效力,依法制裁欺诈经营和恶意逃废债务等违法违约行为,维护市场交易秩序和安全。

十、提高诉讼服务保障,营造良好法治化营商环境。加强组织领导,依托"一门式、综合性、立体化"诉讼服务新平台,全面推行网上立案、跨域立案、网上阅卷、远程开庭等智能化服务。健全完善工作机制,及时研究解决涉民营企业新情况新问题,及时总结审判经验,制定完善审判工作指引,提高裁判的可预见性和权威性。提高审判执行效率,强化审限监管,严格审限延长、扣除、中止等情形的审批,切实防止因诉讼拖延影响企业生产经营。

浙江省优化营商环境条例

(2024年1月26日浙江省第十四届人民代表大会第二次会议通过)

目 录

第一章 总 则
第二章 市场管理

第三章　政务服务
第四章　要素支撑
第五章　数字赋能
第六章　创新支持
第七章　开放提升
第八章　人文生态
第九章　法治保障
第十章　附　　则

第一章　总　　则

第一条　为了持续优化营商环境，维护市场主体合法权益，激发市场活力和社会创造力，加快建设现代化经济体系，推动共同富裕先行和省域现代化先行，根据有关法律和国务院《优化营商环境条例》等行政法规，结合本省实际，制定本条例。

第二条　本条例适用于本省行政区域内优化营商环境相关工作。

本条例所称营商环境，是指各类市场主体在市场经济活动中所涉及的体制机制性因素和条件。

第三条　优化营商环境应当坚持中国共产党的领导，坚持市场化、法治化、国际化原则，以市场主体需求为导向，以转变政府职能为核心，创新体制机制、强化协同联动、完善法治保障，维护全国统一市场秩序，对标国际先进水平，营造稳定、公平、透明、可预期的发展环境。

本省坚持各类市场主体在市场经济活动中权利平等、机会平等、规则平等，并对中小微企业、个体工商户等给予积极扶持；依法保护市场主体的财产权和其他合法权益，保护经营者人身和财产安全。

第四条　县级以上人民政府应当加强对优化营商环境工作的组织领导，完善优化营商环境的政策措施，建立健全政策统筹、督促落实工作机制，及时协调、解决优化营商环境工作中的重大问题，并将优化营商环境工作纳入综合考核体系。

省优化营商环境主管部门应当加强全省优化营商环境工作的统筹谋划、协调推进、督促指导。

设区的市、县(市、区)应当明确主管部门负责本行政区域内优化营商环境的组织协调、监督指导等工作。

县级以上人民政府有关部门应当按照职责分工,共同做好优化营商环境工作。

第五条 各级人民政府及有关部门应当坚持有事必应、无事不扰,在基本政务服务便捷化基础上,整合政务服务、社会服务和市场服务功能,构建增值服务体系,为市场主体提供精准化、个性化衍生服务。

第六条 省发展改革主管部门应当参照国际国内营商环境评价体系,以市场主体满意度为导向,健全本省营商环境评价指标体系和线上线下结合的评价方法,利用无感监测、问卷调查、现场体验等方式对设区的市、县(市、区)开展营商环境评价。

设区的市、县(市、区)人民政府应当根据营商环境评价结果,及时调整和完善相应政策措施。

第七条 工商业联合会等组织应当依照法律、法规和章程,发挥政府和市场主体之间的桥梁纽带作用以及联系服务市场主体功能,共同做好优化营商环境工作。

协会、商会应当依照法律、法规和章程,加强自律管理,组织制定和实施团体标准,及时反映行业和会员企业诉求,为市场主体提供信息咨询、宣传培训、市场拓展、权益保护、纠纷处理等方面服务。

第八条 市场主体应当合规守法经营,恪守社会公德和商业道德,诚实守信,公平竞争,共同营造健康有序的营商环境。

第九条 各地区、各部门应当结合实际,在法治框架内探索原创性、差异化的优化营商环境具体措施,推广行之有效的经验做法。

对探索中出现失误或者偏差,但有关单位和个人按照国家和省有关规定决策、组织实施,且勤勉尽责、未牟取私利的,不作负面评价,按照国家和省有关规定不予、免予追究责任或者从轻、减轻追究责任。

第十条 省人民政府应当推动与长三角等区域省、市建立优化营商环境重点领域沟通协调机制,构建区域一体化标准体系和统一监管规则,强化政务服务、执法工作协同,提升区域整体营商环境水平。

七、地方有关规定

第二章 市场管理

第十一条 各级人民政府及有关部门应当严格执行国家规定的市场准入负面清单,不得另行制定市场准入性质的负面清单,并及时清理废止妨碍全国统一市场秩序的政策规定;在招商引资过程中不得违反法律、法规、规章和国家政策规定承诺优惠条件。

第十二条 各级人民政府及有关部门应当按照规定简化市场主体从设立到具备一般性经营条件所需办理的手续。

除法律、行政法规另有规定外,经营许可事项不得作为市场主体登记的前置条件。

市场监督管理部门可以根据市场主体自主申报的经营范围,提示其需要办理的经营许可事项。有关主管部门可以通过一体化智能化公共数据平台(以下简称公共数据平台)获取市场主体登记信息。

第十三条 个体工商户转型为企业的,可以直接向登记机关申请办理变更登记,并可以根据企业名称管理规定使用原个体工商户名称中的字号;原前置许可实质审批事项不变且在有效期内的,可以先办理变更登记,再办理相关许可的变更。

第十四条 除法律、行政法规另有规定外,各级人民政府及有关部门不得要求市场主体在指定地区登记注册,不得对市场主体跨区域经营或者迁移设置障碍。

市场主体申请办理住所等变更登记的,登记机关应当依法及时办理。

县级以上人民政府应当建立市场主体迁移服务协调机制,简化市场主体跨区域迁移的涉税、涉费等事项办理程序。

第十五条 知识产权主管部门应当建立知识产权公共服务体系,加强战略性新兴产业、先进制造业等产业的专利导航和知识产权预警分析,为市场主体提供知识产权基础信息服务。

知识产权主管部门、司法机关等应当建立知识产权快速协同保护机制,健全知识产权纠纷多元化解决机制和知识产权维权援助机制,推动行政保护和司法保护相衔接,落实知识产权侵权惩罚性赔偿制度,加强跨区域执法协作。

省知识产权主管部门应当会同有关部门建立健全境外知识产权纠纷应急援助机制,完善涉外知识产权专家库和境外风险信息库,及时发布境外知识产权风险警示,为市场主体提供境外知识产权维权服务。

第十六条 省人民政府应当建立全省统一的公共资源交易平台,制定公共资源交易目录,并向社会公布。

除法律、法规另有规定外,列入公共资源交易目录的项目,应当依法采用招标、拍卖、挂牌等竞争性方式在公共资源交易平台进行交易。

公共资源交易平台应当依法公开交易程序、结果、监督等信息,优化场所、信息、档案和专家抽取等服务,保障市场主体及时获取有关信息并平等参与交易活动。

第十七条 依法必须进行招标项目的招标人和政府采购的采购人,应当依法平等对待各类所有制和不同地区的市场主体,不得将市场主体特定行政区域业绩、设立本地分支机构、本地缴纳税款社保以及注册资本、资产总额、营业收入、从业人员、利润等规模条件和财务指标作为资格要求或者评审因素,不得在股权结构、经营年限等方面实行差别待遇或者歧视待遇。

第十八条 省公共信用信息服务平台、国家企业信用信息系统(浙江)应当通过公共数据平台建立公共信用信息修复结果互认、共享和同步更新机制。

对符合信用修复条件并完成信用修复的市场主体,有关部门应当依法及时停止公示其失信信息,终止实施惩戒和重点监管措施。

第十九条 各级人民政府及有关部门依法作出的政策承诺以及依法订立的合同,不得以行政区划调整、政府换届、机构或者职能调整以及相关责任人更替等为由违约毁约。确因国家利益、社会公共利益需要改变政策承诺、合同约定的,应当按照法定权限和程序进行,并依法予以补偿。

国家机关、事业单位不得违约拖欠市场主体的货物、工程、服务等款项,大型企业不得利用优势地位违约拖欠中小微企业、个体工商户款项。

省人民政府及有关部门应当将国家机关、事业单位履约情况纳入营商环境评价内容,并建立政务失信责任追究制度。

对拒绝或者迟延支付市场主体款项的国家机关、事业单位,应当在公务消费、办公用房、经费安排等方面采取必要的限制措施。

第二十条 因自然灾害、事故灾难、公共卫生事件、社会安全事件等原因造成经营困难的,市场主体可以按照国家有关规定向登记机关办理歇业备案。

市场监督管理、税务、人力资源社会保障等部门以及相关经营许可机关应当建立歇业协同服务机制,加强歇业信息共享和政策支持。

第二十一条 市场监督管理、税务、人力资源社会保障等部门以及相关经营许可机关应当实施市场主体注销便利化改革,建立税务注销预检机制,优化办理流程、精简申请材料、压缩办理时间、降低注销成本。

市场主体未发生债权债务或者已将债权债务清偿完结,未发生或者已结清清偿费用、职工工资、社会保险费用、法定补偿金、应缴纳税款(滞纳金、罚款),并由全体投资人书面承诺对前述情况的真实性承担法律责任的,可以按照简易程序办理注销登记。

第二十二条 县级以上人民政府、人民法院应当建立企业破产处置协调联动机制,统筹协调解决企业破产过程中涉及的资产处置、风险防范、职工和债权人权益保护等问题。

人民法院应当探索建立重整识别、预重整等破产拯救机制,完善破产案件繁简分流、简易破产案件快速审理机制。

县级以上人民政府安排的企业破产启动援助资金,可以用于个人债务集中清理的启动援助。

对申请债务集中清理的个人,经审查后符合条件的,可以按照规定删除其失信信息。

第三章 政务服务

第二十三条 县级以上人民政府及其有关部门应当推进政务服务标准化,编制政务服务办事指南,明确受理条件、所需材料、办理流程、容缺受理、告知承诺等内容,细化量化政务服务标准,对同一事项实行无差别受理、同标准办理。

政务服务事项办事指南明确的受理条件不得含有兜底条款,有关部门不得增加或者变相增加办理环节,不得要求市场主体提供办事指南规定之外的申请材料。

有关部门和政务服务机构应当通过工作流程记录和视频监控等方式,保证政务服务过程可查询、可追溯。

第二十四条 县级以上人民政府应当加强政务服务机构建设,建立政务服务事项进驻负面清单制度,除场地限制或者涉及国家秘密等情形外,实行政务服务事项集中办理。

政务服务机构应当设置"办不成事"反映窗口,及时协调解决市场主体办事过程中的疑难问题。

政务服务机构应当通过评价器、评价二维码、手机短信、小程序、意见簿等方式,接受当事人对政务服务的监督和评价;对差评事项应当及时调查核实,并根据当事人的合理诉求予以改进。

第二十五条 县级以上人民政府应当依托政务服务机构建设企业综合服务中心。企业综合服务中心应当统筹跨部门、跨领域业务协同和服务全程跟踪督办等事项,构建涉企问题高效闭环解决机制,为企业提供一站式集成服务。

有条件的设区的市、县(市、区)可以按照企业所在地域、所属行业,划分企业(行业)社区,建立健全一体化服务企业工作机制,必要时组织有关部门到企业(行业)社区联合开展涉企服务。

第二十六条 各级人民政府应当推进政务服务事项一件事一次办成,强化部门业务协同、系统联通和数据共享,实现多个事项一次告知、一表申请、一套材料、一端受理、一次联办;梳理共性高频基本政务服务事项和各类主体提供的其他服务事项,建立健全一类事服务场景。

政务服务事项依法需要当事人核验、签字的,有关部门应当提供线上电子认证的办理方式,依照法律、行政法规规定需要到现场核验、签字的除外;对需要事后向当事人核发的相关材料,应当提供快递、邮寄等送达方式。

对依法不需要现场踏勘、现场核查、技术审查、听证论证、集体讨论的政务服务事项,有关部门应当在窗口受理后直接办结。

设区的市、县(市、区)人民政府应当结合实际,在乡镇(街道)、村(社区)设立便民服务中心(站),并推动集成式自助终端向村(社区)、园区、商场、楼宇和银行、邮政、电信网点等场所延伸,为市场主体就近办理政务服务事项提供便利。

第二十七条 省人民政府应当依法组织编制全省统一的行政许可事项清单。行政许可事项清单应当向社会公开,并依法进行动态调整。

在国家和本省公布的行政许可事项清单外,不得违法实施行政许可,不得以备案、登记、注册、目录、规划、年检、年报、监制、认定、认证、审定以及其他任何形式变相实施行政许可。

第二十八条 没有法律、法规或者国务院决定依据,有关部门、政务服务机构、公共服务运营单位不得索要证明。

能够通过法定证照、法定文书、书面告知承诺、部门核查、网络核验、合同凭证等获取证明信息,以及能够被其他材料涵盖或者替代的,不得要求重复提供有关证明材料。

省公共信用信息服务平台生成的含有市场主体相关信息的专项信用报告,可以替代相关部门出具的有无违法违规行为的证明。市场主体已经提供省公共信用信息服务平台生成的专项信用报告的,有关单位不得再要求其重复提供相关证明。

第二十九条 市场主体申请行政机关出具相关证明或者实施其他赋予权益行为的,法律、法规、规章对实施该行为未作规定,但实施该行为不损害国家利益、社会公共利益和其他单位、个人合法权益的,行政机关可以依市场主体的申请予以实施。

第三十条 省发展改革、自然资源、住房城乡建设、交通运输、水利、国防动员等部门应当根据建设工程的规模、类型、位置等因素,明确建设工程项目风险等级。县级以上人民政府及其有关部门应当根据不同风险等级实行差异化审批和监管。

县级以上人民政府应当完善投资项目跟踪服务机制,及时协调解决投资项目建设和运营中的问题。

建设单位在确定施工总承包单位并具备满足施工要求的图纸和其他要件后,可以选择分阶段申请办理建筑工程施工许可。

本省探索建筑师负责制,在可行性研究、规划方案、设计方案、招标投标、施工图设计、工程管理、竣工验收等环节优化管理流程,发挥建筑师专业优势和全过程技术主导作用。

第三十一条 省住房城乡建设主管部门应当会同发展改革、自然资源主管部门,健全工程图纸数字化管理系统。鼓励建设单位通过系统报送建设工程方案设计、初步设计、施工图设计等阶段的工程图纸。

建设单位通过系统报送工程图纸的,发展改革、自然资源、生态环境、住房城乡建设、消防等部门应当共享工程图纸并在线完成工程图纸审查,不得要求建设单位重复报送。

第三十二条 在省级以上各类经济开发区(含高新技术产业开发区、工业园区等)、特色小镇、小微企业园、专精特新产业园等有条件的区域,按照规定对环境影响评价、节能评估(民用建筑的节能评估除外)、地质灾害危险性评估、水土保持方案编制、地震安全性评价、压覆重要矿产资源评估和考古调查、勘探等事项已经完成区域评估的,对区域内的具体建设项目依法简化评估要求或者不再提出评估要求。

对区域评估事项可以实行多评合一、联合评估。区域评估费用列入财政预算。

区域评估应当在土地供应前完成,评估结果向社会公开,并纳入相关部门管理依据。

第三十三条 依法需要对建设工程开展专项验收的,相关部门应当通过全过程数字化管理加强工程建设关键环节和重要节点的指导服务,为专项验收提供基础依据。

各级人民政府及有关部门应当优化建设工程联合专项验收实施方式,实现统一收件、内部流转、联合审批、限时办结。

推行房屋建筑和市政基础设施工程档案数字化。省住房城乡建设主管部门应当会同档案主管部门制定建筑工程电子档案标准。建设单位提交的电子文件符合档案标准的,城建档案管理机构不得要求建设单位另行提交纸质归档材料。

第三十四条 自然资源、住房城乡建设、农业农村、税务等部门应当按照国家有关规定,加强部门协作,实行不动产登记、交易和缴税一窗受理、并行办理,压缩办理时间,降低办理成本。

七、地方有关规定

七、地方有关规定

第三十五条　税务部门应当建立统一的税费申报平台,探索多种税费合并申报,推广非接触式办税缴费服务,加强对市场主体的税收政策宣传辅导和风险提醒,及时公布税收优惠项目,确保市场主体及时享受减税、免税、退税等有关税收优惠政策。

第三十六条　依法设立的涉企行政事业性收费、涉企保证金、政府定价的经营服务性收费,实行目录清单管理并向社会公开。

任何单位不得擅自提高收费标准、扩大收费范围,不得超期限滞留保证金、限制保证金缴纳方式,不得向市场主体变相收取费用。

第三十七条　省有关部门应当依据法律、法规和国务院决定,编制本行业、本领域行政审批中介服务事项清单,明确中介服务事项名称、设置依据、资质资格要求、服务时限、价格管理形式等,并依法进行动态调整。

未纳入清单的中介服务事项,各级人民政府及有关部门不得作为办理行政许可的条件。设区的市、县(市、区)有关部门应当将行政审批中介服务事项纳入一体化在线政务服务平台,实现机构选择、费用支付、报告上传、服务评价等全流程线上办理,公开接受社会监督。

除法律、行政法规另有规定外,各级人民政府及有关部门不得设定区域性、行业性或者部门间的中介服务机构执业限制,不得通过限额管理控制中介服务机构数量。

第三十八条　县级以上人民政府应当组织有关部门、金融机构等建立健全风险监测制度,完善市场主体相关数据采集、分析和预警体系,及时发布市场风险预警信息,防范区域性、行业性、系统性市场风险。

因突发事件造成市场主体普遍性生产经营困难的,县级以上人民政府及其有关部门应当及时制定针对性政策,依法采取纾困帮扶措施。

第四章　要素支撑

第三十九条　各级人民政府及有关部门应当保障各类市场主体依法平等使用土地、劳动力、资本、技术、数据、资源环境等各类生产要素和公共服务资源;推进要素市场化配置改革,提升要素交易监管和服务水平。

第四十条　县级以上人民政府应当统筹土地利用计划指标、存量建设用地等要素资源,科学制定建设用地供应计划,重点保障有效投资用地需求。

设区的市、县(市、区)人民政府可以依法采用工业用地长期租赁、先租赁后出让、租赁与出让结合、弹性年期出让等供应方式,满足市场主体差异化的用地需求。

县级以上人民政府及其有关部门应当推进土地综合整治,统筹实施城中村改造、产业园区建设、基础设施建设等工作,保障农业设施、服务业设施的用地需求。

第四十一条　县级以上人民政府及其有关部门应当构建标准地出让指标体系,优化工业项目供地流程。

省发展改革主管部门应当制定全省企业投资工业项目标准地负面清单。负面清单所列项目类型以外的工业项目用地,应当以标准地方式出让土地使用权。

以标准地方式出让的工业项目用地使用权转让、出租的,投资建设合同权利义务一并转移。相关当事人存在违约情形的,应当按照投资建设合同承担违约责任。

第四十二条　县级以上人民政府及其有关部门应当建立劳动者平等参与市场竞争的就业机制,完善失业保障和就业服务制度,组织开展新就业形态劳动者技术技能和创业培训。

省、设区的市人力资源社会保障主管部门应当完善公共就业服务信息平台,归集就业岗位招聘信息,面向用人单位和劳动者提供岗位发布、简历投递、求职应聘、职业指导等服务,促进人力资源市场供需信息匹配。

第四十三条　县级以上人民政府及其有关部门应当完善人才培养、引进、评价、激励等机制,创新人才政策措施,在职称评审、薪酬分配、住房安置、子女入学、医疗保障等方面给予保障或者提供便利。

省人力资源社会保障主管部门应当会同有关部门发布境外职业资格与境内职称比照认定目录。持有目录内所列境外职业资格证书的专业技术人员,其境外取得的证书可以比照认定相应职称,并作为申报高一级职称的依据。

第四十四条 供水、供电、供气、通信网络等公共服务运营单位应当优化业务办理模式,简化报装手续,压减办理时限,实现报装申请全流程一网通办。

供水、供电、供气、通信网络等公共服务运营单位应当依法向社会公开服务范围、标准、收费、流程、承诺时限等信息,不得以拖延服务等方式强迫市场主体接受不合理条件,不得为建设用地规划红线内的工程指定设计单位、施工单位和设备材料供应单位,不得以任何名义收取不合理费用或者转嫁成本。

在城镇规划建设用地范围内,从建设单位的建设用地规划红线连接至公共管网的通用标准的接入工程,由供水、供电、供气、通信网络等公共服务运营单位或者所在地人民政府按照规定投资建设,不得要求建设单位承担相应建设费用。

第四十五条 省人民政府及其有关部门应当优化水、电、煤、气等资源性产品交易和供应制度,减少交易和供应中间环节,降低市场主体用能成本。

公共服务运营单位应当提高水、电、气供应的可靠性,研究和应用新技术减少中断供应的时间和次数,不得违法对市场主体中断供应。

第四十六条 县级以上人民政府及有关部门应当推进铁路、公路、水运、民航等领域的交通基础设施建设,优化综合立体交通布局,畅通物流运输网络,提升物流运输服务水平,降低物流成本。

第四十七条 人民银行、金融监督管理等部门应当鼓励商业银行等金融机构开发金融产品、优化业务模式,为市场主体提供全生命周期综合金融服务,提升金融服务质效。

省数据主管部门应当会同相关部门依托公共数据平台,建立金融专题数据库,归集市场主体信用信息,为金融机构分析市场主体资信、增加信用贷款规模提供数据支持。

金融机构应当向社会公开金融服务项目、服务内容、资费标准和账户类业务的办理时限,按照国家有关规定规范收费行为,降低市场主体获取金融服务综合成本。

第四十八条 县级以上人民政府及其有关部门应当健全政府性

融资担保机构体系,完善融资担保风险分担补偿机制,降低担保费率,提高对中小微企业和科技型、创新型企业的支持力度。政府性融资担保机构的担保费率不得高于国家和省规定的标准。

第四十九条　县级以上人民政府及其有关部门应当建立政府引导的知识产权质押融资风险分担和补偿机制,综合运用担保、风险补偿等方式降低信贷风险。

鼓励金融机构设立绿色金融特色分支机构,在融资额度、利率定价、审批通道、绩效考核、产品研发等方面实施专项管理。

第五十条　县级以上人民政府及其发展改革、经济和信息化、地方金融管理等部门应当加强企业上市培育,支持符合产业政策导向、技术含量高的企业上市挂牌融资,扩大直接融资规模;建立服务直通制度,协助企业依法处理因上市挂牌、改制、重组、并购涉及的资产权属问题。

第五十一条　市场主体对其依法收集、经过一定算法加工、具有实用价值和智力成果属性的数据集合,可以向省数据知识产权登记平台申请权益登记。省数据知识产权登记平台出具的登记证书,可以作为该数据集合持有、流通交易、收益分配和权益保护的初步凭证。

知识产权、市场监督管理、司法行政等部门和司法机关,应当建立健全登记信息共享、证据互认等协同机制,推进登记证书在行政执法、司法审判中的运用。

第五十二条　省人民政府应当加快数据要素市场建设,探索完善数据权益、价格形成、流通交易、收益分配、安全治理的制度,推进数据分类分级使用和市场化交易,强化高质量数据要素供给。

省发展改革、经济和信息化、数据等部门应当制定政策措施,培育数据加工、应用企业以及数据经纪、数据安全审计、数据公证、数据托管、数据资产评估等第三方专业服务机构,促进数据高效流通和安全交易。

第五章　数字赋能

第五十三条　省、设区的市人民政府应当统筹规划和推进公共数据平台建设,实现基础设施、数据资源和公共应用支撑体系共建共享,通过数字化治理优化提升营商环境。

第五十四条 县级以上人民政府应当依托一体化在线政务服务平台建立企业综合服务专区,整合市场主体办事的应用、网站、移动端等,为市场主体提供全生命周期的集成服务。

线上、线下均可办理的事项,有关部门不得限定办理渠道,办理标准应当一致。已经在线收取规范化电子材料的,不得要求申请人再提供纸质材料。

企业综合服务专区应当具备政务咨询、投诉举报功能,并与统一的政务服务热线对接。市场主体诉求事项的办理结果应当及时通过企业综合服务专区或者其他途径反馈。

第五十五条 省经济和信息化主管部门应当会同统计等部门,建立企业报表统一填报系统,实现企业报表多报合一。

市场监督管理、人力资源社会保障、税务、海关等部门应当通过国家企业信用信息系统(浙江)依法共享市场主体年度报告有关信息,实现市场主体年度报告多报合一。

第五十六条 除法律、行政法规另有规定外,有关部门向市场主体发放的电子证照与纸质证照具有同等法律效力。省数据主管部门应当依托公共数据平台健全电子证照库,归集有关部门核发的电子证照。有关部门应当推进业务系统与电子证照库对接,能够通过电子证照库获得业务办理所需电子证照的,不得以申请人未提供纸质证照为由拒绝办理相关业务。

第五十七条 有关部门应当将涉及市场主体的优惠政策汇集至企业综合服务专区,并运用数字化手段精准计算市场主体需求与优惠政策的匹配度,将匹配的优惠政策直接推送相关市场主体。对符合条件的市场主体实行优惠政策免予申报、直接兑现;确需市场主体提出申请的优惠政策,应当简化申报手续,快速办理。

第五十八条 鼓励金融机构加快金融产品和服务数字化转型,拓展数字支付应用场景,推广移动支付、数字人民币、生物识别支付等数字支付手段,促进数字支付方式互联互通。

第五十九条 省财政、税务主管部门应当健全票据管理服务平台,为市场主体提供电子票据的归集、下载、查验等服务。

第六章 创 新 支 持

第六十条 本省坚持以科技创新塑造发展新优势,完善科技创新组织实施体系,健全科技创新要素保障制度,加大科技创新激励力度,建立多元化科技投入和多层次知识产权保护体系,营造良好创新生态。

鼓励全社会参与创新,宣传促进创新的政策措施和先进典型,支持举办创新大赛、技能竞赛、创新成果和创业项目展示活动。

第六十一条 县级以上人民政府应当建立健全以企业为主体、市场为导向、产学研用深度融合的创新体系,完善科技计划项目立项机制,支持大型科学仪器、设施开放共享,支持企业与研究开发机构、高等学校、行业协会组建创新联合体,开展产业共性技术研究开发和关键核心技术攻关。

第六十二条 县级以上人民政府应当建立系统性、梯次化的科技创新人才体系,建立以增加知识价值为导向的分配制度,激发科技人员创新活力。

科学技术主管部门应当创新发展科技特派员制度,通过选派科技特派员、科技特派团等方式,为市场主体开展技术攻关、成果转化、人才培养等提供服务。

研究开发机构、高等学校等事业单位科技人员可以按照国家有关规定,从事兼职、挂职或者参与项目合作,在职创办企业或者离岗创业,并依法取得收入报酬。

第六十三条 县级以上人民政府及其有关部门应当建立健全以市场为导向的科技成果转化机制,完善技术市场服务体系,推进赋予科技人员职务科技成果所有权或者长期使用权改革,依法落实职务科技成果转化奖励、科技成果单列管理、先试用后转化等制度。

第六十四条 县级以上人民政府应当健全中小微企业梯度培育体系,分级分类制定扶持政策,支持创业创新载体建设,推动大型企业与中小微企业合作,推进创新链、产业链、资金链、人才链融合。

第六十五条 省经济和信息化主管部门应当会同财政、金融监督管理等部门定期发布首台(套)装备、首批次新材料、首版次软件的推广应用指导目录,建立示范应用基地,健全保险补偿、应用奖励等激励保障机制。

县级以上人民政府及其有关部门、国有企业应当加大对首台(套)装备、首批次新材料、首版次软件的采购力度,提高采购份额。

第六十六条 各级人民政府及有关部门应当按照鼓励创新的原则,对新技术、新产业、新业态、新模式实行包容审慎监管,针对其性质、特点分类制定和实行相应的监管规则和标准;依法保障平台经济市场主体公平参与市场竞争,支持平台经济规范健康持续发展。

第七章 开放提升

第六十七条 县级以上人民政府应当推进高水平对外开放,促进外商投资,保护外商投资合法权益,支持市场主体发展对外贸易和投资,稳步扩大规则、规制、管理、标准等制度型开放,实现内引外联、双向开放、互利共赢。

第六十八条 外商投资实行准入前国民待遇加负面清单管理制度。外商投资准入负面清单以外的领域,按照内外资一致的原则实施管理。任何单位和个人不得违法对外商投资设置准入限制或者歧视性条件。

县级以上人民政府及其有关部门应当将内外资一致性审查纳入公平竞争审查范围,并在法定权限内制定外商投资促进和便利化政策措施,向社会公布。

第六十九条 商务主管部门应当会同有关部门高标准建设自由贸易试验区,落实自由贸易试验区外商投资准入负面清单和鼓励外商投资产业目录管理制度,支持自由贸易试验区各片区以及联动创新区对标国际国内先进经验和规则,探索改革创新。

第七十条 县级以上人民政府及其有关部门应当加强跨国企业和涉外中介服务机构培育,引导企业合理布局境外经贸合作区,鼓励企业开展高质量跨国并购,并依托境外投资综合服务平台,为企业境外投资经营提供金融、税收、会计、法律、安全、人才等一站式服务。

县级以上人民政府及其有关部门应当通过支持举办国际展览、论坛、赛事等活动,为市场主体搭建展示、交易、交流、合作平台,帮助市场主体建立国际市场供需对接渠道。

国际贸易促进机构、国际商会等组织应当发挥联通政企、融通内外、畅通供需的功能，促进国际经贸交流，引导市场主体拓展海外业务。

第七十一条 口岸管理部门应当会同海关等部门健全国际贸易单一窗口功能，按照国家促进跨境贸易便利化的有关要求，依法减少进出口环节审批事项，规范口岸收费，精简优化通关和中转流程，提高通关效率。

第七十二条 省交通运输、税务等部门应当加强数字港航改革和多式联运信息互通体系建设，汇聚国际海运、中欧班列、内贸水运等数据，实现多式联运全程数据共享以及出口退税服务智能化。

第七十三条 商务主管部门应当会同有关部门健全跨境电商综合服务平台，集成通关、市场信息、海外仓、金融服务等功能，推动建立线上线下融合、境内境外联动的营销体系，并建立适应跨境电商业态特征的监管机制。

第七十四条 市场监督管理、商务、科学技术等部门应当支持市场主体参与国际标准制定，构建与国际接轨的贸易标准体系。

第七十五条 各级人民政府及有关部门应当采取措施，支持符合条件的外国投资者在本省设立投资性公司、地区总部、研发中心、结算中心。相关投资性公司设立的企业，可以按照国家规定享受外商投资企业待遇。

鼓励与本省重点发展产业相关的国际组织在本省落户。

第七十六条 县级以上人民政府及其有关部门应当完善涉外经贸纠纷预防和解决机制，强化对外部经济风险的识别、预警和处置，应对国际贸易摩擦，防范国际贸易风险。

人民法院和司法行政、商务等部门以及国际贸易促进机构，应当建立涉外商事纠纷调解、仲裁、诉讼多元化解决一站式工作机制，为市场主体提供便利快捷的纠纷解决服务。

第八章 人文生态

第七十七条 本省建立政商交往正面清单、负面清单和倡导清

七、地方有关规定

单,明确国家工作人员与市场主体经营者交往规则,构建亲清统一的新型政商关系。

各级人民政府及有关部门应当畅通政企沟通和联系渠道,主动听取市场主体的建议和诉求,依法协调解决市场主体的困难,调整优化有关政策措施。

第七十八条 各级人民政府及有关部门应当引导民营企业完善治理结构和管理制度,加强对民营企业经营者的梯次培养,探索开展具有本地特色的促进非公有制经济健康发展和非公有制经济人士健康成长的创新实践。

第七十九条 各级人民政府及有关部门应当弘扬浙商创新创业精神,按照国家和省有关规定对优秀市场主体经营者予以褒扬激励;依法处置涉及市场主体及其经营者的虚假和侵权信息。

广播、电视、报纸、网络等媒体应当加强对优秀市场主体及其经营者、劳动者先进事迹的宣传报道,营造尊重创新创业、爱岗敬业的舆论环境。

第八十条 县级以上人民政府应当推进全域文明创建,引导市场主体树立诚实守信的商业文明价值导向,弘扬诚信理念、诚信文化和契约精神。

各级人民政府应当按照绿水青山就是金山银山的理念加强生态环境建设,根据幼有善育、学有优教、劳有所得、病有良医、老有康养、住有宜居、弱有众扶等要求提升公共服务水平,增强对各类市场主体投资兴业的吸引力。

第八十一条 各级人民政府及有关部门应当坚持和发展新时代"枫桥经验",传承和弘扬干部下基层开展信访工作经验,推进信访法治化建设,完善调解、仲裁、行政裁决等非诉讼纠纷解决机制,加大涉企争议协调化解力度。

第九章 法治保障

第八十二条 行政机关制定与市场主体生产经营活动密切相关的政策措施(以下统称涉企政策),应当符合下列要求:

(一)进行政策科学性、合理性、协调性、稳定性、出台时机评估;对

涉及贸易、投资等相关管理活动的,评估是否符合我国参加的国际协议;

(二)进行公平竞争审查;

(三)以座谈会、论证会、听证会等多种形式,听取不同所有制、不同组织形式、不同行业、不同规模、不同区域市场主体以及协会、商会的意见;

(四)除依法需要保密外,应当向社会公开征求意见,征求意见的期限一般不少于三十日;

(五)设置不少于六十日的适应调整期,涉及国家安全和出台后确需立即执行的除外;

(六)需要制定配套规定的,明确配套规定的制定时限,时限最长不超过六个月;

(七)国家和省规定的其他要求。

鼓励跨行政区域按照规定联合发布统一监管政策及标准规范。

第八十三条 各级人民政府应当建立健全涉企政策跟踪落实制度,定期梳理和研究市场主体诉求,采取催办督办、组织协调、情况反馈等措施督促政策落实,必要时可以对涉企政策落实情况开展第三方评估。

第八十四条 除直接涉及公共安全和人民群众生命健康等特殊行业、重点领域外,县级以上人民政府应当推行随机抽取检查对象、随机选派监督检查人员、抽查情况及查处结果及时向社会公开的方式实施事中事后监管。

省有关部门应当编制本行业、本领域双随机抽查事项清单。市场监督管理部门应当组织编制本地区跨部门联合双随机抽查事项清单。

设区的市、县(市、区)人民政府应当编制综合检查场景清单,推进跨部门、跨领域、跨层级多个执法主体的相关行政检查一次完成。

县级以上人民政府及其有关部门应当全面落实行政执法公示、行政执法全过程记录和重大行政执法决定法制审核制度,实现行政执法信息及时准确公示、行政执法全过程留痕和可回溯管理、重大行政执法决定法制审核全覆盖。

第八十五条 省、设区的市人民政府及其有关部门应当健全行政

七、地方有关规定

裁量权基准制度,建立行政裁量权基准动态调整机制。

县(市、区)人民政府及其有关部门可以在法定范围内,对上级行政机关制定的行政裁量权基准适用的标准、条件、种类、幅度、方式、时限予以合理细化量化。

第八十六条 行政执法应当加强说服教育、劝导示范、行政指导等非强制行政手段的运用。鼓励依法制定不予处罚、减轻处罚清单和不予实施行政强制措施清单。

行政机关、司法机关应当依法慎重使用查封、扣押、冻结等强制措施;确需查封、扣押、冻结的,应当最大限度降低对市场主体正常生产经营活动的影响。禁止违反法定权限、条件、程序和超范围、超数额、超时限对市场主体财产和经营者个人财产实施查封、扣押、冻结等强制措施,并在条件允许情况下为市场主体预留必要的流动资金和往来账户。

除有法律、法规依据并报经有权机关批准外,各级人民政府及有关部门不得在相关区域采取要求相关行业、领域的市场主体普遍停产停业等措施;确需依法采取普遍停产停业等措施的,应当至少提前三日向社会公告并书面通知市场主体。

第八十七条 人民法院、人民检察院应当建立公正高效的诉讼服务体系,完善法律监督方式,畅通市场主体合法权益司法救济渠道,依法纠正违法行政行为,通过延伸司法职能引导市场主体依法合规经营,推动行政机关依法行政。

第八十八条 县级以上人民政府及其有关部门应当加强重点产业预防性合规体系建设,编制重点产业合规指引和生态环境、安全生产、消防安全、劳动用工等方面专项合规指引,健全市场主体涉法风险事前预防机制。

县(市、区)人民政府及其有关部门应当建立健全与合规评价、合规认证相关联的信用修复、惠企政策供给等激励机制,推进市场主体合规体系运行与部门联合监管有机结合。

支持市场主体按照合规指引健全合规风险识别预警以及防范应对机制,建立合规管理体系,强化内部监督。支持重点企业建立首席合规官、合规员制度。鼓励市场主体自愿参与由第三方组织的合规评价和认证。

第八十九条　民营企业内部工作人员实施职务侵占、挪用资金、行贿受贿、非法经营同类营业、为亲友非法牟利以及徇私舞弊低价折股或者低价出售企业资产等腐败行为涉嫌构成犯罪的,公安机关应当及时受理并审查;经审查符合立案条件的,应当及时立案侦查,并依法查封、扣押、冻结涉案财物。

人民检察院应当加强对民营企业内部工作人员腐败案件的立案监督、侦查监督,对公安机关应当立案侦查而不立案侦查或者未依法查封、扣押、冻结涉案财物的,依法予以监督纠正。

人民法院应当健全民营企业内部工作人员腐败案件审理机制和涉案财物追缴处置机制,依法加大对民营企业内部腐败行为的惩处力度和追赃挽损力度,提高办案质效。

第九十条　各级人民政府及有关部门应当整合律师、公证、司法鉴定、法律援助等公共法律服务资源,健全公共法律服务体系,创新公共法律服务模式,推进涉企法律服务全覆盖。

第九十一条　各级人民政府及有关部门可以根据需要,建立优化营商环境咨询委员会以及优化营商环境监督员、观察员、体验官等制度,组织市场主体经营者、人大代表、政协委员、专家学者、新闻媒体记者等对营商环境进行监督。

第九十二条　县级以上人民代表大会常务委员会应当采取听取和审议工作报告、执法检查、专题询问、组织代表视察、加强规范性文件备案审查等方式,督促落实优化营商环境的各项工作。

监察机关应当加强对公职人员推动优化营商环境工作的监督,依法查处违法行使职权损害营商环境的行为。

第九十三条　各级人民政府应当完善优化营商环境工作激励机制,对在优化营商环境工作中做出显著成绩的单位和个人,按照有关规定予以褒扬激励。

第九十四条　各级人民政府和有关部门及其工作人员违反本条例规定,不履行优化营商环境职责或者损害营商环境的,由有权机关对负有责任的领导人员和直接责任人员依法给予处理。

第十章 附 则

第九十五条 对优化营商环境相关工作,本条例未作规定的,依照相关法律、法规的已有规定执行。

第九十六条 本条例自2024年3月1日起施行。

浙江省促进民营经济高质量发展若干措施

(2023年8月25日中共浙江省委员会、
浙江省人民政府印发)

为深入贯彻落实中共中央、国务院关于促进民营经济发展壮大的决策部署,持续擦亮民营经济金名片,现提出如下措施。

一、提信心增预期

(一)强化财税政策保障。贯彻落实党中央、国务院关于延续优化完善实施阶段性税费优惠政策的决策部署,依规加大减税降费力度。增值税小规模纳税人减免增值税,小微企业减按25%计入应纳税所得额,增值税小规模纳税人、小型微利企业和个体工商户减半征收"六税两费",金融机构小微企业和个体工商户小额贷款利息收入免征增值税,为农户、小微企业及个体工商户提供融资担保及再担保业务免征增值税,金融机构与小微企业签订借款合同免征印花税等政策延续执行至2027年底。对个体工商户年应纳税所得额不超过200万元部分减半征收个人所得税,并延续至2027年底。符合条件行业企业研发费用税前加计扣除比例提高至100%,作为制度性安排长期实施。

(二)加大产业基金支持力度。发挥省产业基金引领带动作用,支持民营企业转型升级,其中"4+1"专项基金投向民间投资项目比重不低于70%。

(三)保障合理用地需求。统筹新增建设用地、存量建设用地支持民间投资项目合理用地需求,支持工业用地采取弹性年期出让、先租后让、长期租赁等供应方式,引导民间投资项目比重不低于70%。推动工业设备"上楼",经批准实施改造提升的项目,在符合详细规划及相关技术规范的前提下,容积率宜高则高。在符合详细规划、不改变土地用途的前提下,民营企业在自有工业用地上提高容积率新建、扩建生产性用房或利用地下空间,不再增收土地价款。对符合条件改造新增建筑面积部分,纳入各地"腾笼换鸟"专项经费支持范围。用足用好保障性租赁住房政策,对符合条件的存量工业项目,配套建设行政办公及生活服务设施的用地面积占项目总用地面积的比例上限可由7%提高到15%,建筑面积占比上限相应提高到30%。探索实行产业链供地,对产业链关键环节、核心项目,可统一规划布局,整体实施、按宗供应。

(四)强化用能保障。统筹用好能耗增量、新增可再生能源抵扣以及节能改造、淘汰落后产能腾出用能空间等指标,每年新增能耗支持民间投资项目的比重不低于70%。

(五)强化金融保障。深入实施融资畅通工程,用好再贷款、普惠小微贷款支持工具等货币政策工具,鼓励各类金融机构创新民营企业专属金融产品服务,坚决落实民营企业贷款"两个一致"要求,实现民营经济贷款稳定增长,综合融资成本稳中有降。完善联合会商机制,强化债权银行一致行动,提前做好流动性安排,确保大型优质民营企业融资总量总体稳定、困难企业金融帮扶有效有力。深化"敢贷、愿贷、能贷、会贷"机制建设,完善中小型企业授信审批流程和评价模型。推动普惠小微贷款增量扩面,发挥政府性融资担保增信作用,推广首贷户拓展、"信易贷""连续贷+灵活贷""贷款码"等服务模式,运用"双保"助力融资机制解决经营正常但暂遇困难的小微企业融资需求。深化企业上市"一件事"集成服务,推动更多民营企业上市融资和再融资,鼓励符合条件的民营企业发债融资。丰富征信产品和服务,深化省企业信用信息服务平台、省金融综合服务平台、银税互动服务平台、"凤凰丹穴"上市集成服务平台等建设,加强涉企信用信息政策归集、金融服务集成。深化"汇及万家"宣传、"外汇联络员"指导和担保增信政策三项机制,组织开展"千员访万户"汇率避险专项宣传,推动提高民营企业汇率避险意识,降低套期保值成本。

七、地方有关规定

（六）强化人才和用工需求保障。支持民营企业与院校开展技能人才订单培养、联合培养。支持技术实力较强的规模以上民营企业单独或联合组建职称评审委员会，开展自主评审。对符合条件的个体工商户开展用工职业技能培训，按规定给予补贴。落实对产教融合型试点企业税费优惠支持政策。支持各级个体劳动者协会针对急需、紧缺的职业（工种）组织开展订单式、定向式职业技能培训。加强灵活就业和新就业形态劳动者权益保障，鼓励平台企业为新就业形态劳动者单险种参加工伤保险，发挥平台企业扩大就业的作用。

二、降门槛扩领域

（七）向民营企业推介三张项目清单。聚焦铁路、公路、港口、机场、水利等基础设施建设领域和核电火电、充电桩、储能、先进制造业、现代设施农业等产业发展领域，梳理形成向民营企业推介的重大工程和补短板项目清单、重点产业链供应链项目清单、完全使用者付费的特许经营项目清单，依法依规吸引民间资本参与建设。支持民间资本与国有资本联合，依法依规通过合资共设、股权转让、增资扩股等方式，共同参与重大项目投资建设运营。

（八）充分发挥民营企业科技创新主体作用。鼓励民营企业参与重大科技基础设施和高能级创新平台建设。鼓励民营企业加大基础研究投入。支持民营企业牵头组织实施国家和省重大科技计划。大力培育科技领军企业，打造国家战略科技力量。完善科技成果转化机制，推动成果转化惠及更多民营企业。

（九）鼓励发展创业投资。落实对创业投资差异化监管要求，优化商事环境，促进投资与集成电路、人工智能、生物医药等高技术产业培育的对接融合，解决初创期企业、成长型企业的融资难题。按规落实创业投资企业投资抵扣、天使投资人个人有关税收优惠政策。积极支持浙江省股权交易中心和宁波市股权交易中心开展股权投资和创业投资份额转让试点，拓宽创业投资的退出渠道。

（十）支持民营企业盘活存量资产。鼓励民营企业通过产权交易、并购重组、不良资产收购处置等方式盘活资产，用于新项目建设。支持民营企业参与基础设施领域不动产投资信托基金（REITs）试点，推动一批标志性项目发行上市，民间投资项目在新增基础设施领域公募

REITs试点项目中比重不低于50%。拓宽混合所有制改革领域和范围。

（十一）加大政府采购对中小微企业支持力度。采购限额标准以上，200万元以下的货物和服务采购项目、400万元以下的工程采购项目，适宜由中小微企业提供的，采购单位应当专门面向中小微企业采购。超过200万元的货物和服务采购项目、超过400万元的工程采购项目中适宜由中小微企业提供的，在坚持公开公正、公平竞争原则和统一质量标准前提下，预留该部分采购项目预算总额的40%以上专门面向中小微企业采购。加大政府采购创新产品力度。

三、真公平破隐性

（十二）严格落实招投标"七个不准"。除法律法规和国家另有规定外，在招标过程中不准限定投标人的所有制形式、组织形式或者股权结构，不准设定与招标项目的具体特点和实际需要不相适应或者与合同履行无关的资格、技术、商务条件，不准设置或者变相设置与业务能力无关的规模、成立年限、注册资本金、银行授信证明和明显超过项目要求的业绩要求等门槛限制潜在投标人，不准在采用通用技术标准的一般项目中设置资质、业绩、奖项等加分项，不准明示或者暗示评标专家对不同所有制投标人采取不同评价标准，不准对不同所有制投标人设置或者采用不同的信用评价指标，不准有其他违反法律法规规定，限制或者排斥民营企业参与投标的行为。

（十三）加大工程建设项目招投标领域突出问题专项整治力度。开展系列打击检查行动，严厉打击招标人、投标人、招标代理等中介机构、评标专家等的违法违规行为，肃清招投标市场的不正之风。加强对专项整治结果的应用，将各行业主管部门的监管成果合理合规应用于招投标活动，引导企业诚信经营。研究出台工程分包负面清单。实施涉企投资项目审批中介服务提质专项行动。

（十四）增加招标人的自主权利。扩大区域性"评定分离"综合试点范围，为招标人选择优质企业提供更多路径。通过修订招标文件示范文本等引导招标人在招标过程中科学合理设定投标条件，保护实际承担施工建设的企业。

（十五）严格落实公平竞争审查制度。强化竞争政策基础地位，推进公平竞争审查立法，坚持对各类所有制企业在权益保护等方面一视同仁、平等对待。强化制止滥用行政权力排除限制竞争的反垄断执法。未经公平竞争不得授予经营者特许经营权，不得限定经营、购买、使用特定经营者提供的商品和服务。

（十六）严格实行"非禁即入"。对市场准入负面清单之外、法律法规未明确禁止准入的行业、领域、业务等，不得额外对民间投资主体设置准入条件。不得将政务服务事项转为中介服务事项。稳步开展市场准入效能评估，建立市场准入壁垒投诉和处理回应机制，完善典型案例归集和通报制度。

四、拓市场促升级

（十七）实施"千团万企"行动助力民营企业拓市场。支持民营企业参加国际性展会，对参加省级商务重点展会的，按照展位费70%的比例进行补助。加大出口短期信用保险等支持力度，对短期出口信用保险保费扶持比例不低于60%，单家不超过500万元。深化出口退税备案单证数字化试点，推行出口退税全流程无纸化。支持内外贸一体化，持续推进"浙货行天下"。

（十八）引导有序布局境外产业。实施"丝路领航"行动计划，培育本土民营跨国公司。支持民营企业加强国际产能合作和第三方市场合作。畅通商务人员跨境交流渠道，常态化开展"丝路护航"活动，完善对外投资服务生态体系，为企业"走出去"提供金融、保险、法律、安全、人才等一站式服务。

（十九）推动平台经济创新发展走在前列。加快构建激发活力的创新体系、多元融合的生态体系、可知可感的服务体系、公平透明的规则体系、高效协同的监管体系，巩固扩大平台经济先发优势。深化全国网络市场监管与服务示范区建设，为全国平台经济治理创新提供浙江经验。构建"有感服务、无感监管"新模式，创新平台企业品牌培育、标准引领、产权保护等服务载体。积极培育网络直播等新业态，支持杭州等地打造全国"网红经济"集聚区和先行区。鼓励平台企业加快人工智能、云计算、区块链、集成电路等领域重大项目建设，动态推出一批典型投资案例。支持平台企业开展底层技术和"卡脖子"技术攻关，努力突破一批关键核心技术。全面实施"1+N"工业互联网平台提升工程。拓展"互联网+"消费场景,率先打造一批引领性的全方位、多场景、沉浸式消费体验新模式。支持平台企业发挥金融科技优势,依法依规提供普惠金融、数字互联、数字支付和跨境支付服务。

(二十)支持个体工商户升级为企业。开展个体工商户分型分类精准帮扶,建设个体工商户省域公共品牌和公共服务平台。个体工商户转型升级为企业且投资主体不变的,有关主管部门应依法采用"直接变更"办理登记,简化手续,按规定免除房屋、土地权属契税和不动产登记费。建立健全个体工商户发展状况监测分析体系,完善跨部门数据比对分析制度。

(二十一)支持企业加大技改投资。各级技改奖补政策可叠加享受,单个项目补助比例、补助限额由各地根据实际确定。鼓励各地采用"信用承诺+预先拨付+验收决算"的资金兑付方式,除上级另有规定外,补助计划明确并开工实施后,省级以上项目奖补资金预拨比例原则上不低于60%;项目设备订购完成且投资完成过半时,预拨付资金原则上不低于80%;项目建设完成后,立即组织验收并进行资金结算。

(二十二)强化中小企业数字化改造支持。积极争取中小企业数字化转型城市试点。持续完善支持数字化服务商参与中小企业数字化改造的政策,培育一批面向中小企业的数字化服务商,加大对中小企业数字化改造相关软件、硬件投入奖补力度,助力企业提质降本增效。

(二十三)构建完善优质企业梯度培育体系。针对创新型中小企业、专精特新中小企业、专精特新"小巨人"企业、单项冠军企业、产业链领航企业等优质企业,分层分类建立培育库,实行精准精细的服务保障机制和有进有出的动态管理机制。探索建设专精特新产业园,定期发布专精特新企业发展报告和典型案例。加快建设区域性股权市场专精特新专板,引导更多符合条件的企业入板,为其提供规范提升、股债融资、上市培育等综合服务。建立高成长企业服务直通车制度,分行业评价高成长企业,优先保障技术、人才、用地、用能、融资等要素需求。

五、优氛围增服务

(二十四)依法保护民营企业产权和企业家权益。进一步规范涉

七、地方有关规定

产权强制性措施,对不宜查封扣押冻结的经营性涉案财物,在保证侦查活动依法正常进行的同时,可以允许有关当事人继续合理使用,并采取必要的保值保管措施,最大限度减少侦查办案对正常办公和合法生产经营的影响。依法合理处置经营性涉案财物,接到企业投诉控告的,原则上在30日内完成核查,并依法作出解除、变更或继续冻结的决定。加强知识产权保护,探索开展涉企知识产权案件跨区域联动执行,深化知识产权检察综合履职改革。依法强化对民营企业工作人员职务侵占、挪用资金、受贿等腐败行为惩处。落实宽严相济刑事政策,规范涉企案件强制措施适用。加快预防性重点产业合规体系建设,强化高频涉法风险的行政指导和法律服务,推进产业合规从"事后整改"到"全程防控"转变。

(二十五)构建亲清政商关系。建立健全政商交往正面、负面和倡导清单,明确党政干部和民营企业家交往规则。建立省市县三级领导干部联系民营企业家、民间投资重大项目制度,实行常态调研服务机制。建立企业发展、民间投资问题收集和推动解决机制,实行问题线索"收集—反馈—解决"闭环管理。从有利于企业发展出发,依法集中排查、清理解决民营企业历史遗留问题。支持各级政府部门邀请优秀企业家开展有关咨政活动,引导民营企业主动与党委和政府部门沟通交流,在涉企政策、规划、标准的制定和评估等方面充分发挥企业家作用。

(二十六)推动政务服务增值化改革。围绕企业全生命周期、产业全链条,在优化提升基本政务服务基础上,整合公共服务、社会服务和市场服务功能,打造一站式集成、线上线下协同的企业综合服务平台,为企业提供更广范围、更深层次的政策、人才、金融、科创、法律、开放、公共设施等集成服务,积极推动政务服务从标准化、规范化、便利化向增值化迭代跃迁。进一步健全惠企政策直达快享机制,推动政策早落地、企业早受益。加快公共数据有序开发利用。

(二十七)创新优化监管执法方式。聚焦涉企高频高危领域,区分不同监管场景,梳理多部门跨领域执法监管事项,推进"一件事"综合集成监管,提升执法监管效能。推行"综合查一次"联合执法机制,全面推进跨部门联合"双随机"监管,减少多头重复执法。探索开展以部门协同远程监管、移动监管、预警防控等为特征的非现场监管,全面推行信用风险分类管理。建立健全监管标准和执法规则,动态更新行政裁量权基准,全面落实行政执法公示制度、全过程记录制度和重大执法决定法制审核制度,推广应用"行政行为码"。提升行政执法监督数字化水平,对"执法扰企"等问题进行监测预警、监督纠正。

（二十八）完善社会信用激励约束机制。建立健全政务失信记录和惩戒制度,将机关、事业单位、国有企业的违约毁约、拖欠账款、拒不履行司法裁判等失信信息纳入信用信息共享平台。优化企业信用修复工作,加强信用修复流程指导,推动实现各信用信息平台协同信用修复。支持破产重整企业纳税信用修复,破产重整企业或其管理人在依法缴纳税款、滞纳金、罚款,并纠正相关纳税信用失信行为后,可向主管税务机关申请纳税信用修复。推动专项信用报告替代有无违法违规证明,实现数据多跑路、企业少跑腿。

（二十九）完善拖欠账款和欠薪常态化预防清理机制。健全防范化解拖欠中小企业、个体工商户账款长效机制。强化拖欠账款定期披露、劝告指导、主动执法制度的执行。完善拖欠账款投诉处理和信用监督机制,加强对恶意拖欠账款案例的曝光。建立政府失信责任追溯和承担机制,对民营企业因国家利益、公共利益或其他法定事由需要改变政府承诺和合同约定而受到的损失,要依法予以补偿。引导民营企业规范用工、劳动者理性维权,依法打击拖欠工资违法行为以及编造虚假事实或者采取非法手段讨要农民工工资的违法行为。推动实现政府无拖欠款、浙江无欠薪。

（三十）促进民营经济人士健康成长。引导民营企业家弘扬"四千"精神,走依托自主创新、营建自主品牌、弘扬自强文化、构建自身特色的路子。深入开展"浙商青蓝接力工程",大力实施新生代企业家现代化能力提升和"双传承"计划,建立新生代企业家传承导师制,推动浙商事业新老交接、薪火相传。建立健全中小微企业培训机制,创新"入市第一课"辅导服务,加强反垄断合规辅导,推动民营企业治理体系和治理能力现代化建设。

（三十一）营造尊重民营经济创新创业的舆论环境。加强对优秀民营企业、企业家和民间投资重大项目的常态化正面宣传。营造鼓励

七、地方有关规定

创新、宽容失败的舆论环境和时代氛围,对民营企业家合法经营中出现的失误失败给予理解、宽容、帮助。依法严厉打击以负面舆情为要挟进行勒索,蓄意炒作、造谣抹黑民营企业和民营企业家等行为,健全相关举报机制,降低企业维权成本,维护企业生产经营秩序。

(三十二)建立健全"四个定期"调度评估工作机制。切实抓好《浙江省民营企业发展促进条例》《浙江省促进中小微企业发展条例》的宣传贯彻落实。各级党委、政府要定期研究本地主导产业的产业链、本地投资项目和外迁投资项目情况,定期听取民营企业、民间投资项目情况的汇报,定期总结评估民营经济政策效果,定期发布民营经济高质量发展报告。加强民营经济统计监测。

浙江省民营企业发展促进条例

(2020年1月16日浙江省第十三届人民代表大会
第三次会议通过)

目 录

第一章 总 则
第二章 平等准入
第三章 保障措施
第四章 权益保护
第五章 行政行为规范
第六章 法律责任
第七章 附 则

第一章 总 则

第一条 为了优化营商环境,构建亲清政商关系,保障民营企业公平参与市场竞争,保护民营企业合法权益,激发民营企业活力和创造力,更好发挥民营企业在推动发展、促进创新、增加就业、改善民生和扩大开放等方面不可替代的作用,促进民营经济高质量发展,根据有关法律、行政法规规定,结合本省实际,制定本条例。

第二条　本省行政区域内民营企业发展促进有关工作,适用本条例。

本条例所称民营企业,是指除国有独资企业、国有资本控股企业(以下统称国有企业)和外商投资企业以外依法设立的企业。

第三条　民营企业发展促进工作应当坚持竞争中性原则,保障民营企业与其他所有制企业依法平等使用资源要素,公开公平公正参与市场竞争,同等受到法律保护,实现权利平等、机会平等、规则平等。

第四条　县级以上人民政府应当加强民营企业发展促进工作,将支持民营企业发展相关指标纳入高质量发展绩效评价体系,为民营企业营造稳定、公平、透明、可预期的发展环境,营造有利于民营企业健康发展和民营企业经营管理者健康成长的社会氛围。

县级以上人民政府应当建立民营企业发展促进协调机制,按照创新、协调、绿色、开放、共享的新发展理念统筹政策制定,督促检查政策落实,协调解决民营企业发展中的重大问题。

监察机关依法对公职人员和有关人员侵犯民营企业合法权益的行为实施监察。

司法机关依法为保护民营企业合法权益、促进民营企业发展提供司法保障。

第五条　县级以上人民政府经济和信息化主管部门负责组织实施民营企业发展促进政策,综合协调民营企业发展促进工作,按照职责做好对民营企业的服务指导。

县级以上人民政府其他有关部门以及国家派驻浙江的税务、海关、金融监督管理、外汇管理等机构,按照各自职责做好对民营企业的服务指导。

第六条　省统计主管部门应当会同省经济和信息化主管部门建立健全民营企业统计监测、分析制度,准确反映民营企业发展运行情况。

第七条　工商业联合会按照法律、法规和章程规定,发挥政府和民营企业间桥梁纽带作用,联系和服务民营企业,协助政府开展服务和指导工作,探索建立适应民营企业发展需要的服务载体和机制,反映民营企业合理诉求,依法维护民营企业及其经营管理者合法权益。

第八条 协会、商会应当依法依规开展活动,加强自律管理,反映民营企业合理诉求,开展纠纷和争议调解,依法维护民营企业合法权益,帮助和服务民营企业创业创新、开拓市场。

第九条 民营企业应当强化和创新管理,推进现代企业制度建设,完善企业治理结构,规范股东行为,建立健全企业决策机制,形成有效内部监督和风险防控机制,促进企业健康可持续发展。

民营企业应当践行社会主义核心价值观,合法经营,诚实守信,依法履行环境保护、安全生产、职工权益保障等责任,维护社会公共利益。

在民营企业中,根据法律和中国共产党章程的规定设立中国共产党的组织,开展党的活动。民营企业应当为党组织的活动提供必要条件。

第二章 平 等 准 入

第十条 市场准入按照国家有关规定实行负面清单制度。

未列入负面清单的行业、领域、业务等,民营企业均可以依法平等进入,不得因所有制形式不同设置或者变相设置差别化市场准入条件。

第十一条 支持和鼓励民营资本依法参与国有企业混合所有制改革;除国家明确规定应当由国有资本控股的领域外,允许民营资本控股。

第十二条 国家机关与民营企业在基础设施和公共服务领域开展合作的,应当在具体合作项目实施方案中,明确项目基本情况、民营企业回报机制、风险分担机制等事项,不得对民营企业设置不平等的条件。

第十三条 除法律、法规和国家另有规定外,政府采购的采购人、采购代理机构以及依法必须进行招标项目的招标人,不得实施下列行为:

(一)限定供应商、投标人的所有制形式、组织形式或者股权结构;

（二）以在本地登记、注册或者设立分支机构等作为参与政府采购、投标活动的资格条件；

（三）设定的资格、技术、商务条件与采购项目、招标项目的具体特点和实际需要不相适应或者与合同履行无关；

（四）设置项目库、名录库、资格库等作为参与政府采购活动的资格条件；

（五）设置或者变相设置与业务能力无关的供应商规模、成立年限和明显超过政府采购项目要求的业绩等门槛，限制供应商参与政府采购活动；

（六）要求供应商购买指定软件和服务，作为参加电子化政府采购活动的条件；

（七）不依法及时、有效、完整发布或者提供采购项目信息，妨碍供应商参与政府采购活动；

（八）明示或者暗示评标专家对不同所有制投标人采取不同评价标准；

（九）对不同所有制投标人设置或者采用不同的信用评价指标；

（十）其他违反法律、法规规定，限制或者排斥民营企业参与政府采购、投标活动的行为。

第十四条 行政机关实施下列行为，不得因所有制形式不同设置不平等标准或者条件：

（一）制定、实施各类规划和产业政策；

（二）土地供应；

（三）分配能耗指标；

（四）制定、实施污染物排放标准；

（五）制定、分配主要污染物排污权指标；

（六）实施公共数据开放；

（七）其他资源要素配置和行政管理行为。

第十五条 同等申请条件下，银行业金融机构对不同所有制市场主体的贷款利率、贷款条件应当保持一致，对本机构工作人员为不同所有制市场主体办理贷款的尽职免责条件应当保持一致，不得因所有制形式不同设置或者变相设置不平等标准或者条件。

第三章 保 障 措 施

第十六条 县级以上人民政府及其有关部门应当加强科技基础条件平台、行业创新平台、区域创新平台的建设和管理,指导和支持民营企业开展产品检验检测和认证,为民营企业科技研究开发、科技成果转化提供基础条件、技术服务和支撑。

行政机关应当保障民营企业平等享受国家和省鼓励科技创新以及支持科技成果转移、转化、推广的相关政策,提高民营企业创新活力和核心技术开发能力。

民营企业应当加强科技创新,加快转型升级,深化供给侧结构性改革,加大研发投入力度,积极参与重大科技项目攻关,提升技术创新能力和核心竞争力。

第十七条 引导和支持民营企业发展对外贸易,积极参与"一带一路"项目建设,依法合理有序开展境外投资活动。

商务、发展和改革、司法行政、市场监督管理等部门应当加强与国家派驻浙江的税务、海关、金融监督管理、外汇管理、国家安全等机构在服务和监管方面的协作,并履行下列职责:

(一)提供本省主要出口、投资国家和地区相关政策法规以及国际惯例的信息服务;

(二)预警、通报有关国家政治、经济和社会重大风险以及对外贸易预警信息,并提供应对指导;

(三)组织对外贸易、境外投资、贸易摩擦应对、知识产权保护等方面的培训;

(四)国家和省规定的其他职责。

第十八条 自然资源主管部门可以依法采用工业用地弹性年期出让、租赁、租赁和出让结合、先租赁后出让等方式向民营企业公开供应土地并合理确定土地使用年限。

第十九条 设区的市、县(市、区)人民政府应当支持小微企业发展平台建设,推进小微企业园的规划建设和改造升级,统筹安排小微企业园的建设用地以及园区公共配套设施建设。

小微企业园建设规划、建设标准、管理办法、扶持政策以及小微企业入园条件、优惠政策和退出机制,由设区的市、县(市、区)人民政府根据省有关规定制定。

第二十条　县级以上人民政府及有关部门应当制定扶持政策,将民营企业引进的高层次、高学历、高技能以及紧缺人才纳入政府人才政策体系,为其提供职称评审、住房、人才落户、子女入学、配偶就业、医疗保健等方面支持。

符合条件的民营企业可以利用其存量工业用地,按照国家有关规定建设企业人才公寓等办公生活配套设施。

高等院校、科研机构、职业学校和各类职业技能培训机构应当通过产学研合作、共建实习实训基地等方式,培养符合民营企业需求的经营管理、专业技术、技能应用等方面人才。

第二十一条　银行业金融机构应当注重民营企业正常生产经营活动产生现金流量的审核,将民营企业实际生产经营情况、企业资信作为授信主要依据。

民营企业应当规范会计核算,加强财务管理,区分企业法人财产与股东个人财产。民营企业正常生产经营活动产生的现金流量以及提供的担保物价值等条件已符合贷款审批条件的,银行业金融机构不得再违法要求该企业法定代表人、股东、实际控制人、董事、监事、高级管理人员及其近亲属提供保证担保。

银行业金融机构应当优化民营企业授信评价机制,对资信良好的民营企业融资提供便利条件,提高信用贷款、中长期贷款等产品的比重,提供无还本续贷、循环贷款或者其他创新型续贷产品,开发符合民营企业发展需求的融资产品。

第二十二条　市场监督管理、交通运输等部门与人民银行派出机构应当加强协作,为民营企业动产担保融资提供便利。

第二十三条　民营企业以应收账款申请担保融资的,可以要求其应收账款的付款方予以确认债权债务关系。付款方应当自被要求确认之日起三十日内予以确认。

第二十四条　地方金融监督管理、发展和改革、公共数据和电子政务等部门应当加强与国家金融监督管理部门派出机构的合作,建立金融综合服务机制,完善相关平台金融产品供需对接、信用信息共享、授信流程支持等功能。

金融机构根据民营企业授权等法定依据查询有关公共数据的,公共数据和电子政务工作机构应当依法予以支持。

第二十五条 县级以上人民政府应当推动建立和完善为民营企业提供融资担保的政策性融资担保体系,建立健全风险补偿和政府性融资担保公司的资本持续补充机制,鼓励融资担保公司与银行业金融机构建立合作和担保责任风险分担机制。

支持保险业金融机构开展民营企业贷款保证保险和信用保险业务。县级以上人民政府可以安排资金用于民营企业保证保险和信用保险的风险补偿等。

第二十六条 地方金融监督管理部门应当推动民营企业开展规范化股份制改制,支持民营企业上市、并购重组,支持民营企业在全国中小企业股份转让系统、区域性股权市场挂牌,引导民营企业通过增资扩股、债券发行等方式融资,提高直接融资比例,改善融资结构。

第二十七条 县级以上人民政府应当建立健全风险监测制度,完善民营企业相关数据采集、分析和预警体系,利用大数据等技术对存在或者可能存在的市场风险进行分析和评估,及时向民营企业发出预警信息,防范区域性、行业性、系统性市场风险。

县级以上人民政府应当完善民营企业帮扶纾困和风险应对机制,采用依法设立专项基金、支持盘活存量资产等措施实施分类帮扶。

第二十八条 县级以上人民政府、人民法院应当建立企业破产联动协调机制,统筹协调破产程序中的企业注销、涉税事项处理、资产处置、职工权益保护等问题,提高企业破产办理便利化程度。

县级以上人民政府应当根据需要安排企业破产启动援助资金,推动无破产启动资金的企业启动破产程序。

第二十九条 民营企业破产重整前与金融机构发生的债务,按照人民法院裁定批准的重整计划予以调整,且民营企业已经按照调整后的债务履行清偿义务的,有关金融机构应当自清偿完毕之日起十日内向国家金融信用信息基础数据库报送债务调整和清偿情况;对重整前债务未予清偿部分的信息,有关金融机构不得再作为企业征信信息予以使用。

第四章 权益保护

第三十条 民营企业及其经营管理者的合法权益受法律保护。任何单位或者个人不得实施下列行为：

（一）干预依法应当由民营企业自主决策的事项；

（二）使用刑事措施处理不涉嫌犯罪的经济纠纷；

（三）强制或者变相强制民营企业捐款捐助或者向民营企业摊派；

（四）其他侵害民营企业及其经营管理者合法权益的行为。

第三十一条 行政机关应当遵循诚信原则，保持政策的连续和稳定。

依法作出的政策承诺以及依法订立的合同，行政机关不得以行政区划调整、政府换届、机构或者职能调整以及相关责任人更替等为由不履行、不完全履行或者迟延履行约定义务。确因国家利益、社会公共利益需要改变政策承诺、合同约定的，应当依照法定权限和程序进行，并依法予以补偿。

县级以上人民政府应当将行政机关履行政策承诺、合同约定情况纳入政府绩效评价体系。

第三十二条 协会、商会等社会组织不得以代行政府职能或者利用行政资源擅自设立面向民营企业的收费项目。

第三十三条 以中介服务事项作为办理行政审批条件的，应当有法律、法规或者国务院决定依据；没有依据的，不得作为办理行政审批的条件。

民营企业依法委托中介服务机构实施中介服务的，行政机关不得利用职权指定或者变相指定中介服务机构；行政机关依法委托中介服务机构实施中介服务的，不得向民营企业转嫁中介服务费用。

中介服务收费项目属于政府指导价或者政府定价管理的，不得高于核定标准收费；实行市场调节价管理的，应当按照明示或者约定价格收费。

第三十四条 除法律、法规另有规定外，任何单位和个人不得强制或者变相强制民营企业参加评比、达标、表彰、培训、考核、考试以及类似活动，不得借前述活动向民营企业收费或者变相收费。

第三十五条 市场监督管理部门、司法机关等应当加强知识产权领域的区域和部门协作,完善线索通报、联合执法、检验鉴定结果互认、行政保护与司法保护衔接等机制,提供知识产权快速受理、授权、确权以及境内外维权援助等服务。对依法认定的故意侵犯知识产权的行为,依法将相应信息主体列入严重失信名单。

第三十六条 国家机关、事业单位、国有企业不得违反法律、法规规定和合同约定迟延支付民营企业货物、服务、工程等账款,不得在约定的付款方式之外以承兑汇票等形式延长付款期限。审计机关在审计监督工作中应当将国家机关、事业单位、国有企业支付民营企业账款情况作为重要审计内容。

第三十七条 行政机关、司法机关应当及时依法受理民营企业内部人员利用职务上的便利侵犯企业合法权益等案件,依法惩处违法犯罪行为。

行政机关、司法机关可以采用案例宣传、提出司法建议等形式,指导民营企业规范企业内部治理,提高风险防范能力。

第三十八条 新闻媒体应当加强对民营企业合法经营活动和履行社会责任情况的宣传,为民营企业发展营造良好氛围,恪守新闻职业道德,杜绝有偿新闻和新闻敲诈。

第五章 行政行为规范

第三十九条 行政机关制定涉及民营企业经济活动的政策措施(以下统称涉企政策),应当符合下列要求:

(一)进行政策科学性、合理性以及政策协调性评估;

(二)进行公平竞争审查;

(三)充分听取不同类型、不同行业、不同规模、不同区域民营企业以及协会、商会、产业集聚地方的意见;

(四)设置合理过渡期,出台后确需立即执行的除外;

(五)明确配套规定制定时限,时限最长不得超过六个月;

(六)国家和省规定的其他要求。

行政机关应当及时向社会公布涉企政策及其配套规定。

涉企政策设置过渡期的,政策实施主管部门应当根据民营企业要求,指导企业制定科学整改方案,帮助企业在过渡期届满前符合政策要求。

第四十条 县级以上人民政府应当建立健全涉企政策跟踪落实制度,采取催办督办、组织协调、情况反馈等措施督促政策落实,必要时可以对涉企政策落实情况开展第三方评估。

涉企政策制定机关应当定期评估政策执行情况及实施效果,及时清理不符合民营企业发展促进要求的政策措施。

第四十一条 省人民政府应当依托浙江政务服务网建立全省统一的企业服务综合平台。企业服务综合平台负责统一受理民营企业的政务咨询、投诉举报,并为民营企业提供政策推送、指导等服务。

民营企业诉求事项有明确的主管部门的,由相应主管部门办理;诉求事项没有明确的主管部门或者涉及多个部门的,由县级以上人民政府指定本级经济和信息化主管部门或者其他相关部门办理或者牵头办理。办理情况按照省有关规定督促检查和考核。

诉求事项的办理结果应当及时通过企业服务综合平台或者其他途径向民营企业反馈。

第四十二条 民营企业存在轻微违法行为的,行政机关应当教育、督促民营企业自觉纠正。对违法行为依法需要采取法定措施的,行政机关应当采取与处置该违法行为相适应的措施;给予行政处罚的,应当与违法行为的事实、性质、情节以及社会危害程度相当。

国家机关对民营企业及其经营管理者公共信用信息的归集、披露、使用和管理应当依法进行,不得违法扩大不良信息、严重失信名单的认定范围,不得违法增设监管措施和惩戒措施。

第四十三条 行政机关应当规范对民营企业的行政执法行为,建立健全随机抽查、联合检查机制以及区域性、行业性问题的综合整治机制,避免多头执法、重复检查和选择性执法。

行政机关应当根据民营企业的行业属性、信用情况等落实分类监管要求,对新技术、新产业、新业态、新模式等实行包容审慎监管,并采取书面检查、实地核查、网络检查等手段优化监管方式。

上级行政机关应当加强对下级行政机关涉及民营企业的执法行为的监督与指导。司法行政部门应当加强对有关行政机关涉及民营企业的执法行为的监督与指导。

第六章　法　律　责　任

第四十四条　违反本条例规定的行为,法律、法规已有法律责任规定的,从其规定。

第四十五条　国家机关、事业单位及其工作人员违反本条例规定,有下列行为之一的,由有权机关按照法定职责责令改正;情节严重的,对直接负责的主管人员和其他直接责任人员依法依纪追究责任:

(一)因所有制形式不同设置不平等标准或者条件的;

(二)实施本条例第三十条禁止行为的;

(三)无正当理由不按规定时限确认债权债务关系的;

(四)以行政区划调整、政府换届、机构或者职能调整以及相关责任人更替等为由不履行、不完全履行、延迟履行约定义务的;

(五)利用职权指定、变相指定中介服务机构或者向民营企业转嫁中介服务费用的;

(六)违反法律、法规规定或者合同约定迟延支付民营企业货物、服务、工程等账款或者在约定付款方式之外以承兑汇票等形式延长付款期限的;

(七)未在规定时限内制定涉企政策配套规定的;

(八)未及时向社会公布涉企政策及其配套规定的;

(九)未按规定受理、办理民营企业诉求或者反馈办理结果的;

(十)其他违反本条例规定的行为。

第四十六条　银行业金融机构违反本条例第二十一条第二款规定要求提供保证担保的,由县级以上人民政府经济和信息化主管部门根据相关民营企业的申请,向所在地国家金融监督管理部门派出机构提出督促金融机构整改的建议。

第四十七条　有关金融机构违反本条例第二十九条规定,将重整前债务未予清偿部分的信息作为企业征信信息予以使用的,由县级以上人民政府经济和信息化主管部门根据相关民营企业的申请,向国家征信业监督管理部门派出机构提出督促金融机构整改的建议。

第四十八条　协会、商会等社会组织和社会服务机构违反本条例第三十四条规定,没有法律、法规依据,强制或者变相强制民营企业参评比、达标、表彰、培训、考核、考试以及类似活动,或者借前述活动向民营企业收费或者变相收费的,由有关行业主管部门依照法律、法规规定追究法律责任;尚无法律、法规规定的,责令退还所收取的费用,处五千元以上三万元以下罚款;情节严重的,处三万元以上十万元以下罚款。

第七章 附 则

第四十九条 本省行政区域内外商投资企业、农民专业合作社、村(股份)经济合作社和个体工商户发展促进工作,参照适用本条例,法律、行政法规另有规定的除外。

本条例关于行政机关的规定,适用于法律、法规授权的具有管理公共事务职能的组织。

第五十条 本条例自2020年2月1日起施行。

江苏省优化营商环境条例

(2020年11月27日江苏省第十三届人民代表大会
常务委员会第十九次会议通过)

目 录

第一章 总 则
第二章 市场环境
第三章 政务服务
第四章 监管执法
第五章 法治保障
第六章 附 则

第一章 总 则

第一条 为了打造国际一流的营商环境,维护各类市场主体合法权益,激发市场主体活力,推进治理体系和治理能力现代化,推动高质

七、地方有关规定

量发展,根据国务院《优化营商环境条例》等法律、行政法规,结合本省实际,制定本条例。

第二条　本省行政区域内的优化营商环境工作,适用本条例。

第三条　优化营商环境应当坚持市场化、法治化、国际化原则,坚持优质服务理念,维护公开、公平、公正的市场秩序。

优化营商环境应当全面对标国际高标准市场规则体系,以市场主体需求为导向,以政府转变职能为核心,以创新体制机制为支撑,强化公正监管、优化政务服务,为各类市场主体投资兴业营造公平竞争的市场环境、高效便利的政务环境、公正透明的法治环境。

地方各级人民政府和有关部门应当依法行使职权,持续推进简政放权,最大限度减少政府对市场资源的直接配置,最大限度减少政府对市场活动的直接干预,激发市场活力和社会创造力,增强发展动力。

第四条　地方各级人民政府应当加强优化营商环境工作的组织领导,建立健全统筹推进机制,持续完善优化营商环境改革政策措施,及时协调、解决优化营商环境工作中的重大问题,将优化营商环境工作纳入高质量发展考核指标体系。地方各级人民政府的主要负责人,是本行政区域优化营商环境工作的第一责任人。

县级以上地方人民政府发展改革部门是本行政区域优化营商环境工作主管部门,负责组织、指导、协调优化营商环境日常工作。其他有关部门应当按照各自职责,共同做好优化营商环境工作。

第五条　鼓励各地区、各部门结合实际先行先试有利于优化营商环境的改革举措,在现行法治框架内,探索原创性、差异化的优化营商环境具体措施,对行之有效的改革措施在全省推广;对探索中出现失误或者偏差,符合规定条件且勤勉尽责、未牟取私利的,对有关单位和个人依法予以免责或者减轻责任。

第六条　加强长江三角洲区域优化营商环境合作,建立重点领域制度规则和重大政策沟通协调机制,推动形成统一的市场准入制度和监管规则,探索建立区域一体化标准体系,促进要素市场一体化,强化政务服务和执法工作合作协同机制,提升长江三角洲区域整体营商环境水平。

第七条　县级以上地方人民政府及其有关部门和新闻媒体应当

加强优化营商环境法律、法规和政策措施的宣传,发挥舆论监督作用,营造良好的优化营商环境舆论氛围。

第八条 按照国家营商环境评价体系要求,坚持以市场主体和社会公众满意度为导向,建立和完善营商环境评价制度。

地方各级人民政府和有关部门应当根据营商环境评价结果,及时制定或者调整优化营商环境政策措施,发挥营商环境评价对优化营商环境的引领和督促作用。

第九条 依法保障各类市场主体在经济活动中的权利平等、机会平等、规则平等,依法保护企业经营者人身权、财产权和经营自主权,营造尊重和保护企业经营者创业创新的社会氛围,支持企业家发挥骨干引领作用。

任何单位和个人不得干预依法应当由市场主体自主决定的事项;不得违反法定权限、条件、程序对市场主体的财产和企业经营者个人财产实施查封、冻结、扣押等行政强制措施;不得非法向市场主体实施任何形式的收费和摊派行为;不得通过广播电视、报刊、新媒体等捏造或者歪曲事实,造谣诽谤,损害市场主体的声誉。

市场主体应当遵守法律法规和社会公德、商业道德,履行安全生产、生态环境保护、劳动者权益保护、消费者权益保护等法定义务,诚实守信,公平竞争,积极承担社会责任,共同推进营商环境优化提升。

第二章 市场环境

第十条 全面实行市场准入负面清单制度,对国家市场准入负面清单以外的领域,各类市场主体均可以依法平等进入。地方各级人民政府和有关部门不得另行制定市场准入性质的负面清单。

根据经济社会高质量发展需要,省人民政府可以按照规定的权限和程序制定完善产业引导政策,并向社会公开。

第十一条 鼓励和促进外商投资,建立健全外商投资服务体系,落实准入前国民待遇加负面清单管理制度,提升投资和贸易便利化水平,保护外商投资合法权益。

支持外资参与本省全球产业科技创新中心建设,鼓励各类企业在本省设立企业总部和功能性机构。

第十二条　支持市场主体发展对外贸易,参与境外投资活动。县级以上地方人民政府有关部门按照各自职责,为市场主体提供下列服务：

（一）搭建对外贸易、境外投资交流平台；

（二）提供出口、投资国家和地区相关政策法规以及国际惯例的信息；

（三）预警、通报有关国家和地区政治、经济和社会重大风险以及对外贸易预警信息,并提供应对指导；

（四）组织对外贸易、境外投资、贸易摩擦应对、知识产权保护等方面的培训；

（五）与对外贸易、境外投资相关的其他服务。

第十三条　县级以上地方人民政府有关部门应当深化商事制度改革,简化企业从设立到具备一般性经营条件所必须办理的环节,压缩办理时间。推进企业开办综合服务平台建设,提供企业登记、公章刻制、涉税业务办理、社保登记、银行开户、住房公积金缴存登记等一站式集成服务。除依法需要实质审查、前置许可或者涉及金融许可外,开办企业应当在三个工作日内办结。

县级以上地方人民政府及其有关部门应当根据国家和省有关规定推进"证照分离"改革,对所有涉企经营许可事项实行分类分级管理,建立清单管理制度。除法律、行政法规另有规定外,涉企经营许可事项不得作为企业登记的前置条件。

按照国家规定推进市场主体住所与经营场所分离登记改革,市场主体可以登记一个或者多个经营场所；对市场主体在住所以外开展经营活动、属于同一县级登记机关管辖的,免于设立分支机构,可以直接申请增加经营场所登记。

县级以上地方人民政府有关部门应当依法及时办理企业变更登记申请,不得对企业变更住所地等设置障碍。除法律、法规、规章另有规定外,企业迁移后其持有的有效许可证件不再重复办理。

第十四条　县级以上地方人民政府可以在权限范围内制定投资促进政策,加大对战略性新兴产业、先进制造业、现代服务业等产业的支持力度。

地方各级人民政府应当完善投资项目服务推进机制,强化跟踪服务,及时协调解决投资项目建设中的重大问题,为企业提供全流程服务保障。

第十五条 深化要素市场化配置改革,扩大要素市场化配置范围,健全要素市场体系,完善要素交易规则和服务,实现要素价格市场决定、流动自主有序、配置高效公平,保障不同市场主体平等获取资金、技术、人力资源、土地、数据等各类生产要素。

县级以上地方人民政府及其有关部门应当健全要素市场监管制度,完善政府调节与监管,提升监管和服务能力,提高要素的应急管理和配置能力,引导各类要素协同向先进生产力集聚。

第十六条 县级以上地方人民政府及其有关部门应当按照国家建立统一开放、竞争有序的人力资源市场体系要求,培育国际化、专业化人力资源服务机构,为人力资源合理流动和优化配置提供服务;加强职业教育和培训,保障人力资源的供给;支持有需求的企业开展"共享用工",通过用工余缺调剂提高人力资源配置效率。

鼓励市场主体引进各类专业技术人才。县级以上地方人民政府及其有关部门在人才引进支持政策方面,对各类市场主体应当一视同仁。

第十七条 县级以上地方人民政府应当建立健全人才培养、选拔评价、激励保障机制,通过政策和资金扶持吸引高层次人才创新创业,支持市场主体与高等院校、研究开发机构联合培养高层次人才。

县级以上地方人民政府有关部门应当提供人才引进、落户、交流、评价、培训、择业指导、教育咨询等便利化专业服务,落实高层次人才引进促进政策。

有条件的地方,可以为外籍高层次人才出入境通关、停留居留和工作学习生活提供便利。通过"外国人工作、居留单一窗口"办理工作许可和居留许可的,应当在七个工作日内一次办结。

第十八条 县级以上地方人民政府及其有关部门应当落实国家减税降费政策和本省减轻企业负担的措施,做好政策宣传和辅导,及时研究解决政策落实中的具体问题,确保政策全面、及时惠及各类市场主体。

县级以上地方人民政府及其有关部门应当梳理公布惠企政策清单,主动精准向企业推送惠企政策。符合条件的企业免予申报、直接享受惠企政策;确需企业提出申请的惠企政策,应当合理设置并公开申请条件,简化申报手续,实现一次申报、全程网办、快速兑现。

第十九条 对依法设立的行政事业性收费、政府性基金、政府定价的经营服务性收费和涉企保证金,实行目录清单管理,动态调整,定期公布。目录清单之外的,一律不得收取。

设立涉企的行政事业性收费、政府定价的经营服务性收费项目、制定收费标准,应当按照国家有关规定执行。收费单位应当将收缴依据和标准在收费场所和单位门户网站进行公示。

县级以上地方人民政府有关部门应当推广以金融机构保函替代现金缴纳涉企保证金,并在相关规范和办事指南中予以明确。

第二十条 县级以上地方人民政府应当建立健全融资担保体系,完善资本补充机制和风险补偿机制。省和设区的市设立融资担保代补代偿专项资金,为中小微企业融资提供增信服务,引导金融机构加大对中小微企业资金扶持力度。

鼓励和引导各类金融机构在符合国家金融政策的前提下,增加对民营企业、中小微企业的信贷投放和其他信贷支持,合理增加中长期贷款和信用贷款支持。推动银企融资对接机制、银担全面合作、银税信息共享。推广运用省综合金融服务平台,缩减对企业融资需求响应时间和贷款审批时间,提升金融服务质效。

鼓励商业银行按照可持续、保本微利的原则,建立差异化的中小微企业利率定价机制,对民营企业、中小微企业开发创新金融产品和业务模式。商业银行等金融机构应当按照向社会公开的服务标准、资费标准和办理时限开展融资服务,并接受社会监督,不得实施下列行为:

(一)在授信中对民营企业、中小微企业设置歧视性规定、限制性门槛;

(二)在授信中强制搭售保险、理财等产品;

(三)强制约定将企业的部分贷款转为存款;

(四)以存款作为审批和发放贷款的前提条件;

（五）设置其他不合理的限制条件。

第二十一条 支持各类符合条件的市场主体,通过挂牌上市、发行债券或者非金融企业债务融资工具等直接融资渠道,扩大融资规模。

推动建立全省统一的动产担保登记平台,鼓励以动产抵押、质押、留置以及融资租赁、所有权保留、保理等形式进行担保融资。

第二十二条 鼓励和引导社会资本参与创新创业投资。发挥政府资金的引导作用,完善国有资本开展创新创业投资的监督考核和激励约束机制。政府投资基金等国有创业投资企业应当提升市场化运作效率,可以对创新创业企业和社会出资人给予支持,采取协议转让等符合行业特点和发展规律的方式退出。

第二十三条 供水、供电、供气、供热、通信等公用企事业单位应当优化业务办理模式、强化业务协同,全面推行在线办理业务,按照向社会公开的业务服务标准、资费标准、承诺时限等提供服务,简化报装手续、优化办理流程、压减办理时限,为市场主体提供安全、便捷、稳定和价格合理的服务,不得强迫市场主体接受不合理的服务条件,不得以任何名义收取不合理费用。

设区的市和县（市、区）人民政府及其有关部门应当加强对公用企事业单位运营的监督管理,逐步建立完善本地特许经营公用企事业单位定期评估评价机制和优胜劣汰的退出机制。

用户企业因生产经营需要新建、改建、扩建供水、供电、供气、供热、通信等设施的,非用户企业产权的设施的建设、维护和使用成本,不得向用户企业收取或者要求其向第三方缴纳。

第二十四条 县级以上地方人民政府应当完善公共资源交易制度,构建全省统一开放、运行高效的公共资源交易体系,公共资源交易实施目录清单管理,全面推行公共资源交易全程电子化、无纸化交易,优化交易规则、流程、服务和监管,降低交易成本,保障各类市场主体及时获取相关信息并平等参与交易活动。

第二十五条 依法保障各类市场主体平等参与招标投标和政府采购的权利,招标人不得实施下列限制或者排斥潜在投标人或者供应商的行为：

七、地方有关规定

（一）设置或者限定潜在投标人或者投标人的所有制形式、组织形式；

（二）设置超过项目实际需要的企业注册资本、资产总额、净资产规模、营业收入、利润、授信额度等财务指标；

（三）将特定行政区域、特定行业的业绩、奖项作为投标条件、加分条件、中标条件；

（四）限定或者指定特定的专利、商标、品牌、原产地、供应商；

（五）要求潜在投标人或者供应商设立分支机构；

（六）通过入围方式设置备选库、名录库、资格库作为参与政府采购活动的资格条件，小额零星采购适用的协议供货、定点采购以及国家另有规定的除外；

（七）其他违反规定限制或者排斥潜在投标人或者供应商的行为。

投标人应当保证投标的工程项目、商品和服务质量符合规定，不得以相互串标、围标、低于成本报价或者可能影响合同履行的异常低价等违法违规方式参与竞标，扰乱招投标市场秩序。

第二十六条　市场主体应当履行安全生产主体责任，严格遵守安全生产法律法规和标准规范，建立健全安全生产责任制度，加强员工安全生产培训，改善安全生产条件，推进安全生产科技化、标准化、信息化建设，建立健全生产安全事故隐患排查治理制度，及时发现并消除事故隐患，提高安全生产水平，确保安全生产。

县级以上地方人民政府负有安全生产监督管理职责的部门应当依法对本行业、本领域生产经营单位执行有关安全生产法律、法规和标准的情况进行监督管理，指导企业完善安全生产管理制度，建立健全安全生产监督管理责任制。

第二十七条　地方各级人民政府和有关部门应当构建亲清新型政商关系，建立常态高效的市场主体意见征集机制，创新政企沟通机制，采用多种方式及时倾听和回应市场主体的合理反映和诉求，依法帮助市场主体协调解决生产经营中遇到的困难和问题。

政府部门工作人员应当规范政商交往行为，依法履行职责，增强服务意识，严格遵守纪律底线，不得以权谋私，不得干扰市场主体正常经营活动，不得增加市场主体负担。

第二十八条　因自然灾害、事故灾难或者公共卫生事件等突发事件造成市场主体普遍性生产经营困难的,县级以上地方人民政府应当及时制定推动经济循环畅通和稳定持续发展的扶持政策,依法采取救助、补偿、减免等帮扶措施。

第二十九条　地方各级人民政府和有关部门应当坚持诚实信用原则,严格履行向市场主体依法作出的政策承诺、依法订立的各类合同,不得以行政区划调整、政府换届、机构或者职能调整以及相关责任人更替等为由违约毁约。

因国家利益、社会公共利益需要改变政策承诺、合同约定的,应当依照法定权限和程序进行,并依法对市场主体因此受到的损失予以补偿。

第三十条　国家机关、事业单位不得违反合同约定拖欠市场主体的货物、工程、服务等账款,国有企业、大型企业不得利用优势地位拖欠民营企业、中小企业账款,不得违背民营企业、中小企业真实意愿或在约定的付款方式之外以承兑汇票等形式延长付款期限。

县级以上地方人民政府及其有关部门应当加大清欠力度,建立防范和治理机关、事业单位拖欠市场主体账款的长效机制和约束惩戒机制,责成有关单位履行司法机关生效判决。

第三十一条　县级以上地方人民政府及其有关部门应当依法加强对市场主体的知识产权保护,加大知识产权违法行为查处力度,实行知识产权侵权惩罚性赔偿制度,建立健全知识产权快速协同保护机制,推动行政保护和司法保护相衔接,加强跨区域知识产权执法协作,完善知识产权纠纷多元化解决机制、知识产权维权援助机制和海外知识产权纠纷应急援助机制。

县级以上地方人民政府及其有关部门应当建立健全知识产权公共服务体系,建立健全战略性新兴产业和先进制造业等产业的知识产权预警分析机制,为市场主体提供便捷、优质的知识产权基础信息服务。

支持金融机构为中小企业提供知识产权质押融资、保险、风险投资、证券化、信托等金融服务。建立科技型中小企业银行信贷风险补偿机制和知识产权保险风险补偿机制。

七、地方有关规定

第三十二条 县级以上地方人民政府应当与人民法院建立企业破产处置协调联动机制，统筹推进业务协调、信息提供、民生保障、风险防范等工作，依法支持市场化债务重组，及时协调解决企业破产过程中的有关问题。

人民法院应当探索建立重整识别、预重整等破产拯救机制，帮助具有发展前景和挽救价值的危困企业进行重整、重组；建立破产案件繁简分流、简易破产案件快速审理机制，简化破产案件审理流程，提高审判效率。

破产重整企业按照有关规定履行相关义务后，自动解除企业非正常户认定状态。企业因重整取得的债务重组收入，依照国家有关规定适用企业所得税相关政策。对于破产企业涉及的房产税、城镇土地使用税等，税务机关依法予以减免。

第三十三条 县级以上地方人民政府有关部门应当优化市场主体注销办理流程，精简申请材料、压缩办理时间、降低注销成本。建立和完善全省企业注销网上一体化平台，集中受理市场主体办理营业执照、税务、社会保险、海关等各类注销业务申请，由有关部门分类同步办理、一次性办结。

建立健全企业简易注销制度，拓展企业简易注销适用范围，对领取营业执照后未开展经营活动、申请注销登记前未发生债权债务或者债权债务清算完结的，可以适用简易注销登记程序。企业可以通过国家企业信用信息公示系统进行公告，公告时限为二十日。公告期内无异议的，登记机关应当为企业办理注销登记。

人民法院裁定企业强制清算或裁定宣告破产的，清算组、管理人可以持人民法院终结强制清算程序（因无法清算终结的除外）或者破产程序的裁定，向登记机关申请办理简易注销登记。法律、法规或者国务院决定另有规定的，从其规定。

第三十四条 支持行业协会商会根据法律、法规、规章和章程自律发展，制定符合高质量发展要求的行业发展标准、技术服务标准，为市场主体提供信息咨询、宣传培训、市场拓展、纠纷处理等服务，促进行业的公平竞争和有序发展，自觉维护社会公共利益。

地方各级人民政府和有关部门应当依法加强对行业协会商会收

费、评比、认证的监督检查。

第三章 政务服务

第三十五条 县级以上地方人民政府及其有关部门应当增强服务意识,深化审批制度改革,加强事中事后监管,优化线上线下服务,推动区块链、人工智能、大数据、物联网等新一代信息技术在政务服务领域的应用,为市场主体提供规范、便利、高效的政务服务。

政务服务管理部门应当对本地区政务服务便利化情况进行定期评估,评估结果作为营商环境评价的重要内容。

第三十六条 县级以上地方人民政府及其有关部门应当推进政务服务标准化,按照减环节、减材料、减时限的要求,编制政务服务事项标准化工作流程和办事指南,明确事项办理条件、材料、环节、时限、收费标准、联系方式、投诉渠道等内容,向社会公开并及时修订,推进同一事项无差别受理、同标准办理。办事指南中的办理条件、所需材料不得含有其他、有关等模糊性兜底要求。

第三十七条 县级以上地方人民政府有关部门应当落实首问负责、首办负责、一次告知、预约服务、延时服务、帮办代办、当场办结、限时办结等制度,推动智慧政务大厅建设,提高政务服务效率。

县级以上地方人民政府有关部门应当加强对政务服务窗口工作人员的培训管理,完善监督检查制度,提升政务服务质量。

第三十八条 县级以上地方人民政府应当健全省、市、县、乡、村五级政务服务体系,推动政务服务向基层延伸,规范推进乡镇(街道)、村(社区)实体服务大厅建设,实现受理、审批、办结一站式服务。

县级以上地方人民政府设立的政务服务分中心应当纳入同级政务服务管理部门统一管理,各分中心可以在政务服务中心设立综合受理窗口或者委托政务服务中心集中受理。

各类政务服务和税费减免等事项,以及关联的公用事业服务事项、行政事业性收费原则上应当进驻政务服务大厅统一办理。对涉及多部门的事项应当建立健全部门联办机制,推行综合窗口一站式办理。

第三十九条 政务服务事项应当按照国家和省有关规定纳入一

体化在线政务服务平台办理,实行"一网通办",法律、法规另有规定的除外。

对法律、法规明确要求必须到现场办理的政务服务事项,申请人可以在异地通过政务服务大厅设置的跨区域通办窗口提交申请材料,窗口收件后对申请材料进行形式审查、身份核验,通过邮件寄递至业务属地部门完成办理,业务属地部门寄递纸质结果或网络送达办理结果。

对需要申请人分别到不同地方现场办理的政务服务事项,由一地受理申请、各地政府部门内部协同,申请材料和档案材料通过一体化政务服务平台共享,实现申请人只需到一地即可完成办理。

有多个办理渠道的政务服务事项,市场主体有权自主选择办理渠道,除法律、法规另有规定外,不得限定办理渠道。

第四十条 推进数字政府建设,建设省、设区的市数据共享交换平台,实现国家、省、设区的市三级政务服务数据共享交换对接。

省、设区的市人民政府应当编制数据共享责任清单。大数据管理机构应当编制并及时更新政务信息资源目录,按照责任清单和资源目录做好数据共享工作。除法律、法规另有规定外,同级行政机关和上下级行政机关之间应当共享政务数据,政务数据共享权限和流程按照国家和省有关规定执行。有关部门应当深化数据共享应用,能够通过部门间数据共享收集的,不得要求服务对象重复填报。

有关部门应当确保共享获得的政务数据安全,防止数据泄露,不得用于与履行职责无关的活动,不得随意更改、编造。

第四十一条 推进建立全省统一的电子证照库。除法律、法规另有规定外,地方各级人民政府和有关部门签发的电子证照应当向电子证照库实时归集。

申请人在申请办理有关事项时,受理单位可以通过电子证照库获得业务办理所需电子证照的,不得拒绝办理或者要求申请人提供纸质证照,但依法需要收回证照原件的除外。

建立全省统一的电子印章系统。地方各级人民政府和有关部门应当推进电子印章在政务服务等领域的应用,鼓励市场主体和社会组织在经济和社会活动中使用电子印章。各部门已经建立的电子印章系统,按照国家和省有关要求,整合至全省统一的电子印章系统。

第四十二条　法律、法规、规章以及国家有关规定对政务服务事项办理有期限规定的,应当在法定期限内办结;没有规定的,应当按照合理高效的原则确定办理时限并按时办结;承办单位承诺的办理期限少于法定期限的,应当在承诺期限内办结。未提供预约服务的,不得限定每日的办件数量;除法律、法规有明确规定外,不得不予受理。

实行统一收件或者受理的政务服务事项,申请人只需按照办事指南提供一套申请材料。申请人已在线提供规范化电子材料的,承办单位不得要求申请人再提供纸质材料。法律、法规另有规定的,从其规定。

除法律、法规有明确规定的情形外,窗口工作人员不得对申请人提出的申请事项不予收件。窗口工作人员不予收件的,各部门应当核实监督。

第四十三条　县级以上地方人民政府有关部门不得以备案、登记、注册、年检、监制、认定、认证、审定等方式,变相设定或者恢复已经明令取消、调整的行政许可事项,不得增设许可条件和环节。

第四十四条　县级以上地方人民政府应当深化投资审批制度改革,根据项目性质、投资规模等分类规范审批程序,精简审批要件,简化技术审查事项,实行与相关审批在线并联办理,实现一窗受理、网上办理、规范透明、限时办结。

健全投资项目部门协同工作机制,加强项目立项与用地、规划等建设条件衔接,优化投资项目前期审批流程。推动有条件的地区对投资项目可行性研究、用地预审、选址、环境影响评价、安全评价、水土保持评价、压覆重要矿产资源评估等事项,由项目单位申报一套材料,政府部门统一受理、同步评估、同步审批、统一反馈,加快项目实施。

强化全省投资项目在线审批监管平台综合作用,相关部门在线审批业务系统应当主动对接、推送数据,实现统一赋码、信息互通、业务协同,提高审批效率和服务质量。

第四十五条　全面推行工程建设项目分级分类管理,在确保安全前提下,对社会投资的小型低风险新建、改扩建项目,由政府部门发布统一的企业开工条件,企业取得用地、满足开工条件后作出相关承诺,

七、地方有关规定

政府部门直接发放相关证书，项目即可开工。推进工程建设项目审批管理系统与投资审批、规划、消防等管理系统数据实时共享，实现信息一次填报、材料一次上传、相关评审意见和审批结果即时推送。

对重大工程建设项目中不影响安全和公共利益的非关键要件，在审批流程中探索试行"容缺后补"机制，允许市场主体在竣工验收备案前补齐相关材料。对社会投资的低风险工程建设项目，建设工程规划许可和施工许可可以合并办理，从立项到不动产登记全流程审批时间不超过十五个工作日。

第四十六条 依照法定程序报经同意后，可以对经评估的低风险工程建设项目不进行施工图设计文件审查。

工程建设项目施工图设计文件实施联合审查的，由审查机构负责对图纸中涉及公共利益、公众安全、工程建设强制性标准的内容进行技术审查，联合审查涉及的相关部门不再进行技术审查。审查中需要修改的，应当明确提出修改内容、时限等，修改完善后，有关部门应当限时办结。

工程建设项目竣工实施限时联合验收的，应当统一验收图纸和验收标准，统一出具验收意见。对验收中涉及的测绘工作，实行一次委托、联合测绘、成果共享。

第四十七条 在省级以上开发区、新区、自由贸易试验区和其他有条件的区域实行区域评估，对压覆重要矿产资源、地质灾害危险性等事项进行统一评估，已经完成区域评估的，不再对区域内的市场主体提出单独评估要求。区域评估费用由实施区域评估的地方人民政府或者省级以上开发区、新区、自由贸易试验区管理机构承担。

统筹各类空间性规划，推进各类相关规划数据衔接或者整合，消除规划冲突。统一测绘技术标准和规则，在规划、用地、施工、验收、不动产登记等各阶段，实现测绘成果共享互认，避免重复测绘。

第四十八条 税务机关应当依法精简办税资料和流程，拓展线上、移动、邮寄、自助等服务方式，推广使用电子发票和全程网上办税，按照国家统一部署有序推行相关税费合并申报及缴纳，推动申报缴税、社保缴费、企业开办迁移注销清税等税费业务智能化服务，压减纳税次数和缴纳税费时间，持续提升税收服务质量和效率。

第四十九条 海关、商务等有关部门应当落实国家精简进出口监管证件和优化办证程序的要求，优化口岸通关流程和作业方式，推广应用进出口申报、检验、税费报缴、保证保险等环节的便利化措施；对符合规定条件的市场主体，实行先验放后检测、先放行后缴税、先放行后改单管理。推行查验作业全程监控和留痕，有条件的地方实行企业自主选择是否陪同查验。鼓励企业提前申报通关，提前办理单证审核，对于提前申报通关存在差错的，按照有关容错机制处理。

第五十条 建设国际贸易"单一窗口"，为申报人提供进出口货物申报、运输工具申报、税费支付申报、贸易许可申报和原产地证书申领等全流程电子化服务。推进省电子口岸与港口、交通等信息化平台以及地方电子口岸互联互通，提升电子口岸综合服务能力。

引导口岸经营服务单位制定并公开水运、空运、铁运货物场内转运、吊箱移位、掏箱和提箱等生产作业时限标准，方便企业合理安排提箱和运输计划。

第五十一条 口岸所在地设区的市人民政府应当按照规定公布口岸收费目录清单并进行公示，清单外一律不得收费。

口岸经营服务单位应当在经营场所主动向社会公布服务内容和收费标准，不得利用优势地位设置不合理的收费项目。

第五十二条 不动产登记机构的服务窗口应当统一收取房屋交易、税收申报和不动产登记所需全部材料，实现一窗受理、集成办理。不动产登记机构应当提供在线登记服务，也可以在银行、公积金管理中心等场所设立不动产登记便民服务点，提供办理不动产抵押权登记等服务。

不动产登记机构颁发的不动产登记电子证照与纸质版不动产权证书、不动产登记证明具有同等效力。不动产登记电子证照部门之间应当共享互认。

第五十三条 县级以上地方人民政府有关部门公布依法确需保留的证明事项清单，列明设定依据、索要单位、开具单位、办理指南等。清单之外，任何单位不得索要证明。

可以通过法定证照、法定文书、书面告知承诺、政府部门内部核查和部门间核查、网络核验、合同凭证等办理的，能够被其他材料涵盖替

七、地方有关规定

代的,或者开具单位无法调查核实的,以及不适应形势需要的证明事项,应当取消。

县级以上地方人民政府及其有关部门应当加强证明的互认共享,不得向市场主体重复索要,并按照国家和本省要求,探索证明事项告知承诺制试点。

第五十四条 县级以上地方人民政府有关部门应当按照合法、必要、精简的原则,编制行政审批中介服务事项清单。中介服务机构应当明确办理法定审批中介服务的条件、流程、时限、收费标准,并向社会公开。

除法律、法规、国务院决定规定的中介服务事项外,不得以任何形式要求申请人委托中介服务机构开展服务或者提供相关中介服务材料。对能够通过征求相关部门意见、加强事中事后监管解决以及申请人可以按照要求自行完成的事项,一律不得设定中介服务;现有或者取消的行政审批事项,一律不得转为中介服务;严禁将一项中介服务拆分为多个环节。

按照规定应当由审批部门委托相关机构为其审批提供的技术性服务,纳入行政审批程序,一律由审批部门委托开展,并承担中介服务费用,不得增加或者变相增加申请人的义务。

第五十五条 放宽中介服务机构市场准入条件,严禁通过限额管理控制中介服务机构数量。规范中介服务网上交易平台,鼓励项目业主和中介服务机构通过中介服务网上交易平台交易,加强中介服务机构信用管理。

审批部门下属事业单位、主管的社会组织以及全资、控股、参股企业(含直属单位全资、控股、参股企业再出资)不得开展与本部门审批职能相关的中介服务,需要开展的,应当转企改制或者与审批部门脱钩。

第四章 监管执法

第五十六条 实行政府权责清单管理制度,行政机关和依法承担行政管理职能的组织应当将依法实施的行政权力事项列入本级人民政府权责清单,及时调整并向社会公开。涉及行政权力事项的各类目录清单,应当以权责清单为基础。建立行政权力运行考核评估制度,规范权力运行,完善约束机制,强化监督问责。

县级以上地方人民政府有关部门应当根据法定职责,依照国家相关规定和权责清单,编制监管事项清单,明确监管的主体、对象、内容、范围和监管责任等。监管事项清单实行动态调整并向社会公布,实现监管全覆盖。

地方各级人民政府和有关部门应当将全部监管事项、设定依据、监管流程、监管结果等内容纳入"互联网+监管"系统,推行在线监管。

第五十七条 建立适应高质量发展要求、保障安全的事中事后监管制度,依法对市场主体进行监管,建立健全以"双随机、一公开"为基本手段、以重点监管为补充、以信用监管为基础的新型监管机制。

县级以上地方人民政府有关部门应当编制针对市场主体的年度行政执法检查计划,明确检查主体、检查对象范围、检查方式、检查项目和检查比例等内容,并向社会公布。

第五十八条 除直接涉及公共安全和人民群众生命健康等特殊行业、重点领域、安全生产监管需要外,市场监管领域的行政执法检查应当通过随机抽取检查对象、随机选派执法检查人员的方式进行,并向社会公开抽查事项及查处结果。

对直接涉及公共安全和人民群众生命健康等特殊行业、重点领域,应当依法开展全覆盖重点监管,严格规范重点监管程序。对通过投诉举报、转办交办、数据监测等发现的问题,应当有针对性地进行检查并依法处理。

第五十九条 地方各级人民政府和有关部门应当推行以信用为基础的分级分类监管制度,完善信用评价机制和分类监管标准,开展风险监测预警,针对不同信用状况和风险程度的市场主体采取差异化监管措施,对信用较好、风险较低的市场主体减少抽查比例和频次;对违法失信、风险较高的市场主体提高抽查比例和频次,依法依规实行严管和惩戒。

第六十条 建立全社会共同参与的守信激励和失信惩戒机制,通过行政性、市场性、行业性、社会性信用奖惩手段,褒扬和激励守信行为,约束和惩戒失信行为。

七、地方有关规定

鼓励市场主体在生产经营活动中使用信用信息、信用评价结果。对守信主体采取优惠便利、增加交易机会等措施;对失信主体采取取消优惠、减少交易机会、提高保证金等措施。

建立健全信用修复制度,鼓励市场主体通过纠正失信行为、消除不利影响或者作出信用承诺等方式,修复自身信用。

第六十一条 地方各级人民政府和有关部门应当按照鼓励创新和发展、确保质量和安全的原则,对新技术、新产业、新业态、新模式实行包容审慎监管,针对其性质、特点分类制定和实行相应的监管规则和标准。

第六十二条 对市场主体违法行为情节轻微的,可以依法从轻、减轻行政处罚;及时纠正且没有造成危害后果的,可以采取约谈、教育、告诫等措施,依法不予行政处罚。根据《中华人民共和国行政处罚法》关于免于或者从轻、减轻处罚的规定精神,省、设区的市人民政府有关部门可以制定涉企轻微违法行为不予行政处罚和涉企一般违法行为从轻减轻行政处罚的清单,并向社会公布。

省和设区的市人民政府有关部门应当梳理、细化和量化行政处罚裁量基准,确定处罚的依据和裁量范围、种类和幅度,统一执法标准和尺度。

第六十三条 实施行政强制,应当坚持教育与强制相结合。确需实施行政强制,应当依法在必要的范围内进行,尽可能减少对市场主体正常生产经营活动的干扰。

对不涉及安全生产和人民群众生命财产安全的市场主体轻微违法行为,应当依法慎用查封、扣押等强制措施。对采用非强制手段可以达到行政管理目的的,不得实施行政强制。违法行为情节显著轻微,或者没有明显社会危害的,可以不实施行政强制。

第六十四条 建立健全跨部门、跨区域行政执法联动响应、协作机制和专业支撑机制,实现违法线索互联、监管标准互通、处理结果互认。同一部门的日常监督检查原则上应当合并进行;不同部门的日常监督检查能够合并进行的,由本级人民政府组织有关部门实施联合检查。

在相关领域实行综合行政执法,按照国家和省有关规定整合精简现有执法队伍,推进行政执法权限和力量向基层延伸和下沉,减少执法主体和执法层级,防止多头多层重复执法。

第六十五条 除涉及国家秘密、商业秘密、个人隐私等依法不予公开的信息外,地方各级人民政府和有关部门应当将行政执法职责、依据、程序、结果等信息依法及时向社会公开。

对行政执法的启动、调查取证、审核决定、送达执行等全过程通过文字或者音像进行记录,做到执法全过程留痕和可回溯管理。

重大行政执法决定应当经过法制审核,未经法制审核或者审核未通过的,不得作出决定。

第六十六条 地方各级人民政府和有关部门开展清理整顿、专项整治等活动,应当严格依法进行,除涉及人民群众生命安全、发生重特大事故或者举办国家重大活动,并报经有权机关批准外,不得在相关区域采取要求相关行业、领域的市场主体普遍停产、停业的措施。确需采取普遍停产、停业措施的,应当履行报批手续,并合理确定实施范围和期限,提前书面通知企业或者向社会公告,法律、法规另有规定的除外。

第五章 法治保障

第六十七条 制定与市场主体生产经营活动密切相关的地方性法规、规章、规范性文件,应当充分听取市场主体、行业协会商会、消费者等方面的意见,除依法需要保密的外,应当向社会公开征求意见,并建立健全意见采纳情况反馈机制。向社会公开征求意见的期限一般不少于三十日。

涉及市场主体的规范性文件和政策出台后,除依法需要保密的外,应当及时向社会公布,并同步进行宣传解读。建立完善涉及市场主体的改革措施及时公开和推送制度。健全完善涉及市场主体规范性文件和政策评估调整机制。

第六十八条 制定涉及市场主体权利义务的规范性文件,应当按照国家和省规定对文件的制定主体、程序、有关内容等进行合法性审核。

市场主体认为规范性文件与法律、法规、规章相抵触的,可以向备

七、地方有关规定

案监督机关提出书面审查建议,由有关机关依法处理并告知结果。

第六十九条 县级以上地方人民政府及其有关部门在制定市场准入、产业发展、招商引资、招标投标、政府采购、经营行为规范、资质标准等涉及市场主体经济活动的规章、规范性文件和其他政策措施时,应当进行公平竞争审查,评估对市场竞争的影响。鼓励社会第三方机构参与公平竞争审查工作。

行政机关和法律、法规授权的具有管理公共事务职能的组织不得滥用行政权力排除、限制竞争。

第七十条 地方各级人民政府和有关部门制定有关货物贸易、服务贸易以及与贸易有关知识产权的规章、规范性文件和其他政策措施时,应当评估是否符合世贸组织规则和中国加入承诺,提高政策的稳定性、透明度和可预见性。

第七十一条 制定与市场主体生产经营活动密切相关的地方性法规、规章和规范性文件,应当为市场主体留出一般不少于三十日的适应调整期,涉及国家安全和公布后不立即施行将有碍施行的除外。

第七十二条 完善调解、仲裁、行政裁决、行政复议、诉讼等有机衔接、协调联动、高效便捷的多元化纠纷解决机制,建设非诉纠纷解决综合平台和诉调对接、访调对接平台,畅通纠纷解决渠道。

第七十三条 加强公共法律服务体系建设,合理配置律师服务、公证、法律援助、司法鉴定、调解、仲裁等公共法律服务资源,加强服务资源整合和服务网络建设,形成覆盖城乡、便捷高效、均等普惠的现代公共法律服务体系。

鼓励公共法律服务机构为民营企业、中小微企业提供公共法律服务,帮助排查经营管理的法律风险,提供风险防范举措和法律建议。

第七十四条 人民法院应当依法公正审理涉及市场主体的各类案件,尊重和保护市场主体的意思自治,保护合法交易,平衡各方利益。慎重审查各类交易模式,依法合理判断合同效力,向各类市场主体宣示正当的权利行使规则和违反义务的法律后果,强化市场主体的契约意识、规则意识和责任意识。

第七十五条 人民法院应当建立健全网上诉讼服务机制,提供诉讼指引、诉讼辅助、纠纷解决、审判事务等诉讼服务网上办理。

当事人可以网上查询案件的立案、审判、结案、执行等流程信息,保障当事人知情权。严格执行立案登记制,对于符合条件的网上立案申请,直接通过网上予以立案。

第七十六条 推行企业法律文书送达地址先行确认及责任承诺制。市场主体登记机关在企业办理设立、变更、备案等登记注册业务或者申报年报时,告知企业先行确认法律文书送达地址以及承诺相关责任等事项。企业可以网上填报本企业法律文书送达地址,并对填报地址真实性以及及时有效接受人民法院、行政机关和仲裁机构送达的法律文书负责。

第七十七条 县级以上地方人民代表大会常务委员会可以采取听取专项工作报告、执法检查、质询、询问或者组织代表视察等方式,对本地区优化营商环境工作进行监督。

第七十八条 县级以上地方人民政府应当将有关部门和单位的优化营商环境工作情况,作为年度目标责任的重要内容进行监督考核。

县级以上地方人民政府可以设立优化营商环境咨询委员会,收集梳理和研究市场主体集中诉求,对影响营商环境优化提升的政策规定、管理要求、操作流程等提出合理化、可操作的建议方案,推动优化营商环境精准施策。

县级以上地方人民政府和有关部门可以建立优化营商环境监督员制度,聘请市场主体、人大代表、政协委员、专家学者等有关方面作为监督员对营商环境进行社会监督。

第七十九条 县级以上地方人民政府应当建立统一的营商环境投诉举报和查处回应制度,公开曝光营商环境反面典型案例。

任何单位和个人可以对营商环境进行举报投诉,有关部门应当及时调查处理,将调查处理结果告知举报人,并为举报人保密。

第八十条 地方各级人民政府和有关部门、其他有关单位及其工作人员违反本条例规定,有下列情形的,由县级以上地方人民政府或者上级主管部门责令其停止损害行为;情节严重的,由县级以上地方人民政府对直接负责人和其他直接责任人员依法给予处分:

(一)超越法定职权,违法干预应当由市场主体自主决定事项;

（二）制定或者实施政策措施不依法平等对待各类市场主体；

（三）无正当理由拒不履行向市场主体依法作出的政策承诺以及依法订立的各类合同；

（四）无正当理由拖欠市场主体的货物、工程、服务等账款，或者变相延长付款期限；

（五）无正当理由逾期不办理企业审批事项，以备案、登记、注册、目录、年检、监制、认定、认证、审定等形式变相实施行政许可，违反规定将指定机构的咨询、评估作为准予行政许可条件；

（六）对依法取消的行政许可继续实施，或者指定、移交所属单位、其他组织等继续实施以及以其他形式变相实施；

（七）在清单之外向企业收取行政事业性收费、政府性基金、涉企保证金；

（八）不执行国家和省制定的减税降费优惠政策；

（九）强制企业赞助捐赠、订购报刊、加入社团，违法强制企业参加评比、达标、表彰、培训、考核、考试以及类似活动，或者借上述活动向市场主体收费或者变相收费；

（十）为市场主体指定或者变相指定中介服务机构，或者违法强制市场主体接受中介服务；

（十一）制定或者实施政策措施妨碍市场主体公平竞争；

（十二）对企业变更住所地等设置障碍；

（十三）侵害市场主体利益、损害营商环境的其他情形。

第八十一条 公用企事业单位、中介机构和行业协会商会违反本条例规定损害营商环境的，除依照有关法律、法规承担法律责任外，有关部门应当按照国家和省有关规定将违法情况纳入信用信息公示系统和信用信息共享平台。

第六章 附 则

第八十二条 本条例自2021年1月1日起施行。

江苏省市场监管局关于落实促进民营经济发展政策的若干措施

（2023年11月7日　苏市监〔2023〕261号）

为认真贯彻《中共中央国务院关于促进民营经济发展壮大的意见》精神，全面落实省委省政府和市场监管总局有关部署要求，进一步发挥市场监管职能作用，优化民营经济发展环境，推动我省民营经济高质量发展走在前列，特制定本措施。

一、加大政策支持，拓展民营企业发展空间

1. 优化登记审批方式。推进经营主体设立、变更、注销全程网上办理，加强部门数据共享、业务协同，进一步提升网上登记服务效率。推广实施市场监管行政审批远程评审工作规程和告知承诺规范，推行"只见一次面"评审。

2. 培育扶持个体工商户发展。指导各地做好个体工商户经营者变更。推动各地建立"个转企"培育库，制定"个转企"登记管理办法，统一登记管理规范要求，打造便捷高效的转型登记服务。开展个体工商户分型分类精准帮扶试点，落实精准帮扶举措，开展梯度培育扶持，促进个体工商户整体发展质量提升。

3. 深入开展融资增信服务。升级原"苏质贷"产品，在省普惠金融发展风险补偿基金服务平台下设立"苏质贷"子产品，引导金融机构加大对民营企业的信贷投入，为符合条件的企业提供低门槛、低成本的信贷支持。探索开展"苏质融"业务，为民营企业提供信贷、担保、租赁等一系列政策支持，拓宽民营企业融资渠道、降低融资成本。大力发展知识产权质押融资，扩大银行业金融机构知识产权质押融资登记线上办理试点范围，推进知识产权证券化，构建多元化知识产权金融支持民营经济发展格局。

4. 支持参与标准制定。引导民营企业推进标准化建设，参与标准创新型企业培育工作。支持民营企业承担各类标准化技术组织秘书处工作,平等参与国际标准、国家标准、地方标准制修订,将科技创新成果转化为标准,促进产品质量水平提升。

5. 助推创新药械获批上市。以疫情防控、关键技术攻关、临床急需、治疗罕见病为导向,梳理全省范围内100个创新药,221个创新医疗器械重点关注清单。组建"一企一专班",对列入重点清单的产品,检验、审评、核查、审批一体推进,全力助推创新药械获批上市。

6. 支持开展线上经营。开展全省电商平台服务协议与交易规则评审专项行动,及时纠正清理妨碍平台内个体工商户发展的不公平格式条款。督促电商平台企业向平台内经营者持续公示平台收费项目、规则、标准等内容,按照质价相符、公平合理的原则确定平台佣金等服务费用,实施流量扶农扶困扶新。

二、完善服务体系,保护民营企业合法权益

7. 加强公平竞争审查。完善公平竞争审查机制,规范投诉举报处理、重大政策措施会审、政策措施抽查工作程序,强化公平竞争审查刚性约束。稳步推进信息化审查,依托监测评估系统对涉及经营主体经济活动的各类规章、规范性文件和政策措施进行梳理,全面清理废除妨碍市场准入和退出、妨碍商品和要素自由流动、影响生产经营成本和生产经营行为等妨碍市场统一和公平竞争的各种规定和做法。开展滥用行政权力排除限制竞争专项执法行动,组织对涉嫌行政性垄断政府主体进行执法约谈,制止滥用行政权力排除、限制竞争行为。坚持惩防并举,依法查处侵犯民营企业商业秘密的违法行为,积极推进民营企业建设成为商业秘密保护示范点,保护民营企业核心竞争力和合法权益。

8. 一体推进监管服务。在全省市场监管系统创新实施服务型监管模式,将执法检查的着力点放在帮助经营主体纠偏扶正、防微杜渐上。发布市场监管涉企行政合规指导清单,聚焦经营主体高频多发的违法行为,提出有针对性合规建议,从源头上推动经营主体依法生产经营。建立健全源头预防、事后回访、信用修复、守信激励等制度举措,事前实施预警提示,向存在失信风险的企业精准发送预警,及时提醒企业纠偏;事中加强政策指导,主动告知各类涉企政策措施,不断增强主体责任意识。

9. 降低部分检验检测收费。2023年,全省特种设备检验检测机构减半收取住宿餐饮业的电梯、锅炉、压力容器定期检验和监督检验费用;全省市场监管部门所属检验检测机构对个体工商户委托的产品质量检验、计量检测和特种设备检验费用减半收取;省市场监管局直属检验检测机构对小微企业委托的产品质量检验和计量检测费用减半收取。

10. 减免药械注册检验费用。2023年,对进入药品特别审批程序、用于治疗和预防新型冠状病毒感染的药品,进入医疗器械应急审批程序并与新型冠状病毒相关的防控产品,免征注册费;免征小微企业医疗器械首次注册费。按现行标准的80%收取药品再注册费、医疗器械变更注册和延续注册费;对一般医疗器械企业产品检验收费减免5%,对小微医疗器械企业产品检验收费减免10%。

11. 加强涉企价费整治。持续开展涉企违规收费和水电气暖等公用事业领域价格监督检查,重点查处不落实价费减免政策和越权违规设立收费项目、擅自扩大收费范围、提高收费标准、捆绑收费和附加不合理收费等行为,为民营企业降本减负。

12. 深化知识产权服务。符合条件的个体工商户申请使用地理标志产品专用标志的,7个工作日内予以核准。简化个体工商户专利纠纷行政裁决、行政调解立案手续,案情简单的案件实施书面审理、线上审理。发挥知识产权保护中心、快速维权中心作用,推进专利快速受理、快速确权和知识产权快速维权服务。

13. 推动平台经济高质量发展。指导百家电商企业完善合规管理制度,制订推广6类电商平台服务协议示范文本。开展电商平台合规培训,实施"一企一策"精准服务,为相关电商平台提供证照在线校验服务。引导电商平台企业为个体工商户入驻开辟绿色通道,开展合规运营免费培训。

14. 推动广告业高质量发展。重点加强数字广告企业和数字广告园区培育,充分发挥广告业在引领高质量供给、刺激消费需求、改善市场预期、促进经济增长等方面的积极作用,促进产业链创新链人才链加速集聚融合。开展"数字广告+产业"一地一业活动,助推广告业与数字、文旅、会展等地方特色产业深度融合。指导广告行业组织和广告产业园区探索建立广告企业综合服务中心、开展引才聚才活动，推动广告业高质量发展。

15. 提供更加便捷的年报服务。探索扩大"多报合一"范围，切实减轻企业负担。按照《保障中小企业款项支付条例》规定，做好大型企业逾期尚未支付中小企业款项的合同数量、金额的年报公示工作。

三、优化法治环境，提振民营企业发展信心

16. 全面压减检查频次。积极推进跨部门联合检查，实现"综合查一次"，有效解决"重复检查、多头执法"难题。推广应用企业信用风险分类管理，开展差异化精准化监管，实现对信用风险低的企业"无事不扰"。运用大数据、物联网、人工智能等技术手段探索开展非现场无感式监管，取代部分实地检查，最大程度降低对生产经营活动的打扰。

17. 推行包容审慎监管。建立健全经营主体容错纠错机制，对《江苏省市场监管领域轻微违法行为不予处罚和从轻减轻处罚规定》施行效果加强评估，研究出台3.0版免罚轻罚规定，优化完善免罚轻罚清单，规范行政处罚裁量权行使。坚持预防与治理、处罚与教育、执法与普法"三结合"，针对不同领域、不同性质违法行为，推进分类精准执法，依法对轻微违法行为免予处罚或从轻减轻处罚。

四、推进质量提升，增强民营企业综合竞争力

18. 加强"江苏精品"培育。聚焦"531"产业链以及产业特色鲜明、领先优势突出的5个具有国际竞争力的战略性新兴产业集群、10个国内领先的战略性新兴产业集群和10个引领突破的未来产业集群等集群体系，按照"江苏精品"认证评价规则，进一步健全"江苏精品"认证评价体制机制，加强"江苏精品"培育力度，促进民营经济发展壮大。

19. 深化质量认证帮扶行动。推进小微企业质量管理体系认证提升行动国家和省级区域试点工作，形成提升行动助力区域产业转型升级的江苏经验。发挥小微提升联盟和帮扶专家技术支撑作用，加大提升行动宣传培训工作力度，扩大提升行动覆盖面和影响力。以开展"苏质贷"认证融资服务为抓手，鼓励各地会同相关部门制定出台更多扶持激励政策，激发企业参与提升行动的积极性和主动性。

20. 推进质量基础设施"一站式"服务。推广南京市"质量小站"、泰州市"泰检易"、南通市"通通检"等经验做法,采用线上平台和线下窗口相结合、质量管家和质量专家相补充的双渠道服务模式,多渠道为民营企业提供计量、标准、认证认可、检验检测等"一站式"服务,帮助民营企业解决发展中遇到的各类难点堵点。

21. 深化民营企业质量提升行动。充分发挥民营企业质量提升的主体作用,围绕高质量发展走在前列的目标,聚焦重点行业、重点企业和重点产品,持续开展民营企业质量提升行动。组织开展质量比对和质量攻关,找准比较优势、产业通病和差距短板,突破制约产业发展的关键核心技术和难点,完善产业链标准体系、质量管理体系和知识产权管理体系,形成可复制可推广的质量提升经验。

# 第二部分 典型案例

第二部分 地震家风

一、公平竞争

（一）江苏省昆山宏某混凝土有限公司诉昆山市住房和城乡建设局限制开展生产经营活动及规范性文件审查案

关键词：市场准入

来源：最高人民法院发布首批涉市场准入行政诉讼十大典型案例之六（2025年3月3日）

1. 基本案情

2018年12月，江苏金某公司与昆山宏某混凝土有限公司（以下简称宏某公司）签订混凝土购销合同，约定由宏某公司提供预拌混凝土建设某住宅项目。后出现工程质量问题，经专业机构检测和专业论证，明确混凝土强度不足系主要原因。昆山市住房和城乡建设局（以下简称住建局）对宏某公司销售未达标水泥行为予以罚款，并责令建设方对已浇筑项目限期整改（后经拆除重铸、实体加固后验收合格）。2020年11月24日，住建局作出（2020）352号《关于对周市镇339省道南侧、青阳北路东侧住宅项目混凝土强度质量问题处理决定的通报》（以下简称352号通报），决定根据《昆山市房屋建筑和市政基础设施工程材料登记管理暂行办法》（以下简称《暂行办法》）的规定，对宏某公司已登记的预拌混凝土取消材料登记，且半年内不得再次申报登记，并将该公司列入暂停在该市承接业务施工企业名单。宏某公司不服诉至法院，请求判决撤销352号通报，采取补救措施，并对《暂行办法》一并进行规范性文件审查。

2. 法院裁判

常熟市人民法院一审认为，《暂行办法》第15条第6项有关取消材料登记的规定，明显超越《江苏省房屋建筑和市政基础设施工程质量监督管理办法》（以下简称《省工程质监办法》）第22条第2项规定的幅度和范围,鉴于该取消登记期限届满已无可撤销内容,故判决确认352号通报违法,驳回其他诉讼请求。宏某公司上诉后,苏州市中级人民法院二审认为,《暂行办法》第4条有关"实行登记的材料应在完成登记公布后方可使用"和第15条有关"取消登记""半年内不得再次申报登记"等规定,实质性设立限制开展生产经营活动的行政处罚,明显超出《省工程质监办法》规定的登记内容和范围,增加了企业义务,且该《暂行办法》未履行相关制定、备案手续,遂判决驳回上诉、维持原判。其后,住建局接受司法建议,自行撤销了《暂行办法》。

3. 典型意义

本案系行政管理部门限制经营主体开展生产经营活动引发的行政争议。国务院《优化营商环境条例》第64条第1款规定,没有法律、法规或者国务院决定和命令依据的,行政规范性文件不得减损经营主体合法权益或者增加其义务,不得设置市场准入和退出条件,不得干预经营主体正常生产经营活动。实践中,经营主体无法自主有序开展活动的痛点、堵点,很多源于地方政府及其部门的"红头文件"。本案中,人民法院明确指出,预拌混凝土质量问题涉及建筑安全,严厉查处违法企业的同时,采取的具体措施应有合法依据;《暂行办法》设定诸多法外限制条件,不得作为涉案通报的合法性依据。人民法院在一并审查规范性文件时,有必要从制定机关是否越权或违反法定程序,是否存在与上位规定抵触,是否违法增加公民、法人和其他组织义务或减损其合法权益等方面强化审查,监督和支持行政机关依法履职,营造市场化、法治化的营商环境。

(二)甲物业管理公司诉某县财政局投诉处理决定案

关键词: 政府采购、招标投标

来源: 最高人民法院发布八起人民法院服务保障全国统一大市场建设行政诉讼典型案例之八(2023年12月)

1. 基本案情

2020年7月,某县人民医院作为采购人,某县交易中心作为采购代理机构发布物业管理服务公开招标公告。2020年8月,甲物业管理公司中标。因其他供应商质疑投诉，2020年9月，某县财政局经调查认为，涉案项目招标文件关于供应商须在某县所属市的政府采购网和公共资源交易网上进行注册登记的规定，违反了《中华人民共和国政府采购法实施条例》第二十条第八项及《国务院办公厅转发国家发展改革委关于深化公共资源交易平台整合共享指导意见的通知》第二条第六项的规定，向某县交易中心发出整改通知书，要求其废标，重新组织招标。2020年10月，某县交易中心发布废标结果公告，重新组织招标。甲物业管理公司向某县财政局投诉。2020年11月，某县财政局作出投诉处理决定，认定该公司的投诉事项不成立，决定驳回。甲物业管理公司提起诉讼，请求撤销某县财政局作出的投诉处理决定，判令该局重新作出投诉处理决定。

2. 法院裁判

人民法院生效判决认为，《中华人民共和国政府采购法》《中华人民共和国政府采购法实施条例》及《某市政府采购供应商准入管理暂行办法》均未规定供应商须在政府采购网或公共资源交易网上注册登记。《中华人民共和国政府采购法实施条例》第二十条第八项规定："采购人或者采购代理机构有下列情形之一的，属于以不合理的条件对供应商实行差别待遇或者歧视待遇：……（八）以其他不合理条件限制或者排斥潜在供应商。"《财政部关于促进政府采购公平竞争优化营商环境的通知》第一条第一款第三项规定："全面清理政府采购领域妨碍公平竞争的规定和做法，重点纠正以下问题：……（三）要求供应商在政府采购活动前进行不必要的登记、注册，或者要求设立分支机构，设置或者变相设置进入政府采购市场的障碍"。涉案项目招标文件违反《中华人民共和国政府采购法》第二十二条第二款"采购人可以根据采购项目的特殊要求，规定供应商的特定条件，但不得以不合理的条件对供应商实行差别待遇或者歧视待遇"的规定。依照该法第三十六条第一款第二项"在招标采购中，出现下列情形之一的，应予废标：……（二）出现影响采购公正的违法、违规行为的"之规定，应予废标，某县财政局向某县交易中心下达的整改通知符合法律规定，故判决驳回甲物业管理公司的诉讼请求。

3. 典型意义

政府采购市场是统一大市场的重要组成部分。维护政府采购市场的公平竞争，对构建全国统一大市场具有重要引领作用。政府采购应当遵循公平竞争原则，不得违法限定投标人所在地、所有制形式、组织形式或设定其他不合理的条件，不得排斥、限制经营者参与政府采购活动。本案中，采购招标文件要求供应商在参与采购活动前须在指定网站注册登记，限制、排斥了潜在的供应商，妨碍了公平竞争。人民法院依法支持政府采购监管部门依法行使职权，破除地方保护和市场分割，依法保护各类市场主体平等参与政府采购的权利，有力地维护了统一开放、竞争有序的政府采购市场秩序。

（三）企业征信数据平台不正当竞争纠纷案——数据使用者不正当竞争行为的认定

关键词：不正当竞争

来源：最高人民法院发布反垄断和反不正当竞争典型案例之八（2024年9月11日）

1. 基本案情

深圳市长某顺企业管理咨询有限公司（以下简称长某顺公司）指控北京金某科技有限公司（以下简称金某公司）、北京天某查科技有限公司（以下简称天某查公司）以下行为构成不正当竞争：（1）在"天某查"网站发布的数据中未包含其在深圳联合产权交易所登记的股权信息；（2）在"天某查"网站发布的长某顺公司与深圳奥某德集团股份有限公司（以下简称奥某德公司）之间的持股关系与实际情况不符；（3）在收到长某顺公司的律师函及附件后，未对"天某查"网站中的数据进行修正。长某顺公司据此请求判决二被告将其列入奥某德公司股东列表、消除影响并赔偿其维权开支。

2. 法院裁判

深圳市中级人民法院经审理认为，本案所涉原始数据为长某顺公司的对外持股信息，企业对外投资、历史变更情况等直接关系其市竞争地位。长某顺公司作为金某公司、天某查公司运营的征信数据系统中的数据原始主体,对于该征信数据系统公布的长某顺公司的对外持股信息,具有竞争法意义上的竞争权益。金某公司、天某查公司作为数据使用主体,对于数据原始主体负有数据质量保证义务。如果金某公司、天某查公司在发布企业数据时出现质量问题,会造成数据原始主体竞争权益的增加或减损,同时也会损害数据消费者基于其合理信赖所产生的利益。本案中,"天某查"网站的经营者在收到长某顺公司关于数据准确性问题的投诉及相关证明材料后,有义务对相关数据进行核查并更新,但其既未审查投诉证明材料的真实性,也未采取合理措施纠正征信数据系统中的数据偏差,导致长某顺公司对外持股信息长期未能在"天某查"网站得以显示。错误的持股信息必然带来数据消费主体对长某顺公司经营状况的错误判断,进而对长某顺公司的市场竞争权益产生损害,并损害数据消费者的知情权与互联网征信行业正常的市场竞争秩序。综上,金某公司、天某查公司的行为构成不正当竞争,应当承担停止侵害、消除影响等民事责任,遂判令金某公司、天某查公司在其经营的"天某查"网站将长某顺公司的持股信息列入奥某德公司的股东信息页面,刊登声明消除影响,并赔偿长某顺公司合理维权开支30,880元。

3. 典型意义

本案为数据使用者不正当竞争行为认定的典型案例。人民法院充分考虑大数据业态发展阶段、商业模式、技术现状,以及数字经济发展现状与规律,积极探索适用反不正当竞争法的原则性条款,合理确定原始数据主体竞争权益的范围以及数据使用者应当承担的数据质量保证义务等,对于促进数据产业健康发展,助力营造开放、健康、安全的数字生态具有积极意义。

二、投资融资促进

(一)某市国有资产经营公司与某建设集团公司、某银行分行等借款合同纠纷案——发挥司法审判职能,降低民企融资成本

关键词: 降低民企融资成本

来源: 最高人民法院发布12起人民法院助力中小微企业发展典型案例之八(2022年4月19日)

1. 基本案情

某建设集团公司因其在某银行分行的贷款即将到期,于2016年12月15日向某市国有资产经营公司申请等额的应急循环资金用于偿还贷款,期限为10天。同年12月22日,某银行分行向某市国有资产经营公司出具《续贷承诺书》,承诺在该行的贷款于2016年12月22日到期后为某建设集团公司续贷2330万元,保证在2016年12月31日前发放并全额划转至某建设集团公司专项资金账户,若在上述规定期限内未能全额归还某市国有资产经营公司向某建设集团公司发放的应急循环资金借款或因该行违约导致某市国有资产经营公司应急资金损失的,该行同意承担上述资金归还、补足的清偿责任。当日,某市国有资产经营公司与某建设集团公司签订《借款合同》,同时与某建设集团公司的法定代表人吴某某及其近亲属吴某、江某签订《最高额保证合同》。该两份合同约定:某建设集团公司借款1700万元作为应急循环资金,借款期限为2016年12月22日至2016年12月31日,日利率为万分之五;吴某某、吴某、江某分别为某建设集团公司的前述借款提供最高额为2000万元和1700万元的连带责任保证。合同签订后,某市国有资产经营公司按约向某建设集团公司发放1700万元应急循环资金。后某银行分行未如约续贷,某建设集团公司仅向某市国有资产经营公司偿还了部分借款。某市国有资产经营公司提起诉讼。

2. 法院裁判

湖北省黄石市西塞山区人民法院考虑到某建设集团公司受疫情及房价下行等因素影响偿债能力不足,积极组织各方协商,努力寻找最佳纠纷解决方案。经多轮谈判磋商,某市国有资产经营公司与某银行分行达成《融资合作协议》,某银行分行为某市国有资产经营公司提供优惠资金支持,并协助某建设集团公司在2021年11月30日前将六套房屋抵押登记在某市国有资产经营公司名下,某市国有资产经营公司保证不再向某银行分行主张任何权利。此后,某市国有资产经营公司申请撤回了对某银行分行的起诉。

法院在确认《融资合作协议》履行完毕且房屋抵押登记手续完成的情形下作出民事裁定书,依法准许撤诉。针对某市国有资产经营公司向某建设集团公司等主张的诉讼请求,依法判决某建设集团公司偿还借款并支付违约金,吴某某等承担连带清偿责任。

3. 典型意义

人民法院助力地方政府为中小微企业纾困政策落地见效,积极整合地方政府中小微企业融资平台和商业银行融资渠道,为中小微企业获得信贷提供司法保障。本案系借用应急循环资金"过桥"而引发的借款合同纠纷案件,涉及地方政府融资平台公司、民营中小微企业和金融机构三方主体,法院在厘清各方权利义务的基础上,保障应急循环资金池的正常运作,引导银行持续为应急循环资金池提供资金支持,确保"池里有水",使政府融资平台公司有能力持续为本市中小微企业纾困解难;释明法定利率保护上限及民营企业面临的生存困境,引导国资公司主动大幅度降息,减轻了企业的资金压力;引导银行协助将债务人的房屋进行抵押,给政府融资平台公司吃"定心丸",保障了国有资金的安全。通过调判结合方式巧妙平衡各方利益,达到了依法妥善审理金融借款纠纷案件、切实降低中小微企业融资成本、发挥司法助力中小微企业发展的效果。

(二)华融国际信托有限责任公司与山西梅园华盛能源开发有限公司等金融借款合同纠纷案

关键词: 降低民企融资成本

来源: 最高人民法院发布十起人民法院助推民营经济高质量发展典型民商事案例之四(2021年9月3日)

1. 基本案情

2013年5月30日,华融国际信托有限责任公司(简称华融信托)与山西梅园华盛能源开发有限公司(简称梅园华盛)(借款人)签订《信托贷款合同》,约定分期发放贷款4.1亿元,贷款期限30个月,并就利息、罚息、违约金等进行了约定。2014年6月20日,梅园华盛与华融信托签订《财务顾问协议》,约定梅园华盛根据贷款发放进度分期支付财务顾问费用3405万元。后因梅园华盛未能如期还款,华融信托诉至法院。

2. 法院裁判

一审判令梅园华盛向华融信托支付借款本金3.893亿元及利息,以及按日0.05%标准计算的违约金,按借款总额支付20%的违约金等。最高人民法院二审认为,因华融信托不能举证证明其为梅园华盛提供了何种具体的财务顾问服务,应当认定其未提供。结合贷款实际发放和梅园华盛支付财务顾问费的时间,财务顾问费用分期支付之时,华融信托的贷款尚未发放完成,应当认定案涉3405万元财务顾问费为预先收取的利息,并在计算欠款本金时予以扣除。另外,《信托贷款合同》约定了贷款期限的前24个月按12%计息,后6个月按14%计息,逾期贷款本金按贷款日利率的150%按日计收罚息,并对应付未付利息按贷款日利率的150%按日计收复利;不按约定归集资金的,按贷款本金余额的0.05%按日计收违约金(年化利率为18%),未及时偿还全部借款的,还应另行支付已发放贷款本金20%的违约金。加上作为"砍头息"收取的财务顾问费用3405万元约为贷款总额的8.3%,贷款人华融信托同时主张的利息、复利、罚息、违约金和其他费用过高,显著背离实际损失,应当依法予以调减。

3. 典型意义

坚持以人民为中心的发展思想,就是要在高质量发展中促进共同富裕,正确处理效率和公平的关系,取缔非法收入,切实降低实体企业的实际融资成本,促进社会公平正义。该案贷款人共计借出款项4.098亿元,同时以财务顾问费的形式,在每次放款前均要求借款人提前支付"砍头息",共计3405万元,约为贷款总额的8.3%。二审法院因贷款人不能举证证明其为借款人具体提供了何种财务顾问服务,故认定其实际未提供财务顾问服务,将收取的高额财务顾问费用认定为以顾问费名义预先收取利息,在计算欠款本金时予以扣除。同时,原借款合同约定了非常复杂的利息、复利、罚息、违约金以及其他费用的计算方式,给实体企业增加了沉重的违约负担。二审依法予以调整,体现了人民法院秉持以人民为中心促进共同富裕的理念,依法保护合法收入,坚决取缔非法收入。

(三)第二批知识产权质押融资典型案例清单

关键词: 知识产权质押融资

来源: 国家知识产权局办公室、国家金融监督管理总局办公厅、国家发展和改革委员会办公厅于2025年1月1日发布

序号	案例名称	案例摘要
1	上海市完善知识产权质押贷款风险"前补偿"和坏账"保证金"等专项政策,支持中小企业化解融资难题	上海市出台专项政策,在财政风险补偿资金池中单列知识产权质押贷款风险"前补偿"资金池,取消补偿门槛限制,补偿比例提升至55%;开发市融资担保基金"保证金"产品,在知识产权质押不良贷款核销前将净损失的80%划拨至"保证金"账户,保证核销完成后的政策兑现。推动各区制定完善知识产权质押贷款支持政策,形成"市级有保障、区级有支持、银行有动力、企业有收益"的知识产权金融工作体系

续表

序号	案例名称	案例摘要
2	江苏省依托普惠金融风险补偿基金服务平台,对知识产权质押融资实施全生命周期管理	"苏知贷"知识产权质押贷款专项产品,突出普惠导向,对1000万元以内贷款发生的风险损失,代偿比例达80%。同时,依托省普惠金融发展风险补偿基金服务平台,实现企业入库、产品发布、贷款申请、银企对接、投放统计、逾期监测、风险补偿等覆盖贷款"全生命周期"的精细管理。"苏知贷"合作银行16家,累计授信企业2143家,授信金额138.54亿元,累计放款金额127.17亿元,带动全省普惠性知识产权质押融资大幅增长,2023年,全省普惠性知识产权质押融资6374件,居全国前列
3	浙江省支持多元化知识产权金融产品推广,为创新型中小企业提供全过程金融服务	浙江省支持金融机构持续研发推广知识产权质押、保险、证券化、上市服务、专利密集型产品融资等多元化金融产品,为不同发展阶段、不同行业领域的创新企业提供针对性融资服务,更好服务实体经济发展。2023年全省专利、商标质押登记项目10,456件,质押登记金额3028亿元,位居全国第一;为2676件专利、商标、地理标志产品提供保险风险保障10亿元,落地专利实施失败费用损失保险等多个新险种;帮助80家拟上市企业解决400余个知识产权问题,支持企业上市;对全省415件专利密集型产品进行价值评估,开发金融产品支持扩大生产;落地12个知识产权证券化项目,帮助258家科创型企业获得融资11亿余元,精准支持实体经济高质量发展
4	广东省强化知识产权质押融资风险分担与补偿机制建设,推动省辖各地市知识产权质押风险补偿基金全覆盖	广东省在中央财政资金支持广州等5市首批设立知识产权质押融资风险补偿基金的基础上,近年来持续推动各地市先后建立风险补偿基金,实现全省21个地市知识产权质押融资风险补偿基金全覆盖,全省风险补偿基金规模约58亿元,入池银行近220家,入池企业超过1.5万家,有效分散风险,提高银行放款积极性。同时,各地市因地制宜制定知识产权质押融资系列支持政策,降低中小企业知识产权融资成本。2023年,广东省知识产权质押融资登记金额达2306亿元,质押项目数逾5300笔,位居全国前列

续表

序号	案例名称	案例摘要
5	北京市海淀区打造知识产权质押贷款专属产品，完善全链条知识产权质押融资服务	北京市海淀区推出不附带条件、可复制的知识产权质押贷款产品——"智融宝"，为企业创新发展提供"知识产权运营＋投贷联动"全方位的金融服务，拓宽融资渠道。海淀区政府联合建设银行中关村分行、金融服务机构共同设立中关村核心区知识产权质押贷款风险处置资金池，用于中小微企业"智融宝"项目风险处置，充分调动了银行参与知识产权质押融资积极性。截至2023年底，"智融宝"知识产权质押贷款已放款项目156个，放款金额7.2亿元，风险处置项目5笔
6	宁波市打造"场景化＋名单制＋大数据"模式，推动知识产权融资规模倍速增长	宁波市将知识产权质押融资纳入"金融支持实体经济"专项评价指标体系，加大信贷政策支持力度。设立规模超4000万元的知识产权质押融资风险池基金，为企业提供4亿余元的知识产权质押贷款担保。建立跨部门数据协同共享机制，打造"场景化＋名单制＋大数据"模式，定向、精准推送专利商标优质企业"白名单"。上线全省首个用于多场景的智能化知识产权评估工具。2023年，专利质押登记全流程无纸化办理率达82%；实现知识产权质押融资登记金额394.11亿元，同比增长139%，位居15个副省级城市第一
7	深圳市福田区深化深港合作，创新跨境知识产权证券化综合融资模式	深圳市福田区依托外债便利试点改革开展知识产权综合融资探索，创新推出"知识产权在岸质押＋跨境反担保＋资本项下外债流通"的跨境融资模式，统筹深高新投、工行深圳分行、工银亚洲等多个境内外机构，创新"境内＋境外"知识产权综合融资新模式，发行以河套深港科技创新合作区为主题的知识产权证券化产品，实现合作区科创企业在香港以私募形式完成证券化融资，实践探索解决境内企业知识产权无法在境外质押、资金缺乏等问题，降低企业融资成本超20%

续表

序号	案例名称	案例摘要
8	成都高新技术产业开发区构建政府引导、行业协会主导、企业和服务机构多方参与的知识产权金融合作模式	成都高新技术产业开发区以打造西部知识产权金融生态示范区为牵引，发挥财政资金引导效应，完善知识产权质押风险分担和补偿机制，上线融资服务端口"金融通"，打造创新积分体系。常态化开展企业知识产权融资需求调研，强化与保险、担保、银行等金融机构协作。发布知识产权质押融资产品"高知贷""积分贷"，累计发放550笔，贷款金额25亿元。开展知识产权"一月一链"投融资对接活动，与全市12条产业生态链、58个产业功能园区建立长效合作机制，打造知识产权金融大厦，聚集服务机构800余家
9	中国银行聚焦产业开展知识产权金融服务专项活动，赋能重点产业链高质量发展	中国银行2022年开展商标质押助力餐饮、文旅等重点行业纾困"知惠行"专项活动，提供75亿元专项融资额度支持，支持重点行业小微企业纾困发展，助力稳就业稳经济。2023年，开展知识产权金融服务助力新能源汽车产业"知惠行"专项活动，运用专利导航工具，科学评价新能源汽车产业链主及链上企业技术自主性和创新成长性，组织选链定链、链企摸底、需求调研、银企对接、政策宣讲等系列活动，提供100亿元专项额度支持，探索知识产权金融服务支持重点产业发展的有效路径。2023年，中国银行知识产权质押融资登记金额760亿元，惠及企业超3000家，在同业排名前列
10	建设银行首创内部评估方法，破解知识产权质押融资中的评估难题	建设银行创新知识产权质押融资内部评估方法（以下简称内评法），向国家金融监督管理总局和国家知识产权局申报获批后，选取北京、上海、安徽、陕西、深圳、苏州等16个区域开展试点，运用内评法确定押品价值，可不再依赖第三方机构出具评估报告，进一步提高知识产权质押融资效率，为企业节约评估费用。同时，建设银行探索"科创雷达"平台，实现对科技创新金融数据的整合和统一管理，运用深度学习和自然语言处理等技术，持续迭代智能化评估工具。在试点工作牵引下，2023年，建设银行知识产权质押融资登记金额1132亿元，惠及企业近2000家，在同业排名前列

三、科技创新

(一)"新能源汽车底盘"技术秘密侵权案——技术秘密侵权判断及停止侵害的具体措施

关键词:保护科技创新

来源:最高人民法院发布反垄断和反不正当竞争典型案例之五(2024年9月11日)

1. 基本案情

浙江吉某控股集团有限公司的下属公司近40名高级管理人员及技术人员先后离职赴威某汽车科技集团有限公司及其关联公司(威某四公司统称威某方)工作,其中30人于2016年离职后即入职。2018年,浙江吉某控股集团有限公司、浙江吉某汽车研究院有限公司(吉某两公司统称吉某方)发现威某方两公司以上述部分离职人员作为发明人或共同发明人,利用在原单位接触、掌握的新能源汽车底盘应用技术以及其中的12套底盘零部件图纸及数模承载的技术信息(以下称涉案技术秘密)申请了12件专利,且威某方推出的威某EX系列型号电动汽车,涉嫌侵害涉案技术秘密。吉某方向一审法院提起诉讼,请求判令威某方停止侵害并赔偿经济损失及合理开支共21亿元。

2. 法院裁判

一审法院经审理认为,威某汽车制造温州有限公司(以下简称威某温州公司)侵害了吉某方涉案5套底盘零部件图纸技术秘密,酌定其赔偿吉某方经济损失及维权合理开支共700万元。吉某方、威某温州公司均不服,提起上诉。

最高人民法院二审认为,本案是一起有组织、有计划地以不正当手段大规模挖取新能源汽车技术人才及技术资源引发的侵害技术秘密案件。通过整体分析和综合判断,威某方实施了以不正当手段获取全部涉案技术秘密、以申请专利的方式非法披露部分涉案技术秘密、使用全部涉案技术秘密的行为。二审判决在总体判令威某方应立即停止披露、使用、允许他人使用涉案技术秘密的基础上,进一步细化和明确其停止侵害的具体方式、内容、范围,包括但不限于:除非获得吉某方的同意,威某方停止以任何方式披露、使用、允许他人使用涉案技术秘密,不得自己实施、许可他人实施、转让、质押或者以其他方式处分涉案12件专利;将所有载有涉案技术秘密的图纸、数模及其他技术资料予以销毁或者移交吉某方;以发布公告、公司内部通知等方式,将判决及其中有关停止侵害的要求,通知威某方及其所有员工以及关联公司、相关部件供应商,并要求有关人员和单位签署保守商业秘密及不侵权承诺书等。考虑威某方具有明显侵权故意、侵权情节恶劣、侵害后果严重等因素,对威某方2019年5月至2022年第一季度的侵权获利适用2倍惩罚性赔偿,威某方应赔偿吉某方经济损失及合理开支约6.4亿元。为保障非金钱给付义务的履行,二审判决进一步明确如威某方违反判决确定的停止侵害等非金钱给付义务,应以每日100万元计付迟延履行金;如威某方擅自处分12件专利,应针对其中每件专利一次性支付100万元等。

3. 典型意义

本案是有力打击有组织、有计划、大规模侵害技术秘密行为的典型案例。人民法院在整体判断侵害技术秘密行为的基础上,不仅适用惩罚性赔偿法律规定确定赔偿数额,还对停止侵害民事责任的具体承担及非金钱给付义务迟延履行金的计付标准等进行积极有益的探索。充分彰显了严格保护知识产权的鲜明态度和打击不正当竞争的坚定决心,有利于营造尊重原创、公平竞争、保护科技创新的法治环境。

(二)广州天某高新材料股份有限公司、九江天某高新材料有限公司诉安徽纽某精细化工有限公司等侵害技术秘密纠纷案

关键词:惩罚性赔偿

来源：最高人民法院发布第 39 批指导性案例之三【指导性案例 219 号】（2023 年 12 月 15 日）

1. 基本案情

2000 年 6 月 6 日，广州天某高新材料股份有限公司（以下简称广州天某公司）登记成立。2007 年 10 月 30 日，九江天某高新材料有限公司（以下简称九江天某公司）登记成立，独资股东是广州天某公司。两天某公司为证明两者之间存在卡波技术的许可使用关系，提交了两份授权书。第一份授权书于 2008 年 9 月 30 日出具，记载：现将广州天某公司自主研发的卡波姆产品生产技术及知识产权授予九江天某公司无偿使用，授权期限为十年，从 2008 年 10 月 1 日至 2018 年 9 月 30 日止。在授权期间内，九江天某公司拥有该项技术的使用权，其权利包括但不限于：利用该技术生产、制造、销售产品，利用该技术改善其目前的产业流程，对该技术成果进行后续改进形成新的技术成果等。未经双方书面同意与确认，广州天某公司和九江天某公司不得将该项技术授予其他任何单位或个人使用。授权期满后，授予的使用权将归还广州天某公司所有。第二份授权书于 2018 年 9 月 15 日出具，授权期限自 2018 年 10 月 1 日至 2028 年 9 月 30 日，授权内容同第一份授权书。本案案涉产品即为卡波，也称卡波姆（Carbomer），中文别名聚丙烯酸、羧基乙烯共聚物，中和后的卡波是优秀的凝胶基质，广泛应用于乳液、膏霜、凝胶中。

2011 年 8 月 29 日，安徽纽某精细化工有限公司（以下简称安徽纽某公司）登记成立，成立时法定代表人是刘某，刘某出资比例为 70%，后法定代表人变更为吴某成。

华某于 2004 年 3 月 30 日入职广州天某公司，2013 年 11 月 8 日离职。2007 年 12 月 30 日至离职，华某先后与广州天某公司签订《劳动合同》及《商业保密、竞业限制协议》《员工手册》《专项培训协议》等文件，就商业秘密的保密义务、竞业限制等方面进行了约定。朱某良、胡某春曾就职于广州天某公司，在职期间均与广州天某公司签订了《劳动合同》《商业保密、竞业限制协议》《商业技术保密协议》等。2012 年至 2013 年期间，华某利用其卡波产品研发负责人的身份，以撰写论文为由向九江天某公司的生产车间主任李某某索取了卡波生产工艺技术的反应釜和干燥机设备图纸,还违反广州天某公司管理制度,多次从其在广州天某公司的办公电脑里将卡波生产项目工艺设备的资料拷贝到外部存储介质中。华某非法获取两天某公司卡波生产技术中的生产工艺资料后,先后通过U盘拷贝或电子邮件发送的方式将两天某公司的卡波生产工艺原版图纸、文件发送给刘某、朱某良、胡某春等人,并且华某、刘某、朱某良、胡某春对两天某公司卡波生产工艺技术的原版图纸进行了使用探讨。在此过程中,胡某春与朱某良均提出是否会侵犯九江天某公司的相关权利,华某则要求胡某春根据两天某公司卡波生产工艺技术的原版图设计安徽纽某公司的生产工艺,并交代胡某春设计时不要与两天某公司做得一模一样等。于是胡某春按照华某的要求对广州天某公司卡波工艺设计图进行修改,最后将修改后的图纸委托山东某工程设计有限公司合肥分院作出设计,委托江苏某机械有限公司制造反应釜,并向与两天某公司有合作关系的上海某粉体机械制造公司订购与两天某公司一样的粉碎机械设备,再委托江苏无锡某搅拌设备有限公司根据江苏某机械有限公司的技术方案设计总装图,进而按照总装图生产搅拌器。

至迟自2014年起,安徽纽某公司利用华某从两天某公司非法获取的卡波生产工艺、设备技术生产卡波产品,并向国内外公司销售,销售范围多达二十余个国家和地区。生产卡波产品为安徽纽某公司的主要经营业务,无证据证明其还生产其他产品。2018年1月,安徽纽某公司原法定代表人刘某等因侵犯商业秘密罪被追究刑事责任,在相关刑事判决已经认定华某、刘某等实施了侵犯权利人技术秘密行为的情况下,安徽纽某公司仍未停止侵权。依据相关证据,安徽纽某公司自2014年起,直至2019年8月,始终持续销售卡波产品。

广州天某公司、九江天某公司于2017年以安徽纽某公司、华某、刘某、胡某春、朱某良等侵害其卡波技术秘密为由诉至法院,请求判令各被告停止侵权、赔偿损失、赔礼道歉。

2. 裁判结果

广州知识产权法院于2019年7月19日作出(2017)粤73民初2163号民事判决:一、华某、刘某、胡某春、朱某良、安徽纽某公司于本判决生效之日起立即停止侵害广州天某公司、九江天某公司涉案技秘密,并销毁记载涉案技术秘密的工艺资料。二、安徽纽某公司于本判决生效之日起十日内赔偿广州天某公司、九江天某公司经济损失3000万元及合理开支40万元,华某、刘某、胡某春、朱某良对前述赔偿数额分别在500万元、500万元、100万元、100万元范围内承担连带责任。三、驳回广州天某公司、九江天某公司其他诉讼请求。一审宣判后,广州天某公司、九江天某公司、安徽纽某公司、华某、刘某向最高人民法院提起上诉。

最高人民法院于2020年11月24日作出(2019)最高法知民终562号民事判决:一、维持广州知识产权法院(2017)粤73民初2163号民事判决第一项、第三项。二、变更广州知识产权法院(2017)粤73民初2163号民事判决第二项为:安徽纽某公司于本判决生效之日起十日内赔偿广州天某公司、九江天某公司经济损失3000万元及合理开支40万元,华某、刘某、胡某春、朱某良对前述赔偿数额分别在500万元、3000万元、100万元、100万元范围内承担连带责任。三、驳回广州天某公司、九江天某公司的其他上诉请求。四、驳回华某、刘某、安徽纽某公司的上诉请求。二审宣判后,安徽纽某公司、华某、刘某向最高人民法院提起再审申请。

最高人民法院于2021年10月12日作出(2021)最高法民申4025号民事裁定:驳回华某、刘某、安徽纽某公司的再审申请。

3. 裁判理由

最高人民法院认为:《中华人民共和国反不正当竞争法》(以下简称反不正当竞争法)第十七条第三款规定,因不正当竞争行为受到损害的经营者的赔偿数额,按照其因被侵权所受到的实际损失确定;实际损失难以计算的,按照侵权人因侵权所获得的利益确定。经营者恶意实施侵犯商业秘密行为,情节严重的,可以在按照上述方法确定数额的一倍以上五倍以下确定赔偿数额。赔偿数额还应当包括经营者为制止侵权行为所支付的合理开支。

本案中,两天某公司的实际损失无法查清,故根据已查明的安徽纽某公司的部分销售情况进行计算得出其侵权获利。安徽纽某公司生产的卡波产品,其工艺、流程和部分设备侵害了两天某公司的涉案技术秘密,但其卡波配方并未被认定侵害两天某公司的技术秘密。原审法院在确定侵权获利时未考虑涉案技术秘密在卡波生产中的作用,同时也未充分考虑除涉案技术秘密信息之外的其他生产要素在卡波产品生产过程中的作用,以安徽纽某公司自认的3700余万元销售额乘以精细化工行业毛利率32.26%,得到安徽纽某公司可以查实的部分侵权获利近1200万元。现综合考虑涉案被侵害技术秘密在卡波产品生产过程中所起的作用,酌情确定涉案技术秘密的贡献程度为50%,因此对于安徽纽某公司的侵权获利相应酌减取整数确定为600万元。关于利润率的选择,由于安徽纽某公司未根据法院要求提供原始会计凭证、账册、利润表,也未举证证明其卡波产品的利润率,应承担举证不利的法律后果,故按照广州天某公司年报公布的精细化工行业毛利率确定其产品利润率。

安徽纽某公司虽在二审阶段向法院提交营业执照等证据佐证其经营范围不止卡波产品的生产。但营业执照记载的经营范围系安徽纽某公司申请注册成立时的选择,其实际经营范围既可能大于也可能小于营业执照记载的经营范围。且根据已查明的事实,安徽纽某公司除卡波产品外,并没有生产其他产品,安徽纽某公司也未进一步举证证明其除卡波产品以外生产其他产品的事实。本案中,华某被诉披露技术秘密的侵权行为发生于2012年至2013年期间,安徽纽某公司利用华某从两天某公司非法获取的卡波生产工艺、设备技术生产卡波产品,并向国内外销售。此外,安徽纽某公司明确陈述其所生产的卡波产品均为相同设备所产。界定行为人是否以侵权为业,可从主客观两方面进行判断。就客观方面而言,行为人已实际实施侵害行为,并且系其公司的主营业务、构成主要利润来源;从主观方面看,行为人包括公司实际控制人及管理层等,明知其行为构成侵权而仍予以实施。本案中安徽纽某公司以及刘某等人的行为,即属此类情形。

反不正当竞争法第十七条第三款规定了判处惩罚性赔偿的条件以及惩罚性赔偿的倍数范围。可见,若经营者存在恶意侵害他人商业秘密的行为且情节严重的,权利人可请求侵权人承担赔偿金额相应倍数的惩罚性赔偿。因此,本案应在判断安徽纽某公司是否存在恶意侵权、情节是否严重的基础上确定是否适用惩罚性赔偿。根据本案业已查明的事实,安徽纽某公司自成立以来,便以生产卡波产品为经营业务,其虽辩称也生产其他产品,但并未提交证据加以佐证,且其所生产的卡波产品名称虽有差别,但均由同一套设备加工完成。此外,当其前法定代表人刘某因侵犯商业秘密罪被追究刑事责任,被认定实施了侵犯权利人技术秘密行为后,安徽纽某公司仍未停止生产,销售范围多至二十余个国家和地区,同时在本案原审阶段无正当理由拒不提供相关会计账册和原始凭证,构成举证妨碍,足见其侵权主观故意之深重、侵权情节之严重。鉴于本案被诉侵权行为跨越反不正当竞争法修改施行的2019年4月23日前后,安徽纽某公司拒绝提供财务账册等资料构成举证妨碍,所认定的侵权获利系基于安徽纽某公司自认的销售额确定,仅系其部分侵权获利;侵权人在本案中并未提交证据证明其法律修改前后的具体获利情况,导致无法以2019年4月23日为界进行分段计算;现有证据显示安徽纽某公司在一审判决之后并未停止侵权行为,其行为具有连续性,其侵权规模巨大、持续时间长。鉴于此,导致依据在案证据客观上难以分段计算赔偿数额。反不正当竞争法设立惩罚性赔偿制度的初衷在于强化法律威慑力,打击恶意严重侵权行为,威慑、阻吓未来或潜在侵权人,有效保护创新活动,对长期恶意从事侵权活动应从重处理,故本案可以依据所认定的安徽纽某公司侵权获利从高确定本案损害赔偿数额。

4. 裁判要点

(1)判断侵害知识产权行为是否构成情节严重并适用惩罚性赔偿时,可以综合考量被诉侵权人是否以侵害知识产权为业、是否受到刑事或者行政处罚、是否构成重复侵权、诉讼中是否存在举证妨碍行为,以及侵权行为造成的损失或者侵权获利数额、侵权规模、侵权持续时间等因素。

(2)行为人明知其行为构成侵权,已实际实施侵权行为且构成其主营业务的,可以认定为以侵害知识产权为业。对于以侵害知识产权为业,长期、大规模实施侵权行为的,可以依法从高乃至顶格适用惩罚性赔偿倍数确定损害赔偿数额。

（三）专业调解组织成功化解涉企知识产权纠纷

关键词： 专业调解组织

来源： 司法部发布 5 件依法保护民营企业产权和企业家权益典型案例之一（2023 年 7 月 31 日）

1. 基本案情

2022 年，南昌市知识产权纠纷人民调解委员会受理南昌某法院委托调解的一起涉民营企业知识产权纠纷。该纠纷中，广东某通信有限公司因南昌六家手机销售维修商户销售假冒其注册商标的手机充电器、数据线而提起诉讼，要求六家商户赔偿经济损失。六家商户认为自身获利较少，索赔数额又过高，均不同意该项诉求。调解过程中，人民调解员通过耐心解说、细致沟通、辩理析法，合理确定了赔偿标准，促使双方就赔偿方式、数额达成一致并签订了调解协议，避免了案件进入诉讼程序带来高昂的人力物力和时间成本。

2. 典型意义

近年来，司法部会同相关部门积极推进专业性人民调解组织建设，拓宽人民调解领域，强化调解作用发挥。本案中，知识产权专业调解组织充分发挥自身优势，在诉前通过调解方式快速解决涉及多个主体的纠纷，有效减轻了当事人的维权成本和法院的审判压力，同时起到了普法宣传作用，有利于增强经营者知识产权保护意识。

四、规范经营

（一）郎溪某服务外包有限公司诉徐某申确认劳动关系纠纷案

关键词： 劳动关系

来源： 最高人民法院关于发布第 42 批指导性案例的通知之一【指导性案例 237 号】（2024 年 12 月 20 日）

1. 基本案情

郎溪某服务外包有限公司(以下简称郎溪某服务公司)与某咚买菜平台的运营者上海某网络科技有限公司(以下简称上海某网络公司)于2019年4月1日订立《服务承揽合同》。该合同约定:郎溪某服务公司为上海某网络公司完成商品分拣、配送等工作;双方每月定期对郎溪某服务公司前一个月的承揽费用进行核对后由上海某网络公司支付;郎溪某服务公司自行管理所涉提供服务的人员,并独立承担相应薪酬、商业保险费、福利待遇,以及法律法规规定的雇主责任或者其他责任。

2019年7月,郎溪某服务公司安排徐某申到某咚买菜平台九亭站从事配送工作。郎溪某服务公司与徐某申订立《自由职业者合作协议》《新业态自由职业者任务承揽协议》。两份协议均约定:徐某申与郎溪某服务公司建立合作关系,二者的合作关系不适用劳动合同法。其中,《新业态自由职业者任务承揽协议》约定:郎溪某服务公司根据合作公司确认的项目服务人员服务标准及费用标准向徐某申支付服务费用;无底薪、无保底服务费,实行多劳多得、不劳不得制。但郎溪某服务公司并未按照以上协议约定的服务费计算方式支付费用,实际向徐某申支付的报酬包含基本报酬、按单计酬、奖励等项目。2019年8月12日,郎溪某服务公司向徐某申转账人民币9042.74元(币种下同)。2019年8月13日,徐某申在站点听从指示做木架,因切割木板意外导致右脚受伤,住院接受治疗,自此未继续在该站点工作。2019年9月3日,郎溪某服务公司以"服务费"名义向徐某申支付15,000元。徐某申在站点工作期间,出勤时间相对固定,接受站点管理,按照排班表打卡上班,根据系统派单完成配送任务,没有配送任务时便在站内做杂活。

徐某申因就工伤认定问题与郎溪某服务公司发生争议,申请劳动仲裁。上海市松江区劳动人事争议仲裁委员会裁决:徐某申与郎溪某服务公司在2019年7月5日至2019年8月13日期间存在劳动关系。郎溪某服务公司不服,向上海市松江区人民法院提起诉讼。

2. 裁判结果

上海市松江区人民法院于2021年7月5日作出(2021)沪0117民

初600号民事判决:确认徐某申与郎溪某服务外包有限公司在2019年7月5日至2019年8月13日期间存在劳动关系。宣判后,郎溪某服务外包有限公司不服,提起上诉。上海市第一中级人民法院于2022年3月7日作出(2021)沪01民终11591号民事判决:驳回上诉,维持原判。

3.裁判理由

本案的争议焦点为:在郎溪某服务公司与徐某申订立承揽、合作协议的情况下,能否以及如何认定双方之间存在劳动关系。

是否存在劳动关系,对劳动者的权益有重大影响。存在劳动关系的,劳动者依法享有取得劳动报酬、享受社会保险和福利、获得经济补偿和赔偿金等一系列权利,同时也承担接受用人单位管理等义务。根据《中华人民共和国劳动法》《中华人民共和国劳动合同法》的规定:"用人单位自用工之日起即与劳动者建立劳动关系","建立劳动关系应当订立劳动合同"。但实践中存在企业与劳动者签订承揽、合作等合同,以规避与劳动者建立劳动关系的情况。对此,人民法院应当根据用工事实,综合考虑人格从属性、经济从属性、组织从属性等因素,准确认定企业与劳动者是否存在劳动关系,依法处理劳动权益保障案件。《劳动和社会保障部关于确立劳动关系有关事项的通知》(劳社部发〔2005〕12号)第一条规定:"用人单位招用劳动者未订立书面劳动合同,但同时具备下列情形的,劳动关系成立。(一)用人单位和劳动者符合法律、法规规定的主体资格;(二)用人单位依法制定的各项劳动规章制度适用于劳动者,劳动者受用人单位的劳动管理,从事用人单位安排的有报酬的劳动;(三)劳动者提供的劳动是用人单位业务的组成部分。"可见,劳动关系的本质特征是支配性劳动管理。在新就业形态下,平台企业生产经营方式发生较大变化,劳动管理的具体形式也随之具有许多新的特点,但对劳动关系的认定仍应综合考量人格从属性、经济从属性、组织从属性的有无及强弱。具体而言,应当综合考虑劳动者对工作时间及工作量的自主决定程度、劳动过程受管理控制程度、劳动者是否需要遵守有关工作规则、算法规则、劳动纪律和奖惩办法、劳动者工作的持续性、劳动者能否决定或者改变交易价格等因素,依法作出相应认定。

本案中,虽然郎溪某服务公司与徐某申订立的是承揽、合作协议,但根据相关法律规定,结合法庭查明的事实,应当认定徐某申与郎溪某服务公司之间存在劳动关系。具体而言:其一,徐某申在站点从事配送工作,接受站点管理,按照站点排班表打卡上班,并根据派单按时完成配送任务,在配送时间、配送任务等方面不能自主选择,即使没有配送任务时也要留在站内做杂活。其二,徐某申的报酬组成包含基本报酬、按单计酬及奖励等项目,表明郎溪某服务公司对徐某申的工作情况存在相应的考核与管理,并据此支付报酬。其三,郎溪某服务公司从上海某网络公司承揽商品分拣、配送等业务,徐某申所从事的配送工作属于郎溪某服务公司承揽业务的重要组成部分。综上,徐某申与郎溪某服务公司之间存在用工事实,构成支配性劳动管理,符合劳动关系的本质特征,应当认定存在劳动关系。

4. 裁判要点

平台企业或者平台用工合作企业与劳动者订立承揽、合作协议,劳动者主张与该企业存在劳动关系的,人民法院应当根据用工事实,综合考虑劳动者对工作时间及工作量的自主决定程度、劳动过程受管理控制程度、劳动者是否需要遵守有关工作规则、算法规则、劳动纪律和奖惩办法、劳动者工作的持续性、劳动者能否决定或者改变交易价格等因素,依法作出相应认定。对于存在用工事实,构成支配性劳动管理的,应当依法认定存在劳动关系。

(二)陆某诉某轧钢作业服务有限公司劳动合同纠纷案——职业病患者在申请职业病认定期间的权利应予保障

关键词:职业卫生

来源:人民法院案例库入库案例(入库编号:2023-07-2-186-007)

1. 基本案情

陆某诉称:其于2009年1月1日起与某轧钢作业服务有限公司建立劳动关系,工作岗位属接触职业病危害作业岗位。某轧钢作业服务有限公司对员工没有采取必要的健康防护措施。因工作中长时间接触苯,陆某患上白血病,自2011年1月1日起住院治疗。2013年12月30日,某轧钢作业服务有限公司在未为陆某进行职业病检查的情况下,与陆某终止了劳动关系。2015年,经职业病鉴定委员会鉴定,陆某所患之病确认为苯中毒所致职业病,2016年经工伤鉴定为伤残六级。陆某曾提起仲裁要求恢复同某轧钢作业服务有限公司之间的劳动关系,但未获支持,其不服仲裁裁决起诉至法院,要求判决:(1)自2014年1月1日起恢复同某轧钢作业服务有限公司之间的劳动关系,并要求某轧钢作业服务有限公司按3902.4元/月的标准向陆某支付自2014年1月1日起至实际恢复之日止的工资;(2)某轧钢作业服务有限公司支付陆某2011年1月1日至2013年12月30日期间因病假扣除的应付工资44,000元;(3)某轧钢作业服务有限公司支付陆某2011年1月1日至2015年12月30日期间护理费339,000元(护工护理费216,000元、家属护理费123,000元)、交通费7800元;(4)某轧钢作业服务有限公司支付陆某因职业病造成的营养费(含精神损失费)200,000元,其余同意仲裁裁决。

某轧钢作业服务有限公司辩称:当时公司因劳动合同期满与陆某协商终止了劳动关系,陆某亦签收了到期终止的通知,该行为合法,故不同意与陆某恢复劳动关系。双方劳动关系终止后,不存在劳动关系,故不同意支付陆某2014年1月1日之后的工资。陆某要求某轧钢作业服务有限公司支付2011年1月1日至2013年12月30日期间的工资差额,但当时未作出职业病认定,某轧钢作业服务有限公司按病假工资的标准向陆某发放工资符合规定,且陆某的诉讼请求已超过仲裁申请时效。陆某要求某轧钢作业服务有限公司支付护理费、交通费、营养费均不合理。综上,要求驳回陆某全部诉讼请求,维持仲裁裁决。

法院经审理查明,陆某曾系某轧钢作业服务有限公司员工,工作岗位为涂漆岗位。2011年1月1日起陆某因病休假。陆某、某轧钢作业服务有限公司签有两份劳动合同,最后一份劳动合同期限自2011年1月1日至2013年12月31日,劳动合同到期后双方未续签,双方劳动关系于劳动合同到期当日终止。2015年5月8日,上海市肺科医院为陆某出具职业病诊断证明书,诊断结论为苯所致白血病。陆某自该日起向某轧钢作业服务有限公司要求恢复劳动关系。2015年10月21日,上海市宝山区人力资源和社会保障局出具认定工伤决定书,认定陆某所患职业病为工伤。2016年1月4日,上海市劳动能力鉴定中心出具鉴定结论,结论为陆某完全丧失劳动能力。2016年4月19日,上海市劳动能力鉴定委员会出具鉴定结论,结论为陆某因职业病致残程度六级。陆某2010年度正常出勤的工资为29,591.78元。自2011年1月1日起,某轧钢作业服务有限公司每月按病假工资标准向陆某支付工资。2011年1月至12月,陆某所得工资共计22,411.98元,2012年1月至12月,陆某所得工资共计19,784.1元。2017年8月9日,陆某提起仲裁,要求裁决某轧钢作业服务有限公司自2014年1月1日起恢复同陆某之间的劳动关系,并向陆某支付自2014年1月1日起至实际恢复之日止的工资;要求某轧钢作业服务有限公司支付陆某2011年1月1日至2013年12月30日期间因病假扣除的应付工资44,000元、医疗费107,774.58元、住院伙食补助费9600元;要求某轧钢作业服务有限公司支付陆某2011年1月1日至2015年12月30日期间护理费339,000元(护工护理费216,000元、家属护理费123,000元)、家属往返医院交通费3000元、就医交通费4800元和营养费100,000元,劳动能力鉴定费700元、一次性伤残补助金48,000元、辅助器具费5386元、律师费30,000元和后续治疗费200,000元。2017年9月19日,劳动仲裁委员会作出裁决,裁决某轧钢作业服务有限公司支付陆某2011年1月1日至2013年12月31日期间医疗费107,774.58元、住院伙食补助费4720元、劳动能力鉴定费700元,对陆某其余申诉请求不予支持。陆某不服,提起诉讼。庭审中,陆某称其于2015年10月至2016年4月期间,在某汽车服务有限公司工作;2016年10月至2017年4月期间,在上海某投资管理有限公司工作。

2. 法院裁判

上海市宝山区人民法院于2018年1月3日作出(2017)沪0113民初19141号民事判决:一、某轧钢作业服务有限公司于本判决生效之日起十日内支付陆某2011年1月1日至2012年12月31日期间工资差额16,983.48元;二、某轧钢作业服务有限公司于本判决生效之日起十日内支付陆某就医交通费2000元;三、某轧钢作业服务有限公司于本判决生效之日起十日内支付陆某2011年1月1日至2013年12月31日期间医疗费107,774.58元;四、某轧钢作业服务有限公司于本判决生效之日起十日内支付陆某2011年1月1日至2013年12月31日期间住院期间伙食费4720元;五、某轧钢作业服务有限公司于本判决生效之日起十日内支付陆某劳动能力鉴定费700元;六、驳回陆某其余诉讼请求。陆某不服,以某轧钢作业服务有限公司未对其进行职业病健康检查就以劳动合同到期为由终止与其之间的劳动合同,在得知职业病认定及伤残等级鉴定结论后仍拒绝恢复劳动关系,违反《中华人民共和国劳动合同法》《中华人民共和国职业病防治法》强制性规定为由,提起上诉。上海市第二中级人民法院于2018年5月18日作出(2018)沪02民终2013号民事判决:一、维持上海市宝山区人民法院(2017)沪0113民初19141号民事判决书判决主文第一项、第二项、第三项、第四项、第五项;二、撤销上海市宝山区人民法院(2017)沪0113民初19141号民事判决书判决主文第六项;三、某轧钢作业服务有限公司应于2014年1月1日起与陆某恢复劳动关系;四、某轧钢作业服务有限公司应于本判决生效之日起十日内支付陆某2014年1月1日至本判决之日的工资人民币79,047.7元;五、陆某的其他诉讼请求不予支持。

3. 裁判理由

法院生效裁判认为,为预防、控制和消除职业病危害,保障劳动者的身体健康,国家专门制定了《中华人民共和国职业病防治法》,明确用人单位应当采取措施保障劳动者获得职业卫生保护,并对本单位产生的职业病危害承担责任。职业病是指劳动者在职业活动中因接触粉尘、放射性物质和其他有毒、有害因素而引起的疾病。对于预防职业病,用人单位除积极采取防护措施外,平时还应当为劳动者建立职业健康监护档案;对从事接触职业病危害作业的劳动者,应当按规定组织上岗前、在岗期间和离岗时的职业健康检查,并将检查结果书面告知劳动者。用人单位不得安排未经上岗前职业健康检查的劳动者从事接触职业病危害的作业;不得安排有职业禁忌的劳动者从事其所禁忌的作业;对在职业健康检查中发现有与所从事的职业相关的健康损害的劳动者,应当调离原工作岗位,并妥善安置;对未进行离岗前职业健康检查的劳动者不得解除或者终止与其订立的劳动合同。

陆某在某轧钢作业服务有限公司从事涂漆工作,工作中与挥发性有毒有害气体接触,其属于接触职业病危害作业的劳动者。某轧钢作业服务有限公司应当按照职业病防治法的相关规定给予陆某相应的保护、上岗前健康检查以及离岗时健康检查,对其要求进行职业病检查亦应当积极配合。根据查明的事实,首先,某轧钢作业服务有限公司没有证据证明陆某在进入某轧钢作业服务有限公司前即已患有该职业病,其将陆某患职业病的责任推给他人,缺乏依据。其次,某轧钢作业服务有限公司未对陆某进行定期检查、未配合陆某进行职业病检查亦存在过错。用人单位对本单位有毒有害岗位可能产生的职业危害应当有一定的认识并应积极采取防范和救治的措施。某轧钢作业服务有限公司在法院审理期间并未提供证据证实陆某在职期间公司曾对其进行定期健康检查,其在陆某患病并提出职业病检查时又予以拒绝,显然未尽法定义务。最后,某轧钢作业服务有限公司未安排陆某做离岗前检查即终止劳动合同亦属违法。某轧钢作业服务有限公司主张合同到期终止是一种事实状况,无需协商。对此,法院认为,合同期限届满是劳动合同终止的法定事由之一,但《中华人民共和国劳动合同法》亦同时明确,劳动合同期满,在本单位患职业病或者因工负伤并被确认丧失或者部分丧失劳动能力的;其劳动合同的终止,按照国家有关工伤保险的规定执行。而《工伤保险条例》明确规定,职工因工致残被鉴定为五级、六级伤残的,应当保留与用人单位的劳动关系,由用人单位安排适当工作。对于该类人员的合同关系,《工伤保险条例》同时亦明确,只有经工伤职工本人提出,可以与用人单位解除或者终止劳动关系。显然,对于被鉴定为五级、六级伤残的工伤职工,其劳动合同的终止应当以劳动者的意愿为准。因此,某轧钢作业服务有限公司主张其与陆某的合同可以到期终止缺乏依据。至于某轧钢作业服务有限公司提出的陆某签收了合同到期终止通知书以及收取了经济补偿金,法院认为,根据陆某提供的证据,陆某在劳动合同到期前已经向相关医院提出了职业病检查的要求,显然其并不认可某轧钢作业服务有限公司终止合同的行为。用人单位违法终止劳动合同时,劳动者签收退工单的行为并不能改变该终止劳动合同行为的违法性质。从查明的事实看,陆某系六级伤残的职工,其劳动合同虽然到期,但该劳动合同的终止并非陆某提出。某轧钢作业服务有限公司终止双方劳动合同属于违法,陆某要求恢复劳动合同理由正当。陆某在被某轧钢作业服务有限公司终止劳动合同后一直在申请职业病认定、工伤认定,在相关结论出来后其请求某轧钢作业服务有限公司恢复劳动关系又遭拒绝。陆某在此情况下虽曾去他处工作,但确为生计所迫,且时间短暂,不能将此认定为阻断双方劳动关系恢复的合法理由。故法院对陆某要求某轧钢作业服务有限公司与其恢复劳动关系的请求予以支持。

根据《工伤保险条例》规定,对于伤残五级、六级的工伤职工,难以安排工作的,由用人单位按月发给伤残津贴,六级伤残的发放标准为本人工资的60%,并由用人单位按照规定为其缴纳应缴纳的各项社会保险费。伤残津贴实际金额低于当地最低工资标准的,由用人单位补足差额。其中本人工资,是指工伤职工因工作遭受事故伤害或者患职业病前12个月平均月缴费工资。本人工资低于统筹地区职工平均工资60%的,按照统筹地区职工平均工资的60%计算。陆某经鉴定为6级伤残,在2014年1月1日至双方恢复劳动关系期间,某轧钢作业服务有限公司应按上述规定支付陆某伤残津贴。根据查明事实,陆某患职业病前正常出勤期间其月平均收入为2465.98元,经计算后陆某应得的伤残津贴均低于同期最低工资,故某轧钢作业服务有限公司应按同期最低工资标准支付陆某2014年1月1日至本判决之日的工资。此后,某轧钢作业服务有限公司应安排陆某适当工作,不能安排陆某工作的,仍应按工伤保险条例的规定继续支付陆某伤残津贴。在法院审理期间,陆某表示不再向某轧钢作业服务有限公司主张其在外短暂工作期间的工资,于法无悖,予以准许。陆某另同意在本判决履行过程中在某轧钢作业服务有限公司给付的款项中抵扣已拿到的经济补偿金,亦无不可。

4. 裁判要旨

《中华人民共和国职业病防治法》明确,用人单位应当采取措施保障劳动者获得职业卫生保护,并对本单位产生的职业病危害承担责任。用人单位的保障义务包括对从事接触职业病危害作业的劳动者进行上岗前、在岗期间和离岗时的职业健康检查。对未进行离岗前职业健康检查的劳动者不得解除或者终止与其订立的劳动合同。对用人单位在劳动者离职前拖延履行相应的义务,在劳动者离职后被认定职业病时,又以双方劳动合同已经终止或者劳动者在外有过就业行为为由逃避履行《中华人民共和国职业病防治法》上相关义务的,应结合过错程度,分析职业病认定结论的时间先后、劳动合同终止的原因以及劳动者在外就业等因素进行综合判断。处理结果应既能保障职业病患者的生存和康复,又能起到惩戒用人单位违法行为、引导规范用工的作用。

(三) 昆明闽某纸业有限责任公司等污染环境刑事附带民事公益诉讼案

关键词: 生态环境、人格混同

来源: 最高人民法院发布第 38 批指导性案例之四【指导性案例 215 号】(2023 年 10 月 20 日)

1. 基本案情

被告单位昆明闽某纸业有限公司(以下简称闽某公司)于 2005 年 11 月 16 日成立,公司注册资本 100 万元。黄某海持股 80%,黄某芬持股 10%,黄某龙持股 10%。李某城系闽某公司后勤厂长。闽某公司自成立起即在长江流域金沙江支流螳螂川河道一侧埋设暗管,接至公司生产车间的排污管道,用于排放生产废水。经鉴定,闽某公司偷排废水期间,螳螂川河道内水质指标超基线水平 13.0 倍 - 239.1 倍,上述行为对螳螂川地表水环境造成污染,共计减少废水污染治理设施运行支出 3,009,662 元,以虚拟治理成本法计算,造成环境污染损害数额为 10,815.021 元,并对螳螂川河道下游金沙江生态流域功能造成一定影响。

闽某公司生产经营活动造成生态环境损害的同时,其股东黄某海、黄某芬、黄某龙还存在如下行为:(1)股东个人银行卡收公司应收资金共计 124,642,613.1 元,不作财务记载。(2)将属于公司财产的 9 套房产(市值 8,920,611 元)记载于股东及股东配偶名下,由股东无偿占有。(3)公司账簿与股东账簿不分,公司财产与股东财产、股东自身收益与公司盈利难以区分。闽某公司自案发后已全面停产,对公账户可用余额仅为 18,261.05 元。

云南省昆明市西山区人民检察院于 2021 年 4 月 12 日公告了本案相关情况,公告期内未有法律规定的机关和有关组织提起民事公益诉讼。昆明市西山区人民检察院遂就上述行为对闽某公司、黄某海、李某城等提起公诉,并对该公司及其股东黄某海、黄某芬、黄某龙等人提起刑事附带民事公益诉讼,请求否认闽某公司独立地位,由股东黄某海、黄某芬、黄某龙对闽某公司生态环境损害赔偿承担连带责任。

2. 裁判结果

云南省昆明市西山区人民法院于 2022 年 6 月 30 日以(2021)云 0112 刑初 752 号刑事附带民事公益诉讼判决,认定被告单位昆明闽某纸业有限公司犯污染环境罪,判处罚金人民币 2,000,000 元;被告人黄某海犯污染环境罪,判处有期徒刑三年六个月,并处罚金人民币 500,000 元;被告人李某城犯污染环境罪,判处有期徒刑三年六个月,并处罚金人民币 500,000 元;被告单位昆明闽某纸业有限公司在判决生效后十日内承担生态环境损害赔偿人民币 10,815,021 元,以上费用付至昆明市环境公益诉讼救济专项资金账户用于生态环境修复;附带民事公益诉讼被告昆明闽某纸业有限公司在判决生效后十日内支付昆明市西山区人民检察院鉴定检测费用合计人民币 129,500 元。附带民事公益诉讼被告人黄某海、黄某芬、黄某龙对被告昆明闽某纸业有限公司负担的生态环境损害赔偿和鉴定检测费用承担连带责任。

宣判后,没有上诉、抗诉,一审判决已发生法律效力。案件进入执行程序,目前可供执行财产价值已覆盖执行标的。

3. 裁判理由

法院生效裁判认为,企业在生产经营过程中,应当承担合理利用资源、采取措施防治污染、履行保护环境的社会责任。被告单位闽某公司无视企业环境保护社会责任,违反国家法律规定,在无排污许可的前提下,未对生产废水进行有效处理并通过暗管直接排放,严重污染环境,符合《中华人民共和国刑法》第三百三十八条之规定,构成污染环境罪。被告人黄某海、李某城作为被告单位闽某公司直接负责的主管人员和直接责任人员,在单位犯罪中作用相当,亦应以污染环境罪追究其刑事责任。闽某公司擅自通过暗管将生产废水直接排入河道,造成高达10,815,021元的生态环境损害,并对下游金沙江生态流域功能也造成一定影响,其行为构成对环境公共利益的严重损害,不仅需要依法承担刑事责任,还应承担生态环境损害赔偿民事责任。

附带民事公益诉讼被告闽某公司在追求经济效益的同时,漠视对环境保护的义务,致使公司生产经营活动对环境公共利益造成严重损害后果,闽某公司承担的赔偿损失和鉴定检测费用属于公司环境侵权债务。

由于闽某公司自成立伊始即与股东黄某海、黄某芬、黄某龙之间存在大量、频繁的资金往来,且三人均有对公司财产的无偿占有,与闽某公司已构成人格高度混同,可以认定属《中华人民共和国公司法》第二十条第三款规定的股东滥用公司法人独立地位和股东有限责任的行为。现闽某公司所应负担的环境侵权债务合计10,944,521元,远高于闽某公司注册资本1,000,000元,且闽某公司自案发后已全面停产,对公账户可用余额仅为18,261.05元。上述事实表明黄某海、黄某芬、黄某龙与闽某公司的高度人格混同已使闽某公司失去清偿其环境侵权债务的能力,闽某公司难以履行其应当承担的生态环境损害赔偿义务,符合《中华人民共和国公司法》第二十条第三款规定的股东承担连带责任之要件,黄某海、黄某芬、黄某龙应对闽某公司的环境侵权债务承担连带责任。

4. 裁判要点

公司股东滥用公司法人独立地位、股东有限责任,导致公司不能履行其应当承担的生态环境损害修复、赔偿义务,国家规定的机关或者法律规定的组织请求股东对此依照《中华人民共和国公司法》第二十条的规定承担连带责任的,人民法院依法应当予以支持。

五、服务保障

（一）安徽省春某汽车销售公司诉蒙城县市场监督管理局行政许可案

关键词：公司设立、行政许可、增设许可条件

来源：最高人民法院发布首批涉市场准入行政诉讼十大典型案例之七（2025年3月3日）

1. 基本案情

2021年4月1日，安徽省春某汽车销售公司（以下简称销售公司）向蒙城县市场监督管理局（以下简称市监局）申请设立机动车检测公司，该局受理后进行调查核实，认为申请材料中拟设立公司住所使用的土地不符合土地管理法的规定，故通知销售公司补充提交相关用地和规划证明材料；后市监局以销售公司未提供适格材料，违反了《公司登记管理条例》第10条的规定为由，依据上述条例第53条第2款作出《登记驳回通知书》，对该公司的申请不予登记。销售公司不服诉至法院，请求判决撤销上述通知书。

2. 法院裁判

蒙城县人民法院审理认为，销售公司向市监局提交的申请设立机动车检测公司的相关材料符合《公司登记管理条例》第20条第2款的规定，其申请符合设立有限责任公司登记的条件。市监局以该公司未提交拟设立公司住所符合从事机动车检测的土地和规划证明材料为由，决定不予登记，缺乏事实和法律依据。据此，判决撤销市监局作出的《登记驳回通知书》，并责令该局限期对销售公司的申请重新作出决定。双方当事人判后均未上诉。

3. 典型意义

本案系市监局对设立机动车检测公司的申请不予登记引发的行

政争议。行政机关设定和实施行政许可,应当依照法定的权限、范围、条件和程序,不得随意增设条件。结合 2021 年《国务院关于深化"证照分离"改革进一步激发市场主体发展活力的通知》精神和《公司登记管理条例》第 20 条、第 21 条、第 24 条之规定,申请设立公司应当提交公司住所证明,该证明是指能够证明公司对其住所享有使用权的文件。至于该住所是否符合从事特定经营活动的要求,一般并非公司登记机关在设立登记阶段应当审查的法定事项。本案中,人民法院明确指出市监局以申请人未能提交住所符合从事特定经营活动要求的材料为由不予登记,属于增设许可条件,涉案《登记驳回通知书》依法应予撤销。该判决结果对于监督行政机关依法履行职责,维护公平的市场经营环境,保障市场准入过程规范有序具有指导意义。

(二) 甲信用评价公司诉某市市场监督管理局行政处罚案

关键词: 信用评价体系

来源: 最高人民法院发布人民法院服务保障全国统一大市场建设行政诉讼典型案例之三(2023 年 12 月 28 日)

1. 基本案情

一家在香港特别行政区注册的社团制定了两个企业信用评价标准。该社团将这两个标准授权给在北京注册的一家案外公司。甲信用评价公司又从该案外公司获得分授权。在甲信用评价公司网站关于企业信用信息管理平台的网页上,几乎每一个页面(包括首页)的底部,均有"依据中华人民共和国信用行业标准……评分评级……"等内容。甲信用评价公司简介的页面内有"经国家工商行政管理部门核准注册成立的全国性、国际化、社会化、标准化、专业化的信用评价机构……是中华人民共和国信用行业标准评价机构,执行标准依法在中国国家标准化管理委员会备案……"等内容。2019 年 3 月,某市市场监督管理局在对甲信用评价公司检查时发现,该公司使用的这两个标准没有在相关主管部门备案或审批。自 2018 年 12 月至 2019 年 4 月,甲信用评价公司按照这两个标准对多家单位开展信用评级活动,收费若干元。某市市场监督管理局认为,根据《中华人民共和国标准化法》

第十二条第二款的规定,甲信用评价公司使用的不是行业标准,构成虚假宣传,违反《中华人民共和国反不正当竞争法》第八条第一款的规定,决定依照该法第二十条第一款的规定,责令该公司停止违法行为,罚款若干元。甲信用评价公司提起诉讼,请求撤销该行政处罚决定。

2. 裁判结果

人民法院生效判决认为,依照《中华人民共和国标准化法》第十二条第二款"行业标准由国务院有关行政主管部门制定,报国务院标准化行政主管部门备案"的规定,冠以"行业标准"的标准均由国务院有关行政主管部门制定。甲信用评价公司使用的两个标准明显不属于该法规定的"行业标准"。甲信用评价公司以"中华人民共和国信用行业标准"对外宣传,引人误解,构成不正当竞争,应予处罚。但该公司使用的这两个标准客观存在,社会危害程度相对较低,考虑到对新兴标准、引入标准监督的精神是以规范发展为主、惩戒为辅,故判决变更为较低的罚款数额。

3. 典型意义

完善社会信用制度和信用体系、建立健全社会信用评价体系是构建全国统一大市场的重要保障。建立企业信用状况综合评价体系是加快建设全国统一大市场的应有之义。国家鼓励企业、社会团体和教育、科研机构等开展或参与标准化工作、国际标准化活动,鼓励社会团体制定高于推荐性标准相关技术要求的团体标准,鼓励制定具有国际领先水平的团体标准。在行政执法过程中,涉及不同地区标准转化和使用的,应当以规范发展为主,维护市场公平竞争环境与完善市场运行制度并重。本案中,人民法院结合我国企业信用评价标准的发展状况,认为应当遏制信用评价体系中违反法律规定、扰乱市场秩序的行为,对企业给予行政处罚,同时应当综合考虑企业行为的社会危害性等因素,鼓励市场主体探索开展高质量国际标准化活动。本案判决兼顾监管规范和促进发展,审慎调低罚款数额,降低对中小微企业的影响,促进了行业标准领域行政执法的公平公正。

(三) 北京、江苏、浙江、广东等地法院与工商联建立民营企业产权保护社会化服务体系

关键词: 矛盾纠纷化解

来源: 最高人民法院发布助推民营经济高质量发展典型民商事案例之十(2021年9月3日)

1. 具体举措

江苏省高级人民法院2020年与江苏省工商联签订服务保障民营经济健康发展协作机制的框架协议,持续加大商会商事调解工作推进力度,吸纳更多的商事领域有经验、有威望的商会领导、民营企业家参与商事调解,鼓励各地积极争取党委政府经费支持,拓宽商会组织调解经费来源,切实提高经费保障水平。

广州互联网法院推广"枫桥E站"解纷站点,创新发展新时代在线诉源治理、多元解纷模式。推动企业建立结合企业自身特点的智能合约自动履行解决方案,探索建立将当事人的履约行为与本企业所设信用评价体系挂钩的机制,完善互联网诉源治理体系。

北京市石景山区人民法院充分发挥区工商联桥梁纽带作用,共同开展产权司法保护调研及法治宣传,建立定期信息共享、案例通报及会商长效机制,畅通与民营企业家联系渠道,推动民营企业产权保护形成整体合力。

浙江省嘉兴市南湖区人民法院与区工商联调委会组建优秀企业家在内的调解队伍,入驻县级社会矛盾调解中心,法院加强业务指导,通过平台对接直接指导调解员开展线下调解,构建"线下调解+线上确认"工作新模式,提供"一站式"服务。

2. 典型意义

工商联所属商会是以非公有制企业和非公有制经济人士为主体,由工商联作为业务主管单位的社会组织。按照中共中央《关于促进工商联所属商会改革和发展的实施意见》,商会要继续完善职能作用、创新经济服务工作、强化守法诚信和社会责任,加大商会商事调解工作力度,是深化商会改革和发展的一项重要举措。典型案例选取了江苏

高院、广州互联网法院、北京市石景山区法院、浙江嘉兴南湖区法院四个典型。

江苏全省现已设立商会调解组织 332 个,聘用调解人员 1528 名,调解力量不断壮大。全省各类商会调解组织共有效化解商事纠纷 3757 件,化解标的金额 10.27 亿元。

广州互联网法院 2021 年在阿里巴巴、百度、腾讯等互联网平台之外,另在网易、字节跳动、唯品会、蚂蚁金服等平台增设"枫桥 E 站"4 个,调解互联网民营经济领域纠纷 9236 件。

2020 年 6 月到 2021 年 6 月,北京市石景山区法院民营企业产权保护调解室已成功调解涉区工商联所属商会会员企业产权矛盾 165 件,平均调解时长 28 天。

自 2020 年 6 月嘉兴市南湖区工商联调委会成立以来,共调处案件 904 件,调解成功 574 件,调解成功率 63.4%,涉案标的近 1.6 亿元,调解成功标的近 1.5 亿元,为企业节约诉讼成本超过 100 万元。

从高院、中院到基层法院,人民法院与工商联建立民营企业产权保护社会化服务体系,均收到了良好的效果,对促进矛盾纠纷化解、民营经济保护起到了非常积极的作用。

六、权益保护

(一)网络自媒体蹭热点,编造虚假信息,侵害民营企业声誉,依法应承担侵权责任——某科技公司诉某文化公司、某传媒公司名誉权纠纷案

关键词:民营企业名誉权

来源:最高人民法院发布涉民营企业、民营企业家人格权保护典型案例之一(2023 年 10 月 16 日)

1. 基本案情

"某某森林"项目系原告某科技公司发起、推动的绿色、低碳公益项目。2021年5月6日,被告某文化公司在其运营的微信公众号发布文章,称原告利用全国用户积攒碳排放指标,再将排放指标卖给重污染企业,帮助重污染企业污染环境等。该文章发布后,阅读量超7万余次,不少读者留言质疑、否定"某某森林"项目。此后,某文化公司又将案涉文章转发于其在今日头条号等运营的多个自媒体平台账号中。2021年5月8日,网络自媒体某传媒公司也在其微信公众号等多个自媒体账号中转发了案涉文章。

某科技公司曾就案涉事件发布澄清说明,并向某文化公司、某传媒公司发送律师函,但收效不佳,遂以两公司侵犯名誉权、损害"某某森林"绿色公益项目声誉为由提起本案诉讼。

2. 裁判结果

审理法院认为,某文化公司发布案涉文章的前述内容与客观事实不符,社会公众在"某某森林"小程序中种下的虚拟树,原告将通过捐赠款项方式交由合作方中国绿化基金会等公益组织进行实际种植,原告对"某某森林"项目种下的绿植不享有财产性权利,更不因此获得碳排放指标,且从未以此进行过碳汇交易。某文化公司发布不实信息的行为,已导致原告及"某某森林"绿色公益项目社会评价显著降低,对原告名誉权构成了侵害。两被告公司的网络自媒体账号存在长期固定的转载、引流关系,有共同开展广告推广等商业行为,且自媒体账号经营者存在相互出资及人员任职交叉等情形,可以认定两被告在主观上对于侵权文章的撰写、转载和扩散具有共同的意思联络,客观上实施了具有协同性的侵权行为,结果上共同导致了虚假信息在网络空间的广泛传播,造成原告社会评价降低,符合共同侵权的构成要件,应当承担连带责任。遂判决两被告停止侵权、删除案涉文章、公开赔礼道歉、消除影响并赔偿经济损失。

3. 典型意义

数字时代人们习惯浅阅读、快阅读,自媒体数量剧增,舆论影响力大。部分网络自媒体为博取眼球,对热点事件进行恶意消费,有些甚至形成"蹭热度—引流量—涨粉丝—变现"的灰色流量营销产业链,并通过搭建自媒体矩阵在不同自媒体平台同时发布虚假、不实信息，对企业和企业家的声誉造成严重冲击，极大损害了企业通过大量投入和长期经营打造的良好形象。本案对网络自媒体恶意侵害知名企业名誉权的认定标准以及网络自媒体账号之间相互引流的共同侵权行为认定进行了有益探索，有利于依法惩治对民营企业的诽谤、污蔑等侵权行为，有利于鼓励和支持民营企业履行社会责任、积极投身社会绿色公益事业、为经济社会发展作出贡献。

（二）赵寿喜诈骗再审改判无罪案

关键词： 区分经济纠纷与经济犯罪

来源： 最高人民法院发布涉民营企业产权和企业家合法权益保护再审典型案例之四（2023年10月10日）

1. 基本案情

被告人赵寿喜系鑫旺矿业公司法定代表人。2006年，鑫旺矿业公司将其投资建成的洗选厂租给鑫国公司使用，约定年租金90万元。一年后，鑫国公司继续使用洗选厂，但拒付租金，双方因此发生纠纷。赵寿喜不甘心洗选厂被强占，于2009年与润鑫公司签订协议，约定：润鑫公司代鑫旺矿业公司诉鑫国公司，诉讼成功后鑫旺矿业公司只收回48万元，其余利益归润鑫公司所有，鑫旺矿业公司不得撤诉或与鑫国公司私了，否则润鑫公司有权追讨损失；如润鑫公司代理诉讼并确认有较大的胜诉率，可协商提前支付48万元，并签订将洗选厂过户给润鑫公司的转让合同。鑫旺矿业公司将证照交给润鑫公司使用、保管。后润鑫公司又与阿木拉莫（个人）达成协议，共同代办鑫旺矿业公司诉讼活动。诉讼期间，润鑫公司和阿木拉莫陆续付给鑫旺矿业公司38.9万元。2011年11月，一审民事判决鑫旺矿业公司胜诉。鑫国公司上诉后，与赵寿喜达成调解协议，以54万元将洗选厂转让给鑫国公司。

2. 裁判结果

一审法院认为，被告人赵寿喜隐瞒润鑫公司和阿木拉莫控股鑫旺矿业公司洗选厂的真相，将洗选厂以54万元卖给鑫国公司，其行为构成诈骗罪,判处其有期徒刑十年,并处罚金。赵寿喜上诉后,二审法院裁定驳回上诉,维持原判。根据当事人申诉,四川省高级人民法院决定再审并提审。

四川省高级人民法院再审认为,委托诉讼协议系附条件合同,条件未成就时该协议不生效。本案中,润鑫公司尚未足额支付48万元,没有达到双方约定的签订转让合同的条件,洗选厂并未实际转让给润鑫公司或阿木拉莫。赵寿喜对鑫国公司没有实施刑法规定的虚构事实、隐瞒真相行为,不构成诈骗罪。四川省高级人民法院于2023年1月16日作出再审判决,宣告赵寿喜无罪。

3. 典型意义

稳定预期,弘扬企业家精神,安全是基本保障。本案因多个利益主体之间的经济纠纷引发,根据有关法律规定,当事人完全可以通过调解、和解或者民事诉讼的途径解决,不应追究相关人员的刑事责任。本案的原审法院未能准确把握处理涉产权经济纠纷的司法政策,错误地把一起经济纠纷当作犯罪处理,给企业家的人身和财产安全带来严重损害。本案再审改判赵寿喜无罪,充分体现了人民法院贯彻"坚决防止将经济纠纷当作犯罪处理、坚决防止将民事责任变为刑事责任"的责任担当,对于切实增强企业家人身及财产安全感,营造良好稳定的预期,促进民营经济发展壮大具有积极作用。

(三)某勇、黔东南州乙建设投资公司与独山县丙小额贷款有限责任公司、原审第三人郑某华民间借贷纠纷抗诉案

关键词:检察机关民事监督职能

来源:最高人民检察院关于印发《民事检察促进民营经济发展壮大典型案例》之八(2024年3月8日)

1. 基本案情

案外人贵州甲新型环保建材有限公司(以下简称甲环材公司)成立于2013年,系贵州省某市招商引资企业,注册资金2000万元,主要经营范围为生产销售混凝土、沥青混凝土、水泥制品、模塑板等。

甲环材公司与黔东南州乙建设投资公司（以下简称乙建设投资公司）于2013年6月25日签订协议，约定：乙建设投资公司以1077余万元价格，将名下共计3万余平方米国有土地使用权转让给甲环材公司。协议签订后，乙建设投资公司将案涉土地交付给甲环材公司，甲环材公司在案涉土地上投资近亿元建设厂房、安装设备并开展生产。甲环材公司先后向乙建设投资公司支付了近800万元对价，但未办理国有土地使用权过户手续。

2013年9月26日，乙建设投资公司召开股东会，形成股东决议，同意为股东韦某勇向独山县丙小额贷款有限责任公司（以下简称丙小贷公司）借款400万元提供抵押担保，并用已转让给甲环材公司的国有土地使用权办理抵押登记进行担保。韦某勇向丙小贷公司提供乙建设投资公司加盖印章的《授权委托书》《抵押担保承诺书》后，丙小贷公司与韦某勇、乙建设投资公司同日签订《抵押担保借款合同》，合同约定丙小贷公司向韦某勇发放400万元，借款期限自2013年9月26日至2014年9月25日止，借款利息为月利率1%，乙建设投资公司用其名下国有土地使用权为韦某勇提供抵押担保。

2013年9月27日，案涉抵押土地办理了抵押登记手续。之后，丙小贷公司董事长巫某签字"同意放款"，并通过股东郑某华向韦某勇转账380万元。韦某勇在借款凭证中签字确认收到400万元。

2013年9月28日，郑某华与韦某勇又自行签订了《借款协议》，约定由韦某勇向郑某华借款400万元，并明确用相关股权转让作保证。郑某华于2013年9月29日向韦某勇转账380万元，转账、收款账户与前述银行账户一致。后韦某勇向郑某华多次转账，2013年10月26日转账20万元，2013年10月29日转账20万元，2013年11月27日转账20万元，2013年12月2日转账20万元，2014年1月2日转账20万元，2014年1月2日转账20万元，2014年1月3日转账20万元，共计140万元。

因韦某勇到期未归还借款，丙小贷公司于2014年12月25日起诉至贵州省独山县人民法院（以下简称独山县法院），请求法院判令韦某勇向其偿还400万元借款并支付利息，乙建设投资公司在抵押合同约定的担保范围内承担抵押担保责任，确认丙小贷公司对乙建设投资公司名下案涉土地享有抵押权。独山县法院于2015年3月20日作出判决,判令支持丙小贷公司的全部诉讼请求。因各方当事人均未提出上诉,该判决生效。丙小贷公司向独山县法院申请强制执行。

甲环材公司对乙建设投资公司以案涉国有土地使用权为韦某勇提供抵押一事不知情,多次催促乙建设投资公司办理国有土地使用权过户手续,乙建设投资公司以各种理由拖延。

在法院强制执行期间,甲环材公司得知其受让土地被乙建设投资公司抵押,遂向独山县法院提起执行异议,被裁定驳回。甲环材公司遂又提起案外人执行异议之诉,诉讼请求为排除对案涉土地执行,再次被法院判决驳回。

独山县法院于2016年12月12日执行完毕,执行方式为:因韦某勇无财产可供执行,对乙建设投资公司提供的抵押土地使用权在流拍后,按照拍卖底价531.2万元以物抵债,作抵借款本金400万元、利息77.2万元,以及迟延履行期间债务利息等,丙小贷公司补差价2.09万元,并承担执行费。但因案涉土地上有甲环材公司建成并正在生产的近亿元的厂房、设备,丙小贷公司无力对地上建筑物作出补偿,本案执行标的进入了难以交付的僵局。同时导致甲环材公司无法以其受让的国有土地使用权进行融资,亦不能扩大投资生产。

后韦某勇和乙建设投资公司不服前述独山县法院作出的民间借贷纠纷案件民事判决,向贵州省黔南州中级人民法院(以下简称黔南州中院)申请再审。黔南州中院于2020年9月8日作出再审裁定:撤销原判,发回独山县法院重新审理。

独山县法院于2021年1月18日作出再审后的一审判决,认定该400万元借款预先扣除了20万元"砍头息",实际借款为380万元;判令韦某勇向丙小贷公司偿还借款本金380万元及利息(利息以380万元为基数,按月利率1%,从2013年9月17日计算至实际付清之日止),乙建设投资公司就其享有的国有土地使用权承担担保责任,即丙小贷公司对抵押国有土地使用权享有优先受偿权,驳回丙小贷公司的其他诉讼请求。

韦某勇和乙建设投资公司不服,向黔南州中院提起上诉。黔南州中院作出二审判决,驳回上诉,维持原判。

韦某勇不服二审判决，向贵州省高级人民法院（以下简称贵州省高院）申请再审，被裁定驳回。

2. 检察机关履职过程

受理情况。韦某勇因不服生效裁判向贵州省黔南州人民检察院（以下简称黔南州检察院）申请监督。同时甲环材公司向检察机关控告本案为虚假诉讼。

调查核实。检察机关认为本案涉及民营企业合法权益保护，依法受理并开展调查核实工作，查明：一是韦某勇与丙小贷公司之间签订的《抵押担保借款协议》中约定"借款人应按月结清利息和费用，到期还本"，韦某勇与郑某华之间的签订的《借款协议》中没有明确约定利息，仅约定"借款人应于合同解除之日归还所有借款本息"；二是韦某勇借到款项后，通过原收到借款的银行账户向郑某华银行账户先后还款140万元，虽该140万元未直接还到丙小贷公司账户，韦某勇亦与郑某华另有个人借贷往来，但郑某华对该款项用途并未说明，且该款项支付情况与韦某勇主张的其按借款本金400万元、月利率5%向郑某华支付两笔借款利息情况相符。

监督意见。检察机关认为，韦某勇通过收到借款的银行账户归还丙小贷公司和郑某华借款，符合交易习惯，根据查明事实，对于韦某勇向郑某华转账的140万元款项，至少应有70万元系偿还案涉韦某勇向丙小贷公司借款的利息。生效判决认定该140万元款项均非偿还案涉韦某勇向丙小贷公司380万元借款利息，缺乏证据证明，侵害了债务人以及担保人乙建设投资公司的合法权益。且各方当事人因抵押物难以执行，陷入各方利益难以实现的执行僵局，本案应依法提出监督意见，在再审中努力促成僵局化解。经黔南州检察院提请抗诉，贵州省人民检察院于2022年8月4日向贵州省高院提出抗诉。

监督结果。2022年9月30日，贵州省高院指令黔南州中院再审本案。再审过程中，检察机关协同法院居中斡旋协调，向当事人释法说理，指出丙小贷公司存在违规发放贷款谋取高利息的行为，做好各方当事人的沟通协调工作，最终韦某勇与丙小贷公司达成和解。2023年4月，黔南州中院依据当事人之间的和解协议作出民事调解书：丙小贷公司与韦某勇共同确认韦某勇欠丙小贷公司借款本息400万元，韦某勇承诺分期偿还案涉借款,并由案外人以自有房产为韦某勇提供抵押担保,丙小贷公司在韦某勇向其支付第一笔款项100万元后,放弃对乙建设投资公司提供担保的案涉土地抵押权。经检察机关案件回访了解到,丙小贷公司已经收到韦某勇支付的分期还款100万元,案涉土地查封措施已被解除,案涉国有土地使用权已经变更登记至甲环材公司名下,甲环材公司已恢复正常生产经营。

3. 典型意义

检察机关以履行民事监督职能为切入口,着力营造公正、稳定、可预期的营商环境,为民营企业纾困解难,让民营企业稳预期"留得住",有信心"经营好"。本案中甲环材公司作为当地招商引资的重点企业,受让案涉国有土地使用权,并在土地上建设近亿元的厂房、设备,但未办理过户手续。乙建设投资公司在甲环材公司不知情的情况下,为其股东韦某勇提供抵押担保,导致案涉土地被执行,甲环材公司生产经营受到重大影响。检察机关在收到甲环材公司有关虚假诉讼的控告及韦某勇的监督申请后,开展调查核实,认为本案不属于虚假诉讼,但生效判决确有错误,遂依法履行监督职能。同时,检察机关从当事人之间矛盾纠纷实质性化解、案外人民营企业权益保护角度出发,主动与当地党委政法委、经济开发区管委会等联系,居中斡旋协调,与法院共同促成和解,在保障各方当事人权益的前提下,使甲环材公司从执行中解脱出来,恢复正常生产经营。

第三部分　文书范本

文书范本使用说明

  本书文书范本放在有章平台，可以直接下载使用，使用说明如下：

  输入网址（https://www.ilawpress.com/）－搜索范本标题－阅读、下载文件；客户端：下载"有章阅读"APP－浏览器/微信扫描二维码－打开有章阅读APP－阅读文件。